Fachsprachen
Languages for Special Purposes

HSK 14.2

Handbücher zur Sprach- und Kommunikationswissenschaft

Handbooks of Linguistics
and Communication Science

Manuels de linguistique et
des sciences de communication

Mitbegründet von
Gerold Ungeheuer

Herausgegeben von / Edited by / Edités par
Hugo Steger
Herbert Ernst Wiegand

Band 14.2

Walter de Gruyter · Berlin · New York
1999

Fachsprachen
Languages for Special Purposes

Ein internationales Handbuch zur Fachsprachenforschung
und Terminologiewissenschaft
An International Handbook of Special-Language
and Terminology Research

Herausgegeben von / Edited by
Lothar Hoffmann · Hartwig Kalverkämper
Herbert Ernst Wiegand

In Verbindung mit / Together with
Christian Galinski · Werner Hüllen

2. Halbband / Volume 2

Walter de Gruyter · Berlin · New York
1999

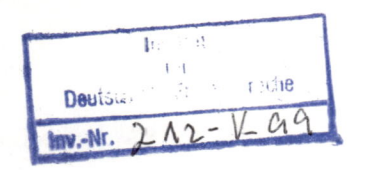

∞ Gedruckt auf säurefreiem Papier, das die
US-ANSI-Norm über Haltbarkeit erfüllt.

Library of Congress Cataloging-in-Publication Data

> Fachsprachen : ein internationales Handbuch zur Fachsprachenforschung und Terminologiewissenschaft / herausgegeben von Lothar Hoffmann, Hartwig Kalverkämper, Herbert Ernst Wiegand ; in Verbindung mit Christian Galinski, Werner Hüllen = Languages for special purposes : an international handbook for special languages and terminology research / edited by Lothar Hoffmann, Hartwig Kalverkämper, Herbert Ernst Wiegand ; together with Christian Galinski, Werner Hüllen.
> p. cm. – (Handbücher zur Sprach- und Kommunikationswissenschaft ; Bd. 14 = Handbooks of linguistics and communication science)
> Includes bibliographical references and index.
> ISBN 3-11-011101-2 (alk. paper)
> 1. Sublanguage–Handbooks, manuals, etc. 2. Terms and phrases–Handbooks, manuals, etc. I. Hoffmann, Lothar. II. Kalverkämper, Hartwig. III. Wiegand, Herberg Ernst. IV. Series: Handbücher zur Sprach- und Kommunikationswissenschaft ; Bd. 14.
> P120.S9F338 1997
> 418–dc21
> 97-43881
> CIP

Die Deutsche Bibliothek — CIP-Einheitsaufnahme

> **Handbücher zur Sprach- und Kommunikationswissenschaft** /
> mitbegr. von Gerold Ungeheuer. Hrsg. von Hugo Steger ;
> Herbert Ernst Wiegand. – Berlin ; New York : de Gruyter
> Früher hrsg. von Gerold Ungeheuer und Herbert Ernst Wiegand
> Teilw. mit Parallelt.: Handbooks of linguistics and communication science
> Teilw. mit Nebent.: HSK
>
> Bd. 14 Fachsprachen
> Halbbd. 2. – (1999)
>
> **Fachsprachen** : ein internationales Handbuch zur Fachsprachenforschung und Terminologiewissenschaft = Languages for special purposes / hrsg. von Lothar Hoffmann ... – Berlin ; New York : de Gruyter.
> (Handbücher zur Sprach- und Kommunikationswissenschaft ; Bd. 14)
>
> Halbbd. 2. – (1999)
> ISBN 3-11-015884-1

© Copyright 1998 by Walter de Gruyter GmbH & Co., D-10785 Berlin.
Dieses Werk einschließlich aller seiner Teile ist urheberrechtlich geschützt. Jede Verwertung außerhalb der engen Grenzen des Urheberrechtsgesetzes ist ohne Zustimmung des Verlages unzulässig und strafbar. Das gilt insbesondere für Vervielfältigungen, Übersetzungen, Mikroverfilmungen und die Einspeicherung und Verarbeitung in elektronischen Systemen.
Printed in Germany
Satz und Druck: Arthur Collignon GmbH, Berlin
Buchbinderische Verarbeitung: Lüderitz & Bauer-GmbH, Berlin

Inhalt / Contents

2. Halbband / Volume 2

XVII. Beschreibung ausgewählter Fachsprachen IV: Institutionensprachen des Deutschen im 19. und 20. Jahrhundert
Description of selected special languages IV: The institutional languages of German in the 19th and 20th centuries

151. Josef Klein, Die politische Fachsprache als Institutionensprache
     (Political special language as an institutional language) 1371
152. Dietrich Busse, Die juristische Fachsprache als Institutionensprache am Beispiel von Gesetzen und ihrer Auslegung
     (Legal special language as an institutional language with particular consideration of laws and their interpretation) 1382
153. Michael Becker-Mrotzek, Die Sprache der Verwaltung als Institutionensprache
     (The language of administration as an institutional language) 1391

XVIII. Beschreibung ausgewählter Fachsprachen V: Fachsprachen des Englischen im 19. und 20. Jahrhundert
Description of selected special languages V: English special languages in the 19th and 20th Centuries

154. Rudolf Beier, Die englischen Fachsprachen im 20. Jahrhundert und ihre Erforschung: eine Übersicht
     (English special languages in the 20th century and their investigation: A survey) 1403
155. Gudrun Zerm, Die englische Fachsprache der Metallurgie unter besonderer Berücksichtigung des Teilgebietes Schwarzmetallurgie
     (The English special language of metallurgy with particular consideration of ferrous metallurgy) 1414
156. Margarete Sohst, Die englische Fachsprache der Verfahrenstechnik
     (The English special language of chemical engineering) 1420
157. Rolf Tatje, The recent special language of mineralogy
     (Die neuere Fachsprache der Mineralogie) 1424
158. Günter Weise, Die englische Fachsprache der Chemie
     (The English special language of chemistry) 1429
159. Klaus Baakes, The recent English special language of electrical engineering and electronics
     (Die neuere englische Fachsprache der Elektrotechnik und der Elektronik) 1438

160. Heinrich H. Müller, Die englische Fachsprache der
Datenverarbeitung unter besonderer Berücksichtigung der Lexik
*(The English special language of computer science with particular
consideration of lexis)* 1444

161. Richard Brunt, Medical English since the mid-nineteenth century
(Die Fachsprache der Medizin seit der Mitte des 19. Jahrhunderts) .. 1452

162. Peter R. Whale, The recent register of English theology
(Die neuere Fachsprache der englischen Theologie) 1459

163. Richard John Alexander, The recent English-language register of
economics and its present importance for world commerce and
trade in the late 20th century
*(Die neuere englische Fachsprache der Ökonomie und ihre Bedeutung
für den Welthandel im ausgehenden 20. Jahrhundert)* 1466

164. Sabine Fiedler, Die neuere Fachsprache der Pädagogik im
Englischen
(The recent English special language of education) 1472

165. Rainer Schulze, Die neuere englische Fachsprache der Linguistik
seit dem Strukturalismus
*(The recent English special language of linguistics since
structuralism)* 1477

166. Christian Timm, Die neuere Fachsprache der Literaturwissenschaft
im Englischen
(The recent English special language of literary studies) 1483

XIX. Überblicksdarstellungen zum 20. Jahrhundert: Fachsprachen in ausgewählten Einzelsprachen
Survey articles on the 20th century: Special languages in selected individual languages

167. Wolfgang Pöckl, Die französischen Fachsprachen im
20. Jahrhundert und ihre Erforschung: eine Übersicht
*(French special languages in the 20th century and their investigation:
A survey)* 1491

168. Stefania Cavagnoli, Die italienischen Fachsprachen im
20. Jahrhundert und ihre Erforschung: eine Übersicht
*(Italian special languages in the 20th century and their investigation:
A survey)* 1503

169. Reiner Arntz/Julio César Arranz, Die spanischen Fachsprachen im
20. Jahrhundert und ihre Erforschung: eine Übersicht
*(Spanish special languages in the 20th century and their investigation:
A survey)* 1514

170. Axel Schönberger, Fachsprachen im Katalanischen des
20. Jahrhunderts und ihre Erforschung: eine Übersicht
*(Catalan special languages in the 20th century and their investigation:
A survey)* 1521

Inhalt / Contents VII

171.	Georges Darms, Fachsprachen im Bündnerromanischen des 20. Jahrhunderts und ihre Erforschung: eine Übersicht *(Swiss Romance special languages in the 20th century and their investigation: A survey)*	1527
172.	Lothar Hoffmann, Die russischen Fachsprachen im 20. Jahrhundert und ihre Erforschung: eine Übersicht *(Russian special languages in the 20th century and their investigation: A survey)*	1532
173.	Marie Těšitelová, Die tschechischen Fachsprachen im 20. Jahrhundert und ihre Erforschung: eine Übersicht *(Czech special languages in the 20th century and their investigation: A survey)*	1545
174.	Stanisław Gajda, Languages for special purposes in Poland in the 20th century and their investigation: A survey *(Die polnischen Fachsprachen im 20. Jahrhundert und ihre Erforschung: eine Übersicht)*	1551
175.	Christer Laurén, Swedish special languages in the 20th century and their investigation: A survey *(Die schwedischen Fachsprachen im 20. Jahrhundert und ihre Erforschung: eine Übersicht)*	1558
176.	Jan Engberg, Die dänischen Fachsprachen im 20. Jahrhundert und ihre Erforschung: eine Übersicht *(Danish special languages in the 20th century and their investigation: A survey)*	1564
177.	Helga Hipp (†)/Guy Janssens, Die niederländischen Fachsprachen im 20. Jahrhundert und ihre Erforschung: eine Übersicht *(Dutch special languages in the 20th century and their investigation: A survey)*	1571
178.	Outi Järvi/Mika Kallio/Hartmut Schröder, Die finnischen Fachsprachen im 20. Jahrhundert und ihre Erforschung: eine Übersicht *(Finnish special languages in the 20th century and their investigation: A survey)*	1579
179.	Nelu Bradean-Ebinger/János Gárdus (†), Die ungarischen Fachsprachen im 20. Jahrhundert und ihre Erforschung: eine Übersicht *(Hungarian special languages in the 20th century and their investigation: A survey)*	1585
180.	Yong Liang, Die chinesischen Fachsprachen im 20. Jahrhundert und ihre Erforschung: eine Übersicht *(Chinese special languages in the 20th century and their investigation: A survey)*	1592
181.	Teruhiro Ishiguro/Nobuyuki Yamauchi/Chiharu Uda Kikuta/Kenichi Hashimoto/Yumi Kawamoto, Japanese special languages in the 20th century and their investigation: A survey *(Die japanischen Fachsprachen im 20. Jahrhundert und ihre Erforschung: eine Übersicht)*	1600

182. Dieter Blohm, Die arabischen Fachsprachen im 20. Jahrhundert und ihre Erforschung: eine Übersicht
(*Arab special languages in the 20th century and their investigation: A survey*) 1610

XX. Fachsprachen in ausgewählten allgemeinen Enzyklopädien, Fachenzyklopädien und großen Wörterbüchern
Special languages in selected general Encyclopedias, specialized Encyclopedias and large dictionaries

183. Hartwig Kalverkämper, Die Fachsprachen in der *Encyclopédie* von Diderot und d'Alembert
(*Special languages in the* Encyclopédie *of Diderot and d'Alembert*) . 1619

184. Rosemarie Gläser, Die Fachsprachen in der *Encyclopaedia Britannica* von 1771
(*Special languages in the* Encyclopedia Britannica *of 1771*) 1636

185. Ralf Georg Bogner, Die Fachsprachen in *Zedlers Universallexikon*
(*Special languages in* Zedler's Universallexikon) 1647

186. Heidrun Peters, Die Fachsprachen in der *Großen Sowjetischen Enzyklopädie*
(*Special languages in the* Great Soviet Encyclopedia) 1660

187. Jürgen Schiewe, Die Fachlexik im *Deutschen Wörterbuch* von Jacob Grimm und Wilhelm Grimm
(*Specialized lexis in the* Deutsches Wörterbuch *of Jacob Grimm and Wilhelm Grimm*) 1669

188. Peter M. Gilliver, Specialized lexis in the *Oxford English Dictionary*
(*Die Fachlexik im* Oxford English Dictionary) 1676

189. Jörn Albrecht, Die Fachlexik im *Trésor de la langue française*
(*Specialized lexis in the* Trésor de la langue française) 1684

190. Lothar Hoffmann, Die Fachlexik im *Wörterbuch der russischen Sprache* von Vladimir Dal'
(*Specialized lexis in the* Dictionary of the Russian Language *of Vladimir Dal'*) 1704

191. Willy Birkenmaier, Die Fachlexik im vierbändigen Wörterbuch der Akademie der Wissenschaften: *Slovar' russkogo jazyka* (1957–1961)
(*Specialized lexis in the four-volume edition of the dictionary of the Academy of Science* Slovar' russkogo jazyka *(1957–1961)*) 1714

192. Dai Ming-Zhong, Specialized lexis in the *Chinese Grand Encyclopedia*
(*Die Fachlexik in der* Großen Chinesischen Enzyklopädie) 1722

XXI. Fachlexikographie I: allgemeine theoretische und methodische Aspekte
Specialized lexicography I: General theoretical and methodological aspects

193. Helmut Felber/Burkhard Schaeder, Typologie der Fachwörterbücher
(*Typology of specialized dictionaries*) 1725

194.	Caroline de Schaetzen, New directions in computer-assisted dictionary making *(Neue Ansätze in der computergestützten Wörterbuchherstellung)*	1744
195.	Lothar Hoffmann, Die Anwendung statistischer Methoden in der neueren Fachlexikographie *(The use of statistical methods in modern specialized lexicography)*	1754
196.	Henning Bergenholtz/Sven Tarp/Herbert Ernst Wiegand, Datendistributionsstrukturen, Makro- und Mikrostrukturen in neueren Fachwörterbüchern *(Distribution of data, macro- and microstructures in modern specialized dictionaries)*	1762
197.	Werner Hupka, Illustrationen im Fachwörterbuch *(Illustrations in specialized dictionaries)*	1833
198.	Reinhold Werner, Das Problem der Äquivalenz im zwei- und im mehrsprachigen Fachwörterbuch *(The problem of equivalence in bilingual and multilingual specialized dictionaries)*	1853
199.	Henning Bergenholtz/Jette Pedersen, Fachwörterbücher als Hilfsmittel bei der Übersetzung von Fachtexten *(Specialized dictionaries as aids in the translation of specialized texts)*	1884
200.	Hans-Peder Kromann (†)/Henning Bergenholtz/Herbert Ernst Wiegand, Die Berücksichtigung der Fachlexikographie in der neueren Wörterbuch- und Fachsprachenforschung: eine sachliche und bibliographische Übersicht *(The consideration of specialized lexicography in modern dictionary and special-language research: A factual and bibliographical survey)*	1889

XXII. Fachlexikographie II: die europäische Lexikographie der Fachsprachen im Zeitalter der Industrialisierung
Specialized lexicography II: The European lexicography of special languages in the age of industrialization

201.	Wolf Peter Klein, Formen der Fachlexikographie in der vorindustriellen Zeit: eine historische Übersicht *(Forms of specialized lexicography in the pre-industrial era: A historical survey)*	1910
202.	Kurt Opitz, Special lexicography for navigation: A survey *(Die Fachlexikographie der Seefahrt: eine Übersicht)*	1926
203.	Ilpo Tapani Piirainen, Die Fachlexikographie des Bergbaus: eine Übersicht *(The specialized lexicography of mining: A survey)*	1930
204.	Karl-Heinz Trojanus, Die Fachlexikographie der Biologie: eine Übersicht *(The specialized lexicography of biology: A survey)*	1937

205.	Gerhard Wenske, Die Fachlexikographie der Chemie: eine Übersicht *(The specialized lexicography of chemistry: A survey)*	1946
206.	Gerhard Wenske, Die Fachlexikographie der Physik: eine Übersicht *(The specialized lexicography of physics: A survey)*	1954
207.	Günther Eisenreich, Die Fachlexikographie der Mathematik: eine Übersicht *(The specialized lexicography of mathematics: A survey)*	1959
208.	Herbert Lippert, Die Fachlexikographie der Medizin: eine Übersicht *(The specialized lexicography of medicine: A survey)*	1966
209.	Klaus Rossenbeck, Die Fachlexikographie des Wirtschaftswesens: eine Übersicht *(The specialized lexicography of economics: A survey)*	1975
210.	Thorsten Roelke, Die deutschsprachige Fachlexikographie der Philosophie in ihrem europäischen Umfeld: eine Übersicht *(The German specialized lexicography of philosophy in its European context: A survey)*	1995
211.	Markus Bandur, Die Fachlexikographie der Musikwissenschaft: eine Übersicht *(The specialized lexicography of musicology: A survey)*	2005
212.	Dieter Lenzen/Friedrich Rost, Die Fachlexikographie der Pädagogik/Erziehungswissenschaft: eine Übersicht *(The specialized lexicography of education: A survey)*	2013
213.	Rüdiger Zymner, Die Fachlexikographie der Literaturwissenschaft: eine Übersicht *(The specialized lexicography of literary studies: A survey)*	2036
214.	Andrea Lehr, Die Fachlexikographie der Elektronischen Datenverarbeitung und Informatik: eine Übersicht *(The specialized lexicography of computer science: A survey)*	2045
215.	Annette Peth/Burkhard Schaeder, Die Fachlexikographie des Bibliothekswesens: eine Übersicht *(The specialized lexicography of library science: A survey)*	2063

XXIII. Fachlexikographie III: die Terminographie im 20. Jahrhundert
Specialized Lexicography III: Terminography in the 20th century

216.	Gerhard Budin/Hildegund Bühler, Grundsätze und Methoden der neueren Terminographie *(Principles and methods of modern terminography)*	2096
217.	Gerhard Budin/Adrian Manu/Magdalena Krommer-Benz, Terminography in UN-organizations: A brief overview *(Terminographie in UN-Organisationen: ein kurzer Überblick)*	2108
218.	Roger Goffin, Terminographie bei der Europäischen Kommission *(Terminography in the European Commission)*	2124
219.	M. Alain Reichling, Terminography and the Computer at the European Commission *(Terminographie und der Einsatz von Computern bei der Europäischen Kommission)*	2138

220.	Heribert Picht, Terminographie in regionalen Organisationen I: NORDTERM	
	(Terminography in regional organizations I: NORDTERM)	2144
221.	M. Daniel Prado, Terminographie in regionalen Organisationen II: RITerm	
	(Terminography in regional organizations II: RITerm)	2150
222.	Louis-Jean Rousseau, Terminographie in regionalen Organisationen III: Rint	
	(Terminography in regional organizations III: Rint)	2153
223.	Ingo Hohnhold, Übersetzungsorientierte Terminographie: Grundsätze und Methoden	
	(Translation-oriented terminography: Principles and methods)	2155
224.	Klaus-Dirk Schmitz, Computergestützte Terminographie: Systeme und Anwendungen	
	(Computer-aided terminography: Systems and applications)	2164

XXIV. Terminologiearbeit und Terminologieregelung
Terminology work and terminology regulation

225.	Erhard Oeser/Gerhard Budin, Grundlagen der Terminologiewissenschaft	
	(Principles of the science of terminology)	2171
226.	Christian Galinski/Gerhard Budin, Deskriptive und präskriptive Terminologieerarbeitung	
	(Descriptive and prescriptive terminology work)	2183
227.	Christian Galinski/August D. de V. Cluver/Gerhard Budin, Terminologieplanung und Sprachplanung	
	(Terminology planning and language planning)	2207
228.	Christian Galinski/Gerhard Budin, Terminologie und Dokumentation — T & D	
	(Terminology and its documentation — T & D)	2215
229.	Erhard Oeser/Heribert Picht, Terminologische Wissenstechnik	
	(Terminological knowledge engineering)	2229
230.	Gert Engel/Heribert Picht, Der Terminologe — Beruf oder Funktion?	
	(The terminologist — profession or function?)	2237
231.	Christian Galinski, International Information Centre for Terminology — Infoterm. — International Cooperation in Terminology	
	(Das internationale Zentrum für Terminologie: Infoterm — Internationale Kooperation in der Terminologie)	2245

XXV. Geschichte der Fachsprachen I: Ausschnitte aus der Entwicklung innerhalb der Antike und Spätantike
History of Special languages I: Excerpts from the development in Antiquity and Late Antiquity

232. Hermann Funke, Grammatik, Rhetorik und Dialektik (Trivium) und ihre Fachsprachen: eine Übersicht
 (Grammar, rhetoric and dialectics (Trivium) and their special languages: A survey) 2255
233. Karlheinz Hülser, Philosophie und ihre Fachsprache im Altertum: eine Übersicht
 (Philosophy and its special language in antiquity: A survey) 2260
234. Jutta Kollesch, Medizin und ihre Fachsprache im Altertum: eine Übersicht
 (Medicine and its special language in antiquity: A survey) 2270
235. Otto Hiltbrunner, Theologie und ihre Fachsprache im Altertum: eine Übersicht
 (Theology and its special language in antiquity: A survey) 2277
236. Otto Hiltbrunner, Jurisprudenz und ihre Fachsprache im römischen Altertum: eine Übersicht
 (Jurisprudence and its special language in Roman antiquity: A survey) 2286
237. Johannes Niehoff, Landwirtschaft und ihre Fachsprache im Altertum: eine Übersicht
 (Agriculture and its special language in antiquity: A survey) 2292

XXVI. Geschichte der Fachsprachen II: Ausschnitte aus der Entwicklung innerhalb des Deutschen
History of special languages II: Excerpts from the development within the German language

238. Jochen Splett, Fachsprachliche Phänomene im *Abrogans*
 (Special-language phenomena in the Abrogans*)* 2305
239. Ruth Schmidt-Wiegand, Rechtssprache im Althochdeutschen und ihre Erforschung: eine Übersicht
 (Legal language in Old High German and its investigation: A survey) 2309
240. Stefan Sonderegger, Fachsprachliche Phänomene in den zum Trivium gehörenden Werken Notkers III. von St. Gallen
 (Special-language phenomena in those works of Notker III of St. Gallen belonging to the Trivium) 2319
241. Dagmar Gottschall, Fachsprachliche Phänomene im *Lucidarius*
 (Special-language phenomena in the Lucidarius*)* 2333
242. Ruth Schmidt-Wiegand, Der Rechtswortschatz im *Sachsenspiegel*
 (Legal vocabulary in the Sachsenspiegel*)* 2341

243.	Gundolf Keil/Johannes Gottfried Mayer, Die bairische Fassung des *Pelzbuchs* Gottfrieds von Franken: ihr Fachwortschatz und ihr Quellenwert für die historische Fachsprachenforschung *(The Bavarian version of the* Pelzbuch *by Gottfried von Franken: Its specialized vocabulary and its value as a source for historical special-language research)*	2349
244.	Dagmar Gottschall, Die erste Fassung des *Buches der Natur* von Konrad von Megenberg: ihr Fachwortschatz und ihr Quellenwert für die historische Fachsprachenforschung *(The first version of the* Buch der Natur *of Konrad von Megenberg: Its specialized vocabulary and its value as a source for historical special-language research)*	2354
245.	Karl-Heinz Weimann, Paracelsus und der Fachwortschatz der *Artes mechanicae* *(Paracelsus and the specialized vocabulary of the* Artes mechanicae*)*	2361
246.	Peter O. Müller, Die Fachsprache der Geometrie in der frühen Neuzeit *(The special language of geometry in the early modern times)*	2369
247.	Franz Patocka, Die frühneuhochdeutsche Sprache des Salzwesens und ihre Erforschung: eine Übersicht *(The Early New High German of salt production and its investigation: A survey)*	2377
248.	Sigrid Schwenk, Die ältere deutsche Jägersprache bis zum Ende des 17. Jahrhunderts und ihre Erforschung: eine Übersicht *(The older German language of hunting up to the end of the 17th century and its investigation: A survey)*	2383
249.	Peter O. Müller, Die Wörterbücher des 16. Jahrhunderts: ihr Fachwortschatz und ihr Quellenwert für die historische Fachsprachenforschung *(The dictionaries of the 16th century: Their specialized vocabulary and their value as sources for historical special-language research)*	2392
250.	Peter Seidensticker, Botanik und Fachsprache in den Kräuterbüchern der Renaissance *(Botany and its special language in the herbals of the Renaissance)*	2402
251.	Andreas Gardt, Die Auffassung von Fachsprachen in den Sprachkonzeptionen des Barock *(Views on special languages in the language conceptions of the Baroque)*	2410
252.	Thorsten Roelcke, Das Kunstwort in der Zeit der Aufklärung: wissenschaftliche Konzeption und faktischer Gebrauch *(The technical term in the age of Enlightenment: Scientific conception and actual use)*	2420
253.	Ulrich Ricken, Christian Wolffs Einfluß auf die Wissenschaftssprache der deutschen Aufklärung *(The influence of Christian Wolff on the language of science of the German Enlightenment)*	2430
254.	Gerda Haßler, Fachliche Textsorten in der deutschen Aufklärung *(Specialized text types in the German Enlightenment)*	2441

XXVII. Geschichte der Fachsprachen III: Ausschnitte aus der Entwicklung innerhalb des Englischen
History of special languages III: Excerpts from the development within the English language

255. Hans Sauer, Angelsächsische Glossen und Glossare und ihr Fachwortschatz
 (Anglo-Saxon glosses and glossaries and their specialized vocabulary) ... 2452
256. Noel Edward Osselton, English specialized lexicography in the late Middle Ages and in the Renaissance
 (Die englische Fachlexikographie im späten Mittelalter und in der Renaissance) ... 2458
257. Werner Hüllen, The Royal Society and the plain style debate
 (Die Royal Society und die Debatte über den einfachen Stil) ... 2465
258. Roger K. French, The special language of anatomy in England from the Middle Ages to the 18th century
 (Die Fachsprache der Anatomie in England vom Mittelalter bis zum 18. Jahrhundert) ... 2472
259. Maurice Crosland, The language of chemistry from the beginnings of alchemy to c. 1800
 (Die Sprache der Chemie von den Anfängen der Alchemie bis ca. 1800) ... 2477
260. Rolf Berndt (†), The languages of the law in England
 (Die Sprachen der englischen Rechtswissenschaft) ... 2485
261. John Walmsley, English grammatical terminology from the 16th century to the present
 (Die englische grammatische Terminologie vom 16. Jahrhundert bis zur Gegenwart) ... 2494
262. Vivian Salmon, The development of special registers in English: A historical review
 (Historische Entwicklung fachsprachlicher Register im Englischen: eine Übersicht) ... 2502

XXVIII. Geschichte der Fachsprachen IV: Ausschnitte aus der Entwicklung innerhalb des Französischen
History of special languages IV: Excerpts from the development within the French language

263. Arnulf Stefenelli, Latein und Altfranzösisch
 (Latin and Old French) ... 2512
264. Hans Goebl, Charakteristika der französischen Urkundensprache
 (Characteristics of the language of French documents) ... 2520
265. Livia Gaudino Falleger/Otto Winkelmann, Fachwissenszuwachs und Bezeichnungsnot in der Renaissance: gelehrtes Latein und Volkssprache Französisch in fachlicher Kommunikation
 (The growth of specialized knowledge and the need for designations in the Renaissance: Learned Latin and vernacular French in specialized communication) ... 2529

Inhalt / Contents   XV

266. Hartwig Kalverkämper, Kulturgeschichte der französischen
     Fachsprachen im 16. und 17. Jahrhundert
     (*The cultural history of French specialized languages in the 16th and
     17th centuries*) 2538
267. Lothar Wolf, Zur Entstehung und Entwicklung einer beruflichen
     Fachsprache in und ab dem 16. Jahrhundert: die französische
     Druckersprache
     (*The origin and development of an occupational special language in
     and from the 16th century: The French of printers*) 2541
268. Christoph Strosetzki, Fachsprachliche Kommunikationsformen in
     der französischen Aufklärung
     (*Special-language forms of communicaton in the French
     Enlightenment*) 2550
269. Marco Beretta, Die Herausbildung einer chemischen Fachsprache
     in Frankreich
     (*The development of a special language of chemistry in France*) 2560
270. Alf Monjour, Lexikalische Auswirkungen des industriellen und
     wissenschaftlichen Aufschwungs im Frankreich des späten
     18. Jahrhunderts
     (*Lexical effects of the growth of science and industry in late
     18th century France*) 2564
271. Roland Kaehlbrandt, Wissenschaftssprachliche Stilistik im
     Frankreich des 18. Jahrhunderts unter besonderer Berücksichtigung
     der „Economie politique"
     (*Stylistics of scientific language in late 18th century France with
     particular consideration of the „Economie politique"*) 2576
272. Thomas Krefeld, Die Kodifizierung der Rechtssprache
     im 19. Jahrhundert
     (*The codifying of the legal language in the 19th century*) 2585

XXIX. Bibliographie und Register
      Bibliography and Indexes

273. Lothar Hoffmann, Bibliographie der Bibliographien zur
     Fachsprachenforschung und Terminologiewissenschaft
     (*Bibliography of bibliographies on special-language and terminology
     research*) 2593

Sachregister / Subject Index 2617

Namenregister / Index of Names 2668

1. Halbband / Volume 1

Vorwort XXVII
Preface XXXVI

I. Allgemeine Aspekte von Fachkommunikation
General aspects of specialized communication

1. Hartwig Kalverkämper, Fach und Fachwissen
   (Subject and subject knowledge) 1
2. Hartwig Kalverkämper, Rahmenbedingungen für die Fachkommunikation
   (Basic conditions for specialized communication) 24
3. Hartwig Kalverkämper, Fachsprache und Fachsprachenforschung
   (Special language and special-language research) 48
4. Hartwig Kalverkämper, Darstellungsformen und Leistungen schriftlicher Fachkommunikation: diachrone und synchrone Aspekte
   (Forms of expression and performances of written specialized communication: Diachronic and synchronic aspects) 60
5. Klaus Munsberg, Spezifische Leistungen der Sprache und anderer Kommunikationsmittel in der mündlichen Fachkommunikation
   (Specific performances of language and of other means of communication in oral subject-specific communication) ... 93
6. Klaus Gloy, Sprachnormen und die Isolierung und Integration von Fachsprachen
   (Linguistic norms and the isolation and integration of special languages) 100
7. Klaus-Dieter Baumann, Formen fachlicher Kommunikationsbeziehungen
   (Forms of subject-specific communicational relationships) ... 109

II. Auffassungen vom Status der Fachsprachen
Conceptions of the status of special languages

8. Andrea Becker/Markus Hundt, Die Fachsprache in der einzelsprachlichen Differenzierung
   (Special language in the differentiation of individual languages) 118
9. Heinz L. Kretzenbacher, Fachsprache als Wissenschaftssprache
   (Special language as the language of science) 133
10. Karlheinz Jakob, Techniksprache als Fachsprache
    (The language of technology as a special language) .. 142
11. Dieter Möhn, Fachsprache als Gruppensprache
    (Special language as a group language) 150
12. Lothar Hoffmann, Fachsprachen und Gemeinsprache
    (Special languages and general language) 157
13. Dieter Möhn, Fachsprachen und Gruppensprachen
    (Special languages and group languages) 168

14.	Kirsten Adamzik, Fachsprachen als Varietäten *(Special languages as varieties)*	181
15.	Lothar Hoffmann, Fachsprachen als Subsprachen *(Special languages as sublanguages)*	189
16.	Rosemarie Gläser, Fachsprachen und Funktionalstile *(Special languages and functional styles)*	199
17.	Ernest W. B. Hess-Lüttich, Fachsprachen als Register *(Special languages as registers)*	208
18.	Ulrich Ammon, Probleme der Statusbestimmung von Fachsprachen *(Problems of determining the status of special languages)*	219

III. Methoden in der Fachsprachenforschung
Methods in special-language research

19.	Burkhard Schaeder, Anwendungsmöglichkeiten und bisherige Anwendung von empirischen Erhebungsmethoden in der Fachsprachenforschung *(Possibilities of application and the recent application of empirical data collection methods to special-language research)*	230
20.	Lothar Hoffmann, Anwendungsmöglichkeiten und bisherige Anwendung von statistischen Methoden in der Fachsprachenforschung *(Possibilities of application and the recent application of statistical methods to special-language research)*	241
21.	Lothar Hoffmann, Anwendungsmöglichkeiten und bisherige Anwendung von linguistischen Methoden in der Fachsprachenforschung *(Possibilities of application and the recent application of linguistic methods to special-language research)*	249
22.	Bernhard Dietrich Haage, Anwendungsmöglichkeiten und bisherige Anwendung von philologisch-historischen Methoden bei der Erforschung der Fachsprachen der Artes *(Possibilities of application and the recent application of philological-historical methods to research into the special languages of the Artes)*	269
23.	Ruth Schmidt-Wiegand, Anwendungsmöglichkeiten und bisherige Anwendung von philologisch-historischen Methoden bei der Erforschung der älteren Rechtssprache *(Possibilities of application and the recent application of philological-historical methods to research into the older language of the law)*	277
24.	Ingo Hohnhold, Probleme und Methoden bei der Bestimmung der Fachgebietszugehörigkeit von Fachtexten *(Problems and methods in the determination of the affiliation of specialized texts to subject areas)*	283

IV. Vorgeschichte und Geschichte der Fachsprachenforschung: ausgewählte Schwerpunkte
Prehistory and history of special-language research: Selected main fields

25. Johann Knobloch, Fachsprachenforschung in vorhistorischen Sprachen: Forschungsansätze und Sprachrelikte
(*Special-language research into prehistoric languages: Research approaches and linguistic relics*) 289

26. Otta Wenskus, Reflexionen zu fachsprachlichen Phänomenen in der Antike und Spätantike
(*Reflections on special-language phenomena in antiquity and late antiquity*) 295

27. Hartwig Kalverkämper, Fachliches Handeln, Fachkommunikation und fachsprachliche Reflexionen in der Renaissance
(*Subject-specific activity, specialized communication and reflection on special languages in the Renaissance*) 301

28. Gerda Haßler, Anfänge der europäischen Fachsprachenforschung im 17. und 18. Jahrhundert
(*The beginnings of European special-language research in the 17th and 18th centuries*) 322

29. Ludwig M. Eichinger, Deutsch als Fachsprache in den historischen und philologischen Wissenschaften seit dem 19. Jahrhundert
(*German as a special language in the historical and philological sciences since the 19th century*) 327

30. Heribert Picht, Wirtschaftslinguistik: ein historischer Überblick
(*The study of the language of commerce: A historical survey*) 336

31. Erhard Oeser/Heribert Picht, Terminologieforschung in Europa: ein historischer Überblick
(*Terminology research in Europe: A historical survey*) 341

32. Gundolf Keil/Johannes G. Mayer, Germanistische Forschungen zur mittelalterlichen Fachprosa (Fachliteratur): ein historischer Überblick
(*Research in German studies into medieval specialized prose (specialized literature): A historical survey*) 348

33. Lothar Hoffmann/Hartwig Kalverkämper, Forschungsdesiderate und aktuelle Entwicklungstendenzen in der Fachsprachenforschung
(*Research desiderata and present-day development tendencies in special-language research*) 355

V. Ergebnisse der Fachsprachenforschung I: Verwendungseigenschaften von Fachsprachen
Findings of research into special languages I: Characteristics of the use of special languages

34. Klaus-Dieter Baumann, Das Postulat der Exaktheit für den Fachsprachengebrauch
(*The postulate of exactness for the use of special languages*) 373

35.	Walther von Hahn, Vagheit bei der Verwendung von Fachsprachen *(Vagueness in the use of special languages)*	378
36.	Walther von Hahn, Das Postulat der Explizitheit für den Fachsprachengebrauch *(The postulate of explicitness for the use of special languages)*	383
37.	Liane Fijas, Das Postulat der Ökonomie für den Fachsprachengebrauch *(The postulate of economy for the use of special languages)*	390
38.	Els Oksaar, Das Postulat der Anonymität für den Fachsprachengebrauch *(The postulate of anonymity for the use of special languages)*	397
39.	Bernd Ulrich Biere, Verständlichkeit beim Gebrauch von Fachsprachen *(Comprehensibility in the use of special languages)*	402

VI. Ergebnisse der Fachsprachenforschung II: Systemeigenschaften von Fachsprachen
Findings of research into special languages II: Systemic characteristics of special languages

40.	Klaus-Dieter Baumann, Textuelle Eigenschaften von Fachsprachen *(Textual characteristics of special languages)*	408
41.	Lothar Hoffmann, Syntaktische und morphologische Eigenschaften von Fachsprachen *(Syntactic and morphological characteristics of special languages)*	416
42.	Claudia Fraas, Lexikalisch-semantische Eigenschaften von Fachsprachen *(Lexico-semantic characteristics of special languages)*	428
43.	Manfred Kohrt, Graphematische und phonologische Eigenschaften von Fachsprachen *(Graphematic and phonological characteristics of special languages)*	438

VII. Textlinguistische Ansätze in der neueren Fachsprachenforschung I: Klassifizierungen von Fachtexten und fachbezogenen Vermittlungstexten
Text-linguistic approaches in recent special-language research I: Classification of specialized texts and subject-specific informational texts

44.	Clemens Knobloch, Grundlegende Begriffe und zentrale Fragestellungen der Textlinguistik, dargestellt mit Bezug auf Fachtexte *(Basic concepts and central questions of text linguistics, presented in relation to specialized texts)*	443
45.	Werner Wolski, Fachtextsorten und andere Textklassen: Probleme ihrer Bestimmung, Abgrenzung und Einteilung *(Types of specialized texts and other classes: Problems of their determination, delimitation and classification)*	457

46. Lothar Hoffmann, Fachtextsorten: eine Konzeption für die fachbezogene Fremdsprachenausbildung
(Types of specialized texts: A concept for subject-specific foreign language training) 468

47. Rosemarie Gläser, Fachtextsorten der Wissenschaftssprachen I: der wissenschaftliche Zeitschriftenaufsatz
(Types of specialized texts of the languages of science I: The scientific journal article) 482

48. Martha Ripfel, Fachtextsorten der Wissenschaftssprachen II: die wissenschaftliche Rezension
(Types of specialized texts of the languages of science II: The scientific book review) 488

49. Heinz L. Kretzenbacher, Fachtextsorten der Wissenschaftssprachen III: Abstract und Protokoll
(Types of specialized texts of the languages of science III: Abstract and record) 493

50. Lothar Hoffmann, Fachtextsorten der Wissenschaftssprachen IV: das fachinterne Gutachten zu wissenschaftlichen Arbeiten
(Types of specialized texts of the languages of science IV: The referee's report on scientific works) 500

51. Bärbel Techtmeier, Fachtextsorten der Wissenschaftssprachen V: der Kongreßvortrag
(Types of specialized texts of the languages of science V: The conference paper) 504

51a. Bärbel Techtmeier, Fachtextsorten der Wissenschaftssprachen VI: Diskussion(en) unter Wissenschaftlern
(Types of specialized texts of the languages of science VI: Discussion(s) among scientists) 509

52. Bärbel Techtmeier, Fachtextsorten der Wissenschaftssprachen VII: das Prüfungsgespräch
(Types of specialized texts of the languages of science VII: The oral examination) 517

53. Ludger Hoffmann, Fachtextsorten der Institutionensprachen I: das Gesetz
(Types of specialized texts of the language of institutions I: Laws) .. 522

54. Sigrid Selle, Fachtextsorten der Institutionensprachen II: Erlaß, Verordnung und Dekret
(Types of specialized texts of the language of institutions II: The edict, the ordinance and the decree) 529

55. Lothar Hoffmann, Fachtextsorten der Institutionensprachen III: Verträge
(Types of specialized texts of the language of institutions III: Contracts) 533

56. Irene Mohl, Fachtextsorten der Institutionensprachen IV: die Personenstandsurkunde am Beispiel der Geburtsurkunde
(Types of specialized texts of the language of institutions IV: The registration of status as exemplified by the birth certificate) ... 539

Inhalt / Contents XXI

57. Susanne Göpferich, Fachtextsorten der Naturwissenschaften und der Technik: ein Überblick
 (*Types of specialized texts in the natural sciences and technology: A survey*) 545

58. Rosemarie Gläser, Fachtextsorten der Techniksprachen: die Patentschrift
 (*Types of specialized texts of the languages of technology: The patent specification*) 556

59. Marianne Nordman, Types of subject-specific informational texts I: The weather report in daily newspapers
 (*Sorten fachbezogener Vermittlungstexte I: der Wetterbericht in Tageszeitungen*) 562

60. Lothar Hoffmann, Sorten fachbezogener Vermittlungstexte II: die Bedienungsanleitung für fachexterne Adressaten
 (*Types of subject-specific informational texts II: The operating instruction for the non-specialist*) 568

61. Lothar Hoffmann, Sorten fachbezogener Vermittlungstexte III: bebilderte Werkzeugkataloge
 (*Types of subject-specific informational texts III: Illustrated tool catalogues*) 574

62. Janina Schuldt, Sorten fachbezogener Vermittlungstexte IV: Beipackzettel
 (*Types of subject-specific informational texts IV: The drug information sheet*) 583

62a. Kirsten Adamzik/Eckard Rolf, Fachsprachliche Phänomene in Gebrauchstexten
 (*Special-language phenomena in texts for daily use*) 588

VIII. Textlinguistische Ansätze in der neueren Fachsprachenforschung II: spezifische Eigenschaften von Fachtexten in exemplarischer Beschreibung
 Text-linguistic approaches in recent special-language research II: Exemplary description of the specific characteristics of specialized texts

63. Heidrun Gerzymisch-Arbogast, Isotopie in Wirtschaftstexten: ein Analysebeispiel
 (*Isotopy in specialized texts on economics: An example of analysis*) 595

64. Gisela Harras, Intertextualität von linguistischen Fachtexten: ein Analysebeispiel
 (*Intertextuality of specialized texts on linguistics: An example of analysis*) 602

65. Wolfgang U. Dressler, Kohärenz und Kohäsion in wissenschaftssprachlichen Texten: ein Analysebeispiel
 (*Coherence and cohesion in scientific texts: An example of analysis*) 610

66. Gunther Dietz, Titel in wissenschaftlichen Texten
 (*Titles in scientific texts*) 617

67.	Werner Wolski, Textverdichtung und Textauflockerung im standardisierten Fachwörterbuchartikel *(Text compression and text loosening in the standardized article of specialized dictionaries)*	624

IX. Spezielle Aspekte von Fachkommunikation I: die Verwendung von Fachsprachen in organisatorischen Einheiten der modernen Arbeitswelt
Special aspects of specialized communication I: The use of special languages in the organizational units of the present-day working world

68.	Gisela Brünner, Fachkommunikation im Betrieb — am Beispiel der Stadtwerke einer Großstadt *(Specialized communication in the workplace as exemplified by a city electricity works)*	634
69.	Wilhelm Grießhaber, Die Verwendung von Computer-Fachsprachen in ausgewählten Bereichen der modernen Arbeitswelt *(The use of the special languages of computers in selected areas of the present-day working world)*	649
70.	Jochen Rehbein, Die Verwendung von Institutionensprache in Ämtern und Behörden *(The use of institutional language in local government departments and offices)*	660
71.	Wolfgang Beck, Fachsprachen und Fachjargon im Theater *(Special languages and jargon in the theatre)*	675

X. Spezielle Aspekte von Fachkommunikation II: Fachsprachen im inner- und zwischensprachlichen Kontakt
Special aspects of specialized communication II: Special languages in intra- and interlinguistic contact

72.	Lothar Hoffmann, Austauschprozesse zwischen fachlichen und anderen Kommunikationsbereichen: theoretische und methodische Probleme *(Exchange processes between subject-specific and other communicational areas: Theoretical and methodological problems)*	679
73.	Jochen Rehbein, Austauschprozesse zwischen unterschiedlichen fachlichen Kommunikationsbereichen *(Exchange processes between various subject-specific communicational areas)*	689
74.	Karlheinz Jakob, Fachsprachliche Phänomene in der Alltagskommunikation *(Special-language phenomena in everyday communication)*	710
75.	Hartwig Kalverkämper, Fachsprachliche Phänomene in der schönen Literatur *(Special-language phenomena in literature)*	717

Inhalt / Contents   XXIII

76. Klaus-Dieter Baumann, Fachsprachliche Phänomene in den verschiedenen Sorten von populärwissenschaftlichen Vermittlungstexten
(Special-language phenomena in the various types of popular scientific informational texts) 728
77. Franz Simmler, Fachsprachliche Phänomene in den öffentlichen Texten von Politikern
(Special-language phenomena in the public texts of politicians) 736
78. Gerlinde Mautner, Fachsprachliche Phänomene in Verkauf und Konsum
(Special-language phenomena in marketing and consumption) 756
79. Wolfgang Viereck, Die Rolle von Fachsprachen im Kontakt von Einzelsprachen I: Englisch-Deutsch im 20. Jahrhundert
(The role of special languages in the contact between individual languages I: English-German in the 20th century) 764
80. Christian Schmitt, Die Rolle von Fachsprachen im Kontakt von Einzelsprachen II: Englisch-Französisch im 20. Jahrhundert
(The role of special languages in the contact between individual languages II: English-French in the 20th century) 771
81. Radegundis Stolze, Die Rolle von Fachsprachen im Kontakt von Einzelsprachen III: Fachübersetzung in den Geistes- und Sozialwissenschaften
(The role of special languages in the contact between individual languages III: Specialized translation in the humanities and the social sciences) 784
82. Rainer Barczaitis/Reiner Arntz, Die Rolle von Fachsprachen im Kontakt von Einzelsprachen IV: Fachübersetzung in den Naturwissenschaften und der Technik
(The role of special languages in the contact between individual languages IV: Specialized translation in the natural sciences and technology) 792

XI. **Spezielle Aspekte von Fachkommunikation III: Sprachkultur, Sprachkritik, Sprachpolitik**
Special aspects of specialized communication III: The culture, criticism and politics of language

83. Els Oksaar, Fachsprachen und öffentliches Leben: Kommunikation in der arbeitsteiligen Gesellschaft
(Special languages and public life: Communication in modern society based on the division of labour) 801
84. Ulrich Ammon, Heutige Fachsprachen im interkulturellen Austausch I: die Stellung der deutschen Wissenschaftssprachen außerhalb des deutschen Sprachgebiets
(Present-day special languages in intercultural exchange I: The position of the German languages of science outside the German-speaking area) 809

85. Wolfgang Pöckl, Heutige Fachsprachen im interkulturellen Austausch II: die Stellung der französischen Wissenschaftssprachen außerhalb Frankreichs
   (*Present-day special languages in intercultural exchange II: The position of the French languages of science outside France*) 819

86. Hartmut Schröder, Heutige Fachsprachen im interkulturellen Austausch III: die Stellung der englischen Wissenschaftssprachen in der Welt
   (*Present-day special languages in intercultural exchange III: The position of the English languages of science in the world*) 828

87. Karlfried Knapp, Das Englische als Fachsprache in internationalen Institutionen des 20. Jahrhunderts
   (*English as a special language in international institutions of the 20th century*) 840

88. Jürgen Bolten, Fachsprachliche Phänomene in der interkulturellen Wirtschaftskommunikation
   (*Special-language phenomena in intercultural business communication*) 849

89. Konrad Ehlich, Kritik der Wissenschaftssprachen
   (*Criticism of the languages of science*) 856

90. Ulrich Knoop, Kritik der Institutionensprache am Beispiel der Verwaltungssprache
   (*Criticism of institutional language as exemplified by the language of administration*) 866

91. Detlev Blanke/Wera Blanke, Plansprachen als Fachsprachen
   (*Planned languages as special languages*) 875

92. Alan Kirkness, Der Einfluß der puristischen Strömungen in Deutschland auf die Gestaltung der deutschen Fachlexik
   (*The influence of purist movements in Germany on the formation of the specialized German lexicon*) 881

93. Susanne Göpferich, Möglichkeiten der Optimierung von Fachtexten
   (*Possibilities of optimizing specialized texts*) 888

XII. Spezielle Aspekte von Fachkommunikation IV: zur Funktion von künstlichen Sprachen
Special aspects of specialized communication IV: On the function of artificial languages

94. Klaus Mudersbach, Der Gebrauch und die Leistung von logischen Sprachen in den Geisteswissenschaften
   (*The use and performance of logical languages in the humanities*) .. 900

95. Brigitte Falkenburg, Das Verhältnis von formalen Sprachen und verbalen Fachsprachen in den neueren Naturwissenschaften
   (*The relationship between formal languages and natural special languages in modern science*) 910

96.	Magdalena Zoeppritz, Mensch−Maschine−Interaktion: die Struktur und der Gebrauch von Interaktionssprachen *(Man−machine interaction: The structure and use of command languages)*	922

XIII. Fachsprachliche Ausbildung und Fachsprachendidaktik
Special-language training and its didactics

97.	Hans-R. Fluck, Bedarf, Ziele und Gegenstände fachsprachlicher Ausbildung *(Needs, goals and subjects of special-language training)*	944
98.	Rudolf Hoberg, Methoden im fachbezogenen Muttersprachenunterricht *(Methods in subject-specific first language teaching)*	954
99.	Anneliese Fearns, Methoden des fachbezogenen Unterrichts Deutsch als Fremdsprache (DaF) *(Methods in the subject-specific teaching of German as a foreign language)*	961
100.	Werner Hüllen, Methoden im fachbezogenen Fremdsprachenunterricht *(Methods in subject-specific foreign language teaching)*	965
101.	Eva Lavric, Fachsprachliche Fehlerlinguistik *(Error analysis for special languages)*	970
102.	Heribert Picht, Terminologieausbildung *(Terminology training)*	975
103.	Rosemarie Buhlmann, Fachsprachliche Lehrmittelsysteme *(Systems of teaching materials for special languages)*	982
104.	Lothar Hoffmann, Institutionen für die fachsprachliche Ausbildung *(Institutions for special-language training)*	988
105.	Norbert Yzermann, Fachsprachliche Ausbildung in einzelnen Regionen und Ländern *(Special-language training in individual regions and countries)*	994
106.	Reiner Arntz/Rainer Barczaitis, Fachübersetzerausbildung und Fachübersetzungsdidaktik *(The training of translators of special languages and the didactics of special-language translation)*	998
106a.	Susanne Göpferich, Schreiben in der Technik/Technical Writing	1003
107.	Gernot Wersig, Neue berufliche Aufgaben und Berufsbilder *(New vocational opportunities and job descriptions)*	1015

XIV. Beschreibung ausgewählter Fachsprachen I:
deutsche Fachsprachen der Urproduktion und des Handwerks
Description of selected special languages I:
German special languages of primary production and crafts

108.	Dieter Möhn, Die deutschen handwerklichen Fachsprachen und ihre Erforschung: eine Übersicht *(The special languages of German crafts and their investigation: A survey)*	1020
109.	Jürgen Eichhoff, Die niederdeutsche Fachsprache der Reepschläger *(The Low German special language of rope makers)*	1040
110.	Reinhard Goltz, Die niederdeutsche Fachsprache im Fischereiwesen *(The Low German special language of fishing)*	1043
111.	Gerhard Kettmann, Die niederdeutsche Fachsprache der Schifferei *(The Low German special language of shipping)*	1047
112.	Jürgen Meier, Die niederdeutsche Fachsprache der Müllerei *(The Low German special language of milling)*	1051
113.	Wolfgang Kleiber, Die Fachsprache der Fischer an Rhein und Mosel *(The special language of fishers on the Rhine and Moselle)*	1056
114.	Rudolf Post, Die Fachsprache der Maurer im Pfälzischen *(The special language of masons in the Palatinate)*	1063
115.	Heinrich J. Dingeldein, Die Fachsprache der holzverarbeitenden Berufe im Hessischen *(The special language of the wood-working trades in Hesse)*	1069
116.	Roland Mulch, Die Fachsprache der Imker im Südhessischen *(The special language of bee-keepers in South Hesse)*	1077
117.	Wolfgang Kleiber, Die Fachsprache der Winzer unter besonderer Berücksichtigung des Rhein-Mosel-Gebiets *(The special language of winegrowers with particular consideration of the Rhine-Moselle area)*	1083
118.	Ilpo Tapani Piirainen, Die Fachsprache des Bergbaus *(The special language of mining)*	1092
119.	Kurt Dröge, Die Fachsprache der Buchdrucker *(The special language of printers)*	1098
120.	Sigrid Schwenk, Die neuere Fachsprache der Jäger *(The recent special language of hunters)*	1105
121.	Peter Ott, Die Fachsprache der bäuerlichen Landwirtschaft im Schweizerdeutschen (Käserei, Molkerei, Viehzucht) *(The special language of peasant farming in the Swiss-German area (cheese and butter making, cattle breeding))*	1111
122.	Hans Bickel, Die Fachsprache der Fischerei im Schweizerdeutschen *(The special language of fishing in the Swiss-German area)*	1115
123.	Hermann Niebaum, Der Quellenwert von Dialektwörterbüchern für die historische Fachsprachenforschung I: handwerkliche Fachsprachen in den großlandschaftlichen Wörterbüchern der niederdeutschen Dialekte	

	(The source value of dialect dictionaries for historical special-language research I: Special languages of crafts in the large-scale dictionaries of the Low German dialects)	1120
124.	Oskar Reichmann, Der Quellenwert von Dialektwörterbüchern für die historische Fachsprachenforschung II: handwerkliche Fachsprachen in den großlandschaftlichen Wörterbüchern der hochdeutschen Dialekte *(The source value of dialect dictionaries for historical special-language research II: Special languages of crafts in the large-scale dictionaries of the High German dialects)*	1131

XV. Beschreibung ausgewählter Fachsprachen II: technische Fachsprachen des Deutschen und Fachsprachen angewandter Wissenschaften im 19. und 20. Jahrhundert
Description of selected special languages II: Technical special languages of German and special languages of the applied sciences in the 19th and 20th centuries

125.	Jürgen Bast, Technische Fachsprache im Bereich der Gießereitechnik *(Technical special language in the field of foundry practice)*	1146
126.	Khai Le-Hong/Peter A. Schmitt, Technische Fachsprachen im Bereich der Kraftfahrzeugtechnik *(Technical special languages in the field of automotive engineering)* ..	1153
127.	Christiane Unger, Technische Fachsprachen im Bereich der Elektrotechnik. Zur Genese einer wissenschaftlich-technischen Fachsprache — ausgewählte Entwicklungsaspekte *(Technical special languages in the field of electrical engineering. On the origin of a scientific and technical special language — selected aspects of its development)*	1164
128.	Sigurd Wichter, Technische Fachsprachen im Bereich der Informatik *(Technical special languages in the field of computer science)*	1173
129.	Axel Satzger, Die Fachsprache der Verfahrenstechnik *(The special language of chemical engineering)*	1182
130.	Susanne Wendt, Die Fachsprache im Bereich der Wärmetechnik/Feuerungstechnik *(The special language of heat technology/fuel engineering)*	1188
131.	Gerhard Freibott/Katharina Grewe/Ulrich Heid, Technische Fachsprachen im Maschinen- und Anlagenbau — am Beispiel der Fördertechnik *(Technical special languages in mechanical engineering and plant manufacturing as exemplified by haulage engineering)*	1192
132.	Günter Schnegelsberg, Technische Fachsprachen im Textilwesen *(Technical special languages in the textile industry)*	1201

133. Lothar Hums, Technische Fachsprachen im Eisenbahnwesen unter besonderer Berücksichtigung des Eisenbahnbaus
(Technical special languages of railways with particular consideration of railway construction) 1207

134. Kurt Opitz, Die technische Fachsprache der Seefahrt
(The technical special language of shipping) 1211

135. Axel Satzger, Technische Fachsprachen im Bereich der Telekommunikation
(Technical special languages in the area of telecommunication) 1216

XVI. Beschreibung ausgewählter Fachsprachen III: wissenschaftliche Fachsprachen des Deutschen im 19. und 20. Jahrhundert
Description of selected special languages III: Scientific special languages of German in the 19th and 20th centuries

136. Günther Eisenreich, Die neuere Fachsprache der Mathematik seit Carl Friedrich Gauß
(The recent special language of mathematics since Carl Friedrich Gauß) 1222

137. Günther Eisenreich, Die neuere Fachsprache der Physik seit der Mitte des 19. Jahrhunderts
(The recent special language of physics since the middle of the 19th century) 1231

138. Hans F. Ebel, Die neuere Fachsprache der Chemie unter besonderer Berücksichtigung der Organischen Chemie
(The recent special language of chemistry with particular consideration of organic chemistry) 1235

139. Peter E. Fäßler, Die neuere Fachsprache der Biologie seit der Mitte des 19. Jahrhunderts unter besonderer Berücksichtigung der Genetik
(The recent special language of biology since the middle of the 19th century with particular consideration of genetics) 1260

140. Peter Dilg, Die neuere Fachsprache der Pharmazie seit der Mitte des 19. Jahrhunderts
(The recent special language of pharmacy since the middle of the 19th century) 1270

141. Ingrid Wiese, Die neuere Fachsprache der Medizin seit der Mitte des 19. Jahrhunderts unter besonderer Berücksichtigung der Inneren Medizin
(The recent special language of medicine since the middle of the 19th century with particular consideration of internal medicine) 1278

142. Bernd Jean d'Heur, Die neuere Fachsprache der juristischen Wissenschaft seit der Mitte des 19. Jahrhunderts unter besonderer Berücksichtigung von Verfassungsrecht und Rechtsmethodik

Inhalt / Contents   XXIX

	(The special language of the legal sciences since the middle of the 19th century with particular consideration of constitutional law and legal methodology)	1286
143.	Markus Hundt, Neuere institutionelle und wissenschaftliche Wirtschaftsfachsprachen *(The recent institutional and scientific special languages of economy)*	1296
144.	Norbert Müller, Die Fachsprache der Theologie seit Schleiermacher unter besonderer Berücksichtigung der Dogmatik *(The special language of theology since Schleiermacher with particular consideration of dogmatics)*	1304
145.	Dieter Lenzen/Friedrich Rost, Die neuere Fachsprache der Erziehungswissenschaft seit dem Ende des 18. Jahrhunderts *(The recent special language of educational theory since the end of the 18th century)*	1313
146.	Ulrich Dierse, Die neuere Fachsprache der Philosophie seit Hegel *(The recent special language of philosophy since Hegel)*	1321
147.	Thomas Störel, Die Fachsprache der Musikwissenschaft *(The special language of musicology)*	1334
148.	Werner Wolski, Die Fachsprache der Sprachwissenschaft seit den Junggrammatikern *(The special language of linguistics since the Neo-grammarians)* . . .	1341
149.	Andreas Gardt, Die Fachsprache der Literaturwissenschaft im 20. Jahrhundert *(The special language of literary studies in the 20th century)*	1355
150.	Ulrike Haß-Zumkehr, Die Fachsprache der Ökologie im 20. Jahrhundert *(The special language of ecology in the 20th century)*	1363

XVII. Beschreibungen ausgewählter Fachsprachen IV: Institutionensprachen des Deutschen im 19. und 20. Jahrhundert

151. Die politische Fachsprache als Institutionensprache

1. Einleitung
2. Textsorten
3. Lexik
4. Literatur (in Auswahl)

1. Einleitung

Gegenstand dieses Artikels sind fachsprachliche Phänomene, sofern sie an politische Institutionen gebunden sind. Der überwiegende Teil der Lexik der politischen Werbung scheidet damit ebenso aus wie ressortspezifische Lexik (z. B. hydrologische Terminologie in Gewässerschutzgesetzen). Die Spezifik der politischen Fachsprache liegt neben der Lexik im Bereich der Textsorten. In syntaktischer Hinsicht gibt es Stilpräferenzen in Abhängigkeit von der Textsorte.

2. Textsorten

Im Bereich der Textsorten ist zu unterscheiden zwischen
(1) Textsorten, deren Konstitution ausschließlich dem Bereich politischer Institutionen vorbehalten ist,
(2) Textsorten, die charakteristische Varianten genereller Textsorten sind, z. B. Parteiprogramm als politische Ausprägung der Textsorte Programm, in der Organisationen ihre Grundsätze, Ziele und Arbeitsvorhaben zusammenstellen. Ähnlich steht der zwischenstaatliche Vertrag zur Textsorte Vertrag und die Parlamentsdebatte zur Debatte,
(3) Textsorten, die mit Ausnahme des Anwendungsbereichs keine politikspezifischen Ausprägungsmerkmale aufweisen (Geschäftsordnung, Sitzungsprotokoll u. ä.).
Im folgenden werden die Textsorten Gesetz und Parteiprogramm genauer analysiert. Sie sind exemplarisch für unterschiedliche Arten von Fachkommunikation. Das Gesetz gibt sich offen als fachkommunikativ aus, das Parteiprogramm dagegen prätentiert, ein Text „für alle" zu sein, obwohl es primär der Kommunikation zwischen Fachleuten dient.

2.1. Gesetz
2.1.1. Funktion

In Gesetzen erhält der politische Wille der parlamentarischen Mehrheit Geltungskraft. Sie haben die Funktion, in ihrem Geltungsbereich das Verhalten von Menschen zu regeln, und zwar als Normen, die mit rechtsverbindlicher Kraft die Rechte und Pflichten der rechtsunterworfenen Glieder im jeweiligen Sachbereich konstituieren. Die Funktion des Normierens hat zwei Ausprägungen: eine deontische (Müssen/Sollen/Dürfen/Nicht-Dürfen) und eine definitorische (Schema: X im Sinne dieses Gesetzes ist/sind ...). Die sprachstrukturellen Hauptcharakteristika von Gesetzen sind Konsequenzen der Funktionsmerkmale.

2.1.2. Grammatische Stilmerkmale

(1) Folge der Allgemeingültigkeit von Gesetzen ist ein unpersönlicher Stil. Typisch sind das unspezifische Relativpronomen *wer* (Schema: *Wer* x-t, für den gilt ...) sowie der häufige Passivgebrauch mit Agensschwund. Wenn die Norm für jeden beliebigen gilt, der die Handlung vollzieht, ist der Versuch einer Spezifizierung des Handelnden wenig sinnvoll. Agensverzicht findet auch statt, wenn der Agens im Kontext explizit wird. Manchmal findet sich beides nebeneinander:

Ist die Genehmigung nach § 19 erteilt, so darf auf einen Antrag, der innerhalb von drei Jahren seit der Erteilung der Genehmigung gestellt wurde, aus den in § 20 genannten Gründen eine Baugenehmigung für die mit dem Rechtsvorgang bezweckte Nutzung nicht versagt werden. (BBauG § 21, 1).

Der Agens der Antragstellung wird ausgelassen, weil dafür jedes beliebige rechtsfähige

Subjekt in Frage kommt; und wer genehmigt hat wird nicht gesagt, weil kurz zuvor (§ 19, 6) explizit bestimmt worden ist, wer für beide Genehmigungen zuständig ist.

(2) Die Vorherrschaft von Konditionalgefügen oder semantisch äquivalenten Formen ist Manifestation normativer Relationen zwischen bestimmten Bedingungen und deren Rechtsfolgen – oft inklusive Ausnahmebedingungen. Zum Ausdruck hinreichender Bedingungen wird vornehmlich der uneingeleitete Konditionalsatz mit Spitzenstellung des Finitums verwendet. Die Konjunktion *wenn* dient meist dem Ausdruck der logischen und der pragmatischen Modifizierung von Bedingungsverhältnissen, oft in den Kollokationen *nicht wenn, nur (dann) wenn, auch wenn. Wenn*-Sätze kommen so gut wie nie als Einleitungssätze von Satzgefügen vor. Häufig wird das konditionale *sowie, auch insoweit (als)* verwendet, fast nie *falls*, hin und wieder die präpositionale Variante *im Falle*.

(3) Es gibt ein reichhaltiges Repertoire deontischer Ausdrucksformen: *hat zu; ist zu; ist verpflichtet; ist Aufgabe; soll; bedarf; ist (nicht) erforderlich: hat das Recht; wird ermächtigt; kann; darf nicht* usw. Zur Indizierung strikten Geboten-Seins werden vornehmlich *ist zu* und *hat zu* verwendet, nur selten *müssen*. Im Gesetz finden wir den Indikativ von Vollverben oft in direktiver Funktion, z. B. *Die Beiträge werden von der Hochschule kostenfrei für die Studentenschaft eingezogen*, (NRW-WissHG § 78, 4.).

(4) Auch die sonstige Vorherrschaft der 3. Pers. Ind. Präs. dient nicht der Beschreibung vorgegebener Realität, sondern dem Statuieren eines mit dem Gesetz selbst geschaffenen oder ermöglichten Rechtsverhältnisses, z. B.

Angestellte und Arbeiter der Studentenschaft stehen im Dienst der Studentenschaft (NRW-WissHG § 79, 6)

oder der Definition

z. B. *Abfälle im Sinne dieses Gesetzes sind bewegliche Sachen, deren sich der Besitzer entledigen will, oder deren geordnete Beseitigung zur Wahrung des Wohls der Allgemeinheit geboten ist* (Abfallgesetz, § 1, 1).

(5) Die rechtsverbindliche Kraft von Gesetzen macht persuasive Elemente überflüssig. Das rhetorische Mittel der Ausdrucksvariation ist verpönt, weil das Ziel der Rechtssicherheit Eindeutigkeit gebietet. Die Unerheblichkeit ästhetischer Aspekte und die Priorität für Sachorientierung unter den Bedingungen meist hoher Komplexität fördern die Tendenz zum Nominalstil und zu kompakten Blöcken von Nominal- und Präpositionalattributen.

2.1.3. Lexikalische Stilmerkmale

Gesetze markieren die textuelle Schnittstelle zwischen Legislative, Exekutive und Judikative. Dazu kommt ein doppelter Bezug zum Volk: Erstens dient der „Wille des Volkes" als Legitimationsbasis für die Legislative, zweitens sind die Bürger(innen) Adressaten der Gesetze. Mit Blick auf die Bürger(innen) gilt für die Bundesgesetzgeber: *Gesetze müssen sprachlich einwandfrei und sollen soweit wie möglich für jedermann verständlich sein.* (Gemeins. GO der B.-ministerien f. die Gesetzgebung II § 35, Abs. 1). Das entspricht der deutschen Gesetzgebungstradition, möglichst standardsprachliche Lexeme zu verwenden. Das Prinzip der Allgemeinverständlichkeit wird in Parlamentsausschüssen gerne von den Abgeordneten gegen Formulierungsvorschläge der Ministerialbürokratie ins Feld geführt. Dem sind allerdings von zwei Seiten enge Grenzen gesetzt:

(1) Viele Gesetze betreffen Spezialbereiche mit eigener Fachsprache. Hier wäre Verzicht auf ressortspezifische Fachlexik gleichbedeutend mit mangelnder Sachgerechtigkeit und mit Adressatenunfreundlichkeit; denn die Normalrezipienten sind hier Fachleute. Im Gesetzgebungsverfahren verbürgt die Mitwirkung von Fachleuten (parlamentarische Spezialisten, ministerielle Ressortvertreter, Interessenverbände, Fachwissenschaftler) die Berücksichtigung von Ressort-Fachsprache.

(2) Gesetze sollen Rechtssicherheit schaffen. Bei der Übernahme von Lexemen aus der Gemeinsprache – oder auch aus der Fachsprache des zu regelnden Bereiches – wird deren Bedeutung präzisiert im Hinblick auf Gesetzeszweck und Gesetzesanwendung sowie in Übereinstimmung mit der Verwendung in anderen Gesetzen und in der Rechtsprechung. Es sind vor allem die Juristen der Ministerialbürokratie und die Rechtsausschüsse der Parlamente, die das gewährleisten. Für die Strafgesetzgebung hat die Forderung nach sprachlicher Präzision sogar Verfassungsrang. Dem GG (Art. 103, 2: *Eine Tat kann nur bestraft werden, wenn die Strafbarkeit gesetzlich bestimmt war, bevor die Tat begangen wurde*) „entnehmen (die Strafjuristen) ... in seltener Einmütigkeit" u. a. das sog. „Bestimmungsgebot (lex certa)", das besagt: „Der Strafgesetzgeber muß seine Normen so präzise wie möglich formulieren" (Hassemer

1992, 76f.; vgl. auch Schroth 1992, 93ff). Lexeme gewinnen so den Status von „bestimmten Rechtsbegriffen", z. B. *Mord* durch Beschreibung der Tatbestandsmerkmale im StGB oder *Auftrag* durch Definition im BGB.

Daneben ist in Gesetzen allerdings auch Raum für „unbestimmte Rechtsbegriffe" wie *Eignung* oder *Wohl der Allgemeinheit*, deren Ausfüllung der Gesetzgeber nicht zuletzt mit Blick auf sich ändernde Anschauungen und Standards den Rechtsanwendern überläßt. Ein weiterer, charakteristischer Lexemtyp sind die „rechtswissenschaftlichen Begriffe" – „meist Komposita (*Willenserklärung, Rechtsverhältnis*), die aus Elementen der natürlichen Sprache gebildet sind, aber nur fachsprachliche Bedeutung haben. Sie stehen der Gemeinsprache am fernsten und sind in der Regel genau definiert." (Dieckmann 1969, 91)

2.1.4. Aufbau und innere Verweisstruktur

Während der juristische Sprachgebrauch jede Rechtsnorm als *Gesetz* bezeichnet, wird in den politischen Institutionen der Terminus *Gesetz* zur Bezeichnung auch sehr komplexer Gesetzeswerke verwendet. So enthält das *Bundesbaugesetz* in der Fassung vom 25. 8. 1976 eine Fülle von Rechtsnormen, verteilt auf 189 *Paragraphen*, die in 11 *Teile* gruppiert sind, die sich z. T. wiederum in *Abschnitte* untergliedern. Vorrangig herrschen die Aufbauprinzipien „Vom Allgemeinen zum Besonderen" und „Das sachlogisch Vorauszusetzende vor dem sachlogisch Folgenden". Alle Gliederungseinheiten sind mit Ziffern und einer knappen Überschrift versehen. Paragraphen werden durch bezifferte Absätze untergliedert, innerhalb derer wiederum Untergliederung durch Ziffern oder Buchstaben möglich ist. Querverweise erfolgen durch Angabe von Paragraphen-, Absatz- und Satzziffern.

2.1.5. Intertextualität

Gesetze weisen vielfältige intertextuelle Bezüge auf. Häufig sind Bezugnahmen auf andere Gesetze oder das Grundgesetz, z. B.

Die Grundrechte auf körperliche Unversehrtheit und Freiheit der Person (Artikel 2 Abs. 2 des Grundgesetzes), des Briefgeheimnisses (Artikel 10 des Grundgesetzes) und der Unverletzlichkeit der Wohnung (Artikel 13 des Grundgesetzes) werden nach Maßgabe dieses Gesetzes eingeschränkt. (Abgabenordnung 1977, § 413).

Solche Verweise finden sich gehäuft in den Schlußvorschriften. Oft dienen Verweise dazu, den Definitionshintergrund für einen „bestimmten Rechtsbegriff" zu markieren, z. B.

Studienbewerber, die nicht Deutsche im Sinne des Artikels 116 des Grundgesetzes sind, können ... als Studenten eingeschrieben werden, wenn sie ... (NRW-WissHG § 68, 1).

Für politisch Informierte ist vor allem in den Anfangsparagraphen, wo *Aufgaben, Grundsätze* oder *Zielsetzung* formuliert sind, der implizierte Bezug zu Parteiprogrammen und ähnlichen Texten manchmal unübersehbar. Im 1976 verabschiedeten BBauG § 1, Abs. 6, Satz 1 (*Die Bauleitpläne sollen eine geordnete städtebauliche Entwicklung und eine dem Wohl der Allgemeinheit entsprechende sozialgerechte Bodennutzung gewährleisten und dazu beitragen, eine menschenwürdige Umwelt zu sichern*) erfolgt die Verknüpfung über die Schlagwörter *sozialgerechte Bodennutzung* (ein zentraler Begriff der damaligen Auseinandersetzung um ein neues Bodenrecht) und *menschenwürdige Umwelt* (ein Fahnenwort der beginnenden umweltpolitischen Diskussion).

Das volle Maß der Intertextualität von Gesetzen wird allerdings erst deutlich in der diachronischen Perspektive. Das gilt für die Produktionsphase in den politischen Institutionen und mehr noch für die Anwendungsphase in Exekutive und Rechtsprechung. Das parlamentarische Gesetzgebungsverfahren ist ein vielfach vernetzter multiauctorialer Textkonstitutionsprozeß. Erst im Moment der Verabschiedung gewinnt das Gesetz textuelle Eigenständigkeit. Bis dahin ist es Teil eines Gesetzentwurfs, der aus Gesetz plus schriftlicher Begründung besteht. Und auch der ist in wichtigen Phasen des Verfahrens Teil größerer Textkomplexe mit dem Gesetz (in vorläufiger Fassung) als Bezugszentrum. So wird im Standardfall (Gesetzesinitiative durch die Bundesregierung) dem Bundestag der Gesetzentwurf als Teil eines Textkomplexes zugeleitet, der neben dem Gesetz und seiner Begründung folgende obligatorische Bestandteile enthält: ein Vorblatt mit Informationen zu *Zielsetzung, Lösung, Alternativen* und *Kosten*, die Stellungnahme des Bundesrates, die Gegenäußerung der Bundesregierung dazu sowie ein Begleitschreiben der Bundesregierung an den Bundestagspräsidenten. (Vgl. Klein 1991, 252ff.)

In der Anwendungsphase fungieren Gesetze als Bezugstexte für vielerlei administrative und juristische Texte: in der Exekutive für Ausführungsbestimmungen, Erlasse etc., in der Justiz für Urteile und andere Prozeß-Texte verschiedener Art, für Gesetzeskommentare und — in der juristischen Wissenschaft — als „Zentrum eines gigantischen Betriebes, um die Bedeutung sprachlicher Zeichen" (Hassemer 1992, 72). Aber auch in politischen Institutionen haben verabschiedete Gesetze häufig eine intertextuelle Nachgeschichte: von „nachkartenden" Wahlkampftexten bis zu den Vorbereitungstexten für die nächste Novellierung.

2.2. Parteiprogramm

2.2.1. Funktion in der Fachkommunikation

Fachsprachlichkeit zeichnet sich durch zwei Merkmale aus:

(1) Sie dient primär der Kommunikation zwischen Fachleuten.
(2) Es ist ein Code vorhanden, in dem fachspezifische Sachkenntnisse auf eine Weise encodiert werden, die in vollem Umfang nur Fachleuten verständlich ist.

Das bedeutet meist: Es dominieren Fachlexik und/oder fachsprachliche Bedeutungsspezifizierung gemeinsprachlicher Lexeme — und damit Deskriptivität, Merkmalreichtum, Eindeutigkeit und Präzision. Bei der Textsorte Parteiprogramm treffen die beiden Merkmale der Fachsprachlichkeit zu. Doch vor allem Grundsatzprogramme — daneben gibt es Aktions- und Wahlprogramme — zeichnen sich durch gemeinsprachliche Lexik aus und durch normativ und emotiv geprägte Schlagwörter, die den Vorwurf begrifflicher Unklarheit provozieren. Dennoch fehlt dieser Textsorte die primäre Ausrichtung auf Nicht-Fachkundige. Fast nur „Spezialisten studieren solche Programme"; und die Parteien wissen dies (Hermanns 1989, 115; auch Schönbohm 1974, 18). Ein Parteiprogramm wird primär durch Kommissionen von Fachleuten formuliert, die wissen, daß vor allem Fachleute in Politik, Medien und Interessenverbänden Leser sein werden, um es auszuwerten als Basis für Gesetzesinitiativen, Steinbruch für Werbetexte, Bezugstext für Kommentare etc. Dabei gibt es einen Code, den Autoren wie Rezipienten verwenden. Er ermöglicht es z. B., trotz Katalogcharakter unterschiedliche Prioritäten und Ernsthaftigkeitsgrade und trotz Prätention, „mit einer Stimme" vorgetragen zu werden, die Polyphonie des Textes (Hermanns 1991, 250) zu erkennen.

Man muß wissen, wo innerparteiliche Konfliktlinien liegen, welche Bedeutung der politische Gegner als Konkurrent und „böswilliger Leser" (Hermanns 1989, 118) hat — und man muß die textstrukturellen und lexikalischen Indikatoren kennen.

2.2.2. Fachkommunikative Bedeutung von Textsortenmerkmalen

Merkmale von Parteiprogrammen, vor allem Grundsatzprogrammen, sind Katalogstil, Bekenntnisse zu Selbstverständlichkeiten, Kompromiß-Formulierungen, kalkulierte Ambivalenz, impliziter Gegnerbezug und ostentative Nicht-Erwähnungen — sämtlich mit fachkommunikativer Bedeutung. Im folgenden werden einige Regeln expliziert, die für die Konstitution dieser Merkmale in Grundsatzprogrammen verantwortlich sind.

(1) Katalogstil und deontische Selbstverständlichkeiten. Viel kritisiert werden „Warenhauskatalog"-Charakter und „Phrasenhaftigkeit" (d. h. Bekenntnisse zu Werthaltungen, die Allgemeingut sind, sog. deontische Selbstverständlichkeiten, vgl. Hermanns 1989, 74 ff und 113 f). Beides ist die Konsequenz aus zwei Regeln, die politischen Laien meist nicht klar sind:

Regel 1: Unterläßt man es, sich zu einer potentiellen Wählergruppe und deren vorrangigen Forderungen zu äußern, so ist mit dem Vorwurf zu rechnen, die Partei interessiere sich nicht für die Anliegen dieser Gruppe.
Regel 2: Bekennt man sich in einem Grundsatzprogramm nicht zu den Überzeugungen, die für alle oder die meisten selbstverständlich sind, so besteht die Gefahr, daß der politische Gegner daraus den Verdacht ableitet, daß man sie nicht teile.

(2) Kompromiß-Formulierungen.. Brisant wird die Formulierung eines Kompromisses u. a. dann, wenn der Konflikt um eine Forderung geht, die unauflösbar mit einem Reizwort verknüpft ist. Reizwörter sind prestigebesetzt, und zwischen ihrem Vorhandensein und Nichtvorhandensein gibt es keinen Mittelweg. Nach welchen Regeln hier ein Kompromiß formuliert werden kann und wie dies von Fachleuten verstanden wird, dafür ein Beispiel aus dem CDU-Grundsatzprogramm (1978):

82. Zur Erreichung der Vollbeschäftigung müssen alle geeigneten Maßnahmen ausgeschöpft werden. Maßnahmen zur Arbeitszeitverkürzung müssen im Einklang stehen mit dem wirtschaftlichen Wachstum und der Vollbeschäftigung. (CDU o. J. 177).

Während sich das für fachunkundige Leser primär als Bekenntnis zum Vollbeschäfti-

151. Die politische Fachsprache als Institutionensprache

gungsziel mit Erwähnung eventueller Maßnahmen zur Arbeitszeitverkürzung liest, lesen fachkundige Leser die Passage als Kompromiß nach harten Auseinandersetzungen zwischen linkem Flügel und Wirtschaftsflügel mit dem Reizwort *Arbeitszeitverkürzung* im Mittelpunkt. Die Deutung basiert auf zwei Regeln:

Regel 3: Aufnahme oder Nicht-Aufnahme eines umkämpften Reizwortes in ein Parteiprogramm ist ein Zeichen dafür, wer im innerparteilichen Konflikt gewonnen hat.

Nach Regel 3 hätte sich der linke Flügel durchgesetzt. Denn der Text enthält das von ihm geforderte Reizwort. Doch ist auch Regel 4 zu beachten.

Regel 4: Wenn ein Reizwort nicht an zentraler Stelle und nicht im Modus der Forderung verwendet wird, sondern in unauffälliger Position und im Modus der Geltungsbeschränkung, dann wird damit gezeigt, daß dem vom Reizwort bezeichneten Konzept nur ein geringer Stellenwert beigemessen wird.

Nach dieser Regel ist das Reizwort so entschärft, daß auch der Wirtschaftsflügel damit leben konnte.

Ein anderes Beispiel dafür, wie scheinbar harmlose Formulierungen für Fachleute Zeichen höchster Konfliktbrisanz sind, enthält im selben Programm Artikel 79 zur Unternehmensmitbestimmung der Arbeitnehmer:

Wir wollen ein neues Unternehmensrecht auf der Grundlage der Hamburger Parteitagsbeschlüsse des Jahres 1973. (CDU o. J., 170).

Dieser 5 Jahre zuvor getroffene Beschluß fordert ein *neues Unternehmensrecht ... auf der Grundlage der Parität* (CDU o. J., 207), d. h. eine Form der sog. „paritätischen Mitbestimmung" mit einem Gleichgewicht zwischen den Vertretern von „Kapital" und „Arbeit". Was sich für nicht fachkundige Leser als Hinweis auf einen Beschluß liest, den man nicht mehr eigens zu verabschieden braucht, weil er früher schon verabschiedet wurde, bedeutet für fachkundige etwas anderes. Sie wissen – vor allem 1978 –, daß die Mitbestimmungsfrage jahrelang den Hauptkonfliktpunkt zwischen linkem Flügel und Wirtschaftsflügel der CDU bildete, der 1973 gegen den linken Flügel, insbesondere die sog. „Sozialausschüsse", entschieden worden war, allerdings mit dem Trostpflaster eines in unbestimmter Zukunft noch zu entwickelnden *neuen Unternehmerrechts ... auf der Grundlage der Parität* (s. o.). Sie wissen ferner, daß die Rücknahme dieses minimalen Pro-Paritäts-Beschlusses bei den Sozialausschüssen erhebliche Wunden geschlagen und der CDU in der Öffentlichkeit den Vorwurf der „Arbeitnehmerfeindlichkeit" eingebracht hätte. Und sie kennen folgende Regeln der Programmkonstitution:

Regel 5: Texte mit uneingeschränkter Programmgeltung gehören in den Programmtext.
Regel 6: Der Beschluß, einen früheren Beschluß in ein Parteiprogramm aufzunehmen, stellt eine Bekräftigung des Beschlusses dar.

Daher lautet die fachkundige Lesart: Die Mehrheit in der CDU wollte keine Bekräftigung eines Beschlusses mit Aussicht auf paritätische Mitbestimmung, scheute aber die offene Zurücknahme und schwächte die Geltung dadurch ab, daß sie lediglich auf ihn verwies.

(3) Kalkulierte Ambivalenz. Während Kompromisse Abstriche an zwei konfligierenden Positionen beinhalten und die Kunst der Programmformulierung darin besteht, für schlechter Weggekommene den Gesichtsverlust gering zu halten, ohne für Fachleute zu verwischen, wer besser abgeschnitten hat, dient strategisch ambivalentes Formulieren meist dazu, tendenziell unvereinbare Positionen als vereinbar darzustellen. Im Berliner Grundsatzprogramm der SPD (1989) heißt es:

Wir bejahen die Bundeswehr und die Wehrpflicht

und drei Sätze weiter

Wir achten das Engagement von Pazifisten ... Sie haben einen legitimen Platz in der SPD (SPD 1990, 13).

Für fachkundige Leser sind solche Formulierungen die Konsequenz aus einer weiteren Regel.

Regel 7: Wenn zwei Gruppen, deren Positionen miteinander unvereinbar sind, beide für die Partei wichtig sind, ist das Verhältnis zu beiden positiv zu formulieren, ohne auf deren Unvereinbarkeit näher einzugehen.

Für die kalkulierte Ambivalenz zentraler Programmbegriffe ist die Verwendung des Schlagwortes *demokratischer Sozialismus* im Godesberger Programm der SPD (1959) ein Beispiel. Dort schwenkte die SPD in vier wichtigen Punkten auf die Linie der CDU ein: Ja zu Marktwirtschaft, Bundeswehr und Kirchen sowie Umorientierung von der Arbeiter- zur Volkspartei. Gleichzeitig bekennt sie sich ostentativ zum *demokratischen Sozia-*

lismus — eine Bezeichnung, mit der die SPD vordem ihre planwirtschaftliche, neutralistisch-pazifistische, kirchenferne Orientierung als Arbeiterpartei bezeichnet hatte (vgl. Hermanns 1989, 88 und 134). Wer weder die Geschichte der SPD kennt noch die Strategien der politischen Semantik, wird *demokratischen Sozialismus* hier verstehen als zusammenfassende Bezeichnung für die im Programm entwickelten Vorstellungen. Wer folgende Regeln der Programmkonstitution kennt, entdeckt mehrere Lesearten.

Regel 8: Wenn eine Partei ihre Programmatik einschneidend verändert und ihre Zielgruppen erweitert, ist es im Hinblick auf traditionsorientierte Mitglieder notwendig, im Programm Symbole der Traditionswahrung zu formulieren.

Regel 9: Festlegungen zu politischen Zentralfragen haben stärkeres Gewicht als Bekenntnisse auf der Ebene abstrakter Begriffe mit symbolischem Wert.

Fachleute erkennen in der Verwendung des Begriffs *demokratischer Sozialismus* im Godesberger Programm drei Funktionen:

(i) Bezeichnung der dort formulierten Politik und damit den Versuch, für den Traditionsbegriff eine neue Bedeutung zu etablieren,
(ii) Vager, emotiv geladener Identifikationsbegriff für Traditionsmitglieder,
(iii) Hoffnungsmarke für linke Minderheiten in der SPD, den Traditionsbegriff später wieder mit klassisch-sozialistischer Programmatik füllen zu können.

(4) Implizierter Gegnerbezug. Anders als die politische Werbung enthalten Parteiprogramme selten direkte Bezugnahmen auf Konkurrenzparteien. Dennoch versteht ein Parteiprogramm nur adäquat, wer folgende Regel beachtet:

Regel 10: Parteien formulieren Programme auch mit Blick und mit implizierter Bezugnahme auf Politik und Programm ihrer Hauptkonkurrenten.

Das betrifft politische Handlungsvorschläge ebenso wie die zentralen Programmbegriffe. (Vgl. Ballnuß 1996) So ist der zentrale bildungspolitische Programmbegriff der CDU *Chancengerechtigkeit* gebildet worden — und soll gelesen werden — als Kontrastbegriff zum SPD-Programmwort *Chancengleichheit*. Bei Hochwertbegriffen wie *Freiheit* spielt sich die Rivalität als Bedeutungskonkurrenz ab. So will die SPD mit ihrer stärker auf soziale Zusammenhänge referierenden Deutung von *Freiheit* im Kontrast mit wirtschaftsliberalen Deutungen in FDP- und z. T. in CDU-Programmen wahrgenommen werden.

(5) Nicht-Erwähnung. Was nicht erwähnt wird, kann — so das Alltagsverständnis — nicht Bestandteil eines Textes sein. Für Fachkundige aber bedeutet Nicht-Erwähnung manchmal ein Textsignal, das nach Regel 11 interpretiert wird.

Regel 11: Wenn etwas, das bisher ein zentraler Bestandteil der Politik oder Tradition einer Partei war, im Programm nicht erwähnt wird, soll dies als ostentatives Zeichen starker Distanzierung verstanden werden.

So fällt Fachkundigen im Godesberger Programm der SPD auf — und soll auffallen —, daß die Wörter *Marx, Marxismus* und *marxistisch* nicht ein einziges Mal vorkommen, obwohl ausführlich auf die Geschichte sozialdemokratischen Gedankengutes eingegangen wird (vgl. Hermanns 1989, 86).

3. Lexik

3.1. Abgrenzung

Im politischen Wortschatz mischen sich Institutionenvokabular und Ressortvokabular — beide fachsprachlich geprägt — mit nichtfachsprachlichem Ideologievokabular und allgemeinsprachlichem Vokabular. Hier soll ausschließlich der Fachwortschatz, der die Institutionen der Politik selbst betrifft, behandelt werden. Texte, in denen die fachsprachliche Lexemverwendung normiert wird, sind vor allem Grundgesetz und Landesverfassungen, Gesetze (z. B. das Parteiengesetz), Geschäftsordnungen der Verfassungsorgane und Statuten der Parteien. Zu unterscheiden ist zwischen Lexemen,

(1) die einem sektoral unspezifischen Vokabular angehören und erst im Kontext einen politisch-institutionellen Bezug erhalten, z. B. *Beteiligung, oberste, beschließen*,
(2) die typisch sind für die Domäne des Institutionellen überhaupt, wie *Weisung, zuständig, Antrag*,
(3) die zwar ein breiteres Verwendungsspektrum haben, bei denen der politische Bezug aber prototypisch ist, z. B. *Abstimmung, demokratisch, wählen*,
(4) die ausschließlich für politische Sachverhalte verwendet werden, wie *Überhangmandat, kommunal, ratifizieren*.

3.2. Gliederung nach Sachkategorien

3.2.1. Ebenenprinzip

Während in vielen Fachterminologien das Prinzip der Klassentaxonomie vorherrscht (Subklassifikation von Gattungen in Arten,

151. Die politische Fachsprache als Institutionensprache

von Arten in Unterarten etc.), ist die politisch-institutionelle Lexik des gegenwärtigen Deutschen geprägt vom Prinzip tendenziell paralleler Strukturebenen. Dies ist der lexikalische Reflex des bundesstaatlichen Aufbaus, bei dem sich die Strukturen auf Bundes-, Landes-, Kreis- und Gemeindeebene − grob betrachtet − wiederholen. Darum treten die Lexeme *Bund, Land, Kreis* und *Gemeinde* in den Determinativkomposita der politisch-institutionellen Lexik besonders häufig als spezifizierende Glieder auf (*Bundeshaushalt, Landeshaushalt, Kreishaushalt, Gemeindehaushalt*). Der Aufbau der staatlichen Ebenen ist allerdings nicht streng parallel. So hat es nicht nur mit historischen Bezeichnungstraditionen zu tun, sondern ist auch sachlich motiviert, wenn z. B. zu *Bundeskanzler* die Parallelbildungen *Landeskanzler* usw. fehlen und die jeweiligen Spitzenpositionen vornehmlich *Ministerpräsident, Landrat* und *(Ober-)Bürgermeister* lauten und wenn Bundestag und Landtage *Gesetze*, Kreistage und Gemeinderäte *Satzungen* beschließen.

3.2.2. Einteilung nach Kategorien der Institutionalität

Unter dem Aspekt der Institutionalität läßt sich der politische Wortschatz vor allem einteilen in

(1) Bezeichnungen und Namen für staatliche und politische Organisationsformen und deren Untergliederungen (Bezeichnungen: *Bundesstaat, Fraktion, Enquête-Kommission*. Namen: *Europäische Union (EU), Bundesverfassungsgericht, Arbeitnehmergruppe der CDU/CSU-Bundestagsfraktion*)
(2) Bezeichnungen für staatliche und politische Rollen und Positionen (*Mandat, Bundestagspräsident(in), Verfassungsrichter(in), Wehrbeauftragter, Mitglied des Landtages, Parteitagsdelegierter*).
(3) Bezeichnungen und Namen für kodifizierte Normierungen (Bezeichnungen: *Verfassung, Gesetz, Parteiprogramm*. Namen: *Internationales Zoll- und Handelsabkommen GATT, Berufsbildungsgesetz, Organisationsstatut der SPD*)
(4) Bezeichnungen für politikspezifische Handlungen (*Bundestagswahl, Ratifizierung, Bürgeranhörung*)
(5) Bezeichnung für Rechtsverhältnisse (*bundeseinheitlich, Gewaltenteilung, Immunität der Abgeordneten*)
(6) Bezeichnungen für zeitlich oder räumlich bestimmte Sachverhalte und physikalische Gegenstände in politisch-institutioneller Funktion (*Legislaturperiode, Bundeshaus, Wahlurne*)

3.2.3. Parteispezifik

Der Aufbau der Parteien in der Bundesrepublik Deutschland ist an der staatlichen Ebenenstruktur orientiert. Dennoch ist das Vokabular zur Bezeichnung vergleichbarer Organe und Funktionen nicht einheitlich. So werden die unteren Ebenen bei CDU und SPD unterschiedlich bezeichnet (CDU: 1. *Stadt-, Gemeinde-* oder *Stadtbezirksverband* 2. *Kreisverband*; SPD: 1. *Ortsverein* 2. *Unterbezirk*). Die einander entsprechenden Ämter an der Spitze des Parteiapparates tragen bei CDU und FDP die Bezeichnung *Generalsekretär*, bei der SPD *Bundesgeschäftsführer* und bei Bündnis 90/Die Grünen: *politische(r) GeschäftsführerIn*.

Parteipolitische Spezifik zeigt sich primär im Ideologievokabular, hat aber auch Reflexe im Institutionenvokabular.

In der CDU gibt es entsprechend ihrem *Volkspartei*-Konzept eine Untergliederung in *Vereinigungen*, die primär sozialen und sozioökonomischen Kriterien folgt, die in den Namen ihren Niederschlag finden:

Junge Union, Christlich-Demokratische Arbeitnehmerschaft, Frauen-Union, Kommunalpolitische Vereinigung, Mittelstandsvereinigung, Wirtschaftsvereinigung, Ost- und Mitteldeutsche Vereinigung (Union der Vertriebenen und Flüchtlinge), Senioren-Union (CDU 1993, Statut § 38).

Eine mit Abstrichen ähnliche Gliederung findet sich lediglich bei der SPD. Während bei der CDU in der Lexik keine Vorzugsstellung einer Gruppe erkennbar ist, ist in der SPD − über die Tatsache hinaus, daß sich unter ihren *Arbeitsgemeinschaften* auch die *Arbeitsgemeinschaft für Arbeitnehmerfragen* befindet − eine Priorität für Parteiarbeit in den Betrieben institutionalisiert. Lexikalischer Reflex sind die Bezeichnungen *betriebliche Vertrauensarbeit, Betriebsorganisation, Betriebsgruppenkonferenz* und *Betriebsvertrauensleute*. Sie stammen aus der Gewerkschaftstradition, wie auch die Bezeichnung *Funktionär(in)* für Mitglieder mit Parteiamt (SPD 1994, Organisationsstatut § 9a und § 11). Bei Bündnis 90/Die Grünen hebt ein als *Frauenstatut* bezeichneter Anhang zur Satzung die Frauen hervor. Charakteristische Lexeme sind dort:

Bundesfrauenreferat, Bundesfrauenreferentin, Frauenabstimmung, frauenöffentlich, Frauenrat, Lesbenpolitik, Mindestparität, Mindestquotierung. (Grüne 1993. Satzung § 10 und Anhang).

Weitere Besonderheiten bei dieser Partei: Die Satzung verwendet die Bezeichnungen *Ortsverband* und *Basisgruppe* − verknüpft durch ein vages *bzw.* − quasi synonym (ebenda § 8f), und im *Grundkonsens*, einer Art Grundsatzprogramm, werden für Träger *in-*

nerorganisatorischer Willensbildung Bezeichnungen verwendet, die in der offiziellen Organisationslexik anderer Parteien tabu sind: *Politische Flügel, Kreise oder Strömungen* (ebenda, Grundkonsens § 66).

3.3. Wortarten, Komposita, Wortgruppen

3.3.1. Substantive, Substantivkomposita, Substantivfügungen

Der größte Teil der politisch-institutionellen Lexik besteht aus Substantiven oder aus Wortgruppen in fester Fügung mit Substantiven als Kern. Es überwiegen Determinativkomposita. Nur wenige Einfach-Lexeme, vorwiegend Internationalismen, sperren sich gegen kompositionelle Verwendung: *Aussprache, Deutschland, Demokratie, Indemnität, Inkompatibilität, Immunität, Judikative, Legislative, Lesung*. Spezifizierung findet hier über Attribut-Kollokation statt, z. B. *Dritte Lesung, Immunität der Abgeordneten, Schluß der Aussprache*. Manchmal werden Komposita mit entsprechender Adjektivform als Bestimmungswort gebildet: *Exekutiv-* zu *Exekutive, Kommunal-* zu *Kommune, Plenar-* zu *Plenum*. Besonders häufige Kompositionselemente sind:

Abgeordneter, Abkommen, Abstimmung, Amt, Anhörung, Anstalt, Antrag, Anzeiger, Ausschuß, Beauftragter, Begehren, Behörde, Beratung, Berechtigung, Bericht, Beschluß, Beteiligung, Bewerber, Bezirk, Botschaft(er), Bund, Bürger, Bürgerschaft, Debatte, Delegierter, Dienst, Drucksache, Ebene, Enquête, Entwurf, Erklärung, Fach, Finanz(en), Frauen, Fraktion, Gemeinde, Gemeinschaft, Gericht, Gesetz, Gremium, Grund, Haushalt, Hearing, Justiz, Kabinett, Kandidat, Kanzler, Koalition, Kommission, Körperschaft, Kreis, Land, Leiter, Liste, Magistrat, Mandat, Mehrheit, Minderheit, Minister, Ministerium, Mitglied, Notstand, Novelle, Ordnung, Organ, Opposition, Parlament, Partei, Petition, Plan, Politik, Präsident, Präsidium, Programm, Protokoll, Quote, Rat, Recht, Regierung, Reich, Republik, Richtlinie, Satzung, Schutz, Statut, Steuer, Stimme, -tag, Verband, Verbindung, Verbot, Verfassung, Vereinigung, Vermittlung, Verordnung, Versammlung, Verteilung, Vertrag, Vertrauen, Vertreter, Vertretung, Verwaltung, Verzeichnis, Volk, Vorlage, Vorsitzender, Votum, Wahl, Wähler, Wehr.

Dieser lexikalische Grundbestand wird auf vielfache Weise kombiniert zu politischen Termini, teils untereinander (*Gesetzesvorlage, Landesliste, Wählerverzeichnis*) teils mit Lexemen, die nur selten kompositional verwendet werden (*Enthaltung/Stimmenthaltung, Veto/Veto-Recht, Überhang/Überhangmandat*).

Die große Zahl der Komposita erklärt sich aus der Notwendigkeit, Organisationseinheiten, Positionen, Normen, Handlungen, Rechtsverhältnisse und Dinge auf lexikalisch kompakte Weise aufeinander zu beziehen (*Rechtsstaat, Bürgerbeteiligung, Stimmzettel*) und sie zu spezifizieren hinsichtlich der politischen Ebene (*Bundes-, Landes-, Kreisparteitag*) oder des Sachbereichs und der Funktion (*Haushalts-, Wirtschafts-, Finanzdebatte*). Bei mehrdimensionaler Spezifizierung sind auch dreigliedrige Komposita üblich (*Bundesverfassungsgericht, Kreiswahlleiter, Parteiausschlußverfahren*). In besonders formalen Texten werden stattdessen oft Substantivgruppen in fester Fügung verwendet, z. B. *Bundesminister der Finanzen* statt *Bundesfinanzminister, Präsident des Deutschen Bundestages* statt *Bundestagspräsident*.

Viergliedrige Komposita (*Landeswahlleitungsorgane*) sind selten — mit Ausnahme der Namen für Gesetze, Verordnungen u. ä. (*Städtebauförderungsgesetz, Bundeswahlgeräteverordnung, Bundesraumordnungsprogramm*). Meist sind dies Kurzformen für mehrgliedrige Nominalgruppen, z. B. *Städtebauförderungsgesetz* für *Gesetz über städtebauliche Sanierungs- und Entwicklungsmaßnahmen in den Gemeinden*. Als schriftliche Zitierform für Gesetze sind Abkürzungen üblich, hier *StBauFG*.

3.3.2. Adjektive

Es gibt nur wenige Einfach-Adjektive mit ausschließlich oder prototypisch politisch-institutioneller Bedeutung fachsprachlichen Charakters wie *föderal, föderativ, gesetzlich, kommunal, konsularisch, ministeriell, parlamentarisch, republikanisch*. Manche Adjektive werden zwar primär politisch, aber meist alltagssprachlich vage verwendet (*demokratisch, politisch, sozial*), oder sie werden primär in ideologischer Bedeutung mit entsprechend starken deontischen und konnotativen Komponenten gebraucht (*extremistisch, faschistisch, liberal*). Soweit sie überhaupt primär fachsprachlich verwendet werden, geschieht dies in attributiver Kollokation (*sozialer Rechtsstaat, freiheitlich demokratische Grundordnung, Sozialistische Internationale*) oder in Komposita (*außen-, frauen-, umweltpolitisch*).

Wie die Substantive sind auch die meisten politisch-fachsprachlich verwendeten Adjektive Komposita. Einige der o. g. Adjektive werden auch in Komposita verwendet (*außerparlamentarisch, landesgesetzlich*). Vor allem aber werden Adjektivkomposita mit Substantiven als spezifizierenden Gliedern gebildet, die auch im Substantivkomposita häufig zu finden sind (vgl. 3.3.1.): *bundeseinheitlich, kreisfrei, verfassungsändernd.*

Auch nicht genuin politische Adjektive können attributiver Teil fester Fügungen sein (*federführender Ausschuß, Konstruktives Mißtrauensvotum, mit verdecktem Stimmzettel*), deren politisch-institutionelle Bedeutung primär durch die Bedeutung des Substantivs motiviert ist. Selten umfassen sie mehr als ein attributives Adjektiv, z. B. *freiheitliche demokratische Grundordnung* (GG Art. 21). Bemerkenswert ist, daß die Bezeichnung für das grundlegende Verfahren in der politischen Ordnung der Bundesrepublik Deutschland aus einer festen Fügung mit fünf attributiven Adjektiven besteht: *allgemeine, unmittelbare, freie, gleiche und geheime Wahl.* (GG Art. 28 und Art. 38). Wegen der Relevanz des Sachverhalts werden alle unverzichtbaren Merkmale explizit, überschaubar und in einem Zug ausformuliert.

In Fügungen, in denen weder das Adjektiv noch das Substantiv von sich aus eine politisch-institutionelle Bedeutung eindeutig motivieren, ergibt sich diese erst in der Fügung und ihrer habituellen fachsprachlichen Verwendung, z. B. *mit beratender Stimme, öffentliche Belange, vollziehende Gewalt.* Öfter bezeichnen solche Fügungen institutionelle Verfahren und werden dann orthographisch wie Namen behandelt: *Aktuelle Stunde, Große Anfrage, Konzertierte Aktion.* Echte Namen dieses Fügungstyps sind z. B. *Auswärtiges Amt, Europäische Union* und *Christlich Soziale Union.* In Parteinamen pflegen attributive Adjektive auf ideologische Orientierungen hinzuweisen. Eine Besonderheit stellt der Parteiname *Die Grünen* dar. Formal ein substantiviertes Adjektiv spielt der Name an (1) auf die umgangssprachliche Tradition, Parteien eine Farbe zuzuordnen, z. B. CDU/CSU als *die Schwarzen* zu bezeichnen, (2) auf die ökologische Orientierung mit Grün als Symbolfarbe für Natur.

3.3.3. Verben

Außer *novellieren* und *ratifizieren* gibt es kein ausschließlich in der politisch-institutionellen Fachsprache gebräuchliches Verb. Das gemeinsprachlich gebräuchliche Verb *regieren* ist als fachsprachlicher Begriff unüblich (stattdessen z. B. *die Richtlinien der Politik bestimmen*). Auch − aber nicht nur − fachsprachlich üblich sind: *abstimmen, debattieren, kandidieren, koalieren, wählen* mit Referenz auf demokratisch-parlamentarische Akte sowie *amtieren* und *erlassen* mit Bezug auf eher exekutive Gegebenheiten. Angesichts der hohen Resistenz von Verben gegen Kompositumbildung erfordert eindeutiger politischer Bezug bei anderen fachsprachlich verwendeten Verben eine feste Verbindung mit einem nominalen oder präpositionalen Glied (*den Bundestag auflösen, einen Gesetzesentwurf einbringen, in die Aussprache eintreten*).

Tendenzen zur Nominalisierung von Verben sind vorhanden, allerdings weniger als z. B. in der Behördensprache. Systematischer Wechsel zwischen Verben und nominalen Entsprechungen findet sich in Geschäftsordnungen zwischen Paragraphen-Überschrift (Nomen) und Paragraphentext (Verb), so in der Bundestags-GO: § 2 *Wahl/wählen*, § 15 *Anfechtung/anfechten*, § 16 *Akteneinsicht/Akten einsehen*, etc.

In semantischer Hinsicht bezeichnen die Verben und Verb-Kollokationen überwiegend kommunikative Verfahren und institutionelle, z. T. deklarative Sprechakte. Anders als die entsprechenden Alltagssprechakte schaffen sie institutionsspezifische Geltungsverhältnisse bezüglich institutionsspezifischer Sachverhalte; ihr Vollzug setzt institutionsspezifische Zuständigkeiten voraus.

3.4. Informelle Fachlexik

Im Vergleich zur Lexik der Textsorten Gesetz, Geschäftsordnung, Statut, in denen förmlicher Stil dominiert, gibt es in weniger formeller, vor allem mündlicher Fachkommunikation Besonderheiten, die sich oft auch im journalistischen und/oder allgemeinen Sprachgebrauch finden:

(1) Kurzformen von Institutionsnamen (*Kanzler* statt *Bundeskanzler, Treuhand* statt *Treuhandanstalt*).
(2) Namensabwandlungen, oft mit Kürzung verbunden (*Christdemokraten, sozial-liberale Koalition*).
(3) Traditionelle statt offizieller Bezeichnungen (*Volksvertreter* statt *Abgeordneter, Godesberger Programm* statt *Grundsatzprogramm der SPD (1959)*). Eine Kuriosität stellt das Wort *Hammelsprung* dar. Es ist die traditionelle fachkommunikative Bezeichnung für ein bestimmtes Abstimmungsverfahren (Die Abgeordneten betreten, nachdem sie den Sitzungssaal zunächst verlassen haben, diesen wieder, und zwar je nachdem, ob sie mit Ja, Nein oder Enthaltung stimmen, jeweils durch eine andere Tür, an der sie separat gezählt werden). Wohl wegen der deftigen Metaphorik wird das Verfahren in den Geschäftsord-

nungen deutscher Parlamente beschrieben, aber nicht benannt.

(4) Bezeichnungen für noch nicht terminologisierte neue Phänomene (*Gipfeltreffen* für Konferenzen der Staats- und/oder Regierungschefs; *Rest-Jugoslawien* für die von Belgrad aus regierten Teile des ehemaligen Jugoslawien).

(5) Insider-Jargon, z. B. *durchregieren* für einen Regierungsstil, der sich um Widerstände wenig schert, oder *Sherpa* — in Anspielung auf ein Himalaya-Volk, das bei Gipfelbesteigungen oft die Träger stellt — als Bezeichnung für Ressortfachleute, die bei *Gipfeltreffen* Hilfestellung leisten. Manche Jargon-Lexeme haben — wie ursprünglich auch *Langer Eugen* als Bezeichnung für das Bonner Abgeordnetenhochhaus in Anspielung an den klein gewachsenen Bundestagspräsidenten Eugen Gerstenmaier — spöttisch-ironischen Charakter: *Redeadel* als Bezeichnung für die Politiker, die im Parlament bevorzugt als Hauptredner zu Wort kommen, oder *Parteihochamt* als Bezeichnung für Parteitage, bei denen feierlich Einigkeit demonstriert werden soll.

3.5. Nichtfachliche Verwendung

Aufgrund des öffentlichen Charakters von Politik ist es ein Charakteristikum der politisch-institutionellen Fachlexik, nicht eingeschränkt zu sein auf institutionsinterne Kommunikation. Das gilt allerdings nicht für alle Fachlexeme in gleichem Maße. Wörter wie *Bundespräsident, Landtag, Wahllokal* gehören auch der Gemeinsprache an. Dagegen sind Wörter wie *Indemnität* oder *Bundeswahlgeräteverordnung* wohl nur Experten bekannt. Viele Lexeme und feste Fügungen weisen eine Verwendungsdistribution auf, die zwischen den Extremen der internen Fachkommunikation und des unspezifischen Allgemeingebrauchs liegt. Bei Wörtern wie *Föderalismus* oder *Vermittlungsausschuß* dürfte das Spektrum reichen von Verfassungsrechtlern über Berufspolitiker und politische Journalisten bis zu gut informierten Bürgern, auch wenn sie politikfernen Berufen nachgehen. Bei letzteren gehören solche Termini vielfach zum passiven Wortschatz, der bei der Rezeption politischer Kommunikationsangebote in den Massenmedien aktualisiert wird — aber auch das ist Anwendung lexikalischen Wissens. Die Fachsprachlichkeit dieser Lexeme besteht darin, daß es für sie eine Bedeutungsstruktur und ein spezifisches System von pragmatischen Verwendungsbedingungen gibt, die nur Experten ganz kennen. Aber zwischen diesen und den völlig Unkundigen gibt es eine Skala von Gruppen, deren Kenntnisse vom Fast-Experten-Wissen bis zur Beinahe-Ahnungslosigkeit reichen. Eine soziolinguistisch orientierte Untersuchung der gesellschaftlichen Distribution lexikonsemantischen Wissens müßte hier wohl eher von einem Stufenmodell ausgehen als von Putnams dichotomischem Modell der lexikonsemantischen „Arbeitsteilung" zwischen Experten und Nicht-Experten (Putnam 1979).

3.6. Systemabhängigkeit

Die Unterschiedlichkeit politischer Systeme schlägt sich fachsprachlich-lexikalisch in der Nomenklatur für Institutionen und politische Ämter, vor allem aber auch in den Handlungsprinzipien nieder, auf denen sie beruhen. So fehlte in der Institutionensprache des „Führerstaates" das Wortfeld zur Bezeichnung der für parlamentarisch-demokratische Systeme typischen kommunikativen Handlungen. Systemunterschiede betreffen Fokus und Reichweite des Politischen. Auch das hat Folgen in der Fachlexik. Daß im Zentrum der NS-Ideologie der Begriff *Rasse* stand, findet seinen Niederschlag in einer Vielzahl von Bezeichnungen für Institutionen, Normierungen und Handlungen (*Rassenamt, Rassenschande, aufarten*) und in juristisch oder administrativ relevanten Etikettierungen für Personen (*arisch, erbgesund, fremdrassig*) in rigider fachsprachlicher Normierung. In kommunistischen Systemen ist die Ökonomie im Verhältnis zur Politik nicht eigenständig; darum können z. B. für die Ex-DDR politische und ökonomische Fachsprache nicht getrennt voneinander behandelt werden. Der ökonomische Bereich war zentraler Bestandteil des politischen Systems. Darüber hinaus fehlte weitgehend die „politisch-semantische Differenz von *Staat* und *Gesellschaft*" (Schlosser 1990, 16).

Auch das Verhältnis von Ideologiesprache und Fachsprache ist nicht systemunabhängig. In der sog. SED-Sprache nahm Ideologievokabular fachsprachliche Züge an, insofern (1) viele Lexeme nicht in der Allgemeinsprache verankert waren, (2) die Bedeutungen weitgehend durch Experten für Marxismus-Leninismus normiert wurden, (3) der Gebrauch in hohem Maße beschränkt war auf Partei- und Staatsfunktionäre im Rahmen ihrer offiziellen Tätigkeit. In einer parlamentarischen Demokratie mit Parteienkonkurrenz und ohne zentrale politische Mediensteuerung nötigen dagegen die Systembedingungen die Parteien dazu, ihr ideologie- und meinungssprachliches Vokabular möglichst eng an der Allgemeinsprache zu orientieren, damit ihre Sprache nicht in den Ruch dessen gerät, was umgangssprachlich als *Parteichinesisch* bezeichnet wird.

4. Literatur (in Auswahl)

Ballnuß 1996 = Petra Ballnuß: Leitbegriffe und Strategien der Begriffsbesetzung in den Grundsatzprogrammen von CDU und SPD. In: Wörter in der Politik. Analysen zur Lexemverwendung in der politischen Kommunikation. Hrsg. v. Hajo Diekmannshenke/Josef Klein. Opladen 1996, 29–75.

BMfiB 1985 = DDR-Handbuch. Hrsg. v. Bundesmin. f. innerdeutsche Beziehungen, 2 Bdd. Köln 1985.

CDU o. J. = Die Programme der CDU. Bonn o. J.

CDU 1993 = CDU. Statut. Hrsg. v. der CDU-Geschäftsstelle. Bonn 1993.

Dieckmann 1969 = Walther Dieckmann: Sprache in der Politik. Heidelberg 1969.

FDP 1993 = F. D. P. Die Liberalen. Bundessatzung. Hrsg. v. der Bundesgeschäftsstelle der FDP. Bonn 1993.

Grüne 1993 = Bündnis 90/Die Grünen. Satzung des Bundesverbandes. Hrsg. v. Bundesverband Bündnis 90/Die Grünen. Bonn 1993.

Handschuh 1986 = Ekkehard Handschuh/Klemens Kremer/Gerald Kretschmer/Wolfgang Zeh: Wegweiser Parlament. Bonn 1986.

Hassemer 1992 = Winfried Hassemer: Richtiges Recht durch richtiges Sprechen? Zum Analogieverbot im Strafrecht. In: Rechtskultur als Sprachkultur. Hrsg. v. Günther Grewendorf. Frankfurt a. M. 1992, 71–92.

Hermanns 1989 : Fritz Hermanns: Deontische Tautologien. Ein linguistischer Beitrag zur Interpretation des Godesberger Programms (1959) der Sozialdemokratischen Partei Deutschlands. In: Politische Semantik. Hrsg. v. Josef Klein. Opladen 1989, 69–149.

Hermanns 1991 = Fritz Hermanns: „Leistung" und „Entfaltung". Ein linguistischer Beitrag zur Interpretation des Ludwigshafener Grundsatzprogramms (1978) der Christlich Demokratischen Union Deutschlands. In: Begriffe besetzen. Hrsg. v. Frank Liedtke/Martin Wengeler/Karin Böke. Opladen 1991, 230–257.

Holly 1990 = Werner Holly: Politikersprache. Inszenierungen und Rollenkonflikte im informellen Sprachhandeln eines Bundestagsabgeordneten. Berlin. New York 1990.

Klein 1989 = Josef Klein: Wortschatz, Wortkampf, Wortfelder in der Politik. In: Politische Semantik. Hrsg. v. Josef Klein, Opladen 1989, 3–50.

Klein 1991 = Josef Klein: Politische Textsorten. In: Aspekte der Textlinguistik. Hrsg. v. Klaus Brinker (Germanistische Linguistik 106–107/1991) 245–278.

Putnam 1979 = Hillary Putnam: Die Bedeutung von Bedeutung. Frankfurt a. M. 1979.

Sauer 1989 = Wolfgang Werner Sauer: Der „Duden" im Dritten Reich. In: Sprache im Faschismus. Hrsg. v. Konrad Ehlich. Frankfurt a. M. 1989, 104–119.

Schroth 1992 = Ulrich Schroth: Präzision im Strafrecht. Zur Deutung des Bestimmtheitsgebotes. In: Rechtskultur als Sprachkultur. Hrsg. v. Günther Grewendorf. Frankfurt a. M. 1992, 93–109.

Schönbohm 1974 = Wulf Schönbohm: Funktion, Entstehung und Sprache von Parteiprogrammen. In: Aus Politik und Zeitgeschichte 34/35. 1974, 17–37.

Schlosser 1990 = Horst Dieter Schlosser: Die deutsche Sprache in der DDR. Köln 1990.

SPD 1959 = SPD: Grundsatzprogramm der SPD. Bonn 1959.

SPD 1990 = SPD: Grundsatzprogramm der Sozialdemokratischen Partei Deutschlands. Bonn 1990.

SPD 1994 = SPD. Organisationsstatut. Hrsg. v. Vorstand der SPD. Bonn 1994.

Strauß 1986 = Gerhard Strauß: Der politische Wortschatz. Tübingen 1986.

Josef Klein, Koblenz

152. Die juristische Fachsprache als Institutionensprache am Beispiel von Gesetzen und ihrer Auslegung

1. Gegenstandsbestimmung und begriffliche Vorklärungen
2. Die Rechtssprache als Fachsprache
3. Die Funktion der Rechtssprache am Beispiel von Gesetzen und ihrer Auslegung
4. Literatur (in Auswahl)

1. Gegenstandsbestimmung und begriffliche Vorklärungen

Die Rechtssprache, für die die Sprache der Gesetzestexte, Verordnungen u. ä. als prototypisch angesehen wird, wird meist auch als Prototyp einer „Fachsprache" im üblichen linguistischen und alltagsweltlichen Sinn aufgefaßt und behandelt. Die spezifischen Bedingungen ihrer Verwendung und damit auch ihres Gehalts und ihrer Funktion machen jedoch eine gesonderte linguistische Behandlung dieses Sprachtyps notwendig. Das Spezifische der Rechtssprache ist (a) durch ihre Institutionalität und (b) durch die besondere Eigenart dieser Institutionalität bestimmt. In üblichen Definitionen von „Institution" (allgemein: Dubiel 1976, 416 ff; Hauriou 1925, 24 u. ö.; linguistisch: Ehlich/Rehbein 1980, 338; Wodak 1987, 800, 809; Dittmann 1979, 207; Weymann-Weyhe 1978, 180; Steger 1988, 125) wird das Recht oft als prototypisches Beispiel für die Bedeutung des Begriffs „Institution" ohne weitere Begründung aufgeführt. „Recht" und „Institution" sind daher in institutionslinguistischer Hinsicht sich wechselseitig fundierende Grundbegriffe, deren begriffliches Verhältnis meist nicht weiter geklärt wird. Dies hat Auswirkungen auf die Behandlung der Rechtssprache als *Institutionensprache*. Für den vorliegenden Artikel kann festgehalten werden: „Recht" ist eine Institution eigener Art, deren allgemein- und sprachsoziologischen Bedingungen z. Zt. keineswegs ausreichend erforscht sind; die Erforschung der Rechtssprache als Institutionensprache kann daher weder einen vorgefaßten Institutionen-Begriff voraussetzen noch auf Forschungen zu anderen Institutionensprachen zurückgreifen, da deren Ergebnisse das Spezifische der Rechtssprache nicht treffen (vgl. für weitere Überlegungen hierzu Busse 1992, 274 ff m. w. N.). Eine linguistische Annäherung an die besondere Form der Institutionalität von Rechtssprache kann aber u. a. durch Analyse der Verwendungsbedingungen von Gesetzestexten und -begriffen erfolgen.

Der Begriff „Institutionensprache" wird hier in einem präzisen Sinne gebraucht, der etwas über die grundlegende Definition in Steger (1988, 125 ff) und die übliche sprachsoziologische Verwendung hinausgeht: neben „Sprache in Institutionen" kann mit ihm auch die „Sprache *als* Institution" bezeichnet werden (Begründungen dafür können hier nicht erfolgen; vgl. aber Saussure 1967, 12; Wittgenstein 1979, § 540; Searle 1971, 79 f; kritisch dazu Ehlich/Rehbein 1980, 342). Im Fall der Rechtssprache kann präziser auch von „Texten/Begriffen *als* Institution(en)" gesprochen werden. Eine solche, aus intensiver linguistischer Analyse der Gebrauchsweise von Gesetzestexten gewonnene Sichtweise setzt einen Begriff von „Institution" voraus, nach dem darunter nicht nur gesellschaftliche Organisationen (wie Justiz, Kirche usw.) gefaßt werden, sondern der es erlaubt, von „Stufen/Ebenen/Schichten der Institution/-alität/-alisierung" zu reden (nach Schülein 1987, 130; vgl. auch Busse 1992, 305). Gesetzestexte/-begriffe wären danach Institutionen unterer Stufe, die selbst wieder zum Mittel/Gegenstand einer Institution höherer Stufe (Justiz, Politik) werden können. Klassisches juristisches Denken (F. K. von Savigny; Windscheid) hat diesen Aspekt im aus dem römischen Recht stammenden Begriff des „Rechtsinstituts" (= Vorläufer des heutigen soziologischen Institutionenbegriffs) aufgehoben (vgl. dazu Röhl 1987, 373; Wolf 1970, 77 ff). Rechtssprache als Institutionensprache meint also einen Sprachtyp, in dem Begriffe/Texte zu eigenen Institutionen spezifischer Art werden. Damit weist die Untersuchung der Rechtssprache als Institutionensprache (hier vor allem als Gesetzessprache) über die üblichen Aspekte der linguistischen Untersuchung von Fachsprache (Terminologisierung, Präzision, Systematik) hinaus und führt (a) zu einem spezifischen Sprach(verwendungs)typus, der mit den auf die Standardsprache bezogenen „normallinguistischen" Begriffen nicht zureichend erfaßt werden kann, und (b) zur Betrachtung eines besonderen Typs von Institutionalität (und damit Fachlichkeit), der als institutionelle Spracharbeit nur mit linguistisch-pragmatischen und noch zu entwickelnden institutionslinguistischen Mitteln beschrieben werden kann.

2. Die Rechtssprache als Fachsprache

Als institutioneller und fachlicher Kern der Rechtssprache müßte die Gesetzessprache die Merkmale der Rechtssprache als Fachsprache in besonderer Weise verwirklichen. Jedoch treffen die üblichen linguistischen Bestimmungen/Definitionen von (a) Fachsprache und (b) Rechtssprache die institutionelle Funktion von Gesetzessprache nicht genau genug. Einer Fachsprache (prototypisch etwa: Sprache der Elektrotechnik, des Maschinenbaus usw.) werden auch linguistisch meist Eigenschaften wie: festgelegte Terminologie, Präzision, Systematik u. ä. zugeschrieben, die dann auch für die Beschreibung der Rechtssprache übernommen werden; hinzu kommt für die Rechtssprache (vor allem in nichtlinguistischen Definitionen im Zusammenhang mit aus dem Demokratieprinzip abgeleiteten Verständlichkeitsforderungen, vgl. u. a. Wassermann 1979, 114 ff; 1981, 1 ff) häufig noch das Merkmal „Allgemeinverständlichkeit", das zu den genannten linguistischen Merkmalen von Fachsprachen allerdings in scharfem Kontrast steht. Nach Steger (1988, 126) soll die Rechtssprache etwa durch die Merkmale „Würde", „Zweckmäßigkeit"/„Effizienz", „Sprachrichtigkeit", „Bestimmtheit/Deutlichkeit/Klarheit", „Kürze", „Rücksichtnahme auf den üblichen Sprachgebrauch" und „Sprachverständlichkeit für alle" gekennzeichnet sein; solche Maßstäbe werden besonders stark gerade für die Gesetzessprache geltend gemacht, ergeben bei näherer Betrachtung jedoch einen inneren Widerspruch und sind vor allem mit der empirisch beschreibbaren institutionellen Realität des Gesetzesgebrauchs nicht völlig in Deckung zu bringen. Die übliche Erklärung dieser Widersprüche wird im Nebeneinander fach- und standardsprachlicher Elemente in der Rechtssprache gesehen; die Rechtssprache „vereinigt somit zur Verwirklichung ihrer Grundvorgaben und Maximen eigenständige normierte fachliche Semantiken und Wortschätze für das zentrale Begriffssystem mit nichtnormiertem Wortschatz und stilistischer Varianz der standardsprachlichen Grammatik" (Steger 1988, 126). Der terminologischen Normierung der Rechtssprache wird dabei, über andere Fachsprachen hinausgehend, institutionsstabilisierende Funktion insofern zugeschrieben, als die rechtssprachlichen Normierungen die zentralen juristischen (und gesetzlichen) Termini für einen längeren Zeitraum „verfahrensfest" machen müßten, Bedeutungsveränderungen der Termini müßten daher jeweils auf neue Normierungsakte zurückgehen (a. a. O.).

Beobachtungen zur Gebrauchsweise von und Arbeitsweise mit Gesetzesbegriffen und -texten in der deutschen Rechtssprache der zweiten Hälfte des 20. Jh.s zeigen jedoch, daß die genannten Merkmale auf sie nur teilweise und in modifizierter Form zutreffen: (1) Eine semantische Normierung von Gesetzesbegriffen findet häufig nicht in einer die Bedeutung unzweideutig präzisierenden Weise statt (aus der sich dann eine eindeutige Zuordnung von Begriff und Sachverhalt ergäbe); vielmehr legt die (höchst)richterliche Auslegungstätigkeit oft nur Spielräume fest, die weiterer semantischer Präzisierung in fallrichterlichen Einzelentscheidungen bedürfen. (2) Die Semantik von Gesetzesbegriffen ist daher nicht eindeutig in der Weise, daß der für andere Fachsprachen übliche Begriff „Terminologie" in der normalen Verwendungsweise darauf zuträfe; vielmehr entfaltet sie sich in komplexen fachlichen Wissensrahmen, die entscheidungsbezogen und nicht sprachbezogen sind, und die eine mehrstufige Hierarchie von Auslegungsakten (und Auslegungen von Interpretationen/Definitionen, die wiederum ausgelegt werden usf.) bilden, auf die die üblichen Präzisions- und Eindeutigkeitsvorstellungen nicht mehr anwendbar sind. (3) Gesetzesbegriffe haben daher viel eher die Funktion, semantische (Interpretations-) Spielräume in gewissen vorgegebenen Grenzen zu eröffnen, als solche Spielräume zu begrenzen oder gar zu beseitigen. (4) Die geforderte, zur Erreichung der institutionellen Ziele notwendige Verfahrensfestigkeit der Gesetzessprache wird dabei weniger über einzelbegriffliche semantische Festlegungen (Terminologisierung, eindeutige Definition) erreicht, als vielmehr durch die Etablierung einer institutionellen Auslegungs- und Anwendungspraxis der Gesetzestexte und -begriffe (Dogmatik), welche die Bedeutungen des Normtexts/-begriffs nicht allgemein, sondern höchstens für bestimmte Falltypen spezifisch festlegt bzw. eingrenzt. (5) Das Merkmal der Eröffnung von Deutungs- und damit Bedeutungsspielräumen (anstatt der Festlegung) ist entgegen landläufiger Auffassung für die Rechtssprache und vor allem Gesetzessprache funktional, da nur so Normtexte einen Regelungsgehalt entfalten können, der den Referenzbereich eines Gesetzestexts/-begriffs für eine veränderliche und vor allem unvorhersehbare Realität in die Zukunft hinein offenhält; die spezifische Semantik und Institutionalität der Rechtssprache und vor allem Gesetzessprache muß daher darin gesehen werden, daß sie die zwei auf den ersten Blick widersprüchlichen Ziele der konkreten Offenhaltung von (Be)deutungsspielräumen bei gleichzeitiger grundsätzlicher Festlegung innerhalb bestimmter Grenzen zugleich verwirklicht. Dies geschieht durch die Kombination einer gewissen einzeltextlichen/-begrifflichen semantischen Offenheit mit institutionellen Auslegungsregeln formaler sowie inhaltlicher Art (Dogmatik!), die insgesamt zu einer eigenen Form von juristischer (Sprach-) Pragmatik führt (Rechtsarbeit als Auslegungs- und Anwendungsarbeit von Gesetzestexten), deren präzise linguistische Beschreibung noch bevorsteht. (6) Durch die beschriebene Eigenschaft wird vor allem das für andere Fachsprachen angestrebte Merkmal der semantischen Systematik und Eindeutigkeit für die Gesetzessprache nicht erreicht; ein Gesetzesbegriff kann so völlig verschiedene Bedeutungen entfalten, je nachdem, in welchem rechtssystematischen und -politischen Kontext er erscheint; entscheidend ist dabei nicht der rein linguistisch definierbare Kontext (etwa Kriterien wie Textumgebung, -kohärenz usw.), sondern allein die durch institutionelle Vorgaben festgelegte Zwecksetzung eines konkreten Normtextes (z. B. Gesetzesparagraphen). Ergebnis kann — wie z. B. beim Terminus „Gewalt" im Strafgesetzbuch (StGB) — etwa sein, daß in zwei benachbarten, vom Wortlaut her nahezu identisch klingenden Paragraphen derselbe Gesetzesausdruck zwei unterschiedliche oder sogar völlig gegensätzliche Bedeutungen zugewiesen bekommt (vgl. § 240 „Nötigung" und § 178 „Sexuelle Nötigung" des StGB mit ihrer zweckspezifisch divergierenden Dogmatik des Gewaltbegriffs; vgl. dazu Busse 1991b, 160 ff und 1991c, 259 ff, sowie von juristischer Seite Röthlein 1986, 12 ff u. ö.). (7) Die spezifische institutionsbedingte Funktionsweise der Rechtssprache bzw. vor allem der Gesetzessprache macht eine gegenstandsspezifische Anpassung zentraler linguistischer Termini wie „Bedeutung", „Referenz", „Interpretation", „Textkohärenz", „Textfunktion" u. ä. notwendig; die linguistische Untersuchung von Rechtssprache als Institutionensprache kann daher Rückwirkungen auf die allgemeinsprachlich orientierte Linguistik und Sprachtheorie haben, für die sie grundbegriffliche Revisionen notwendig machen könnte.

3. Die Funktion der Rechtssprache am Beispiel von Gesetzen und ihrer Auslegung

Da Gesetzestexte die zentrale institutionelle (und vor allem auch die Institution tragende) Textsorte innerhalb der Institution Recht ausmachen, können von einer ling. Untersuchung der Funktions- und Gebrauchsweise von Gesetzestexten und -begriffen am ehesten Rückschlüsse auf die spezifischen Eigenarten der Rechtssprache als Institutionensprache gezogen werden. (Beachtet werden müssen dabei aber die speziellen Rahmenbedingungen des deutschen Rechts, welches zum kodifizierten kontinentalen Rechtstypus gehört und sich z. B. vom angelsächsischen Fall- und Richterrecht erheblich unterscheidet; aus diesem Grund können Ergebnisse der angelsächsischen Rechtslinguistik, vor allem auch der vielbeachteten sprachanalytischen Rechtsphilosophie, kaum auf das deutsche Recht übertragen werden. Vgl. zur Erläuterung des deutschen Rechtstypus in linguistischer Hinsicht Busse 1992, 1 ff, 15 ff und 1993, 18 ff.) Gesetzestexte und -begriffe sind Gegenstand komplexer institutioneller Auslegungs- und Anwendungsverfahren; eine (institutionen-)linguistische Beschreibung der Rechtssprache bzw. Gesetzessprache kann daher nur durch eine Untersuchung dieser juristischen Arbeitsverfahren erfolgen, für die es in der bisherigen ling. Forschung so gut wie keine Vorbilder gibt (vgl. aber die von einem Juristen verfaßte Analyse Seibert 1978, 9 ff). Die Funktionsweise von Gesetzestexten und Gesetzesbegriffen läßt sich nur sehr bedingt mit einer ling. Begrifflichkeit erklären, die für den „Normalfall" der sog. Alltagskommunikation entwickelt wurde. Gesetzestexte dienen z. B. nicht einfach der Verständigung zwischen zwei Kommunikationspartnern, sondern sie werden von in der Regel hochgradig vorinformierten und ausgebildeten Fachleuten, die diese Texte schon kennen, als Mittel komplexer Entscheidungsvorgänge eingesetzt und sind Gegenstand ebenso komplexer, durch vielfältige institutionelle Regeln und Einflußfaktoren geprägter Auslegungsverfahren und Arbeitsschritte. Anders als in der Alltagssprache entfaltet sich die Semantik der

152. Die juristische Fachsprache als Institutionensprache

Gesetzestexte und Gesetzesbegriffe nicht in einfachen Verstehensakten der Rezipienten, sondern in gesteuerten Auslegungsverfahren als Arbeit an und mit Sprache/Texten, die institutionsspezifischen Bedingungen unterliegt. Der Begriff „Interpretation/Auslegung" bekommt daher bei der Gesetzessprache einen institutionsspezifischen Sinn, der von seiner alltagsweltlichen und linguistischen Verwendung erheblich abweicht. Juristische Gesetzesauslegung vollzieht sich im Rahmen einer selbst wieder institutionalisierten Rechtsdogmatik, die durch obergerichtliche Urteile (Präzedenzfälle und Leitentscheidungen) und Fachwissenschaft in einer diffusen, für Außenstehende nicht eindeutig erkennbaren Weise Bedeutungs- und vor allem Anwendbarkeitsfestlegungen für Gesetzestexte und Gesetzesbegriffe vornimmt; mit der Rechtsdogmatik bekommt die stets wandelbare und anpassungsfähige, aber nichtsdestotrotz äußerst wirkungsmächtige sog. „herrschende Meinung" (in Gesetzeskommentaren und Urteilen meist abgekürzt als „hM" benannt und daher als Institution eigener Art erkennbar) den Status einer eigenen interpretations- und argumentationstechnischen Figur bzw. Leitgröße. Die Auslegung von Gesetzestexten und Gesetzesbegriffen erfolgt dann konkret in einem mehrstufigen Verfahren, in dem nur auf der obersten Ebene der vom Gesetzgeber verabschiedete „Gesetzeswortlaut" selbst Gegenstand der juristischen Auslegungsarbeit ist, während ab der 2. Ebene die erst durch die in der Dogmatik idealtypisch zusammengefaßte Auslegungsgeschichte erzeugten Interpretationen und Interpretamente selbst wiederum zum Gegenstand von Auslegungs- und Definitionsakten 2., 3., 4. usw. Stufe werden.

Dies kann an einem einfachen Beispiel verdeutlicht werden. Der Diebstahlparagraph des deutschen Sprachgesetzbuches (§ 242 StGB) umfaßt im Wortlaut 31 Wörter (vgl. Abb. 152.1). Die rechtsinstitutionelle „Bedeutung" dieses relativ kurzen und klar formulierten Textes wird in einem der gängigen Gesetzeskommentare auf 21 zweispaltig engbedruckten Seiten im Lexikon-Großformat in über 80 Unterkapiteln erläutert. In dieser Textfülle sind (über den reinen Kommentartext hinaus) fast 1.000 Verweise auf andere Gesetzestexte, auf Gerichtsurteile, andere Kommentare und Fachliteratur enthalten. Linguistisch gesehen sind viele dieser Querverweise, da sie oft abkürzend die ausführliche wörtliche Zitierung der herangezogenen Quellen ersetzen, aber dennoch zentrale auslegungsstützende Funktion haben, als semantischer Bestandteil der Bedeutungsexplikationen des Gesetzeswortlauts im Kommentartext anzusehen; die Bedeutung eines Gesetzestextes oder Gesetzesbegriffes entfaltet sich also in einem umfangreichen, komplexen Netz intertextueller Relationen. Innerhalb dieser Querverweise kommt den obergerichtlichen Urteilen besondere Bedeutung zu, da deren Bedeutungsexplikationen bzw. anwendungsorientierten (referenzsemantisch als exemplarische bzw. prototypische Referenzakte zu wertenden) Entscheidungen als Präzedenzfälle eine herausgehobene institutionelle Funktion haben (zu referenzsemantischen Aspekten der juristischen Auslegungstätigkeit vgl. aus juristischer Sicht Jeand'Heur 1989, 121 ff). Zwar ist nach dem Grundgesetz und dem Gerichtsverfassungsgesetz der Bundesrepublik Deutschland jeder einzelne Richter in der Auslegung und Anwendung des Gesetzestextes grundsätzlich frei, doch können seine Entscheidungen im Falle der Abweichung von der „hM" (vor allem von obergerichtlichen Urteilen) wieder aufgehoben werden; die häufige Aufhebung von Entscheidungen durch höhere Instanzen gefährdet aber den weiteren Aufstieg des einzelnen Richters innerhalb der Institution. Die obergerichtlichen Auslegungsentscheidungen bekommen also aufgrund solcher außersprachlicher institutioneller Faktoren ihre Präzedenzfunktion, die sie dann, bezogen auf den einzelnen Gesetzestext oder Gesetzesbegriff, auch konkret linguistisch-semantisch entfalten. Wegen dieser zentralen institutionssemantischen Funktion von Gerichtsurteilen ist interessant, daß der Kommentartext zum Diebstahlparagraphen allein 350 Gerichtsurteile als Interpretationsgrundlage heranzieht. Gesetzestext, Kommentartext, herangezogene Urteilstexte, weitere Kommentartexte, Gesetzgebungsmaterialien und Fachliteratur bilden also ein komplexes Textgeflecht, das die Interpretation und damit „Semantik" des fraglichen Paragraphen umfaßt; allein dieses Textge-

---

§ 242. Diebstahl. (1) Wer eine fremde bewegliche Sache einem anderen in der Absicht wegnimmt, dieselbe sich rechtswidrig zuzueignen, wird mit Freiheitsstrafe bis zu fünf Jahren oder mit Geldstrafe bestraft.
(2) Der Versuch ist strafbar.

Abb. 152.1: Wortlaut von § 242 StGB

flecht zusammengenommen kann explizieren, was insgesamt als die „Bedeutung" des einen Satzes des § 242 I StGB anzusehen ist. Man sieht leicht, daß diese Form der institutionalisierten Explikationspraxis die gängigen linguistischen und alltagsweltlichen Begriffe von „Interpretation" und „Bedeutung" sprengt. Was hier entfaltet wird, sind nicht nur „Wort- oder Satzbedeutungen" im üblichen Sinn, sondern eine komplexe, schon über ein Jahrhundert andauernde institutionelle Praxis der entscheidungsbezogenen richterlichen Arbeit mit einem Gesetzesparagraphen. Letztlich enthält die Auslegung eines Paragraphen in einem guten Gesetzeskommentar das gesamte juristische Wissen zu den Anwendungsbedingungen und semantischen Verästelungen dieses Textes und seiner Bestandteile. Da dieses Phänomen den gängigen Begriff von „Wort- oder Satzbedeutung" sprengt, schlage ich vor, statt dessen den in der neueren Textlinguistik, Psycholinguistik und Verstehensforschung eingeführten Begriff des „Wissensrahmens" zu verwenden (zum theoretischen Hintergrund vgl. Busse 1991a, 88 ff). Institutionalität der Rechts- und Gesetzessprache heißt dann u. a. auch die Einbindung eines Gesetzestextes oder -begriffes und seiner Auslegung bzw. Anwendung in einen solchen komplexen Wissensrahmen, d. h. in einen Rahmen vernetzten institutionalisierten Fach- und Bedeutungswissens.

Die Komplexität des bei der Auslegung und Anwendung des Diebstahlparagraphen heranzuziehenden Fachwissens (das zwar semantisches bzw. semantisch relevantes Wissen ist, von dem ich aber zögere, es noch Sprach- oder Bedeutungswissen im üblichen Sinn zu nennen) wird u. a. an der Explikationstiefe der zentralen Gesetzeswörter deutlich. So kann man etwa beim zentralen Prädikatsausdruck des § 242 I StGB, dem Wort „wegnehmen" bzw. seiner Flexionsform „wegnimmt", (je nach Zählweise) bis zu fünf oder sechs hierarchisch gestaffelte Explikationsstufen unterscheiden (vgl. Abb. 152.2). Zunächst einmal kann (noch im Gesetzestext selbst) der Absatz I des § 242 StGB sprachlich gesehen als eine Definition des Gesetzesbegriffes „Diebstahl" aufgefaßt werden (also eine sprachliche Handlung, die noch vom Textverfasser selbst vorgenommen wurde). Danach findet eine erste echte interpretationsrelevante Sprachhandlung dadurch statt, daß in der Rechtsdogmatik und damit den Kommentar- und Urteilstexten die im Gesetzeswortlaut verwendete finite Verbform „wegnimmt" umgewandelt wird in den nominalisierten Rechtsbegriff „Wegnahme"; Gegenstand aller weiteren Interpretationsbemühungen und Bedeutungsfestsetzungen ist allein diese Nominalisierung und nicht der Originalausdruck des Paragraphen. Diese Umwandlung ist linguistisch gesehen nicht so harmlos, wie es auf den ersten Blick erscheinen könnte, denn die meisten Bedeutungsexplikationen von Normbegriffen interpretieren diese nicht im satzsemantischen Kontext, sondern als isolierte, meist nominalisierte Rechtsbegriffe. Darin drückt sich wohl schon die Tatsache aus, daß solche zentralen Rechtsbegriffe nicht einfach eine „lexikalische Bedeutung" haben wie andere Wörter der Standardsprache auch, sondern daß sie als abkürzende Verweisungsausdrücke für komplexe juristische Wissensrahmen selbst schon für Institutionen (juristisch: Rechtsinstitute; soziologisch: Institutionalisierungen) eigener Art stehen. Gegenstand der weiteren Auslegung ist dann also die nominalisierte Form des Normtext-Prädikatsausdrucks, nämlich der zusammengesetzte Ausdruck „Wegnahme einer fremden beweglichen Sache"; ausgehend vom Rechtsbegriff „Diebstahl" als erster Stufe, über den Wortlaut des Normtextes als zweiter Stufe stellt dieser erste Interpretationsgegenstand also schon ein sprachliches Produkt dritter Stufe dar. Auf der vierten Auslegungs- oder Textualisierungsstufe wird (wie die anderen zentralen Normtextausdrücke auch) jedes einzelne Wort dieses zusammengesetzten Ausdrucks je für sich Gegenstand von Interpretationshandlungen. Bleiben wir beim zentralen Begriff „Wegnahme", so wird dieser z. B. explikativ übersetzt in die bzw. paraphrasiert mit den Worten „Bruch fremden Gewahrsams und Begründung neuen Gewahrsams". Dieser rechtsdogmatische Explikationsausdruck (und das heißt wiederum: jedes einzelne seiner Wörter) wird nun auf weiteren Explikationsstufen selbst wiederum Gegenstand interpretativer bzw. bedeutungsfestlegender sprachlicher Akte. So wird etwa das Wort „Gewahrsam" übersetzt in den explizierenden bzw. paraphrasierenden Ausdruck „tatsächliche Sachherrschaft". Dieser Explikations-Ausdruck 5. Stufe wird wiederum selbst Gegenstand einer Explikation nunmehr 6. Stufe; eine von mehreren parallelen Explikationsmöglichkeiten ist z. B. festgesetzt als „enge räumliche Beziehung zur Sache". Im beschriebenen Fall des § 242 StGB wird

1. Rechtsbegriff:	„*Diebstahl*"
2. Definition in § 242:	„wer eine fremde bewegliche Sache einem anderen ... wegnimmt ..."
3. Umformung im Kommentar:	„*Wegnahme* einer fremden beweglichen Sache"
4. Rechtsdogmatische Definition:	„Bruch fremden *Gewahrsams* und Begründung neuen Gewahrsams"
5. Rechtsdogmatische Definition:	„tatsächliche *Sachherrschaft*"
6. Rechtsdogmatische Definition: (eine von mehreren Alternativen)	z. B. „enge räumliche Beziehung zur Sache"
7. Subsumierter Sachverhalt: (konkrete Fallbeschreibung oder idealisierter Falltyp)	z. B. „der Wohnungsbesitzer hat Gewahrsam an den in seiner Wohnung befindlichen Gegenständen, auch wenn er abwesend ist"

Abb. 152.2: Auslegungsstufen von „wegnimmt" in § 242 StGB

erst dieser Explikationsausdruck auf der sechsten Textualisierungsstufe (vom Rechtsbegriff „Diebstahl" aus gerechnet) dann wirklich auf einen lebensweltlichen Sachverhalt angewandt, wie er einem Gericht zur Entscheidung vorliegen könnte. Die sog. „Subsumtion" (als Zuordnung eines Normtextes zu einem Rechtsfall, linguistisch beschreibbar als Referenzbeziehung zwischen Normtext/-begriff und Bezugsgegenstand/-sachverhalt) findet also gar nicht unmittelbar ausgehend vom Gesetzestext oder Gesetzesbegriff statt, sondern erst von einem Explikationsausdruck höherer Stufe. In der juristischen Interpretationspraxis wird der Referenzakt („Subsumtion") entweder mit Bezug auf eine konkrete Fallbeschreibung vorgenommen, d. h. ihm liegt ein einem Gericht tatsächlich als Fall zur Entscheidung vorliegender Lebenssachverhalt zugrunde, oder es wird (wie es in den Kommentaren und obergerichtlichen Urteilen oft üblich ist) auf eine abstrahierende, idealisierende und typisierende Fallbeschreibung Bezug genommen, die dann selbst erst noch auf einen konkreten Lebenssachverhalt angewendet werden muß, z. B.: „der Wohnungsinhaber hat Gewahrsam an den in seiner Wohnung befindlichen Gegenständen, auch wenn er abwesend ist"; eine solche Beschreibung wäre dann (in unserem Beispiel) als siebte Textstufe anzusehen (für eine ausführlichere Analyse des Beispiels vgl. Busse 1992, 119 ff).

Der in unserem Beispiel siebenstufige Explikationsvorgang zeigt, daß das für die institutionell korrekte Anwendung eines Gesetzestextes oder Gesetzesbegriffes notwendig vorauszusetzende Interpretationswissen äußerst komplex ist und an jedem Übergang von einer Explikationsstufe zur nächsten eine Fülle jeweils neuer institutionell relevanter Sprachhandlungen notwendig macht, deren Kenntnis sich einem Laien entzieht, die für diesen niemals überschaubar ist, und die sich jeglicher semantischen bzw. begrifflichen Systematisierung höheren Grades entzieht, weil die Übergänge nicht in erster Linie sprachlich begründet sind, sondern auf institutionell determinierte Zweckmäßigkeitserwägungen zurückgehen (angestrebte Regelungsgehalte bzw. -ergebnisse). Diese Komplexität zeigt vielleicht anschaulich, weshalb ich zögere, die Institutionensprache des Rechts und innerhalb ihrer die Gesetzessprache als eine „Fachsprache" in der üblichen Definition dieses Terminus zu bezeichnen; der Ausdruck *Institutionensprache* ist sicherlich der treffendere linguistische Terminus, *Fachsprache* wäre dann terminologisch nicht mit Institutionensprache identisch, obwohl sich zwischen beiden Sprachtypen gerade am Beispiel der Rechtssprache z. T. erhebliche Überschneidungen ergeben. Man kann das interpretationsrelevante Wissen bei der Gesetzessprache umgangssprachlich zwar durchaus als „Fachwissen" im weiteren Sinne bezeichnen, doch muß man dabei bewußt halten, daß es sich hier doch um ein sehr spezielles, durch institutionelle Regeln und Verfahrensabläufe, durch die Existenz einer Auslegungsdogmatik und von obergerichtlichen Normierungsinstanzen, von Institutionen wie der „hM" und rechtssoziologischen Faktoren usw. determiniertes Wissen handelt. Der Begriff „Institutionalität" mit Bezug auf Gesetzestexte und Gesetzesbegriffe meint gerade diese Einbindung in institutionelle Deutungs- und Arbeitsrahmen, die dem einzelnen Gesetzesanwender (entgegen der fachintern gerne gepflegten rechtstheoretischen Fiktion) in der Praxis nur wenig echten semantischen (Interpretations- und Anwendungs-) Spielraum lassen (zur Diskussion der „Gesetzesbindung" auf der Basis neuester sprachtheoretischer und linguistischer Erkenntnisse von juristischer Warte aus vgl. Christensen 1989, hier vor allem 269 ff; zur Diskussion rechtslinguistischer Probleme in einer juristischen Methodenlehre vgl. Müller 1993, 182 ff).

Die beschriebene fachsemantische Komplexität gerade deutscher Gesetzesbegriffe und -texte des 20. Jh.s ist nicht zufällig. Es sind wohl vor allem zwei Faktoren, die dafür verantwortlich zu machen sind. (1) Zum einen ist es eine typische Eigenschaft kodifizierter Rechtssysteme (wie des kontinentalen Rechtstyps, dem auch das deutsche Recht spätestens seit dem 19. Jh. angehört), daß sie durch kanonische Interpretationen und Präzedenzfälle eine Rechtsdogmatik ausbilden, die auch aufgrund der langen Dauer der institutionellen Arbeit an und mit den Gesetzestexten und -begriffen (im deutschen Recht z. B. beim StGB seit 1871 und beim BGB seit 1900, allerdings mit vielen Gesetzesänderungen vor allem seit 1949) schließlich zu einer außerordentlichen Explikationsdichte und -breite für jeden wichtigen Paragraphen und Gesetzesbegriff führt. (2) Zum anderen steht diese Explikationsdichte aber in einem merkwürdigen Kontrast zu dem, was ich nach einer Vielzahl von Einzelbeobachtungen die „strategische semantische Offenheit und Unbestimmtheit der Gesetzestexte und Gesetzesbegriffe" nenne (vgl. für eine angemessene linguistische Analyse semantisch unterbestimmter Gesetzestexte am Beispiel von Art. 5,3 Grundgesetz zu „Freiheit der Forschung und Lehre" von Polenz 1985, 242 ff). Auch Juristen gehen in ihrer eigenen Theorie und Methodologie häufig kontrafaktisch von einem Präzisionsideal der Rechtssprache aus (vgl. dazu die Nachweise und Diskussionen in Busse 1993, 104 ff); wie kommt dieser Widerspruch zustande? M. E. haben beide Seiten nicht ganz unrecht. Es scheint nämlich so zu sein, daß Gesetzestexte und die in ihnen enthaltenen Gesetzesbegriffe ihre komplexe institutionelle Funktion gerade durch ein charakteristisches Wechselspiel von semantischer Festlegung und Freisetzung zugleich entfalten. Einerseits sollen künftige Gerichtsentscheidungen durch die Festsetzung von Gesetzestexten und durch die Ausbildung einer Deutungsmöglichkeiten einschränkenden Auslegungsdogmatik vorherbestimmt und festgelegt (zumindest aber eingegrenzt) werden; andererseits sollen aber auch gewisse Deutungs- und Anwendungsspielräume durch allgemein gehaltene Formulierungen und Begriffe offengehalten werden. Gerade die deutsche Rechtssprache seit dem 19. Jh. ist − vor allem bei Verabschiedung der großen Gesetzeswerke BGB und StGB − durch das von der deutschen Juristenzunft hochgehaltene „Abstraktionsprinzip" gekennzeichnet. D. h., in dem Bemühen, die Gesetzestexte und -begriffe für lange Zeiträume und eine vielfältige, sich u. U. ständig wandelnde Lebenswirklichkeit verfahrensfest zu machen, wurden bewußt möglichst abstrakte Formulierungen und Begriffe gewählt. Die Kehrseite einer starken semantischen Abstraktion ist aber stets eine große semantische Offenheit, oder (wie Juristen sagen würden) „Ausfüllungsbedürftigkeit" der Rechtsbegriffe und Gesetzestexte. Fach- und sprachhistorisch kann man hier im Deutschen eine eindeutige fachsprachengeschichtliche Entwicklung feststellen (vgl. Abb. 152.3); so bedurfte es in ei-

---

(a) Aus der Wahlkapitulation Karls V. vom 3. Juli 1519:

„§ 4. Und in allweg sollen und wellen Wir die Teutsch Nation, das Heilig Römisch Reiche und die Churfursten, als ander Fursten, Grafen, Herren und Steende bei iren hochsten Wirden, Rechten und Gerechtigkaiten, Macht und Gewalt, jeden nach seinem Stand und Wesen, beleiben lassen on Unser und meniglich Eintrag und Verhindernus und inen darzue ire Regalia, Oberkait, Freiheiten, Privilegien, Phandschaften und Gerechtigkaiten, auch Gebrauch und guete Gewonheiten, so sie bisheer gehebt oder in Ubung gewesen sein, zu Wasser und zu Lande, in gueter, bestendiger Form on all Waigerung confirmiren und bestettigen, sie auch dabei als Romischer Kunig handhaben, schutzen und schirmen, doch meniglich an seinen Rechten unschedlich."
(Zitiert nach: Zeumer 1904, 251 f)

(b) Aus dem Grundgesetz der BRD vom 23. Mai 1949:

„Art. 123. (Fortgeltung des alten Rechts)
(1) Recht aus der Zeit vor dem Zusammentritt des Bundestages gilt fort, soweit es dem Grundgesetz nicht widerspricht."

Abb. 152.3: Abstraktionsprinzip und textuelle Komprimierung in der Entwicklung der deutschen Rechtssprache

nem frühneuhochdeutschen Text der Reichsverfassung (vgl. a) noch einer umständlichen Aufzählung der gegenüber dem gesamtstaatlichen Recht weitergeltenden Rechte und Privilegien der einzelnen Fürsten und Teilstaaten, wogegen eine funktional vergleichbare neuhochdeutsche Formulierung aus der westdeutschen Bundesverfassung von 1949 (vgl. b) von geradezu erschlagender Knappheit ist. Die in dem frühneuhochdeutschen Text noch für nötig gehaltene Explizitheit der Formulierung ist im heutigen deutschen Recht in das institutionell gesicherte und bereitgestellte Deutungswissen verlagert (in Form von Kommentaren, Gerichtsurteilen, Lehrmeinungen, Gesetzesmaterialien usw.). Dieser Wandel hängt auch mit einem unterschiedlichen institutionellen Umgang mit solchen normativen Textsorten zusammen: Während in frühneuhochdeutscher Zeit noch jeder deutsche König oder Kaiser die Reichsverfassung durch jeweils eigene, mit den Reichsfürsten und -ständen mühsam ausgehandelte Wahlkapitulationen eigens wortwörtlich neu verabschieden mußte, werden heute die Gesetzestexte für eine lange Geltungsdauer gemacht und auch entsprechend zu formulieren versucht — teilweise auch über mehrere Staatssysteme hinweg, wie etwa das BGB und StGB, welche im Kaiserreich, in der Weimarer Republik, unter dem Nationalsozialismus, in der Bonner Republik und schließlich im wiedervereinigten Deutschland in großen Teilen unverändert weitergelten.

Zur institutionslinguistischen Beschreibung der Funktionsweise von Gesetzestexten und -begriffen bildet die geschilderte Untersuchung der Explikationsweise von Normtextbedeutungen in der Institution Recht nur einen der möglichen analytischen Zugänge. Nur dem allgemeinsprachlichen Verständnis von „Textinterpretation" und „Sprachverstehen" entspricht es, daß zuerst der Text/Begriff da ist, und danach die Interpretation/das Verstehen folgt. Die tatsächliche juristische Arbeitsweise mit Gesetzestexten und -begriffen erfolgt aber in der umgekehrten Richtung: nicht „vom Normtext zum Fall", sondern „vom Fall zum Normtext". Betrachtet man diese Arbeitsrichtung und ihre institutionslinguistischen Konsequenzen, dann zeigt sich, daß nicht nur die Auslegung eines einzelnen Gesetzestextes oder -begriffes in der beschriebenen Weise semantisch hochkomplex ist, sondern daß schon für die Lösung eines einfachen Rechtsfalles eine Vielzahl von verschiedenen Paragraphen zu einem neuen „Entscheidungstext" miteinander vernetzt werden muß. Dieses textlinguistisch hochinteressante institutionsspezifische Phänomen ist allerdings noch kaum untersucht (für eine erste empirische Analyse vgl. Busse 1992, 191 ff). Die Untersuchung eines einfachen Fallbeispiels („Mängelhaftung beim Gebrauchtwagenkauf") zeigt z. B., daß für die Lösung eines solchen Falles (d. h. für das Fällen einer normgerechten Gerichtsentscheidung) insgesamt 25 Paragraphen aus mehreren Gesetzeswerken berücksichtigt werden müssen. In der juristischen Auslegungs- und Methodenlehre wird ebenso wie im laienhaften Verständnis vom Funktionieren der Institution „Recht" immer noch die Fiktion der „Anwendung *eines* Normtextes auf einen Rechtsfall" oder der „Subsumtion eines Falls unter *einen* Gesetzestext oder Gesetzesbegriff" gepflegt; diese Darstellung wird der Realität der juristischen Arbeit an und mit heutigen deutschen Gesetzestexten und -begriffen aber kaum gerecht. Vielmehr ist aufgrund empirischer Beobachtungen davon auszugehen, daß die Auslegung eines Gesetzestextes (und damit die Semantik des Gesetzes-Wortschatzes) in einem komplexen und nach Entscheidungsschritten gestuften algorithmus-ähnlichen Verfahren entfaltet wird, in dem an vielen Knotenpunkten immer wieder semantische oder textverknüpfende Teilentscheidungen getroffen werden müssen. Juristische Auslegungsarbeit ist daher viel eher eine Vernetzung von Textstücken, Auslegungsaspekten, Sachverhaltselementen, Zweckerwägungen, rechtspolitischen Überlegungen usw. als eine Interpretation oder Bedeutungsbestimmung im herkömmlichen linguistischen oder alltagssprachlichen Sinn.

Eine entscheidende Rolle spielen dabei die bedeutungsrelevanten institutionellen Wissensrahmen. Es ist davon auszugehen, daß im Fall der Institution „Recht" und ihres Umgangs mit den zentralen institutionellen Textsorten bzw. Sprachelementen das für die Erreichung der institutionellen Zwecke wesentliche semantische bzw. interpretations- oder anwendungsrelevante Wissen in mehr oder weniger festgefügten fachlichen Wissensrahmen institutionalisiert ist. Mit „institutionalisiert" ist hier gemeint, daß es innerhalb der Institution „Recht" selbst wiederum festgefügte, komplexe und mehr oder weniger systematisch definierte Wissensrahmen gibt, die in institutionellen Textnetzen und Deutungszusammenhängen teilweise sogar schriftlich niedergelegt sind, teilweise aber auch zum nur mündlich tradierten Explikations- bzw. Anwendungswissen über Gesetzestexte und -begriffe gehören. Einer der komplexesten juristischen Wissensrahmen ist etwa der Rahmen „Eigentum"; zwar kommt im BGB auch das Wort „Eigentum" vor, doch würde es m. E. zu weit führen, wollte man das ganze komplexe Wissen, das sich um den juristischen Eigentumsbegriff rankt, zur „Wortbedeutung" dieses Gesetzesbegriffes rechnen (zumindest wäre damit der standardsprachlich orientierte Bedeutungsbegriff zu weit ausgedehnt oder gar gesprengt). Andererseits hat dieser Wissensrahmen aber eminente rechtssemantische Bedeutung: Er gehört überall dort zum notwendig zu berücksichtigenden bedeutungs- und interpretationsrelevanten Wissen, wo wörtlich oder implizit das Rechtsinstitut „Eigentum" angesprochen ist. So kann etwa in dem oben behandelten Diebstahlparagraphen aus dem Strafgesetzbuch das Wort „fremd" im Referenzausdruck „fremde Sache" nur unter Hinzuziehung des Wissensrahmens „Eigentum" aus dem Komplex des Bürgerlichen Gesetzbuchs juristisch angemessen interpretiert und angewendet werden. Mit dem kleinen Wörtchen „fremd" wird sozusagen der gesamte zivilrechtliche Wissensrahmen „Eigentum" in die Interpretation (und damit im weitesten Sinne in die fachsprachliche institutionelle Bedeutung oder Funktion) des strafrechtlichen Diebstahlparagraphen hineingezogen. Auf diese Weise werden in der juristischen Gesetzesinterpretation hochkomplexe textgestützte Wissensrahmen in selbst wieder hochkomplexer Weise epistemisch-semantisch miteinander vernetzt. All dies geschieht in stark durchregulierten und teilweise auch inhaltlich hierarchisierten institutionellen Prozessen der Arbeit mit und an Gesetzestexten und ihrem Vokabular. All diese institutionellen Eigenschaften der Rechtsprache und der interpretativen Arbeit mit Gesetzestexten und -begriffen lassen es als fraglich erscheinen, ob die sog. juristische Fachsprache als sehr spezifischer Fall einer Institutionensprache mit dem normalen und bisher verfügbaren sprachwissenschaftlichen Begriffs- und Methodeninventar überhaupt zureichend erfaßt und angemessen beschrieben werden kann. Eine weitere und gegenüber dem derzeit überwiegenden sprachwissenschaftlichen Desinteresse an der Rechtssprache erheblich intensivierte institutionslinguistische Forschung wird zur Klärung dieser und anderer ungelöster Fragen unabdingbar sein.

4. Literatur (in Auswahl)

Busse 1991a = Dietrich Busse: Textinterpretation. Sprachtheoretische Grundlagen einer explikativen Semantik. Opladen 1991.

Busse 1991b = Dietrich Busse: Juristische Fachsprache und öffentlicher Sprachgebrauch. Richterliche Bedeutungsdefinitionen und ihr Einfluß auf die Semantik politischer Begriffe. In: Begriffe besetzen. Strategien des Sprachgebrauchs in der Politik. Hrsg. v. Frank Liedtke, Martin Wengeler und Karin Böke. Opladen 1991, 160−185.

Busse 1991c = Dietrich Busse: Der Bedeutungswandel des Begriffs „Gewalt" im Strafrecht. Über institutionell-pragmatischen Faktoren semantischen Wandels. In: Diachrone Semantik und Pragmatik. Untersuchungen zur Erklärung und Beschreibung des Sprachwandels. Hrsg. v. Dietrich Busse. Tübingen 1991 (Reihe Germanistische Linguistik 113) 259−275.

Busse 1992 = Dietrich Busse: Recht als Text. Linguistische Untersuchungen zur Arbeit mit Sprache in einer gesellschaftlichen Institution. Tübingen 1992 (Reihe Germanistische Linguistik 131).

Busse 1993 = Dietrich Busse: Juristische Semantik. Grundfragen der juristischen Interpretationstheorie in sprachwissenschaftlicher Sicht. Berlin 1993.

Busse (in Vorb.) = Dietrich Busse: Textsorten des Bereichs Rechtswesen und Justiz. In: Text- und Gesprächslinguistik. Ein internationales Handbuch zeitgenössischer Forschung. 1. Halbband: Textlinguistik. Berlin/New York (in Vorbereitung). (Handbücher zur Sprach- und Kommunikationswissenschaft.) Hrsg. v. Gerd Antos, Klaus Brinker, Wolfgang Heinemann, Sven F. Sager.

Christensen 1989 = Ralph Christensen: Was heißt Gesetzesbindung? Berlin 1989.

Dittmann 1979 = Jürgen Dittmann: Institution und sprachliches Handeln. In: Arbeiten zur Konversationsanalyse. Hrsg. v. Jürgen Dittmann. Tübingen 1979, 198−234.

Dubiel 1976 = Helmut Dubiel: Institution. In: Historisches Wörterbuch der Philosophie. Bd. 4. Hrsg. v. Joachim Ritter u. a. Basel 1976, 418−424.

Ehlich/Rehbein 1980 = Konrad Ehlich/Jochen Rehbein: Sprache in Institutionen. In: Lexikon der germanistischen Linguistik. Hrsg. v. Hans Peter Althaus, Helmut Henne und Herbert Ernst Wiegand. 2. vollständig neu bearb. u. erw. Aufl. Tübingen 1980, 338−345.

Hauriou 1925 = Maurice Hauriou: Die Theorie der Institution und der Gründung. Dt. Ausgabe: Berlin 1965.

Jeand'Heur 1989 = Bernd Jeand'Heur: Sprachliches Referenzverhalten bei der juristischen Entscheidungstätigkeit. Berlin 1989.

Müller 1993 = Friedrich Müller: Juristische Methodik. 5. Aufl. Berlin 1993.

Polenz 1985 = Peter von Polenz: Deutsche Satzsemantik. Grundbegriffe des Zwischen-den-Zeilen-Lesens. Berlin. New York 1985 (Sammlung Göschen 2226) [2. durchges. Aufl. 1988].

Röhl 1987 = Klaus F. Röhl: Rechtssoziologie. Köln. Berlin. Bonn. München 1987.

Röthlein 1986 = Cornelia Röthlein: Der Gewaltbegriff im Strafrecht. Diss. München 1986.

Saussure 1967 = Ferdinand de Saussure: Grundfragen der allgemeinen Sprachwissenschaft. Berlin 1967 [Zuerst 1916].

Schülein 1987 = Johann August Schülein: Theorie der Institution. Eine dogmengeschichtliche und konzeptionelle Analyse. Opladen 1987.

Searle 1971 = John R. Searle: Sprechakte. Ein sprachphilosophischer Essay. Frankfurt a. M. 1971.

Seibert 1981 = Thomas-Michael Seibert: Aktenanalyse. Zur Schriftform juristischer Deutungen. Tübingen 1981.

Steger 1988 = Hugo Steger: Institutionensprachen. In: Staatslexikon, Bd. 5, Freiburg. Basel. Wien 1988, 125—128.

Wassermann 1979 = Rudolf Wassermann: Sprachliche Mittel in der Kommunikation zwischen Fachleuten und Laien im Bereich des Rechtswesens. In: Fachsprachen und Gemeinsprache. Hrsg. v. Wolfgang Mentrup. Düsseldorf 1979 (Jahrbuch 1978 des Instituts für deutsche Sprache), 114—124.

Wassermann 1981 = Rudolf Wassermann: Sprache und Recht als Zentralproblem humanistischer Rechtspolitik und -praxis. In: Sprache und Recht. Loccumer Protokolle 31/1981, 1—16.

Weymann-Weyhe 1978 = Walter Weymann-Weyhe: Sprache — Gesellschaft — Institution. Sprachkritische Vorklärungen zur Problematik von Institutionen in der gegenwärtigen Gesellschaft. Düsseldorf 1978.

Wittgenstein 1971 = Ludwig Wittgenstein: Philosophische Untersuchungen. Frankfurt a. M. 1971.

Wodak 1987 = Ruth Wodak: Kommunikation in Institutionen. In: Soziolinguistik. Ein internationales Handbuch zur Wissenschaft von Sprache und Gesellschaft. Hrsg. v. Ulrich Ammon, Norbert Dittmar und Klaus J. Mattheier. Berlin. New York 1987 (Handbücher zur Sprach- und Kommunikationswissenschaft 3.2), 799—820.

Wolf 1970 = Ernst Wolf: Kritik der institutionellen Rechtsauffassung. In: Zur Theorie der Institution. Hrsg. v. Helmut Schelsky. Düsseldorf 1970, 77—89.

Zeumer 1904 = Karl Zeumer (Hrsg.): Quellensammlung zur Geschichte der Deutschen Reichsverfassung in Mittelalter und Neuzeit. Leipzig 1904.

Dietrich Busse, Köln

153. Die Sprache der Verwaltung als Institutionensprache

1. Begriffsbestimmung
2. Zur Geschichte der Verwaltungssprache
3. Verwaltungstexte
4. Diskurse
5. Literatur (in Auswahl)

1. Begriffsbestimmung

Verwaltungssprache ist wegen seiner Zusammensetzung ein mehrdeutiger Begriff, der in unterschiedlichen Verwendungszusammenhängen verschiedene Bedeutungen hat. Er nimmt einmal Bezug auf das abstrakte System der (Fach-) Sprache *für* die Verwaltung, d. h. auf die allgemeinen Prinzipien von Verwaltungsäußerungen. *Verwaltungssprache* erfaßt aber auch die konkreten Äußerungen, die *durch* und *in* Verwaltungen hervorgebracht werden. Damit verweist er auf die Wirklichkeit der Sprachverwendung und erfaßt so alle empirischen Äußerungen von Verwaltungen. Im weiteren soll nun zunächst der Versuch gemacht werden, den Begriff systematisch zu fassen, um die zahlreichen Arbeiten zum Thema einordnen zu können. Unter *Verwaltungssprache* wird daher im folgenden eine spezifische Auswahl sprachlicher Mittel verstanden, derer sich die Verwaltung für die Realisierung ihrer Zwecke bedient.

Unter Verwaltung (engl. administration) versteht die Soziologie „die überwachende, disponierende Tätigkeit im Umgang mit Gütern, Tätigkeiten und Leistungen, die nach vorgefaßten Regeln geplant und stetig abläuft" (Fuchs 1978, 838). In diesem Sinne bezieht sich der Begriff nicht nur auf die staatliche Verwaltung, sondern auf alle Formen verwaltender Tätigkeiten im Produktions- Handels- und Dienstleistungssektor. Verwaltungen sind damit Bestandteil verschiedener gesellschaftlicher Institutionen. Diese Begriffsweiterung gilt es auch dann im Auge zu behalten, wenn im folgenden ausschließlich von Verwaltungen als Teile der staatlichen Exekutive die Rede ist, auf die sich die Arbeiten überwiegend beziehen. (Eine Ausnahme bildet Rehbein (1977, 270 ff), der das Kontor eines Produktionsbetriebs untersucht.) Als öffentliche Verwaltungen sollen im weiteren die ausführenden Organe des Staatswesens gelten; sie bilden neben der Legislative und der Judikative die Exekutive im Staat. Sie sind an Recht und Gesetz gebunden, so daß sich Verwaltungshandeln in einem demokratischen Rechtsstaat der Idee nach aus Gesetzen herleitet. Daher besteht ein enger Zusammenhang zwischen Verwaltungshandlungen auf der einen und gesetzgebenden und rechtsprechenden Handlungen auf der anderen Seite, der sich gerade auch in der Nähe der entsprechenden sprachlichen Register zueinander ausdrückt.

Verwaltungen als Teile von Institutionen bestehen aus zwei grundsätzlich unterschiedlichen Aktantengruppen (vgl. Ehlich/Rehbein 1977, 39 ff): den Agenten der Institution, i. e. die Verwaltungsbeamten i. w. S., und den Klienten, i. e. die Bürger. Ihre Handlungsmöglichkeiten in der Verwaltung sind durch die jeweiligen Zwecke vorab festgelegt und in entsprechenden Gesetzen und Vorschriften geregelt. Die ungleichen Möglichkeiten finden ihren Niederschlag gerade auch in der Sprache und Kommunikation. Hierin liegt ein wichtiger Zugang zum Verständnis der Verwaltungssprache und ihrer Forschungsgeschichte. Denn Verwaltungshandeln ist in weiten Teilen sprachliches Handeln. Nichtsprachliche Tätigkeiten finden sich insbesondere in den sog. vollziehenden Fachverwaltungen wie den Gesundheitsämtern u. ä. Hier stehen planausführende Tätigkeiten zentral, wodurch der Anteil sprachlicher Handlungen abnimmt. Verwaltungshandeln i. e. S. hat einen anderen Zweck, nämlich die Planung und Überwachung von Tätigkeiten, die der Lösung gesellschaftlicher Problemlagen dienen. Planen und Überwachen erfordern die Bearbeitung von Wissen, so daß Verwaltungen im Kontext gesamtgesellschaftlicher Problemlösungsprozesse den Zweck der Wissensbearbeitung haben. Verwaltungshandeln besteht daher im Kern aus der Bearbeitung von Wissen über soziale Sachverhalte.

Hierbei kommt der Sprache eine zentrale Funktion zu. Sie ist das Instrument des Verwaltungshandelns, das der Erhebung von Wissen, seiner Verarbeitung zu neuem und dem kommunikativen Austausch von Wissen dient. Aus diesem Grund ist für Büter/ Schimke (1993, 11) Verwaltungshandeln fast ohne Ausnahme sprachliches Handeln; Heinrich (1994, 14) spricht aus verwaltungswissenschaftlicher Sicht vom kommunikativen Charakter. Die meisten Arbeiten zur Verwaltungssprache thematisieren den Aspekt der Bürger-Verwaltungs-Kommunikation. Beim kommunikativen Einsatz der Sprache ist eine sehr grundlegende, häufig jedoch vernachlässigte Unterscheidung erforderlich: die zwischen schriftlicher und mündlicher Kommunikation. Texte sind systematisch von den Diskursen als mündliche Formen zu unterscheiden (Ehlich 1991, 135), so daß aus schriftlich verwendeter Sprache nicht umstandslos auf die Verwaltungssprache schlechthin geschlossen werden kann. Bis auf wenige Ausnahmen (vgl. 4.) beziehen sich die Arbeiten auf die schriftliche Kommunikation.

2. Zur Geschichte der Verwaltungssprache

Historisch sind drei Aspekte zu unterscheiden: die Geschichte der Verwaltung, die Geschichte der Verwaltungssprache und die Geschichte ihrer Erforschung. Hierzu liegen zwar Detailuntersuchungen vor, bisher jedoch keine systematischen und umfassenden Gesamtdarstellungen.

2.1. Die Geschichte der Verwaltung

Die Verwaltung in ihrer heutigen Form ist Bestandteil einer bürgerlich-industriellen Gesellschaftsverfassung. (Auf andere Verwaltungsformen in nicht-europäischen, z. T. historischen Kulturen und Gesellschaften kann hier nicht eingegangen werden.) Erst die Durchsetzung kapitalistischer Produktionsformen und die Herausbildung nationaler Einheiten (Staaten) machten moderne Verwaltungen erforderlich. Auch wenn die Wurzeln bis in das Mittelalter zurückreichen, so liegt doch die entscheidende Entwicklungsphase im deutschen Bereich in der Zeit nach 1800.

Das Mittelalter mit seinen feudalen Gesellschaftsverhältnissen, seinen kleinräumigen Lebens- und Machtstrukturen und seinen überwiegend bäuerlich-handwerklichen Produktionsformen hatte einen nur geringen gesellschaftlichen Verwaltungsbedarf. Eine überregionale, das gesamte Reichsgebiet erfassende Verwaltung gab es faktisch nicht. Die Macht lag in den Händen der regionalen Fürsten oder Herzöge, die die vom König eingerichteten Hofämter innehatten; bei ihnen waren Verwaltung und Rechtsprechung noch in einer Hand vereint, organisiert in den sog. Kanzleien. In der frühen Neuzeit zwischen 16. und 19. Jh. nehmen die gesellschaftlichen Veränderungen deutlichen Einfluß auf Recht und Verwaltung (vgl. Köbler 1984, 63 ff). Die Entwicklung der gesellschaftlichen Produktivkräfte führt zu einer Überlagerung der alten feudalistischen Herrschaftsstrukturen, ohne diese jedoch schon abzulösen. In der Folge zeichnen sich zwei Entwicklungstendenzen ab: (a) Die Verwaltung des Reiches konzentriert sich immer mehr auf die Länder, die ihre alten Ordnungsvorstellungen zunehmend mittels Polizei durchsetzen. Aus dem Hofrat der Landesherren entwickeln sich im Laufe einer Hierarchisierung die obersten Behörden, denen gegen Ende des 15. Jh. sog. Mittelbehörden folgen. Die lokale Verwaltung wird von Amtmännern wahrgenommen, für die im 16. Jh. der Begriff des Beamten auftaucht. (b) Im Bereich des Rechts ersetzt das römisch-kanonische Recht weitgehend das germanische Stammesrecht, mit der Folge, daß Klage und Urteil schriftlich verfaßt werden. Außerhalb des römischen Rechts entwickeln sich Regelungen für den Handel und die neu entstehenden bürgerlichen Gesellschaften.

In der jüngeren Zeit − insbesondere im 19. Jh. − entwickeln sich Recht und Verwaltung zur heutigen Form. Es ist vor allem das liberale Bürgertum, das aufgrund seiner ökonomischen Machtposition die Weiterentwicklung des Rechts betreibt. Vor der Reichsgründung im Jahre 1871 schaffen die Länder neue Regelungen im Privat- und Strafrecht, vor allem die „Allgemeine Deutsche Wechselordnung" und das „Allgemeine Deutsche Handelsgesetzbuch". Es etabliert sich der Grundsatz der Gesetzmäßigkeit des Verwaltungshandelns, wonach Eingriffe in bürgerliche Freiheitsrechte nur auf gesetzlicher Grundlage erfolgen dürfen. Das Prinzip der Gewaltenteilung führt zur prinzipiellen Trennung von Rechtsprechung und Verwaltung. Neben die Eingriffsverwaltung zur Sicherung des Ordnungsrahmens tritt die Leistungsverwaltung (Sozialgesetzgebung etc.). Damit sind zu Beginn des 20. Jh. die wesentlichen Grundlagen der heutigen Verwaltung gelegt. Erst mit dem Grundgesetz von 1947 jedoch wird die grundsätzliche Trennung von Administration und politisch bestimmter Legislative auch in der Praxis wirksam. (Die systematische Beteiligung der Verwaltung am nationalsozialistischen Genozid erforderte eine eigene Darstellung.)

2.2. Die Geschichte der Verwaltungssprache

Eine zusammenfassende historische Darstellung der Verwaltungssprache liegt bis heute nicht vor. Weder aus sprach- noch verwaltungswissenschaftlicher Sicht liegt eine Arbeit über „den funktionalen Zusammenhang von Verwaltungszweck und sprachlichem Ausdruck des Verwaltungswillens im historischen Ablauf" (Wagner 1970, 102) vor.

(a) Verwaltungssprache als Mittel des Interessensausgleichs

Sieht man die Kanzleien der Könige und Landesfürsten im Mittelalter als historische Vorläufer der modernen Verwaltung (vgl. 2.1.), kann die dort verwendete Sprache als Vorläufer der Verwaltungssprache betrachtet werden. (Für eine sprachhistorische Darstellung der Kanzleisprachen vgl. Moser 1985.) Überliefert sind nur sehr spezifische schriftliche Dokumente, überwiegend Urkunden und Landesrechte, die Pflichten und Rechte der Beteiligten regeln, ab Mitte des 14. Jh. überwiegend in deutscher Sprache (Moser 1985, 1399). Wegen der fehlenden Gewaltenteilung gehören sie sowohl zum Rechts- als auch zum Verwaltungsbereich. Als besondere Merkmale gelten „ein stark gefügter Satzbau und eine bildhafte, formelreiche Sprache", konkrete und auf den Einzelfall bezogene, um Vollständigkeit und Genauigkeit bemühte Darstellungen (Wagner 1970, 103). Aufgrund der feudalen Herrschaftsverhältnisse war im Mittelalter nur eine kleine Minderheit der Bevölkerung von Verwaltungshandlungen betroffen. Die große Mehrheit der Leibeigenen und Rechtlosen kam mit ihr nicht in Berührung. Die Kanzleien regelten die Machtverhältnisse innerhalb des Adels und Klerus sowie die Geschäfte des aufkommenden Bürgertums. Verwaltung und Verwaltungssprache waren Mittel der Machtverteilung und des Interessensausgleichs.

(b) Verwaltungssprache als Herrschaftsinstrument

Erst mit der Zunahme zentralstaatlicher Gewalten und der Ausbildung von Eingriffsverwaltungen als organisatorischen Einheiten wurde die Verwaltung gegenüber größeren Bevölkerungskreisen zu einem Instrument der Machtausübung.

„Das führte zu einer gehobenen und gewichtigen Ausdrucksweise [...]. Beispielhaft dafür sind umfangreiche Titulaturen und Floskeln in der Kanzleisprache [...]. Diese stilisierte, umständliche und gewichtige Ausdrucksweise, die eine deutliche Distanz zwischen Obrigkeit und Untertan schafft, blieb für die Verwaltungssprache [...] bis ins 19. Jahrhundert typisch" (Wagner 1970, 104).

Hinzu kommt die Aufnahme zahlreicher französischer Wörter, bedingt durch die Übernahme von Verwaltungsprinzipien aus Frankreich, das aufgrund seiner Revolution eine erheblich entwickeltere Verwaltung besaß. Nicht ohne Einfluß – vor allem auch in Österreich-Ungarn – dürfte die militärische Verwaltung fremder, kolonialisierter Völker geblieben sein. Auf diesem Hintergrund entwickelte sich die Verwaltungssprache bis zum 19. Jh. zu einem eigenen Register (vgl. Art. 17).

(c) Verwaltungssprache im Wandel

Mit dem 19. Jh. beginnt eine bewußte Reflexion und Beeinflussung der Verwaltungssprache, so daß man hier den Beginn der Erforschung der Fachsprache der Verwaltung sehen kann (vgl. 2.3.). In der zweiten Hälfte des 19. Jh. gerät die Verwaltungssprache in den Fokus national-konservativer Interessen, was sich an zwei Entwicklungstendenzen ablesen läßt: Eindeutschungsbemühungen und Abwehr der Orthographiereform. Die Eindeutschungsbemühungen werden getragen vom 1885 gegründeten Allgemeinen Deutschen Sprachverein, dessen erklärtes Ziel es war, die zahlreichen Fremdwörter aus der Verwaltungssprache zu verbannen. Das Hauptinstrument dieser Bewegung sind die zahlreichen Verdeutschungsbücher. Sie steht im Kontext einer national-imperialistischen Politik, der beispielsweise der Deutschunterricht seine Durchsetzung und wachsende Bedeutung verdankt.

In diese Zeit fallen aber auch die ersten Bemühungen, die schriftliche Ausdrucksweise zu vereinfachen:

„Die Schreibweise der Behörden soll knapp und klar sein, ihre Stellung zu einander und zum Publikum auch in der Form entsprechen und sich der allgemein üblichen Sprache des Verkehrs anschließen. Entbehrliche Fremdwörter, veraltete Kanzleiausdrücke und überflüssige Kurialien sind zu vermeiden" (Runderlaß vom 12. 8. 1897, zit. nach Bruns 1892, o. S.).

Nach der Reichsgründung fand auf Drängen der Schulen 1876 eine erste orthographische Konferenz statt, um zu einer einheitlichen und vereinfachten Rechtschreibung zu kommen. Hintergrund war die historisch bedingte Uneinheitlichkeit der Orthographie, die zu erheblichen Vermittlungsproblemen führte. Die hier erarbeiteten Prinzipien und Regeln wurden aber wegen der öffentlichen Kritik und insbesondere wegen der strikt ablehnenden Haltung Bismarcks nicht umgesetzt, wodurch eine Vereinfachung und Funktionalisierung des Schriftverkehrs lange erschwert wurde (vgl. Küppers 1984, § 6).

(d) Verwaltungssprache als Instrument der Verwaltung

Im Laufe der weiteren Entwicklung, insbesondere im Prozeß der zunehmenden Demokratisierung bis zum Ende des 20. Jh.s, wird die Verwaltungssprache zu einem Instrument der Verwaltung ausgebaut. Sie wird zu einer Fachsprache:

„Der gehobene zerdehnte Stil ist dem sachlichen Ausdruck gewichen: umständliche Formulierungen und Wendungen werden im Sinne einer Rationalisierung möglichst vereinfacht" (Wagner 1970, 105).

Eine genauere Rekonstruktion dieser Entwicklung, insbesondere für die Zeit des nationalsozialistischen Faschismus steht noch aus.

2.3. Forschungsgeschichte der Verwaltungssprache

Die Behandlung der Verwaltungssprache läßt sich – in grober Vereinfachung – in drei sich überlappende Phasen unterteilen:

(a) Nationale Sprachpflege

Die erste Phase im 19. Jh. ist gekennzeichnet durch das Bemühen des Allgemeinen Deutschen Sprachvereins, die deutsche Sprache zu „pflegen", d. h. sie auf einem bestimmten Stand zu konservieren. Eine wissenschaftliche Forschung i. e. S. liegt der Sprachpflege nicht zugrunde.

(b) Stilistisch-konservative Sprachkritik

Die Sprachkritik als vorherrschende Form der Auseinandersetzung mit Verwaltungssprache in den 50er und 60er Jahren des 20. Jh.s kann man als Weiterentwicklung der Sprachpflege betrachten. Das drückt sich beispielsweise darin aus, daß gerade die *Gesellschaft für deutsche Sprache* – als Nachfolgeorganisation des Allgemeinen Deutschen Sprachvereins – in ihrer Zeitschrift „Muttersprache" zahlreiche Aufsätze zum Thema veröffentlicht, die in der Grundtendenz aus stilistischen Gründen eine kritische bis ablehnende Haltung gegenüber der Verwaltungssprache erkennen lassen. Inhaltlich richtet sich die Kritik überwiegend gegen bestimmte lexikalische und syntaktische Phänomene. Als Gründe für die Verwaltungssprache werden neben den bereits genannten historischen die psychische Haltung (Esser 1961, 46) und der Sozialisationsprozeß (Diehl 1979, 1118) der Beamten, bestimmte Arbeitstechniken wie das Diktat (Mackensen 1971, 102) und andere genannt. (Für einen Überblick vgl. Fuchs-Khakhar 1987.)

(c) Fachsprachenforschung

Eine neue Qualität erreicht die Betrachtung der Verwaltungssprache Mitte der 60er Jahre mit dem Entstehen der Fachsprachenlinguistik. Die Fachsprachenforschung folgt in zwei großen Abschnitten der allgemeinen Entwicklung der Linguistik, die sich niederschlägt in dem Begriffswechsel von der Fachsprache zur Fachkommunikation. In den 60er und 70er Jahren werden zunächst strukturelle Aspekte von Fachsprachen untersucht. So weist Fluck (1991, 12) darauf hin, daß die Fachsprachenforschung ihren Untersuchungsgegenstand zunächst auf das Lexikon einschränkte und später um die Syntax erweiterte. Erst in den 80er und 90er Jahren wird die mündliche Fachkommunikation zum Gegenstand, zunächst jedoch aus pragmatischer Sicht (vgl. Becker-Mrotzek 1992a, 7 ff). (Zur historischen Verbreitung der Fachsprache vgl. Piirainen (1985); für eine kritische Darstellung der Forschungsgeschichte vgl. Ehlich 1992.)

3. Verwaltungstexte

3.1. Zur Forschungslage

Die Forschungslage zur Sprache in Verwaltungstexten ist gekennzeichnet durch eine Vielzahl von Detailuntersuchungen; systematisch angelegte Analysen umfangreicher Textkorpora bilden die Ausnahme. Die erste und bisher einzige systematische Analyse eines Korpus liegt mit Wagner (1970) vor. Im Rahmen der sprachkritischen Arbeiten (vgl. 2.3.) sind es vor allem lexikalische und einige wenige syntaktische Merkmale, die aus ästhetischen, ideologischen oder sprachsystematischen Gründen kritisiert werden. In den Anfängen der Fachsprachenforschung geraten dann zunächst die gleichen Phänomene in den Blick, werden aber nun unter funktionalen Gesichtspunkten als notwendige Bestandteile einer Fachsprache interpretiert. In der weiteren Entwicklung treten dann Fragen der Funktionalität von Verwaltungssprache in den Vordergrund, d. h. ihre Eignung für die Bürger-Verwaltungs-Kommunikation. Infolgedessen erlangen Ende der 70er, Anfang der 80er Jahre Formulare und Vordrucke eine besondere Aufmerksamkeit (vgl. Grosse 1980, 11 ff), die anderen Textarten jedoch nicht zuteil wird.

3.2. Textarten der Verwaltung

Die Rede von der Verwaltungssprache verdeckt nicht nur die Unterschiede zwischen mündlicher und schriftlicher Verwaltungskommunikation, sondern übersieht auch die Differenzen verschiedener Textarten. Den vielfältigen Verwaltungszwecken entsprechen sehr unterschiedliche Textarten, die in einer differenzierten Typologie zu erfassen wären. Vorliegende Typologisierungen unterscheiden lediglich vier oder fünf grobe Verwendungszusammenhänge der Rechts- und Verwaltungssprache; beispielsweise die Bereiche „Gesetzessprache", „Urteils- und Bescheidsprache", „Wissenschafts- und Gutachtersprache", „Sprache des behördlichen Schriftverkehrs" und „Verwaltungsjargon" (Otto 1978, 11 f). Eine differenzierte Typologie erfordert eine systematische, an den verschiedenen Verwaltungszwecken orientierte Korpusanalyse. Denn Verwaltungstexte sind häufig mehrfach adressiert, weil sie mehrere Zwecke gleichzeitig erfüllen. Das hängt zentral mit der Tatsache zusammen, daß Verwaltungstexte Schreibprodukte einer arbeitsteiligen Institution sind. Sie sind Bestandteile eines weitgehend kommunikativen Problemlösungsprozesses. Die Schreibprozeßforschung (vgl. Antos 1989, 5 ff; Krings 1992, 47 ff) hat mit Nachdruck auf die Bedeutung des Schreibprozesses für das Verständnis von Texten hingewiesen. Verwaltungstexte erfordern aufgrund der hierarchischen Verwaltungsorganisation − vielleicht stärker als andere − einen kooperativen Formulierungsprozeß (vgl. Antos 1982, 84 ff). Das macht Textarten erforderlich, die bearbeitungssensitiv sind, d. h. Texte, die von mehreren Aktanten sukzessive bearbeitet werden können.

Wenn Verwaltungshandeln im Kern aus der Bearbeitung von Wissen zum Zwecke der Planung und Überwachung besteht (vgl. 1.), dann ist es sinnvoll, die Textarten der Verwaltung danach zu unterscheiden, welche Teilzwecke sie in diesem Kontext übernehmen. Wegen der Arbeitsteilung ist zu erwarten, daß für die verschiedenen Stadien der Wissensbearbeitung je eigene Textarten zur Verfügung stehen. Wichtige Stadien sind die Legitimation der Wissensbearbeitung durch Gesetze und Vorschriften, die Erhebung des Wissens mittels verschiedener Formen der Datenerhebung, die Datenverarbeitung zur Erzeugung neuen Wissens sowie das Darstellen und Mitteilen des Wissens. Hieraus läßt sich eine systematische Unterscheidung von Textarten der Verwaltung ableiten:

— Wissensregulierende Texte: Das sind Texte, die das Verwaltungshandeln vorab festlegen, wie Gesetze, Verwaltungsvorschriften oder Dienstanweisungen. Sie sind insofern wichtig, als sie häufig in anderen Textarten zitiert, paraphrasiert oder erwähnt werden.
— Wissensverarbeitende Texte: Das sind alle schriftlichen Äußerungen, die im Laufe eines Bearbeitungsprozesses entstehen und der verwaltungsinternen Wissensfindung dienen. Eine zentrale Form ist die Verwaltungsakte mit ihren Subarten, die den institutionellen Bearbeitungs- und Entscheidungsprozeß dokumentiert. Auf ihre faktenschaffende Bedeutung im Rahmen von Gerichtsverfahren hat Seibert (1981, 32 ff) hingewiesen; nicht zuletzt deshalb ist Aktenführen ein zentraler Ausbildungsgegenstand. Wichtiger Bestandteil der Akte ist das Formular, das eine wichtige Schnittstelle in der Bürger-Verwaltungs-Kommunikation darstellt.
— Wissensdarstellende Texte: Das sind alle Texte, die in irgendeiner Form die Ergebnisse des Verwaltungshandelns enthalten und die einheitliche Verwaltungsmeinung darstellen. Zu den häufigsten zählen sicherlich die Bescheide als hoheitliche Verwaltungsakte, die Leistungen fordern oder gewähren (Steuerbescheid, Sozialhilfebescheid, Nutzungserlaubnis), aber auch Mitteilungen für bestimmte Personengruppen (Informationen zur Steuererklärung, Tips zur Müllvermeidung). Hierhin gehören auch Referentenentwürfe im Rahmen von Gesetzgebungsverfahren.

3.3. Charakteristika

Bei den Charakteristika der geschriebenen Verwaltungssprache bestehen relativ große Übereinstimmungen bei den Beschreibungen; Unterschiede liegen in ihrer Bewertung. Zu bedenken ist, daß sich die Analysen überwiegend auf lexikalische und syntaktische Phänomene beziehen und in der Regel entweder nicht zwischen verschiedenen Textarten unterscheiden oder aber sich nur auf eine Textart (Formulare, vgl. 3.4) beziehen. Zu den spezifischen Voraussetzungen der Verwaltungssprache gehört ihre explizit zweifache Zwecksetzung. Sie ist einerseits eine Fachsprache für die Agenten der Institution Verwaltung; andererseits ist sie das zentrale Mittel für die Kommunikation mit dem Bürger. Otto (1981, 44) spricht hier von dem Paradoxon einer allgemeinverständlichen Fachsprache. Während bei anderen Fachsprachen „das Spezialvokabular jeweils ein primäres Merkmal der betreffenden Fachsprache [bildet]", benutzt die Verwaltungssprache „weitgehend den allgemeinsprachlichen Wortschatz" (Fluck 1991, 72). Die bislang umfangreichste und systematischste Analyse von Verwaltungstexten liegt in Wagner (1970) vor. Sie untersucht ein Korpus von 1.000 Sätzen, die aus Verwaltungsvorschriften, Verwaltungsakten, Schriftverkehr und informativen Schriften ausgewählt wurden.

(a) Syntax

Im syntaktischen Bereich besteht die Besonderheit in der Bevorzugung solcher Mittel, die eine hohe Informationsdichte, inhaltliche Genauigkeit, Eindeutigkeit und Sachbezogenheit bzw. Unpersönlichkeit ermöglichen. Das läßt sich zurückführen auf die institutionelle, nicht-individuelle Form der Problembearbeitung. Als typisch gelten beispielsweise die folgenden syntaktischen Formen:

— Satzstruktur: Verwaltungstexte bevorzugen eher kurze, wenig gestaffelte Sätze, allerdings unter Verwendung längerer Wörter. Bei den Satzgefügen überwiegen mit mehr als 50% einfache Hauptsätze; Satzgefüge enthalten zu zwei Drittel lediglich einen Nebensatz.
— Satzglieder: bei den ergänzenden Satzgliedern ermöglichen vor allem die partizipialen und substantivischen Attribute durch Klammerbildung eine hohe Informationsdichte: *„die nach Angabe des Beschwerdeführers aus Fahrlässigkeit entstandenen Fehler"* (Wagner 1970, 38).
— Subjekte: Im Vergleich zu anderen Texten fällt der hohe Anteil nicht-personaler Subjekte auf, verbunden mit der Tendenz, diese mit Tätigkeitsverben zu kombinieren, die üblicherweise eine Person erfordern: *der Plan legt fest*. Ähnliches gilt für Passivkonstruktionen, wo an die Stelle von Sachen Personen treten: „*jemand wird beschädigt*". Funktional erklärt Wagner das mit den Verwaltungszwecken: „In der sprachlichen Ausrichtung auf das Objekt schlägt sich die Tatsache nieder, daß sich alles administrative Handeln auf Personen oder Sachen richtet" (Wagner 1970, 31).

– Vorgangsgefüge: Insbesondere nominale Vorgangsgefüge treten gehäuft auf: *Widerspruch einlegen*, *Klage erheben* etc. Wagner (1970, 24) erklärt dieses Phänomen unter Verweis auf von Polenz' (1963) Begriff des Funktionsverbgefüges als Aufgliederung der semantischen Funktion auf das Nomen und der syntaktischen auf das Verb. von Polenz (1991, 198) sieht hierin eine allgemeine Entwicklung zum analytischen Satzbau. Funktional bieten Vorgangsgefüge die Möglichkeit, juristisch festgelegte Begriffe unverändert in unterschiedlichen sprachlichen Handlungskontexten zu verwenden. Das ist vor allem in hoheitlichen Verwaltungsakten zweckmäßig: *Widerspruch einlegen – ablehnen*; *eine Genehmigung beantragen – ablehnen – erteilen – entziehen*.

(b) Lexik

Im lexikalischen Bereich kommt dem Substantiv eine besondere Rolle zu, weil mit seiner Hilfe verwaltungsspezifische und rechtliche Sachverhalte durch definierte Fachbegriffe möglichst eindeutig und mit hoher Informationsdichte ausgedrückt werden können. Verben und Adjektive haben quantitativ wie qualitativ eine nachgeordnete Bedeutung.

– Substantiv: Der Substantivbestand ist gekennzeichnet durch zahlreiche Fachbegriffe mit sehr unterschiedlichen Herkunftsbereichen: Recht, die den Fachverwaltungen entsprechenden Fachgebiete (Bauwesen, Medizin, Stadtplanung) sowie verwaltungsspezifische Neubildungen. Für letzteren lassen sich zwei bevorzugte Bildungsweisen ausmachen. (i) Ableitungen auf -ung, die insbesondere eine einfache Substantivierung von Verben ermöglichen, und (ii) Zusammensetzungen, die zu begrifflichen Einheiten mit hoher Informationsdichte führen. Durch die Kombination beider Verfahren läßt sich der Inhalt ganzer Sätze in einem Ausdruck fassen: *Arbeitsunfähigkeitsbescheinigung*.

– Adjektiv: Verwaltungstexte verwenden eine Vielzahl spezifischer Adjektive, häufig mit den Suffixen *-lich*, *-gemäß*, *-bar* und *-mäßig*, die sich zur Ableitung von substantivischen Fachbegriffen eignen: *verkehrsrechtlich*, *ordnungsgemäß* und bei attributivem Gebrauch ebenfalls eine hohe Informationsdichte ermöglichen: *gebührenpflichtige Mahnung*.

3.4. Formulare

Formulare verdanken ihre besondere Aufmerksamkeit den Schwierigkeiten, die sie dem ausfüllenden Bürger (Klienten) bereiten.

Im Kontext der seit den 70er Jahren zu beobachtenden politischen Bemühungen um „Bürgernähe der Verwaltung" kommt ihnen ein besonderes Gewicht zu. Lüdenbach/Herrlitz (1981, 311 f) verweisen zu Recht auf sozialwissenschaftliche Erhebungen, wonach bis zu zwei Drittel der potentiellen Klienten auf eine Antragstellung – und damit auf zustehende Leistungen – verzichten, weil sie Schwierigkeiten mit dem Formular haben oder befürchten. Das Formular erfüllt in der Regel mehrere Zwecke gleichzeitig und ist deshalb eine komplexe Textart. Es dient in bestimmten Fällen zunächst der Erhebung von Bürgerdaten; anschließend wird es als Bestandteil einer Akte zum Mittel der institutionellen Wissensverarbeitung; abschließend kann dasselbe Formular als Bescheid an den Bürger zurückgehen und damit zu einem neuen, wissensmitteilenden Text werden. Auf den dialogischen Charakter von Formularen in der Kommunikation zwischen Verwaltung und Bürger hat Gülich (1981, 322 ff) hingewiesen und dabei die Schwierigkeiten betont, Frage-Antwort-Sequenzen schriftlich zu fassen. Becker-Mrotzek (1992b, 7 ff) spricht in ähnlicher Weise von schriftlichen Diskursen. Konstitutives Merkmal ist ihre Sequentialität, d.h. der systematische Wechsel der Äußerungsproduzenten in Form von „Sprecherwechseln". In dieser sequentiellen Struktur dokumentiert sich der kommunikative Zweck von Formularen.

Formulare schränken die Handlungsmöglichkeiten des Bürgers – stärker als bei Gesprächen – auf verwaltungsrelevante Gesichtspunkte ein. Fragen und vorformulierte Antworten geben nicht nur den thematischen Bereich vor, sondern schränken auch den rhematischen ein. Der Bürger als Klient muß seine Wirklichkeit unter institutionelle Kategorien subsumieren. Die Schwierigkeiten liegen dabei weniger in der Entschlüsselung komplexer Ausdrücke, sondern im fehlenden Wissen ihrer fachlichen Bedeutung. So wird beispielsweise der Begriff „Arbeitsmittel" in unterschiedlichen Gesetzen verschieden definiert. Die schriftlichen Antworten sind bereits Bestandteil des institutionellen Bearbeitungsprozesses; hierin kommt der wissensverarbeitende Zweck von Formularen zum Ausdruck. In diesem Sinne stellen Formulare eine zentrale Schnittstelle zwischen den Agenten und Klienten der Institution Verwaltung dar. Indem der ausfüllende Bürger sein spezifisches Fallwissen in die institutionell geforderte Form bringt, übernimmt er einen wichtigen Teil der institutionellen Aufgabe. Von guten Formularen ist daher zu erwarten, daß sie das alltagsweltliche Handlungswissen der Bürger berücksichtigen.

3.5. Verständlichkeit von Texten: Probleme und Lösungsversuche

In den Arbeiten zur Verwaltungssprache dominieren zwei Aspekte: ihre Beurteilung und Möglichkeiten der Veränderung. Bei beiden Aspekten ist mit dem Aufkommen der Fachsprachenforschung ein deutlicher Wandel in Richtung funktionaler Betrachtungen zu erkennen. Bis in die 50er und 60er Jahre steht die Sprachkritik in weiten Teilen der Verwaltungssprache skeptisch bis ablehnend gegenüber (s. o. 2.3.). Als Konsequenz der sprachpuristisch begründeten Ablehnung ergibt sich auch keine Notwendigkeit für Verbesserungsvorschläge.

Offen ist jedoch nach wie vor ihre funktionale Beurteilung als Fachsprache. So hält Wagner die Verwaltungssprache grundsätzlich für zweckmäßig:

„Gerade die sachliche, unpersönliche und objektivierende Sprache kann im Unterschied zur Interpretation der Sprachkritiker als Ausdruck einer demokratischen Wertschätzung der Person angesehen werden" (Wagner 1970, 114).

Heftig wird diese Position von Geyl kritisiert, der den einzelnen dadurch in neuen Abhängigkeitsverhältnissen sieht, „daß man ihm eine gleichmachende normative Ordnung gegenüberstellt [...], die noch ärger ist als jene (= Obrigkeitsstaat)" (Geyl 1974, 84). Differenzierter fällt die Kritik bei Fluck aus, der bezweifelt, ob

„die der Verwaltungssprache eigene ‚Abstraktion vergleichbarer Einzelfälle und die begriffliche formelhafte Erfassung von Zusammenhängen [...] dem modernen Menschen und seiner Weltansicht mehr als unmittelbar konkrete Anschauung [entspreche]'" (Fluck 1991, 74).

Die nach wie vor hohe Zahl von Klienten, die auf einen Antrag verzichten (s. o.), die beinahe unüberwindlichen Schwierigkeiten für funktionale Analphabeten und die Probleme für Ausländer sind Indiz dafür, daß das Problem der Verständlichkeit noch nicht gelöst ist.

Bemühungen, diesen Konflikt mit lexikalischen und syntaktischen Mitteln allein zu lösen, gehen möglicherweise am Problem vorbei. Lüdenbach/Herrlitz betonen, daß die

„Verständlichkeit [...] von Formularen [...] in erster Linie kein Problem der allgemeinen Bedeutung von Begriffen [...] [ist], sondern des Handlungssinns, den ein Formular mit seinen Kategorien für die akzeptablen Antworten des Antragstellers setzt" (Lüdenbach/Herrlitz 1981, 305).

Ähnlich argumentieren Pfeiffer/Strouhal/Wodak, die für Gesetzestexte zeigen, daß es vor allem die spezifische Textstruktur ist, die Laien bei der Bearbeitung von Rechtsfragen systematisch verkennen (Pfeiffer/Strouhal/Wodak 1987, 136). Die zahlreichen Bemühungen um eine Verbesserung der Verständlichkeit stehen in dem größeren Zusammenhang des Konzepts einer „bürgernahen Verwaltung", wie Lambertz (1990, 91 ff) in seiner Dokumentation zeigt. Es sind vor allem schriftliche Empfehlungen und Schulungen, die überwiegend Hinweise zur Lexik und Syntax enthalten, während — wie in der Forschung — die Textstruktur und Verstehensprozesse weitgehend unberücksichtigt bleiben. Schulungen mit ähnlichen Inhalten werden im Rahmen der beruflichen Fortbildung angeboten, während sie in der Ausbildung weitgehend fehlen (Büter/Schimke 1993, 11).

4. Diskurse

4.1. Forschungslage

Anders als zum Bereich der Verwaltungstexte liegen über mündliche Verwaltungsdiskurse bisher nur sehr wenige Arbeiten vor, die sich zudem ausschließlich auf die fachexterne Kommunikation beziehen. Das Verhältnis zur textorientierten Fachsprachenforschung ist komplex. Die empirische Analyse mündlicher Kommunikation erforderte neue, dem Gegenstand angepaßte Analysekategorien. Insofern stehen beide Forschungsrichtungen in den 80er Jahren zunächst relativ unverbunden nebeneinander. Durch die Fokussierung der kommunikativen Verständigungsprozesse gerät jedoch ein verbindendes Phänomen in den Blick. Texte wie Diskurse sind Bestandteile institutionellen Verwaltungshandelns, an dem Bürger und Verwaltungsangehörige mit subjektiv und objektiv unterschiedlichen Voraussetzungen teilhaben. Auf diesem Hintergrund verlieren sprachsystematische Fragen nach dem Lexikon und der Syntax gegenüber funktionalen Fragen nach den Verständigungsvoraussetzungen an Bedeutung. Die vorliegenden Arbeiten zur Bürger-Verwaltungs-Kommunikation, die sich überwiegend auf die Sozialverwaltung beziehen, weisen eine Reihe von Gemeinsamkeiten auf. Sie sind empirisch-rekonstruierend, indem sie auf der Grundlage authentischer Gespräche wiederkehrende sprachliche Formen mit Blick auf Verständigungsprozesse analysieren.

4.2. Diskursarten der Verwaltung

Ähnlich wie bei den Texten lassen sich auch bei den Diskursen anhand der verschiedenen Verwaltungszwecke mehrere Arten unterscheiden. Allerdings liegen noch nicht genügend empirische Analysen vor, um eine gesicherte Typologie aufzustellen. Für das Verständnis der komplexen Wirklichkeit ist jedoch die systematische Unterscheidung von Diskurs- bzw. Gesprächstypen einerseits und den zugrundeliegenden sprachlichen Handlungsformen (Muster, Schemata) andererseits erforderlich. Handlungsmuster oder -schemata bestehen aus einer sequentiellen Abfolge unterschiedlicher Sprechhandlungen der Beteiligten, die sich aus der gegebenen Zwecksetzung herleitet. Ein solches Muster ist beispielsweise die Beratung. Diskurs- oder Gesprächstypen stellen sich in der Regel aber als eine Abfolge mehrerer Muster oder Schemata dar; es kann beispielsweise in einem Gespräch gleichzeitig ein Antrag gestellt und ein Rat gegeben werden. Die folgende Systematik unterscheidet unter heuristischen Gesichtspunkten einige zentrale Diskurstypen, in denen jeweils bestimmte Muster zentral stehen, jedoch nicht ausschließlich vorkommen.

(a) Antragsdiskurse

Antragsdiskurse, die wahrscheinlich den größten Teil der Bürger-Verwaltungs-Diskurse ausmachen, stehen im Kontext von Antragsverfahren. Vor allem im Sozialbereich bedürfen zahlreiche Anträge der persönlichen Vorsprache; so müssen beispielsweise (schriftliche) Anträge auf Arbeitslosenunterstützung, Sozialhilfe oder Rentenzahlung persönlich abgegeben werden. Antragsdiskurse bestehen im Kern aus der Erhebung der erforderlichen Daten mit Hilfe eines Formulars. Wird der Antrag während des Gesprächs vom Sachbearbeiter ausgefüllt, erfüllt das Gespräch zusätzlich zur Erhebung Vermittlungszwecke, weil der Sachbearbeiter ggf. Verständigungshilfen geben kann. Die im Formular bereits verschriftete Antragssequenz wird im Antragsdiskurs also re-oralisiert. Typische Handlungsformen sind Frage-Antwort-Sequenzen.

(b) Beratungsdiskurse

Ein weiterer wichtiger Diskurstyp sind die Beratungen, die sich in zahlreichen Sozialverwaltungen finden und teilweise in den gesetzlichen Grundlagen explizit verankert sind (vgl. Nothdurft 1984, 18 ff; Schröder 1985, 5 ff; Wenzel 1984, 29 ff sowie allg. Schank 1981). Der Kern einer institutionellen Beratung besteht darin, dem Klienten mögliche Handlungsalternativen für die Bewältigung seines Problems aufzuzeigen. Typischerweise finden sich folgende Sprechhandlungen: Thematisierung und Darstellung des Anliegens durch den Klienten, gemeinsame Besprechung des Problems, Unterbreitung eines Lösungsvorschlags durch den Berater und eine Einigung über das weitere Vorgehen.

(c) Widerspruchsdiskurse

Widerspruchsdiskurse sind eine verwaltungsspezifische Diskursart, die in sehr deutlicher Weise das Verhältnis von Mündlichkeit und Schriftlichkeit in der Verwaltung widerspiegeln (vgl. Becker-Mrotzek/Fickermann 1989, 83 ff). Da Widersprüche gegen Verwaltungsakte grundsätzlich der Schriftform bedürfen, besteht für schriftunkundige Klienten die Möglichkeit, den Widerspruch mündlich zur Niederschrift vorzutragen. Kern von Widerspruchsdiskursen sind die mündliche Darstellung des Widerspruchs durch den Bürger und deren Verschriftlichung durch den Sachbearbeiter. Eingebettet in Widerspruchsdiskurse sind häufig Erläuterungen des fraglichen Bescheids, Ratschläge für das weitere Vorgehen sowie Vorwurf-Rechtfertigungs-Sequenzen.

4.3. Charakteristika

Allgemeine Charakteristika von Verwaltungsdiskursen lassen sich wegen der vielfältigen Zwecke und der vergleichsweise geringen Anzahl an Untersuchungen nur schwer angeben. Für die bislang untersuchten Bürger-Verwaltungs-Diskurse liegen die Besonderheiten weniger im lexikalischen oder syntaktischen Bereich als vielmehr in den kommunikativen Bedingungen (s. o. 1.). Bürger-Verwaltungs-Diskurse sind den institutionellen Zwecken der Verwaltung unterworfen, was sich in den folgenden Merkmalen niederschlägt (vgl. Becker-Mrotzek/Ehlich/Fickermann 1992, 242 ff):

— Funktionale Einbindung in Verwaltungszusammenhänge: Das bedeutet eine Einschränkung der Handlungsmöglichkeiten für die Sachbearbeiter, die an Zuständigkeiten und Vorschriften

gebunden sind, und für die Bürger, die beispielsweise die Schriftform bei Anträgen und Widersprüchen einhalten müssen.
- Disparate Wissensverteilung: Während die Bürger üblicherweise nur über ihr konkretes Fallwissen verfügen, haben die Sachbearbeiter ein abstraktes Fachwissen der Fallbearbeitung. Das setzt zwingend einen Wissenstransfer vom Klienten zum Sachbearbeiter voraus.
- Aufgabenverteilung: Sachbearbeitern und Bürgern fallen jeweils spezifische Aufgaben zu, nämlich, den Fall darzustellen bzw. zu bearbeiten.
- Sequentielle Ordnung: Alle Verwaltungsdiskurse zeigen eine Phasenstruktur, in der die einzelnen Aufgaben erledigt werden.

Die genannten Merkmale führen zu einem zentralen Problem in der Bürger-Verwaltungs-Kommunikation, das in allen Arbeiten thematisiert wird: die Verständigung. Selting (1987, 241 ff) sieht die Ursachen in den unterschiedlichen Wissensvoraussetzungen und der Verwendung von Fachausdrücken durch Sachbearbeiter sowie in deren Tendenz, Bürgeranliegen bearbeitbaren Falltypen zu subsumieren und damit umzudefinieren. Becker-Mrotzek (1991, 20 ff) und Becker-Mrotzek/Ehlich/Fickermann (1992, 248 ff) stellen die Möglichkeiten der Professionellen, Verstehenshilfen für die Bürger zu geben, in den Fokus.

Ich danke insbesondere Jochen Rehbein (Hamburg) für seine Anmerkungen.

5. Literatur (in Auswahl)

Albrecht 1986 = Wilma R. Albrecht: Ansätze und Ergebnisse der Textverständnis- und Textverständlichkeitsforschung zur Verbesserung von Texten aus der Sozialverwaltung. Ein Forschungsbericht. In: Deutsche Sprache 14. 1986, 345−380.

Antos 1982 = Gerd Antos: Grundlagen einer Theorie des Formulierens. Tübingen 1982 (Reihe Germanistische Linguistik 39).

Antos 1989 = Gerd Antos: Textproduktion: Ein einleitender Überblick. In: Textproduktion. Hrsg. v. Gerd Antos und Hans Krings. Tübingen 1989, 5−57.

Becker-Mrotzek 1991 = Michael Becker-Mrotzek: Professionelles Sprechhandeln in Institutionen. Duisburg 1991.

Becker-Mrotzek 1992a = Michael Becker-Mrotzek: Diskursforschung und Kommunikation in Institutionen. Heidelberg 1992.

Becker-Mrotzek 1992b = Michael Becker-Mrotzek: Forms as literalized discourses in the communication between administration and citizens. In: Studies of functional text quality. Ed. by Henk Pander Maat and Michaël Steehouder. Amsterdam 1992, 7−19.

Becker-Mrotzek/Ehlich/Fickermann 1992 = Michael Becker-Mrotzek/Konrad Ehlich/Ingeborg Fickermann: Bürger-Verwaltungs-Diskurse. In: Kommunikationsberatung und Kommunikationstraining. Hrsg. v. Reinhard Fiehler und Wolfgang Sucharowski. Opladen 1992, 234−253.

Becker-Mrotzek/Fickermann 1989 = Michael Becker-Mrotzek/Ingeborg Fickermann: Das Verhältnis von Mündlichkeit und Schriftlichkeit in kommunikationsintensiven Berufen. In: Textoptimierung. Hrsg. v. Gerd Antos und Gerhard Augst. Frankfurt a. M. Bern 1989, 83−124.

Bruns 1892 = Karl Bruns: Die Amtssprache. Verdeutschung der hauptsächlichsten im Verkehre der Gerichts- und Verwaltungsbehörden sowie in Rechts- und Staatswissenschaften gebrauchten Fremdwörter. (Hrsg. v. Alfred Bruns) Münster 1978: Landschaftsverband [Nachdrucke zur westfälischen Archivpflege].

Büter/Schimke 1993 = Dieter Büter/Hans-Jürgen Schimke: Anleitungen zur Bescheidtechnik. Wie Verwaltungsakten verständlich geschrieben werden. 2. Aufl. Berlin 1993.

Diehl 1979 = Rainer Diehl: Eine Sprache wird zerstört. Die Bürokratisierung unserer Sprache. In: Neue Gesellschaft 26. 1979, 1116−1119.

Ehlich 1983 = Konrad Ehlich: Text und sprachliches Handeln. Die Entstehung von Texten aus dem Bedürfnis nach Überlieferung. In: Schrift und Gedächtnis. Hrsg. v. Aleida Assmann, Jan Assmann und Christof Hardmeier. München 1983, 24−43.

Ehlich 1991 = Konrad Ehlich: Funktionalpragmatische Kommunikationsanalyse − Ziele und Verfahren. In: Verbale Interaktion. Hrsg. v. Dieter Flader. Stuttgart 1991, 127−143.

Ehlich 1992 = Konrad Ehlich: Language in the Professions: Text and Discourse. In: Communication for Specific Purposes − Fachsprachliche Kommunikation. Ed. by Anette Grindsted and Johannes Wagner. Tübingen 1992, 9−29.

Ehlich/Rehbein 1977 = Konrad Ehlich/Jochen Rehbein: Wissen, kommunikatives Handeln und die Schule. In: Sprachverhalten im Unterricht. Hrsg. v. Herma C. Goeppert. München 1977, 36−114.

Esser 1961 = Wilhelm M. Esser: Gutes Amtsdeutsch. Eigenart, Unart, Erneuerung. Bad Heilbrunn/Obb. 1961.

Fluck 1991 = Hans-Rüdiger Fluck: Fachsprachen. Einführung und Bibliographie. 4. Aufl. Tübingen 1991. [= 3. Aufl. 1985].

Fuchs 1978 = Werner Fuchs/Rolf Klima/Rüdiger Lautmann/Otthein Rammstedt/Hanns Wienhold (Hrsg.): Lexikon zur Soziologie. 2. Aufl. Opladen 1978.

Fuchs-Khakhar 1987 = Christine Fuchs-Khakhar: Die Verwaltungssprache zwischen dem Anspruch auf Fachsprachlichkeit und Verständlichkeit. Tübingen 1987.

Gesellschaft für deutsche Sprache (Hrsg.) 1980 = Gesellschaft für deutsche Sprache (Hrsg.): Fingerzeige für die Gesetzes- und Amtssprache. 10. Aufl. Wiesbaden 1980.

Geyl 1974 = Ernst-Günther Geyl: Rezension: Hildegard Wagner (2. Aufl., 1972). Die deutsche Verwaltungssprache der Gegenwart. In: Muttersprache 84. 1974, 83—84.

Grosse 1980 = Siegfried Grosse: Allgemeine Überlegungen zur sprachlichen Fassung von Vordrukken und Formularen. In: Bürger — Behörde — Formular. Hrsg. v. Siegfried Grosse und Wolfgang Mentrup. Tübingen 1980, 11—24.

Gülich 1981 = Gülich, Elisabeth: Formulare als Dialog. In: Die Sprache des Rechts und der Verwaltung. Hrsg. v. Ingulf Radtke. Stuttgart 1981, 322—356.

Heinrich 1991 = Peter Heinrich: Bibliographie zur Verwaltungssprache. Berlin 1991 (Beiträge aus dem FB 1, H. 21). Fachhochschule für Verwaltung und Rechtspflege.

Heinrich 1994 = Peter Heinrich: Sprache als Instrument der Verwaltung. Eine Einführung in die Sprachwissenschaft für Angehörige der öffentlichen Verwaltung. Berlin 1994.

Hilgendorf 1980 = Brigitte Hilgendorf: Bibliographie (Verwaltungstexte). In: Bürger — Behörde — Formular. Hrsg. v. Siegfried Grosse und Wolfgang Mentrup. Tübingen 1980, 171—250.

Hinnenkamp 1985 = Volker Hinnenkamp: Zwangskommunikative Interaktion zwischen Gastarbeitern und deutscher Behörde. In: Interkulturelle Kommunikation. Hrsg. v. Jochen Rehbein. Tübingen 1985, 276—298.

Hoffmann 1985 = Lothar Hoffmann: Kommunikationsmittel Fachsprache. Eine Einführung. 2. völlig neu bearb. Aufl. Berlin (Ost). Tübingen 1985 (Forum für Fachsprachen-Forschung 1).

Klemperer 1957 = Viktor Klemperer: LTI — Lingua Tertii Imperii — Die Sprache des Dritten Reiches. 11. Aufl. Halle. Leipzig 1991.

Köbler 1984 = Gerhard Köbler: Deutsche Sprachgeschichte und Rechtsgeschichte. In: Sprachgeschichte. Ein Handbuch zur Geschichte der deutschen Sprache und ihrer Erforschung. 1. Halbbd. Hrsg. v. Werner Besch, Oskar Reichmann und Stefan Sonderegger. Berlin. New York 1984 (Handbücher zur Sprach- und Kommunikationswissenschaft 2.1) 56—70.

Korn 1958 = Karl Korn: Sprache in der verwalteten Welt. Frankfurt a. M. 1958.

Krings 1992 = Hans Krings: Schwarze Spuren auf weißem Grund — Fragen, Methoden und Ergebnisse der empirischen Schreibforschung im Überblick. In: Textproduktion. Hrsg. v. Hans Krings und Gerd Antos. Tier 1992, 45—110.

Küppers 1984 = Hans-Georg Küppers: Orthographiereform und Öffentlichkeit. Zur Entwicklung und Diskussion der Rechtschreibreformbemühungen zwischen 1876 und 1982. Düsseldorf 1984.

Lambertz 1990 = Thomas Lambertz: Bürgernahe Schriftsprache in der Verwaltung. Diss. Bonn 1990.

Lüdenbach/Herrlitz 1981 = Wolfgang Lüdenbach/ Norbert Herrlitz: Zur Verständlichkeit von Formularen. Ein handlungstheoretischer Versuch. In: Die Sprache des Rechts und der Verwaltung. Hrsg. v. Ingulf Radtke. Stuttgart 1981, 305—321.

Mackensen 1971 = Lutz Mackensen: Die deutsche Sprache in unserer Zeit. Zur Sprachgeschichte des 20. Jahrhunderts. 2. Aufl. Heidelberg 1971.

Moser 1985 = Hans Moser: Die Kanzleisprachen. In: Sprachgeschichte. Ein Handbuch zur Geschichte der deutschen Sprache und ihrer Erforschung. 2. Halbbd. Hrsg. v. Werner Besch, Oskar Reichmann und Stefan Sonderegger. Berlin. New York 1985 (Handbücher zur Sprach- und Kommunikationswissenschaft 2.2.), 1398—1408.

Nothdurft 1984 = Werner Nothdurft: „äh folgendes problem äh". Die interaktive Ausarbeitung „des Problems" in Beratungsgesprächen. Tübingen 1984.

Otto 1978 = Walter Otto: Amtsdeutsch heute — bürgernah und praxisnah. 2. Aufl. Stuttgart 1978.

Otto 1981 = Walter Otto: Die Paradoxie einer Fachsprache. In: Die Sprache des Rechts und der Verwaltung. Hrsg. v. Ingulf Radtke. Stuttgart 1981, 44—57.

Pfeiffer/Strouhal/Wodak 1987 = Oskar E. Pfeiffer/ Ernst Strouhal/Ruth Wodak: Recht auf Sprache. Verstehen und Verständlichkeit von Texten. Wien 1987.

Piirainen 1985 = Ilpo Tapani Piirainen: Die Diagliederung des Frühneuhochdeutschen. In: Sprachgeschichte. Ein Handbuch zur Geschichte der deutschen Sprache und ihrer Erforschung. 2. Halbbd. Hrsg. v. Werner Besch, Oskar Reichmann und Stefan Sonderegger. Berlin. New York 1985 (Handbücher zur Sprach- und Kommunikationswissenschaft 2.2.) 1368—1379.

Polenz 1963 = Peter von Polenz: Funktionsverben im heutigen Deutsch. Sprache in der rationalisierten Welt. In: Beiheft zu Wirkendes Wort 1963.

Polenz 1991 = Peter von Polenz: Deutsche Sprachgeschichte vom Spätmittelalter bis zur Gegenwart. Bd. 1: Einführung — Grundbegriffe. Deutsch in der frühbürgerlichen Zeit. Berlin. New York 1991 (Sammlung Göschen 2237).

Radtke 1981 = Ingulf Radtke (Hrsg.): Die Sprache des Rechts und der Verwaltung. Der Öffentliche Sprachgebrauch. Bd. 2. Stuttgart 1981.

Rehbein 1977 = Jochen Rehbein: Komplexes Handeln. Elemente zur Handlungstheorie der Sprache. Stuttgart 1977.

Schank 1981 = Gerd Schank: Untersuchungen zum Ablauf natürlicher Dialoge. München 1981.

Schröder 1985 = Peter Schröder (Hrsg.): Beratungsgespräche − ein kommentierter Textband. Tübingen 1985.

Seibert 1981 = Thomas-Michael Seibert: Aktenanalysen. Zur Schriftform juristischer Deutungen. Tübingen 1981.

Selting 1987 = Margret Selting: Verständigungsprobleme. Eine empirische Analyse am Beispiel der Bürger-Verwaltungs-Kommunikation. Tübingen 1987.

Wagner 1970 = Hildegard Wagner: Die deutsche Verwaltungssprache der Gegenwart. Eine Untersuchung der sprachlichen Sonderform und Ihrer [sic!] Leistung. Düsseldorf 1970.

Wenzel 1984 = Angelika Wenzel: Verstehen und Verständigung in Gesprächen am Sozialamt. Eine empirische Untersuchung. Tübingen 1984.

Michael Becker-Mrotzek, Münster

XVIII. Beschreibungen ausgewählter Fachsprachen V: Fachsprachen des Englischen im 19. und 20. Jahrhundert

154. Die englischen Fachsprachen im 20. Jahrhundert und ihre Erforschung: Eine Übersicht

1. Vorbemerkung
2. Die Erforschung der englischen Fachsprache im 20. Jh.: Traditionen, Schwerpunkte, Motive
3. Im Brennpunkt: Strukturen in Lexik, Syntax und Text, Bedeutungen und Sprachhandlungen
4. Differenziertere Perspektiven und neue Dimensionen
5. Literatur (in Auswahl)

1. Vorbemerkung

Das Englische hat im Verlauf des 20. Jh.s eine herausragende Rolle als Weltsprache erlangt. Dafür sind verschiedene Umstände maßgebend, einer ist seine Funktion als weltweit dominantes Medium der Verständigung in vielen fachlichen Situationen: "English has become the world's predominant language of research and scholarship" (Swales 1990, 99). Hierfür sind viele beeindruckende Zahlen angeführt worden, doch sind die Datengrundlagen entsprechender Erhebungen neuerdings Gegenstand kritischer Fragen, so daß sich ein differenzierteres Bild abzuzeichnen beginnt. Zwar liegt der Anteil englischsprachiger Publikationen in bestimmten Fächern (z. B. Chemie, Genetik) heute tatsächlich weit über 50%, doch wird die Konkurrenz anderer Sprachen in Texten mit eher national gültigen fachlichen Aufgaben und Gegenständen offenbar häufig unterschätzt (vgl. Swales 1990, 96 ff). Daher unterscheidet Skudlik (1990, 214 ff) anglophone Fächer (reine Naturwissenschaften, Humanmedizin), anglophon geprägte (angewandte Naturwissenschaften, Psychologie, Linguistik) und nationalsprachlich geprägte oder polyglotte Fächer (wie Archäologie, Pädagogik, Theologie). Es ist also von einer Skala von Situationen auszugehen: So ist Englisch weltweit im Funksprechverkehr der zivilen Luftfahrt weitgehend verbindlich, während für internationale Geschäftskontakte der Grundsatz gilt, möglichst den Sprachen der Kunden Vorrang einzuräumen. Entsprechend sind mehr oder minder große Sprachbarrieren (und Benachteiligungen) für Sprecher anderer Sprachen, aber auch für Muttersprachler des Englischen anzunehmen.

Der skizzenhafte Überblick über die Forschungsgeschichte in Abschn. 2 bedarf einer einschränkenden Vorbemerkung: Er vermag die Bemühungen um die englische Fachsprache nur grob zu bündeln, nach zeitlichen, regionalen, inhaltlichen und methodischen Gesichtspunkten. Viele wichtige Einzelleistungen lassen sich freilich nicht klar bestimmten theoretischen Grundpositionen oder ‚Schulen' zurechnen. Außerdem werden verallgemeinernde Zuordnungen dieser Art seit Mitte der 80er Jahre zunehmend schwieriger. Dies liegt nicht nur an der weltweit stark gestiegenen Zahl von fachsprachlichen Aktivitäten und Veröffentlichungen, sondern vor allem daran, daß die Fachsprachenforschung die Palette ihrer Gegenstände und Fragestellungen deutlich vergrößert und diversifiziert hat (vgl. bes. Abschn. 4). Ein ähnlicher Vorbehalt gilt für die übrigen Abschnitte: Sie widmen sich ‚kleineren' sprachlichen Einheiten (Wörtern) vor ‚größeren' (Satz- und Textstrukturen), würdigen Einsichten primär von Strukturen ausgehender Analysen vor solchen, deren Schwerpunkte auf Bedeutungen und Sprachhandlungen liegen, schreiten von ‚innersprachlichen' Phänomenen zu ‚außersprachlichen' Faktoren voran und folgen damit z. T. auch der Chronologie der Fachsprachenforschung, aber nicht im Sinne in sich abgeschlossener Phasen, sondern im Sinne der Dominanz bestimmter Themen und Methoden im Rahmen der Bemühungen um die englische Fachsprache insgesamt.

2. Die Erforschung der englischen Fachsprache im 20. Jahrhundert: Traditionen, Schwerpunkte, Motive

Als erste sprachwissenschaftliche Beiträge, denen wir auch Einsichten über die englische Fachsprache verdanken, sind die grob unter der Bezeichnung ‚Wirtschaftslinguistik' zusammengefaßten Bemühungen zu würdigen, deren Anfänge bis zum Beginn des 20. Jh.s zurückreichen. Diesen vor allem in den 20er und 30er Jahren entstandenen Arbeiten gebührt das Verdienst, der (Fach-)Sprache eine zentrale Rolle in der Ausbildung von Fachleuten beigemessen und sie erstmals in den Fächerkanon von Hochschulen integriert zu haben. Kern ‚berufssprachlicher Forschung' im Sinne Messings (1932) war die ‚bedeutungsgeschichtliche Untersuchung handelssprachlicher Ausdrücke'. Es ging im wesentlichen darum, ausgehend von den Fachwörtern, die Entstehung und den Wandel von ‚kaufmännischen Vorstellungen' und letztlich von Vorgängen im Wirtschaftsleben aufzuzeigen und diese Zusammenhänge in die Ausbildung an Handelshochschulen in mehreren Ländern Europas einzubringen. Auch wenn unsere Auffassungen über die Beziehungen zwischen (Fach-)Gegenstand, (Fach-)Begriff bzw. (Fach-)Denken und (Fach-)Wortform sich inzwischen gewandelt haben, so bietet Messings klassische „Auswahl von kleineren und größeren Beiträgen über Wert und Bedeutung, Erforschung und Unterweisung der Sprache des wirtschaftlichen Verkehrs" (1932) auch heute noch anregenden Lesestoff vor allem zur Etymologie von Fachwörtern aus dem Geschäftsleben (z. B. der Währungsbezeichnungen ‚Dollar' und ‚Pound Sterling').

Im Unterschied dazu waren die Arbeiten der tschechischen Wirtschaftslinguisten mit Schwerpunkt in den 30er Jahren stark strukturell orientiert, ihr Hauptinteresse galt synchronen Untersuchungen. Wirtschaftssprache wurde (im Sinne der Prager Konzeption der funktionalen Differenziertheit von Sprache) als Kommunikationsmittel und als zweckgebundenes strukturiertes Ganzes aufgefaßt. Einen Überblick über tschechische Beiträge vor dem zweiten Weltkrieg und unmittelbar danach bietet Fried (1972).

Nach dem zweiten Weltkrieg erfuhr die Fachsprachenforschung zum Englischen (wie dem Deutschen, Russischen, Französischen) einen gewaltigen Aufschwung. Zu nennen sind abermals Bemühungen in der (damaligen) Tschechoslowakei und nun auch (in ähnlicher Weise funktionalstilistisch orientierte) Arbeiten sowjetischer Autoren (Würdigungen bei Baumann 1992, 49 ff; Gläser 1979, 54 ff; Weise 1982, 26). Etwa parallel dazu wird in Großbritannien das Konzept der ‚registers/varieties' entwickelt, das die Fachsprachenforschung ebenfalls nachhaltig beeinflußt hat (dazu Beier 1980, 17 ff; Gläser 1979, 65; Weise 1982, 34 ff). Dominiert wird die Forschung bis etwa Ende der 80er Jahre durch Beiträge aus der damaligen DDR. Auch sie durchlaufen in theoretisch-methodischer Hinsicht verschiedene Phasen. Im Westen Deutschlands wurden Fachsprachen lange Zeit fast nur im Rahmen der Germanistik erforscht. Auf diese Vorarbeiten konnte sich die Fachfremdsprachenforschung stützen, die in nennenswertem Umfang erheblich später einsetzte. Die westdeutsche Anglistik hat bis in die 80er Jahre hinein den auch hier nachgewiesenen umfangreichen, differenzierten Bedarf an Fachfremdsprachenkenntnissen für Wissenschaft, Technik, Handel, Industrie und Verwaltung kaum zur Kenntnis genommen und den durch Fachsprachenforschung möglichen linguistischen Erkenntnisgewinn über die englische Sprache kaum genutzt, von einigen um so bemerkenswerteren Ausnahmen abgesehen, wie Ahring (1980), Bückendorf (1963), Hüllen (1981 a/b), Sieper (1980). In Großbritannien und den USA ist seit Beginn der siebziger Jahre eine große Zahl von Arbeiten entstanden: Vor allem in amerikanischen Arbeiten wird ein eigenständiger Ansatz zur pragmalinguistischen und semantischen Beschreibung der englischen Fachsprache entwickelt (vgl. Abschn. 3). In der britischen Literatur sind didaktische Beiträge, besonders zu Fragen des kommunikativen Fachfremdsprachenunterrichts, lange Zeit bedeutend häufiger als linguistische Analysen (vgl. den Überblick von Robinson 1980, für die Zeit danach: Yzermann/Beier 1989).

Welche Motive hat die Beschäftigung mit englischer Fachsprache? Natürlich dient sie linguistischen Erkenntnisinteressen, u. a. insofern, als ohne die Fachsprachen die Rolle des Englischen in der Welt und die Vielfalt seiner Varietäten auch nicht annähernd hinreichend zu beschreiben sind. Dennoch verfolgt nur eine kleine Zahl von (meist neueren) Arbeiten (z. B. Myers 1992, Kuhn 1992) ausschließlich linguistische Ziele. Die überwiegende Mehrzahl aller Bemühungen war und ist durch Bedürfnisse der sprachlichen Praxis motiviert, was ihren linguistischen Wert keineswegs schmälern muß. Fachsprachenforschung hat sich großenteils als angewandte Sprachwissenschaft verstanden und sich dadurch — so Weise (1982, 25) — „eine gewisse Eigenständigkeit bewahrt: Sie hat nicht alle Wechsel der Richtungen und Schulen mitgemacht." An erster Stelle unter den Anstößen von außen sind Bedürfnisse des fachsprachlichen Englischunterrichts zu nennen, der seit Mitte des Jahrhunderts weltweit einen gewaltigen, bislang ungebrochenen Aufschwung erlebt hat. Wohl deshalb haben sich von den englischsprachigen Bezeichnungen für ‚Fachsprache' (vgl. Gläser 1979, 19 ff) diejenigen durchgesetzt, die zunächst primär auf didaktische Kontexte bezogen waren, bes. 'English for special/specific purposes', 'English for science and technology' (ESP, EST). Ein Blick in die Zeitschriften *Fachsprache* und *English for Specific Purposes* zeigt, daß linguistische Beschreibungen für den Fach(fremd)sprachenunterricht immer häufiger konsequent in konkrete Bedingungsgefüge eingebunden werden. Fachsprachlich orientierte Anglisten sind oft auch Didaktiker und/oder Lehrer.

Hinsichtlich fachsprachlicher Lehr- und Lernmaterialien lassen sich bereits verschiedene ‚Generationen' unterscheiden. Weitere Praxisfelder (z. T. mit ‚eigenen' wissenschaftlichen Teil-/Disziplinen), die zur Beschäftigung mit Fachsprache herausfordern (und in eigenen Art. behandelt werden) sind: Fachübersetzung (vgl. u. a. Baakes 1984), Sprachpflege und -kritik im weitesten Sinne (vgl. Beier 1980 zu 'style guides', Crystal 1988, 378 ff zu 'plain English campaigns'), Terminologiearbeit und -normung (vgl. Sager/Dungworth/McDonald 1980). Gegenstand einer Art von Standardisierung, die sich von sonst üblicher Terminologienormung unterscheidet, ist das Englische in Luft- und Seefahrt (bes. im Sprechfunkverkehr): Es ist von vornherein international angelegt, zielt im wesentlichen auf gesprochene Sprache und betrifft weit mehr als nur Termini (vgl. Ahring 1980 und Art. 134).

3. Im Brennpunkt: Strukturen in Lexik, Syntax und Text, Bedeutungen und Sprachhandlungen

3.1

Im Mittelpunkt linguistischen Interesses an Fachsprachen standen zunächst die Eigenschaften und Bildungsweisen der Fachwörter, ihres augenfälligsten Merkmals. Sprachübergreifend ist zunächst festzustellen: Zur Deckung des riesigen Bedarfs an fachlichen Benennungen nutzen Fachsprachen grundsätzlich die gleichen Methoden wie andere Sprachverwendungsbereiche, sie zeichnen sich aber durch die Produktivität bestimmter Mittel und die Häufigkeit der Kombination verschiedener Verfahren aus, wobei sie offensichtlich auch die (nicht exakt festlegbaren) Grenzen des außerhalb der Fachsprache Akzeptierten überschreiten. Innerhalb des englischen Fachwortschatzes hängen Art und Ausmaß der konkret genutzten Mittel zur Wortschatzerweiterung von Gegebenheiten des Sprachsystems, Entwicklungen in der Sprach- und Fachgeschichte und Aspekten der fachlichen Sprachverwendungssituationen ab. Im Englischen sind folgende Verfahren besonders produktiv (vgl. auch Art. 155):

(a) Einen festen Bestandteil des Fachwortschatzes ("perhaps its outstanding feature", schon bei Chaucer; Savory 1967, 20 ff) bilden Formen lateinischen und griechischen Ursprungs. Der Zugriff erfolgt sowohl durch Entlehnung (Savory: 'imported words') als auch durch Bildung neuer Bezeichnungen ('invented words') durch Nutzung von Elementen mit unterschiedlichem morphologischem Status (Präfixe, Suffixe, *combining forms, final elements*, Näheres und Beispiele: Beier 1980, Gläser/Winter 1975, Savory 1967, Klasson 1977, dort auch zum geringeren Einfluß anderer Sprachen).

(b) Semantisch motivierte, metaphorische Bezeichnungen durch Nutzung von Wörtern aus anderen Verwendungsbereichen (Klasson 1977: 'loanwords from everyday language', Savory 1967: 'borrowed words', auch aus anderen Fächern) kommen in den Fachwortschätzen aller Disziplinen in großer Zahl vor (vgl. u. a. Klasson 1977, Shaw 1979). Bükkendorf (1963) belegt anhand der Metaphorik in der älteren Technik (Eisenhüttenwesen, Maschinenbau) und der modernen Luftfahrt ihre herausragende Rolle in der Terminologie der Technik, die sich mit dem enormen Aufschwung der englischen Industrie im 18. und 19. Jh. „ohne nennenswerten fremden Einfluß mit den Mitteln der englischen Sprache herausbildete" (S. 28). Aufschlußreich — weil einer der ersten Hinweise auf Unterschiede zwischen fachlichen Situationen — ist seine (anhand der modernen Luftfahrtlexik vorgenommene) Unterscheidung zwischen ‚notwendiger Metapher' als einzigem Ausdruck für einen Gegenstand (meist schriftlich) und ‚Luxus- (oder Slang-)Metapher', überwiegend im direkten mündlichen Kontakt ('Air Force Slang'), wo Gemeinschaftsgefühl und affektive/humorvolle/ironisierende Komponenten eine wichtige Rolle spielen:

„Der Sprecher stellt sich dadurch in einer burschikosen Art über die Dinge, gewinnt Abstand und kann alles besser aushalten; in gewisser Weise macht er sich durch diese affektgeladenen Ausdrücke Luft und drückt dabei sein persönliches Verhältnis zu den dahinterstehenden Dingen aus; bei der offiziellen Terminologie ist ihm dies versagt" (313). Beispiele: *gravy, juice* (Treibstoff), *busdriver, taxidriver, cloudhopper, cuckoo, eagle, prune, skipper* u. a. (Piloten), *bag, umbrella* (Fallschirm), *hit the silk, kiss the aircraft good-bye.*

Eine aufschlußreiche Analyse der 'language of the occupational group' in Krankenhäusern, im Kohlebergbau, in der Eisen- und Stahlindustrie Großbritanniens mit ihren Metaphern, Kurzformen und ihrer Zeichensprache verdanken wir Wright (1974). In der Automobiltechnik sind Ähnlichkeiten zwischen dem Englischen und dem Deutschen festzustellen: Starker gegenseitiger Einfluß auf diesem Gebiet führt dazu, daß „beide Sprachen in den meisten Fällen den gleichen Begriff als Metapher wählen" (*Bremssattel, brake saddle; Klauengetriebe, claw coupling transmission,* Shaw 1979, 195).

(c) Unter den Mitteln der Wortbildung sind (überwiegend aus dem Lateinischen/Griechischen stammende) Prä- und Suffixe zu nennen, die teilweise auch außerhalb der Fachsprache vorkommen, die fachsprachlich jedoch eine Tendenz zu präziserer Festlegung der Bedeutung zeigen (dazu und zu ‚rein fachsprachlichen' Affixen: Beier 1980, Weise 1982). Im Englischen entstehen neue Fachwörter auch durch Nullableitung (vor allem denominale Verben wie *taxi, service, xerox* und deverbale Substantive bes. mit Partikeln wie *flip-over, burnup*), seltener durch verbale Rückbildung (*helicopt, softland, lase,* vgl. Klasson 1977, Beier 1980).

(d) Äußerst produktiv ist auch die Bezeichnung eines Fachbegriffs mit Hilfe einer Mehrwortbenennung, einer Verbindung mehrerer Wortformen, die für sich betrachtet auch außerhalb dieser Verbindung selbständig vorkommen. In den meisten Fällen bestehen sie aus zwei Gliedern. Trimbles Beispiele (1985) mit bis zu 11 Elementen sind extreme Ausnahmen, zeigen aber, wie extensiv dieses Mittel im Englischen genutzt werden kann. Detailuntersuchungen zum Englischen (Baakes 1984, Gläser/Winter 1975, Horsella/Pérez 1991, Weise 1982, Trimble 1985) dokumentieren die verschiedenen Strukturmuster und semantischen Beziehungen zwischen den Komponenten, zu deren Identifizierung zumeist Fachkompetenz erforderlich ist. Dies gilt auch für das (formal-strukturell ebenfalls schwer lösbare) Problem der Abgrenzung von Mehrwortbenennungen, die sich gesamtheitlich auf einen Fachbegriff beziehen, von solchen Verbindungen, die Baakes (1984, 59 f, 184 ff) ‚syntaktische Komprimierungen' nennt (z. B. *forming problem, metal-forming problem, forming purpose* versus *metal forming/metal working, metal working/forming technique* als Benennungen der Disziplin bzw. des Verfahrens). Mit zunehmender Länge und Komplexität nimmt die Häufigkeit der Verbindungen ab. Bei fünf- und sechsgliedrigen Strukturen in der Chemie registrieren Gläser/Winter (1975) verringerte Eindeutigkeit, größere Kontextabhängigkeit und einen gewissen Einfluß des Individualstils, der auch bei bestimmten alternativen Bezeichnungen mit Präposition (*metal forming/working, forming/working of metals*) eine Rolle spielt (Baakes 1984, 51 f, auch Gläser/Winter 1975). Auch in bezug auf Mehrwortbenennungen sind bemerkenswerte Unterschiede zwischen fachlichen Situationen bzw. Textsorten festgestellt worden. So hängen Häufigkeit, Länge sowie Art und Zahl semantischer Beziehungen u. a. von der beim Rezipienten vorausgesetzten Fachkompetenz ab ('complexity in the frames of knowledge', Horsella/Pérez 1991, 36).

Produktive Kürzungsverfahren werden u. a. von Klasson (1977) und Beier (1980) behandelt, die Metonymie von Beier (1980), Shaw (1979) und Gläser/Winter (1975), seltene Fälle von Onomatopöie und 'root creation' wieder von Klasson (1977).

Die Ergebnisse der hier gewürdigten Untersuchungen lassen keinen Zweifel daran zu, daß eine nach Fächern und nach fachlichen Situationen differenzierte Betrachtung des englischen Fachwortschatzes geboten ist. Auch pauschale Charakterisierungen (z. B. als ‚exakt, eindeutig, ökonomisch, systematisch, emotional/expressiv neutral', vgl. Savory 1967, 17, 112 ff; Klasson 1977, 193) greifen zu kurz und sind selbst dann, wenn man sie nur als Forderungen an Fachwörter begreift, in bestimmten fachlichen Situationen weder sinnvoll noch durchsetzbar. Auch wenn die Lexik die Aufmerksamkeit heute mit anderen Themen teilt: es besteht weiter Bedarf an Analysen ihres Gebrauchs in einzelnen Fächern und fachlichen Situationen und an vergleichenden Analysen im Sprachenpaar Englisch−Deutsch (vgl. Shaw 1979, Baakes 1984), ganz zu schweigen von einer fachsprachlichen Wortbildungslehre des Englischen.

3.2.

Nach ersten Arbeiten in den 60er Jahren bildet die Syntax im folgenden Jahrzehnt einen so deutlichen Schwerpunkt, daß sich eine gesamtheitlichere Betrachtungsweise von Fachsprachen durchsetzt. Zahlreiche Einzeluntersuchungen belegen eine spezifische Auswahl, Frequenz und Verwendung syntaktischer Mittel aus dem sprachlichen Gesamtinventar, ein Befund, der auf den qualitativen Unterschied zu (fachspezifischen) terminologischen Mitteln abhebt, in dieser Formulierung aber nicht exklusiv für Fachsprache, sondern für jede Verwendungsweise von Sprache (letztlich für jede Textsorte) zu reklamieren ist. Empirische Untersuchungen belegen folgende, für die Syntax in englischen Fachtexten vergleichsweise typischen (sich z. T. bedingenden) Tendenzen und gehen ihren Gründen nach (vgl. Beier 1977/80, Lee 1978, Gerbert 1970, Huddleston 1971, Weise 1982): relativ lange (Deklarativ-)Sätze, deren Komplexität eher durch Strukturen im nominalen Bereich (s. u.) bewirkt wird als durch Gliedsätze; die Häufigkeit der Wortart Substantiv schlechthin, der starke Hang zur Nominalisierung und zu Prä- und Postmodifikation in der Nominalgruppe; die hohe Frequenz bestimmter infiniter Konstruktionen, die vergleichsweise geringe Zahl finiter Formen (‚Entverbalisierung'); die Tendenz zu ‚semantisch schwachen' Verben (z. B. *be*, ‚Desemantisierung', aber: Hüllen 1971 a) und entsprechenden Satzstrukturen, Restriktionen im Bereich der Verbalkategorien Tempus, Modus, Person. Am Beispiel des Passivs, eines schon sehr früh als typisch fachsprachlich herausgestellten Ausdrucksmittels, sei aufgezeigt, wie sich der Blickwinkel der Forschung über drei Jahrzehnte hinweg verändert hat (und daneben auch, wie wenig fundiert sprachkritische Plädoyers zur Passivvermeidung sind).

Zunächst stehen die Häufigkeit des Passivs und − zunehmend detaillierter − seine spezifischen Leistungen im Mittelpunkt, die mit dem Verweis auf ‚Unpersönlichkeit/Objektivität' nur unzureichend beschrieben sind. In der Tat unterbleibt in der überwiegenden Mehrzahl aller Fälle die explizite Nennung der (in der Regel erschließbaren) Handlungsträger (zumeist allgemeine indefinite menschliche ‚agents' oder die Textproduzenten selbst). Berücksichtigen wir neben den Satzenden auch die Satzanfänge und die kleine Gruppe von Sätzen mit ‚*by*-agent phrases' (die durchaus nicht ‚unpersönlich' sind), erhalten wir eine adäquatere Beschreibung: Das englische Passiv stellt im schriftlichen Text die einzige unmarkierte (nicht vom SV-Muster abweichende) Möglichkeit dar, das Ziel der Handlung am Satzbeginn (im Subjekt) auszudrücken, es also zum Thema der Äußerung zu machen und gleichzeitig (aus Fachwissen und/oder Kontext) bekannte Gegenstände oder Sachverhalte wiederaufzunehmen (vgl. Beier 1977). Deshalb wird es im Englischen häufiger benötigt als in Sprachen mit freierer Satzgliedstellung. Daß in Fachtexten vergleichsweise häufig die (meist nichtmenschlichen) Handlungsziele den (meist menschlichen) Trägern fachlicher Handlungen als Themen vorgezogen werden, verleiht dem Attribut ‚Unpersönlichkeit' zwar eine gewisse Rechtfertigung, doch primär erfüllt das Passiv (dies gilt auch für Sätze mit ‚*by*-phrase') eine wichtige Verknüpfungsfunktion im zusammenhängenden (schriftlichen) Text. Selbst damit ist sein Wesen im Fachtext noch verkürzt, weil in semantischer, funktional-situativer und interpersonaler Hinsicht nicht differenziert genug dargestellt: Abgesehen davon, daß in Arbeiten zum Englischen ,Vorgang' (Passiv) und ,Zustand' (Stativ, dazu Lee 1978, Beier 1977, Weise 1982) nicht immer sauber getrennt werden, sind ermittelte Passivanteile oft auch deshalb problematisch, weil unter Aktiv pauschal alle Nichtpassivformen zusammengefaßt werden, also auch solche, die keine grammatische Wahlmöglichkeit zum Passiv bieten. Setzen wir, wie Meyer (1991), Passiv aber ins Verhältnis zum Aktiv im engeren Sinne (zur Proposition mit Handlung, Handlungsziel, Handlungsträger), ergeben sich völlig andere Zahlen. Hinzu kommt, daß sich zwischen Korpora aus verschiedenen Fächern (vgl. Lee 1978, 215: "a very definite relationship between voice and content", ebenso Gläser 1990, 300), verschiedenen Fachtextsorten und sogar zwischen Teiltexten einer Textsorte (z. T. erhebliche) Schwankungen der Passivanteile nachweisen lassen, die mit ihren spezifischen Funktionen und Gegenständen zusammenhängen (bes. Meyer 1991, auch Gläser 1990 und Swales 1990,

131 ff) und die durch frühere Korpusanalysen statistisch weitgehend eingeebnet wurden. Eine weitere Ausweitung des Blickwinkels ist in bezug auf andere, in interpersonaler Hinsicht ‚konkurrierende' Mittel geboten, die im Text gemeinsam mit dem Passiv vorkommen. Dies kann zu dem Befund führen (vgl. Meyer 1991), daß in bestimmten (Teil-)Texten mehr 'we-actives' verwendet werden als 'passives', was erneut belegt, wie problematisch allgemeine Charakterisierungen und Schlüsse, vor allem auch eine nur formale Unterscheidung von Aktiv und Passiv sind. Das Passiv ist mehr oder auch weniger typisch für bestimmte Fächer, Fachtextsorten und Teiltexte, seine Verwendung läßt sich also nur im Hinblick auf spezifische fachliche Gegenstände, Konventionen sowie Funktionen (auf Text-/Teiltext-/Äußerungsebene) hinreichend erklären.

Das Beispiel läßt sich auf andere Strukturen übertragen. Es führt vor Augen, daß Forschungen zur englischen Fachsprache zwar zu vielen korrekten Beobachtungen geführt haben, aber gleichzeitig lange Zeit zu ‚oberflächlich' (an Strukturen und ihren Frequenzen interessiert), ungenügend differenziert (in situativ-funktionaler und makrostruktureller Hinsicht) und zu einseitig gewesen sind (sowohl in bezug auf bestimmte, besonders augenfällige sprachliche Mittel als auch hinsichtlich der untersuchten, meist schriftlichen, relativ abstrakten Texte aus Naturwissenschaften/Technik). Nur so ist die Postulierung allgemeiner Merkmale (‚Unpersönlichkeit, Abstraktheit, Eindeutigkeit, Sprachökonomie, Formalisierung') zu erklären (dazu Gläser 1990, 256). Neuere Untersuchungen grammatischer Erscheinungen tragen dem Rechnung, indem sie funktional-situative Faktoren und Makrostrukturen von vornherein in die Beschreibung integrieren. Solche Arbeiten gibt es u. a.: zum Zusammenwirken von Tempuswahl und Genus verbi in der indirekten Redewiedergabe (Shaw 1992), zur Rolle grammatischer Subjekte beim differenzierten Ausdruck fachlicher Interpersonalität und fachlicher Gegenstände in 'research articles' und ihren Teiltexten, die ein jeweils spezifisches, funktional bedingtes Profil aufweisen (Gosden 1993), zu Beziehungen zwischen dem Gebrauch von Tempora und kommunikativ-funktionalen Aspekten (Trimble 1985, Malcolm 1987). Solche 'bottom-up microlevel descriptions' verstehen sich zumeist als Ergänzungen zu 'top-down macro-level information' (Gosden 1993, 57 ff) und beziehen sich mitunter explizit auf entsprechende Modelle (Gosden z. B. basiert auf Swales 1990). Daran, daß beide Verfahren sich ergänzen müssen, besteht inzwischen kein Zweifel mehr. Die Ergebnisse der Einzeluntersuchungen sind schwer miteinander vergleichbar, doch kann als gesichert gelten, daß zwischen Textsorten und ihren Teiltexten (z. B. des 'research article') z. T. erhebliche Unterschiede in der Verwendung verschiedener grammatischer Mittel bestehen (Tempora, Genera verbi, *that-nominals*, Personalpronomina der 1. Person, Mittel zum Ausdruck von 'author's comment': Swales 1990, 133 ff).

3.3.

Noch deutlicher als auf der Satzebene zeigt sich die Abhängigkeit der verwendeten sprachlichen Mittel von funktional-situativen Merkmalen der Texte überall dort, wo die Satzgrenze überschritten wird, besonders in Untersuchungen zur Thema-Rhema-Gliederung, zur Thematischen Progression und zur Besetzung der Themaposition in englischen Fachtexten. Für die englischen Wissenschaftssprachen der Chemie und der Verfahrenstechnik und für drei Textsorten dieser Fächer sind jeweils typische „bevorzugte Realisierungsformen der Thematischen Progression" nachgewiesen (Dubiel 1985, 142), die u. a. mit dem bei den Rezipienten erwarteten Wissen zusammenhängen. Lehrbuchtexte z. B. zeichnen sich durch eine hohe Zahl multipler (mit Redundanz verbundener) Äußerungsteile besonders im Themabereich und eine geringere Zahl verdichtender Mittel aus. Gerzymisch-Arbogast (1987) legt zehn Wirtschaftstexte zum gleichen Gegenstand (aus der amerikanischen Steuergesetzgebung), ansonsten aber mit unterschiedlichen Profilen zugrunde, die in mehrfacher Hinsicht Skalen mit weit voneinander entfernten Endpositionen bilden. Diese entstehen einerseits durch ausschließlich oder überwiegend hierarchisch und stringent fachbegrifflich strukturierte Texte (nach dem Prinzip ‚Hyperthema-Subthemen', verbunden mit der starken Tendenz, Termini zum Äußerungsthema zu machen) und sehr heterogenen, thematisch diversifizierten Texten andererseits (mit einer Vielzahl konkurrierender, nicht auf ein Hyperthema bezogener Themen, entsprechend großer Themenvielfalt und einer weitaus schwächeren Tendenz zu ‚terminologischen' Themen). Daraus ergibt sich für die Satzkomplexität (und für den Rezipienten) eine Art ‚informatorischer Gewinn-Verlust-Relation' zwischen

Thema- und Rhemabereich. Zentral ist die Einsicht, daß alle Unterschiede funktional erklärbar sind. Sie werden von Gerzymisch-Arbogast zu einer entsprechenden Fachtexttypologie verarbeitet (Information, Normierung, Instruktion, Explikation, Kommentar und Persuasion). Die Spezifik von Fachtextsorten äußert sich also auch in ihrer Thema-Rhema-Struktur. Auf Unterschiede zwischen Texten aus verschiedenen Fächern (Psychologie, Geschichte und Literaturwissenschaft) bezüglich der Konstruktion bzw. sprachlichen Präsentation von Fachwissen stößt MacDonald (1992). Sie äußern sich in Tendenzen zu unterschiedlicher Besetzung der Thema-(Subjekts-)Position, wobei es sich um Bezüge auf Forschungsgegenstände, ('phenomenal classes') oder das disziplinäre Umfeld (Methoden, Kategorien, Forschungsgeschichte: 'epistemic classes') handelt. Die Unterschiede beschränken sich hier wiederum nicht auf die Fächer, sondern kennzeichnen auch unterschiedliche Teiltexte wissenschaftlicher Aufsätze und gehen auf deren unterschiedliche Funktionen zurück.

Neben die primär strukturorientierten Analysen treten in den 70er und 80er Jahren Arbeiten, die das Wesen der Fachsprache insgesamt mit semantischen und pragmatischen Kategorien erfassen. Wichtige Anstöße dazu verdanken wir einer Gruppe um Trimble ('Washington School'), deren 'rhetorical approach' ausführlich in Trimble (1985) dokumentiert ist. Grundlegend in diesen sehr frühen Bemühungen, die Satzgrenze zu überschreiten und Teiltexte und ihre Beziehungen zueinander funktional ('objectives, rhetorical functions') und semantisch zu definieren, ist die Unterscheidung zwischen 'conceptual' und 'physical paragraphs'. Ausführlich beschrieben sind die 'rhetorical functions' 'description, definition, classification, instruction' und einige für die Vertextung wichtige 'rhetorical techniques' wie 'time order, causality and result, comparison, contrast, analogy, exemplification'. Trimble u. a. beschreiben bewußt nur eine Auswahl der in englischen Fachtexten vorfindbaren 'functions/techniques' und ihrer Realisierungsformen. Möglichen kritischen Fragen aus linguistischer Sicht (etwa zum Anteil von Intuition bei der Ermittlung der 'core generalizations' von Teiltexten) sei entgegengehalten: Ausgangspunkt und Ziel dieser Richtung ist der Fachfremdsprachenunterricht. Sie zeichnet sich durch ihr plausibles und überschaubares kommunikatives Konzept, Beispielreichtum und didaktisch-methodische Praktikabilität aus.

Arbeiten mit gleichem Ziel und ähnlicher Konzeption entstehen in den 70er und 80er Jahren auch in Fortführung der britischen Forschungstradition (Stichworte: 'applied linguistics, register, variety', ein weites Konzept von 'meaning'). Auch hier geht es um 'notions, concepts' und 'communicative functions' (zur Theorie: Widdowson 1979, kritisch: Hutchinson/Waters 1987, 31 ff) zunächst auf der Ebene von Einzeläußerungen, dann auch im Textzusammenhang (vgl. Hutchinson/Waters 1987 zur 'discourse rhetorical analysis'). Diese Arbeiten bilden Grundlagen für eine große Zahl von Lehr- und Lernmaterialien (dazu Beier 1980, Robinson 1980, Yzermann/Beier 1989). Linguistisch und didaktisch bedeutsam sind zwei übergreifende Konzeptionen der Fachsprache: Widdowsons (1979, 24) Annahme universeller (z. T. durch 'nonverbal modes' realisierter) gedanklich-sprachlicher Operationen ("universal sets of concepts and methods or procedures which define disciplines or areas of inquiry independently of any particular language") ist inzwischen relativiert worden (siehe Abschn. 4). Davon unberührt bleibt der didaktische Wert der von ihm entwickelten vielfältigen Übungen mit Wechseln zwischen Sprachhandlungen ('rhetorical transformation') und zwischen nonverbalen und (grund- und ziel-)sprachlichen Mitteln ('transferring information'). Aus der Annahme einer fachübergreifenden Grammatik schließen Hutchinson/Waters (1987), ein fachspezifischer Fachsprachenunterricht sei nicht notwendig. Dadurch werden aber Frequenzen von Strukturen überbetont und erwiesene sprachliche Unterschiede zwischen Fächern und fachlichen Situationen ignoriert. Dazu treffend Swales (1990, 72): "The danger of ignoring genre is precisely the danger of ignoring communicative purpose."

Die in der DDR entwickelte kommunikativ-funktionale Sprachbeschreibung geht über die oben gewürdigten Ansätze hinaus durch den ausführlichen linguistischen Begründungszusammenhang, den Versuch der Texttypologisierung und die große Zahl untersuchter Kategorien (kritisch zum Konzept der ‚Kommunikationsverfahren', KV, u. a. Baumann 1992, Oldenburg 1992; bei Gläser spielen KV 1990 keine zentrale Rolle mehr). Für das Englische hervorzuheben ist Weises ausführliche Analyse von funktional-semantischen Kategorien anhand chemischer Fachtexte (In-/Determiniertheit, Konzessivität, Adversativität, Komparativität) sowie von 32 KV („Typen illokutiver Äußerungen, die durch funktional-semantische und funktional-kommunikative Merkmale beschreibbar und voneinander abgrenzbar sind", Weise 1982, 154, wie Vergleichen, Klassifizieren, Schlußfolgern). Die Dominanz bestimmter komplexer KV dient zur Typologisierung der (Teil)Texte (deskriptiv, expositorisch, narrativ usw.). Diese tragen, wie die Thematische Progression (s. o.), wesentlich zur Makrostruktur von Fachtextsorten bei, konstituieren sie aber nicht ausschließlich. Deshalb schlägt Baumann (1992) ein komplexes Beschreibungsverfahren (und eine entsprechende Einteilung der Gliederungssignale) vor, mit dem sich auch Unterschiede zwischen Fachtextsorten nachweisen lassen.

Swales (1990) hat ein alternatives, stärker fachsoziologisch orientiertes (indessen in vielen anderen Analysen angewendetes, von Gnutzmann/Lange 1990 weiterentwickeltes) Modell zur ('top-down'-)Analyse von Sprachhandlungen konzipiert und auf 'research article introductions' angewendet, dessen zentrale Kategorien 'moves' (z. B. 'establishing a territory/a niche') und 'steps' sind. Dabei spielen u. a. die Einzelhandlungen 'claims' und 'citations' eine wichtige Rolle (vgl. auch Gnutzmann 1991, Myers 1992).

Angesichts der vielfach dokumentierten sprachlichen Differenziertheit stellt sich (erneut) die Frage, was Fachtexte (über spezielle Termini hinaus) denn gemeinsam haben und was die Bezeichnung ‚Fachsprache' rechtfertigt. Eine Antwort scheint nur auf der Grundlage einer fundierten Fachtexttypologie (also durch weitere Analysen von Fachtextsorten und deren ‚Bündelung' nach gemeinsamen Merkmalen) möglich.

4. Differenziertere Perspektiven und neue Dimensionen

Nur ein Stratifizierungsversuch zur Erfassung der Differenziertheit fachlicher Kommunikation ist anhand des Englischen entwickelt worden (Strevens 1973). Größeren Einfluß hatten germanistische bzw. übergreifende Schichtmodelle (dazu Beier 1980, Gläser 1990, Hüllen 1981 b), die inzwischen durch differenziertere, den vorliegenden empirischen Daten angemessenere Ansätze zur Beschreibung und Typologisierung von Fachtexten (FT) bzw. Fachtextsorten (FTS) ergänzt bzw. ersetzt worden sind. Zu würdigen sind hier der (auf andere Sprachen übertragbare) Ansatz von Möhn/Pelka (1984) zur Beschreibung von fachlichen Sprachverwendungssituationen, Sprach- und (dominanten) Textfunktionen und ihrer Realisierung auf textueller, syntaktischer und lexikalischer Ebene und die Arbeiten Gläsers (1979), wo noch der Begriff des Funktional-/Fach-/Textsortenstils zentral ist, und 1990). Einen vergleichbaren Schritt weg vom zu groben Konzept der 'registers/varieties' zur Analyse von 'genres' sind englischsprachige Autoren gegangen (Biber 1986, Swales 1990). Swales bindet 'genre' ("a class of communicative events the members of which share some set of communicative purposes") eng an die '(sociorhetorical) discourse community' und damit an lange vernachlässigte soziologische Aspekte fachlicher Kommunikation: "We are far away from a world in which power, allegiance and self-esteem play no part, however much they may seem absent from the frigid surface of [...] discourse" (Swales 1990, 58, 125).

Bei allen Unterschieden in den Definitionen, Konzeptionen und Analyseschwerpunkten ist die Linguistik englischer FT seit Mitte der 80er Jahre geprägt durch erhebliche Differenzierungen und Ausweitungen der Sichtweise. Sie betreffen vor allem das vielschichtige Zusammenspiel von ‚Textexterna' (vgl. a) und ‚Textinterna' (vgl. b), dessen Analyse ein entsprechend komplexes methodisches Vorgehen erfordert (vgl. Baumann 1992, Gläser 1990) und das aufgrund wesentlicher Gemeinsamkeiten und Unterschiede die Abgrenzung von FTS ermöglicht:

(a) Um das Wesen fachlicher Kommunikation adäquat erklären zu können, bedarf es der Beschreibung ihrer situativ-funktionalen Bedingtheit. Auf Kategorien der britischen Varietätenlinguistik stützt sich Gläser. Ihre Analysen von über 40 FTS belegen die außerordentliche Vielfalt englischer FT, wobei der Schwerpunkt zunächst fachlich auf Naturwissenschaften, Technik, Medizin, funktional auf instruktiven und direktiven FT (1979) liegt. In Gläser (1990) ist die Palette in beiderlei Hinsicht breiter: Hier, wie in Dissertationen der Leipziger Forschungsgruppe, werden nun auch lange vernachlässigte geistes- und sozialwissenschaftliche Fächer (Pädagogik, Historiographie, Psychologie, Linguistik, Literaturwissenschaft u. a.) ausführlich beschrieben (vgl. Baumann 1992, Busch-Lauer

1991, Fiedler 1991, Klauser 1992, Timm 1992). Dabei geht es u. a. um die schriftlichen Textsorten Essay, Rezension, Schulprospekt, Artikel in Enzyklopädien, Lexika, Sammelbänden, populärwissenschaftlichen Zeitschriften sowie um den wissenschaftlichen Zeitschriftenaufsatz — die insgesamt (auch in bezug auf Teiltexte, meist: 'introduction, methods, results, discussion') am intensivsten beschriebene englische FTS überhaupt (vgl. den Überblick zum 'research article' bei Swales (1990, 127 ff). Mündliche FT im Englischen sind hingegen weitgehend unerforscht. Neben Anhaltspunkten zu monologischen Texten (Gläser 1990) liegen (kaum miteinander vergleichbare) Ergebnisse vor zu 'technical meetings' (Lenz 1989), Sprechakten (bei Frauen/Männern) an (amerikanischen/deutschen) Universitäten (Kuhn 1992) und zu Fragen mündlicher Kommunikation unter institutionellen Rahmenbedingungen (Drew/Heritage 1992).

(b) Gesichert ist auch, daß die sprachlichen Spezifika ('Textinterna') auf allen sprachlichen Ebenen (grob: Makrostruktur, Syntax, Lexik) angesiedelt und zu untersuchen sind und daß die (Gesamt-)Charakterisierung einer FTS — um frühere Einseitigkeiten und Pauschalurteile nicht zu wiederholen — möglichst viele sprachliche Erscheinungen einschließen muß (vgl. Bibers 'multi-feature/multi-dimension approach' 1986), was Schwerpunktsetzungen nicht ausschließt. Beschränkt man sich z. B. bei 'professional/ business letters' auf Nominalisierungen, Passivformen, Termini u. a. Mittel eines eher 'abstract style', die hier tatsächlich häufiger sind als in Nichtfachtexten, dann sind diese FT damit nur partiell charakterisiert. Das eigentlich Typische an ihnen ist, daß sie daneben eine Vielzahl interpersonaler Mittel enthalten (vgl. Biber 1986: 'interpersonal involvement' neben 'abstract style'), die ebenfalls zu beschreiben sind (wobei ggf. nach Geschäftsvorfällen zu differenzieren ist). Dieses auf andere FTS übertragbare Beispiel zeigt auch, daß es nicht ausreicht, die Frequenzen möglichst vieler Sprachstrukturen zu ‚kumulieren', vielmehr gilt es, sie unter semantischen und pragmatischen Gesichtspunkten zu bündeln und dabei einen Bezug zur textexternen Seite herzustellen. Gläser (1990) verwendet die Analysedimensionen ‚Makrostruktur' (Ablaufschema aus inhaltlich und funktional bestimmten Textelementen), ‚Darstellungshaltung' (des Autors gegenüber Gegenständen und Adressaten, sprachliche Schwerpunkte: Fachwörter, Passiv, Pronomina, metakommunikative Mittel) und ‚Stilqualitäten' (u. a.: Stilfiguren, kontrahierte Verbformen, Autorenspezifika). Dabei erweisen sich als aussagekräftige Unterschiede zwischen FTS: der Terminusgebrauch, die Makrostruktur, Pronomina und metakommunikative Äußerungen. Ein weiterer naheliegender Schwerpunkt wäre der textsortenspezifische Zusammenhang zwischen kommunikativen Funktionen und sprachlichen Gestaltungsmitteln (etwa im Sinne von Möhn/Pelka 1984, Swales 1990), gerade angesichts der Häufigkeit von Texten mit 'sets of communicative purposes' (Swales 1990, 47). Für dominant instruktive Texte mit den Deklarationen 'patient's package insert'/'package label' (USA) bzw. ‚Gebrauchsinformation für Arzneimittel' z. B. wäre dann u. a. zu fragen, welche Verfahren/ Strukturen verwendet werden, um zu korrektem Gebrauch anzuleiten, vor Gefahren zu warnen und patientengerecht zu werben.

Grundsätzlich gilt, daß neue Analysen englischer FTS sich an vorliegenden Modellen, Rastern und Beschreibungen orientieren, das konkrete situativ-funktionale Profil der (angenommenen) FTS aber letztlich eigenständig und sorgfältig recherchieren müssen, nicht zuletzt, weil dabei spezifische Aspekte zutage treten können, die die Textgestaltung beeinflussen, aber bei anderen FTS unwesentlich sind und in Rastern fehlen.

(Beispiele: Kosten, Geschwindigkeit, persönlicher Zugriff auf technische Übermittlungsmedien: Telex und Fax; unterschiedliche Muttersprachen, Bedürfnis nach Übermittlungssicherheit: englischsprachiger Funksprechverkehr in der Luftfahrt; gesetzliche Vorgaben: Gebrauchsinformationen für Medikamente; Kosten der Herstellung: Unternehmensprospekte, Direktwerbebriefe).

Mit der Zahl eingehend untersuchter FTS steigt das (angewandt) linguistisch motivierte Interesse an zwei komplexen Problemen: Zur systematischen Aufarbeitung von Aspekten fachlicher Intertextualität zählen (neben der Textsortenfrage, vgl. Swales 1990, 83 ff zu ‚formal schemata') Abhängigkeiten der Textproduktion und -rezeption von anderen (Text(exemplar)en, wie im Falle der Korrespondenz zu einem Geschäftsvorfall oder des Textaufkommens, das ein internationales Projekt begleitet (vgl. auch Gläser 1990 zu Prä- und abgeleiteten, Göpferich 1995 zu Sekundärtextsorten) und Text-Text-Bezüge v. a. mit Hilfe von Zitaten (dazu Swales 1990). Linguistisch wie didaktisch aufschlußreich wäre es, neben "finished and professional products" auch "drafts, plans, revisions and rehearsals of genres" (Swales 1990, 71) einzubeziehen. Außerdem wächst der Bedarf an einer fundierten Fachtexttypologie. Abgesehen von der Notwendigkeit zweckbestimmter Kompromißlösungen (vgl. Gläser 1990, 46) besteht kein Konsens über die Kriterien. Keiner der bisherigen Ansätze verzichtet auf das funktional-kommunikative Kriterium: für Weise (1982) und Möhn/Pelka (1984) ist es primär, Gläser (1990) nutzt zusätzlich die Merkmale ‚fachintern/-extern' (nach Möhn/Pelka) und ‚Standards der Textualität' (Quasi-, Prä-, abgeleitete Textsorten), Göpferichs (1995) Hierarchiestufen in bezug auf schriftliche FT der Naturwissenschaften/Technik sind: Kommunikationsabsicht, Theorie-Praxis-Bezug, Art der (optischen, sprachlich-stilistischen) Informationspräsentation. Schließlich haben uns die differenzierten Analysen englischer FT den Blick geöffnet für bislang kaum beachtete Dimensionen fachlicher Verständigung. Die wichtigsten Stichworte sind: ‚Historizität', ‚Interpersonalität' und ‚Einbettung in die Soziokultur'. Auch fach(sprach)liche Tätigkeit ist immer in ein kulturelles Umfeld eingebunden, das sich auf verschiedene Weise im FT (Makrostruktur, Realisierung von Sprachhandlungen, Fachwortschatz u. a.) niederschlagen kann, wobei das ‚Mischungsverhältnis' zwischen sprachübergreifenden und -spezifischen Merkmalen v. a. von der Einbettung des Gegenstandes in das ‚primäre kulturelle Umfeld' abhängt (vgl. Oldenburg 1990, 31). ‚Offensichtliche' Beispiele mit eigenem Gepräge, das sich nur aus ihrer historischen Entwicklung und „aus einer landeskundlichen Spezifik heraus erklären" läßt (Gläser 1990, 303), sind: *certificates* (Arbeitnehmerzeugnisse), *business letters*, *patient's package inserts*, *theses*, *dissertations*, *reprint requests* (zu den letzten drei: Swales 1990), Gläser (1990) nennt außerdem Schulprospekte, Nachrufe, fachbezogene Essays. Kritische Bestandsaufnahmen der kurzen Forschungsgeschichte (Universalitäts- versus Differenzhypothese) und empirische Daten zu Teiltexten (Zusammenfassungen/*conclusions*, Einleitungen/*introductions*) in Aufsätzen verschiedener Fächer bieten Oldenburg (1992) und Gnutzmann/Lange (1990), zu mündlichen Texten vgl. Kuhn (1992). Diachrone Untersuchungen (Ylönen/Neuendorff/Effe 1989, Stahlheber 1992) lassen auf eine Anpassung anderssprachiger (z. B. deutscher) FT an ein universelles angloamerikanisch dominiertes Modell schließen. Ansonsten sind Arbeiten zur Entwicklung englischer FT im 20. Jh. selten (wie Atkinson 1992, Swales 1990). In dem Maße, in dem sich (vorwiegend jüngere) Arbeiten den vielfältigen (sprecher-/hörerbezogenen) Erscheinungsformen von Interpersonalität widmen, schwindet "the myth that scientific writing is simply objective reporting" (Gosden 1993, 62 f und Gläser 1990: ‚Stilmittel der emotionalen Expressivität, Darstellungshaltung, Stilqualitäten'). Gläsers Typologie schriftlicher FTS schließt sogar ‚interpersonale FTS' ein. Die erste systematische und umfassende Beschreibung der Interpersonalität in (vier linguistischen) englischen FTS hat Kresta (1995) vorgenommen.

Die Palette von Aspekten der englischen Fachsprache, die weiterer gründlicher empirischer Aufarbeitung wie auch theoretischer Fundierung bedürfen, ist also sehr vielfältig. So brauchen wir Arbeiten zu den Textmakrostrukturen, Analysen der FT nicht nur als fertiger Produkte, sondern auch ihrer Entstehungsstadien und ihrer Rezeption, Beschreibungen von weiteren (auch mündlichen) FTS und von Text-Text-Relationen, Bestandsaufnahmen der Kommunikationshaushalte von Fächern, Institutionen und fachlichen Handlungsketten (wie Geschäftsvorfällen, Projekten), Forschungen zur historischen Entwicklung der englischen Fachsprache und ihrer soziokulturellen Dimension (die mit entsprechenden soziologischen Bemühungen verknüpft werden sollten) und schließlich zum Wesen fachlicher Verständigung zwischen 'non-native' und 'native speakers' mithilfe des Englischen, wie sie für viele Situationen fachlicher Zusammenarbeit (Luftfahrt, Seefahrt, Management internationaler Projekte) heute typisch ist.

5. Literatur (in Auswahl)

Ahring 1980 = Bernhard Ahring: Linguistisch-analytische Reflexionen zur Fachsprache der Luftfahrt. Bochum 1980.

Atkinson 1992 = Dwight Atkinson: The Evolution of Medical Research Writing from 1735 to 1985: The Case of the Edinburgh Medical Journal. In: Applied Linguistics 13, 1992, 337–374.

Baakes 1984 = Klaus Baakes: Theorie und Praxis der Terminologieforschung Deutsch–Englisch. Heidelberg 1984.

Baumann 1992 = Klaus-Dieter Baumann. Integrative Fachtextlinguistik. Tübingen 1992.

Beier 1977 = Rudolf Beier: Untersuchungen an amerikanischen und britischen Fachtexten der Chemie. Frankfurt/M. 1977.

Beier 1980 = Rudolf Beier: Englische Fachsprache. Stuttgart 1980.

Biber 1986 = Douglas Biber: Spoken and Written Textual Dimensions in English: Resolving the Contradictory Findings. In: Language 62, 1986, 384–414.

Bückendorf 1963 = Helmut Bückendorf: Metaphorik in modernen technischen Bezeichnungen des Englischen. Köln 1963.

Busch-Lauer 1991 = Ines-Andrea Busch-Lauer: Englische Fachtexte in der Pädagogischen Psychologie. Frankfurt/M. 1991.

Crystal 1988 = David Crystal: The Cambridge Encyclopedia of Language. Cambridge 1988.

Drew/Heritage 1992 = Paul Drew/John Heritage (eds.): Talk at Work. Cambridge 1992.

Dubiel 1985 = Irene Dubiel: Untersuchungen zur sprachlichen Realisierung der thematischen Progression in englischen Fachtexten der Chemie und der Verfahrenstechnik. Halle/S. 1985.

Fiedler 1991 = Sabine Fiedler: Fachtextlinguistische Untersuchungen zum Kommunikationsbereich der Pädagogik, dargestellt an relevanten Fachtextsorten im Englischen. Frankfurt/M. 1991.

Fried 1972 = Vilem Fried (ed.): The Prague School of Linguistics and Language Teaching. London 1972.

Gerbert 1970 = Manfred Gerbert: Besonderheiten der Syntax in der technischen Fachsprache des Englischen. Halle/S. 1970.

Gerzymisch-Arbogast 1987 = Heidrun Gerzymisch-Arbogast: Zur Thema-Rhema-Gliederung in amerikanischen Wirtschaftsfachtexten. Tübingen 1987.

Gläser 1979 = Rosemarie Gläser: Fachstile des Englischen. Leipzig 1979.

Gläser 1990 = Rosemarie Gläser: Fachtextsorten im Englischen. Tübingen 1990.

Gläser/Winter 1975 = Rosemarie Gläser/Horst Winter: Name und terminologische Wortgruppe in der chemischen Fachsprache des Englischen. In: Wissenschaftliche Zeitschrift der Friedrich-Schiller-Universität Jena 24, 1975, 735–754.

Gnutzmann 1991 = Claus Gnutzmann: Sprachliche Indikatoren zur Explizierung von „Zielsetzungen" im Englischen und Deutschen. In: Fachsprache 13, 1991, 10–15.

Gnutzmann/Lange 1990 = Claus Gnutzmann/Renate Lange: Kontrastive Textlinguistik und Fachsprachenanalyse. In: Kontrastive Linguistik. Hrsg. v. Claus Gnutzmann. Frankfurt/M. 1990, 85–116.

Göpferich 1995 = Susanne Göpferich: Textsorten in Naturwissenschaften und Technik. Pragmatische Typologie-Kontrastierung-Translation. Tübingen 1995.

Gosden 1993 = Hugh Gosden: Discourse Functions of Subject in Scientific Articles. In: Applied Linguistics 14, 1993, 54–75.

Horsella/Pérez 1991 = María Horsella/Fresia Pérez: Nominal Compounds in Chemical English Literature. In: English for Specific Purposes 10, 1991, 125–138.

Huddleston 1971 = Rodney Huddleston: The Sentence in Written English. Cambridge 1971.

Hüllen 1981a = Werner Hüllen: Movements on Earth and in the Air. In: ESP Journal 1, 1981, 141–154.

Hüllen 1981b = Werner Hüllen: On Defining and Describing 'Special Language'. In: Forms and Functions. Ed. by Jürgen Esser and Axel Hübler. Tübingen 1981, 185–196.

Hutchinson/Waters 1987 = Tom Hutchinson/Alan Waters: English for Specific Purposes. Cambridge 1987.

Klasson 1977 = Kerstin Klasson: Developments in the Terminology of Physics and Technology. Stockholm 1977.

Klauser 1992 = Rita Klauser: Die Fachsprache der Literaturkritik. Frankfurt/M. 1992.

Kresta 1995 = Ronald Kresta: Realisierungsformen der Interpersonalität in vier linguistischen Fachtextsorten des Englischen und des Deutschen. Frankfurt/M. 1995.

Kuhn 1992 = Elisabeth D. Kuhn: Gender and Authority. Tübingen 1992.

Lee 1978 = Lee Kok Cheong: Syntax of Scientific English. Singapore 1978.

Lenz 1989 = Friedrich Lenz: Organisationsprinzipien in mündlicher Fachkommunikation. Frankfurt/M. 1989.

MacDonald 1992 = Susan Peck MacDonald: A Method for Analyzing Sentence-Level Differences in Disciplinary Knowledge Making. In: Written Communication 2, 1992, 533–569.

Malcolm 1987 = Lois Malcolm: What Rules Govern Tense Usage in Scientific Articles? In: English for Specific Purposes 6, 1987, 31–43.

Messing 1932 = Zur funktionalen Wirtschafts-Linguistik. Hrsg. v. Ewald E. J. Messing. Rotterdam 1932.

Meyer 1991 = Hans Joachim Meyer: Rhetorical Functions of Active and Passive Predicates in Physics Journal Articles. In: Zeitschrift für Anglistik und Amerikanistik 39, 1991, 215–231.

Möhn/Pelka 1984 = Dieter Möhn/Roland Pelka: Fachsprachen. Tübingen 1984.

Myers 1992 = Greg Myers: 'In this paper we report …': Speech Acts and Scientific Facts. In: Journal of Pragmatics 17, 1992, 295–313.

Oldenburg 1992 = Hermann Oldenburg: Angewandte Fachtextlinguistik. Tübingen 1992.

Robinson 1980 = Pauline C. Robinson: ESP. Oxford 1980.

Sager/Dungworth/McDonald 1980 = Juan C. Sager/David Dungworth/Peter F. McDonald: English Special Languages. Wiesbaden 1980.

Savory 1967 = Theodore H. Savory: The Language of Science. London 1967.

Shaw 1979 = J. Howard Shaw: Motivierte Komposita in der deutschen und englischen Gegenwartssprache. Tübingen 1979.

Shaw 1992 = Philip Shaw: Reasons for the Correlation of Voice, Tense, and Sentence Functions in Reporting Verbs. In: Applied Linguistics 13, 1992, 302–319.

Sieper 1980 = Gerd Sieper: Fachsprachliche Korpusanalyse und Wortschatzauswahl. Frankfurt/M. 1980.

Skudlik 1990 = Sabine Skudlik: Sprachen in den Wissenschaften. Tübingen 1990.

Stahlheber 1992 = Eva M. Stahlheber: Die Fachtextsorte *Zeitschriftenartikel* im Deutschen und *Address/Article* im Amerikanischen. In: Kontrastive Fachsprachenforschung. Hrsg. v. Klaus-Dieter Baumann und Hartwig Kalverkämper. Tübingen 1992, 162–189.

Strevens 1973 = Peter Strevens: Technical, Technological, and Scientific English (TTSE). In: English Language Teaching 27, 1973, 223–234.

Swales 1990 = John M. Swales: Genre Analysis. Cambridge 1990.

Timm 1992 = Christian Timm: Gibt es eine Fachsprache der Literaturwissenschaft? Frankfurt/M. 1992.

Trimble 1985 = Louis Trimble: English for Science and Technology. Cambridge 1985.

Weise 1982 = Günter Weise: Systemaspekt und Tätigkeitsaspekt in der Wissenschaftssprache. Halle/S. 1982.

Widdowson 1979 = H. G. Widdowson: Explorations in Applied Linguistics. Oxford 1979.

Wright 1974 = Peter Wright: The Language of British Industry. London 1974.

Ylönen/Neuendorff/Effe 1989 = Sabine Ylönen/Dagmar Neuendorff/Gottfried Effe: Zur kontrastiven Analyse von medizinischen Fachtexten. In: Special Language: From Humans Thinking to Thinking Machines. Ed. by Christer Laurén and Marianne Nordmann. Clevedon 1989, 203–224.

Yzermann/Beier 1989 = Norbert Yzermann/Rudolf Beier: Bibliographie zum fachbezogenen Fremdsprachenunterricht. Frankfurt/M. 1989.

Rudolf Beier, Siegen

155. Die englische Fachsprache der Metallurgie unter besonderer Berücksichtigung des Teilgebietes Schwarzmetallurgie

1. Der Kommunikationsbereich der Metallurgie
2. Merkmale der englischen Fachsprache der Schwarzmetallurgie aus dem Vergleich einiger für das Fachgebiet typischer Textsorten
3. Der Fachwortschatz der Schwarzmetallurgie
4. Schlußbemerkungen
5. Literatur (in Auswahl)

1. Der Kommunikationsbereich der Metallurgie

Dem spezifischen Kommunikationsbereich der Metallurgie ist bisher nur eine begrenzte Anzahl fachsprachlicher Untersuchungen gewidmet worden. Der Forschungsstand ist belegt durch eine Reihe lexikographischer Arbeiten (Fachwörterbücher, Fachlexika), durch einige Untersuchungen zu terminologischen, semantischen und kommunikativen Aspekten der deutschen, russischen und englischen Fachsprache der Metallurgie (Gurova 1973/74; Kostogryz 1973; Spiegel 1972; Džikaja 1977; Ivanov 1978; Konovalova 1964; Pavlov 1962; Pristajko 1979; Wright 1974) sowie eine textbezogene Überblicksdarstellung (Zerm 1987).

Die Darstellung der horizontalen Gliederung des Faches ist geeignet, seine innere Ordnung, seine fachübergreifenden Bezüge sowie die daraus abgeleiteten spezifischen Kommunikationsaufgaben erkennbar werden zu lassen.

Die Metallurgie wird als Wissenschaft und Technologie der Metalle verstanden. Zu ihr gehören Verfahren, die sich mit der Gewinnung der Metalle aus Erzen bzw. Erden, mit ihrer Reinigung und Weiterverarbeitung befassen. Sie schließt das Studium der chemischen und physikalischen Eigenschaften der Metalle, ihrer atomaren und kristallinen Struktur, ihrer Kombination zu Legierungen sowie die Verbesserung ihrer Eigenschaften für bestimmte Zwecke ein.

Die Metallurgie gliedert sich in zwei Hauptgebiete, in die Schwarz- oder Eisenmetallurgie (*ferrous metallurgy*) und in die Nichteisenmetallurgie (*non-ferrous metallurgy*). Eine weitere Aufgliederung der Schwarzmetallurgie in die Teilgebiete Hüttentechnik (*smelting*), Stahlerzeugung (*steelmaking*), Gießereitechnik (*founding*), Walzwerk-, Schmiede-, Preß- und Ziehtechnik (*rolling, forging, pressing, drawing*) wird durch die einzelnen traditionellen Abschnitte des metallurgischen Zyklus mitbestimmt. Die zunehmende Integration der Prozeßstufen führt bei der Lösung von komplexen Aufgaben zu einer konzentrierten Zusammenarbeit zwischen Metallurgen verschiedener spezialisierter Bereiche. Die metallurgischen Disziplinen basieren auf theoretischen Grundlagenwissenschaften und ingenieurtechnischen Spezialgebieten. Vor allem sind es die Erkenntnisse aus der Physik und Chemie und den aus ihnen hervorgegangenen selbständigen Wissenschaftsgebieten der Kristallographie (*crystallography*), der chemischen Atomtheorie (*atomic theory*), der Ionentheorie (*ion theory*), der Thermodynamik (*thermodynamics*), der Reaktionskinetik (*reaction kinetics*) und der Plastizitätstheorie (*theory of plasticity*), die unmittelbaren Einfluß auf die metallurgischen Prozesse ausüben. Auch die Mathematik (*mathematics*), die Elektronik (*electronics*) sowie die ingenieurtechnischen Gebiete der technischen Mechanik (*technical mechanics*), der Werkstofftechnik (*materials engineering*), und -prüfung (*materials testing*), der Elektrotechnik (*electrotechnics*) und Maschinenkunde (*theory of machines*) nehmen eine wichtige Stelle ein.

Für die Fachsprache der Metallurgie läßt sich in Anlehnung an das Modell der vertikalen Schichtung von Hoffmann (1984) eine Stratifikation nach sprachlichen Abstraktionsstufen im Zusammenwirken mit der äußeren Sprachform, dem Milieu des Gebrauchs und den Trägern der Kommunikation vornehmen. Die Schicht A hat nur insofern für das Fachgebiet Geltung, als ihre Kommunikationsergebnisse von Metallurgen in Forschung und Lehre als Grundlage für das Verständnis metallurgischer Prozesse ausgewertet werden. Fließende Übergänge ergeben sich bei den Schichten B und C in bezug auf Abstraktionsstufe und sprachliche Form, so daß nicht in jedem Fall eine deutliche Korrelation zwischen Schicht und Fachtextsorte besteht.

2. Merkmale der englischen Fachsprache der Schwarzmetallurgie aus dem Vergleich einiger für das Fachgebiet typischer Textsorten

Das Verständnis des Fachtextes als originäres sprachliches Zeichen der fachlichen Kommunikation und als Einheit von sozialen, situativen, thematischen sowie strukturellen und stilistischen Merkmalen (Baumann 1987, 2) bedingt einen Analyseansatz, der den Zusammenhang von textexternen und textinternen Komponenten (z. B. die Makrostruktur im Zusammenhang mit dem Konzept der Kommunikationsverfahren, metakommunikative Strategien, Topikketten, Stilfiguren und grammatische Stilmerkmale, nichtverbale Informationsträger) berücksichtigt. Unter diesen Aspekten sind bisher solche für die Schwarzmetallurgie relevanten Textsorten untersucht worden wie der wissenschaftlich-technische Zeitschriftenartikel (Z), die Monographie (Mo), die Patentschrift (Pa), das Hochschullehrbuch (HLB), das Handbuch (HB) und der Werbetext (WT) (vgl. Zerm 1987).

Texte stehen als Produkte fachsprachlicher Kommunikation im Dienste der übergeordneten fachlichen Tätigkeit mit ihrer spezifischen Aufgabenstellung. Die Kommunikationsabsicht des Textproduzenten, das Interaktionsverhältnis der Kommunikationspartner und der Kommunikationsgegenstand bestimmen den adäquaten Einsatz der sprachlichen Mittel. Einen bis zu einem gewissen Grad textsortendifferenzierenden Einfluß haben bei den genannten Textsorten besonders die Kommunikationsabsicht (Informieren, Klären, Aktivieren) und das Interaktionsverhältnis der Kommunikationspartner.

Bei der Untersuchung der funktionalen Makrostruktur als einem wichtigen Merkmal zur Textsortendifferenzierung zeigt sich ein unterschiedlicher Grad der Voraussagbarkeit wiederkehrender Funktionsfolgen von Teiltexten. Er ist erwartungsgemäß am größten bei Textsorten mit weitgehend standardisierten bzw. teilweise standardisierten Textbauplänen (Patentschriften, Zeitschriftenartikel). In den zum Zentrum der fachlichen Kommunikation tendierenden Textsorten der Metallurgie (Z, Mo, HB, HLB) wird nur eine beschränkte Anzahl von Kommunikationsverfahren verwendet.

Nach der Wahrscheinlichkeit ihres Auftretens auf Teiltextebene (zweiseitige Konfidenzintervalle mit α = 0,05) ergeben sich als die zehn häufigsten Kommunikationsverfahren das Beschreiben [10,2; 49,8] %, Feststellen [3,3; 16,3] %, Erörtern [1,0; 18,3] %, Mitteilen [1,3; 13,0] %, Explizieren [0,9; 15,0] %, Argumentieren [0,0; 13,8] %, Schlußfolgern [0,1; 12,7] %, Anregen/Empfehlen [0,0; 7,3] %.

In bezug auf Häufigkeit und Verteilung der Kommunikationsverfahren können jedoch signifikante Unterschiede festgestellt werden.

Nichtverbale Informationsträger (Zahlen, Einzelbuchstaben, mathematische, chemische, physikalische, technische Symbole) und grafisch-figürliche Mittel (Schemata, Zeichnungen, Diagramme, Tabellen, Fotos) sind in den Fachtexten der Schwarzmetallurgie sowohl Alternative als auch Komplement zum sprachlichen Kode und können als obligatorische Bestandteile aller untersuchten Textsorten gelten. Die Verwendung nichtverbaler Informationsträger richtet sich vor allem nach thematisch-inhaltlichen Aspekten. Unter den grafisch-figürlichen Mitteln nehmen Schemata bzw. Zeichnungen eine Vorrangstellung ein. Sie ermöglichen die Wiedergabe wesentlicher Eigenschaften von Gegenständen und komplexen Sachverhalten in rationeller Weise unter Einsparung lexikalischer Mittel. Die Erläuterung von Schemata im Text unter Bezugnahme auf die in ihnen verwendeten Symbole macht die Integration von sprachlichem und visuellem Kode besonders deutlich.

Metakommunikative Sprachhandlungen zur Verstehenssicherung und Kennzeichnung der Abfolge und Einordnung inhaltlicher Komponenten im Text tragen zur Textsortendifferenzierung bei. Ihr relativ sparsamer Gebrauch in den Textsorten Z und Mo, die hauptsächlich Verweise und Ankündigungen enthalten, ist auf das symmetrische Interaktionsverhältnis der Kommunikationspartner zurückzuführen. Die Textsorte Pa, in der eine falsche Interpretation von Sachverhalten infolge unklarer begrifflicher Abgrenzung Sanktionen nach sich ziehen kann, verwendet in erster Linie den Verstehensprozeß sichernde metakommunikative Äußerungen (Begriffsexplikationen, Präzisierungen, Kommentare), aber auch Verweise wie z. B. *In order that the invention may be more readily understood, reference is made to the accompanying drawings (Patent Specification 1 536 782, 1978).*

Da metakommunikative Äußerungen polyfunktionalen Charakter haben (Techtmeier 1984) und ihre Funktionen, wie die der Kommunikationsverfahren, im engen Zusammenhang mit der Intention des Senders zu sehen sind, kommt es z. T. zu Überschneidungen besonders zwischen den Kommunikationsverfahren ‚Verweisen‘ und ‚Ankündigungen‘ und den metakommunikativen Äußerungen in Verweis- und Ankündigungsfunktion wie z. B. *In general, the following remarks apply to rolling ingots, although some discussion is given to the teeming of forging ingots.* (Ankündigung eines Kapitels aus der Monographie Sharp 1968).

Die Analyse der topikalen Kohärenz der metallurgischen Textsorgen läßt erkennen, daß bei der Rekurrenz der thematischen Elemente, die sich aus dem spezifischen Fachwortschatz konstituieren, die lexikalische Wiederholung dominiert. Das gilt allgemein für die Fachsprache der Wissenschaft und Technik (vgl. Neubert 1979, 18 f; Sager/Dungworth/McDonald 1980, 238; Spillner 1983, 21; Möhn/Pelka 1984, 47) und kommt den Prinzipien der Klarheit, Ausdrucksökonomie und Informationsverdichtung entgegen. Es trägt andererseits zu einer stereotypen Ausdrucksweise bei. Als auffallendes Kriterium der metallurgischen Fachsprache hat sich die Vermeidung von Kontextsynonymen und Paraphrasierungen sowie der weitgehende Verzicht auf Pronominalisierung erwiesen. Eine besondere Rolle spielen Überschriften und Zwischenüberschriften. Als sprachlicher Ausdruck des Informationskerns steuern sie die Erwartung des Lesers über den Text und enthalten fast immer die zentralen Topiks, von denen die Themenentfaltung ausgeht.

In bezug auf die Zugehörigkeit der Textsorten zu bestimmten Stiltypen (vgl. Gläser 1983) ist bei den metallurgischen Texten nur in wenigen Fällen eine Identität zwischen Stiltyp und Textsorte feststellbar. Alle zum Zentrum der fachgebundenen Kommunikation gehörenden Textsorten (ZA, Mo, HLB, HB, Pa) verkörpern den wissenschaftlich-theoretischen Fachstil, der durch eine hohe sprachliche Abstraktionsstufe gekennzeichnet ist. Die Textsorte HLB kann zudem auch dem didaktischen Fachstil zugeordnet werden, während die Textsorten HB und Pa Elemente des direktiven Stiltyps enthalten. Sie kommen bei der Textsorte Pa in den gestellten Rechtsansprüchen und beim HB in der Angabe von Richtlinien für Handlungsfolgen zum Ausdruck. Kennzeichnend für alle genannten Textsorten der Schwarzmetallurgie sind Logik, Rationalität, Sachlichkeit, Präzision und Unpersönlichkeit. Als Kriterium für den Stilzug ‚Unpersönlichkeit' gilt der hohe Anteil an Passivkonstruktionen, der für die Fachsprachen der Wissenschaft und Technik insgesamt als merkmalhaft beschrieben wird (Gerbert 1970; Beier 1980; Sager/Dungworth/ McDonald 1980; Weise 1982).

Für die untersuchten Textsorten ergibt sich folgender prozentualer Anteil an Passivformen (zweiseitige Konfidenzintervalle mit α = 0,05): Z [37,6; 42,7] %, Pa [41,3; 46,3] %, Mo [36,5; 40,3] %, HLB [34,2; 38,3] %, HB [40,2; 44,6] %, WT [8,1; 14,4] %.

Beim Merkmal Satzlänge als einem grammatischen Stilelement bestehen Parallelen zu naturwissenschaftlichen Texten (vgl. Weise 1982; Barber 1981).

Für die mittlere Satzlänge der einzelnen Textsorten ergeben sich folgende Konfidenzgrenzen (α = 0,05): Z [21,9; 24,8] %, Pa [31,8; 36,0] %, Mo [25,0; 27,9] %, HLB [21,1; 23,6] %, HB [19,2; 21,7] %, WT [11,9; 14,7] %.

Bei den Stilfiguren zeigt sich ein deutliches Übergewicht der syntaktischen Stilfiguren Parenthese, Parallelismus/Anapher und Ellipse, die sowohl dem Prinzip der Sprachökonomie entgegenkommen, als auch die inhaltliche Gliederung des Textes sowie die Einprägsamkeit und Übersichtlichkeit der dargelegten Fakten unterstützen. Die strenge Objektbezogenheit der Texte läßt dagegen wenig Raum für semantische Stilfiguren. Sie treten nur in beschränkter Anzahl auf, wobei Antithese und Metapher an erster Stelle stehen. Bei den fünf häufigsten Stilfiguren beträgt in der Grundgesamtheit aller untersuchten Textsorten die Wahrscheinlichkeit des Auftretens von Parenthese [52,1; 64,9] %, Parallelismus/Anapher [18,1; 29,1] %, Ellipse [8,1; 16,6] %, Antithese [0,9; 5,5] % und Metapher [0,4; 4,4] %.

3. Der Fachwortschatz der Schwarzmetallurgie

Der interdisziplinäre Charakter der Schwarzmetallurgie zeigt sich in der Übernahme und Nutzung von Wortgut aus anderen Gebieten, wobei Fachwörter aus der Chemie/Mineralogie (*chemistry/mineralogy*) den größten Anteil darstellen (z. B. *acid, carbon, combustion, iron ore, reductant*). Nach der Häufigkeit ihres Auftretens folgen Termini aus den Gebieten Werkstoffkunde/-prüfung (*materials science and testing*), z. B. *breaking load, cracking, fluoroscopy*, Maschinenkunde (*theory of machines*), z. B. *cam disk, crane, shaft*, Elektrotechnik/Elektronik (*electrotechnics/electronics*), z. B. *anode, electric arc, electron gun*, Wirtschaft (*economics*), z. B. *cost, down time, turnover*, Mathematik/Geometrie (*mathematics/geometry*), z. B. *abscissa, diagram, factor*, Thermodynamik (*thermodynamics*), z. B. *convection, entropy, turbulent flow*, Kristallographie (*crystallography*), z. B. *alpha iron, grain, nucleation*, Meß- und Regeltechnik (*control technology*), z. B. *computerization, gammaray level sensor, pyrometer*.

Die speziellen, vorwiegend in der Metallurgie gebrauchten Fachwörter lassen sich den Teilgebieten Roheisen- und Stahlerzeugung (*iron and steel making*), z. B. *furnace, ladle, melt-down, piping, scrap*, Umformtechnik (*mechanical working*), z. B. *billet, duo mill, forging, rolling, straightness* und Oberflächen- und Wärmebehandlung (*surface and heat treatment*), z. B. *annealing, precipitation hardening, surface quenching*, zuordnen. Infolge der fließenden Übergänge bei den einzelnen metallurgischen Prozeßstufen und der daraus resultierenden Bezeichnung gleicher Denotate in unterschiedlichen Teilgebieten treten im Wortschatz trotz großer Spezialisierung auch Grenzfälle auf, die eine genaue Einordnung der Fachwörter erschweren (z. B. *alloy, iron, furnace, steel*).

Der metaphorische Gebrauch von allgemeinsprachlichen Wörtern zur Bildung von Fachwörtern ist in der Technik ein wirksames Verfahren (vgl. Hoffmann 1984, 155; Gläser, 1979, 33 f; Bückendorf 1963; Spiegel 1972; Wright 1974, 61 ff; Drozd/Seibicke 1972, 129). In der Schwarzmetallurgie treten besonders anthropomorphe Metaphern, Metaphern aus dem Tierreich, von Artefakten abgeleitete Metaphern und Buchstabenmetaphern auf. Nach ihrer Herkunft lassen sie sich folgenden Bereichen zuordnen:

— Körperteile (*face* = Stirnseite, *lip* = Gießausguß, *nose* = Konverterschnauze)
— Kleidungsstücke (*apron* = Abdeckplatte, *shoe* = Walzbalken, *sleeve* = Hülse)
— Haushaltgegenstände (*cradle* = Mulde, *dish* = Schale, *trough* = Trog)
— Gebäudeteile (*chamber* = Kammer, *roof* = Gewölbe (Ofen), *tower* = Gießturm)
— Menschliche Eigenschaften/Tätigkeiten (*bleeding* = Abblasen, *killed steel* = beruhigter Stahl, *soundness* = Fehlerfreiheit)
— Kriegshandwerk (*gunning* = Torkretieren, *oxygen lance* = Sauerstoffblasrohr)
— Tierreich (*bear* = Ofensau, *bug* = Mündungsbär, *pig iron* = Roheisen)
— Buchstabenmetaphern (*T-sections, zedbar*).

Wie die Metapher dient auch die Metonymie als Bezeichnungsmotiv in der Metallurgie zur Erweiterung des Fachwortbestandes. Eine besondere Rolle spielen dabei die Eigennamen. Die Namen von Wissenschaftlern und Technikern werden auf ihre Erfindungen übertragen, wobei der Eigenname in den meisten Fällen Konstituente eines Kompositums ist (*Bessemer converter, Brinell hardness, Caulderon stopper*). Bei Bezeichnungen zur Gefügestruktur des Stahls wird von der deonymischen Derivation Gebrauch gemacht (*austenite, bainite, martensite*).

Für die technischen Disziplinen ist der Gebrauch der aus der Umgangssprache stammenden Verbände von Verb und Partikel/Adverb (*phrasal verb*) typisch (Gerbert 1970, 112). Die metallurgische Fachsprache enthält eine Vielzahl bereits terminologisierter *phrasal verbs*, häufig auch in nominalisierter Form (*forge-down, off-take, turn-over*). Besonders produktiv sind sie als Konstituenten terminologischer Wortgruppen (*change-over time, rolled-in scale*).

Zur Erweiterung des metallurgischen Fachwortbestandes wird vor allem die Wortbildung genutzt. Bei der Derivation dominiert die Suffigierung.

Die dabei am häufigsten verwendeten Suffixe sind:
-ing (*bending, casting, sintering*),
-ion (*decarburization, expansion, reduction*),
-er/or (*burner, hopper, recuperator*),
-ity (*ductility, forgeability, impurity*),
-ic (*adiabatic, elastic, kinematic*),
-al (*chemical, mechanical, residual*),
-ite (*ferrite, cementite, ledeburite*),
-ment (*impingement, refinement, treatment*),
-ness (*hardness, roundness, thickness*).

Ebenfalls häufig vertreten sind Fügungen mit -type, -shaped, -like (*slot-type, cone-shaped, rope-like*) und die als implizite Suffigierung geltende Nullableitung (*melt* = schmelzen – Schmelze/Charge). Präfixe treten weitaus seltener auf als Suffixe. Für die metallurgische Fachsprache können die folgenden als relevant gelten: re- (*reroll*), de- (*descaling*), non- (*non-aging*), semi- (*semi-killed*), super- (*super-alloy*).

Die Komposition erweist sich als besonders produktives Mittel zur Terminusbildung. Dabei überwiegen deutlich die zweigliedrigen. Nachstehende Beispiele verdeutlichen typische Bildungsmuster (A = Adjektiv, S = Substantiv, VS = Verbalsubstantiv, P = Partizip):

S+S/VS: *blast furnace, ingot bleeding,*
A+S/VS: *continuous casting, malleable iron*
P+S: *cooling bed, forged steel*
A+S+S/VS: *basic oxygen process, plastic metal working*
S+S+S/VS: *carbon steel rod, vacuum arc degassing*
S+P+S: *bottom-blown converter*
A+P+S: *cold-drawn steel, deep-drawing sheet,*
S+Präp.+S: *composition by weight*
P+S+S/VS: *closed-die forging, reduced-iron ore*

Aus Gründen der Sprachökonomie unterliegen Mehrworttermini in vielen Fällen der Kürzung. Spezifizierende Konstituenten werden dabei weggelassen: *grey (cast) iron, flat (bar steel)*. Die Verwendung von Akronymen ist ebenfalls eine produktive und sprachökonomisch wirksame Methode in der Metallurgie: *BOF (= basic oxygen furnace), LD process (= Linz-Donawitz process)*.

Standards sind dazu bestimmt, die Vielfalt von Produkten und Verfahren im Sinne der wirtschaftlichen Rentabilität zu vereinfachen. Sie entsprechen von allen fachlichen Bezeichnungen am deutlichsten der Forderung nach Fachbezogenheit, Exaktheit, Eindeutigkeit und Selbstdeutigkeit (vgl. Sager/Dungworth/McDonald 1980, 331). In der Schwarzmetallurgie ist es vor allem die Bezeichnungen für Stähle, die nach nationalen Gesichtspunkten standardisiert und auf der Grundlage gleicher Eigenschaften und Verwendungszwecke in Gruppen zusammengefaßt sind (z. B. *steels for pipes and tubes, alloy steels*). Die Bezeichnungen für die Stahlmarken bilden Nomenklaturen, deren Konstituenten in der Regel Symbole in Form von Buchstaben und/oder Zahlen sind (z. B. *BM 1 D 45-2, ESR 4335*). Aus der kodierten Bezeichnung kann der Fachmann Angaben über Festigkeit, Härte, Kohlenstoffgehalt, Gebrauchseigenschaften oder das Herstellungsverfahren entnehmen.

Polysemie und Synonymie sind für den wissenschaftlich-technischen Fachstil der Metallurgie keine charakteristische Erscheinung. Bei gelegentlichem Auftreten von Polysemie handelt es sich um gleiche Bezeichnungen für unterschiedliche Denotate unterschiedlicher Teildisziplinen, die durch den jeweiligen Kontext monosemiert werden können (z. B. *die* = Kokille; Preßform; Gesenk beim Schmieden).

4. Schlußbemerkungen

Zur Erhellung der Struktur und Spezifik der englischen Fachsprache der Metallurgie könnten weitere detaillierte Untersuchungen einen wesentlichen Beitrag leisten. Dabei geht es um die stärkere Einbeziehung von Textsorten der unmittelbaren metallurgischen Produktion, die detaillierte Erfassung von Textsortenmerkmalen, Merkmale auf syntaktischer Ebene (Analyse von Satztypen, grammatische Kategorien), semasiologische und onomasiologische Untersuchungen, aber auch konfrontative Analysen der fachsprachlichen Benennungsstrukturen verschiedener Sprachen.

5. Literatur (in Auswahl)

Barber 1981 = Charles L. Barber: Quantitative Charakteristika der modernen Fachsprache. In: Fachsprachen, Hrsg. v. Walther von Hahn. Darmstadt 1981, 86–113.

Baumann 1987 = Klaus-Dieter Baumann: Ein integrativer Ansatz zur Analyse von Fachkommunikation unter besonderer Berücksichtigung des kommunizierenden Subjektes in ausgewählten Fachtextsorten der Gesellschaftswissenschaften im Englischen und Russischen. Diss. B. Leipzig 1987.

Beier 1980 = Rudolf Beier: Englische Fachsprache. Stuttgart. Berlin. Köln. Mainz 1980.

Bückendorf 1963 = H. Bückendorf: Metaphorik in modernen technischen Bezeichnungen des Englischen. Diss. Köln 1963.

Drozd/Seibicke 1972 = L. Drozd, W. Seibicke: Deutsche Fach- und Wissenschaftssprache. Bestandsaufnahme – Theorie – Geschichte. Wiesbaden 1973.

Džikaja 1977 = M. V. Džikaja: Russkaja metallurgiceskaja terminologija. Autoref. zur Diss. Moskva 1977.

Gerbert 1970 = Manfred Gerbert: Besonderheiten der Syntax in der technischen Fachsprache des Englischen. Halle 1970.

Gläser 1979 = Rosemarie Gläser: Fachstile des Englischen. Leipzig 1979.

Gläser 1983 = Rosemarie Gläser: Das Verhältnis von Texttypologie und Stiltypologie in der Fachsprache. In: Wissenschaftliche Zeitschrift der Universität Rostock, GSR 32, 1983, 2, 7–11.

Gurova 1973 = N. V. Gurova: Častotnyi slovar' anglijskogo pod-jazyka metallurggii. In: Teorija jazyka i inženernaja lingvistika. Leningrad 1973.

Gurova 1974 = N. V. Gurova: Bazovaja leksika i morfologija anglijskogo pod-jazyka metallurgii (prokatnoe proizvodstvo). Autoref. zur Diss. Leningrad 1974.

Hoffmann 1984 = Lothar Hoffmann: Kommunikationsmittel Fachsprache. Eine Einführung. Berlin 1984.

Ivanov 1978 = S. P. Ivanov: O primenenii kombinatornoj metodiki pri opredelenii smyslov terminov, oboznačajuščich reči cvetnoj metallurgii. In: Kombinatornaja metodika T. P. Lomteva; nekotorye voprosy prikladnoj lingvistiki. Dnepropetrovsk 1978.

Konovalova 1964 = E. D. Konovalova: Kontekstual'nye uslovija realizacii značenija termina. (Na materiale anglijskich metallurgičeskich terminov). In: Vestnik Leningradskogo Universiteta, 8, 1964. Leningrad.

Kostogryz 1973 = N. M. Kostogryz: Statističeskij analiz leksiki po častjam reči v tekstach po metallurgii na anglijskom jazyke. Voprosy analyza specialnogo teksta. In: Mežvuzovskii tematičeskij naučnyj sbornik, 1, Ufa 1973.

Möhn/Pelka 1984 = Dieter Möhn/Roland Pelka: Fachsprachen. Eine Einführung. Tübingen 1984.

Neubert 1979 = Albert Neubert: Words and Texts. In: Linguistische Studien Reihe A, Arbeitsberichte 55. Berlin 1979, 16–29.

Pavlov 1962 = I. M. Pavlov: K voprosu o terminologii prokatnogo proizvodstva. In: TI Metallurgi IX, 1962.

Pristajko 1979 = T. S. Pristajko: Russkaja terminologija prokatnogo proizvodstva. Autoref. zur Diss., Dnepropetrovsk 1979.

Sager/Dungworth/McDonald 1980 = Juan C. Sager/David Dungworth/Peter F. McDonald: English Special Languages, Principles and Practice in Science and Technology. Wiesbaden 1980.

Sharp 1968 = J. D. Sharp: Casting Pot Practice. London 1968.

Spiegel 1972 = Heinz-Rudi Spiegel: Zum Fachwortschatz des Eisenhüttenwesens im 18. Jahrhundert in Deutschland. Diss. Düsseldorf 1972.

Spillner 1983 = Bernd Spillner: Methodische Aufgaben der Sprachforschung und ihre Konsequenzen für den Fachsprachenunterricht. In: Fachsprache, Sprachanalyse und Vermittlungsmethoden. Hrsg. v. H. P. Kelz, Bonn 1983.

Techtmeier 1984 = Bärbel Techtmeier: Das Gespräch. Funktionen, Normen und Strukturen. Berlin 1984.

Weise 1982 = Günter Weise: Systemaspekt und Tätigkeitsaspekt in der Wissenschaftssprache. Untersuchungen an englischen Fachtexten der Chemie. Diss. B. Halle 1982.

Wright 1974 = Peter Wright: The Language of British Industry. London. Basingstoke 1974.

Zerm 1987 = Gudrun Zerm: Textbezogene Untersuchungen zur englischen Fachsprache der Metallurgie (Schwarzmetallurgie). Diss. A. Leipzig 1987.

Gudrun Zerm, Lommatzsch

156. Die englische Fachsprache der Verfahrenstechnik

1. Aufgabenstellung
2. Geltungsbereich der Fachsprache der Verfahrenstechnik
3. Struktur und sprachliche Gestaltung englischsprachiger verfahrenstechnischer Texte
4. Zusammenfassung
5. Literatur (in Auswahl)

1. Aufgabenstellung

Es kann nicht Ziel dieses Artikels sein, die englische Fachsprache der Verfahrenstechnik erschöpfend zu beschreiben. Dazu ist ihr Geltungsbereich zu groß. Denn obwohl der englische Terminus für Verfahrenstechnik ‚chemical engineering' lautet, beziehen sich die Inhalte dieser Texte keinesfalls nur auf die chemische Industrie, sondern umfassen nahezu alle Bereiche der modernen Wirtschaft. Wir können aber versuchen, Tendenzen deutlich zu machen und Faktoren zu benennen, die die Gestaltung englischsprachiger verfahrenstechnischer Texte bestimmen.

2. Geltungsbereich der Fachsprache der Verfahrenstechnik

‚Fachsprache' ist kein genau definierter Begriff. Konkret betrachtet, ist die Fachsprache der Verfahrenstechnik die Sprache, die Verfahrenstechniker in den vielfältigen Situationen, die sich bei der Ausübung ihres Berufes ergeben, verwenden, und zwar sowohl in mündlicher als auch in schriftlicher Form. Diese Situationen reichen von Verkaufsgesprächen einerseits bis zu Berichten über wissenschaftliche Arbeiten andererseits.

Obwohl die Fachsprache der Verfahrenstechnik auch die mündliche Kommunikation einschließt, ist sie bislang hauptsächlich anhand schriftlicher Texte untersucht worden. Außerdem lassen es die grundlegenden Unterschiede zwischen mündlicher und schriftlicher Kommunikation geraten erscheinen, beide Formen getrennt zu betrachten. Unsere Ausführungen werden sich auf die Beschreibung von Merkmalen schriftlicher Texte beschränken.

Wenn wir unseren Überlegungen das von Lothar Hoffmann entwickelte Modell vertikaler Schichtung zugrunde legen (Hoffmann 1984), stellen wir bei der Durchsicht der englischsprachigen verfahrenstechnischen Fachliteratur fest, daß sie vor allem vier der dort genannten Schichten umfaßt. Texte aus englischsprachigen verfahrenstechnischen Zeitschriften sind

— der Sprache der Grundlagenwissenschaften (Diskussion theoretischer Modelle),
— der Sprache der experimentellen Wissenschaften (Beschreibung durchgeführter Experimente),
— der Sprache der angewandten Wissenschaften und der Technik (Vorstellung von Geräten und Anlagen)
— und der Sprache der Konsumtion (Werbeanzeigen)

zuzuordnen.

Ein Merkmal, das die Fachsprache der Verfahrenstechnik von anderen Fachsprachen unterscheidet, ist die Vielfalt unterschiedlicher Texte.

3. Struktur und sprachliche Gestaltung englischsprachiger verfahrenstechnischer Texte

3.1. Elemente der Textstruktur

Von verschiedenen Autoren (Hoey 1979; Gläser 1979; van Dijk 1980) wurden Textbausteine ermittelt, die in sich relativ abgeschlossen sind und unterschiedliche Funktionen beim Zustandekommen der Textbedeutung erfüllen. Als Textbausteine wissenschaftlicher Zeitschriftenartikel wurden u. a. Darstellung eines Problems, Aufstellen einer Hypothese zu seiner Lösung, Überprüfung der Hypothese und Schlußfolgerung ermittelt. Textbausteine beschreiben die Phasen des Prozesses, die bei der Erzeugung eines Textes durchlaufen werden, und sind daher in jeweils spezifischer Form und Ausprägung wiederkehrende Bestandteile. Ihre Anordnung und sprachliche Gestaltung in einem aktuellen Text werden von dem jeweils behandelten Gegenstand und dem Handlungsziel bestimmt. Da verfahrenstechnische Texte unterschiedlichen Kommunikationsbereichen zuzuordnen sind und sich in ihren Handlungszielen beträchtlich unterscheiden, zeigen sie verschiedene typische Textstrukturen in jeweils charakteristischer sprachlicher Gestaltung. Der Einfluß beider Faktoren auf Struktur und sprachliche Gestaltung verfahrenstechnischer Texte sei anhand von Werbetexten, Kurzinformationen und wissenschaftlichen Zeitschriftenartikeln dargestellt.

3.2. Werbetexte

Werbetexte sind sehr häufig in verfahrenstechnischen Fachzeitschriften anzutreffen. (In einem Jahrgang der Zeitschrift *Chemical Engineering Progress* dienten ca. 26% aller Seiten der Werbung.) Sie sind nach dem Schema ‚Problem – Lösung' aufgebaut, d. h., ihre Struktur ist relativ undifferenziert.

Ihre Sprache steht der Alltagssprache sehr nahe. Es werden kurze, einfache Sätze verwendet (37% der untersuchten Sätze bestanden aus weniger als zehn Wörtern), und die Kurzformen der Hilfsverben werden auch im geschriebenen Text benutzt.

Bei der Darstellung des Problems wird der Leser direkt angesprochen. In dem hier zur Illustration verwendeten Beispieltext mit einer Länge von zwölf Sätzen wurde zwölfmal das Personalpronomen *You* verwendet (*You're faced with a tough engineering problem*; *You've got some ideas*; *You need a good model of the process*).

Der zweite Teiltext eines Werbetextes, die ‚Lösung', beschreibt die Vorzüge eines Gerätes oder eines Verfahrens, das in der Lage ist, die bestehenden Schwierigkeiten zu beheben. Auch hier wird der Leser wieder direkt angesprochen. (*PRO II gives you the flexibility to accurately model any proceses [...]; It's the tool you need [...]*). Charakteristisch für diesen Teiltext ist die große Anzahl der Adjektive, häufig im Superlativ oder einer einem Superlativ ähnlichen Bedeutung (*the most comprehensive process simulator; unlimited flowsheeting capability [...]*). Wie allgemein bei Werbetexten üblich, wird sehr stark mit graphischen Mitteln gearbeitet. Unterschiedliche Drucktypen werden verwendet, Absätze unterstreichen einzelne Gedankengänge, farbige Bilder sollen die Phantasie des Lesers ansprechen.

3.3. Kurzinformationen

Eine weitere Gruppe von in der verfahrenstechnischen Fachliteratur sehr häufig auftretenden Texten informiert die Leser über Neuentwicklungen technischer Geräte. Diese Kurzinformationen unterscheiden sich von den Werbetexten durch ihr Handlungsziel. Werbetexte wollen die Leser zum Kauf bzw. zur Anwendung der angepriesenen Geräte oder Verfahren anregen, Kurzinformationen wollen lediglich informieren. Daraus resultieren Unterschiede in Struktur und sprachlicher Gestaltung.

Werbetexte waren nach dem Schema ‚Problem – Lösung' aufgebaut, Kurzinformationen besitzen die Struktur ‚Gerät – Eigenschaften'. Die Texte sind kurz, bestehen jedoch aus wesentlich längeren, komplexen Sätzen, in denen Partizipialkonstruktionen und Gerundien häufig Verwendung finden. (*The stainless steel exterior sheathing covering the bottom jacket hemisphere and upper cylinder of the JE Series steam jacketed kettles, and the air insulation gap it creates, keeps its exterior from exceeding 148°F when operating in 100 psi steam*). Der Ton dieser Texte ist streng sachlich. Nie wird der Leser direkt angesprochen. Auch das verwendete Vokabular unterscheidet sich beträchtlich vom Alltagsenglisch. Charakteristisch sind die häufig auftretenden Mehrworttermini (*high temperature fluid pump; sludge level detector; pressure reducing regulator*). Ergänzt wird die sprachliche Information durch eine Abbildung des beschriebenen Gerätes. Die Abbildungen haben jedoch eine andere Funktion als in den Werbetexten. Sie dienen der besseren Information des Lesers, sind deshalb auch relativ klein und in der Regel nicht farblich gestaltet.

Der Vergleich von Werbetexten und Kurzinformationen zeigt besonders eindrucksvoll den Einfluß des Handlungsziels auf die sprachliche Gestaltung eines Textes.

3.4. Wissenschaftliche Zeitschriftenartikel

Die englischsprachigen verfahrenstechnischen Fachzeitschriften können zwei Gruppen zugeordnet werden:

– Zeitschriften, die sich hauptsächlich an die in der Industrie tätigen Verfahrenstechniker wenden, z. B. *Chemical Engineering*. Sie dienen vor allem der Information und enthalten einen beträchtlichen Anteil an Werbung. In ihrer Gestaltung stehen sie allgemeinsprachigen Magazinen und populärwissenschaftlichen Zeitschriften sehr nahe. Die in ihnen veröffentlichten wissenschaftlichen Artikel befassen sich meist mit der Beschreibung neuer Verfahren und der Vorstellung ihrer Anwendungsgebiete.
– Zeitschriften, die der verfahrenstechnischen Grundlagenforschung vorbehalten sind, z. B. das *AICHE Journal*. Sie dienen der Diskussion verfahrenstechnischer theoretischer Probleme und Vorschlägen zu ihrer Lösung.

3.4.1. Strukturen wissenschaftlicher Zeitschriftenartikel

Die jeweils unterschiedlichen Inhalte und Handlungsziele führen zu unterschiedlichen Textstrukturen, wobei wir unter Textstrukturen nicht die Aufeinanderfolge bestimmter Teiltexte verstehen, sondern ihr Auftreten in jeweils typischen Beziehungszusammenhängen (Graustein/Thiele (1981). Für Texte, die die Gültigkeit einer Hypothese untersuchen oder ein durchgeführtes Experiment beschreiben, ist ein konsekutiver Beziehungszusammenhang typisch, d. h., der Untersuchungsverlauf und die vorgeschlagene Lösung ergeben sich aus der Beschaffenheit des untersuchten Problems. Texte, die eine Anlage vorstellen und das Ziel verfolgen, den Leser von deren Überlegenheit zu überzeugen, sind durch einen deskriptiven Beziehungszusammenhang charakterisiert, d. h., ein Verfahren wird beschrieben, anschließend wird seine Überlegenheit gegenüber bisher üblichen Verfahren hervorgehoben (Sohst 1987).

3.4.2. Sprachliche Mittel zum Ausdruck der Beziehungszusammenhänge

Wenn wir davon ausgehen, daß sich Bedeutungen komplexer sprachlicher Einheiten aus Inhalt und Struktur ihrer Elemente ergeben, d. h. Textbedeutung aus Inhalt und Struktur der Textelemente entsteht, erhalten Mittel zum Ausdruck von Beziehungszusammenhängen eine entscheidende Bedeutung für das Verständnis eines Textes. Es gibt eine Vielzahl von Mitteln, die diese Aufgabe erfüllen: graphische Mittel wie Absatzbildungen, Überschriften, Abbildungen sowie die Verwendung unterschiedlicher Drucktypen gehören ebenso dazu wie Adverbien, Konjunktionen, Präpositionen, aber auch reduzierte Formen wie Partizipial- und Infinitivkonstruktionen, Gerundien und reduzierte finite Sätze. Dabei besteht jedoch eine Eins-zu-Eins-Beziehung zwischen sprachlichem Ausdruck und Beziehungsinhalt.

Unterschiedliche sprachliche Mittel können zum Ausdruck einer Beziehung verwendet werden:

– für explikative Beziehungen, z. B. Adjektive (*corrosive liquids*), Partizipialkonstruktionen (*piping systems made of glass*) oder Relativsätze (*plastics that can withstand the damaging effects of corrosive liquids*). Andererseits kann eine sprachliche Formulierung unterschiedliche Beziehungen beschreiben.

– Ein sprachliches Mittel kann zum Ausdruck unterschiedlicher Beziehungsinhalte verwendet werden: Partizipien können z. B. explikative (s. o.) und instrumentale Beziehungen ausdrücken (*biomonitoring is done using species that occur in the receiving waters*).

In verfahrenstechnischen Zeitschriftenartikeln bestimmen hauptsächlich konsekutive, kausale und instrumentale Beziehungsgefüge die Textstrukturen. Häufigste sprachliche Ausdrucksform konsekutiver Zusammenhänge sind reduzierte finite Sätze, die durch *and* oder *hence* eingeleitet werden. Kausale Beziehungen werden in der Regel durch Präpositionen ausgedrückt (*because of, due to*). Die Darstellung kausaler Zusammenhänge durch Nebensätze (Konjunktionen sind *for, because, since* und *as*) ist weniger häufig.

Wichtiger als die quantitative Auflistung der Mittel, die die englische Sprache der Verfahrenstechnik zum Ausdruck unterschiedlicher Beziehungsinhalte verwendet, scheint uns jedoch die Beantwortung der Frage, welche Faktoren die Entscheidung für eines der zur Verfügung stehenden Mittel beeinflussen.

Wir haben bereits darauf hingewiesen, daß die Bedeutung komplexer sprachlicher Einheiten hierarchisch organisiert ist. Sie beinhaltet dominierende und ergänzende Aussagen (Satzger 1988). Diese Dominanzverhältnisse sind ein wichtiger Faktor bei der Entscheidung darüber, welches der möglichen sprachlichen Mittel in einem konkreten Fall benutzt wird. Aus einem Text, der ein Verfahren zur Reduzierung von Abwärme vorstellt, stammt der Satz: *As fuel costs increase, it is economic to lower the stack temperature.* Hier dominiert der zweite Teil der Aussage. Die Tatsache, daß es sich lohnt, die Temperatur der Abwärme zu senken, ist die Begründung für die Überlegenheit des vorgestellten Verfahrens. In dem Satz *In planning the Harlowe works no provision was made for an independent boiler plant, because it was taken for granted that it was both practicable and economical to obtain all the works' steam requirements from waste heat boilers* kann keine Aussage als dominierend eingestuft werden.

Die Untersuchungen verfahrenstechnischer Texte ergaben, daß kausale Nebensätze durch *as* eingeleitet werden, wenn sie ergänzenden Charakter besitzen, durch *because* dann, wenn keine der beiden in Beziehung stehenden Aussagen als dominierend eingestuft werden kann.

3.4.3. Syntaktische und lexikalische Besonderheiten verfahrenstechnischer Zeitschriftenartikel

Die undifferenzierte Struktur der Werbetexte und Kurzinformationen resultierte in einer einheitlichen Sprachstruktur, deren Merkmale (Sachlichkeit der Kurzinformationen, leserorientierte Formulierungen bei Werbetexten) eindeutig benannt werden konnten. Bei wissenschaftlichen Zeitschriftenartikeln führen die wesentlich komplizierteren Textstrukturen zu einer stark differenzierten sprachlichen Gestaltung.

Wir haben bereits in 3.1. von ‚Textbausteinen' gesprochen, die in sich relativ abgeschlossen sind und unterschiedliche Funktionen beim Zustandekommen der Textbedeutung erfüllen. Diese spezifischen Funktionen innerhalb des Textes führen zu jeweils charakteristischen sprachlichen Gestaltungen. Dies sei an zwei Teiltexten, die in nahezu allen wissenschaftlichen verfahrenstechnischen Zeitschriftenartikeln auftreten, verdeutlicht, und zwar anhand des Teiltextes, der ein zu untersuchendes Problem darstellt, und desjenigen, der die bei der Untersuchung verwendeten Methoden und Materialien beschreibt.

Der Teiltext, der das Problem vorstellt, enthält in der Regel eine Reihe theoretischer Überlegungen, bisherige Entwicklungen werden diskutiert, Vor- und Nachteile bisheriger Methoden beschrieben, das eigene Vorgehen wird begründet. Dieser Inhalt findet seine Entsprechung in relativ komplexen Satzstrukturen. Dominierend in diesem Teiltext sind konsekutive, konzessive, kausale und deskriptive Beziehungsinhalte. Konsekutive, konzessive, in diesem Teiltext auch kausale Beziehungsinhalte werden in der Regel durch Nebensätze ausgedrückt. Als Konnektoren werden *although, even though* für konzessive, *thus, as a result of* für konsekutive, *since, as, because, for* für kausale Beziehungsinhalte verwendet. Wertungen (deskriptive Beziehungen) werden durch Adverbien (*obviously, unfortunately, successfully*) ausgedrückt. Verben erscheinen meist im Aktiv, in unterschiedlichen Zeitformen (*"end-of-pipe" treatment became the chief method of pollution control; this approach has been used successfully; completing these steps will ensure [...]*).

Eine davon stark verschiedene sprachliche Gestaltung weist der Teiltext auf, der die verwendeten Methoden und Geräte beschreibt. Seine Struktur wird durch temporale (Beschreibung der Untersuchungsmethoden), instrumentale und explikative Beziehungen (Beschreibung der Geräte) bestimmt. Sprachlich ausgedrückt werden explikative Zusammenhänge in der Mehrzahl der Fälle durch Partizipien (*it contains a small hollow cylinder suspended at the arm of an alectric-balance [...]*), instrumentale Zusammenhänge durch *by* + Gerundium (*complete mixing is achieved by injecting the ethane through 24 holes [...]*). Temporale Beziehungen werden durch unterschiedliche Zeitformen der Verben ausgedrückt, wobei diese meist im Passiv verwendet werden (*the temperature was kept constant [...], nitrogen is used [...]*). In diesen Teiltexten sind auch die für verfahrenstechnische Texte typischen Mehrworttermini häufig (*the reactor volume concept, the mass transfer coefficient*).

4. Zusammenfassung

(1) Die englische Sprache der Verfahrenstechnik ist keine streng formalisierte Sprache. Sie enthält stark umgangssprachliche Elemente, vor allem in Werbetexten und Zeitschriftenartikeln, die sich an in der Industrie tätige Verfahrenstechniker wenden.

(2) Faktoren, die Struktur und sprachliche Gestaltung eines Textes am nachhaltigsten bestimmen, sind der Gegenstand, der dargestellt wird, und das Ziel, das mit Hilfe eines Textes erreicht werden soll. Der Einfluß des Handlungszieles auf die sprachliche Gestaltung eines Textes zeigt sich besonders deutlich beim Vergleich von Werbetexten mit Kurzinformationen.

(3) Der zu behandelnde Gegenstand bestimmt die Struktur von Zeitschriftenartikeln, wobei deren Textstrukturen nicht durch die Aufeinanderfolge von Teiltexten, sondern durch ihr Auftreten in typischen Beziehungsmustern bestimmt werden.

(4) Dem Ausdruck dieser Beziehungen dient eine Vielzahl graphischer und sprachlicher Mittel, wobei keine Eins-zu-Eins-Beziehung zwischen Beziehungsinhalt und sprachlichem Ausdruck besteht. Ein wichtiger Faktor bei der Auswahl unter den zur Verfügung stehenden Ausdrucksmöglichkeiten sind die Dominanzverhältnisse innerhalb eines Beziehungsgefüges.

(5) Die sprachliche Gestaltung komplexer Texte ist nicht einheitlich. Inhalt und Funktion ihrer Teiltexte bestimmen die Verwendung syntaktischer und lexikalischer Sprachmittel.

(6) Die hier vorgestellten Untersuchungen zeigen, daß quantitative Beschreibungen von

Fachsprachen allein wenig hilfreich sind bei Aussagen über die Verwendung sprachlicher Mittel in aktuellen Situationen. Es ist in jedem Fall nötig, auch die Faktoren zu benennen, die die sprachliche Gestaltung von Texten bestimmen.

5. Literatur (in Auswahl)

van Dijk 1980 = Tenn A. van Dijk: Textwissenschaft. Tübingen 1980.

Gläser 1979 = Rosemarie Gläser: Fachstile des Englischen. Leipzig 1979.

Graustein/Thiele 1981 = Gottfried Graustein/Wolfgang Thiele: Die Bedeutungsstruktur englischer Fachtexte und Probleme ihrer Realisierungsformen. In: Zeitschrift für Anglistik und Amerikanistik 3, 1981, 243−265.

Hoey 1979 = M. Hoey: Signalling in discourse. English language research. Birmingham 1979.

Hoffmann 1984 = Lothar Hoffmann: Kommunikationsmittel Fachsprache. Eine Einführung. Berlin 1984.

Satzger 1988 = A. Satzger: Methodologische Überlegungen zur Untersuchung der pragmatischen, semantischen und syntaktischen Kohärenz in russischsprachigen Fachtexten. Diss. B. Leipzig 1988.

Sohst 1987 = Margarete Sohst: Semantische Merkmale und sprachliche Realisierung strukturbestimmender Beziehungsinhalte in englischsprachigen Texten der Verfahrenstechnik. Diss. A. Leipzig 1987.

Margarete Sohst, Magdeburg

157. The recent special language of mineralogy

1. Introduction
2. Terminology and nomenclature
3. Morphosyntactical aspects
4. Textual aspects: macrostructure
5. English and other languages
6. Literature (selected)

1. Introduction

1.1. Mineralogy is a heterogeneous science. It describes the genesis, occurrence, properties, systematic interrelation and application of minerals. Its origins are mainly found in mining, smelting and alchemy, it uses knowledge and methods of physics and chemistry, it is closely linked to geology and petrology, and its methods and results are applied in prospecting, metallurgy, ceramics, gemmology and even pharmacy. Most of its disciplines (e. g. crystallography, chemical, physical and systematic/descriptive mineralogy, petrology) still reflect the close links to other natural sciences and geosciences.

1.2. Research in the LSP of mineralogy (as in almost all geosciences, and not only in the English LSP) is scarce, has almost exclusively been dedicated to nomenclature and carried out mostly by mineralogists, not linguists, because of their practical needs and problems. Therefore, we have glossaries of mineral names (e. g. Embrey/Fuller 1980, Fleischer 1991), partly within more general works, like specialised (mono-/bi-/multilingual) dictionaries for geology or natural sciences, and descriptions of the etymology and word formation of mineral names (Lüschen 1979, Mitchell 1979). Only recently (and only for systematic mineralogy, i. e. the description of new mineral species) have aspects above the lexical level been analysed, based on articles from mineralogical journals and contrasting French and German (Tatje 1995) and now also English. The use of English and other languages by mineralogists in scientific communication and publications has also been investigated (Tatje 1992).

2. Terminology and nomenclature

The terminology and nomenclature of mineralogy have now reached a high degree of internationalization and standardization. Nevertheless, the heterogeneous origin and the development of the science have clearly left their traces (see Mitchell 1979, Tatje 1994 and Tatje 1995, 29−43).

2.1. Mineralogy shares many research interests with other disciplines and uses their methods. It has therefore borrowed many of its terms especially from other natural sciences, for example:

(a) Mining and geology: *adit, bonanza, calderic collapse, claim, dip/strike of a vein, crystalline rocks,*

157. The recent special language of mineralogy

ore body, tin deposit, Middle Proterozoic granite intrusion, mine dump, mine shaft, pegmatitic body, poor/rich ore, regional indium anomaly, wallrock.
(b) Physics: *absorption effect, biaxial/uniaxial, dispersion, infrared spectrum, microhardness, refractive index, thermal parameter, X-ray diffraction, transmission diffractometer.*
(c) Chemistry: *aqua regia, bond distance, cation site, chemical formula, electron microprobe, heavy/light rare-earth element, ligand arrangement, stoichiometry.*

Of course, there are also terms that are not borrowed, but genuinely mineralogical: *conchoidal fracture, adamantine lustre, brownish streak, cancrinite group, crystal habit, end member, euhedral/subhedral crystal, miscibility gap, paragenesis, perfect cleavage, variscite isotypic series, xenomorphic/idiomorphic crystal.*

2.2. Most metaphorical terms in mineralogy are old, originating from the language of miners. They are frequently used for the description of the visual appearance of minerals, especially picturesque growth forms and crystal twinning, but more recently also for crystal structures as, for example, *iron rose, quartz sceptre, arrowhead twin, sandwich structure, ring silicates, unit cell.* Generally, they are taken from quite conventional fields, like (parts of) plants: *dendritic/arborescent masses, crystal rosettes,* animals: *butterfly twin, scaly/plumose/feltlike aggregate,* the human body: *mamillary surface, skeletal crystal, vein(let), whiskers,* family: *native gold, mineral family, twinned crystal,* geometry: *columnar/pyramidal/tabular crystals, spherules, crystal cubes* and others: *stellate group, book of crystals, wedge-shaped crystal.*

Metonymy appears in the terms for certain types of twinning (*Baveno/Carlsbad/Manebach twin, Japanese twin*), but it is very frequent in borrowed (physical, chemical) terms for measures, methods, experimental equipment, etc.: *Bunsen burner, Fourier analysis, Gandolfi camera, Gladstone-Dale relationship, Jahn-Teller effect, Lorentz polarization, Mohs hardness, Raman microprobe spectrum, Vickers microhardness, Weissenberg X-ray camera.*

2.3. Certain concept systems have developed for the description of mineral properties. Almost invariably, the same set of adjectives is used to describe surface lustre (*adamantine, vitreous, metallic, silky/satiny, waxy, greasy, resinous, pearly, gumlike, dull*) and cleavage (*perfect, distinct, good, imperfect, not apparent*).

2.4. Word formation and phraseology share most of the characteristics found in other natural sciences. The following examples illustrate some of the most frequent phenomena:

(a) Complex nominal compounds and phrases: N-N-(-N...): *compatibility index, lawsonite structure type, sulfide association, superstructure reflections, unit cell dimensions, water molecule.*
(b) Adj-N(-N...) compounds/phrases, often with adjectival participles: *heavy liquid, hydrothermal fluid circulation, least-squares method, polarizing microscope, single-crystal data, thin section,* and even more complex combinations of these types, like *electron-microprobe energy-dispersive spectrum, Ital-Structures four-circle automatic diffractometer.*
(c) Complex adjectival compounds (N-Adj.-...) and derivations (Prefix-Adj.): *graphite-monochromated, isostructural, polytypic, semi-quantitative, sub-epitactic, subhedral, three-valent, uranium-dominant.* Typical are also quantitative adjectives of the following formation patterns: *carbonate-rich, indium-depleted, REE-bearing, sulfate-free.*
(d) Combinations with symbols (e. g. of chemical elements and formulae): AB_2O_6 *compounds, Fe end-member, KBr-pellet, Na-Ta oxides, Sr-Mn analogue,* with abbreviations: *IR bands, SEM-EDS analysis,* proper names (see 2.2.) and trade names: *CAD4 Enrat Nonius diffractometer, Nicolet model 800 FTIR spectrometer, SHELX-86 program.*

All the above examples also show that the derivation of mineralogical terms from Greek and/or Latin elements is pervasive.

2.5. Nomenclature

2.5.1. Modern mineralogical nomenclature still shows remnants of several millenia of development. The oldest mineral names are those of minerals first exploited by man. They are of Indo-European origin, language-specific and belong to common language: *gold, iron, silver, salt.* Next follow mineral names from antiquity, e. g. *asbestos, beryl, gypsum, hematite, pyrite,* and many names of gemstones, like *amethyst, diamond, emerald, opal, ruby, topaz.* Like in other countries and languages, many German mineral names were introduced into English by immigrant miners and by mineralogists. However, only some of these are still in use today, e. g. *nickel, schorl, quartz, zinc.* With the establishment of mineralogy as a science in the 18th century, there have been repeated efforts to introduce systematic nomenclatures. Most of these efforts were not accepted (even Linné's classification) or failed because of new insights into the system of minerals. Nevertheless, several hundred mineral names introduced during the 18th and 19th centuries are still valid today. Typically, they refer to some property of the mineral and are formed with Greek and Latin elements as, for example, *apophyllite, axinite, dioptase, disthene, euclase, idocrase*. Certain older names that once designated a single mineral species now survive, with the progress of mineralogical knowledge, as names for mineral families or groups: *tourmaline, garnet, pyroxene*, or as varietal names: *schorl* = black tourmaline, *aquamarine* = blue beryl.

2.5.2. From the 19th century onwards, new mineral names have become more and more uniform: On the one hand, almost all new names are formed with the suffix *-ite* (on the model of 'pyrite', and even replacing older variants, like *almandine* > *almandite*), while other endings only appear in new names derived from older ones (*alunogen, celsian, davyne* > *meta-alunogen, paracelsian, quadridavyne*). On the other hand, certain types of names are dominant: About 48% of all new mineral names today are anthroponyms (the first being introduced by Abraham Gottlob Werner, probably in 1783: Hendrik von Prehn > *prehnite*), e. g. *armalcolite* (astronauts *Arm*strong, *Al*drin, *Col*lins), *brookite, comancheite, goethite, jimthompsonite, smithsonite*. Of all new names approved from 1980 to 1994, some 28% are toponyms: *athabascaite, antarctite, brazilianite, huanghoite, vesuvianite*. About 15% are derived from older, structurally related minerals: *clino-bisvanite, fluor-apatite, hydro-tungstite, meta-torbernite, para-laurionite, picro-pharmacolite, yttro-columbite*. The remaining 9% include several insignificant patterns of mineral name-giving (Tatje 1995, 40). Among these, the most recent is remarkable: The names are formed from (the symbols for) the chemical elements and/or molecules that (partially) compose the mineral, e. g. *cafetite* $Ca(Fe, Al)_2Ti_4O_{12} \cdot 4H_2O$, *nabaphite* $NaBaPO_4 \cdot 9H_2O$, and *tivanite* $VTiO_3(OH)$.

With the exception of the oldest names, modern mineralogical nomenclature is not much burdened with synonyms and is international, with only little variation in different languages. This is mainly due to the controlling function of the *Commission on New Minerals and Mineral Names*, which was founded by the *International Mineralogical Association (IMA)* in 1959 and has since been generally accepted as the only standardizing institution.

3. Morphosyntactical aspects

The following statements about morphosyntactical and textual features are the results of the analysis of articles in mineralogical journals dealing with descriptions of new minerals. Therefore, they can only be considered as valid for the characterization of a single, written text type (viz. the scientific article) within a restricted field of one mineralogical discipline (systematic mineralogy), but not for other text types and/or mineralogical disciplines.

3.1. Of all the words in the texts, one word out of three is a noun; nouns together with adjectives make up about 46%. Some 12% are verb forms (half of them infinite). These numbers clearly demonstrate the nominal character of the texts, which can be explained by their dominant informative function and high condensation. Examples of different nominalization procedures are abundant, like the complex nominal phrases cited in 2.2. or appositions instead of entire clauses (e. g. this title of an article: *Uranopolycrase, the uranium-dominant analogue of polycrase-(Y), a new mineral from Elba Island, Italy, and its crystal structure*). This tendency is not only supported by the relatively low share of verb forms, but also by a distinct restriction of their semantic and syntactic functions: Forms of *to be* are very frequent, both as copula (and thus semantically empty) and as auxiliary for the formation of passives and (together with *to have*) present perfect forms. Of all tenses, the present is absolutely dominant with about 60%, followed by the simple past with some 30%, all other past and future tenses and the conditional being negligible or absent. Passive forms with over 40% are extraordinarily frequent. All finite verbs only appear in the 3rd person singular and plural and occasionally in the 1st person plural. (This in turn triggers the total absence of 2nd person personal pronouns, with the other pronouns being rare anyway.)

All these findings coincide well with those in other sciences as well as in French and German texts. Obviously, the descriptive and informative character of the texts and their subjects together with the authors' efforts for objectivity lead to the use of a very limited set of morphosyntactical means.

3.2. If the descriptive and informative character of mineralogical articles influences the frequency and use of nouns, adjectives and verbs, it should also affect the syntax proper. In fact, syntax appears at the same time simple and complex. Of all the clauses in the texts, a high percentage of around 65% are main clauses. When main clauses are coordinated (which is rare), they are mostly linked by the simple copulative conjunction *and*, but only rarely by other conjunctions. For the remaining syntactical constructions, it is conspicuous that there are only about 7% conjunctional clauses (most simply with *that*) and 5% relative clauses, but about 18% participle constructions (the past participles being more frequent) and some 7% infinitive constructions and gerunds. Simple enumerative main clauses are dominant because of the descriptive character of the texts. The high percentage of infinite constructions in subordinate sentences is probably due to their high syntactic flexibility in comparison to conjunctional and relative clauses.

When looking at the different types of constructions within the texts, we can distinguish two main functional areas:

(a) In the description of physical properties we often find sequences of enumerative, simple main clauses with no or rare subordination, together with very frequent use of *to be*, for example: *Crystals are opaque, with brown-red color and adamantine luster. Cleavage {100} is good and streak is brownish. Optical data were obtained on the unheated mineral.*
(b) In most other parts of the texts, the sentences generally are also relatively simple, but the phrases are extensively filled up with complex compounds, adverbial and participial phrases, appositions, etc. as in the following examples:

The first occurrence for this locality, in "Fonte del Prete" vein, of some Nb-Ta bearing minerals, namely euxenite-(Y), manganocolumbite, polycrase-(Y), titanowodginite and uranumicrolite was recently reported by Orlandi et al. (1990).

Actually, during SEM investigations of a number of Nb-Ta minerals from these samples, three small crystals, morphologically identical to polycrase-(Y), showed a remarkably high iron content and pointed to a new mineralogical species, the U analogue of polycrase-(Y).

On the other hand, there are sometimes complex sentence constructions which combine different coordinate and subordinate clauses, sometimes on various levels and lexically extended. These sentences occur predominantly in more argumentative parts of the text (e. g. the discussion of possible crystal structures or analytical results). Examples are:

Test refinements also show that the cations in the structural interstices (X site), which are occupied by Ca in lawsonite, display longer X-O distances than are known for Ca-O and that the electron density is higher than would be expected for Ca.

However, since the B content found in peprossiite-(Ce) is three times larger than that of the tourmaline standard, and since it is calculated using the measured Al content, the B content is given with an incertitude of +5%, whereas the analytical relative accuracies estimated from measurement statistics and possible matrix effects are on the order of +3% for oxides determined with the electron microprobe.

The Gladstone-Dale coefficient calculated according to the formula resulting from microprobe analyses is = 0.082, while the same coefficient calculated according to the formula resulting from the crystal-structure refinement is = 0.051, the latter one corresponding to a better agreement between chemical and physical properties.

Whether the syntax in these texts is simple or complex depends, among other reasons, on the communicative structure and the topic of the text parts. All kinds of sentences, however, can be highly condensed, even if this high degree of informative content is obtained by different procedures (basically, nominalization vs. lexical extension or filling).

4. Textual aspects: macrostructure

The macrostructure of the mineralogical articles analyzed largely coincides with that described in Gläser (1990, 68 f). Like in French and German texts, they show a frame with *Title (Subtitle)*, *Authors* and *Abstracts/Key words* at the beginning and *Acknowledgements*, *References* and *Addresses* at the end of the text. The main text body can be subdivided into text parts dealing with *General information/Documentation* (discovery, geology, paragenesis, approval of the name/species by the *IMA*), *Description of the properties/analyses/results* (e. g. physical/chemical properties, crystal structure) and *Discussion* (problems of mineral systematics, crystal structure, composition, etc.). Although these parts almost always contain the same subthemes, in English texts, they do not seem to appear in an order as strictly followed as in the German and French texts. In particular, the discussion of results is often directly integrated into the descriptive text parts (for the detailed French/German macrostructure, see Tatje 1995, 118 f).

Further research is necessary to confirm these findings, but some possible explanations may already be proposed here: (a) The frame and basic structure of the text body are common to all scientific articles. Furthermore, the outward/typographical organization of the articles is often prescribed by the journal editors. (b) The subthemes dealt with are the direct result of the mineralogically necessary descriptions and methods. (c) The *IMA* requires a certain minimal set of analyses in order to approve a new mineral species and name. (d) On the other hand, differences in the internal structure may be the result either of typically English/American discourse structures or be modelled on those of other languages, as the authors frequently are not native speakers of English.

Different text parts differ not only in their topics, but also in their use of linguistic possibilities: The 'most scientific' and descriptive text parts within the text body generally are highly condensed, with a very high proportion of terms and also formulae, symbols and figures/diagrams, a distinct restriction of morphosyntactical means (present tense, passive, main clauses, infinite constructions), nominal style and partly stereotyped formulae, whereas the text parts named *General information* and *Discussion* show less condensation, use fewer terms, formulae and symbols and are syntactically more variable.

5. English and other languages

5.1. Contrastive aspects

The comparison of English, French and German descriptions of new minerals clearly shows their high degree of similarity. Evidently, mineralogical nomenclature and terms are almost entirely international; word frequencies, the restricted use of morphosyntactical means and the overall text structure in all three languages are strikingly alike. Along with the standardizing activities of the *IMA* and publishers, this similarity can be explained by the functions of these texts: conveying as much information in as little space and as 'objectively' as possible. It also explains the many coincidences with the LSP's of other sciences with mainly the same functions and aims. Indeed, even differences can be partly explained by coincident functions, e. g. the use of highly flexible participial constructions in English and French instead of more frequent relative clauses in German. Other differences may be part of stylistic/rhetoric traditions of individual languages, like 'linear' vs. 'cyclical' discourse structures. Yet other differences just reflect different grammatical constraints and functions; e. g., the English conditional: *It should be noted that [...]* vs. the German conjunctive: *Es sei erwähnt, daß [...]* vs. the French future tense: *On notera que [...]* equally serve to focus the recipient's attention.

5.2. Sociolinguistic aspects

As in other sciences, English is now by far the dominant language of scientific communication and publication in mineralogy, followed by German and French. English has replaced German only since the 1970s and today well over 80% of all articles in mineralogy are published in English. This is corroborated by an inquiry among over 500 mineralogists. They all believe that the German-speaking countries lost their leading position in mineralogical research after World War II. Especially mineralogists with English as their native language have never read or published much in languages other than English. Mineralogists of French or German mother tongue believe that English is essential nowadays, and behave accordingly. However, there is still a niche for all topics of more national or local interest and certain specialized fields of research where other languages are also used (for more details, see Tatje 1992). The function of English as a lingua franca in mineralogy and in other sciences is also strengthened by the international character of scientific communication: All important journals publish almost exclusively in English and most of them appear in English-speaking nations; important reference works, like the *Mineralogical Abstracts*, appear in English, the language of the *IMA* is English only, and there is large-scale cover-to-cover translation of important Russian, Chinese and Japanese literature into English.

5.3. Popularizing the LSP of mineralogy

Mineralogy is a science that finds little public interest, which also explains why it has so far been neglected by LSP research. Communication, therefore, mainly takes place between mineralogists and/or mineralogists and specialists of related fields. Mineral collecting is widespread, but serious collectors, too, mostly have a profound mineralogical knowledge. The only field of mineralogy that is of interest to the wider public is gemmology. Consequently, apart from (semi-) scientific literature for collectors and a small amount of coffee-table books, the only domain where mineralogical and gemmological knowledge has to be popularized is the consumer information in the jewellery business. Thus one may say with little exaggeration that all that comes through to common language of the LSP of mineralogy are some names of precious stones (and these are often confused) and De Beer's promotion of some diamond terms: *the 4 C's* (*colour, clarity, cut, carat*).

6. Literature (selected)

Embrey/Fuller 1980 = A Manual of New Mineral Names 1892–1987. Ed. by Peter G. Embrey and John P. Fuller. London. Oxford 1980.

Fleischer 1991 = Michael Fleischer: Glossary of Mineral Species. 6th ed. Tucson/Ariz. 1991 [Bowie/Md. 1st. ed. 1975].

Gläser 1990 = Rosemarie Gläser: Fachtextsorten im Englischen. Tübingen 1990.

Von Kobell 1853 = Franz von Kobell: Die Mineral-Namen und die Mineralogische Nomenklatur. München 1853.

Lüschen 1979 = Hans Lüschen: Die Namen der Steine. Das Mineralreich im Spiegel der Sprache. 2nd ed. Thun 1979 [1st ed. 1968].

Mitchell 1979 = Richard Scott Mitchell: Mineral Names: What do they mean? New York 1979.

Tatje 1990 = Rolf Tatje: Namensgebung in der Mineralogie. In: Fachsprache. International Journal of LSP 12, 1–2, 1990, 28–35.

Tatje 1992 = Rolf Tatje. Fachsprachliche Kommunikation. Zum Status des Deutschen, Englischen und Französischen als Wissenschafts- und Publikationssprache in der Mineralogie. In: Beiträge zur Fachsprachenforschung. Sprache in Wissenschaft und Technik, Wirtschaft und Rechtswesen. Ed. by Theo Bungarten. Tostedt 1992, 73–90.

Tatje 1994 = Rolf Tatje: Metaphors and Metonymies in the LSP of Mineralogy: Some Aspects of their Use in English, French, German and Italian. In: Rhetoric and Stylistics Today. An International Anthology. Ed. by Peder Skyum-Nielsen and Hartmut Schröder. Frankfurt/M. Berlin. Bern. New York. Paris. Wien 1994, 65–70.

Tatje 1995 = Rolf Tatje: Die Fachsprache der Mineralogie. Eine Analyse französischer und deutscher Fachzeitschriftenartikel. Frankfurt/M. Berlin. Bern. New York. Paris. Wien 1995 (Studien zur allgemeinen und romanischen Sprachwissenschaft 1. Zugl. Diss. Duisburg 1994).

Rolf Tatje, Duisburg

158. Die englische Fachsprache der Chemie

1. Gegenstandsbestimmung
2. Besonderheiten des semiotischen Systems
3. Makrolinguistische Untersuchungen
4. Literatur (in Auswahl)

1. Gegenstandsbestimmung

In den letzten zweihundert Jahren hat die Chemie, die Wissenschaft von den Stoffen und Stoffumwandlungen, eine enorme Entwicklung genommen. Während sie im 18. Jh. noch als eine in sich geschlossene Disziplin galt, erfolgte im 19. Jh. die Differenzierung in Anorganische, Organische und Physikalische Chemie. Seitdem hat durch Eindringen in andere Wissenschaftsdisziplinen eine ständige Erweiterung des Gegenstandsbereichs stattgefunden, was Benennungen wie ‚Agrochemie', ‚Biochemie', ‚Pharmazeutische Chemie' und ‚Klinische Chemie' belegen. Diese Entwicklung ist mit einer großen sprachschöpferischen Leistung verbunden.

Angesichts der breiten horizontalen Aufgliederung des Faches ist für unseren Zweck eine Einengung auf Kerngebiete geboten. Außerdem verzichten wir auf historische Exkurse und beschränken uns auf die englische Fachsprache der Chemie (EFC) des 20. Jh.s. Die bisherigen Untersuchungen zugrundeliegenden Textkorpora sind nach Umfang und Zielsetzung recht unterschiedlich und daher nur bedingt vergleichbar. Unser eigenes Textkorpus, das einen Gesamtumfang von 50 000 Wörtern (2020 Sätzen) hat, umfaßt 50 Textproben, die mehrheitlich aus den Fachgebieten der sog. ‚Reinen Chemie' (Allgemeine, Analytische, Synthetische und Theoretische Chemie) stammen. Aus der Angewandten Chemie wurden nur Biochemie und Technische Chemie berücksichtigt (Weise 1982, 36–40, 230 ff).

Neben der horizontalen Aufgliederung der EFC ist, in Abhängigkeit von Abstraktionsgrad und Sprachmilieu, auch deren vertikale

Schichtung zu berücksichtigen (Hoffmann 1987, 64 ff). Aus soziolinguistischer Sicht sind Fachsprachen Mittel und Resultat der fachbezogenen Kommunikation in einer Diskursgemeinschaft, deren Angehörige unterschiedliche fachliche und (fach)sprachliche Kompetenz haben. Aus dem Sprachmilieu ergeben sich, bei Berücksichtigung der Kompetenz der Adressaten, Unterschiede im Abstraktionsgrad, die sich in der Sprachverwendungsweise widerspiegeln. Die Texte unseres Auswahlkorpus entsprechen in der überwiegenden Mehrzahl den Schichten der theoretischen Grundlagenwissenschaft und der experimentellen Wissenschaft, wobei fließende Grenzen sowohl zwischen diesen beiden Schichten als auch zur Schicht der angewandten Wissenschaft festzustellen sind.

2. Besonderheiten des semiotischen Systems

2.1. Spezifika auf lexikalischer Ebene

Auf dem Gebiet der Lexik ist die Absonderung der Fachsprachen von der Gemeinsprache wohl am auffälligsten. Das gilt auch für die Chemie. Neuere Fachwörterbücher der Chemie beschränken sich auf rund 50 000 Wortstellen, wodurch die vollständige Erfassung der Substanzbezeichnungen ausgeschlossen ist. Die Organische Chemie allein zählt mehrere Millionen Verbindungen, für die es z. T. mehrere synonyme Bezeichnungen gibt.

Der Sonderwortschatz der EFC ergibt sich aus dem spezifischen Forschungsgegenstand der Fachdisziplin und läßt sich in mehrere Schichten untergliedern:

— die systematische Nomenklatur, d. h. das rationelle Benennungssystem für chemische Substanzen, z. B. *sulphur, ethanol, hydrochloric acid;*
— die eigentliche Terminologie, in der durch Festsetzungsdefinitionen eindeutige Bezeichnungen erreicht werden, z. B. *monomer, catalyst, isomerism;*
— Halbtermini und Trivialnamen, die nicht durch Festsetzungsdefinitionen festgelegt, aber usuell häufig sind, z. B. *burner, stirrer, vessel.*

Innerhalb der Nomenklatur gibt es in der Chemie einen starken Trend zur internationalen Normung, was jedoch nicht ausschließt, daß einzelsprachliche Abweichungen und Sonderbildungen weiterbestehen. Eine systematische Nomenklatur der chemischen Elemente wurde erst gegen Ende des 18. Jh.s entwickelt. Bereits bekannte Elemente behielten ihren ursprünglichen Namen bei, z. B. *gold, silver, tin, iron, lead, mercury, zinc.* Später entdeckte Elemente erhielten die Endung *-um,* wenn es sich um Metalle handelte (z. B. *radium, uranium, plutonium*), und *-on,* wenn es sich um Nichtmetalle handelt (z. B. *neon, crypton, xenon*). Beim Vergleich der englischen Elementbezeichnungen mit den deutschen fällt auf, daß bei *silicon* (Silizium) eine unterschiedliche Zuordnung erfolgt ist und daß die Halogene im Englischen die Endung *-ine* haben: *chlorine, iodine* usw. Im Einzelfall gibt es auch divergierende Benennungen im britischen und amerikanischen Englisch, z. B. BE *aluminium* gegenüber AE *aluminum.* Das Element Wolfram wird im Englischen als *tungsten* bezeichnet; als Symbol ist neben W auch Tu gebräuchlich.

Bezüglich der Nomenklatur der anorganischen Verbindungen verweisen wir auf systematische Zusammenstellungen (vgl. Fromherz/King 1963, 16 ff). In mancher Hinsicht beharrt das Englische länger auf einer älteren Bezeichnungsweise als das Deutsche. So finden sich in Lehrbüchern vereinzelt immer noch *ferric oxide* und *ferrous oxide* für Eisen(II)- bzw. Eisen(III)-oxid.

Zum Teil ist die englische Nomenklatur rationeller als die deutsche; die Suffixe *-ic* und *-ous* werden auch zur Unterscheidung von Säuren verschiedener Oxydationsstufen verwendet: *sulphuric acid* und *sulphurous acid, phosphoric acid* und *phosphorous acid* usw. Im Englischen wie im Deutschen gibt es jedoch neben der systematischen Nomenklatur eine große Menge Trivialbezeichnungen, z. B. *caustic potash* (Ätzkali), *caustic soda* (Ätznatron), *magnesia* (Magnesia), *silica* (Kieselgur) u. a. m.

In noch höherem Maße gilt diese Feststellung für die Benennungen organischer Verbindungen. Ihre systematische Ordnung, die auf den Internationalen Chemikerkongreß 1892 zurückgeht (Genfer Nomenklatur), wurde später durch Festlegungen der *International Union of Pure and Applied Chemistry* (IUPAC) erweitert. Zum Beispiel sind gesättigte Kohlenwasserstoffe durch das Suffix *-ane* gekennzeichnet (*methane*), ungesättigte mit einer Doppelbindung durch *-ene* (*ethene*), mit zwei Doppelbindungen durch *-diene* (*butadiene*). Aromatische Verbindungen haben im Gegensatz zum Deutschen die Endung *-ene: benzene* (Benzol). Die Karbonsäuren

158. Die englische Fachsprache der Chemie

haben im Bestimmungswort das Suffix *-oic*: *benzoic acid* (Benzoesäure). In Industrie- und Forschungslabors werden daneben zahlreiche Trivialnamen verwendet. Oft werden sie wegen ihrer Kürze den systematischen Namen vorgezogen, z. B. *tartaric acid* (Weinsäure) statt *2,2-dihydroxybutanedioic acid*. Dem Versuch einer Systematisierung stehen zahlreiche Dubletten entgegen, z. B. HCOOH = *methanoic acid, formic acid* (Ameisensäure), HCHO = *methanal, formaldehyde, formalin* (Formaldehyd). Für hochmolekulare organische Verbindungen werden in der Regel Abkürzungen verwendet: *RNA, DNA, ATP* (deutsch RNS, DNS, ATP) für Ribonucleinsäure, Desoxyribonucleinsäure und Adenosintriphosphat.

Die Terminologie ist in der Chemie ebenfalls weitgehend genormt und enthält viele Internationalismen. Ein Katalysator (*catalyst*) wird z. B. als eine chemische Substanz definiert, die die Geschwindigkeit (*rate*) einer chemischen Reaktion beschleunigt, indem sie die Aktivierungsenergie (*heat of activation*) herabsetzt, aber in der Regel nicht im Endprodukt (*final product*) erscheint. Neben solchen Termini, deren Bedeutung durch Definition genau festgelegt ist, gibt es auch Halbtermini, für die keine Festsetzungsdefinition besteht (z. B. *vessel, rod, container*) und Fachjargonismen, z. B. *broth* (Nährlösung), *catcracker* (katalytische Krackanlage), *bottoms* (Rückstand bei der Ölraffination), *still* (Destillierblase).

Neben der Wortableitung ist die Wortzusammensetzung das produktivste Wortbildungsmittel. Nach der Anzahl der Konstituenten unterscheiden wir Zwei- und Mehrworttermini, wobei die letzteren als Erweiterungen von Zweiworttermini aufgefaßt werden, z. B. *man-made fibre industry*. Mitunter fungiert eine ganze Wortgruppe als vorangestellte Bestimmung: *ease-of-care fabrics, strength-to-weight ratio, olefins-from-mineral-oil cracker*. Determinativkomposita, in denen das Bestimmungswort das Grundwort näher kennzeichnet oder modifiziert, stehen in der Häufigkeit an erster Stelle. Die semantische Analyse offenbart unterschiedliche Möglichkeiten der Bestimmung. Das Bestimmungswort kann die Materialbeschaffenheit bezeichnen, z. B. *glass vessel* oder den Verwendungszweck angeben, z. B. *distilling flask*. Es kann das Vorgangsziel bezeichnen, z. B. *isotope separation*, eine Zugehörigkeit ausdrücken, z. B. *thermometer scale*, oder auf das Mittel bzw. Wirkungsprinzip hinweisen, z. B. *gas chromatography*. Das Bestimmungswort kann auch ein Vergleichsbild enthalten bzw. der Veranschaulichung dienen: *ring compound, fish-tail burner*. Metaphorisch sind zudem die Bezeichnungen für bestimmte stereochemische Formeln zu deuten, z. B. *chair* (Sessel-) oder *sawbuck* (Sägebock-)*conformation*.

Über die häufigsten Wortbildungstypen informieren Weise (1982, 54 ff) und Winter (1987, 73 f). Sonderfälle betreffen die Verwendung von Eigennamen als Bestimmungswort, z. B. *Bunsen burner, Buchner funnel, Hooke's law, Avogadro's hypothesis*. Auch mehrere Eigennamen können vorkommen, z. B. *Fischer-Tropsch synthesis*. Hingewiesen sei auf die Verwendung von Abkürzungen oder numerischen Angaben im Bestimmungsglied: *X-rays, NMR studies, TLC analysis, substitution in 1,2 position*. Mehrgliedrige Termini mit verbalem Kern sind selten. Sie sind im allgemeinen aus nominalen Komposita rückgebildet und vorwiegend auf die Fachsprache der Technik beschränkt. Beispiele sind: *caustic-scrub* aus *caustic-scrubbing* (Laugenwäsche) und *clay-treat* aus *clay-treatment* (Bleicherdebehandlung).

Worthäufigkeitsuntersuchungen (Sieper 1980, 41 ff; Weise 1982, 51 ff) belegen, daß Funktionswörter erwartungsgemäß den höchsten Textdeckungsgrad (45%) aufweisen. Unter den Autosemantika haben die Substantive mit 33% die höchste Textdeckung, während für Verben 10% und für Adjektive und Adverbien zusammen 12% ermittelt wurden. Allgemeinwissenschaftliche Wörter und Fachtermini besetzen massiv die mittleren und unteren Ränge. Zugleich ist zu bedenken, daß die Vorkommenshäufigkeit sich umgekehrt zum Informationswert verhält und daß wesentliche Teile der Information durch den Einsatz anderer semiotischer Mittel (Formeln, Reaktionsgleichungen, Graphen u. a. m.) vermittelt werden. Die für die EFC charakteristische Art des Zusammenwirkens sprachlicher Mittel mit anderen Zeichensystemen bedarf einer komplexen Untersuchung. Die Form-Bedeutungs-Zuordnung ist trotz auftretender Mehrfachbenennungen in Nomenklatur und Terminologie relativ unproblematisch. Die Fachzeitschriften achten streng auf die Einhaltung der IUPAC-Normen. Informatiker und Fachexperten bemühen sich um die Erarbeitung eindeutiger Deskriptorensysteme und international kompatibler Fachthesauri (Bauer 1973, 7 ff; Sager 1990, 55–128).

2.2. Syntaktische Besonderheiten

Im Unterschied zur fachsprachlichen Lexik, die große qualitative und quantitative Unterschiede zur Gemeinsprache aufweist, ist die Spezifik der fachsprachlichen Syntax vorwiegend quantitativer Art. Sie wird nicht durch den Einsatz eigener Mittel, sondern vielmehr durch die unterschiedliche Distribution gemeinsprachlicher Mittel gekennzeichnet. Verglichen mit der Allgemeinsprache gibt es Besonderheiten in der Satzlänge und in der Zahl und Art der Konstituenten. In unserem Korpus beträgt die durchschnittliche Zahl der Wörter pro Satz 24,8. Ähnliche Ergebnisse erbrachten frühere Untersuchungen von Barber (1962, 23) und Beier (1977, 17).

Rund 98% der 2020 Sätze unseres Korpus sind Aussagesätze. Diese Tatsache kann dem beschreibenden, erklärenden und erörternden Stil der EFC zugeschrieben werden. Die Satztypen werden traditionell als einfache Sätze, Satzverbindungen und Satzgefüge klassifiziert. Die Verteilung der Satztypen in unserem Material macht den hohen Anteil einfacher Sätze deutlich. Sie stellen mit 44% den häufigsten Satztyp im Korpus und beweisen die für die Fachsprache typische Tendenz zur Einfachheit im Satzbau. Diese Bemerkung darf jedoch nicht falsch aufgefaßt werden, denn „einfache Sätze" sind in der Fachsprache oft reich aufgefüllt. Häufig werden die Sätze bzw. Satzglieder durch verschiedene Arten attributiver und adverbialer Fügungen erweitert:

(1) *A polymer having elastomeric properties takes on a more crystalline (ordered) state when stretched, and then tends to contract, regaining randomness.*

Rund 50% aller Sätze sind Verbindungen aus einem oder mehreren Hauptsätzen mit einem oder mehreren Nebensätzen, 8% sind Satzverbindungen. Somit erhält etwa die Hälfte aller Sätze keinen Nebensatz. 57% aller Nebensätze sind dem Haupt- oder Nebensatz, von dem sie abhängig sind, nachgestellt. 82% sind Nebensätze ersten Grades, also vom Hauptsatz direkt abhängig. Die Zahl der von anderen Nebensätzen abhängigen Nebensätze beträgt 18%. In unserem Korpus überwiegen in den Satzgefügen Verbindungen aus einem Hauptsatz mit einem (meist nachgestellten) Nebensatz ersten Grades.

Attributsätze, die nicht direkt zur gedanklichen Gliederung der Äußerung beitragen, sondern Satzglieder näher charakterisieren oder Merkmale ergänzen, treten fast ebenso häufig auf wie Adverbialsätze, die am stärksten zur logischen Ordnung des Satzes beitragen. Beachtlich ist die hohe Zahl von Subjekt- und Objektsätzen, die zusammen etwa 24% ausmachen. Ihr hoher Anteil ist ein Beweis für die Tendenz zum einfachen und übersichtlichen Satzmodell. Der folgende Beleg veranschaulicht den Beitrag, den Nebensätze zur Informationsgliederung leisten.

(2) *Pasteur's views received a severe blow when it was discovered by Buchner that if yeast is macerated with sand and submitted to high pressure, a juice can be expressed from it which contains no living cells whatever.*

In den untersuchten Texten ist das Überwiegen der Nominalphrasen über die Verbalphrasen offensichtlich. Angesichts des satzkonstituierenden Charakters des finiten Verbs gewinnt jedoch die Fügungspotenz der Verben besondere Bedeutung. Daß dabei auch terminologisierte Verben zu berücksichtigen sind, verdeutlicht Winter (1980, 759 ff).

Syntax und Stil der EFC werden einerseits durch die Restriktion bestimmter grammatischer Kategorien (z. B. Tempora, Aspekte, Modi) und andererseits durch die Stärkung anderer grammatischer Kategorien (z. B. Passiv, infinite Verbformen) charakterisiert. Rund 9% der Gesamtwörterzahl in unserem Korpus sind finite Verben, d. h. auf rund 11 Wörter laufenden Textes entfällt eine finite Verbform. Dies bestätigt, daß finite Verbformen in Fachtexten eine niedrigere Frequenz als in anderen Kommunikationsbereichen haben. Neben der Deverbalisierung läßt sich auch eine Tendenz zur Desemantisierung finiter Verben in verbonominalen Fügungen feststellen, z. B. *make use of a technique, perform a test* (vgl. Beier 1980, 67 ff).

In der Fachliteratur besteht Einhelligkeit bezüglich der eingeschränkten Verwendung der Verbalkategorien Tempus, Aspekt und Modus in der Fachkommunikation (vgl. Beier 1980, 70 ff). Für die EFC wird das durch unsere Untersuchungen bestätigt.

Als Dominanten des Modalfeldes kommt den Modalverben eine wichtige Rolle zu. Rund 15% aller Prädikate enthalten ein Modalverb, vorrangig *can, may, should, must, will, would, be to, have to* und *need*. Sie genügen den Anforderungen zum Ausdruck deontischer und epistemischer Modalität im Textkorpus.

Die Analyse der Tempora zeigt noch deutlicher die Formenrestriktion. Von den 24 finiten Verbformen, die durch Kombination von Tempus, Aspekt und Genus verbi im System der englischen Sprache zur Verfügung stehen, sind 7 in unserem Material gar nicht und 6 extrem selten vertreten. Insgesamt zeigt sich eine Konzentration auf vier Zeitformen, die annähernd 90% aller Vorkommen decken: das *plain present active* und *plain present passive* (zusammen über 68%) sowie das *plain past active* und *plain past passive* (zusammen etwa 20%). Das entspricht der vorwiegend feststellenden, klärenden und informierenden Funktion der Fachtexte. Die Werte für die erweiterten Formen sind extrem niedrig (vgl. Beier 1971, 36).

Während es sich bei den oben erwähnten grammatischen Formen um in der Fachsprache schwach frequentierte Kategorien handelt, stellen das Passiv und die nominalen Verbformen eindeutig stark genutzte Kategorien dar. Die häufige Verwendung des Passivs ist eines der Charakteristika der englischen naturwissenschaftlichen Fachsprachen. In unserem Korpus stehen etwa 70% Aktivformen annähernd 30% Formen mit be + Perfektpartizip gegenüber, von denen die überwiegende Mehrzahl Vorgangspassiva sind. Beier (1977, 159 ff) hat die Rolle und Funktion dieser Konstruktion ausführlich untersucht. Die beiden Grundfunktionen bestehen darin, daß be + V-en entweder ein passivisches Geschehen (Passiv) oder einen Zustand (Stativ) ausdrücken kann. Im Stativ wird über einen Zustand des Subjekts bzw. Agens informiert,

(3) *The problem is well-known to all chemists working in the field.*

während das Passiv einen auf das Subjekt (Affected, Goal) gerichteten Vorgang bzw. Prozeß bezeichnet:

(4) *The same technique was applied to structural studies of the species.*

Rein quantitativ ist festzustellen, daß das Stativ gegenüber dem Passiv nur einen geringeren Prozentsatz ausmacht; das Verhältnis in unserem Korpus ist 1:15. Zu den Möglichkeiten der Abgrenzung des Stativs vom Passiv vgl. Beier (1977, 124 ff).

Allgemein muß betont werden, daß das Passiv keine bloße stilistische Variante des Aktivs darstellt, die Transformation vom Aktiv ins Passiv vielmehr zu einer Veränderung der Mitteilungsperspektive führt. Das Passiv wird gegenüber dem Aktiv bevorzugt,

a) wenn das Handlungsziel im gegebenen Kontext das Thema, d. h. das im Mittelpunkt stehende Bekannte darstellt;
b) wenn der Handlungsträger unbestimmt oder entbehrlich ist.

Das Zusammenwirken beider Prinzipien zeigt der folgende Beleg:

(5) *When a number of phenomena have been observed and studied with exact measurements, often a law can be developed that will predict the behaviour of similar systems under different conditions.*

Die Rolle der infiniten Verbformen (Infinitiv, Partizip, Gerundium und Verbalsubstantiv) in Fachtexten ist vergleichsweise weniger häufig untersucht worden (Huddleston 1971, Gerbert 1970, 59 f, Kirsten 1985, 57 ff). Quantitativ stellen die infiniten Verbformen mit 2092 Belegen annähernd 32% der insgesamt im Korpus ermittelten Verbformen. Dieser hohe Anteil ist ein wichtiger Indikator für den Nominalisierungsgrad wissenschaftlicher Texte,

Die Partizipien haben eindeutig den größten Anteil. Ihre Frequenz ist höher als die aller übrigen infiniten Formen (Infinitiv, Gerundium, Verbalsubstantiv) zusammengenommen. Qualitativ nehmen die Partizipien innerhalb der nominalen Verbformen des Englischen insofern eine Sonderstellung ein, als sie verbale und adjektivische Eigenschaften aufweisen. Daraus folgt, daß Partizipien keine selbständigen Nominalphrasen bilden, wohl aber als Bestandteile von Nominalphrasen auftreten können. Die nachstehende Einteilung der Partizipien zeigt ihre große Einsatzbreite.

— Partizipien als Nominalmodifikatoren (Attribute, reduzierte Gliedteilsätze)

(6) *The atom consists of a dense nucleus containing protons and neutrons surrounded by electrons occupying certain positions or following certain paths of motion.*

— Partizipien als prädikative Ergänzungen, Ergänzungen zum Subjekt bzw. Objekt:

(7) *Keep the bottle tightly closed.*

— Partizipien als Verbalmodifikatoren (reduzierte Gliedsätze, Adverbialsätze).

Die letztere Verwendungsweise ist im Korpus besonders reich vertreten und breit aufgefächert. Ein verbundenes Partizip liegt dann vor, wenn das Subjekt des Hauptsatzes zugleich der Handlungsträger der Partizipialfügung ist. Im Unterschied zur attributiven Verwendung steht das adverbial gebrauchte Partizip in der Regel in Distanzstellung zu seinem Beziehungswort:

(8) *Alkali metals react vigorously with water forming a solution of the hydroxide and liberating hydrogen gas and heat.*

Neben Modalsätzen können auch Kausal-, Temporal-, Konzessiv- und Konditionalsätze durch Partizipien verkürzt werden.

Wenn die Partizipialphase sich nicht auf das Subjekt des Hauptsatzes bezieht, sondern einen eigenen Handlungsträger bei sich hat, handelt es sich um eine unverbundene Partizipialkonstruktion:

(9) *There are more compounds of hydrogen known that of any other element, carbon being a close second.*

Eine beziehungslose (absolute) adverbiale Partizipialkonstruktion liegt vor, wenn der Handlungsträger des Partizips weder im Hauptsatz noch in der Partizipialphrase angegeben ist, jedoch aus dem Kontext erschlossen werden kann:

(10) *Filtration of the solid from the solvent can be done using a Buchner funnel with the water aspirator.*

Die große Anzahl der in wissenschaftlichen Fachtexten auftretenden Partizipien entspricht der Aufgabe, mit möglichst geringem sprachlichen Aufwand knappe und doch übersichtliche Aussagen zu erzielen. Zwischen Prozeß- und Eigenschaftsbedeutung vermittelnd, tragen die Partizipien zur Informationsverdichtung bei: in attributiver Funktion durch die Vermeidung von Relativsätzen, in adverbialer Form durch den Einsatz von Nebensatzketten. Sie bieten die Möglichkeit, den Kernsachverhalt beliebig durch die Angabe von Begleitumständen und präzisierenden Zusätzen zu ergänzen.

Infinitive stellen 21% der Belege für infinite Verbformen in unserem Korpus. Unter Beihaltung des verbalen Charakers können sie syntaktische Positionen einnehmen, in denen normalerweise eine Nominalphase auftritt. Die syntaktischen Verwendungsweisen ergeben sich aus dem Satzgliedwert bzw. der Art der Satzreduktion. In der Rolle des Subjekts steht der Infinitiv häufig in Identitätssätzen:

(11) *The first step is to remove the protecting group.*

Noch häufiger tritt er in der folgenden Struktur auf, wo *it* als grammatisches Subjekt (Pseudosubjekt) fungiert:

(12) *It is impossible to calculate the enthalpy involved.*

Als Attribut ist der Infinitiv in der Regel von einem substantivischen Beziehungswort abhängig:

(13) *Metals exhibit the greatest ability to conduct that.*

Häufiger als die aktivische Fügung ist die modal gefärbte passivische Fügung, die als Reduktion eines Attributsatzes aufzufassen ist:

(14) *A sample of the mixture to be analyzed is introduced into the tube.*

Auch nach Superlativen und Ordnungszahlen verkürzt die Infinitivphrase einen Attributsatz.

Belege, in denen die Infinitivphrase eine Adverbialbestimmung ausdrückt, sind besonders reichlich vertreten. Es kann sich dabei um Reduktionen von Finalsätzen oder Konsekutivsätzen handeln. Absicht oder Zweck können durch *in order to* bzw. durch *so as to* verdeutlicht werden.

(15) *In order to explain these coefficients we have to introduce the bond theory of solids.*
(16) *The substances react so vigorously with water as to generate a large amount of heat.*

Wenn die Infinitivphrase einen eigenen Handlungsträger hat, dient sie zur Verkürzung eines Objektsatzes (AcI-Konstruktion):

(17) *This rearrangement causes the structure to be more stable.*

In der wesentlich häufiger vorkommenden NcI-Konstruktion bleibt der Handlungsträger unerwähnt:

(18) *The mixture is required to stand overnight.*

Gerundium und Verbalsubstantiv stellen weitere Stufen der Nominalisierung dar. Im Unterschied zu den *ing*-Partizipien, die als adjektivische Verbformen charakterisiert wurden, handelt es sich hier um substantivische bzw. substantivierte *ing*-Formen. Quantitativ stellen Gerundium und Verbalsubstantiv zusammen 22% aller im Korpus auftretenden infiniten Verbformen. Für das Gerundium ist das gleichzeitige Vorhandensein verbaler und nominaler Merkmale kennzeichnend, d. h. mögliche Verbalmodifikatoren (Adverbien) und direkter Objektanschluß einerseits sowie Verwendung nach Präpositionen und in syntaktischen Positionen von Nominalphrasen andererseits.

Als häufigste syntaktische Verwendungsweisen des Gerundiums wurden in unserem Material ermittelt: präpositionale Ergänzung zum Substantiv oder Adjektiv, direktes und präpositionales Objekt sowie präpositionale Adverbialbestimmung.

Als präpositionale Ergänzung zu einem Substantiv oder einem prädikativ gebrauchten Adjektiv fungiert das Gerundium in den folgenden Belegen:

(19) *The main difficulties in getting a clear separation are due to tailing.*
(20) *Green plants, together with certain bacteria, are capable of fixing solar energy and synthesizing complex organic substances.*

Relativ häufig tritt das Gerundium in Objektfügung auf:

(21) *The new strategy involves searching for catalysts that are more effective and more economical.*
(22) *The function of the protecting group is to prevent the peptide from being attacked by the active side groups.*

Die häufigste Verwendung findet das Gerundium jedoch als adverbiale Bestimmung. Die Art der logisch-semantischen Verknüpfung wird durch Präpositionen angezeigt. So kennzeichnen *before* und *after* Vor- bzw. Nachzeitigkeit, *in* Gleichzeitigkeit (in einem gegebenen Zeitraum), *on* Gleichzeitigkeit (zu einem gegebenen Zeitpunkt), *by* Mittel oder Umstand, *for* Zweck oder Absicht, *without* Ausschluß und *instead of* Ersatz eines Sachverhalts. Die Gerundialkonstruktion in dieser Fügung ist also sehr vielseitig verwendbar, z. B.

(23) *On gaining an electron the ions become electrically neutral atoms.*
(24) *The components of a mixture are separated by passing a mobile phase through the column.*

Eine substantivische ing-Form ist ein Verbalsubstantiv, wenn die beim Gerundium noch vorhandenen verbalen Merkmale vollständig fehlen, vielmehr durch weitere nominale Merkmale (Artikel bzw. Demonstrativpronomen vor *V-ing*, Verneinung durch no, Objektanschluß durch of) ersetzt sind. Wie der Name ‚Verbalsubstantiv‘ bereits andeutet, hat die Nominalisierung hier die höchste Stufe erreicht. Die (verbale) Prozeßbedeutung bleibt jedoch in der Regel erhalten:

(25) *The Pauli principle plays an important role in the complete understanding of the structure of atoms having more than one electron.*

Die Untersuchungen zur Syntax in englischen Fachtexten der Chemie haben typische Häufigkeitsverteilungen und Form-Funktions-Beziehungen ergeben. Diejenigen Kategorien, die den funktional-stilistischen Forderungen nach Objektivität, Klarheit und Kürze des wissenschaftlichen Sprachgebrauchs entsprechen, sind relativ stark frequentiert: nominale Verbformen, Passiv und Stativ. Andere sind stark eingeschränkt: Tempora, Modi, erweiterte Verbformen. Bemerkenswert ist die Korrelation zwischen gestärkten und geschwächten Kategorien: Die hohe Frequenz der infiniten Verbformen führt zwangsläufig zur Restriktion des Gebrauchs finiter Verbformen. In den so entstehenden komplexen Sätzen erlangen Funktionswörter wie Präpositionen und Konjunktionen sowie bestimmte Arten von Adverbien zur Kennzeichnung logischer Beziehungen eine erhöhte Bedeutung.

Neuere Korpusanalysen berücksichtigen durchaus die Zusammenhänge, die zwischen Form und Bedeutung sowie Funktion und kommunikativer Leistung der untersuchten Sprachzeichen bestehen. Allerdings muß zugestanden werden, daß semantische Analysen zur EFC bisher in der Minderzahl sind und daß Untersuchungen zum Zusammenwirken unterschiedlicher Sprachmittel zur Erreichung bestimmter kommunikativer Effekte erst relativ spät aufgenommen wurden. Es ist auch notwendig, das bisher benutzte formale Ordnungsprinzip zur Erkundung der Form-Funktion-Zusammenhänge durch ein funktional-semantisches Ordnungsprinzip zu ergänzen, um die Beziehungen zwischen Funktionen und Äußerungsformen komplexer erfassen zu können. Ansätze dazu bieten Arbeiten zu Sprachmittelkomplexen der Determiniertheit/Indeterminiertheit, Komparativität, Adversativität und Konzessivität (Weise 1982, 91−141).

3. Makrolinguistische Untersuchungen

Fachtexte in ihrer Ganzheit wurden zuerst von der Funktionalstilistik erforscht. Beneš (1969, 225−233) unterscheidet dabei Kommunikationsbereich, Fachlichkeitsgrad, Medium und Darstellungsart. Gläser (1979, 152 ff) behandelt auf dieser Grundlage u. a. Textbauplan und Stilmerkmale in chemischen Darstellungsvorschriften. Fachstil wird definiert als „die für die Gestaltung eines Fachtextes charakteristische Auswahl und Anordnung sprachlicher Mittel, die in einem Gesamtzusammenhang von Absicht, Inhalt, Form und Wirkung der Aussage fungieren" (Gläser 1979, 26). Der Fachstil wird von Fachtextmerkmalen abstrahiert und durch Stilzüge und Stilelemente charakterisiert. Trotz der Präzisierungsversuche bleiben Unschärfen im Verhältnis von Sprache, Text und Stil.

Mit dem Aufkommen der Kommunikationswissenschaft, der Pragmatik und Textlinguistik im Rahmen der kommunikativ-pragmatischen Wende wurde nach neuen, integrativen Verfahren der Fachtextbeschreibung gesucht (Weise 1982, 142−191; Baumann 1992, 1−19). Faktoren wie Kommunikationsabsicht, Handlungscharakter, Situativität, Interaktion und Diskursgemeinschaft traten in den Blickpunkt. Sager et al. (1980, 5−9) unterscheiden pragmatische, semantische und syntaktische Komponenten der Beschreibung. Die Fachsprachenstilistik wurde in diese größeren Zusammenhänge integriert; ihre Aufgabe besteht nunmehr darin, die zwischen Handlungstypen und Formulierungsmustern bestehenden Beziehungen zu erhellen.

Durch einen Raster, der außersprachliche und innersprachliche Kriterien umfaßt, wird es möglich, Fachtextsorten voneinander abzugrenzen (Weise 1993, 26−31). Wie Gläser (1990, 52 ff), die den ersten Versuch einer komplexen Beschreibung von unterschiedlichen Fachtextsorten unternommen hat, setzen wir soziale und situative Faktoren als außersprachliche Kriterien an. Als nützlich hat sich auch erwiesen, zwischen fachinterner und fachexterner Kommunikation zu unterscheiden. Das mehrstufige Klassifikationsmodell ist modular-integrativ angelegt, d. h. es strebt die Paßfähigkeit der Module an. Innersprachliche Kriterien beziehen sich auf pragmatische, semantische, syntaktische und stilistische Merkmale. Auf der pragmatischen Ebene wird die dominante Textfunktion (deskriptiv, expositorisch, argumentativ, direktiv) bestimmt. Dies erfolgt in Anlehnung an die Texttypologie Werlichs (1976, 19), der den „kontextuellen Fokus" der Texte zu typischen Prozessen der kognitiven Verarbeitung in Beziehung setzt. Die texttypologischen Merkmale werden durch Konfigurationen von Sprachhandlungen bzw. Kommunikationsverfahren angezeigt, die sowohl zur Textsorten- als auch zur Teiltextbestimmung herangezogen werden können (Weise 1982, Winter 1983, Gläser 1990).

Fachtextsorten sind fachsprachliche Gebrauchsformen, die sich historisch herausgebildet haben und in Abhängigkeit vom Spezialisierungsgrad durch fachusuelle Normen geprägt sind. In der Chemie gehören dazu so unterschiedliche Textarten wie Lehr- und Handbücher, Monographien, wissenschaftliche Zeitschriftenaufsätze, Analyse- und Synthesevorschriften, Laborprotokolle, Konferenzberichte, Poster Sessions u. a. m. Die Korrelationen, die zwischen Textsorte, Texttyp und dominanten Kommunikationsverfahren bestehen, beschreibt Weise (1985) anhand eines Vergleichs der kommunikativ-funktionalen Merkmale dreier Fachtextsorten. Innerhalb der fachinternen Kommunikation wurde dem wissenschaftlichen Zeitschriftenaufsatz (*research article*) aufgrund seiner dominierenden Rolle in der Fachliteratur die größte Aufmerksamkeit gewidmet (Swales 1990, 110−176; Gläser 1990, 66−72; Meyer/Heidrich 1990, 129−180). Die weitgehend standardisierten Textbaupläne mit den Teiltexten *Introduction, Theoretical Section, Experimental Section, Results and Discussion, Acknowledgements* sind ebenso ausführlich dargestellt worden wie die verschiedenen Typen informationsverdichtender *Abstracts*. Auf intertextuelle Beziehungen zwischen *Abstract*, Postervortrag, Zeitschriftenaufsatz und Forschungsbericht weist Swales (1990, 177 ff) hin. Ebel et al. (1990, 3−23) verfolgen die Entstehung eines Berichts vom Laborprotokoll bis zum druckfertigen Forschungsbericht. Auf die sich wechselseitig ergänzenden Funktionen von verbalen und visuellen Mitteln (Formeln, Tabellen, Abbildungen, Graphen) geht Trimble (1985, 102−113) ein.

In der Textsemantik wurden vorrangig Isotopie, Kohärenz und Makrostruktur untersucht (Dopleb 1994, 66 ff), ansatzweise auch Fragen der Thema-Rhema-Gliederung (Gosden 1942, 207 ff). In der Textsyntax stehen neben der textbildenden Rolle syntaktisch-semantischer Kategorien (Weise 1982, 91 ff). Fragen der Textkohäsion und -verdichtung im Vordergrund. In der Stilistik geht es vor allem um Fragen der Angemessenheit von Formulierungsmustern (Sager 1980, 185 ff; Trimble 1985, 114 ff). Außer Zeitschriftenaufsätzen und Abstracts wurden in der Fachliteratur vor allem kurze Fachtextsorten erforscht: wissenschaftliche Rezensionen, Analyse- und Synthesevorschriften, Bedienungsanleitungen (Gläser 1990; Winter 1986; Trimble 1985, 95 ff).

Außerhalb der fachinternen Kommunikation wurden im Zusammenhang mit Fragen der Wissenschaftspopularisierung hauptsächlich Texte aus interdisziplinären Zeitschriften wie *Scientific American* und *New Scientist* (Stahlheber 1991) und populärwissenschaftliche Lehrbücher (Dopleb 1994, 114 ff) untersucht. Die dabei ermittelten Daten lassen interlingual wirkende Gesetzmäßigkeiten erkennen.

Insgesamt gilt für die fachtexterne Fachkommunikation immer noch die Feststellung Beiers (1983, 92 ff), daß es sich hierbei um einen forschungsbedürftigen Verwendungsbereich der Fachsprache handelt. Insbesondere fehlen Untersuchungen zu produktbegleitenden Texten, Werbetexten und Schulbuchtexten. Ähnlich steht es mit Untersuchungen zum Diskursverhalten in fachsprachlich dominierten Situationen. Auf dem Gebiet der Chemie gibt es erst wenige Ansätze dieser Art. Sie betreffen Konferenzbeiträge und Poster Sessions (Shalom 1993, 37 ff) sowie Seminarbeiträge (Weissberg 1993, 23 ff). Diese Kommunikationsereignisse werden als teilweise genormte, aber flexibel gebrauchte Forschungsgenres charakterisiert. Andere Formen der fachinternen und fachexternen mündlichen Kommunikation, z. B. im Ausbildungs- und Forschungslabor, im Chemiehandel, in Werbespots für chemische Produkte u. a. m., harren noch der Erforschung.

4. Literatur (in Auswahl)

Barber 1962 = Charles Barber: Some measurable characteristics of modern scientific prose. In: Gothenburg Studies in English 14, 1962, 21–43.

Bauer 1973 = Gerd Bauer: Zum Problem der verschiedenen Grade der Formalisierung einer Informationssprache für die gesamte Chemie. In: Beiträge zur maschinellen Sprachdatenverarbeitung. Hrsg. v. L. Zenker, Berlin 1973, 7–18.

Baumann 1992 = Klaus-Dieter Baumann: Integrative Fachtextlinguistik. Tübingen 1992.

Beier 1977 = Rudolf Beier: Untersuchungen an amerikanischen und britischen Fachtexten der Chemie. Analyse finiter Verbformen der Konstruktionen des Typs ‚be + Perfektpartizip'. Frankfurt/M. Bern. Las Vegas 1977.

Beier 1980 = Rudolf Beier: Englische Fachsprache. Stuttgart. Berlin. Köln. Mainz 1980.

Beier 1983 = Rudolf Beier: Fachexterne Kommunikation im Englischen. In: Zeitschrift für Literaturwissenschaft und Linguistik 51/52, 1983, 91–103.

Beneš 1969 = Eduard Beneš: Zur Typologie der Stilgattungen in der wissenschaftlichen Prosa. In: Deutsch als Fremdsprache 6, 1969, 225–233.

Dopleb 1994 = Matthias Dopleb: Ein Beschreibungsansatz für Lehrtexte. Essen 1994.

Ebel et al. 1990 = Hans F. Ebel/Claus Bliefert/William E. Russey: The Art of Scientific Writing. Weinheim. New York 1990.

Fachwortschatz Chemie. Häufigkeitswörterbuch Russisch, Englisch, Französisch. Hrsg. v. Lothar Hoffmann, Leipzig 1973.

Fromherz/King 1963 = Hans Fromherz/Alexander King: Englische und deutsche chemische Fachausdrücke. Weinheim 1963.

Gerbert 1970 = Manfred Gerbert: Besonderheiten der Syntax in der technischen Fachsprache des Englischen. Halle/S. 1970.

Gläser 1979 = Rosemarie Gläser: Fachstile des Englischen. Leipzig 1979.

Gläser 1990 = Rosemarie Gläser: Fachtextsorten im Englischen. Tübingen 1990.

Hoffmann 1987 = Lothar Hoffmann: Kommunikationsmittel Fachsprache. Berlin 1987.

Huddleston 1971 = Rodney D. Huddleston: The Sentence in Written English. A Syntactic Study based on an Analysis of Scientific Texts. Cambridge 1971.

Meyer/Heidrich 1990 = Hans-Joachim Meyer/Hans Heidrich: English for Scientists. A Practical Writing Course. Leipzig 1990.

Kirsten 1985 = Hans Kirsten: Nominalisierungen im Englischen. Leipzig 1985.

Sager/Dungworth/McDonald 1980 = Juan C. Sager/David Dungworth/Peter F. MacDonald: English Special Languages. Principles and practice in science and technology. Wiesbaden 1980.

Sager 1990 = Juan C. Sager: A Practical Course in Terminology Processing. Amsterdam. Philadelphia 1990.

Shalom 1993 = Celia Shalom: Established and Evolving spoken Research Process Genres: Plenary Lecture and Poster Session Discussions at Academic Conferences. In: English for Specific Purposes 12, 1993, 1, 37–50.

Sieper 1980 = Gerd Sieper: Fachsprachliche Korpusanalyse und Wortschatzauswahl. Untersuchungen zur Lexik englischer Fachtexte der Chemie. Frankfurt/M. 1980.

Stahlheber 1992 = Eva Stahlheber: Die Fachtextsorte Zeitschriftenartikel im Deutschen und Address/Article im Amerikanischen. In: Konfrontative Frachsprachenforschung. Hrsg. v. Klaus-Dieter Baumann und Hartwig Kalverkämper. Tübingen 1992, 162−189.

Swales 1990 = John M. Swales: Genre Analysis. English in academic and research settings. New York 1990.

Trimble 1985 = Louis Trimble: English for Science and Technology. A discourse approach. Cambridge. London. New York 1985.

Weisberg 1993 = Bob Weisberg: The Graduate Seminar: Another Research-Process Genre. In: English for Specific Purposes 12, 1993, 1, 23−26.

Weise 1982 = Günter Weise: Systemaspekt und Tätigkeitsaspekt in der Wissenschaftssprache. Untersuchungen an englischen Fachtexten der Chemie. Diss. B. Halle 1982.

Weise 1982 = Günter Weise: Textsorten und Texttypen in der wissenschaftlichen Fachsprache. In: Fachsprachliche Textlinguistik. Hrsg. v. R. Gläser. In: Linguistische Studien A 133, Berlin 1985, 20−30.

Weise 1993 = Günter Weise: Criteria for the Classification of ESP Texts. In: Fachsprache 15, 1993, 1−2, 26−31.

Werlich 1975 = Egon Werlich: A Text Grammar of English. Heidelberg 1975.

Winter 1980 = Horst Winter: Verben mit fachspezifischer Bedeutung in der chemischen Fachsprache des Englischen. In: Wissenschaftliche Zeitschrift der Universität Jena 29, 1980, 6, 755−763.

Winter 1987 = Horst Winter: Zweiwortermini in der chemischen Fachsprache des Englischen. Berichte der Sektion Fremdsprachen der Universität Leipzig, 2, 73−82.

Winter 1993 = Horst Winter: Kommunikationsverfahren (KV) in den Textsorten chemische Synthese und chemische Analyse des Englischen. In: Linguistische, sprachpsychologische und methodische Grundlagen der Textproduktion. Universität Jena, 1993, 47−55.

Günter Weise, Greifswald

159. The recent English special language of electrical engineering and electronics

1. Introduction
2. Criteria of term formation and usage
3. Distinctive syntactic qualities
4. Conclusion
5. Literature (selected)

1. Introduction

The past three decades or so have seen a rapid growth of electrical engineering and, above all, electronics, which is mainly due to the technological progress in areas such as semiconductor technology and computer technology. New subfields of control engineering have emerged: robotics, office automation, artificial intelligence and expert systems, for instance. The radical advances in information technology as a whole are such that "even active participants in the communication system find it hard to keep up with progress outside their own particular sphere" (Meadows 1982, 5). Moreover, they have led to a rapidly changing vocabulary. "Confusion results [...] because the same term may be used in more than one way" (ibid., 6).

The special vocabulary of electrical engineering is said to comprise about one hundred thousand terminological units (Ferretti 1993, 147). By contrast, the accumulated knowledge of this special subject field covers four million concepts (Felber 1981, 13). These two statements suggest two important things: *first*, the significance of terminology for the ordering and transfer of knowledge, especially the transfer of information from one natural language into another; *second*, the reason for the existence of the well-known phenomena of homonymy, polysemy, and synonymy, which are also common in the terminology of any other engineering field (cf. Baakes 1984, 200 ff). Since these linguistic phenomena often give rise to difficulties both in intralingual and interlingual communication, the unification and standardization of terms in areas of codified knowledge (cf. Sager 1990, 124) have been seen as appropriate remedies by terminologists. Sager (ibid., 125) points out that agreement on the technical terms used in standards documents is one of the first steps in the long process of drafting a standards document and argues that the unification of terminology is therefore a by-product of the work carried out by the various bodies concerned with the standardization of objects, processes and measurements.

There are three international organizations whose work is important to those who are concerned with the study of the terminological systems of the special language under discussion. These are: (1) The *International Organization for Standardization* (ISO) in Geneva, which has issued guidelines for the elaboration of terminological vocabularies and thesauri, and whose scope covers standardization in all fields except electrical engineering standards, the latter being the responsibility of (2) the *International Electrotechnical Commission* (IEC) whose objects are to facilitate the coordination and unification of national electrotechnical standards and to coordinate the activities of other national bodies in the same fields; (3) the *International Communication Union* (ITU), which is a union of UN member countries promoting international co-operation in telegraph, telephone and radio services.

2. Criteria of term formation and usage

2.1. Morphological and semantic motivation vs lexical economy

Wanke/Havliček (1980, XI) suggest a list of one hundred and thirty-three basic terms with their German equivalents which, they state, have a high frequency of occurrence in all fields and subfields of electrical engineering and electronics. They point out that some of them, however, may have multiple meanings, which they exemplify by adding potential German translation equivalents to the basic term *shunt – Nebenschluß*, or context-conditioned *Nebenschlußwiderstand, Nebenschlußkreis*, and *load – Last*, or context-conditioned *Belastung, Verbraucher, Beanspruchung, Bespulung*, etc. The suggested list of basic terms does not contain terms with identical or similar forms in the two languages, e.g. *anode, impedance* and *motor*, but it includes *computer* with its German equivalents *Rechner, Rechenanlage*, the latter being in fact in common usage in German rather than the borrowing *Computer*. Furthermore, the listed terms show that the vast majority of them are uniterms of monosyllabic, polysyllabic or derivational structure, such as *cell, message* and *measurement*, whereas a relatively small group consists of compounds, e.g. *alternating current, mutual inductance* and *root-mean-square value (r.m.s.)*. The point is that these basic terms have been an inexhaustible fund for compounding in term formation, for which there is enough evidence in view of the enormous number of compounds in which they may function either as a determinant or a nucleus. For example, the basic term *arc* is used as a determinant, or the first part of a determinant, in about one hundred noun compounds and terminological syntagms, such as *arc furnace* and *arc furnace electrode, arc heating* and *arc heating appliance, arc length in radians, arc duration of a switching device*. Another example is the basic term *computer*, which occurs as a nucleus in dozens of noun compounds which represent a large number of concepts of a major conceptual system. Although the semantic and lexical structures of the following terms, given as examples, vary widely, clear regularities in the naming patterns can be discovered.

The adjectival determinant in *digital computer* and *analogue computer* refers to 'the manner of data processing', while that in *hybrid computer* refers to 'combined systems', i.e. 'a combination of some of the properties of *digital* and *analogue computers*'. The adjectival determinant in *personal computer* and the nominal determinant in *desktop computer* and *laptop computer* refer to the 'place' where the computer can be used, put, kept, carried, etc. As far as the term *laptop computer* is concerned, a few problems are worth mentioning. The ISO standard 2382-01:1989 defines *laptop computer* as "a portable computer that can run on a battery power and is small enough to be operated on a desk top, on a table, or in one's lap when seated, for example, in a hotel room or on an airplane." A group of semantically related terms have the conceptual feature of 'portability', which is explicit in *portable computer*, in common with *laptop computer*. These include *briefcase computer* and the synonymic group *hand-held computer* or *palm-held computer* as well as *pocket computer* and *vest-pocket computer*. However, most of these coinages are problematic because their origin is apparently due to "publicity criteria, i.e. the emotive use of language, which is normally considered to be absent in terminology" (Sager 1990, 82). This may be the reason why Wanke/Havliček (1993, 611), for example, criticize the designation *hand-held* as not being quite correct and why they regard the designations *pocket computer* and *vest-pocket computer* as exaggerated.

The determinant of the complex noun compounds in the two synonymic groups *general-purpose computer* or *multi-purpose computer* refers to 'the field of application', which is more explicit in the terms *business computer*, *office computer* and *scientific computer*. Metaphorical compounds denote the computer counterparts *master computer* vs *slave computer*. The progress attained in programming certain complex problems, especially in the field of artificial intelligence, has resulted in the development of new architectures whose names show that parallel forms were aimed at in related terms, e.g. *data-driven computer*, *event-driven computer* and *demand-driven computer*. This principle is also recognizable in the two complex compound terms *reduced instruction set computer* and *complex instruction set computer*.

The foregoing discussion has focused on noun compounds because it is these lexical units that contribute considerably to the building of terminological systems. But there is also an important adjective compound of the type 'verb and adverbial' in which *computer* is combined with a past participle, e.g. *computer-aided* (or *computer-assisted*), and where *computer* has agential meaning so that the compound corresponds to a passive construction of the type 'past participle + *by* + noun', *aided by a computer*. It is very productive as a determinant in the formation of noun compounds such as *computer-aided design*, whose considerable length, however, has led to the parallel or subsequent formation of acronyms, e.g. *CAE/computer-aided engineering*, *CACA/computer-aided circuit analysis* and *CADES/computer-aided design and engineering system*, or even double acronyms, e.g. *CAD/CAE* formed from *computer-aided design and engineering* and *CAD/CAM* formed from *computer-aided design and manufacturing*. Consider also analogous creations with other verbs as a second constituent, such as *CMI/computer-managed instruction*, *CBL/computer-based learning* and *CIM/computer-integrated manufacturing*. It must be emphasized that there are thousands of such acronyms and that this kind of lexical economy, therefore, constitutes a characteristic feature of the special subject field under consideration. Wanke/Havlíček (1980, 673) substantiate the importance of acronyms and abbreviations for the present and future development of science and technology by the following quotation from the *IEEE Standard Dictionary of Electrical and Electronics Terms* (Third Edition, 1984):

"Electrotechnology seems, as it mind-boggles along in its incredibly complex advance toward the Twenty-First Century, to be becoming increasingly acronymic. And the acronyms themselves are convoluting into second- and third-generation condensations. Thus *'radar'* which stands for *'radio-assisted detection and ranging'* has become an integral part of *'flir'* which stands for *'forward-looking-infrared-radar'*. These entries keep popping up like bubbles in beer, and it's impossible for us to be universally current, but we try [...]."

The authors point out that the *IEEE Dictionary*, from which they took the quotation, contains an index of fifteen thousand abbreviations, whereas the "Index of Acronyms and Abbreviations in Electrical and Electronics Engineering" (1989) comprises about forty-five thousand abbreviations and acronyms on five hundred and thirty-eight pages. Small wonder that this flood of shortened expression forms may cause serious problems of interpretation and communication, which are mainly due to the fact that a relatively large number of them have two or more meanings, e.g. *CAM* whose potential meanings include 'computer-aided manufacturing', 'content-addressed memory', 'communication access method' and 'call-accepted message'. The problems are sometimes difficult to cope with. This is less so when the meanings are confined to different subject fields, but more so when they occur in the same field or in neighbouring fields. In order to make polysemous acronyms more transparent mixed forms have been created of the type *CA drawing* as a substitute for *CAD* so that it cannot be confused with *computer-aided design*. Different spellings pose another problem, e.g. *RAM* or *r.a.m./random access memory* and *ROM* or *r.o.m./read only memory*. Economy in term formation also results from blending, which is obviously a productive process, as illustrated by the following examples:

telex from *tel(eprinter)* + *ex(change)*, *telecast* from *tele(vision)* + *(broad)cast*, *transponder* from *trans(mitter)* + *(res)ponder*, *thyristor*, which is another name for *silicon-controlled rectifier*, from *thyr(atron)* + *(trans)istor*, the latter itself being a blend formed from *trans(fer)* + *(res)istor* and referring to 'the transfer of electric signals across a resistor', *camcorder* from *cam(era)* + *(re)corder*, i.e. 'a portable video camera with a built-in video recorder', etc.

2.2. Pragmatic aspects of term creation

"Term formation always occurs in a particular environment, e.g. in a research laboratory, a design office, a workshop or in any other situation where people have need for new expression forms" (Sager 1990, 80). This kind of term creation, known as primary term formation, is spontaneous so that the resultant lexical structures are sometimes highly figurative, especially when their semantic motivation is based on the use of similes or metaphors. The new coinages, usually formed after conventional naming patterns, may be volatile or provisional or they may be seen as definitive. The circumstances of their creation are conditioned by various pragmatic aspects, e. g. situation, time, place, experience, attitude and subject knowledge. This is particularly evident in groups of terms that are related to social phenomena, such as computer abuse. The issues raised will therefore be illustrated by a selection of neologisms from a short English-German glossary compiled by Lied (1990, 162).

Compare:
asynchronous attacks – ‚Nutzung der asynchronen Zuordnung von Betriebsmitteln in einem Computer, z. B. für Manipulationen',
computer-assisted crime – ‚Computerkriminalität',
computer espionage – ‚Computerspionage',
data diddling – ‚unbefugte Änderung von Eingabedaten',
data leakage – ‚Ausgabemanipulation, Entzug von Daten in verdeckter Weise',
data trespass or system hacking – ‚Hacking',
fraud by computer manipulation – ‚Computerbetrug',
logic bombs – ‚Computerviren, d. h. unbefugtes Auslösen von Programmabläufen in einem Computer',
piggybacking and impersonation – ‚physikalisches bzw. elektronisches Umgehen von Zugriffs- oder Zutrittskontrollen',
program piracy – ‚Programmpiraterie',
radiation monitoring – ‚elektronisches Abhören durch Nutzung der Abstrahlung' (z. B. bei Bildschirmen),
salami technique – ‚automatisches Anhäufen kleiner Beträge aus einer Vielzahl von Quellen, z. B. Konten, zu beträchtlichen Summen',
simulation and modelling – ‚computergestützte Vorbereitung und Steuerung krimineller Handlungen',
trap doors – ‚Pseudobefehle',
wire tapping – ‚Anzapfen von Kommunikationssystemen, verdeckter Zugriff auf dieselben'.

The term *hacker*, which is also included in this list, has turned out to be polysemous. According to ISO standard 2382-1:1989 it denotes 'a computer enthusiast', or it may be defined in technical terms as 'a person who enjoys experimenting with system hardware, software and communication systems'. In data security terminology, however, the term *hacker* denotes 'an unauthorized user who tries to gain entry to a computer's network by defeating the system's access control' (cf. Wanke/Havlíček 1993, 599). Since it is sometimes difficult to distinguish a computer enthusiast from a criminal, the term *hacker* is occasionally replaced by that of *terminal thief*. In data security terminology a small number of new terms have been formed on the analogy of the derivative *hacker*, which represent subordinate concepts and are therefore more specific in intension, e. g. *cracker*, in software protection defined as 'a hacker who specializes in overcoming software protection systems', and *crasher*, in computer security defined as 'a hacker who deliberately attempts to cause serious interference to the operation of the computer'. Metaphorical compounds and derivatives are relatively frequent among neologisms, and the examples listed by Wanke/Havlíček (ibid., 663 ff) indicate that their motivation goes far beyond what can usually be found in similarities of form, function, and position. Compare:

crow's foot, deadly embrace, dumbwaiter, frog-leg winding, hay-wire circuit, monkey chatter, radioactive cemetery, sexless connector, squirrel-cage motor, watchdog; cruncher, jabber, exorciser, woofer, tweeter, debugging, cannibalism or *cannibalization; flip-flop, ping-pong,* e. g. *ping-pong method.* Others are explicitly referred to as jargon, e. g. *Christmastree antenna, fishbone antenna* and *beaver-tail antenna* (cf. Wanke/Havlíček ibid., 558).

2.3. Productive patterns of derivation

Derivation has led to stable and recurrent patterns of prefixation and suffixation which are representative of the productivity of a number of affixes in the building of term families. Most commonly the derivatives have free base forms, but some also have bound ones.

Examples of derivatives with a free base form are: *magnetic, magnetics, magnetism, magnetite; magnetize, magnetizable, magnetizability, magnetization, demagnetize, demagnetizer, demagnetization,* and *conductance, conducting, conductive, conductivity, conduction, conductor; semiconducting, semiconductive, semiconductor; superconducting, superconduction, superconductivity, superconductor.* The following derivatives have a bound base form: *electric, electricity, electrical, electrician, electrify, electrification.* The combining form *electro-* occurs as the first constituent in numerous combining-form compounds which designate 'properties', e. g. *electromagnetic, electromechanical, electromotive,* 'objects', i. e. 'machines', 'devices', 'instruments', e. g. *electromotor, electrothermostat, electrometer,* 'methods', e. g. *electrotinning, electropolishing, electroplating*, and other entities.

The prescriptive use of terms sometimes conflicts with actual usage. Wanke/Havlíček (1993, 585 f) focus on this problem in their discussion of the different meanings of *electric* and *electrical* by drawing upon the IEEE Dictionary according to which *electric* denotes 'containing, producing, arising from, actuated by, or carrying electricity, or designed to carry electricity and capable of so doing'. This is illustrated by the examples *electric eel, electric energy, electric motor, electric vehicle*, and *electric wave*. By contrast, *electrical* is said to denote 'related to, pertaining to, or associated with electricity but not having its properties or characteristics', which is exemplified by the items *electrical engineer, electrical handbook, electrical insulator, electrical rating, electrical school*, and *electrical unit*. But the *IEEE Dictionary* also recognizes that there are borderline cases where usage determines the selection. The two authors summarize their own observations as follows: A large majority of compounds and collocations show *electric* as the first constituent or element, while *electrical* is used

(1) in names of general concepts, e. g. *electrical machinery* and *electrical symbols*, but notice *electric traction, rotating electric machine* and *electric furnace*;
(2) before nouns beginning with a vowel sound, e. g. *electrical energy* and *electrical engineer*;
(3) to indicate the electrical property of the following noun, e. g. *electrical oscillations* and *electrical power*.

However, the same principles laid down for the use of *electric* and *electrical* proved to be ineffective in regularizing the analogous usage of *acoustic* and *acoustical*. Two other adjectives of this pattern are *optical*, which means 'of, relating to, producing or involving light' as distinct from *optic*, which primarily means 'of or relating to the eye or vision', thus being irrelevant to electrical and electronics engineers, and *mechanical*, which has no variant ending in *-ic*.

An impressive example of terminological standardization are the following two semantically related groups of terms in which the suffix denotes a significant conceptual feature that distinguishes one group from the other, i. e. the suffix *-ance* denotes 'a physical quantity', while the suffix *-or* denotes its 'carrier', i. e. 'material', 'component part' or 'device',

e. g. *resistance* vs *resistor*
capacitance vs *capacitor*
conductance vs *conductor*
inductance vs *inductor*
reactance vs *reactor*.

With regard to the semantic difference between *resistor* and *resistance* and, in addition, the meaning of *resistivity*, a lucid explanation is quoted by Wanke/Havlíček (1993, 558) from the *Longman Dictionary of Scientific Usage* (1981).

"To compare *resistor*, *resistance*, and *resistivity*: a *resistor* is the body or device that possesses the property of *resistance*, and is a component of an electrical circuit; *resistance* is the property of the body, and is measured in *ohms*; *resistivity* is the property of the material from which the body is made and is measured in *ohm metres*."

This quotation reveals another important feature: the existence of double names for the quantities measured and the units of measurement usually expressed by names of persons, e. g. *capacitance/farad, conductance/siemens, inductance/henry, frequency/hertz, power/watt*, etc.

2.4. Differences between British and American English

The independent development of technology in the two speech communities of British English (BrE) and American English (AmE) has resulted in a relatively large number of different terminological variants for the same concept, e. g.

BrE	AmE
accumulator	*storage battery* or *storage cell*
aerial	*antenna*
anode	*plate*
base outlet	*receptacle*
earth	*ground*
flame-proof	*explosion-proof*
reflector	*repeller*
screening	*shielding*
valve bulb	*tube envelope*
wireless	*radio*.

Such differences are not seen as a major problem and mass communication tends to neutralize them. "More recent innovations in either area tend to spread rapidly to the other. Thus while *radio sets* have had *valves* in BrE but *tubes* in AmE, *television sets* have *tubes* in both, and *transistor* and *computer software* are likewise used in both standards" (Quirk/Greenbaum/Leech/Svartvik 1985, 20).

3. Distinctive syntactic qualities

The great diversity of text types used in various subject-related spheres of communication, e.g. handbooks, informative reports, etc. (cf. Tonndorf/Meinhold/Sarkowski 1982, 48 ff), is largely due to requirements of economy. What Sager (1990, 108 f) states in this regard is very important in that he gives a number of plausible reasons that account for the phenomenon of syntactic economy. Thus he argues *firstly* that lists, reports, essays and their varieties and subtypes are often highly subject- and intention-specific so that communication can be very economical; *secondly* that prior understanding of the purpose of a text makes the overt statement of intention superfluous in such forms as invoices, prescriptions, production memoranda, etc. so that in many cases these forms dispense even with syntactic links and merely give independent items of information which the recipient interprets correctly as informative, evaluative or directive; and *thirdly* that the various types of memos, reports and schedules permit simple listing after colons, the use of brackets to contain explanatory detail, the expression of clauses by simple apposition between dashes, and the use of abbreviations such as 'viz', 'ie', 'qv', 'etc' to express syntactic links. Moreover, the four items gerund (1), participle (2), adjective (3), and infinitive (4) are used widely as clause-reducing devices so that they also contribute enormously to syntactic economy. Recent researches into the structures and uses of these clause-reducing devices in the special languages of science and technology (Baakes 1994, 17 ff) have produced results that furnish ample evidence of their high frequency of occurrence as well as their complexity and variety in the special language of electrical engineering and electronics. The following examples have been compiled to illustrate the syntactic qualities referred to.

(1) Gerundial constructions
(1a) The meson theory of nuclear forces, originated by Yukawa, *postulates the atomic nucleus being held together by an exchange force* in which particles, now called mesons, are exchanged between individual nucleons within the nucleus.
(1b) The inverter offers *the possibility of generating power* as alternating current, then *stepping it up* to the desired transmission voltage, *rectifying it* with high efficiency rectifiers, *transmitting it* as high-voltage direct current with certain advantages, *inverting it* to alternating current at the receiving end, and *stepping it down* to the normal distribution voltage *by using transformers.*

(2) Participial constructions
(2a) Let us stick to *the simple broad picture showing all matter as made up of atoms each having* at the centre *an electrically positive "sun"* or nucleus, *with electrically negative electrons circulating around it* like planets, *the number of such electrons depending on the element concerned* ...
(2b) After etching, *the remaining photoresist can be removed by a solvent, leaving a silicon substrate covered with SiO_2* only *in the exposed areas.*

(3) Adjectival constructions
(3a) The work function can be considered to be *the total amount of work necessary to free an electron* from a solid.
(3b) Concentration cells, *although interesting theoretically*, are not important commercially.

(4) Infinitival constructions
(4a) Cylindrical-coordinate robots are often well suited where *tasks to be performed* or *machines to be serviced* are located radially from the robot and where no obstructions are present.
(4b) It is *the commutator* that *requires the rotor to be the armature* so that coils and their switching arrangement always move exactly together.
(4c) Positive electrons, or *positrons* are now *known* (1) *to occur as decay products* from certain radioactive isotopes, (2) *to be produced* (paired with a negative electron) *in certain interactions of high-energy gamma rays* with intense electric fields near nuclei, and (3) *to be the product of certain decays of certain mesons.*

A case in point is the phenomenon of *syntactic clusters* (cf. Baakes 1994, 112 ff). The latter have been defined as clause-reducing devices which are deliberately grouped together or occur closely together so that they become interlinked. The following short text illustrates this issue: Consider the familiar electrodynamic transducer. *A periodic electric current passing through a coil interacts with a steady radial magnetic flux causing the coil to vibrate.* The coil in turn drives a diaphragm which radiates sound waves from one side. [...] The entire process is reversible since *sound waves striking the diaphragm set up a periodic variation in air pressure adjacent to the diaphragm causing it to vibrate.*

4. Conclusion

This paper has put forward a description of selected criteria of term formation and usage as well as of a number of distinctive syntactic qualities which together add to the characteristics of the special language of electrical engineering and electronics. It has indicated that the classificatory principles are the chief motivation in designation. Finally, it has shown that there are sound reasons for an increasing awareness of the importance of a properly monitored development of terminology in this special subject field.

5. Literature (selected)

Baakes 1984 = Klaus Baakes: Theorie und Praxis der Terminologieforschung. Deutsch-Englisch. Am Beispiel der Umformtechnik in der Metallbearbeitung. Heidelberg 1984.

Baakes 1994 = Klaus Baakes: Key Issues of Syntax in the Special Languages of Science and Technology. English-German. Heidelberg 1994.

Chambers Science and Technology Dictionary. Edinburgh 1988.

Collins Dictionary of the English Language. London. Glasgow 1981.

Fachwörterbuch Elektrotechnik-Elektronik. Englisch-Deutsch. Heidelberg 1979.

Felber 1981 = Helmut Felber: Some Basic Issues of Terminology. Infoterm 4−81. Wien 1981.

Ferretti 1993 = Vittorio Ferretti: Ein lexikalisches Konzept für mehrsprachige Fachwörterbücher. In: Lebende Sprachen 4, 1993, 147−150.

IEEE Standard Dictionary of Electrical and Electronic Terms. New York 1984.

ISO standard 2382-01: 1989.

ISO standard 2382-1: 1989.

Index of Acronyms and Abbreviations in Electrical and Electronic Engineering. Weinheim 1989.

Lied 1990 = R. Lied: Computerkriminalität − ein kleines Glossar. In: Lebende Sprachen 4, 1990, 162.

Longman Dictionary of Scientific Usage. Harlow. London 1981.

Meadows/Gordon/Singleton 1982 = Arthur Jack Meadows/M. Gordon/A. Singleton: The Random House Dictionary of New Information Technology. New York 1983.

Quirk/Greenbaum/Leech/Svartvik 1985 = Randolph Quirk/Sidney Greenbaum/Geoffrey Leech/Jan Svartvik: A Comprehensive Grammar of the English Language. London. New York 1985.

Sager 1990 = Juan C. Sager: A Practical Course of Terminology Processing. Amsterdam. Philadelphia 1990.

Tonndorf/Meinhold/Sarkowski 1982 = Rolf Tonndorf/Heinz Meinhold/Heinz Sarkowski: Schlüssel zum elektrotechnischen Englisch. Frankfurt/M. 1982.

Wankel/Havlíček 1980 = Jiří Wanke/M. Havlíček: Englisch für Elektrotechniker und Elektroniker. 2nd ed. Wiesbaden. Berlin 1980.

Wankel/Havlíček 1993 = Jiří Wanke/M. Havlíček: Englisch für Elektrotechniker und Elektroniker. 4th completely revised and enlarged ed. Wiesbaden. Berlin. Offenbach 1993.

Wernicke 1979 = H. Wernicke: Dictionary of Electronics, Communications and Electrical Engineering. Vol. II. German-English. Deisenhofen 1979.

Wernicke 1985 = H. Wernicke: Dictionary of Electronics, Communications and Electrical Engineering. Vol. I. English-German. Deisenhofen 1985.

Young 1979 = E. Carol Young: The New Penguin Dictionary of Electronics. Harmondsworth 1979.

Klaus Baakes, Darmstadt

160. Die englische Fachsprache der Datenverarbeitung unter besonderer Berücksichtigung der Lexik

1. Eingrenzung des Problems
2. Strukturprobleme der Lexik der Datenverarbeitung
3. Abhilfeversuche: Normung und Weiterbildung
4. Ausblick
5. Literatur (in Auswahl)

1. Eingrenzung des Problems

Anfang der 40er Jahre gab das Pentagon den ersten amerikanischen Elektronenrechner in Auftrag. Damit begann die rasche Expansion amerikanischer Computerterminologie (eine eigenständige britische Variante existiert praktisch nicht). Heute, rund 50 Jahre später, umfaßt das Computerenglisch mehr als 20 000 Wörter. Das laut Waschzettel größte englische Computerlexikon hat ca. 22 000 Einträge (McDaniel 1993, VII). Zwar befinden sich darunter auch Termini aus den Nachbargebieten, dennoch ist die Zahl beeindruckend. Sie ist Zeichen des stürmischen Wachstums in der Informationstechnik. (Hierunter ist die Integration von Rechner- und Kommunikationstechniken zu verstehen.)

Es mag überraschen, daß dennoch nicht wenige Fachleute mit dem Ergebnis der 50-jährigen sprachlichen Entwicklung unzufrieden sind: Der computerwissenschaftliche Terminus leistet vielfach nicht, was er leisten soll, nämlich die möglichst klare und eindeutige Abgrenzung des bezeichneten Gegenstands.

Am Beispiel bekannter Schlüsselausdrücke beschreibe ich diejenigen Strukturmerkmale der Lexik, die vorrangig zu ihrer Schwerverständlichkeit beitragen. In Übereinstimmung mit der vorliegenden Literatur zum Thema (vgl. 5) zeige ich, daß die Schwerverständlichkeit der Lexik sowohl begriffliche, d. h. wortinhaltliche, als auch benennungstechnische, d. h. wortformbedingte, Ursachen hat. Die Beschränkung auf Aspekte der Lexik ist legitim. Denn die Syntax ist weniger auffällig und vor allem weniger problembehaftet.

Die Fachsprache der Informationstechnik dient nicht nur der Verständigung mit Fachleuten, sondern auch mit den zahlreichen Anwendenden in Industrie, Wissenschaft, Verwaltung und Privatleben. Die Verständigung geschieht vornehmlich schriftlich, was klärende Rückfragen erschwert. Computerhandbücher, Bildschirmmeldungen, Fachzeitschriften und Werbeschriften sind typische Textsorten. Für den Bereich der angewandten Informationstechnik hat sich die Bezeichnung ‚Datenverarbeitung' (‚DV') eingebürgert. Hier an der Schnittstelle zwischen Computersystem und Anwendenden werden die ergonomischen und ökonomischen Konsequenzen mangelnder lexikalischer Klarheit am deutlichsten. Deshalb steht im folgenden die Lexik der Datenverarbeitung im Vordergrund.

2. Strukturprobleme der Lexik der Datenverarbeitung

2.1. Bedeutungsfluktuation und Mehrdeutigkeit

Bedeutungswandel ist eine Grundgegebenheit sprachlicher Entwicklung. Fachsprachen machen dabei keine Ausnahme. Doch was in anderen Fachsprachen Jahrzehnte dauert, vollzieht sich in der Datenverarbeitung – aufgrund immer kürzer werdender Innovationszyklen – ungleich schneller.

Der wachsende Benennungsbedarf wird nicht nur durch Neuprägungen gedeckt, sondern auch durch Umdeutung bereits vorhandener Ausdrücke. Nehmen wir als Beispiel den uns inzwischen scheinbar so vertrauten Schlüsselbegriff *personal computer (PC)*. Seine Geschichte veranschaulicht exemplarisch, wie technischer Fortschritt und Marketingstrategien die Bedeutungsentwicklung des Datenverarbeitungsvokabulars schnellebig und komplex werden lassen.

1. Phase (1975 bis Anfang der 80er Jahre). Anfangsbedeutung: personal computer = ‚Einzelplatzrechner für persönliche, d. h. private Zwecke'.

1975 brachte Ed Roberts den Altair 8800 heraus. Roberts benutzte zum ersten Mal die Bezeichnung *personal computer*. Die ‚sprechende' Benennung grenzt den neuartigen Rechner gegen die bis dahin üblichen großen Rechneranlagen ab, die sich nur finanzstarke Firmen und Institutionen leisten konnten. *Personal computer* bedeutete also Rechner für den persönlichen, d. h. für den privaten Gebrauch. Alsbald griffen die Firmen Apple und Commodore den Ausdruck auf. Damit setzte er sich als Gattungsbezeichnung für den neuen, zunächst – vielfach als Spielzeug belächelten – Rechnertyp durch.

2. Phase (seit Ende der 70er Jahre). Bedeutungserweiterung: personal computer = ‚Einzelplatzrechner für persönliche, d. h. private oder kommerzielle Zwecke'.

Ende der 70er Jahre war der *personal computer* so leistungsstark, daß er immer häufiger auch im Bereich der Arbeitswelt eingesetzt wurde. Unter *personal computer* verstand man nun Einzelplatzrechner, die nicht nur private, sondern auch kommerzielle und wissenschaftliche Aufgaben erfüllten. Die Bedeutungserweiterung wurde bewirkt durch Fortschritte auf dem Gebiet der Hard- und Software; insofern war sie sachnotwendig. Damit wird ein erstes Hauptprinzip informationstechnischer Begriffsveränderung sichtbar: Mit der Weiterentwicklung der Sache ändert sich der zugehörige Begriff.

3. Phase (seit 1981). Bedeutungsverengung: *personal computer =* ‚IBM Personal Computer' oder ‚IBM-PC-compatible computer'.

1981 stieg IBM in den lukrativen Kleinrechnermarkt ein. Sie nannte ihr Produkt *IBM PC* oder *IBM Personal Computer* (mit großen Anfangsbuchstaben geschrieben); IBM benutzte also den Gattungsbegriff als Bestandteil des Namens eines firmeneigenen Produkts. Dessen großer Erfolg bewirkte: Vielerorts setzte man den Ausdruck *personal computer* gleich mit *IBM Personal Computer* oder einem ihm kompatiblen Nachbau.

Die Konkurrentinnen und Konkurrenten IBMs förderten diese Entwicklung: Die Firma Apple hörte auf, ihre Geräte als *PCs* zu vermarkten; meinte man doch höherwertige Produkte anzubieten als den in der Tat wenig innovativen *IBM PC*. Atari differenzierte zwischen dem Atari ST und dem Atari PC: Nur der Atari PC war IBM-kompatibel.

Wir haben damit ein zweites Hauptprinzip informationstechnischen Begriffswandels vor uns: Die Begriffsverengung wurde weniger durch technische Neuerungen bewirkt als durch Marketingstrategien und Marktveränderungen.

Die IBM-spezifische Bedeutung setzte sich nicht überall durch. Vor allem Anwendende ohne weitergehende Datenverarbeitungskenntnisse blieben bei der allgemeinen Bedeutung des Ausdrucks. Entsprechend definiert das *Random House Unabridged Dictionary* noch 1993 *personal computer (PC)* einzig als „microcomputer designed for individual use, as by a person in an office or at home".

Nach 1986 begann IBM, den allzu leicht von der Konkurrenz nachbaubaren *IBM Personal Computer* durch das *IBM Personal System/s (IBM PS/2)* zu ersetzen. Für das neue Modell verwendete man die Bezeichnung *PC* nicht. Marketinggründe dürften dafür ausschlaggebend gewesen sein.

Daraufhin entstand die seltsame Situation: Händlerinnen und Händler charakterisierten weiterhin die zumeist in Südostasien produzierten *PCs* als *IBM compatible personal computers* und damit durch das Modell einer Firma, das diese inzwischen durch ein anders beschaffenes ersetzt hatte.

4. Phase (seit 1989). Bedeutungswechsel: personal computer = ‚industry-standard computer' oder ‚Computer mit Intel-Mikroprozessor'.

1989 beschloß die sogenannte *Gang of Nine* (bestehend aus Compaq und acht weiteren Konkurrenten IBMs), den von IBM zum Tode verurteilten *IBM PC* am Leben zu halten. Mehr noch: Man beschloß, die veraltete Architektur des *PC*, die sog. *Industry Standard Architecture (ISA)*, zur *Extended Industry Standard Architecture (EISA)* weiterzuentwickeln.

Sprachbewußte Sprecherinnen und Sprecher verzichteten nun auf die jetzt in jeder Hinsicht problematische Definition von *personal computer* als IBM-PC-kompatiblen Rechner. Statt dessen definierte man *personal computer* als *industry-standard computer*, als *ISA computer* oder als *EISA computer* (z. B. Nader 1992, 147). Die Definition über die Architektur erwies sich jedoch als problematisch, weil ein *personal computer* neben der *(Extended) Industry Standard Architecture* weitere Architekturen haben kann. Das mag einer der Gründe sein, warum sich zeitgleich eine andere Definition durchsetzte, nämlich die als Rechner mit einem Intel-Mikroprozessor der 80×86-Familie (oder einem Nachbau dieses Prozessortyps). Die Werbekampagne der Firma Intel mit dem einprägsamen Slogan *intel inside* hat bei der Durchsetzung der Definition mitgewirkt. Auch hier dient das Produkt einer bestimmten Firma zur Kennzeichnung eines Computertyps. Wiederum vermischen sich Gattungsbezeichnung und Werbung auf, wie sich sogleich zeigen wird, terminologisch wenig vorteilhafte Weise.

Personal computer wird also heute mit drei unterschiedlichen Bedeutungen verwendet. Man versteht darunter:

(1) jede Art von *personal*, sprich *single-user computer*
(2) einen *IBM PC compatible computer* oder
(3) einen *industry-standard computer* bzw. einen Rechner mit einem Intel(-kompatiblen) 80×86-Mikroprozessor.

Nicht nur die Mehrdeutigkeit des Ausdrucks *personal computer* ist zu kritisieren. Hinzu kommt: Keine seiner drei heute anzutreffenden Bestimmungen wird der etymologischen Bedeutung von *personal* gerecht.

Etymologisch gesehen, sollte *personal computer* nichts anderes bezeichnen als einen persönlichen Rechner, also einen *Einzelplatzrechner (= single-user computer)*. Jede darüber hinausgehende Einschränkung des Ausdrucks auf eine ganz bestimmte Art von persönlichem Rechner, nämlich auf den *IBM PC*, auf *industry standard computer* oder auf einen Rechner mit Intel-Mikroprozessor, ist durch die Benennung *personal computer* nicht gerechtfertigt und deshalb irreführend.

Doch warum ist auch die Definition von *personal computer* als jede Art von ‚persönlichem' Rechner problematisch? Immerhin wird diese Definition in den ISO-Normen vertreten (ISO/IEC 2382-1.01.03.20). Bei genauerem Hinsehen zeigt sich: Einerseits gibt es schon seit längerem *personal computers*, die (mit entsprechendem Betriebssystem ausgestattet) sehr wohl mehrplatzfähig sind und damit eben nicht mehr *personal*. Andererseits werden auch *workstations* als Einzelplatzrechner eingesetzt. Beides dürfte dazu führen, daß die Qualifizierung *personal* und die Definition *single-user computer* weiter unter Druck geraten. Steven P. Jobs, einer der Gründer der Firma Appple, hat denn auch eine neue Benennung vorgeschlagen, nämlich *interpersonal computer* (s. Barry 1991, 163).

Noch aus einem anderen Grund wird zumindest die Abkürzung *PC* mehrdeutig. Seit Ende 1993 vertreibt IBM zusammen mit Apple und Motorola einen neuen Mikroprozessor mit dem Namen *PowerPC*. *PC* bedeutet hier nicht *personal computer*, sondern *Performance Chip*. Über die verkaufspsychologischen Hintergründe der verwechselungsträchtigen Namensgebung rätseln selbst viele IBM-Mitarbeiter und -Mitarbeiterinnen.

2.2. Synonymieüberfluß

Synonymie ist ein zweites Strukturmerkmal der Datenverarbeitungslexik. Verantwortlich dafür sind in erster Linie Abgrenzungs- und Marketinggründe: Nicht selten verwenden verschiedene Firmen für die gleiche Sache verschiedene Benennungen. Gelegentlich entsteht der Eindruck, daß Firmen bei den Anwendenden eine ‚terminologische' Abhängigkeit bewirken wollen, die den Umstieg auf andere Systeme erschwert (Blanchon 1995: 3).

Unter Datenendgerät (= Dateneingabe- plus Datensichtgerät) versteht man den Teil eines Computersystems, über den Daten eingegeben oder abgerufen werden; Bildschirm und Tastatur sind heutzutage die am weitesten verbreiteten Realisierungsformen. Für ‚Datenendgerät' stehen im Englischen mindestens neun Synonyme zur Verfügung: (a) *terminal*, (b) *data terminal*, (c) *display terminal*, (d) *visual display terminal*, (e) *video display terminal*, (f) *user terminal*, (g) *display station*, (h) *data station*, (i) *video display unit*.

Das in der Fachkommunikation ohnehin problematische Bedürfnis nach stilistischer Variation ändert nichts daran, daß mehrere Benennungen für die gleiche Sache verwirrend sind. Kann man sich doch nie ganz sicher sein, ob es sich um stilistische Varianten handelt oder um verständnisrelevante Bedeutungsunterschiede.

Doch mehr noch: Einige der aufgelisteten Benennungen haben in der Informationstechnik und deren Nachbargebieten andere Bedeutungen. Beispielsweise bezeichnet *Terminal* in der Elektrotechnik die ‚elektrische Anschlußklemme'.

2.3. Pars-pro-toto-Benennungen (Synekdochen)

Verständniserschwerend ist der Umstand, daß viele Benennungen der Datenverarbeitung Pars-pro-toto-Bildungen sind: Ein Bauteil oder eine Funktion stehen stellvertretend für das Ganze. Für ‚Bildschirmgerät' finden sich mindestens acht solcher Benennungen: (a) *screen*, (b) *display*, (c) *display screen*, (d) *video screen*, (e) *video display*, (g) *cathoderaytube (CRT)*, (h) *tube*, (i) *monitor*.

Nur wenn man das Innenleben eines Bildschirmgeräts kennt, begreift man, warum es auch *CRT* genannt wird. Das Pars-pro-toto setzt mehr Sachwissen voraus als ein eigentlicher (= nicht figurativer) Ausdruck.

Pars-pro-toto-Termini sind noch aus einem weiteren Grund schwerer zu verstehen als eigentliche Ausdrücke: Erst der kommunikative Kontext, nicht aber der Fachausdruck selbst entscheidet, ob beispielsweise mit *CRT* (a) eine ganze Kathodenstrahlröhre gemeint ist, (b) nur deren vorderer Teil, nämlich der Bildschirm, oder (c) das ganze Bildschirmgerät.

2.4. Metaphernfülle

Metaphern gehören ähnlich wie das Pars-pro-toto zur sog. uneigentlichen Redeweise. Deshalb sind Metaphern als Bestandteil wissenschaftlicher Fachsprachen umstritten. In der Datenverarbeitung gibt es gleichwohl viele davon. Bekannte Beispiele sind: *window, menu, virus, cut and paste, crash, mouse, memory, platform, shell*. Auch *program* ist eine Metapher; allerdings ist hier die metaphorische Herkunft verblaßt.

Wenn überhaupt, so sind Metaphern in einer Fachsprache nur gerechtfertigt, wenn sie den Sachverhalt eindeutig und anschaulich zum Ausdruck bringen. Das ist der Fall, wenn das zugrundeliegende Bild allgemein bekannt und leicht nachvollziehbar ist. Metaphern wie *window, memory, menu, batchfile, cut and paste* erfüllen diese Bedingungen — allerdings nur bis zu einem gewissen Grad.

Ein Teil der Metaphern ist anthropomorph, d. h., sie weisen einer Sache menschliche Eigenschaften zu: Der Computer hat ein *memory* und *artificial intelligence*; er versteht *programming languages*; wir können einen Dialog mit ihm führen; die Zentraleinheit (*CPU*) ist sein *brain*. Die wirkliche Arbeitsweise des Computers wird durch solche Bilder freilich eher verdeckt. Sie bewirken Scheinverstehen und Scheinvertrautheit.

An nicht-eindeutigen metaphorischen Benennungen ist kein Mangel: *Bug* und *to bootstrap/to boot* sind zwei bekannte Beispiele. Will man solche Metaphern verstehen, so benötigt man (ähnlich wie bei Pars-pro-toto-Bezeichnungen) außersprachliches und für die bezeichnete Sache nicht relevantes Hintergrundwissen: Nur wenn man die amerikanische Version des Barons von Münchhausen kennt, versteht man die Herkunft der Metapher *to bootstrap*: In Amerika zieht sich der Baron nicht an den Haaren, sondern an den Stiefelschlaufen aus dem Sumpf. Ähnlich lädt der Computer beim ‚Booten' (praktisch ohne fremde Hilfe) sein eigenes Startprogramm in den Arbeitsspeicher (s. Müller/Bennett 1995 unter *boot*).

2.5. Kompositasucht

Die Lexik des Computerenglisch enthält viele Komposita. Die Glieder des Kompositums drücken normalerweise Merkmale der benannten Sache aus, z. B.: Ein *PC network* besteht aus vernetzten *PCs*. Sind nur *IBM PCs* und Kompatible vernetzt, so spricht man von einem *IBM PC network*, etc. Wir sehen: Wortzusammensetzungen eignen sich dazu, Spezialisierungen und technische Weiterentwicklungen angemessen zu benennen. Mit jeder neuen Eigenschaft des Produkts wird seiner Benennung ein weiteres Glied hinzugefügt. Das Kompositum erklärt sich (teilweise) selbst, und zwar mit knappsten verbalen Mitteln.

Diese positive Einschätzung ist nur partiell richtig. Denn die Kürze wird durch Verlust an Präzision erkauft: Ist ein *IBM PC network* ein internes PC-Netzwerk der Firma IBM? Ist es ein Netzwerk, das IBM vertreibt? Oder ist es ein Netzwerk, das einzig für *IBM PCs* (und kompatible Rechner) geeignet ist? Ohne Kontextinformationen oder Hintergrundwissen läßt sich keine Entscheidung treffen.

Bereiten zweigliedrige Komposita meist nur Neulingen Schwierigkeiten, so überfordern vielgliedrige Zusammensetzungen nicht selten auch Fachleute. Denn die Kombination mehrerer Wörter zu einem einzigen neuen Wort bewirkt eine grammatikarme und damit oft unklare Ausdrucksweise. Was bedeuten z. B. (a) *manufacturing message service* (siehe ISO 2382-26.05.12), (b) *network service user requested reset pending state* (siehe DIN/ISO 8348, S. 12), (c) *segment header check sequence* (siehe DIN 44 302, Beiblatt 1, S. 32), (d) *original encoded information types indication* (siehe ISO 2382-32.06.21), (e) *session control inbound processing exit* (siehe McDaniel 1993, S. 615)?

Nur Fachleute des zugehörigen Sachgebiets haben genug Hintergrundwissen, um zu entschlüsseln, welche inhaltliche Beziehung die Glieder des jeweiligen Ausdrucks zueinander haben. Ausformulierte Wendungen wären leichter zu verstehen: *Message service for manufacturing* ist klarer als *manufacturing message service*.

2.6. Abkürzungsflut

Wir haben gesehen, daß Computerfachleute eine Vorliebe für vielgliedrige und damit schwerfällige Komposita haben. Um die Wortketten leichter kommunizierbar zu machen, kürzt man sie ab. Entsprechend zählt zu den Charakteristika der Datenverarbeitungslexik „eine rasante, zuweilen geradezu ‚wilde' Erfindung von Abkürzungen und Akronymen" (Wennrich 1992, 1, 7). Neulinge werden sogleich mit ihnen bombadiert: *dir* (= *directory*), *cd* (= *change dir* = *change directory*), *cls* (= *clear screen*), *floppy* (= *floppy disk*), *EXE-file* (= *executable file*) etc.

Das Akronym ist eine der häufigsten Abkürzungsarten. Es ist ein beliebtes Mittel der Neologismenbildung: Aus den Anfangsbuchstaben mehrerer Wörter wird eine neue Bezeichnung gebildet. Oft sieht die Neubildung fremdartig aus; nicht selten besteht Unklarheit über die korrekte Aussprache: ASCII, EBCDIC, MS-DOS, BIOS, COBOL, SCSI, WYSIWYG etc.

Es gibt auch scheinbar vertraut aussehende Akronyme: Das Akronym hat eine zusätzliche − oft metaphorische − Bedeutung. Beispiele: *BASIC* = *Beginners Allpurpose Symbolic Instruction Code*; *PEARL* = *Process and Experiment Automation Realtime Language*; *PILOT* = *Programming Inquiry Learning Or Teaching*; *ESPRIT* = *European Strategic Programme for Research and Development in Information Technology*. Bei genauerem Hinsehen zeigt sich: Die scheinbar vertraute zusätzliche Bedeutung des Abkürzungsworts verhüllt mehr, als sie enthüllt. Die zusätzliche Bedeutung verweist nur vage auf die Sachbedeutung; oft drückt sie ein allgemeines Charakteristikum der bezeichneten Sache aus (*BASIC*) oder eine Bewertung (*PEARL*).

Metaphorische Wortspielereien finden sich häufig. Denn neben Marketing- und Abgrenzungsstrategien sowie technischem Fortschritt ist Humor ein weiterer Hauptmotor computerenglischer Wortbildung: 1992 schufen Aldus, Hewlett Packard und andere einen Standard für den Anschluß von Bildeingabegeräten wie Scannern oder Faxmodems. Der Standard heißt *TWAIN*. Es handelt sich dabei um ein Akronym für *Toolkit without any important name*. Zugleich ist es eine Anspielung auf den sprachbewußten amerikanischen Literaten und Humoristen Mark Twain. Das Ganze stellt sich dar als Parodie auf die hochtrabenden Benennungstechniken, die in der Informationstechnik häufig sind.

Ähnlich wie bei den Komposita werden mit dem technischen Fortschritt die Akronyme immer länger. Beispiel: *ROM* = *Read-Only Memory*; *PROM* = *Programmable Read-Only Memory*; *EPROM* = *Erasable Programmable Read-Only Memory*; *EEPROM* oder *E²PROM* = *Electrically Erasable Programmable Read-Only Memory*.

Obwohl der Computer in allen erdenklichen Bereichen als Hilfsmittel dienen soll, ähnelt das Computenglisch gelegentlich einer Geheimsprache, die sich nur mit Hilfe eines Spezialwörterbuchs entschlüsseln läßt. Nicht wenige Neuschöpfungen erinnern an die NEWSPEAK, die George Orwell in seinem Roman 1984 beschreibt. Ich führe einige der vielen sog. Schachtelwörter an: *compusec* (= *computer security*); *comware* (= Software, die für *data communication* gebraucht wird); *modem* (= *modulator/demodulator*); *SIMULA* (= *simulation language*); *FORTRAN* (= *formula translator)*; *EDLIN* (= *edit lines)*.

Nichtaufgeschlüsselte Abkürzungen gelten als eine Hauptursache lexikalisch bedingten Nichtverstehens. Kurzformen ermöglichen zwar eine knappe und damit fachsprachengerechte Ausdrucksweise, doch wie bei den Komposita wird der Vorteil oft durch Verlust an unmittelbarer Verständlichkeit erkauft. Ein besonders drastisches Beispiel für irreführende Akronymbildung ist *PowerPC* (vgl. auch 2.1.). *PowerPC* besteht aus drei Einzelakronymen. *Power* ist das erste Akronym; es bedeutet: *Performance Optimisation With Enhanced RISC. RISC*, das zweite Akronym, geht als *R* abgekürzt, also als Abkürzung einer Abkürzung, in *POWER* ein; *RISC* heißt *Reduced Instruction Set Computer. PC* bedeutet hier, wie wir schon wissen, nicht *Personal Computer*, sondern *Performance Chip*.

2.7. Konversion

Konversionen sind ein Strukturmerkmal der englischen Sprache; sie bereichern deren Ausdrucksmöglichkeiten. Doch in Fällen, wo die Konversionen neu und ungewohnt sind (das ist in der Datenverarbeitung häufig der Fall) wirkt sich die äußere Gleichheit mit der Ausgangswortart verständnishemmend aus — zumindest beim schnellen Lesen. Beispiele:

Substantiv → Verb: *the access → to access; the format → to format; the input → to input; the network → to network; the flowchart → to flowchart; alpha test → to alpha test*.

Verb → Substantiv: *to interrupt → the interrupt, to interconnect → the interconnect* (weitere Beispiele bei Barry 1993, 66 ff).

Beliebt sind Konversionen im Computerslang. Er findet über internationale Netzwerke (*Internet*) weltweite Verbreitung und dringt auch in die Sprache der Datenverarbeitung ein: *snail-mail → to snail-mail*. Gemeint ist die Papierpost im Gegensatz zur E-Mail. Weitere Slang-Beispiele in Raymond (1992).

3. Abhilfeversuche: Normung und Weiterbildung

An ausgewählten Beispielen habe ich Prinzipielles veranschaulicht. Es ist deutlich geworden, warum die englische Terminologie der Datenverarbeitung als schwerverständlich gilt. Häufiger Bedeutungswechsel, Mehrdeutigkeit, Synonymieüberfluß und schwer durchschaubare Benennungen haben bewirkt, daß unverständliche Lexik als Hauptmerkmal dessen gilt, was man abwertend *computerese, computerspeak* oder *computer lingo* nennt.

Doch nicht alles ist negativ. Zumindest hinter dem Phänomen der terminologischen Schnellebigkeit verbergen sich nicht nur Willkür, Modeabhängigkeit und firmenspezifisches Abgrenzungsstreben. Neubildungen und Bedeutungswandel sind, wie vorne umrissen, auch Ausdruck der Wachstumsdynamik der Computerbranche.

Es fragt sich jedoch, ob die terminologische Entwicklung derart wildwüchsig verlaufen muß wie in der Vergangenheit. Vor allem drei Bemühungen wirken schon seit einiger Zeit dem Wildwuchs entgegen.

3.1. Organisationsinterne Festlegungen

Der Mangel an Begriffsnormung, aber auch die wiederholt erwähnten Abgrenzungszwänge gegenüber der Konkurrenz führen dazu, daß große Firmen und Verbände Terminologiebeauftragte beschäftigen. Deren Aufgabe ist es, für terminologische Klarheit und Konsistenz zu sorgen — organisationsintern und in Veröffentlichungen. Hauseigene Terminologiebanken entstanden (Olsen 1984, 201 ff). Im Jahre 1993 hat IBM (USA) ihre Terminologiebank der allgemeinen Öffentlichkeit zugänglich gemacht. Es ist das eingangs erwähnte Wörterbuch von McDaniel (1993).

3.2. Internationale und nationale Normen

Die Normungsinstitute, vor allem *ANSI (American National Standards Institute)* und *ISO (International Organization for Standardization)*, hinken zwar der Entwicklung hinterher: Die Institute werden i. a. erst tätig, wenn sich ein relativ fester Sprachgebrauch herausgebildet hat. Nicht immer ist es ein guter Sprachgebrauch, der so festgeschrieben wird (als Beleg siehe die ISO- und DIN-Beispiele unter 2.5). Doch zeigt sich: Erfolgen die Normungen schließlich, so werden sie bereitwillig in anspruchsvollere Wörterbücher aufgenommen (z. B. Nader 1992, VII, McDaniel 1993, VII f). Das gewährleistet größere Verbreitung.

Zum Teil gehen die Normungsinstitute selbst dazu über, genormte Begriffe der Datenverarbeitung als alphabetisch angeordnete Lexika zu veröffentlichen. Es handelt sich z. B. um: ANSI 1990, ANSI 1992 und ISO/ AFNOR 1989.

3.3. Universitäre und firmeninterne Weiterbildung

Für viele amerikanische Studierende der Ingenieurwissenschaften ist inzwischen der Besuch eines Kurses in technischem Schreiben Pflicht. Zur Zeit bieten schätzungsweise rund die Hälfte der Informatikfachbereiche fachsprachliche Schreib- und Kommunikationskurse an.

Darüber hinaus gibt es Studiengänge in *Technical Communication* mit einer Ingenieurwissenschaft als Nebenfach.

Unter der Bezeichnung *Report Writing* haben große Firmen Weiterbildungsveranstaltungen eingerichtet, und das nicht nur für Dokumentationsfachleute.

Zudem erscheinen immer mehr Bücher und Aufsätze zum Thema, wie man verständliche Systemdokumentationen verfaßt (s. z. B. Slatkin 1991, Woolever/Moeb 1994, Price/Korman 1993 und die Bibliographie von Sides 1988. Auch Zeitschriften wie *Technical Communication: Journal of the Society for Technical Communication* leisten gute Dienste, was die Förderung benutzerinnen- und benutzerfreundlichen Schreibens betrifft.

In den Lehrveranstaltungen und Veröffentlichungen wird i. a. auch das Thema des terminologischen Wildwuchses angesprochen. Möglichkeiten seiner Eindämmung auf individueller und betrieblicher Ebene werden aufgezeigt. Konsens besteht über die Kennzeichen eines gelungenen Fachausdrucks: Er muß möglichst eindeutig und genau sein, zudem relativ kurz, einprägsam und leicht sprechbar. Darüber hinaus soll er auch weniger sachkundigen Anwenderinnen und Anwendern triftige Rückschlüsse auf den Inhalt erlauben: Wirklich gelungene Termini erklären sich selbst, sie sind sprechend: *printout* ist eine bessere Benennung für Computerausdruck als *listing* (Gleichwohl spricht man herkömmlicherweise von *source listing, error listing* etc.).

4. Ausblick

Es bleibt abzuwarten, inwieweit die im vorigen Abschnitt beschriebenen Bemühungen die Terminologie der Datenverarbeitung verständlicher machen werden. Hilfe naht auch von anderer Seite. In der Computerbranche ist man sich im klaren darüber: Zum gründlichen Studium 500seitiger Handbücher fehlt selbst dann die Zeit, wenn die Bücher verständlich abgefaßt sind. Fazit: Nicht nur die Sprache, auch die Installation und die Bedienung von Hard- und Software müssen einfacher werden: *Plug & Play*, also Einstöpseln & Laufenlassen, wird in Zukunft eine größere Rolle spielen (Kirkpatrick 1993, 114). Eine Folge dessen wäre: Die Sprache der Datenverarbeitung würde (im Unterschied zur umfassenderen Sprache der Informationstechnik) an Umfang und Gewicht verlieren.

5. Literatur (in Auswahl)

ANSI 1990 = ANSI: Dictionary for Information Systems. New York 1990.

ANSI 1992 = ANSI: Dictionary for Information Systems. Computer Security Glossary. New York 1992.

Barry 1993 = John A. Barry: Technobabble. [1991] Cambridge/MA. 1993.

Blanchon 1995 = Elizabeth Blanchon: Terminology: Everybody needs IT — and IT needs terminology. In: ISO Bulletin. April 1995, 3—5.

Covington 1981 = Michael A. Covington: Computer Terminology: Words for New Meanings. In: American Speech 1, 1981, 64—71.

DIN 2339 = DIN 2339. Ausarbeitung und Gestaltung von Veröffentlichungen mit terminologischen Festlegungen. Teil 1: Stufen der Terminologiearbeit. Teil 2: Normen (Entwurf). Berlin 1986 und 1987.

DIN 44 302 = DIN 44 302. Informationstechnik. Begriffe. Beiblatt 1. Teil: Englisch−Deutsch. Berlin 1993.

DIN EN 45020 = DIN EN 45020. Allgemeine Fachausdrücke und deren Definition betreffend Normung und damit zusammenhängende Tätigkeiten. Berlin 1991.

Dittmer 1984 = Allan Dittmer: Computer Language − Literacy or Litter. In: English Journal 1, 1984, 42−45.

Eisenberg 1993 = Anne Eisenberg: Keeping up with Computerese. In: Scientific American. August 1993, 108.

ISO 704 = ISO 704. Principles and Methods of Terminology. Genf 1987.

ISO 1087 = ISO 1087. Terminology−Vocabulary. Genf 1990.

ISO 2382-26 = ISO 2382-26. Open Systems Interconnection. Genf 1993.

ISO 2382-32 = ISO 2382-32. Electronic Mail. 2nd Working Draft. Genf 1995.

ISO/IEC 2382-1 = ISO/IEC 2382-1. Information Technology−Vocabulary. Part 1: Fundamental Terms. Genf 1993.

DIN/ISO 8348 = DIN/ISO 8348. Definition des Vermittlungsdienstes. Berlin 1990.

ISO/AFNOR 1989 = ISO/AFNOR: Dictionary of Computer Science, English−French. Dictionnaire de l'informatique, Française−Anglais. Genf. Paris 1989.

Jennings 1990 = Karla Jennings: The Devouring Fungus. Tales of the Computer Age. New York 1990.

Kirkpatrick 1993 = David Kirkpatrick: Mac vs. Windows. In: Fortune October 4, 1993, 107−114.

Lurquin 1982 = Georges Lurquin: La langue speciale des informaticiens. In: Le langage et l'homme. Brüssel 1982, 56−89.

Magner 1991 = Thomas F. Magner: American English Computer Technology: A Lexical Gift that cannot be refused. In: Geolinguistics 1991, 66−76.

McArthur/Lesk 1992 = Tom McArthur/Michael Lesk: Computer Usage. In: Oxford Companion to the English Language. Ed. by Tom McArthur. Oxford 1992.

McDaniel 1993 = George McDaniel: IBM Dictionary of Computing. New York 1993.

Müller/Bennett 1995 = Heinrich H. Müller/Loris Bennett: A Different Dictionary of Modern English for Science and Technology. Berlin 1995.

Nader 1992 = Jonar C. Nader: Prentice Hall's Illustrated Dictionary of Computing. New York 1992.

Olsen 1984 = Mary Olsen: Terminology in the Computer Industry: Wading through the Slough of Despond. In: Proceedings: 31st International Technical Communication Conference, April 29−May 2, 1984, Seattle/WA. Washington/D. C. 1984, WE-200 bis WE-203 (Society for Technical Communication).

Price/Korman 1993 = Jonathan Price/Henry Korman: How to Communicate Technical Information. A Handbook of Software and Hardware Documentation. Redwood City/CA. 1993.

Random House Unabridged Dictionary 1993 = Random House Unabridged Dictionary. Ed. by Stuart Berg Flexner. New York ²1993.

Raymond 1992 = Eric S. Raymond (ed.): The New Hacker's Dictionary. Cambridge/MA. 1992.

Rosenberg 1981 = Jarrett Karl Rosenberg: The Psycholinguistics of Naming Computer Commands. Diss. Berkeley 1981.

Schneider 1974 = Ben Ross Schneider: Travels in Computerland, or Incompatibilities and Interfaces. Reading/MA. 1974.

Schuck 1980 = Hans-Jochen Schuck: Probleme terminologischer Normung in der Datenverarbeitung. In: Deutscher Dokumentartag 1979. Hrsg. v. Deutsche Gesellschaft für Dokumentation e. V. München 1980, 445−458.

Sides 1988 = Charles H. Sides: Writing Instructions for Computer Documentation: An Annotated Bibliography. Technical Communication. Journal of the Society for Technical Communication 2, 1988, 105−107.

Slatkin 1991 = Elizabeth Slatkin: How to Write a Manual. Berkeley/CA. 1991.

v. Sydow 1994 = Friedrich von Sydow: InformLex. Lexikon für Abkürzungen und Metaphern in Informatik und Umfeld. Braunschweig 1994.

Wennrich 1992 = Peter Wennrich: International Dictionary of Abbreviations and Acronyms of Electronics, Electrical Engineering, Computer Technology, and Information Processing. Internationales Verzeichnis der Abkürzungen und Akronyme der Elektronik, Elektrotechnik, Computertechnik und Informationsverarbeitung. Band 1 und 2. München 1992.

Woltjer 1981 = Johanna J. Woltjer: Computer Terminology and its Influence on Language. In: Geolinguistics 7, 1981, 127−132.

Woolever/Loeb 1994 = Kristin R. Woolever/Helen M. Loeb: Writing for the Computer Industry. Englewood Cliffs, N. J. 1994.

Heinrich H. Müller, Berlin

161. Medical English since the mid-nineteenth century

1. The vocabulary of late nineteenth century medical English
2. The development of medical English in the twentieth century
3. Hospital English
4. Literature (selected)

1. The vocabulary of late nineteenth century medical English

In the 1850s, the average doctor required a vocabulary which was a fraction of the size of a present-day doctor's. I estimate, for example, that Quain (1882) contains fewer than 20,000 entries, whereas modern medical dictionaries such as Churchill's (1989) or Stedman's (1990[25]) contain at least 100,000 entries. If this doctor had studied medicine at a university and taken the examinations of one of the Royal Colleges, he would have been expected to demonstrate basic knowledge in anatomy, physiology and pathology. To do so, he would have acquired a command of the nomenclature derived from Greek and Latin terms, many of which went back to Hippocrates (460–370 BC), Celsus (fl. AD 25) and Galen (? AD 131–201), such as *asthma, carcinoma, erythema*. Of course, the nineteenth-century doctor had at his disposal a lexicon of English vernacular terms for easily observable parts of the body such as *arm, back, ear, neck, rib, skull* and *tongue*, and for some internal organs such as *kidney, heart* and *lung*. He was, however, compelled to use Latin- and Greek-derived terms for parts of the body for which there were no polite equivalents, e.g. *anus, testicle, scrotum, vagina* and for adjectives derived from English words, e.g. *liver/hepatic, kidney/renal, heart/cardiac*. Moreover, there were no English-derived terms for structures not known during the formative period of the language, e.g. *adrenal, ovary, prostate*, nor for structures for which the English word is not specific enough, e.g. *duodenum, jejunum, ileum, colon* and not merely *gut* or *bowel*. There were some English-derived names for those symptoms and diseases known before the scientific era of medicine such as *ache, chickenpox, measles* or onomatopoeic terms such as *cough, croup, hiccup*. In addition, there were some terms borrowed from languages other than Greek or Latin, e.g. *alcohol, camphor* (Arabic); *malaria, scarlatina* (Italian); *cascara, guaiac* (Spanish). In comparison to the modern period, it is noticeable that there are very few abbreviations and acronyms in late nineteenth century medical English (cf. 2.8; 2.9) and although some eponyms were already current, e.g. *Eustachian tube, circle of Willis, ampulla of Vater*, there was a paucity compared to the explosion which began in the early twentieth century (see 2.6). The present-day growth of the lexicon can be seen from the fact that the fourth edition of Mosby's (1994) contains 6000 more entries than the third (1990), that the seventeenth edition of Taber's (1993) contains 2200 more entries than the sixteenth (1989) and that Segen (1992) found it necessary to compile a dictionary of ca. 8000 items not found in even these standard modern medical and nursing dictionaries. The rapid expansion of medical vocabulary during the last one hundred years is primarily due to the expansion and diversification of medicine. This is illustrated by the fact that whereas there were around 1000 biomedical journals in 1900, there are today estimated to be over 20,000 (Lock 1986, 749). The effects of this expansion will be discussed in Chapter 2.

2. The development of medical English in the twentieth century

2.1. Introduction

Late twentieth-century medicine falls into at least 50 major areas or specialties, many of which can be further divided into sub-specialties. The more important ones have been chosen to illustrate how they have dealt with the rapid expansion of ideas and methods.

2.2. The nomenclature of micro-organisms

One of the major revolutions in nineteenth-century medicine was the discovery and acceptance of the germ-theory of disease. As new organisms were isolated and identified, it became necessary to find a systematic nomenclature. Fortunately, one already existed, namely the binomial classification of Linnaeus as used in his *Species Plantarum* (1753) and in the tenth edition of his *Systema Naturae* (1758). This was systematically adopted, yielding such forms as *Mycobacterium leprae* (< Greek *mykes* 'fungus' + Greek *bakterion* 'a staff' + Greek *lepra* 'leprosy' + Latin genitive inflection); *Escherichia coli* (< the discoverer, Theodor Escherich (1857–1911) + Greek *colon* + Latin genitive inflection); *Borrelia duttonii* (< Amédée Borrel (1867–1936) with the systematic suffix *-ia* + Joseph Everett Dutton (1877–1905) with Latin genitive inflection); *Franciscella tularensis* (< Edward Francis + Tulare County, California). Organisms such as amoebae, flukes, nematodes, fungi, mites and ticks are named in a similar fashion, e. g. *Hartmannella hyallina, Fasciolopsis buski*. Viruses are not classified by using Latinized specific epithets and hence binomial nomenclature does not obtain. Many genera do not yet have approved Latin names, and these are therefore referred to by their English vernacular names. Hence some genera have the suffix *-virus*, e. g. *arbovirus* (< *ar*thropod + *bo*rne), *picornavirus* (< Italian *piccolo* 'very small' + *rna*, < ribonucleic acid), but the majority is described by "the confusing and cumbersome system of vernacular nomenclature" (Isaacs/Daintith/Martin 1991, 361), often using the name of the place where the virus was first identified or the disease caused by it, e. g. *Ebola virus, Marburg virus, variola virus*.

2.3. The classification of diseases

One of the fundamental areas of pathology is that of nosology, i. e. the classification of diseases. Unlike in bacteriology, there was no pre-existing schema within which the multitude of pathological processes could be arranged. Hence, there is a wide degree of variation in the motivation of pathological nomenclature, ranging from highly specific terms to vague, generic ones. According to Dirckx (1987, 2), the naming of diseases can be motivated by the following considerations: the cause or causative agent, e. g. *aspergillosis, trichomoniasis*; the anatomical site affected (with the addition of a systematic suffix such as *-itis* 'inflammation' or *-pathy* 'disease'), e. g. *salpingitis, lymphadenopathy*; the appearance of the affected part, often with the use of English rather than classically-derived forms, e. g., *buffalo hump, cockscomb cervix* (cf. 2.5); the pathological features, e. g. *cystic fibrosis, granulomatous peritonitis*; the preservation and/or adoption of terms from medieval medicine, e. g. *cholera, gout, malaria, migraine*; the attachment of names of persons or places to the names of diseases, syndromes, etc. These multiple motivations mean that medical terms can vary from the concrete and specific, e. g. *peptic ulcer, sebaceous cyst*, to the abstract, e. g. *ulceration, telangiectasia*, and that there is often a duality of terms, one of which is normally derived from English words and the other from Greek or Latin ones, e. g. *nosebleed/epistaxis, squint/strabismus, limping/claudication*. Irrespective of which motivation predominates, medical English attempts to compress complex ideas into as few words as possible. A concept such as "the lowering of sugar in the blood" can be first compressed by removing the prepositions and forming a noun phrase "blood sugar lowering" and then by translation into a technical term of classical origin, *hypoglycaemia* (cf. Dirckx 1977, 26). Although medical terminology attempts to achieve precision and uniformity, it is still, according to Dirckx (1977, 27, 32), an "alphabet soup" in comparison to chemical nomenclature, lacking "the explicitness and sobriety that should distinguish the formal terminology of a scientific discipline".

2.4. Classically-derived nomenclature

Despite these shortcomings, the bulk of English medical terminology is still derived from a catalogue of Greek- and Latin-derived prefixes, suffixes and roots. The advantage of this method is that new concepts and inventions can be easily and (to the specialist) comprehensibly named. Hence, a recently invented device to dissolve renal and biliary tract calculi non-invasively and non-surgically has been given the name *shock-wave lithotriptor* (< Greek *lithos* 'stone' + *tripsis* 'a rubbing'). Similarly, what was formerly referred to rather vaguely or even disparagingly as *Royal Free disease* (after the hospital where it first occurred), *yuppie flu/disease, malingerer's disease*, or *chronic fatigue/post-viral syndrome* has now been dignified as *myalgic encephalomyelitis* (< Greek *mys* 'muscle' + *algos* 'pain' + *enkephalos* 'brain' + *myelos* 'marrow' + *-itis* 'inflammation'). Hence, modern medicine is nearly always able to assemble appropriate classical building blocks to name a new concept.

2.5. English-derived terminology

Although Greek and Latin elements are still highly productive in the formation of new medical words, there is a noticeable tendency in modern medicine to have recourse to colloquial English words to define newly discovered pathological conditions and surgical methods and to describe the appearance or cause of fractures, radiological findings, blood pictures, etc. Hence, when it was found that people who frequently eat Chinese meals show symptoms such as chest pain, feelings of facial pressure and a sensation of burning of the body because of the over-ingestion of monosodium glutamate, it would presumably have been possible to create a Greek-derived term to describe this phenomenon. Instead, it was simply named the *Chinese restaurant syndrome*. A new, minimally invasive surgical technique using laparoscopy is commonly called *keyhole surgery*, referring to the size of the incision. Modern medicine recognizes a vast range of colloquially-named conditions such as *jogger's/guitarist's nipple, café coronary, steakhouse syndrome, sushi syncope, happy puppet syndrome, holiday heart, man-in-the-barrel syndrome, Monday death* and *Saturday night palsy*. Some of these may well prove to be nonce terms which will quickly disappear, but most will survive because they are descriptively useful, some perhaps to become established by 'translation' into Greek-derived terminology. In orthopaedics, it is common to describe fractures after the profession or activity in which they are typical, e. g. *chauffeur's/paratrooper's/sprinter's fracture*; after their cause, e. g. *nightstick/dashboard fracture*; or after their appearance, e. g. *teardrop/silver fork/lead pipe fracture*. The use of metaphors in medicine to give an approximate description of the appearance of a finding by comparing it to a well-known object is extremely common, especially in radiology and nuclear medicine. Here we find such comparisons as *cobblestone/cotton wool/moth-eaten/Swiss cheese appearance*. Many metaphors such as the following seem to lack the gravitas expected of medical terminology: *elephant ear/lollipop/pizza pie/tombstone appearance, drooping lily/tadpole/whalebone in a corset sign* (all examples from Segen 1992), and may well be short-lived. They nevertheless represent a productive descriptive method which can be found throughout most medical specialties, whether dermatology (*doughnut/napkin ring lesion*), internal medicine (*horseshoe/putty/sponge kidney*), cell biology (*balloon/grape/owl's eye cell*) or cardiology (*cracked-pot resonance, seagull murmur, water-wheel sound*). Where concrete objects are not suitable for comparison, letters and numbers can be used, e. g. *inverted 3 sign, reverse 5/3 sign, inverted U/V/Y sign*. Similarly, the shape of incisions can be described by using letters, e. g. *V-Y operation, W-Y plasty, Roux-en-Y procedure*. The description of the colour, appearance, consistency, etc. of blood, urine, faeces and sputum also requires metaphorical terms. Hence, we find *coffee grounds* (blood); *Coca-Cola, maple syrup* (urine); *rice-water, pea-soup, ribbon* (faeces) and *prune-juice, raspberry* (sputum).

2.6. Eponyms

One of the most productive areas of the lexicon of modern medicine is that of eponyms, i. e. a noun such as *disease, method, operation, syndrome, test*, etc. preceded by the name of a person or place. The person named can be the discoverer or inventor of the disease or method, etc. or, in rare cases, the doctor or patient who was first observed to be affected by the disease and/or died of it. Segen (1992, 38) terms this latter case "auto-eponym". In a significant number of cases, neither of these motivations applies, the name being taken rather from mythology, history, literature or even modern culture. The oldest eponyms are to be found in anatomy. Some of these are still current in clinical or even popular usage, but almost all of them have been superseded by the standardized Latin-derived terminology of the *Nomina Anatomica* (NA), e. g. *ampulla of Vater* (< Abraham Vater (1648−1751), NA *ampulla hepaticopancreatica*), *pouch of Douglas* (< James Douglas (1675−1742), NA *excavatio rectouterina*). It is noticeable that these early eponyms have the form noun + *of* + personal name. In other early cases, the personal name has been converted into an adjective, sometimes losing its initial capital, e. g. *Gasserian ganglion* (< Johann Gasser (1723−1765), NA *ganglion trigeminale*), *Haversian/haversian canal* (< Clopton Havers, (1650−1702), NA *canalis nutriens ossis*). These two forms are no longer productive in modern usage and eponyms now usually take the form personal name + *'s* + noun. Among the reasons given for their proliferation in modern medicine are the reduction of a complex phenomenon to a single term (Nestmann 1983, 23); labelling of medical phenomena for which knowledge is still insufficient or non-existent (Nestmann 1985, 263); the honouring of outstanding medical figures of the past; the avoidance of complex or unpleasant terms, i. e. euphemisms (cf. 3.3), e. g. *mongolism/Down('s) syndrome, amaurotic familial idiocy/Tay-Sachs disease*. On the other hand, eponyms are regarded as unsuitable for medical nomenclature for the following reasons: semantic opacity, representing an intolerable burden for memorization; difficulty of spelling foreign names; uncertainty about the use of the possessive; lack of agreement on the number of proper names used and their order; confusion over the hyphenation of double surnames. Despite these shortcomings, there are many thousands of eponyms listed in modern medical dictionaries, and even special dictionaries listing only eponyms exist (e. g. Firkin/Whitworth 1987). A cursory examination of a few dictionaries (e. g. Stedman's 1990[25]; Churchill's 1989) reveals over one hundred nouns preceded by a personal name. The numerically most frequent are the words *disease* and *syndrome* (for the latter, see Gibson/Potparic 1992). Many surgical instruments, procedures and operations are named after their inventor, e. g. *Creil('s) clamp, Beck('s) method, Sengstaken-Blakemore tube*. In cardiology and pulmonology, various signs and symptoms are designated eponymously, e. g. *Dressler('s) beat, Corrigan('s) pulse, Cheyne-Stokes respiration*. In research areas such as microbiology, there is a plethora of eponyms, e. g. *Howell-Jolly bodies, Sternberg-Reed cells, Gram('s) stain*. Non-medical areas have also contributed eponyms: Greek mythology, e. g. *Electra/Ulysses/Damocles syndrome*; the Bible, e. g. *Delilah/Job/Lot syndrome*; literature, e. g. *Ondine's curse, Don Juan/Faust/Münchausen/Pickwick syndrome*; historical figures, e. g. *Einstein('s) sign, Lou Gehrig('s) disease*; cartoon characters, e. g. *Orphan Annie eyes, Popeye appearance, Mickey Mouse sign*. Furthermore, names can become adjectives, e. g. *addisonian, basedoid* (< Basedow), *cushingoid*; they can form abstract nouns in -*ism*, e. g. *parkinsonism, rombergism*; they can be combined with Greek suffixes, e. g. *bartholinitis, schwannoma*. Finally, there are eponyms derived from place names such as hospitals (*Johns Hopkins virus, Battey bacillus, St Jude valve*), towns or cities (*Lyme disease, Coxsackie virus, Boston exanthem*), states or areas (*Murray Valley disease, Kyasanur Forest virus*), or countries (*Icelandic disease, Trinidad disease*).

2.7. Terminology derived
from modern foreign languages

Medical English has frequently borrowed words from languages other than Greek and Latin. Numerically, French borrowings predominate and are to be found in almost all areas of medicine, e. g. anatomy (*abouchement, fourchette*); surgery (*bougie, rongeur, tamponade*); internal medicine (*ballotement, fièvre boutonneuse*), cardiology and pulmonology (*cœur en sabot, bruit, râle*); physiology (*milieu intérieur*); orthopaedics (*griffe des orteils*); dermatology (*café au lait, homme rouge, peau d'orange*); traumatology (*contrecoup, fracture en rave*); neuropathology (*état glacé/marbré*); genetics (*cri du chat, forme fruste*); haematology (*rouleau*); obstetrics (*curettage, ballotement*); neurology (*grand/petit mal, tic douloureux*); psychiatry (*déjà/jamais vu, idée fixe, folie à deux*); massage (*effleurage, foulage, frôlement*) and methods of treatment (*gavage, lavage*). German has also contributed to the medical vocabulary by loan translation, e. g. *water-clear cells* (< *Wasserhelle Zellen*), *antibody* (< *Antikörper*); by partial loan translation e. g. *sitzbath* (< *Sitzbad*), *kernicterus* (< *Kernikterus*); by abbreviation, e. g. *QRZ* (< *Quaddelreaktionszeit*), *nem* (< *Nahrungseinheit Milch*); or by direct borrowing, e. g. *fleckmilz, ganzfeld, kleeblattschädel, kittniere, luftsichel, magenstrasse, mittelschmerz, panzerherz, quellung, spinnbarkeit, windkessel, witzelsucht*. The names of some tropical diseases have been preserved in the original language, e. g. *beriberi* (Singhalese), *kala-azar* (Hindi), *kwashiorkor* (Ga, Ghana), *kuru* (Papuan), *onyalai* (Bantu), *kushkokwim/piblokto* (Inuit). There are also several direct borrowings from Japanese, e. g. *itai-itai, soduku, tsutsugamushi*.

2.8. Abbreviations

The length of the names of many chemical substances, diseases, etc. in modern medicine has made abbreviations essential. Standard dictionaries of medical abbreviations and acronyms contain over 30,000 entries (Hamilton/Guidos 1988, v). Abbreviations can be formed in different ways. The first letter of each word can be used, e. g. ENT (< *ear, nose and throat*), IRDS (< *infant respiratory distress syndrome*), SGOT (< *serum glutamic oxaloacetic transaminase*); the first two or three letters of a word can be used, e. g. GYN (< *gynaecology*), PEN (< *penicillin*); the first letter of each syllable or morpheme can be used, e. g. IM (< *intramuscular*), CAP (< *chloramphenicol*); hybrid forms, often of one word, can be used, e. g. HTN (< *hypertension*), NTG (< *nitroglycerin*). Abbreviations have been criticized, however, for their ambiguity, e. g. SC which has 63 possible meanings according to the area of medicine in which it is used (Hamilton/Guidos 1988). Since in America especially it is usual to write out case notes by hand, it is understandable that interns employ as many abbreviations as possible, both scientific ones such as PERRLA (*pupils equal, round, reactive to light, and accomodation*), WM−WN/WH/WD-NAD (*white male-well-nourished, well-hydrated, well-developed, no abnormalities detected*), NDCA (*no detectable cortical activity*) and colloquial ones such as FLK (*funny looking kid*), BSM (*bloody silly mother*), and GOK (*God only knows*).

2.9. Acronyms

Acronyms differ from abbreviations in that they can be pronounced as a word, either with the insertion of an additional letter or letters, as in *possum* (< *patient-operated sensing/selector mechanism*), *cabbage* (< *coronary artery bypass graft*/CABG), or without, as in AIDS/*Aids*. This acronym has been absorbed into others, e. g. ARC (< *Aids-related complex*). Other current acronyms include ECHO (< *enteric cryptopathogenic orphan* [virus]), PEEP (< *positive end-expiratory pressure*), ELISA (< *enzyme-linked immunosorbent assay*). Acronyms can be used as part of a compound noun, e. g. *Hib disease* (< *Haemophilus influenzae* type b), *mulibrey nanism* (< *muscle, liver, brain, eyes*) or as prefixes, e. g. *reovirus* (< *respiratory enteric orphan*), *vipoma* (< *vasoactive intestinal polypeptide*).

3. Hospital English

3.1. Introduction

Abbreviations such as FLK and GOK mentioned in 2.8 have been condemned by some medical authors as belonging to a sub-register of medical English variously entitled "medicalese", "medicant", "med(i)speak" or "internlingua" (Dirckx 1983, 110, 120; Christy 1979, 979). Christy (1979) entitles his essay "English is our [i. e. doctors'] second language" and claims "What is spoken on rounds is not English" (Christy 1979, 979). This subregister, also referred to as an argot or trade jargon (Dirckx 1983, 120), is used purely by health professionals, i. e. between doctors, nurses and doctors and nurses, and is largely spoken, although it also sometimes appears in written case histories. It is convenient to describe it as hospital English. In-group languages are typical of all professions and trades, and their users often do not realise how obscure and bizarre they can appear to outsiders. In medicine, this jargon also performs the important function of creating distance between the doctor and patient so that suffering and death can be more easily dealt with. In the following, some characteristics of this sub-register will be discussed.

3.2. Expansion of meaning

Medical English has a vast standardized vocabulary in which technical terms normally have a strict dictionary definition. Nevertheless, some of these terms and many common non-medical words can be used in hospital English in an extended sense. The words *acute* and *chronic* normally refer to the temporal duration of a disease. In hospital English, they are frequently used to refer to the length of a particular course of treatment, e. g. *acute steroid therapy*, *chronic anticonvulsant therapy*, or to the organ affected rather than to the disease, e. g. *acute abdomen*. The word *compromise* is taken to mean impairment to a normal structure or function as in *neural/circulatory compromise*, also as an adjective as in *immunocompromised*; *decompensation* is the inability of an organ to maintain an adequate function, and the terms *incompetence* and *failure* have a similar meaning. If patients are *toxic*, they show signs of toxaemia; a disease which is *documented* has been proved to exist by objective tests and examinations; *pathology* is any disease or abnormality as in "There was no pathology in the liver"; to *consent* patients is to obtain their informed consent to an operation; to *explore* patients is to perform a preliminary surgical examination; to *follow* patients is to provide continuing supervision and care; finally, patients who *fail* treatment show no response to treatment such as chemotherapy.

3.3. Euphemisms

There are two opposing tendencies in hospital English when referring to suffering and death − either to retreat into euphemistic circumlocutions or to use direct and sometimes crude terms (cf. 3.5). The first tendency is exemplified by such terms as *adverse event* "an injury caused by medical management rather than the underlying disease" (Segen 1992, 11) and *negative patient care outcome* "death" (Neaman/Silver 1991, 176). Political correctness, especially in the United States, has led to the introduction of such terms as *acutely visually handicapped* for "blind", *differently abled* or *physically challenged* for "physically handicapped" and *special* or *exceptional* for "mentally retarded or brain-damaged". Related to these euphemisms are those terms which are used between doctors in the presence of patients to conceal the nature of their condition. A malignancy is then a growth, a neoplasm or a space-occupying lesion (SOL); alcoholism is ethanolism; syphilis is lues; tuberculosis is acid-fast disease and epilepsy is a motor disorder. When death is imminent, it can be referred to as "a case for Dr X", using the name of the hospital's pathologist or "a transfer to Room Y", meaning the hospital's mortuary (Dirckx 1983, 130–131).

3.4. Economy – conversion and clippings

For the sake of economy, verbs are sometimes made to do the work of a whole phrase. Hence, "to take blood samples from a patient" becomes to *blood* a patient; a patient who has had a cardiac arrest, a seizure, a stroke, or an infarct has *arrested, seized, stroked (out)* or *infarcted*; to insert a urinary catheter tube is simply to *tube* or to *Swan* (< *Swan-Ganz catheter*); to perform defibrillation by electric countershock on a patient in cardiac arrest is to *shock* a patient. The desire for economy is also seen in the frequent use of abbreviated words or clippings and in the omission of words from noun phrases. *Streptococcus, endoscope, preparation, metastases* and *chemotherapy* are far less frequently heard in hospitals than *strep, scope, prep, mets* and *chemo*. Longer terms such as *ventricular tachycardia* and *ventricular fibrillation* are normally *v-tack* and *v-fib* to nurses, and *differential* or *diff, physical* and *upper GI* are far more common than *differential white blood cell count, physical examination* and *X-ray examination of the upper gastro-intestinal tract*.

3.5. Colloquial terms

3.5.1. Introduction

While the previously mentioned examples of hospital English are still recognizably derived from standard medical terminology, those to be discussed below originate in colloquial usage and represent a deliberate retreat from this terminology. Their description is based on a variety of sources, including specialized works (e.g. Dirckx 1983; Neaman/Silver 1991), articles (e.g. Kolin 1973, 1980; Taller 1983; Gordon 1983; Johnson/Murray 1985; Mizrahi 1985; Scheiner 1993) and novels (e.g. Shem 1978; Ravin 1981; Brampton 1986). Nearly all of these refer to American usage, there being very little literature on hospital English in Britain (but cf. Jeffery 1979).

3.5.2. Medical terms

Although anatomy has standardized terms for all the organs of the body, there is a tendency in the spoken usage of surgeons to use more drastic colloquial terms, e.g. *belly* or *gut* for intestines. Similarly, the cranium becomes the *squash* or *gourd*, the heart can be the *pump* and the urinary tract the *waterworks*. Pathological conditions can also be colloquially designated: pneumoperitoneum becomes *belly gas* and peritonitis *red hot belly*; fibroids or myomas of the uterus are *fireballs*; congestive atelectasis is *stiff lung*. Colloquial verbs of a dramatic or humorous nature are used to refer to serious conditions: to have a grand mal seizure is to *clonk*; to experience a sudden rise in body temperature is to *spike*; to excrete chemicals abnormally into the urine is to *spill*. If the blood supply to the extremities is restored, patients *pink up*, whereas if it is interrupted they become *blue around the edges*. Surgeons performing an incision *go in on* a patient; they *crack* a patient's skull; they *yank* (i.e. remove) an organ. One of the chief tasks of a doctor is to make a diagnosis based on the signs and symptoms exhibited by a patient. In addition to the many (often eponymous) signs listed in medical dictionaries, there are also more informal ones such as *positive O sign* (refers to the shape of the mouth in a comatose patient) and *positive Q sign* (comatose patient with protruding tongue and therefore neurological impairment). A quick and accurate diagnosis is a *good call* or *pick-up*, while the misdiagnosis of an acute condition as something trivial is an *undercall* and an inaccurate diagnosis is a *miscall*. Patients receiving intensive care can be *bagged*, i.e. their breathing can be assisted using an Ambu bag; they can be *tapped*, i.e. a spinal tap or lumbar puncture can be performed; they can be *tanked up*, i.e. rehydrated, or *pruned out*, i.e. dehydrated and they can be *mad-dogged*, i.e. given a wide range of medications in an emergency. If patients develop a critical condition, they may *go sour* or *bottom out*, i.e. all *vitals* such as blood pressure, respiration and pulse are *depressed*; they may *bleed out*, i.e. exsanguinate or experience the *red-ink syndrome*, or they may *code*, i.e. experience cardiac arrest. If cardiopulmonary resuscitation is attempted, patients are given *the big spark* or *pumped, humped and thumped*. If, despite these attempts to *pull heroics*, they *straightline, flatline* or *bottom out*, then the only thing that can be done is to *pull the plug*, because they have *crumped, croaked, boxed* or *tubed*, i. e. died. The doctors have then *lost the patient*.

3.5.3. Terms used for patients

It is noticeable that the medical lexicon has very few words for patients suffering from a particular disease. Only a few adjectives can be used as nouns, e. g. a *diabetic*, a *haemophiliac*, an *epileptic*, and hence there is a tendency to form agent nouns in *-er*. A patient suffering from sickle-cell anaemia is a *sickler*, one bleeding from the gastrointestinal tract is a *GI bleeder*, one who is suffering from cholelithiasis is a *stone-former*. It is even possible to derive agent nouns from eponyms, leading to such forms as a *Touretter* (< *Gilles de la Tourette syndrome*) or a *Raynauder* (< *Raynaud's syndrome*). More commonly, however, patients are simply referred to as *being* their disease, e. g. "she is a non-Hodgkin's lymphoma", "the carcinoma of the breast died last night", "he is an Alzheimer('s)". There is also a large number of colloquial terms, fortunately not normally known to patients, since some can be insulting in nature. Relatively harmless are those such as *bladder daddy* (man suffering from prostatic hypertrophy), *Zorro belly* (a patient with multiple laparotomy scars in the shape of a 'Z'), or *crock* (a hypochondriac). Others, however, may seem to violate the limits of good taste: *crispy critter* (a patient with third-degree burns), *beached whale* or *blimp* (an obese patient who cannot get out of bed without assistance), *pumpkin* (a chronic alcoholic with cirrhosis and a swollen abdomen), *pre-stiff* (a resuscitated patient who is close to death). The most negative terms are reserved for alcoholic derelicts with poor personal hygiene, a record of multiple admissions, who show a lack of interest in recovery and who are often disoriented and hostile. Besides such terms as *reeker, crumble, shpos* (sub-human piece of shit), *PPPPPT* (piss-poor protoplasm poorly put together), *dirtball*, or *geezer*, the most common is *gomer*. The origin of this word has been the subject of some discussion (e. g. George/Dundes 1978; Gordon 1983; Taller 1983; Algeo/Algeo 1989): it has been claimed to be an acronym of "get out of my emergency room", but is now regarded as more likely to be derived from the name of a character in an American television series (Gomer Pyle).

4. Literature (selected)

Algeo/Algeo 1989 = John Algeo/Adele Algeo: Among the new words. In: American Speech 64, 1989, 150−161.

Brampton 1986 = Bill Brampton: Bloodcount. Bourne End 1986.

Christy 1979 = Nicholas P. Christy: English is our second language. In: New England Journal of Medicine 300, 1979, 979−981.

Churchill's 1989 = Churchill's Illustrated Medical Dictionary. Ed. by Ruth Koenigsberg. New York. Edinburgh 1989.

Dirckx 1977 = John H. Dirckx: $D_x + R_x$: A Physician's Guide to Medical Writing. Boston 1977.

Dirckx 1983 = John H. Dirckx: The Language of Medicine: Its Evolution, Structure and Dynamics. New York 1983.

Dirckx 1987 = John H. Dirckx: H & P: A Nonphysician's Guide to the Medical History and Physical Examination. Modesto/CA 1987.

Firkin/Whitworth 1987 = B. G. Firkin/J. A. Whitworth: A Dictionary of Medical Eponyms. Carnforth/Lancs. Park Ridge/NJ 1987.

George/Dundes 1978 = Victoria George/Alan Dundes: The gomer: A figure of American hospital folk speech. In: Journal of American Folklore 97, 1978, 570−573.

Gibson/Potparic 1992 = J. Gibson/O. Potparic: A Dictionary of Medical and Surgical Syndromes. Carnforth/Lancs. Park Ridge/NJ 1992.

Gordon 1983 = David Paul Gordon: Hospital slang for patients: Crocks, gomers, gorks and others. In: Language in Society 12, 1983, 173−185.

Hamilton/Guidos 1988 = Betty Hamilton/Barbara Guidos: MASA: Medical Acronyms, Symbols and Abbreviations. New York 1988.

Isaacs/Daintith/Martin 1991 = Alan Isaacs/John Daintith/Elizabeth Martin (eds.): The Oxford Dictionary for Scientific Writers and Editors. Oxford 1991.

Jeffery 1979 = Roger Jeffery: Normal rubbish: Deviant patients in casualty departments. In: Sociology of Health and Illness 1, 1979, 90−107.

Johnson/Murray 1985 = Diane Johnson/John Murray: Do doctors really mean what they say? In: Fair of Speech: The Uses of Euphemism. Ed. by D. J. Enright. Oxford 1985, 151−158.

Kolin 1973 = Philip Kolin: The language of nursing. In: American Speech 48. 1973, 192−210.

Kolin 1980 = Philip Kolin: More nursing terms. In: American Speech 55, 1980, 46−53.

Lock 1986 = S. P. Lock: Medical journals. In: The Oxford Companion to Medicine, Vol. 1. Ed. by John Walton, Paul B. Beeson and Ronald Bodley Scott. Oxford. New York 1986, 746−754.

Mizrahi 1985 = Terry Mizrahi: Getting rid of patients. In: Sociology of Health and Illness 7, 1985, 214−235.

Mosby's 1994[4] = Mosby's Medical, Nursing, and Allied Health Dictionary. Ed. by Kenneth N. Anderson. St. Louis/MO et al. 1994 (1983[1]; 1986[2]; 1990[3]).

Neaman/Silver 1991 = Judith Neaman/Carole Silver: In Other Words: A Thesaurus of Euphemisms. London 1991.

Nestmann 1983 = Ralf Nestmann: Struktur und Motivation eponymischer Benennungen in der englischen und deutschen Fachsprache der Medizin. In: Namenkundliche Informationen 44, 1983, 21−40.

Nestmann 1985 = Ralf Nestmann: Motivation and structure of eponyms in medical language. In: Linguistische Studien, Reihe A 129, 1985, 262−267.

Quain 1882 = Richard Quain (ed.): A Dictionary of Medicine. London 1882.

Ravin 1981 = Neil Ravin: M. D. New York 1981.

Scheiner 1993 = C. J. Scheiner: Common patient-directed pejoratives used by medical personnel. In: Talking Dirty. Ed. by Reinhold Aman. London 1993, 129−132.

Segen 1992 = J. C. Segen: The Dictionary of Modern Medicine. Carnforth/Lancs. Park Ridge/NJ 1992.

Shem 1978 = Samuel Shem: The House of God. New York 1978.

Stedman's 1990[25] = Stedman's Medical Dictionary. Ed. by William R. Hensyl. Baltimore/MD et al. 1990 (1911[1]).

Taber's 1993[17] = Cyclopedic Medical Dictionary. Ed. by Clayton L. Thomas. Philadelphia/PA 1993 (1940[1]).

Taller 1983 = Stephen L. Taller: More common patient-directed pejoratives used by medical personnel. In: Maledicta 7, 1983, 38−39.

Richard Brunt, Essen

162. The recent register of English theology

1. Introduction
2. Inherited vocabulary
3. Major influences since 1850
4. Major changes in emphasis
5. Ecclesiastical structures
6. Denominational differences
7. Geographic differences
8. Literature (selected)

1. Introduction

Little has been published on this topic; what follows is therefore designed to outline the subject and to point the reader to source material. A date following a word indicates its first use as recorded in the *Oxford English Dictionary*. Some of the technical language is terminology specific to theology, but consideration must also be given to theological technical terms which are found in other areas of language use, with or without a specific technical sense. Generally, the terms specific to theology are inherited words which have not established popular meanings for themselves. Attention cannot be restricted just to these words if we hope to describe modern English theological writing properly and to identify adequately the processes through which theological terminology is developed. This terminology is not uniform throughout the English-speaking world: a significant factor in English theological writing is that much of it is produced by and for individual diverse communities with distinctive structures, practices and beliefs. Sociolinguistic factors therefore determine to a considerable extent a particular author's actual usage of the available technical vocabulary. There are also distinctions in terminology between academic theology, popular theological writing, and devotional material.

2. Inherited vocabulary

Many terms survive unchanged from the period of Middle English or earlier, for example, *trinity*, *repent*, *baptise*, and many others. The majority of these are Latin or Greek, but a few are Germanic in origin, for example: *evil*, *sin*, *atone*; or come from Latin through Anglo-Saxon, for example, *mass*. The richness of this inherited vocabulary allows precise (in some opinions over-precise) distinctions to be developed, for example, F. D. Maurice's distinction between *eternal* and *ev-*

erlasting, Otto's distinction between *numinous* and *mystical*, and the differentiation after 1880 between *deist*, *theist*, and *fideist*. Some words have a non-technical meaning in common usage which is markedly different from their technical theological sense, for example: *mythical, mystic, assumption, collect*. In most cases theology preserves the original meaning of the word. Some of these words show a difference in usage between the verb and other forms, the verb being used more commonly, or exclusively, in a non-technical sense. For example, the original meaning 'to take up to heaven' survives in the noun *assumption* but not in the verb *assume*; or again, the verb *apologise* has entirely lost its original sense: compare *apologetic* and *apology* which retain it occasionally, and *apologetics* which is used only in a technical sense. The first use of *apologetic* in the sense 'regretfully acknowledging a failure' is 1855, while *apology* had been used in this sense from 1588, and *apologise* from 1597. Some words survive with a technical sense, where the word in non-technical senses has been replaced by another term, for example: *redact* (found in Middle English), *redaction* (first used 1621), *redactor* (1816). Now *edit, edition*, or *editor* are commonly used outside Biblical studies. This preservation of original technical meanings is due in part to the conservative nature of religious language, which also appears in the use, sometimes inappropriately, of archaic forms, echoing the Authorised Version of the Bible, most often in parodies of religious language, but used seriously in both formal and spontaneous prayer within certain Christian groups, especially in the Southern USA. Compare also phrases such as *the night cometh* (Niebuhr 1953, 117), used to add an authoritarian or even apocalyptic tone. A good example of its inappropriate use is found in the song *It is no longer I that liveth* (Mission Praise 2, number 445). The Revised Standard Version of the Bible, on which the song is based, has the more correct *live* (Galatians 2:20). This conservatism can also affect word order, for example, *all our doings without love are nothing worth* (ASB collect for Pentecost 7, 668). The process can also move the other way. A new precision of theological meaning has been developed for words also found in ordinary social life, for example *myth*, which now has a different technical meaning from its ordinary sense, *personal* (a personal God is not one's own, but a God who is a person), or the modern use of *kingdom*, as in *ethics of the kingdom* and *kingdom values* which has nothing to do with monarchy. Compare also the failed attempts to introduce new meanings to *motif* (Watson 1938, v) and *societary* (Ryder Smith 1941, 14). This process is found also in popular theological writing, for example *natural* (in the sense of evil), and *earthly* (opposed to holy rather than to heavenly). Modern technical phrases or terms are likely to be misunderstood if used in popular writing, although they can occasionally be found, for example, *ground of being* and *man for others* (One Hundred Hymns for Today, hymn 23).

3. Major influences since 1850

The technical vocabulary of theology responds to changes in theological emphasis, developments in ecclesiastical and denominational structures, and the rise and fall of the churches' concern with specific issues. It is influenced by developments in related disciplines, especially philosophy, psychology and sociology, and also by movements within the contemporary culture. From around the middle of the last century these changes have been especially rapid.

3.1. The most obvious new development was in the natural sciences. The first Natural Science tripos examination at Cambridge took place in 1851, and Darwin's *On the Origin of Species* was published in 1859. Quite apart from the impact of natural science on theology, there was a marked increase in a scholarly approach to many areas of ecclesiastical and theological activity. This is seen clearly in the development of new theological terms. For example, from approximately 1500 onwards, the words *ecclesia, ecclesial, ecclesiastic*, and *ecclesiastical* had been available, but only in 1837 does *ecclesiology* appear, used at first to mean the study of church buildings and their decoration, but then under the influence of the German *Ekklesiologie* taking on its modern meaning. This was followed by *ecclesiolatry* (1847), *ecclesiasticism* (1862), and *ecclesiography* (1877), as the interest in the church, or one's understanding of the church, became a topic of scholarly study. Likewise, with the development of new theological disciplines, came the introduction of words such as *eschatology* (1844), *liturgiology* (1863), *soteriology* (1864), the first use of *pneumatology* in its current sense (1881), and *heortology* (1900). The impact of this new approach was particularly felt in Biblical studies, with the development of new critical methods. For example, in textual criticism, we find the word *witness* used of a manuscript for the first time in 1853. Other new words in this field include *synoptic* gospels (1841, then 1861), *Deutero-Isaiah* (1844), *Deutero-Pauline* (1885). The later development of certain other sciences has also had a major impact on theological thought and terminology, notably psychology and sociology (Carter 1979 and Farnsworth 1985). In theological writing today it is common to find words from these sciences pressed into theological service, for example *socio-historical, autonomy, suppression, transindividual, individuation*, and, with a specific psychological sense, *wholeness, integrity, dignity* (Newbigin 1966, 65) and *ontological identity* (Thistlethwaite 1989, 133). No recent general discussion of theology can ignore the overlap of theology with these subjects; see Tracy (1975), and Brown (1987).

3.2. A second change in the middle of the last century was the increasing acceptance of non-established denominations. The Ecclesiastical Titles Bill of 1851 allowed the Roman Catholic Church to establish ecclesiastical structures in England. Despite the considerable resentment this caused, it gave further impetus to the tendency for specifically Roman Catholic terminology to become more widely known and used in English ecclesiological and theological writing, for example, *apostolate* (1905), or *catholicity*, first applied to the Church of England in 1868. This tolerance was growing at the very time of the *Kulturkampf* against the Catholic Church in Germany. There was also increasing tolerance of protestant communities. This was marked in 1871 when "religious dissenters" were admitted to the universities, and this in turn, through the establishment of the Student Christian Movement, strengthened the ecumenical movement, with consequences for theological thought and terminology throughout this century. English theological writing is slowly becoming less Anglican-centred, for example the old term *dissenters* is now, in the UK at least, commonly replaced by the more neutral *Free Churches* (Rouse/Neill 1986, 806). In the USA *free Church* is sometimes used to mean those churches, such as the Congregationalists, which do not use liturgical order. New terms have also been developed such as *interdenominational* (1877), *interchurch* (1905), and phrases such as *co-operating parishes* (New Zealand), *local ecumenical projects* (UK), or *recognition of ministries*. As part of this process the term *confessional church* was first used in 1882, and remains in use despite occasional confusion in the popular mind with the confessing churches of Nazi Germany (*die bekennende Kirche*).

3.3. Another significant change in the last 150 years is in the Mission field. The major missionary societies were mostly founded well before 1850, but the nature of their work began to change from that time, firstly in response to the growing sense of a need for ecumenical co-operation, and secondly as the understanding of mission itself continued to change with the new recognition of the status and strength of indigenous churches, especially in Africa. New technical terminology has therefore been continually developed, with the stress now on *acculturation*, rather than colonisation, and on *partnership* rather than paternalism. The term *acculturation* itself does not appear until 1880, a *pluralist* approach to other religions only in 1887, and the term *missiology* only in 1937, reflecting a very late awareness of the need for conscious study of the purposes and methods of mission work.

3.4. Of all the factors influencing theology through the twentieth century, the two most important are the increasing *secularisation* of the surrounding culture, and in the UK from the 1960s onwards, the influx of people from the New Commonwealth, many of whom were both British subjects and members of non-Christian religions, particularly Hindus, Sikhs, or Muslims. The last thirty years have seen a rediscovery both of Eastern Christian Churches and of Eastern non-Christian religions, along with a move from narrowness to dialogue. Much new technical terminology has been developed as theology has struggled with the issues raised in consequence, for example, *inclusivist* and *exclusivist* positions (D'Costa 1986), and the concept of a *radically pluralist society* (Villa-Vicencio 1992, 116), while technical terms from other religions are now familiar.

4. Major changes in emphasis

4.1. The shift away from metaphysics makes some terms obsolescent, for example *aseity* and *impassibility*. The idea of appeasement is avoided; for example, the old *propitiation* at 1 John 2:2, retained in the 1881 Revised Version of the New Testament and the American Standard Version of 1901, is *expiation* in modern versions. Theology is no longer seen as a rational, harmonious system; instead there is now stress on *provisionality, trust, openness* (Hodgson/King 1983, 326; Newbigin 1966, 105). At the same time there has been a return to Biblical roots, reflected in terminology by the greater use of terms from the Greek Bible, for example, *parousia* (first used 1875) for the Old English *advent*, and *Theotokos* (first in 1874) for the older *Deipara*. There has been a growing awareness of ethics as a foundation discipline, and ethical terms are now found in general theological writing, for example, *rights, autonomy, utility* (in its philosophical sense), and especially the vocabulary of situation ethics. There have been new theologies, of varying durability, all with new vocabulary, such as the Social Gospel (Rauschenbusch 1945), Process Theology (Whitehead 1929), Water Buffalo Theology (Koyama 1974), Creation Theology (Fox 1983), which replaced original sin with *original blessing*, Planetary Theology (Balasuriya 1984), Minjung Theology (Fabella/Torres 1985), Black Theology (Cone 1969), and Feminist and Gay Theologies (e. g. Ruether 1990 and McNeill 1987). The most influential of these movements is Liberation Theology, which has given English theology terms such as *interstructured, antitheology, irruption, ideologized, praxis*, and terms derived from Marxism, such as *exploitation* and *proletariat*. See Berryman (1987: 115, 133, 142, 143). Even within mainstream theology, new understandings generate new technical phrases, for example Tillich's *kairos* and *existential risk*, Moltmann's *eschatological hope*, Ritschl's *value judgment* and Barth's *theology of crisis*.

4.2. Although no technical term can ever be said to be totally lost, some which are no longer commonly found in modern theological writing are: *gospeller, sabbatarianism, supra-* and *sublapsarian, total depravity, mediety, farse, morrow mass, coenobite* (but still used in republications e. g. Parry/de Waal 1990, 7), *accidie, barratry* (survives with a maritime and judicial sense), *scripturise, scrupulosity*, and *recusant*. An example of vocabulary change is provided by the 18th century *latitudinarian*, dropped from about 1854 in favour of *Broad Church*, which in turn was replaced by the modern *liberal*, which has altered its meaning from Liberal Protestantism of the late nineteenth century (Rouse/Neill 1986, 306).

4.3. As theological emphases change, words may develop new flexibility. For example *hermeneutics* is extended to a *hermeneutic of suffering* (Thistlethwaite 1989, 141). For the same reasons, the reference of a term may change, for example *option*, which once referred to the technicality of an Archbishop presenting the patronage of a living, now under the influence of liberation theologies, is more commonly used of God's positive choice of the *marginalised* (Ruether 1990, 147). Likewise *revelation*, which used to be taken to mean a set of disclosed propositions, is now more commonly understood to mean God's self-disclosure, and *eschatology*, used in 1844 of passages of scripture, was extended in 1879 to the study of the last days. The same process can be seen with *apocalyptic*, used from 1663 to refer to the Biblical book, but from 1898 in its modern and wider meaning. *Annunciation* has a new meaning, opposed to *denunciation* (Brown 1990, 123).

4.4. With the development of new concepts or new distinctions, new vocabulary is developed. Some examples are: *henotheism* (first used 1860), *orthopraxy* (1852), *hexateuch* (1878), *egotheism* (1856), and *theophobia* (1870). More recent coinages are *deabsolutised* (Cuppitt 1977, 41), *immanentism* (Brown 1987, 57), and *compossibility* (Blumenfeld 1987, 201). These new technical terms are often taken directly from another language, particularly Greek. This process is shown clearly by the history of the word *kenosis*. It was first used in 1844, printed as a Greek word in Greek letters. In 1873 it appears in the Latin alphabet in an English translation, and is freely used as an English word for the first time in 1884. Nygren (translated 1938) introduced *nomos* and *eros*, and Lewis (1960) introduced *philia* and gave *eros* a new contrastive context. *Kerygma* first appeared in 1894, and *koinonia* in 1907, and with its current sense in 1920. Newbigin (1980, 39 f) introduces *arrabon*. The process is of course neither new, nor necessarily successful. For example, *storge*, which Lewis (1960) tried to rehabilitate, first appeared in 1637. Some terms are modern forms built on Greek roots, for example *eisagesis* (1878). Not all such words survive, for example *exucontian* describing the Arian heresy, or *kerystics* for the modern *homiletics*, or *repristination*. The extent of naturalisation is revealed by the use of derived forms from these words, for example *dogmatism* (1858), *kerygmatic* (1929) and *agapeistic* in Braithwaite (1955, 83). Sometimes the derived form appears first, for example *eschatology* is known from 1844 onwards, but the *eschaton* only from 1935. A modern tendency is to use English rather than Latin elements, so that we find *thingification* (Tillich 1988, 118) and *church-centric* (Newbigin 1980, 17). The richness of German theology means that German is a fruitful source of new theological terms, for example *Dasein*, and even the use of the symbol Q for the non-Marcan source (German *Quelle*) of material in Matthew and Luke. Increasingly these are simply taken into English unchanged, for example *Heilsgeschichte* (Richardson/Bowden 1983). German terms are found in some writers along with a translation, for example Sell (1986, 85), "what the Germans call Ereignistheologie, a theology of events", or Brown (1987, 199) "Verdinglichung (reification)." Familiarity with such German forms may be behind the tendency in some modern English theological writers to use German terms which are not specific to theology, for example, *Weltanschauung*, *Realpolitik* (Newbigin 1980, 46) and *Ding-an-sich* (Palmer 1973, 53). Other German terms have appeared in English as calques, for example *demythologise*, based on the German *entmythologisieren*. Languages other than German, Latin and Greek have provided far fewer modern terms. Some examples are the Italian *aggiornamento*, and articles of clothing such as the *zucchetto*, *baldacchino*, and *cotta*; French gives, for example, *soutane* and *congé d'élire*; a few Russian words have found a place, e.g. *sobornost'*, commonest in theological literature between the wars (cf. Pelikan 1988, 238). The Spanish *concientización* (e.g. at Fabella/Torres 1985, 73) is commoner in its English calque *conscientization*. Dutch has given *blik* (e.g at Newbigin 1966, 57), introduced through philosophy, and *furlough*, originally military, but now almost exclusively used of missionaries. The increasing recognition of the importance of Jewish studies for understanding Jesus and the gospels has made a number of Hebrew technical terms familiar, for example *talmud*, *targum*, *mishnah*, *massorah*, *halacha* and of course *messiah* and *rabbi*. This process leads some authors to use the Hebrew term for the more familiar English equivalent, for example *ebed Yahweh* for servant of God, or *Qoheleth* for Ecclesiastes. Advances in literary and historical criticism have also produced new vocabulary, for example *deuteronomist* (first used 1862), and phrases such as *historico-grammatical exegetical method* (Sell 1986, 43), *socio-historical* (Richardson/Bowden 1983, 467), *narrative theology*, *structuralism*, *postmodernism*, or *deconstruction*. Developments in related disciplines also produce specific theological terminology, for example, from the debate with the natural sciences came the theological concepts and related terminology of *Progressive Revelation*, and the *evolutionist* view of morality. Computer science has given us *bottom-up* or *top-down* theology. Philosophy has given us modern forms such as *ontological apophatism*, and *(logical) positivism* while *non-cognitive* theories of religious language have become known through the work of Braithwaite, Robinson, and Cuppitt. Through the existentialists and Sartre, theology has become familiar with concepts of *phenomenology*, and has found that *hope*, *despair*, and *meaninglessness* are becoming central concepts. Terms from psychology and sociology are also frequently met in modern English theology. Movements in contemporary culture have also produced new ways of thinking, new forms of expressing theological thought, and in consequence changes in terminology. The introduction of words such as *humanist* (1860), *laicize* (1870) and *cultic* (1898) shows this process. The recent concerns of theology with war, divorce, medical ethics, ecological issues, world poverty and inner city deprivation have all produced new coinages, and from feminism has come a stress on the *motherhood of God* (Thistlethwaite 1989, 109 ff), the image of *Sophia*, and words such as *masculinist* and *womanist*, while from the debate about sexuality come *homophobia* and *homophilia*. There has also been some simplification of spelling, for example *ecumenical* for *oecumenical*, and of form, for example *Judaeo-Christian* for an earlier *Judaico-Christian*. Surprisingly, the decade of evangelisation seems, at least in the UK, to have inspired no new vocabulary.

5. Ecclesiastical structures

The churches have a rich terminology describing their various patterns of ministry, government, and mission, and there are continuing changes in vocabulary and usage as these church structures develop. For example, depending on denomination and date, the word *deaconess* can refer to a member of an eastern order for women, an accredited female lay worker, a woman ordained to a specific order, or a deacon who happens to be female. Some churches are now avoiding the word because of its sexist overtones. New patterns of ordained ministry have also produced new titles, not all of which survive; for example we have seen *auxiliary ministers, worker-priests, Non-Stipendiary Ministers* (NSM's), *Local Ordained Ministers, Ministers in Local Appointment, Ministers in Secular Employment* (MSE's) and *sector ministries*. New patterns of ministry are reflected in *Team Ministries*, where the ancient words *rector* and *vicar* have been given new hierarchical meanings. Similarly the word *prebendary* has been given a new meaning except in the Anglican diocese of Truro, where, by historical accident, an original college of prebendaries survives. New patterns of clergy training now mean that one can be a *Principal of a Course*. Outsiders feel this is an odd phrase, since the word *course* normally refers to the syllabus and not to an institution. This makes it clear that a new, and technical, meaning has been developed.

6. Denominational differences

There are significant differences of terminology between different denominations. Some denominations have existed in England for several centuries; some, such as the orthodox, are recent arrivals, and others are modern imports from other English-speaking countries. In the UK the most important new churches since 1850 are the Pentecostal churches, which became prominent from about the turn of the century under the influence of developments in the United States, and the black-led churches, which developed from the 1960's to meet the needs of a displaced English-speaking Afro-Caribbean culture.

6.1. Denominations differ firstly through the terminology which refers to their particular ministerial and institutional structures. Examples are numerous; for example, the Anglican church, through its long history and its Catholic inheritance, uses a large number of titles for clergy. Some of these describe the status of the ministers, for example, *deacon,* *priest, bishop*; or their function within the institution, for example, *rural dean, archdeacon*; or the nature of their employment, for example, *vicar, curate, dean, chaplain.* There are popular titles such as *padre*. Others are historic titles whose precise significance depends upon the diocese, for example, *provost, canon.* There are some Roman Catholic titles which are not found in the Anglican church, for example, *monsignor, cardinal,* and *pope.* The Orthodox title *metropolitan* could be applied to any Anglican archbishop, but in fact it is used only of the Bishop of Calcutta. The free churches prefer *elder, presbyter,* and *pastor.* The understanding of ordination also divides the churches: Roman Catholics use *priest,* free churches use *minister,* and Anglicans can use both interchangeably. Institutional structures are reflected in terminology such as *parish, diocese, synod, verger* within the Anglican Church, compared with *circuit, district, conference,* and *steward* for the Methodists, and similar variations for other denominations. Denominations also have specific terminology for activities not found outside their boundaries, for example the Methodists' *watchnight, connexion, love-feast, class,* and *Covenant Service.* It is noteworthy that English theology will happily adopt a foreign denomination's technical vocabulary without regard to possible confusion with already existing English words, for example, the Orthodox and Methodist meanings of *economy.* There is almost no publication which makes direct comparisons of this material, but many denominations produce helpful lists of their own terminology.

6.2. Secondly, denominations have different words for common concepts, actions or objects. Often these are associated with a church's theology, for example the Roman Catholics and Catholic Anglicans will speak of *mass*, which can be deeply offensive to some other Anglicans and free church members. A neutral Anglican term is *communion*, but even this is avoided by some free churches which prefer *Lord's Supper, Lord's Table,* or *The Breaking of Bread,* while the Orthodox prefer *the Divine Liturgy,* or *the Offering.* In ecumenical gatherings, the term *eucharist* tends to be used. Anglicans and Catholics will *celebrate* this at an *altar*, while free churches tend to *administer* or *share* it at *the table.* A similar theological statement is behind the choice of word to describe one's attendance at church. While most English

Christians will ask "Where do you *worship*? (or *attend*, or *go*)", the Pentecostal and more extreme Evangelical churches will ask "Where do you *fellowship*?" Some denominations expect that their members share similar theological attitudes, but others allow a wider variety of positions. Various terms are used to describe these positions within a denomination, so that one could find an Anglican described as *Protestant*, *Catholic*, *Radical*, *Liberal*, *Evangelical*, *Fundamental*, *High*, *Low*, or *Charismatic*. The word *churchmanship*, originally meaning the quality or action of a churchman, has altered its meaning and is now used as a label for one's particular position. The growing awareness of sexist language is likely soon to render it obsolete.

6.3. Thirdly, denominations differ in their interpretation of the terminology which they share. Because of the ARCIC talks between Anglicans and Roman Catholics, these differences are most clearly defined for English writers at the moment between these churches, and include words such as *authority*, *episcope*, *ministry*, and *ordination* (ARCIC 17 f, 38 f, 64–67). Other examples arise from divergent practice, for example *benediction*, which has precise but different meanings for Catholics and Methodists.

7. Geographic differences

Geographical divergences may occur within a denomination, or they may unite denominations across a geographic divide. For example, Anglicans speak of a *Parochial Church Council* in the UK, but of a *Vestry* in New Zealand, and what the main denominations call an *alb* in New Zealand is called a *cassock-alb* in the UK. Geographic divergence within a denomination is more common in the less centralised denominations such as the Baptists or Congregationalists, for example in the Northern USA, a Baptist might ask how many *conversions* there were at an *altar-call*, while in the south, the question would be how many *additions* there were at the *invitation*. A presbyterian minister in the Southern USA lives in a *parsonage* or *pastorium*, while in the UK it is a *manse*. As a general conclusion, it must be noted that there is little published in this whole field, and the need for further research is clear. This might include denominational and geographic differences of terminology, processes of lexical change within theology, and the interaction of academic theology with popular religious language.

8. Literature (selected)

ASB = Alternative Service Book. London 1980.

ARCIC = Anglican-Roman Catholic International Commission: The Final Report. Windsor 1981.

Balasuriya 1984 = Tissa Balasuriya: Planetary Theology. New York 1984.

Berryman 1987 = Philip Berryman: Liberation Theology. London 1987.

Blumenfeld 1978 = David Blumenfeld: On the Compossibility of the Divine Attributes. Philosophical Studies 34, 1, July 1978, 91–103.

Braithwaite 1971 = Richard B. Braithwaite: An Empiricist's View of the Nature of Religous Belief. In: The Philosophy of Religion. Ed. by B. Mitchell. London 1971, 72–91.

Brown 1987 = D. Brown: Continental Philosophy and Modern Theology. Oxford 1987.

Brown 1990 = R. Brown: Gustave Gutierrez: an Introduction to Liberation Theology. New York 1990.

Carter/Narramore 1979 = J. Carter/Bruce Narramore: The Integration of Psychology and Theology. Academie/Mich. 1979.

Cone 1969 = James Cone: Black Theology and Black Power. New York 1969.

Cross/Livingstone 1974 = F. Cross/Elizabeth Livingstone: Oxford Dictionary of the Christian Church. 2nd ed. London 1974.

Cuppitt 1977 = Dow Cuppitt: The Christ of Christendom. In: The Myth of God Incarnate. Ed. by J. Hick. London 1977, 133–147.

D'Costa 1986 = Gavin D'Costa: Theology and Religious Pluralism. Oxford 1986.

Fabella/Torres 1985 = V. Fabella/Štet Torres: Irruption of the Third World. New York 1985.

Farnsworth 1985 = K. Farnsworth: Whole-hearted Integration: Harmonizing Psychology and Christianity, Baker/Mich. 1985.

Fox 1983 = Matthew Fox: Original Blessing. Atrium/Cal. 1983.

Hodgson/King 1983 = Peter Hodgson/Robert King: Christian Theology. London 1983.

Koyama 1974 = Kosuke Koyama: Water Buffalo Theology. New York 1974.

Lewis 1960 = C. S. Lewis: The Four Loves. London 1960.

McNeill 1988 = John J. McNeill: Taking a Chance on God: Liberating Theology for Gays, Lesbians, and their Lovers, Families and Friends. Boston 1988.

Mission Praise 2 1987 = Peter Horrobin/Greg Leavers: Mission Praise 2. London 1987.

Newbigin 1966 = Lesslie Newbigin: Honest Religion for Secular Man. London 1966.

Newbigin 1980 = Lesslie Newbigin: Sign of the Kingdom. Grand Rapids 1981.

Niebuhr 1953 = Reinhold Niebuhr: Christian Realism and Political Problems. New York 1953.

Nygren 1938 = Anders Nygren: Agape and Eros: The History of the Christian Idea of Love. Transl. by P. Watson. London 1938.

One Hundred Hymns for Today = Hymns Ancient and Modern: One Hundred Hymns for Today. London 1969.

Oxford English Dictionary = Oxford English Dictionary. 2nd edition. London 1989.

Palmer 1973 = H. Palmer: Analogy. London 1973.

Parry/de Waal 1990 = Abbot Parry OSB/Esther de Waal: The Rule of St. Benedict. Leominster 1990.

Pelikan 1988 = Jaroslav Pelikan: The Melody of Theology. Cambridge/Mass. 1988.

Purvis 1962 = James Purvis: A Dictionary of Ecclesiastical Terms. Edinburgh 1962.

Rauschenbusch 1945 = Walter Rauschenbusch: Theology for the Social Gospel. Nashville 1945.

Richardson/Bowden 1983 = Alan Richardson/John Bowden: A New Dictionary of Christian Theology. London 1983.

Rouse/Neill 1986 = R. Rouse/Stephen Neill: History of the Ecumenical Movement. 3rd ed. Geneva 1986.

Revised Standard Version = The Holy Bible: Revised Standard Version. London 1946.

Ruether 1990 = Rosemary Radford Ruether: The Liberation of Theology from Patriarchy. In: Feminist Theology. Ed. by A. Loades. London 1990, 138–148.

Ryder Smith 1941 = C. Ryder Smith: The Bible Doctrine of Salvation. London 1941.

Sell 1986 = Alan Sell: Theology in Turmoil. Grand Rapids 1986.

Thistlethwaite 1989 = Susan Thistlethwaite: Sex, Race and God; Christian Feminism in Black and White. New York 1989.

Tillich 1959 = Paul Tillich: Theology and Culture. New York 1959.

Tillich 1988 = P. Tillich: The Spiritual Situation in our Technical Society. Macon 1988.

Tracy 1975 = David Tracy: Blessed Rage for Order: The New Pluralism in Theology. New York 1975.

Villa-Vicencio 1992 = C. Villa-Vicencio: A Theology of Reconstruction. Cambridge 1992.

Watson 1938 = Philip Watson: Preface to Nygren 1938.

Whitehead 1929 = Alfred N. Whitehead: Process and Reality. Cambridge 1929.

Rev. *Peter R. Whale, Coventry*

163. The recent English-language register of economics and its present importance for world commerce and trade in the late 20th century

1. Introduction
2. What is economics?
3. Delimiting the register of economics in English
4. Economists and words
5. Economists on economics discourse
6. What is the language of economics?
7. The spread into non-economic language domains
8. The influence on international trade and business
9. The internationalization of English
10. English used in business
11. Business English is not just a question of lexis
12. Focus on the spoken word
13. Teaching international business English
14. Business skills in English
15. Literature (selected)

1. Introduction

In an overview of the specialized language of the field of economics, its influence globally in the last two thirds of the 20th century is discussed. The language of economics in English has affected international trade and other activities. One focus will include the influence of the register of economics on "journalists, businesspeople, and other thoughtful noneconomical folk" (McCloskey 1986). A further focus will address the consequent growth in the teaching of business English for the international context.

2. What is economics?

The indeterminacy involved in economics itself provides a starting point. What is economics? Is it a scientific practice, or a series of 'ex cathedra' pronouncements from authorities, or even a species of metaphysics? Joan Robinson's *Economic Philosophy* (1962) can be adduced in this connection. This slender volume still remains a classic of its genre. Robinson demonstrates the persistence of metaphysical ideas, or ideology, as she prefers to call it, in the science of modern economics. Her concluding view on its scientific status has validity thirty years later:

"So economics limps along with one foot in untested hypotheses and the other in untestable slogans. Here our task is to sort out as best we may this mixture of ideology and science. We shall find no neat answers to the questions that it raises. The leading characteristic of the ideology that dominates our society today is its extreme confusion. To understand it means only to reveal its contradictions." (Robinson 1962: 28)

A more recent view from the meta-discourse of economics on what purports to be scientific comes from McCloskey (1986, 57):

"Scientific assertions are speech acts in a scene of scientific tradition by the scientist-agent through the agency of the usual figures of speech for purposes of describing nature or mankind better than the next fellow."

In Heilbroner's view (1990, 108):

"Donald McCloskey has subjected the widespread scientific model of economics to scathing criticism, largely because of economists' unawareness that the language of science *is* a rhetoric, despite — or more accurately — because of its austere style."

This may seem a bizarre way of approaching the linguistic analysis of the register of economics, since it might be argued that there is no mystery: economics is what economists do. So we need simply observe and analyze economists at work. As we see, however, this involves economists commenting self-reflexively on their own language.

3. Delimiting the register of economics in English

Certainly a view that notions like 'register of economics' have an unambiguous reference statable in terms of, for instance, Hallidayan-inspired register analysis is insufficient. It needs complementing by two further focuses: a meta-linguistic one, in which economics is considered as discourse (cf. section 5) and an approach where business-oriented English is treated as a means of interchange — especially as a lingua franca (cf. section 10).

To write about or describe the register of economics and business in English is to specify a large speech community constituted by a large number of 'discourse communities' (Swales 1990, 21–32). It is to say how, where and by whom English is used for these activities. Simply indicating the procedure is to demonstrate how immense such a task would be.

A few pointers can be given to the significance of English in the world for the academic discipline of economics and business studies (see Johns/Dudley-Evans 1991, 306). Similarly, the explosive-like dissemination of English in non-academic business settings and the widespread use of English as a *lingua franca* in such activities (Alexander 1991a) can be indicated. In this context the growing importance of teaching business English (Alexander 1988) needs mentioning.

4. Economists and words

What might be a suitable starting point? Who has an interest in the language of economics? Economists themselves. Barratt Brown started his introductory text to economics, as follows:

"The word ECONOMIC is generally used to describe attitudes and relations among human beings that arise from the process of their getting a living. Economics is concerned with studying these relations and discovering how they change and are influenced — for better or worse. [...] Economics is a practical subject but economic theories differ widely and different economists approach economic questions in many different ways." (1970, 1)

Already the first sentence presents the complicated relationship between language — words — and the activities of the economist.

Twelve years later Donaldson (1982, 7) introduces a book as follows:

"*10 × Exonomics* is written for non-economists who feel that they ought to have some understanding of the economic issues which affect their everyday lives (and perhaps the way in which they vote), and as a supplement for introductory students of economics who find difficulty in relating what the textbooks say to what is actually happening."

He goes on to comment that "The aim is to explain relevant economic concepts and theories." (1982, 7)

Both these authors deal with economics for the layperson or introductory student. The economists are consciously speaking for one of the many audiences they may well have. (See Houghton/Hewings 1992 on the accessibility of an economist's work for different audiences and Myers 1992, 9 on the importance of analyzing the language of textbooks.)

Certainly the linguistic analyst can contribute to a partial understanding of the language — the register — of the economists (see Dudley-Evans/Henderson 1990). Drawing on the work of discourse analysis such studies demonstrate that to acquire a competence in economics students require competence in the linguistic and discursive conventions of the genres of economics writing. Economists themselves are well able to contribute to this analysis too.

5. Economists on economics discourse

Who better to write about the language of economics and its influence on the wider world than a self-reflexive economist? Indeed, it is debatable what a linguist can really add to such insights as the following (McCloskey 1986, xvii):

"If translated into English, most of the ways economists talk among themselves would sound plausible enough to poets, journalists, businesspeople, and other thoughtful noneconomical folk. Like serious talk anywhere — among boat designers and baseball fans, say — the talk is hard to follow when one has not made a habit of listening to it for a while. The culture of the conversation makes the words arcane. But the people in the unfamiliar conversation are not Martians. Underneath it all (the economist's favourite phrase) conversational habits are similar. Economics uses mathematical models and statistical tests and marked arguments, all of which look alien to the literary eye. But looked at closely they are not so alien. They may be seen as figures of speech — metaphors, analogies, and appeals to authority." (McCloskey 1986, xvii)

Certainly from the standpoint of the linguist there is much in this paragraph which can be assigned to the realm of applied linguistic analysis (see Henderson/Dudley-Evans/Backhouse 1993). For example, the reference to "conversational habits". It might be tempting to believe that a list of vocabulary and an analysis of the register parameters — tenor, mode and field of discourse — (Halliday/McIntosh/Strevens 1964) will be sufficient. But it would be surely flawed. To be sure, the role of terminological data banks, of dictionaries of economics and business terms (e. g. Tuck 1993) will have a (limited) role to play. Hence such an approach is necessary but by no means sufficient. And we shall return briefly to this aspect in our concluding section in which we consider the teaching implications of English for business purposes.

The register of economics can and perhaps needs to be distinguished with respect to its intended audiences. This will invariably mean asking about the type of texts we are interested in; whether we are interested in economists talking or writing for economists, as popularizers, as advisers of policy-makers, etc. How for example does the introductory student of economics perceive the field? Arjo Klamer has the following to say on this subject:

"Economic discourse is elusive and frustrating to anyone who tries to enter its maze of questions, terms, diagrams, and models. Most freshmen glare incomprehensibly when the scarcity of resources is urged upon them. When they hear "production possibility curves," "rational choice," and "upwardly sloping supply curves," they may believe themselves to be in some foreign language class. The mapping of their world in geometric patterns and algebraic formulas does not make much sense. Even though they are constantly bombarded with abstractions in their cultural environment, the thinking in abstract terms that economists do is not natural to most students. The incongruity with common talk makes economics hard." (1990, 129)

6. What is the language of economics?

Again, the ways we answer this question will depend on our starting point.

The linguist approaches the register of economics, as one special language among others, including the register of medicine for example (as this handbook itself testifies). This vantage point looks in from the outside. But surely, to remain within the applied linguistic metaphor, this is tantamount to investigating a foreign language which one does not know. So perhaps even only an intermediate knowledge of the subject is going to better equip one for the task than zero knowledge. But perhaps it is useful to combine this external viewpoint with the internal viewpoint from the discipline.

The author of this article has worked as a professional applied linguist, possesses an additional first degree in economics and has attempted to teach the English language of economics to non-native English learners. It is clear that the internal viewpoint from within and remaining within one discipline is not always helpful. McCloskey is clearly an example of an economist who does not do this; one could quote others, Joan Robinson and J. K. Galbraith, for example, who have attempted to adopt the teacher mode, if you will, and who have reflecting accordingly on how economists communicate their "specialized knowledge" to those outside the arcane circle. The insider's perspective is indeed profitable. As McCloskey says (1986, 3):

"Economists agree on more than is commonly understood. Their disagreements about prediction and politics give them an unhappy reputation, yet they agree on many things: the index number problem, the law of demand, the logic of entry. They agree above all on how to talk like economists. Whether descended from Marx or Menger or Marshall among the grandsons of Adam Smith, they participate together in a conversation begun two centuries ago, a conversation sharply divided in its style of talk from neighboring ones in history, sociology, or ethics."

Economists have long been aware that the language they use is special. Applied linguists concerned with the discourses of special areas have also acknowledged as much. The study of the language of special areas has had a long history. Some commentators would argue (with Swales 1990) that one can perceive a constantly shifting boundary between two poles: A swing from the *product* (terminology: words as inert building material) to the *process* (realization of lexicogrammatical multiversity of words and wording). Where once register analysis dealt with lexical density and quantitative analyses of the probability of use of certain structures in specific text types, there has been a shift to discourse − to a dynamic view of text involving the reader's interpretative strategies.

7. The spread into non-economic language domains

Turning to the relation of the language of economists to other spheres of activity, there is much evidence for the thesis that the language of economics, classical political economy, modern business-oriented terminology, market-oriented terminology and even metaphors used in 'everyday language usage' has spread from economics language. This has happened rather as lava spurts from a volcanic eruption, covering over and modifying over the years the nature of the landscape so that it is scarcely recognizable any longer. A similar, and perhaps more humanly oriented metaphor, may be the notion that certain discourses 'colonize' others (Fairclough 1992).

A sphere where this can be seen is the communications industry, where English-language products are prominent, especially in the sphere of economics-oriented journalism. Two British organs are important in a European context: the daily *Financial Times* and *The Economist*, a weekly. The latter was started by James Wilson in 1843. The full title was "*The Economist*, Weekly Commercial Times, Bankers' Gazette, and Railways Monitor: A Political, Literary, and General Newspaper". The coverage of the newspaper is wide, with current affairs and their economic and commercial implications remaining central. The political and ideological position of *The Economist* is well-known. For over 150 years *The Economist* has been advocating free trade. By contrast, the political message of the daily *Financial Times* is socially aware. In the world of European business, at least, both organs are leading sources of economic and business-related information.

8. The influence on international trade and business

The extent to which the language of economics and business has colonized other spheres, at least in the Anglo-Saxon world, seems indisputable in terms of the empirical evidence of the 1980s and 1990s (see Fairclough 1992). Economics is an academic discipline which treats "attitudes and relations among human beings that arise from the process of their getting a living" (Brown 1970, 1). It directly influences people's "everyday lives" and in democracies perhaps the ways in which they vote (Donaldson 1982).

The degree to which political media discourse has become affected seems beyond debate. The usage whereby humans are considered as commodities is already widespread within neo-classical economics. (The spread into other spheres of discourse is evident too. See Fairclough 1992, 207). The linguistic level of lexis provides us with numerous examples, e. g. "human resources" for people, etc.

9. The internationalization of English

The causes are not hard to find. The growth in global business institutions is irreversible. Starting with multinational corporations, we find the internationalization or globalization of western capitalist market-type business practices. The micro and PC revolution and computerization in general have become modern vehicles for the English language. Its effects on, for example, the financial markets and the stock exchanges have been enormous; to name but a few instances: the growth in status of Wall Street, the futures market in Chicago, the role of the City in Great Britain; the Single Market within the European Union, the adoption in Tokyo, Frankfurt and Luxembourg of English as the *lingua franca* for currency dealers and stockbrokers; the increasing influence of international financial, banking, aid agencies and organizations, the World Bank, the OECD, etc., is documented in their publications in English. The advent of digitalized satellite communications, including fax and telephone, in short, the electronic media, with satellite-transmitted TV, have upgraded the role of stations worldwide like CNN with programmes such as "Business News" or the BBC World Service News and so on.

English has been internationalized for specific purposes (ESP). In the field of economics this means the expansion of English in, for example, professional publications and graduate institutions − such as business and management schools. Expanding demand for MBA courses for example in many parts of the world was until recently one indicator, among others (but see *Financial Times* April 29, 1993, for evidence that the cautious 1990s have reversed this trend).

The implicit role of English in business encounters is felt universally. The explosion of the practical need for a lingua franca reflects this. English is optional or necessary for international business transactions, among non-native speakers.

A central feature of the overall internationalization process sees business people becoming 'facilitators of exchange' of goods, services, capital and more obviously today 'information'. Modern industrial, or more exactly 'post-industrial', societies are often characterized as 'communication societies' or 'information societies'. Indeed in contrast to the 'Industrial Age' we may call this the 'Information Age', as Halliday (1990) does.

10. English used in business

The fact that particular language groups become dominant via their speakers' actions is a truism. The full implications of this state of affairs for the lingua franca status of international business English can only be briefly discussed. As too can the linguistic parameters.

Pickett has characterized the English used in business as an 'ergolect' − work language (1989, 5). He states that it "is a *mediating language* between the technicalities of particular businesses − insurance, pharmaceuticals, fashion, firearms, fertilisers, jewellery, construction, etc. − and the language of the general public" (1989, 6; emphasis in the original). A little later he writes: "Business language' occupies a twilight zone between the two, a world of forms and frameworks, of conventionalised transactions governed by the courtesies and formalities of business life, which are to a large extent universal."

11. Business English is not just a question of lexis

Pickett notes "as far as I am aware there is no specific 'grammar' of business exchanges" (1989, 11). He then continues: "If the ergolect of business English can be taken as typical of ergolects in general, we can see that an ergolect operates at the level of *lexis* and at the level of *transaction*, hardly at all at the level of grammar." Pickett believes research is required in the area of transaction. The communicative events of business need identifying and describing. Pickett makes the additional point that such work will be a means of structuring both textbooks and teaching.

12. Focus on the spoken word

In business English it is no longer sufficient to learn how to lay out a commercial letter and to understand a few technical trade terms. The modern business world has been radically transformed by the increasing use of the spoken word (Alexander 1988). As mentioned above the electronic media, international telephone links and physical mobility facilitated by both commuter airline travel and the spread of multinational companies throughout the world partly explain this shift in emphasis. This has affected writing; a less formal style is acceptable in business correspondence. In the past the teaching of business English, as Pickett states, "was heavily influenced by the written transactions involved in business and even today the vast majority of books published for the teaching of business English are concerned with the written side of it" (1989, 5). Face to face communication via English is vital. Pickett notes that "a neglected part of the English business ergolect is *the language of oral transactions*". Expressions which are used orally are never found in the written form. Examples Pickett gives include: 'Smith speaking', 'hold the line', 'I beg your pardon', 'come again'.

13. Teaching international business English

In view of the scenario sketched out, it is clear that courses of business English will change in focus. Instead of memorizing isolated words, learners need to become involved in task-oriented activities such as they encounter in business life. The kinds of procedures which can be prepared for and practised, if not taught, will include a number of current commercial activities. In this connection it is possible and pedagogically helpful to speak of 'basic business English skills'.

14. Business skills in English

Included in this category are at least the four following headings:

talking to people in business — that is on a face to face basis,
writing letters, memos and faxes,
using the telephone — this applies to different categories of people, ranging from telephonists, secretaries, personal assistants, costing clerks, middle management to executives —
writing reports and summaries.

Such skills are fundamental to all business contexts where English is used. They will need to be practised in any business English course which is oriented to the requirements and expectations of contemporary use of English in an international context. (See Jones/Alexander 1989.) In the case of students — especially at the intermediate level and lacking work experience at vocational schools, in commercial schools, in evening classes — it may be advisable to practise these skills in relative isolation from each other. This will serve to present the conventions which will differ, say, in terms of formality or informality on the phone, or as far as the layout of business letters in contemporary English language usage today is concerned. It is worth reminding students that the old-fashioned formulations of the past are giving way to a more relaxed, personal and matter-of-fact tone. In any case, students may need to be given the chance to build up their confidence.

Furthermore, the integration of a wide range of language skills in business-style operations is to be practised. The language skills students have to learn and to practise can be subsumed under task-directed and communicative activities in the classroom, wherever this is possible (Alexander 1991b). It is the case that English for business is a form of *doing things with words*, such as: making enquiries, introducing people to each other, ordering goods, complaining about faults in goods or non-delivery, reminding customers of non-payment, negotiating and so on.

15. Literature (selected)

Alexander 1988 = Richard J. Alexander: Examining the Spoken English of Students of European Business Studies: Purposes, Problems and Perspectives. In: System 16, 1988, 41–48.

Alexander 1991a = Richard J. Alexander: How specific should English for Business Purposes be? Odense 1991 (= Pluridicta 20).

Alexander 1991b = Richard J. Alexander: Teaching Business English for Communication. In: Zielsprache Englisch 4, 1991, 9–14.

Brown 1970 = Michael Barratt Brown: What Economics is About. London 1970.

Donaldson 1982 = Peter Donaldson: 10 × Economics. A Simple Guide to the Economics of the Early Eighties. Harmondsworth 1982.

Dudley-Evans/Henderson 1990 = Willie Henderson/Tony Dudley-Evans: The Language of Economics: The Analysis of Economics Discourse. London 1990.

Fairclough 1992 = Norman Fairclough: Discourse and Social Change. Cambridge. Oxford 1992.

Halliday/McIntosh/Strevens 1964 = Michael A. K. Halliday/Angus McIntosh/Peter D. Strevens: The Linguistic Sciences and Language Teaching. London 1964.

Halliday 1990 = Michael A. K. Halliday: New Ways of Meaning. A Challenge to Applied Linguistics. In: Journal of Applied Linguistics 6, 1990, 7–36.

Heilbroner 1990 = Robert L. Heilbroner: Economics as ideology. In: Economics as Discourse. An Analysis of the Language of Economists. Ed. by Warren J. Samuels. Boston. Dordrecht 1990, 101–116.

Henderson/Dudley-Evans/Backhouse 1993 = Willie Henderson/Tony Dudley-Evans/Roger Backhouse: Economics and Language. London 1993.

Houghton/Hewings 1992 = Diane Houghton/Martin Hewings: Making Economics more Accessible? A Study of the Process of Rewriting an Economics Text for a Wider Readership. In: Conference – Discourse and the Professions. Uppsala 1992.

Johns/Dudley-Evans 1991 = Ann M. Johns/Tony Dudley-Evans: English for Specific Purposes: International in Scope, Specific in Purpose. In: TESOL Quarterly 25 (2), 1991, 297–314.

Jones/Alexander 1989 = Leo Jones/Richard J. Alexander: International Business English. Cambridge 1989.

Klamer 1990 = Arjo Klamer: The Textbook Presentation of Economic Discourse. In: Economics as Discourse. An Analysis of the Language of Economists. Ed. by Warren J. Samuels. Boston. Dordrecht 1990, 129–154.

McCloskey 1986 = Donald N. McCloskey: The Rhetoric of Economics. Brighton. Madison 1986.

Myers 1992 = Gregory A. Myers: Textbooks and the Sociology of Scientific Knowledge. In: English for Specific Purposes 11, 1992, 3–17.

Pickett 1989 = Douglas Pickett: The Sleeping Giant: Investigations in Business English. In: Language International 1.1, 1989, 5–11.

Robinson 1962 = Joan Robinson: Economic Philosophy. Harmondsworth 1962.

Samuels 1990 = Warren J. Samuels: Economics as Discourse. An Analysis of the Language of Economists. Boston. Dordrecht 1990.

Swales 1990 = John M. Swales: Genre Analysis: English in Academic Research Settings. Cambridge 1990.

Tuck 1993 = Allene Tuck: Oxford Dictionary of Business English for Learners of English. Oxford 1993.

Richard John Alexander, Wien

164. Die neuere Fachsprache der Pädagogik im Englischen

1. Vorbemerkung und Forschungsstand
2. Der englische pädagogische Fachwortschatz
3. Zur Darstellungshaltung in englischen pädagogischen Fachtexten
4. Zusammenfassung und Ausblick
5. Literatur (in Auswahl)

1. Vorbemerkung und Forschungsstand

Für den Kommunikationsbereich ‚Pädagogik' spielt die Sprache in dreifacher Hinsicht eine entscheidende Rolle: *Erstens* ist sie Unterrichtsgegenstand. Dies gilt in besonderem Maße für den Mutter- und Fremdsprachenunterricht, aber auch für die anderen Unterrichtsfächer, in denen Fachsprachen angeeignet werden. *Zweitens* ist die Sprache des Lehrers im Unterricht und somit die sprachliche Interaktion zwischen Lehrer und Schüler von großer Relevanz. Davon zu differenzieren ist *drittens* – als Gegenstand dieses Artikels – die Sprache als Kommunikationsmittel der im pädagogischen Bereich Tätigen. Während die Kommunikation im Unterricht (*classroom interaction/teacher talk*) ein bereits umfassend analysiertes Gebiet darstellt (vgl. Fiedler 1991, 46 ff), gehört die Fachsprache der Pädagogik, die in vielen Fällen eine Metasprache zu den unter *erstens* und *zweitens* genannten Gegenständen darstellt, zu den noch wenig untersuchten Bereichen linguistischer Forschung. Es liegt eine Reihe lexikologischer Arbeiten vor, die sich mit einzelnen Termini und den Beziehungen zwischen ihnen beschäftigen. So beschreibt Scheffler (1966) den Bedeutungsumfang von *teach* und untersucht das Auftreten von Definitionen, Slogans und Metaphern in der Pädagogik, und Soltis (1968) sowie Hirst/Peters (1971) analysieren Begriffe, wie z. B. *knowledge*, *indoctrination*, *curriculum*, *education*, *understanding*. Basierend auf der Feldtheorie untersucht die Arbeit von Vater (1973) die Bedeutungsstruktur von *teacher* und sinnverwandter Wörter im britischen und amerikanischen Schriftenglisch. In ähnlicher Weise wird von Schuster (1982) der Terminus *learner* analysiert. Diese Arbeit, ebenso wie die Untersuchungen von Spiegel (1988), ordnen sich in das Bemühen um die Konstituierung einer Fachsprache der Englisch-Methodik ein. Neben diesen Arbeiten zu einzelnen pädagogischen Fachwörtern liegen lexikographisch ausgerichtete Untersuchungen zum Fachwortschatz der Pädagogik vor. Sie entstehen aus der zunehmenden Notwendigkeit der Fachwissenschaftler, in der Fremdsprache zu rezipieren und zu produzieren. Im Jahre 1976 erscheint ein *Häufigkeitswörterbuch Pädagogik Englisch* (Hoffmann 1976); der Sprachführer „Bildungspolitisch-pädagogischer Grundwortschatz" (1981) enthält 400 ausgewählte Begriffe und ihre inhaltlich adäquate Übersetzung ins Russische, Englische, Französische und Portugiesische. Zur Unterstützung des in der Fremdsprache publizierenden Fachwissenschaftlers wurde auch das Buch von Doyé (1981) erarbeitet, in dem 500 relevante englische pädagogische Termini nach Sachgruppen geordnet und durch typische Kollokationen und Textbeispiele aus britischer und amerikanischer Fachliteratur erläutert werden.

Von den genannten Untersuchungen unterscheiden sich die Arbeiten von Fiedler (1986) zur Fachsprache der Pädagogik und Busch-Lauer (1986) zur angrenzenden Disziplin Pädagogische Psychologie (später Fiedler 1991 und Busch-Lauer 1991) durch die Hinwendung zum Text. Auf der Grundlage eines integrativen Analysemodells, das sowohl textinterne als auch textexterne Merkmale berücksichtigt, werden relevante Textsorten beschrieben und differenziert.

2. Der englische pädagogische Fachwortschatz

2.1. Thematische Gruppen und Wortarten

Busch-Lauer (1991, 82) untergliedert die dem Bereich der pädagogischen Wissenschaften zuzuordnenden Fachwörter nach thematischen Gesichtspunkten in die folgenden Gruppen:

(a) Bezeichnungen für Einrichtungen des Bildungswesens, z. B. *secondary school*; *evening class*; *remedial education*;
(b) Bezeichnungen für die am Bildungsprozeß beteiligten Personengruppen, z. B. *teacher*; *educationalist*; *preschool child*;
(c) Bezeichnungen für Bildungsprozesse, z. B. *classroom instruction*; *schooling*; *learning*;
(d) Bezeichnungen für die den Bildungs- und Erziehungsprozeß unterstützenden Mittel, z. B. *audio-visual material*; *teaching machines*; *programmed textbook*;
(e) Bezeichnungen für bildungspolitische Maßnahmen, z. B. *Head Start*; *Summerfield Report*; *Act 48*.

Mit 85,65% (Fiedler 1991, 57) sind in den pädagogischen Fachtexten Substantive besonders häufig anzutreffen, was sich aus dem Bedürfnis nach Sprachökonomie und Genauigkeit ergibt.

2.2. Interdisziplinarität und Nähe zur Gemeinsprache

Die Pädagogik arbeitet eng mit anderen Gesellschaftswissenschaften zusammen. Sie integriert Erkenntnisse und nutzt Methoden dieser Wissenschaften, die sie unter Berücksichtigung der Spezifik des jeweiligen eigenen Forschungsobjektes anwendet. Auf dieser Grundlage entstanden Grenzwissenschaften, wie z. B. die Pädagogische Psychologie, die Bildungssoziologie und die Bildungsökonomie. Die Interdisziplinarität der Pädagogik spiegelt sich im Auftreten zahlreicher Fachwörter aus den nicht-pädagogischen Wissenschaften wider (z. B. *intelligence test*; *cognitive impairment*; *behaviour*; *short-term memory*).

Ein weiteres Merkmal des pädagogischen Fachwortschatzes ist seine Nähe zum Alltagswortschatz. Bei den am häufigsten auftretenden Fachwörtern (*school, teacher, curriculum, pupil, education, student, subject, objective, child, teaching*) handelt es sich um Lexeme, die auch dem Nichtfachmann verständlich sind.

2.3. Entstehung und Struktur

Pädagogische Fachwörter entstehen zum einen durch Metaphorisierung (z. B. *head of school*; *head of division, head of department*), zum anderen sind Metonymien häufig, z. B. wenn Bezeichnungen sowohl für die Bildungsinstitution als auch für deren Gebäude verwendet werden (z. B. *school, university*) oder Lexeme zur Benennung bestimmter Ausbildungsperioden (z. B. *year, term*) auch für die darin auszubildenden Personen stehen. Für die Erweiterung des pädagogischen Fachwortschatzes ist aber vor allem die wissenschaftliche Wortbildung (Ableitung, Bildung von Komposita und Mehrwortverbindungen) relevant. Im Bereich der Ableitungen sind die substantivischen Suffixe *-ing* vor allem zur Bezeichnung von Selektionsverfahren (z. B. *streaming, setting*) sowie *-ion/-ation* zur Bezeichnung pädagogischer Prozesse (z. B. *education, motivation*) besonders produktiv.

Etwa ein Drittel aller pädagogischen Fachwörter sind mehrgliedrig. Die produktivsten Strukturtypen sind S+S (z. B. *curriculum ob-*

jective, subject matter) und A+S (z. B. *ordinary level*; *general education*), die nicht selten auch miteinander konkurrieren (z. B. *option subject* — *optional subject*; *curriculum change* — *curricular change*). Wie die Beispiele zeigen, bestehen die meisten mehrgliedrigen Fachwörter aus zwei Konstituenten. Längere Mehrwortverbindungen werden aus Gründen der Sprachökonomie meist gekürzt. Die Kürzung erfolgt durch Weglassung von für das Verständnis entbehrlichen Konstituenten (*secondary school teacher* → *secondary teacher*; *curriculum development project* → *curriculum project*) oder Univerbierung von Fachwörtern im Plural (*bilateral schools* → *the bilaterals*; *remedial classes* → *the remedials*). Daneben sind Initialwörter häufig (*I. Q.*; *P. E.*), wobei z. B. bei der Bezeichnung von Curriculum-Projekten die wortspielerische Bildung von Akronymen beliebt ist, deren Wortbedeutungen in Beziehung zur pädagogischen Wirklichkeit bzw. dem Inhalt des Projektes stehen (z. B. *STEP = School Traffic Education Programme*; *SEED = Special Elementary Education for the Disadvantaged*; *SAFARI = Success and Failure and Recent Innovation*).

2.4. Eigennamen
im pädagogischen Fachwortschatz

Fachwörter mit Eigennamen-Konstituente spielen im englischen pädagogischen Fachwortschatz eine bedeutende Rolle. Es gehört zur Tradition im englischsprachigen Raum, Bildungsgesetze, -berichte und -kommissionen metonymisch nach den Personen zu benennen, die den Entwurf einbrachten bzw. die entsprechenden Kommissionen leiteten (z. B. *Butler Act*; *Cox Report*; *Bryce Commission*). Wegen ihrer unikalisierenden Funktion ermöglichen diese Bildungen dem Fachmann eine eindeutige Bezugnahme und werden den offiziellen Bezeichnungen vor allem aus Gründen der Sprachökonomie vorgezogen: *Clarendon Commission: Commissioners appointed to enquire into the revenues and management of certain schools and the studies pursued and instruction given therein.*
Spens Report: Report of the Consultative Committee on Secondary Education with special reference to Grammar School and Technical High Schools.
Außerdem werden Personennamen und geographische Namen verwendet zur Bezeichnung:

(a) pädagogischer Methoden, Systeme, Verfahren und Projekte (z. B. *Montessori system*; *Dalton plan*; *Midwinter Community Project*);

(b) pädagogischer Hilfsmittel, Geräte und Apparate (z. B. *Napier bones*; *Taylor slate*; *Tillich bricks*);

(c) pädagogischer Strömungen und Bewegungen, wobei der Eigenname in abgeleiteter Form erscheinen kann (z. B. *Oswego movement*; *Pestalozzianism*; *Hadowism*);

(d) von Bildungsinstitutionen (z. B. *Petty school*; *Dr. Barnado's homes*; *Binet class*);

(e) von Ereignissen aus der Geschichte der Bildung und Erziehung (z. B. *Cowper-Temple Clause*; *Geddes axe*; *Burston School Strike*).

2.5. Synonymie und Polysemie

Ein besonderes Merkmal der pädagogischen Fachsprache, durch das sich diese vom Sprachgebrauch in anderen Wissenschaften unterscheidet, ist die ausgeprägte Synonymie und Polysemie. Als Beispiele für Synonymie lassen sich die folgenden Lexeme zur Bezeichnung von Erziehungszielen anführen: *objective — aim — goal — purpose — end — target*. Wegen der daraus entstehenden Unsicherheit in der Verwendung dieser Fachwörter werden im Text häufig mehrere Lexeme als Varianten angegeben (*It will be obvious, too, that both in theory and practice these ... two goals or purposes will be difficult to distinguish completely*. Kelly 1990, 24), oder die Über- und Unterordnung von Zielen wird durch Attribuierung verdeutlicht (*long-term goal*; *broad aim*; *specific objective*). Mit der Einführung des ‚National Curriculum' findet seit 1988 die Bezeichnung *attainment target* Verbreitung.

Polysemie sowie das kombinierte Auftreten von Polysemie und Synonymie im pädagogischen Fachwortschatz können am Beispiel *education* gezeigt werden. *Education* wird in folgenden Bedeutungen verwendet: (a) *the total process developing human ability and behaviour*, (b) *systematic instruction at an institution*, (c) *knowledge, abilities, skills, etc. resulting from* (b), (d) *a science dealing with the principles of learning and teaching*. In der Bedeutung (b) wird *education* häufig synonym durch *instruction*, *training* oder auch *teaching* ersetzt.

Als ein weiteres Charakteristikum des pädagogischen Fachwortschatzes muß das Nebeneinander von Fachwort und Nichtfachwort hervorgehoben werden. So lassen sich folgende Formative in pädagogischen Fachtexten sowohl in fachspezifischer als auch in allgemeinsprachlicher Bedeutung finden: *examination*; *experience*; *setting*; *attainment*; *study*; *ability*; *group*; *term*; *topic*; *period*; *knowledge*; *subject*; *selection*.

Die aufgezeigten Merkmale des pädagogischen Fachwortschatzes werden international von Pädagogen nicht selten als Mängel empfunden und zum Gegenstand ihrer Kritik am Entwicklungsstand der pädagogischen Fachsprache gemacht (Good 1959, V; Kantor 1968, 188; Hofmann 1985, 5; Skatkin/Vorob'ev 1976, 71; Brezinka 1994, XI). Unschärfen im Gebrauch pädagogischer Fachwörter werden auch in der britischen Pädagogik bemerkt. Carson (1984, 49) empfiehlt, auf den Gebrauch von *education* wegen seiner großen Ungenauigkeit zugunsten von *schooling* ganz zu verzichten. In den 90er Jahren werden die terminologischen Mängel des ‚National Curriculum' vielfach diskutiert (Kelly 1990, 53 ff; Ribbins 1992, 203). Systematische Arbeiten zur Präzisierung des pädagogischen Fachwortschatzes lassen sich aber nicht erkennen.

3. Zur Darstellungshaltung in englischen pädagogischen Fachtexten

3.1. Persönliche Hinwendung

Durch die Verwendung von Personalpronomen der 1. und 2. Person Singular und Plural erhalten Fachtexte eine persönliche Nuancierung. Besonders häufig sind die Pronomen der 1. Person Plural, die als Autorenplural, vor allem aber in der Funktion des *pedagogical we*, auftreten, das den Rezipienten motiviert und sein Textverstehen fördert, indem es ein Eindruck vermittelt, daß Autor und Leser gemeinsam an der Erarbeitung des Stoffes beteiligt sind: *This discussion has taken* **us** *away from the problem of planning a national curriculum to the problem of [...]* (Lawton 1989, 14).

Pronomen der 1. Person Singular sind vor allem dort anzutreffen, wo der Autor seine persönliche Meinung hervorheben möchte: **My** *contribution to the debate is neither original nor very profound. But* **I** *believe two things to be of the utmost importance* (Which School, VI).

In pädagogischen Informations- und Ratgebertexten, wie z. B. Schulführern, die sich an Schüler und Eltern wenden, treten darüber hinaus Pronomen der 2. Person auf, um Empfehlungen und Aufforderungen mehr Nachdruck zu verleihen: *[...] when* **you** *are considering a school for* **your** *child look at the curriculum and how the pupils use it, go to see the school and see if* **your** *child and* **you** *as a family would feel at home there [...]* (Which School, VI).

3.2. Metakommunikative Äußerungen

Insbesondere in komplexeren pädagogischen Darlegungen, wie den Textsorten Monographie, Lehrbuch sowie Artikeln in Fachzeitschriften, sind metakommunikative Äußerungen häufig. Sie treten in unterschiedlicher sprachlicher Form auf (Wort, Wortgruppe, Gliedsatz, Satz, Teiltext) und sind meist auf die Verdeutlichung der Textstruktur gerichtet. Zu den Hauptformen gehören Gliederungselemente sowie kataphorische und anaphorische Verweise:

Three kinds of classification are needed: **first**, *deciding on major parameters [...];* **second**, *outlining a method of analysis to describe [...];* **third**, *a means of classifying the educationally desirable knowledge and experience.* (Lawton 1989, 19)
To use reconstructionism as a basis of curriculum planning is, however, only the first stage in deciding on a curriculum, **as we shall see in the chapters that follow**, *and [...]* (Lawton 1989, 7)
It seems clear that, **as we suggested in Chapter 2**, *the dominant view is now that of [...]* (Kelly 1990, 47).

Textstrukturierende metakommunikative Äußerungen können kombiniert auftreten mit Kommentaren zum Umfang der Darlegung, die zugleich möglicher Kritik vorbeugen sollen:

It will hardly be possible within the confines of the present chapter to discuss all these issues, but some attempt will be made to discuss the main ones. (Halsall 1973, 69)
It is not the intention here to engage in a detailed exploration of the history of education in the United Kingdom. What we must do, however, is [...] (Kelly 1990, 33).

3.3. Phraseologismen und stereotype lateinische Wendungen

Zu den Besonderheiten pädagogischer Fachtexte gehören Phraseologismen und stereotype Wendungen in lateinischer Sprache. Durch Phraseologismen wird den Texten emotionale Expressivität verliehen. Sie haben euphemistische Funktion oder dienen der Anschaulichkeit und Wertung. Die Autoren verwenden Nominationen, z. B. substantivische Phraseologismen (*sour grapes motivation; soft option*) und verbale Phraseologismen (*earn the daily bread; be caught napping*), Paarformeln (*up and down the country; by and large*) sowie sprichwörtliche Redensarten (*stir up a hornet's nest; sow seeds on stoney ground*). Zur besonderen Ausdrucksverstärkung werden Phraseologismen nicht selten durch erweiternde Elemente modifiziert:

However that may be, as intelligent working-class children have moved out of the working class into the sixth forms and universities, **never to darken a factory door***, [...]* (Halsall 1973, 74).
These data suggest that **the quantification tail is wegging the geographical dog** *[...]* (Wright 1984, 456).

Stereotype Wendungen in lateinischer Sprache gehören zum traditionellen humanistischen Bildungsgut und können als Kennzeichen für die Fachlichkeit pädagogischer Kommunikation betrachtet werden (z. B. *prima facie*; *quid pro quo*; *in toto*; *in finitum*; *ad hoc*; *per se*).

3.4. Stilfiguren

In pädagogischen Fachtexten tritt nur eine begrenzte Anzahl von Stilfiguren auf. Syntaktische Stilfiguren sind vorherrschend und dienen der Übersichtlichkeit, Klarheit und Prägnanz des sprachlichen Ausdrucks. Die textorganisierende Parenthese wird häufig in exemplifizierender und spezifizierender Funktion eingesetzt:

There is also a difference between sensibly adjusting the school curriculum to match economic and industrial changes **(for example, by including computer-studies or micro-technology)** *and [...]* (Lawton 1989, 27).
A pass rate of 95% **(with 73% at Grades A, B and C)** *was obtained in 1994* (Which School, 477).

Durch die *Satzspaltung* und die *do-Emphase* wird einzelnen Satzteilen bzw. der Gesamtaussage größerer Nachdruck verliehen:

It is in this way that the curriculum plan is linked to the art of the teacher in dealing with individual differences (Lawton 1989, 14).
We **do need** *to ask ourselves whether we like or approve of this form of curriculum [...]* (Kelly 1990, 45).

Bei den semantischen Stilfiguren sind für den Kommunikationsbereich der Pädagogik besonders Vergleiche und Analogien relevant:

Like Nelson's captains, the teachers will by cooperation and readiness be thoroughly familiar with each other's strength and weaknesses; [...] (Griffiths/Howson 1974, 152).
In an old music hall song, one 'Mrs Moore' was enjoined not to have any more children, 'for the more you have, the more you want, they say', and whether or not this is true of children, it certainly appears to hold for education (Griffiths/Howson 1974, 52).

Darüber hinaus werden pädagogische Erörterungen häufig durch das journalistische Stilmittel „Aufhänger" eingeleitet. So kann z. B. zu Beginn eines Artikels über die politische Erziehung an britischen Schulen ein Zitat aus G. Orwells Roman *1984* stehen. Oder ein Beitrag zur Rolle der Dichtkunst im Stundenplan wird durch den folgenden Ausspruch des bekannten englischen Sprachwissenschaftlers J. R. Firth eingeleitet (vgl. Fiedler 1991, 102): *More plumbing, less poetry is the motto for modern education.*

Im anschließenden Beispiel dient die paradox-provozierende Erweiterung des auf ein Zitat G. B. Shaws zurückgehenden Schlagwortes als Argumentationsgrundlage (vgl. Fiedler 1991, 140): *To the comment "Those who can, do; those wo can't, teach" has been added the rider "Those who can't teach, teach teachers to teach".*

4. Zusammenfassung und Ausblick

Die englische Fachsprache der Pädagogik manifestiert sich in Texten unterschiedlichen Fachlichkeitsgrades. Zu ihren Hauptmerkmalen gehört die Verwendung von persönlichen Ausdrucksformen, metakommunikativen Äußerungen, von Stilfiguren und Phraseologismen. Bei der Verwendung des Fachwortschatzes wird die enge Bindung der pädagogischen Fachsprache an die Allgemeinsprache deutlich: Häufige Fachwörter sind auch dem Nichtfachkundigen verständlich, Lexik in terminologischer und nichtterminologischer Bedeutung wird nebeneinander verwendet, Synonymie und Polysemie sind stark ausgeprägt und geben vielfältigen Anlaß zu Mißverständnissen. In dieser Situation erscheinen Forderungen nach Präzisierung des pädagogischen Fachwortschatzes berechtigt, wegen der besonderen soziokulturellen Einbettung der Pädagogik in verschiedene Erziehungssysteme jedoch nur begrenzt realisierbar. Die Tatsache, daß sich wegen der Nähe der pädagogischen Fachsprache zur Alltagssprache und der allgemeinen Aktualität von Erziehungsfragen jeder zu pädagogischer Fachkommunikation kompetent fühlt, führt nicht selten zu der Meinung, diesem Register den Charakter einer Fachsprache überhaupt abzusprechen.

5. Literatur (in Auswahl)

Brezinka 1994 = Wolfgang Brezinka: Basic Concepts of Educational Science. Analysis, Critique, Proposals. Translated by James Stuart Brice. Lanham. New York. London 1994.

Busch-Lauer 1991 = Ines-Andrea Busch-Lauer: Englische Fachtexte in der Pädagogischen Psychologie. Eine linguistische Analyse. Frankfurt/M. Bern. New York. Paris 1991.

Carson 1984 = A. Scott Carson: Education and Schooling. In: Internationale Zeitschrift für Erziehungswissenschaften 1, 1984, 51—54.

Doyé 1981 = Peter Doyé: The Language of Education. Königstein/Ts. 1981.

Fiedler 1991 = Sabine Fiedler: Fachtextlinguistische Untersuchungen zum Kommunikationsbereich der Pädagogik — dargestellt an relevanten Fachtextsorten im Englischen. Frankfurt/M. Bern. New York. Paris 1991.

Good 1959 = Dictionary of Education. Ed. by C. V. Good. New York. Toronto. London 1959.

Griffiths/Howson 1974 = H. B. Griffiths/A. G. Howson: Mathematics: Society and Curricula. London 1974.

Halsall 1973 = Elizabeth Halsall: The Comprehensive School. Guidelines for the Reorganisation of Secondary Education. Oxford 1973.

Hirst/Peters 1971 = Paul Haywood Hirst/Richard Stanley Peters: The Logic of Education. London 1971.

Hoffmann 1976 = Lothar Hoffmann: Häufigkeitswörterbuch Pädagogik Englisch. Potsdam 1976.

Hofmann 1985 = Franz Hofmann: Wissenschaftssprache der Pädagogik in historischer Sicht. In: Die Wissenschaftssprache der Pädagogik. Problemlogische und historische Beiträge. Hrsg. v. F. Hofmann. Halle/S. 1985.

Kantor 1968 = Isaj Moisejevic Kantor: Pedagogičeskaja leksikografija i leksikologija. Moskva 1969.

Kelly 1990 = Albert Victor Kelly: The National Curriculum. A Critical Review. London 1990.

Lawton 1989 = Denis Lawton: Education, Culture and the National Curriculum. London. Sydney. Auckland. Toronto 1989.

Ribbins 1992 = Peter Ribbins: Delivering the National Curriculum: Subjects for Secondary Schooling. Harlow 1992.

Scheffler 1966 = Israel Scheffler: The Language of Education. Springfield 1966.

Schuster 1982 = Karin Schuster: Untersuchungen zum Gebrauch von „learner" im amerikanischen und britischen Englisch der Gegenwart. Diplomarbeit. Leipzig 1982.

Skatkin/Vorob'ev 1976 = M. N. Skatkin/G. V. Vorob'ev: Soveršenstvovanie teoretičeskich issledovanij v pedagogičeskoj nauke. In: Sovjetskaja Pedagogija 12, 1976, 59—72.

Soltis 1968 = Jonas F. Soltis: An Introduction to the Analysis of Educational Concepts. Reading 1968.

Spiegel 1988 = Angelika Spiegel: Theoretische und praktische Überlegungen zur Realisierung des Prinzips der fremdsprachigen Aktivität aller Lernenden und des Gebrauchs der Fremdsprache als Unterrichtssprache: dargestellt am Beispiel der Englischmethodikausbildung von Lehrerstudenten. Jena 1988.

Sprachführer „Bildungspolitisch-pädagogischer Grundwortschatz". Hrsg. v. der UNESCO-Kommission der DDR. Fachsektion Bildung und Erziehung. Berlin 1981.

Vater 1973 = Ilse Vater: Das Wortfeld „Teacher" im amerikanischen und britischen Schriftenglisch von 1935—1960. Frankfurt/M. 1973.

Which School 1995 = Which School? A Directory of 2000 British Independent Schools. Great Glemham 1995.

Wright 1984 = D. R. Wright: Pädagogische Sammelrezension. In: Journal of Curriculum Studies 16, 1984, 455—456.

Sabine Fiedler, Leipzig

165. Die neuere englische Fachsprache der Linguistik seit dem Strukturalismus

1. Vorbemerkung
2. Forderungen an eine Fachsprache der zeitgenössischen Linguistik
3. Fachsprache der zeitgenössischen Linguistik
4. Schlußbemerkungen
5. Literatur

1. Vorbemerkung

Die sprachlichen Mittel und deren Funktionen in der Gemeinsprache sind schon seit geraumer Zeit Gegenstand zahlreicher linguistischer Untersuchungen. Um so mehr erstaunt, daß metasprachliche Mittel und deren Funktionen in der linguistischen Fachsprache bisher kaum untersucht worden sind. Lyons hat schon 1968 konstatiert: "Every science has its own technical vocabulary [...]. If the contemporary linguist requires different terms, instead of, or in addition to, those familiar to the layman, this is accounted for partly by the fact that the non-technical employment of many of the terms of traditional grammar has rendered them insufficiently precise for scientific purposes" (Lyons 1968, 1). Dies ist einerseits ein Plädoyer für ein spezifisches Medium fachlicher Verständigung, andererseits aber auch die Forderung, über ein Medium fachlicher Verständigung zu reflektieren, in dem Ergebnisse linguistischer Tätigkeit gesichert und reproduziert und in dem Zeugnisse menschlichen Geistes überliefert werden.

Die Rolle des Englischen als weltweit dominantes Medium fachlicher Verständigung auf Gebieten wie denen der Chemie, Genetik oder Medizin ist vielfach dokumentiert (Swales 1990). Die zeitgenössische Linguistik, deren Anfänge gemeinhin in das Jahr 1916 plaziert werden (Szemerényi 1971, 11), gilt als ein weitgehend anglophon geprägtes Wissenschaftsgebiet (Skudlik 1990; Weinrich 1995, 10). Die Gründe hierfür sind vielfältig: Götz z. B. vermutet, daß die englische Linguistik in den englischsprachigen Gemeinschaften organisatorisch sehr viel stärker in die allgemeine Sprachwissenschaft eingebunden ist und sich diese Fächer dort daher sehr viel näher stehen als im deutschen Universitätsgefüge üblich. Des weiteren merkt er an, daß durch die Rezeption der englischsprachigen strukturalistischen Einführungen im deutschsprachigen Raum der Einfluß der allgemeinen Linguistik so dominant geworden ist, daß dem Englischen gegenwärtig eine Mittlerrolle in der internationalen linguistischen Diskussion zukommt (Götz 1995, 71). Und wer immer dieser Entwicklung im Schriftlichen oder Mündlichen skeptisch oder ablehnend gegenübersteht, beraubt sich gewisser Möglichkeiten, rezipiert zu werden, insbesondere im nicht-deutschsprachigen Raum (Hüllen 1993, 48). Gilt die zeitgenössische Linguistik als ein anglophon geprägtes Gebiet, so zeigt sich dies in einer Reihe lexikalischer wie auch textueller Charakteristika. Es sind dies Charakteristika, die u. a. den Wechsel von einer historisch-vergleichenden Sprachwissenschaft über die sprach- und lautgeschichtlich orientierten Junggrammatiker im 19. Jh. hin zu einer Linguistik markieren, in der den Beziehungen zwischen Elementen der Sprache zu einem bestimmten Zeitpunkt besondere Aufmerksamkeit geschenkt wird (Vater 1995). Erfaßt und kodifiziert sind diese Charakteristika mittlerweile in einer Fülle von Publikationen, die Sach- und Begriffswörterbücher (z. B. Crystal 1991), enzyklopädische Darstellungen (z. B. Asher 1994) und ideengeschichtliche Übersichten (z. B. Sampson 1980), auch diskursiv aufbereitet (de Beaugrande 1991), umfassen. Die moderne Linguistik gilt hier als ein Gebiet, in dem zwei Hauptansätze der Sprachforschung, ein europäischer und ein amerikanischer, sich der systematischen und methodisch geleiteten Beschreibung und Erklärung menschlicher Sprache, ihrer inneren Zusammenhänge sowie ihrer Funktion und Rolle in den jeweiligen Sprachgemeinschaften widmen. Diese Hauptansätze, in der ersten Hälfte dieses Jahrhunderts noch getrennt voneinander vorgehend, gelten als sowohl der Empirie wie auch der Theorie verpflichtet und haben in den letzten Jahrzehnten linguistische Teilbereiche herausgebildet: Phonetik und Phonologie, Morphologie, Syntax (insbesondere seit Ende der fünfziger Jahre und den sich seit den sechziger Jahren entwickelnden Spielarten der generativen Transformationsgrammatik), Semantik, Pragmatik und Textlinguistik (letztere insbesondere seit den frühen siebziger Jahren). Überdies ist zu beobachten, daß in den letzten dreißig Jahren eine Reihe von Teildisziplinen (‚Bindestrichlinguistiken') wie Psycholinguistik, Soziolinguistik, aber auch Neurolinguistik oder Computerlinguistik, in gerade neuester Zeit als weitgehend interdisziplinäre Bereiche ein Gebiet konstituieren, das sich den vielfältigsten Bezügen menschlicher Sprache (semiotisch, kommunikativ, strukturell, sozial, psychologisch, geographisch, typologisch usw.) widmet (Bugarski 1986, 1148).

2. Forderungen an eine Fachsprache der zeitgenössischen Linguistik

Ausgehend von der DIN-Norm 2342, Teil 1, für Fachsprachen allgemein, läßt sich für die Sprache der zeitgenössischen Linguistik eine Reihe von Anforderungen ableiten. Demnach dient die Fachsprache der Linguistik, wie jede Fachsprache, der Gewährleistung und Aufrechterhaltung adäquater und effektiver fachlicher Kommunikation. Daraus folgt u. a., daß über gemeinsprachliche Bedürfnisse hinaus Begriffe und komplexe sprachliche Konstruktionen des spezifischen Mediums fachlicher Verständigung einem erhöhten Beschreibungs- und Erklärungsbedarf unterworfen sind, so daß z. B. die Präzision und Differenzierungsleistung von Fachausdrücken auch gerade in der zeitgenössischen Linguistik immer wieder zum Gegenstand wissenschaftlicher Auseinandersetzung werden (de Beaugrande 1989). Schaeder stellt hierzu fest, daß fachliche Kommunikationsverfahren in der Linguistik dazu dienen, „(wissenschaftliche) Gegenstände und Sachverhalte bezeichnend, beschreibend und erklärend als solche festzustellen bzw. zu konstituieren. Sie haben des weiteren die Funktion, ein gemeinsames und aufeinander abgestimmtes Handeln bzw. die auf Erkenntnisfortschritt zielende wissenschaftliche Auseinandersetzung oder auch Verständigung zu gewährleisten" (1987, 92). Dies impliziert, daß die Fachsprache der zeitgenössischen Linguistik neben textuellen Besonderheiten natürlich auch eine ihr eigene Lexik entwickelt (hat), die einer Reihe verschiedenster Anforderungen genügen muß: linguistische Fachausdrücke (und auch jene allgemeiner Art) sollten monoreferentiell, Teilgefüge eines großen Gefüges und hinreichend definiert sein und nur in Grenzfällen von ihrer (sofern gegeben) gemeinsprachlichen Verwendung abweichen. Als unabdingbar erweist sich überdies die Bestimmung des Umfangs sowie die Angabe der Eigenschaften oder Merkmale eines Fachbegriffs.

3. Fachsprache der zeitgenössischen Linguistik

Nach Ansicht Flucks wird den Fachwörtern als Bestandteil fachlicher Kommunikation die größte Aufmerksamkeit zuteil (1985, 47), wohl auch deshalb, weil Ursachen und Quellen linguistischer Fachwörter mitunter hochgradig transparent sind. Um Begriffe der zeitgenössischen Linguistik zu versprachlichen, stehen auf der Wortebene Möglichkeiten zur Verfügung, die die Terminologisierung bereits existierender Wörter, die Nutzung von Wörtern und Wortbestandteilen aus der englischen und anderen Sprachen, Prozesse der derivativen und kompositionellen Wortbildung, Mehrwortbenennungen, Kurzformen usw. einschließen; auf der Satzebene können Möglichkeiten der Nominalisierung, der Prä- sowie Postmodifikation von Substantiven, der ‚Umdeutung' finiter Verben inklusive ihrer Ergänzungen usw. berücksichtigt werden (Beier 1995, 68). Die hier angedeuteten formalen, semantischen und morphologischen Eigenheiten linguistischer Fachsprache sind nachweisbar u. a. in der geschriebenen Theoriesprache der Linguistik (Schaeder 1987, 93), wie sie z. B. in großen enzyklopädischen Darstellungen (Asher 1994) dokumentiert ist.

3.1. Typisierung linguistischer Fachsprache

Typisierungen fachsprachlicher Lexik lassen sich nach verschiedenen Gesichtspunkten vornehmen. Im folgenden geschieht dies unter semantischen (a), morphologischen (b, c, d) und intersprachlichen (e) Gesichtspunkten. Die Gruppe (f) enthält Belege dafür, daß fachsprachliche Termini so streng nicht definiert sind, als daß sie keine Synonyma zuließen. Mit Welte (1995, 265 ff) lassen sich nun folgende Typisierungen vornehmen:

(a) Wörter der nicht-linguistischen Gemeinsprache, ‚umdefiniert' (in Auswahl):

across-the-board phenomena, bamboo English, Black English, bootstrapping, borrowing, branching, cocktail party phenomenon, corpus, critical period, cycle, dangling participle, dark sound, daughter, dead language, dead metaphor, declaration, deep structure, deforestation, depth hypothesis, donkey sentence, drift economy, elsewhere condition, embedding, family of languages, false friends, feedback, feeding, feminine rhyme, field theory, fieldwork, foot, full word, ghost form, goal, greengrocer's apostrophe, head, headword, inkhorn terms, key, language death, local tree, loose sentence, mad magazine sentence, mother, mother tongue, node, parent language, path, patient, person, pied piping, right (left) branching, right-headed foot, root, S-pruning, shadow pronoun, shallow-structure, sister, sister-dependency, sister adjunction, small clause, small phrase, sound wave, stranding, surface structure, thirteen men rule, threshold, tree, treebank, undergoer, wave, wave theory, wave-form, wavelength;

(b) neo-klassische Ad-hoc-Bildungen, d. h. assimilierte Wortbildungsmuster auf fremdsprachlicher Basis (in Auswahl):

abessive, ablative, absolute, acceptability, accessibility, accidence, accusative, adessive, adjacency pair, adnominal, adverbial, agglutinating, alternation, ambilingual, anticipatory assimilation, aspectualizer, associative, audiolingual method, autosegmental phonology, basilect, binaural, biolinguistics, buccal, cacophony, clavicular breathing, coalescent assimilation, cognitive semantics, coindexation, communicative dynamism, comparative reconstruction, complementary distribution, componential analysis, conjunction reduction, consonantal assonance, constructional homonymity, conventional implicature, coordinating conjunction;

(c) Akronyme und Abkürzungen (in Auswahl):

A-binding, adj, A-over-A Principle, ASR (Automatic Speech Recognition), *CAP* (Control Agreement Principle), *CV-tier, D-structure, e* (empty category), *E* (externalized language), *EST* (Extended Standard Theory), *GB* (Government and Binding Theory), *IPA* (International Phonetic Association/

International Phonetic Alphabet), *LIPOC* (language-independent preferred order of constituents), *LOC* (locative), *P* (phrase/predicator/preposition/particle), *REST* (Revised Extended Standard Theory), *SAAD* (simple active affirmative declarative sentence), *T/V* forms (*tu/vous* forms), *X-bar Theory*;

(d) Termini mit Eigennamen als Konstituenten (in Auswahl):

Cartesian linguistics, Chomsky-adjunction, Chomsky hierarchy, clerihew, Grimm's Law, Hallidayan grammar, Katz-Postal hypothesis, Montague Grammar, neo-Firthian grammar, Sapir-Whorf hypothesis, spoonerism, Verner's Law, Whorfian hypothesis;

(e) Übernahmen aus anderen Sprachen (in Auswahl):

ablaut, Aktionsart, actant, alexia, anacoluthon, anaptyxis, anomia, apocope, apex, aphasia, apheresis, apraxia, arc, calque, anaphora, cataphora, chômeur, circonstant, coda, deixis, dyslexia, dysphasia, endophora, epenthesis, erlebte Rede, esophageal, état de langue, glossolalia, koiné, liaison, leitmotif, nucleus, oratio, obliqua, récit, sandhi, Sprachbund, Sprachgefühl, svarabhakti vowel, thesaurus, umlaut;

(f) Synonyme oder alternative Bezeichnungen (in Auswahl):

absolute clause/phrase/construction, adjectival/adjective phrase, bar/number/prime notation, closed/finite class, cognitive/space grammar, count/countable noun, educational/pedagogical linguistics, false cognates/friends, folk/popular etymology, grammaticality/well-formedness, grammatical/empty/function word, inflecting/fusional language, indirect/reported speech, nucleus/centre, realization/actualization/manifestation, set/bound/fixed/frozen/petrified expression, stative/static/state verb, theta/thematic role, transitive/two-place verb, velum/soft palate.

3.2. Beschreibung linguistischer Fachsprache

Die vorstehende Auswahl zeigt, daß eine überwiegende Mehrheit von fachsprachlichen Termini der Klasse der Substantive angehört; in einigen Fällen sind die Belege adjektivischer Natur (z. B. *transitive, unaccented, unary*) und ausgesprochen selten finden bei Asher (1994) Verben Eingang in die linguistische Terminologie (z. B. *to construe, to generate, to license*). Bei kursorischer Betrachtung linguistischer Fachtexte läßt sich jedoch vermuten, daß diese Gruppe sehr viel größer ist: *analyse, aspirate, borrow, colligate, collocate, conjoin, construe, co-occur, derive, dominate, entail, focus, inflect* usw. Ob somit die These von der Deverbalisierung, also von der allmählichen Bedeutungsentleerung der zur Verfügung stehenden Verben für die linguistische Fachsprache, Gültigkeit besitzt, ist somit fraglich (Halliday z. B. vermutet, daß die Struktur von Aussagesätzen zur Beschreibung physikalischer Phänomene sich vom einstmaligen *a happens, so x happens* zu Newtons Zeiten zum heutigen Format *happening a is the cause of happening x* gewandelt hat (1993)); vielmehr scheint es nicht uninteressant, einmal das Kollokationsverhalten von Verben der linguistischen Fachsprache gegenüber dem der Gemeinsprache einer genaueren Prüfung zu unterziehen.

Selten sind die Einträge monomorphematisch; sie stellen vielmehr Kombinationen aus verschiedenen bedeutungstragenden Bestandteilen dar und schaffen auf diese Weise ‚neue' linguistische Termini. Es ist dabei zu beobachten, daß offensichtlich spezifische Wortarten und Wortbildungsmuster für die Bildung von Fachwörtern bevorzugt werden, nur werden diese nicht ausschließlich für die linguistische Fachsprache genutzt. In der Summe gilt die Fachsprache der Linguistik als motiviert (gegenüber den monomorphematischen Zeichen) und bis zu einem gewissen Grade als transparent. Dies gilt auch für die fachsprachlichen Belege, die als Verben das Ergebnis eines Wortklassenwechsels darstellen: *predicate, prefix, profile, process, rankshift, segment, surface* oder *voice*.

Aufgrund einer syntaktischen Klassifikation lassen sich zweigliedrige Konstruktionen z. B. in adjektivische Komposita (*conceptual meaning, propositional calculus, semantic differential*), deverbale Komposita (*feature specification, incremental production, velic closure*) oder verbale Nomina (*selective listening, right branching, right node raising*) unterteilen; aufgrund einer semantischen Klassifikation kann die Relation zwischen dem Kopf und dem Modifikator der Konstruktion spezifiziert werden. Transparenz zeigen auch die sog. Wissenschaftspräfixe, die die entsprechenden Suffixe quantitativ bei weitem überwiegen: z. B. *allo-* in *allophone, allomorph, allograph, allokine,* bi- in *biconditional, bidialectism, bilabial, bilateral, iso-* in *isochrony, isogloss, isomorph, isophone, isopleth, proto-* in *Proto-Germanic, proto-language, prototype* oder *poly-* in *polygenesis, polyglot, polylectal, polysemy*.

Eine ungebrochene Produktivität bei der Bildung von Fachwörtern wird Prozessen der Metaphorisierung attestiert. Metaphern sind eine Form der Wissensaneignung, der Wissensorganisation und Wissensnutzung; sie stellen Modelle bereit, die auf Grundformen unserer Wahrnehmung und der Lebensweise beruhen und Erscheinungen und Sachverhalte mental verfügbar machen. Dies gilt selbstverständlich für die Gemeinsprache, da aber auch die linguistische Fachsprache als ein komplexes, halb-autonomes semiotisches System gilt (Sager/Dungworth/McDonald 1980, 68 ff), ist auch hier der Vorrat an metaphorischer Terminologie nicht zu unterschätzen. Die Einstellung gegenüber diesem Faktum ist zwiespältig, suggerieren doch Metaphern in einer Fachsprache möglicherweise falsche Assoziationen; und selbst unter Linguisten wird metaphorischer Terminologiegebrauch, und hier besonders die anthropomorphe Konzeptualisierung von Sprache, als Barriere auf dem Weg zum Erkenntnisfortschritt (miß-)verstanden. Bei Haugen ist er *drastically misleading* (1975, 34), und bei Erben zwar notwendig für eine bestimmte Stufe des Erkenntnisprozesses, doch hat letztlich eine präzise Bestimmung der zu untersuchenden Phänomene eine metaphorisch geprägte Sprache zu verdrängen (Erben 1966, 82). Für Erben ist metaphorische Terminologie nur ein provisorisches Bezeichnungsmittel zur Evozierung von Hilfsvorstellungen; nur: welche Art von Vorstellungen evoziert nicht-metaphorische Terminologie?

Linguistische Fachterminologie wird oft fälschlicherweise als dekontextualisierte, also als unabhängig vom jeweiligen Kommunikationsprozeß entworfene und existierende fachliche Kommunikation betrachtet. Zu bedenken ist aber, daß Terminologie immer auch als „etwas situationsabhängig Entstandenes" (Vermeer 1971, 20) gilt. Die in Auswahl vorgelegten Termini sind auf verschiedenen Modell-, Theorie- und Sprachstufen in die linguistische Diskussion eingeführt worden, so daß sie nicht immer identische Referenten bezeichnen. So bezeichnet z. B. *predicate* in der traditionellen Grammatik eine spezifische Konstituente in komplexen Konstruktionen, in der Logik eine Eigenschaft, die Argumenten zukommt, in der funktionalen Grammatik den Nukleus eines wohlgeformten Satzes und in der Kognitiven Semantik semantische Einheiten schlechthin. Termini in der linguistischen Fachsprache sind somit nur als hypothetische Konstrukte oder Artefakte einer bestimmten Theorie oder eines bestimmten Ansatzes innerhalb eines Systems zu haben. Sie erklären nichts an sich, sondern benennen Phänomene; sie sind eher Bestandteil probabilistischer als deterministischer Modelle und das ihnen unterstellte Streben nach naturwissenschaftlicher, logischer oder mathematischer Strenge ist schlichtweg Fiktion. Darin unterscheiden sich linguistische Fachwörter nicht von gemeinsprachlichen Lexemen. Umgekehrt gilt allerdings auch, daß in der stark formalisierten *Government-Binding*-Theorie der Drang zur Monosemierung von Termini und zur Um- respektive Neudefinition bereits bestehender Termini sehr ausgeprägt ist (z. B. *competence/performance, grammatical* usw.). Ein sich hier einstellender höherer Grad an Formalisierung, der der vermeintlichen Schaffung von Intersubjektivität Vorrang gibt gegenüber der Wahrung individuellen Denkens, zeigt sich u. a. auch in den Möglichkeiten nicht-sprachlicher, also graphischer Repräsentation von singulären oder komplexen Begriffen. Diese Repräsentationen selbst gelten als Bestandteil einer künstlichen Sprache (Sager/Dungworth/McDonald 1980, 40) und erhalten vergleichbaren Status wie mathematische Gleichungen oder Formeln. Nicht nur in streng formalisierten Modellen konstituieren sie dabei eigenständige semiotische Systeme. Hierzu gehören nach Engels (1994) Verzweigungsdiagramme (für Taxonomien, semantische Merkmalsanalyse, Konstituentenstrukturanalyse), Matrixdarstellungen (z. B. für das Lautsystem im Englischen), Raum- oder Quadermodelle, Kreis- oder Schichtenmodelle und andere Darstellungsformen (insbesondere in der Kognitiven Linguistik), die aufgrund ihrer spezifischen Form/Inhalt-Relation als hochgradig ikonisch bezeichnet werden können:

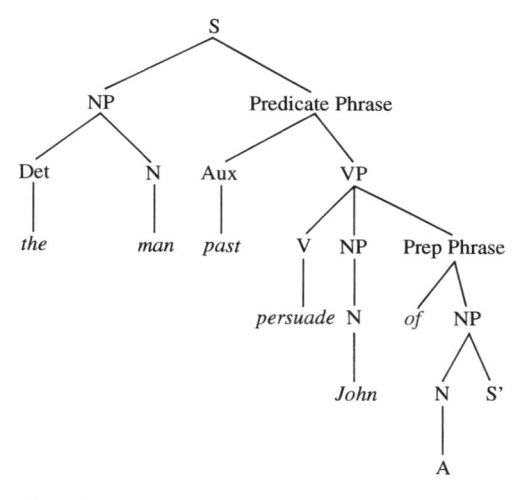

Figur 1

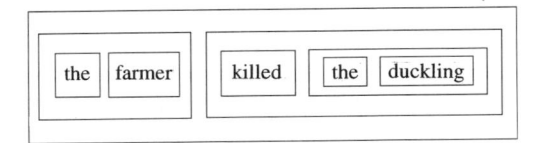

Figur 2

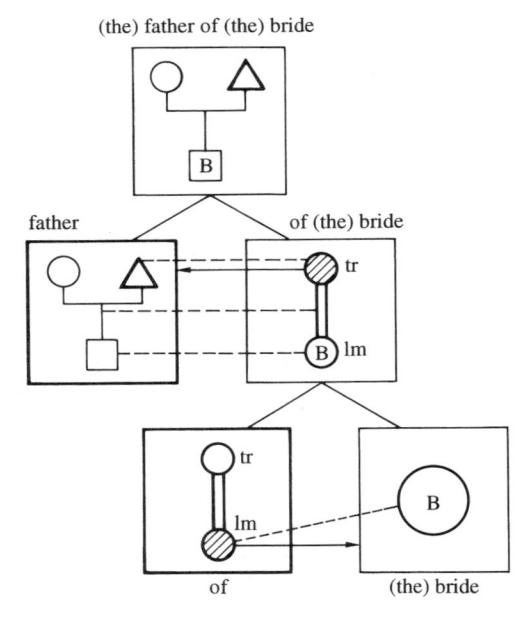

[the] [farmer] [killed] [the] [duckling]

Figur 3

(the) father of (the) bride

father of (the) bride

of (the) bride

In einem anderen Sinne gelten sie als monofunktional, da ihnen eine diskursive oder interaktive Funktion nicht zugesprochen werden kann und der sprachliche Charakter fachlicher Kommunikation vollends in den Hintergrund tritt. Doch auch hier ist zu bedenken, daß graphische Repräsentationen Sachverhalte mitunter sehr stark vereinfachen und ihr Schaubildcharakter Produkt eines ‚translatorischen' Prozesses mit der linguistischen Fachsprache und der Gemeinsprache als Ausgangspunkt ist.

4. Schlußbemerkungen

In einem Fach, in dem Erkenntnisgegenstand und Erkenntnismittel identisch sind, gilt es als selbstverständlich, daß methodisch-theoretische Annahmen über Sprache den Forschungsprozeß beeinflussen. De Beaugrande vermutet hier eines der Probleme linguistischer Fachsprache (1989, 3), andere wiederum sehen in der Vielfalt von Forschungsrichtungen, der Ausdifferenzierung einzelner Nationalphilologien, der fortlaufenden Spezialisierung in der modernen Linguistik, den widerstreitenden Schulen oder dem Fehlen einer genauer abgrenzbaren Gegenstandsordnung die Auslöser für das wachsende Unbehagen an der linguistischen Fachlexik (Fluck 1985, 82; Weinrich 1995). Zunächst bleibt festzuhalten, daß die englische Fachsprache der Linguistik keine regionalen Varianten entwickelt hat und in ihrem Einfluß auf die Gemeinsprache nahezu unbedeutend geblieben ist (vgl. *competence, structure, semantic*). Wie für viele andere Fachsprachen gilt auch hier, daß die linguistische Fachsprache keine spezifischen syntaktischen Muster hervorgebracht hat und hervorbringt, spezifische Muster scheinen allerdings im Vergleich zur Gemeinsprache signifikant häufiger aufzutreten.

Thesen dieser Art verhehlen nicht ihren tentativen Charakter, liegen doch bisher kaum gesicherte Aussagen über qualitative und quantitative Merkmale der linguistischen Fachlexik vor, ist die Untersuchung der syntaktischen Strukturen linguistischer Fachtexte nach wie vor ein Desiderat und liegen Untersuchungen zu textpragmatischen Eigenschaften von Texten allenfalls für nichtlinguistische Fachtexte vor.

5. Literatur

Asher 1994 = Ronald E. Asher (Hrsg.): The Encyclopedia of Language and Linguistics. Oxford. New York. Seoul. Tokyo 1994.

de Beaugrande 1989 = Robert de Beaugrande: Special purpose language as a complex system: The case of linguistics. In: Special Language. From Humans Thinking to Thinking Machines. Ed. by Christer Laurén and Marianne Nordman. Clevedon. Philadelphia 1989, 3–29.

de Beaugrande = Robert de Beaugrande: Linguistic Theory: The Discourse of Fundamental Works. London. New York 1991.

Beier 1995 = Rudolf Beier: Der Gebrauch des Englischen in Wissenschaft und Technik. In: Handbuch Englisch als Fremdsprache. Hrsg. v. Rüdiger Ahrens/Wolf-Dietrich Bald und Werner Hüllen. Berlin 1995, 67–69.

Bugarski 1986 = Ranko Bugarski: Notes on the terminology of applied linguistics. In: Linguistics across Historical and Geographical Boundaries. In Honour of Jacek Fisiak on the Occasion of His 50th Birthday. Volume II. Ed. by Dieter Kastovsky and Aleksander Szwedek. Berlin. New York 1986, 1147–1153.

Crystal 1991 = David Crystal: A Dictionary of Linguistics and Phonetics. 3., aktualis. und erw. Aufl. Oxford 1991.

Engels 1994 = Leopold K. Engels: Iconicity in theoretical and applied linguistics. In: Perspectives on English. Studies in Honour of Professor Emma Vorlat. Ed. by Keith Carlon, Kristin Davidse and Brygida Rudzka-Ostyn. Leuven. Paris 1994, 469–483.

Erben 1966 = Johannes Erben: Aufgaben der deutschen Philologie heute. In: Sprachkunst als Weltgestaltung. Festschrift für Herbert Seidler. Hrsg. v. Adolf Haslinger. Salzburg. München 1966, 75–87.

Fluck 1985 = Hans-Rüdiger Fluck: Fachsprachen. Einführung und Bibliographie. 3., aktualis. und erw. Aufl. Tübingen 1985 (Uni-Taschenbücher 483).

Götz 1995 = Dieter Götz: Die Bedeutung des Englischen für Linguistik und Literaturwissenschaft. In: Handbuch Englisch als Fremdsprache. Hrsg. v. Rüdiger Ahrens/Wolf-Dietrich Bald und Werner Hüllen. Berlin 1995, 69–72.

Halliday 1993 = Michael A. K. Halliday: On the language of physical science. In: Writing Science: Literacy and Discursive Power. Ed. by Michael A. K. Halliday and John R. Martin. Basingstoke 1993.

Haugen 1975 = Einar Haugen: The curse of Babel. In: Language as a Human Problem. Ed. by Morton W. Bloomfield and Einar Haugen. Guildford. London 1975, 33–43.

Hüllen 1993 = Werner Hüllen: Anregungen zur Berücksichtigung der Historiographie der Linguistik in anglistischer Forschung und Lehre. In: Mitteilungen des Verbandes deutscher Anglisten 4, 1, 1993, 47–57.

Lyons 1968 = John Lyons: Introduction to Theoretical Linguistics. London. New York 1968.

Sager/Dungworth/McDonald 1980 = Juan C. Sager/David Dungworth/Peter F. McDonald (Hrsg.): English Special Languages. Principles and Practice in Science and Technology. Wiesbaden 1980.

Sampson 1980 = Geoffrey Sampson: Schools of Linguistics: Competition and Evolution. London 1980.

Schaeder 1987 = Burkhard Schaeder: Lexikographie ist, wenn man ... Ein Beitrag zur Fachsprache der germanistischen Lexikographie. In: Fachsprache und Wissenschaftssprache. Hrsg. v. Clemens Knobloch. Essen 1987, 91–115 (Siegener Studien, Band 42).

Skudlik 1990 = Sabine Skudlik: Sprachen in den Wissenschaften. Deutsch und Englisch in der internationalen Kommunikation. Tübingen 1990.

Swales 1990 = John Swales: Genre Analysis. English in Academic and Research Settings. Cambridge 1990.

Szemerényi 1971 = Oswald Szemerényi: Richtungen der modernen Sprachwissenschaft. Heidelberg 1971.

Vater 1995 = Heinz Vater: Neuere Sprachwissenschaft. In: Beiträge zur Methodengeschichte der neueren Philologien. Zum 125jährigen Bestehen des Max Niemeyer Verlages. Hrsg. v. Robert Harsch-Niemeyer. Tübingen 1995, 31–61.

Vermeer 1971 = Hans J. Vermeer: Einführung in die linguistische Terminologie. München 1971.

Weinrich 1995 = Harald Weinrich: Sprache und Wissenschaft. In: Linguistik der Wissenschaftssprache. Hrsg. v. Heinz L. Kretzenbacher und Harald Weinrich (Hrsg.). Berlin. New York 1995 [1994], 3–13 (Akademie der Wissenschaften zu Berlin, Forschungsbericht 10).

Welte 1995 = Werner Welte: Sprache, Sprachwissen und Sprachwissenschaft: Eine Einführung. Frankfurt/M. Berlin. Bern. New York. Paris. Wien 1995.

Rainer Schulze, Hannover

166. Die neuere Fachsprache der Literaturwissenschaft im Englischen

1. Vorbemerkung und Forschungsstand
2. Die englische Fachsprache der Literaturwissenschaft als kumulative Fachsprache
3. Zum Verhältnis von Objektsprache und Metasprache in englischen literaturwissenschaftlichen Fachtexten
4. Der englische literaturwissenschaftliche Fachwortschatz
5. Zur Darstellungshaltung in englischen literaturwissenschaftlichen Fachtexten
6. Zusammenfassung und Ausblick
7. Literatur (in Auswahl)

1. Vorbemerkung und Forschungsstand

Nachdem Eimermacher (1973) Gedanken zum Problem einer literaturwissenschaftlichen Metasprache formulierte, Schefe (1975) statistische syntaktische Analysen und Fricke (1977) eine profunde textanalytische und philosophische Untersuchung zur „Sprache der Literaturwissenschaft" im Deutschen vorgelegt haben, wandten sich mit Beginn der achtziger Jahre deutsche Linguisten verstärkt der

Fachsprache der Literaturwissenschaft im Englischen zu.

Diese zumeist terminologisch orientierten Arbeiten (z. B. Gläser 1984, Gual 1981, Köpp 1980, Spillner 1981) konnten an eine Arbeit aus dem Jahre 1976 von Gemmill anknüpfen, die die Relationen zwischen als bedeutungsgleich geltenden Termini im Englischen und Deutschen darstellte und analysierte. Weiterführenden Charakter besitzt die Arbeit von Westphal (1981), die aus vorwiegend konfrontativer Sicht (englisch—deutsch) auch terminologische Randerscheinungen wie *nomina propria* und Tropen mit einbezog.

Die letztliche Hinwendung zum englischen literaturwissenschaftlichen Fachtext — als Instrument und Resultat fachbezogener Kommunikation — wurde mit den Arbeiten von Timm (1987) und Klauser (1987), (später Klauser 1992 und Timm 1992, a und b) vollzogen. Mit einem integrativen und interdisziplinären Analyseansatz wurden Textsorten der englischen Literaturwissenschaft nach einheitlichen linguistischen Kriterien beschrieben und auf dieser Grundlage die Existenz einer Fachsprache der Literaturwissenschaft/Literaturkritik und deren Besonderheiten nachgewiesen.

Die Problematik einer Fachsprache der Literaturwissenschaft im Englischen offenbart sich schon in der 1842 von Thomas Mundt geprägten Bezeichnung „Literatur*wissenschaft*" und deren Verwendung als Hyperonym. Im englischen Sprachraum benutzt man dafür in der Regel "literary criticism" — nicht gleichzusetzen mit der Teildisziplin „Literaturkritik" im Deutschen. Wellek/Warren (1963, 7 ff) z. B. sprechen von "literary theory" als "poetics", "literary criticism" als "evaluation of literature", "literary scholarship" als "research" und "literary history" als "the dynamics of literature". Gemeinsam ist der deutschen bzw. der englischen literaturwissenschaftlichen Fachsprache jedoch der Gegenstand (sprachkünstlerische Texte, die als Ergebnis der Auseinandersetzung mit der objektiven Realität in subjektiver Brechung entstanden), die Existenz als ‚kumulative Fachsprache' sowie die Notwendigkeit der Erfassung der im literarischen Text angelegten ‚semantischen Dynamik' durch eine angemessene Metasprache als Wissenschaftssprache:

2. Die englische Fachsprache der Literaturwissenschaft als kumulative Fachsprache

Die Literaturwissenschaft existiert nur in und durch die dialektische Einheit ihrer Teildisziplinen. Im konkreten Fachtextexemplar realisiert sich dieser Komplex dialektischer Beziehungen über die Dominanz des Aspektes, unter dem ein künstlerischer Text betrachtet wird. Darin sind die einzelnen Teildisziplinen unterschiedlich beteiligt. Auf der Abstraktionsebene der Literaturwissenschaft fügen sich diese unterschiedlichen Aspekte wieder als Teile zum Ganzen. Für die Sprachverwendung geschlußfolgert heißt das, daß die Teildisziplinen der Literaturwissenschaft in unterschiedlicher Qualität und Quantität Merkmale ihrer fachsprachlichen Existenz in das Ganze einbringen, insgesamt aber die Existenz einer kumulativen Fachsprache der Literaturwissenschaft konstituieren, wenn auch vereinzelt (Klauser 1992: „Die Sprache der Literaturkritik") den Teildisziplinen eine eigene (Fach-)Sprache zugestanden wird.

3. Zum Verhältnis von Objektsprache und Metasprache in englischen literaturwissenschaftlichen Fachtexten

Die Praxis erwartet von der Literaturwissenschaft objektive, angemessene, systematisierbare, eindeutige und nachprüfbare Forschungsleistungen, auch wenn den literaturwissenschaftlichen Texten eine „emotive Sprachfunktion" (Terminus nach Spillner 1981, 30) zuzuerkennen ist. Aber sowohl an englische als auch an deutsche Literaturwissenschaftler ergehen oft folgende Vorwürfe:
(1) Die Diktion des Literaturwissenschaftlers nähert sich — bewußt oder unbewußt — der Diktion des besprochenen Wortkunstwerks, laut Eimermacher (1973, 265) eine „subjektivistische Semantisierung der Textlexik".
(2) Die willkürliche Häufung „poetischer Elemente" in literaturwissenschaftlichen Texten führt zu einer Überdehnung der „emotiven Sprachfunktion".
(3) Die Interpretation erfolgt oft nur durch Paraphrasierung des Textinhalts der literarischen Vorlage, ohne objektive, systematische und wissenschaftlich nachvollziehbare Erkenntnisse zu vermitteln.

Bisherige Untersuchungen konnten diese Vorwürfe für englische literaturwissenschaftliche Texte nicht bestätigen. Legitim ist es allerdings, Zitatfragmente aus der Interpretationsvorlage aufzugreifen, sie in den metasprachlichen Text einzubauen und daran eine Argumentation zu entwickeln:

Objektsprachliches Zitat: "[...] It is a moral teething; and I grind with greater energy in proportion to the increase of pain".

Metasprachliche Argumentation: "It is a moral teething" — the phrase is both odd and significant, giving as it does the answer to our temptation to treat this whole section as a delineation of pathological neurosis." (Kettle 1976, 149)

4. Der englische literaturwissenschaftliche Fachwortschatz

4.1. Systematisierung

Der englische Fachwortschatz der Literaturwissenschaft ist Hauptinformationsträger fachsprachlicher Information und Indikator für den Fachlichkeitsgrad einer Publikation. In der gegenwärtigen anglistischen literaturwissenschaftlichen Praxis lassen sich bei der Systematisierung literaturwissenschaftlicher Begriffe zwei Tendenzen feststellen:

Zum einen werden Begriffe aus anderen metasprachlichen Systemen (Philosophie, Soziologie, Linguistik etc.) übernommen, so daß die in diesen metasprachlichen Systemen implizierten Verpflichtungen berücksichtigt werden bzw. eine terminologische Präzisierung für die Literaturwissenschaft vorausgegangen ist. Bei Klauser (1987, 70) finden sich dafür u. a. folgende Beispiele aus dem Bereich der Psychologie: *existentialist angst, case studies, hallunicatory experience, paralysis, pathological behavior, therapy, traumatic discovery.*

Zum anderen erfolgt durch verschiedene Literaturwissenschaftler die Bildung eigenwilliger, manchmal pseudowissenschaftlicher Neologismen, die oft nur subjektive Paraphrasen bestehender literaturwissenschaftlicher Kategorien darstellen. Deren Verfechter (z. B. Spinner 1977) rechtfertigen dieses Vorgehen mit der Absicht, die Einmaligkeit der literarischen Interpretationsvorlage zu erfassen. Beispiele lassen sich vor allem im literaturkritischen Essay finden (Klauser 1987, 75): *bad-boy story, crypto-Jewish characters, "end-of-the-world" books, hyper-American authors, neo-Faulknerians, pseudo-Hemingwayesque, semi-Christian novel.*

4.2. Nähe zum Alltagswortschatz und zur Umgangssprache

Literaturwissenschaftliche Begriffe, die für die literaturwissenschaftliche Kommunikation definiert sind, werden in der Alltagssprache verwendet, ohne daß man dort den Begriffsinhalt in vollem Umfang kennt. Dabei werden Wertungskomponenten eingeschlossen, die im literaturwissenschaftlichen Fachbereich neutralisiert sind. Für englische literaturwissenschaftliche Texte trifft diese Beobachtung u. a. zu für *climax, denouement, empathy, irony, opening, texture.*

Andererseits wird der Alltagswortschatz — in Abhängigkeit vom Fachlichkeitsgrad — unter Zuhilfenahme seiner metaphorischen Potenzen und unter Berücksichtigung des Alltagswissens zur literaturwissenschaftlichen Explikation gezielt eingesetzt:

"When you slide into home base with the batter, help land the punch that knocks out the boxer, or scream with the heroine when the villain's hands close around her throat, you are actually taking part in the emotions of these "performers", that is, you are experiencing empathy." (Pooley, 1964, 591f)

Die genannten Erscheinungen lassen sich darauf zurückführen, daß die „poetologische Terminologie" dem lebendigen Sprachgebrauch des Alltags sehr viel näher steht als die Terminologie anderer Wissenschaften (vgl. auch Gual 1981, 404) und die literaturwissenschaftlichen Begriffe aus einer in gesellschaftlicher Bewegung befindlichen Tradition hervorgegangen sind.

4.3. Tradierung

Die Tradierung literaturwissenschaftlicher Begriffe und der damit verbundene häufige Bedeutungswandel sind weitere Merkmale des Gesamtinventars literaturwissenschaftlicher Fachbegriffe. Den Kernbereich des heutigen Fachwortschatzes verdankt die Literaturwissenschaft den antiken Rhetoriken und Poetiken, wie z. B. *catarsis, comedy, drama, epic, metre* und *tragedy.*

4.4. Determiniertheit

Ein Problem literaturwissenschaftlicher Begriffsbestimmung und -systematisierung ist die Determinierung des literaturwissenschaftlichen Fachwortschatzes durch verschiedene Bezugssysteme. In Auswertung und Zusammenfassung verschiedener Ansätze (z. B. Gläser, 1984, 701ff) wurden folgende Bezugssysteme herausgearbeitet:

(i) das terminologische System (die Eingliederung in das System der Fachbegriffe als Benennungseinheit),
(ii) das ästhetische und/oder ideenreferentielle System:
    (a) die Markierung durch verschiedene li-

teraturwissenschaftliche Schulen und Strömungen (z. B. *hermeneutics, historical criticism, structuralism, post structuralism, new criticism, formalism, deconstructive criticism, archetypical criticism, feminist criticism*);
(b) die Markierung durch Nachbardisziplinen: *stylistics, textlinguistics, semiotics, new historicism, cultural materialism, psychoanalytical criticism.*

Eindimensional determinierte literaturwissenschaftliche Fachbegriffe im Englischen sind u. a. die Fachbegriffe der Verslehre und Metrik wie: *anapestic feet, dactylic feet, iambic feet, pentameter* oder *trochaic feet.* Mehrdimensional determinierte Fachbegriffe, die sich dadurch auszeichnen, daß die Bedeutungsstruktur ihrer sprachlichen Zeichen abweichende und/oder gegensätzliche „Ideen" repräsentiert und in einem ästhetischen Rahmen das Bedingungsgefüge von Inhalt, Form, Funktion und Wirkung widerspiegelt, bilden den größten Anteil des englischen literaturwissenschaftlichen Fachwortschatzes. Dabei ist zu beachten, daß nicht nur auf der Ebene der Fachlexik entsprechende Wertungen und Konnotationen zu finden sind, sondern der Text selbst eine implizite oder explizite Wertungskomponente besitzt.

4.5. Interdisziplinarität

Ein weiteres Merkmal des literaturwissenschaftlichen Wortschatzes ist seine Interdisziplinarität mit verwandten Fachwortschätzen, z. B. Theaterwissenschaft, Journalismus, Linguistik. Durch die Beschäftigung mit dem Phänomen ‚literarischer Text' bringen Wissenschaftsdisziplinen ihr eigenes terminologisches Inventar in die Literaturbetrachtung und -analyse mit ein. In diesem Zusammenhang sind vor allem auch die Bemühungen zu erwähnen, literarische Texte mit linguistischen Mitteln zu beschreiben (z. B. Tristram 1978, Cummings/Simmons 1983).

4.6. Eigennamen im englischen literaturwissenschaftlichen Fachwortschatz

Eigennamen sind sprachlich ökonomisch, erfassen fachwissenschaftliche Traditionen, dienen als Determinanten von Mehrworttermini zumeist der fachwissenschaftlichen Subspezialisierung im terminologischen Bereich und einer Präzisierung von Leitbegriffen (z. B. *Aristotelian criticism, Cowleyan ode, Burns stanza, Gothic novel, Harlem Renaissance, Homeric simile, Horatian satire, Juvenalian satire, Petrarcan conceit, Senecan tragedy, Shakespearean sonnet, Spencerian stanza*).

Es werden in der anglistischen Literaturwissenschaft schon Adjektive − als deonymische Ableitungen − als selbständige Wörterbucheintragungen verzeichnet (z. B. in Cuddon 1984, Morner/Rausch 1994): *Aeschylian, Addisonian, Edwardian, Elizabethan, Jacobean, Johnsonian, Rabelaisian, Victorian.* Sie gelten als Träger bestimmter Stil- und Schaffensmerkmale und/oder dienen der Charakterisierung von (Schaffens-)Perioden. Die im Fachtextkontinuum vorkommenden adjektivischen Ableitungen (z. B. *Dickensian, Meredithian, Jamesian, Thackerayan, Keatsian, Tennysonian, Wordsworthian*) setzen beim Rezipienten ein bestimmtes Fachwissen voraus, damit aus implizierten Qualitäten und Schaffensmethoden die richtigen interpretatorischen Schlüsse gezogen werden können.

4.7. Terminologische Ordnungen

In der anglistischen Literaturwissenschaft gibt es Teilsysteme mit Bezeichnungen für literarische Phänomene, die zwar noch nicht hinreichend definiert sind, aber aufgrund homogener Merkmale eine innere Systematik bilden, so daß man sie mit Nomenklaturen vergleichen kann, die eine gewisse Etikettierungsfunktion besitzen.

In Auswertung der Sekundärliteratur und eines repräsentativen Textkorpus läßt sich z. B. für die ‚Unterarten' der Gattung Roman eine nomenklaturähnliche Subklassifikation für den englischen Roman (im viktorianischen Zeitalter) ansetzen:

Aussageabsicht
Bildungsroman, *novel of social description, novel of social protest, novel of ideas, documentary novel, roman à chlef, unheroic novel, subjective novel, propaganda novel, political novel, roman à thèse, novel of character, novel of redemption, "Condition of England" novel.*

Sujet/Milieu der Darstellung
historical novel, romantic novel, industrial novel, novel of crime and discovery, novel of fashionable life, novel of fashion, religious novel, novel of religious worry, novel of religious history, social novel, novel of quiet daily life, novel of crime, novel of terror, utopian novel, novel of Radicalism, picaresque novel, novel of revenge, detective novel, sporting novel, novel of adventure

Wirkung auf den Leser
depressing novel, tragic novel, Gothic novel, comic novel, thriller

Künstlerische Qualität
modern novel, realistic novel, novel of escape, well-plotted novel, novel of mechanical plot

Darstellungsform
episodic novel, verse-novel, blank-verse novel

Bei der Erstellung und Nutzung solcher terminologischen Ordnungen muß man immer in usuelle und okkasionelle Klassifikationen unterscheiden und beachten, daß jede Klassifikation durch die Einbindung in die unterschiedlichen Bezugssysteme nur relativ ist.

5. Zur Darstellungshaltung in englischen literaturwissenschaftlichen Fachtexten

5.1. Komplexität auf Satzebene

Die spezifische Intention des Textproduzenten bei der Behandlung des Kommunikationsgegenstandes (z. B. kritische und polemische Auseinandersetzung mit der Primär- und Sekundärliteratur) beeinflußt die Komplexität einer Aussage. Die gedankliche Fülle findet ihren Niederschlag in einer Vielzahl langer Satzgefüge und damit in einer relativ hohen durchschnittlichen Satzlänge. Das rein quantitative Kriterium ist zum einen abhängig vom Denkstil der Textproduzenten, zum anderen ist es Ausdruck der Spezifik einer Fachsprache auf der Ebene des Satzes.

5.2. Persönliche Zuwendung

Die persönliche Nuancierung der Darstellungen in den Texten wird durch den Einsatz von Personalpronomen der 1. und 2. Person Singular und Plural bestimmt. Der Großteil wird für die 1. Person Plural durch das "inclusive we" realisiert, das einen impliziten Dialog mit dem Textrezipienten herstellt und den Leser scheinbar in die Bewältigung des Themas mit einbezieht:

We do not remember, when we think back of it, the intracies of the plot; we are not interested in the affairs of Rose and Harry Maylie; we do not care who Oliver's father was, and though we sympathize with Oliver's struggles, we do not mind whether or not he gets his fortune. (Kettle 1976, 130)

Für polemische Passagen erscheint der Einsatz des Personalpronomens „I" durchaus notwendig und berechtigt:

Mr. David Wilson in his excellent essay on Emily Brontë to which I am deeply indebted (though I do not agree with all of his interpretation) suggest an identification, [...]. (Kettle 1976, 154)

Mit solchen Beobachtungen an literaturwissenschaftlichen Texten werden die Ergebnisse von Kussmaul (1978, 56) bestätigt, der persönlich wirkende Konstruktionen als typisch für englische geisteswissenschaftliche Texte ermittelte.

5.3. Modalität

In englischen literaturwissenschaftlichen Texten kommt gerade den lexikalisch expliziten Realisationsformen von Modalität (Modalverben, Modalwörter) besondere Bedeutung zu.

Modalverben werden häufig von Modaladverbien (*apparently, certainly, perhaps, possibly, probably, naturally*) begleitet. Diese treten vor allem in solchen Passagen auf, in denen der Textproduzent auf ganz persönliche Erfahrungen mit der Interpretationsvorlage verweist. Dies wird noch unterstützt durch einen vergleichsweise niedrigen Anteil an Passivkonstruktionen, der gleichzeitig der Deagentivierung — wie sie Texten aus anderen Wissenschaftsdisziplinen eigen ist — entgegenwirkt.

5.4. Sachvergleiche

Aufschlußreich ist die Ermittlung der Sachvergleiche und der damit verbundenen Wertung literarischer Erscheinungen. Unter thematischem Gesichtspunkt verteilen sich die Sachvergleiche auf solche zwischen Schriftstellern, Werken, Charakteren, zwischen Schriftsteller und historischen Persönlichkeiten sowie zwischen literarischen Werken und Gemälden usw. Ein Beispiel soll obige Gruppen von Sachvergleichen illustrieren. Hierbei handelt es sich um die sogenannte ‚Vossianische Antonomasie':

He (Anthony Trollope — C. T.) is a male Jane Austen, cruder and more expansive, [...]. *He (Meredith — C. T.) is a nineteenth century Richardson, with a much finer intelligence than Richardson possessed.* (Evans 1981, 256/257)

5.5. Metakommunikative Äußerungen

Die Komplexität der literaturwissenschaftlichen Ausführungen erfordert es gelegentlich, auf bereits aufgeworfene Probleme und eingenommene Standpunkte hinzuweisen (Rückverweis): *Dickens, as we have seen, was deeply moved by the social evils of his day;* [...] (Sampson 1970, 630).

Vorverweise durch metakommunikative Äußerungen werden in knapper, unpersönlicher Form realisiert: *'The Woman who did' (1895),*

[...], was written by a man, Grant Allen (p. 744 below), but it could easily have passed as the work of a woman (Sampson 1970, 649).

Metakommunikative Äußerungen können auf die Realisierung von Teilhandlungen gerichtet sein und den Beginn eines neuen Aspektes der Themenbehandlung signalisieren: *We now return to the general account of Victorian novelists.* (Sampson 1970, 645)

Die Textproduzenten nutzen zur Verstehenssicherung und zum besseren Nachvollziehen kommender Ausführungen metakommunikative Äußerungen, die Art und Weise der Themenbehandlung explizieren, kommentieren und gegebenenfalls begründen:

The apparent absurdity of moving from George Moore to his contemporary Rudyard Kipling (1865–1936) only shows the difficulty of arranging and classifying English fiction at this period (Daiches 1975, 1090).

Ebenfalls zur Verstehenssicherung dienen explizierende metakommunikative Äußerungen:

Oliver himself does not survive; but the force he has set in motion does. This force — let us call it the sense of the doom and aspiration of the oppressed — is too strong to be satisfied with the dream solution of Oliver's metamorphosis, [...] (Kettle 1976, 138).

5.6. Stilfiguren

Auch der Einsatz von stilistischen Mitteln unterliegt — im Sinne der Wissenschaftlichkeit einer (fach-)sprachlichen Darstellung — gewissen Restriktionen. Für literaturwissenschaftliche Äußerungen ergibt sich jedoch aus der Spezifik und dem Gegenstand des Objektbereiches eine größere qualitative (funktionale) wie auch quantitative Varianz. Die individualstilistische Komponente ist dabei von größerer Bedeutung als in anderen Wissenschaftsgebieten. Häufige und typische Stilfiguren in englischen literaturwissenschaftlichen Texten sind u. a. Parenthese, Metapher, Antithesen, Anspielung, Satzspaltung, Epitheton und Emphase, die im folgenden durch Beispiele belegt werden sollen:

Die textorganisierende Parenthese unterbricht die Satzkontinuität durch einen syntaktischen Einschub, ohne daß der Referenzstrang unterbrochen wird. In den literaturwissenschaftlichen Texten besitzen die Parenthesen bewertende, definierende, explizierende, exemplifizierende oder, wie im Beispiel, kommentierende Funktion:

[...] custome could be extremely lavish — often having belonged to a dead noble man, or being filched by servants from a living one — and banners and pennants could add a touch of pageantry (Barnard 1984, 16).

Mit der Stilfigur Metapher wird ein hoher bildlicher und kommunikativer Wert erzielt: *They act as a kind of a sieve to the story, sometimes a double sieve, which has the purpose not simply of separating off the chaff, but of making us aware of the difficulty of passing easy judgements* (Kettle 1976, 141).

Antithesen, deren Wirkung im Text auf der Kombination von Lexemen mit antonymischer Bedeutung oder auf parallelen Satzstrukturen antithetischer Prägung beruhen, dienen der Gliederung, Hervorhebung und Pointierung der Aussagen des Literaturwissenschaftlers: *The watchword must be: "the few for the many, not the many for the few"* (Sampson 1970, 632).

Im Beispiel ist ebenfalls eine Sonderform des Parallelismus, der kreuzend figurierte Satzbau — Chiasmus — zu erkennen.

Der entsprechende Fachlichkeitsgrad erlaubt dem Textproduzenten, im Interesse emotionaler und intellektueller Unterstützung, die Stilfigur ‚Anspielung' einzusetzen. Dabei bezieht sich der Textproduzent andeutungsweise auf etwas Bekanntes, das eine Analogie enthält; im folgenden Beispiel wird bei der Behandlung des Romans von Charles Dickens *Little Dorrit* auf die Kurzgeschichte "The Fall of the House of Usher" von E. A. Poe (1809–1849) angespielt: *The shadow of the Marshalsea broods over it, and the "Fall of the House of Clenman" intensifies the gloom* (Sampson 1970, 628).

Durch die Satzspaltung (*cleft sentence*) werden in den untersuchten Texten einzelne Satzglieder kontrastierend hervorgehoben: *It was precisely Dickens' parents who had banished him, as it must have seemed, to the blacking factory* (Allan 1984, 165).

Das Epithethon wird als mehr oder weniger stereotypes Beiwort der Bildhaftigkeit und Expressivität genutzt: *He is the epitome of slimy hypocrisy, of a malevolent rancorous envy masking itself under professions of duty and humility* (Allan 1984, 167).

Untypisch für Darlegungen in anderen Wissenschaftsbereichen ist die Stilfigur ‚Emphase' (do/indeed): *Indeed, Wuthering Heights is essentially the same kind of novel as Oliver Twist* (Kettle 1976, 140).

Die Stilfigur rhetorische Frage wird in englischen literaturwissenschaftlichen Texten in zwei Formen realisiert:

(a) als Textgliederung (Einleitung eines neuen Teiltextes/Subthemas),
(b) als Behauptung in Form einer Frage, in der eine suggestive Antwort schon in der Formulierung angedeutet ist: *Barnaby Rudge contains much excellent matter and a few Dickensian characters — is the world not full of Tappertits?* (Sampson 1970, 626).

Der Ausruf (exclamatio) gilt allgemein als Stilmittel des Affekts, der echten Gemütserregung oder der rhetorischen Belebung: *How solid he is! How all respectable England trembles at the horror of his anger when he hears his son has married a bankrupt's daughter!* (Kettle 1976, 168).

6. Zusammenfassung und Ausblick

Trotz der Methodenvielfalt zeichnen sich die Fachwissenschaftler im Bereich der englischen Literaturwissenschaft durch eine konsequente und dem Gegenstand adäquate Sprachverwendung ihrer Fachsprache aus. Ein gewisses fachsprachliches Problembewußtsein bei der Nutzung dieser Metasprache und seines doch teilweise nicht widerspruchsfreien Kategorien- und Begriffsapparates ist spürbar. Weitere integrative linguistisch-literaturwissenschaftliche Forschungen können jedoch in der Zukunft den Grad der Wissenschaftlichkeit der Fachsprache der Literaturwissenschaft im Englischen weiter erhöhen.

7. Literatur (in Auswahl)

Allan 1984 = W. Allan: The English Novel. A Short Critical History. Harmondsworth 1984.

Atkins/Morrow 1989 = D. Atkins/L. Morrow: Contemporary Literary Theory. Amherst 1989.

Barnard 1984 = R. Barnard: A Short History of English Literature. Oxford 1984.

Cuddon 1984 = J. A. Cuddon: A Dictionary of Literary Terms. Harmondsworth 1979.

Cummings/Simmons 1983 = M. Cummings/R. Simmons: The Language of Literature. Oxford. New York. Toronto. Sydney. Paris. Frankfurt/M. 1983.

Daiches 1975 = David Daiches: A Critical History of English Literature. London 1975.

Eimermacher 1973 = Karl Eimermacher: Zum Problem einer literaturwissenschaftlichen Metasprache. In: Sprache im technischen Zeitalter 48, 1973, 255–277.

Evans 1981 = Ivor Evans: A Short History of English Literature. Harmondsworth 1981.

Fricke 1977 = Hans Fricke: Die Sprache der Literaturwissenschaft. München 1977.

Gemmill 1976 = G. Gemmill: Die deutsche und die englische literaturwissenschaftliche Terminologie. Köln 1976.

Gläser 1983 = Rosemarie Gläser: Textlinguistische Untersuchungen zur englischen Fachsprache der Literaturwissenschaft. In: Fachsprache 4, 170–185.

Gläser 1984 = Rosemarie Gläser: Zur Spezifik des literaturwissenschaftlichen Fachwortschatzes. In: Zeitschrift für Phonetik, Sprachwissenschaft und Kommunikationsforschung.

Gual 1981 = C. Gual: Poetologische Termini in den europäischen Literaturwissenschaften. In: Wissenschaftssprache. Hrsg. v. Theo Bungarten. München 1981.

Hawthorn 1992 = J. Hawthorn: A Glossary of Literary Terms. London. New York. Melbourne. Auckland 1992.

Kettle 1976 = Arnold Kettle: An Introduction to the English Novel. 2. vols., London 1976.

Klauser 1987 = Rita Klauser: Fachtextlinguistische Untersuchungen zu den englischen Textsorten „literarischer Essay" und „literaturkritische Rezension". Ein Beitrag zur Erforschung der englischen Fachsprache der Literaturkritik. Diss. [masch.] Leipzig 1987.

Klauser 1992 = Rita Klauser: Die englische Fachsprache der Literaturkritik. Leipzig 1992.

Köpp 1980 = C. F. Köpp: Literaturwissenschaft. Literaturwissenschaftstheorie, Forschungssystematik und Fachsprache. Berlin 1980.

Kussmaul 1978 = Paul Kussmaul: Kommunikationskonventionen in Textsorten am Beispiel deutscher und englischer geisteswissenschaftlicher Abhandlungen. Ein Beitrag zur deutsch-englischen Übersetzungstechnik. In: Lebende Sprachen. Zeitschrift für fremde Sprachen in Wissenschaft und Praxis, 2, 1978, 54–58.

Makaryk 1991 = J. Makaryk: Encyclopedia of Contemporary Literary Theory. Toronto. Buffalo. London 1991.

Morner/Rausch 1994 = K. Morner/R. Rausch: NTC's Dictionary of Literary Terms. Chicago 1994.

Pooley 1964 = Robert C. Pooley et al.: Outlooks through Literature. Chicago 1964.

Sampson 1970 = George Sampson: The Concise Cambridge History of English Literature. Cambridge 1970.

Schefe 1975 = P. Schefe: Statistische syntaktische Analyse von Fachsprachen mit Hilfe elektronischer

Rechenanlagen am Beispiel der medizinischen, betriebswirtschaftlichen und literaturwissenschaftlichen Fachsprache im Deutschen. Göppingen 1975.

Spillner 1981 = Bernd Spillner: Termini und Sprachfunktion in der literaturwissenschaftlichen Fachsprache. In: Wissenschaftssprache. Hrsg. v. Theo Bungarten. München 1981, 372−403.

Spinner 1977 = K. H. Spinner: Wissenschaftsgläubigkeit und Wirklichkeitsverlust in der Sprach- und Literaturwissenschaft. In: Wissenschaft und Wirklichkeit: Zur Lage und zu den Aufgaben der Wissenschaften. Hrsg. v. J. Arnegg. Göttingen 1977, 115−133.

Timm 1987 = Christian Timm: Fachtextlinguistische Untersuchungen an englischen Texten der Literaturgeschichtsschreibung. Ein Beitrag zur Erforschung der Fachsprache der Literaturwissenschaft im Englischen. Diss. [masch.] Leipzig 1987.

Timm 1992 a = Christian Timm: Ein integratives Herangehen an das Phänomen „Fachtext". In: LSP and Theory of Translation, Vaasa 1992, 27−47.

Timm 1992 b = Christian Timm: Gibt es eine Fachsprache der Literaturwissenschaft? Frankfurt/M. Bern. New York. Paris 1992.

Timm 1994 = Christian Timm: Zum Verhältnis von Objekt- und Metasprache in literaturwissenschaftlichen Fachtexten. In: Rhetoric and Stylistics Today. 5, 149−160. Frankfurt/M. 1994.

Tristam 1978 = Hildegard L. C. Tristam: Linguistik und die Interpretation englischer literarischer Texte. Tübingen 1978.

Wellek/Warren 1963 = René Wellek/Austin Warren: Theory of Literature. New York 1963.

Westphal 1981 = Helga Westphal: Untersuchungen zu Formativ und Bedeutung literaturwissenschaftlicher Termini des Englischen. Leipzig 1981.

Christian Timm, Ulm

XIX. Überblicksdarstellungen zum 20. Jahrhundert: Fachsprachen in ausgewählten Einzelsprachen

167. Die französischen Fachsprachen im 20. Jahrhundert und ihre Erforschung: eine Übersicht

1. Die Erforschung der französischen Fachsprachen
2. Abgrenzungsprobleme
3. Vom Wort zum *terminus technicus* und zurück
4. Syntax
5. Texte und Textsorten
6. Literatur (in Auswahl)

1. Die Erforschung der französischen Fachsprachen

Verglichen mit anderen Industriestaaten führt die Beschäftigung mit Fachsprachen in Frankreich ein ausgesprochen unscheinbares Dasein. Innerhalb der Frankophonie gehen die Impulse bislang sowohl auf theoretischer wie auf praxisbezogener Ebene hauptsächlich von Kanada aus. Daß die einzige einschlägige französisch geschriebene Synthese von einem Linguisten der Dalhousie-Universität (Halifax) stammt (Kocourek 1982; 1991), ist ebenso symptomatisch wie ihr Erscheinungsort Wiesbaden. Die essayistisch angehauchte Monographie des Pariser Sprachwissenschaftlers Pierre Lerat (1995) ist weniger eine profunde Auseinandersetzung mit dem Forschungsstand als eine Aufforderung an die französiche Fachwelt, von den Kerndisziplinen der Linguistik aus gelegentlich auch einen Blick auf die Technolekte zu werfen.

Im Bereich der auf Fachsprachen spezialisierten Periodika von internationalem Rang und gefestigter Tradition kann Frankreich nur auf *La banque des mots* (1971–) verweisen, während Kanada z. B. mit *Meta* (1955–), *Actualité terminologique* (1968–) und *Terminogramme* (1980–) vertreten ist. Beiträge zur Erforschung der französischen Fachsprachen finden sich auch in nichtfrankophonen Publikationsorganen wie dem *UnescoALSED-LSPNewsletter* (Kopenhagen 1978–), der Übersetzerzeitschrift *Lebende Sprachen* (Berlin 1956–), der „internationalen Zeitschrift für Fachsprachenforschung, -didaktik und Terminologie" *Fachsprache/Special Language* (Wien 1979–) oder den jährlichen Tagungsberichten der „Studiengruppe für Fachsprachen und Übersetzungstheorie" an der Universität Vaasa. Die von *CNRS* und *Institut National de la langue française* organisierte Publikationsreihe « Matériaux pour l'histoire du vocabulaire français » gibt auch dem technolektalen Wortschatz Raum (cf. z. B. Pluvinage 1992 zum Vokabular der Physik von der Mitte des 17. bis zum Anfang des 20. Jh.s), eine dem deutschen „Forum für Fachsprachen-Forschung" vergleichbare Einrichtung existiert jedoch nicht.

Die Beobachtung Kocoureks (1991, 4), in welcher Richtung sich die Anstrengungen in den einzelnen Ländern in den achtziger Jahren entwickelt haben, paßt gut zu diesem Befund: « On peut constater qu'il y a eu: épanouissement et approfondissement de la pensée linguistique et renouvellement des institutions officielles de la langue en France; consolidation et affinement de l'aménagement linguistique, terminologique et néologique dans la sphère canado-québécoise; essor technolinguistique considérable de la *Fachsprachen-Forschung* et de la *Fachsprachen-Linguistik* dans le domaine germanophone; et explosion des industries de la langue partout. »

Kocourek wirbt sichtlich um die Sympathien des französischen Publikums und ist bemüht, die objektiv feststellbaren Defizite diskret zu verhüllen. Weit weniger Schonung läßt ein hochrangiger Chemiker der École Polytechnique seinen Landsleuten angedeihen, wenn er die Gründe für das öffentliche Desinteresse an den Naturwissenschaften im 20. Jh. aufzählt. Die Marginalisation dieser Disziplinen impliziert natürlich auch die Nichtbeachtung (oder Abwertung) der Sprache, in der sie ihre Ergebnisse vorlegen. Da die Technolekte der Naturwissenschaften als die „reinsten" Ausprägungen von Fachsprache zu gelten pflegen, ja oft mit ihr regelrecht gleichgesetzt werden, ist es nach wie vor

schwer, ein fachsprachenfreundliches Forschungsklima zu schaffen. Die Ursachen für diese Entwicklung sieht Pierre Laszlo (1993, 28−39) unter anderem
— in einer ungünstigen historischen Konstellation, durch welche die französische Naturwissenschaft von der Avantgarde abgekoppelt wurde:

« Le déclin de la science française a coïncidé avec la montée d'un mandarinat obscurantiste. Son isolement d'avec les grands courants de pensée est allé de pair avec un chauvinisme. Du côté des journalistes, un verbiage prétentieux, d'allure philosophique, dénigre implicitement la science expérimentale » (p. 34);

— im Übergewicht der literarischen Ausrichtung des Unterrichts im Schulwesen:

« On privilégie aux merveilles de la nature la magie du verbe. [...] La filière d'autoreproduction de l'élite continue à passer par les humanités classiques. Le plus grand nombre est coupé d'avec les sciences » (p. 35);

— im anerzogenen Streben nach Abstraktion und, damit verbunden, in der Begeisterung für „holistische" Erklärungsmodelle mit einer spekulativen Komponente:

« La France est un pays de tradition catholique. Au moins à certaines époques [...], il lui faut un système du monde totalisant et cohérent. [...] Des exemples récents de telles emprises intellectuelles sont le marxisme, la psychanalyse et le structuralisme » (p. 36).

Wohl nicht zufällig sind es genau diese drei „Systeme", die der französischen Philosophie und Literaturkritik der Nachkriegszeit und über 1968 hinaus ihren Stempel aufgedrückt haben (cf. Lange 1975, VII ff) und deren Vertretern französische Literaturgeschichten eigene Abschnitte widmen (man denke an Namen wie Lucien Goldmann, Jean Starobinski, Jacques Lacan, Claude Lévi-Strauss).

Bei so ungünstigen Voraussetzungen für eine breite Anerkennung und Leserschaft im eigenen Land ziehen es viele französische Naturwissenschaftler vor, den Vorwurf der sprachlichen Fahnenflucht in Kauf zu nehmen und dafür von der internationalen Fachwelt direkt rezipiert zu werden, anstatt sich der Gefahr auszusetzen, mit einem französisch geschriebenen Text zur Zielscheibe der Kritik bzw. Satire kompetenter Hüter des *bon usage* (z. B. Etiemble 1966) zu werden oder gar von weniger sachkundigen als eifernden „littéraires" zum Angriffsziel der Polemik erkoren zu werden (zur Frage der Sprachwahl cf. z. B. Gablot 1978, die Daten in den jährlich erscheinenden Frankophonie-Rapports und Kap. 2 in Art. 85).

2. Abgrenzungsprobleme

Abgesehen von dem praxisorientierten *Dictionnaire de didactique des langues* von Galisson/Coste (1976, 511 f) sucht man in den renommierten französischen Fachwörterbüchern der Linguistik vergeblich nach Eintragungen wie *langue* bzw. *français de spécialité*. Im *Dictionnaire de linguistique et des sciences du langage* von 1994 findet sich zwar das Lemma *technolecte*, allerdings mit der fragwürdigen Definition: « Le *technolecte* désigne l'ensemble des termes spécifiques d'une technique » (s. v.). In italienische, spanische, portugiesische, deutsche Nachschlagewerke haben die jeweiligen Entsprechungen hingegen seit längerem Eingang gefunden. Dabei registrieren die Bibliographien mehrere ältere, z. T. sehr umfangreiche französische Untersuchungen zu Fachwortschätzen (Wexler 1945; Quemada 1955; Giraud 1958; Guilbert 1965; 1967), die befruchtend auf spätere fachsprachliche Arbeiten gewirkt haben. Freilich sehen sich die zitierten Autoren selbst mehr in der Tradition der lexikologischen Forschung, als daß sie sich einer speziellen Fachsprachenlinguistik verpflichtet fühlen würden.

Wenn man Mangel an Abstimmung im Erkenntnisstreben als Normalzustand für die Konstitutionsphase einer wissenschaftlichen (Sub-)Disziplin betrachtet und akzeptiert, wird man angesichts der insgesamt doch reichen Literatur vor allem aus den letzten beiden Jahrzehnten nicht behaupten können, daß das Fehlen eines von vornherein genau festgelegten Aufgabenkatalogs die Forschung an sich behindert hat. Zwei Aspekte prägen die Entwicklung jedoch unübersehbar:
— Die universitäre Linguistik erweist sich bis heute als schwacher Katalysator der Fachsprachenforschung. Die Mehrzahl der Beiträge stammt von Verfassern, in deren professioneller Aktivität sich fachliche und sprachliche Kompetenz kreuzen, also von Dolmetschern, Übersetzern, Terminologen und sprachlich interessierten Spezialisten aller erdenklichen Berufssparten. Dementsprechend heterogen sind auch die Perspektiven, die in den Publikationen zum Ausdruck kommen. Der Berufslinguist hätte aus Gründen der Zuständigkeit vornehmlich das weite Feld

der „Interaktion" von Fach- und Gemeinsprache zu bestellen. Genau in diesem Bereich erweisen sich die Defizite als besonders markant, und das nicht nur in der frankophonen Forschung.

— Die Konzeption von den Aufgaben der Fachsprachenforschung unterliegt einer ständigen Ausweitung. Eine chronologische Auflistung der seit den sechziger Jahren unternommenen Bestimmungsversuche würde aufzeigen, daß anfangs generell nur die Ebene der Lexik ins Visier genommen wurde. Die Textlinguistik erweiterte den Horizont auf die syntaktische und vor allem transphrastische Ebene. Zunehmender Akzeptanz erfreut sich auch die Fachtextstilistik, deren Berechtigung neuerdings durch die Fehlerlinguistik untermauert wird, die sich theoretisch und didaktisch mit dem Phänomen auseinanderzusetzen hat, daß standardsprachlich einwandfreie Äußerungen in technolektalen Zusammenhängen als unangemessen empfunden werden (vgl. Lavric 1994). Mit dem Aufschwung der Soziolinguistik und Pragmatik werden in letzter Zeit zusätzlich auch die Verwendungskontexte fachsprachlicher Texte eingehender thematisiert.

Angesichts der recht „ungeordneten" Entwicklung fragt es sich, ob nicht eine verfrühte Festlegung von Demarkationslinien und eine rigide Fixierung der Untersuchungsobjekte und -methoden aussichtsreiche Verknüpfungen innovativer Gesichtspunkte blockieren würde. Viel für sich hat daher der Vorschlag von Berschin (1989, 52), *Fachsprache* als empirischen Grundbegriff zu betrachten: „Solche Grundbegriffe werden axiomatisch eingeführt, sie sind nicht definierbar, sondern nur interpretierbar".

Wie schwer es ist, den aktuellen Reflexionsstand in eine handliche Begriffsbestimmung einzubringen und gleichzeitig der Fachsprachenlinguistik für die Zukunft weitere Türen offenzuhalten, läßt sich an der von Kocourek (1991, 42) in der 2. Auflage eingefügten Formulierung erkennen, die als einer der ganz wenigen französischsprachigen Versuche einer Definition hier in extenso angeführt sei:

« La langue de spécialité est une *variété* de langue, à dominante *cognitive*,
— dont les *textes*, cumulatifs, d'émotivité, de subjectivité et de métaphoricité contrôlées, et délimités de manière externe, ont pour but de signifier et de communiquer, au sein d'une collectivité restreinte, le contenu thématique, raisonné et circonstancié,
— et dont les *ressources*, qui sous-tendent ces textes sur tous les plans linguistiques, sont marquées par des caractères graphiques, par des tendances syntaxiques et, surtout, par un ensemble rapidement renouvelable des unités lexicales qui requièrent, et reçoivent dans les textes, une précision sémantique métalinguistique. »

Diese Definition bleibt im Rahmen des Problemkatalogs der traditionellen Linguistik und blendet alle in die Sprachphilosophie hineinreichenden Probleme aus. Das Verhältnis von Gemein- und Fachsprache ist nicht weiter thematisiert. Man sollte sich bei der Beschäftigung mit technolektalen Äußerungen aber stets vor Augen halten, daß wir es mit einer je nach Disziplin größeren oder kleineren Anzahl von sprachlichen Zeichen zu tun haben, die in einem ganz konkreten und nachvollziehbaren Sinn auf Verabredung beruhen. Eine solche Vereinbarung (zwischen Fachleuten) kann nur mit Hilfe und auf der Basis der Gemeinsprache geschehen, woraus folgt, daß die Gemeinsprache der Fachsprache bzw. ihrem charakteristischsten Bestandteil, nämlich der Fachterminologie, logisch vorgeordnet ist. Von anderen Varietäten wie etwa den Regiolekten unterscheidet sich Fachsprache dadurch kategoriell.

Wegen der nicht weiter problematisierten Konzentration auf die französische Sprache stellt sich Kocourek auch nicht die Frage, ob sich einzelne Sprachen — sei es aus sprachstrukturellen oder aus historischen Gründen — besser zum Formulieren von bestimmten wissenschaftlichen Sachverhalten oder zur Bildung von mit gewissen wünschenswerten Eigenschaften ausgestatteten Fachtermini eignen. In Anbetracht der Internationalität des Wissenschaftsbetriebs sollte man aber den kontrastiven Aspekt nicht gänzlich vernachlässigen, ist der Wissenstransfer doch eines der (auch ideologisch) brisantesten Themen der Gegenwart.

In dem etwas am Rand der Linguistik ausgetragenen Streit um die erkenntnisfördernde oder -vernebelnde Macht der Metapher nimmt die Definition nur mit einem vorsichtigen Kompromiß Stellung.

Jenseits der in unserem Zusammenhang zu erörternden Fragen schwelt die Diskussion, wie weit die natürliche Sprache überhaupt zur Formulierung wissenschaftlicher Reflexion brauchbar ist und wo sie durch Formalisierung ersetzt werden sollte. Doch selbst die Abnabelung von der Gemeinsprache garantiert offenbar nicht allen Wissenschaften schon den nötigen Zuwachs an Exaktheit. Die moderne (relativistische und Quanten-)-Physik empfindet Syntax und Semantik ihrer stark formalisierten Sprache insgesamt als obsolet oder zumindest problematisch:

„Der Gegenstand der Physik ist [...] die in der Sprache der Physik dargestellte äußere materielle Realität. In welchem Umfang die verwendete Sprache hier den Gegenstand, die sprachlich formulierte Wirklichkeit prägt und vorstrukturiert, ist dabei noch offen. Ebenso ist offen, ob Begriffe und Sprache frei gewählt werden können, oder ob hier der Gegenstand der Betrachtungen einen Einfluß auf die Wahl der Beschreibungsmittel ausübt. Die mögliche gegenseitige Beeinflussung von Sprache und Realität in der Physik stellt [einen] [...] bisher vernachlässigten Gesichtspunkt dar, der in besonderem Maße in der modernen Physik wichtig geworden ist" (Mittelstaedt 1986, 12).

3. Vom Wort zum *terminus technicus* und zurück

Der lexikalische Bestand eines Fachtextes setzt sich zusammen aus:

(a) Elementen der Gemeinsprache: sie können in fachsprachlichen Kontexten allerdings anders als in der Gemeinsprache verwendet oder kombiniert werden; man denke etwa an die Pronomina *je, nous, on* (cf. Loffler-Laurian 1980) oder das Konjunktionspaar *et/ou*;
(b) allgemein-fachsprachlichem Vokabular, das im Französischen in erster Linie durch das *Vocabulaire Général d'Orientation Scientifique* (Phal 1971) repräsentiert wird, welches lexikalische und lexiko-syntaktische Elemente versammelt, die in allen (Natur-)Wissenschaften zur Formulierung von Hypothesen, logischen Verknüpfungen oder Definitionen dienen. Neuerdings wird auch den sog. Abstraktoren Aufmerksamkeit geschenkt; dabei handelt es sich um Substantive mit großer Extension (wie *notion, terme, problème, système, structure, facteur, critère, complexe, composante, phénomène* ...), die vor allem im Thema-Rhema-Haushalt des Satzes eine wichtige Rolle spielen, weil ihre Verwendung im Vorderfeld des Satzes die Verlagerung neuer und oft aus einer Serie von Elementen bestehenden Information ans Satzende erleichtert (*Parmi ces critères/facteurs/phénomènes* etc., *il faut citer notamment* ...);
(c) fachspezifischem, nicht terminologischem Wortschatz, dessen Fachzugehörigkeit sich aus dem von der betreffenden Disziplin abgedeckten Gegenstandsbereich ergibt (z. B. *alambic* ‚Destillierkolben' in der Chemie, *acquisition du langage* ‚Spracherwerb' in der Linguistik);

(d) terminologischem Vokabular, wobei die Elemente dieser Kategorie sich durch einheitlichen Gebrauch in der Fachwelt als Terminus etabliert haben (z. B. *effet de serre* ‚Glashauseffekt', *dyslexie* ‚Legasthenie') oder durch explizite institutionelle Normung fixiert worden sein können (z. B. *logiciel* für engl. *software*, *rocade* für engl. *by-pass zone*; cf. *Dictionnaire des termes officiels* 1994).

Die quantitative Ausstattung der einzelnen Disziplinen mit normierter Fachterminologie ist höchst unterschiedlich. Normierungsorgane im Bereich der Medizin haben jährlich Tausende von Neologismen zu bearbeiten, die Geisteswissenschaften beschäftigen weder nationale noch internationale Standardisierungskommissionen. In letzteren kann daher derselbe Ausdruck (signifiant) innerhalb desselben Fachs in mehreren Bedeutungen oder zumindest Facetten kursieren, weshalb man relativ häufig auf Präzisierungen stößt wie „Ich verwende den Begriff x im Sinne von Y", wobei Y eine Person, eine Schule, eine nationale Tradition etc. bezeichnen kann (z. B. *morphème* im Sinn von André Martinet, *refoulement* im Sinn von Jacques Lacan, *normalisation* im Sinn der katalanischen Soziolinguistik).

Woran erkennt man einen Terminus? Die sprachliche Gestalt ist kein zuverlässiges Kriterium. In einem Wörterbuch der juristischen Fachsprache findet man zahlreiche Lemmata, die der Alltagssprache anzugehören scheinen, aber im fachlichen Kontext eine spezifische Bedeutung haben; dort (Quasi-)Synonyme, hier juristisch streng auseinanderzuhaltende Begriffspaare wären etwa *possession* vs. *détention*, *décret* vs. *arrêté*. Umgekehrt kann griechisch-lateinische oder englische Abkunft nicht als Indiz für Terminuscharakter betrachtet werden.

Morgenroth (1994) hat acht Ansätze beschrieben, die in der Literatur zur Scheidung von terminologischen *vs.* nichtterminologischen Einheiten des Lexikons vorgeschlagen worden sind; er zählt auf:

(a) approche diachronique: an neu entstehenden Fachgebieten läßt sich beobachten, wie zunächst konkurrierende Begriffe nebeneinander bestehen und sich nach und nach einer von ihnen durchsetzt, also zum Terminus avanciert. Dieser Vorgang ist gut am Beispiel der Eisenbahn- und Luftfahrtterminologie analysiert worden und könnte heute z. B. in der Technik der Unterhaltungsindustrie studiert werden; vgl. etwa *Compact Disc / disque*

compact / disque CD / minidisque / disque audionumérique (so im *Journal officiel* vom 18. 2. 1983);
(b) approche relativiste: der Spezifikationsgrad eines Terminus ist nicht konstant und richtet sich nach Variablen wie Kontext, Grad der Polysemie, Frequenz und Verteilung in unterschiedlichen Zusammenhängen;
(c) approche sémantique: um als Terminus zu gelten, muß der Begriff Teil eines klar strukturierten lexikalischen Feldes bzw. Systems sein;
(d) approche syntaxique: der Terminologisierungsgrad ist am syntaktischen Umfeld (Artikelgebrauch u. ä.) ablesbar;
(e) approche normative: ein Begriff wird zum Terminus durch terminologische Festlegung. Es ist evident, daß dieser Ansatz Geistes- und Sozialwissenschaften weitgehend außer acht läßt;
(f) approche contrastive: durch Vergleich können terminologische Lücken in einer Sprache aufgedeckt und behoben (d. h. entsprechende Termini geschaffen) werden;
(g) approche lexicaliste: was in gemeinsprachlichen Wörterbüchern als fachsprachlich markiert ist und in Fachwörterbüchern aufscheint, gilt als Terminus;
(h) approche statistique: für sich allein keine zu signifikanten Aussagen führende Methode, kann sie im Verbund mit anderen Ansätzen jedoch Informationen z. B. über Regularitäten zwischen Frequenz und Fachlichkeit lexikalischer Elemente beisteuern.

Die Anforderungen, die an einen „guten" Terminus gestellt werden, beinhalten eine Reihe von zum Teil entgegengesetzten und daher nicht gleichzeitig realisierbaren Prinzipien wie:

(a) Monoreferentialität: der Terminus soll kontextfrei verständlich sein; viele Wörter aber gehören − natürlich mit unterschiedlichen Definitionen − als terminologische Elemente zu verschiedenen Fachbereichen (z. B. *inversion* zur Chemie, Geologie, Meteorologie, Mathematik, Psychologie, Medizin, Grammatik; *hyperbole* zur Geometrie und Rhetorik);
(b) Keine Synonyme: diese Forderung ist selbst in stark normierten Disziplinen wie Medizin oder Chemie nicht realisierbar, was historische Ursachen (z. B. konkurrierende Bezeichnungstraditionen) haben kann, aber auch auf die unterschiedliche Optik zurückzuführen ist, unter der ein und dasselbe Objekt betrachtet werden kann (vgl. in der Musik die „Identität" von *cis/ut dièse* und *des/ré bémol*); so erklärt sich auch, daß die chemische Formel CO_2 als *dioxyde de carbone* bzw. *bioxyde de carbone, anhydride carbonique* oder *gaz carbonique* (cf. Croé 1993, 48) aufgelöst werden kann (zum Synonymenproblem in Fachsprachen vgl. auch Lethuillier 1989);
(c) Handlichkeit bzw. Kürze steht in Opposition zur Forderung nach Präzision; sie wird oft durch Kurzformen bewerkstelligt, die gewöhnlich in Symbole ($, £, % usw.), Abkürzungen (km, Flux − gelesen als kilomètre, Francs luxembourgeois), Sigelbildungen (CGT, RER, TGV − buchstabiert) und Akronyme (OVNI, ONU, SIDA − als Wort gelesen) untergliedert werden; eine umfassende Typologie des in Wirklichkeit weit komplexeren Systems der sog. brachygraphischen Elemente steht trotz Calvet (1980) und vieler Aufsätze von Clas (z. B. 1981; 1987) aber noch aus. Mit Ausnahme ikonischer Symbole und assoziationsträchtiger, oft sehr konstruierter Abkürzungswörter weisen solche Bildungen einen Mangel an
(d) Transparenz auf, der sich darin manifestieren kann, daß sich in Kombinationen aus determinierender Sigle und determiniertem Stützwort Tautologien einschleichen (*virus HIV, disque CD, modulation EFM*);
(e) Konnotationsfreiheit ist den undurchsichtigen Bildungen allerdings zuzuschreiben; da sie oft − zumindest teilweise − aus nicht einheimischem Wortmaterial bestehen, erfüllen sie häufig auch das Kriterium der
(f) leichten Übersetzbarkeit bzw. Internationalität, nicht so selbstverständlich hingegen jenes der
(g) Sprachsystemkonformität, da besonders bei Komposition (bzw. confixation, s. u.) die klassischen Sprachen (in erster Linie das Griechische) und das Englische die Muster vorgeben; oft ist so das für die romanischen Sprachen (angeblich) charakteristische Prinzip der Postdetermination unterlaufen, und dies selbst in ministeriell abgesegneten Bildungen wie *viscoréduction* (= opération de diminution de la viscosité) oder *vapocraquage* (= craquage en présence de vapeur d'eau), noch viel selbstverständlicher in den (auch z. B. in der sprachpflegerisch engagierten Zeitschrift *La banque des mots* verbreiteten) modernen Termini vom Typ *immunosuppression, photodissociation, spectrophotomètre* (Croé 1993).

Wie entstehen Termini? Diese Frage kann auf die Art und Weise ihrer Bildung oder auf ihre

Durchsetzung gemünzt sein. Unter letzterem Aspekt ist zu unterscheiden zwischen den Termini, die ohne konkrete Absprache zwischen den Fachleuten in einer Form von selbstregulierendem Prozeß oder, wenn man will, gemäß darwinistischen Prinzipien zu akzeptierten Fachbegriffen aufsteigen, und jenen, die von normierenden Institutionen mit einer verbindlichen Definition versehen werden. Da der französischsprachige Raum sehr viel normierungsfreudiger ist als etwa der anglo- oder germanophone, können die entsprechenden Aktivitäten in diesem Rahmen nicht übergangen werden. In bezug auf das Procedere bei Begutachtungsverfahren und Entscheidungsfindung halten sich die hexagonalen Instanzen traditionell eher bedeckt, weshalb wir hier den Chef der Terminologiekommission des *Office de la Langue Française* in Québec den langen Marsch eines Sprachzeichens durch die Institutionen darstellen lassen; dies mit umso größerer Berechtigung, als Québec seit Inkrafttreten der Sprachencharta 1977 *in terminologicis* ohnehin die Avantgarde der frankophonen Welt darstellt. Während es offensichtlich den Kommissionsmitgliedern nicht immer zweckmäßig erscheint, zwischen Sprachnormierung (normalisation de mots) und Terminologienormung (normalisation de termes) zu trennen, weil es in Sektoren wie Bekleidung oder Nahrungsmittelherstellung notgedrungen zu Überschneidungen kommt, ist man sich der Tatsache sicher, daß keine willkürlichen Entscheidungen gefällt werden: «Dans tous les cas, la *normalisation terminologique* doit être l'aboutissement d'une réflexion éclairée s'appuyant sur une méthodologie rigoureuse qui laisse peu de place à la subjectivité des *normalisateurs*» (Auger 1982, 230). Bei der Begutachtung selbst werden acht Stufen durchlaufen:

«1° acceptation ou rejet de la demande aux fins d'étude par la Commission de terminologie de l'Office de la langue française, 2° préparation de dossiers terminologiques complets sur chaque terme faisant partie de la demande, 3° consultation d'experts du domaine touché par la demande, 4° étude des dossiers par la Commission en séance ordinaire, 5° consultation élargie auprès d'experts dans certains cas, 6° décision de la commission sous forme d'avis de recommandation ou de normalisation, 7° transmission des avis à l'Office pour approbation lors des séances ordinaires de l'Office, 8° parution des avis de recommandation et de normalisation dans la Gazette officielle du Québec» (Auger 1982, 230 f).

In bezug auf die sprachliche Gestalt der Termini ist an die Forderung zu erinnern, daß die Regeln des Systems der jeweiligen Sprache zu respektieren sind. Eine ausgedehnte Darstellung der Wortbildungsprozeduren des Fachvokabulars kann hier insoweit entfallen, als sich diese mit den in der Gemeinsprache üblichen Verfahren decken (Präfigierung, Suffigierung, Komposition, Konversion, Subtraktion, Wortkürzung, Wortmischung, Sigelbildung). Höchst unterschiedlich allerdings ist die Frequenz mancher Wortbildungstechniken, wobei hier auch die vertikale Schichtung der Technolekte von der hochabstrakten Wissenschafts- und Theoriesprache über die jargonanfällige „Werkstattsprache" bis zur dem Nichtspezialisten zugewandten „Verteilersprache" (Gliederung und Benennung der Schichten nach Ischreyt 1965) zu berücksichtigen ist. Wortkürzung etwa kommt in weniger formellen Schreib-/Sprechsituationen zweifellos häufiger vor als in der Wissenschaftssprache im engeren Sinn (vgl. *poliomyélite* vs. *polio*).

Eine aus den Fachsprachen heraus- und in die gehobene Umgangssprache hineingewachsene Methode der Wortbildung ist die in der französischen Linguistik *confixation* genannte Technik der Verbindung griechischer bzw. (seltener) lateinischer Elemente, die für sich allein nur Affix(oid)charakter haben, z. B. *névr-algie, zoo-logie, litho-graphie, mono-lithe, radio-scopie, dextro-gyre, agri-cole* (zum Inventar cf. Bouffartigues/Delrieu 1981; Cailleux/Komorn 1981; Cellard 1979/1980; Cottez 1980). Die Entwicklung scheint in die Richtung zu verlaufen, daß ein Großteil des französischen Erbwortschatzes mit einem leicht derivations- bzw. kompositionsfähigen Partner griechischer und/oder lateinischer Herkunft ausgestattet wird. Dieser Trend wird bislang von den einsprachigen Wörterbüchern wenig systematisch bis gar nicht reflektiert, vermißt man doch in der Regel (von welcher die jüngste Version des *Petit Robert* allerdings die rühmliche Ausnahme bildet) einen Verweis z. B. von *beaucoup* auf *poly-/multi-* (*polychrome, multicolore*), von *feu* auf *pyro-/ligni-* (*pyrolyse, ignifuge*) oder von *manger* auf *-phage/-vore* (*nécrophage, carnivore*), von *porter* bzw. *contenir* auf *-phore/-fère* (*sémaphore, conifère*).

Da Fachsprachen — z. B. im Gegensatz zu Dialekten — prestigebesetzte Varietäten sind, dringen ursprünglich technolektale Erscheinungen (Lexeme, Wortbildungselemente etc.) in großer Zahl in andere Bereiche ein. Werden Fachbegriffe aus ihrem angestammten Verwendungskontext herausgelöst, verlieren sie ihren terminologischen Charakter; sie werden zu „normalen" Wörtern der Umgangssprache (und nehmen deren Eigenschaften wie Vagheit, Konnotationshaltigkeit, Metaphorisierungstauglichkeit usw. an), sofern sie nicht überhaupt zu bloßen Trägern von Signalen mutieren (so oft in der Werbung, wo es auf die semantische Decodierung des Terminus meist gar nicht ankommt).

Die Entterminologisierung und ihre Rahmenbedingungen sind bisher kaum mit linguistischem Erkenntnisinteresse untersucht worden, allerdings sind Übernahmen technolektalen Aufputzes in verschiedene Soziolekte ein beliebter Gegenstand für anekdotische und polemisch-satirische Kommentare französischer Sprachkritiker (cf. zahlreiche Formulierungsanweisungen in Beauvais 1970 oder Artikel wie «génialoïde», «hyperinventivité», «dérilarynxer», «mégalo» etc. in Merle 1989).

Unter kontrastivem Gesichtspunkt wäre die Entterminologisierung insofern interessant, als Fachbegriffe in verschiedenen Sprachen in unterschiedlicher Weise metaphorisiert werden und daher die fachbezogene Bedeutung zwar identisch bleibt, die übertragene aber *faux amis* (wie solche natürlich innerhalb der Fachsprachen selbst und wohl vielfach noch unerkannt existieren, cf. etwa Goffin 1989) hervorruft; so etwa:

frz. *coordonnées*   sp. *coordenadas*
1. Koordinaten   1. Koordinaten
2. Adresse, Aufenthalts-   2. Verhaltensregeln
   ort

frz. *constellation*   dt. *Konstellation*
1. Sternbild; Stellung 1. Sternbild; Stellung
   der Gestirne zueinan-   der Gestirne zueinander   der
2. Gruppe berühmter   2. Lage, Zusammentref-
   Personen (Syn.:   fen bestimmter Um-
   pléiade)   stände

4. Syntax

Die betreffende Charakterisierung der Syntax als der „arme[n] Verwandte[n] der Fachsprachenforschung" durch Blumenthal (1983, 58) ist in letzter Zeit zwar immer wieder zitiert worden, eine merkliche Behebung des Defizits hat der Hinweis jedoch nicht gezeigt, was nach Meinung des Autors einer einschlägigen Monographie mit der Paradigmenfolge in der Sprachwissenschaft zu tun hat: „Bevor die Untersuchung fachsprachlicher syntaktischer Strukturen nach einer lexikalisch orientierten Anfangsphase der Fachsprachenforschung umfassende und solide Ergebnisse hat erzielen können, ist sie schon vom textlinguistischen Paradigma überholt worden" (Kaehlbrandt 1989, 23). In dieser immer noch einsam in der romanistischen Forschungslandschaft stehenden diachron angelegten Arbeit werden Vergleichsdaten zu Entwicklung, Frequenz und Konkurrenz von Satzstrukturen und Konstruktionstypen aus anderen Sprachen (vornehmlich dem unter diesem Gesichtspunkt weit besser untersuchten Deutschen) herangezogen, was schon im Licht der Ergebnisse von Blumenthal (1983) methodisch nicht unproblematisch ist, denn es zeigt sich, daß bestimmte Fachsprachen im Sprachvergleich sehr ähnliche syntaktische Muster aufweisen, andere Technolekte hingegen stark an den Vertextungsstrategien der jeweiligen Einzelsprache orientiert bleiben.

Indem er zahlreiche Beobachtungen der *stylistique comparée* abstrahiert, kommt Blumenthal zu folgenden Schlüssen: Das Französische neigt mehr zur Prädikation und einer markanten Thema-Rhema-Gliederung, wogegen das Deutsche die Determination (und damit einen freieren Satzbauplan) bevorzugt und weniger auf eine rigide Thema-Rhema-Struktur achtet. Diese Unterschiede bilden sich nun sehr genau in den ausgewerteten Texten der Neurophysiologie ab, während sich die Texte aus dem Bereich Verwaltungsrecht in beiden Sprachen geradezu verblüffend ähnlich verhalten. Blumenthal (1983, 67) erklärt sich dieses Resultat so:

„Der Satzbau der hier untersuchten Fachsprachen wird [...] weitgehend von der Natur ihres Gegenstandsbereichs bestimmt: Ist dieser kausal und linear konzipierbar, bleiben die beschriebenen Gegensätze [scil. der Gemeinsprache] erhalten; sie verschwinden bei der Erfassung einer vorwiegend additiv aufgebauten Wirklichkeit wie der des Verwaltungsrechts."

Ein solcher Befund muß vor allem als Warnung dienen vor leichtfertigen Verallgemeinerungen von Ergebnissen, die sich aus der Analyse von Texten einer einzelnen Fachsprache ergeben. Da die meisten Studien an Fachtexten aus Wirtschaft, Recht und Naturwissenschaften gemacht werden und zudem sehr punktuell sind, stellt sich die Frage, ob selbst die toposhaft wiederkehrenden Stichwörter wie *Ökonomie, Präzision, Unpersön-*

lichkeit oder *Nominalisierungsfreudigkeit* auf das Schrifttum der Geisteswissenschaften ebenfalls zutreffen.

Daß die fachsprachliche Syntax bisher wenig Aufmerksamkeit erregt hat, mag auch damit zusammenhängen, daß kaum technolektspezifische Satzstrukturen beobachtet worden sind. Erwähnenswert ist allenfalls die Verbspitzenstellung (vorzugsweise) bei nachfolgenden Aufzählungen:
Par contre, sont contre-indiqués les anticonvulsivants non barbituriques, les réserpiniques [...] (Spillner 1982, 24)
oder in Angaben mathematischer Aufgaben (hier ausschließlich Subjonctifformen von être: *Soient E et E' deux ensembles arbitraires* (Kocourek 1991, 72)
oder die Verselbständigung des Nebensatzes im Conditionnel in Nachrichtenmeldungen, z. B. *[L'opposition estimelles journalistes sont d'avis que] le premier ministre serait décidé de ne pas céder aux menaces des terroristes.*

Hingegen gibt es zahlreiche gemeinsprachliche Strukturen, die in fachsprachlichen (schriftlichen) Äußerungen kaum realisiert sind. „Während sich die Wissenschaftssprachen von der Gemeinsprache vor allem durch ihre große Komplexität und Expansivität unterscheiden, verhalten sie sich in der Syntax und Grammatik im Vergleich zur Gemeinsprache eher reduktiv, um nicht zu sagen reduktionistisch" (Weinrich 1989, 132). Fragesätze etwa kommen vornehmlich in Gestalt rhetorischer Fragen oder in populärwissenschaftlich formulierten Aufsatztiteln vor, Aufforderungen (außer z. B. *voir page X* oder dem Hortativ der 1. Person Plural, z. B. *soulignons*, *notons*) stehen heute selbst in Anweisungstexten (Montageanleitung, Kochrezept) immer öfter im neutraler wirkenden Infinitiv.

Die Struktur der — fast ausschließlich deklarativen — Sätze hat sich zumindest in bestimmten Fachsprachen im Lauf der letzten zwei Jahrhunderte gewandelt. Eine übereinzelsprachliche und generell technolektale Entwicklung scheint die Substitution von Nebensätzen durch präpositionale Nominalgruppen und eine daraus resultierende Privilegierung paratakischer Fügungen zu sein. In den folgenden Beispielpaaren (nach Kaehlbrandt 1989, 59 ff) gilt jeweils die zweite Variante, bei der die Konjunktion in eine Präposition „verwandelt" wird, als die fachsprachlichere:

(a) Temporalsatz
  ... l'individu rationnel recherche, lorsqu'il décide d'acheter ...
→ *l'individu rationnel recherche lors de sa décision d'achat*
(b) Kausalsatz
  La révolution industrielle a pu se développer rapidement parce que les entrepreneurs se sont enrichis
→ *... grâce à l'enrichissement des entrepreneurs*
(c) Finalsatz
  Les travaux publics ont été créés pour que le chômage diminue
→ *Les travaux publics ont été créés en vue d'une diminution du chômage*
(d) Konditionalsatz
  Le déplacement se serait effectué vers la droite ou vers le bas si le coût d'un facteur avait baissé
→ *... en cas de baisse du coût d'un facteur*
(e) Konzessivsatz
  Alors que les besoins sont démesurés, il semble être la règle que les moyens sont limités
→ *Face à la démesure des besoins, la limitation des besoins semble la règle*

Ein weiteres gebräuchliches Verfahren zur Einsparung von Nebensätzen stellt der attributive Gebrauch von Partizipialkonstruktionen dar (Beispiele nach Kocourek 1991, 75 f):

(a) Partizip Präsens
  ... aucun groupe d'espèces appartenant à la même famille
  ... les interactions existant entre l'atome effectuant la transition optique et les atomes environnants
(b) Partizip Perfekt
  ... plusieurs études réalisées au Canada, aux États Unis ...
  ... la divergence observée sur les isothermes obtenues de deux manières

Außer der Reduktion von Nebensätzen hat die Nominalisierung noch andere Konsequenzen, die dem Charakter von Fachsprachen entgegenkommen:

(a) Terminologische Präzision
Fachausdrücke haben fast generell (zu Ausnahmen cf. Schluß dieses Abschnitts) die Form von Nomina, das Verbum derselben Wortfamilie ist dagegen selten terminologisiert;
(b) Geringer Formulierungsaufwand
Die Nominalgruppen werden als terminologischer Block im Gedächtnis abgespeichert und wieder aufgerufen, um sodann gewissermaßen als Fertigteile in den Satz eingebaut zu werden;
(c) Unpersönlichkeit
Nominalisierung erlaubt die Tilgung der Mitspieler des Verbums (cf. *les consommateurs préfèrent les produits étrangers* → *la préférence des produits étrangers*);

(d) Syntaktische Beweglichkeit
Nominalgruppen können durch weitere nominale Elemente (theoretisch *ad infinitum*) determiniert werden, in der Praxis muß sich die Kettennominalisierung freilich an der Rezeptionskapazität des Lesers orientieren. In dem Satz

l'importance de la publication de la traduction du résumé de l'examen de la réfutation de l'analyse de la comparaison de la distribution des prises de bonites est discutable (aus Kocourek 1991, 88)

ist das Prinzip des *syntagme-fleuve* eindeutig überstrapaziert, das folgende (authentische) Beispiel dürfte als Grenzfall einzustufen sein:

palan électrique à engrenages à chaîne à maillons à commande par boîte pendante à boutons-poussoirs (aus Kocourek 1991, 75).

(e) Elliptische Konstruktionen
In aus habituellen oder hochgradig terminologisierten Kollokationen bestehenden Nominalsyntagmen können nach einer Beobachtung von Forner (1993, 182 f) Elemente zwischen dem ersten Nomen und dem Relationsadjektiv getilgt werden:

les prix agricoles ← *les prix des produits du secteur agricole*
le choc pétrolier ← *le choc causé par le renchérissement du pétrole*

Der Begriff Ellipse wird in der Fachsprachenforschung übrigens auf unterschiedlichste Weise verwendet; in jedem Fall bezieht er sich auf Satzteile, die bei ausreichender Sachkenntnis aus dem Verständnis mehr oder weniger automatisch ergänzt werden, also z. B. für

- Konversion von (Relations-)Adjektiv zu Substantiv
  les élections cantonales → *les cantonales*
- Gapping
- Asyndese in Nominalkomposita (Juxtaposition)
  équipement tous terrains
  microscope monture fonte (Kocourek 1991, 75)
- Valenzlücken
  La Cour (de cassation) rejette le jugement → *la Cour rejette*

Nur scheinbar gegenläufig zum Ökonomieprinzip verhält sich die von Forner (1993) Adjunktion genannte Erscheinung: „einer sinntragenden Konstituente wird ein lexikalisches Element vorangestellt, das die Bedeutung dieser Konstituente weder intensional noch extensional modifiziert, aber dennoch für die ‚Textur' der Sinnübermittlung funktional ist" (S. 171). Das beschriebene Phänomen kommt vor als Nominalaufspaltung z. B. *les opérations de fourniture, les activités de planification*; hier wird den „Handlungsbezeichnungen (Planung; Lieferung) ein Nomen vorangestellt, das nichts weiter aussagt, als daß es sich bei dem nachfolgenden Nomen um eine Handlung handelt: eine fast schon tautologische Verdoppelung, die [...] nicht obligatorisch ist" (S. 172), aber ebenso im Dienst der größeren syntaktischen Flexibilität (etwa durch Möglichkeit eines Nebensatzanschlusses oder weiterer Attribuierbarkeit) steht wie die vielkritisierte Kombination aus sinnschwachem Verb plus bedeutungslastigem Substantiv (*voter* → *procéder au vote, enregistrer* → *effectuer l'enregistrement*); man übersieht jedoch leicht, daß das Verbum in den sog. Funktionsverbgefügen stärker mit Informationen bezüglich Aspekt bzw. Aktionsart betraut wird.

Die „Entmachtung" des Zeitworts findet allerdings nicht in allen Technolekten gleichermaßen statt. Im Vokabular der Kochkunst konzentriert sich die quantitativ nicht unbeträchtliche Terminologie in der Wortkategorie Verbum, was auch auf die Syntax des Kochrezepts Auswirkungen hat. Ganz im Sinn von Blumenthal (1983, 65 f) wird man beim Postulieren von syntaktischen Universalien sehr vorsichtig sein und vor allem noch viel Forschungsarbeit leisten müssen.

5. Texte und Textsorten

Man kann mit Kalverkämper (1987, 65) Termini „verstehen als maximal kondensierte Texte, welche ihrerseits − in Verein mit Handlungszusammenhängen − notwendigerweise die Voraussetzung für Termini sind" und so eine Brücke zwischen zwei heute rivalisierenden Ansätzen schlagen, hat doch nach der Phase der lexikologisch-terminologischen Dominanz in letzter Zeit die Textlinguistik ihrerseits auch in der Fachsprachenforschung Anspruch auf einen Rang als Leitdisziplin vor allem mit dem Argument erhoben, das „originäre Sprachzeichen" sei ja der Text und nicht das Wort, auch nicht der Terminus. In der Tat verschiebt sich das Interesse gegenwärtig, gesamteuropäisch gesehen, im Fachsprachensektor deutlich zur Textebene hin, wobei allerdings hinsichtlich des Französischen wiederum ein unübersehbarer Rückstand zu konstatieren ist.

Um so komplexe Einheiten wie Fachtexte systematisch beschreiben zu können, hat Hoffmann (1985, 237 ff) ein Schema für die „kumulative Textanalyse" entwickelt, das bereits verschiedentlich mit Erfolg angewandt und verfeinert (z. B. Baumann 1987) worden ist. Obwohl dieses Analyseinstrument, das eine Matrix für strukturelle und eine zweite für funktionell-kommunikative Komponenten ansetzt, zunächst für das Herauspräparieren von textsortentypischen Merkmalen innerhalb einer bestimmten Einzelsprache konzipiert wurde, eignet es sich auch für die neuerdings stärker in den Vordergrund tretende kontrastive Betrachtungsweise (cf. Arntz 1990 betreffend deutsche und spanische Stellenanzeigen).

Daß vorderhand überhaupt fast nur schriftliche Fachkommunikation untersucht worden ist, läßt leicht vergessen, daß es Bereiche gibt, in denen die terminologisch am höchsten angereicherten Texte der mündlichen Sphäre angehören; als Beispiele wären Theater und Film oder die Mehrzahl der Sportarten zu nennen (zum Thema Fußball cf. Galisson 1978). Inwieweit sich durch den räumlichen Kontakt der Beteiligten eine Art Werkstattsprache wie in den traditionellen Handwerkersprachen ausbilden kann, wäre in Anbetracht der oft internationalen Zusammensetzung der Teams und der gewöhnlich zeitlich mehr oder weniger begrenzten Zusammenarbeit eine interessante Frage.

Obwohl inhaltliches Verständnis der Texte auch für die linguistische Analyse eine günstige, vielleicht sogar notwendige Voraussetzung ist, sind bisher (neben Gebrauchstexten) eher hochspezialisierte Texte naturwissenschaftlicher Provenienz beschrieben worden, wobei offenbar die darin übliche Verschränkung von sprachlichen Zeichen mit Formeln und graphischen Darstellungen etc. ein besonderes Faszinosum darstellt. Besonderheiten geisteswissenschaftlicher Texte (wie etwa ihre durch fremdsprachige Zitate bewirkte sprachliche Polyphonie) sind in der Literatur bisher kaum thematisiert worden.

Da der Großteil der einschlägigen Forschung außerhalb des frankophonen Raums geleistet wurde, dominiert in der französischbezogenen Literatur der kontrastive Ansatz mit konkreter Anwendungsperspektive. Bei der geringen Anzahl vorliegender Studien ist es jedenfalls sicher verfrüht, Aussagen zu so allgemeinen Aspekten wie kulturspezifisch unterschiedlichen Diskursmustern zu riskieren, wie dies Sachtleber (1993) anhand eines Mini-Corpus tut, wenn sie feststellen zu können glaubt, „daß von den Lesern der deutschen Texte eher eine ‚reader-responsibility' erwartet wird […]. Die Leser der französischen Texte hingegen können mit einer größeren Verantwortung der Autoren für die Textorganisation rechnen" (S. 192).

Zukünftige textorientierte Fachsprachenforschung wird sich mehr auf die Geschichte der betreffenden Fächer einlassen und generell sachkundig machen müssen, um das Verhältnis von Fachwissen und seiner Versprachlichung kompetent kommentieren zu können. Diachronische Veränderungen von Textsorten laufen vermutlich häufig mit Kontinuitätsbrüchen im Fachverständnis selbst und mit veränderten Funktionen bestimmter Typen von Fachtexten parallel. Während etwa juristische Textsorten wie das − unabhängig von seiner Länge aus einem Satz bestehende − französische Gerichtsurteil eine hohe Stabilität aufweisen (cf. Krefeld 1985), unterliegt der Geschäftsbrief in unserem Jahrhundert deutlich sichtbaren (aber noch nicht ausführlicher beschriebenen) Veränderungen in seinem Aussehen, wobei in der Gegenwart neue Technologien wie Telefax, E-mail und Anrufbeantworter neuerdings markante Metamorphosen auslösen könnten (cf. Handler 1993).

Der Wandel von Textsorten kann auf veränderte kommunikative Bedürfnisse zurückzuführen sein (was z. B. anhand des Kochrezepts leicht nachzuweisen wäre) oder seine Begründung in internationaler Normierung haben. So gibt es etwa verbindliche Modelle für Patentschriften. Für medizinische Fachaufsätze hat sich ein in den USA herausgebildetes Strukturschema weltweit eingebürgert (cf. Spillner 1983, 113):

1. Title / Author / Abstract
2. Introduction / Materials and Methods / Results / Discussion
3. References

Die wichtigsten didaktisch verwertbaren und kulturvergleichend aufschlußreichen Erkenntnisse wird voraussichtlich die kontrastive Analyse von solchen Fachtextsorten abwerfen, die nicht internationaler Standardisierung unterliegen. Als kleines Beispiel sei hier die Vertextung von Autorenbiographien in Nachschlagewerken angeführt (ausführlicher erörtert in Pöckl 1997). Während in deutschen Texten der Verfasser grundsätzlich einen fixen Erzählerstandort außerhalb des „Textuniversums" bezieht, bevorzugt ein französischer Textproduzent die „wandelnde

Sartre, Jean Paul, geb. 21.6.1905 Paris [...],
sein Großvater war ein Onkel von Albert
Schweitzer. [..] obwohl der erste Versuch 1928
gescheitert war, schloß er im folgenden Jahr
die Agrégation de philosophie mit Auszeichnung ab. [...] Auf der ENS lernte S.
Raymond Aron und Simone de Beauvoir, seine
Gefährtin bis in die 60er Jahre, kennen.
1929–31 Militärdienst; 1931–Sommer 1933
Philosophielehrer in Le Havre. Im September
ging er als Stipendiat des Institut français nach
Berlin und entdeckte die Phänomenologie
Husserls und Heideggers; in Berlin entstand
die zweite Fassung des Romans *La nausée*.
1934 unternahm S. mit Simone de Beauvoir
Reisen durch Deutschland, Österreich und
nach Prag. 1934–36 [...] zeigte er gewisse
Affinitäten zur KPF. 1936 erschien der Essay
L'imagination
usw.

• Erzähler-Origo

Abb. 167.1: Autorenbiographie in einem deutschsprachigen Nachschlagewerk (Engler 1974, 848 f)

Origo", die natürlich auch ein ganz anderes
Tempusgefüge mit sich bringt (vgl. das
durchgehende Präteritum im Deutschen, das
Spiel von Präsens, Vergangenheitstempora
und Futurum im französischen Text).

Es ist anzunehmen, daß strukturelle Eigenheiten von Fachtextsorten aus ihrem angestammten Anwendungsbereich hinaus in
die gemeinsprachliche Kommunikationswelt
drängen, wenn sie funktionelle Vorzüge besitzen. Dazu existieren meines Wissens aber bisher nicht einmal punktuelle und impressionistische Beobachtungen.

6. Literatur (in Auswahl)

Arntz 1990 = Reiner Arntz: Überlegungen zur Methodik einer „Kontrastiven Textologie". In: Übersetzungswissenschaft. Ergebnisse und Perspektiven. Festschrift für Wolfram Wilss. Hrsg. v. Reiner
Arntz und Gisela Thome. Tübingen 1990, 393–
404.

Auger 1982 = Pierre Auger: La Commission de terminologie de l'Office de la langue française et la
normalisation terminologique. In: Terminologies
for the Eighties. München u. a. 1982 (Infoterm Series 7), 227–238.

Baumann 1987 = Klaus Dieter Baumann: Die
Makrostruktur von Fachtexten – ein Untersu-
chungsansatz. In: Fachsprache 9. 1987, 2–18.

Beauvais 1970 = Robert Beauvais: L'hexagonal tel
qu'on le parle. Paris 1970.

Berschin 1989 = Helmut Berschin: Wie beschreibt
man eine Fachsprache? Am Beispiel des Wirt-
schaftsfranzösischen. In: Technische Sprache und
Technolekte in der Romania. Hrsg. v. Wolfgang
Dahmen u. a. Tübingen 1989, 52–64.

Blumenthal 1983 = Peter Blumenthal: Syntax und
fachsprachliche Syntax im deutsch-französischen
Sprachvergleich. In: Zeitschrift für französische
Sprache und Literatur 93. 1983, 44–69.

Bouffartigues/Delrieu 1981 = J. Bouffartigues/
A. M. Delrieu: 1. Trésor des racines grecques; 2.
Trésor des racines latines. Paris 1981.

Cailleux/Komorn 1981 = André Cailleux/Jean Komorn: Dictionnaire des racines scientifiques. 3e éd.
Paris 1981.

Calvet 1980 = Jean-Louis Calvet: Les sigles. Paris
1980 (Que sais-je?).

Cellard 1979/1980 = Jacques Cellard: Les 500 racines grecques et latines les plus importantes du vocabulaire français (T. 1: racines grecques, T. 2: racines latines). Paris. Gembloux 1979/1980.

Clas 1981 = André Clas: Sigles, abréviations et
mots-valises. In: Bulletin de traduction 85. 1981,
1–3.

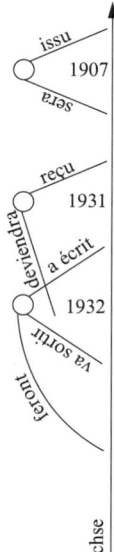

Sartre, Jean Paul [...]. Issu d'une
famille bourgeoise, mi-catholique, mi-
protestante, il est orphelin de père dès
l'âge de deux ans; et il sera élevé dans
un douillet conformisme moral par sa
mère et ses grands-parents maternels.
Normalien brillant, reçu premier à
l'agrégation de philosophie, il enseigne
d'abord en province; au Havre, en
particulier (qui deviendra dans *la
Nausée*: Bouville). Puis à Paris, en
1932. À cette date il a déjà écrit un
roman *(la Défaite)* et d'autres
ouvrages refusés par les éditeurs [...]
Mais Sartre va sortir brusquement de
cette demi-notoriété auprès du public
pour accéder, au lendemain de la
guerre et de l'occupation allemande, à
une célébrité plénière. Au point que
certains lui feront grief de cette gloire
[...] qui éclate à la faveur de la liberté
soudain retrouvée des mœurs: les
chanteuses mêmes seront
‚existentialistes' [...]
etc.

Abb. 167.2: Autorenbiographie in einem französischsprachigen Nachschlagewerk (Malignon 1971,
467 f)

Clas 1987 = André Clas: Une matrice terminologique universelle: la brachygraphie gigogne. In: Meta 32. 1987, 347−355.

Cottez 1980 = Henri Cottez: Dictionnaire des structures du vocabulaire savant. Eléments et modèles de formation. Paris 1980.

Croé 1993 = G. Croé: La problématique de l'ozone: terminologie et commentaires. In: La banque des mots 45. 1993, 40−66.

Dictionnaire de linguistique et des sciences du langage 1994 = Jean Dubois u. a.: Dictionnaire de linguistique et des sciences du langage. Paris 1994.

Dictionnaire des termes officiels 1994 = id. Paris 1994.

Engler 1974 = Winfried Engler: Lexikon der französischen Literatur. Stuttgart 1974 (Kröner Taschenausgabe 388).

Etiemble 1966 = René Etiemble: Le jargon des sciences. Paris 1966.

Forner 1993 = Werner Forner: Ellipse und Adjunktion in französischen fachsprachlichen Texten. In: Grammatikographie der romanischen Sprachen. Hrsg. v. Christian Schmitt. Bonn 1993, 166−187.

Frankophonie-Rapports = État de la francophonie dans le monde. Jährlich ein Band. Zuletzt: Rapport 1993. Paris 1993.

Gablot 1978 = Ginette Gablot: L'anglais langue scientifique française? In: La banque des mots 16. 1978, 173−186.

Galisson/Coste 1976 = Dictionnaire de didactique des langues, dirigé par R. Galisson et D. Coste. Paris 1976.

Galisson 1978 = Robert Galisson: La banalisation lexicale. Paris 1978.

Giraud 1958 = Jean Giraud: Le lexique français du cinéma des origines à 1930. Paris 1958.

Goffin 1989 = Roger Goffin: Les faux amis français-allemand dans les langues de spécialités. In: Les relations entre la langue allemande et la langue française. Paris 1989, 61−68.

Guilbert 1965 = Louis Guilbert: La formation du vocabulaire de l'aviation (1861−1891). Paris 1965.

Guilbert 1967 = Louis Guilbert: Le vocabulaire de l'astronautique. Rouen 1967.

Handler 1993 = Peter Handler: Archaismus versus Innovation im Fach- und Gebrauchstext. Chronostilistische Beobachtungen in der betrieblichen Kommunikation. In: Grammatikographie der romanischen Sprachen. Hrsg. v. Christian Schmitt. Bonn 1993, 234− 263.

Hoffmann 1985 = Lothar Hoffmann: Kommunikationsmittel Fachsprache. Eine Einführung. 2., völlig neu bearb. Aufl. Tübingen 1985 (Forum für Fachsprachen-Forschung 1).

Ischreyt 1965 = Heinz Ischreyt: Studien zum Verhältnis von Sprache und Technik. Düsseldorf 1965.

Kaehlbrandt 1989 = Roland Kaehlbrandt: Syntaktische Entwicklungen in der Fachsprache der französischen Wirtschaftswissenschaften. Stuttgart 1989 (Zeitschrift für französische Sprache und Literatur, Beih. 16).

Kalverkämper 1987 = Hartwig Kalverkämper: Vom Terminus zum Text. In: Standpunkte der Fachsprachenforschung. Hrsg. v. Manfred Sprissler. Tübingen 1987 (*forum* Angewandte Linguistik 11), 39−78.

Kocourek 1991 = Rostislav Kocourek: La langue française de la technique et de la science. Deuxième édition augmentée, refondue et mise à jour avec une nouvelle bibliographie. Wiesbaden 1991 (1e éd. 1982).

Krefeld 1985 = Thomas Krefeld: Das französische Gerichtsurteil in linguistischer Sicht. Zwischen Fach- und Standessprache. Frankfurt a. M. 1985.

Lange 1975 = Französische Literaturkritik der Gegenwart in Einzeldarstellungen. Hrsg. v. Wolf-Dieter Lange. Stuttgart 1975 (Kröners Taschenausgabe 445).

Laszlo 1993 = Pierre Laszlo: La vulgarisation scientifique. Paris 1993 (Que sais-je? 2722).

Lavric 1994 = Eva Lavric: Was ist und wozu betreibt man fachsprachliche Fehlerlinguistik? In: Fachsprache − kontrastiv. Hrsg. v. Bernhard Pöll. Bonn 1994, 65−118.

Lerat 1995 = Pierre Lerat: Les langues spécialisées. Paris 1995.

Lethuillier 1989 = Jacques Lethuillier: La synonymie en langue de spécialité. In: Meta 34. 1989, 443−449.

Loffler-Laurian 1980 = Anne-Marie Loffler-Laurian: L'expression du locuteur dans les discours scientifiques. „JE', ‚NOUS', et ‚ON' dans quelques textes de chimie et de physique. In: Revue de linguistique romane 44. 1980, 135−157.

Malignon 1971 = Jean Malignon: Dictionnaire des écrivains français. Paris 1971.

Merle 1989 = Pierre Merle: Dictionnaire du français branché suivi du Guide du français tic et toc. Paris 1989.

Mittelstaedt 1986 = Peter Mittelstaedt: Sprache und Realität in der modernen Physik. Mannheim. Wien. Zürich 1986.

Morgenroth 1994 = Klaus Morgenroth: Le terme technique. Tübingen 1994 (Beih. zur Zeitschrift für romanische Philologie 250).

Phal 1971 = André Phal: Vocabulaire général d'orientation scientifique (V.G.O.S.). Paris 1971.

Pluvinage 1992 = Matériaux pour l'histoire du vocabulaire français: Vocabulaire des Sciences physiques mil.XVII^{e}s. − déb.XXe s. réunis par Philippe Pluvinage. Bd. 41. Paris 1992.

Pöckl 1997 = Wolfgang Pöckl: Zur Textsorte „Biographischer Artikel" in Nachschlagewerken: Ein französischer Strukturtyp *in statu nascendi*. In: Studien zum romanisch-deutschen und innerromanischen Sprachvergleich. Hrsg. v. Gerd Wotjak. Frankfurt a. M. 1997, 191−200.

Quemada 1955 = Bernard Quemada: Introduction à l'étude du vocabulaire médical (1600−1710). Besançon 1955.

Sachtleber 1993 = Susanne Sachtleber: Die Organisation wissenschaftlicher Texte. Eine kontrastive Analyse. Frankfurt/M. 1993.

Spillner 1982 = Bernd Spillner: Pour une analyse syntaxique et stylistique des langues françaises de spécialité. In: Langues modernes 76. 1982, 19−27.

Spillner 1983 = Bernd Spillner: Zur kontrastiven Analyse von Fachtexten − am Beispiel der Syntax von Wetterberichten. In: Zeitschrift für Literaturwissenschaft und Linguistik 51/52. 1983, 110−123.

Weinrich 1989 = Harald Weinrich: Formen der Wissenschaftssprache. In: Jahrbuch 1988 der Akademie der Wissenschaften zu Berlin, 119−158.

Wexler 1945 = Peter J. Wexler: La formation du vocabulaire des chemins de fer en France (1778−1842). Genf 1945.

Wolfgang Pöckl, Mainz-Germersheim

168. Die italienischen Fachsprachen im 20. Jahrhundert und ihre Erforschung: eine Übersicht

1. Einführung
2. Das Definitionsproblem
3. Kommunikation oder Diskriminierung: der Sinn von Fachsprachen
4. Als Fachsprache anerkannte Bereiche
5. Dimensionen (wesentliche Merkmale) des italienischen Fachtextes
6. Schlußfolgerungen
7. Literatur (in Auswahl)

1. Einführung

Während die Behandlung des Themas Fachsprache im deutschen Sprachraum bereits auf eine lange Tradition zurückblicken kann, stößt es in der italienischen Forschung erst seit relativ kurzer Zeit auf zunehmendes Interesse. Mit der Problematik der Fachsprachen beschäftigt sich die italienische Forschung in den 30er Jahren, vor allem in der Zeitschrift *Lingua nostra*, welche auch später immer wieder Beiträge zu dieser Thematik enthält.

Eine überblicksartige Darstellung zum Stand der italienischen Fachsprachenforschung ist wegen der Vielzahl unterschiedlicher Ansätze sowie verschiedener Probleme schwierig, welche in der Forschung keineswegs einheitlich behandelt werden. Gemeinsamer Ausgangspunkt der italienischen Untersuchungen zur Fachsprache sind häufig didaktische Erfordernisse und Fragestellungen, die sich aus der direkten Anwendung von Theorien ergeben. In den letzten Jahren beschäftigte sich die italienische Forschung hauptsächlich mit textuellen Aspekten, der Definition von Textsorten sowie dem Vergleich mit ausländischen Untersuchungen; dies diente, ähnlich wie die Fachsprachen selbst, dem Ziel größerer Verständlichkeit und damit einer effizienteren Kommunikation.

Zunächst wird im folgenden ein Überblick über die große Vielfalt der in der italienischen Forschung zur (umstrittenen) Frage der Definition von Fachsprache vertretenen Auffassungen und Ansätze gegeben. Anschließend wird der häufig betonte Gesichtspunkt der Kommunikation näher beleuchtet. Danach werden die in Italien allgemein als Fachsprachen anerkannten Bereiche dargestellt und vor der abschließenden Zusammenfassung die wichtigsten Kennzeichen italienischer Fachsprachen aufgelistet.

2. Das Definitionsproblem

In unserem Jahrhundert haben die Fachsprachen auch in Italien eine schnelle und umfassende Entwicklung erfahren, was besonders auf die Entwicklung neuer Disziplinen und die Notwendigkeit interner Kommunikation zurückzuführen ist. Trotzdem hat sich bisher in der italienischen Fachsprachenforschung keine eindeutige oder allgemein anerkannte Definition dieser besonderen Art von Sprache herausgebildet: Es wird u. a. von *linguaggi* und *lingua*, von *codici* und *discorsi* gesprochen; jeder Wissenschaftler sieht sich daher genötigt, jeweils zu Beginn seiner Ausführungen zum Thema Fachsprache erst einmal Stellung zur Definitionsfrage zu beziehen und seine Wahl zu rechtfertigen. Diese sprachliche

Unsicherheit (hinter der sich eine noch größere Unsicherheit im Umgang mit dem Gegenstand verbirgt) kann beispielhaft für den allgemeinen Stand der italienischen Forschung zu diesem Thema stehen: Die Unterschiede zur Situation im deutschen Sprachraum treten auf diese Weise deutlich hervor, da dort der Terminus Fachsprache, als eindeutige Kommunikation sowohl zwischen Fachleuten untereinander als auch zwischen Fachleuten und einem weiteren Publikum, wissenschaftlich allgemein anerkannt ist.

Die meisten der in der italienischen Literatur verwendeten Begriffe sind durch die Herkunft des sie verwendenden Autors geprägt und entsprechend eher soziolinguistisch, didaktisch oder lexikographisch orientiert. Im folgenden werden die in der Literatur am häufigsten vertretenen Termini vorgestellt, den jeweiligen Autoren zugeordnet und kurz erläutert.

2.1. Lingua speciale

Zur Kennzeichnung der Fachsprachen wurde in Italien zuerst, wenn auch vereinzelt der Begriff *lingua speciale* verwendet (Devoto 1939); als Lemma läßt er sich zum ersten Mal bei Severino (1937) feststellen. Dieser Begriff wurde von Berruto (1987) und Sobrero (1993) bestätigt und auch von Cortelazzo (1988; 1994) übernommen.

Dardano (1987) unterscheidet die Begriffe *lingua speciale* und *lingua settoriale*. Zu ersterer gehört die im technisch-wissenschaftlichen Bereich und im Sport verwendete Sprache, während zur zweiten alle Sprachformen gehören, die keinen eigenen Fachwortschatz besitzen und sich daher von der Allgemeinsprache lediglich durch besondere Verwendungsformen unterscheiden. Sobrero verwendet die Bezeichnung als Oberbegriff; die *lingue speciali* können daher mehrere Ebenen enthalten: solche mit höherem Spezialisierungsgrad, die er als *lingue specialistiche* definiert, und solche mit geringerem Spezialisierungsgrad, die als *lingue settoriali* bezeichnet werden (etwa die Werbung). Unterschiede zwischen diesen beiden Formen liegen vor allem im Bereich des Wortschatzes und der Regeln zur Wortbildung.

Auch Mengaldo (1994) bezieht sich bei der Beschreibung der grundlegenden Aspekte von Fachsprachen teilweise auf Berruto und Dardano und unterscheidet ebenfalls zwischen *lingue speciali* und *lingue settoriali*: ersteren kommt dabei der Status eines richtigen und echten *sottocodice* zu, mit (eigenen) lexikalischen und unter Umständen auch morphosyntaktischen Kennzeichen. Demgegenüber besitzen die *lingue settoriali* einen allgemeineren Status; ihre Kennzeichen sind neben einem „außersprachlichen besonderen Gebrauch und der bestimmten Wortwahl" auch unterschiedliche syntaktische und textuelle Formeln (Mengaldo 1994, 37, der diesbezüglich Dardano zitiert; ein Beispiel für die Kategorie der *lingue settoriali* ist die Rechtssprache).

Bei vielen Autoren kann jedoch insgesamt eine wechselnde Verwendung der Begriffe festgestellt werden, was einerseits die jeweilige Art der Annäherung des Autors an das Thema und seine wachsende Überzeugung dokumentiert, andererseits eine zunehmende, allgemeine Festigung des Begriffs *lingua speciale* als meistverwendeter Begriff verdeutlicht. Stellvertretend dafür kann Berruto stehen, der ausgehend von *sottocodice* über *linguaggi settoriali* schließlich, aber erst seit kurzem, ebenfalls *lingua speciale* verwendet. Gleiches gilt für Sobreto, der ursprünglich *lingue settoriali* verwendete und nun gleichermaßen *lingua speciale* benutzt.

2.2. Microlingua

Balboni entscheidet sich für den Begriff *microlingua*, da dieser „auf Sprache verweist, d. h. auf den *codice linguistico* und zwar nicht nur in einem formellen Sinne, sondern auch als Mittel der Kommunikation und der sozialen Aktion, als heuristisches Instrument, das die reale Welt erklärt und als gedankliches Instrument, welches auf der Ebene von Abstraktion, Ideen und Theorien operiert" (Balboni 1989, 26). Den Begriff *linguaggio specialistico* bzw. *lingua/linguaggio per scopi speciali* lehnt er dagegen ab, da sich diese Bezeichnungen „lediglich auf den pragmatischen Gesichtspunkt kommunikativer Kompetenz beziehen, während *microlingua* die Tatsache unterstreicht, daß die Gesamtheit aller sprachbildenden Kompetenzen betroffen ist, wenn eine Sprache von Fachleuten zur Vermeidung von Doppelbedeutungen eingesetzt wird" (Balboni 1994, 137).

Für Gotti (1991, 7) ist *microlingua* dagegen unangemessen, weil es auf „das Bild eines Mikrokosmos [verweist], der nicht mit allen typischen Ausdrucksmöglichkeiten des sprachlichen Standardsystems ausgestattet ist"; *linguaggi specialistici* umfaßten dagegen jede Ausdrucksmöglichkeit der Gemeinsprache. Auch der Begriff *linguaggi settoriali* erscheint Gotti zu unbestimmt, da er in der italienischen Literatur (er bezieht sich dabei auf die Veröffentlichung von Beccaria 1973) unterschiedliche Sprachformen umfaßt, die nicht als Fachsprachen im engeren Sinne gelten können, sondern als Sach- bzw. Fachtexte nur halbfachsprachlich sind, d. h. lediglich präziser als die Gemeinsprache (z. B. Journalismus, Politik, Fernsehen usw.).

Auch Freddi (1994, 141) spricht zwar von *microlingua*, verwendet daneben aber gleichzeitig *lingue settoriali*, ein weiterer Beleg für die begrifflichen Unsicherheiten.

2.3. Linguaggi settoriali

Der Begriff *linguaggi settoriali* war von Beccaria (1973) als Titel eines Sammelbandes zum Thema Fachsprachen benutzt worden, in dessen einzelnen Beiträgen (verschiedener Autoren) allerdings wiederum zwischen *linguaggi settoriali* (in der Kritik, der Politik, im Journalismus) und *linguaggi speciali* unterschieden wird; zuletzt findet der Begriff 1994 erneut im *Dizionario di linguistica* Verwendung. Auch Pittàno/Bersani (1994) sprechen von *linguaggi settoriali* und fassen darunter alle Sprachformen, die gegenüber der Gemeinsprache spezifischer sind (insbesondere in den Bereichen Journalismus, Politik, Recht, Sport u. ä.). Dabei ist interessant, daß es sich, im Gegensatz zu den anderen hier zitierten Werken, um ein Lehrbuch handelt, das einem nicht aus Fachleuten bestehenden Publikum schriftliche und mündliche Techniken der italienischen Sprache vermitteln soll. Auch in der *Enciclopedia Cambridge delle Scienze del Linguaggio* wird *linguaggi settoriali* verwendet (italienische Ausgabe, hrsg. v. Pier Marco Bertinetto 1993, 378).

2.4. Lingue di specializzazione

Porcelli (1990, 1) schlägt mit *lingue di specializzazione* eine weitere Bezeichnung vor, die er — ausgehend von didaktischen Fragestellungen — als „an spezifische Themen gebundene Sprachvarietäten" definiert. Er geht dabei jedoch weniger von der italienischen als vielmehr von der internationalen bzw. englischen Bedeutung (LSP) des Begriffs aus. So trägt zwar der Titel des Werkes, in dem Porcellis Beitrag erschienen ist, die Bezeichnung „Lingue di specializzazione", er selbst verwendet in seinem Beitrag jedoch, nach der einleitenden terminologischen Analyse, den Begriff *microlingua*: „nicht etwa, weil ich ihn generell für besser hielte (vielleicht ist *tecnoletto* in systematischer Hinsicht geeigneter), sondern ausschließlich deshalb, weil er heute in den Abhandlungen, welche das Thema unter vorwiegend sprachdidaktischen Aspekten behandeln, am häufigsten verwendet wird und am wenigsten mißverständlich ist. Sein „Gegenstück" ist *macrolingua* bzw. *lingua comune*" (Porcelli 1990, 6).

2.5. Linguaggi speciali

In einem Beitrag über *linguaggi scientifici* (unter die aber in Wahrheit auch die technisch-wissenschaftlichen gefaßt werden) spricht De Mauro (1994) von *linguaggi speciali*. Dieser Begriff findet auch bei Cecioni (1994) Verwendung, der sich dafür unter gleichzeitiger Ablehnung des Begriffs *microlingua* entscheidet, da letzterer eine nicht leicht zu definierende Gegenüberstellung mit der *macrolingua* impliziert. Beim gewählten Begriff *linguaggi speciali* überwiegt dagegen „das Bedürfnis an fachlicher Professionalität; gemeinsames Kennzeichen [der Fachsprachen] … ist ihre Unersetzlichkeit für die Ausübung eines bestimmten Berufes und die Untersuchung einer bestimmten Disziplin" (Cecioni 1994, 51).

2.6. Lingue per scopi speciali
   (o specifici)/tecnoletto/sottocodice

Die unterschiedlichen terminologischen Vorstellungen, die hinter *lingue per scopi speciali/tecnoletto/sottocodice* stehen, werden von Balboni (1989) auf der Grundlage mehrerer Untersuchungen, welche sich dieser Begriffe bedienen, erläutert und kritisiert. Auch Porcelli (1990, 6−9) benutzt *lingua per scopi speciali* im Zusammenhang mit seinen terminologischen Untersuchungen und hebt dabei die Bedeutung hervor, welche z. B. im schulischen Bereich dem Lehrplan zukommt; ein weiterer Beleg für die unterschiedlichen Möglichkeiten einer soziolinguistisch geprägten Definition von Fachsprachen je nach Zielgruppe, Sachgebiet bzw. Wissenschaftler.

Die im folgenden dargestellten Begriffe finden lediglich bei einzelnen Autoren Verwendung: Ciliberti (1981) und Titone (1988) übersetzen aus dem Englischen (LSP) und verwenden daher, ohne eine der italienischen Realität entsprechende Definition zu suchen, *lingue per scopi speciali*. Andere Studien sprechen von *sottocodice*, häufig mit dem Zusatz *settoriale*, um klarzustellen, daß diese besondere Form von *linguaggio* in ein größeres System eingebettet ist, dessen Teil sie darstellt. Mehr Erfolg war dem Terminus *tecnoletto* beschieden, der sich allerdings einschränkend auf die Wissenschaftssprachen bezieht. Berruto (1987, 154) verwendet im Kapitel über die *lingue speciali* auch den Terminus *sottocodice* und erläutert, daß dieser weitgehend mit dem der *lingue speciali* übereinstimmt. Anschließend unterscheidet er drei, allen unterschiedlichen Terminologien gemeinsame Kernelemente („*poli fondamentali*"):

(a) die *lingue speciali* im engeren Sinne, mit besonderem Wortschatz und evtl. eigenständigen morphosyntaktisch-textuellen Merkmalen (z. B. Chemie);
(b) die *lingue speciali* im weiteren Sinne (oder *linguaggi settoriali*), welche an Bereiche des außersprachlichen Gebrauchs gebunden sind (z. B. Literatursprache);
(c) die Sondersprachen (*gerghi*), mit besonderem Wortschatz für begrenzte Benutzergruppen, jedoch ohne Ausschließlichkeitscharakter (diaphasisch und diastratisch, z. B. Jugendlichensprache).

Cambiaghi (1988, 48) führt eine weitere Variante ein, indem er den Übergang von der *lingua speciale* (was sich vor allem auf die Verschiedenheit dieser Sprache gegenüber der Gemeinsprache bezieht) zur *lingua specifica* hervorhebt (welche demgegenüber die Bedürfnisse des Nutzers in den Mittelpunkt ihrer Zielsetzung stellt). Ein weiteres Beispiel ist der von LEND benutzte Begriff *lingue per scopi specifici*, welcher auch 1993 zum Titel einer Tagung in Bari gewählt wurde.

Cortese (1988, 92) vertritt dagegen – in Anlehnung an die französischen Untersuchungen von Loffler-Laurian (1983) – die Ansicht, daß „die Bereiche, in denen das Textverständnis auf ein komplexes Feld von Wissenserwerb bezogen ist, mit epistemologischen Grundlagen und Methoden und übereinstimmend gebilligten Verfahren, grundlegende menschliche Aktivitäten darstellen, deren Sprachgebrauch im Begriff des *discorso di specialità* am treffendsten zum Ausdruck kommt".

Borello (1994, 7f) fügt – nach der Beschreibung einiger gebräuchlicher Benennungen – den oben aufgeführten die der *restricted languages* hinzu, „d. h. *codici ristretti*, welche lediglich einige Sätze der Allgemeinsprache benutzen" und daher mit den richtigen und echten *linguaggi specialistici* nicht zu vergleichen sind, da letztere auf der Grundlage des Gebrauchs definiert werden, den Sachkundige und Fachleute auf verschiedenen Ebenen von ihnen machen (von Fachmann zu Fachmann; zwischen Fachmann und Nichtsachkundigen; zwischen Fachmann und Laien).

Cigada (1988, 7–27) verwendet die Begriffe in der Einführung zu einem Tagungsband, der dem Thema Fachsprachendidaktik gewidmet ist, abwechselnd und erweckt so den Eindruck, daß der unterschiedliche Bedeutungsgehalt nicht unterschieden werden müsse. *Lingue di specializzazione, microlingua, lingua scientifica, linguaggio di specialità* und *linguaggio settoriale* werden geradezu wie eine Sammlung der in seinem Buch verwendeten Termini benutzt, was beim Leser den Eindruck verstärken muß, daß für den Autor keine inhaltlichen Unterschiede zwischen den vorgestellten Begriffen bestehen.

2.7. Linguaggi specialistici

Gotti (1991) spricht im Hinblick auf den die Sprache verwendenden Nutzer (d. h. den Fachmann) von *linguaggi specialistici* und bezieht sich so auf die Realität in den verschiedenen Berufsbereichen. Dagegen wird der Begriff *codici ristretti* ausgeschieden, da bei diesen lediglich einige Ausdrücke der Gemeinsprache genutzt werden, um auf fachlicher Ebene leichter kommunizieren zu können.

Nach der vorausgegangenen Darstellung der wichtigsten Positionen läßt sich abschließend festhalten, daß die italienische Forschung bisher keine einheitliche Definition des Phänomens Fachsprachen entwickelt hat.

Im folgenden wird zur Beschreibung des Gegenstandes der vorliegenden Untersuchung – im Anschluß an Gotti – die Bezeichnung *linguaggi specialistici* zugrundegelegt, da es sich bei ihr um den Begriff handelt, „der sich unseres Erachtens am ehesten folgerichtig mit dem Gebrauch verbindet, welchen Fachleute von der Sprache (*linguaggio*) machen, um sich auf eine für ihre Berufswelt typische Realität zu beziehen ... [und] der neben dem fachlichen Gebrauch der Sprache sowohl den Nutzer als auch die spezifische Realität betont, auf die sich dieser Gebrauch bezieht. Diese drei Größen müssen nämlich gleichzeitig gegeben sein, um vom Vorliegen einer Fachsprache sprechen zu können" (Gotti 1991, 6).

Diese Erkenntnis leitet über zu den Verwendern von Fachsprache und dem spezifischen kommunikativen Gebrauch, auf die im folgenden kurz einzugehen ist.

3. Kommunikation oder Diskriminierung: der Sinn von Fachsprachen

Nach einer aktuellen Theorie geht mit der Vervielfältigung von Kommunikationsmitteln und dem erleichterten Zugang zu Information eine effektivere Kommunikation und eine Demokratisierung der Wissenschaft einher. Richtiger erscheint allerdings das Gegenteil: Aus der zunehmenden Sektorialisierung der einzelnen Wissenschaftsbereiche folgt eine immer stärkere Spezialisierung der Fachsprachen, die hauptsächlich horizontale Kommunikation, d. h. zwischen Gleichen, nicht aber vertikales Kommunizieren ermöglichen. Hier scheint Abhilfe (und vertikale Verbindung) nur durch eine gezielte Fachsprachendidaktik möglich, welche vor allem die methodischen Voraussetzungen des Fachsprachenerwerbs betont. Gerade durch das Wiedererkennen der spezifischen Register fachsprachlicher Kommunikation wird das Erlernen einer neuen bzw. anderen Fachsprache beträchtlich erleichtert.

Eine gegenläufige Tendenz ist allerdings auch für Italien in einer zunehmend zu beobachtenden Vereinfachung von Fachsprachen und deren Anpassung an die Gemeinsprache auszumachen (Sobrero 1993, 270 bezeichnet dies als „travaso orizzontale"). So werden in den italienischen Fachsprachen beispielsweise gemeinsprachliche Begriffe ersetzt, Abkürzungen vermieden und Umschreibungen für Begriffe gebraucht, die für den Laien nur schwer verständlich wären, aber keine Entsprechung in der Gemeinsprache besitzen. In morphosyntaktischer Hinsicht wird die Nähe zur Gemeinsprache durch Wiedereingliederung der Elemente hergestellt, die in der Fachsprache seltener vorkommen (Verben, Adjektive, Präpositionen).

Die nicht unumstrittene Kernfrage im Zusammenhang mit den Fachsprachen lautet daher, ob sie tatsächlich dem Ziel größtmöglicher Kommunikation dienen oder ob sie nicht vielmehr die Grenzen zwischen Fachleuten und Laien noch verfestigen. Zur Beantwortung dieser Frage sind neben bloß sprachlichen Faktoren auch soziologische Kommunikationsbegriffe heranzuziehen; ein Vergleich zwischen Sondersprachen (*gerghi*), Dialekten und Fachsprachen soll bei der Suche nach der Antwort helfen.

Ausgangspunkt ist die Feststellung, daß das Sprechen der gleichen (Fach-)Sprache identitätsstiftend wirkt. Von dieser Identität, Solidarität und gemeinsamen Interessen sind allerdings diejenigen ausgeschlossen, die in sprachlicher Hinsicht „nicht mitreden können"; dies ist typisches Kennzeichen der Sondersprachen, die allerdings *per definitionem* dazu dienen, Außenstehende von der Gruppe fernzuhalten. Mehr als sprachliche Faktoren wirken bei einer Sondersprache folglich psychologische und soziale Faktoren diskriminierend. Hier liegt der Hauptunterschied im Vergleich zu den Fachsprachen. Zwar wirken auch letztere häufig weniger kommunikationsfördernd als diskriminierend, indem sie eine Trennung zwischen „Eingeweihten und Nichteingeweihten" schaffen. Diese Trennung beruht jedoch in der Regel auf rein sprachlichen Kriterien (insbesondere dem Wortschatz).

Ein Blick auf den Dialekt vervollständigt dieses Bild, da dieser — zumindest aus geographisch-kulturellen Gründen auf eine bestimmte Gruppe beschränkt — bei allen Besonderheiten gegenüber der Standardsprache in morphosyntaktischer und insbesondere phonetischer Hinsicht in der Regel keine Änderungen an der Bedeutung vornimmt.

Der Standort der Fachsprachen läßt sich damit genau zwischen Gemeinsprache, Sondersprache und Dialekt verorten: Als Gruppenzugehörigkeitskriterium wirkt die berufliche Spezialisierung; Ziel ist nicht das Verbergen von Kenntnissen, sondern deren präzise und eindeutige Kommunikation. Nicht in der Zielsetzung, sondern in den Änderungen, die insbesondere in lexikalischer Hinsicht gegenüber der Gemeinsprache vorgenommen werden, bestehen also Parallelen zur Sondersprache. Die „Macht" effizienter Kommunikation liegt folglich bei dem, der mit der Kommunikation beginnt (oder einen Text verfaßt): Als Beispiel kann die Rechtssprache dienen, die sich mit der Klärung von Beziehungen und der Normierung an weite Kreise richtet, aber ebenso vor Probleme der Eindeutigkeit und Präzision gestellt sieht, welche sich mit einem weiten Adressatenkreis schlecht vertragen. (Als möglicher Kompromiß erscheinen hier vor allem eine einfachere Syntax und ein Eliminieren fehlender Eindeutigkeit in lexikalischer Hinsicht.)

Schließlich sehen einige Autoren (Altieri Biagi 1968; Beccaria 1988, 161 ff) die Schaffung von gruppenbezogenen, abgeschlossenen Fachsprachen als Reaktion auf die Vermassung, Banalisierung und Standardisierung von Sprache; sie halten dies für die Ursachen einer sprachlichen Sektorialisierung. Tatsächlich scheint dieses Phänomen allerdings eher durch die typische Sektorialisierung der kapitalistischen Gesellschaft bedingt zu sein, welche die homogene vorkapitalistische Gesellschaft abgelöst hat. Andererseits ist kulturelle Homogenität (im weitesten Sinne) ein wichtiges Bedürfnis im Kapitalismus, oder einfacher, in einer Massengesellschaft, so daß „Sprache für alle" und „Fachsprache" dieselben Ursachen haben (Mengaldo 1994, 37).

Berruto (1987, 161) unterteilt die Ziele und Zwecke der Fachsprachen in vier Gruppen:

(a) technische bzw. funktionale Zwecke (*lingua speciale* im engeren Sinne);
(b) Verschleierungsabsichten (Sondersprache);
(c) Zwecke, die dazu dienen, auf den Adressaten im Sinne einer bestimmten Ideologie einzuwirken bzw. ihn zur Ausführung bestimmter Aktionen zu bewegen;
(d) in ihrer Gesamtheit gemeinschaftsbildende Zwecke.

Der Grad der Spezialisierung des Wortschatzes und der größere oder geringere Kontakt mit der Gemeinsprache sind vom Kommunikationsmedium abhängig. Je kleiner die Bezugsgruppe, desto geringer sind die Kontakte zu den Massenmedien, die äußeren Einflüsse und gleichzeitig die Besorgnis, sich gegenüber einem Publikum ohne Fachkompetenz verständlich machen zu können (Sobrero 1993, 239).

Eine Betrachtung der italienischen Fachsprachen unter dem Gesichtspunkt der Kommunikation wäre ohne eine Untersuchung der Beziehung zwischen den Kommunizierenden auf verschiedenen Ebenen unvollständig. Die verwendeten Sprachstile werden in diesem Fall weniger durch den sprachlichen Kontext beeinflußt als vielmehr durch die jeweilige Situation, also den außersprachlichen Kontext (d. h. durch den Adressaten, den Gegenstand, das Ziel). Auch auf dieser Grundlage lassen sich die Charakteristika der Fachsprache bestimmen. Cortellazzo (1994, 20—22) spricht von drei soziolinguistischen Ebenen: Außer der unmittelbarsten und typischen, der schriftlichen Kommunikation zwischen Experten, nennt er die direkte Kommunikation unter Fachleuten sowie den Kontakt zwischen Fachmann und Laien (wie er beispielsweise für den Bereich der Didaktik kennzeichnend ist).

Die erste Ebene ist als Schriftsprache bewußt technisch gehalten, die Distanz zur Gemeinsprache schon zur Vermeidung von Mißverständnissen außerordentlich groß. Dominierende Merkmale der zweiten Ebene sind dagegen die mündliche Kommunikation und ein gemeinsamer Situationskontext, in welchem die Sprache Veränderungen unterliegt (Abkürzungen, gemischtsprachige Ausdrücke, teilweise euphemistische oder gefühlsbetonte Züge). Die dritte Ebene faßt schließlich ein ganzes Bündel von Beziehungen zwischen Fachleuten und Laien zusammen, welches von denjenigen zwischen Arzt und Patient über die Beziehungen zwischen Unterrichtendem und Studierenden bis hin zur Staat-Bürger-Beziehung reicht; alle sind durch die Massenmedien beeinflußt, womit sich das Problem der Verbreitung stellt.

4. Als Fachsprache anerkannte Bereiche

Trotz der begrifflichen Vielfalt bei der Frage ihrer (abstrakten) Definition besteht weitgehend Einigkeit darüber, welche Bereiche (konkret) als Fachsprachen anerkannt werden. Obwohl nahezu alle Autoren (mehr oder weniger) ausführlich zum Definitionsproblem Stellung nehmen, finden sich allerdings nur wenige Abhandlungen zur Frage der Einteilung der verschiedenen Sprachformen. Es ist daher sehr schwierig, eine allgemeingültige Klassifizierung der derzeit in Italien als solche anerkannten Fachsprachen zu versuchen. Dies auch wegen der Existenz und Betonung unterschiedlicher Kriterien, nach denen die verschiedenen Sprachformen eingeteilt werden. Im folgenden werden einige von ihnen kurz vorgestellt.

Nach Sobrero ist ein Kriterium, das bei der schwierigen Aufgabe der Bestimmung von Fachsprachen und ihrer Abgrenzung gegenüber der Gemeinsprache dienlich sein kann, der Spezialisierungsgrad.

Eine, beispielsweise von Balboni (1989, 45—46) gewählte Möglichkeit, Fachsprachen zu definieren, ist, inhaltliche Gesichtspunkte zum Ausgangspunkt zu wählen. Balboni entwickelt sechs Kategorien mit der Absicht, unterschiedliche *linguaggi* mit einigen gemeinsamen Charakteristika zu didaktischen Zwecken zu vereinen. Ziel ist die Möglichkeit, auf diese Weise einen Lehrplan zu entwickeln, der einen gleichsam vor die Klammer gezogenen, gemeinsamen Teil für Lernende verwandter Disziplinen besitzt, mit einer anschließenden Unterscheidung und Trennung der einzelnen Fächer. Diese Methode bietet vor allem den Vorteil der Ersparnis von personellen und wirtschaftlichen Ressourcen im Sprachunterricht. Die sechs von Balboni unterschiedenen Kategorien von *microlingua* sind:

(1) Wirtschafts- und Rechtswissenschaften
(2) Philosophie und Sozialwissenschaften
(3) Naturwissenschaften

(4) Wissenschaft und Technik
(5) Kommunikation
(6) Streitkräfte

Demgegenüber schlägt Arcaini (1988, 42), ausgehend von einer linguistischen Analyse, welche die Strukturen eines vorgegebenen sprachlichen Systems aufzeigen soll, und unter Hervorhebung bestimmter in der wissenschaftlichen Fachsprache besonders häufig auftretender Sprachakte folgende Einteilung vor:

(1) Mathematik, Physik, Ingenieurwissenschaften
(2) Biologie, Chemie und Geologie
(3) Beschreibende, heilende und vorbeugende Medizin
(4) Recht und verwandte Disziplinen
(5) Sozialwissenschaften im weiteren Sinne
(6) Humanwissenschaften: Geschichte, Philosophie, Literatur, Anthropologie

Ein Beitrag von De Mauro (1994) enthält eine weitere Auflistung der grundlegenden Fachsprachen (*linguaggi speciali*). Als Kriterium dient De Mauro dabei die Anzahl der in ihnen jeweils enthaltenen „Fach"vokabeln:

1. Biologie
2. Chemie
3. Staat und Recht
4. Landwirtschaft
5. Sprachwissenschaft und Philologie
6. Geschichte
7. Geographie
8. Technik und Technologie
9. Küche
10. Medizin
11. Geologie
12. Handwerk
13. Kleidung
14. Militär(wissenschaft)
15. Wirtschaft
16. Physik
17. Mathematik
18. Industrie

Die besonderen Merkmale jeder Fachsprache gründen sich auf die Überzeugung, daß jedes inhaltliche Ereignis eine komplexe Form impliziert, ein inneres Zeichen, welches Symbol und Bedeutung zueinander in Beziehung setzt. Ein Zeichen fügt sich dabei in folgende vier miteinander verflochtene Dimensionen ein (De Mauro 1994, 331–340):

(a) semantische Dimension (Verbindung der Bedeutung des Zeichens mit Bezügen);
(b) syntaktische Dimension (Verbindung des ganzen Zeichens mit anderen möglichen Zeichen des Kodex);
(c) pragmatische Dimension (Verbindung des Zeichens mit den Zielen der Nutzer);
(d) expressive Dimension (Verbindung des Symbols des Zeichens mit der Gesamtheit aller möglichen physischen Variationen, die es ausdrücken und realisieren).

Diese Dimensionen bieten, sowohl in der Gemein- als auch in der Fachsprache diverse Realisierungsmöglichkeiten. Eine Sprache hält Ressourcen bereit, mit denen ein Minimum oder Maximum an Folgendem realisiert werden kann: Ausdruck einer besonderen Stimmung; Artikulierung eines Zeichens; Verbindung mit der besonderen und momentanen Nutzersituation; Besonderheiten im Ausdruck. Eine Fachsprache erreicht eine maximale Formstrenge, die sowohl durch eine auffällige Häufung von der Alltagssprache fremden Begriffen verdeutlicht wird, als auch durch die strikte Befolgung der den Text konstituierenden Regeln.

Diese Regeln lassen sich für Italienisch folgendermaßen unterteilen:

(a) Bestimmung der Wortbedeutung im fachsprachlichen Gebrauch (Unterschied Terminus/Wort);
(b) Festlegung der als Bezug dienenden Argumentationsebene und der Grenzen, innerhalb derer man sich bewegen kann;
(c) Abgrenzung zwischen Technik und Wissenschaft (Darlegung der Definitionskriterien für Begriffe und Auswahl der Bezugsebene);
(d) Axiomatisierung;
(e) Deduktion: vom Argument zum Theorem;
(f) Extraktion falsifizierbarer Thesen aus den Theoremen im Rahmen der Argumentationsebene;
(g) zunehmende gegenseitige Reduzierung von Theoremen und Axiomen.

Demnach benötigt eine „harte" Wissenschaft keinen ausgedehnten Apparat anderer Wörter, sondern (nur) eine geringe Anzahl. Der Rückgriff auf wissenschaftliche, fachspezifische Lexeme ist dagegen typisch für neue Wissenschaften, die sich so vor Laien abschirmen wollen. Eine Untersuchung des italienischen Mathematik- und Physikvokabulars kann dafür als Bestätigung dienen, da diese beiden Naturwissenschaften lediglich 1–2% sog. Fachtermini aufweisen. Dies unterstreicht wiederum die besondere Bedeutung des Textaufbaus, d. h. die Verbindung von Sequenzen als klare, durch Wörter mit vorbestimmter Bedeutung vorgegebene Anweisungen. „Verstehen bedeutet im Falle der mit den sog. harten Wissenschaften verbundenen Fachsprachen nicht lediglich das Erfassen kognitiver Bedeutungsinhalte, sondern ebenso das Erfassen von Operationen auslösenden Bedeutungsinhalten" (De Mauro 1994, 340).

Marazzini (1994, 441) führt eine Reihe von Bereichen auf, welche „ein mehr oder weniger strenges, spezifisches, mehr oder weniger starr kodifiziertes Fachvokabular benutzen, wie die Mathematik, die Physik, die Chemie, die Biologie, die Sprachwissenschaft, die Informatik, die Rechtswissenschaft, die Wirtschaft, die Soziologie, aber auch der Journalismus, die Schiffahrt, die Jagd, der Sport etc."

Die unterschiedlichen Ansätze zeigen vor allem eines deutlich: Eine Gruppenbildung und Klassifizierung kann immer nur teilweise gelingen und nie auf alle denkbaren Situationen gleichermaßen Anwendung finden; dies gilt in besonderem Maße für die Didaktik. Bereits an diesem Punkt wird offenbar, wie sich die italienische Fachsprachenforschung bewegt: Häufig bestimmen aus der praktischen Anwendung geborene Notwendigkeiten die Forschungsinhalte. Anders als bei „reiner" Forschung stellt sich bei einem anwendungsorientierten, didaktischen Ansatz allerdings die Frage, ob effektiv überhaupt eine Notwendigkeit besteht, Fachsprachen zu klassifizieren, da der praktische Sinn einer derartigen Klassifizierung zumindest für didaktische Zwecke aufgrund des jeweils unterschiedlichen Unterrichtskontextes nur wenig Vorteile bietet.

Darüber hinaus ist fraglich, ob hinsichtlich einer derartigen Klassifizierung in den verschiedenen Sprachen Übereinstimmung besteht bzw. diese auf andere Sprachen übertragen werden kann oder ob in diesem Fall die jeweilige nationale kulturelle Komponente dominiert. Diese Überlegungen können hier allerdings aus Platzgründen nicht vertieft werden.

5. Dimensionen (wesentliche Merkmale) des italienischen Fachtextes

Im folgenden werden die typischen linguistischen Kennzeichen des italienischen Fachtextes, gegliedert in phonologische, lexikalische, morphosyntaktische und textuelle Aspekte, zusammenfassend dargestellt.

5.1. Phonologie

Nur geringe Unterschiede zur Gemeinsprache und zur mündlichen Kommunikation: syntaktische Trennung (z. B. *diffusione/di fusione*).

5.2. Wortschatz

Wortschatzbildung nach drei Prinzipien:

(a) Assoziierung eines neuen Symbols mit einer neuen und spezifischen Bedeutung
(b) Assoziierung eines bereits existierenden Symbols mit einer neuen Bedeutung
(c) Assoziierung eines neuen Symbols mit einer existierenden Bedeutung

Frequenzunterschiede, kennzeichnend für Fachsprachen:

- Eindeutigkeit (*monoreferenzialità*)
  Nur eine einzige Bedeutung für jeden Begriff
- Sachlichkeit (*non-emotività*)
  Information als Zweck und folglich klare Begrifflichkeit
- Kürze (*sinteticità*)
  Erleichterung des Gedankenganges durch Verschmelzung zweier Lexeme (z. B. *banca dati, estratto conto*)
- Präzision (*precisione*)
  Verschiedene Präzisionsstufen eines Begriffs (z. B. *reato/omicidio/omicidio premeditato*)
- Traditionalismus (*tradizionalismo*)
  Bezugnahme auf klassische griechische oder lateinische Begriffe oder deren Ableitungen; Funktion: Erkennbarkeit in vielen Sprachen (z. B. *ius soli, in dubio pro reo*)
- Systematik (*sistematicità*)
  Feststehendes System der Bildung von Begriffen, welches das Erkennen von Gruppen und die unbegrenzte Bildung weiterer Termini ermöglicht (z. B. *-ato/-at* in der Chemie = Salz)
- Neubildung (*produttività*)
  * Präfixbildung (*prefissazione dotta*): *iper-, para-, meta-, sub-*
  * Höhere lexikalische Einheiten: *morbo di Basedow*
  * Suffixbildung (auf gut definierbare konzeptuelle Klassen zurückzuführen)
  * Im Vergleich zur Gemeinsprache und anderen Fachsprachen semantische Neubestimmung (unterschiedliche Bedeutung von z. B. *forza, tribunale*)
  * Verwendung von kollateralen Technizismen (z. B. *il paziente accusa un dolore*)

5.3. Morphosyntaktische Aspekte

Unterschiede in der Verwendung typischer allgemeinsprachlicher Regeln bestehen vor allem in quantitativer Hinsicht:

- Nominalstil (*nominalizzazione*)
  Umwandlung der verbalen in nominale Syntax (z. B. *non esistono controindicazioni = nessuna controindicazione*)
- Unpersönliche Formen (*forme impersonali*)
  * Verwendung unpersönlicher Formen oder der dritten Person Singular; Gebrauch typischer entpersonalisierender Verben (z. B. *dimostrare, indicare, suggerire, evidenziare, confermare*)
  * Fehlen von Personalpronomina
- Passivischer Stil (*passivazione*)
  Gebrauch des Passivs zur Entpersonalisierung
- Deagentivierung (*deagentivazione*)
  Fehlen des Handlungssubjekts (*complemento d'agente*)
- Parataxe (*paratassi*)
  Kurze Sätze; statt Nebensätzen eher gleichgeordnete Sätze
- Ellipse (*ellissi*)
  Artikel und Präpositionen, Fehlendes aus allgemeinen Kenntnissen rekonstruierbar

- Verbformen (*forme verbali*)
  * Gebrauch des Präsens, des Indikativs in Verbindung mit den typischen Aufgaben dieser Sprachformen (*definire, descrivere, osservare, esplicitare, affermare*)
  * Häufiger Gebrauch des Hilfsverbs *sein* (*copula essere*), wenige Verbformen
- Infinite Verbformen (*forme verbali infinite*)
  Verwendung des Partizip Präsens anstelle von Relativsätzen, kausales Gerundium
- Verkürzte Satzstruktur (*struttura frasale ridotta*) SN+V+SN, unter Verwendung impliziter Formen, die den Satz scheinbar vereinfachen, ihn in Wirklichkeit für den Laien aber schwerer verständlich machen können

5.4. Textuelle Aspekte

Folgende Besonderheiten fachsprachlicher Texte lassen sich als besonders charakteristisch hervorheben:

- Starrheit der textuellen Organisation (*rigidità dell'organizzazione testuale*)
  Text als Abfolge von an den Adressaten gerichteten Anweisungen; bindende Strukturen mit einem hohen Maß an Vorhersehbarkeit, welche zu einer maximalen Organisation hinsichtlich des Textaufbaus führen
- Verweise (*referenza*)
  Verwendung von Konnektiven/Bindewörtern und ausdrücklichen oder impliziten Verweisen
- Graphische Form (*forma grafica*)
  Mehr oder weniger starre Regeln, welche sowohl das (Wieder)Erkennen als auch die klare Formulierung fördern sollen (und daher ein direktes und effizienteres Verständnis ermöglichen)
- Rhetorische Regeln (*regole retoriche*)
  Sehr eng; auch sie dienen dem direkten Textverständnis
- Thema/Rhema-Struktur (*struttura tema/rema*)
  Keine Unterschiede zur Gemeinsprache

6. Schlußfolgerungen

Abschließend werden die wichtigsten, in diesem Überblick zum Thema „italienische Fachsprachen" behandelten Punkte zusammengefaßt. Am augenfälligsten ist sicher die Schwierigkeit der italienischen Forschung, eine für die Mehrheit der Fachsprachen gültige und kohärente Definition zu finden. Unter den verwendeten Begriffen sind *lingue speciali, linguaggi settoriali, microlingua* und *linguaggi specialistici* besonders häufig; letzterem Begriff ist der Vorzug zu geben, da er die Verwender der Fachsprache besonders stark betont (dies entspricht dem in der italienischen Forschung besonders häufig als Ausgangspunkt gewählten didaktischen Ansatz).

In der Klassifizierung der italienischen Fachsprachen läßt sich eine Übereinstimmung einfacher feststellen; teilweise offen bleibt allerdings die Frage nach der Notwendigkeit einer solchen Einteilung — wiederum insbesondere beim Zugrundelegen didaktischer Kriterien.

Die italienische Fachsprache umfaßt grundsätzlich alle typischen Möglichkeiten des Standard-Italienischen hinsichtlich des Wortschatzes, der Phonetik, der Morphosyntax, der Rhetorik sowie in textueller Hinsicht; die Verwendung von darüber hinausgehenden Regeln beschränkt sich auf einige (wenige) Fälle. Sie stellt folglich eine Ausnahme dar, welche an einen bestimmten Bereich oder eine präzise Textgattung gebunden ist oder aber besonderen Kommunikationsfunktionen dient.

Daher ist es insbesondere die lexikalische Frequenz, welche die italienische Fachsprache im Gegensatz zur Standardsprache kennzeichnet: Ebenso wie bei den Fachsprachen anderer Sprachen liegt der Zweck der italienischen Fachsprachen in größtmöglicher Klarheit sowie darin, den Nutzern dieser Sprachformen das unmittelbare Erkennen der ihnen zugrundeliegenden Bedeutung zu ermöglichen. Die einer bestimmten Gruppe angehörenden Nutzer verwenden die italienische Fachsprache hauptsächlich zur Kommunikation unter Gleichen und können so mit dem gleichen kulturellen und linguistischen Grundverständnis rechnen: Schwierigkeiten treten dagegen, auch im Italienischen, dann auf, wenn sich die Kommunikation auf einer vertikalen statt der (gewohnten) horizontalen Ebene bewegt, d. h. zwischen Fachleuten und Nichtsachkundigen.

Auch bei der Formulierung italienischer Fachtexte muß der Fachmann daher in besonderem Maße die Zielgruppe berücksichtigen und seinen Text ggf. modifizieren bzw. anpassen, indem er sich beispielsweise stärker auf lexikalische, morphosyntaktische und textuelle Regeln der Gemeinsprache stützt, ohne dabei allerdings das Ziel seiner Kommunikation — und das der Fachsprache — aus den Augen zu verlieren. Dieses Ziel besteht darin, Mittler zu sein und Erklärungen zu geben, die im Verhältnis zu den Inhalten, auf welche sie sich beziehen, möglichst unmittelbar und konkret sind.

Wie bereits eingangs bei der Darstellung des Problems der Fachsprachendefinition angesprochen (vgl. 2.), ist die Didaktik häufiger Ausgangs- und Angelpunkt der italienischen Fachsprachenforschung, worin sich auch die wachsende und konkrete Bedeutung der

Fachsprachen im schulischen und universitären Bereich widerspiegelt. In Italien konzentriert sich das Forschungsinteresse aus diesem Grund auf fremdsprachliche Fachsprachen, während das Italienische, insbesondere an Universitäten, vergleichsweise wenig erforscht ist.

Trotzdem ist insgesamt ausreichend Literatur zum Phänomen der italienischen Fachsprachen vorhanden. Diese befaßt sich sowohl mit der Frage der Definition von Fachsprachen als auch mit der Konzeption fachsprachlicher Kurse und nicht zuletzt mit der besonderen Rolle des Unterrichtenden in derartigen Kursen und seiner Vorbereitung sowie dem Nutzen solchen Unterrichts. Spezifisch fachsprachliches Lehrmaterial wurde vor allem an den Universitäten für Ausländer (Siena und Perugia) entwickelt, insbesondere für die Bereiche Rechtswissenschaften, Wirtschaft, Kunst und Medizin.

7. Literatur (in Auswahl)

Altieri Biagi 1990 = Maria Luisa Altieri Biagi: L'avventura della mente. Studi sulla lingua scientifica. Napoli 1990.

Arcaini 1988 = Enrico Arcaini: Epistemologia dei linguaggi settoriali. In: Il linguaggio delle scienze e il suo insegnamento. Atti del Congresso su „Le lingue di specializzazione e il loro insegnamento nella scuola secondaria e nell'università", Brescia, 2−4 aprile 1987. Brescia 1988, 29−44.

Balboni 1989 = Paolo E. Balboni: Microlingua e letterature nella scuola superiore. Brescia 1989.

Balboni 1994 = Paolo Balboni: Didattica dell'italiano a stranieri. Roma 1994.

Beccaria 1973 = Gian Luigi Beccaria (a cura di): I linguaggi settoriali in Italia. Milano 1973.

Berruto 1977 = Gaetano Berruto/Monica Berretta: Lezioni di sociolinguistica e linguistica applicata. Napoli 1977, 13−23.

Berruto 1974 = Gaetano Berruto: La sociolinguistica. Bologna 1974.

Berruto 1990 = Gaetano Berruto: Lingue speciali. In: Gaetano Berruto: Sociolinguistica dell'italiano contemporaneo. Firenze 1990, 154−168.

Bonomi 1994 = Ilaria Bonomi: La lingua dei giornali del Novecento. In: Luca Serianni/Pietro Trifone (a cura di): Storia della lingua italiana, vol. II. Scritto e parlato. Torino 1994, 667−701.

Borello 1994 = Enrico Borello: L'incomunicabilità di massa, linguaggi settoriali: funzionamento e apprendimento. Alessandria 1994.

Cambiaghi 1988 = Bona Cambiaghi: La ricerca nell'insegnamento delle microlingue. In: Il linguaggio delle scienze e il suo insegnamento. Atti del Congresso su „Le lingue di specializzazione e il loro insegnamento nella scuola secondaria e nell'università", Brescia, 2−4 aprile 1987. Brescia 1988, 45−56.

Cecioni 1994 = Cesare G. Cecioni: La traducibilità del linguaggio giuridico inglese. In: Enrico Borello (a cura di): L'incommunicabilità di massa. Alessandria 1994, 51−56.

Cigada 1988 = Sergio Cigada: Le lingue di specializzazione. In: Il linguaggio delle scienze e il suo insegnamento. Atti del Congresso su „Le lingue di specializzazione e il loro insegnamento nella scuola secondaria e nell'università", Brescia, 2−4 aprile 1987. Brescia 1988, 7−27.

Ciliberti 1981 = Anna Ciliberti (a cura di): L'insegnamento linguistico „per scopi speciali". Bologna 1981.

Cortellazzo 1988 = Michele A. Cortellazzo: Fachsprachen/Lingue speciali. In: Günter Holtus/Michael Metzeltin/Christian Schmitt (Hrsg.): Lexikon der Romanistischen Linguistik. Tübingen 1988, 246−255.

Cortellazzo 1992 = Michele A. Cortellazzo: L'influsso dei linguaggi settoriali. In: Emanuele Banfi/Alberto A. Sobrero: Il linguaggio giovanile degli anni Novanta. Regole, invenzioni, gioco. Bari 1992, 71−84.

Cortellazzo 1994 = Michele A. Cortellazzo: Lingue speciali. Padova 1994.

Cortese 1988 = Giuseppina Cortese: Pedagogia della lettura e discorso di specialità. In: Il linguaggio delle scienze e il suo insegnamento. Atti del Congresso su „Le lingue di specializzazione e il loro insegnamento nella scuola secondaria e nell'università", Brescia, 2−4 aprile 1987. Brescia 1988, 87−106.

Crystal 1994 = David Crystal: Enciclopedia Cambridge delle scienze del linguaggio. Edizione italiana a cura di Pier Marco Bertinetto. Bologna 1994.

Dardano 1987 = Maurizio Dardano: Linguaggi settoriali e processi di riformulazione. In: Wolfgang Dressler et al. (a cura di): Parallela 3/Linguistica contrastiva/Linguaggi settoriali/Sintassi generativa. Atti del IV incontro italo-austriaco dei linguisti, Vienna, 15−18 settembre 1986. Tübingen 1987, 134−145.

Dardano 1994 = Maurizio Dardano: I linguaggi scientifici. In: Luca Serianni/Pietro Trifone (a cura di): Storia della lingua italiana, vol. II. Scritto e parlato. Torino 1994, 497−551.

De Mauro 1994 = Tullio De Mauro: Linguaggi scientifici. In: Tullio De Mauro (a cura di): Studi sul trattamento linguistico dell'informazione scientifica. Roma 1994, 309−325.

De Mauro 1994 = Tullio De Mauro: Linguaggi scientifici e lingue storiche. In: Tullio De Mauro (a cura di): Studi sul trattamento linguistico dell'informazione scientifica. Roma 1994, 327−340.

Devoto 1939 = Giacomo Devoto/Maria Luisa Altieri Biagi: La lingua italiana. Storia e problemi attuali. Torino 1939.

Fiorelli 1994 = Pietro Fiorelli: La lingua del diritto e dell'amministrazione. In: Luca Serianni/Pietro Trifone (a cura di): Storia della lingua italiana, vol. II. Scritto e parlato. Torino 1994, 553–597.

Freddi 1988 = Giovanni Freddi: Linee per una didattica delle microlingue nella scuola secondaria e nell'università. In: Atti del Congresso su „Le lingue di specializzazione e il loro insegnamento nella scuola secondaria e nell'università", Brescia, 2–4 aprile 1987. Brescia 1988, 57–78.

Freddi 1994 = Giovanni Freddi: Glottodidattica. Torino 1994.

Gotti 1991 = Maurizio Gotti: I linguaggi specialistici. Firenze 1991.

Leso 1994 = Erasmus Leso: Momenti di storia del linguaggio politico. In: Luca Serianni/Pietro Trifone (a cura di): Storia della lingua italiana, vol. II. Scritto e parlato. Torino 1994, 703–755.

Loffler-Laurian 1983 = Anna-Marie Loffler-Laurian: Typologie des discours scientifiques: deux approches. In: Etudes de linguistique appliquée 51. 1983, 8–20.

Marazzini 1994 = Claudio Marazzini: La lingua italiana: profilo storico. Bologna 1994.

Marcato 1988 = Carla Marcato: Sondersprachen/Linguaggi gergali. In: Günter Holtus/Michael Metzeltin/Christian Schmitt (Hrsg.): Lexikon der Romanistischen Linguistik. Tübingen 1988, 255–268.

Marcato 1994 = Carla Marcato: Il gergo. In: Luca Serianni/Pietro Trifone (a cura di): Storia della lingua italiana, vol. II. Scritto e parlato. Torino 1994, 757–791.

Marcato 1995 = Carla Marcato: Intorno alle accezioni di „gergo" e „varietà paragergali". In: Raffaella Bombi (a cura di): Lingue speciali e interferenza. In: Atti del convegno seminariale, Udine, 16–17 maggio 1994. Roma 1995, 221–226.

Marri 1994 = Fabio Marri: La lingua dell'informatica. In: Luca Serianni/Pietro Trifone (a cura di): Storia della lingua italiana, vol. II. Scritto e parlato. Torino 1994, 617–633.

Masini 1994: Andrea Masini: La lingua dei giornali dell'Ottocento. In: Luca Serianni/Pietro Trifone (a cura di): Storia della lingua italiana, vol. II. Scritto e parlato. Torino 1994, 635–665.

Mengaldo 1994 = Pier Vincenzo Mengaldo: Il Novecento. In: Storia della lingua italiana. A cura di F. Bruni. Bologna 1994.

Milani Comparetti 1982 = Marco Milani Comparetti/Francesco Mattei: Il linguaggio scientifico tra scienza e didattica. Brescia 1982.

Perugini 1994 = Marco Perugini: La lingua della pubblicità. In: Luca Serianni/Pietro Trifone (a cura di): Storia della lingua italiana, vol. II. Scritto e parlato. Torino 1994, 599–615.

Pittàno 1993 = Giuseppe Pittàno/Serena Bersani: L'italiano. Le tecniche del parlare e dello scrivere. Milano 1993.

Porcelli 1990 = Gianfranco Porcelli: Dalla lingua comune alle microlingue. In: Gianfranco Porcelli/Bona Cambiaghi/Marie Christine Jullion/Annamaria Caimi Valentini: Le lingue di specializzazione e il loro insegnamento. Milano 1990, 1–77.

Porro 1973 = Marzio Porro: I linguaggi della scienza e della tecnica. In: Gian Luigi Beccaria (a cura di): I linguaggi settoriali in Italia. Milano 1973, 181–206.

Sabatini 1990 = Francesco Sabatini: Analisi del linguaggio giuridico. In: Mario D'Antonio (a cura di): Corso di studi superiori legislativi 1988–1989. Scuola di scienza e tecnica della legislazione. Padova 1990, 675–724.

Severino 1937 = Agostino Severino: Manuale di nomenclatura linguistica. Milano 1937.

Sobrero 1993 = Alberto A. Sobrero: Lingue speciali. In: Alberto A. Sobrero (a cura di): Introduzione all'italiano contemporaneo. La variazione e gli usi. Bari 1993, 237–277.

Titone 1988 = Renzo Titone: Insegnare una lingua straniera per scopi speciali: il nocciolo del problema. In: Atti del Congresso su „Le lingue di specializzazione e il loro insegnamento nella scuola secondaria e nell'università", Brescia, 2–4 aprile 1987. Brescia 1988, 79–86.

Stefania Cavagnoli, Bolzano/Bozen

169. Die spanischen Fachsprachen im 20. Jahrhundert und ihre Erforschung: eine Übersicht

1. Einleitung: Zur Situation der Fachsprachen im spanischen Sprachraum
2. Fachsprachenforschung zum Spanischen
3. Merkmale spanischer Fachtexte
4. Fachwortbildung im Spanischen
5. Terminologienormung und Terminologiearbeit
6. Zusammenfassung
7. Literatur (in Auswahl)

1. Einleitung: Zur Situation der Fachsprachen im spanischen Sprachraum

Die Situation der spanischen Fachsprachen wird entscheidend durch die Größe und den heterogenen Charakter des *spanischen Sprachraums* bestimmt: Spanisch wird von über 300 Millionen Menschen in vier Erdteilen als Muttersprache gesprochen; in 23 Staaten ist Spanisch Amtssprache (vgl. Berschin/Fernández-Sevilla/Felixberger 1987, 16 ff). Die gewaltige Ausdehnung des Sprachgebiets führt zwangsläufig zu zentrifugalen Tendenzen, die die Einheitlichkeit des Sprachgebrauchs in Frage stellen. Dies tangiert die Sprache auch in ihrer Funktion als Mittel der Fachkommunikation: Eine kritische Analyse zeigt, daß insbesondere die technisch-naturwissenschaftlichen Fachsprachen des Spanischen ihrer Aufgabe nicht in vollem Umfang gerecht werden.

Dies hat jedoch nicht nur geographische, sondern auch *historische Gründe*. Die technische Entwicklung setzte in Spanien später und zögernder ein als im nördlichen Europa, und auch die fachsprachliche Entwicklung verlief keineswegs reibungslos. Zwar war die 1713 gegründete *Real Academia Española* in der Anfangsphase ihres Bestehens bemüht, die gesamte spanische Sprache einschließlich der allmählich entstehenden Wissenschaftssprache behutsam zu lenken und sie den Bedürfnissen der Gesellschaft entsprechend auszubauen. Unter dem Druck des wissenschaftsfeindlich eingestellten Klerus nahm die *Real Academia* jedoch schon bald eine puristische, ausschließlich auf die „Reinerhaltung" der Sprache gerichtete Haltung ein, die in dem Leitspruch „*limpia, fija y da esplendor*" zum Ausdruck kommt (Lara 1986, 181 f). Von dieser Entwicklung waren in erster Linie die Fachsprachen von Wissenschaft und Technik betroffen; demgegenüber konnten traditionelle Disziplinen wie die Rechtswissenschaft und die Geisteswissenschaften, die unmittelbar an eine vom Lateinischen geprägte Tradition anknüpften, ihre Fachsprachen weitgehend ungehindert entwickeln. Ähnliches galt auch für die Medizin und für solche naturwissenschaftliche Fächer, die — wie beispielsweise die Chemie — bereits früh über international vereinheitlichte, auf griechisch-lateinischer Grundlage beruhende Nomenklaturen verfügten.

Das Bestreben, dem steigenden *Benennungsbedarf von Wissenschaft und Technik* mit „traditionellen" Mitteln gerecht zu werden, verhinderte eine ausgewogene Aktualisierung der Fachsprache, bei der Eigenes und Fremdes in angemessener Weise Berücksichtigung finden konnten. Auf diese puristische Tradition ist zurückzuführen, daß viele spanische Fachsprachen sich heute als ausgesprochen abstrakt und wortarm präsentieren. Daher wird die Kommunikation unter spanischsprachigen Fachleuten vielfach von Entlehnungen aus Fremdsprachen, zumeist aus dem Englischen, geprägt; das bedeutet, daß die puristischen Bemühungen der *Real Academia* zu einem absolut kontraproduktiven Ergebnis geführt haben. Dies hat auch Auswirkungen auf die Gemeinsprache, da die modernen Technologien auch im täglichen Leben eine Rolle spielen.

In noch stärkerem Maße als in Spanien sind die aufgezeigten Tendenzen in den spanischsprachigen Staaten *Lateinamerikas* festzustellen. Hier wurde die Entwicklung von Wissenschaft und Technik durch die 300 Jahre andauernde Kolonialherrschaft zusätzlich erschwert; die Folge ist eine bis heute andauernde Abhängigkeit der lateinamerikanischen Staaten von ausländischer Technologie. Noch immer erhalten sehr viele lateinamerikanische Wissenschaftler ihre Ausbildung an Hochschulen im nicht spanischsprachigen Ausland, so daß ihr fachlicher Sprachgebrauch entscheidend durch die jeweilige Fremdsprache geprägt wird, in der sie ausgebildet werden. Dieser Einfluß ist dann besonders groß, wenn es für das betreffende Fachgebiet noch keine gefestigte, allgemein anerkannte spanische Fachsprache gibt (vgl. Fedor de Diego 1985, 193 f).

Dies führt einerseits dazu, daß Wissenschaftler und Techniker ihre eigenen Gruppensprachen und Fachjargons entwickeln, die sich zum Teil erheblich von denen anderer Gruppen unterscheiden und die für Außenstehende weitgehend unverständlich sind (Lara 1986, 182f).

Andererseits ist aber auch die Tendenz zu beobachten, daß Wissenschaftler sich, um im gesamten spanischen Sprachgebiet verstanden zu werden, um einen wenig fachlichen, weitgehend am *Diccionario de la Real Academia* orientierten Stil bemühen und dabei einen Verlust an fachlicher Präzision bewußt in Kauf nehmen. Die mangelnde fachsprachliche Koordination hat zur Folge, daß technische oder naturwissenschaftliche Lehrbücher und Aufsätze, die in einem spanischsprachigen Land verfaßt bzw. ins Spanische übersetzt worden sind, längst nicht immer im übrigen spanischen Sprachgebiet verwendet werden können, weil sie dort — insbesondere aufgrund der ungewohnten Terminologie — nicht verstanden werden (Lara 1986, 194).

Eine aufeinander abgestimmte *Sprachenpolitik* der spanischsprachigen Staaten, die zu einer Lösung dieser Probleme beitragen könnte, ist erst in Ansätzen zu erkennen; eine positive Entwicklung ist insbesondere die Gründung des vom spanischen Staat getragenen *Instituto Cervantes* im Jahre 1991. Generell ist festzustellen, daß puristische Tendenzen im europäischen Spanisch stärker ausgeprägt sind als im Spanischen Lateinamerikas. Während man in Spanien eher dazu neigt, Termini auf der Grundlage morphologischer Elemente des Spanischen zu bilden, zieht man in Lateinamerika, nicht zuletzt aus Gründen der Sprachökonomie, die Übernahme von Entlehnungen vor (Zierer 1982, 96f). Allerdings fehlt es nicht an Gegenbeispielen, so daß sich auch in dieser Hinsicht letztlich ein eher widersprüchliches Bild ergibt.

2. Fachsprachenforschung zum Spanischen

Der derzeitige *Forschungsstand* spiegelt die insgesamt problematische Situation der spanischen Fachsprachen deutlich wider. Von einer koordinierten arbeitsteiligen Strategie auf dem Gebiet der beschreibenden und anwendungsorientierten Fachsprachenforschung kann bislang nicht die Rede sein; ähnlich ist die Lage im Bereich der *Fachsprachenlehre*.

Es gibt erst wenige Arbeiten, die die spanischen Fachsprachen bzw. einzelne fachsprachlich relevante Aspekte des Spanischen beschreiben, und auch diese Arbeiten sind in ihrer Struktur und ihrer Zielsetzung keineswegs homogen.

Unter den Beiträgen des Bandes „Fachsprachenforschung und -lehre: Schwerpunkt Spanisch" (Rodríguez Richart/Thome/Wilss 1982) ist der kontrastiv (spanisch-deutsch) angelegte Aufsatz von Zierer „*Algunas consideraciones acerca de una tecnolectología comparada — desde el punto de vista del idioma español*" von besonderem Interesse. Der Autor beschreibt die wesentlichen Merkmale der spanischen Fachsprachen und bezieht dabei alle Ebenen der Sprachbetrachtung einschließlich der Pragmatik ein; zugleich zeigt er explizit die zahlreichen Forschungsdesiderata im Bereich der spanischen Fachsprachen auf. Eine Beschreibung der spanischen Fachsprache der Elektronischen Datenverarbeitung gibt Alpers (1988); Estévez Kunz (1993) analysiert die spanische Fachsprache des Maschinenbaus.

Die Untersuchung von Calvo Ramos „*Introducción al estudio del lenguaje administrativo*" (1980) basiert auf einem Corpus von Auszügen aus dem „*Boletín Oficial del Estado*" (BOE) aus dem Jahre 1974. Der Verfasser beschreibt die relevanten stilistischen, syntaktischen und lexikalischen Merkmale der spanischen Verwaltungssprache und grenzt diese einerseits gegenüber der Rechtssprache, andererseits gegenüber der Gemeinsprache ab. In seinem Aufsatz „*Interlinguale Vergleiche von Terminologien und Fachtexten*" betrachtet Arntz (1992) die Strukturen spanischer und deutscher Gerichtsurteile unter kontrastivem Aspekt.

Im Mittelpunkt der monolingual angelegten Untersuchungen, die Teilaspekte der spanischen Fachsprachen beleuchten, stehen zumeist lexikalische bzw. terminologische Fragen: Einen Überblick über Terminologiearbeit und Terminologienormung in Spanien und Lateinamerika bietet Gil (1992). In ihrem Aufsatz „*El estado actual de las terminologías técnicocientíficas en el idioma español*" behandelt Fedor de Diego (1985) methodische und sprachenpolitische Fragen der spanischsprachigen Terminologiearbeit aus lateinamerikanischer Sicht. Einen Überblick über die fachsprachlich produktiven Wortbildungsverfahren des Spanischen gibt López Facal (1982) in seinem Aufsatz „*Los procedimientos neológicos del español: tipología y propuestas de jerarquización*". In seiner Monographie „*El anglicismo en el español peninsular contemporáneo*" betrachtet Pratt (1980) den Einfluß des Englischen auf die spanische Lexik primär aus gemeinsprachlicher Sicht, geht jedoch auch auf terminologisch relevante Aspekte ein.

3. Merkmale spanischer Fachtexte

Der folgende Beispieltext, der eine Reihe typischer Merkmale spanischer technischer Fachtexte aufweist, wurde einem spanischen Lehrbuch der **Kraftfahrzeugtechnik** entnommen. Wie viele andere *technische Textsorten* weisen auch Lehrbuchtexte eine interlingual weitgehend homogene Makrostruktur auf, während auf der morphosyntaktischen bzw.

auf der lexikalischen Ebene zum Teil erhebliche sprachspezifische Besonderheiten festzustellen sind.

La Carburación

La carburación **tiene como objetivo** pulverizar la gasolina y mezclarla con el aire **para lograr** una buena combustión en el cilindro. Esta operación **se realiza** en el carburador, al cual **se hace llegar** la gasolina desde el depósito, y allí **se mezcla** con el aire que **es aspirado** por el motor. El carburador **debe preparar** la mezcla de manera que la gasolina **esté** debidamente **pulverizada**. La relación aire-gasolina **debe poder variarse** con arreglo a la marcha del motor, pues no **se requiere** la misma relación de mezcla para un funcionamiento a plena potencia, que para bajos regímenes con cargas parciales. Para cumplir estos requisitos, el carburador **está constituido** básicamente por un tubo cilíndrico, en cuyo interior **se dispone** un estrechamiento **denominado** difusor, a la altura del cual desemboca el surtidor. Cuando la válvula de mariposa alcanza su posición horizontal, **corta** totalmente el paso de aire, que **se establece** gracias a la succión **desarrollada** por los pistones **al bajar** en el tiempo de admisión. El paso de la corriente de aire a través del difusor produce un aumento de la velocidad, **creándose** en esta zona una depresión. **Al pasar** el aire por el difusor, el vacío parcial que **se obtiene** produce la aspiración de la gasolina del surtidor, que **se pulveriza** en la corriente de aire, **logrando** una mezcla homogénea.

Der Text weist folgende typische Merkmale auf: Das Gerundium (*creándose*; *logrando*), das der syntaktischen Komprimierung und Übersichtlichkeit dient, spielt in den technischen Fachsprachen eine wichtige Rolle; zur Verkürzung eines Temporalsatzes wird sehr häufig al + Infinitiv verwendet (*al bajar*; *al pasar el aire*); para + Infinitiv dient der Verkürzung eines konsekutiven Nebensatzes (*para lograr*). Auch Partizipien dienen vielfach der syntaktischen Komprimierung (*un estrechamiento denominado difusor*; *la succión desarrollada por los pistones*).

Generell werden aktivische Konstruktionen (*... la válvula de mariposa ... corta ... el paso de aire*; *... permite la circulación libre del aire*) passivischen (*es aspirado*) vorgezogen. Sehr oft wird das Handlungspassiv durch „reflexives Passiv" wiedergegeben (*se realiza*; *se hace llegar*; *se dispone*; *se establece*; *se obtiene*; *se pulveriza*). Relativ häufig ist auch die Verwendung des Zustandspassivs (*... esté pulverizada*; *está constituido*).

Imperativische Aussagen werden vielfach mit *haber que*, *deber* usw. oder durch Reflexivkonstruktionen umschrieben (*el carburador debe preparar*; *la relación debe ... poder variarse*). Für das deutsche Modalverb „sollen" werden vielfach explizitere Umschreibungen gewählt (*la carburación tiene como objetivo*).

Ein weiteres auffälliges Merkmal der technisch-naturwissenschaftlichen Fachsprachen des Spanischen ist die große Häufigkeit von Funktionsverbgefügen; dabei spielt *hacer* eine besonders wichtige Rolle:

hacer el trabajo − die Arbeit leisten / verrichten
hacer reparaciones − Reparaturen durchführen
hacer el roscador − das Gewinde schneiden

Demgegenüber kommen die semantischen Beziehungen zwischen den Bestandteilen von Mehrwortbenennungen im Spanischen in wesentlich expliziterer Form zum Ausdruck als dies in den komplexen deutschen Wortzusammensetzungen der Fall ist (Zierer 1982, 95):

Druckfestigkeit − *resistencia a la presión*
Druckgärung − *fermentación bajo presión*
Druckspannung − *tensión por presión*.

Bei der Analyse von Texten aus dem **Rechts- und Verwaltungswesen** lassen sich auf morphosyntaktischer Ebene insbesondere folgende typische Merkmale feststellen (Calvo Ramos 1980, 195 ff):

− die besondere Häufigkeit von Nominalkonstruktionen (*Un estudio comparativo de la siniestralidad real y prevista*);
− das häufige Auftreten von Substantiven, insbesondere solchen mit synonymer oder quasisynonymer Bedeutung (*finalidad y alcance*; *entrega y recepción*) sowie von Funktionsverbgefügen (*dar cumplimiento*; *tomar parte*; *hacer uso*; *llevar a cabo*);
− das häufige Auftreten von Verbpaaren (*reglamentará y hará pública*; *lo pronunciamos, mandamos y firmamos*);
− die häufige Verwendung von Konjunktiv und Futur sowie die Beibehaltung des archaischen Konjunktiv Futur (*el perjuicio a que hubiere lugar*);
− die häufige Wiedergabe des Handlungspassivs durch „reflexives Passiv" (*se hace*; *se convoca*; *se eleva a definitiva*);
− die Beibehaltung archaischer syntaktischer Konstruktionen (*por esta nuestra sentencia*).

Im Gegensatz zu den technischen Textsorten, die − nicht zuletzt aufgrund internationaler Standardisierungsbemühungen − vielfach eine interlingual homogene Makrostruktur aufweisen, werden *juristische Textsorten* stark von der jeweiligen nationalen Rechtsordnung bestimmt. Ein markantes Beispiel hierfür sind Gerichtsurteile; so ergeben sich bei einem Vergleich spanischer und deutscher Zivilgerichtsurteile bereits erhebliche Divergenzen bezüglich der Makrostruktur (Arntz 1992, 116f). Entsprechend große interlinguale Divergenzen lassen sich auf der syntaktischen Ebene feststellen. Besonders auffällig ist hier die aus einem einzigen, komplexen Satzgefüge bestehende Struktur, die sich weitgehend an die französische Urteilstradition anlehnt. In schematischer Darstellung ergibt sich folgendes *Textmuster*, das bis Anfang der achtziger Jahre für alle spanischen Urteile grundlegend war:

SENTENCIA
...
VISTOS ... los presentes autos ...
RESULTANDO, que ...
RESULTANDO, que ...
...
CONSIDERANDO, que ...
CONSIDERANDO, que ...
...
FALLO
Que ...

Dieses Textmuster wird jedoch von spanischen Juristen in zunehmendem Maße als antiquiert empfunden, so daß es nur noch vereinzelt angewendet wird. Stattdessen hat sich die folgende, in syntaktischer Hinsicht wesentlich übersichtlichere Struktur weitgehend durchgesetzt:

SENTENCIA
...
ANTECEDENTES DE HECHO
PRIMERO:
SEGUNDO:
TERCERO:
...
FUNDAMENTOS DE DERECHO
PRIMERO:
SEGUNDO:
TERCERO:
...
FALLO
Que ...

Für diese Entwicklung waren neben stilistischen auch fachlich-inhaltliche Erwägungen maßgeblich. Insbesondere die deutliche Trennung der beiden Hauptteile „*Antecedentes de hecho*" (Tatbestand) und „*Fundamentos de derecho*" (Entscheidungsgründe) ist der Klarheit und Verständlichkeit der juristischen Argumentation förderlich.

4. Fachwortbildung im Spanischen

Da das Fachwort den Kern der Fachsprache bildet, ist die Fähigkeit, in flexibler Weise neue Fachwörter bilden zu können, für jede Fachsprache von grundlegender Bedeutung. Im folgenden soll zunächst erörtert werden, über welche Möglichkeiten das Spanische hierzu grundsätzlich verfügt (vgl. Arntz/Picht 1992, 118 ff; López Facal 1982); anschließend soll dargestellt werden, in welcher Form einzelne wichtige Fachsprachen von diesen Möglichkeiten Gebrauch machen.

Terminologisierung: Die Übernahme bedeutungsverwandter Wörter zur Deckung des Benennungsbedarfs von Fachsprachen (*satélite*; *bujía*; *película*) ist ein oft angewendetes Verfahren; die diesem Verfahren zugrundeliegende Metaphorik wird dort besonders deutlich, wo Benennungen menschlicher Körperteile auf Teile von Maschinen, Werkzeugen u. ä. übertragen werden (*cabeza*; *nariz*; *diente*).

Zusammengesetzte Benennung und Mehrwortbenennung: Die Verbindung Substantiv-Präposition-Substantiv spielt im Spanischen eine besonders wichtige Rolle, (*grasa de soldar*; *temple por inducción*). Häufig ist auch die Verbindung Substantiv+Adjektiv (*central nuclear*). Insbesondere im populärwissenschaftlichen Bereich ist die Grenze zwischen Mehrwortbenennung und Paraphrase oft fließend (*barrera óptica por luz infrarroja modulada*).

Zunehmende Bedeutung gewinnen auch unverbunden nebeneinander stehende Substantivpaare (*buque cisterna*; *rayo láser*; *rodillo guía*). Demgegenüber sind Wortzusammensetzungen im Spanischen zwar möglich (*limpiaparabrisas*; *portaherramientas*), treten aber seltener auf.

Wortableitung: Die Bildung von Fachwörtern durch die Verbindung eines Stammwortes mit mindestens einem Affix (*des/carga*; *amortigua/dor*; *hormigon/era*) ist auch für das Spanische wichtig.

Konversion: Die Möglichkeit, Fachwörter durch den Wechsel von Wörtern aus einer Wortklasse in eine andere zu bilden, wird auch im Spanischen genutzt, z. B. durch Substantivierung eines Infinitivs (*el activar*), eines Adjektivs (*el inserto*) oder eines Partizips (*el refrigerante*). Ein Fall von Konversion liegt auch bei der Lexikalisierung von Eigennamen (*pasteurizar*) vor.

Entlehnung und Lehnübersetzung: Entlehnungen aus den alten Sprachen spielen für die

Entwicklung des spanischen Fachwortschatzes eine wichtige Rolle. Solche Entlehnungen können sowohl in unveränderter als auch in mehr oder weniger stark adaptierter Form erfolgen: z. B. *quorum, referendum; diagnosis, análisis* (direkte Übernahme aus dem Lateinischen bzw. Griechischen), *misil, geminación* (angepaßte Übernahme aus dem Lateinischen).

Oft werden Fachwörter durch Kombination griechischer Morpheme gebildet (López Facal 1982, 48 f): *fotografía, ecología, telegramma* usw. Auch hybride, d. h. griechisch-lateinische Formen, z. B. *virología, inmunología*, sind relativ häufig; daneben gibt es auch spanisch-griechische (*hipercasticismo*) und spanisch-lateinische Hybride (*pluriempleo*).

Noch wichtiger ist insbesondere im Bereich von Wissenschaft und Technik die Entlehnung aus einer lebenden Sprache, insbesondere aus dem Englischen. Auch solche Neologismen gelangen entweder in unveränderter (*marketing; lock-out; cracking; stock*) oder in angepaßter Form (*contestatario; capó; estándar*) ins Spanische.

Ebenfalls von großer Bedeutung ist die Lehnübersetzung; im Gegensatz zur Entlehnung werden hier die einzelnen Morpheme ins Spanische übertragen, ohne daß dabei die innere Struktur der Benennung verändert wird: *traducción asistida por ordenador* (engl. *machine aided translation*), *paracaídas* (franz. *parachute*), *avión de caza* (franz. *avion de chasse*).

Wortkürzung: Hier sind insbesondere Akronyme (*radar; láser; ddt*) von Interesse. Typisch für das Spanische ist, daß für zahlreiche international gebräuchliche Akronyme eine spanische Entsprechung existiert, die jeweils auf der übersetzten Langform basiert: UNO – *ONU*; NATO – *OTAN*; UFO – *OVNI* (vgl. López Facal 1982, 50).

Die spanischen Fachsprachen machen von den genannten Möglichkeiten der Fachwortbildung in jeweils spezifischer Weise Gebrauch, wie im folgenden an den Beispielen Maschinenbau, Elektronische Datenverarbeitung sowie Recht und Verwaltung erläutert werden soll:

Die Fachsprache des Maschinenbaus ist unter den technischen Fachsprachen von besonderem Interesse, weil der Maschinenbau nicht nur einer der ältesten, sondern gleichzeitig auch einer der modernsten Industriezweige Spaniens ist; besonders im Bereich des Automobilbaus ist Spanien fest in die internationale Kooperation eingebunden. Diese Tatsache hat die Fachsprache des Maschinenbaus in ihrer Entwicklung nachhaltig beeinflußt.

Die aus Fremdsprachen entlehnten Termini stammen überwiegend aus dem Französischen; dies gilt insbesondere im Bereich des stark von Frankreich geprägten Automobilbaus. Viele dieser Entlehnungen sind morphologisch an die Struktur des Spanischen angeglichen worden (*bandage – bandaje; bielle – biela; boulon – bulón*), was durch den gemeinsamen romanischen Ursprung beider Sprachen begünstigt wird (Estévez-Kunz 1993, 108).

In Teilbereichen, insbesondere in der Hochofentechnik, ist ein starker Einfluß des Englischen festzustellen, der ebenfalls historische Ursachen hat. Dieser Einfluß wird durch den zunehmenden Einsatz von EDV-Technologie im Maschinenbau weiter verstärkt. Im Bereich der Drehmaschinen sind zahlreiche Lehnübersetzungen aus dem Deutschen anzutreffen, die ihren Ursprung in der intensiven Zusammenarbeit mit deutschen Firmen haben.

Oft werden für einen Begriff gleichzeitig aus mehreren Sprachen Lehnübersetzungen übernommen, die dann im Spanischen nebeneinander als Synonyme verwendet werden; dies gilt z. B. für das Synonympaar *junta de velocidad constante/junta homocinética* (Gleichlaufgelenk), das auf engl. *constant-velocity joint* bzw. auf franz. *joint homocinétique* zurückzuführen ist.

Deverbale Substantive (*fundición; enfriamiento; freno; cambio; arranque*) spielen im Fachwortschatz des Maschinenbaus eine zentrale Rolle. Daneben sind Mehrwortbenennungen, insbesondere solche mit der Präposition *de*, häufig anzutreffen. Daß die Terminologiebildung vielfach noch nicht abgeschlossen ist, zeigen Formen wie *sistema para el enganche y la elevación de los aperos* oder *regulación através de los brazos inferiores*, die noch nicht vollständig lexikalisiert sind (Estévez-Kunz 1993, 164).

Die Fachsprache der Elektronischen Datenverarbeitung wird durch die Tatsache geprägt, daß dieses Fachgebiet in erster Linie in den USA entwickelt wurde. Daher war es, als die EDV im spanischen Sprachraum Verbreitung fand, naheliegend, daß man sich weitgehend an der englischsprachigen Terminologie orientierte.

Viele englische Wörter wurden ohne jede Veränderung, d. h. auch ohne orthographische Anpassung, übernommen; dies gilt z. B.

für *software, assembler, batch, buffer, chip*. Andere Wörter wurden mit geringfügigen graphischen Änderungen ins Spanische integriert (*disquete*). Gelegentlich wurde der Wortstamm aus dem Englischen entlehnt, die Endung aber morphologisch an das Spanische angepaßt; dies gilt für Verben wie *resetear* oder *linkar* (Alpers 1988, 74).

Gleichzeitig mit der zunehmenden Integration der elektronischen Datenverarbeitung in das spanische Sprachgebiet steigt allmählich auch der Anteil der Lehnübersetzungen. Dabei kann es zur Bildung von Synonymen kommen; so werden für *hard disk* die spanischen Entsprechungen *disco duro, disco fijo* und *disco rígido* verwendet. Auch die synonyme Verwendung einer Entlehnung und der entsprechenden Lehnübersetzung ist relativ häufig, z. B. *assembler — ensamblador, array — matriz, batch-processing — proceso por lotes, host — huésped*. In zahlreichen Fällen hat sich die Lehnübersetzung durchgesetzt, z. B. *ratón, ventana, pantalla* statt *mouse, window, display*; demgegenüber sind Entlehnungen wie *hardware, software, bit, chip, cursor* fest im Sprachgebrauch verankert.

Neben den zahlreichen Lehnübersetzungen aus dem Englischen ist auch eine Reihe von Termini nach französischem Muster entstanden. Dies sind z. B. *tratamiento de datos* (*traitement de données*), *bucle* (*bouclé*), *dialogar* (*dialoguer*), *octeto* (*octet*, als Synonym neben dem üblicheren *byte*).

Bei den Initialabkürzungen, die im Fachwortschatz der EDV eine wichtige Rolle spielen, herrschen die englischen Formen vor. Dies ist vielfach auch dann der Fall, wenn die spanischen Vollformen wesentlich gebräuchlicher sind als die englischen (z. B. CIM = *Fabricación Integrada por Ordenador*) (Alpers 1988, 131)).

Die Fachsprachen des Rechts und der Verwaltung sind im Verhältnis zu den technisch-naturwissenschaftlichen Fachsprachen eher konservativ. Eine Ausnahme gilt insbesondere für diejenigen Bereiche, die von der politischen Entwicklung geprägt sind; so entstanden im Zusammenhang mit der „transición", dem Übergang Spaniens zur Demokratie, zahlreiche Neologismen, z. B. *consensuar, preautonomía, poderes fácticos* (López Facal 1982, 52).

Neben den zahlreichen Latinismen, die sowohl in reiner (*venia docendi; quorum; in rem*) als auch in hispanisierter Form (*locatarias; laudo; cognición; óbito*) auftreten, finden sich viele lexikalische Archaismen (*pedimentos; re-sultancia; debitorio*), die ausgehend von der Rechtssprache auch in die Verwaltungssprache Eingang gefunden haben (Calvo Ramos 1980, 93 ff).

Die Aufgabe der Rechts- und Verwaltungssprache, Mitteilungen bzw. Weisungen möglichst präzise zu formulieren, wird durch die semantische Vagheit vieler zentraler Begriffe erschwert; so umfaßt *autoridad* so divergierende Begriffe wie „Autorität", „Amtsbefugnis" und „Behörde" (Zierer 1982, 96). Hier liegt einer der Gründe dafür, daß insbesondere in Rechtstexten vielfach mehrere bedeutungsverwandte Termini zusammengefügt werden (*daños y perjuicios; riesgo y ventura; riñas y pendencias*). Auch Euphemismen (*reconstrucción global del sistema de precios; comarcas de perfil socioeconómico no evolucionado; edad madura*) sind in der Verwaltungssprache häufig anzutreffen (Calvo Romos 1980, 93 ff).

5. Terminologienormung und Terminologiearbeit

Vor dem Hintergrund der geschilderten Probleme kommt der Terminologiearbeit im spanischen Sprachraum eine wichtige Rolle zu (Gil 1992).

Eine Schlüsselstellung in der terminologischen Normungsarbeit in Spanien nimmt die *Asociación Española de Normalización y Certificación (AENOR)* in Madrid ein, die 1986 von der spanischen Regierung gegründet und mit der Durchführung sämtlicher Normungsaufgaben betraut wurde. Die *AENOR* hat 6 terminologische Grundsatznormen, darunter die Norm „Principios de denominación", veröffentlicht, die sich eng an die von der *ISO* herausgegebenen internationalen Normen anlehnen.

Wichtige Beiträge zur Terminologiearbeit in Spanien leistet *TermEsp* in Madrid, eine Forschungs- und Informationsstelle, die 1985 gegründet wurde und die die Arbeit ihrer Vorgängerin *Hispanoterm* (Felber/Picht 1984) weiterführt. *TermEsp* untersteht dem *Consejo Superior de Investigaciones Científicas (CSIC)* und ist Teil des *Instituto de Información y Documentación en Ciencia y Tecnología* (ICYT). Im Mittelpunkt der Arbeit von *TermEsp* stehen die anwendungsorientierte Terminologieforschung und die Erarbeitung fachspezifischer Terminologien und Wörterbücher; zwischen *TermEsp* und der terminologischen Datenbank der EU, *Eurodicautom*, besteht eine enge Kooperation. Auch das katalanische Terminologiezentrum *Termcat* in Barcelona sowie das baskische Terminologiezentrum *UZEI-Euskalterm* in San Sebastián, deren zentrale Aufgabe in der Entwicklung und Aktualisierung der katalanischen bzw. baskischen Fachsprachen liegt, leisten wertvolle Beiträge zur Erarbeitung spanischsprachiger Terminologiebestände.

Zahlreiche lateinamerikanische Staaten unterhalten Normungsinstitute, die der *AENOR* vergleichbar sind; eine besonders aktive Rolle spielen die *COVENIN* (*Comisión Venezolana de Normas Industriales*) und das *IRAM* (*Instituto Argentino de Racionalización de Materiales*). Den Schwerpunkt der Arbeit dieser Institute bilden die terminologische Beratung im Bereich der Sachnormung sowie die terminologische Einzelnormung; in der terminologischen Grundsatznormung sind bislang keine Aktivitäten zu verzeichnen. Die Normungsinstitute Lateinamerikas und Spaniens arbeiten in der „*Comisión Panamericana de Normas Técnicas*", COPANT, zusammen.

Von besonderer Bedeutung für die terminologische Entwicklung in Lateinamerika ist der seit 1981 an der *Universidad Simón Bolívar* in Caracas bestehende *Grupo de Investigación Terminológica* (GIT), der Terminologien erarbeitet und Privatunternehmen in terminologischen Fragen berät (Fedor de Diego 1985, 193 f). Der *GIT* nimmt die Geschäftsführung der *Red Iberoamericana de Terminología* (*RITERM*) wahr, die 1988 auf Initiative der *Unión Latina* gegründet wurde. Im Vordergrund der Arbeit von RITERM steht die Zusammenarbeit der spanisch- und portugiesischsprachigen Terminologieinstitute sowie der Kontakt zu terminologisch aktiven Organisationen außerhalb des spanischen bzw. portugiesischen Sprachgebiets (Gil 1992, 264 f).

Einen wichtigen Schritt in Richtung auf eine einheitliche Entwicklung der Fachsprachen im spanischen Sprachraum stellt das *Vocabulario Científico y Técnico* dar, an dessen Schaffung und Weiterentwicklung die Akademien der Wissenschaften in Spanien, Argentinien, Bolivien, Kolumbien, Chile und Venezuela beteiligt sind. Das *Vocabulario*, das 1983 in einer ersten Ausgabe erschienen ist, ist ein Definitionswörterbuch der Fachgebiete Mathematik, Physik, Chemie, Biologie und Geologie, das sich sowohl an Fachleute als auch an interessierte Laien wendet (Lebsanft 1992, 248). Angesichts des gewaltigen Umfangs der Fachwortschätze von Wissenschaft und Technik und ihrer rapiden Entwicklung kann das *Vocabulario* allerdings nur einen kleinen Teil des tatsächlichen Bedarfs abdecken.

6. Zusammenfassung

Als Medium der wissenschaftlich-technischen Fachkommunikation weist die Weltsprache Spanisch bislang Defizite auf, die die kulturelle und wirtschaftliche Entwicklung des spanischen Sprachraums unnötig erschweren. Es ist zu hoffen, daß die Verantwortlichen die Chancen, die in funktionsfähigen Fachsprachen liegen, erkennen und daß solche Initiativen, die auf die Erforschung, Entwicklung und Vereinheitlichung der spanischen Fachsprachen abzielen, die erforderliche Unterstützung finden. Angesichts der großen Bedeutung des Spanischen für Europa dürfte dabei auch den Sprachdiensten der Europäischen Union eine wichtige Rolle zukommen.

7. Literatur (in Auswahl)

Alpers 1988 = Sabine Alpers: Die Sprache der elektronischen Datenverarbeitung in Spanien. Dipl. Hildesheim 1988.

Arntz 1992 = Reiner Arntz: Interlinguale Vergleiche von Terminologien und Fachtexten. In: Kontrastive Fachsprachenforschung. Hrsg. v. Klaus-Dieter Baumann und Hartwig Kalverkämper. Tübingen 1992 (Forum für Fachsprachen-Forschung 20), 108−122.

Arntz/Picht 1992 = Reiner Arntz/Heribert Picht: Einführung in die Terminologiearbeit. Hildesheim. Zürich. New York 1992 (Studien zu Sprache und Technik 2).

Berschin/Fernández-Sevilla/Felixberger 1987 = Helmut Berschin/Julio Fernández-Sevilla/Josef Felixberger: Die spanische Sprache: Verbreitung, Geschichte, Struktur. München 1987.

Calvo Ramos 1980 = Calvo Ramos: Introducción al estudio del lenguaje administrativo. Madrid 1980.

Dahmen/Holtus/Kramer 1989 = Wolfgang Dahmen/Günter Holtus/Johannes Kramer et al. (Hrsg.): Technische Sprachen und Technolekte in der Romania. Romanisches Kolloquium. Tübingen 1989.

Estévez-Kunz 1993 = María del Carmen Estévez-Kunz: Die spanische Fachsprache des Maschinenbaus. Dipl. Hildesheim 1993.

Fedor de Diego 1985 = Alicia Fedor de Diego: El estado actual de las terminologías técnico-científicas en el idioma español. In: Lebende Sprachen 4/1985, 193−195.

Felber/Picht 1984 = Helmut Felber/Heribert Picht: Hispanoterm. Métodos de terminografía y principios de investigación terminológica. Introducción de Manuel Criado de Val. Madrid 1984.

Gil 1992 = Alberto Gil: Terminologienormung in Spanien und Lateinamerika. In: Fachsprache und Terminologie in Geschichte und Gegenwart. Hrsg. v. Jörn Albrecht und Richard Baum. Tübingen 1992 (Forum für Fachsprachen-Forschung 14), 263−273.

Haensch 1981 = Günter Haensch: El vocabulario económico español, un problema de lenguas en contacto. In: Europäische Mehrsprachigkeit. Festschrift zum 70. Geburtstag von Mario Wandruszka. Hrsg. v. Wolfgang Pöckl. Tübingen 1981, 135—147.

Lara 1986 = Luis Fernando Lara: Wissenschaftliche Fachsprachen in Lateinamerika und der Entwicklungsstand des Spanischen. Das Beispiel Mexiko. In: Wissenschaftssprache und Gesellschaft. Hrsg. v. Theo Bungarten. Tostedt 1986, 180—198.

Lebsanft 1992 = Franz Lebsanft: Fachsprache, Gemeinsprache und präskriptive Norm im europäischen Spanisch. In: Fachsprache und Terminologie in Geschichte und Gegenwart. Hrsg. v. Jörn Albrecht und Richard Baum. Tübingen 1992 (Forum für Fachsprachen-Forschung 14), 241—253.

López Facal 1982 = Javier López Facal: Los procedimientos neológicos del español: tipología y propuestas de jerarquización. In: Fachsprachenforschung und -lehre. Schwerpunkt Spanisch. Hrsg. v. José R. Rodríguez Richart, Gisela Thome und Wolfram Wilss. Tübingen 1982 (Tübinger Beiträge zur Linguistik 177), 45—52.

Nord 1986 = Christiane Nord: Neueste Entwicklungen im spanischen Wortschatz. Rheinfelden 1986.

Pratt 1980 = Chris Pratt: El anglicismo en el español peninsular contemporáneo. Madrid 1980.

RAC 1983 = Real Academia de Ciencias Exactas, Físicas y Naturales (Hrsg.): Vocabulario científico y técnico. Madrid 1983.

Zierer 1982 = Ernesto Zierer: Algunas consideraciones acerca de una tecnolectología comparada — desde el punto de vista del idioma español. In: Fachsprachenforschung und -lehre. Schwerpunkt Spanisch. Hrsg. v. José R. Rodríguez Richart, Gisela Thome und Wolfram Wilss. Tübingen 1982 (Tübinger Beiträge zur Linguistik 177), 89—107.

Reiner Arntz / Julio César Arranz, Hildesheim

170. Fachsprachen im Katalanischen des 20. Jahrhunderts und ihre Erforschung: eine Übersicht

1. Geschichtlicher Hintergrund
2. Entwicklung der Fachsprachen von 1969 bis 1985
3. Die Entwicklung seit 1985
4. Kriterien der fachsprachlichen Entwicklung
5. Ausblick
6. Literatur (in Auswahl)

1. Geschichtlicher Hintergrund

Katalanisch, eine traditionsreiche romanische Sprache, gilt als eine „kleine Sprache", die mehr Sprecher als etwa das Dänische zählt und fast so viele wie das Schwedische. Bereits seit dem Mittelalter fand das Katalanische in allen damaligen Disziplinen neben dem Lateinischen, Kastilischen und Arabischen im Osten der Iberischen Halbinsel Verwendung. Hierdurch bildeten sich rasch — nach dem Beispiel des damaligen Lateinischen — verschiedene Fachsprachen v. a. auf technischen Gebieten und in den Wissenschaften heraus. Infolge der politischen Entwicklungen seit dem 16. und vor allem im 18. und 19. Jh. wurde der schriftliche Gebrauch des Katalanischen und Lateinischen im damaligen spanischen Staat zugunsten des Kastilischen zurückgedrängt und stark eingeschränkt. Die Weiterentwicklung der meisten historischen Fachsprachen wurde hierdurch über Jahrhunderte unterbunden bzw. stark verzögert. Erst die sog. «Renaixença» des 19. Jahrhunderts und ein politisch erstarkender „Katalanismus" führten dazu, daß das Katalanische seit Ende des letzten Jahrhunderts wieder in immer mehr Bereichen auch als Schriftsprache — komplementär zum Kastilischen — Verwendung fand; mittlerweile sind alle wesentlichen terminologischen Lücken geschlossen worden. Zu Beginn des 20. Jh.s setzte ein sich teilweise an der mittelalterlichen Tradition orientierender Normierungsprozeß ein, welcher eine unverzichtbare Grundlage für die folgende Zeit bilden sollte. Es kam zur Gründung einer Sprachakademie, dem «Institut d'Estudis Catalans» (1907), sowie zur Veröffentlichung einer normativen Grammatik (1912) und eines normativen Wörterbuchs (1917) durch den Ingenieur Pompeu Fabra. Trotz verschiedener politischer Rückschläge erreichte das Katalanische schnell eine dem damaligen Spanischen oder Portugiesischen entsprechende Ausdifferenzierung und fand in den verschiedensten Lebens- und Wissensbereichen breite Anwendung. Als aber die Deklaration der politischen Unabhängigkeit Kataloniens von Spanien scheiterte und die Katalanen den Bürgerkrieg gegen die Truppen des spanischen Generals Franco im Jahre 1939 verloren, setzte eine Phase brutaler und wirksamer staatlicher Repression ein, welche jegliche schriftliche oder öffentliche Verwendung der katalanischen Sprache verbot. Bereits seit den 60er Jahren wurden die Verbote allerdings zunehmend gelockert, und durch den Tod des Diktators (1975) und die sich anschließende Demokratisierung Spaniens konnten die drei Regionalregierungen der katalanischsprachigen Landesteile (das Principat von Katalonien, das Land València und die Balearen) Gesetze zur sog. „sprachlichen Normalisierung" beschließen, welche *de jure* zwar das Kastilische als Staatssprache der regionalen Amtssprache Katalanisch zur Seite stellen, *de facto* aber im Principat sogar auf eine langfristige Substitution des Kastilischen durch das Katalanische hinauslaufen; eine Verfassungsbeschwerde gegen die katalanische Sprachpolitik wurde − überraschenderweise − als unbegründet zurückgewiesen, so daß zu Beginn des Jahres 1998 im Principat von Katalonien ein neues Sprachgesetz in Kraft treten konnte, das auf eine weitere Zurückdrängung des Spanischen zielt. Hierbei werden sowohl von den jeweiligen Regionaladministrationen wie auch von privaten Stiftungen und Trägern seit Ende der 70er Jahre erhebliche Geldmittel aufgewandt, um die lexikalische fachsprachliche Ausdifferenzierung des Katalanischen zu fördern und zu koordinieren. Erklärtes Ziel hierbei ist es, auf jedem Fachgebiet im nationalen Kontext die eigene Sprache zu verwenden, bedeutende Forschungsergebnisse vor allem in den Naturwissenschaften aber gleichfalls durch Übersetzungen ins Englische und gegebenenfalls andere Sprachen auch der wissenschaftlichen Öffentlichkeit anderer Länder zur Verfügung zu stellen.

2. Entwicklung der Fachsprachen von 1969 bis 1985

Auf der Grundlage der Normen von Pompeu Fabra und des Institut d'Estudis Catalans wurde 1969 bis 1980 die «Gran enciclopèdia catalana» in 15 Bänden und ein dazugehörendes Lexikon veröffentlicht, welche für viele Katalanen der Nachkriegsgeneration erstmals die Möglichkeit eröffnete, sich fachsprachliche Terminologie auf katalanisch anzueignen, da dem Katalanischen unter Franco lediglich informelle, mündliche Register zugestanden wurden und insbesondere die Schul-, Berufs- und Universitätsausbildung fast ausnahmslos auf kastilisch erfolgten (zu weiteren wichtigen Veröffentlichungen dieser Zeit siehe Marquet 1992, 228 ff). Am 25. August 1973 rief eine Gruppe katalanischer Naturwissenschaftler, Ärzte und Ingenieure auf der fünften katalanischen Sommeruniversität im südfranzösischen Prada dazu auf, das Katalanische konsequent als Sprache der Forschung und Lehre innerhalb des katalanischen Sprachgebiets zu verwenden und sich nach außen des Englischen zu bedienen. Das Institut d'Estudis Catalans wurde aufgefordert, die hierfür erforderlichen Schritte (Schöpfung und Publikation entsprechender Neologismen) in die Wege zu leiten (Marquet 1993, 230−231).

In der Folgezeit wurde das Thema auf verschiedenen Kongressen behandelt. Ständeorganisationen gründeten eigene Kommissionen, welche parallel und in Zusammenarbeit mit den Philologen des Institut d'Estudis Catalans Neologismen schufen und publizierten. Zu den ersten zählten die katalanischen Ärzte, welche von 1978 bis 1982 regelmäßig lexikographische Blätter veröffentlichten. Die von der katalanischen Regierung ins Leben gerufene «Direcció General de Política Lingüística», die «Comissió Coordinadora Lexicogràfica de Ciències» sowie die Stiftung «Joaquim Torres Ibern» unterstützten den Ausdifferenzierungsprozeß massiv.

3. Die Entwicklung seit 1985

Auf Initiative der bereits erwähnten «Direcció General de Política Lingüística» der katalanischen Landesregierung wurde im Jahre 1985 eine Institution ins Leben gerufen, welche in Abstimmung mit dem Institut d'Estudis Catalans sowie sämtlichen an der Entwicklung katalanischer Fachsprachen (katal.: «llenguatges d'especialitat») beteiligten Institutionen der Katalanischen Länder eine koordinierende und stimulierende Funktion für die weitere Entwicklung nehmen sollte. Dieses TERMCAT benannte Zentrum ist die katalanische Vertretung des internationalen TermNet. Ihm obliegt die Planung und Koordination terminologischer Forschung, die Erstellung entsprechender methodologischer Kriterien, die „Katalanisierung" der bestehenden Fachsprachen durch Substitution noch immer gebräuchlicher Kastilianismen, die Verbreitung von Fachtermini durch die Datenbank „BTERM", die Erteilung kompetenter lexikographischer Auskunft, die Ausbildung von Fachkräften, die Beziehungen zu verschiedenen nationalen und internationalen Organisationen. Neben verschiedenen Publikationen gibt es regelmäßig eine Liste neugebildeter Neologismen heraus («Full de Difusió de Neologismes»), welche im katalanischen Sprachgebiet große Beachtung finden und in der Regel sehr schnell akzeptiert und angewandt werden.

Die kapitalkräftigen katalanischen Verlagshäuser ermöglichten seit den 70er Jahren einen dynamisch wachsenden Buch- und Zeitschriftenmarkt gerade auch auf fachwissenschaftlichem und fachdidaktischem Gebiet. Von der Ornithologie über die Physik bis zur Geographie fand das Katalanische rege Verwendung und wurden ständig die bestehenden Fachsprachen – gemäß der internationalen, im wesentlichen durch das Englische vorgegebenen Entwicklung – ausgebaut. Verschiedene katalanischsprachige Fernseh- und Radioprogramme unterstützten diesen Prozeß in Form von populärwissenschaftlichen und didaktischen Sendungen, aber auch durch die Herausbildung etwa eines eigenen Nachrichten- und Werbestils. Neben wissenschaftlichen Fachsprachen fanden daher zunehmend auch andere Fachsprachen und Sprachregister wie eben die Fernsehwerbung, die Sprache der Nachrichtensendungen etc. Beachtung. Auch bei komplizierteren lexikalischen Einheiten wie z. B. in der Chemie (vgl. z. B. «4-O-β-galactopiranosil-D-fructosa», Riera 1992, 12) hat sich die katalanische, an die internationale Nomenklatur angelehnte Terminologie innerhalb weniger Jahre durchgesetzt.

Der folgende Text, welcher einen Aspekt der hierbei zu beachtenden Regeln thematisiert, beschäftigt sich mit dem Problem, daß im Katalanischen viele aus der internationalen Terminologie stammende Substantive um ihre letzte Silbe verkürzt sind, zumindest der hierbei wegfallende Konsonant aber bei manchen Ableitungen aus Gründen der besseren Verständlichkeit bzw. Eindeutigkeit wieder erscheinen soll:

«D'aquestes discussions, jo podria citar, per exemple, la que potser va ser la més difícil de resoldre: la de les terminacions dels hidrocarburs. Hi havia, d'una part, les terminacions simples. En parlar, per exemple, del metà el geni del català fa suprimir l',n' que hi ha a tots els idiomes: en castellà, *metano*, en francès, *méthane*, en alemany *Methan*.

Això, ja en Fabra ho havia acceptat en el seu diccionari, l'any [19]32, que esmentava el metà, l'età, el propà, etc. És a dir, els noms dels hidrocarburs acabaven amb ,a' accentuada, ,e' accentuada o ,i' accentuada, segons el seu grau de saturació. En això no hi ha cap problema, i s'accepta.

Però sí que hi ha problema en el moment que es formen els derivats. La nomenclatura química catalana ha d'acceptar l'existència d'aquesta ,n' etimològica que hi ha en tots els idiomes. De la mateixa manera que el diminitiu de germà és germanet, i hi surt una ,n' que procedeix de l'etimologia, ha d'existir aquesta ,n' etimològica en el cas dels derivats dels hidrocarburs. Aixì, de l'età en generarem l'etanol, i a això no hi ha cap lingüista que s'hi oposi. Però resulta que d'un propà en derivarem un àcid propansulfònic i farem sortir l',n' etimològica malgrat que aquí no caldria. Però totes les alternatives tenen inconvenients. En principi, es podria escriure ,propàsulfònic'. Però hi hauria dos accents: l'accent de propà i l'accent de sulfònic; els lingüistes no accepten que hi hagi dos accents. Tampoc no podem dir ,àcid propasulfònic', sense l'accent gràfic. Posem l'exemple del ,pentàsulfònic'. Si no hi posem l'accent gràfic, direm ,pentasulfònic' i canviem el prefix, i per tant la significació. Els lingüistes permeten que hi proposem l'accent gràfic, si hi interposem un guionet. Però ho tenim prohibit per la IUPAC. Aquesta regula perfectament quan hi ha d'haver guionet i quan no hi ha d'haver guionet en una paraula. I els guionets volen dir unes determinades coses. L'única manera que tenim d'indicar que aquest ,pentàsulfònic' no és un compost amb cinc grups sulfònics, –que és el que seria un ,pentasulfònic'–, és posant-hi la ,n' etimològica i a dir-li ,pentansulfònic'.» (Torres Ibern 1992, 19).

Freie deutsche Übersetzung und Erklärung (es geht hier um ein allgemeines Prinzip bei der fachwissenschaftlichen Wortbildung):

„Aus dem Umfeld dieser zu diskutierenden Probleme könnte ich beispielsweise dasjenige anführen, welches wohl am schwierigsten zu lösen war: die Endsilben der Kohlenwasserstoffe. Zum einen gab es die einfachen Endungen. Indem das Katalanische beispielsweise von ‚metà' spricht, unterdrückt es das ‚n', welches in allen anderen Sprachen auftritt: *metano* auf kastilisch, *méthane* auf französisch, *Methan* auf deutsch.

Bereits [Pompeu] Fabra hatte dies 1932 in seinem Wörterbuch akzeptiert, als er das Methan, Ethan, Propan usw. erwähnte. D. h., die Bezeichnungen für die Kohlenwasserstoffe endeten auf betontes ‚a', ‚e' oder ‚i', entsprechend ihrem jeweiligen Sättigungsgrad. Hierbei gibt es kein Problem, das ist allgemein akzeptiert.

Wenn Ableitungen gebildet werden, so tritt jedoch ein Problem auf. Dann muß die katalanische chemische Nomenklatur die Existenz dieses etymologischen ‚n', das es in allen anderen Sprachen gibt, akzeptieren. Ebenso, wie im Katalanischen die Diminutivform von ‚germà' (Bruder) ‚germanet' (Brüderchen) lautet und hierbei ein ‚n' auftritt, das etymologische Wurzeln hat, muß dieses etymologische ‚n' auch im Fall der Kohlenwasserstoffderivate Verwendung finden. So erzeugen wir aus ‚età'

(Ethan) ‚etanol' (Ethanol), und kein Sprachwissenschaftler erhebt hiergegen Einwände. Aber wenn wir aus ‚propà' (Propan) eine Sulfonsäure gewinnen, die wir ‚àcid propansulfònic' nennen, so tritt dort ein etymologisches ‚n' auf, das hier nicht notwendig wäre. Alle Alternativen hierzu weisen jedoch Nachteile auf. Grundsätzlich könnte man ‚propàsulfònic' [mit zwei graphischen Akzenten] schreiben. Aber dann müßte das Wort auf zwei Silben betont werden, auf dem a von ‚propà' und dem o von ‚sulfònic'; die Sprachwissenschaftler akzeptieren im Katalanischen aber keinen Doppelakzent auf demselben Wort. Ohne einen graphischen Akzent — also etwa ‚àcid propasulfònic' kommt man aber auch nicht aus. Nehmen wir zum Beispiel das Wort ‚pentàsulfònic' [katal. ‚pentà' = Pentan]. Wenn wir hier keinen graphischen Akzent verwenden, wird der erste Bestandteil des Wortes automatisch mit dem Präfix ‚penta' [fünf] verwechselt und eine gänzlich andere Verbindung bezeichnet. Die Sprachwissenschaftler erlauben uns die Verwendung des Doppelakzents, wenn wir einen Bindestrich einfügen. Aber das verbietet uns die International Union of Pure and Applied Chemistry. Diese regelt die Verwendung bzw. Nichtverwendung von Bindestrichen in einem Wort bis ins kleinste Detail. Auch die Bindestriche bringen bestimmte Dinge zum Ausdruck. Die einzige Weise, auf die wir zum Ausdruck bringen können, daß dieses «pentasulfònic» nicht fünf Sulfongruppen enthält — was eben ein ‚pentasulfònic' wäre —, besteht darin, ein etymologisches ‚n' hinzuzufügen und die Verbindung ‚pentansulfònic' zu nennen."

Vor allem dem Ingenieur Lluís Marquet i Ferigle und dem Pharmazeuten Carles Riera i Fonts ist es zu verdanken, daß aufgrund ihrer verschiedenen Aktivitäten (Publikationen und Lehrveranstaltungen) die katalanische Landesregierung bereits seit 1983 die Didaktisierung des fachsprachlichen Katalanisch betrieb und entsprechende Kurse und Lehrinhalte in den Lehrplan öffentlicher Bildungsanstalten aufnehmen ließ. Im Principat von Katalonien ist das Katalanische gesetzlich verfügte Regelsprache für den Unterricht in fast allen Fächern an Schulen, Universitäten und anderen Bildungseinrichtungen.

Das erste Handbuch, welches sich mit dem Katalanischen als Fachsprache der Wissenschaften und der Technik befaßt, erschien erst 1992 (Riera 1992) und behandelt außer lexikologischen und morphologischen Fragen u. a. auch die verschiedenen Arten der Abkürzungen, Akronyme, Siglen etc., die Akzentuierung und den Vokalismus der Neologismen. Ergänzt wurde es durch eine ausführliche, in der ersten Auflage allerdings noch mit vielen Ungenauigkeiten und Fehlern versehene Studie von M. Teresa Cabré (Cabré 1992) und eine umfassende Monographie von Lluís Marquet i Ferigle (Marquet 1993).

Insbesondere Carles Riera verweist bei der fachsprachlichen Begriffsbildung im Katalanischen explizit auf das entgegengesetzte Modell des Deutschen; die Beispiele des Zitats sprechen für sich, so daß es keiner Übersetzung bedarf: « Malgrat la possible recursivitat […], a l'hora de compondre termes nous mitjançant l'adjunció d'elements l'un darrere l'altre, no totes les llengües tenen la mateixa capacitat combinatòria per a crear termes compostos continus. Per exemple, en català científic trobem termes com ara *radioimmunoassaig, dietilestilbestrol, radioimmunoelectroforesi, esternocostoclidohumeral o perhidrociclopentanfenantrè*, pel caràcter universal dels llenguatges d'especialitat […], però ja no podem expressar mitjançant un compost continu el següent terme alemany, que és una llengua amb un grau de nominalització molt elevat: *Volksröntgenreihenuntersuchung*, que caldria dir, en català, amb una expressió sintagmàtica: „examen mèdic (*Untersuchung*) en sèrie (*Reihen*) de la població (*Volks*) amb raigs röntgen (*Röntgen*).“ Ja sabem que en la nostra llengua generalment són més normals els termes sintagmàtics que no pas certs compostos continus.» (Riera 1992, 96).

4. Kriterien der fachsprachlichen Entwicklung

Das Katalanische ist als indogermanische Sprache — im Gegensatz zu manchen außereuropäischen Sprachen — aufgrund seiner Sprachstruktur ohne weiteres dazu in der Lage, zur adäquaten Darstellung sämtlicher fachspezifischer Inhalte des gesamten menschlichen Wissens zu dienen. Wie im Deutschen und in anderen Sprachen bedarf es hierzu auf einigen Gebieten der semantischen Unterscheidung und Ausdifferenzierung der Verwendung bestimmter Wörter und Begriffe, welchen umgangssprachlich oder historisch eine andere Bedeutung zukommt als in dem jeweiligen fachsprachlichen Register. Die lexikographische Aufarbeitung derartiger, zumeist historisch gewachsener Unterschiede in den einzelnen Fachgebieten darf mittlerweile als vollzogen betrachtet werden. Die Auswahlbibliographie nennt hierzu einige Beispiele. Des weiteren war und bleibt es wichtig, die periodisch erscheinenden Neologismen in Form von ständig zu aktualisierenden Wörterbüchern einer breiten Öffentlichkeit zugänglich zu machen. Diese Aufgabe wird vom Institut d'Estudis Catalans, dem TERMCAT, den katalanischen Verlagen, verschiedenen Regierungen und insbesondere auch den drei Landesregierungen in zufriedenstellender

Weise übernommen. Sowohl die investierten Geldmittel wie auch Anzahl und Qualität der fachsprachlichen Lexika übertreffen die Anstrengungen vergleichbarer Sprachgemeinschaften wie z. B. die des portugiesischen Staates bei weitem. In diesem Zusammenhang ist es der Erwähnung wert, daß laut einer Pressemeldung (Avui vom 19. 2. 1993, 42) die 1989 eigens neugegründete Fundació Barcelona und das TERMCAT die Herausgabe einer Reihe von insgesamt 111 terminologischen katalanischen Wörterbüchern angekündigt haben; jährlich sollen zwölf Bände erscheinen und alle Wissensbereiche abdecken. Bereits Anfang 1993 erschienen die ersten Bände (Elektromagnetismus, Technische Zeichnung, Sprachwissenschaft und Soziologie).

Die katalanischen Fachsprachen unterscheiden sich registerspezifisch (vor allem terminologisch, aber auch stilistisch) von der genormten Standardsprache. Da diese allerdings verschiedene regionale Varietäten (z. B. in der Konjugation der Verben) für die Balearen und das Land València zuläßt, finden sich diese schriftsprachlichen Varietäten der Allgemeinsprache teilweise auch in fachsprachlichem Schrifttum der genannten Regionen. Die jeweilige fachsprachliche Terminologie für das gesamte katalanische Sprachgebiet ist allerdings einheitlich und wird auch nicht in Frage gestellt. Bei der terminologischen Neuschöpfung wird vor allem darauf geachtet, daß die Kriterien der Internationalität, der Präzision und der Funktionalität gewahrt werden. So folgt das Katalanische im Zweifelsfalle niemals der Staatssprache Spanisch, sondern dem Englischen (vgl. katal. «clenbuterol» wie im Englischen und Deutschen im Gegensatz zu span. «clembuterol». Parallel zur Bildung von Neologismen werden jüngere Neologismen der letzten Jahrzehnte einer kritischen Revision unterzogen; während der Franco-Zeit in die katalanische Sprache übernommene spanische Bildungen werden dabei entweder verworfen oder aber geändert (so wurde z. B. aus «aire acondicionat» «aire condicionat», die spanische Form gilt mittlerweile offiziell als unkorrekt). Ähnlich wie im Deutschen wird bei fachsprachlichen Neologismen durch Getrennt- und Zusammenschreibung die Unterscheidung verschiedener Bedeutungsebenen möglich (Riera 1992, 15—16). Eine zunehmende Formalisierung des Ausdrucks im technischen und naturwissenschaftlichen Bereich — verstärkt etwa durch den genormten Gebrauch von Ideogrammen, Akronymen, Nomenklaturen etc. — ist vor allem seit Ende der 70er Jahre deutlich bemerkbar; auf geistes- und sozialwissenschaftlicher Ebene gibt es hierzu keine Parallelen.

5. Ausblick

Obwohl das Katalanische im letzten Jahrzehnt des 20. Jahrhunderts dank intensiver sprachpolitischer Maßnahmen und eines beträchtlichen finanziellen Aufwands der öffentlichen Hand, aber auch aufgrund einer nur durch die vorangegangene Verfolgung der katalanischen Sprache und Kultur zu erklärenden, in großen Teilen des Volkes verbreiteten Begeisterung für die eigene Sprache auf allen sprachlichen Registern, die ein moderner Staat und eine moderne Gesellschaft aufweisen, im Vergleich mit den meisten Sprachen der Welt als voll ausgebaute, modernisierte Sprache gelten kann, äußern immer häufiger Intellektuelle und auch Politiker die Meinung, daß für eine vollständige sprachliche „Normalisierung" die staatliche Unabhängigkeit der Katalanischen Länder unabdingbar sei:

„Das Projekt einer sprachlichen Normalisierung des Katalanischen wird nur mit einem geeinten (Groß-)Katalonien — unter Einschluß der Balearen — in Einbettung in ein vielsprachiges und demokratisches Europa Erfolg haben, aber unter der Bedingung, daß diesem Katalonien die gleichen Rechte wie allen anderen Teilen zukommen und daß es unabhängig ist." (Bibiloni 1994, 67).

Durch den von der katalanischen Regierung intensiv geförderten Ausbau der Fachsprachen konnte die vor wenigen Jahren noch zu konstatierende partielle lexikalische Rückständigkeit des Katalanischen hinter fachsprachlich sehr gut ausgebauten internationalen Wissenschaftssprachen wie Deutsch, Englisch oder Französisch (Marquet 1993, 217) — nicht aber etwa im Vergleich mit dem Portugiesischen oder Spanischen, denen es im wesentlichen bereits gleichkam — praktisch abgebaut werden; englische Neologismen in der internationalen fachsprachlichen Terminologie werden zügig und kompetent katalonisiert. Auch in einer von wenigen internationalen Welthilfssprachen wie zur Zeit vor allem dem Englischen dominierten Welt wird die mehr als tausendjährige katalanische Sprache sicherlich ihren Platz behaupten, und angesichts der dynamischen Umstrukturierungen und Universitätsneugründungen in den Katalanischen Ländern wird man wohl bald auch international zumindest in den geistes- und sozialwissenschaftlichen Disziplinen verstärkt katalanisches Schrifttum zur Kenntnis nehmen müssen, während im Bereich etwa des Handwerks, des produzierenden Gewerbes, der Ingenieurs- und Naturwissenschaften Katalanen wie auch Spanischsprachige noch lange Zeit vorwiegend lediglich rezeptiv den internationalen Fortschritt verarbeiten und in ihren Fachsprachen durch dem Englischen nachempfundene oder aus diesem entlehnte Neologismen berücksichtigen werden.

6. Literatur (in Auswahl)

Bibiloni 1994 = Gabriel Bibiloni: El català a les Illes Balears: una situació inquietant. In: Sprache, Literatur und Kultur der Balearen. Hrsg. v. Maria de la Pau Janer, Joan Miralles i Monserrat und Axel Schönberger. Frankfurt/M. 1994, 59−67.

Broto i Ribas 1990 = Pilar de Broto i Ribas: Apunts de llenguatge jurídic. Barcelona 1990.

Broto i Ribas 1991 = Pilar de Broto i Ribas: Vocabulari bàsic per als jutjats. Barcelona 1991.

Bruguera i Talleda 1985 = Jordi Bruguera i Talleda: Història del lèxic català. Barcelona 1985.

Cabré 1992 = M. Teresa Cabré: La terminologia. La teoria, els mètodes, les aplicacions. Barcelona 1992.

Cabré 1994 = M. Teresa Cabré: A l'entorn de la paraula. Bd. 2: Lexicologia catalana. València 1994.

Colón 1993 = Germà Colón: El lèxic català dins la Romània. València 1993.

Diccionari d'informàtica 1986 = Carles Castellanos i Llorenç und Eulàlia Ferràndiz i Civil: Diccionari d'informàtica. 2.° ed. Barcelona 1986 (1.° ed. 1978).

Diccionari jurídic català 1986 = Il·lustre Col·legi d'Advocats de Barcelona: Diccionari jurídic català. Barcelona 1986.

Duarte i Montserrat 1991 = Carles Duarte i Montserrat: Katalanisch: Fachsprachen und Sondersprachen / Tecnolectos y jergas. In: Lexikon der Romanistischen Linguistik (LRL), Band V, 2: Okzitanisch, Katalanisch. Hrsg. v. Günter Holtus, Michael Metzeltin und Christian Schmitt. Tübingen 1991, 182−191.

Ferrando 1990 = La Llengua als Mitjans de Comunicació. Actes de les Jornades sobre la Llengua Oral als Mitjans de Comunicació Valencians. Hrsg. v. Antoni Ferrando. València 1990.

Ferrer Bascuñana 1994 = Pilar Ferrer Bascuñana: La normalització lingüística en una institució de Mallorca: el Consell Insular. In: Sprache, Literatur und Kultur der Balearen. Hrsg. v. Maria de la Pau Janer, Joan Miralles i Monserrat und Axel Schönberger. Frankfurt/M. 1994, 69−83.

García Valls u. a. 1986 = Desiderio García Valls, Ignacio Casas Rabano, Juan Vicente Ruiz Carrasco u. a.: Vocabulari d'Automoció, València 1986.

Gran Enciclopèdia Catalana 1969−1980. Barcelona.

Llenguatge administratiu 1984 = L'establiment del Llenguatge Administratiu Català. Actes de les Jornades sobre l'establiment del llenguatge administratiu català. Hrsg. v. Carles Duarte und Raimon Alamany. Barcelona 1984.

Lüdtke 1984 = Jens Lüdtke: Katalanisch. Eine einführende Sprachbeschreibung. München 1984.

Lüdtke 1991 = Jens Lüdtke: Katalanisch: Externe Sprachgeschichte. In: Lexikon der Romanistischen Linguistik (LRL), Band V, 2: Okzitanisch, Katalanisch. Hrsg. v. Günter Holtus, Michael Metzeltin und Christian Schmitt. Tübingen 1991, 232−242.

Marquet 1993 = Lluís Marquet i Ferigle: El llenguatge científic i tècnic. Barcelona 1993.

Martí Rodríguez 1986 = Joaquim Martí Rodríguez und Josep Vicent García Díez: Vocabulari mèdic. València 1986.

Martínez López/Campos Frechina 1986 = Emili Martínez López/David Campos Frechina: Vocabulari d'electricitat i electrònica. València 1986.

Mesquida i Cantallops 1996 = Joan Mesquida i Cantallops: Actualitat dels estudis sobre el llanguatge científic del català. In: Actes del desè Col·loqui Internacional de Llengua i Literatura Catalanes: Frankfurt am Main, 18−25 de setembre de 1994. Hrsg. v. Axel Schönberger und Tilbert Dídac Stegmann, Bd. 3. Barcelona 1996, 275−295.

Rico/Solà 1991: Albert Rico/Joan Solà: Katalanisch: Lexikographie. In: Lexikon der Romanistischen Linguistik (LRL), Band V, 2: Okzitanisch, Katalanisch. Hrsg. v. Günter Holtus, Michael Metzeltin und Christian Schmitt. Tübingen 1991, 281−310.

Riera 1992 = Carles Riera: Manual de català científic. Orientacions lingüístiques. Barcelona 1992 (2.° ed. 1993).

Segarra i Neira 1985 = Milà Segarra i Neira: Història de la Normativa Catalana. Barcelona 1985.

Torres Ibern 1992 = Fundació Joaquim Torres Ibern: L'ús del català científic i tècnic. Barcelona 1992.

Álvaro i Puig u. a. 1988 = Josep Vicent Álvaro i Puig, Joan Vicent Candel i Alemany, Llorens Larroca i Martí u. a.: Vocabulari del dibuix tècnic i delineació. València 1988.

Webber/Strubell i Trueta 1991 = Jude Webber/Miquel Strubell i Trueta: The Catalan Language: Progress towards Normalisation. Sheffield 1991.

N. B.: Die wichtigsten Studien der vergangenen Jahre stammen von Maria Teresa Cabré i Castellví (TERMCAT), Lluís Marquet i Ferigle und Carles Riera i Fonts. Einige fachsprachliche Wörterbücher und Einführungen in der Bibliographie stellen eine beliebige Auswahl aus dem vorhandenen Schrifttum dar; die Bibliographien der drei genannten Werke sowie am Ende des Sammelbandes Torres Ibern 1992 weisen auf die wichtigsten zur Zeit gebräuchlichen fachsprachlichen Wörterbücher und Periodika hin.

Axel Schönberger, Bremen / Berlin

171. Fachsprachen im Bündnerromanischen des 20. Jahrhunderts und ihre Erforschung: eine Übersicht

1. Die Erkennung des Problems
2. Die Schaffung der Grundlagen: die Wörterbücher
3. Die terminologische Ergänzung der Wörterbücher
4. Die Erneuerung der Wörterbücher
5. Vom Wörterbuch zur Datenbank
6. Literatur (in Auswahl)

1. Die Erkennung des Problems

1.1. Während das Bündnerromanische (BR) im 19. Jh. den terminologischen Anforderungen trotz seiner geringen Anzahl von Sprechern und seiner Aufsplitterung in fünf regionale Schriftsprachen noch einigermaßen Schritt zu halten vermochte, werden in den Zeitungen am Anfang des 20. Jh.s bald Klagen auf diesem Gebiet laut. Die ersten betreffen weniger das Fehlen geeigneter Terminologien als vielmehr deren Nichtgebrauch in der gesprochenen Sprache (Gasetta Romontscha 1914, 5, 3; vgl. Decurtins 1993, 204). Anhand einer fingierten Bahnreise werden die „richtigen" Termini dem Leser mitgeteilt. Nicht alle der dort vorgeschlagenen Termini konnten sich durchsetzen. Schwierigkeiten bei der Akzeptanz hatten vor allem Ausdrücke, die im BR üblich waren, denen aber eine neue Bedeutung bzw. ein neuer Anwendungsbereich zugemutet wurde. Diese Schwierigkeit läßt sich an vielen Beispielen zeigen (Decurtins 1993, 217). Solange die ursprüngliche Bedeutung des Wortes bekannt blieb, blieb der traditionelle bäuerliche und handwerkliche Wortschatz für neue Sachverhalte blockiert. Erst in neuerer Zeit ist er wieder verwendbar geworden, hat nun aber den Nachteil, daß auch das Wort unbekannt geworden ist und somit seine Bedeutung nicht mehr über die frühere Verwendungsweise erschlossen werden kann.

1.2. Es zeigt sich am Anfang des 20. Jh.s jedoch auch bald ein weiteres, wahrscheinlich ziemlich spezifisches br. Problem bei der Bereitstellung der benötigten Terminologie: Ein Terminus, der sich in einer Region durchsetzt, kann in anderen abgelehnt werden. Aufschlußreich ist die Geschichte des br. Wortes für *Eisenbahn*. Im Surs. setzte sich ziemlich rasch die Bezeichnung *viafier* gegenüber anderen Konkurrenten wie *via da fier*, *strada ferrada*, *via ferrada*, *via ferata* durch. Im Engad. kommt das Wort in der Variante *via d'fier* auch vor, ist hier aber eher zweite Wahl. Häufiger sind *streda ferrata*, *ferrovia*, *streda d'fier*, *via ferrata* (Decurtins 1993, 225). Pallioppi (1902, 220), das erste moderne br. Wörterbuch, führt davon noch *via d'fier*, *streda d'fier*, *ferrovia* an. In den engad. Zeitungen wird meistens *ferrovia* verwendet, und dieses Wort ist auf gutem Wege, sich durchzusetzen. Damit hätte sich eine weitere lexikalische Differenz innerhalb der br. Idiome ergeben. Diese Bezeichnung geriet aber ins Visier der ab 1906 einsetzenden Entitalianisierungskampagne und wurde deshalb eliminiert. In der Folge entstand eine Zeitungspolemik um *viafier* oder *via d'fier*. Ein Leserbrief gab dem Terminus *viafier* den Vorzug, weil er mit dem des Surs. identisch sei. Gerade dieses Argument wurde in einer weiteren Zuschrift gegen *viafier* ins Feld geführt. Im deutsch-engad. Wörterbuch von Bezzola/Tönjachen (1944) stehen deshalb noch *viafier* und *via d'fier* nebeneinander. Erst das engad.-deutsche Wörterbuch von 1962 (Peer 1962) führt nur mehr *viafier* auf. Das Surm. hat bis auf den heutigen Tag die Form *veiadafier*, blieb also bei der Bildung mit *da*, auch wenn sie − ziemlich ungewöhnlich − in einem Wort geschrieben wird. In anderen Fällen blieben unterschiedliche Benennungen jedoch bis heute bestehen, gerade in dem heute zur Allgemeinsprache gehörenden Wortschatz.

1.3. Ausgelöst durch den Streit um die Bezeichnung der Eisenbahn, begann man im Engadin relativ bald mit Versuchen zur Schaffung kohärenter Terminologien. So erschien bereits 1917 eine erste terminologische Liste „Davart l'electricited" [Über die Elektrizität] (Chalender ladin 1917, 70 ff). In der Folge erschienen verschiedene Listen in Form loser Blätter unter dem Titel „S-chet rumantsch" [echtes, reines Romanisch]. 1922 wurde die Serie allerdings für fast 20 Jahre eingestellt. Mit dem Erscheinen einer neuen Grammatik (Gisep 1920) war nämlich ein Orthographiestreit ausgebrochen (vgl. Darms 1989, 741), der den Streit um Wörter in den Hintergrund drängte. In der Surselva hatten die Schwierigkeiten bei der Vereinigung der katholischen und protestantischen Orthographie, die bis 1924 dauerten, ohnehin jede andere Arbeit verhindert. Zudem gab es noch kein deutsch-surs. Wörterbuch, so daß auch der allgemeine Wortschatz, auf dem Terminologielisten hätten aufbauen können, noch nicht zur Verfügung stand.

2. Die Schaffung der Grundlagen: die Wörterbücher

2.1. Zwischen 1896 und 1915 waren in verschiedenen Regionen Romanischbündens Vereine entstanden, die sich für die Erhaltung des BR bzw. der jeweiligen regionalen Variante einsetzten. Um die Arbeit überregional zu koordinieren, wurde 1919 die *Lia rumantscha* als Dachorganisation dieser Vereine gegründet. Ihr erster Präsident entwarf eine Art Maximalprogramm (Conrad 1920, 15—18). Als erste Aufgabe der literarischen Kommission war vorgesehen, romanische Wörter für moderne Termini zu schaffen. Das Problem war also durchaus erkannt, nur war es etwas voreilig, dies als erste Aufgabe anzusehen. Noch fehlte nämlich der Arbeitspunkt: „Ein vollständiges Universalwörterbuch für das surselvische Idiom erarbeiten". Man ging dann auch zunächst an diese Aufgabe. Es dauerte jedoch bis 1944, bis das erste moderne deutsch-surs. Wörterbuch erschien (Vieli 1944), 23 Jahre nach dem Beginn der Arbeit. Im gleichen Jahr kam auch das neue deutsch-engad. Wörterbuch (Bezzola/Tönjachen 1944) heraus, das 1924 in Angriff genommen worden war. Dieses vereinigte die beiden regionalen engad. Schriftsprachen in einem Wörterbuch. Damit hatten drei der fünf regionalen Schriftsprachen relativ moderne deutsch-br. Wörterbücher zur Verfügung. Die beiden anderen erhielten erst in den 70er Jahren kleinere br.-deutsche und deutsch-br. Wörterbücher (Sonder/Grisch 1970; Mani 1977).

2.2. Das Erscheinen dieser beiden Wörterbücher bedeutete zweifellos einen großen Fortschritt auch in bezug auf die Bereitstellung von Terminologie. Das deutsche Wortraster der beiden Wörterbücher beruht zweifellos auf einem deutschen bzw. deutsch-italienischen oder deutsch-französischen Wörterbuch, auch wenn dies nirgends vermerkt ist. Die Wörterbuchautoren weisen im Vorwort darauf hin, daß viele Neubildungen geschaffen werden mußten (Bezzola/Tönjachen 1944, XI; Vieli 1944, XIII). Dabei erfolgte die Festsetzung der neuen Ausdrücke in Rücksprache mit der Redaktion des anderen Wörterbuches, „so daß eine größtmögliche Übereinstimmung erreicht werden konnte" (Bezzola/Tönjachen, a. a. O.). Beiden Wörterbüchern darf bescheinigt werden, daß sie zumindest beim Erscheinen einen relativ modernen Wortschatz boten, wobei das engad.-deutsche viel breiter angelegt und noch etwas aktueller war. Daß doch nicht alles, was damals aktuell war, in die Wörterbücher Eingang fand, zeigen die Termini *Blutspender* und *Blutspendedienst*, die in beiden Wörterbüchern fehlen, obwohl Vieli, der Autor des deutsch-surs. Wörterbuchs, bereits 1940 in einem Zeitungsartikel Vorschläge zu ihrer Wiedergabe gemacht hatte (vgl. Decurtins 1993, 207). Doch war damit jedenfalls eine Basis gelegt, auf der in der Folge aufgebaut werden konnte.

2.3. In dieser Zeit entstanden auch vereinzelte Untersuchungen bestehender br. Terminologien, meist als Dissertationen in der Tradition der *Wörter-und-Sachen*-Forschung. Während die auswärtigen Forscher das BR meistens in einem größeren Zusammenhang mitbehandelten, konzentrierten sich die einheimischen Forscher auf das BR. So erschienen Arbeiten zur Terminologie der Mühle (Vieli 1924) und des Holzhandwerkes (Maissen 1943). Hinter diesen beiden Arbeiten steht sicher auch die Absicht, durch die Sammlung und Beschreibung solcher Terminologien das Material für die aktuelle Terminologiearbeit bereitzustellen, so ausdrücklich Maissen (1943, L). Ob dieses Ziel erreicht wurde, ist allerdings fraglich; der Schritt von der wissenschaftlichen Arbeit in die praktischen Wörterbücher war wohl in den meisten Fällen zu groß.

3. Die terminologische Ergänzung der Wörterbücher

3.1. Durch die Herausgabe der Wörterbücher wurde auch die Arbeit an spezifischen Terminologien angeregt. Man konnte nun damit rechnen, zumindest die geläufigsten Grundtermini in den Wörterbüchern zu finden, was die Weiterarbeit erheblich erleichterte. Bereits 1941 war im Engadin die Reihe des „S-chet rumantsch" (vgl. 1.3.) wieder aufgenommen worden. In der Folge erschienen bis 1961 nach und nach 11 z. T. sehr ausführliche Terminologielisten, die 1963 in Buchform herausgegeben wurden (Gaudenz 1963). Aber auch in anderen Regionen wagte man sich an die Terminologiearbeit heran. Zwischen 1948 und 1968 gab die *Uniung rumantscha da Surmeir* verschiedene Hefte mit Terminologie unter dem Titel „Igl Mossaveias" [Der Wegweiser] heraus, die später dann auch in Buchform erschienen (Thöni 1981). Sie beschritt dabei insofern eigene Wege, als sie die Terminologie nicht in Listenform herausgab, sondern didaktisch geschickt in Form von Versen, Rätseln, Witzen usw., in denen das surmeirische Wort dem deutschen gegenübergestellt wird. Ob diese Art der Propagierung von Neologismen in der Bevölkerung mehr Erfolg hatte als die üblichen Listen, ist allerdings schwer zu sagen. Sie zeigt aber, daß man sich auch Gedanken über die Verbreitung der geschaffenen Neologismen machte und machen mußte, ein Problem, das in Mehrheitssprachen kaum bestehen dürfte.

3.2. Gerade das Problem der Verbreitung der geschaffenen Terminologien führte dann zu verschiedenen Versuchen, anders als mit Listen zu arbeiten. Am nächstliegenden ist die Kombination der Terminologie mit dem Bild der besprochenen Sache, ein Weg, den bereits die wissenschaftlichen Untersuchungen des Typs *Wörter und Sachen* beschritten hatten. Im Dienste der Verbreitung von Terminologie wurde dieses Mittel erst spät eingesetzt. 1947 erschien als erstes mir bekanntes Werk dieser Art ein Pilzbuch in einer engad. und surs. Version. Dies blieb allerdings bis 1977 das einzige dieser Art (vgl. 4.3.). Zwar wurden in der Folge bisweilen Zeichnungen oder Fotografien zur Erklärung oder Illustration der Terminologie beigezogen, vor allem beim Auto und den neuen landwirtschaftlichen Maschinen, doch blieben solche Versuche vereinzelt. Eine systematischere Verwendung dieser Mittel war wohl einfach zu teuer.

3.3. In den 70er Jahren wurde ein weiterer Weg versucht, neue Termini in Umlauf zu bringen, und zwar anhand von Modellgesetzen für die kommunalen Verwaltungen. Es entstanden Modellgesetze für Bauwesen, Wasserversorgung und Kanalisation, jeweils mit einem Glossar am Ende des Textes (vgl. Decurtins/Stricker/Giger 1977, 90s.). Tatsächlich haben einige Gemeinden diese Modelle für ihre eigenen Gesetze auch verwendet. Die Serie wurde mit einem „Wörterbuch zur Raumplanung" abgeschlossen (Arquint/ Decurtins 1977).

3.4. Das Erscheinen der Wörterbücher hat somit zwar sicher auch den Anstoß zu einer eingehenderen Beschäftigung mit Fachterminologien gegeben, doch erlahmte dieser Schwung leider sehr bald wieder. Die Bibliographie der „Studis romontschs 1950−1977" (Decurtins/Stricker/Giger 1977), der einzige Zeitraum, der auf diesem Gebiet bibliographisch erfaßt ist, nennt für diese Zeit 38 Beiträge, Zeitschriften- und Zeitungsartikel eingeschlossen. Der Grund für diese relativ magere Ausbeute ist, daß die Priorität von 1944 bis 1962 auf die Ausarbeitung von br.-deutschen Wörterbüchern gelegt wurde. Dabei kam es in Zusammenhang mit der *avischinaziun miaivla*, der „sanften Annäherung" der Orthographie der verschiedenen regionalen Schriftsprachen, zu heftigen Auseinandersetzungen (vgl. Darms 1989, 847 f). Diese absorbierten einen ansehnlichen Teil der ohnehin nicht allzustarken Kräfte.

4. Die Erneuerung der Wörterbücher

4.1. Nach dem Erscheinen der br.-deutschen Wörterbücher und einer Beruhigung der Lage ging man wieder daran, die beiden 1944 erschienenen deutsch-br. Wörterbücher zu überarbeiten, die unterdessen natürlich veraltet waren. 1975 und 1976, mehr als 30 Jahre nach der ersten Auflage, erschienen die Neuauflagen. Das deutsch-surs. Wörterbuch (Vieli/Decurtins 1975) ist gründlich umgearbeitet und stark erweitert worden. Das Vorwort gibt auch einige Auskunft über die Auswahl der deutschen Lemmata (a. a. O. VIII ff), wenn auch die zugrunde gelegten deutsch-französischen und deutsch-italienischen Wörterbücher nicht angeführt werden. Die Neuauflage des deutsch-engad. Wörterbuches (Bezzola/Tönjachen 1976) blieb im Hauptteil unverändert, erhielt aber einen gut 100seitigen Nachtrag. Die Lemmata dieses Nachtrages stimmen weitgehend mit den neu in das deutsch-surs. Wörterbuch aufgenommenen Lemmata überein.

4.2. Auch die Neuauflage dieser beiden Wörterbücher löste in der Folge vermehrte terminologische Tätigkeiten aus. Es wurde eine *Cumissiun linguistica* gegründet, die die neuen Termini, die noch nicht im Wörterbuch zu finden waren, jeweils festlegen und publizieren sollte. Sie gab auch bereits im Februar 1977 die erste Liste mit Termini in allen fünf regionalen Schriftsprachen heraus. Bis Ende 1979 erschienen regelmäßig solche Listen, dann wurde diese Arbeit eingestellt. Eine Art Fortsetzung erhielten diese Listen durch den ersten kantonalen Übersetzer, der die bei der Übersetzungstätigkeit verwendeten Termini, die noch nicht in den Wörterbüchern zu finden waren, festlegte und von Zeit zu Zeit in Form von Listen einem weiteren Publikum bekannt machte.

4.3. Ein weiterer starker Terminologieschub ging von einem Entschluß der kantonalen Regierung aus, in den Sekundarschulen nebst dem Unterricht im Fach Romanisch auch den Biologie-Unterricht auf Romanisch zu erlauben. Dies erforderte neue Lehrmittel in vier Varianten. Zwischen 1979 und 1982 entstanden deshalb auf diesem Gebiet nebst den erforderlichen Lehrmitteln auch Terminologie-Listen und illustrierte Sachbücher über Vögel, Pflanzen und Blumen, so daß diese Terminologie als die bestausgebaute br. Terminologie gelten kann.

4.4. Daneben traten andere Themen etwas in den Hintergrund. Hingewiesen sei hier nur noch auf die Reihe „Pled rumantsch — Plaid romontsch". Sie beruht im Prinzip auf einer Auswahl von Bildseiten des Bilderdudens, die thematisch in fünf Hefte aufgeteilt wurden. Die Reihe wiederspiegelt recht gut die Probleme der br. Terminologiearbeit. Der Textteil ist in jedem der fünf Hefte etwas verschieden. Im ersten Heft (Sport 1981) steht das deutsche Stichwort fettgedruckt am Anfang,

und es folgen die drei Idiome surs., surm. und vall. Das zweite Heft, den Berufen gewidmet (Professiuns 1982), berücksichtigt alle fünf Idiome. Dafür paßt der Text nun nicht mehr auf eine Seite, so daß öfters zweimal die gleiche Bildseite abgedruckt ist. Der Band enthält auch ein deutsches Register für die beiden ersten Bände, jedoch kein romanisches. Der dritte Band der Reihe (Biologia 1984) weicht gegenüber dem zweiten nur in Kleinigkeiten ab. Ziemlich verschieden präsentiert sich aber der vierte Band (Tecnica 1986). Fettgedruckt und am Anfang steht nun nicht mehr das deutsche Wort, sondern das Wort in Rumantsch Grischun (RG); das deutsche Wort folgt am Schluß in runden Klammern. Dazwischen stehen die fünf Idiome in geographischer Reihenfolge. Am Ende des Bandes steht zunächst ein Register in RG, dann erst das deutsche Register. Der fünfte und letzte Band dieser Reihe (Tecnica 1993) ist im Prinzip gleich aufgebaut, doch stehen die Idiome, wenn ihre Form vom RG abweicht, nun untereinander. Die neue Anordnung hat zur Folge, daß die meisten Bildseiten dreifach erscheinen, zwei sogar vierfach. Es ist also nicht verwunderlich, daß diese Reihe mit diesem Band eingestellt wurde.

5. Vom Wörterbuch zur Datenbank

5.1. Ab 1982 wurde mit dem RG ein weiterer Versuch unternommen, eine gesamtbündnerromanische Schriftsprache zu schaffen, der vierte in den letzten zwei Jahrhunderten (vgl. Decurtins 1985 zu den ersten drei; Darms 1985 zum vierten). Dieses sollte dort eingesetzt werden, wo nur die Verwendung einer einzigen br. Sprache aus Platz- oder ökonomischen Gründen möglich ist und damit auch Sprachdomänen zurückgewinnen, die dem BR wegen des Fehlens einer gemeinsamen Schriftsprache verloren gegangen waren. Diese Einsatzdoktrin führte dazu, daß das RG zunächst vorwiegend in sehr spezifischen Domänen eingesetzt wurde, für die oft mit der Übersetzung auch noch die Terminologie zu schaffen war. Um zu einer einigermaßen einheitlichen Terminologie zu kommen und den Übersetzern die Arbeit zu erleichtern, wurden die Übersetzungen fortlaufend exzerpiert, zunächst in traditioneller Art und Weise auf Kärtchen. Dies erwies sich als wenig effizient, da die Kartothek nur am Ort eingesehen werden konnte. Deshalb wurde sehr rasch auf die elektronische Datenverarbeitung übergegangen. Damit war es möglich, einem beschränkten, aber doch größeren Personenkreis den jeweils neuesten Stand der Arbeit in Form von Listen zukommen zu lassen. Als die Listen zu groß wurden, um praktisch zu sein, entschloß man sich zur Herausgabe eines ersten Wörterbuchs (Pledari 1985).

5.2. Nach dem Erscheinen des Wörterbuches ging die Arbeit an der Datenbank zweigleisig weiter. Einerseits wurden immer umfangreichere deutsch-französische Wörterbücher systematisch eingearbeitet, andererseits wurden nach wie vor alle Übersetzungstexte exzerpiert. Dazu kam noch die Einarbeitung der in den Idiomen bestehenden Terminologien in der Form des RG. Hier sei nur die wichtigste genannt, die Terminologie der Rechts- und Verwaltungssprache, die auch separat in RG erschien (Gartmann 1986). Die Datenbank wurde danach auch per Modem zugänglich gemacht. So konnten zumindest die Hauptverwender von Wörtern, das Radio rumantsch, Zeitungsredaktoren und Übersetzer, jeweils auf den neuesten Stand zugreifen. Das Abfrageprogramm war so eingerichtet, daß es die abgefragten Wörter, die nicht in der Datenbank vorhanden waren, festhielt, so daß sie dann in die Datenbank integriert werden konnten und bei einer späteren Nachfrage zur Verfügung standen.

5.3. Um auch den noch traditionell Arbeitenden das Material der Datenbank zugänglich zu machen, wurde diese dann in einer verkürzten Form, d. h. ohne grammatikalische Angaben, in Wörterbuchform im „Pledari grond" (Pledari 1993) publiziert. Damit stand die terminologische Arbeit der Jahre 1982—1992 auch einem breiteren Publikum vollständig zur Verfügung, was bisher noch nie der Fall gewesen war. Wenig später wurde dieses Wörterbuch auch auf Disketten zur Verfügung gestellt. Diese Version hat den Vorteil, daß sie periodisch auf den neuesten Stand gebracht werden kann, was bei der Buchversion aus Kostengründen nicht ohne weiteres möglich sein wird. Damit ist zumindest das Problem der Verbreitung der Terminologie für einen zweifellos immer größer werdenden Anwenderkreis gelöst. Der technische Fortschritt kann also auch zur Erhaltung einer gefährdeten Kleinsprache eingesetzt werden und braucht sie nicht immer nur zu bedrohen.

6. Literatur (in Auswahl)

Arquint/Decurtins 1977 = [Jachen Curdin Arquint/Alexi Decurtins]: Dicziunari per la planisaziun dal/dil territori. Tudais-ch/tudestg-ladin-sursilvan. [Cuoira/Cuera 1977].

Bezzola/Tönjachen 1944 = Reto R. Bezzola/Rud[olf] O. Tönjachen: Dicziunari tudais-ch-ladin. Samedan 1944.

Bezzola/Tönjachen 1976 = Reto R. Bezzola/Rud[olf] O. Tönjachen: Dicziunari tudais-ch-ladin. 2. ed. cun supplemaint. Cuoira 1976.

Biologia 1984 = Biologia. Glistas da pleds preparadas tenor Duden „Bildwörterbuch" cun register. Cuira 1984. Pled rumantsch/Plaid romontsch 3.

Conrad 1920 = Giachen Conrad: Il mantenimaint dil lungatg retorumantsch. In: Annalas da la Società retorumantscha 34. 1920, 1—18.

Darms 1985 = Georges Darms: Aspekte der Entstehung einer neuen Schriftsprache. Das Rumantsch grischun. In: Entstehung von Sprachen und Völkern. Akten des 6. Symposions über Sprachkontakt in Europa, Mannheim 1984. Hrsg. v. P. Sture Ureland. Tübingen 1985, 377—390.

Darms 1989 = Georges Darms: Bündnerromanisch: Sprachnormierung und Standardsprache. In: Lexikon der romanistischen Linguistik. Hrsg. v. Günter Holtus, Michael Metzeltin und Christian Schmitt. Band III. Tübingen 1989, 827—853.

Decurtins 1982 = Alexi Decurtins: Wortschatz und Wortbildung — Beobachtungen im Lichte der bündnerromanischen Zeitungssprache des 19./20. Jahrhunderts. In: Fakten und Theorien. Festschrift für Helmut Stimm. Tübingen 1982, 45—57.

Decurtins 1985 = Alexi Decurtins: Zur Vorgeschichte des ‚Rumantsch Grischun'. In: Entstehung von Sprachen und Völkern. Akten des 6. Symposions über Sprachkontakt in Europa. Mannheim 1984. Hrsg. v. P. Sture Ureland. Tübingen 1985, 349—376.

Decurtins 1993 = Alexi Decurtins: Zur Problematik von Neuschöpfungen im Bündnerromanischen. In: Rätoromanisch. Aufsätze zur Sprach-, Kulturgeschichte und zur Kulturpolitik. Chur 1993, 193—233.

Decurtins/Stricker/Giger 1977 = Alexi Decurtins/Hans Stricker/Felix Giger: Studis romontschs 1950—1977. Bibliographisches Handbuch. Bd. 1: Materialien. Bd. 2: Register. Chur 1977.

Gartmann 1986 = [Ines Gartmann]: Vocabulari administrativ-giuridic. Tudestg-rumantsch grischun, cun resguard dals idioms. Cuira 1986.

Gaudenz 1963 = Notaporta Gaudenz: S-chet rumantsch. Schlarigna 1963.

Gisep 1920 = Nicolin Ludwig Gisep: Ortografia ladina, publichada per incombenza dell'Uniun dels Grischs. Samaden. St. Murezzan 1920.

Maissen 1943 = Alfons Maissen: Werkzeuge und Arbeitsmethoden des Holzhandwerkes in Romanisch Bünden. Die sachlichen Grundlagen einer Berufssprache. Genève. Zürich 1943.

Mani 1977 = Curo Mani: Pledari sutsilvan, rumàntsch-tudestg/tudestg-rumàntsch. Cuira 1977.

Pallioppi 1902 = Emil Pallioppi: Wörterbuch der romanischen Mundarten des Ober- und Unterengadins, des Münsterthals, von Bergün und Filisur. Deutsch-Romanisch. Samaden 1902.

Peer 1962 = Oscar Peer: Dicziunari rumantsch ladin-tudais-ch. Samedan 1962.

Pledari 1985 = Pledari rumantsch grischun-tudestg, tudestg-rumantsch grischun e Grammatica elementara dal rumantsch grischun. Post da rumantsch grischun da la Lia rumantscha. Cuira 1985.

Pledari 1993 = Pledari grond, tudestg-rumantsch/deutsch-romanisch. Stampa da la banca da datas linguisticas, elavurada dal Post da rumantsch grischun da la Lia rumanatscha. Cuira 1993.

Professiuns 1982 = Professiuns. Glistas da pleds preparadas tenor Duden „Bildwörterbuch". Cun il register per SPORT e PROFESSIUNS. Cuira 1982. Pled rumantsch/Plaid romontsch 2.

Sonder/Grisch 1970 = Ambros Sonder/Mena Grisch: Vocabulari da Surmeir, rumantsch-tudestg/tudestg-rumantsch. Coira 1970.

Sport 1981 = Sport. Glistas da pleds preparadas tenor Duden 3. Cuera/Cuoira 1981. Pled rumantsch/Plaid romontsch [1].

Tecnica 1986 = Tecnica I. Glistas da pleds illustradas cun register rumantsch e tudestg. Cuira 1986. Pled rumantsch/Plaid romontsch 4.

Tecnica 1993 = Tecnica II. Glistas da pleds illustradas cun register da pleds rumantsch e tudestg. Cuira 1993. Pled rumantsch/Plaid romontsch 5.

Thöni 1981 = Gion Peder Thöni: Mossaveias. Ena bardada rezepts per discorrer bagn rumantsch. Coira 1981.

Vieli 1924 = Raymond Vieli: Die Terminologie der Mühle in Romanisch-Bünden. Chur 1927.

Vieli 1944 = Ramun Vieli: Vocabulari tudestg-romontsch sursilvan. Chur 1944.

Vieli/Decurtins 1975 = Ramun Vieli/Alexi Decurtins: Vocabulari romontsch tudestg-sursilvan. Cuera 1975.

Abkürzungen:

BR/br = bündnerromanisch
engad. = engadinisch
RG = rumantsch grischun
surm. = surmiran
surs. = sursilvan
vall. = vallader (unterengadisch)

Georges Darms, Fribourg

172. Die russischen Fachsprachen im 20. Jahrhundert und ihre Erforschung: eine Übersicht

1. Forschungsrichtungen
2. Wissenschaftlicher Stil
3. Fachtexte und Fachtextsorten
4. Sätze, Teilsätze und Satzglieder
5. Fachwortschätze/Terminologien
6. Grammatische Kategorien und Wortformen; Symbolik
7. Literatur (in Auswahl)

1. Forschungsrichtungen

Sieht man davon ab, daß es Fachwortsammlungen bereits früher gegeben hat, daß die organisierte und systematische Arbeit an der russischen Terminologie (vgl. Kap. XXIV) schon in den 30er Jahren ins Leben gerufen wurde und daß seitdem neben der von E. Wüster begründeten Wiener Schule als zweite regelmäßig die Moskauer Schule mit Namen wie S. A. Čaplygin, D. S. Lotte, T. L. Kandelaki, V. I. Siforov, V. P. Danilenko, A. V. Superanskaja u. a. erwähnt wird, die auch bei bedeutenden Sprachwissenschaftlern wie G. O. Vinokur, A. A. Reformatskij und S. I. Ožegov Interesse und Unterstützung gefunden hat (vgl. Superanskaja/Podol'skaja/Vasil'eva 1989, 3), dann sind Besonderheiten russischer Fachsprachen zuerst aus funktionalstilistischer Sicht beschrieben worden (Kožina 1966; 1972; 1977; Budagov 1971; Mitrofanova 1973; 1985; u. a.). Viele dieser Arbeiten entstanden in den späten 50er, in den 60er und in den 70er Jahren. Als Bezugsrahmen diente ihren Autoren die Lehre von den *Funktionalstilen* als Varianten der nationalen Literatursprache (vgl. Vinokur/Šmelev 1968; Fedorov 1971; Kožina 1977; Šmelev 1977; Vinogradov 1981; s. auch Art. 16). Der Funktionalstil wurde definiert als „ein bestimmtes System sprachlicher Mittel, die zu einem bestimmten Zweck unter bestimmten Bedingungen des Sprachgebrauchs, der Kommunikation verwendet werden" (Mitrofanova 1973, 11). Trotz gewisser Meinungsverschiedenheiten über die Zahl und die Benennung der einzelnen Funktionalstile lassen sich deren fünf ausmachen: (1) der Stil des öffentlichen Verkehrs, (2) der Stil der Wissenschaft, (3) der Stil der Presse, (4) der Stil des Alltagsverkehrs, (5) der Stil der künstlerischen Literatur. Die Merkmale des „wissenschaftlichen Stils" wurden überwiegend aus naturwissenschaftlichen und technischen Texten ermittelt, seine Eigenart ergab sich aus Vergleichen vor allem mit der künstlerischen Prosa (vgl. Kožina 1966; 1972). In der Anfangsphase waren das pauschale Vergleiche ohne Berücksichtigung weiterer Unterschiede zwischen einzelnen Fachsprachen, Fachtextsorten oder anderen Erscheinungsformen der Binnendifferenzierung. Entsprechend pauschal und beispielorientiert war die Beschreibung des wissenschaftlichen Stils.

Das Bedürfnis nach präziseren, quantitativen Angaben zu den Funktionalstilen führte zur Entstehung der sogenannten statistischen Stilistik oder *Stilstatistik* (vgl. Hoffmann/Piotrowski 1979, 148—156). Sie belegte signifikante Unterschiede zwischen den Stilen mit immer genaueren und zuverlässigeren Häufigkeiten lexikalischer, grammatischer und anderer sprachlicher Mittel. Der Vergleich zwischen künstlerischen und wissenschaftlichen Werken rückte dabei stärker in den Vordergrund (vgl. Perebijnis 1967; Ermolenko 1970, 92—102; Golovin 1971; Golovin/Perebejnos 1974). Doch trotz aller Fortschritte in den Methoden und in der Beschreibung der sprachlichen Details gelangte die Stilstatistik über die vorgegebene grobe Klassifizierung der Funktionalstile nicht hinaus, und sie übersah auch deren innere Differenzierung. Es blieb also bei der für die Funktionalstilistik typischen Übergeneralisierung ihrer Aussagen.

Erst die Lösung von der traditionellen Philologie mitsamt der Stilistik und die Einbeziehung der Sprachstatistik in die Bewältigung neuer Aufgaben auf den Gebieten der maschinellen Textverarbeitung und Übersetzung, der künstlichen Intelligenz, der automatisierten Informationsrecherche und der Fachsprachenausbildung führte zu der Einsicht, daß der wissenschaftliche Stil alles andere als ein einheitlicher oder durchgängiger Sprachgebrauch in Wissenschaft und Technik und gewissermaßen auch eine sprachpflegerische Wunschvorstellung ist. Je stärker die linguistischen Untersuchungen auf die Bedürfnisse einzelner Fächer, z. B. Festkörperphysik, Petrochemie, Schwermaschinenbau, Bodenkunde, Schlosserhandwerk, ausgerichtet wurden, desto häufiger tauchte nun der Begriff der *Subsprache* (vgl. Art. 15) mit der zunächst fremdartigen russischen Benennung подъязык auf (vgl. Andreev 1967, 127—132; Piotrovskij 1968; 1971; 1973). Wie überall in der Fachsprachenforschung, so wurde auch bei den Subsprachen zunächst der Wortschatz erfaßt, und zwar in Häufigkeitswörterbüchern und -listen (Alekseev 1975; Tuldava 1987; s. auch Art. 195). Später wurden dann Häufigkeitsangaben zu Wortverbindungen (Syntagmen), Satzstrukturen und transphrastischen Konfigurationen einerseits und zu Buchstaben und Buchstabenkombinationen, Silben und Morphemen anderseits veröffentlicht (vgl. Art. 20). Die statistische Analyse der Lexik in Fachtexten war außerdem ein Beitrag zur Thesaurusarbeit (z. B. Šemakin 1972). Diese wiederum wurde befruchtet durch die systematische Gesamtdarstellung der Semantik des russischen Wortschatzes (Karaulov 1980; Barchudarov 1982). Zusammen mit diesen grundlegenden Arbeiten mündete eine Vielzahl von speziellen Untersuchungen zu einzelnen Subsprachen auf den unterschiedlichen sprachlichen Ebenen in Bemühungen um die automatische Analyse und Synthese von (Fach-)Texten (vgl. Piotrovskij/Bilan/Borkun/Bobkov 1985) oder um die Optimierung der Fachsprachenausbildung (vgl. Hoffmann 1970) ein. Einigermaßen vollständige Beschreibungen einzelner Sub- bzw. Fachsprachen sind jedoch eine Seltenheit geblieben und am ehesten in Dissertationen zu finden, die von einem textlinguistischen Ansatz ausgehen.

Es ist nur auf den ersten Blick einfach, die unterschiedlichen Forschungsrichtungen an bestimmten *Orten* anzusiedeln. So ist man versucht, die Funktionalstilistik in Moskau und die Subsprachenforschung in Leningrad (Petersburg) zu suchen. Bei näherem Hinsehen zeigt sich jedoch, daß sich die Fachsprachen-Stilistik besonders in Perm' und die Stilstatistik in Kiev und Gor'kij (Nižnij Novgorod) stark entwickelt haben. Die Arbeitsgruppe „Sprachstatistik" (Статистика речи) hat(te) ihre Vertreter praktisch in allen größeren Städten der ehemaligen UdSSR, und Fachsprachen wurden — natürlich auf unterschiedlichem Niveau — an fast allen Universitäten und Hochschulen untersucht.

In engem Zusammenhang mit dem lange Zeit obligatorischen Russischunterricht an Universitäten und Hochschulen hat sich eine russistische Fachsprachenforschung auch in folgenden Ländern entwickelt: Bulgarien, Polen, Tschechoslowakei, Ungarn, ehemalige DDR. Die Hauptzentren in der letzteren waren die Universität Leipzig, die Universität Halle und die PH Zwickau. In Leipzig wurde die Lehre von den Subsprachen, in Halle und Zwickau die kommunikativ-funktionale Betrachtung der Fachsprachen weiterentwickelt. In der BRD sind Heidelberg mit dem Schwerpunkt Fachübersetzen und Hannover mit der Fachsprachenausbildung für Techniker und Naturwissenschaftler als Zentren hervorzuheben. Ein internationaler Überblick läßt sich aus den Konferenzmaterialien der МАПРЯЛ gewinnen (z. B. MAPRJAL 1979; s. auch Birkenmaier/Mohl 1990).

2. Wissenschaftlicher Stil

Die ersten Beschreibungen des wissenschaftlichen Stils gingen von allgemeinen Eigenschaften oder eher Postulaten wie Genauigkeit, Einfachheit, Klarheit, Faßlichkeit; Objektivität; Abstraktheit; Verallgemeinerung; Informationsdichte; Eindeutigkeit; Kürze; Unpersönlichkeit; logische Folgerichtigkeit; Verwendung von definierten Termini, Symbolen und Abbildungen aus (Budagov 1971, 150; Kožina 1977, 160−171; Mitrofanova 1985, 7−101; u. a.). Dann kamen detailliertere Feststellungen zur Lexik, zu bestimmten grammatischen Kategorien und syntaktischen Konstruktionen, zu ausgewählten Stilzügen, zu Textbauplänen, also zu sprachlichen Mitteln hinzu, durch die die erwähnten Eigenschaften bewirkt werden. Faßt man die am häufigsten erwähnten − sehr ungleichwertigen − Merkmale des wissenschaftlichen Stils zusammen, so ergibt sich die folgende Übersicht:

(1) Monologische Rede, logische Gedankenordnung und Textgliederung, feste Textbaupläne; Zitate, Parallelismen, Antithesen, Aufzählungen, Wiederholungen; Stereotype, Klischees. (2) Vollständige Sätze, komplexe hypotaktische Aussagesätze, direkte Satzgliedfolge; Verdrängung der grammatischen Kongruenz durch die logische; Unpersönlichkeit, Passiv, Funktionsverbgefüge; Partizip-, Adverbialpartizip- und Infinitivkonstruktionen, starke Attribuierung. (3) Begrifflichkeit, Nominalität, Terminologie; Abstrakta, Neologismen, Verbalsubstantive; lateinische und griechische Wurzelmorpheme, unproduktive Suffixe; Desemantisierung der Verben. (4) Singularegebrauch und Genitivhäufung bei den Substantiven; Indikativ, „zeitloses" (imperfektives) Präsens, 3. Person, unpersönliche, passivische und reflexive Formen bei den Verben. (5) Tabellen, Abbildungen, Diagramme, Formeln, Symbole usw.

Bei näherem Hinsehen zeigt sich, daß die Masse dieser Merkmale nur für einen bestimmten Teil der Fachkommunikation charakteristisch ist, nämlich für monologische, schriftliche, deskriptive und argumentative Texte der Naturwissenschaften und der Technik, vor allem Monographien, Nachschlagewerke, Lehrbücher und Zeitschriftenaufsätze. Kaum berücksichtigt wurden die Unterschiede zwischen Monolog und Dialog, zwischen schriftlichem und mündlichem Sprachgebrauch, zwischen Naturwissenschaften, Geisteswissenschaften und Technik, zwischen den Schichten der internen vertikalen Stratifikation der Fachsprachen und zwischen den (Fach-)Textsorten. Wenig beachtet blieb auch die konkrete Lexik mit ihrer Semantik.

Mehrere Faktoren führten in den 70er und besonders in den 80er Jahren dazu, daß das Bild der klassischen Funktionalstilistik vom einheitlichen und übergreifenden wissenschaftlichen Stil verblaßte und die genannten Unterschiede deutlicher wahrgenommen wurden:

(1) Die jüngeren Vertreter der Funktionalstilistik wurden durch Lehraufgaben im Fachbezogenen Russischunterricht für Ausländer zur Korrektur ihrer Positionen und zu einer differenzierteren Betrachtung der Fachsprachen veranlaßt. (2) Die Stilstatistik ermöglichte präzisere Aussagen über die Signifikanz der Unterschiede zwischen Fachsprachen und Fachtexten. (3) Die Ergebnisse der Untersuchungen an Subsprachen fanden große Akzeptanz bei den Sprachlehrern und vor allem bei den Fachleuten selbst. (4) Für die Textlinguistik mit ihren Texttypologien boten die Fachsprachen mit ihren konventionalisierten Textsorten ein nahezu ideales Prüffeld. (5) Die Sprachtechnik (Инженерная лингвистика) konnte mit den allgemeinen und vagen Kategorien der Stilistik nichts anfangen. (6) Durch die „kommunikativ-pragmatische Wende" in der Sprachwissenschaft erhielten außersprachliche und textexterne Faktoren eine bessere Chance, als Ursachen für die Wahl sprachlicher Mittel anerkannt zu werden. Das betrifft in unserem Zusammenhang vor allem die Thematik oder den Inhalt oder noch genauer: die wissenschaftlichen, technischen und anderen Gegenstände, die in Fachtexten abgehandelt werden.

So wird bei der folgenden Beschreibung der russischen Fachsprachen auf den wichtigsten Systemebenen stillschweigend davon ausgegangen, daß die Elemente und Konfigurationen dieser Ebenen in Fachtexten einer bestimmten Art von einem bestimmten Autor verwendet werden, um bei einem bestimmten

Rezipienten(kreis) unter bestimmten Umständen eine bestimmte Vorstellung von bestimmten fachlich relevanten Gegenständen (Objekten und Prozessen) zu erzeugen und damit sein fachliches Kenntnissystem zu verändern, ihm fachliche Handlungen zu ermöglichen oder ihn dazu zu veranlassen.

3. Fachtexte und Fachtextsorten

Der Textbegriff und die Merkmale der Textualität sind nicht an Einzelsprachen, die Kategorien und Methoden der Textwissenschaft/ Texttheorie / Textgrammatik / Textlinguistik nicht an Einzelphilologien gebunden. Dennoch gibt es so etwas wie eine eigene russ(ist)ische Entwicklungslinie in dieser sprachwissenschaftlichen Teildisziplin. Sie führt von der stärker syntaktisch orientierten Untersuchung transphrastischer Einheiten (сложное синтаксическое целое, сверхфразовое единство, прозаическая строфа) zur komplexen Erfassung textinterner und textexterner Faktoren, zur Textsemantik aber auch zur Analyse der Sprachhandlungen bei der Produktion und Rezeption von Texten. Dabei hat sich eine eigenständige russische Terminologie herausgebildet, die allerdings vermischt mit Internationalismen auftritt, z. B. структурная целостность, интегративность, связность, когезия, континуум, завершенность, тема (подтема, микротема), повтор, коммуникативный фрагмент, этап дискурса, глубинная перспектива, смысл текста, семантика текста usw. (vgl. Gal'perin 1981; Buchbinder 1983; Novikov 1983; Moskal'skaja 1984; Turaeva 1986; Kotjurova 1988; Šabes 1989; Kamenskaja 1990; u. a.).

Untersuchungsgegenstand der russ(ist)ischen Textlinguistik waren bisher überwiegend Werke der künstlerischen Literatur. Fachpublikationen — vor allem solche zu wissenschaftlichen Themen — wurden gelegentlich als Vergleichsmaterial herangezogen. Eine größere Rolle spielten sie bei Arbeiten zur automatischen Analyse und Synthese von Texten, aus denen aber ganzheitliche Textbeschreibungen kaum bekannt geworden sind, weil sie sich in erster Linie mit theoretischen Fragen im Grenzgebiet von Linguistik und Informatik beschäftigt haben (vgl. Kotov/ Kurbakov 1983; Piotrovskij/Bilan/Borkun/ Bobkov 1985; Kotov 1988). Eine ausgeprägte Fachtext-Linguistik oder Fach-Textlinguistik (Kalverkämper 1983, 127–157) gibt es also für das Russische noch nicht. Wir werden deshalb in diesem Abschnitt von einem eigenen experimentellen Ansatz ausgehen (Hoffmann 1987b; vgl. auch Art. 46), zumal dazu mittlerweile ein russisches Korpus von 12 Fachtextsorten zugänglich ist (Hoffmann 1990). Bei der Beschreibung der Textinterna stehen Makrostruktur(en) und Kohärenz am Anfang, weil sich an ihnen besonders gut die Gemeinsamkeiten russischer Fachtexte und die Spezifik russischer Fachtextsorten zeigen lassen. Syntax, Lexik und Morphologie werden in jeweils gesonderten Abschnitten behandelt, weil sich so der funktionale Aspekt, d. h. das Vorkommen im Fachtext, besser mit dem strukturellen Aspekt, d. h. der Systematisierung der sprachlichen Mittel, verbinden läßt.

Die meisten Textsorten der russischen wissenschaftlichen und technischen Literatur haben für sie typische, mehr oder weniger unifizierte *Makrostrukturen*, die sich schon an der Textoberfläche in stark konventionalisierten Sequenzen obligatorischer Teiltexte mit fakultativen Ergänzungsmöglichkeiten erkennen lassen, letztlich aber auf hierarchischen Basisstrukturen beruhen, die der gedanklichen Gliederung des Stoffes und seiner Darstellung entsprechen (vgl. Art. 46, 2.).

Artikel in Fachzeitschriften z. B. sind gewöhnlich nach folgendem Muster geschrieben: Teiltext 1 Autor und Thema bzw. Thema und Autor, Teiltext 2 Einleitung bzw. Vorbemerkungen, Teiltext 3 Material und Methoden, Teiltext 4 Resultate und Diskussion, Teiltext 5 Schlußfolgerungen bzw. Anwendungen, Teiltext 6 Literatur, Teiltext 7 Resümee. Artikel in wissenschaftlichen Enzyklopädien haben zumeist die Teiltextfolge: Teiltext 1 Stichwort, Teiltext 2 Definition, Teiltext 3 Merkmale 1, 2, 3, ..., n, Teiltext 4 Literaturangaben. Erfindungsbeschreibungen bestehen aus: Teiltext 1 Bibliographische Angaben, Teiltext 2 Referat (mit Abbildung), Teiltext 3 Gebiet der Technik, Teiltext 4 Zweck der Erfindung, Teiltext 5 Beschaffenheit, Teiltext 6 Arbeitsweise, Teiltext 7 Fortschritt (gegenüber existierenden Lösungen), Teiltext 8 „Erfindungsformel" bzw. Erfindungsanspruch, (Teiltext 9 Abbildungen) usw. (Weitere Textsorten s. Hoffmann 1990, 36–157; Birkenmaier/Mohl 1991, 139–232).

Wissenschaftler und Techniker verwenden mehr als 100 solche und andere Textsorten, die bisher nur zum Teil kodifiziert oder standardisiert sind. Die Heterogenität der existierenden Klassifikationen ergibt sich aus der Unterschiedlichkeit der vorgeschlagenen Kriterien, die sich entweder mehr an der Funktion oder mehr am Gegenstand der Texte und ihrer Teiltexte orientieren. Allgemeine funktionale oder fokusbestimmte Typologien mit der Unterscheidung deskriptiver, instruktiver und direktiver (Möhn/Pelka 1984, 45−70) oder deskriptiver, narrativer, expositiver, argumentativer und instruktiver Texte (Werlich 1975, 38; Mitrofanova 1985, 20−27) helfen da nicht weiter: Sie sind zu vage, um die praktischen Bedürfnisse der Fachkommunikation zu befriedigen und die große Vielfalt von Fachtextsorten einzufangen, mit denen Fachleute täglich zu tun haben und von denen sie eine aus der Erfahrung gegebene, intuitive Vorstellung besitzen. Auch wird oft noch übersehen, daß es neben den schriftlichen wichtige mündliche Fachtextsorten gibt, z. B. Vorträge, Diskussionen, Verhandlungen, Konsultationen usw. Fortschritte bei der Fachtextsortenklassifizierung versprechen komplexe, kumulative und integrative Ansätze (Hoffmann 1987b; 1990; Baumann 1992), die kommunikativ-funktionale, sprachlich-strukturelle und fachlich-gegenständliche Kriterien zu erfassen und miteinander zu verbinden trachten. Eine nationale und internationale Standardisierung, wie sie für die Terminologie in gewissem Umfang bereits erreicht ist, könnte die Fachkommunikation auch auf der Textebene zu größerer Vollkommenheit und Effektivität führen.

Die *Kohärenz* bzw. *Kohäsion* in russischen Fachtexten ist ein sehr komplexes Phänomen. Sie wirkt auf drei Ebenen: der pragmatischen, der semantischen und der syntaktischen. Syntaktische Aspekte standen in früheren Untersuchungen im Vordergrund, als russische Philologen den Blick über den Satz hinaus auf den Kontext richteten und transphrastische Einheiten zu beschreiben begannen, worunter sie eine kohärente Folge von zwei oder mehr Sätzen bzw. Äußerungen verstanden, die ein Textsegment oder einen Absatz bilden (Gal'perin 1981; Moskal'skaja 1981; Novikov 1983, 7−18). Inzwischen haben semantische und pragmatische Faktoren in linguistischen Studien stärkere Beachtung gefunden.

Die *pragmatische Kohärenz* in russischen Fachtexten wird in erster Linie durch die Sach- bzw. Fachkenntnis von Autor und Rezipient gewährleistet. Sie manifestiert sich in Systemen von Begriffen und Termini und im ständigen Operieren mit ihnen. Auch weniger abstrakte, z. B. technische Gegenstände und Prozesse bestimmen mit ihrer Eigenstruktur und prozessualen Anordnung die „Architektur" des Gesamttextes und die Anordnung seiner „Bausteine". Es gibt immer ein Schlüsselwort zu einem Schlüsselbegriff, das anzeigt, wovon der Text handelt, entweder als Element des Titels oder als Hyperonym in einem autonomen bzw. autosemantischen Satz, und das den Text unabhängig von seiner linearen Extension zu einem Thesaurus und über diesen zu einem Begriffssystem in Beziehung setzt (Novikov 1983, 73−169; Gončarenko/Šingareva 1984, 5−19). So wird jeder Fachmann ohne Berücksichtigung weiterer sprachlicher Details das folgende Textsegment als kohärent akzeptieren:

Информационный поиск основан на использовании − вместо чтения или хотя бы беглого просмотра полных текстов документов − поисковых образов этих документов. Поисковым образом документа служит составленный по определенным правилам текст, в котором выражена центральная тема или предмет этого документа и лишь частично − сопутствующие ей темы или предметы. Чем более кратко формулируются поисковые образы, тем выше скорость поиска, но одновременно ниже его точность и полнота.

Die *semantische Kohärenz* − das ist auch am vorstehenden Beispieltext zu erkennen − ist die lexikalisierte lineare Projektion der pragmatischen Kohärenz. Teile von Begriffssystemen und operationalem Wissen werden in Isotopieketten und -strängen, die aus *termini technici* oder ihren Substituten bestehen, sprachlich exteriorisiert und durch prädikative Elemente zu Aussagen verbunden. Folglich deutet begriffliche und lexikalisch-semantische Kontinuität die Ganzheit und Vollständigkeit von Texten oder Textsegmenten an, während semantische Diskontinuität auf Einschnitte im Text, z. B. auf Teiltextgrenzen hinweist.

Die Autoren wissenschaftlicher Veröffentlichungen bemühen sich im allgemeinen um Eindeutigkeit und Klarheit; sie ziehen deshalb stilistisch begründeten Substitutionen in der Isotopiekette die direkte Wiederholung und gegebenenfalls auch die partielle Ellipse sowie Hypo-Hyperonym-Ersatz und Paraphrase vor, letztere besonders in Texten mit didaktischer Funktion. Synonyme, Metaphern und ähnliche semantisch äquivalente Lexeme sind äußerst selten. Überhaupt ist der identische Referenzbezug wichtiger als alle Stufen der semantischen Äquivalenz. Der Grad der Pronominalisierung hängt weitgehend von der Textsorte ab.

Die *syntaktische Kohärenz* ist das grammatische Substrat der semantischen Kohärenz. In russischen Fachtexten wird sie vor allem durch die Thematische Progression ausgedrückt, die sich in der Wort- bzw. Satzgliedfolge ausdrückt und auf der aktuellen Gliederung oder funktionalen Perspektive der Sätze basiert (vgl. Sevbo 1969, 52−87; Zolotova 1982, 282−319; Moskal'skaja 1984, 132−146). Untersuchungen haben ergeben, daß bestimmte Typen der Thematischen Progression (Daneš 1974, 114−123) der Funktion bestimmter Fachtextsorten am besten entsprechen. Der einfache lineare Typ (I) überwiegt in wissenschaftlichen Zeitschriftenaufsätzen und in Hochschullehrbüchern, z. B.

Отвечая требованиям состоятельности, несмещенности и эффективности, точечная оценка О имеет один серьезный *недостаток*: она не дает сведений о точности и надежности приближения к параметру О генеральной совокупности. Этот *недостаток* особенно ощутим тогда, когда число наблюдений мало.

Der Typ mit konstantem Thema (II) ist charakteristisch für Enzyklopädieartikel, z. B.

Менделеев, Дм. Ив. (1834−1907) рус. химик, разносторонний ученый, педагог, прогр. обществ. деятель. Открыл (1869) периодич. закон хим. элементов − один из осн. законов естествознания. Оставил св. 500 печатных трудов ... Заложил основы теории р-ров, предложил пром. способ фракц. разделения нефти ...

Ein zusätzliches Mittel zur Herstellung der syntaktischen Kohärenz ist die bewußte Verwendung bestimmter *Konjunktionen*, z. B. и, а, но, однако, Adverbien, z. B. здесь, затем, поэтому, выше, ниже, при этом, Modalwörter, z. B. следовательно, в частности, Pro-Adjektive und Pro-Partizipien, z. B. следующие факторы, настоящее сообщение, полученные результаты, проведенные исследования, рецензируемая книга, данный метод usw.

4. Sätze, Teilsätze und Satzglieder

Sätze als strukturelle und funktionelle Einheiten russischer Fachsprachen sind von verschiedenen Seiten her untersucht worden (vgl. Lariochina 1979; Mitrofanova 1985, 82−101; Hoffmann 1987a, 204−230; u. a.). Die meisten Beschreibungen enthalten fast ausschließlich *formale* und *quantitative Angaben*. Eine der ersten „Entdeckungen" war, daß Sätze in schriftlichen wissenschaftlichen Texten verhältnismäßig lang sind. Während die durchschnittliche Satzlänge in Dramen, Romanen und Gedichten jeweils 4,53 bzw. 12,43 bzw. 10,53 Wörter beträgt, erreicht sie 15,17 Wörter in den Naturwissenschaften und 17,57 Wörter in den Geisteswissenschaften. Der einfache Grund dafür ist, daß Sätze in der wissenschaftlichen Prosa komplexer sind. Deshalb ist auch die Zahl der Nebensätze in der wissenschaftlichen Syntax größer. Das heißt aber nicht, daß Satzgefüge und Satzverbindungen in wissenschaftlichen und technischen Veröffentlichungen häufiger sind als einfache (erweiterte) Sätze. Das Verhältnis lautet: 47% einfache (erweiterte) Sätze, 33% Satzgefüge, 20% Satzverbindungen im Durchschnitt. Doch diese Proportionen unterscheiden sich stark von denen in der künstlerischen Prosa und in anderen Subsprachen, wo Satzgefüge den geringsten Anteil bilden.

Im Vergleich zur künstlerischen Literatur ist die Anzahl der in der wissenschaftlichen Literatur am häufigsten verwendeten unterschiedlichen Satzmuster, d. h. ihre Vielfalt, wesentlich geringer; so entsprechen z. B. 15 Satzmustern medizinischer Texte 39 Muster derselben Häufigkeitszone in Romanen. Diese Tatsache kann als Tendenz zur syntaktischen Standardisierung oder Unifizierung interpretiert werden.

Wegen der ausgeprägt informativen Funktion der Fachsprachen machen Aussagesätze die überwiegende Mehrheit der Sätze aus. Fragesätze sind sehr selten. Aufforderungssätze treten am ehesten in Fachtextsorten mit instruktiver oder direktiver Funktion auf. Die Masse der Nebensätze in Satzgefügen sind Relativsätze, die die Aufgabe der Attribuierung oder Postmodifikation übernehmen, wo einfache Modifikatoren die erforderliche Exaktheit nicht gewährleisten, und (konditionale, kausale, lokale und temporale) Adverbialsätze, die ihrerseits einfache Adverbien und Adverbialbestimmungen in der Präzision der Aussage übertreffen. Ein anderes typisches Mittel der Determination sind Parenthesen. Die meisten dieser Merkmale sind an den folgenden Beispielen abzulesen:

Определение приведенных выше в виде примеров бесконечных множеств (множества четных чисел, множества квадратов, множества сфер) по существу сводилось к выделению их из других более общих множеств (множества целых чисел, множества четырехугольников, множества поверхностей). Это выделение одних множеств из других, более общих, производилось на основании следующего критерия: элементы выделенного множества должны были обладать некоторыми специфическими свойствами (делиться на два, иметь равные стороны

и прямой угол и т. д.), *которыми* обладают не все элементы более общего множества.
Если ось вращения выбрать проходящей через один из концов отрезка, *то* построение упростится.
Такое промежуточное значение переменного тока называют действующим, или эффективным, *потому что* ток производит такое же тепловое действие.
Однако хорошо известно, что лишь в тех областях науки достигался существенный прогресс, *где* сначала свободно или вынуждено ставились дальние задачи, и затем уж искались пути их поэтапного решения. *Когда* скорости прямой и обратной реакций становятся одинаковыми, наступает химическое равновесие.

Ein sehr interessanter Aspekt der russischen wissenschaftlichen und technischen Syntax ist die sogenannte *Aktuelle Satzgliederung* (vgl. Raspopov 1961; Pumpjanskij 1974; Kovtunova 1976; Hoffmann 1987a, 216−224; u. a.), die bei der Beschreibung anderer Sprachen auch als Funktionale Satzperspektive oder Thema-Rhema-Gliederung bezeichnet wird. Es gibt signifikante Unterschiede in der Vorkommenshäufigkeit ihrer verschiedenen Typen. Die Behauptung einiger Vertreter der Funktionalstilistik, wissenschaftliche Autoren bevorzugten einen bestimmten Typ, nämlich den mit direkter Satzgliedfolge, hält einer näheren Prüfung nicht stand oder muß zumindest für unterschiedliche Textsorten und variierende Positionen im Fachtext und seinen Teiltexten spezifiziert und modifiziert werden.

Es gibt im Russischen einen direkten Zusammenhang zwischen Aktueller Satzgliederung und Wort- bzw. Satzgliedfolge insofern, als sich der Informationsgehalt zum Satzende hin erhöht, während der Anfang und die unmittelbar daraufolgenden Glieder von geringerem Interesse sind. In Sprachen mit einer relativ festen Wortfolge, z. B. Englisch und Französisch, wird diese positionelle Funktion durch andere sprachliche Mittel kompensiert (lexikalische Einschübe, Passiv, unbestimmter Artikel u. a.).

Die Analyse aller möglichen Varianten (Permutationen) der Wortfolge und ihrer tatsächlichen Verwendung (Häufigkeit) in wissenschaftlichen und technischen Texten im Zusammenhang mit der Bestimmung der thematischen oder rhematischen Funktion aller Satzglieder hat eine Typologie der Aktuellen Satzgliederung für das Russische und seine Subsprachen ergeben. Einfache (erweiterte) Sätze können sechs Haupttypen zugeordnet werden, je nachdem ob das Thema I. fehlt, II. eine Adverbialbestimmung, III. das grammatische Subjekt, IV. eine Adverbialbestimmung und das grammatische Subjekt, V. das grammatische Prädikat oder ein anderes Satzglied und VI. das grammatische Subjekt zusammen mit dem grammatischen Objekt ist. Die folgenden Beispiele aus ganz verschiedenen wissenschaftlichen und technischen Fachtexten sollen diese Typen illustrieren:

I. Остаток разбавляют пятикратным количеством воды.
   Для очистки вещества возгонкой необходимо приготовить фарфоровую чашку и коническую воронку.
II. При длительном стоянии / происходит полное расслаивание органического вещества и воды.
   В журнале / принимали участие крупные юристы и историки.
III. Обратная импликация / не наблюдается.
   Дибензоиловинная кислота / собирается на дне колбы.
IV. В другом доме живописная стена / разделена на три сюжетных яруса.
   Иногда произведения / печатались в искаженном виде.
V. Происходит / каталитическое отщепление водорода.
   Эту роль выполняют / лабораторные автотрансформаторы.
VI. Олефины / также легко присоединяют / водороды.
   Элемент *x* / предшествует в множестве *A* / элементу *y*.

Signifikante Unterschiede gibt es in der Häufigkeit der sechs Typen zwischen Subsprachen, z. B. zwischen künstlerischer Prosa und wissenschaftlicher Literatur, zwischen Fachsprachen, z. B. Mathematik, Physik, Chemie, Philosophie und Geschichtswissenschaft (Hoffmann 1987a, 221) und zwischen Textsorten innerhalb ein und derselben Fachsprache (Hoffmann 1987a, 222).

Bei der Untersuchung der Aktuellen Satzgliederung in einer Reihe von Fachsprachen und Fachtextsorten sind allerdings auch einige Schwächen der funktionalen Satzanalyse erkannt worden, von denen hier nur drei genannt werden sollen: (1) Das binäre Thema-Rhema-Prinzip ist nur eine erste Annäherung an die Wertung der in Sätzen enthaltenen Information. (2) Jede weitere Verfeinerung der Prinzipien und Methoden wird zu neuen Vorschlägen hinsichtlich Zahl und Art der Typen und Subtypen führen. (3) Die Aktuelle Satzgliederung ist auf der Satzebene nicht autonom, sondern vom näheren und weiteren Kontext abhängig; der erste Schritt in dieser

Richtung ist die Analyse der Thematischen Progression in ganzen Satzfolgen oder in Teiltexten.

Ein weiteres interessantes Phänomen neben der formalen und funktionalen syntaktischen Beschaffenheit von russischen Fachtexten ist die semantische Struktur der Sätze, wie sie von der Abhängigkeits- und der Kasusgrammatik in Gestalt von *Valenz und Distribution* untersucht wird (Hoffmann 1987a, 224—229; 1989). Hier hat die russistische Fachsprachenforschung ein älteres Drei-Stufen-Modell, das für die deutschen Verben entwickelt worden war (Helbig/Schenkel 1969), zu einem Vier-Ebenen-Modell weiterentwickelt (vgl. Hoffmann 1989), in dem das Verb als organisierender Kern von Sätzen erscheint und die vorangehenden und folgenden Satzglieder als obligatorische und fakultative Aktanten bzw. Mitspieler syntaktisch und semantisch dominiert, z. B.

обрабатывать
   I. 2(+1) = 3   (подвергать чему-н. действовать чем-то)
  II. Sn, Sa, (Si)
 III. Sn — Hum Мы обрабатываем материал цинком.
    Sa — — Anim (Substanz) Лигнин обрабатывают для удаления жира.
    Si — — Anim (Substanz) Каучук обрабатывают серой.
 IV. Ag (Hum) labor contact Pat
    (Substanz) (Instr — Substanz)

(I. Zahl der obligatorischen und fakultativen Aktanten; II. syntaktische Spezifizierung der Aktanten; III. semantische Spezifizierung der Aktanten; IV. semantische Formel)

Untersuchungen zur Valenz und Distribution häufiger russischer Verben in ausgewählten Fachsprachen haben einige Besonderheiten ans Licht gebracht. Die wichtigsten davon sind die folgenden:

Bestimmte Verben erfahren in der Fachkommunikation eine Einschränkung in Kolligation und/oder Kollokation. So sind die Subjekte von влиять, возбуждать, вращать, вступать u. a. gewöhnlich *Sn/—Anim* in chemischen Texten, während *Sn/Hum* in anderen Subsprachen sehr verbreitet ist; wenn заполнять *Sn/Hum* dominiert, ist seine Valenz 3, wenn es *Sn/—Anim* dominiert, ist seine Valenz 2, usw.

Der Grad der Polysemie ist reduziert, bei geringerer Häufigkeit mehr als mit zunehmendem Gebrauch. So steht in chemischen Abhandlungen отвечать nicht für das Semem *antworten*, sondern für *entsprechen*; переводить ist nicht *übersetzen*, sondern *überführen* usw. Mit anderen Worten: Sehr häufige Verben wie производить, определять, устанавливать, обеспечивать, выполнять, die in allen Subsprachen auftreten, sind in hohem Maße polysem und vage in ihrer Bedeutung. Verben der niedrigeren Häufigkeitszone tendieren zur terminologischen Monosemie, z. B. ацилироваться, взгоняться, деконтировать, диазотировать, окислять usw.

Monosemie kann nur durch die Identifizierung der semantischen Distribution, d. h. der Aktanten, erreicht werden. Deshalb werden Verben fachspezifisch vor allem in fachspezifischen Kollokationen. Die Distribution allein kann jedoch die Bedeutung des Verbs nicht in allen Fällen delimitieren: Unterschiedliche Bedeutungen können eine identische Distribution haben und umgekehrt, ein und dasselbe Semem kann in unterschiedlichen Distributionen auftreten. Unabdingbare Voraussetzung eines exhaustiven Modells von Valenz und Distribution ist die eindeutige semantische Klassifizierung der relevanten Verben und Substantive in wissenschaftlichen und technischen Texten. Einige Autoren haben dazu Vorschläge unterbreitet (z. B. Wenzel 1981; Kunath 1984; vgl. auch Hoffmann 1989). Alles in allem tragen Wörterbücher der Valenz und Distribution oder auch einfache Fügungswörterbücher der wichtigsten fachsprachlichen Verben (z. B. Troebes 1985) ebenso wie Satzmuster und Mustersätze, die ihre tatsächliche Verwendung in der Fachkommunikation belegen, wesentlich zur Kenntnis der fachsprachlichen Syntax und zur kommunikativen Kompetenz der Fachleute bei.

In den meisten fachsprachlichen Untersuchungen zur russischen Syntax werden Sätze noch nicht als vom Verb dominierte grammatische Konfigurationen, sondern als Konstellationen von *Nominal-* und *Verbalgruppen* behandelt, z. B. Данные опыта (NG) / вполне подтверждают принципы относительности (VG). Diese Darstellungsweise, bei der die Verbalgruppe noch in Kern (Verb), Objektergänzung und Adverbialergänzung untergliedert werden kann (vgl. Hoffmann 1987a, 193), ist zwar nicht sehr konsequent, weil Nominalgruppen gleichermaßen das Subjekt, die Objektergänzung, die Adverbialbestimmung und sogar das ganze Prädikat bilden können, eignet sich aber gut für den Vergleich von Sub- bzw. Fachsprachen und für die Bereitstellung von Material für die fachsprachliche

Ausbildung. Wenn man Nominal- und Verbalgruppen in russischen wissenschaftlichen und technischen Texten mit denen in der künstlerischen Literatur vergleicht, fällt einem zunächst — wie schon bei den ganzen Sätzen — ihre größere Länge und Komplexität auf. In der wissenschaftlichen Prosa bestehen 37,2% aller Nominalgruppen aus mehr als zwei Konstituenten; in der künstlerischen Literatur sind das nur 8,6%. Verbalgruppen von mehr als vier Konstituenten machen in der wissenschaftlichen Prosa 60,9%, in der künstlerischen Literatur nur 21,1% aus. Die Spezifik der russischen Nominal- und Verbalgruppen in den Fachsprachen liegt aber nicht allein in der Zahl ihrer Konstituenten, sondern weit mehr noch in der Art ihrer Konfigurationen.

Häufige und typische Konfigurationen von *Nominalgruppen* sind:

внутренние органы (AS)
химические радиоактивные вещества (AAS)
длительно текущий процесс (DAS)
форма опухоли (SS_2)
болезнь Боткина (SE_2)
характер обмена веществ (SS_2S_2)
органы брюшной полости (SA_2S_2)
желудок без изменений (SpS_2)
боли при кровотечениях (SpS_6)
заболевание с определенным симптомокомплексом (SpA_5S_5)
хирургическое лечение больных (ASS_2)
оперативное лечение с вскрытием полостей ($ASpS_5S_2$)
воспалительное изменение различного характера (ASA_2S_2)

(S = Substantiv, E = Eigenname, A = Adjektiv/Partizip, D = Adverb, p = Präposition, 2 = Genitiv, 5 = Instrumental, 6 = Präpositiv)

Das sind Grundmodelle, die mit unterschiedlichen, aber relativ großen Häufigkeiten in fast allen Arten wissenschaftlicher und technischer Texte auftreten. Wenn die Benennung noch genauer sein muß, um mehrere wesentliche Merkmale des Gegenstandes oder Begriffes explizit zum Ausdruck zu bringen, kann das Grundmodell leicht bis zu einem höheren Grad der Prä- oder Postmodifikation expandiert werden. Statistische Analysen haben jedoch gezeigt, daß sich die Häufigkeiten der Muster mit zunehmender Länge verringern, so daß die Masse der Nominalgruppen zwischen 0 und 4 Konstituenten hat, ein Kompromiß zwischen wissenschaftlicher Exaktheit und Sprachökonomie. (0-Subjekte sind ein außerordentlich häufiges und typisches russisches Mittel der Unpersönlichkeit, z. B. Тогда в качестве статистической характеристики *можно* взять величину χ). Nominalgruppen bzw. Nominalphrasen gelten als die wichtigsten Komponenten der Mehrheit wissenschaftlicher und technischer Sätze:

„They contain the individual items of information which make up the detailed description of a machine or process, the logical exposition of an idea or theory, the reasoned explanation of natural phenomena and the objective evaluation of experimental data" (Sager/Dungworth/McDonald 1980, 219).

Viele von ihnen sind lexikalisiert und so zu komplexen Termini geworden, die komplexe wissenschaftliche und technische Objekte benennen.

Verbalgruppen sind weniger charakteristisch für Fachsprachen. Ihre syntaktischen und semantischen Strukturen sind bereits im Rahmen des Valenzmodells erläutert worden. Die Grundmodelle erfahren oft eine Erweiterung durch Objekte und/oder Adverbialbestimmungen. Sie tragen zweifellos wesentlich zur Exaktheit und Explizität der wissenschaftlichen Information bei. In vielen Fällen werden die in Verbalgruppen versprachlichten fachlichen Prozesse und Handlungen erst eindeutig, wenn der Autor sagt, wo, wann, wie und warum sie stattfinden, z. B.

происходит в костном мозгу (loc)
образовалось после короткого инкубационного периода (temp)
отмечалось в течение 6 лет (temp)
изучают методом кожных проб (mod)
протекало без осложнений (mod)
возникает от повреждения нервов (caus)

Wenn Nominal- und Verbalgruppen nicht ausreichen, um die Komplexität der wissenschaftlichen oder technischen Sachverhalte wiederzugeben, werden sie durch Nebensätze ersetzt, deren vollständige oder verkürzte Formen in Fachtexten eine wichtige Rolle spielen.

5. Fachwortschätze / Terminologien

Zum russischen Fachwortschatz im weiteren Sinne gehören alle lexikalischen Einheiten in russischen Fachtexten, da sie direkt oder indirekt zur Kommunikation über fachliche (wissenschaftliche, technische u. a.) Gegenstände beitragen. Der Fachwortschatz im engeren Sinne bildet ein *Subsystem* des lexikalischen Gesamtsystems bzw. eine Teilmenge des russischen Gesamtwortschatzes. Er wird gewöhnlich dem allgemeinen Wortschatz gegenübergestellt oder in bezug auf seine Austauschbeziehungen mit ihm untersucht. Im Vordergrund stehen dabei Prozesse der semantischen Einengung oder Erweiterung, Erscheinungen der Polysemie, der Homonymie und der Synonymie, Modelle und Mittel der Wortbildung usw. (vgl. Mitrofanova 1985, 27—59; Hoffmann 1987a, 124—182).

Bei einer sehr engen Grenzziehung fallen Fachwortschatz und *Terminologie* zusammen (vgl. Danilenko 1977; Kandelaki 1977; Superanskaja/Podol'skaja/Vasil'eva 1989; u. a.). Es gibt auch Versuche, innerhalb des Fachwortschatzes zwischen Fachterminologie und nichtterminologischem fachlichem Wortschatz oder zwischen Termini, Halbtermini und Fachjargonismen zu unterscheiden. Dabei werden als Termini nur die Wörter anerkannt, deren Inhalt durch eine Festsetzungsdefinition eindeutig bestimmt ist (Beneš 1968; Schmidt 1969, 20) und die im Grunde genommen als Elemente eines Terminussystems die Elemente eines Fachbegriffssystems sprachlich repräsentieren.

In den russischen Fachwortschätzen dominieren die Substantive und Adjektive über die Verben und anderen Wortarten, weil sie die ganze Vielfalt der Begriffe, Gegenstände und Erscheinungen sowie ihrer Merkmale zu benennen haben, auf die die fachliche (wissenschaftliche, technische, berufliche) Tätigkeit gerichtet ist. Das ist möglicherweise die Ursache dafür, daß der Terminologie oft nur Substantive, gegebenenfalls determiniert durch Adjektive, zugerechnet werden, obwohl es auch bei den Verben eine Tendenz zur Terminologisierung gibt.

Der russische Fachwortschatz im allgemeinen und die Terminologie im besonderen werden durch folgende Verfahren ständig erneuert und erweitert: Entlehnung z. B. клише, спин, конвертер, компьютер, камера, фильтр, период, перкуссия; Lehnübersetzung, z. B. земледелие — agricultura, насекомое — insectum, предмет — objectum, подразделение — subdivision; Metaphorisierung, z. B. головка, нос, колено, зуб, хвост, клапан; Metonymie, z. B. ампер, вольт, кюри, болезнь Ходжкина, эффект Фарадея; Bedeutungsspezialisierung (Terminologisierung), z. B. пространство, время, движение, скорость, поле; und nicht zuletzt Wortbildung. Er enthält viele Internationalismen, von denen die meisten aus griechischen und lateinischen Wortbildungselementen konfigiert sind, z. B. антибиотики, конгломерат, дихотомия, ротаметр, стереофония, фазотрон, биогеоценоз, эндокринология. Einige Fachwortschätze sind reich an Wortgruppenlexemen, die komplexe Phänomene möglichst genau benennen sollen, z. B. унифицированное обозначение, общее обратное излучение, конус зацепления, двигатель двойного действия, фреза для штампов, штукатурка под рустик. Schließlich spielen Abbreviaturen eine bedeutende Rolle in der Fachkommunikation, z. B. ВИНИТИ — Всесоюзный институт научной и технической информации, КДГ — кварцевый донный гравиметр, ОКС — одноканальная система, НПС — нелинейное полупроводниковое сопротивление, внешторг — внешняя торговля, водстрой — водохозяйственное строительство.

Die *Wortbildung*, d. h. die Derivation durch Affixe, die Komposition und die Lexikalisierung von Syntagmen, ist eines der produktivsten Verfahren zur Befriedigung des ständig steigenden Benennungsbedarfs von Wissenschaft und Technik. Die russische Sprache besitzt eine große Menge von Prä- und Suffixen, um neue Wörter von bereits existierenden abzuleiten. Für die Terminologie ist die Bildung von Substantiven mit Hilfe von Suffixen von außerordentlicher Bedeutung. Es gibt Fachsprachen, wo *Terminus-Derivate* bis zu 37% ihrer gesamten Terminologie ausmachen, z. B. die Mathematik, Physik und Chemie. Aber nur eine begrenzte Zahl von Suffixen der Gesamtsprache wird in den Fachterminologien wirklich produktiv, und ihre Produktivität schwankt sogar von Fachsprache zu Fachsprache. So sind produktive Suffixe in der Mathematik: -ение, -ия, -ство, -ость, -ка, -ок, -ание, -ица, in der Physik: -ение, -ость, -ия, -ание, -ка, -ство, -ина, -ица, -ик, -ок, -ота, -ация, -ель, in der Chemie: -ение, -ость, -ание, -ство, -ствие, -ота, -ок, -ина, -ация, -ка, -ица. Die *Komposition* ist nicht in allen Sprachen gleichermaßen auffallend. Das Russische z. B. macht — ganz anders als das Deutsche — nur geringen Gebrauch davon, obwohl auch sie an der Fachwortbildung beteiligt ist, z. B. металлообработка, водоотводчик, кровообращение. Es ist die attributive oder determinative Funktion der sekundären Komponenten, die Komposita befähigt, komplexe Phänomene und merkmalreiche Begriffe zu bezeichnen.

Lexikalisierte Syntagmen oder Wortgruppenlexeme sind — mehr noch als deriviertе Termini — ein hochproduktiver Typ wissenschaftlicher und technischer Termini, bei dem die mehr oder weniger zahlreichen Konstituenten zu einer Benennungseinheit verschmelzen. In solchen (nominalen) Wortgruppen gibt es gewöhnlich ein Substantiv, das als Kern oder organisierendes Zentrum wirkt und einen einfachen, allgemeinen Begriff bezeichnet. Jedes Merkmal, das diesen Begriff komplexer macht und dadurch eine Begriffshierarchie erzeugt, wird dann im Prinzip durch ein zusätzliches sprachliches Element repräsentiert: ein Substantiv, ein Adjektiv, ein Partizip (Präpositionen können aus syntaktischen Gründen eingeschoben werden). Im Anfangsstadium der Entwicklung, wenn diese Termini noch Paraphrasen oder Definitionen ähneln, sind ihre Konstituenten oft sehr zahlreich, z. B. многофазный коллекторный двигатель параллельного возбуждения с двойным комплектом щеток. Aber im Laufe der Zeit wird ihre Zahl auf ein vernünftiges Verhältnis von Form und Bedeutung reduziert, z. B. синхронный генератор переменного тока — синхронный генератор, приемник на транзисторах — транзисторный приемник, антенна дипольного типа — дипольная антенна.

Terminologen neigen zu der Auffassung, daß eine Nominalgruppe von zwei bis drei oder maximal vier Konstituenten das Optimum für terminologische Syntagmen sei. Die Tatsachen bestätigen diese Annahme. Die produktivsten Strukturen komplexer Termini bestehen aus zwei oder drei Elementen. Die syntaktische Kohärenz zwischen diesen Elementen wird explizit durch Flexionsendungen und/oder Präpositionen oder implizit durch logische Relationen hergestellt. Terminologische Syntagmen schaffen ein neues Nominationspotential, das als eines der typischen Kennzeichen wissenschaftlicher und technischer Wortschätze angesehen werden kann (Danilenko 1977; Kandelaki 1977; Hoffmann 1987a, 169—176; u. a.).

Die Terminologie als Fachwortschatz im strengsten Sinne hat bestimmte *Güteanforderungen* zu erfüllen: Fachbezogenheit, Begrifflichkeit, Exaktheit, Eindeutigkeit, Eineindeutigkeit, Selbstdeutigkeit, Knappheit, expressive und modale Neutralität u. ä. (Schmidt 1969, 12; Wüster 1970, 85—87; Hoffmann 1987a, 163—165). Diese Eigenschaften sind nicht nur vom Systemaspekt (Thesaurus) her, sondern auch im Hinblick auf die Topik-Funktion der *termini technici* in Fachtexten (Isotopie- bzw. Nominationsketten und -stränge) relevant.

6. Grammatische Kategorien und Wortformen; Symbolik

Bei der Beschreibung des wissenschaftlichen Stils und der Subsprachen von Wissenschaft und Technik ist immer wieder die große Häufigkeit ganz bestimmter *grammatischer Kategorien* und *Wortformen* im Sinne einer funktionalen Selektivität hervorgehoben worden. Das betrifft bei den Substantiven die Kategorien der Unbelebtheit, des Neutrums, des Singulars, des Genitivs, bei den Adjektiven die Langform und den Positiv, bei den Pronomen die Personalpronomen der 3. Person und die Demonstrativpronomen (anaphorische Pronomen), bei den Verben das Präsens, den imperfektiven Aspekt, den Indikativ, das Passiv und das Reflexiv. Funktionale Einschränkungen und Besonderheiten werden bei dem Pronomen der 1. Person Pl. (мы) sowie der entsprechenden Form des Verbs mit und ohne Pronomen festgestellt. Als auffällig wird ferner die Häufigkeit abgeleiteter bzw. sekundärer Präpositionen (в результате, при помощи, за счет, на основе usw.) und die bevorzugte Verwendung bestimmter (korrespondierender) Konjunktionen (если ... то, не только ... но и, либо ... либо, поскольку ... постольку usw.) und Schaltwörter (однако, впрочем, так сказать, на самом деле, во-первых usw.) vermerkt (Kožina 1972, 138—317; Mitrofanova 1973, 55—81; Hoffmann 1987a, 96—115; u. a.). Ganz ähnliche Aufzählungen mit Beispielen und Interpretationsversuchen finden sich übrigens auch in Standardwerken zu den Fachsprachen des Englischen, Französischen und Deutschen. Dabei sind eine gewisse Willkür und Zufälligkeit in den Akzentsetzungen nicht zu übersehen. Die aus dem Vergleich mit anderen Stilen und Subsprachen resultierende Isolierung („обособление") der genannten fachsprachlichen Phänomene läßt sich am ehesten überwinden, wenn sie wieder in den ursprünglichen syntaktischen und textuellen Zusammenhang gestellt und daraus erklärt werden, zumal sich in den Beschreibungen der russischen Morphologie syntaktische und lexikalische Aspekte gelegentlich überschneiden.

Ein besonderes Merkmal vieler russischer Fachtexte, vor allem der Naturwissenschaften und der Technik, ist die „Sprengung" des kyrillischen Schriftbildes durch Elemente und Elementkombinationen aus dem lateinischen und griechischen Alphabet. (Griechische Buchstaben hinterlassen einen ähnlichen Eindruck in deutschen, englischen und französischen Texten.) Die lateinischen und griechischen Buchstaben stehen für Symbole, d. h., sie sind konventionell vereinbarte Zeichen für mathematische und physikalische Einheiten, chemische Elemente u. ä., z. B.

В результате одному и тому же факту f_i соответствуют два разных образа по отношению к φ: k_i и k_j.
Кремний раскисляет сталь по реакции $2FeO + Si \rightarrow 2Fe + SiO_2$.
Для любых трех множеств A, B и C
$AB + C = (A + C)(B + C)$.

Nur bedingt zu den Symbolen gehören Abkürzungen für Maßeinheiten, die von russifizierten internationalen oder russischen Benennungen gebildet sind, z. B. a — ампер, гц — герц, кв — киловольт, мг — миллиграмм, р — рентген, см — сантиметр, т — тонна, ч — час, die meistens kursiv gedruckt oder mit Kapitälchen nach den entsprechenden Ziffern stehen.

Sowohl die Symbole und Symbolkomplexe, z. B. Gleichungen, Formeln u. ä., als auch die Buchstabenabkürzungen betonen die Textgliederung; gleichzeitig unterstützen sie die Topikalisierung und Fokussierung in einzelnen Sätzen und darüber hinaus. Ähnliche Absichten verfolgt die für Fachpublikationen charakteristische bewußte Wahl verschiedener Schriftarten, z. B. fett, halbfett, kursiv, gesperrt; Kapitälchen, Versalien; Kleindruck u. a., die natürlich auch für die Kyrillika existieren.

Wenn man die russischen Fachsprachen als Subsprachen, d. h. als Teilsysteme sprachlicher Mittel, auf den einzelnen Systemebenen und -zwischenebenen (Text, Satz, Teilsatz, Wort, Wortform, Buchstabensymbol) in absteigender Richtung betrachtet, dann gelangt man zu einer wesentlichen Einsicht: Die Einheiten der unteren Ebenen lassen sich zwar leichter segmentieren und vergleichen, aber die Besonderheiten der Fachsprachen werden erst aus der Position und aus der Funktion dieser Einheiten im Fachtextganzen erkennbar.

7. Literatur (in Auswahl)

Alekseev 1975 = Pavel M. Alekseev: Statističeskaja leksikografija. Leningrad 1975.

Andreev 1967 = Nikolaj D. Andreev: Statistiko-kombinatornye metody v teoretičeskom i prikladnom jazykovedenii. Leningrad 1967.

Barchudarov 1982 = Stepan G. Barchudarov (red.): Russkij semantičeskij slovar'. Opyt avtomatičeskogo postroenija tezaurusa: ot ponjatija k slovu. Moskva 1982.

Baumann 1992 = Klaus-Dieter Baumann: Integrative Fachtextlinguistik. Tübingen 1992 (Forum für Fachsprachen-Forschung 18).

Beneš 1968 = Eduard Beneš: Die Fachsprachen. In: Deutschunterricht für Ausländer 3—4/1968, 124—136.

Birkenmaier/Mohl 1990 = Willy Birkenmaier/Irene Mohl: Bibliographie zur russischen Fachsprache. Tübingen 1990 (Forum für Fachsprachen-Forschung 12).

Birkenmaier/Mohl 1991 = Willy Birkenmaier/Irene Mohl: Russisch als Fachsprache. Tübingen 1991 (Uni-Taschenbücher 1606).

Buchbinder 1983 = Vol'f A. Buchbinder: Problemy tekstual'noj lingvistiki. Kiev 1983.

Budagov 1971 = Ruben A. Budagov: Jazyk — istorija i sovremennost'. Moskva 1971.

Daneš 1974 = František Daneš (ed.): Papers on Functional Sentence Perspective. Prague 1974.

Danilenko 1977 = Valerija P. Danilenko: Russkaja terminologija. Opyt lingvističeskogo opisanija. Moskva 1977.

Ermolenko 1971 = Georgij V. Ermolenko: Lingvističeskaja statistika. Kratkij očerk i bibliografičeskij ukazatel'. Alma-Ata 1971.

Fedorov 1971 = Andrej V. Fedorov: Očerki obščej i sopostavitel'noj stilistiki. Moskva 1971.

Gal'perin 1981 = Il'ja R. Gal'perin: Tekst kak obekt lingvističeskogo issledovanija. Moskva 1981.

Golovin 1971 = Boris N. Golovin: Jazyk i statistika. Moskva 1971.

Golovin/Perebejnos 1974 = Boris N. Golovin/Valentina S. Perebejnos (red.): Voprosy statističeskoj stilistiki. Kiev 1974.

Gončarenko/Šingareva 1984 = Vera V. Gončarenko/Elena A. Šingareva: Frejmy dlja raspoznavanija smysla teksta. Kišinev 1984.

Helbig/Schenkel 1969 = Gerhard Helbig/Wolfgang Schenkel: Wörterbuch zur Valenz und Distribution deutscher Verben. Leipzig 1969 [6. Aufl. 1982].

Hoffmann 1970 = Lothar Hoffmann: Die Bedeutung statistischer Untersuchungen für den Fremdsprachenunterricht. In: Glottodidactica III/IV. 1970, 47—81.

Hoffmann 1987a = Lothar Hoffmann: Kommunikationsmittel Fachsprache. Eine Einführung. 3. Aufl. Berlin 1987 (Sammlung Akademie-Verlag 44 Sprache).

Hoffmann 1987b = Lothar Hoffmann: Ein textlinguistischer Ansatz in der Fachsprachenforschung.

In: Standpunkte der Fachsprachenforschung. Hrsg. v. Manfred Sprissler. Tübingen 1987 (*forum* Angewandte Linguistik 11), 91−105.

Hoffmann 1989 = Lothar Hoffmann: Allgemeines im Besonderen (Zur Rezeption Gerhard Helbigs in der Fachsprachenlinguistik). In: Deutsch als Fremdsprache 6/1989, 338−345.

Hoffmann 1990 = Lothar Hoffmann: Fachtexte und Fachtextsorten. Leipzig 1990 (BSF Berichte der Sektion Fremdsprachen 5).

Hoffmann/Piotrowski 1979 = Lothar Hoffmann/Rajmond G. Piotrowski: Beiträge zur Sprachstatistik. Leipzig 1979 (Linguistische Studien).

Kalverkämper 1983 = Hartwig Kalverkämper: Textuelle Fachsprachen-Linguistik als Aufgabe. In: LiLi Zeitschrift für Literaturwissenschaft und Linguistik 51/52. 1983, 124−166.

Kamenskaja 1990 = Ol'ga L. Kamenskaja: Tekst i kommunikacija. Moskva 1990.

Kandelaki 1977 = Tat'jana L. Kandelaki: Semantika i motivirovannost' terminov. Moskva 1977.

Karaulov 1980 = Jurij N. Karaulov: Častotnyj slovar' semantičeskich množitelej russkogo jazyka. Moskva 1980.

Kotjurova 1988 = Marija P. Kotjurova: Ob ekstralingvističeskich osnovanijach smyslovoj struktury naučnogo teksta (Funkcional'no-stilističeskij aspekt). Krasnojarsk 1988.

Kotov 1988 = Renat G. Kotov (red.): Estestvennyj jazyk, iskusstvennye jazyki i informacionnye processy v sovremennom obščestve. Moskva 1988.

Kotov/Kurbakov 1983 = Renat G. Kotov/K. I. Kurbakov (red.): Lingvističeskie voprosy algoritmičeskoj obrabotki soobščenij. Moskva 1983.

Kovtunova 1976 = Irina I. Kovtunova: Sovremennyj russkij jazyk. Porjadok slov i aktual'noe členenie predloženija. Moskva 1976.

Kožina 1966 = Margarita N. Kožina: O specifike chudožestvennoj i naučnoj reči v aspekte funkcional'noj stilistiki. Perm' 1966.

Kožina 1972 = Margarita N. Kožina: O rečevoj sistemnosti naučnogo stilja sravnitel'no s nekotorymi drugimi. Perm' 1972.

Kožina 1977 = Margarita N. Kožina: Stilistika russkogo jazyka. Moskva 1977.

Kunath 1984 = Jürgen Kunath: Zur semantischen und syntaktischen Valenz des Verbs in russischsprachigen Texten der Informationsverarbeitung. Diss. Leipzig 1984.

Lariochina 1979 = Natal'ja M. Lariochina: Voprosy sintaksisa naučnogo stilja reči. Moskva 1979.

MAPRJAL 1979 = Tezisy dokladov i soobščenij. Berlin 1979. Doklady i soobščenija delegacii GDR. Berlin 1979. Russistika v GDR. Bibliografičeskij ukazatel'. Berlin 1979.

Mitrofanova 1973 = Ol'ga D. Mitrofanova: Jazyk naučno-techničeskoj literatury. Moskva 1973.

Mitrofanova 1985 = Ol'ga D. Mitrofanova: Naučnyj stil' reči: problemy obučenija. 2. izd. Moskva 1985.

Möhn/Pelka 1984 = Dieter Möhn/Roland Pelka: Fachsprachen. Eine Einführung. Tübingen 1984 (Germanistische Arbeitshefte 30).

Moskal'skaja 1981 = Ol'ga I. Moskal'skaja: Grammatika teksta. Moskva 1981. Textgrammatik. Leipzig 1984.

Novikov 1983 = Anatolij I. Novikov: Semantika teksta i ee formalizacija. Moskva 1983.

Perebijnis 1967 = Valentina S. Perebijnis: Statistični parametri stiliv. Kiiv 1967.

Piotrovskij 1968 = Rajmond G. Piotrovskij (red.): Statistika reči. Leningrad 1968.

Piotrovskij 1971 = Rajmond G. Piotrovskij (red.): Statistika reči i avtomatičeskij analiz teksta. Leningrad 1971.

Piotrovskij 1973 = Rajmond G. Piotrovskij (red.): Statistika reči i avtomatičeskij analiz teksta 1972. Leningrad 1973.

Piotrovskij/Bilan/Borkun/Bobkov 1985 = Rajmond G. Piotrovskij/V. N. Bilan/M. N. Borkun/M. N. Bobkov: Metody avtomatičeskogo analiza i sinteza teksta. Minsk 1985.

Pumpjanskij 1974 = Aleksej L. Pumpjanskij: Informacionnaja rol' porjadka slov v naučnoj i techničeskoj literature. Moskva 1974.

Raspopov 1961 = Igor' P. Raspopov: Aktual'noe členenie predloženija. Ufa 1961.

Šabes 1989 = Vladimir Ja. Šabes: Sobytie i tekst. Moskva 1989.

Sager/Dungworth/McDonald 1980 = Juan C. Sager/David Dungworth/Peter F. McDonald: English Special Languages. Principles and practice in science and technology. Wiesbaden 1980.

Schmidt 1969 = Wilhelm Schmidt: Charakter und gesellschaftliche Bedeutung der Fachsprachen. In: Sprachpflege 1/1969, 10−20.

Šemakin 1972 = Jurij I. Šemakin: Tezaurus naučno-techničeskich terminov. Moskva 1972.

Sevbo 1969 = Irina P. Sevbo: Struktura svjaznogo teksta i avtomatizacija referirovanija. Moskva 1969.

Šmelev 1977 = Dmitrij N. Šmelev: Russkij jazyk v ego funkcional'nych raznovidnostjach. Moskva 1977.

Superanskaja/Podol'skaja/Vasil'eva 1989 = Aleksandra V. Superanskaja/Natal'ja V. Podol'skaja/Natal'ja V. Vasil'eva: Obščaja terminologija. Voprosy teorii. Moskva 1989.

Troebes 1985 = Otto Troebes: Fügungswörterbuch Deutsch−Russisch. Eine Sammlung häufig gebrauchter Wendungen für Wissenschaftler und Studenten. Leipzig 1985.

Tuldava 1987 = Juhan Tuldava: Problemy i metody kvantitativno-sistemnogo issledovanija leksiki. Tallin 1987.

Turaeva 1986 = Zinaida Ja. Turaeva: Lingvistika teksta (Tekst: struktura i semantika). Moskva 1986.
Vinogradov 1981 = Viktor V. Vinogradov: Problemy russkoj stilistiki. Moskva 1981.
Vinokur/Šmelev 1968 = Grigorij O. Vinokur/Dmitrij N. Šmelev (red.): Razvitie funkcional'nych stilej sovremennogo russkogo jazyka. Moskva 1968.
Wenzel 1981 = Natalja Wenzel: Monosemie und Polysemie der russischen Verben in der Fachsprache der anorganischen und organischen Chemie. Diss. Leipzig 1981.
Werlich 1975 = Egon Werlich: Typologie der Texte. Heidelberg 1975.
Zolotova 1982 = Galina A. Zolotova: Kommunikativnye aspekty russkogo sintaksisa. Moskva 1982.

Lothar Hoffmann, Großdeuben

173. Die tschechischen Fachsprachen im 20. Jahrhundert und ihre Erforschung: eine Übersicht

1. Forschungslage
2. Klassifikation der Fachsprachen im Tschechischen
3. Allgemeine Eigenschaften der Fachsprachen
4. Wesensmerkmale von Fachtexten
5. Syntaktische Strukturen in tschechischen Fachtexten
6. Tschechischer Fachwortschatz und Terminologie
7. Darstellungsmittel in den Fachtexten
8. Tschechische Terminologielehre
9. Entwicklungstendenzen in der tschechischen Terminologie
10. Literatur (in Auswahl)

1. Forschungslage

Als theoretischer und praktischer Ausgangspunkt für die Konzeption der tschechischen Fachsprachen im 20. Jh. diente die funktionalstilistische Gliederung der Schriftsprache im Sinne der Prager Schule (Thèses 1929). Nach dieser Sprachtheorie basiert die Schriftsprache auf den Äußerungen des kulturellen und zivilisatorischen Lebens, die Methoden und Resultate des wissenschaftlichen Denkens inbegriffen. In der fachlich-belehrenden Funktion der Sprache sieht die Prager Schule den Anstoß zur Bereicherung des Wortschatzes und zur Ausprägung einer wechselseitigen und komplizierten Kommunikation; das äußert sich nicht nur im Ausdruck abstrakter Begriffe, sondern auch in syntaktischen Formen, z. B. in Satzgefügen. Es handelt sich daher um eine spezielle Verwendung von Sprachmitteln und ihre spezifische funktionalstilistische Adaptation, die als Intellektualisierung oder Automatisierung und Aktualisierung der Sprachmittel bezeichnet werden (Havránek 1963, 30 ff).

Die *Intellektualisierung* — manchmal auch Rationalisierung — der Schriftsprache findet ihren Höhepunkt in der Wissenschaftssprache bzw. fachlich-theoretischen Sprache, die durch das Streben nach Genauigkeit des objektiven (wissenschaftlichen) Denkens in der Übereinstimmung der Begriffe *Wort-Terminus* und *Satz-Urteil* gekennzeichnet ist. Als *Automatisierung* wird eine Verwendung von Sprachmitteln verstanden, bei der die Sprachform als konventionell und notwendig für die Verständlichkeit der Mitteilung angenommen wird. Die *Aktualisierung* der Sprachmittel fesselt die Aufmerksamkeit der Kommunikationspartner ohne Automatisierung.

2. Klassifikation der Fachsprachen im Tschechischen

In der Sprachtheorie der Prager Schule und ihrer Mitglieder wurden folgende Funktionen der Mitteilung unterschieden: (1) die kommunikative, (2) die fachlich-praktische, (3) die fachlich-theoretische (wissenschaftliche), (4) die ästhetische Funktion. Dieser Verteilung entsprachen die Schichten der Schriftsprache, die sogen. Funktionssprachen: (1) Konversationssprache, (2) Fachsprache (die dann noch in Sach- und Wissenschaftssprache unterteilt wurde) und (3) Literatursprache (Sprache der Dichtung, Dichtersprache).

In der fachlich-praktischen Funktion der Sprache ist das Verhältnis der lexikalischen Einheiten zum Bezeichneten (Denotat) durch eine bestimmte Konvention geprägt; diese stützt sich auf die Relation *Wort-Terminus* unter Berücksichtigung der Vollständigkeit der durch die Automatisierung der fachlichkonventionellen Sprachmittel bedingten Äußerungen. Im Gegensatz dazu kommt in der fachlich-theoretischen Funktion der Sprache das Verhältnis der lexikalischen Einheiten zum Bezeichneten (Designat) durch die Relation *Wort-Begriff* zum Ausdruck; dies bedingt die Vollständigkeit und Genauigkeit der mittels der Automatisierung und Kodifizierung definierten Sprachmittel.

Im Laufe des 20. Jh. wurde die funktionalstilistische Gliederung der tschechischen Schriftsprache grundsätzlich eingehalten. Im Einklang mit der Entwicklung der Sprachtheorie wurden natürlich neue Kriterien hinzugefügt. Das betraf besonders die thematische und die sprachliche Ebene.

Im Rahmen der funktionalstilistischen Unterteilung der Schriftsprache erfuhr die Konzeption der Fachsprache(n) bestimmte Änderungen, besonders vom Standpunkt der Kommunikationstheorie her. Der Tradition der tschechischen Sprachtheorie nach nimmt die Fachsprache die zweite Ebene in der dreifachen Gliederung der Schriftsprache ein, vgl. (1) die Funktion der einfachen Mitteilung, bei der natürlich die gesprochene Form der Kommunikation vorherrscht; (2) die Funktion der fachlichen Mitteilung, bei der zwei Untertypen unterschieden werden: (a) die Sachsprache (eingeschlossen die Sprache der Presse und Publizistik) und (b) die Wissenschaftssprache; (3) die komplexe Funktion der Wortkunst, der Dichtersprache (Havránek 1971, 19 ff).

Anknüpfend an die Tradition der Sprachtheorie der Prager Schule und an die Arbeiten anderer Linguisten hat sich die Unterscheidung der vier funktionalstilistischen Bereiche in den 70er Jahren des 20. Jh. wie folgt stabilisiert: (1) Stil der Alltagssprache, (2) Fachstil, (3) Stil der Publizistik, (4) Stil der Belletristik. Im Rahmen des Fachstils werden drei Untertypen unterschieden: (a) der fachlich-theoretische, wissenschaftliche, (b) der fachlich-praktische, (c) der populärwissenschaftliche (Jedlička/Formánková/Rejmánková 1970, 29 ff). Der Fachstil ist durch spezielle lexikalische Sprachmittel (Termini) nebst den spezifischen syntaktischen Sprachmitteln gekennzeichnet. Dank der Textlinguistik, der Soziolinguistik und der mathematischen, besonders der quantitativen Linguistik hat die Forschung im Bereich des tschechischen Fachstils (der Fachsprachen) noch weitere Kriterien und Methoden angewendet.

Ausgehend von der Theorie und Praxis der funktionalstilistischen Gliederung der Schriftsprache in der Prager Schule und auf Grund eigener Forschungen im Bereich der Germanistik formulierte E. Beneš die Konzeption der Fachsprache als funktionale Variante sprachlicher Realisation in einem Fachbereich (1981, 185). Seiner Meinung nach ist die Fachsprache ein der fachlichen Kommunikation dienendes Subsystem der Sprache, seine Verwendungsweise. Die Realisation der Fachsprachen entsprechend der Norm des Fachstils wird von E. Beneš als *Fachtext/Fachtexte* bezeichnet. Sie kann metonymisch auch *Fachsprache* oder *Fachstil* genannt werden. Mit Hilfe von Begriffen aus der Soziolinguistik, Textlinguistik, Stilistik u. a. bemühte sich E. Beneš, die Varianz der sprachlichen Äußerungen (Texte) zu bestimmen und an Hand verschiedener Kriterien zu klassifizieren.

J. V. Bečka hat in seinem letzten Buch (1992) zwei funktional bedingte Stilnormen unterschieden: (1) den künstlerischen (belletristischen) Stil und (2) den Fachstil. Dieser wird in den fachlich-theoretischen (oder wissenschaftlichen) und den fachlich-praktischen Stil (Stil der praktischen Sach- oder Gebrauchssprache in technischen u. a. Texten) gegliedert. Der Text wird als Resultat der angewandten wissenschaftlichen Kenntnisse, als sprachliche Äußerung (Kommunikation) aufgefaßt (Bečka 1992, 14 f).

Am Ende der 40er und am Anfang der 50er Jahre des 20. Jh. wurde die erste umfangreiche quantitative Analyse des tschechischen Wortschatzes durchgeführt; das Resultat dieser Untersuchung, das erste tschechische Häufigkeitswörterbuch (Jelínek/Bečka/Těšitelová 1961) — auf der Grundlage eines Korpus von 1 623 527 Wörtern — sollte die Frequenz vor allem der schriftsprachlichen Wörter zeigen. Die aus acht stilistischen Gruppen ausgewählten Texte enthalten als zwei selbständige Gruppen populärwissenschaftliche und wissenschaftliche Texte.

Auf Grund der quantitativen Analyse des Wortschatzes, der Wortarten und einiger morphologischer Kategorien der Substantive und der Verben im Korpus des FSČ ist der Versuch, eine Grenzlinie zwischen dem wissenschaftlichen und dem populärwissenschaftlichen Stil zu ziehen, unternommen worden (Těšitelová 1977). Mit Hilfe statistischer Methoden hat sich relativ deutlich bestätigt, daß ein ausgeprägter Fachstil als Ganzes existiert und daß sich in diesem — aber nicht immer deutlich — zwei Pole, der wissenschaftliche und der populärwissenschaftliche, herauskristallisieren. Die Grenze zwischen beiden ist oft vage, abhängig von der Thematik und vom Autor. In den meisten Fällen kann man entsprechend der Tradition der tschechischen Sprachwissenschaft mit dem Begriff-Terminus *Fachsprache* (Sprache des Fachstils, der Fachtexte) auskommen.

In den 70er Jahren des 20. Jh. wurde ein Projekt der zweiten umfangreichen quantitativen Analyse der tschechischen Sprache (Lexikalische und grammatische quantitative Analyse der geschriebenen und gesprochenen tschechischen Gegenwartssprache) in der Abteilung für Mathematische Linguistik des Instituts für Tschechische Sprache (ÚJČ) der ehemaligen Akademie der Wissenschaften der ČSR (ČSAV) begonnen. Aus „technischen" Gründen konnte das Projekt nur an einer Hälfte des vorgesehenen Korpus, d. h. an 540 000 Wörtern aus dem sog. sachbezogenen Stil (Sachstil), davon 300 000 Wörter aus dem Fachstil, realisiert werden. Die quantitative Analyse der Fachsprache (des Fachstils) stützte sich auf 100 Texte aus 25 Fachbereichen: (a) gesellschaftswissenschaftliche, (b) naturwissenschaftliche und technische Texte (Těšitelová u. a. 1982; 1983; 1983a). Die quantitative Analyse des sachbezogenen Stils hat gezeigt, daß der Fachstil (die Fachsprachen) seinen Kern bildet, d. h., der Fachstil unterscheidet sich vom publizistischen Stil auf der einen und vom administrativen auf der anderen Seite.

In der zweiten Hälfte des 20. Jh. weist die Konzeption des Fachstils, aber auch des wissenschaftlichen und populärwissenschaftlichen Stils im Tschechischen keine Stabilität auf; es gibt auch Unterschiede in der einschlägigen Terminologie. Am Ende des 20. Jh. überwiegt die Konzeption der tschechischen Fachsprache als ein der fachlichen Kommunikation dienendes Subsystem der Sprache; die Fachsprache oder der Fachstil werden metonymisch auch als Fachtext bezeichnet. Der Fachstil wird meistens in drei Subtypen untergliedert: (a) in den fachlich-theoretischen, wissenschaftlichen Stil, d. h. die Sprache der wissenschaftlichen Monographien, Fachzeitschriften u. ä., die zur Theorieentwicklung im jeweiligen Fachbereich bestimmt ist, (b) in den fachlich-praktischen oder Fachstil, d. h. die Fachsprache, die als Kommunikationsmittel zur Ausübung einer bestimmten Fachtätigkeit dient, (c) in den populärwissenschaftlichen Stil zur Information der Laien über die Ergebnisse der wissenschaftlichen Tätigkeit. Der fachlich-praktische Stil ist nicht allgemein akzeptiert; der jeweilige Fachstil gliedert sich in Subtypen, eventuell in selbständige Stiltypen, z. B. administrativer Stil, Handelsstil u. a.

3. Allgemeine Eigenschaften der Fachsprachen

Die Wissenschaftssprache wird − neben maximaler Genauigkeit − durch Eindeutigkeit, relative Vollständigkeit und Explizität der Äußerung charakterisiert. E. Beneš (1981, 187) führt folgende Eigenschaften der Wissenschaftssprache an: das Streben nach Knappheit (Informationsökonomie) und Standardisierung (Schablonisierung), die Tendenz zu einer unpersönlichen Darstellung. In der Fachsprache der Gesellschaftswissenschaften treten auch verschiedene individuell spezifische Merkmale auf. Im Gegenteil dazu wird in der Sprache der Naturwissenschaften eine neutrale, unpersönliche Ausdrucksweise bevorzugt, wobei der Autor in den Hintergrund tritt. Der wissenschaftliche Stil wird als sachlich-objektiv und intellektualisiert angesehen. Den angeführten Charakteristika des Fachstils wird eine konsequente Gedankenführung hinzugefügt (Bečka 1948, 23 f).

Beim fachlich-praktischen Stil werden als Eigenschaften − neben der Bestimmtheit − die Sachlichkeit, Übersichtlichkeit, relative Bündigkeit der Äußerungen und die Anwendung der wissenschaftlichen Terminologie betont. Auch eine größere Neigung zur „Mechanisierung" des Ausdrucks und zur Konsolidierung der Wortverbindungen und Redewendungen sind hier festgestellt worden; diese Kennzeichen sind nur Begleiterscheinungen und betreffen den Grundcharakter nicht.

4. Wesensmerkmale von Fachtexten

Am Ende des 20. Jh. wird der Begriff-Terminus *Fachtext* für die Fachsprache oder den Fachstil im Tschechischen oft bevorzugt. Dieser Zugang zur Fachsprachenproblematik bewährt sich besonders bei Häufigkeitsuntersuchungen am Wortschatz (Wörter und Wortverbindungen) für den Fremdsprachenunterricht (Bečka 1973; 1974), an der Grammatik (neben dem Wortschatz) zur vollständigen Beschreibung des Tschechischen in der

Sprachwissenschaft (Těšitelová u. a. 1982; 1983; 1983a).

Die Wortschatzforschung vom quantitativen Standpunkt aus ermöglicht es, die Verhältnisse in einzelnen Fachtexten festzustellen. Auf diese Problematik wurde die Aufmerksamkeit in Texten aus den Gesellschaftswissenschaften, Naturwissenschaften und der Technik gerichtet. Die Merkmale von Fachtexten wurden auch experimentell studiert, besonders hinsichtlich der verschiedenen Darstellungsarten, der lexikalischen und grammatischen Struktur (Těšitelová 1974; Vlková 1976).

Der quantitativen Erforschung der Wortarten zufolge ist die *Nominalisierungstendenz*, d. h. die dominierende Rolle der Nominalgruppen (Substantive, Adjektive und Präpositionen) für Fachtexte charakteristisch. In naturwissenschaftlichen Texten kommt eine größere Zahl von Substantiven vor als in gesellschaftswissenschaftlichen; das ist offensichtlich dadurch zu erklären, daß diese Texte eher Objekte beschreiben als Handlungen erklären. Die höhere Frequenz der tschechischen Substantive wird maßgeblich von der Nomenklatur der Fachbereiche beeinflußt (z. B. *motor, válec, napětí, elektronka, výchova*). Die Nominalität gesellschaftswissenschaftlicher Fachtexte ist nicht so hoch wie die naturwissenschaftlicher. Davon hängt der statische Charakter des Fachstils ab.

Die *Verbalgruppe* (Verben, Pronomina, Adverbien und Konjunktionen) ist in tschechischen Fachtexten schwächer vertreten als die Nominalgruppe. Die Frequenz der Verben hängt vom Thema und vom Individualstil der Autoren ab (z. B. *pracovat, otáčet, používat, znamenat, tvořit*). Eine bedeutende Zahl von parataktischen Konjunktionen in tschechischen Fachtexten dient öfter zur Wort-, seltener zur Satzverbindung (z. B. *a, i, nebo*). Die Nebensätze werden hypotaktisch verbunden. In den tschechischen Fachtexten überwiegt die hypotaktische Verbindung gegenüber der parataktischen (z. B. *Účelem tohoto přehledu je získání představy o tom, které seriózní teorie je třeba brát v úvahu*); für komplizierte Satzgefüge ist ein spezifisches Satzgebilde kennzeichnend (z. B. *K nežádoucím jevům patří zákmity napětí opačné polarity, které se objevují na konci impulzu, jak ukazuje záznam, a které mají klesající tendenci*). Dieses Phänomen kommt öfter in den gesellschaftswissenschaftlichen als in den naturwissenschaftlichen Texten vor.

5. Syntaktische Strukturen in tschechischen Fachtexten

Die quantitative Analyse hat die Aufmerksamkeit vor allem der Satzlänge zugewandt und z. B. festgestellt (Těšitelová u. a. 1983): Die durchschnittliche Satzlänge in tschechischen Fachtexten beträgt 19,97 Wörter, die sog. Klauze (d. h. „Satz" als Bestandteil des Satzgefüges) 9,3 Wörter. Es handelt sich offensichtlich um das Abbild (a) der syntaktischen Relationen zwischen ihren Wörtern, (b) der verschiedenen Stilparameter.

Was die Relation der Einfachsätze und Satzgefüge betrifft, so ist in den gesprochenen Fachtexten das Satzgefüge häufiger (63%) als in den geschriebenen (55–57%). Das bedeutet, daß die Einfachsätze in den geschriebenen Fachtexten häufiger sind (45 bis 43%) als in den gesprochenen (37%). Das hängt vom Charakter der gesprochenen Fachtexte, von ihren anspruchsvollen Gedanken, vom Stilgenre u. ä. ab. In den gesprochenen Fachtexten werden längere Satzeinheiten, Einfachsätze (z. B. *Nedostatkem posuzované práce jsou chybějící explicitní kritéria věty*) und Satzgefüge (z. B. *První podmínkou jakéhokoli testování je znát pracovní výkon, aby bylo možné sestavit kritéria úspěšnosti*) verwendet. In den gesprochenen Fachtexten ist die Zahl der Einfachsätze niedriger (36%) als in den geschriebenen (44%); das gilt auch für die Zahl der Satzgefüge aus zwei Sätzen (28% im Vergleich mit 31% in den geschriebenen Fachtexten). Die Zahlen für die Satzgefüge aus drei Sätzen sind fast ausgeglichen — für beide Formen je 15%. Die durchschnittliche Zahl von Sätzen im Satzgefüge beträgt in den geschriebenen Fachtexten 2,73–2,82, in den gesprochenen 3,36.

Die Struktur der Satzgefüge in den gesprochenen Fachtexten ist variabler, wenn die Typen der Nebensätze in ihrer Relation zu den Hauptsätzen betrachtet werden. In den tschechischen Fachsprachen sind folgende zwei Typen der häufigsten Satzgefüge ermittelt worden:

HS + NS: 62,05% in den geschriebenen, 55,19% in den gesprochenen Texten;

HS + HS: 37,95% in den geschriebenen, 44,81% in den gesprochenen Texten.

(HS = Hauptsatz, NS = Nebensatz)

In den gesprochenen tschechischen Fachtexten steht der Nebensatz nicht so oft am Anfang der Satzgefüge (8,28%) wie in den geschriebenen (10,42%).

In tschechischen Fachtexten werden einfachere Strukturen der Satzgefüge bevorzugt. Mehr als die Hälfte aller Satzgefüge enthält eine Struktur mit einem Grad der Abhängigkeit. Dagegen ist die Struktur der Satzgefüge in den gesprochenen Fachtexten komplizierter. Satzgefüge mit zwei, drei und mehr Abhängigkeitsgraden stellen 70% aller Satzgefüge. In geschriebenen Fachtexten äußert sich das Bemühen um eine übersichtliche Erörterung, um Verständlichkeit, sprachliche Richtigkeit usw.

6. Tschechischer Fachwortschatz und Terminologie

In den tschechischen Fachsprachen werden zwei Hauptbestandteile unterschieden: (a) die Gemeinsprache, besonders die Schriftsprache mit ihrer reichen Skala spezifischer Aufgaben; (b) die Terminologie, d. h. der stilistisch bedingte Bestandteil des tschechischen Schriftwortschatzes. Die Terminologie übermittelt wichtige wissenschaftliche Informationen und theoretische Gedanken. Den Grundbestandteil des Wortschatzes in den Fachsprachen bilden Termini (z. B. *hyperbola*, *ruda*, *vysoká pec*) als Benennungs- und Begriffssysteme, die in Wissenschaft und Technik eine wichtige Rolle spielen (Poštolková/Roudný/Tejnor 1983).

Als grundlegende Merkmale von Termini werden im Tschechischen z. B. Internationalität und semantische Durchsichtigkeit, Genauigkeit und Tragfähigkeit („Limitfunktion"), Begrifflichkeit, Benennungseinheit (d. h. für jeden Begriff nur eine Benennung), Eindeutigkeit, Funktionstüchtigkeit, Systemhaftigkeit u. ä. angeführt. Zur Nomenklatur werden die laut Klassifikationsprinzip und vorher vereinbarten Wortbildungsregeln gebildeten Benennungen — im Unterschied von Termini — gezählt, z. B. in der Zoologie, Botanik, Chemie u. a. (vgl. in der Botanik *květenství* als Terminus und *konvalinka vonná* als Nomenklaturzeichen).

Die Termini im Wortschatz der tschechischen Fachtexte machen etwa ein Fünftel des ganzen Wortschatzes aus. In den gesellschaftswissenschaftlichen Fachtexten liegt diese Zahl niedriger (12—22%) als in den naturwissenschaftlichen (24—29%). In der tschechischen Terminologie wirken zwei Tendenzen gegeneinander: die Tendenz zur Wortentlehnung (Verwendung von Internationalismen) und die Tendenz zur Verwendung spracheigener (nichtentlehnter) Termini (z. B. *geografie — zeměpis, klasifikovat — třídit*). Entlehnte Termini finden sich im Tschechischen öfter in gesellschaftswissenschaftlichen (durchschnittlich 45%) als in naturwissenschaftlichen (durchschnittlich 38%) Fachtexten.

Hinsichtlich der Terminusstruktur werden im Tschechischen Einwort- von Mehrwortbenennungen bzw. komplexen Benennungen (vgl. *nosník, konstruovat; rychlostní pole, jednotkový expoziční účin*) unterschieden (Vlková 1976). Die Einwortbenennungen machen in der tschechischen Terminologie mehr als 50% aller Termini aus; davon sind etwa 35% Fremdwörter. In gesellschaftswissenschaftlichen Texten ist dieser Wert um etwa 8% höher als in naturwissenschaftlichen. Die häufigsten komplexen terminologischen Benennungen im Tschechischen bestehen aus zwei Wörtern; sie bilden fast ein Drittel aller terminologischen Mehrwortbenennungen. Ihre Zahl ist in den naturwissenschaftlichen Fachtexten höher (39%) als in den gesellschaftswissenschaftlichen (34%). Es handelt sich meistens um die Verbindung eines Substantivs mit einem Adjektiv (z. B. *nosník svislý*), aber auch zweier Substantive (z. B. *varianta fonému*), selten eines Adjektivs mit einem Adverb (z. B. *emocionálně zabarvený*).

Vom Standpunkt der Wortbildung entstehen die tschechischen Termini folgendermaßen: (a) morphologisch: mittels der Derivation, Zusammensetzung, Abbreviation; (b) syntaktisch: durch Bildung komplexer terminologischer Benennungen; (c) semantisch: durch Präzisierung der Bedeutung aus der Alltagssprache stammender Wörter, durch metaphorische und metonymische Bedeutungsübertragung; (d) durch Wortentlehnung, Internationalismen (z. B. *džez, clearing, hardware*).

Am Ende der 70er und am Anfang der 80er Jahre hat sich die tschechische Terminologielehre vervollkommnet, wenn man sie mit ihrem Zustand in der Prager Schule während der ersten Hälfte des 20. Jh. vergleicht. Sie betonte die Dichotomie Fachsprache/Gemeinsprache bzw. Terminus/Nichtterminus. Die Konzentration der fachsprachlichen Forschung auf die Terminologielehre, besonders auf die Wortbildung, führte manchmal dazu, daß die Terminologie zu Unrecht mit der Fachsprache identifiziert wurde. Diese Gefahr wurde im Tschechischen durch die Anwendung quantitativer Methoden eingeschränkt und die Aufmerksamkeit auch anderen Ebenen der Fachsprachen gewidmet.

7. Darstellungsmittel in den Fachtexten

Neben den Sprachmitteln werden auch verschiedene optische Mittel, z. B. Formeln, Zeichen, Tabellen, Graphiken u. ä., zur Erhöhung der Anschaulichkeit in Fachtexten verwendet. Für die tschechischen Fachsprachen sind zu diesem Zweck verschiedene Sammlungen von Tabellen, Übersichten und Graphiken erarbeitet worden. Sie enthalten quantitative Charakteristiken, Daten über die lexikalischen und grammatischen Sprachmittel sowie Kategorien in den tschechischen Fachsprachen, d. h. die Resultate der quantitativen Analyse (Těšitelová u. a. 1982; 1983a). In den Tabellen, Übersichten u. a. sind vor allem die Frequenzen (a) der Wortarten und der morphologischen Kategorien und (b) der syntaktischen Mittel enthalten. Zur Verfügung stehen auch vergleichende Daten und Darstellungsmittel über die tschechische Gemeinsprache und die Sprache des tschechischen sachbezogenen Stils.

8. Tschechische Terminologielehre

Nach dem Ende des Zweiten Weltkrieges konzentrierte sich die Sprachforschung im Bereich der Terminologielehre in erster Linie auf die Probleme der Stabilität und Vereinheitlichung der tschechischen Terminologie. Systematische Aufmerksamkeit wurde der strukturellen Betrachtung der Termini, d. h. der Unifizierung, Vervollständigung, Strukturierung und Systematisierung gewidmet. Die Benennungssysteme einiger Fachbereiche wurden unifiziert. So wurde die Terminologienormung, d. h. die verbindliche Anwendung der kollektiv festgesetzten Terminologie, erreicht. Sie stützte sich auf Gesetzesunterlagen und Vorschriften, die zur Zeit schon gültig sind und eingehalten werden. Die Terminologielehre wurde zum Kern der Terminologieforschung und -normung. Die Bildung der Termini konzentrierte sich besonders auf mehrgliedrige Benennungen; die Multiverbierung dient im Fachstil als Mittel zur Befriedigung eines höheren abstrakten und zugleich expliziten Benennungsbedarfs (Vlková 1978).

9. Entwicklungstendenzen in der tschechischen Terminologie

Die Entwicklung der tschechischen Terminologie im 20. Jh. wird durch drei Meilensteine markiert:

Das Jahr 1918, d. h. die Entstehung der Tschechoslowakischen Republik; damals entstanden umfangreiche terminologische Komplexe, die besonders die Staatsverwaltung betrafen. Anschließend wurde die Terminologie in verschiedenen Fachbereichen entwickelt, vervollständigt und unifiziert. Die tschechische Terminologielehre verzichtete auf jeden Purismus, d. h. die Tendenz zur Benennung der Begriffe mit spracheigenen Elementen aus Prestigegründen. Nach der Entstehung der ISO im Jahre 1935 wurde die tschechische Terminologielehre auch von den anregenden Wüsterschen Auffassungen beeinflußt.

Das Jahr 1945, d. h. das Ende des Zweiten Weltkrieges und die Wiederherstellung der Tschechoslowakei; in der Epoche danach wurde der Terminologienormung, die sich auf Benennungsnormen konzentrierte, besondere Aufmerksamkeit gewidmet. Es handelte sich um die Stabilität vor allem der technischen Terminologie, und zwar in Koordination mit der internationalen Terminologie. Die Zusammenhänge zwischen Benennungs- und Begriffssystemen, exakte Definitionen und klar umrissene Bedeutungen für die Termini (Begriffe) wurden besonders betont.

Im Jahre der „Samtrevolution" 1989 und besonders nach 1993 mit der Entstehung der Tschechischen Republik wurde der dritte Meilenstein in der Entwicklung der tschechischen Terminologie und der Fachsprachen überhaupt gesetzt, wurden neue Bedingungen für die Fortsetzung der guten Traditionen und die Einleitung der notwendigen Fortschritte in diesem Bereich geschaffen.

10. Literatur (in Auswahl)

Bečka 1948 = Josef V. Bečka: Úvod do české stylistiky (Einführung in die tschechische Stilistik). Prag 1948.

Bečka 1973, 1974 = Josef V. Bečka: Lexikální složení českých odborných textů technického zaměření (Der lexikalische Bestand tschechischer Fachtexte mit technischer Orientierung). I. Prag 1973. II. Prag 1974.

Bečka 1992 = Josef V. Bečka: Česká stylistika (Tschechische Stilistik). Prag 1992.

Beneš 1981 = Eduard Beneš: Die formale Struktur der wissenschaftlichen Fachsprachen in syntaktischer Sicht. In: Wissenschaftssprache. Beiträge zur Methodologie, theoretischen Fundierung und Deskription. Hrsg. v. Theo Bungarten. München 1981, 185−212.

Havránek 1963 = Bohuslav Havránek: Úkoly spisovného jazyka a jeho kultura (Die Aufgaben der Schriftsprache und ihre Kultur). In: Studie o spisovném jazyce (Studien über die Schriftsprache). Prag 1963, 30−59.

Havránek 1971 = Bohuslav Havránek: Die Theorie der Schriftsprache. In: Stilistik und Soziolinguistik. Prager Beiträge der Prager Schule zur strukturellen Sprachbetrachtung und Spracherziehung. Hrsg. v. Eduard Beneš und Josef Vachek. Berlin 1971, 19−37.

Hoffmann 1978 = Sprache in Wissenschaft und Technik. Ein Sammelband. Hrsg. v. Lothar Hoffmann. Leipzig 1978 (Linguistische Studien).

Jedlička/Formánková/Rejmánková 1970 = Alois Jedlička/Věra Formánková/Miloslava Rejmánková: Základy české stylistiky (Grundlagen der tschechischen Stilistik). Prag 1970.

Jelínek/Bečka/Těšitelová 1961 = Jaroslav Jelínek/Josef V. Bečka/Marie Těšitelová: Frekvence slov, slovních druhů a tvarů v českém jazyce (Häufigkeit von Wörtern, Wortarten und Wortformen in der tschechischen Sprache). Prag 1961. (FSČ).

Poštolková/Roudný/Tejnor 1983 = Běla Poštolková/Miroslav Roudný/Antonín Tejnor: O české terminologii (Über die tschechische Terminologie). Prag 1983.

Sochor 1967 = Karel Sochor: Metodický průvodce po odborném názvosloví (Methodische Anleitung zur Fachterminologie). In: Názvoslovný zpravodaj zemědělský 3−4. 1967, 3−100.

Těšitelová 1974 = Marie Těšitelová: Otázky lexikální statistiky (Fragen der lexikalischen Statistik). Prag 1974.

Těšitelová 1977 = Marie Těšitelová: Über die Wissenschaftssprache aus quantitativer Sicht. In: Linguistica Generalia II. Acta Universitatis Carolinae. Philologica 5. Prague 1977, 21−36.

Těšitelová u. a. 1982 = Marie Těšitelová u. a.: Frekvenční slovník současné odborné češtiny (Häufigkeitswörterbuch der tschechischen Fachsprache der Gegenwart). Interne Publikation ÚJČ ČSAV. Prag 1982.

Těšitelová u. a. 1983, 1983a = Marie Těšitelová u. a.: Psaná a mluvená odborná čeština z kvantitativního hlediska (v rámci věcného stylu) (Die geschriebene und gesprochene tschechische Fachsprache aus quantitativer Sicht (im Rahmen des sachbezogenen Stils)). In: Linguistica IV. Prag 1983. Tabulky a přehledy (Tabellen und Übersichten). In: Linguistica VII. Prag 1983a.

Thèses 1929 = Thèses présentées au Premier Congrès des philologues slaves. In: Travaux du Cercle Linguistique de Prague 1. 1929, 7−27.

Vlková 1976 = Věra Vlková: Charakteristika slovní zásoby odborného stylu z hlediska kvantitativního (Charakteristik des Wortschatzes des Fachstils aus quantitativer Sicht). In: Slovo a slovesnost 37. 1976, 318−328.

Vlková 1978 = Věra Vlková: K problematice tzv. multiverbizačních spojení, zvláště v odborném stylu (Zur Problematik der sog. Multiverbierung, besonders im Fachstil). In: Slovo a slovesnost 39. 1978, 106−115.

Marie Těšitelová, Prag

174. Languages for special purposes in Poland in the 20th century and their investigation: A survey

1. The study of LSP in Poland
2. History of Polish LSP
3. Characteristics of Polish LSP
4. Literature (selected)

1. The study of LSP in Poland

The study of LSP in Poland so far has not gained a distinct autonomy although they have been dealt with for a long time. The term *languages for special purposes* is ambiguous and has a blurred range. It covers the languages of science and technology, economics, administration, armed forces, sport, theology, politics, etc., that is languages used in various expert areas of human activity. The longest and the richest is the tradition of dealing with terminology. As a whole LSP have become the subject of growing interest only in the 20th century. This interest is connected, on the one hand, with the notion of functional language introduced by the Prague school, on the other with the logical-semiotic orientation of Polish analytic philosophy. Accordingly, it is possible to talk of three approaches in the study of Polish LSP: (1) terminological, (2) functional-linguistic and (3) logical-semiotic.

1.1. The terminological approach

This approach is characterized by a tendency to neglect all the properties of LSP except terms. The need for prescriptive application has dominated this approach until recently, aiming at the practical introduction of terms, their establishment and definition. In Poland this approach is represented first of all by specialists from various expert fields who are interested in terminology. The attitude of E. Wüster and his school is close to them. The study of terms is carried out mainly by linguists, scholars studying the progress of human knowledge, logicians and philosophers. It is justified to speak of a certain degree of interest in terminology in Poland since the sixteenth century. It was connected with the entry of the Polish language into scholarly treatises. At that time reflections on the principles of forming terms appear. The authors of expert works and lexicographers created new vernacular names for special terms (cf. Bąk 1984).

Terminological thinking, as expressed in discussions and dissertations (cf. Śniadecki 1813), was very active at the turn of the eighteenth century. Polish terminology was born while the foundations of the terminological systems of a number of sciences were being laid. The accompanying reflection had a clearly practical character, it went hand in hand with individual, collective and institutionalized efforts aiming at term-creation and standardization. The Society for Elementary Volumes, set up in 1775, played a particular role in this context, preparing modern textbooks for the reformed school and working out the principles of creating terms. The loss of the remains of political independence in 1831 weighed heavily on the continuity of the development of special lexis as well as on the interest in it. Terminological studies do not reappear until the 1870s. Then, they focus on technical terminology under the auspices of the Polytechnic Society of Lvov and the Association of Technicians in Warsaw. Poland's recovery of independence in 1918 evidently promoted terminological interests (cf. Wojtan 1936). Terminological discussions accompanying the publication of dictionaries, textbooks and expert writings as well as norms concentrated on rule-formation for special lexis, its arrangement and the relation of vernacular terms to the foreign ones. Craftsmen's and technical terminology as well as the one used in school didactics are the object of special attention. The experience of experts in the field of terminology concerning the rules of term formation, their evaluation, arrangement and standardization, finds its expression after World War II in such generalizing works as Mazur 1961; Troskolański 1978; and above all Nowicki 1978; 1986.

The activities of Z. Stoberski deserve close attention. Their subject is the problem of internationalizing technical and scientific terminology (Stoberski 1982). He was the founder of the International Organization for the Unification of Terminological Neologisms (in 1982), of the World Bank of International Terms and the International Federation of Terminology Banks. Since 1984 he has edited the journal "Neoterm", an organ of these organizations.

Polish linguistics was little interested in terminology almost until the end of the 1960s. It was believed that terms did not constitute the object of linguistics. However, prominent linguists did offer advice to experts in terminology, among others J. Baudouin de Courtenay. This state of affairs began to change when the stock of terms started growing and their influence on general vocabulary rapidly increased (Szymczak 1979; Buttler 1979). Analyses of terminological rules, as formulated by experts in the field, started to appear (cf. Bajerowa 1973). The few earlier monographs on the terminology of particular branches were supplemented by a whole series of studies (cf. Paryl 1992) analysing synchronically and diachronically the terminology of particular LSP, among others grammatical, sporting, mining, technical, military, medical, motoring, marine, musical. Simultaneously, there appeared works tackling the questions of terminological theory (cf. Gajda 1974; 1976; 1990a; Jadacka 1976; Grucza 1991).

Terminological lexicography occupies considerable space within the terminological approach. Even the oldest dictionaries of the Polish language devote much space to terms, while Polish equivalents of foreign terms begin to appear in translation dictionaries for the first time. In the 19th century the terminological dictionary assumes its shape as a specific type of lexicographical work whose aim is to present in depth and economically expert knowledge in a given field. At the same time terminographic works are rather clearly subordinated to the task of classifying terms, the normative position dominates over the descriptive. This can clearly be seen in the case of technical terminology which, since the foundation of the Polish Normalization Committee in 1924, has been subject to normalization procedures marked by norms ("Polska Norma", Polish Norm – PN). In the course of the 20th century the number of terminological dictionaries has grown quite rapidly, especially in recent years (cf. Wojtan 1936; Grzegorczyk 1967). Monolingual or polyglot explanatory dictionaries arranged alphabetically dominate, but the thesaurus technique is also used, i.e. the presentation of the semantic relations between terms as well as the creation of computer term banks.

The problem of terms in school curricula and textbooks has also been considered. Among other tasks, the number of terms has been analysed (in primary school textbooks, i.e. for forms 1 to 8, more than 11 000 terms have been found), the progression of their introduction to successive classes, the method of defining, the coherence of the terminological system. Conclusions springing from these analyses point to a need for limiting the stock of terms in schools, for elaborating the terminological codes for each school subject, for correcting the contents and systems of the stock terms as well as for considering methods of defining terms (cf. Jaworski 1989).

1.2. The functional-linguistic approach

This approach is derived from the notion of sub-language as a system of means serving the accomplishment of a specified aim (or function of language), or attending to the needs of a specified sphere of social life. Z. Klemensiewicz (1953) was the first in Polish linguistics to attempt an orderly presentation of different varieties of the Polish language. Both his attempt and the following classifications (cf. Wilkoń 1987) approached the issues concerning LSP, their nature and place in the system of varieties as well as terminological questions.

It was under the influence of the Prague school that the notion of functional language (style) was generally accepted as basic. Within literary language the following varieties were distinguished: colloquial, artistic, scientific, administrative, journalistic, religious. They became the subject of stylistic research (cf. Kurkowska/Skorupka 1959 and Gajda 1994). Among functional languages, scientific language is considered to be the most special. Its inner differentiation has been pointed out, including the sub-languages of particular branches, but research was mainly directed at determining the attributes of scientific language in general (cf. Gajda 1982; 1990b). Varieties of special scientific languages have also been dealt with from the point of view of the theory of translation (Kielar 1977; Dzierżanowska 1988; Pieńkos 1993) and glottodidactics (Wojnicki 1991). Within dialectological and sociolinguistic research, varieties of special dialects and jargons have also been examined (e.g. husbandry, building, shepherding, etc.) as well as the so-called social variants of language with different degrees of professional specialization, e.g. criminal, student, military, sporting, hunting (cf. Grabias 1994).

1.3. The logical-semiotic approach

Several currents can be indicated within this approach. It was shaped initially by the interwar Lvov-Warsaw school of Polish analytic philosophy. The postwar logical-semiotic Warsaw school, the methodological Poznań school and the study of legal parlance are all linked with the former school. The Lvov-Warsaw school of philosophy (among others K. Twardowski, K. Ajdukiewicz, T. Kotarbiński, A. Tarski, J. Łukasiewicz, S. Leśniewski) focussed its attention on science (logic, theory of cognition, theory of definition, methodology, semantics). It treated science as the verbal expression of cognitive efforts, that is as a particular linguistic system, hence explaining the semiotic orientation of research and the adoption of linguistic analysis as a tool of research in philosophy as well as an elaboration of subtle techniques of analysis of the verbal expression of cognition. Propagating the postulate of notional clarity and linguistic precision, representatives of the school proposed a language possessing well-defined syntactic, semantic and pragmatic rules. Through their criticism of the language of science as an aid to clarity, they inculcated the culture of clear thinking and expression in Poland (cf. Pelc 1971; Ajdukiewicz 1977; Skolimowski 1967). The postwar logical-semiotic Warsaw school continued the former tradition, while opening up, at the same time, new areas of research. It developed methods of linguistic analysis and interpretation, critically applying the method of formalization (cf. especially Pelc/Koj 1991, and the journal "Studia semiotyczne" edited by J. Pelc since 1970). The school accomplished the application of these methods to the analysis of language uses in various walks of life, including science and law. The methodological Poznań school is bound to the Lvov-

Warsaw school, to the native traditions of the study of the progress of human knowledge (Walentynowicz/Malecki 1982) as well as to world-wide trends in the theory of science. It is interested both in the general methodological problems of science, and in those occurring in concrete disciplines (cf. Kmita 1967; 1991). They are closely related to the linguistic questions, although these are raised less often. The broadest application of the contribution of various currents of the logical-semiotic approach to the study of a concrete LSP can be encountered in the case of law (cf. Ziembiński 1987). Here the structure of legal parlance is analysed, especially norms and directives (Opałek 1974; Ziembiński/Zieliński 1992), the composition of legal texts and their interpretation (Zieliński 1972; Gizbert-Studnicki 1973; cf. also Wróblewski 1948; Gizbert-Studnicki 1986).

2. History of Polish LSP

The vicissitudes of Polish LSP have been influenced by the following factors: (1) the development of particular expert areas in Poland and in the European cultural sphere (cf. for the history of Polish science Suchodolski 1970–1992), (2) the specific character of Polish national culture, especially its aristocratic descent; (3) Poland's political history, which often exerted a hampering and destructive effect on the expert areas of activities with a resulting lack of continuity in their development; (4) the linguistic situation in particular expert areas, their bilingual or polyglot character, and the inner stratification of LSP. In their history it is possible to distinguish a few turning points. Three of them seem of vital importance. The first — the 1770s — separates Old Polish from the Modern Polish period of development. The second — 1870s — indicates the beginning of the formation of modern LSP. The third — the years between 1918 and 1923 — is connected with the regaining of independence by Poland and with the rise of those conditions facilitating the development of LSP.

2.1. LSP in Poland up to the 1870s

In the Middle Ages, intellectual, civil and religious life was dominated by Latin, giving way slightly to German in the organization of municipal life and in the sphere of technology. The Polish language appears only rarely in written communication, for example in the records of witnesses' evidence and in translations of Magdeburg law. On the other hand, its presence in oral communication is more distinct and, apart from the native, Slavonic and by now Polish, special lexis, there appear on a large scale borrowings from Latin (the terminology of the church, schools, law and medicine) and from German (in the spheres of handicrafts, technology, trade, the organization of country and urban life).

From the Renaissance, together with the general cultural development of Poland and the growing importance of the vernacular, special lexis in Polish was quickly enriched, for example in the fields of technology, natural science, mathematics, grammar, law and theology. The influence of German weakens while that of Italian (in banking, music, architecture and the art of cooking) as well as of French (building, military science) emerges. The Polish language enters expert literature, there appear translations from Latin of philosophical, legal, political, pedagogical and medical texts side by side with the original works concerning practical issues. Linguistic-stylistic awareness was shaped by the rhetorical canons promoted by schools and the newer patterns in the domain of *artis dictaminis*, *artis epistolandi*, *artis notariae* and historiography, but also by the linguistic needs themselves created by life.

Generally speaking, the birth and formation of Polish LSP was a long process, abounding in various disturbances, which in such spheres as science, technology, law, administration continued until the beginnig of the twentieth century (cf. Klemensiewicz 1981; Skubalanka 1984). The Age of Enlightenment was a turning point when, after a prolonged decline (fifteenth and the first half of the eighteenth centuries), a major modernization of intellectual, social, political and economic life was undertaken. The reception of modern science — first mainly to meet the needs of education — was accompanied by the formation of a basis for terminological systems in various expert spheres of science and technology. The reform of the political system introduced advantageous conditions for the development of vernacular LSP in the spheres of law and administration, politics and military science. The earlier cultural backwardness of Poland was occasioned by the intellectual climate of the Old Polish period, and the long-lasting and destructive wars of the seventeenth century. The social domination of the nobility caused their houses to become the centres of culture, which was unfavourable for intellectual, especially scholarly life. The nobility accepted the ideal of the man-squire and soldier, while the ideal of the thinker and scholar, based on the patterns evolved by scholastic learning was found unattractive.

It was for this reason, among others, that the strong development of the vernacular seen in belles-lettres did not affect expert writings. The conviction of the superiority of Latin in intellectual life persisted almost up to the end of the nineteenth century. The modern national terminologies in the West came into being as one of the results of the experimental studies carried out in opposition to university learning; at the same time experimenters could use experiences contained in the ample literature of a more practical character. In contrast, the independent study of nature in Poland developed rather poorly, while practical literature in the vernacular was inconspicuous in quantity and limited thematically because of little demand. The unfavourable political conditions connected with the loss of statehood at the end of the eighteenth century, and then the remnants of autonomy in 1831, together with the harsh anti-Polish course adopted by the invaders that partitioned Poland (Austria, Prussia and Russia), contributed to slow developmental tendencies on the part of Polish LSP. Their situation was particularly unfavourable between 1830 and 1870. The lack of Polish institutions devoted to the cultivation of scientific activities did not serve well the shaping of their linguistic component. Separate individuals tried to preserve and prolong the earlier linguistic traditions in this respect as well as to develop them creatively.

2.2. The formation of modern LSP

Between 1871 and 1918 fast and significant changes began to affect special spheres of activity in European civilization leading, among other things, to the formation of modern science (second revolution), both institutionalized and professional. These changes became fully manifest only in the twentieth century. In the history of Polish LSP, these years are extremely important. The scientific and technical environment was then practically created anew, incorporating Polish scientific, technical, legal, etc. thinking in the world-wide circulation. Galician autonomy (in the Austrian sector of partitioned Poland) and the Polonization of the higher academies in Cracow and Lvov had a vital share in the rise of this environment. Its contribution was a skilful elaboration of a number of LSP and their use as a tool of communication among a broad circle of users.

The rebirth of the Polish state in 1918 created favourable political and organizational conditions for the growth of various expert spheres and their languages. The specific earlier situation brought about a growing interest in LSP. The work launched after 1871, aiming at the formation of a more or less uniform language in particular areas, continued on a larger scale. Just as in the second half of the eighteenth century and at the end of the nineteenth century, two tendencies clashed: a puristic, nationalizing terminology and a liberal one, tolerant towards borrowings, especially those whose structure was linked to the Greek and Latin languages. The first of these tendencies did not, however, gain a clear advantage and its radical supporters were criticized. Polonization tendencies manifested themselves most strongly in the terminology of handicrafts and technology.

The ensuing transformations of Polish LSP in the twentieth century have both a quantitative and qualitative character, and are related to the general transformations of expert areas in the contemporary world. Some of them decline, others appear, while still others are subject to more or less profound alternations. Polish LSP remain under the influence of foreign LSP. After World War II, the impact of Russian was first marked, then a strong influence of English. The latter manifests itself not only through the massive presence of Anglicisms in some sublanguages (e.g. information theory, economics), especially after 1989, but also by confining the range of use of the native language in expert communication in favour of English.

3. Properties of Polish LSP

The grammar of LSP is most often treated as a projection of general grammar as determined by the cognitive-communicative special context. Specialists speak of the functional accomodation of the grammatical system and of the functional variants of a language norm. Initially, a long-lasting and prevalent opinion was that the degree of grammatical separateness of LSP in relation to the general language was not very great, and that the distance was determined by lexis (terminology). This opinion came to be verified as the scholarly interest in LSP grew. LSP themselves were changing in any case. In some of them separate features mainly resolve themselves into more or less distinct functional weight and some selectivity of grammatical categories, which is expressed in the frequency of their occurrence. In others specific means of their own appear. Generally speaking, in the twentieth century the degree of grammatical (and lexical) autonomy of LSP in relation to general language is growing, although simultaneously their cooperation is intensifying.

In LSP semi-palatal consonants (*s', z', c', t', d', r'*) first emerge later to enter general language as well. The frequency and junction of phonemes and letters appear to be specific for those languages (Rocławski 1981), together with the utilization of particular parts of speech and their inflexional categories. Most attention has been paid to the methods of referencing (naming), and of creating new denotations (cf. monographs on the terminology of individual languages). Naming processes are strongly determined by such factors as: (1) the character of special notions, (2) their systematic organization, (3) the pragmatic conditions (oral/written communication, official/unofficial, etc.), (4) conscious interference in the process of creation and use (cf. especially the processes of arrangement and normalization). The most productive way of forming terms to-day is the combination of words into terminological clusters (multi-word naming units). In official terminology such combinations account for 80 to 90% of names. Morphological derivatives and semantic neologisms distinguish young terminologies and unofficial special denotations. The contribution of borrowings is considerable, especially in the latest LSP and in the newer layer of terminology. The opposition between foreign and native in official terminology is considerably eased by the preference for international denotations and affixes of the type: *aero-, bio-, electro-, -graf, -metr, psycho-, socjo-*.

The syntactic properties of written special texts distinguish them — in quantity and quality — from other utterances (cf. especially Mikołajczak 1990). Characteristic of these texts are, among other features, the frequent occurrence of nominal phrases and a considerable extension of sentences, the presence of impersonal structures and parenthetical clauses, a rich stock of means to express logical relations. A clear differentiation can be observed between special syntaxes depending on the type of contents transmitted, genre, discipline, channel of transmission (oral/written), degree of formalism, author and the assumed recipient, etc.

The closest attention has so far been paid to the lexis of LSP, especially terminology (cf. 1.1.) and special dialects (jargons), e.g. hunting, schoolboy, student, criminal, mining, theatrical. Scholars have analysed the grammar of the term, its semantic-pragmatic properties, ways of defining the structure of terminological systems and their development, methods of arrangement and normalization. They have also undertaken the typology of special lexis, cf. among others the oppositions: proper term — nomen trade term, terminology — jargon, ordered/disordered terminology, terminologies of particular LSP, etc. (cf. Gajda 1990a). Scholars have also studied the vocabulary of special texts as a whole (Rachwałowa 1986) and in opposition to the lexis of functional styles different from scientific ones (Kamińska-Szmaj 1990). Attention has been paid to the phraseology of scientific language (Lewicki 1988). Side by side with the development of text linguistics and the consolidation of the communication paradigm of linguistics, there is a growing interest in the structure of special texts and in their function in communication. Various questions have been analysed concerning the structure of scientific texts, among others cohesion, thematic-rhematic structure, composition, linguistic methods of expressing logical inference (Marciszewski 1977; Gajda 1982, 123−166). Much space has been devoted to the genres of scientific texts, scholars have presented their typology (Gajda 1982, 166−176) and described some of them, among others the essay, review, discussion, summary, textbook, lecture. Other texts, e.g. on sport, technology, do not attract so much attention. There is no lack of works on expert texts in the field of culture (Gajda 1990b, 111−125; Wronkowska/Zieliński 1990).

4. Literature (selected)

Ajdukiewicz 1977 = Kazimierz Ajdukiewicz: The scientific world-perspective and other essays. Dordrecht 1977.

Bajerowa 1973 = Irena Bajerowa: Językoznawca wobec tzw. zasad słowotwórstwa technicznego. In: Poradnik Językowy 1973, 127−138.

174. Languages for special purposes in Poland in the 20th century

Bąk 1984 = Mieczysław Bąk: Powstanie i rozwój polskiej terminologii nauk ścisłych. Wrocław 1984.

Buttler 1979 = Danuta Buttler: O wzajemnym oddziaływaniu terminologii i słownictwa ogólnego. In: Poradnik Językowy 1979, 58—66, 127—135.

Dzierżanowska 1988 = Halina Dzierżanowska: Przekład tekstów nieliterackich na przykładzie języka angielskiego, Warszawa 1988.

Gajda 1974 = Stanisław Gajda: Z problematyki badań terminologicznych. In: Zeszyty Naukowe WSP w Opolu. Językoznawstwo V. Opole 1974, 59—94.

Gajda 1976 = Stanisław Gajda: Rozwój polskiej terminologii górniczej. Opole 1976.

Gajda 1982 = Stanisław Gajda: Podstawy badań stylistycznych nad językiem naukowym. Warszawa 1982.

Gajda 1990a = Stanisław Gajda: Wprowadzenie do teorii terminu. Opole 1990.

Gajda 1990b = Stanisław Gajda: Współczesna polszczyzna naukowa — język czy żargon? Opole 1990.

Gajda 1995 = Przewodnik po stylistyce polskiej. Ed. by Stanisław Gajda. Opole 1995.

Gizbert-Studnicki 1973 = Tomasz Gizbert-Studnicki: Wieloznaczność leksykalna w interpretacji prawniczej. Kraków 1973.

Gizbert-Studnicki 1986 = Tomasz Gizbert-Studnicki: Język prawny z perspektywy socjolingwistycznej. Warszawa 1986.

Grabias 1994 = Stanisław Grabias: Język w zachowaniach społecznych. Lublin 1994.

Grucza 1991 = Teoretyczne podstawy terminologii. Ed. by Franciszek Grucza. Wrocław 1991.

Grzegorczyk 1967 = Piotr Grzegorczyk: Index lexicorum poloniae. Bibliografia słowników polskich. Warszawa 1967.

Jadacka 1976 = Hanna Jadacka: Termin techniczny — pojęcie, budowa, poprawność. Warszawa 1976.

Jaworski 1989 = Michał Jaworski: Terminy i pojęcia w programach i podręcznikach szkoły podstawowej. Koncepcja i wyniki badań. Warszawa 1989.

Kamińska-Szmaj 1990 = Irena Kamińska-Szmaj: Różnice leksykalne między stylami funkcjonalnymi polszczyzny pisanej. Analiza statystyczna na materiale słownika frekwencyjnego. Wrocław 1990.

Kielar 1977 = Barbara Z. Kielar: Language of the law in the aspect of translation. Warszawa 1977.

Klemensiewicz 1953 = Zenon Klemensiewicz: O różnych odmianach współczesnej polszczyzny. Warszawa 1953.

Klemensiewicz 1981 = Zenon Klemensiewicz: Historia języka polskiego. Warszawa 1981.

Kmita 1967 = Jerzy Kmita: Problematyka terminów teoretycznych w odniesieniu do pojęć literaturoznawczych. Poznań 1967.

Kmita 1991 = Jerzy Kmita: Essays on the Theory of Scientific Cognition. Warszawa. Dordrecht 1991.

Kurkowska/Skorupka 1959 = Halina Kurkowska/Stanisław Skorupka: Stylistyka polska. Warszawa 1959.

Lewicki 1988 = Andrzej M. Lewicki: Frazeologia stylu naukowego. In: Z problemów frazeologii polskiej i słowiańskiej. Vol. V. Ed. by Mieczysław Basaj and Danuta Rytel. Wrocław 1988, 7—37.

Marciszewski 1977 = Witold Marciszewski: Metody analizy tekstu naukowego. Warszawa 1977.

Mazur 1961 = Marian Mazur: Terminologia techniczna. Warszawa 1961.

Mikołajczak 1990 = Stanisław Mikołajczak: Składnia tekstów naukowych. Dyscypliny humanistyczne. Poznań 1990.

Nowicki 1978 = Witold Nowicki: O ścisłość pojęć i kulturę słowa w technice. Warszawa 1978.

Nowicki 1986 = Witold Nowicki: Podstawy terminologii. Wrocław 1986.

Opałek 1974 = Kazimierz Opałek: Z teorii dyrektyw i norm. Warszawa 1974.

Paryl 1992 = Władysław Paryl: Językoznawstwo polonistyczne. Przewodnik naukowo-bibliograficzny dla studentów i nauczycieli polonistów. Wrocław 1992.

Pelc 1971 = Semiotyka polska 1894—1969. Ed. by Jerzy Pelc. Warszawa 1971.

Pelc/Koj 1991 = Semiotyka wczoraj i dziś. Wybór tekstów. Ed. by Jerzy Pelc and Leon Koj. Wrocław 1991.

Pieńkos 1993 = Jerzy Pieńkos: Przekład i tłumacz we współczesnym świecie. Aspekty lingwistyczne i pozalingwistyczne. Warszawa 1993.

Rachwałowa 1986 = Maria Rachwałowa: Słownictwo tekstów naukowych. Wrocław 1986.

Rocławski 1981 = Bronisław Rocławski: System fonostatystyczny współczesnego języka polskiego. Wrocław 1981.

Skolimowski 1967 = Henryk Skolimowski: Polish Analytical Philosophy. A Survey and Comparison with British Analytical Philosophy. London. New York 1967.

Skubalanka 1984 = Teresa Skubalanka: Historyczna stylistyka języka polskiego. Wrocław 1984.

Stoberski 1982 = Zygmunt Stoberski: Międzynarodowa terminologia naukowa. Warszawa 1982.

Suchodolski 1970—1992 = Historia nauki polskiej. Vol. I—V. Ed. by Bogdan Suchodolski. Wrocław 1970—1992.

Szymczak 1979 = Mieczysław Szymczak: Rola i miejsce terminologii w języku ogólnonarodowym. In: Poradnik Językowy 1979, 49—57.

Śniadecki 1813 = Jan Śniadecki: O języku narodowym w matematyce. Wilno 1813.

Troskolański 1978 = Adam T. Troskolański: Piśmiennictwo naukowo-techniczne. Warszawa 1978.

Walentynowicz/Malecki 1982 = Polish Contribution to the Science of Science. Ed. by Bohdan Walentynowicz and Ignacy Malecki. Warszawa. Dordrecht 1982.

Wilkoń 1987 = Aleksander Wilkoń: Typologia odmian językowych współczesnej polszczyzny. Katowice 1987.

Wojnicki 1991 = Stanisław Wojnicki: Nauczanie języków obcych do celów zawodowych. Warszawa 1991.

Wojtan 1936 = Władysław Wojtan: Historia i bibliografia słownictwa technicznego polskiego od czasów najdawniejszych do końca 1933 r. Lwów 1936.

Wronkowska/Zieliński 1990 = Sławomira Wronkowska/Maciej Zieliński: Redagowanie tekstów prawnych. Warszawa 1990.

Wróblewski 1948 = Bronisław Wróblewski: Język prawny i prawniczy. Kraków 1948.

Zieliński 1972 = Maciej Zieliński: Interpretacja jako proces dekodowania tekstu prawnego. Poznań 1972.

Ziembiński 1987 = Polish contributions to the theory and philosophy of law. Ed. by Zygmunt Ziembiński. Amsterdam 1987.

Ziembiński/Zieliński 1992 = Zygmunt Ziembiński/Maciej Zieliński: Dyrektywy i sposób ich wypowiadania. Warszawa 1992.

Stanisław Gajda, Opole

175. Swedish special languages in the 20th century and their investigation: A survey

1. Language planning and the correct use of language
2. Characteristics common to modern Swedish special languages
3. The special language of jurisprudence
4. The special language of electrotechnics
5. The special language of linguistics
6. The special language of accountancy
7. The special language of communication theory
8. The special language of data processing
9. When the special language stylistic pattern is broken
10. Popularization of scientific language
11. Literature (selected)

1. Language planning and the correct use of language

Modern Swedish scientific special language has in many central fields been moulded by the classificatory and language planning efforts of international Swedish pioneers like Carl von Linné, especially in the field of botany, and Jöns Jacob Berzelius in the field of chemistry. The importance of these researchers to the language of their fields has been studied from a historical perspective, but there are on the whole no synchronic or diachronic studies relevant to the most recent times. There are a few studies of the development of central special language terms and concepts up to the present day. This is true of such terms and concepts as *science* (Kukkonen 1989) and *terminology* and *nomenclature* (Nilsson 1974).

Some practical language planning related to Swedish special language is in progress. There is, for instance, an organization called "Tekniska Nomenklaturcentralen" (The Swedish Centre of Technical Terminology), founded by Swedish trade and industry in 1942, which produces special glossaries and offers consultative help concerning special language terms. So far nearly 100 special language glossaries have been published and a characteristic feature of them is that they are multilingual and that the definitions are as a rule given in Swedish. Similar glossaries are produced as part of standardization. Special language glossaries are of course also compiled outside such organizations. Special language texts form a considerable part of the material excerpted for the Swedish Academy Dictionary, the great national dictionary — so far uncompleted — which was begun about 100 years ago.

The special language glossaries have usually been compiled by experts assisted by terminologists. The task of such experts is partly to standardize definitions, and partly to collect and develop terms found workable in Swedish. This means that there exists a large corpus of modern Swedish special language terms that have been worked over terminologically as well as lexicographically.

Attention is being paid to special language in different ways in connection with the general concern about the Swedish language. There are organizations whose task is to preserve and develop the rules and conventions of Swedish (The Swedish Language Committee in Sweden and The Swedish Language Committee in Finland). They give advice about correct language usage and publish language guides. Their advice is, however, almost entirely based on scientific knowledge of the general language, and this knowledge is used as a source of advice on special language (e. g. Bergman/Selander 1977; Holmér 1984; Palmgren 1990).

The research behind such advice sometimes comes close to special language without, however, focusing on the language use that characterizes communication between experts in the same field. It is often a question of the language of administration (Wellander 1974; Westman 1974), of advertising (Pettersson 1974) and of the language of brochures and similar popularized material (Dahlstedt 1970; Westman 1974), that is, language used in addressing a very large audience. Handbooks on professional writing are also focused on written communication within public administration, not on internal written communication between experts (Sahlquist 1984).

Many anthologies which nominally deal with special language or special language texts have been published but they seldom present knowledge based on special language research. They hardly ever contain references to special language research outside Sweden (cf. for instance Gunnarsson 1987 and Molde 1976; see for instance Braunmüller 1991 on this). In the very few anthologies in which special language and international special language research are adequately represented there are also, as a rule, articles on language planning and correct language use (see for instance the two Scandinavian anthologies Fagspråk i Norden 1993 and Språk i Norden 1983).

There are a limited number of research projects concerned with modern Swedish special language, and this survey is based on them.

2. Characteristics common to modern Swedish special languages

The following limited number of characteristic features applies to modern Swedish special languages; they all represent an abstract level:

(a) Special languages are often intuitively restricted wholes and reflect systematically for instance various vocational fields. Even if there is no generally agreed on categories of human specialization, the different systematic divisions (for example within university and educational organization, vocational branches and library classifications) have to some extent their counterparts on the expressive plane, so that there exists a corresponding set of special languages. This structuring of Swedish special languages, based partly on intuition, partly on different kinds of classification, has nothing corresponding to it in our experience of general language (Laurén/Nordman 1987, 35).

(b) Empirical studies in Swedish special language have indicated that simple genres of special language are united by special language similarities to a greater degree than those at the most advanced levels. Often writers at advanced scientific levels have the greatest freedom of movement as regards conventions of special language (Laurén 1993; Nordman 1992; Laurén/Nordman 1986, 61). In other studies partly similar observations have been made. It has been stated that there are differences in kind between scientific special languages and differences in degree between the textual genres within them (Näslund 1991, 279).

(c) Different special languages can exhibit great differences among themselves, but they can also be quite similar, for example because it may be a question of the special languages of closely related scientific domains. If all or a great number of special languages are studied in order to discover features common to them all, it will be found that the existence of terms with all that this implies (a deliberately structured conceptual world, etc.) is their only common feature (Laurén 1993, 10).

This is nevertheless interesting from a general point of view. It must be of importance for terminological work and for the analysis of special language from other points of view — in connection with data processing, cognitive linguistics, etc. — to have access to a versatile set of conceptual systems as a working tool. The most important development of such a tool since Eugen Wüster's pioneering work is based on the empirical study of concept systems in Swedish scientific and popular scientific texts (Nuopponen 1994).

3. The special language of jurisprudence

The language of Swedish laws has traditions going back to the Middle Ages, which is one reason why it has been investigated linguistically. The language of old laws has not, however, been regarded as a special language (Wessén 1968).

Investigations concerning modern legal language, in the form of scientific texts, have shown that its stock of terms, in comparison with that of many other special languages, has to a great extent been passed on from one generation to the next. About one third of the terms in this special language have been handed down by tradition (Laurén 1993a; Laurén 1993b, 457; the discussion below on the origin of terms is based on the same sources). The proportion of such terms is relatively high, for in corresponding texts the proportion of traditional words is one fourth for electrotechnics and linguistics, one fifth for accountancy and communication theory and only one twentieth for data technology. Here and henceforth a term is taken to refer to a linguistic expression for a specific concept belonging to the field in question.

As far as Swedish legal language and other special languages referred to are concerned, it is a fact that over 50% of the borrowed terms in modern special language texts, in legal texts about 70%, have been mediated through German. The language from which such mediated terms are ultimately derived is Latin, in the case of legal language somewhat under 50%, in the case of other special languages mentioned always more. If legal special language constitutes one extreme, linguistics constitutes another with nearly 70% of its terms ultimately derived from Latin.

As regards the rest of the special language vocabulary, it can be mentioned that the most abstract verbal nouns (with the suffixes *-an* and *-else* in Swedish) are the most frequent in legal special language (Nordman 1992, 87; Laurén 1993, 149) and that legal language has few conjunctions but favours adversative and disjunctive ones (Nordman 1992, 141).

Of the special languages of the six fields mentioned, legal language is the one with the most complex sentence structure. It has the longest sentences in terms of the number of words and clauses per sentence, and this is true in the domain of law in several scientific text genres examined (Nordman 1992, 42).

There are numerous modality markers in the language of legal texts. They are, from the semantic point of view, reliable markers and therefore give the texts a directory or regulatory impress (Nordman 1992, 156).

The paragraphs of legal texts are conspicuously long compared with texts in other domains (Laurén 1985, 258) depending on the form of juridical argumentation. A legal text can be called discontinuous in comparison with for instance an electrotechnical text. Explanatory and predictive statements give rise to digression and variation. This means that different themes are mixed in a legal text, in obvious contrast to texts representing other fields mentioned (Laurén 1993, 165). The sentences tend to be long and the conjunctions take on their specific character (Nordman 1992, 186).

Semantically legal special language is characterized by frequent references to human beings as agents or objects of action, which means that it resembles other special languages pertaining to social science (Laurén 1993, 155f).

Since the 1960s there has been a single-minded endeavour to make both the language of laws and legal language generally more easily accessible (Gunnarsson 1982; Nordman 1984). There are investigations which show on the one hand that the increasing rate of making new laws has led to greater linguistic variation, which is not always an advantage, and on the other hand that concern about the correct use of language has really led to positive results (Benson 1968; 1974). The Swedish language of law texts and of jurisprudence, both in Sweden and in Finland, has been modernized and become more accessible.

4. The special language of electrotechnics

A normal common feature of modern Swedish scientific special languages is that the main part of the modern stock of terms dates from the nineteenth century, when science and technology made their breakthrough and when, in short, modern industrial society was born. It is not surprising that legal language is clearly deviant, because its terms mostly go back to the period before 1500. But with regard to the scientific special language of electrotechnics, the nineteenth century is the period that gave rise to the largest number of its terms.

The terms of electrotechnics are not, as regards their origin, as traditional as the legal terms, and of the borrowed modern terms about 80% are, in addition, terms whose most immediate source is German. In about half the cases the borrowed term can be shown to be ultimately derived from Latin (Laurén 1993a, 13; 1993b, 460).

It is only natural that there should be a great number of verbal nouns in electrotechnical special language texts but, in contrast to the terms in legal texts, they are above all concretizing verbal nouns with the suffixes *-ing* and *-ning* (Nordman 1992, 107).

Swedish scientific electrotechnical special language is characterized by short sentences and few clauses per sentence. There are a great number of main clauses and relatively few subordinate clauses (Nordman 1992, 43). The conjunctions in electrotechnical texts are mainly copulative, the most frequent one being *och* ('and'). Adversative conjunctions are rare in the predominantly descriptive texts in this field (Nordman 1992, 142).

In electrotechnical texts, referential links indicating classification and part-whole relationships have a dominating position (Nordman 1992, 220). Discussion proceeds on one level in contrast to legal texts (Nordman 1992, 186) and the text advances in relatively short paragraphs (Laurén 1986). Studies of referent relations have shown that the texts are homogeneous and restricted to a small number of concepts, description is concentrated on quantity and is comparatively often subordinate, which has been interpreted as a tendency towards greater exactitude (compared with the wide field of economics; Näslund 1991, 271). A theme-rheme analysis points to the same tendency: one thing is dealt with exhaustively before passing on to the next. The impression created by a legal text of a sequence of minor digressions within a paragraph is as a rule absent from an electrotechnical text (Laurén 1993, 164f).

Electrotechnical texts, as distinct from legal texts, rarely refer to human agents, while purpose and result are frequent, as an analysis of semantic roles indicates (Laurén 1993, 156).

5. The special language of linguistics

A third domain which exhibits definite stylistic patterns in its modern special language is linguistics (Laurén 1992, 169; Nordman 1992ff), and the comments below are chiefly concerned with the texts of grammars in their classical form.

The special language terms in Swedish grammar texts have the same origin as those of the special languages mentioned above. The number of words handed down by tradition is the same for linguistics as for electrotechnics, and Latin as the ultimate source for the loanwords has a stronger position within linguistics. The words in linguistic texts are on the average shorter than those in previously mentioned special language texts, which does not, however, imply that a grammatical text in Swedish is easy to read (Nordman 1992, 58).

As in the language of electrotechnics, the sentences in linguistic texts are short and made up of a small number of clauses. The sentence structure is paratactic and main clauses dominate. The similarities on the level of expression are a natural consequence of the common need to describe and define (Nordman 1992, 43). A difference which probably reflects differences in the reasoning process is, however, that linguistics is most similar to legal language in the choice of conjunctions (Nordman 1992, 142).

To linguistics, as represented by traditional grammatical texts, human agents and experiencers are of no interest, nor are temporal relations, but an analysis of semantic roles shows that concrete objects or objects participating in or subject to action are frequent. This means that this special language in some respects appears strictly technological rather than humanistic (Laurén 1993, 156). A theme-rheme analysis also shows striking similarities between linguistic and electrotechnical texts; they often contain a large number of facts and are typically classificatory (Laurén 1992, 165). These special languages are also similar with regard to referential links.

The following three Swedish special languages to be dealt with here can be characterized as special languages with vaguer style patterns than those that have been dealt with so far.

6. The special language of accountancy

In the domain of accountancy, only one fifth of the terms are traditional Swedish words, which means that the proportion is lower than in the three previously considered special languages. The role of German as mediator and most immediate source is equally prominent as in connection with legal language while the position of Latin as ultimate source of loan-words is slightly stronger (Laurén 1993, 111).

As regards syntactic structure, the language of accountancy is located between the two extremes of linguistic and electrotechnical special languages on the one hand and legal special language on the other (Nordman 1992, 32), which is due to the vaguer style pattern of the language of accountancy.

An analysis of semantic roles in this special language shows that for example instrument is of central interest. Purpose and result are important, which is not the case with other special languages discussed here, except with the language of electrotechnics (Laurén 1993, 156).

Within the wider field of economics, of which accountancy forms a part, there is some proof that Swedish scientific articles have increased their scientific input. The external world has in the course of time lost in importance, which has been explained as a result of the increased specialization of economics as a science. In connection with this development, genre conventions have been strengthened (Melander 1991, 232 ff).

7. The special language of communication theory

In conformity with the language of accountancy, one fifth of the terms of communication theory are traditional words. But whereas every fifth word in the scientific texts of linguistics and electrotechnics is a term, in communication theory texts only every 32nd word is a term (Laurén 1993, 99).

The sentences of communication theory texts, estimated in terms of words and clauses, are about equally long as those of legal language (Nordman 1992, 42), even if it is not a question of the same degree of complexity. There are, for instance, many more conditional sentences in jurisprudence, but communication theory displays a high degree of abstraction in its verbs (Nordman 1992, 107). An examination of semantic roles shows, however, that both have very abstract objects and expressions referring to human beings are of course central in both LSPs (Laurén 1993, 155 f).

8. The special language of data processing

Here only scientific texts concerning applications within business economics will be dealt with.

About every 10th word is a term in these Swedish special languages. Of lexical terms, the proportion of traditional words does not amount to more than one twentieth. It is surprising that English is very sparingly represented as the ultimate source. One explanation is that the texts are located on a scientific stylistic level. A further explanation is that the most needful English loans to Swedish are part of the Roman inheritance, and Swedish adopts such terms easily by analogical formation. English special language is also on this level more marked by the Roman than the Germanic tradition (Laurén 1993, 112, 119).

The special language of data processing has, for the rest, few features that give it a profile of its own to distinguish it from the other previously mentioned special languages. It is located between the extremes and, like the two previous special languages, displays a vague stylistic pattern.

9. When the special language stylistic pattern is broken

Prominent researchers break existing stylistic patterns by introducing new patterns of thought, new methods and new special language conventions. This may occur in any domain. In connection with Swedish one can refer to the continuing importance to modern special language of natural scientists like Linné and Berzelius. Studies of their language may therefore be at the same time studies in modern special language (see for instance Fries 1985). But within Swedish special language research there is no study of the importance of a modern scientific pioneer to the development of special language (on studies of individual researchers, see Laurén/ Nordman 1991, 225−227).

In some fields of Swedish scientific special language literature there are tendencies to break established stylistic patterns in some particular special language. It may be a question of recognized researchers venturing to violate stylistic traditions, and there are fields in which this can be done more easily than in others. Such fields are, for instance, sociology (cultural sociologist Johan Asplund) and philosophy (Georg Henrik von Wright), where one can point to prominent Swedish researchers who write unconventionally.

10. Popularization of scientific language

There has been a protracted discussion in the Swedish-speaking area of how popularization affects interest in science. For instance in connection with the distribution of the Nobel prizes there have usually been opportunities during the festivities for the recipients of prizes to popularize their research results, discussions broadcast on television and in talks with school pupils in the upper forms. Many journals popularize research and have a readership consisting of researchers, university graduates and young people.

Various projects have shown that for instance a Swedish legal text cannot be made generally accessible without a loss of essential information (Gunnarsson 1982) and, since an understanding of scholarly method cannot be effected through popularization, the importance of popularizing texts has been called in question (Öhman 1993).

11. Literature (selected)

Benson 1968 = Sven Benson: En studie i brottsbalkens språk. In: Arkiv för nordisk filologi 83. 1968, 184–202.

Benson 1974 = Sven Benson: En studie i grundlagspropositionens språk. In: Arkiv för nordisk filologi 89. 1974, 214–232.

Bergman/Selander 1977 = Gösta Bergman/Einar Selander: Om teknikens språk. Stockholm 1977 (Tekniska nomenklaturens publikationer nr 64).

Braunmüller 1991 = Kurt Braunmüller: Review of Björn Melander, Innehållsmönster i svenska facktexter. In: Fachsprache 3–4/91, 164–165.

Dahlstedt 1970 = Karl-Hampus Dahlstedt: Massmedierna och språket. Stockholm 1970 (Skrifter utgivna av Nämnden för svensk språkvård 41).

Fagspråk i Norden 1993 = Fagspråk i Norden. Oslo 1993 (Nordisk språk-sekretariats rapport 19).

Fries 1985 = Sigurd Fries: Motsättningen mellan allmänspråk och fackspråk, speglad i det svenska växtnamnsskicket. In: Fachsprachen und Übersetzungstheorie V. Vaasa 1985, 25–30.

Gunnarsson 1982 = Britt-Louise Gunnarsson: Lagtexters begriplighet. Lund 1982.

Gunnarsson 1987 = Britt-Louise Gunnarsson (ed.): Fachtext. Uppsala 1987 (Ord och stil. Språkvårdssamfundets skrifter 18).

Holmér 1984 = Åsa Holmér: Byggspråk. Stockholm 1984 (Tekniska nomenklaturcentralens publikationer nr 80).

Kukkonen 1989 = Pirjo Kukkonen: Från konst till vetenskap. Helsingfors 1989 (Meddelanden från institutionen för nordiska språk och nordisk litteratur vid Helsingfors universitet A 5).

Laurén 1985 = Christer Laurén: Continuous and discontinuous processes in L. S. P. texts. Terminological and text-linguistic aspects. In: Pratiques d'aujourd'hui et besoins de demain. Éd. par Michel P. Perrin. Bordeaux 1985, 255–260.

Laurén 1993a = Christer Laurén: Fackspråk. Form, innehåll, funktion. Lund 1993.

Laurén 1993b = Christer Laurén: Klassische Sprachen und Termini. Eine Studie zu vier schwedischen Technolekten. In: Ausgewählte Texte zur Terminologie. Hrsg. v. Christer Laurén und Heribert Picht. Wien 1993, 457–469.

Laurén/Nordman 1986 = Christer Laurén und Marianne Nordman: Two dimensions of technolects – and their didactic implications. In: Beads or bracelet. How do we approach LSP. Ed. by A.-M. Cornu, J. Vanparijs, M. Delahaye and L. Baten. Leuven 1986.

Laurén/Nordman 1987 = Christer Laurén/Marianne Nordman: Från kunskapens frukt till Babels torn. En bok om fackspråk. Lund 1987.

Laurén/Nordman 1991 = Christer Laurén/Marianne Nordman: Corpus selection in LSP research. In: Subject-oriented texts. Ed. by Hartmut Schröder. Berlin. New York 1991, 218–230.

Melander 1991 = Innehållsmönster i svenska facktexter. Uppsala 1991 (Skrifter utgivna av Institutionen för nordiska språk vid Uppsala universitet 28).

Molde 1976 = Bertil Molde: Fackspråk. Stockholm 1976 (Skrifter utgivna av Svenska språknämnden 57).

Nilsson 1974 = Stig Nilsson: Terminologi och nomenklatur I. Lund 1974 (Lundastudier i nordisk språkvetenskap A 26).

Nordman 1992 = Marianne Nordman: Svenskt fackspråk. Lund 1992.

Nordman 1984 = Marianne Nordman: Om juridisk svenska. In: Svensk Juristtidning 1984, 935–968.

Nuopponen 1994 = Anita Nuopponen: Begreppssystem för terminologisk analys. Vasa 1994 (Acta Wasaensis No 38).

Näslund 1991 = Harry Näslund: Referens och koherens i svenska facktexter: Uppsala 1991 (Skrifter utgivna av Institutionen för nordiska språk vid Uppsala universitet 29).

Öhman 1993 = Sven Öhman: Svindlande perspektiv. En kritik av populärvetenskapen. Uppsala 1993.

Palmgren 1990 = Sten Palmgren (ed.): Svenskt lagspråk i Finland. Helsingfors 1990.

Pettersson 1974 = Gertrud Pettersson: Reklamsvenska. Lund 1974 (Lundastudier i nordisk språkvetenskap A 27).

Sahlquist 1984 = Åsa Sahlquist: Språkballongen. En bok om offentlig svenska för byråkrater och andra. Stockholm 1984.

Språk i Norden 1993 = Språk i Norden 1993 (Nordisk språksekretariats skrifter 2).

Wellander 1974 = Erik Wellander: Kommittésvenska. Stockholm 1974 (Skrifter utgivna av Nämnden för svensk språkvård 50).

Wessén 1968 = Elias Wessén: Svenskt lagspråk. Lund 1968 (Skrifter utgivna av modersmålslärarnas förening 101).

Westman 1974 = Margarete Westman: Bruksprosa. Lund 1974 (Skrifter utgivna av Svensklärarföreningen 156).

Christer Laurén, Vaasa/Vasa

176. Die dänischen Fachsprachen im 20. Jahrhundert und ihre Erforschung: eine Übersicht

1. Die Erforschung der dänischen Fachsprachen
2. Fachtextsorten im Dänischen
3. Technisch-wissenschaftliche Fachsprachen: Wortbildung, Lexik und Syntax
4. Juristische Fachsprachen: Wortbildung, Lexik und Syntax
5. Terminologienormung in Dänemark
6. Zusammenfassung
7. Literatur (in Auswahl)

1. Die Erforschung der dänischen Fachsprachen

In Dänemark ist Fachsprachenforschung in den letzten Jahrzehnten vorwiegend an den Sprachfakultäten der *Wirtschaftsuniversitäten* betrieben worden. Diese Tatsache hat u. a. zur Folge gehabt, daß an der Wirtschaftsuniversität Kopenhagen in der Buchreihe *ARK* seit 1979 etwa 75 Bände, vorwiegend zur Fachsprache, erschienen sind und daß in der Zeitschrift *Hermes*, die seit 1988 von der Wirtschaftsuniversität Århus herausgegeben wird, viele fachsprachliche Beiträge aufgenommen wurden. An diesen Einrichtungen werden vorwiegend Diplomfachübersetzer und -dolmetscher ausgebildet, die innerhalb der Wirtschaft tätig sind. Die dänische Fachsprachenforschung ist deshalb vorwiegend auf diese Ausbildungszwecke ausgerichtet gewesen (Kromann 1989, 127). Es ist ihre Hauptaufgabe gewesen, den Unterricht an den Wirtschaftsuniversitäten zu unterstützen und dadurch die Absolventen der dortigen Ausbildungsrichtungen zur Ausübung ihrer Tätigkeit zu befähigen. Eine Konsequenz aus diesen Rahmenbedingungen ist es, daß sich die überwiegende Mehrheit der fachsprachlichen Forschungsarbeiten mit der Sprache innerhalb der Gebiete *Wirtschaftswissenschaft*, *Technik* und *Rechtswissenschaft* befaßt. Diese Fachsprachen sind diejenigen, die wegen ihrer wirtschaftlichen Bedeutung in der Übersetzerausbildung besonders behandelt werden.

Die dänische Fachsprachenforschung hat dadurch einen starken Praxisbezug erhalten. Die Bedürfnisse der praktischen Übersetzertätigkeit haben wesentlichen Einfluß auf ihr Selbstverständnis ausgeübt. Z. B. wird die Frage nach der Legitimierung einer Fachsprachenforschung von einer dänischen Autorin mit dem Hinweis auf die Wirtschaft als Abnehmerin von Absolventen der Übersetzerausbildung beantwortet (Svendsen 1987). Diese Praxisausrichtung bewirkt eine Bevorzugung der *Beschreibung von Fachsprache* vor der normativen Bewertung dieses Gegenstandes. Die überwiegende Mehrzahl der Arbeiten zur dänischen Fachsprache hat keinen sprachpflegerischen Zweck, sondern sie dokumentieren den Sprachgebrauch innerhalb eines Fachgebietes. Es wird somit in Dänemark eher der Fachtätigkeitsaspekt als der Gruppenaspekt der Fachsprache studiert (zu dieser Unterscheidung siehe Larsen 1987). Die Ausrichtung der Fachsprachenforschung auf die praktischen Bedürfnisse der Übersetzung hat weiter dazu beigetragen, daß die *Terminologielehre* ihre Position als die primäre Wissenschaftsdisziplin innerhalb der Fachsprachenforschung in Dänemark lange behaupten konnte. Der fachsprachliche Übersetzungsunterricht hat zwangsläufig kontrastive Aspekte und dabei auch das enzyklopädische Fachwissen, das den Fachtexten unterschiedlicher Sprachen zugrundeliegt, vor Augen. Denn das korrekte Übersetzen eines Fachtextes setzt das entsprechende Fachwissen voraus. Und hier bietet sich die Terminologielehre mit ihrer Behandlung der Relation zwischen Begriffen und Benennungen als adäquate Disziplin an. Andere Arten von Sprachforschung wurden auch an den Wirtschaftsuniversitäten betrieben, aber die Tendenz ging in Richtung einer starken Trennung zwischen systemlinguistisch ausgerichteter Linguistik und terminologisch ausgerichteter Fachsprachenforschung (Kromann 1988, 191; 1989, 131).

U. a. um dieser Tendenz zu begegnen und um die dänische Fachsprachenforschung generell zu stärken, wurden seit 1987 drei nationale *Sonderforschungsbereiche* durch die dänische Forschungsgemeinschaft eingerichtet. Es handelt sich zunächst um den Sonderforschungsbereich „Fachsprachen und Fachkommunikation", eingerichtet in den Jahren 1987—1992. Weiterhin wurde in derselben Zeit eine Forschungsprofessur an der Wirtschaftsuniversität Århus zur Fachlexikographie eingerichtet. Schließlich ist ein Großprojekt zur Fachsprachenübersetzung in den Jahren 1990—1994 durchgeführt worden. Hiermit wurden die Versuche intensiviert, stärker auch andere Aspekte der Fachsprachenforschung als die Terminologie zu berücksichtigen, ohne daß die Praxisrelevanz der Forschungsergebnisse verloren geht. Linguistische Methodik wird verwendet, um in noch höherem Maße die sprachlichen Besonderheiten von Fachsprachen herauszuarbeiten (Kromann 1988, 193). Dies erfordert eine Zusammenführung von Wissen aus mehreren Gebieten. Das linguistische Spezialwissen muß mit spezifischem Sachwissen aus dem jeweiligen Fachgebiet kombiniert werden. Damit ist der Gegenstand einer solchen Fachsprachenforschung höchst heterogen. Eine eklektische Methodik ist die einzige Art, den Gegenstand in den Griff zu bekommen (Mourier 1987, 5).

Das bisher Gesagte soll als Einführung in den Stand der dänischen Fachsprachenforschung genügen. Für eine Vertiefung werden interessierte Leser auf Bergenholtz/Engberg (1995a; 1995b) verwiesen. Wir gehen jetzt zu einer konkreteren Beschreibung der dänischen Fachsprachen über. Im Rahmen des obengenannten Sonderforschungsbereiches „Fachsprachen und Fachkommunikation" sind zwei maschinenlesbare Fachsprachenkorpora entstanden, zur juristischen und zur gentechnologischen Fachsprache (beide Korpora können bei Lektor Ole Lauridsen, Wirtschaftsuniversität Aarhus, zu Forschungszwecken kostenlos angefordert werden). Diese beiden Korpora machen die größte öffentlich zugängliche Materialsammlung zu den dänischen Fachsprachen aus. Sie haben deshalb als Ausgangspunkt für die vorliegende Darstellung gedient. Folglich konzentriere ich mich im folgenden auf die wissenschaftlich-technische und auf die juristische Fachsprache.

2. Fachtextsorten im Dänischen

Fachsprachen manifestieren sich in Form von Fachtextsorten (siehe dazu Kalverkämper 1983, 143). Eine Fachtextsorte fassen wir als eine Klasse von Texten auf, die als Realisierungen eines gemeinsamen Handlungsmusters beschreibbar sind (Engberg 1997, 42). Diese Realisierungen sind auf unterschiedlichen Ebenen (Makrostruktur, Syntax, Lexik) konventionalisiert. Die Fachsprachen einer Nationalsprache wie Dänisch lassen sich anhand von Beschreibungen solcher Fachtextsorten darstellen. Diese Auffassung ist darin begründet, daß die Fachtextsorten die Integrationszentren der Regelmäßigkeiten im Sprachgebrauch sind, die eine Fachsprache konstituieren.

Innerhalb des Bereichs der *wissenschaftlich-technischen Fachsprache* gibt es im Dänischen zwei *Hauptgruppen von Textsorten*: deskriptive (Beschreibungen und Lehrbuchtexte) und direktive (Gebrauchsanweisungen) Textsorten (Munck 1994, 140f). Im wissenschaftlich-technischen Bereich ist das Sender-Empfängerverhältnis nicht hierarchisch, sondern eher ausgeglichen. Der Sender muß sich auf den Empfänger und seine Bedürfnisse einstellen, wenn er seine kommunikativen Ziele erreichen möchte. Damit hat die jeweilige konkrete Kommunikationssituation mit ihren Besonderheiten einen starken Einfluß auf die Textgestaltung, was tendenziell zu einem niedrigen Konventionalisierungsgrad in bezug auf die Makrostruktur führt. Dieser niedrige Konventionalisierungsgrad macht sich dadurch bemerkbar, daß weder die Makrostruktur noch die sprachliche Markierung ihrer Teile konventionell fest sind. Dagegen gibt es, wie wir auch unten sehen werden, Konventionen für die Auswahl von spezifischen sprachlichen Mitteln bei der Erfüllung der gestellten fachlichen Kommunikationsaufgabe, besonders bei der Terminologie.

Anders als bei den Textsorten auf dem technisch-wissenschaftlichen Gebiet sieht es bei den juristischen Textsorten aus, was den Konventionalisierungsgrad bei der Makrostruktur angeht. Die Makrostrukturen von juristischen Textsorten sind wesentlich stärker konventionalisiert, besonders bei den Textsorten, deren Texte Rechtsregeln festlegen (Bestimmungsebene, gem. Kjær 1990, 47—53) oder mit deren Texten staatliche juristische Handlungen auf der Grundlage von Rechtsregeln ausgeführt werden (staatliche Handlungsebene, gem. Kjær 1990, 37—47). Ein wesentlicher Einflußfaktor liegt hier in dem hierarchischen Sender-Empfängerverhältnis: Sender ist ein Beamter (Ministerialbeamter, Richter), der einen staatlichen Hoheitsakt ausführt. Der Empfänger ist diesem Akt untergeordnet, ohne Rücksicht auf die konkrete Situation. Eine Berücksichtigung der konkreten Situation bei der Textgestaltung ist damit nicht so naheliegend wie bei den technisch-wissenschaftlichen Textsorten. Weiter ist es hier von Bedeutung, daß alle Sender dieselbe Ausbildung (Juristen) und damit auch eine sehr ähnliche Grundlage für die Gestaltung der Texte haben.

Sehen wir uns die typische Makrostruktur eines dänischen Gerichtsurteils und ihre Markierung an. Da es sich bei den Markierungen um formelartige Wendungen handelt, habe ich auf eine Übersetzung der dänischen Formeln verzichtet:

Rubrum [Urteilseingang]
Dom, afsagt den 3. januar 1990 af x landsrets y. afdeling i 1. instanssag z.
Sagsfremstilling [Tatbestand]
Sagsøgers påstand [Antrag des Klägers]
Under denne sag, der er anlagt den xx. november 19—, har sagsøgeren påstået ...
Sagsøgtes påstand [Antrag des Beklagten]
De sagsøgte har nedlagt påstand om ...
Narratio [Narratio]
Sagens omstændigheder er følgende:
Proceshistorie [Prozeßgeschichte]
Under sagen er der foretaget ...
Forklaringer [Erklärungen]
x har forklaret, at ...
Sagsøgers anbringende [Vortrag des Klägers]
Sagsøgeren har gjort gældende, at ...
Sagsøgeren har anført, at ...
Sagsøgtes anbringende [Vortrag des Beklagten]
Sagsøgte har gjort gældende, at ...
Sagsøgte har anført, at ...
Præmisser [Entscheidungsgründe]
Begrundelser for domsresultatet [Begründung für das Ergebnis]
Det lægges til grund, at ...
Det findes ...
Domsresultat [Ergebnis des Urteils]
x findes ...
Domskonklusion [Tenor]
Thi kendes for ret:

3. Technisch-wissenschaftliche Fachsprachen: Wortbildung, Lexik und Syntax

Gehen wir jetzt vom textuellen Aufbau zum Material über, mit dem Texte innerhalb der dänischen technisch-wissenschaftlichen Fachsprache gebildet werden. Ausgangspunkt für die Ausführungen in diesem Abschnitt sind vorwiegend die Arbeiten von Munck (1994), Riiber/Andersen/Jensen (1994) und Thomsen (1993).

Was erstens die Satzkomplexität angeht, so zeigt sich bei technischen Textsorten auf hohem Fachlichkeitsniveau eine Tendenz zur einfachen parataktischen Satzbildung (Riiber/Andersen/Jensen 1994, 24 f). Diese Tendenz ist auch bei Textsorten auf niedrigerem Fachlichkeitsniveau sichtbar, obwohl hier bei den Untersuchungen des gentechnologischen Korpus eine relativ größere Anzahl von Unterordnungen sichtbar wurde.

Zu den charakteristischen morpho-syntaktischen Merkmalen dieser Fachsprache gehören die Verwendung des *Passivs* und von *Nominalisierungen*. Beim Passiv handelt es sich bekanntlich um ein sprachliches Mittel, mit dem eine Fokussierung des Handlungsgegenstandes statt des Handelnden möglich ist. Das Passiv führt in den technisch-wissenschaftlichen Textsorten deshalb teils zur Deagentivierung des Ausdrucks (besonders deskriptive Textsorten), teils zur Abschwächung der direktiven Stärke bei entsprechenden Textsorten (direktive Textsorten). Im Dänischen gibt es zwei Passivformen: das *s*-Passiv, gebildet durch die Hinzufügung des Suffixes *-es* an den Präsens- bzw. den Präteritumsstamm des Verbs, und das *blive*-Passiv, gebildet durch eine finite Form des Hilfsverbs *blive* und ein Perfekt Partizip des Vollverbs. Von den beiden möglichen Passivformen wird sowohl in deskriptiven als in direktiven Textsorten das temporal neutrale und generische *s*-Passiv deutlich vorgezogen: *Der* **fremstilles** *en varm plastslange, som* **afskæres** *i passende stykker og* **anbringes** *i en 2-delt form* [Es **wird** eine warme Plastschlange **hergestellt**, die in passenden Stücken **abgeschnitten** und in einer zweigeteilten Form **plaziert wird**]. Das *blive*-Passiv kommt dann vor, wenn Tempora wie Futur oder Präteritum auszudrücken sind, die nur schwer durch das *s*-Passiv ausgedrückt werden können: *Derimod vil korrosionsformen galvanisk korrosion* **blive** *behandlet mere indgående* [Dagegen **wird** die Korrosionsform galvanische Korrosion eingehender behandelt **werden**]. Darüber hinaus wird das *blive*-passiv wegen seiner generellen Bindung an die Umgangssprache auch oft in populärwissenschaftlichen Textsorten häufiger als in Textsorten mit höherem Fachsprachlichkeitsgrad verwendet.

Als Konkurrenzformen zum *s*-Passiv bei direktiven Textsorten kommen Imperative (**Luk** *for vandet, inden blandingsbatte-riet adskilles* [Wasser **abstellen**, ehe die Mischbatterie auseinandergebaut wird]) und Modalverben (*Føleren* **skal** *monteres på den vandrette del* [der Fühler ist auf dem waagerechten Teil zu montieren]) vor, wenn auch wesentlich seltener als die erstgenannte Form.

Das zweite charakteristische Merkmal des Sprachgebrauchs in technisch-wissenschaftlichen Textsorten ist der hohe Anteil an *Nominalisierungen*. Wie die Verwendung des Passivs ist dieses Merkmal häufig ein Anzeichen für eine Tendenz zur Deagentivierung des Ausdrucks, da viele der Nomina Verbalsubstantive sind, die eine Handlung oder einen Prozeß bezeichnen, ohne gleichzeitig den Handelnden oder den Verursacher zu bezeichnen. Syntaktisch kommen diese Verbalsubstantive oft als Teil von Präpositionalgruppen (**Efter skylning** *kan papir med blank overflade højglanstørres i varmepresse* [**Nach der Spülung** kann Papier mit glanzvoller Oberfläche in einer Wärmepresse hochglanzgetrocknet werden]) oder als Teil von Funktionsverbgefügen mit den Verben *ske, foregå* [geschehen, erfolgen] oder ähnliches vor (**Folieblæsning foregår** *hyppigst med polyethylen* [**Das Folienblasverfahren erfolgt** am häufigsten mit Polyethylen]). Über die Verwendung in Funktionsverbgefügen hinaus kommen Nomina häufig in Verbindung mit bedeutungsarmen Verben wie *være, have, findes, virke* [sein, haben, geben, wirken] usw. vor, ohne daß es sich dabei um feste Bildungen handelt (**Påfyldning** *af brændstof* **er** *nødvendig hver tredje time* [**Nachfüllen** von Treibstoff **ist** alle drei Stunden notwendig]).

Der deagentivierte Nominalstil wird schließlich durch ein drittes Merkmal gefördert, und zwar durch die häufige Verwendung attributiver Partizipialkonstruktionen. Die Konstruktionen können vorangestellt (*Stigrørene udlægges med* **påmonteret** *sugespids* [Die Steigrohre werden mit **montierter** Saugspitze verlegt) oder nachgestellt sein (*5 stk. 10 mm fladjernslameller,* **sammenboltede foroven til det faste lag** [5 Stck. 10 mm Flacheisenlamellen, oben **mit der festen Schicht verbolzt**]). Für den Sprachgebrauch innerhalb des technischen Bereichs ist es typisch, daß vorangestellte Partizipialkonstruktionen selten erweitert sind, während nachgestellte Konstruktionen, die dann oft in der Form von Appositionen vorkommen, wie im Beispiel häufig erweitert sind.

Durch die genannten drei Konstruktionsmerkmale wird ein kompakter und sprachökonomischer Stil erreicht, der für die eigentliche Fachkommunikation (d. h. die Kommunikation von Fachmann zu Fachmann) sehr geeignet ist. Bei der Kommunikation mit Laien werden dagegen die genannten Merkmale in gewissem Maße durch Merkmale wie aktivische Sätze, Angabe des Agens, Verbalstil und Entfaltung von Partizipialkonstruktionen zu Relativsätzen ersetzt. Dadurch wird ein höherer Grad an Explizität erreicht, der die Verstehensvoraussetzungen bezüglich Fachwissen überschaubarer macht.

Technische Fachwörter werden im Dänischen durch Komposition (*bakteriofagresistensmekanismer*) und durch Ableitung gebildet. Getrennt geschriebene Mehrworttermini, wie sie im Englischen gewöhnlich sind, kommen dagegen selten vor, es sei denn, es handelt sich um direkte Übernahmen fremder Termini. Bei der Ableitung gibt es Konstruktionen mit besonders hoher Häufigkeit innerhalb des wissenschaftlich-technischen Bereichs. Die Untersuchungen des gentechnologischen Korpus (Riiber/Andersen/Jensen 1994, 44) deuten hier an, daß eine Unterscheidung nach dem Fachlichkeitsgrad im Bereich der technisch-wissenschaftlichen Textsorten von Bedeutung ist. Mit großer relativer Häufigkeit treten bei Substantiven in Texten mit hohem Fachlichkeitsgrad „fremde" Präfixe wie *trans-* und *inter-* und „fremde" Suffixe wie *-ion, -in* und *-isme* auf. Diese kommen dagegen bei abnehmendem Fachlichkeitsgrad weniger häufig vor. Bei allen Fachlichkeitsgraden kommen auch solche traditionellen Prä- und Suffixe wie *under-, van-, ikke-, -ing* und *-else* vor. Von den genannten Präfigierungs- und Suffigierungsmöglichkeiten sind die letztgenannten traditionellen Verfahren die häufigsten, gemessen in absoluten Zahlen.

Bei den Adjektiven sind sehr häufig verwendete Mittel zur Bildung von Ableitungen die „fremden" Suffixe *-el* und *-al,* (*transkriptionelle fusioner, hormonal*) während von den traditionellen Suffixen *-lig* und *-isk* (*det lytiske replikon, regulatorisk*) häufig Verwendung finden. Die Übernahme fremder Termini bei den dänischen technischen Fachsprachen ist sehr verbreitet, besonders bei hochtechnologischen Bereichen wie Informatik und Gentechnologie. Es handelt sich dabei entweder um eine angleichende Übernahme von lateinisch inspirierten englischen Termini: *initieringskontrol* (von: *initiation control*), *replikationskontrol* (von: *replication control*), *promotere* (pl., von: *promoters*) oder um die direkte Übernahme englischer Termini ohne Angleichung an die morphologischen und orthographischen Regeln des Dänischen (.., *herunder struktur af origins til leading- og lagging strand DNA syntese* [.., hierunter Struktur von origins für leading- und lagging strand DNA Synthese]). Die letztgenannte Möglichkeit ist fast ausschließlich in Textsorten mit hohem Fachlichkeitsgrad anzutreffen, und sie wird auch innerhalb der Wissenschaft in Verbindung mit sprachlichen Normierungsansätzen nicht empfohlen (vgl. 5.). Die erste Möglichkeit wird dagegen im ganzen Spektrum verwendet. Es ist auf allen Ebenen ungewöhnlich, lateinische oder griechische Termini ohne Angleichung an die dänische Morphologie und Orthographie zu übernehmen. Wir sehen bei der wissenschaftlich-technischen Fachsprache damit eine recht starke Tendenz zur Übernahme fremder Termini, aber unter Angleichung an das dänische Sprachsystem.

4. Juristische Fachsprachen: Wortbildung, Lexik und Syntax

Der andere Hauptfachsprachentyp, den wir hier behandeln möchten, ist die juristische Fachsprache. Als Beispiel dient der Sprachgebrauch in Gesetzen und in Urteilen als prototypische Exemplare juristischer Textsorten. Wichtigste Grundlage für die folgenden Ausführungen sind die Arbeiten von Eyben (1989), Karker (1982), Rasmussen (1978) und Engberg (1997).

Was die *Syntax* angeht, herrscht in der juristischen Sprache immer noch der Periodenstil vor. Nach diesem Stilideal sind alle Voraussetzungen und Umstände, die in Verbindung mit einer Regel von Bedeutung sind, in eine und dieselbe Periode zu fassen. Besonders dann, wenn die zu behandelnde Materie komplex ist (wie im Steuerrecht), führt das Ideal tendenziell zu sehr langen und recht komplexen Perioden (viele Unterordnungen). Über Erweiterungen durch Nebensätze hinaus ist für die juristische Fachsprache auch die Kondensierung des Ausdrucks durch Verwendung von erweiterten Partizipialkonstruktionen ein häufig verwendetes sprachliches Mittel (*han skal efterkomme* **de ham** *givne ordrer* [Er soll **den ihm erteilten** Befehlen nachkommen]). Die Konstruktionen kommen häufiger in der Urteils- als in der Gesetzessprache vor, in beiden Textsorten sind sie aber üblich. Im Gegensatz zur technisch-wissenschaftlichen Sprache sind hier auch vorangestellte erweiterte Partizipialkonstruktionen durchaus üblich.

Was die *Wortwahl und -bildung* angeht, dominieren in der Rechtssprache auch bei den Termini traditionelle dänische Wörter und Wortbildungsverfahren. Dies zeigt sich u. a. im Gebrauch von Wörtern, die in der modernen dänischen Sprache nicht mehr verwendet werden. Beispiele sind hier Verben (*der* **erlæg-ges** *en afgift* statt *der* **betales** *en afgift* [beide: eine Abgabe ist zu **bezahlen**]), Adjektive (*enhver er* **pligtig** *til ...* statt *enhver er* **forpligtet** *til ...* [beide: jeder ist **verpflichtet** ...]) und besondere Konnektoren (**idet** *bemærkes ...,* **hvorved** *bemærkes ...,* **herefter og idet** *...* [**indem** angemerkt wird ..., **wobei** angemerkt wird ..., hiernach **und indem** ...]). Bei den Konnektoren handelt es sich vorwiegend um solche, mit denen argumentative Kohärenz zwischen Haupt- und Nebensätzen angezeigt wird. Ihre häufige Verwendung ist damit eine Konsequenz aus dem obengenannten Periodenstil. Die vorkommenden Fremdwörter entstammen meistens dem Lateinischen oder Griechischen. Es handelt sich dabei um Fachtermini, für die es keine dänischen Entsprechungen gibt. Besonders häufig bei den traditionellen Wortbildungsverfahren ist innerhalb der Rechtssprache die Bildung von Verbalsubstantiven durch die Suffixe *-else* und *-ing*. Diese werden in vielen Fällen mit inhaltsarmen Verben wie *foretage* oder *ske* zu Funktionsverbgefügen verbunden (*foretage vedligehold***else** [Wartung vornehmen], *indsend***else** *af materiale skal ske* [Einsendung von Material hat zu erfolgen]), oder sie bilden Syntagmen mit Substantiven im Genitiv (genitivus objectivus, Beispiel: *efter kreaturernes aflæs***ning** [Nach Abladen des Viehs]). Beide Konstruktionen sind Ausdruck des auch in der Rechtssprache vorherrschenden Nominalstils.

Auch bei dieser Fachsprache sehen wir einen häufigen Gebrauch des *Passivs*. Das Passiv wird auch hier zur Deagentivierung des Ausdrucks verwendet. Dies bewirkt u. a., daß bei Gerichtsurteilen Handlungen des Gerichts vorwiegend durch passivische Verben ausgedrückt werden, während z. B. Handlungen der Parteien durch aktivische Verben wiedergegeben werden. Das entscheidende Gericht „verschwindet" damit aus dem Urteilstext.

5. Terminologienormung in Dänemark

In Dänemark geht die organisierte terminologische Forschungsarbeit auf den Anfang der 40er Jahre zurück, als die dänische Akademie der technischen Wissenschaften eine Terminologiezentrale gründete (Kristensen 1985, 4; Spang-Hanssen 1979, 12 ff). Diese erste Phase dauerte bis 1960, wonach in den 60er Jahren zwar Terminologiearbeit betrieben wurde, aber ohne nationale Koordinierung. Mit der Aufnahme der Terminologieforschung als Unterrichtsfach und Forschungsschwerpunkt an der Wirtschaftsuniversität in Kopenhagen und mit der Errichtung der Terminologieabteilung am selben Ort im Jahre 1974 wurden die Möglichkeiten einer breiter angelegten Forschungsarbeit geschaffen (Picht 1985). Ein Ergebnis dieser Kooperation war der Aufbau einer nationalen *terminologischen Datenbank*, DANTERM (Engel/Nistrup Madsen 1985; Engel 1979). Diese soll erstens den Zweck erfüllen, die Terminologiearbeit an der Wirtschaftsuniversität und an anderen Einrichtungen in Dänemark zentral zu erfassen, und zweitens soll DANTERM als Serviceeinrichtung für Betriebe mit Sprachproblemen fungieren. Um die angegebenen Zwecke zu erfüllen, ist eine begriffsorientierte Datenbank aufgebaut worden, in der Termini aus mehreren Sprachen so weit wie möglich unter denselben Definitionen eingeordnet werden, entweder multilingual (bei kulturneutralen Fächern) oder sprachenpaarbezogen (bei kulturgebundenen Fächern) (Nistrup Madsen 1985, 459).

Die zentrale Einrichtung für normative Terminologiearbeit in Dänemark ist *Dansk Standardiseringsråd* (Der dänische Rat für Standardisierung). Der Rat konzentriert sich auf den technischen Bereich, obwohl auch hier nicht alle Fachgebiete abgedeckt werden. Es gibt auf einer Reihe von Gebieten Arbeitsgruppen, die terminologisch orientierte Standards aufbauen. Hervorragendes Beispiel ist hier das Gebiet der Elektrotechnik. Es handelt sich vorwiegend um Gebiete, für die es schon internationale Standards gibt, die auf das Dänische übertragen werden können.

Ein weiteres Beispiel für Normierungsversuche im technisch-wissenschaftlichen Bereich ist das *Wörterbuch* von Kaufmann/Bergenholtz (1992). Bei der Erstellung dieses Wörterbuches ist man sich der aktuellen Unsicherheiten des dänischen Sprachgebrauchs auf dem recht neuen Gebiet der Gentechnologie bewußt gewesen. Unter Berücksichtigung der normalen Regeln der dänischen Sprache sind deshalb eine Reihe von Entscheidungen darüber getroffen worden, welche der in einschlägigen Korpora vorkommenden Schreibformen einer Benennung im Wörterbuch aufzunehmen sind (z. B. nicht die Getrenntschreibung von zusammengesetzten Termini (vgl. 3), sondern nur die Zusammenschreibung, evtl. mit Bindestrichen (*leading-and-lagging-strand*). Dieser Normierungsversuch geht nicht von einer fachlichen Organisation, sondern von Wörterbuchautoren aus, von denen jedoch einer ein einschlägiger Fachmann ist.

Für den Rechtsbereich gibt es keine zentral geleitete Normierungsarbeit. Jedoch liegt eine ministerielle Richtlinie aus dem Jahre 1969 vor, die Ratschläge für die verständlichere Formulierung von Gesetzen und anderen Vorschriften gibt und die wesentlichen Einfluß auf die Entwicklung der entsprechenden Fachsprache ausgeübt hat (Karker 1982). Darüber hinaus bietet die staatliche Sprachstelle *Dansk Sprognævn* Kurse für neueingestellte Verwaltungsangehörige an. Auch ohne eine zentrale Einrichtung gibt es also Ansätze, um die juristische Fachsprache jedenfalls im Verwaltungszusammenhang so effektiv und verständlich wie möglich zu gestalten.

6. Zusammenfassung

Wie aus dem oben Gesagten hervorgegangen sein wird, ist die Literatur, die sich mit den dänischen Fachsprachen beschäftigt, vorwiegend als Teil von übersetzungsbezogenen Arbeiten entstanden. Ausnahmen gibt es besonders im Bereich der juristischen Sprache (vgl. Eyben 1989; Karker 1982). Auf diesem übersetzungsbezogenen Gebiet gibt es auch weitere Disziplinen, die in dieser Darstellung nicht berücksichtigt werden konnten, wie z. B. die *Fachlexikographie*, die sowohl auf theoretischem als auf praktischem Gebiet wertvolle Erkenntnisse über die Fachsprachen und ihre Vermittlung hervorgebracht hat, und die fachbezogene Übersetzungstheorie. Beide Forschungszweige sind durch die oben genannten Sonderforschungsbereiche zur Fachsprache unterstützt worden. Sie spielen eine wesentliche Rolle in der Arbeit an den Wirtschaftsuniversitäten und damit innerhalb der dänischen Fachsprachenforschung.

Abschließend möchte ich noch Henning Bergenholtz, Aarhus, danken für seine freundliche Unterstützung und seine nützlichen Kommentare und Änderungsvorschläge in Verbindung mit dem Entstehen dieses Artikels. Für Fehler und Mängel bei der Arbeit bin ich natürlich selber verantwortlich.

7. Literatur (in Auswahl)

Bergenholtz/Engberg 1995 a = Henning Bergenholtz/Jan Engberg: Schwerpunkte der neueren Fachsprachenforschung in Dänemark. In: Fachsprache 17. 1995, 55−62.

Bergenholtz/Engberg 1995 b = Henning Bergenholtz/Jan Engberg: Tendenser inden for den nyere fagsprogsforskning i Danmark. In: Hermes 15. 1995, 179−206.

Engberg 1997 = Jan Engberg: Konventionen von Fachtextsorten. Tübingen 1997 (Forum für Fachsprachen-Forschung 36).

Engel 1979 b = Gert Engel: Organisation, Arbeitsformen und Resultate dänischer Terminologiearbeit seit 1974. In: Cebal 5. København 1979, 18−27.

Engel/Nistrup Madsen 1985 = Gert Engel/Bodil Nistrup Madsen: DANTERM. In: TermNet News 12. 1985, 8−10.

Eyben 1989 = W. E. von Eyben: Juridisk stil og sprogbrug. In: W. E. von Eyben (red.): Juridisk Grundbog, Bd. 3. København 1989, 11−62.

Fagsproglig forskningsprofil 1987 = Indlæg fra Forskningsseminaret: „Fagsproglig forskningsprofil". Kolle-Kolle 22. maj 1987. København 1987 (ARK. Sproginstitutternes Arbejdspapirer. Handelshøjskolen i København 39).

Kalverkämper 1983 = Hartwig Kalverkämper: Textuelle Fachsprachen-Linguistik als Aufgabe. In: LiLi 51/52. 1983, 124−166.

Karker 1982 = Allan Karker: Ti år efter − eller − Lovsprogets forandring. In: Festskrift til Professor, dr. jur. W. E. von Eyben. København 1982, 191−207.

Kaufmann/Bergenholtz 1992 = Uwe Kaufmann/ Henning Bergenholtz: Genteknologisk ordbog. Dansk-engelsk/engelsk-dansk molekylærbiologi og DNA-teknologi. København 1992.

Kjær 1990 = Anne Lise Kjær: Normbetingede ordforbindelser i tysk sprog. København 1990 (ARK. Sproginstitutternes Arbejdspapirer. Handelshøjskolen i København 56).

Kristensen 1985 = Bente Kristensen: National Organisation/Co-operation. In: TermNet News. Special Issue on the Nordic Countries 12. 1985, 4.

Kromann 1988 = Hans-Peder Kromann: Hvad er erhverssproglig forskning? In: Hermes 1. 1988, 189−196.

Kromann 1989 = Hans-Peder Kromann: Opgaver og problemstillinger for dansk fagsprogsforskning. In: Hermes 2. 1989, 127−132.

Larsen 1987 = Peter Harms Larsen: Ned med fagsproget! − om fagsprog som kommunikationsmodstand. In: Fagsproglig forskningsprofil 1987, 1−30.

Mourier 1987 = Lise Mourier: Den erhvervssproglige forsknings vilkår og problemer. In: Fagsproglig Forskningsprofil 1987, 1−8.

Munck 1994 = Lena Munck: Introduktion til dansk teknisk sprogbrug. In: Viggo Hjørnager Pedersen/Niels Krogh-Hansen (red.): Oversættelseshåndbogen. København 1994.

Nistrup Madsen 1985 = Bodil Nistrup Madsen: DANTERM − dansk termbank. In: Nordisk terminologikursus 1985, 455−463.

Picht 1985 = Heribert Picht: Terminology Research and Terminology Training. In: Term Net News. Special Issue on the Nordic Countries 12. 1985, 5−6.

Rasmussen 1978 = Jens Rasmussen: Nogle syntaktiske karakteristika for lovtekster. In: Kommunikativ kompetens och fackspråk 1978, 373−384.

Riiber/Andersen/Jensen 1994 = Theis Riiber/Søren Kaas Andersen/Niels-Ole Jensen: Rapport over undersøgelser i det danske gentekniske korpus. København 1994 (ARK. Sproginstitutternes Arbejdspapirer. Handelshøjskolen i København 72).

Spang-Hanssen 1979 = Henning Spang-Hanssen: Traits and trends of terminological work in Denmark. In: Cebal. Special Issue on Terminology. København 1979, 9−17.

Svendsen 1987 = Lisbet Pals Svendsen: Erhvervssproglig forskning set i relation til erhvervslivet − hvem bestemmer egentlig, hvad der skal forskes i? In: Fagsproglig forskningsprofil 1987, 1−11.

Thomsen 1993 = K. T. Thomsen: Brudstykker af moderne dansk orddannelse. København 1993 (ARK. Sproginstitutternes Arbejdspapirer. Handelshøjskolen i København 68).

Jan Engberg, Aarhus

177. Die niederländischen Fachsprachen im 20. Jahrhundert und ihre Erforschung: eine Übersicht

1. Skizze der Entwicklung und der wichtigsten Merkmale der niederländischen Fachsprachen im 20. Jahrhundert
2. Die traditionellen Fachsprachen
3. Die modernen Fachsprachen
4. Literatur (in Auswahl)

1. Skizze der Entwicklung und der wichtigsten Merkmale der niederländischen Fachsprachen im 20. Jahrhundert

Die Niederlande und Flandern entwickelten sich im 20. Jh. von einer landwirtschaftlich-handwerklichen zu einer technisch-industriellen Gesellschaft. Diese gesellschaftliche Veränderung hat einen großen Einfluß auf die Entwicklung der niederländischen Fachsprachen gehabt. Vor dem Zweiten Weltkrieg nahm die Agrarwirtschaft (und damit die Sprache der Landwirtschaft) in der niederländischen und flämischen Gesellschaft einen zentralen Platz ein: mehr als die Hälfte der arbeitenden Bevölkerung war direkt oder indirekt mit Viehzucht, Acker- oder Gartenbau beschäftigt. Die meisten Berufe waren also an die Bauernwirtschaft gebunden oder hatten sich daraus als Spezialisierung verselbständigt (z. B. Müller, Hausschlachter, Korbmacher). Für die betreffenden Fachsprachen bedeutete dies, daß sie eng miteinander verwandt und zugleich in der örtlichen Gemeinschaft ziemlich allgemein bekannt waren (vgl. Berns 1990). Zugleich waren diese alten Handwerks- und Berufssprachen und die landwirtschaftliche Terminologie − zusammen meistens bezeichnet als traditionelle Fachsprachen − fest in den verschiedenen Dialekten verankert. Die meisten traditionellen Fachterminologien funktionierten vollständig innerhalb des phonologischen, morphologischen und syntaktischen Systems der Dialekte. Durch diese enge Verbindung mit den Dialekten und durch die relative Isolierung der damaligen Wohn- und Arbeitsgemeinschaften war die Terminologie der traditionellen Fachsprachen regional oft sehr unterschiedlich.

Die Jahre nach dem Zweiten Weltkrieg bedeuteten einen Wendepunkt für zahlreiche gesellschaftliche Gebiete. Die technisch-industrielle Entwicklung und der Fortschritt und die Spezialisierung in den Wissenschaften brachten eine große Anzahl neuer Fachsprachen hervor (z. B. für Computer- und Raumfahrttechnologie) und machten die bestehenden komplizierter (z. B. für die Chemie, Biologie, Medizin). Anderseits führten die gesellschaftlichen Veränderungen dazu, daß die alten Handwerke und Berufe viele Fachleute verloren, oft selbst ganz verschwanden oder teilweise andere Formen und Inhalte bekamen (wie z. B. in der Bauernwirtschaft). Auf diese Weise verloren die traditionellen Fachsprachen nach 1950 viel an Boden. Die neuen und erneuerten Terminologien aber − zusammen bezeichnet als moderne Fachsprachen − erfuhren seit den 60er Jahren ein explosives Wachstum und wurden auch immer spezialisierter und abstrakter. Dieser Fachsprachenboom (die quantitative Zunahme − auch durch den Wildwuchs der Heteronyme − die größere Komplexität und Abstraktion) und die Tatsache, daß heute ein viel intensiverer (internationaler) Kontakt zwischen den Fachleuten besteht, führte dazu, daß die angewandten linguistischen Disziplinen Terminologie und Terminographie in den letzten Jahren immer mehr an Bedeutung gewannen und daß fachsprachliche Normung eine absolute Notwendigkeit geworden ist (siehe 3.2.).

Die modernen Fachterminologien funktionieren − im Gegensatz zu den traditionellen − nicht mehr innerhalb der verschiedenen Dialektsysteme, sondern im System der Standardsprache. In den heutigen niederländischen Fachsprachen gelten also dieselben grammatischen Regeln wie in der Gemeinsprache, dem *Algemeen Nederlands* (AN), nur die Frequenz bestimmter Erscheinungen unterscheidet sich. So kommen in der technisch-wissenschaftlichen Sprache z. B. häufiger mehrgliedrige Zusammensetzungen und präzisierende Schaltsätze vor als in der Gemeinsprache, erklärbar aus dem Streben nach Vollständigkeit, Exaktheit und Eindeutigkeit; frequenter sind auch Passivkonstruktionen und Bevorzugung von Substantiven anstelle von Verben (Substantivstil), dem Streben nach Objektivität und Neutralität entsprechend.

Verallgemeinernde Aussagen zum „Fachstil" bedürfen in mehrfacher Hinsicht der Differenzierung und Präzisierung. Fachtexte unterscheiden sich nicht nur nach Fachgebieten, sondern auch innerhalb der Fachgebiete nach dem Grad der Spezialisierung und Schwierigkeit. Ein rein theoretischer wissenschaftlicher Text unterliegt anderen Sprachkonventionen als ein Text einer angewandten oder technischen Disziplin. Die Zielgruppe (Fachmann oder interessierter Laie), für die der Text bestimmt ist, spielt ebenfalls eine Rolle bei der Textgestaltung.

Was Fachsprache und Gemeinsprache am stärksten unterscheidet, ist jedoch der Wortschatz, die für das Fachgebiet spezifische und typische Terminologie. In ihrem Zustandekommen unterliegt die Fachterminologie zumeist auch den Benennungsprinzipien, die in der Gemeinsprache anzutreffen sind wie Metaphorik, Metonymie u. dgl. (vgl. Janssens 1980), oder es werden Wörter aus der Gemeinsprache mit Bedeutungsverengung oder -erweiterung übernommen (vgl. Temmerman/ Simonis/Luyten 1990). Einige Fachsprachen (u. a. Medizin, Biologie) machen viel Gebrauch von der Entlehnung von Wörtern oder Elementen aus den klassischen Sprachen. Immer mehr werden auch in den Niederlanden und Flandern im Bereich des Managements, der Computer, Medien, Werbung, Popmusik, der exakten Wissenschaften usw. englische Fachtermini für neue Begriffe übernommen. Die Anpassung bestimmter Kategorien englischer Lehnwörter an das niederländische Sprachsystem schafft manchmal Probleme. Der zunehmende Gebrauch des Englischen als Verständigungssprache hat in den letzten Jahren zu Kontroversen im niederländischen Sprachgebiet geführt (vgl. 3.4.).

2. Die traditionellen Fachsprachen

2.1. Lexikographie

Ein wichtiger Impuls für die Fachsprachenlexikographie ging am Ende des 19. Jh. von der Königlichen Flämischen Akademie aus, die 1889 die Initiative zur Schaffung eines *Algemeen Nederlandsch Vak- en Kunstwoordenboek* (*ANVK*) ergriff (vgl. Commissie 1890; Goossens 1970). Aus Wortlisten pro Fach, Beruf, Handwerk, Wissenschaft, die in einer ersten Arbeitsphase zusammengestellt und publiziert werden sollten, sollte in einer zweiten Phase das Gesamtwörterbuch entstehen. Mit dem Wörterbuchprojekt war eine von der Flämischen Bewegung inspirierte didaktische und sprachpolitische Zielstellung verbunden, einheimisches Wortgut zu bewahren und die Grundlage zu schaffen für die Bildung eines niederländischsprachigen technischen Wortschatzes, so daß die Flamen sich nicht mehr der französischen Terminologie bedienen mußten. Zu einer Zusammenstellung des *ANVK* ist es nicht gekommen, wohl aber erschienen ab 1894 bis 1961 12 Fachwortschätze (vgl. Coopman 1894; Vuylsteke 1895; Van Houcke/Sleypen 1897; Van Keirsbilck 1898; 1899; Van Houcke 1901; Bly 1901; Quicke 1926; Lindemans/De Jaegher/Lindemans 1928; Bly 1931; Goossenaerts 1956— 1958; Maerevoet 1961). Im Laufe der Entwicklung trat die sprachpolitische Zielstellung in den Hintergrund, dafür rückte der Dialektwortschatz stärker ins Blickfeld.

Sehr wichtig für die Lexikographie der traditionellen Fachsprachen sind weiter drei moderne sprachgeographisch angelegte Wörterbuchprojekte, mit denen das niederländische Sprachgebiet zwischen den Flüssen Maas und Waal und der niederländisch-französischen Sprachgrenze erfaßt wird: *Woordenboek van de Brabantse Dialecten* (*WBD*), *Woordenboek van de Limburgse Dialecten* (*WLD*) und *Woordenboek van de Vlaamse Dialekten* (*WVD*). Ihr Ziel ist die Sammlung und Beschreibung des regionalen Wortschatzes ab 1880. Jedes Wörterbuch besteht aus drei Teilen: I. Agrarische Fachterminologie, II. Nichtagrarische Fachterminologie, III. Allgemeiner Wortschatz. Zu I. und II. haben alle drei Wörterbuchunternehmungen bereits zahlreiche Lieferungen publiziert. Methodik und Zielstellung für das *WBD* (begonnen 1958) und das *WLD* (begonnen Anfang der 60er Jahre) wurden von A. Weijnen, Universität Nijmegen, entwickelt (vgl. Weijnen/Van Bakel 1967). Das sprachgeographisch mittels Wortkarten exakt lokalisierte Material wird per Lieferung semantisch nach Sach- und Begriffsgruppen geordnet und schließt auch enzyklopädische Informationen ein. Jede Lieferung kann als Beschreibung eines Berufes, Faches oder Handwerks gelten. Das *WVD*-Projekt, 1971 von W. Pée, Universität Gent, begründet, korrespondiert in Anlage und Zielstellung mit den beiden anderen Wörterbüchern. Zu jeder Lieferung erscheint hier parallel noch ein selbständiger linguistischer Teil (*Wetenschappelijk Apparaat*). Die Zusammenstellung der Lieferungen ist seit Mitte der 80er Jahre größtenteils automatisiert (vgl. Van Keymeulen & Valk in Janssens 1989). Mit diesen drei Wörterbüchern werden vor allem die zumeist mündlich überlieferten Fachsprachen registriert, die durch die kulturellen und sozialen Veränderungen in schnellem Tempo außer Gebrauch kommen. Diese Fachwortschätze finden Berücksichtigung bei der Zusammenstellung des großen historischen *Woordenboek der Nederlandsche Taal.*

Durch ihre präzise Archivierung und Beschreibung haben die drei Wörterbücher auch einen großen Dokumentationswert und sind wichtig für weitere wissenschaftliche (z. B. historische, volkskundliche, linguistische) Forschung.

2.2. Forschung

Als Pionier der Erforschung traditioneller Fachsprachen wirkte der Nijmegener Hochschullehrer J. van Ginneken. In seinem zweiteiligen *Handboek der Nederlandsche taal* (1913—1914) widmete er der soziologischen Struktur des Niederländischen sehr viel Aufmerksamkeit. Im Teil I behandelt er lokale und familiäre Sprachgruppen (z. B. Mundarten, Kinder-, Frauensprache), im Teil II soziale Sprachkreise, worunter er Sprachgruppen versteht, die durch Angehörige eines Standes oder Amtes, einer Religion oder Sekte, eines Berufes oder Faches gebildet werden. Er kommt zu einer ziemlich eigenwilligen Unterteilung bei den sozialen Sprachkreisen in (a) Fachsprachen und (b) Tätigkeitssprachen. Fachsprachen werden unterteilt in niedere (von Berufen ohne höhere Ausbildung wie z. B. Klempner, Spitzenklöpplerin, Hafenarbeiter) und höhere (z. B. Rechtssprache). Tätigkeitssprachen werden unterteilt in einerseits Liebhaberei- und Entspannungssprachen (z. B. Jägersprache) und andererseits Tendenzsprachen. Tendenzsprachen, die Beziehung zu einer Lebensauffassung, Weltanschauung oder Idealen haben, werden ihrerseits unterteilt in Strömungssprachen, die Beziehung zu Tendenzen haben, die nur zeitweise und beiläufig von Einfluß sind (als Beispiel die Sprache des Zionismus), und Bettungssprachen, die Beziehung zu Tendenzen haben, die konstant oder über einen langen Zeitraum und in sehr wichtigen Punkten das Leben regeln oder verändern wollen (als Beispiel das Judentum).

Nach Van Ginnekens Versuch, in eine umfassende Studie nahezu alle damals bestehenden niederländischen Fachsprachen einzubeziehen, beschränkten sich die Forscher in der Folgezeit auf Fachsprachengruppen, einzelne Fachsprachen oder deren Teilgebiete und Aspekte. Moormann (1932) untersuchte in seiner Nijmegener Dissertation verschiedene Geheimsprachen (vgl. Vromans 1988), Endt (1969; 1972) verzeichnet den veränderten Status dieser Sprachen rund vier Jahrzehnte später. Die nur noch bei einer Gruppe älterer Sprecher erhaltene Geheimsprache der Ijmuidener Fischentlader, Schleppbootfahrer und schwarzen Lotsen, die sich einer Art umgekehrten Sprechens bedienten (z. B. *lekker zootje vis* wird *keller toozie siv*), wird jetzt vom P.-J. Meertens-Instituut voor Dialectologie, Volkskunde en Naamkunde in Amsterdam untersucht. Nijmegener Dissertationen (Brouwers 1957; Van Bakel 1958; Van Doorn 1971; Schaars 1977; Crompvoets 1981) richteten die Aufmerksamkeit neben der Beschreibung verschiedener handwerklicher Tätigkeiten auf den soziologischen Hintergrund, die Etymologie und Stratigraphie sowie besonders auf die geographische Benennungsdifferenzierung. Auch drei Genter Dissertationen (Eylenbosch 1962; Janssens 1980; Devos 1991) sind hauptsächlich geographisch orientiert. Arbeiten von z. B. Daan (1950) und Elemans (1958) dagegen orientieren sich auf Beschreibungen des Volkslebens und verarbeiten in dieser Verbindung die Terminologie der lokalen Bauernwirtschaft und anderer traditioneller Berufe und Handwerke. Zusammenfassend kann festgestellt werden, daß die Erforschung der traditionellen Fachsprachen im niederländischen Sprachgebiet sich vor allem mit der Untersuchung des Ursprungs, der Entwicklung, der Beeinflussung, dem soziologischen Kontext, der Namengebung und der geographischen Differenzierung alter Terminologien beschäftigt hat. Die Existenz der geographischen Differenzierung erklärt, warum die Untersuchung der traditionellen niederländischen Fachsprachen vor allem das Arbeitsgebiet von Dialektologen war (und ist).

3. Die modernen Fachsprachen

3.1. Wörterbücher und Terminologiebanken

Nach dem Zweiten Weltkrieg und vor allem seit den 60er Jahren (siehe 1.) ist eine sehr starke Zunahme niederländischer Fachwörterbücher zu verzeichnen. Bibliographisch sind sie bis 1990 annähernd vollständig in Claes/Bakema *A Bibliography of Dutch Dictionaries* (1995) erfaßt. Gedruckte und elektronische Wörterbücher und Terminologielisten neueren Datums enthält auch die *Bibliografie van lijsten met Nederlandstalige vakterminologie* (1988) von L. van der Poll; dazu bringt *SaNT* 1993 weitere Ergänzungen. Eine elektronische bibliographische Datenbank für niederländische Fachwörterbücher und Terminologielisten, in die die beiden Nachschlagewerke von 1988 und 1993 aufgenommen worden sind, hat der *Samenwerkingsverband Nederlandstalige Terminologie* (*SaNT*, vgl. 3.2.) in Zusammenarbeit mit der Universität Leuven eingerichtet.

Die Informatisierung einer großen Anzahl von Fachsprachebeständen kam im niederländischen Sprachgebiet in der zweiten Hälfte der 70er Jahre in Gang. Die auf der Hand liegenden Vorteile der elektronischen Wörterbücher — die enorme Aufnahmekapazität, die Möglichkeit zu Veränderungen, Ergänzungen, Tilgungen, die Verbindbarkeit mit automatischen oder interaktiven Übersetzungssystemen — haben dazu geführt, daß sie teilweise schon die gedruckten ein- oder mehrsprachigen Fachwörterbücher ersetzen. Die Initiative zur Zusammenstellung von Terminologiebanken ist oft von Übersetzerzentren ausgegangen. Die fortgeschrittenste Bank ist zweifellos *Eurodicautom* (*European Automated Dictionary*), die von der Europäischen Kommission entwickelt wurde. Sie enthält für das Niederländische mehr als 280 000 Termini. In Flandern haben viele Übersetzerhochschulen eigene Terminologiebanken eingerichtet. Ein Beispiel ist *GenTerm* des Zentrums für Terminologie der *Provinciale Hogeschool voor Vertalers en Tolken* in Gent. Auch öffentliche Einrichtungen und Betriebe stellen Terminologiebanken zusammen. Bekannt sind *Belgoterm*, die Datenbank des *Belgisch Ministerie van Economische Zaken*, und die Terminologiebank des Zentralen Übersetzerdienstes der niederländischen Philips-Betriebe.

3.2. Terminologienormung

Ein schwieriges Problem für die fachsprachliche Kommunikation ist — wie überall — auch im niederländischen Sprachgebiet der enorme Wildwuchs der Termini. Für neue Produkte, neue Entwicklungen auf wissenschaftlichem Gebiet werden oft aufs Geratewohl von mehreren Instanzen Termini geschaffen, so daß innerhalb kleinster Kommunikationsgemeinschaften häufig für ein- und denselben Begriff mehrere Benennungen gebraucht werden (z. B. vier unterschiedliche Bezeichnungen für den meistverbreiteten Lichtschaltertyp: *kipschakelaar, wipschakelaar, tumbler, tuimelschakelaar*). Typisch für das niederländische Sprachgebiet sind die zahlreichen Nord-Süd-Varianten, die auch in den modernen Fachsprachen bestehen. So spricht man z. B. in der Versicherungsbranche in den Niederlanden von *all risk-polis*, in Flandern von *omniumverzekering*; auf dem Rentensektor heißt es in den Niederlanden *VUT-regeling*, in Flandern *brugpensioen* usw. Um Sprachverwirrung zu vermeiden und die fachsprachliche Kommunikation so effektiv wie möglich zu gestalten, werden Spezialisten der Terminologiearbeit eingeschaltet. Normung wird im niederländischen Sprachgebiet von den Terminologiekommissionen des *Nederlands Normalisatie-Instituut* (*NNI*) und des *Belgisch Instituut voor Normalisatie* (*BIN*) durchgeführt. *NNI* und *BIN* orientieren sich oft an den Normen der *International Organization for Standardization* (*ISO*) in Genf. Terminologische Normenlisten werden für die Niederlande im *NNI*-Katalog, in der Zeitschrift *Normalisatie* und in Fachzeitschriften publiziert, in Belgien u. a. in der zweimonatlichen *BIN-Revue* und im *Belgisch Staatsblad*. Das *NNI* und das *BIN* arbeiteten von 1986 bis 1996 mit dem Generalsekretariat der *Nederlandse Taalunie* innerhalb des Kooperationsverbandes *SaNT* (*Samenwerkingsverband Nederlandstalige Terminologie*) zusammen am Zustandekommen eines integrierten flämisch-niederländischen Vorgehens auf terminologischem Gebiet, um schließlich zu identischen Fachsprachen in den Niederlanden und Flandern zu kommen (vgl. De Vroomen 1990; Vervoorn 1993). *SaNT* wurde 1996 aufgelöst und 1998 durch *CòTerm* (*Terminologiecommissie Nederlandse Taalunie*) ersetzt (Informationen über Aktivitäten und Zielstellungen von *CòTerm* vgl. Actieplan 1998).

Ein gutes Beispiel für eine niederländische Terminologienorm ist *Norm NEN 5050 Goed woordgebruik in bedrijf en techniek* (vgl. Vervoorn 1987). Hauptziel der Norm ist es, eine Liste von Wörtern und Termini aufzustellen, die häufig in betrieblichen Texten verwendet werden und durch ihre unniederländische Bildung, unrichtigen Gebrauch, falsche Orthographie oder fremdsprachige Herkunft verbesserungsbedürftig sind. Die Normkommission hat sich, wohl wissend, daß es keine absoluten, unveränderlichen Kriterien dafür gibt, ob ein Wort oder eine Konstruktion als gutes Niederländisch zu gelten hat, um praktische Lösungen bemüht; sie vermeidet extremen Purismus ebenso wie übertriebene wissenschaftliche Vorsicht. Wo es darum geht, gute Äquivalente für fremdsprachige Termini zu finden, sucht sie zunächst nach Möglichkeiten der Niederlandisierung des Fremdwortes (z. B. *fade in →infeden*), was aber nur in Ausnahmefällen möglich ist. Wenn möglich, empfiehlt sie für zusammengesetzte Wörter Lehnübersetzungen (z. B. *trade profit* →*handelswinst*, *pilot plant* →*proeffabriek*). Manchmal wird das Fremdwort akzeptiert: *computer* z. B. ist vollständig eingebürgert. Aber die Bildung *computergestuurd* wird als unniederländisch abgelehnt, dafür *door/met een computer gestuurd* gutgeheißen. Auch anglizistische Konstruktionen wie *het 1994-budget* werden abgelehnt, dafür *het budget voor/van 1994* empfohlen. Weiter wird darauf hingewiesen, daß oft unrichtige Konstruktionen und Termini ebenso wie fehlerhafte Schreibung (z. B. *bijts* anstelle des korrekten *beits*) schon so eingebürgert sind, daß es schwierig ist, sie durch die empfohlenen Termini zu ersetzen.

3.3. Abbau von Fachsprachebarrieren

Nicht nur in der interdiziplinären Kommunikation, sondern auch zwischen Fachmann und Laie sind durch die Fachsprachen im Laufe der Jahre starke Barrieren entstanden. Die Sprache, die z. B. der Jurist, der Verwaltungsfachmann, der Mediziner im Verkehr mit dem Laien verwendet, ist oft schwer oder gar nicht zugänglich. Der Bürger verlangt aber heute, daß in den Fällen, in denen er als Kommunikationspartner beteiligt ist, die verwendete Fachsprache so verständlich wie möglich sein soll. In den letzten zehn Jahren richteten sich sehr viele Untersuchungen darauf, die Kommunikationsprobleme zwischen Fachmann und Laie in gesellschaftlich wichtigen Fachgebieten konkret faßbar zu machen. Man leitete Initiativen ein, um die Fachleute dafür zu sensibilisieren, und schlug Lösungsstrategien vor. Ein Beispiel solcher Vorschläge für zugänglichere juristische Texte findet man bei Maes (1987). Er schlägt u. a. vor: Weglassen von Fachtermini, für die die juristische Notwendigkeit fehlt, Ersetzen von Fachtermini durch juristisch gleichwertige, aber gebräuchlichere Synonyme (d. h. Ersetzen interner durch synonyme externe Fachtermini, z. B. *geding* durch *proces*, *comparanten* durch *partijen*), Ersetzen durch Umschreibung oder andere kontextuelle Verdeutlichung. Maes plädiert auch für die Durchbrechung juristischer Schreibtraditionen: archaische Schreibsprachrelikte wie veraltete Wendungen (*ten verzoeke van*), Präsenspartizipien (*woonplaats kiezende*), schwerfällige Bezugswörter (*alsdan, onderhavig*) und Konjunktionen (*teneinde, mitsdien*) u. ä. sollen durch moderne Äquivalente ersetzt werden, die traditionell überlangen Sätze der Rechtssprache sind zu zerlegen. Als Experiment begann im Sommer 1994 die Staatsanwaltschaft in Amsterdam unter Verzicht auf die schwer zugängliche Rechtssprache Vorladungen in der Gemeinsprache zu formulieren.

3.4. Einfluß und Gebrauch des Englischen

Ein ständig größer werdendes Problem für die modernen niederländischen Fachsprachen bildet die gehäufte Übernahme englischer Termini und die Marginalisierung des Niederländischen durch das Englische als Kommunikationsmedium auf einer Anzahl von Gebieten. Historisch ist die Entlehnung englischer Termini in den niederländischen Fachsprachen eine relativ junge Erscheinung. Sie begann im 19. Jh. mit britisch-englischen Wörtern aus dem politischen, ökonomischen und industriellen Sektor (z. B. *meeting, budget, accountant, lift, rail, waterproof*) und mit Sporttermini von Fußball und Tennis (z. B. *keeper, corner, penalty, service, game*). Der jährliche Wachstumskoeffizient bis zum Zweiten Weltkrieg war sehr niedrig, danach stieg er etwas stärker an und seit den 70er Jahren ging er ruckartig in die Höhe (vgl. Claus/Taeldeman 1989). Die Gründe liegen in der starken Position der USA u. a. auf technischem und ökonomischem Gebiet und in der Tatsache, daß das Englische für eine Anzahl von Gebieten (wie die exakten und angewandten Wissenschaften, das Betriebsmanagement, die Medien, die Werbung usw.) die *Lingua franca* geworden ist. Viele englische Termini verdanken ihren Erfolg zweifellos dem Fehlen eines griffigen niederländischen Äquivalents (*mapping* und *sequencing* in der Biotechnologie z. B. müssen umschrieben werden mit *het opstellen van een kaart van het genoom* und *de analyse van het genoom* resp. *het bepalen van de nucleotidenvolgorde*). In anderen Fällen scheint die spezielle Konnotation des Wortes (Sphäre für Eingeweihte, Prestige, Spezialistenimage) entscheidend gewesen zu sein (z. B. bei *performance* und *salesmanager*).

Das spektakulärste Wachstum ist wohl im Bereich der Technik anzusiedeln. Viel *hightech* (*speerpunttechnologie*) wird außerhalb des niederländischen Sprachgebiets entwickelt, und der Informationsaustausch darüber vollzieht sich im Medium Englisch. Zusammen mit dem *know-how*, dem Begriff oder der Sache wird oft der Terminus übernommen. Die meisten technischen Termini, die auch in die Gemeinsprache Eingang gefunden haben, stammen aus dem Bereich des Computers

(z. B. *floppy-disk*, *hacker*, *mainframe*), der elektronischen Schreibmaschine (z. B. *autofeed*, *daisywheel*, *single line display*) und der Audioapparatur (z. B. *recorder*, *equalizer*, *walkman*). Die Popularisierung des Computers vollzieht sich zusammen mit der teilweisen Entwicklung einer niederländischen Terminologie (z. B. *uitdraai* für *outprint*, *apparatuur* und *programmatuur* für *hardware* und *software*). Die Normungskommissionen *NNI* und *BIN* (siehe 3.2.) empfehlen, nach Möglichkeit die niederländischen Äquivalente zu verwenden (vgl. Kleinveld 1990). Umfragen zeigen, daß fortgeschrittene Computernutzer und -spezialisten die englischen Termini bevorzugen, Laien und Anfänger die niederländischen. Ein Lernexperiment hat jedoch erwiesen, daß der Lerneffekt bei Anfängern mit englischer Terminologie höher ist. Außer den bereits genannten Gebieten sind weitere mit einem relativ hohen Entlehnungskoeffizienten Ökonomie, Marketing, Werbung, Film- und Fernsehindustrie, Mode und Musik.

Die Entlehnungen können in verschiedene Kategorien eingeteilt werden: (1) Wörter, die die ursprüngliche Schreibung, Aussprache und Morphologie bewahrt haben (z. B. *walkman*, *T-shirt*, *desktop*, *mainframe*). (2) Wörter, die eine niederlandisierte Aussprache und/oder Form bekommen haben. Die größte Gruppe bilden die englischen Verben mit niederländischer Endung: z. B. *timen*, *saven*, *updaten*, *deleten*, *promoten*. Hier ergeben sich oft Probleme bei der Konjugation, vor allem hinsichtlich der Schreibung. Den niederländischen Regeln zufolge müßten z. B. die Formen des Verbs *timen* geschrieben werden *(ik) tim*, *timde*, *(heb) getimd*; dann jedoch gäbe es keine Übereinstimmung mit der Aussprache. Deshalb wird das *e* von englisch *time* beibehalten (das sog. *magic-e*), was eine im Niederländischen akzeptable Schreibweise ergibt *(ik) time*, *timede*, *(heb) getimed*. Diese Lösung wirft aber wiederum Probleme auf für Verben auf *-ten* wie *updaten*: Vergangenheitsformen wie *updatete* und Partizipien des Präteritums wie *geüpdatet* bereiten Schreib- und Leseschwierigkeiten. (Zur Konjugation englischer Verben im Niederländischen siehe Timmers 1993; Cohen 1994). (3) Eine weitere Kategorie bilden Lehnübersetzungen, die von den meisten Sprachteilnehmern nicht als aus dem Englischen stammend empfunden werden (z. B. *luidspreker* und *diepvries*). (4) Eine spezielle Kategorie sind die Pseudoentlehnungen, Wörter, die in der Form und/oder Bedeutung, die sie im Niederländischen haben, nicht im britischen und amerikanischen Englisch vorkommen wie *autocoat* (engl. *carcoat*), *ribcord* (engl. *cord-(uroy)*), *ladyshave* und *showmaster* (ohne echtes englisches Äquivalent). Manche Pseudoentlehnungen gehen auf Unkenntnis der Quellensprache zurück, andere werden bewußt gebildet in der Annahme, dem Wort so einen höheren Status zu verschaffen (meistens geht es dabei um Reklamesprache oder Modewörter). Manche Pseudoentlehnungen kommen in mehreren Sprachen vor, denn das Englische hat außerhalb seines autochthonen Gebiets ein mehr oder weniger selbständiges Leben begonnen als *Lingua franca*, in der die Sprachverwender, allesamt keine Muttersprachler, neue Wörter bilden können.

Die Überflutung mit englischen Termini in einigen niederländischen Fachsprachen ruft unterschiedliche Reaktionen hervor. Sie kann abschreckend wirken auf Laien. Andere halten das Niederländische in seinem Bestand für bedroht. Niederländischsprachige Fachleute dagegen lesen, sprechen und schreiben in vielen Fällen über ihr Fach in Englisch. Die Zahl niederländischsprachiger Fachpublikationen ist bei spezialisierten Themen niedrig. Mit einem englischsprachigen Artikel wird potentiell ein viel größeres Publikum erreicht. Auch im niederländischen und flämischen Betriebsleben wird das Englische oft als Verkehrssprache benutzt. Innerhalb des *Philips International B.V.* (Eindhoven) z. B. ist Englisch die offizielle Sprache, auch für die Abfassung der meisten internen Berichte. Da Forschung und Produktentwicklung dieses Konzerns an vielen Orten der Welt stattfinden, ist der Gebrauch des Englischen von Vorteil (vgl. Klaassen 1988).

In der öffentlichen Diskussion wird in den letzten Jahren immer wieder vorgeschlagen, daß niederländischsprachige Wissenschaftler und Techniker ihr Fach besser in einer *Lingua franca* — und das wäre dann Englisch — ausüben sollten. Das sei viel praktischer in einer Welt, in der internationale Zusammenarbeit absolut notwendig ist, und viel Übersetzungsarbeit und -kosten könnten eingespart werden. Es gab auch von seiten des niederländischen Unterrichtsministers J. M. M. Ritzen die Befürwortung für den zunehmenden Gebrauch des Englischen im akademischen Unterricht. Dagegen erhob sich jedoch heftiger Protest, nicht nur in den Niederlanden, sondern auch in Flandern, wo eine lange Tradition im Kampf für das Niederländische besteht (vgl. 2.1.). Die Verfechter des Niederländischen gehen von einer größeren Kreativität des wissenschaftlichen und technischen Denkens in der Muttersprache aus und verweisen auch auf die sozialen und demokratischen Aspekte: allen Mitgliedern der Gesellschaft müsse der Zugang zu Wissenschaft und Technik ermöglicht werden, Ausbildung und Informationsverbreitung sollen deshalb in der Muttersprache vor sich gehen (vgl. Janssens 1993). Als Kompromiß zwischen beiden Standpunkten wird die Verwendung des Niederländischen innerhalb des eigenen Sprachgebietes für die Arbeit im Fachgebiet und die Weitergabe von Informationen empfohlen, die *Lingua franca* dagegen für den internationalen Kontakt. In der gesellschaftlichen Praxis aber ist festzustellen, daß das Englische ständig fester Fuß faßt, z. B. in der modernen Technik, in den exakten Wissenschaften, im Betriebsleben, in den Medien, der Werbung, und auch in immer weitere Gebiete eindringt wie in den touristischen Sektor und den akademischen Unterricht. Viele befürchten deshalb, daß das Niederländische in der Zukunft in der fachsprachlichen Kommunikation nur noch eine zweitrangige Rolle spielen wird.

4. Literatur (in Auswahl)

Actieplan 1998 = Nederlandse Taalunie: Actieplan 1998. Den Haag 1998.

Berns 1990 = Jan Berns: Een bloemstuk bij de slager. (Vak)talen in onze taal. In: Onze Taal 59. 1990, 43−45.

Bly 1901 = F. Bly: Onze zeil-vischsloepen. Beschrijving van de zeil-vischsloep, zoals die te Oostende, te Blankenberge en op De Panne in gebruik is. Gent 1901.

Bly 1931 = F. Bly: Verklarende woordenlijst van de zee-visscherij. Leuven 1931.

Brouwers 1957 = A. Brouwers: De vlasserij in het Nederlands van de eerste helft van de twintigste eeuw. Nijmegen 1957.

Claes 1980 = Frans Claes: A bibliography of Netherlandic dictionaries. Amsterdam 1980.

Claes 1994 = Frans Claes: Belang van de taal voor de economie. In: Nederlands van Nu 42. 1994, 70.

Claes/Bakema 1995 = Frans Claes/P. Bakema: A Bibliography of Dutch Dictionaries. Tübingen 1995.

Claus/Taeldeman 1989 = P. Claus/Johan Taeldeman: De infiltratie van Engelse (leen)woorden in het Nederlands en in Nederlandse woordenboeken. In: Album Moors. Liège 1989, 11−30.

Cohen 1994 = Harry Cohen: Hebt u al gestagedived? De vervoeging van Engelse leenwerkwoorden. In: Onze Taal 63. 1994, 76−78.

Commissie 1890 = Commissie voor Nieuwere taalen letterkunde van de Koninklijke Vlaamsche Academie: „Nederlandsche Vak- en Kunstwoorden" (1890). In: Coopman 1894.

Coopman 1894 = Th. Coopman: Steenbakkerij. Gent 1894.

Crompvoets 1981 = Herman Crompvoets: Veenderijterminologie in Nederland en Nederlandstalig België. Amsterdam 1981.

Daan 1950 = Jo Daan: Wieringer land en leven in de taal. Alphen aan den Rijn 1950.

Devos 1991 = Magda Devos: Bouwlandtermen in de Vlaamse dialecten: spreidings- en betekenisgeschiedenis. Tongeren 1991.

De Vroomen 1990 = W. de Vroomen (Red.): Voorzetten 32 Terminologie in het Nederlandse taalgebied. 's-Gravenhage 1990.

Elemans 1958 = J. H. A. Elemans: Woord en wereld van de boer. Een monografie over het dialect van Huisseling. Utrecht. Antwerpen 1958.

Elling 1987 = Rien Elling: Taalgebruik in het bedrijfsleven: verder kijken dan taal. In: Onze Taal 56. 1987, 111−112.

Endt 1969 = Enno Endt: Een taal van horen zeggen. Bargoens en andere ongeschreven sterke taal. Amsterdam 1969.

Endt 1972 = Enno Endt (in samenwerking met L. Frerichs): Bargoens Woordenboek. Amsterdam 1972.

Eylenbosch 1962 = E. Eylenbosch: Woordgeografische studies in verband met de taal van het landbouwbedrijf in West-Brabant en aangrenzend Oost-Vlaanderen. Leuven 1962.

Geeraerts/Janssens 1982 = Dirk Geeraerts/Guy Janssens: Wegwijs in Woordenboeken. Assen 1982.

Goetschalckx 1988 = A. M. Goetschalckx: Nederlandse computertermen: Engels of Nederlands? In: Onze Taal 57. 1988, 106−107.

Goossenaerts 1956−1958 = J. Goossenaerts: De taal van en om het landbouwbedrijf in het noordwesten van de Kempen. Gent 1956−1958.

Goossens 1970 = Jan Goossens: Inleiding tot de Nederlandse Dialectologie. In: Handelingen van de Koninklijke Commissie voor Toponymie & Dialectologie XLIV. 1970, 105−273.

Grypdonck 1985 = A. Grypdonck (Red.): Nederlands als taal van de wetenschap. Utrecht. Antwerpen 1985.

Haesereyn 1989 = René Haesereyn (Red.): Vakterminologie in het Nederlands. Brussel 1989.

Haeseryn 1985 = Walter Haeseryn: Voorzetten 2 Terminologie. Groningen. Leuven 1985.

Janssens 1980 = Guy Janssens: Wildstropersterminologie in de Nederlandssprekende delen van België en het noordwesten van Frankrijk. Een lexicologische studie. Doct. diss. Gent 1980.

Janssens 1988a = Guy Janssens: Voorzetten 17 Lexicografie en overheid: aanzet tot een woordenboekenbeleid. 's-Gravenhage 1988.

Janssens 1988b = Guy Janssens: De relatie algemene woordenschat/vaktaalwoordenschat en de implicaties voor de lexicografie. In: De Nieuwe Taalgids 81−2. 1988, 161−170.

Janssens 1989 = Guy Janssens (Red.): De automatisering van dialectwoordenboeken. Nijmegen 1989 (Mededelingen van de NCDN 21).

Janssens 1993 = Guy Janssens: De plaats van het Nederlands in vaktaalwoordenboeken. In: Ons Erfdeel 36−5. 1993, 715−720.

Klaassen 1988 = J. Klaassen: Het Nederlands in een Nederlands „concern". In: Onze Taal 57. 1988, 11−12.

Kleinveld 1990 = C. Kleinveld: Informaticatermen: Hoe moet het heten? In: Onze Taal 9 & 10. 1990, 165 & 183.

Lindemans/De Jaegher/Lindemans 1928 = Jan Lindemans/Alfons de Jaegher/Paul Lindemans: Vakwoordenlijst der Hopteelt. Wetteren 1928.

Maerevoet 1961 = L. Maerevoet: Bijdrage tot de studie van de woordenschat van de Scheldevissers te Mariekerke. Gent 1961.

Maes 1987 = A. Maes: Lekenmoraal voor juristen. In: Onze Taal 56. 1987, 38−40.

Moormann 1932 = Julius Georg Moormann: De geheimtalen. Een studie over de geheimtalen in Nederland, Vlaamsch-België, Breyell en Mettingen. Zutphen 1932; Bronnenboek. Zutphen 1934.

Penninckx/Buyse 1993 = Willy Penninckx/Paul Buyse: Vertaalgids. UGA 1993.

Quicke 1926 = Achiel Quicke: Verklarend Nederlandsch Woordenboek van het Brouwersvak. Gent 1926.

SaNT 1993 = SaNT, Voorzetten 39 Bibliografie van lijsten met Nederlandstalige vakterminologie: aanvullingen. 's-Gravenhage 1993.

Sauer 1990 = C. Sauer: Vak, taal en kennis: inleiding tot het onderzoek naar taalgebruik in vakken en beroepen. In: Leidener Beiträge zur theoriegeleiteten Literaturwissenschaft, Sprachwissenschaft, Geschichte und Kunstgeschichte 2. Leiden 1990.

Schaars 1977 = Alex Schaars: Agrarische terminologie in Oost-Gelderland en haar dialectgeografische aspecten. Zutphen 1977.

Temmerman/Simonis/Luyten 1990 = Rita Temmerman/Femke Simonis/Lucia Luyten: Terminologie, een methode. Leuven. Amersfoort 1990.

Timmers 1993 = C. Timmers: Faxen, faxte, gefaxt. Auctor 1993.

Van Bakel 1958 = Jan van Bakel: De vaktaal van de Nederlandse klompenmakers. Nijmegen 1958.

Van der Poll 1988 = L. van der Poll: Voorzetten 18 Bibliografie van lijsten met Nederlandstalige vakterminologie. 's-Gravenhage 1988.

Van der Sijs 1994 = N. van der Sijs: Pseudo-ontleningen. In: Onze Taal 63. 1994, 99−101.

Van Doorn 1971 = Th. van Doorn: Terminologie van riviervissers in Nederland. Assen 1971.

Van Ginneken 1913−1914 = Jacob van Ginneken: Handboek der Nederlandsche Taal, Deel I & II. Nijmegen 1913 & 1914.

Van Houcke 1901 = Alfons van Houcke: Ambacht van den loodgieter en zinkbewerker. Gent 1901.

Van Houcke/Sleypen 1897 = Alfons van Houcke/J. Sleypen: Ambacht van den metselaar. Gent 1897.

Van Keirsbilck 1898 = J. en V. van Keirsbilck: Ambacht van den timmerman. Gent 1898.

Van Keirsbilck 1899 = J. & V. van Keirsbilck: Ambacht van den metselaar. Gent 1899.

Van Scherpenzeel 1991 = Marianne van Scherpenzeel (Red.): Overheid en burger: Rechtstaal en Communicatie. Brussel 1991.

Vervoorn 1987 = A. J. Vervoorn: Een nieuwe taalnorm. In: Onze Taal 56. 1987, 74.

Vervoorn 1989 = A. J. Vervoorn: Vakterminologie in het Nederlands. In: Onze Taal 58. 1989, 37−38.

Vervoorn 1993 = A. J. Vervoorn (Red.): Voorzetten 38 Terminologieleer: beleid en praktijk. 's.Gravenhage 1993.

Vromans 1988 = Jozef Vromans (vert. en bew.): H. J. Störig, Taal: het grote avontuur. Utrecht 1988.

Vuylsteke 1895 = Jozef Vuylsteke: Ambacht van den smid. Gent 1895.

Weijnen/Van Bakel 1967 = Antoon Weijnen/Jan van Bakel: Voorlopige inleiding op het Woordenboek van de Brabantse dialecten. Assen 1967.

Woordenboek van de Brabantse dialecten. (Nijmeegse Centrale voor Dialect- en Naamkunde van de Katholieke Universiteit). Assen 1967 ff.

Woordenboek van de Limburgse dialecten. (Nijmeegse Centrale voor Dialect- en Naamkunde van de Katholieke Universiteit). Assen. Maastricht 1983 ff.

Woordenboek van de Vlaamse dialekten. (Seminarie voor Vlaamse Dialektologie van de Universiteit Gent). Tongeren 1979 ff.

Anschriften der Normungsinstitutionen:

Belgisch Instituut voor Normalisatie (BIN), Brabançonnelaan 29, B-1040 Brussel.
Nederlands Normalisatie-Instituut (NNI), Postbus 5059, Kalfjeslaan 2, NL-2600 GB Delft.
Terminologiecommissie (CòTerm) van de Nederlandse Taalunie (NTU), Lange Voorhout 19, NL 2514 EB. Den Haag.

Helga Hipp †, Leipzig
Guy Janssens, Liège

178. Die finnischen Fachsprachen im 20. Jahrhundert und ihre Erforschung: eine Übersicht

1. Einleitung
2. Geschichte der finnischen Fachsprachen
3. Ergebnisse der finnischen Fachsprachenforschung
4. Zukunft der finnischen Fachsprachen
5. Literatur (in Auswahl)

1. Einleitung

Obwohl finnische Sprachwissenschaftler in der Fachsprachenforschung einschlägig ausgewiesen sind (z. B. Laurén 1993; Nordman 1992), müssen die finnischen Fachsprachen selbst als noch weitgehend unerforscht betrachtet werden. Dies mag zum einen daran liegen, daß die Fachsprachenforscher in Finnland in ihrer Mehrheit Anglisten, Germanisten, Romanisten, Russisten sowie Skandinavisten sind und die Fennistik sich der Problematik der Fachsprachen so gut wie gar nicht angenommen hat – zum anderen kann ein Grund für dieses Desideratum aber auch in der noch recht kurzen Geschichte des Finnischen als Schriftsprache gesehen werden. In der finnischen Fachkommunikation spielten bis Anfang des 20. Jh.s das Schwedische, in der ersten Hälfte dieses Jahrhunderts das Deutsche und mit Beginn der 50er Jahre das Englische eine zentrale Rolle, wobei jüngst – angesichts vielfältiger Internationalisierungsbestrebungen – zunehmend die Frage nach der Zukunft des Finnischen (insbesondere als Sprache in Wissenschaft und Technik) gestellt wird.

Sprachgenetisch gehört das Finnische zur Gruppe der finno-ugrischen Sprachen und unterscheidet sich durch einige Besonderheiten von den indoeuropäischen Sprachen (vgl. Hakulinen 1968, 277–278). Die Kategorie des grammatischen Geschlechts ist dem Finnischen nicht bekannt, und es fehlt als Wortklasse der Artikel (somit auch die Unterscheidung in definite und indefinite Artikel). Als agglutinierende Sprache kann das Finnische Präpositionen, Pronomen, Partikel sowie andere grammatische Funktionen durch Derivations- und Flexionssuffixe ersetzen (Korhonen 1989). Das Kasussystem ist entsprechend ausgedehnt, d. h., es gibt fünfzehn Kasusformen, durch die semantisch-syntaktische Funktionen realisiert werden. Die Kategorie Verb verfügt im Finnischen über weit mehr Funktionen als in indoeuropäischen Sprachen, da es alleine vier bzw. fünf Infinitivformen gibt, die z. T. in verschiedenen Kasus dekliniert werden und häufig Kerne von Satzentsprechungen bilden, die anstelle von Nebensätzen auftreten. Phonologisch ist für das Finnische schließlich die außerordentlich hohe Frequenz von Vokalen und die damit korrespondierende relativ bescheidene Rolle von Konsonanten charakteristisch (siehe z. B. Pääkkönen 1990).

Diese phonologischen und strukturellen Charakteristika der finnischen Sprache waren nach Meinung von Hakulinen (1967a) ein Grund für den in Finnland stärker als in anderen europäischen Sprachgemeinschaften ausgeprägten lexikalischen Purismus; denn die Besonderheiten des Finnischen (im Vergleich mit indoeuropäischen Sprachen) ließen die Aufnahme von Internationalismen und gesamteuropäischen Kulturwörtern als solche nicht – bzw. nicht in dem gleichen Maße – zu, wie es für Fachsprachen in der Forschungsliteratur ansonsten ja geradezu als typisch angesehen wird. Das Finnische stand vielmehr vor der Herausforderung, für neue Begriffe in Wissenschaft und Technik eine eigensprachliche Terminologie zu bilden, was z. T. durch Neologismen und Lehnübersetzungen geschah. Des weiteren wurden aber auch bereits existierenden Wörtern neue Bedeutungen gegeben, wobei oftmals sogar dialektgebundene Wörter Verwendung fanden.

2. Geschichte der finnischen Fachsprachen

2.1. Kurzer historischer Überblick

Hinsichtlich der Entwicklung des Finnischen als Schriftsprache können die Reformation im 16. Jh. und das „nationale Erwachen" im 19. Jh. als die wichtigsten äußeren Anstöße genannt werden (s. z. B. Häkkinen 1994, 11). Drei Zeitabschnitte sind zu unterscheiden:

(1) Altfinnisch von 1540 bis 1820
(2) Frühneufinnisch von 1820 bis 1870
(3) Neufinnisch seit 1870.

Während der Periode des Altfinnischen wurde die finnische Schriftsprache fast ausschließlich für religiöse Zwecke verwendet. Überhaupt spielte Finnisch als Sprache zur Zeit der schwedischen Herrschaft (Mitte des 12. Jh.s bis 1809) nur eine marginale Rolle. Die Sprache der Verwaltung und der Intelligenz war in Finnland jahrhundertelang das Schwedische, und erst die Ereignisse im 19. Jh. – als Finnland zu einem Teil des Russischen Reiches wurde (1809 bis 1917), gleichzeitig aber als Großherzogtum eine gewisse Autonomie erhielt – führten zu einer Änderung. Verwaltungs- und Kultursprache blieb aber – auch während der russischen Herrschaft – das Schwedische, obwohl der größte Teil der Bevölkerung finnischsprachig war.

Die Periode des Frühneufinnischen beginnt in den 20er Jahren des letzten Jahrhunderts und führte zu einem stärkeren Interesse an der eigenen Sprache. Als entscheidenden Wendepunkt sieht Häkkinen die 80er Jahre des letzten Jahrhunderts, als sich die Stellung des Finnischen sowohl in der Gesetzgebung als auch in der Praxis verbesserte und die finnischsprachigen Lyzeen damit begannen, eine finnischsprachige Intelligenz heranzubilden (Häkkinen 1994, 15). Eines der wichtigsten Ereignisse in dieser Periode war die Proklamierung des Finnischen zur zweiten Landessprache (neben dem Schwedischen) im Jahre 1902.

Bestimmend für die Periode des Neufinnischen wurden ein einheitliches Schulwesen, allgemein anerkannte Grammatiken und Wörterbücher, eine geregelte Sprachpflege sowie ein effektives Verlags- und Zeitungswesen (Häkkinen 1994, 16).

2.2. Sprache wissenschaftlicher Veröffentlichungen

Die Bedeutung und Entwicklung des Finnischen als Sprache der Wissenschaft spiegelt sich u. a. in der Sprachwahl für wissenschaftliche Publikationen. Bis zum Ende des letzten Jahrhunderts waren in Finnland Dissertationen die beinahe einzige Form wissenschaftlicher Publikationen. Erst um die Jahrhundertwende dehnten sich die Publikationsaktivitäten auf wissenschaftliche Zeitschriften und Schriftenreihen der einzelnen Disziplinen aus (s. Suomen kirjallisuus 1968, VII, 540). In der Geschichte der ersten finnischen Hochschule (Åbo/Turku, gegründet 1640) waren in den ersten 100 Jahren die einzigen für Dissertationen zugelassenen Sprachen das Lateinische sowie das Altgriechische und Hebräische. Erst Mitte des 18. Jh.s kam das Schwedische in einigen Fachgebieten hinzu (Naturgeschichte, Geschichte, Altertumswissenschaften, Physik, Mathematik). 1858 wurde die Finnische Sprache in den gleichen Rang wie das Lateinische und Schwedische gestellt. Bereits während des Ersten Weltkrieges wurden mehr Dissertationen auf Finnisch als auf Schwedisch geschrieben. Obwohl der Anteil des Finnischen an allen Druckerzeugnissen in Finnland schließlich auf über 70 Prozent anstieg, hatte Finnisch aber zu keinem Zeitpunkt den Status als wichtigste Publikationssprache im Bereich akademischer Dissertationen (Liinamaa 1958, 26); denn der Anteil der beiden Landessprachen (Finnisch und Schwedisch) an den insgesamt publizierten Dissertationen ging in diesem Jahrhundert stetig zurück. Waren im zweiten Dezennium noch 49 Prozent in den Landessprachen verfaßt, so sank deren Anteil im vierten Dezennium auf 35 Prozent und in den 50er Jahren auf 29 Prozent. Bis 1949 war Deutsch die wichtigste Sprache für finnische Dissertationen; der Anteil des Deutschen ging dann aber dramatisch zurück, so daß schon in den 50er Jahren Englisch die führende Sprache in mehreren Disziplinen war. In den beiden folgenden Dezennien konnte das Englische seine Führungsrolle noch ausbauen, bevor der Anteil der auf Englisch publizierten Dissertationen in den 70er Jahren wieder zurückging.

2.3. Wortschatz und terminologische Arbeit

Vor dem 20. Jh. war die Entwicklung wissenschaftlicher Terminologien in Europa weitgehend das Verdienst einzelner Forscher (z. B. Albrecht Dürer in der Mathematik und Carl von Linné in der Botanik und Zoologie). In Finnland waren die wichtigsten Pioniere der Terminologiearbeit der Geistliche und Begründer der finnischen Schriftsprache Mikael Agricola (1509—1557) sowie der Gelehrte und Schriftsteller Elias Lönnrot (1802—1884). Im 20. Jh. führte die schnelle Entwicklung in Wissenschaft und Technik dazu, daß die Terminologiearbeit nicht mehr allein einzelnen Forscherpersönlichkeiten überlassen werden konnte und Institute für Standardisierung und Terminologie entstanden.

Die Erstellung von Fachwörterbüchern durch spezialisierte Lexikographen begann in Finnland gegen Ende des 19. Jh.s (Ranta 1989; Häkkinen 1994), was nach Häkkinen (1994) für die Gesamtentwicklung der Sprache von besonderer Bedeutung war, da es normative Wörterbücher des Finnischen im 19. Jh. noch gar nicht gab. Das erste systematische Wörterbuch in Finnland wurde für die Zwecke des Eisenbahnwesens erstellt und von der Staatlichen Eisenbahn Finnlands in finnischer Sprache unter dem Titel „Kalustoesineiden ja tarveaineiden Terminologia" (Terminologie für Inventar und Material) im Jahre 1900 herausgegeben. Später wurde es weiterentwickelt, und im Jahre 1919 entstand ein — für die interne Aus- und Fortbildung des Eisenbahnwesens bestimmtes — Warenwörterbuch („Valtionrautateiden sisäiseen koulutuskäyttöön tarkoitettu tavarasanasto"), dessen Wortbestand systematisch gruppiert war und das über den Index wie ein Wörterbuch benutzt werden konnte (Ranta 1989). Die Gesellschaft der finnischsprachigen Techniker („Suomenkielisten Teknikkojen Seura") hatte schon auf ihrer Gründungsversammlung im Jahre 1896 beschlossen, ein deutsch-finnisch-schwedisches Wörterbuch der Technik herauszubringen. Die Arbeiten daran verliefen dennoch sehr schleppend, so daß erst im Jahr 1918 ein 40 000 Wörter umfassendes Wörterbuch vorgelegt werden konnte, das aber – wie nicht anders zu erwarten – schon zum Zeitpunkt seines Erscheinens veraltet bzw. hinsichtlich der sich schnell entwickelnden neuen Gebiete der Technik äußerst unzureichend und lückenhaft war (Ranta 1989). Für die Entwicklung der Rechtssprache ist das 1903 vorgelegte „Ruotsalais-suomalainen laki- ja virkakielen sanasto" (Schwedisch-finnisches Wörterbuch der Rechts- und Amtssprache) zu nennen (Häkkinen 1994, 103). Im Jahre 1928 erschien ein englisch-finnisch-schwedisches Autowörterbuch (Ranta 1989).

Die Elektrotechnik war ein Gebiet, das sich zu Beginn des Jahrhunderts besonders rasch entwickelte und aus diesem Grunde einen hohen Bedarf an neuen Termini hatte. Für die Entwicklung eines elektrotechnischen Wörterbuchs wurde daher im Jahre 1921 ein lexikographischer Ausschuß eingerichtet, zu dessen linguistischen Sachverständigen Lauri Hakulinen als Mitglied gewählt wurde. Die terminologischen Vorschläge dieses Ausschusses erschienen im Jahre 1927, wobei es offenbar Hakulinen zu verdanken ist, daß bei der Terminusbildung die für die finnische Sprache charakteristischen Ableitungen (hier: Suffixe zur Bedeutungsdifferenzierung von Substantiven) systematisch als Hilfe benutzt wurden. In den Vorschlägen bemühte man sich des weiteren durch eine Aussonderung von Synonymen (z. B. *oikosulku* Kurzschluß anstelle der früher gebräuchlichen Formen *suorasulku, lyhytsulku* und *lyhytyhdistys*) die Terminologie zu stabilisieren (Ranta 1989; s. auch Haarala 1989). Eine große Bedeutung bei der Bildung finnischsprachiger Termini und für die Stabilisierung der Rechtschreibung hatte außerdem das auf Initiative der Technischen Gesellschaft Finnlands erstellte „Tekniikan sanasto" (Wörterbuch der Technik), das im Jahr 1941 erschien (Ranta 1989).

Bereits im Jahre 1938 hatte man in Finnland einen für die Technik zuständigen permanenten lexikographischen Ausschuß gebildet. Obwohl sich der Bedarf an Wörterbüchern sowohl in der Praxis als auch in der Lehre und Ausbildung ständig vergrößerte, erloschen die Aktivitäten dieses Ausschusses nach und nach und wurden erst in den 60er Jahren wiederbelebt. Auf Initiative des Finnischen Verbandes für Standardisierung wurde im Jahre 1974 das Technische Terminologiezentrum (Tekniikan sanastokeskus/Centralen för teknisk terminologi) nach dem Vorbild der schwedischen „Tekniska Nomenklaturcentral" und des norwegischen „Rådet for Teknisk Terminologi" gegründet. Gemäß Satzung hat das Technische Terminologiezentrum die Aufgabe, die finnisch- und schwedischsprachige technische Fachlexik so zu entwickeln, daß sie den Verhältnissen in Finnland optimal entspricht. Im Jahre 1976 wurde das „Kotimaisten kielten tutkimuskeskus" (Forschungszentrum für die Landessprachen) gegründet, mit dem das Technische Terminologiezentrum von Anfang an eine sehr enge Zusammenarbeit verbindet (Ranta 1989). Die Erstellung von Wörterbüchern ist zwar nach wie vor der wesentliche Teil der Arbeit des Terminologiezentrums, doch bietet es in jüngster Zeit auch einen terminologischen Service, unterhält eine spezialisierte Bibliothek und beteiligt sich an der Weiterbildung und Beratung im Bereich der terminologischen Arbeit sowie an der internationalen Zusammenarbeit in der Forschung. Nennenswert ist die vom Terminologiezentrum verwaltete Datenbank „TEPA" (TErmiPAnkki, d. h. Terminusbank) und das Informationsorgan „Terminfo" (1995 im 15. Jahrgang). Das Terminologiezentrum erstellt außerdem für die Terminusbank der Europäischen Union die finnischsprachigen Termini und unterhält in Finnland eine finnischsprachige EU-Terminusbank.

3. Ergebnisse der finnischen Fachsprachenforschung

Trotz eines hohen Entwicklungsniveaus der fachsprachlichen Lexikographie und zahlreicher Beiträge zur Terminologielehre (s. jüngst Nuopponen 1994) muß festgestellt werden, daß sich innerhalb der Fennistik bislang noch keine nennenswerte Fachsprachenforschung etabliert hat. Ein Blick auf die noch recht dürftige Forschungsliteratur zeigt lediglich, daß insbesondere die Rechtssprache und die Kirchensprache – vermutlich wegen des historischen Interesses der Fennistik sowie aus gesellschaftlichen Gründen – zu den bevorzugten Forschungsgegenständen fennistischer Sprachwissenschaftler gehörten, soweit überhaupt fachsprachliche Phänomene thematisiert wurden. Gleichwohl gibt es an anderen sprachwissenschaftlichen Teilgebieten (Sprachgeschichte, Lexikologie, Stilistik) und durch kontrastive Untersuchungen im Rahmen der fremdsprachlichen Philologien in

Finnland durchaus für die Fachsprachenforschung relevante Ergebnisse. Eine Gesamtdarstellung sowie ein Vergleich mit dem Stand der internationalen Fachsprachenforschung stehen aber noch aus.

Als relevante fennistische Beiträge können vor allem die Artikel von Niemikorpi genannt werden, der sich u. a. mit der Problematik von Fach- und Gemeinsprache beschäftigt (Niemikorpi 1983; 1986), Unterschiede zwischen Textsorten auf der Ebene der Semantik vorstellt (Niemikorpi 1991), syntaktische Strategien wie Ökonomie und Kondensation behandelt (Niemikorpi 1987; 1989) sowie auf Aspekte der Amtssprache (Niemikorpi 1992) eingeht. Zu nennen ist des weiteren Saukkonen (1984; 1986), der Besonderheiten von Fachsprachen aus stilistischer Sicht behandelt hat. Insgesamt ist das Niveau der Erforschung finnischer Fachsprachen innerhalb der Fennistik aber noch nicht wesentlich über die Ebene von vereinzelten Qualifizierungsarbeiten (Magister- und Lizentiatenarbeiten) hinausgekommen. So hat selbst der Begriff ‚Fachsprache' im Finnischen kein eindeutiges Äquivalent: In der Regel wird die Bezeichnung *ammattikieli* (Berufssprache) präferiert, bisweilen werden aber auch die Bezeichnungen *erikoiskieli* (Sondersprache) und *erikoisalan kieli* (Fach- bzw. Spezialgebietssprache) genutzt. Ebenfalls hat der Begriff ‚Gemeinsprache' im Finnischen kein eindeutiges Äquivalent, da die entsprechende Bezeichnung *yleiskieli* (Allgemeinsprache) bei verschiedenen Autoren für unterschiedliche Konzepte steht (s. Niemikorpi 1983). Als ausgesprochenes Problem erweist sich das Fehlen von Übersetzungen grundlegender deutsch-, englisch-, russisch- und schwedischsprachiger fachsprachlicher Forschungsliteratur, so daß eine Terminologie der Fachsprachenforschung noch weitgehend fehlt.

Ergiebiger werden die Aussagen über finnische Fachsprachen, wenn man kontrastive Analysen einbezieht, die im Rahmen der Fremdsprachenphilologien in Finnland erstellt wurden. So beschäftigen sich einige Anglisten, Germanisten, Russisten und Skandinavisten (im Rahmen der Vaasaer Studiengruppe für Fachsprachen und Übersetzungstheorie) mit Merkmalen finnischer Fachtexte, und zwar aus der Perspektive möglicher Übersetzungsprobleme. Eine Schriftenreihe dieser Studiengruppe erscheint unter dem Titel „Erikoiskielet ja käännösteoria" (Fachsprachen und Übersetzungstheorie) 1995 im 15. Jahrgang. Als ein Beispiel für kontrastive Analysen mit dem Finnischen als Ausgangs- bzw. Bezugspunkt sei folgende Untersuchung genannt:

Markkanen/Schröder (1989; 1992) kommen in einer kontrastiven Analyse sogenannter Heckenausdrücke (engl. *hedges*) in wissenschaftlichen Fachtexten zu dem Ergebnis, daß die finnische Sprache besonders zahlreiche syntaktische und lexikalische Möglichkeiten zur Heckenbildung (engl. *hedging*) bereitstellt. So läßt sich der Grad agensabgewandter Strukturen im Finnischen z. B. dadurch variieren, daß die Person nur aus dem entsprechenden Suffix des Verbs zu erkennen ist, das Pronomen selbst aber weggelassen wird und so die Aussage weniger emphatisch wird. Die dritte Person Singular kann, wenn sie nur durch die Konjugationsendung im Verb angekündigt wird, ebenfalls als agensabgewandt verstanden werden. Durch einen Vergleich eines von einem multilingualen Wissenschaftler angefertigten Textes in verschiedenen Sprachen stellte sich heraus, daß die finnische Version die meisten Hecken enthielt, so daß angenommen werden kann, daß die finnische Kommunikationskultur die Hervorhebung des Textautors und die Akzentuierung der eigenen Meinung in einem weit geringeren Maße zuläßt, als dies aus anderen westlichen Kulturen bekannt ist.

Die in der Einleitung geschilderten strukturellen Besonderheiten des Finnischen spielen auch bei dem Vergleich finnischsprachiger Fachtexte mit Fachtexten aus anderen Sprachen eine wichtige Rolle. Das aus der Forschungsliteratur gewohnte Bild über den Charakter von Fachsprachen trifft nämlich nicht in jeder Hinsicht auf das Finnische zu. Schröder hat z. B. philosophische Fachtexte in deutscher, englischer, finnischer und russischer Sprache in syntaktischer und lexikalischer Hinsicht mit Hilfe einer computerunterstützten Analyse verglichen (s. zum Hintergrund des Projekts Schröder 1987). Untersucht wurden jeweils ca. 25 000 Wörter aus inhaltlich ähnlichen Texten und aus dem gleichen Zeitraum (Anfang bis Mitte der 80er Jahre) in den genannten Sprachen. Was die Wortklassenverteilung betrifft, so zeigen die Ergebnisse, daß der Verbanteil im Finnischen mit 18,2% wesentlich höher als im Deutschen mit 11,2% und im Russischen mit 9,5% ist. Das häufigste Wort im finnischen Korpus war das Verb *olla* (sein), an 10. Stelle stand das Verb *voida* (können), während im Deutschen und im Russischen überhaupt keine Verben zu den zehn frequentesten Wörtern gehörten. Die Satzlänge im Finnischen scheint mit 19 Wörtern wesentlich kürzer zu sein als im Deutschen (mit 26 Wörtern) und im Russischen (mit 29 Wörtern). Allerdings sind diese Ergebnisse nur bedingt zu vergleichen, da das Finnische ja eine artikellose und agglutinierende Sprache ist.

4. Zukunft der finnischen Fachsprachen

Das älteste — schon eine gewisse Spezialisierung ausdrückende — Sprachmaterial bilden die Fachwörter der Jäger, Fischer und Bauern, die seit Jahrtausenden Bestandteil der Sprache sind (Haarala 1989). Der kirchliche und theologische Fachwortschatz des Finnischen sowie die wichtigsten Bezeichnungen in der Rechtspflege stammen zu einem großen Teil bereits aus dem Mittelalter. Die anderen Bestandteile des technischen und wissenschaftlichen Grundwortschatzes kommen hauptsächlich aus dem 19. und 20. Jh., wobei der größte Teil der Termini im Rahmen der weltweiten wissenschaftlich-technischen Entwicklung in diesem Jahrhundert in die finnische Sprache aufgenommen worden ist. Als durchgehendes Prinzip (von der Sprache der Jäger über die Kirchensprache bis hin zur Fachsprache der Elektrotechnik) kann für das Finnische die Bildung von eigensprachlichen Bezeichnungen für neue Begriffe festgestellt werden, wenngleich immer wieder auch Lehnwörter bzw. Lehnübersetzungen aufgenommen wurden. Oftmals wurden und werden finnisch- und fremdsprachige Termini nebeneinander benutzt. Fremdsprachige Termini werden im Finnischen im allgemeinen aber hinsichtlich der Rechtschreibung und der Aussprache stark angepaßt, wie die folgenden Beispiele zeigen: *termi* (Terminus), *analyysi* (Analyse), *tohtori* (Doktor), *insinööri* (Ingenieur), *kahvi* (Kaffee), *faksi* (Fax). Nur sehr wenige fremdsprachige Termini werden in gleicher Weise ausgesprochen und geschrieben wie in der Ausgangssprache, z. B. *know-how* und *layout*.

Auf der Ebene der Syntax scheinen fremdsprachliche Einflüsse hauptsächlich in der Rechtssprache vorzukommen. Auf die Sprache der Technik haben neben dem Schwedischen vor allem das Deutsche und das Englische großen Einfluß ausgeübt. Syntaktische Besonderheiten finnischer technischer Fachsprachen sind aber so gut wie gar nicht untersucht. Ein Grund für die relative „Reinheit" der finnischen Fachsprache(n), d. h. für die Dominanz des Prinzips der Eigensprachlichkeit, dürfte u. a. darin zu sehen sein, daß die für die lexikographische Arbeit zuständigen Ausschüsse engstens mit dem Sprachbüro („kielitoimisto") des Forschungszentrums für die Landessprachen zusammenarbeiten, so daß fast immer die Ansichten der finnischen Sprachpflege bei der Entwicklung neuer Bezeichnungen berücksichtigt werden.

Schon lange wird die Finnische Sprache als gefährdet angesehen, insbesondere wegen des starken Einflusses der anglo-amerikanischen Sprache und Kultur. In den finnischen Grundschulen lernen fast 90% der Schüler Englisch als erste Fremdsprache, und auch außerhalb der Schule wird die Flut des Englischen durch Kino, Fernsehen, Musik und Werbung immer stärker. Der Gebrauch des Englischen als *lingua franca* in den Wissenschaften wird in Finnland seit einigen Jahren sogar durch administrative Maßnahmen seitens der Ministerien und der Institutionen für Forschungsförderung stimuliert. Im Zusammenhang mit der Akzentuierung des Englischen steht auf der anderen Seite als Manko, daß die Entwicklung muttersprachlicher Schreibfertigkeit (insbesondere des wissenschaftlichen Schreibens) an den Hochschulen an Bedeutung verliert und mittlerweile zu den wenig beachteten und statusarmen Bereichen gehört. Eine Untersuchung von Luukka/Muikku-Werner (1992) zeigt, daß mehrere nichthumanistische Fächer bzw. Studiengänge in ihren Prüfungs- und Studienordnungen Leistungen in schriftlicher (muttersprachlicher) Kommunikation überhaupt nicht mehr verlangen. Begründet wird dies mit dem Hinweis, daß — im sich internationalisierenden Finnland — kein Bedarf mehr besteht, wissenschaftliche Texte in finnischer Sprache zu verfassen — für eine wissenschaftliche Karriere müsse auf jeden Fall auf Englisch geschrieben werden.

Trotz mancher Befürchtungen scheint der reale Einfluß des Englischen aber geringer zu sein als bisher angenommen wurde. Ausgehend von einem Bericht der Finnischen Akademie der Wissenschaften läßt sich z. B. hinsichtlich der Sprache von veröffentlichten Dissertationen feststellen, daß im Untersuchungszeitraum (60er, 70er und 80er Jahre) immerhin 179 (ca. 51%) aller Dissertationen auf Finnisch und 18 (ca. 6%) auf Schwedisch veröffentlicht wurden, aber nur 151 (ca. 43%) in sogenannten internationalen Sprachen (fast ausschließlich Englisch) publiziert wurden (Toikka 1980; 1990). Die allgemeine Annahme, daß immer mehr auf Englisch publiziert werde, kann daher ohne weitere Differenzierung nicht unterstützt werden. Zumindest hinsichtlich der Sprache in finnischen Dissertationen kann im Gegenteil davon ausgegangen werden, daß immer mehr in finnischer Sprache publiziert wird, wenn man als Vergleichsbasis die 50er Jahre heranzieht, als nur noch 29% aller Dissertationen in den beiden Landessprachen verfaßt wurden.

Die schnelle Entwicklung des Finnischen (von einer nur geduldeten und zweitrangigen Verkehrssprache der Landbevölkerung) zu einer modernen Schriftsprache mit spezialisierten Fachwortschätzen und entsprechenden syntaktischen sowie rhetorisch-stilistischen Ausdrucksmitteln macht deutlich, daß es sich nicht nur um eine lebensfähige Sprache handelt, sondern daß Sprache, Technik und Gesellschaft in Finnland in ständiger Wechselwirkung zueinander standen und stehen. Die Charakterisierung des Finnischen als eine vom Aussterben bedrohte Sprache muß daher — mit Auli Hakulinen — als unangemessen übertrieben zurückgewiesen werden. Hakulinen weist darauf hin, daß es sich bei den meisten Sprachen, die heute aussterben, in der Regel um solche handelt, die keinen politischen Schutz (mehr) genießen, deren Sprecher in ihrer Gesamtheit einem Verelendungsprozeß ausgesetzt sind und deren Lebensweisen historische Relikte zum Ausdruck bringen (Hakulinen 1994, 4). Durch die — hier nur kurz skizzierte — umfangreiche fachlexikographische und terminologische Arbeit, die in Finnland seit dem letzten Jahrhundert geleistet wird, ist es den Finnen und der Finnischen Sprache gelungen, nicht nur Schritt zu halten mit der technischen und wissenschaftlichen Entwicklung in der Welt, sondern es wurden gleichzeitig die Voraussetzungen dafür geschaffen, daß Finnland zu einem Teil des westlichen Kulturkreises geworden ist. In diesem Prozeß hat die Präferenz für eigensprachliche Bezeichnungen Finnland keineswegs von dem westlichen Kulturkreis entfernt, sondern im Gegenteil — so Hakulinen (1967b) — sogar dazu geführt, daß Finnen mit Hilfe der eigenen Sprache besser dazu befähigt waren, sich das europäische Kulturerbe mitsamt dem dazugehörigen Bildungswortschatz anzueignen, als dies durch die Übernahme von Fremdwörtern möglich gewesen wäre: Finnland und die finnische Sprache wurden so viel durchgehender „europäisiert", als man dies aufgrund der Isolierung durch die genannten phonologischen und strukturellen Besonderheiten hätte annehmen können (Hakulinen 1979, 484—485).

Wir danken Kaisa Häkkinen, Marja Järventausta, Pirkko Muikku-Werner und Marianne Nordman für die kritischen Hinweise zu der ersten Fassung unseres Beitrages.

5. Literatur (in Auswahl)

Haarala 1989 = Risto Haarala: Sanat tiedon ja taidon palveluksessa [Wörter im Dienste des Wissens und der Kunst]. In: Nykysuomen sanavarat [Wortschatz des Neufinnischen]. Hrsg. v. Jouko Vesikansa. Porvoo. Helsinki. Juva 1989, 259—275.

Häkkinen 1994 = Kaisa Häkkinen: Agricolasta nykykieleen — Suomen kirjakielen historia [Von Agricola bis zur Gegenwartssprache — Geschichte der Finnischen Schriftsprache]. Juva 1994.

Hakulinen 1967a = Lauri Hakulinen: Suomen kielen rakenne [Die Struktur der Finnischen Sprache]. In: Lauri Hakulinen/Osmo Ikola/Paavo Ravila: Kirjoituksia suomen kielestä [Abhandlungen über die Finnische Sprache]. Helsinki 1967, 57—82.

Hakulinen 1967b = Lauri Hakulinen: Suomen sanakirjoista [Über Finnische Wörterbücher]. In: Lauri Hakulinen/Osmo Ikola/Paavo Ravila: Kirjoituksia suomen kielestä [Abhandlungen über die Finnische Sprache]. Helsinki 1967, 83—107.

Hakulinen 1968 = Lauri Hakulinen: Suomen kielen rakenne ja kehitys [Struktur und Entwicklung der Finnischen Sprache]. 3., korrig. und erg. Aufl. Helsinki 1968.

Hakulinen 1979 = Lauri Hakulinen: Suomen kielen rakenne ja kehitys [Struktur und Entwicklung der Finnischen Sprache]. 4. Aufl. Helsinki 1979.

Hakulinen 1994 = Auli Hakulinen: Suomalaisuus ja äidinkieli [Fennismus und Muttersprache]. In: Kielikello 1/1994, 3—5.

Korhonen 1989 = Mikko Korhonen: Lehvät lännessä, juuret idässä [Die Zweige im Westen, die Wurzeln im Osten]. In: Kielestä kiinni. Hrsg. v. Seija Aalto, Auli Hakulinen, Klaus Laalo, Pentti Leino und Anneli Lieko. Helsinki 1989.

Laurén 1993 = Christer Laurén: Fackspråk [Fachsprache]. Lund 1993.

Liinamaa 1958 = Matti Liinamaa: Tutkimus Turun akatemian ja Helsingin yliopiston väitöskirjojen julkaisukielestä [Untersuchung über die Sprache der Veröffentlichung von Dissertationen an der Akademie Turku und der Universität Helsinki]. In: Bibliophilos 1958, 25—29.

Luukka/Muikku-Werner 1992 = Minna-Riitta Luukka/Pirkko Muikku-Werner: Kielenhuollosta tieteelliseen kirjoittamiseen. Katsaus korkeakoulujen kirjallisen viestinnän opetukseen [Von der Sprachpflege zum wissenschaftlichen Schreiben. Eine Übersicht über den Unterricht zur schriftlichen Kommunikation an Hochschulen]. Korkeakoulujen kielikeskuksen julkaisuja n:o 45. Jyväskylä 1992.

Markkanen/Schröder 1989 = Raija Markkanen/ Hartmut Schröder: Hedging as a translation problem in scientific texts. In: Special Language − From Humans Thinking to Thinking Machines. Ed. by C. Lauren and M. Nordman. Clevedon 1989, 171−179.

Markkanen/Schröder 1992 = Raija Markkanen/ Hartmut Schröder: Hedging and its linguistic realizations in German, English and Finnish philosophical texts. A case study. In: Fachsprachliche Miniaturen. Festschrift für Christer Laurén. Hrsg. v. Marianne Nordman. Frankfurt/M. et al. 1992, 121−130.

Niemikorpi 1983 = Antero Niemikorpi: Taajussanasto ja ammattikieli [Frequenzwortschatz und Fachsprache]. In: Erikoiskielet ja käännösteoria. VAKKI-seminaari III. Vaasa 1983, 21−36.

Niemikorpi 1986 = Antero Niemikorpi: Yleiskieli ja ammattikieli − tyyli ja murre [Gemeinsprache und Fachsprache − Stil und Dialekt]. In: Erikoiskielet ja käännösteoria. VAKKI-seminaari VI Vaasa 1986, 175−186.

Niemikorpi 1987 = Antero Niemikorpi: Mitä on kielen ekonomia? [Was ist Sprachökonomie?] In: Erikoiskielet ja käännösteoria. VAKKI-seminaari VII. Vaasa 1987, 78−83.

Niemikorpi 1989 = Antero Niemikorpi: Pakattua vai tiivistä tekstiä − tiiviskö aina hyvää? [Eingepackter oder dichter Text − Ist dicht immer gut?] In: Erikoiskielet ja käännösteoria. VAKKI-seminaari IX. Vaasa 1989, 56−70.

Niemikorpi 1991 = Antero Niemikorpi: Ilmausten pituudet ja kielen lait [Die Länge von Ausdrücken und die Gesetze der Sprache]. In: Erikoiskielet ja käännösteoria. VAKKI-seminaari XI. Vaasa 1991, 220−233.

Niemikorpi 1992 = Antero Niemikorpi: Kymmenen vuotta virkakielikomitean mietinnöstä − koheniko kieli? [Zehn Jahre Memorandum des Amtssprachenausschusses − Hat sich die Sprache verbessert?] In: Erikoiskielet ja käännösteoria. VAKKI-symposiumi XII. Vaasa 1992, 143−157.

Nordman 1992 = Marianne Nordman: Svenskt fackspråk [Schwedische Fachsprache]. Lund 1992.

Nuopponen 1994 = Anita Nuopponen: Begreppssystem för terminologisk analys [Begriffssystem und terminologische Analyse]. Vaasa 1994.

Pääkkönen 1990 = Matti Pääkkönen: Grafeemit ja konteksti. Tilastotietoja suomen yleiskielen kirjaimistosta [Grapheme und Kontext. Statistisches Material über das Alphabet der finnischen Gemeinsprache]. Vaasa 1990.

Ranta 1989 = Osmo Ranta: Tekniikka suomeksi [Technik auf Finnisch]. Helsinki 1989.

Saukkonen 1984 = Pauli Saukkonen: Mistä tyyli syntyy? [Woraus entsteht Stil?] Porvoo. Helsinki. Juva 1984.

Saukkonen 1986 = Pauli Saukkonen: Ammattikieli ja tyyli [Fachsprache und Stil]. In: Erikoiskielet ja käännösteoria. VAKKI-symposiumi VI. Vaasa 1986, 97−102.

Schröder 1987 = Hartmut Schröder: Kontrastive Textanalysen − Ein Projekt zur Erforschung des Zusammenhangs von Diskurs, Kultur, Paradigma und Sprache in argumentativen Fachtexten der Gesellschaftswissenschaften. In: Finlance. The Finnish Journal of Language Learning and Language Teaching VI. 1987, 145−173.

Suomen kirjallisuus = Suomen kirjallisuus 7 [Die Literatur Finnlands]. Hrsg. v. Matti Kuusi et al. Helsinki 1968.

Toikka 1980 = Maija-Liisa Toikka: Selvitys tieteellisen julkaisutoiminnan rakenteesta Suomessa vuosina 1962, 1972 ja 1976 [Klärung der Struktur der wissenschaftlichen Veröffentlichungen in Finnland in den Jahren 1962, 1972 und 1976]. Suomen Akatemian julkaisuja 12/1980. Helsinki 1980.

Toikka 1990 = Maija-Liisa Toikka: Kotimainen tieteellinen julkaisutoiminta: tilastomateriaali vuosilta 1962, 1972, 1976, 1981 ja 1986 [Inländische wissenschaftliche Veröffentlichungen: Statistisches Material aus den Jahren 1962, 1972, 1976, 1981 und 1986]. Suomen Akatemia [Akademie Finnlands] 15. 3. 1990. Unveröffentlichtes Material.

Outi Järvi / Mika Kallio / Hartmut Schröder, Vaasa

179. Die ungarischen Fachsprachen im 20. Jahrhundert und ihre Erforschung: eine Übersicht

1. Fachsprachenforschung und Fachsprachenpflege in Ungarn
2. Themen der ungarischen Fachsprachenforschung
3. Merkmale der ungarischen Fachsprachen
4. Sprachpolitik
5. Themen des ungarischen Fachsprachenunterrichts
6. Literatur (in Auswahl)

1. Fachsprachenforschung und Fachsprachenpflege in Ungarn

Die bewußte Bildung, Entwicklung und Pflege der Fachsprachen blicken in Ungarn auf historische Traditionen zurück. Wissenschaftler, Linguisten und Fachexperten befaßten sich mit der Erweiterung und Bereicherung der Fachsprachen in den verschiedenen Epochen unserer Geschichte allerdings mit wechselnder Intensität.

In den letzten Jahrzehnten des 18. und den ersten des 19. Jh.s entfaltete sich die erste landesweite Bewegung auf dem Gebiet der Pflege und Entwicklung der Fachsprachen im engen Zusammenhang mit der sprachgeschichtlich bedeutungsvollen Spracherneuerung. Die Schaffung der ungarischen Terminologie und des Vokabulars der verschiedensten Fachwissenschaften, die Verfeinerung des wissenschaftlich-technischen Stils, der lexikalischen, grammatischen und stilistischen Elemente wurden zur gemeinsamen nationalen Sache.

Dank der bis heute unschätzbaren Tätigkeit der Spracherneuerer und des Verlagswesens erschienen Dutzende von ein- oder mehrsprachigen Fach- und erläuternden terminologischen Wörterbüchern im wissenschaftlich-technischen Bereich sowie Publikationen und Artikel in Fachzeitschriften, die dazu beigetragen haben, daß unsere Fachsprachen und unsere wissenschaftlich-technische Prosa sowohl in terminologischer als auch in stilistischer Sicht das Niveau der in den Weltsprachen publizierten Schriften erreichen konnten.

Die wissenschaftlich-technische Entwicklung ab Mitte unseres Jahrhunderts gab der Fachsprachenforschung und -pflege in Ungarn starke Impulse. Der sprachliche Aspekt der wissenschaftlich-technischen Entwicklung kommt darin zum Ausdruck, daß parallel mit der Entwicklung der Wissenschaften und der modernen technischen Verfahren Tausende neue Begriffe bezeichnende Fachwörter erscheinen, die unser ganzes Leben prägen. Es wird offensichtlich, daß die Sprache mit dem beschleunigten Entwicklungstempo des wissenschaftlichen Denkens nicht leicht Schritt halten kann, wobei auch der fachliche Fortschritt darunter leidet, wenn die sprachliche Entwicklung hinter der gedanklichen zurückbleibt. Folglich ist die bewußte, planmäßige Pflege und Entwicklung der Fachsprachen eine gesamtnationale Aufgabe.

Unter den spezifischen lexikalischen, grammatischen und stilistischen Aufgaben der planmäßigen Fachsprachenpflege ist die auf einem einheitlichen Anforderungssystem beruhende, wissenschaftlich begründete Arbeit mit dem Wortschatz der Fachsprachen zur zwingenden Notwendigkeit geworden. Dabei ist es u. a. notwendig, gleichwertige Äquivalente der in den verbreitetsten Weltsprachen benutzten Fachtermini zu bilden oder aber fremde Fachwörter zu entlehnen, die den ungarischen Wortbildungs- und Flexionsgesetzen weitgehend entsprechen. Ohne die enge Zusammenarbeit zwischen den Experten der betroffenen Fachgebiete und den Linguisten und Sprachpflegern kann keine dieser beiden Aufgaben erfolgreich gelöst werden.

Auf dem Gebiet der Erforschung und Pflege der ungarischen Fachsprachen entstanden in den letzten drei bis vier Jahrzehnten bedeutende Ansätze und Ergebnisse. Aus der Feder von Róbert Kertes/Vilmos Ziegler, János Klár/Miklós Kovalovszky, László Grétsy/Imre Wacha und anderen erschienen bereits in den fünfziger Jahren wegweisende Studien. László Grétsys (1964) vortrefflicher Fachsprachenführer, seine wichtigen, theoretische und praktische Vorschläge enthaltenden Artikel, die übersetzungstheoretischen und übersetzungstechnischen Publikationen von Lóránt Tarnóczi (1966) sowie seine Handbücher, das Heft István Pusztais mit dem Titel „Die wichtigsten Probleme der Pflege unserer Fachsprache" (1973), seine sonstigen Werke, die Schrift István Czunis „Unsere Zeit und die Fachsprache" (1973) sind unter anderem wichtige Meilensteine der Fachsprachenforschung und -pflege in Ungarn.

Seit den siebziger Jahren ist die ungarische Fachsprachenforschung und -pflege nicht allein individueller oder kollektiver Versuch einzelner Wissenschaftler, Linguisten oder Fachleute, sondern eine gemeinsame Sache mit eigenen Foren. Die Fachsprachensektion der Ungarischen Gesellschaft für Sprachwissenschaften organisiert regelmäßig Vorträge, Konsultationen und Diskussionen, der Fachsprachenausschuß der Ungarischen Akademie der Wissenschaften zeigt Wege, bietet mit seiner theoretischen und praktischen Leitungstätigkeit, seinen Initiativen, Lesungen und den Publikationen seiner Mitglieder für die zeitgemäße Behandlung der Aufgaben der Terminologiewissenschaft und der Fachsprachenpflege konkrete Lösungen an. 1980 erschien in der Redaktion von István Csörögi und Ferenc Nagy die „Bibliographie der ungarischen Fachsprachenforschung", die 1727 Publikationen (Monographien, Wörterbücher, Studien usw.) enthält, einige von ihnen mit kürzeren oder längeren Annotationen bzw. Anmerkungen.

Als Werkstätten der Fachsprachenlinguistik und des Fachsprachenunterrichts sind die Fremdsprachenlehrstühle der Wirtschaftsuniversitäten und -hochschulen, d. h. der Wirtschaftsuniversität Budapest (BKE), der Hochschule für Handel und Gastgewerbe (KVFF) und der Hochschule für Außenhandel (KKF) zu betrachten. Die Außenwirtschaftslinguistik ist zu einer selbständigen Disziplin der Fachsprachenforschung geworden. An dieser Stelle muß hervorgehoben werden, daß sich an zahlreichen Fremdsprachenlektoraten der Universitäten und Hochschulen Keime der Fachsprachenforschung und -pflege entwickelt haben, vor allem im Zusammenhang mit dem Mikrowortschatz der in den betreffenden Anstalten unterrichteten Grund- und Fachgegenstände (Mathematik, Physik, Biologie, Bergbau, Maschinenbau, Hüttenwesen, Baukunst, Agrarwissenschaften, Medizin, Chemie, Lebensmittelindustrie usw.), in erster Linie auf dem Gebiet der Fachlehrwerkschreibung sowie des verstehenden synthetischen Lesens von Fachtexten. Im Hochschulwesen wird der Fachsprachenunterricht nach wie vor meistens in Englisch, Französisch, Deutsch und Russisch praktiziert; er bietet gute Möglichkeiten zu kontrastiven Betrachtungen während der Übung der Übersetzungstechnik innerhalb der sprachlichen Hierarchie (Morphem-, Wort-, Wortverbindungs-, Satz-, Absatz-, Textstufe).

Eine wertvolle Quelle vor allem der Fachsprachenpflege ist die Fachübersetzerausbildung an der Universität Miskolc (deren Rechtsvorgänger die Technische Universität für Schwerindustrie war), die 1974 an der Fakultät für Maschinenbau begonnen hat, und an den anderen beiden Universitäten Ungarns in Englisch, Deutsch und Russisch auch heute fortgesetzt wird. Die an der Fachübersetzerausbildung teilnehmenden Studenten erhalten in ihrem ursprünglichen Fach (Maschinenbau, Agraringenieurwesen, Gartenbau, Physik, Mathematik, Chemie usw.) aufgrund eines speziellen Lehrplans 10 Semester lang erweiterten Sprachunterricht und legen in der gewählten Sprache eine Prüfung ab. Im Falle einer erfolgreichen Staatsprüfung erhalten die an der Fachübersetzerausbildung teilnehmenden Studenten außer ihrem Fachdiplom (Ingenieur usw.) auch einen Fachübersetzerabschluß. Die Pflege der Terminologie und der Fachsprachen eignen sie sich im Rahmen spezieller Gegenstände und praktischer Beschäftigungen an (Übersetzungstechnik, allgemeine und fachsprachliche Konversation, Dolmetschen, Sprachrichtigkeit, Stilübungen). Auf diese Weise werden sie zu qualifizierten Sprachpflegern ihres Fachbereiches.

Effiziente Foren der Fachsprachenforschung und -pflege sind in Ungarn Konferenzen der angewandten Sprachwissenschaft, Symposien, Lesungen, verschiedene Veranstaltungen, wie z. B. die „Woche der ungarischen Sprache", die sich unter anderem auch mit fachsprachlichen Themen beschäftigt, in erster Linie auf populärwissenschaftlichem Niveau.

Die Aufgaben, Probleme und Ergebnisse der Fachsprachenforschung und -pflege werden teilweise auch durch Konferenzen, Studien und ausgewählte Schriften vermittelt, wie z. B. die Sprachpädagogischen Schriften, die Lingua-Reihen (Wirtschaftsuniversität Budapest), die FOLIA PRACTICO-LINGUISTIK (Technische Universität Budapest), die unter dem Obertitel THEORIE UND METHODE mit verschiedenen Titeln publizierten Bände (Hochschule für Außenhandel), die Übersetzungstheoretischen Hefte (Herausgegeben von der Übersetzungstheoretischen Sektion im Rahmen des Arbeitsausschusses für Angewandte Linguistik der Ungarischen Akademie der Wissenschaften) und zahlreiche andere Schriften der Universitäten und Hochschulen. Oft wurden nationale Veranstaltungen speziell auf dem Gebiet der Fachsprachenforschung und -pflege organisiert, z. B. in Miskolc unter folgenden Titeln: Moderner Fachsprachenunterricht (1971). Die Anwendung der Fremdsprachen und der Linguistik in der Industrie (1973). Sprache und Fachkenntnisse (1975). Fachsprachenforschung − Fachsprachenpflege (1977). Fachsprachenforschung − Fachsprachenunterricht (1979). Wirtschaftlich-technische Entwicklung − Linguistik − Fachsprachenunterricht (1982). Theorie und Praxis der sprachlichen Vermittlung (1984). Sprache − Stil − Gattungen (1986). Seit ihrer Gründung im Jahre 1872 ist die Zeitschrift „Magyar Nyelvőr" ein wichtiges Forum und sensibles Barometer der ungarischen Fachsprachenforschung und -pflege. In dieser anspruchsvollen Zeitschrift werden unter anderem wissenschaftliche Aufsätze und Studien zum Thema Fachsprachenforschung und -lehre veröffentlicht, die grundlegende Fragen behandeln, die wichtigsten Richtungen der Fachsprachenforschung und -pflege kurz- und langfristig bestimmen, Stellung nehmen z. B. zum Gebrauch von Fremdwörtern, zur Theorie und Praxis des Schreibens von Wörterbüchern, zur Pflege der technischen Fachsprachen, zur Beziehung zwischen den Fachsprachen und der Umgangssprache und zu allen diesbezüglich ungelösten Fragen. Die einzelnen Nummern der „Nyelvőr Füzetek" (Sprachpflegehefte) haben der bisherigen ungarischen Fachsprachenforschung und -lehre einen großen Dienst erwiesen.

2. Themen der ungarischen Fachsprachenforschung

2.1. Beschreibung der Fachsprachen

In diesem Rahmen wurden vor allem folgende Phänomene untersucht:

(a) Phonetik, Morphologie und Syntax der Fachsprachen;
(b) die wichtigsten Strömungen der Terminologiewissenschaft;
(c) Semantik der Fachsprachen;
(d) Stil und Pflege der Fachsprachen vor allem unter dem Aspekt der funktionalen Stile (Umgangssprache, Publizistik, Wissenschaft und Technik, Amtssprache, Belletristik);
(e) Probleme der Übersetzung oder Entlehnung von allgemein anerkannten terminologischen Internationalismen.

2.2. Entstehung und Geschichte der Fachsprachen

Hier konzentrierte sich die Aufmerksamkeit auf:

(a) historische phonetische, morphologische und syntaktische Fragen der Fachsprachen;
(b) Entwicklungsprobleme der Wortschatzlehre im Bereich der Fachsprachen;
(c) historische Statistik unserer Fachsprachen;
(d) das Verhältnis unserer Fachsprachen zu den internationalen Fachtermini (Internationalismen), empfohlene Methoden der Übersetzung von Internationalismen ins Ungarische.

2.3. Theoretische und praktische Fragen der Fachsprachenforschung und -lehre

In diesem Bereich gab es folgende Schwerpunkte:

(a) Eigenart der Fachsprachen hinsichtlich der Wortschatz- und Wörterbuchlehre;
(b) Schaffung ein- und mehrsprachiger Fachwörterbücher in allen wichtigen Bereichen der Gesellschaftswissenschaften, der Technik und der angewandten Wissenschaften;
(c) Fortsetzung von speziellen terminologischen Forschungen im allgemeinen und in einzelnen Fachbereichen;
(d) Erweiterung der phonetischen, morphologischen und syntaktischen Forschungen zu den Fachsprachen;
(e) Untersuchung phraseologischer und stilistischer Besonderheiten der Fachsprachen;
(f) Veröffentlichung von Berichten, Informationen und Zusammenfassungen über die Tätigkeit von Fachsprachenforschungs- und Fachsprachenpflegeteams.

Unsere bisherigen Erfahrungen zeigen, daß die besten Ergebnisse in der Fachsprachenforschung und -pflege vor allem von Experten mit guten Fachkenntnissen und gründlichen Sprachkenntnissen erzielt wurden. Es erübrigt sich zu betonen, daß Linguisten allein nicht in der Lage sind, die terminologischen Probleme zu lösen, da der größte Teil dieser Probleme in den Bereich der Erforschung und Pflege wissenschaftlicher Begriffssysteme gehört.

Deshalb entstand in Ungarn zwischen sachkundigen Fachleuten und Linguisten, insbesondere den Kennern der angewandten Linguistik, eine fruchtbare Zusammenarbeit auf dem Gebiet der Fachsprachenforschung und -lehre. Da es in Ungarn noch keine reguläre terminologiewissenschaftliche Ausbildung gibt, müssen sich alle, die sich mit terminologischen Fragen beschäftigen, in der Philosophie, Logik, Linguistik sowie in ihrer Fachwissenschaft und in ihrem Beruf besonders gut auskennen. Weil aber auf dem heutigen Niveau der Spezialisierung diesen Anforderungen kaum jemand entsprechen kann, ist die planmäßige, enge, interdisziplinäre Zusammenarbeit zwischen den auf verschiedenen Fachgebieten tätigen Fachleuten unerläßlich. Die in den zuständigen Fachausschüssen tätigen Terminologen und Wörterbuchverfasser müssen bedeutende Aufgaben lösen, zum Beispiel auf dem Gebiet der Schaffung zusammenhängender Begriffssysteme, des Operierens mit Begriffen und den ihnen entsprechenden Termini, ihrer Definition und Abgrenzung.

Die Linguisten können den Vertretern der einzelnen Wissenschaften oder Fachbereiche wertvolle Hilfe leisten, z. B. mit der sprachlichen Erschließung der zu untersuchenden Fachbereiche, mit dem Sammeln von Fachwortschätzen, mit der Konzipierung und Herausgabe von Fachwörterbüchern, mit der Evaluierung der Eigenschaften von Fachwörtern, wie Kürze, Einfachheit, Verständlichkeit. Sie können die Aufmerksamkeit auf die Aspekte der Sprachrichtigkeit und der Rechtschreibung lenken, den Wortschatz einer Wissenschaft oder eines Fachbereichs filtern, standardisieren und ins Ungarische übertragen (vgl. László Grétsy: Unser Leben und die Fachwörter. Népszabadság 28. 4. 1972).

Die Untersuchung der strukturell-semantischen Eigenarten der ungarischen Fachtermini sowie die sorgfältige Prüfung der Strukturtypen der aus Wortverbindungen bestehenden Fachwörter gehören ebenfalls in den Aufgabenbereich der Sprachwissenschaftler.

3. Merkmale der ungarischen Fachsprachen

Ähnlich wie in den Sprachen der indoeuropäischen und anderen Sprachfamilien werden die strukturellen Ausdrucksmittel der Fachwörter im Ungarischen in zwei große Gruppen geteilt:

(1) Sprachliche Ausdrucksmittel
Hierzu gehören folgende Typen der Fachtermini:
(a) Stammwörter: z. B.: *híd* (Brücke), *csukló* (Gelenk), *mag* (Kern), *hô* (Wärme);
(b) Neubildungen: z. B. *aprítás* (Zerkleinerung), *átemelés* (Ausheben), *erôsítô* (Verstärker);
(c) zusammengesetzte Wörter: z. B.: *erôgép* (Kraftmaschine), *ércdúsítás* (Erzaufbereitung), *hangsebesség* (Schallgeschwindigkeit), *rádióhullám* (Radiowelle);
(d) fachterminologische Wortverbindungen, d. h.
(i) Fachwörter aus freien Wortverbindungen, z. B.: *kezdeti külpontosság* (Anfangsexzentrizität), *viszonylagos külpontosság* (Relativexzentrizität), *kvantumelmélet* (Quantentheorie), *kvantummechanikai fogalmazás* (quantenmechanische Formulierung);
(ii) Fachwörter aus Adjektiv+Substantiv-Verbindungen, z. B.: *barnaszén* (Braunkohle), *feketeszén* (Steinkohle [wörtlich: schwarze Kohle]), *fejtôkalapács* (Kohlenhammer), *fejtôvájár* (Ortshauer), *kéziforgattyú* (Handkurbel), *vágósaru* (Schneideschuh);
(iii) Fachtermini phraseologischen Charakters, z. B.: *szélrózsa* (Windrose), *verôkos* (Stampfer), *kábelsaru* (Kabelschuh), *csuklófa* (durchlaufendes Quetschholz), *fejvonal* (Kopflinie);
(iv) satzförmige Fachtermini, z. B. militärische Kommandowörter: *Pihenj!* (Stillgestanden!), *Vigyázz!* (Habt acht!), *Oszolj!* (Abtreten!),
(v) von Eigennamen stammende Fachtermini: *Pitagorász-tétel* (pythagoreischer Lehrsatz), *euklidészi geometria* (euklidische Geometrie).

(2) Nichtsprachliche Ausdrucksmittel
Zu dieser Gruppe gehören die in den verschiedensten Wissenschaften benutzten Zeichen, Zahlen, graphischen Symbole, wie z. B. ⊥ für *vertikal*, " für *parallel*, Tm für *Manipulationszeit*.

Bei der Untersuchung der lexikalischen Eigenart der Fachtermini müssen die Linguisten der Polysemie, Homonymie, Synonymie und Antonymie als natürlichen semantischen Prozessen besondere Aufmerksamkeit widmen, weil auch die Fachtermini von ihnen nicht unbeeinflußt bleiben.

Hier einige Beispiele für die Polysemie: Der Bedeutung des englischen Wortes „engine" entsprechen mindestens drei ungarische Wörter: *gép, motor, mozdony*. Die Bedeutungen des deutschen Wortes „Lager" sind im Ungarischen *csapágy* (Maschinenbau), *lelôhely, réteg* (Geologie), *talpgerenda, ászok, vánkosfa* (Bergbau). Die Homonyme entstehen in den terminologischen Systemen aus der Überentwicklung bzw. Auseinanderentwicklung der Polysemie. Solche Fachwörter sind z. B. „Reaktion", das in der Chemie, Physiologie, Philosophie sowie auch in der Politik gebraucht wird. Das Wort „Donor" wird in der Chemie, der Medizinwissenschaft, der Atomphysik und der Bakteriologie gebraucht.

Häufige Quellen der in den terminologischen Systemen auftauchenden Homonyme sind die Metaphorik und die Metonymie, d. h. die Bedeutungsänderung eines umgangssprachlichen Wortes. Solche Fachwörter sind z. B. *körte* (Birne), *saru* (Schuh), *persely* (Büchse), *villa* (Gabel), *lapát* (Schaufel), *láb* (Fuß), *betörés* (Einbruch).

Es ist allgemein bekannt, daß die Synonymie in den terminologischen Systemen eine unerwünschte Erscheinung ist. Die unerwünschte Doppelheit kann im allgemeinen durch die internationale Standardisierung der Fachwörter, innerhalb einzelner Wissenschaften und Produktionsbereiche durch empfohlene und nicht empfohlene Fachwörter verdrängt werden, was allerdings eine Sisyphusarbeit ist, weil die Entstehung von Fachwörtern eine natürliche Folge der steigenden Zahl der Fachsprachen ist. Die Ursache der Entstehung zahlreicher Fachwörter mit ähnlicher Bedeutung im Ungarischen ist die Entlehnung vieler Internationalismen. Die Dubletten bleiben in unseren Fachsprachen lebendig, bis ein neues ungarisches Wort, eine Variante statt des Fremdwortes entsteht, z. B. feedback = *visszacsatolás*, display = *képernyô*, input = *bemenet*, off-line = *vonalon kívüli*, on-line = *vonalban*. Antonyme, als Wörter mit gegensätzlicher Bedeutung, kommen unter den Fachtermini noch öfter vor, da Vergleich und Gegenüberstellung grundlegende Operationen des Denkens sind. Deshalb sprechen wir über *positive* und *negative Erscheinungen, Toxin* und *Antitoxin, Makro-*

und *Mikrokosmos*, *These* und *Antithese*, *Biotikum* und *Antibiotikum* usw.

In den terminologischen Systemen zahlreicher Sprachen sind eigenartige Abkürzungstendenzen nachgewiesen worden; deshalb ist es vor allem aus übersetzungstechnischer Sicht besonders wichtig, die semantische Struktur und die Rechtschreibung der Abkürzungen gründlich zu untersuchen, einheitliche sprachliche Regeln für die rapide steigende Zahl der Abkürzungen auszuarbeiten. Abkürzungstendenzen sind auch in den ungarischen Fachwortschätzen zu beobachten, z. B. *vibrációs fúrás* − *vibrofúrás* (Vibrationsbohrung − Vibrobohrung). Bei der Untersuchung der Abkürzungen sollten die Buchstabenabkürzungen, „verstümmelten" Wörter, Mosaikwörter, Symbole usw. berücksichtigt werden. Dabei ist zu beachten, daß man im Ungarischen gern englischen, französischen und deutschen Varianten folgt, wenn auch nicht in jedem Fall, z. B.: ALH = ACTA LINGUISTICA ACADEMIAE SCIENTIARUM HUNGARICAE (Zeitschrift). DIE NATO = *North Atlantic Treaty Organization* heißt auch im Ungarischen NATO, während die UNO = *United Nations Organization* mit dem ungarischen Kurzwort ENSZ ausgedrückt wird. *Weltfriedensrat* wird mit dem ungarischen Kurzwort BVT (*Békevilágtanács*) übersetzt. Die Untergrundbahn wird im Deutschen mit *U-Bahn* übersetzt, während man im Ungarischen einfach *Metro* sagt. Die folgenden grammatischen Fachwörter werden ebenfalls mit lateinischen Anfangsbuchstaben wiedergegeben: P (Prädikat), O (Objekt), S (Subjekt), V (Verb) usw.

Die Problematik der natürlichen Mobilität der Fachwörter ist auch im Ungarischen eine zum Teil linguistische Frage. Wegen der Integrationsprozesse zwischen verschiedenen Wissenschaftsgebieten ist die wechselseitige Migration der Fachwörter der einzelnen terminologischen Systeme eine Gesetzmäßigkeit. Die Migration der Fachwörter hat meistens zur Folge, daß ihre Bedeutung im anderen Wissenschaftsgebiet durch zusätzliche Merkmale bzw. auch emotionale Färbung bereichert wird. Deshalb können wir z. B. in der Computertechnik über *Computer der dritten Generation, Schlankheit, doppelarmigen Hebel, Lochung, Raster, Tank, Verdichtung* usw. sprechen.

Die Fachwörter sollten theoretisch von jeder expressiven und emotionalen Färbung frei sein. Dies ist der Fall in der Regel in den terminologischen Wörterbüchern, nicht aber im lebendigen Sprachgebrauch. Wie genau, streng, sachlich und inhaltsbezogen der wissenschaftlich-technisch-funktionale Stil auch sein mag, so rechnet er doch auch auf die Ausdruckskraft der Sprache. Fachwörter, wie *Tellerbohrer, Seilschelle, Aufnahmekopf, Aufsatzschlüssel, Bohrmast, Zementmilch* sind auch in unseren Tagen äußerst lebensfähig.

4. Sprachpolitik

Die Stellungnahme der Ungarischen Akademie der Wissenschaften zum Gebrauch der Fremdwörter war ein Meilenstein in der Geschichte der Fachsprachenforschung und -lehre in Ungarn. Sie wurde nach einer besonders gründlichen und vielseitigen Vorbereitungsarbeit im Jahre 1976 veröffentlicht. Bei der Gestaltung der Stellungnahme spielten der Ausschuß für Linguistik, der Ausschuß für Muttersprache und der Ausschuß für Fachsprachen der Ungarischen Akademie der Wissenschaften die ausschlaggebende Rolle. Diese Vorlage hat die Ursachen und Folgen der Verbreitung von Fremdwörtern in fünf Problemgruppen behandelt und an die Öffentlichkeit des Landes gebracht.

(1) Sie wies darauf hin, daß das Eindringen der Fremdwörter auf dem Gebiet der Fachwissenschaften eine natürliche Erscheinung, ein Ergebnis der weltweiten wissenschaftlich-technischen Entwicklung ist; wir müssen uns aber bei ihrer Übernahme bemühen, sie, wenn möglich, durch ungarische Wörter zu ersetzen.
(2) Sie betonte nachdrücklich, daß unsere Fachleute und Fachübersetzer die Fremdwörter sehr häufig aus Bequemlichkeit benutzen und nicht die Energie aufbringen, ein ungarisches Äquivalent zu suchen.
(3) Viele Fachleute sind geneigt, mit ihren Fachkenntnissen bzw. Fremdsprachenkenntnissen zu glänzen, ihren Fachdünkel spüren zu lassen und aus diesem Grunde mit Vorliebe Fremdwörter zu gebrauchen.
(4) Die Analyse hat gezeigt, daß der kritiklose Gebrauch der Fremdwörter bei unseren Fachleuten oft auf Mängel in der muttersprachlichen Bildung zurückzuführen ist.
(5) Die Vorlage hob hervor, daß „Verblendung für die Ganzheit unserer Sprachpflege nie charakteristisch war, und schon gar nicht in unseren Tagen". Wenn wir die Entwicklung und Verfeinerung unserer Sprache im Sinne haben, führt uns keinerlei nationalistische oder chauvinistische Absicht. Wir haben uns die Klarheit, Genauigkeit, Fachlichkeit und das allgemeine Interesse sowie die Sicherung des sprachlichen Demokratismus zum Ziel gesetzt.

Die Stellungnahme der Akademie der Wissenschaften zum Gebrauch der Fremdwörter wurde von der fachlichen wie von der nichtfachlichen Öffentlichkeit verständnisvoll aufgenommen.

5. Themen des ungarischen Fachsprachenunterrichts

Bei der vielseitigen Untersuchung des wissenschaftlich-technischen Stils haben die funktional orientierten syntaktischen Forschungen besonders seit den 80er Jahren einen großen Aufschwung genommen. Die „Hochburg" der Forschungen ist die Arbeitsgruppe für Ungarische Sprache des Sprachinstituts der Budapester Technischen Universität. Ausgezeichnete Möglichkeiten für derartige Forschungen bot der Unterricht des Ungarischen als Fremdsprache für die an den ungarischen technischen Universitäten und Hochschulen studierenden ausländischen Studenten, sowohl unter theoretischem als auch unter methodischem Aspekt. Edit Kigyóssy und András Szôllôssy-Sebestyén haben sich um die Organisation und Leitung der Forschungsarbeiten große Verdienste erworben.

Die Mitarbeiter der Arbeitsgruppe für Ungarische Sprache haben Landeskonferenzen über den Unterricht des Ungarischen als Fremdsprache organisiert und ihre Forschungsergebnisse u. a. in der Zeitschrift FOLIA PRACTICO − LINGUISTICA veröffentlicht. Im Vordergrund ihrer Forschungen standen in erster Linie folgende Fragen:
(1) Durchsetzung des satzzentrierten Sprachunterrichts und des grammatischen Stoffes (András Aradi, György Hell);
(2) angewandte Grammatik und Sprachunterricht (Edit Kigyóssy);
(3) satzwertige Strukturen in der ungarischen technischen Sprache; sprachliche Mittel der Komprimierung; Nominalisation (Katalin Fodor);
(4) der Infinitiv und seine Strukturen; die grammatischen, lexikalischen und stilistischen Funktionen der Partizipkonstruktionen in der ungarischen Sprache der Technik (Katalin Fodor, Zoltán Stark, András Aradi);
(5) die Rolle des Ungarischen als Fremdsprache im technischen Hochschulunterricht, einschließlich zahlreicher lexikalischer, grammatischer, stilistischer und unterrichtsmethodischer Fragen (András Szôllôssy-Sebestyén).

6. Literatur (in Auswahl)

Bakos 1984 = Ferenc Bakos: Idegen szavak és kifejezések szótára (Fremdwörterbuch). Budapest 1984.

Baló 1974 = József Baló: Logika. Budapest 1974.

Bilderlexikon 1989 = Bilderlexikon für Studenten. Budapest 1989.

Bíró 1989 = Ágnes Bíró (Hrsg.): Szaknyelvi divatok (Moden in den Fachsprachen). Budapest 1989.

Bradean-Ebinger 1987/94 = Nelu Bradean-Ebinger (Hrsg.): Lingua 803. Deutsch 1−7. Budapest 1987/94.

Czuni 1973 = István Czuni: Korunk és a szaknyelv (Unser Zeitalter und die Fachsprache). Magyar Nyelvőr 1973/4.

Csörögi/Nagy 1980 = István Csörögi/Ferenc Nagy (Hrsg.): A magyar szaknyelvkutatás bibliográfiája (Bibliographie der ungarischen Fachsprachenforschung). Budapest 1980.

Danilenko 1971 = Valerija P. Danilenko: Leksikosemantičeskie osobennosti slov-terminov. Moskva 1971.

Deme 1971 = László Deme: Nyelv és nyelvészet a tudományos-technikai forradalom idején (Sprache und Linguistik während der wissenschaftlich-technischen Revolution). Magyar Nyelvőr 1971/4.

Fábián 1977 = Pál Fábián: Az idegen szavak kérdése (Fragen zu Fremdwörtern). In: Nyelvművelésünk fő kérdései (Die wichtigsten Fragen unserer Sprachpflege). Hrsg. v. Lajos Lőrincze. Budapest 1977.

Fábián/Szathmári/Terestyéni 1974 = Pál Fábián/István Szathmári/Tamás Terestyéni: A magyar stilisztika vázlata (Skizze der ungarischen Stilistik). Budapest 1974.

Fülei-Szántó 1980 = Endre Fülei-Szántó: A gazdasági nyelvészet lehetőségei (Möglichkeiten der Wirtschaftslinguistik). In: Gárdus/Sipos/Sipőczy 1980.

Gárdonyi 1964 = Sándor Gárdonyi: Zum Bedeutungswandel in der Bergmannssprache. Acta Linguistica IX. 3−4. 1964, 360−374.

Gárdus/Sipos/Sipőczy 1980 = János Gárdus/Gábor Sipos/Győző Sipőczy (Hrsg.): Szaknyelvkutatásszaknyelvoktatás. Az országos alkalmazott nyelvészeti konferencia anyagából (Fachsprachenforschung − Fachsprachenunterricht. Aus dem Material der nationalen Konferenz für angewandte Sprachwissenschaft und Sprachunterricht). Budapest 1980.

Gonda 1989 = Irén Gonda: Neue Termini der Reform des ungarischen Wirtschaftsmechanismus. In: Lingua 803. Deutsch 3/1989, 122−131.

Grétsy 1964 = László Grétsy: Szaknyelvi Kalauz (Fachsprachenführer). Budapest 1964.

Grétsy 1975 = László Grétsy: A nyelvészet és a szaknyelvek (Die Linguistik und die Fachsprachen). Budapest 1975.

Grétsy/Wacha 1961 = László Grétsy/Imre Wacha: A műszaki nyelv művelése (Die Pflege der technischen Sprache). In: Nyelvőr Füzetek. Budapest 1961.

Hegedűs 1972 = József Hegedűs: Szakszöveg és szóbeliség: a szaknyelvoktatás elvi és gyakorlati kérdéseiről (Fachtexte und Mündlichkeit: zu den theoretischen und praktischen Fragen des Fachsprachenunterrichts). Budapest 1972.

Kis 1986 = Ádám Kis (Hrsg.): Mi micsoda a számítástechnikában (Wie heißt das in der EDV-Technik). Budapest 1986.

Klár/Kovalovszky 1955 = József Klár/Miklós Kovalovszky: Műszaki-tudományos terminológiánk alakulása és fejlesztésének főbb kérdései (Die Herausbildung unserer wissenschaftlich-technischen Terminologie und die wichtigsten Fragen ihrer Entwicklung). Budapest 1955.

Kovács 1978/91 = Ferenc Kovács (Hrsg.): Nyelvpedagógiai írások I–XIII (Sprachpädagogische Schriften). Budapest 1978/91.

Kovalovszky 1977 = Miklós Kovalovszky: Nyelvfejlődés – nyelvhelyesség (Sprachentwicklung – Sprachrichtigkeit). Budapest 1977.

Lőrincze 1977 = Lajos Lőrincze (Hrsg.): Nyelvművelésünk főbb kérdései (Die wichtigsten Fragen unserer Sprachpflege). Budapest 1977, 81–100.

Magyar 1987/94 = Miklós Magyar (Hrsg.): Lingua English, Français, Español, Russky 1–7. Budapest 1987/94.

Nagy 1970 = Gábor O. Nagy: Szótártípusok (Wörterbuchtypen): In: Magyar Nyelv 1970, 135–146.

Papp 1954 = Antal Papp: Tudományos nyelvünk magyartalanságai (Unrichtigkeiten der ungarischen wissenschaftlichen Sprache). Budapest 1954.

Pongrácz 1985 = Judit Pongrácz: A külgazdasági szaknyelv és nyelvészeti leírásának útjai (Fachsprache der Außenwirtschaft und die Wege ihrer linguistischen Beschreibung). In: Magyar Nyelvőr 1985, 470–478.

Pusztai 1973 = István Pusztai: Műszaki nyelvművelésünk legfőbb problémái (Die wichtigsten Probleme der Pflege unserer technischen Sprache). Budapest 1973.

Szabó 1861 = József Szabó: Magyarítás a természettudományokban s különösen annak gyakorlati jelentősége (Übersetzung ins Ungarische in den Naturwissenschaften, besonders deren praktische Bedeutung). Pest 1861.

Tarnóczy 1966 = Lóránt Tarnóczy: Fordítástechnika (Übersetzungstechnik). Budapest 1966.

Tarnóczy 1966/72 = Lóránt Tarnóczy: A magyar szaknyelvekről (Über die ungarischen Fachsprachen). Budapest 1966/1972.

Terminologičeskij slovar' 1970 = Terminologičeskij slovar' po geologorazvedočnomu bureniju. Warszawa 1970.

Tompa 1964 = József Tompa: Nyelvünk jellegzetességeinek védelme a műszaki nyelvben (Zum Schutz der Besonderheiten unserer Sprache der Technik). Budapest 1964.

Varga 1969 = Dénes Varga (Hrsg.): Dokumentáció és nyelvészet (Dokumentation und Linguistik). Budapest 1969.

Biró/Grétsy/Kemény 1978 = Ágnes W. Biró/László Grétsy/Gábor Kemény: Hivatalos nyelvünk kézikönyve (Handbuch unserer Amtssprache). Budapest 1978.

Nelu Bradean-Ebinger, Budapest
János Gárdus †, Miskolc

180. Die chinesischen Fachsprachen im 20. Jahrhundert und ihre Erforschung: eine Übersicht

1. Einleitung
2. Fach, Sprache und Soziokultur
3. Lexik und Wortbildung der Terminologie
4. Fremdwörter und fremde Einflüsse
5. Syntaktisch-stilistische Charakteristika
6. Fachtexte und Fachtextsorten
7. Literatur (in Auswahl)

1. Einleitung

Die Bezeichnung *keji yuyan* weist im Chinesischen ein Kompositum aus „Wissenschaft/Technik" und „Sprache" aus, wobei mit Wissenschaft fast immer die Naturwissenschaft gemeint ist. Die dadurch ausgedrückte Akzentuierung entspricht dem allgemeinen Problembewußtsein wie auch den Forschungsinteressen. Für die Bezeichnung wie *special languages* im Englischen oder *Fachsprachen* im Deutschen, die den Gegenstandsbereich extensional für diverse Fachgebiete offenläßt, kennt man im Chinesischen keine direkte Entsprechung. Die in sprachwissenschaftlichen Publikationen gelegentlich anzutreffenden Bezeichnungen wie *zhuanmen yuyan* oder *zhuanye yuyan* sind eher Analogiebildungen nach englischem bzw. deutschem Vorbild und bleiben außerhalb eines kleinen Forscherkreises weitgehend unbekannt (vgl. Liang/Quian 1991, 34 f). Nur vereinzelt findet man Untersuchungen zur Sprachverwendung in weiteren Kommunikationsbereichen, wie etwa in

Rechtssprache, Medizinsprache, Kaufmannssprache etc. Immer stärker in Erscheinung getreten ist in jüngster Zeit die *jingji yuyan* [Wirtschaftsfachsprache], die — wie die naturwissenschaftlich-technischen Fachsprachen — oft im Zusammenhang mit der Fachübersetzung und dem Fremdsprachenerwerb thematisiert wird. Damit eng verbunden ist eine weitere deutliche Tendenz, daß den sog. *keji waiyu* [Fremdsprachen für Wissenschaft und Technik] viel mehr Aufmerksamkeit gewidmet wird als den muttersprachlichen Problemen im fachlichen Handeln. Es steht eine ungleich große Fülle von Publikationen, vor allem Lehrbüchern, für den fachbezogenen Fremdsprachenunterricht zur Verfügung, ein Phänomen, das die Entwicklung der Wissenschaft, Technik und Wirtschaft in China vor allem in den letzten fünfzehn Jahren und die damit verbundenen Kommunikationsbedürfnisse widerspiegelt.

Zur Beschreibung und Charakterisierung der chinesischen Fachsprachen können die bisherigen Forschungstätigkeiten in China noch keine befriedigenden Ergebnisse und Erkenntnisse liefern. Es fehlt vor allem an systematischen und wissenschaftlich fundierten Darstellungen des Chinesischen als Fachsprache. Die wenigen linguistischen Arbeiten, in denen fachsprachliche Probleme diskutiert werden, zerstreuen sich in Publikationen verschiedener Disziplinen, vorrangig der Soziolinguistik, der Stilistik und nicht zuletzt der anwendungsorientierten Fächer wie Übersetzungswissenschaft, Fachlexikographie und Fremdsprachendidaktik. Es ist deshalb nur bedingt möglich, einen Überblick über die chinesischen Fachsprachen und ihre Erforschung in unserem Jahrhundert zu geben. Die folgenden, notgedrungen stark verkürzten Ausführungen konzentrieren sich demzufolge auf einige lexikalische, syntaktisch-stilistische und textuelle Merkmale der heutigen chinesischen Fachsprachen. Dabei wird versucht, diese fachsprachlichen Merkmale im Zusammenhang mit ihrem Sprachsystembezug und ihren pragmatischen Aspekten sowie im Hinblick auf ihre historischen und soziokulturellen Dimensionen darzustellen.

2. Fach, Sprache und Soziokultur

Betrachtet man Fachsprache als „Variante der Gesamtsprache" (Möhn/Pelka 1984, 26), die „eine besondere kommunikativ und inhaltlich determinierte Auswahl sprachlicher Mittel aus dem Gesamtbestand der Sprache" (Hoffmann 1985, 47) darstellt, so müssen sich auch die Fachsprachen im Chinesischen der von dem chinesischen Sprachsystem allgemein zur Verfügung gestellten Möglichkeiten und Mittel bedienen, um den schnell wachsenden kommunikativen Bedürfnissen in der Fachwelt Rechnung zu tragen.

Die Entwicklung der chinesischen Fachsprachen in unserem Jahrhundert wird von einer Reihe tiefgreifender Veränderungen des chinesischen Sprachsystems begleitet. Zur Jahrhundertwende und vor allem mit der 4. Mai-Bewegung 1919 begann in China erstmals eine umfassende Sprachreformbewegung, die das Sprachsystem und auch die Sprachverwendung seither in verschiedenster Hinsicht zu Erneuerungen geführt hat:

— Anerkennung und Popularisierung der Umgangssprache, in der auch die Literatur in allgemein verständlicher Weise verfaßt wird, statt der nur einem exklusiven Gelehrtenkreis vorbehaltenen klassischen Schriftsprache;
— Einführung und Etablierung der modernen Hochsprache *putong hua* [„allgemeine Sprache", im Westen auch „Mandarin" genannt] zur Überwindung der durch zahlreiche Dialekte verursachten Verständigungsprobleme in der mündlichen Kommunikation;
— Übergang von einer monosyllabischen (einsilbigen) zu einer zwei- bzw. mehrsilbigen Sprache;
— Sprach- und vor allem Schriftreform zur Vereinfachung bzw. Verbesserung der Erlernbarkeit der chinesischen Schrift;
— Annäherung an die internationalen Entwicklungen in der Sprachverwendung.

Diese Erneuerungen sind Teil eines gesellschaftlichen Umwandlungsprozesses, der auch die Bildung und Entwicklung der chinesischen Fachsprachen mit bestimmt hat.

Die modernen chinesischen Fachsprachen werden zu einem guten Teil durch den Wissens- und Technologietransfer aus dem Westen geprägt, dieser wiederum wird häufig zwangsläufig von einer Art fremdkulturellem Kategorientransfer begleitet, der mit der chinesischen Soziokultur nicht immer in Einklang gebracht werden kann (Liang 1993, 162). So wird Chinesisch als Fachsprache oft auch als ein kulturelles Problem thematisiert. In der Tat wird in China gerade durch die Einführung moderner Wissenschaften und Technologien eine gesellschaftliche Diskussion über die Beziehung zwischen Wissenschaft und Kultur bzw. zwischen „Traditionalisierung" und „Modernisierung" via „Verwestlichung" in Gang gebracht, die in China seit Anfang dieses Jahrhunderts bis in die heutige Zeit nie aufgehört hat. Auch die sprachwissenschaftliche Forschung wird durch diese Diskussion stark beeinflußt (vgl. Shen 1987, 156 ff). Dabei wird z.B. wiederholt die Frage gestellt, ob die chinesische Sprache überhaupt in der Lage sei, Entwicklungen der modernen Wissenschaften und Technologien sprachlich zu bewältigen.

Der Zweifel an der Leistungsfähigkeit der chinesischen Sprache betrifft insbesondere folgende Punkte:

— Die heutige chinesische Hochsprache verfügt nur über einen Vorrat von wenig mehr als 400 unterscheidbaren Silben. Obwohl die einzelnen Silben durch die vier verschiedenen Tonlagen des gesprochenen Chinesisch vervielfacht werden können, gibt es immer noch zu wenig Laute im Chinesischen im Hinblick auf die Entwicklung einer wissenschaftlichen Terminologie (vgl. Needham 1988, 25).

— Die chinesische Schrift wird oft als ein Hemmnis der sozioökonomischen und wissenschaftlichen Entwicklung angesehen. Die Hauptbegründung hierfür ist die fehlende Ökonomie durch das übergroße Repertoire von mehr als 60 000 Schriftzeichen, das ihre Memorierung erschwert und dadurch auch ihre Erlernbarkeit beeinträchtigt (vgl. Coulmas 1991, 56 ff). Vor diesem Hintergrund wird seit Beginn dieses Jahrhunderts sowohl von chinesischen als auch von westlichen Intellektuellen wiederholt dazu aufgefordert bzw. versucht, die Latinisierung einzuführen bzw. die chinesische Schrift abzuschaffen (vgl. Shen 1987, 157 f). Vor allem mit der massenhaften Verbreitung der computerisierten Informationstechnologien sehen manche den Zeitpunkt gekommen, das chinesische Schriftsystem wegen seiner schweren und eine Zeit lang gar für unmöglich gehaltenen Verarbeitbarkeit durch die Maschinen radikal und konsequent zu verändern bzw. durch *pinyin wenzi* [Alphabet-Schrift] zu ersetzen.

— Die chinesische Sprache kennt keine Flexion. Die Bestimmung von grammatischen Kategorien wird durch lexikalische Mittel bzw. durch die Satzgliedstellung realisiert und bezieht sich stark auf die gesamte Aussage als eine Ganzheit im jeweiligen Kontext. Insofern haben die Aussagen im Chinesischen — isoliert gesehen — einen größeren Interpretationsraum, der stark kontextabhängig ist. Diese morphologische bzw. syntaktische Eigenschaft des Chinesischen wird nicht selten als Ursache für die fehlende Eindeutigkeit und Präzision chinesischer Fachtexte angesehen.

— Damit verbunden ist die Beurteilung der chinesischen Denkweisen und Darstellungsverfahren insgesamt und der generelle Zweifel an der chinesischen Fähigkeit zur Wissenschaftlichkeit, weil der im Westen als selbstverständlich empfundene Verhaltensstil der wissenschaftlichen Arbeit angeblich der überkommenen, auch durch ihre Sprache bedingten chinesischen Verhaltenskultur diametral entgegengesetzt sein soll (vgl. Weggel 1985, 71; Liang 1993, 163).

In der Tat ist die chinesische Sprache wie kaum eine andere so eng verbunden mit ihrer Kultur, und auch die Fachsprachen, die in erster Linie den kommunikativen Bedürfnissen in einzelnen Fächern nachkommen müssen, korrelieren sich in ihrer Entwicklung eng mit den sprachsysteminternen und soziokulturellen Gesetzmäßigkeiten und Regeln. Für die so oft prophezeite Ersetzung der chinesischen Schrift durch das Alphabet fehlt gegenwärtig jeder Ansatz für eine empirisch begründbare Voraussage für einen Erfolg (Coulmas 1991, 69). Es gibt in diesem Zusammenhang Stimmen, die die chinesische Schrift gerade durch ihr logographisches Prinzip als besonders vorteilhaft für eine präzise und zugleich anschauliche Bezeichnung von fachlichen Gegebenheiten betrachten. Dieses Schriftprinzip und die differenzierte Tonalität der einzelnen Silben sollen auch besonders erfolgversprechend für die Weiterentwicklung der maschinellen bzw. automatischen Textverarbeitung sein (vgl. Cheng 1987, 164). Die Textverarbeitung der chinesischen Schrift durch den Computer wird indes kaum mehr als ein Problem angesehen; es gibt gegenwärtig gleich einige Dutzende von immer weiter optimierten Textverarbeitungsprogrammen. Wissenschaftsmethodologisch vertreten einige chinesische Wissenschaftler die Auffassung, daß eine ganzheitliche Denkweise und ein induktiv-synthetischer Erkenntnismodus das „model-thinking" fördern und in der weiteren Entwicklung der Wissenschaft und Technik eine größere Rolle übernehmen können (Cheng 1987, 165; Cheng 1989, 161). Dort wird eine Koexistenz bzw. Konvergenz moderner Wissenschaften und der chinesischen Kulturtradition für durchaus möglich gehalten (Liang 1993, 163 f). Die gesamte Entwicklung der chinesischen Fachsprachen in unserem Jahrhundert zeigt, daß man in der linguistischen Erforschung der chinesischen Fachsprachen die soziokulturellen Faktoren des fachsprachlichen Handelns ernst nehmen muß, wenn Fachsprachen nicht bloß als ein sprachsystembezogenes und strukturelles

Problem, sondern in erster Linie als ein pragmalinguistisches Problem betrachtet werden. Auch die fachspezifische Auswahl und Verwendung der lexikalischen, syntaktisch-stilistischen und textorganisatorischen Mittel können nur unter Berücksichtigung des soziokulturellen Umfeldes eingehend erläutert werden.

3. Lexik und Wortbildung der Terminologie

Das offenkundigste Merkmal einer Fachsprache ist ihr spezieller Wortschatz; hier stellt sich gleich auch die wichtigste Aufgabe des fachsprachlichen Handelns im Chinesischen dar: Mit der rasanten Entwicklung bzw. Einführung von modernen Wissenschaften und Technologien besteht ein immens großer terminologischer Nachholbedarf und Bedarf an terminologischen Neubildungen. Aus linguistischer Sicht geht es dabei vorrangig um lexikalische Wortbildungsmöglichkeiten, die den Aufbau und die Erweiterung bzw. Ausdifferenzierung von Fachwortschätzen ermöglichen sollen. Die fachsprachlichen Benennungen werden im Chinesischen vor allem nach folgenden Wortbildungsmustern realisiert:

— Schaffung von neuen Elementarzeichen;
— Wortverknüpfungen (Zusammensetzung, Ableitung);
— Terminologisierung von allgemeinsprachlichen Wörtern;
— Einführung von Fremdwörtern bzw. Entlehnungen.

Grundsätzlich besteht in chinesischen Fachsprachen die Möglichkeit, neue Elementarzeichen (Grundwörter) zu konstruieren. Dies geschieht bislang überwiegend bei der Benennung von chemischen Elementen. Unter den bisher entdeckten wenig über 100 chemischen Elementen sind nur etwa 20 mit vorhandenen Schriftzeichen benannt worden; für den größten Teil sind neue Schriftzeichen eingeführt worden (vgl. Lin/Yin 1986, 51 f). Diese neuen Elementarzeichen sind radikal-determinative Bildungen, die der traditionellen Wortbildungslehre des klassischen Chinesisch entsprechen: Das neue Zeichen wird durch die Kombination eines vorhandenen Phonetikums, das zumeist die phonetische Übertragung eines Buchstabens bzw. einer Silbe der entsprechenden fremdsprachlichen Benennungen darstellt, mit einem Radikal, das die Grundeigenschaft des zu bezeichnenden Gegenstandes aufweist, gebildet, z. B.

you + *jin* [Metall]: *you* = uranium
ai + *shi* [Stein]: *ai* = astatine
dong + *qi* [Luft]: *dong* = radon

Auf diese Weise wurde auch eine Reihe von technischen Benennungen für organische Verbindungen und Medikamente konstruiert. Insgesamt ist die Anzahl derartiger neukonstruierter Elementarzeichen als technische Termini jedoch sehr begrenzt.

Die überwiegende Mehrzahl der chinesischen Fachwörter wird durch die Wortverknüpfung gebildet, wobei die Zusammensetzung, vorrangig die Determinativkomposita als wichtigstes Wortbildungsmuster, bei weitem überwiegen. Die Vielfalt der Bezeichnungsfunktionen, die die Bestimmungswörter in den Determinativkomposita zeigen, ermöglicht eine differenzierte Benennung des betreffenden Gegenstandes und Sachverhaltes. Nehmen wir einige Komposita mit dem Grundwort *cunchu qi* [Speicher] aus dem Fachbereich Computertechnik als Beispiel:

(nach Material):   *cixing* cunchu qi [Magnetspeicher]
(nach Form):   *cidai* cunchu qi [Bandspeicher]
(nach Objekt):   *shuju* cunchu qi [Datenspeicher]
(nach Zweck):   *huanchong* cunchu qi [Pufferspeicher]
(nach Lokalität): *zhongjian* cunchu qi [Zwischenspeicher]
(nach Arbeitsweise): *zhidu* cunchuqi [Nur-Lese-Speicher]

Da die chinesischen Wörter keine Deklination und Konjugation haben und daher von ihren Wortformen her auch keine Unterscheidung von Wortarten möglich ist, ergibt sich eine gewisse Flexibilität in der Zusammensetzbarkeit der Wortzeichen. Die Kompositionskonstituenten in den oben angeführten Zusammensetzungen sind an sich schon Zwei-Zeichen-Komposita. Mit der Ausdifferenzierung der zu bezeichnenden Gegenstände und Sachverhalte sind zunehmend Mehr-Zeichen-Komposita zu registrieren, die eine erweiterte Determinationsbeziehung darstellen. Die fachsprachliche Wortbildung hat zweifelsohne einen wesentlichen Anteil daran, daß die chinesische Sprache eine immer stärkere Tendenz zu zwei- bzw. mehrsilbigen Wörtern zeigt.

Ein weiteres produktives Wortbildungsmuster ist die Ableitung. Im Prinzip taucht kein zur fachsprachlichen Wortbildung benutztes Affix nicht auch im allgemeinen Sprachgebrauch auf. Es gibt aber eine Reihe von Suffixen und Präfixen, die bei der Terminusbildung besonders häufig verwendet werden und als typisch für Fachsprachen angesehen werden können, z. B.

chao: chao shengbo [Ultraschallwellen]
zhun: zhun jingti [Quasikristall]
xing: chuandao *xing* [Leitfähigkeit]
ji: yanghua *ji* [Oxydans]

Da die Affixe im Chinesischen von ihren morphematischen Formen her keinen Unterschied zu den selbständigen Grundwörtern zeigen, wird die Grenze zwischen Suffixen bzw. Präfixen und Grundwörtern als Kompositionskonstituenten oft unklar. Auffallend ist, daß eine Reihe von Wörtern, die in allgemeinsprachlichen Texten vorwiegend als selbständige Wörter verwendet werden, in Fachtexten jedoch in erster Linie als Wortbildungsaffixe produktiv sind; ihre Eigenschaft als Wortbildungsaffixe besteht in ihrer Reihenbildungsmöglichkeit.

Es besteht im Chinesischen grundsätzlich auch die Möglichkeit, allgemeinsprachliche Wörter zu terminologisieren, d. h. vorhandene Wortformen zu übernehmen und mit fachspezifischen Begriffsbedeutungen zu versehen, z. B.

pilao: shenxin *pilao* [körperlich und seelisch erschöpft]
jinshu *pilao* [Metallermüdung]

Von dieser Wortbildungsmöglichkeit wird im Chinesischen — entsprechend seiner Kennzeichnung als ideographische Sprache — nur sparsam Gebrauch gemacht. Im Gegensatz zu den meisten westlichen Sprachen, wo — etwa im Deutschen — im Prinzip jedes Wort der Allgemeinsprache terminologisierbar ist, werden die differenten Bedeutungen im Chinesischen in der Regel gesondert bezeichnet (vgl. Liang 1988a, 330), z. B.

Toleranz: *kuanrong / gongcha* (Technik)
Widerstand: *dikang / dianzu* (Elektrotechnik)
Widerspruch: *maodun / bufuzhi* (Mathematik)

Oft werden in bezug auf einen und denselben technischen Gegenstand oder Sachverhalt differente Bezeichnungen für den allgemein- und fachsprachlichen Gebrauch verwendet, z. B.

diannao [Elektronisches Gehirn] (GS)
jishuanji [Rechenmaschine] (FS)

Insgesamt ist im Chinesischen die Trennlinie zwischen der Gemeinsprache und den Fachsprachen viel schärfer gezogen als in den meisten westlichen Sprachen.

4. Fremdwörter und fremde Einflüsse

Die Wissenschaft und Technik haben in China eine alte und beachtliche Tradition, deren Leistungen der Engländer Joseph Needham in seinem monumentalen Lebenswerk über „Science and Civilisation in China", einer seit 1954 herausgegebenen Dokumentation mit über zehn Bänden, detailliert beschrieben hat. Mit der Darstellung historischer Beiträge Chinas zur Wissenschaft und Technik eng verbunden ist die Frage, warum es keinen Aufstieg der modernen Wissenschaft im China des 16. Jh.s gab, wie man ihn in Europa seit der Zeit der Renaissance erlebt hatte (vgl. Needham 1984, 9 ff). Diese Frage hat spätestens seit Anfang unseres Jahrhunderts zahlreiche chinesische Wissenschaftler immer wieder beschäftigt. Vor allem seit der Reform- und Öffnungspolitik Ende der 70er Jahre werden die Einsicht und das Bedürfnis nach der Einführung westlicher Wissenschaften und Technologien immer deutlicher und stärker, was auch zu zunehmenden Einflüssen westlicher Fachsprachen geführt hat. Aus linguistischer Sicht geht es dabei nicht um eine „Verwestlichung" durch die Übernahme westlicher Fachsprachen. In der Terminologiebildung z. B. macht allein das chinesische Schriftsystem es kaum möglich, fremde Termini direkt zu übernehmen. Vielmehr geht es dabei um eine Konzeption der Anpassung und Adaption, um „die sprachliche Verbegrifflichung des jeweils höheren Entwicklungsniveaus" der Industrienationen (Coulmas 1992, 338), die in chinesischen Fachsprachen zu zahllosen Entlehnungen aus fremdsprachlichem Wortgut geführt hat. Diese Konzeption entspricht weitgehend der Vorstellung *yang wei zhong yong* [„Ausländisches für China nutzbar machen"], die in den stark ideologisch geprägten Diskussionen über die Beziehung zwischen Traditionalisierung und Modernisierung nach wie vor dominiert. So sind ständig Bemühungen zu beobachten, die unter fremdsprachlichen Einflüssen entstandenen Fachtermini zu verchinesischen, ein Unternehmen, das bei der wachsenden Internationalisierung der Fachwelt nicht immer möglich ist.

Die wichtigsten Muster der Entlehnungen in chinesischen Fachsprachen sind:

(a) Lautbild-Übersetzung: Es geht dabei um eine Art modifizierter phonetischer Wiedergabe der fremdsprachigen Termini mit chinesischen Schriftzeichen, d. h., übersetzt wird hier nur die jeweilige Lautform, nicht aber der Inhalt, z. B.

hormore (Englisch) → *heermeng*
Hertz (Deutsch) → *hezi*
ampère (Französisch) → *anpei*

Die meisten dieser Lehnübersetzungen zeichnen sich allein schon durch die Fremdheit ihres Lautbildes als Fachtermini aus, weil die morphologisch-semantische Unmotiviertheit der Neubildungen nur die Verbindung mit einer spezifischen Begrifflichkeit aus der jeweiligen Fachwelt zuläßt und jede Art allgemeinsprachlicher Assoziation ausschließt. Andererseits werden solche Lautbild-Übersetzungen trotz ihrer chinesischen Wortformen besonders stark als „Fremdwörter" empfunden; ihre Verbreitung ist begrenzt. Es ist oft zu beobachten, daß viele von ihnen im Laufe der Zeit zu inhaltlichen Lehnübersetzungen übergehen, z. B.

Laser: *laisai* → *ji guang*
Bit: *bite* → *wei*

Die inhaltlich übersetzten Fachwörter behalten die ideographischen Eigenschaften der chinesischen Schriftzeichen bei und sind semantisch motiviert. Das Fachwort *jiguang* [Laser] z. B. besteht aus zwei Schriftzeichen *ji* [stimulieren] und *guang* [Licht]; das Kompositum entspricht nicht nur der grundlegenden Bedeutung des englischen Originals (*light amplification by stimulated emission of radiation*), sondern erleichtert durch seine semantische Motiviertheit auch die Verständlichkeit unter Nicht-Fachleuten.

(b) Hybridbildung: Die Entlehnung dieser Art ist in der Regel eine Kombination eines phonetisch übersetzten Fremdwortes mit einem chinesischen Schriftzeichen, das die Grundeigenschaft bzw. die Zugehörigkeit des zu bezeichnenden Gegenstands oder Sachverhalts aufweist, z. B.

neon → *nihong deng* = *nihong* + *deng* [Lampe, Lichtquelle]
topology → *topo xue* = *topo* + *xue* [Wissenschaft]

(c) Lehnübersetzung: Bei Entlehnungen aus den westlichen Fachsprachen sind die inhaltlichen Übersetzungen bei weitem dominierend. Dabei werden die Konstituenten eines fremdsprachlichen Kompositums im einzelnen ins Chinesische übersetzt, z. B.

PS (Pferdestärke) → *mali* = *ma* [Pferd] + *li* [Kraft, Stärke]

(d) Lehnschöpfung: Nach der gesamten Begriffsbedeutung eines Fremdwortes wird das Fachwort gemäß chinesischen Wortbildungsregeln neu gebildet, z. B.

dianhua [Telefon], *qingmei su* [Penicillin]

Die Lehnschöpfungen wie z. T. auch die Lehnübersetzungen lassen von ihren Wortformen her die fremde Quelle kaum mehr erkennen und werden in der Regel auch nicht mehr als Fremdwörter betrachtet.

(e) Schriftbild-Entlehnung: Es handelt sich dabei ausschließlich um Entlehnungen aus dem Japanischen. Da zahlreiche japanische Fachtermini mit chinesischen Schriftzeichen geschrieben werden, können sie − mit ihren neuen morphematischen Kombinationen und fachspezifischen Bedeutungen − direkt ins Chinesische übernommen werden, z. B.

jiehe [Tuberkulose], *xibao* [Zelle], *chouxiang* [Abstraktum]

Darunter sind sowohl japanische Eigenbildungen als auch Lehnübersetzungen aus den westlichen Sprachen. Bei den Schriftbild-Entlehnungen aus dem Japanischen geht es hauptsächlich um wissenschaftliche Grundbegriffe, die schwerpunktmäßig sozialwissenschaftliche Bereiche betreffen. Dies geschieht in großem Umfang vor allem seit Ende des letzten Jahrhunderts und bis etwa Mitte dieses Jahrhunderts. Bei den Termini neuerer Fachdisziplinen sind sie weniger vertreten.

Die Entlehnung fremden Fachwortgutes als eine grundlegende Wortbildungsmöglichkeit wird in China nicht ohne Besorgnis verfolgt. Vor allem sehen manche Sprachwissenschaftler es als ein schwerwiegendes Problem, wie die mehr oder minder durch Fremdwortgut geprägten Fachwörter besser in die chinesischen Texte integriert werden können. Schon Ende der 50er Jahre haben zwei bekannte Sprachwissenschaftler in ihrer systematischen Darstellung der Fremdwörter im Chinesischen vor „übermäßigem und wahllosem Gebrauch von Fremdwörtern" gewarnt und auf eine „Normung der Verwendung von Fremdwörtern im Chinesischen als eine dringlich zu lösende Aufgabe" (Gao/Liu 1985, 171 ff) gedrungen. In der Tat ist heute die Koexistenz von Entlehnungen fremden Fachwortgutes und chinesischen Neubildungen nicht mehr wegzudenken. In jüngster Zeit tauchen in chinesischen Fachtexten sogar immer öfter Fremdwörter auf, die in ihren fremdsprachlichen

Originalformen direkt in die chinesischen Texte aufgenommen worden sind. Der Grund liegt zum einen vermutlich darin, daß sich für manche Begriffe neuester Forschungsergebnisse nicht sofort eine adäquate chinesische Entsprechung bzw. Lehnübersetzung finden läßt. Zum anderen sind viele chinesische Fachleute mit der wissenschaftlichen Terminologie westlichen Ursprungs, die sich in Internationalismen weltweit durchgesetzt hat, gut vertraut und sehen daher keine Notwendigkeit für die oft mühselige Übersetzungsarbeit. Insgesamt ist in den chinesischen Fachsprachen eine zunehmende internationale Angleichung zu beobachten. Die fremden Einflüsse beschränken sich auch keinesfalls nur auf lexikalische Entlehnungen, sondern sind zunehmend auch in syntaktischer, stilistischer und textorganisatorischer Hinsicht zu beobachten.

5. Syntaktisch-stilistische Charakteristika

Ein entscheidendes Charakteristikum bei der Auswahl und Verwendung der syntaktisch-stilistischen Mittel in chinesischen Fachsprachen ist die sprachökonomische Komprimierung der Satzstrukturen, die sich mit der bevorzugten Verwendung von komplexen Satzgefügen korreliert. Eine Statistik über den Satzbau in fachsprachlichen Texten, die anhand von Hochschullehrbüchern in den Bereichen Mathematik, Physik und Chemie durchgeführt wurde, zeigt, daß dort die Verwendung von langen, komplexen Satzgefügen bzw. Satzreihen bei weitem überwiegt: Während Einfachsätze bzw. erweiterte Einfachsätze nur einen Anteil von 31% haben, machen die komplexen Satzgefüge insgesamt 69% aus (Lin/Yin 1986, 306). Es sind in chinesischen Fachtexten vor allem folgende Konstruktionen zu beobachten, die die Informationsdichte bei gleichzeitiger sprachlicher Ökonomie ermöglichen:

— Zerlegung von langen komplexen Satzgefügen in kürzere Einzelsätze;
— Komprimierung von Einzelsätzen zu nominalen Komposita;
— Verwendung von Kurzformen und Ellipsen.

Außerdem sind in chinesischen Fachtexten einige fachsprachentypische Satzbaumuster zu beobachten, die sich entweder in ihrer Konstruktionsweise oder in ihrer Verwendungsfrequenz deutlich vom allgemeinsprachlichen Gebrauch abheben:
(a) *Passivsätze*: Die chinesische Grammatik kennt keine Passiv-Satzkonstruktion. Die passivische Bedeutung wird durch lexikalische Mittel ausgedrückt. Das am häufigsten dafür verwendete Wortzeichen ist *bei*. Dabei wird das Objekt der Tätigkeit vorangestellt und dadurch hervorgehoben. Das handelnde Subjekt wird durch *bei* eingeleitet, kann aber auch weggelassen werden. In dem Fall folgt das die Handlung bezeichnende Verbum direkt dem Wortzeichen *bei*:

Objekt + *bei* + (Subjekt) + Verb

Steht das Wort *bei* vor einem Verb, ergibt sich dann eine passivische Wortgruppe, die als Attribut fungieren kann, wie z. B.

bei xiuhaode jiqi [reparierte Maschinen]

Ebenfalls zur Betonung des Objektes der jeweiligen Handlung wird oft auch das Wortzeichen *ba* verwendet, das eine Konstruktion mit einem Komplement hinter dem Verb einleitet:

Subjekt + *ba* + Objekt + Verb + Komplement

(b) *Sätze mit Prädikativfolgen*: Dabei werden in einem Satz mehrere zusammenhängende Handlungen durch eine Reihe von Prädikatverben ausgedrückt. Zu diesem Satzmuster gibt es zwei Grundkonstruktionen: Die Prädikativfolgen bezeichnen mehrere zeitlich hintereinander gestaffelte Handlungsabläufe oder das erste Prädikatverb drückt die Art und Weise der Handlung aus, während das zweite Verb den Zweck der Handlung kennzeichnet.
(c) Zugunsten der Informationsverdichtung werden in chinesischen Fachtexten zunehmend *Parenthesen* benutzt, wegen der Komplexität der Satzgefüge öfters auch mit Gedankenstrich (—) verwendet. Derartige Einschübe gehen in den allgemeinsprachlichen Gebrauch nur selten ein.
(d) In chinesischen Fachtexten sind immer häufiger die für die chinesische Syntax eher unbekannten Satzstrukturen zu finden, die vorzugsweise die in wissenschaftlichen Sprachen gebräuchlichen Sprachhandlungen wie *Definition*, *Formel-Erläuterung* u. a. betreffen. Einige solche in chinesischen Fachtexten bereits etablierte (Lin/Yin 1986, 316) Satzkonstruktionen lassen ganz deutlich fremdsprachliche Satzbaumuster erkennen.

Im Unterschied zum allgemeinsprachlichen Gebrauch zeigen die chinesischen Fachtexte einige weitere Merkmale in syntaktisch-stilistischer Hinsicht, die z. T. die Besonderheiten der chinesischen Fachsprachen charakterisieren können:

(a) Verwendung von Ausdrücken aus dem klassischen Chinesisch, z. B.

zhi, yi, qi, shang, ruo, ling

Es handelt sich dabei vor allem um die sog. Funktionswörter. Da das klassische Chinesisch überwiegend einsilbige Wörter hat, die darüber hinaus durch ihre Schriftsprachlichkeit geprägt sind, ist ihre Verwendung eindeutig ökonomischer als die zumeist zwei- bzw. mehrsilbigen Konstruktionen in der Gegenwartssprache, z. B.

yinwei → *yin* [weil], *yejiushishuo* → *ji* [das heißt ...]

(b) Zahlwort-Substantiv-Konstruktion: In der chinesischen Gegenwartssprache kann eine substantivische Gegenstandsbezeichnung nicht direkt mit einem Zahlwort verwendet werden. Dafür muß das Zahlwort noch mit einem sog. Zähleinheitswort kombiniert werden, das je nach dem zu bezeichnenden Gegenstand variiert, z. B.

yi [eins] + *tiao* (= Zähleinheitswort) + *xian* [Linie]

In Fachtexten wird jedoch zunehmend eine direkte Zahlwort-Substantiv-Konstruktion verwendet, die auch eine erweiterte Attribuierung des Substantivs erlaubt (Zhu 1994, 40 f), z. B.

liang zhixian L_1 he L_2 [zwei gerade Linien L_1 und L_2]
san pingxing sibianxing [drei Parallelogramme]

Die Zahlwort-Substantiv-Konstruktion, die auch schon in klassischen Texten viel verwendet wurde, dient offenbar auch zur sprachökonomischen Komprimierung. Eine weitere Erklärung dieses Phänomens führt auf die fremden Einflüsse westlicher Fachsprachen zurück, wo man Zähleinheitswörter nicht kennt.
(c) Um die Objektivität der wissenschaftlichen Mitteilungen zu betonen, wird das Personalpronomen als Satzsubjekt oft weggelassen. Bei Personalpronomen wird die 1. Person Plural *women* [wir] bevorzugt.
(d) Die chinesische Sprache kennt kein Tempus des Verbs. Das Tempus wird durch lexikalische Mittel wie z. B. *zhuo, liao, guo* ausgedrückt. In Fachtexten werden diese Zeitformen ausdrückenden Funktionswörter nur sparsam verwendet, um die Allgemeingültigkeit der wissenschaftlichen Aussagen hervorzuheben.

6. Fachtexte und Fachtextsorten

In bezug auf die Textebene ist bislang keine systematische Untersuchung bekannt. Einige Aufsätze, die sich mit Fachtexten als Untersuchungsgegenstand beschäftigen, haben zumeist einen fehleranalytischen Ansatz und richten sich als eine Art Schreibkunde vor allem auf die Frage, wie man Fachtexte stilistisch besser schreiben kann (vgl. Ning 1983, 139 ff; Li/Zhang 1983, 148 ff; Pan 1989, 71 ff). Es fehlt an systematischen und vor allem empirisch-analytischen Untersuchungen, so daß es zur Zeit kaum möglich ist, auch nur annähernd zuverlässige Aussagen über die textlinguistischen Aspekte der chinesischen Fachtexte bzw. Fachtextsorten zu machen. Eine kontrastive Analyse von deutschen und chinesischen Fachtexten, die anhand der Textsorte *Fertigungsplan* eine exemplarische Darstellung von Fachtexten versucht hat (Liang 1988b, 91 ff), läßt vermuten, daß zumindest die technischen Fachtexte im Chinesischen hinsichtlich ihrer situativen Einbettung, ihrer kommunikativen Funktion und ihrer Makrostrukturen keine nennenswerten sprachspezifischen Besonderheiten aufweisen. Auch die wissenschaftlichen Abhandlungen zeigen einen ähnlichen „Textbauplan", wie er heute international allgemein üblich ist. Die meisten wissenschaftlichen Fachzeitschriften in China haben ein englischsprachiges Inhaltsverzeichnis und z. T. auch englischsprachige Zusammenfassungen für die einzelnen Aufsätze. Auch hier zeigt sich eine starke Tendenz zur internationalen Angleichung, die dem Bedürfnis nach internationalem Austausch und internationaler Kooperation entspricht.

7. Literatur (in Auswahl)

Cheng 1987 = Zhenyi Cheng: hanyu he keji de guanxi [Die chinesische Sprache und die Wissenschaft und Technik]. In: xinhua wenzhai 8. 1987, 164−167.

Cheng 1989 = Zhongying Cheng: zhongguo yuyan yu zhongguo chuantong zhexue siwei fangshi [Die chinesische Sprache und die Denkformen der traditionellen Philosophie Chinas]. In: xinhua wenzhai 1. 1989, 160−162.

Coulmas 1991 = Florian Coulmas: Hat die chinesische Schrift eine Zukunft? In: Zeitschrift für Literaturwissenschaft und Linguistik 79. 1991, 55−71.

Coulmas 1992 = Florian Coulmas: Die Wirtschaft mit der Sprache. Eine sprachsoziologische Studie. Frankfurt/M. 1992.

Gao/Liu 1958 = Mingkai Gao/Zhengtan Liu: xiandai hanyu wailaici yanjiu [Studie zu Fremdwörtern in der chinesischen Gegenwartssprache]. Beijing 1958.

Hoffmann 1985 = Lothar Hoffmann: Kommunikationsmittel Fachsprache. Eine Einführung. 2. Aufl. Tübingen 1985 (Forum für Fachsprachen-Forschung 1).

Huang 1986 = Zhenying Huang: keji hanyu zhong de changju [Lange Sätze in den wissenschaftlich-technischen Fachsprachen des Chinesischen]. In: yuyan jiaoxue yu yanjiu 6. 1986.

Li/Zhang 1983 = Yunhan Li/Weigeng Zhang: tongsu kexue yuti de fengge tedian [Stilistische Merkmale der populärwissenschaftlichen Texte]. In: xiuci xue lunwen ji [Sammelband zur Stilistik]. Bd. 1. Fuzhou 1983, 148–162.

Liang 1988a = Yong Liang: Transfer Mechanism and Semantic Characteristics in the Process of Meaning Specialization. In: Journal of Tongji University 3. 1988, 329–338.

Liang 1988b = Yong Liang: Vergleichende Darstellung von Fachtexten mit instruktiver Funktion im Deutschen und Chinesischen. In: Die Neueren Sprachen 1/2. 1988, 91–111.

Liang 1993 = Yong Liang: Fremdheitsproblematik in der interkulturellen Fachkommunikation. In: Kulturthema Fremdheit. Hrsg. v. A. Wierlacher. München 1993, 153–171.

Liang/Qian 1991 = Yong Liang/Minru Qian: zhuanyong yu yan-jiu zhong de jige zhuyao lilun wenti [Einige Theoriefragen in der Fachsprachenforschung]. In: Linguistics Abroad 1. 1991, 34–40.

Lin/Yin 1986 = Li Lin/Shichao Yin: keji yuwen [Wissenschaftlich-technische Sprache]. Beijing 1986.

Möhn/Pelka 1985 = Dieter Möhn/Roland Pelka: Fachsprachen. Eine Einführung. Tübingen 1985 (Germanistische Arbeitshefte 30).

Needham 1988 = Joseph Needham: Wissenschaft und Zivilisation in China. Bd. 1. Frankfurt/M. 1988.

Ning 1983 = Zhiyuan Ning: sifa gongwen xiuci zhubi [Einige typische Schreibfehler in Justiz-Texten]. In: xiuci xue lunwen ji [Sammelband zur Stilistik]. Bd. 1. Fuzhou 1984, 139–147.

Pan 1989 = Qingyun Pan: falü yuyan yishu [Die Kunst der Rechtssprache]. Shanghai 1989.

Shen 1987 = Xiaolong Shen: wenhua duanceng yu zhongguo xiandai yuyanxue zhi bianqian [Kultureller Bruch und Wandel der modernen Linguistik Chinas]. In: xinhua wenzhai 9. 1987, 156–161.

Sun 1987 = Rujian Sun: jianming keji hanyu [Grundzüge der chinesischen Fachsprachen für Wissenschaft und Technik]. Shanghai 1987.

Weggel 1985 = Oskar Weggel: Wissenschaft in China. Berlin 1985.

Zhu 1994 = Fuzhang Zhu: keji hanyu zhong de shuming jiegou [Zahlwort-Substantiv-Konstruktionen in den wissenschaftlich-technischen Fachsprachen des Chinesischen]. In: hanyu xuexi 3. 1994, 40–41.

Yong Liang, Bayreuth

181. Japanese special languages in the 20th century and their investigation: A survey

1. General introduction
2. Arts
3. Fashion
4. Language studies
5. Literary studies
6. Natural sciences
7. Social sciences
8. Sports
9. Technology
10. Transportation
11. Literature (selected)

1. General introduction

1.1. Definition

In Japan 'special language' is defined in two different ways: a restricted one and a wide one. The former excludes vernacular speech and draws only on the vocabulary and its rigid definition as specified in the series of *Gakuzyutu Yougo Syuu* (*Japanese Scientific Terms*, henceforth *GYS*), the most authoritative collection of technical terms in Japanese. The series, which is compiled by the Ministry of Education, consists of 35 volumes covering 35 fields of studies, with 28 volumes available by 1997. The latter position, on the other hand, accepts the vernacular as long as it represents the notions of a professional field. Taking into consideration the incessant change in modern professional fields, the influx of loan words and its influence on technical terms, and the inevitable delay in the compilation of the dictionaries, we believe it best to adopt a position of compromise which makes constant but not exclusive reference to the series of *GYS*. In what follows, we concern ourselves mainly with the issue of vocabulary. This, however, merely reflects the state of the art in special language research in present-day Japan. The elucidation of the syntactic and phonological aspects of special language still awaits detailed investigation.

1.2. Some characteristics of Japanese

The language of science is required to be unambiguous, concise, and logical. There is, however, a proverbial assumption that Japanese is an illogical language and hence inadequate for science. The linguistic system of Japanese has indeed some intrinsic problems in creating clear and logical expressions. First of all, Japanese is less efficient in communicating information than most European languages are. In Japanese, which has a right-branching syntactic structure, all the modifying phrases and clauses are stacked before the modified head, thus causing prolonged suspense as to what the sentence is all about. The absence of the morphological distinction of number may be another potential cause of problems. These are, however, of minor importance and do not entail the inadequacy of Japanese for scientific argument and description.

The socio-pragmatic aspects of the language, however, reveal more difficulties. They are triggered by the general communicative conventions of the speech community. For geographical and historical reasons, Japan had had little contact with foreign countries before the Meiji Restoration in 1868; her homogeneous society has hence developed a unique style of communication. An explicit statement is disdained; implication and inference are highly valued. Ambiguity is deliberately created; unambiguous direct assertion is to be replaced by indirect circumlocution, which can strategically allow for more than one interpretation. Moreover, the writer often does not explain everything but leaves some parts for the readers to infer. The resultant text often lacks an explicit logical flow of argument, obviously hindering comprehension for those unaccustomed to this inference-based technique. Note, however, that writers can and should avoid these stylistic problems.

1.3. Systems of transcriptions in Japanese

The Japanese writing system uses Chinese characters and two kinds of Japanese characters, *katakana* and *hiragana*. Chinese characters are read in two ways: one is the *on reading* which has adapted the Chinese pronunciation to Japanese. The other is the *kun reading* which is basically the semantic translation of the Chinese characters into Japanese. *On readings* sound rather academic and sophisticated, while *kun readings* have rather casual, frank and colloquial nuances. Moreover, *kun readings* provide us with the meaningful association of the word, whereas *on readings* do not, unless used in written form. *Katakana* is today usually reserved for transcribing foreign words, while *hiragana* is mainly used to transcribe inflectional morphemes accompanying Chinese characters in *kun readings*.

When a new word is coined in Japanese, there are four types of transcription available. The first is a word or a compound consisting solely of Chinese characters in *on reading*, analogous to the Chinese language (henceforth *kango*): *yuubinkyoku* 'post office', *zikokuhyou* 'time table', etc. The second type is made of Chinese characters in *kun reading* plus *hiragana* when necessary, reflecting the pure Japanese system of vocabulary (henceforth *wago*): *kotoba* 'speech', *takasa* 'height', etc. The third type is a loan word from other (non-Chinese) languages, transcribed in *katakana*, with some phonological adjustment (henceforth *katakana* word): *rekoodo* from 'record', *terebi* from 'television', etc. The last type is a hybrid produced by combining two words of different languages: *enerugii-bunkai* from 'energy + resolution', *sukii-ita* from 'ski + board', etc.

There were two innovations which had a great impact on the Japanese transcription system: the principle of *genbun-itti* or the unification of the written and spoken language, and the revisions of the terms represented in the older Chinese characters. The former led to the improvement of the general literacy of the Japanese together with the opening up of compulsory elementary education. The latter was a response to the Ministry of Education's policy of simplifying technical terms by promoting the use of the designated set of Chinese characters for ordinary use.

1.4. Special language and the modernization of Japan

The modernization or westernization of Japan started after the Meiji Restoration in 1868, when all the doors were opened to the outside world. It was almost completed in many significant aspects of politics, administration, military science and other academic and technical fields by the beginning of the 20th century, five years after Japan's victory over China in the Sino-Japanese War (1894–1895) and five years before the start of the Russo-Japanese War in 1904.

The first example of a special language in the country together with westernization was traced back to the translation of a basic Dutch medical textbook into Japanese as early as 1774. Because of some inherent religious and linguistic restrictions, Genpaku Sugita and his colleagues made an attempt at the translation, and the system of their work became the forerunner of the Japanese translation method: they coined the necessary expressions using Chinese characters.

Many translations of Dutch technical books dealing with chemistry, physics, astronomy and military science followed. Though there were several publications of various kinds, they were of a somewhat crude authorship.

Later, with the coinage of the new special language, new systems, new customs, and new devices were introduced. When translations of these special languages were published and standardized in science and culture, the modernization of Japan was largely under way and on the right track.

1.5. Special language in Japan: today and tomorrow

Traditionally, the academic history of Japan can be characterized by the incorporation of foreign cultures and languages and their assimilation into her own. For over a thousand years, the main channel of information was through China. Therefore, *kango* constituted a good percentage of the special language even among the newly coined words in the Meiji Era, a fact which was presumably due to the influence of the study of the Chinese classics on the intellectual class. Afterwards, however, the cultures and languages of advanced Western countries such as Britain, Germany, France, Italy, and the USA replaced those of China. After World War II, especially English as an international language became the most dominant information source, leading to a sharp increase in *katakana* words in the special language vocabularies.

A Japanese dictionary, *Jirin 21* ('Forest of Words 21'), published in 1993, contains about 33,000 *katakana* words, amounting to 23% of the total entries, whereas *Genkai* ('Sea of Language') of 1891 included only a small number of words of foreign origin, amounting to only 1.4% of the total entries. The same holds true of the general tendency regarding technical terms contained in 23 of the 28 volumes of *GYS*, as reported by Nomura/Ishii (1989, 56). The average ratio in the whole series is as follows: *kango* 59.2%; *wago* 10%; *katakana* words 30.1%, and hybrids 0.4%. The *kango* transcription has only a poor chance of further development because we have become less familiar with Chinese characters and the ability for coinage has been decreasing. The *wago* transcription, which reads more easily, seems incompatible with the atmosphere appropriate to academic words. The *katakana* word transcription is the most promising of the three, but has a few problems of its own in terms of the Japanese phonological system. Since this does not normally allow consonant clusters, all consonants are pronounced as if followed by a vowel, resulting in long multi-syllabic words. Syllabically too long, many *katakana* words are often shortened so radically that they are no longer recognizable even to native speakers of the original language. Moreover, the absence of such phonemes as /v/, /r/, /θ/ and /ð/ in Japanese causes some confusion in pronunciation, and also in transcription between /b/ and /v/, /l/ and /r/, /s/ and /θ/, and /z/ and /ð/.

Responding to the increase in the number of technical terms borrowed and coined by Japanese, we must make a constant effort in the future at the standardization of the special languages. It is an urgent task to publish *GYS* in unexplored fields of the social sciences such as sociology and economics and to update special languages in the volume already published. As a future prospect, together with the marked increase in *katakana* words, Japanese special languages will incorporate more foreign terms into their transcription systems in the original form, i.e. in the Roman alphabet (Miyajima 1981, 10).

2. Arts

2.1. Music

The art of traditional Japanese music includes *kabuki*, *nougaku*, *zyoururi*, and *bunraku*, among others. The vocabulary in these fields is exclusively in *wago* and *kango*. When such traditional art is presented abroad, the special words are phonetically transcribed into the target language.

As classical music was imported from Europe, its vocabulary is mostly in *katakana*. Among the terms referring to the forms of music are such *katakana* words as *serenaado* (from 'serenade', Ital.), *kanon* (from 'canon', Fr.), while a rather exceptional set of *kango* words includes *zyokyoku* 'prelude', *kumikyoku* 'suite', etc. There are also a number of synonymous pairs of *kango* and *katakana* words: *koukyoukyoku/sinfonii* (from 'symphony'), *kyousoukyoku/kontyeruto* (from 'concerto', Ital.), *kakyoku/riito* (from 'Lied', Germ.), etc.

The terms referring to the concepts of musical theory have more *kango* words than *katakana* ones: *onkai* 'scale', *tyoutyou* 'major key', etc. exemplify the former, and *okutaabu* (from 'octave'), *sinkopeesyon* (from 'syncopation'), etc. the latter.

The three major elements of music, 'rhythm', 'melody', and 'harmony', are translated as *rizumu*, *senritu*, and *wasei* respectively, as the primary entry in the authoritative dictionaries; that is, only the first one is transcribed in *katakana*, while the other two are semantically translated in *kango*. However, the 1994 version of *Imidas*, a dictionary which provides the most up-to-date information about the current state of the language each year, lists the three words all in *katakana*.

One of the characteristics of the *katakana* words in classical music is the variety in the original nationality. It covers French, Italian, German, as well as English. This contrasts with contemporary music and other fields of study, where the great majority of the *katakana* words are of English origin. *Katakana* words in contemporary music borrowed from English include *zyazu* (from 'jazz'), *rokku* (from 'rock 'n' roll'), *kantorii* (from 'Country & Western'), *iizii-risuningu* (from 'easy listening'), etc.

The development of advanced technology has introduced new *katakana* words and acronyms. They are typically imported in the original form, i.e., in the Roman alphabet. An example of such new *katakana* words is *dezitaru-rekoodingu* (from 'digital recording'); examples of acronyms are *MIDI* ('Musical Instrument Digital Interface') and *DAT* ('digital audio tape'). *MIDI* is pronounced as one word in Japanese.

2.2. Movies

The terms referring to types of movies are mostly compound words, which can be broken down into three classes: (i) [*katakana* + *kango*] *akusyon-eiga* (from 'action + film'), *omunibasu-eiga* (from 'omnibus + film'); (ii) [*katakana* + *katakana*] *supurattaa-muubii* (from 'splatter + movie'), *burakku-muubii* (from 'black + movie'); (iii) [*initialism* + *kango*] *SF-eiga* (from 'science fiction + film', *SFX-eiga* (from 'special effects + film').

The first type is a hybrid consisting of a *katakana* word followed by a *kango* one, in this case, *eiga* meaning 'film/movie'. This kind of hybrid is the most common among all the hybrid words in Japanese (analysis based on *Imidas*). The second type replaces the *kango* word with its *katakana* counterpart. The emergence of this type reflects the recent development of *katakana*, and the decline of *kango*, in the word-formation process. This type, however, has a drawback in that the whole word tends to be so long as to cause difficulty in processing. The use of initials, as in the third type, is one strategy to get around this problem. For example, a word of the third type, *SF-eiga* (7 morae), would be as long as *saiensu-fikusyon-muubii* (13 morae) in the second type of formation. Incidentally, *kuusou-kagaku-eiga*, a *kango* word which is a literal translation of 'science fiction film', was once used but has almost completely been replaced by the compounds mentioned above involving *katakana* or an acronym.

Abbreviated words, which are common in the movie industry, include *anime* from *animeesyon* (from 'animation'), *roke-han* from *rokeesyon-hantingu* (from 'location hunting'), *san-tora* from *saundo-torakku* (from 'sound track'), *eirin* from *eiga-rinri-kitei-kanri-iinkai* 'the Motion Picture Code of Ethics Committee', etc. This process usually ignores the syllabification and morphology of the original words. The abbreviated word is often composed of the first two morae of the full morpheme or its combinations, but there are exceptions to this rule (cf. *anime* and *san-tora* above), and no rigid rule seems to exist.

3. Fashion

3.1. Western fashion:
style, material and sewing

The Japanese Industrial Standards (JIS) have defined the basic terms involved in the textile industry. However, the expansion of new vocabulary is simply too fast to make any realistic attempt at standardization at all.

In the fashion industry, *katakana* words account for over 90 percent of the vocabulary, the great majority being of English origin. The vocabulary in this area is constantly growing in size at an explosive rate; every year new styles are created in the international fashion market, bringing a great number of new words into Japanese. The vocabulary of style is typically accessible to non-experts because of its commercial nature. Consumers keen on fashion can be almost as good at following new fashion vocabulary as professionals.

The main strategy for introducing the vocabulary of Western fashion is to transcribe the sound directly into Japanese. Older words tend to have their forms distorted to reflect the way they were perceived by Japanese speakers unfamiliar with foreign languages at that time. Examples are *zubon* 'trousers' (from 'jupon', Fr.), *zuroosu* (from 'drawers'). There are sets of synonyms, each originating in different languages: *mimore* (from 'mi-mollet', Fr.) vs. *midi* (from 'midi'). Introducing a new word is an effective strategy for attracting consumers always looking for something different. The less prevalent word of a synonymous pair can be highlighted to refresh the image established by the other word: *zire* (from 'gilet', Fr.) for *besuto* (from 'vest').

Abbreviated words include *itakazi* (from 'Italian casual'), *ametora* (from 'American traditional'), among others. *Waseieigo*, or Japanese-English terms, find such examples as *esuno-sikku* (from 'ethno-chic'), *konsabaritti* (from 'conservative-rich'), etc.

The terminology for the cloth itself is also subject to expansion, though to a lesser extent than that of style. The majority of the names of fabric are *katakana* words: *tuiido* (from 'tweed'), *gingamu* (from 'gingham'). The basic color terms are present in indigenous Japanese, but an over-whelming number of new color names formed as foreign loan words have been introduced.

The vocabulary of sewing is the most stable because the sewing technique itself has not changed much. The proportion of *wago* and *kango* words is greater for sewing than for style and material. The terms are often not transparent to ordinary people unfamiliar with sewing.

3.2. Japanese fashion

Japanese dress is distinct from Western dress in style and materials, as well as in sewing technique. The terms for Japanese dress and those for Western dress do not normally intersect. The basic structure of current Japanese traditional dress was established between the 14th and 16th centuries; some of the terms, therefore, date even as far back as that. The vocabulary for Japanese dress is free of *katakana* words and it is far more stable than that for Western dress, as it is subject to little change.

The colors and fabrics have traditional names. Even the same kind of color or fabric is called by different names depending on whether it is for Japanese dress or for Western dress: *moegi* vs. *pii-guriin* (from 'pea green'); *syusu* vs. *saten* (from 'satin'). Though these terms are sometimes interchangeable, they are very often reserved for one or the other, except for those terms which are available to ordinary language. Interestingly, Japanese terms can occasionally be used for Western dress, but Western terms are almost never used for Japanese dress. So the above term *syusu* can refer to the satin fabric for Japanese dress as well as possibly for Western dress, but the equivalent loan word *saten* can only be used for Western dress.

4. Language studies

As *GYS: Sin Gengogaku Hen* ('New Linguistics') is to be published soon, a rough sketch of it is presented here with the general information available from Suzuki (1989, 74–81).

The collection of terms was carried out from 1983 to 1988 and the final version of the project is now under examination by the Ministry of Education. The editing principles can be summarized as modern and exhaustive. The total number of terms collected reached 6,095. The terms are basically restricted to those appearing in the literature from 1930 onwards, which cover almost all the areas of linguistics proper and its related studies. In spite of its modern editing principles, some examples of the old tradition can be found in such areas as historical linguistics, traditional grammar, etc.: *dakkaku* 'ablative', *apurauto* (from 'ablaut'), *huteisi tuki taikaku* 'accusative with infinitive', etc. The establishment of a special language in the field has been attempted through the literal (or direct) translation of foreign terms into Japanese.

According to the tentative analysis of the list of Japanese-English terms appended to Araki/Yasui (1992), an authoritative dictionary of English grammar, the vast majority of the terms are *kango*, which is contrary to general tendencies. This reflects the assumption in the academic tradition of the country that a rigid definition of abstract concepts can be more satisfactorily achieved in *kango* words. Some examples of the literal translation by Chinese words include *ion* 'allophone', *imibumon* 'semantic component', etc.

In the description of Japanese scientific terms, there seems to be a general tendency at work to avoid the use of *wago*. Among the few *wago* examples are *umekomi* 'embedding', *kakimaze* 'scrambling', *karitori* 'pruning', which are all adopted in transformational generative grammar. These entries are characteristically gerundive words in English.

Another method of adopting foreign terms is the direct transcription of their sounds and words into *katakana* words or the Roman alphabet. This method can be useful in avoiding any confusion through metalinguistic processes. Examples of the former include *parooru* (from 'parole'), *nekusasu* (from 'nexus'), etc. The latter method is found in *(arufa) idou* (from 'move alpha'), *X(ekkusu) baa riron* (from 'X-bar theory'), *that (zatto) setu* (from 'that-clause'), etc.

A noteworthy trait in the field of linguistics is that it has a fair number of adjectives as entries, in spite of the policy that nouns are preferred in Japanese scientific terms. This is a result of the direct import of foreign terms. The following examples have found general acceptance: *youninkanouna* 'acceptable', *souhotekina* 'complementary', *yuuhyouno* 'marked', *hurui* 'given', etc.

Some problems are caused by homophony in Japanese, e.g. *koukan* in 'exchange rule' and 'commutative law'. Other problems are related to polysemy in English. Among the representative examples are 'dead' in 'dead metaphor', 'dead language' and 'dead affix', which mean 'ordinary', 'not used / unavailable', and 'obsolete', respectively. These are among the crucial obstacles awaiting solution as regards the establishment of the Japanese technical terms concerned.

5. Literary studies

The first introduction of modern literary studies started in the late 1940s, especially from Germany. The literary terms were imported, translated or coined according to the critical trend that necessitated them. Among the examples are (i) *kango* words: *keimousyugi* 'enlightenment', *sizensyugi* 'naturalism', etc.; (ii) *katakana* words: *riarizumu* (from 'realism'), *zyanru* (from 'genre', Fr.), etc.; and (iii) hybrids: *romansyugi* (from 'romantic + -ism'), etc.

The first Japanese work to systematically deal with the theory of literature was written by Shoyo Tsubouchi in 1868. In this, Tsubouchi introduced such technical literary terms as *kyakusyoku* 'dramatization', *kousou* 'conception', *kousei* 'construction', *suzi* 'plot', etc.

Some newly coined technical terms together with newly created ideas are formed mainly on the basis of the direct or sound translation system: *kozinsyugi* 'individualism', *ningenkaihou* 'opening of humanity', *ko no sontyou* 'reverence for individuals', *zigaisiki* 'consciousness of ego', etc.; and *puroretaria* (from 'proletarian'), *dekadansu* (from 'decadence'), etc.

After World War II, Structuralism and New Criticism were introduced into literary criticism. Some newly coined words are also classified according to the same translation systems mentioned above: *kouzou* 'structure', *siten* 'point of view', *naiteki dokuhaku* 'internal monologue', *byousyutu* 'representation', etc.; and *toposu* (from 'topos', Gk.), *gesyutaruto* (from 'Gestalt', Germ.), *abangyarudo* (from 'avant-garde', Fr.), *nuuboo roman* (from 'nouveau roman', Fr.), etc.

The exclusion of *wago* words from the technical terms in literary theory reflects the fact that the special languages concerned have been imported from foreign traditions. On the other hand, Japanese traditional literary arts such as *waka*, *haiku* 'poetry', etc. have some *wago* technical terms of their own, almost all of which represent subtle nuances, with a literal translation being difficult if not impossible: *aware* 'touching' ('plaintive', lit.), *okasi* 'inviting' ('amusing', lit.), *karumi* 'simplicity' ('lightness', lit.), etc.

6. Natural sciences

One volume of *GYS* has been allocated to each of the 23 fields of study in natural science, including logic, mathematics, zoology, physics, electrical engineering, chemistry, among others. Compared with the average (cf. 1.5.), the fields of physical science including mathematics have a higher percentage of *kango*, while those of engineering have a higher percentage of *katakana* words. This difference presumably reflects the fact that engineering uses more concrete words referring to machines and their parts, while physical science is more abundant in words for abstract concepts.

The basic vocabulary of special languages refers to the morphemes which constitute a technical word in different fields. Nine morphemes appear in all of the 23 fields investigated, and 11 morphemes in 22 of them. A statistical analysis marks 134 morphemes as the basic vocabulary, appearing in more than 17 different fields. Among the 66 morphemes which can be considered as the primary basic vocabulary, all but two are *kango*, the exceptions being *wago*; 62 among the 68 words of the secondary basic vocabulary are also *kango*, while five are *wago* and one is a *katakana* word. The majority is nominal in both the primary and secondary basic vocabulary, though the latter has more adjectival morphemes than the former.

The primary basic vocabulary includes *sen* 'line', *kata* 'form', *hyouzyun* 'standard', *hu* 'non', and *kanzen* 'complete', among others. The secondary basic vocabulary includes *ti* 'value', *bu* 'part', *mitudo* 'density', *han* 'semi', and *tyokusetu* 'direct', among others.

The specific/distinctive vocabulary of special languages contains such morphemes as are used only in a particular field. The greater the number of distinctive words a field has, the more independent it is considered to be. Physics, genetics, spectroscopy, instrumentation technology, and mechanical engineering have no distinctive technical terms, indicating a high degree of interdependence with other fields. Terms in physics, for instance, overlap by some 40% with those in spectroscopy, instrumentation technology, seismology, nuclear engineering, and electrical engineering; and by over 30% with those in astronomy, chemistry, and mechanical engineering. Zoology, botany, and genetics share over 30% of the terms among themselves, while they share few (about 10%) with the other fields.

Problems in the use of technical terms mainly concern the differences and conflicts between terms in the different fields of study. One problem results from homonymy. *Youkai*, for instance, means both 'dissolution' and 'melting' in mechanical engineering. *Yuukai*, on the other hand, corresponds to 'fusion' in mechanical engineering, and chemistry, and to both 'fusion' and 'melting' in physics, while it means 'thawing' in civil engineering.

Another problem is due to synonymy. The word 'fusion', for instance, is translated as *yuukai* in mechanical engineering, chemistry, and physics; as *yuugou* in agriculture and zoology; and as *yuutyaku* in botany. The established terminology is not readily revisable; however, it remains a future task to resolve the confusion that could arise from the above problems.

7. Social sciences

As in other areas, *kango* words are the most commonly seen in the field of the social sciences, as is illustrated by such words as *sosyou* 'suit', *kiso* 'prosecution', *sankenbunritu* 'separation of the three powers', *yotou* 'party in office', *sihon* 'capital', *genkasyoukyaku* 'depreciation', etc. However, *kango* words tend to have homonyms, which sometimes cannot be disambiguated even by context. Among the examples are *sian*, which means either 'a private plan' or 'a tentative plan'. A strategy for avoiding this confusion is to paraphrase the homonymous *kango* word in *wago*; thus, for 'a private plan' <u>watakusi no an</u> after *sian* or for 'a tentative plan' <u>kokoromi no an</u>. The difficulty of *kango* in law for lay people is manifested by the terms in criminal law: *tyouken* 'law on which the nation is based' (Article 77), *zoutoku* 'to hide something' (Article 103), *ryakusyu* 'to take something away' (Article 224), etc.

Wago has been regarded as not suitable for technical languages because of its colloquialism, but there are such examples as *uragaki* 'endorsement', *toritate tegata* 'bill for collection', *hikiai* 'business inquiry', etc. and this type of words has recently been increasing.

There are not many *katakana* words in this field. Among a few examples are *inhureesyon* (from 'inflation'), *denomineesyon* (from 'redenomination'), *sutoraiki* (from 'strike'), etc. Some *katakana* words are shortened: *inhureesyon* becomes *inhure*, *denomineesyon*, *denomi*, and *sutoraiki*, *suto*, respectively.

Hybrids include such examples as *engeru no housoku* (from 'Engel's + law'), *nyuudiiru seisaku* (from 'New Deal + Policy'), *enerugii kiki* (from 'energy + crisis'), etc. Although technical terms of this type tend to be expressed in comparatively easy foreign words and easy Chinese characters, this type has not been increasing in amount.

Kango has been preferred in the special language of the social sciences for years. The legal field still maintains this tradition and has a great many terms in *kango*, through which the law succeeds in precisely designating finely defined concepts. *Kango*, however, sometimes employs difficult Chinese characters and creates homonymy; therefore, it has come to be avoided in the other fields of the social sciences. As Hayashi/Miyajima/Nomura et al. (1982, 127) suggest, *kango* has been drastically decreasing lately, though it still accounts for nearly half of the special languages of the social sciences; on the other hand, *wago* and *katakana* words have been increasing.

8. Sports

Sports of Japanese origin such as *sumo* and *judo* hardly ever use *katakana* loan words, but prefer *wago* ones, e.g. *tukitaosi* 'pushing down with a thrust' in *sumo*, and *wazaari* 'a half point' in *judo*. On the other hand, sports introduced from Western countries chiefly employ *katakana* words and hybrids.

Special languages in the field of Western sports used predominantly *katakana* words from the very beginning of their introduction to Japan, unlike in other specialized fields, where translation into Chinese characters has most commonly been used. Miyajima (1981), for example, shows that the percentage of *katakana* words and hybrids amounts to 96.7% in tennis, 91.3% in table tennis and 98.3% in rugby. Although loans from English are predominant in almost all kinds of Western sports, fencing uses a few loans from French such as *epe* 'sword' (from épée, Fr.), *huruure* 'foil' (from 'fleuret', Fr.), etc. and skiing and mountaineering use many loans from German such as *gerende* 'slope' (from 'Gelände', Germ.), *syupuuru* 'track of downhill skiing' (from 'Spur', Germ.), *syuraahuzakku* 'sleeping bag' (from 'Schlafsack', Germ.), etc. This is probably because these sports were first introduced to Japan by people from such German-speaking contries as Austria. Racing numbers are called *zekken* in Japanese, which is thought to have derived either from German *Zeichen* 'sign' or from English *zechin* or *sequin* (a decorative coin).

Unlike other Western sports, baseball, the most popular sport in Japan, employed many *kango* words when it was introduced to Japan more than 150 years ago, i.e. at a time when Chinese culture was still strongly affecting Japan. In the first place, the name of the sport is ordinarily *yakyuu*, which literally means 'field ball'. Among other examples of *kango* words are *itirui* 'first base', *sansin* 'strike-out', *sikyuu* 'base on balls', *daten* 'runs batted in', *zisekiten* 'earned run', etc. However, after World War II, *kango* words such as *sayoku*, *tyuuken* and *uyoku* have been replaced by English loans such as *rehuto* (from 'left field'), *sentaa* (from 'center field') and *raito* (from 'right field'), respectively. The general trend of the terms in baseball today is to use loans from English rather than *kango*. It should be noted that some words sounding like English loan words are of purely Japanese origin. Among the most well-known examples of *waseieigo* are *naitaa* 'night game', which sounds like 'nighter' and *ranninguhoomuran* 'inside-the-park homer', which sounds like 'running homerun'.

One of the reasons for the predominance of loans from non-Chinese languages over *kango* and *wago* in the field of Western sports is that most Western sports were introduced to Japan about 100 years ago, when people gave up attaching importance to Chinese culture and Chinese words, beginning, instead, to turn their attention to European culture and European languages. Another reason why most Western sports adopt *katakana* words could be that sports are reported mainly by radio, television or conversation, and thus are taken in through hearing, whereas terms in such academically specialized fields as technology, physics, economics, politics, etc. are chiefly encountered in written form to be read, such as books, articles or papers. Unlike in *kango*, there are almost no homonyms among *katakana* words and therefore confusion can be avoided in speech.

There is a problem with the special languages of sports, in that terms written in newspapers or books are not always identical to those used on radio and television or in speech. For example, *haiei* 'backstroke' and *sousya* 'runner', which are used in the newspaper, are referred to as *bakku* (from 'backstroke') and *rannaa* (from 'runner') in the sports programs on television. However, the double naming of one item could be a burden to users and cause some confusion. Therefore, *kango* and *katakana* words need to be unified for the benefit of the establishment of the special language concerned.

9. Technology

9.1. Machinery

The vocabulary of machinery is characterized by the high percentage of *kango* compounds, with *katakana* words growing in number.

The standardization of technical terms for machinery started around 1880, following the first introduction of modern technology to Japan. The task of lexicographers was to give a standard translation of each foreign term, by creating a new term if necessary. Their goal was to establish the discipline in the Japanese context; so the foreign words were exhaustively translated into either *wago* or *kango* compound words. The glossary compiled in 1880 lists no English loan words, though it did contain a few hybrids involving *katakana* referring to a foreign name.

The technical terms have undergone great changes over the years. A comparison of the first official dictionary (1880) with *GYS* (1955 b) reveals that only 30 percent of the vocabulary retained the same translation over the 75 year period. The most remarkable change is the acceptance of *katakana* words. The proportion of *kango* compounds decreased from 79.9% to 42.1%, while that of *katakana* words increased from zero to 21%. The vocabulary is now relatively stable. Examples of the changes in the transition from *kango* to *katakana* are: *rasendome* → *natto* (from 'nut') and *kantoukeitei* → *aiboruto* (from 'eye bolt').

9.2. Computer science

The vocabulary of computer science is difficult not only for lay people but also for experts because different companies often use different terms for the same thing.

The standardization of technical terms started in 1961, when *JIS* first regulated the technical terms in information processing. These terms were revised in 1981 to conform with the regulations of the *International Organization for Standardization* (ISO). Such standardized official terms with rigid definitions constitute the basis of the vocabulary of computer science, and a knowledge of them is considered essential for an expert in the field, who carries a license. The official terms contain a fair number of *kango* compound words besides *katakana* words. *Henkan* 'conversion', *koteikioku* 'fixed storage', etc. exemplify the former, and *simyureesyon* (from 'simulation'), *sukurooringu* (from 'scrolling'), etc., the latter. There are *wago* words such as *kiriotosi* 'clipping', but they are few in number.

The standardized vocabulary is not without problems. Some terms are simply difficult in the sense that they are composed of low-frequency *kango* morphemes; some terms lack consistency. Take, for example, the term 'availability'. The Japanese transcription of this word *abeirabiritii* is not used in the established vocabulary of ordinary language. It is, however, admitted as an official technical term of computer science according to *JIS*. Now, according to the terminology regulated by *JIS*, the translation of the term 'availability factor' is a *kango* compound word *kadouritu*. That is, the Japanese standard terms suggest no semantic connection between 'availability' and 'availability factor'. Incidentally, some glossaries of technical terms give the translation *kadouritu* for 'availability'. Thus, the standardization of the vocabulary has not been attained in practice.

The recent development of personal computers and word processors has further hindered standardization by introducing an enormous number of technical terms particular to each company and system. American-made computers and operating systems have brought in a vast number of English technical terms, transcribed in a Japanese way. The proportion of *katakana* words, therefore, is greater in the domain of personal computers than in other areas of computer science. The *katakana* words for personal computers include *guriddo* (from 'grid'), *gurafikkusu sohuto* (from 'graphics software'), and many more, while *kango* words such as *gokansei* 'compatibility', *onsei syori* 'voice processing' exist as well.

10. Transportation

10.1. Naval architecture and marine engineering

GYS: Senpaku Kougaku Hen ('Naval Architecture and Marine Engineering') was published in 1955 as the conclusion of a five year project. It includes about 9,000 entries.

Japan is a seabound country; therefore, the field of navigation has a long history compared to other disciplines, and the technical terms in Japanese have been in long and constant use. The problem accompanying the establishment of the standard terms lies in the revision of the old Japanese technical terms in order to conform with the governmental policy of simplification (cf. 1.5.).

In contrast to the general tendency that technical terms in *kango* are predominantly used in the description of the special language (cf. 1.4.), the percentage of *wago* is somewhat high and that of *kango* relatively low: *wago*, 15.1%; *kango*, 55.4%; *katakana* words, 29.2%; hybrids, 0.3% (cf. Nomura/ Ishii 1989, 56). The relatively high acceptance of *wago* and the common use of *katakana* words are the results of the revisions of the terms for the sake of simplicity. For example, *syubyou* is transformed into *dai ankaa* 'bow-anchor', *youbyouki* into *windorasu* (from 'windlass'), etc. Some examples of typical terms are as follows: *gyokou* 'fishing harbor', *kikan* 'engine', *huryoku* 'buoyancy', etc. in *kango*; *mukaikaze* 'against wind', *kazasimo* 'lee side', *magari* 'bent', etc. in *wago*; *ankaa* (from 'anchor'), *masuto* (from 'mast'), *pisuton* (from 'piston'), etc. in *katakana* words. The adoption of adverbs as entries is worthy of mention here: *kazasimo ni* 'off the wind', *kouhou ni* 'astern', *sengai ni* 'overboard', etc. Such terms as *sutei* (from 'stay'), *sokuryoku* 'speed', *sinsui* 'launch', *hata* 'flag' can be adduced as exclusive examples in the field.

10.2. Aeronautics

With an urgent need to stay abreast of the remarkable developments in aero-technology such as helicopters, jet planes, space rockets, etc., several official attempts were made to establish a special language for the field. Even after the publication of some authoritative collections of technical terms, however, further revisions and enlargements of the entries were required; hence, *GYS: Koukuu Kougaku Hen* ('Aeronautics') in 1973. The collection, with 3,358 entries, was published, after being in preparation for 16 years, with the collaboration of the Japan Society for Aeronautical and Space Sciences.

According to Nomura/Ishii (1989, 56), the percentage of *wago* is slightly high and that of *katakana* words is relatively low, compared to the average (cf. 10.1.): *wago*, 13.4%; *kango*, 61.8%; *katakana* words, 24.8%; hybrids 0.1%. The relatively high adoption of *wago* is due to the guidance of the Ministry of Education for the same reason mentioned in 10.1.

Typical examples include the following: *hikouki* 'airplane', *onsoku* 'speed of sound', *souzyuubou* 'control column', etc. in *kango*; *aburadame* 'oil sump', *kirimomi* 'spin', *sori* 'skid', etc. in *wago*; *puropera* (from 'propeller'), *koosu* (from 'course'), *bureeki* (from 'brake'), etc. in *katakana* words. Examples of acronyms, which amount to about 40, are ACR (*sinnyuu-kansei-reedaa* 'approach control radar'), ATC (*koukuu-koutuu-kansei* 'air traffic control'), DF (*houkou-tantiki* 'direction finder'), etc. Terms such as *ririku* 'take off', *biyoku* 'tail assembly', *outen* 'roll', etc. are used exclusively in the field.

With the rapid and continual development of aeronautics, there will be more and more new terms updated for its special language. This tendency will lead to an increase in numbers of *katakana* words or foreign terms in their original form.

11. Literature (selected)

Araki/Yasui 1992 = Kazuo Araki/Minoru Yasui (eds.): Sanseido gendai eibunpouziten [Sanseido new dictionary of English grammar]. Tokyo 1992.

Genkai 1898 = Fumihiko Ootsuki: Genkai [Sea of language]. Tokyo 1891.

GYS 1955a = Ministry of Education, comp. Gakuzyutu yougo syuu: senpakukougaku hen [Japanese scientific terms: naval architecture and marine engineering]. Tokyo 1955.

GYS 1955b = Ministry of Education, comp.: Gakuzyutu yougo syuu: kikaikougaku hen [Japanese scientific terms: mechanical engineering]. Tokyo 1955. Revised and enlarged ed. 1985.

GYS 1973 = Ministry of Education, comp.: Gakuzyutu yougo syuu: koukuukougaku hen [Japanese scientific terms: aeronautics]. Tokyo 1973.

Hayashi/Miyajima/Nomura 1982 = Ooki Hayashi/ Tatsuo Miyajima/Masaaki Nomura et al. (eds.): Zukai nihongo, gurafu de miru kotoba no sugata [An illustration of Japanese: perspective of the language by means of diagrams]. Tokyo 1982.

Imidas 1994 = Katsuo Matsumura (ed.): Imidas 1994. Tokyo 1994.

Jirin 21 = Akira Matsumura/Takamitsu Sawa/ Takeshi Yourou (eds.): Jirin 21 [Forest of Words 21]. Tokyo 1993.

Miyajima 1981 = Tatsuo Miyajima: Senmongo no syomondai [Problems in special languages]. Tokyo 1981.

Nomura/Ishii 1989 = Masaaki Nomura/Masahiko Ishii: Gakuzyutu yougo no ryouteki kouzou [The quantitative structure of special languages]. In: Nihongogaku 8 (April). 1989, 52−65.

Suzuki 1989 = Hidekazu Suzuki: Sin gengogaku no gakuzyutu yougo syuu [Japanese scientific terms in new linguistics]. In: Nihongogaku 8 (April). 1989, 74−81.

Tsubouchi 1886 = Shouyou Tsubouchi: Syousetu sinzui [The essence of novels]. Tokyo 1886.

Teruhiro Ishiguro / Nobuyuki Yamauchi / Chiharu Uda Kikuta / Kenichi Hashimoto / Yumi Kawamoto, Kyoto

182. Die arabischen Fachsprachen im 20. Jahrhundert und ihre Erforschung: eine Übersicht

1. Geschichtlicher Hintergrund
2. Forschungslage
3. Merkmale von Fachsprachen
4. Sprachebenen, Diglossie und Bilinguismus
5. Normative Institutionen
6. Literatur (in Auswahl)

1. Geschichtlicher Hintergrund

Im Gefolge der islamisch-arabischen Eroberungen in den ersten beiden Jahrhunderten des Abbasidenkalifats (ab 750 u. Z.) entwickelte sich eine weitverzweigte wissenschaftliche Terminologie, die auf der Übersetzung vor allem griechischer, z. T. über das Altsyrische vermittelter Werke und auf einer hochstehenden eigenen Wissenschaft beruhte (Krahl 1967, 3 ff). Erstmals systematisch erfaßt wurde das Vokabular einer wissenschaftlichen Disziplin durch Ad-Dīnawarī († etwa 895) im *Kitāb an-nabāt* für die Botanik und die Pharmakologie. Bei der Fixierung des technischen Wortschatzes seiner Zeit trug Al-Ḫwārizmī († etwa 840) sowohl die Terminologien der Theologie, des Rechts, der Logik und Metrik als auch die der Arithmetik, der Geometrie, Astronomie und Mechanik zusammen. Wichtige Beiträge zur Entwicklung der islamischen Wissenschaften und ihrer Terminologien leisteten auch Al-Kindī, Al-Fārābī, Ibn Sīnā' (Avicenna) und Al-Bīrūnī. Die terminologischen Systeme des Islam und der hiermit verknüpften Wissenschaften (z. B. islamisches Recht, Philosophie), der Mathematik und der mittelalterlichen Nationalgrammatik und Lexikographie des Arabischen werden bis heute verwendet.

Mit dem Zerfall des Abbasidenreichs, den Mongolenstürmen und der Herrschaft der Osmanen kam es zu einer stark verlangsamten Entwicklung der islamisch-arabischen Wissenschaften. Zu Beginn des XIX. Jh. förderte der Khedive Muḥammad ᶜAlī die eigenständige wirtschaftliche, kulturelle und wissenschaftliche Entwicklung Ägyptens. Die Hochschulen für Medizin, Ingenieurwesen und Sprachen in Kairo waren bestrebt, das Klassische Arabisch den sprachlichen Anforderungen des Standes der Wissenschaft anzupassen. Fachwörter und allgemeine Neologismen wurden auch in der Zeitschrift *Ḥadīqat al-aḫbār* der Syrischen Gesellschaft der Wissenschaften (ab 1847) und in der ägyptischen Bildungszeitschrift *Al-Muqtaṭaf* (ab 1856) geprägt.

Nach dem Zusammenbruch des Osmanischen Reiches wurde 1919 in Damaskus die erste Sprachakademie gegründet, die die Reinerhaltung und Integrität des Arabischen sowie dessen Anpassung an die Erfordernisse der Gegenwart, insbesondere im wissenschaftlich-technischen Bereich, als Ziel hatte. Ihr folgten 1932 die Sprachakademie Kairo, 1947 die Irakische Akademie der Wissenschaften, 1961 das Ständige Büro zur Koordinierung der Arabisierung in Rabat, 1976 die Jordanische Sprachakademie und 1984 die algerische Sprachakademie. Deren Sprachschöpfertum ist allerdings durch puristisches Festhalten am Althergebrachten und die Ablehnung fremdsprachlichen Wortguts oft nur geringe Akzeptanz im praktischen Sprachgebrauch beschieden.

Die sprachliche Situation in den arabischen Ländern ist gekennzeichnet durch

— die Diglossie einer im wesentlichen einheitlichen Hochsprache, die mit dem Klassischen Arabisch in engem Zusammenhang steht, und der hiervon stark abweichenden regionalen und lokalen Umgangssprachen (Dialekte), die ihrerseits regionale Besonderheiten in der Hochsprache bewirken;
— den Einfluß der arabischen Wissenschaftsterminologien des Mittelalters einerseits und des Englischen, Französischen und Italienischen andererseits auf den Fachwortschatz des Modernen Hocharabisch sowie die Substrate dieser Sprachen in den jeweiligen Umgangssprachen speziell im fachsprachlichen Bereich.

2. Forschungslage

Einen bibliographischen Überblick zur Erforschung der Fachsprachen des Klassischen Arabisch des Mittelalters vermittelt der *Grundriß der arabischen Philologie* Bd. II (1987) und Supplementband (1992). Weitere bibliographische Angaben finden sich in Brockelmann (1960) und Fischer (1987) zum Klassischen Arabisch, in Bakalla (1983) zum Klassischen Arabisch und zum Modernen Hocharabisch und in Monteil (1960) zum Modernen Hocharabisch.

2.1. Monographien

Im *Grundriß der arabischen Philologie* (Supplementband, 3—23) gibt Endress eine Einführung in die Entwicklung der Fachsprachen des Klassischen Arabisch und verweist insbesondere auf die Übersetzertätigkeit aus dem Griechischen und Altsyrischen und die damit verbundenen Wortentlehnungsprozesse.

Aš-Šihābī (1965) und Ali (1981) vermitteln einen Überblick über Ursprünge und Entwicklung der Terminologien im Klassischen und Modernen Arabisch und widmen sich den Problemen der Wortderivation, der Zusammenrückung und -setzung, der Entlehnung und der semantischen Verengung oder Erweiterung im Modernen Hocharabisch.

Nach Belkin (1975, 119) werden bei der Übernahme fremdsprachiger Terminologiesysteme in das Arabische die gleichen Mittel wie bei der Entwicklung der allgemeinsprachlichen Lexik genutzt: Bedeutungsverengung, Bildung neuer Termini mit den in der Sprache existierenden Derivationsregeln, Übersetzung von Termini und terminologischen Wortverbindungen und mögliche Verkürzung von Wortverbindungen.

Beim wissenschaftlich-technischen Wortschatz des Modernen Hocharabisch ist vor allem auf Krahl (1967) zu verweisen, der sich mit der Entstehung und Bildung von Neologismen im Arabischen, mit Synonymie und Polysemie und mit Derivationsmöglichkeiten wissenschaftlich-technischer Termini im nominalen und verbalen Bereich befaßt.

In seinem Überblick über das moderne Arabisch beschäftigt sich Monteil (1960) in den Abschnitten zur Semantik und zur Stilistik u.a. mit Fragen der Terminologieprägung (181 ff), mit der Synonymie und Polysemie (200 ff) und führt Beispiele für unterschiedliche Fachstile an (316 ff).

In Fromm (1976) werden — vor allem mit Bezug auf Fachwörter — Fragen der Entlehnung in das Arabische behandelt. Gleichen Problemen sind Arbeiten von Saʿīd (1964; 1967) gewidmet.

Auf einzelne Fachwortschätze des Modernen Hocharabisch gehen z. B. Schulz (1986, Entwicklung des gesellschaftlichen Wortschatzes im Südjemen), Souissi (1968, Mathematik) und Forstner (Recht) ein.

Kühnel (1994) vermittelt ein Bild von der differenzierten Durchsetzung des Arabischen als Unterrichtssprache an den Universitäten der Maghrebländer unter dem Aspekt der speziellen Position des Französischen als verbreiteter aktiver Zweitsprache.

Umgangssprachliche Fachsprachen werden bei Gateau (1966, Schiffahrtslexik in Tunesien) vorgestellt.

In Diplomarbeiten der 70er bis 90er Jahre sind in Leipzig Fachwortschätze zusammengetragen und neben Distributionen von Wortbildungsmustern weitere Merkmale von Fachsprachen untersucht worden, so Zusammenhänge von Allgemeinsprache und Fachsprache, Wege zur Schaffung bzw. Erhaltung der Fachwortschätze (Fremd- und Lehnwörter, Lehnübersetzungen, Lehnschöpfungen; Bedeutungsverengungen von Wörtern des Allgemeinwortschatzes; Fortführung der Fachwortschätze in traditionellen Fachgebieten), Fragen der Wortbildungssynonymie und der regionalen Varianz, Strukturen von z. T. zueinander synonymen Mehrworteinheiten; grammatische Merkmale von Fachsprachen; Einfluß der ehemaligen „Kolonialsprachen" Englisch, Französisch und Italienisch, der Kontaktsprache Hebräisch (in Israel) und der arabischen Dialekte auf die arabische Hoch- und Umgangssprache; Schreibung und Lautung von in das Arabische übernommenen Wörtern; Rolle der arabischen Sprachakademien und anderer sprachnormierender Institutionen.

Handbücher zu Fachsprachen liegen beispielsweise bei Lewis (1947, Arabisch der Diplomatie und Politik), Mansoor (1965, Recht und Dokumente), Nahmad (1970, Wirtschaft und Soziales), Daykin (1972) und Hadjadji (1982, beide Technisches Arabisch) vor. In *Modernes Arabisch für Fortgeschrittene* (Krahl/Reuschel/Jumaili 1997) enthalten die nach Fachgebieten geordneten Lektionen auch thematische Wortschätze.

2.2. Lexikographie

Die Termini des Modernen Hocharabisch haben in allgemeine Wörterbücher Eingang gefunden, von denen hier für den deutschsprachigen Raum Wehr (1952, 5. Auflage 1985 unter Mitwirkung von Kropfitsch) und Krahl-Gharieb (1984; arabisch-deutsch) sowie Schregle (1977; deutsch-arabisch), für den englischsprachigen Wehr/Cowan (1979) und Elias (1951; 1983; arabisch-englisch) sowie Baalabaki (1978; englisch-arabisch), für den französisch-sprachigen Belot (1955; arabisch-französisch), für den russischsprachigen Baranov (1957; arabisch-russisch) und Borisov (1967; russisch-arabisch) genannt werden sollen. Für den Fachwortschatz von

Wirtschaft und Handel, für diplomatische, administrative, juristische und militärische Termini (beides häufig mit dem Sprachenpaar arabisch-englisch, z. T. auch arabisch-französisch, seltener arabisch-deutsch bzw. russisch) gibt es etliche Wörterbücher. Für den wissenschaftlich-technischen Bereich sind ebenfalls vielfältige Publikationen aus arabischer und nichtarabischer Feder entstanden. Am häufigsten kommen Wörterbücher vor, die verschiedene Wortschätze in sich vereinen. Favorisierte einzelne Fachgebiete für Publikationen sind Medizin, Biologie und Landwirtschaft, Naturwissenschaft, Technik und Chemie, Erdöl und Bodenschätze sowie Recht. Die wichtigsten Verlagszentren sind Kairo, Beirut, Paris, Rabat, Bagdad und Damaskus. Die Fachwörterbücher enthalten in der Regel auch regionale Varianten zu verschiedenen Termini.

3. Merkmale von Fachsprachen

Wie bei anderen Sprachen sind die Fachsprachen des Arabischen durch spezifische Fachwortschätze und besondere Distributionen grammatischer Patterns gekennzeichnet (vgl. Halliday 1969, 31). Dabei ist die Gemeinsprache die Voraussetzung für die Fachsprachen, und ein bestimmter Anteil von Fachwörtern existiert sowohl in der Gemein- als auch in der Fachsprache, vgl. das deutsche *gießen* mit dem arabischen Äquivalent سكب, das in gleicher Weise wie im Deutschen verwendet wird (Thürigen 1985, 4 für die Eisen- und Stahlindustrie).

Der arabische Wortschatz wird nach Schulz (1986, 126) in den einzelnen arabischen Ländern im wesentlichen einheitlich gebraucht, wobei regionale Varianten vorkommen können. Einschränkend bemerkt allerdings Schregle (1977, Vorwort): „Der arabische Wortschatz, insbesondere die technische und wissenschaftliche Terminologie, ist heute noch nicht annähernd in einer für alle arabisch sprechenden Länder verbindlichen oder auch nur verständlichen Form festgelegt." Führer (1977, 18 f) sieht für die Herausbildung regionaler Varianzen das Fehlen eines für alle arabischen Länder sprachnormierenden Organs, die Ausdehnung des arabischen Raums und die dadurch mögliche unterschiedliche Beeinflussung durch andere Sprachen und Kulturen sowie die Aufnahme von Dialektwörtern in die Hochsprache als Ursachen.

Von Behren (1976, 13) schreibt im Zusammenhang mit dem Fachwortschatz der Kriminaltechnik, daß sich in der Physik, Chemie und Biologie Termini finden, „die ... durch spontanes Entstehen in verschiedenen arabischen Ländern Schwierigkeiten in der Kommunikation verursachen."

Bei dieser Gelegenheit sei darauf verwiesen, daß einheitliche Fachsprachen auch in anderen Sprachräumen nicht auf allen Gebieten die Regel sind. Für die Medizin, Physik, Mathematik, Geologie und Chemie mag dieses Postulat zutreffen, aber die Sprachwissenschaft und die Verwaltungsterminologie bieten viele Gegenbeispiele.

Die für Fachwörter geforderte Exaktheit und Ökonomie ist zwar häufig, aber nicht immer gegeben, die geforderte Neutralität kann bei bestimmten Wortschätzen (Schul- und Hochschulwesen, wie auch im Deutschen) einer positiven oder negativen Wertung weichen, z. B. bei Bewertungen wie امتياز مع مرتبة الشرف „summa cum laude" (in Jordanien gebräuchlich, Ewert 1988, 11).

3.1. Wege zur fachsprachlichen Lexik

Die von Hoffmann (1984, 153 ff) festgestellten Möglichkeiten für die Erweiterung des lexikalischen Bestands der Fachsprachen — Entlehnung aus anderen Sprachen, lexikalische Derivation, Bedeutungsverengung — gibt es mit unterschiedlichen Distributionen auch im Arabischen (vgl. Belkin 1975, 119).

Auffällig ist dabei die relativ sparsame Verwendung von *Fremdwörtern*, was der inneren Flexion beim Nomen und beim Verb sowie dem bei arabischen Linguisten stark verbreiteten Purismus geschuldet ist.

Der Anteil der *Entlehnungen* an den Fachwortschätzen, in erster Linie aus den Kontaktsprachen Englisch, Französisch, Italienisch bzw. Latein und Türkisch, ist unterschiedlich; er ist höher im Bereich der Petrolchemie, der Chemie, des Druckereiwesens, der Gentechnik, der Kraftfahrzeug- und Landtechnik, der Elektronik und Computertechnik und auch des Bankwesens. Bemerkenswert sind die Entlehnungen im Wortschatz der Erdölindustrie, Landtechnik und Chemie (überwiegend aus dem Englischen, Scholz 1985; Sieber 1985; Hamann 1989), des Druckereiwesens (überwiegend aus dem Französischen, Witter 1980) und des Bankwesens (überwiegend aus dem Italienischen, Michalski 1975).

Die Integration der Fremdwörter, in der Chemie z. B. vor allem Bezeichnungen von chemischen Elementen und Verbindungen wie dt. *Stickstoff, Ammoniak*, engl. *nitrogen, ammonia*, ar. *nītrūǧīn* نيتروجين, *amūnyāk* امونياك, erfolgt über die Anpassung an arabische Determinations-, Flexions- und Wortbildungsmuster (Scholz 1985, 9ff):

— Verwendung des Artikels *al-*, der Pluralendung *-āt* (üblich bei femininen Substantiven, Verbalsubstantiven und Abstrakta) und vierkonsonantiger Verben (Ableitungsmuster schon im Klassischen Arabisch vorhanden):

| die Olefine | *al-ūlīfīnāt* الاوليفينات |
| oxydieren tr. | *aksada* اكسد |

— Ableitungen von Relativadjektiven mit dem produktiven Suffix *-ī*, die mit Substantiven attributive Fügungen als Äquivalente zu deutschen Komposita bilden können:

| Paraffinöle | *zuyūt bārāfīnīya* زيوت بارافينية |

Diese Fügungen konkurrieren z. T. mit Genitivkonstruktionen:

| Polyvinylchlorid | *klūrīd al-būlī fīnīl* كلوريد البولي فينيل |

Gerade in der Chemie treten auch hybride Bildungen auf, bei denen einem arabischen Wort eine „internationale" Endung angefügt wird, z. B. *-āt* ات oder *-īk* يك

| Kohle | فحم | → Karbonat | فحمات |
| Ameise | نمل | → Ameisensäure | حامض نمليك |

Häufiger als die Wortentlehnung ist im Arabischen die *Bedeutungsentlehnung* mit den folgenden Unterkategorien:

— (Lehnbedeutung: Bedeutung des arabischen Lexems ändert sich — Bedeutungseinengung oder -erweiterung:)

engl. *well* „Quelle, Brunnen" → ar. بئر „Brunnen" → „Bohrloch, Quelle";
— (Lehnübersetzung:)
engl. *solvent* „Lösungsmittel" ar. محلِّل

Deutschen Komposita entsprechen dabei im Arabischen häufig Genitivkonstruktionen, attributive Fügungen oder präpositionale Fügungen (Mehrwortterminii):

Reaktionsmechanismus	آلية التفاعلات
Molekülstruktur	بنية جزيئية
Massenspektroskop	مطياف لوزن

— (Lehnübertragung — keine Glied-für-Glied-Übersetzung:)

| Ölfeldgas | الغاز المتوفر في حقول النفط |

(wtl.: „das auf den Ölfeldern vorhandene Gas").

Die dem Arabischen eigenen *lexikalischen Mittel zur Bezeichnung von Werkzeugen und Geräten* werden in Krahl (1967, 46ff) vorgestellt. Das für die semitischen Sprachen charakteristische *Nomen instrumenti* (Modellstrukturen *mifʿal, mifʿāl, mifʿala* im Arabischen, *mafʿel* im Hebräischen) tritt hiernach im Modernen Arabisch hinter das wesentlich produktivere Partizip Aktiv und die Modellstrukturen *faʿʿāl* bzw. *faʿʿāla* zurück:

— Nomen instrumenti:
Schlüssel (öffnen = فتح) مفتاح
Partizip Aktiv maskulin bzw. feminin:
Zünder (zünden = شعل) شاعل
Mähmaschine (mähen = حصد) حاصدة

— Modellstrukturen *faʿʿāl* bzw. *faʿʿāla* (nach Krahl 1967, 64 Analogiebildungen zum ide. Sprachgebrauch, wo das *Nomen agentis* zur Bezeichnung von Geräten und Instrumenten verwendet wird):

Traktor (ziehen = جرّ) جرّار - جرّارة
Kühlschrank (kalt = بارد Schnee = ثلج) برّادة ، ثلّاجة

Berufsbezeichnungen werden vor allem mit den Modellstrukturen *faʿʿāl(a)* gebildet, die auch für andere semitische Sprachen typisch sind, Intensität bezeichnen und sowohl von Verben als von Nomen Ableitungen haben können:

Graveur (gravieren, graben = حفر) حفّار
Kupferschmied (Kupfer = نحاس) نحّاس

Neben der Modellstruktur *faʿʿāl* werden Berufsbezeichnungen häufig mit dem Partizip (meist Aktiv) oder mit der Endung *-ī* abgeleitet, seltener mit der Endung *-čī/ǧī* (türkischen Ursprungs, vor allem in der ägyptischen Umgangssprache verwendet), häufiger auch mit Genitivverbindungen (Reitter 1978, 11ff):

Kaufmann	تاجر
Apotheker	صيدلي
Kutscher	عربجي
Augenarzt	طبيب العيون

Gerade die Genitivkonstruktionen sind wie die deutschen Nominalkomposita ein sehr produktives Mittel zur Bildung neuer Berufsbezeichnungen.

3.2. Synonymie in der arabischen Fachlexik

Zur Deckung lexikalischer Defizite werden im Arabischen von verschiedenen sprachgestaltenden Kräften parallele Bildungen (Pabst 1978, 968: Terminusdubletten) geschaffen, die man in zwei Grundtypen unterteilen kann:

– Wortableitungen aus arabischen Wurzeln *vs* Lexementlehnungen mit einer Sonderform in Fachbüchern und -zeitschriften, bei denen der fremdsprachige Terminus durch die arabische Entsprechung erläutert wird und umgekehrt:

automatisches Gewehr	بندقية آلية - بندقية اوتوماتيكية
Hubschrauber	هوامة - هيليكوبتر
(*stereo coverage*)	تصوير مجسم
snurkil	سنركل (انبوب التنفس الطافي)
Computer (jord.)	حاسب آلي - كمبيوتر

– Koexistenz verschiedener Termini, die von arabischen Wurzeln abgeleitet werden, z. B. maskulines *vs* feminines Nomen oder mehrere Ableitungen von *einer* Wurzel:

Zünder	صمام - صمامة
Demontage	فك - تفكيك

In diese Gruppe kann man auch Mehrworttermini rechnen, bei denen *Konstruktionssynonymien* zwischen attributiven Fügungen untereinander und attributiven Fügungen, Genitivkonstruktionen und präpositionalen Fügungen auftreten:

Abfangjäger	مقاتلة اعتراضية - مقاتلة معترضة
Universitätsgelände	حرم الجامعة - الحرم الجامعي
Kampfsatz	حمولة من الذخائر - ذخيرة محمولة

– lexikalische Einheit *vs* entsprechende Kurzform (Ewert 1988, 35):

Botanik (syr.)	علم حياة النبات - علم النبات
wöchentliche Sitzung (jord.)	الجلسة الاسبوعية - الاسبوعية

3.3. Regionale lexikalische Varianten (Heteronyme)

Neben den bisher aufgeführten Möglichkeiten für Synonymiebildungen im arabischen Fachwortschatz finden sich im Modernen Hocharabisch auch regionale Unterschiede, d. h. zueinander suppletive Äquivalente zu *einem* Wort / Begriff, z. B. in der Landwirtschaft, in der Verwaltung und im Bildungswesen, Fachgebieten, die mit dem Alltagsleben mehr oder weniger intensiv verbunden sind:

Pfirsich – äg., ir. خوخ, syr. دراق
(Verwaltungs-)Kreis – äg. مركز, syr. منطقة, ir. قضاء, Südjemen مديرية
Ministerpräsident, Premierminister – maghr. الوزير الاول, ostarab. رئيس الوزراء u. ä.
Bildung – maghr. تكوين ostarabisch تعليم

Man kann dabei zwischen vollständigen und partiellen regionalen Varianten unterscheiden, wobei erstere jeweils ausschließlich in einer oder mehreren Regionen verwendet werden (Ewert 1988, 39 f; Kühnel 1994).

Universitätszeugnis syr. اجازة
شهادة (جامعية) jord.
دبلوم alg.

dagegen:

Architektur syr./jord. الهندسة المعمارية
هندسة العمارة nur jord.

Dabei empfinden die Sprachverwender die eigene regionale Variante tendenziell als hochsprachlich (فصيح), die fremde Variante als umgangssprachlich (عامي, Führer 1977, 18). Die wichtigsten Faktoren, die die Herausbildung regionaler Varianten fördern, sind der Einfluß der lokalen und regionalen Dialekte und der der ehemaligen Kolonialsprachen (auch über die Medien).

3.4. Rechtschreibprobleme bei Fremdwörtern

Aufgrund der unterschiedlichen Laut- und Schriftsysteme können im Arabischen nicht existierende Phoneme und Schreibweisen nur angenähert wiedergegeben werden. Oft gibt es mehrere Schreibvarianten für einen Terminus, die auch regional gebunden sein können. Besondere Probleme bereiten die „europäischen" Laute g, v und th mit den arabischen Entsprechungen ت، ث، ف، ڤ، ج، غ ، ferner die im Arabischen nicht existierenden Laute e, e:, o, o:, die nur angenähert mit i, i:; u, u: wiedergegeben werden:

Wasserstoff, engl. *hydrogen*	هيدروجين
Gas	غاز، كاز، جاز
Probe	بروفة، بروڤة
lithographisch	ليثوغرافي، ليتوغرافي

3.5. Grammatische Merkmale arabischer Fachsprachen-Textsorten

Die bisherige arabische Fachsprachenforschung hat sich in erster Linie mit Problemen der Lexik und nur in geringem Maße mit grammatischen Merkmalen von Fachtexten befaßt. Erste Ansätze in der zweiten Richtung finden sich bei Thürigen (1985) mit Bezug auf die Fachsprache der Eisen- und Stahlindustrie. Sie stellt für die Syntax vor allem stereotype Satzstrukturen bei der Beschreibung von Vorgängen und Verfahren und eine stärkere Verwendung unpersönlicher Konstruktionen und des Passivs, z. T. mit dem Funktionsverb تم fest. Aus Textvergleichen Fachtext − Zeitungstext − literarischer Text kann der sichere Eindruck gewonnen werden, daß die Satzlängen bei den ersten Textgruppen länger und die Satzkonstruktionen (mit attributiven Partizipialkonstruktionen und Infinitivkonstruktionen neben Nebensätzen) komplizierter sind als bei literarischen Texten.

Ein weites, ebenfalls noch im Detail zu untersuchendes Feld ist das Gebiet der *Textsorten* (Texte der Wissenschaftssprache, Institutionensprache, Werbesprache). Erste Ansätze gibt es mit Arbeiten zu kommerziellen und nichtkommerziellen Annoncen (Weichelt 1987; Becker 1988; Rücker 1989).

4. Sprachebenen, Diglossie und Bilinguismus

Die Fachsprachen sind im Arabischen im Zusammenhang mit der Diglossie Hochsprache − Umgangssprache (Dialekte) und in einigen Ländern, z. B. Algerien, Marokko, Tunesien und Israel, auch mit dem Aspekt des Bilinguismus zu behandeln.

Die Dialekte unterscheiden sich von der Hochsprache im Bereich der Lexik durch einen erhöhten Anteil von Fremdwörtern, die sowohl in die Gemeinsprache als auch in die Fachsprachen Eingang finden. Eine wichtige Rolle spielen dabei oft die ehemaligen Kolonialsprachen, das Englische (Ägypten, Sudan, Jordanien, Südjemen) und das Französische (Maghreb und Libanon) sowie die Kontaktsprache Hebräisch in Israel. In Ländern, die bis zum ersten Weltkrieg zum Osmanischen Reich gehörten, ist auch türkischer Einfluß nachzuweisen, so im Wortschatz der Verwaltung und der Justiz. Generell ist es sinnvoll, je nach früherem Einflußgebiet die englischen oder französischen Termini für die „Alltagstechnik" zu kennen. Das übliche arabische Wort für „elektrische Sicherung" ist z. B. in Aden *fyūz*, Pl. *fyūzāt*.

In den Maghrebländern werden (Dialekt-)-Arabisch und Französisch bis jetzt als aktive Erst- und Zweitsprache verwendet. Versuche von staatlicher Seite, diesen Zustand im Zuge der Arabisierung (تعريب) zugunsten des Hocharabischen zu ändern, haben bislang wenig Erfolg gezeigt. Das hohe Prestige des Französischen hängt nach wie vor mit den besseren beruflichen Chancen zusammen. An den Hochschulen wird im naturwissenschaftlich-technischen Bereich Französisch als Unterrichtssprache stark favorisiert, in anderen Bereichen überwiegend Arabisch verwendet. Die Verwendung einer der beiden Sprachen hängt auch von der Zugehörigkeit des Sprechers zum frankophilen, darunter auch berberischen, oder arabophilen Lager ab.

In Israel wird in arabischen Schulen bis zum Abitur Arabisch als Unterrichtssprache verwendet, an den Hochschulen wird ausschließlich in Hebräisch gelehrt. Die Studenten müssen also gegebenenfalls neben dem evtl. bekannten arabischen Terminus das hebräische Fachwort lernen.

Im Hochschulwesen der arabischen Staaten hat allein Syrien Arabisch in allen, auch den naturwissenschaftlich-technischen Studiengängen als Unterrichtssprache durchgesetzt, Ägypten hat einige Teilbereiche von Naturwissenschaft und Technik arabisiert.

5. Normative Institutionen

5.1. Sprachakademien und andere sprachnormierende Institutionen

Die seit Ende des ersten Weltkriegs gegründeten Sprachakademien in Damaskus, Kairo, Bagdad, Amman und Algier stellen sich bei unterschiedlicher Nähe zur realen Sprachpraxis folgende Ziele:

− Reinerhaltung der arabischen Sprache und deren Anpassung an die Erfordernisse des 20. Jh. auf den Gebieten der Literatur, der Wissenschaften und der Künste;
− Wiederbelebung des arabisch-islamischen Kulturerbes in Sprache, Wissenschaft, Literatur und Kunst;
− seit den 50er Jahren Vereinheitlichung der Terminologien;
− Herausgabe von Zeitschriften zur Publikation von Arbeitsergebnissen.

Die „Arabische Wissenschaftliche Union" (gegr. 1953) ist ein von der Arabischen Liga geförderter Zusammenschluß von Wissenschaftlern, der sich der Koordinierung und Vereinheitlichung wissenschaftlich-technischer Termini widmet.

Die „Union der arabischen Ingenieure" wirkt speziell im technischen Bereich für eine praxisnahe Prägung und Vereinheitlichung der Termini.

Die Durchsetzung der in den einzelnen Institutionen und von unterschiedlichen Autoren geprägten Termini hängt von deren Akzeptanz durch die Verwender des Modernen Hocharabisch ab. Bemühungen um die Vereinheitlichung von Terminologien, die vor allem durch die Arabische Wissenschaftliche Union, das Koordinierungsbüro in Rabat, die Vereinigung der Arabischen Akademien und die Union der arabischen Ingenieure unternommen werden, zeitigen Teilerfolge. Hindernisse für die Sprachnormierung im wissenschaftlich-technischen Bereich bestehen in erster Linie im übertriebenen Purismus und in mangelnder Praxisnähe einiger Sprachakademien. Eine engere Zusammenarbeit mit Institutionen von Wissenschaft und Technik pflegen die irakische Akademie der Wissenschaften und die jordanische Sprachakademie (vgl. 1.). Erschwerend für Normierungen wirkt sich die Diglossie und die hiermit zusammenhängende, unterschiedlich häufige Verwendung von arabischen Wörtern und/oder Fremdwörtern sowie das Auftreten regionaler Varianten für etliche Termini auf alltagsnahen Gebieten aus. Englisch bzw. Französisch dominieren zudem in Naturwissenschaft und Technik etlicher Länder.

Allgemein kann man sagen, „daß sich durch das Wirken und Zusammenwirken von Philologen und Technikern, von Literaten, Journalisten und Wissenschaftlern eine arabische Terminologie geformt hat, die − abgesehen von wissenschaftlichen und technischen Spezialgebieten − alle modernen Sachverhalte recht präzise auszudrücken geeignet ist. ... Die neuen Wörter wurden jedoch zum wenigsten durch die Billigung der Sprachakademien, als vielmehr durch den Iǧmāʿ (Konsens − d. V.) der Fachleute gültig. Und letztlich werden nur diejenigen Termini fester Bestandteil der Sprache, die das Sprachgefühl der Allgemeinheit akzeptiert." (Krahl 1967, 22).

5.2. Gesetzliche Regelungen

In einer Reihe von arabischen Staaten sind Gesetze und Vorschriften erlassen worden, die die alleinige oder vorrangige Verwendung des Arabischen gegenüber der früheren Kolonialsprache zum Ziel haben.

Beispiele hierfür sind das Gesetz, das 1958 in der damaligen Vereinigten Arabischen Republik (Ägypten und Syrien) erlassen wurde und die Verwendung des Arabischen durch alle staatlichen Stellen und den gesamten Handel obligatorisch machte, das Gesetz zur Reinhaltung der arabischen Sprache gleichen Inhalts von 1977 im Irak und das Gesetz zur umfassenden Durchsetzung der arabischen Sprache (Arabisierungsgesetz) von 1990 in Algerien.

Das VAR-Gesetz schrieb das Arabische vor für:

„1. die gesamte Korrespondenz, Schriftstücke, Dokumente und Offerten, die an ... staatliche Institutionen gerichtet sind oder von diesen ausgehen. ...
2. Firmen- und Ladenschilder von Gesellschaften, Handels- und Industriefirmen ... an der Vorderfront ihrer Gebäude ...
3. alle Handelsmarken in Form von Namen, Schriftzügen, Wörtern u. a., ...
4. alle im Lande hergestellten und alle Importwaren ..." (Krahl 1967, 16).

Das Gesetz gilt für eine sprachliche Situation, die durch die Diglossie Hochsprache − Umgangssprache und durch die Verwendung des Englischen und Französischen neben dem Arabischen als Bildungssprache durch Teile der Intelligenz gekennzeichnet ist.

Unter den Bedingungen der Koexistenz von Arabisch und Französisch als aktiver Erst- und Zweitsprache bei vielen Algeriern, eines bedeutenden Anteils von Berbern mit einer eigenen Sprache und des wachsenden Einflusses der Islamisten ist 1990 das algerische Arabisierungsgesetz erlassen worden, dessen Durchführung allerdings durch den fortdauernden starken Einfluß des Französischen auf den höheren Stufen des Bildungssystems, in der Verwaltung, der Wirtschaft und den Medien und das hohe Prestige des Französischen beim beruflichen Fortkommen gekennzeichnet ist. Das Gesetz schreibt die alleinige Verwendung des Arabischen u. a. vor:

1) bei der Kommunikation von Behörden, Institutionen, Unternehmen und Vereinigungen sowie bei allen offiziellen Dokumenten der öffentlichen Verwaltung, von Institutionen, Unternehmen und Vereinigungen;
2) bei Berufsbewerbungen und Einstellungsprüfungen bei Behörden und Unternehmen;
3) bei Abkommen mit dem Ausland;
4) in der Bildung, Erziehung und Ausbildung in allen Bereichen, Stufen und Formen; das Hochschulwesen soll bis spätestens 1997 vollständig arabisiert sein;
5) in der Werbung;
6) bei medizinischen Berichten, Analysen und Rezepten. Bis zur vollständigen Arabisierung der medizinischen und pharmazeutischen Wissenschaften dürfen hier Fremdsprachen ausnahmsweise benutzt werden, in der Werbung bedarf deren parallele Verwendung der Genehmigung (Kühnel 1994, 54 f).

Mit den zitierten Bestimmungen werden Problemzonen angedeutet, die den algerischen Politikern auf sprachlichem Gebiet erheblich zu schaffen machen: Wirtschaft und Verwaltung, das Bildungswesen mit seinen verschiedenen Stufen, die Werbung und der medizinisch-pharmazeutische Bereich. Formale Erfolge bei der Arabisierung gesellschaftlicher Bereiche können nicht darüber hinwegtäuschen, daß das Französische in Algerien und im gesamten Maḡreb nach wie vor eine beachtliche Position hat.

6. Literatur (in Auswahl)

Ali 1981 = Ali Abd Al-Sahib Mahdi: A Study of the Development of Scientific Vocabulary in Arabic. PhD. Diss. London 1981.

Aš-Šihābī 1965 = Muṣṭafā Aš-Šihābī: Al-Muṣṭalaḥāt al-ᶜilmīya fī l-ᶜarabīya fī l-qadīm wa-l-ḥadīṯ. 2. Auflage Kairo 1965.

Baalbaki 1978 = Munir Baalbaki: Al-Maurid, Qāmūs inklīzī-ᶜarabī. Bairūt 1978.

Badawi 1997 = Mohamed Badawi: Probleme des Fachwortschatzes im Arabischen, dargestellt an der Terminologie der Teleinformatik. Hildesheim 1997.

Bakalla 1983 = Muhammad H. Bakalla: Arabic Linguistics. An Introduction and Bibliography. London 1983.

Baranov 1957 = Ch. K. Baranov: Arabsko-russkij slovar'. 2. Aufl. Moskva 1957.

Becker 1988 = Annette Becker: Die Anzeigenwerbung. Untersuchungen anhand der Zeitung Al-Ittiḥād. Dipl. Leipzig 1988.

Belkin 1975 = Vladimir M. Belkin: Arabskaja leksikologija. Moskva 1975.

Belot 1955 = Jean-Baptiste Belot: Dictionnaire Arabe-Français à l'usage des étudiants. 17ᵉ éd. Beyrouth 1955.

Benabdallah 1969—1978 = Abdelaziz Benabdallah: Glossare zu Sport, Farben, Fischkunde, Apparaten und Werkzeugen, Nomenklaturen von Wissenschaften, Medizin, Sufismus und Pädagogik. Rabat 1969—1978.

Borisov 1967 = V. M. Borisov: Russko-arabskij slovar'. Moskva 1967.

Brockelmann 1960 = Carl Brockelmann: Arabische Grammatik. 14. Aufl. Leipzig 1960.

Daykin 1972 = Vernon Daykin: Technical Arabic: A Language Reader Incorporating Technical and Scientific Terms. London 1972.

Elias 1983 = A. E. Elias: Al-Qāmūs al-ᶜ-aṣrī ᶜarabī-inglīzī. Kairo 1983.

Endress 1992 = Gerhard Endress: Die Entwicklung der Fachsprache, Grundriß der arabischen Philologie, Supplementband. Wiesbaden 1992, 3—23.

Ewert 1988 = Bettina Ewert: Die Terminologie des Hochschulwesens Jordaniens und Syriens. Dipl. Leipzig 1988.

Fanous 1960 = Wadie Fanous: Deutsch-Arabisches Wörterbuch. Kairo 1960.

Fischer 1987 = Wolfdietrich Fischer: Grammatik des Klassischen Arabisch. 2. Aufl. Wiesbaden 1987.

Fromm 1976 = Wolf-Dietrich Fromm: Lexikalische Interferenzen und die Kategorien der Entlehnungen im modernen Arabisch. Diss. Leipzig 1976.

Führer 1977 = Eberhard Führer: Lexikalische Untersuchungen zur Landwirtschaftsterminologie unter besonderer Berücksichtigung der Heteronymie. Dipl. Leipzig 1977.

Gateau 1966 = Albert Gateau: Atlas et Glossaire Nautique Tunisiens. Beirut 1966. Grundriß der arabischen Philologie, Bd. II. Hrsg. v. H. Gätje. Supplementband. Hrsg. v. W. Fischer. Wiesbaden 1987 und 1992.

Hadjadji 1982 = H. Hadjadji: L'arabe technique par les textes. Algier 1982.

Halliday 1969 = M. A. K. Halliday: Existing Research and Future Work. In: Languages for Special Purposes. London 1969, 28—32.

Hamann 1989 = Heike Hamann: Der arabische Fachwortschatz der Chemie. Eine Untersuchung zu Bestand, Wortbildung und Entlehnung. Dipl. Leipzig 1989.

Henni 1972 = Mustapha Henni: Dictionnaire des Termes Economiques et Commerciaux (französisch-englisch-arabisch). Beyrouth 1972.

Hoffmann 1984 = Lothar Hoffmann: Kommunikationsmittel Fachsprache. Eine Einführung. 2. Aufl. Berlin 1984 (Sammlung Akademie-Verlag 44 Sprache).

Krahl 1967 = Günther Krahl: Die technischen und wissenschaftlichen Termini im modernen Arabisch — eine Untersuchung zur arabischen Wortbildung. Diss. Leipzig 1967.

Krahl/Gharieb 1984 = Günther Krahl/Gharieb M. Gharieb: Wörterbuch arabisch-deutsch. Leipzig 1984.

Krahl/Reuschel/Jumaili = Günther Krahl/Wolfgang Reuschel/Monem Jumaili: Modernes Arabisch für Fortgeschrittene, durchgesehen und überarbeitet v. Eckehard Schulz. Leipzig. Berlin. München 1997.

Kühnel 1994 = Roland Kühnel: Die sprachliche Situation im Hochschulwesen Algeriens seit dem Arabisierungsgesetz vom 26. 12. 1990. Diss. Leipzig 1994.

Lewis 1947 = Bernard Lewis: A Handbook of Diplomatic and Political Arabic. London 1947.

Mansoor 1961 = Menahem Mansoor: English-Arabic Dictionary of Political, Diplomatic and Conference Terms. New York 1961.

Mansoor 1965 = Menahem Mansoor: Legal and Documentary Arabic Reader. Leiden 1965.

Michalski 1975 = Ingolf Michalski: Zur Terminologie des Finanzwesens im Arabischen. Dipl. Leipzig 1975.

Monteil 1960 = Vincent Monteil: L'Arabe moderne. Paris 1960.

Nahmad 1970 = Hayim M. Nahmad: From the Arabic Press: A Language Reader in Economic and Social Affairs. London 1970.

Pabst 1978 = Eberhard Pabst: Synonyme und Dubletten in der arabischen Terminologie der politischen Ökonomie. AALA 6 (1978).

Reitter 1978 = Christel Reitter: Die arabischen Berufsbezeichnungen. Dipl. Leipzig 1978.

Rücker 1989 = Ricarda Rücker: Zur sprachlichen Gestaltung der nichtkommerziellen Annoncen in den syrischen Tageszeitungen ‚Al-Baath', ‚Al-Thawra' und ‚Tishreen'. Dipl. Leipzig 1989.

Sa'id 1964 = Majid F. Sa'id: Lexical Innovation through Borrowing in Modern Standard Arabic. PhD. Diss. Princeton 1964.

Scholz 1985 = Petra Scholz: Die arabische Terminologie der Petrolchemie. Dipl. Leipzig 1985.

Schregle 1977 = Götz Schregle: Deutsch-arabisches Wörterbuch, unter Mitarbeit von Fahmi Abu l-Fadl, Mahmoud Hegazi, Tawfiq Borg und Kamal Radwan. Wiesbaden 1977.

Schulz 1986 = Eckehard Schulz: Neologismen und Archaismen im gesellschaftspolitischen Wortschatz der Volksdemokratischen Republik Jemen. Diss. Leipzig 1986.

Sieber 1985 = Sabine Sieber: Die Terminologie der Landmaschinen- und Kraftfahrzeugtechnik in der Volksdemokratischen Republik Jemen unter bes. Berücksichtigung der Lehnprozesse. Dipl. Leipzig 1985.

Souissi 1968 = Mohamed Souissi: Langue des Mathématiques en Arabe. Tunis 1968.

Thürigen 1985 = Andrea Thürigen: Die arabische Terminologie der Eisen- und Stahlindustrie. Dipl. Leipzig 1985.

Von Behren 1976 = Ulrich von Behren: Lexikalische Untersuchungen zur Terminologie der Kriminaltechnik. Dipl. Leipzig 1976.

Wehr 1985 = Hans Wehr: Arabisches Wörterbuch für die Schriftsprache der Gegenwart, unter Mitwirkung von L. Kropfitsch. Wiesbaden 1985.

Wehr/Cowan 1979 = Hans Wehr/Milton Cowan: A Dictionary of Modern Written Arabic. Wiesbaden 1979.

Weichelt 1987 = Karin Weichelt: Sprachliche Gestaltung kommerzieller Anzeigen in der arabischsprachigen Presse. Dipl. Leipzig 1987.

Witter 1980 = Andrea Witter: Die Terminologie des arabischen Druckerei-, Presse- und Verlagswesens unter besonderer Berücksichtigung von Fremdwörtern, Lehnwörtern und Lehnübersetzungen. Dipl. Leipzig 1980.

Dieter Blohm, Leipzig

XX. Fachsprachen in ausgewählten allgemeinen Enzyklopädien, Fachenzyklopädien und großen Wörterbüchern

183. Die Fachsprachen in der *Encyclopédie* von Diderot und D'Alembert

1. Mentalitätsgeschichtliche Zusammenhänge
2. Die *Encyclopédie ou Dictionnaire raisonné* (1751–1780)
3. Die sprachlich-soziokulturelle Situation
4. Verständnis der Textsorte *Encyclopédie* und Selbstverständnis der Enzyklopädisten
5. Fachsprachlichkeit in der *Encyclopédie*
6. Fachsemiotische Informationsformen in der *Encyclopédie*
7. Literatur (in Auswahl)

1. Mentalitätsgeschichtliche Zusammenhänge

(1) Nach dem Mittelalter und der Renaissance ist die Aufklärung die wohl letzte große zusammenhängende Epoche europäischen Ausmaßes – sogar mit folgenreicher Ausstrahlung bis nach Übersee (Amerika) – gewesen. Dabei ist die einigende Kraft nicht – wie im europäischen Mittelalter – die Religion und Frömmigkeitspraxis, dabei auch die Architektur (Romanik, Gotik); nicht – wie in der rund dreihundertjährigen Renaissancezeit – die Kunst, die naturwissenschaftliche Neugier und ein aufbrechender Forschergeist im Makro- und (nach geltenden Möglichkeiten) Mikrokosmos sowie ein erdumspannender Entdeckerdrang (vgl. Art. 27); vielmehr versteht sich die Aufklärung aus einer spezifisch definierten Grundhaltung heraus und repräsentiert somit ebendiese (dagegen ist der Humanismus der Renaissancezeit eher als deren geistiges Seitenstück, als Ergänzung, einzuschätzen). Die dynamische Kraft und den bewußt empfundenen Neuansatz faßt Immanuel Kant (1784) in der prägnanten Antwort auf seine Frage „Was ist Aufklärung?" zusammen:

„Aufklärung ist der Ausgang des Menschen aus seiner selbst verschuldeten Unmündigkeit. Unmündigkeit ist das Unvermögen, sich seines Verstandes ohne Leitung eines anderen zu bedienen. Selbstverschuldet ist diese Unmündigkeit, wenn die Ursache derselben nicht am Mangel des Verstandes, sondern der Entschließung und des Muthes liegt, sich seiner ohne Leitung eines andern zu bedienen. *Sapere aude!* Habe Muth dich deines eigenen Verstandes zu bedienen! ist also der Wahlspruch der Aufklärung." (Sperrung und Kursive entsprechen dem Originaltext) (Kant 1995, 162)

Diese Bestimmung trifft sich mit der von Denis Diderot, der in der *Encyclopédie* im Artikel *Éclectisme* (Bd. 5. 1755, 270–293) den Philosophen charakterisiert mit einer Haltung (von Stackelberg 1983, 38 f)

„qui foulant aux pieds le préjugé, la tradition, l'ancienneté, le consentement universel, l'autorité, en un mot tout ce qui subjuge [!] la foule des esprits, ose penser de lui-même, remonter aux principes généraux les plus clairs, les examiner, les discuter, n'admettre rien que sur le témoignage de son expérience & de sa raison; [...]."

Die Zwänge – „tout ce qui subjugue" (s. o.) –, von denen es sich zu befreien galt, hatten das Frankreich des *Ancien Régime*, den *Grand Siècle* gelähmt; insbesondere die auslaufende Regierungszeit des Sonnenkönigs (Louis XIV, 1638–1715) war als politische und wirtschaftliche Belastung und eben auch als geistige Einschnürung (Absolutismus) empfunden worden. Um so stärker kam den Anfängen aufgeklärten Denkens, beginnend in Frankreich gegen Ende des 17. Jh.s (Pierre Bayle [1647–1706], Bernard Le Bovier de Fontenelle [1657–1757], u. a.), bahnbrechende Aufgaben, „erhellende", „Licht schaffende" (‚Licht'-Topos, als Metapher schon verwendet im 16. Jh.), eben „aufklärende" Funktion zu (*Siècle des lumières*).

(2) *Philosophen* und *Schriftsteller* geben hier die Anstöße für ein befreiendes Denken.

Das damalige Selbstverständnis der *philosophes* fiel deutlich umgreifender, eher im Sinne von „interdisziplinär" aus als in der heutigen Zeit und bezog — schon mit Fontenelle einsetzend — die [Natur-] Wissenschaften und andere fachbezogene Kenntnisse natürlich mit ein: „philosophia comprehendit artes et scientias" (vgl. Voltaire: *Lettres philosophiques* 1734; vgl. Artikel *Philosophe* in der *Encyclopédie*, Bd. 12. 1765; s. Adam 1967).

Die Auseinandersetzung mit dem Althergebrachten und seiner unkritischen Wertschätzung im Vergleich zu den zeitgenössischen Errungenschaften fand in der berühmten *Querelle des Anciens et des Modernes*, der geistigen Auseinandersetzung (in Form literarischer Polemik ab 2. Hälfte des 17. Jh.s) zwischen den *Antiqui* (Nicolas Boileau, Jean Racine, Jean de La Fontaine, Jean de La Bruyère, u. a.) und den *Moderni*, ihrem kultivierten Ausdruck und verlief sich dann schließlich Anfang des 18. Jh.s mit der Parteinahme für die neue Zeit (Charles Perrault, Fontenelle, u. a.).

Die selbstbestimmte Position für die Moderne mit ihren eigenen Werten, Leistungen und Ansprüchen erhielt noch, René Descartes (1596—1650) folgend, neue geistige Ausrichtungen, die das bislang geltende Weltbild ins Schwanken brachten und ablösten: (i) der *methodische Zweifel*, (ii) das *Evidenz-Kriterium* und (iii) die *mechanistische Erklärung der Welt* waren jene Angebote, die sich insbesondere für das analytische Denken, die Wissenschaften, bestimmend auswirkten und die überlieferten Denksysteme von Grund auf in Frage stellten.

(3) Die maßgeblichen Kräfte, innerhalb derer sich die philosophischen, politischen, gesellschaftlichen, wissenschaftlichen, literarischen und künstlerischen Neubestimmungen bewegten, waren (a) Rationalismus und Sensualismus, (b) Empirismus und Skeptizismus. Als ihre Fahnenbegriffe dienten *civilisation* (vgl. Sprachwissenschaftliches Colloquium 1967; Elias 1997), *entendement*, *lumière*, *nature*, *origine*, *préjugé*, *raison*, *tolérance*, u. a. Mit ihnen wurden Konzepte verfolgt, die sich integrativ verstanden und die verschiedenen Gebiete des Denkens, Handelns und gesellschaftlichen Lebens umgriffen: So waren *Philosophie* (mit gesellschaftsbezogenen Anteilen, aus denen z. B. die Toleranz-Idee [Pierre Bayle, Voltaire, u. a.] erwuchs oder sich die Ausrichtung der Empfindsamkeit [Jean-Jacques Rousseau, Étienne Bonnot de Condillac, u. a.] entwickelte), *Literatur* und *Wissenschaft* eng aufeinander bezogen, ja bei den Philosophenschriftstellern [so vor allem Denis Diderot und Voltaire] ineinander verwoben. Die Grundhaltung der Meinungsäußerungen war eine prinzipiell kritische — das „überlieferte Wissen wurde skeptisch überprüft und nur für wahr erkannt, was dem kritischen Urteil standhielt" (von Stackelberg 1983, 33) — und kreiste vor allem um (i) Christentum (Religion), (ii) Militarismus und Heldentum, (iii) Sklaverei und Kolonialismus, und (iv) die Benachteiligung der Frau in der Gesellschaft (von Stackelberg 1979, 11—29). Treibende Kraft dieses komplexen Verständnisses geistiger Regsamkeit und intellektuellen Wirkens war dabei der unerschütterliche Glaube an den *Fortschritt* (vgl. Luschka 1926; Köhler 1975).

Dies wurde durch eine bislang nicht erlebte Flut an (i) *Erfindungen* (die sog. ‚Industrielle und landwirtschaftliche Revolution des 18. Jh.s'; so besonders die Reihensämaschine [Jethro Tull 1701], die Dampfpumpe [Thomas Newcomen 1712], das fliegende Weberschiffchen [John Kay 1733], die Rübenzuckergewinnung [Andreas Marggraf 1747], die Dampfmaschine [James Watt 1769], der mechanische Webstuhl [Edmund Cartwright 1787] u. v. a.) und an (ii) (natur-) *wissenschaftlichen Erkenntnissen* sowie an (iii) *technischen Verbesserungen* — meistens zum Verbessern der Lebensqualität (von der Manufaktur zur Fabrikation, wenngleich noch nicht mit den brisanten sozialen Folgen des 19. Jh.s) — sowie durch (iv) eine *effiziente Arbeitsgestaltung* gegenwärtig (Optimierung der Produktionsschritte und Erhöhung der Produktion durch eine verengende Arbeitsteilung und durch Spezialisierung der Leistungen und Berufe).

(4) Eine wichtige Voraussetzung von Fortschritt-Konzepten ist es, sich darüber im klaren zu werden, vor welchem Hintergrund fortgeschritten (Progressus-Modell) oder Wissen angehäuft wird (Akkumulations-Modell); es ist also ein Maßstab vonnöten. Während die Renaissance ihre Entdeckungen häufte und das Wissen der Antike durch die eigenen zeitgenössischen Erkenntnisse vervollkommnete, dabei oft genug (insbesondere in der Astronomie [z. B. Galileo Galilei] und vielen Gebieten der Medizin, hier speziell durch die Künstlerwissenschaftler in der Anatomie [z. B. Leonardo da Vinci] — vgl. Art. 27) behutsam korrigierte bis radikal veränderte, bemühten sich die Intellektuellen des 18. Jh.s um Sichtung, Ordnung und Grundlegung des Erreichten, natürlich um von einem solchen Boden des zusammengetragenen Wissens aus

neue Impulse für die Moderne zu gewinnen und daraus neue Perspektiven für eine aufgeklärte Zukunft abzuleiten. Eine solche Summa war natürlich auch geeignet, den bislang vorhandenen Wissensfundus mit gefestigtem Selbstbewußtsein zu präsentieren, und so verwundert es nicht, daß gerade das Bürgertum nach einer Form suchte, diesen Anspruch gegenüber bislang üblicherweise — nämlich durch die Ständeordnung geregelt — höhergestellten gesellschaftlichen Schichten zu manifestieren. Als Textgattung kam da die ‚Enzyklopädie' oder prinzipiell ein lexikographischer Typus in Frage. Das 18. Jh. bietet hierzu mindestens zwei herausragende Repräsentanten: (i) die *Encyclopédie, ou Dictionnaire raisonné* (1751—1780) und (ii) der *Dictionnaire philosophique portatif* (Genf 1764; etliche bearb. u. erw. Aufl.) von Voltaire (1694—1778).

2. Die *Encyclopédie ou Dictionnaire raisonné* (1751—1780)

(1) Der französische Verleger André François Le Breton beabsichtigte, die zweibändige englische *Cyclopaedia: or an Universal Dictionary of Arts and Sciences* (London 1728) des englischen Schriftstellers Ephraim Chambers (um 1680—1740) als französische Ausgabe herauszubringen und erhielt 1745 das Druckprivileg für den Titel *Dictionnaire universel des arts et des sciences*, 1746 verändert in *Encyclopédie, ou Dictionnaire universel des arts et des sciences, traduits des Dictionnaires anglais de Chambers et de Harris, avec des additions*. Mit Vorarbeiten, Übersetzungen und redaktionellen Eingriffen waren ab 1747 der Philosoph und Schriftsteller Denis Diderot (1713—1784 [zur Biographie dieses „einzigartigen Individuums" (Goethe) vgl. z. B. Friedenthal 1984; Lepape 1994]) und der Philosoph, Schriftsteller und Mathematiker Jean le Rond D'Alembert (1717—1783) betraut. Dieser verließ allerdings 1758 das Projekt aus persönlichen Gründen und ließ Diderot als Herausgeber mit den Bildbänden und den letzten 10 Bänden allein, wenngleich diesem inzwischen Mitarbeiter, so unter den etwa 50 besonders der Chevalier de Jaucourt (1704—1779; über 17.000 Artikel, also etwa ein Viertel des Gesamttextes von — je nach Zählweise — 60.660 bis 72.000 Artikeln), zugewachsen waren, um die Beiträge der nunmehr 142 bis heute namentlich identifizierten (und an drei Fünfteln aller Artikel beteiligten) Mitautoren zu betreuen. Zu den *Encyclopédisten* gehörten *Philosophen* (als „große" Aufklärer, wenngleich in unterschiedlicher Artikelzahl, z. B. Diderot [über 5.000 Artikel, vielseitig u. a. zu Künsten, Handwerk, Wissenschaften, Literatur, Philosophie, Theologie und Kirchengeschichte (äußerst kritisch)], Montesquieu, Rousseau, Voltaire [nur 44 Artikel, nur bis Bd. 8. 1765]), *Handwerker, Wissenschaftler, Literaten*, (wenige) *Kleriker* (vgl. z. B. Diderot 1985, 17—26).

„[...] die soziale Zusammensetzung der Equipe um die beiden Herausgeber [ist] ebenso heterogen wie ihre ökonomische Lage und Berufszugehörigkeit"; als Tendenz: „Angehörige des Hof- und Schwertadels, der staatlichen Repressionsorgane, aktive Mitglieder der Parlamente, des Klerus wie auch aktive Anwälte und Kaufleute bleiben im Prinzip ausgeschlossen. Auffallend viele Mitarbeiter zählen hingegen zur technischen Intelligenz mit öffentlichen Leitungsfunktionen"; „besonders zahlreich sind Gelehrte, Professoren, Literaten, Künstler, aber auch Mediziner" (vgl. Berger 1989, 15f—18).

Eine wechselvolle Rezeptionsgeschichte und dementsprechend eine oft abenteuerliche Produktionsgeschichte kennzeichnen den Werdegang dieses bedeutendsten Werks der französischen und europäischen Aufklärung.

Produktionsgeschichtlich markiert es (i) den Beginn einer „Professionalisierung und Marktorientierung" der Schriftsteller (Subskriptionswesen, Verkauf verschiedener Formate [Folio, Quart und Oktav] und Ausstattungen als Öffnung für verschiedene Käuferschichten, Kosten für Verleger, Entlohnung und Verdienst von Autoren und Verlegern als wichtige Aspekte), bei (ii) traditionellem Arbeitsethos: „Liebhaberei und Fixierung auf den Nachruhm" (Berger 1989, 16).

Rezeptionsgeschichtlich: Die herrschenden Gruppen (Kleriker, Parlament, Königtum) und die obrigkeitliche Zensur (vgl. Mass 1981; Plachta 1994) sahen in ihm eine Ansammlung revolutionären Gedankenguts, dessen Verbreitung mit Verboten und Zensur zu verhindern sei (1752, 1757, 1758 staatliche Untersagungen von Herstellung und Vertrieb, neben etlichen anderen Problemen mit der Zensurbehörde, der römischen Kurie, den Jesuiten und den Jansenisten; dennoch boten sich immer wieder Auswege, oft mit Helfern, u. a. Malesherbes, Mme de Pompadour, Voltaire); dagegen zeigte der große Absatz hoher Auflagen im In- und Ausland den bei den geistigen Eliten und im aufstrebenden Bürgertum verbreiteten Wunsch nach innovatorischen Ideen und den Bedarf an kritischer Reflexion (hierzu sei daran erinnert, daß im 18. Jh. Buchauflagen zwischen 500 und 1.000 Exemplaren lagen; die *Encyclopédie* dagegen erschien mit einer Auflagenhöhe von 4.000).

(2) Der Titel knüpft mit dem Begriff ‚Enzyklopädie' an die antike Bildungstradition an:

Dies ist das Unterrichtsprogramm des ‚Kreises der Erziehung' (griech. Ἐγκύκλιος παιδεία *enkýklios paideía*) mit den intellektuellen *artes liberales* und, in geringerer Achtung, den gewerblichen *artes mechanicae*) (Christes 1975; Dolch 1982; Kalverkämper 1996a, 117−127) (vgl. Art. 1, Abschn. 1.1.2. Punkt (2); vgl. auch Art. 232).

Das 18. Jh. nimmt zwar diese Tradition des Fächerkanons auf, erweitert diesen aber schon im Titel ausdrücklich und gleichwertig zwischen den *artes liberales* und *mechanicae* zu der Reihe *Sciences − Arts − Métiers*, bietet also ein Spektrum der Äußerungsweisen des Menschen (i) als intellektuelles, wissenschaftsbetreibendes, forschendes Wesen (*Sciences*), (ii) als ästhetisch und künstlerisch gestaltendes Wesen (*Arts*), und schließlich (iii) als berufsausübendes, in der Welt schaffendes Wesen (*Métiers*). Mit der gleichwertigen Beachtung von Kunst (*Arts*) und (handwerklichen u. a.) Berufen oder Gewerben (*Métiers*) wird so neuartig die Würde des Künstlers und der hohe Nutzwert der beruflichen, speziell der manuellen Arbeit für die gesellschaftliche Prosperität deutlich gemacht. Ein solches Interesse wäre noch ein Jahrhundert zuvor, im Kontext der Salonkultur des *Honnête Homme*, der *Gens du Monde*, wo die verfeinerte Konversation ohne fachlich vertiefte Kenntnisse als erstrebenswertes Ideal galt (vgl. Strosetzki 1978; vgl. auch Art. 268), undenkbar gewesen. Im *Discours préliminaire* (D'Alembert 1751, 72−78, u. a.) heißt es dazu ausdrücklich: „Tableau général des efforts de l'esprit humain dans tous les genres."

(3.a) Die Enzyklopädie ist somit in erster Linie ein *sachorientiertes* Lexikon, mit Informationen zur Lebens- und Vorstellungswelt. Als Enzyklopädie gliedert und verkettet das Werk das menschliche Fachwissen und seine allgemeinen Kenntnisse; als vernunftgegründetes, methodisches (‚wohldurchdachtes') Sachlexikon − *Dictionnaire raisonné des sciences, des arts et des métiers* − enthält es außerdem

„sur chaque science et sue chaque art, soit libéral, soit mécanique, des principes généraux qui en sont la base, et les détails les plus essentiels qui en font le corps et la substance" (D'Alembert 1751, 12).

Dies unterstreichen neben den Sachartikeln auch die außerordentlich opulent, bis dahin ohne vergleichbaren Vorgänger ausgestatteten 11 Bände mit Kupferstichen zu allen relevanten Sachgebieten (1762−1777) (s. u. Abschn. 6.; vgl. Art. 185).

(3.b) Sie dient aber nicht nur als Wissenskompendium, sondern bietet sich auch als ein *sprachbezogenes* Wörterbuch an. Insbesondere die Definitionen und fachsystematischen Beschreibungen unter den Stichwörtern erweitern die sprachliche Kompetenz des suchenden Lesers und bieten sachangemessenere Bezeichnungs- und Formulierungsmöglichkeiten. Gerade auch das Verhältnis von Bild(ern) (*Planches*-Bände 22. 1762 − 33. 1777) und zugehörigen (Erklärungs-) Texten, dieser allerdings meist reduziert auf Termini, die per Referenz-Indizes den Bilddetails zugeordnet werden, ist maßgebend für eine auf das *Sprachliche* zielende Lexikographie (im Sinne von ‚Wörterbuch'), indem sie (i) Bildwörterbuch, (ii) Terminologiebank, (iii) Präsentation des Gegenstandes oder des Sachzusammenhangs, (iv) Handlungsdarstellung (Pragmatik des fachlichen Handelns) und (v) kommunikative Bewältigung (Beschreibung, Erklärung, Kontextualisierung) verknüpft und so eine „multimediale" Informationsleistung erbringt; s. u. Abschn. 6.

(3.c) Sie versteht sich aber auch noch als ein Lesebuch, das Prozesse des Nachdenkens und der Neuorientierung in Gang bringen will; die Enzyklopädie verkörpert also auch didaktische, beeinflussende, erzieherische Ambitionen − „changer la façon commune de penser" (Diderot 1755) −, und es sind gerade diese *breitenpädagogischen* Wirkungen (D'Alembert 1751; Diderot 1750; 1755) der guten Lesbarkeit, der Verständlichkeit („Plus les matières seront abstraites, plus il faudra s'efforcer de les mettre à la portée de tous les lecteurs." [Diderot 1755, 648, 2. Kol.]), der spannend ausgetragenen Polemik, der versteckten Rhetorik, der Psychagogie, die als revolutionäres Potential zu Recht von jenen Beharrungskräften, die es anging, gefürchtet wurden:

„Cet ouvrage produira sûrement avec le temps une révolution dans les esprits, et j'espère que les tyrans, les oppresseurs, les fanatiques et les intolérants n'y gagneront pas. Nous aurons servi l'humanité; [...]." (Diderot, zit. n. von Stackelberg 1983, 42).

Gerade dies sollte mit dem Epitheton *raisonné*, gleichsam einem Fahnenwort und einer Schlüsselbestimmung des 18. Jh.s, signalisiert sein: Aufklärung soll betrieben werden, Aufklärerisches ist das Anliegen, Aufgeklärtes erfährt man in diesem Lexikon, und genau dies soll man verinnerlichen und dann auch weitervermitteln:

„C'est à quoi nous cherchons à satisfaire par deux moyens: savoir, par nos découvertes particulières, et par les recherches des autres hommes; recherches dont notre commerce avec eux nous met à la portée de profiter." Und dazu als kulturhistorische Evidenz: „De là ont dû naître d'abord l'agriculture, la médecine, enfin tous les arts les plus absolument nécessaires." (D'Alembert 1751, 26).

Ein geschickter Zug lexikographischer Praxis hat diese edukative Grundtendenz noch verstärkt: nämlich die Technik des *Verweisens*.

Der Verweis (*le renvoi*) war schon von Pierre Bayle in seinem *Dictionnaire historique et critique* (Rotterdam 1696) praktiziert worden, um Zensoren zu verwirren und die Aufmerksamkeit des interessierten Lesers zu steuern. Auch die Enzyklopädisten verwerten das Verweissystem, um die Informationsleistung von Artikeln zu erhöhen oder um zeitgenössisch gefährliche Ausführungen abzuschwächen oder günstig zu verstecken („Verfahren, das im wesentlichen darin bestand, einen respektvollen, unanstößigen Hauptartikel mit Nebenartikeln zu flankieren, die das dort Gesagte in Frage stellten" [von Stackelberg 1983, 39], wozu sich auch Diderot geäußert hat [Diderot 1755, 643, ab 3. Kol.]; s. auch Berger 1989, 20 f: „Das ganze in diesem Wörterbuch verstreute Gift findet sich in den Verweisen").

Daß diese Form − allerdings nicht dieses Anliegen − der Rezipientenführung und der Steuerung von Informationsprozessen nichts von ihrem Reiz verloren hat, ja neue Verwertungsmöglichkeiten bietet, hat Harald Weinrich (1978) aufgedeckt, als er seinen Vorschlag eines Interdisziplinären Wörterbuchs in den Konsequenzen des Vorgangs, wie das Wörterbuch möglicherweise einmal zu konsultieren sei (Suchfrage-Situation der Wörterbuchbenutzung [Wiegand 1987, bes. 195 ff]) vorstellte.

(3.d) Die *Encyclopédie* ist so, gleichsam antizipierend, eher dem Konversationslexikon des 19. Jh.s verwandt und dürfte, aus Sicht einer Typologie der Lexikographie, einen eigenständigen systematischen Stellenwert innehaben, d. h. eine eigene klassifikatorische Einschätzung verlangen, wohlmöglich als ein „(*fachliches*) *Allbuch*" (‚enzyklopädisches Wörterbuch') (Wiegand 1994, 110 f, 122−125); Diderot (1755, 635, 2. u. 4. Kol.) spricht selbst von *vocabulaire* (bzw. *dictionnaire*) *universel* (‚allumfassend').

3. Die sprachlich-soziokulturelle Situation

Sprachgeschichtlich maßgeblich sind für das 18. Jh. schon das 16./17. Jh., mit deren Zeitspanne sich das Neufranzösisch herausbildet; die Periode gilt bis in die Moderne. Für den zeitlichen Ansatz sprechen externe und interne Kriterien.

(1) Die *externen* Gesichtspunkte verankern die Sprachentwicklung in geschichtlich und kulturhistorisch herausragenden Daten (Eckert 1990, 820−822):

(1.a) So als erste Zeitspanne ca. Mitte 16. Jh. bis Mitte 17. Jh.: Normierung des vom Lateinischen (und Italienischen) emanzipierten und für etliche neue Fachgebiete (Rechtsprechung, Wissenschaften, Religion) verwendeten Französisch durch sprachpflegerische, am „bon usage" ausgerichtete Eingriffe (François de Malherbe [1555−1628], Claude Favre de Vaugelas [1585−1650], Académie Française [ab 1635]) (vgl. Art. 266).

(1.b) Ab Mitte des 17. Jh.s bis zur Französischen Revolution 1789 Verfestigung des „français classique" durch maßsetzende Schriftsteller wie Pierre Corneille (1606−1684), Molière (1622−1673) oder Jean Racine (1639−1699), die ihren Sprachgebrauch am „français de la cour" ausrichten. Französisch avanciert im Zuge einer Frankophilie zur *lingua franca* der europäischen Aristokratie und der Intellektuellen.

Dem schlecht ausgebildeten Volk allerdings (zwar Schulpflicht [seit 1698, bestätigt 1700 und 1724], aber keine Lehrerausbildung, ungenügende Bildungsanstalten) „war das Idiom, dem weiter große Aufmerksamkeit gewidmet wurde, [kaum] in seiner vorbildlichen Form bekannt." (Wolf 1979, 130). „Noch Ende des Jh. lebten ca. 95% der inzwischen auf etwa 26 Mill. angewachsenen Bevölkerung auf dem Lande, obwohl im 18. Jh. die Einwohnerzahl der Städte, besonders in der 2. Hälfte des Jahrhunderts, um 50−100% zugenommen hatte." (Wolf 1979, 130; vgl. auch Reichardt 1977)

(1.c) Die *Salon-Kultur*, ab dem zweiten Drittel des 18. Jh.s eine gesellschaftliche Institution, über die sich außerhalb des Adels neue soziale Kräfte − bürgerliche und handwerkliche (so z. B. Diderot als Sohn eines Messerschmieds, Rousseau als der eines Uhrmachers) − insbesondere intellektuell mitgestaltend auswirkten, ließ die Ausrichtung des klassischen Sprachideals („bon usage") am Sprachgebrauch des Hofes („la Cour et la Ville" [d. h. Amtsaristokratie und reiches Bürgertum]) verblassen, zumal die Richtschnur dafür, „la façon de parler de la plus saine partie de la Cour" noch aus dem 17. Jh. (Claude Favre Vaugelas [1585−1650], *Remarques sur la langue françoyse* [1647]), immer mehr, Mitte des Jahrhunderts dann offen verdarb („la Cour s'encanaille").

(1.d) Und noch zur sprachgeschichtlichen Abrundung des Neufranzösischen: Es schließen sich hieran als Sprachperioden an: (i) Die Revolutionszeit bis Ende des Zweiten Weltkriegs 1945 (Leitaspekt der *égalité*); (ii) Gegenwartsfranzösisch (Abbau der Normvorgaben des *français classique* [„crise du français"] und dominant gewachsene Anteile der Fachsprachen sowie starker Druck der Anglophonie).

(2) Die *internen* Kriterien sind, was die Fachkommunikation betrifft, speziell im *Wortschatz* (2.a) von Interesse.

(2.a) Hier läßt sich ein starker Zuwachs an neuen Bezeichnungen ab der 2. Hälfte des 18. Jh.s (mit ungebrochener Dynamik bis in die heutige Zeit) beobachten, und zwar neben Politik und Kultur insbesondere in den arbeitsteilig immer stärker differenzierten technischen Sachgebieten (vgl. z. B. Müller 1975; Stefenelli 1981, Kap. VI.), was sich dann auch in einer spezialisierten und sachgebietsisolierenden Lexikographie, weg von dem summierenden Typus einer Enzyklopädie, niederschlägt (Quemada 1990). Als wohl erstes zeitgenössisches lexikographisches Werk mit ausdrücklicher Beachtung und starker Einbeziehung von fachsprachlichen Wörtern und beruflich verwendeten Termini ist das beeindruckende Wörterbuch — nicht Sachlexikon — von Antoine Furetière (1619—1688) zu nennen: *Dictionaire universel, Contenant generalement tous les mots françois tant vieux que modernes, & les Termes de toutes les sciences et des arts* (La Haye—Rotterdam 1690, postum), das in Anlage und Grundhaltung ganz dem *honnête homme*-Anspruch des Akademie-Wörterbuchs von 1694 (vgl. Popelar 1976; dazu Kalverkämper 1977) zuwiderlief, was dann auch persönliche Schwierigkeiten für den *Académicien* (seit 1662) mit sich brachte (Ausschluß Furetières 1685).

(2.b) Die neuen fachlichen Erkenntnisse mußten sprachlich, insbesondere schriftlich — wegen der Verbreitungsmöglichkeiten und der wissenschaftlichen Auseinandersetzung, aber auch, ganz aufklärerisch, wegen der Bewahrung des neuen Wissens — in Form gebracht werden; dafür fehlten aus der aristotelischen und französisch-klassischen Tradition noch die entsprechenden *Gattungen* (vgl. Art. 4, insbes. Abschn. 2.4. u. 3.2.9.), was zur Herausbildung fachlicher Textsorten führte.

Mit Verschiebungen des Gattungssystems und funktionalen Neubesetzungen von analytisch zielenden Gattungen mit monologischem, präsentierendem, expositorischem, eben ‚wissenschaftlich' wirkendem Darlegungsmodus (*Censure, Commentaire, Connaissance, Critique, Éclaircissement, Examen, Explication, Exposition, Interprétation, Jugement, Note, Observation, Remarque,* u. a.), zudem zunehmend, schließlich ganz auf Französisch, nicht mehr in Latein, reagieren die Fachautoren und wissenschaftlich interessierten Schriftsteller (Kalverkämper 1984; 1989; 1996b; Weber 1983). Das neue Verschmelzungsverhältnis von *Science* und *Littérature* geht auch in die *Encyclopédie* ein, indem sie mit ihren Autoren — meist Philosophenschriftsteller (s. u. 4.) — das neue Verständnis von der edukativen Funktion der „Literatur" verwirklicht: Sie findet sich eingesetzt zu einer fachbezogenen Bildung, „muß jetzt dem Alltag dienen, die Praxis des Menschen durchleuchten" (Krauss 1963, 93).

Littérature bezeichnet im 18. Jh. „jede forscherische Betätigung und die von ihr vorgelegten Ergebnisse" und „umfaßt hier alle Bereiche menschlicher Erkenntnis, deren gesellschaftliche Bedeutung so groß ist, daß sie ohne schriftliche Fixierung und methodisches Studium weder erworben noch erweitert und vertieft werden können" (Fontius 1974, 389).

„Naturwissenschaften und Literatur wachsen zusammen, als wären sie Ausdrucksformen einer Wesenheit, die in verschiedenen Dimensionen erscheinen kann" (Schalk 1977, 134). Die funktionale Nähe zur Enzyklopädie ist damit offenbar.

4. Verständnis der Textsorte *Encyclopédie* und Selbstverständnis der Enzyklopädisten

(1) Der Untertitel der *Encyclopédie* gibt an, daß gemeinsam mit Diderot und D'Alembert auch noch „une société de gens de lettres" (‚Schriftsteller') an der Entstehung beteiligt ist. Hier zeigt sich die für die Aufklärung charakteristische Verbindung von Wissenschaft und Schriftstellerei (s. o. Abschn. 3., Punkt (2.b)).

Diese Gelehrten, intellektuellen Literaten und Schöngeister zwischen Salonkultur und Fachgelehrsamkeit — *Savants, Érudits, Gens d'esprit* (vgl. zur Vorgeschichte Ricken 1961; zur Sozialgeschichte Vovelle 1992) — fanden sich unter dem Etikett *Philosophes* zusammen, wobei sich schriftstellerische und wissenschaftliche Ambitionen zu einem globalen Selbstverständnis als „*Siècle philosophe*" (Diderot 1755, 644, 4. Kol.) vereinten, „dem die Wissenschaften auch Organ und Ziel eines praktisch gearteten Erkennens geworden sind" (Schalk 1968, 259; 1977, 134). *Philosophe* und *Encyclopédiste* wurden praktisch synonym (Brunot 1930—1933, Bd. 1.1).

Bezeichnend ist die bis dahin in einem solchen Werk noch nicht praktizierte Form der *Mitautorenschaft*, was neue Methoden der Kooperation, der Organisation (*mis en ordre*) und der Redaktion verlangte.

(2) In Anlehnung an den von ihm verehrten englischen Philosophen Francis Bacon (1561—1626) (Postulat der induktiven Methode) streben auch Diderot und D'Alembert für ihre Sammelarbeit und ihre enzyklopädischen Darlegungen methodische Strenge an,

indem sie *empirisch* vorgehen. Dafür mußte Diderot, gerade bei den Handwerken und Gewerben (*métiers*), noch die Fundamente für aufzubauende Erkenntnisse selbst legen, oft durch Besuche in den Werkstätten und Befragungen vor Ort. Diderots *Prospectus* (1750), D'Alemberts berühmter *Discours Préliminaire de l'Encyclopédie* (1751) oder Diderots brillanter Artikel ‚*Encyclopédie*' (1755) geben lebensnahe Kunde von dieser Vorgehensweise, die man heute durchaus als „Feldforschung" bezeichnen würde.

Diderot mußte mit Überredungskünsten den Handwerkern ihre kleinen und großen Geheimnisse der Berufspraxis entlocken, dann Kupfertafeln jeglicher Ansichten, Details und Funktionsabläufe stechen lassen, Fragebogen (*un canevas*) erstellen und bei den Antworten und Denkschriften (*mémoires*) auf Klärung, Exaktheit, Korrektur und Bestätigung bestehen. Diese methodische Vorgehensweise für eine exakte Information über den Stand des Wissens gehorchte der Fortschrittsidee: Die Öffentlichkeit solle später einmal beim Aufschlagen der Enzyklopädie sagen können: „tel était alors l'état des sciences et des beaux-arts." Und als Vermächtnis daraus: „Qu'elle ajoute ses découvertes à celles que nous aurons enregistrées, et que l'histoire de l'esprit humain et de ses productions aille d'âge en âge jusqu'aux siècles les plus reculés." (D'Alembert 1751, 220). Diese Haltung hat die beiden Enzyklopädisten sensibel werden lassen, daß nicht eine ausschließlich starre Sicht auf die einzelnen Berufe und Gewerbe, Fächer, Wissenschaften und Disziplinen angebracht sei; vielmehr verstehen und beschreiben sie diese auch als Handlungsbereiche, als Abläufe, also pragmatisch als gleichermaßen Objekte *und* Situationen des Gesprächs − „Dans un atelier c'est le moment qui parle, et non l'artiste." (D'Alembert 1751, 224 [Zitat]; Diderot 1750, 100) −, dessen Vielfältigkeit einem fachlich erscheinenden Gegenstand neue und bereichernde Seiten abgewinnen kann (Diderot 1755, 642, 3. Kol.).

(3) Indem er die einzelnen Berufe, Gewerbe, Handwerke, Künste und Wissenschaften als Glieder von Handlungsketten erkennt und bei diesen selbst wieder Verbindungen, Gemeinsamkeiten und Beziehungen entdeckt, knüpfen die beiden Enzyklopädisten an dem System der Wissenschaften, Künste und Berufe ihrer Zeit und verhelfen ihnen so zu einer Zuwendung mit gleichem Interesse, gleicher Wichtigkeit und Wertschätzung. Sie verkörpern damit das aufklärerische Ideal vom „véritable esprit systématique [‚systematisch vorgehenden Geist'], qu'il faut bien se garder de prendre pour l'esprit de système [‚System-Geist'] avec lequel il ne se rencontre pas toujours" (D'Alembert 1751, 38). Diesen übergeordneten Zusammenhalt strebt Diderot durch „enchaînement encyclopédique" (1755, 644, 1. Kol.) zu erfassen an:

„Ainsi à tout moment la Grammaire renverra à la Dialectique, la Dialectique à la Métaphysique, la Métaphysique à la Théologie, la Théologie à la Jurisprudence, la Jurisprudence à l'Histoire, l'Histoire à la Géographie & à la Chronologie, la Chronologie à l'Astronomie, l'Astronomie à la Géométrie, la Géométrie à l'Algebre, l'Algebre à l'Arithmétique, &c. [...] Toutes les Sciences empietent les unes sur les autres: ce sont des rameaux continus & partant d'une même tronc." (Diderot 1755, 643, 4. Kol.). Daraus leiten sich Überlegungen zum Entstehen der Wissenschaften („connaissances humaines") ab, wie sie D'Alembert in seinem *Discours préliminaire* vorstellt: als zunehmende spielerische und ernsthafte Interessen des Menschen (1751, 64−70).

Die systematischen Beziehungen liegen oft weit auseinander („n'ont souvent entre elles aucune liaison immédiate"), passen aber dennoch als Zweige des gleichen Stammes („tronc"), nämlich des menschlichen Verstandes („entendement humain"), zusammen: „on chercherait en vain par quels liens secrets *section conique* peut être rapprochée d'*accusatif.*" D'Alembert (1751, 106) macht dort aber dann diese Beziehungskette von *Kegelschnitt* zu *Akkusativ* deutlich (Geometrie → Spezielle Physik → Allgemeine Physik → Metaphysik → Grammatik). Derartige Fächer-Systematiken haben bis in die heutige Diskussion um die horizontale und vertikale Gliederung von Fächern in der Datendokumentation u. a. ihre Brisanz (vgl. Art. 1, insbes. Abschn. 1.3.3.; Art. 3, Abschn. 1.2.).

Als Darstellungsmittel der hierarchischen Relationen entwerfen Diderot und D'Alembert einen *Baum der Wissenschaften* (Diderot 1780) (vgl. Abb. 4.2 u. 4.3 in Art. 4).

Welche erkenntnistheoretische Komplexität dabei inzwischen im 18. Jh. nach einer langen Tradition ab dem Neuplatoniker Porphyrios aus Tyros in Phönikien (ca. 234 − ca. 304 n. Chr.) erreicht worden ist (s. kurze Skizze der Wissens-Stammbäume in Art. 4, Abschn. 4.4., Punkt (4)) und dabei eine − schon von Ephraim Chambers für seine *Cyclopaedia* (s. o. Abschn. 2., Punkt (a)) ausdrücklich angestrebte − Systematisierung des Wissens, eine enzyklopädische Ordnung als Gegenentwurf zu einer ungeordneten (und dazu gehört auch: zu einer alphabetisch-linearen) Menge an Informationen („discontinuité", „désordre" [D'Alembert 1751, 82, auch wichtig 204]) darzustellen gelang, erweist sich in einem Vergleich der Entwürfe von Francis Bacon 1623, Ephraim Chambers 1728 und der Enzyklopädisten 1751 (diese finden sich in deutscher Übersetzung und in vergleichbarer Präsentation z. B. in: Darnton 1989, 239−243; allein in z. B. Berger 1989, 28 f oder in D'Alembert 1751, 262 f; ergänzend Dierse 1977; erweiternd Šamurin 1964).

„L'ordre et l'enchaînement des connaissances humaines" (D'Alembert 1751, 12), „les différentes parties de nos connaissances", „les caractères qui les distinguent" (D'Alembert 1751, 82) sollen in ein systematisch synthetisiertes Beziehungsgeflecht, einen Stammbaum, gebracht werden: „former un arbre généalogique ou encyclopédique" (ebd.).

Der *Essai d'une distribution généalogique des Sciences et des Artes principaux* (Abb. [auf der Basis der Ausführungen und des Stemmas von Diderot 1751b; 1751c; s. Art. 4, Abb. 4.2] in Diderot / D'Alembert 1751–1780, Band 34 [1780]) setzt ein mit dem zentralen Stamm ‚Erkenntnis' oder ‚Verstand' (*Entendement*) und verzweigt sich in dessen drei *Hauptfähigkeiten* ‚Gedächtnis' (*La Mémoire*) (auf unterster Stufe), ‚Vernunft' (*La Raison*) (im Zentrum) und ‚Einbildungskraft' (*L'Imagination*) (an der Spitze), denen als typische Wissensgebiete ‚Geschichte' (*L'Histoire*), ‚Philosophie'/‚Wissenschaft' (*Philosophie ou Science*) und ‚Dichtung'/‚Musik'/‚Künste' (*d'ou naît la Poésie et ce qui est Fiction*) zugeordnet sind (dazu Diderot 1751b; Darnton 1989). Ausgangspunkt ist der Mensch und seine Fähigkeiten, nicht Gott oder die göttliche Weltordnung; die Philosophie (im zeitgenössischen Verständnis des Faches, s. o.) steht zentral, nicht die Theologie (wie noch in Chambers' System) (D'Alembert 1751, 90–96; Berger 1989, 18–20).

(4) Der internationale Anspruch des Informationsangebots und die kosmopolitische Freiheitlichkeit der Rezeption werden deutlich, wenn Diderot (1755, 647, 2. Kol.) am Ende betont:

„die Enzyklopädie müsse allen Menschen zugänglich sein, nicht nur den Franzosen. Es sei ein Irrtum zu meinen, die eigenen Wissensvorteile geheim zu halten, diene dem Vaterland. Nein, indem sie einen edlen Wissenswettstreit in Gang setze, diene die Enzyklopädie nicht nur dem Vaterland, sondern der ganzen Menschheit." (von Stackelberg 1983, 45).

5. Fachsprachlichkeit in der *Encyclopédie*

5.1. Stilistisch-rhetorische Funktion als Wirkungsfaktor

(1) Die *Encyclopédie* richtet sich, wie Diderot (1755) herausstreicht, an die gebildeten und fachinteressierten Laien als ein *Publikum*, das aufgeklärt werden will über Fakten und Zusammenhänge. Unter der Programmatik des Zeitgeistes werden so Artikel, die Themen aus der aktuellen philosophischen Diskussion behandeln, rasch zu Bekenntnissen, zu Appellationen an den Leser, zu kämpferischen Standortbestimmungen für den Autor, zu argumentativen Abwägungen der bestehenden Verhältnisse, zu Vergleichen mit theoretischen und praktischen Konsequenzen für eine Verbesserung des Vorgefundenen; derartige rhetorisch-stilistische Glanzstücke (oder auch nur Teile) sind somit dann letztlich weniger sachliche Informationstexte, als vielmehr Angebote zum Nach- und Weiterdenken, also im Grunde eine lexikographisch entfaltete Philosophie, die auch Kunsttheorie, Ästhetik, Theologie, Staatsphilosophie, Gesellschaftstheorie, u. a. umfaßt. Artikel wie z. B. ‚*Autorité*', ‚*Beau*' oder ‚*Génie*' belegen dies (vgl. von Stackelberg 1983, 35–39). Sie nähern sich damit in wichtigen Zügen der Prosagattung *Essay*, wie sie von Michel Eyquem de Montaigne (1533–1592) ausgeprägt worden war (*Essais*, 1572–1592).

(2) Dabei sei, wie Diderot (1755, 647, 3. Kol.) meint, der lakonische *Stil* für ein Wörterbuch ungeeignet („le laconisme n'est pas le ton d'un dictionnaire"); sein Stil-Rezept für eine Enzyklopädie sei vielmehr: Gewöhnliches soll eigenartig, Eigenartiges soll allgemeinverständlich dargelegt werden („communia proprie, propria communiter"): die Attraktion sei „das Pikante, Interessante, Neue" (Berger 1989, 12). „Si toutefois il y a quelqu'ouvrage qui comporte de la variété dans le style, c'est une *Encyclopédie*" (Diderot 1755, 647, 4. Kol.). So wirken die Artikel stilistisch oft heterogen, schwankend zwischen (i.1) definierenden, (i.2) beschreibenden und (i.3) erklärenden Fachinformationen, mit (ii) kritischen Exkursionen, oft Rückbindungen an Gewährsleute oder frühere Autoritäten („Intertextualität", gern bis in die Antike), (iii) kolloquialen Digressionen und (iv) feinsinnigen Geistesblitzen, was bei manchen Artikeln die heutigen Textsorten-Erwartungen durchaus befremden kann. Ein Beispiel aus der Feder von Diderot:

„*Boa* (Histoire naturelle): c'est le nom d'un serpent aquatique, d'une grandeur démesurée, et qui s'attache particulièrement aux bœufs, dont il aime beaucoup la chair; c'est ce qui lui a fait donner le nom qu'il porte. Il aime aussi beaucoup le lait. S'il est vrai, ainsi que le dit Duncan, qu'il ne puisse vivre d'autres choses, l'espèce en doit être peu nombreuse, et si l'on en trouve quelquefois dans la Calabre, ainsi qu'on nous l'assure, il est étonnant que nous n'en ayons pas une description plus exacte. On tua un *boa* sous le règne de l'empereur Claude, dans lequel on trouva un enfant entier. Ceux qui ont avancé qu'il pouvait avaler un bœuf, ne méritent qu'on rapporte leur sentiment que pour montrer jusqu'où peut aller l'exagération. Les historiens font assez ordinairement le contraire de la montagne en travail: s'agit-il d'une souris? leur plume enfante un éléphant." (Diderot 1985, 57)

(3) Rhetorische Fragen, direkte Leser-Ansprachen, sogar deutliche Imperative (z. B. „lisez l'ouvrage intitulé [...]", „lisez dans l'arrêt du parlement de Paris, publié le 6 Août 1762, la liste [...]" im Artikel ‚*Jésuite*' Bd. 8. 1765, 515, 1. Kol.) über den lexikographischen Verweis (s. o. Abschn. 2., Punkt (3.c)) hinaus vermitteln einen ‚*dialogischen*' Brückenschlag (der *Dialog* seinerseits gehört im 18. Jh. noch [!] zu den verwendeten wissenschaftsliterarischen Gattungen; vgl. Kalverkämper 1996b; s. o. Abschn. 3., Punkt (2.b)); sie wirken rezeptionssteuernd und eröffnen über die „reinen" Sach-Informationen hinaus beim Leser den Prozeß des (philosophischen) Nachdenkens.

(4) Die *Verschleierung*, die Revolte unter der Tarnkappe (i) des (für den Artikeltext eigentlich nicht „zutreffenden") Artikel-Lemmas oder (ii) der fachwissenschaftlichen Zuweisung (z. B. *Grammaire* als harmloses Fach-Etikett für z. B. ein materialistisches Exposé wie unter Stichwort ‚*Naître*'; Bd. 11. 1765), dabei Anspielungen auf bestehende Verhältnisse und Seitenhiebe auf Klerus (Jesuiten) und Obrigkeit, verpackt in historische gelehrte Digressionen, sind — gemeinsam mit der Technik des Verweisens (s. o. Abschn. 2., Punkt (3.c)) — Stilmittel, um die Zensur zu umgehen und das aufklärerische Gedankengut zu verteilen. Damit ist die „rein" informative Funktion einer ‚Enzyklopädie' natürlich instrumentalisiert für die Vermittlung einer Geisteshaltung mit Anspruch auf gesellschaftliche Veränderung.

Näheres dazu z. B. in den sehr guten Artikel-Kommentaren Ausg. D'Alembert / Diderot (1989).

5.2. Sprache: Terminologische Auffälligkeiten

(1) Die Tradition des 17. Jh.s (s. o. Abschn. 3., Punkte (1.b) u. (1.c)) hatte schon den Blick auf die Sprache gelenkt, dabei allerdings die fachsprachlichen Anteile (*mots de métier*) als nicht zum *bon usage* passend abgelehnt (Schalk 1977, 126; vgl. Art. 266). Sprachverwendung und Sprachreflexion waren auf diese kritisch normierende Weise eng verbunden. Eine wissenschaftliche Auseinandersetzung, die dazu noch gefehlt hatte, fand aber auch im 18. Jh. nicht statt; dennoch war die Sprache — Streitfragen wie Wortfolge, Inversion, Kasus im Französischen, Funktionen der Artikel u. a. — ein herausragendes Thema (vgl. z. B. Monreal-Wickert 1977; Ricken 1984; 1990).

Das trug dazu bei, die Trennung zu festigen in (i) die *Rationalisten* (apriorische, cartesianisch-logizistische [*raison*] und ahistorische Grammatik-Konzeption; dies ist auch die Position der Grammatiker der *Encyclopédie*: so Du Marsais oder Nicolas Beauzée sowie von Antoine de Rivarol [*clarté*] und Voltaire [vgl. auch Bunk 1975]) und (ii) die (schließlich obsiegenden) *Sensualisten* („Ideologen"; Étienne Bonnot de Condillac [1714—1780]) (historisch ausgerichtete, realistisch-empirische [John Locke!] und an der Sprachverwendung [*usage*] orientierte Sprachphilosophie [vgl. Kaehlbrandt 1988]).

Natürlich fiel es auf, daß die fächerbedingten *mots réalistes* oder *mots propres* bis „in zentrale Bedeutungsbereiche" hinein expandierten (Stefenelli 1981, 221) und einen deutlich zunehmenden „gehobenen Stil- und Prestigewert" (ebd.) erfuhren, nicht zuletzt auch durch die Schriftstellerwissenschaftler selbst (s. o. Abschn. 3., Punkt (2.b)). Die Lexikographen, auch die Enzyklopädisten, verzeichnen als „Neuaufnahmen in den Wortschatz der Öffentlichkeit die folgenden charakteristischen Begriffe: *civilisation, comptabilité, économiste, encyclopédie* und *encyclopédiste, ésotérique, exécutif, idéalisme, industriel, philosophe, patriotisme, publiciste, sociabilité* u. a." (Köhler 1984 I, 17). Diderot selbst diskutiert diese Entwicklung begeistert (1755, 641, 1. Kol.) und erkennt: „Voilà une source féconde où il reste encore à notre langue bien des richesses à puiser" und eröffnet Perspektiven für eine lebendige *Neologie* (deren sich vom rationalistischen Standpunkt aus der berühmte *Grammairien* Nicolas Beauzée (1717—1789) in der *Encyclopédie* tatsächlich angenommen hat (Bd. 11. 1765)):

„Il seroit bon de remarquer à chaque expression les nuances qui lui manquent, afin qu'on osât les suppléer de notre tems, ou de crainte que trompé dans la suite par l'analogie, on ne les regardât comme des manieres de dire, en usage dans le bon siecle." (Diderot 1755, 641, 1. Kol.; Originalgraphie)

(2) Die Leistung der Enzyklopädie bei der Herausbildung von Fachwörtern ordnet sich ein in drei epochengeschichtliche Phasen (Max Fuchs, in Brunot 1930; zit. n. Pöckl 1990, 274):

„La première est celle des premiers contacts de la science et du public, auquel des vulgarisateurs comme Réaumur et l'abbé Nollet la révèlent; la seconde est celle de l'élaboration d'une langue technique, dont, à partir de 1751, l'Encyclopédie fera connaître les résultats; enfin, dans la troisième, sous l'influence de Condillac, prévaudra une théorie de la langue scientifique systématique, dont la création de la nomenclature chimique de Lavoisier est une application éclatante et décisive."

In der Tat hat die Arbeit der Enzyklopädisten wie die der Einzelforscher (vgl. z. B. zu dem Chemiker Antoine Laurent de Lavoisier Art. 28 u. 269) das Dilemma zwischen umgangssprachlichen Bezeichnungen und wünschenswerten terminologischen Benennungen in den Blick gebracht, gerade bei den Fachsprachen der Handwerke und Gewerbe sowie bei den Technolekten der Industriezweige (die zwar von *industrie, manufacture, fabrique, usine, atelier, établissement* u. a. sprechen, sich aber noch [Pöckl 1990, 274] mit Gerätebenennungen wie *machine pour élever l'eau* für ‚Pumpe' begnügen):

D'Alembert kritisiert dieses soziale und fachkommunikative Phänomen als „ignorance dans laquelle on est sur la plupart des objets de la vie" (1751, 224): „l'homme de lettres qui sait le plus sa langue, ne connaît pas la vingtième partie des mots". Er kritisiert, „que, quoique chaque art ait la sienne, cette langue est encore bien imparfaite", indem sie situativ bezogen funktioniert, nicht aber terminologisch eingesetzt wird („c'est par l'extrême habitude de converser les uns avec les autres, que les ouvriers s'entendent, et beaucoup plus par le retour des conjonctures que par l'usage des termes").

5.3. Fachlexikographie der *Encyclopédie*

(1) Praktisch alle Artikel sind mit *Verfasser-Sigle* gekennzeichnet. Diderot signalisiert seine Autorschaft meist mit einem Asterisk vor dem Lemma.

(2) Die *fachlexikographische Anlage* der Artikel wird in großen Zügen von Diderot selbst in seinem außerordentlich gehaltvollen Artikel ‚*Encyclopédie*' (1755, 635, 1. Kol.−648, 4. Kol.), der immerhin 56 Kolumnen umfaßt, angesprochen und behandelt. Der Text betrifft fast zur Hälfte sprachliche Probleme, insbesondere fachsprachliche: zur Unerläßlichkeit von Definitionen sowie zum Einbezug der Diachronie (Sprachwandel!) durch Informationen zur Etymologie, d. h. Berücksichtigung des Lateinischen und Griechischen bei den Erklärungen. Ebenso äußert sich D'Alembert (1751, u. a. 104 f) metalexikographisch zum „l'ordre encyclopédique" (s. o. Abschn. 4., Punkt (3)).

(3) Die *alphabetisch* angeordneten *Lemmata* (dazu D'Alembert 1755, u. a. 106) bieten sich in Großbuchstaben an. Ihnen folgen grundsätzlich *grammatische Angaben* („s. m.", „adj.", „v. act.", u. a.) und dann *Fachgebiets-Zuweisungen* per Sigle, also eine semantisch-pragmatische Kontextualisierung („Agriculture", „Art. mech.", „Antiq.", „Gramm.", „Manufacture, en soie, en laine, en fil, &c." [z. B. Art. ‚*encroiser*', Bd. 5. 1755], usw.). Bei den sachlichen Zuweisungen kann es sich aber durchaus (auch) um tarnende Entzerrung oder um Täuschungsmanöver handeln (s. o. Abschn. 5.1., Punkt (4)), was wohl auch schon die zeitgenössischen Gegner in Einzelfällen gemerkt haben (vgl. die instruktiven Artikel-Kommentare in D'Alembert / Diderot 1989).

(4) Es gibt, allerdings nicht konsequent und auch nicht in auffallend vielen Fällen, Zwischenüberschriften als *Gliederungshilfen*; ebenso Markierung von Teiltexten durch Aufzählungszahlen; insofern vermitteln sich die Informationen in systematischer, rezipientenfreundlich geordneter Weise. Ansonsten wird schon mal typographisch mit Kursivsetzung ein Abschnitts-Stichwort hervorgehoben. Bei Zitaten ist der Blocksatz der Spalte links ein wenig eingerückt. Insgesamt allerdings wirkt das Druckbild der Artikel sehr kompakt.

(5) Mikrostrukturell weisen die großen Artikel gern *ordnende* Formulierungen und somit zuordnende Themenblöcke durch Gegensatzbildung oder gliedernde Aufzählungsweisen auf. Ein Beispiel:

„D'ou l'on voit qu'il y a DEUX sortes d'*Eclectisme*; L'UN expérimental [...]; L'AUTRE systématique [...]" (Bd. 5. 1755, 284, 1. Kol.).

(6) Das *Tempus Imparfait* findet regen Gebrauch, sowohl bei den (naturwissenschaftlichen, technischen, alltagspraktischen) Sachinformationen als auch bei den philosophischen und geistesgeschichtlichen Themen; es vermittelt so den Texten einen oft *narrativen* Grund-Charakter (*Erzähltempus*, oft mit hohem Engagement [erzählerische Dokumentierung], wie z. B. der Artikel ‚*Jésuite*' von Diderot belegt: Bd. 8. 1765, 512−516) (vgl. u. Abschn. 6., Punkt (5.a)). Dies wird unterstützt durch den Gebrauch der 1. *Person* (*je*, auch *nous*), was dem wissenschaftssprachlichen Duktus − gegenüber heutigen Einschätzungen und Konventionen dazu (vgl. Weinrich 1989, 132−139; vgl. Art. 3, Abschn. 1.3., Punkt (1), S. 51) − keinen Abbruch tut.

6. Fachsemiotische Informationsformen in der *Encyclopédie*

(1) 12 Bände (Bd. 22. 1762−Bd. 33. 1777) mit 3.115 Kupfertafeln (*Planches*) lösen den An-

spruch der *Encyclopédie* auf Information über die bestehende Sachwelt und ihre durch Fortschritt in Wissenschaften und Technik erlangten Errungenschaften ein: sie bieten Einblick in (i) die Erfahrungswelt (z. B. was die antiken Zeugnisse oder die fremde Fauna und Flora betrifft) und in (ii) die arbeitsteilige Wirkwelt des zeitgenössischen Menschen. Zugleich soll sich damit ein für die Zukunft wertvolles (verwertbares) Dokument präsentieren (s. o. Abschn. 4., Punkt (2), Zitat D'Alembert 1751, 220). Der *kulturhistorische Wert* war schon damals erkannt und gilt bis in die heutige Zeit:

Technikgeschichte, Alltagswelt des 18. Jh.s, Arbeitskontexte und Produktionsabläufe, soziale Lebensweisen jener Zeit spiegeln sich, gleichsam in der Bewegung verharrend, in diesen Abbildungen.

(2) Mit den Stichen erfährt der *Text*teil der Enzyklopädie, dessen Zielsetzungen vielfältig sind (s. o. Abschn. 2. Punkte (3a)−(3d)) und dessen Stilwahl demnach unterschiedlich ausfällt (s. o. Abschn. 5.1.), eine der lexikographischen Tradition entsprechende *sachinformative Komponente*, wie sie einer Enzyklopädie eignet.

(3) Die Sachinformation im enzyklopädischen Bild bestimmt die *Fach*-Zugehörigkeit. Sie ist als Bild-Unterschrift beigegeben. Auch hier gilt, beginnend mit ‚*Agriculture*' und in der Abfolge mit einigen Unstimmigkeiten, die alphabetische, nicht also eine ontologisch-systematische Anordnung (vgl. Diderot 1996 [der Register-Band bietet einen Überblick, allerdings mit den deutschsprachigen Fach-Bezeichnungen]).

(a) Beachtet sind die *freien Künste* (Architektur, Bildhauerkunst, beide vorwiegend unter technischen Aspekten; Malerei, vorwiegend die Zeichnung [Bevorzugung der Linie gegenüber der Farbe (Öltechnik)]; Musik, eher technisch) und Kunstfertigkeiten des *Adels* (z. B. Fechten, Jagd, Heraldik, Schreiben / Kalligraphie). − (b) Die *Naturwissenschaften* (so Anatomie, Chirurgie, Mathematik, Astronomie, Chemie [nur Laborchemie]) und die *Naturgeschichte* (eher attraktive Bilder als systematische Klassifikation) sowie die ihnen nahestehenden Feinhandwerke wie Uhrmacherkunst oder Waagenmacherkunst sind vertreten. − (c) Von den *gewerblichen Künsten*, den Handwerken, ist eine breite Palette an Berufen vorgestellt. Vor allem den Techniken mit Holz (Zimmerei, Möbel, Kunsttischler, Wagner u. a.), Feuer, Leder (108 Bilder!; Kürschner, Schuster, Sattler u. a.) und Metall (Eisen: Waffen, Schlosser, Architektur u. a.; Blei, Zinn, Kupfer, Gold u. a.) ist breite Aufmerksamkeit gewidmet, ebenso dem Glas- und Töpferhandwerk. − (d) Die *Produktionsverfahren* sind im Bereich Chemie schlecht vertreten. Bergbau und Hüttenkunde (Eisen-, Stahlerzeugung) sowie Textilindustrie, beide direkt zur Industriellen Revolution im 18. Jh. explosionsartig führend, sind dagegen ihrer Bedeutung angemessen facettenreich berücksichtigt (s. o. Abschn. 1., Punkt (3)).

(4) Die Bilder zu einem bestimmten Thema können bei komplexen Abläufen (z. B. Produktion) einen logischen Zusammenhang haben, der sich an den Produktionsschritten orientiert (so ist Abb. 183.3, wie auch der Untertitel angibt, Teil einer sechsschrittig dargestellten *Handlungskette* bei der Anker-Herstellung („Forges des Ancres"); so geben sich die enzyklopädischen Bilder gegenseitig pragmatischen Kontext (vgl. o. Abschn. 4., Punkt (2)).

(5) Die Bilder präsentieren ihren Gegenstand entweder *ganzheitlich* (Abb. 183.1) oder in horizontaler *Aufteilung* (ein Drittel oberes [die sogen. *Vignette*], zwei Drittel unteres Bild) (Abb. 183.2 bis 183.5):

(5.a) Dabei bieten die *oberen Ansichten* stets ästhetisch ansprechende und zum verstehenden ‚Ersehen' anregende Einblicke in Szenarien, Abläufe, Handlungszusammenhänge, in denen der fachliche Gegenstand seinen Platz innehat: das ist das *narrative wissenschaftliche Bild* (hierzu Kalverkämper 1998), das den fachlichen Gegenstand (i) in seinem Wesen (Abb. 183.1), (ii) in seinem Entstehungsprozeß (vom Rohstoff zum fertigen Produkt) (Abb. 183.2) oder (iii) in seiner Handhabung (Praxis) (Abb. 183.3) zeigt; der Gegenstand wird so „in all seinen Kategorien erfaßt: bald ist er, bald wird er geschaffen, bald schließlich schafft er" (Barthes 1989, 31). Die *Encyclopédie* bevorzugt, dem Zeitgeist entsprechend, die Genese (also (ii)), die Dynamik: als Verkaufs- oder Fertigungsszene im Laden bzw. in der Werkstatt. Dabei zeigt sich die Welt der Technik eher handwerklich; die industrielle Revolution schlägt sich in ihnen noch nicht nieder. Der Mensch ist in den Bildern als Handelnder im Geschehensablauf präsent; dargestellt als eine „Art Heiligengeschichte des Handwerks" (Barthes 1989, 34, 37) ohne soziale Mißstände, eine „Welt ohne Angst".

(5.b) Die *unteren Ansichten* bieten Details aus dem ganzheitlichen Szenarium („Totale") über ihnen und fokussieren somit die Information auf als relevant angesehene Einzelteile des fachlichen Gegenstandes; sie ‚analysieren' die synthetische fachliche Handlung (s. o. (4)) durch Fragmentieren oder Isolieren und leisten dabei eine deskriptive „Großansicht" („Lupe"); sie sind *deskriptive Bilder* (vgl. Kalverkämper 1998).

(5.c) Zwischen beiden Teilen, zugleich angeboten, herrscht somit eine *Rezeptionsspannung*: von oben nach unten als *Analyse*, von unten nach oben als *Synthese* des fachlichen Gegenstandes. Das wissenschaftliche Bild nach der Aufklärung wird sich dann für den Weg über das analytische, monologische, isoliert präsentierende, das deskriptive Bild — (5.b) — entscheiden und die narrative Einbettungsform, die bildliche Kontextualisierung von fachlichen Handlungszusammenhängen — (5.a) —, vermeiden (und bis heute: eher vergessen haben) (Kalverkämper 1998).

(6) Die Bilder haben per Referenz-Indizes auch *sprachliche Erklärungskontexte*, mit denen sie ihre fachliche Qualität erhalten und rechtfertigen (vgl. Art. 2, Abschn. 3.2.1.; Kalverkämper 1993).

Diese fallen (a) als *philosophischer Kurztext* aus, mit ausdrücklichem Einbezug des Artikel-Textes (wie die kybernetischen Betrachtungen zu Teile−Ganzes-Beziehungen in einem System wie z. B. beim Strumpfwirkstuhl [*la machine à faire des bas*]: „on peut la regarder comme un seul & unique raisonnement, dont la fabrication de l'ouvrage est la conclusion; aussi regne-t-il entre ses parties une si grande dépendance, qu'en retrancher une seule, ou altérer la forme de celles qu'on juge les moins importantes, c'est nuire à tout le méchanisme." [Bd. 2. 1751, 98, 1. Kol.]; vgl. Barthes 1989, 43). — Oder sie dienen, durchaus ausführlich und vielfach vorkommend, (b) als *Handlungsbeschreibung*, die das fachbezogene ‚Ersehen' steuern soll (so zu Abb. 183.2, Vignette, z. B.: „10. paysans qui ramassent l'essain[!] dans la ruche à bascule. L'un tient la ruche à bascule; l'autre avec un crochet secoue la branche à laquelle l'essain est attaché"). — Oder, textuell reduzierter, (c) eher *syntaktisch*, mit einer dem Handlungsablauf konsequent nachfolgenden Beschreibungsfolge für den Gegenstand, also mit einer linearen, nicht einer sprachlich komplexen Fassung (so steht bei ‚*Boucher*' [Bd. 23. 1763] zu *fig. 12* [*broche* ‚Spieß'] als Erklärung [übers.]: ‚Spieß, den man mit der Spitze *a* in einen Einschnitt einführt, den man an der Bauchhaut macht, um dort dann die Blasebälge [*fig. 11*] hineinzustecken'; vgl. Kalverkämper 1998). — Oder (d) *fachlexikalisch / terminologisch*, indem (einfach) über die Referenz-Indizes die zugehörigen fachbezogenen Termini mitgeteilt werden (so z. B. bei Abb. 183.3: „*fig. 2*. [...]. V tenon de la verge pris entre les tenons des bras qui lui sont soudés, l'un dessus & l'autre dessous. V p, V P les bras. V o, V O le rond des bras. o p, O P les pattes").

Diese Bild−Text-Semiose gestaffelter Komplexität — von (a) zu (d) — löst mit deskripti-

Abb. 183.1: Histoire Naturelle. Mineralogie. Coupe et Vue générale d'une Mine. (Diderot / D'Alembert 1751−1780, Bd. 27 [1768])

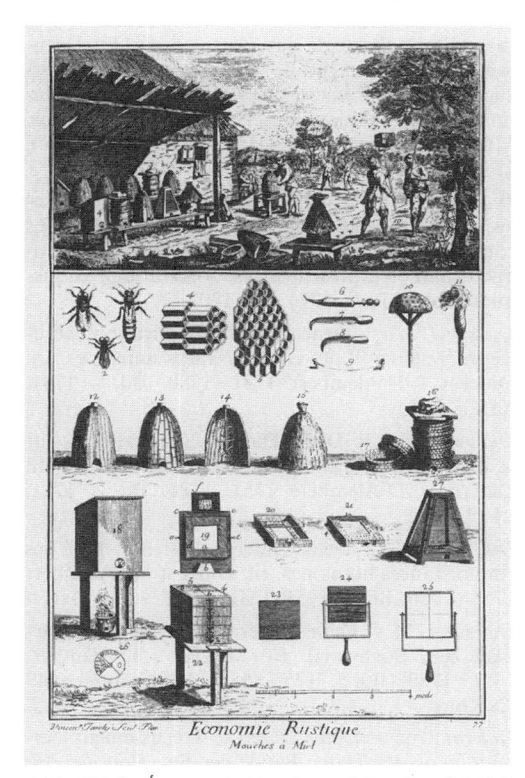

Abb. 183.2: Économie Rustique. Mouches à Miel. (Diderot / D'Alembert 1751–1780, Bd. 22 [1762])

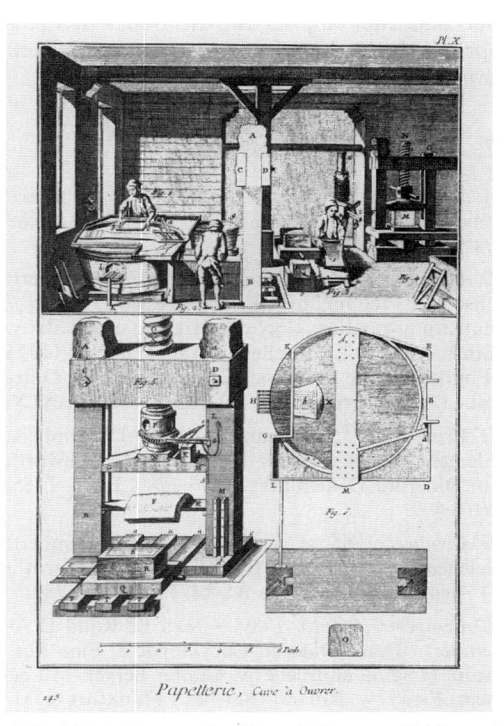

Abb. 183.4: Papetterie. Cuve à Ouvrer. (Diderot / D'Alembert 1751–1780, Bd. 26 [1767])

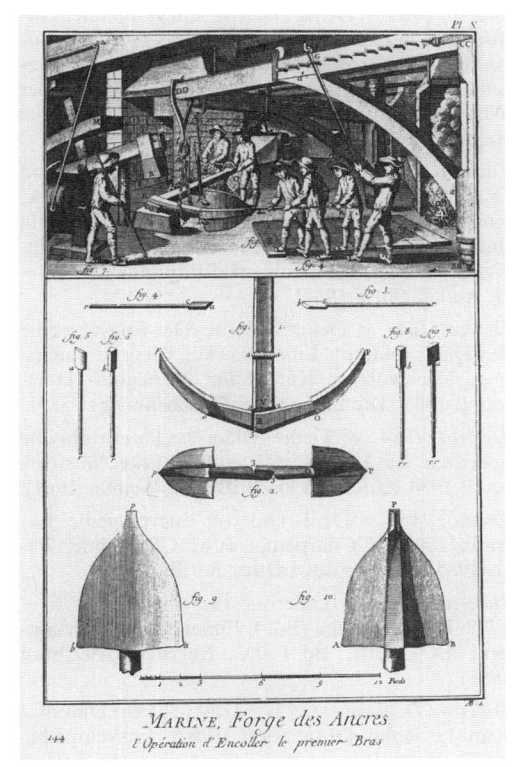

Abb. 183.3: Marine. Forge des Ancres. L'Opération d'Encoller le premier Bras. (Diderot / D'Alembert 1751–1780, Bd. 28 [1769])

Abb. 183.5: Patissier. Tour à Pâte, Bassines, Mortier &c. (Diderot / D'Alembert 1751–1780, Bd. 29 [1771])

ver sowie funktionaler Haltung jenen Zusatz der Bandtitel ein, der für die Bilder den Anspruch fachlicher Rezeption gewährleistet: *avec leur explication.*

7. Literatur (in Auswahl)

Adam 1967 = A. Adam: Le mouvement philosophique dans la première moitié du XVIIIe siècle. Paris 1967.

D'Alembert 1751 = Jean Le Rond D'Alembert: Discours Préliminaire de l'Encyclopédie. [1751]. / Einleitung zur Enzyklopädie. Hrsg. u. eingeleitet v. Erich Köhler. 2., durchges. Aufl. Hamburg 1975 (Philosophische Bibliothek 242). – Auch in: Diderot / D'Alembert 1751–1780, Bd. 1. 1751, I–XLV.

D'Alembert 1755 = Jean Le Rond D'Alembert: Elémens [!] des sciences. [Artikel zum Stichwort]. In: Diderot / D'Alembert 1751–1780, Bd. 5. 1755, 491–499.

D'Alembert 1765 = Jean Le Rond D'Alembert: Sciences. [Artikel zum Stichwort]. In: Diderot / D'Alembert 1751–1780, Bd. 14. 1765, 787–789.

D'Alembert / Diderot 1989 = Jean Le Rond D'Alembert / Denis Diderot: Enzyklopädie. Eine Auswahl. Hrsg. u. eingeleitet v. Günter Berger. Mit einem Essay v. Roland Barthes. Frankfurt a. M. 1989.

Barthes 1989 = Roland Barthes: Bild, Verstand, Unverstand [franz. 1964]. In: D'Alembert / Diderot 1989, 30–49.

Beauzée 1765 = Nicolas Beauzée: Néologisme. [Artikel zum Stichwort]. In: Diderot / D'Alembert 1751–1780, Bd. 11. 1765, 94–95.

Berger 1989 = Günter Berger: Einleitung. In: D'Alembert / Diderot 1989, 9–29.

Brunot 1930 = Ferdinand Brunot: Histoire de la langue française des origines à 1900. VI.: Le XVIIIe siècle. 1.1: Le mouvement des idées et les vocabulaires techniques. Paris 1930. – 1.2: id. Paris 1930. – 2.1: Alexis François: La langue postclassique. Paris 1932. – 2.2: id. Paris 1933. – (Nouv. éd. Paris 1966).

Bunk 1975 = Claus Bunk: Der Sprachbegriff in den verschiedenen französischen Enzyklopädien des 18. Jahrhunderts. Diss. Tübingen 1975.

Christes 1975 = Johannes Christes: Bildung und Gesellschaft. Die Einschätzung der Bildung und ihrer Vermittler in der griechisch-römischen Antike. Darmstadt 1975 (Erträge der Forschung 37).

Collison 1964 = Robert L. Collison: Encyclopaedias. Their History throughout the Ages. A Bibliographical Guide with Extensive Historical Notes to the General Encyclopaedias Issued throughout the World from 350 B. C. to the Present Day. New York. London 1964.

Darnton 1989 = Robert Darnton: Philosophen stutzen den Baum der Erkenntnis: Die erkenntnistheoretische Strategie der *Encyclopédie*. In: Darnton, Robert: Das große Katzenmassaker. Streifzüge durch die französische Kultur vor der Revolution. Aus dem Amerikanischen von Jörg Trobitius. München. Wien 1989 (Hanser Anthropologie), 219–243.

Diderot 1750 = Denis Diderot: Prospectus de l'Encyclopédie. [1750]. In: Diderot, Denis: Œuvres complètes. V.: Encyclopédie I (Lettre A). Éd. critique et annotée présentée par John Lough et Jacques Proust. Paris 1976, 83–130.

Diderot 1751a = Denis Diderot: Explication détaillée du systeme [!] des connoissances humaines. In: Diderot / D'Alembert 1751–1780, Bd. 1. 1751, XLVII–LI.

Diderot 1751b = Denis Diderot: Observations sur la division des sciences du Chancelier Bacon. In: Diderot / D'Alembert 1751–1780, Bd. 1. 1751, LI–LII.

Diderot 1751c = Denis Diderot: Système figuré des connoissances humaines. In: Diderot / D'Alembert 1751–1780, Bd. 1. 1751, LIII.

Diderot 1755 = Denis Diderot: Encyclopédie. [Artikel zum Stichwort]. In: Diderot / D'Alembert 1751–1780, Bd. 5. 1755, 635 (3. Kolumne)–649 (2. Kol.).

Diderot 1765 = Denis Diderot: Avertissement [Ankündigung der letzten Bände der *Encyclopédie*]. In: Diderot / D'Alembert 1751–1780, Bd. 8. 1765, I–II.

Diderot 1969 = Denis Diderot: Enzyklopädie. Philosophische und politische Texte aus der ‚Encyclopédie' sowie Prospekt und Ankündigung der letzten Bände. Mit einem Vorwort von Ralph-Rainer Wuthenow. München 1969 (dtv. Wissenschaftliche Reihe 4026).

Diderot 1972 = Denis Diderot / Jean Le Rond D'Alembert: Artikel aus der von Diderot und D'Alembert herausgegebenen Enzyklopädie. Auswahl und Einführung v. Manfred Naumann. Aufl. Leipzig 1972 (Reclams Universal-Bibliothek 90). – [2. Aufl. Leipzig 1984].

Diderot 1983 = Denis Diderot: Die Encyclopédie des Denis Diderot. Eine Auswahl. Hrsg. u. mit einem Nachwort v. Karl-Heinz Manegold. Dortmund 1983 (Die bibliophilen Taschenbücher 389).

Diderot 1984 = Denis Diderot: Philosophische Schriften. Bd. I. Hrsg. v. Theodor Lücke. Westberlin [!] 1984 (eurobuch 9). – [Berlin. Weimar 1961].

Diderot 1985 = Denis Diderot: Encyclopédie. Extraits […] par J. Charpentier et M. Charpentier. Paris 1985 (Univers des Lettres Bordas).

Diderot 1996 = Diderots Enzyklopädie 1762–1777: Die Bildtafeln. [Bd. I: Einleitende Bemerkungen, IX–XLII]. Bd. I–IV, Register. Augsburg 1996.

Diderot / D'Alembert 1751–1780 = Denis Diderot / Jean Le Rond D'Alembert (Éds.): Encyclopédie, ou Dictionnaire raisonné des sciences, des arts et des métiers. Par une société de gens de lettres. Mis en ordre & publié par [Denis] Diderot & quant à la Partie Mathématique, par [Jean Le Rond] D'Alembert. 2., unveränd. Aufl., nouv. impr. en facs. de la 1. éd. de 1751−1780. Stuttgart. Bad Cannstatt. Frommann−Holzboog 1966−1990: 1.: *I*. Tome premier[: A]. Paris: [Claude] Briasson / [Michel-Antoine] David / [André-François] Le Breton / [Laurent] Durand 1751. (1988). − 2.: *II*. Tome second: B−CEZ. Paris: Briasson / David / Le Breton / Durand 1751. (1990). − 3.: *III*. Tome troisieme: CH−CONS. Paris: Briasson / David / Le Breton / Durand 1753. (1988). − 4.: *IV*. Tome quatrieme: CONS−DIZ. Paris: Briasson / David / Le Breton / Durand 1754. (1988). − 5.: *V*. Tome cinquieme: DO−ESY. Paris: Briasson / David / Le Breton / Durand 1755. (1966). − 6.: *VI*. Tome sixieme: ET−FN. Paris: Briasson / David / Le Breton / Durand 1756. (1967). − 7.: *VII*. Tome septieme: FO−GY. Paris: Briasson / David / Le Breton / Durand 1757. (1966). − 8.: *VIII*. Tome huitieme: H−IT. Neufchastel: Samuel Faulche 1765. (1967). − 9.: *IX*. Tome neuvieme. JU−MAM. Neufchastel: Samuel Faulche 1765. (1988). − 10.: *X*. Tome dixieme: MAM−MY. Neufchastel. Samuel Faulche 1765. (1966). − 11.: *XI*. Tome onzieme: N−PARI. Neufchastel: Samuel Faulche 1765. (1988). − 12.: *XII*. Tome douzieme: PARL−POL. Neufchastel: Samuel Faulche 1765. (1967). − 13.: *XIII*. Tome treizieme: POM−REGG. Neufchastel: Samuel Faulche 1765. (1966). − 14.: *XIV*. Tome quatorzieme: REGGI−SEM. Neufchastel: Samuel Faulche 1765. (1967). − 15.: *XV*. Tome quinzieme: SEN−TCH. Neufchastel: Samuel Faulche 1765. (1967). − 16.: *XVI*. Tome sezieme: TE−VENERIE. Neufchastel: Samuel Faulche 1765. (1967). − 17.: *XVII*. Tome dix-septieme: VENERIEN−Z. Neufchastel: Samuel Faulche 1765. (1967). − 18.: Supplément à l'Encyclopédie, ou Dictionnaire raisonné des sciences, des arts et des métiers. Tome premier: A−BL. Amsterdam: M[arc] M[ichel] Rey 1776. (1967). − 19.: ⟨wie 18.⟩ Tome second: BO−EZ. ⟨wie 18.⟩. − 20.: ⟨wie 18.⟩ Tome troisieme: F−MY. Amsterdam: M[arc] M[ichel] Rey 1777. (1967). − 21.: ⟨wie 18.⟩ Tome quatrieme: N−Z. ⟨wie 20.⟩. − 22.: Recueil de planches, sur les sciences, les arts libéraux, et les arts méchaniques, avec leur explication. Deux cens soixante & neuf Planches, premiere Livraison. Paris: Briasson / David / Le Breton / Durand 1762. (1967). − 23. ⟨wie 22.⟩ Seconde livraison, en deux parties. Premiere partie. 233 Planches. Paris: Briasson / David / Le Breton / Durand 1763. (1967). − 24: ⟨wie 22.⟩ Seconde livraison, en deux parties. Seconde partie. 201 Planches. ⟨wie 23.⟩. − 25. ⟨wie 22.⟩ Troisieme livraison, 298 Planches. Paris: Briasson / David / Le Breton 1765. (1967). − 26.: ⟨wie 22.⟩ Quatrieme livraison, 248 Planches. Paris: Briasson / David / Le Breton 1767. (1967). − 27.: ⟨wie 22.⟩ Cinquieme livraison, ou Sixieme volume, 294 Planches. Paris: Briasson / David / Le Breton 1768. (1967). − 28.: ⟨wie 22.⟩ Sixieme livraison, ou Septieme volume, 259 Planches. Paris: Briasson / Le Breton 1769. (1967). − 29.: ⟨wie 22.⟩ Septieme livraison, ou Huitieme volume, 254 Planches. Paris: Briasson 1771. (1967). − 30.: ⟨wie 22.⟩ Huitieme livraison, ou Neuvieme volume, 253 Planches. ⟨wie 29.⟩. − 31.: ⟨wie 22.⟩ Dixieme volume, 337 Planches. Paris: Briasson 1772. (1967). − 32.: ⟨wie 22.⟩ Onzieme et dernier volume, 239 Planches. ⟨wie 31.⟩. − 33.: Suite du Recueil de planches, sur les sciences et les arts libéraux, et les arts méchaniques, avec leur explication. Deux cens quarantequatre planches. Paris: Panckoucke / Stoupe / Brunet − Amsterdam: M[arc] M[ichel] Rey 1777. (1967). − 34.: Table analytique et raisonnée des matieres Contenues dans les XXXIII Volumes infolio du Dictionnaire des sciences, des arts et des métiers, et dans son supplément. Tome premier: A−H. Paris: Panckoucke − Amsterdam: Marc-Michel Rey 1780. (1967). − 35.: ⟨wie 34.⟩ Tome second: I−Z. ⟨wie 34.⟩.

Diderot / D'Alembert 1984a = Denis Diderot / Jean Le Rond D'Alembert: Artikel aus der von Diderot und D'Alembert herausgegebenen Enzyklopädie. Auswahl u. Einführung v. Manfred Naumann. 2. Aufl. Leipzig 1984 (Reclams Universal-Bibliothek 90).

Diderot / D'Alembert 1984b = L'Encyclopédie ou Dictionnaire raisonné des Sciences, des Arts et des Métiers. Textes choisis. Éds. Albert Soboul et Philippe Goujard. Paris 1984.

Dieckmann 1972 = Herbert Dieckmann: Diderot und die Aufklärung. Aufsätze zur europäischen Literatur des 18. Jahrhunderts. Stuttgart 1972.

Dieckmann 1974 = Herbert Dieckmann: Studien zur europäischen Aufklärung. München 1974.

Dierse 1977 = Ulrich Dierse: Enzyklopädie. Zur Geschichte eines philosophischen und wissenschaftstheoretischen Begriffs. Bonn 1977 (Archiv für Begriffsgeschichte. Supplementheft 2).

Dolch 1982 = Josef Dolch: Lehrplan des Abendlandes. Zweieinhalb Jahrtausende seiner Geschichte. Darmstadt 1982.

Droixhe 1978 = Daniel Droixhe: La linguistique et l'appel de l'histoire (1600−1800). Rationalisme et révolutions positivistes. Genf. Paris 1978 (Langue et Cultures 10).

Durant 1985 = Will Durant / Ariel Durant: Kulturgeschichte der Menschheit. XIII.: Vom Aberglauben zur Wissenschaft. − XIV.: Das Zeitalter Voltaires. − XV.: Europa und der Osten im Zeitalter der Aufklärung. − XVI.: Am Vorabend der Französischen Revolution. − (Sonderausg.) Köln 1985.

Eckert 1990 = Gabriele Eckert: Französisch: Periodisierung. In: Holtus / Metzeltin / Schmitt 1990, Art. 336, 816−829.

Elias 1997 = Norbert Elias: Über den Prozeß der Zivilisation. Soziogenetische und psychogenetische Untersuchungen. I.: Wandlungen des Verhaltens in den weltlichen Oberschichten des Abendlandes. II.: Wandlungen der Gesellschaft. Entwurf zu einer Theorie der Zivilisation. Frankfurt a. M. 1997

(Norbert Elias. Gesammelte Schriften 3.1 u. 3.2). – (Erstausgabe Basel 1939).

Fontius 1974 = Martin Fontius: Literaturkritik im „Zeitalter der Kritik". In: Französische Aufklärung. Bürgerliche Emanzipation, Literatur und Bewußtseinsbildung. [Kollektivarbeit]. Leipzig 1974, 346–402.

Friedenthal 1984 = Richard Friedenthal: Diderot. Ein biographisches Porträt. München. Zürich 1984 (Serie Piper 316).

Gärtner 1976 = Hannelore Gärtner: Zur Geschichte und zur Lexikographie der Encyclopédie. In: Lexika gestern und heute. Hrsg. v. Hans Joachim Diepner und Günter Gurst. Leipzig 1976, 85–136.

Gärtner 1980 = Hannelore Gärtner: Die Lexikographie der Encyclopédie: Ansprüche und Verwirklichung, dargestellt am Beispiel des ersten Bandes. Diss. [masch.] Leipzig 1980.

Goetsch 1994 = Paul Goetsch (Hrsg.): Lesen und Schreiben im 17. und 18. Jahrhundert. Studien zu ihrer Bewertung in Deutschland, England, Frankreich. Tübingen 1994 (ScriptOralia 65).

Gruenter 1977 = Rainer Gruenter (Hrsg.): Leser und Lesen im 18. Jahrhundert. Colloquium der Arbeitsstelle Achtzehntes Jahrhundert, Gesamthochschule Wuppertal, Oktober 1975. Heidelberg 1977 (Beiträge zur Geschichte der Literatur und Kunst des 18. Jahrhunderts 1).

Haßler 1992 = Gerda Haßler: Theorie und Praxis der Beschreibung von Fachsprachen in der Enzyklopädie der französischen Aufklärung. In: Fachsprache und Terminologie in Geschichte und Gegenwart. Hrsg. v. Jörn Albrecht und Richard Baum. Tübingen 1992 (Forum für Fachsprachen-Forschung 14), 134–144.

Hausmann 1984 = Franz Josef Hausmann: Diderot lexicographe. In: Denis Diderot 1713–1784. Zeit – Werk – Wirkung. Zehn Beiträge. In Verbindung mit Franz Josef Hausmann und Hinrich Hudde hrsg. v. Titus Heydenreich. Erlangen 1984 (Erlanger Forschungen. Reihe A. Geisteswissenschaften 34), 53–61.

Hazard 1935 = Paul Hazard: La Crise de la Conscience Européenne (1680–1715). Paris 1935. – (Dt. Übers.): Die Krise des europäischen Geistes. Mit einer Einführung von Carlo Schmid. Übers. v. Harriet Wegener. Hamburg 1939 [5. u. letzte Aufl. o. J.]).

Hazard 1946 = Paul Hazard: La pensée européenne au XVIIIe siècle de Montesquieu à Lessing. I, II, III [Notes et Références]. Paris 1946. – (Dt. Übers.: Die Herrschaft der Vernunft. Das europäische Denken im 18. Jahrhundert. Hamburg 1949).

Hennigsen 1966 = J. Hennigsen: Enzyklopädie. Zur Sprach- und Bedeutungsgeschichte eines pädagogischen Begriffs. In: Archiv für Begriffsgeschichte 120. 1966, 271–362.

von der Heyden-Rynsch 1997 = Verena von der Heyden-Rynsch: Europäische Salons. Höhepunkte einer versunkenen weiblichen Kultur. 3. Aufl. Darmstadt 1997. – (1. Aufl. Düsseldorf. Zürich 1992).

Holtus / Metzeltin / Schmitt 1990 = Günter Holtus / Michael Metzeltin / Christian Schmitt (Hrsg.): Lexikon der Romanistischen Linguistik (LRL). V, 1: Französisch. Tübingen 1990.

Hubert 1923 = R. Hubert: Les sciences sociales dans l'Encyclopédie. Paris 1923.

Im Hof 1982 = Ulrich Im Hof: Das gesellige Jahrhundert. Gesellschaft und Gesellschaften im Zeitalter der Aufklärung. München 1982.

Jacobs 1996 = Helmut C. Jacobs: Schönheit und Geschmack. Die Theorie der Künste in der spanischen Literatur des 18. Jahrhunderts. Frankfurt a. M. 1996.

Kaehlbrandt 1988 = Roland Kaehlbrandt: Condillacs „Art d'Ecrire" und „Le commerce et le gouvernement". Sensualistische Stiltheorie und sensualistischer Fachtext. In: Fachsprachen in der Romania. Hrsg. v. Hartwig Kalverkämper. Tübingen 1988 (Forum für Fachsprachen-Forschung 8), 80–90.

Kalverkämper 1977 = Hartwig Kalverkämper: Rezension von Popelar 1976. In: Romanistisches Jahrbuch 28. 1977, 191–195.

Kalverkämper 1984 = Hartwig Kalverkämper: Fächer und Fachtexte zwischen französischer Klassik und Aufklärung (1650–1750). Habil.-Schrift [masch.] Freiburg i. Br. 1984.

Kalverkämper 1989 = Hartwig Kalverkämper: Kolloquiale Vermittlung von Fachwissen im frühen 18. Jahrhundert – gezeigt anhand der *Entretiens sur la Pluralité des Mondes* (1686) von Fontenelle. In: Fachgespräche in Aufklärung und Revolution. Hrsg. v. Brigitte Schlieben-Lange. Tübingen 1989 (Konzepte der Sprach- und Literaturwissenschaft 47), 17–80.

Kalverkämper 1990 = Hartwig Kalverkämper: Das Fachwörterbuch für den Laien. In: Wörterbücher […]. Ein internationales Handbuch zur Lexikographie […]. Hrsg. v. Franz Josef Hausmann, Oskar Reichmann, Herbert Ernst Wiegand und Ladislav Zgusta. 2. Teilbd. Art. 160. Berlin. New York 1990 (Handbücher zur Sprach- und Kommunikationswissenschaft 15, 2), 1512–1523.

Kalverkämper 1993 = Hartwig Kalverkämper: Das fachliche Bild. Zeichenprozesse in der Darstellung wissenschaftlicher Ergebnisse. In: Fachtextpragmatik. Hrsg. v. Hartmut Schröder. Tübingen 1993 (Forum für Fachsprachen-Forschung 19), 215–238.

Kalverkämper 1996a = Hartwig Kalverkämper: Im Zentrum der Interessen: Fachkommunikation als Leitgröße. In: Hermes 16. 1996, 117–176.

Kalverkämper 1996b = Hartwig Kalverkämper: Die Kultur des literarischen wissenschaftlichen Dialogs – aufgezeigt an einem Beispiel aus der italienischen Renaissance (Galilei) und der französischen Aufklärung (Fontenelle). In: Kalverkämper / Baumann 1996, 683–745.

Kalverkämper 1998 = Hartwig Kalverkämper: Bildsemiotik fachlicher Informationsanliegen — zugleich eine diachrone Argumentation für das narrative wissenschaftliche Bild. In: Darstellungsformen der Wissenschaften im Kontrast. Methodische Aspekte — Theoretische Überlegungen — Fallstudien. Hrsg. v. Lutz Danneberg und Jürg Niederhauser. Tübingen 1998 (Forum für Fachsprachen-Forschung 39), 333–394.

Kalverkämper / Baumann 1996 = Hartwig Kalverkämper / Klaus-Dieter Baumann (Hrsg.): Fachliche Textsorten. Komponenten — Relationen — Strategien. Tübingen 1996 (Forum für Fachsprachen-Forschung 25).

Kant 1995 = Immanuel Kant: Werke in sechs Bänden. 6.: Der Streit der Facultäten und kleinere Abhandlungen. [1784]. Köln 1995.

Köhler 1975 = Erich Köhler: Einführung. In: D'Alembert 1751, VIII–XXIX.

Köhler 1984 = Erich Köhler: Vorlesungen zur Geschichte der Französischen Literatur. Hrsg. v. Henning Krauß und Dietmar Rieger. Aufklärung I / II. Hrsg. v. Dietmar Rieger. Stuttgart. Berlin. Köln. Mainz 1984.

Krauss 1963 = Werner Krauss: Über den Anteil der Buchgeschichte an der literarischen Entfaltung der Aufklärung. In: Werner Krauss: Studien zur deutschen und französischen Aufklärung. Berlin 1963 (Neue Beiträge zur Literaturwissenschaft 16), 73–155. — Auch in: Werner Krauss: Zur Dichtungsgeschichte der romanischen Völker. Leipzig 1965, 194–313.

Lepape 1994 = Pierre Lepape: Denis Diderot. Eine Biographie. Aus dem Französischen v. Gabriele Krüger-Wirrer. Frankfurt a. M. New York 1994. — [Franz. Orig.: Diderot. Paris 1991].

Lepenies 1976 = Wolf Lepenies: Das Ende der Naturgeschichte. Wandel kultureller Selbstverständlichkeiten in den Wissenschaften des 18. und 19. Jahrhunderts. München. Wien 1976 (Hanser Anthropologie).

Lepenies 1988 = Wolf Lepenies: Autoren und Wissenschaftler im 18. Jahrhundert. Linné–Buffon–Winckelmann–Georg Forster–Erasmus–Darwin. München. Wien 1988 (Edition Akzente).

Luschka 1926 = Werner Hubert Luschka: Die Rolle des Fortschrittsgedankens in der Poetik und literarischen Kritik der Franzosen im Zeitalter der Aufklärung. Diss. München 1926.

Mass 1981 = Edgar Mass: Literatur und Zensur in der frühen Aufklärung. Produktion, Distribution und Rezeption des *Lettres Persanes*. Frankfurt a. M. 1981 (Analecta Romanica 46).

Mittelstraß 1967 = Jürgen Mittelstraß: Bildung und Wissenschaft. Enzyklopädien in historischer und wissenssoziologischer Betrachtung. In: Die wissenschaftliche Redaktion 4. 1967, 81–104.

Möhren 1987 = Frankwald Möhren: Die materielle Bibliographie der *Encyclopédie*: Originale und Raubdrucke. In: Denis Diderot oder die Ambivalenz der Aufklärung. Heidelberger Vortragsreihe zum Internationalen Diderot-Jahr 1984. Hrsg. v. Dietrich Harth und Martin Raether. Würzburg 1987, 63–89.

Monreal-Wickert 1977 = Irene Monreal-Wickert: Die Sprachforschung der Aufklärung im Spiegel der großen französischen Enzyklopädie. Tübingen 1977 (Lingua et traditio 3).

Müller 1975 = Bodo Müller: Das Französische der Gegenwart. Varietäten, Strukturen, Tendenzen. Heidelberg 1975.

Plachta 1994 = Bodo Plachta: Damnatur — Toleratur — Admittitur. Studien und Dokumente zur literarischen Zensur im 18. Jahrhundert. Tübingen 1994 (Studien und Texte zur Sozialgeschichte der Literatur 43).

Pöckl 1990 = Wolfgang Pöckl: Französisch: Fachsprachen. In: Holtus / Metzeltin / Schmitt 1990, Art. 312, 267–282.

Popelar 1976 = Inge Popelar: Das Akademiewörterbuch von 1694 — das Wörterbuch des Honnête Homme? Tübingen 1976 (Beihefte zur Zeitschrift für Romanische Philologie 152).

Quemada 1990 = Bernard Quemada: Französisch: Lexikographie / Lexicographie [franz. geschr.]. In: Holtus / Metzeltin / Schmitt 1990, Art. 339, 869–894.

Reichardt 1977 = Rolf Reichardt: Bevölkerung und Gesellschaft Frankreichs im 18. Jahrhundert. Neue Wege und Ergebnisse der sozialhistorischen Forschung 1950–1976. In: Zeitschrift für Historische Forschung 4. 1977, 154–221.

Ricken 1961 = Ulrich Ricken: „Gelehrter" und „Wissenschaft" im Französischen. Beiträge zu ihrer Bezeichnungsgeschichte vom 12.–17. Jahrhundert. Berlin 1961 (Deutsche Akademie der Wissenschaften zu Berlin 15).

Ricken 1984 = Ulrich Ricken: Sprache, Anthropologie, Philosophie in der französischen Aufklärung. Ein Beitrag zur Geschichte des Verhältnisses von Sprachtheorie und Weltanschauung. Berlin 1984 (Sprache und Gesellschaft 18).

Ricken 1990 = Ulrich Ricken (in Zus.arb.): Sprachtheorie und Weltanschauung in der europäischen Aufklärung. Zur Geschichte der Sprachtheorien des 18. Jahrhunderts und ihrer europäischen Rezeption nach der Französischen Revolution. Berlin 1990 (Sprache und Gesellschaft 21).

Rietzschel 1982 = Evi Rietzschel (Hrsg.): Gelehrsamkeit ein Handwerk? Bücherschreiben ein Gewerbe? Dokumente zum Verhältnis von Schriftsteller und Verleger im 18. Jahrhundert in Deutschland. Leipzig 1982 (Reclams Universal-Bibliothek 965).

Šamurin 1964 = Evgenij Ivanovič Šamurin: Geschichte der bibliothekarisch-bibliographischen

Klassifikation. Band 1. Autorisierte wissenschaftliche Übersetzung und Registerzusammenstellung v. Willi Hoepp [Origin. russ.]. Leipzig 1964. – [Zeitraum von der Antike bis einschl. 18. Jh.].

Schaeder / Bergenholtz 1994 = Burkhard Schaeder / Henning Bergenholtz (Hrsg.): Fachlexikographie. Fachwissen und seine Repräsentation in Wörterbüchern. Tübingen 1994 (Forum für Fachsprachen-Forschung 23).

Schalk 1936 = Fritz Schalk: Einleitung in die Enzyklopädie der französischen Aufklärung. München 1936 (Münchner Romanistische Arbeiten 6).

Schalk 1968 = Fritz Schalk: Zur Semantik von „Aufklärung" in Frankreich. In: Festschrift Walther von Wartburg zum 80. Geburtstag, 18. Mai 1968. Bd. I. Hrsg. v. Kurt Baldinger. Tübingen 1968, 251–266.

Schalk 1977 = Fritz Schalk: Studien zur französischen Aufklärung. 2., verb. u. erw. Aufl. Frankfurt a. M. 1977 (Das Abendland, N. F. 8).

Sprachwissenschaftliches Colloquium 1967 = Sprachwissenschaftliches Colloquium (Bonn) (Hrsg.): Europäische Schlüsselwörter. Wortvergleichende und wortgeschichtliche Studien. III.: Kultur und Zivilisation. München 1967.

von Stackelberg 1979 = Jürgen von Stackelberg: Themen der Aufklärung. München 1979.

von Stackelberg 1983 = Jürgen von Stackelberg: Diderot. Eine Einführung. München. Zürich 1983 (Artemis-Einführungen 4).

Stefenelli 1981 = Arnulf Stefenelli: Geschichte des französischen Kernwortschatzes. Berlin 1981 (Grundlagen der Romanistik 10).

Strosetzki 1978 = Christoph Strosetzki: Konversation. Ein Kapitel gesellschaftlicher und literarischer Pragmatik im Frankreich des 17. Jahrhunderts. Frankfurt a. M. Bern. Las Vegas 1978 (Studia Romanica et Linguistica 7).

Swiggers 1984 = Pierre Swiggers: Les conceptions linguistiques des encyclopédistes. Études sur la constitution d'une théorie de la grammaire au siècle des lumières. Heidelberg 1984.

Vierhaus 1985 = Rudolf Vierhaus (Hrsg.): Wissenschaften im Zeitalter der Aufklärung. Aus Anlaß des 250jährigen Bestehens des Verlages Vandenhoeck & Ruprecht. Göttingen 1985.

Voltaire 1764 = Voltaire: Dictionnaire philosophique [portatif]. [1764]. Chronologie et préface par René Pomeau. Paris 1964.

Vovelle 1992 = Michel Vovelle (Ed.): L'uomo dell' illuminismo. Rom 1992. – (Dt. Übers., um 2 Beiträge gekürzt: Der Mensch der Aufklärung. Frankfurt a. M. New York. Paris 1996).

Weber 1983 = Hajo Weber: Das Gattungssystem der französischen Frühaufklärung (1680–1750). Ein Rekonstruktionsversuch der Beziehungen zwischen Gattungssystem und Gesellschaftssystem. Frankfurt a. M. Bern. New York 1983 (Europäische Hochschulschriften. Reihe XIII. Bd. 85).

Weinrich 1978 = Harald Weinrich: Plädoyer für ein interdisziplinäres Wörterbuch der deutschen Sprache. In: Interdisziplinäres deutsches Wörterbuch in der Diskussion. Hrsg. v. Helmut Henne, Wolfgang Mentrup, Dieter Möhn und Harald Weinrich. Düsseldorf 1978 (Sprache der Gegenwart 45), 11–30.

Weinrich 1989 = Harald Weinrich: Formen der Wissenschaftsprache. In: Jahrbuch 1988 der Akademie der Wissenschaften zu Berlin. Berlin. New York 1989, 119–158.

Wiegand 1987 = Herbert Ernst Wiegand: Zur handlungstheoretischen Grundlegung der Wörterbuchbenutzungsforschung. In: Lexicographica 3. 1987, 178–227.

Wiegand 1994 = Herbert Ernst Wiegand: Zur Unterscheidung von semantischen und enzyklopädischen Daten in Fachwörterbüchern. In: Schaeder / Bergenholtz 1994, 103–132.

Wittmann 1982 = Reinhard Wittmann: Buchmarkt und Lektüre im 18. und 19. Jahrhundert. Beiträge zum literarischen Leben 1750–1880. Tübingen 1982 (Studien und Texte zur Sozialgeschichte der Literatur 6).

Wolf 1979 = Heinz Jürgen Wolf: Französische Sprachgeschichte. Heidelberg 1979 (Uni-Taschenbücher 823).

Hartwig Kalverkämper, Berlin

184. Die Fachsprachen in der *Encyclopaedia Britannica* von 1771

1. Einleitung
2. Die *Encyclopaedia Britannica* von 1771 im Kontext der europäischen Aufklärung
3. Die Behandlung der Fachgebiete
4. Die Anlage der Enzyklopädieartikel
5. Die Darstellungshaltung des Autors
6. Stilmittel
7. Ausblick
8. Literatur (in Auswahl)

1. Einleitung

Enzyklopädien sind umfassende, für die breite Öffentlichkeit beabsichtigte, alphabetisch gegliederte Nachschlagewerke, die das gesamte gesicherte Wissen eines bestimmten Zeitabschnitts sammeln, systematisieren, konservieren und tradieren. Sie vermitteln Einblick in Tatsachenwissen und Alltagserfahrungen, in das Begriffs- und Benennungssystem, das Methodeninventar und die Anwendungsgebiete von Einzelwissenschaften wie auch von praktischen Berufen. Damit sind Enzyklopädien zugleich Spiegel des von den Produktivkräften bestimmten Entwicklungsstandes von Wissenschaft und Technik, aber auch des Erkenntnisinteresses und Fortschrittsglaubens der Bildungsträger einer Gesellschaft.

In wissenschaftsgeschichtlicher Hinsicht geben Enzyklopädieartikel darüber Aufschluß, welche Wissensbestände und Kenntnissysteme zu einer bestimmten Zeit als „normal science" im Sinne von Thomas S. Kuhn (1970) gelten und welche Anzeichen auf einen sich anbahnenden oder bereits vollzogenen „Paradigmenwechsel" innerhalb eines Fachgebiets hindeuten (vgl. Gläser 1992; 1994).

2. Die *Encyclopaedia Britannica* von 1771 im Kontext der europäischen Aufklärung

Die erste *Encyclopaedia Britannica* entstand zwischen 1768 und 1771 und wurde von einem Kreis schottischer Gelehrter („a Society of Gentlemen in Scotland") entworfen und unter Mitwirkung führender Vertreter unterschiedlicher Fachgebiete ausgearbeitet. Ihr ursprünglicher Umfang betrug drei Bände zu je etwa 700 Seiten, die mit 160 sorgfältig ausgeführten Kupferstichen illustriert waren. Konzipiert war diese Enzyklopädie als ein alphabetisches Nachschlagewerk der Wissenschaften und technischen Fertigkeiten („Sciences and Arts"), verbunden mit einer systematischen Übersicht über die Fachbegriffe und ihre Bezeichnungen. Den Herausgebern des Gesamtwerks und den Verfassern der Einzelartikel war daran gelegen, daß trotz der alphabetischen Anordnung der Einzelartikel, von denen einige den Charakter umfangreicher Abhandlungen („treatises") hatten, kein atomisierendes Bild der Wissenschaften („dismembering (of) the sciences") entstehen sollte, sondern daß die innere Systematik eines Fachgebiets erhalten blieb und fachübergreifende (interdisziplinäre) Bezüge durch Querverweise deutlich wurden. In der Grundidee war die *Encyclopaedia Britannica* nicht nur als Einführungswerk in die Wissenschaften und in viele praktische Berufe, sondern auch als Handbuch mit detaillierten Arbeitsanleitungen für jedermann angelegt.

Der Titel der ersten *Encyclopaedia Britannica* enthält in einer typographisch eingängigen Gestaltung des Titelblatts das Konzept ihrer Herausgeber und Autoren (vgl. Abb. 184.1)

Die *Encyclopaedia Britannica* entstand nahezu zeitgleich zu dem umfangreichen Nachschlagewerk der französischen Enzyklopädisten, das den Titel *Encyclopédie ou Dictionnaire raisonné des sciences, des arts et des métiers* trug und zwischen 1751 und 1772 in 28 Bänden ausgearbeitet wurde (vgl. Art. 183). Die Gesamtleitung dieses gewaltigen Projekts lag in der Hand des französischen Universalgelehrten Denis Diderot (1713−1784). Die Einzelbände wurden von Jean Le Rond d'Alembert (1717−1783) redigiert und mit einer Einleitung für das Gesamtwerk, betitelt *Discours préliminaire*, versehen. Weitere führende Mitarbeiter waren der Arzt Julien Offroy de la Mettrie (1709−1751), der Naturwissenschaftler Georges-Louis Leclerc, comte de Buffon (1707−1788), der Ökonom François Quesnay (1694−1774) sowie die Philosophen Claude-Adrien Helvétius (1715−1771) und Paul-Henri Holbach (1723−1789). Wesentliche Beiträge kamen außerdem von den Schriftstellern Jean-Jacques Rousseau (1712−1778), François-Marie Arouet, dit Voltaire (1694−1778) und Charles de Secondat, baron de Montesquieu (1689−1755).

Im Vorwort zur *Encyclopaedia Britannica* nehmen deren Herausgeber und Verfasser ausdrücklich auf das ausführlichere französische Nachschlagewerk Bezug und empfehlen es indirekt als Informationsquelle:

„Whoever has had occasion to consult Chambers, Owen, &c. or even the voluminous French *Encyclopedie*, will have discovered the folly of attempting to communicate science under the various technical terms arranged in an alphabetical order. Such an attempt is repugnant to the very idea of science, which is a connected series of conclusions deduced from self-evident or previously discovered principles."
(Preface, p. V, Band 1)

Die englische und die französische Enzyklopädie wurden von dem Geist der Aufklärung geprägt. Die französischen Enzyklopädisten vertraten eine materialistische Weltanschauung und übten eine versteckte Kritik am religiösen Fanatismus, an dem Unfehlbarkeitsanspruch der katholischen Kirche und am absolutistischen Staat mit seinen Privilegien für die Aristokratie unter Louis XV. Aus diesem Grunde wurde die französische Enzyklopädie durch die staatliche Zensur

Encyclopaedia Britannica
OR, A
DICTIONARY
OF
ARTS and SCIENCES,
COMPILED UPON A NEW PLAN.
IN WHICH
The different SCIENCES and ARTS are
digested into distinct Treatises or Systems;
AND
The various TECHNICAL TERMS, etc. are
explained as they occur in the order of the
Alphabet.
ILLUSTRATED WITH ONE HUNDRED AND SIXTY COPPERPLATES.
By a SOCIETY of GENTLEMEN in SCOTLAND.
IN THREE VOLUMES.
VOL. I
EDINBURGH
Printed for A. BELL and C. MACFARQUHAR;
And sold by COLIN MACFARQUHAR, at his
Printing-office, Nicolson-street
M.D.C.C.L.X.X.I.

Abb. 184.1: Titelblatt der ersten *Encyclopaedia Britannica*

zeitweise beschlagnahmt und vom Verkauf ausgeschlossen. Sie konnte jedoch später ihr Erscheinen fortsetzen, nachdem der Verleger le Breton — ohne Wissen des Herausgebers Diderot — in einigen Artikeln gegenüber der Zensur Zugeständnisse gemacht und Formulierungen abgeschwächt hatte. Dagegen bestanden für die Veröffentlichung der *Encyclopaedia Britannica* in dem protestantischen England mit einer konstitutionellen Monarchie unter George III keinerlei Beschränkungen. In der englischen Monarchie herrschte im Einvernehmen mit der anglikanischen Hochkirche ein anderer Geist bürgerlicher Aufklärung, der sich bereits in der Tatsache augenfällig geäußert hatte, daß der Mathematiker, Physiker, Astronom, Naturphilosoph und Wissenschaftsorganisator, Isaac Newton (1643—1727), als erster Naturwissenschaftler 1705 in den Adelsstand erhoben wurde und nach seinem Tode 1727 ein Staatsbegräbnis erhielt. Zur Entstehungszeit der *Encyclopaedia Britannica* hatte England seine bürgerliche Revolution bereits vollzogen, während sie in Frankreich unmittelbar bevorstand. Dieser gesellschaftliche Rahmen ist für die Beurteilung der *Encyclopaedia Britannica* und der darin dokumentierten Fächer, Fachbegriffe und Fachsprachen belangvoll.

Die Intention der britischen Enzyklopädisten war in erster Linie, die Nützlichkeit ihres Werkes für Gelehrte wie auch für einfache Menschen, die darin Wissen und Anleitung suchten, zu gewährleisten. Dieses utilitaristische Prinzip steht nahezu lapidar als Eingangssatz des Vorworts im ersten Band der *Encyclopaedia Britannica* von 1771:

„Utility ought to be the principal intention of every publication. Wherever this intention does not plainly appear, neither the books nor their authors have the smallest claim to the approbation of mankind."

Mit dieser strengen Anforderung an Nutzen und Anwendungsmöglichkeiten wissenschaftlicher Forschung und technischer Entwicklung befinden sich die britischen Enzyklopädisten weitgehend im Einklang mit den Ansichten der Mitglieder der Royal Society (for the Advancement of Experimental Philosophy), die in London ihren Sitz hatte, und mit den Stilprinzipien wissenschaftlicher

Darstellung, die Thomas Sprat (1635–1713) aus diesem Gelehrtenkreise als Einfachheit, Klarheit und Verzicht auf rhetorischen Schmuck propagiert hatte.

3. Die Behandlung der Fachgebiete

Die Herausgeber und die Verfasser der Artikel in der *Encyclopaedia Britannica* von 1771 bleiben bedauerlicherweise namentlich ungenannt; verwiesen wird jedoch auf eine Reihe von Vorläuferarbeiten englischer, schwedischer und französischer Wissenschaftler, die als Standardwerke für die betreffenden Fachgebiete galten. In der „List of Authors" sind – allerdings ohne genaue bibliographische Angaben – Quellenwerke in lateinischer, englischer und französischer Sprache angeführt, die gesichertes Wissen vermitteln. Der schwedische Naturwissenschaftler Carl von Linné (Linnaeus – 1707–1778) ist vertreten mit seinen Hauptwerken *Systema naturae* (1735), *Genera plantarum* (1737), *Species plantarum* und *Fundamenta botanica*. Der Amerikaner Benjamin Franklin (1706–1790) wird hingegen nur mit dem Hinweis „on electricity" erwähnt, während die englischen Philosophen David Hume (1711–1776) und John Locke (1632–1704) durch ihre Essays berücksichtigt worden sind. Sir Isaac Newton (1643–1727) ist durch seine mathematischen und physikalischen Werke, *Philosophiae naturalis principia mathematica* (1687) – Kurztitel *Principia* – und *Lectiones opticae* repräsentiert. Mit einem genauen Titel wird der französische Naturwissenschaftler Buffon (1707–1788; hier Bouffon geschrieben) als Gewährsperson und Verfasser der „histoire naturelle" genannt.

Die zweiseitige Literaturübersicht der Standardwerke, auf die sich die *Encyclopaedia Britannica* stützt, schließt folgende Fachgebiete ein: Landwirtschaft und Tierzucht; Wald- und Forstwesen, Botanik und Zoologie; Naturkunde; Architektur und Bauwesen; Festungsbau; Anatomie, Chirurgie; Geburtshilfe; Rechtswesen; Bankwesen; Philosophie; Bibelexegese; Logik; Rhetorik; Geometrie; Geographie; Navigationswesen; Optik; Mechanik, Hydraulik; Astronomie; Elektrizitätslehre; Chemie; aber auch Gewerke und Tätigkeiten wie Hufschmiedehandwerk und Bienenzucht und das praktische Musizieren („practice of musick").

Die unter den Standardwerken vertretenen Textsorten sind Vorlesungen („lectures"); Zeitschriften („magazines, and many other periodical publications"); gelehrte Artikel („essays"); Akademieberichte („transactions"); schriftliche Kurzmitteilungen („pamphlets"); Sachwörterbücher („dictionary"); Überblickswerke („History of ..."); Reiseberichte („travels") und enzyklopädische Nachschlagewerke.

4. Die Anlage der Enzyklopädieartikel

Die Länge der Stichwortartikel in der *Encyclopaedia Britannica* von 1771 variiert zwischen 120 doppelspaltigen Druckseiten als Abhandlungen (mit der Textdeklaration „treatise") für ein umfangreiches Sachgebiet einerseits und Kurzdefinitionen von 3–5 Zeilen für einen einzelnen Fachbegriff andererseits. Die größeren Abhandlungen sind durch typographisch unterschiedliche Zwischenüberschriften untergliedert und gut systematisiert; es fehlen jedoch die in den modernen Ausgaben der *Encyclopaedia Britannica* üblichen vollständigen Inhaltsübersichten am Anfang des jeweiligen Artikels, ferner die wissenschaftlich exakte Zitierweise von Verweisliteratur und Literaturangaben am Schluß eines längeren Artikels. Auf Anmerkungen wird grundsätzlich verzichtet.

4.1. Makrostruktur

Die Makrostruktur einer Abhandlung (*treatise*) ist ohne eine zusammenfassende Vororientierung nur schwer überschaubar. Eine Numerierung der Einzelabschnitte ist noch nicht üblich.

Als Beispiel soll der Enzyklopädieartikel über das Fachgebiet ANATOMY (im Umfang von 166 Druckseiten) angeführt werden. Am Anfang steht hier – wie in anderen Abhandlungen – eine Sachdefinition, der eine knappe, unvollständige Übersicht über die dargestellten Untergebiete des Faches folgt.

„ANATOMY is the art of dissecting the solid parts of animal bodies, with a view to discover their structure, connection, and uses.
ANATOMY is not only the basis of all medical knowledge, but is a very interesting object to the philosopher and natural historian.
In treating this useful subject, we shall divide it into the following parts: I. Of the BONES; II. Of the MUSCLES; III. Of the ARTERIES; IV. Of the VEINS. V. Of the NERVES. VI. Of such parts of the body as are no comprehended in any of the above, e. g. The BRAIN, THORAX, ABDOMEN, &c.&c." (Vol. I, p. 145)

Als Bezeichnungen für Teiltexte verwenden die Autoren „Part" und „Section", außerdem „EXPLICATION of Plate [...]" als Kommentar zu den auf 9 Kupferstich-Tafeln dargebotenen anatomischen Darstellungen.

Die Makrostruktur dieser Abhandlung wäre etwa:

- Fachgebietsdefinition
- Nennung der Hauptgebiete (eine Art Inhaltsübersicht)
- Textkörper

Part I.	OF THE BONES.
Sect. I.	Of the BONES in general.
Sect. II.	Of the SKELETON.
	Unterkapitel
	OF THE HEAD.
	OF THE TRUNK.
	OF THE SUPERIOR EXTREMITIES.
	OF THE INFERIOR EXTREMITIES.

EXPLANATION OF PLATE XIII. (Fig. 1 bis Fig. 16)
EXPLANATION OF PLATE XIV. (Fig. 1 bis Fig. 15)

Part II.	OF THE MUSCLES.
Sect. I.	Of the MUSCLES in general.
Sect. II.	The Muscles of the ABDOMEN.
	Unterkapitel
	OBLIQUUS EXTERNUS.
	OBLIQUUS INTERNUS.
	MUSCULI RECTI. (und weitere)
Sect. III.	The MUSCLES which move the Bones of the Shoulder upon the Trunk.
	TRAPEZIUS.
	RHOMBOIDES.
	weiteres Unterkapitel: „Uses of the MUSCLES which move the BONES of the SHOULDER on the TRUNK".
Sect. IV.	The MUSCLES which move the Os Humeri on the Scapula.
	DELTOIDES.
	PECTORALIS MAJOR.
	LATISSIMUS DORSI. (und weitere)

(Nach dem gleichen Aufbau 13 weitere Sections)

Sect. XVIII.	The MUSCLES which move the Os Hyoides.
	MYLO-HYOIDAEUS. (und weitere)

EXPLANATION OF PLATE XV. (Fig. 1 bis Fig. 5)
EXPLANATION OF PLATE XVI. (Fig. 1 bis Fig. 5)

Part III.	OF THE ARTERIES.
	(ohne Einteilung in Sections)
Part IV.	OF THE VEINS.
	(ohne weitere Unterteilung)

EXPLANATION OF PLATE XVII: (nur eine Fig.)

Part V.	OF THE NERVES.
Sect. I.	Of the NERVES in general.
Sect. II.	Of the particular NERVES.

EXPLANATION OF PLATE XVIII. (Fig. 1 bis Fig. 5)

Part VI.	Of such Parts of the Body as could not properly be described under any of the former general Divisions.
Sect. I.	Of the common Integuments.
	THE SKIN.
	THE CUTICULA, OR EPIDERMIS.
	USES OF THE SKIN. (und weitere)
Sect. II.	Of the ABDOMEN.
	PERITONAEUM.
	VENTRICULUS, or STOMACH. (und weitere)
	THE PARTS OF GENERATION IN MALES.
	THE PARTS OF GENERATION IN FEMALES.
Sect. III.	Of the Thorax.
	MAMMAE.
	PLEURA and MEDIASTINUM. (und weitere)

EXPLANATION OF PLATE XIX. (Fig. 1 bis Fig. 5)
EXPLANATION OF PLATE XX. (Fig. 1 bis Fig. 6)

Sect. IV.	Of the Brain and its Appendages.
	DURA MATER.
	PIA MATER. (und weitere)
	CEREBRUM.
Sect. V.	Of the EYE.
	The GLOBE or BALL of the EYE.
	The COATS of the EYE.
	The HUMOURS of the EYE and their CAPSULAE. (und weitere Teile des Auges)
Sect. VI.	The NOSE. (keine Untergliederung)
Sect. VII.	The EAR. (keine Untergliederung)
Sect. VIII.	The MOUTH.
	The LARYNX.
	The PHARYNX.
	The PALATE, UVULA, &c.
	The TONGUE.
	The CHEEKS, LIPS, and GUMS.
	The SALIVAL GLANDS.
	GLANDULAE LYMPHATICAE.

EXPLANATION OF PLATE XXI. (Fig. 1 bis Fig. 10)."

Diese Fachgebietsgliederung der Anatomie mit ihrer lateinischen Nomenklatur der Knochen, Muskeln, Nerven und inneren Organe unterscheidet sich noch wesentlich von der heutigen anatomischen Nomenklatur, den Nomina Anatomica (Paris, Tokio, Mexiko) und den Nomina Embryologica und Histologica. Die Drüsen sind in dieser Abhandlung nur am Rande aufgeführt (The SALIVAL GLANDS, GLANDULAE LYMPHATICAE); Drüsen der inneren Sekretion fehlen noch.

4.2. Fachwortschatz

Der Fachwortschatz in den Abhandlungen wie in den Kurzartikeln der *Encyclopaedia Britannica* von 1771 entspricht dem aktuellen Erkenntnisstand dieser Zeit. So spielt natürlicherweise die Alchemie noch eine wichtige Rolle. Unter den technischen Gebieten wird der Festungsbau (FORTIFICATIONS) noch ausführlich abgehandelt. Die Nomenklatur Linnés als binäre lateinische Namen für Pflanzen und Tiere hat sich jedoch bereits durchgesetzt; Linnés Hauptwerke werden in der Literaturliste des ersten Bandes als Bezugsquelle genannt. In der anatomischen Nomenklatur dominiert zwar die lateinische Sprache, aber die Autoren bemühen sich um eine Erläuterung durch ein allgemeinsprachliches englisches Wort bzw. den englischen Trivialnamen.

Der Fachwortschatz wird in der ersten *Encyclopaedia Britannica* auf unterschiedliche Weise, wenn auch in der Regel auf induktivem Wege, eingeführt:

(1) als reine, nicht erläuterte Terminologie
(2) als Paraphrasierung durch ein gemeinsprachliches Wort
(3) als Terminus im Zusammenhang mit verschiedenen synonymen Ausdrücken.

Beispiele für diese Verwendungsweisen sind:
ad (1) „DIALYSES; comprehending ulcers, and all kinds of wounds. This order contains 7 genera, viz. 1. Vulnus; 2. Ulcus; 3. Herpes; 4. Tinea; 5. Psora; 6. Fractura; 7. Caries", (Vol. III, p. 60)
ad (2) Der lateinische Ausdruck mit einer englischen Paraphrase:
„PYREXIAE, or Feverish Disorders (...)
NEUROSES, or Nervous DISEASES (...)
COMATA, or lethargic diseases
SPASMI, or irregular motions of the muscular fibres" (Vol. III, p. 59 f)
ad (3) In dem Artikel über Botanik werden den systematischen lateinischen Namen englische Trivialnamen als Synonyme an die Seite gestellt, z. B.:
„FRAGARIA, or STRAWBERRY
DIGITALIS, or FOX-GLOVE
SINAPIS, or MUSTARD
MALVIA, or COMMON MALLOW
LEONTODON, or DANDELION" (Vol. I, p. 638 f)
„VERONICA, or SPEEDWELL (genus)
CARDUUS, or THISTLE" (Vol. I, p. 642)

4.3. Definitionen

Die umfangreichen Abhandlungen über eine ganze Fachdisziplin werden in der Regel durch Definitionen eingeleitet. Diese schwanken zwischen Definitionen nach dem Begriffsumfang und solchen nach dem Begriffsinhalt. Eine weitere Besonderheit dieser Definitionen, die in den meisten Fällen den Anforderungen einer wohlgeformten Realdefinition gerecht werden, besteht darin, daß wesentliche allgemeinwissenschaftliche Oberbegriffe im 18. Jh. noch eine andere Bedeutung als in der Gegenwart haben und daher für den heutigen Leser der *Encyclopaedia Britannica* mißverständlich sind. Das gilt für die Begriffe ART, SCIENCE, NATURAL PHILOSOPHY und in gewissem Sinne auch für TERM.

So bezeichnet der Begriff ART Berufe einer handwerklichen und praktischen Tätigkeit, während unter SCIENCE nur das Fachwissen, maßgeblich in einem Beruf der geistigen Arbeit, und die Fähigkeit zur gedanklichen Spekulation, im Unterschied zur Beobachtung auf Grund von Experimenten, verstanden werden. Der Begriff ART, der in vielen Definitionen als Genus proximum auftritt, wird bestimmt als „a system of rules, serving to facilitate the performance of certain actions" (Vol. I, p. 427). Als ART gelten beispielsweise die Tätigkeit einer Hebamme („MIDWIFERY"), die Landwirtschaft als Feldbau („AGRICULTURE"), die Anatomie als Technik des Sezierens („ANATOMY") und die Rhetorik als Redegewandtheit und Redekunst („RHETORIC"). Auf die schönen Künste ist der Begriff ART noch nicht eingegrenzt.

Andererseits hat der Begriff SCIENCE im 18. Jh. noch nicht die heutige Bedeutung als Oberbegriff für eine Naturwissenschaft, sondern bezeichnet − zumindest in der Philosophie − „any doctrine, deduced from self-evident and certain principles, by a regular demonstration" (Vol. III, p. 570). Insofern ist es weniger überraschend, wenn in diesem Zusammenhang der Okkultismus und die Philologie („OCCULTISM", „PHILOLOGY") dem Oberbegriff SCIENCE zugeordnet werden.

Den Bedeutungsumfang des modernen Begriffs „science" hat dagegen in der allgemeinwissenschaftlichen Terminologie des 18. Jh.s der Begriff NATURAL PHILOSOPHY. Er begegnet bereits in der lateinischen und englischen Formulierung des Titels von Isaac Newtons fundamentalem Werk *Philosophiae naturalis principia mathematica* (1687) / *Mathematical Principles of Natural Philosophy* / *Mathematische Prinzipien der Naturwissenschaften*.

Die *Encyclopaedia Britannica* von 1771 definiert NATURAL PHILOSOPHY wie folgt: „NATURAL PHILOSOPHY, that which considers the powers and practices of natural bodies, and their mutual actions on one another" (Vol. III, p. 364) und bezieht diese Begriffsbestimmung auf die Fachgebiete MECHANICS, OPTICS, ASTRONOMY, HYDROSTATICS, PNEUMATICS, PHYSICS, PHYSIOLOGY und andere. Oberbegriffe wie ART, SCIENCE and NATURAL PHILOSOPHY sind notwendige Bezugsgrößen in Definitionen in unterschiedlichen naturwissenschaftlichen Fächern. Hier findet man Definitionen nach dem Begriffsumfang und Definitionen nach dem Begriffsinhalt. Definitionen nach dem Begriffsumfang sind folgende:

„FOSSIL, in natural history, denotes, in general, everything dug out of the earth, whether they by natives thereof, as metals, stones, salts, earths, and other minerals; or extraneous, reposited, in the bowels of the earth by some extraordinary means. See NATURAL HISTORY." (Vol. II, p. 625)
„BOTANY is that branch of natural history which treats the uses, characters, classes, orders, genera, and species of plants." (Vol. I, p. 627)
„BLEACHING is the art of whitening linen, cloth, thread, etc. which is conducted in the following way by the bleachers of this country."

(Es folgt eine Beschreibung des Bleichvorgangs, Vol. I, p. 561)
Beispiele für Definitionen nach dem Begriffsinhalt:

AGRICULTURE is the art of assisting the earth by means of culture, manure, &c., to bring forth plants in greater quantity, and likewise of a larger size and better quality, than it would produce without these assistences." (Vol. I, p. 40)
„ANATOMY is the art of dissecting the solid parts of animal bodies, with a view to discover their structure, connection, and uses." (Vol. I, p. 145)
„ARITHMETICK is a science which explains the properties of number, and shews (sic!) the method of computing them." (Vol. I, p. 365)

Die Verfasser der Artikel sind sich aber auch bestimmter Zuordnungsschwierigkeiten von Fachgebieten, die wissenschaftliche und praktische Tätigkeitsfelder vereinigen, durchaus bewußt. Dann hat die Definition nur tentativen Charakter wie in dem folgenden Beispiel:

„ARCHITECTURE, or the art of building, ought to be considered in a twofold light, as an object of taste, and as a mechanical art" (Vol. I, p. 347).

Neben diesen Sachdefinitionen nach den Regeln der Definitionslehre treten in den Artikeln der *Encyclopaedia Britannica* von 1771 auch eine Vielzahl von Nominaldefinitionen, oft in Verbindung mit einer genetischen Definition, auf. Fachbezeichnungen werden dabei häufig mit Hilfe solcher performativer Verben eingeführt wie „what we call", „we may give the title of […]", „we may properly give the name of […]", „is called" oder „the name by which it is best known". Die Abhandlung über das Fachgebiet CHEMISTRY bietet für diesen Definitionstyp mehrere Beispiele:

„[…] because, when earth is melted by the force of fire, it becomes what we call glass, which is nothing but the parts of earth brought into nearer contact and more easily united by means of fusion." (Vol. II, p. 67)
„In the latter state we may properly give it the name of fire, of light, of heat …" (Vol. II, p. 68)
„To these substances we may give the title of principles or elements. If this kind the principal are earth, water, air and fire." (Vol. II, p. 66)

In kürzeren Artikeln, namentlich zu Themen der Geisteswissenschaften, greifen die Verfasser auf eine Nominaldefinition mit einer etymologischen Erläuterung zurück, wenn eine Sachdefinition problematisch erscheint, z. B.

„HEPTARCHY, a government of seven persons; also a state or country divided into seven kingdoms, and governed by seven independent princes; in which sense it is particularly applied to the government of south Britains when divided amongst the Saxons." (Vol. II, p. 783)

4.4. Illustrationen — das fachliche Bild

Die Abbildungen sind nicht in den laufenden Text der enzyklopädischen Artikel eingearbeitet, sondern auf 160 Kupferstich-Tafeln zusammengestellt, wobei die „Figures" nur numeriert sind, eine Legende oder sonstige Erklärung auf der Abbildungstafel im Interesse größter optischer Klarheit aber unterblieben ist. Die Abbildungen werden am Ende eines Teiltextes der enzyklopädischen Abhandlung erörtert. Sie sind aber kein Anhang zum verbalen Text, sondern dessen notwendige Vertiefung. Die Einzeldarstellungen anatomischer Objekte, architektonischer Säulenformen, geometrischer und astronomischer Figuren, einzelner Pflanzen und Tiere, landwirtschaftlicher Geräte u. a. m. sind gestochen scharf und mit großer Präzision ausgeführt, so daß sie für den heutigen Betrachter nicht nur einen hohen Informationswert besitzen, sondern auch einen ästhetischen Genuß bieten.

Hervorzuheben ist außerdem die harmonische Flächenaufteilung der Kupferstiche durch die gelungene Proportionierung der einzelnen Objekte, eine bestimmte Symmetrie (z. B. des Nervensystems des Menschen, Plate XVIII) oder durch die diagonale Aufteilung bei der Darstellung barocker Treppenhäuser (Plate XXXIV). Die Beschriftungen der einzelnen Figuren sind kalligraphisch gestaltet. Insgesamt zeugen die Abbildungen von einer ausgezeichneten Beobachtungsgabe und hohen technischen Meisterschaft des Kupferstechers Andrew Bell. Sie alle tragen das Signum „A. Bell Sculpt."

5. Die Darstellungshaltung des Autors

5.1. Die Darstellungshaltung des Autors zum fachlichen Gegenstand

Im Einklang mit dem im Vorwort der *Encyclopaedia Britannica* von 1771 ausgesprochenen Nützlichkeitsprinzip verbinden die Autoren der längeren Abhandlungen die Beschreibung eines Gegenstandes oder Fachgebietes häufig mit Instruktionen über dessen Anwendung im Beruf oder im praktischen Leben. Der Enzyklopädieartikel nimmt dann Züge eines Handbuchs an. So werden z. B. in der Abhandlung über MEDICINE nicht nur Krankheiten und Symptome beschrieben, sondern auch Behandlungsmethoden und Herstellungshinweise für Medikamente vermittelt, wobei Experten- und Laienwissen nicht mehr streng getrennt sind und sich der medizinische Text gleichermaßen an den Chirurgen, den Hausarzt oder Apotheker und an die Hausfrau, die zur Selbstbehandlung auf ein bewährtes Hausmittel zurückgreifen kann, wendet. Der Autor erwähnt bei der Beschreibung wirksamer Rezepturen („prescriptions") medizinische Autoritäten, ohne sie aber mit Literaturhinweisen zu belegen. Insgesamt wird das medizinische Wissen des 18. Jh.s — auch im Hinblick auf Epidemien der damaligen Zeit wie „pestilential fever" — dem Leser in allgemeinverständlicher Weise dargeboten.

In der Abhandlung über den Gartenbau („GARDENING"), der als Teilgebiet der Landwirtschaft („AGRICULTURE") verstanden wird, gestattet sich der Autor eingangs eine kurze Betrachtung über den Garten Eden, wie ihn John Milton (1608—1674), der herausragende Dichter des englischen Puritanismus, in seinem epischen Werk „Paradise Lost" beschrieben hat. Ein solcher Exkurs in die Belletristik ist in einem Enzyklopädieartikel überaus selten. Er hat aber insofern seine Berechtigung, als Milton einen idealen Garten entwirft, der dem Grundtyp des offenen und natürlich wachsenden englischen Parks, der den Landschaftsstil europäischer Fürstenhöfe des 18. und 19. Jh.s prägen sollte, weitgehend entspricht. Dieser Typ des Parks ist offenbar der Bezugspunkt für die scharfe Polemik des Autors gegen den barocken Landschaftsstil von Versailles mit seinen kunstvoll (und daher „unnatürlich") geformten Bäumen und Sträuchern, Labyrinthen, Brunnenplastiken und wasserspeienden Tieren. Der offenbar vom puritanischen Denken und vom englischen Landschaftsideal geprägte Autor lehnt die barocke Landschaftsgestaltung mit einer für einen Enzyklopädieartikel ungewöhnlichen Schärfe ab. Tiere als Darstellungselemente einer Fontäne läßt er nur dann gelten, wenn sie eine Funktion haben — eine Brunnenschale wie bei römischen Brunnen zu halten oder zu stützen.

Das Geschmacksurteil des Autors fällt gegenüber dem Park von Versailles geradezu vernichtend aus. Es ist aber zugleich ein verallgemeinertes Zeitzeugnis und belegt zwei einander konträre Grundanschauungen im Umgang mit der Natur: ihre freie Entfaltung und behutsame Ordnung in englischen Parks und Gärten einerseits und ihre gekünstelte Unterordnung unter barocke Formen, die in Frankreich für Gebäude und Landschaft gleichermaßen gelten sollten, andererseits. Die persönliche Meinung des Autors ist damit ein ästhetisches Credo vieler seiner englischen Zeitgenossen:

„As gardening is not an inventive art, but an imitation of nature, or rather nature itself ornamented, it follows necessarily, that everything unnatural ought to be rejected with disdain. Statues of wild beasts vomiting water, a common ornament in gardens, prevails in those of Versailles. Is this ornament in a good taste? A jet d'eau, being partly artificial, may, without disgust, be tortured into a thousand shapes: but a representation of what really exists in nature, admits not any unnatural circumstance. These statues therefore of Versailles must be condemned; and yet so insensible has the artist been to just imitation, as to have displayed his vicious taste without the least colour or disguise: a lifeless statue of an animal pouring out water, may be endured without much disgust; but here the lions and wolves are put in violent action, each has seized its prey, a deer or a lamb, in act to devour; and yet, instead of extended claws and open mouth, the whole, as by a hocus-pocus trick, is converted into a different scene; the lion, forgetting his prey, pours out water plentifully; and the deer, forgetting its danger, performs the same operation." (Vol. II, p. 646)

Als lächerlich betrachtet der Autor auch die „vulgäre" Methode im Park von Versailles, Bäume und Büsche nach der Gestalt von Tieren zu beschneiden und aus Hecken Labyrinthe anzulegen. Der Hauptteil der Abhandlung besteht aber in einer detaillierten Beschreibung der Arten englischer Nutzgärten, zu denen der Blumengarten („Flower-Garden"), der Obstgarten („Fruit-Garden") und der Gemüsegarten („Kitchen-Garden") gezählt werden. Ähnlich wie in einem Pflanzenkatalog oder einem gärtnerischen Almanach gibt der Autor für jeden Gartentyp und jeden Monat des Jahres konkrete Hinweise und Empfehlungen für die Auswahl, den Anbau und die Pflege von Pflanzen, für das Düngen und die Nutzung der betreffenden Gemüse- und Obstsorten sowie Pilzkulturen. Damit liegt der Schwerpunkt der Abhandlung abermals auf dem Nützlichkeitsprinzip; sie dient dem englischen Landmann und Gärtner.

Die Grundhaltung der Autoren zum fachlichen Gegenstand der enzyklopädischen Abhandlungen ist das sachbetonte Informieren, Interessieren und Instruieren. Emotionale Komponenten kommen dabei in der Regel nicht zum Ausdruck.

5.2. Die Darstellungshaltung des Autors zum Adressaten

Namentlich die Verfasser der längeren Abhandlungen in der *Encyclopaedia Britannica* beziehen den Leser in die systematische Darlegung eines Sachverhalts mit ein, indem sie das „inclusive we" und das „generalizing we" verwenden. Das Pronomen „we" ist häufig ein Hinweis auf den impliziten Dialog zwischen Autor und Leser, wie er in popularisierenden Darstellungen des 17. und 18. Jh.s in England allgemein üblich war. Mitunter verwenden die Autoren die direkte Anrede „reader"; in Anleitungen zu chemischen Experimenten oder bei Ratschlägen für den Gartenbau steht gelegentlich das Anredepronomen „you".

Das Pronomen „we" findet sich vorzugsweise in metakommunikativen Äußerungen. Die in den enzyklopädischen Artikeln vorkommenden metakommunikativen Äußerungen bzw. Strategien belegen die wesentlichen Funktionsklassen und sprachlichen Mittel, die bereits anhand didaktisierender und popularisierender Texte der fachexternen Kommunikation in der englischen Gegenwartssprache (Gläser 1990) festgestellt worden sind. Dazu zählen:

(1) Die Ankündigung eines Themas oder Subthemas:

„The article contains the following sections / subchapters …"
„In treating this useful subject, we shall divide it into the following parts: I. Of the BONES. II. Of the MUSCLES. III. Of the ARTERIES. IV. Of the VEINS. V. Of the NERVES …" (ANATOMY, Vol. I, p. 145)

(2) Die Eingrenzung des Themas

„We shall not speak here of religions that are extinct, or that yet exist, but at a distance far from us: we shall treat only of the Christian theology, which teaches us to know God, by revelation and by the light of reason […]" (RELIGION, or THEOLOGY, Vol. III, p. 533)

(3) Begründung eines neuen Gedankenschritts

„Before we examine the structure of the bones, the periosteum, a membrane with which they are covered, must be described." (ANATOMY, Vol. I, p. 145)
„But before we enter upon an examination of their properties, it is fit we lay before the reader a general view of what chemists understand by the relations or affinities of bodies […]" (CHEMISTRY, Vol. II, p. 69)

(4) Rückverweise auf bisherige Argumente

„Although we have not hitherto mentioned the covertway, nevertheless all fortifications whatsoever have one […]" (FORTIFICATIONS, Vol. II, p. 620)
„This article well deserves the notice of all brewers, for on it the goodness of our drink greatly depends; because, if it is ground too small, the flour of the malt will be easier and more freely mixed with the water, and will cause the wort to run thick […]" (BREWING; Vol. I, p. 668)

(5) Vorverweis auf Abbildungen (Kupferstiche)

„We shall give the construction of the mean, as being most useful, and refer the reader to the table thereafter […]"
„N. B. All the parts described in this figure are to be found in the adult, except the canalis arteriosus." (ANATOMY, Vol. I, p. 283)

(6) Kommentar zur Angemessenheit eines Terminus

In diesem Falle berühren sich die metalinguale Funktion der Sprache und die metakommunikative Äußerung des Autors innerhalb des Textes, zumal dann, wenn eine mißverständliche Auslegung eines Terminus vermieden werden soll.

„Let us therefore examine the properties of fire thus fixed and become a principle of bodies. To this substance, in order to distinguish it from pure and unfixed fire, the chemists have assigned the peculiar title of the PHLOGISTON, which is indeed no other than a Greek word for the inflammable matter [...]" (CHEMISTRY, Vol. II, p. 68)

Ein Merkmal der Darstellungshaltung des Autors zum fachlichen Gegenstand wie zum Adressaten sind die vielgestaltigen Mittel der Veranschaulichung. Dabei handelt es sich nicht um Stilfiguren im Sinne metaphorischer Ausdrücke oder bildhafter Vergleiche, sondern um Analogien aus dem täglichen Leben und aus der Erfahrungswelt des Adressaten, die leicht nachvollziehbar sind. Diese Anschaulichkeit findet man beispielsweise in der Abhandlung über ANATOMY bei der Beschreibung einzelner Knochen, vgl.

„OS ETHMOIDES, or the sieve-like bone" (Vol. I, p. 157)
„OS SPHENOIDES, or wedge-like bone, so called because of its situation in the middle of the bones of the cranium and face" (Vol. I, p. 158)
OS COCCYGIS, or rump-bone, is that triangular chain of bones depending from the os sacrum" (Vol. I, p. 171)
„CLAVICULA, or collar-bone, is the long crooked bone, in figure like an Italic placed almost horizontally between the upper lateral part of the sternum, and what is commonly called the top of the shoulder, which is a clavis or beam, it bears off from the trunk of the body." (Vol. I, p. 175)

Oder Beschaffenheitsmerkmale werden sehr plastisch ausgedrückt wie in den folgenden Beispielen:

„The MARROW is the oily part of the blood, separated by small arteries, and deposited in these cells." (Vol. I, p. 146)
„Many bones have protuberances, or processes, rising out from them. If the process stands out in a roundish ball, it is called *caput*, or *head*. − If the head is flatted, it obtains the appellation of *condyle*. − A rough unequal protuberance is called *tuberosity*." (Vol. I, p. 147)

6. Stilmittel

Stichwortartikel in Lexika und Enzyklopädien sollen den Benutzer dieser Nachschlagewerke in objektiver und konzentrierter Darstellungsweise informieren und auf subjektive Wertungen verzichten. Daher hat der Autor eines Stichwortartikels kaum Möglichkeiten individueller stilistischer Gestaltung. Die Fülle des Stoffes, der Umfang eines einzelnen Gegenstandes und der begrenzte Raum in einem Nachschlagewerk zwingen zu einem rationellen Einsatz sprachlicher Mittel. In dieser Weise prägen das vernunftbezogene Denken der Aufklärungszeit wie auch die von Thomas Sprat für akademische Abhandlungen der Royal Society vertretenen Stilprinzipien der Einfachheit den Stil der Abhandlungen in der *Encyclopaedia Britannica* von 1771. Diese gelten für alle behandelten Gegenstände − ohne Unterschied zwischen natur- oder geisteswissenschaftlichen, künstlerischen oder handwerks- und alltagsbezogenen Begriffen und Sachverhalten.

Dennoch werden in der ersten Ausgabe der *Encyclopaedia Britannica* einige Stilfiguren − wenn auch in sparsamer Weise und stets in einer bestimmten kommunikativen Funktion − verwendet. Synonyme dienen der Erklärung eines systematischen Namens (z. B. in der Botanik oder in der Medizin) durch eine alltagssprachliche Entsprechung bzw. einen Trivialnamen.

„The name of mammae, or breasts, is given to two eminences more or less round, situated in the anterior and a little toward the lateral parts of the thorax." (Vol. I, p. 277)
„Fragaria, or Strawberry; Digitalis, or Foxglove [...]" (Vol. I, p. 638)

Synonyme als Einheiten verschiedener Bezeichnungssysteme der Fach- und Allgemeinsprache werden ergänzt durch Kontextsynonyme, die der Autor zur Erläuterung wählt:

„But this analysis, or decomposition, of bodies is finite; for we are unable to carry it beyond a certain limit" (CHEMISTRY, Vol. I, p. 66)

Der Parallelismus als Stilfigur unterstützt die logische Gliederung und Übersichtlichkeit der Darstellung. Die Autoren der *Encyclopaedia Britannica* verwenden ihn konsequent bei der Explikation von Unterbegriffen in längeren Abhandlungen, was an dem Beispiel GRAMMAR deutlich wird.

„GRAMMAR is the art of speaking or of writing any language with propriety [...] For the greater distinctness with regard to these rules, grammarians have usually divided this subject into four distinct heads, viz. ORTHOGRAPHY, or the art of combining letters into syllables, and syllables into words; ETYMOLOGY, or the art of deducing one word from another, and the various modifications by which the sense of any one word can be diversified; SYNTAX, or what relates to the construction or due disposition of the words of a language into sentences or phrases; and PROSODY, or that which treats of the quantities and accents of syllables, and the art of making verses." (Vol. II, p. 728)

Der Parallelismus eignet sich aber auch für theoretische Betrachtungen, wie sie z. B. der Erörterung des Begriffs ARCHITECTURE vorangestellt werden:

„In considering attentively the beauty of visible objects, we discover two kinds. The first may be termed *intrinsic* beauty, because it is discovered in a single object, without relation to any other. The second may be termed *relative* beauty, being founded on a combination of relative objects. Architecture admits of both kinds. We shall first give a few examples of *relative* beauty." (Vol. I, p. 346)

Metaphern und bildhafte Vergleiche treten vereinzelt auf und haben dann eine bestimmte Funktion der Veranschaulichung:

„For although an immense quantity of water exists in the bowels of the earth, moistening all its contents, it does not therefore follow, that it is one of the principles of minerals." (CHEMISTRY, Vol. II, p. 67)

Bildhafte Vergleiche wählt u. a. der Autor der Abhandlung über ANATOMY für die Veranschaulichung der Form von Knochen:

„OS ETHMOIDES, or the sieve-like bone [...] OS SPHENOIDES, or wedge-like bone" (Vol. I, p. 157/158) (vgl. Abschnitt 5.2.)

Gelegentlich verwenden die Autoren rhetorische Fragen, die dem Leser einen Gedankenanstoß für eine vernünftige Schlußfolgerung geben sollen:

„By what mechanism then is justified this fluid, so subtile, so active, so difficult to confine, so capable of penetrating into every substance of nature, so fixed as to make a component part of the most solid bodies? It is no easy matter to give a satisfactory answer to this question" (CHEMISTRY, Vol. II, p. 68)
„Whether should a ruin be in the Gothic or Grecian form? In the former; because it exhibits the triumph of time over strength, a melancholy but not unpleasant thought: a Grecian ruin suggests rather the triumph of barbarity over taste, a gloomy and discouraging thought." (GARDENING, Vol. II, p. 647)

Rhetorische Fragen sind auch ein Stilmittel des impliziten Dialogs zwischen Autor und Leser.

Ein dem modernen Leser auffallendes lexikalisches Merkmal der *Encyclopaedia Britannica* von 1771, das den Rang eines Stilmerkmals hat, sind die aus dem Frühneuenglischen stammenden, im 18. Jh. noch üblichen Adverbialformen, die in der englischen Gegenwartssprache als Archaismen gelten. Heute sind sie als Demonstrativ- und Relativadverbien nur noch in juristischen Texten und in Patentschriften anzutreffen, wo sie Eindeutigkeit der syntaktischen Referenz und Ausdrucksökonomie gewährleisten. In der ersten *Encyclopaedia Britannica* finden sich gehäuft Formulierungen wie:

„If instead of mixing this concentrated acid with water, you only leave it exposed to the air for some time, it attracts the moisture *thereof*, and imbibes it most greedily." (Vol. II, p. 72)
„of which we have said *hitherto* nothing" (Vol. II, p. 67)
„and refer the reader to the table *hereafter*" (Vol. II, p. 617)
„*Whence* is found the solid content of the given body." (Vol. II, p. 708)
„the consequence *whereof* is, that the same space now contains fewer particles of it than it did before." (Vol. II, p. 67)

Insgesamt kann man für die kurzgefaßten Stichwortartikel wie für die längeren Abhandlungen feststellen, daß ihr Stil weitgehend vereinheitlicht ist und individuelle Ausdrucksbesonderheiten der Autoren nicht erkennbar sind.

7. Ausblick

Aus der dreibändigen *Encyclopaedia Britannica* von 1771 ist die moderne *Encyclopaedia Britannica* hervorgegangen. Ihre im Nachdruck von 1992 vorliegende 15. Auflage umfaßt inzwischen 32 Bände. Dieses umfangreiche Nachschlagewerk gliedert sich in eine *Macropædia* − *Knowledge in Depth* und eine *Micropædia* − *Ready Reference*. Die *Macropædia* enthält − in der Tradition der ersten *Encyclopaedia Britannica* − ausführliche Abhandlungen über ein komplexes Fachgebiet, ist zweispaltig gedruckt, mit einem Marginalindex von Leitbegriffen bzw. Schlagwörtern versehen und bietet genaue bibliographische Angaben. Jedem Artikel ist eine Gliederungsübersicht vorangestellt. Die *Micropædia* beschränkt sich dagegen auf kurzgefaßte Artikel, ist dreispaltig gesetzt und verzichtet auf einen Marginalindex, eine Inhaltsübersicht und Literaturangaben.

In ihrer gegenwärtigen Form dokumentiert die *Encyclopaedia Britannica* eine gewaltige Expansion des enzyklopädischen Wissens während der letzten 200 Jahre, eine Erweiterung und Neugliederung der Fachgebiete und ihrer Begriffs- und Bezeichnungssysteme und nicht zuletzt deutliche Veränderungen in der Fachtextsorte Enzyklopädieartikel.

8. Literatur (in Auswahl)

Encyclopaedia Britannica = Encyclopaedia Britannica, or A DICTIONARY of ARTS and SCIENCES, Compiled upon a New Plan. In three Volumes. Edinburgh M.D.C.C.L.X.X.I. [Reprint 1989].

Ebyl 1995 = Franz M. Ebyl/Wolfgang Harms/Hans-Henrik Krummacher/Werner Welzig (Hrsg.): Enzyklopädien der Frühen Neuzeit. Beiträge zu ihrer Erforschung. Tübingen 1995.

Gläser 1990 = Rosemarie Gläser: Fachtextsorten im Englischen. Tübingen 1990 (Forum für Fachsprachen-Forschung 13).

Gläser 1992 = Rosemarie Gläser: Wissenstransfer in der Encyclopaedia Britannica von 1771 und 1986 — ein Beitrag zur diachronischen Fachsprachenforschung. In: Aktuelle Probleme der anglistischen Fachtextanalyse. Hrsg. v. Rosemarie Gläser. Frankfurt a. M. [etc.] 1992 (Leipziger Fachsprachen-Studien 5) 10–35.

Gläser 1994 = Rosemarie Gläser: Encyclopaedic articles as documents of paradigm shift in science and technology. In: Applications and implications of current LSP research. Ed. by Magnar Brekke, Øivin Andersen, Trine Dahl and Johan Myking. Bergen 1994 LSP Bergen 93. Vol. 1, 481–494.

Kuhn 1970 = Thomas S. Kuhn: The structure of scientific revolutions. 2nd ed. Chicago. London 1970.

Rosemarie Gläser, Leipzig

185. Die Fachsprachen in Zedlers Universallexikon

1. Forschungsüberblick
2. Fachsprachenreflexion im Zedler
3. Fachsprachenverwendung im Zedler
4. Möglichkeiten historischer Fachsprachenlexikographie auf der Grundlage des Zedler
5. Literatur (in Auswahl)

1. Forschungsüberblick

So häufig und gerne das von Johann Heinrich Zedler verlegte *Grosse vollständige Universal Lexicon Aller Wissenschafften und Künste* (im folgenden kurz „Zedler") von der Forschungsliteratur verschiedenster historischer Fächer erwähnt oder sogar (etwa in Sprachkommentaren von Editionen) als Quelle zitiert wird, so wenig ist trotzdem diese Enzyklopädie — immerhin die umfangreichste im deutschsprachigen Raum je publizierte — selbst untersucht worden. Die einschlägigen Überblicksdarstellungen wiederholen zum Zedler die immer gleichen Stereotype (vgl. z. B. Lehmann 1934, 21–23; Lenz 1980, 123a–b). Bloß aus buchdruckgeschichtlicher Perspektive sowie zur Person des Verlegers Zedler liegen ausführliche Studien vor (vgl. Junkte 1956; Blühm 1962; Kossmann 1969, 1563–1594; Quedenbaum 1977). Des weiteren hat das Werk (ansatzweise, doch auf nur schmaler Materialbasis und ohne genaue Quantifizierung) eine grobe geistes- und wissenschaftsgeschichtliche Zuordnung erfahren, wie auch seine konfessionelle Orientierung Interesse gefunden (vgl. Shorr 1932, 35–73; Carels/Flory 1991). Doch die Angaben schwanken schon bezüglich der Hauptherausgeber. An Informationen zu den Bearbeitern mangelt es völlig. Gleiches gilt etwa für die Quellen des Zedler und die Art ihrer Verwendung, die Artikelauswahl, die Prinzipien der Lemmatisierung und das Verweissystem, wobei alle diese Aspekte aufgrund der offenkundigen Veränderungen in der Darstellungspraxis während des langen Bearbeitungszeitraums zusätzlich einer diachronen Differenzierung bedürften (vgl. zu diesen Problemen zusammenfassend Dreitzel 1994).

Auch zum Thema der Fachsprachen äußert sich die vorliegende enzyklopädiegeschichtliche Literatur nur in marginalen Einzelhinweisen. Die Forschungslage in der Linguistik wiederum stellt sich kaum anders dar (im Gegensatz zur „Encyclopédie", vgl. z. B. Hassler 1992; zum Zusammenhang von Fachsprache und Lexikographie vgl. Hahn 1983, 106–111; vgl. Art. 183). Neben wenigen rhetorischen Erwähnungen der großen Bedeutung des Zedler für die Kodifizierung von Fachsprachen im 18. Jh. (vgl. z. B. Hahn 1983, 37) stehen lexikologische Untersuchungen, die eine Auswertung der Enzyklopädie mit dem Argument ablehnen, daß sich darin lediglich eine wörtliche Wiedergabe von Artikeln der zeitgenössischen Fachsprachenlexikographie finde (vgl. Kehr 1964, 20). In die verbreiteten Klagen über die Defizite an historischen Fachsprachenuntersuchungen muß demnach auch an dieser Stelle eingestimmt werden (vgl. z. B. Schlieben-Lange/Kreuzer 1983, 15; Patocka 1987, 52; Fluck 1991, 190).

In dieser Situation bleiben die Möglichkeiten des vorliegenden Artikels – gerade innerhalb des gebotenen Raumes – auf die Auswertung von Stichproben, den Abgleich ihrer Ergebnisse mit den Erfahrungswerten des Verf. in der jahrelangen Arbeit mit dem Text und auf wenige allgemeine Schlüsse, die ihrerseits nicht mehr als hypothetischen Anspruch geltend machen, beschränkt.

2. Fachsprachenreflexion im Zedler

2.1. Artikel zur Fachsprachenreflexion

Die enzyklopädischen Orte, an denen im Zedler Fachsprachenreflexion geboten wird, widersprechen aufgrund der historischen Terminologie und der eigenwilligen Lemmatisierung modernen Erwartungen. Artikel wie der zu „Sprache" (Lemmata stehen nachfolgend in Anführungszeichen) sowie Artikel zu allen Komposita des Wortes (Zedler 1732/54, 39, 399–473), zu „Definitio" (7, 409–413) oder zu „Schreibart" (35, 1121–1123) bieten keinerlei Reflexion auf Fachsprachen. Artikel zu bestimmten Gruppen oder Berufen wie „Handwercker" (12, 451–456), „Weber" (53, 885–889) oder „Profeßion" (29, 764–767) entbehren – oft trotz gewaltigen Umfangs (vgl. z. B. „Wissenschaften", 57, 1399–1517) – ebenfalls durchweg jeder expliziten Information über deren fachsprachliche Besonderheiten. Weitere Probleme ergeben sich aus dem häufig irreführenden und inkonsistenten Verweissystem: Im Artikel zu „Wort, (Handwerks=)" (59, 362) wird bezüglich Fachsprachenreflexion auf „Wort=Erklärung" (59, 404–406) weiterverwiesen, wo jene freilich ausbleibt. Schließlich ist auch das Fehlen eines Generalindex' als eines der größten Hindernisse für eine effektive Nutzung des Zedler als Nachschlagewerk zu monieren.

Ein solcher Index hätte nun v. a. folgende Lemmata als die enzyklopädischen Orte allgemeiner Fachsprachenreflexion zu nennen: „Wort, (Kunst=)" (59, 363–366), „Technologie" (42, 508 f), des weiteren „Wort, (neues)" (59, 367–374) sowie einige Passagen aus „Wort" (59, 265–335) und aus „Wort=Erklärung der Gesetze" (59, 421–460).

2.2. Terminologie der Fachsprachenreflexion

Als Bezeichnung für Fachsprachenreflexion und -forschung wird in die Enzyklopädie *Technologie* eingetragen, eingedeutscht nach dem in der zeitgenössischen Philosophie und Kameralistik gebräuchlichen lateinischen Terminus *Technologia* (vgl. Troitzsch 1966, 129 f). Die Verwendung von *Kunst=Wörter=Lehre* bleibt daneben peripher (vgl. Zedler 1732/54, 42, 508). Als Bezeichnung für die fachsprachliche Lexik überwiegt hingegen schon seit den frühen Bänden das deutschsprachige *Kunst=Wort* (vgl. Art. 252). Die lateinischen Wörter *terminus technicus* und *terminus artificialis* werden nur sporadisch verwendet (vgl. z. B. 59, 359). Die Begriffe *Termini Artis* und *Vocabula technica* begegnen allein am Beginn des Artikels zu „Wort, (Kunst=)" als weitere mögliche Synonyme (59, 363).

2.3. Definition von Fachsprachen

Die Definition von Fachsprachen erfolgt im Zedler fast ausschließlich über den (i) bei je spezifischen Kommunikationsteilnehmern (ii) verwendeten je spezifischen Fachwortschatz. „Technologie", so heißt es etwa im Artikel zu eben diesem Begriff, sei „die Lehre von den Kunst=Wörtern, wodurch man insgemein solche Wörter versteht, welche Sachen benennen, die in einem gewissen Stande sich befindenden Personen eigen sind." (42, 508)

(i) An dieser und noch mehreren anderen Stellen werden also die „Kunst=Wörter" streng von jenen unterschieden, „wie sie der gemeine Mann braucht" (59, 431; vgl. 59, 359; 59, 270 u. ö.). Als Berufsfelder mit eigenen Fachsprachen werden die Wissenschaften, die Künste und das Handwerk genannt (vgl. 42, 508 f). Praktisch findet sich spezielle Fachsprachenreflexion bezüglich einzelner Fächer nur zu einigen Wissenschaften (Theologie, Jurisprudenz, Medizin, Philosophie) sowie zur Politik (vgl. 59, 364–366; vgl. 2.5.). Die Verwendung von Fachsprachen wird normativ strengen sozialen und fachlichen Restriktionen unterworfen. Dies betrifft zum einen den „gemeinen Mann", dem die Kommunikation in einer Fachsprache untersagt sein soll; weil er aufgrund fehlender Ausbildung diese Kompetenz nicht besitze, könne er sich nicht anders denn undeutlich darin ausdrücken und nur Verwirrung stiften. Doch zum anderen wird auch die sprachliche Eigenständigkeit der einzelnen wissenschaftlichen Fachsprachen ausdrücklich betont und ein Überschreiten der Grenzen einer Disziplin heftig kritisiert (vgl. 59, 431 f): ein deutliches Indiz für die Reflexion auf die zunehmende Differenzierung der akademischen Fächer wie auch ihrer Fachsprachen.

(ii) Der spezifische Fachwortschatz wiederum erscheint im Zedler fast durchgängig als einziges sprachliches Definitionskriterium (vgl. zu den wenigen Ausnahmen 2.5.). Aber noch mehr: Wertend wird die Fachlexik sogar als die herausragende Qualität von Fachsprachen gepriesen. Die Notwendigkeit einer spezifischen Fachsprachenlexik begründet sich in drei besonderen Leistungen, die sie erbringt. (a) Die Bezeichnung von spezifischen Objekten eines Faches mit Neologismen, von „solche[n] Sachen, worauf andere keine Betrachtung wenden"; „daher kömmt es, daß viele Nahmen fehlen", die dann die Fachleute „erfinden müssen" (59, 365). (b) Die genauere fachinterne Bedeutungszuweisung an Worte für die Gegenstände der Alltagswelt, für die „gemeine[n] Dingen, die unter Ungelehrten in den gemeinsten Verrichtungen des Lebens vorkommen"; diese „haben auch ihre gewöhnliche[n] Benennungen"; gemäß einer interessanten sprachpessimistischen These werden jedoch den „in einer [Gemein-]Sprache eingeführte[n] Wörter[n] nach dem Gebrauch grossen theils […] unrichtige und ungewisse Bedeutungen" zugeschrieben. Wegen dieser semantischen Korrumpierung der Sprache „behalten […] die Gelehrten" zwar die Wörter, „nehmen sich aber die Vernunfftmäßige Freyheit, die unrichtigen Bedeutungen derselbigen durch ihren besondern Gebrauch zu verändern, und entweder die allzuweit ausschweiffenden Bedeutungen einzuschränken; oder die zur Ungebühr eingeschränckten weiter auszudehnen." (59, 278) (c) Die Bezeichnung von spezifischen Abstrakta in den wissenschaftlichen Fächern mit Neologismen:

„Einige [Jdeen] sind scharffsinnige und gelehrte, die von gemeinen Leuten nicht mögen begriffen werden und erkannt werden. folglich weil vor dieselbige in dem gemeinen Gebrauch der Sprache keine Wörter vorhanden gewesen, so hat man zur Bezeichnung solcher Jdeen neue Wörter machen müssen, die nur unter den Gelehrten als ihre eigene Benennung üblich sind." (59, 278)

2.4. Wertung von fachsprachlichen Neologismen

Im Zedler wird nicht allein immer wieder betont, daß die Fächer gute „Ursach gehabt [… hätten,] von dem gemeinen Gebrauche der Sprache abzugehen" (59, 279), sondern auch Notwendigkeit und Leistung eines spezifischen, v. a. eines neologischen Fachwortschatzes mehrfach explizit gegen Einwürfe verteidigt. Es fehle nämlich „an solchen Leuten heut zu Tage nicht, welche so wohl die Kunst=Wörter in der Philosophie, als die in der Gottesgelahrtheit […] verwerffen." Freilich „ohne zureichenden Grund". Jener Behauptung gegenüber wird zum einen die Unverzichtbarkeit neologischer Fachlexik in der Philosophie anschaulich erläutert:

„Kunst=Wörter […] seynd Nahmen der Dinge, welche von den Philosophen sind unterschieden worden, deren Unterschied man sonst gemeiniglich nicht bemerkt. Diejenigen Dinge, deren Unterschied man nicht erkennet, haben keine besonderen Nahmen: denn die Arten und Geschlechter der Dinge bleiben so lange verborgen, so lange wir sie nicht unterscheiden können." (59, 366)

Ergo seien philosophische Neologismen nicht als überflüssig, vielmehr als verdienstvoll zu werten. Anders verläuft die Argumentation gegen die Neologismenkritik in der Theologie. „Wider den Gebrauch dieser Theologischen Kunst=Wörter" sei im Verlauf der Kirchengeschichte immer wieder von verschiedenen Seiten „gestritten" worden, u. a. von den „Remonstranten". Diese etwa hätten die Beschränkung des theologischen Fachwortschatzes auf die Lexik der Bibel, und damit den Verzicht auf Begriffe wie z. B. Trinität gefordert. Der Lexikograph desavouiert diese Forderung allerdings mit dem Argument, daß sie bloß scheinbar sprachkritisch, in Wahrheit aber destruktiv und umstürzlerisch sei: Es sei den Remonstranten „nicht sowohl um diese Kunst=Wörter, als vielmehr um die Sache, die dadurch ausgedruckt wird, zu thun, und sie sucheten unter dieser verlangten Freyheit, die Wahrheiten, die man damit vorträgt, niederzuschlagen". Die Literaturhinweise zu dieser Passage schließlich bieten zahlreiche Titel, die die neologische Fachlexik in der Theologie verteidigen (59, 364 f). Auch im Recht seien Neologismen unumgänglich: Der Gefahr, daß juristische Texte − neben anderen Faktoren − durch die neuen Wörter stark an „Deutlichkeit" verlieren (59, 434), kann mit einer elaboriert vorgetragenen Hermeneutik der korrekten Interpretation schwer verständlicher („dunckler") Texte entgegengetreten werden (vgl. 59, 437−444).

Der Einführung von Neologismen in Fachsprachen werden lediglich drei Schranken gesetzt. (i) Aus sprach- und fachökonomischen Gründen soll die individuelle Neologismenbildung von Fachleuten auf Bezeichnungsakte im Rahmen grundlegender neuer Erkenntnisse begrenzt werden. Die „Freyheit", daß „ein Gelehrter [...] von dem gelehrten Gebrauch selbst abweichet, [...] steht eigentlich nur den Erfindern neuer Wahrheiten zu, die sich derselben [d. i. dieser Freiheit] mit Vernunfft und Bescheidenheit bedienen müssen". Ansonsten müsse „der Gebrauch schlechter Dinges die Richtschnur [... sein], nach welcher die Wörter, wenn sie gut und richtig seyn sollen, sich richten müssen" (59, 279). (ii) Aus moralischer Perspektive wird — auf der historischen Folie von antiken römischen Prätorenedikten — vor einer Neologismenbildung mit sittlich fragwürdigen Hinterabsichten gewarnt. Die Gesetzesauslegung könne z. B. durch findige Juristen oder Politiker mißbraucht werden. Jene Prätoren etwa hätten „gantz unvermerckt und durch allerhand gebrauchte Kunst-Griffe", und zwar vor allem „durch ihre Erfindungen neuer Wörter die vorher schon bekannt gewesenen Gesetze völlig entkräfftet und unbrauchbar gemacht" (59, 368). (iii) Termini, die im Fachwortschatz fest in lateinischer oder griechischer Sprache etabliert sind, solle man „am besten [...] in der Sprache, wie sie üblich", belassen „und sie nicht eigenmächtig ohne Beyfall anderer in die Muttersprache versetze[n]". Durch diese Form der Neologismenbildung werde in der gelehrten oder professionellen Kommunikation nur „Dunckelheit" gestiftet (42, 509): so z. B. mit „Platzhalter vor Lieutenant; Zehender vor Decanus; Dienerey vor Ministerium" (59, 434). Auch den Versuch, bei der Übersetzung von Texten für Fachwörter der Ausgangssprache zielsprachliche Neologismen oder Umschreibungen zu bilden, betrachten die Bearbeiter des Zedler mit großer Skepsis (vgl. 59, 366).

Abseits der Monierung von Sprachmißbrauch aber wird im Zedler die Differenzierung und Spezialisierung der Fachsprachen und auch die Bildung fachsprachlicher Neologismen grundsätzlich sehr positiv bewertet; kritische Positionen zur Entwicklung der Fachsprachen im 17. und frühen 18. Jh. hingegen werden — teils sogar mit Vehemenz — zurückgewiesen.

2.5. Fachsprachenreflexion bezüglich einzelner Fachsprachen

Artikel, die eine explizite Reflexion auf die besonderen Merkmale der Sprachen spezifischer Fächer bieten, sind rar. Der Artikel zu „Schreibart, (philosophische)", einer dieser seltenen Einzelfälle, kann als anschauliches Beispiel für den geringen Umfang und die mäßige Aussagekraft solcher Einträge gelten. Die Fachsprache der Philosophie wird darin auf lexikalischer Ebene als eigenständig durch ihre „Kunst-Wörter" (von denen viele griechischen Ursprungs seien) beschrieben, ferner aus rhetorischer und stilistischer Perspektive als „deutlich" und „ohne alle gesuchte Zierath", schließlich auf syntaktischer Ebene als „kurtz" (35, 1135).

Noch typischer ist der Artikel zur frühneuzeitlichen Verwaltungssprache im fünften Band des Zedler, der folgende Auskunft vermittelt: „Cantzley-Stilus, ist die besondere Schreibe-Art bey Regierungen und Cantzleyen." (5, 603) Charakteristisch für die Entwicklung der lexikographischen Darstellungspraxis allerdings dürfte auch sein, daß in einem der späteren Bände die Bearbeiter dieses Thema — weil ein neues Stichwort im Alphabet dies zuläßt — unter einem anderen Lemma nochmals, und nun viel ausführlicher behandeln. Der betreffende Artikel — „Stylus curiae, die Hof- Cantzley- oder Gerichts-Schreib-Art" — verdient an dieser Stelle besonderes Interesse, weil hier — wie kaum sonst im Text — eine spezielle Fachsprache durch andere als allein fachlexikalische Merkmale charakterisiert wird. Diese Fachsprache „druckt ihr Object" nicht nur „durch viele Kunst-Wörter" aus, sondern auch durch „nachdrückliche Bey-Wörter, und besondere Formeln" (also fachspezifischen Konjunktionen- und Phraseologismengebrauch); was die Syntax anlangt, „construiret" diese Fachsprache „auf eine von der ordentlichen Construction abgehende Art"; bezüglich des Stils schließlich „hütet [sie] sich vor aller Affectation einer künstlichen Ausarbeitung" und „fasset die Gedanken kurz" (40, 1472). Weitergehende Belege für eine explizite Reflexion auf Beschreibungsmöglichkeiten von Fachsprachen, die nicht ausschließlich auf den Fachwortschatz abheben, lassen sich — auch in Artikeln wie „Grammatica" (11, 534—539) — nicht finden.

2.6. Quellen für die Fachsprachenreflexion

Die Artikel im Zedler sind in großem Umfang aus anderen einschlägigen Enzyklopädien und Wörterbüchern der Zeit kompiliert (vgl. dazu auch 3.7.). Nicht ohne guten Grund ist gegen Johann Heinrich Zedler von seiner Verlegerkonkurrenz ein langwieriger und für das Unternehmen beinahe desaströser Urheberrechtsprozeß angestrengt worden (vgl. Junkte 1956). Dies trifft — keineswegs überraschend — auch für die Artikel zur Fachsprachenreflexion zu. Als wichtigste Quelle ist hier das mehrfach aufgelegte, gängige geisteswissenschaftliche Nachschlagewerk des Johann Georg Walch (1733) von den Lexikographen ausgeschrieben worden (vgl. z. B. Zedler 1732/54, 59, 179; 42, 509).

Diese Aussage darf aber — gegen die in der Forschung herrschende Meinung (vgl. z. B. Kehr 1964, 20) — keineswegs auf sämtliche Artikel des Zedler verallgemeinert werden. Am Beispiel der Artikel zur Fachsprachenreflexion lassen sich nämlich zum mindesten drei weitere Quellengattungen nachweisen.

(i) Der Zedler übernimmt Informationen aus systematischen Lehr- und Handbüchern, die für die Erarbeitung der enzyklopädischen Einträge ausführlich exzerpiert worden sein dürften. Der Artikel „Wort, (gemeines)" z. B. stellt eine wortgetreue Übersetzung des § 229 „Terminus vulgaris" im lateinischen Logikhandbuch des Johann Peter Reusch, erstmals 1734 erschienen, dar (nachgewiesen nach Reusch 1760, 266). Die genaue diesbezügliche Quellenangabe im Zedler sowie der kurze Zeitraum zwischen Erstpublikation der Quelle und Aufnahme in den entsprechenden Band des Zedler lassen eine Vermittlung über ein weiteres (ungenanntes) Nachschlagewerk unwahrscheinlich erscheinen. Ähnliches gilt z. B. für Übernahmen aus der „Philosophia rationalis" von Christian Wolff (1728, 185 f; vgl. Zedler 1732/54, 59, 366) und aus dem medizingeschichtlichen Kompendium des Gottlieb Stolle (1731, 355; vgl. Zedler 1732/54, 59, 366).

(ii) An manchen Stellen referieren und zitieren die Lexikographen sogar längere Passagen aus der spezielleren Fachliteratur. So etwa in einem Abschnitt des Artikels „Worterklärung der Gesetze" zum Thema der Deutlichkeit resp. Undeutlichkeit von Gesetzestexten und der Rolle der Fachlexik in diesem Zusammenhang. Die Quellen dieses Textes sind eine diesbezügliche juristische Straßburger Dissertation (Rebhan/Stalberger 1671, 11—13) und eine Abhandlung von Christian Thomasius (1699, 200—212), deren Thesen und Argumente breit dargelegt und diskutiert, gelegentlich bewertet und einander gegenübergestellt werden (vgl. Zedler 1732/54, 59, 431—436). Hier ist freilich eine Vermittlung über ein (ungenanntes) Nachschlagewerk nicht gänzlich auszuschließen.

(iii) Die Literaturhinweise, mit denen viele Zedler-Artikel geschlossen werden, beziehen sich nicht allein auf die verwendeten Quellen, sondern führen auch zu themenbezogenen Einträgen in neueren Fachbibliographien weiter. Den möglichen Mängeln bezüglich Aktualität der wiedergegebenen Quellen und zureichender Ausführlichkeit der Darstellung wird auf diese Weise durch den gezielten Hinweis auf die entsprechenden Referate in bibliographischen Organen entgegengewirkt. Zur Fachsprachenreflexion z. B. in der Theologie (vgl. 59, 366) wie zu unzähligen anderen Themen werden in der Enzyklopädie Verweise auf eine der wichtigsten räsonierenden Bibliographien der Zeit gegeben (vgl. Nachrichten 1701/61, 1716, 1044; 1723, 1082; 1735, 64); für die Suche nach neuerer Fachliteratur zum „Stylus curiae" wiederum wird die einschlägige juristische Fachbibliographie von Speidel/Kurz/Möglein (1728, 1025b—1026a) empfohlen (vgl. Zedler 1732/54, 40, 1473).

3. Fachsprachenverwendung im Zedler

Wer Titelblättern Glauben schenkt, der wird den Zedler für ein ganz außergewöhnliches Reservoir an fachsprachlichen Texten halten müssen. Der Titel nämlich verspricht, daß in der Enzyklopädie „ein vollkommener Jnbegriff [...] der Mythologie, Alterthümer, Müntz-Wissenschafft, Philosophie, Mathematic, Theologie, Jurisprudentz und Medicin, wie auch aller freyen und mechanischen Künste, samt der Erklärung aller [!] darinnen vorkommenden Kunst-Wörter u. s. f. enthalten" sei. In der programmatischen Einleitung von Johann Peter v. Ludewig heißt es ferner, daß die „Gräntzen [des geplanten Lexikons] viel weiter als die Academiae Wissenschaften [...] reichen", und daß auch „viele Hof- Cantzeley- Jagd- Forst- Kriegs- und Friedens-Sachen; wie nicht minder dasjenige / was die Künstler und Handwercker, auch Hauswirthe und Kaufleute im Gebrauch" hätten, aufgenommen werden solle (1, Einleitung, 6).

Das tatsächliche Ausmaß der Verwendung von Fachsprachen im Zedler läßt sich durch eine Stichprobe näher bestimmen. Dabei wird der Anteil explizit fachlexikbezogener Artikel an der Enzyklopädie ausgezählt (zwei Proben zu je 500 Artikeln: „St. Pe." — „Pedis Digiti", 27, 1—58 und „Taro" — „Tarvedum", 42, 1—104). Es zeigt sich, daß 12% aller Einträge Erklärungen fachsprachlicher Lexik darstellen. Dieser — an sich schon enorme Anteil — wird in seiner Bedeutung noch erhöht durch die Tatsache, daß — ein Blick in einen beliebigen Band des Zedler macht es augenscheinlich — 62% aller Einträge von bloßen Verweisen gebildet werden. Ein Drittel aller übrigen, also nicht verweisenden, sondern darstellenden Einträge ist demnach fachlexikbezogen. Unter den bloßen Verweisartikeln aber wird wiederum ein gewaltiger (in der Stichprobe nicht quantifizierter) Teil von fachsprachlicher Lexik gestellt, die in der Enzyklopädie unter einem synonymen Terminus, in anderer Sprache (vgl. 3.3.) oder in anderer orthographischer Form behandelt wird. Verwendung finden Fachsprachen — wenigstens passagenweise — schließlich auch in den übrigen Einträgen: in den Artikeln zu geographischen Namen (11,5%) die Fachsprache der Geographie sowie weitere Fachsprachen in den personenbezogenen Artikeln (13%), sofern in den jeweiligen Fachsprachen über die fachlichen Leistungen der dargestellten Personen berichtet wird.

3.1. Enzyklopädische Lokalisierung und Lemmatisierung

Die Frage, auf welche Weise die aus den verschiedenen Fächern aufgenommenen Informationen auf entsprechende Artikel verteilt und wie diese lemmatisiert werden, läßt sich an dieser Stelle nicht allgemein beantworten; verschiedene diesbezügliche Stichproben weisen hier in verschiedene Richtungen. Die Informationen, die der Zedler etwa bezüglich des Weberhandwerks aufbereitet, sind breit auf viele Bände verteilt. Die im allgemeinen Artikel „Weber" (53, 885—889) genannten und zum Teil bereits an dieser Stelle erläuterten Fachtermini finden sich fast alle (17 von 25 überprüften) nochmals in eigenen, oft ausführlichen Artikeln an diversen Stellen der Enzyklopädie mit näheren Erläuterungen wieder (vgl. z. B. „Spuhlrad", 39, 547 oder „Seide", 36, 1333—1337). Die Fachinformation wird also an zahlreichen Orten in relativ kurzen, sachlich überschaubaren Artikeln abgelegt; an einer breiten, systematischen Abhandlung des Faches entsteht freilich ein Mangel. Anders verhält es sich beim „Vogelfang". Die im gleichnamigen Artikel (50, 195—202) reich verwendete Fachlexik (z. B. *Klebgarn*, *Schlingerbret*, *Springwand*, *Strauchheerd*) findet nur in Ausnahmefällen nähere Erörterung in entsprechenden eigenen Artikeln. Gleiches gilt für den Weg über die moderne lexikologische Forschung zum Vogelfang: Von 28 im 18. Jh. gebräuchlichen, aus einem Kapitel der diesbezüglich einschlägigen Studie exzerpierten Wörtern (vgl. Schwenk 1967, 166—182) werden bloß 7 im Zedler mit Artikeln bedacht (z. B. „Tiraß", Zedler 1732/54, 44, 383). Genauere Auskunft über diesen fraglichen Punkt der lexikographischen Darstellungspraxis könnten demnach erst breite empirische Untersuchungen erbringen; allerdings erscheint die Vermutung nicht unbegründet, daß hier mit großen Differenzen zwischen den einzelnen Fächern, und zwar in Abhängigkeit von den jeweiligen Quellen und deren eigener Darstellungspraxis zu rechnen ist.

Jenen Fachlexemen, die als Lemmata zu fachbezogenen Einträgen ausgewählt werden, folgen noch vor der eigentlichen Sacherläuterung zwei wichtige Informationspositionen: (i) Synonyme in der Sprache des Lemmas, ferner in anderen Sprachen; (ii) eine formelhafte Einordnung des Wortes in das entsprechende Fach (zur Deklaration als Fachtext vgl. Möhn/Pelka 1984, 22). Diese Ansetzung des Lexikonartikelkopfes, die mit dem Fortschreiten der Publikation der Enzyklopädie zum Standard wird, erweist sich vor allem bei polysemen Lexemen in einem allgemeinen Nachschlagewerk als notwendig. Der Zedler pflegt in diesem Fall die Bedeutung eines Lexems nach den verschiedenen Fächern, in denen es gebräuchlich ist, zu differenzieren und für jede dieser Bedeutungen einen eigenen Artikel anzusetzen; im Falle etwa von „Kamm" (15, 150—153) acht an der Zahl: die Fachzuweisungen erfolgen mittels expliziter Formeln („heisset in der ausübenden Mechanic", „heisset bey denen Segeln eines Schiffes") oder werden durch Hinweise auf den Fachkontext eindeutig signalisiert („ist der obere Theil des Halses an einem Pferde", „ist der Stiel einer Traube"). Grammatikalische Hinweise (Genus, Deklination etc.) aber fehlen nach dem Lemma zumeist genauso wie Hinweise auf die räumliche und zeitliche Verbreitung der Fachlexeme.

Als Lemmata für Artikel finden in der Überzahl Substantive Eingang in die Enzyklopädie. Dies läßt sich allgemein für alle hier genannten Stichproben sagen, doch auch exemplarisch belegen. Unter Fachlexemen der Kaufmannssprache des 18. Jh.s (exzerpiert nach Schirmer 1911, 50—56 und 207—212, Buchstaben E und W) finden viele Substantive ihre eigenen enzyklopädischen Orte (z. B. „Effekten" in Zedler 1732/54, 8, 282 oder „Wiederkauf" in 55, 2107—2124). Mit Ausnahme von „einlegen" (8, 566) und „emballiren" (8, 986) fehlen dagegen alle Verben (von *effektuieren* über *einkassieren* und *einziehen* bis hin zu *erstehen*). In diesem Ergebnis manifestiert sich nicht allein der allgemein überproportionale Anteil von Substantiven gegenüber den anderen Wortarten an der Fachlexik (vgl. Möhn/Pelka 1984, 19). Dies zeigt sich z. B. an den sieben Einträgen zu dem polysemen Fachverb „Uibertragen" (Zedler 1732/54, 48, 757): drei von ihnen bieten nur Verweise, und zwar auf substantivische Fachlexeme, vom literarischen „Uibertragen" etwa auf die „Uibersetzung". Demnach scheint sich bei der Erarbeitung des Zedler die lexikographische Praxis eingespielt zu haben, Fachinformationen tendenziell unter Substantiven resp. Substantivierungen, und nicht Verben zu lemmatisieren. Genau dies zeigen schließlich auch die gar nicht seltenen Einträge von fachsprachlichen Phraseologismen (z. B. „Garn äschern", 10, 328 f; „Haspel setzen", 12, 720; „Schicht machen", 34, 1383; vgl. dazu Möhn/Pelka 1984, 19), die stets unter ihrer substantivischen Komponente lemmatisiert zu werden pflegen.

3.2. Repräsentation der einzelnen Fächer

Prinzipielle Aussagen über die Repräsentation einzelner Fachsprachen im Zedler lassen sich durch die Verifikation von Artikeln zu den Oberbegriffen für die jeweiligen Fächer gewinnen. Dabei wird der geistesgeschichtliche Befund von Carels/Flory (1991), daß in die Enzyklopädie eine große Anzahl von Einträgen zu sämtlichen wissenschaftlichen Fächern eingegangen sei, bestätigt. Für die theoretischen Wissenschaften wie etwa die Jurisprudenz („Rechtsgelehrsamkeit", Zedler 1732/54, 30, 1452—1484) und die „Theologie" (43, 857—883) sowie Kunst und Ästhetik (vgl. z. B. „Poesie", 28, 977—986) läßt sich dies gleichermaßen behaupten wie für praxisorientierte Wissenschaften wie Medizin („Artzeney=Kunst", 2, 1741—1746) und Pharmazie („Apotheker=Kunst", 2, 932—934). Nicht viel weniger beachtet werden die „Handwercker" im allgemeinen (12, 451—456) wie im besonderen (vgl. z. B. „Fleischer", 9, 1210; „Maurer", 19, 2203—2207; „Schuster", 35, 1704 f oder „Uhrmacher", 48, 507—509). Schließlich lassen sich Artikel zu allen weiteren nachgeschlagenen Fächern in einem breiten Spektrum vom „Acker=Bau" (1, 355 f) bis zur „Jagt" (14, 150—154) nachweisen, wenn auch gelegentlich an einem anderen enzyklopädischen Ort als erwartet (vgl. z. B. „Kaufmannschafft" für Handel, 15, 264—267). Auch die unter 3. genannte Stichprobe ergibt bei der — absolut gesehen — nur geringen Zahl an Fachsprachenartikeln (125) eine breite fachliche Streuung: Es sind Theologie, Recht, Medizin, Biologie, Geologie, Geschichte, Linguistik, Rhetorik, Kunst, Handwerk, Handel, Nautik und Kochkunst vertreten. (Das Fehlen von weiteren Fächern ist auf mangelnde Repräsentativität der Stichprobe, keineswegs auf Nichtaufnahme in die Enzyklopädie zurückzuführen). Es zeigt sich, daß prinzipiell mit einer Repräsentation (fast) aller bekannten Fachsprachen des frühen 18. Jh.s im Zedler zu rechnen ist; den Gesamtumfang dieser Aufnahme fachsprachlicher Texte in die Enzyklopädie, mögliche Schwerpunkte bei einzelnen Fächern sowie diesbezügliche Veränderungen der lexikographischen Praxis während der Bearbeitung hätten umfangreiche quantitative Analysen erst noch genauer festzustellen.

Besonderen Aussagewert besitzt in diesem Zusammenhang der Zedler für die Feststellung von Fächeraufteilungen und Fächergrenzen im frühen 18. Jh. (vgl. Drozd/Seibicke 1973, 3 f). Hier ist z. B. an die historisch variierende Definition der „Handwerker" und deren bedeutsame Differenzierungen in „geschenckte und ungeschenckte" sowie „frey[e] und gesperrte" zu denken (Zedler 1732/54, 12, 451—456). Zu einem unerwarteten Ergebnis bezüglich der historischen Fächeraufteilung führt die Exzerption aller in den Einträgen zur „Mathematick" (19, 2046—2060) aufgeführten Teildisziplinen dieser Wissenschaft. Es ergeben sich 22 breit gestreute, einander nur zu einem kleinen Teil hierarchisch untergeordnete Disziplinen:

Aerometrie, Akustik, Algebra, Arithmetik, Architektur, Astrologie, Astronomie, Chronologie, Dioptrik, Geodäsie, Geographie, Gnomonik, Harmonik, Hydrographie, Hydrostatik, Kalendariographie, Katoptrik, Logik, Mechanik, Optik, „Perspektiv=Kunst", Statik.

Die Bandbreite an genannten Disziplinen, die sich im frühen 18. Jh. offenbar noch innerhalb der Fachgrenzen der Mathematik zusammenfassen haben lassen, sich hingegen während der folgenden 200 Jahre in die unterschiedlichsten Richtungen vom Handwerk bis zur Grundlagenwissenschaft voneinander entfernen sollten, ist enorm. Das Beispiel exemplifiziert die extreme historische Variabilität von Fachgrenzen. Als Quelle für zukünftige Forschungen zum Prozeß der Differenzierung der Fächer und ihrer fachterminolo-

XX. Ausgewählte allgemeine Enzyklopädien, Fachenzyklopädien und große Wörterbücher

gischen Benennungen ist der Zedler — nicht nur bezüglich der Mathematik — nachdrücklich zu empfehlen.

3.3. Übergang von latein- zu nationalsprachlicher Fachlexik in den wissenschaftsbezogenen Artikeln

Die Neubildung der wissenschaftlichen Fachsprachen auf nationalsprachlicher Grundlage im 18. Jh. ist häufig konstatiert (vgl. z. B. Unger 1989, 6), freilich noch selten auf empirischer Basis dokumentiert und spezifiziert worden. Mit Bezug auf den Zedler hat die Forschung nur festgestellt, daß die frühen Bände in „an almost unreadable mixture of German and Latin words" abgefaßt seien; die spätere lexikographische Praxis sei weitgehend auf Deutsch als Leitsprache umgestellt worden (vgl. Carels/Flory 1992, 173—175). Die unter 3.2. aufgelisteten Oberbegriffe für mathematische Disziplinen, zu denen je eigene, ausführliche Artikel in den Zedler aufgenommen worden sind, ermöglichen es nun, diesen Prozeß und seine Auswirkungen auf die lexikographische Praxis während des Bearbeitungszeitraums von ungefähr 20 Jahren zu verfolgen. Als Indikatoren für die sprachliche Zuordnung eines Fachlexems können hierbei die typographische Gestaltung (gotische Schrift: deutsch, Antiqua: lateinisch) sowie seine Deklination dienen.

In den frühen Bänden der Enzyklopädie finden sich ausschließlich Artikel zu lateinisch angesetzten Fachlexemen von „Aerometria" (Zedler 1732/54, 1, 681) bis hin zu Calendariographia" (5, 221). Die entsprechenden deutschsprachigen Fachlexeme werden gelegentlich als Lemmata aufgenommen (vgl. z. B. „Buch=Staben=Rechenkunst", 4, 1779), doch stets wird hier nur auf den Eintrag unter dem lateinischen Lexem weiterverwiesen („Arithmetica", 2, 1487). Ungefähr ab dem 10. Band jedoch beginnt sich die Praxis der Lemmatisierung zu verändern. Obwohl beim Lemma „Erd=Beschreibung" (8, 1530) auf den künftigen Artikel „Geographia" verwiesen worden ist, findet sich nun an dieser Stelle (10, 918) selbst nur ein weiterer Verweis zum Artikel „Geographie" (10, 919), wobei der Wortstamm dieses Lemmas in Antiqua, die Endung aber deutlich in gotischer Schrift gesetzt werden, — Indiz für die deutschsprachige Deklination. In den späteren Bänden (ca. ab Band 15) werden ausschließlich deutschsprachige Oberbegriffe für mathematische Disziplinen sowie Lehnwörter (z. B. „Mechanick", 20, 18) verwendet, die lateinischen Äquivalente finden allenfalls noch in Verweisen sowie in Synonymaufzählungen ihren enzyklopädischen Ort.

Dieselbe Entwicklung läßt sich konstatieren, wenn mit 20 Fachlexemen aus den Artikeln zu „Mathematick" (19, 2046—2060) eine weitere Probe aus den Artikeln des Zedler gezogen wird. Als repräsentative Beispiele seien „Basis" (3, 615) und „Corpus" (6, 1347) sowie „Höhe und Tieffe" (13, 357) und „Mittelpunckt" (21, 603) genannt; der Übergang von der lateinischen Lexik zur deutschsprachigen liegt in Band 11 bei „Grösse" (11, 984).

Der sprachliche Prozeß der deutschsprachigen Neubildung der bislang lateinischen mathematischen Fachlexik ist nun in der Forschung bereits in Umrissen beschrieben und in etwa auf das Jahr 1740 datiert worden (vgl. Pörksen 1983; Fluck 1991, 30 f; Krüger 1992). Die Bände des Zedler, in denen — wie beschrieben — genau diese Transformation zu verfolgen ist, erscheinen ebenfalls gerade zu diesem Zeitpunkt. Die Enzyklopädisten reagieren demnach sensibel und außergewöhnlich rasch auf aktuelle sprachliche Tendenzen in den dargestellten Fächern, — auch um den Preis eines Bruchs mit der bisherigen lexikographischen Darstellungspraxis.

Freilich ist es den Herausgebern in diesem Falle möglich gewesen, sich auf intensive lexikographische Entwicklungs- und Darstellungsarbeit in der Mathematik der jüngsten Zeit zu stützen, und zwar auf das „Mathematische Lexicon" von Christian Wolff (1718), das in den folgenden Jahren noch in mehreren erweiterten und verbesserten Neuauflagen (z. B. Wolff 1734) ediert werden sollte und dem viele mathematische Zedler-Artikel fast wörtlich folgen. Der Artikel „Mathematisches Lexicon" (Zedler 1732/54, 19, 2073 f) hebt denn explizit auf diese Entwicklung in der Fachsprachenlexikographie und das Werk Wolffs ab. Alle älteren Lexika des Fachs, von Dasypodius bis Harris, böten heute bloß „Nutzen" für „historische Erkenntniß [...] Weil [...] alle diese Wörterbücher nicht eben die allerneuesten mathematischen Kunstwörter erklären" und weil sie diese darüber hinaus nicht in deutscher Sprache enthielten.

3.4. Aktualität und Überalterung der verwendeten Fachsprachen

Die in 3.3. getroffenen Aussagen bezüglich des erstaunlich aktuellen Standes der Fachsprachenlexikographie zur Mathematik im Zedler werden nur durch die ausnahmsweise günstige Forschungslage ermöglicht. Die vorliegenden Studien zu anderen Fächern stellen allzu häufig nur auf die Fachsprachen-Reflexion und nicht die -Verwendung ab (vgl. z. B. Baum 1992), beschränken sich auf den Zeitraum der letzten 150 bis 200 Jahre (vgl. z. B. Bretz 1977; Schrader 1990; sowie diverse Beiträge in Hahn 1981) oder bieten — oft quellenbedingt — die Fachlexik mehrerer Jahrhunderte nicht in historischen Schnitten oder mit Einzelangaben über den Verwendungszeitraum dar (vgl. z. B. Wolf 1958; Reichmann 1966). Die Voraussetzungen für einen exemplarischen Abgleich zwischen den Zeitpunkten von Fachsprachenverwendung und enzyklopädischer Fachsprachenkodifizierung liegen also denkbar schlecht.

Die Möglichkeiten und die Probleme der Eruierung der fachsprachenspezifischen Aktualität des Zedler können exemplarisch anhand des Lehnwortschatzes illustriert werden. Mit diesem böte sich theoretisch ein zuverlässiger Indikator für die Zeitspanne zwischen der erstmaligen Verwendung von Wörtern in Fachsprachen und ihrer lexikographischen Kodifizierung. Arbeiten zum Lehnwortschatz in historischen Fachsprachen sind freilich so rar, daß die Studie von Erdmann (1939, 19—37) zur Sprache des Bauwesens als Glücksfall zu bezeichnen ist, obgleich die Angaben über die Entlehnung meist nur sehr vage sind (d. h. nur ein Jahrhundert oder eine Jahrhunderthälfte benennen). Von den 20 Wörtern, die bei Erdmann als Entlehnungen des späten 17. oder des 18. Jh.s geführt werden, finden sich 11 in die Enzyklopädie eingetragen. Von den fünf Entlehnungen, die explizit auf die Zeit zwischen 1700 und 1750 datiert werden, sind vier aufgenommen („Alcove", „Arcade", „Casernes" und „Pilaster"), nur *Etage*, erstmals 1728 belegt, fehlt. Die Enzyklopädie ist demnach bezüglich der Lehnwörter im Bauwesen auf einem erstaunlich aktuellen Stand. Im Falle von „Pilaster" sogar mehr als aktuell: Wird dieses Wort doch bereits in die Enzyklopädie eingetragen, bevor es nach Erdmann noch in die deutsche Fachsprache des Bauwesens aufgenommen worden sein soll (ca. 1750), — ein Indiz für die nur bedingte Zuverlässigkeit älterer Fachsprachenstudien, die aber — um sich nicht jedweder Materialbasis zu berauben — für die historische Fachsprachenlexikologie (noch) unverzichtbar sind.

Stichproben in anderen Fächern würden allerdings zu ganz anderen Ergebnissen als im Bauwesen führen. Aktualität resp. Überalterung des Zedler bezüglich der Fachspracheneinträge läßt sich nicht allgemein bestimmen, sondern nur in Abhängigkeit von den jeweiligen Quellen, d. h. von der zeitgenössischen Fachsprachenlexikographie und -forschung (vgl. 2.6. und 3.7.). Sofern diese Fachsprachenlexikographie den aktuellen Stand der Fachsprachenentwicklung präsentiert, ist er auch ohne große Verzögerung in die Enzyklopädie übernommen worden. Im negativen Fall ergibt sich naturgemäß durch Rückgriff auf ältere Werke eine lexikographische Überalterung. Präziser und fachspezifisch differenziert wird diese Fragestellung freilich erst zu beantworten sein, wenn von der modernen Fachsprachenforschung die bibliographischen und lexikologischen Voraussetzungen geschaffen sein werden.

3.5. Regionale und konfessionsgebundene Lexik

Ähnliche Schwierigkeiten wie in 3.4. ergeben sich auch für die Frage nach der Repräsentation regionaler Fachlexik, d. h. vor allem Lexik aus den Bereichen des Handwerks und der Landwirtschaft (vgl. dazu Möhn/Pelka 1984, 136; Patocka 1987, 56). Hier hat die Forschung ebenfalls noch kaum die entsprechenden Quellen gesichtet und aufgearbeitet. Die Tatsache, daß ausführliche dialektale und regiolektale Wörterbücher in der Regel erst lange nach der Erarbeitung des Zedler in Angriff genommen worden sind, schließt nicht nur einen diesbezüglichen beispielhaften Abgleich der Einträge aus. Diese Tatsache scheint auch eine weitestgehende Ignoranz der Enzyklopädisten gegenüber regionaler Fachlexik bewirkt zu haben. Das Fehlen entsprechender Artikel erweist sich nicht allein im längeren Umgang mit dem Zedler immer von neuem, sondern läßt sich auch durch eine Gegenüberstellung von fachsprachlichen Einträgen in ein modernes Idiotikon — jenes der bairischen Mundarten in Österreich — belegen (Wörterbuch 1983, 1—100): Von allen in der Probe genannten Fachlexemen — etwa *Pfanner* (Salinenarbeiter) oder *Pfluster* (eine Stoffart) — wird ein einziges im Zedler geführt: der „Pfifferling" mit Verweis auf „Mist=Schwammen" (Zedler 1732/54, 21, 523); die Verwendung dieses Wortes ist im 18. Jh. aber keineswegs auf den oberdeutschen Sprachraum beschränkt (vgl. Grimm 1854/1971, 7, 1697f), es gilt in Österreich heute sogar als typisch norddeutsch für *Eierschwammerl* und bildet damit kein Beispiel für die Aufnahme regionaler Fachlexik.

So wenig regionale Fachsprachen (resp. im obigen Beispiel eher noch Sachsprachen) im Zedler beachtet werden, so viel an Interesse gehört der Lexik der verfeindeten Konfessionskirchen, — und zwar in durchaus nicht so streng parteiischer Weise, wie dies von der bisherigen, geistesgeschichtlichen Forschung suggeriert wird (vgl. Carels/Flory 1992, 191f; vgl. dagegen Wentzlaff-Eggebert 1989). Orthodox-lutherische Stellungnahmen und scharfe Konfessionspolemik gegenüber Reformierten, Katholiken oder religiösen Indifferentisten im Zedler lassen nämlich nicht auf die exponierte konfessionelle Position der Zedler-Redaktion, sondern vielmehr der Verfasser der Quellen schließen. Wäre die enzyklopädische Darstellungsweise tatsächlich explizit lutherisch, müßten vor allem Artikel zu katholischer Fachlexik ausgespart bleiben oder ihren Gegenstand polemisch engagiert präsentieren. Genau das Gegenteil können aber Beispiele verdeutlichen. Zwei umfängliche Artikel (Zedler 1732/54, 22, 345—369; 25, 1759—1775) handeln in allgemeiner Weise von den weiblichen und männlichen Orden der katholischen Kirche und bieten jeweils eine lange alphabetische Liste aller Orden und ihrer (mehrsprachigen) Bezeichnungen samt Verweisen auf nahezu unzählige eigenständige Artikel zu den einzelnen Mönchs- und Nonnengemeinschaften, ihrer Geschichte, Spezifik, Lebensform, ihren Niederlassungen etc. Die Sprache der lutherischen Kontroverstheologie, der die Orden der verfeindeten römischen Kirche traditionell als besonders geeigneter Gegenstand von Spott zupaß gewesen sind, ist diesen Artikeln fremd. Der allgemeine Artikel zum katholischen Kirchenrecht („Recht, (Canonisches)", 30, 1339— 1342) wird zwar fast zur Gänze nicht-katholischen Quellen entnommen (Einträge in Lexika und Handbüchern von lutherischen Juristen), stellt den Gegenstand aber gleichfalls völlig unparteiisch und unpolemisch dar. Artikel zu einzelnen theologischen Fachtermini wiederum, deren Definition einen Streitpunkt zwischen den Konfessionen bildet, enthalten häufig einen eigenen, durchaus nicht polemischen Abschnitt zur katholischen Position, so z. B. der Artikel „Gottes=Lästerung" (11, 399—403; hier 400) die Darstellung der Blasphemie „[n]ach denen Päbstlichen Rechten". Der Zedler — der ja schon am Titelblatt Einträge zu allen katholischen Würdenträgern von den „Päbste[n]" abwärts ankündigt — repräsentiert also, zum mindesten betreffs Fachsprachen, weder programmatisch noch praktisch eine pointiert lutherisch orientierte Enzyklopädie. Daß das Unternehmen des Leipziger Verlegers auch wirklich bezüglich seiner Rezipient[inn]en alle geographischen, politischen und ideologischen Konfessionsgrenzen überschritten hat, wird eindrucksvoll durch sein Abonnement von den ersten Bänden an in vielen österreichischen Klosterbibliotheken bewiesen.

3.6. Nicht-lexikalische Merkmale der Fachsprachenverwendung

Nicht-lexikalische Merkmale von Fachsprachen haben in der Forschung allgemein bisher im Hintergrund gestanden (vgl. Möhn/Pelka 1984, 19—23; Fluck 1991, 55f; 204—207), in historischer Dimension sind sie beinahe völlig unbeachtet geblieben. Die Ergebnisse gegenwartsbezogener Studien lassen sich aber versuchsweise und grob an historischen Texten prüfen und können einige erste Hinweise auf Merkmale von lexikographisch kodifizierten Fachsprachen des 18. Jh.s in vier Bereichen ergeben. (i) Die fachsprachenbezogenen Artikel werden sehr oft explizit durch entsprechende Formeln als Fachartikel deklariert (vgl. 3.1.). (ii) Die Syntax sei am Beispiel von Artikeln zur Weinproduktion beobachtet. Eine Analyse des Artikels „Kellerey" z. B. (Zedler 1732/54, 15, 415f) bezüglich der Wortarten ergibt eine überwiegende Anzahl an Substantiven, v. a. von Fachsubstantiven und eine fast ausnahmslose Verteilung der Verben auf zwei signifikante Gruppen: zum einen Fachverben (*aufbehalten,* [den Wein aus dem Faß] *ausziehen, abzapfen,* [das Faß] *reinhalten* etc.), zum anderen sehr allgemeine, abstrakte oder sinnentleerte Verben (*nennen, sein, ausmachen, verstehen, führen, setzen, haben, bestehen* etc.). Eine Auszählung der Sätze im Artikel zu „Wein, (Americanischer)" (54, 471f) bezüglich ihrer Subjekte ergibt, daß 11 Sätze mit dem unpersönlichen *man* und nahezu alle weiteren mit Fachtermini (*Wein, Traube, Flasche, Weinstock, Rebe* etc.) als Subjekt gebildet werden. Die Ausnahmen bilden ein Satz mit dem Subjekt *die Spanier* und einer mit einem *sie* ohne direkte Referenz — gemeint sind die Winzer — als Subjekt. Etwa die Hälfte aller Sätze steht im Passiv. Hier wie auch in anderen Artikeln zum Weinbau lassen sich auffallend häufig Appositionen, Attribuierungen, Präpositionalgruppen und Infinitivgruppen feststellen; das Funktionsverbgefüge hingegen ist (noch) eher selten zu beobachten. Kochrezepte, z. B. für verschiedenste Arten von „Sulze" (41, 237—

239), werden nicht wie heute durchgehend im Infinitiv, sondern im Imperativ formuliert. (iii) Bezüglich der Gliederung der Fachtexte (vgl. allgemein Möhn/Pelka 1984, 22f) beherrscht die frühen Bände des Zedler noch die benutzungsfeindliche Praxis, auch längere Artikel grundsätzlich nicht typographisch zu strukturieren, — eine Praxis, die freilich alle deutschsprachigen Enzyklopädien der Zeit negativ auszeichnet. Doch bald wird dieses Darstellungsprinzip überdacht und revidiert. Mit weiterem Fortschreiten des Unternehmens verbessert sich die Übersichtlichkeit der Artikel zunehmend. Der — nochmals kulinarische — Eintrag zu „Tarte", d. h. Torte (42, 93—100) wird in 26 durchnumerierte Absätze mit den verschiedenen Themen des Artikels unterteilt, die Lemmata zu jedem dieser Artikelteile werden durch Fettdruck hervorgehoben. Zu diesen Gestaltungsmitteln tritt später noch die zusätzliche Bildung eigener, großer Überschriften zur Kennzeichnung von Hauptabschnitten (vgl. z. B. im Artikel zu „Wolle", 58, 1346—1383). An der Artikelgestaltung des Zedler läßt sich also exemplarisch die Erarbeitung benutzungsoptimierender Mittel für die lexikographische Fachinformation verfolgen. (iv) Abbildungen zur Unterstützung der fachlichen Darstellung finden sich im Zedler höchst selten (vgl. Carels/Flory 1992, 182), und zwar drucktechnisch einfache graphische Skizzen zu Artikeln aus dem Gebiet der Mathematik im weiteren Sinne (vgl. z. B. s. v. „Geometrie", Zedler 1732/54, 10, 941 oder s. v. „Nativität", 23, 905 f). Andere Abbildungen, die einen höheren technischen Aufwand (Kupferstiche etc.) erfordert hätten, z. B. Landkarten, Darstellungen handwerklicher Geräte oder biologische Illustrationen fehlen (im Gegensatz zu den prächtigen „Planches"-Bänden der französischen „Encyclopédie") völlig.

Diese Bemerkungen verstehen sich natürlich bloß als erste Hinweise auf ein gewaltiges Problem- und Arbeitsfeld, das sich u. a. folgenden Fragen zu widmen hätte: die Differenz der nicht-lexikalischen Merkmale von Fachsprachen in nicht-lexikographischen Texten hier, lexikographischen dort (sofern als These die Bemühung um eine noch größere Ökonomie des Ausdrucks in diesen mit allen Konsequenzen vorausgesetzt wird); die Aktualität der Verwendung dieser nicht-lexikalischen Merkmale von Fachsprachen im Vergleich mit nicht-lexikographischen Texten; die Bestimmung des innovativen Anteils der Zedler-Redaktion an der Entwicklung einer verbesserten fachlichen Informationsvermittlung durch diverse sprachliche und außersprachliche Mittel.

3.7. Quellen der Fachsprachenartikel

Die im Zedler präsentierten Informationen rühren fast ohne Ausnahme aus zweiter Hand. Auch für die fachbezogenen Artikel gilt, daß die Enzyklopädisten hier keine eigenständige lexikographische Arbeit investiert haben. Einem — was denn die Qualität und den Wert des Werkes betrifft — vorschnellen abschätzigen Urteil (das sich als fixe Meinung in der Forschung leider verbreitet hat) ist allerdings, weil das Faktum der Quellenverwendung von der Art und Weise derselben unterschieden werden muß, eine vehemente Absage zu erteilen und mit drei Thesen entgegenzutreten. (i) Ein Vergleich zwischen dem Zedler und einem fachlichen Speziallexikon zu Heereswesen und Schifffahrt (Nehring 1735, 737—745; vgl. dazu auch Kutschke 1974) zeigt, daß die Redaktion der Enzyklopädie beständig den Buchmarkt beobachtet und die neueste Literatur rasch und gründlich für die Erarbeitung der noch ausstehenden Artikel exzerpiert hat. Im Band 33 des Zedler etwa von 1742 fehlt kein einziges der bei Nehring eingetragenen Lemmata. Entgegen der Vorstellung vom überalterten und barocken Universallexikon erweist sich der Zedler dort als hochmodernes, um die Darbietung neuerer und neuester Informationen bemühtes Nachschlagewerk, wo die entsprechenden Informationen der Redaktion greifbar gewesen sind. (ii) Derselbe Vergleich kann auch interessante Ergebnisse bezüglich Auswahl und Verwertung der Artikel aus der herangezogenen Quelle liefern. 18 der insgesamt 31 hier durchgesehenen Artikel sind mit größter Wahrscheinlichkeit (Quellenangaben fehlen durchweg) direkt aus Nehring übernommen; die Wiedergabe erfolgt wörtlich mit minimalen Kürzungen in wenigen Fällen; in seiner Wortfolge wird der Artikeltext an denjenigen Stellen nicht präzise zitiert, wo er mit den lexikographischen Prinzipien der Enzyklopädie kollidiert: dies betrifft v. a. die Verschiebung der mehrsprachigen Synonyme, die vom Artikelende bei Nehring neben das Lemma (vgl. 3.1.) vorgezogen werden. Fünf der Artikel (z. B. „Salutiren", Zedler 1732/54, 33, 1290 f) geben den Text des Eintrags bei Nehring wieder, ergänzen diesen aber durch weitere Informationen aus einer anderen Quelle. Die Enzyklopädisten kumulieren demnach in den Artikeln, wo eine

Quelle den Gegenstand nicht aus allen gewünschten Perspektiven beleuchtet, mehrere Quellen, ohne daß aber dabei sachliche Überschneidungen zu konstatieren wären. Acht Artikel schließlich halten sich zur Gänze an andere Quellen, Artikel, die ihren Gegenstand allesamt ausführlicher und/oder sachlich differenzierter darlegen als die entsprechenden Einträge bei Nehring (vgl. z. B. „Salpeter", Zedler 1732/54, 1128—1170). Aus dieser Sicht erscheint denn der Zedler nicht als ungeordnetes Konglomerat wahllos kompilierter Quellen, sondern als — unter den gebotenen Voraussetzungen — qualitätsbedachtes, quellenkritisches und die verwerteten Quellen standardisierendes Lexikon. (iii) Nicht allein die Fachsprachenreflexion (vgl. 2.6.), auch die Fächer- und Fachsprachendarstellung basieren nicht ausschließlich auf lexikographischen Quellen. Zwei Beispiele für Quellen, die zu identifizieren gelungen ist, seien genannt: Viele der unzähligen Artikel zur Herstellung von Getränken — z. B. die meisten Artikel zu Komposita mit *Wein* (ab „Wein, (Ackeley-)", 54, 461 f) — sind einem der entsprechenden zeitgenössischen Standardwerke (Kellermeister 1705/08, in weiteren Auflagen 1710 und 1731 erschienen) entnommen; einem moraltheologischen Artikel zu den „Zungen-Sünden" im letzten Band (64, 296—347) liegt ein fünf Jahre zuvor in deutscher Sprache erschienener, anonymer englischer Traktat zugrunde (Bezähmung 1745). Der Zedler bezieht demnach in breitem Umfang seine Informationen aus der neuesten Fachliteratur, die Enzyklopädie bietet — entgegen manchen gängigen Meinungen — viel mehr als eine bloße Kompilation von Artikeln der Nachschlagewerke ihrer Zeit.

4. Möglichkeiten historischer Fachsprachenlexikographie auf der Grundlage des Zedler

Als direkte Quelle für die historische Fachsprachenlexikographie erscheint der Zedler ungeeignet aufgrund der Tatsache, daß die darin präsentierten Informationen allesamt aus anderen Quellen entnommen sind. Eine Exzerption des Zedler für die Zwecke der historischen Fachsprachenlexikographie verstrickte sich daher in zu große methodische Probleme, als daß sie zu empfehlen wäre. Als Quelle hingegen für die bibliographische Erschließung von Fachtexten des späten 17. und frühen 18. Jh.s (vgl. zu diesem Desiderat Pörksen 1977, 146), die sich sowohl in eigenen Artikeln wie „Oeconomische Wörterbücher" (25, 532 f) wie auch in allen längeren fachlichen Artikeln überreich aufgezählt finden, wird sich der Zedler als unverzichtbar erweisen.

5. Literatur (in Auswahl)

Baum 1992 = Richard Baum: Die Revolution in der Chemie im Spiegel der Sprache: Das terminologische Manifest Antoine Laurent Lavoisiers von 1787. In: Fachsprache und Terminologie in Geschichte und Gegenwart. Hrsg. v. Jörn Albrecht / Richard Baum. Tübingen 1992 (Forum der Fachsprachen-Forschung 14), 145—167.

Bezähmung 1745 = Anonym: Die Bezähmung der Zunge. Berlin 1745.

Blühm 1962 = Elger Blühm: Johann Heinrich Zedler und sein Lexikon. In: Jahrbuch der Schlesischen Friedrich-Wilhelms-Universität zu Breslau 7. 1962, 184—200.

Bretz 1977 = Gerda Bretz: Die mundartliche Fachsprache der Spinnerei und Weberei in Heltau, Siebenbürgen in ihren räumlichen, zeitlichen und sachlichen Bezügen. Marburg 1977 (Deutsche Dialektgeographie 83).

Carels/Flory 1991 = Peter E. Carels/Dan Flory: Johann Heinrich Zedler's „Universal Lexicon". In: Notable encyclopedias of the seventeenth and eighteenth centuries. Nine predecessors of the Encyclopédie. Hrsg. v. Frank A. Kafker. Oxford 1991 (Studies on Voltaire and the eighteenth century 194), 165—196.

Dreitzel 1994 = Horst Dreitzel: Zedlers „Großes vollständiges Universallexikon". In: Das achtzehnte Jahrhundert 18. 1994, 2, 117—124.

Drozd/Seibicke 1973 = Lubomir Drozd/Wilfried Seibicke: Deutsche Fach- und Wissenschaftssprache. Bestandsaufnahme — Theorie — Geschichte. Wiesbaden 1973.

Erdmann 1939 = Helmut Erdmann: Studien zur Geschichte der Sprache des deutschen Bauwesens. Bad Pyrmont 1939.

Fluck 1991 = Hans-Rüdiger Fluck: Fachsprachen. Einführung und Bibliographie. 4. Aufl. Tübingen 1991 (Uni-Taschenbücher 483).

Fuhrmann 1978 = Dietrich Fuhrmann: Die Auffassung von Recht, Staat, Politik und Gesellschaft in Zedlers „Lexikon". Diss. Erlangen — Nürnberg 1978.

Grimm 1854/1971 = Deutsches Wörterbuch. Von Jacob Grimm und Wilhelm Grimm. Bde. 1—16, Reg. Bd. Leipzig 1854/1971.

Hahn 1981 = Walther v. Hahn (Hrsg.): Fachsprachen. Darmstadt 1981 (Wege der Forschung 498).

Hahn 1983 = Walther v. Hahn: Fachkommunikation. Entwicklung — Linguistische Konzepte — Betriebliche Beispiele. Berlin. New York 1983 (Sammlung Göschen 2223).

Hassler 1992 = Gerda Hassler: Theorie und Praxis der Beschreibung von Fachsprachen in der Enzyklopädie der französischen Aufklärung. In: Albrecht/Baum 1992, 134—144.

Junkte 1956 = Fritz Junkte: Johann Heinrich Zedlers grosses vollständiges Universallexikon, ein Beitrag zur Geschichte des Nachdruckes in Mitteldeutschland. In: Fritz Junkte zu seinem 70. Geburtstag am 3. September 1956. Hrsg. v. Gottfried Langer. Halle/S. 1956. 13—32.

Kehr 1964 = Kurt Kehr: Die Fachsprache des Forstwesens im 18. Jahrhundert. Eine wort- und sachgeschichtliche Untersuchung zur Terminologie der deutschen Forstwirtschaft. Gießen 1964 (Beiträge zur deutschen Philologie 32).

Kellermeister 1705/08 = Anonym: Der Zu allerley guten Gebräuchen treuhertzig-anweisende wohlerfahrne und Curiose Keller-Meister. Tle. 1—2. Nürnberg 1705/08.

Kossmann 1969 = Bernhard Kossmann: Deutsche Universallexika des 18. Jahrhunderts. Ihr Wesen und ihr Informationswert, dargestellt am Beispiel der Werke von Jablonski und Zedler. In: Archiv für Geschichte des Buchwesens 9. 1969, 1554—1596.

Krüger 1992 = Dagobert Krüger: Anmerkungen zur Entstehung und Diskussion mathematischer Termini an Beispielen des 17. und 18. Jahrhunderts. In: Albrecht/Baum 1992, 117—133.

Kutschke 1974 = Eckhart Kutschke: Kriegsbild, Wehrverfassung und Wehrwesen in der deutschen Encyclopädie des 18. Jahrhunderts, dargestellt an Zedlers Großem Universallexikon. Diss. Freiburg 1974.

Lehmann 1934 = Ernst Herbert Lehmann: Geschichte des Konversationslexikons. Leipzig 1934.

Lenz 1980 = Werner Lenz: Kleine Geschichte Großer Lexika. Bertelsmann 1980.

Möhn/Pelka 1984 = Dieter Möhn/Roland Pelka: Fachsprachen. Eine Einführung. Tübingen 1984 (Germanistische Arbeitshefte 30).

Nachrichten 1701/61 = Unschuldige Nachrichten von alten und neuen theologischen Sachen, Büchern, Urkunden [i. d. F. auch unter anderen Titeln]. Wittenberg 1701/61.

Nehring 1735 = Johann Christoph Nehring: Kriegs- Ingenieur- Artillerie- und See-Lexicon. Dresden. Leipzig 1735.

Patocka 1987 = Franz Patocka: Zur Problematik der Erforschung älterer Fachsprachen. In: Fachsprache 9. 1987, 52—59.

Pörksen 1977 = Uwe Pörksen: Einige Aspekte einer Geschichte der Naturwissenschaftssprachen und ihrer Einflüsse auf die Gemeinsprache. In: Sprachwandel und Sprachgeschichtsschreibung. Jahrbuch 1976 des Instituts für deutsche Sprache. Düsseldorf 1977 (Sprache der Gegenwart 41), 145—161.

Pörksen 1983 = Uwe Pörksen: Der Übergang vom Gelehrtenlatein zur deutschen Wissenschaftssprache. Zur frühen deutschen Fachliteratur und Fachsprache in den naturwissenschaftlichen und mathematischen Fächern (ca. 1500—1800). In: Literaturwissenschaft und Linguistik 13. 1983, HN. 51/52, 227—258.

Quedenbaum 1977 = Gerd Quedenbaum: Der Verleger und Buchhändler Johann Heinrich Zedler 1706—1751. Ein Buchunternehmer in den Zwängen seiner Zeit. Ein Beitrag zur Geschichte des deutschen Buchhandels im 18. Jahrhundert. Hildesheim. New York 1977.

Rebhahn/Stalberger 1671 = Johann Rebhahn/Johann Daniel Stalberger: Disputatio jvridica de interpretatione jvris obscvri. Straßburg 1671.

Reichmann 1966 = Oskar Reichmann: Der Wortschatz der Siegerländer Landwirtschaft und Haubergwirtschaft. Bde. 1—2. Marburg 1966 (Deutsche Dialektgeographie 48, Siegerländer Beiträge zur Geschichte und Landeskunde 15/16).

Reusch 1760 = Johann Peter Reusch: Systema logicvm antiqvorvm atqve recentiorvm. Jena 1760.

Schirmer 1911 = Alfred Schirmer: Wörterbuch der deutschen Kaufmannssprache auf geschichtlichen Grundlagen. Straßburg 1911.

Schlieben-Lange/Kreuzer 1983 = Brigitte Schlieben-Lange/Helmut Kreuzer: Probleme und Perspektiven der Fachsprachen- und Fachliteraturforschung. Zur Einführung. In: Literaturwissenschaft und Linguistik 13. 1983, 51/52, 7—26.

Schrader 1990 = Norbert Schrader: Termini zwischen wahrer Natur und willkürlicher Bezeichnung. Exemplarische Untersuchungen zur Theorie und Praxis historischer Wissenschaftssprache. Tübingen 1990 (Reihe Germanistische Linguistik 105).

Schwenk 1967 = Sigrid Schwenk: Zur Terminologie des Vogelfangs im Deutschen. Eine sprachliche Untersuchung auf Grund der deutschen didaktischen Literatur des 14. bis 19. Jahrhunderts. Diss. [masch.] Marburg/Lahn 1967.

Shorr 1932 = Philipp Shorr: Science and superstition in the eighteenth century. A study of the treatment of science in two encyclopedias of 1725—1750, Chambers' Cyclopedia: London (1728), Zedler's Universal Lexicon: Leipzig (1732—1750). New York: phil. Diss. 1932.

Speidel/Kurz/Möglein 1728 = Johann Jakob Speidel/Johann Jakob Kurz/Jakob Daniel Möglein: Bibliotheca juridica universalis. Nürnberg 1728.

Stolle 1731 = Gottlieb Stolle: Anleitung zur Historie Der Medicinischen Gelahrheit. Jena 1731.

Thomasius 1699 = Christian Thomasius: Ausübung der Vernunfft-Lehre. 2. verb. Aufl. Halle/S. 1699.

Troitzsch 1966 = Ulrich Troitzsch: Ansätze technologischen Denkens bei den Kameralisten des 17. und 18. Jahrhunderts. Berlin 1966 (Schriften zur Wirtschafts- und Sozialgeschichte 5).

Unger 1989 = Christiane Unger: Vom Sach- zum Fachwortschatz. In: Fachsprache 11. 1989, 3−12.

Walch 1733 = Johann Georg Walch: Philosophisches Lexicon. Bde. 1−2. Leipzig 1733.

Wentzlaff-Eggebert 1989 = Harald Wentzlaff Eggebert: Wie schrieb man in Deutschland über die spanische Inquisition? Von Zedlers „Großem vollständigen Universal-Lexikon" (1735) zu Ersch/Grubers „Allgemeine Encyklopädie" (1840). In: Glaubensprozesse − Prozesse des Glaubens? Religiöse Minderheiten zwischen Toleranz und Inquisition. Hrsg. von Titus Heydenreich. Tübingen 1989 (Erlanger romanistische Dokumente und Arbeiten 1), 209−226.

Wörterbuch 1983 = Wörterbuch der bairischen Mundarten in Österreich. Hrsg. im Auftrag der Österreichischen Akademie der Wissenschaften von Eberhard Kranzmayer. Bd. 3. Wien 1983 (Bayerisch-Österreichisches Wörterbuch, Abt. 1).

Wolf 1958 = Herbert Wolf: Studien zur deutschen Bergmannsprache in den Bergmannsliedern des 16.−20. Jahrhunderts, vorwiegend nach mitteldeutschen Quellen. Tübingen 1958 (Mitteldeutsche Forschungen 11).

Wolff 1716 = Christian Wolff: Mathematisches Lexicon. Leipzig 1716.

Wolff 1728 = Christian Wolff: Philosophia rationalis sive Logica. Frankfurt a. M. Leipzig 1728.

Wolff 1734 = Christian Wolff: Vollständiges Mathematisches Lexicon. Leipzig 1734.

Zedler 1732/54 = Grosses vollständiges Universal Lexicon Aller Wissenschafften und Künste. Bde. 1−64, Suppl.-Bde. 1−4. Halle/S. Leipzig 1732/54.

Ralf Georg Bogner, Heidelberg

186. Die Fachsprachen in der *Großen Sowjetischen Enzyklopädie*

1. Allgemeine Angaben zur *Großen Sowjetischen Enzyklopädie*
2. Die Fachsprache der GSE
3. Die Große Sowjetische Enzyklopädie über Fachsprache
4. Die russische Sprache als Sprache der Wissenschaft in der UdSSR
5. Schlußbemerkung
6. Literatur (in Auswahl)

1. Allgemeine Angaben zur *Großen Sowjetischen Enzyklopädie* (GSE)

1.1. Die GSE und ihre Vorläufer

Die GSE versteht sich als erste marxistisch-leninistische Universalenzyklopädie und als eine der größten Enzyklopädien der Welt. Sie ist in insgesamt drei Ausgaben erschienen, die jeweils auf Beschluß der Staatsführung bzw. der Führung der kommunistischen Partei initiiert wurden und vor allem die Selbstdarstellung der Union der Sozialistischen Sowjetrepubliken zum Ziel hatten: die erste Ausgabe mit 66 Bänden und 65.000 Stichwörtern erschien zwischen 1926 und 1947, die zweite Ausgabe mit 51 Bänden und 100.000 Stichwörtern zwischen 1950 und 1958 und die dritte, dreißigbändige Ausgabe mit ebenfalls 100.000 Stichwörtern im Zeitraum von 1970 bis 1978. Begleitet wurde die Arbeit an der Enzyklopädie von der Herausgabe von Jahrbüchern im Zeitraum von 1957 bis 1990. Den Abschluß der dritten Ausgabe bildete ein 1981 erschienenes Namensregister hervorragender Persönlichkeiten „aller Zeiten und Völker" mit 22.000 Einträgen.

1.2. Die politischen Funktionen und Ziele der GSE

Der Erarbeitung der Enzyklopädien lagen jeweils „Erfordernisse der Zeit" zugrunde: Schwerpunkte der ersten Ausgabe bildeten die Ökonomie, die damalige Politik und die Praxis des Sowjetstaates − der Aufbau der Wirtschaft und des Staatsgebildes. Die zweite Ausgabe spiegelt insbesondere die politischen Veränderungen in der Nachkriegszeit wider. Mit der dritten, hier analysierten Ausgabe sollen laut Vorwort die neuen, großen Leistungen der Sowjetunion und der anderen sozialistischen Länder sowie die tiefgreifenden Veränderungen in der Welt repräsentiert werden. Der Erarbeitung der dritten Ausgabe lag ein politisches Programm zugrunde, das die Redaktion im Vorwort (Bd. 1, 5−6) darstellt:

− die welthistorischen Erfolge der Sowjetunion und der anderen sozialistischen Länder in Ökonomie, Kultur und Wissenschaften, die auf Grund der Vorzüge des sozialistischen Systems erzielt wurden, sowie die führende Rolle der Kommunistischen Partei waren widerzuspiegeln,
− die historischen Erfahrungen und die moderne Etappe der internationalen kommunistischen, Ar-

beiter- und nationalen Befreiungsbewegung sowie die Weiterentwicklung der marxistisch-leninistischen Philosophie, politischen Ökonomie, des wissenschaftlichen Kommunismus und der Soziologie sowie der Beitrag der Kommunistischen Parteien bei der Erarbeitung einer Revolutionstheorie sollten gezeigt werden,
— die Veränderungen der politischen Weltkarte, die Entwicklung des sozialistischen Weltsystems und die Vertiefung der Krise des Kapitalismus, der Zerfall des Kolonialsystems und die Bildung neuer unabhängiger Staaten waren darzustellen.

Die Enzyklopädieartikel sollten „eine wissenschaftlich begründete Kritik an den ideologischen Konzeptionen der Verteidiger der bourgeoisen Ordnung und der Propheten des Antikommunismus, des rechten und linken Revisionismus auf den Gebieten der Philosophie, Soziologie, Geschichte und Ästhetik" liefern.

Die GSE sollte zudem den aktuellen Entwicklungsstand in Wissenschaft und Technik repräsentieren und die von der Partei proklamierten Thesen und Ziele erklären und untermauern.

Im Bereich der Naturwissenschaften und der Technik nahmen zu jener Zeit besonders die Chemie, die Biologie und angrenzenden Wissenschaften, die Automatisierung und Kybernetik sowie die Kerntechnik und Weltraumforschung einen besonders großen, staatlich geförderten Aufschwung.

Im Bereich der Kunst und Kultur war die GSE dazu „berufen, die erzieherische und verändernde Kraft der Sowjetliteratur und Kunst, den gesetzmäßigen Prozeß der Annäherung der Kulturen der Völker der UdSSR […]" zu zeigen.

1.3. Die GSE als Zeitdokument

Die Enzyklopädie wird den genannten Zielen zweifelsohne voll gerecht. Dies macht sie zu einem einmaligen Zeitzeugnis, dokumentiert sie doch die ideologisch (kommunistisch) geprägte Sicht auf Dinge aus nahezu allen Lebens- und Wissensbereichen. Lediglich die rein naturwissenschaftlichen Sachverhalte entziehen sich der ideologisch geprägten Darstellung. Die GSE hält durch die Auswahl der Stichwörter, die inhaltliche Schwerpunktsetzung innerhalb der Artikel (reflektiert in der Textgliederung, der Themenentfaltung etc.) sowie zum Teil auch durch die Wahl der Ausdrucksmittel die damalige Epoche fest. Neben einem bloßen Informationsspeicher, dessen Inhalte aus heutiger Sicht naturgemäß veraltet erscheinen (besonders bezüglich der damaligen aktuellen Angaben), ist sie als historisches Dokument für ein Gesellschaftssystem von großem Wert. Sie kann im Nachhinein als Quelle zur Analyse der ideologisch beeinflußten Sprachverwendung dienen und Mechanismen der Propaganda und der Machtausübung aufdecken helfen. Das Besondere der GSE als Analysekorpus besteht darin, daß sich dahinter eine durch den Anspruch auf Wissenschaftlichkeit gebrochene ideologische Propaganda verbirgt.

1.4. Quellenwert in ausgewählten Gebieten

Im Bereich von Naturwissenschaften wie Biologie, Physik, Chemie sowie der Mathematik, Technik u. a. gibt die GSE überaus detaillierte Fachinformationen, wobei z. T. ausschließlich die hochabstrakte Sprache des jeweiligen Faches Verwendung findet. Sie verfügt in diesem Bereich über hohen Quellenwert und vermittelt fundierte Fachkenntnisse. Hervorhebenswert ist auch ihr hoher Quellenwert im Bereich der physischen Geographie der UdSSR sowie der Botanik und Zoologie der betrachteten Territorien. Was diese Gebiete betrifft, dürfte die GSE tatsächlich in der Komplexität und Detailliertheit des Dargebotenen unübertroffen sein.

Im Bereich historischer und biographischer Daten liefert die GSE zum Teil gerade wegen ihres ideologiegebundenen Charakters Informationen, die in anderen Quellen nicht dokumentiert sind und als Ergänzung zu diesen kritisch gesichtet werden können.

2. Die Fachsprache der GSE

Die Charakterisierung der Fachsprache in der GSE erstreckt sich auf zwei Ebenen: (1) Allgemeine Merkmale, die unabhängig vom Fachgebiet zu beobachten sind, (2) Merkmale, die den Artikeln einzelner Fachgebiete oder Zweige gemeinsam sind.

2.1. Allgemeine Merkmale der Sprachverwendung in der GSE

Die GSE als enzyklopädisches Gesamtwerk ist in funktionaler Hinsicht, d. h. bezüglich außersprachlicher Parameter, zunächst als ein homogenes Korpus zu betrachten. Alle Artikel sind Repräsentanten einer Textsorte — eben der des Enzyklopädieartikels — und weisen somit bestimmte gemeinsame Merkmale auf. Hierzu gehören: Die Funktion des Artikels, Wissen über einen bestimmten Gegenstand für einen großen Rezipientenkreis mit unterschiedlichen fachlichen Voraussetzungen in kurzer und prägnanter Form verfügbar zu machen. Daher sind das Definieren, Feststellen und Beschreiben die dominierenden Sprachhandlungen unabhängig vom Fachgebiet.

Die Struktur der Artikel ist in erster Linie durch den jeweiligen Kommunikationsgegenstand bestimmt, dessen innere Logik und Gliederung sich im wesentlichen in der Art und Abfolge der thematisierten Sachverhalte, bei komplexeren Begriffen auch in der Gliederung des Artikels in Teiltexte, widerspiegelt. Hierbei folgt die GSE bestimmten spezifischen Festlegungen, so daß Artikel zu Gegenständen einer Sachgruppe (etwa Länder, Persönlichkeiten des politischen Lebens, Pflanzen) auch einen nahezu einheitlichen Aufbau haben.

Hinsichtlich der Satzkonstruktionen ist als allgemeines Merkmal der hohe Anteil passivischer Prädikate, von Funktionsverbgefügen und von unbestimmt-persönlichen Konstruktionen zu erwähnen. Häufig treten bei Aneinanderreihung von Fakten auch prädikatslose Sätze, oder, wenn das Stichwort als Subjekt mitverstanden wird, subjektlose Sätze auf, was zu einer hohen Kompaktheit und Informationsdichte führt.

2.2. Spezifika der Sprachverwendung durch ideologische Zielstellungen der GSE

Die propagandistische Zielstellung der GSE wirkt sich auch auf die Struktur und Sprachverwendung in den einzelnen Artikeln zumindest im sozial- und geisteswissenschaftlichen Bereich aus. Das betrifft einerseits die Sprachhandlungen, zu denen das Bewerten, Vergleichen, Beurteilen, Argumentieren und Widerlegen hinzukommen, und andererseits den Textaufbau, da sich die Gegenüberstellung der verschiedenen Konzepte auf die Gliederung der Artikel auswirkt.

Als Textgliederungssignale treten dabei z. B. folgende Formulierungen auf: *im Gegensatz dazu, im Unterschied dazu,* Einleitung von Teiltexten mit Adverbialbestimmungen, wie: *in der Ausbeutergesellschaft, der antagonistischen Klassengesellschaft, im Kapitalismus/Imperialismus* einerseits und *in der sozialistischen Gesellschaft, der demokratischen Gesellschaft, dem Marxismus-Leninismus* andererseits. Innerhalb der entsprechenden Teiltexte lassen sich lexikalisch-semantische Gruppen nachweisen, die das globale implizite oder explizite Werturteil jeweils stützen (s. u.).

Es werden häufig Adjektive zur Kennzeichnung des Blickwechsels als Antonyme gegenübergestellt, wie *bourgeois, nicht-marxistisch, imperialistisch, konterrevolutionär, revisionistisch, antagonistisch* gegenüber *marxistisch-leninistisch, progressiv, fortschrittlich*. Auch sind Wertungen häufig als Signale der Textgliederung zu verstehen, wie *richtig — falsch, wissenschaftlich — unwissenschaftlich, auf der richtigen Position — auf einer dem Marxismus fremden/feindlichen Position*, wobei die positiven Wertungen selbstverständlich immer die eigene Ideologie betreffen.

Schließlich ist als Widerspiegelung ideologischer Konzeptionen auch die nahezu symbolhafte Bezeichnung bestimmter gesellschaftlicher Erscheinungen und Ziele zu erwähnen, z. B. die werktätigen Massen, Kollektive, Klassen, die Millionen Werktätigen, die Armee der Lohnarbeiter, das Arbeitslosenheer, das Volk, zum Wohle des Volkes, die siegreiche Arbeiterklasse, die Krise des Kapitalismus, der Zerfall des kapitalistischen Weltsystems, der Sieg über die Ausbeutergesellschaft usw.

2.3. Fachsprache in einzelnen Wissensgebieten

In diesem Abschnitt werden einige Beobachtungen zur Behandlung geographisch-historischer und mathematisch-naturwissenschaftlicher Fachrichtungen sowie zu den gut ausgearbeiteten biographischen Angaben vorgestellt. Eine detaillierte Untersuchung aller Fachgebiete würde den vorgegebenen Rahmen sprengen. Eine spezielle Auseinandersetzung mit geisteswissenschaftlichen Fachrichtungen erscheint hier nicht angebracht, da deren Ideologiegebundenheit zwar offensichtlich ist, für eine angemessene Charakterisierung der Fachsprachen aber bedeutend breitere Studien erforderlich wären.

2.3.1. Geographisch-historische Angaben

Artikel zu geographischen Angaben sind in der Regel ausgesprochen detailliert. In ihrer Gliederung folgen sie einem standardisierten, durch den Gegenstand und die Sichtweise auf ihn geprägten Textbauplan. Länder der Erde werden beispielsweise mit folgenden Teiltexten behandelt:

Allgemeine Angaben — Staatsaufbau — Natur — Bevölkerung — Historischer Abriß — Politische Parteien, Gewerkschaften und andere Organisationen — Ökonomisch−geographischer Abriß — Streitkräfte — Medizinisch-geographische Charakteristik — Bildung — Wissenschaft und wissenschaftliche Einrichtungen − Presse, Funk und Fernsehen − Literatur − Architektur und Bildende Kunst − Musik − Ballett − Schauspiel − Kino.

Die Sichtweise entspricht besonders in Teiltexten mit sozialem, politischem, ökonomischem und historischem Inhalt den eingangs genannten ideologischen Leitlinien, was auch die in der GSE zitierte und angegebene weiterführende Literatur belegt. In thematischer Hinsicht hat das Konsequenzen für den Textaufbau in Form der Explikation bestimmter Begriffselemente, von Kategorisierungen, Zuordnungen und Etappenbildungen, die die Gliederung des Textes prägen, so daß Teiltexte „Das Land X. in der Epoche des Übergangs zum Imperialismus", „... der Epoche des Imperialismus", „... der Epoche der allgemeinen Krise des Kapitalismus" (gemeint ist die Zeit vom Ende des ersten Weltkrieges bis zum Zeitpunkt des Erscheinens der Enzyklopädie) in den Abschnitten zur Geschichte kapitalistischer Länder charakteristisch sind. Auch wird die Darstellung voll dem Wort von Marx gerecht, daß Geschichte immer die Geschichte von Klassenkämpfen sei − es wird fast ausschließlich diese Seite beleuchtet und mit Wertungen wie *revolutionär-konterrevolutionär, demokratisch-kapitalistisch* u. ä. versehen. Bedeutendes Gewicht wird Organisationen und Bewegungen der Arbeiterklasse geschenkt.

Die Selbstdarstellung bzw. die Darstellung der verbündeten oder als fortschrittlich eingeschätzten Länder in Artikeln des genannten Themenkreises ist in der Regel überhöht und von dem eingangs genannten Ziel geprägt, eine Erfolgsbilanz zu vermitteln. Ein Vergleich des Teiltextes „Medizinisch-geographische Charakteristik", Abschnitt Morbidität, in Artikeln zu verschiedenen Ländern soll das veranschaulichen. In dem entsprechenden Artikel zur UdSSR, der dem Abschnitt „Wohlstand des Volkes" untergeordnet ist, wird zunächst der katastrophale epidemiologische Zustand in vorrevolutionärer Zeit geschildert, worauf die Schilderung der erfolgreichen Bemühungen des sowjetischen Staates um die Eindämmung von Epidemien folgt. Das dabei verwendete sprachliche Material umfaßt vor allem Lexik zum Ausdruck einerseits des Sinkens, Zurückgehens, andererseits des Kampfes und Erfolges: fünfmal tritt das Verb *sinken, geringer werden* auf, dreimal *liquidieren* (jeweils bezogen auf Krankheiten). Als Aktanten, denen diese Erfolge zugeschrieben werden, treten die Innenpolitik der UdSSR, ein von Lenin erlassenes Dekret, eine Kommission beim Gesundheitsministerium bzw. die Medizin allgemein auf. Die gerade 32 Zeilen umfassende Darstellung der Morbidität seit den 50er Jahren behauptet zunächst, daß die Morbiditätsstruktur die typischen Merkmale der Morbiditätsstruktur ökonomisch hochentwickelter kapitalistischer Staaten besitze, daß die „charakteristische Verbreitung" von Herz-Kreislauf-Erkrankungen und von bösartigen Tumoren auf die Erhöhung der Lebenserwartung zurückzuführen sei, daß die Erfolge der Medizin dazu geführt hätten, daß sich Kranke „ansammeln" (und nicht sterben). Eine bessere Diagnostik bringe zudem mehr Krankheiten an das Tageslicht. In weiteren zwei Sätzen werden die häufigsten Krankheiten ohne quantitative Angaben aufgezählt. Grippe sei der Hauptgrund für Arbeitsunfähigkeit, und Darmerkrankungen trügen Saisoncharakter. Die Erkrankungshäufigkeit von Kindern nehme ab, und Unfälle geschähen vor allem außerhalb der Produktionssphäre − teils auf den Zustand der Trunkenheit zurückzuführen. Der Leser erhält keinerlei konkrete Angaben, sondern nur nicht verifizierbare Tendenzangaben, die Probleme bagatellisieren und zu einem insgesamt positiven Gesamteindruck über den Gesundheitszustand führen; er könnte lediglich aus dem Verweis auf die Krankheitsstruktur der hochentwickelten kapitalistischen Länder vermuten, daß bestimmte Krankheitsbilder, die als Zivilisationskrankheiten bekannt sind, auch in der UdSSR im Zunehmen begriffen sind. Lexikalisch wird das aber nicht ausgedrückt.

Dagegen ist der entsprechende Abschnitt zu den USA ganz anders aufgebaut und sprachlich umgesetzt: (1) wird kein historischer Rückblick gegeben, der zweifelsohne auch den USA Erfolge in der Eindämmung von Epidemien hätte bescheinigen müssen, (2) werden keine offiziellen Maßnahmen zur Verbesserung des Gesundheitszustandes der Bevölkerung erwähnt, (3) werden Fakten in absoluten oder prozentualen Zahlenangaben über die Erkrankungshäufigkeit angegeben. Dadurch tritt fünfmal *krank sein, krank werden, leiden* sowie mehrfach *sterben, Tod* auf.

Es werden sich ständig erhöhende Erkrankungs- und Sterblichkeitsraten genannt und schließlich wird auch die Behauptung aufgestellt, daß 56% der 45 bis 64jährigen in den USA chronisch krank seien. Weder das lexikalisch-semantische Feld *sinken, zurückgehen* ist vertreten noch das Feld *Fortschritt, Erfolg*. Die Art der Umsetzung der fachlichen, im

Grunde genommen nicht ideologiegebundenen Thematik weist somit deutliche Unterschiede auf je nachdem, ob von einem kapitalistischen oder sozialistischen Land die Rede ist. Die Verwendung der Sprache im Fach ist damit nicht frei von Erwägungen hinsichtlich der Wirkungsabsichten auf den Adressaten.

2.3.2. Mathematisch-naturwissenschaftliche Artikel

Wie unter 1. erwähnt, enthält die Enzyklopädie ein reiches Wissensarsenal aus dem Bereich der Mathematik und Naturwissenschaften. Wenngleich dieser Bereich hier durch die Zusammenfassung solch unterschiedlicher Wissenschaften wie Mathematik, Physik, Biologie, Chemie, Geologie etc. nicht detailliert charakterisiert werden kann, so seien doch einige wesentliche Grundzüge genannt.

Die Artikel sind im allgemeinen dadurch gekennzeichnet, daß sie sehr kurz und prägnant den fachwissenschaftlichen Gehalt des Begriffes darlegen. Sie bedienen sich dabei der fachspezifischen Terminologie sowie des in der Fachwissenschaft üblichen Apparates an abstrakten Darstellungsarten wie Formeln, Funktionen, Gleichungen, Diagrammen, schematischen Darstellungen. Einer Einordnung in das Fach(teil)gebiet bzw. den Bezugsrahmen oder Nennung eines Hyperonyms folgen die Definition des Begriffes und eventuell Hinweise auf Anwendungsgebiete, technische Bedeutung o. ä. Nicht selten, insbesondere, wenn es sich um grundlegende wissenschaftliche Erkenntnisse handelt, werden auch wissenschaftsgeschichtliche Informationen gegeben. Die Enzyklopädieartikel sind in der sprachlichen Formulierung in erster Linie der Fachwissenschaft verpflichtet und erst in zweiter Linie dem Anliegen, zur Popularisierung der Wissenschaft beizutragen.

2.3.3. Biographische Artikel

Wenn das Personenregister allein 22.000 Namen von Persönlichkeiten aller Zeiten und Völker verzeichnet (selbst wenn nicht jeder Person ein eigenständiger Artikel gewidmet ist) wird deutlich, daß diesem Bereich in der GSE große Bedeutung beigemessen wurde. Neben anerkannten Persönlichkeiten der Weltgeschichte, Kunst und Wissenschaft kommt der GSE auch das Verdienst zu, sehr ausführlich die Persönlichkeiten der Völker der UdSSR und darüber hinaus afrikanischer und asiatischer Staaten aufgearbeitet zu haben. Der politische Blickwinkel bei der Einordnung und Würdigung von Leistungen ist natürlich auch hier nicht zu verkennen; daher sind die Aussagen insbesondere zu Persönlichkeiten aus der jüngeren Geschichte, falls sie in Politik und Gesellschaft tätig waren, zu relativieren bzw. kritisch zu hinterfragen. Bei diesem Personenkreis geht die Würdigung der Persönlichkeit häufig einher mit der Nennung der sozialen Herkunft und der Parteizugehörigkeit (KPdSU) sowie der Ämter und Auszeichnungen von Partei und Regierung. Auffällig ist, daß in der GSE wie auch in der Presse und den Medien der damaligen Zeit die Personen zumeist losgelöst von ihren familiär-sozialen Bindungen dargestellt werden. So erfährt man beispielsweise über die Kindheit und das soziale Umfeld des großen russischen Chemikers Mendelejew in Collier's Encyclopedia mehr als in der GSE, hingegen sind in der GSE die wissenschaftlichen Leistungen bedeutend detaillierter beschrieben.

3. Die *Große Sowjetische Enzyklopädie* über Fachsprache

3.1. Fachsprache als Gegenstand der Linguistik in der GSE

Geht man von den heutigen Vorstellungen von Fachkommunikation und Fachsprachen aus, so muß man konstatieren, daß dieser Gegenstand in der GSE noch nicht thematisiert wird. Selbst der allgemeine Begriff der Kommunikation ist auf wenigen Zeilen lediglich als „Austausch von Informationen zwischen Menschen" erklärt, „die sowohl im Prozeß jeder beliebigen Tätigkeit, wie z. B. der Produktion, als auch in der speziellen Form der sprachlichen Tätigkeit oder anderen Formen unter Verwendung von Zeichensystemen auftreten kann."

3.1.1. Fachsprache und Soziolinguistik

Hinweise auf die Differenziertheit der Sprache in bestimmten Funktionsbereichen finden sich in der GSE insofern, als „soziale Dialekte" als Varianten der Rede erwähnt werden, die sich in einzelnen sozialen Gruppen der Gesellschaft herausgebildet haben, wie zum Beispiel die Sprache der Fischer oder Jäger. Die Thematik der sozialen Differenziertheit der Sprache wird in der GSE vor allem der Soziolinguistik als Untersuchungsgegenstand zugeschrieben. Die Soziolinguistik untersucht die sozialen Funktionen der Sprache, ihre Verbindung mit gesellschaftlichen Prozessen, die Abhängigkeit der Existenzformen der Sprache von gesellschaftlichen Prozessen und deren Widerspiegelung in der sozialen, territorialen und strukturell-stilistischen Variabilität der Sprache.

Danach wären Fachsprachen im heutigen Verständnis insofern Gegenstand soziolinguistischer Untersuchungen, als sie Ergebnis des Einflusses sozialer Faktoren auf die Sprache − insbesondere der gesellschaftlichen Arbeitsteilung − sind, und in dieser Eigenschaft gesellschaftliche Gliederungen und Stratifizierungen widerspiegeln. Die Forschungsinteressen der sowjetischen Soziolinguistik lagen jedoch nicht auf diesem Schwerpunkt, sondern eher auf dem Zusammenhang zwischen Sprache und Nation (Nationalitätenpolitik), Zwei- und Mehrsprachigkeit, Verteilung der sozialen Funktionen der Sprache in mehrsprachigen Umgebungen etc. − insgesamt also eher auf Gebieten der Fundierung der sowjetischen Sprachenpolitik.

3.1.2. Fachsprache und Allgemeine Sprachwissenschaft

Nach den Ausführungen der GSE wäre auch die allgemeine Sprachwissenschaft als Einordnungsinstanz für Fachsprachen anzusehen, insofern als die Sprache eine doppelte − aus der Natur der Sprache selbst erwachsende − Betrachtungsweise erfordert, nämlich zum einen eine strukturelle (Strukturelle Linguistik) und eine soziale (Soziolinguistik), die wiederum die soziale Differenziertheit der Sprache mit Bezug zur strukturellen erforscht. In der Tat wird das Phänomen der Fachsprachen auch in den Aussagen zur Allgemeinen Sprachwissenschaft nicht explizit angesprochen.

3.1.3. Fachsprache und Angewandte Linguistik

Die Angewandte Sprachwissenschaft versteht sich nach der GSE als das Gebiet der Sprachwissenschaft, das Methoden zur Lösung praktischer Aufgaben, die mit der Optimierung der Sprachverwendung verbunden sind, untersucht. Sie stützt sich dabei auf Positionen der allgemeinen Sprachwissenschaft und nimmt zugleich Einfluß auf diese, da sie aus der Erforschung des Funktionierens der Sprache das Wesen der Sprache wissenschaftlich zu erschließen hilft. Als Zeitpunkt der Herausbildung der Angewandten Sprachwissenschaft als wissenschaftliche Disziplin wird die zweite Hälfte des 20. Jh.s angegeben − eine auch für die moderne Fachsprachenforschung zu bekräftigende Angabe. Das Forschungsspektrum der Angewandten Sprachwissenschaft ergibt sich aus den Bedürfnissen der Praxis, unter denen die GSE die Fixierung und Bewahrung sprachlicher Information durch Schaffung von Alphabeten und Schriftsprachen, durch Transkription und Transliteration etc. hervorhebt. Die weiteren Angaben, die die GSE zu Gegenstand und Aufgaben der Angewandten Sprachwissenschaft macht, können als Aufgaben der Fachsprachenforschung angesehen werden, was zu der Annahme berechtigt, daß der Gegenstand der Fachsprachenforschung in der Angewandten Sprachwissenschaft aufgeht.

Hierbei werden zum Beispiel Untersuchungen auf den Gebieten der Übersetzungstheorie (vor allem in Wissenschaft und Technik), der Terminologie, der Verwendung der Sprache als Massenkommunikationsmittel, die Normierung der Sprache in Grammatik, Wortschatz und Terminologie, die Schaffung internationaler Kunstsprachen, die Untersuchung des Einflusses der Sprache auf das Verhalten des Menschen (Reklame- und Propagandatheorie) etc. genannt. Große Bedeutung wird der maschinellen Sprachverarbeitung beigemessen, wie der Schaffung von Systemen zur automatischen Übersetzung, zur automatischen Spracherkennung und Sprachsynthese, Automatisierung der an die Sprache gebundenen intellektuellen Tätigkeit (Künstliche Intelligenz), der Schaffung von Systemen der Informationsrecherche, der automatischen Indexierung und Annotierung. Es spiegeln sich darin Wünsche und Zielvorstellungen der Anfangsetappe der Computeranwendung wider, die heute bedeutend realistischer und bescheidener gesehen werden.

3.2. Terminologie

Wenn in den vorangehenden Ausführungen Gesichtspunkte dargelegt wurden, die in den Teilgebieten der Sprachwissenschaft theoretische Ansatzpunkte für eine Fachsprachenforschung eher vermuten als nachweisen ließen, so ist mit der Terminologie ein Gebiet gegeben, auf dem tatsächlich Fachsprachenforschung, allerdings in einem engen und überholten Sinne, geleistet wurde. Terminologie wird als Gebiet der Lexik definiert, als Gesamtheit der Termini eines bestimmten Zweiges der Wissenschaft, Technik, Produktion, Kunst und gesellschaftlichen Tätigkeit, die jeweils mit einem entsprechenden Begriffssystem verbunden ist. In sprachtheoretischer Hinsicht ist dabei das Verhältnis von Bezeichnetem und Bezeichnendem behandelt worden, wobei auch die Veränderlichkeit der Termini unter dem Einfluß der Entwicklung der Wissensgebiete unterstrichen und die Notwendigkeit der ständigen Entwicklung der Terminologie zur Bezeichnung neuer Begriffe betont wird, so daß Terminologie notwendigerweise immer den jeweils aktuellsten Kenntnisstand widerspiegelt. Bei der Bildung von Terminologien wird auf den engen Zusammenhang mit historischen Traditionen und Epochen, Philosophien, Religionen usw. verwiesen, aus denen heraus jeweils typische Wortbildungsmuster, Motivationsbeziehungen etc. erklärbar werden. Nachdem die Terminologie seit der Renaissance wesentlich durch das Griechische und Lateinische geprägt wurde, hebt die GSE in jüngerer Zeit eine verstärkte Terminibildung in den Einzelsprachen hervor, die durch Terminologisierung allgemeinsprachlicher Wörter wie auch durch Entlehnung und Lehnübersetzung anderssprachiger terminologischer Elemente zustande kommt. Neue Termini haben zumeist fremdsprachige Wurzelmorpheme und muttersprachige morphologische Merkmale, mit denen sie sich in das grammatische System einordnen. Mit der standardisierten Terminibildung wird die semantische Unifizierung terminologischer Systeme in verschiedenen Sprachen der UdSSR angestrebt.

Große Bedeutung wird auch den Ordnungs- und Standardisierungsbemühungen im Bereich der Terminologie, lexikographischen Arbeiten und der Erarbeitung nationalsprachlicher terminologischer Wörterbücher beigemessen. Als Anwendungsgebiete nennt die GSE die traditionelle und maschinelle Übersetzung, Informationsrecherchesysteme und die Dokumentation.

Der Standardisierung ist in der Enzyklopädie breiter Raum gewidmet, wird ihr doch eine entscheidende Funktion beim Aufbau einer optimalen Ökonomie und als Stimulus von Wissenschaft und Technik zugeschrieben. Fachsprache ist indirekt Gegenstand der Standardisierung, indem mit der Gliederung von Wissenschaft, Technik und anderen fachspezifischen Tätigkeitssphären in Sachgebiete auch die Begriffe und Benennungen in ihren Relationen zueinander festgeschrieben werden. Für die Fachsprache relevante Normierungsbemühungen erfaßten vor allem die Teilgebiete „Termini und Bezeichnungen", sowie auf Text- und Dokumentenebene die „Normierung technischer Dokumentationen" sowie „Dokumentations- und Klassifikationssysteme", wobei entsprechende Standards nicht nur in der Sowjetunion, sondern auch im Rahmen des Rates für gegenseitige Wirtschaftshilfe Verbindlichkeit erlangten.

Zusammenfassend muß festgestellt werden, daß die GSE lediglich Probleme der Terminologie, eventuell noch die Normierung technischer Dokumentationen, als Aufgabe linguistischer Forschung auf dem Gebiet der Fachsprachen ansieht.

Die Anwendungsgebiete dieser Forschungen sind eher als „Zuarbeit" zu Automatisierungs- und Normierungsbemühungen zu verstehen denn als Erkenntnisgewinn zum Eindringen in das Wesen der Fachkommunikation als kognitive und kommunikative schöpferische Tätigkeit.

4. Die russische Sprache als Sprache der Wissenschaft in der UdSSR

4.1. Die GSE über Sprachenpolitik

Sprachenpolitik wird in der GSE als Gesamtheit der Maßnahmen charakterisiert, die von einem Staat, einer Klasse, einer politischen Partei für die Veränderung oder den Erhalt der existierenden sozialen Funktionen von Sprachen, für die Einführung neuer oder die Konservierung existierender sprachlicher Normen unternommen werden. Der Charakter und die Methoden der Lösung von sprachlichen Problemen (z. B. Auswahl einer Sprache) und linguistischen (Festlegung von Sprachnormen) wird nach der GSE durch Klasseninteressen und Interessen ethnischer Gruppen sowie durch politische und ideologische Ziele bestimmt. In der ehemaligen UdSSR gab es ca. 130 Sprachen, von denen ca. 70 als Literatursprachen bezeichnet werden können, 50 davon mit einer erst jungen Geschichte als Schriftsprache (Bd. 24/II, 18). Die russische Sprache galt dabei als Sprache der Kommunikation zwischen den Völkern der UdSSR. Als Sprache der Zusammenarbeit dominierte sie im gesellschaftlichen, politischen, ökonomischen, kulturellen und wissenschaftlichen Leben (Bd. 24/2, 20). Die Enzyklopädie betont, daß die Nationen und Nationalitäten der Sowjetunion freiwillig die russische Sprache als Sprache der Verständigung und Zusammenarbeit gewählt haben, sich daneben aber auch die Nationalsprachen frei entwickeln und in der sowjetischen Periode einen großen Aufschwung genommen haben. Diese Darstellung entsprach der offiziellen politischen Linie, so daß sich kaum Aussagen finden lassen, die andere Schlußfolgerungen nahelegen. Der russischen Sprache wurde auch die Funktion zugeschrieben, den Zugang zur inländischen und internationalen Kultur zu vermitteln.

Im Grunde stießen hier zwei Thesen aufeinander — einerseits die These der vollen Entfaltung der Nationalsprachen und zum anderen die Besetzung bestimmter Funktionssphären durch die russische Sprache. In praktischer Hinsicht erscheint die volle funktionale Entfaltung jeder einzelnen, besonders einer „kleinen", Sprache gar nicht möglich und sinnvoll. Aus Gründen der Mobilität, des Bildungserwerbs, der Arbeitstätigkeit, der Vermischung der Bevölkerung unterschiedlicher Nationalitäten etc. setzte sich eine allgemeine Zweisprachigkeit der nichtrussischen Bevölkerung in weiten Teilen der UdSSR durch.

4.2. Nationalsprachen und Wissenschaft

Die volle Entfaltung der Nationalsprachen war vor allem in Republiken mit einem hohen Bevölkerungsanteil der urstämmigen Nationalität, mit eigener schriftsprachlicher Tradition und Geschichte gegeben. Dort wurden, wie in der GSE postuliert, mit dem Aufbau der entwickelten sozialistischen Gesellschaft und der wissenschaftlich-technischen Revolution die gesellschaftlichen Funktionen der Nationalsprache tatsächlich breiter, wobei durch die Sprachkontakte Prozesse der gegenseitigen Beeinflussung der Sprachen vor sich gingen. Die Lexik zur Bezeichnung neuer Realien wurde dabei sowohl durch eigene Wortbildungsmodelle als auch durch die Übernahme von Lexik aus dem Russischen sowie von Internationalismen charakterisiert. Es entstand ein gemeinsamer terminologischer Bestand (Bd. 24/II, 20).

Eine eigenständige Entwicklung behaupteten jedoch nur wenige Nationalsprachen, so daß nur diese heute, nachdem unabhängige Staaten gebildet wurden, auf eine hochentwickelte nationale Fachsprache verweisen können.

Im Kontakt mit Fachleuten aus anderen Republiken, auf Kongressen etc. dominierte in der Regel das Russische. Das heißt, daß in der fachwissenschaftlichen Kommunikation in der UdSSR entweder generell das Russische gebräuchlich war und/oder zum Vorbild für die fachsprachliche Wortbildung in den Nationalsprachen genommen wurde.

4.3. Sprachenverbreitung im Spiegel der Publikationstätigkeit

Die GSE gibt über die tatsächliche Sprachensituation im fachsprachlichen Bereich kaum Aufschluß. Daher haben wir versucht, die Publikationstätigkeit in den Nationalsprachen als ein wichtiges Kriterium für den Nachweis von nationalen Fachsprachen heranzuziehen.

Bedeutende nationale wissenschaftliche Schriftenreihen, z. B. die Schriften der Akademien der Wissenschaften der Republiken, erschienen zum Teil sowohl in der Nationalsprache als auch parallel dazu in der russischen Sprache (vgl. z. B. Armenien (Bd. 2, 238), die Ukrainische mathematische Zeitschrift (Bd. 26, 593)), allerdings enthält die Enzyklopädie nur wenige Hinweise darauf. Die Gesamtdarstellung der Wissenschaft in der Sowjetunion, wie sie in dem Sonderband 24/II dargeboten ist, erweckt den Eindruck, daß sich die Sphäre der Wissenschaft fast ausschließlich des Russischen bediente. Dieser Eindruck wird noch dadurch bekräftigt, daß renommierte wissenschaftliche Verlage vor allem in Moskau und Leningrad (heute Sankt Petersburg) — also Rußland — angesiedelt waren. Die allgemeine Publikationstätigkeit pro 100 Einwohner betrug 1971 für Rußland 960 Exemplare; im Vergleich dazu für Weißrußland 288, für die Ukraine 266, für Armenien 409 Exemplare (Bd. 10, 62). Lediglich die baltischen Republiken hoben sich hier z. T. deutlich ab: in Estland 945 Exemplare, in Lettland 651 und in Litauen 455 Exemplare pro 100 Einwohner. Hinzu kommt, daß in den Republiken die Verlage zum Teil auch in russischer Sprache publizierten — z. B. erschienen in der Ukraine nur zwei Drittel der Publikationen in der Nationalsprache, der Rest in weiteren Sprachen, wobei das Russische an erster Stelle steht (Bd. 24/II, 513), in Lettland erschien etwa die Hälfte der Bücher und ein Drittel der Zeitungen in Lettisch.

Angaben, wie sich die Publikationstätigkeit insgesamt oder im Hinblick auf bestimmte Bereiche, wie z. B. die wissenschaftliche Literatur, auf Sprachen aufschlüsselt, konnten nicht gefunden werden. Es wird lediglich die Anzahl der Sprachen, in denen publiziert wird, genannt und damit die Vorstellung der Sprachenvielfalt suggeriert.

Wenn die Sprache der Wissenschaft überwiegend das Russische war, so liegt nahe, daß auch in der Hochschulbildung das Russische eine dominante Rolle spielte — und das nicht erst in der sowjetischen Zeit. In der Ukraine gab es zu Beginn dieses Jh.s keine einzige staatliche Schule mit Unterricht in der Muttersprache (Bd. 24/II, 513), geschweige denn Hochschulen. Bezüglich der Sprache, in der an Hochschulen gelehrt wurde, trifft die GSE eine eindeutige, der politischen Deklaration geschuldete Aussage: „Der Unterricht wird in der Muttersprache der Studenten gehalten." (Bd. 24/II). Diese Aussage bedarf einer Erläuterung: in vielen Hochschulen wurden Lehrveranstaltungen in der russischen und der Nationalsprache gehalten mit einem z. T. hohen Anteil des Russischen. Und da in der Propaganda das Russische häufig als zweite Muttersprache proklamiert wurde, muß das angeführte Zitat möglicherweise so verstanden werden, daß in der Statistik auch das Russische als Muttersprache angesehen wurde (und nicht unbedingt die Nationalsprache). Ergänzend zu den Publikationszahlen muß erwähnt werden, daß viele Hochschullehrbücher nur in russischer Sprache vorlagen und auch in nationalsprachlichen Studiengängen zur Anwendung kamen.

Die jüngsten Entwicklungen in den neuen Republiken auf dem ehemaligen Territorium der UdSSR im Bereich der Sprache von Wissenschaft und Hochschulbildung machen deutlich, daß die Einführung der Nationalsprachlichkeit nicht ohne Probleme vonstatten geht. So ist in Weißrußland nach Erlangung der Selbständigkeit zunächst das Weißrussische als einzige offizielle Sprache, die auch in der Wissenschaft und der Bildung zu verwenden war, festgelegt worden. Das hemmte aber viele Lebensbereiche beträchtlich, darunter auch die wissenschaftliche Publikationstätigkeit und die Ausbildung (z. B. fehlende Lehrmaterialien!), so daß in einem späteren Beschluß neben dem Weißrussischen auch das Russische als Staatssprache anerkannt wurde.

Ungeachtet der eingeschränkten Funktionssphären der Nationalsprachen galt ihnen großes wissenschaftliches Interesse von seiten der historischen, vergleichenden und deskriptiven Linguistik, wovon auch die detaillierten Ausführungen im Band 24/2, 19–21, Zeugnis ablegen.

5. Schlußbemerkung

Die GSE ist ohne Zweifel ein großes enzyklopädisches Werk einer bestimmten Epoche. Es bekennt sich zu ideologischen Zielstellungen, die die Inhalte und die Darstellungsart in nahezu allen Wissensgebieten, die in irgendeiner Weise gesellschaftliche Bezüge aufweisen, bestimmen. Dadurch erhalten auch die Fachsprachen – ausgenommen „reine" Naturwissenschaften – eine spezifische Prägung, die im einzelnen – auch im Vergleich mit anderen Textsorten – einen interessanten Gegenstand weiterer Untersuchungen darstellen.

6. Literatur (in Auswahl)

Baumann 1996 = Klaus-Dieter Baumann: Fachtextsorten und Kognition – Erweiterungsangebote an die Fachsprachenforschung. In: Fachliche Textsorten. Komponenten – Relationen – Strategien. Hrsg. v. Hartwig Kalverkämper und Klaus-Dieter Baumann. Tübingen 1996 (Forum für Fachsprachen-Forschung 25), 355–388.

Böhme 1984 = Petra Böhme: Untersuchungen zu Struktur und sprachlichen Mitteln der Textsorten Lexikonartikel, Monographie und Fachzeitschriftenartikel, Monographie und Fachzeitschriftenartikel (dargestellt an russischen Texten aus dem Fachgebiet Ökonomie). Diss. [masch.] Zwickau 1984.

BSE 1970–1981 = Bol'šaja Sovetskaja Enciklopedija. Moskva 1970–1981.

Collier's Encyclopedia 1992 = Collier's Encyclopedia. New York. Toronto. Sydney 1992.

Collison 1964 = Robert L. Collison: Encyclopaedias. Their history throughout the ages. A bibliographical guide with extensive historical notes to the general encyclopaedias issued throughout the world from 350 B. C. to the present day. New York. London 1964.

Dierse 1977 = Ulrich Dierse: Enzyklopädie. Zur Geschichte eines philosophischen und wissenschaftstheoretischen Begriffs. Bonn 1977.

Hoffmann 1988 = Lothar Hoffmann: Vom Fachwort zum Fachtext. Beiträge zur Angewandten Linguistik. Tübingen 1988 (Forum für Fachsprachen-Forschung 5), 131–175.

Hoffmann 1990 = Fachtexte und Fachtextsorten. Leipzig 1990 (BSF Beiträge der Sektion Fremdsprachen 5), 72–99.

Lenz 1980 = Werner Lenz: Kleine Geschichte Großer Lexika. Gütersloh 1980.

Steinacker 1987 = Ludmila Steinacker: Untersuchungen zur Fachsprache der Philosophie am Beispiel der russischsprachigen und deutschsprachigen Texte philosophischer Nachschlagewerke. Diss. [masch.] Leipzig 1987.

Heidrun Peters, Greifswald

187. Die Fachlexik im *Deutschen Wörterbuch* von Jacob Grimm und Wilhelm Grimm

1. Vorbemerkung
2. Zur Konzeption des *Deutschen Wörterbuchs*
3. Fach- und Wissenschaftssprachen im *Deutschen Wörterbuch*
4. Bewertung
5. Literatur (in Auswahl)

1. Vorbemerkung

Das 33 Bände umfassende *Deutsche Wörterbuch* (DWB), 1854 von Jacob und Wilhelm Grimm begründet und 1971, nach einer Bearbeitungszeit von 117 Jahren, mit dem Erscheinen des Quellenverzeichnisses abgeschlossen, ist das umfangreichste und bedeutendste historische Wörterbuch der deutschen Sprache. Der einschlägigen diachron orientierten Fachsprachenforschung (vgl. Pörksen 1984; Seibicke 1985) gilt das DWB allerdings als eine nur wenig ergiebige Quelle. Dieses Urteil gründet sich auf die Feststellung, daß „in den lexikographischen Sammlungen meist eine große Lücke" „zwischen dem Altertümlichen und ‚Volkstümlichen' einerseits und dem Literarischen andererseits" klaffe:

„Als charakteristisches Beispiel muß hier wieder das Grimmsche Wörterbuch genannt werden, das volkskundlichen und mundartlichen Wortschatz neben dem literarischen in reichem Maße enthält, aber den technischen und wissenschaftlichen Wortschatz arg in den Hintergrund gedrängt hat" (Drozd/Seibicke 1973, 5; ähnlich Eis 1967, 53 ff; Pörksen 1986, 44).

Die Grimm-Forschung ist — ausgehend von den programmatischen und konzeptionellen Aussagen Jacob Grimms zum DWB (vgl. 2.) — ebenfalls zu der Einschätzung gelangt, daß große Teile der Fachlexik im DWB keine Berücksichtigung gefunden hätten:

„Die Aufnahme fachsprachlichen Wortschatzes ist in der 1. Arbeitsphase [bis 1863; vgl. 2.] im wesentlichen auf die Sprache alter und bodenständiger Berufe beschränkt. Es fehlt weitgehend der Wortschatz der neueren Technik, Medizin, Rechtswissenschaft und Philosophie, auch der der Seemannssprache, da dieser aus dem auch sonst nicht berücksichtigten Nd. ins Hd. übernommen ist. Später werden die Fachsprachen etwas stärker berücksichtigt, aber die Bevorzugung des Alten und Einheimischen gegenüber der auch in die Allgemeinsprache hineinwirkenden Terminologisierung in Technik und Naturwissenschaft wird nicht aufgegeben" (Bahr 1984b, 494; vgl. Dückert 1987, 17 f).

Dieses Bild ist erst kürzlich in einer exemplarischen Untersuchung (Schiewe 1991) der Fach- und Wissenschaftssprachen (praktisch orientierte Berufsfachsprachen und Theoriesprachen der Wissenschaften; vgl. Fluck 1991, 13) im DWB präzisiert und teilweise korrigiert worden. Die folgende Darstellung basiert auf der genannten Untersuchung.

2. Zur Konzeption des *Deutschen Wörterbuchs*

2.1. Bereits im Verlauf der Vorarbeiten zum DWB wird, insbesondere im Briefwechsel zwischen Wilhelm Grimm und dem Verleger Karl Reimer aus dem Jahre 1847 (Kirkness 1980, 113–167; bes. 113 ff), die Frage nach dem Umfang der Repräsentation des fachsprachlichen Wortschatzes aufgeworfen. Während Reimer mit dem verlegerisch-ökonomischen und pädagogischen Argument, die projektierte, heterogene Leserschaft des DWB erwarte Aufklärung auch über unbekannte Fachgebiete, für eine breite Aufnahme von Fachwörtern plädiert (vgl. Kirkness 1980, 115; 118), hält Wilhelm Grimm an der ursprünglichen Konzeption fest, v. a. die „edlere schriftsprache" zu berücksichtigen und „technische ausdrücke" nur in Auswahl zuzulassen (Kirkness 1980, 117; 119).

2.2. In Abschn. „8. Sprache der hirten, jäger, vogelsteller, fischer u. s. w." (DWB, Bd. 1, XXX–XXXII) seines programmatischen Vorworts zum DWB handelt Jacob Grimm über folgende fach- und sondersprachliche Bereiche: Sprache des Hirtenlebens; Redensarten des Weidmanns, Falkners und Voglers; Sprache des Fischers; Wörter der Schiffahrt; Sprache der Winzer; Bergmannssprache; Wörter der Bienenzucht, des Gartenbaus, der Feldbestellung, der Handwerker; Sprache der Kochbücher und Arzneibücher; das Rotwelsch; Sprache der Bettler, Diebe und Gauner; Sprache des Kriegswesens. Hiervon abgesetzt bespricht er die Sprachen in den „gelehrten ständen" und nennt namentlich die Sprache der Theologie, des Rechts, der Medizin, Chemie und Philosophie. Die Sprache der Philologie wird in Abschn. „12. Terminologie" (DWB, Bd. 1, XXXVIII f) lediglich in ihrer metasprachlichen Funktion als Beschreibungssprache im DWB reflektiert.

Aus Jacob Grimms Bemerkung, er sei „eifrig allen wörtern der ältesten stände des volks nach gegangen, in der sicher begründeten meinung, dasz sie für geschichte der sprache und sitte die ergibigste ausbeute gewähren" (DWB, Bd. 1, XXX), wird deutlich, daß der Wortschatz der älteren Fachsprachen nicht um seiner selbst willen bzw. aus Gründen der sachorientierten Dokumentation in das DWB aufgenommen werden sollte, sondern zur Illustration des Wortreichtums früherer Zustände des Deutschen und kulturgeschichtlicher Umstände diente. Diese Konzeption galt auch für die Wissenschaftssprachen. Von dem Urteil her, daß „in unsern gelehrten ständen [...] heute keine eigenthümliche übung und ausbildung deutscher sprache mehr" wohne (DWB, Bd. 1, XXXI), ergab sich die Konsequenz, ebenfalls nur ältere Sprachstufen oder aber einzelne vorbildliche Autoren (Liebig in der Chemie und Kant in der Philosophie werden ausdrücklich genannt) im DWB zu berücksichtigen.

2.3. Die konzeptionellen Überlegungen zur Fachlexik werden tangiert auch von dem Problem der Aufnahme fremdsprachlicher Ausdrücke in das DWB (vgl. DWB, Bd. 1, XXVI ff; Kirkness 1980, 17 ff; 26 ff; 41 ff; Dierwege 1935; Mellor 1972; Fratzke 1987). Während ‚ältere' Fremdwörter, „die im boden unsrer sprache längst wurzel gefaszt und aus ihr neue sprossen getrieben haben" und die „durch vielfache ableitung und zusammensetzung mit der deutschen rede so verwachsen [sind], dasz wir ihrer nicht entbehren können" (DWB, Bd. 1, XXVII), Eingang in das DWB finden sollen, möchte Jacob Grimm, ohne in Purismus verfallen zu wollen, auf die zahlreichen Fremdwörter der zeitgenössischen „ausländerei und sprachmengung" (DWB, Bd. 1, XXVIII) verzichten. Zusammenfassend stellt Fratzke (1987, 168) fest:

„Fachwörter, die über den spezifisch fachsprachlichen Gebrauch hinaus nicht geläufig waren, sollten im DWB nicht bearbeitet werden. Das gilt natürlich auch für die zahlreichen Fremdwörter im Fachwortschatz. Ein großer Teil der heute geläufigen, bekannten Wörter der kulturellen, wissenschaftlichen und technischen Bereiche war zur Zeit der Abfassung der entsprechenden DWB-Lieferungen noch ausschließlich oder überwiegend auf ein engeres Fachgebiet beschränkt, so daß sie nicht in das Wörterbuch aufgenommen werden konnten. Sie blieben nicht ausgeschlossen, weil sie Fremdwörter, sondern weil sie spezielle Fachwörter waren."

2.4. Die Abfassung des DWB erfolgte in vier Bearbeitungsphasen (Bahr 1984a; 1991). Den entsprechenden Vorworten lassen sich folgende Leitlinien entnehmen:

2.4.1. Während der ersten Bearbeitungsphase (1838−63) sind die richtungsweisenden Grundsätze festgelegt worden: (a) Das DWB ist historisch und an der Sprache der „edleren Schriftsteller" (Literatur im weitesten Sinne von Dichtung) ausgerichtet. Die Fachlexik kann deshalb nur ausschnittsweise und peripher berücksichtigt werden. (b) Der Grundsatz, nur bereits im Deutschen produktive Fremdwörter (Lehnwörter) aufzunehmen, mußte den Ausschluß weiter Teile des wissenschaftssprachlichen Wortschatzes, soweit er fremdsprachlicher Herkunft war, zur Folge haben. (c) Die im 19. Jh. expandierenden Wissenschafts- und Techniksprachen sollten lexikalisch nur in Auswahl verzeichnet werden. (d) Diese Auswahl war in erster Linie sprachpädagogisch begründet: nur Bildungen, die bereits in den Allgemeinwortschatz eingegangen waren und die den Bearbeitern als ‚geglückt' erschienen, sollten Eingang in das DWB finden.

2.4.2. In der zweiten Bearbeitungsphase (1863−1908) sind durch Rudolf Hildebrand (vgl. DWB, Bd. 11, I−X) die von Jacob und Wilhelm Grimm aufgestellten Grundsätze weitgehend fortgeschrieben worden.

2.4.3. Für die dritte Bearbeitungsphase (1908−30) ist aufgrund einer konzeptionellen Vorbemerkung von Karl von Bahder (DWB, Bd. 27, II) eine stärkere Berücksichtigung der Fachlexik zu erwarten:

„auf die sachlichen angaben wurde sorgfalt verwandt, die zahlreichen technischen und naturwissenschaftlichen ausdrücke hat sich H. Sickel verdient gemacht, namentlich hat er die bedeutung der pflanzennamen mit liebe verfolgt, wozu ja bei *wald-*, *wasser-* und *weg-* genug gelegenheit war."

2.4.4. Während der vierten Bearbeitungphase (1930−60) wird die Tendenz, die Fachlexik verstärkt aufzunehmen, fortgesetzt und ausgebaut, worauf Hermann Teucherts Bemerkung (DWB, Bd. 31, Vorwort) hindeutet:

"Mein Ziel war, den Sachverhalten in der Darstellung des Sprachstoffes einen angemessenen Platz zuzuweisen."

2.5. Die Selbsteinschätzung der Bearbeiter des DWB zeigt an, daß innerhalb der konzeptionellen Überlegungen das Thema der Berücksichtigung fach- und wissenschaftssprachlicher Ausdrücke über die gesamte Bearbeitungszeit hinweg virulent war. Das DWB ist von seiner Konzeption her kein Fachwörterbuch, verzichtet gleichwohl aber nicht völlig auf jegliche Repräsentation der Fachlexik.

3. Fach- und Wissenschaftssprachen im *Deutschen Wörterbuch*

Die exemplarische Darstellung der Fachlexik im DWB erfolgt in drei Schritten: Sichtung der Quellenverzeichnisse (3.1.), Fachsprachen im DWB (3.2.), Wissenschaftssprachen im DWB (3.3.).

3.1. Neben belletristischen und ‚volkstümlichen' Titeln, die bei weitem den größten Anteil der Quellen zum DWB ausmachen, nehmen die fach- und wissenschaftssprachlichen Schriften einen bescheidenen, wenngleich keineswegs nur marginalen Raum ein. Unter Ausschluß der Chroniken, Herrschergeschichten, Reichsabschiede, Stadtordnungen usw. als zur politischen Sprache gehörig (vgl. Holly 1991) sowie der Theologie mit den Schriften Luthers und der Reformatoren ergibt sich für die Quellenverzeichnisse der ersten drei DWB-Bände (DWB, Bd. 1, 1854, LXIX—XCI; Bd. 2, 1860, VII—XVIII; Bd. 3, 1862, I—VIII) — sie entsprechen der ersten Bearbeitungsphase durch Jacob und Wilhelm Grimm — folgendes Bild: Von den insgesamt ca. 1400 Titeln sind eindeutig der Fachliteratur zuzuordnen 83 Titel (= 6%). Für die Quellenverzeichnisse der DWB-Bände 11 bis 13 (DWB, Bd. 11, 1873, XI—LII; Bd. 12, 1885, III—VIII; Bd. 13, 1889, III—VIII), die der zweiten Bearbeitungsphase angehören, ist der Befund ähnlich: Von ca. 1250 Titeln entfallen 93 Titel (= 7,5%) auf die Fachliteratur. Die Stichprobe im Gesamtquellenverzeichnis (DWB, Bd. 33, 1971) bestätigt dieses Bild: Von ca. 700 Titeln des Buchstabens A entfallen 40 (= 6%), von ca. 1000 Titeln des Buchstabens M 57 Titel (= 6%) auf die Fachliteratur.

Die Titel verteilen sich insgesamt (absolute Zahlen für die Bände 1—3 und 11—13/Gesamtquellenverzeichnis Buchstabe A und M jeweils addiert) auf die Fächer Rechtswesen (33/4), Wundarznei-, Bader- und Hebammenbücher (28/26), Jagd- und Forstwesen (22/8), Bergbau (21/16), Pflanzen-, Kräuter- und Tierbücher (20/7), Handwerk und Technik (13/14), Kriegswesen (8/5), Roßarzneiliteratur (7/2), Landbau (6/5), Magie (6/1), Kochbücher (4/0), Weinbau (4/0), Ökonomie (2/0), Gaunersprache (1/2), Seemannssprache (1/0), Münzwesen (0/4), Erdbeschreibungen (0/3).

Das konstante Ergebnis von ca. 6% fachsprachlicher Quellen sowohl in den beiden Teilverzeichnissen als auch in den Stichproben des Gesamtverzeichnisses läßt erwarten, daß ihr Anteil im gesamten DWB ebenfalls einen entsprechenden Wert ausmacht. Aus der Fächergliederung wird deutlich, daß während der ersten beiden Bearbeitungsphasen des DWB die ältere Fachliteratur (Rechtswesen, Wundarznei, Jagd- und Forstwesen, Bergbau, Pflanzen-, Kräuter- und Tierbücher) in ihrer traditionellen Gestalt überwiegt. Handwerk und Technik sind dagegen offensichtlich noch nicht in dem Maße repäsentiert wie im späteren Gesamtquellenverzeichnis, in dem allerdings deskriptive Schriften zur Rechtspraxis nicht mehr eine herausragende Stellung einnehmen (vgl. Thudichum 1898). Insgesamt zeigen die Quellenverzeichnisse an, daß jene fachsprachlichen Bereiche eine angemessene Berücksichtigung im DWB erfahren haben, die schon frühzeitig (seit dem 14. Jh.) muttersprachlich ausgeprägt wurden.

Die wissenschaftssprachliche Literatur ist in den Quellenverzeichnissen des DWB nicht ganz so stark vertreten: In den Bänden 1—3 bzw. 11—13 finden sich 35 bzw. 31 entsprechende Titel, was jeweils einem Anteil von 2,5% an den gesamten Quellen ausmacht. Im Gesamtquellenverzeichnis sind unter dem Buchstaben A 21 und dem Buchstaben M 52 wissenschaftssprachliche Titel vertreten, was 3% bzw. 5% entspricht.

Die Titel verteilen sich auf folgende Fächer: Rechtswissenschaft (13/7), Philosophie (14/5), Naturwissenschaft allgemein (13/2), Biologie (13/14), Medizin (4/2), Astronomie (1/0), Psychologie (1/0), Geographie (2/0), Mathematik (2/5), Architektur (1/0), Chemie (1/4), Pädagogik (1/2), Musikwissenschaft (0/21), Staatswissenschaft (0/9), Physik (0/2).

Die wichtigsten wissenschaftlichen Fächer sind folglich im DWB vertreten, wobei zunächst eine Unterrepräsentierung der Chemie und Physik auffällt. Der Kernbereich naturwissenschaftlicher Fächer (Chemie, Physik, Biologie) ist jedoch im Gesamtquellenverzeichnis stärker vertreten als in den Teilverzeichnissen, was sich mit der Erscheinungszeit der jeweiligen Verzeichnisse (2. Hälfte 19. Jh. bzw. 1971) und der Entwicklung der Naturwissenschaften in diesem Zeitraum erklären läßt.

Der Anteil fach- und wissenschaftssprachlicher Titel am Gesamtaufkommen der dem DWB zugrundegelegten Quellen dürfte zusammengenommen bei ca. 10% liegen. Aufgrund einer vorsichtigen Schätzung, die die zahlreichen Verweise innerhalb des Verzeichnisses berücksichtigt, kann angenommen werden, daß das Gesamtquellenverzeichnis zum DWB ca. 1500 Titel der Fach- und Wissenschaftsliteratur enthält.

3.2. Aus dem „Sachweiser" des Sammelbandes Keil (1982, 611—731) wurde ein Korpus von 513 Stichwörtern gewählt, die den Bereichen Alchemie, Botanik, Chemie, Mathematik (einschl. Maß- und Gewichtseinheiten), Medizin, Pharmazie, Roßkunde und Tiernamen angehören. Davon sind 439 Einträge (= 86%) im DWB gebucht. Für die einzelnen Bereiche ergibt sich folgendes Bild:

(a) Alchemie: 3 lemmatisiert (*Goldmacherkunst, Quintessenz, Stein* [*der Weisen*]) — 5 nicht lemmatisiert (*Alchemie, Arcanum, Elexier, Essenz, Rebis*).
(b) Botanik: 166 lemmatisiert (u. a. *Allermannsharnisch, Alraune, Anis, Augentrost, Baldrian, Christdorn, Drachenwurz, Eibisch, Feige, Frauenmantel, Grindwurz, Hanf, Herbstzeitlose, Himmelschlüssel, Hirtentäschel, Ingwer, Koriander, Liebstöckel, Majoran, Myrrhe, Nelkenwurz, Olive, Pfirsich, Piment, Quitte, Rosmarin, Safran, Salbei, Schlafmohn, Spargel, Süßholz, Thymian, Waldmeister, Zaunwinde, Zimt*) — 15 nicht lemmatisiert (u. a. *Ackerwinde, Alpendost, Amberkraut, Aprikose, Basilikum, Bestäubung, Botanik* [aber lemmatisiert: *botanisch, botanisieren, Botanist*], *Brennessel, Pollen, Wiesenflockenblume*).
(c) Chemie: 39 lemmatisiert (u. a. *Alaun, Blei, Dampf, Eisen, Element, Fällung, Gas, Grünspan, Kalk, Kohle, Krystall, Kupfer, Lauge, Materie, Metall, Mineral, Pech, Quecksilber, Rauch, Rost, Salz, Säure, Scheidewasser, Schießpulver, Substanz, Teer, Verbrennung, Zinn, Zucker*) — 8 nicht lemmatisiert (*Analyse, Calcium, Enzym, Experiment, Ferment, Labor* [aber lemmatisiert: *Laborant*], *Lösung, Reaktion*).
(d) Mathematik: 11 lemmatisiert (*Bohne, Gerade, Gulden, Löffel, Mark, Pfennig, Pfund, Raute, Senkblei, Skrupel, Taler*) — 3 nicht lemmatisiert (*Arithmetik, Geometrie, Rößel*).
(e) Medizin: 144 lemmatisiert (u. a. *abführen, Aderlaß, Aussatz, Auswurf, Bauchfell, Blase, Blutgefäß, Darm, Drüse, Eiter, Fallsucht, Fistel, Gebärmutter, Gelbsucht, Geschwulst, Harnblase, Katarrh, Krätze, Leibsäfte, Monatsfluß, Muskel, Ruhr, Schwellung, Syphilis, Tollwut, Unfruchtbarkeit, Wassersucht, Zwerchfell*) — 31 nicht lemmatisiert (u. a. *Abszess, Anatomie, Asthma, Autopsie, Bronchitis, Chirurg, Cholera, Diagnose, Durchblutung, Embryo, Epilepsie, Genitalien, Homöopathie, Infektion, Malaria, Mestruation, Tumor, Wundbrand*).
(f) Pharmazie: 28 lemmatisiert: (u. a. *Abkochung, Apotheke, Apotheker, Arznei, Balsam, Brandsalbe, Darreichung, destillieren, Gift, Gran, Opium, Pille, Pulver, Rezept, Salbe, Schlangenpulver, Tinctur, Verband*) — 11 nicht lemmatisiert (*Abführmittel, absorbieren, Alkohol, Allheilmittel, Ammoniak, Analyse, Bitterstoff, Dosierung, Droge, Ingredienzien, Rezeptur*).
(g) Roßkunde: 12 lemmatisiert (*beschlagen, Fessel, Fuchs, Huf, Mähne, Rähe, Rappe, Schimmel, Schwanz, Schweif, streichen, Wallach*) — 1 nicht lemmatisiert (*Abzeichen*).
(h) Tiernamen: Alle 36 überprüften Ausdrücke von *Aal* bis *Ziege* sind lemmatisiert.

Für die Fächer Botanik, Medizin, Chemie und Pharmazie, in denen das Korpus genügend groß ist, um eine signifikante Aussage über die Repräsentation des jeweiligen fachsprachlichen Wortschatzes im DWB zuzulassen, ist, angesichts der Forschungsvorgaben (vgl. 1.), der Befund überraschend. Vor allem für die Botanik läßt sich festhalten, daß die Pflanzen- und Kräuterbücher — ab der zweiten Bearbeitungsphase verstärkt — sehr sorgfältig ausgezogen worden sind. Fremdsprachliche und fremdsprachlich klingende Namen sind dabei ebenso im DWB verzeichnet wie die meist sprechenden muttersprachlichen Kompositabildungen. In der Medizin dagegen sind — über alle Bearbeitungsphasen hinweg — die fremdsprachlichen Fachwörter weit weniger lemmatisiert als die muttersprachlichen. Hier trifft die Beobachtung, daß an fachsprachlichen Ausdrücken in das DWB nur das aufgenommen wurde, was bereits gemeinsprachlich verankert war, am ehesten zu. Konsequent verfahren wurde jedoch nicht: *Chirurg* und *Infektion* beispielsweise sind nicht lemmatisiert, dagegen aber *Clistier* (mit Verweis auf *Klistier*) und *Influenz*. Die Namen für Teile des menschlichen Körpers und für Krankheiten haben eine breite Aufnahme in das DWB gefunden. In Chemie und Pharmazie nimmt während der späteren Bearbeitungsphasen der lemmatisierte Anteil fremdsprachlicher Termini ebenfalls zu. Die chemischen Elemente (soweit damals bekannt) und jene Substanzen, die für Handwerk und Haushalt relevant waren, sind ebenso umfassend verzeichnet wie pharmazeutische Mittel, Gegenstände und Verrichtungen, deren Kenntnis für den Laien nützlich erschien.

Die Beobachtung, daß die „Sprache alter Berufsstände und versinkender Techniken" in der Lexikographie der Romantik einen „sehr hohen Stellenwert" besaß (Pörksen 1986, 44), läßt sich für das DWB bestätigen. Den Fachsprachen der verschiedenen Handwerke (in ihren älteren, vorindustriellen Formen) schenkt das DWB breite Aufmerksamkeit. So ist z. B. der Fachwortschatz des Bergmanns bereits auf den ersten Seiten des DWB stark repräsentiert:

abbauen, abblicken, abbohren, Abbrand, abflauen, Abflauherd, abglühen, abhütten, Abkömmnis, ablörschen, abrasen, absätzig usw.

Ebenso breit sind Ausdrücke aus der Jägersprache aufgenommen:

Abbisz, abblatten, abbrunften, abdecken, abhetzen, abjagen, abkämpfen, abkappen, abschleichen, beizen, Beizjagd, Blatt, blatten, Brunft usw.

Folgende, in Auswahl aufgeführte Handwerksbereiche sind mit fachsprachlichen Ausdrücken durchgängig im DWB unter Angabe des Berufsstandes vertreten: Böttcher, Färber, Fischer, Forstleute, Gerber, Goldschmiede, Klempner, Landwirte, Leintuchmacher, Metallarbeiter, Röhrenmeister, Schächter (Metzger), Schlosser, Schuster, Tischler, Winzer, Zimmerleute. Darüber hinaus ist das Kriegswesen, insbesondere in der ersten und zweiten Bearbeitungsphase, auffällig präsent: Die auf *Krieg-* basierenden Ableitungen und Komposita nehmen beinahe 50 Spalten ein (DWB, Bd. 11, 2256—2303).

3.3. Für die Sichtung des wissenschaftssprachlichen Wortschatzes im DWB ist als Korpus das „Wörterverzeichnis" aus Pörksen (1986, 239—244) gewählt worden. Die Belege stammen hauptsächlich aus den Bereichen moderne Biologie, Chemie, Physik, Mathematik und Psychoanalyse. Das Korpus umfaßt 345 ausgewählte Stichwörter, die bei Abschluß des jeweiligen DWB-Bandes bereits in ihrer fachsprachlichen Bedeutung vorlagen. Davon sind 176 Einträge (= 51%) im DWB gebucht. Der im DWB repräsentierte wissenschaftssprachliche Wortbestand liegt somit erheblich unter dem fachsprachlichen, nimmt aber dennoch einen recht breiten Raum ein. Im einzelnen ergibt sich folgendes Bild:

(a) Biologie: Von 113 überprüften Ausdrücken sind 61 (= 54%) lemmatisiert. Dazu gehören insbesondere die modernen, von Linné geprägten Termini zur Beschreibung und Klassifizierung der Pflanzen in ihrer deutschen Übersetzung: *Blatt, Blumenblatt, Frucht, Fruchtknoten, Griffel, Kelch, Kelchblatt, Krone, Narbe, Organ, Same, Schlüssel, Staubfaden, Staubbeutel, Staubgefäß, Staubwerkzeuge, Stengel, Stengelblatt, Wurzel.* Ebenfalls in ihrer wissenschaftssprachlichen Bedeutung gebucht sind allgemeine Klassifizierungsbegriffe wie *Art, Gattung, Klasse, Ordnung, Rasse* und *Spezies,* darüber hinaus *Insekt, Wirbeltiere* und *Ziefer* sowie die Goetheschen Begriffe *Reihen, Steigerung, Stufenfolge, Typus, Übergang, Umbildung, Umwandlung, verwandeln* und *Verwandtschaft.* Es fehlen allerdings die ebenfalls von Goethe in seinen naturwissenschaftlichen Schriften benutzten Ausdrücke *Ausbildung, Metamorphose* und *Modifikation.* Auffälligerweise wurde die Darwinsche Terminologie zunächst nicht aufgenommen. So fehlen *Kampf* (*ums Dasein*)*, Konkurrenz, Mutation, Selektion, Überleben* (*des Tüchtigsten*) und *Variation.* Erst *Wettbewerb, Wettstreit, Züchtung* und *Zuchtwahl* sind — knapp — belegt.

(b) Chemie: Von 48 überprüften Begriffen sind 20 (= 42%) lemmatisiert. Zu den in das DWB aufgenommenen Begriffen gehören *Äther, Blausäure, Formel, Gas, Kobalt, Kristallisation, legieren, Sauerstoff, spezifisch, steril, Stickstoff, Sublimierung, Sylphe, Wahlanziehung, Wahlverwandtschaft, Zersetzung, Zink.* Nicht belegt sind u. a. *Arsen, Attraktion, Cocain, Helium, Kali, Natron, Nikotin* und — erstaunlicherweise — *Phlogiston.*

(c) Mathematik: Von 60 überprüften Begriffen sind 39 (= 66%) lemmatisiert. Aufgenommen sind hauptsächlich deutsche Bezeichnungen, die, von Dürer ausgehend, v. a. Christian Wolff ins Deutsche eingeführt hat: *Beweis, Breite, Bruch, Cirkel, Dreieck, Durchmesser, Ecksäule, Eierlinie, Gleichung, Höhe, Kegelschnitt, Kugel, kugelrund, Länge, Nebenwinkel, Nenner, Querschnitt, Schnitz, Spirallinie, Viereck, Würfel, Wurzel, Zähler, Zwerchlinie.* Es fehlen u. a. *Abstand, ähnlich, Brennlinie, Gabellinie, Gleichlaufende* sowie *addieren, Axiom, dividieren, Ellipse, multiplizieren, Tangens.*

(d) Physik: Von 82 überprüften Begriffen sind 43 (= 52%) lemmatisiert. Gerade in diesem Bereich läßt sich deutlich erkennen, daß mit zunehmender Bearbeitungszeit auch mehr wissenschaftliche Ausdrücke Berücksichtigung finden. Belegt sind u. a. *Anziehung, Anziehungskraft, Blitzableiter, Brechung, Brennpunkt, Dampfmaschine, Fernglas, Fernrohr, Geschwindigkeit, Glühbirne, Gravitation, Hebel, Kraft, Lichtstrahl, Masse, Opposition, Optik, Polarität, Prisma, Rückprall, Schwerdrückung, Schwere, Schwerkraft, Schwerpunkt, Strahlen, Strahlenbrechung, Strom, Trägheit, Transformator, Volt, Wi(e)derstand, Zerlegung, Zusammenziehung.* Es fehlen u. a. *Abstrebekraft, Anstrebekraft, Atom, Aufhaltekraft, Bewegung, C*[*Z*]*entrifugalkraft, elektrisch, Energie, Experiment, Interferenz, Kraftfeld, Lichtspalter, Mikroskop, Reflexion, Refraktion.*

(e) Psychologie/Psychoanalyse: Von 42 überprüften Ausdrücken sind 13 (= 31%) lemmatisiert. Mit ihrer fachsprachlichen Bedeutung sind fast nur Krankheitsbezeichnungen wie *Geisteskrankheit, Reizbarkeit* oder *Seelenkrankheit* im DWB zu finden. Es fehlt völlig der Wortschatz der Psychoanalyse in jenen Bänden des DWB, die nach der Popularisierung dieses Faches bearbeitet wurden (z. B. *Todestrieb, Trauerarbeit, Überich*).

Die fünf untersuchten Wissenschaftszweige, die sich mit ihren Begrifflichkeiten zwischen dem 17. und dem beginnenden 20. Jh. etabliert haben und die zum Teil auch über die engen Fachgrenzen hinaus mit ihrem Wortschatz einem breiterem Publikum bekannt wurden, sind im DWB — mit Ausnahme der Psychoanalyse — wenigstens in Teilen repräsentiert. Besonders die Biologie hat hauptsächlich durch Goethes naturwissenschaftliche Schriften Eingang in das DWB gefunden. Die aus griechischem und lateinischem Wortmaterial gebildeten wissenschaftssprachlichen Termini sind weitaus schwächer im DWB vertreten als ihre muttersprachlichen Übersetzungen, was z. B. an der mathematischen Terminologie erkennbar wird.

3.4. Neben der Quantität der Belege muß auch deren Qualität betrachtet werden, denn erst an der internen Artikelstruktur läßt sich der Gebrauchswert auch des DWB ablesen.

In ihrer Grundstruktur — Stichwortgruppe, Formteil, Bedeutungsteil mit Belegen, Verweise und Kompositionsgruppe (vgl. Haß 1991; Neubauer 1991) — sind alle Artikel gleich aufgebaut, jedoch können nicht selten einzelne Teile fehlen. Am Beispiel der Pflanzennamen läßt sich die Variationsbreite des Artikelaufbaus deutlich erkennen. Der kürzeste Eintrag kann aus der bloßen Nennung des Genus und des lateinischen Namens bestehen (DWB, Bd. 2, 226):

„**BOHNENKRAUT**, *n. satureia hortensis.*"

Daneben gibt es, bereits während der ersten Bearbeitungsphase, auch umfangreichere und gehaltvollere Artikel (z. B. *Epheu*; DWB, Bd. 3, 678). In der vierten Bearbeitungsphase, unter der Verantwortung des Botanikers Heinrich Marzell, werden die Ausführungen zu den Pflanzennamen, ohne den historischen Bezug aufzugeben, immer fachlicher (vgl. z. B. *Wermut, Wicke, Wiesenkümmel*, DWB, Bd. 29, 427—435; 837—841; 1614). Die Einträge können mehrere Spalten umfassen und zusätzlich eine Liste von Komposita enthalten oder durch selbständig lemmatisierte Komposita ergänzt werden. Während die Belege zunehmend auch nach der Fach- bzw. Wissenschaftsliteratur gegeben werden und bis ins 16. Jh. zurückreichen können, sind die Belegstrecken jedoch eher von der Markierung der Formveränderungen und weniger von der Dokumentation der Bedeutungsentwicklung her motiviert.

Wie differenziert jedoch, im Idealfall, die unterschiedliche Semantik eines Wortes in verschiedenen Fachsprachen aufgeführt sein kann, verdeutlicht das folgende Beispiel (DWB, Bd. 1, 370):

„**ANHAUEN**, *incipere caedere, forstmäszig, signare arbores plaga* (s. anhau), das gehölz, den schlag anhauen, die bäume anhauen *zur bezeichnung, wie* der specht den baum anhaut, *anhackt*; nuszbaum, da der specht angehauet hat. Fischart *Garg.* 238ᵇ, *bei den schlächtern*, den ochsen, das schwein anhauen, *vom gefällten thier das erste stück hauen; bei den fischern*, den fisch mit der angel anhauen, die angel schütteln, dasz sie den fisch, welcher angebissen hat, fester fasse; *in der landwirtschaft*, das getraide anhauen, *so dasz beim fallen es an das noch stehende anlehne; im bergwerk*, an frischer stelle anhauen; *beim reiten*, die pferde anhauen, *antreiben*:
   gehorchend hieb Saturnia
   die rosse an.   Bürger;
daher die redensart angehauen kommen (s. angehauen). *auch das brot, den käse anhauen. wegen der starken oder schwachen flexion s.* hauen."

Zusammenfassend läßt sich die Artikelstruktur fach- und wissenschaftssprachlicher Ausdrücke im DWB folgendermaßen charakterisieren:
(a) Die lateinische Bedeutungsangabe, die in der Regel auf die Stichwortgruppe folgt, ist zumeist identisch mit dem Terminus, der in Fächern mit gelehrtensprachlicher Tradition (v. a. Botanik, Chemie, Medizin, Pharmazie) gebräuchlich war oder noch ist (beispielsweise sind *Matrix* und *Uterus* nicht lemmatisiert, doch als Bedeutungsangaben dem Lemma *Gebärmutter* beigefügt). Der eigentliche Nutzen, den die Aufnahme fachsprachlicher Ausdrücke in einem Wörterbuch haben sollte, die Erklärung der Bedeutung und des Gebrauchs, wird dadurch allerdings verfehlt. Doch stellt die oftmals kritisierte Praxis des DWB, die Bedeutung eines Wortes mittels seiner lateinischen Entsprechung anzugeben, ein allgemeines, nicht bloß auf die Fachlexik bezogenes Problem dar (vgl. Dückert 1987, 32 f; Schmidt 1986).
(b) Da das DWB in der Regel auf explizite Kennzeichnungen wie ‚fach- bzw. wissenschaftssprachlicher Herkunft' oder ‚aus der Gebrauchssprache entlehnt' verzichtet, muß ein solcher Sachverhalt aus dem Umfang bzw. Fehlen des Formteils bei den entsprechenden Lemmata indirekt erschlossen wer-

den: Rein fachsprachliche Ausdrücke sind meist nur in der lemmatisierten Form belegt, so daß ein Formteil bei ihnen völlig fehlt. Die Übernahme gemeinsprachlicher Ausdrücke in die Fachsprache dagegen läßt sich an der Belegung auch älterer oder konkurrierender Formen ablesen.
(c) Die Belege selbst sind unverhältnismäßig oft literatursprachlicher Art. Diese Praxis entspricht der Konzeption und Intention des DWB, ist aber insofern zu kritisieren, als ihr sachlicher Erklärungswert fraglich erscheint.
(d) Die Artikel zu fach- und wissenschaftssprachlichen Ausdrücken sind von ihrer Struktur her eher dazu geeignet, einem nicht ganz fachfremden Benutzer Auskunft über die Geschichte und den Gebrauch eines Wortes zu geben, als dessen Bedeutung einem Laien zu erklären.

4. Bewertung

Das DWB ist kein Wörterbuch, das die zu seiner Zeit gängige Fachlexik umfassend repräsentiert. Gleichwohl sind fach- und wissenschaftssprachliche Wortschatzteile in folgender Ausprägung vertreten:
(a) Das DWB ist eine gute Quelle, um den muttersprachlichen Fachwortschatz aus älterer Zeit zu studieren. Die Sprachen älterer Handwerke sind ebenso umfassend dokumentiert wie die fachsprachlich ausgearbeiteten und kulturgeschichtlich bedeutenden Bereiche der Pflanzen- und Tiernamen, der Arznei und Medizin.
(b) Das DWB verzeichnet den wissenschaftssprachlichen, insbesondere den naturwissenschaftssprachlichen Wortschatz in einiger Ausführlichkeit dort, wo er schon frühzeitig eine deutschsprachige Ausprägung erfahren hat und Gegenstand allgemeiner Bildung geworden ist. Neuere Fächer wie die Psychoanalyse finden allerdings keine Berücksichtigung.
(c) Die Bedeutungsangaben zu fach- und wissenschaftssprachlichen Stichwörtern sind unterschiedlich ausgearbeitet. Sie beschränken sich, vor allem in der ersten Bearbeitungsphase, oft auf die lateinische Entsprechung, werden später aber umfassender und präziser gestaltet.
(d) Die Quellenbelege sind zum großen Teil literatursprachlicher Art. Dem Benutzer bieten sie damit nur eingeschränkt Gelegenheit, auf dem Weg über das DWB die Fachlexik aus genuinen Quellen kennenzulernen.

(e) Für die Fachsprachenforschung ist diese vom DWB geübte Praxis jedoch insofern von Interesse, als die Belege Aufschluß geben können über die Rezeption der Fach- und Wissenschaftssprachen innerhalb der Literatur, die bis zum Ende des 19. Jh.s ja ein Bindeglied zur Gemeinsprache darstellte. Aus diesem Blickwinkel betrachtet ist das DWB als Quelle für die Fachsprachenforschung nicht ohne Wert.

5. Literatur (in Auswahl)

Bahr 1984a = Joachim Bahr: Das Deutsche Wörterbuch von Jacob Grimm und Wilhelm Grimm. Stationen seiner inneren Geschichte. In: Sprachwissenschaft 9. 1984, 387−455.

Bahr 1984b = Joachim Bahr: Eine Jahrhundertleistung historischer Lexikographie: Das Deutsche Wörterbuch, begr. von J. und W. Grimm. In: Besch/Reichmann/Sonderegger 1984/5. 1. Halbbd., 492−501.

Bahr 1991 = Joachim Bahr: Periodik der Wörterbuchbearbeitung. Veränderungen von Wörterbuchkonzeption und -praxis. In: Kirkness/Kühn/Wiegand 1991. Bd. 1, 1−50.

Besch/Reichmann/Sonderegger 1984/1985 = Werner Besch/Oskar Reichmann/Stefan Sonderegger (Hrsg.): Sprachgeschichte. Ein Handbuch zur Geschichte der deutschen Sprache und ihrer Erforschung. 2 Halbbde. Berlin. New York 1984/5 (Handbücher zur Sprach- und Kommunikationswissenschaft; 2.1/2).

Diewerge 1935 = Heinz Diewerge: Jacob Grimm und das Fremdwort. Leipzig 1935.

Drozd/Seibicke 1973 = L[ubomir] Drozd, W[ilfried] Seibicke: Deutsche Fach- und Wissenschaftssprache. Bestandsaufnahme − Theorie − Geschichte. Wiesbaden 1973.

Dückert 1987 = Joachim Dückert (Hrsg.): Das Grimmsche Wörterbuch. Untersuchungen zur lexikographischen Methodologie. Leipzig 1987.

DWB = Deutsches Wörterbuch von Jacob Grimm und Wilhelm Grimm. 32 Bde. Leipzig 1854−1960. Quellenverzeichnis 1971. [Nachdruck München 1984].

Eis 1967 = Gerhard Eis: Mittelalterliche Fachliteratur. 2., durchges. Aufl. Stuttgart 1967.

Fluck 1991 = Rüdiger Fluck: Fachsprachen. Einführung und Bibliographie. 4. Aufl. Tübingen 1991 (Uni-Taschenbücher 483).

Fratzke 1987 = Ursula Fratzke: Zum Fremdwort im Deutschen Wörterbuch. In: Dückert 1987, 153−169.

Grimm 1881 = Wilhelm Grimm: Bericht über das deutsche Wörterbuch. In: W. Grimm: Kleinere Schriften. Hrsg. Gustav Heinrichs. Bd. 1. Berlin 1881, 508−520.

Haß 1991 = Ulrike Haß: Zu Bedeutung und Funktion von Beleg- und Kompetenzbeispielen im Deutschen Wörterbuch. In: Kirkness/Kühn/Wiegand 1991. Bd. 2, 535—594.

Holly 1991 = Werner Holly: „Wilde pflanzen ohne nährende frucht" — Die Behandlung des politisch-sozialen Wortschatzes im Deutschen Wörterbuch. In: Kirkness/Kühn/Wiegand 1991. Bd. 2, 347—405.

Keil 1982 = Fachprosa-Studien. Beiträge zur mittelalterlichen Wissenschafts- und Geistesgeschichte. Hrsg. v. Gundolf Keil im Zusammenwirken mit Peter Assion, Willem Frans Daems, Heinz-Ulrich Roehl. Berlin 1982.

Kirkness 1980 = Alan Kirkness: Geschichte des Deutschen Wörterbuchs 1838 bis 1863. Dokumente zu den Lexikographen Grimm. Mit einem Beitrag von Ludwig Denecke. Stuttgart 1980.

Kirkness/Kühn/Wiegand 1991 = Alan Kirkness/Peter Kühn/Herbert Ernst Wiegand (Hrsg.): Studien zum Deutschen Wörterbuch von Jacob Grimm und Wilhelm Grimm. 2 Bde. Tübingen (Lexicographica. Series Maior 33/34).

Mellor 1972 = Chauncey Jeffries Mellor: Jacob Grimm's use of the term *Fremdwort*. In: Modern Language Notes 87. 1972, 497—498.

Neubauer 1991 = Fritz Neubauer: Beobachtungen zu den deutschen Bedeutungsangaben zu nennlexikalischen Ausdrücken im Deutschen Wörterbuch. In: Kirkness/Kühn/Wiegand 1991. Bd. 2, 519—534.

Pörksen 1984 = Uwe Pörksen: Deutsche Sprachgeschichte und die Entwicklung der Naturwissenschaften. — Aspekte einer Geschichte der Naturwissenschaftssprache und ihrer Wechselbeziehung zur Gemeinsprache. In: Besch/Reichmann/Sonderegger 1984/5. 1. Halbbd., 85—101.

Pörksen 1986 = Uwe Pörksen: Deutsche Naturwissenschaftssprachen. Historische und kritische Studien. Tübingen 1986 (Forum für Fachsprachen-Forschung 2).

Schiewe 1991 = Jürgen Schiewe: Fach- und Wissenschaftssprachen im Deutschen Wörterbuch. In: Kirkness/Kühn/Wiegand 1991. Bd. 1, 225—263.

Schmidt 1986 = Hartmut Schmidt: Wörterbuchprobleme. Untersuchungen zu konzeptionellen Fragen der historischen Lexikographie. Tübingen 1986 (Reihe Germanistische Linguistik 65).

Seibicke 1985 = Wilfried Seibicke: Fachsprachen in historischer Entwicklung. In: Besch/Reichmann/Sonderegger 1984/5. 2. Halbbd., 1998—2008.

Thudichum 1898 = Friedrich Thudichum: Die Rechtssprache in Grimms Wörterbuch. Stuttgart 1898.

Jürgen Schiewe, Freiburg i. Brsg.

188. Specialized lexis in the *Oxford English Dictionary*

1. Coverage of specialized lexis in the *OED* and *Supplement*, 1884—1933
2. Coverage of specialized lexis in the second and third editions of the *OED*
3. Specialized lexis used by the *OED*
4. Selected bibliography

1. Coverage of specialized lexis in the *OED* and *Supplement*, 1884—1933

In the 'General Explanations' printed in Volume I of the first edition of the *Oxford English Dictionary* (= *OED1*), the editor, James Murray, included a diagram illustrating 'the circle of the English language', in which 'scientific' and 'technical' are shown — along with 'foreign', 'dialectal', and 'slang' — as peripheral components of the language: "The lexicographer [...] must include [...] such of the scientific, technical, slang, dialectal, and foreign words as are passing into common use." (*OED1* vol. I, p. xvii) It is apparent from this that in a general sense scientific and technical language is not thought to require special treatment. However, specialized lexis does seem to have given rise to a disproportionate number of conflicts with a basic principle of the *OED*. The basic principle was that a word or sense should only be included if there was satisfactory evidence that it had entered the language; and in this respect the usual minimum requirement was that a quotation could be found illustrating the word in use: or, in the words of James Murray, when reporting in 1880 to the Philological Society on the progress of the Dictionary, "I want proof of the word's use, not of its occurrence in a list, where every thing that any body has ever said existed, is professedly to be found." (Murray 1880a, 127) Such quotations form the basis of any historical dictionary, and over 5 million were collected for *OED1* through the reading of a wide variety of English source texts of all periods. However, there were inevitable inconsistencies in the collection of these quotation slips, so that there might be no illustrative quotations at all for a word listed in a standard specialist dictionary, while on the other hand a word which was (or appeared to be) far less significant might be well represented by quotations through having coincidentally caught the eye of several readers. Thus (for example) entries for the architectural terms *abaciscus* and *arris-fillet* (for which Gwilt's *Encyclopaedia of Architecture* is given as authority) appear in Volume I of *OED1* without any illustrative quotations, while in 1903 it was decided to omit *radium*, the name of a recently discovered chemical element, despite the availability of quotations, because it was considered likely to be ephemeral. (Mention of a word in a historical dictionary may of course be taken to imply that the editors of that dictionary knew of quotations illustrating it: indeed, after the commencement of publication of the *Century Dictionary* in 1889, its entries began to be used extensively by the editors of *OED1* as pointers to words which could be included even when they had no contextual illustrative quotations to hand.)

These two kinds of departure from the basic principle of insisting on quotation evidence require the making of judgements whose validity changes over time. In the absence of quotation evidence, any specialist dictionary or wordlist may subsequently turn out to have been unreliable as a guide to the central vocabulary of its subject; and any word whose claim to inclusion appeared at one time judged to be marginal may subsequently be brought to prominence by unforeseeable means. Omissions of the latter type can be remedied by publishing additional entries, and the one-volume *Supplement* to the *OED* (Craigie/Onions 1933) included entries for such omissions as *radium*, as well as many entries for words which had appeared too recently to have been considered for inclusion in *OED1*.

Other omissions, however, were due not to lack of evidence, but to a particular view of what constituted an English word; and some aspects of this view are of particular relevance to specialized lexis. Derivatives of proper names, many of which are significant specialist terms (such as *Banksian* and *Boolean*, from botany and algebra respectively), were originally excluded. So too was some vocabulary which was felt to be 'modern Latin' rather than English – genus names such as *Alopecurus* (although some plant-names such as *alcyonium* which had become thoroughly naturalized as English count-nouns were included) and Latinate medical terms such as *adenia*. This distinction in particular led to the omission from *OED1* of a great deal of (mainly scientific) specialized lexis. These criteria were not universally applied, however: some derivatives of proper names, such as *Athanasian* (a term from the lexis of theology), appear in the first edition, as do many Latinate taxonomic and medical terms, such as *Acanthopterygii* and *albuminuria* (the symbol ‖ being used to indicate that such words were 'not naturalized'). A consideration of various classes of words that were normally excluded from the first edition is given by Burchfield (1973), who does observe, however, that "I do not know of any class of words that was *totally* excluded" (Burchfield 1973, 4): exceptions were frequently made in the case of words whose great age, or strength of presence in the English of a particular period, tended to support their inclusion in a historical dictionary of the language. (The categories dealt with by Burchfield (1973) are: proper names of various types, and vocabulary derived from them; non-anglicized names of plants and animals; vocabulary of which the only known evidence is in other dictionaries, glossaries, etc.; words of exceptionally low frequency; words used in some way considered to be incorrect, either accidentally or deliberately (malapropisms, confusions of one word with another, literalisms of translation, and other so-called 'catachrestic' usages); nonsense words (such as those used in counting-out rhymes), puns, and other plays on words; obvious compounds; words which might be excluded on grounds of obscenity or offensiveness (but which are no longer excluded from the *OED*); and proprietary terms.)

In the compilation of *OED1* and the 1933 *Supplement*, then, specialized lexis was not accorded treatment which differed qualitatively from that given to other vocabulary, although particular issues of general editorial policy might apply especially to scientific or technical language. All words were subject to the same editorial processes: (1) suitable source texts were read with the aim of collecting adequate quotation evidence; (2) in the absence of such evidence, words were sometimes included because of their appearance in other wordlists (and not just in specialist lists: a dictionary like Blount's *Glossographia* of 1656 seems to have been used for this purpose just as much as a contemporary specialist one like the New Sydenham Society's *Lexicon of Medicine and Allied Sciences*); (3) subject labels such as *Zool.* were added when the editor deemed it appropriate to do so; (4) the advice of specialists was sought where necessary, whether it be for information about the definition, the pronunciation, the etymology, or the earliest known use of a word in print. The fact that such an approach was feasible, and does not appear to have caused serious problems either for the editors or for the readers of the first edition and its Supplement, must be due to the extent to which, for the average educated reader of English, much scientific and technical language was indeed peripheral.

2. Coverage of specialized lexis in the second and third editions of the *OED*

During the remainder of the twentieth century, however, the 'circle of the English language' has changed its shape considerably. Weiner (1990) provides a thorough discussion of the changes and their implications for the *OED*: as far as specialized lexis is concerned there are two crucial considerations. The language of particular subject areas which were previously extremely specialized has become more generally familiar, as these subjects have become more part of common experience; but more importantly, language which is still undeniably specialized has become much more widely accessible, and readers of English consequently expect their dictionaries to cover specialized lexis more thoroughly. These expectations are reflected in the editorial policy adopted for the expansion of the 1933 *Supplement* in four volumes (1972−86) and for the compilation of new entries which has gone on continuously since then. The second edition of the Dictionary (= *OED2*), published in 1989, included some 5,000 new entries, and further new entries have subsequently begun to appear in the volumes of the *OED* Additions Series. The editorial policy of the third edition is currently under development: this section will therefore concentrate on policy regarding the selection and coverage of new items of specialized lexis, rather than the revision of existing *OED* entries.

2.1. Collection of data

The ordinary starting point for selection of items to be added to the *OED* (see 2.2.) is the assessment of quotations. In addition to quotations noted voluntarily by members of the public, which continue to be sent in from all over the English-speaking world, there is also a programme of controlled reading of source texts. Two directed reading programmes, one based in Oxford and one in the United States, monitor English texts from the widest possible range of sources, selected to provide coverage of different registers, textual genres, regional varieties, and of course subject areas. The aim of these reading programmes is to ensure that the language of all significant subtypes of English (sublanguages) is examined. The texts are scrutinized by trained readers who make note of any instance of new vocabulary, including new senses of existing words, compounds, and phrases, as well as completely new words. (In this context 'new' simply means not previously covered by *OED*: documentation for vocabulary from earlier periods of English is constantly coming to light.) Quotations for each such instance, typically including a sentence of context, are then either sent to the Department on slips of paper (the traditional method, still used for most of the voluntary contributions) or keyed into a quotations database, which now contains approximately 20 million words. Additional quotations are also made available from the reading programmes of other historical dictionaries, such as the *Australian National Dictionary* and the *Dictionary of South African English*.

2.2. Initial selection

This material is then sorted, under the supervision of a senior member of staff, by a team of editorial assistants, who compare each quotation against the *OED*. Any lexical feature which is not described by the existing editorial text may then be passed forward, either as a suggested revision or as a proposal to add a completely new lemma or subsense. In the expanded *Supplement* and subsequently, the requirement that a word be illustrated by at least one quotation has become absolute. However, it is of course unfeasible to draft entries for every item for which there is evidence in the files: as a pragmatic filter, therefore, the usual minimum requirement for an item to be forwarded to an editor is that the files should contain (either online or in paper form) three examples, covering a reasonable range of dates and sources. This requirement in itself is sufficient to exclude most items with an extremely short-lived or narrow currency.

Such a criterion cannot, however, be relied upon to provide a list of the 'most important' words and meanings. As far as specialized lexis is concerned, any stage in the procedure may have given too much or too little emphasis to vocabulary of one particular type. The level of completeness of coverage of any particular sublanguage is of course a matter of debate. A particular subject area may have been over- or under-represented in the reading programme, which, despite drawing on a much wider range of sources than most lexical corpora (and therefore offering the opportunity to cover a greater variety of sublanguages), is still a form of corpus, with the associated problems of balance: "There are no rules that would ensure a fair representation of the different domains of human knowledge in the nomenclature of a dictionary." (Béjoint 1988, 361) There will also have been inconsistency among readers; and of course some classes of words may have been more or less liable, for various reasons, to claim a reader's attention. Over-representation of unimportant items can be addressed once entries are in the process of preparation: what is more important at the selection stage is that inadequate evidence should not lead to any 'important' vocabulary being passed over. The first point at which flexibility can be applied is at the sorting stage, and it is applied by relaxing the requirement of three quotations in those areas of lexis (including some components of specialized lexis) which are known to be liable on occasion to under-representation.

This sorting process is unique in scale among English dictionaries, although the same principles underlie many other schemes to monitor the appearance of new vocabulary. However, despite these modifications, the processing of such a corpus, in alphabetical order of catchword, should not be relied upon as the only means of selecting new items for inclusion in the *OED*. For specialized lexis in particular there is an important alternative selection process, with advantages in terms of editorial efficiency: lists of eligible words in more or less any subject are readily available, and there are obvious practical advantages in drafting entries for such words as a group rather than one by one, in that problems relating to the wording of definitions of a particular type, or indeed to any other feature common to several entries, need be addressed only once. Therefore, in parallel with the work done by editorial assistants, projects to work on thematically related groups of words are undertaken. These take as their starting point a wordlist in a chosen subject, either developed from a specialist dictionary, handlist, or field guide, or similar source, or submitted by a consultant with specialist knowledge of the field. In both cases, however, some assessment must be made of the reliability of the wordlist as a descriptive guide to the key vocabulary of the field: many specialist dictionaries are (avowedly or silently) prescriptive, while specialists may provide a subjective view of which vocabulary is central to their discipline. Objective evidence, therefore, is still required: if quotations to illustrate an item in a specialist wordlist are not already available, then one or more must be found before the item can be included in the *OED*. The search for evidence may be conducted by studying the printed literature of the subject, either in books available in-house or in a specialist library: some specialist dictionaries cite printed authority for their vocabulary, which greatly facilitates such research. Very often, however, quotations will be found in machine-readable form, in any of the various electronic resources listed under 2.3. This research will often bring to light additional related lexical items: many specialist wordlists concentrate heavily on nouns and compounds, whereas verbs and derivatives with similar semantic content may reveal themselves as no less significant for a historical dictionary.

2.3. Preparation and researching of entries

Once a new lexical feature has been forwarded to one of the *OED*'s new words editors, it must then be researched. The stages in the research process are essentially the same for all vocabulary, whether specialist or general:

(1) The item is checked against major British and American historical dictionaries, which may provide earlier or supplementary quotation evidence.

(2) Research is conducted in-house to augment the available range of quotations for the item: additional quotations may be taken from locally available online databases (including the 100-million-word British National Corpus and a large corpus of English texts from earlier periods, as well as a number of quotation databases which are essentially machine-readable analogues of the files of paper quotations), from various full-

text CD-ROMs, and from concordances, dictionaries, books, periodicals, and other printed sources in the departmental library. Often the item being worked on will not have been defined in any other dictionary, so it is important to collect as many examples as possible on the basis of which to construct a definition; and even when an item new to the *OED* has been defined elsewhere, an analysis of real examples frequently shows that usage does not precisely support the given definition.

(3) In the case of vocabulary from a specialized field, relevant specialist dictionaries which may define a new word or sense are consulted, in order to provide further information on which to base the *OED*'s definition, as well as information on pronunciation, variant forms and spellings, etymology, and appropriate labelling (as regards subject, region, register, and currency).

(4) A complete draft entry is prepared, including a description of all these aspects of an item, as well as the definition and a provisional selection of illustrative quotations. The earliest known example of a word will always be included: other quotations are chosen so as to demonstrate as clearly and thoroughly as possible the history and range of use of the word in English. For each item all the editorial text in the initial entry will be written by a single lexicographer, who must therefore be familiar with a wide variety of sublanguages: scientific vocabulary (in the broadest sense) is dealt with by a separate group of editors, but apart from this overall division of work there is no further specialization. For those entries requiring exceptional specialist knowledge the advice of a consultant may be sought, but at this preliminary stage this is very rarely necessary.

(5) Further research is commissioned, to the extent necessary to finalize the entry. There are three main types of research: the verification of individual quotations (which may involve checking in the original edition of a work which had originally been cited from a later reprint or revision); the establishing of additional information about any aspect of a word (to supplement the work done in-house at (2)); and the finding of additional quotations, particularly earlier quotations − including if possible the earliest appearance of a word in print. Additional quotations and information may be found by extending the methods listed at (2): the *OED* employs a team of researchers in libraries throughout the world, and *OED* staff also have access to commercially available full-text databases of general newspapers and periodicals as well as specialist databases in particular subjects (especially the sciences). In the case of many specialist terms, researchers can often use references in the literature to trace coinages. Where necessary, further correspondence is conducted with specialist consultants, and occasionally directly with the individual or organization apparently responsible for introducing a word.

(6) After primary editing, the entry is passed to a senior editor for revision. Further research or consultation may be undertaken at this stage, before the item is finally passed for press by the Chief Editor, and goes into proof. At proof stage, entries are sent to expert consultants and may again be revised in the light of their comments. Entries for new vocabulary reach printed form in the volumes of the *OED* Additions Series, the first two volumes of which were published in 1993. It is intended that all these entries will be incorporated in the third edition of the *OED*, which is due to be published in 2010.

At any stage of work on a new item, an editor may reassess its eligibility for inclusion in the light of further information. The selection procedure outlined at 2.2. is designed, in the language of information retrieval, to maximize *recall* (i. e. to minimize the number of relevant items *not* forwarded): the task of improving *precision* (i. e. minimizing the number of less 'important' items on which editorial effort is expended) falls to the *OED* editors. About the great majority of new items considered for inclusion there is obviously no doubt that they should be covered: certainly the availability of plentiful quotation evidence is a clear indicator. But a dictionary the size of the *OED* must seek to cover a significant number of words for which evidence is less plentiful; and rather than include them all, which is not feasible, some other inclusion criteria must be applied. Burchfield (1973) gives a detailed account of the criteria used in the selection of words for inclusion in the expanded *Supplement*. A central factor in deciding whether to include a word at this time was a very pragmatic one: "The criterion of choice for items at the boundaries of the core of common words is the expectation that such words are likely to prove editable" (Burchfield 1973, 2). The feasibility of preparing a complete entry, given the time and resources available, must still be taken into account when deciding whether to continue work on an item; but on the whole this comes down to the availability of quotations, since for other elements of an entry the resources required are generally available.

The view of what constitutes an English word has become more inclusive than it was at the time of the first edition: the flow of words from many formerly peripheral areas into common discourse has given the modern reader a different view of the circle of the English language, or rather of its bounds. However, there are still some general exclusions, some of which must be made on grounds of practicality – although as in *OED1* (see 1.), exceptions are made for individual items whose claim for inclusion is particularly strong.

(1) A word which appears to be used by only a single author is unlikely to be included. Exceptions are occasionally made to this rule, as they were in the first edition: for example, a word used exclusively by a well-known literary figure is nevertheless likely to be discussed by others, and evidence of such discussion may indicate inclusion.

(2) The taxonomical nomenclature of plants and animals is so numerous that a practical limit must be set. In fact the limit is analogous to that which generally excludes proper names unless they have acquired transferred or allusive uses, or become established in eponymous compound terms. For a genus name to be included there must be evidence that it has acquired meaning in English beyond simply being the name of a genus: the most common extension of meaning is as a count-noun meaning 'an organism belonging to the specified genus'. This continues, although with greater consistency, the policy of the first edition (according to which, as mentioned in 1., some Latinate plant names were included): even with this restriction, however, a great many such words are eligible for inclusion. Names of higher taxa were occasionally included in *OED1*, but new ones are not at present being added, although anglicized words formed from them are included if enough evidence is available: thus, for example, an entry for *natalid* (belonging to the family Natalidae of insectivorous bats) has recently appeared in volume 1 of the *OED Additions Series*, but neither *Natalidae* nor the genus name *Natalus* is yet eligible for inclusion.

(3) A less systematic exclusion relates to vocabulary which can be judged to be ephemeral. In the course of work on a proposed *OED* entry, which may proceed (intermittently and on various fronts) for several years, it may become apparent that despite the initially promising number of quotations gathered from the files, few or no further quotations for the item are to be found, and an editor may conclude that work on it should be abandoned, there being other more obviously established or durable vocabulary to be attended to. Such a decision is notoriously liable to be proved wrong in the course of time: the case of the omission of *radium* from *OED1* has already been mentioned. The same phenomenon occurred in the preparation of the *Supplement*, when terms such as *morphopoiesis* and *rogan josh* were omitted but the subsequent accumulation of evidence has led to new entries for them being prepared (both these words appear in the *OED Additions Series*).

This last point highlights the fact that in a historical dictionary the decision not to include an item of vocabulary is always a provisional one. Indeed, such an item is not so much omitted, as postponed pending the appearance of further evidence.

2.4. Completeness of coverage of specialized lexis

The application of the *OED*'s overarching criterion for inclusion, namely frequency of usage, to specialized lexis gives rise to a conflict with a principle often used in the compilation of specialist dictionaries, namely that of completeness of coverage of words belonging to a particular class: if one word belonging to a given class (the name of a chemical element, for example) is to be included, then the expectation of many specialists is that all other members of the class will also be included. However, some class members may be much less common than others: this is obviously true of the names of chemical elements – *iron* is much more frequently used than *promethium*, for example – and while the class of chemical element names is of manageable size, and inclusion of all of its members in the *OED* therefore a practicable goal, other classes are so large that comprehensive coverage would be infeasible, quite apart from not being a fair representation of the 'importance' of the words in general language. The historical dimension of the *OED* adds the additional complication that membership of a class of words may change over time: to continue with the example of chemical elements, the metal promethium was formerly given the names *florentium* and *illinium* by different groups of researchers. A similar case is that of the names of geological periods such as *Hoxnian* and *Huronian*, whose classification has been subject to frequent change. Another feature of many scientific and technical words is that they "can be organized more or less neatly in hierarchies (taxonomies) that correspond to the 'worldly' organization of their referents" (Béjoint 1988, 357). This might suggest another way in which consistent depth of coverage could be attempted: all terms which lie above a certain level in a hierarchy could be included. Again, in a specialist dictionary this approach might be expected: in the *OED* it would be a breach of the principle of including words according to their 'importance' as part of the general language, as a measure of which (there being no other) frequency of attestation must suffice. Thus the projects dealing with thematically related groups of words which were described at 2.2. do not have as an essential goal completeness of coverage within a particular domain: instead, they offer the opportunity to be broadly consistent in the application of the general frequency-based inclusion policy to such a group.

Another problem concerns the agglutinative and compounding nature of much scientific vocabulary. A technical compound such as *comparative single intradermal tuberculin test* may merit inclusion in a specialist dictionary or glossary because the concept it represents is important within the discipline in question: however, in a general dictionary, separate entries for each word may suffice, since the separate meaning of the constituent words collectively may provide enough information about the concept as far as the general reader is concerned. In the case of the *OED*, what is important is that the essential historical facts about the language of a subject be adequately represented; and in this respect entries showing the history of each individual word are often sufficient. Many compounds do of course acquire a historical interest in their own right, and a compromise must be found: many fairly transparent compounds such as *brain cell* are given as lemmas in the *OED*, with their history separately illustrated.

A similar issue arises in the terminology of chemistry and medicine, where prefixes, suffixes and other combining forms are used to compose long single words such as *phenyl-*
methylsulphonylfluoride and *cholecystolithiasis*. Again, much of the historical significance of such usage may be covered by including entries for the constituent combining forms, although a great many agglutinative words are also well enough documented to be given *OED* entries in their own right.

2.5. Issues of definition

The tendency of many scientific and technical words to group together in classes has further consequences when it comes to defining them. Definitions of related words in specialist dictionaries are often constructed on a consistent pattern, describing the same collection of features of each member of a class. The particular features described tend to be chosen so as to provide consistent information about each item; and there is also a need for definitions to be as accurate and unambiguous as possible, to ensure that confusion among specialist readers and writers is minimized. However, many of the specialist terms covered by the *OED* have achieved some currency in non-specialized use, and where this has caused a broadening or shift in meaning, this must be reflected in the definition. In addition, although lexis which remains confined to a specialized field is on the whole less prone to gradual semantic shift than are items of core vocabulary, any such historical change which does occur should be reflected in the definition.

Of course it is still possible to standardize defining policy to some extent within particular sublanguages. For example, in the names of animals and plants, it is *OED* policy to seek to mention the name of the family to which the referent belongs; in definitions of minerals, to mention the relevant crystal system; and in definitions of chemical elements, to mention the atomic number. These policies are being applied retrospectively in the revision of existing *OED* entries, as well as of course being applied to definitions of new vocabulary as they are written.

The application of some of these policies requires another departure from one of the principles governing the writing of *OED* definitions, namely that (as in other general dictionaries) each definition should be deduced from the available corpus of examples: that is, the definitions should be 'extracted' rather than 'imposed', to use the terminology of Landau (1974). However, this causes difficulties for specialized lexis in two ways. On the one hand, much of the information considered essential in an adequate technical definition of a term is unlikely to be 'extractable' from the contextual examples, even if these are very numerous, which means that some external authority — a specialist dictionary, for example, combined with information from a consultant — must be accepted as a source for those 'essential' parts of the definition not yielded by analysis of the examples; and on the other, the need to define all members of a particular class in any standardized way may conflict with the form of the 'extracted' definition which does arise from this analysis. Thus, for example, from the available quotations for the plant name *kalkoentjie* it may not have been possible to ascertain that all the plants so named belong to the family Iridaceae, or for that matter that the particular species *Gladiolus alatus* is native to the Cape, although both these facts are at present included in the definition as it appears in the *OED* Additions Series; while in a definition of the word *magpie* such as is required by the *OED*, as with other general dictionaries, it is relevant to include mention of the popular image of the magpie as reflected in the transferred and allusive uses of the word (used of a talkative person, a petty pilferer, a person who collects and hoards things, etc.) — information which would be out of place in most specialist dictionaries, and which must compete for space with technical information in the *OED*'s definition.

With such conflicting pressures to consider, the editors of the *OED* are constantly having to combine different approaches in the writing of a definition. Conflicts may often be resolved by a consideration of questions of usefulness: detailed information of the *referent* of a specialized term may reasonably be expected in a specialist dictionary, to which a reader may turn if an *OED* entry is in some way lacking in this respect, but full information about the word itself is the proper concern of the *OED*, and indeed may not be available anywhere else.

3. Specialized lexis used by the *OED*

During the preparation and publication of *OED1*, which took place over several decades, editorial policy did not remain fixed, but evolved continuously. The principles underlying the selection and presentation of information about the language remained fairly constant, and of course the editors sought to maintain a consistent editorial style as much as possible, but there was some variation in the actual form which this information took, and in particular in the language used in the editorial description of words. It is the intention of the editors of the third edition to improve the consistency of the *OED*, in respect of its defining terminology as in other areas, and in particular to eliminate terms from editorial text which are old-fashioned to the point of obscurity. On the other hand, the terminological needs of grammarians and lexicographers are different: grammarians are describing general features of the language, whereas in a dictionary each lexical item requires its own description, which may in a particular case be more precise than any combination of descriptions of the grammatical classes to which the item belongs. Other types of terminology (in etymology, subject labelling, etc.) are subject to the same constraints.

In establishing any particular aspect of the *OED*'s terminological policy, the advice of experts in the field will be sought as to what terms are available, how widely and consistently each of them is used, and how closely they fit the requirements of the task in hand. A variety of situations may arise in deciding on the terminology appropriate for any particular aspect of *OED* editorial policy.

(1) The meaning of a term used in the *OED* may be the same as that generally accepted by the present generation of linguists: this is the case with much of the *OED*'s specialized lexis, such as the word *verb*. Such terms will continue to be used in the third edition.

(2) One term may have been more or less completely replaced by another in linguistic usage: for example, the word *substantive* has been consistently used throughout the history of the *OED* where the modern reader would expect *noun*. It has already been decided to abandon *substantive* in favour of *noun*: the latter is used in the *OED* Additions Series and will be in the third edition.

(3) There may be wide variation in contemporary usage among specialists on a particular terminological issue. In such cases, for practical reasons, working definitions of terms may be adopted which are appropriate to the classification involved in working on *OED* entries. This has been the case with the terms *prefix*, *suffix*, and *combining form*.

(4) The definition of a term as used in the *OED* may differ in some respect from that

generally in use among linguists, but may nevertheless meet a particular terminological need. An example of this is *collocation*, which has been used in the *OED* to meet the requirement for a specific term for 'a group of the form *adjective+noun* having a relatively fixed and specific meaning': *collocation* was used in the *OED* in this narrow sense since prior to its adoption as a technical term in modern linguistics, initially by Firth in 1940, which is described in sense 1 c of the *OED2* entry for the word.

(5) Occasionally, none of the available terminology may be suitable for the clear description of a particular lexical development. In such circumstances it may be necessary to adopt unconventional language. An extreme case of this is the term *aphesis* (from which the adjective *aphetic* is derived), which was actually proposed at an early stage of work on *OED1* as a term for 'the dropping of an initial toneless vowel' (Murray 1880 b, 175), and which has been taken up by other linguists as a useful term.

A terminological glossary will be included as part of the introductory apparatus to the third edition of the *OED*, and a provisional list of terms used has begun to take shape: however, as has already been mentioned, the editorial policy of the third edition is still under development, and given the immense diversity of types of lexical information which the *OED* may choose to record, it will be some time before the list can be made generally available. Further details of the terminology used in the *OED*, as well as information about its scope and structure, may be found in Berg (1993), and of course in the introductory matter of *OED2*.

4. Selected Bibliography

Béjoint 1988 = Henri Béjoint: Scientific and technical words in general dictionaries. In: International Journal of Lexicography 1. 1988, 354−368.

Berg 1993 = Donna Lee Berg: A guide to the Oxford English Dictionary. The essential companion and user's guide. Oxford and New York 1993.

Burchfield 1973 = Robert W. Burchfield: The treatment of controversial vocabulary in the *Oxford English Dictionary*. In: Transactions of the Philological Society, 1973, 1−28.

Craigie/Onions 1933 = William A. Craigie and C. T. Onions (eds.): A New English Dictionary: Supplement. Oxford 1933.

Landau 1974 = Sidney I. Landau: Of matters lexicographical: scientific and technical entries in American dictionaries. In: American Speech 49. 1974, 241−244.

Murray 1880a = James A. H. Murray: Ninth annual address of the President to the Philological Society. In: Transactions of the Philological Society, 1880−81, 117−175.

Murray 1880b = James A. H. Murray: Dictionary wants. In: Transactions of the Philological Society, 1880−81, 175−176.

OED1 = James A. H. Murray/Henry Bradley/William A. Craigie/C. T. Onions (eds.): The Oxford English Dictionary. Oxford 1884−1928.

OED2 = J. A. Simpson/E. S. C. Weiner (eds.): The Oxford English Dictionary: Second Edition. Oxford 1989.

Weiner 1990 = E. S. C. Weiner: The federation of English. In: The State of the Language: 1990 Edition. Ed by C. Ricks and L. Michaels. London 1990, 492−502.

Peter M. Gilliver, Oxford

189. Die Fachlexik im *Trésor de la language française*

1. Die Behandlung der Fachlexik in der französischen Lexikographie. Ein kurzer historischer Abriß
2. Der *Trésor de la language française* (TLF)
3. Gemeinsprachliche und fachsprachliche Lexikographie (Terminographie)
4. Die Makrostruktur der Fachlexik im TLF
5. Die Mikrostruktur der Fachlexik im TLF
6. Zusammenfassung und Ausblick
7. Literatur (in Auswahl)

1. Die Behandlung der Fachlexik in der französischen Lexikographie. Ein kurzer historischer Abriß

Die Anfänge der französischen Lexikographie reichen bis zum Beginn der neufranzösischen Sprachperiode zurück, wenn man von Vorstufen wie den mittelalterlichen Glossen absieht. Im Zusammenhang mit der frühen

Übersetzertätigkeit sind immerhin einige Glossare entstanden, in denen Fachtermini erläutert werden, die die Übersetzer aus Bequemlichkeit oder aus Überzeugung ihrem lateinischen Vorbild entlehnt oder nachgebildet haben (Van Hoof 1991; Albrecht 1995b). Die ersten französischen Wörterbücher, die diesen Namen verdienen, sind mehrsprachig oder zumindest nicht konsequent einsprachig. Auch der erste „Thesaurus" in der Geschichte der französischen Lexikographie, der 1606 erschienene *Thresor de la langue francoyse, tant ancienne que moderne* von Jean Nicot, nach dem das Nikotin benannt wurde, verleugnet seine Herkunft aus der Tradition der lateinisch-französischen Lexikographie nicht: Wenn auch die Nomenklatur und ein Großteil des Inhalts der Einträge französischsprachig sind, so werden doch gelegentlich lateinische Äquivalente angegeben. Gegen Ende des 17., des „klassischen" Jh.s, erscheinen in verhältnismäßig kurzen Abständen drei bedeutende einsprachige Wörterbücher. Das *Dictionnaire françois* von Pierre Richelet (1680), das *Dictionnaire Universel* von Antoine Furetière (1690) und schließlich die erste Ausgabe des *Dictionnaire de l'Académie Française* (1694), auf die die interessierte Öffentlichkeit ein halbes Jahrhundert lang gewartet hatte. Es beginnt eine (von Perioden der Stagnation unterbrochene) lexikographische Tradition, die reiche Früchte getragen hat. Das Französische gilt allgemein als (nicht nur in lexikographischer Hinsicht) besonders gründlich beschriebene Sprache. Das hängt nicht zuletzt mit dem großen Interesse der gesellschaftlichen Elite für die eigene Sprache zusammen: Bernard Quemada bezeichnet das Französische als „la langue européenne la plus complètement inventoriée et la plus diversement décrite" und glaubt, daß die Gründe hierfür nicht nur bei den Forschern, sondern auch bei deren Publikum zu suchen sind:

„Si la France peut être considérée à bien des égards comme la terre d'élection des dictionnaires, c'est qu'elle offrait un marché important pour des produits diversifiés" (Quemada 1990, 870).

Die beiden zuerst genannten Wörterbücher mußten außerhalb Frankreichs erscheinen, da die *Académie* von 1674 bis 1714 das königliche Privileg für die Veröffentlichung einsprachiger Wörterbücher besaß. Das Wörterbuch von Richelet — lange Zeit offenbar zu Unrecht als Vorläufer des Wörterbuchtyps angesehen, der in reinster Form vom Akademiewörterbuch verkörpert wird und zu dem letztlich auch der TLF gehört (cf. infra) — steht noch vor der Aufspaltung der französischen Lexikographie in zwei Traditionslinien, eine „philologisch-historische" (und gleichzeitig häufig zumindest gemäßigt puristische) und eine „enzyklopädisch-technische". Es enthält, obwohl als reines Sprachwörterbuch konzipiert, einen nicht unbeträchtlichen Teil an Fachlexik („les termes les plus connus des Arts & Sciences", vgl. Untertitel). Wenn es um fachsprachliche Belange geht, so Richelet in der Vorrede zu seinem Wörterbuch, sei der Lexikograph auf die Mithilfe von Fachleuten angewiesen: „Il faut croire les habiles gens sur les choses de leur profession" (zit. nach Bray 1990, 1797). Dies gilt heute in einem Zeitalter fortgeschrittener Spezialisierung mehr denn je; jeder gewissenhafte Betreuer von Terminologiearbeiten wird sich der Hilfe von Fachleuten versichern (cf. infra). Das *Dictionnaire Universel* von Furetière — der Verfasser war noch vor dessen Veröffentlichung wegen „unlauteren Wettbewerbs" aus der *Académie* ausgeschlossen worden — steht am Beginn der „enzyklopädisch-technischen" Traditionslinie. Es handelt sich, Bernard Quemada zufolge, um „le premier *dictionnaire de choses* du français" (1990, 874). Das berühmte *Dictionnaire de Trévoux*, das im kleinen, nördlich von Lyon gelegenen Fürstentum Dombes erschien und somit vom Akademieprivileg nicht betroffen war, stellt ein Plagiat der zweiten Auflage des *Dictionnaire Universel* dar (Matoré 1968, 94; Bray 1990, 1801). Als Produkt jesuitischer Gelehrsamkeit ähnelt es in seiner Gesamtkonzeption von Auflage zu Auflage immer mehr der berühmten *Encyclopédie* von d'Alembert und Diderot, stellt allerdings in ideologischer Hinsicht deren Gegenpol dar: Wo immer sich die Gelegenheit bot, wurden in den Wörterbucheinträgen die Ideen der französischen Aufklärung bekämpft.

Mit dem Erscheinen der ersten Ausgabe des Akademiewörterbuchs beginnt in Frankreich eine lexikographische Tradition, der sich, wie noch zu zeigen sein wird, letztlich auch Paul Imbs, der Initiator und erste hauptverantwortliche Redakteur des TLF verpflichtet fühlte. Das Akademiewörterbuch wendet sich an den *honnête homme*, die Verkörperung eines gesellschaftlichen Idealtypus, der auf halbem Weg zwischen dem italienischen *cortigiano* und dem britischen *gentleman* steht (Wandruszka 1959, 90—96). Im Vordergrund steht das sprachliche, nicht das sachliche Wissen. Regionalismen, Vulgarismen, Archaismen ebenso wie Neologismen und vor allem Technizismen werden aus der Nomenklatur ausgeschlossen. Es ist inzwischen gezeigt worden, daß die erste Auflage des Akademiewörterbuchs den erklärten Intentionen der Akademiemitglieder nur unvollkommen entsprach (Popelar 1976). In der frühen Planungsphase orientierten sich die Mitglieder der *Académie française* stark am Vorbild der Florentiner *Accademia della Crusca*, die in erstaunlich kurzer Zeit ihr umfangreiches Wörterbuchprojekt erfolgreich abgeschlossen hatte; der Initiator Jean Chapelain war Mitglied der Florentiner Akademie. Bei allen Gemeinsamkeiten entfernten sich jedoch die französischen *Académiciens* in einem wesentlichen Punkt von ihrem italienischen Vorbild. Sie beschlossen, auf literarische und sonstige Belege zu verzichten und nur selbstkonstruierte Beispiele zu verwenden. Selbstbewußt erklären die „Unsterblichen" in der Vorrede, daß Demosthenes, Cicero und ihre Zeitgenossen, wären sie auf den Gedanken gekommen, ein Wörterbuch zu kompilieren, auf Klassikerzitate verzichtet hätten, da sie selbst Klassiker waren. Genauso verhalte es sich mit den Mitgliedern der *Académie*:

„Le Dictionnaire de l'Académie est de ce genre. Il a esté commencé et achevé dans le siècle le plus florissant de la Langue Françoise; et c'est pour cela qu'il ne cite point, parce que plusieurs de nos plus célèbres Orateurs et de nos plus grands Poëtes y ont travaillé, et qu'on a creu s'en devoir tenir à leurs sentiments" (Préface, XL)

Diese Entscheidung ist von vielen Lexikographen bedauert und kritisiert worden. Sie hat − angesichts des ungeheuren Prestiges, das sich das Akademiewörterbuch im 18. Jh. erworben hat − eher positive Auswirkungen auf die Entwicklung der französischen Sprache gehabt: Die französische Literatursprache ist sehr viel später im archaisierenden Purismus erstarrt als die italienische.

Mit dem Akademiewörterbuch, dem Prototyp eines Lexikons, das eher über die in ihm enthaltenen Wörter als über die durch diese bezeichneten Sachen informieren möchte und das fachsprachliche Lexeme nur insoweit aufnimmt, als sie den nicht spezifisch ausgebildeten Angehörigen der kulturellen Elite vertraut sind, beginnt die Tradition der Komplementarität (la tradition de complémentarité, Rey 1990, 1822): Im selben Jahr wie die erste Ausgabe des Akademiewörterbuches erschien das *Dictionnaire des Arts et des Sciences* von Thomas Corneille, dem Bruder des berühmten Dramatikers. Nachdem der größte Teil der Fachlexik aus dem „Grundwörterbuch" verbannt worden war, hatten die *Académiciens* erkannt, daß damit eine fachsprachliche Ergänzung notwendig geworden war. Diese Arbeit wurde Thomas Corneille anvertraut, der sich als Dramatiker und als Grammatiker einen Namen gemacht hatte. Bis ins 19. Jh. bleibt das Akademiewörterbuch, dessen 6. Auflage 1835 erscheint, der wichtigste Repräsentant der „historisch-philologischen" Traditionslinie. Die Innovationen setzen sich innerhalb der „enzyklopädisch-technischen" Richtung durch, zu der man − mit Einschränkungen − auch das *Grand Dictionnaire Universel* (1864−1876) des *Selfmademan* Pierre Larousse, eines Repräsentanten des fortschrittsgläubigen Kleinbürgertums, rechnen darf. Erst mit Erscheinen des *Dictionnaire de la langue française* von Emile Littré (1863−1873; *Supplément* 1877) und des *Dictionnaire Général* von Adolphe Hatzfeld und Arsène Darmesteter (1889−1901) entstehen neuerlich Musterbeispiele für das reine Sprachwörterbuch. Es sollte wiederum über ein halbes Jh. dauern, bis mit dem *Dictionnaire alphabétique et analogique de la langue française* von Paul Robert (1953−1964) und dem *TFL* (cf. infra) bedeutende und originelle Repräsentanten der „lexicographie philologique et historique" (Quemada 1990, 878) auf dem Wörterbuchmarkt erscheinen.

Der Umfang und die Qualität der Berücksichtigung der Fachlexik im *TLF* wird anhand der wichtigen Vertreter des „enzyklopädischen" Wörterbuchtyps (und natürlich mit Hilfe der „echten" Fachwörterbücher) zu *überprüfen*, er wird anhand der Vertreter der „historisch-philologischen" Traditionslinie zu *messen* sein.

2. Der Trésor de la Langue Française (TLF)

Siebenunddreißig Jahre nachdem seine Kompilation beschlossen worden war und vierundzwanzig Jahre nach Erscheinen des ersten Bandes (*a-affiner*) liegt mit dem sechzehnten und letzten Band (*teint-zzz...*, Paris 1994) der *Trésor de la langue française* vollständig vor. Franz Josef Hausmann, der die Genese dieses Großwörterbuchs mit kritischer Sympathie begleitet hat, charakterisierte den TLF noch vor Erscheinen der letzten vier Bände folgendermaßen:

„[...] le TLF est comme un grand chêne isolé, flanqué, certes, dans la forêt dictionnairique mondiale de quelques autres arbres impressionnants, mais ces arbres sont soit vieux, soit d'une autre espèce. Lui seul est chêne et pousse vigoureusement sa cime dans un firmament étonné" (Hausmann 1988, 116).

In seiner bemerkenswert kurzen *Postface* zum sechzehnten Band erinnert sich Bernard Quemada, der Herausgeber der Bände VIII—XVI, dieser Charakterisierung, in der Art eines *honnête homme* aus dem Gedächtnis, nicht wie ein *pédant* den genauen Wortlaut zitierend.

Es gibt schon zum gegenwärtigen Zeitpunkt eine Fülle von Literatur zum TLF. Die folgenden Abschnitte brauchen daher nur die zum besseren Verständnis des eigentlichen Anliegens unbedingt notwendigen Informationen zu liefern. Schon an dieser Stelle soll darauf hingewiesen werden, daß es eigentlich nicht angemessen ist, das hier (unter einem spezifischen Gesichtspunkt) vorzustellende Wörterbuch ohne genauere Bestimmung „Trésor de la langue française" zu nennen. Der genaue Titel lautet: *Trésor de la Langue Française. Dictionnaire de la langue du XIXe et du XXe siècle (1789—1960)*. Es handelt sich nur um einen (wenn auch besonders wichtigen) Teil eines weit umfangreicheren Projekts, das die Inventarisierung des gesamten französischen Wortschatzes zum Ziel hat. Inwieweit dieses ehrgeizige Projekt verwirklicht werden wird, läßt sich im Moment noch nicht absehen.

2.1. Entstehungsgeschichte

Im November 1957 fand im *Centre de philologie romane* in Straßburg ein Kolloquium statt, an dem bekannte Romanisten aus Frankreich und aus anderen Ländern teilnahmen. Eines der wichtigsten Ergebnisse dieser Veranstaltung, die Fragen der französischen und romanischen Lexikologie und Lexikographie gewidmet war, bestand in dem Beschluß, eine möglichst vollständige Bestandsaufnahme des gesamten französischen Wortschatzes vorzunehmen. Es gab zunächst recht unterschiedliche Meinungen über die Art und Weise, wie das zu geschehen habe (Imbs 1971, XIV f). Die Kompilation eines Wörterbuchs des 19. und 20. Jh.s wurde als besonders dringend angesehen. Es wurde unvorsichtigerweise („imprudemment") „Trésor de la langue française" genannt (Gorcy 1992, 75), eine Bezeichnung, die angesichts des viel umfassenderen Gesamtprojekts als Synekdoche angesehen werden muß. Im Dezember 1960 wurde schließlich in Nancy ein *Centre de Recherche pour un Trésor de la Langue Française* gegründet, das bis 1977 von Paul Imbs geleitet wurde. Mit der Übernahme der Leitung des Projekts durch Bernard Quemada ging es im neugegründeten *Institut national de la Langue Française (INaLF)* auf, dessen Aufgabenbereich erheblich ausgedehnt wurde (Imbs 1979, V; Quemada 1980, VII). Die sechzehn Bände des Wörterbuchs des 19. und 20. Jh.s, von dem hier die Rede ist, erschienen in den Jahren 1971—1994.

Schon Mario Roques, ein bedeutender Vertreter der französischen Romanistik und Lehrer von Paul Imbs, hatte Zweifel an der Nützlichkeit des Vorhabens angemeldet. Die Weiterführung der von ihm und Félix Lecoy in den Jahren 1936—1969 auf Karteikarten angelegten Wortschatzdatei (*Inventaire général de la langue française [IGLF]*, die teilweise Eingang in den *TLF* gefunden hat, erschien ihm vielversprechender (Imbs 1971, XIII f). Der bekannte Lexikologe Georges Matoré hatte sich ebenfalls gefragt, ob die Kompilation eines konventionellen Wörterbuchs nicht einem „überholten Stand der Wissenschaft" (R. Martin 1969, 48) angehöre, sich dann jedoch ins Leitungsgremium des *TLF* wählen lassen.

Die ersten vier Bände (*a — cage*) sind so ausführlich geraten, daß man befürchten mußte, das Unternehmen werde nie zum Abschluß gelangen. Ludwig Söll hatte aufgrund einer Analyse des ersten Bandes einen voraussichtlichen Umfang von vierzig Bänden errechnet (in der ursprünglichen Planung waren zwölf vorgesehen gewesen). Erst ab Band V hat das Werk seine „justes proportions" (Quemada 1994, VIII) gewonnen. Der zwischenzeitlich in der Planung auf vierzehn Bände erweiterte Umfang mußte nur um zwei Bände überschritten werden. Diese einschneidende Reduzierung wurde fast ausschließlich auf Kosten der Mikrostruktur vorgenommen (insb. die Anzahl der Beispiele wurde drastisch vermindert, vgl. u. a. Hausmann 1977, 214). Die Makrostruktur wurde sogar gegenüber der ursprünglichen Planung erweitert. Wenn man alle Lexeme mitrechnet, die nicht in der Hauptnomenklatur enthalten sind (cf. infra), so kommt man auf über 100 000 Einträge. Damit übertrifft der Umfang der Nomenklatur des *TLF* deutlich denjenigen der

„gängigen" französischen Wörterbücher, was nicht heißen soll, daß er deren Nomenklatur auch vollständig enthielte. Über die vielfältigen Begleit- und Nachfolgeprojekte des *TLF* kann hier aus Platzmangel nicht berichtet werden (vgl. u. a. Gorcy 1992, 76; 87; Quemada 1990, 880). Mit besonders großen Erwartungen wird man der angekündigten CD-ROM-Version entgegensehen (vgl. R. Martin 1996). Eine Wörterbuchversion auf elektronischem Datenträger ist der konventionellen Druckfassung nur dann überlegen, wenn Informatiker und Lexikographen sich ein ausgefeiltes Zugriffssystem haben einfallen lassen.

2.2. Ziele, Korpus, Adressaten

In seiner langen Vorrede zum ersten Band läßt Paul Imbs keinen Zweifel daran aufkommen, daß der *TLF* die philologisch-historische Traditionslinie der französischen Lexikographie (cf. supra) fortsetzen soll. Gedacht war an ein sprachliches, nicht an ein enzyklopädisches Wörterbuch (Imbs 1971, XI f). Darüber hinaus wurde der *TLF* in erster Linie als Hilfe zum Verständnis von Texten („Dekodierwörterbuch"), nicht so sehr als Hilfe bei der Produktion von Texten („Enkodierwörterbuch") angelegt (ibid.). Obschon als synchronisches Wörterbuch konzipiert (wenn auch mit sehr ausgedehntem Erfassungszeitraum: 1789—1960; cf. infra), sollte dem historischen Aspekt mindestens ebenso große Bedeutung zugemessen werden wie dem systematischen (Imbs 1971, XV). Das Wörterbuch wendet sich an den „honnête homme" des 20. Jh.s, der — im großen und ganzen weiterhin humanistisch gebildet — das nötige Vorwissen besitzt, das für die Benutzung eines so anspruchsvollen Werks erforderlich ist, der darüber hinaus jedoch ein weit größeres Interesse an wissenschaftlichen und technischen Sachverhalten hegt, als sein Vorbild im 17. Jh. (Imbs 1971, XIII, XVII f).

Diesen Zielsetzungen und diesem Benutzerkreis wurde bei der Zusammenstellung des Korpus Rechnung getragen, auf dessen Grundlage der *TLF* kompiliert wurde. Es besteht zu vier Fünfteln aus literarischen und nur zu einem Fünftel aus technischen Texten. Anfangs war daran gedacht worden, auch Aufzeichnungen gesprochener Sprache in das Korpus aufzunehmen. Dieses Vorhaben scheiterte — wie so häufig in ähnlichen Fällen — an technischen Schwierigkeiten. Auf die Beschaffenheit des Korpus — insbesondere was die Fachlexik und Fachwörterbücher betrifft — wird in den folgenden Abschnitten zurückzukommen sein. An dieser Stelle muß darauf hingewiesen werden, daß im Falle des *TLF* von Anfang an daran gedacht war, „la tradition de complémentarité inaugurée par Thomas Corneille" (cf. supra) wiederaufzunehmen: Der technische Fachwortschatz, der über die Informationsbedürfnisse des gebildeten Laien hinausgeht, sollte später in Spezialwörterbüchern publiziert werden (Imbs 1971, XVIII; R. Martin 1969, 49). Besonders auffällig ist die Insistenz, mit der die Aufnahme konstruierter Beispiele abgelehnt wird (Imbs 1971, XVI; XXVII; XLI). Was sich auf den ersten Blick wie eine philologische Tugend ausnimmt, erweist sich bei genauerem Hinsehen schnell als Nachteil für den Benutzer eines Wörterbuchs (cf. infra).

2.3. Die Aufnahme des TLF in der Fachwelt

In der Spanne von dreiundzwanzig Jahren, innerhalb derer die sechzehn Bände des *TLF* erschienen sind, haben viele Fachleute kritische Analysen vorgelegt, von denen hier nur ein kleiner Teil berücksichtigt werden kann. Wenn im folgenden fast ausschließlich auf die Kritik eingegangen wird, die am Konzept des TLF und an dessen Verwirklichung geäußert wurde, so geschieht dies nur deshalb, weil die kritischen Äußerungen für die Zwecke des vorliegenden Artikels von größerem Interesse sind als die lobenden. An letzteren herrscht in den zahlreichen Rezensionen des *TLF* kein Mangel. Bei aller Bewunderung für das „Jahrhundertwerk" gibt es jedoch auch kritische Stellungnahmen. Kritisiert wird vor allem der vorwiegend literarische Charakter des Korpus und der nach Ansicht vieler Kritiker zu geringe Anteil an Fachwortschatz. Ludwig Söll äußert die Meinung, „daß die literarische Faszination dem Wörterbuch zum Nachteil gereicht" (Söll 1973, 358); für einen belgischen Kritiker erscheint der *TLF* „très complet, et même surabondant, en ce qui concerne la langue littéraire [...], inégal — parfois lacuneux, d'autre fois pléthorique — en ce qui concerne la terminologie technique" (Deneckere 1973, 38). Nur Hausmann vertritt mit Entschiedenheit einen entgegengesetzten Standpunkt:

„Tous ces mots des langues dites de spécialité, qui irait les chercher dans le *TLF*, où ils seraient noyés dans la masse alphabétique au lieu de se retrouver avec leurs homologues (d'une même spécialité) dans un petit dictionnaire spécial? Tous ces mots-là, ce serait de la place perdue (ça l'est d'ailleurs en partie!) et nous ne nous y arrêtons pas." (Hausmann 1977, 217).

Kritisiert wird ferner die Tatsache, daß ein Wörterbuch des modernen Französischen auf Texte zurückgreift, die bis in die Zeit der französischen Revolution zurückreichen; Homogenität der Bedeutungsbeschreibung und der Registermarkierung sei unter diesen Umständen nahezu unmöglich (Hausmann 1977, 220). Danielle Candel, eine Mitarbeiterin des INaLF, fragt sich, ob es sinnvoll sei, bei der Definition von fachsprachlichen Bedeutungen verschiedener Lexeme Fachwörterbücher aus dem 19. Jh. heranzuziehen (Candel et al. 1990, 46). Quemadas subtile Rechtfertigung des langen Erfassungszeitraums (für den er selbst nur bedingt verantwortlich ist) verdient es, hier wörtlich wiedergegeben zu werden: Der Zeitraum von fast zwei Jahrhunderten, aus dem die Werke stammen, die bei der Kompilation des *TLF* benutzt wurden, ist für ihn eine „succession de microsynchronies redues interactives par le double mécanisme de l'archaïsme et de la néologie" (Quemada 1990, 880).

Fast allen Kritikern sind Lücken in der Nomenklatur aufgefallen. Als Vergleichsgrundlage dienen (wie in den folgenden Abschnitten des vorliegenden Artikels) vor allem die großen neueren Wörterbücher des Französischen. Heinz Jürgen Wolf vermißt viele Berufsbezeichnungen (Wolf 1977, 290; idem 1981, 182 f). Hausmann, der besonders aufwendige Vergleiche angestellt hat, mußte feststellen, daß die sehr selektive Nomenklatur des *Dictionnaire du Français Contemporain* (*DFC*, ein „Lernwörterbuch", in mancherlei Hinsicht dem *Oxford Advanced Learner's Dictionary* vergleichbar, aber weit weniger erfolgreich und daher 1986 aus dem Markt genommen) nicht vollständig in der mehr als dreimal so umfangreichen Nomenklatur des *TLF* enthalten ist (Hausmann 1977, 216). Deneckere (1973, 39 f) vergleicht das Vorhandensein der linguistischen Fachterminologie im *TLF* und im *Grand Larousse de la Langue Française* (*GLLF*). Jeder Kenner des zuletzt genannten Wörterbuchs weiß, daß es in dieser Hinsicht unschlagbar ist; es enthält lange systematische Artikel über zentrale Teilgebiete der Linguistik und entspricht somit in diesem Bereich den Vorstellungen Wiegands vom vernünftigen Umgang mit der Fachlexik im gemeinsprachlichen Wörterbuch (Wiegand 1977; cf. infra). Der Hauptgrund für manche erstaunliche Lücken in der Nomenklatur liegt im starren Festhalten am einmal beschlossenen Korpusprinzip, das es nicht erlaubt, erkannte Lücken zu schließen, ohne den Redaktionsgrundsätzen untreu zu werden. Wenn dabei noch unzuverlässige Ausgaben benutzt werden, kann es zu ärgerlichen Fehlleistungen kommen: Ludwig Söll konnte sich auf das im *TLF* ohne weiteren Kontext angeführte Syntagma *cuivrer une abeille* keinen Reim machen. Nachdem er die Belegstelle aus den Tagebüchern von Barbey d'Aurévilly in der Pléiadeausgabe nachgeprüft hatte, stieß er dort auf die durch den Kontext voll gerechtfertigte Lesart *enivrer une abeille* (Söll 1973, 363). Was sich im *TLF* wie ein fixiertes Syntagma aus der Fachsprache der Imkerei ausnimmt, erweist sich bei genauerem Hinsehen als bildhafte Wendung, mit der ausgedrückt werden soll, daß jemand eine sehr geringe Menge Alkohols zu sich genommen hat. Das Festhalten am Korpusprinzip beeinträchtigt auch die Aktualität: Obwohl der *Biathlon* seit 1960 zu den olympischen Disziplinen der Herren gehört, fehlt ein entsprechende Eintrag im *TLF* (Wolf 1977, 289).

Wer sicher gehen will bei der Feststellung von Lücken im *TLF*, muß sorgfältig nachschlagen. Neben der Hauptnomenklatur müssen nämlich die Listen am Ende der einzelnen Bände überprüft werden, in denen alle Lexeme aufgeführt werden, die kein eigenes Lemma erhalten haben. Hier findet man Wortbildungsprodukte, die unter einem zur selben Wortfamilie gehörigen Lexem aufgeführt werden. Dazu kommen die umfangreichen Inventare von Wortbildungsprodukten, die über diejenigen Wortbildungselemente nachgeschlagen werden müssen, die unter einem eigenen Eintrag aufgeführt werden. Wer das vermutlich von Quemada selbst geprägte und in der Begleitliteratur zum *TLF* ständig verwendete Wort *dictionairique* dort nachschlagen will, darf nicht nur unter *d*, sondern muß auch unter *-ique* suchen (cf. infra). Nach welchen Gesichtspunkten bei der Aufnahme von selten belegten Wortbildungsprodukten in die Hauptnomenklatur verfahren wurde, ist für die meisten Kritiker nicht nachvollziehbar. — Auf alle hier genannten Monita (und auf einige weitere) wird in den folgenden Abschnitten einzugehen sein.

3. Gemeinsprachliche und fachsprachliche Lexikographie (Terminographie)

Im ersten Abschnitt war von den beiden Traditionslinien der französischen Lexikographie die Rede, von der „historisch-philogischen" und der „enzyklopädisch-technischen". Antoine Furetière hatte sich in seinen polemischen Schriften energisch für die letztere ausgesprochen: „... je n'ay point dessein de faire un Dictionnaire de mots, mais de choses" (cf. supra). Und mit einer Spur von Verachtung fügt er hinzu: „J'ay évité autant que j'ay pû les décisions sur les difficultez de la Langue; je les ai laissées à l'Académie. On y [scil. „dans mon dictionnaire"] trouvera plus de Physique et d'Histoire que de Grammaire ..." (Furetière 1858 I, 44). Furetières Wörterbuch ist also ein Vorläufer des Wörterbuchtyps, den man seit dem 18. Jh. „Enzyklopädie" nennt. Es handelt sich möglicherweise um den bekanntesten und am häufigsten konsultierten Typ von Nachschlagewerk, mit Sicherheit jedoch um die populärste Form des Fachwörterbuchs. Seit langem wird heftig darüber gestritten, ob sich die Unterscheidung zwischen Sprach- und Sachwörterbuch theoretisch begründen läßt. Nicht nur die Sprachtheoretiker, sondern auch die Wörterbuchforscher äußern sich skeptisch zu dieser Möglichkeit:

„Man kann [...] systematisch zeigen, daß man zwischen Wörterbuch (Sprache) und Sachwörterbuch (Welt) zwar deutlich unterscheiden kann, strikt trennen kann man die beiden Bereiche jedoch nicht: jedes Wörterbuch ist stets auch ein Buch über Sachen, und ein Buch über Sachen, d. h. jedes Sachwörterbuch, jedes Lexikon, ist stets auch ein Buch über Sprache." (Wiegand 1977, 59; vgl. ebenfalls Wiegand 1988, passim).

John Haiman hat vor einiger Zeit versucht zu zeigen, daß es sich bei der Unterscheidung zwischen sprachlichem Wissen und Weltwissen um eine Chimäre handelt, die wie so viele klassischen Dichotomien − nicht zuletzt die Unterscheidung von analytischen und synthetischen Urteilen bei Kant − keiner strengen Überprüfung standhält. Doch auch er kommt am Ende seines Aufsatzes zu dem Schluß, daß die Unterscheidung von Sprach- und Sachwörterbüchern zwar theoretisch unbegründet, aber praktisch nützlich sei.

„Having demonstrated that dictionaries are not in principle different from encyclopedias, I do not, in my wildest dreams, expect that sales and production of either one or the other will come to an end. Part of the reason for this is that the distinction between dictionaries and encyclopedias, while theoretically untenable, has the happy property of working well in practice" (Haiman 1980, 355).

Bei den im folgenden betrachteten Wörterbuchtypen soll die Frage nach der theoretischen Berechtigung der Unterscheidung zwischen sprachlichem und sachlichem Wissen ausgespart bleiben: Das (gemein)sprachliche Wörterbuch, die Enzyklopädie (früher auch „Konversationslexikon" genannt), das Fachwörterbuch und das terminologische Glossar sollen als nicht scharf voneinander abgrenzbare lexikographische Erzeugnisse betrachtet werden, die auf einer gleitenden Skala angeordnet sind, deren einer Pol bei der allen zugänglichen Sprache, deren anderer bei den nur wenigen zugänglichen „Sachen" liegt. Was jedoch die „innere Form", d. h. die semantische Gliederung der durch Lexeme abgedeckten Gegenstandsbereiche betrifft, so verhält es sich mit der „Allgemeinzugänglichkeit" genau umgekehrt: Je „gemeinsprachlicher" ein Wörterbuch ausgerichtet ist, desto weniger lassen sich die dort erfaßten Inhalte unmittelbar auf andere Sprachen übertragen, je stärker ein terminologisches Glossar sich auf hochspezifische fachsprachliche Benennungen beschränkt, desto leichter lassen sich diese in äquivalente Benennungen einer anderen Sprache „umkodieren".

3.1. Fachwörterbücher und Glossare (mit besonderer Berücksichtigung des französischen Sprachraums)

Das Fachwörterbuch wendet sich an einen sehr viel stärker eingeschränkten Benutzerkreis als die Enzyklopädie. Frankreich gehört zu den Ländern mit einer hoch entwickelten Fachlexikographie, deren Tradition vor allem im 18. Jh. wurzelt, in einer Epoche, in der das Land einen wissenschaftlichen und technologischen Vorsprung vor den Nachbarländern in Kontinentaleuropa besaß und in der die angelsächsischen Länder eher als stimulierende denn als erdrückende Rivalen auftraten. Im TLF wurde eine große Anzahl von Fachtexten und Fachwörterbüchern ausgewertet (cf. infra 4.1). Mit Verwunderung registriert man, daß im Korpus u. a. eine neuere Auflage von Geoffroy Torys *Champ fleury* aufgeführt wird, ein (im weitesten Sinne) sprachhistorischer Traktat aus dem Jahre 1529! Im Gegensatz zu den Enzyklopädien auf der einen und den terminologischen Glossaren auf der anderen Seite laufen die meisten Fachwörterbücher Gefahr, ihre Benutzer zu enttäuschen. Der Fachmann findet dort oft nur das, was er ohnehin schon weiß. Es ist nämlich aus rein kommerziellen Gründen nicht möglich, hochspezifische Benennungen aufzuführen und die Definitionen und Explikationen so zu gestalten, daß der

Benutzer über die benannten Gegenstände und Sachverhalte hinreichend informiert wird.

Fachwörterbüchern fehlt „the precision and detailed differentiation needed in terminology" (Sager 1989, 169). Der Laie wird dort wohl die meisten Termini finden, über die er sich informieren will. Die in der Regel völlig unzureichenden Definitionen und Explikationen werden ihn jedoch, wie Wiegand in einem amüsanten Aufsatz anhand der Fachsprache der Weberei vorgeführt hat, in immer neue Schwierigkeiten stürzen. Es gibt eine Form des Nachschlagewerks, die dazu bestimmt ist, zwischen fachlichem und sprachlichem Wissen zu vermitteln und somit sowohl den Fachmann als auch den ausschließlich an der sprachlichen Abdeckung eines Fachgebiets interessierten Sprachmittler zufriedenzustellen, die (übersetzungsbezogene) Terminologiearbeit. Arbeiten dieser Art, die häufig an Instituten für Übersetzer und Dolmetscher als Diplomarbeit erstellt werden und daher oft nur einer beschränkten Öffentlichkeit zugänglich sind enthalten eine systematische, auf die Bedürfnisse des Laien mit gewissen Vorkenntnissen zugeschnittene Einführung in das Fachgebiet, das Gegenstand der terminologischen Untersuchung ist. Das in der Regel zweisprachige Glossar steht in einem engen Zusammenhang mit dieser Einführung, dem sog. „Sachteil", der von einem Fachmann des betreffenden Gebiets betreut wird. Darüber hinaus finden sich im Glossar weit ausführlichere Definitionen und Explikationen, als in einem herkömmlichen Fachwörterbuch unterzubringen wären, sowie gezielte Warnungen vor vorhersehbaren Mißverständnissen.

Selbstverständlich können derart aufwendige Dokumentationen nur für eng begrenzte Fachgebiete erarbeitet werden (vgl. u. a. Arntz/Pichl 1989; Albrecht 1995a). Die im Literaturverzeichnis aufgeführten französisch-deutschen Terminologiearbeiten, die der Verfasser zusammen mit Fachleuten auf den behandelten Gebieten betreut hat, wurden bei den in den folgenden Abschnitten zu diskutierenden Fragen vorwiegend zu Vergleichszwecken herangezogen. Beim Vergleich französischsprachiger und deutschsprachiger Definitionen macht sich die „kartesianische" Tradition Frankreichs, die von den im Rampenlicht der Öffentlichkeit stehenden Vertretern der französischen Kultur derzeit hartnäckig verdrängt wird, angenehm bemerkbar: Die französischen Definitionen sind sehr häufig aussagekräftiger und allgemeinverständlicher als die deutschen.

3.2. Wieviel Fachlexik gehört ins einsprachige Wörterbuch?

Der Wert eines Wörterbuchs bemißt sich nicht zuletzt nach den Bedürfnissen der Benutzer, für die es konzipiert wurde. Wenn man zeigen könnte, daß die wichtigsten Termini aus dem Gebiet der Kunsthauttransplantation im *TLF* vollständig vertreten sind, so wäre dies nicht zwangsläufig als ein Vorzug dieses Wörterbuchs anzusehen. Man hat sich zunächst einmal zu fragen, wer zu welchen Zwecken und in welcher Ausführlichkeit Fachwörter im großen einsprachigen und gleichzeitig gemeinsprachlichen Wörterbuch nachschlägt. Der Englandreisende, der die Kanalfähre in Dover verlassen und sich eben an den Linksverkehr gewöhnt hat, wird möglicherweise bald wissen wollen, was er unter einem *free house* zu verstehen hat. Dankbar wird er zur Kenntnis nehmen, daß sowohl *Chambers English Dictionary* („a public house that is not tied to a particular supplier") als auch der zweisprachige *Duden Oxford* („brauereiunabhängiges Wirtshaus") über diese schwach terminologisierte Benennung Auskunft geben. Mit Interesse wird er feststellen, daß die deutsche Definition gegenüber der englischen eine „kulturspezifische Einengung" erfahren hat. Wird jedoch ein Benutzer des *TLF* je auf die Idee kommen, Benennungen wie *méthode Kanban* („Kanban-Prinzip" → rechnerintegrierte Produktion, Kaiss 1993); *régulation par échantillonnage* („Abtastregelung" → Prozeßleitsysteme, Onimus 1993) oder *connexion inhibitrice* („hemmende Verbindung" → neuronale Netze, Heinzelmann 1993) nachzuschlagen? Das ist kaum anzunehmen. Immerhin gilt es schon hier, auf ein Problem aufmerksam zu machen, auf das noch ausführlicher zurückzukommen sein wird: Die in der Terminologie sehr häufig auftretenden Mehrwortbenennungen bilden einen Schwachpunkt sowohl der gemeinsprachlichen als auch der fachsprachlichen Lexikographie. So kann man dem TLF nur unter Rekurs auf vorhandene Vorkenntnisse indirekt entnehmen, daß sich der Unterschied zwischen der *Verhüttung* und der *Gewinnung* eines Metalls im Französischen in fixierten Syntagmen wie *métallurgie extractive*, *métallurgie mécanique* und *métallurgie physique* widerspiegelt (→ Kupfergewinnung, Hansen 1994).

Es gibt Fachsprachen, die für die Lebenswelt aller Mitglieder der Sprachgemeinschaft eine große Rolle spielen. Hierzu rechnet Wiegand „die Rechtssprache, die Verwaltungssprache, die Sprache der Pädagogik, der Soziologie sowie auch die der Linguistik ..." (1977, 41). Man könnte weitere hinzufügen, wie z. B. die der Kunstgeschichte. Ein Terminus wie *linteau* („traverse posée horizontalement sur les jambages d'une baie pour assurer sa partie supérieure" = „Sturz" → gotische Kathedralen, Runde 1993) wird auch in populären Reiseführern erläutert. Besonders wichtig sind die fachsprachlichen Sonderbedeutungen gemeinsprachlicher Lexeme, die in größerem Umfang in die gemeinsprachlichen Wörterbücher aufgenommen werden sollten. Was ist unter *puits* im folgenden Text zu verstehen:

„Le puits principal de CH_4, soit la réaction avec les radicaux d'hydroxyle (OH) dans la troposphère, donne lieu à une durée de vie atmosphérique relativement courte, de l'ordre d'environ dix ans" (→ Treibhauseffekt, Cronjäger 1993).

Der *Petit Robert* gibt über diese fachsprachliche Bedeutung des alltäglichen Wortes, das im allgemeinen durch „Brunnen" oder „Schacht" wiedergegeben werden kann, ebensowenig Auskunft wie der *Grand Robert* (1985), der *GLLF* und nicht zuletzt der *TLF*. Im Deutschen wird der gemeinte klimatologische Sachverhalt mit einer aus einem ähnlichen bildspendenden Bereich stammenden Metapher benannt: Das alltägliche Wort *Senke* dient als

„Bezeichnung für Medien, Organismen, Substanzen u. ä. (z. B. Wasser, Pflanzen, durch photolytische oder andere Prozesse gebildete chemische Verbindungen in der Atmosphäre), in denen atmosphärische Spurenstoffe gelöst, gebunden bzw. abgebaut werden" (Cronjäger, op. cit., s. v. *Senke*).

Das große Wörterbuch der deutschen Sprache des Dudenverlags (der betreffende Band der Neuauflage ist 1993 erschienen!) läßt den deutschen Leser hier ebenfalls im Stich. In einer Zeit, in der man in jeder Tageszeitung auf die Benennung *Kohlendioxidsenke* stoßen kann, gehört diese fachsprachliche Bedeutung in jedes größere einsprachige und zweisprachige Wörterbuch.

Daß große Wörterbücher aufgrund ihres langen Planungs- und Entstehungszeitraums nie auf dem neuesten Stand der Wortschatzentwicklung sein können, versteht sich fast von selbst. Weit weniger selbstverständlich ist die Beantwortung der Frage, in welchem Ausmaß die Wörterbücher auch überholten Stadien der Wissenschaften Rechnung zu tragen haben:

„Unsere Unkenntnis über die Wirkungsdauer von Fachtexten ist groß: wer wie oft welche früher erschienene Fachliteratur liest und dabei die Hilfe eines Wörterbuchs in Anspruch nimmt, ist bestenfalls in einzelnen Fällen ‚klassischer' Werke bekannt" (Opitz 1990, 1628).

In diesem Punkt dürfte sich das starre Festhalten der Redaktion des TLF am Korpusprinzip als Vorteil erweisen. Fachsprachliche Benennungen, die sich in literarischen oder ähnlichen nicht streng fachsprachlichen Werken finden, sind als Bestandteil der Geistes- und Kulturgeschichte des jeweiligen Sprachraums oder Landes anzusehen und gehören weit eher ins große einsprachige Wörterbuch als ins moderne Fachlexikon, vom terminologischen Glossar ganz zu schweigen. So ist es durchaus zu rechtfertigen, daß der *Grand Robert* aus dem Jahre 1985 (*GR*), der *GLLF* und der *TLF* relativ ausführlich über den Terminus *phlogistique* (dt. *Phlogiston*) Auskunft geben, der sich auf ein Stadium der Chemie bezieht, das bereits durch den französischen Chemiker Antoine de Lavoisier (1743–1794) überwunden worden war.

4. Die Makrostruktur der Fachlexik im TLF

In Anlehnung an eine in der Metalexikographie seit langem übliche Unterscheidung soll hier zwischen Makrostruktur und Mikrostruktur unterschieden werden. Im vierten Abschnitt wird der Anteil der Fachlexik an der Gesamtnomenklatur des TLF unter verschiedenen Gesichtspunkten vorgestellt und analysiert. Im fünften Abschnitt soll dann die Struktur der fachsprachlichen Einträge bzw. der Teileinträge behandelt werden.

4.1. Das Korpus

Das im ersten Band aufgeführte fachsprachliche Korpus enthält über 1200 Texte. Großes Gewicht wurde dabei den klassischen Texten aus den Naturwissenschaften und der Mathematik beigemessen. So sind z. B. die Werke von Lavoisier, Ampère, Pasteur und der legendären Gruppe französischer und amerikanischer Mathematiker, die unter dem Sammelpseudonym Nicolas Bourbaki publiziert, gut vertreten (E. Martin 1990, 17). Ältere Fachwörterbücher wurden systematisch ausgewertet; bei der Abfassung der Fachwortartikel stand den Redakteuren zu Kontrollzwecken ein umfangreiches Korpus von gemein- und fachsprachlichen Wörterbüchern zur Verfügung (Gorcy 1992, 84). Die technischen Texte, die aus dem I. G. L. F. (cf. supra 2.1) übernommen wurden, sind in den Jahren 1971—1973 in verschiedenen Fortsetzungen in *Le Français Moderne* veröffentlicht worden. Ein Vergleich mit der Literatur, die von den Verfassern der im Literaturverzeichnis genannten Terminologiearbeiten ausgewertet wurde (Standardwerke und Fachwörterbücher), ergab, daß nur in Ausnahmefällen Werke berücksichtigt wurden, die nach 1970 erschienen sind. Spezialuntersuchungen bestätigen diesen Befund. So stellt B. Callebaut (1983, 39) in seiner Untersuchung zur Vertretung der Vogelnamen in den großen einsprachigen Wörterbüchern des Französischen fest, daß die naturwissenschaftliche und technische Dokumentation des TLF zwar beeindruckend umfangreich ist, daß jedoch die neueren ornithologischen Standardwerke nicht berücksichtigt wurden.

4.2. Die Einteilung der Fachgebiete

Wie in der gemeinsprachlichen herrschen auch in der fachsprachlichen Lexikographie die semasiologisch orientierten Wörterbücher vor. Das ist von den Pionieren unter den Kompilatoren von Thesauri, d. h. onomasiologischen Wörterbüchern, oft kritisiert worden. Die lange Vorrede, die Franz Dornseiff seinem *Deutsche[n] Wortschatz nach Sachgruppen* vorangestellt hat, ist eine Polemik gegen das semasiologisch, d. h. alphabetisch geordnete Wörterbuch, in dem „wortschatzdarstellerisch" ein Zustand herrschte, „wie wenn in einer Stadt die Bewohnerschaft nie auf den Straßen zu sehen wäre, sondern dem fremden Besucher nach dem Einwohnerbuch einzeln herausgerufen werden müßte" (Dornseiff 1959/64, 67). Thesauri sind nicht nur Produkte der, sondern auch Hilfsmittel für die Tätigkeit der Lexikographen. In der Lexikographie dienen sie dazu, ein System sog. „Deskriptoren" zur Verfügung zu stellen, mit deren Hilfe das alphabetisch aufgelistete Wortmaterial wenigstens sekundär sachlichbegrifflich gegliedert werden kann. Bekannte Beispiele für die Terminographie sind die *Dezimalklassifikation* (DK), die neben anderen Begriffssystemen bei der Vergabe der Deskriptoren (*marques/indicateurs de domaines*) im TLF verwendet wurde (Imbs 1971, XXIV), während die Verf. der hier zu Vergleichszwecken herangezogenen Diplomar-

beiten sich meist auf den von der *British Standards Institution* (BSI) zusammengestellten *Root Thesaurus* gestützt haben. Danielle Candel hat die Einteilung der Fachgebiete im GR, GLLF und im TLF verglichen und kommt zu dem Schluß, daß letzterer über das elaborierteste Gliederungssystem verfügt, vor allem, was die „Hierarchietiefe" betrifft. Sie stellt dabei gleichzeitig zahlreiche Widersprüche und Redundanzen im System der verwendeten *indicateurs de domaines* fest. So ist z. B. nicht einzusehen, warum die Deskriptoren *Militaire, Art militaire, Milit. (Art), Techn. (Milit.); (Milit. (Techn.)* nebeneinander verwendet werden (Candel 1979, 108). Offenbar wurde kein Versuch unternommen, die Daten, die das automatische Indexierungsprogramm geliefert hat, bei der Endredaktion zu vereinheitlichen. Häufig bestehen Diskrepanzen zwischen den vergebenen Deskriptoren und den Fachgebieten, denen die Quelle für das aufgeführte Fachwort zuzuordnen ist. So wurden z. B. einem Fachwörterbuch der Chemie Termini entnommen, die die Deskriptoren *math. [ématiques], phys. [ique]* oder *minéral.[ogie]* erhalten haben (Candel et al. 1990, 35). Kalverkämper dem bei der Untersuchung der „diatechnischen Markierung im einsprachigen Wörterbuch" ebenfalls die Uneinheitlichkeit der vergebenen Deskriptoren aufgefallen war, weist in diesem Zusammenhang darauf hin, daß es nicht akzeptabel ist, „eine Eins-zu-eins-Gleichordnung zwischen Fach oder Beruf mit einer Fach- oder Berufssprache zu suggerieren" (Kalverkämper 1989, 685), eine Ansicht, die durch die Untersuchung von Vera Bub voll bestätigt wurde: Die Fachtermini, die in den Fachtexten zur Chip-Technologie erscheinen, gehören nicht nur dieser Technologie, sondern gleichzeitig den unterschiedlichsten Fachgebieten an (Bub 1991).

4.3. Die „Dichte" der Fachlexik im TLF

Die „Dichte" im hier gemeinten Sinn, d. h. die quantitative Repräsentation der Fachlexik im TLF, kann in zweierlei Hinsicht bestimmt werden: Erstens als prozentualer Anteil der fachsprachlichen Einträge an der Gesamtnomenklatur und zweitens im Vergleich zu ähnlichen Wörterbüchern, bzw. zu den Erwartungen, die man glaubt an ein Wörterbuch dieses Umfangs stellen zu können. Was die erste Möglichkeit angeht, so wurden zwei verhältnismäßig kleine Ausschnitte aus der Nomenklatur ausgezählt (*BEDANE — BENI* und *SAMIZDAT — SA-*

PEQUE). Um das Vorgehen nicht zusätzlich zu komplizieren, wurde *nolens volens* ein von Kalverkämper zu Recht kritisiertes, „naives" Modell zugrundegelegt, eine schlichte dichotomische Aufteilung des Wortschatzes in einen gemeinsprachlichen und einen fachsprachlichen Teil (vgl. Kalverkämper 1989, 680). Einträge, die keinen fachsprachlichen *indicateur de domaines* erhalten haben, gelten als gemeinsprachlich, die übrigen als fachsprachlich. Zu den fachsprachlichen Einträgen werden nicht nur die Lexeme gerechnet, die in Form eines eigenen Lemmas aufgeführt werden wie z. B. *FERRO-MAGNETISME* [...] *Phys.*[*ique*], sondern auch die fachsprachlichen Sonderbedeutungen eines Lexems, dessen angenommene „Grundbedeutung" zur Gemeinsprache gerechnet wird. So erhält *SANGLANT* [...] „Qui saigne, qui est couvert de sang..." keinen *indicateur de domaines*, die „übertragene" Bedeutung „Rouge, avec des inclusions rouges. Granit, porphyre sanglant" erhält dagegen den Deskriptor *Minéral.*[*ogie*]. Dabei muß in Kauf genommen werden, daß ein Vergleich mit anderen Wörterbüchern nicht unmittelbar durchgeführt werden kann, da die Redakteure des TLF sehr großzügig mit der Zuweisung von fachsprachlichen Deskriptoren verfahren sind. So hat z. B. das jedem Touristen geläufige Wort *SANDWICH* in seiner nicht-metaphorischen Bedeutung den Deskriptor *Gastr.*[*onomie*] erhalten. In PR und Lexis wurden dagegen nur die metaphorischen Bedeutungen (z. B. *techn.* „Superposition de matériaux différents") mit *indicateurs de domaines* versehen. Von den insgesamt 318 Einträgen der beiden gewählten Ausschnitte (gezählt wurden die Untereinträge, auf die sich die fachsprachliche Indizierung bezieht) haben nicht weniger als 187 einen fachsprachlichen Index erhalten. Dieses auf den ersten Blick überraschende Ergebnis (mehr als die Hälfte der Einträge sind fachsprachlich markiert) erklärt sich nicht nur aus der großzügigen Indizierungspraxis der TLF-Redakteure; es weist darüber hinaus auf eine Eigentümlichkeit der französischen Fachsprachen hin: Weit häufiger als im Deutschen entstehen Fachtermini durch Terminologisierung, d. h. durch fachspezifischen Gebrauch eines gemeinsprachlichen Lexems.

Was den zweiten Aspekt betrifft, unter dem die „Dichte" der fachsprachlichen Lexik gesehen werden kann, so wurden die Glossare der im Literaturverzeichnis aufgeführten Diplomarbeiten mit der Nomenklatur des TLF verglichen. Abgesehen vom Problem der Aktualität (cf. infra 4.4) konnten einige naheliegende Erwartungen bestätigt werden: Fachtermini verhältnismäßig hohen Verbreitungs- und Bekanntheitsgrades wie z. B. *age glaciaire* „Eiszeit" oder *albédo* „Albedo" sind sehr gut vertreten; es dürften sich in diesem Bereich kaum Lücken aufspüren lassen. Hochspezifische Termini sind dagegen sehr unregelmäßig repräsentiert. Die festgestellten Lücken, die hier aus Platzmangel nicht dokumentiert werden können, lassen sich schwerlich auf ein lexikographisches Konzept zurückführen; allein das zufällige Vorkommen im Korpus dürfte ausschlaggebend sein. Während die für die französischen Fachsprachen typischen fachsprachlichen Sonderbedeutungen allgemeinsprachlicher Lexeme, die zum Grundwortschatz gehören, sehr vollständig erfaßt worden zu sein scheinen (*percher* „polen" [von Kupfer]; mit *traiter* in Verbindung mit einem Akkusativobjekt kann eine große Anzahl von Verfahren benannt werden, für die im Deutschen spezifische Verben gebraucht werden: *traiter* [*des minerais*] „verhütten"), ergibt sich in einem anderen Bereich eine Lücke, die so symptomatisch für die fachsprachliche Lexikographie ist, daß sie hier etwas ausführlicher dokumentiert werden soll: Es fehlt eine Vielzahl von Mehrwortbenennungen. Zur Bezeichnung der Vielfalt der Begriffe der verschiedenen Fachgebiete reicht der Lexemvorrat einer Sprache bei weitem nicht aus, auch wenn man die Möglichkeiten der Wortbildung, der Entlehnung aus anderen Sprachen und der Prägung spezifischer Bedeutungen für gemeinsprachliche Wortformen („Terminologisierung" cf. supra) voll ausschöpft. Es gibt eine Vielzahl von „aus [...] einer Wortverbindung bestehende[n] Benennung[en]" (Fluck 1985, 118), die sog. „Mehrwortbenennungen" (Felber/Budin 1989, 119). Mehrwortbenennungen treten in den verschiedensten Gebieten zur Bezeichnung sehr spezifischer Begriffe auf: *Politik der produktiven Pfänder* (Geschichtswissenschaft: Franck 1994), *Lernen mit Unterweisung* (bzw. *überwachtes Lernen* → Neuronale Netze; Heinzelmann 1993), *emballage perdu* „Einwegverpackung", *participation aux bénéfices* „Gewinnbeteiligung". Oft handelt es sich auch um alte Benennungen, bei denen zumindest eine Komponente in einer Bedeutung auftritt, die einem älteren Sprachstadium angehört: Ein *honnête homme* ist keineswegs ein „anständiger Mann", wie man nach dem modernen Sprachgebrauch schließen könnte, sondern, nach Auskunft des TLF, ein „Homme du monde, d'un commerce agréable, aux manières distinguées, à l'esprit fin et cultivé, mais non pédant". Wenn man bedenkt, wie häufig Mehrwortbenennungen in den Fachsprachen auftreten, so muß die verhältnismäßig geringe Bedeutung, die dem Phänomen in der theoretischen Literatur geschenkt wird, Erstaunen erregen. Das Problem würde eine eigene umfangreichere Untersuchung verdienen; hier können nur einige Aspekte kurz behandelt werden. In der gemeinsprachlichen französischen Lexikologie wird die Erscheinung mit einem von B. Pottier geprägten Terminus *lexie complexe* genannt (darunter fallen allerdings auch Funktionsverbgefüge und ähnliches); in der Terminologielehre konkurrieren verschiedenen Mehrwortbenennungen um die Bezeichnung des Phänomens der Mehrwortbenennung: *syntagmes lexicalisés / en voie de lexicalisation* (TLF, passim), *syntagme terminologique lexicalisé* (Rondeau 1983, 78). In lexikographischer Hinsicht werfen die Mehrwortbenennungen eine Reihe von Problemen auf, von denen drei kurz angesprochen werden sollen:

(a) Das praktische Problem der alphabetischen Einordnung: Unter welchem Leitwort soll die *Politik der produktiven Pfänder* (cf. supra) eingeordnet werden? Den *honnête homme* findet man im TLF unter *honnête*, was, wie wir gleich sehen werden, theoretisch angemessen ist. Es ist dennoch nicht auszuschließen, daß unerfahrene Benutzer die Benennung unter *homme* suchen und dort nicht finden werden. Josette Rey-Debove (1971, 116) gibt für diesen Fall die folgende lexikographische Verfahrensregel: „... pour la facilité de la consultation, il est de tradition, lorsque le syntagme comporte plusieurs mots lexicaux, de traiter le syntagme au mot dont le contenu est le plus riche, [...]". In der Tat wird im Fall von *honnête homme* der erfahrene Benutzer den „noyau sémique" (ibid.) der Benennung in *honnête* sehen und dort nachschlagen. In anderen Fällen sind die Verhältnisse weit weniger klar, was sich in einer gewissen Uneinheitlichkeit und Redundanz der lexikographischen Praxis niederschlägt: Die überaus häufige Mehrwortbenennung *voie ferrée* „Eisenbahn" findet man in den meisten einsprachigen Wörterbüchern (so auch im TLF) sowohl unter *voie* als auch unter *ferré*. Bezeichnend für die Praxis gemeinsprachiger (und teilweise auch fachsprachlicher) Lexikographie ist, daß die Mehrwortbenennung als solche kein eigenes Lemma erhält.

(b) Das theoretische Problem der Bestimmung des Lexikalisierungsgrades eines fixierten Syntagmas. Wo liegt die Grenze zwischen einem gewöhnlichen Textsegment, das in einem Wörterbuch allenfalls als Verwendungsbeispiel innerhalb eines Eintrags, niemals jedoch als Lemma erscheinen sollte, und einer völlig festen Mehrwortbenennung? Das Problem kann hier aus Platzmangel in streng theoretischer Hinsicht nicht diskutiert werden. Es sollen hier nur die üblichen Lösungsstrategien in der Lexikographie und in der übersetzungsbezogenen Terminologiearbeit aufgezeigt werden. In der Lexikographie, vor allem in der gemeinsprachlichen, muß ein Syntagma schon einen beträchtlichen Grad an „Blockverfügbarkeit" aufweisen, um die Chance zu erhalten, als Lemma behandelt zu werden: So bemerkt Callebaut (1983, 35) in seinem bereits erwähnten Artikel über die Vogelnamen, daß im Gegensatz zu *aigle* das Binom *aigle criard* einen fachsprachlichen Index erhalten sollte, und fährt fort „... mais comme les dictionnaires ne reprennent en principe que les mots simples dans leurs entrées, nous serons amenés à ne pas en tenir compte ici." Und J. Rey-Debove (1971, 112), die das Problem gründlicher untersucht hat, konstatiert lakonisch: „... les entrées formées de plusieurs mots graphiques (simples ou composés) non reliés, sont rares dans les dictionnaires de langue". Ganz anders in der fachsprachlichen Terminologie *sensu stricto* und vor allem in der übersetzungsbezogenen Terminologiearbeit: So ist Alain Rey der Ansicht, daß Syntagmen von beträchtlicher Länge wie zum Beispiel *enrouleur à bandes sans fin, enrouleur à rouleau d'entraînement montant, enrouleur à roule montant commandé* als Termini anzusehen seien und somit auch ein eigenes Lemma für sich beanspruchen können (vgl. Rey 1979, 95). Wagner (1986, 213) hat eine Feststellung gemacht, die man fast zu einer generellen Regel erheben könnte: Je spezifischer ein Fachwörterbuch oder ein Glossar ausgerichtet ist, desto höher ist die Wahrscheinlichkeit dafür, daß es verhältnismäßig lange Syntagmen als Lemmata enthält.

Übersetzungsbezogene Terminologiearbeiten müssen, wenn sie nützlich sein wollen, Mehrwortbenennungen so vollständig wie möglich erfassen, auch wenn der Reichtum an konkurrierenden Fügungen deutlich darauf hinweist, daß der Terminologisierungsprozeß noch nicht abgeschlossen ist: Für *Wolkenbedeckungsgrad* „Anteil des Himmels, der aus der Sicht eines Beobachters auf der Erdoberfläche mit Wolken bedeckt ist" findet man in der französischen Fachliteratur Einwort- und Mehrwortbenennungen wie *nébulosité, nébulosité totale, couverture nuageuse.* In Einzelfällen können noch weit mehr konkurrierende Syntagmen auftreten.

(c) Das zuletzt angeführte Beispiel verweist auf ein Problem der kontrastiven Sprachwissenschaft, d. h. auf die spezifischen Unterschiede zwischen deutschen und französischen Benennungssystemen. Es geht also in erster Linie um einen rein formalen Unterschied, da die beiden Benennungssysteme mehr oder weniger übereinzelsprachlich gültige Begriffssysteme abdecken. Zwar gibt es auch im Deutschen eine ganze Reihe von Mehrwortbenennungen, jedoch entspricht einer französischen Mehrwortbenennung im Deutschen sehr häufig ein Kompositum. Die Leichtigkeit der Bildung von Komposita im Deutschen, die, wie bereits Hermann Paul festgestellt hat (Paul 1920/ ⁵1968, 5−46), die unterschiedlichsten semantischen Relationen bezeichnen können, führt dazu, daß − zumindest in der gemeinsprachlichen Lexikographie − im Deutschen sehr viel mehr Fachlexik erfaßt wird als im Französischen. Der Kompilator eines Fachwörterbuchs, der bei der Auswertung von Texten auf ein Kompositum stößt, wird dieses ohne weiteres als Kandidaten für einen eigenen Eintrag anerkennen. Sein französischer Kollege, der auf eine Fülle von mehr oder weniger festen Syntagmen stößt, die die gleichen Gegenstände und Sachverhalte bezeichnen wie die deutschen Komposita, wird darin in der Regel keine Benennungen sehen, sondern bestenfalls Verwendungsbeispiele, die irgendwo an unauffälliger Stelle unter einem einfachen Lemma erscheinen. Zur Illustration seien lediglich einige Äquivalenzen aus dem Bereich des Klavierbaus (Henrich 1989) angeführt: *Anschlaghöhe = distance entre le plateau du clavier et le point*; *Bolzenschraubenkopf = tête de vis de la fixation de la mécanique*; *Balkenschiene = éclisse de la barre centrale de la mécanique.*

Verhältnismäßg gründliche Überprüfungen haben ergeben, daß ein gewisser Teil dieser Mehrwortbenennungen an (meist versteckter) Stelle in größeren Einträgen im TLF nachzuweisen ist. Dies gilt besonders für die Rubrik *syntagmes*, die von Alain Rey (1979, 94) zu recht als „très hétérogène" kritisiert wird. Die meisten hochspezifischen Benennungen fehlen jedoch. Nach *doigt de l'échappement* „Stoßzunge" (→ Klavierbau) sucht man vergeblich. Unter dem Lemma *doigt* findet sich allerdings ein generischer Hinweis auf verschiedene metaphorische Verwendungsmöglichkeiten im Bereich der Technik: „Petite pièce, généralement métallique, servant à mettre en position, arrêter ou pousser une autre pièce".

4.4. Die Aktualität der Fachlexik im TLF

Zur Frage der Aktualität der Fachlexik im TLF ist das Wichtigste schon in den vorhergehenden Abschnitten erwähnt worden. Man kann von einem großen Sprachwörterbuch mit langer Redaktionszeit nicht die Aktualität erwarten, die man von einem dünnen, hochspezifischen Fachglossar, das in wenigen Monaten kompiliert wurde, fordern kann. Im TLF finden sich nur wenige Fachwörter, die nach 1960 (der oberen Grenze des Erfassungszeitraums) geprägt worden sind. In konservativen Disziplinen wie etwa der Rechtswissenschaft schmälert dies den praktischen Nutzwert des Wörterbuchs nur geringfügig. Ganz anders verhält es sich mit Gebieten, die sich in stürmischer Entwicklung befinden. Im Bereich der elektronischen Datenverarbeitung fehlt nicht nur die aktuelle Fachlexik weitestgehend, die verzeichneten Termini spiegeln darüber hinaus nicht selten einen überholten Stand der Technik wider. Die mitunter unkontrolliert wuchernde Terminologie der modernen Geistes- und Sozialwissenschaften wurde ebenfalls nur fragmentarisch erfaßt. Der große terminologische Innovationsschub der sechziger und siebziger Jahre konnte nur in geringem Umfang berücksichtigt werden. Veiko Väänänen (1980, 84) vermißt die varietätenlinguistischen Termini *diatopique, diastratique* und *diasystème,* die bereits in den fünfziger Jahren in den Fachtexten auftauchten, allerdings damals noch mit geringem Verbreitungsgrad. Auch das von Quemada geprägte Wort *dictionairique* sucht man vergeblich (cf. supra 2.3). Diese Lücke dürfte auf ein methodisches Prinzip zurückzuführen sein: Selbstzitate der Redakteure sollten keinen Eingang in den TLF finden (Imbs 1971, XVI und XLI).

5. Die Mikrostruktur der Fachlexik im TLF

Bei der Betrachtung der Makrostruktur ist deutlich geworden, daß der TLF, was die Vollständigkeit der Dokumentation betrifft, weder mit Fachwörterbüchern *sensu stricto* noch mit großen enzyklopädischen Wörterbüchern konkurrieren kann. Ein Blick auf die Mikrostruktur soll Aufschluß darüber geben, ob dieses Defizit durch die Art der Informationsaufbereitung in den einzelnen Einträgen bis zu einem gewissen Grad ausgeglichen wird: Erhält der an Problemen der Fachlexik interessierte Linguist spezifische Auskünfte, die ihm Fachglossare oder enzyklopädische Wörterbücher vorenthalten? Die Frage kann, wie sich zeigen wird, im großen und ganzen bejaht werden.

5.1. Definitionen, Explikationen, Beispiele

Das Problem der lexikographischen Definition kann hier nicht erörtert werden. Wie in allen Wörterbüchern erfüllen die Definitionen des TLF selten die Bedingungen, die in streng logischer Hinsicht an Definitionen zu stellen sind. Die Grenzen zur Explikation sind unscharf. Da verständlicherweise keine Begriffssysteme im Sinne der Terminologielehre erstellt wurden, können sich die einzelnen Definitionen nicht widerspruchs- und redundanzfrei in einen größeren Zusammenhang einfügen. Dergleichen von einem semasiologisch ausgerichteten sprachlichen Wörterbuch zu erwarten, wäre völlig unrealistisch. Die Originalität des TLF liegt zweifellos nicht im Bereich der (häufig aus Fachwörterbüchern übernommenen) Definitionen und Explikationen, sondern in demjenigen der Beispiele. Was ein *bélinogramme* (eine vom französischen Ingenieur Edouard Bélin erfundene Technik der Fernübertragung von schriftlichen Dokumenten, eine Frühform des Fax) ist, wird man auch beim Studium (älterer) enzyklopädischer Wörterbücher erfahren — der TLF führt ein Zitat aus den Tagebüchern André Gides an, in dem dieses Fachwort vorkommt. Der TLF — dies sei hier bereits festgehalten — zeichnet sich weniger durch speziell für den Fachübersetzer wichtige vollständige Informationen über die Syntagmatik der Fachlexik (cf. infra 5.4) aus, als vielmehr durch eine reichhaltige Dokumentation des Vorkommens von Fachwörtern außerhalb von Fachtexten im engeren Sinne. Er stellt somit ein wertvolles Arbeitsinstrument für Lexikologen und Fachsprachenforscher dar, die sich für den Grad der Verbreitung fachsprachlichen Wortschatzes im Bereich der allgemeinen Kultur interessieren.

5.2. Begrifflich-thematische Verweisstrukturen

Die klassische Terminologielehre kennt drei Strukturierungsprinzipien für Terminologiebestände: das logisch-hierarchische, das „ontologische" und das „thematische". Alle drei treten im TLF nur ansatzweise in Erscheinung. Das logisch-hierarchische Prinzip erscheint meist nur implizit und vorzugsweise in der vertikalen Dimension („Begriffsleitern"). In vielen Definitionen wird — gemäß der klassischen „Definition der Definition": definitio fit per genus proximum et differentiam specificam — der nächste Oberbegriff, das *genus proximum* genannt: SANIDINE […] Variété de feldspath orthose […]. Die horizontale Dimension („Begriffsreihen") tritt nur ansatzweise auf, wenn Teilsynonyme angegeben werden, wie z. B. im folgenden besonders glücklich ausgewählten Kontextbeispiel: SAPE, génie militaire „Galérie souterraine exécutée dans une guerre de siège …" Sur les vingt-cinq kilomètres de lignes creuses: tranchées, boyaux, sapes". In dieser Stelle aus dem berühmten Kriegsroman *Le feu* von H. Barbusse kann *ligne creuse* als „Oberbegriff", können *tranchée* und *boyau* als Nachbarbegriffe von *sape* aufgefaßt werden. Das „ontologische" Prinzip (im wesentlichen geht es hier um Zugehörigkeits- oder Teil-Ganzes-Beziehungen) manifestiert sich im TLF noch sporadischer, und zwar in den Explikationen. Wer unter SANGLE „Bande de cuire ou de tissu …" nachschlägt, stößt auf die mit dem Deskriptor *equit.[ation]* ausgezeichnete Spezialbedeutung „Bande plate et large passant sous le corps du cheval pour assujettir la selle, le bât". Der Benutzer erfährt somit, daß die *sangle* etwas mit Reittieren, insb. Pferden zu tun hat und als Bestandteil (im weiteren Sinne) des Reit- oder Packsattels anzusehen ist. Das thematische Prinzip betrifft das regelmäßige gemeinsame Vorkommen von Benennungen in Dokumenten. Statt von „Themabeziehungen" spricht man daher auch von „Vorkommensbeziehungen" (Wüster 1971, 100). Von den drei genannten Strukturierungsprinzipien ist das thematische im TLF am systematischsten angewendet worden und zwar in Form eines außergewöhnlich fein differenzierten (wenn auch nicht widerspruchs- und redundanzfreien, cf. supra 4.2) Systems von *indicateurs de domaines*.

5.3. Quellenangaben

Fachwörterbücher und Fachglossare enthalten selten Quellenangaben. Der TLF verzeichnet dagegen — dies ist eine positive Konsequenz der rigorosen Verwirklichung des Korpusprinzips — alle seine Quellen. Dies gilt nicht nur für die zahlreichen Beispiele teilweise literarischer Provenienz, sondern auch für die aus Fachwörterbüchern und Fachtexten übernommenen Definitionen und Explikationen. Darin liegt für den Fachsprachenforscher ein großer Vorzug. Der TLF dient ihm nicht nur als Primärquelle, sondern als Wegweiser zu präziseren und detaillierteren Informationen, die dem Wörterbuch selbst nicht zu entnehmen sind.

5.4. Syntagmatische Angaben

Wie die gemeinsprachliche so folgt auch die fachsprachliche Lexik bestimmten Gesetzmäßigkeiten der Kombinatorik. Mögliche semantische Kombinationen sollen hier — in weitestgehender Übereinstimmung mit dem üblichen Sprachgebrauch — „Kollokationen", eine syntaktisch bedingte Kombinationsrestriktion soll — bei erheblicher Erweiterung der üblichen Verwendung des Terminus — „Rektion" genannt werden. Unter „Rektion" soll z. B. auch die Tatsache verstanden werden, daß gewisse Verben einen bestimmten Modus im abhängigen Satz nach sich ziehen (vgl. Albrecht 1991, 311 f). Sowohl die „Kollokationen" als auch die „Rektion" (im hier gemeinten erweiterten Sinn) werden im TLF — ähnlich wie in den meisten Wörterbüchern — nicht wirklich vollständig berücksichtigt. Hinsichtlich der Kollokationen wurden immerhin erkennbare Anstrengungen zu einer Systematisierung unternommen; der TLF kann — wenn kein Spezialwörterbuch zur Hand ist — als Kollokationswörterbuch benutzt werden. So findet man unter *SANGLIER* „Wildschwein" (ein Lexem, das durch die Zuteilung des Deskriptors *zool.[ogie]* als Fachwort ausgewiesen wird) die Kollokationen *Compagnie, horde de sangliers; défenses, groin, soies de sanglier, battue au sanglier.* Nun ist der Fachsprachlichkeitsgrad von *sanglier* als gering einzustufen; Fachwörter *sensu stricto* erhalten (zumindest was die genauer geprüften Ausschnitte aus der Nomenklatur betrifft) weniger systematische Angaben möglicher Kollokationen als vielmehr Mehrwortbenennungen (cf. supra 4.3). Zwischen Kollokationen und Mehrwortbenennungen wird kein Unterschied gemacht. In diesem Punkt — und dies gilt in noch weit höherem Maße für das gesamte Gebiet der Rektion — ist der Benutzer den Zufällen der Dokumentation in den Beispielen ausgeliefert. Dies gilt auch für die Wortbildungsmöglichkeiten. Häufig gibt es im Französischen verbale Ableitungen von substantivischen Fachwörtern, für die im Deutschen nur Funktionsverbgefüge verwendet werden können: *pivot* „Sternschritt" (*Basketball*) → *pivoter* „einen Sternschritt ausführen"; *diéser* oder *bémoliser une clef* „einem Notenschlüssel die zur Kennzeichnung der Tonart benötigten Kreuze (*dièses*) oder Erniedrigungszeichen (*bémoles*) hinzufügen". Nur durch die unmittelbare Nachbarschaft von Substantiv und Verb in der Nomenklatur wird der Benutzer auf die Existenz dieser abgeleiteten Verben aufmerksam gemacht.

5.5. „Vertikale Schichtung", Registermarkierung

In der gemeinsprachlichen Lexikographie ist es seit langem üblich, die Zugehörigkeit eines Lexems zu einem bestimmten Soziolekt oder einer bestimmten Stilebene durch einen „diasystematischen Index" (in der frz. Lexikographie z. B. *fam.[ilier]* oder *pop.[ulaire]* zu kennzeichnen. Die Vorstellung, daß es innerhalb der Fachsprachen ebenfalls unterschiedliche „Stilebenen" oder „Register" geben könne, mag zunächst befremden; denn die Fachkommunikation gilt allgemein als eine Sphäre der Nüchternheit, die keinen Raum für situationsbedingte Variation der Ausdrucksmittel bietet. Schon vor über dreissig Jahren ist diese weitverbreitete Ansicht korrigiert worden, als Ischreyt (1965) ein erstes Modell zur „vertikalen Schichtung" der Fachsprachen vorlegte. Inzwischen sind verschiedene ähnliche Modelle entwickelt worden. Gemeinsamer Nenner all dieser Vorschläge, auf die hier nicht im einzelnen eingegangen werden kann, ist die Vorstellung, daß es, ähnlich wie in der Gemeinsprache, auch in den Fachsprachen förmlichere und weniger förmliche Register gebe. Für die fachsprachliche Lexikographie hat dies u. a. zur Folge, daß ein Fachterminus nicht nur mit einem Deskriptor, der auf die Zugehörigkeit zu einem bestimmten Fachgebiet hinweist, sondern auch mit einer „Registermarkierung" zu versehen wäre, die darüber Auskunft gibt, ob das indizierte Lexem der Sphäre der reinen Wissenschaft oder jener der praktischen Wissensverwertung zuzurechnen ist. Im TLF konnten von einer solchen Kennzeichnung der „vertikalen Schichtung" nur Spuren nachgewiesen werden. Sie beschränken sich auf ein Gebiet, in dem die Unterscheidung zwischen volkstümlichen und streng wissenschaftlichem Niveau der sprachlichen Bewältigung von Wissensgebieten seit langem üblich ist, nämlich auf die Tier- und Pflanzennamen. Volkstümliche Bezeichnungen werden in der Regel ausdrücklich als solche ausgewiesen und mit der konkurrierenden wissenschaftlichen Bezeichnung konfrontiert: *BELLE DE JOUR* [...] „Nom vulgaire du *convolvulus* [...]". Darüber hinaus wird häufiger auch vermerkt, daß ein Fachwort veraltet oder regionaler Herkunft ist.

6. Zusammenfassung und Ausblick

Das im Jahre 1994 abgeschlossene *Dictionnaire de la langue du XIXe et du XXe siècle (1789—1960)*, das allgemein als *Trésor de la Langue Française* (TLF) bezeichnet wird, obwohl es sich dabei nur um einen Teil des unter demselben Namen ins Leben gerufenen, weit umfassenderen Gesamtprojekts handelt (cf. supra 2), gehört nicht der „enzyklopädisch-technischen", sondern der „philologisch-historischen" Traditionslinie der französischen Lexikographie an, die mit dem Akademiewörterbuch beginnt (cf. supra 1). Es basiert auf einem beeindruckend umfangreichen Korpus, das etwa zu einem Fünftel fachsprachlicher Natur ist (2.2.). Ganz im Gegensatz zu den Mitgliedern der Akademie (1) hielten sich die Kompilatoren des TLF streng an das Korpusprinzip (2.2.) und wichen im Fall der Fachlexik (zum Wohle des TLF) nur insofern davon ab, als sie nicht nur Fachtexte sensu stricto, sondern auch Fachwörterbücher als Primärquellen zuließen. (4.1.). Besonders hervorzuheben ist, daß der verschiedentlich kritisierte literarische Charakter des Wörterbuchs (2.5.) sich auch im Bereich der Fachlexik manifestiert: Viele Belege für Fachwörter stammen aus literarischen Texten (5.1.). Die Quellen für Definitionen, Explikationen und Kontextbeispiele werden in der Regel präzise angegeben, wodurch dem Fachsprachenforscher zeitraubende Nachforschungen erspart werden (5.3.). Die älteren Stadien der Fachsprachen sind überproportional vertreten, dagegen lassen sich nach 1965 entstandene bzw. geprägte Fachtermini nur in Ausnahmefällen nachweisen (4.4.). Was die Bildungsverfahren fachsprachlicher Lexeme betrifft, so sind die fachsprachlichen Sonderbedeutungen gemeinsprachlicher Lexeme („Terminologisierungen") gut, die Mehrwortbenennungen hingegen unzureichend repräsentiert (4.3.). Die Einteilung der Fachgebiete ist außerordentlich differenziert, wenn auch nicht redundanz- und widerspruchsfrei. Durch die großzügige Vergabe fachsprachlicher Deskriptoren (z. B. in Fällen wie *SANDWICH* und *SANGLIER* „Wildschwein") entsteht der Eindruck eines sehr hohen Anteils fachsprachlicher Lexeme an der Gesamtnomenklatur (4.2. und 4.3.). Die begrifflich-thematischen Verweisstrukturen sind, wie bei semasiologisch ausgerichteten Wörterbüchern allgemein üblich, nur in beschränktem Maße ausgebildet (5.2.). Die syntagmatischen Angaben sind im semantischen Bereich insgesamt zufriedenstellend, im syntaktischen dagegen rudimentär (5.4.). Die strenge Befolgung des Korpusprinzips ließ die Schließung der durch die Zufälligkeiten der Dokumentation entstandenen Lücken nicht zu. Eine wirklich vollständige Vertretung der zentralen Termini eines Wissensgebiets ist also von vornherein nicht zu erwarten.

Fazit: Der TLF ist — in Übereinstimmung mit den erklärten Intentionen seiner Schöpfer (2.2.) — in erster Linie ein „Dekodierwörterbuch". Das gilt auch für die gemeinsprachliche Lexik. Sowohl der Fachübersetzer als auch der Terminologe wird nur in Ausnahmefällen zu diesem Wörterbuch greifen, nämlich dann, wenn die Hauptarbeit bereits getan ist und wenn es gilt, verbliebene Dokumentationslücken zu schließen. Für den Fachsprachenhistoriker und ebenso für den Kulturhistoriker, der erfahren möchte, zu welchem Zeitpunkt spezifisches Wissen in die Allgemeinbildung der Eliten Frankreichs Eingang gefunden hat, stellt der TLF ein wertvolles Arbeitsinstrument dar. Man darf neugierig auf die Verwirklichung weiterer Teilprojekte sein, die im Rahmen des Gesamtprojekts „TLF" in Angriff genommen wurden. Eine ausgefeilte CD-ROM-Version des hier vorgestellten Wörterbuchs würde dessen praktischen Wert erhöhen (2.1.). Auf die angekündigte Weiterführung der „tradition de complémentarité inaugurée par Thomas Corneille" (2.2.), d. h. die Veröffentlichung von Fachwörterbüchern auf der Grundlage einer selektiven Auswertung des Gesamtkorpus, werden Fachsprachenforscher ungeduldig warten.

7. Literatur (in Auswahl)

7.1. Wörterbücher

Académie Française 1694 = Le Dictionnaire de l'Académie françoise dédié au Roy. Paris 1694.

Chambers ^{5}1988 = Chambers English Dictionary. Cambridge usw. 7. Ed. 1988.

Corneille 1694 = Thomas Corneille. Le dictionnaire des arts et des sciences. Paris 1694.

DFC 1966 = Dictionnaire du Française Contemporain. Paris 1966.

Duden ²1993 = Duden. Das große Wörterbuch der deutschen Sprache in acht Bänden. 2., völlig neu bearb. u. stark erw. Aufl. Hrsg. u. bearb. v. Wissenschaftlichen Rat und den Mitarbeitern der Dudenredaktion unter Leitung v. Günter Drosdowski. Mannheim/Wien/Zürich 1993–1995.

Duden Oxford 1990 = Duden-Oxford Großwörterbuch Englisch. Hrsg. v. der Dudenredaktion und Oxford University Press. Redaktionelle Leitung: Werner Scholze-Stubenrecht und John Sykes. Mannheim/Wien/Zürich 1990.

Encyclopédie 1751–1780 = Encyclopédie ou dictionnaire raisonné des sciences, des arts et des métiers. Eds.: Denis Diderot, Jean Le Rond d'Alembert. Nouvelle impression en facsimilé de la première édition de 1751–1780. Stuttgart–Bad Cannstatt 1966 ff.

Furetière 1690 = Antoine Furetière: Dictionaire [sic] universel contenant généralement tous les mots françois tant vieux que modernes et les termes des sciences et des arts. La Haye 1690.

Grand dictionnaire universel 1864–1876 = Pierre Larousse: Grand dictionnaire universel du XIXe siècle. Paris 1864–1876.

Grand Larousse 1971–1978 = Grand Larousse de la Langue Française en sept volumes, sous la direction de Louis Guilbert et al., Paris 1971–1978.

Grand Robert 1985 = Le Grand Robert de la langue française. Dictionnaire alphabétique et analogique de la langue française de Paul Robert. Deuxième édition entièrement revue et enrichie par Alain Rey. 9 Bde. Paris 1985.

Hatzfeld/Darmesteter 1889–1901 = Adolphe Hatzfeld/Arsène Darmesteter: Dictionnaire Général de la Langue Française du commencement du XVIIe siècle jusqu'à nos jours. Paris 1889–1901.

Littré 1863–1873/1877 = Emile Littré: Dictionnaire de la langue française. 4 Bde. Paris 1863–1873. Supplément. Paris 1877.

Nicot 1606 = Jean Nicot: Thresor de la langve francoyse, tant ancienne que Moderne. Paris 1606.

Petit Robert 1993 = Nouveau Petit Robert. Dictionnaire de la Langue Française 1. Paris 1993.

Oxford Advanced Learner's Dictionary ⁴1989 = Oxford Advanced Learner's Dictionary. A. S. Hornby. Chief Editor: A. P. Cowie 4th ed. Oxford 1989.

Richelet 1680–1679 = César-Pierre Richelet: Dictionnaire françois, contenant les mots et les choses, plusieurs nouvelles remarques sur la langue françoise. Genève 1680–1679.

Robert 1953–1964 = Dictionnaire alphabétique et analogique de la langue française par Paul Robert. Les mots et les associations d'idées. 6 Bde. Paris 1953–1964.

TLF 1971 ff = Centre National de la Recherche Scientifique: Trésor de la langue française. Dictionnaire de la langue du XIXe et du XXe siècle (1789–1960). Paris 1971 ff.

Trévoux 1704 = Dictionnaire universel françois et latin, contenant la signification et la définition tant des mots de l'une et de l'autre langue, avec leurs différens usages. Trévoux 1704.

7.2. Sonstige Literatur

Albrecht 1991 = Jörn Albrecht: Syntagmatik im Wörterbuch. In: Festgabe für Hans-Rudolf Singer Zum 65. Geburtstag am 6. April 1990 überreicht von seinen Freunden und Kollegen. Hrsg. v. Martin Forstner. Frankfurt a. M. Bern. New York. Paris 1991, 305–323.

Albrecht 1995a = Jörn Albrecht: Terminologie und Fachsprachen. In: Realities of Translating. Hrsg. v. Manfred Beyer et. al. (anglistik & englischunterricht), Nr. 55/56 (1995), 111–161.

Albrecht 1995b = Jörn Albrecht: Der Einfluß der frühen Übersetzertätigkeit auf die Herausbildung der romanischen Literatursprachen. In: Die Romanischen Sprachen im Vergleich. Akten der gleichnamigen Sektion des Potsdamer Romanistentages (27.–30. 9. 1993). Hrsg. v. Christian Schmitt und Wolfgang Schweickard. Bonn 1995, 1–37.

Arntz/Picht 1989 = Reiner Arntz/Heribert Picht: Einführung in die Terminologiearbeit. Hildesheim. Zürich. New York 1989.

Bauer 1992/93 = Patrick Bauer: Kulturhaut für Schwerverbrannte. Eine Terminologiearbeit zur raschen Einarbeitung für Dolmetscher und Übersetzer. Deutsch, Französisch, Englisch. Diplom-Arbeit [masch.] Heidelberg. Winter 1992/93.

Benkler 1992/93 = Erika Benkler: Die Personengesellschaften. Ein deutsch-französischer Vergleich, exemplarisch dargestellt an der Kommanditgesellschaft (mit zweisprachigem Glossar). Diplom-Arbeit [masch.] Heidelberg. Winter 1992/93.

Bray 1990 = Laurent Bray: La lexicographie française des origines à Littré. In: Wörterbücher [...] Ein internationales Handbuch zur Lexikographie. Hrsg. v. Franz Josef Hausmann, Oskar Reichmann, Herbert Ernst Wiegand, Ladislav Zgusta. 2. Teilbd. Berlin. New York 1990 (Handbücher zur Sprach- und Kommunikationswissenschaft 5.2), 1789–1818.

Bub 1991 = Vera Bub: Begriffe unterschiedlicher Fachgebietszugehörigkeit und -bindung in deutschen und französischen Texten aus der Chip-Technologie. Diplom-Arbeit [masch.] Heidelberg. Sommer 1991.

Callebaut 1983 = Bruno Callebaut: Les vocabulaires techniques et scientifiques et les dictionnaires Le cas d'une nomenclature des sciences naturelles. In: Cahiers de lexicologie 43. 1983, 33–52.

Candel 1979 = Danielle Candel: La présentation par domaines des emplois scientifiques et techniques dans quelques dictionnaires de langue. In: La langue française 43. 1979, 100–115.

189. Die Fachlexik im *Trésor de la language française*

Candel 1983 = Danielle Candel: Réflexions sur l'utilisation de textes scientifiques dans un dictionnaire de langue. In: Etudes de linguistique appliquée, nouvelle série 49, Janvier−Mars 1983, 21−33.

Candel et al. 1990 = Danielle Candel/Hiltrud Gerner/Annie Bernardoff/Pascale Baudinot: Aspects de la documentation scientifique et technique dans un grand dictionnaire de langue. In: CNRS 1990, 29−52.

CNRS 1990 = Centre National de la Recherche Scientifique (Hrsg.): Autour d'un dictionnaire: Le „Trésor de la langue française", témoignages d'atelier et voies nouvelles. Paris 1990.

Cronjäger 1993 = Christine Cronjäger: Terminologische Untersuchung zum Fachgebiet Treibhauseffekt und Klimaänderung im Sprachenpaar Deutsch−Französisch. Diplom-Arbeit [masch.] Heidelberg. Sommer 1993.

Deneckere 1973 = Marcel Deneckere: Autour du „Trésor de la langue française". In: Linguistica Antverpiensa VV. 1973, 37−45.

Dezimalklassifikation 1958 = Deutscher Normenausschuß/British Standards Institution/Association Belge de Documentation/Union Française des Organismes de Documentation (Hrsg.): Dezimalklassifikation. Dreisprachige Kurzausgabe, Berlin. Köln 1958.

Dornseiff ^{5}1959 = Franz Dornseiff: Deutscher Wortschatz nach Sachgruppen. 5. Aufl. Berlin 1959.

Dornseiff 1964 = Franz Dornseiff: Aus den Vorreden zum „Deutschen Wortschatz nach Sachgruppen". In: Idem: Sprache und Sprechender [= kleinere Schriften II]. Hrsg. v. Jürgen Werner. Leipzig 1964, 41−65.

Felber/Budin 1989 = Helmut Felber/Gerhard Budin: Terminologie in Theorie und Praxis, Tübingen 1989 (Forum für Fachsprachen−Forschung 9).

Fischer 1992 = Uwe Fischer: Terminologische Untersuchungen im Bereich der Herstellung und Anwendungstechnik von Bodenbelägen aus Kautschuk in den Sprachen Deutsch und Französisch. Diplom-Arbeit [masch.] Heidelberg. Frühjahr 1992.

Fluck 1985 = Hans-Rüdiger Fluck: Fachsprachen. Einführung und Bibliographie, 3. aktual. u. erw. Aufl., München 1985 (Uni-Taschenbücher 483).

Franck 1994 = Claudia Franck: Die deutsch-französischen Beziehungen seit dem Dreißigjährigen Krieg. Ein historischer Überblick und ein kommentiertes deutsch-französisches Glossar. Diplom-Arbeit [masch.] Heidelberg. 1994.

Furetière 1858 = Antoine Furetière: Receuil des factums. Tome I. Paris 1858.

Furetière 1859 = Antoine Furetière: Receuil des factums. Tome II. Paris 1859.

Gorcy 1992 = Gérard Gorcy: Le Trésor de la langue française (TLF), trente ans aprés; bilan et perspectives. In: Etudes de linguistique appliquée. 85−86. Janvier−Juin 1992, 75−88.

Grebe 1994 = Martina Grebe: Historische Dächer. Eine terminologische Studie im Sprachenpaar Deutsch−Französisch. Diplom-Arbeit [masch.] Heidelberg. Herbst 1994.

Haiman 1980 = John Haiman: Dictionaries and Encyclopedias. In: Lingua 50. 1980, 329−357.

Hansen 1994 = Regina Hansen: Kupfer − Der raffinierte Rohstoff. Eine terminologische Untersuchung im Sprachenpaar Deutsch−Französisch. Diplom-Arbeit [masch.] Heidelberg. Herbst 1994.

Hausmann 1977 = Franz Josef Hausmann: Splendeurs et misères du Trésor de la langue française. In: Zeitschrift für französische Sprache und Literatur. LXXXII, H. 3 1977. 212−231.

Hausmann 1988 = Franz Josef Hausmann: Le TLF, prix d'excellence? La place du Trésor de la langue française dans la lexicographie internationale. In: Zeitschrift für französische Sprache und Literatur. XCVIII, H. 2 1988, 113−124.

Hausmann 1989 = Franz Josef Hausmann: Das Wörterbuch im Urteil der gebildeten Öffentlichkeit in Deutschland und in den romanischen Ländern. In: Wörterbücher […] Ein internationales Handbuch zur Lexikographie. Hrsg. v. Franz Josef Hausmann, Oskar Reichmann, Herbert Ernst Wiegand, Ladislav Zgusta. 1. Teilbd. Berlin. New York 1989 (Handbücher zur Sprach- und Kommunikationswissenschaft 5.1), 19−29.

Heinzelmann 1993 = B. Gesine Heinzelmann: Untersuchungen zur Terminologie der neuronalen Netze im Sprachenpaar Deutsch−Französisch. Diplom-Arbeit [masch.] Heidelberg. Sommer 1993.

Hellmeister 1994 = Anette Hellmeister: Die Pariser Haute Couture. Diplom-Arbeit [masch.] Heidelberg. Sommer 1994.

Henrich 1989 = Ulla Henrich: Terminologie zum Klavier und zum Flügel im Bereich des Sprachenpaares Französisch/Deutsch. Diplom-Arbeit [masch.] Germersheim. Frühjahr 1989.

Hoffmann 1989 = Sylvia Hoffmann: Architektur digitaler Rechenanlagen. Eine terminologische Untersuchung im Bereich des Sprachenpaars Französisch-Deutsch. Diplom-Arbeit [masch.] Germersheim. Frühjahr 1989.

Hüttenrauch 1992 = Heike Hüttenrauch: Metaphorik in der Sprache der elektronischen Datenverarbeitung des Französischen [sic!] untersucht anhand der französischen Computerzeitschrift „L'Ordinateur Individuel". Diplom-Arbeit [masch.] Heidelberg. Frühjahr 1992.

Imbs 1971 = Paul Imbs: Préface. In: TLF. Tome premier. Paris 1971. XI−XLV.

Imbs 1979 = Paul Imbs: Préface. In: TLF. Tome septième. Paris 1979. VII−XIII.

Ischreyt 1965 = Heinz Ischreyt: Studien zum Verhältnis von Sprache und Technik. Institutionelle

Sprachlenkung in der Terminologie der Technik. Düsseldorf 1965.

Jäger 1991 = Andrea Jäger: „Das Heliostatenfeld des Solarturmkraftwerkes Thémis". Kommentierte Übersetzung eines französischen Fachtextes. Diplom-Arbeit [masch.] Heidelberg. Sommer 1991.

Kaiss 1993 = Bettine Kaiss: CIM − die rechnerintegrierte Produktion. Eine Terminologiearbeit im Sprachenpaar Deutsch−Französisch. Diplom-Arbeit [masch.] Heidelberg. Sommer 1993.

Kalverkämper 1989 = Hartwig Kalverkämper: Diatechnische Markierungen im allgemeinen einsprachigen Wörterbuch. In: Wörterbücher [...] Ein internationales Handbuch zur Lexikographie. Hrsg. v. Franz Josef Hausmann, Oskar Reichmann, Herbert Ernst Wiegand, Ladislav Zgusta. 1. Teilbd. Berlin. New York 1989 (Handbücher zur Sprach- und Kommunikationswissenschaft 5.1), 680−688.

Lampert 1989 = Stefan Lampert: Der Otto-Viertaktmotor: Eine terminologische Untersuchung im Deutschen und Französischen. Diplom-Arbeit [masch.] Germersheim. Frühjahr 1989.

Linsenmaier 1988 = Anita Linsenmaier: Gewinnung und Behandlung von Fruchtsäften. Eine terminologische Untersuchung für das Sprachenpaar Französisch-Deutsch. Diplom-Arbeit [masch.] Germersheim. Frühjahr 1988.

Litty 1985 = Juliane Litty: Terminologische Untersuchungen zu den Formgebungsverfahren der Glasverarbeitung, deutsch-französisch. Diplom-Arbeit [masch.] Germersheim. Sommer 1985.

Luchterhand 1992 = Elke Luchterhand: Metaphorik in der Sprache der elektronischen Datenverarbeitung des Französischen [sic!]. Analyse anhand von Werbeanzeigen der populärwissenschaftlichen Computerzeitschrift „L'Ordinateur Individuel". Diplom-Arbeit [masch.] Heidelberg. Frühjahr 1992.

Marello 1990 = Carla Marello: The Thesaurus. In: Wörterbücher [...] Ein internationales Handbuch zur Lexikographie. Hrsg. v. Franz Josef Hausmann, Oskar Reichmann, Herbert Ernst Wiegand, Ladislav Zgusta. 2. Teilbd. Berlin. New York 1990 (Handbücher zur Sprach- und Kommunikationswissenschaft 5.2), 1083−1094.

E. Martin 1990 = Eveline Martin: Sources et ressources du TLF. De la boîte à fiches au disque compact. In: CNRS 1990, 13−19.

R. Martin 1969 = Robert Martin: Le Trésor de la langue française et la méthode lexicographique. In: Langue française, le lexique 2, mai 1969, 44−55.

R. Martin 1996 = Robert Martin: Dictionnaire informatisé et traitement de l'information lexicale. In: Lexikalische Analyse romanischer Sprachen. Hrsg. v. Peter Blumenthal/Giovanni Rovere/Christoph Schwarze. Tübingen 1996, 63−72.

Matoré 1968 = Georges Matoré: Histoire des dictionnaires français. Paris 1968.

Meding 1982 = Sabine Meding: Untersuchungen zur deutsch-frz. Terminologie des Lichtbogenschweißens. Diplom-Arbeit [masch.] Germersheim. Sommer 1982.

Minchin 1994 = Valérie Minchin: Abfallvermeidung und Abfallverwertung: Eine Gegenüberstellung zwischen Deutschland und Frankreich. Diplom-Arbeit [masch.] Heidelberg. Sommer 1994.

Monert 1985 = Margarete Monert: Die französische Terminologie der Mannschaftsspiele Basketball und Volleyball. Diplom-Arbeit [masch.] Germersheim. Frühjahr 1985.

Mörgenthaler 1987 = Eva Mörgenthaler: Untersuchung zu deutschen und französischen Tier- und Pflanzennamen, insbesondere im Bereich der Wortbildung. Diplom-Arbeit [masch.] Germersheim. Frühjahr 1987.

Onimus 1993 = Simone Onimus: Das Prozeßleitsystem: Eine terminologische Untersuchung im Deutschen und Französischen. Diplom-Arbeit [masch.] Heidelberg. Sommer 1993.

Opitz 1990 = Kurt Opitz: Formen und Probleme der Datenerhebung III: Fachwörterbücher. In: Wörterbücher [...] Ein internationales Handbuch zur Lexikographie. Hrsg. v. Franz Josef Hausmann, Oskar Reichmann, Herbert Ernst Wiegand, Ladislav Zgusta. 2. Teilbd. Berlin. New York 1990 (Handbücher zur Sprach- und Kommunikationswissenschaft 5.2), 1625−1631.

Paul 1920/^{5}1968 = Hermann Paul: Deutsche Grammatik V, Tübingen 1920/1968.

Pijollet 1991 = Nathalie Pijollet: Französische Weine − die Fachsprache des französischen Weinhandels. Unter besonderer Berücksichtigung der Gesetzgebung, der Sinnenprüfung, der Weinbereitung und der Weinbaugebiete. Diplom-Arbeit [masch.] Heidelberg. Sommer 1991.

Popelar 1976 = Inge Popelar: Das Akademiewörterbuch von 1694. Das Wörterbuch des Honnête Homme? Tübingen 1976 (Zeitschrift für Romanische Philologie. Beih. 152).

Quemada 1980 = Bernard Quemada: Postface. In: TLF. Tome huitième. Paris 1980, VII−IX.

Quemada 1990 = Bernard Quemada: Französische Lexikographie. In. Lexikon der Romanistischen Linguistik (LRL) V, 1. Hrsg. v. Günter Holtus, Michael Metzeltin, Christian Schmitt, Tübingen 1990, 869−894.

Quemada 1994 = Bernard Quemada: Postface. In: TLF. Tome seizième. Paris 1994. VII−X.

Rey 1979 = Alain Rey: La terminologie. Noms et notions. Paris 1979 (Que sais-je? 1780).

Rey 1990 = Alain Rey: La lexicographie française depuis Littré. In: Wörterbücher [...] Ein internationales Handbuch zur Lexikographie. Hrsg. v. Franz Josef Hausmann, Oskar Reichmann, Herbert Ernst Wiegand, Ladislav Zgusta. 2. Teilbd. Berlin. New York 1990 (Handbücher zur Sprach- und Kommunikationswissenschaft 5.2), 1819−1843.

Rey-Debove 1971 = Josette Rey-Debove: Etude linguistique et sémiotique des dictionnaires français contemporains. Paris 1971.

Rondeau 1983 = Guy Rondeau: Introduction à la terminologie. Boucherville 1983.

Root Thesaurus ³1988 = British Standards Institution (Hrsg.): Root Thesaurus, Part 1: Subject Display. 3.rd ed. 1988.

Runde 1993 = Anette Runde: Terminologie der gotischen Kirchenbaukunst im Sprachenpaar Deutsch−Französisch. Diplom-Arbeit [masch.] Heidelberg. Sommer 1993.

Sager 1989 = Juan C. Sager: The Dictionary as an Aid in Terminology. In: Wörterbücher [...] Ein internationales Handbuch zur Lexikographie. Hrsg. v. Franz Josef Hausmann, Oskar Reichmann, Herbert Ernst Wiegand, Ladislav Zgusta. 1. Teilbd. Berlin. New York 1989 (Handbücher zur Sprach- und Kommunikationswissenschaft 5.1), 167−170.

Schmidhuber 1994 = Maria Schmidhuber: Das Fenster in der klassischen Architektur. Handwerklich gefertigte Fenster an steinernen Profanbauten in Renaissance, Barock und Klassizismus. Terminologiearbeit im Sprachenpaar Deutsch−Französisch. Diplom-Arbeit [masch.] Heidelberg. Herbst 1994.

Schulte 1992 = Beate Schulte: Datenbanken auf dem Personalcomputer − Einführung in Theorie und Praxis von Datenbanksystemen und Terminologische Untersuchung im Sprachenpaar Deutsch−Französisch. Diplom-Arbeit [masch.] Heidelberg. Frühjahr 1992.

Söll 1973 = Ludwig Söll: Rez. von: Trésor de la Langue Française. Dictionnaire de la Langue Française du 19e et du 20e siècle (1789−1960), Band 1. In. Zeitschrift für französische Sprache und Literatur LXXXIII, H. 1. 1973, 355−363.

Steiger 1985 = Birgitta Steiger: Rotweinkultur im Bordelais − Weinbau und Weinbereitung. Eine kulturspezifische Studie mit Glossar. Diplom-Arbeit [masch.] Germersheim. Frühjahr 1985.

Väänänen 1973 = Veiko Väänänen: Rez. von: Trésor de la langue française. Dictionnaire de la langue du XIXe et du XXe siècle (1789−1960), Band 2. In: Neuphilologische Mitteilungen 74. 1973, 543.

Väänänen 1976 = Veiko Väänänen: Rez. von: Trésor de la langue française. Dictionnaire de la langue du XIXe et du XXe siècle (1789−1960), Band 3. In: Neuphilologische Mitteilungen 77. 1976, 309−311.

Väänänen 1977 = Veiko Väänänen: Rez. von: Trésor de la langue française. Dictionnaire de la langue du XIXe et du XXe siècle (1789−1960), Band 5. In: Neuphilologische Mitteilungen 78. 1977, 396.

Väänänen 1979 = Veiko Väänänen: Rez. von: Trésor de la langue française. Dictionnaire de la langue du XIXe et du XXe siècle (1789−1960), Band 6. In: Neuphilologische Mitteilungen 80. 1979, 94.

Väänänen 1980 = Veiko Väänänen: Rez. von: Trésor de la langue française. Dictionnaire de la langue du XIXe et du XXe siècle (1789−1960), Band 7. In: Neuphilologische Mitteilungen 81. 1980, 84.

Väänänen 1984 = Veiko Väänänen: Rez. von: Trésor de la langue française. Dictionnaire de la langue du XIXe et du XXe siècle (1789−1960), Band 9. In: Neuphilologische Mitteilungen 85. 1984, 254.

Van Hoof 1991 = Henri Van Hoof: Histoire de la traduction en Occident. France, Grande-Bretagne, Allemagne, Russie, Pays-Bas. Paris. Louvain-la-Neuve 1991.

Wagner 1986 = Horst Wagner: Les dictionnaires du français langue de spécialité/langue économique. In: Actes du XVIII Congrès International de Linguistique et de Philologie Romanes. Tome IV. Section VI. Universität Trier 1986, 210−219.

Wagner, 1993 = Birgit Wagner: Die Rolle des Sach- und Sprachwissens für das Übersetzen französischer juristischer Fachtexte ins Deutsche unter besonderer Berücksichtigung des Grundrechtsschutzes durch die Verfassungsgerichtsbarkeit in Frankreich und Deutschland. Diplom-Arbeit [masch.] Heidelberg. Sommer 1993.

Wamsler 1992 = Christine Wamsler: Untersuchung zu Anglizismen im Französischen unter besonderer Berücksichtigung der Wirtschaftssprache. Diplom-Arbeit [masch.] Heidelberg. Herbst 1992.

Wandruszka 1959 = Mario Wandruszka: Der Geist der französischen Sprache. Reinbek bei Hamburg 1959.

Welters 1989 = Stefanie Welters: Humanökologisches Bauen und Wohnen: Eine kontrastive Untersuchung zur Terminologie der Baubiologie im Französischen und im Deutschen. Diplom-Arbeit [masch.] Germersheim. Frühjahr 1989.

Wiegand 1977 = Herbert Ernst Wiegand: Fachsprachen im einsprachigen Wörterbuch. Kritik, Provokationen und praktisch-pragmatische Vorschläge. In: Kongreßberichte der 7. Jahrestagung der Gesellschaft für Angewandte Linguistik GAL e. V. Hrsg. v. Helmut Schumacher/Burkhard Leuscher. Trier 1976. Stuttgart 1977, 39−65.

Wiegand 1988 = Herbert Ernst Wiegand: Was eigentlich ist Fachlexikographie? Mit Hinweisen zum Verhältnis von sprachlichem und enzyklopädischem Wissen. In: Deutscher Wortschatz. Lexikologische Studien. Ludwig Erich Schmitt zum 80. Geburtstag von seinen Marburger Schülern. Hrsg. v. Horst Haider Munske. Peter von Polenz. Oskar Reichmann. Reiner Hildebrand. Berlin. New York 1988, 729−790.

Wolf 1977 = Heinz Jürgen Wolf: Rez. von: Trésor de la langue française, Dictionnaire de la langue du

XIXᵉ et du XXᵉ siècle (1789−1960), Band 3 und 4. In: Romanische Forschungen 89. 1977, 287−292.

Wolf 1981 = Heinz Jürgen Wolf: Rez. von: Trésor de la langue française. Dictionnaire de la langue du XIXᵉ et du XXᵉ siècle (1789−1960), Band 5. In: Romanische Forschungen 93. 1981, 179−184.

Wüster 1971 = Eugen Wüster: Begriffs- und Themaklassifikation. Unterschiede in ihrem Wesen und in ihrer Anwendung. In: Nachrichten für Dokumentation 22. 1971, 98−104 u. 143−150.

Jörn Albrecht, Heidelberg

190. Die Fachlexik im *Wörterbuch der russischen Sprache* von Vladimir Dal'

1. Die großen, allgemeinen einsprachigen Wörterbücher des Russischen
2. Vladimir Dal' und sein Wörterbuch
3. Struktur des Wörterbuches
4. Inhalt des Wörterbuches
5. Fachwortschätze nach Fachgebieten und Herkunft
6. Literatur (in Auswahl)

1. Die großen, allgemeinen einsprachigen Wörterbücher des Russischen

Das Russische hat eine eigene Benennung für Wörterbücher dieser Art: *толковый словарь* − *erklärendes Wörterbuch*. Das Adjektiv толковый ist vom Verb толковать − *erklären, erläutern; auslegen, deuten* − abgeleitet. Schon bei V. Dal' ([1880−1882] 1955, IV, 412) findet sich die Umschreibung „словарь, дающiй какое либо толкованье кромѣ прямаго перевода словъ, или расположенный по толкамъ, объясняющiй производство словъ", d. h. ein Wörterbuch, das außer bzw. an Stelle der direkten Übersetzung von Wörtern irgendeine Erklärung gibt oder nach den Bedeutungen geordnet ist und die Bildung der Wörter erklärt, womit die spätere Ordnung nach Wortnestern angedeutet ist, die aus heutiger Sicht nur eine der makrostrukturellen Möglichkeiten einsprachiger Wörterbücher ist (vgl. Wiegand 1989a, 371 ff). Aus Vorschlägen russischer Sprachwissenschaftler zur Klassifizierung von Wörterbüchern stammt die folgende recht allgemeine Definition: „Словарь толковый англ. *defining dictionary*. Одноязычный словарь, разъясняющий значение и употребление включаемых слов путем объяснений, парафраз, синонимов и т. п., т. е. разных вариантов (разновидностей) интравербального перевода" (Achmanova 1966, 421), also: einsprachiges Wörterbuch, das die Bedeutung und den Gebrauch der in ihm enthaltenen Wörter durch Erklärungen, Paraphrasen, Synonyme, u. ä., d. h. durch verschiedene Varianten (Arten) der intralingualen Übersetzung erläutert.

In zusammenfassenden Darstellungen werden gewöhnlich folgende Möglichkeiten der Erklärung (nach Wiegand 1989b, 409 ff, „Angaben") genannt, von denen unterschiedlicher Gebrauch gemacht wird:

(a) es wird eine exakte Definition der Bedeutung(en) des Wortes für einen bestimmten „gegenwärtigen" Zeitabschnitt gegeben (die Gegenwart der russischen Sprache beginnt z. B. mit dem Schaffen A. S. Puškins und reicht bis in unsere Tage);
(b) es wird auf die Grenzen des Wortgebrauchs (stilistische Markiertheit und die expressive Färbung des Wortes hingewiesen;
(c) es werden Angaben zur Rechtschreibung, zur Aussprache und zu den grammatischen Formen des Wortes gemacht;
(d) es werden die Normen der freien Wortverwendung in der gebundenen Rede (durch Beispiele) und Fälle des phraseologischen oder idiomatischen Gebrauchs vorgeführt;
(e) vielfach gibt es zusätzliche Auskünfte über die Etymologie des Wortes, über Synonyme, über örtliche und zeitliche Gebrauchsbeschränkungen und andere Kommentare (Semenov 1959, 9).

Zusammenfassungen dieser Art zeugen davon, daß in erklärenden Wörterbüchern die normative Tendenz dominiert hat. V. Dal's Wörterbuch war da eine Ausnahme. Seinem Verfasser ging es zunächst nur um die Erfassung und Beschreibung des Wortschatzes seiner Sprache. Deshalb kann sein Werk neueren und strengeren lexikographischen Anforderungen nicht genügen; doch ist es eine Fundgrube für alle, die nach ganz konkretem Sprachmaterial suchen, also auch für die Fachsprachenforschung, wenn sie z. B. der Herausbildung von Fachwortschätzen bzw. Terminologien nachgeht, die *in statu nascendi* oft noch in allgemeinen einsprachigen Wörterbüchern zu beobachten ist. Interessant ist schon, welche fachlich-beruflichen Tätigkeiten mit ihren Gegenständen und Handlungen in einer bestimmten Zeit für wichtig genug gehalten wurden, um über die Benennungen dafür in Wörterbüchern festgehalten und damit ins allgemeine Bewußtsein gehoben zu werden. Die Erklärungen der einsprachigen Wörterbücher erschließen aber auch den Zugang zum fachlichen Denken als Ausdruck eines bestimmten Zeitgeistes und als Manifestation einer bestimmten Zivilisationsstufe. Ehe wir darauf näher eingehen, soll jedoch gezeigt werden, in welcher historischen Tradition dieses wichtige und originelle Werk steht.

1.1. Das erste erklärende Wörterbuch der russischen Sprache, das sich deutlich von älteren Glossaren abhob, sich aber zugleich auf deren lexikographische Tradition stützte, war das Словарь Академии Российской, also das Wörterbuch der Russischen Akademie, Band I–VI, St. Petersburg 1789–1794. Es hatte seine Grundlagen in den sprachwissenschaftlichen Arbeiten von Gelehrten wie M. Lomonosov, K. Kondratovič u. a. An ihm arbeiteten bedeutende Wissenschaftler und Schriftsteller jener Zeit mit, z. B. D. Fonvizin, unter dessen Leitung übrigens die „Skizzen zur Zusammenstellung eines erklärenden Wörterbuches der slovenorussischen Sprache" entstanden, I. Boltin, I. Lepechin, E. Daškova, G. Deržavin, Ja. Knjažnin, I. Bogdanovič, A. Musin-Puškin. Es enthielt 43 257 Wörter der russischen und der kirchenslawischen Sprache. Darunter waren, in Übereinstimmung mit den im 18. Jh. geltenden Auffassungen von Literatursprache, nur wenige Zeugen der lebendigen Umgangssprache, aber auch nur eine geringe Zahl von Fremdwörtern (341 aus dem Griechischen, 107 aus dem Lateinischen, 92 aus dem Französischen, 74 aus dem Deutschen), was als Ausdruck einer konservativ-slawophilen Geisteshaltung zu werten ist. Besondere Hervorhebung verdient der Umstand, daß hier erstmals in einem größeren russischen Wörterbuch die alphabetische Ordnung zugunsten des Nestprinzips aufgegeben wurde, um semantische Zusammenhänge und Regularitäten der Wortbildung hervortreten zu lassen.

Definitionsartige Erklärungen bzw. Umschreibungen standen unmittelbar hinter den jeweiligen Ableitungen von der nach dem Alphabet zu findenden Wurzel. Angaben zum Stil basierten auf der Lehre M. Lomonosovs von den drei Stilen der Literatursprache.

Wegen der geringen Nutzerfreundlichkeit des Nest- und Wortbildungsprinzips wurde für die 2. Auflage, die von 1806 bis 1822 nur sehr zögerlich erschien, die Rückkehr zur alphabetischen Ordnung beschlossen. Gleichzeitig erfolgte eine Erweiterung auf 51 388 Wörter, die sich allerdings vor allem aus der Auflösung der etymologischen Nester ergab. Trotz der Korrektur von Fehlern und Mängeln bei der Erklärung der Wörter sowie bei den stilistischen und grammatischen Angaben und trotz des erleichterten Zugriffs hat die 2. Auflage nicht die theoretische und praktische Bedeutung der Erstfassung erlangt.

1.2. Sieht man von den Bemühungen K. Kalajdovičs um ein Wörterbuch, das mit seiner Allgemeinverständlichkeit auch didaktischen Ansprüchen gerecht werden sollte, und von dem „Allgemeinen kirchenslawisch-russischen Wörterbuch" P. Sokolovs ab, dann ist als nächstes das dritte Akademie-Wörterbuch, das 1847 in St. Petersburg erschienene vierbändige Словарь церковнославянскаго и рускаго языка (Wörterbuch der kirchenslawischen und russischen Sprache), zu erwähnen, das nach der Schließung der Russischen Akademie im Jahre 1841 ab 1842 in der Zweiten Abteilung der Akademie der Wissenschaften konzipiert und erarbeitet wurde, weil es einen bedeutenden Fortschritt für die Praxis der russischen Lexikographie bedeutete. Der wichtigste Unterschied zu seinen Vorgängern bestand darin, daß seine geistigen Väter von der normativen Zielstellung im Sinne einer sorgfältigen Auswahl des Sprachmaterials nach den Stilprinzipien M. Lomonosovs abrückten und eine Art Thesaurus oder vollständige und systematische Sammlung von Wörtern anstrebten, die sowohl in Schriftdenkmälern bewahrt als auch im Volksmund lebendig waren. Unter den 114 749 Stichwörtern war aber nicht nur schrift- und umgangssprachliche Lexik vertreten; es fanden sich in größerem Umfang auch allgemein gebrauchte Fremdwörter und Termini, wobei die verschiedenen Kategorien des wissenschaftlich-technischen und des professionellen Wortschatzes deutlich gegeneinander abgegrenzt waren. Beträchtliche Fortschritte gab es auch bei der Bestimmung der lexikalischen Bedeutungen und bei den Angaben zu Grammatik und Stil. Hier reflektierte sich bereits die sprachwissenschaftliche Diskussion des beginnenden 19. Jh.s über Lehr-

und Synonymwörterbücher (K. Kalajdovič; A. Galič), Mundartwörterbücher und etymologische Wörterbücher (A. Vostokov; F. Rejf) und über eine praktische Grammatik (A. Vostokov). Reicher geworden sind die Belegbeispiele, vor allem aus den Werken I. Krylovs, N. Karamzins, V. Žukovskijs und A. Puškins. Die Autoren haben sich für das alphabetische Prinzip entschieden. Geblieben sind allerdings zwei wesentliche Mängel: die Vermischung von russischem mit kirchenslawischem Wortschatz und die Unterschätzung der Volkssprache.

1.3. In den Jahren 1863—1866 erschien die 1. Auflage des vierbändigen Толковый словарь живаго великорускаго языка von V. Dal' in St. Petersburg und Moskau. Vladimir Ivanovič Dal', 1801 in Lugansk geboren und 1872 in Moskau gestorben, besuchte von 1814—1819 die Petersburger Marinekadettenanstalt, diente bis 1826 beim Militär und absolvierte 1829 die Medizinische Fakultät der Universität Dorpat (später Tartu). Er sammelte über 50 Jahre lang Material für sein Wörterbuch, das dabei bis auf 200 000 Stichwörter anwuchs. V. Dal' war als Philologe Autodidakt; deshalb unterliefen ihm bei der etymologischen Deutung und der Zuordnung zu Wortbildungsparadigmen hin und wieder Fehler. Seine Tätigkeit wird in Nachschlagewerken eher der Ethnographie zugeordnet. Tatsächlich knüpft er an den Bestand des dritten Akademie-Wörterbuches von 1847 an, aber sein Sammlerinteresse richtet sich vor allem auf den Wortschatz der Umgangssprache, auf Dialektismen, Idiomatismen, Phraseologismen, Redewendungen, Sprichwörter, Rätsel u. ä. in ihrem außersprachlichen Kontext, den er bei vielen Reisen durchs Land näher kennenlernte. Das Ergebnis konnte bei diesen Voraussetzungen und bei einer solchen Blickrichtung kein normatives Wörterbuch sein; gerühmt wurde das Werk vor allem als „bestes Denkmal der russischen Volkssprache der ersten Hälfte des 19. Jh.", als „Enzyklopädie des Lebens und der Bräuche verschiedener Gruppen des einfachen russischen Volkes, besonders der Bauern" (Semenov 1959, 16).

Trotz seiner mehrfach geäußerten Abneigung gegenüber Entlehnungen nahm V. Dal' Fremdwörter in großer Zahl in sein Wörterbuch auf. Das ausgeprägte Interesse des Autors an der Wortbildung und an den semantischen Beziehungen zwischen „verwandten Wörtern" bis hin zu ihrer Etymologie führten ihn wieder zur Anordnung des Materials nach dem Nestprinzip. Die Wortbedeutungen werden überwiegend durch Synonyme und Umschreibungen erklärt; das bedeutet einen Rückschritt im Vergleich mit den nach Logik und Kürze strebenden Definitionen des Akademie-Wörterbuches von 1847. Oberflächlich und nicht exakt genug sind die grammatischen Angaben. Dieser Mängel nahm sich in der 3. und 4. Auflage der bedeutende polnisch-russische Linguist I. A. Baudouin de Courtenay im Rahmen einer gründlichen redaktionellen Bearbeitung an. V. Dal's Wörterbuch erlebte sechs Auflagen: die 2. 1880—1882, die 3. 1903, die 4. 1913, die 5. 1935 und die 6. 1955; die beiden letzten sind Reproduktionen der 2. Auflage, die in diesem Artikel näher beschrieben wird, weil sie für die fachsprachliche Problematik einiges hergibt.

1.4. Die weitere Entwicklung der großen russischen Wörterbücher war von der Überzeugung der Linguisten und Lexikographen geprägt, daß ein erklärendes Wörterbuch ein normatives Wörterbuch sein muß. Normativ aber konnte es nur sein, (a) wenn es den Wortbestand *einer* Sprache (der russischen im Unterschied zur altslawischen) verkörperte, (b) wenn es den zeitlichen Rahmen so begrenzte, daß die lebendige Sprache der Gegenwart in ihrem aktuellen Gebrauch erfaßt wird und (c) wenn es sich auf den Wortschatz der Literatursprache beschränkte. Nur dann lassen sich die lexikalischen Bedeutungen exakt definieren, die stilistischen, grammatischen, orthographischen und orthoepischen Angaben klar fassen. Die Voraussetzungen dafür waren in Rußland Ende des 19. Jh.s herangereift. Erstes Zeugnis dafür war das unvollendet gebliebene Словарь рускаго языка, сост. 2-м отд. Имп. Акад. Наук, т. I, СПБ, 1895 (Wörterbuch der russischen Sprache, zusammengestellt von der 2. Abteilung der Kaiserlichen Akademie der Wissenschaften, Band I, St. Petersburg 1895) des Vizepräsidenten der Akademie Ja. K. Grot, der über große Erfahrungen in der lexikographischen Arbeit verfügte, Autor mehrerer normativer Grammatiken war und viel für die Vereinheitlichung der russischen Orthographie getan hatte. Ja. K. Grot konnte nur den 1. Band (Buchstaben A bis D) vollenden, schuf damit aber ein von den Nachfolgern nicht übertroffenes Muster an Exaktheit und Differenziertheit für die Bedeutungsdefinition, die grammatische Beschreibung und die stilistische Kennzeichnung. Die folgenden Bände, die bis zum Abbruch mitten im Buchstaben O von A. A. Šachmatov, V. I. Černyšev, L. V. Ščerba u. a. bearbeitet wurden, gerieten zum Teil wieder in die Nähe eines Thesaurus der russischen Sprache.

1.5. Repräsentativ für das Russische in der 1. Hälfte des 20. Jh.s ist das Толковый словарь русского языка, das in den Jahren 1934—1940 in vier Bänden unter der redaktionellen Leitung von D. N. Ušakov erschien und von so bedeutenden Sprachwissenschaftlern wie V. V. Vinogradov, G. O. Vinokur, B. A. Larin, S. I. Ožegov und B. V. Tomaševskij erarbeitet wurde. Es handelt sich dabei um ein normatives Wörterbuch im strengen Sinne des Wortes, angefangen bei der Auswahl des sprachlichen Materials (85 289 Wörter), bei der auf lexikalische Einheiten mit begrenzter lokaler und funktionaler Verwendung, z. B. auch auf spezielle Fachtermini, verzichtet wurde, bis hin zur Fixierung der Wortbedeutung, der grammatischen Eigenschaften, der expressiv-stilistischen Qualitäten, der orthographischen und orthoepischen Normen. Der Benutzer begegnet hier übrigens vielen nach der Oktoberrevolution entstandenen Neuschöpfungen, die damit zur literatursprachlichen Norm erhoben wurden. Die Wörterbuchartikel enthalten: das Lemma, dann die grammatischen Angaben und anschließend die Bedeutungsangaben zu den einzelnen Sememen durch Numerierung voneinander abgehoben. Jedes Semem wird durch Beispiele (Wortgruppen oder Sätze) illustriert. Es folgen Phraseologismen. Wenn nötig, werden Angaben zur Herkunft des Wortes und zu seiner Aussprache gemacht. Damit ist jene Artikelstruktur gefunden, die von späteren Wörterbüchern dieses Typs im wesentlichen beibehalten worden ist, sei es der Einbänder S. I. Ožegovs Словарь русского языка, der — in der 1. Auflage 1949 erschienen — eine Auswahl aus D. N. Ušakovs Vierbänder (52 000 der gebräuchlichsten Wörter) für breitere Kreise zugänglich machen wollte, sei es das 1948 begonnene und 1965 beendete Словарь современного русского литературного языка in 17 Bänden der Akademie der Wissenschaften der UdSSR, das allerdings einen zusätzlichen Hinweis auf die erste Fixierung des Wortes in lexikographischen Arbeiten und mehr Beispiele enthält, sei es der parallel dazu zwischen 1957 und 1961 entstandene neue Vierbänder der Akademie der Wissenschaften

Словарь русского языка (vgl. Art. 191). Eine genauere vergleichende Darstellung der Makrostrukturen und der Mikrostrukturen der älteren erklärenden Wörterbücher des Russischen findet sich bei Semenov (1959). Zu weiteren Einzelheiten vgl. 6.

2. Vladimir Dal' und sein Wörterbuch

2.1. In einem Geleitwort (Dal' 1955, XIII ff), das V. Dal' am 21.4.1862 in der Gesellschaft der Liebhaber der russischen Literatur in Moskau vorgetragen hat, ist das Grundanliegen des Wörterbuches sehr deutlich dargestellt. Dabei geht der Verfasser von größeren gesellschaftlichen Zusammenhängen aus und beginnt folgendermaßen:

„Bei jeder wissenschaftlichen und gesellschaftlichen Sache, bei allem, was alle betrifft und gemeinsame Überzeugungen und Anstrengungen verlangt, treten von Zeit zu Zeit Irrtümer auf, eine falsche, entstellte Richtung, die sich nicht nur kurze Zeit hält, sondern sogar die Oberhand gewinnen und die Wahrheit unterdrücken kann, und mit ihr auch jegliche Freiheit der Äußerung von Meinungen und Überzeugungen. Die Sache wird zur Gewohnheit, zum Brauch, die Masse stapft unbewußt den ausgetretenen Weg, und die Anführer schreien nur und treiben sie an. Das dauert zuweilen ziemlich lange; aber, wenn die Gesellschaft die Richtung erkennt und um sich schaut, dann sieht sie schließlich, daß man sie gar nicht dorthin führt, wohin sie zu gelangen hoffte; es beginnt ein Murren, zuerst leise, dann lauter, und zuguterletzt erhebt sich die allgemeine Stimme des Unmuts, und die ehemaligen Anführer verschwinden, niedergeworfen und vernichtet von derselben Mehrheit, die sie bisher selbst unter ihrer Fuchtel gehalten hatte. Das allgemeine Streben nimmt eine andere Richtung und schlägt voller Begeisterung einen neuen Weg ein. — Es scheint so, als stünde ein solcher Umbruch gegenwärtig unserer Muttersprache bevor" (Dal' 1955, XIII).

Mit den Irrtümern in der wissenschaftlichen Beschreibung von Sprache und in der praktischen Sprachpolitik sind vor allem die einseitige Orientierung an der durch das Kirchenslawische geprägten Schriftsprache („Büchersprache") einerseits und die Überschwemmung mit Fremdwörtern anderseits gemeint, in denen immer noch der Widerstreit zwischen Slawophilen und Westlern in der Literatursprache zum Ausdruck kam. Ihnen wird die Hinwendung zur Volkssprache entgegengesetzt, die bei Dal' allerdings mit einem übertriebenen Purismus verbunden war. „... die Zeit ist gekommen, die Sprache des Volkes höher zu achten und aus ihr eine gebildete Sprache zu machen" (Dal' 1955, XIII). Als Vorbilder gelten ihm Deržavin, Karamzin, Krylov, Žukovskij und nicht zuletzt Puškin, die „sich jeder auf seine Weise bemühten, eine reine russische Sprache zu schreiben" (Dal' 1955, XIII). Dal' betont die große Bedeutung einer volksnahen, verständlichen Sprache: „Aber mit der Sprache, mit dem menschlichen Wort, mit der Rede ist ungestraft nicht zu scherzen"...., sie ist „das Bindeglied zwischen Körper und Geist: ohne Wörter gibt es kein bewußtes Denken..." (Dal' 1955, XV).

In diesen größeren Kontext stellt Dal' die lebenslange Arbeit an seinem Wörterbuch. Seine eigene Rolle sieht er so:

„Und das ist das Ziel, mit dem, der Geist, in dem mein Wörterbuch zusammengestellt wurde: geschrieben hat es kein Lehrer, kein Präzeptor, nicht der, der die Sache besser kennt als die anderen, sondern einer, der sich mehr als viele mit ihr abgemüht hat; der Schüler, der sein ganzes Leben lang Körnchen für Körnchen das gesammelt hat, was er von seinem Lehrer gehört hat, *der lebendigen russischen Sprache*" (Dal' 1955, XV).

Dal' betont seine geringe philologische Vorbildung. Begünstigt wurde sein Vorhaben aber durch die Vielgestaltigkeit seiner beruflichen Arbeit: Seefahrt, Militärdienst, Medizin, Staatsdienst, Verwaltung, sowie durch sein Interesse an den Naturwissenschaften und an allen möglichen handwerklichen Tätigkeiten, durch die er „sprachlich und begrifflich" mit dem Leben und den Gewohnheiten unterschiedlicher gesellschaftlicher Schichten und mit unterschiedlichen fachlichen Tätigkeitsbereichen in nähere Berührung kam.

2.2. Im Hinblick auf Bestand und Anlage seines Wörterbuches, auf Makro- und Mikrostruktur, bewegten Dal' vor allem die folgenden Fragen:
(a) In welchem Verhältnis stehen Literatursprache, Dialekt (наречие), Subdialekt (говор) und Jargon zueinander? Er verneint im Prinzip die Existenz von Dialekt und Jargon für das Russische und kennt nur lokale Varianten in Aussprache und Wortschatz (местные говоры) als „legale Kinder der russischen Sprache", die richtiger, besser und schöner gestaltet sind als „unser schriftlicher *Jargon*" (Dal' 1955, XIII). Deshalb nimmt er diese lokalen Varianten in sein Wörterbuch auf, verlangt aber nicht, daß sie damit zum Bestandteil der „gebildeten Sprache" werden.
(b) Welches Ordnungsprinzip entspricht dem Anliegen eines erklärenden Wörterbuches am besten: das alphabetische oder das semantisch-morphologische? Mit der Begründung, das Wörterbuch sei nicht für Schüler und nicht für Ausländer bestimmt, entscheidet er sich für einen Kompromiß: das Nestprinzip bestimmt die interne Struktur der Artikel, weil der russische Benutzer seiner Meinung nach in erster Linie Zusammenhänge zwischen bedeutungsverwandten, durch Derivation entstandenen Wörtern sucht; wegen des direkten Zugriffes aber stehen die Lemmata in alphabetischer Reihenfolge. Als Lemmata und damit als Dominanten der Wortnester bevorzugt Dal' Verben, sofern sie in der Wortbildung noch produktiv sind. Präfigierte Verben werden jedoch nach dem Alphabet eingeordnet, können aber innerhalb der Nester auch als Beispiele für die Derivation auftreten. Ansonsten gibt es Querverweise.
(c) Welche Angaben bzw. Kommentare gehören zum Lemma? Dal' vertritt dazu folgende Standpunkte: Bei Wörtern fremder Herkunft — auch bei Termini der Wissenschaft und bei Fachwörtern des Handwerks — genüge die Erwähnung des Griechischen, Lateinischen, Französischen und Deutschen als Spendersprachen, selbst wenn diese nur eine Mittlerrolle gespielt haben; bei Fachsprachen sei ja bekannt, woher die Fachausdrücke stammen: bei der Seefahrt aus dem Niederländischen und Englischen, beim Bergbau aus dem Deutschen, beim Militärwesen aus dem Deutschen und Französischen, bei der Medizin aus dem Lateinischen und Griechischen.

Bei den grammatischen Angaben sei Zurückhaltung geboten, da die lebendige russische Sprache sich nicht in Regeln der traditionellen Grammatik fassen lasse. Erklärungen für die grammatischen Verhältnisse seien in den Beispielen zu suchen. Die Erschließung der Wortbedeutungen durch möglichst viele Synonyme, die an ihrem eigenen Platz im Wörterbuch näher erklärt werden, sei trockenen, unfruchtbaren Definitionen vorzuziehen. Auch hier tun die Beispiele ein übriges. Als Beispiele eignen sich vor allem Sprichwörter und Redewendungen, von denen etwa 30 000 erfaßt worden sind. Bei der Rechtschreibung sei möglichste Nähe zur Aussprache geboten und gleichzeitig Durchschaubarkeit der Wortbildung anzustreben; Fremdwörter seien der russischen Schreibung anzugleichen. Durch Abkürzungen wird ferner auf lokale (Gouvernements) und funktionale (Wissenschaft, Handwerk) Markierungen hingewiesen, z. B. физ., хим., матм., воен., морс., фабр., горн., кузн., столр.

(Physik, Chemie, Mathematik, Militär, Seefahrt, Fabrik, Bergwerk, Schmiede, Tischlerei) u. a.

Zu erwähnen bleibt noch eine Absonderlichkeit: In seinem puristischen Streben fühlte sich Dal' berechtigt, für Fremdwörter russische Übersetzungen neu zu prägen, z. B. гимнастика — ловкосилiе, резонансъ — наголосокъ, эгоизмъ — самотство, самотность. Er verwendete sie zwar nicht als Lemmata, aber in den Erklärungen. Es ging ihm damit wie den meisten Puristen: Sie wurden von der Allgemeinheit nicht akzeptiert. Seinem Glauben an diese Lösung ist aber der Umstand zuzuschreiben, daß er — anders als die Verfasser früherer Wörterbücher — die Masse der zu seiner Zeit gebräuchlichen Fremdwörter in seine Sammlung aufnahm. Er nannte dafür zwei Gründe: (a) Das Wörterbuch ist kein Gesetzgeber, sondern ein Sammler, es hat alles zu registrieren, was es gibt; (b) nur wenn die Fremdwörter erfaßt werden, bietet sich die Gelegenheit zu zeigen, daß die russischen Übersetzungen ebenso wirkungsvoll sind und dem Geist der russischen Sprache besser entsprechen (Dal' 1955, XXIV). So wenig auch das zweite Argument überzeugt hat, das erste gibt uns heute die Möglichkeit, etwas über die Fachlexik nichtrussischen Ursprungs in einem großen, allgemeinen einsprachigen Wörterbuch aus der Mitte des 19. Jh.s zu sagen.

3. Struktur des Wörterbuches

3.1. In seiner Makrostruktur folgt das Wörterbuch, wie nach 2.2. nicht anders zu erwarten, dem nestalphabetischen Ordnungsschema. Das veranschaulichen die Textbeispiele 1 und 2 für ein Verb und ein Substantiv.

3.2. Die Mikrostruktur des Wörterbuches ist genauer aus den Textbeispielen 3, 4, 5, 6, 7, 8 für ein Verb, ein Substantiv, ein Adjektiv und drei Substantive fremder Herkunft — eines aus einer toten und zwei aus lebenden Sprachen — abzulesen.

Die Textbeispiele lassen erkennen, daß Dal' weit von einer standardisierten Mikrostruktur entfernt war. Bei den erklärenden Synonymen und bei den Ableitungen kommt es wegen der vielen Varianten zu keiner echten alphabetischen Ordnung, auch wenn eine solche hin und wieder spontan entsteht. Die Reihenfolge der Artikel im Textblock hängt

Textbeispiel 190.1: Verb

Textbeispiel 190.2: Substantiv

in der Masse der Fälle von der Wortart der Derivate ab, z. B. *Verb*: Verbvarianten — Verbalsubstantive — weitere Substantive — von den Substantiven abgeleitete Adjektive; *Substantiv*: Adjektive — Verben — weitere Sub-

ИЗСЛѢ́ЖИВАТЬ, изслѣжа́ть; изслѣди́ть звѣ́ря, выслѣжа́ть, вы́слѣдить, настигать по слѣду, малику; — *дѣ́ло, изслѣдовать, дойти розыскомъ; || изслѣ́дить мѣ́сто, по́лъ, затоптать, покинуть слѣды́ посту́пи, ступне́й. —ся, быть изслѣживаему. Изслѣже́нье ср. изслѣ́дъ м. об. дѣйст. по гл., выслѣженье. Изслѣ́дывать дл. изслѣ́довать окнч. (наст. изслѣ́дываю; будщ. изслѣ́дую) розыскивать, извѣдывать, доходить разбирательствомъ, стараться узнать неизвѣстное по даннымъ, вникать и разбирать, узнавать; производить слѣдствіе, розыскъ. —ся, быть изслѣдуему. Изслѣ́дыванье ср. дл. изслѣ́дованье окнч. дѣйст. по знач. гл. Изслѣ́дитель, изслѣ́дчикъ м. —ница ж. кто изслѣжаетъ, доходитъ слѣдомъ, || слѣдствіемъ. Изслѣ́дователь м. —ница ж. то же, въ переносн. знач. слѣдователь или розыскатель, сыщикъ, производящій судебное, либо полицейское слѣдствіе. Изслѣ́димый, могущій быть изслѣженнымъ. Изслѣ́димость ж. свойство изслѣ́димаго.

Textbeispiel 190.3: Verb

АКУРА́ТНЫЙ лат. точный, вѣрный; — ве́щь, тщательно, искусно и чисто обдѣланная; — человѣ́къ, любящій точность, порядокъ; бережливый; —ность ж. свойство, качество по знач. прлг. Акура́тъ нар. ро́вно, точно, вѣрно, точь-въ-точь, вмѣру; волосъ-въ-волосъ; копейка-въ-копейку. Какъ быть акура́тъ. Какъ разъ ри́хтихъ, акура́тъ. Акура́тничать, жить бережливо, съ зажимкою, съ разсчетомъ, сводить концы.

Textbeispiel 190.5: Adjektiv

КО́СМОСЪ м. греч. міръ, вселенная и мірозданіе. Косми́ческій, къ мірозданью относящійся. Космого́нія ж. ученіе о образованіи вселенной. Космогра́фія ж. описаніе вселенной, всѣхъ міровъ. Космо́графъ, ученый, занимающійся космографіею. Космоло́гія ж. наука о законахъ вещественаго міра, земли. Космоло́гъ м. ученый, этою наукою занимающійся. Космополи́тъ м. —тка ж. всемірный гражданинъ; человѣкъ не признающій особыхъ отношеній родины; вселенецъ, вселе́нщина. Космора́ма ж. картина большаго пространства, объема мѣстности, написанная и поставленная такъ, что кажется живою.

Textbeispiel 190.6: Substantiv (Griechisch)

КЛА́ПАНЪ м. нѣм. закрышка, покрышка, заставка; въ насосахъ: замы́чка, глотни́къ, вздошни́къ, запирка, зажимка, затулка, затворка; въ музык. духовыхъ орудіяхъ: затулка надъ дырочкой, для перебору пальцами; въ сердцѣ и въ чернокровныхъ сосудахъ: затулка, затворка, образованная мѣшечкомъ и не пускающая кровь обратно, кверху. Въ одеждѣ: лоскутъ, составляющій родъ покрышки; кла́паны на карманахъ, на груди при отворотахъ. Кла́панный, къ клапану относящійся.

Textbeispiel 190.7: Substantiv (Deutsch)

НАУ́КА ж. ученье, выучка, обученье. Жизнь нау́ка, она учи́тъ о́пытомъ. Отдать кого, пойти, или взять кого въ нау́ку. Не для му́ки, для нау́ки. Кнутъ не мука, впередъ наука. Наука — не мука (не бука). Наука учитъ только умнаго. Дураку наука, что ребенку огонь. Не шубу сьску, молодой нау́ку даю (дружка бьетъ кнутомъ по шубѣ); || чему учатъ или учатся; всякое ремесло, умѣнье и знаніе; но въ высш. значен. зовутъ такъ не одинъ только навыкъ, а разумное и связное знаніе: полное и порядочное собранье опытныхъ и умозрительныхъ истинъ, какой либо части знаній; стройное, послѣдовательное изложенье любой отрасли, вѣтви свѣдѣній. Математика наука обширная, сама распадающаяся на многія частныя науки. Нау́ковый, нау́чный, до науки относящійся. Нау́чное образованье, на наукѣ основанное. Нау́чный взглядъ, образъ мыслей, сужденія ученаго. Опытъ нерѣдко споритъ съ наукой (умозрительною) и научными свѣдѣніями. Науча́ть, научи́ть кого чему; учить, обучать, наставлять, вразумлять, направлять, руководить; показывать, объяснять, какъ что дѣлать или понимать; передавать свѣдѣнія, знанія, умѣнье свое. Онъ научи́лъ меня и гра́мотѣ, и ремеслу́. Упря́маго не нау́чишь. Научи́-ка черепа́ху петли́ выметывать, а за́йца ныря́ть. Не учи, покуда поперекъ лавочки укладывался, а во всю вытянулся, не научишь. Научи, какъ быть тутъ, дай ума́! Что скоро скучитъ, то скоро научитъ. Многому научишь, самъ безъ хлѣба будешь. || Подучать, подстрекать, побуждать и поощрять къ дурному, вредному или науща́ть, наусти́ть (отъ уста?), уговорить сдѣлать кому вредъ или что дурное, нпр. ложное показанье передъ судомъ; подучить, подустить. Его научали даже поджечь домъ. Меня научили показать на него. Не вѣрь лукавымъ науще́ньямъ. Науча́ться, научи́ться, учить себя и || быть научаему; перенимать чье словомъ и дѣломъ у другаго. Гдѣ ты научился грамотѣ, шалостямъ? Въ школахъ дѣти научаются всему худому. Прислуга науща́ется мошенниками, которые и называютъ это уговоритъ людей. Науче́нье ср. окн. нау́ка, нау́чка ж. нау́къ м. стар. а индѣ и ныне́, дѣйст. по гл. на ть и на ся. Нау́комъ и конь во́зитъ. Въ сльв. на́укъ и на́выкъ видимъ замѣчательное сближенье. Дѣлать что по нау́чкѣ, по науще́нью, будучи подущену, по подговору къ чему либо. Нау́чка об. влгд. выученный знанію, ремеслу, челов. знающій какое либо ремесло. Нау́чникъ м. педантъ въ наукѣ, ученый школяръ, челов. съ тѣснымъ и одностороннимъ научнымъ взглядомъ. Нау́чень м. пск. ученикъ, отданный въ науку, на выучку, въ ученье чему.

Textbeispiel 190.4: Substantiv

АКУШЕ́РЪ м. акуше́рка ж. фрнц. родовспомогатель, —ный врачъ, родопомо́щникъ; повивальщикъ, ба́бичъ, прiемникъ; повивальная бабка, повитуха, ба́бушка, прiемница, въ ряз. дѣ́йла, дида́ня; бабка ученая, бывшая на испыта́ніи. Акуше́ровъ, акуше́ркинъ, имъ лично принадлежащій; акуше́рскій, къ нимъ и къ искуству ихъ относящiйся. Акуше́рство ср. родовспомогательная наука, знаніе, искуство и самое занятіе, бабичье-дѣло.

Textbeispiel 190.8: Substantiv (Französisch)

stantive; *Adjektiv*: Substantive – Verben, sofern es Vertreter dieser Wortarten überhaupt gibt. Am Ende des Artikels erscheinen, so vorhanden, die gebräuchlichsten Komposita. Erklärungen und Beispiele folgen nach den grammatischen und lokalen Angaben zum Lemma. Trotz dieser heterogenen Anlage ist der Zugriff nur bei sehr langen Artikeln erschwert, besonders bei den nicht abgeleiteten Adjektiven. Ein größeres Hindernis bildet die nestalphabetische Makrostruktur, vor allem deshalb, weil eine ganze Reihe von Stichwörtern ihrer Etymologie und der Wortbildung nach falsch eingeordnet sind. Man darf aber wohl davon ausgehen, daß die heutigen Benutzer des Wörterbuches als Liebhaber bereit sind, eine zeitraubende Suche in Kauf zu nehmen, weil ihre philologisch-historische Neugier am Ende auf besondere Weise befriedigt wird.

4. Inhalt des Wörterbuches

4.1. Da Dal' den Grundbestand seines Wörterbuches von etwa 100 000 lexikalischen Einheiten aus dem Akademie-Wörterbuch von 1847 übernahm, sind bei ihm dieselben Gruppen von Wörtern vertreten. Wesentlich reduziert ist allerdings die Zahl der Archaismen und Kirchenslawismen. So fehlen z. B. алекторъ, алилугиарь, ангеловзрачный, волхвоначальникъ, далечесиятельный usw. Dal' schränkt auch den sehr speziellen Wortschatz von Wissenschaft und Produktion ein. Handwerkliche und bäuerliche Lexik einschließlich der Nebenerwerbszweige der Bauern sind hingegen stark vertreten. Daß Dal' trotz seines Purismus Fremdwörter in starkem Maße einbezog, wurde bereits erwähnt (vgl. 2.2.). Eine Besonderheit des Wörterbuches ist die Masse regional begrenzter Wörter (etwa 100 000), in denen er die Volkssprache mit ihren Wurzeln erfassen wollte. Fast unmöglich ist es, die thematische Vielfalt des Wörterbuches zu beschreiben. Sie umspannt Benennungen für Wirtschaftsgebäude, Arbeitsgeräte, Kleidungsstücke, Speisen, Handwerke, Pflanzen, Tiere, Gewürze und vieles andere mehr. Auch Dal's „Urschöpfungen" haben wir schon erwähnt (vgl. 2.2.) (Semenov 1959, 26 ff). Im weiteren soll − dem Anliegen des Handbuches gemäß − noch auf die Fachlexik eingegangen werden, zumal diese in bisherigen Aufsätzen und Rezensionen sehr kurz gekommen ist.

4.2. Grundsätzlich ist das Problem der Fachterminologie in allgemeinen Wörterbüchern sehr kontrovers diskutiert und auch gelöst worden. Interessant sind die Auffassungen S. I. Ožegovs ([1952] 1974) dazu, die wir hier knapp wiedergeben, weil er damit einen nachhaltigen Einfluß auf die russische Lexikographie ausgeübt und sich selbst eine Richtlinie für die Praxis (1949) gegeben hat.

Eine erste Trennlinie zieht Ožegov nach formalen Kriterien zwischen Einworttermini (Simplicia, Derivativa, Komposita) einerseits und Mehrworttermini (Wortgruppentermini) andererseits: Die letzteren werden als zu speziell aus allgemeinen Wörterbüchern ausgeschlossen, sofern sie nicht zum Gemeingut geworden sind, wie железная дорога (Eisenbahn), скорость полета (Fluggeschwindigkeit), плата за провоз (Transportgebühr). Bei den Einworttermini ist nicht ihr Platz in einem terminologischen System der Wissenschaft oder der Technik entscheidend, sondern ihre Rolle in der gesamtgesellschaftlichen Kommunikation. Man sollte also nicht argumentieren, daß alle Benennungen für geometrische Figuren in ein Wörterbuch gehören, das квадрат (Quadrat) und конус (Konus) enthält, daß zu сталактит (Stalaktit) auch сталагмит (Stalagmit) gehört; nicht einmal in ein großes Wörterbuch gehören alle Elemente des Periodensystems der Chemie, sondern nur die, die über die Technik zur allgemeinen Kenntnis gelangt sind, z. B. висмут (Bismut), радий (Radium), уран (Uran), неон (Neon). Ein kurzes oder mittleres Wörterbuch muß nicht unbedingt недокись (Suboxid) oder закись (Oxid niederer Stufe) neben перекись (Peroxid) und окись (Oxid höherer Stufe) enthalten. Nicht akzeptabel ist auch der Vorschlag, die Benennungen für Gattungsbegriffe aufzunehmen und die für Artbegriffe wegzulassen. Veraltete Fachwörter will Ožegov berücksichtigt wissen, wenn sie wesentliche Erscheinungen von Wissenschaft, Technik und Kunst in früheren Entwicklungsetappen bezeichnet haben. Insgesamt aber gilt: Ein allgemeines einsprachiges Wörterbuch ist keine Enzyklopädie (Ožegov 1974, 176−178).

Obwohl vor und nach Ožegov noch viele andere nach eindeutigen formalen und semantischen Kriterien für die Aufnahme bzw. Nichtaufnahme von Fachwörtern gesucht haben, gibt es bis heute keine einheitliche Lösung. Da wir es beim Wörterbuch von Dal' mit einer Art Denkmal der Lexikographie zu tun haben, das uns vor allem als Materialsammlung interessiert, werden wir nun versuchen, den darin enthaltenen Fachwortschatz − ausgehend von den als Leitelementträger dienenden Wurzelwörtern − nach Fachdisziplinen zu ordnen und mit ein paar Beispielen zu belegen, so daß indirekt auch ein Bild vom Stand der materiellen und geistigen Kultur Rußlands in der Mitte bzw. in der 2. Hälfte des 19. Jh.s entsteht, wobei nur Raum für einige (wesentliche) Ausschnitte bleibt.

5. Fachwortschätze nach Fachgebieten und Herkunft

5.1. Da in Dal's Wörterbuch eine strenge Fächersystematik fehlt, Fachzugehörigkeit und Herkunft aus anderen Sprachen nur unregelmäßig und auch nicht immer richtig angegeben sind, kurz: da es sich in vielem um eine lexikographisch wenig bearbeitete Sammlung handelt, halten die Angaben zu seinen Beständen einer strengen statistischen Prüfung nicht stand. Doch lassen sich daraus sehr wohl Rückschlüsse auf den Entwicklungsstand und die Bedeutung von Wissenschaft und Bildung, von Technik und Produktion, von Handwerk und Landwirtschaft ziehen. Ihre Berücksichtigung im Wörterbuch erklärt sich sowohl durch die allgemeine Wertschätzung im damaligen Rußland als auch durch die persönlichen Interessen des Autors, die zwar sehr vielseitig, aber natürlich nicht allumfassend waren.

Die quantitativen Angaben, die aus einer vollständigen Sichtung aller vier Bände stammen (Seise 1992), stehen in einem vergröbernden Bezugsrahmen: Das Wörterbuch hat einen Gesamtumfang von ungefähr 200 000 Wörtern, die in etwa 42 000 Artikeln zusammengefaßt sind, so daß mehrere Ableitungen, Zusammensetzungen und Wortgruppenlexeme einem Leitelementträger zugeordnet sind. 3083 Leitelementträger kann man mit einiger Sicherheit als Fachwörter, d. h. als Substantive terminologischen Charakters identifizieren. Dieser auf den ersten Blick geringe Anteil erhöht sich nicht unbeträchtlich, wenn man die Ableitungen, Zusammensetzungen und Wortgruppenlexeme hinzuzählt. Da dabei aber die semantische Basis erhalten bleibt, ergeben sich wohl gewisse Verschiebungen in den Proportionen, jedoch keine grundsätzlichen Veränderungen in bezug auf die Repräsentanz von Fachwortschätzen und Spendersprachen. Synonyme und graphische Varianten, z. B. амальгамація/амальгамировка, алабастрь/алебастрь, wurden als ein Wort gezählt, Homonyme bzw. Homographen hingegen als mehrere statistische Elemente gewertet, wenn sie in verschiedenen Fächern auftraten, z. B. варіація (Mathematik, Astronomie, Sprachwissenschaft, Musik). Da die Grenzen zwischen Fachwortschatz und allgemeinem Wortschatz fließend sind, war die Einschränkung auf den Fachwortschatz im engeren Sinne bei der vorliegenden Zielstellung berechtigt.

5.1.1. Die Verteilung der 3083 Fachwörter auf Objektbereiche und Fächer(komplexe) ist aus der Rangliste in Tab. 1 zu ersehen. Unter 3% liegen: (11) Politik/Diplomatie, (12) Astronomie, (13) Mathematik, (14) Volkskunde/Brauchtum, (15) Chemie, (16) Handel, (17) Architektur, (18) Geographie/Anthropologie/Ethnographie/Geschichte/Rechtswissenschaft/Philosophie, (19) Physik, (20) Handwerk (Tischler, Schmied, Schlosser, Drucker, Glaser)/Theater, (21) Malerei, (22) Technik/Maschinenbau, (23) Tanz, (24) Plastik.

(1) Botanik	479	15,54%	(Pflanzennamen)
(2) Zoologie	359	11,64%	(Tiernamen)
(3) Seefahrt	315	10,22%	(Schiffe, Besatzung, Geräte, Navigation)
(4) Textilwesen	279	9,05%	(Stoffe, Maschinen)
(5) Medizin/ Pharmazie	181	5,87%	(Krankheiten, Organe, Heilmittel)
(6) Militärwesen	179	5,81%	(Befestigungswesen, Waffen, Dienstgrade)
(7) Theologie	145	4,70%	(Religion, Kirche)
Sprachwiss.	145	4,70%	(Grundbegriffe)
(8) Geologie	140	4,54%	(Tektonik, Mineralien)
(9) Musik	117	3,79%	(Gattungen, Instrumente, Stimmen)
(10) Bergbau/ Metallurgie	94	3,05%	(Bergbautechnik, Mineralien, Grundstoffe)

Tab. 190.1: Verteilung der 3083 Fachwörter auf Objektbereiche und Fächer(komplexe)

Hier zunächst ein paar russische Beispiele für die Ränge (1)–(10):

(1) береза, василекъ, грибъ, дубъ, корень, листъ, мохъ, орѣхъ, сѣмя, ягода
(2) баранъ, бегемотъ, жукъ, звѣрь, лиса, орелъ, пчела, рыба, хвостъ, яйце
(3) бочка, корма, маякъ, мостъ, носъ, огонь, море, палуба, парусъ, руль
(4) бараканъ, иголка, кипа, навой, нить, одежда, прялка, сукно, узоръ, челнъ
(5) боль, грудь, желудокъ, здоровье, кашель, кровь, лекарь, мазъ, порохъ, рана
(6) бой, война, врагъ, крыло, побѣда, полкъ, пушка, ружье, сила, цѣль
(7) адъ, богъ, вѣра, господь, грехъ, дѣва, небо, порокъ, рай, святой
 глаголъ, звукъ, имя, нареченье, речь, слово, слогъ, союзъ, членъ, языкъ
(8) галька, глина, гора, земля, известь, камень, песокъ, пещера, пластъ, скала
(9) балалайка, барабанъ, голосъ, гусли, дуга, звукъ, труба, пѣвецъ, скрипъ, струна
(10) глина, забой, кирка, ковшъ, молотокъ, печь, пластъ, уголь, чугунъ, яма

5.1.2. Die Spendersprachen für Lehnwörter und fremde Wortbildungselemente sind, je nach Fach, unterschiedlich stark vertreten: Griechisch, Latein; Französisch, Deutsch, Niederländisch, Englisch, Italienisch, weit seltener andere. Folgt man den Angaben im

Wörterbuch, dann ergibt sich Tab. 2. Bei genauerem Hinsehen findet man aber in der Rubrik ‚ohne Angaben' (o. A.) eine beträchtliche Zahl weiterer Entlehnungen und Lehnbildungen, so daß sich die Zahl der originalrussischen Wörter verringert. Dem wird allerdings durch russische Neubildungen gegengesteuert, z. B. bei Pflanzen und Tieren: адонисъ — стародубка, базиликъ — душистый василекъ, ирисъ — касатикъ, какао — дерево шоколадникъ, вальдшнепъ — боровой куликъ, акула — морская собака, дельфинъ — морская свинка usw. Nur ein Teil von ihnen hat sich bis heute erhalten. Übrigens ist bei vielen Pflanzen und Tieren auch eine lateinische Benennung angegeben, z. B. *Ananassa sativa, Ocymum basilicum, Lavandula spica*; *Felis tigris, Tantalus ibis, Scolopax rusticala* usw.

Medizin	Gr. 27,07% Lat. 12,71% Fr. 6,08% Dt. 2,76% Russ. bzw. o. A. 50,82%
Sprachwiss.	Gr. 39,31% Lat. 16,55% Fr. 8,96% Russ. bzw. o. A. 28,27%
Bergbau/ Metallurgie	Dt. 40,42% Engl. 2,13% Russ. bzw. o. A. 55,32%
Musik	Gr. 6,84% Lat. 9,40% Fr. 11,11% Dt. 3,42% Ital. 31,62% Russ. bzw. o. A. 34,18%

Tab. 190.2: Anteile der Spendersprachen

5.2. Aus Raumgründen können hier nicht für alle Fächer, sondern nur für die wichtigsten Spendersprachen ein paar Entlehnungsbeispiele bzw. Lehnbildungen genannt werden (die Reihenfolge ist eine Rangordnung):

Gr.	аорта, гипотеза, діаграма, зоографія, метафора, парабола, симптомъ, система
Lat.	акупунктура, дисертація, идея, инфузорія, квадратъ, микстура, радиусъ, циркуль
Fr.	акушеръ, бивакъ, екипажъ, жаргонъ, инженеръ, коконъ, пика, эскадра
Dt.	бинтъ, броткамера, вахта, гандлангеръ, глечеръ, лагеръ, форпость, шахта
Nl.	ахтерлюкъ, бакъ, верфь, докъ, каперъ, каюта, тимерманъ, шкиперъ
Engl.	брекватеръ, гальфвиндъ, декъ, катеръ, мичманъ, памфлетъ, пилерсъ, стапель
Ital.	ажио, баритонъ, виртуозъ, куполь, либрето, пиано, форте, фреско

5.3. Die russische Fachlexik des Handwerks, der Landwirtschaft, des Jagdwesens und ähnlicher Branchen ist heute kaum noch aus dem allgemeinen Wortschatz zu isolieren. Deshalb folgen hier ein paar Beispiele, die den Zusammenhang von Fachsprache und Dialekt erkennen lassen:

Handwerk: балта (Orenburg), батула (Rjazan'), глоба (Pskov), жерновъ (Pskov), казалатка (Astrachan'), лузанъ (Sibirien), мгало (Vladimir, Kostroma), оглобля (Pskov, Tver'), озда (Volga), рочегъ (Rjazan', Tula), саганъ (Don), скафа (Cherson).

Landwirtschaft: глива (Saratov), даганъ (Astrachan'), жито (Rjazan'), кайдалъ (Don), лопанъ (Don), мура (Vladimir, Tambov), оводъ (Novgorod, Pskov), одѣтокъ (Kursk), ревень (Pskov), сабанъ (Saratov), тайстра (Smolensk), тутемь (Kostroma).

Jagd und *Fischfang*: бабръ (Sibirien), даха (Sibirien), ерыга (Ural), икрюкъ (Sibirien), калыданъ (Tobol'sk), лень (Ural), меренъ (Pskov), мовша (Tambov), опана (Kamtschatka), сайба (Kamtschatka), сайга (Astrachan', Orenburg, Sibirien), самуръ (Astrachan'), томаръ (Sibirien), тулунъ (Sibirien).

Klar umrissene geographische Zonen werden vor allem bei Jagd und Fischfang sichtbar. Einige auffällige semantische Felder und Sachgruppen wurden in 4.1. angedeutet.

6. Literatur (in Auswahl)

Achmanova 1966 = Ol'ga S. Achmanova: Slovar' lingvističeskich terminov. Moskva 1966.

Alekseev/Barchudarov/Blok 1957−1961 = M. P. Alekseev/S. G. Barchudarov/G. P. Blok et al. (red.): Slovar' russkogo jazyka, tom I−IV. Moskva 1957−1961.

Babkin 1955 = A. M. Babkin: Tolkovyj slovar' V. I. Dalja. In: Vladimir Dal': Tolkovyj slovar' velikoruskago jazyka, tom I, 6. izd. Moskva 1955, III−X.

Černyšev/Obnorskij/Vinogradov 1948−1965 = V. I. Černyšev/S. P. Obnorskij/V. V. Vinogradov et al. (red.): Slovar' sovremennogo russkogo literaturnogo jazyka, tom 1−17. Moskva 1948−1965.

Dal' 1955 = Vladimir Dal': Tolkovyj slovar' živago velikoruskago jazyka, tom I−IV, 6. izd. Moskva 1955 (= 2. izd. S.-Peterburg. Moskva 1880−1882).

Grot 1895 = Ja. K. Grot: Slovar' ruskago jazyka, sost. 2-ym otd. Imperatorskoj Akademii Nauk, tom I. S.-Peterburg 1895.

Ožegov 1974 = Sergej I. Ožegov: Leksikologija − leksikografija − kul'tura reči. Moskva 1974.

Ožegov 1975 = Sergej I. Ožegov: Slovar' russkogo jazyka. Moskva 1949, 11. izd. 1975.

Šanskij 1964 = Nikolaj M. Šanskij: Leksikologija sovremennogo russkogo jazyka. Moskva 1964.

Seise 1992 = Kerstin Seise: Statistische Analyse des Tolkovyj slovar' von V. Dal' unter dem Gesichtspunkt des Fachwortschatzes (unveröffentl. Manuskript). Leipzig 1992.

Semenov 1959 = Nikolaj A. Semenov: Tolkovye slovari russkogo jazyka. Kiev 1959.

Slovar' 1794 = Slovar' Akademii Rossijskoj, tom I–VI. S.-Peterburg 1794.

Slovar' 1806–1822 = Slovar' Akademii Rossijskoj, po azbučnomu porjadku raspoložennyj, tom I–VI. S.-Peterburg 1806–1822.

Slovar' 1847 = Slovar' Cerkovno-Slavjanskago i Ruskago jazyka, sost. 2-ym otd. Imperatorskoj Akademii Nauk, tom I–VI. S.-Peterburg 1847.

Sorokoletov 1957 = F. P. Sorokoletov: O meste proizvodstvennoj terminologii v Tolkovom slovare russkogo jazyka. In: Leksikografičeskij sbornik Instituta jazykoznanija AN SSSR, vypusk I. Moskva 1957.

Ušakov 1934–1940 = Dmitrij N. Ušakov (red.): Tolkovyj slovar' russkogo jazyka, tom I–IV. Moskva 1934–1940.

Veselitskij/Debec 1966 = V. V. Veselitskij/N. P. Debec (red.): Slovari, izdannye v SSSR. Bibliografičeskij ukazatel' 1918–1962. Moskva 1966.

Vinogradov 1941 = Viktor V. Vinogradov: Tolkovye slovari russkogo jazyka. In: Jazyk gazety. Moskva 1941.

Wiegand 1989a = Herbert Ernst Wiegand: Aspekte der Makrostruktur im allgemeinen einsprachigen Wörterbuch: alphabetische Anordnungsformen und ihre Probleme. In: Wörterbücher. Ein internationales Handbuch zur Lexikographie 1. Teilbd. Hrsg. v. Franz Josef Hausmann, Oskar Reichmann, Herbert Ernst Wiegand, Ladislav Zguste. Berlin. New York 1989 (Handbücher zur Sprach- und Kommunikationswissenschaft 5.1), 371–409.

Wiegand 1989b = Herbert Ernst Wiegand: Der Begriff der Mikrostruktur: Geschichte, Probleme, Perspektiven. In: Wörterbücher. Ein internationales Handbuch zur Lexikographie 1. Teilbd. Hrsg. v. Franz Josef Hausmann, Oskar Reichmann, Herbert Ernst Wiegand, Ladislav Zguste. Berlin. New York 1989 (Handbücher zur Sprach- und Kommunikationswissenschaft 5.1), 409–462.

Lothar Hoffmann, Großdeuben

191. Die Fachlexik im vierbändigen Wörterbuch der Akademie der Wissenschaften: *Slovar' russkogo jazyka* (1957–1961)

1. Entstehungsgeschichte
2. Wortschatz
3. Einträge
4. Fachsprachliche Repräsentanz
5. Wortbildung
6. Literatur (in Auswahl)

1. Entstehungsgeschichte

1.1. Das vierbändige Wörterbuch der Akademie nimmt seinen Platz in der Geschichte der russischen Lexikographie zwischen dem vierbändigen Wörterbuch Ušakovs (1935–1940) und dem 17-bändigen Akademiewörterbuch (1950–1965) ein. Mit Ušakov hat es den Umfang (vier Bände) und die Zielsetzung gemeinsam: Erfaßt wird современный русский литературный язык [moderne russische Literatursprache]. In Ušakov bedeutete dies in Anlehnung an eine Forderung Lenins den Wortschatz von Puškin bis Gor'kij, in dem vierbändigen Akademiewörterbuch verschob sich die Erfassung und Bearbeitung des Wortschatzes bis zum betreffenden Erscheinungsdatum. Anfang der 40er Jahre wurden so bei Ušakov die Wörter министр (*Minister*), министерство (*Ministerium*), генерал (*General*) ihrer Herkunft nach als дореволюционный [vorrevolutionär] und заграничный [ausländisch] charakterisiert, Ende der 50er Jahre wurden dieselben Wörter ohne jede stilistische Kennzeichnung aufgeführt. Darin spiegelt sich die innersowjetische „Normalisierung" wider, die 1946 zur Umbenennung der Volkskommissare Lenins in Minister geführt hatte bei gleichzeitiger Wiederverwendung der in der zaristischen Armee üblichen Rangunterschiede.

Das 1949 erschienene Wörterbuch von S. I. Ožegov war ursprünglich als Kurzfassung des Wörterbuches von Ušakov gedacht, an dessen Zusammenstellung Ožegov selbst mitgearbeitet hatte. Schon die erste Auflage des Wörterbuches von Ožegov berücksichtigte jedoch die seit Ušakov eingetretenen stilistischen Veränderungen. Inzwischen erscheint dieses Wörterbuch nach 23 Auflagen seit 1992 unter den zwei Namen von S. I. Ožegov und N. Ju. Švedova, die den „Ožegov" schon seit der 9. Auflage (1972) redigiert hatte.

Der Umfang hat sich von 53.000 Wörtern (1963[7]) auf 72.500 Wörter (1992) erhöht.

1.2. Zu dem 17-bändigen Wörterbuch der Akademie verhält sich das vierbändige wie der kleinere zum größeren Bruder. Die Bezeichnung *Bol'šoj akademičeskij slovar'* und *Malyj akademičeskij slovar'* sind mit den dazugehörigen Abkürzungen BAS und MAS inzwischen allgemein üblich geworden. Beiden Wörterbüchern liegt die Wortkartei der Sektion für Lexikographie (словарный сектор) beim Institut für Sprachwissenschaften (damalige Leningrader Filiale) zugrunde. Zum Redaktionskollegium von BAS und MAS gehörten — neben anderen Wissenschaftlern — als gemeinsame Mitarbeiter: S. G. Barchudarov, S. N. Obnorskij, V. V. Vinogradov. Die Verbindung zum „Ožegov" ergibt sich durch S. N. Obnorskij, der die ersten beiden Auflagen dieses Wörterbuches redigierte. Im Titel des ersten Bandes von MAS wird das „Institut für Sprachwissenschaften", ab dem zweiten Bande das „Institut für Russische Sprache" genannt; bei BAS erscheint schon ab dem ersten Bande das „Institut für Russische Sprache". Als Vorsitzender des Redaktionskollegiums von MAS wird A. P. Evgen'eva genannt, die dann in der zweiten Auflage (Moskau 1981—1984) zusätzlich noch für alle Bände die Funktion der Hauptredakteurin übernahm.

2. Wortschatz

Im Vorwort von MAS (I, 7) werden folgende Wortschätze als nicht erfaßt bezeichnet: (a) Dialektismen (областные слова) (b) niedere Umgangssprache (грубое просторечие), (c) veraltete, ungebräuchliche Wörter (устарелые слова), (d) fachspezifische Termini (узкоспециальные термины). Für (a) wird als Einschränkung angegeben: „Mit Ausnahme jener Wörter, die umfangreich in den Werken verschiedener Schriftsteller vertreten sind." Im Falle von (c) wird die Ausnahme präzisiert als jene Wörter betreffend, „die in der Literatur des 19. Jh.s weit verbreitet waren". Damit wird die Sicherung der Verstehenskontinuität zwischen den Werken der (klassischen) russischen Literatur und der Gegenwart zum entscheidenden lexikalischen Auswahlkriterium. Diese literarische Fixiertheit zeigt sich auch an den verwerteten Quellen: „Die Verfasser des MAS bevorzugen eindeutig literarische Klassiker, da die meisten Belegzitate aus der Belletristik von Ende des 19. und Anfang des 20. Jh.s stammen" (Kuznecov 1988, 186).

Die Gesamtzahl der erfaßten lexikalischen Einheiten ist 82.159. Diese etwas geringere Anzahl gegenüber den 85.289 Wörtern bei Ušakov erklärt sich dadurch, daß bei Ušakov die Passivpartizipien des Präteritums als eigener Eintrag (*выглаженный, завешенный*) aufgenommen sind. In MAS erscheinen sie nur, wenn Konversion zu Adjektiven vorliegt: *отраженный свет, отточенная формулировка*. Außerdem sind viele Wörter, die bei Ušakov noch als mit „veraltet" gekennzeichnete Parallelform aufgeführt wurden, in MAS weggelassen: *банкрут* (zu *банкрот*), *барбаризм* (zu *варваризм*).

3. Einträge

Die Einträge sind durch drei verschiedene Schriftarten in drei Blöcke gegliedert. Auf das in Großbuchstaben und fett gedruckte Stichwort folgt in Normalschrift die Inhaltsangabe. Davon abgehoben sind die kursiv angegebenen Textbelege mit einer internen Differenzierung nach von den Wörterbuchautoren „erfundenen" Beispielen und Literaturzitaten.

Polysemie wird durch numerierte Bedeutungsvarianten mit jeweils eigenem Abschnitt gekennzeichnet. Innerhalb einer Bedeutungsvariante werden zusätzliche Schattierungen (оттенки) durch zwei senkrechte Striche angegeben. Auf diese Weise wird z. B. die olfaktorische Interpretation des Wortes *аромат* durch die „übertragene" Verwendungsmöglichkeit in der Form der Bedeutungsschattierung: 'неуловимый, но характерный отличительный признак' ergänzt.

3.1. Auf das Stichwort folgen morphologische Angaben zu Deklination und Konjugation. Die Intonationsmodelle der Substantive und Adjektive werden mit den relevanten Formen aufgeführt: *борода́, бо́роду, бо́роды, боро́д, борода́м*. Rektion wird in pronominaler Realisierung und unter Hinweis auf Anschlußmöglichkeiten von Infinitiven angegeben: *готовиться к чему или с неопр*. Die Möglichkeit des unpersönlichen Gebrauchs von Verben findet besondere Berücksichtigung: *пахнуть* in den (vom Russischen aus gesehen) homonymen Verwendungsweisen: 'es weht' und 'es riecht nach etwas'. Als Veranschaulichung seien zwei Einträge in toto aufgeführt:

> **АРОМА́Т**, -а, *м.* 1. Приятный запах, благоухание. *Когда она [княжна Мери] прошла мимо нас, от нее повеяло тем неизъяснимым ароматом, которым дышит иногда записка милой женщины.* Лермонтов, Княжна Мери. *Вот и опять я в Глупове; --- вот и опять пахнуло на меня ароматами свежеиспеченного хлеба.* Салтыков-Щедрин, Сатиры в прозе. *[Аксинья] вдруг уловила томительный и сладостный аромат ландыша.* Шолохов, Тихий Дон. *Вся долина полна ароматом цветов.* Соколов-Микитов, Сад Черномора. ‖ *перен.; чего.* Неуловимый, но характерный отличительный признак чего-л. *Вспоминаю тогдашнее особенное настроение... Аромат юности. Каждый возраст обладает своим собственным ароматом, который носится кругом, насыщает и переполняет для нас весь мир.* Короленко, С двух сторон. *Вы от беседы с Павлушей неизменно уносили аромат его искренности, этой непоколебимой, крепкой его веры во все, что говорил он с такой задушевностью.* Фурманов, Мятеж.
> 2. *мн. ч.* (а р о м а́ т ы, -ов). *Устар.* Душистые вещества. *Давайте чаши. Не жалей Ни вин моих, ни ароматов.* Пушкин, Кто из богов мне возвратил.
> [Греч. ἄρωμα, ἀρώματος.]

Textbeispiel 191.1: АРОМА́Т

> **ГОТО́ВИТЬСЯ**, -влюсь, -вишься; *несов.* 1. *к чему* или *с неопр.* Делать приготовления к чему-л.; намереваться что-л. делать. *Готовиться к отъезду.* ▭ *[Слышался] говор и бряцанье ружей пехоты, готовившейся к выступлению.* Л. Толстой, Рубка леса. *А город в это время готовился отразить возможный штурм немецких оккупантов.* Мичурина-Самойлова, Шестьдесят лет в искусстве. ‖ Изучать что-л., работать над чем-л. с какой-л. целью, для подготовки к какой-л. деятельности. *Готовиться к лекции. Готовиться к экзаменам. Готовиться в университет.*
> 2. Надвигаться, собираться, назревать (о событиях, явлениях природы). *Готовились крупные события.* ▭ *Ночь тяжело и сыро пахнула мне в разгоряченное лицо; казалось, готовилась гроза; черные тучи росли и ползли по небу.* Тургенев, Первая любовь.
> 3. *Страд. к* готовить.

Textbeispiel 191.2: ГОТО́ВИТЬСЯ

3.2. Im Unterschied zu dem einbändigen Wörterbuch von Ožegov ist in MAS keinerlei Anklang an das Prinzip der Gliederung nach Wortnestern festzustellen. Bezugsadjektive und Verbalabstrakta haben einen eigenen Eintrag.

3.2.1. Bei den sekundären Wörtern werden solche nicht aufgeführt, die leicht bildbar und leicht verstehbar sind. Dazu werden gerechnet: Substantive und Adjektive mit Suffixen der emotionalen Wertung und „viele" Agensbezeichnungen wie z. B. *белильщик*. Das gleiche gilt für Adjektivabstrakta, insofern sie nur als Transposition aufzufassen sind: *ароматичность*. Dieses Prinzip ist aber ohne jede Konsequenz angewandt. *Архаичность* wird aufgeführt, obwohl es inhaltlich nur die Substantivierung des prädikativen Gebrauchs von *архаичный* darstellt. Gänzlich ausgeschlossen wurden adjektivische Ableitungen auf -*оват*- und -*еват*- und Adverbien auf -*о*-, -*е*- und -*ски*.

4. Fachsprachliche Repräsentanz

Die Berücksichtigung der Fachsprache erfolgt innerhalb der Rubrik Stilistik (стилистические пометы). Dabei wird *Stilistik* aufgefaßt als Erfassung von drei Arten der Gebrauchsbeschränkung: (a) Wörter, die außerhalb der Literatursprache stehen (Dialektismen, niedere Umgangssprache), (b) Termini aus Wissenschaft, Technik, Handwerk und Kunst, (c) Spezialisierungen innerhalb eines literarischen Stils (I, 9). Der letzten Gruppe entsprechen aus dem Gesamtinventar stilistischer Merkmale Charakterisierungen wie *высок.* [erhaben], *книжн.* [buchsprachlich], *народно-поэт.* [Volksdichtung].

4.1. Am eindeutigsten, differenziertesten und deswegen auch am zahlreichsten sind die Angaben für den Terminologiebereich. Das vollständige Inventar der berücksichtigten Sachgebiete ist in alphabetischer Reihenfolge (I, 15—16):

авиа [Luftfahrt], анат. [Anatomie], антроп. [Anthropologie], археол. [Archäologie], архит. [Architektur], астр. [Astronomie], бакт. [Bakteriologie], биол. [Biologie], биохим. [Biochemie], бот. [Botanik], бухг. [Buchhaltung], вет. [Veterinärmedizin], воен. [Militär], геогр. [Geographie], геод. [Geodäsie], геол. [Geologie], геофиз. [Geophysik], гидрол. [Hydrologie], гидротех. [Wassertechnik], горн. [Bergbau], дипл. [Diplomatie], ж.-д. [Eisenbahnwesen], зоол. [Zoologie], ист. [Geschichte], кино [Filmindustrie], кулин. [Kochkunst], лес. [Forstwissenschaft], лингв. [Linguistik], лит. [Literatur], лог. [Logik], мат. [Mathematik], мед. [Medizin], метеор. [Meteorologie], мин. [Mineralogie], мор. [Schiffahrt], муз. [Musik], охот. [Jagdwesen], палеонт. [Paläontologie], пед. [Pädagogik], полигр. [Druckwesen], психол. [Psychologie], пчел. [Bienenzucht], рад. [Radiotechnik], рел. [Religion], рыб. [Fischfang], сад. [Gartenbau], спец. [spezieller Terminus], спорт. [Sport], с.-х. [Landwirtschaft], театр. [Theater], техн. [Technik], типогр. [Buchdruck], торг. [Handel], фарм. [Pharmakologie], физ. [Physik], физиол. [Physiologie], филос. [Philosophie], фин. [Finanzwesen], фото [Photographie], хим. [Chemie], церк. [kirchlich], экон. [Wirtschaft], электр. [Elektrotechnik], этногр. [Ethnographie], юр. [juristisch].

In der 1981—1984 erschienenen zweiten Auflage (MAS2) sind drei Sachgebiete hinzugekommen: офиц.-дел. [Verwaltungssprache], теле [Fernsehen] und цирк [Zirkus].

Diese fachsprachlichen Charakterisierungen entsprechen alle der horizontalen Gliederung des Wortschatzes in sachgebietsbezogene Wortmengen. Nur die Bezeichnung *спец.* fällt dabei als übergreifend auf. Sie soll einerseits das fachsprachliche Vorkommen in mehreren Sachgebieten abdecken wie z. B. *замерить* als 'mathematisch genaues Messen' (gültig für alle Naturwissenschaften) gegenüber dem gemeinsprachlichen *измерить* in „умом Россию не понять, аршином общим не измерить" [mit dem Verstand ist Rußland nicht zu verstehen, mit der üblichen Elle nicht zu messen], andererseits wird *спец.* für die Spezifizierung all dessen verwandt, was in den Katalog der Fachgebiete keine Aufnahme gefunden hat. Da für „Bauwesen" keine spezielle Charakterisierung vorhanden ist, wird die Bezeichnung für Bausteine wie *клинкер* mit *спец.* versehen. Ebenso gibt es keine spezielle Charakterisierung für die Techniken der Holzbearbeitung, so daß *запилить* in der Lesart 'ansägen' ebenfalls als *спец.* charakterisiert wird. Diese Sammelbezeichnung für alles, was nicht als Sachgebiet berücksichtigt werden konnte, wird aber nicht konsequent angewandt. Der Bereich „Pferde und Reiten" ist z. B. nicht in das fachsprachliche Merkmalinventar aufgenommen worden. Mit *спец.* wird aber nur *проводка* 'Auslaufenlassen' eingeführt, während *аллюр* und *карьер*, die spezielle Gangarten bezeichnen, überhaupt nicht markiert sind. Einzelne Spezifizierungen können auch zusammen bei ein und demselben Lemma vorkommen. Das Wort *возбудитель* wird in seiner gemeinsprachlichen Bedeutung als nomen agentis erklärt und außerdem als zur Biologie ('Erreger') und zur Technik ('Erregermaschine') gehörend.

Аберрация wird dem Gebiet der Optik ('Aberration') und dem Gebiet der Astronomie ('Abweichung') zugerechnet.

4.1.1. Die einzelnen Wortarten werden sehr unterschiedlich dem fachsprachlichen Gebrauch zugewiesen. Das Ausgangsverbum für *возбудитель* kommt in einigen speziellen Verwendungen vor, die aufgeführt werden, ohne daß die Terminologisierung gekennzeichnet würde: *возбудить иск*, *возбудить судебное дело* 'einen Prozeß anstrengen'. Das Verbum *сработать* wird immer im Zusammenhang mit Geräten und Vorrichtungen der verschiedensten Art verwandt, was auch aus den Textbelegen des entsprechenden Arti-

> ПРОТРАВИ́ТЬ, -травлю́, -тра́вишь; *прич. страд. прош.* протра́вленный, -лен, -а, -о; *сов., перех.*
> 1. Выжечь чем-л. едким (например, кислотой). *Протравить узор на меди.*
> 2. Обработать протравой (во 2 знач.). *Протравить ткань. Протравить мех.*
> 3. Подвергнуть обработке для обеззараживания перед посадкой, посевом. *Протравить семена.*
> 4. *Разг.* Занимаясь травлей зверя, упустить его. *Охота не удалась. Во весь день видели одного только зайца и того протравили.* Пушкин, Дубровский.
> 5. Травить в течение какого-л. времени.

Textbeispiel 191.3: ПРОТРАВИ́ТЬ (MAS)

> ПРОТРАВИ́ТЬ, -травлю́, -тра́вишь; *прич. страд. прош.* протра́вленный, -лен, -а, -о; *сов., перех.* (*несов.* протравливать и протравлять). 1. *Спец.* Выжечь чем-л. едким (например, кислотой). *Протравить узор на меди.*
> 2. *Спец.* Обработать протравой (во 2 знач.). *Протравить ткань. Протравить мех.*
> 3. *С.-х.* Подвергнуть обработке для обеззараживания перед посадкой, посевом. *Протравить семена.*
> 4. (*несов.* нет). *Разг.* Занимаясь травлей зверя, упустить его. *Охота не удалась. Во весь день видели одного только зайца и того протравили.* Пушкин, Дубровский.
> 5. (*несов.* нет). Травить¹ в течение какого-л. времени.

Textbeispiel 191.4: ПРОТРАВИ́ТЬ (MAS2)

kels hervorgeht; es fehlt jedoch jede Kennzeichnung mit *спец.* oder *техн.*

4.1.2. In MAS2 ist die fachsprachliche Markierung konsequenter. Gegenüber dem Fehlen jeder fachlichen Spezifizierung für *протравить* in MAS wird in MAS2 differenziert zwischen der landwirtschaftlichen Verwendung als 'beizen' und der allgemein fachsprachlichen (*спец.*) Interpretation 'ätzen'.

Da die Beispiele und die Worterklärungen in beiden Auflagen identisch sind, handelt es sich um eine bewußte Präzisierung der fachsprachlichen Charakterisierung.

4.2. Die Erklärungen fachsprachlicher Begriffe sind für die Gebiete Biologie, Botanik, Landwirtschaft, Literaturwissenschaft, Medizin, Philosophie, Physiologie und Technik von im Vorwort namentlich genannten Fachwissenschaftlern überprüft worden. Für die einzelnen Termini wird auf illustrierende Beispiele verzichtet, wenn es sich um Entlehnungen aus anderen Sprachen handelt. Der Charakter des Fremdwortes wird dann auch am Ende des Eintrags durch Angabe der Etymologie in eckigen Klammern besonders hervorgehoben. Wenn ein durch Entlehnung entstandener Terminus auch entterminologisiert vorkommt, so spiegelt sich dies in der Angabe von Textbelegen wider. *Кульминация* wird so als Terminus der Astronomie nur mit einer Erklärung aufgeführt; die gemeinsprachliche Lesart 'Höhepunkt' wird dagegen durch ein

> КУЛЬМИНА́ЦИЯ, -и, *ж.* 1. *Астр.* Прохождение светила через небесный меридиан.
> 2. *перен.* Точка, момент наивысшего напряжения в развитии чего-л. *Шаляпин впервые ярко воплотил образ Алеко, правильно почувствовал кульминацию оперы [«Алеко» Рахманинова] в каватине.* Алексеев, С. В. Рахманинов.
> [От лат. culmen, culminis — вершина.]

Textbeispiel 191.5: КУЛЬМИНА́ЦИЯ

> **ВОЗБУДИ́ТЕЛЬ**, -я, *м.* 1. *Биол.* Начало, порождающее, вызывающее какой-л. процесс. *Сам по себе вид еды не есть возбудитель слюнной реакции.* И. П. Павлов, Лекции о работе больших полушарий головного мозга. *В двадцать лет, на фронте, Колосков впервые узнал от ротного фельдшера о бациллах — возбудителях тифа.* Диковский, Бери-бери.
> 2. Тот, кто (или то, что) вызывает, возбуждает что-л. *Под каждым взлетом древней фантазии легко открыть ее возбудителя, а этот возбудитель всегда — стремление людей облегчить свой труд.* М. Горький, Советская литература. *Племянник был для него тем возбудителем энергии, какой необходим человеку, вступившему в безрадостную пору старости.* Ажаев, Далеко от Москвы.
> 3. *Тех.* Небольшой специальный генератор, предназначенный для возбуждения более мощной электрической машины.

Textbeispiel 191.6: ВОЗБУДИ́ТЕЛЬ

Zitat aus einer Biographie über Rachmaninov belegt.

Wenn der Terminus mit eigensprachlichen Mitteln gebildet ist, wie *возбудитель*, werden ebenfalls Textbelege zur Illustration verwandt.

5. Wortbildung

Im Vergleich zu Ušakov sind viele terminologische Neubildungen mit eigenem Eintrag vorhanden.

5.1. Die Produktivität der Adjektivabstrakta mit quantitativer Bedeutung spiegelt sich in der Berücksichtigung von Bildungen wie *водность, зольность* wider, die bei Ušakov fehlen. Davon erneut abgeleitete Bezugsadjektive sind mit *жидкостный* schon bei Ušakov vertreten, mit weiteren Realisierungen wie *прочностный* aber erst in MAS2. Grundsätzlich ebenso bildbare Ableitungen wie *влажностный* und *вязкостный* finden sich auch in MAS2 nicht.

5.2. Bei den Verbalabstrakta werden Parallelbildungen mit je einem eigenen Eintrag aufgeführt (im Unterschied zu bei dem Ožegov geltenden Nestprinzip). Dabei kann aus den Wortdefinitionen abgelesen werden, daß die *-ка*-Bildungen sich von den *-ание/-ение*-Bildungen durch aspektuelle Neutralisierung und durch Neigung zur (fachsprachlichen) Metonymie unterscheiden. So bezieht sich *обливание* nur auf *обливать*, *обливка* jedoch auf *обливать* und *облить* und weist darüber hinaus noch die „resultative" Bedeutung 'Glasur' auf. Analoges gilt für *облицовывание – облицовка*, wobei den russischen Metonymien häufig die deutschen Formen auf *-ung* (*Verschalung*) entsprechen. Da es sich bei den Verbalabstrakta im Russischen bei allen Realisierungen um Produkte der Wortbildung handelt – im Unterschied zu den substantivierten Infinitiven des Deutschen –, ist die einzelne Aufführung der Verbalabstrakta in russischen Wörterbüchern das geeignetste Verfahren, um fachsprachlichen Gebrauch zu fixieren.

5.3. Dieses Problem der Modellhaftigkeit von Bildungen, deren materielle Vollständigkeit nicht inventarisierbar ist, wird bei Zusammensetzungen aus autosemantischen Bestandteilen durch die Funktionsbestimmung der reihenbildenden Elemente gelöst. In MAS werden Abbreviaturmorpheme, die besonders produktiv bei der Terminusbildung sind, den einzelnen Realisierungen vorangestellt und inhaltlich so allgemein erklärt, daß dadurch auch zukünftige Neubildungen erfaßbar werden. Bei dem Eintrag *авиа-* werden als Bezugspunkte 'авиационный' und (über BAS, Ožegov und Ušakov hinaus) 'воздушный' angegeben. Zu den Bezugswörtern werden exemplarisch („например") Listen einzelner Realisierungen hinzugefügt, die im Wörterbuch selbst dann nicht mehr besonders aufgeführt werden: *авиабомба, авиатехник, авиадесант, авиатранспорт*. Dadurch wird *авиа-* als offenes Programm deklariert, was zur Ökonomie der lexikographischen Arbeit führt, da damit auch seitdem neue gebildete Zusammensetzungen verstehbar sind: *авиаполивка, авиаперевозка* (Glavanova 1977, 155). Vergleichbare „programmatische" Artikel gibt es für *авто-, био-, гидро-, орг-, проф-, электро-*.

5.3.1. Die sich dabei möglicherweise ergebende Homonymie wird zwar bei *авто-* als jeweils selbständiger Eintrag berücksichtigt: *авто-*[1] = 'автомобильный', *авто-*[2] = 'автоматический', *авто-*[3] = 'самоходный' (dies in Erweiterung zu Ušakov), *авто-*[4] = 'свой, собственный', bei dem doppelten Bezug von *проф-* ('профессиональный', 'профсоюзный') als Polysemie interpretiert.

5.4. In MAS2 werden auch komplexe Abbreviaturmorpheme als Reihenbildung berücksichtigt. Dem Einzeleintrag *профтехшкола* in MAS steht ein programmatischer Eintrag *профтех-* in MAS2 gegenüber, wobei als eine Realisierung *профтехучилище* angegeben wird, das dann in der Liste der geläufigen Abkürzungen am Ende des IV. Bandes von MAS2 als ПТУ erscheint, während es in der analogen Liste des vierten Bandes von MAS noch fehlt.

5.5. Über Ušakov hinaus wird von BAS, MAS und Ožegov *водо-* als russisches reihenbildendes Morphem mit der allgemeinen Charakterisierung „Bezug zu Wasser" aufgeführt. Entsprechende fachsprachliche Bildungen wie *водоотделитель, водополивной* werden dementsprechend nur programmatisch unter *водо-* aufgeführt, was aber mühelos auch die Eingliederung neuer Bildungen wie *водораспылитель* ermöglicht. Die wortabschließende Variante *-водный* findet in BAS und MAS Berücksichtigung.

5.6. Nach dem gleichen Prinzip werden die Affixoide *-образный* und *-видный* aufgeführt, die neben den Adjektiven *образный* und *видный* einen eigenen Eintrag haben, in dem das mit ihrer Hilfe gebildete Wortbildungsmuster inhaltlich definiert wird.

5.7. Mehrworttermini werden am Ende eines Eintrags unter der durch ein besonderes Zeichen eingeleiteten Rubrik Phraseologie abgehandelt. In dieser Notation erscheinen dann *железная дорога, короткое замыкание, встречный иск* oder als Genitivmodell: *учет векселей, сфера влияния*. Meistens werden aber feste terminologische Verbindungen nur als Beispiel für Wortverbindungen notiert, wobei ihre terminologische Kompaktheit unberücksichtigt bleibt. In dem Artikel *длина* wird so gleichrangig aufgeführt *меры длины* 'Längenmaße' und *длина сухопутного канала* 'Länge eines schiffbaren Kanals'. Nur bei 'Längenmaße' und seiner russischen Realisierung handelt es sich aber um eine feste Verbindung.

5.8. Auf einzelne Unterschiede zwischen MAS und MAS2 ist oben schon eingegangen worden. Die personelle und institutionelle Kontinuität ist durch die für beide Auflagen als Hauptredakteur fungierende E. P. Evgen'eva gegeben und durch die Sektion für Lexikographie des Instituts für Sprachwissenschaften als Herausgeber. Der in MAS2 erfaßte Wortschatz wird mit „mehr als 90.000 Wörter" angegeben. Dieser Zuwachs erklärt sich einerseits durch die Aufnahme der Adverbien auf *-о, -е* und *-ски*, andererseits durch die Zunahme der terminologischen Lexik. Letzteres spiegelt sich auch in der Vermehrung der Fachgebiete wider. Den größten Zuwachs verzeichnet der naturwissenschaftlich-technische und der politische Wortschatz. Neu aufgenommen wurden aus dem ersten Bereich: *бионика, датчик, дизайн, дозиметр* (vor Tschernobyl!), *канцерогенный, компьютер, лазер, миксер*, aus dem zweiten: *бундестаг, бундесвер, демограф, палестинцы...*

5.9. In beiden Auflagen sind keine eindeutigen Kriterien festzustellen für die Unterscheidung zwischen speziellen Termini, die in ein erklärendes Wörterbuch der Literatursprache nicht aufzunehmen sind, und solchen, die als Bestandteil der Bezugsgröße „moderne russische Literatursprache" zu gelten haben.

Im Vorwort wird als Grund für den Ausschluß angegeben „узкоспециальные термины, необходимые лишь специалистам" [spezifische Termini, die nur Fachleute benötigen]. Im Gegenschluß heißt dies, daß es Termini gibt, die auch für den Nichtfachmann notwendig oder ihm wenigstens vertraut sind. Die Untersuchung der Auswahlpraxis fachsprachlicher Lexis durch die russischen Lexikographen (Berkov 1972, 62—72) hat ergeben, daß sich alle Auswahlkriterien auf die Häufigkeit des Vorkommens beziehen (so auch Babkin 1971). Dieses Kriterium ist aber deswegen ungenau, weil dabei nicht geklärt ist, in welchen Textarten die Häufigkeit festgestellt wird. Wenn es anhand von Werken der schöngeistigen Literatur geschieht, besteht die Gefahr, daß es zu einer sehr zufälligen Auswahl kommt, die bei weitem nicht repräsentativ ist für den fachsprachlichen Kenntnisstand des Nichtfachmanns. Nimmt man aber populärwissenschaftliche Literatur aus den einzelnen Fachgebieten oder etwa die Schulbücher der betreffenden Fächer, um den aufzunehmenden Fachwortschatz zu definieren, so stößt man auf eine Fülle von sehr speziellen Bezeichnungen, die der Durchschnittssprecher sehr bald nach der Schulzeit vergißt und die ihm deswegen auch in den populärwissenschaftlichen Fachzeitschriften unverständlich bleiben, falls er nicht selbst zum Fachmann wird. Daraus ist die Forderung abgeleitet worden, daß über die allgemeine Üblichkeit eines Terminus auf jeden Fall nicht die betreffenden Fachleute entscheiden dürfen (Pererva 1979, 112). Nur als узкоспециальные sind Termini wie зейгеровать ('besondere Art des Schmelzens'), шлам ('sich bei der Elektrolyse bildender Bodensatz') und viele anatomische Sachverhalte (эпителий, гемоглобин) zu interpretieren. Sie alle kommen aber in MAS vor.

Eine brauchbare Lösung der Unterscheidung von speziellem Fachterminus und allgemeinwissenschaftlicher Terminologie (die allein in Wörterbüchern wie MAS) aufgenommen werden sollte, schlägt V. M. Pererva vor. Er empfiehlt, von der Begriffsanalyse der einzelnen Wissensgebiete auszugehen, die sich meistens in Begriffspyramiden veranschaulichen läßt. An der Spitze der Pyramide stehen die zentralen Begriffe, die bis zur 4. Verzweigung nach unten in die gemeinsprachlichen Wörterbücher aufzunehmen seien. Diese Methode erlaubt es, jeden Terminus in dem „Stellenplan" des Begriffssystems genau einzuordnen. Voraussetzungen für diese Methode ist die Ausarbeitung der Begriffssysteme für die einzelnen Wissensgebiete. Nur durch eine enge Zusammenarbeit von Fachwissenschaftlern, Terminologen und Lexikologen wird diese schwierige Aufgabe zu bewältigen sein.

Zur Inventarisierung der existierenden Fachwortschätze gibt es im Russischen eine umfangreiche Tradition (Fajnštejn 1994, 215—239). Schon um die Wende vom 18. zum 19. Jh. wurden von Mitarbeitern der Akademie der Wissenschaften in Petersburg terminologische Wörterbücher verfaßt: Englisch—französisch—russisches Wörterbuch der Seefahrt von A. S. Šiškov (1795), Mineralogisches Wörterbuch (1806/07), Chemisches Wörterbuch (1810—1813) von V. M. Severgin, Botanisches Wörterbuch (1820) von I. I. Martynov. Dies macht es verständlich, daß im MAS gerade die horizontale Gliederung der Fachsprachen so differenziert und vielseitig vertreten ist.

6. Literatur (in Auswahl)

Babkin 1971 = A. M. Babkin: Novyj akademičeskij slovar' russkogo jazyka. Prospekt. Leningrad 1971.

Berkov 1974 = Valerij P. Berkov: Dvujazyčnaja leksikografija. Leningrad 1973.

Fajnštejn 1994 = M. Š. Fajnštejn: Usoveršit' i vozveličit' slovo naše ... (slovarnoe delo rossijskoj akademii 1783—1841). Sankt-Peterburg 1994.

Glavanova 1977 = G. P. Glavanova: Slovoobrazovatel'nye modeli s *avia-, avto-, aėro-, bio-* i dr. In: Sovremennaja russkaja leksikografija 1976. Leningrad 1977, 144—159.

Kuznecov 1984 = S. A. Kuznecov: O vtorom izdanii četyrechtomnogo „slovarja russkogo jazyka". In: Rusistika segodnja. Jazyk: sistema i ee funkcionirovanie. Moskva 1988, 178—188.

Pererva 1979 = V. M. Pererva: Otbor terminologičeskoj leksiki dlja obščich slovarej jazyka. In: Sovremennaja russkaja leksikografija 1977. Leningrad 1979, 107—120.

Willy Birkenmaier, Heidelberg

192. Specialized lexis in the *Chinese Grand Encyclopedia*

1. Historical remarks
2. The *Chinese Grand Encyclopedia*
3. The specialized lexis of the *Chinese Grand Encyclopedia*

1. Historical remarks

The Chinese language, spoken by one-fourth of the world population, belongs to the Sino-Tibetan family. It possesses its peculiar writing system by combining different strokes in a very complicated way to form a word. The first writing relics, excavated at the end of the last century, were carved on the turtle shells and ox shoulder bones dated 3000 years ago. The Chinese writing characters underwent many developmental stages how to combine and to write the consisting strokes.

The oldest Chinese dictionary "shuo wen jie zi" (Lexic Commentary) discussing lexis was written by Xu Shen in 100 A. D. China had her first book bearing the nature of an encyclopedia, called "huang lan" (Imperial Reference), with 8 million words as early as 220—226 A. D. Chinese scholars have written numerous works on lexicology, semasiology, phonetics, phonology, etymology, lexicography, grammar, rhetoric and other scopes of language research. We also had various collections of academic works having, in a certain sense, the nature of an encyclopedia. Among them two great collections are especially worth mentioning, the "you le da dian" and "si ku quan shu". The first one is the *Grand Collection of Yong Le*, named after the Emperor Yong Le during his reign 1403—1424 in the Ming-Dynasty, and the second one the *Complete Collections of Four Libraries*, compiled during the reign 1736—1795 of the Emperor Qian Long of the Qing-Dynasty.

In more recent times China began to compile different kinds of dictionaries. The most popular two dictionaries are "chi ha" (Lexic Sea) and "chi yuan" (Lexic Source), both compiled in the thirties of this century and revised in the seventies. Besides common lexis, they contain a vast amount of specialized lexis of all fields. They are small encyclopedias in a true sense.

2. The *Chinese Grand Encyclopedia*

The compilation of the *Chinese Grand Encyclopedia* was initiated shortly after the foundation of the People's Republic, but was not realized till 1978, when the Chinese government, the State Council, finally decided to start the work. Sixteen years elapsed before the last volumes came out of the press in November 1994. There are altogether 73 big volumes. One volume with general remarks will appear later. For the compilation of this *Grand Encyclopedia* a General Compilation Committee and a Compilation Subcommittee for each volume were set up. The General Compilation Committee has a chairperson and 21 deputy chairpersons. The committee members, totalling 110, are the most prominent scholars in various disciplines. For each specialized field there are also compilation committees with chairpersons and deputy chairpersons and different numbers of compilers. The 73 volumes are not numbered, since they were published in the sequence of being completed. To give a brief view of the contents of the *Chinese Grand Encyclopedia*, the volume on languages and characters contains e. g. the following chapters:

Preface: Languages and Language Research, by Lü Shu-Xiang
Chapters: Linguistics
World Languages
Languages of the Chinese Nationalities
Characters of the Chinese Nationalities
Chinese (Han Yu)
Chinese Phonetics
Chinese Semasiology
Chinese Characters Reform
Chinese Grammar
Chinese Rhetoric
Chinese Dialects
Applied Linguistics

In each chapter there are entries and items of different length. Important publications and scholars in the relevant fields are added. Among the scholars we find e. g. Zhao Yuan-Ren, Wang Li, Wilhelm von Humboldt, Ferdinand de Saussure, Noam Chomsky, et al.

The 73 volumes are:

Languages/Characters	1	Mathematics	1
Chinese Literature	2	Physics	2
Foreign Literature	2	Chemistry	2
Chinese History	3	Biology	3
Foreign History	2	Psychology	1
Chinese Folk Singing & Talking	1	Mechanics	1
Music/Dancing	1	Geography	1
Fine Arts	2	World Geography	1
Drama	1	Geology	1
Cinema	1	Astronomy	1

Cultural Relics/Museums	1	Geophysics/Surveyance	
Education	1	Space Science	1
Physical Education	1	Communication	1
Philosophy	2	Aviation/Space Flight	1
Religion	1	Civil Engineering	1
Archeology	1	Mechanical Engineering	2
Ethnology	1	Electrical Engineering	1
Journalism/Publication	1	Chemical Engineering	1
Information/Archives Libraries	1	Hydraulical Engineering	1
		Electronics/Computer Science	2
Political Science	1	Cybernetics/Systems Engineering	1
Economics	3	Mining	1
Sociology	1	Textiles	1
Law	1	Light Industries	1
Finance/Taxation/Money & Banking/Price	1	Agriculture	2
Ecology	1	Modern Medicine	2
Architecture/Gardens/City Plannig	1	Chinese Traditional Medicine	1
		Military Science	2
		Atmospheric Science/Oceanography/Hydrogology	1

The *Chinese Grand Encyclopedia* presents a monumental work of creativity and initiative, and integration of Chinese and Western culture and the universal knowledge of mankind.

3. The specialized Lexis of the *Chinese Grand Encyclopedia*

The ancient Chinese scholars had made very important discoveries, inventions and excellent scientific researches. They left numerous works on astronomy, mathematics, mechanics, navigation, chemistry and many other topics. A rich treasury of specialized lexis reminds us of their achievements. For example, they coined the term *gou gu* to denote the two sides of the right angle of a triangle, which is called in ancient Greece "the Pythagorean theorem". This and similar terms are still used in modern geometrical science.

With the introduction to China of the modern sciences from Western countries after the middle of the last century, we had to translate many technical terms into Chinese. Almost the whole specialized lexis was unknown to China before. Chinese scholars who studied abroad in Europe, Japan and the United States undertook the laborious and difficult work to find the Chinese words which could best transcribe the meanings of the foreign terms. We adopted the expression *tie lu*, a translation of the word *railway*, not from English but from German, as *tie* means 'iron' (German 'Eisen') and *lu* means 'way' (German 'Bahn'). Similarly *qian bi* is not from the English word *pencil*, but from the German word 'Bleistift', *qian* denotes 'lead' (German 'Blei') and *pi* means 'pen'. Japan learned the Western science at the same time as China. In the Japanese language many Chinese characters are used. So we borrowed many Japanese translations at the time. They also became part of the present Chinese scientific lexis.

As the Chinese scholars translated the foreign terms in different ways, it often happened that the same foreign word has two to three different translations which aggravates efficient communication and research work. In the late thirties, the Chinese government set up various committees under the Central Academy of Sciences to standardize the translations of scientific terms. This work continued after the foundation of the People's Republic. Many specialists took part in it, so that we now have almost unified translations of the scientific lexis in all disciplines, not only in natural sciences and engineering, but also in social sciences and the humanities. In new branches of learning it often happens that new words or translations are first used by one scholar and later adopted by others with or without alteration. After some time, a unified terminology is accepted by all learners and becomes standardized.

It is interesting to notice that in the medical science we sometimes have two parallel terms for the same disease, one from Chinese traditional medicine, the other from modern medicine. The Chinese traditional medicine has a history of two thousand years, it does not seem necessary to unify the terminology used.

Chinese specialized lexis has another feature, that is, many phonetic transcriptions from Western languages, e. g. *ka fei* for "coffee", *sha fa* for "sofa". For *Buddha* we have even four different transcriptions "fo", "fo tu", and "fu tu", the last one with two Chinese phonetic equivalents, differing only in the last character. For *Koran* we have two different phonetic transcriptions, "gu lan" and "ke lan", the first component is represented by two different Chinese characters.

It is also noteworthy that when Chinese words, especially philosophical terms, are translated to Western languages, it is difficult to find the right foreign word which conveys precisely the true meaning of the Chinese word. The Chinese word *tao* (its derivative is 'Taoism') could not find an exact English equivalent to give the whole meaning of this Chinese word, so that the only way is to reproduce it phonetically. The same applies to *qi*, which principally means "air", "breath" and anything with the function of circulation. We have now the English phonetic transcription "qi gong" to denote a Chinese breath exercise, because we could not find an English word to convey this Chinese term. In Western literature we have the popular word *yi jing*. This Chinese ancient philosophical classic was once given the English translation "Book of Changes". But the English word *change* does not cover the entire meaning of the Chinese word *yi*, it means more than that. So the Westerners and we finally use the phonetic transcription "yi jing".

With reference to some scientific terms we sometimes find that, at first, we use a phonetic transcription, but later we substitute it by a semantic translation. For *laser* we had *lai sai*, a phonetic transcription, later we coined the new word *ji guang* meaning 'stimulated light', an abridged word for "light amplification by stimulated emission of radiation". The two words are now both found in the Chinese dictionary.

During the last four decades, China has published numerous bilingual and multilingual dictionaries of specialized lexis covering all disciplines, and the *Chinese Grand Encyclopedia* gives the richest treasury of specialized terminology in its 73 big volumens.

Dai Ming-Zhong, Shanghai

XXI. Fachlexikographie I: allgemeine theoretische und methodische Aspekte

193. Typologie der Fachwörterbücher

1. Vielzahl und Vielfalt der Fachwörterbücher
2. Wörterbuchtypologien: zum Stand der Forschung
3. Arten von Wörterbuchtypologien
4. Typologisches Merkmal: fachliches Sachwörterbuch, sprachliches Sachwörterbuch, fachliches Allbuch
5. Typologisches Merkmal: Fachzugehörigkeit des Datenangebots
6. Typologisches Merkmal: Adressaten des Datenangebots
7. Typologisches Merkmal: Grad der Normung des Datenangebots
8. Sonstige, nicht fachwörterbuchspezifische typologische Merkmale
9. Typologie von Fachwörterbüchern im Überblick
10. Literatur (in Auswahl)

1. Vielzahl und Vielfalt der Fachwörterbücher

Fachwörterbücher tragen Titel wie

Kleines / Großes / Vollständiges / Neues / Modernes / Allgemeines / Universelles / Erläuterndes / Illustriertes / Praktisches / Terminologisches

einsprachiges, zweisprachiges, mehrsprachiges

Lexikon / Wörterbuch / ABC oder auch
Fach- / Sach- / Hand- / Taschen-Lexikon oder *-Wörterbuch:*

Bibliothekswesen / Philosophie / Geschichte / Psychologie / Theologie / Soziologie / Pädagogik / Literaturwissenschaft / Sprachwissenschaft / Musik / Architektur / Kunst / Politik / Recht / Wirtschaft / Marketing / Mathematik / Biochemie / Chemie / Physik / Textil / Technik / Elektrotechnik / Informatik / Datenverarbeitung / Bautechnik / Medizin usw.

für Fachleute des Faches, Fachleute benachbarter Fächer, Studierende, fachlich Interessierte, Laien, jedermann, den allgemeinen Hausgebrauch usw.

Solche Titel enthalten (als Behauptungen) typologisierende Angaben

(a) zum Umfang bzw. zur Auswahl des Datenangebots,
(b) zur Aktualität des Datenangebots,
(c) zur Fachzugehörigkeit des Datenangebots,
(d) zur Sprachenzugehörigkeit des Datenangebots,
(e) zur Struktur des Datenangebots,
(f) zu den Adressaten des Datenangebots.

Keine Bibliographie bietet bisher einen auch nur annähernd vollständigen Überblick über den vorhandenen Bestand an Fachwörterbüchern, weder über die Fachwörterbücher insgesamt noch über die Fachwörterbücher einer Sprache oder auch gar nur über diejenigen eines einzelnen Faches. Erreicht ist dies allenfalls im Bereich der Terminographie im engeren Sinne, d. h. für Normwörterbücher (vgl. Felber/Krommer-Benz/Manu 1979). Eher Ausnahmen stellen z. B. die Bibliographien von Beckers/Schmitter (1978: sprachwissenschaftliche Wörterbücher), Dressler (1994: medizinische Wörterbücher), Klein (1993: naturwissenschaftliche Wörterbücher) dar.

Wie unvollständig und zum Teil auch inakkurat selbst die einschlägigen Sammelbibliographien sind, offenbart ein Blick in die „International Bibliography of Specialized Dictionaries" (Lengenfelder 1979). Immerhin, aber auch nicht mehr als 5719 im Zeitraum von 1970 bis 1978 erschienene Titel werden dort aufgeführt. Abgesehen von der zeitlichen Einschränkung und der auch dadurch begrenzten Zahl handelt es sich bei dieser Bibliographie (wie Wiegand 1988b, 731 kommentiert) um eine „ziemlich lückenhafte und miserabel sortierte" Kollektion, die zwar vornehmlich, aber keineswegs ausschließlich Titel von Fachwörterbüchern, sondern auch solche von Sprachwörterbüchern aufführt.

Wiegand (1990, 2206) meint, man müsse „wahrscheinlich davon ausgehen, daß nach 1945 mehr als 3000 einsprachige deutsche und zwei- und mehrsprachige Fachwörterbücher mit Deutsch erschienen sind". Auch wenn keine verläßlichen Zählungen, Hochrechnungen oder Schätzungen vorliegen, läßt sich mit einiger Sicherheit sagen, daß die Zahl allein der nach 1945 erschienenen Fachwörterbücher um ein Vielfaches höher liegt.

Mehr als 1000 Titel von Wörterbüchern der Medizin, die nach 1945 publiziert worden sind, führt allein schon die von Dressler (1994) zusammengestellte, insgesamt rd. 1400 Titel umfassende „Bibliographie der Medizinwörterbücher" auf: einsprachige deutsche Wörterbücher sowie zwei- und mehrsprachige Wörterbücher mit Deutsch aus den Bereichen der Humanmedizin (mit besonderer Ausweisung der Zahnmedizin), der Veterinärmedizin sowie der Pharmazie. Rund 7000 Titel von Wörterbüchern der Medizin aus aller Welt umfaßt eine unveröffentlichte Bibliographie, die Dressler (1992) zusammengestellt hat (vgl. Dressler 1994a, 56, Anm. 2).

Die bisher nicht ermittelte, aber mit Sicherheit immense Anzahl vorhandener Fachwörterbücher macht deutlich, daß der Gang durch die Fachlexikographie nicht nur auf ein weites, sondern ein schier unübersehbares Feld führt. Als erster hat es Wiegand (1988, 731) unternommen, „mit der metalexikographischen Panga [...] Schneisen in das Wildwuchsgebiet" zu schlagen, als das sich dem Betrachter das weite Feld der Fachlexikographie darstellt. Aufgrund des jeweiligen Datenangebots schuf er eine erste Ordnung, indem er eine (an späterer Stelle dieses Beitrags dargestellte) typologische Unterscheidung zwischen fachlichem Sachwörterbuch, fachlichem Sprachwörterbuch und fachlichem Allbuch traf, die er später noch einmal präzisierte (Wiegand 1994).

Typologien jeder Art dienen zur Ordnung der Gegenstände, die einen Gegenstandsbereich konstituieren. Während eine am Beginn der Wörterbuchforschung stehende Typologie gleichsam die heuristische Funktion einer ersten Ordnung der Wörterbücher erfüllt, stellt die aus der wissenschaftlichen Beschreibung resultierende Typologie eine zentrale Komponente der Theorie der lexikographischen Sprachbeschreibung und damit einer allgemeinen Theorie der Lexikographie dar (vgl. Wiegand 1984, 560).

Hausmann (1989, 979) stellt fest, „daß auch die anderen Forschungsgebiete der Metalexikographie, nämlich die Wörterbuchkritik, die Status- und Benutzerforschung und die Geschichte der Lexikographie ohne Wörterbuchtypologie nicht bearbeitbar sind, ja mehr noch, Wörterbücher selbst sind ohne Wörterbuchtypologie weder planbar noch machbar. Denn anderenfalls müßte man konstatieren, daß der Verlag (oder Lexikograph) nicht weiß, was er tut". In diesem letzterwähnten Sinne kann eine Wörterbuchtypologie auch als Handlungsanleitung für die lexikographische Praxis angesehen werden.

2. Wörterbuchtypologien: zum Stand der Forschung

Unter „Wörterbuchtypologie" wird im folgenden das Verfahren und das Ergebnis der Bestimmung von Merkmalen und ihrer Zuordnung zu jenen Nachschlagewerken verstanden, die zur Klasse der Wörterbücher bzw. in unserem Fall zur Klasse der Fachwörterbücher gehören (zu den Begriffen „Typologie" und „Klassifikation" vgl. Hausmann 1989, 968−970; zu grundsätzlichen Problemen der Typologie vgl. vor allem Wiegand 1988a).

Wissenschaftlich fundierte Darstellungen über verschiedene Arten von Typologien bzw. Typologien von Sprach- und Fachwörterbüchern bieten u. a. Cyvin (1978: russische Wörterbücher), Denisov (1977: sprachpädagogische Wörterbücher), Felber/Nedobity/Manu (1982: Normwörterbücher), Guilbert (1969: einsprachige Wörterbücher des gegenwärtigen Französisch), Klein (1993: naturwissenschaftliche Wörterbücher), Kühn (1978: deutsche Wörterbücher), Lois (1979: spanische Wörterbücher), Kühn (1989: Benutzergruppen), Reichmann (1984: deutsche historische Wörterbücher), Rey (1970: französische historische Wörterbücher), Schaeder (1994c: medizinische Wörterbücher), Wiegand (1986: Dialektwörterbücher).

Darüber hinausgehend beschäftigen sich mit allgemeinen Aspekten von Wörterbuchtypologien u. a. die Arbeiten von Geeraerts (1984), Hausmann (1989), Henne (1980), Kühn (1989), Malkiel (1959/60) und (1962), Quemada (1967), Ščerba (1940/1982), Sebeok (1962), Wiegand (1978), Wiegand (1988a).

Der erste Versuch einer umfassenden Typologie stammt von Ščerba (1940/1982), der bis in die 70er Jahre so gut wie unbekannt blieb, weshalb in vordem erschienenen Abhandlungen bisweilen zu lesen ist, Malkiel (1959/60) sei der erste gewesen, der eine wissenschaftliche Typologie von Wörterbüchern geschaffen habe (vgl. Wolski 1982, 237).

Ščerba unterscheidet (in der Übersetzung von Wolski 1982, 17−56) bzw. stellt einander gegenüber: (1) Wörterbuch des Akademie-Typs bzw. normatives Wörterbuch vs. Nachschlagewörterbuch, (2) enzyklopädisches vs.

Allgemeinwörterbuch, (3) Thesaurus bzw. thesaurierendes Wörterbuch vs. gewöhnliches (erklärendes oder Übersetzungs-) Wörterbuch, (4) gewöhnliches (erklärendes oder Übersetzungs-) Wörterbuch vs. ideologisches bzw. onomasiologisches Wörterbuch, (5) erklärendes Wörterbuch vs. Übersetzungswörterbuch und (6) nichthistorisches Wörterbuch vs. historisches Wörterbuch.

Dem Verfahren, jeweils ein bestimmtes, als konstitutiv angesehenes Merkmal zum ordnungsstiftenden Kriterium zu erheben, um jedes verzeichnete Wörterbuch nur einmal aufführen zu müssen, folgen systematisch aufgebaute Wörterbuchbibliographien.

In seiner systematischen Bibliographie deutscher Wörterbücher urteilt Kühn (1978, 4): „Bisherige Klassifikationsversuche sind aus verschiedenen Gründen für eine Wörterbuchbibliographie unzureichend." Als wesentliche Kritikpunkte führt er (mit Hinweisen auf vorhandene Wörterbuchbibliographien) an, daß (1) bisweilen „die Angabe der sprachwissenschaftlichen Grundlagen der angeführten Systematik (fehlt)", daß (2) „bei fast allen Klassifizierungen der Eindruck (entsteht), daß die angeführten Wörterbuchtypen auf einem einzigen, konstitutiven Merkmal beruhen", daß (3) „viele Klassifikationsvorschläge lediglich als Listen von scheinbar einander unabhängigen Wörterbuchtypen interpretiert werden (müssen)", daß (4) Klassifikationen rein deduktiv vorgenommen, d. h. Klassifikationsmerkmale „zuerst im Rahmen vorgegebener theoretischer Prämissen definiert und erst nachträglich exemplifiziert (werden)", wodurch in der Klassifikation nicht vorgesehene Merkmale notwendig unberücksichtigt bleiben. Kühn (1978, 4) zieht (5) aus seiner Durchsicht vorhandener Wörterbuchtypologien das Fazit: „Die in den genannten Wörterbuchtypologien angeführten Klassifikationsmerkmale reichen zur systematischen Erfassung und Einteilung existierender Wörterbücher nicht aus und müssen ergänzt werden."

Nach dem von Kühn (1978, 5) entwickelten Klassifikations- bzw. Typologiekonzept kann sich „die Spezifik der Kodifikationsmerkmale [...] beziehen auf:

(1) den Umfang und die Informationsfülle
(2) sprachliche Struktur der Beschreibungselemente nach
(21) phonetisch/phonemischen Aspekten
(22) graphetisch/graphemischen Aspekten
(23) morphologischen Aspekten
(24) semantischen bzw. paradigmatischen-semantischen Aspekten
(25) homophonisch/heterographischen Aspekten
(26) phraseologischen Aspekten
(27) satzspezifischen Aspekten
(28) textspezifischen Aspekten
(3) die Abbreviation der Beschreibungselemente
(4) die typographische Gestaltung hinsichtlich einer
(41) sprachlichen Darstellung
(42) sprachlich-figürlichen Darstellung
(5) die Qualität der Beschreibungselemente hinsichtlich ihres
(51) Charakters als Appellativum
(52) Charakters als Name
(6) die Quantität der kodifizierten lexikalischen Einheiten hinsichtlich einer
(61) vollständigen lexematischen Erfassung
(62) reduzierten lexematischen Erfassung
(7) die Herkunft und Bedeutungsentwicklung der Beschreibungselemente
(8) den Vergleich verschiedener lexikalischer Teilsysteme
(81) einsprachige Kodifikation
(82) zweisprachige Kodifikation
(83) mehrsprachige Kodifikation
(84) fremdsprachige Kodifikation
(9) die zeitliche Entwicklungsstufe im Hinblick auf ein
(91) historisches Sprachstadium
(92) gegenwartsbezogenes Sprachstadium
(10) den potentiellen Sprachträger
(101) hinsichtlich einer qualitativen Einordnung
(1011) areale Zugehörigkeit
(1012) sondergruppenspezifische Zugehörigkeit
(1013) professionelle Zugehörigkeit
(102) hinsichtlich einer quantitativen Einordnung
(1021) national-orientierte Wörterbücher
(1022) gruppen-orientierte Wörterbücher
(1023) individuell-orientierte Wörterbücher".

Eine Liste von Merkmalen, von denen jeweils eine bestimmte Anzahl einzelnen existierenden Wörterbüchern zugeordnet werden können, führt z. B. Henne (1980, 780) mit anschließenden Anwendungsbeispielen an:

„(a) gegenwartsbezogen(es Sprachstadium); (b) historisch(es Sprachstadium); (c) synchronisch (funktionsbezogen); (d) diachronisch (entwicklungsbezogen); (e) standardsprachlich; (f) gesamtsprachlich; (g) dialektal; (h) soziolektal; (i) ideolektal; (k) fachsprachlich; (l) sondersprachlich; (m) literatursprachlich; (n) wortartenorientiert; (o) häufigkeitsorientiert; (p) textorientiert; (q) Grundwortschatzorientiert; (r) Fremdwortschatz-orientiert. Die vorstehenden Merkmalkomplexe leisten: eine historische und zeitliche Differenzierung: (a) bis (d); eine soziale, regionale und funktionale Differenzierung:

(e) bis (m); eine Differenzierung hinsichtlich spezifischer Benutzerinteressen: (n) bis (r)."

Ähnlich verfährt Reichmann (1984), der wie Kühn erklärtermaßen an Henne (1972 bzw. 1980) anschließt. Seine Liste umfaßt folgende 30, von ihm als „Kriterien" bezeichnete Merkmale, mit denen er in wechselnder Auswahl 110 historische Wörterbücher typologisch charakterisiert:

(a) gegenwartsbezogen, (b) geschichtsbezogen, (c) synchron, (d) diachron, (e) alphabetisch, (f) nichtalphabetisch, (g) semasiologisch, (h) onomasiologisch, (i) variantenbezogen, (j) flexionsbezogen, (k) syntaxbezogen, (l) wortbildungsbezogen, (m) etymologisch, (n) darstellungsbezogen (o) kognitionsbezogen, (p) kommunikationsbezogen, (q) symptomwertbezogen, (r) gesamtsystembezogen, (s) dialektbezogen, (t) soziolektbezogen, (u) gruppenbezogen, (v) textsortenbezogen, (w) ideolektbezogen, (x) einzeltextbezogen, (y) erbwortbezogen, (z) fremdwortbezogen, [α] ideomatikbezogen, [β] wortartenbezogen, [γ] ausschnittbezogen, [δ] benutzerbezogen.

Im Unterschied etwa zu Kühn (1978) und Henne (1980), auf die Reichmann (1984, 461) dabei Bezug nimmt, soll „die mögliche Kombination der Kriterien einen Eindruck von den theoretisch denkbaren Wörterbuchtypen (vermitteln). Damit wird gleichzeitig ein Bezugsrahmen geschaffen, auf den die tatsächlich realisierten Typen projiziert werden können und an dem Typenlücken [...] ablesbar sind."

Hausmann (1989, 969) merkt zu Reichmanns Typologisierung kritisch an: „Es ist vorstellbar, daß allen Wörterbüchern dieser Erde in einer riesigen Matrix eine riesige Menge von Merkmalen zu- oder aberkannt wird. In dieser Matrix ist dann jedes Wörterbuch als ein ganz bestimmtes Merkmalbündel definiert. Eine solche Matrix ist aber noch keine Typologie. Denn in der Matrix stehen die Merkmale und deshalb auch die Wörterbücher gleichberechtigt nebeneinander. Zur Typologie aber gehört das Privilegieren (Dominantsetzen) eines Merkmals bzw. die Hierarchisierung der Merkmale als Typologiekriterien." Ergänzend fügt Hausmann (1989, 966 f) hinzu:

„Allerdings ist die Matrix für viele Perspektiven offen. Sie kann deshalb als eine sinnvolle Vorstufe der Typologie erachtet werden."

In diesem Zusammenhang weist Hausmann (1989, 969) darauf hin, daß für die Entwicklung einer Typologie maßgeblich ist,

„daß es in einer Klasse von Wörterbüchern besonders typische Vertreter gibt, die sozusagen im Zentrum der Klasse stehen und als Prototypen gelten, während andere, weniger typische, an ihrer Peripherie angesiedelt sind. Eine Typologie ist dann eine Klassifikation, die sich an Prototypen orientiert".

3. Arten von Wörterbuchtypologien

Wörterbuchtypologien können verschieden geartet sein, wobei theoretischer Status (Typologie als Klassifikation, Typologie als Begriffssystem), Ausgangspunkt, Zweck und Methode der typologischen Ordnung zu jeweils anderen Ergebnissen bzw. Typologien führen.

Unter der Voraussetzung, daß geklärt ist, welche Nachschlagewerke zum Typ „Wörterbuch" bzw. „dictionary" bzw. „dictionnaire" usw. gehören, muß eine Typologie, die für sich in Anspruch nimmt, adäquat zu sein, wenigstens folgenden Anforderungen genügen: (a) Die Typologie muß den intendierten Zweck erfüllen; (b) die Typologie muß universal anwendbar und exhaustiv sein; (c) die Typologie muß auf Ordnungskriterien (Merkmalen) basieren, die für den zu typologisierenden Gegenstand wesentlich, begründet und intersubjektiv handhabbar sind.

Wörterbuchtypologien können (nach Hausmann 1989, 970) zunächst einmal „praktisch" oder aber „theoretisch" geartet sein. In einer praktischen Typologie muß „jedem Wörterbuch ein endgültiger und einmaliger typologischer Standort zugewiesen" werden (z. B. in einer typologisch geordneten Wörterbuchbibliographie), während in einer theoretischen Typologie „jedes Wörterbuch unter zahllosen Perspektiven neu in einer Hierarchie der Unterteilungsgesichtspunkte eingesetzt werden kann" (Hausmann 1989, 970).

Eine besondere Art von praxisorientierter Typologie stellt die „genetische Typologie" von Rey (1970) dar. Seine Wörterbuchtypologie bildet in gestufter Abfolge die Entscheidungen ab, die bei der Konzeption und Erstellung eines Wörterbuchs zu treffen sind:

(a) Art der Sprachdatenerhebung, (b) Art der Bearbeitungseinheiten, (c) Grad der Extensität bzw. Selektivität der zu bearbeitenden Wortschatzmenge, (d) Art der Struktur der Anordnung der Daten, (e) Art der semio-funktionalen Analyse, (f) Art der nichtexplikativen Angaben, (g) Art der Demonstration der Verwendung (vgl. zu Reys Typologie auch Hausmann 1989, 972 f).

193. Typologie der Fachwörterbücher

```
                        Wörterbücher
                ┌────────────┴────────────┐
          einbändig              mehr als einbändig                        1. Stufe
                            ┌────────────┴────────────┐
                      zweibändig              mehr als zweibändig          2. Stufe
                                          ┌────────────┴────────────┐
                                    dreibändig              mehr als dreibändig    3. Stufe
                                                                /\
                                                                               usw.
```

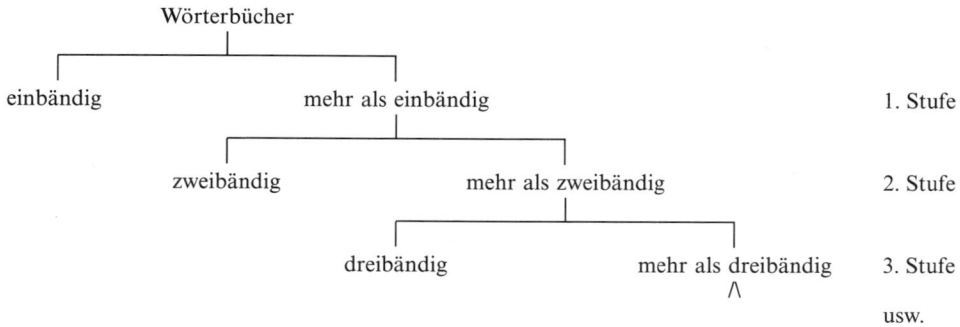

Abb. 193.1: Wörterbuchtypologie: 1. Beispiel

Der Einteilungsgesichtspunkt „praktisch" vs. „theoretisch" im Sinne von Hausmann (1989) korrespondiert mit der Unterscheidung zwischen geschlossener und offener Typologie, d. h. eine Typologie kann entweder dazu geschaffen sein, alle existierenden Wörterbücher zu erfassen und muß dann auch nur jene (wesentlichen bzw. konstitutiven) Merkmale berücksichtigen, die existierende Wörterbücher aufweisen; oder sie kann vorsehen, nicht nur alle existierenden, sondern auch alle zukünftigen Nachschlagewerke, die per definitionem als Wörterbücher gelten, zu erfassen, was u. a. die Anschließbarkeit und Zuordnung bisher nicht vorhandener Merkmale verlangt.

Eine Typologie kann (vergleichbar einem Begriffssystem; vgl. Felber/Budin 1989, 69–118; Arntz/Picht 1989, 75–115) durch Anwendung eines einzigen Merkmals bzw. einer begrenzten Menge einheitlicher Merkmale entstehen oder durch Anwendung verschiedenartiger Merkmale; sie kann einstufig, zweistufig oder mehrstufig, hierarchisch oder nichthierarchisch oder sowohl hierarchisch als auch nichthierarchisch organisiert sein.

Die Anwendung eines einzigen einheitlichen Merkmals hat zunächst einmal den Vorzug, eine monohierarchisch organisierte Typologie zu liefern.

Ein mögliches, auf den ersten Blick gut zu handhabendes quantitatives Merkmal ist z. B. der Umfang des Datenangebots, gemessen an der Bandzahl. Die Anwendung dieses Merkmals führt zu einer gestuften monohierarchischen (in unserem Fall binär organisierten) Unterteilung in Wörterbücher, die einbändig, mehr als einbändig, zweibändig, mehr als zweibändig usw. sind.

Abgesehen einmal davon, daß zweifelhaft ist, ob die Bandzahl zu den wesentlichen Merkmalen von Wörterbüchern gehört, läßt sich der Umfang des Datenangebots eher am Grad seiner Exhaustivität bzw. Selektivität messen, und zwar bezogen auf die jeweilige Grundgesamtheit.

Zur typologischen Beschreibung von Wörterbüchern bzw. des Datenangebots von Wörterbüchern gibt es neben quantitativen vor allem qualitative Merkmale, wie z. B. „allgemein vs. speziell", „historisch vs. gegenwartsbezogen" „alphabetisch vs. nicht alphabetisch", „mit zusätzlichen Abbildungen vs. ohne zusätzliche Abbildungen".

Da Umfang und Art des Datenangebots eines Wörterbuchs kaum unabhängig von der ihm zugedachten Bestimmung eingerichtet werden können, spielt eine auf dieses Weise vorgenommene Unterteilung in jene hinein, die die „Funktion(en) der Wörterbücher" in Benutzungssituationen (vgl. Wiegand 1977, 81; Hausmann 1977; 144–156) zum unterscheidenden Merkmal erhebt: Hilfsmittel für die Textrezeption, Textproduktion, Übersetzung, Spracherlernung usw.

Eine Funktionstypologie reicht wiederum in eine Unterteilung der Wörterbücher nach den jeweils ins Auge gefaßten Adressaten bzw. Benutzern hinein, wie z. B. „Fachleute des Faches X vs. Fachleute des Faches Y", „Fachleute vs. Laien", „Laien allgemein" vs. „Laien eines speziellen Typs", „Laien vs. Lerner" usw.

Auch wenn die für Sprachwörterbücher entwickelten Typologien hilfreich und in Teilstücken zu berücksichtigen sind, reichen sie für die Typologie von Fachwörterbüchern nicht aus, weil hierzu zum ersten die Merkmale von Sprachwörterbüchern teilweise anders zu gewichten und einzuordnen sind und weil zum zweiten nicht nur zusätzliche, sondern andersartige Merkmale ins Spiel kommen.

4. Typologisches Merkmal: fachliches Sachwörterbuch, sprachliches Sachwörterbuch, fachliches Allbuch

Vorab sei angemerkt, daß nicht zuletzt wegen ihrer uneinheitlichen Verwendung Titel-Etikettierungen wie die folgenden zunächst einmal wenig zu einer typologischen Charakterisierung von Fachwörterbüchern beitragen: *Wörterbuch, Fachwörterbuch, enzyklopädisches Wörterbuch, Lexikon, Fachlexikon, Reallexikon, Enzyklopädie, Fachenzyklopädie, Realenzyklopädie, Thesaurus* usw. (vgl. hierzu u. a. Hjorth 1967), oder auch *dictionary, lexicon, encyclopedia/encyclopaedia, glossary, reference book, terminology, vocabularium* usw. (zur Titelvielfalt medizinischer Fachwörterbuch vgl. Schaeder 1994, 30−34).

Die Klasse der Nachschlagewerke vom Typ „Wörterbuch" läßt sich in einem ersten Schritt in die Subklassen „Sprachwörterbuch" und „Sachwörterbuch" unterteilen: Sprachwörterbücher geben (primär) Auskunft über Sprache, Sachwörterbücher (primär) über Sachen.

Aus den Sachwörterbüchern, zu denen u. a. auch Nachschlagewerke vom Typ Enzyklopädie gehören, lassen sich in einem weiteren Schritt die Fachwörterbücher ausgliedern. Ein Fachwörterbuch als Subspezies der Gattung Sachwörterbuch ist primär dazu bestimmt, Fachleuten, fachlichen Laien oder Lernern im Fach als Nachschlagewerk zu fachlichen Fragen zu dienen.

Um diesem Zweck zu genügen, enthält es neben anderen möglichen Bauteilen als konstitutiven Bauteil ein alphabetisch oder in anderer Weise systematisch geordnetes Verzeichnis fachlexikalischer Einheiten, die jeweils durch ein Lemmazeichen repräsentiert werden. Die durch die Lemmazeichen repräsentierten fachlexikalischen Einheiten sind in der Regel mit einer geordneten Menge sprach- und/oder fachbezogener Angaben und im Falle zwei- oder mehrsprachiger Fachwörterbücher mit der Angabe des zielsprachigen Äquivalents bzw. der zielsprachigen Äquivalente versehen. Zudem können (fächerabhängig) Abbildungen sprachlich gebotene Informationen ersetzen, ergänzen oder illustrieren.

Wie die Erfahrung im Umgang mit Fachwörterbüchern lehrt und fächerübergreifende Untersuchungen (vgl. Wiegand 1988b, 751 ff) oder auch einzelfachbezogene Studien (vgl. Schaeder 1994) zeigen, bieten Fachwörterbücher mitunter nicht allein fachliche, sondern

```
              Nachschlagewerk
              ┌──────┴──────┐
         Wörterbuch      sonstige
         ┌────┴────┐
Sprachwörterbuch  Sachwörterbuch
                  ┌──────┴──────┐
             Fachwörterbuch   sonstige
```

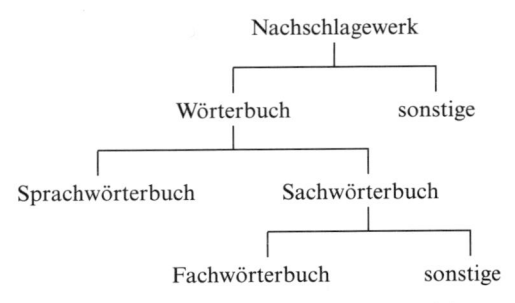

Abb. 193.2: Wörterbuchtypologie: 2. Beispiel

zusätzlich auch (fach)sprachliche Auskünfte, etwa zur Aussprache, Grammatik, Herkunft, Diachronie (z. B. „veraltet"), Diafrequenz (z. B. „selten"), Paradigmatik (z. B. Angabe eines synonymischen Ausdrucks) und/oder durch die Angabe fremdsprachiger Äquivalente.

So finden sich etwa am Ende zahlreicher, aber keineswegs aller Wörterbuchartikel der 1. Aufl. (1984) und der 2. Aufl. (1987), nicht aber mehr der 3. Aufl. (1993), des einsprachigen „Roche Lexikons Medizin" (München, Wien, Baltimore: Verlag Urban und Schwarzenberg) Äquivalente der entsprechenden Fachausdrücke in englischer Sprache.

Neben diesem Typ von einsprachigem Fachwörterbuch mit fremdsprachigen Äquivalenten gibt es die zwei- und mehrsprachigen Fachwörterbücher, die in den Fällen, in denen allein ausgangssprachliche Fachausdrücke (mit oder ohne Angaben zur Sprache) und zielsprachliche Äquivalente (mit oder ohne Angaben zur Sprache) gebucht sind, zur Klasse der Sprachwörterbücher zählen. Da sie im Hinblick auf die Lemmaauswahl und durch Deklarationen wie „Wörterbuch Klinische Medizin Deutsch−Englisch" (von Stephan Dressler, Weinheim 1991) erkennbar einem bestimmten Fach zugeordnet sind, haben wir es hier mit einem fachlichen Sprachwörterbuch zu tun.

Wiegand (1988b, 761) schlägt vor, den Typ „Fachwörterbuch" nach dem jeweiligen genuinen Zweck, für den ein einzelnes Fachwörterbuch konzipiert ist, in die folgenden Subtypen zu untergliedern (s. Abb. 193.3).

Definition (1) Fachliches Sachwörterbuch:
Ein fachliches Sachwörterbuch ist ein Fachwörterbuch, dessen genuiner Zweck darin besteht, daß ein potentieller Benutzer aus den lexikographischen Daten Informationen zu nicht-sprachlichen Gegenständen (zu den Sachen im Fach) gewinnen kann (nach Wiegand 1988b, 777; vgl. auch Wiegand 1994).

```
                    Fachwörterbuch
         ┌─────────────┼─────────────┐
        (1)           (2)           (3)
     fachliches    fachliches    fachliches
     Sachwörter-  Sprachwörter- Allwörter-
     buch          buch           buch
```

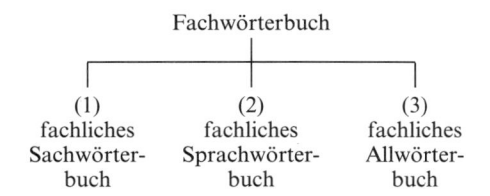

Abb. 193.3: Wörterbuchtypologie: 3. Beispiel

Definition (2) Fachliches Sprachwörterbuch:
„Ein fachliches Sprachwörterbuch ist ein Fachwörterbuch, dessen genuiner Zweck darin besteht, daß ein potentieller Benutzer aus den lexikographischen Daten Informationen zu fachsprachlichen Gegenständen gewinnen kann." (Wiegand 1988b, 762; vgl. auch Wiegand 1994).

Definition (3) Fachliches Allbuch:
Ein fachliches Allbuch ist sodann ein Fachwörterbuch, dessen genuiner Zweck darin besteht, daß ein potentieller Benutzer aus den lexikographischen Daten Informationen zu (fach)sprachlichen und zu nicht-sprachlichen Gegenständen (zu den Sachen im Fach) gewinnen kann (nach Wiegand 1988b, 778; vgl. auch Wiegand 1994).

Zu der in diesem Zusammenhang bedeutsamen Unterscheidung von sprachlichem und enzyklopädischem Wissen vgl. Wiegand (1988b, 772−776); zur ebenfalls bedeutsamen Unterscheidung von semantischen und enzyklopädischen Daten in Fachwörterbüchern vgl. Wiegand (1994).

Obwohl das fachliche Sprach- und das fachliche Allwörterbuch die verbreitetsten Grundtypen von Fachwörterbüchern darstellen, sollen sie hier außer Betracht bleiben.

Prototyp eines Fachwörterbuchs ist das *fachliche Sachwörterbuch*.

5. Typologisches Merkmal: Fachzugehörigkeit des Datenangebots

Bisher wurde zwar schon verschiedentlich die Bezeichnung „Fachwörterbuch" verwendet, ohne daß hinreichend geklärt wurde, was ein Fach ist bzw. worauf mit der Benennung „Fach" Bezug genommen wird.

Das Problem der Bestimmung des Begriffs „Fach" ist hinreichend bekannt und sowohl im Rahmen der Varietätenlinguistik als auch der Fachsprachenforschung ausgiebig diskutiert worden. Wir gehen hier zunächst einmal davon aus, daß es Fächer gibt und verweisen auf einschlägige Versuche der Bestimmung von „Fach" sowie eine horizontale wie vertikal gestaffelte Einteilung von Fächern (vgl. Art. 1).

Eng verbunden mit dem Problem der Bestimmung von Fächern ist dasjenige der Fachabgrenzung: Kerngebiete des Faches X gegenüber Grenz-, Rand-, Nachbargebieten des Faches X.

Fächer besitzen keine festen, auf alle Zeiten unverrückbaren Grenzen. Zahlreiche, wenn nicht gar alle Fächer nutzen für die eigenen Zwecke Erkenntnisse und Methoden anderer Fächer bzw. Wissenschaften, die damit zu „verwandten Wissenschaften" werden (vgl. „Medizinische Terminologie. Wörterbuch der gesamten Medizin und der verwandten Wissenschaften" von Rudolf Abderhalden, Basel 1948), zu „Randgebieten" (vgl. „Abkürzungslexikon medizinischer Begriffe einschließlich Randgebiete" von Heinz Beckers, Köln 1992), zu „Hilfswissenschaften" (vgl. „Medizinisches Wörterbuch [...] mit besonderer Berücksichtigung der Hilfswissenschaften", Brezina 1949) oder zu „Grenzgebieten" (vgl. „Reallexikon der Medizin und ihrer Grenzgebiete", hrsg. v. Urban & Schwarzenberg, 6 Bde., München. Berlin. Wien 1977).

Um ein Wörterbuch dem Fach X zuordnen zu können, ist es notwendig, möglichst genau zu wissen, was Kerngebiete dieses Faches, was Grenz- und Nachbargebiete bzw. verwandte und Hilfswissenschaften des Faches X sind.

Die beste, bisher aber eher ausnahmsweise realisierte Lösung dieses Problems ist eine Bestimmung und Abgrenzung des Faches X unter dem Lemmazeichen, das die Benennung für das Fach darstellt, wie es etwa im Titel des jeweiligen Fachwörterbuchs genannt wird. Im selben Wörterbuchartikel oder auch im Vorspann des Wörterbuchs (vgl. z. B. Schneider 1991 oder Sauppe 1988) läßt sich die Strukturierung des jeweiligen Faches in Disziplinen o. ä. vorstellen und begründen, die u. a. für die Zuordnung der einzelnen gebuchten Fachausdrücke zu Disziplinen des Faches X benötigt wird.

Der von der Geschäftsstelle des Hochschullehrerverbandes bearbeitete und 1973 erschienene „Fächerkatalog" bietet z. B. eine systematische Zusammenstellung aller zu jener Zeit an den bundesdeutschen Hochschulen in Lehre und Forschung vertretenen Fächer. Dieser „Fächerkatalog" (1973, 43−44) unterscheidet in Anlehnung an das Hochschulstatistikgesetz (HStatG):

(1) „Fachrichtungen": „Unter einer Fachrichtung (§ 12 HStatG) wird jeweils ein Wissenschaftszweig (oder Kunstzweig) verstanden, also eine Mehrheit wissenschaftlicher (oder künstlerischer) Fächer, die nach Gegenstand, Systematik und Methodik in einem engen Zusammenhang stehen."

(2) „Fächer": „Unter einem Fach (Einzelfach, Lehrfach im Sinne von § 7 HStatG) wird ein abgrenzbares wissenschaftliches (oder künstlerisches) Teilgebiet innerhalb einer Fachrichtung verstanden."

(3) „Fachgebiete (Disziplinen)": „Ein spezielles Anwendungsgebiet oder eine Spezialrichtung innerhalb eines Einzelfaches wird als Fachgebiet (Disziplin) (§ 6/Nr. 2 HStatG) bezeichnet. Die Summe der Fachgebiete (Disziplinen) unter einem Einzelfach entspricht nicht notwendig dem Gesamtinhalt dieses Faches."

Der Fachbereich „Medizin" gliedert sich nach dieser Zusammenstellung in 7 Fachrichtungen (Naturwissenschaftliche Medizin, Theoretische Medizin, Klinische (nicht-operative) Medizin, Klinische (operative) Medizin, Neurologie und Psychiatrie, Zahn-, Mund- und Kieferheilkunde, Veterinärmedizin) mit jeweils bis zu 24 Fächern (Einzelfächern, Lehrfächern) mit wiederum jeweils bis zu 18 Fachgebieten (Disziplinen).

Nach dieser Aufstellung umfaßt z. B. die Medizin (einschließlich der Veterinärmedizin) insgesamt 86 Fächer, wie z. B. Anatomie, Histologie, Physiologie, Pathologie, Pharmakologie, Innere Medizin, Chirurgie, Neurologie usw.

Ungeklärt bleibt an dieser Stelle, ob Wörterbücher etwa zur Geschichte des Faches X oder zur Biographie prominenter Vertreter des Faches X oder auch zu rechtlichen Fragen des Faches X Fachwörterbücher des Faches X oder nicht vielmehr Fachwörterbücher des Faches Y (z. B. Geschichte) oder Z (z. B. Recht) sind.

Davon einmal abgesehen, können Fachwörterbücher mit je zunehmendem Spezialisierungsgrad Wörterbücher zu einzelnen Fachbereichen, Fachrichtungen, Fächern, Fachgebieten bzw. Disziplinen sowie zu Ausschnitten von Fachgebieten bzw. Disziplinen sein. So gibt es neben den eher allgemeinen Fachwörterbüchern spezielle Fachwörterbücher, die mehr oder weniger große Ausschnitte aus den Wissensbeständen einzelner Fächer enthalten, wie z. B. neben allgemeinen Fachwörterbüchern der Musik u. a. ein „Orgelwörterbuch" (von Karl Elis, Kassel 1933), neben allgemeinen Fachwörterbüchern der Psychologie u. a. ein „Lexikon der Traumsymbole" (von Hanns Kurth, Genf 1976), neben den allgemeinen Fachwörterbüchern der Mathematik u. a. ein „Kleines Rechenstab-Lexikon" (von Wolfgang Frauenholz, Bad Niederbreisig 1969), neben den allgemeinen Fachwörterbüchern der Medizin u. a. ein Fachwörterbuch „Immunologie" (von Karl Droessler, Stuttgart 1982), ein „Wörterbuch der Epilepsie" (von Henri Gastaut, Stuttgart 1976), ein „ABC Virologie" (hrsg. von Erhard Geißler, Leipzig 1986), ein „Lexikon der Hypertonie" (von Rolf Heister, Stuttgart 1987).

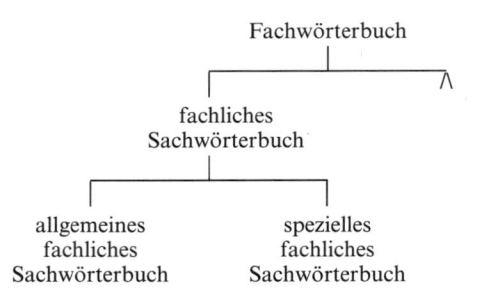

```
                    Fachwörterbuch
                    ┌─────┴─────┐
                                 \
                fachliches
                Sachwörterbuch
                ┌───────┴───────┐
         allgemeines         spezielles
         fachliches          fachliches
         Sachwörterbuch      Sachwörterbuch
```

Abb. 193.4: Wörterbuchtypologie: 4. Beispiel

Prototyp eines fachlichen Sachwörterbuchs X ist das *allgemeine* fachliche Sachwörterbuch *zum Fach X*.

6. Typologisches Merkmal: Adressaten des Datenangebots

Fachwörterbücher lassen sich nach Adressaten unterscheiden, für die das jeweilige Datenangebot bestimmt ist. Dabei geben bisweilen (aber keineswegs notwendig zutreffend) Titel und/oder Vorwort an, für welchen Typ von Benutzer das betreffende Wörterbuch bestimmt ist.

Eine ausgearbeitete Typologie der Adressaten von Fachwörterbüchern gibt es bisher nicht. Ableiten läßt sie sich vorerst allenfalls aus der Typologie von Kommunikationskonstellationen, wie z. B.

Fachleute des Faches X — Fachleute des Faches X;
Fachleute des Faches X — Fachleute des Faches Y, Z usw.;
Fachleute des Faches X — Lerner/Novizen des Faches X;
Fachleute des Faches X — Laien usw.,

welche Typologie wiederum in Korrelation steht zu einer Typologie verschieder Fachsprachenebenen (vgl. von Hahn 1983, 66—83; sowie Art. 1 bis 3 in diesem Handbuch; zu einer Benutzertypologie medizinischer Fachwörterbücher vgl. Schaeder 1994, 51—52):

Theoriesprache (auch: Wissenschaftssprache),
Fachumgangssprache (auch: Produktionssprache),
Verteilersprache (auch: Werkstattsprache) usw.

Für eine Typologie der Fachwörterbücher nach Adressaten ist danach zu unterscheiden, ob das jeweilige Fachwörterbuch bzw. das Datenangebot des jeweiligen Fachwörterbuchs adressiert oder aber nicht adressiert ist. Klar adressiert ist ein Fachwörterbuch X, wenn es nicht so sehr nach seinem Titel, sondern vor allem nach seinem Inhalt und der Art der Darbietung erkennbar für Fachleute, Lerner, Praktiker, Laien des Faches X bestimmt ist.

```
              Datenangebot
               zum Fach X
          ┌────────┴────────┐
      adressiert      nicht adressiert
          │
    ┌─────┴─────┐
 Fachleute   sonstige
    │
 ┌──┴──┐
Fachleute sonstige
des Faches X
```

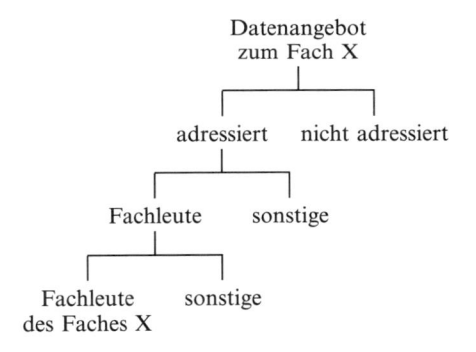

Abb. 193.5: Wörterbuchtypologie: 5. Beispiel

Fachleute können zum ersten Theoretiker bzw. Wissenschaftler, Lehrende, (ausgebildete) Praktiker usw. des Faches X oder auch Fachleute des Faches Y, Z usw. sein. So ist z. B. ein „Fachwörterbuch der Medizin für Juristen" ein Fachwörterbuch des Faches X, adressiert an Benutzer des Faches Y. Daneben gibt es wiederum Fachwörterbücher des Faches Y für Benutzer des Faches X, wie z. B. ein Wörterbuch des Rechts für Mediziner.

Neben den Fachleuten es Faches X gibt es als Adressaten z. B. (nicht ausgebildetes) Hilfspersonal, Lerner (Studierende, Auszubildende) des Faches X sowie nicht zuletzt Laien mit je unterschiedlich begründeten Interessen am Fach X (vgl. hierzu Kalverkämper 1990).

```
         allgemeines
         fachliches
      Sachwörterbuch
         zum Fach X
      ┌──────┴──────┐
   für Fachleute
   des Faches X
```

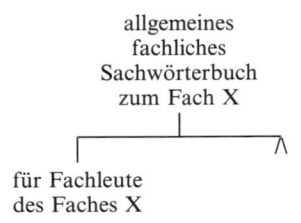

Abb. 193.6: Wörterbuchtypologie: 6. Beispiel

Prototyp eines allgemeinen fachlichen Sachwörterbuchs des Faches X ist das allgemeine fachliche Sachwörterbuch zum Fach X *für Fachleute des Faches X*.

7. Typologisches Merkmal: Grad der Normung des Datenangebots

Fachwörterbücher als Subspezies der Gattung Sachwörterbuch unterscheiden sich von Sprachwörterbüchern wesentlich dadurch, daß die in ihnen gebuchte Lexik im Hinblick auf die Benennung und die begriffliche Bestimmung mehr oder weniger terminologisiert bzw. genormt ist (vgl. auch Arntz/Picht 1989, 25—27).

„Terminologisiert" meint, daß der Begriff definiert und seiner Benennung fest zugeordnet ist. „Genormt" meint, daß der entsprechende Terminus durch eine dazu befugte Institution national (z. B. durch DIN = Deut-

```
                    Fachausdruck
            ┌───────────┴───────────┐
       +terminologisiert        −terminologisiert
        ┌─────┴─────┐           ┌──────┴──────┐
   +genormt     −genormt   +pragmatisch    −pragmatisch
                            eingespielt     eingespielt
```

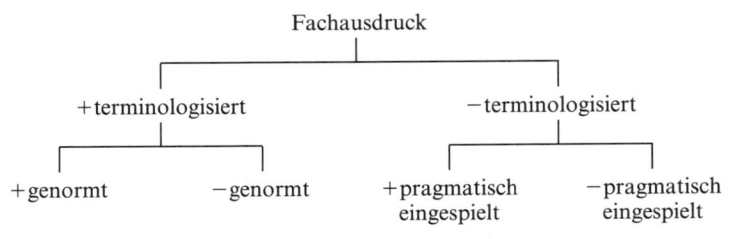

Abb. 193.7: Wörterbuchtypologie: 7. Beispiel

sches Institut für Normung) oder international (z. B. durch ISO = International Organization for Standardization) festgelegt ist. „Pragmatisch eingespielt" meint, daß der entsprechende Begriff hinreichend definiert und seine Benennung weithin akzeptiert ist.

Ja nach dem Grad der Terminologisierung und Normung der jeweils gebuchten Fachausdrücke lassen sich verschiedene Typen von Fachwörterbüchern bzw. fachlichen Sachwörterbüchern unterscheiden, wobei diese Typologisierung wenigstens partiell mit derjenigen der Funktionen bzw. Adressaten von Fachwörterbüchern in Zusammenhang steht.

Im strengen Sinne genormt sind allein die sog. Normwörterbücher. Mehr als 11.000 gibt es; 9000 sind in der Bibliographie von Felber/Krommer-Benz/Manu (1979) erfaßt.

Normwörterbücher enthalten „die in der Norm getroffenen Festlegungen über Begriffe, Begriffsbeziehungen (Begriffssystem), Begriffsbeschreibungen (Definitionen) und den diesen Begriffen zugeordneten Benennungen" (Felber/Nedobity/Manu 1982, 47).

„In den Normwörterbüchern wird der Soll-Zustand (die Norm) des Fachwortschatzes eines bestimmten Fachgebietes festgelegt. Normwörterbücher stellen gewissermaßen Protokolle über Vereinbarungen von Fachleuten über den Fachwortschatz eines Fachgebietes dar" (Felber/Nedobity/Manu 1982, 28).

Die Menge der Normwörterbücher bzw. terminographischen Datensammlungen läßt sich je nach dem Grad der Ausstattung mit zusätzlichen Informationen in wenigstens vier Gruppen einteilen:

(a) Normwörterbücher, die systematisch, alphabetisch oder thematisch geordnete einsprachige Sammlungen von fachsprachlichen Zeichen (Benennungen, Namen, graphische Zeichen) darstellen;

(b) Normwörterbücher, die systematisch, alphabetisch oder thematisch geordnete einsprachige Sammlungen von fachsprachlichen Zeichen (Benennungen, Namen, graphische Zeichen) mit zusätzlichen Begriffsbestimmungen (Definitionen) darstellen;

(c) Normwörterbücher, die zusätzlich äquivalente Benennungen in einer anderen Sprache oder mehreren anderen Sprachen und/oder Gleichsetzungen von Benennungen mit graphischen Zeichen und/oder Bildern enthalten. Einen Sonderfall stellen

(d) Nomenklaturen als Sammlungen von fachlichen Namen (etwa in der Botanik, Zoologie, Chemie, Mineralogie) bzw. als Sammlungen von fachlichen Zeichen (etwa chemischen Strukturformeln) dar. Eine ebenfalls besondere Art des Normwörterbuchs ist der sog. (Dokumentations)Thesaurus (vgl. Felber/Nedobity/Manu 1982, 56 f).

Normwörterbücher gibt es vornehmlich im Bereich der Technik, des Ingenieurwesens und der naturwissenschaftlichen Fachgebiete bzw. Fächer, einschließlich der Medizin.

Da selbst in diesen Fachbereichen bzw. Fächern die Fachlexik nur ausschnittsweise genormt ist, machen den bei weitem größten Teil solche fachlichen Sachwörterbücher aus, die zu einem eher geringen Teil genormte, aber zu einem anderen Teil nicht genormte, aber terminologisierte wie auch nicht terminologisierte Fachausdrücke enthalten. In diesem Zusammenhang sei auf ein Wörterbuch vom Typ sprachliches Fachwörterbuch, nämlich das zweisprachige Wörterbuch des Bibliothekswesens Deutsch−Englisch/Englisch−Deutsch von Sauppe (1988) verwiesen, das − in dieser Hinsicht einzigartig − genormte Fachlexik durch einen Hinweis auf die entsprechende Norm (ISO- bzw. DIN-Norm) entsprechend markiert (vgl. Art. 215).

Aufgrund andersartiger wissenschaftlicher Gegenstände und damit verbundenen andersartigen Begriffsbildungen besteht in den geistes- und gesellschaftswissenschaftlichen Fächern die Fachlexik zu einem eher geringen Anteil aus nicht genormten terminologisierten Fachausdrücken und der überwiegende Anteil aus pragmatisch eingespielten Fachausdrücken.

In Verbindung mit den unterschiedlichen Graden der Normung fachlicher Lexik steht das Problem der fachsprachlichen Ebenen (vgl. Link/Schaeder 1989). Unterschieden werden wenigstens die Ebenen der Theoriesprache, der Werkstatt- oder Fachumgangssprache und der Verteilersprache (vgl. zu diesem Problem u. a. von Hahn 1983, 72−77). So gibt es z. B. fachliche Sachwörterbücher (etwa für Laien des betreffenden Faches), die terminologisierte, aber nicht genormte verteilersprachliche Fachausdrücke oder auch nicht terminologisierte, aber pragmatisch eingespielte verteilersprachliche Fachausdrücke enthalten.

Prototyp eines allgemeinen fachlichen Sachwörterbuchs des Faches X für Fachleute des Faches X ist das *genormte, mit Begriffsbestimmungen (Definitionen) ausgestattete* allgemeine fachliche Sachwörterbuch des Faches X für Fachleute des Faches X.

Bis zu dieser Stufe der typologischen Leiter handelt es sich ausschließlich um solche unterscheidenden Merkmale, die Fachwörterbüchern, genauer gesagt: fachlichen Sachwörterbüchern, nicht aber Sprachwörterbüchern eigen sind.

8. Sonstige, nicht fachwörterbuchspezifische typologische Merkmale

Die im folgenden vorgestellten Merkmale sind für eine Typologie von Fachwörterbüchern notwendig zu berücksichtigen, sie sind jedoch nicht fachwörterbuchspezifisch.

Da in der hier vorgestellten Typologie der Fachwörterbücher das fachliche Sachwörterbuch den Rang eines prototypischen Fachwörterbuchs einnimmt, werden eine Reihe von Merkmalen, die für Sprachwörterbücher, für fachliche Sprachwörterbücher und fachliche Allwörterbücher wesentlich sind, hier nicht behandelt, wie z. B. diasystematische Angaben.

Ebenfalls nicht behandelt werden hier die für Fachwörterbücher wesentlichen paradigmatischen Angaben „Hyperonymie", „Hyponymie", „Kohyponymie", da sie konstitutive Bestandteile der oben erwähnten Begriffsbestimmungen (Definitionen) sind.

8.1. Sprachenzugehörigkeit des Datenangebots

Eine Unterscheidung, die in keiner Wörterbuchtypologie fehlt und in einer Rangskala der Merkmale üblicherweise hoch angesiedelt ist, betrifft die Sprachenzugehörigkeit des Datenangebots.

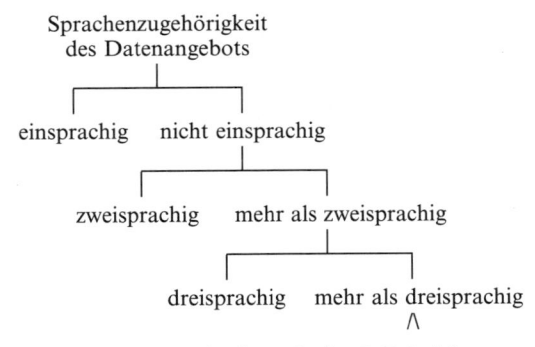

```
        Sprachenzugehörigkeit
           des Datenangebots
                  |
         ┌────────┴────────┐
    einsprachig      nicht einsprachig
                            |
                    ┌───────┴────────┐
              zweisprachig    mehr als zweisprachig
                                     |
                             ┌───────┴────────┐
                        dreisprachig   mehr als dreisprachig
                                              ∧
```
Abb. 193.8: Wörterbuchtypologie: 8. Beispiel

Zweisprachige Wörterbücher lassen sich z. B. wiederum eigens typologisieren, und zwar nach Sprachenpaar (A + B, A + C usw.), Ausgangs- und Zielsprache A → B, B → A), Adressaten (Muttersprachler der Sprache A oder der Sprache B) und Funktion (Rezeption, Produktion, Übersetzung usw.; vgl. Mugdan 1992).

Auf den ersten Blick handelt es sich bei dieser Unterscheidung von einsprachigen und mehrsprachigen Wörterbüchern um ein unproblematisches Kriterium. Bei näherem Hinsehen allerdings läßt sich keineswegs immer zweifelsfrei entscheiden, ob ein Wörterbuch zu dem einen oder dem anderen Typ gehört. Dies gilt insbesondere auch für Fachwörterbücher.

Nehmen wir als Beispiel das „Roche Lexikon Medizin" (bearb. von der Lexikon-Redaktion des Verlages Urban & Schwarzenberg unter der Leitung von Norbert Boss, 2. Aufl. München. Wien. Baltimore 1987). Im Grunde handelt es sich um ein einsprachiges Fachwörterbuch. Allerdings finden sich, mit dem Kürzel E gesondert markiert, bei rd. 37.000 der insgesamt 60.000 gebuchten Benennungen englischsprachige Äquivalente. Selbst wenn es fraglich erscheint, ob es sich bei diesem Wörterbuch nach Form und Funktion um ein zweisprachiges Wörterbuch handelt, ist es wegen dieser eindeutig sprachbezogenen Angaben in jedem Fall kein fachliches Sachwörterbuch, sondern ein fachliches Allbuch.

Nicht recht eigentlich zweisprachige Wörterbücher sind auch solche, die (wie z. B. etliche ältere oder auch historische Sprachwörterbücher des Deutschen) als Bestandteil der Explikation fremdsprachige (z. B. lateinische) Äquivalente bieten.

Ähnliches findet sich bei Fachwörterbüchern (z. B. der Medizin), die – einer Synonymieangabe vergleichbar – entweder zusätzlich zu der theoriesprachlichen Benennung die laiensprachliche oder auch umgekehrt zu der laiensprachlichen die theoriesprachliche Benennung anführen.

Fachwörterbücher, die allein oder zusätzlich (fach)sprachliche Informationen enthalten, gehören per definitionem zur Gruppe der fachlichen Sprachwörterbücher bzw. zur Gruppe der fachlichen Allwörterbücher. Demnach gehören auch zwei- und mehrsprachige Fachwörterbücher per definitionem entweder zur Gruppe der fachlichen Sprachwörterbücher oder zur Gruppe der fachlichen Allwörterbücher. Eine strikte Anwendung dieses Kriteriums schließt im Grunde aus, daß es zwei- oder mehrsprachige fachliche Sachwörterbücher geben könnte.

Prototyp eines normierten, mit Begriffsbestimmungen (Definitionen) ausgestatteten allgemeinen fachlichen Sachwörterbuchs des Faches X für Fachleute des Faches X ist das *einsprachige* genormte, mit Begriffsbestimmungen (Definitionen) ausgestattete allgemeine fachliche Sachwörterbuch des Faches X für Fachleute des Faches X.

8.2. Typologisches Merkmal: Grad der Exhaustivität des Datenangebots

Umfänge von Wörterbüchern und somit auch von Fachwörterbüchern lassen sich mit Hilfe verschiedener quantitativer Merkmale bestimmen. Neben der oben bereits erwähnten Anzahl der Bände wäre auch die Anzahl der Seiten ein zweifelsfrei handhabbares und in Grenzen aussagekräftiges, aber letztlich nicht wesentliches Merkmal.

Die von Verfassern, Herausgebern oder Verlagen ihren Wörterbüchern vergebenen Prädikate, wie „Großes/umfängliches/vollständiges oder Gesamtwörterbuch" oder „Groß-/Hand-/Taschenwörterbuch" erlauben erst dann eine Einschätzung des tatsächlichen Umfangs, wenn geklärt ist, nach welchen Kriterien derlei Zuordnungen vorgenommen werden bzw. vorgenommen werden können.

Wesentlicher als die Zahl der Bände oder auch der Seiten von Fachwörterbüchern ist diejenige der in ihnen jeweils enthaltenen, durch Lemmazeichen repräsentierten Benennungen, und zwar relativ zur Gesamtzahl der Benennungen des jeweiligen Faches, Fachgebiets oder Fachgebietsausschnittes.

Vollständig bzw. exhaustiv wäre das Datenangebot eines Fachwörterbuchs, wenn es die Gesamtzahl der Benennungen des betreffenden Faches, Fachgebiets bzw. Fachgebietsausschnittes darstellte. Danach ließe sich dann eine Skala abnehmender Exhaustivität bzw. zunehmender Selektivität entwickeln.

Solche graduierenden Merkmale wie „gering selektiv", „mäßig selektiv", „stark selektiv" müßten zum Zwecke ihrer Handhabbarkeit als Kriterien quantitativ bestimmt werden, etwa durch Festlegung von Prozentzahlen. Selbst wenn man sich darauf einigen könnte, daß ein Wörterbuch, das 80—90 Prozent der Gesamtmenge des betreffenden Wortschatzausschnittes enthält, als „gering selektiv" und eines, das 70—80 Prozent der Gesamtmenge des betreffenden Wortschatzausschnittes enthält, als „mäßig selektiv" einzustufen wäre usw., lassen sich solche Festlegungen nur treffen, wenn die Gesamtmenge bekannt ist.

Abb. 193.9: Wörterbuchtypologie: 9. Beispiel

Resultierend aus der Schwierigkeit, die Grenzen einzelner Fächer festzulegen, ist es häufig schwer zu entscheiden, ob ein Ausdruck eine Benennung für einen Begriff aus dem Fach X darstellt. Hinzu kommt das Problem, daß vorab geklärt sein muß, welchen Grad an Normiertheit Benennungen (und die von ihnen bezeichneten Begriffe) besitzen müssen, um sie dem Fachwortschatz des jeweiligen Faches zuordnen zu können. Unproblematisch wäre eine Zählung allenfalls dann, wenn ausschließlich die in entsprechenden Normwörterbüchern enthaltenen Fachausdrücke als Fachausdrücke des jeweiligen Faches gelten würden.

In einem besonderen Sinne exhaustiv sind Normwörterbücher, da sie ausschließlich den im Hinblick auf Benennungen und Begriffe genormten Fachwortschatz des jeweiligen Faches bzw. Fachausschnitts enthalten. Ansonsten gibt es — von thesaurierenden bzw. Korpuswörterbüchern mit ihrer jeweils klar zu bestimmenden Datenmenge abgesehen — kein Wörterbuch, mithin auch kein Fachwörterbuch, das für sich in Anspruch nehmen könnte, exhaustiv zu sein, allenfalls mehr oder weniger umfassend (vgl. zu einer phänomenologischen Typologie der Umfänge medizinischer Fachwörterbücher Schaeder 1994, 34—36).

Prototyp eines einsprachigen, genormten, mit Begriffsbestimmungen (Definitionen) ausgestatteten allgemeinen fachlichen Sachwörterbuchs des Faches X für Fachleute des Faches X ist das *umfassende* einsprachige genormte, mit Begriffsbestimmungen (Definitionen) ausgestattete allgemeine fachliche

Sachwörterbuch des Faches X für Fachleute des Faches X.

8.3. Weitere typologische Merkmale

Im Hinblick auf die folgenden Merkmale weisen Sprach- und Sachwörterbücher keine auffälligen Unterschiede auf: Zeitbezug des Datenangebots, Struktur des Datenangebots, Präsentationsformen des Datenangebots, Realisierungsformen des Datenangebots. Es soll daher genügen, sie der Vollständigkeit halber zu erwähnen und im übrigen auf einschlägige Darstellungen zu verweisen.

Zur Charakterisierung des Zeitbezugs eines Datenangebots finden sich in Titeln von Fachwörterbüchern Angaben wie „neu", „aktuell", „modern". Solche Prädikate sind — ebenso wie „gegenwärtig" z. B. in „Wörterbuch der deutschen Gegenwartssprache" — relativ insofern, als sie sich auf das Erscheinungsjahr des so charakterisierten Wörterbuchs beziehen.

Eine andere Art von Zeitbezug drücken Prädikate wie „historisch" vs. „nicht historisch" aus. Reichmann (1984, 460) erklärt hierzu: „Das Attribut *historisch* meint erstens eine auf die Entwicklung von Wortschätzen früherer und gegenwärtiger Sprachstufen bezogene (diachrone) und zweitens eine den Entwicklungsaspekt durch synchrone Gesichtspunkte ersetzende Betrachtungsweise ausschließlich früherer Sprachstufen."

Die Unterscheidung zwischen „früher" vs. „gegenwärtig" verlangt eine zeitliche Festlegung. Während im Hinblick auf die deutschsprachige Lexikographie Reichmann (1984, 460) erklärt: „Die zeitliche Grenze zwischen ‚gegenwärtig' und ‚früher' soll hier grob in die Mitte des 19. Jhs. gelegt werden", schlägt Wiegand (1990, 2103) vor, „den Beginn der deutschen Lexikographie der Gegenwart dem Zeitabschnitt 1945–1960 zuzuordnen".

Da Informationen zur Diachronie sprachbezogene Angaben sind und Fachwörterbücher, die derlei Informationen enthalten, per definitionem fachliche Sprachwörterbücher oder fachliche Allwörterbücher sind, kann ein fachliches Sachwörterbuch prinzipiell keine Angaben zur Diachronie enthalten.

Prototyp eines umfassenden, einsprachigen, genormten, mit Begriffsbestimmungen (Definitionen) ausgestatteten allgemeinen fachlichen Sachwörterbuchs des Faches X für Fachleute des Faches X ist das *gegenwartsbezogene*, umfassende, einsprachige, genormte, mit Begriffsbestimmungen (Definitionen) ausgestattete allgemeine fachliche Sachwörter-

```
              Zeitbezug
           des Datenangebots
           _____|_____
          |                 |
   gegenwartsbezogen    nicht gegen-
          |             wartsbezogen
     _____|_____             |
    |           |
ohne diachrone  mit diachroner
 Perspektive    Perspektive
```

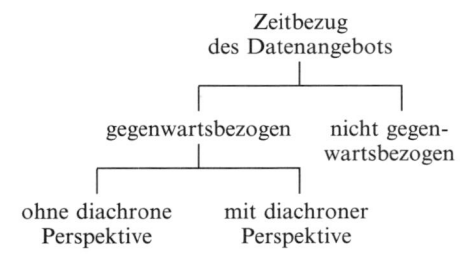

Abb. 193.10: Wörterbuchtypologie: 10. Beispiel

buch des Faches X für Fachleute des Faches X.

Ein weiteres, vor allem im Hinblick auf gedruckte Wörterbücher wichtiges Merkmal betrifft die Struktur des Datenangebots, genauer gesagt: die Anordnung der Lemmazeichen.

Die Lemmazeichen können grundsätzlich alphabetisch oder nicht alphabetisch angeordnet sein. Des weiteren werden bei den alphabetischen Anordnungen unterschieden (vgl. hierzu im einzelnen Wiegand 1989, 384):

In gedruckten Fachwörterbüchern findet sich — wegen ihrer vorteilhaften Zugriffsmöglichkeiten — allermeist eine glatt- oder nischenalphabetische Anordnung des Datenangebots. Eine Ausnahme bilden die Normwörterbücher, für die eine nichtalphabetische, und zwar begriffssystematische Anordnung des Datenangebots bevorzugt wird. Vergleichbar den onomasiologischen Sprachwörterbüchern enthalten begriffssystematisch geordnete Normwörterbücher zusätzlich ein alphabetisches Verzeichnis der Benennungen.

Ein unterscheidendes Merkmal für die Typologisierung von Wörterbüchern, insbesondere von Fachwörterbüchern, ist die Präsentationsform des Datenangebots. Fachliche Daten können in sprachlicher und/oder nicht sprachlicher (z. B. bildlicher) Form dargeboten werden.

In Abhängigkeit von den Darstellungsmöglichkeiten fachlicher Informationen innerhalb einzelner Fächer finden sich in Fachwörterbüchern neben rein sprachlichen Präsentationsformen vor allem Mischtypen: primär sprachlich gebotene Information mit zusätzlichen nichtsprachlich gebotenen Informationen oder auch (z. B. in sog. Bildwörterbüchern) primär nichtsprachlich gebotene Informationen mit zusätzlichen (erläuternden bzw. erklärenden) sprachlichen Informationen. Auch Normwörterbücher bieten häufig zusätzliche bildliche Darstellungen.

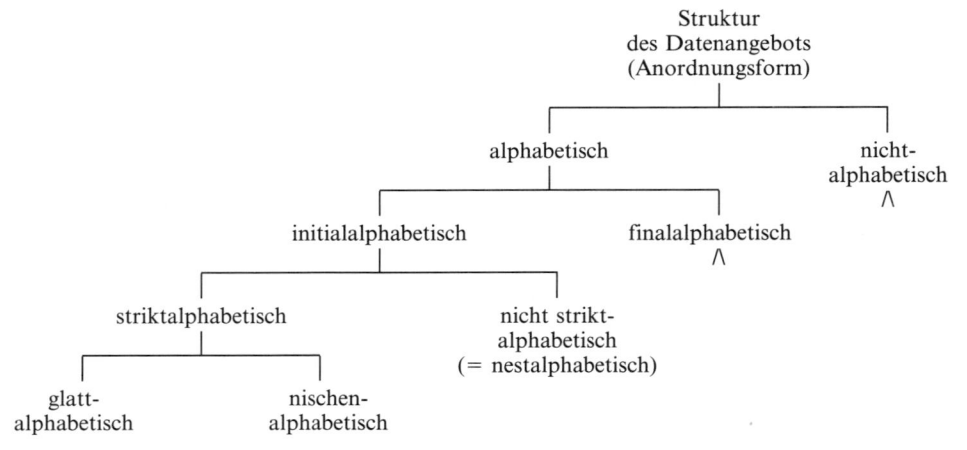

```
                    Struktur
                 des Datenangebots
                  (Anordnungsform)
                 ┌──────┴──────┐
              alphabetisch   nicht-
                             alphabetisch
         ┌──────┴──────┐        /\
    initialalphabetisch  finalalphabetisch
         │                    /\
    ┌────┴────┐
striktalphabetisch  nicht strikt-
                    alphabetisch
                    (= nestalphabetisch)
    ┌────┴────┐
  glatt-    nischen-
alphabetisch alphabetisch
```

Abb. 193.11: Wörterbuchtypologie: 11. Beispiel

```
         Präsentationsformen
          des Datenangebots
          ┌──────┴──────┐
      sprachlich    nichtsprachlich
                     ┌──────┴──────┐
                  bildlich    nicht bildlich
                                   /\
```

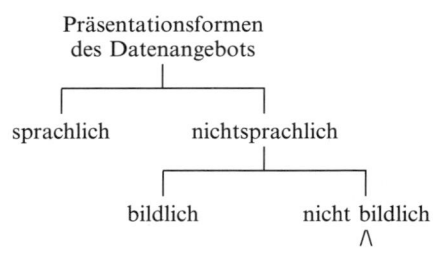

Abb. 193.12: Wörterbuchtypologie: 12. Beispiel

Eine spezielle sprachliche Präsentationsform stellt etwa ein „Medizinisches Wörterbuch in Blindenschrift" (hrsg. von der Deutschen Zentralbibliothek für Blinde, 10 Bde. Leipzig 1991) dar.

Wie die Anzahl der Bände stellt auch die Realisierungsform des Datenangebots bzw. das Speichermedium kein wesentliches Merkmal von Fachwörterbüchern dar. Während Fachwörterbücher bisher nahezu ausschließlich in gedruckter bzw. in Buchform realisiert wurden, nimmt die Zahl der zusätzlich oder auch ausschließlich auf elektronischen Medien als Datenbanken gespeicherten Fachwörterbücher ständig zu. Das gilt auch für Normwörterbücher (vgl. Felber/Budin 1989, 193−205).

```
        Realisierungsform
        des Datenangebots
        ┌──────┴──────┐
     gedruckt    nicht gedruckt
                       /\
```

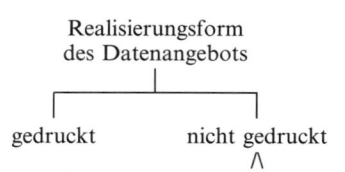

Abb. 193.13: Wörterbuchtypologie: 13. Beispiel

9. Typologie von Fachwörterbüchern im Überblick

Abschließend soll die oben Schritt für Schritt entwickelte Typologie von Fachwörterbüchern noch einmal im Überblick vorgestellt und kurz kommentiert werden.

Den Anfang einer Typologie von Fachwörterbüchern bildet notwendig eine hinreichende Bestimmung des Begriffs „Fachwörterbuch", der an der Spitze der Typologisierungsskala steht.

Erläuterungen zur Abb. 193.14

(a) Der Trennstrich nach der 4. Stufe der Typenskala zeigt an, daß es sich bis zu dieser Stufe der Typologisierung um fachwörterbuchspezifische Merkmale handelt. Die folgenden Merkmale sind zwar wörterbuch-, nicht aber fachwörterbuchspezifisch.
(b) Bei den bis zur Stufe 4 aufgeführten Fachwörterbuchtypen handelt es sich um Prototypen:
Prototyp eines Fachwörterbuchs ist das *fachliche Sachwörterbuch*.
Prototyp eines fachlichen Sachwörterbuchs ist das *allgemeine* fachliche Sachwörterbuch.
Prototyp eines allgemeinen fachlichen Sachwörterbuchs ist das *für Fachleute des Faches X* bestimmte allgemeine fachliche Sachwörterbuch zum Fach X.
Prototyp eines für Fachleute des Faches X bestimmten allgemeinen fachlichen Sachwörterbuchs zum Fach X ist das *genormte*, für Fachleute des Faches X bestimmte allgemeine fachliche Sachwörterbuch zum Fach X.
(c) Obwohl das Merkmal „sachliches Fachwörterbuch" per definitionem das Merkmal „einsprachig" (vs. mehrsprachig) umfaßt, wird es hier gesondert ausgewiesen.
Prototyp eines genormten / für Fachleute des Faches X bestimmten / allgemeinen / fachlichen Sach-

```
Fachwörterbuch
    |
    ├── fachliches                                          1
    │   Sachwörterbuch
    │   (zum Fach X)
    │       |
    │       ├── allgemeines                                 2
    │       │   fachliches
    │       │   Sachwörterbuch
    │       │   zum Fach X
    │       │       |
    │       │       ├── allgemeines                         3
    │       │       │   fachliches
    │       │       │   Sachwörterbuch
    │       │       │   zum Fach X
    │       │       │   für Fachleute
    │       │       │   des Faches X
    │       │       │       |
    │       │       │       ├── allgemeines                 4
    │       │       │       │   fachliches
    │       │       │       │   Sachwörterbuch
    │       │       │       │   zum Fach X
    │       │       │       │   für Fachleute
    │       │       │       │   des Faches X
    │       │       │       │   mit genormten
    │       │       │       │   Begriffen und Benennungen
    │       │       │       │   - - - - - - - - -
    │       │       │       │       |
    │       │       │       │       ├── einsprachig         5
    │       │       │       │       │       |
    │       │       │       │       │       ├── umfassend   6
    │       │       │       │       │       │       |
    │       │       │       │       │       │       ├── gegenwartsbezogen   7
    │       │       │       │       │       │       │   - - - - - - - -
    │       │       │       │       │       │       │       |
    │       │       │       │       │       │       │       ├── alphabetisch     nicht alphabetisch
    │       │       │       │       │       │       │       │       |
    │       │       │       │       │       │       │       │       ├── mit         ohne
    │       │       │       │       │       │       │       │       │   Abbildungen  Abbildungen
```

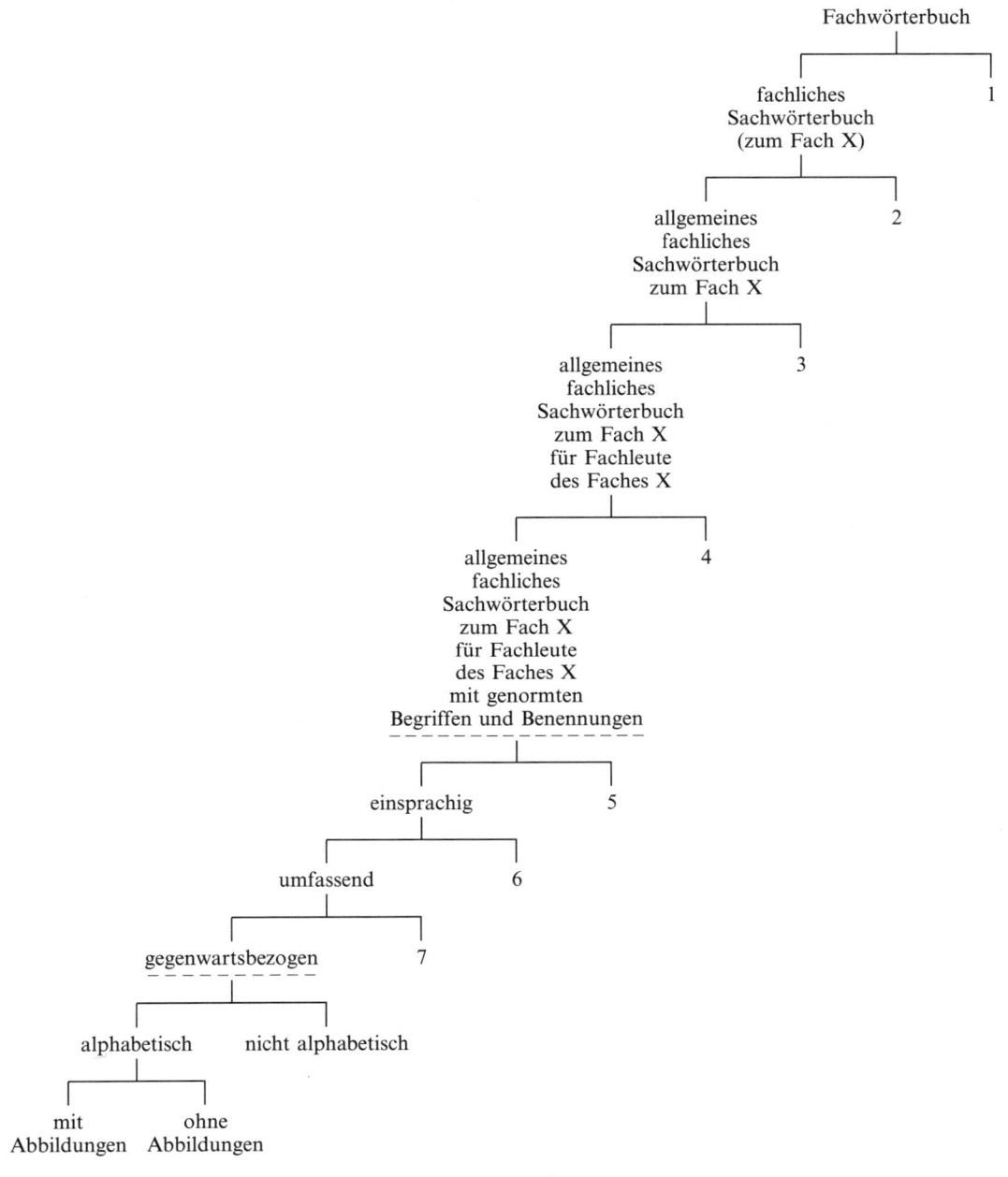

Abb. 193.14: Typologisierung von Fachwörterbüchern im Überblick

wörterbuchs zum Fach X ist demnach das *einsprachige* / genormte / für Fachleute des Faches X bestimmte / allgemeine / fachliche Sachwörterbuch zum Fach X.
Prototyp eines einsprachigen / genormten / für Fachleute des Faches X bestimmten / allgemeinen / fachlichen Sachwörterbuchs zum Fach X ist im weiteren das *umfassende* / einsprachige / genormte / für Fachleute des Faches X bestimmte / all-

gemeine / fachliche Sachwörterbuch zum Fach X.
Prototyp eines umfassenden / einsprachigen / genormten / für Fachleute des Faches X bestimmten / allgemeinen / fachlichen Sachwörterbuchs zum Fach X ist schließlich das *gegenwartsbezogene* / umfassende / einsprachige / genormte / für Fachleute des Faches X bestimmte / allgemeine / fachliche Sachwörterbuch zum Fach X.

(d) Der Trennstrich nach der 7. Stufe der Typenskala zeigt an, daß sich bei den beiden folgenden Merkmalgruppen („Anordnung des Datenangebots" sowie „Präsentationsformen des Datenangebots") keines der Merkmale („alphabetisch" vs. „nichtalphabetisch" sowie „mit Abbildungen" vs. „ohne Abbildungen") als prototypisch für Fachwörterbücher anführen läßt.

(e) Bei der Typologisierung wurden auf jeder Stufe mögliche Verzweigungen zwar angezeigt, nicht aber in der Typenskala aufgeführt. Die Typenskala läßt sich in folgender Weise expandieren:

Fachwörterbücher

1.1 fachliches Sachwörterbuch
1.2 fachliches Sprachwörterbuch
1.3 fachliches Allbuch
2.1 allgemeines vs. spezielles fachliches Sachwörterbuch
2.2 allgemeines vs. spezielles fachliches Sprachwörterbuch
2.3 allgemeines vs. spezielles fachliches Allbuch
3.1 allgemeines vs. spezielles fachliches Sachwörterbuch
    zum Fach X für Fachleute des Faches X vs.
    für Nichtfachleute des Faches X −
    mit weiteren Differenzierungen
    der Nichtfachleute des Faches X
3.2 allgemeines vs. spezielles fachliches Sprachwörterbuch
    zum Fach X für Fachleute des Faches X vs.
    für Nichtfachleute des Faches X −
    mit entsprechenden weiteren Differenzierungen
    der Nichtfachleute des Faches X
3.3 allgemeines vs. spezielles fachliches Allwörterbuch
    zum Fach X für Fachleute des Faches X vs.
    für Nichtfachleute des Faches X −
    mit entsprechenden weiteren Differenzierungen
    der Nichtfachleute des Faches X
4.1 genormtes vs. nicht genormtes
    allgemeines vs. spezielles fachliches Sachwörterbuch
    zum Fach X für Fachleute des Faches X vs.
    für Nichtfachleute des Faches X −
    mit weiteren Differenzierungen
    der nicht genormten Fachwörterbücher
4.2 genormtes vs. nicht genormtes
    allgemeines vs. spezielles fachliches Sprachwörterbuch
    zum Fach X für Fachleute des Faches X vs.
    für Nichtfachleute des Faches X −
    mit entsprechenden weiteren Differenzierungen
    der nicht genormten Fachwörterbücher
4.3 genormtes vs. nicht genormtes
    allgemeines vs. spezielles fachliches Allwörterbuch
    zum Fach X für Fachleute des Faches X vs.
    für Nichtfachleute des Faches X −
    mit entsprechenden weiteren Differenzierungen
    der nicht genormten Fachwörterbücher

Im Hinblick auf die weiteren Merkmale ist auf jeder Stufe der Typologisierung ebenfalls weiter zu differenzieren:

5. einsprachig vs. nicht einsprachig,
6. exhaustiv/umfassend vs. nicht exhaustiv/nicht umfassend,
7. gegenwartsbezogen vs. nicht gegenwartsbezogen −

mit wiederum weiteren Differenzierungen.

Abschließend sei betont, daß die hier entwickelte Typologie einen ersten Versuch darstellt, zum einen typische Merkmale für Fachwörterbücher zu bestimmen und zum anderen diese für Fachwörterbücher typischen Merkmale hierarchisch anzuordnen. Da Fachwörterbücher zur Klasse der Wörterbücher gehören, sind neben fachwörterbuchspezifischen auch generell wörterbuchspezifische Merkmale zu berücksichtigen. Letztlich muß sich die Qualität einer eher allgemeinen bzw. theoretischen Typologie auch daran erweisen, ob und in welchem Maße sie geeignet ist, die Fachwörterbücher beliebiger Fächer typologisch zu erfassen und zuzuordnen.

10. Literatur (in Auswahl)

10.1. Bibliographien

Beckers/Schmitter 1978 = Kommentierte Übersicht über sprachwissenschaftliche Wörterbücher und allgemeine Einführungen von einer Arbeitsgruppe unter Leitung v. Hartmut Beckers und Peter Schmitter. Münster 1978 (Studium Sprachwissenschaft 1).

Claes 1977 = Franz Claes: Bibliographisches Verzeichnis der deutschen Vokabulare und Wörterbücher bis 1600. Hildesheim. New York 1977.

Dressler 1992 = Stephan Dressler: Bibliographie medizinischer Wörterbücher. Mimeo. Berlin 1992.

Dressler 1994 = Stephan Dressler: Bibliographie [medizinischer Wörterbücher]. In: Dressler/Schaeder 1994, 171−301.

Felber/Krommer-Benz/Manu 1979 = Helmut Felber/Magdalena Krommer-Benz/Adrian Manu: International bibliography of standardized vocabularies / Bibliographie internationale de vocabulaires normalisés / Internationale Bibliographie der Normwörterbücher. München 1979 (Infoterm Series 2).

Klein 1993 = Wolf Peter Klein: Projektvorstellung: Eine sprachhistorische Bibliographie naturwissenschaftlicher Lexika. In: Fachsprache 15. 1993, 126−138.

Koerner 1972 = E. F. K. Koerner: Glossaries of linguistic terminology 1951–1971: An overview. In: Linguistische Berichte 18. 1972, 30–38.

Kühn 1978 = Peter Kühn: Deutsche Wörterbücher. Eine systematische Bibliographie. Tübingen 1978 (Reihe Germanistische Linguistik 15).

Lengenfelder 1979 = Helga Lengenfelder: International bibliography of specialized dictionaries. Fachwörterbücher und Lexika. Ein internationales Verzeichnis. 6. Aufl. München 1979.

Vater 1847 = Johann Severin Vater: Litteratur der Grammatiken, Lexika und Wörtersammlungen aller Sprachen der Erde. 2., umgearb. Aufl. v. Berhard Jülg. Berlin 1847.

Wiegand 1996 = Herbert Ernst Wiegand: Die Lexikographie des Deutschen von ihren glossographischen Anfängen bis zu ihrer elektronischen Gegenwart. Eine teilweise kommentierte Bibliographie zur germanistischen Wörterbuchforschung mit ausführlicher Berücksichtigung angrenzender Forschungsfelder. Berlin. New York [erscheint voraussichtlich 2000].

Zaunmüller 1958 = Wolfram Zaunmüller: Bibliographisches Handbuch der Sprachwörterbücher. Ein internationales Verzeichnis von 5600 Wörterbüchern der Jahre 1460–1958 für mehr als 500 Sprachen und Dialekte. Stuttgart 1958.

Zgusta 1988 = Ladislav Zgusta with the assistance of Donna M. T. Cr. Farina: Lexicography today. An annoted bibliography of the theory of lexicography. Tübingen 1988 (Lexicographica. Series Maior 18).

Zischka 1959 = Gert A. Zischka: Index lexicorum. Bibliographie der lexikalischen Nachschlagewerke. Wien 1959.

10.2. Wörterbücher

Bußmann 1990 = Hadumod Bußmann (Hrsg.): Lexikon der Sprachwissenschaft. 2., völlig neu bearb. Aufl. Stuttgart 1990.

David 1992 = Wörterbuch der Medizin. 15., vollständig überarb. Aufl. bearb. v. Heinz David u. a. Berlin 1992.

Duden 1987 = Duden. Das Wörterbuch medizinischer Fachausdrücke. 4., vollständig überarb. und erg. Aufl. Mannheim. Stuttgart 1987.

Glück 1993 = Helmut Glück (Hrsg.): Metzler Lexikon Sprache. Stuttgart. Weimar 1993.

Pschyrembel 1990 = Pschyrembel Klinisches Wörterbuch mit klinischen Syndromen und Nomina Anatomica. 256., neu bearb. Aufl. mit 2670 Abbildungen und 265 Tabellen. Bearb. v. der Wörterbuchredaktion des Verlages unter Leitung v. Christoph Zink. Berlin. New York 1990.

Roche 1987 = Roche Lexikon Medizin. 2., neubearb. Aufl. v. der Lexikon-Redaktion des Verlages Urban & Schwarzenberg unter der Leitung v. Norbert Boss. München. Wien. Baltimore 1987.

Sauppe 1988 = Eberhard Sauppe: Wörterbuch des Bibliothekswesens. Unter Berücksichtigung der bibliothekarisch wichtigen Terminologie des Informations- und Dokumentationswesens, des Buchwesens, der Reprographie und der Datenverarbeitung. Deutsch–Englisch, Englisch–Deutsch. Dictionary of librarianship. Including a selection from the terminology of information science, bibliology, reprography, and data processing. German–English, English–German. München. New York. London. Paris 1988.

Schneider 1991 = Hans-Jochen Schneider (Hrsg.): Lexikon der Informatik und Datenverarbeitung. 3., aktualis. und wesentl. erw. Aufl. München. Wien 1991.

Welte 1974 = Werner Welte: Moderne Linguistik: Terminologie/Bibliographie. Ein Handbuch und Nachschlagewerk auf der Basis der generativ-transformationellen Sprachtheorie. 2 Teilbde. München 1974.

Woll 1988 = Artur Woll (Hrsg.): Wirtschaftslexikon. 3., vollständig überarb. und erw. Aufl. München. Wien 1988.

10.3. Sonstige Literatur

Arntz/Picht 1989 = Reiner Arntz/Heribert Picht: Einführung in die Terminologiearbeit. Hildesheim. Zürich. New York 1989 (Studien zu Sprache und Technik 2).

Augst/Schaeder 1991 = Gerhard Augst/Burkhard Schaeder (Hrsg.): Rechtschreibwörterbücher in der Diskussion. Geschichte – Analysen – Perspektiven. Frankfurt/M. Bern. New York. Paris 1991.

Babkin 1968 = A. M. Babkin: Lexikographie. In: Wolski 1982, 234–236.

Bergenholtz 1994 = Henning Bergenholtz: Zehn Thesen zur Fachlexikographie. In: Schaeder/Bergenholtz 1994, 43–56.

Bergenholtz 1996 = Henning Bergenholtz: Grundfragen der Fachlexikographie. In: Euralex '96. Proceedings submitted to the Seventh EURALEX International Congress on Lexicography in Göteborg, Sweden. Part II. Ed. by Martin Gellerstam [et al.] Göteborg 1996, 731–758.

Bergenholtz/Tarp 1995 = Henning Bergenholtz und Sven Tarp (eds.): Manual of specialised lexicography. The preparation of specialised dictionaries. Amsterdam. Philadelphia 1995 (Benjamins Translation Library 12).

Cyvin 1978 = A. M. Cyvin: Zur Klassifikation russischer Wörterbücher (1978). In: Wolski 1982, 112–126.

Denisov 1977 = P. N. Denisow: Typologie sprachpädagogischer Wörterbücher. Kurzfassung in: Wolski 1982, 237–239.

Dressler 1994a = Stephan Dressler: Wörterbuch-Geschichten. In: Dressler/Schaeder 1994, 55–81.

Dressler/Schaeder 1994 = Stephan Dressler/Burkhard Schaeder (Hrsg.): Wörterbücher der Medizin.

Beiträge zur Fachlexikographie. Tübingen 1994 (Lexicographica. Series Maior 55).

Fächerkatalog 1973 = Fächerkatalog. Bearb. von der Geschäftsstelle des Hochschulverbandes. Göttingen 1973.

Felber/Nedobity/Manu 1982 = Helmut Felber/ Wolfgang Nedobity/Adrian Manu: Normwörterbücher. Erstellung. Aufbau. Funktion. In: Studien zur neuhochdeutschen Lexikographie II. Hrsg. v. Herbert Ernst Wiegand. Hildesheim. New York 1982 (Germanistische Linguistik 3−6/80), 37−72.

Geeraerts 1984 = D. Geeraerts: Dictionary classification and the foundation of lexicography. In: I. T. L. Review 63. 1984, 37−63.

Guilbert 1969 = Louis Guilbert: Dictionnaires et linguistique: Essai de typologie des dictionnaires monolingues français contemporains. In: Langue française 2. 1969, 4−29.

Hausmann 1977 = Franz Josef Hausmann: Einführung in die Benutzung der neufranzösischen Wörterbücher. Tübingen 1977 (Romanistische Arbeitshefte 19).

Hausmann 1985 = Franz Josef Hausmann: Lexikographie. In: Handbuch der Lexikologie. Hrsg. v. Christoph Schwarze und Dieter Wunderlich. Königstein/Ts. 1985, 367−411.

Hausmann 1989 = Franz Josef Hausmann: Wörterbuchtypologie. In: Hausmann/Reichmann/Wiegand/Zgusta 1989, 968−981.

Hausmann/Reichmann/Wiegand/Zgusta 1989 = Franz Josef Hausmann/Oskar Reichmann/Herbert Ernst Wiegand/Ladislav Zgusta (Hrsg.): Wörterbücher. Dictionaries. Dictionnaires. Ein internationales Handbuch zur Lexikographie. Erster Teilbd. Berlin. New York 1989 (HSK 5.1).

Hausmann/Reichmann/Wiegand/Zgusta 1990 = Franz Josef Hausmann/Oskar Reichmann/Herbert Ernst Wiegand/Ladislav Zgusta (Hrsg.): Wörterbücher. Dictionaries. Dictionnaires. Ein internationales Handbuch zur Lexikographie. Zweiter Teilbd. Berlin. New York 1990 (HSK 5.2).

Hausmann/Reichmann/Wiegand/Zgusta 1991 = Franz Josef Hausmann/Oskar Reichmann/Herbert Ernst Wiegand/Ladislav Zgusta (Hrsg.): Wörterbücher. Dictionaries. Dictionnaires. Ein internationales Handbuch zur Lexikographie. Dritter Teilbd. Berlin. New York 1991 (HSK 5.3).

Henne 1972 = Helmut Henne: Semantik und Lexikographie. Untersuchungen zur lexikalischen Kodifikation der deutschen Sprache. Berlin. New York 1972 (Studia Linguistica Germanica 7).

Henne 1980 = Helmut Henne: Lexikographie. In: Lexikon der germanistischen Linguistik. Hrsg. v. Hans Peter Althaus, Helmut Henne und Herbert Ernst Wiegand. 2. Aufl. Tübingen 1980, 778−787.

Hjorth 1967 = Kirsten Hjorth: Lexikon, Wörterbuch, Enzyklopädie, Konversationslexikon. In: Muttersprache 77. 1967, 353−365.

Hoek 1981 = L. H. Hoek: La marque du titre. Dispositifs sémiotiques d'un pratique textuelle. La Haye 1981.

Kalverkämper 1990 = Hartwig Kalverkämper: Das Fachwörterbuch für den Laien. In: Hausmann/ Reichmann/Wiegand/Zgusta 1990, 1512−1523.

Klein 1995 = Wolf Peter Klein: Das naturwissenschaftliche Lexikon in Deutschland zwischen Renaissance und 19. Jahrhundert. In: Lexicographica 11. 1995, 15−49.

Kühn 1989 = Peter Kühn: Typologie der Wörterbücher nach Benutzungsmöglichkeiten. In: Hausmann/Reichmann/Wiegand/Zgusta 1989, 111−127.

Link/Schaeder 1989 = Elisabeth Link/Burkhard Schaeder: Fachsprache der Lexikographie. In: Hausmann/Reichmann/Wiegand/Zgusta 1989, 312−322.

Lois 1979 = Elida Lois: Tipos de diccionarios. In: Boletin de la Academia Hondurena de la Lengua 23. 1979, 143−165.

Malkiel 1959/1960 = Yakov Malkiel: Distinctive features in lexicography. A typological approach to dictionaries exemplified with Spanish. In: Romance Philology 12. 1959, 366−399; 13. 1960, 111−155.

Malkiel 1962 = Yakov Malkiel: A typological classification of dictionaries on the basis of distinctive features. In: Problems in lexicography. Ed. by Fred Householder and Sol Saporta. Bloomington 1962, 3−24. Reprint in: Yakov Malkiel: Essays on linguistic themes. Oxford 1968, 257−279.

Mugdan 1992 = Joachim Mugdan: Zur Typologie zweisprachiger Wörterbücher. In: Worte, Wörter, Wörterbücher. Lexikographische Beiträge zum Essener Linguistischen Kolloquium. Hrsg. v. Gregor Meder und Andreas Dörner. Tübingen 1992, 25−48 (Lexicographica. Series Maior 42).

Quemada 1967 = Bernard Quemada: Les dictionnaires du français moderne 1539−1863. Paris 1967.

Reichmann 1984 = Oskar Reichmann: Historische Lexikographie. In: Sprachgeschichte. Hrsg. v. Werner Besch et al. Erster Halbbd. Berlin. New York 1984 (HSK 2.1), 460−492.

Rey 1970 = Alain Rey: Typologie génétique des dictionnaires. In: Langages 19. 1970, 48−68.

Schaeder 1981 = Burkhard Schaeder: Lexikographie als Praxis und Theorie. Tübingen 1981 (Reihe Germanistische Linguistik 34).

Schaeder 1987 = Burkhard Schaeder: Germanistische Lexikographie. Tübingen 1987 (Lexicographica. Series Maior 21).

Schaeder 1991 = Burkhard Schaeder: Zur Geschichte der Rechtschreibwörterbücher des Deutschen − nebst dem Versuch einer Typologie. In: Augst/Schaeder 1991, 129−173.

Schaeder 1994a = Burkhard Schaeder: Zu einer Theorie der Fachlexikographie. In: Schaeder/Bergenholtz 1994, 11−41.

Schaeder 1994b = Burkhard Schaeder: Das Fachwörterbuch als Darstellungsform fachlicher Wissensbestände. In: Schaeder/Bergenholtz 1994, 69–102.

Schaeder 1994c = Burkhard Schaeder: Wörterbücher der Medizin – Versuch einer Typologie. In: Dressler/Schaeder 1994, 25–54.

Schaeder 1995 = Burkhard Schaeder: Mediostrukturen in Fachwörterbüchern. In: Lexicographica 11. 1995, 121–134.

Schaeder 1996 = Burkhard Schaeder: Wörterbuchartikel als Fachtexte. In: Fachliche Textsorten. Komponenten, Relationen, Strategien. Hrsg. v. Hartwig Kalverkämper und Klaus-Dieter Baumann. Tübingen 1996 (Forum für Fachsprachen-Forschung 25), 100–124.

Schaeder/Bergenholtz 1994 = Burkhard Schaeder/ Henning Bergenholtz (Hrsg.): Fachlexikographie. Fachwissen und seine Repräsentation in Wörterbüchern. Tübingen 1994 (Forum für Fachsprachen-Forschung 23).

Ščerba 1940 = L. V. Ščerba: Versuch einer allgemeinen Theorie der Lexikographie. In: Wolski 1982, 17–62.

Sebeok 1962 = Thomas A. Sebeok: Material for a typology of dictionaries. In: Lingua 11. 1962, 363–374.

Wiegand 1977 = Herbert Ernst Wiegand: Nachdenken über Wörterbücher: Aktuelle Probleme. In: Nachdenken über Wörterbücher. Hrsg. v. Günther Drosdowski, Helmut Henne und Herbert Ernst Wiegand. Mannheim 1977, 51–102.

Wiegand 1978 = Herbert Ernst Wiegand: Lexikographische Praxis – Vom Standpunkt unterschiedlicher Wörterbuchtypen und Wörterbuchkonzepte. In: Zeitschrift für germanistische Linguistik 6. 1978, 326–330.

Wiegand 1984 = Herbert Ernst Wiegand: Prinzipien und Methoden historischer Lexikographie. In: Sprachgeschichte. Ein Handbuch zur Geschichte der deutschen Sprache und ihrer Erforschung. Erster Halbbd. Hrsg. v. Werner Besch, Oskar Reichmann und Stefan Sonderegger. Berlin. New York 1984 (HSK 2.1), 557–620.

Wiegand 1986 = Herbert Ernst Wiegand: Dialekt und Standardsprache im Dialektwörterbuch und im standardsprachlichen Wörterbuch. In: Lexikographie der Dialekte. Beiträge zu Geschichte, Theorie und Praxis. Hrsg. v. Hans Friebertshäuser unter Mitarbeit v. Heinrich J. Dingeldein. Tübingen 1986 (Reihe Germanistische Linguistik 59), 185–210.

Wiegand 1988a = Herbert Ernst Wiegand: Vorüberlegungen zur Wörterbuchtypologie: Teil 1. In: Symposion on lexicography III. Proceedings of the Third International Symposion on Lexicography May 14–16, 1986 at the University of Copenhagen. Hrsg. v. Karl Hyldgaard-Jensen und Arne Zettersten. Tübingen 1988 (Lexicographica. Series Maior 19), 3–105.

Wiegand 1988b = Herbert Ernst Wiegand: Was eigentlich ist Fachlexikographie? In: Deutscher Wortschatz. Lexikologische Studien. Ludwig Erich Schmitt zum 80. Geburtstag v. seinen Marburger Schülern. Hrsg. v. Horst Haider Munske, Peter von Polenz, Oskar Reichmann und Reiner Hildebrandt. Berlin. New York, 729–790.

Wiegand 1989 = Herbert Ernst Wiegand: Aspekte der Makrostruktur im allgemeinen einsprachigen Wörterbuch: alphabetische Anordnungsformen und ihre Probleme. In: Hausmann/Reichmann/Wiegand/Zgusta 1989, 371–409.

Wiegand 1990 = Herbert Ernst Wiegand: Die deutsche Lexikographie der Gegenwart. In: Hausmann/Reichmann/Wiegand/Zgusta 1990, 2100–2246.

Wiegand 1994 = Herbert Ernst Wiegand: Zur Unterscheidung von semantischen und enzyklopädischen Daten in Fachwörterbüchern. In: Schaeder/Bergenholtz 1994, 103–132.

Wiegand 1995 = Herbert Ernst Wiegand: Fachlexikographie. Lexicography for special purposes. Zur Einführung und bibliographischen Orientierung. In: Lexicographica 11. 1995, 1–14.

Wolski 1982 = Werner Wolski (Hrsg.): Aspekte der sowjetrussischen Lexikographie. Übersetzungen, Abstracts, bibliographische Angaben. Tübingen 1982 (Reihe Germanistische Linguistik 43).

Wüster 1967 = Eugen Wüster: Grundbegriffe bei Werkzeugmaschinen. Deutscher Ergänzungsband zu dem Grundwerk „The machine tool". London 1967.

Wüster 1968 = Eugen Wüster: The machine tool. An interlingual dictionary of basic concepts/Dictionnaire multilingue de la machine-outil, notions fondamentales définies et illustrées. English–French. Master volume. London 1968.

Wüster 1979 = Eugen Wüster: Einführung in die Allgemeine Terminologielehre und Terminologische Lexikographie. 2 Teile. Hrsg. v. L. Bauer. Wien. New York 1979.

*Helmut Felber, Wien /
Burkhard Schaeder, Siegen*

194. New directions in computer-assisted dictionary making

1. Wanted: Computer-assisted terminography
2. Management of dictionary projects
3. Microstructuring term collections
4. Cross-referencing entries
5. Correcting proofs
6. Computer-assisted neography
7. A massive-storage medium
8. Renewed terminography
9. Selected bibliography

1. Wanted: Computer-assisted terminography

Data processing is more important to enhance profitability in terminography than in lexicography: most authors of specialized dictionaries are not professional dictionary makers, but experts, technicians or researchers who often publish only one or two dictionaries. Chances of returning a profit on specialized dictionaries are further reduced by the limited circulation and the rapid obsolescence of dictionaries.

1.1. Double target, multiple uses

In computational linguistics, lots of programs use dictionaries (Heid 1991). *Office automation*: intelligent optical readers, dictating machines; advanced word processing (automatic hyphenation; automatic index generation; search based on text contents; writing tools, for instance synonym, spelling, grammar and style checkers); *translation*: automatic translation systems, translators' workstations (software packages accessing automatically past translations and user dictionaries, and offering a glossary manager and a format converter); *philological and literary studies*: contents analysis (to determine the authors of texts, compare and date texts, for dialectology, etc.); tests of linguistic theories (syntax, semantics and pragmatics modelling; emulation of language comprehension); *information retrieval*: bibliographic data acquisition and storage (automatic indexing and classification systems; reference extractors; abstract generators, message prompters); (intelligent) documents and facts retrieval; question-answering systems, expert systems, decision support systems, theorem demonstrators; interfaces for factory automation systems; interfaces for planning, command and control systems; *teaching*: language, science and technology courses and exercises, authors' systems; *games*: story generators, word- and letter-based game generators, image contents spellers, etc.

Like lexicologists, terminologists are considering multiple-purpose data banks. For instance, M. Albl, K. Kohn, H. Mikasa, C. Patt and R. Zabel (1991) sketch a database structure suited for specialized translation, information retrieval, term teaching and philological research. If we improve it with items listed by the DANLEX group (1987) for printed terminography and information banks on terms intended for human use, we could encode the following data for each term: *administrative information*: project name, facets (points of view on the notion) and, for each facet, the field and sub-field(s), identification number of the concept, name of the terminographer, expert, reviser, issuing department, recording date, date of the last update, copyright, working method followed (terms used only by one scientific school or technical process); *bibliographic information*: codes and full text of bibliographic references for all data sources, text type (level of technicity, style); *information on the denomination*: lemma, lexical morphemes (radical and affixes), lexical creation process, head (for multiword terms), original language (for loan words), spelling variants, abbreviations, symbols, etymology (with creation date, whenever possible); *phonetic information*: segmental, prosodic data; *grammatical information*: part of speech and syntactic category, morphological data, inflexion, word family (for derivatives), collocations coined with the word (for one-word terms); *information on* stylistic, national, regional, in-house, temporal, prescriptive (normalized, obsolete, etc.) use, evaluative comments (ambiguous, etc.), linguistic context(s); *information on the transfer from one language to another*: language, comments (for each target language, simple or reversible direction allowed for the transfer, restrictions of use, frequent confusions of meaning from the source to the target language, linguistic or factual explanations, cultural differences, wrong translations, different registers); *logical information*: synonyms and quasi-synonyms; antonyms and opposites, thesaurus-like relations (hyperonymic and meronymic relations, collateral relations with other terms); *semantic in-*

formation: definition, encyclopedic developments (organized hierarchically, accessible by term, subject, graphs, tables).

1.2. A few unknown tools

Despite their importance, we are not going to look at software packages used for multi-target, multi-use and multi-theory dictionaries. There are two of them: database management systems (particularly for textual databases), the programming language of which was used to write specific programs for each application and/or theoretical framework, on the one hand, converters and generators of terminological formats and data, on the other. We are not going either to describe software packages for looking up vocabulary, such as terminology database and bank management systems. We will also leave out software packages designed for terminology users updating personal terminology files (especially translators and interpreters) such as glossary management systems: these tools have been often studied. The following paragraphs examine software packages designed to assist the compilation, the very making, of dictionaries. They will not include the description of dictionary-publishing tools.

The purpose of this article is to help broaden the use of computing in terminography proper. As a matter of fact, lots of terminographers still use computers for typing and sorting finished dictionaries and term cards.

2. Management of dictionary projects

Certain dictionaries are written by a great number of specialists, using lots of documents and financial resources. With free-format file management systems, text information can be noted down and indexed quickly and informally (references, thought and memory ticklers, proper names). In the absence of a dedicated administrative software package, terminographers publishing dictionaries, but also free-lance terminographers and those who have to calculate costs, can manage the administrative side of their job with ETM (Electronic Translations Manager). Here are the components of this program (Barber/Carroll 1993): supplier and client database management, work follow-up recording and checking, document generation (purchase orders for suppliers, client and supplier address labels, archives and statistical information, lists of telephone numbers and addresses, data sheets on clients and suppliers, import routine for electronic directories). Documents generated conform to accounting standards.

2.1. Work schedule

The computer can figure out the time needed for compiling a dictionary, on the basis of the longitudinal terms extraction from an arbitrary alphabetic section, for instance, in combination with transverse sorts based on formal criteria (the project manager can time the editorial tests carried out for that dictionary section). With simple planning software packages, the time available for the various stages of the publication can be divided into sections, deadlines can be dated, some periods can be displayed to check the progress of a project and make the schedule of the various contributors.

Planning is even useful for small projects because dictionaries on a high-tech topic is quickly outdated. For instance, proof re-reading cannot be accelerated. Furthermore, time has a tendency to drag on in works involving several authors and the production manager must ensure that delays do not accumulate. Revision by experts, who are always very busy, can also take a long time. Extratime must be provided for selective information research required half-way through the compilation of the dictionary. And for the unavoidable tendency of printers to accept too many orders ...

2.2. Budgets

Spreadsheets but also user-friendly spreadsheet modules of word processors accelerate the calculation and re-calculation of budgets (figure tables, bar or pie charts).

These enable several organizations of work to be tested. In the pattern centred on the terminographer, for instance, specialists only meet to prepare the groundwork for the project and to assess the results of the terminographic analysis carried on by the terminographer; for O. Nykänen (1993), a terminographer works no more than four hours per concept in that structure. Committees are more expensive (unless specialists are volunteers) as the bulk of the job is done during the meetings.

3. Microstructuring term collections

Once the macrostructure of a dictionary is complete, other tools are available for "microstructuring" it. The separation of both terminographical tasks is of course arbitrary, since a term list depends on the structure of the notional field and hence, on definition analysis. Besides, computer tools too overlap to some extent.

3.1. Definitions

In the COBUILD dictionary project, a stylistic program helped lexicographers to check whether definition phrasing was consistent. In that project, another routine controlled the consistency of spelling variants used (for a word and its derivatives, etc.).

The long-awaited structural and formal description of the lexicon will also automate dictionary definition creation: when a program notes the *process* feature in the semantic description of a concept, it could include the formula *process consisting of* in the definition of the corresponding term, notes P. Auger (1990).

3.2. Conceptual analysis of notional fields

The computer can help more actively to define through the notional tree. In this way, it also assists the control of terminology exhaustiveness and that of cross-references. Designed for terminographers, CODE (Conceptually-Oriented Design Environment) assists the analysis and description of conceptual relations within notional fields, according to D. Skuce (1993). This "intelligent spreadsheet for concepts" can also be used as terminographers' workstation.

3.2.1. Concepts, properties

Concepts, says D. Skuce (1993), are either concepts of classes (*town*) or concepts of instantiation (*Paris*). Analogous to the frames used in artificial intelligence and to semantic features in lexicology, properties are minimal information units describing a concept; they can be transmitted automatically, by inheritance, to the sub-concepts of the notional tree and to the instances of these concepts.

The inheritance mechanism is controlled by a tagging system, defining the inheritance characteristics as depending on the type of property (there are ten of them) and the type of inheritance link (four of them). The user can specify all the concepts or relations required, but the generic-specific relation must be specified for all the concepts, even if an empty element has to be introduced to that end at certain hierarchy levels. In most cases, properties are inherited by all sub-concepts, but the inheritance can also be customized: when a property is changed at a certain level of the hierarchy, the terminographer must tell the program whether this modification should be inherited by all sub-concepts. The same is true when the terminographer moves one concept from one network branch to another. Because these (and other) potential sources of inconsistency are automatically checked and since the feedback of changes and additions by the program is instantaneous, tests and modifications of notional trees are quick.

3.2.2. Facets

Depending on the facet or viewpoint adopted for structuring the field, a concept can have several generics; for a particular facet, certain properties can be blocked and certain concepts be made inactive. Terminographers can also work simultaneously on all facets.

Facets were designed for information retrieval and are unknown in terminology. They are vital for medical terms, though, to quote just one example (Lewalle 1993). Statisticians group disorders without statistical incidence under NEC (*Not Elsewhere Classified*). Epidemiologists have adopted the international classification of diseases, criticized by clinicians. As for pathologists, they use an international nomenclature of diseases recommending preferred names, listing all known synonyms and giving an umbrella description which is terminologically correct, but clinically inadequate and partially useless for statisticians. Finally, clinicians want a medical nomenclature reflecting the state of knowledge on diseases; links with other non-etiologically-related diseases are also required.

3.2.3. Graph display

CODE can display an arrow graph of the field. Its arcs indicate vertical (hyperonyms and meronyms) and lateral (co-hyperonyms and co-meronyms) links. Large graphs can be laterally or vertically zoomed. Certain nodes or sub-tree structures can be temporarily hidden or moved from one place of the tree to another. Several graphs can be displayed simultaneously, to compare notional systems in several languages and the tree structures of multiple facets.

3.2.4. Cards

To each concept of the graph corresponds a card "translating" in text mode their position in the graph; this card is created and updated automatically. These cards describe in detail the concepts (properties, links with related concepts) and free-size notes (definitions, linguistic characteristics) can be written in them. Thanks to the link between the tree structure and the cards, modifications by the terminographer in the latter are transferred automatically to the former and vice-versa.

Movement between concepts and properties on the graph, free movement in the cards, happen in hypertext mode. Thanks to multi-windowing, the graph or a sub-graph, conceptual descriptors and a concept document can be displayed simultaneously.

4. Cross-referencing entries

In printed dictionaries, references are often inconsistent or circular, because terminographers cannot remember the whole connexion chain.

4.1. Control of manual cross-references

Cross-references are *see*-type notes in a dictionary entry, referring the reader to another entry. In the COBUILD dictionary, a routine could print, for each dictionary entry, other words related logically, syntactically or through use to it; it also printed the dictionary section pertaining to those related words.

4.2. Inverse references

Inverse references are references from a multiword term to one of its components or from a term to a related term already referring (symmetrically) to it.

4.2.1. Implicit inverse references

In software packages whose references can be consulted in hypertext mode, inverse references are implicit: they are not written in the entry. When the user of a dictionary created with the MULTITERM glossary manager clicks, within a definition, context or note, on a term-button for which there is another dictionary entry, the manager displays this entry. By clicking on a specific key, the user can then go back to the previous entry. The inverse reference is that backwards move.

4.2.2. Explicit inverse references

A thesaurus is a list of descriptors, i.e. of terms used in bibliographic information retrieval to describe the contents of a book registered in a library and, for the library users, to find the bibliographic references of publications on a topic or a combination of topics. All thesaurus managers (PC INDEX, CALM, CORMORANT, MINISIS, ROOT) generate explicit (*see X*) inverse references automatically. As they import and export ASCII files, thesaurus managers can be used to manage dictionary cross-references; they can even be used as real terminographers' workstations to structure notions systems and verify the exhaustiveness of term lists. Thesaurus managers can also be used at an earlier stage, when the terminographer structures his notions while checking the exhaustiveness of his term list, definitions consistency and cross-references. Switches back and forth between concordance generator and thesaurus manager are another possibility. Terminographers had better use thesaurus managers sold separately from a library management system useless to them.

Thesaurus managers allow to label the links underlying cross-references. A powerful thesaurus manager can, for instance, include the following links to a thesaurus or dictionary (Ritzler 1991): non-preferred variant, which could be used in terminography for terms to be avoided or non-normalized denominations, for abbreviations; variant of identical use (interesting for true synonyms); quasi-synonym; alternative (for an identical meaning but a different viewpoint); compound created with the term (which in this case is a one-word term); example (area in which the terminographer can note a context); generic and specific terms; co-hyponym or co-part, meronym (whole) and part; cause and effect; field; sub-field; predecessor and successor; opposite; in contrast with (that link can be used to highlight frequent confusions); producer and product; material and object; term in source language; term in target language; general term and instance (relation of belonging); homonym.

In some thesaurus managers, other types of links can be added by the user. Molholt and Goldbogen (1990) selected seventeen relations from the hundred listed by Nutter (1989) in a thesaurus on building and construction with 23 mono-hierarchies and 4,000 descriptors; they believe that those seventeen relations can be used in other sectors. Some interesting ones: action or process and result; process or operation and agent or instrument; agent and counter-agent (as in the terms *painting* and *solvent*); material and use; object or material and closely-related property (*concrete* and *prestressed*); activity or action and participants or beneficiaries; action and stages; product or object and reciprocal properties (as between *toxicity* and *poison*); product or object and non-reciprocal properties (*elastic* and *rubber*); cardinality; state and conditions, including antinomy (*raw* and *processed*). Note that links are not only logical in terminology. As devised by SITE (1989) for the PHENIX term base manager, all terms (for instance, *oil pump*) of a glossary are assigned, in addition to a field (*hydraulic*, in our example), an activity sector (*automobile*), a company (*Renault*), a company division (*R25*) and a component (*V6*).

Let us list with Ritzler (1991) the functions of the INDEX thesaurus management system: passwords and restrictions; menu, colour, system and error message customization; transfer of thesauri to word processors or operating systems without exiting the system; multilingual-thesaurus management; simultaneous management of several thesauri; automatic backup routine; display of the statistical structure; display, choice and change of printing parameters; customization of the input order for entry data and of link labels; background import and export of structured and non-structured thesauri; customizable consistency checks (for instance, the user can block the generation of inverse links from one field to another); data capture masks for descriptors of the same type; optional notes of indefinite size and of several types (definitions, notes on scope, diachronic notes), in full text (search for character strings, etc.); automatic addition of the author's name, creation and update dates, of bibliographic sources; descriptor search, correction and deletion by a formula or by list tagging; possible tagging of a series of terms, so that the computer can generate a file with them for a separate, subsequent, work; multiple, possibly camera-ready, printouts: alphabetic or systematic descriptor list, with or without their links, and criteria-dependent descriptor list; partial thesauri; synonym list; descriptors with different levels of broader and narrower terms; hierarchical lists of broader and narrower terms.

5. Correcting proofs

For dictionary checks, experts and terminographers can communicate more quickly than by meeting, mail or fax. Computer-assisted terminology also includes proof-reading.

5.1. Expert revisions

With word processors, experts can write lengthy comments in any dictionary by notes in hidden (masked) text mode. The dictionary editor can quickly re-read them, skipping from one comment to another with a keystroke and including them, in full or in part, in the text of a definition or note.

AFNOR uses a mail service for the standardization of data-processing terms because this activity involves so many checks and discussions in expert committees that standardized terms were often published too late to influence users' terminology.

For discussions with specialists, the fastest communication channel is the INTERNET network comprising commercial, university, government networks, etc. Millions of computers are connected to it and the number of users doubles each year. Originally intended for scientists and still free of charge for them, INTERNET organizes forums, i.e. structures enabling a public discussion on specific topics, electronic messaging and information bulletins. Terminographers use forums to ask difficult questions on terms to specialists; they get an answer within hours. INTERNET is also a new outlet for electronic dictionaries and it could be used as a terminographical hot line (INTERNET services can be paid by credit card).

5.2. Spelling and syntax check

Grammar and spelling check is an essential activity of dictionary proof reading. Grammar and spelling checkers are either sold separately (ORTOGRAF+, HUGO) or integrated in a word processing package (GRAMMATIK, for WORD). They enable the spelling alone to be checked.

The efficiency and user-friendliness of these packages and modules are variable. The number of syntactic rules and the spelling-dictionary size are not the only factors affecting performance. Contrary to widespread belief, pointless stopping on correct words or sentences is preferable to the omission of mistakes, all the more so since errors in gender and case agreements are less visible when all typist's errors have been corrected. Some spelling checkers have mistakes in their dictionaries. M. Plaice (1993) also points out the choice of the American English dictionary in a spelling checker sold in Canada, whereas most spelling dictionaries have a Canadian module (with the mainly British English spelling Canadians use). Moreover, the size of speller dictionaries varies greatly, particularly for proper nouns and terms. Third-generation grammar checkers analyse the syntax of the whole sentence, in contrast to the second generation, which examines only syntagms. The underlying syntactic theory chosen for grammar checkers can be Melcuk's, Gross', Grévisse's ... rules. Few spellers mention the reference of dictionaries used during the check in the documentation. It is worth pointing out that style checkers should be used too: they already examine successfully sentence length, number of passive forms, nominalizations, parentheses and punctuation balance, etc.

Spellers can check the following elements: typist's and spelling errors, comma or point separating thousands; duplicate words; paronyms; homophones; elisions; gender and number agreement for determiners and nouns; number and person agreement for subjects (including pronominals) and verbs; agreement of the past participle with the subject after an action verb; tenses and modes; agreement for adjectives of colour; negations; use of infinitives and participles; confusion between adjectives and participles; end-of-sentence punctuation; closure of round and square parentheses, of inverted commas; sentence length; capital letter after fullstops and at the beginning of proper nouns; statistics on the stylistic readability of the text; incomplete sentences; style (passive voice, personalizations, hyperboles, heavy sentences, redundancies, archaisms, long sentences, clichés, registered names, pleonasms). Spelling packages can read all ASCII texts, spelling modules also, in addition to texts formatted with their word processor.

Below is a list of actions the speller can carry out: correcting an isolated, highlighted, word; replacing the wrong term by the correct one chosen by the user in a list or by the one typed by the user; adding the correct term to a document-related spelling dictionary or in the general spelling dictionary; cancelling the last correction; checking in the background the spelling of frequently used words (in definitions, for instance); writing corrections in a separate file that the user can consult at all times; indicating the part of speech for all the words in the text; indicating the gender and number of a substantive highlighted by the user; indicating all forms in all tenses of a verb highlighted by the user.

Customizable elements are as follows: switching off the spelling checker during grammatical checking; choosing the global degree of checking (polished, commercial or familiar style, for instance); switching off all or part of grammar and style rules; switching off spelling check during stylistic and/or grammatical check; skipping, for an entire document or for a specific occurrence, a word whose spelling is unknown to the speller; sending the speller to the next sentence during the grammar check, without waiting for the completion of the grammatical analysis; checking several languages (consecutively); choosing one or several spelling dictionaries for a specific text; skipping words in capital letters or with figures during the check; defining the sentence size to be considered as long and short for readability calculations; punctuation marks to be considered as sentence separators; interactive or automatic correction; no display of proposition lists when spelling errors are detected; limited dictionary consultation (exclusion of the document dictionary or dictionaries); display by the speller of a justificatory text, when pausing on a possible grammatical error or only on request; possibility for the user of writing in the text during the check without stopping it; possibility of interrupting the checking.

5.3. Proof reading

Proof readers can re-read the first dictionary proof with a word processor in "provisional correction" mode. In this deferred correction mode, they annotate their text with marks like a teacher correcting school copies: underlines for additions, crossings out for deletions and dashes in the margin for modifications. Corrections are thus noted instead of carried out. By pressing a key, the reader of the second proof can then only verify the corrections themselves in the proof, skipping from one to the other to confirm or cancel them at a keystroke.

6. Computer-assisted neography

Term coining can also be computer assisted in the event that the terminographer has to work as a "neographer", for instance for official or educational dictionaries in developing countries.

Expert systems and programs simulating human expertise in specialized fields have been programmed to generate neologisms respecting the neology rules of a language, such as ONOMATURGE for Hebrew. This program also tests the phonetic acceptability of neologisms proposed by Israeli terminographers.

Adding affixes to words already lexicalized is a source of neologisms which is easy to automate. In verbs, the prefix *é-* stresses for instance a loss in the action or designates an action contrary to the one described by the radical (Dugas 1990). As for Auger (1990), he rightly proposes the creation of neologisms on the basis of a combination of semantic features: for instance, by linking the AGENT feature with the ACTIVITY feature of the term *robotization*, the computer could create *robotizer*. This computer expertise requires drawing up the complete binary semantic matrices (tables indicating by a plus or minus sign the presence or the absence of a series of semantic features) for existing scientific and technical terms, as they are presently undertaken by Gross (1992) for French.

7. A massive-storage medium

Language dictionaries are now sold as books but also on compact disks, or even, for very large ones, on CD only. There are few specialized dictionaries on CD.

7.1. Multiple storage media

Dictionary media have multiplied in recent years: *publication* (books, listings, folders, posters, index cards, etc.); *telephone network* (especially for terminology banks); *hard disk* (sections of term banks and electronic dictionaries accessible through glossary management systems; dictionaries integrated into programs and software packets); *CD-ROM disk* (term banks and especially encyclopedic and multimedia dictionaries); *terminals and dedicated computers* (MINITEL for dictionaries on sale and term banks); already used for common language dictionaries, *pocket translators* or other dedicated media available to dictionary compilers.

Information technology also changes dictionary layout: *traditional lexicographic layout*, i.e. terms and entries with the typography, composition and layout of printed dictionaries; lists of words, for instance nomenclatures with pictures; *hierarchies or networks*: notional trees of terminographers, semantic networks of artificial intelligence, arrowgraph thesauri, circular graph thesauri, polyhierarchies in systematic order (list thesauri with successively indented lines); *cards*, sometimes drawn like a cardboard index card and shown in full-screen mode, half-screen mode or inside a box; *data bank and database entries* in all display modes provided for by database management systems (in report form, multicolumn list, through a customized mask); *hypertext or hypermedia buttons* within a full text (expressions in green, underlined or boxed and which can be clicked in order to see a definition, an explanatory diagram, drawing and/or film); *hidden dictionaries*, i.e. integrated in other applications; *dictionaries in the background*, which can be displayed by pressing a key.

7.2. Usefulness of CD-ROM's

Optical compact disk drivers are standard peripheral devices nowadays. This storage medium is compact and cheap; its life is very long because its data are inalterable. There are even some CDs on which users can write (once). CD drivers can be shared, for instance in a translation service or agency, in a terminographic department; three modes are therefore available (PC Expert, 1994): terminal to terminal network, hybrid server (for files and CDs), dedicated server (managing only the CD driver). Some PCs have multiple CD drivers: some "juke boxes" can operate over 250 disks, and some towers computers have several drivers. Access paths to dictionary entries are multiple on CD, thanks to the space allowed for data management programs: access to words (by asking the meanings, the part of speech, by consulting synonym lists), access to ideas (among others associations), to the vocabulary of a sub-field and the classified lists included inside them, access to a definition. Like those created with glossary managers, vocabularies on CD are interfaced with word processors: the equivalent of a term in another language can be pasted in a word-processed translation at a keystroke. There are three types of data query programs: programs dedicated to a product or several similar products with which they are sold, like that of the TERMIUM term bank or the LAROUSSE management dictionary; software packages programmed for data retrieval on magnetic storage and which have been adapted for CDs; software packages for other optical disks (videodiscs, for instance).

Last but not least, pull-down menus, function keys, dialogue boxes, user-friendly data management commands are the up-to-date features of the relevant WINDOWS-generation programs.

Data from all glossary managers, translators' workstations and thesaurus managers are now re-writable on CD and cheap CD pressing machines make dictionaries on CD affordable even for small terminology centers.

7.3. Market structure of the CD market

According to Oppenheim (1993), there are several operators on the CD market: producers of bibliographic or factual data banks; system integrators or "optical typographers", combining this information with a software package to create the base structure, including indexes, hypertext or hypermedia links, contents tables and user-interface; concerns duplicating the CD (producing a master disk from which multiple CD copies are manufactured); publishers, who sometimes also produce CD themselves; distributors.

7.4. A few functions of CD software

The feature sample given below is found in retrieval software packages for term banks or general electronic dictionaries (TERMIUM and EURODICAUTOM banks, ELSEVIER'S and LA MAISON DU DICTIONNAIRE'S collection of dictionaries on CD).

Multiwindowing assists queries: indexes, selected dictionary entries and the query itself are often displayed simultaneously (an optional window can indicate where hyphenation is allowed in the word); display is customizable and can emulate the typography and layout of a printed dictionary (including the international phonetic alphabet); entries can be presented in full or abbreviated.

Any field (definition, context, abbreviation and synonyms) can be accessed; queries can be limited to certain areas or extended to the text of the entire entry; filters on dates or morphosyntactic categories, index browsing, query by masks, save of query formulas (with optional comments, explaining search strategies, for instance) are also possible; drawers are provided for users' sub-banks; queries can be sensitive to case, hyphens, accents, diacritics and special characters but approximate orthographic match is also possible; more often than not, cross-references are in hypertext mode; word groups or families with the same prefix or suffix can be found; the tree structure of the semantic field can be displayed, up to one, two or three levels above or below the term, and the user can navigate in this tree as well as move back and forth from the tree to the corresponding cards.

8. Renewed terminography

8.1. Choosing tools

Dedicated software packages have multiplied and improve every day. Terminographers must therefore be aware of the coexistence of old systems, non-dedicated but widely used, and innovative ones, not much used. Using structured database managers (SQL, ORACLE, or, more recently, ACCESS or PARADOX) is for instance questionable: besides fixed field and record size, their shortcomings include a poor alphabetical sort: *slide-key*, *slide-way* come before *slideway*, instead of the sequence: *slide-key*, *slideway*, *slide-way*, as Felber already pointed out (1985); they also sort *0,2 limit, 1000 years, 2-hand control* before *left-hand rotation* instead of *0,2 limit, 2-hand control, 1000 years, left-hand rotation*, Felber added.

The great number of glossary managers on the market contrasts with that of packages designed for dictionary making proper. However, developments in computer-assisted terminography are now steady; the more so since they are supported by official bodies: works planned (Danzin 1992) by the European Commission in MULTILEX (Multilingual Text Tools and Corpora) include the following: linguistic corpus taggers such as segmenters, morphological parsers; programs resolving ambiguities in discourse parts; parallel-text aligners; prosody taggers; post-editing tools. MULTILEX supports programs enabling the use of tagged corpora, particularly indexers, statisticians, information extractors. MULTILEX will also support producers of tagged corpora for all European languages. Finally, an application-programming interface is included in the allowance plan, in order to couple the above-mentioned programs, packages and data components with several prototypes and languages. In this way, industrial MULTILEX partners will be able to develop multilingual as well as interfacable terminological and lexical extraction programs.

Obviously, users should choose their tools carefully, for the time being. Firstly, they will choose from a range of non-dedicated packages, since the sole terminographical workstation has proven incomplete. But moving from one tool to another is now easy and is unavoidable for terminographers eager to benefit from a profit-making computer assistance. For terminographers compiling dictionaries on a full-time basis, the exclusive use of a word processor or glossary manager would be counter-effective. On the other hand, glossary managers are excellent tools for occasional dictionary-making (in that case, word processors can handle typography and layout easily through style sheets for book dictionaries). Secondly, all packages are not that easy to get: CODE is more intelligent than a thesaurus manager, but it is for internal use only. Lastly, concept analysers and thesaurus managers should be used after a concordance manager or a term detector. Publishing packages dedicated to lexicography can be used after a concordance generator as workstation for paper dictionaries; they should be chosen instead of thesaurus managers or a semantic field analyser like CODE if the field structuring is not time-consuming.

Some pitfalls should be avoided by both professional and occasional terminographers. Some of them are a bit similar to those enumerated by Laufer/Scavetta (1992) for journalism: journalists use relatively few word-processing commands, but they are convinced they master them well enough for their own needs. At the same time, as they cannot do all they want, they would like to have a word processor designed "by journalists for journalists". This is the reason why the sophistication of modern tools has been hinted at in the present article: reprogramming existing applications should be avoided.

8.2. Less isolated terminographers

The distinction between translators and terminographers is becoming blurred. The former are finding their workstations equipped with glossary editing and exchanging facilities; the layout of the original is in fact preserved and restored after the translation. Translator's workstations also query users' term files automatically. Both features give translators time for terminography. For this reason, IBM and TRADOS propose to reorganize the whole translation process around their integrated software package TRANSLATION MANAGER and TRANSLATORS' WORKBENCH, with a terminal dedicated to terminography in each translation project. This translator-terminographer, according to the IBM manual, creates and updates dictionaries and term lists, whereas translators of translation projects consult and update the dictionaries too, besides consulting their translations archives. Boundaries between terminographers and thesaurus makers are also vanishing, as between terminographers, linguists, computer scientists and artificial intelligence experts.

Terminography is also becoming part of document management in office automation: desktop-publishing gives terminographers user-friendly access to typographic and layout skills. Dictionaries included in multimedia courses and manuals are another illustration of this integration. This makes computer-assisted terminography market-sensitive: it is not always the best product which sells best, but the one whose promotion and distribution are managed best.

8.3. Research

As with other sciences and techniques, terminology-processing tools modify terminography itself. They multiplied outlets for terminography: practically all language industries use a specialized vocabulary. Before that, the prestige of term banks contributed to the very emergence of the profession. Computer-assisted terminography also induces research in terminography and terminology: definition of corpus compilation rules, statistico-syntactic laws of syntagm lexicalization, etc.

Computer-assisted terminography encourages knowledge transfer from other disciplines, such as the consideration of facets, devised by specialists in information retrieval, the inheritance and generalization of conceptual properties, borrowed from artificial intelligence. The proximity of computer-assisted terminography and lexicography is greater than before. If the former can learn publishing rules and traditions from the latter, the opposite is true for the articulation and representation of semantic fields.

9. Selected bibliography

Albl et al. 1991 = M. Albl/K.Kohn/H. K. Mikasa/ C. Patt/R. Zabel: Translator's workbench. Conceptual design of term banks for translation purposes. Universität Heidelberg. Institut für Übersetzen und Dolmetschen. April 1991 [unpublished].

Anobile 1991 et 1992 = M. Anobile: The Localisation industry standards association. Meeting summaries. o. O. 1991−1992.

Atkins et al. 1991 = Sue Atkins/J. Olear/N. Ostler: Corpus design criteria. 1991.

Auger 1990 = Pierre Auger: Terminographie et lexicographie assistées par ordinateur: état de la situation et perspectives. In: Les industries de la langue. Perspectives des années 1990. Actes du colloque. Tome 1: Office de la langue française-Société des traducteurs du Québec. Québec 1990.

Barber/Carroll 1993 = P. Barber/B. Carroll: ETM [Electronic Translations Manager]. Summary of key features. Tongwell 1993 [unpublished].

Boîtet 1989 = Christian Boîtet: Dictionnaires multi-cible, multi-usage. In: Terminologie diachronique. Actes du colloque organisé à Bruxelles les 25 et 26 mars 1988 par le Centre de Terminologie de Bruxelles, Institut Libre Marie Haps. CILF-Ministère de la Communauté française de Belgique. Paris. Bruxelles 1989, 253–256.

Brinkhoff 1993 = N. Brinkhoff: Vers des normes pour les technologies linguistiques. EAGLES, in XIII Magazine. Commission des Communautés Européennes. Direction Générale XIII. Bruxelles 1993.

Cloutier/Lanctôt 1993 = P. Cloutier/Fr. Lanctôt: A l'assaut des anglicismes, erreurs d'accord et autres phôtes [sic]. In: Circuits, Corporation professionnelle des traducteurs et interprètes agréés du Québec, n° 40. Montréal 1993, 24–26.

Coulombe 1993 = Cl. Coulombe: Le correcteur 101. In: L'actualité terminologique. Secrétariat d'Etat du gouvernement canadien. Vol. XXVI, n° 4. Hul 1983, 12–13.

Danzin et al. 1992 = André Danzin: Groupe de réflexion stratégique pour la Commission des Communautes européennes: Vers une infrastructure linguistique européenne. Raport. 31. 03. 1992, Commission des Communautés européennes. Bruxelles 1992.

Danlex-Group 1987 = E. Hjorth/B. Nistrup Madsen/O. Norling-Christensen/J. Rosenkilde Jacobsen/H. Ruus: Descriptive tools for electronic processing of dictionary data. Studies in computational lexicography. Tübingen 1987 (Lexicographica. Series Maior 20).

Datta 1991 = J. Datta: Full-text databases as a terminological support for translation. In: Terminology work in subject fields. Third INFOTERM Symposium. Proceedings. INFOTERM. Vienna 1991, 511–622.

de Schaetzen 1993 = Caroline de Schaetzen: Informatisation de la terminographie. Exploitation des index pour pointer les termes. Recherche réalisée en 1992/1993 pour le Ministre du Développement technologique et de l'Emploi de la Région wallonne. Centre de Terminologie de Bruxelles, Institut Libre Marie Haps. Bruxelles 1993 [unpublished].

Devillers 1990 = Ch. Sem Devillers: Survey of technical standards for lexical resources DOC-4. Université de Stuttgart. Stuttgart 1990 [unpublished].

DG XIII 1993 = XIII Magazine. Commission des Communautés Européennes, Direction Générale XIII. Bruxelles 1993.

Doutrelepont 1992 = Charles Doutrelepont: Quelques logiciels utiles aux traducteurs ou aux terminologues. Les hypertextes et l'analyse des contextes. In: L'environnement traductionnel. La station de travail du traducteur en l'an 2001. Actes du colloque de Mons 1991. AUPELF. Québec 1992.

Dugas 1990 = André Dugas: La génération automatique de nouvelles entrées lexicales dans un dictionnaire électronique. In: Les industries de la langue. Perspectives des années 1990. Actes du colloque. Tome 1. Québec 1990, 231–252.

Felber 1984 = Helmut Felber: Terminology Manual. INFOTERM, Paris 1984.

Galinski 1990 = Christian Galinski: Knowledge representation in subject fields. In: Tools for knowledge organization and human interface. Proceedings 1st International ISKO-Conference, Darmstadt, 14–17 August 1990. Frankfurt 1990 (International Society for Knowledge Organization. Vol. 1).

Gross 1992 = Maurice Gross: Forme d'un dictionnaire électronique, In: L'environnement traductionnel. La station de travail du traducteur de l'an 2001. Actes du colloque de Mons 1991. Sillery-Montréal 1992, 255–271.

Heid 1990 = Ulrich Heid: Hauptseminar WS 1990/91. Computational Lexicography. Lesebuch: Themen, Vorläufige Bibliographie. July/August 1990 [unpublished].

Heid 1991 = Ulrich Heid: EUROTRA-7. Feasibility and project definition study on the reusability of lexical and terminological resources in computerized applications. Intermediate report 1991 [unpublished].

Holmes-Higgin/Griffin 1991 = P. Holmes-Higgin/S. Griffin: Machine assisted terminology elicitation user guide. University of Surrey. Department of Mathematical and Computing Sciences. Surrey 1991 [unpublished].

IBM 1993 = IBM. Education programme. IBM Education Center. Bruxelles 1993.

Image Recognition Integrated Systems 1991: Readiris user's guide. Readiris. Louvain-la-neuve.

Kemble 1991 = I. R. Kemble: Lexicography. In: Computers as a tool in language teaching. Ed. by W. Brierly and I. R. Kemble. Chichester 1991, 35–53.

Kukulska-Hulme 1993 = A. Kukulska-Hulme: From words, through rhetoric, to knowledge needs. In: TKE '83: Terminology and knowledge engineering. Ed. by K.-D. Schmitz. Frankfurt 1993, 420–427.

Labis 1994 = Véronique Labis: Test de vérificateurs orthographiques dans un dictionnaire technique. In: Le langage et l'homme. 24/3–4. 1994.

Last 1984 = R. Last: Language teaching and the microcomputer. Oxford 1984.

Meise 1994 = Isabelle Meise: Le traducteur dessinateur? In: L'Info. Chambre belge des traducteurs, interprètes et philologues. Bruxelles 1994.

Mermet 1988 = F. & G. Mermet: Mise en page avec Ventura. Paris 1988.

Molholt/Goldbogen 1990 = P. Molholt/G. Goldbogen: The use of inter-concept relationships for the enhancement of semantic networks and hierarchically structured vocabularies. In: Electronic text research. Proceedings of the Sixth Conference of the UW Centre for the New Oxford Dictionary and Text Research. University of Waterloo, UW Centre for the New OED and Text Research. Waterloo 1990.

Moore 1993 = C. Moore: Introduction to optical disc technology. In: Applications of optical media. Ed by Ch. Oppenheim. London 1993.

Mustafa-Elhadi 1990 = W. Mustafa-Elhadi: The contribution of terminology to the theoretical conception of classification languages and document indexing. In: Tools for knowledge organization and human interface. Proceedings 1st International ISKO-Conference, Darmstadt, 14–17 August 1990. International Society for Knowledge Organization. Vol. I. Frankfurt 1990.

Nutter 1989 = J. T. Nutter: A lexical relation hierarchy. Department of computer science technical report TR 89–6. Polytechnic Institute. Virginia 1989.

Nykänen 1993 = O. Nykänen: Cost analysis of terminology projects. In: TermNet News. INFOTERM, n° 42/43, Vienna 1993.

Oppenheim 1993 = Ch. Oppenheim: The Market for CD-ROM. In: Applications of optical media. Ed. by Ch. Oppenheim. ASLIB, London 1993.

Parker/Starrett 1992 = D. Parker/B. Starrett: Technology edge: Guide to CD-ROM. Carmel 1992.

PC Plus 1993: Tekstverwerker, dé favoriete toepassing. In: PC Plus. VNU Business Publications, juin. Amsterdam 1993.

Perron 1991 = Jean Perron: Présentation du progiciel de dépouillement terminologique assisté par ordinateur: TERMINO. In: Les industries de la langue. Perspectives des années 1990. Actes du colloque. Tome II, Office de la Langue française et Société des traducteurs du Québec. Montréal 1991.

Plaice 1993 = M. Plaice: Modern tools – good servants, poor masters. Spelling checkers: an invaluable aid to language professionals who use them judiciously. In Circuits. Corporation professionnelle des traducteurs et interprètes agréés du Québec, n° 41. Montréal 1993.

Poirier 1988 = Claude Poirier: La place de l'informatique dans la préparation des dictionnaires de langue. In: L'édition savante au Canada. Tendances actuelles et perspectives d'avenir. Ed. by P. Demers, Presses de l'université d'Ottawa. Ottawa 1988.

Riikonen 1993 = J. Riikonen: WSOY editorial system for dictionaries. In: EURALEX'92 Proceedings I–II. Ed. by H. Tomola, K. Varantola, T. Salmi-Tolonen and J. Schopp, Studia translatologica, ser. A, vol. 2. Tampere 1993, 287–290.

Ritzler 1991 = C. Ritzler: Comparative study of PC-supported thesaurus software. In: NISKO'91. Proceedings of the International Conference on Knowledge Organization, Terminology & Information Access Management. NISKO, Scientific Technical Society. Bratislava 1991.

Caroline de Schaetzen, Brussels

195. Die Anwendung statistischer Methoden in der neueren Fachlexikographie

1. Statistische Lexikographie
2. Methoden zur Erarbeitung fachsprachlicher Häufigkeitswörterbücher
3. Typen fachsprachlicher Häufigkeitswörterbücher
4. Literatur (in Auswahl)

1. Statistische Lexikographie

1.1. Fachwörterbücher repräsentieren gewöhnlich lexikalische *(Teil-)Bestände* einer oder mehrerer Sprachen, geben aber keine Auskunft über ihre Verwendung in der Fachkommunikation. Die in ihnen enthaltenen Einheiten sind als Leitelementträger (Lemmata) alphabetisch, begriffssystematisch oder sachlogisch geordnet. Bei alphabetischer Anordnung ist im einsprachigen, erklärenden Wörterbuch die wichtigste Angabe zum Lemma eine Definition mit den wesentlichen begrifflichen bzw. semantischen Merkmalen; im mehrsprachigen Wörterbuch sind es die fremdsprachigen Äquivalente. Aus der alphabetischen Reihenfolge sind Systembeziehungen kaum zu erkennen. Sie können bestenfalls durch Verweise angedeutet sein. Und dennoch stellt schon das alphabetische Fachwörterbuch den Fachwortschatz als Teil- oder Subsystem des lexikalischen Gesamtsystems dar. Weitaus deutlicher wird der *Systemaspekt* beim wissenschaftlich-technischen Begriffswörterbuch, in dem Begriffssysteme mit ihren hierarchischen und assoziativen Relationen durch Terminussysteme abgebildet werden, d. h. beim Fachthesaurus, der bis zu einem gewissen Grade einem ideographischen oder semantischen Wörterbuch mit thematischen oder semantischen Feldern ähnelt. Schließlich gehorcht auch die Erfassung des Wortschatzes nach Sachgruppen einer gewissen fachlichen und zugleich sprachlichen Systematik. Begriffssystematisch und sachlogisch geordnete Fachwörterbücher unterscheiden sich von alphabetischen dadurch, daß die andere Anordnung auch andere Zugriffsstrukturen nahelegt, z. B. über ein systematisches Verzeichnis der Deskriptoren und/oder ein Verzeichnis der hierarchischen Beziehungen zwischen den Deskriptoren. Hier berühren sich übrigens Fachsprachenforschung und Terminologiearbeit, insbesondere Terminologische Lexikographie (vgl. Kap. XXIII und XXIV).

1.2. Es gibt Gründe dafür, daß die traditionelle Präsentation von Fachwortschätzen in alphabetischen, begriffssystematischen und sachlogischen Wörterbüchern allein nicht befriedigen kann. Vor allem die Unzufriedenheit bei Anwendern und Nutzern hat den Ruf nach möglichst exakten quantitativen Angaben zu einzelnen und ganzen Gruppen von Fachwörtern laut werden lassen und als viertes Prinzip die Anordnung nach der (abnehmenden) Häufigkeit begünstigt. Vor diesen Häufigkeitsangaben und den sich daraus ergebenden Rangfolgen stehen aber Untersuchungen zur statistischen Distribution der Fachwörter im Fachtext. Der Systemaspekt wird also — zumindest vorübergehend — vom *Verwendungsaspekt* zurückgedrängt. Das unmittelbare Ergebnis statistischer Textanalysen sind *Häufigkeitswörterbücher*. Bei deren endgültiger Abfassung jedoch rücken die anderen, am System orientierten Kriterien bald wieder ins Blickfeld, so daß auch hier die Komplementarität von Systemaspekt und Tätigkeits- bzw. Verwendungsaspekt sichtbar wird: Häufigkeitswörterbücher haben neben einer oder mehreren Häufigkeitslisten und -tabellen meistens noch ein alphabetisches Verzeichnis (mit oder seltener ohne Häufigkeitsangaben zu den lexikalischen Einheiten), und anderseits hat die Kenntnis der Gebrauchshäufigkeit der lexikalischen Einheiten Konsequenzen für ihre Aufnahme, Anordnung und Beschreibung in alphabetischen, begriffssystematischen oder sachlogischen Fachwörterbüchern.

Die Verfasser der ersten Häufigkeitswörterbücher, die aus der 2. Hälfte des vorigen Jh.s stammen, wollten vor allem zur Vervollkommnung der Drucktechnik und der Stenographie, später auch zur Identifizierung umstrittener oder unbekannter Autoren literarischer Werke beitragen. Diese Bemühungen sind z. T. schon in Vergessenheit geraten. Ihre stärksten Impulse erhielt die statistische Lexikographie seit den 20er Jahren unseres Jh.s von der Fremdsprachendidaktik, die darin besonders in den USA, Großbritannien und Frankreich eine Möglichkeit zur Minimierung des Lernstoffes und gleichzeitig zur Optimierung der Stoffauswahl sah. Die meisten Arbeiten für diesen Anwendungsbereich entstanden im Zusammenhang mit der Ausweitung der fachbezogenen Fremdsprachenausbildung bei „Nicht-Philologen" an den Universitäten und Hochschulen der ehemaligen UdSSR und DDR; in den 60er und 70er Jahren erschienen dort ganze Reihen fachsprachlicher Häufigkeitswörterbücher (z. B. *ČS* = *Častotnye slovari* im Militärverlag Moskau; *Fachwortschatz* im Verlag Enzyklopädie Leipzig); sie begründeten einen neuen Zweig der Fachlexikographie. Für Deutsch als Fremdsprache wurden Frequenz und Verwendungsweise der Verben, der Substantive, der Adjektive, Adverbien und anderen Wortarten sowie der Wortfamilien in wissenschaftlichen Fachtexten bekannt gemacht (*Schriften der Arbeitsstelle für wissenschaftliche Didaktik des Goethe-Instituts München*; vgl. Erk 1972; 1974; 1982; 1985). Einfache fachsprachliche Häufigkeitslisten wurden auch in Serienpublikationen der Statistischen Linguistik abgedruckt (z. B. *Statistika reči i avtomatičeskij analiz teksta*, Leningrad).

Die lexikostatistischen Arbeiten der Allunionsarbeitsgruppe *Statistika reči* mit ihrem Zentrum in Leningrad wurden später vor allem in den Dienst der automatischen Textverarbeitung gestellt. Das Leipziger Forschungskollektiv *Fachsprachen* unterstützte neben dem Fremdsprachenunterricht die Terminologiearbeit und die Informationsrecherche. In Frage kommen für die statistisch orientierte Fachlexikographie auch Kooperationspartner wie die Rechtswissenschaften, das Militärwesen, die Psychologie oder die

Sprachwissenschaft samt Sprachheilkunde. Letztlich aber bleibt sie eine Teildisziplin der Sprachwissenschaft, indem sie durch die Zählung von Wörtern, Wortformen, (Wurzel-)Morphemen, Affixen und Wortbildungstypen die linguistische Analyse und Synthese von Texten unterstützt sowie durch den Vergleich quantitativer Parameter bei der Klassifizierung von Texttypen, (Fach-)Textsorten, Funktionalstilen, Subsprachen und damit auch Fachsprachen mithilft. Eine der wesentlichen Voraussetzungen für die Lösung all dieser Aufgaben sind zuverlässige Untersuchungsmethoden, die zu repräsentativen, verifizierbaren Ergebnissen führen (Alekseev 1975; Bečka 1973; Frumkina 1964; Hoffmann 1975, 25—42; Hoffmann/Piotrowski 1979; Piotrovskij 1973a; Sieper 1980; Těšitelová 1974; Tuldava 1987; Zasorina 1966; zu Sprachstatistik und Häufigkeitswörterbüchern allgemein s. Art. 20).

2. Methoden zur Erarbeitung fachsprachlicher Häufigkeitswörterbücher

2.1. Die statistische Lexikographie hat sich nach einer Phase des naiven Experimentierens eine relativ einheitliche und strenge Methodologie gegeben, die bereits auf einem fortgeschrittenen Stand von der Fachlexikographie übernommen, erprobt und vervollkommnet wurde (vgl. Alekseev 1975; Bečka 1973; Hoffmann 1975, 25—42; 1987, 243—271; Piotrovskij 1973a; Sieper 1980; Těšitelová 1974; Tuldava 1987). Ihr liegt eine ganz bestimmte Folge von Schritten zu Grunde, die vom Fachtext zum fachsprachlichen Häufigkeitswörterbuch führen: die Auswahl eines geeigneten Fachtextkorpus, die Begrenzung des Korpusumfanges, die Portionierung des Korpus, die Stichprobenplanung, die Identifizierung der lexikalischen Einheiten, die Zählung der lexikalischen Einheiten, die Ordnung der lexikalischen Einheiten, die Wertung der lexikalischen Einheiten, der Vergleich mit den lexikalischen Einheiten und ihren Werten in anderen Textkorpora, die Entscheidung für einen bestimmten Typ von Häufigkeitswörterbuch. Diese Schritte können hier nur knapp skizziert werden.

2.2. Bei der *Auswahl eines geeigneten Fachtextkorpus* spielen folgende Aspekte eine Rolle: Abgrenzung des Faches gegenüber anderen Fächern im Rahmen der horizontalen Gliederung der Fachsprachen auf Grund ihres Gegenstandes bzw. mit Hilfe der in den Texten behandelten Thematik; Entscheidung für thematische Schwerpunkte, die das Profil des Faches prägen; Berücksichtigung der für das Fach relevanten Textsorten unter Beachtung der Unterschiede zwischen schriftlicher und mündlicher Kommunikation einerseits und der vertikalen Schichtung der Fachsprachen anderseits.

Die *Begrenzung des Korpusumfanges*, d. h. die Bemessung seiner Gesamtlänge nach der Zahl der Wortstellen im Text, erfolgt an Hand einer dem Zweck angepaßten Formel aus der Prüfstatistik, die mit vier Größen operiert: drei davon sind Variable (N = Stichprobenumfang; p = relative Häufigkeit; δ = relativer Fehler für die Häufigkeit p); eine ist die Konstante $z\varrho$ für eine vorbestimmte Irrtumswahrscheinlichkeit, z. B. 1,96 bei 5%. Diese Formel lautet in ihrer einfachsten Form:

$$\delta \approx \frac{z\varrho}{\sqrt{Np}} \text{ (Näheres s. Art. 20).}$$

Sie kann den Bedürfnissen der jeweiligen Untersuchung angepaßt werden. Für die bekannteren fachsprachlichen Häufigkeitswörterbücher liegen die Werte für N zwischen 35.000 und 250.000.

Bei der *Portionierung* wird das Gesamtkorpus bzw. die Gesamtstichprobe (N) aus kleineren Teilstichproben ($n_1, n_2, \ldots n_n$) so zusammengesetzt, daß möglichst viele Bereiche des Faches mit ihrer themen- und gegenstandsbedingten Lexik erfaßt werden. Günstige Ergebnisse wurden bei einem Teilstichprobenumfang von $200 \leq n \leq 500$ erzielt; keinesfalls sollte $n > 1000$ sein.

Eine gute *Stichprobenplanung* erhöht die Repräsentativität des Korpus und die Reliabilität der statistischen Analyse. Die Lexikostatistik ergreift gewöhnlich eine von zwei Möglichkeiten: (a) die Auswahl der Teilstichproben mit Hilfe von Zufallszahlen, die aus einer willkürlichen Kombination der Ziffern 0 bis 9 entstehen und Tabellen in Handbüchern der Statistik entnommen werden; (b) die gleichmäßige Auswahl, die eine möglichst einheitliche Verteilung mit konstanten Intervallen anstrebt. Beide Verfahren lassen sich miteinander kombinieren.

Das Walten des Zufalls wird zusätzlich durch die *Gewichtung* eingeschränkt, bei der von vornherein für bestimmte Teilgebiete eines Faches eine größere, für andere eine kleinere Zahl von Teilstichproben festgelegt wird, um ihre Bedeutung auch in den Anteilen des Gesamtkorpus zu würdigen. So entstammten z. B. die Teilstichproben eines Häufigkeitswörterbuches für die Fremdsprachenausbildung bei Medizinern zu 25% der Chirurgie und zu 25% der Inneren Medizin, während 23 anderen Subdisziplinen wesentlich weniger und einigen gar keine entnommen wurden, je nachdem, welche Bedeutung sie für die Lektüre der Fachliteratur hatten.

Mit der *Identifizierung der lexikalischen Einheiten* ist die Definition des statistischen Elements gemeint, die der Segmentierung des Textes und der Zählung der Segmente zu Grunde gelegt wird: Wort, Wortform, Wortgruppe(nterminus), seltener Wortwurzel. Von dieser Definition hängen alle Werte und deren Vergleichbarkeit ab.

Die *Zählung der lexikalischen Einheiten* ist die elementare Grundoperation zur Erstellung von Häufigkeitswörterbüchern, die dem Menschen immer häufiger vom Computer abgenommen wird, der auch die *Ordnung des lexikalischen Materials* und den Ausdruck entsprechender Listen übernimmt. Ordnung und Ausgabe erfolgen nach formalen Merkmalen (Anfangsbuchstaben, Affixe, Endungen), grammatischen Kategorien (Wortarten; Genus, Numerus, Kasus; Aspekt, Tempus, Person), semantischen Klassen (Internationalismen, Abstrakta, Lebewesen) oder quantitativen Merkmalen (Häufigkeit, Länge). Diese und andere Merkmalarten können auch kombiniert auftreten oder durch weitere Angaben ergänzt werden.

Die *Wertung der lexikalischen Einheiten* erfolgt auf Grund ihrer Häufigkeit in den Teilstichproben, in der Gesamtstichprobe und in der Grundgesamtheit. Allgemeinster Ausdruck ihres Wertes für die Textbildung ist der *Rang*, d. h. die Position, die die lexikalische Einheit in einer Liste der abnehmenden Häufigkeiten einnimmt. Er ergibt sich direkt aus der für die lexikalische Einheit ermittelten absoluten oder relativen Häufigkeit. Die *absolute Häufigkeit* (F) ist das erste Ergebnis jeder Zählung. Sie gibt an, wie oft das statistische Element im untersuchten Textkorpus aufgetreten ist. Die *relative Häufigkeit* (f) ist ein Prozentwert, der sich aus der Division der absoluten Häufigkeit (F) durch die Länge der Stichprobe (N) ergibt und den Anteil der lexikalischen Einheit(en) an der Gesamtheit des Textes ausdrückt. War der Umfang des untersuchten Textkorpus genügend groß, so nähert sich die relative Häufigkeit der Wahrscheinlichkeit (p) der lexikalischen Einheit in der Grundgesamtheit, d. h. in allen Texten des vorausbestimmten Faches. Wenn man die relativen Häufigkeiten einer Liste lexikalischer Einheiten aufsummiert, erhält man die *kumulative relative Häufigkeit* und damit den Wert für die sog. *Textdeckung* einer bestimmten Menge häufiger lexikalischer Einheiten. Bei Fachwortschätzen kann man damit rechnen, daß die 1200 häufigsten Wörter 80% bis 90% jedes einschlägigen Fachtextes ausmachen. Daraus ergeben sich zahlreiche Anwendungsmöglichkeiten für die Fachsprachenausbildung, die Informationsrecherche usw. Da die Wertung der lexikalischen Einheiten nach der Häufigkeit allein einseitig bleibt, ist sie auch schon in einen komplexen Index DURF, d. h. Distribution, Usage, Range, Frequency (Siliakus 1974, I−IV), eingebettet worden.

Da die Werte für die Häufigkeiten der lexikalischen Einheiten aus einer begrenzten Anzahl von Stichproben stammen, ist ihre Gültigkeit für die Grundgesamtheit zu überprüfen. Die Statistik hält dazu für die Fachlexikographie verschiedene *Prüfverfahren* mit den entsprechenden Formeln bereit. Die mit ihrer Hilfe errechneten möglichen Abweichungen innerhalb variabler Konfidenzgrenzen bzw. Vertrauensintervalle bieten eine wichtige Handhabe zur unteren Begrenzung der Häufigkeitsverzeichnisse oder zur Bestimmung des Umfanges einer erweiterten Korpusanalyse (Näheres s. Art. 20).

Vergleiche zwischen Häufigkeitsverzeichnissen, die aus unabhängigen Textkorpora gewonnen wurden, zeigen, je nach der dabei verfolgten Zielstellung, zunächst quantitative und dann auch qualitative Übereinstimmungen und Unterschiede in der Fachlexik einzelner oder ganzer Gruppen von Sprachen, Subsprachen, Fachsprachen, Fachtextsorten und Fachtextsortenexemplaren. Auch daraus zieht die Angewandte Linguistik mannigfaltigen Nutzen (Näheres s. Alekseev 1975, 29−54; Hoffmann 1975, 25−42; 1987, 243−271; Sieper 1980, 20−88).

3. Typen fachsprachlicher Häufigkeitswörterbücher

3.1. Die Entscheidung für einen bestimmten Typ fachsprachlicher Häufigkeitswörterbücher nimmt gewöhnlich Rücksicht auf den Verwendungszweck und die Nutzerinteressen. Sie bestimmen sowohl die Makro- als auch

R	W	F1	F2	F3	F4
1	energy *n*	2087	584	800	739
2	value *n*	1896	620	646	630
3	temperature *n*	1679	806	814	59
4	electron *n*	1594	887	532	175
5	equation *n*	1452	307	711	434
6	field *n*	1433	537	553	343
7	fig. *n*	1432	542	502	388
8	obtain *v*	1351	351	434	566
9	state *n*	1340	267	210	863
10	function *n*	1269	441	279	549
11	current *n*	1254	876	179	199
12	term *n*	1198	254	301	643
13	eq. *n*	1195	205	221	769
14	case *n*	1143	303	370	470
15	crystal *n*	1125	324	778	23
16	result *n*	1063	356	281	426
17	ion *n*	911	680	154	77
18	effect *n*	870	335	353	182
19	time *n*	850	417	203	320
20	region *n*	840	403	195	242
21	form *n*	829	152	229	448
22	particle *n*	803	180	33	590
23	voltage *n*	800	704	89	7
24	constant *n*	789	176	270	343
25	order *n*	782	207	258	317
26	surface *n*	773	372	374	27
27	point *n*	761	216	272	273
28	amplitude *n*	759	56	29	674
29	data *n*	751	209	228	314
30	potential *n*	744	367	100	277
31	factor *n*	737	150	161	426
32	section *n*	727	152	158	417
33	number *n*	716	250	219	247
34–35	measurement *n*	710	283	304	123
	wave *n*	710	180	233	297
36	mass *n*	702	108	119	475
37	method *n*	701	216	252	233
38	system *n*	690	280	236	274
39	follow *v*	687	192	160	335
40	observe *v*	668	192	273	203

Abb. 195.1: Anfang einer Rang- und Häufigkeitsliste der Physik (Alekseev/Kaširina/Tarasova 1980, 144 f; *n* = noun, *v* = verb; *F1* = summarische Häufigkeit, *F2* = Häufigkeit im Teil „Elektronik", *F3* = Häufigkeit im Teil „Festkörperphysik", *F4* = Häufigkeit im Teil „Physik der Elementarteilchen".

1	2	3
146	сторона	686-250-11
147–148	средний	681-190-11
	миллиметр	
149	отношение	679-246-11
150	область	674-156-11
151	последний	673-290-11
152	привести	672-261-11
153	происходить	671-237-11
154	называть	667-237-11
155	энергия	665-118-11
156	газ	663-102-11
157	объем	659-155-11
158	частица	656-88-10
159	ткань	654-63-9
160	высокий	653-193-11
161	второй	652-246-11
162	несколько	650-260-11
163	угол	648-131-11
164	в виде	647-226-11
165–167	любой	643-226-11
	постоянный	643-209-11
	вес	643-159-11
168	степень	639-219-11
169	определять	637-220-11
170–171	определяться	636-246-11
	обычно	636-237-11
172	необходимо	635-244-11
173	наиболее	634-258-11
174	путь	630-199-11
175	двигатель	628-38-5
176	применять	620-182-11
177–178	зависеть	617-256-11
	группа	617-171-11
179	способ	614-195-11
180	показать	609-231-11
181–182	основа	606-166-11
	следовательно	606-155-11
183	организм	605-59-6
184	предел	604-195-11
185	момент	601-139-11
186	применение	600-216-11
187	металл	599-89-10
188	новый	598-182-11
189	координата	589-65-7
190	воздух	586-132-11
191	представлять	575-241-11
192	месторождение	574-29-2
193	пример	568-163-11

die Mikrostruktur. Geht man von einer der bekannten Klassifikationen (Alekseev 1973, 86 f; vgl. auch Art. 20) aus, dann gelten für fachsprachliche Häufigkeitswörterbücher die folgenden Merkmale: (a) Die lexikalischen Einheiten werden sowohl in einer Häufigkeitsliste als auch in einem alphabetischen Verzeichnis dargeboten; hinzukommen können rückläufige Gesamtverzeichnisse und gesonderte Wortartenlisten sowie Tabellen mit

Abb. 195.2: Ausschnitt aus einem Verzeichnis der gebräuchlichsten Wörter der wissenschaftlichen und technischen Literatur nach abnehmender Häufigkeit (Denisov/Morkovkin/Saf'jan 1978, 20); 1 = Rang, 2 = Wort, 3 = Häufigkeit − Zahl der Stichproben − Disziplinen).

der statistischen Distribution ausgewählter grammatischer Kategorien, formaler Merkmale und produktiver Wortbildungsverfah-

		D	F			D	F
	lang	32	158		bisher	32	94
	bereits	34	157		darüber	32	
	inner-	26	147		eben	28	93
	jedoch	32	146		fast	29	90
	jener, jenes etc.	31	145		meist(ens)	33	89
	besonder-	32	144		dort	28	88
	gewiß	31			neben	30	
	ja	30	142		sogar	26	
	nämlich	33	141	160	schwer	27	86
	menschlich	27	137		dafür	27	84
	technisch	21	136		spezifisch	23	
	sozial	20	135		chemisch	13	83
	wo	28	134		nichts	29	
110	modern	30	133		wirtschaftlich	16	
	oft	30	132		beziehungsweise	24	82
	einfach	30	130		darauf	27	81
	je	32			wobei	29	
	wissenschaftlich	26			wirklich	26	80
	wohl	33		170	allein	28	79
	einige	32	129		eng	26	
	gegen	31	127		sowohl	30	
	zugleich	33			tatsächlich	24	
	eigentlich	30	126		vielleicht	30	
120	historisch	26	122		vielmehr	29	
	dadurch	33			davon	31	78
	einmal	32	121		praktisch	29	
	ähnlich	29	120		völlig	30	
	spät	31			äußer-, äußerst(-)	25	77
	natürlich	31	118	180	erst-	21	
	dazu	32	117		ebenso	29	76
	genau	32	114		darin	29	75
	schließlich	31			gar	26	
	überhaupt	31	112		jung	19	74
130	theoretisch	23	111		mathematisch	12	
	deutsch	20	109		stets	24	
	geistig	21			bloß	20	73
	häufig	27			dagegen	27	72
	rein	29			relativ	24	
	gegenüber	26	108	190	der-, das-, dieselbe	25	71
	indem	29			jeweils	28	70
	kurz	31			klar	30	69
	nah, näher, nächst(-)	30	105		klassisch	25	
	deshalb	29	104		manch-	27	
	.....				.....		

Abb. 195.3: Ausschnitt aus einer Wortartenrangliste der Lexik wissenschaftlicher Fachtexte (Erk 1982, 694), Adjektive, Adverbien u. a.: D = Distribution (Anzahl der Fächer, in denen das Wort vorkam), F = absolute Häufigkeit (bei einem Stichprobenumfang von 250 000).

ren (vgl. Denisov/Morkovkin/Saf'jan 1978). (b) Sie sind unvollständig insofern, als sie nur die häufigeren Wörter bis zu einer vorausbestimmten unteren Grenze enthalten. (c) Es überwiegen die Häufigkeitswörterbücher geringen bis mittleren Umfanges (1200 bis 3000 Eintragungen). (d) Es handelt sich um Spezialwörterbücher des schriftlichen, thematisch eingeschränkten Sprachgebrauchs. (e) Statistisches Element ist das Lexem und nur selten die Wortform. (f) In den Häufigkeitslisten wird in der ersten Spalte der Rang, in der zweiten das Wort und in der dritten die relative Häufigkeit angeführt; weitere Spalten mit der absoluten und der kumulativen Häufigkeit oder dem *range* (Zahl der Teilstichproben oder der wissenschaftlich-technischen Disziplinen) sind nur in größeren Wörterbü-

Rang	Zahl der Lexeme	Kumul. Zahl der Lexeme	Kumul. rel. Häufigkeit	Wortgrundform	Absolute Häufigkeit	Relative Häufigkeit	Konfidenzgrenzen obere	Konfidenzgrenzen untere	Quellen	Wortart
0022	0001	00024	0,221 200	Show	0062	0,002 480	0,003 179	0,001 935	040	C
0023	0001	00025	0,223 640	Time	0061	0,002 440	0,003 134	0,001 900	026	A
0024	0002	00027	0,228 360	Pressure	0059	0,002 360	0,003 044	0,001 830	024	A
				Per					021	D
0025	0001	00028	0,230 680	High	0058	0,002 320	0,002 999	0,001 795	037	B
0026	0002	00030	0,235 240	Type	0057	0,002 280	0,002 954	0,001 760	032	A
				Speed					027	A
0027	0003	00033	0,241 960	Wheel	0056	0,002 240	0,002 908	0,001 725	036	A
				Other					046	B
				Not					012	D
0028	0002	00035	0,246 360	Cut	0055	0,002 200	0,002 863	0,001 690	023	C
				Also					043	D

Abb. 195.4: Ausschnitt aus einer Häufigkeitsliste des Maschinenbaus; bearbeiteter Computerausdruck (Hoffmann 1987, 257).

Wortgrundform	Absolute Häufigkeit	Relative Häufigkeit	Konfidenzgrenzen untere	Konfidenzgrenzen obere	... Quellen	Wortart
Bunch	0001	0,000 040	0,000 007	0,000 227	001	C
Burning	0001	0,000 040	0,000 007	0,000 227	001	A
Burnish	0003	0,000 120	0,000 041	0,000 353	002	C
Burr	0002	0,000 080	0,000 022	0,000 292	002	A
Bush	0014	0,000 560	0,000 334	0,000 940	002 025 066	A
Business	0002	0,000 080	0,000 022	0,000 292	001 006	A
But	0047	0,001 880	0,001 414	0,002 500	006 009 011	D
Button	0005	0,000 200	0,000 085	0,000 468	003 012	A
Buyer	0001	0,000 040	0,000 007	0,000 227	001	A
By	0217	0,008 680	0,007 599	0,009 914	016 017 019	D
Cake	0001	0,000 040	0,000 007	0,000 227	001	A
Calculation	0004	0,000 160	0,000 062	0,000 441	001	A
Calibrate	0001	0,000 040	0,000 007	0,000 227	001	C
Call	0004	0,000 160	0,000 062	0,000 441	003 030 044	C
Calmless	0001	0,000 040	0,000 007	0,000 227	001	B
Calorific	0001	0,000 040	0,000 007	0,000 227	001	B

(A = Substantiv, B = Adjektiv, C = Verb, D = Sonstige)

Abb. 195.5: Ausschnitt aus einer alphabetischen Liste des Maschinenbaus; bearbeiteter Computerausdruck (Hoffmann 1987, 256).

chern enthalten. (g) Da Fachliteraturen wegen der riesigen Zahl der Publikationen nicht vollständig zu erfassen sind und da auch die statistische Analyse des kompletten Werkes einzelner Autoren wenig Sinn macht, gehen fachsprachliche Häufigkeitswörterbücher aus Stichprobenuntersuchungen hervor, die die Verhältnisse in der Grundgesamtheit möglichst genau wiedergeben sollen. Die Abb. 195.1 bis 195.5 zeigen einige Beispiele.

Von der lexikographischen Praxis her ist bei der Klassifizierung fachsprachlicher Häufigkeitswörterbücher noch wichtig, ob sie die Wortschätze für jedes Fach gesondert darbieten und wie weit sie bei der Aufteilung der Fächer gehen (z. B. Chemie, Farbenchemie; Physik, Festkörperphysik; vgl. Piotrovskij 1973b), oder ob sie mehrere zusammenfassen (z. B. zu einem „allgemeinwissenschaftlichen Wortschatz"; vgl. Denisov/Morkovkin/Šaf'jan 1978; Stepanova 1970). Ein weiteres praktisches Kriterium ist der Zuschnitt auf eine oder auf mehrere Sprachen (z. B. Englisch−russisches Häufigkeitswörterbuch der

Physik; vgl. Alekseev/Kaširina/Tarasova 1980; Hoffmann 1986). Jenseits der Grenzen der eigentlichen statistischen Lexikographie liegen Grundwortschätze und Wortschatzminima, bei deren Zusammenstellung Häufigkeit und *range* zwar eine Rolle gespielt haben, die aber letzten Endes auf statistische Angaben verzichten (z. B. Heidrich 1976; Hoffmann 1988; Schilling 1965. Näheres zum Verhältnis von Fachwortschatz, Grundwortschatz und Minimum s. Hoffmann 1984; Kühn 1984).

3.2. Wegen der großen Zahl und Vielfalt fachsprachlicher Häufigkeitswörterbücher und -listen, von denen ein Teil schwer zugänglich oder nicht veröffentlicht ist (Dissertationen, Diplomarbeiten, Arbeitsmaterialien), muß sich ein Überblick über Methoden zu ihrer Erarbeitung und Kriterien zu ihrer Klassifizierung auf Grundprinzipien und übergreifende Merkmale beschränken. Den Zugang zu Varianten und Details erschließen die im Literaturverzeichnis genannten Bibliographien (Čižakovskij/Bektaev 1986; Ermolenko 1970; Hoffmann/Leube 1976 ff). Im übrigen gibt es auch kritische Stimmen zum Erkenntniswert der quantitativen Linguistik für die Fachsprachenforschung (z. B. Martin 1981), weniger allerdings zum Nutzen der statistischen Lexikographie. Die Autoren von Häufigkeitswörterbüchern wissen natürlich sehr gut, daß die Hypothese vom Eintreten eines „zufälligen Ereignisses" bzw. vom „Walten des Zufalls" auf die Verwendung lexikalischer Einheiten im Text, insbesondere auf den Gebrauch von Fachwörtern (Termini) im Fachtext nur unter Vorbehalt anzuwenden ist. Uneinigkeit herrscht selbst über den Begriff des Fachwortschatzes, was sie jedoch nicht daran hindert, gegebenenfalls *alle* Wörter eines Fachtextes in ihre statistischen Analysen einzubeziehen.

4. Literatur (in Auswahl)

Alekseev 1973 = Pavel M. Alekseev: Häufigkeitswörterbücher und Verfahren ihrer Erarbeitung. In: Sprachstatistik. Hrsg. v. Rajmond G. Piotrovskij. Berlin 1973 (Sammlung Akademie-Verlag 22 Sprache), 86—88.

Alekseev 1975 = Pavel M. Alekseev: Statističeskaja leksikografija (tipologija, sostavlenie i primenenie častotnych slovarej). Leningrad 1975. [Dt. Übers. Bochum 1984]

Alekseev/Kaširina/Tarasova 1980 = Pavel M. Alekseev/M. E. Kaširina/E. M. Tarasova: Častotnyj anglo—russkij fizičeskij slovar'—minimum. Moskva 1980.

Bečka 1972 = Josef V. Bečka: The lexical composition of specialized texts in its quantitative aspect. In: Prague Studies in Mathematical Linguistics 4. 1972, 47—64.

Bečka 1973 = Josef V. Bečka: Lexikální složení českých odborných textů technického zaměření. Praha 1973 (Acta Universitatis XVII. Novembris Pragensis 5).

Čižakovskij/Bektaev 1986 = Valentin A. Čižakovskij/Kaldybaj B. Bektaev: Statistika reči 1957—1985. Bibliografičeskij ukazatel'. Kišinev 1986.

Denisov/Morkovkin/Šaf'jan 1978 = Petr N. Denisov/Valerij V. Morkovkin/Jurij A. Šaf'jan: Kompleksnyj častotnyj slovar' russkoj naučnoj i techničeskoj leksiki. Moskva 1978.

Erk 1972 = Heinrich Erk: Zur Lexik wissenschaftlicher Fachtexte: Verben — Frequenz und Verwendungsweise. München 1972 (Schriften der Arbeitsstelle für wissenschaftliche Didaktik des Goethe-Instituts 4).

Erk 1974 = Heinrich Erk: Zur Lexik wissenschaftlicher Fachtexte: Substantive — Frequenz und Verwendungsweise. München 1974 (Schriften der Arbeitsstelle für wissenschaftliche Didaktik des Goethe-Instituts 5).

Erk 1982 = Heinrich Erk: Zur Lexik wissenschaftlicher Fachtexte: Adjektive, Adverbien und andere Wortarten — Frequenz und Verwendungsweise. München 1982 (Schriften der Arbeitsstelle für wissenschaftliche Didaktik des Goethe-Instituts 6).

Erk 1985 = Heinrich Erk: Wortfamilien in wissenschaftlichen Texten. Ein Häufigkeitsindex. München 1985 (Schriften der Arbeitsstelle für wissenschaftliche Didaktik des Goethe-Instituts 9).

Ermolenko 1970 = Georgij V. Ermolenko: Lingvističeskaja statistika. Kratkij očerk i bibliografičeskij ukazatel'. Alma-Ata 1970.

Frumkina 1964 = Revekka M. Frumkina: Statističeskie metody izučenija leksiki. Moskva 1964.

Heidrich 1976 = Hans Heidrich: Allgemeinwissenschaftlicher Wortschatz Englisch. Mit besonderer Berücksichtigung der Naturwissenschaften. 2. Aufl. Leipzig 1976.

Hoffmann 1975 = Lothar Hoffmann (Hrsg.): Fachsprachen und Sprachstatistik. Berlin 1975 (Sammlung Akademie-Verlag 41 Sprache).

Hoffmann 1984 = Lothar Hoffmann: Fachwortschatz — Grundwortschatz — Minimum. In: Deutsch als Fremdsprache 4/1984, 224—228.

Hoffmann 1986 = Lothar Hoffmann: Fachwortschatz Medizin. Häufigkeitswörterbuch Russisch, Englisch, Französisch, 7. Aufl. Leipzig 1986 (Reihe Fachwortschatz).

Hoffmann 1987 = Lothar Hoffmann: Kommunikationsmittel Fachsprache. Eine Einführung, 3. Aufl.

Berlin 1987 (Sammlung Akademie-Verlag 44 Sprache).

Hoffmann 1988 = Lothar Hoffmann: Grundwortschatz Naturwissenschaften. Russisch–Deutsch, Englisch–Deutsch, Französisch–Deutsch. Leipzig 1988.

Hoffmann/Leube 1976 = Lothar Hoffmann/Karin Leube: Kleine Bibliographie fachsprachlicher Untersuchungen. VII. Häufigkeitsverzeichnisse und Minima der fachsprachlichen Lexik. In: Lothar Hoffmann: Kommunikationsmittel Fachsprache. Eine Einführung. 1. Aufl. Berlin 1976 (Sammlung Akademie-Verlag 44 Sprache), 419–493. Fortsetzungen in: Fachsprache. Internationale Zeitschrift für Fachsprachenforschung, -didaktik und Terminologie 3/1979 ff.

Hoffmann/Piotrowski 1979 = Lothar Hoffmann/Rajmond G. Piotrowski: Beiträge zur Sprachstatistik. Leipzig 1979 (Linguistische Studien).

Kühn 1984 = Peter Kühn: Primär- und sekundärsprachliche Grundwortschatzlexikographie: Probleme, Ergebnisse, Perspektiven. In: Studien zur neuhochdeutschen Lexikographie V. Hrsg. v. Herbert Ernst Wiegand. Hildesheim. Zürich. New York 1984 (Germanistische Linguistik 3–6/1984), 239–306.

Martin 1981 = Willy Martin: Möglichkeiten und Grenzen der quantitativen Linguistik beim Studium der wissenschaftlichen Fachsprachen. In: Wissenschaftssprache. Beiträge zur Methodologie, theoretischen Fundierung und Deskription. Hrsg. v. Theo Bungarten. München 1981, 169–184.

Piotrovskij 1971 = Rajmond G. Piotrovskij (Hrsg.): Statistika reči i avtomatičeskij analiz teksta. Leningrad 1971.

Piotrovskij 1973a = Rajmond G. Piotrovskij (Hrsg.): Sprachstatistik. Berlin 1973 (Sammlung Akademie-Verlag 22 Sprache).

Piotrovskij 1973b = Rajmond G. Piotrovskij (Hrsg.): Statistika reči i avtomatičeskij analiz teksta 1972. Leningrad 1973.

Schilling 1965 = Irmgard Schilling: Allgemeinwissenschaftlicher Wortschatz des Russischen. Leipzig 1965.

Sieper 1980 = Gerd Sieper: Fachsprachliche Korpusanalyse und Wortschatzauswahl. Untersuchungen zur Lexik englischer Fachtexte der Chemie. Frankfurt/M. Bern. Cirencester/U.K. (Grazer Beiträge zur Englischen Philologie 4).

Siliakus 1974 = Henk J. Siliakus: Series: German word lists. No. 7: Basic vocabulary for arts and social sciences. Adelaide 1974.

Stepanova 1970 = Elena M. Stepanova: Častotnyj slovar' obščenaučnoj leksiki. Moskva 1970.

Těšitelová 1974 = Marie Těšitelová: Otázky lexikální statistiky. Praha 1974 (Studie a práce lingvistické 9).

Tuldava 1987 = Juchan Tuldava: Problemy i metody kvantitativno-sistemnogo issledovanija leksiki. Tallin 1987.

Zasorina 1966 = Lidija N. Zasorina: Avtomatizacija i statistika v leksikografii. Leningrad 1966.

Lothar Hoffmann, Großdeuben

196. Datendistributionsstrukturen, Makro- und Mikrostrukturen in neueren Fachwörterbüchern

1. Vorbemerkung zur Forschungssituation Ende der 90er Jahre
2. Informelle Übersicht zu ausgewählten textuellen Strukturen in Printwörterbüchern
3. Der genuine Zweck von Wörterbüchern und ihre Umtexte
4. Datendistributionsstrukturen in Fachwörterbüchern
5. Mikrostrukturen in Fachwörterbüchern mit vergleichender Berücksichtigung von Suchbereichsstrukturen
6. Makrostrukturen in Fachwörterbüchern
7. Literatur (in Auswahl)

1. Vorbemerkung zur Forschungssituation Ende der 90er Jahre

Die neuere *Fachsprachenforschung* hat sich bisher relativ wenig um die neueren Fachwörterbücher bemüht, und sie ist gerade erst dabei zu begreifen, daß ältere und neuere Fachwörterbücher (und auch andere Wörterbücher, vgl. Art. 123 u. 124) wertvolle Quellen zur Erforschung von Fachsprachen der verschiedensten Art sein können und schon deswegen zu ihrem Gegenstandsbereich gehören. In der neueren *Wörterbuchforschung* ist die neuere Fachlexikographie erst seit Ende der 80er Jahre so zum Forschungsgegenstand geworden, daß nicht mehr fast ausschließlich Probleme spezifischer Fachwörterbuchprojekte und damit Fragen zu bestimmten, historisch gegebenen fachlexikographischen Prozessen behandelt werden; vielmehr ist das metalexikographische Nachdenken über die neuere Fachlexikographie seit rund einem Jahrzehnt auch auf Theoriebildung und auf die Erarbeitung einer fachlexikographischen Methodologie gerichtet; vgl. z. B. Wiegand 1988, 1995b; Mugdan 1989; Rossenbeck 1991; Tarp 1992, 1994, 1995; Bergenholtz 1992, 1995, 1996; Schaeder/Bergenholtz (Hrsg.) 1994; Dressler/Schaeder (Hrsg.) 1994; Bergenholtz/Pedersen/Tarp 1994; Bergenholtz/Tarp (Hrsg.) 1995; Schaeder 1994, 1995, 1996; Bergenholtz/Kaufmann 1996; Bergenholtz et al. 1997; Geeb 1998 und Art. 200 mit weiterer Literatur.

Die Forschungsschwerpunkte der auf Theoriebildung zielenden neueren *Fachwörterbuchforschung* ergaben sich im letzten Jahrzehnt vor allem anhand von Fragen, die sich auf den *Fachwörterbuchgegenstand* beziehen (zum Terminus *Wörterbuchgegenstand* vgl. Wiegand 1998, 301 f), aber auch anhand von Fragen zur Abgrenzung und Einteilung der neueren Fachlexikographie sowie zur Wörterbuchtypologie (vgl. Art. 193). Fragen, die sich auf die *Fachwörterbuchform* beziehen, wurden nur selten gestellt (vgl. z. B. Schaeder 1995 zur *Mediostruktur*, die auch *Verweisstruktur* heißt, u. Art. 67 zur *Textverdichtung*), so daß Arbeiten, die sich in expliziter Weise mit den verschiedenen textuellen Strukturen von neueren Fachwörterbüchern befassen, bisher kaum zu finden sind. Die Fachwörterbuchforschung hat in diesem Bereich den Anschluß an die neueren Ergebnisse der Wörterbuchforschung zur allgemeinsprachlichen Lexikographie noch nicht in ausreichender Weise hergestellt.

In diesem Artikel wird daher versucht, einen Rahmen anzugeben, innerhalb dessen die genauere und vertiefte Erforschung aller Aspekte der Fachwörterbuchform erfolgen kann. Die systematische Füllung dieses Rahmens und damit die Beseitigung einer auffälligen Forschungslücke kann allerdings hier nicht geleistet werden, und zwar vor allem aus zwei Gründen: *erstens*, weil hier das dafür notwendige Analyseinstrumentarium sowie das theoretische Hintergrundwissen nicht erst eingeführt werden können, und *zweitens*, weil der Phänomenbereich, die Menge aller Fachwörterbücher, weder quantitativ noch qualitativ als ausreichend bekannt gelten muß. Ziel dieses Artikels kann daher nur sein, Wege zur Erforschung der Form von Fachwörterbüchern aufzuzeigen, auf einigen dieser Wege bis zu den ersten Zwischenzielen voranzugehen, ohne daß hierbei die Tore zu den formalen Gefilden der Strukturanalysen und -darstellungen geöffnet werden. Ein Blick in diese Gefilde wird jedoch an verschiedenen Stellen erforderlich sein.

2. Informelle Übersicht zu ausgewählten textuellen Strukturen in Printwörterbüchern

Die folgende stark geraffte Übersicht hat lediglich den eingeschränkten Zweck, einige Anschlußstellen zur Erforschung der Wörterbuchform, wie sie im Rahmen der Wörterbuchforschung zur allgemeinsprachlichen Lexikographie bisher erfolgt ist, dadurch herzustellen, daß von den verschiedenen Strukturen ausgewählte genannt und z. T. kurz kommentiert werden, wobei jeweils angegeben wird, in welchen Arbeiten sie näher behandelt und erklärt sind.

2.1. Wörterbuchinterne textuelle Strukturen außerhalb von Wörterbuchartikeln

Printwörterbücher sind *Textträger* (oder: *Textsortenträger*), d. h. solche Druckwerke, die aus mehreren Texten bestehen, die zu unterschiedlichen Textsorten gehören (vgl. Wiegand 1995, 465 f). Auf keinen Fall ist das Wörterbuch eine Textsorte, wie neuerdings Fenner (1997 [1998]) behauptet. Jede zweidimensionale Zusammenordnung von Texten auf einem Textträger hat sich – relativ zu praktisch-pragmatischen Zwecken – historisch eingespielt. Daher darf der Adressat die Einhaltung der zu einer bestimmten historischen Epoche gängigen Zusammenordnung vom Organisator eines Textträgers erwarten. Bestimmte Zusammenordnungs*varianten* sind allerdings möglich, andere dagegen nicht (z. B. kann das Wörterbuchvorwort nicht mitten in der Artikelstrecke *A* stehen). – Textlinguistisch lassen sich verschiedene Arten von Textträgern unterscheiden. Die Printwörterbücher gehören zu den Textsortenträgern, deren zusammengeordnete Texte inhaltlich-funktional und form-strukturell – je nach Wörterbuchtyp mehr oder weniger ausgeprägt – aufeinander bezogen sind, so daß sie einen *Textverbund* (oder: einen *Großtext*) bilden; ein Wörterbuch ist mithin kein Text (der zu einer Textsorte gehört), sondern ein Textverbund, der zu einer *Textverbundsorte* gehört (vgl. Wiegand 1998a). Die dadurch gegebene, *wörterbuchinterne Intertextualität* (oder: *Intratextualität*) der Teiltexte wird vor allem auf zwei Arten hergestellt: (i) aufgrund der Textsortenregeln der *Metatexte*: beispielsweise beziehen sich die Benutzungshinweise gemäß ihrer genuinen Funktionen notwendigerweise u. a. auf das Wörterverzeichnis (oder gegebenenfalls auf mehrere); (ii) mittels der *wörterbuchinternen Verweisstruktur* (i. S. v. Wiegand 1996a, 14 ff), die nur einen Teil der *lexikographischen Verweisstruktur* (oder: *Mediostruktur*) darstellt, da in Wörterbüchern auch auf (wörterbuchexterne) Quellen, auf andere Wörterbücher und auf Literatur verwiesen wird (vgl. 4.4.; zur Verweisstruktur vgl. auch Kammerer/Lehr 1996 u. Kammerer 1998).

Wörterbücher bestehen aus verschiedenen *funktionalen Komponenten*, die auch *Bauteile* genannt werden. Eine Übersicht über diese Komponenten des allgemeinen einsprachigen Wörterbuches findet sich bei Hausmann/Wiegand 1989; für die zweisprachigen Wörterbücher vgl. man Hausmann/Werner 1991 und für die Fachwörterbücher Nielsen 1995. Die genannten Übersichten sind allerdings weit davon entfernt, vollständig zu sein. Der größere Teil der Bauteile sind Texte oder Teiltexte (z. B. das Vorwort, die Benutzungshinweise und die Wörterbuchartikel). Es gibt jedoch auch zahlreiche Komponenten, die Bauteile eines Wörterbuches und damit funktionale Teile aber keine Texte oder Teiltexte sind, weil sie selbst keine Textualität aufweisen.

Ein Beispiel sind die *oberen lebenden Kolumnen* auf einer Wörterbuchseite eines initialalphabetischen Wörterbuches; sie bestehen aus dem erwähnten Lemmazeichen zum ersten und aus dem erwähnten Lemmazeichen zum letzten Lemma auf einer Wörterbuchseite (z. B. **abranchial−absoluteness** in Lang.-Engl.-Dt. 1962, 5). Eine lebende Kolumne wie im Beispiel (es gibt andere Typen) ist ein Element der Trägermenge einer initialalphabetischen *äußeren Schnellzugriffsstruktur* und damit funktional, weil sie dem Benutzer-in-actu die Ausführung von externen Zugriffshandlungen (i. S. v. Wiegand 1998, 393 ff) dadurch erleichtert, daß sie in der Lemmareihe Lemmasuchbereiche spezifiziert.

Die zentralen Bauteile eines Wörterbuches sind jedoch stets Texte oder Teiltexte. Man unterscheidet die *Außentexte* eines Wörterbuches, die auch *Umtexte* und − wenn bestimmte textuelle Gegebenheiten vorliegen (vgl. unten) − auch *Rahmentexte* heißen und die unter 3. weiter spezifiziert und besonders hinsichtlich ihres genuinen Zweckes betrachtet werden, vom *Wörterverzeichnis* bzw. der *Wörterverzeichnisreihe*, und zwar gelten als Außentexte alle Texte, die nicht als Teil des Wörterverzeichnisses oder der Wörterverzeichnisreihe gelten können (vgl. Wiegand 1995, 466 und Herberg 1998, 332 ff), wobei (nach Wiegand 1998a) von einer Wörterverzeichnisreihe immer dann gesprochen wird, wenn mindestens zwei Wörterverzeichnisse aufeinander folgen, so daß in einsprachigen Wörterbüchern meistens ein *zentrales* von einem *peripheren Wörterverzeichnis* oder von mehreren unterschieden werden kann; bei zweisprachigen Wörterbüchern müssen weitere Arten von Wörterverzeichnisreihen unterschieden werden (vgl. Wiegand 1998a). Die Außentexte können an drei Stellen eines Wörterbuches auftreten: Im *Vorspann*, im *Nachspann* und als *Einschübe* ins Wörterverzeichnis bzw. in die Wörterverzeichnisreihe. Der Vorspann ist obligatorisch; der Nachspann ist immer fakultativ; bei Einbändern sind Einschübe ebenfalls fakultativ; die Einschübe, die durch die Titelei des 2., 3., ... Bandes eines Mehrbänders entstehen, sind dagegen obligatorisch.

Weder der Vorspann noch der Nachspann gehören zu einer Textsorte, und sie sind damit *als Ganzes* − und hierauf kommt es an − auch *keine* funktionalen Komponenten eines Wörterbuches, weil ihnen *als Ganzes* keine einheitliche genuine Funktion zugesprochen werden kann; vielmehr sind Vor- und Nachspann nur linear strukturierte Aggregationen von Bauteilen, und sie sind als Ganzes betrachtet − wie ihr Name es ausdrückt − nur hinsichtlich ihrer Position relativ zum Wörterverzeichnis (oder: der Wörterverzeichnisreihe) bestimmt (und damit nicht durch ihre Funktion für das Wörterbuch). Wörterbücher, die sowohl einen Vor- als auch einen Nachspann haben, weisen einen *textuellen Rahmen* auf (z. B. LGWDaF 1993; Bünting/Karatas 1996; Webster 1993). Diesem kann eine *textuelle Rahmenstruktur* zugeordnet werden (vgl. Abb. 196.1). Diese ist aber *nicht* als hierarchische Struktur anzugeben, wie in Kammerer/Wiegand 1998 gezeigt wird, so daß in diesem Punkt die Darstellung der „textual book structure" (engl. Übersetzung für *textuelle Rahmenstruktur*) in Hausmann/Wiegand (1989, 332 f) und in Wiegand (1994, 107 ff u. 1995, 466 ff) korrigiert werden muß. Die textuelle Rahmenstruktur ist vielmehr eine zweigeteilte lineare Struktur, die aus zwei Teilstrukturen, der *Vorspann-* und der *Nachspannstruktur*, besteht (vgl. Abb. 196.1).

Weiterhin weist ein Wörterbuch als Textverbund (oder: Großtext) eine *konkrete hierarchische Textverbundstruktur* auf, zu deren Trägermenge der Textverbund selbst und alle funktionalen Teiltexte gehören (wie z. B. Vorwort, Lexikographische Einleitung, Benutzungshinweise, das oder die Wörterverzeichnis(se), Register, Anhänge u. a.). Die Textverbundstruktur kann als eine besondere Text-

196. Datendistributionsstrukturen, Makro- und Mikrostrukturen in neueren Fachwörterbüchern

VOLLSTÄNDIGE TEXTVERBUNDSTRUKTUR

[Diagramm: WÖRTERBUCH ALS TEXTVERBUND mit Teiltexten Vorwort, Lexikogr. Einleitung, Wörterbuchgrammatik, (andere Teiltexte), Wörterverzeichnis, (weitere Wörterverzeichnisse), Anhang I, (andere Teiltexte), Register; zugehörige Strukturen: VORWORTSTRUKTUR, STRUKTUR DER LexE, STRUKTUR DER WbG, VORSPANNSTRUKTUR, WÖRTERVERZEICHNISSTRUKTUR, STRUKTUR VON ANHANG I, NACHSPANNSTRUKTUR, REGISTERSTRUKTUR; Rahmen: TEXTVERBUNDSTRUKTUR und TEXTUELLE RAHMENSTRUKTUR]

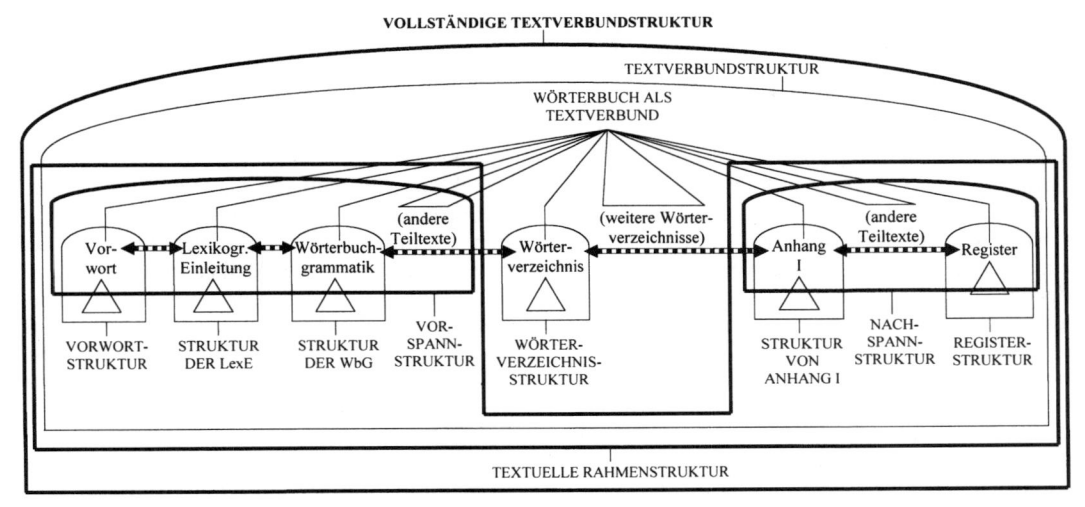

Abb. 196.1: *Allgemeines Struktur- und Architekturbild* zur vollständigen Textverbundstruktur von Einbändern mit textuellem Rahmen und mit einem einfachen Wörterverzeichnis (vereinfacht nach Wiegand 1988a); „x —— y" bedeutet soviel wie *x ist eine funktionale Komponente von y* (mit „x" als Variable für Bezeichnungen von Teiltexten); „x ⇔ y" bedeutet soviel wie *x steht (als Ganzes) oberhalb von y* (mit „x" und „y" als Variablen für Bezeichnungen von Teiltexten); *Abkürzungen*: LexE = Lexikographische Einleitung; WbG = Wörterbuchgrammatik

konstituentenstruktur aufgefaßt werden. Die gerade genannten Teiltexte weisen selbst Textstrukturen auf; besonders wichtig ist die *Wörterverzeichnisstruktur* (vgl. Abb. 196.2), die, wenn das Wörterbuch sowohl einen Vor- als auch einen Nachspann und damit einen textuellen Rahmen und eine *textuelle Rahmenstruktur* aufweist, auch − im Kontrast zur letztgenannten Struktur − *textuelle Binnenstruktur* heißt. Wichtig für die Fachlexikographie sind auch die verschiedenen *Registerstrukturen*; diese sind bisher nicht ausreichend untersucht (vgl. Kirkness 1989, Wiegand 1995a, 267 ff u. 273 ff). Alle bisher genannten Strukturen sind Teilstrukturen (unterschiedlicher Art) der *vollständigen Textverbundstruktur* (vgl. Abb. 196.1).

Textverbundstrukturen sind − aufgrund der heutzutage geltenden Gestaltungsprinzipien für Bücher (und Loseblattsammlungen) − immer *vertikalarchitektonisch ausgebaute Textkonstituentenstrukturen* (i. S. v. Wiegand 1998b, 366 ff), so daß auf ihren Trägermengen nicht nur eine partitive und eine Präzedenzrelation definiert sind, sondern darüber hinaus auf bestimmten Untermengen bestimmte texttopologische Relationen, nämlich die *oberhalb/unterhalb*-Relationen, so daß also z. B. ein Wörterbuchvorwort (vgl. zu Vorworten Herberg 1985, 1986, 1989) den Benutzungshinweisen (vgl. zu diesen Kirkpatrick 1989) nicht nur vorausgeht (i. S. d. Präzedenzrelation), sondern auch *als Ganzes* oberhalb der Benutzungshinweise steht. Da Textverbundstrukturen *immer* vertikalarchitektonisch ausgebaut sind, ist das Prädikat *vertikalarchitektonisch ausgebaut* im Strukturnamen nicht erforderlich.

Was bisher über die textuellen Strukturen gesagt wurde, gilt sowohl für alphabetisch als auch für systematisch (sachlich, onomasiologisch) geordnete Wörterbücher. Was jetzt ausgeführt wird, betrifft zunächst fast ausschließlich die Wörterverzeichnisse von solchen initialalphabetischen Wörterbüchern, die eine *initialalphabetische Makrostruktur mit exhaustiver mechanischer Alphabetisierung* aufweisen (vgl. zum folgenden Wiegand 1998a u. 6.). Wörterverzeichnisse sind Teiltexte mit einer *äußeren Zugriffsstruktur*. Auch *integrierte Umtexte* (i. S. v. Abschnitt 3.) können äußere Zugriffsstrukturen aufweisen. Äußere Zugriffsstrukturen sind Ordnungsstrukturen; wer die Ordnung kennt, kann dadurch, daß er *externe Zugriffshandlungen* (i. S. v. Wiegand 1998, 393 ff) ausführt, gezielt auf die gesuchten lexikographischen Daten zugreifen. Bei neueren initialalphabetischen Wörterbüchern muß der Benutzer neben dem Verfahren der *exhaustiven mechanischen Alphabetisierung* (i. S. v. Wiegand 1989, 375 f) das ordnungsstiftende *Zugriffsalphabet* kennen, das nur selten mit dem Alphabet übereinstimmt, nach dem die lexikographisch bearbeitete Sprache verschriftet wird (vgl. 6.).

Das Wörterverzeichnis (WV) besteht aus *Artikelstrecken* (ArtS). Diese sind durch artikelexterne *nichttypographische Zugriffsstrukturanzeiger* (ZSA) voneinander getrennt, wie z. B. **A** oder **A** , **a**; durch Buchstaben realisierte Zugriffsstrukturanzeiger können durch eine Verweisangabe rechtserweitert sein, aus der ein Verweis auf einen anderen Strukturanzeiger erschließbar ist (z. B.: **Z** s. **C** und **K**). Fehlen durch Buchstaben des Zugriffsalphabets realisierte Zugriffsstrukturanzeiger, können sie auch durch einen größeren (und dadurch strukturanzeigenden) Durchschuß oder durch einen waagrechten Strich als Trennzeichen (TZ) realisiert sein. Es gibt zahlreiche weitere Möglichkeiten, die ZSA zu realisieren (vgl. z. B. Duden-³DUW).

Ein *einfaches Wörterverzeichnis* liegt vor genau dann, wenn es keine *Einschübe* oder *eingelagerte Binnentexte* gibt (vgl. unten). Einschübe sind unmittelbare Textkonstituenten des Textverbundes (z. B. die Titeleien aller Bände von Mehrbändern außer der des ersten Bandes). Ein Wörterverzeichnis mit einem oder mehreren Einschüben heißt *aufgespaltenes Wörterverzeichnis*. Ein Wörterverzeichnis, welches nur *Einzelartikel* aufweist, heißt *artikelhomogen*; finden sich in einem Wörterverzeichnis dagegen Einzelartikel und *Synopseartikel* (oder: *Übersichtsartikel*), heißt es *artikelheterogen* (vgl. unten).

Die Artikelstrecken weisen *konkrete hierarchische einfache Artikelstreckenstrukturen* auf. In die Artikelstrecken können *Binnentexte* eingelagert sein, wie z. B. in LGWDaF 1993 (vgl. Wiegand 1995), die von *Synopseartikeln* unterschieden werden müssen. Eingelagerte Binnentexte sind − im Unterschied zu den Einschüben − unmittelbare Textkonstituenten des Wörterverzeichnisses. Sie unterteilen die Artikelstrecken in *Artikelteilstrecken* (ArtTS); Artikelteilstrecken, die durch eine Binnentexteinlagerung entstehen, weisen normalerweise *keine* funktionalen Komponenten, so daß ihnen keine besonderen hierarchischen Textkonstituentenstrukturen zugeordnet werden können. Es gibt jedoch auch *funktionale Artikelteilstrecken*, nämlich die *Artikelnischen* und die *Artikelnester* (vgl. Abb. 196.44). Artikelstrecken mit eingelagerten Binnentexten heißen *binnenerweiterte Artikelstrecken*; sie weisen eine *konkrete hierarchische n-fach binnenerweiterte Artikelstreckenstruktur* auf (vgl. Abb. 196.2). Es können auch *rechtserweiterte Artikelstrecken* auftreten; diese liegen beispielsweise dann vor, wenn alle farbigen Abbildungen, die z. B. in der *B*-Artikelstrecke zu Artikeln gehören (z. B. aus Kostengründen), zusammengefaßt und dem letzten Wörterbuchartikel der *B*-Artikelstrecke nachgestellt werden. Die Binnen- und Rechtserweiterung von Artikelstrecken können zusammen auftreten. Liegen binnen- und/oder rechtserweiterte Artikelstrecken vor, ist damit ein *erweitertes Wörterverzeichnis* gegeben, das eine *konkrete hierarchische erweiterte Wörterverzeichnisstruktur* aufweist (vgl. Abb. 196.2). Sowohl einfache als auch erweiterte Wörterverzeichnisse können entweder artikelhomogen oder artikelheterogen sein.

Alle Wörterverzeichnisstrukturen sind vertikalarchitektonisch ausgebaut, da jede Artikelstrecke bis auf die letzte (im Deutschen die Z-Artikelstrecke) als Ganzes oberhalb der folgenden Artikelstrecke(n) (die *oberhalb*-Relation ist transitiv) steht. Wie im Falle der Textverbundstrukturen, so kann daher auch bei den Wörterverzeichnisstrukturen im zugehörigen Strukturennamen *vertikalarchitektonisch ausgebaut* entfallen.

2.2. Textuelle Strukturen von Wörterbuchartikeln

Bisher wurden Strukturen in Printwörterbüchern kurz charakterisiert, die keine Strukturen von Wörterbuchartikeln sind. Im folgenden bezieht sich die informelle Übersicht auf die Strukturen von *standardisierten und verdichteten Wörterbuchartikeln* (kurz: *Artikeln*) in initialalphabetischen Wörterbüchern, die keine *Synopseartikel*, sondern *Einzelartikel* sind (zur Textverdichtung vgl. Wolski 1989, 1991; Wiegand 1996d, 1998c und Art. 67; zur Standardisierung vgl. Wiegand 1997a, 1998a).

Wörterbuchartikel in initialalphabetischen Wörterbüchern bilden die wichtigste Klasse von *lexikographischen Teiltexten mit Leitelementträger*. Die wichtigste Klasse der Leitelementträger bilden die Lemmata. Je nach Zweck lassen sich durch Anwendung unterschiedlicher Klassifikationskriterien verschiedene Klassen von Wörterbuchartikeln unterscheiden. Nimmt man als Klassifikationskriterium die Artikellänge, erhält man Größenklassen, z. B. *Einzeilenartikel, Zweizeilenartikel, Kurzartikel, Großartikel* u. a. (vgl. Wiegand 1998a). Diese Unterscheidungen sind z. B. für die Wörterbuchbenutzungsforschung wichtig, denn in einem Kurzartikel, der überwiegend *lemmanahe* Angaben auf-

ERWEITERTE WÖRTERVERZEICHNISSTRUKTUR

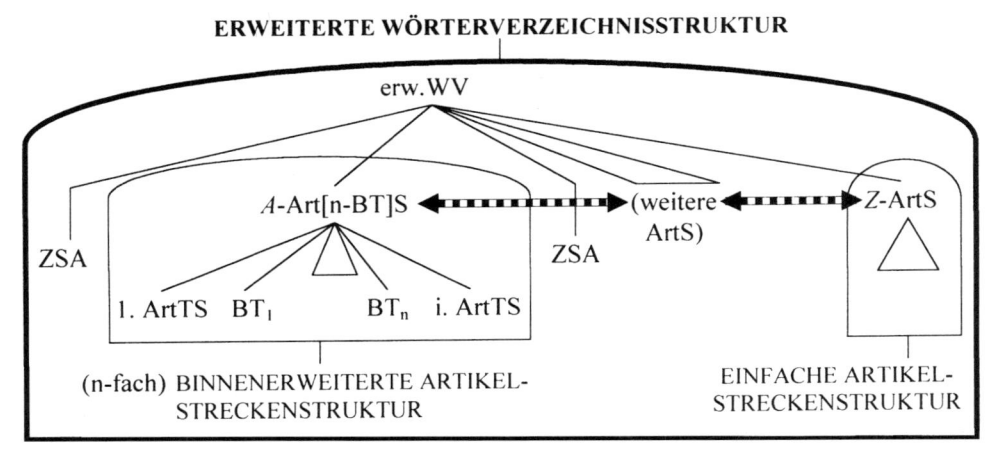

Abb. 192.2: *Allgemeines Struktur- und Architekturbild* zu einer erweiterten Wörterverzeichnisstruktur, die als Teilstrukturen sowohl binnenerweiterte als auch einfache Artikelstreckenstrukturen aufweist; *Abkürzungen*: ZSA = Zugriffsstrukturanzeiger; erw.WV = erweitertes Wörterverzeichnis; ArtS = Artikelstrecke; ArtTS = Artikelteilstrecke; A-Art[n-BT]S = um n Binnentexte (BT) binnenerweiterte A-Artikelstrecke

weist, orientiert sich der Benutzer-in-actu anders als in einem Großartikel (vgl. Wiegand 1998). – Nimmt man als Klassifikationskriterium den Status des Lemmazeichens als Lexikoneinheit, erhält man linguistisch motivierte Klassen von Wörterbuchartikeln, z. B. *Wortartikel* (*Verbartikel*, *Substantivartikel*, *Kompositumartikel* usw.), *Affixartikel*, *Phrasemartikel* u. a. – Wählt man als Klassifikationskriterium die Verteilung der zu einem bestimmten Gegenstand (z. B. dem Lemmazeichenparadigma oder den mit dem Lemmazeichen bezeichneten Gegenstand oder Sachverhalt) präsentierten Datenmenge auf Wörterbuchartikel, erhält man die – besonders für Fachwörterbücher wichtige – Unterscheidung von *Einzel*- und *Synopseartikel* (oder: *Übersichtsartikel*; vgl. 4.1.). Die verschiedenen Arten von *Verweisartikeln* (wie z. B. *reine* und n-fach *erweiterte* Verweisartikel mit n ≥ 1; vgl. z. B. Textbeispiel 196.18) gelten hierbei als *rudimentäre Einzelartikel*. Natürlich gibt es weitere Arten von Klassifikationsartikeln, wie beispielsweise Sprachenanzahl, Abbildungsausstattung, Textverdichtungsgrad, Standardisierungsgrad u. a. (vgl. Wiegand 1998a).

Jeder Wörterbuchartikel läßt sich hinsichtlich folgender Strukturen untersuchen:

– *Artikelkonstituentenstruktur* (kurz: Artikelstruktur; vgl. u. a. Wiegand 1989a, 441 ff; 1990a, 96 f; 1998a)
– *Mikrostruktur* (vgl. u. a. Hausmann/Wiegand 1989, 340 ff; Wiegand 1989a; 1989b; 1990b, 34 ff; 1995a; 1996; 1996b; 1996c; 1998b)
– *Positionsstruktur* (vgl. u. a. Kammerer 1995; Pan Zaiping/Wiegand 1995; Wiegand 1989a)
– *Angabestruktur* (vgl. Wiegand 1989a, 445 ff; 1990a, 96 ff)
– *Adressierungsstruktur* (vgl. u. a. Hausmann/Wiegand 1989a, 445 ff; 1990a, 97 ff; 1998a)
– *Kohäsionsstruktur* (vgl. u. a. Wiegand 1988b, 81 ff; 1994b; 1998a)
– *Thema-Rhema-Struktur* (vgl. u. a. Gerzymisch-Arbogast 1989; Wiegand 1998a)
– *Kohärenzstruktur* (vgl. u. a. Wiegand 1988b, 79 ff; 1998a; Gerzymisch-Arbogast 1989)
– *innere Zugriffsstruktur* (vgl. u. a. Wiegand 1996; 1998a)
– *innere Schnellzugriffsstruktur* (vgl. u. a. Hausmann/Wiegand 1989, 337 ff; Wiegand 1998, 416; 1998a)
– *artikelinterne Verweise- oder Mediostruktur* (vgl. u. a. Schaeder 1995; Wiegand 1996a; 1998, 408 ff; 1998a; Kammerer/Lehr 1996; Kammerer 1998)
– *Mikroarchitektur* (vgl. u. a. Wiegand 1994b, 253 ff; 1998a; 1998b)
– *Suchbereichsstruktur* (vgl. Wiegand 1998a)
– *Suchbereichsarchitektur* (vgl. Wiegand 1999a).

Jeder Wörterbuchartikel, in dem es keine Teilartikel gibt, weist drei *echte* (oder: *reine*) *konkrete hierarchische Textkonstituentenstrukturen* auf: die *Artikelkonstituentenstruktur*, die *Mikrostruktur* und die *Suchbereichsstruktur*. Die erstgenannte Struktur ist eine um die *nichttypographischen Mikrostrukturanzeiger* (wie Kommata, runde, eckige und spitze Klammern, senkrechte Striche, Doppelstriche und sonstige Trenn- und Zusammenordnungszeichen) erweiterte der zweitgenannten. In einer elaborierten Version der Artikelkonstituentenstruktur (sensu Wiegand 1998a) werden zu den nichttypographischen Mikrostrukturanzeigern auch die Blanks gerechnet, die auf der Ebene der Wörterbuchform auftreten und demgemäß Angaben von einander trennen und die von den Blanks auf der Ebene des Wörterbuchgegenstandes, die innerhalb solcher Angaben auftreten, die zur Klasse der Wortformenangaben gehören, mit der mehr als eine Wortform erwähnt werden (wie z. B. Blanks in einer Kompetenzbeispielangabe), unterschieden werden müssen. Alle drei genannten textuellen Strukturen sind erhältlich durch die Anwendung der *Methode der funktional-positionalen Segmentation* in einer ihrer Varianten (vgl. zu diesen Wiegand 1990a, 20 ff) und weisen zahlreiche verschiedene Teilstrukturen auf. Die Textkonstituenten *konkreter* hierarchischer Mikrostrukturen sind ausschließlich Wörterbuchangaben (kurz: Angaben) und zwar entweder *nichtelementare Angaben*, welche in weitere Angaben restfrei funktional-positional segmentierbar sind, oder *elementare* Angaben, für die dies nicht gilt, die aber um nicht abtrennbare funktionale Zusätze (wie z. B. Verweismarken) links-, rechts-, binnen- oder mehrfacherweitert sein können (vgl. z. B. SynA(BIK) in Abb. 196.7 als rechtserweiterte Angabe). Während mithin bei *konkreten hierarchischen* Mikrostrukturen die Elemente der Trägermenge der Struktur Angaben sind, sind die Elemente im Falle von *abstrakten* hierarchischen Mikrostrukturen Klassen von Angaben mit gleichem, allgemeinen genuinen Zweck. Alle reinen Textkonstituentenstrukturen von Wörterbuchartikeln betreffen zwei Klassen von artikelinternen Beziehungen, und zwar *erstens* die *Teil-Ganzes-Beziehungen* (oder: *partitiven* Beziehungen), in denen die *funktioralen* Textsegmente (bei Mikrostrukturen nur Angaben) zueinander stehen, sowie *zweitens* die Vorgänger-Nachfolger-Beziehungen (oder: *präzedentiven* Beziehungen) der funktionalen Textsegmente.

Es sei ausdrücklich darauf hingewiesen, daß die partitiven Beziehungen bei reinen Textkonstituentenstrukturen nur auf den jeweiligen strukturtypspezifischen Textkonstituenten und damit nur auf funktionalen Textsegmenten (also solchen Textsegmenten, denen als Ganzheit ein einheitlicher genuiner Zweck zugewiesen werden kann) definiert sind. Entsprechend sind die zweistelligen Relationsterme, die zu diesen partitiven Relationen gehören, wie folgt: *ist eine mikrostrukturelle Textkonstituente, ist eine artikelstrukturelle Textkonstituente* und *ist eine suchbereichsstrukturelle Textkonstituente*. Die partitiven Relationen, deren Elemente Paare von funktionalen Textsegmenten sind, müssen von partitiven Relationen unterschieden werden, in deren Paare die zweite Koordinate ein nichtfunktionales Textsegment ist (also ein Textsegment, dem als Ganzes kein einheitlicher genuiner Zweck zugewiesen werden kann). Dieser Fall tritt beispielsweise bei den *zweigeteilten Mikrostrukturen* auf (vgl. Abb. 196.32).

Die unmittelbaren Textkonstituenten eines Wörterbuchartikels (die keine nichttypographischen Strukturanzeiger sind) heißen immer *Kommentar* (z. B. *Formkommentar, semantischer Kommentar, Hauptkommentar, Präkommentar, mittlerer Zwischenkommentar, Kommentar zur Form und Semantik, Postkommentar, Verweiskommentar* u. a.; vgl. 5.). Kommentare zweiter Stufe (die nicht mit Subkommentaren verwechselt werden dürfen) sind dagegen unmittelbare Textkonstituenten eines Teilartikels (die nicht mit Subartikeln verwechselt werden dürfen) (vgl. Abb. 196.32). Wird der Wörterbuchartikel als *Suchbereich* aufgefaßt, heißen die unmittelbaren Textkonstituenten *Suchzonen* und im Konstituentennamen taucht immer *Zone* oder *-zone* auf (z. B. *Formzone, Zone für Literaturangaben*) (vgl. 2.2.).

Die Darstellung von Textkonstituentenstrukturen erfolgt durch Baumgraphen (und damit in einem strikten Sinne formal). Baumgraphen sind immer Strukturgraphen, aber nicht umgekehrt. Strukturbilder, erweiterte Strukturbilder (vgl. z. B. Wiegand 1996c, 201, Abb. 11) und Struktur- und Architekturbilder sowie Architektur- und erweiterte Architekturbilder (vgl. Abb. 196.1, 196.2, 1965.5 u. 196.6) sind nach genauen Vorschriften restrigierte Strukturgraphen (vgl. Wiegand 1998a), die besonders einer ersten Großübersicht über die Strukturen dienen. – Aus nichtkommentierten Strukturbäumen zu konkreten hierarchischen Mikrostrukturen, in welchen die Knoten entweder mit erwähnten Angaben oder Individuennamen für Angaben (z. B. Kleinbuchstaben) etikettiert sind, erfährt man daher nur etwas über die partitiven und die präzedentiven Beziehungen. Meistens werden hierarchische Mikrostrukturen mittels *kommentierter* Baumgraphen (Graphen, die vor allem durch Umrandungszeichen und seltener auch durch andere Zeichen ergänzt sind) so dargestellt, daß eine konkrete und eine abstrakte Mikrostruktur, die zueinander k-isomorph sind, abgebildet werden (ein k-Isomorphismus respektiert die Element-Klassenbeziehung; vgl. Wiegand 1991, 374 ff). Bei dieser Art der Strukturdarstellung erscheinen von der konkreten Struktur aus Gründen der Übersichtlichkeit nur die terminalen Textkonstituenten, weil die nichtterminalen anhand der abstrakten Struktur erschließbar sind. Aus solchen Strukturbäumen (wie z. B. in Abb. 196.7) erfährt man zusätzlich, zu welchen Angabeklassen die Angaben gehören, und aus der Kommentierung der Strukturbäume, insonderheit durch flächenbegrenzende Umrandungszeichen, die sicherstellen, daß die zugeordneten Strukturnamen auf festgelegte Teilbaumgraphen bezogen werden, erfährt man die Klassennamen der Teilstrukturen von Mikrostrukturen und die der Arten von Mikrostrukturen, weiterhin gegebenenfalls — wie z. B. in Abb. 196.7 — die Positionenzugehörigkeit der Angaben und welche Angaben zu welcher Trägermenge gehören sowie weiterhin die Mächtigkeit der jeweiligen Trägermenge. — Eine Darstellungsweise, die zu der mittels Baumgraphen äquivalent ist, ist die mittels spezieller Tabellen, die m-zeilige Tabellenköpfe aufweisen (mit $m \geq 2$) (vgl. z. B. Wiegand 1991, 430 ff).

2.2.1. Ausgewählte Mikrostrukturen und -architekturen

Es gibt zahlreiche, z. T. recht unterschiedliche Arten von Mikrostrukturen bei allgemeinen einsprachigen und allgemeinen zweisprachigen Wörterbüchern (vgl. u. a. Wiegand 1989b, 1990a, 1991, 1994, 1995a, 1996, 1996c, 1998a). Im folgenden werden zunächst einigen einfachen ein- und zweisprachigen Wörterbuchartikeln ihre (konkreten und abstrakten) hierarchischen Mikrostrukturen zusammen mit deren Teilstrukturen und daraufhin unter 2.2.2. die (konkreten und abstrakten) hierarchischen Suchbereichsstrukturen zusammen mit deren Teilstrukturen zugeordnet, um den Unterschied zwischen beiden Strukturtypen zu verdeutlichen. Dies dient einerseits der Veranschaulichung dessen, was bisher über textuelle Strukturen von Wörterbuchartikeln gesagt wurde. Für die systematische Entwicklung und die Begründungen muß auf die zuletzt genannten Arbeiten verwiesen werden. Andererseits dient es der Vorbereitung der Darstellung unter 5. Auf die Analyse von anderen der oben aufgezählten Strukturen von Wörterbuchartikeln muß verzichtet werden.

Zunächst wird wa_1, ein Artikel aus einem allgemeinen einsprachigen Wörterbuch, dem HWDG, betrachtet.

Moos, das; -es, -e **1.** *kleine, in großer, dicht stehender Menge, vorzugsweise an schattigen, feuchten Stellen wachsende immergrüne, sich durch Sporen vermehrende Pflanze*: weiches, grünes M.; Moose und Flechten; sich im Wald ins M., auf das M. setzen — **2.** /o. Pl./ umg. *Geld* (1): da muß doch eine Masse M. herausspringen

Textbeispiel 196.1: wa_1 zum Lemmazeichen *Moos* aus dem HWDG

wa_1 weist eine *einfache* konkrete hierarchische Mikrostruktur auf. Das *allgemeine Mikrostrukturbild* für Artikel dieser Art, welches zeigt, daß das Lemmazeichen vom Lexikographen als zweifach polysem interpretiert wurde, findet sich in Abb. 196.3. Das allgemeine Mikrostrukturbild (das sechs *flächenbegrenzende Umrandungszeichen* aufweist) paßt auf Tausende von Artikeln in allgemeinen einsprachigen Wörterbüchern des Deutschen und anderer Sprachen.

Das allgemeine Mikrostrukturbild zeigt u. a.: wa_1 gehört zu derjenigen Klasse von Wörterbuchartikeln ($wa_1 \in WA$), für die u. a. gilt: Der Text aller Mitglieder der Klasse besteht aus zwei *unmittelbaren* Textkonstituenten; diese heißen *Kommentare* (K) (vgl. oben).

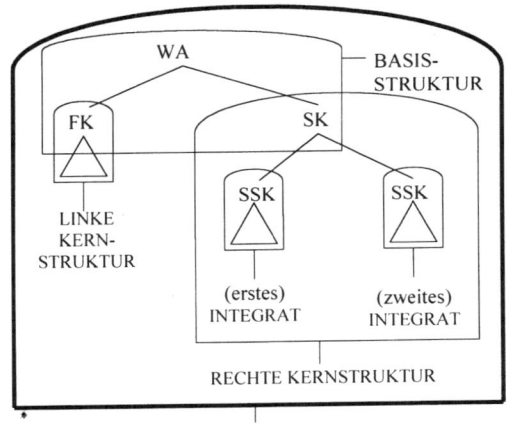

Abb. 196.3: *Allgemeines Mikrostrukturbild* für einfache integrierte Mikrostrukturen von einsprachigen Wörterbuchartikeln zu zweifach polysemen Lemmazeichen; *Abkürzungen*: WA = Wörterbuchartikel; FK = Formkommentar; SK = semantischer Kommentar; SSK = semantischer Subkommentar (Diese und alle weiteren Abkürzungen für Namen von Klassen von Angaben mit gleichem, allgemeinen genuinen Zweck gelten als Klassensymbole, während z. B. wa_1, wa_2, ..., wa_n Individuennamen für bestimmte Wörterbuchartikel sind)

Die erste Textkonstituente ist der *Formkommentar* (FK), und die zweite, die unmittelbar auf die erste folgt, ist der *semantische Kommentar* (SK). Zum Formkommentar gehört als Teilstruktur der Mikrostruktur die *linke Kernstruktur*; zum semantischen Kommentar gehört als Teilstruktur der Mikrostruktur die *rechte Kernstruktur*. Der semantische Kommentar weist als unmittelbare Textkonstituenten zwei *semantische Subkommentare* (SSK) auf. Letztere sind *einfach mittelbare* Textkonstituenten des *gesamten Artikeltextes* (WA). Die Teilstruktur der Mikrostruktur, die ein semantischer Subkommentar aufweist, heißt *Integrat*. Nach dieser Teilstruktur haben die *integrierten* Mikrostrukturen (aller Sorten) ihren Namen. Ein Artikel zu einem Lemmazeichen, das als n-fach polysem interpretiert wurde, weist stets n Integrate auf. Integrate haben selbst Teilstrukturen (u. a. mit Namen *Vorderintegrat, Integratkern* und *Hinterintegrat*), auf die hier nicht eingegangen wird (vgl. Wiegand 1989b, 483 ff). – Artikel eines allgemeinen einsprachigen Wörterbuches, denen deswegen keine *Basisstruktur* zugeordnet werden kann, weil ihnen der semantische Kommentar fehlt, wie z. B. *Verweisartikel*, weisen auf eine *rudimentäre Mikrostruktur* auf (vgl. z. B. Wiegand 1991, 479 ff; 1998a und unten 5.).

Der HWDG-Artikel wa$_1$ weist keine *Mikroarchitektur* auf; eine Sorte von Mikroarchitektur ist erhältlich, wenn man auf der Menge aller Kommentare und Subkommentare von wa$_1$, der Menge M$_k$ = {FK, SK, SSK$_1$, SSK$_2$} zwei *texttopologische* (oder: *architektonische*) *Relationen*, nämlich die *oberhalb*- und damit konverse auch die *unterhalb*-Relation definiert. Aus wa$_1$ wird dann wa$_1'$ und aus dem allgemeinen Mikrostrukturbild in Abb. 196.3 wird das allgemeine Mikrostruktur- und architekturbild in Abb. 196.4.

Moos, das; es, -e

1. *kleine, in großer, dicht stehender Menge, vorzugsweise an schattigen, feuchten Stellen wachsende immergrüne, sich durch Sporen vermehrende Pflanze*; weiches, grünes M.; Moose und Flechten; sich im Wald ins M., auf das M. setzen.

2. */o. Pl./* umg. *Geld* (1): da muß doch eine Masse M. herausspringen.

Textbeispiel 196.2: wa$_1'$ als Artikel mit vertikalarchitektonisch ausgebauter Mikrostruktur

Allgemein gilt: Ein Wörterbuchartikel weist stets dann eine Architektur auf, wenn texttopologische Relationen (*oberhalb/unterhalb*-Relationen, *rechts-links*-Relationen) auf einer Menge von artikelinternen Angaben definiert sind. Sind alle Angaben dieser Menge mikrostrukturelle Textkonstituenten und damit Elemente der Trägermenge der artikelzugehörigen konkreten hierarchischen Mikrostruktur, dann liegt eine *Mikroarchitektur* vor, und die zugehörige Mikrostruktur heißt *architektonisch ausgebaut*. Sind dagegen alle Angaben dieser Menge suchbereichsstrukturelle Textkonstituenten und damit Elemente der Trägermenge der Suchbereichsstruktur, dann liegt eine *Suchbereichsarchitektur* vor, und die zugehörige Suchbereichsstruktur heißt *architektonisch ausgebaut* (vgl. Wiegand 1998a).

Im folgenden wird kurz der *Benutzerbezug* von wa$_1$ und wa$_1'$ verglichen. Der Artikel wa$_1'$ ist benutzerfreundlicher als wa$_1$; dies kommt vor allen Dingen daher, daß wa$_1$ aus *einem*, wa$_1'$ dagegen aus *drei Textblöcken* besteht und damit eine *Mikroarchitektur* aufweist. Textblöcke, also integrative flächige Suprasegmente mit einem Textblockanfangs- und einem Textblockendesignal, spielen bei der Textgestaltwahrnehmung eine maßgebliche Rolle. Sie tragen dazu bei, daß die Zugriffssicherheit der Benutzer erhöht und die inneren Zugriffszeiten verkürzt werden. In wa$_1'$ ist das Textblockanfangssignal jeweils die Eigenschaft **halbfett** der Angabeform der jeweils ersten Angabe auf der ersten Textblockzeile. Die Textblockendsignale entstehen, wenn die letzte (oder die einzige) Zeile eines Textblockes abbricht. Durch ihre Anfangs- und Endsignale sind Textblöcke für die Benutzerwahrnehmung zweimal deutlich abgegrenzt und damit als eine Gestalt ausgegrenzt. Ein Durchschuß zwischen der letzten Textblockzeile und der ersten des folgenden Textblokkes, der größer ist als der übliche Durchschuß innerhalb der Textblöcke, kann diese Ausgrenzung zusätzlich betonen. Mit den Textblöcken werden bestimmte Mengen von Artikeltextkonstituenten ausgegrenzt. Welche das jeweils sind, kann sehr unterschiedlich sein (vgl. Wiegand 1998a). In wa$_1'$ ist der erste Textblock mit dem Formkommentar identisch, der zweite und der dritte Textblock sind aber nicht mit dem zweiten und dritten semantischen Subkommentar identisch, denn die beiden Polysemieangaben **1.** und **2.** gehören zwar zum semantischen Kommentar (SK), nicht aber zu dessen beiden semantischen Subkommentaren, was aber nichts

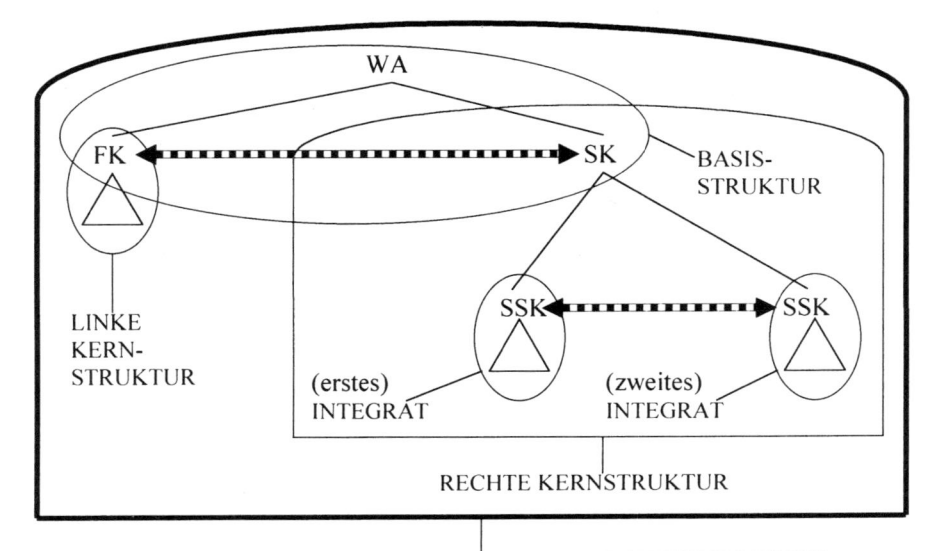

**EINFACHE INTEGRIERTE, VERTIKALARCHITEKTONISCH
AUSGEBAUTE MIKROSTRUKTUR**

Abb. 196.4: *Allgemeines Mikrostruktur- und architekturbild* zu wa$_1'$; „x ⬌ y" bedeutet soviel wie *x ist (als Ganzes) oberhalb von y*

daran ändert, daß der FK von wa$_1'$ als Ganzes oberhalb des ersten SSK und dieser als Ganzes oberhalb des zweiten SSK und damit der FK auch als Ganzer oberhalb des SK von wa$_1'$ steht (vgl. Textbeispiel 196.2), was bei wa$_1$ dagegen nicht der Fall ist (vgl. Textbeispiel 196.1). In dem *allgemeinen Mikroarchitekturbild* in Abb. 196.5 wird dieser Sachverhalt ebenfalls deutlich.

Die größere Benutzerfreundlichkeit von wa$_1'$ rührt weiterhin daher, daß die *innere Schnellzugriffsstruktur* ⟨**Moos, 1., 2.**⟩ in wa$_1'$ *vertikal*, während sie in wa$_1'$ *geschlängelt* (oder: *zickzackförmig*) verläuft, d. h.: auf der Trägermenge der inneren Schnellzugriffsstruktur sind *oberhalb-unterhalb*-Relationen definiert, so daß also die innere Schnellzugriffsstruktur in wa$_1'$ vertikalarchitektonisch ausgebaut ist, in wa$_1$ dagegen nicht; vertikalarchitektonisch ausgebaute innere Schnellzugriffsstrukturen heißen *glatt*. Im *erweiterten allgemeinen Mikroarchitekturbild* in Abb. 196.6 ist dieser Sachverhalt berücksichtigt.

Daß Wörterbuchartikel mit Mikroarchitektur grundsätzlich benutzerfreundlicher sind als Artikel ohne Mikroarchitektur, wird erst richtig deutlich, wenn es sich um Großartikel handelt, in denen u. U. 20 Polysemieangaben und mehr auftreten (wie z. B. in LGWDaF 1993; vgl. dazu Abb. 14 in Wiegand 1995, 488).

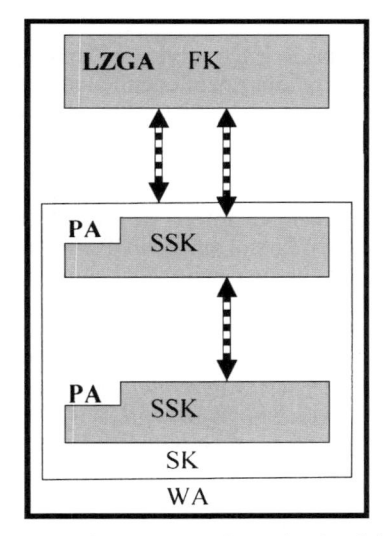

Abb. 196.5: *Allgemeines Mikroarchitekturbild* zum Artikel wa$_1'$ in Textbeispiel 196.2 mit vertikalarchitektonisch ausgebauter Mikrostruktur; „x ⬌ y" bedeutet soviel wie *x ist (als Ganzes) oberhalb von y*

Im folgenden wird wa$_1$ anhand der Darstellung seiner Mikrostruktur in Abb. 196.7 hinsichtlich einiger ausgewählter Struktureigenschaften und -teile etwas genauer betrachtet. Begonnen wird mit dem *Formkommentar*

```
┌─────────────────────────────┐
│  GLATTE INNERE SCHNELL-     │
│  ZUGRIFFSSTRUKTUR           │
│   ┌────┬──────────────┐     │
│   │Moos│    FK        │     │
│   └────┴──────────────┘     │
│      ↕        ↕              │
│   ┌─┐ ┌──────────────┐      │
│   │1.│ │   SSK        │      │
│   └──┘ └──────────────┘      │
│              ↕               │
│   ┌──┐ ┌──────────────┐     │
│   │2.│ │   SSK        │     │
│   └──┘ └──────────────┘     │
│              SK              │
│              WA              │
└─────────────────────────────┘
```

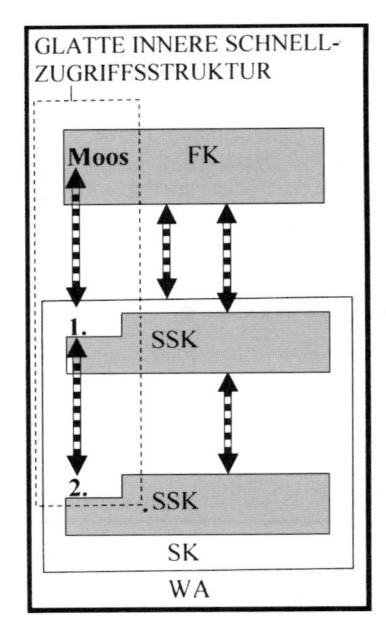

Abb. 196.6: *Erweitertes allgemeines Mikroarchitekturbild* zu wa$_1^1$

(FK), welcher nach üblichen lexikographischen Vertextungsgepflogenheiten gestaltet ist. Nach dem HWDG (XXV, 2.1.) werden Angaben zur Aussprache nur für diejenigen Wörter verzeichnet, die von Ausspracheregeln der deutschen Sprache abweichen. Für den kundigen Benutzer des HWDG, also den, der den entsprechenden Passus aus den Hinweisen für den Benutzer kennt, bedeutet dies, daß er aus dem Fehlen einer *Ausspracheangabe* (AusA) in einer bestimmten textuellen Artikelposition, die im HWDG stets eine *Angabe der unregelmäßigen Aussprache* (A.unrA) ist, schließen kann, daß das Lemmazeichen *Moos* regelgemäß ausgesprochen wird. Daher wird in der Mikrostrukturdarstellung eine − durch einen funktional-positional eindeutig bestimmten Angabeblank (AB) realisierte − terminale *Angabe zur regelmäßigen Aussprache* (A-rAus) angesetzt, die von einer *Angabe der regelmäßigen Aussprache* (A.rAus) unterschieden werden muß, weil durch einen Angabeblank die Aussprache ja nicht angegeben wird.

Im folgenden wird der *semantische Kommentar* (SK) von wa$_1$ betrachtet. Begonnen wird mit dem ersten *semantischen Subkommentar* (SSK) und dem zugehörigen ersten Integrat. Direkt nach *Polysemieangaben* (PA) erwartet der kundige Benutzer des HWDG (falls keine linksausgelagerte Markierungsangabe vor einer PA steht) eine *pragmatische Markierungsangabe* (pragMA; im HWDG als „stilistische Kennzeichnung" bezeichnet). Fehlt diese dort, heißt dies, daß das Lemmazeichen, hier *Moos* (und damit auch alle Mitglieder des Lemmazeichenparadigmas), mit der im ersten SSK beschriebenen Bedeutung in keiner Markierungsdimension (z. B. diaphasisch, diastratisch, diatopisch) markiert ist. Daher wird in der Strukturdarstellung eine − wiederum durch einen Angabeblank realisierte − terminale *Angabe zur pragmatischen Nullmarkierung* (A-pragNM) als erste Teilangabe der *pragmatisch-semantischen Angabe* (PragsemA) angesetzt. Wie alle anderen SSK-internen Angaben, so steht auch die A-pragNM im Geltungsbereich der Bedeutung, die mit der auf sie folgenden *Bedeutungsparaphrasenangabe* (BPA) erläutert wird, und zwar mit der erschließbaren Bedeutungsparaphrase „kleine, in großer, dicht stehender Menge, vorzugsweise an schattigen, feuchten Stellen wachsende immergrüne, sich durch Sporen vermehrende Pflanze", denn die Nullmarkierung gilt nur für das so erläuterte Semem von *Moos*. Den letzten Teil des ersten SSK bildet die verdichtete Angabe, die aus drei *Kompetenzbeispielangaben* besteht und aus der vier Kompetenzbeispiele erschließbar sind (v.A.^{4}KBei^3). Diese nichtelementare Angabe steht im direkten Skopus der BPA, denn in allen vier aus ihr erschließbaren Beispielen wird *Moos* in der Bedeutung verwendet, die in der vorausgehenden BPA paraphrasiert wurde.

Im folgenden wird der zweite SSK von wa$_1$ betrachtet; er beginnt mit der *verdichteten Singularetantumangabe* (v.SgtA). Sie steht im Geltungsbereich der mit der nachfolgenden *Bedeutungsangabe* (BA) erläuterten Bedeutung des Lemmazeichens, wobei hier diese BA − im Unterschied zum ersten SSK − keine BPA, sondern eine *um eine Bedeutungsidentifizierungskennzeichnung rechtserweiterte Synonymangabe* ist (*Geld* (1) ∈ SynA(BIK). Die verdichtete Singularetantumangabe „o. Pl." eröffnet einen SSK-internen Skopus und beschränkt den Skopus der verdichteten Pluralbildungsangabe „-e" im Formkommentar auf den ersten SSK. In der im zweiten SSK erläuterten Bedeutung gilt *Moos* als pragmatisch markiert, so daß eine *pragmatische Angabe zur Stilschicht* (pragA.St) als erste Teilangabe der pragmatisch-semantischen Angabe auftritt.

Integrierte Mikrostrukturen sind das Ergebnis der Anwendung der lexikographischen *Beschreibungsmethode* (oder: *Bearbeitungsmethode*) *der Integration*. Diese besteht – grob gesprochen – darin, daß ein Wörterbuchartikel eines allgemeinen einsprachigen Wörterbuches außerhalb des Formkommentars auf der Basis der lexikographischen Integrationsergebnisse zur lexikalischen Semantik des Lemmazeichens so gegliedert wird, daß alle Angaben zu einer Einzelbedeutung (einem Semem) und zum Gebrauch des Lemmazeichens in dieser Einzelbedeutung (gemäß den Vorgaben des Mikrostrukturenprogramms) in gerade einen *semantischen Subkommentar* (SSK) *integriert* und damit Elemente der Trägermenge ein und desselben Integrates sind. – Auch Artikel zu Lemmazeichen, die als monosem interpretiert wurden, können nach der Methode der Integration gearbeitet sein, denn sie lassen sich hinsichtlich ihrer Mikrostrukturen als Spezialfälle von Artikeln zu polysemen Lemmazeichen auffassen (vgl. Wiegand 1990a, 63 f.).

Einfach integrierte Mikrostrukturen können in verschiedener Weise erweitert sein (z. B. linkserweitert, intern erweitert, rechtserweitert und zahlreiche andere Möglichkeiten; vgl. Wiegand 1989b, 490 ff; 1990a, 79 ff; 1991, 417 ff; 1998a). Alle Arten von *erweiterten* Strukturen – außer denen mit rechter oder linker Marginalstruktur – sind reine Textkonstituentenstrukturen; für die architektonisch *ausgebauten* gilt das nicht. Neben den integrierten werden vor allem die *partiellintegrierten* (oder: *teilintegrierten*) Mikrostrukturen (vgl. Wiegand 1989b, 482 f; 1996, 9 ff; 1998a), die *gemischt-integrierten* (vgl. Wiegand 1996, 21 ff), die *semiintegrierten* (vgl. Wiegand 1996, 34 ff) und die *nichtintegrierten Mikrostrukturen* (vgl. Wiegand 1989b, 488 ff; 1996, 23 ff; 1998a) unterschieden, die weitere Unterarten haben. – Alle Mikrostrukturen können *illustrativ ergänzt*

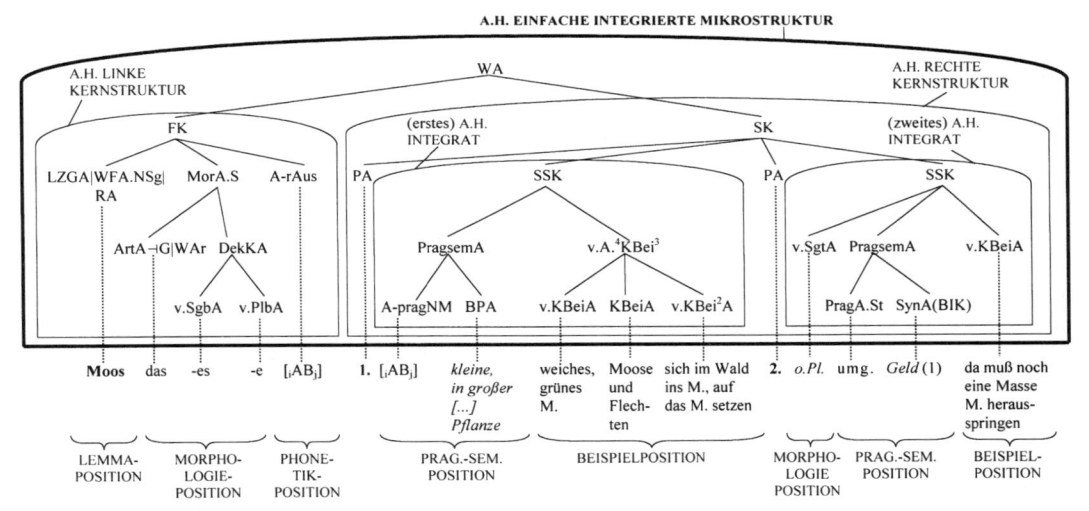

Abb. 196.7: *Kommentierter Strukturgraph* zur (abstrakten und zur konkreten) einfachen hierarchischen Mikrostruktur, die zu wa₁ gehören; *Abkürzungen*: A. = ABSTRAKT; H. = HIERARCHISCH; LZGA|WFA.NSg|RA = Lemmazeichengestaltangabe (LZGA), die zugleich („|") eine Wortformangabe für den Nominativ Singular (WFA.NSg) und eine Rechtschreibangabe (RA) ist; MorA.S = Morphologieangabe bei Substantiven; ArtA ⊣ G|WAr = Artikelangabe, aus der das Genus und zugleich die Wortart erschließbar ist; DekKA = Deklinationsklassenangabe; v.SgbA = verdichtete Singularbildungsangabe; v.PlbA = verdichtete Pluralbildungsangabe; A-rAus = Angabe zur regelmäßigen Aussprache; PragsemA = pragmatisch-semantische Angabe; A-pragNM = Angabe zur pragmatischen Nullmarkierung; ᵢABⱼ = Angabeblank (als Angabeform) mit Blankvariablen „i", „j", durch deren Belegung mit den Klassensymbolen der beiden Nachbarangaben die Blankposition festgelegt wird; BPA = Bedeutungsparaphrasenangabe; A.⁴KBei³ = Angabe, die aus drei Kompetenzbeispielangaben besteht und aus der vier Kompetenzbeispiele erschließbar sind; KBeiA = Kompetenzbeispielangabe; v.KBeiA = verdichtete Kompetenzbeispielangabe; v.KBei²A = verdichtete Kompetenzbeispielangabe, aus der zwei Kompetenzbeispiele erschließbar sind (oder: mit zwei Kompetenzbeispielen); v.SgtA = verdichtete Singularetantumangabe; PragA.St = Pragmatische Angabe zur Stilschicht; SynA(BIK) = um eine Bedeutungsidentifizierungskennzeichnung (BIK) rechtserweiterte Synonymangabe

sein. Dies ist stets dann der Fall, wenn eine Abbildung als Teil eines Artikels gilt (vgl. Pan Zaiping/Wiegand 1995, 69 ff).

Anhand von wa$_2$ (vgl. Textbeispiel 196.3) werden nachfolgend *gemischt-integrierte Mikrostrukturen* bei zweisprachigen Wörterbuchartikeln exemplarisch behandelt.

---

ismertető [~t, ~je, ~k] *(s.)* **1.** *(személy)* rBesprecher [1,14], rRezensent [1,20]; **2.** *(írás)* eAnkündigung, eWerbeschrift [1,23], rProspekt [1,00]

Textbeispiel 196.3: wa$_2$ zum Lemmazeichen *ismertető* aus Halász 1992

Gemischt-integrierte Mikrostrukturen haben ihren Namen daher, daß die unmittelbare Textkonstituente, die dann mittelbar auf den Formkommentar folgt, wenn keine interne Artikelerweiterung (i. S. v. Wiegand 1989b, 493 ff) gegeben ist, sozusagen kein „reiner" semantischer Kommentar (SK) ist; vielmehr ist nach dem Mikrostrukturenprogramm vorgesehen, daß neben skopusbeschränkenden Formangaben (wie z. B. die verdichtete Singularetantumangabe in wa$_1$, vgl. Abb. 196.7), die definitionsgemäß auch in semantischen Kommentaren auftreten dürfen, auch weitere Formangaben zugelassen sind, und zwar besonders solche, die an die zielsprachigen Äquivalentangaben adressiert sind. Der Kommentar, der in zweisprachigen Artikeln mit gemischt-integrierten Mikrostrukturen, die nicht binnenerweitert sind, unmittelbar auf den Formkommentar folgt, heißt *Kommentar zur Form und Semantik* (KFS) und entsprechend wird von *Subkommentaren zur Form und Semantik* (SKFS) gesprochen.

In wa$_2$ beginnt der KFS mit „**1.**" und endet mit „[1,00]". Im KFS gibt es zwei Arten von Formangaben: (i) die *verdichteten Artikelangaben*, aus denen der dt. bestimmte Artikel, das Genus und die Wortart erschließbar sind (v.ArtA ⊣ Art|G| WAr) und die als Teilangaben von linkserweiterten Wortäquivalentangaben (WÄA) auftreten (z. B. rRezensent ∈ [v.ArtA ⊣ Art|G|WAr] WÄA). (ii) die *verweisvermittelnden* (oder: *verweisenden*) *Deklinationsmusterangaben* (DekMA ↑ UTAd), die als Ziffern realisiert sind (z. B. 1,14 od. 1,00). Aus den Ziffern kann der kundige Benutzer einen Verweis auf eine Verweisaußenadresse erschließen, und zwar eine in einem integrierten Umtext, also eine Umtextadresse (UTAd), die ein Element der Trägermenge der äußeren numerischen Zugriffsstruktur

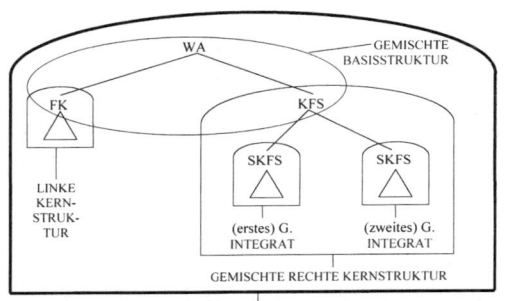

Abb. 196.8: *Allgemeines Mikrostrukturbild* für einfache gemischt-integrierte Mikrostrukturen von zweisprachigen Wörterbuchartikeln zu zweifach polysemen Lemmazeichen; *Abkürzungen*: KFS = Kommentar zur Form und Semantik; SKFS = Subkommentar zur Form und Semantik; G = GEMISCHT

der Wörterbuchgrammatik im Vorspann von Bd. I ist und unter der er ein Deklinationsmuster findet. Das allgemeine Mikrostrukturbild zu wa$_2$ findet sich in Abb. 196.8.

Die Mikrostrukturen sind diejenigen Strukturen, welche u. a. die *artikelinterne Distribution der Angaben* bestimmen; damit legen sie auch — zusammen mit anderen Faktoren — die artikelinternen Zugriffsbedingungen fest.

2.2. Suchbereichsstrukturen, artikelinterne Suchzonen und Suchzonenstrukturen

Berücksichtigt man bei der Strukturierung von Wörterbuchartikeln die Perspektive der Benutzer-in-actu, die eine Suchfrage haben, auf die wahrnehmbare textuelle Gestalt eines Artikels, dann kann ein Wörterbuchartikel als ein abgegrenzter *textueller Suchbereich* aufgefaßt werden, dessen Lemma auch als Träger eines *Suchbereichsanzeigers* fungiert (vgl. hierzu und zum folgenden Wiegand 1998u. 1999a). Der Wörterbuchartikel weist dann eine *konkrete hierarchische Suchbereichsstruktur* auf, und er besteht meistens aus mehreren *Suchzonen*, die bestimmten Namen tragen (z. B. *Formzone, Bedeutungszone*; vgl. 5.) und *konkrete hierarchische Suchzonenstrukturen* aufweisen, die Teilstrukturen der *konkreten hierarchischen Suchbereichsstruktur* sind und deren Strukturnamen an die Namen der Suchzonen anschließen (z. B. *Formzonenstruktur, Bedeutungszonenstruktur*). Suchzonen sind *textuelle Zonen* (und damit geordnete Mengen von funktionalen Textsegmenten) in einem Wörterbuchartikel, die meistens voneinander durch *Suchzonenanzeiger* mehr oder weniger deutlich getrennt sind. Der genuine Zweck einer Suchzone besteht darin, daß dem kundigen Benutzer-in-actu anhand bestimmter unmittelbar wahrnehmbarer Merkmale der textuellen Gestalt des gesamten Suchbereiches, die Suche nach Angaben erleichtert wird. Der genuine Zweck eines Kommentars besteht dagegen darin, daß mit ihm Angaben präsentiert werden, die unter sprachtheoretischen Aspekten als zusammengehörig eingestuft werden. – In seltenen Fällen treten *Subsuchzonen* auf, die entsprechend durch *Subsuchzonenanzeiger* getrennt sind (vgl. wa$_{33}$ in Textbeispiel 196.17). In einer Suchzone findet der Benutzer-in-actu entweder solche Angaben, aus denen er Antworten auf Suchfragen erarbeiten kann, die zu einer Klasse K von ähnlichen Suchfragen gehören, wobei die Ähnlichkeit sprachtheoretisch motiviert ist und besonders durch eine Eigenschaft des Lemmazeichens konstituiert wird. Beispiele für solche Klassen von Suchfragen sind:

K$_1$: Suchfragen zur Form des Lemmazeichens
K$_2$: Suchfragen zu den Bedeutungen des Lemmazeichens
K$_3$: Suchfragen zu Phraseologismen mit der Form des Lemmazeichens usw.

Wer beispielsweise eine Suchfrage aus K$_1$ hat, muß in der *Suchzone zur Form des Lemmazeichens* (kurz: *Formzone*) suchen, wobei die naheliegende metaphorische Redeweise *in der Suchzone suchen* etwa verstanden werden muß wie *die Angaben prüfen, die eine Suchzone bilden*. Oder aber der Benutzer-in-actu findet in einer Suchzone solche Angaben, die der Lexikograph nicht aus sprachtheoretischen, sondern aus je wörterbuchspezifischen Gründen zusammengeordnet hat (vgl. z. B. wa$_{27}$ in Textbeispiel 196.15). Während im ersteren Fall die Suchzonen mit Kommentaren identisch sein oder weitgehend mit diesen übereinstimmen können, ist dies im letzteren Fall anders.

Suchzonen sind immer unmittelbare Textkonstituenten des Wörterbuchartikels, und die zugehörigen Suchzonenstrukturen sind in den allermeisten Fällen reine Textkonstituentenstrukturen. Zur Trägermenge einer konkreten hierarchischen Suchbereichsstruktur gehören neben dem Wörterbuchartikel selbst, der dann als Suchbereich gilt, alle elementaren und nicht elementaren Angaben (also auch Suchzonen) sowie die nichttypographischen Strukturanzeiger (vgl. Abb. 196.8), wobei festgelegt werden kann, ob die Blanks auf der Ebene der Wörterbuchform Berücksichtigung finden sollen oder nicht (vgl. Wiegand 1996a). Daher können konkrete Teilstrukturen der Suchbereichsstruktur nicht mit konkreten Teilstrukturen der Mikrostruktur verwechselt werden, da zur Trägermenge der letztgenannten Strukturen nur Angaben gehören. Dagegen kann es vorkommen, daß eine Teilstruktur der Artikelstruktur mit einer Teilstruktur der Suchbereichsstruktur gleich ist, z. B. die linke Kernstruktur$_{Art}$ mit der Formzonenstruktur.

Ob ein Textteil eines Wörterbuchartikels als Suchzone eingestuft wird oder nicht, wird dadurch entschieden, ob eine semiotisch ausgezeichnete Angabe, die auch als *Angabesymbol* oder als *Nullangabe* realisert sein kann, als Träger eines *Suchzonenanzeigers* gegeben ist, und weiterhin dadurch, ob diese Angabe als Element einer Trägermenge einer inneren Schnellzugriffsstruktur gelten kann. Dies gilt für Subsuchzonen *mutatis mutandis*. Ein besonderer Fall liegt vor, wenn Suchzonenanzeiger durch flächige integrative Suprasegmente realisiert sind.

Auch die Suchbereichsstruktur kann vertikal- und/oder horizontalarchitektonisch ausgebaut sein (vgl. 5.).

Insgesamt gilt (nach Wiegand 1998a), daß die (gegebenenfalls architektonisch ausgebaute) *Suchbereichsstruktur* eines Wörterbuchartikels mit der Textgestaltwahrnehmung der Benutzer in größerem Maße konform geht als die Mikrostruktur und diejenige Struktur darstellt, die für die Benutzer bei der Orientierung in Artikeln, die zur Größenklasse der *Großartikel* gehören, eine hervorragende Rolle spielt.

Im folgenden werden wa$_1$ und wa$_1'$ hinsichtlich ihrer Suchzonen sowie hinsichtlich der zugehörigen Strukturen kurz betrachtet.

Wie aus Abb. 196.6 hervorgeht, weist wa$_1'$ eine *glatte innere Schnellzugriffsstruktur* auf, zu deren Trägermenge drei Elemente, nämlich die Lemmazeichengestaltangabe **Moos** sowie die beiden Polysemieangaben **1.** und **2.** gehören, so daß drei Suchzonenanzeiger (**halbfett** als Eigenschaft der drei Angabeformen) und entsprechend drei Suchzonen gegeben sind. Die Suchzonenanzeiger tragenden Angaben sind stets Teile der Suchzone, die sie anzeigen, stehen also nicht zwischen zwei Suchzonen. Die erste Suchzone, die *Formzone* (FZ), ist mit dem Formkommentar identisch (was keineswegs immer der Fall ist). Die zweite Suchzone, die erste *Bedeutungszone*

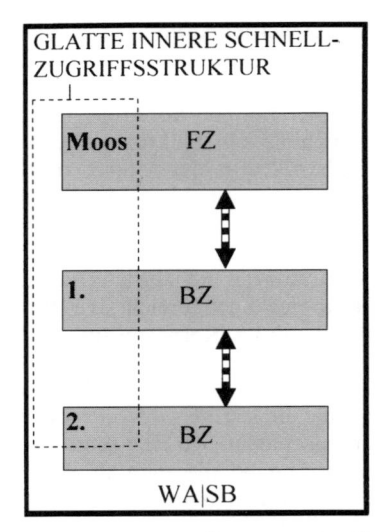

Abb. 196.9: *Erweitertes allgemeines Suchbereichsarchitekturbild* zu wa₁′; *Abkürzungen*: WA|SB = Wörterbuchartikel zugleich Suchbereich; FZ = Formzone; BZ = Bedeutungszone

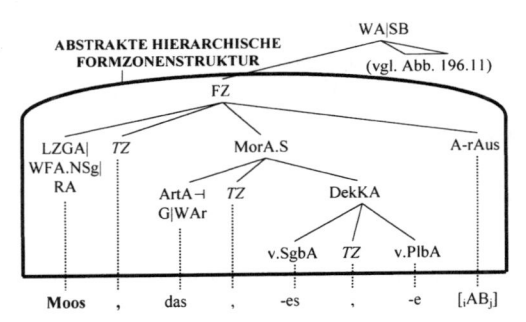

Abb. 196.10: *Kommentierter Strukturgraph* zur (abstrakten und zur konkreten) hierarchischen Formzonenstruktur als Teilstruktur der Suchzonenstruktur von wa₁′; *Abkürzungen*: TZ = Trennzeichen als nichttypographischer Strukturanzeiger; WA|SB = Wörterbuchartikel zugleich Suchbereich; FZ = Formzone (weitere Abk. vgl. Abb. 196.7)

(BZ), ist nicht mit dem ersten semantischen Subkommentar identisch, weil die Polysemieangabe **1.** nicht zum ersten semantischen Subkommentar gehört, da man aus ihr nichts über das im ersten SSK lexikographisch bearbeitete Semen von *Moos* erfährt. Entsprechendes gilt für die zweite Bedeutungszone. Die Suchbereichsstruktur ist vertikalarchitektonisch ausgebaut, da auf den drei Suchzonen *oberhalb/unterhalb*-Relationen definiert sind. wa₁ weist die gleiche Suchzonenstruktur auf wie wa₁′ mit der Einschränkung, daß sie nicht architektonisch ausgebaut ist.

In Abb. 196.9 findet man das *erweiterte allgemeine Suchbereichsarchitekturbild* zu wa₁′, das sich von dem in Abb. 196.6 deutlich unterscheidet; in Abb. 196.10 sind die konkrete und abstrakte hierarchische Formzonenstruktur von wa₁′ dargestellt; diese sind mit der zum Formkommentar gehörigen konkreten und abstrakten hierarchischen linken Kernstruktur_Art als Teilstruktur der Artikelstruktur identisch.

Es ist wichtig, daß folgender Unterschied unbedingt beachtet wird: Während die semantischen Subkommentare *mittelbare* Textkonstituenten des Wörterbuchartikels sind — was sprachtheoretisch motiviert ist — sind die Bedeutungszonen *unmittelbare* Textkonstituenten des Wörterbuchartikels; dies ist benutzerbezogen motiviert. Denn nach Ausweis empirischer Untersuchungen interpretiert der Benutzer sein suchendes Lesen so, daß er nicht von der Formzone erst in eine übergeordnete semantische Zone geht und dann zum ersten Teil dieser übergeordneten Zone, der ersten Bedeutungszone, sondern seine bewußtseinseigene Perspektive ist so, daß er direkt in die erste Bedeutungszone geht, von dieser direkt in die zweite usw. fortschreitet. — Die beiden noch fehlenden Teilstrukturen der Suchzonenstruktur von wa₁′ findet man in Abb. 196.11.

3. Der genuine Zweck von Wörterbüchern und ihre Umtexte

Wörterbücher sind Gebrauchsgegenstände und haben daher *genuine Zwecke* (oder: *genuine Funktionen*); diese bestehen darin, daß sie anhand bestimmter Eigenschaften gebraucht werden können, um diejenigen Ziele zu erreichen, um deren Erreichung willen sie hergestellt wurden. Auf der höchsten Ebene der Generalisierung haben *alle Sprachwörterbücher* gerade einen genuinen Zweck, der nicht mit den *Wörterbuchfunktionen* (i. S. v. Tarp 1994) verwechselt werden darf, die sich in *indirekte* (oder: *textbezogene*) und *direkte* (oder: *textunabhängige*) einteilen lassen (vgl. Bergenholtz 1996, 747 ff). Der genuine Zweck besteht darin, daß ein Wörterbuch benutzt wird, um anhand lexikographischer Daten (besonders in Teiltexten mit äußerer Zugriffsstruktur) Informationen zu denjenigen Eigenschaftsausprägungen bei sprachlichen Ausdrücken zu erschließen, die zum jeweiligen Wörterbuchgegenstand gehören (vgl.

A.H. VERTIKALARCHITEKTONISCH AUSGEBAUTE SUCHBEREICHSSTRUKTUR

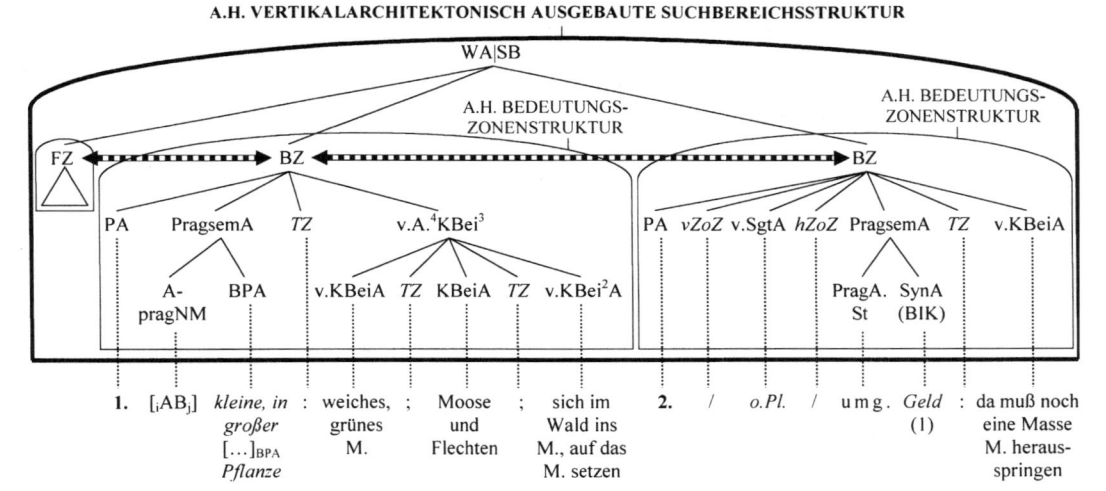

```
                              WA|SB
                                                    A.H. BEDEUTUNGS-
                        A.H. BEDEUTUNGS-              ZONENSTRUKTUR
                          ZONENSTRUKTUR
  FZ ←┄┄┄┄┄┄→ BZ ←┄┄┄┄┄┄┄┄┄┄┄┄┄┄┄┄┄┄┄→ BZ
       PA  PragsemA  TZ  v.A.⁴KBei³     PA  vZoZ  v.SgtA  hZoZ  PragsemA  TZ  v.KBeiA
           
        A-    BPA    v.KBeiA  TZ  KBeiA  TZ  v.KBei²A           PragA.  SynA
       pragNM                                                    St    (BIK)

  1.  [ᵢABⱼ]  kleine, in  : weiches,  ; Moose    ; sich im       2.  /  o.Pl.  /  u m g.  Geld  : da muß noch
              großer       grünes        und       Wald ins                                (1)    eine Masse
              [...]ᵦₚₐ      M.          Flechten   M., auf das                                     M. heraus-
              Pflanze                              M. setzen                                        springen
```

Abb. 196.11: *Kommentierter Strukturgraph* zur (abstrakten und zur konkreten) vertikalarchitektonisch ausgebauten Suchbereichsstruktur, die wa$_1^i$ aufweist; *Abkürzungen*: WA|SB = Wörterbuchartikel zugleich Suchbereich; FZ = Formzone; BZ = Bedeutungszone; TZ = Trennzeichen; *vZoZ* = vorderes Zusammenordnungszeichen; *hZoZ* = hinteres Zusammenordnungszeichen

Wiegand 1998, 299). Da nach der in Wiegand (1988, 761 f) getroffenen typologischen Unterscheidungen bei den Fachwörterbüchern in *fachliche Sprachwörterbücher, fachliche Sachwörterbücher* und *fachliche Allbücher* die Sachlage so ist, daß nur wenige Fachwörterbücher als Sprachwörterbücher gelten können, muß der genuine Zweck der Fachwörterbücher insgesamt anders bestimmt werden als der von Sprachwörterbüchern; dies kann auf der höchsten Generalisierungsebene z. B. wie folgt geschehen: Der genuine Zweck (oder: die genuine Funktion) von Fachwörterbüchern besteht darin, daß ein Fachwörterbuch benutzt wird, um anhand fachlexikographischer Daten Fachwissensausschnitte zu erarbeiten, die zum jeweiligen Fachwörterbuchgegenstand gehören. Bei dieser Charakterisierung wird vorausgesetzt, daß zum Fachwissen sowohl Wissen über fachliche Gegenstände als auch Wissen über die zugehörige Fachsprache und ihren Gebrauch gehört.

Wenn erforderlich, kann der genuine Zweck von Fachwörterbüchern − ohne daß auf die gerade genannten wörterbuchtypologischen Unterscheidungen aus Wiegand 1988 zurückgegriffen wird − genauer bestimmt werden; dies kann so geschehen, daß der genuine Zweck dadurch spezifiziert wird, daß für das jeweilige Wörterbuch entweder *indirekte* Wörterbuchfunktion oder *direkte* oder eine Anzahl von *indirekten und direkten* Wörterbuchfunktionen (i. S. v. Tarp 1964 u. Ber-

genholtz 1996) angegeben wird. Auf diese Weise entsteht ebenfalls eine Wörterbuchtypologie, deren Haupttypen (vorläufig) *sprachliches Wörterbuch, sachliches Wörterbuch* und *Allwörterbuch* genannt werden können (und mit den oben genannten drei Typen nicht verwechselt werden dürfen).

Im folgenden sei der Frage nachgegangen, in welchem Verhältnis der genuine Zweck von Fachwörterbüchern zu den Umtexten steht. Als Exempel diene zunächst Kučera Engl.-Dt. 1989; hier finden sich folgende Umtexte, die z. T. sowohl auf Englisch als auch auf Deutsch erscheinen:

− Bemerkungen zum Aufbau des Wörterbuches
− Vorbemerkungen des Verfassers
− Dank für Hilfe
− Schriftumsnachweis
− Liste der verwendeten Abkürzungen
− Fachgebietszuordnungen
− Kurzgefaßte Gegenüberstellung der Fachwortbildung im Englischen und Deutschen.

Betrachtet man zunächst die ersten drei, so hat jeder dieser drei Umtexte für sich eine bestimmte Funktion. Die drei Texte des Textverbundes sind aber offensichtlich nicht erfaßt worden, damit der Benutzer von Kučera Engl.-Dt. 1989 anhand dieser Texte Fachwissensausschnitte erarbeitet. Dies bedeutet, daß sie nicht direkt in den genuinen Zweck des Wörterbuches integriert sind, so daß sie *nicht integrierte Umtexte* genannt werden können. Zu diesen gehören auch die Benutzungshinweise (z. B. Vejledning i brugen af ordbogen in Kaufmann/Bergenholtz 1992, 11−25 oder in Teknisk Ordbog 1991, 4−6), anhand derer zwar wichtige Informationen zur erfolgreichen Benutzung des Wörterbuches zu gewinnen sind; diese tragen aber ebenfalls dazu bei, daß der genuine Zweck des Wörterbuches möglichst optimal zur Geltung kommt. Anhand anderer Umtexte in Fachwörterbüchern sind dagegen für den Benutzer direkt Fachwissensausschnitte erhältlich. Bei den Umtexten aus Kučera Engl.-Dt. 1989 ist dies nur beim letztgenannten Text der Fall. Umtexte in Fachwörterbüchern, anhand derer Fachwissensausschnitte erschlossen werden können, teilen diese Eigenschaft mit dem Wörterverzeichnis bzw. der Wörterverzeichnisse des Fachwörterbuches und dienen damit direkt dem genuinen Zweck des Wörterbuches. Sie heißen *integrierte Umtexte* und bilden zusammen mit dem Wörterverzeichnis die *integrierten Bauteile* (oder: *integrierten Komponenten*) eines Fachwörterbuches. Die Unterscheidung von integrierten und nichtintegrierten Umtexten, die sich zum ersten Mal in Tarp 1992a findet, gilt ganz entsprechend für Wörterbücher, die keine Fachwörterbücher sind.

Zu den integrierten Umtexten gehören beispielsweise Wörterbuchgrammatiken (vgl. z. B. Duden-³DUW, 15−48) oder Anhänge zu speziellen Lexikbereichen, wie die Anhänge 1−5 in LGWDaF 1993, die folgende Titel tragen:

− Land/Gebiet/Region − Einwohner − Adjektiv
− Stadt − Einwohner
− Bundesländer − Kantone
− Zahlen
− Die wichtigsten unregelmäßigen Verben.

Besonders wichtige integrierte Umtexte in Fachwörterbüchern sind diejenigen Teiltexte, die eine fachliche Einführung oder Übersicht geben, z. B. „Introduktion til molekylærbiologi" (Kaufmann/Bergenholtz 1992, 26−63), „Introduction to Molecular Biology" (Kaufmann/Bergenholtz et al. 1998, 19−61), „Faglig innledning" (Bergenholtz et al. 1997, 13−47) und „Einführung in die Thematik" (Ibelgaufts 1992, 12−13).

Es gibt bisher keine einheitliche Regelung, welche integrierten Umtexte im Vor- und welche im Nachspann stehen (sollten); welche Reihenfolge für den Benutzer besonders günstig ist, kann wahrscheinlich nur relativ zu Wörterbuchtypen entschieden werden.

Die Unterscheidung von integrierten und nichtintegrierten Umtexten macht es erforderlich, näher über die Verteilung der Daten auf alle integrierten Komponenten des gesamten Wörterbuches nachzudenken. Dies geschieht im folgenden Abschnitt in informeller Weise mit Bezug auf Fachwörterbücher.

4. Datendistributionsstrukturen in Fachwörterbüchern

Die Wörterbuchforschung zu allgemeinsprachlichen Wörterbüchern hat sich mit Datendistributionsstrukturen bisher kaum befaßt (vgl. aber demnächst Wiegand 1998a u. 1999). Der Grund für diese Vernachlässigung kann wahrscheinlich darin gesucht werden, daß bisher die allgemeinen ein- und zweisprachigen sowie die Sprachstadienwörterbücher bei der Erforschung der Wörterbuchform im Zentrum des Interesses standen. Bei den Wörterbüchern dieser Typen ist aber die Datendistribution auf die integrierten Bauteile des Wörterbuches meistens sehr ähnlich, daher eher unauffällig und überdies auch weniger komplex, so daß die Frage nach der wörterbuchinternen Datendistribution sich nicht vordringlich stellte. Es ist aber deutlich, daß auch bei der Planung allgemeiner ein- und zweisprachiger Wörterbücher sowie bei der von Sprachstadien- und Lernerwörterbüchern Fragen nach der Datendistribution eine wichtige Rolle spielen. Solche Fragen sind beispielsweise:

− Sollen alle lexikographischen Daten auf Einzelartikel eines Wörterverzeichnisses verteilt werden?
− Wieviele Wörterverzeichnisse soll das Wörterbuch haben?
− Sollen die grammatischen Daten auf Einzelartikel und auf eine Wörterbuchgrammatik verteilt werden?
− Soll die Wörterbuchgrammatik als eine Menge von eingelagerten Binnentexten präsentiert werden?
− Soll es Synopseartikel zu einzelnen Fachsprachen geben? (vgl. dazu Wiegand 1977)
− Wie soll die Beziehung von den Einzelartikeln zu den Synopseartikeln sein?

Bei ein- und zweisprachigen Fachwörterbüchern ist die Datendistribution vielseitiger und auffälliger; so ist es erklärlich, daß die ersten informellen Überlegungen zur „Verteilungsstruktur" (distribution structure) anhand von neueren Fachwörterbüchern vorgenommen wurden (vgl. Tarp 1992a, 1995). Im folgenden wird im Anschluß an Tarp 1992a und 1995 sowie Wiegand 1998a in informeller Weise und ohne Anspruch auf Exhaustivität erläutert, was unter *lexikographischen Datendistributionsstrukturen* in Fachwörterbüchern verstanden werden kann, und es werden einige ausgewählte Arten von Datendistributionsstrukturen erklärt. Die dargestellten Strukturen können z. T. auch bei anderen Typen von Wörterbüchern auftreten, insbesondere bei allgemeinen einsprachigen und zweisprachigen Wörterbüchern, bei ein- und zweisprachigen Lernerwörterbüchern und bei Sprachstadienwörterbüchern.

Idealiter kann davon ausgegangen werden, daß zu jedem Fachwörterbuch (FWb) ein *Datendistributionsprogramm* (i. S. v. Wiegand 1998a) gegeben ist. Dieses regelt die Verteilung aller lexikographischen Daten, *auf die* integrierten Bauteile eines Wörterbuches (und nicht *in den* integrierten Bauteilen!). Das Datendistributionsprogramm darf z. B. nicht mit dem Mikrostrukturenprogramm eines Fachwörterbuches verwechselt werden, das u. a. die Datenverteilung innerhalb bestimmter integrierter Bauteile, nämlich den Wörterbuchartikeln, regelt. Zu jedem Datendistributionsprogramm gehört (idealiter) ein Verweisprogramm (oder: Mediostrukturenprogramm), in dem die Verweisstruktur des Wörterbuches festgelegt wird.

Gegeben sei – als abstraktes Beispiel Nr. 1 – ein beliebiges initialalphabetisches Fachwörterbuch FWb_1, das nur aus einem einfachen Wörterverzeichnis mit Einzelartikeln und einem Vorspann besteht, der ein Vorwort und Benutzungshinweise aufweist. Da das Vorwort und die Benutzungshinweise zu den nicht integrierten Umtexten gehören, müssen sie im Datendistributionsprogramm (DDP) nicht berücksichtigt werden. Das Datendistributionsprogramm DDP_1 zu FWb_1 ist einfach und besteht lediglich aus folgenden Anweisungen (A):

(A_1) FWb_1 soll nur ein einfaches Wörterverzeichnis (e.WZ) mit Einzelartikeln aufweisen
(A_2) Alle lexikographischen Daten sind auf die Einzelartikel zu verteilen.

Wird A_2 befolgt, ist das Ergebnis eine bestimmte *Datendistribution* aber noch keine *Datendistributionsstruktur*. Über eine solche Struktur verfügt man im Beispiel Nr. 1 erst dann, wenn auf der Menge aller Einzelartikel (EArt), auf welche die Daten verteilt sind, mindestens eine strukturprägende Relation definiert wird. Die benötigte Relation liefert derjenige Teil des Makrostrukturenprogramms, in dem es um die Anordnung der Leitelementträger geht. Denn im Beispiel Nr. 1 handelt es sich um ein initialalphabetisches Wörterbuch, so daß auf der Menge der Leitelementträger eine initialalphabetische Relation definiert ist. Im Normalfall – und der soll hier unterstellt werden – sind damit auch alle Einzelartikel von FWb_1 gerade so wie die zugehörigen Leitelementträger geordnet, so daß also nun festgelegt werden kann: Wenn auf der Menge der Leitelementträger eines Wörterbuches eine initialalphabetische Relation definiert ist, dann gelte, daß sie auch auf der Menge der Einzelartikel definiert ist. Diese Festlegung erlaubt nun, daß von initialalphabetisch geordneten Einzelartikeln gesprochen wird, so daß nun auch davon gesprochen werden kann, daß FWb_1 eine *initialalphabetische Datendistributionsstruktur* aufweist.

Datendistributionsstrukturen, zu deren Trägermengen als Elemente nur Wörterbuchartikel und keine Umtexte oder Teiltexte von Umtexten gehören, heißen *einfach*; sind Umtexte oder Teiltexte von Umtexten Elemente der Trägermenge, heißen sie *erweitert*. Da es im FWb_1 nur ein Wörterbuchverzeichnis gibt und dieses artikelhomogen ist und da weiterhin die Datendistribution nicht auf integrierte Umtexte erweitert ist, heißt die einfachste Datendistributionsstruktur eines initialalphabetischen Wörterbuches: *einfache monoinitialalphabetische artikelhomogene Datendistributionsstruktur*. Wenn keine Verwechslungen (z. B. mit finalalphabetischen Wörterbüchern) auftreten können, kann *monoinitialalphabetisch* – wie in den nachfolgenden Textteilen – zu *monoalphabetisch* gekürzt werden. Eine Veranschaulichung zu diesem Strukturtyp findet sich in Abb. 196.12.

Gegeben sei nun – als abstraktes Beispiel Nr. 2 – FWb_2; wie FWb_1 weist FWb_2 keine integrierten Umtexte auf. Im Unterschied zu FWb_1 aber eine Wörterverzeichnisreihe WVR, bestehend aus zwei Wörterverzeichnissen (WVR^2), und neben Einzelartiken in beiden Wörterverzeichnissen auch Synopseartikel.

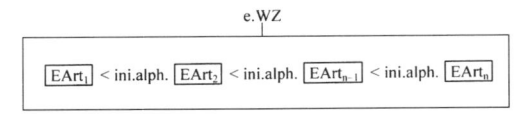

e.WZ
$\boxed{EArt_1}$ < ini.alph. $\boxed{EArt_2}$ < ini.alph. $\boxed{EArt_{n-1}}$ < ini.alph. $\boxed{EArt_n}$

Abb. 196.12: *Veranschaulichung* zur einfachen monoalphabetischen artikelhomogenen Datendistributionsstruktur; „x < ini.alph. y" bedeutet soviel wie *x geht y initialalphabetisch voraus*; es gilt: $n \in \mathbb{N}$

WVR^2

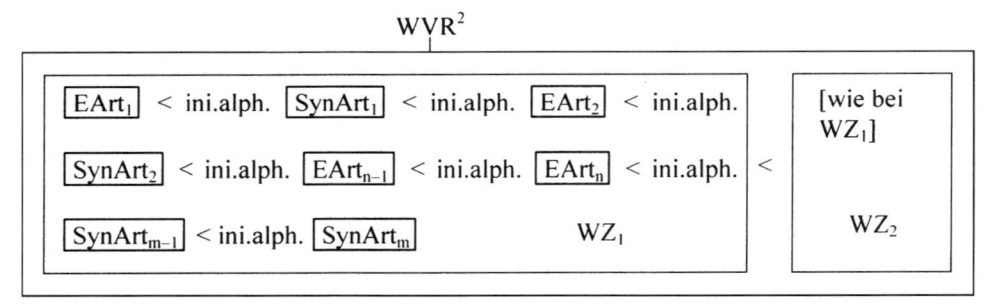

$EArt_1$ < ini.alph. $SynArt_1$ < ini.alph. $EArt_2$ < ini.alph.	[wie bei WZ_1]
$SynArt_2$ < ini.alph. $EArt_{n-1}$ < ini.alph. $EArt_n$ < ini.alph. <	
$SynArt_{m-1}$ < ini.alph. $SynArt_m$ WZ_1	WZ_2

Abb. 196.13: *Veranschaulichung* zur bialphabetischen artikelheterogenen Datendistributionsstruktur; „x < y" bedeutet soviel wie *x geht y voraus*

kel (SynArt). Beide Wörterverzeichnisse sind initialalphabetisch geordnet, so daß FWb_2 zwei äußere Zugriffsstrukturen vom gleichen Typ aufweist. FWb_2 weist damit eine *einfache bialphabetische artikelheterogene Datendistributionsstruktur* auf. Eine Veranschaulichung findet sich in Abb. 196.13.

Es dürfte ohne weitere Erklärung einleuchten, daß nach der Systematik, die (nach Wiegand 1998a) in die bisherigen Darstellungen von einfachen Datendistributionsstrukturen eingegangen ist, auch folgende beiden einfachen Datendistributionsstrukturen auftreten können:

– einfache bialphabetische artikelhomogene Datendistributionsstrukturen
– einfache monoalphabetische artikelheterogene Datendistributionsstrukturen.

Da es genügend Beispiele dafür gibt, daß ein Wörterbuch eine Wörterverzeichnisreihe aufweist, die aus mehr als zwei Wörterverzeichnissen besteht (WVR^m; m > 2), treten auch trialphabetische, vierfachalphabetische (usw.) Datendistributionsstrukturen auf, so daß man in einem Typologieausschnitt den monoalphabetischen zunächst die *polyalphabetischen* Datendistributionsstrukturen gegenüberstellen kann (vgl. Abb. 196.14) und z. B. die bi-, tri- und vierfachalphabetischen als Untertypen der polyalphabetischen geführt werden.

4.1. Zur Verteilung enzyklopädischer Daten auf Synopse- und Einzelartikel, die zum gleichen einfachen Wörterverzeichnis gehören

Wenn in einem Datendistributionsprogramm festgelegt ist, daß ein Fachwörterbuch eine einfache artikelheterogene monoalphabetische Datendistributionsstruktur aufweisen soll, dann ist damit allerdings noch nicht bestimmt, wie die lexikographischen Daten, die zu bestimmten Datentypen gehören, auf die Synopse- und die Einzelartikel verteilt sind. Da in den meisten Fachwörterbüchern enzyklopädische Daten besonders relevant sind, wird die Betrachtung in 4.1. auf diese Daten eingeschränkt. Es geht somit um eine Auswahl aus den prinzipiell möglichen Verteilungsmustern für enzyklopädische Daten, wenn einfache artikelheterogene monoalphabetische Datendistributionsstrukturen vorliegen und damit zugleich um die Möglichkeit der Untertypenbildung zu diesem Strukturtyp.

Um die Verteilungsmuster für enzyklopädische Daten informell aber dennoch möglichst präzise angeben zu können, muß zunächst eine genauere Charakterisierung dessen gegeben werden, was hier unter einem *Synopseartikel mit enzyklopädischen Daten* und unter einem *Einzelartikel* verstanden werden soll. Synopseartikel mit enzyklopädischen Daten sind solche Fachwörterbuchartikel, deren allgemeiner genuiner Zweck darin besteht, daß in ihnen zusammenhängende fachliche Sachwissensausschnitte (sozusagen partielle Synopsen) dadurch textuell repräsentiert werden, daß in ihnen nicht nur Daten zu Eigenschaften des mit dem Lemmazeichen des Synopseartikels usuell Bezeichneten angeboten werden, sondern darüber hinaus Daten zu Eigenschaften des mit Lemmazeichen anderer Einzelartikel des gleichen Wörterbuches usuell Bezeichneten. Damit letzteres möglich ist, müssen die Lemmazeichen der Einzelartikel (bzw. ein Mitglied des Lemmazeichenparadigmas) im Synopseartikel erwähnt werden (vgl. wa_3). Es können zahlreiche Sorten von Synopseartikeln unterschieden werden (z. B. *stark standardisierte* vs. *schwach standardisierte*, vgl. Wiegand 1997a u. 1998a).

196. Datendistributionsstrukturen, Makro- und Mikrostrukturen in neueren Fachwörterbüchern

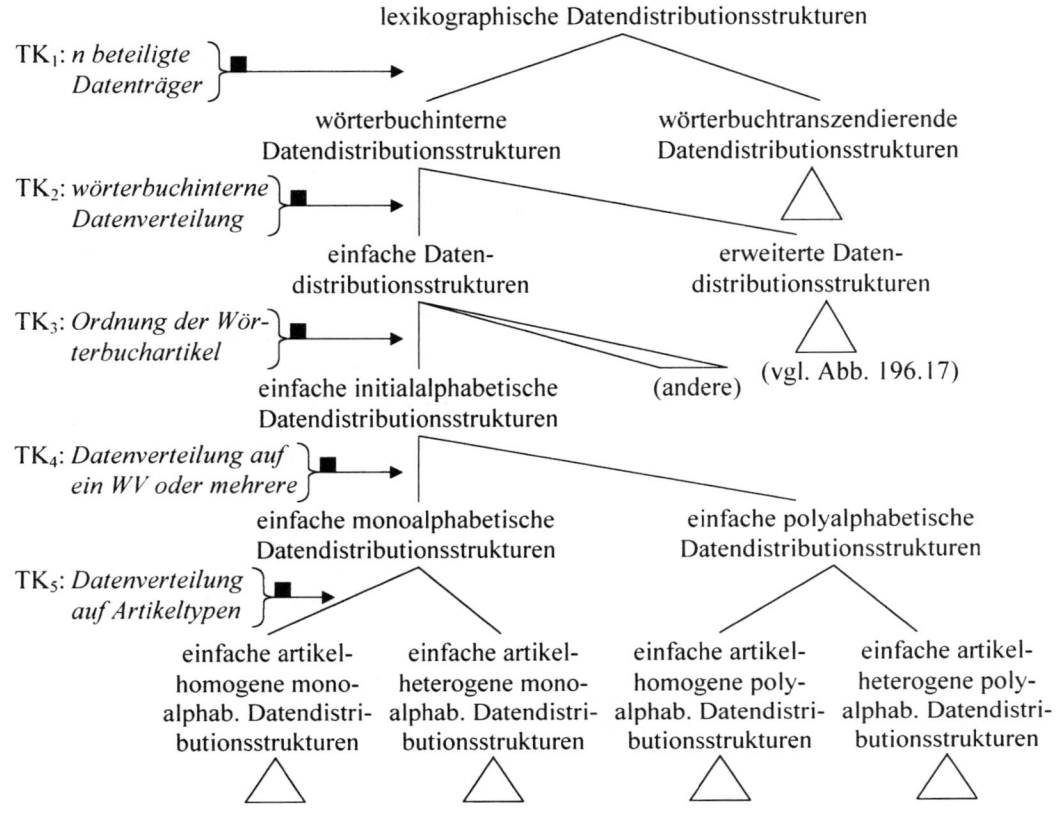

Abb. 196.14: *Erster Typologieausschnitt* aus einer Typologie lexikographisscher Datendistributionsstrukturen; *Abkürzungen*: TK = Typologiekriterium; WV = Wörterverzeichnis; „■→" bedeutet soviel wie *die Anwendung des TK führt zu der Unterteilung*; vgl. Abb. 196.16

Einzelartikel sind dagegen solche Wörterbuchartikel, deren allgemeiner genuiner Zweck darin besteht, daß mit ihnen mehr oder weniger stark isolierte Wissensausschnitte dadurch textuell repräsentiert werden, daß in ihnen nur Daten zu Eigenschaften des Lemmazeichens sowie Daten zu Eigenschaften von Mitgliedern des Lemmazeichenparadigmas angeboten werden und/oder Daten zu Eigenschaften des mit dem Lemmazeichen usuell Bezeichneten. — *Verweisartikel* können entweder als eine spezielle Artikelsorte oder als eine besondere, und zwar rudimentäre Art von Einzelartikeln aufgefaßt werden (vgl. Wiegand 1998a); hier wird letztere Auffassung gewählt.

Einzelartikel, die mindestens eine Verweisangabe aufweisen (wie z. B. die Verweisangabe „→dialysis" in wa_4 in Textbeispiel 196.4), anhand derer ein Verweis auf einen Synopseartikel erschließbar ist, heißen *synopseorientierte Einzelartikel*; wenn also von synopseorientierten Einzelartikeln die Rede ist, ist damit stets klar, daß anhand dieser Artikel ein Verweis auf einen Synopseartikel erschlossen werden kann. Da in einem Wörterverzeichnis jedoch mehrere Synopseartikel auftreten können, muß die jeweilige Orientierung der Einzelartikel ausgedrückt werden. Dies geschieht entweder durch das Prädikat *zugehörig* oder dadurch, daß von *x-orientierten Einzelartikeln* gesprochen wird, wobei „x" eine Variable für Individuennamen von Synopseartikeln ist (z. B. wa_{17}-orientierte Einzelartikel; vgl. unten).

Obwohl ganz erheblich weitergehende Differenzierungen möglich sind, werden nachfolgend lediglich sechs Verteilungsmuster für enzyklopädische Daten in Fachwörterbüchern unterschieden. Einige dieser Verteilungsmuster können in einem Fachwörterbuch zusammen auftreten, so daß die Anzahl der Untertypen des Typs der einfachen artikelheterogenen monoalphabetischen Datenstruktur größer ist als die Anzahl der Verteilungsmuster.

Nachfolgend werden die Verteilungsmuster (oder: Distributionsmuster) für die enzyklopädischen Daten in Synopseartikeln und zugehörigen synopseorientierten Einzelartikeln nicht formal über Mengenbeziehungen angegeben. Es wird aber so formuliert, daß ohne größere Schwierigkeiten zu einer formalen Darstellung der Verteilungsmuster übergegangen werden kann; deswegen muß u. a. ausdrücklich vorausgesetzt werden, daß in jedem Artikel eine enzyklopädische Dateneinheit (*Dateneinheit* gilt hier als Singularform zu *Daten*) nur einmal auftritt, und damit die enzyklopädischen Daten in einem Artikel als wohlunterschiedene Objekte gelten können, so daß in wissenschaftlich angemessener Weise (und nicht nur alltags- oder werkstattsprachlich) von Mengen von enzyklopädischen Daten in einem Artikel gesprochen werden kann.

Das *erste Verteilungsmuster* VM_1 liegt vor genau dann, wenn die anzusetzende Grundmenge, nämlich die Menge aller für einen bestimmten Fachwissensausschnitt vorgesehenen enzyklopädischen Daten, auf einen Synopseartikel$_1$ verteilt ist, und alle zugehörigen synopseorientierten Einzelartikel reine oder erweiterte Verweisartikel sind, wobei unter den erweiternden Angaben keine enzyklopädische Angabe auftreten darf.

Das Verteilungsmuster VM_1 findet sich z. B. in Kaufmann/Bergenholtz et al. 1998, Vol. I; wa_3 in Textbeispiel 196.4 ist ein Synopseartikel, in dem sich sowohl enzyklopädische Daten zu dem mit dem Lemmazeichen *dialysis* usuell Bezeichneten als auch Daten zu dem mit *dialysis tube* usuell Bezeichneten finden; wa_4 ist ein erweiterter Verweisartikel, der als wa_3-orientierter Einzelartikel fungiert (die textuelle Erweiterung besteht in „*tubo* m *de diálisis*", betrifft also keine enzyklopädische Angabe).

Fachwörterbücher, die eine einfache artikelheterogene monoalphabetische Datendistributionsstruktur ausschließlich mit VM_1 aufweisen, können durchaus vorkommen. Das zugehörige Verweisprogramm ist einfach, die erforderliche Verweisdisziplin allerdings groß. Schwierig dagegen ist die fachlexikographische Aufgabe, die nur von Fachleuten oder mit deren Hilfe gelöst werden kann, und die darin besteht, begründet zu entscheiden, welche Fachtermini als Synopse- und welche als Verweislemmata angesetzt werden sollen. Entsprechendes gilt auch bei

> **dialysis** *diálisis* f
> Dialysis is a process that separates molecules according to size by the use of semipermeable membranes containing pores of less than macromolecular dimensions. The pores allow small molecules, such as those of solvents, salts and small metabolites, to diffuse across the membrane but do not allow larger molecules to pass. Dialysis is routinely used to change the solvent in which macromolecules, e.g. protein, DNA or RNA, are dissolved. A solution of the macromolecule is sealed inside a dialysis bag, usually a piece of dialysis membrane tube knotted at both ends, and immersed in a large volume of the new solvent. After several hours the solutions will have equilibrated except for the fact that the macromolecules remain inside the dialysis bag.
> ● The vaccine was less effective in patients on dialysis, probably because of their weakened immune systems.
> ▲ ~ treatment *tratamiento de* ~
> **dialysis tube** *tubo* m *de diálisis*
> → dialysis

Textbeispiel 196.4: wa_3 und wa_4 aus Kaufmann/Bergenholtz et al. 1998, Vol. I, 150

den anderen fünf Verteilungsmustern. Meistens wird jedoch das Verteilungsmuster VM_1 zusammen mit anderen Verteilungsmustern realisiert. Dies ist auch in Kaufmann/Bergenholtz et al. 1992 der Fall. –

Ein Beispiel für VM_1 in einem einsprachigen Fachwörterbuch (Engesser 1986) findet sich in Textbeispiel 196.5; die Artikel wa_5–wa_{17} sind reine synopseorientierte Verweisartikel, so daß in allen als *Verweisadressenangabe* (VerwAdA) das Lemmazeichen *Perspektive* erwähnt wird. Die *konkreten* hierarchischen rudimentären Mikrostrukturen von wa_5–wa_{17} sind untereinander paarweise isomorph und zu der *abstrakten* hierarchischen Mikrostruktur in Abb. 196.15 k-isomorph. Von wa_{18}, einem sechsfach illustrativ ergänztem Synopseartikel ist mit e_1 TV wa_{18} = „**Perspektive**: Darstellung" nur der Artikelanfang (als beliebiger Eintrag e_1) wiedergegeben.

Die synopseorientierten reinen Verweisartikel wa_5–wa_{17} und der zugehörige Synopseartikel wa_{17a} bilden ein *synopseorientiertes Artikelnetz* einer besonderen Sorte (i. S. v. Wiegand 1998a), nämlich ein *synopseorientiertes Artikelnetz mit lemmatischer Verweisungsperipherie*. Ein solches Netz ist eine Teilstruktur der wörterverzeichnisinternen Verweisstruktur (oder: Mediostruktur). An dieser

wa$_5$:	**Aufsicht**	↑ Perspektive
wa$_6$:	**Augpunkt**	↑ Perspektive
wa$_7$:	**Bildebene**	↑ Perspektive
wa$_8$	**Fluchtlinie**	↑ Perspektive
wa$_9$:	**Fluchtpunkt**	↑ Perspektive
wa$_{10}$:	**Frontalperspektive**	↑ Perspektive
wa$_{11}$:	**Froschperspektive**	↑ Perspektive
wa$_{12}$:	**Horizontlinie**	↑ Perspektive
wa$_{13}$:	**Linearperspektive**	↑ Perspektive
wa$_{14}$:	**Malerperspektive**	↑ Perspektive
wa$_{16}$	**Übereckperspektive**	↑ Perspektive
wa$_{16}$:	**Vogelperspektive**	↑ Perspektive
wa$_{17}$:	**Zentralperspektive**	↑ Perspektive
e$_1$ Tv wa$_{17a}$:	**Perspektive:** Darstellung [...]	

Textbeispiel 196.5: wa$_5$–wa$_{17}$ und e$_1$ Tv wa$_{17a}$ aus Engesser 1986; *Abkürzung*: e = Eintrag; Tv = Teil von

**ABSTRAKTE HIERARCHISCHE
RUDIMENTÄRE MIKROSTRUKTUR**

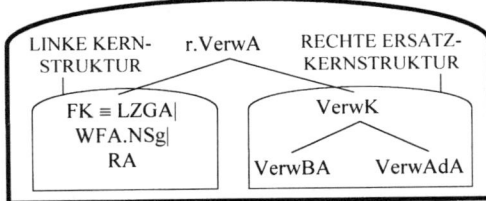

```
   LINKE KERN-      r.VerwA    RECHTE ERSATZ-
   STRUKTUR                    KERNSTRUKTUR

    FK ≡ LZGA|                    VerwK
    WFA.NSg|
       RA                 VerwBA       VerwAdA
```

Abb. 196.15: *Kommentierter Strukturgraph* zur abstrakten hierarchischen rudimentären Mikrostruktur, zu der alle konkreten hierarchischen Mikrostrukturen, welche die reinen Verweisartikel wa$_1$–wa$_{17}$ aufweisen, k-isomorph sind; *Abkürzungen*: r.VerwA = reiner Verweisartikel; VerwK = Verweiskommentar; VerwBA = Verweisbeziehungsangabe; VerwAdA = Verweisadressenangabe (es gelten: ↑ Perspektive ∈ VerwK; ↑ ∈ VerwBZ; Perspektive ∈ VerwAdA)

Stelle sei darauf hingewiesen, daß jede Art von Fachlexikographie (einschließlich der sog. Terminographie) als eine spezielle Art von textueller Fachwissensrepräsentation aufgefaßt werden kann (Näheres dazu in Wiegand 1998a).

Das *zweite Verteilungsmuster* VM$_2$ liegt vor genau dann, wenn alle für einen bestimmten Fachwissensausschnitt vorgesehenen enzyklopädischen Daten auf die synopseorientierten Einzelartikel so verteilt sind, daß die einzelartikelinternen Datenmengen paarweise disjunkt sind, und im Synopseartikel$_2$ alle Daten der synopseorientierten Einzelartikel (auch als Teil eines Gesamtüberblicks) ebenfalls zu finden sind.

Das *dritte Verteilungsmuster* VM$_3$ liegt vor genau dann, wenn die Menge aller für einen bestimmten Fachwissensausschnitt vorgesehenen enzyklopädischen Daten auf die zugehörigen synopseorientierten Einzelartikel so verteilt ist, daß die einzelartikelinternen Datenmengen paarweise disjunkt sind, und im Synopseartikel$_3$ eine Datenmenge gegeben ist, zu der nur einige Daten aus allen zugehörigen synopseorientierten Einzelartikel gehören.

Das *vierte Verteilungsmuster* VM$_4$ liegt vor genau dann, wenn der Menge aller für einen bestimmten Fachwissensausschnitt vorgesehenen enzyklopädischen Daten auf synopseorientierten Einzelartikel so verteilt ist, daß die einzelartikelinternen Datenmengen paarweise disjunkt sind, und im zugehörigen Synopseartikel$_4$ die Restmenge der Menge aller vorgesehenen Daten und damit nur enzyklopädische Daten angeboten werden, die in keinem der zugehörigen synopseorientierten Einzelartikel zu finden sind.

Das *fünfte Verteilungsmuster* VM$_5$ liegt vor genau dann, wenn nur eine festgelegte Teilmenge der Menge aller für einen bestimmten Fachwissensausschnitt vorgesehenen enzyklopädischen Daten auf die synopseorientierten Einzelartikel so verteilt ist, daß die einzelartikelinternen Datenmengen paarweise disjunkt sind und im zugehörigen Synopseartikel$_5$ alle Daten der synopseorientierten Einzelartikel ebenfalls zu finden sind, und zusätzlich die Restmenge der Menge aller vorgesehenen enzyklopädischen Daten und damit solche Daten, die in keinem der zugehörigen synopseorientierten Einzelartikel angeboten werden.

Schließlich liegt das *sechste Verteilungsmuster* VM$_6$ vor genau dann, wenn eine festgelegte Teilmenge der Menge aller für einen bestimmten Fachwissensausschnitt vorgesehenen enzyklopädischen Daten auf die synopseorientierten Einzelartikel so verteilt ist, daß die einzelartikelinternen Datenmengen paarweise disjunkt sind und im Synopseartikel eine Datenmenge gegeben ist, zu der nur einige Daten aus allen zugehörigen synopseorientierten Einzelartikel gehören und zusätzlich die Restmenge der Menge aller vorgesehenen enzyklopädischen Daten und damit solche Daten, die in keinem der zugehörigen synopseorientierten Einzelartikel angeboten werden.

4.2. Zur Verteilung der Daten auf die Wörterverzeichnisse

Die Ausführungen in diesem Abschnitt beziehen sich nur auf alphabetische Fachwörterbücher, und zunächst werden ausschließlich die monolingualen berücksichtigt. Diese können n Wörterverzeichnisse aufweisen (mit $n \geq 1$). Beispielsweise haben Engesser 1986, Hammerschmid-Gollwitzer 1977 und Wiesner/Ribbeck 1991 nur *ein* Wörterverzeichnis. Bei solchen Wörterbüchern ist die Makrostruktur in der Regel mit der einzigen registerexternen äußeren Zugriffsstruktur identisch, und wenn sie kein(e) Register aufweisen, heißen diese Wörterbücher *extern einfach monoakzessiv*, da es zu jeder lexikographischen Textdateneinheit gerade einen definierten Suchpfad gibt (vgl. Wiegand 1989, 393 f. u. 1996, 47). Ist ein alphabetisches Wörterbuch dagegen *extern polyakzessiv*, dann gibt es zu einer Textdateneinheit in einem Wörterverzeichnis unter unterschiedlichen Zugriffsaspekten mindestens zwei Suchpfade, wobei wenigstens einer bei einem Registereingang der Registerzugriffsstruktur beginnen muß. Bei den extern polyakzessiven Wörterbüchern lassen sich solche, die ein *reines Zugriffsregister* aufweisen, von solchen, die ein *m-fach erweitertes Register* (mit $m \geq 1$) aufweisen, unterschieden (vgl. Wiegand 1995a, 267f u. 273f; 1996c, 215ff). Ist letzteres der Fall, sind zusätzlich Daten auf das oder die erweiterten Register verteilt. Diese Klasse von Fällen kann im folgenden nicht berücksichtigt werden. Die extern einfach monoakzessiven Fachwörterbücher und die extern polyakzessiven mit reinen Zugriffsregistern lassen sich hinsichtlich der Datenverteilung gleichartig behandeln: sie weisen *einfache monoalphabetische Datendistributionsstrukturen* (vgl. Abb. 196.14) auf, wenn sie keine integrierten Umtexte enthalten.

Zahlreiche monolinguale Fachwörterbücher haben mehrere Wörterverzeichnisse und damit normalerweise eine *Wörterverzeichnisreihe*, so daß damit auch automatisch mindestens zwei *aufeinanderfolgende Zugriffsstrukturen* gegeben sind.

Bei Wörterbüchern, die zu anderen Wörterbuchtypen gehören, treten auch *Wörterverzeichnisblöcke*, und zwar solche mit *horizontal* oder solche mit *vertikal parallellaufenden Zugriffsstrukturen* auf (vgl. Wiegand 1989, 397ff). Ob es solche Fälle auch bei Fachwörterbüchern gibt, muß hier offen bleiben, so daß im folgenden nur Fachwörterbücher mit Wörterverzeichnisreihen betrachtet werden.

Zunächst gilt grundsätzlich, daß alle Wörterbuchartikel eines Wörterbuches, das n Wörterverzeichnisse aufweist (mit $n \geq 2$), so zusammengeordnet werden könnten, daß nur ein alphabetisch geordnetes Wörterverzeichnis entsteht. Umgekehrt kann man sich eine Wörterverzeichnisreihe als eine Datendistribution denken, die durch Anwendung von bestimmten Operationen auf *ein* Wörterverzeichnis entstanden ist. Im folgenden wird die letztere dynamische Vorstellung gewählt und anhand abstrakter Beispiele grob demonstriert, weil dadurch die verschiedenen Datenverteilungsmöglichkeiten auf mehrere Wörterverzeichnisse besonders anschaulich werden.

Gegeben sei ein Fachwörterbuch FWb_3 mit einem Wörterverzeichnis WV_3. Werden beispielsweise alle Wörterbuchartikel von FWb_3 zu fachlichen Abkürzungen in ein zweites nachgestelltes Wörterverzeichnis WV_4 unter Erhaltung des Ordnungstyps (hier: initialalphabetischer Anordnungstyp) ausgelagert, entsteht ein Fachwörterbuch FWb_4 mit einer Wörterverzeichnisreihe (WZR_4^2), das eine *einfache bialphabetische Datendistributionsstruktur* aufweist. Werden daraufhin zusätzlich alle Wörterbuchartikel zu Maßeinheiten, die FWb_3 aufweist, unter Beibehaltung des Ordnungstyps in ein drittes Wörterverzeichnis ausgelagert, entsteht ein Fachwörterbuch FWb_5 mit einer Wörterverzeichnisreihe (WZR_5^3), das eine *einfache trialphabetische Datendistributionsstruktur* aufweist. Das Wörterverzeichnis WV_3, aus dem die Wörterbuchartikel ausgelagert wurden, gilt als *primäres* (oder: *zentrales*) Wörterverzeichnis; die ausgelagerten gelten als *sekundäre* (oder: *periphere*) *Wörterverzeichnisse*. Die Zugriffsstruktur des primären Wörterverzeichnisses heißt *äußere Hauptzugriffsstruktur*; sekundäre Wörterverzeichnisse weisen *äußere Nebenzugriffsstrukturen* auf. Die Trägermengen der Zugriffsstrukturen der primären und aller sekundären Wörterverzeichnisse, die als ausgelagert aufgefaßt werden können, sind paarweise disjunkt, so daß mithin jedes Lemmazeichen nur einmal als Lemma angesetzt ist, und zwar entweder im primären Wörterverzeichnis oder in dem oder einem der sekundären. Daraus folgt allerdings nicht zwingend, daß auch die im primären Wörterverzeichnis gegebene und die in den sekundären Wörterverzeichnissen jeweils gegebene Datenmenge paarweise disjunkt sind. Es kann beispielsweise sein, daß die als Lemmata angesetzten fachlichen Abkürzungen, die — wie gerade erläutert — mit ihren Wörterartikeln ausgelagert werden, dennoch im primären Wörterverzeichnis auftreten, weil zahlreiche Termini als Lemmata angesetzt wurden, für die es eine gebräuchliche Abkürzung gibt, die

– gemäß dem geltenden Mikrostrukturenprogramm – in Form einer *Abkürzungsangabe* z. B. direkt hinter dem Lemma stehen. – Wird von dem primären Wörterverzeichnis systematisch auf die sekundären Wörterverzeichnisse der Wörterverzeichnisreihe verwiesen, dann tritt an die alphabetische Stelle jedes ausgelagerten Wörterbuchartikels genau ein einfacher Verweisartikel, so daß die Mächtigkeit der Trägermenge der Hauptzugriffsstruktur trotz der Auslagerung konstant bleibt. Bei allen Wörterverzeichnisreihen, deren sekundäre Wörterverzeichnisse als durch Auslagerung entstanden gedacht werden können – unabhängig davon, ob die Wörterverzeichnisse mediostrukturell vernetzt sind oder nicht – kann das Datenangebot in den einzelnen Wörterverzeichnissen als komplementär gelten, so daß man von *einfachen polyalphabetischen Datendistributionsstrukturen mit komplementärer Datenverteilung* sprechen kann.

Von FWb$_3$ mit WV$_3$ kann jedoch auch dadurch zu einem Wörterbuch FWb$'_3$ mit einer Wörterverzeichnisreihe übergegangen werden, daß man alle Wörterbuchartikel von FWb$_3$ zu einem bestimmten Lemmazeichentyp (z. B. zu fachlichen Abkürzungen) in einem zweiten Wörterverzeichnis wiederholt (und damit *nicht auslagert*). Das Ergebnis der Anwendung dieser Wiederholungsmethode kann sogar als besonders benutzerfreundlich gelten, da ein Benutzer einerseits direkt anhand der Hauptzugriffsstruktur auf ein Lemma extern zugreifen kann und andererseits anhand der Nebenzugriffsstruktur leichter einen Überblick erhält z. B. über die Anzahl der primär gebuchten Abkürzungen. Wörterbücher ohne integrierte Umtexte, bei denen *alle* sekundären Wörterverzeichnisse durch die Anwendung der skizzierten Wiederholungsmethode entstanden sind, weisen eine *einfache polyalphabetische Datendistributionsstruktur mit repetitiver Datenverteilung* auf. Sind nicht alle, sondern nur eine oder einige von allen sekundären Wörterverzeichnissen einer Wörterverzeichnisreihe durch die Anwendung der Wiederholungsmethode entstanden, weist das zugehörige Wörterbuch eine *einfache polyalphabetische Datendistributionsstruktur mit partiell repetitiver Datenverteilung* auf.

Eine weitere Möglichkeit besteht darin, daß mit der Wiederholung der Daten in einem sekundären Wörterverzeichnis eine Erweiterung des Datenangebots verbunden wird. So können beispielsweise Angaben zu Maßeinheiten oder Währungsangaben im sekundären Wörterverzeichnis genauer und detaillierter und mit Beispielangaben versehen sein, oder bei Abkürzungslemmata werden nicht nur Abkürzungsauflösungsangaben gegeben, sondern darüber hinaus wichtige fachliche Wortbildungskonstruktionen mit den Abkürzungen, die als Lemmazeichen fungieren. Werden in einem Fachwörterbuch, das eine Wörterverzeichnisreihe aufweist, in allen sekundären Wörterverzeichnissen die Wörterbuchartikel nicht nur wiederholt, sondern durch zusätzliche Angaben erweitert, weist dieses Wörterbuch eine *einfache polyalphabetische Datendistributionsstruktur mit reptitivexpansiver Datenverteilung* auf. Betrifft die Erweiterung der Daten durch zusätzliche Angaben nicht alle sekundären Wörterverzeichnisse, sondern nur eines oder einige von allen, dann liegt eine *einfache polyalphabetische Datendistributionsstruktur mit partiell repetitivexpansiver Datenverteilung* vor.

Der Typologieausschnitt aus einer Typologie lexikographischer Datendistributionsstrukturen in Abb. 196.14 kann nun erweitert werden (vgl. Abb. 196.16).

Im folgenden wird noch ein kurzer Blick auf zweisprachige Fachwörterbücher geworfen. Zunächst ist offensichtlich, daß zweisprachige Fachwörterbücher, die (i. S. v. Hausmann/Werner 1991, 2740 ff) *monoskopal* sind – wie z. B. Budig 1982 – stets entweder eine *einfache* oder – wenn sie integrierte Umtexte enthalten – eine *erweiterte monoalphabetische Datendistributionsstruktur* aufweisen. Beispielsweise kann Budig 1982 eine *einfache artikelhomogene monoalphabetische Datendistributionsstruktur* zugewiesen werden.

Bei den *biskopalen* Fachwörterbüchern muß jedoch – wie bei den allgemeinsprachigen bilingualen Wörterbüchern – (mit Hausmann/Werner 1991, 2740) zwischen den *getrennt biskopalen* und den *integriert biskopalen* Fachwörterbüchern unterschieden werden. Bilinguale Fachwörterbücher, die getrennt biskopal sind, haben immer eine Wörterverzeichnisreihe, die aus mindestens zwei Wörterverzeichnissen besteht, für die gilt, daß die lexikographische Ausgangssprache des ersten die lexikographische Zielsprache des zweiten Wörterverzeichnisses ist; dies ist z. B. in Kaufmann/Bergenholtz et al. 1998, in Pilegaard/Baden 1994, Sauppe 1996 und Mack 1988 der Fall. Seltener sind die integriert biskopalen Fachwörterbücher. Während die getrennt biskopalen immer eine polyalphabetische Datendistributionsstruktur

(vgl. Abb. 196.14)

einfache polyalphabetische Datendistributionsstrukturen (= DDST)

TK_5: *Datenverteilung auf Artikeltypen*

- einfache artikelhomogene polyalphabetische DDST
- einfache artikelheterogene polyalphabetische DDST

TK_6: *Datenverteilung in einer WVR*

- einfache artikelhomogene polyalphabetische DDST mit komplementärer Datenverteilung
- einfache artikelhomogene polyalphabetische DDST mit repetitiver Datenverteilung
- einfache artikelhomogene polyalphabetische DDST mit partiell repetitiver Datenverteilung
- einfache artikelhomogene polyalphabetische DDST mit repetitiv-expansiver Datenverteilung
- einfache artikelhomogene polyalphabetische DDST mit partiell repetitiv-expansiver Datenverteilung

- einfache artikelheterogene polyalphabetische DDST mit komplementärer Datenverteilung
- einfache artikelheterogene polyalphabetische DDST mit repetitiver Datenverteilung
- einfache artikelheterogene polyalphabetische DDST mit partiell repetitiver Datenverteilung
- einfache artikelheterogene polyalphabetische DDST mit repetitiv-expansiver Datenverteilung
- einfache artikelheterogene polyalphabetische DDST mit partiell repetitiv-expansiver Datenverteilung

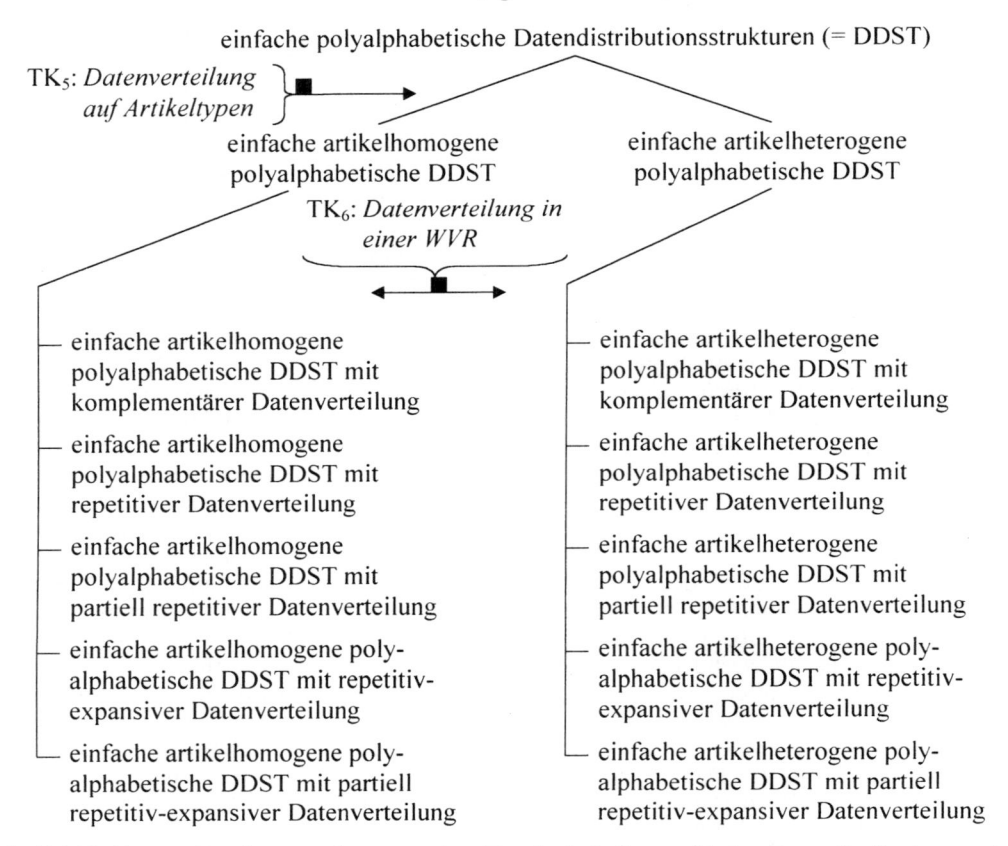

Abb. 196.16: *Zweiter Typologieausschnitt* aus einer Typologie lexikographischer Datendistributionsstrukturen. *Abkürzungen*: TK = Typologiekriterium; WVR = Wörterverzeichnisreihe; „◄─■─►" und „─■─►" bedeuten soviel wie *die Anwendung des TK führt zu der Unterteilung*

(und besonders häufig eine bialphabetische) aufweisen, haben die integriert biskopalen immer eine monoalphabetische Datendistributionsstruktur, denn sie setzen in *einem* Wörterverzeichnis die Lemmata beider lexikographisch bearbeiteten Sprachen an. Ein Beispiel ist LAW Engl-Schwed-Engl 1989. Ein kurzer Ausschnitt aus der *f*-Lemmareihe findet sich in Textbeispiel 196.6.

e_2:	**feed**
e_3:	*felaktig*
e_4:	**felonious**
e_5:	**felony**
e_6:	*felräkning*
e_7:	**feme covert**

Textbeispiel 196.6: Einträge e_2–e_7 aus LAW Engl-Schwed-Engl 1989

Die Kriterien, nach denen die Verteilung auf n Wörterverzeichnisse (mit n ≥ 2) in mono- und bilingualen Fachwörterbüchern vorgenommen wird, sind bisher kaum näher untersucht. Letztlich müssen sie relativ zum Benutzerbezug etabliert werden; d. h.: es muß stets gefragt werden, ob eine monoalphabetische Datendistribution für den Adressatenkreis günstiger ist als eine polyalphabetische (mit oder ohne mediostrukturelle Vernetzung der einzelnen Wörterverzeichnisse).

Was die Verteilung der Daten auf mehrere Wörterverzeichnisse betrifft, gibt es noch viele offene Fragen. Dies liegt u. a. an der bisher nicht einmal annähernd überschaubaren Vielfalt der mono- und bilingualen Fachwörterbücher. – Im folgenden wird nur ein Beispiel kurz diskutiert, das zu den weniger komplizierten Fällen gehört.

Brunner/Moritz 1997 ist ein fachliches Sachwörterbuch. Es enthält auf 350 S. knapp 150 Großartikel. Offensichtlich aus dem Grund, dem Benutzer einen schnellen Überblick über die angesetzten Lemmata zu geben, findet sich im Vorspann unter dem (etwas merkwürdigen) Titel „Verzeichnis der Artikel" die (durchaus nützliche) alphabetische Liste aller Lemmata von „Althochdeutsche Literatur" bis „Zensur" (vgl. Brunner/Moritz 1997, 9 f). Die Frage, die hier auftaucht, lautet: Soll dieses „Verzeichnis der Artikel" (das ja ein Verzeichnis von Wörtern ist) als Wörterverzeichnis gewertet werden oder nicht? Daß diese Frage etwas mit der Datendistributionsstruktur zu tun hat, erhellt allein daraus, daß ihre Beantwortung darüber entscheidet, ob man Brunner/Moritz 1997 eine mono- oder bialphabetische Datendistributionsstruktur zuweist. − Wahrscheinlich kann es als adäquat gelten, wenn man das „Verzeichnis der Artikel" als die verdichtete und vorangestellte äußere Zugriffsstruktur des Fachwörterbuchs interpretiert. Eine solche Voranstellung ist immer dann sinnvoll, wenn ein Wörterbuch relativ wenige Großartikel aufweist, so daß die vorangestellte Zugriffsstruktur nur wenige Seiten füllt (hier 1,5 S.). Beim HWDG beispielsweise wäre ein solches Vorgehen absurd und führte zu einem dritten Teilband! Der genuine Zweck des fraglichen Verzeichnisses besteht also darin, dem Benutzer einen schnellen Überblick über die angesetzten Lemmata und damit einen ersten groben Überblick über den Inhalt des Fachwörterbuches zu geben. So kann das „Verzeichnis der Artikel" z. B. verhindern, daß ein Benutzer das Lemma **Mittelhochdeutsche Literatur** erfolglos sucht, weil es im Verzeichnis nicht erwähnt ist. Das „Verzeichnis der Artikel" erfüllt damit in etwa die Funktion, die ein Inhaltsverzeichnis in einem Fachbuch erfüllt, so daß eine wörterbuchkritische Interpretation lautet: Es handelt sich um ein verunglücktes Inhaltsverzeichnis, dem die Seitenangaben fehlen. Anstatt ein Verzeichnis der Form

Althochdeutsche Literatur
Anthologie
Antikrezeption
Aufklärung
Autobiographie
Autor
Avantgarde
[usw. bis]
Zensur

anzulegen, hätten die Herausgeber besser ein Inhaltsverzeichnis

Althochdeutsche Literatur 15
Anthologie 17
Antikrezeption 19
[usw. bis]
Zensur 363

machen sollen, was offensichtlich benutzerfreundlicher gewesen wäre.

Nach dieser Analyse spricht wohl alles dafür, das fragliche „Verzeichnis der Artikel" nicht als Wörterverzeichnis einzustufen, so daß Brunner/Moritz 1997 eine monoalphabetische Datendistributionsstruktur zugewiesen werden kann.

4.3. Zur Verteilung der Daten unter Berücksichtigung der integrierten Umtexte

In einigen Fachwörterbüchern ist ein Teil der fachlichen Daten in integrierten Umtexten zusammengestellt (vgl. 3.). Dabei kann es sich z. B. um eine Einführung in das Fach handeln oder um einen Gesamtüberblick zum Fach. Oder es kann eine Wörterbuchgrammatik aufgenommen sein, die allgemeine oder spezielle Fragen der betreffenden Fachsprache behandelt. Weiterhin kann es Umtexte geben mit fachlichen Illustrationen, Tabellen und besonderen Übersichten (z. B. Stammbäumen der Tier- und Pflanzenwelt oder das periodische System oder Tabellen zur Standardnormalverteilung und zur Chi-Quadrat-Verteilung, wie z. B. in Kritz/Lisch 1988). Die meisten integrierten Umtexte in neueren Fachwörterbüchern weisen eine äußere Zugriffsstruktur auf. Der Vorteil dieser Art der Datenrepräsentation in Umtexten besteht u. a. besonders darin, daß dadurch bestimmte fachliche Sachfragen im Zusammenhang erfaßt und gleichzeitig die Daten in den einzelnen Wörterbuchartikeln z. T. reduziert bzw. Wiederholungen z. T. vermieden werden können.

In manchen Fachwörterbüchern sind die integrierten Umtexte mit dem Wörterverzeichnis oder der Wörterverzeichnisreihe durch ein System von Verweisangaben verbunden: dadurch werden die Fachwissenszusammenhänge zwischen den in den Umtexten einerseits und den in den Wörterbuchartikeln andererseits repräsentierten Wissensausschnitten erschließbar. Dies gilt beispielsweise für Kaufmann/Bergenholtz et al. 1988, einem getrennt biskopalen Wörterbuch. In diesem findet man im Vorspann beider Bände eine Einführung in die Molekularbiologie (eine in Englisch und eine in Spanisch), die für Laien und Semifachleute konzipiert und in 30 Paragraphen gegliedert ist (§ 1, § 2, ..., § 30). Damit weist sie eine äußere numerische Zugriffsstruktur auf, so daß die Elemente der Trägermenge dieser Zugriffsstruktur (z. B. § 10) in Verweisadressenangaben als Teilangaben von verweisvermittelnden Angaben innerhalb der Artikel erwähnt werden können, und damit der Benutzer einen Artikelverweis (i. S. v. Wiegand 1996, 24 f) erschließen kann, der ihm die Ausführung einer externen Verweisbefolgungshandlung (sensu Wiegand 1998, 408 ff) erlaubt, die ihn direkt zu einem Paragraphen der Einführung führt. In Textbeispiel 196.7 findet sich ein Artikel aus dem

1. Bd. von Bergenholtz et al. 1998 mit einer entsprechenden verweisvermittelnden Angabe.

> **cDNA cloning** *clonaje* m *de ADNc*
> cDNA cloning refers to the cloning of cDNA made from a preparation of mRNA.
> ● The commonest cloning method, called cDNA cloning, reduces the size of the library by taking advantage of the fact that not all genes are active in every cell.
> → cDNA; § 22

Textbeispiel 196.7: wa$_{18}$ aus Kaufmann/Bergenholtz et al. 1998, Bd. 1

Einzelartikel wie wa$_{18}$, die mindestens eine Verweisangabe oder verweisvermittelnde Angabe aufweisen (wie z. B. „§ 22" in wa$_{18}$ in Textbeispiel 196.7), anhand derer ein Artikelverweis auf einen Umtext erschließbar ist, heißen *umtextorientierte Einzelartikel*. Auch reine oder erweiterte Verweisartikel können umtextorientiert sein; sie müssen dann von den eventuell ebenfalls auftretenden nicht umtextorientierten Verweisartikeln unterschieden werden. Die Menge der umtextorientierten Einzelartikel bilden ein *umtextorientiertes Artikelnetz* einer besonderen Sorte (i. S. v. Wiegand 1998a), nämlich ein *umtextorientiertes Artikelnetz mit nichtlemmatischer Verweisungsperipherie*. Ein Netz dieser Art ist eine Teilstruktur der wörterbuchinternen Verweisstruktur. In Bergenholtz et al. 1998 ist dieses Netz allerdings nicht im Sinne einer maximalen Verweisverpflichtung (vgl. unten) ausgeprägt, da ein Benutzer nur monodirektional verwiesen wird, nämlich vom Artikel zum Umtext, aber nicht umgekehrt vom Umtext zum Artikel; letzteres ist in Fachwörterbüchern immer dann sinnvoll, wenn die Artikel mehr (präziseres, detailliertes) Fachwissen präsentieren als der Umtextparagraph und kann dadurch realisiert werden, daß auf alle Artikel, die z. B. die verweisvermittelnde Angabe „§ 22" enthalten, dadurch verwiesen wird, daß die Lemmata am Ende des Umtextparagraphen 22 alphabetisch aufgelistet werden. — Ähnlich wie Kaufmann/Bergenholtz et al. 1998 ist Bergenholtz et al. 1997 organisiert, allerdings mit dem wesentlichen Unterschied, daß der Benutzer hier von jedem Artikel systematisch auf zwei integrierte Umtexte verwiesen wird (vgl. auch 5.).

Neben Fachwörterbüchern, die eine mediostrukturelle Vernetzung der Daten in den integrierten Umtexten mit den Daten in den Wörterbuchartikeln wenigstens monodirektional realisiert haben, gibt es auch Wörterbücher mit integrierten Umtexten, in denen dies nicht der Fall ist. Ein Beispiel ist Plant Engl-Span/Span-Engl 1987. Hier findet sich eine Einführung in die Mikroelektronik; in den Artikeln stehen aber keine Verweisangaben, die einen Verweis auf die Einführung erschließbar machen. Dadurch sinkt der Nutzen der Einführung für den Benutzer erheblich.

Alle initialalphabetischen Wörterbücher ohne integrierte Umtexte weisen *einfache alphabetische Datendistributionsstrukturen*, alle initialalphabetischen Wörterbücher mit integrierten Umtexten weisen *erweiterte alphabetische Datendistributionsstrukturen* auf. Im folgenden werden einige ausgewählte Unterscheidungen kurz erörtert, die bei den erweiterten alphabetischen Datendistributionsstrukturen gemacht werden können. Eine systematische Exhaustivität wird nicht angestrebt. Sie würde auch zu Unterscheidungen führen, die empirisch derzeit nicht belegt werden können, und zwar entweder, weil es Fachwörterbücher mit diesen Strukturen (noch) nicht gibt oder weil sie uns derzeit (noch) nicht bekannt sind.

Zunächst muß berücksichtigt werden, ob die Erweiterung der Datendistribution sich nur auf einen oder auf mehrere integrierte Umtexte bezieht. Dafür muß zunächst festgelegt werden, daß in bilingualen Wörterbüchern die übersetzten Umtexte (wie z. B. der Umtext mit dem Titel „Introdución al la biología molecular" im 2. Bd. von Kaufmann/ Bergenholtz et al. 1998) nicht als eigene Umtexte gezählt werden. Dies wäre nur dann korrekt, wenn man getrennt biskopale Wörterbücher als zwei Wörterbücher auffaßt (vgl. hierzu Wiegand 1996). Kaufmann/Bergenholtz et al. 1998 weist danach nur einen integrierten Umtext (und vier nichtintegrierte Umtexte) auf. Alphabetische Wörterbücher, bei denen die Datendistribution über das Wörterverzeichnis oder die Wörterverzeichnisse hinaus auf nur einen Umtext erweitert ist, weisen eine *einfach erweiterte alphabetische Datendistributionsstruktur* auf. Liegen n integrierte Umtexte vor (mit n ≥ 2), weisen entsprechende Wörterbücher eine *n-fach erweiterte alphabetische Datendistributionsstruktur* auf. Beispielsweise kann Bergenholtz et al. 1977, in dem sich im Vorspann zwei integrierte Umtexte finden, nämlich die „Faglig innledning" (S. 11−47) und die „Systematisk klassifisering" (S. 49—52), eine *zweifach erweiterte artikelhomogene monoalphabetische Datendistributionsstruktur* zugewiesen werden.

Die Kenntnis von Distributionsstrukturen ist u. a. deswegen für Lexikographen wichtig, weil zu jeder Datendistributionsstruktur eine passende Verweisstruktur angegeben werden kann, die in ihren verschiedenen Ausprägungen eine mehr oder weniger starke Wissensvernetzung ermöglicht. So entsteht beispielsweise für ein Fachwörterbuch mit zweifach erweiterter artikelhomogener monoalphabetischer Datendistributionsstruktur als *minimale* Verweisverpflichtung, daß zwei umtextorientierte Artikelnetze mit *vollständiger* Verweisperipherie aufgespannt werden. Ein umtextorientiertes Artikelnetz, das in einem Wörterbuch mit artikelhomogener monoalphabetischer Datendistributionsstruktur vorliegt, heißt vollständig genau dann, wenn alle Einzelartikel, die keine Verweisartikel sind, umtextorientierte Einzelartikel sind, so daß ein Benutzer von jedem dieser Artikel auf den Umtext verwiesen wird. In Bergenholtz et al. 1997 ist diese minimale Verweisverpflichtung eingelöst, denn in jedem Artikel, der kein reiner Verweisartikel ist, finden sich zwei stets aufeinanderfolgende verweisvermittelnde Angaben; die erste vermittelt dem Benutzer einen Verweis auf den ersten, die zweite einen Verweis auf den zweiten Umtext (vgl. z. B. „§ 7, 22; **klasse** 43220" in wa$_{25}$ in Abb. 196.23). Weiterhin ist in Bergenholtz et al. 1997 die minimale in Richtung auf die maximale Verweisverpflichtung überschritten. Denn neben reinen nicht umtextorientierten Verweisartikeln findet sich in zahlreichen Artikeln auch eine wörterverzeichnisinterne Verweisung (vgl. z. B. „→ lemma, strekartikel" in wa$_{25}$ in Abb. 196.23). Diese ermöglicht dem Benutzer die Rekonstruktion von terminologiesemantischen Netzausschnitten. Die *maximale* Verweisverpflichtung wäre in Bergenholtz et al. 1997 dann eingelöst worden, wenn der Benutzer vom ersten integrierten Umtext (der „Faglig innledning"), der 37 Paragraphen aufweist, auf die oben erläuterten Weise auf die Einzelartikel verwiesen worden wäre. Umtextparagraphen heißen *artikelorientiert*, wenn in ihnen mindestens eine verweisvermittelnde Angabe auftritt, aus der ein Benutzer einen Verweis auf einen Artikel erschließen kann. Stehen umtextorientierten Einzelartikel artikelorientierte Umtextparagraphen gegenüber, ist die Verweisung bidirektional.

Im folgenden werden noch kurz die Möglichkeiten der Datenverteilung auf die integrierten Umtexte einerseits und die Wörterbuchartikel andererseits betrachtet. Von Interesse sind hier — ähnlich wie bei der Betrachtung der Datenverteilung auf Synopse- und Einzelartikel in 4.1. — vor allem die enzyklopädischen Daten.

Der einfachste Fall, den man hier betrachten kann, liegt vor, wenn es sich um ein Fachwörterbuch mit einer einfach erweiterten artikelhomogenen monoalphabetischen Datendistributionsstruktur handelt, so daß man bei der Betrachtung der Datenverteilungsmöglichkeiten mithin einen integrierten Umtext und nur ein Wörterverzeichnis mit Einzelartikeln berücksichtigen muß. Die Verteilung der enzyklopädischen Daten auf den integrierten Umtext und die Einzelartikel kann dann vollständig analog zur Verteilung der enzyklopädischen Daten auf die Synopse- und Einzelartikel behandelt werden. Es lassen sich demnach sechs Verteilungsmuster unterscheiden. Nur eins sei hier charakterisiert, weil die anderen sich entsprechend ergeben. Das erste Verteilungsmuster VM$_{1a}$ ist gegeben genau dann, wenn die Menge aller für einen bestimmten Fachwissensausschnitt vorgesehenen enzyklopädischen Daten auf den integrierten Umtext verteilt ist, und alle umtextorientierten Einzelartikel reine oder erweiterte Verweisartikel sind, wobei unter den erweiternden Angaben keine enzyklopädische Angabe auftreten darf. Es ist klar, daß es wahrscheinlich kein Fachwörterbuch geben wird, in dem sich nur eine Datenverteilung nach VM$_{1a}$ findet. Es kann aber ohne weiteres eine sinnvolle Datenverteilung in einem Fachwörterbuch gedacht werden, in der alle Lemmata, die etwas bezeichnen, das sachlich zu einem bestimmten Umtextparagraphen (und damit zu einer bestimmten fachlichen Rubrik) gehört, als Lemmata von umtextorientierten Verweisartikeln angesetzt werden.

Betrachtet man Wörterbücher mit *einfach erweiterter artikelheterogener monoalphabetischer Datendistributionsstruktur*, dann muß zunächst festgestellt werden, welche der sechs in 4.1. herausgearbeiteten Verteilungsmuster realisiert sind. Bei einer solchen Analyse kann sich dann z. B. herausstellen, daß nur das Verhältnis von Synopseartikel und Umtexten relevant ist, weil beispielsweise nur umtextorientierte Synopseartikel und nur synopseorientierte Einzelartikel vorliegen, so daß der Benutzer nur von Einzelartikel auf

Synopseartikel und nur von letzteren auf den integrierten Umtext verwiesen wird.

Bei der Betrachtung von *erweiterten polyalphabetischen Datendistributionsstrukturen* werden die Datenverteilungen nur dann komplexer als bei erweiterten monoalphabetischen Datendistributionsstrukturen, wenn die sekundären Wörterverzeichnisse in die umtextbezogene Datenvernetzung explizit einbezogen sind. Sind beispielsweise in einem

(vgl. Abb. 196.14)
|
erweiterte Datendistributionsstrukturen (= DDST)

TK_{3a}: *Anzahl der integrierten Umtexte*

einfach erweiterte DDST   mehrfach erweiterte DDST

TK_5 und TK_6

- einfach erweiterte artikelhomogene polyalphabetische DDST mit komplementärer Datenverteilung
- einfach erweiterte artikelhomogene polyalphabetische DDST mit repetitiver Datenverteilung
- einfach erweiterte artikelhomogene polyalphabetische DDST mit partiell repetitiver Datenverteilung
- einfach erweiterte artikelhomogene polyalphabetische DDST mit repetitiv-expansiver Datenverteilung
- einfach erweiterte artikelhomogene polyalphabetische DDST mit partiell repetitiv-expansiver Datenverteilung
- einfach erweiterte artikelheterogene polyalphabetische DDST mit komplementärer Datenverteilung
- einfach erweiterte artikelheterogene polyalphabetische DDST mit repetitiver Datenverteilung
- einfach erweiterte artikelheterogene polyalphabetische DDST mit partiell repetitiver Datenverteilung
- einfach erweiterte artikelheterogene polyalphabetische DDST mit repetitiv-expansiver Datenverteilung
- einfach erweiterte artikelheterogene polyalphabetische DDST mit partiell repetitiv-expansiver Datenverteilung

- mehrfach erweiterte artikelhomogene polyalphabetische DDST mit komplementärer Datenverteilung
- mehrfach erweiterte artikelhomogene polyalphabetische DDST mit repetitiver Datenverteilung
- mehrfach erweiterte artikelhomogene polyalphabetische DDST mit partiell repetitiver Datenverteilung
- mehrfach erweiterte artikelhomogene polyalphabetische DDST mit repetitiv-expansiver Datenverteilung
- mehrfach erweiterte artikelhomogene polyalphabetische DDST mit partiell repetitiv-expansiver Datenverteilung
- mehrfach erweiterte artikelheterogene polyalphabetische DDST mit komplementärer Datenverteilung
- mehrfach erweiterte artikelheterogene polyalphabetische DDST mit repetitiver Datenverteilung
- mehrfach erweiterte artikelheterogene polyalphabetische DDST mit partiell repetitiver Datenverteilung
- mehrfach erweiterte artikelheterogene polyalphabetische DDST mit repetitiv-expansiver Datenverteilung
- mehrfach erweiterte artikelheterogene polyalphabetische DDST mit partiell repetitiv-expansiver Datenverteilung

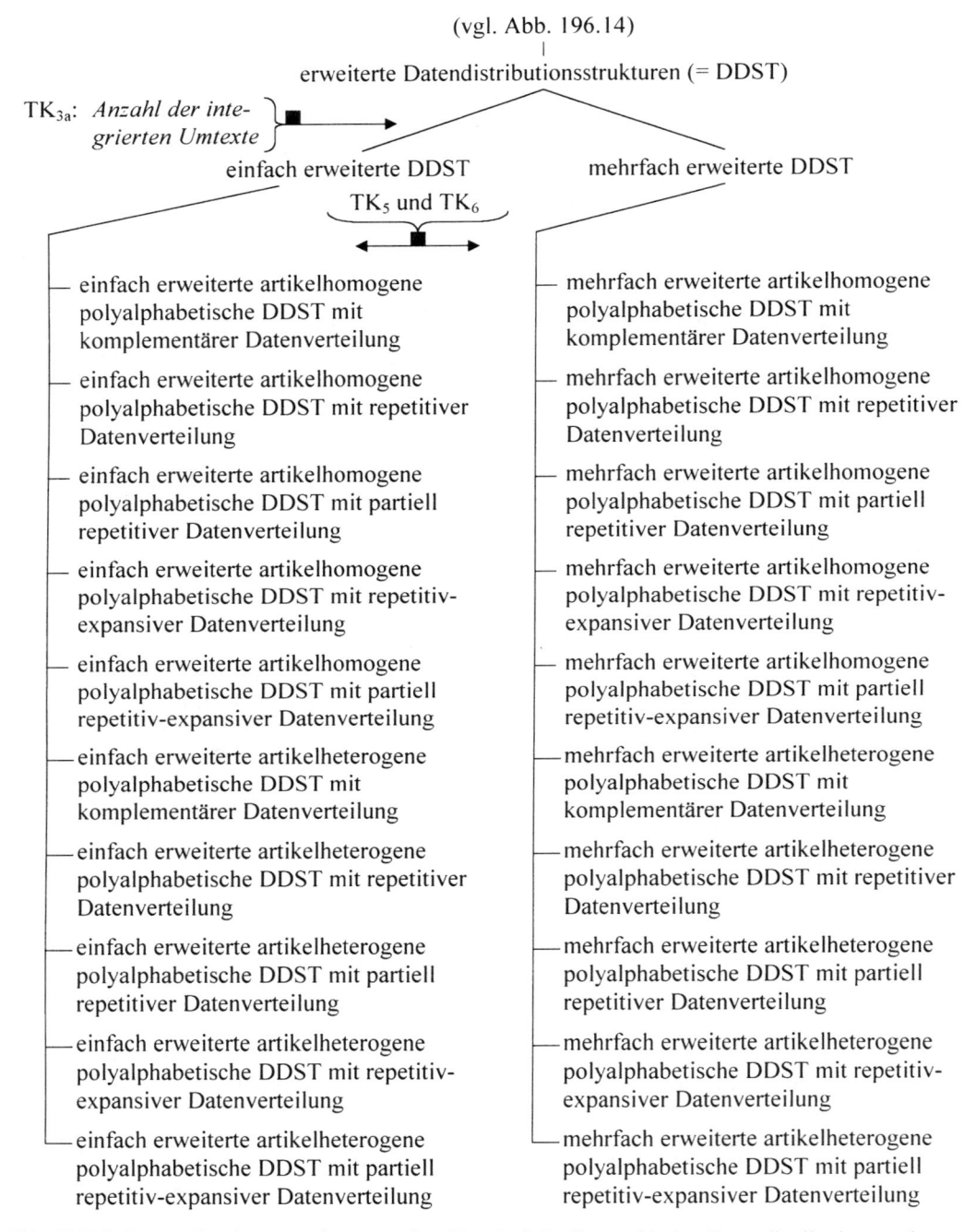

Abb. 196.17: *Dritter Typologieausschnitt* aus einer Typologie lexikographischer Datendistributionsstrukturen; zu TK_5 und TK_6 vgl. Abb. 196.16

Fachwörterbuch mit *einem* integrierten Umtext alle fachlichen Abkürzungen in ein sekundäres Wörterverzeichnis ausgelagert, und weist dieses Fachwörterbuch eine einfach erweiterte artikelhomogene bialphabetische Datendistributionsstruktur mit komplementärer Datenverteilung auf, dann kann dieses Wörterbuch hinsichtlich der Datendistributionserweiterung auf den integrierten Umtext dann wie ein Fachwörterbuch mit einer monoalphabetischen Datendistributionsstruktur analysiert werden, wenn keine Fachwissensbeziehungen zwischen den Artikeln zu den Abkürzungen und dem integrierten Umtext gegeben sind.

Nach diesen skizzenhaften Überlegungen kann der bisher gebotene Typologieausschnitt aus einer Typologie lexikographischen Datendistributionsstrukturen (vgl. Abb. 196.14 u. 196.16) nur geringfügig erweitert werden (vgl. Abb. 196.17). Dabei werden (analog der Vorgehensweise bei den mono- und polyalphabetischen Datendistributionsstrukturen) den *einfach* erweiterten die *mehrfach* erweiterten Datendistributionsstrukturen gegenübergestellt.

4.4. Zu den wörterbuchtranszendierenden Datendistributionsstrukturen

Wörterbuchtranszendierende Datendistributionsstrukturen treten selten auf; sie sind bisher nicht gut untersucht, und sie werden leicht mit *wörterbuchtranszendierenden Verweisstrukturen* (oder: *intertextuellen Mediostrukturen*, vgl. Wiegand 1996a u. 1998a) verwechselt. Im Falle von gedruckten Wörterbüchern kann man von wörterbuchtranszendierenden Datendistributionsstrukturen z. B. dann sprechen, wenn für eine Serie von Teilfachwörterbüchern eines Faches eine Datendistribution geplant wird, die sich über alle Wörterbücher der Serie erstreckt. Innerhalb der Linguistik ist eine solche Serie beispielsweise ein Desiderat.

Will ein Fachlexikograph Daten eines (geplanten oder in Arbeit befindlichen) Fachwörterbuches mit bereits vorliegenden Fachbüchern oder Fachwörterbüchern vernetzen, dann kann er eine wörterbuchtranszendierende Verweisstruktur etablieren, und dies kann sich eventuell auf die Datendistribution in seinem Wörterbuch auswirken. Für die Etablierung einer wörterbuchtranszendierenden Verweisstruktur gibt es zahlreiche Möglichkeiten. Man kann den Benutzer z. B. von Einzelartikeln durch verweisvermittelnde Angaben auf wichtige Fachbücher verweisen. Dieses einfache Verfahren findet sich häufig in juristischen Fachwörterbüchern, z. B. in Boßmann/Riemer. Hier findet man beispielsweise s. v. *Werkvertrag* die verweisvermittelnde Angabe „§§ 631 ff BGB". Der Lexikograph schafft hier die textuelle Voraussetzung, daß ein Benutzer-in-actu Fachwissenselemente vernetzen kann. Werden verweisvermittelnde Angaben mit erwähnten Verweisadressen aus anderen Werken systematisch eingesetzt, wird eine wörterbuchtranszendierende Verweisstruktur aufgebaut, aber keine Datendistributionsstruktur.

5. Mikrostrukturen in Fachwörterbüchern mit vergleichender Berücksichtigung von Suchbereichsstrukturen

Die Mikrostrukturen der Wörterbuchartikel in Fachwörterbüchern sind in der Regel weniger reichhaltig als die Mikrostrukturen von Artikeln in allgemeinen einsprachigen Wörterbüchern (wie z. B. Duden-^{3}DUW, HWDG; vgl. dazu Wiegand 1990) oder in Sprachstadienwörterbüchern (wie z. B. dem FWB; vgl. dazu Wiegand 1991) oder auch in allgemeinen zweisprachigen Wörterbücher (vgl. dazu Hausmann/Werner 1991; Pan Zaiping/Wiegand 1995; Wiegand 1996), weil das *Datentypensortiment* (kurz: *Datensortiment*) von Fachwörterbüchern in der Regel relativ klein ist, so daß in den einzelnen Fachwörterbuchartikeln weniger Angaben auftreten, die zu unterschiedlichen Angabeklassen und damit u. U. auch zu verschiedenen Datentypen gehören (zum Unterschied von Angabeklassen und Datentyp vgl. Wiegand 1997a u. 1998a). Beispielsweise findet man in vielen Artikeln in monolingualen Fachwörterbüchern unmittelbar nach dem Lemma (und damit unmittelbar nach der LZGA) nur noch eine weitere Angabe (vgl. z. B. wa$_{19}$; wa$_{20}$ und wa$_{21}$ in Textbeispiel 196.8).

Da die Ansichten darüber, welche Art von Wissen anhand der Angaben, die in wa$_{19}$, wa$_{20}$ und wa$_{21}$ unmittelbar auf das Lemma folgen, erschließbar ist (enzyklopädisches Wissen? Bedeutungswissen? beides? oder Wissen einer anderen Sorte?) kontrovers sind (vgl. u. a. Wiegand 1988, 1994a; Tarp 1992; Rossenbeck 1994; Bergenholtz 1996; Bergenholtz/Kaufmann 1996; Weber 1996), ist es schwierig, einen geeigneten Klassennamen für diese Angabe anzugeben, dessen Benennungsmotiv hinsichtlich der kontroversen Ansichten neutral ist.

Da es sich in allen drei Fällen um unmittelbare mikrostrukturelle Textkonstituenten des ganzen Artikeltextes handelt, wird auch hier die jeweils

> **Strahlenbündel:** Menge aller Strahlen im Raum, die von *einem* Punkt ausgehen.
>
> **Dunkelfelduntersuchung:** Mikroskopisches Spezialverfahren, bei dem durch Abblendung des Licht-Zentralstrahls und unter Verwendung eines Kondensors das Licht so auf das zu betrachtende Objekt gelenkt wird, daß dessen Ränder hell aufleuchten. Dient unter anderem zur mikroskopischen Betrachtung der Syphilis-Erreger ohne besondere Färbeverfahren.
>
> **ABERRANT** A linguistic element which deviates from the grammatical pattern typical of its class, **e.g.** in English the nouns *oxen* and *children* have an irregular plural ending.

Textbeispiel 196.8: wa_{19} aus Engesser 1986, wa_{20} aus Hammerschmid-Gollwitzer 1977 und wa_{21} aus Hartmann/Stork 1972

A.H. EINFACHE MIKROSTRUKTUR (= A.H. BASISSTRUKTUR^{WB-40})

```
              WA
      ┌───────┴───────┐
  FK ≡ LZGA       FenzK ≡ k.FenzA
```

| Strahlen-bündel | Menge aller Strahlen im Raum, die von *einem* Punkt ausgehen |

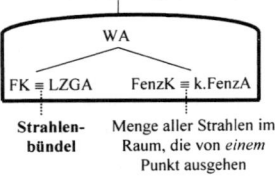

Abb. 196.18: *Kommentierter Strukturgraph* zur (abstrakten und zur konkreten) einfachen hierarchischen Mikrostruktur, die wa_{19} aufweist; *Abkürzungen*: WB-40 ist eine (hier beliebig gewählte) Typennummer für Fachwörterbuch; FenzK = fachenzyklopädischer Kommentar; kFenzA = kommentierende fachenzyklopädische Angabe; „x ≡ y" bedeutet soviel wie *x entspricht y*

fragliche Angabe *Kommentar* genannt. Der Kommentar bezieht sich deutlich auf dasjenige nichtsprachliche, fachliche Phänomen, das mit dem Lemmazeichen (z. B. *Strahlenbündel*) in usuellen Texten bezeichnet wird. Deswegen wird vom *fachenzyklopädischen Kommentar* (FenzK) gesprochen (ohne daß damit ein ausdrücklicher Gegensatz oder kategorialer Unterschied zu einem *semantischen Kommentar* (SK) unterstellt werden soll). Sind entsprechende Angaben keine unmittelbaren mikrostrukturellen Textkonstituenten des Artikeltextes, heißen sie *kommentierende fachenzyklopädische Angabe* (k.FenzA) oder *Angabe der fachlichen Erklärung* (A.FE), wobei beide Möglichkeiten nachfolgend zugelassen sind.

Die drei Fachwörterbuchartikel in Textbeispiel 196.8 weisen die einfachste der einfachen konkreten hierarchischen Mikrostrukturen auf, die ein Artikel in einem einsprachigen Fachwörterbuch haben kann. Für den Dreizeilenartikel wa_{19} sind die zugehörige (konkrete und abstrakte) hierarchische Mikrostruktur in Abb. 196.18 wiedergegeben.

Wie Abb. 196.18 zeigt, zeichnet sich die einfachste unter den einfachen Mikrostrukturen in Fachwörterbüchern dadurch aus, daß die Basisstruktur^{WB-40} (die sich von der Basisstruktur^{WB-10} im allgemeinen einsprachigen Wörterbuch – vgl. Wiegand 1989b, 470f – dadurch unterscheidet, daß der FenzK statt eines SK auftritt) mit der gesamten Mikrostruktur identisch ist.

Zu der fachenzyklopädischen Angabe können beispielsweise eine *Wortartangabe* (WAA), eine *Genusangabe*, aus der die *Wort-*

art (WAr) erschließbar ist (GA ⊣ WAr), eine *Artikelangabe*, aus der das *Genus* (G) und zugleich (|) die Wortart erschließbar ist (ArtA ⊣ G|WAr), eine (verweisende oder verweisvermittelnde) *Autorenidentifizierungsangabe* (AutIA), eine *Sprachenidentifizierungsangabe* (SpIA) und andere Angaben, die zur Klasse der Identifizierungsangaben gehören, eine *Autorennamenangabe* (AutNA), eine *Angabe der semantischen Zugehörigkeit* (A.semZ), eine *Literaturangabe* (LitA), eine *Angabe der Herkunftssprache* (A.HerkSp), eine *Verweisangabe* (VerwA) und weitere Angaben hinzutreten (vgl. die Auflistung unten); auch mehrere der genannten Angaben können zusammen auftreten, wie z. B. in wa_{22}, dessen zugehörige (konkrete und abstrakte) hierarchische Mikrostruktur sich in Abb. 196.19 finden.

> **Analprolaps** ⟨lat.⟩: Vorfall, Heraustreten oder Hervorstülpen der Analschleimhaut bzw. der Rosette. Physiolog. Vorgang beim Kotabsatz des Pferdes, krankhafte Erscheinung im Zusammenhang mit Mastdarmvorfällen, Scheidenvorfällen und dem Syndrom der Mastdarm-, Scheiden- und Blasenlähmung. [19]

Textbeispiel 196.9: wa_{22} aus Wiesner/Ribbeck 1991

Eine andere Distribution der Angaben findet sich in wa_{23}, dessen zugehörige (konkrete und abstrakte) hierarchische Mikrostruktur sich in Abb. 196.20 finden.

> **Epididymitis**, f. ⟨griech.⟩: Entzündung des Nebenhodens, akut oder chronisch auftretend, häufig mit Libidomangel, stets mit ↑ Dysspermie verbunden. Ursachen: Trauma; meist im Gefolge anderer Erkrankungen der Geschlechtsorgane. Erreger: Tuberkelbakterien, Brucellen, Staphylokokken, Korynebakterien u.a.m. Infektionswege: aszendierend, deszendierend, hämatogen, lymphogen, per continuitatem. Prognose ungünstig. [17]

Textbeispiel 196.10: wa_{23} aus Wiesner/Ribbeck 1991

196. Datendistributionsstrukturen, Makro- und Mikrostrukturen in neueren Fachwörterbüchern

A.H. RECHTSERWEITERTE MIKROSTRUKTUR

```
                A.H. BASISSTRUKTUR^{WB-40}    A.H. RECHTE
A.H. LINKE                                   RANDSTRUKTUR
KERN-               WA
STRUKTUR
              FK       FenzK ≡ k.FenzA    PostK ≡ verw.AutIA

      LZGA  A.HerkSp

Analprolaps    lat.    Vorfall, Heraus-              19
                       treten [...]_{FenzK}
```

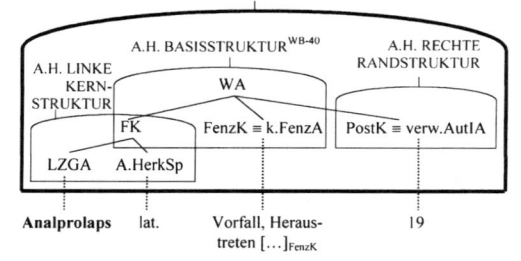

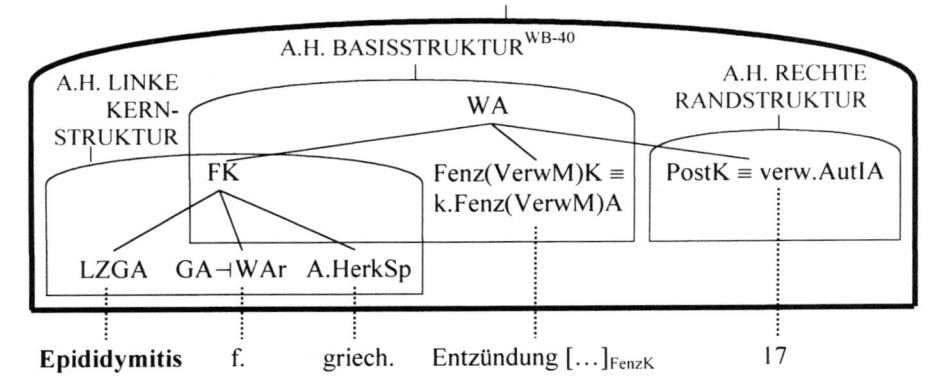

Abb. 196.19: *Kommentierter Strukturgraph* zur (abstrakten und zur konkreten) rechtserweiterten Mikrostruktur, die wa$_{22}$ aufweist; *Abkürzungen*: PostK = Postkommentar; verw.AutIA = verweisende Autorenidentifizierungsangabe; „[...]_{FenzK}" bedeutet soviel wie *ein Teil des fachenzyklopädischen Kommentars ist weggelassen*

Verweismarken (VerwM), wie „↑ Dysspermie" in wa$_{23}$ sind funktional und nach der internen Struktur mit *Verweisangaben* wie „↑ Nebenhoden" in dem *erw. Verweisartikel* wa$_{24}$ in Textbeispiel 196.11 identisch, dessen (konkrete und abstrakte) hierarchische rechtserweiterte rudimentäre Mikrostruktur sich in Abb. 196.21 finden (vgl. Wiegand 1996a, 21 f).

| wa$_{24}$: **Epididymis**, f. ⟨griech.⟩ ↑ Nebenhoden [17] |

Textbeispiel 196.11: wa$_{24}$ aus Wiesner/Ribbeck 1991

Verweismarken sind aber funktional-positional nicht als (selbständige) Angaben isolierbar, da eine Segmentation der verweisenden (oder: verweisvermittelnden) Angabe, deren funktionaler Teil sie sind, − im vorliegenden Fall der Fenz(VerwM)K − nicht ausschließlich zu elementaren und zu nichtelementaren Angaben sowie zu nichttypographischen Strukturanzeigern und damit insgesamt zu funktionalen Textsegmenten, sondern auch zu *nichtfunktionalen* Textsegmenten führt, so daß eine durchgehende *funktional-positionale Segmentation* nicht möglich ist.

Neben den bereits genannten Angabetypen finden sich in mono-, bi- und polylingualen Fachwörterbüchern vor allem noch folgende Typen von elementaren Angaben:

− verschiedene Typen von Ausspracheangaben
− verschiedene Typen von Angaben zur Grammatik
− verschiedene Typen von Markierungsangaben
− Etymologieangaben
− Abkürzungsangaben
− Abkürzungsauflösungsangaben
− Wortäquivalent- und andere Äquivalentangaben
− Kollokationsangaben
− verschiedene Typen von Angaben der fachlichen Zugehörigkeit
− verschiedene Typen von Definitionsangaben
− verschiedene Typen von Beispielangaben
− Synonymangaben
− Antonymangaben.

Die auf die Sprachstruktur zielenden Angaben kommen in monolingualen Wörterbüchern in der Regel seltener vor als in den bi- und polylingualen Fachwörterbüchern.

Es sei ausdrücklich darauf hingewiesen, daß auch einsprachige Fachwörterbücher Äquivalentangaben, und zwar besonders *Angaben eines* (oder: *des*) *terminologischen Äqui-*

A.H. RECHTSERWEITERTE MIKROSTRUKTUR

```
                   A.H. BASISSTRUKTUR^{WB-40}
A.H. LINKE                                         A.H. RECHTE
KERN-                                             RANDSTRUKTUR
STRUKTUR                  WA

             FK       Fenz(VerwM)K ≡      PostK ≡ verw.AutIA
                      k.Fenz(VerwM)A

     LZGA  GA⊣WAr  A.HerkSp

Epididymitis    f.    griech.   Entzündung [...]_{FenzK}    17
```

Abb. 196.20: *Kommentierter Strukturgraph* zur (abstrakten und zur konkreten) rechtserweiterten Mikrostruktur, die wa$_{23}$ aufweist; *Abkürzungen*: Fenz(VerwM)K = um eine Verweismarke (VerwM) binnenerweiterter fachenzyklopädischer Kommentar; k.Fenz(VerwM)A = kommentierende, um eine Verweismarke binnenerweiterte fachenzyklopädische Angabe

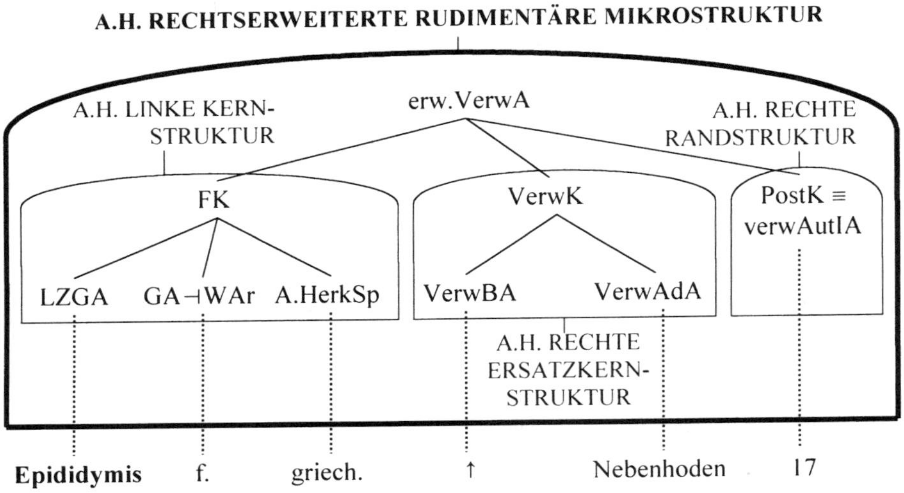

A.H. RECHTSERWEITERTE RUDIMENTÄRE MIKROSTRUKTUR

```
                A.H. LINKE KERN-        erw.VerwA          A.H. RECHTE
                  STRUKTUR                                 RANDSTRUKTUR
                        
                      FK              VerwK            PostK ≡
                                                       verwAutlA
                                                       
           LZGA   GA⊣WAr  A.HerkSp  VerwBA   VerwAdA
                                      A.H. RECHTE
                                      ERSATZKERN-
                                        STRUKTUR

         Epididymis    f.     griech.     ↑     Nebenhoden     17
```

Abb. 196.21: *Kommentierter Strukturgraph* zur (abstrakten und zur konkreten) hierarchischen rechtserweiterten rudimentären Mikrostruktur, die wa$_{24}$ aufweist; *Abkürzungen*: erw.VerwA = erweiterter Verweisartikel; VerwK = Verweiskommentar; VerwBA = Verweisbeziehungsangabe; VerwAdA = Verweisadressenangabe

valentes (A.termÄ) aufweisen können, die an die Lemmazeichengestaltangabe adressiert sind (vgl. z. B. Schneider 1991 u. Textbeispiel 196.16). Solche Äquivalentangaben können in einigen oder in allen Wörterbuchartikeln eines Wörterbuchs auftreten. In beiden Fällen werden die monolingualen durch das Auftreten von Äquivalentangaben nicht automatisch zu bilingualen Wörterbüchern; vielmehr erhalten sie lediglich eine bilinguale Dimension. Der genuine Zweck von Äquivalentangaben in monolingualen Fachwörterbüchern kann wörterbuchspezifisch verschieden festgelegt sein. Allerdings ist häufig in den Metatexten nichts dazu gesagt (so z. B. in Schneider 1991). In welchen spezifischen Benutzungssituationen die Äquivalentangaben besonders nützlich sind, ist bisher nicht ausreichend untersucht. Beispiele aus Ibelgaufts 1990, die in diesem Fachwörterbuch direkt aufeinander folgen, finden sich im Textbeispiel 196.12.

e_8: **Haushaltsgene**: [housekeeping gene] [...]
e_9: **Hefe** [yeast] [...]
e_{10}: **Hela-Zellen** [...]
e_{11}: **Hep-2** [...]
e_{12}: **HCMR** [...]
e_{13}: **Hemizygotie** [hemizygosity] [...]

Textbeispiel 196.12: Einträge e_8-e_{13} aus Ibelgaufts 1990

In einem bi- oder polylingualen Fachwörterbuch ist die Funktion der Äquivalentangaben meistens genauer festgelegt. Dies ist z. B. in Bergenholtz et al. 1997, dem ersten mehrsprachigen Fachwörterbuch zur Lexikographie, der Fall. Die lemmagebende lexikographische Ausgangssprache des Wörterbuchs ist Bokmål; die acht Äquivalentsprachen sind: Dänisch, Finnisch, Isländisch, Neunorwegisch, Schwedisch, Englisch, Französisch und Deutsch. Die Äquivalentangaben sollen – laut Metatext – zur Textproduktion und -rezeption in den entsprechenden Sprachen genutzt werden, und sie dienen darüber hinaus der Vereinheitlichung der metalexikographischen Terminologie im Bereich der nordischen Lexikographie. Artikel aus diesem Wörterbuch finden sich in den Textbeispielen 196.13 u. 196.14; die (konkrete und abstrakte) hierarchische Mikrostruktur von wa$_{25}$ sind in Abb. 196.22 dargestellt.

Zur Darstellung der Mikrostruktur von wa$_{25}$ in Abb. 196.22 seien folgende Erläuterungen gegeben. In Bergenholtz et al. 1997 treten nur Termini als Lemmazeichen auf, so daß man bei der Strukturdarstellung von der allgemeineren Klasse der *Lemmazeichengestaltangabe* (LZGA) zu der Teilklasse der *Terminusgestaltangabe* (TermGA) übergehen kann. Im Unterschied zu allgemeinen einsprachigen Wörterbüchern, in denen sich *Bedeutungsparaphrasenangaben* (BPA) finden (vgl. z. B. Abb. 196.7 u. zur gesamten Problematik Wiegand 1989c u.

196. Datendistributionsstrukturen, Makro- und Mikrostrukturen in neueren Fachwörterbüchern

dellemma
lemma som føres opp ved hjelp av et plassholder-symbol og en del av det uttrykket som inngår i lemmategnet
— Dellemmaer forekommer i nisjeartikler og redeartikler. Plassholdersymbolet, som angis i form av en tilde, en strek e.l., forstås som en del av lemmaet.
↔ fullemma; → lemma, strekartikkel
§ 7, 22; **klasse** 43220
da dellemma
fi osahakusana
is orðhlutafletta
ny dellemma
sv dellemma
en part-lemma
fr lemme partiel
ty Teillemma
Litt.: Wiegand, H.E.: Was ist eigentlich ein Lemma. I: *Studien zur neuhochdeutschen Lexikographie* III. Hildesheim/New York 1983:401–474

Textbeispiel 196.13: wa$_{25}$ aus Bergenholtz et al. 1997

1998a) kann bei Fachwörterbüchern für Experten und Semiexperten des betreffenden Faches von lexikographischen Definitionen gesprochen werden. Diese treten allerdings innerhalb der Artikel meistens in verdichteter Form auf. (Eine Ausnahme ist z. B. Freeman 1983). Der mit der Terminusgestaltangabe erwähnte Terminus ist das Definiendum, der Definitor wird im Zuge der Textverdichtung weggelassen, und es folgt die *Definiensangabe* (DefA). – Daß als Teilangabe der *Angabe eines terminologiesemantischen Netzteils* (A.termsNT) eine Verweisangabe auftreten kann, erklärt sich daraus, daß mit den *Verweisadressenangaben* (VerwAdA) Termini erwähnt werden, die in einem anderen Artikel erklärt werden, aber dennoch zum terminologiesemantischen Netz (bzw. Netzteils) gehören (vgl. auch 4.3.). Dieses Netz wird mithin mediostrukturell über den Artikel hinaus aufgespannt, so daß die Segmente der fachlexikographischen Wissensrepräsentation nicht mit Einzelartikeln identisch sind.

Es ist wohl deutlich, daß wa$_{25}$ auch eine *Mikroarchitektur* aufweist, denn auf bestimmten Angaben (und das gilt *mutatis mutandis* für alle Artikel des Wörterbuches), die

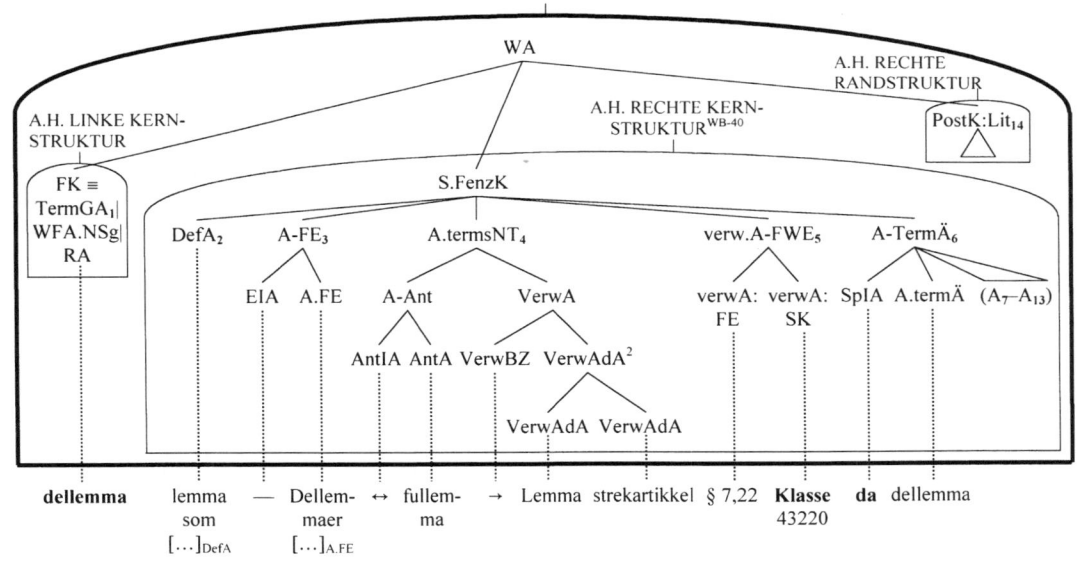

Abb. 196.22: *Partiell ausgeführter kommentierter Strukturgraph* zur (konkreten und zur abstrakten) hierarchischen rechtserweiterten vertikalarchitektonisch ausgebauten Mikrostruktur, die wa$_{25}$ aufweist; *Abkürzungen*: TermGA = Terminusgestaltangabe; S.FenzK = semantischer-fachenzyklopädischer Kommentar; DefA = Definiensangabe; A-FE = Angabe zur fachlichen Erklärung; EIA = Erklärungsidentifizierungsangabe; A.FE = Angabe der fachlichen Erklärung; A.termsNT = Angabe eines terminologiesemantischen Netzteils; A-Ant = Angabe zur Antonymie; AntIA = Antonymidentifizierungsangabe; AntA = Antonymangabe; verw.A-FWE = verweisende Angabe zur Fachwissenseinordnung; verwA:FE = auf die fachliche Einleitung (FE) verweisende Angabe; verw.A:SK = auf die systematische Klassifizierung (SK) verweisende Angabe; A-TermÄ = Angabe zur Terminusäquivalenz; SplA = Sprachidentifizierungsangabe; A.termÄ = Angabe des (oder: eines) terminologischen Äquivalents

sämtlich zur Trägermenge der Mikrostruktur gehören, sind eine *oberhalb-* und eine *unterhalb*-Relation definiert. Dies kann in Abb. 196.22 an den unteren Indizes der Namen für die Angabeklassen (A) abgelesen werden, und zwar gilt: A_1 ist oberhalb A_2 ist oberhalb A_{n-1} ist oberhalb A_n ($n \in N$).

Weiterhin weist wa_{25} eine *Suchbereichsarchitektur* auf; denn auf den 14 Suchzonen sind ebenfalls eine *oberhalb-* und eine *unterhalb*-Relation definiert. Alle Vollartikel in Bergenholtz et al. 1997 bestehen aus 14 Suchzonen. Daher paßt das erweiterte allgemeine Suchbereichsarchitekturbild, das zu wa_{25} in Textbeispiel 196.14 gehört und sich in Abb. 196.23 findet, zu ca. 80% aller Wörterbuchartikel in Bergenholtz et al. 1977 mit der minimalen Einschränkung, daß die Angabe mit dem Suchzonenanzeiger für die *Terminologienetz- und Verweiszone* (TN|VerwZ, vgl. Textbeispiel 196.14) variabel ist: statt der *Antonymidentifizierungsangabe* (AntlA), die durch das Angabesymbol „↔" realisiert ist, kann entweder eine *Synonymidentifizierungsangabe* (realisiert als „=") oder eine Verweisbeziehungsangabe (realisiert als „→") stehen.

---

historisk ordbok
ordbok som beskriver et språk eller en språkvarietet som er eldre enn ordbokens samtidsspråk
— Blant historiske ordbøker kan man skille mellom a) synkrone historiske ordbøker og b) diakrone historiske ordbøker. Hver av disse kategoriene kan igjen inndeles i to grupper: 1) ordbøker over eldre varieteter av eksisterende språk og 2) ordbøker over eldre språk uten moderne varietet. Eksempler: a1) *Holberg-Ordbog*; a2) en ordbok over de tre klassiske greske tragedieforfattere; b1) Söderwall, *Ordbok öfver svenska medeltidsspråket;* b2) en ordbok over antikk gresk.
↔ samtidsordbok; → diakron ordbok, periodeordbok, synkron ordbok
§ 9, 30; **klasse** 41 130
da   historisk ordbog
fi   historiallinen sanakirja
is   söguleg orðabók
ny   historisk ordbok
sv   historisk ordbok
en   historical dictionary
fr   dictionnaire historique
ty   historisches Wörterbuch
Litt.: Jonsson, H.: Om historisk lexikografi av typ SAOB. *Nysvenska studier* 63(1983):127–158

Textbeispiel 196.14: wa_{26} aus Bergenholtz et al. 1977

Im folgenden wird der Artikel wa_{27} (vgl. Textbeispiel 196.15) zunächst hinsichtlich seiner Mikro- und daraufhin hinsichtlich seiner *Suchzonenstruktur* betrachtet.

---

fag ⟨en, pl -er⟩ *phage*
Fager er virus, som angriber, dvs inficerer bakterier.
● Herinde udnytter fag DNAet cellen og nyt DNA syntetiseres, hvorved der dannes et stort antal nye fager, der tilsidst sprænger cellen og frigøres.
● The entire gene is too large to fit into a single phage.
▲ fagerne vedhæfter til overfladen *the ~s adhere to the surface;* neutralisere en ~ *neutralize a ~ ;* temperate ~ *temperate ~*
→ bakteriofag; lytisk cyklus

Textbeispiel 196.15: wa_{27} aus Kaufmann/Bergenholtz 1992

Im Unterschied zu wa_{25} und wa_{26} weist wa_{27} keine Mikroarchitektur auf, denn die erste Artikelzeile „**fag** ⟨en, pl -er⟩ *phage*", die oberhalb der *Angabe zur fachlichen Erklärung* (A-FE) steht, ist keine mikrostrukturelle Textkonstituente, wie aus der Abb. 196.24 zu entnehmen ist. Entsprechendes gilt für alle anderen Artikel in Kaufmann/Bergenholtz 1992.

Im folgenden werden die *Suchbereichsstrukturen* von wa_{27} betrachtet, welche die Textgestaltwahrnehmung der Benutzer-in-actu in höherem Grade berücksichtigen als die Mikrostrukturen. Die (konkrete hierarchische) Suchbereichsstruktur ist vertikalarchitektonisch ausgebaut, denn alle Textkonstituenten, auf denen die *oberhalb-* und die *unterhalb*-Relation definiert sind, sind Elemente der Trägermenge dieser Suchbereichsstruktur. Das allgemeine Suchbereichsstruktur- und -architekturbild findet sich in Abb. 196.25; es gibt die klare Gliederung von wa_{27} nach sechs Suchzonen deutlich wieder. Entsprechendes gilt für die Abb. 196.30.

Daß wa_{27} besonders benutzerfreundlich gearbeitet ist, zeigt auch die Abb. 196.26.

Die Darstellung der (konkreten und abstrakten) hierarchischen Suchbereichsstrukturen von wa_{27} findet sich in den Abb. 196.27 und 196.28. Ein partieller Vergleich mit der Strukturdarstellung der (konkreten und abstrakten) hierarchischen Mikrostruktur in Abb. 196.24 zeigt u. a. deutlich den erheblichen Unterschied der beiden textuellen Strukturen. Während bei den Mikrostrukturen nur drei unmittelbare Textkonstituenten auftreten (FK, KFS u. PostK:Verw), sind es bei den Suchbereichsstrukturen sechs (ÄZ, ZFE, BeiZ:dän., BeiZ:engl., KollZ u. VerwZ). Dies bedeutet, daß die Suchbereichsstrukturen weniger stark hierarchisiert (oder: flacher) sind als die Mikrostrukturen.

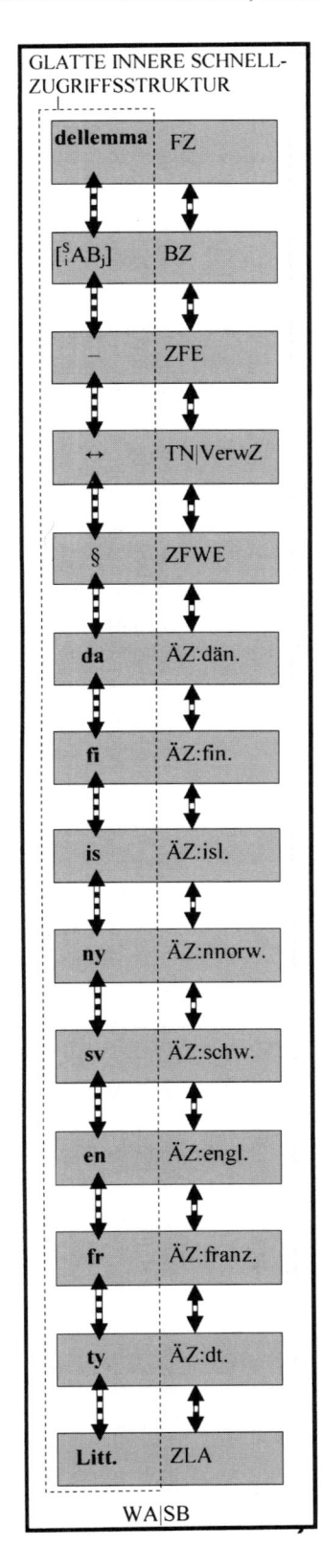

Während bei der Darstellung von Mikrostrukturen die Elemente der Trägermenge der konkreten inneren Schnellzugriffsstruktur (im vorliegenden Fall: *fag*, [$^S_iAB_j$], erster Punkt „●", zweiter Punkt „●", „▲" und „→") nur als Angaben in der Strukturdarstellung auftreten, werden sie bei der Darstellung der Suchbereichsstruktur als *Angaben bzw. Angabesymbol mit Suchzonenanzeiger* aufgefaßt; als Suchzonenanzeiger fungieren Eigenschaften der Angabeform bzw. der Form des Angabesymbols (bes. **halbfett**), aber auch Positionseigenschaften der Angabe (bes. Zeilenanfangsposition) sowie weitere semiotische Besonderheiten. Angabeblanks mit Suchanzeiger (^{S}AB) sind Elemente der Klasse der *Nullangaben mit Suchzonenanzeiger* (^{S}NullA). Ihre Wirkungsweise kann — *mutatis mutandis* — analog zu Nullmorphemen gedacht werden. Der textuelle Skopus der Suchzonenanzeigen reicht immer bis zu derjenigen Angabe, die unmittelbar vor der nächsten Angabe (oder dem nächsten Angabesymbol oder dem nächsten Angabeblank) mit Suchzonenanzeiger steht. Eine Ausnahme bildet die ^{S}LZGA, deren Skopus der gesamte Artikel und damit der gesamte Suchbereich ist, so daß er bis zur letzten Angabe des Artikels reicht.

Die Suchzonen, Subsuchzonen und Suchbereichsstrukturen sowie die verschiedenen Teilstrukturen letzterer können als diejenigen funktionalen Textsegmente bzw. textuellen Strukturen betrachtet werden, auf die sich der Lexikograph in den Hinweisen zur Benutzung unter Verwendung eines geeigneten

Abb. 196.23: *Erweitertes allgemeines Suchbereichsarchitekturbild* zu wa$_{26}$; *Abkürzungen*: FZ = Formzone; BZ = Bedeutungszone; ^{S}AB = Angabeblank mit Suchzonenanzeiger; ZFE = Zone der fachlichen Erklärung; TN|VerwZ = Terminologienetz- und Verweiszone; ZFWE = Zone für die Fachwisseneinordnung; ÄZ = Äquivalentzone; dän. = dänisch (ÄZ.dän. = Äquivalentzone für das Dänische); fin. = finnisch; isl. = isländisch; nnorw. = neunorwegisch; schw. = schwedisch; engl. = englisch; dt. = deutsch; ZLA = Zone für Literaturangaben; „x ⬌ y" bedeutet soviel wie *x ist (als Ganzes) oberhalb von y*

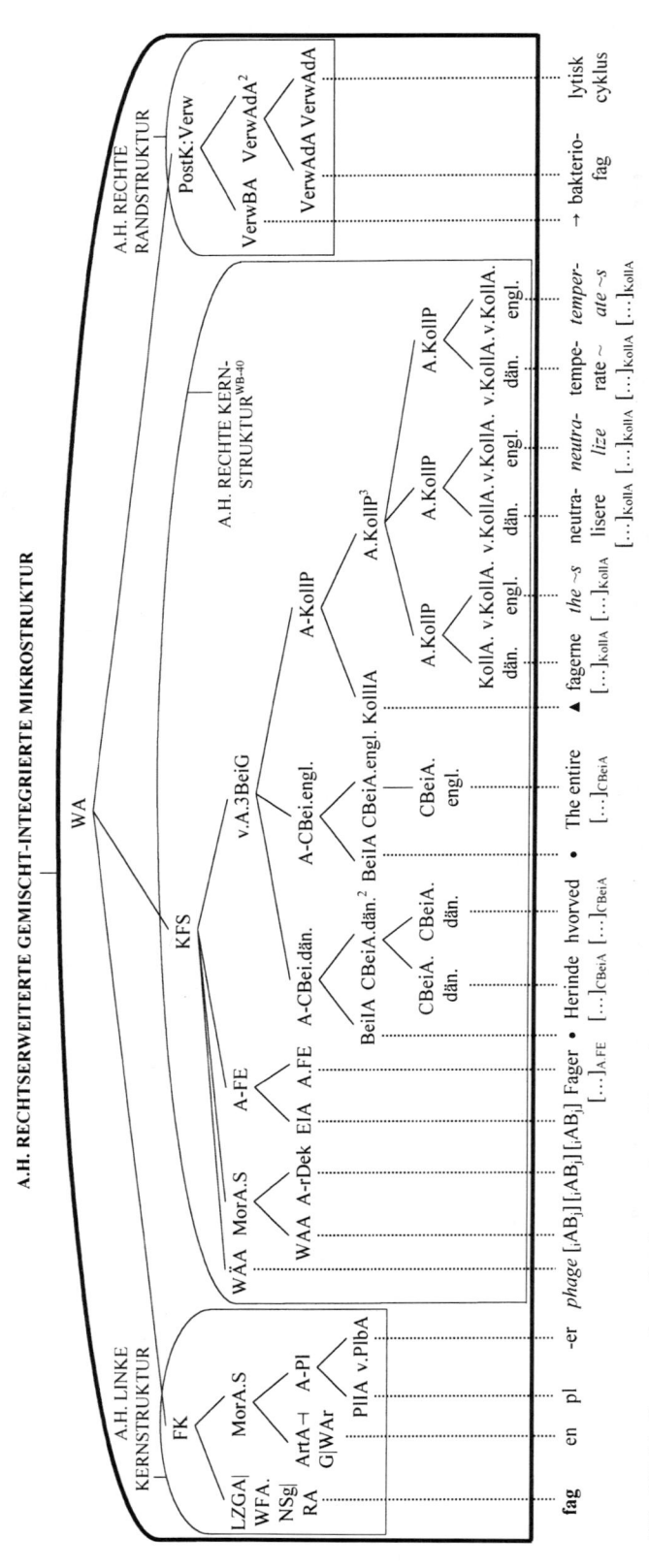

A.H. RECHTSERWEITERTE GEMISCHT-INTEGRIERTE MIKROSTRUKTUR

Abb. 196.24: *Kommentierter Strukturgraph* zur (abstrakten und zur konkreten) rechtserweiterten gemisch-integrierten Mikrostruktur, die wa$_{27}$ aufweist; *Abkürzungen:* A-PI = Angabe zum Plural; PlIA = Pluralidentifizierungsangabe; WÄA = Wortäquivalentangabe; A-rDek = Angabe zur regelmäßigen Deklination; A-FE = Angabe zur fachlichen Erklärung; EIA = Erklärungsidentifizierungsangabe; A.FE = Angabe der fachlichen Erklärung; A.3BeiG = Angabe von drei Beispielgruppen; A-CBei.dän. = Angabe zum dän. Corpusbeispiel; A-CBei.engl. = Angabe zum engl. Corpusbeispiel; BeiA = Beispielidentifizierungsangabe; CBeiA.dän.^{2} = dän. Corpusbeispielangabe, die aus zwei CBeiA.dän. besteht. A-KollP = Angabe zu Kollokationspaaren; KollA = Kollokationsidentifizierungsangabe; A.KollP = Angabe eines Kollokationspaares; v.KollA.dän. = verdichtete engl. Kollokationsangabe; v.KollA.dän. = verdichtete dän. Kollokationsangabe

VERTIKALARCHITEKTONISCH AUSGEBAUTE SUCHBEREICHSSTRUKTUR

Abb. 196.25: *Allgemeines Suchbereichsstruktur- und -architekturbild zu* wa$_{27}$; *Abkürzungen*: ÄZ = Äquivalentzone; ZFE = Zone der fachlichen Erklärung; BeiZ:dän. = Beispielzone für dänische Beispiele; BeiZ:engl. = Beispielzone für englische Beispiele; KollZ = Kollokationszone; VerwZ = Verweiszone; „x ⬌ y" bedeutet soviel wie *x ist (als Ganzes) oberhalb von y*

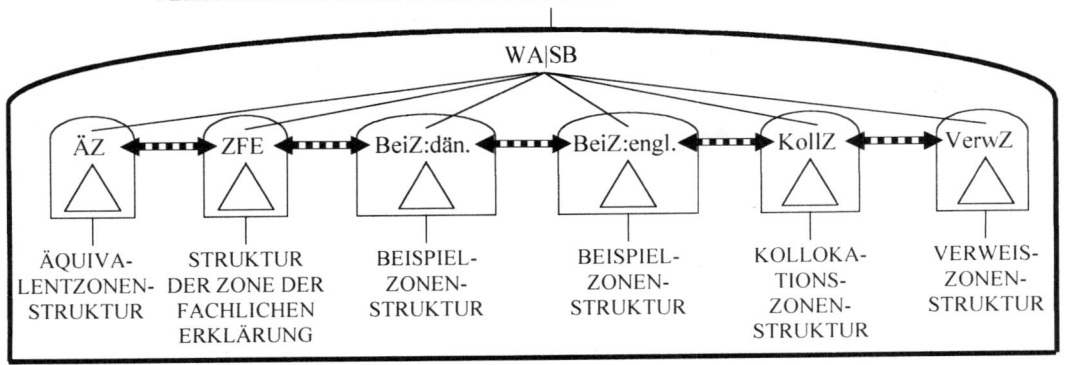

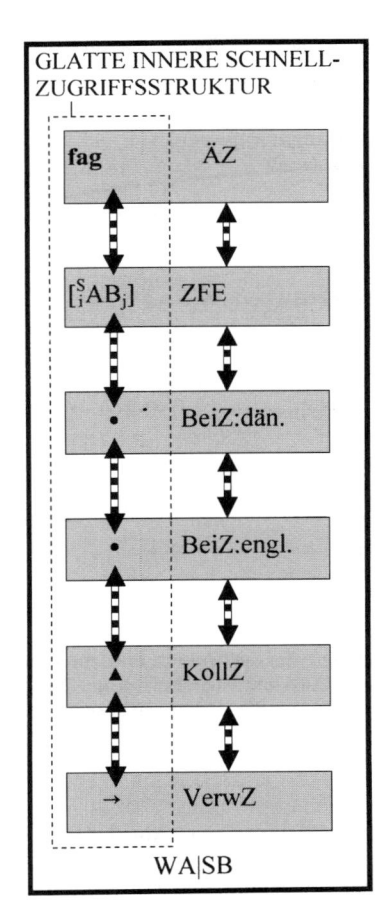

Abb. 196.26: *Erweitertes allgemeines Suchbereichsarchitekturbild* zu wa$_{27}$; *Abkürzungen*: ^{S}AB = Angabeblank mit Suchzonenanzeiger; „x ⬌ y" *bedeutet soviel wie x ist (als Ganzes) oberhalb von y*

Ausschnittes aus der lexikographischen Werkstattsprache, der auch für Laienbenutzer verständlich ist, beziehen sollte.

Im folgenden betrachten wir wa$_{28}$ (vgl. Textbeispiel 196.16) aus Schneider 1991. In einer (etwas eigenwilligen) lexikographischen Werkstattsprache wird der Artikelaufbau in den Hinweisen für die Benutzung wie folgt beschrieben:

„**Aufbau eines Lexikoneintrages**
Der Nebeneintrag besteht aus dem Stichwort und einem Pfeil auf das verwiesene Stichwort (z. B. **Abfallzeit** → *Schaltzeit*). Der Haupteintrag besteht aus dem Stichwort, dem Teilgebiet (siehe unten), der Übersetzung aus dem Deutschen ins Englische (manchmal auch umgekehrt, wenn der englische Begriff der eingeführtere Sprachgebrauch ist), eventuell auftretende Synonyme, Abkürzungen, Langformen (Abkürzungen für), Siehe-auch-Verweise und Oberbegriffe. Anschließend folgt der eigentliche Definitionstext. Den Abschluß des Haupteintrages bildet der Name oder die Namen der für diese Definitionen zuständige Beitragenden." (Schneider 1991, IX)

Vergleicht man diese Charakterisierung des Artikelaufbaus (des „Haupteintrages") mit wa$_{28}$ in Textbeispiel 196.16, dann liegt sie näher bei einer Beschreibung der Suchbereichsstruktur von wa$_{28}$ als bei einer Beschreibung der Mikrostruktur.

Unter 2.2 wurde festgestellt, daß die Suchzonen u. a. dadurch bestimmt werden, daß semiotisch besonders ausgezeichnete *Angaben mit Suchzonenanzeiger* vorliegen, die als Elemente der Trägermenge einer inneren Schnellzugriffsstruktur gelten können. Da in wa$_{28}$ nicht unmittelbar und eindeutig zu er-

Abb. 196.27: *Erster partiell ausgeführter, kommentierter Strukturgraph* zur (abstrakten und zur konkreten) vertikalarchitektonisch ausgebauten hierarchischen Suchbereichsstruktur, die wa$_{27}$ aufweist; *Abkürzungen*: ^{S}LZGA = Lemmazeichengestaltangabe mit Suchbereichs- und Suchzonenanzeiger; ^{S}NullA|EIA = Nullangabe mit Suchzonenanzeiger zugleich Erklärungsidentifizierungsangabe; A.FE = Angabe der fachlichen Erklärung; PlIA = Pluralidentifizierungsangabe; A-rDek = Angabe zur regelmäßigen Deklination; ^{S}BeiA = Beispielidentifizierungsangabe mit Suchzonenanzeiger; ^{S}AB = Angabeblank mit Suchzonenanzeiger

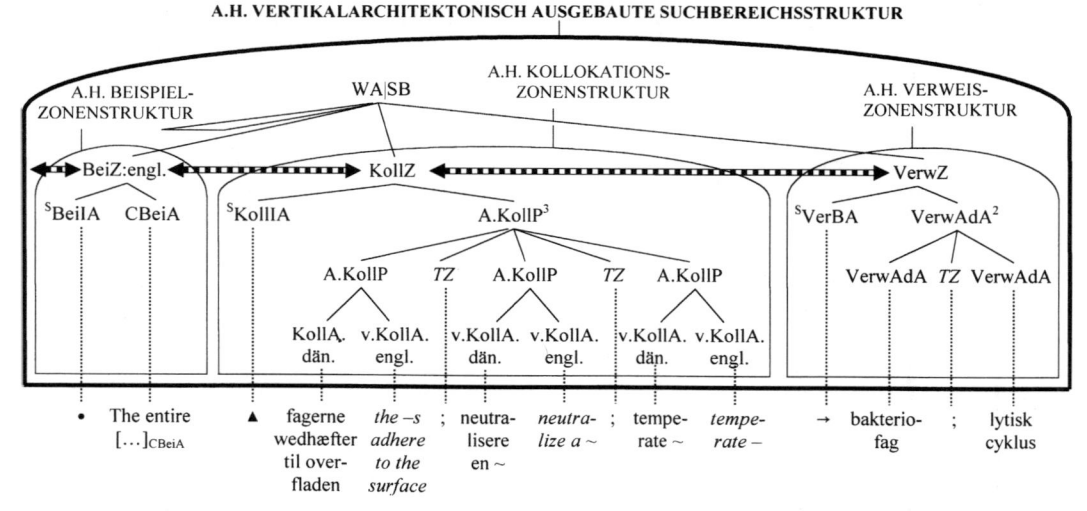

Abb. 196.28: *Zweiter partiell ausgeführter, kommentierter Strukturgraph* zur (abstrakten und zur konkreten) vertikalarchitektonisch ausgebauten hierarchischen Suchbereichsstruktur, die wa$_{27}$ aufweist; *Abkürzungen*: ^{S}KollIA = Kollokationsidentifizierungsangabe mit Suchzonenanzeiger; ^{S}VerBA = Verweisbeziehungsangabe mit Suchzonenanzeiger

kennen ist, welche Textteile als Angaben mit Suchzonenanzeiger gelten können, sei eine etwas genauere Betrachtung vorgenommen (vgl. dazu eingehender Wiegand 1998a, 1999a).

Wie immer, wenn ein Wörterbuchartikel als Suchbereich aufgefaßt wird, gilt das Lemma (und damit auch die LZFA) als der Träger des Suchbereichs − und zugleich eines Suchzonenanzeigers; wie meistens, so ist es auch im vorliegenden Fall durch die Eigenschaft **halbfett** gegenüber allen anderen Textsegmenten semiotisch besonders hervorgehoben. Hinzu kommt, daß es in Schneider 1991

> **Datenbankadministrator**
> Teilgebiet: Grundlagen von Informationssystemen
> *data base administrator*
> Synonym: Datenverwalter
> Abkürzung: DBA
>
> Der *Datenbankadministrator* muß die Gesamtstruktur der Daten überblicken und die globale *logische* Sicht, das *Schema* bzw. das konzeptionelle Schema, erstellen und pflegen. Der Datenadministrator ist der verantwortliche Betreuer der Daten einer Unternehmung, im Gegensatz zum Datenbankadministrator (DBA) der für den Teil der Daten, der in sein *Datenbanksystem* eingeht, verantwortlich ist sowie für dessen *Effizienz* und Sicherheit. *Schneider, H.-Jochen; Wildgrube*

Textbeispiel 196.16: wa_{28} aus Schneider 1991

stets allein auf einer Zeile, und zwar der ersten Artikelzeile steht und damit zugleich einen Textblock bildet. – Der Suchzonenanzeiger für die zweite Suchzone, die *Teilgebietszone* TGZ; vgl. Abb. 196.29) ist mit „Teilgebiet", der *Teilgebietsidentifizierungsangabe* (TGIA) gegeben; es gilt mithin: Teilgebiet $\in$ TGIA. Wie bei allen Angaben, die zur Klasse der Identifizierungsangaben gehören, ist die Angabeform der *Teilgebietsidentifizierungsangabe* in allen Artikeln immer gleich. Durch diese Qualität der Gestaltkonstanz sind alle Angaben, die zur Klasse der Identifizierungsangaben gehören, semiotisch besonders ausgezeichnet, denn diese Qualität weisen beispielsweise Bedeutungsparaphrasenangaben nicht auf. Auch z. B. die Pluralidentifizierungsangabe (pl $\in$ PlIA), die Beispielidentifizierungsangabe (● $\in$ BeiIA) und die Kollokationsidentifizierungsangabe (▲ $\in$ KOllIA) in wa_{27} weisen die Qualität der Gestaltkonstanz auf. Hinzu kommt, daß die TGIA positionenkonstant ist und darüber hinaus immer in einer besonders markanten Artikelposition steht, nämlich als erste Angabe eines Textblockes. Das genannte Bündel von Eigenschaften wirkt daher prägnant strukturanzeigend.

Man sieht nun sofort, daß alles, was bisher über die Angabe „Teilgebiet" in wa_{28} gesagt wurde, *mutatis mutandis* auch für die Angaben „Synonym" und „Abkürzung" in wa_{28} gilt. Die erstere ist eine *Synonymidentifizierungsangabe* (SynIA), so daß gilt: Synonym $\in$ SynIA; die letztere ist eine *Abkürzungsidentifizierungsangabe* (AbkIA), so daß gilt: Abkürzung $\in$ AbkIA. Die SynIA fungiert zugleich als Suchzonenanzeiger für die vierte Suchzone, die *Synonymenzone* (SynZ), und die AbkIA fungiert zugleich als Suchzonenanzeiger für die fünfte Suchzone, die *Abkürzungszone* (AbkZ).

Die sechste und letzte Suchzone von wa_{28}, die erweiterte *Definitionszone*, ist durch das Ergebnis einer Unterlassungshandlung, das Fehlen eines Trägers eines Suchzonenanzeigers semiotisch ausgezeichnet und dadurch als Suchzone markiert, so daß mithin in der Darstellung der konkreten Struktur (wie auch im Fall von wa_{27}) ein Angabeblank mit Suchzonenanzeiger ($^{S}_{i}AB_{j}$) anzusetzen ist, der als Element der Klasse der Nullangaben mit Suchzonenanzeiger zu gelten hat, die entsprechend bei der Darstellung der abstrakten Struktur zu berücksichtigen ist. Entsprechend kann bei der dritten Suchzone von wa_{28}, der *Äquivalentzone* (ÄZ), verfahren werden.

In wa_{28} finden sich am Schluß zwei *Autorennamenangaben* (AutNA). Wie aus dem oben gegebenen Zitat zum „Aufbau eines Lexikoneintrages" hervorgeht, sind in Schneider 1991 die Artikelautoren (die „zuständigen Beitragenden") nur für die Definitionen verantwortlich und nicht für den gesamten „Haupteintrag". Aus diesem Grunde ist es gerechtfertigt, die Autorennamenangaben als Teil der sechsten Suchzone aufzufassen. Es wird daher von einer *um zwei Autorennamenangaben rechtserweiterten Definitionszone* (DfZ[AutNA²]) gesprochen. Dies hat auch zur Folge, daß die Suchbereichsstruktur von wa_{28} als *vertikalarchitektonisch ausgebaut* gelten kann.

Damit dürfte deutlich sein, wie das (um konkrete Textelemente von wa_{28}) erweiterte allgemeine Suchbereichsarchitekturbild in Abb. 196.29 und das allgemeine Suchbereichsstruktur- und architekturbild in Abb. 196.30 zu lesen sind.

Wie bereits im Falle von wa_{27}, so sind auch bei wa_{28} die hierarchischen Suchbereichsstrukturen die deutlich flacheren Strukturen als die hierarchischen Mikrostrukturen, denn wa_{28} weist eine rechtserweiterte gemischt-integrierte Mikrostruktur auf, so daß es nur drei unmittelbare mikrostrukturelle Textkonstituenten des gesamten Artikeltextes gibt: den Formkommentar, den Kommentar zur Form und Semantik und den Postkommentar. Wie Abb. 196.30 zeigt, gibt es aber sechs Suchzonen als unmittelbare suchbereichsstrukturelle Textkonstituenten von wa_{28}.

Bisher wurden nur Fachwörterbuchartikel analysiert, die entweder keine Architektur oder aber eine vertikale aufweisen. Abschließend werden exemplarisch auch Artikel mit *horizontalen Architekturen* berücksichtigt (vgl. dazu Wiegand 1995, 1998a u. 1999a).

Im folgenden werden Artikel aus Tuck 1993 (vgl. Textbeispiel 196.17) hinsichtlich ihrer Mikrostrukturen und -architekturen sowie hinsichtlich ihrer Suchbereichsstrukturen und -architekturen grob analysiert. Zunächst wird der zweigeteilte Artikel wa$_{33}$ zum Lemmazeichen *agency* betrachtet. Er besteht, wie alle anderen Artikel in Tuck 1993, aus zwei *Teilartikeln*, und zwar dem *linken zentralen* und dem *rechten marginalen Teilartikel*, die beide eine *eigene* innere Schnellzugriffsstruktur aufweisen (vgl. Abb. 196.33), was eine *conditio sine qua non* dafür ist, daß Teilartikel vorliegen. Weiterhin gilt für Teilartikel, daß sie zwar Teile eines Artikels, aber keine mikrostrukturellen Textkonstituenten sind. Wie alle anderen Artikel des Wörterbuches, so ist auch wa$_{33}$ nach einer speziellen Variante der Methode der Integration gearbeitet, so daß eine der seltener auftretenden Formen der integrierten Mikrostrukturen vorliegt, welche nicht zu den reinen Textkonstituentenstrukturen gehört; es handelt sich um eine *(konkrete hierarchische) zweigeteilte Mikrostruktur mit linker teilintegrierter Haupt- und rechter vertikalarchitektonisch ausgebauter Marginalstruktur*; auch der Artikel wa$_{35}$ zum Lemmazeichen *agent* weist eine Struktur dieser Art auf. Allen anderen Artikel auf der S. 19 aus Tuck 1993 kann dagegen eine *(konkrete hierarchische) zweigeteilte Mikrostruktur mit*

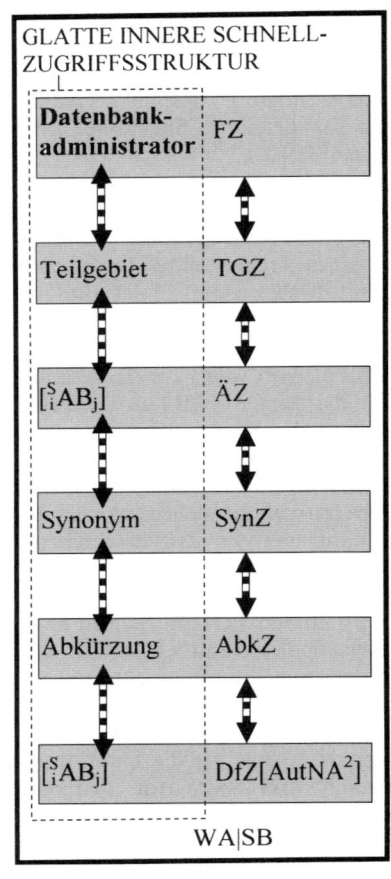

Abb. 196.29: *Erweitertes allgemeines Suchbereichsarchitekturbild* zu wa$_{28}$; Abkürzungen wie in Abb. 196.30

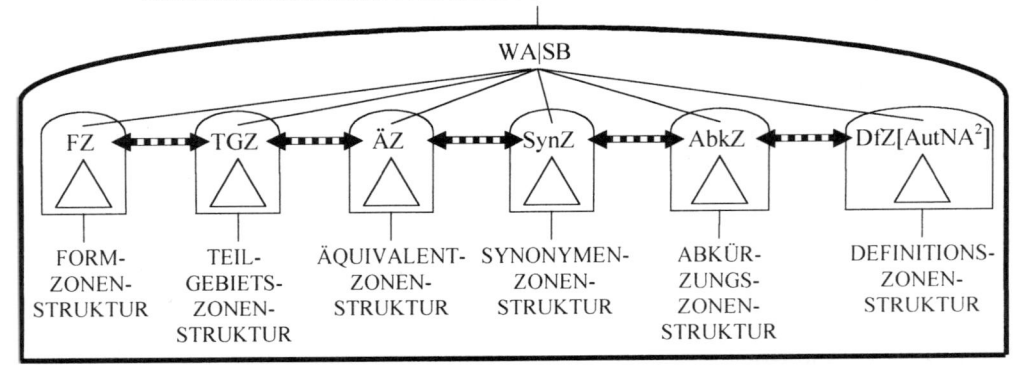

Abb. 196.30: *Allgemeines Suchbereichsstruktur- und -architekturbild* zu wa$_{28}$; *Abkürzungen*: TGZ = Teilgebietszone; SynZ = Synonymenzone; AbkZ = Abkürzungszone; DfZ[AutNA^2] = um zwei Autorennamenangaben rechtserweiterte Definitionszone; „x ⬌ y" bedeutet soviel wie *x ist (als Ganzes) oberhalb von y*

after-sales service noun (retail) the care of a product provided by the supplier after it has been sold. It usually applies to CONSUMER DURABLES, eg cars, computers, washing machines, etc and may include testing for faults, repairs and advice: *We offer a free after-sales service for the first twelve months after purchase.*	/ˈɑːftə seɪlz ˌsɜːvɪs/ **note** usually singular ⋈ offer, provide an **after-sales service** ▶ service agreement, service charge
after sight adverb (banking/finance) written on a bill of exchange to show that the bill should be paid within a specified time after the payer (the DRAWEE) is presented with it: *The bill was accepted for payment at 30 days after sight.*	/ˌɑːftə ˈsaɪt/ **abbr** AS, A/S, a/s ▶ after date, at sight, on demand
against all risks adverb (insurance/shipping) (of a marine insurance policy) providing insurance for all types of loss or damage: *goods insured against all risks*	/əˌgenst ɔːl ˈrɪsks/ **abbr** AAR ▶ all-risks policy, average^1 3, risk^1
agcy abbr agency: *ad agcy*	**note** used in written English only
agency noun (commerce) **1** the work carried out by a person (the AGENT) chosen to act on behalf of another (the PRINCIPAL): *The contract will be negotiated under the agency of my representative.* **2** a business that provides a particular service: *find a job at an employment agency* ○ *work for an advertising agency*	/ˈeɪdʒənsi/ **pl** agencies **abbr** agcy, agy **1** ⋈ under the **agency** (of a person or an organization) **2** ⋈ use an **agency**
agenda noun (a list of) items to be discussed at a meeting: *The agenda will be sent out in advance of the meeting.* ○ *What is the next item on the agenda?*	/əˈdʒendə/ **pl** agendas ⋈ draft, draw up, set an **agenda**
agent noun (commerce) **1** a person or an organization that is appointed to act on behalf of another (the PRINCIPAL), esp when negotiating a contract: *The agent is not normally liable on the contract.* **2** a person or an organization that buys or sells goods for someone else: *our agents in the Middle East* **3** a person or an organization that provides a particular service: *book a holiday through a travel agent* ○ *buy a house from an estate agent*	/ˈeɪdʒənt/ **pl** agents **abbr** agt **1, 2** ⋈ act as, appoint, go through an **agent** **syn** business agent ▶ broker, dealer, del credere agent, estate agent, factor, forwarding agent, go-between, land agent, Lloyd's agent, representative 2, shipping and forwarding agent, sole agent, sub-agent, transfer agent, travel agent
agent of necessity noun (law) a person who acts for another in an emergency but does not have a formal right to do so: *The captain of the ship acted as the agent of necessity in order to save what was left of the cargo.*	/ˌeɪdʒənt əv nəˈsesəti/ **pl** agents of necessity ⋈ act as an **agent of necessity**
aggregate planning noun (industry) estimating sales figures and using these to plan the amount of time and resources needed to produce the right amount of	/ˈægrɪgət ˌplænɪŋ/ **note** not used with *a* or *an*. No plural and used with a singular verb only.

Textbeispiel 196.17: S. 19 mit wa$_{29}$–wa$_{37}$ aus Tuck 1993

bank order noun (banking)	/ˈbæŋk ˌɔːdə(r)/
▶ standing order	
bank paper noun (banking)	/ˈbæŋk ˌpeɪpə(r)/
▶ bank acceptance	
bank rate noun (banking)	/ˈbæŋk reɪt/
▶ minimum lending rate	
bank reference noun (banking)	/ˈbæŋk ˌrefərəns/
▶ reference 3	

Textbeispiel 196.18: wa$_{38}$–wa$_{41}$ aus Tuck 1993

agency pl agencies /ˈeɪdʒənsi/ *noun* abbr agcy, agy (commerce) **1** the work carried out by a person (the AGENT) chosen to act on behalf of another (the PRINCIPAL): *The contract will be negotiated under the agency of my representative* ▶◀ *under the agency (of a person or an organization)* **2** a business that provides a particula service: *find a job at an employment agency* o *work for an advertising agency* ▶◀ *use an agency*

Textbeispiel 196.19: wa$'_{33}$

linker integrierter Haupt- und rechter vertikalarchitektonisch ausgebauter Marginalstruktur zugewiesen werden. Neben diesen beiden Strukturarten treten in Tuck 1993 nur noch *rudimentäre Mikrostrukturen mit rechter Marginalstruktur* auf, wie sie den erweiterten Verweisartikeln wa$_{38}$–wa$_{41}$ im Textbeispiel 196.18 zugewiesen werden können.

Ein Verständnis für die textstrukturellen Besonderheiten von zweigeteilten Wörterbuchartikeln mit einem linken zentralen und einem rechten (in Tuck 1993 grau unterlegten) marginalen Teilartikel stellt sich am einfachsten dann ein, wenn man sich vorstellt, daß Artikel dieser speziellen Sorte durch eine *textauflockernde Operation der Rechtsauslagerung* entstanden sind, und zwar aus einem Artikel, der die gleichen Daten präsentiert, aber keine Zweiteilung in Teilartikel aufweist; ein solcher Artikel ist z. B. wa$'_{33}$ in Textbeispiel 196.19; ihm kann eine *(konkrete hierarchische) einfache teilintegrierte Mikrostruktur mit Präintegrat* zugeordnet werden.

Natürlich verbirgt sich hinter der Aufforderung, man solle sich vorstellen, daß ein Wörterbuchartikel durch Anwendung einer Operation entstanden sei, nicht etwa lediglich ein didaktisches Konzept, sondern das lexikographietheoretische Prinzip, komplexere Strukturen der Wörterbuchform möglichst aus einfacheren zu erklären, und zwar unter Zuhilfenahme möglichst weniger Operationen (vgl. Wiegand 1998a).

Man erkennt unschwer, daß wa$'_{33}$ weniger übersichtlich (und damit benutzerunfreundlicher) ist als wa$_{33}$; in wa$'_{33}$ finden sich nicht nur mehr Schriftzeichen auf einer wesentlich kleineren Druckfläche, sondern auch Absatz- und Textblockbildungen, die in wa$_{33}$ gegeben sind, liegen nicht vor. In wa$'_{33}$ ist die *Textkomprimierung* (die von der *Textkondensierung* als einer anderen Sorte der Textverdichtung unterschieden werden muß, vgl. dazu Wiegand 1998c) stärker als in wa$_{33}$. Insbesondere die Textkomprimierung wird durch die Operation der Rechtsauslagerung von bestimmten Angaben geringer; diese Auslagerung erfolgt nach einem bestimmten Plan, der insbesondere die Reihenfolge der Angaben im rechten marginalen Teilartikel festlegt; dadurch erhält letzterer eine bestimmte textuelle Gestalt, deren interne Struktur für die Benutzerwahrnehmung leicht zugänglich ist.

Man erkennt weiterhin sofort, daß im grau unterlegten, rechten marginalen Teilartikel von wa$_{33}$ auf bestimmten Angaben, die zur Trägermenge der rechten Marginalstruktur gehören, eine *oberhalb-* und eine *unterhalb-*Relation definiert sind, so daß mithin dieser Teilartikel eine *vertikalarchitektonisch ausgebaute rechte Marginalstruktur* aufweist. Auf dem Form- und dem semantischen Kommentar zweiter Stufe sind jedoch keine solchen Relationen definiert. Denn die *Teilgebietsangabe* (TGA) „commerce" bildet einen *linksausgelagerten semantischen Subkommentar* (laSSK), so daß gilt: laSSK ≡ TFGA (vgl. Abb. 196.32). Der linksausgelagerte semantische Subkommentar (in dessen textuellen Skopus beide semantischen Subkommentare liegen, so daß die Teilgebietsangabe „commerce" für das Lemmazeichen *agency* in beiden Einzelbedeutungen gilt) ist aber ein Teil des semantischen Kommentars zweiter Stufe (^{2}SK); damit steht ein Teil des ^{2}SK auf der gleichen Wöterbuchzeile, auf der auch der Formkommentar zweiter Stufe (^{2}FK) steht, so daß eine *oberhalb*-Relation auf diesen beiden Kommentaren nicht definiert werden kann. Die erste Zeile von wa$_{33}$ **agency** *noun* (commerce) ist also − ähnlich wie im Fall von wa$_{27}$ − keine mikrostrukturelle Textkonstituente. In Abb. 196.31 findet sich das allgemeine Mikrostrukturbild von wa$_{33}$. Dieses gilt für alle Artikel aus Tuck 1993, deren Lemmazeichen vom Lexikographen als zweifach polysem interpretiert wurden.

Zu zweigeteilten Mikrostrukturen mit linkem Haupt- und rechten Marginalstrukturen und den zugehörigen zweigeteilten Artikeln seien folgende Hinweise gegeben. Artikel, die aus zwei Teilartikeln bestehen, sind stets in dem Sinne *intern biakzessiv*, daß sie zwei innere Schnellzugriffsstrukturen aufweisen, die eine (in wa$_{33}$, ⟨**agency, 1, 2**⟩), für den Zugriff auf den linken zentralen Teilartikel und damit auf den Form- und den semantischen Kommentar zweiter Stufe, die andere (in wa$_{33}$, ⟨[$_i$AB$_j$], **pl, abbr, 1** ▶◀**, 2** ▶◀⟩) für den Zugriff auf den rechten marginalen Teilartikel. − Es sei *expressis verbis* darauf hingewiesen, daß rechte marginale Teilartikel nicht notwendigerweise vertikalarchitektonisch ausgebaut sind, und weiterhin darauf, daß auch Illustrationen als rechte marginale Teilartikel oder als Teile von diesen auftreten können. − Auch muß nicht − wie in wa$_{33}$ − die linke Zugriffsstruktur geschlängelt und die rechte glatt sein (vgl. Abb. 196.33). Durch die Rechts- und Linksauslagerung aus Wörterbuchartikeln, deren Lemmazeichen vom Lexikographen als n-fach polysem (mit n ≥ 2) interpretiert wurde, in einen marginalen Teilartikel können Angaben ihren textuellen Skopus verlieren, so daß für den Benutzer beispielsweise nicht mehr erkennbar ist, im Geltungsfeld welcher der n Bedeutungen des Lemmazeichens sie stehen. Daher müssen die Polysemieangaben (in wa$_{33}$ **1** u. **2**) unter Umständen im rechten marginalen Teilkommentar zur Skopussicherung erwähnt werden, gelten dort als *Angabe der semantischen Zugehörigkeit* (A.semZ) und sind Elemente der Trägermenge der rechten inneren Schnellzugriffsstruktur, wie man in dem erweiterten allgemeinen Mikroarchitekturbild in Abb. 196.33, das zu wa$_{33}$ gehört, erkennen kann. − Bei zweigeteilten Wörterbuchartikeln von Fachwörterbüchern gilt stets derjenige Teilartikel als der zentrale Teilartikel, in dem der semantische und/oder enzyklopädische Kommentar stehen; bei einer Linksauslagerung gibt es dann entsprechend einen rechten zentralen Teilartikel und einen linken marginalen Teilartikel. Auch Artikel mit rechten und linken Teilartikeln können auftreten (vgl. Wiegand 1998a).

Im folgenden wird kurz auf die *Suchbereichsstruktur* und *-architektur* von wa$_{33}$ eingegangen. Bei diesem Artikel liegt der seltene Fall vor, daß auch *Subsuchzonen* auftreten. Der Subzonenstatus wird in den Klassennamen durch den Namenteil *zweiter Stufe* (z. B. *Bedeutungszone zweiter Stufe* = ^{2}BZ) ausgedrückt. − Alle Artikel in Tuck 1993 sind für die Benutzerwahrnehmung „auf den ersten Blick" in zwei Hälften gegliedert, eine linke weiße Hälfte und eine rechte grau unterlegte Hälfte. Die Suchzonenanzeiger sind in diesem Fall flächige integrative Suprasegmente. Ent-

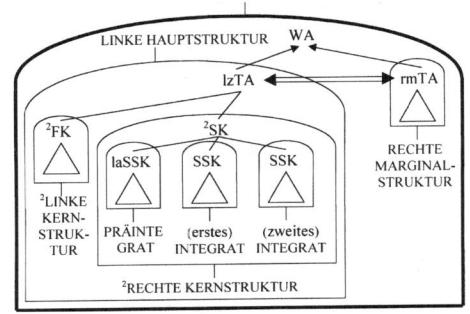

Abb. 196.31: *Allgemeines Mikrostrukturbild* zu wa$_{33}$; *Abkürzungen*: lzTA = linker zentraler Teilartikel; rmTA = rechter marginaler Teilartikel; ^{2}FK = Formkommentar zweiter Stufe; ^{2}SK = semantischer Kommentar zweiter Stufe; ^{2}RECHTE KERNSTRUKTUR = rechte Kernstruktur des ^{2}SK; ^{2}LINKE KERNSTRUKTUR = linke Kernstruktur des ^{2}FK; „x ⟷ y" bedeutet soviel wie *x ist rechts von y (und damit: y ist links von x)*; „x ⟶ y" bedeutet soviel wie *x ist ein Teilartikel von*

1806 XXI. Allgemeine theoretische und methodische Aspekte

Abb. 196.32: *Kommentierter Strukturgraph* zur (abstrakten und zur konkreten) zweigeteilten Mikrostruktur mit linker teilintegrierter Haupt- und rechter vertikalarchitektonisch ausgebauter Marginalstruktur, die w₃₃ aufweist; *Abkürzungen*: lzTA = linker zentraler Teilartikel; rmTA = rechter marginaler Teilartikel; BP(2-BezSp)A = um zwei Bezugsbereichsspezifizierungen binnenerweiterte Bedeutungsparaphrasenangabe; PFA = Pluralformangabe; A-Aus = Ausgabe zur Aussprache; NullA| AusIA = Nullangabe zugleich Ausspracheidentifizierungsangabe; A-Abk = Angabe zur Abkürzung; AbkIA = Abkürzungsidentifizierungsangabe; AbkA = Abkürzungsangabe; A.semZ = Angabe der semantischen Zugehörigkeit; [A.semZ]A-Koll = um eine A.semZ linkserweiterte Angabe zur Kollokation; „x → y" bedeutet soviel wie *x ist ein Teilartikel von*

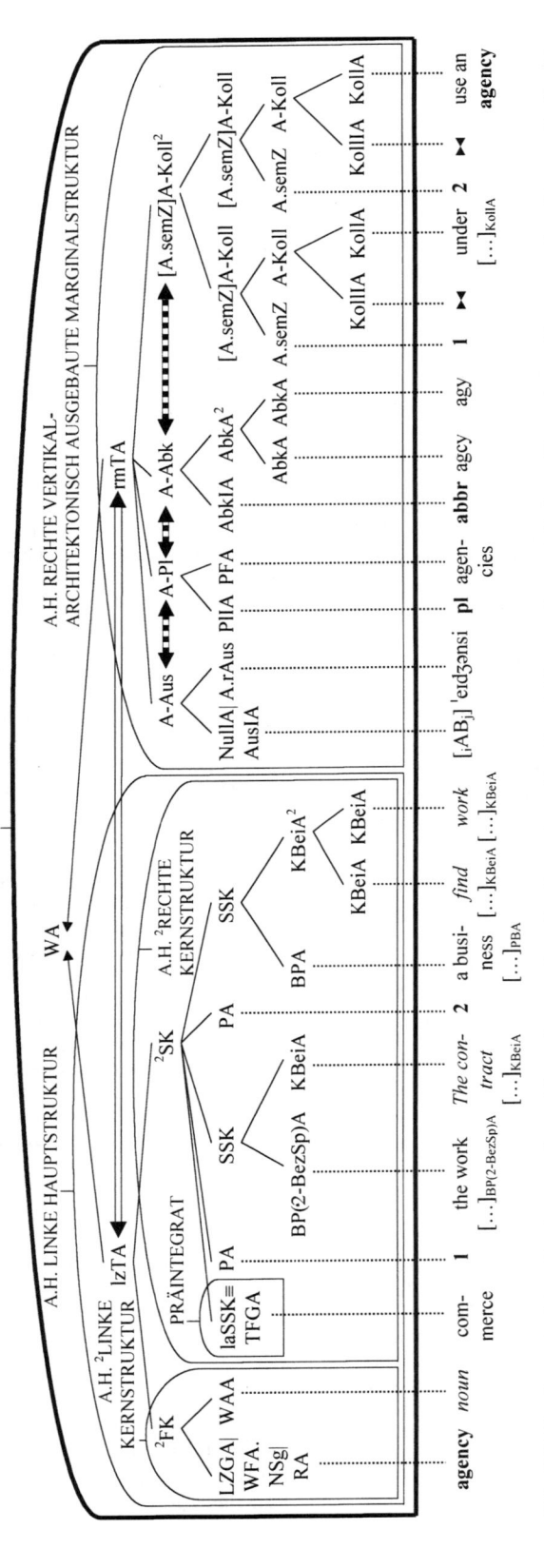

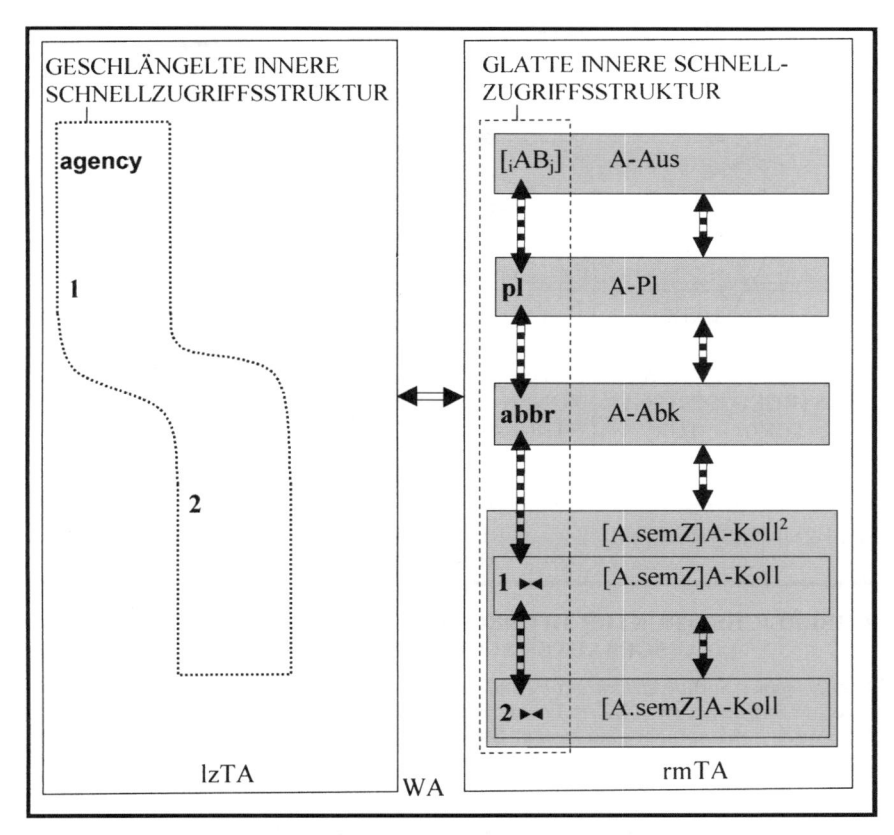

196. Datendistributionsstrukturen, Makro- und Mikrostrukturen in neueren Fachwörterbüchern

Abb. 196.33: *Erweitertes allgemeines Mikroarchitekturbild* zu wa$_{33}$; *Abkürzungen*: lzTA = linker zentraler Teilartikel; rmTA = rechter zentraler Teilartikel; „x ⬌ y" bedeutet soviel wie *x ist links von y (und damit: y ist rechts von x)*; vgl. Abb. 196.32

sprechend werden eine *linke Suchzone* und eine *rechte Suchzone* unterschieden. Diese entsprechen den beiden Teilartikeln bei den Mikrostrukturen. Beide Suchzonen weisen Subsuchzonen auf. Wie die zweigeteilten Mikrostrukturen, die zu wa$_{33}$ gehören, so sind auch die horizontalarchitektonisch ausgebauten Suchbereichsstrukturen, die wa$_{33}$ aufweist, keine reinen Textkonstituentenstrukturen. Denn die linke und die rechte Suchzone gehören nicht zu einer Trägermenge der Suchbereichsstruktur, auf der eine Präzedenzrelation definiert ist. Denn es macht keinen Sinn zu sagen, daß die linke der rechten Suchzone vorausgeht. In Abb. 196.34 findet sich das allgemeine Suchbereichsstruktur- und -architekturbild zu wa$_{33}$. –

Zu den Suchbereichsstrukturen von wa$_{33}$ seien noch einige Hinweise gegeben, die zum weiteren Nachdenken anregen sollen. Die naheliegende Frage, warum die linke Suchzonenstruktur nicht als vertikalarchitektonisch ausgebaute Struktur ausgewiesen ist, da ja die erste Wörterbuchzeile „**agency** *noun* (commerce)" von wa$_{33}$ als ganze Zeile oberhalb eines Textblockes steht, den die beiden Bedeutungszonen zweiter Stufe bilden, muß folgendermaßen beantwortet werden: Elemente der Trägermenge von konkreten hierarchischen Suchbereichsstrukturen sind elementare und nichtelementare Angaben sowie alle nichttypographischen Strukturanzeiger, also alle funktionalen Textsegmente; nur diese bilden suchbereichsstrukturelle Textkonstituenten. Ein Textteil, der aus mehreren unmittelbar aufeinanderfolgenden Angaben besteht, die sozusagen zufällig einen Textblock bilden, ist – auch wenn dieser bei der Gestaltwahrnehmung „ins Auge springt" deswegen noch keine suchbereichsstrukturelle Textkonstituente. – Allerdings geben solche Fälle Anlaß zu prüfen, ob es nicht zielführender ist, als suchbereichsstrukturelle Textkonstituenten nicht die funktionalen Textsegmente, sondern Textblöcke zu wählen. Das Konzept der Suchbereichsstrukturen verändert sich dadurch nur leicht. Dies wird ausführlich diskutiert in Wiegand 1998a und 1999a. Hier wird auch weiterhin auf die Frage eingegangen, wie stark die

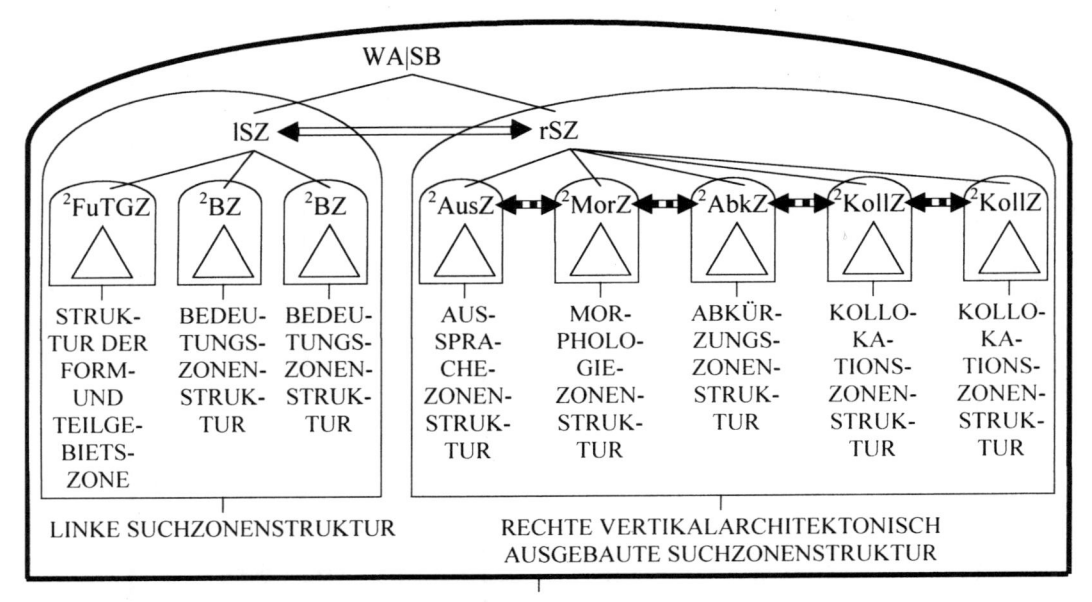

1808 XXI. Allgemeine theoretische und methodische Aspekte

[Diagram: SUCHBEREICHSSTRUKTUR MIT RECHTER VERTIKALARCHITEKTONISCH AUSGEBAUTER SUCHZONENSTRUKTUR — showing WA|SB branching to lSZ and rSZ; lSZ contains ^{2}FuTGZ, ^{2}BZ, ^{2}BZ (LINKE SUCHZONENSTRUKTUR); rSZ contains ^{2}AusZ, ^{2}MorZ, ^{2}AbkZ, ^{2}KollZ, ^{2}KollZ (RECHTE VERTIKALARCHITEKTONISCH AUSGEBAUTE SUCHZONENSTRUKTUR), with labels STRUKTUR DER FORM- UND TEILGEBIETSZONE, BEDEUTUNGSZONENSTRUKTUR, BEDEUTUNGSZONENSTRUKTUR, AUSSPRACHEZONENSTRUKTUR, MORPHOLOGIEZONENSTRUKTUR, ABKÜRZUNGSZONENSTRUKTUR, KOLLOKATIONSZONENSTRUKTUR, KOLLOKATIONSZONENSTRUKTUR]

Abb. 196.34: *Allgemeines Suchbereichsstruktur- und -architekturbild* zu wa$_{33}$; *Abkürzungen*: lSZ = linke Suchzone; rSZ = rechte Suchzone; ^{2}FuTGZ = Form- und Teilgebietszone zweiter Stufe; ^{2}BZ = Bedeutungszone zweiter Stufe; ^{2}AusZ = Aussprachezone zweiter Stufe; ^{2}MorZ = Morphologiezone zweiter Stufe; ^{2}AbkZ = Abkürzungszone zweiter Stufe; ^{2}KollZ = Kollokationszone zweiter Stufe; ST = Stufe

A.H. SUCHBEREICHSSTRUKTUR MIT RECHTER VERTIKALARCHITEKTONISCH AUSGEBAUTER SUCHZONENSTRUKTUR

[Diagram: A.H. STRUKTUR DER LINKEN SUCHZONE with WA|SB, lSZ, rSZ; A.H. STRUKTUR DER FORM- UND TEILGEBIETSZONE 2. ST containing ^{2}FuTGZ with ^{S}LZGA WAA vZoZ TGA hZoZ; A.H. BEDEUTUNGSZONENSTRUKTUR 2. ST containing ^{2}BZ with ^{S}PA BP(2-BezSp)A TZ KBeiA and ^{2}BZ with ^{S}PA BPA TZ KBeiA^2 (KBeiA TZ KBeiA); A.H. STRUKTUR DER RECHTEN SUCHZONE]

agency noun (commerce) 1 the work : *The contract* 2 a business : *find* ○ work
[...]$_{BP(2-BezSp)A}$ [...]$_{KBeiA}$ [...]$_{BPA}$ [...]$_{KBeiA}$ [...]$_{KBeiA}$

Abb. 196.35: *Erster partiell ausgeführter, kommentierter Strukturgraph* zur (konkreten und abstrakten) hierarchischen Suchbereichsstruktur mit rechter vertikalarchitektonisch ausgebauter Suchzonenstruktur, die wa$_{33}$ aufweist; *Abkürzungen*: ^{S}PA = Polysemieangabe mit Suchzonenanzeiger; vgl. Abb. 196.32 u. 196.34

Suchzonenstrukturen als Teilstrukturen der Suchbereichsstruktur hierarchisiert sind. In diesem Artikel wurde die Hierarchisierung der Suchzonenstrukturen in Analogie zu der Hierarchisierung von Teilstrukturen von Mikrostrukturen vorgenommen. Ob die relativ starke Hierarchisierung der Benutzerperspektive entspricht oder ob auch diese Strukturen flacher anzusetzen sind, ist derzeit nicht entscheidbar. Denn wenn Suchbereichsstrukturen die Benutzerperspektive möglichst berücksichtigen

A.H. SUCHBEREICHSSTRUKTUR MIT RECHTER VERTIKALARCHITEKTONISCH AUSGEBAUTER SUCHZONENSTRUKTUR

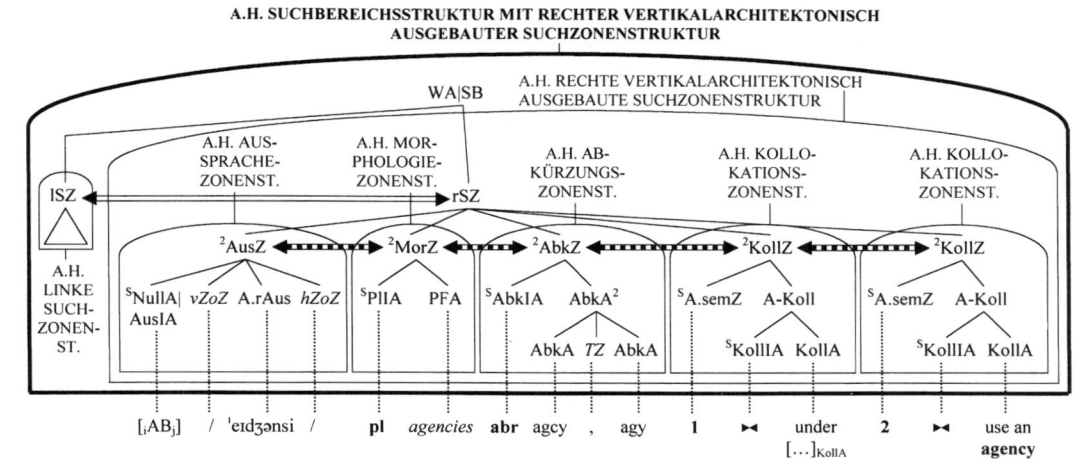

Abb. 196.36: *Zweiter partiell ausgeführter, kommentierter Strukturgraph* zur (konkreten und abstrakten) hierarchischen Suchbereichsstruktur mit rechter vertikalarchitektonisch ausgebauter Suchzonenstruktur, die wa$_{33}$ aufweist; *Abkürzungen:* ^{S}NullA|AusA = Nullangabe mit Suchzonenangabe zugleich Ausspracheidentifizierungsangabe

---

sollen, kann dies nur empirisch entschieden werden. Entsprechende Daten liegen aber derzeit noch nicht vor. Hier warten also Aufgaben auf die Wörterbuchbenutzungsforschung.

Obwohl die Mikrostrukturen von Fachwörterbuchartikeln weniger reichhaltig sind als die der zu Beginn des 5. Abschnittes erwähnten Wörterbücher anderer Typen aus dem Bereich der allgemeinsprachlichen Lexikographie, konnten nur einige ausgewählte Arten von Mikrostrukturen in Fachwörterbüchern hier Berücksichtigung finden. Der 5. Abschnitt gibt also nur einen Einblick, keinen Überblick.

6. Makrostrukturen in Fachwörterbüchern

Die Makrostrukturen von Fachwörterbüchern sind bisher schlecht erforscht; dies gilt besonders für die *systematischen Makrostrukturen* (vgl. 6.2.). Die lückenhafte Forschungslage wirkt sich auf die Darstellung in diesem Abschnitt besonders drastisch aus. — *Lexikographische Makrostrukturen*, die unbedingt von *nichtlexikographischen Makrostrukturen* (wie sie sich z. B. in Bibliographien oder Telephonbüchern finden) unterschieden werden müssen, lassen sich (mit Wiegand 1989, 372) — unabhängig davon, welche strukturprägende Ordnungsrelation jeweils auf der Trägermenge definiert ist — als *Ordnungsstrukturen* charakterisieren, deren Trägermenge eine endliche Menge von Leitelementträgern (die meistens Lemmata sind) eines lexikographischen Nachschlagewerks ist. (Einen anderen Makrostrukturbegriff vertritt Nielsen 1990). — Die Unterscheidung von alphabetischer Anordnung der Lemmata einer- und von systematischer Ordnung andererseits hat in der Geschichte der Philologien immer schon großes Interesse gefunden. Nachfolgend müssen allerdings die historischen Aspekte vernachlässigt werden (vgl. dazu Miethaner-Vent 1986; Müller 1997; Wiegand 1998d). Dennoch wird die historische Entwicklung insofern berücksichtigt, als als oberste Unterteilung der lexikographischen Makrostrukturen die in *alphabetische* (vgl. 6.1) einer- und *systematische Makrostrukturen* (vgl. 6.2) andererseits übernommen wird. Über diese beiden Möglichkeiten und ihre Vor- und Nachteile hat es in der Geschichte der neueren Lexikographie und der der Einzelphilologien unterschiedliche Meinungsäußerungen und Glaubensbekenntnisse gegeben, wobei sachbezogene Argumente nur ausnahmsweise eine Rolle gespielt haben. Beispielsweise hat Jacob Grimm entschieden für eine alphabetische Anordnung plädiert, während z. B. Hallig und Wartburg sowie Dornseiff einer systematischen Anordnung das Wort redeten. —

In der fachlexikographischen Tradition des Mittelalters findet sich häufig eine Integration beider Möglichkeiten. Beispielsweise sind die fachlichen Wörterbücher oft in thematische Abschnitte nach den jeweiligen Sachen *in generalia* gegliedert, in denen die dazu gehörenden einzelnen alphabetisch gegliederten Teile mit den verschiedenen Arten dieser Sache *in speciali* verzeichnet sind (Miethaner-Vent 1986; für weitere Details vgl. Müller 1997; Wiegand 1998d u. Art. 249). Diese damals gängige Vorgehensweise findet sich heute vornehmlich in kleineren systematischen Enzyklopädien, aber auch in Wörterbüchern zu einzelnen Fächern.

In den folgenden Abschnitten werden relevante Eigenschaften der beiden Klassen von makrostrukturellen Anordnungsformen betrachtet. Auf die angeblichen Vor- und Nachteile wird dabei nicht eingegangen, da es diese nicht gibt. Vielmehr ist es nur sinnvoll von Vor- und Nachteilen einer *spezifischen Anwendung* einer Anordnungsform in einem bestimmten Wörterbuch(projekt) zu sprechen; daß beispielsweise mit alphabetischen Anordnungsformen sachliche und/oder sprachliche Zusammenhänge „auseinandergerissen" werden, ist nicht per se ein Nachteil, sondern eine charakteristische Eigenschaft der alphabetischen Anordnungsformen, die erst dann zu einem Nachteil wird, wenn eine nicht angemessene Anwendung vorliegt. Wie man eine angemessene Anwendung bestimmen kann, wird in Wiegand 1998a diskutiert; wichtig dabei sind die drei Parameter: Benutzerbezug, Wörterbuchgegenstandsbereich und Wörterbuchtyp.

6.1. Alphabetische Makrostrukturen

Eine Darstellung von *alphabetischen fachlexikographischen Makrostrukturen*, welche die wesentlichen Aspekte dieser Strukturen berücksichtigen möchte, muß mindestens auf folgende Aspekte eingehen:

(i) Die *Lemmaselektion* (oder: *äußere Selektion*; vgl. dazu Bergenholtz 1994), und zwar in qualitativer und quantitativer Hinsicht. Die qualitative Hinsicht ist gegeben, wenn z. B. folgende Fragen gestellt werden, die nachfolgend aus der Sicht eines Fachlexikographen formuliert werden, der ein Wörterbuch plant:

– Sollen nur Termini eines Faches als Lemma angesetzt werden?
– Sollen bestimmte Termini von Nachbarfächern Berücksichtigung finden?
– Wenn ja, wie ist diese Selektion begründet zu begrenzen?
– Sollen auch Fremdwörter, die im Fach öfters verwendet werden, berücksichtigt werden?
– Sollen bestimmte gemeinsprachliche Ausdrücke, die im Fach häufig verwendet werden, berücksichtigt werden?
– Sollen in der Fachsprache produktive Affixe als Lemmata angesetzt werden?
– Sollen fachliche Phraseme als Lemma angesetzt werden und wenn ja wie?

Die quantitative Hinsicht ist gegeben, wenn nach der Anzahl der Lemmata und gegebenfalls nach der der Sublemmata gefragt wird, so daß die *relative äußere Vollständigkeit* eines Fachwörterbuchs thematisch wird.

(ii) *Verteilung der Lemmata auf äußere makrostrukturelle Zugriffsstrukturen*. Fragen zu diesem Aspekt, die auch mit der Datendistribution im gesamten Wörterbuch zu tun haben, sind u. a.:

– Soll die Makrostruktur mit der einzigen äußeren registerexternen Zugriffsstruktur identisch sein?
– Oder soll es mehrere makrostrukturelle Zugriffsstrukturen geben?
– Sollen, falls mehrere makrostrukturelle Zugriffsstrukturen vorgesehen sind, die Anordnungsformen dieser gleich oder verschieden sein?

(iii) Die *Lemmaanordnung*. Die alphabetische Anordnung der Lemmata ist derjenige Aspekt lexikographischer Makrostrukturen, der bisher am eingehendsten untersucht wurde, allerdings kaum anhand von Fachwörterbüchern. Entsprechend wird auf diesen nachfolgend näher eingegangen. Die folgenden Betrachtungen sind auf Sprachen beschränkt, in denen auf der Zeile von links nach rechts und im Falle mehrzeiliger Textexemplare von oben nach unten geschrieben wird. Wendet man auf Lemmata, die von links nach rechts geschrieben sind, die Methode der *exhaustiven mechanischen Alphabetisierung* (vgl. Wiegand 1989, 379) an, so daß also alle zugriffsalphabetinternen Elemente, die das Leitelement des Lemmas bilden, bei der alphabetischen Einordnung berücksichtigt werden, und zwar so, daß *in Schreibrichtung* (also hier von links nach rechts) alphabetisiert wird, erhält man eine *initialalphabetische Makrostruktur mit exhaustiver Alphabetisierung*. Der Methode der exhaustiv mechanischen Alphabetisierung, die heutzutage diejenige Alphabetisierungsmethode darstellt, die üblicherweise in Fachwörterbüchern zur Anwendung gelangt, stehen zahlreiche andere Alphabetisierungsmethoden gegenüber – wie z. B. *Anfangsalphabetisierung* (vgl. dazu Miethaner-Vent 1986; Wiegand 1989, 379) oder *konstituentendeterminierte Alphabetisierung* (Wiegand 1998, 452 f) – die hier der Einfach-

196. Datendistributionsstrukturen, Makro- und Mikrostrukturen in neueren Fachwörterbüchern

```
                    Makrostrukturen von gedruckten Nachschlagewerken
                                                            ←■ ⎰ TK₁: Typen von Nach-
                                                                ⎱      schlagewerken
         gedruckte nichtlexikographische      gedruckte lexikographische
                 Nachschlagewerke                   Nachschlagewerke

        nichtlexikographische Makrostrukturen   lexikographische Makrostrukturen
                          △
                                                            ←■ ⎰ TK₂: Art der
                                                                ⎱      Leitelemente
           mit Leitelementen, die aus       mit Leitelementen, die aus zugriffs-
         Elementen der Systematik bestehen   alphabetinternen Elementen bestehen

          systematische Makrostrukturen       alphabetische Makrostrukturen
                          △
                                                            ←■ ⎰ TK₃: Reihenfolge der zugriffs-
                                                                ⎱      alphabetinternen Elemente
              alphabetisiert gegen die            alphabetisiert in
                  Schreibrichtung                 Schreibrichtung

         finalalphabetische Makrostrukturen   initialalphabetische Makrostrukturen
                          △
                                                            ←■ ⎰ TK₄: Wahl der Alphabeti-
                                                                ⎱      sierungsmethode
         Anwendung der exhaustiv mechani-    Anwendung einer der nichtexhau-
          schen Alphabetisierungsmethode      stiven Alphabetisierungsmethoden

         initialalphabetische Makrostrukturen  initialalphabetische Makrostrukturen mit
            mit exhaustiver Alphabetisierung      nichtexhaustiver Alphabetisierung
                          △                                 △
```

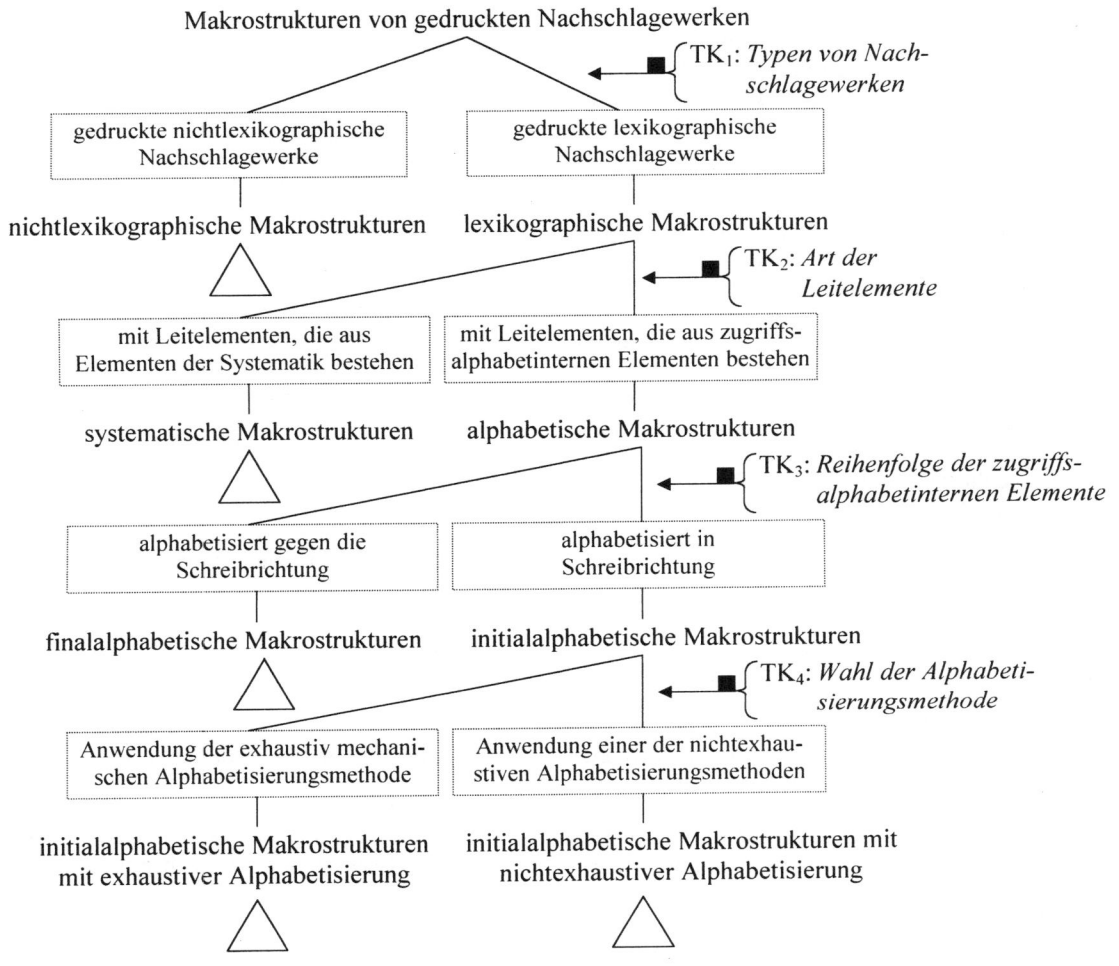

Abb. 196.37: *Erster Typologieausschnitt* aus einer Typologie von Makrostrukturen (vereinfacht nach Wiegand 1998a); vgl. Abb. 196.39 u. 196.43

heit halber zu den *nichtexhaustiven Alphabetisierungsmethoden* (zu denen weitere gehören) zusammengefaßt werden, und zwar anhand der gemeinsamen Eigenschaft, daß bei ihrer Anwendung lediglich ein *reduziertes Leitelement* die Alphabetisierungsgrundlage bildet, ein Leitelement also, das um mindestens ein zugriffsalphabetinternes Element kleiner ist als der Leitelementträger (vgl. Wiegand 1998; z. B. wenn bei dem ahd. Verb *tharabringan* nur *-bringan* bei der Alphabetisierung berücksichtigt wird). Die Anwendung einer der nichtexhaustiven Alphabetisierungsmethoden führt zu *intialalphabetischen Makrostrukturen ohne exhaustive Alphabetisierung*, die im Mittelalter üblich waren, im folgenden aber nicht weiter berücksichtigt werden (vgl. dazu Wiegand 1998a). − Wird die exhaustiv mechanische Alphabetisierungsmethode so angewandt, daß *gegen die Schreibrichtung* alphabetisiert wird (also hier von rechts nach links), erhält man *finalalphabetische Makrostrukturen*. Letztere treten in sog. rückläufigen Wörterbüchern auf (vgl. zu diesen Gärtner/Kühn 1990) und sind bisher nicht intensiver untersucht worden (vgl. aber: Muthmann 1990 [1991]). Rückläufige Fachwörterbücher, die bei der Untersuchung wortbildungsmorphologischer Strukturen von Fachsprachen nützlich sein können, werden im folgenden nicht weiter berücksichtigt. − Die bisher unterschiedenen Typen von Makrostrukturen sind in Abb. 196.37 zu einem ersten Typologieausschnitt geordnet.

Im folgenden werden einige Varianten der exhaustiv mechanischen Alphabetisierungsmethode sowie einige der Eigenschaften und die wichtigsten der zahlreichen Anordnungsformen von initialalphabetischen Makrostrukturen mit exhaustiver Alphabetisierung (kurz: initialalphabetische Makrostrukturen) betrachtet, und zwar vor allem bei *monoakzessiven* Wörterbüchern mit einer äußeren registerexternen Zugriffsstruktur, also bei solchen Wörterbüchern, in welchen es zu jeder Angabe in den Artikeln gerade einen definierten Suchpfad gibt und die Makro- mit der äußeren Zugriffsstruktur zusammenfällt. Solche Wörterbücher weisen entweder eine einfache artikelhomogene monoalphabetische Datendistributionsstruktur auf (wie z. B. Bergenholtz et al. 1997; Budig 1982 u. Sauppe 1996) oder eine einfache artikelheterogene monoalphabetische Datendistributionsstruktur (wie z. B. Woll 1992; Kaufmann/Bergenholtz et al. 1998).

Eine *lexikographische Alphabetisierungsmethode* besteht aus der Angabe mindestens eines *Zugriffsalphabets* und einer geordneten Menge von Anweisungen, wie das Zugriffsalphabet bei der Durchführung der Alphabetisierung anzuwenden ist, sowie einer Menge von Anweisungen, wie alphanumerische Leitelemente anzuordnen sind. Benutzerrelevante Ausschnitte aus der jeweiligen Alphabetisierungsmethode werden meistens in den Benutzungshinweisen (häufig mehr schlecht als recht) erläutert (vgl. dazu anhand von allgemeinen einsprachigen Wörterbüchern Wiegand 1989, 377 f.). Das Zugriffsalphabet ist in den allermeisten Fällen nicht mit dem schriftsysteminternen Alphabet identisch, nach welchem die lexikographisch bearbeitete Sprache üblicherweise verschriftet wird. Vielmehr ist das jeweilige Zugriffsalphabet um weitere Elemente angereichert, beispielsweise um

- alphabetexterne, aber schriftsysteminterne Buchstaben (die Zusatzbuchstaben heißen, wie z. B. die Umlautbuchstaben *ä, ö, ü* im Nhd.)
- schriftsystemexterne Buchstaben, die zu anderen Schriftsystemen gehören
- das Leerzeichen (den Blank).

In der Fachlexikographie sind diejenigen Teile einer initialalphabetischen Alphabetisierungsmethode von besonderem Interesse, welche die *alphanumerischen Leitelemente* betreffen. Fachausdrücke, die (wenn sie zum Lemmazeichen werden) ein alphanumerisches Leitelement aufweisen, sind z. B.: *8-Azaguanin, 293-Zellen, 5'-Hydroxyl*, engl. *T4 DNA ligase, 3'terminal*. Obwohl es für die Anordnung solcher Termini Normen gibt (z. B. DIN-Normen und ISO-Normen), ist die Anordnungspraxis innerhalb der neueren Fachwörterbücher recht unterschiedlich und häufig in den Benutzungshinweisen nicht ausreichend erklärt; z. T. sind die Erklärungen falsch und öfters schwer verständlich. Ein Beispiel zum Nachdenken (das bewußt nicht näher erläutert wird) findet sich als Textbeispiel 196.19a (vgl. auch Textbeispiel 196.21).

Für die initialalphabetische Anordnung von Lemmata, die alphanumerische Leitelemente aufweisen, gibt es mehrere Möglichkeiten, die hier nicht alle erläutert werden können. Zwei brauchbare Anordnungsmöglichkeiten können wie folgt grob charakterisiert werden:

(i) Bei Lemmata mit alphanumerischen Leitelementen wird die lemmazeichenzugehörige Ziffer (bzw. Ziffernfolge) durch das passende Zahlwort ersetzt bei gleichzeitiger Til-

---

Ziffern als Stichworte vor dem Alphabet:
3°:   vor dem Buchstaben A
293-Zellen   vor dem Buchstaben A
Ziffernbestandteile im Stichwort an alphabetischer Stelle:
U3:   Hinter dem Stichwort U, vor UAA-Codon
SP6:   Hinter dem Stichwort South-Western-Blotting, vor Späte Gene
Griechische Buchstaben latinisiert und an alphabetischer Stelle:
α-Amanitin: Alpha-Amanitin
β-Galactosidase: Beta-Galactosidase
Chemische Positionsbezeichnungen werden ignoriert:
0-Nitrophenyl: Nitrophenyl
8-Azaguanin: Azaguanin

Textbeispiel 196.19a aus Ibelgaufts 1990, „Zur Benutzung des Lexikons"

gung von Trenn- bzw. Verbindungszeichen (wie Bindestrichen oder Apostrophen), so daß man ein regelhaftes *Konstruktleitelement* (sensu Wiegand 1998a) erhält; dieses wird dann initialalphabetisch eingeordnet. Beispielsweise wird in *3'terminal* die Ziffer *3* durch *three* ersetzt; bei gleichzeitiger Tilgung des Apostrophs erhält man das Konstruktleitelement ⟨threeterminal⟩. Entsprechend erscheint dann *3'terminal*, wenn die Alphabetisierung durchgeführt wird, zwischen *threepoint analysis* und *threonine*.

(ii) Bei Lemmata mit alphanumerischen Leitelementen werden die Ziffern (bzw. Ziffernfolgen) bei der Alphabetisierung nicht berücksichtigt, d. h. die Ziffern werden getilgt, so daß man ein *reduziertes Leitelement* ohne Ziffern erhält; dieses wird dann initialalphabetisch eingeordnet; z. B. wird in *3'terminal* die Ziffer *3* getilgt und man erhält das reduzierte Leitelement ⟨terminal⟩. Diese Methode wurde in Kaufmann/Bergenholtz et al. 1998 gewählt. Es ergibt sich dann eine Alphabetisierung, wie sie in (1) im Textbeispiel 196.20 vorliegt.

```
(1)  e₁₄:   template strand [...]
     e₁₅:   3'terminal [...]
     e₁₆:   5'terminal [...]
     e₁₇:   terminal [...]
(2)  e₁₄:   template strand [...]
     e₁₇:   terminal [...]
     e₁₅:   3'terminal [...]
     e₁₆:   5'terminal [...]
```

Textbeispiel 196.20: Einträge e_{14}–e_{17} aus Kaufmann/Bergenholtz et al. 1998

Anhand des Textbeispiels 196.20 kann man erkennen, daß die Ziffern zwar bei der Alphabetisierung keine Rolle spielen, wohl aber bei der Herstellung der makrostrukturellen Ordnung, denn es gilt offenbar stillschweigend die Bestimmung, daß kleinere Ziffern vor größeren stehen, so daß also eine zusätzliche numerische Zugriffsrelation definiert ist (1 < 2 < 3 < ... < n − 1 < n, mit „<" für *geht unmittelbar voraus* u. n. ∈ ℕ). Eine Erklärung, daß und warum e_{15} und e_{16} beide vor und nicht beide nach e_{17} stehen, so daß sich die Reihenfolge in (2) im Textbeispiel 196.20 ergibt, findet sich in Kaufmann/Bergenholtz et al. 1998 allerdings nicht.

Eine Anordnungsmöglichkeit speziell für Lemmata, bei denen der numerische Teil den ersten Teil des Leitelements bildet, besteht darin, für solche Lemmata eine eigene Artikelstrecke vorzusehen, die vor derjenigen (ersten) Artikelstrecke steht, in welcher alle Lemmata geordnet sind, die mit dem ersten Buchstaben des Zugriffsalphabets beginnen (z. B. im Dt. vor *A*). Diese Anordnungsmöglichkeit wurde z. B. in Ibelgaufts 1990 realisiert. Auf der ersten Seite, auf der diese Artikelstrecke beginnt, findet sich die Artikelteilstrecke artts₁ vgl. Textbeispiel 196.21).

```
e₁₈:   -10 Region [...]
e₁₉:   -35 Region [...]
e₂₀:   -43 Region [...]
e₂₁:   -75 Region [...]
e₂₂:   -80 Region [...]
e₂₃:   2μ-Plasmid [...]
e₂₄:   3' [...]
e₂₅:   3' → 5' [...]
e₂₆:   3'-Hydroxy-Rest [...]
e₂₇:   3'-Spleiß-Stelle [...]
e₂₈:   3'-SS [...]
e₂₉:   3'-UTR [...]
e₃₀:   3'-5'-Phospodiester-Bindung [...]
e₃₁:   3'-Ende [...]
```

Textbeispiel 196.21: artts₁ aus Ibelgaufts 1990

Eine genaue Beschreibung der Ordnung, die in der Artikelstrecke gilt, von der artts₁ eine Teilstrecke ist, läßt sich nur unter Zuhilfenahme mathematischer Mittel geben, die hier nicht zur Verfügung stehen. −

Es ist naheliegend, daß die vorangestellte Artikelstrecke als eigenes Wörterverzeichnis aufgefaßt werden kann (und aufgefaßt werden sollte), so daß in Ibelgaufts 1990 eine Wörterverzeichnisreihe (WVR²) vorliegt, und demgemäß zwei äußere registerexterne Zugriffsstrukturen gegeben sind. Entsprechendes gilt für Ibelgaufts 1992; hier trägt das erste Wörterverzeichnis den Titel „Stichworte mit vorangestellten Zahlen" (Ibelgaufts 1992, 15). Beide Fachwörterbücher von Ibelgaufts weisen damit eine *einfache artikelhomogene bialphabetische Datendistributionsstruktur mit komplementärer Datenverteilung* auf.

Es ist klar, daß eine Alphabetisierungsmethode nur dann gleichartig und für den Benutzer eindeutig nachvollziehbar zur Anwendung gebracht werden kann, wenn die orthographischen Normen klar sind, die in einem Fachwörterbuch berücksichtigt werden. Daher finden sich in den Benutzungshinweisen von Fachwörterbüchern öfters auch − z. T. sogar recht ausführliche − Bestimmungen zur Schreibweise der fachlichen Lemmazeichen (vgl. z. B. Pschyrembel 1994, XXI f). Da diese weniger dazu dienen, dem potentiellen Benutzer eine bestimmte orthographische Norm zu vermitteln, der er dann in seiner Schreibpraxis folgen soll, sondern eher dazu,

> (1) Bei Stichwörtern, die aus einem Adjektiv und einem Substantiv bestehen, ist stets das Substantiv maßgeblich für die alphabetische Position (z. B. Syndrom, apallisches); von dieser Regel ausgenommen sind wenige feststehende Begriffe wie Akutes Abdomen, Kieler Klassifikation, Rotes Kreuz u. a.
> (2) **Zusammengehörige Ausdrücke bleiben zusammenhängend:**
> Differentielle Hybridisierung: nicht: Hybridisierung, differentielle

Textbeispiel 196.22: (1) aus Pschyrembel 1994, Hinweise zur Benutzung; (2) aus Ibelgaufts 1990, „Zur Benutzung des Lexikons"

ihm die Möglichkeit zu geben, als Voraussetzung für die erfolgreiche Ausführung von externen Zugriffshandlungen ein Leitelement zu bilden, können solche Hinweise zur wörterbuchinternen Orthographie als Teile der Ausführungen zur Alphabetisierung gelesen werden. Daher kann man zu einer fachlexikographischen Alphabetisierungsmethode auch die gegebenenfalls notwendigen orthographischen Vorschriften rechnen, deren Kenntnis die Voraussetzung dafür ist, daß die Lemmasuche – bei der ja die Anwendung der Alphabetisierungsmethode intuitiv nachvollzogen werden muß – reibungslos funktioniert.

Auch bei der Alphabetisierung von Mehrworttermini ist die Praxis der Fachwörterbücher recht unterschiedlich. Zunächst muß hier entschieden werden, ob die natürliche Reihenfolge der Mehrworttermini, in der sie gebraucht werden, beim Lemmaansatz erhalten bleibt oder nicht, oder auch, ob Klassen von Mehrworttermini unterschieden werden, bei denen der Lemmaansatz unterschiedlich gehandhabt wird (z. B. im Pschyrembel 1994, vgl. Textbeispiel 196.22, (1)).

Wenn der Lemmaansatz von Mehrworttermini geregelt ist, kann entweder – werkstattsprachlich ausgedrückt – nach der „Zeichen-für-Zeichen-Methode" oder nach der „Wort-für-Wort-Methode" alphabetisiert werden. Wird nach der erstgenannten Methode alphabetisiert, werden bei der Bildung des Leitelements die Blanks, die die Wortformen des Mehrwortterminus trennen, nicht berücksichtigt, weil der Blank in diesem Falle nicht als Element des Zugriffsalphabets gilt. Wird dagegen nach der „Wort-für-Wort-Methode" alphabetisiert, werden die gleichen Blanks berücksichtigt, weil ein Blank als erstes Element des Zugriffsalphabets betrachtet wird, der vor dem ersten Buchstaben des Alphabets (im Dt. also vor *A*) steht.

Für die fünf molekularbiologischen Termini *cell, cellular, cell fusion, cell wall, cellfree* führt die Anwendung der „Zeichen-für-Zeichen-Methode" in Rieger et al. 1991 zur Reihenfolge (1) im Textbeispiel 196.23, während die Anwendung der „Wort-für-Wort-Methode" in Kaufmann/Bergenholtz et al. 1998 zur Reihenfolge (2) führt.

> (1) e_{32}: **cell** [...]
> e_{33}: **cellfree** [...]
> e_{34}: **cell fusion** [...]
> e_{35}: **cellular** [...]
> e_{36}: **cell wall** [...]
> (2) e_{37}: **cell** [...]
> e_{38}: **cell fusion** [...]
> e_{39}: **cell wall** [...]
> e_{40}: **cellfree** [...]
> e_{41}: **cellular** [...]

Textbeispiel 196.23: Einträge $e_{32}-e_{36}$ aus Rieger et al. 1991 u. $e_{37}-e_{41}$ aus Kaufmann/Bergenholtz et al. 1998

Obwohl die „Wort-für-Wort-Methode" diejenige Alphabetisierungsmethode ist, deren Anwendung wahrscheinlich zu einer Reihenfolge derjenigen Lemmata führt, die usuell etwas bezeichnen, das sachlich enger zusammengehört, wird die „Zeichen-für-Zeichen-Methode" öfter angewendet.

Im folgenden werden Unterarten der initialalphabetischen Makrostruktur (mit exhaustiver Alphabetisierung) betrachtet. Dabei können nur einige der bis jetzt bekannten Anordnungsformen berücksichtigt werden. Für feinere Differenzierungen wird auf Wiegand 1998a u. 1998b verwiesen. – Die verschiedenen Varianten der Methode der exhaustiv mechanischen Alphabetisierung (die als eigenständige Alphabetisierungsmethoden zu gelten haben) können streng oder nicht streng angewendet werden. Wird eine und nur eine ausgewählte initialalphabetische Anordnungsmethode streng angewendet, führt dies zu *striktinitialphabetischen Makrostrukturen*; wird dagegen die eine ausgewählte initialalphabetische Anordnungsmethode nicht streng angewendet, erhält man *nicht striktinitialphabetische Makrostrukturen*.

Wie die Mikro- so sind auch die Makrostrukturen textuelle Strukturen, welche im zweidimensionalen Textraum und damit auf der Wörterbuchseite ihre konkrete textuelle Gestalt erhalten, was auch bei der Betrachtung von Makrostrukturen berücksichtigt werden muß. Man kann daher zunächst die striktinitialphabetischen Makrostrukturen danach unterteilen, ob die Elemente ihrer Trägermenge — hier die Lemmata — räumlich gruppiert sind oder nicht. Eine *textuelle Gruppierung* (kurz *Gruppierung*) liegt dabei (mit Wiegand 1998b) vor genau dann, wenn mehrere Lemmata und damit die zugehörigen Wörterbuchartikel zu gerade einem Textblock gruppiert sind und nicht alle Lemmata am Zeilenanfang stehen, so daß die textblockinterne Lemmareihe nicht vertikal, sondern geschlängelt verläuft.

Daraus ergibt sich, daß textblockinterne Lemmata, die nicht oder nur zufällig am Zeilenanfang stehen (wobei Präkommentare, die durch Angabesymbole realisiert sind, nicht berücksichtigt werden, vgl. Wiegand 1998b, 361 f) *gruppierte* und solche, die qua Makrostrukturenprogramm am Zeilenanfang stehen, *nichtgruppierte Lemmata* heißen. Es sei *expressis verbis* darauf hingewiesen, daß folgender Satz nicht gilt: Alle gruppierten Lemmata sind Sublemmata, und bei den nichtgruppierten Lemmata treten keine Sublemma auf. Denn der Sublemmastatus hat nichts mit den texttopologischen Eigenschaften von Lemmata zu tun, sondern erstens damit, daß der definierte Suchpfad zu den Sublemmata über das übergeordnete Lemma führt, und zweitens damit, daß die Erschließung des Lemmazeichens, wenn das Sublemma ein Teillemma ist, nur unter Rückgriff auf das übergeordnete Volllemma möglich ist.

Die Wörterbuchartikel, die zu einem Textblock gruppiert sind, bilden — nach der derzeit überwiegend verwendeten Terminologie — eine besondere Artikelstrecke, die *Artikelnische* (kurz: *Nische*) heißt (vgl. Wiegand 1989, 388, Def. 4). Nischen sind *Cluster von Wörterbuchartikeln* (kurz: *Artikelcluster*) im striktinitialphabetischen Wörterbuch. Sie haben in der lexikographischen Werkstattsprache einzelner Redaktionen recht unterschiedliche Namen (z. B. *Stichwortblöcke*, vgl. Roche-Lex-Med 1993, erstes Vorsatzblatt). Eine striktinitialphabetische Makrostruktur, deren zugehöriges Wörterverzeichnis Nischen aufweist, heißt daher *nischenalphabetische Makrostruktur*. Pschyrembel 1994 weist eine Makrostruktur dieses Typs auf wie aus der Artikelstrecke artts$_2$ in Textbeispiel 196.24 hervorgeht.

> **Ab|ortus febrilis** (↑) m: fieberhafter Abort; Formen: 1. unkomplizierter A. f. (lokale Endometriuminfektion); 2. komplizierter A. f. (m. Adnexitis); 3. sept. Abort mit Pelveoperitonitis, diffuser Peritonitis u. Gefahr eines septisch-toxischen Schocks*.
> **Ab|ortus habitualis** (↑) m: s. Abort, habitueller. **A. im|minens** (↑) m: drohender Abort mit leichten Blutungen od. Wehen b. geschlossenem Zervikalkanal. **A. in|cipiens** (↑) m: unvermeidbarer, beginnender Abort mit Blutung u. Wehen b. beginnender Muttermunderöffnung. **A. incompletus** (↑) m: s. Abort. **A. spontaneus** (↑) m: Spontanabort; Abort* ohne äußere Einwirkung.
> **Ab|ort, verhaltener** (↑) m: s. Missed abortion.

Textbeispiel 196.24: Artikelstrecke artts$_2$ aus Pschyrembel 1994

Die Nische in artts$_2$ besteht aus fünf Wörterbuchartikeln, die einen Textblock bilden. Das *Nischeneingangslemma* ist **Ab ortus habitualis**. Es folgen vier *verdichtete Nischenlemmata*; das erste lautet **A. im minens**, das letzte **A. spontaneus**. Verdichtete Nischenlemmata gehören zu den *Teillemmata* (sensu Wiegand 1998a). Die Nischenlemmata sind damit hier zugleich Sublemmata, was keineswegs notwendigerweise der Fall ist. Im Duden-³DUW beispielsweise sind die Nischenlemmata Volllemmata und keine Sublemmata zum Nischeneingangslemma. Nischenbildung spart Druckraum und ordnet Artikel zusammen, die inhaltlich in irgendeiner Weise näher zusammenliegen. Man kann verschiedene Typen von Nischen unterscheiden, worauf hier nicht näher eingegangen wird (vgl. Wiegand 1998a).

Auch die Makrostruktur in Roche-Lex-Med 1993 ist nischenalphabetisch (vgl. Textbeispiel 196.25).

Herm aphro di tismus ist das Nischeneingangslemma (*Hermaphroditismus* ist das Lemmazeichen und **Herm|aphro|di|tismus** ist die um 3 wortbildungsmorphologische Angabesymbole binnenerweiterte Lemmazeichengestaltangabe = LZGA[3-morA]A). artts$_3$ zeigt, daß auch Verweisartikel in einer Nische und damit als Nischenartikel auftreten können, und zwar handelt es sich bei dem Textteil

H. ambi|glandularis, H. complexus, echter H.: ↗ Hermaphroditismus verus. —

um einen verdichteten nischeninternen Verweisartikel, aus dem drei Verweise erschlos-

> **Herings|wurm|krankheit:** ↑Anisakiasis.
> **Herlitz* Syndrom:** ↑Epidermolysis bullosa hereditaria letalis.
> **Herm|aphro|di|tismus,** Zwitterbildung: nach Hermaphroditos, dem zweigeschlechtigen (androgynen) Sohn des Hermes u. der Aphrodite der griechischen Mythologie benannte Entwicklungsstörung der Keimdrüsen bzw. das daraus resultierende Erscheinungsbild (↑Phänotyp) i.S. der Zweigeschlechtigkeit, ↑H. verus. – **H. ambi|glandularis, H. complexus, echter H.:** ↑Hermaphroditismus verus. – **H. spurius:** falscher H., ↑Pseudohermaphroditismus (als H. ovarialis oder H. testicularis, je nach Entwicklungsstörung der Hoden bzw. Eierstöcke = Pseudohermaphroditismus femininus bzw. masculinus). – **H. verus:** der echte H. als genetischer Typ der Zweigeschlechtigkeit (Intersexualität), wobei sowohl Hoden als auch Eierstöcke vorliegen, entweder zu einem Organ (Ovotestis) vereinigt oder getrennt an unterschiedlichen Orten. Hierbei kann das Kerngeschlecht ♀ (XX) oder ♂ (XY) sein (seltener als Mosaik XX/XY), die inneren u. äußeren Geschlechtsorgane rein weiblich bis rein männlich, meist aber gemischt i.S. der Intersextypen.

Textbeispiel 196.25: artts$_3$ aus Roche-Lex-Med 1993

sen werden können, deren Verweisadresse das letzte Nischenlemma **H. verus** darstellt. Verdichtete Verweisartikel der hier gegebenen Sorte führen zu *Lemmacluster* (vgl. Wiegand 1998c, 7). Lemmacluster müssen von Artikelclustern unterschieden werden.

Besteht die gesamte Lemmareihe eines Wörterbuches aus nichtgruppierten Lemmata, die keine Sublemmata sind (vgl. unten), so daß mithin eine durchgehend vertikale Gesamtlemmareihe gegeben ist, dann weist ein Wörterbuch eine *glattalphabetische Makrostruktur* auf, so daß demnach eine glattalphabetische als eine striktinitialalphabetische Makrostruktur aufzufassen ist, auf deren Trägermenge − also der Menge aller Lemmata, die keine Sublemmata sind − zusätzlich zur striktinitialalphabetischen Relation eine *oberhalb-* und damit auch eine *unterhalb-*Relation definiert sind (vgl. Wiegand 1998a, 369, Def. IV'''). Anders ausgedrückt heißt das, daß glattalphabetische Makrostrukturen vertikalarchitektonisch uneingeschränkt ausgebaute striktinitialalphabetische Makrostrukturen sind (vgl. Wiegand 1998c, 369, Def. IVa; vgl. Abb. 196). Glattalphabetische Makrostrukturen treten in Fachwörterbüchern relativ häufig auf; z. B.: Bergenholtz et al. 1997; Brunner/Moritz 1997; Freeman 1983; Herder-Lex Geo 1990; Herder-Lex Geo/Min 1990; Höffe 1986; Kaufmann/Bergenholtz 1992; Kritz/Lisch 1988; Rocznik 1984; Schneider 1991; Teschner 1988; Tuck 1993; Wiesner/Ribbeck 1991; Woll 1992. − Die Artikelteilstrecke artts$_4$ im Textbeispiel 196.26 zeigt einen kleinen Ausschnitt aus einer glattalphabetischen Makrostruktur.

> **Steuergegenstand**
> ⇒ Steuerobjekt
> Sache, Handlung oder Geldsumme, auf die sich der Zugriff richtet. Der S. begründet die Steuerpflicht (z.B. das Einkommen für die Einkommensteuer).
>
> **Steuergerechtigkeit**
> ethisch-sozialpolitisches Prinzip der Besteuerung. Als Postulat ist es gleichbedeutend mit Allgemeinheit, Gleichmäßigkeit und Verhältnismäßigkeit der Besteuerung. Der letztgenannte Grundsatz der Besteuerung wird auch als Grundsatz der Besteuerung nach der persönlich-individuellen Leistungsfähigkeit bezeichnet. Er findet im wesentlichen seine Verwirklichung in der progressiven Gestaltung des Einkommensteuertarifs. → Grundsätze der Besteuerung.
>
> **Steuergläubiger**
> diejenige Fiskalgewalt, die die Ertragshoheit über die → Abgabe besitzt.
>
> **Steuerhäufung**
> kumulierte Belastung der Steuerquelle mit verschiedenen Steuerarten.

Textbeispiel 196.26: artts$_4$ aus Woll 1992

Das allgemeine Makroarchitekturbild für glattalphabetische Makrostrukturen findet sich in Abb. 196.38.

Es sei ausdrücklich darauf hingewiesen, daß in Makro*architektur*bildern eine graphische Repräsentation der unterschiedlichen alphabetischen Relationen nicht auftritt, da es sich nicht um Makro*struktur*bilder handelt. Das Makroarchitekturbild in Abb. 196.38 kann z. B. durch Hinzunahme eines etikettierten Pfeils „x ― sia>→ y" in ein Makrostruktur- und -architekturbild überführt werden, wobei die Leseanweisung gilt: „x ― sia>→ y" bedeutet soviel wie *x steht striktinitialalphabetisch vor y* (vgl. Wiegand 1998a).

Im folgenden wird das Textbeispiel 196.27 betrachtet.

Die Makrostruktur von Wiesner/Ribbeck 1991 ist nicht glattalphabetisch, da in der vertikalen Lemmareihe Sublemmata auftreten. Denn die vier Lemmata **A. brazillense, A. caninum, A. duodenale** und **A. tubaeforme** sind *nichtgruppierte Teillemmata* und damit Sublemmata zum Vollemma **Ancylostoma**. Vergleicht man die artts$_5$ mit der Nische in der artts$_2$ (in Textbeispiel 196.24), erkennt man, daß der einzige − im vorliegenden Argumentationsrahmen relevante − Unterschied in

GLATTALPHABETISCHE MAKROSTRUKTUR

```
    ┌─────────────────┐
    │    Lemma₁       │
    └─────────────────┘
            ↕
    ┌─────────────────┐
    │    Lemma₂·      │
    └─────────────────┘
            ↕
    ┌─────────────────┐
    │    Lemma₃       │
    └─────────────────┘
            ↕
    ┌─────────────────┐
    │    Lemma_{n-1}  │
    └─────────────────┘
            ↕
    ┌─────────────────┐
    │    Lemmaₙ       │
    └─────────────────┘
```
VERTIKALE GESAMTLEMMAREIHE

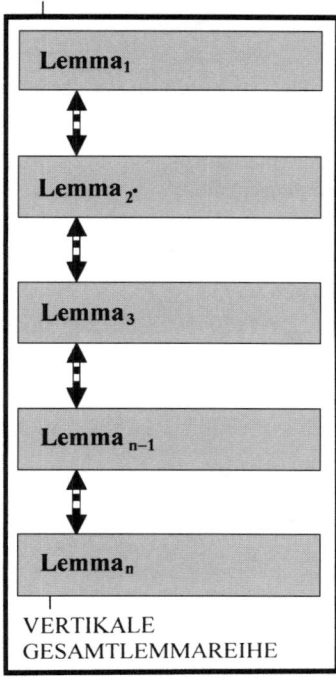

Abb. 196.38: *Allgemeines Makroarchitekturbild* zur glattalphabetischen Makrostruktur; ($n \in \mathbb{N}$)

Ancylostoma [Strongylida; Ancylostomatidae]: Bis 20 mm lange Würmer; kugelförmige Mundkapsel mit 1...3 Paar einwärts gebogener, zahnartiger Strukturen am Vorderrand; am ventralen Grund 1 Paar spitze Fortsätze; ovipar, Geohelminthen. Parasiten im Dünndarm von Fleischfressern und auch des Menschen. [53]
A. braziliense (Gomez de Faria, 1910): Wirte: Hund, Feliden, Wolf, Bär und Mensch; Amerika und Asien. [53]
A. caninum (Ercolani, 1859): Wirte: Hund, Schakal, Wolf, Fuchs, Tiger, Faultier, Bär, Katze, Schwein u. a.; weltweite Verbreitung. [53]
A. duodenale (Dubini, 1843): Wirte: Mensch, Affen, Feliden und Schwein; weltweite Verbreitung. [53]
A. tubaeforme (Zeder, 1800): Wirte: Haus- und Wildkatze; Europa. [53]

Textbeispiel 196.27: artts₅ aus Wiesner/Ribbeck 1991

---

der Textblockbildung liegt. Auch in der Nische sind die Nischenlemmata Teil- und Sublemmata und in beiden Fällen gehören die Artikel inhaltlich näher zusammen, was nur bei der nischenalphabetischen Anordnung zusätzlich dadurch betont wird, daß eine Gruppierung erfolgt.

Will man die Zusammengehörigkeit der fünf Wörterbuchartikel in der artts₅ berücksichtigen, dann kann man die (in der bisherigen Forschung geläufige) Bindung des Begriffs Nische (analog zu dem Vorgehen in Wiegand 1998c für den Begriff des Nestes) an das Phänomen der Gruppierung partiell lösen und *gruppierte Nischen von nichtgruppierten Nischen* unterscheiden; die bisher gültige Definition von *Nische* gilt dann für gruppierte Nischen. Die Artikelteilstrecke artts₅ (in Textbeispiel 196.27) ist dann eine nichtgruppierte Nische, die Nische in Textbeispiel 196.24 dagegen ist eine gruppierte. Es ist klar, daß man von nichtgruppierten Nischen durch eine Operation der äußeren Textverdichtung (i. S. v. Wiegand 1998c), ohne daß sich die initialalphabetische Anordnung ändert, zu gruppierten Nischen übergehen kann, so daß letztere auch als ein Phänomen der Textverdichtung gelten können, was bei der Unterscheidung von verschiedenen Artikelclustern genutzt werden kann.

Es lassen sich nun zwei Arten von nischenalphabetischen Makrostrukturen, die in Fachwörterbüchern vorkommen, unterscheiden, solche mit gruppierten und solche mit nichtgruppierten Nischenlemmata. Erstere, die sich z. B. in Pschyrembel 1994 und Roche-Lex Med 1993 finden, heißen *kondensiert-nischenalphabetische Makrostrukturen* und gehören zu Wörterverzeichnissen mit gruppierten Nischen; letztere heißen *nichtkondensiert-nischenalphabetische Makrostrukturen* und gehören zu Wörterverzeichnissen mit nichtgruppierten Nischen. Eine Makrostruktur der letztgenannten Art ist die von Wiesner/Ribbeck 1991.

Damit kann der erste Typologieausschnitt aus einer Typologie von Makrostrukturen, der sich in Abb. 196.37 findet, durch einen zweiten erweitert werden (vgl. Abb. 196.39).

Eine *kondensiert-nischenalphabetische Makrostruktur* läßt sich – nach den gerade gegebenen Erläuterungen – wie folgt grob charakterisieren: Es handelt sich um eine striktinitialalphabetische Makrostruktur, deren Trägermenge als Elemente alle Lemmata, Nischeneingangslemmata und Nischenlemmata aufweist und die so in zwei Teilmengen zerlegt ist, daß nur auf einer Teilmenge, nämlich auf der Menge der Lemmata, die keine Nischenlemmata sind, eine *oberhalb*- und damit eine *unterhalb*-Relation definiert sind, so daß die Lemmareihe außerhalb der gruppierten Nischen vertikal und innerhalb der gruppierten Nischen geschlängelt und damit die Gesamtlemmareihe des Wörterverzeichnisses

(Abb. 196.37)
|
initialalphabetische Makrostrukturen
(mit exhaustiver Alphabetisierung)

TK$_5$: *Anwendung der lexikographischen Anordnungsmethoden*

- nicht strenge Anwendung nur einer initialalphabetischen Anordnungsmethode
- strenge Anwendung nur einer initialalphabetischen Anordnungsmethode

nicht striktinitialalphabetische Makrostrukturen — striktinitialalphabetische Makrostrukturen

TK$_6$: *Auftreten der Nischenbildung im WVZ*

- ohne Nischen
- mit Nischen

glattalphabetische Makrostrukturen — nischenalphabetische Makrostrukturen

TK$_7$: *Art der Nischenbildung bzgl. der Textverdichtung im WVZ*

- mit gruppierten Nischen
- mit nichtgruppierten Nischen

kondensiert-nischenalphabetische Makrostrukturen — nichtkondensiert-nischenalphabetische Makrostrukturen

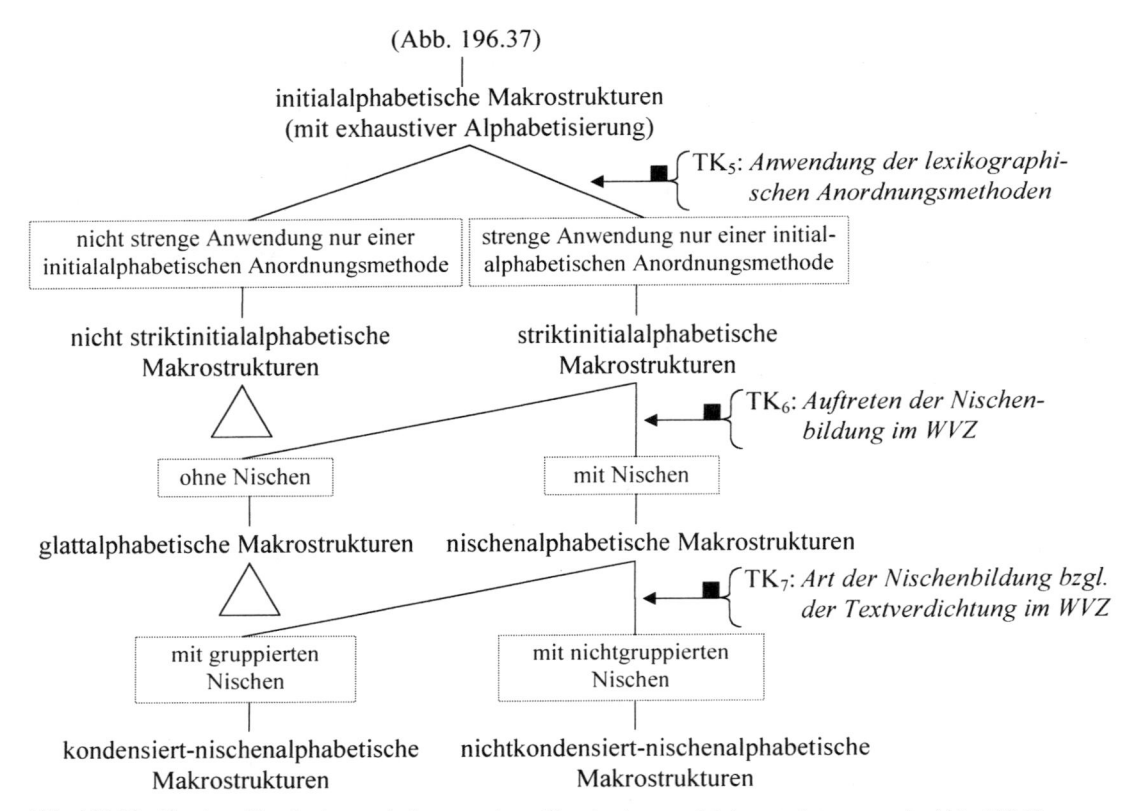

Abb. 196.39: *Zweiter Typologieausschnitt* aus einer Typologie von Makrostrukturen; vgl. Abb. 196.39 u. 196.43; *Abkürzungen*: WVZ = Wörterverzeichnis

nichtvertikal verläuft (vgl. das Makrostrukturbild in Abb. 196.40).

Eine nichtkondensiert-nischenalphabetische Makrostruktur kann wie folgt grob charakterisiert werden. Eine nichtkondensiert-nischenalphabetische Makrostruktur ist eine striktinitialalphabetische Makrostruktur, auf deren Trägermenge, die aus allen Lemmata, Nischeneingangslemmata und Sublemmata (als Nischenlemmata) besteht, eine *oberhalb*- und eine *unterhalb*-Relation definiert sind, so daß die gesamte Lemmareihe des Wörterbuches vertikal verläuft und im zugehörigen Wörterverzeichnis nichtgruppierte Nischen gegeben sind (vgl. Abb. 196.41). − Den vertikalen Verlauf der Gesamtlemmareihe teilen die nichtkondensiert nischenalphabetischen Makrostrukturen mit den glattalphabetischen, nicht aber alle Zugriffseigenschaften, weil Sublemmata die Zugriffseigenschaften einer makrostrukturellen Zugriffsstruktur verändern, so daß auch eine andere Ausführung von externen Zugriffshandlungen erforderlich ist.

Während die verschiedenen Arten von striktinitialalphabetischen Makrostrukturen in Fachwörterbüchern häufig auftreten, findet man *nicht striktinitialalphabetische Makrostrukturen* zwar recht häufig bei allgemeinen einsprachigen und historischen Wörterbüchern, relativ selten sind sie jedoch in der Fachlexikographie. Daher wird nachfolgend nur ein kleiner Ausschnitt behandelt (weitere Differenzierungen anhand von allgemeinsprachlichen Wörterbüchern bei Wiegand 1998a u. 1998b).

Nicht strikt initialalphabetische Makrostrukturen entstehen dadurch, daß eine striktinitialalphabetische Anordnungsmethode nicht streng angewandt wird, wobei unter *nicht strenger Anwendung* nicht etwa eine flüchtige Anwendung oder dergleichen zu verstehen ist; vielmehr ist gemeint, daß entweder durch Zusatzvorschriften für das Zugriffsalphabet oder durch einen geregelten Wechsel mit einer anderen Anordnungsmethode regelhaft von der striktinitialalphabetischen Anordnung der Lemmata abgewichen

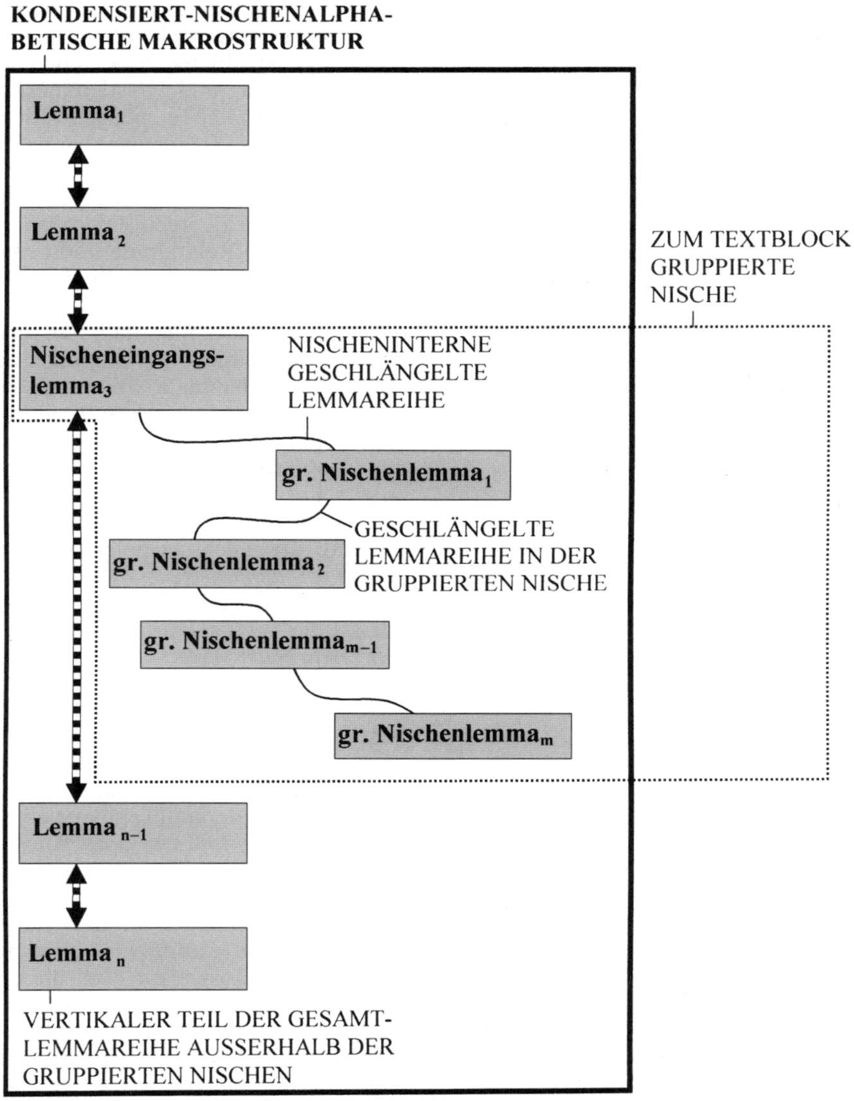

196. Datendistributionsstrukturen, Makro- und Mikrostrukturen in neueren Fachwörterbüchern

**KONDENSIERT-NISCHENALPHA-
BETISCHE MAKROSTRUKTUR**

Abb. 196.40: *Allgemeines Mikroarchitekturbild* zur kondensiert-nischenalphabetischen Makrostruktur; $n \in \mathbb{N}$; *Abkürzungen*: gr. = gruppiert

wird. Will man die nicht striktinitialalphabetischen Makrostrukturen weiter differenzieren — und wenn man der Vielfalt im empirischen Phänomenbereich gerecht werden will, ist dies erforderlich — muß man Arten von Beschränkungen für die Anwendung einer striktinitialalphabetischen Anordnungsmethode unterscheiden. Im folgenden werden nur diejenigen Beschränkungen berücksichtigt, deren Einhaltung dazu führt, daß *nestalphabetische Makrostrukturen* entstehen (vgl. Abb. 196.42). Diese sind dadurch ausgezeichnet, daß es in den nestinternen Teilen der Gesamtlemmareihe Nestlemmata gibt, die *nicht striktinitialalphabetisch* eingeordnet sind, was morphologische, etymologische, semantische, enzyklopädische und andere Gründe haben kann. Auch bei den Nestlemmata gibt es *gruppierte Nestlemmata* (und damit immer *gruppierte Nester* im zugehörigen Wörterverzeichnis) sowie *nichtgruppierte Nestlemmata* (und damit meistens — aber nicht immer (vgl. Textbeispiel 196.28) — *nichtgruppierte Nester* im zugehörigen Wörterverzeichnis), so daß

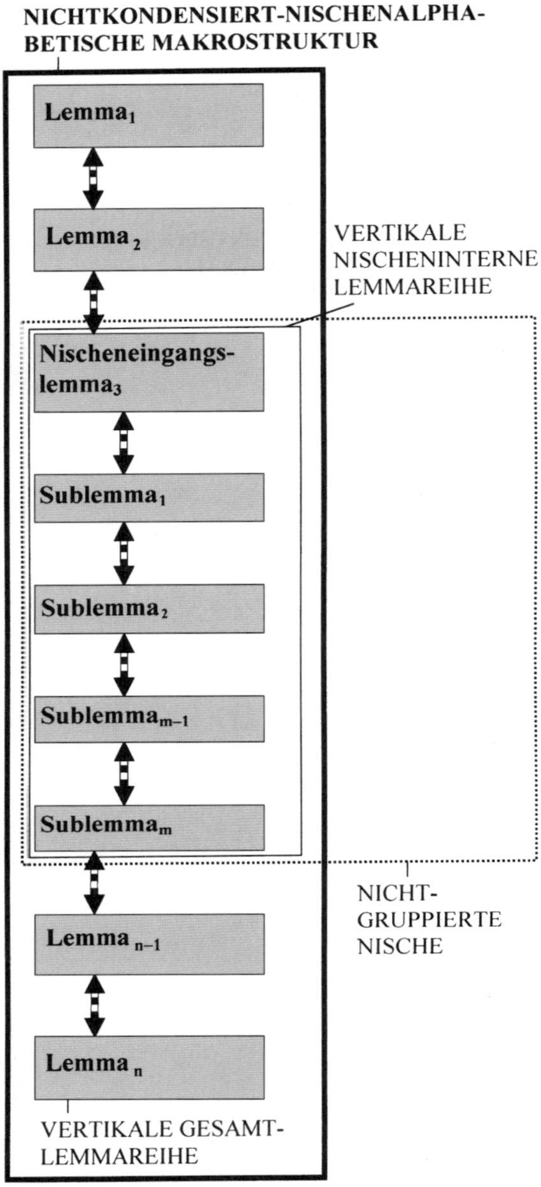

NICHTKONDENSIERT-NISCHENALPHA-BETISCHE MAKROSTRUKTUR

[Diagramm: Vertikale Anordnung von Kästchen mit Doppelpfeilen dazwischen: Lemma$_1$, Lemma$_2$, Nischeneingangslemma$_3$, Sublemma$_1$, Sublemma$_2$, Sublemma$_{m-1}$, Sublemma$_m$, Lemma$_{n-1}$, Lemma$_n$. Markierungen: VERTIKALE NISCHENINTERNE LEMMAREIHE (umfasst Nischeneingangslemma$_3$ bis Sublemma$_m$), NICHT-GRUPPIERTE NISCHE, VERTIKALE GESAMT-LEMMAREIHE]

Abb. 196.41: *Allgemeines Makroarchitekturbild* zur nichtkondensiert-nischenalphabetischen Makrostruktur; $n \in \mathbb{N}$, $m \in \mathbb{N}$

man – analog zu den nischenalphabetischen Makrostrukturen – zwischen *kondensiert-nestalphabetischen* und *nicht-kondensiert nestalphabetischen Makrostrukturen* unterscheiden kann. Die ersteren sind diejenigen, die in Fachwörterbüchern wahrscheinlich häufiger auftreten; sie können wie folgt grob charakterisiert werden: Eine *kondensiert-nestalphabetische Makrostruktur* ist eine nicht striktinitialalphabetische Makrostruktur, deren Trägermenge als Elemente Lemmata, Nesteingangslemmata und Nestlemmata aufweist und die so in zwei Teilmengen zerlegt ist, daß nur auf einer Teilmenge, nämlich auf der Menge aller Lemmata, die keine Nestlemmata sind, sowohl eine striktinitialalphabetische Relation als auch eine *oberhalb*- sowie eine *unterhalb*-Relation definiert sind, so daß die Lemmareihe außerhalb der gruppierten Nester striktalphabetisch geordnet ist und vertikal verläuft; innerhalb der gruppierten Nester treten nicht striktalphabetisch eingeordnete Nestlemmata auf, und die nestinterne Lemmareihe verläuft entweder geschlängelt oder partiell vertikal, so daß damit die Gesamtlemmareihe des Wörterverzeichnisses nicht vertikal verläuft. Ist der Verlauf der nestinternen Lemmareihe partiell vertikal, so daß auf allen gruppierten Nestlemmata eine *oberhalb/unterhalb*-Relation definiert ist, dann ist das zugehörige gruppierte Nest (und damit die *Neststruktur* sensu Wiegand 1998a) *eingeschränkt vertikalarchitektonisch ausgebaut*, wobei die Einschränkung darin besteht, daß das Nesteingangslemma (als erster Teil der nestinternen Lemmareihe) zum nestexternen Teil der vertikalen Gesamtlemmareihe gehört. Verläuft die nestinterne Lemmareihe partiell vertikal, dann liegt eine *eingeschränkt vertikalarchitektonisch ausgebaute kondensiert-nestalphabetische Makrostruktur* vor. Nicht-kondensiert-nestalphabetische Makrostrukturen sind dagegen immer (und zwar definitionsgemäß) *uneingeschränkt vertikalarchitektonisch* ausgebaut, weil die nestinterne Lemmareihe von nichtgruppierten Nestern immer eine Teilreihe der vertikalen Gesamtlemmareihe ist. Zur Verdeutlichung wird nachfolgend in Abb. 196.42 das allgemeine Architekturbild zu eingeschränkt vertikalarchitektonisch ausgebauten kondensiert-nestalphabetischen Makrostrukturen präsentiert. Theoretisch betrachtet, können auch kondensiert-nischenalphabetische Makrostrukturen, die eingeschränkt vertikalarchitektonisch ausgebaut sind, auftreten; sie sind uns allerdings im empirischen Phänomenbereich bisher nicht begegnet.

Schließlich kann nun auch ein dritter Typologieausschnitt aus einer Typologie von Makrostrukturen präsentiert werden, der einen Teil der nicht striktinitialalphabetischen Makrostrukturen betrifft (vgl. Abb. 196.43).

Das Textbeispiel 196.28 zeigt, daß das Analyseinstrumentarium, das bisher dargeboten wurde, noch verfeinert werden muß.

**EINGESCHRÄNKT VERTIKALARCHITEKTO-
NISCH AUSGEBAUTE KONDENSIERT-NEST-
ALPHABETISCHE MAKROSTRUKTUR**

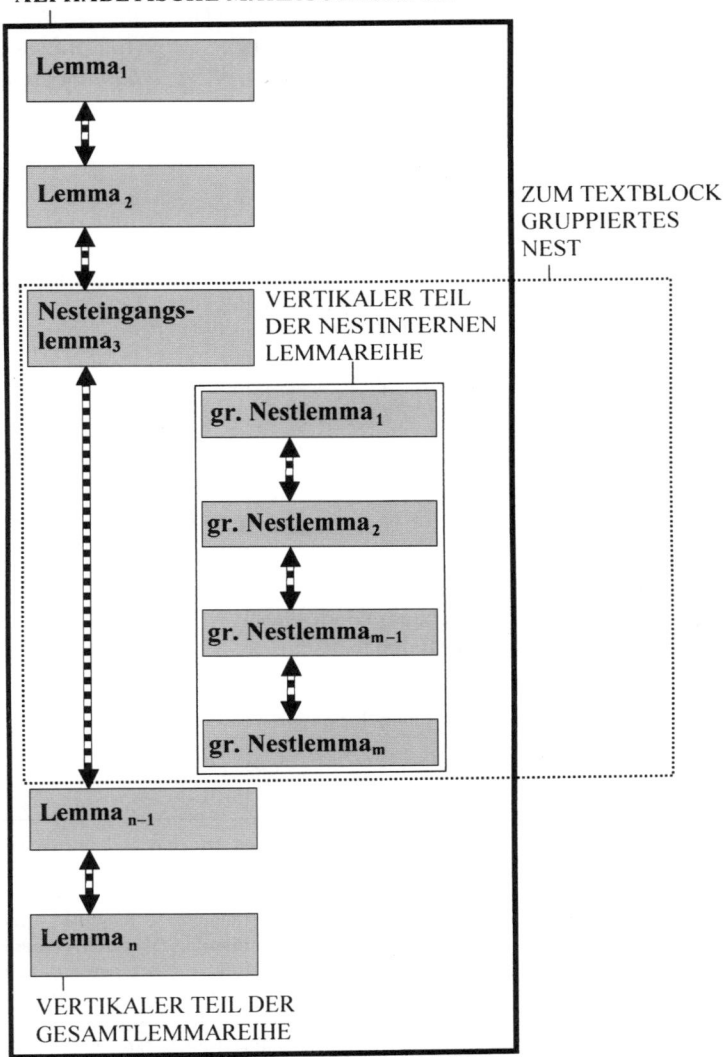

Abb. 196.42: *Allgemeines Makroarchitekturbild* zur eingeschränkt vertikalarchitektonisch ausgebauten kondensiert-nestalphabetischen Makrostruktur; $n \in \mathbb{N}$, $m \in \mathbb{N}$

Anhand von artts$_6$ kann man erkennen, daß die Unterscheidung von gruppierten Nestlemmata, die im vertikalen Teil der nestinternen Lemmareihe stehen, und nichtgruppierten Nestlemmata, die im vertikalen Teil der Gesamtlemmareihe außerhalb der gruppierten Nester stehen, problematisch werden kann. Denn rückt man die nestinternen Lemmareihe nach links, kommt man an einen Punkt, an dem die Entscheidung, ob noch gruppierte oder schon nichtgruppierte Lemmata vorliegen, nur dann möglich ist, wenn es festgelegte Kriterien gibt, die geregelte Dezisionen ermöglichen. –

Weiterhin erkennt man, daß das Wortbildungsnest mit den dt. Nestlemmata, die Teillemmata sind (Schienen- usw.) und den spanischen Äquivalentangaben nicht einen Textblock bildet, sondern daß allenfalls zwei Textblöcke vorliegen. Auch hier sind also weitere Differenzierungen notwendig. Wie diese und weitere, seltene empirische Sonderfälle theoretisch beherrscht werden können, wird in Wiegand 1998a diskutiert.

```
                        (Abb. 196.39)
                             |
            nicht striktinitialalphabetische Makrostrukturen       ◄── TK_{6.1}: Art der Beschränkung für die
                             /|\                                              Anwendung einer striktinitial-
                            / | \                                             alphabetischen Anordnungs-
                           /  |  \                                            methode
    Beschränkungen für die inhaltliche Bestimmung der   (andere)
    Nestbildung und die Anordnung der Nestlemmata
                     |
        nestalphabetische Makrostrukturen                         ◄── TK_7: Art der Nestbildung bzgl. der
                    /|\                                                     Textverdichtung im WVZ
                   / | \
        mit nichtgruppier-   mit gruppierten   (andere)
        ten Nestern          Nestern
              |                   |
        nicht kondensiert-   kondensiert-
        nestalphabetische    nestalphabetische
        Makrostrukturen      Makrostrukturen                      ◄── TK_8: Texttopologische Anordnung
                                 /\                                         der gruppierten Nestlemmata
                                /  \
        eingeschränkt vertikal-      vertikalarchitektonisch nicht
        architektonisch ausgebaute   ausgebaute kondensiert-
        kondensiert-nestalphabetische nestalphabetische
        Makrostrukturen              Makrostrukturen
```

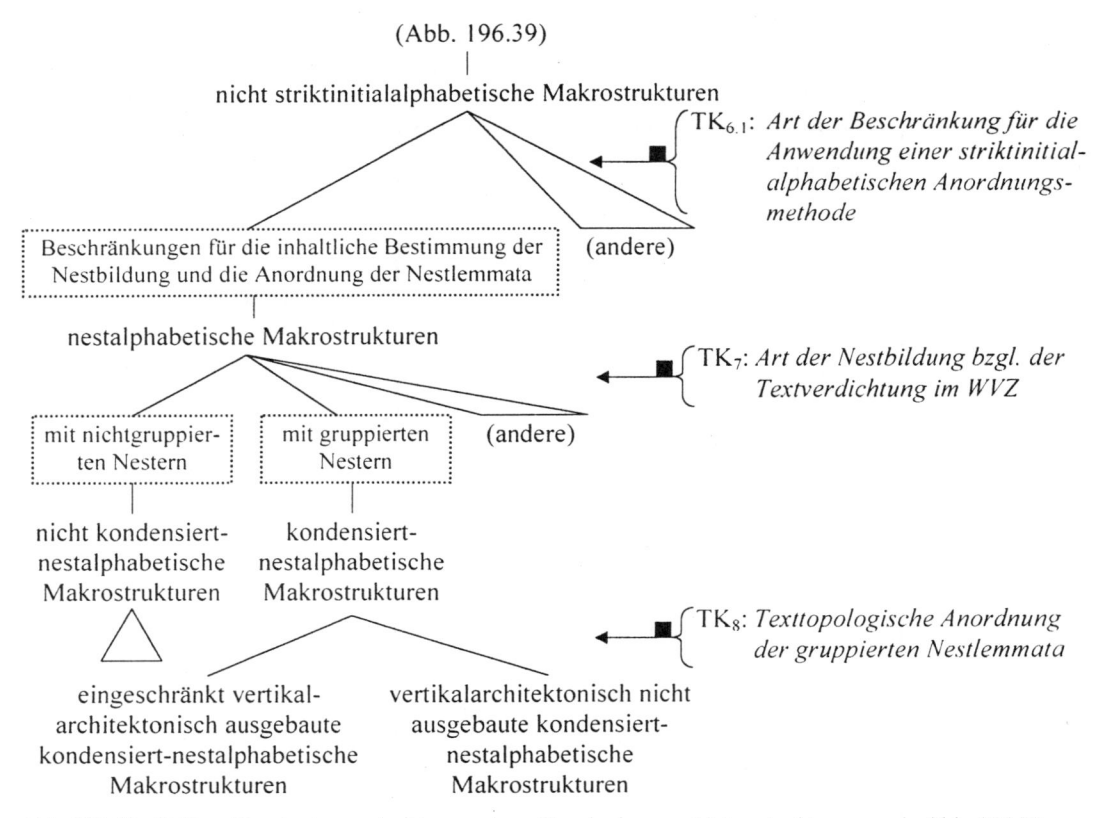

Abb. 196.43: Dritter Typologieausschnitt aus einer Typologie von Makrostrukturen; vgl. Abb. 196.37 u. 196.39

Lasche (f) (z.ziehen)   tira (f)
   (Schienen-)   oreja (f)
                         mordaja (f)
                         eclisa (f)
   (Verbindungs-)   pieza de unión (f)
   (Deck-)   cubrejunta (f)
   (Klammer-)   brida (f)
   (Zwischen-)   entrejunta (f)
Laschengelenkkette (f)   cadena articulada de
Laschenkette (f)   mallas (f)
   (DIN 8175)
Laschenkopf (m)   cabeza de la malla (f)
Laschennietung (f)   remachado de
                                  cubrejunta (m)
                                tornillo para eclisas (m)

Textbeispiel 196.28; artts_6 aus Mink 1978

Im Textbeispiel 196.29 findet sich ein Beispiel aus einem Wörterbuch mit einer kondensiert-nestalphabetischen Makrostruktur.

In der bisherigen Darstellung von Makrostrukturen in Fachwörterbüchern ist bereits deutlich geworden, daß Makrostrukturen nicht nur aufgrund der unterschiedlichen Alphabetisierung unterschieden werden können, sondern auch aufgrund texttopologischer Parameter, denn jede makrostrukturelle

---

patron (til sprængning, skydevåben): cartucho, (dynamit-: cartucho de dinamita), (i msk., f.eks. drejebænk): mandril, portaherramienta*, boquilla*, (metal): mandril enroscado, (skabelon, mønster, standard): patrón, (broderimønster: patrón de bordado), blind ~: cartucho falso, **dynamit~**: cartucho de dinamita, ~ med centralantænding (mil.): cartucho (metálico) de fuego central, **filter~**: cartucho de filtro, **hagl~**: cartucho de perdigón (ell.: perdigones), **igangsætnings~** (dieselmotor): cartucho de arranque, **jagt~**: cartucho de caza, **kalciumklorid~**: cartucho de cloruro cálcico, løs ~ (mil.): cartucho de fogueo, cartucho para salvas, **regenerations~**: cartucho regenerador, **sikrings~** (el): cartucho para fusible, cortacircuitos *(ms)*, portafusibles (ms), skarp ~ (skydevåben): cartucho, **skrue~** (spænd-) (drejebænk): mandril (con espiga de tornillo), **spræng~**: cartucho de dinamita (para voladuras), **sprængluft~**: cartucho impregnado de aire líquido, tage ~(er) ud af gevær: descargar un arma.

Textbeispiel 196.29: artts_7 aus Jochumsen 1983

196. Datendistributionsstrukturen, Makro- und Mikrostrukturen in neueren Fachwörterbüchern

```
                              Artikelteilstrecke
                             /                \
                            /                  \
                ohne genuine              mit genuiner          ← ■ TK₁: genuine
                  Funktion                  Funktion                   Funktion
                     |                         |
              nichtfunktionale            funktionale
               Artikelstrecke            Artikelstrecke
                    △                    /         \
                                        /           \
                                 mit Gruppierung   ohne Gruppierung   ← ■ TK₂: Auftreten der
                                        |              |                      Gruppierung
                              kondensierte Artikelstrecke  nichtkondensierte Artikelstrecke
                                    /    \              /    \
                                   /      \            /      \                ← ■ TK₃: Art der initialalphabeti-
                                                                                      schen Makrostruktur
                    striktinitialalphabetische  nicht striktinitialalphabe-  striktinitialalphabetische  nicht striktinitialalphabe-
                         Makrostruktur          tische Makrostruktur              Makrostruktur           tische Makrostruktur
                               |                        |                                |                        |
                           gruppierte               gruppierte                     nichtgruppierte          nichtgruppierte
                         Artikelnischen           Artikelnester                   Artikelnischen            Artikelnester
                              △                      △                                △                       △
```

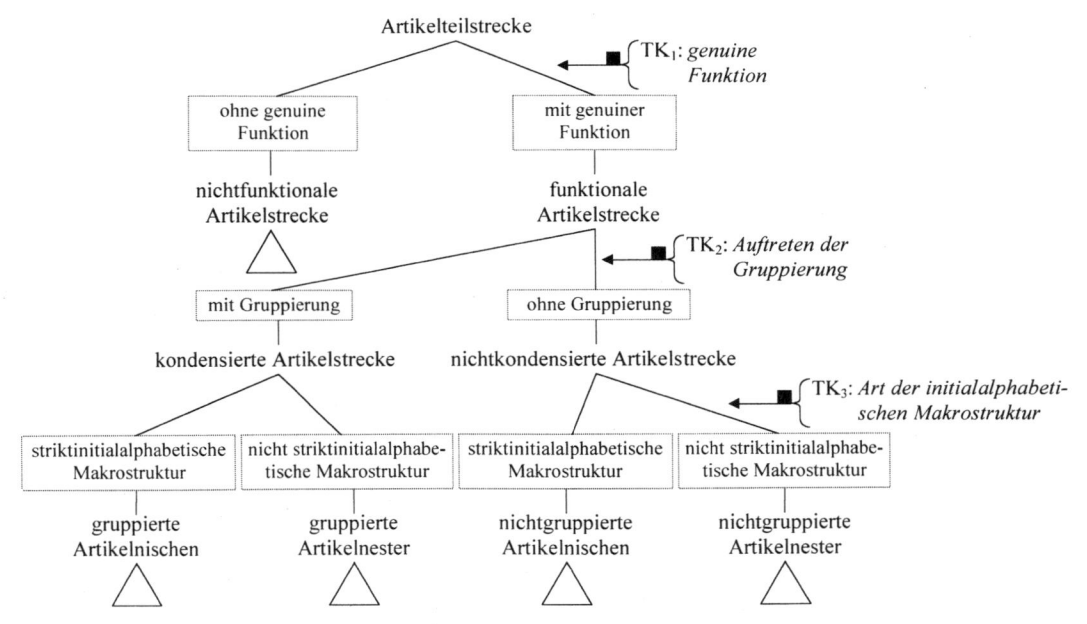

Abb. 196.44: Ausschnitt aus einer Typologie von Artikelteilstrecken (nach Wiegand 1998a)

Lemmareihe hat eine bestimmte Form im zweidimensionalen Raum des Wörterverzeichnisses. Bestimmte Teile des Wörterverzeichnisses sind *funktionale Artikelteilstrecken*. Auf diese wurde bei der Charakterisierung der texttopologischen Eigenschaften öfters zurückgegriffen. Denn wenn man z. B. erklären möchte, was ein Nestlemma ist, muß man auch angeben können, was ein Nest ist. Daher wird abschließend in Abb. 196.44 noch ein Ausschnitt aus einer Typologie von Artikelteilstrecken präsentiert und kurz erläutert.

Die genuine Funktion von bestimmten funktionalen Artikelstrecken besteht darin, daß sie dem Benutzer dazu dienen können, eine inhaltliche Zusammengehörigkeit von bestimmten Artikeln wahrzunehmen. Daher wird auch von Artikel*cluster* gesprochen; der Terminus soll andeuten, daß die Artikel, die zu einem Cluster gehören, mindestens hinsichtlich einer Eigenschaft inhaltlich zusammen gehören. Für die verschiedenen Artikelcluster gibt es besondere Strukturanzeiger (vgl. Wiegand 1998a). Um wenigstens exemplarisch zu demonstrieren, wie funktionale Artikelteilstrecken näher bestimmt werden können, werden nachfolgend die gruppierten Artikelnester (als Beispiel für kondensierte Artikelcluster) sowie die nichtgruppierten Artikelnester (als Beispiel für die nichtkondensierten Artikelcluster) kurz charakterisiert.

Unter einem *gruppierten Artikelnest* wird eine funktionale Artikelteilstrecke verstanden, die eine makrostrukturell geordnete Menge von mindestens zwei Wörterbuchartikeln darstellt, deren erster der Nesteingangsartikel ist, auf den n gruppierte Nestartikel folgen (mit n ≥ 1), wobei für diese Nestartikel insgesamt erstens gilt, daß sie zu genau einem Textblock gruppiert und dadurch texttopographisch als nestzugehörig markiert sind, und wobei zweitens gilt, daß es unter den gruppierten Nestartikeln solche gibt, in denen wenigstens ein Nestlemma auftritt, das nicht striktinitialalphabetisch eingeordnet ist. — Ein *nichtgruppiertes Artikelnest* ist dagegen eine funktionale Artikelstrecke, die eine makrostrukturell geordnete Menge von mindestens zwei Wörterbuchartikeln darstellt, deren erster der Nesteingangsartikel ist, auf den m nichtgruppierte Nestartikel folgen (mit m ≥ 1), wobei für diese Nestartikel insgesamt erstens gilt, daß sie durch einen typographischen und/oder durch einen nichttypographischen Makrostrukturanzeiger (den Nestanzeiger, z. B. nicht fett gesetzte Teile bei den Nestlemmata) als nestzugehörige Artikel markiert sind, und wobei zweitens gilt, daß es unter den nichtgruppierten Nestartikeln solche gibt, in denen wenigstens ein Nestlemma auftritt, das nicht striktinitialalphabetisch eingeordnet ist.

Insgesamt sind die funktionalen Artikelstrecken stets im Zusammenhang mit lexikographischen Bestrebungen zu sehen, inhaltliche Zusammenhänge (welcher Art auch immer), die durch die alphabetische Anordnung nicht zu erkennen sind, wenigstens partiell zur Geltung zu bringen.

6.2. Systematische Makrostrukturen

Das Auftreten von funktionalen Artikelteilstrecken in Wörterverzeichnissen von ein- und zweisprachigen Wörterbüchern mit initialalphabetischer Makrostruktur wurde gerade als Zeichen dafür gewertet, daß Fachlexikographen bemüht sind, inhaltliche Zusammenhänge — wenn es die Wörterbuchform erlaubt — zu berücksichtigen. Bei Fachwörterbüchern, die eine *systematische Makrostruktur* aufweisen, hat die Darstellung inhaltlicher Zusammenhänge die Priorität, und die Notwendigkeit, das möglichst rasche Auffinden einzelner Daten mittels einer allgemein bekannten Ordnungsstruktur zu garantieren, die für Nachschlagewerke charakteristisch ist, wird durch mindestens ein alphabetisches Register realisiert. Das Zusammenspiel von systematischer Makrostruktur und verschiedenen Registertypen ist in der Wörterbuchforschung bisher nicht eingehend untersucht worden und kann hier nicht dargestellt werden. Auch eine brauchbare Terminologie für diesen Bereich fehlt noch.

Eine systematische Makrostruktur findet sich beispielsweise in Schlomann 1968. Ein Ausschnitt aus der Lemmareihe dieses sechssprachigen Wörterbuches findet man in Textbeispiel 196.30.

---

e_{42}: **Teilerventil** [...]
e_{43}: **Ventilteiler** [...]
e_{44}: **Kegelventil** [...]
e_{45}: **Ventilkegel** [...]
e_{46}: **Flügelführung des Ventilkegels** [...]
e_{47}: **Ventilkegel mit oberer Flügelführung** [...]

Textbeispiel 196.30: Ausschnitt aus der Lemmareihe in Schlomann 1968

Daß die Lemmareihe keine initialalphabetische Ordnung aufweist, ist sofort erkennbar, nicht aber welche fachliche Systematik zu der Lemmaordnung geführt hat. So ist beispielsweise nicht ohne weiteres begründbar, warum **Kegelventil** nach **Teilerventil** steht. Beide Lemmazeichen bezeichnen einen Hubventiltyp, so daß sie in einer systematischen Klassifikation von Ventilen auf der gleichen Klassifikationsstufe stehen. Auch die Frage, in welcher Beziehung die partielle Lemmareihe in Textbeispiel 196.30, die unter der makrostrukturellen „Zwischenüberschrift" *Hubventile* steht, zu anderen partiellen Lemmareihen steht, kann anhand von Schlomann 1968 nicht eindeutig entschieden werden. Es darf vermutet werden, daß eine fachliche Systematik zugrunde gelegt worden ist. Welche dies aber war, wird in den Umtexten des Wörterbuches nicht explizit erläutert.

Im folgenden sei kurz ein anderes Beispiel aus einem Teilbereich der Technik, nämlich dem der Pumpentechnologie betrachtet. Nach Pedersen 1995 kann ein kleiner Ausschnitt aus einer Klassifikation von Pumpen wie in Abb. 196.45 dargestellt werden.

Zu dieser Klassifikation von fachlichen Gegenständen gehört eine entsprechende möglichst isomorphe lexikalische Hierarchie von Fachtermini, in der beispielsweise folgende lexikalsemantischen Beziehungen gelten: *dynamic pump* ist hyponym zu *pump*, *pump* ist hyperonym zu *displacement pump* und *rotary dynamic pump* ist kohyponym zu *jet pump* und umgekehrt. Eine Terminologie, die auf die Begriffe rekurriert, kann zwar eingeführt werden, ist aber im Grunde überflüssig (vgl. Wiegand 1979). — Es ist klar, daß die Sachklassifikation auch mittels des Dezimalsystems dargestellt werden kann. Bei Berücksichtigung von vier Stufen ergibt sich dann folgende Darstellung:

1. pumps
1.1 dynamic pumps
1.1.1 rotary pumps
1.1.1.1 centrifugal pumps
1.1.1.2 screw pumps
1.1.1.3 propeller pumps
1.1.2 jet pumps
1.1.2.1 ejectors
1.1.2.2 injectors
1.2 displacement pumps
1.2.1 piston pumps
1.2.2 diaphragm pumps
1.2.3 gear pumps
1.2.3.1 gear pumps with internal gears
1.2.3.2 gear pumps with external gears
1.2.4 eccentric pumps
1.2.5 vane pumps

Über entsprechende Klassifikationen der fachlichen Gegenstände erklärt sich auch die Einteilung in Schlomann 1968 in 34 Hauptgebiete (wie z. B. Kolben, Ventile, Rohre etc.), die jeweils in Einzelgebiete (Ventile z. B. in Ventilteile, Hubventile, Klappventile, Si-

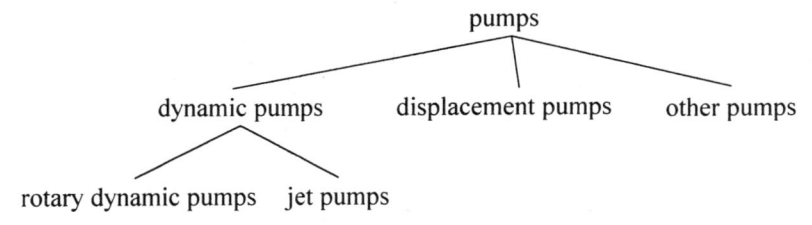

```
                            pumps
          ┌───────────────────┼──────────────┐
     dynamic pumps    displacement pumps   other pumps
      ┌────┴────┐
rotary dynamic pumps  jet pumps
```

Abb. 196.45: Ausschnitt aus einer Klassifikation von Pumpen (nach Pedersen 1995), „x — y" bedeutet soviel wie *x ist eine Teilklasse von*

cherheitsventile und Regelventile) unterteilt sind. Mit der sachlichen Klassifikation ist aber noch keineswegs die Reihenfolge der Teilgebiete und die in den Teilgebieten begründet oder erklärt, denn die Teilklassenrelation legt keine Reihenfolge der Teilklassen fest. Beispielsweise ändert sich im Baumgraphen in Abb. 196.45 nichts, was für die Klassifikation relevant ist, wenn die Knotenetiketten „rotary dynamic pumps" und „jet pumps" ausgetauscht werden, weil auf der Trägermenge der hierarchischen Klassifikationsstruktur (im deutlichen Unterschied zu Textkonstituentenstrukturen) keine Präzedenzrelation definiert ist. Natürlich können — selbst innerhalb der Technik — nicht alle Relationen in einem fachlichen Bereich als Teilklassenrelationen angegeben werden. Andere Relationen müssen herangezogen werden, und es empfiehlt sich, entsprechende Relationen auf der terminologischen Ebene anzugeben.

Wie der gewählte Ausschnitt aus Schlomann 1968 zeigt, ist das Relationengefüge der Gruppe von Termini nicht eindeutig erkennbar. Teilweise stehen die Termini für Arten von Hubventilen, teilweise für Teile von diesen und teilweise für bestimmte Funktionsarten. Eine (nicht erklärte) Anordnung, wie die in Schlomann 1968, die wahrscheinlich so zustande gekommen ist, daß erst die Termini für Ventilarten, dann die für Ventilteile und schließlich die für Funktionsarten stehen, ist damit nur als *partiell systematisch* (oder: *teilsystematisch*) anzusehen. Für den Benutzer, der sich mit einem alphabetischen Register zufrieden geben muß, dessen Registerinformationen nur erwähnte Seitenzahlen sind, wird damit das Auffinden mühsam, denn die ohnehin unübersichtliche Wörterbuchseite ist damit insgesamt ein ordnungsfreier Suchraum, in dem nicht gezielt gesucht, sondern nur ungezielt herumgesucht werden kann.

In anderen neueren technischen Fachwörterbüchern mit „systematischer" Makrostruktur, in der die Teilgebietsbezeichnungen die erste äußere Zugriffsstruktur bilden, sind innerhalb der Teilgebietsrubriken des Wörterverzeichnisses die einzelnen Gruppen von Termini initialalphabetisch geordnet, ein Anordnungsprinzip, das sich schon im Mittelalter findet. Es gilt mithin: Beide bisher grob skizzierten Arten von Makrostrukturen können nur als *teilsystematische Makrostrukturen* gelten. Eine genauere Analyse solcher Strukturen unter Ordnungs- und Zugriffsgesichtspunkten fehlt bisher.

Die bisherigen Beispiele stammen aus dem Bereich der Technik. Die Fächer und die Terminologiebildung in diesem Bereich sind in einem relativ hohen Maß kulturunabhängig. In kulturabhängigen Fächern ist es schwieriger, eine fachliche Systematik zu etablieren, die überwiegend mit hierarchischen Relationen arbeitet (vgl. Duvå/Laursen 1995). Hier müssen andere Wege gegangen werden. Ein Beispiel aus Toft/Roth findet sich in Abb. 196.46. Hier wird z. B. als Teilgebiet der wirtschaftliche Kreislauf zwischen privaten Haushalten und dem Markt für Waren und Dienstleistungen in Form eines Pfeildiagramms dargestellt (vgl. Abb. 196.46).

Die Illustration wird begleitet von näheren Erklärungen zum Teilgebiet der Hauptabschnitte, die die Grundsystematik des Wörterbuches bilden. Die kleinsten Teilgebiete heißen *Themata*. Nach diesen werden die Lemmata geordnet. Die thematischen Gruppen, auf die zunächst extern zugegriffen werden muß, werden wie folgt angegeben:

1.1 Circular Flow of Economic Activity
1.1.1 Decision maker
1.1.1.1 Household
1.1.1.2 Firm
1.1.2 Demand
1.1.2.1 Demand for Goods and Services
1.1.2.2 Demand for Factors of Production

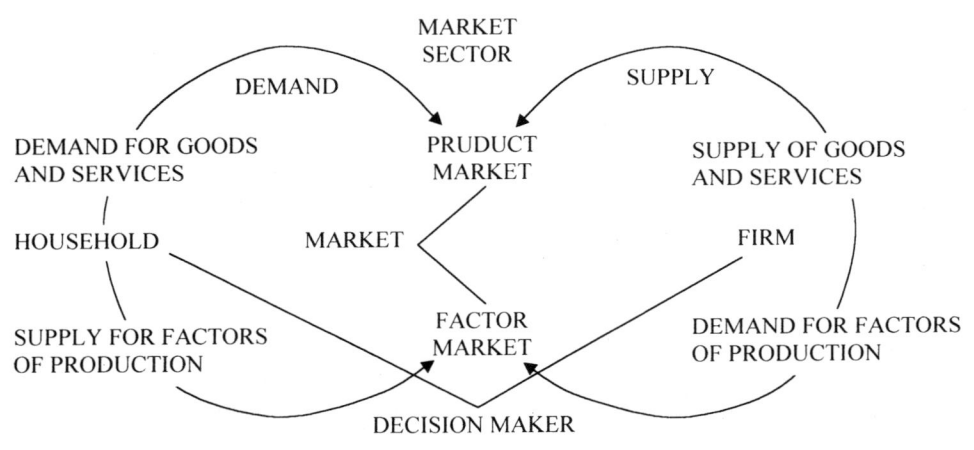

```
                        MARKET
                        SECTOR
          DEMAND                    SUPPLY
DEMAND FOR GOODS      PRUDUCT      SUPPLY OF GOODS
AND SERVICES          MARKET       AND SERVICES

HOUSEHOLD         MARKET           FIRM

                  FACTOR
SUPPLY FOR FACTORS MARKET    DEMAND FOR FACTORS
OF PRODUCTION                OF PRODUCTION
                  DECISION MAKER
```
Abb. 196.46: Illustration von Toft/Roth 1990

---

99   RF, art. 7,7
    FR   reversement d'acomptes
    EN   repayment of advances
    DE   Rückzahlung von Abschlagszahlungen
    IT   riversamento di acconti
    NL   terugbtailing van vooruitbetalingen
    DA   tilbagebetalt acontobeløb;
           tilbagebetaling af acontobeløb — BTB
    ES   devolución de anticipos
    PT   devolução de pagamentos;
           restutição de pagamentos — 91/C80
    Ελ   επιστροφή προκαβολών

100   RF, art. 8,1
    FR   engager des crédits
    EN   to commit appropriations
    DE   Mittel binden
    IT   impegnare degli stanziamenti
    NL   betalingsverplichtingen ten aanzien van kredieten aangaan
    DA   disponere over bevillinger
    ES   compormeter créditos
    PT   aotorizar dotações
    Ελ   αναλαμβάνω πιστώσεις

Textbeispiel 196.31: Wörterbuchartikel aus EU Budget 1992

1.1.3 Supply
1.1.3.1 Supply for Goods and Services
1.1.3.2 Supply for Factors of Production
1.1.4 Market
1.1.4.1 Product Market
1.1.4.2 Factor Market

Thematisch verwandte Lemmata sind auf diese Weise in einer sachlichen Rubrik zusammengestellt, was für bestimmte Benutzerinteressen von großem Vorteil ist. Sind die thematischen Rubriken jedoch umfangreicher, so daß die Anzahl der Termini groß ist, wird die Übersicht schwierig; das Auffinden der Lemmata über die systematische Makrostruktur wird problematisch und gelingt stets noch am besten über die initialalphabetischen Register.

Schließlich sei noch eine weitere Art von systematischer Makrostruktur grob skizziert, die Textgegebenheiten als Ordnungskriterien benutzt. Sie findet sich z. B. in EU Budget 1992 (vgl. Textbeispiel 196.31).

In EU Budget 1992 wird das Haushaltsvokabular der Europäischen Gemeinschaften anhand der Haushaltsordnung von 1990 erfaßt; diese liegt in den neun Sprachen der 12 Mitgliedsländer vor; die französischen Dokumente gelten im Zweifelsfall als maßgeblich. Der Aufbau der franz. Dokumente regelt die Reihenfolge der Wörterbuchartikel: Überschrift, Artikel 1, Artikel 1.1, Artikel n−1, Artikel n (vgl. RF = réglement financier). Da das lexikographische Textkorpus eine genau eingegrenzte Menge von Texten darstellt, handelt es sich bei diesem EU-Wörterbuch (und bei zahlreichen anderen) um ein Fachwörterbuch, das zur Textlexikographie zu rechnen ist (vgl. Wiegand 1984 u. 1998a).

Für die Wörterbuchforschung besteht die Aufgabe, so unterschiedliche systematische Makrostrukturen − wie sie kurz skizziert wurden − nach einem einheitlichen metalexikographischen Ansatz und mit einer noch zu entwickelnden Terminologie einheitlich zu beschreiben. Erst wenn man die Ordnungs- und Zugriffseigenschaften der systematischen Makrostrukturen genauer kennt als bisher, wird man auch systematisch danach fragen können, welche Vor- und Nachteile ihre Realisierungen in einzelnen Wörterbüchern relativ zu bestimmten Benutzersituationen haben.

7. Literatur (in Auswahl)

7.1. Wörterbücher

Appleby Eng-Dt-Sp-Fr-Schwed 1984 = Barry Léon Appleby: Elsevier's dictionary of commercial terms and phrases in five languages. English, German, Spanish, French and Swedish. Amsterdam [etc.] 1984.

Bergenholtz et al. 1997 = Henning Bergenholtz/Ilse Cantell/Ruth Vatvedt Fjeld/Dag Gundersen/Jón Hilmar Jónsson/Bo Svensen: Nordisk leksikografisk ordbok. Med bidrag av Helgi Haraldsson, Hans Kristian Mikkelsen, Jaakko Sivula. Oslo 1997 (Skrifter utgitt av Nordisk forening for leksikografi 4).

Boßmann/Riemer = Dieter Boßmann/Dieter Riemer: Rechtslexikon. [o. O.]: Buch und Wissen [o. J.].

Brunner/Moritz 1997 = Literaturwissenschaftliches Lexikon. Grundbegriffe der Germanistik. Hrsg. v. Horst Brunner und Rainer Moritz. Berlin 1997.

Budig 1982 = Fachwörterbuch Elektronik−Elektrotechnik. Deutsch−Englisch. Mit etwa 60 000 Fachbegriffen. Hrsg. v. Peter-Klaus Budig. Heidelberg 1982.

Bünting/Karatas 1996 = Deutsches Wörterbuch. Hrsg. v. Karl-Dieter Bünting/Ramona Karatas unter Mitarbeit von [...]; Kommentare zur neuen amtlichen Rechtschreibung in Zusammenarbeit mit Wolfgang Eichler. Chur 1996.

Chambers Science 1988 = Peter M. B. Walker (red.): Chambers Science and Technology Dictionary. Edinburgh/Cambridge 1988.

Clausen dt.−dän. 1991 = Clausens tekniske ordbøger. Tysk-dansk teknisk ordbog. København 1991.

Duden-³DUW = Duden. Deutsches Universalwörterbuch. 3., neu bearb. u. erw. Auflage auf der Grundlage der neuen amtlichen Rechtschreibregeln. Bearb. v. Günther Drosdowski und der Dudenredaktion. Mannheim [etc.] 1996.

Engesser 1986 = Der kleine Duden Mathematik. Hrsg. v. den Fachredaktionen des Bibliographischen Instituts. Bearb. v. Hermann Engesser. Mannheim [etc.] 1986.

EU Budget 1992 = Suzanne Hanon, avec la collaboration de Roger Benner et al.: Vocabulaire du Budget des Communautés européennes. Bruxelles 1992.

Freeman 1983 = Wörterbuch technischer Begriffe mit 4300 Definitionen nach DIN. Deutsch und Englisch. Zusammengestellt von Henry G. Freeman. Hrsg.: DIN. Deutsche Institut für Normung e. V. 3., völlig neu bearb. u. erw. Aufl. Berlin. Köln 1983.

FWB = Frühneuhochdeutsches Wörterbuch. Hrsg. v. Robert R. Anderson/Ulrich Goebel/Oskar Reichmann. Bd. 1: Einführung. *a-äpfelkern*, bearb. v. Oskar Reichmann, 1989. Bd. 2: *apfelkönig−barmherzig*. Hrsg. v. Ulrich Goebel u. Oskar Reichmann, begr. v. [...], bearb. v. Oskar Reichmann 1994; Bd. 3, Lfg. I: *barmherzigkeit−befremden*, 1995, u. Lfg. II: *befremden−beistat*, bearb. v. Oskar Reichmann 1997; Bd. 4, Lfg. I: *pfab(e)−plagen*, bearb. v. Joachim Schildt 1997; Bd. 8, Lfg. I: *i−j*, bearb. v. Vibeke Winge. Berlin. New York 1989−1997.

Halász 1992 = Elöd Halász: Ungarisch-Deutsches Wörterbuch. Bd. I: *A−J*, Bd. II: *K−Zs*, 10. unveränd. Ausg. Budapest 1992.

Hammerschmid−Gollwitzer 1977 = Josef Hammerschmid-Gollwitzer: Wörterbuch der medizinischen Fachausdrücke. München 1977.

Hartmann/Stork 1972 = R. R. K. Hartmann/F. C. Stork: Dictionary of Language and Linguistics. London 1972.

Herder-Lex Geo 1990 = Herder Lexikon Geographie mit über 3000 Stichwörtern sowie rund 750 Abbildungen und Tabellen. 10. neubearb. Aufl. Freiburg. Basel. Wien 1990.

Herder-Lex Geol/Min 1990 = Herder Lexikon Geologie und Mineralogie mit rund 3300 Stichwörtern sowie über 500 Abbildungen und Tabellen. 6. neubearb. Aufl. Freiburg. Basel. Wien 1990.

Höffe 1986 = Lexikon der Ethik. Hrsg. v. Otfried Höffe in Zusammenarbeit mit Maximilian Forschner, Alfred Schöpf und Wilhelm Vossenkuhl. 3.

neubearb. Aufl. München 1986 (Beck'sche Schwarze Reihe 152).

HWDG = Handwörterbuch der deutschen Gegenwartssprache. In zwei Bänden. Von einem Autorenkollektiv unter der Leitung v. Günther Kempcke [...] Bd. 1: *A−K*; Bd. 2: *L−Z*. Berlin 1984.

Ibelgaufts 1990 = Horst Ibelgaufts: Gentechnologie von A bis Z. Weinheim 1990. [korrig. Nachdruck 1993].

Ibelgaufts 1992 = Horst Ibelgaufts: Lexikon Zytokine. Mit 90 mehrfarbigen Abbildungen und Tabellen. München 1992.

Jochumsen 1983 = Svend Jochumsen: Teknisk Ordbog. Dansk-spansk. Copenhagen 1983.

Kaufmann/Bergenholtz 1992 = Uwe Kaufmann/ Henning Bergenholtz: Genteknologisk ordbog. Dansk−engelsk/engelsk−dansk. Molekylærbiologi og DNA-teknologi. København 1992.

Kaufmann/Bergenholtz et al. 1998 = Uwe Kaufmann and Henning Bergenholtz in cooperation with Bjarne Stumman, Sven Tarp, Laura de la Roas Maraber, Nelson la Serna Torres and Gladys la Serna Miranda: Encyclopedic Dictionary of Gene Technology. Vol. I. English (With Spanish Equivalents). Toronto [etc.] 1998.

Kritz/Lisch 1988 = Jürgen Kritz/Ralf Lisch: Methoden-Lexikon für Mediziner, Psychologen, Soziologen. München. Weinheim 1988.

Kučera Engl.−Dt. 1989 = Antonín Kučera: The Compact Dictionary of Exact Science and Technology. English−German. 2. Ausg. Wiesbaden 1989.

Lang−Engl.−dt. 1962 = Langenscheidts Enzyklopädisches Wörterbuch der englischen und deutschen Sprache. Begründet v. E. Muret u. D. Sanders. Tl. 1: Englisch−Deutsch. 1. Bd.: *A−M*; 2. Bd.: *N−Z*; völlig Neubearb. 1962. Hrsg. v. Otto Springer. Berlin-Schöneberg 1962−1963.

LAW Engl−Schwed−Engl 1989 = LAW engelsk−svensk−engelsk. First published in GB by Peter Collin Publishing Ltd. with the title English Law Dictionary. Stockholm 1989.

LGWDaF 1993 = Langenscheidts Großwörterbuch Deutsch als Fremdsprache. Das neue einsprachige Wörterbuch für Deutschlernende. 3. Aufl. Hrsg.: Dieter Götz, Günther Haensch, Hans Wellmann. In Zusammenarbeit mit der Langenscheidt-Redaktion. Leitende Redakteure: Vincent J. Docherty, Günther Jehle. Berlin [etc.] 1993.

Mack 1988 = Roy Mack: Dictionary for Veterinary Science and Business. German−English/English−German. With trilingual appendix: Latin terms. [...] Berlin. Hamburg 1988.

Mink 1978 = H. Mink: Technisches Fachwörterbuch. Bd. 1: Deutsch−Spanisch. Barcelona 1978.

Pilegaard/Baden 1994 = Morten Pilegaard/Helge Baden: Medicinsk ordbog dansk−engelsk engelsk−dansk. København 1994.

Plant Engl−Span/Span−Engl 1987 = M. Plant: Diccionario de Microelectrónica. Madrid 1987.

Pschyrembel 1994 = Pschyrembel: Klinisches Wörterbuch. 257., neu bearb. Aufl. mit 2339 Abbildungen und 268 Tabellen bearb. v. der Wörterbuch-Redaktion des Verlages unter der Leitung v. Helmut Hildebrandt. Berlin. New York 1994.

Rieger et al. 1991 = R. Rieger/A Michaelis/M. M. Green: Glossary of Genetics Classical and Molecular. 5. ed. Berlin [etc.] 1991.

Roche-Lex Med 1993 = Roche Lexikon Medizin. Hrsg. v. der Hoffmann-La Roche AG und Urban & Schwarzenberg. Bearb. v. der Lexikon-Redaktion des Verlages Urban & Schwarzenberg (Leitung: Norbert Boss). 3. neubearb. Aufl. München. Wien. Baltimore 1993.

Rocznik 1984 = Kleines Wetter-Lexikon mit wetterkundlichen Beiträgen und Klima-Daten aus aller Welt. Zusammengestellt v. Karl Rocznik. Mit 5 Abbildungen und 42 Tabellen. Stuttgart 1984.

Sauppe 1996 = Eberhard Sauppe: Wörterbuch des Bibliothekswesens. Unter Berücksichtigung der bibliothekarisch wichtigen Terminologie des Informations- und Dokumentationswesens, des Buchwesens, der Reprographie, des Hochschulwesens und der Datenverarbeitung. Deutsch−English. 2. durchges. u. erw. Aufl. München [etc.] 1996.

Schlomann 1968 = Alfred Schlomann: Illustrierte technische Wörterbücher in sechs Sprachen: Deutsch, Englisch, Russisch, Französisch, Italienisch, Spanisch. Bd. 1. Maschinenelemente. Unveränderter Neudruck der Ausgabe von 1938. München: Oldenburg 1968.

Schneider 1991 = Lexikon der Informatik und Datenverarbeitung. Hrsg. v. Hans-Jochen Schneider. 3. aktualis. u. wesentl. erw. Aufl. München. Wien 1991.

Teschner 1988 = Helmut Teschner: Fachwörterbuch Drucktechnik. Wörterbuch der graphischen Industrie und des Verlagswesens. Thun 1988.

Toft/Roth 1990 = Bertha Toft/Eva Roth: Mikroøkonomisk glosar − samt teoretiske og praktiske betragtninger over terminologi og vidensrepræsentation. Herning 1990.

Tuck 1993 = Oxford Dictionary of Business English for learners of English. Edited by Allene Tuck. Phonetics. Ed.: Michael Ashby. Oxford 1993.

Webster 1993 = Webster's New Encyclopedic Dictionary. New York 1993.

Wiesner/Ribbeck 1991 = Wörterbuch der Veterinärmedizin. Hrsg. v. Ekkehard Wiesner/Regine Ribbeck. Bearb. v. 73 Fachwissenschaftler. 3. neu bearb. Aufl. 2 Bde. Stuttgart 1991.

Woll 1992 = Wirtschaftslexikon. Hrsg. v. Artur Woll. 6. überarb. u. erw. Aufl. München. Wien 1992.

7.2. Sonstige Literatur

Arntz/Picht 1991 = Reiner Arntz/Heribert Picht: Einführung in die Terminologiearbeit. Hildesheim [etc.] 1991 (Studien zur Sprache und Technik 2).

Bergenholtz 1992 = Henning Bergenholtz: Almensproglige informationer i fagordbøger. In: Ruth Vatvedt Fjeld (ed.): Nordiske studier i leksikografi. Rapport fra Konferanse om leksikografi i Norden. 28.–31. mai 1991. Oslo 1992, 244–259.

Bergenholtz 1994 = Henning Bergenholtz: Fachsprache und Gemeinsprache. Lemmaselektion im Fachwörterbuch. In: Schaeder/Bergenholtz 1994, 285–304.

Bergenholtz 1995 = Henning Bergenholtz: Wodurch unterscheidet sich Fachlexikographie von Terminographie? In: Lexicographica 11. 1995, 50–59.

Bergenholtz 1996 = Henning Bergenholtz: Grundfragen der Fachlexikographie. In: Martin Gellerstam/Jerker Järborg/Sven-Göran Malmgren/Kerstin Norén/Lena Rogström/Catarina Röjder Papmehl (eds.): Euralex '96 Proceedings I–II. Papers submitted to the Seventh EURALEX International Congress on Lexicography in Göteborg. Part II. Göteborg 1996, 731–758.

Bergenholtz et al. 1997 = Faglig innledning. In: Henning Bergenholtz/Ilse Cantell/Ruth Vatvedt Fjeld/Dag Gundersen/Hilmar Jónsson/Bo Svensén: Nordisk Leksikografisk Ordbok. Med bidrag av Helgi Haraldsson, Hans Kristian Mikkelsen, Jaako Sivula, o. O. 1997 (Skrifter utgitt av Nordisk forening for leksikografi 4), 11–47.

Bergenholtz/Kaufmann 1996 = Henning Bergenholtz/Uwe Kaufmann: Enzyklopädische Informationen in Wörterbüchern. In: Nico Weber (Hrsg.): Semantik, Lexikographie und Computeranwendungen. Tübingen 1996 (Sprache und Information 33), 167–182.

Bergenholtz/Pedersen/Tarp 1994 = Henning Bergenholtz/Jette Pedersen/Sven Tarp: Basic Issues in LSP Lexicography. In: Translating LSP Texts OFT Symposium. Copenhagen Business School 11–12 April 1994. Ed. by Henning Bergenholtz, A. Jakobsen, B. Maegaard, H. Mørk and P. Skyrum-Nielsen. Copenhagen 1994, 151–187.

Bergenholtz/Tarp (Hrsg.) 1995 = Manual of Specialised Lexicography. The preparation of specialised dictionaries. Ed. by Henning Bergenholtz and Sven Tarp. With contributions by Grete Duvå, Anna-Lise Laursen, Sandro Nielsen, Ole Norling-Christensen, Jette Pedersen. Amsterdam. Philadelphia 1995 (Benjamins Translation Library 12).

Cop 1989 = Margaret Cop: Linguistic and Encyclopedic Information Not Included in the Dictionary Articles. In: HSK 5.1, 761–767.

Dressler/Schaeder (Hrsg.) 1994 = Wörterbücher der Medizin. Beiträge zur Fachlexikographie. Hrsg. v. Stephan Dressler u. Burkhard Schaeder. Tübingen 1994 (Lexicographica. Series Maior 55).

Duvå/Laursen 1995 = Grete Duvå/Anne-Lise Laursen: Systematic macrostructure. In: Bergenholtz/Tarp (Hrsg.) 1995, 195–199.

Felber/Budin 1989 = Helmut Felber/Gerhard Budin: Terminologie in Theorie und Praxis. Tübingen 1989 (Forum für Fachsprachen-Forschung 9).

Fenner 1997 [1998] = Kirsten Fenner: Von Text zu Text: die Textsorte Wörterbuch als Vermittlerin bei der Rezeption und Produktion von Texten. Ein benutzerorientierter Ansatz. In: Lexicographica 13. 1997 [1998], 169–197.

Gärtner/Kühn 1990 = Kurt Gärtner/Peter Kühn: Das rückläufige Wörterbuch. In: HSK 5.2, 1131–1143.

Geeb 1998 = Franziskus Geeb: Semantische und enzyklopädische Informationen in Fachwörterbüchern. Eine Untersuchung zu fachinformativen Informationstypen mit besonderer Berücksichtigung wortgebundener Darstellungsformen. Aarhus 1998 (PHD afhandling).

Gerzymisch-Arbogast 1989 = Heidrun Gerzymisch-Arbogast: Standardisierte Wörterbuchartikel des allgemeinen einsprachigen Wörterbuches als Texte. Probleme der Kohärenz und der Thema-Rhema-Struktur. In: HSK 5.1, 946–956.

Hausmann/Werner 1991 = Franz Josef Hausmann/Reinhold Otto Werner: Spezifische Bauteile und Strukturen zweisprachiger Wörterbücher: eine Übersicht. In: HSK 5.3, 2729–2769.

Hausmann/Wiegand 1989 = Franz Josef Hausmann/Herbert Ernst Wiegand: Component Parts and Structures of General Monolingual Dictionaries: A Survey. In: HSK 5.1., 328–360.

Herberg 1985 = Dieter Herberg: Zur Funktion und Gestaltung von Wörterbucheinleitungen. In: Symposium on Lexicography II. Proceedings of the Second International Symposium on Lexicography May 16–17, 1984 at the University of Copenhagen. Ed. by Karl Hyldgaard-Jensen und Arne Zettersten. Tübingen 1985 (Lexicographica. Series Maior 5), 133–154.

Herberg 1986 = Dieter Herberg: Zur Einleitung des Handwörterbuches der deutschen Gegenwartssprache (HDG). In: Zeitschrift für Phonetik, Sprachwissenschaft und Kommunikationsforschung 39. 1986, 195–205.

Herberg 1989 = Dieter Herberg: Wörterbuchvorwörter. In: HSK 5.1, 749–754.

Herberg 1998 = Dieter Herberg: Die Außentexte in „Langenscheidts Großwörterbuch Deutsch als Fremdsprache." In: Perspektiven der pädagogischen Lexikographie des Deutschen. Hrsg. v. Herbert Ernst Wiegand. Tübingen 1998 (Lexicographica. Series Maior 86), 331–341.

HSK 5.1 = Wörterbücher. Dictionaries. Dictionnaires. Ein internationales Handbuch zur Lexikographie. [...] Hrsg. v. Franz Josef Hausmann, Oskar Reichmann, Herbert Ernst Wiegand u. Ladislav Zgusta. Erster Teilbd. Berlin. New York 1989

(Handbücher zur Sprach- und Kommunikationswissenschaft 5.1).

HSK 5.2 = Wörterbücher. Dictionaries. Dictionnaires. Ein internationales Handbuch zur Lexikographie. [...] Hrsg. v. Josef Hausmann, Oskar Reichmann, Herbert Ernst Wiegand u. Ladislav Zgusta. Zweiter Teilbd. Berlin. New York 1990 (Handbücher zur Sprach- und Kommunikationswissenschaft 5.2).

HSK 5.3 = Wörterbücher. Dictionaries. Dictionnaires. Ein internationales Handbuch zur Lexikographie. [...] Hrsg. v. Franz Josef Hausmann, Oskar Reichmann, Herbert Ernst Wiegand u. Ladislav Zgusta. Dritter Teilbd. Berlin. New York 1991 (Handbücher zur Sprach- und Kommunikationswissenschaft 5.3).

Kammerer 1998 = Matthias Kammerer: Die Mediostruktur in „Langenscheidts Großwörterbuch Deutsch als Fremdsprache". In: Perspektiven der pädagogischen Lexikographie des Deutschen. Hrsg. v. Herbert Ernst Wiegand. Tübingen 1998 (Lexicographica. Series Maior 86), 315−330.

Kammerer/Lehr 1996 = Matthias Kammerer/Andrea Lehr: Potentielle Verweise und die Wahrscheinlichkeit ihrer Konstituierung. In: Wörterbücher in der Diskussion II. Vorträge aus dem Heidelberger Lexikographischen Kolloquium. Hrsg. v. Herbert Ernst Wiegand. Tübingen 1996 (Lexicographica. Series Maior 70), 311−354.

Kammerer/Wiegand 1998 = Matthias Kammerer/Herbert Ernst Wiegand: Über die textuelle Rahmenstruktur von Wörterbüchern. Präzisierungen und weiterführende Überlegungen. In: Lexicographica 14. 1998 [erscheint].

Kirkness 1989 = Alan Kirkness: Wörterbuchregister. In: HSK 5.1, 767−771.

Kirkpatrick 1989 = Betty Kirkpatrick: User's Guides in Dictionaries. In: HSK 5.1, 754−761.

Konerding/Wiegand = Klaus-Peter Konerding/Herbert Ernst Wiegand: Framebasierte Wörterbuchartikel. Zur Systematisierung der lexikographischen Präsentation des Bedeutungswissens zu Substantiven. In: Lexicographica 10. 1995, 100−170.

Lüking 1994 = Silke Lüking: Probleme zweisprachiger Fachwörterbücher der Medizin Deutsch−English/Englisch−Deutsch. In: Dressler/Schaeder (Hrsg.) 1994, 143−163.

Miethaner-Vent 1986 = Karin Miethaner-Vent: Das Alphabet in der mittelalterlichen Lexikographie. Verwendungsweisen, Formen und Entwicklung des alphabetischen Anordnungsprinzips. In: Lexique 4. 1986, 83−112. (La lexicographie au Moyen Age. Coordiné par C. Buridant. Lille 1986).

Mugdan 1989 = Joachim Mugdan: Grammar in Dictionaries of Languages for Special Purposes (LSP). In: Hermes 3. 1989, 125−142.

Müller 1997 = Peter O. Müller: Deutsche Lexikographie des 16. Jahrhunderts. Konzeptionen und Funktionen frühneuzeitlicher Vokabulare und Wörterbücher. Habil.-Schrift [masch.]. Erlangen 1997.

Muhtmann 1990 [1991] = Gustav Muhtmann: Finalalphabetisch? − Überlegungen zu Anlage und Nutzen eines Rückläufigen Wörterbuches. In: Lexicographica 6. 1990 [1991], 174−207.

Nielsen 1990 = Sandro Nielsen: Lexicographic Macrostructures. In: Hermes 4. 1990, 49−66.

Nielsen 1995 = Sandro Nielsen: Alphabetic macrostructure. In: Bergenholtz/Tarp (Hrsg.) 1995, 190−195.

Pan Zaiping/Wiegand 1995 = Pan Zaiping/Herbert Ernst Wiegand: Über die Musterartikel für das Große Deutsch-Chinesische Wörterbuch. Zugleich ein Beitrag zu einer Theorie zweisprachiger lexikographischer Texte. In: Studien zur zweisprachigen Lexikographie mit Deutsch II. Hrsg. v. Herbert Ernst Wiegand. Hildesheim [etc.] 1995 (Germanistische Linguistik 127−128), 63−190.

Pedersen 1995 = Jette Pedersen: Systematic classification. In: Bergenholtz/Tarp (Hrsg.) 1995, 83−90.

Rossenbeck 1991 = Klaus Rossenbeck: Zwei- und mehrsprachige Fachwörterbücher − Prolegomena zur Theorie und Praxis der Fachlexikographie. In: Hermes 7. 1991, 25−52.

Rossenbeck 1994 = Klaus Rossenbeck: Enzyklopädische Information im zweisprachigen Fachwörterbuch. In: Schaeder/Bergenholtz (Hrsg.) 1994, 133−159.

Schaeder 1994 = Burkhard Schaeder: Zu einer Theorie der Fachlexikographie. In: Schaeder/Bergenholtz (Hrsg.) 1994, 11−41.

Schaeder 1995 = Burkhard Schaeder: Mediostrukturen in Fachwörterbüchern. In: Lexicographica 11. 1995, 121−134.

Schaeder 1996 = Burkhard Schaeder: Wörterbuchartikel als Fachtexte. In: Hartwig Kalverkämper/Klaus-Dieter Baumann (Hrsg.): Fachliche Textsorten. Komponenten − Relationen − Strategien. Tübingen 1996 (Forum für Fachsprachen-Forschung 25), 100−124.

Schaeder/Bergenholtz (Hrsg.) 1994 = Burkhard Schaeder/Henning Bergenholtz (Hrsg.): Fachlexikographie. Fachwissen und seine Repräsentation in Wörterbüchern. Tübingen 1994 (Forum für Fachsprachen-Forschung 23).

Tarp 1992 = Sven Tarp: Encyklopædiske oplysninger i tosprogede ordbøger. In: Ruth Vatvedt Fjeld (ed.): Nordiske studier i leksikografi. Rapport fra Konferanse om leksikografi i Norden, 28.−31. mai 1991. Oslo 1992, 522−531.

Tarp 1992a = Prolegomena til teknisk ordbog. Diss. [masch.] Handelshøjskolen i Århus 1992.

Tarp 1994 = Sven Tarp: Funktionen in Fachwörterbüchern. In: Schaeder/Bergenholtz (Hrsg.) 1994, 229−246.

Tarp 1995 = Sven Tarp: Distribution structure. In: Bergenholtz/Tarp (Hrsg.) 1995, 188−190.

Weber 1996 = Nico Weber: Formen und Inhalte der Bedeutungsbeschreibung: Definition, Explikation, Repräsentation, Simulation. In: Nico Weber (Hg.): Semantik, Lexikographie und Computeranwendungen. Tübingen 1996 (Sprache und Information 33), 1−46.

Wiegand 1977 = Herbert Ernst Wiegand: Fachsprachen im einsprachigen Wörterbuch. Kritik, Provokation und praktisch-pragmatische Vorschläge. In: Kongreßberichte der 7. Jahrestagung der Gesellschaft für Angewandte Linguistik GAL e. V. Trier. Stuttgart 1977, 19−65.

Wiegand 1979 = Herbert Ernst Wiegand: Definition und Terminologienormung. Kritik und Vorschläge. In: Terminologie als angewandte Sprachwissenschaft. Gedenkschrift für Eugen Wüster. Hrsg. v. Helmut Felber, Friedrich Lang, Gernot Wersig. München [etc.] 1979, 101−148.

Wiegand 1983 = Herbert Ernst Wiegand: Was ist eigentlich ein Lemma? Ein Beitrag zur Theorie der lexikographischen Sprachbeschreibung. In: Studien zur neuhochdeutschen Lexikographie III. Hrsg. v. Herbert Ernst Wiegand. Hildesheim [etc.] 1983 (Germanistische Linguistik 1−4/82), 401−474.

Wiegand 1984 = Herbert Ernst Wiegand: Prinzipien und Methoden historischer Lexikographie. In: Sprachgeschichte. Ein Handbuch zur Geschichte der deutschen Sprache und ihrer Erforschung. Hrsg. v. Werner Besch, Oskar Reichmann, Stefan Sonderegger. 2. Halbbd. Berlin. New York 1984 (Handbücher zur Sprach- und Kommunikationswissenschaft 2.1), 557−620.

Wiegand 1988 = Herbert Ernst Wiegand: Was eigentlich ist Fachlexikographie? Mit Hinweisen zum Verhältnis von sprachlichem und enzyklopädischem Wissen. In: Deutscher Wortschatz. Lexikologische Studien. Ludwig Erich Schmitt zum 80. Geburtstag von seinen Marburger Schülern. Hrsg. v. Horst Haider Munske, Peter von Polenz, Oskar Reichmann, Rainer Hildebrandt. Berlin. New York 1988, 729−790.

Wiegand 1988a = Herbert Ernst Wiegand: „Shanghai bei Nacht". Auszüge aus einem metalexikographischen Tagebuch zur Arbeit beim Großen Deutsch-Chinesischen Wörterbuch. In: Studien zur neuhochdeutschen Lexikographie VI, 2. Teilbd. Mit einem Namen- und Sachregister zu den Bänden I−VI sowie einer Bibliographie zur Wörterbuchforschung. Hrsg. v. Herbert Ernst Wiegand. Hildesheim [etc.] 1988 (Germanistische Linguistik 87−90/86), 521−626.

Wiegand 1988b = Herbert Ernst Wiegand: Wörterbuchartikel als Text. In: Das Wörterbuch. Artikel und Verweisstrukturen. Jahrbuch 1987 des Instituts für deutsche Sprache. Hrsg. v. Gisela Harras. Düsseldorf 1988 (Sprache der Gegenwart LXXIV), 30−120.

Wiegand 1989 = Herbert Ernst Wiegand: Aspekte der Makrostruktur im allgemeinen einsprachigen Wörterbuch: alphabetische Anordnungsformen und ihre Probleme. In: HSK 5.1, 371−409.

Wiegand 1989a = Herbert Ernst Wiegand: Der Begriff der Mikrostruktur: Geschichte, Probleme, Perspektiven. In: HSK 5.1, 409−462.

Wiegand 1989b = Herbert Ernst Wiegand: Arten von Mikrostrukturen am allgemeinen einsprachigen Wörterbuch. In: HSK 5.1, 463−501.

Wiegand 1989c = Herbert Ernst Wiegand: Die lexikographische Definition im allgemeinen einsprachigen Wörterbuch. In: HSK 5.1, 530−588.

Wiegand 1990 = Herbert Ernst Wiegand: Die deutsche Lexikographie der Gegenwart. In: HSK 5.2, 2100−2246.

Wiegand 1990a = Herbert Ernst Wiegand: Printed Dictionaries and Their Parts as Texts. An Overview of More Recent Research as an Introduction. In: Lexicographica 6, 1990, 1−126.

Wiegand 1991 = Herbert Ernst Wiegand: Über die Strukturen der Artikeltexte im Frühneuhochdeutschen Wörterbuch. Zugleich ein Versuch zur Weiterentwicklung einer Theorie lexikographischer Texte. In: Historical Lexicography of the German Language. Vol. 2. Ed. by Ulrich Goebel and Oskar Reichmann in collaboration with Peter I. Barta. Lewiston. Queenston. Lampeter 1991 (Studies in Russian and German 3), 341−673.

Wiegand 1994 = Herbert Ernst Wiegand: Elements of a Theory toward a So-called Lexicographic Definition. In: Lexicographica 8. 1992 [1994], 175−289.

Wiegand 1994a = Herbert Ernst Wiegand: Zur Unterscheidung von semantischen und enzyklopädischen Daten in Fachwörterbüchern. In: Schaeder/Bergenholtz (Hrsg.) 1994, 103−132.

Wiegand 1994b = Herbert Ernst Wiegand: Kritische Lanze für Fackel-Redensartenwörterbuch. Bericht und Diskussion zu einem Workshop in der Österreichischen Akademie der Wissenschaften am 24. 2. 1994. In: Lexicographica 9. 1993 [1994], 230−271.

Wiegand 1995 = Herbert Ernst Wiegand: Lexikographische Texte in einsprachigen Lernerwörterbüchern. Kritische Überlegungen anläßlich des Erscheinens von Langenscheidts Großwörterbuch Deutsch als Fremdsprache. In: Deutsch als Fremdsprache. An den Quellen eines Faches. Festschrift für Gerhard Helbig zum 65. Geburtstag. Hrsg. v. Heidrun Popp. München 1995, 463−499.

Wiegand 1995a = Herbert Ernst Wiegand: Deutsch-Türkmenisches Wörterbuch. Einblicke in die Wörterbucharbeit an der Türkmenischen Staatlichen Magtymguly-Universität in Aschghabat. In: Lexicographica 10. 1994 [1995], 249−300.

Wiegand 1995b = Herbert Ernst Wiegand: Zur Einführung und bibliographischen Orientierung. [Vorspann zum „Thematic Part: Fachlexikographie/Lexicography for Special Purposes"]. In: Lexicographica 11. 1995, 1−14.

Wiegand 1996 = Herbert Ernst Wiegand: Das Konzept der semiintegrierten Mikrostrukturen. Ein

Beitrag zur Theorie zweisprachiger Printwörterbücher. In: Wörterbücher in der Diskussion II. Vorträge aus dem Heidelberger Lexikographischen Kolloquium. Hrsg. v. Herbert Ernst Wiegand. Tübingen 1996 (Lexicographica. Series Maior 70), 1−52.

Wiegand 1996a = Herbert Ernst Wiegand: Über die Mediostrukturen bei gedruckten Wörterbüchern. In: Symposium on Lexicography VII. Proceedings of the Seventh Symposium on Lexicography May 5−6, 1994 at the University of Copenhagen. Ed. by Arne Zettersten and Viggo Hjørnager Pedersen. Tübingen 1996 (Lexicographica. Series Maior 76), 11−43.

Wiegand 1996b = Herbert Ernst Wiegand: A Theory of lexicographic texts. An overview. In: South African Journal of Linguistics 14/4. 1996, 134−149.

Wiegand 1996c = Herbert Ernst Wiegand: Deutsch-Usbekisches Wörterbuch. Einblicke in die Wörterbucharbeit an der Staatlichen Usbekischen Weltsprachen-Universität in Taschkent. In: Lexicographica 12. 1996, 190−254.

Wiegand 1996d = Herbert Ernst Wiegand: Textual Condensation in Printed Dictionaries. A Theoretical Draft. In: Lexikos 6. 1996, 133−158.

Wiegand 1997 = Herbert Ernst Wiegand: Über die gesellschaftliche Verantwortung der wissenschaftlichen Lexikographie. In: Hermes 18. 1997, 177−202.

Wiegand 1997a = Herbert Ernst Wiegand: Printed language dictionaries and their standardization. Notes on the progress toward a general theory of lexicography. In: Historical, Indo-European, and Lexicographical Studies. A Festschrift for Ladislav Zgusta on the Occasion of the 70th Birthday ed. by Hans Heinrich Hock. Berlin. New York 1997 (Trends in Linguistics. Studies and Monographs 90), 319−380.

Wiegand 1998 = Herbert Ernst Wiegand: Wörterbuchforschung. Untersuchungen zur Wörterbuchbenutzung, zur Theorie, Geschichte, Kritik und Automatisierung der Lexikographie. 1. Teilbd. Mit 159 Abbildungen im Text. Berlin. New York 1998.

Wiegand 1998a = Herbert Ernst Wiegand: Wörterbuchforschung. Untersuchungen zur Wörterbuchbenutzung, zur Theorie, Geschichte, Kritik und Automatisierung der Lexikographie. 2. Teilbd. Teil III. Systematische Wörterbuchforschung. Typoskript. 3. Version. Heidelberg 1998.

Wiegand 1998b = Herbert Ernst Wiegand: Altes und Neues zur Makrostruktur alphabetischer Printwörterbücher. In: Wörterbücher in der Diskussion III. Vorträge aus dem Heidelberger Lexikographischen Kolloquium. Hrsg. v. Herbert Ernst Wiegand. Tübingen 1998 (Lexicographica. Series Maior 84), 348−372.

Wiegand 1998c = Herbert Ernst Wiegand: Lexikographische Textverdichtung. Entwurf zu einer vollständigen Konzeption. In: Symposium on Lexicography VIII: Proceedings of the Eighth Symposium on Lexicography May 2−4, 1996 at the University of Copenhagen. Ed. by Arne Zettersten and Vigo Hjørnager Pedersen. Tübingen 1998 (Lexicographica. Series Maior 90) [erscheint].

Wiegand 1998d = Herbert Ernst Wiegand: Historische Lexikographie. In: Sprachgeschichte. Ein Handbuch zur Geschichte der deutschen Sprache und ihrer Erforschung. 2. vollst. neu bearb. u. erw. Aufl. Hrsg. v. Werner Besch, Anne Betten, Oskar Reichmann, Stefan Sonderegger. Berlin. New York 1998 (Handbücher zur Sprach- und Kommunikationswissenschaft 2.1), 643−715.

Wiegand 1999 = Herbert Ernst Wiegand: Über Datendistributionsstrukturen in Printwörterbüchern. In: Wörterbücher in der Diskussion IV. Vorträge aus dem Heidelberger Lexikographischen Kolloquium. Hrsg. v. Herbert Ernst Wiegand. Tübingen (Lexicographica. Series Maior) [erscheint].

Wiegand 1999a = Herbert Ernst Wiegand: Über Suchbereiche, Suchzonen und ihre textuellen Strukturen in Printwörterbüchern. Ein Versuch zur Strukturierung von Wörterbuchartikeln unter Berücksichtigung der Benutzerperspektive. In: Wörterbücher in der Diskussion IV. Vorträge aus dem Heidelberger Lexikographischen Kolloquium. Hrsg. v. Herbert Ernst Wiegand. Tübingen (Lexicographica. Series Maior) [erscheint].

Wolski 1989 = Werner Wolski: Formen der Textverdichtung im allgemeinen einsprachigen Wörterbuch. In: HSK 5.1, 956−967.

Wolski 1989a = Werner Wolski: Das Lemma und die verschiedenen Lemmatypen. In: HSK 5.1, 360−371.

Wolski 1991 = Werner Wolski: Formen der Textverdichtung im zweisprachigen Wörterbuch. In: HSK 5.3, 2837−2854.

Henning Bergenholtz, Aarhus
Sven Tarp, Aarhus
Herbert Ernst Wiegand, Heidelberg

197. Illustrationen im Fachwörterbuch

1. Sprache und Bild: Zwei Informationssysteme
2. Illustrationen in lexikographischen Werken
3. Illustrationen im Fachwörterbuch
4. Zur Geschichte der Illustration von Fachwörterbüchern
5. Literatur (in Auswahl)

1. Sprache und Bild: Zwei Informationssysteme

Sprache ist ein Symbolsystem von zumeist arbiträren Zeichen, deren Gebrauch durch Konvention geregelt ist und die folglich erlernt werden muß. Die Ausdrucksseite konnte digital in kleinste Einheiten (Phoneme, phonetische und phonologische Merkmale) analysiert werden, für die Inhaltsseite der Sprache scheint dies angesichts der engen Interdependenz zwischen Bedeutung und Welt im Prinzip nicht möglich zu sein (vgl. Eco 1984). Da die Ausdrucksseite folglich unabhängig von der Inhaltsseite ist, bewirkt dies einen höheren Abstraktionsgrad und damit eine größere Stabilität des Zeichensystems. Dazu trägt auch bei, daß Wörter als Gattungsnamen in der Regel auf Klassen von Referenten verweisen, und daß erst durch den Einfluß von Kontext und Situation in einer Äußerung auf Individuen referiert werden kann.

Dagegen bietet das Bild eine analog kodierte Information über den dargestellten Realitätsausschnitt. Bilder sind also ikonische Zeichen im Sinne von Peirce (1867) (Hartshorne/Weiss 1967, 2.247 und 2.299), wozu nicht nur Photographien, Gemälde und Zeichnungen gehören, sondern auch Diagramme, Schemata, Stemmata, Musiknoten und chemische (nicht jedoch mathematische) Formeln zählen; die letztgenannte Gruppe weist einen höheren Abstraktionsgrad auf, denn das ikonische Element kann sehr reduziert sein, jedoch wird hierbei zumindest eine strukturelle Ähnlichkeit mit der Realität hergestellt. Da die einzelnen Linien etwa einer Zeichnung ein durch den Darstellungsmodus (Zentralperspektive seit der Renaissance) bedingtes Äquivalent der Realität sind, besteht ein sehr viel geringerer Abstand zwischen Ausdrucks- und Inhaltsseite, wodurch ein Bild sehr viel unmittelbarer wirkt. Auch wenn Bilder die Realität auf verschiedenen Stufen der Abstraktion darstellen (z. B. Farbfoto vs. Strichzeichnung), so liegt trotzdem immer die Abbildung eines konkreten, individuellen Realitätsausschnitts vor — bei Piktogrammen ist diese Grenze überschritten —, so daß der Betrachter mit Hilfe seines Abstraktionsvermögens vom Individuellen auf das Allgemeine schließen kann oder muß.

Ein weiterer Unterschied zwischen Sprache und Bild liegt darin, daß man mit Bildern keine Aussagen im linguistischen oder logischen Sinn machen kann. Daher können Bildern im Unterschied zu Sätzen keine Wahrheitswerte zugeordnet werden. Bilder präsentieren nur das auf ihnen Dargestellte, insofern entsprechen ihnen noch am ehesten Äußerungen mit dem Existenzverb *sein*: *Dies ist eine Bohrmaschine*. Nur aus Fotos kann man darüber hinaus auf die Existenz der abgebildeten Situation oder Sache schließen.

Während der Hörer/Leser sprachliche Äußerungen in ihrer linearen Abfolge aufnehmen muß, hat der Betrachter die Freiheit, angesichts der simultanen Präsenz des Bildes seinen Wahrnehmungsprozeß individuell ablaufen zu lassen. So kann er je nach Bedarf einem Bild unterschiedliche Informationen, auch vom Produzenten nicht beabsichtigte, entnehmen.

Mit dem bisher Gesagten korrespondiert die Offenheit oder Vieldeutigkeit (Polysemie) der Bilder, die entweder durch eine sprachliche Bezeichnung (Legende) oder durch die Berücksichtigung der spezifischen *Konstellation* (z. B. Kreuzwegbild, Verkehrszeichen, Illustration einer Textstelle eines literarischen Werkes, etc.), für die sie geschaffen wurden, gebannt werden kann.

Wie bei ihrer Kodierung und Dekodierung verhalten sich Sprache und Bild auch bezüglich ihrer informatorischen Leistung komplementär. Es können diesbezüglich nur einige Charakteristika der Bilder hervorgehoben werden: Bilder sind zwar auf die Darstellung von Konkreta beschränkt, entfalten jedoch hierbei ihre Stärke, da sie vor allem Aussehen, Farbe, Form, Größe, komplexe räumliche Konfigurationen, Anzahl und Lokalisierung der Teile in einer größeren Struktur, Hervorhebung von Teilen etc. visualisieren können — und dies auf engem Raum —, was sprachlich nicht annähernd so knapp und so genau beschrieben werden könnte. Ferner können Bilder ein Objekt gleichzeitig in verschiedenen Ansichten präsentieren (Kalverkämper 1993, 227).

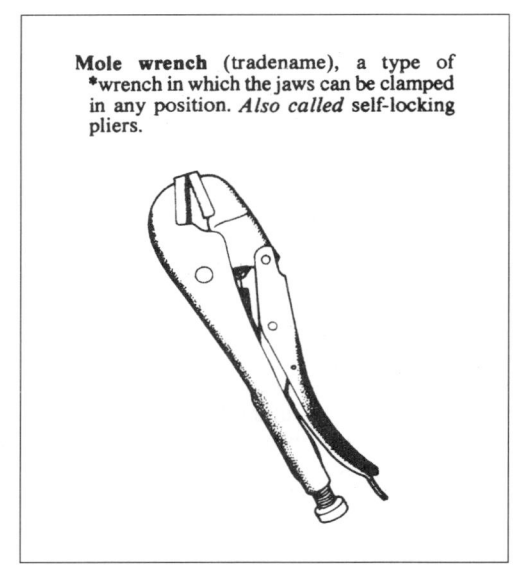

Abb. 197.1: Mole wrench (aus: An illustrated dictionary of technical terms. 1983)

Angesichts der hier kurz skizzierten Komplementarität der beiden semiotischen Systeme Sprache und visuelle Darstellung bietet es sich geradezu an, die sprachlich gegebene Information durch die bildlich gegebene zu ergänzen, um den Informationsgehalt der gesamten Nachricht zu erhöhen. Zahlreiche Untersuchungen haben gezeigt, daß die Informationsaufnahme optimiert wird, wenn Text und Bild weitgehend dieselbe Information bieten (Reid 1989, z. B. 91). Eine dichte und möglichst vollständige Information zu bringen, ist geradezu das Anliegen von lexikographischen Werken.

2. Illustrationen in lexikographischen Werken

Der Ausdruck *lexikographische Werke* soll wie in Hupka (1989a) als Oberbegriff für Enzyklopädien (= Lexika), enzyklopädische Wörterbücher — der Terminus *Allbuch* wird aus den in Hupka 1989b, 989 genannten Gründen nicht verwendet — und Sprachwörterbücher (kurz: Wörterbücher) fungieren; zu

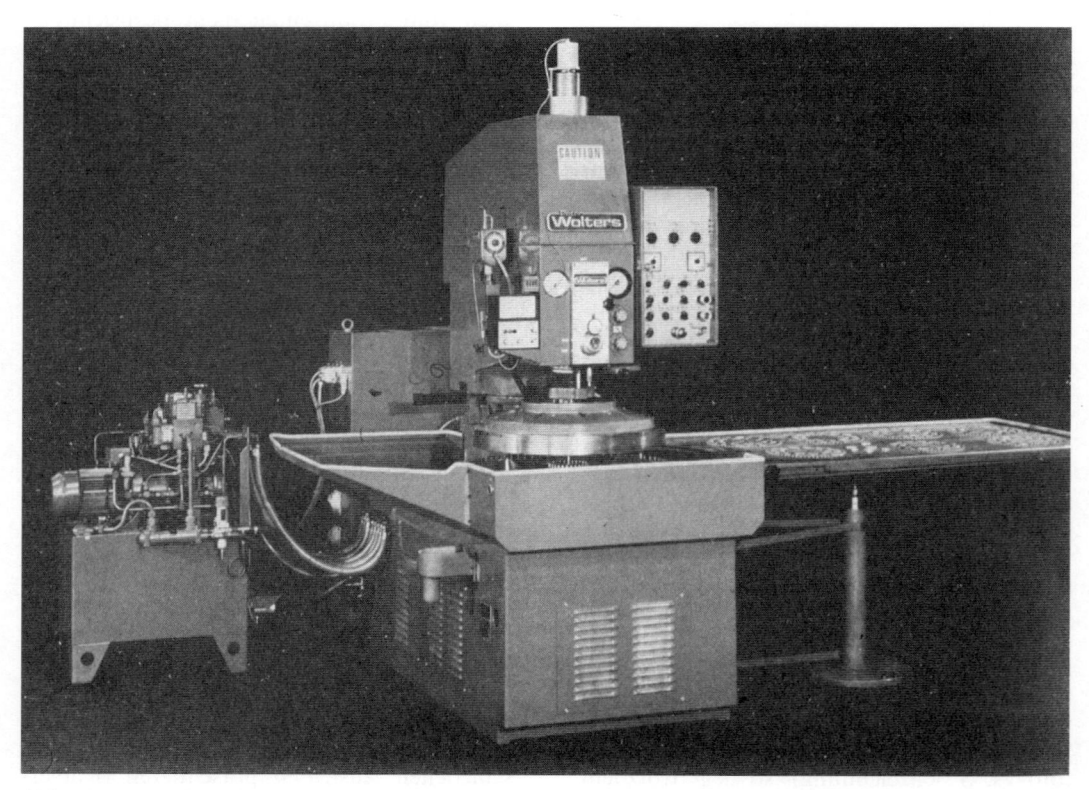

Abb. 197.2: Zweischeiben-Läppmaschine (aus: Enzyklopädie Naturwissenschaften und Technik. 1990)

ihrer Unterscheidung vgl. Hupka (1989b). Da es von diesen drei Kategorien auch fachsprachliche Werke gibt, seien die gemeinsprachlichen und fachsprachlichen Werke zunächst gemeinsam betrachtet, bevor in Abschnitt 3 auf die Besonderheiten der fachsprachlichen Illustration eingegangen wird.

2.1. Die *Funktion der Illustrationen* in lexikographischen Werken liegt weniger im schmückenden als im informatorischen Bereich. Sie dienen dazu, entweder die Definition zu ersetzen und fungieren nach Wiegand (1979, Anm. 1) als „Hinweisdefinitionen" (= ostensive Definitionen) — so in Bildwörterbüchern oder rein nomenklatorischen Werken — oder die Definition hinsichtlich der Aspekte zu ergänzen, die schlecht, das heißt weniger genau, nur umständlich oder gar nicht verbalisiert werden können. So werden die Ende von Abschnitt 1 genannten Informationen vor allem durch Illustrationen gegeben.

Von den in Werner (1982 (1983)) aufgefächerten sechs Funktionen von Illustrationen — kritisch dazu Hupka (1989a, 203 f) und Kloska (1992, 94 f) — verdient festgehalten zu werden, daß Illustrationen auch paradigmatische (z. B. Hyperonyme, Synonyme etc.) und assoziative Beziehungen veranschaulichen können, worauf auch Wellmann (1987, 212—214) hinweist. Lindstromberg (1989) betont den Nutzen von Funktionsschemata, Diagrammen etc. in Lernerwörterbüchern. Kalverkämper (1992) hat Bilder in Fachtexten dahingehend untersucht, ob sie mehr, gleich viel oder weniger Information als der begleitende Text enthalten, dabei jedoch die Legende zum Bild hinzugerechnet, so daß primär die Verteilung der Information zwischen dem Text einerseits und dem Bild mit seiner Legende andererseits in den Blick kommt.

2.2 Die *Typen von Illustrationen* könnten je nach Erkenntnisinteresse nach unendlich vielen Aspekten bestimmt werden, da Bilder anders als Sprache nicht digital kodiert sind. Dadurch daß Bilder in lexikographischen Werken eine primär informatorische Funktion im Hinblick auf das Lemma, d. h. seine Bedeutung und den damit denotierten Realitätsausschnitt, sowie gegebenenfalls den dazugehörigen Artikel haben, muß eine Typologie der Illustrationen in lexikographischen Werken diesem Faktum Rechnung tragen: Es hat sich erwiesen, daß der Typ von Illustration aufs engste mit der Bedeutung des illustrierten Lemmas zusammenhängt. Die in Hupka (1989a und 1989c) vorgeschlagene Ty-

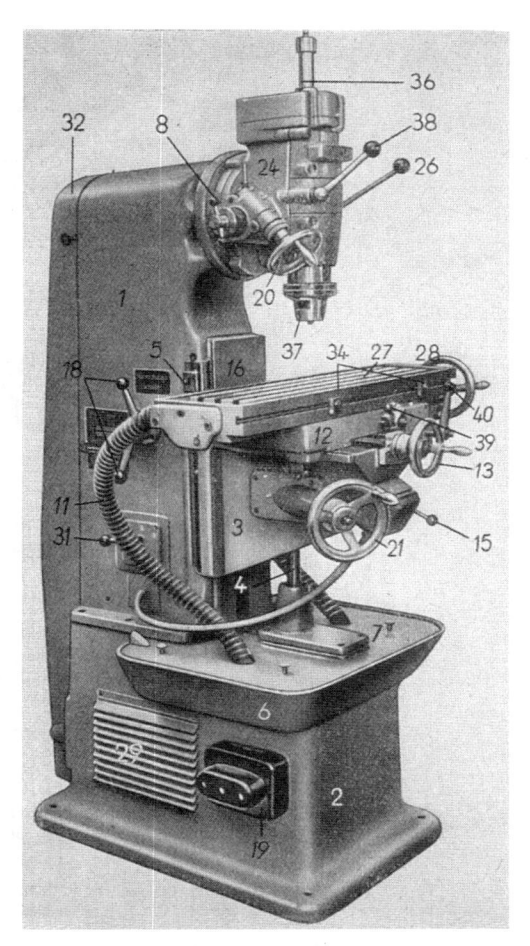

Abb. 197.3: Vertical Milling Machine
(aus: Schopper 1955)

pologie wurde bisher offensichtlich nicht durch eine andere ersetzt, sie wurde von Kloska (1992) auf Bildwörterbücher und illustrierte Fachwörterbücher angewandt und leicht modifiziert. Demnach lassen sich folgende Typen von Illustrationen unterscheiden, die mit Beispielen aus Fachwörterbüchern veranschaulicht werden sollen:

2.2.1. *Unikale Illustrationen* stellen ausschließlich den mit dem Lemma bezeichneten Referenten (Gegenstand, Sachverhalt oder Vorgang) dar. So wird die Darstellung etwa eines einzelnen Werkzeugs relativ einfach aussehen (Abb. 197.1), jedoch erfordert die Veranschaulichung des Lemmas *Zweischeiben-Läppmaschine* eine umfängliche Abbildung (Abb. 197.2).

Zusätzlich können bei diesem und weiteren Illustrationstypen, vor allem den Typen 2, 3

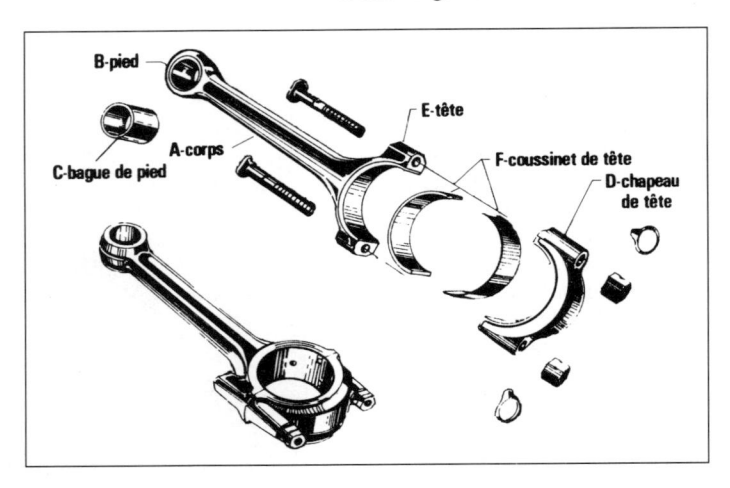

162. Bielle — *Connecting rod*
Tige métallique servant à transmettre le mouvement alternatif rectiligne du piston au vilebrequin, qui le transforme en mouvement circulaire continu.

163. Corps de bielle — *Connecting rod shank*

164. Bielle en I — *I connecting rod*
Partie principale de la bielle comprise entre la tête et le pied, parfois tubulaire, mais le plus souvent à section en I (fig. 30-A).

165. Pied de bielle — *Small end*
Extrémité de la bielle qui vient encercler l'axe de piston (fig. 30-B).

166. Bague de pied de bielle; douille de pied de bielle — *Small end bushing*
Garniture métallique logée dans le pied de bielle et dans laquelle s'insère l'axe de piston (fig. 30-C).

167. Tête de bielle — *Big end*
Extrémité de la bielle articulée sur le maneton du vilebrequin (fig. 30-E).

168. Chapeau de tête de bielle — *Rod cap*
Pièce amovible maintenant la bielle sur le maneton (fig. 30-D).

Abb. 197.4: Bielle (aus: Vocabulaire de l'automobile français–anglais. 1977)

---

und 9, durch *Verweisungen* (Pfeile, Ziffern, Buchstaben, graphische Hervorhebung), die in der Bildunterschrift (*Legende*) oder im Text des Wörterbuchartikels erklärt werden, einzelne Teile benannt werden. Die ganze Illustration 197.3 ist auf das Lemma *Vertical Milling Machine* bezogen unikal, die Darstellung des z. B. mit Nr. 21 bezeichneten Teils ist in bezug auf das Lemma eine strukturelle Illustration (Typ 4). Da die Illustration immer in Hinblick auf das Lemma beurteilt wird, wäre es falsch, hier mit Kloska (1992, 111) einen weiteren Typ anzusetzen, man kann jedoch von einer zusätzlichen „detaillierenden" Funktion von Illustrationen sprechen. Statt durch Verweisungen kann durch eine danebenstehende Explosionszeichnung dieser detaillierende Effekt erzielt werden, vgl. Abb. 197.4.

2.2.2. *Aufzählende Illustrationen* zeigen verschiedene Typen des mit dem Lemma bezeichneten Referenten. Sie werden eingesetzt, wenn das Erscheinungsbild etwa auf Grund der technischen Entwicklung variiert, wenn es den typischen Vertreter nicht gibt, oder wenn Oberbegriffe, Klassenbezeichnungen oder Kollektiva gezeigt werden; so zeigt Abb. 197.5 den Oberbegriff *Absperrorgane*, Abb. 197.6 das Kollektivum *Zimmermannswerkzeug*. In Abb. 197.7 sollen die verschiedenen Typen (*Types of Bolts and Screws*) vorgeführt werden. Die verschiedenen Bedeutungen polysemer Lexeme (z. B. *Welle* oder französisch *moniteur*) brauchen in Fachwörterbüchern

197. Illustrationen im Fachwörterbuch

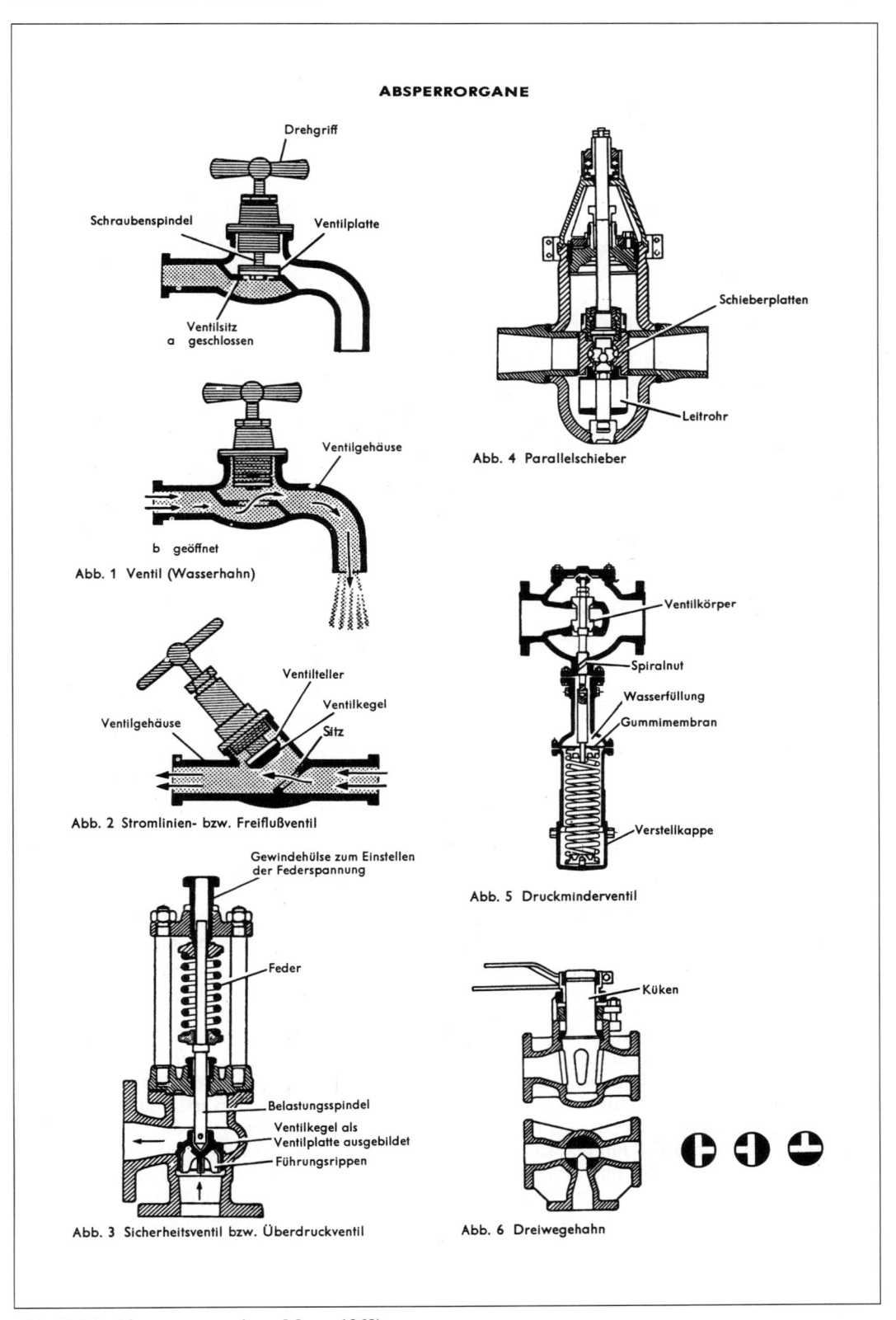

Abb. 197.5: Absperrorgane (aus: Meyer 1969)

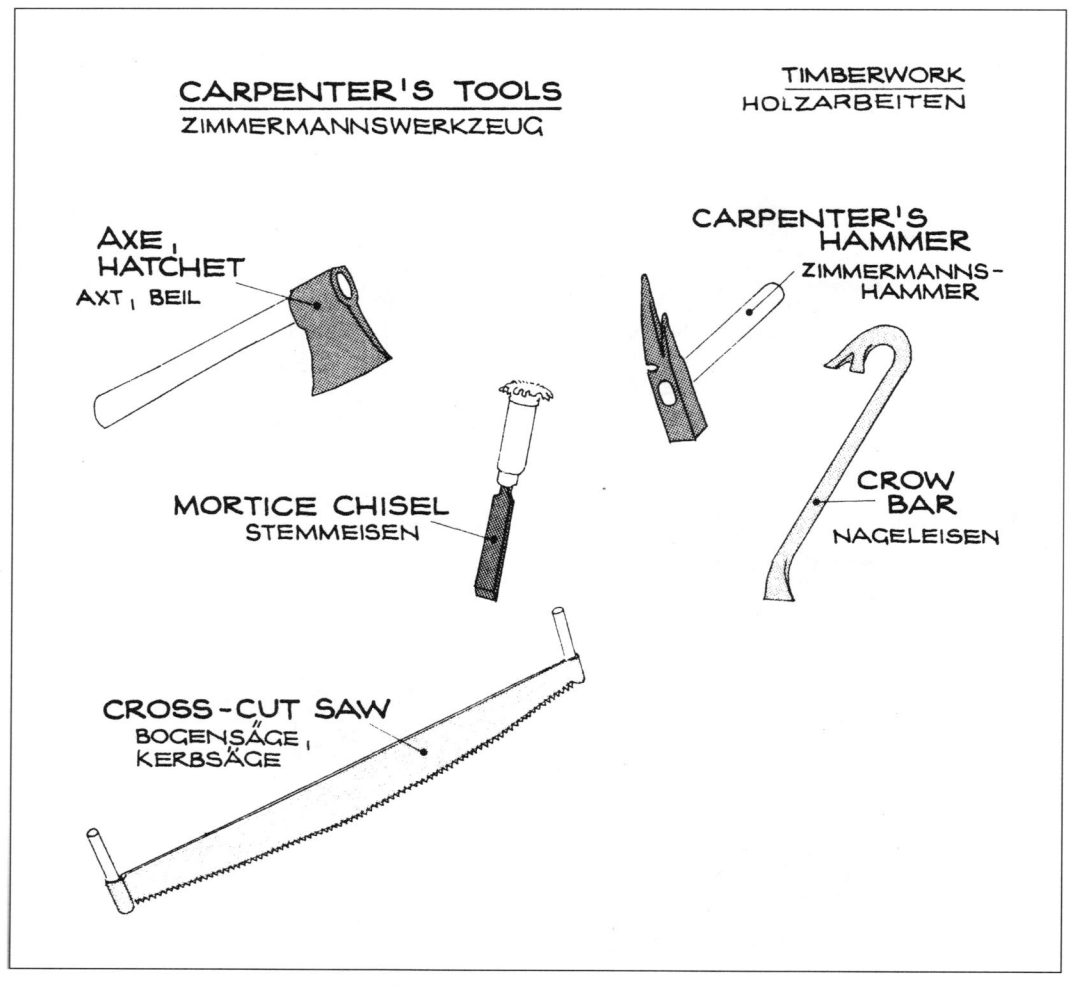

Abb. 197.6: Zimmermannswerkzeug (aus: Killer 1977)

wegen des Bezugs auf nur ein Fachgebiet und der angestrebten Eineindeutigkeit von Fachsprachen nicht dargestellt zu werden.

2.2.3. In *sequentiellen Illustrationen* überwindet das Bild seine ihm anhaftende Beschränkung auf die Darstellung des Zustandes und versucht dadurch, daß es den Referenten in verschiedenen Phasen zeigt, oder mit Pfeilen die Wahrnehmung des Bildes steuert, den Eindruck einer Bewegung hervorzurufen; vgl. Abb. 197.8 mit den Entwicklungsstadien bei Kartoffeln und Abb. 197.9, in der die Pfeile die Richtung der Bewegung bei der Übung am Reck noch verdeutlichen.

2.2.4. Die *strukturelle Illustration* ist angebracht, wenn der Referent sinnvollerweise nur mit seinen angrenzenden Teilen dargestellt wird, da er wesentlicher Teil einer Struktur, z. B. einer Konstruktion ist wie in Abb. 197.10. Dieser Abbildungstyp ist in Fachwörterbüchern vergleichsweise selten — er wird durch die detaillierende Funktion in unikalen Abbildungen ersetzt.

2.2.5. *Funktionale Illustrationen* zeigen den inneren Aufbau oder die Prinzipien des Funktionierens vor allem von technischen Geräten, zu deren Verständnis gerade in einem Fachwörterbuch die Kenntnis des äußeren Aussehens nicht genügt; vgl. Abb. 197.11 mit einer Glühlampe. Zur Verdeutlichung werden in Fachwörterbüchern häufig Explosionszeichnungen wie in Abb. 197.12 mit einer Scheibenbremse verwendet.

2.2.6. *Terminologische Illustration* soll einem Vorschlag Kloskas (1992, 109) folgend den bisher gebrauchten Terminus *nomenkla-*

197. Illustrationen im Fachwörterbuch

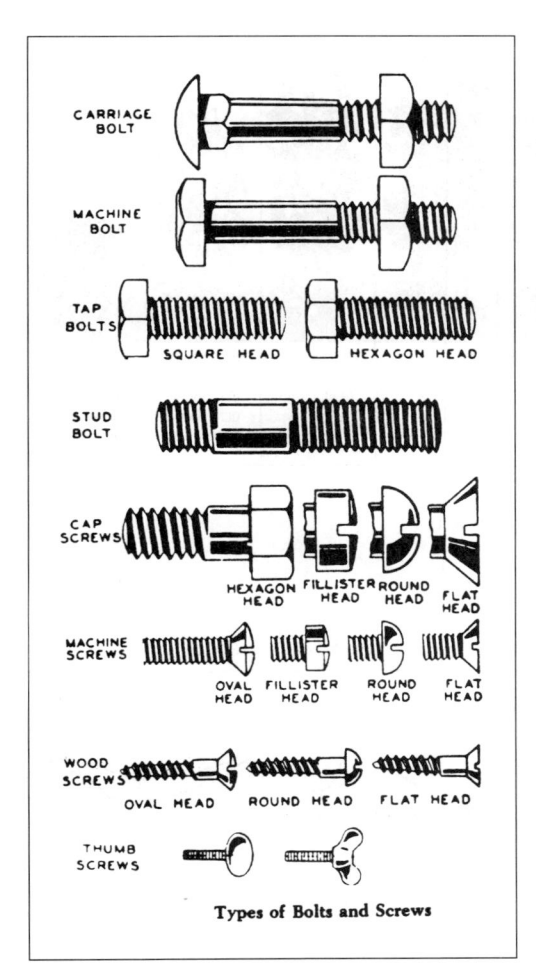

Abb. 197.7: Types of Bolts and Screws
(aus: Meyers 1992)

terbuch, da szenische Illustrationen in Fachwörterbüchern ungebräuchlich sind.

2.2.8. *Funktionsschemata* weisen einen höheren Abstraktionsgrad auf — bei den Typen 1—7 wurde dagegen ein hoher Grad an Ikonizität vorausgesetzt —, so daß ihre Ikonizität so weit reduziert sein kann, daß sie nur noch Strukturäquivalente zu Abläufen von Prozessen in der Realität bieten. Zusammen mit Typ 1 stellen sie die häufigsten Illustrationstypen in Fachwörterbüchern dar. In den Abb. 197.15 mit dem Block-Diagramm einer Digitaluhr und 197.16 mit dem Herstellungsprozeß von Hartporzellan bewirken die Pfeile einen sequentiellen Charakter der Illustration, in Abb. 197.17 entsteht er durch die Abfolge von vier schematischen Abbildungen, die das Arbeitsprinzip des Kreiskolbenmotors zeigen. Funktionsschemata bilden nicht Struktur und Aufbau eines einzelnen Objekts ab — dies tut Typ 5.

2.2.9. Die bisherige *enzyklopädische Illustration* soll einem Vorschlag Kloskas (1992, 110) folgend *exemplarische Illustration* heißen, da hier „das lemmatisierte Objekt [...] nur indirekt bzw. exemplarisch [...] dargestellt werden" kann (Kloska 1992, 110). Es handelt sich wohl immer um Abstrakta, von denen ein willkürlich gewählter, aber konkreter, sichtbarer Teilaspekt in Form eines ‚Beispiels für X' präsentiert wird. Exemplarische Illustrationen werden immer in einem der acht genannten Bildtypen realisiert, vgl. Abb. 197.18, in der das Abstraktum *Architecture* durch eine aufzählende Illustration veranschaulicht wird.

Andere Versuche, Illustrationen mit oder ohne Bezug auf die Lexikographie zu klassifizieren, werden in Hupka (1989a, 196—206) und (1989c, 713f) sowie in Kloska (1992, 104—119) referiert. Seitdem hat Kalverkämper (1993, 224f) ohne Bezug auf die vorausgehende Forschung zur Klassifizierung von Bildern die Termini *punktuell* (= hier Typ 1) und *systematisch* (= Typ 4), sowie *statisch* und *dynamisch* (= Typ 3) benutzt. Stein (1991) und Svensén (1993) wurden erst nach Abschluß des Manuskripts bekannt.

2.3. Die *technischen Aspekte* der Illustration spielen für ihre Klassifizierung eine untergeordnete Rolle, denn derselbe Referent kann im Prinzip in einer unendlichen Vielfalt von Varianten dargestellt werden: als Foto, als schattierte Zeichnung, als Strichzeichnung, als Umrißzeichnung, jeweils in schwarzweiß, zwei- oder mehrfarbig in variierendem Format und in verschiedenen Druckverfahren.

torische Illustration ersetzen. In ihnen wird die Bebilderung des Lemmas zum Anlaß genommen, Fachwortschatz, Termini und Nomenklaturen bestimmter Bereiche vorzuführen, wobei Dinge oft in anderer Anordnung als in der Realität im Bild erscheinen; vgl. Abb. 197.13. Die Abbildung ist nicht ohne Zufall einem didaktisch orientierten Werk entnommen — dieser Typ kommt in Fachwörterbüchern praktisch nicht vor.

2.2.7. *Szenische Illustrationen* zeigen im Unterschied zur vorgenannten Klasse einen realitätsnahen Ausschnitt des Alltagslebens wie zum Beispiel den Blick auf einen Bahnhof oder in eine Werkstatt, um dabei das in den Blick kommende Vokabular, das nicht nur terminologischer Art zu sein braucht, zu erfassen; vgl. Abb. 197.14 aus einem Bildwör-

Abb. 197.8: Entwicklungsstadien bei Kartoffeln (aus: Alsing 1993)

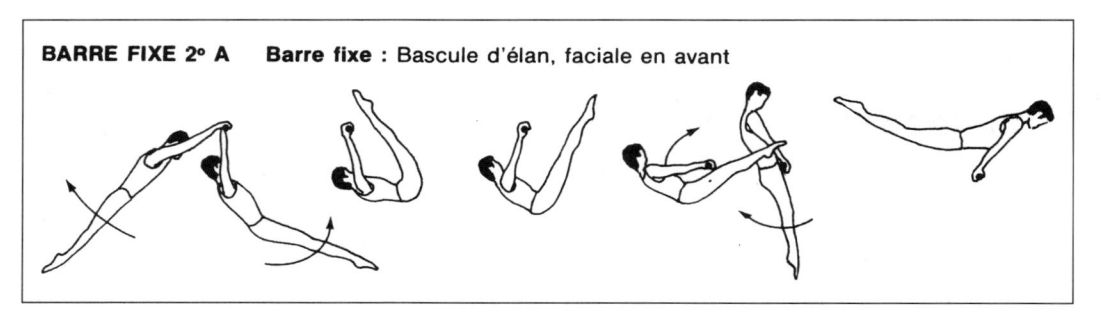

Abb. 197.9: Barre fixe (aus: Petiot 1982)

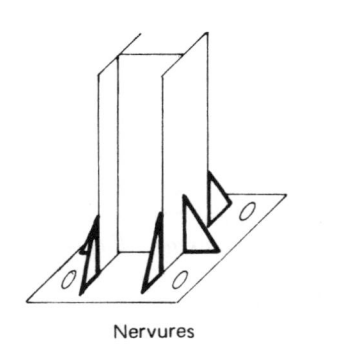

Abb. 197.10: Nervures (aus: Forestier 1977)

197. Illustrationen im Fachwörterbuch

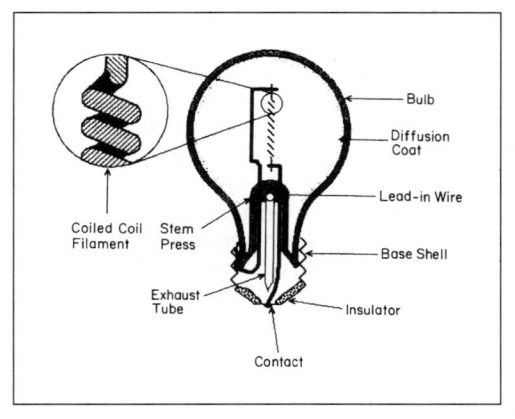

Abb. 197.11: Incandescent lamp (aus: Meyers 1987)

Durch die seit einigen Jahren mögliche Bearbeitung von Fotos am Computer kann die Opposition zwischen Foto und Zeichnung aufgehoben werden. Zudem kann die Detailliertheit und die Komplexität jeder Art von Illustration variieren. Sehr selten sind Transparentdrucke von mehreren Blättern aus Zellophanpapier übereinander − sie erinnern an aufklappbare Bilder etwa zur Anatomie des Menschen in älteren Enzyklopädien und Handbüchern −, durch die das Bild dreidimensional wirken soll.

Unter semiotischen, kognitionspsychologischen und lernpsychologischen Aspekten erweist sich die schwarzweiße Strichzeichnung als bester Informationsträger: Zeichnungen lassen die differenzierenden Charakteristika eines Objekts am deutlichsten hervortreten, durch ihre bewußte Gestaltung durch die Hand des Künstlers kann ihre Detailliertheit

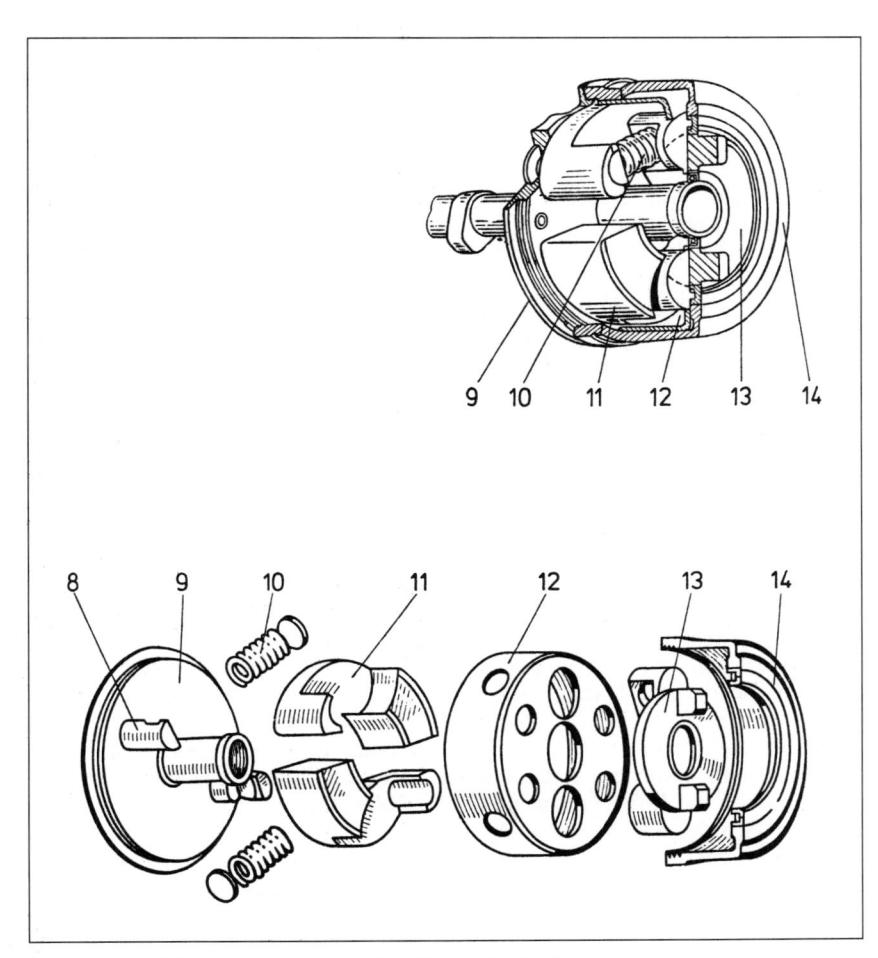

Abb. 197.12: Scheibenbremse (aus: Blok/Jezewski 1978)

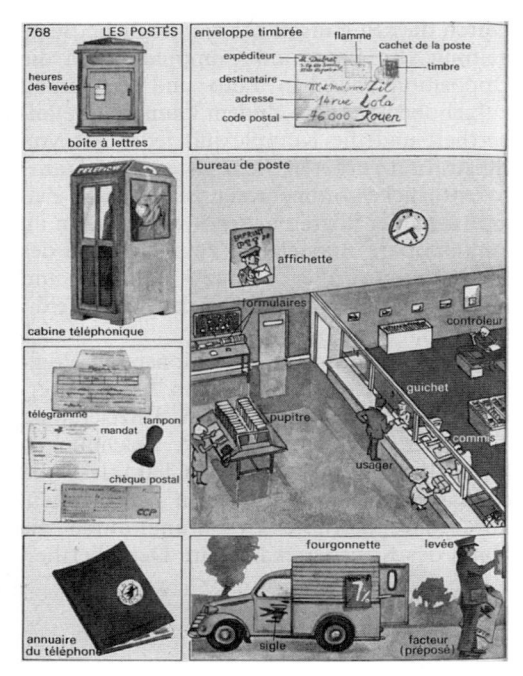

Abb. 197.13: Les Postes (aus: Lagane 1977)

exakt gesteuert werden. Während ein Foto nur einen individuellen Gegenstand wiedergeben kann, erlaubt die Zeichnung eine weitergehende Abstraktion in Richtung auf die typischen Merkmale des Objekts. Ferner bietet die Zeichnung den wahrnehmungspsychologisch wichtigen Vorteil, daß sie die Gegenstände durch Umrißlinien umgrenzt, denn nach Arnheim (1974, 206) werden die meisten Dinge nur dadurch identifiziert, daß man ihre Gestalt, d. h. ihre äußere Umgrenzung erkennt. Da in einer Zeichnung jede Linie motiviert ist, erfolgt so eine größere Verdichtung der Information als es bei Fotos möglich wäre. Zudem erlauben Zeichnungen den Blick in den inneren Aufbau eines Objekts (Typ 5) und müssen für Funktionsschemata (Typ 8) eingesetzt werden. Sie sind in Fachwörterbüchern das bevorzugte Darstellungsmittel.

Da die Welt als mehrfarbig wahrgenommen wird, könnte man erwarten, daß eine mehrfarbige Zeichnung die Informationsaufnahme optimieren würde. Doch zahlreiche Tests zum Verstehen, Memorieren und Wiedererkennen von Bildern haben für mehrfarbige Fotos und Zeichnungen keine besseren Ergebnisse erbracht als für schwarzweiße (Fleming/Sheikhian 1972; Espe 1984); zudem gibt es gar nicht so viele Gegenstandsbereiche, in denen die Farbe zum konstitutiven Wesensmerkmal gehört, wie bei den Farbbezeichnungen selbst, verschiedenen Mineralen und Metallen; bei Früchten, Pflanzen und Tieren erleichtert die Farbe dem Betrachter die Identifizierung des Objekts. Ferner weiß der Betrachter bei einer farbigen Abbildung oft nicht, ob die Farbe gegenstandskonstitutiv oder nur zufälliges Attribut ist. Allerdings kann eine unterschiedliche Farbgebung zur Verdeutlichung von komplexeren Illustrationen beitragen, wenn dadurch wichtige Zusammenhänge hervorgehoben werden. Angesichts der höheren Kosten für den Farbdruck besteht folglich keine Notwendigkeit für mehrfarbige Fachwörterbücher. (Ausführlicher zu diesem Kapitel vgl. Hupka 1989a, 206—216.)

3. Illustrationen im Fachwörterbuch

3.1. Was versteht man unter *Fachwörterbuch*?

Unter *Fachwörterbuch* im weiteren Sinne kann man *lexikographische Werke* (vgl. Abschnitt 2) für ein mehr oder weniger weit gefaßtes Fachgebiet verstehen: vom *Vocabulaire de l'automobile* bis zum *Lexikon der gesamten Technik* (Lueger 1894). Somit umfaßt dieser Begriff sowohl zumeist zwei- oder mehrsprachige fachliche Sprachwörterbücher — so auch Schaeder (1994a, 73; vgl. Art. 193) — als auch ausschließlich Sachinformation zu einem Fachgebiet vermittelnde Lexika (= Enzyklopädien). Nur wenige dieser Lexika machen zumindest elementare grammatische Angaben, am ehesten zum Genus der Substantive (z. B. Schopper 1955), und trennen darüber hinaus zwischen Bedeutungsangaben und weiterführender Sachinformation (z. B. Forestier 1977), so daß sie damit dem Typ des *enzyklopädischen Fachwörterbuchs* nahekommen bzw. ihn repräsentieren.

Die in der Sprachwissenschaft umstrittene Frage nach der Möglichkeit der Abgrenzung von Bedeutung und Sachinformation — vgl. zuletzt Wiegand (1994) — spielt in der Praxis der Erstellung von Fachwörterbüchern keine Rolle. Darauf deutet auch hin, daß dasselbe Werk als Fachenzyklopädie (Clément 1981) und später gekürzt als Wörterbuch (*Dict. agr. 1984*) erscheinen kann.

Der tiefere Grund liegt jedoch im Charakter von Fachsprache, die als System von „grundsätzlich beliebig(en)" Benennungen

1 l'atelier *m* de vitrier *m*
- *glazier's workshop*
2 les modèles *m* de moulures *f* (de baguettes *f*) pour encadrement *m*
- *frame wood samples (frame samples)*
3 la moulure (la baguette, le listel)
- *frame wood*
4 l'onglet *m*
- *mitre joint (mitre,* Am. *miter joint, miter)*
5 le verre plat; *var.:* le verre à vitres *f*, le verre dépoli, le verre mousseline *f*, le verre à glace *f*, la glace (le verre épais), le verre opaque, le verre type *m* triplex (le verre de sécurité *f* feuilleté), le verre armé (le verre de sécurité *f*, le verre *sécurit*)
- *sheet glass;* kinds: *window glass, frosted glass, patterned glass, crystal plate glass, thick glass, milk glass, laminated glass (safety glass, shatterproof glass)*
6 le verre coulé; *var.:* le verre cathédrale, le verre de décoration *f*, le verre brut (le verre non poli), le verre en cul *m* de bouteille *f*, le verre armé, le verre strié
- *cast glass;* kinds: *stained glass, ornamental glass, raw glass, bull's-eye glass, wired glass, line glass (lined glass)*
7 l'estampeuse *f* d'onglets *m*
- *mitring (*Am. *mitering) machine*
8 le vitrier; *catégories f:* le vitrier de bâtiment *m*, l'encadreur *m*, le maître verrier
- *glassworker (e.g. building glazier, glazier, decorative glass worker)*
9 le chevalet portatif du vitrier
- *glass holder*
10 le morceau de verre *m* (les débris *m* de verre *m*)
- *piece of broken glass*
11 le marteau à plomb *m*
- *lead hammer*
12 le couteau à plomb *m*
- *lead knife*
13 la baguette à rainure *f* pour le sertissage des vitres *f* avec du plomb
- *came (lead came)*
14 la fenêtre aux vitres *f* serties au plomb *m* (le vitrail)
- *leaded light*
15 la table de travail *m* (l'établi *m*)
- *workbench*
16 la vitre (le carreau de fenêtre *f*)
- *pane of glass*
17 le mastic à vitres *f* (le lut de vitrier *m*)
- *putty*
18 le marteau de vitrier *m* à bec *m* plat et à manche *m* mince
- *glazier's hammer*
19 la pince à gruger
- *glass pliers*
20 l'équerre *f* coupe-verre *m*
- *glazier's square*
21 la règle
- *glazier's rule*
22 le compas coupe-verre *m* (le coupe-verre circulaire)
- *glazier's beam compass*
23 l'attache *f*
- *eyelet*
24 le morceau de verre *m*
- *glazing sprig*
25-26 les coupe-verre *m*
- *glass cutters*
25 le diamant de vitrier *m* (la pointe de diamamt *m*), un coupe-verre à diamant *m*
- *diamond glass cutter*
26 le coupe-verre à molettes *f* en acier *m*
- *steel-wheel (steel) glass cutter*
27 le couteau à mastiquer
- *putty knife*
28 la tige de pointes *f* détachables
- *pin wire*
29 la pointe
- *panel pin*
30 la scie à onglet *m*
- *mitre (*Am. *miter) block (mitre box) [with saw]*
31 la boîte à recaler (la presse à onglet *m*)
- *mitre (*Am. *miter) shoot (mitre board)*

Abb. 197.14: Vitrerie/Glazier (aus: Oxford-Duden Bildwörterbuch. Französisch und Englisch 1983)

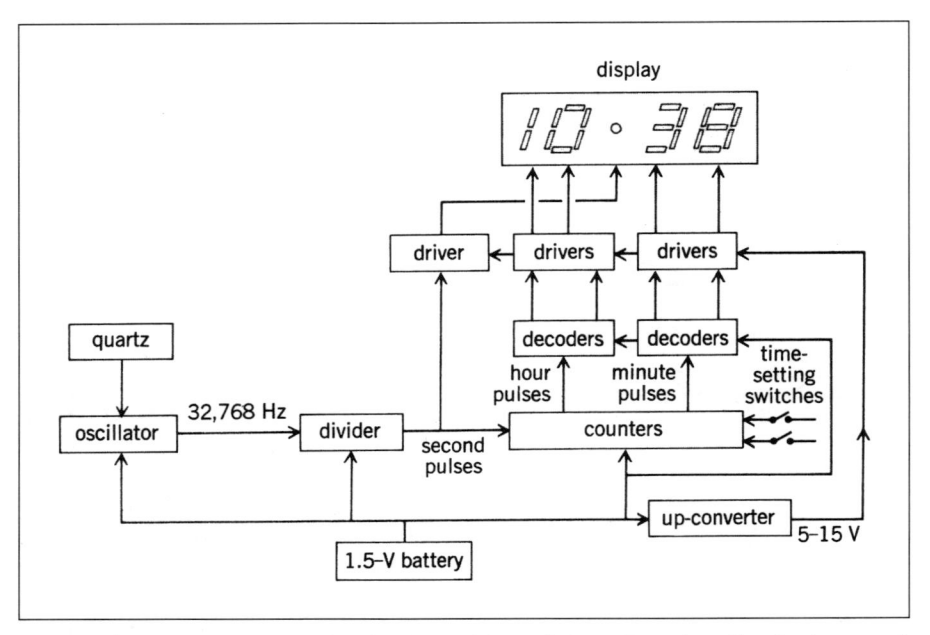

Abb. 197.15: Block diagram of a liquid crystal watch (aus: Encyclopedia of science and technology 1987)

für „ein System von Begriffen" verstanden wird (Fluck 1980/1985, 115 und 118). Die Begriffe ihrerseits werden als Denkeinheiten verstanden, in denen „Eigenschaften und Zusammenhänge von Gegenständen erfaßt sind" (DIN 2330, zit. aus Fluck 1980/1985, 115), ihr Inhalt und Umfang ist also primär durch die Klassifizierung der Realität bestimmt. Daher bilden Begriffe auch die von Wüster (1979) beschriebenen Begriffssysteme (vgl. Felber/Budin 1989), in denen sie mittels Ober- und Unterbegriffen, in Ketten und Reihen etc. in systematischem Zusammenhang mit den anderen Begriffen stehen. Aus diesem Verständnis der Relation von Realität, Begriff und Benennung — letztere ist nur Etikett für die durch die Realität bestimmten Begriffe — erklärt sich, daß in Fachwörterbüchern der Erfassung der Realität höchste Aufmerksamkeit gewidmet wird, und die sprachlichen Aspekte nur eine geringe Rolle spielen. Daher haben Illustrationen ihre eigentliche Domäne in (Fach)lexika und wurden auch hier zuerst eingesetzt (vgl. Abschnitt 4). Die Festlegung der Begriffe erfolgt durch internationale und nationale Normierungsorganisationen wie das *Deutsche Institut für Normung e. V.* (vgl. Krieg/Heller/Hunecke 1983), wodurch fachsprachliche Begriffe einen hohen Grad an Präzision erhalten, was sie graduell — nicht prinzipiell — von den Bedeutungen gemeinsprachlicher Wörter unterscheidet.

3.2. Anforderung an Illustrationen im Fachwörterbuch

Angesichts der immensen Fülle von Fachwörterbüchern können nur einige Tendenzen angegeben werden, welche Typen von Fachwörterbüchern illustriert werden — eine Typologie der Fachwörterbücher liegt in Art. 193 vor — vgl. Schaeder (1994b).

Die Illustrierung hängt ab vom *Fachgebiet*: Ein Wirtschafts- oder Managementlexikon wird seltener illustriert als ein medizinisches oder technisches Lexikon. Die *Zahl der Sprachen* steht in umgekehrtem Verhältnis zur Wahrscheinlichkeit, daß ein Fachwörterbuch bebildert ist: mehrsprachige Glossare ohne jede Mikrostruktur sind praktisch nie illustriert — Ausnahmen: Deinhardt/Schlomann (1906–1932) und Blok/Jezewski (1978). *Didaktische* und *normierende* Intentionen veranlassen die Verfasser eher zu Illustrationen zu greifen: vgl. Deinhardt/Schlomann (1906–1932), Killer (1973) und *Vocabulaire de l'automobile* (1977). Der in der Sekundärliteratur oft angesprochene *Adressatenbezug* auf Fachleute, Laien etc. (vgl. z. B. Hahn 1983; Kalverkämper 1990) scheint für die Frage der

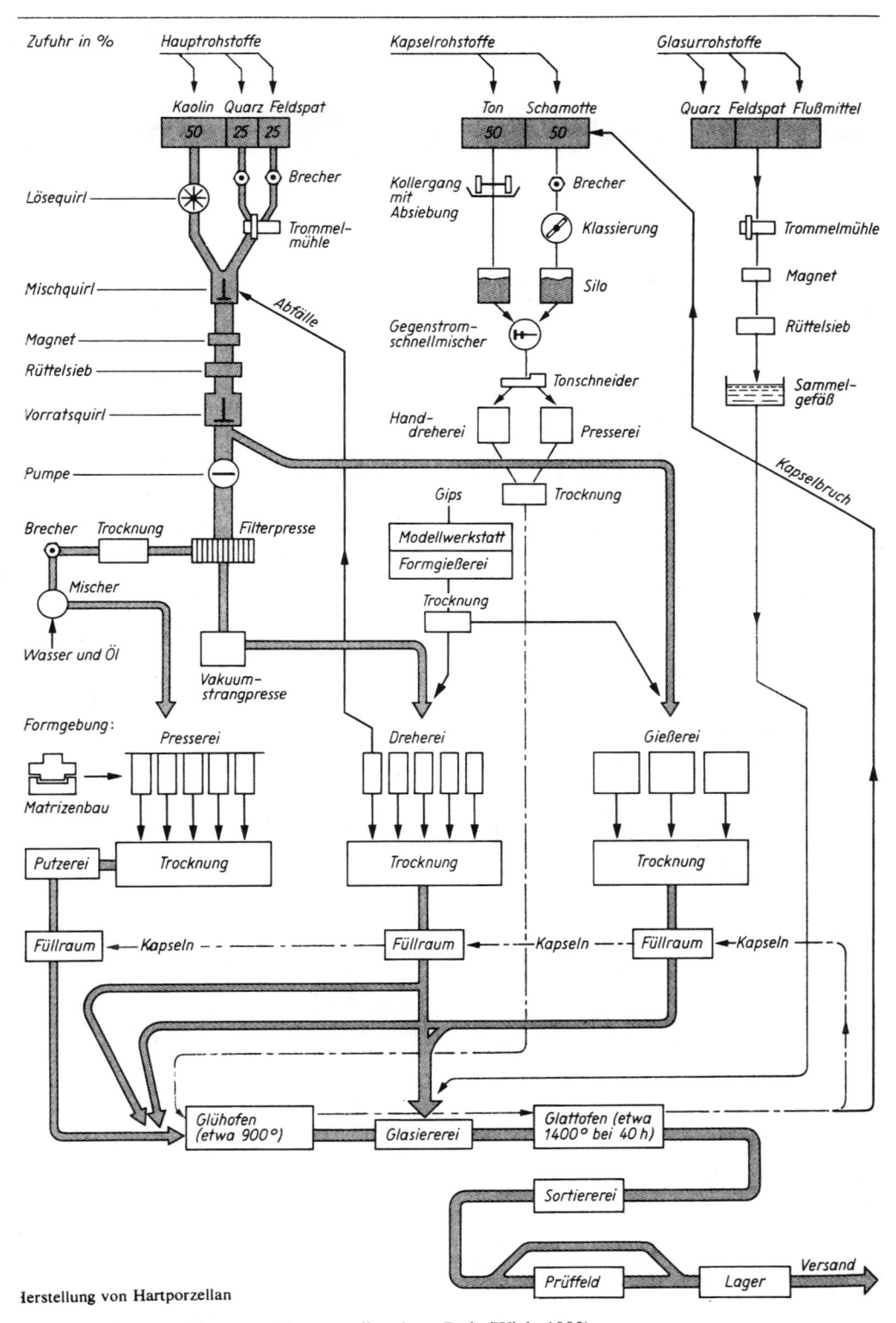

Abb. 197.16: Herstellung von Hartporzellan (aus: Rohr/Wiele 1983)

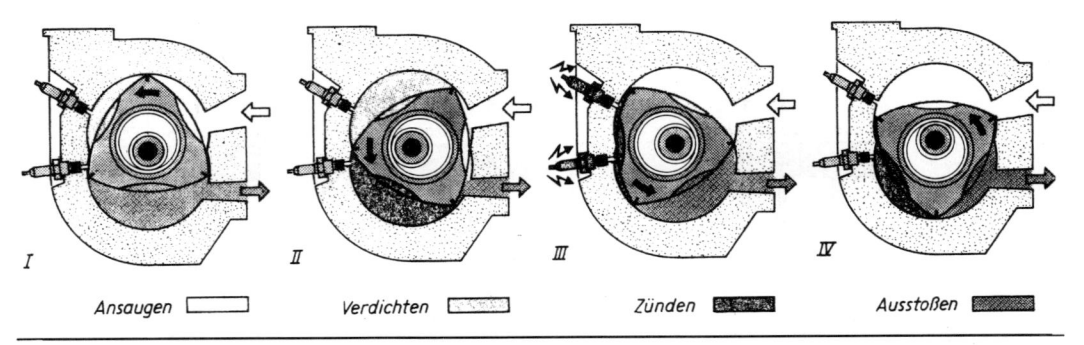

I Ansaugen   *II* Verdichten   *III* Zünden   *IV* Ausstoßen

Drehkolbenmotor: Kreiskolbenmotor *(Arbeitsprinzip)*

Abb. 197.17: Kreiskolbenmotor (aus: Rohr/Wiele 1983)

Bebilderung überraschenderweise keine Rolle zu spielen, ebensowenig wie die „Struktur des Datenangebots" (Schaeder 1994b, 44), d. h. ob die Lemmata in einer *alphabetischen* oder *onomasiologischen* Anordnung dargeboten werden. Auch der *Umfang des Datenangebots* wirkt nicht auf die Frage der Bebilderung ein.

Von Illustrationen in Fachwörterbüchern sind größtmögliche Exaktheit mit genauen Maßangaben in deutlichen graphischen Darstellungen, vorzugsweise Strichzeichnungen, zu erwarten. Wie die abgebildeten Beispiele zeigen, unterscheiden sich die Abbildungen in Fachwörterbüchern nicht von den Illustrationen in nicht-fachsprachlichen lexikographischen Werken (vgl. Hupka 1989a); vor allem fällt das Fehlen einer Einordnung der Lemmata in Begriffshierarchien begleitet von entsprechenden Ordnungszahlen (Wüster 1979/ 1991, 113 f; Felber 1984, 208—226) der ISO- oder DIN-Normen auf. Diese Angaben werden offensichtlich nur von den beiden Normierungsinstanzen selbst — vgl. Abb. 197.19 — und vergleichbaren Organisationen wie der Fachgemeinschaft Antriebstechnik (Abb. 197.20) verwendet. Ihre große Detailliertheit sowie ihr Bezug auf jeweils ein sehr enges Fachgebiet hindert offensichtlich die Verwendung dieser Ordnungsziffern in anderen Fachwörterbüchern.

4. Zur Geschichte der Illustration von Fachwörterbüchern

Angesichts der immensen Fülle von Fachgebieten und damit Fachsprachen, die zu Tausenden fachlichen lexikographischen Werken geführt haben, wäre es vermessen, die Geschichte der Illustrierung von Fachwörterbüchern zu schreiben. Daher seien nur vier wichtige Momente herausgegriffen.

Es scheint, daß mit Valturius (1472) — er ist unabhängig von Kyeser und Taccola (1449) — das erste gedruckte Fachlexikon, hier des Kriegswesens, vorliegt: Das achte Buch wird mit den Worten „*Vocabula militaris ac publici honoris prisca atque preclara*" eingeleitet, Abb. 197.21 zeigt einen Belagerungsturm (*Exostra*), dessen Funktion beschrieben wird. Das Kriegsgerät ist nach Sachgruppen, innerhalb dieser auch alphabetisch geordnet.

Das erste lexikographische Werk in englischer Sprache, das einen relativ systematischen Gebrauch von Illustrationen macht (Harris 1704), trägt mit Recht den Titel *Lexicon Technicum*, denn die Illustrationen betreffen neben der Heraldik Themen der Geometrie, Mathematik, Technik und Physik, wie der Holzschnitt eines Astrolabiums (Abb. 197.22) zeigen soll. Es dauert Jahrzehnte, bis im deutschen, französischen, italienischen und spanischen Sprachraum Illustrationen in lexikographischen Werken verwendet werden; vgl. Hupka (1989a, 80 ff).

Eine entscheidende Etappe zur Durchsetzung der Illustration als Mittel zur Vermittlung von Fachwissen stellt das Erscheinen der 88 Bände der *Descriptions des arts et métiers* von 1761—1788 und der insgesamt zwölf Tafelbände (1762—1777) mit fast 3000 Kupferstichen der französischen *Encyclopédie* von Diderot und D'Alembert dar. Die Wirkung der *Encyclopédie* war nicht nur wegen ihrer hohen Auflage, sondern auch wegen der zahlreichen Raubdrucke und Umarbeitungen ungeheuer. Die beiden Werke enthalten in bis dahin ungekannter Präzision Beschreibungen

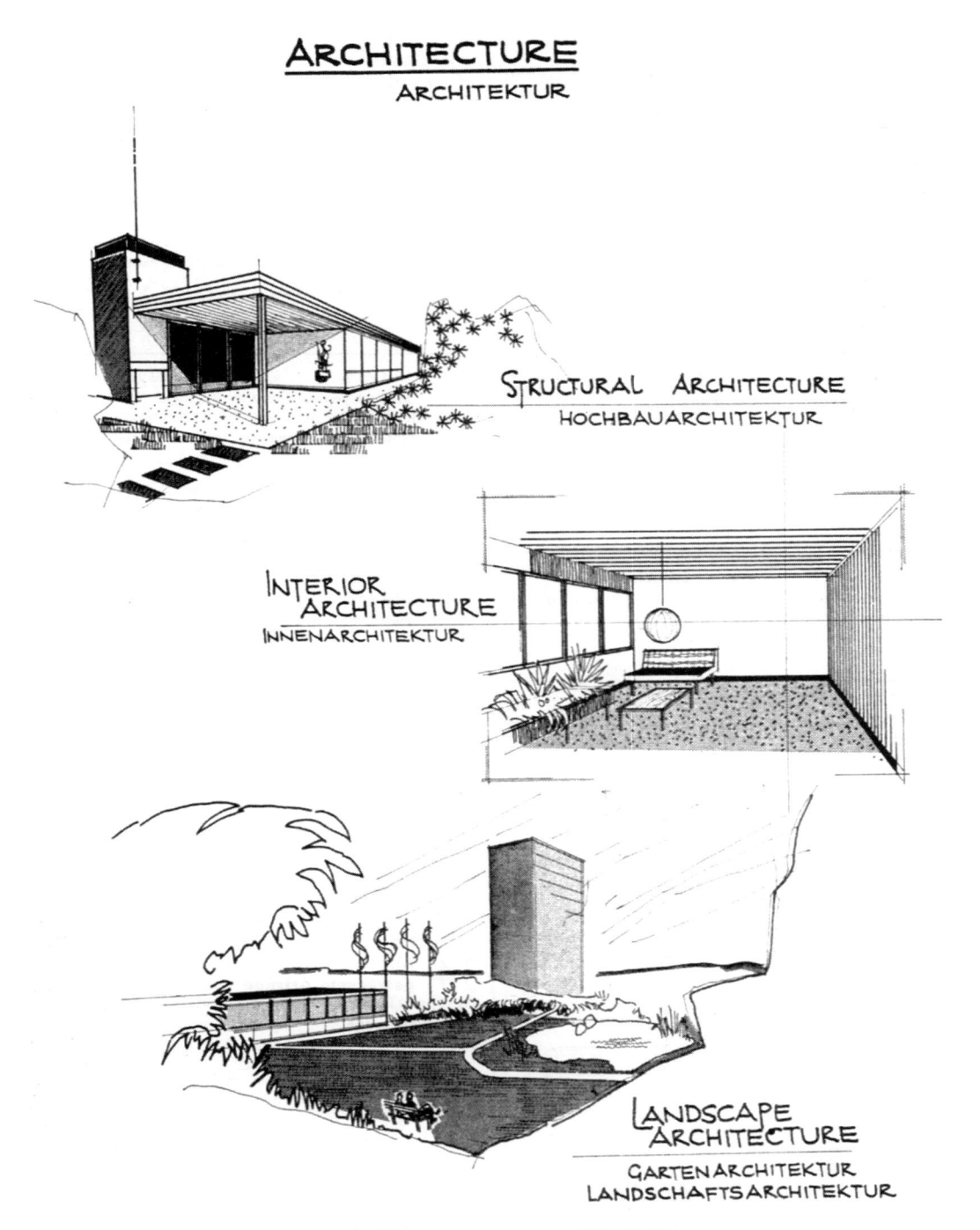

ARCHITECTURE
ARCHITEKTUR

STRUCTURAL ARCHITECTURE
HOCHBAUARCHITEKTUR

INTERIOR ARCHITECTURE
INNENARCHITEKTUR

LANDSCAPE ARCHITECTURE
GARTENARCHITEKTUR
LANDSCHAFTSARCHITEKTUR

ENVIRONMENTAL ARCHITECTURE
LANDSCHAFTSGEBUNDENE ARCHITEKTUR

Abb. 197.18: Architecture (aus: Killer 1977)

1 0. DK 621.932
Handsäge: Sägewerkzeug, das durch Handkraft betätigt wird.

2 1. DK 621.932.2/.3
Handsäge ohne Vorspannung: Handsäge (1), deren Schneidkörper (Blatt) nicht vorgespannt ist (siehe 51), sondern nur mit einem oder zwei Heften versehen ist.
Auch: > Handblattsäge

Anmerkung: Handblattsägen sind nur solche Handsägen (1) ohne Vorspannung, deren Schneidkörper blattförmig ist: die Zugkettensäge (50) gehört also nicht dazu.

3 1.1. DK 621.932.2
Heftsäge: Handsäge ohne Vorspannung (2), deren Schneidkörper (Blatt) an einem Ende von Hand geführt wird.
Auch: Handsteifsäge; Einmannblattsäge

4 1.1.1. DK 621.932.23
Heftsäge für Rundholz: Heftsäge (3) zum Querschneiden (Fällen oder Ablängen) von Stämmen (5) oder Ästen (8).

5 1.1.1.1. DK 621.932.23 •
Heftsäge für Stämme: Heftsäge für Rundholz (4) in Form von Stämmen, stets mit Heft (nicht Tülle).
Auch: Waldsteifsäge *(für Handgebrauch)*
Nicht: °Stoßsäge

6 1.1.1.1.1. DK 621.932.231
Trummsäge: Heftsäge für Stämme (5) mit gebauchtem, 600 bis 1200 mm langem Blatt.
Nicht: °Einmannsäge; °Fuchsschwanz; °Einhandsäge

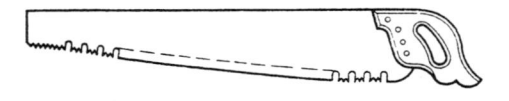

7 1.1.1.1.2. DK 621.932.23 •
Sensensäge: Heftsäge für Stämme (5) bis 300 mm Dicke, mit sensenförmigem, 600 bis 800 mm langem Blatt, auf Zug arbeitend.
Auch: Jiri-Säge *(geschützter Markenname)*
Nicht: °Durchforstungssäge

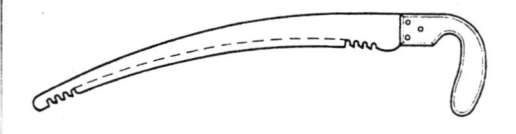

8 1.1.1.2. DK 621.932.232
Astsäge: Heftsäge für Rundholz (4) in Form von Ästen; entweder mit einem 300 bis 500 mm langen Blatt und mit einem Heft oder mit einem 400 bis 800 mm langen Blatt und mit einer Tülle.
Auch: Gärtnersteifsäge
Nicht: °Ästungssteifsäge

9 1.1.1.2.1. DK 621.932.232 •
gerade Astsäge: Astsäge (8) mit gerader Zahnlinie, auf Stoß oder auf Zug oder auf Stoß und Zug arbeitend (je nach der Zahnung).

10 1.1.1.2.1.1. DK 621.932.232 ••
Portsäge: Gerade Astsäge (9) mit schmalem trapezförmigem Blatt und mit Fuchsschwanzheft.
Auch: Gärtnerfuchsschwanz

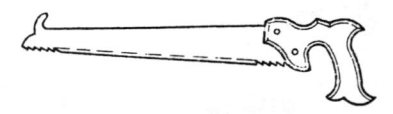

11 1.1.1.2.1.2. DK 621.932.232 ••
Stichastsäge: Gerade Astsäge (9) mit sehr schmalem Blatt und mit Haken- oder Fuchsschwanzheft.
Auch: Idunasäge *(nur wenn mit wechselständigen Zähnen)*
Nicht: °Baumstichsäge

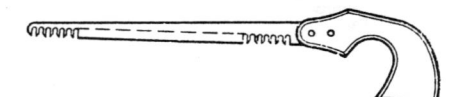

12 1.1.1.2.1.3. DK 621.932.232 ••
zweischneidige gerade Astsäge: Gerade Astsäge (9) mit beiderseits gezahntem Blatt und mit Ochsenkopfheft.
Nicht: °Zweischneidesäge; °doppelschneidige Säge; °Duplexsäge

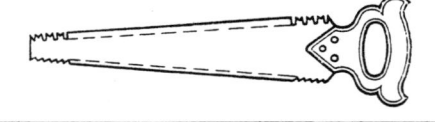

13 1.1.1.2.2. DK 621.932.232 •
gekrümmte Astsäge: Astsäge (8) mit gekrümmter Zahnlinie, stets auf Zug arbeitend.
Nicht: °gekrümmte Gärtnersäge

14 1.1.1.2.2.1. DK 621.932.232 ••
gekrümmte Astsäge mit Heft: Gekrümmte Astsäge (13), die mit einem Heft versehen ist.
Auch: Rebensäge
Nicht: °Rebsäge; °Weingartensäge

15 1.1.1.2.2.2. DK 621.932.232 ••
(gekrümmte) Stangenastsäge: Gekrümmte Astsäge (13), die mit einer Tülle versehen ist, zum Aufstecken auf eine Stange.
Auch: gekrümmte Astsäge mit Tülle
Nicht: °gekrümmte Astsäge

Abb. 197.19: Sägen (aus: Felber 1984)

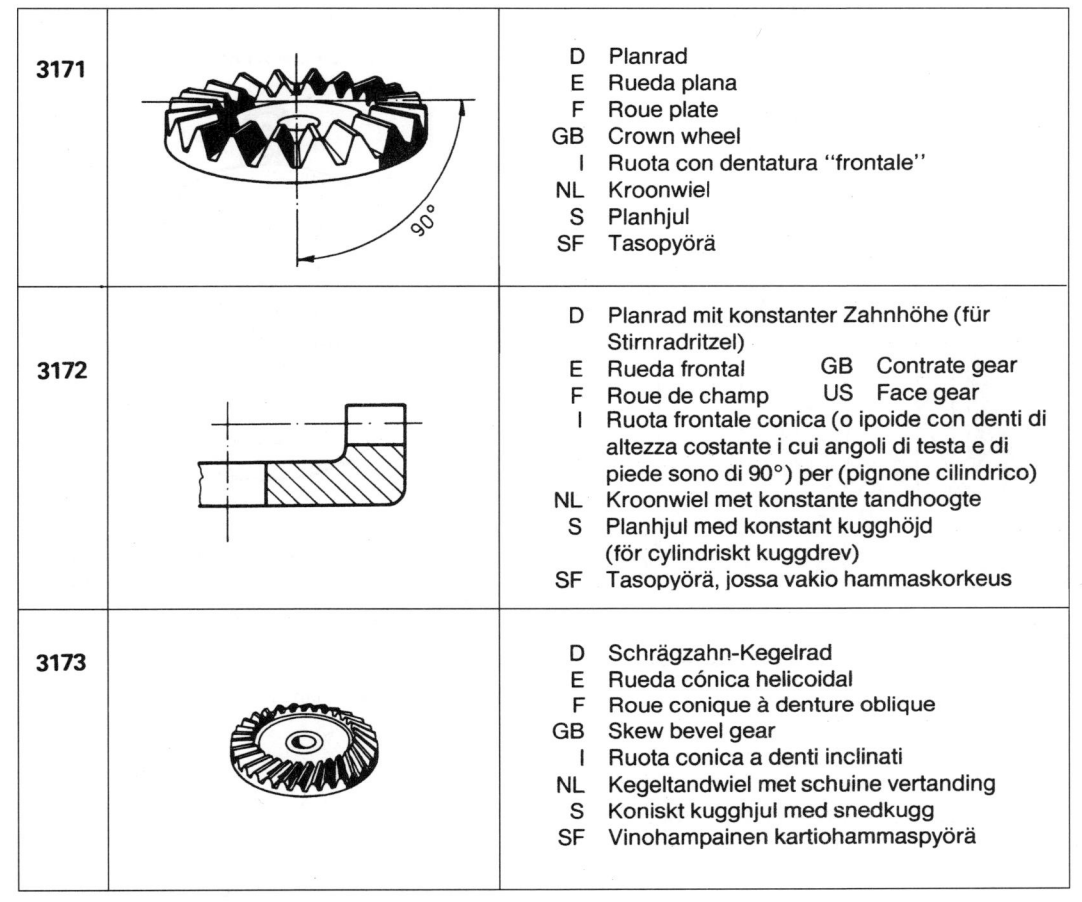

3171		D Planrad E Rueda plana F Roue plate GB Crown wheel I Ruota con dentatura "frontale" NL Kroonwiel S Planhjul SF Tasopyörä
3172		D Planrad mit konstanter Zahnhöhe (für Stirnradritzel) E Rueda frontal GB Contrate gear F Roue de champ US Face gear I Ruota frontale conica (o ipoide con denti di altezza costante i cui angoli di testa e di piede sono di 90°) per (pignone cilindrico) NL Kroonwiel met konstante tandhoogte S Planhjul med konstant kugghöjd (för cylindriskt kuggdrev) SF Tasopyörä, jossa vakio hammaskorkeus
3173		D Schrägzahn-Kegelrad E Rueda cónica helicoidal F Roue conique à denture oblique GB Skew bevel gear I Ruota conica a denti inclinati NL Kegeltandwiel met schuine vertanding S Koniskt kugghjul med snedkugg SF Vinohampainen kartiohammaspyörä

Abb. 197.20: Zahnräder (aus: Eurotrans 1983)

von Handwerken, Maschinen, Arbeitsprozessen etc., wobei das Fachvokabular bei den *Descriptions* in eigenen Glossaren zusammengestellt wird. Von den technischen Fachlexika in der Folgezeit seien nur Brisson (1781), Prechtl (1830−1855) und Rees (1820) erwähnt, wobei letzterer nur eine Auswahl der technischen Artikel seiner Enzyklopädie zusammenstellt, eine Praxis, die bis heute beibehalten wird (vgl. Meyer 1969).

Schließlich sei an das Vorbild der heutigen mehrsprachigen Fachwörterbücher erinnert, das von Wüster (1979/1991, 111) als „bahnbrechendes Wörterbuchunternehmen" bezeichnet wird, an Deinhardt/Schlomann (1906−1932), wodurch exakte Zuordnungen zwischen den Benennungen z. B. von Maschinenteilen, die auch abgebildet wurden, in sechs Sprachen möglich wurden; vgl. Abb. 197.23.

Auch im Zeitalter elektronischer Datenbanken und CD-Roms wird das Bild in der Fachlexikographie seine Rolle als Träger visueller Information nicht nur behalten, sondern wird sie noch steigern, da ein Bild auf dem Bildschirm je nach Erkenntnisinteresse auf schier unendlich viele Arten verändert, aber auch manipuliert werden kann.

5. Literatur (in Auswahl)

5.1. Wörterbücher

Alsing 1993 = Ingrid Alsing: Lexikon Landwirtschaft. 2. Aufl. München 1993.

Blok/Jezewski 1978 = Czesław Blok/Wiesław Jezewski: Illustrated automobile dictionary in six languages. Deventer 1978.

Brisson 1781 = Mathurin Jacques Brisson: Dictionnaire raisonné de physique. 2 Bde. + 1 Band Planches. Paris 1781.

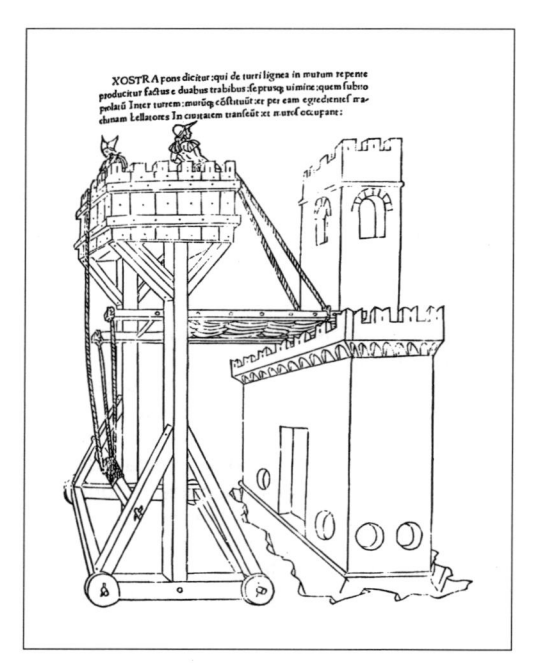

Abb. 197.21: Exostra (aus: Valturius 1472)

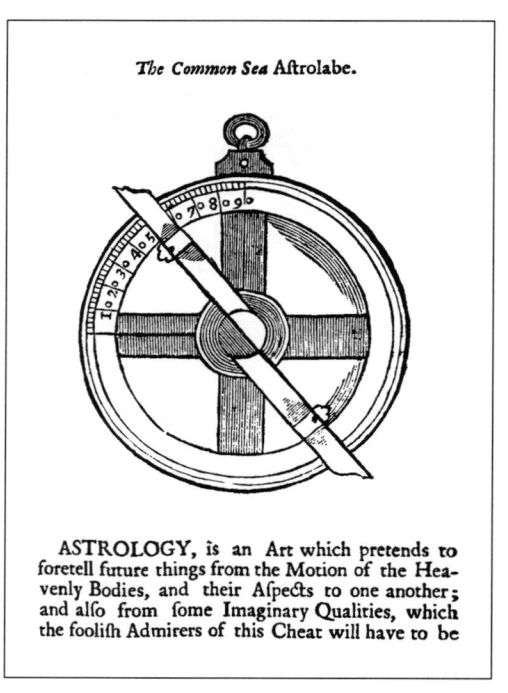

Abb. 197.22: Astrolabe (aus: Harris 1704)

Clément 1981 = Jean-Michel Clément: Larousse agricole. Paris 1981.

Deinhardt/Schlomann 1906–1932 = Karl Deinhardt/Alfred Schlomann: Illustrierte technische Wörterbücher in sechs Sprachen. 17 Bde. München. Berlin 1906–1919 (Bd. 1–13), 1919–1932 (Bd. 14–17).

Descriptions 1761–1788 = Descriptions des arts et métiers par M. M. de l'Académie royale des sciences. 88 Bde. Paris 1761–1788.

Dict. agr. 1984 = Dictionnaire de l'agriculture. Paris 1984.

Diderot/D'Alembert 1762–1777 = Denis Diderot/Jean Lerond d'Alembert: Recueil de planches, sur les sciences, les arts libéraux, et les arts méchaniques, avec leur explication. 11 Bde. Paris 1762–1777.

Enz. Nat. 1979–1981 = Enzyklopädie Naturwissenschaft und Technik. 5 Bde. Landsberg a. Lech 1979–1981.

Eurotrans 1982 = Eurotrans. Wörterbuch der Kraftübertragungselemente. 2 Bde. Berlin 1982, 1983.

Forestier 1977 = René Forestier: Lexique de construction métallique et de résistance des matériaux. Neuilly sur Seine 1977.

Harris 1704 = John Harris: Lexicon Technicum. 2 Bde. London 1704 (Bd. 1), 1710 (Bd. 2).

Ill. Dict. 1983 = An illustrated dictionary of technical terms. Bielefeld 1983.

Killer 1973 = Wilhelm K. Killer: Bautechnisches Englisch im Bild. Illustrated technical German for builders. Wiesbaden 1973. [4. Aufl. 1977].

Kyeser 1967 = Conrad Kyeser: Bellifortis (ed.): Götz Quarg. 2 Bde. Düsseldorf 1967.

Lagane 1977 = René Lagane (dir): Nouveau Larousse des débutants. Paris 1977.

Lueger 1894 = Otto Lueger: Lexikon der gesamten Technik und ihrer Hilfswissenschaften. Stuttgart 1894 (7 Bde.). 2. Aufl. 1904 (8 Bde.); 2 Ergänzungsbde. 1914 und 1918.

Lueger 1960–1972 = Alfred Ehrhardt (Hrsg.): Lueger Lexikon der Technik. 17 Bde. Stuttgart 1960–1972.

McGraw–Hill 1987 = McGraw–Hill Encyclopedia of science and technology. 20 Bde. 6. Aufl. New York 1987.

Meyer 1969 = Meyers Lexikon der Technik und der exakten Naturwissenschaften. 3 Bde. Mannheim 1969 (Bd. 1), 1970 (Bde. 2 u. 3).

Meyers 1987 = Robert A. Meyers (ed.): Encyclopedia of physical science and technology. 18 Bde. Orlando 1987.

Meyers 1992 = Robert A. Meyers (ed.): Encyclopedia of physical science and technology. 15 Bde. San Diego 1992.

Oxford-Duden 1983 = Oxford Duden Bildwörterbuch. Französisch und Englisch. Mannheim 1983.

197. Illustrationen im Fachwörterbuch

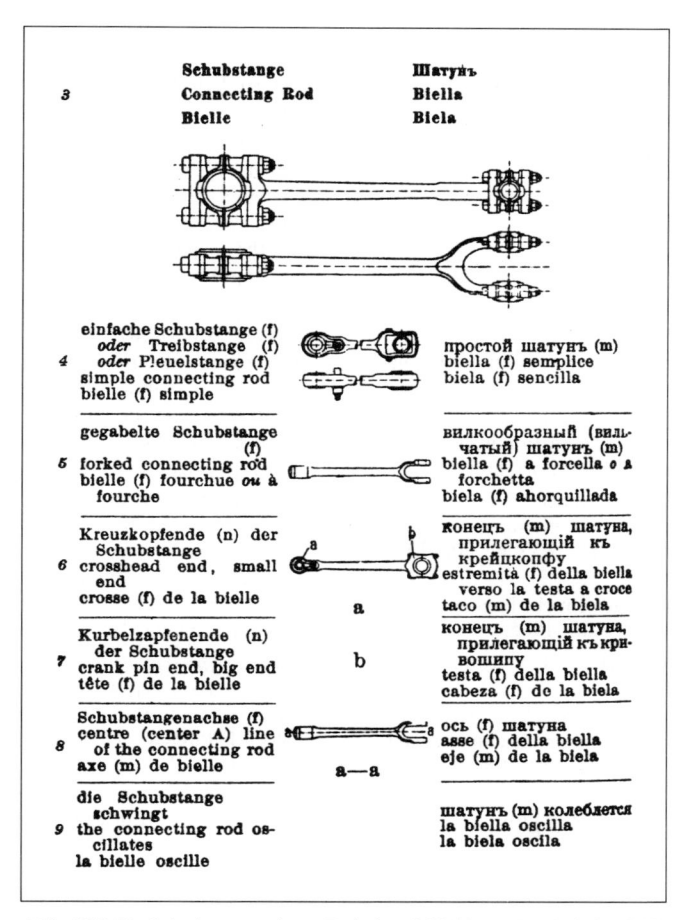

Abb. 197.23: Schubstange (aus: Deinhardt/Schlomann, Bd. 3, 1908)

Petiot 1983 = Georges Petiot: Le Robert des sports. Dictionnaire de la langue des sports. Paris 1983.

Prechtl 1830–1855 = Joseph Johann Ritter von Prechtl: Technologische Enzyklopädie, oder Alphabetisches Handbuch der Technologie, der technischen Chemie und des Maschinenwesens. 20 Bde. + 4 Bde. Kupfertafeln. Stuttgart 1830–1855.

Rees 1972 = Abraham Rees: Rees's manufacturing industry (1819–20). 5 Bde. ND Trowbridge 1972.

Rohr/Wiele 1982 = Bernd Rohr/Herbert Wiele: Fachlexikon ABC Technik. Leipzig 1982. Frankfurt 1983.

Schopper 1955 = Karl Schopper: Das Fachwort im Maschinenbau. Illustriertes technisches Wörterbuch in drei Sprachen. Englisch – Deutsch – Französisch. Stuttgart 1955.

Taccola 1449 = Mariano Taccola: De Machinis. The Engineering Treatise of 1449 ... by Gustina Scaglia. 2 Bde. Wiesbaden 1971.

Valturius 1472 = Robertus Valturius: De re militari. Verona 1472.

Voc. automobile 1977 = Vocabulaire de l'automobile français – anglais. Fascicule 1: le moteur. Québec 1977.

5.2. Sonstige Literatur

Arnheim 1974 = R. Arnheim: Virtues and vices of the visual media. In: Media and Symbols. David R. Olson (ed.) 1974, 180–210.

Candel 1994 = Danielle Candel (Hrsg.): Français scientifique et technique et dictionnaire de langue. Paris 1994.

Dressler/Schaeder 1994 = Stephan Dressler/Burkhard Schaeder (Hrsg.): Wörterbücher der Medizin. Beiträge zur Fachlexikographie. Tübingen 1994 (Lexicographica. Series Maior 55).

Dressler/Wodak 1989 = Wolfgang Dressler/Ruth Wodak (Hrsg.): Fachsprache und Kommunikation. Experten im sprachlichen Umgang mit Laien. Wien 1989.

Drozd/Seibicke 1973 = Lubomir Drozd/Wilfried Seibicke: Deutsche Fach- und Wissenschaftssprache. Wiesbaden 1973.

Eco 1984 = Umberto Eco: Semiotics and the philosophy of languagge. London 1984.

Eco 1985 = Umberto Eco: Semiotik und Philosophie der Sprache. München 1985.

Espe 1984 = Hartmut Espe: Fotografie und Realität — Empirische Untersuchung über die Eindruckswirkung von schwarz-weißen und farbigen Fotografien. In: Zeichen und Realität. Hrsg. v. Klaus Öhler. Tübingen 1984, Bd. 2, 743—751.

Felber 1984 = Helmut Felber: Terminology manual. Paris 1984.

Felber/Budin 1989 = Helmut Felber/Gerhard Budin: Terminologie in Theorie und Praxis. Tübingen 1989 (Forum für Fachsprachen-Forschung Bd. 9).

Fleming/Sheikhian 1972 = Malcolm L. Fleming/ Mehdi Sheikhian: Influence of pictorial attributes on recognition memory. In: AVCR 20, 1972, 423—443.

Fluck 1980 = Hans-Rüdiger Fluck: Fachsprachen. Tübingen 2. Aufl. 1980. 3. Aufl. 1985.

Hahn 1983 = Walter von Hahn: Fachkommunikation. Berlin 1983.

Hausmann/Reichmann/Wiegand/Zgusta 1989—1991 = Franz Josef Hausmann/Oskar Reichmann/Herbert Ernst Wiegand/Ladislav Zgusta (Hrsg.): Wörterbücher. Dictionaries. Dictionnaires. Ein internationales Handbuch zur Lexikographie. 3 Bde. Berlin. New York 1989—1991 (HSK 5.1—5.3).

Hupka 1989a = Werner Hupka: Wort und Bild. Die Illustration in Wörterbüchern und Enzyklopädien. Tübingen 1989 (Lexicographica. Series Maior 22).

Hupka 1989b = Werner Hupka: Das enzyklopädische Wörterbuch. In: Hausmann/Reichmann/Wiegand/Zgusta 1989, Bd. 1, 988—999.

Hupka 1989c = Werner Hupka: Die Bebilderung und sonstige Formen der Veranschaulichung im allgemeinen einsprachigen Wörterbuch. In: Hausmann/Reichmann/Wiegand/Zgusta 1989, Bd. 1, 704—726.

Kalverkämper 1990 = Hartwig Kalverkämper: Das Fachwörterbuch für den Laien. In: Hausmann/ Reichmann/Wiegand/Zgusta 1990, Bd. 2, 1512— 1523.

Kalverkämper 1993 = Hartwig Kalverkämper: Das fachliche Bild. Zeichenprozesse in der Darstellung wissenschaftlicher Ergebnisse. In: Schröder 1993, 215—238.

Kloska 1992 = Heike Kloska: Bildwörterbücher in Theorie und Praxis. Ein Beitrag zur Typologisierung und Analyse von Wörterbüchern. Diplomarbeit Universität Hildesheim 1992. [unveröffentlicht]

Krieg/Heller/Hunecke 1983 = Klaus G. Krieg/ Wedo Heller/Gunter Hunecke: Leitfaden der DIN-Normen. Berlin 1983.

Lindstromberg 1989 = Seth Cutler Lindstromberg: Iconic schemata and semantic organization in the English Lerner's Dictionary. Diss., University of Exeter 1989. [unveröffentlicht]

Möhn/Pelka 1984 = Dieter Möhn/Roland Pelka: Fachsprachen. Tübingen 1984 (Germanistische Arbeitshefte 30).

Opitz 1990 = Kurt Opitz: The technical dictionary for the expert. In: Hausmann/Reichmann/Wiegand/Zgusta 1990, Bd. 2, 1505—1512.

Peirce 1867 = Charles Sanders Peirce: Collected papers. Cambridge, Mass. 1932, 1960^2, 1965^3.

Reid 1989 = D. J. Reid: Quelques investigations sur le rôle des illustrations dans l'apprentissage à partir de textes de biologie. In: Les cahiers du CRELEF 28. 1989, 73—100.

Schaeder 1994a = Burkhard Schaeder: Das Fachwörterbuch als Darstellungsform fachlicher Wissensbestände. In: Schaeder/Bergenholtz 1994, 69— 102.

Schaeder 1994b = Burkhard Schaeder: Wörterbücher der Medizin — Versuch einer Typologie. In: Dressler/Schaeder 1994, 25—54.

Schaeder/Bergenholtz 1994 = Burkhard Schaeder/ Henning Bergenholtz (Hrsg.): Fachlexikographie. Fachwissen und seine Repräsentation in Wörterbüchern. Tübingen 1994 (Forum für Fachsprachen-Forschung 23).

Scholze-Stubenrecht 1990 = Werner Scholze-Stubenrecht: Das Bildwörterbuch. In: Hausmann/ Reichmann/Wiegand/Zgusta 1990, Bd. 2, 1103— 1112.

Schröder 1993 = Hartmut Schröder (Hrsg.): Fachtextpragmatik. Tübingen 1993 (Forum für Fachsprachen-Forschung 19).

Stein 1991 = Gabriele Stein: Illustrations in Dictionaries. In: International Journal of Lexicography 4, 1991, 99—127.

Svensén 1993 = Bo Svensén: Practical Lexicography. Oxford 1993 [Kap. 13].

Wellmann 1987 = Hans Wellmann: Eine Brücke vom semasiologischen zum onomasiologischen Wörterbuch? In: Festschrift Hermann M. Ölberg. Innsbruck 1987, 195—218.

Werner 1982 (= 1983) = Reinhold Werner: Das Bild im Wörterbuch. Funktionen der Illustration in spanischen Wörterbüchern. In: Linguistik und Didaktik 49/50, 1982 (1983), 62—94.

Wiegand 1979 = Herbert Ernst Wiegand: Definition und Terminologienormung — Kritik und Vorschläge. In: Helmut Felber, Friedrich Lang, Gernot Wersig: Terminologie als angewandte Sprachwissenschaft. München 1979, 101—149.

Wiegand 1988 = Herbert Ernst Wiegand: Was eigentlich ist Fachlexikographie? In: Deutscher Wortschatz. Lexikologische Studien. Ludwig Erich Schmitt zum 80. Geburtstag von seinen Marburger Schülern. Hrsg. v. Horst Haider Munske, Peter von

Polenz, Oskar Reichmann, Reiner Hildebrandt. Berlin. New York 1988, 729–790.

Wiegand 1994 = Herbert Ernst Wiegand: Zur Unterscheidung von semantischen und enzyklopädischen Daten in Fachwörterbüchern. In: Schaeder/Bergenholtz 1994, 103–132.

Wüster 1979 = Eugen Wüster: Einführung in die Allgemeine Terminologielehre und Terminologische Lexikographie. Wien 1979. Kopenhagen 1985. Bonn 1991.

Werner Hupka, Augsburg

198. Das Problem der Äquivalenz im zwei- und im mehrsprachigen Fachwörterbuch

1. Zwischensprachliche Äquivalenz und nicht auf zwischensprachliche Relationen bezogene Äquivalenzbegriffe
2. Wörterbuchäquivalenz und Übersetzungsäquivalenz
3. Wörterbuchäquivalente und Sprachsystemvergleich
4. Wörterbuchäquivalenz und Wörterbuchfunktionen
5. Äquivalenz zwischen Fachwortschatzeinheiten verschiedener Sprachen
6. Parameter für die Angaben von Äquivalenten und die Angaben zu Äquivalenten in zweisprachigen Fachwörterbüchern
7. Funktionale Bivalenz von Wortschatzeinheiten in zwei- und mehrsprachigen Fachwörterbüchern
8. Literatur (in Auswahl)

1. Zwischensprachliche Äquivalenz und nicht auf zwischensprachliche Relationen bezogene Äquivalenzbegriffe

Die Begriffe ‚Äquivalenz' und ‚Äquivalent' werden in sprachwissenschaftlichen Zusammenhängen in sehr verschiedenem Sinne verwendet. Es ist deshalb zu klären, in welchem Sinne sie überhaupt im Zusammenhang mit zwei- und mehrsprachiger Lexikographie sinnvoll zu verwenden sind. Von vornherein darf davon ausgegangen werden, daß im Zusammenhang mit zwei- und mehrsprachigen Wörterbüchern jeglicher Äquivalenzbegriff außer acht gelassen werden darf, der sich auf Beziehungen zwischen Elementen ein und derselben Einzelsprache bezieht (siehe dazu z. B. Filipec 1973 und Fischer 1973). Zweckmäßig ist es auch, den im Zusammenhang mit zwei- und mehrsprachigen Wörterbüchern verwendeten Äquivalenzbegriff nicht zu eng an den Äquivalenzbegriff der Logik und der Mathematik anzulehnen, in denen eine Äquivalenzrelation als eine reflexive, symmetrische und transitive Relation zu beschreiben ist. Es ist offensichtlich, daß deren relativ enger Äquivalenzbegriff wenig dazu tauglich ist, die lexikographisch relevanten Beziehungen zwischen den Segmenten „**Termin**" einerseits und „término", „fecha", „día" und „plazo" andererseits aus dem deutsch-spanischen Teil (Textbeispiel 198.1) sowie zwischen den Segmenten „**término**" einerseits und „Beendigung", „Ende", „Schluß", „Frist" und „Termin" andererseits aus dem spanisch-deutschen Teil (Textbeispiel 198.2) eines Fachwörterbuches für das Sprachenpaar Deutsch/Spanisch (Sánchez 1990/1993) zum Ausdruck zu bringen.

Genausowenig ist er dazu tauglich, die lexikographisch relevanten Beziehungen etwa zwischen dem deutschen Wort *Termin* und dem spanischen Wort *día* oder zwischen dem deutschen Wort *Frist* und dem spanischen Wort *término* zum Ausdruck zu bringen. In der üblichen metalexikographischen Redeweise wird jedoch der Äquivalentbegriff auf solche Beziehungen angewandt (z. B. Hausmann 1977 und Karl 1982), wenn auch gerade in Fachwörterbüchern selbst die Termini *Äquivalent* und *Äquivalenz* relativ selten verwendet werden. In Wörterbüchern, in denen diese Termini explizit Verwendung finden, geschieht dies teils mit Formulierungen, denen zu entnehmen ist, daß es sich bei ‚Äquivalenz' im Sinne des betreffenden Wörterbuches nicht um eine Äquivalenzbeziehung nach dem Vorbild der Logik und Mathematik, angewandt auf die Beziehung lexikalischer Einheiten untereinander, im Hinblick auf ihre Bedeutung, handelt. So trennt ein russisch-deutsches Rechtswörterbuch deutsche Äquivalente zu russischen Termini in den Artikeln auf verschiedene Weise, je nachdem ob es sich

> **Termin** *m*, e 1. término *m*; fecha *f*; día *m*; plazo *m*; *auf kurzen* ~ a la vista; a corto plazo; *letzter* ~ ultimoplazo; *einen* ~ *einhalten* respetar un plazo; *einen* ~ *festsetzen* fijar una fecha 2. (Jur.) vista *f* de la causa

Textbeispiel 198.1: Wörterbuchartikel (aus: Sánchez 1990/1993, Bd. I, 400)

> **término** *m*, s 1. Beendigung *f*; Ende *n*; Schluß *m* 2. Frist *f*; Termin *m* I. ~ *de apelación* Berufungsfrist *f*; ~ *convenido* vereinbarter Termin *m* II. *en* ~ fristgerecht; termingemäß; *en el* ~ *de un mes* binnen 1 Monats 3. Bezirk *m*; Gebiet *n*; ~ *municipal* Gemeindegebiet *n*; Stadtgebiet *n* 4. Begriff *m*; ~ *técnico* Fachausdruck *m*; Fachbegriff *m* 5. ~ *s pl* Bedingungen *pl*; (Vertrags-)Bestimmungen *pl*; ~ *s pl y condiciones de contratación* Einstellungsbedingungen *pl*; ~ *s pl de intercambio* Terms of Trade *pl*; ~ *s pl de una póliza de seguro* Vertragsbedingungen *pl* einer Versicherungspolice *en* ~ *s corrientes* nominal; in laufenden Zahlen; *en* ~ *s reales* real; in realen Zahlen

Textbeispiel 198.2: Wörterbuchartikel (aus: Sánchez 1990/1993, Bd. II, 340)

hinsichtlich ihrer Beziehung untereinander um „Synonyme [gleichbedeutende Begriffe]", „Bedeutungsähnliche und in ihrer Bedeutung stärker verwandte Begriffe" oder „voneinander verschiedene Begriffe" handelt (Engelbert 1986, 7). Nach diesen Vorbemerkungen können nun zwar einige Fragen hinsichtlich der Begriffsbestimmung von ‚Äquivalenz' und ‚Äquivalent' als unergiebig vernachlässigt werden. Im Hinblick auf Funktionen und Strukturen des zwei- und mehrsprachigen Wörterbuches bleiben jedoch vor allem noch folgende Fragen offen.
(1) Kann eine metalexikographisch sinnvolle Bestimmung der Begriffe ‚Äquivalenz' und ‚Äquivalent' aus den Bereichen Translationswissenschaft und kontrastive Sprachwissenschaft herangezogen werden?
(2) Welche funktionelle Rolle spielen Äquivalenz und Äquivalente in zwei- und mehrsprachigen Wörterbüchern?

2. Wörterbuchäquivalenz und Übersetzungsäquivalenz

In der metalexikographischen Literatur findet man neben den Termini *Äquivalenzwörterbuch* (z. B. Hausmann 1977) und *Äquivalentwörterbuch* (z. B. Karl 1982) auch häufig den Terminus *Übersetzungswörterbuch* (z. B. Neubert 1986) als Bezeichnung des zweisprachigen Wörterbuchs. Manchmal wird auch die Funktion eines Hilfsmittels für die Übersetzung als typologisches Merkmal zweisprachiger Wörterbücher festgelegt (z. B. bei Kromann/Riiber/Rosbach 1984, 185). Man findet sogar Stellungnahmen, die eine Gleichung ‚zweisprachige Wörterbücher' = ‚Äquivalenzwörterbücher' = ‚Übersetzungswörterbücher' formulieren (Kromann/Riiber/Rosbach 1984, 188). Es liegt deshalb nahe, die im zweisprachigen Wörterbuch postulierten Äquivalenzbeziehungen aus der Sicht eines Äquivalenzbegriffs der Translationswissenschaft zu sehen. Dabei stellt sich schon einmal das Problem, daß die Translationswissenschaft bislang über keinen einheitlichen, allgemein oder weithin akzeptierten Äquivalenzbegriff verfügt, sondern daß zahlreiche verschiedene Äquivalenzbegriffe verschiedener Autoren miteinander konkurrieren (zur Vielfalt moderner Translationstheorien siehe etwa Stolze 1994). Diesem Problem könnte eventuell für den Zweck der metalexikographischen Verwendung des Begriffs durch Feststellung der gemeinsamen Komponenten der verschiedenen translationswissenschaftlichen Äquivalenzbegriffe oder durch Übernahme und gegebenenfalls Modifikation eines bestimmten unter ihnen begegnet werden. Ein weit größeres Problem ergibt sich jedoch daraus, daß der Äquivalenzbegriff längst seinen zentralen Rang in der Translationswissenschaft eingebüßt hat. Zwischen neueren Übersetzungstheorien besteht weitgehend Übereinstimmung darüber, daß es weder den zu einem Ausgangstext an sich äquivalenten Zieltext als Realität gibt noch daß die Zielvorstellung eines zu einem Ausgangstext an sich äquivalenten Zieltextes sinnvoll ist. Frühere Äquivalenzbegriffe der Translationswissenschaft waren stark von zu einfachen Transkodierungsmodellen geprägt. Es wurde zu sehr die Tatsache vernachlässigt, daß für Produktion und Rezeption des Zieltextes sich im Vergleich zum Ausgangstext nicht nur der Code ändert, sondern daß für ihn insgesamt veränderte Kommunikationsbedingungen gelten. Mit dem Zieltext muß eben keineswegs dasselbe Kommunikationsziel verfolgt werden wie mit dem Ausgangstext, von seiten der Adressaten des Zieltextes müssen keineswegs dieselben außersprachlichen Verstehensvoraussetzungen gelten wie für die Adressaten des Ausgangstextes (soweit dieser nicht ohnedies zum

Zweck der Translation produziert wird). Damit ist auch die Vorstellung von einer kommunikativen Äquivalenz nicht mehr haltbar, die impliziert, der Zieltext müsse beim Zieltextempfänger dieselbe kommunikative Wirkung erzielen, die der Ausgangstext beim Ausgangstextempfänger erzielen sollte, tatsächlich erzielt oder (falls er außer vom Translator gar nicht rezipiert wird) erzielen würde. Allein schon die Diskrepanz zwischen dem Ziel der Gleichheit der Wirkung auf den Zieltextempfänger mit der vom Ausgangstextempfänger vermutlich angestrebten Wirkung und dem Ziel der Gleichheit der Wirkung auf Zieltextempfänger mit der tatsächlichen Wirkung auf die Ausgangstextadressaten wirft große Probleme auf. Soll eine konfuse, rhetorisch mißlungene Rede so übersetzt werden, daß sie beim Zieltextempfänger die Wirkung erzielt, die hinsichtlich der Ausgangstextempfänger beabsichtigt war, oder soll sie so übersetzt werden, daß dem Zieltextempfänger verständlich wird, welche Wirkung sie beim Ausgangstextempfänger erzielte? Kann die Übersetzung eines alchimistischen Traktats aus dem Mittelalter überhaupt auf einen heutigen Zieltextempfänger die Wirkung ausüben, die sie im Originaltext ausüben sollte oder ausübte? Soll die Übersetzung der Rede eines chinesischen Parteiführers beim amerikanischen Empfänger die Wirkung erzielen, die für den Ausgangstext beabsichtigt war oder die der Ausgangstext auf bestimmte chinesische Parteimitglieder ausübte? Weder müssen noch können Zieltexte immer die kommunikative Wirkung des Ausgangstextes, dem sie entsprechen, erzielen, sei es die tatsächliche oder sei es die vom Ausgangstextproduzenten beabsichtigte Wirkung. Je nach den Gegebenheiten der für die Produktion und Rezeption des Zieltextes gegebenen Kommunikationssituation kann dieser verschieden auszufallen. Prinzipiell kann ein Text zu verschiedenen Zeiten für verschiedene Empfänger in verschiedenen Situationen zu verschiedenen Zwecken übersetzt werden. Das heißt, die Zahl möglicher untereinander verschiedener ‚richtiger' Zieltexte zu einem Ausgangstext ist unbegrenzt. Der Äquivalenzbegriff kann für die Beziehung zwischen Ausgangs- und Zieltext allenfalls stark eingeschränkt Geltung behalten, bezogen auf Äquivalenz hinsichtlich bestimmter Texteigenschaften unter bestimmten Umständen. Selbst wenn sich der Äquivalenzbegriff nur auf bestimmte Texteigenschaften bezieht und nicht auf den Text in allen seinen Aspekten, so bezieht er sich immer auf den ganzen Text. Wenn zwischen Ausgangs- und Zieltext überhaupt Beziehungen herrschen, die als Äquivalenzbeziehungen zu charakterisieren sind, dann zwischen den beiden Texten in ihrer jeweiligen Gesamtheit. Die beiden Texte können nicht parallel zueinander in einer Weise in lexikalische Einheiten zerlegt werden, daß zwischen einzelnen lexikalischen Einheiten der Ausgangs- und solchen der Zielsprache in derselben Weise Äquivalenzbeziehungen festgestellt oder hergestellt werden könnten, wie sie für das Verhältnis der beiden Texte zueinander angenommen werden. Äquivalenz im zweisprachigen Wörterbuch kann nicht im Sinne eines genuin translationswissenschaftlichen Äquivalenzbegriffes bestimmt werden. Dies heißt jedoch nicht, daß sich die Auswahl und Darbietung der im Wörterbuch angebotenen zielsprachlichen Äquivalente zu ausgangssprachlichen Einheiten grundsätzlich nicht an Translationsvorgängen orientieren sollte. Selbst die Forderung, zumindest bestimmte Typen zweisprachiger Wörterbücher sollten zielsprachliche Ausdrücke bereitstellen, die beim Translationsvorgang unmittelbar in zielsprachliche Texte eingesetzt werden können, verliert damit nicht ihre Berechtigung.

3. Wörterbuchäquivalenz und Sprachsystemvergleich

Wenn sich die Herleitung des metalexikographischen Äquivalenzbegriffs unmittelbar von einem genuin translationswissenschaftlichen Äquivalenzbegriff als untauglich erweist, bietet es sich an, zu untersuchen, inwiefern der Vergleich von Einzelsprachen auf der Langue-Ebene, der Sprachsystemvergleich, weiterführen kann. Detaillierte Postulate für die Anwendung des Sprachsystemvergleichs auf die Äquivalentfindung für das zweisprachige Wörterbuch sind (seit Baldinger 1971) immer wieder aufgestellt worden. Die entsprechenden Modelle sind jedoch in der Regel zu statisch. Meist wird davon ausgegangen, daß einer lexikalischen Form einer Ausgangssprache eine begrenzte Zahl von Sememen/Einzelbedeutungen entspricht. In der Zielsprache sind dann lexikalische Einheiten zu suchen, unter deren Sememen sich eines befindet, das sich mit einem der ausgangssprachlichen lexikalischen Einheit vollständig oder möglichst weitgehend deckt. Ziel der Suche sind die zielsprachlichen lexikalischen Einheiten, deren Sememe am weitesten mit einem der Sememe der ausgangssprachlichen lexikalischen Einheit übereinstimmen. Es liegt auf der Hand, daß vom Lexikographen derart ausgewählte Wörterbuchäquivalente häufig nicht diejenigen lexikalischen Einheiten sind, die ein Translator für die Herstellung eines zielsprachlichen Textes bräuchte. Der Translator kann sich nicht darauf verlassen, daß, wenn in einem Ausgangstext eine lexikalische Einheit der Sprache L_A auftritt und zu dieser lexikalischen Einheit in einem Wörterbuch mit Ausgangssprache L_A und Zielsprache L_B Äquivalente der Zielsprache L_B angegeben werden, eines der im Wörterbuch angegebenen Äquivalente im Zieltext vorkommen muß. Dies liegt natürlich zum Teil daran, daß die Gestaltung des zielsprachlichen Textes ohnedies nicht nur von Äquivalenzbeziehungen, welcher Art auch immer, zwischen zwei Sprachen, sei es auf der Langue-Ebene, sei es auf der Parole-Ebene (Postulat der Äquivalenz zwischen Ausgangs- und Zieltext) abhängt. Wie bereits gesagt, ist ja zu berücksichtigen, daß für Produktion und Rezeption des zielsprachlichen Textes grundsätzlich nicht im Vergleich zur Produktion und Rezeption des Ausgangstextes identische Kommunikationsbedingungen vorliegen.

Der Sprachvergleich zum Zwecke der Findung von lexikographischen Äquivalenten einer Sprache für lexikalische Einheiten einer anderen Sprache sollte von folgenden zwei theoretischen Prämissen ausgehen:

(a) Die Anisomorphie, die zwischen verschiedenen Einzelsprachen herrscht, betrifft nicht nur die Möglichkeit, daß es in einer Sprache Signifikanten gibt, denen in einer zweiten Sprache nicht Signifikanten mit genau parallelen Verwendungsbedingungen entsprechen. Sie ist vielmehr in dem Sinne zu verstehen, daß für einen Signifikanten der einen Sprache grundsätzlich nie Signifikanten in der anderen Sprache zu finden sind, die mit diesem in allen denkbaren Verwendungsmöglichkeiten übereinstimmen.

(b) Die Wahl einer lexikalischen Einheit bei der Produktion eines Textes oder einer Äußerung ergibt sich nicht einfach aus einer begrenzten Zahl von Einzelbedeutungen oder Sememen, die ihm virtuell entsprechen, sondern aus dem Zusammenwirken einer Vielzahl von Faktoren. Umgekehrt ergibt sich der Beitrag eines sprachlichen Signifikanten für das Verständnis eines Textes oder einer Äußerung durch den Rezipienten ebenfalls aus dem Zusammenwirken vieler Faktoren. Beim Sprachsystemvergleich ist also nach Entsprechungen einer Sprache für lexikalische Signifikanten nicht nur in Abhängigkeit von einer begrenzten Anzahl von durch semantische Komponentenanalyse herauskristallisierten Sememen/Einzelbedeutungen zu suchen, sondern nach Entsprechungen für den jeweiligen lexikalischen Signifikanten je nach Verwendung in Abhängigkeit von einzelnen für seine Wahl durch den Sprecher relevanten Faktoren und Kombinationen solcher Faktoren. Je nach Faktorenkombination und Relevanz bestimmter Faktoren (z. B. Mikrokontext, Makrokontext, Textsorte oder verschiedene situationelle Faktoren) in bestimmten Faktorenkonstellationen sind für lexikalische Einheiten einer Sprache immer wieder neue zusätzliche ihnen in bestimmten Punkten entsprechende lexikalische Einheiten denkbar. Je feiner die Unterscheidung von Entsprechungspartnern einer Sprache L_B je nach Verwendungsbedingungen einer lexikalischen Einheit der Sprache L_A, desto größer die Chance, daß sich unter den eruierten Entsprechungspartnern einer befindet, der bei der Translation von Sprache L_A in Sprache L_B als Element des Zieltextes parallel zur Verwendung der jeweiligen lexikalischen Einheit der Sprache L_A in Frage kommt. Allerdings würde eine exhaustive Aufstellung von einer lexikalischen Einheit von L_A in L_B entsprechenden lexikalischen Einheiten immer noch nicht notwendigerweise garantieren, daß eine der eruierten lexikalischen Einheiten von L_B für den Zieltext der Translation in Frage kommt. Der Sprachsystemvergleich funktioniert ja genau auf der Basis, daß bestimmte Faktoren und Faktorenkombinationen der Verwendung lexikalischer Einheiten als tertium comparationis angenommen werden. Wenn nun aber für die Translation hinsichtlich Produktion und Rezeption von Ausgangs- und Zieltexten verschiedene Faktorenkombinationen gelten, dann ist die Kenntnis aller Systementsprechungen zwischen lexikalischen Einheiten von L_A und L_B noch keine Garantie für die adäquate Auswahl der für den Zieltext in L_B benötigten lexikalischen Einheiten.

Aus dem bisher Gesagten ist nun auch abzuleiten, daß grundsätzlich kein zweisprachiges Wörterbuch beanspruchen kann, alle irgendwie denkbaren lexikalischen Einheiten einer Sprache L_B aufzulisten, die im Sprachsystemvergleich als Entsprechungspartner für eine

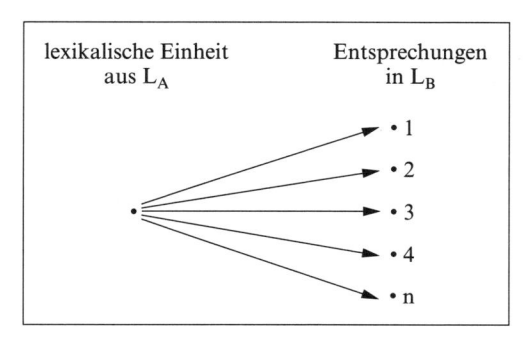

Abb. 198.1: Sprachsystemvergleich $L_A \to L_B$, von einer lexikalischen Einheit aus L_A ausgehend.

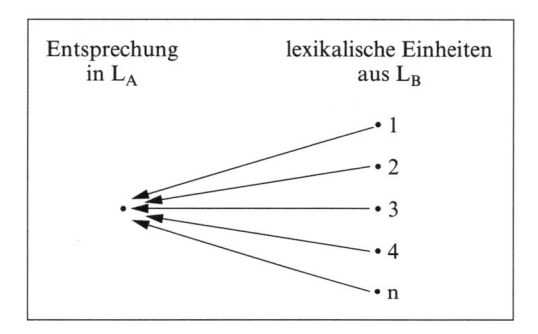

Abb. 198.2: Unzulässige Umkehrung des Sprachsystemvergleichs $L_A \to L_B$ in $L_B \to L_A$.

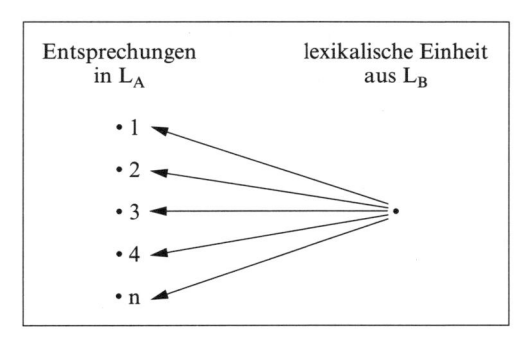

Abb. 198.3: Sprachsystemvergleich $L_B \to L_A$, von einer lexikalischen Einheit aus L_B ausgehend.

bestimmte lexikalische Einheit der Sprache L_A in Betracht kommen. Zweisprachige Wörterbücher können also nur eine Auswahl aus denkbaren Äquivalenten für lexikalische Einheiten einer Sprache in anderen Sprachen anführen. Wichtig für das Wörterbuch ist, daß es mit großer Wahrscheinlichkeit häufig in Frage kommende Äquivalente verzeichnet.

Der bis hierher skizzierte Typ von Sprachsystemvergleich wird in einer bestimmten Richtung vorgenommen. Es wird von einer einzigen lexikalischen Einheit in Sprache L_A ausgegangen, der prinzipiell mehr als eine lexikalische Einheit einer Sprache L_B entspricht: Die Darstellung entsprechend Abb. 198.1 ist nicht in die Darstellung nach Abb. 198.2 umkehrbar. Vielmehr gilt für jede einzelne lexikalische Einheit aus L_B die Darstellung nach Abb. 198.3. Wenn nun für eine lexikalische Einheit der Sprache L_A mehrere lexikalische Einheiten der Sprache L_B als Äquivalente aufgeführt werden, dann ist zu beachten, daß die Entsprechung zwischen lexikalischer Einheit aus L_A und einer bestimmten angeführten lexikalischen Einheit aus L_B nicht im Hinblick auf alle Verwendungsparameter gilt. Soll nun Information über den Gültigkeitsrahmen der Entsprechung gegeben werden, so sind zwei Verfahren möglich. Es werden entweder die Parameter aufgeführt, im Hinblick auf welche die Entsprechung gilt. Oder es wird für die angegebenen Äquivalente angegeben, unter welchen Bedingungen die Entsprechung nicht gilt bzw. was sich bei ihrer Verwendung in Sprache L_B an Verschiedenheiten gegenüber der Verwendung einer bestimmten lexikalischen Einheit der Sprache L_A, von der aus der Sprachvergleich vorgenommen wird, ergibt. Auch was die Angabe von Parametern für die Gültigkeit von zwischensprachlichen Entsprechungen und die Angabe von Entsprechungsrestriktionen angeht, kann ein zweisprachiges Wörterbuch nicht exhaustiv vorgehen, sondern muß eine Auswahl besonders wichtiger Information vornehmen. Welche Auswahl an Information zu Äquivalenten, Entsprechungsparametern und Entsprechungsrestriktionen im zweisprachigen Wörterbuch vorgenommen werden soll, sollte jedoch nicht nur von der Art der Entsprechungsverhältnisse abhängig gemacht werden, sondern auch von den Funktionen und dem vermutlichen Vorwissen der Adressaten, für die das Wörterbuch bestimmt ist. Was können und müssen Äquivalente im Sinne der vorstehenden Ausführungen zum Sprachsystemvergleich im zweisprachigen Wörterbuch im Hinblick auf die verschiedenen genuinen Wörterbuchbenutzungssituationen leisten?

4. Wörterbuchäquivalente und Wörterbuchfunktionen

4.1. Vorbemerkungen

Um den theoretischen Status und die Funktion der sog. Äquivalente im zweisprachigen Wörterbuch zu klären, empfiehlt es sich, drei an sich triviale Aspekte zu unterscheiden. Die lexikalischen Einheiten, die im Wörterbuch als Äquivalente stehen, sind zuerst einmal lexikalische Einheiten einer bestimmten Sprache. Sie werden im Wörterbuch in einer metasprachlichen Instanz (zur Verwendung von Sprache in verschiedenen metasprachlichen Instanzen siehe Wiegand 1983) zu einem lexikographischen Zweck präsentiert. Präsentiert werden sie allerdings in ihrer Eigenschaft als Äquivalente zu lexikalischen Einheiten einer anderen Sprache. Sie sind nur qua Vergleich zwischen zwei Sprachen Äquivalente und nur in bezug auf lexikalische Einheiten einer anderen Sprache. In dieser relationellen Eigenschaft von Äquivalenten werden die als Äquivalente im Wörterbuch präsentierten lexikalischen Einheiten lexikographisch zu dem Zweck instrumentalisiert, dem Wörterbuchbenutzer bestimmte Instruktionen zu vermitteln. Sie können zwar auf jeden Fall immer die Information vermitteln, daß sie Äquivalente im Hinblick auf die wörterbuchausgangssprachlichen Wortschatzeinheiten sind, zu denen sie als Äquivalente angegeben werden. In einem Wörterbuch, das ohne weitere praktische Zweckbestimmung nur zwei Sprachen wissenschaftlich vergleichend beschreiben will, ist diese Information der Zweck der Äquivalentangaben. Die als Äquivalente angegebenen lexikalischen Einheiten werden zu dem Zweck angeführt, den Wörterbuchbenutzer darüber zu informieren, daß sie Äquivalente der wörterbuchausgangssprachlichen lexikalischen Einheiten sind, zu denen sie als Äquivalente angegeben werden. Die meisten zweisprachigen Wörterbücher sind jedoch für praktische Zwecke konzipiert. In ihnen ist die Information über wörterbuchzielsprachliche Äquivalente zu wörterbuchausgangssprachlichen lexikalischen Einheiten nur ein Vehikel für Instruktionen, die sich nicht in der schlichten Angabe von lexikalischen Einheiten einer Sprache erschöpfen, die zu anderen lexikalischen Einheiten als äquivalent anzusehen sind. Je nach Funktion, die für das Wörterbuch angenommen wird, ändert sich die Funktion der Äquivalentangaben. Da nun die Zahl der als Äquivalente (in dem in 2. erläuterten Sinn) für eine lexikalische Einheit einer Sprache in Frage kommenden lexikalischen Einheiten einer anderen Sprache prinzipiell nach oben offen ist und weil die als Äquivalente angebbaren lexikalischen Einheiten prinzipiell nur unter bestimmten Bedingungen als Äquivalente in Frage kommen, gilt es auch zu untersuchen, inwiefern die Auswahl der anzugebenden Äquivalente und der Information, die zur Relation zwischen wörterbuchausgangs- und wörterbuchzielsprachlichen Äquivalenzpartnern, zur Verwendung der lexikalischen Einheiten der Ausgangssprache des Wörterbuches und zur Verwendung der lexikalischen Einheiten der Zielsprache des Wörterbuches in diesem zu bieten ist, vom Zweck der Äquivalentangaben abhängig gemacht werden sollte. Stark abstrahierend (nur die Unterscheidungen herausstellend, die für die Äquivalentangaben relevant sind und z. B. von der Funktion für das Erlernen einer Fremdsprache und von zu anderen Wörterbüchern komplementären Funktionen absehend) kann man vier Funktionen eines zweisprachigen Wörterbuches unterscheiden (in einigen Punkten genauer: Hausmann/Werner 1991 und Werner/Chuchuy 1992): die für die Rezeption eines fremdsprachlichen Textes durch Benutzer, deren Muttersprache die Zielsprache des Wörterbuches ist; die für die Translation durch Benutzer, deren Muttersprache die Zielsprache des Wörterbuches ist; die für die Translation durch Benutzer, deren Muttersprache die Ausgangssprache des Wörterbuches ist; die für die Produktion eines fremdsprachlichen Textes für Benutzer, deren Muttersprache die Ausgangssprache des Wörterbuches ist. Das Konzept eines zweisprachigen Wörterbuches kann eine der vier Funktionen oder alle oder einen Teil davon, gegebenenfalls mit verschiedener Gewichtung (zur Gewichtung von Wörterbuchfunktionen siehe z. B. Wiegand 1988 und Hausmann/Werner 1991) vorsehen. In den folgenden Ausführungen muß immer wieder auf den Begriff ‚Lemma' rekurriert werden. Dieser Begriff wird im Sinne von Wiegand (1983) gewählt, mit der Präzisierung, daß hier damit einerseits Artikel einleitende Lemmata gemeint sind und darüber hinaus auch infralemmatische Adressen (im Sinne von Hausmann/Werner 1991), die für eine lexikalische Einheit der Wörterbuchausgangssprache stehen und zu denen mindestens ein Äquivalent der Wörterbuchzielsprache angegeben wird oder zu denen wenigstens an der Stelle, an der das Wörterbuch im Regelfall Äquivalente angibt, eine Bedeutungsangabe erfolgt. Nach dieser Sprachregelung enthält das in Textbeispiel 198.3 wiedergegebene Segment aus einem Wörterbuchtext (Schüler 1986) die Lemmata „**warranty**", „**to break a w.**", „**to give a w.**", „**w. against defects**", „**w. of fitness**", „**w. of goods**", „**w. of merchantability**", „**w. of quality**", „**w. of quiet**

> **warranty** Berechtigung *f*, Ermächtigung *f*, Vollmacht *f*; Bürgschaft *f*, Garantie *f*, Gewähr(leistung) *f*, Sicherheit *f*; Wechselbürgschaft *f*; *(Am)* Bürgschaftsvertrag *m (für Grundbesitz)* ◇ **to break a w.** eine Zusicherung verletzen, eine Gewährleistung [Garantie] nicht einhalten; **to give a w.** eine Gewährleistung [Garantie] übernehmen, gewährleisten, garantieren; **w. against defects** Sachmängelgewähr *f*, Garantieverpflichtung *f*
> **w. of fitness** Eignungsgarantie *f (über Eignung für einen bestimmten Zweck)*
> **w. of goods** Sachmängelgewähr *f*, Garantieverpflichtung *f*
> **w. of merchantability** Gewährleistung *f*, daß eine Ware von durchschnittlicher Qualität und für den Normalgebrauch geeignet ist
> **w. of quality** Garantieverpflichtung *f*, Mängelgewähr *f*, Qualitätsgarantie *f*
> **w. of quiet enjoyment** Zusicherung *f* des ungestörten Besitzes
> **w. of title** Rechtsmängelgewähr *f*, Gewährleistung *f* gegen Rechtsmängel
> **express w.** vertragliche Gewährleistung *f*; Gewährleistung *f* für zugesicherte Eigenschaften
> **implied w.** stillschweigende Zusage *f* der Freiheit von Mängeln, stillschweigende Gewährleistung *f*
> **product w.** Erzeugnisgarantie *f*
> **trading w.** *(Schiffahrt)* Fahrtbegrenzungsklausel *f*

Textbeispiel 198.3: Wörterbuchausschnitt (aus: Schüler 1986, 742)

enjoyment", „w. of title", „express w.", „implied w.", „product w." und „trading w.". Ob das zitierte Wörterbuchtextsegment als ein einziger Artikel oder als Artikelnest anzusehen ist, spielt zumindest hier keine Rolle. Man könnte einerseits die halbfett gedruckten Textsegmente von „**w. of fitness**" bis „**trading w.** " als Nestlemmata ansehen, für die „**warranty**" als Nesteingangslemma fungiert, man könnte sie aber auch als artikelinterne Adressen unter dem Lemma „**warranty**" betrachten. Für erstere Auffassung spricht zwar die verschiedene Behandlung der halbfett gedruckten Adressen „**to break a w.**" bis „**w. against defects**" einerseits und derer von „**w. of fitness**" bis „**trading w.**" andererseits, vermutlich aber empfiehlt es sich, für rein theoretische Zwecke auf eine Definition der Einheit ‚Artikel' zu verzichten und einfach von mehr oder weniger komplexen und hierarchisch angelegten vertikalen Textgliederungsstrukturen und Zugriffsstrukturen auszugehen. Für die hier zu behandelnde Frage ist das Problem unerheblich. Wichtig ist nur, daß im folgenden alle wörterbuchausgangssprachlichen Wortschatzeinheiten, die als Adressen einer lexikographischen Arbeitseinheit (zum Begriff der ‚lexikographischen Arbeitseinheit' im zweisprachigen Wörterbuch siehe Hausmann/Werner 1991) fungieren, denen als Angaben Äquivalentangaben in der Wörterbuchzielsprache gegenüberstehen, als *Lemmata* bezeichnet werden. Bei der Feststellung des theoretischen Status von Lemmata und Äquivalentangaben im zweisprachigen Wörterbuch nach Funktionen der Angaben müßte eigentlich noch präzisiert werden, ob von Intentionen des Lexikographen oder von Rezeptionsintentionen des Wörterbuchbenutzers ausgegangen wird. Der Einfachheit halber wird diese Unterscheidung in den folgenden Formulierungen vernachlässigt. Somit können folgende Typen von Fällen für die Bestimmung des Status von Lemmata und Äquivalentangaben bestimmt werden.

4.2. Wörterbuchäquivalente und fremdsprachliche Textrezeption

Im Hinblick auf die Funktion des zweisprachigen Wörterbuches für die Rezeption fremdsprachlicher Texte durch einen Benutzer, dessen Muttersprache die Zielsprache des Wörterbuches ist, gilt folgendes. Der Wörterbuchbenutzer sucht die Bedeutung einer fremdsprachlichen Wortschatzeinheit, die er im Wörterbuch als Lemma findet. Die als Lemmata angesetzten Wortschatzeinheiten der Wörterbuchausgangssprache, denen im Wörterbuch die sog. Äquivalente aus der Wörterbuchzielsprache gegenübergestellt werden, sind als zum Zwecke ihrer Kommentierung im lexikographischen Text erwähnte Sprachzeichen bzw. Sprachzeichenkombinationen zu betrachten. Ihre lexikographische Verwendung entspricht derjenigen der Lemmazeichen, die im allgemeinen einsprachigen (semasiologischen) Wörterbuch als Lemmata stehen (der fünften Verwendungsweise nach Wiegand 1983, 429). Mittels der sog. Äquivalente in der Zielsprache des Wörterbuches werden Angaben über die Bedeutung der zum Zwecke der lexikographischen Kommentierung erwähnten Wortschatzeinheiten der Ausgangssprache vorgenommen. Damit werden die Wortschatzeinheiten der Wörterbuchzielsprache, in ihrer Eigenschaft von Äquivalenten der erwähnten Wortschatzeinheiten der Wörterbuchausgangssprache, in der Funktion lexikographischer Kommentarsprache verwendet, also analog zur Verwendung der im einsprachigen (semasiologischen) Wörterbuch lexikographisch behandelten Sprache in dessen Bedeutungsexplikationen (also der zweiten Verwendungsweise nach Wiegand 1983, 416−417). Die Instruktion, welche die im Wörterbuch angegebenen Äquivalente in diesem Fall zu leisten haben, leisten diese im Zusammenwirken mit dem Kontext und dem Kotext, in denen der Wörterbuchbenutzer die Wortschatzeinheit mit der gesuchten Bedeutung in einem fremdsprachlichen Text auffindet. Deshalb reicht oft die Angabe eines Äquivalentes oder weniger Äquivalente von den grundsätzlich vielen in Frage kommenden aus. Der Wörterbuchbenutzer benötigt nicht Wissen über möglichst viele nach verschiedenen Faktorenkonstellationen in Frage kommende Äquivalenzen, sondern nur so viele Äquivalente, daß ihm die Bedeutung des ausgangssprachlichen Zeichens in einem bestimmten Kontext und Kotext klar wird. Diese Behauptung sei anhand eines Beispiels veranschaulicht. Die Verwendungsbedingungen für das spanische Wort *entregar*, dessen Bedeutung in einem einsprachigen spanischen Wörterbuch mit „Poner en manos o en poder de otro a una persona o cosa" (RAE 1992) erklärt wird, entsprechen nicht vollständig denen irgendeines deutschen Verbums. Je nach Kontext und Kotext, in denen *entregar* im Spanischen auftritt, kommen als deutsche Äquivalente *übergeben*, *aushändigen*, *abgeben*, *abliefern*, *einreichen*, *geben*, *überreichen*, *überlassen* und so manche mehr in Frage. Trotzdem kann in einem spanisch−deutschen Wörterbuch, das als Hilfsmittel für die Rezeption spanischer Texte durch Benutzer mit Muttersprache Deutsch bestimmt ist, die Angabe von zwei Äquivalenten, *übergeben* und *aushändigen*, als hinreichend angesehen werden. Dem deutschen Wörterbuchbenutzer, dem das Wort *entregar* in einem spanischen Text begegnet und der seine Bedeutung nicht oder nicht genügend kennt, begegnet es in einem konkreten Kontext und Kotext. Die Schlüsse, die er aus den angegebenen deutschen Äquivalenten in Verbindung mit Kontext und Kotext von *entregar* ziehen kann, reichen für ihn aus, das Wort *entregar* in seiner aktuellen Verwendung ausreichend zu verstehen. Es bedarf weder zusätzlich anzugebender Äquivalente noch die Bedeutung von *entregar* präzisierender Bemerkungen zusätzlich zu den Äquivalenten noch restriktiver Angaben dazu, in welcher Verwendung von *übergeben* und *aushändigen* die beiden deutschen Wörter dem spanischen *entregar* entsprechen (der Lexikograph darf etwa getrost davon ausgehen, daß der Wörterbuchbenutzer *se entregaron* nicht entsprechend *sie übergaben sich* im Sinne von ‚sie erbrachen sich' versteht). Etwas komplizierter könnte der Fall sein, in dem für das deutsche Wort *Flügel* spanische Äquivalente anzugeben sind. Von *Flügel* als Bestandteil phraseologischer Einheiten, etwa *jemandem wachsen Flügel*, abgesehen (für diese sind eigene Äquivalente zu suchen), könnte die Angabe der spanischen Wörter *ala*, *hoja* und *piano de cola* als ausreichend angesehen werden. Obwohl keines der drei spanischen Wörter nur annähernd das Verwendungspotential von *Flügel* abdeckt, benötigt der spanische Wörterbuchbenutzer keine Erklärungen dazu, welcher Bedeutungsanteil von *Flügel* durch welches spanische Äquivalent erklärt wird. Er wird dem Kontext und Kotext, in denen er auf *Flügel* stößt, entnehmen können, ob z. B. vom Flügel eines Vogels (*ala*), eines Insekts (*ala*), einer Partei (*ala*), einer militärischen Formation (*ala*), einer Türe (*hoja*) oder von einem Musikinstrument (*piano de cola*) die Rede ist. Sicher könnten Verwendungsbedingungen von *Flügel* aufgezeigt werden, in denen andere Äquivalente in Frage kämen. Ihre Angabe ist jedoch für die Bedeutungserklärung nicht erforderlich. Allerdings könnte es zweckmäßig sein, dem spanischen Wörterbuchbenutzer den Hinweis zu geben, daß die Äquivalenzbeziehung zwischen *hoja* und *Flügel* nur einen relativ geringen Anteil am Referenzpotential von *hoja* betrifft (*hoja de una puerta*, nicht *hoja de una planta*, *hoja de papel*, *hoja de un libro*, *hoja de un cuchillo* usw.), um ihn nicht auf eine falsche Fährte zu locken. In der Funktion eines reinen Rezeptionswörterbuches darf das zweisprachige Wörterbuch sogar noch kompliziertere semantische Inkongruenzen für die Äquivalentangaben vernachlässigen. So können in einem englisch−deutschen Wörterbuch die Angaben der deutschen Äquivalente *gießen* und *schütten* für englisch *to pour* als ausreichend angesehen werden, obwohl keines der beiden deutschen Verben annähernd den Bedeutungsumfang von *to pour* abdeckt und umgekehrt auch *to pour* nicht den von *gießen* und *schütten* zusammen (Beispiel nach Leisi 1971, 66−67 und Neubert 1986, 18). So gilt für deutsch *schütten* einerseits keine Bedeutungseinschränkung auf flüssige Objekte, andererseits gilt für englisch *to pour* nicht die Bedeutungsbeschränkung, die sich für *schütten* aus der

Opposition von *gießen* und *schütten* (bezogen auf flüssige Objekte) ergibt. Die beiden Äquivalente *gießen* und *schütten* zusammen mit dem jeweiligen Kontext und Kotext, in denen der Wörterbuchbenutzer dem englischen Verbum begegnet, bevor er zum Wörterbuch greift, reichen aus, dem Wörterbuchbenutzer die Bedeutung von *to pour* im englischen Text zu erklären, wenn auch nicht dazu, ihn genau bezüglich des Bedeutungspotentials von *to pour* im Englischen zu unterrichten. Soll dies angestrebt werden, so müssen der Angabe der deutschen Äquivalente noch präzisere semantische Erklärungen angefügt werden. Im Hinblick auf die Funktion der Bedeutungserklärung könnte auch auf Äquivalentangaben verzichtet werden. An ihrer Stelle könnten Bedeutungsparaphrasen und Funktionserklärungen in der Zielsprache des Wörterbuches nach dem Muster der einsprachigen Wörterbücher treten. Diese wären in vielen Fällen präziser als die Äquivalentangaben (z. B. im Falle von *to pour* im englisch−deutschen Wörterbuch), in anderen Fällen viel schwieriger zu formulieren und zu rezipieren als die Äquivalentangaben (wieviel einfacher ist es doch, die Bedeutung von deutsch *Flügel* durch spanische Äquivalente wie *ala*, *hoja* und *piano de cola* zu erklären, als durch spanische Bedeutungsparaphrasen!). Zusätzliche Bedeutungspräzisierungen im Hinblick auf die ausgangssprachlichen Wortschatzeinheiten sind im Hinblick auf die Funktion des zweisprachigen Wörterbuches als Hilfsmittel für die Rezeption fremdsprachlicher Texte vor allem dann erforderlich, wenn das Bedeutungspotential der Äquivalente das der Lemmazeichen übersteigt. So bedarf es bei Anführung mehrerer spanischer Äquivalente zu deutsch *Flügel* keiner Angaben dazu, daß spanisch *hoja* als Äquivalent nur einen Teil des Referenzpotentials von deutsch *Flügel* abdeckt. Dagegen ist es ratsam, zu umreißen, mit welchem Teil seines Referenzpotentials *hoja* Äquivalent zu *Flügel* ist. Die Notwendigkeit, Äquivalenzrestriktionen anzugeben, betrifft vor allem auch Fälle, in denen für eine markierte lexikalische Einheit der Wörterbuchausgangssprache keine entsprechend markierte lexikalische Einheit der Wörterbuchzielsprache angegeben werden kann, sei es, weil die Markierung in der Zielsprache überhaupt nicht möglich ist (z. B. hat jede Sprache ihre eigenen diatopischen Markierungen), sei es, weil im konkreten Einzelfall keine lexikalische Einheit mit der gesuchten Markierung existiert. Da die Angabe des spanischen Äquivalentes *cabeza* keinen Hinweis auf die stilistische Markierung des deutschen Wortes *Haupt* enthält, sollte im deutsch−spanischen Wörterbuch für Spanier zusätzlich zur Angabe des Äquivalents *cabeza* ein Hinweis auf die Markierung von *Haupt* erfolgen. Umgekehrt sollte im spanisch−deutschen Wörterbuch für Deutsche, sofern es für das spanische Wort *movilidad* das deutsche Äquivalent *Auto* registriert, angegeben werden, daß es in der Verwendungsweise, in der ihm *Auto* als Äquivalent entspricht, als bolivianisch markiert ist. Wenn es die Funktion eines zweisprachigen Wörterbuches ist, Aufschluß über die Bedeutung lexikalischer Einheiten der Wörterbuchausgangssprache zu geben, kann in bestimmten Fällen, in denen die Verwendung einer lexikalischen Einheit der Ausgangssprache ohnedies nicht mit Hilfe von Äquivalenten hinreichend verdeutlicht werden kann, ohne weiteres auf die Angabe von Äquivalenten verzichtet werden. Es reicht eine Paraphrase oder Funktionsbeschreibung in der Wörterbuchzielsprache. So muß, wenn sich die Funktion des Wörterbuches auf diejenige für die Rezeption fremdsprachlicher Texte beschränkt, einem Spanier nicht durch ein spanisches Äquivalent erklärt werden, was *Habilitation* im deutschen Hochschulbereich bedeutet, und einem Deutschen nicht durch ein deutsches Äquivalent, was *oposiciones* in spanischen Stellenbewerbungszusammenhängen bedeutet.

Zusammenfassend die wichtigsten Regeln für die Äquivalentdarbietung im Hinblick auf die Rezeption fremdsprachlicher Texte: Allen Äquivalenten kommt die Funktion zu, Instruktionen zur Bedeutungserschließung zu vermitteln. Dafür reicht eine relativ geringe Anzahl angegebener Äquivalente aus. Zur Verwendung der Äquivalente in der Zielsprache bedarf es relativ selten präzisierender Angaben, dagegen muß häufig die Bedeutung der lexikalischen Einheiten der Ausgangssprache über die Äquivalentangaben hinaus präzisierend erläutert werden. In Fällen, in denen ohnedies Bedeutungsparaphrasen (z. B. bei Bezeichnungen von Kulturspezifika) oder Funktionsbeschreibungen (z. B. für spezifische grammatikalische Morpheme) für die lexikalische Einheit der Ausgangssprache erfolgen müssen, kann auf Äquivalentangaben verzichtet werden.

4.3. Wörterbuchäquivalente und Translation aus der Fremdsprache

Was die Funktion des zweisprachigen Wörterbuches für die Translation aus der Fremdsprache in die Muttersprache betrifft, so könnte man den Standpunkt vertreten, daß das Wörterbuch als Hilfsmittel nur für die Rezeption des fremdsprachlichen Textes erforderlich ist. Beim Aufbau des zielsprachlichen Textes könne sich der Wörterbuchbenutzer ja auf seine Kompetenz in seiner Muttersprache stützen. Dieser Standpunkt läßt jedoch eine Reihe von Schwierigkeiten außer acht, auf die man auch bei der muttersprachlichen Textproduktion (und dies bei der Translation wesentlich mehr als bei der freien Textproduktion), beim Versuch des schnellen aktiven Zugriffs auf passiv ohne weiteres verfügbare Wortschatzelemente, stößt. Bekanntlich hat man auch in seiner Muttersprache passiv verfügbare Wortschatzelemente nicht immer und überall aktiv verfügbar, was übrigens auch durch die teilweise Unidiomatizität zahlreicher Übersetzungsresultate belegt wird, die zu sehr an einzelnen Elementen des ausgangssprachlichen Textes kleben geblieben sind, obwohl die Zielsprache der Übersetzung die Muttersprache des Übersetzers ist. Bei der Translation besteht einerseits eine starke Abhängigkeit der Wahl der einzelnen lexikalischen Einheiten des Zieltextes von lexikalischen Einheiten des Ausgangstextes, andererseits von zielsprachlichen Faktorenkonstellationen (z. B. zielsprachliche Textsortenabhängigkeit des Gebrauchs einzelner lexikalischer Einheiten). Geht es darum, einem deutschen Wörterbuchbenutzer die Bedeutung von portugiesisch *desengano* in einem deutschen Text zu verdeutlichen, so kann dies weitgehend durch die Angabe eines deutschen Äquivalents, *Enttäuschung*, bewerkstelligt werden. Dasselbe gilt für die Erklärung der Bedeutung von portugiesisch *decepção*. Bei der Translation kann nun allein schon der triviale Umstand, daß im portugiesischen Text nebeneinander die Synonyme *desengano* und *decepção* verwendet werden, ein vernünftiger Grund sein, im deutschen Zieltext die Äquivalente zu variieren. Als lexikalische Einheiten, die im konkreten Fall für den deutschen Zieltext ungefähr den Beitrag leisten wie *desengano* und *decepção*, könnten neben *Enttäuschung* Wörter wie *Desillusion*, *Ernüchterung* und *Frustration* in Frage kommen. Diese Äquivalente würden durchaus nicht jedem Wörterbuchbenutzer mit Muttersprache Deutsch auf Anhieb einfallen, der den betreffenden portugiesischen Text zu übersetzen hätte. Auch geläufige Kollokationen der Muttersprache hat man durchaus nicht immer verfügbar. Die Schwierigkeit, daß einem eine typische Kollokation der eigenen Muttersprache auf der Zunge liegt, sich aber nicht einfach auf Anhieb abrufen läßt, ergibt sich häufig gerade unter dem Einfluß eines zu übersetzenden fremdsprachlichen Textes. Eine fremdsprachliche Kollokation blockiert nicht selten die Verfügbarkeit einer nicht parallelen muttersprachlichen Kollokation oder einer lexikalischen Einheit, die der fremdsprachlichen Kollokation als Äquivalent entspricht. Im Hinblick auf die sog. Herübersetzung könnte also vom zweisprachigen Wörterbuch mehr als Hilfestellung bei der Rezeption des fremdsprachlichen Textes, nämlich auch Hilfe für den Aufbau des zielsprachlichen Textes, verlangt werden. Den anzugebenden Äquivalenten kommt so gesehen nicht nur die Funktion von Bedeutungserklärungen zu, sondern auch die der Information über lexikalische Einheiten der Zielsprache, die als potentielle Bausteine für einen Zieltext in Abhängigkeit vom Vorkommen bestimmter lexikalischer Einheiten des Ausgangstextes in Frage kommen. Der theoretische Status von Lemmata und Äquivalenten läßt sich im Hinblick auf die Leistung für die Herübersetzung also wie folgt bestimmen. Die Verwendungsweise der Wortschatzeinheiten der Wörterbuchausgangssprache, denen die sog. Äquivalente in der Wörterbuchzielsprache gegenübergestellt werden, besteht darin, daß sie zu dem Zwecke erwähnt werden, auf sie bezügliche Angaben, nämlich Angaben über ihnen entsprechende Äquivalente, vorzunehmen, die sich mit großer Wahrscheinlichkeit als vom Vorkommen der erwähnten ausgangssprachlichen Wortschatzeinheiten im Translationsausgangstext abhängige Bausteine eines per Translation zu erstellenden zielsprachlichen Textes eignen. Die Wortschatzeinheiten der Zielsprache werden, in ihrer Eigenschaft von Äquivalenten der Wörterbuchausgangssprache, als Angaben eben darüber verwendet, welche Wortschatzeinheiten der Zielsprache mit großer Wahrscheinlichkeit in Abhängigkeit vom Vorkommen der im Wörterbuch erwähnten ausgangssprachlichen Wortschatzeinheiten im Translationsausgangstext für die Erstellung des Zieltextes in Frage kommen. Wird dem zweisprachigen Wörterbuch eine spezifische Herübersetzungsfunktion zugewiesen, so muß es also auf jeden Fall mehr Äquivalente angeben, als wenn sich seine Funktion auf ein Hilfsmittel für die Rezeption fremdsprachlicher Texte beschränkt. Außerdem spielen die Äquivalentangaben insofern eine größere Rolle, als sie nach Möglichkeit auch da erfolgen sollen, wo sie für die Erklärung der Bedeutung wörterbuchausgangssprachlicher Wortschatzeinheiten zu wenig leisten, so daß Bedeutungsparaphrasen oder Funktionsangaben zu diesen erforderlich sind. Im Hinblick auf die Herübersetzung sollten nach Möglichkeit sowohl dieser Typ von Angaben als auch Äquivalentangaben zu finden sein. In einem deutsch-französischen Wörterbuch für Franzosen ist z. B. die Referentenklasse, auf die sich das Wort *Amtsgericht* in der Regel bezieht, durch kein französisches Wort hinreichend zu erklären. Also sollte auf Französisch erklärt werden, was ein Amtsgericht ist. Da nun aber in der translatorischen Realität Franzosen Texte aus dem Deutschen übersetzen müssen, in denen das Wort *Amtsgericht* vorkommt, benötigen sie für den französischen Zieltext oft auch ein französisches Äquivalent zu *Amtsgericht*. Obwohl mittels französischer Ausdrücke wie *tribunal cantonal* oder *tribunal de première instance* nicht hinreichend erklärt werden kann, was ein deutsches Amtsgericht ist, sollten sie als in französische Zieltexte einsetzbare Äquivalente zu *Amtsgericht* angegeben werden, aber eben zusätzlich zu anderweitig gegebenen Erklärungen des Referenzpotentials von *Amtsgericht*. Hier darf bereits vorausgeschickt werden, daß die Unterscheidung von Fremdsprachenrezeptions- und Herübersetzungsfunktion der zweisprachigen Wörterbücher gerade im Hinblick auf Fachsprachenwörterbücher relevant sein kann, da fachsprachliche Wortschatzeinheiten dem Sprecher häufig auch in der Muttersprache unbekannt sind. Dasselbe gilt auch für anderweitig markierte Wortschatzbereiche, etwa bestimmte diastratisch markierte Wortschatzeinheiten (Sondersprachen).

Zusammenfassend die wichtigsten Regeln für die Äquivalentdarbietung im Hinblick auf ihre Funktion für die Translation aus der Fremdsprache: Den Äquivalenten kommt eine doppelte Funktion zu, Instruktion zur Bedeutungserschließung für die Wörterbuchausgangssprache und Bereitstellung von Wortschatzeinheiten der Wörterbuchzielsprache, die mit gewisser Wahrscheinlichkeit bei der Translation als Bausteine des Zieltextes in Abhängigkeit von den ausgangssprachlichen Wortschatzeinheiten in Betracht kommen, für die sie im Wörterbuch als Äquivalente angegeben werden. Für letztere Funktion ist in der Regel die Angabe von mehr Äquivalenten als für erstere erforderlich. Zur Verwendung der Äquivalente in der Zielsprache bedarf es relativ selten präzisierender Angaben, dagegen muß häufig die Bedeutung der lexikalischen Einheiten der Ausgangssprache über die Äquivalentangaben hinaus präzisierend erläutert werden. In Fällen, in denen Bedeutungsparaphrasen oder Funktionsbeschreibungen für lexikalische Einheiten der Ausgangssprache erforderlich sind, sollte nach Möglichkeit nicht auf Äquivalentangaben verzichtet werden, auch dann nicht, wenn sie sehr wenig für die semantische Erklärung der ausgangssprachlichen Wortschatzeinheit leisten.

4.4. Wörterbuchäquivalente und Translation in die Fremdsprache

Der theoretische Status von Lemmata und Äquivalenten läßt sich im Hinblick auf die Funktion des zweisprachigen Wörterbuches für die Translation *in* die Fremdsprache parallel zu dem im Hinblick auf die Funktion für die Translation *aus* der Fremdsprache definieren: Die Verwendungsweise der Wortschatzeinheiten der Wörterbuchausgangssprache, denen die sog. Äquivalente in der Wörterbuchzielsprache gegenübergestellt werden, besteht darin, daß sie zu dem Zwecke erwähnt werden, auf sie bezügliche Angaben, nämlich Angaben von ihnen entsprechenden Äquivalenten, vorzunehmen, die sich mit großer Wahrscheinlichkeit als vom Vorkommen der erwähnten ausgangssprachlichen Wortschatzeinheiten in Translationsausgangstexten abhängige Bausteine eines per Translation zu erstellenden zielsprachlichen Textes eignen. Die Wortschatzeinheiten der Zielsprache werden, in ihrer Eigenschaft von Äquivalenten der Wörterbuchausgangssprache, als Angaben eben darüber verwendet, welche Wortschatzeinheiten der Zielsprache mit großer Wahrscheinlichkeit in Abhängigkeit vom Vorkommen der im Wörterbuch erwähnten in Translationsausgangstexten vorkommenden ausgangssprachlichen Wortschatzeinheiten für die Erstellung der Zieltexte in Betracht kommen. Obwohl den Lemmata und Äquivalenten im Hinblick auf die Funktion für die Translation in die Fremdsprache derselbe theoretische Status zukommt wie im Hinblick auf die Funktion für die Translation aus der Fremdsprache, ändern sich die Bedingungen für die Informationsdarbietung im Wörterbuch. Da bei der Hinübersetzung die Ausgangssprache des Wörterbuchbenutzers seine Muttersprache ist, benötigt er in der Regel keine Angaben zur Präzisierung der Bedeutung der Lemmazeichen zusätzlich zu den Äquivalenten. Bedeutungsparaphrasen und Funktionsbeschreibungen für ausgangssprachliche Wortschatzeinheiten sind überflüssig, auch dann, wenn sich in der Wörterbuchzielsprache kein Äquivalent findet, dessen Referenzpotential sich einigermaßen mit dem der ausgangssprachlichen Einheit deckt, etwa bei Bezeichnungen von Kulturspezifika. Auch in solchen Fällen sollten nach Möglichkeit zielsprachliche Wortschatzeinheiten präsentiert werden, die als Bausteine zielsprachlicher Texte in Abhängigkeit vom Auftreten der betreffenden Lemmazeichen in Translationsausgangstexten in Betracht kommen. Wie im Hinblick auf die Herübersetzung für Franzosen so sind auch im Hinblick auf die Hinübersetzung für Deutsche im deutsch-französischen Wörterbuch für deutsch *Amtsgericht* französische Äquivalente anzugeben, obgleich diese keine Vorstellung von einem deutschen Amtsgericht erlauben. Während dem französischen Benutzer jedoch durch zusätzliche Mittel zu erklären ist, was ein Amtsgericht ist, ist dem deutschen Benutzer darzulegen, daß die im Wörterbuch präsentierten Äquivalente dem Franzosen entweder als Gerichtsbezeichnung nicht vertraut sind (es gibt keine französischen Gerichte mit der betreffenden Bezeichnung) oder jedoch in Frankreich Gerichte bezeichnen, deren Funktion und Kompetenz nur sehr beschränkt mit denen eines deutschen Amtsgerichts vergleichbar sind, weshalb in der Translation je nach Fall zusätzliche Erklärungen in den Zieltext aufzunehmen sein können. Auch Bemerkungen darüber können wünschenswert sein, unter welchen Aspekten das eine oder das andere Äquivalent als Baustein im französischen Zieltext besser geeignet ist (etwa wenn eine Behörde eines Landes für den amtlichen Gebrauch des eigenen Landes bestimmte Äquivalente normativ festlegt). Obwohl der hinübersetzende Wörterbuchbenutzer die wörterbuchausgangssprachlichen Wortschatzeinheiten in der Regel kennt, benötigt er oft zusätzlich zu den Äquivalenten weitere Angaben, die sich in gewisser Hinsicht auf die Ausgangssprache beziehen, die sog. ‚äquivalentdifferenzierenden Angaben'. Diese Angaben sollen den Wörterbuchbenutzer darüber informieren, bei welcher Einzelbedeutung oder Verwendungsweise der ausgangssprachlichen Einheit welches der angegebenen Äquivalente in Frage kommt. Wenn in einem Wörterbuch Deutsch–Sebuano für deutsch *Kind* als Äquivalent in Sebuano *bata* und *anak* angegeben werden, so weiß der deutsche Benutzer, der nach dem Äquivalent für *Kind* sucht, nicht, ob er in dem zu produzierenden Zieltext in Sebuano *anak* oder *bata* einsetzen soll. Das Wörterbuch sollte ihm auf irgendeine Weise erklären, daß für *Kind* als Verwandtschaftsbezeichnung *bata* und für *Kind* als Bezeichnung von nicht erwachsenen Menschen *anak* zu wählen ist. Sollte der Lexikograph als Mittel der ‚Äquivalentdifferenzierung' Bedeutungsparaphrasen oder Synonyme für das ausgangssprachliche Wort wählen, so dienen diese dem deutschen Benutzer nicht zur Bedeutungserklärung, sondern als Kriterium der Auswahl des geeigneten Äquivalents. Deshalb spielt für die Hinübersetzungsfunktion auch eine genaue Unterscheidung von Einzelbedeutungen oder Sememen nicht die entscheidende Rolle. Es ist relativ unwichtig, ob sich für französisch *couronne* Einzelbedeutungen ‚Kranz' und ‚Krone' unterscheiden lassen, es geht darum, daß deutsch *Kranz* und *Krone* jeweils verschiedene Teile des Referenzpotentials von *couronne* abdecken. Diese Anteile am Referenzpotential von *couronne* handelt es sich für den Wörterbuchbenutzer mit Muttersprache Französisch zum Zweck der Auswahl zwischen *Kranz* und *Krone* als zielsprachlichen Textbausteinen irgendwie zu identifizieren. Für die Identifizierung der Verwendungsweise, im Hinblick auf welche ein Äquivalent in Frage kommt, können je nach Fall verschiedene Mittel geeignet sein, neben Bedeutungsparaphrasen und Synonymen z. B. auch Hyperonyme, Kollokationsangaben, Markierungsangaben oder Angaben zur Valenz. Da der hinübersetzende Wörterbuchbenutzer in der Regel nicht über ausreichende Kenntnisse der Zielsprache verfügt, müssen ihm auch oft rein zielspracheninterne Kriterien für die Äquivalentauswahl geboten werden. Dazu gehören Angaben zu Abhängigkeit von Kollokationen, Textsortenvorkommen, Stilregisterzugehörigkeit usw. der Äquivalente in der Zielsprache. Schließlich benötigt der Wörterbuchbenutzer, für den die Zielsprache des Wörterbuches Fremdsprache ist, noch Angaben darüber, wie er die in Betracht kommenden Äquivalente in der Zielsprache verwenden muß oder kann. So können neben Angaben zu Kollokationen solche zu Flexion und Valenz von großer Bedeutung sein, um die Äquivalente auch in richtiger Weise im fremdsprachlichen Text zu verwenden.

Zusammenfassend die wichtigsten Regeln für die Äquivalentdarbietung im Hinblick auf ihre Funktion für die Translation in die Fremdsprache: Den Äquivalentangaben kommt die Funktion zu, zielsprachliche Wortschatzeinheiten bereitzustellen, die bei der Translation mit gewisser Wahrscheinlichkeit in Abhängigkeit von den ausgangssprachlichen Wortschatzeinheiten in Betracht kommen, für die sie im Wörterbuch als Äquivalent angeführt werden. Für diesen Zweck sind die Äquivalentangaben durch keine anderen Angabentypen ersetzbar. Zusätzlich zu den Äquivalenten sind reichlich Angaben zu ihrer Verwendung vorzunehmen, und zwar zweierlei Arten von Angaben, Angaben, die dem Wörterbuchbenutzer Kriterien für die Wahl zwischen mehreren Äquivalenten an die Hand geben, und Angaben dazu, wie die einzelnen Äquivalente in zielsprachliche Texte einzubetten sind. Angaben zur Bedeutung ausgangssprachlicher Wortschatzeinheiten sind im Hinblick auf die Funktion für die Translation in die Fremdsprache in der Regel nur unter dem Gesichtspunkt der ‚Äquivalentdifferenzierung' von Interesse.

4.5. Wörterbuchäquivalente und fremdsprachliche Textproduktion

Wird davon ausgegangen, daß der Wörterbuchbenutzer das zweisprachige Wörterbuch als Hilfsmittel bei der nicht translationsabhängigen Produktion eines fremdsprachlichen Textes benutzt, so gilt folgendes: Der Wörterbuchbenutzer sucht lexikalische Einheiten, die er zur Formulierung einer fremdsprachlichen Äußerung, eines fremdsprachlichen Textes, einer Äußerung, eines Textes in der Wörterbuchzielsprache benötigt. Dieser Funktion entsprechend werden die Wortschatzeinheiten der Wörterbuchausgangssprache, denen die sog. Äquivalente gegenübergestellt werden, im Wörterbuch zu dem Zweck verwendet, außersprachliche Begriffe, Referentenklassen etc. (eine Festlegung auf eine bestimmte Semantiktheorie und ihre Terminologie ist hier nicht erforderlich), teils auch verbale Elemente sozialer Handlungen (etwa im Fall von Französisch *merci* oder türkisch *merhaba*) zu erwähnen, zu deren Versprachlichung in der Zielsprache des Wörterbuches Instruktionen vermittelt werden. Die Wortschatzeinheiten der Wörterbuchzielsprache werden, in ihrer Eigenschaft von Äquivalenten wörterbuchausgangssprachlicher Wortschatzeinheiten, als Angaben darüber verwendet, welche Ausdrucksmöglichkeiten den erwähnten außersprachlichen Elementen in der Zielsprache des Wörterbuches entsprechen. Der Unterschied im theoretischen Status von Lemmata und Äquivalenten, je nachdem ob es um die Funktion des Wörterbuches für die Translation in die Fremdsprache oder um die für die freie Produktion in der Fremdsprache geht, ist grundlegend, während sich im Vergleich zwischen Funktion für die Translation in die Fremdsprache und Funktion für die Translation aus der Fremdsprache kein Unterschied ergibt. Was Postulate für die Äquivalentdarbietung betrifft, so ergeben sich jedoch wesentliche Unterschiede, je nachdem, ob es um Translation in die Fremdsprache oder aus der Fremdsprache geht, während die Unterschiede, die im Vergleich zwischen Funktion für die Translation in die Fremdsprache und Funktion für die freie Produktion in der Fremdsprache gemacht werden können, nicht so gewichtig sind. In beiden Fällen geht es um Äquivalente, die als Bausteine in zielsprachlichen Texten eingesetzt werden können. Unter diesem Gesichtspunkt sind relativ viele Äquivalente anzugeben. Da die Zielsprache Fremdsprache für den Wörterbuchbenutzer ist, sind zunächst zu den Äquivalenten zusätzliche Angaben zu ihrer Verwendung in der Fremdsprache vorzunehmen. Allerdings ergibt sich dabei folgender Unterschied. Bei der Translation in die Fremdsprache sind die Wahl der Wortschatzeinheiten, aus denen sich der zielsprachliche Text aufbaut, durch den Wörterbuchbenutzer, und ihre Verknüpfung in hohem Maße durch den Ausgangstext und die darin vorkommenden lexikalischen Einheiten determiniert. Außerdem liegt bei Formulierung des Zieltextes bereits sehr weitgehend fest, welche inhaltlichen Elemente zum Ausdruck zu bringen sind. Bei freiem Verfassen eines Textes in der Fremdsprache ohne Vorlage in der Muttersprache herrscht größerer Spielraum bei der Wahl der Ausdrucksmöglichkeiten. Außerdem werden auch oft erst bei der Formulierung bestimmte inhaltliche Elemente im Detail festgelegt. Wer einen Text, etwa einen Aufsatz oder einen Brief, in der Fremdsprache zu redigieren hat, sucht im Idealfall nicht fremdsprachliche Ausdrucksmöglichkeiten, deren Verwendung von bestimmten vorgegebenen Elementen eines Ausgangstextes abhängig ist, sondern fremdsprachliche Ausdrucksmöglichkeiten für bestimmte Begriffe und Intentionen oder auch zur Formulierung von Inhalten, deren endgültige Festlegung im Detail teils erst bei der Suche nach dem geeigneten Ausdruck erfolgt. Konsequenterweise könnte das zweisprachige Wörterbuch im Hinblick auf die translationsunabhängige fremdsprachliche Textproduktion neben den Äquivalenten, die es für die

Translation in die Fremdsprache bieten sollte, und den Angaben zur Verwendung der Äquivalente in der Zielsprache zusätzliche paradigmatische Informationen auf der Zielsprachenseite liefern, wie etwa zu Synonymen, Hyperonymen, Hyponymen, Antonymen oder Einheiten mit analoger Bedeutung in verschiedenen Wortarten. Der Wörterbuchbenutzer könnte dann aus einer größeren Menge semantisch verwandter lexikalischer Einheiten jeweils diejenige auswählen, die ihm am ehesten geeignet erscheint, an einer bestimmten Stelle des Textes, den er gerade verfaßt, das gedankliche Element auszudrücken, das er ausdrücken möchte. Er könnte sich zwischen verschieden markierten Wortschatzeinheiten mit mehr oder weniger weitgehend übereinstimmendem referenzsemantischem Potential entscheiden, zwischen einem Verbum und einem Substantiv zum Ausdruck desselben gedanklichen Elementes, zwischen einem Adjektiv plus Negation und einem Antonym desselben Adjektivs ohne Negation usw. usw.

Zusammenfassend die wichtigsten Regeln für die Äquivalentdarbietung im Hinblick auf die Funktion für die translationsunabhängige fremdsprachliche Textproduktion: Den Äquivalentangaben kommt die Funktion zu, zielsprachliche Wortschatzeinheiten bereitzustellen, die zum Ausdruck außersprachlicher Elemente in der Fremdsprache geeignet sind. Unter diesem Gesichtspunkt kommt den Äquivalenzbeziehungen zwischen ausgangssprachlichen und zielsprachlichen Wortschatzeinheiten eine relativ untergeordnete Rolle zu. Die Äquivalentangaben sind jedoch nicht durch Angaben ersetzbar, die nur Erklärungen zu den ausgangssprachlichen Wortschatzeinheiten beinhalten. Zusätzlich zu den Äquivalenten sind reichlich Angaben zu ihrer Verwendung vorzunehmen, und zwar einerseits Angaben, die dem Wörterbuchbenutzer Kriterien für die Wahl zwischen mehreren zielsprachlichen Wortschatzeinheiten an die Hand geben, und andererseits Angaben dazu, wie die zielsprachlichen Wortschatzeinheiten in Texte einzubetten sind.

5. Äquivalenz zwischen Fachwortschatzeinheiten verschiedener Sprachen

5.1. Zur Vergleichbarkeit von Fachwortschätzen verschiedener Sprachen

Im folgenden soll dargelegt werden, daß die obigen allgemeinen Ausführungen zur zwischensprachlichen Äquivalenz und zur Äquivalenz im zweisprachigen Wörterbuch grundsätzlich auch für Äquivalenz im Bereich des Fachwortschatzes bzw. für das zweisprachige Fachwörterbuch gelten, daß jedoch für den Umgang mit den sog. Äquivalenten in zwei- und mehrsprachigen Fachwörterbüchern noch weitere Faktoren zu berücksichtigen sind, die in der lexikographischen Praxis teils zusätzliche Komplikationen bedingen, teils jedoch auch Vereinfachungen im Vergleich zum allgemeinsprachlichen Wörterbuch bewirken können. Diese Sicht der Dinge beruht auf einer Auffassung von Fachwortschatz, die grob wie folgt, teils ex negativo, charakterisiert werden kann: Fachwortschatzeinheiten sind als solche nicht aufgrund besonders gearteter Beziehungen zwischen sprachlichen Elementen und außersprachlichen Referenten zu definieren, die sich grundsätzlich von den semantischen Gegebenheiten bei anderen sprachlichen, nicht fachsprachlichen, Wortschatzeinheiten unterscheiden ließen. Fachwortschatzeinheiten kommen auch nicht nur in fachlicher Kommunikation oder Fachtexten vor. Umgekehrt ist nicht jedes Wortschatzelement, das in fachlicher Kommunikation oder Fachtexten vorkommt, ein Fachwortschatzelement. Fachsprache ist nur von einer Kombination verschiedener Faktoren der Kommunikationssituation (Fachbezogenheit, Kommunikationspartner, Funktionen sprachlicher Äußerungen) her sinnvoll zu definieren. Nicht läßt sie sich über einen zuvor seinerseits über spezifische semantische Gegebenheiten definierten Fachwortschatz definieren. Umgekehrt läßt sich Fachwortschatz über Fachsprache definieren, jedoch nicht in dem Sinne, daß Fachwortschatz jeglicher in Fachkommunikation vorkommender Wortschatz wäre. Vielmehr sind Fachwortschatzelemente solche lexikalische Elemente, die vorwiegend in fachlicher Kommunikation auftreten und deshalb in nicht fachlicher Kommunikation eine fachsprachliche Markierung aufweisen. Diese Auffassung von Fachwortschatz impliziert unter anderem auch, daß die lexikalischen Einheiten einer bestimmten Fachsprache keineswegs grundsätzlich einen engen thematischen Bezug zum betreffenden Fachgebiet aufweisen müssen. Die Gebundenheit an eine bestimmte Fachsprache kann z. B. auch Ergebnis von Fachtextsortentraditionen sein. Gesteht man Fachwortschatzelementen prinzipiell keinen besonderen semantischen Status im Vergleich zu allgemeinsprachlichen Wortschatzelementen zu – die fachsprachliche Markierung ausgenommen, die mit anderen Typen von Markierungen vergleichbar ist –, so gilt auch für sie folgendes: Äquivalenzen zwischen lexikalischen Einheiten verschiedener Sprachen bestehen nicht an sich, so daß sie nur noch entdeckt werden müßten. Sie werden nicht objektiv festgestellt, sondern zu einem bestimmten Zweck hergestellt. Beim Vorgang der Translation kann auch für fachsprachliche Wortschatzeinheiten nicht prinzipiell angenommen werden, daß ihr Auftreten im Ausgangstext zum Auftreten eines bestimmten Elementes der Zielsprache oder eines aus einer bestimmten begrenzten Anzahl von Elementen der Zielsprache führen muß. Im Hinblick auf den Sprachsystemvergleich gilt auch für den Fachwortschatz grundsätzlich das oben zur Anisomorphie der Sprachen im allgemeinen Gesagte. Wie noch festzustellen ist, ist zwar gerade für manche Fachsprachen im Vergleich bestimmter Einzelsprachen weithin parallele Strukturierung festzustellen. Trotzdem kann auch in solchen Fällen keine grundsätzlich spiegelbildliche Entsprechung von Elementen der beiden verglichenen Sprachen vorausgesetzt werden. Keine zwei natürlichen Sprachen sind als ganze völlig parallel strukturiert. Dies bedeutet, daß selbst dann, wenn zwei Sprachen über parallel strukturierte fachliche Wortfelder verfügen – man denke etwa an chemische Nomenklaturen –, der Stellenwert eines Elementes eines solchen Wortfeldes im Gesamtsystem einer Sprache nicht mit dem Stellenwert eines Elementes eines parallelen Wortfeldes einer anderen Sprache in dessen Gesamtsystem identisch ist. Mag etwa *oro* im Spanischen in einem Wortfeld der Werkstoffbezeichnungen einen parallelen Platz zu dem einnehmen, der im Deutschen *Gold* zukommt, so leistet eben doch *oro* im Gesamtsystem des Spanischen nicht dasselbe wie *Gold* im Gesamtsystem des Deutschen. Man braucht nicht einmal die verschiedenen Verwendungsbedingungen außerhalb der Fachsprachen der Physik und der Chemie zu bemühen (verschiedene Stereotype in verschiedenen Kulturen, verschiedene Kollokationen etc.), in den betreffenden Fachsprachen selbst ergeben sich bereits Verschiedenheiten in den Verwendungsbedingungen aufgrund von Unterschieden in der grammatikalischen Organisation. Wo im Deutschen das Substantiv *Gold* auftritt, wird der Translator im Spanischen häufig z. B. das Adjektiv *dorado* wählen. Daraus folgt, daß auch in der zweisprachigen Fachlexikographie für die Auswahl der anzugebenden Äquivalente und der zusätzlich zu vermittelnden Information zu den Äquivalentbedingungen und -restriktionen deren Abhängigkeit von den zugrunde gelegten Wörterbuchfunktionen gilt.

Wiewohl Fachwortschatzeinheiten auch außerhalb fachlicher Kommunikation eine Rolle spielen, haben sich zwei- und mehrsprachige Fachwörterbücher nur mit den für die Kommunikation in einem bestimmten Fachgebiet typischen Eigenschaften und Funktionen von Fachwortschatzeinheiten zu befassen. In einem zweisprachigen Wörterbuch der Chemie Deutsch–Französisch sind semantische Merkmale, die dem deutschen Wort *Gold* außerhalb der Fachsprache der Chemie zukommen, zu vernachlässigen, und in einem Fachwörterbuch der Nukleartechnik Deutsch–Russisch ist mit Recht die Frage außer acht zu lassen, was dem deutschen Ausdruck *Supergau an der Wertpapierbörse* im Russischen entspricht. Aufgrund dieser Tatsache bleibt die Suche nach Äquivalenten der Wörterbuchzielsprache für lexikalische Einheiten der Wörterbuchausgangssprache im Hinblick auf die Gesamtsysteme der beiden Sprachen eingeschränkt. Es interessieren weder die nicht der betreffenden Fachsprache zuzurechnenden Verwendungsweisen lexikalischer Einheiten, die in anderen Verwendungsweisen zur betreffenden Fachsprache zu zählen sind, noch die Effekte, die eine Fachwortschatzeinheit mit ihrer fachsprachlichen Markierung außerhalb von Fachtexten auslöst. Das zwei- und das mehrsprachige Fachwörterbuch sind Hilfsmittel für die Rezeption, die Produktion und die Translation von Fachtexten. Sie können sich auf eine oder mehrere dieser Funktionen beschränken, die Leistungsfähigkeit von Fachwortschatzeinheiten außerhalb von Fachkommunikation bleibt in ihnen außer Betracht.

Da für Fachtexte in der Regel referenzsemantische Eindeutigkeit von herausragender Bedeutung ist, tritt die Rolle zahlreicher Faktoren der Kommunikationssituation für die Wahl der sprachlichen Zeichen bei der Textproduktion und ihrer Interpretation bei der Textrezeption gegenüber der dominanten symbolfunktionalen Beziehung zwischen Signifikanten und Referentenklassen in den Hintergrund. Dies hat zur Folge, daß sich auch die Auswahl von Äquivalenten der Zielsprache in einem zweisprachigen Wörterbuch stark an der optimalen referenzsemantischen Entsprechung der potentiellen zielsprachlichen Äquivalente zu den ausgangssprachlichen Wortschatzeinheiten zu orientieren hat, was die Gesamtzahl der Äquivalente im Vergleich zur Auswahl unter Bedingungen, unter denen diverse sprachpragmatische Faktoren eine große Rolle spielen, reduziert. Bei stark paralleler semantischer Strukturierung des Fachwortschatzes einer Wörterbuchausgangssprache und eines Fachwortschatzes der Wörterbuchzielsprache kann dies zur Folge haben, daß für die Mehrzahl ausgangssprachlicher Wortschatzeinheiten nur ein Äquivalent anzugeben ist. Allerdings darf keineswegs für Fachsprachen grundsätzlich parallele Strukturierung in zwei oder mehreren verschiedenen Sprachen angenommen werden. Im Hinblick auf die Möglichkeit der weithin parallelen semantischen Strukturierung des Fachwortschatzes zweier verschiedener Sprachen lassen sich drei Idealtypen von Fällen unterscheiden:

(a) In einer der beiden Sprachen existiert kein zu einem bestimmten Fachwortschatz der anderen Sprache paralleler Wortschatz. So lassen sich zu den spanischen Fachwortschätzen des Kaffeeanbaus und der Tabakverarbeitung keine Pendants im Grönländischen feststellen.
(b) In zwei Sprachen lassen sich vom Fachgebiet her parallele, aber nicht parallel strukturierte Fachwortschätze feststellen. Dies gilt etwa für die Fachsprachen der nationalen Rechte des Englischen und des Deutschen. Die Struktur des englischen Rechtswortschatzes ist weitgehend durch die Rechtssysteme der englischsprachigen Länder geprägt, die Struktur des deutschen Rechtswortschatzes durch die Rechtssysteme der deutschsprachigen Länder. Da die Rechtssysteme der englischsprachigen und der deutschsprachigen Länder sehr verschieden strukturiert sind, sind es deshalb auch die verschiedenen Fachwortschätze.
(c) In beiden Sprachen existieren zueinander weithin parallel strukturierte Fachwortschätze oder wenigstens Teilbereiche von Fachwortschätzen. Dies gilt etwa für viele technische Fachwortschätze der Sprachen Französisch und Italienisch.

5.2. Semantische Fixierung
  von Fachwortschatzeinheiten
  und normierte Äquivalenz

Die Relevanz der referenzsemantischen Genauigkeit von Wortschatzeinheiten in den Fachsprachen bewirkt semantische Fixierungstendenzen, welche dazu beitragen, die einheitliche Verwendung und Interpretation von Fachwortschatzeinheiten zwischen den Fachkommunikationspartnern zu sichern. Um hier die Diskussion über nicht einheitlich verwendete Begriffe wie ‚Terminus' oder ‚Halbterminus' zu vermeiden, sei hier nur von semantischen Fixierungsschritten gesprochen, die für die Äquivalentfindung in interlingualen Kommunikationsvorgängen und damit für die Äquivalentauswahl und -darbietung in zwei- und mehrsprachigen Wörterbüchern Konsequenzen haben können (zur Klassifikation von Fachwortschatz „entsprechend der inhaltlichen Exaktheit der Fachwörter" siehe z. B. Arntz/Picht 1989, die Schmidt 1969 und Wiegand 1979 zitieren). Ohne für jede Fachwortschatzeinheit in einer bestimmten Verwendungsweise zweifelsfrei unterscheiden zu können, ob bestimmte Fixierungsschritte bereits gegeben sind, darf die theoretische Unterscheidung folgender Fixierungsschritte im Hinblick auf die Äquivalenzproblematik als sinnvoll erachtet werden:

(a) Herstellung referenzsemantischer Eindeutigkeit dadurch, daß sich durch ständige einheitliche Verwendung der Fachwortschatzeinheit über eine gewisse Zeit hin eine einheitliche Verwendungsweise eingespielt hat, so daß der in der betreffenden Sprache übliche Gebrauch *a posteriori* ohne weiteres in Form einer Definition festgelegt werden könnte;
(b) Festlegung der Verwendung einer Fachwortschatzeinheit durch Festsetzungsdefinition;
(c) Standardisierung von Ausdrucks- und Inhaltsseite einer Fachwortschatzeinheit durch eine Normierungsinstitution;
(d) Normierung von Äquivalenzen zwischen Fachwortschatzeinheiten verschiedener Sprachen.

Bei der Normierung von Äquivalenzen zwischen Fachwortschatzeinheiten verschiedener Sprachen handelt es sich bereits um einen Vorgang im Rahmen zwei- oder mehrsprachiger Fachlexikographie. Einmal normierte Äquivalenzen können aber auch in zwei- und mehrsprachigen Fachwörterbüchern berücksichtigt werden, die sich nicht selbst die Aufgabe der Normierung von Äquivalenzen stellen.

Die verschiedenen Grade der Fixierung referenzsemantischer Eindeutigkeit spielen bei der Konzeption eines zwei- oder mehrsprachigen Fachwörterbuches eine doppelte

Rolle, bei der Festlegung der Kriterien für die Auswahl ausgangssprachlicher Wortschatzeinheiten, zu denen Information geboten wird, und bei der Festlegung der Kriterien für die Auswahl zielsprachlicher Äquivalente. Bei der Auswahl der ausgangssprachlichen Wortschatzeinheiten kann jegliche Art von Fachwortschatz im Rahmen der gewählten fachlichen Abgrenzung berücksichtigt werden, es können aber auch verschiedene Arten von Fachwortschatz unberücksichtigt bleiben, sei es, weil sie für die betreffende Fachsprache keine Rolle spielen, sei es, weil sie der Lexikograph im Hinblick auf Funktion und Adressaten des Wörterbuches bewußt ausschließt. So können im Wörterbuch ausgangssprachliche Fachwortschatzeinheiten ohne referenzsemantische oder ohne primär referenzsemantische Funktion berücksichtigt werden oder auch nicht. Finden sie keine Berücksichtigung, können ferner Wortschatzeinheiten mit unpräzisem referenzsemantischen Verwendungsumfang aus der Auswahl ausgeschlossen bleiben. Die Kriterien für die Äquivalentselektion müssen nicht mit denen für die Auswahl zu berücksichtigender ausgangssprachlicher Wortschatzeinheiten übereinstimmen. Dies kann aus verschiedenen Gründen der Fall sein. Zwangsweise kommt es zu einem weiter gefaßten Kriterium für die Äquivalentselektion, wenn etwa für Fachwortschatzeinheiten der Ausgangssprache in der Zielsprache keine fachsprachlichen Wortschatzeinheiten zur Verfügung stehen, wenn für Fachwortschatzeinheiten mit Begriffsdefinition keine Äquivalente mit Begriffsdefinition festzustellen sind oder wenn standardisierten Fachwortschatzeinheiten der Ausgangssprache keine standardisierten Fachwortschatzeinheiten in der Zielsprache entsprechen. Soweit in solchen Fällen nicht überhaupt zugunsten anderer Arten von Angaben auf Angaben in Form von Äquivalenten verzichtet wird, können Äquivalente angegeben werden, bei deren Auswahl weniger enge Kriterien als bei der Auswahl der ausgangssprachlichen Wortschatzeinheiten angewandt werden. Während die meisten Fälle, in denen die Selektion der ausgangssprachlichen Wortschatzeinheiten einem engeren Kriterium folgt als die Wahl der zielsprachlichen Elemente, von Fehllösungen abgesehen, dadurch bedingt sind, daß in der Zielsprache keine Wortschatzeinheiten zur Verfügung stehen, die denselben Kriterien entsprechen wie die ausgangssprachliche Wortschatzeinheit, für die ein Äquivalent angegeben ist, überwiegen für den umgekehrten Fall andersgeartete Gründe. Sind die Kriterien für die Äquivalentselektion enger gefaßt als die für die Auswahl der ausgangssprachlichen Wortschatzeinheiten, ergibt dies vor allem dann Sinn, wenn das lexikographische Konzept die Absicht verfolgt, die Rezeption oder Translation fachsprachlicher Texte zu erleichtern, in denen geringere Anforderungen an die referenzsemantische Genauigkeit gestellt werden, als sie entsprechend dem Wörterbuchkonzept zugrundeliegenden Gedanken an die Produktion — sei es freie Produktion, sei es Produktion im Rahmen der Translation — von Fachtexten durch den Wörterbuchbenutzer zu stellen sind. Solchen Überlegungen entsprechend kann für ein Fachwörterbuch etwa die Entscheidung getroffen werden, nicht standardisierte Wortschatzeinheiten der Ausgangssprache zu berücksichtigen, für sie jedoch genauso wie für die standardisierten Wortschatzeinheiten der Ausgangssprache nur standardisierte Wortschatzeinheiten der Zielsprache als Äquivalente anzugeben.

6. Parameter für die Angabe von Äquivalenten und die Angaben zu Äquivalenten in zweisprachigen Fachwörterbüchern

Die Auswahl anzugebender Äquivalente und zusätzlicher Angaben zu den Äquivalenten in zweisprachigen Fachwörterbüchern durch den Lexikographen hängt vor allem von folgenden Faktoren ab:

(a) den für das Wörterbuch vorgesehenen Funktionen,
(b) den Einschätzungen der fachsprachlichen und fachlichen Kenntnisse der Wörterbuchadressaten durch den Lexikographen,
(c) den Kriterien der Auswahl ausgangssprachlicher Fachwortschatzeinheiten, zu denen Äquivalente anzugeben sind,
(d) den mehr oder weniger parallelen Strukturen der Fachwortschätze oder Fachwortschatzausschnitte von Ausgangs- und Zielsprache des Wörterbuches
(e) und der Entscheidung, ob vom zielsprachlichen Fachwortschatz nur definierte oder nur standardisierte bzw. mittels des Wörterbuches zu standardisierende Wortschatzeinheiten berücksichtigt werden sollen.

Die verschiedenen Faktoren treten nicht in beliebiger Kombination auf. Vielmehr herrschen Abhängigkeitsbeziehungen zwischen ihnen.

Die Konzeption eines zweisprachigen Rezeptionswörterbuches mit nicht gleichzeitiger Funktion für die Translation ergibt vor allem dann Sinn, wenn dem Fachwortschatz der Wörterbuchausgangssprache kein paralleler oder weithin parallel strukturierter Fachwortschatz der Wörterbuchzielsprache gegenübersteht. Wenn in der zielsprachlichen Sprachgemeinschaft ein bestimmter fachlicher Bereich keine gesellschaftliche Rolle spielt oder üblicherweise nicht in der potentiellen Wörterbuchzielsprache, sondern in einer anderen Sprache verbalisiert wird, was das Fehlen eines parallelen Fachwortschatzes erklären kann, dann brauchen für die Wörterbuchzielsprache keine Fachwortschatzeinheiten zu dem Zwecke angegeben werden, sie als Bausteine für die fachsprachliche Textproduktion — sei es für die freie Textproduktion, sei es für die Textproduktion im Zusammenhang mit Translationsvorgängen — bereitzustellen. Dem Rezeptionswörterbuch fällt dann vor allem die Aufgabe zu, die Bedeutung ausgangssprachlicher Fachwortschatzeinheiten zu erklären. Die Bedeutungsangaben werden weithin in Form von Paraphrasen oder expliziten fachlichen Erklärungen in der Wörterbuchzielsprache erfolgen müssen, weil diese über keine Wortschatzeinheiten mit gleicher oder ähnlicher fachsprachlicher Verwendungsweise verfügt. Teilweise wird die Bedeutungserklärung mittels allgemeinsprachlicher Wortschatzeinheiten der Zielsprache erfolgen müssen, wobei im Falle von ausgangssprachlichen Wortschatzeinheiten mit irgendwie fixiertem Grad referenzsemantischer Präzision die als Äquivalente angegebenen zielsprachlichen Wortschatzeinheiten nur in Zusammenwirkung mit zusätzlichen Angaben die erforderliche referenzsemantische Information über die zielsprachlichen Fachwortschatzeinheiten ausmachen. Das zweisprachige Fachwörterbuch für die Rezeption fremdsprachlicher Fachtexte ergibt auch dort Sinn, wo zwar in Wörterbuchausgangs- und Wörterbuchzielsprache parallele Fachwortschätze vorliegen, jedoch weithin nicht parallel strukturierte. Wenn etwa der referenzsemantisch relevante Anteil am Wortschatz der englischen Rechtssprache weitgehend anders strukturiert ist als der parallele Wortschatzausschnitt der französischen Rechtssprache, dann ergeben englisch—französische Rechtssprachenwörterbücher Sinn, in denen die Bedeutung von Wortschatzeinheiten der englischen Rechtssprache weitgehend mittels französischer Paraphrasen erklärt wird. Auch die Angabe nicht fachsprachlicher Wortschatzeinheiten der Wörterbuchzielsprache mit zusätzlichen Angaben zum Zweck der semantischen Präzisierung kann sinnvoll sein, desgleichen, ebenfalls nur in Verbindung mit präzisierenden Angaben zur Bedeutung der ausgangssprachlichen Wortschatzeinheit, die Angabe von Wortschatzeinheiten, die in der Rechtssprache der zielsprachlichen Sprachgemeinschaft eine Bedeutung haben, die sich deutlich von jener der ausgangssprachlichen Fachwortschatzeinheit unterscheidet, jedoch im Vergleich mit dieser auch ein wichtiges gemeinsames Merkmal aufweist. Im Falle des fachsprachlichen Rezeptionswörterbuches ohne Funktion für die Translation ist jedoch immer zu fragen, ob es überhaupt notwendig ist. Häufig wird diesem Wörterbuchtyp das einsprachige fachsprachliche Rezeptionswörterbuch vorzuziehen sein. Die Erklärung der Bedeutung fachsprachlicher Wortschatzeinheiten mit rein referenzsemantischer oder primär referenzsemantischer Funktion wird häufig besser mittels Paraphrasen der Sprache zu leisten sein, deren Wortschatzeinheiten Gegenstand der Erklärung sind, weil das zu erklärende lexikalische Element und die zur Erklärung heranzuziehenden lexikalischen Elemente in diesem Falle in einem fachsystematischen Zusammenhang zueinander stehen. Werden zur Paraphrasierung Elemente einer anderen Sprache herangezogen, dann fehlt dieser fachsystematische Zusammenhang. Erklärungen in einer anderen als der Wörterbuchausgangssprache können zwar den Vorteil bieten, daß sie sich besser für kontrastive Erklärungen eignen. Jedoch darf in vielen Fällen angenommen werden, daß der Wörterbuchbenutzer über minimale Fachkenntnisse verfügt. Ein englisch—deutsches Rezeptionswörterbuch für die Sprache des britischen oder des amerikanischen Rechtes würde kaum von anderen Benutzern konsultiert als von deutschsprachigen Juristen oder Übersetzern und Dolmetschern, die mit Rechtstexten arbeiten. Bei ihnen dürfen minimale Kenntnisse auf dem Gebiet des Rechtssystems eines deutsch- und eines englischsprachigen Landes sowie minimale Englischkenntnisse vorausgesetzt werden, ohne die sie gar nicht in die Lage kämen, das Fachwörterbuch benutzen zu müssen. Ihre Nachschlagebedürfnisse könnte also ein einsprachiges Wörterbuch des Rechts in englischer Sprache befriedigen. Insbesondere, wenn es um definierten oder gar standardisierten Fachwortschatz der Wörterbuchausgangssprache geht, sind dann einsprachige Fachwörterbücher mit ihren fachlichen Definitionen aufgrund der fachlichen Präzision ein geeigneteres Arbeitsinstrument als zweisprachige Rezeptionswörterbücher. Letzterer Typ von Wörterbuch könnte aber immerhin dort unter Umständen das vorteilhaftere Instrument sein, wo sowohl der eng an die fremde Kultur gebundene fachliche Zusammenhang wie die Ausgangssprache selbst für Angehörige einer anderen Kultur und Benutzer, für welche die Ausgangssprache nicht Muttersprache ist, extrem schwierig sind. Unter diesem Gesichtspunkt könnte wohl ein Fachwörterbuch des islamischen Rechts Arabisch–Deutsch für Deutschsprachige mit deutschen Bedeutungserklärungen und stark kontrastiver Komponente eher Sinn ergeben als ein als reines Rezeptionswörterbuch konzipiertes Rechtswörterbuch Englisch–Deutsch für Deutschsprachige.

Das zweisprachige Fachwörterbuch ergibt vor allem dort Sinn, wo es als Arbeitsinstrument für translatorische Vorgänge konzipiert ist. Von einem für Translationsvorgänge konzipierten Wörterbuch darf der Benutzer jedoch erwarten, daß er darin zu den ausgangssprachlichen Fachwortschatzeinheiten sog. Äquivalente als Angaben findet. Wo dem Fachwortschatz der Ausgangssprache ein weithin parallel strukturierter Fachwortschatz der Zielsprache gegenübersteht, stellt die Angabe der Äquivalente kein größeres Problem dar. Die parallele Strukturierung der beiden Fachwortschätze erlaubt es dann sogar ohne weiteres, das Wörterbuch gleichzeitig für Muttersprachler der Wörterbuchausgangs- und der Wörterbuchzielsprache zu konzipieren. Die Probleme, die es im Bereich der Allgemeinsprache sinnvoll erscheinen lassen, für Muttersprachler der Wörterbuchzielsprache andere Angaben und Textstrukturen vorzusehen als für Muttersprachler der Wörterbuchausgangssprache, entfallen weitgehend. Es wird etwa nicht Aufgabe des Fachwörterbuches sein, Angaben zu grammatikalischen Unterschieden zwischen Wortschatzeinheiten der Ausgangssprache und als Äquivalenten angegebenen Wortschatzeinheiten der Zielsprache vorzunehmen, wenn diese Unterschiede zwar auch in fachsprachlichen Texten eine Rolle spielen, aber nicht fachsprachenspezifisch sind. Von Seiten des Wörterbuchbenutzers kann auch hier wieder eine minimale Beherrschung der Fremdsprache erwartet werden. Soweit die fremdsprachlichen Kenntnisse des Benutzers auf dem Gebiet der Allgemeinsprache nicht ausreichen, kann erwartet werden, daß er zusätzlich zum Fachwörterbuch ein allgemeinsprachliches zweisprachiges Wörterbuch konsultiert. Problematisch ist der Fall dort, wo einem Fachwortschatz der Wörterbuchausgangssprache kein weithin parallel strukturierter Fachwortschatz der Wörterbuchzielsprache gegenübersteht. Für die Translation werden Wörterbuchäquivalente benötigt, wenngleich die als Äquivalente angegebenen wörterbuchzielsprachlichen Fachwortschatzeinheiten in ihrer Semantik stark von den wörterbuchausgangssprachlichen Fachwortschatzeinheiten differieren, zu denen sie als Äquivalente angegeben werden. Hier sind je nach Adressatentyp verschiedene Lösungen denkbar. Kann der Lexikograph von Wörterbuchbenutzern mit guten fachlichen Kenntnissen gleichzeitig im Bereich der ausgangssprachlichen wie der zielsprachlichen Kulturgemeinschaft ausgehen, so kann es Sinn ergeben, daß das Wörterbuch sich weithin mit der Angabe von Äquivalenten begnügt, wie sie für die Translation erforderlich sind. Diese Äquivalente können in bestimmten Fällen aufgrund offizieller Standardisierung von Äquivalenzen bereits vorliegen, in anderen Fällen muß das Wörterbuch selbst Vorschläge bieten. Die Äquivalente gelten dann nur qua Sprachregelung speziell für die Formulierung von an eine bestimmte Sprachgemeinschaft gebundenen fachlichen Zusammenhängen in der Sprache einer anderen Sprachgemeinschaft. Es können z. B. Wörterbuchäquivalente für deutsch *Amtsgericht* und *Grundbuch* oder englisch *attorney* und *barrister* in anderen Sprachen vorgesehen werden, obwohl in den Rechtssystemen der Länder, in denen diese anderen Sprachen als Muttersprache gesprochen werden, keine entsprechenden Begriffe existieren. Bei den durch Standardisierung von Äquivalenzen oder Empfehlung des Wörterbuches als Äquivalenten vorgesehenen wörterbuchzielsprachlichen Wortschatzeinheiten kann es sich um solche handeln, denen in der Fachsprache der Zielsprache, solange in dieser nicht an die Sprachgemeinschaft der Ausgangssprachenkultur gebundene fachliche Zusammenhänge formuliert werden, eine andere fachliche Bedeutung zukommt als diejenige, die sie in ihrer Eigenschaft als Entsprechung für eine ausgangssprachliche Wortschatzeinheit übernehmen; es kann sich um Wortschatzeinheiten handeln, die in der

Zielsprache zwar existieren, aber nicht als fachsprachliche Wortschatzeinheiten; und schließlich können die betreffenden Wortschatzeinheiten in der Zielsprache eigens geschaffen worden sein oder vom Lexikographen geschaffen werden, um in der Zielsprache über Fachwortschatzeinheiten zu verfügen, die sich als Mittel der Referenz auf fachliche Begriffe eignen, auf die in der Wörterbuchausgangssprache mit bestimmten Fachwortschatzeinheiten referiert wird. Wenn einem Fachwortschatz der Wörterbuchausgangssprache zwar ein paralleler, aber ein weithin nicht parallel strukturierter Fachwortschatz in der Wörterbuchzielsprache gegenübersteht, so ergibt in vielen Fällen die Annahme potentieller Wörterbuchbenutzer Sinn, bei denen es sich zwar um Fachleute oder um auf dem Bereich der Translation tätige Personen mit relativ guten Fachkenntnissen handelt, jedoch um solche, die mit einer der beiden Fachsprachen, meist derjenigen Sprache, die für sie Fremdsprache ist, und der fachlichen Systematik, für die diese Fremdsprache gilt, deutlich weniger vertraut sind als mit der anderen, meist derjenigen ihrer Muttersprache. In solchen Fällen sollte dann zwischen der Funktion eines Wörterbuches für die Translation in die Muttersprache bzw. die besser beherrschte Fachsprache und der Funktion eines Wörterbuches für die Translation in die Fremdsprache bzw. die weniger beherrschte Fachsprache unterschieden werden. Im Hinblick auf die Funktion eines Wörterbuches für die Translation aus der weniger beherrschten in die besser beherrschte Fachsprache werden neben der Angabe von Äquivalenten häufig zusätzliche Angaben zur Bedeutung der Fachwortschatzeinheiten der Wörterbuchausgangssprache erforderlich sein, da ja die angegebenen Äquivalente der Zielsprache oft keine hinreichende Bedeutungserklärung leisten, sondern nur als Angabe darüber dienen können, welche zielsprachlichen Wortschatzeinheiten translationsabhängig im zielsprachlichen Text erscheinen sollten, wo sie letzten Endes das, was sie dort bedeuten, nur durch Rückgriff auf die Fachsprache der Ausgangssprache und die ihr zugrundeliegende Fachsystematik bedeuten, und nicht aufgrund der allgemeinen fachsprachlichen Verwendungsbedingungen der Wörterbuchzielsprache und unter Bezug auf die dieser zugrundeliegende Fachsystematik. Im Hinblick auf die Funktion eines Wörterbuches für die Translation aus der besser beherrschten in die weniger beherrschte Fachsprache werden neben der Angabe von Äquivalenten häufig zusätzliche Angaben zu den als Äquivalenten angegebenen zielsprachlichen Fachwortschatzeinheiten erforderlich sein, um den Wörterbuchbenutzer auf ihm eventuell nicht vertraute Implikationen der Verwendung der zielsprachlichen Fachwortschatzeinheiten hinzuweisen. Der Wörterbuchbenutzer benötigt diese Angaben in der Rolle des Translators unter Umständen, um zu wissen, daß er in der Wörterbuchzielsprache präzisierende Formulierungen vornehmen muß, die dem potentiellen Rezeptor des Zieltextes anzeigen, daß die im Wörterbuch als Äquivalent angegebene Fachwortschatzeinheit nicht das bedeutet, was sie außerhalb der Äquivalenzrelation, innerhalb der der Fachsprache der Zielsprache zugrunde liegenden Fachsystematik, bedeutet, sondern ihr die Bedeutung einer bestimmten Fachwortschatzeinheit der Ausgangssprache zuzuordnen ist, wobei diese ausgangssprachliche Bedeutung im Zielsprachentext in geeigneter Weise zu präzisieren ist. Die kontrastive Information sollte sich jedoch in der Regel auf die spezifisch fachsprachliche Verwendung von Wortschatzeinheiten in der Ausgangs- oder der Zielsprache beziehen, nicht auf einzelsprachenspezifische allgemeinsprachliche Verwendungsbedingungen, mit denen der Wörterbuchbenutzer entweder vertraut sein muß oder bezüglich derer er auf allgemeinsprachliche Wörterbücher verwiesen werden darf. Verfügt eine bestimmte potentielle Zielsprache der Translation über keinen zu einem bestimmten Fachwortschatz einer bestimmten potentiellen Ausgangssprache parallelen Fachwortschatz, so besteht häufig auch kein Bedarf an der Translation von Texten aus der betreffenden Fachsprache der potentiellen Ausgangssprache in die potentielle Zielsprache. Unter bestimmten soziokulturellen Bedingungen können sich jedoch Gründe ergeben, die die Schaffung eines Fachwortschatzes erforderlich machen, welcher der Fachsystematik entspricht, auf der bereits die Strukturen des Fachwortschatzes einer anderen Sprache beruhen. So konnte oder kann in einer bestimmten kulturellen und sprachpolitischen Situation die Schaffung des Fachwortschatzes eines bestimmten technischen Bereiches in einer bestimmten Sprache in der Weise erforderlich sein, daß die Strukturen dieses Fachwortschatzes der Fachsystematik entsprechen, die bereits den Strukturen des Fachwortschatzes des betreffenden technischen Bereiches in einer anderen Sprache zugrunde lagen bzw. liegen. Man denke etwa an die Entwicklung von technischen Fachwortschätzen vieler nicht europäischer Sprachen im kulturellen oder politischen Einflußbereich der englischen, französischen und russischen Sprachgemeinschaft. Als Instrument der punktuellen Schaffung eines Fachwortschatzes entsprechend der Fachsystematik, die bereits dem Fachwortschatz einer anderen Sprache zugrunde liegt, eignet sich das zweisprachige Wörterbuch. Häufig wird es sinnvoll sein, die Aufgabe der Kreierung von Fachwortschatz in der Wörterbuchzielsprache gleich mit der Aufgabe der Standardisierung dieses Fachwortschatzes und der Aufgabe der Standardisierung von Äquivalenzen zwischen Fachwortschatzeinheiten der Wörterbuchausgangssprache und Fachwortschatzeinheiten der Wörterbuchzielsprache zu verbinden. Auf jeden Fall reicht in solchen Fällen die Angabe eines einzigen zielsprachlichen Äquivalentes pro Einzelbedeutung der ausgangssprachlichen Fachwortschatzeinheit aus, d. h. von eventuellen Polysemien und Homonymien im betreffenden Fachwortschatz der Ausgangssprache abgesehen, eines einzigen zielsprachlichen Äquivalentes pro Wortschatzeinheit der ausgangssprachlichen Fachsprache. Die Angabe mehrerer zueinander synonymer Äquivalente würde dem Sinn des Wörterbuches, das der Kreierung von Fachwortschatz dient, in der Regel widersprechen. Wird der Fachwortschatz eines bestimmten fachlichen Bereiches erst mittels des zweisprachigen Wörterbuches geschaffen, so gibt es niemanden, der zur Zeit der Erarbeitung des Wörterbuches diesen Fachwortschatz beherrschen würde. Im Hinblick auf die Wörterbuchfunktion ist nur der Grad der Beherrschung des ausgangssprachlichen Fachwortschatzes relevant. Kann von einem hohen Grad der Vertrautheit mit dem ausgangssprachlichen Fachwortschatz ausgegangen werden, so reicht weithin die Festsetzung von Äquivalenten. Deren Bedeutung ergibt sich aus der Bedeutung der ausgangssprachlichen Wortschatzeinheiten, zu denen sie als Äquivalente angegeben werden. Kann nicht von einem hohen Grad an Beherrschung des Fachwortschatzes der Ausgangssprache ausgegangen werden, so sind zusätzlich zu den Äquivalentangaben Angaben zur fachsprachlichen Bedeutungserklärung erforderlich. Unabhängig vom angenommenen Grad der Beherrschung des ausgangssprachlichen Fachwortschatzes durch den Wörterbuchbenutzer sind Angaben zur Disambiguierung von Einzelbedeutungen im Falle ausgangssprachlicher Polysemie und Homonymie nötig, wenn für mehrere Homonyme oder mehrere Einzelbedeutungen einer Wortschatzeinheit der Fachsprache der Ausgangssprache verschiedene Wortschatzeinheiten der Zielsprache als Äquivalente gelten sollen. Die Angaben regeln in diesem Fall, welcher von mehreren homonymen Wortschatzeinheiten oder welcher von mehreren Einzelbedeutungen einer polysemen Wortschatzeinheit der Ausgangssprache das Äquivalent der Zielsprache entspricht. Bezüglich der einzelsprachen-, aber nicht fachsprachenspezifischen Verwendung von Wortschatzeinheiten gilt auch hier wieder das Gebot der Beschränkung der Angaben auf fachsprachenspezifische Information.

Ergibt ein speziell für nicht translationsgebundene fremdsprachliche Produktionsvorgänge konzipiertes zweisprachiges Wörterbuch Sinn? Steht einem Fachwortschatz der Wörterbuchausgangssprache ein weithin parallel strukturierter Fachwortschatz der Wörterbuchzielsprache gegenüber, ist die Frage leicht zu beantworten. Äquivalentangaben reichen weithin als Angaben zur Zielsprache des Wörterbuches, der Fremdsprache des Benutzers, aus. Als Produktionswörterbuch genügt ein Translationswörterbuch, und dieses muß nicht einmal speziell als Wörterbuch für die Translation in die Fremdsprache konzipiert werden. Welche Bedarfssituation ergibt sich, wenn einem Fachwortschatz der potentiellen Ausgangssprache des Wörterbuches kein paralleler oder kein weithin parallel strukturierter Fachwortschatz in der potentiellen Wörterbuchzielsprache gegenübersteht? Hier sind zwei Typen von Fällen zu unterscheiden, je nachdem ob Texte über ausgangssprachengemeinschaftsspezifische fachliche Sachverhalte oder über zielsprachengemeinschaftsspezifische fachliche Sachverhalte zu produzieren sind. Ersterer Falltyp liegt z. B. vor, wenn eine Person deutscher Muttersprache einen Text in englischer Sprache über Sachverhalte zu schreiben hat, die für das deutsche Rechtssystem typisch, aber dem Rechtssystem englischsprachiger Länder fremd sind. In dieser Situation, die in Reinform relativ selten vorkommt, ist die Produktion des fremdsprachlichen Textes stark an die fachliche Begrifflichkeit der Muttersprache gebunden. Was die Fachwortschatzeinheiten mit referenzsemantischer oder primär referenzsemantischer Funktion betrifft, so weist die freie Produktion in diesem Fall Parallelen zur

Translation in die Fremdsprache auf. Während bei der freien Produktion fremdsprachlicher Texte im allgemeinsprachlichen Bereich die Auswahl lexikalischer Elemente nicht der Semantik der Muttersprache folgen sollte, kann dies in fachlichen Zusammenhängen unumgänglich sein. Allerdings trifft dies nur für den Fachwortschatz, nicht den nicht fachsprachenspezifischen Wortschatz, des zu produzierenden Fachtextes zu, und großenteils nur für die Fachwortschatzeinheiten, die auf Begriffe referieren, die an die muttersprachenspezifische Fachsystematik gebunden sind. Für die allgemeinsprachlichen Wortschatzeinheiten, die für die Produktion des fremdsprachlichen Fachtextes erforderlich werden, gilt das Postulat der Suche und Auswahl in möglichst weitgehender Unabhängigkeit von der Semantik der Muttersprache. Die Anleitung bei ihrer Suche und Auswahl gehört jedoch nicht zu den Aufgaben des Fachwörterbuches. Der Funktion eines Wörterbuches für die freie Produktion von Fachtexten in der Fremdsprache, deren Inhalt muttersprachengemeinschaftsspezifische fachliche Zusammenhänge sind, wird also am besten der bereits beschriebene Typ des zweisprachigen Wörterbuches gerecht, der speziell für die Translation in die Fremdsprache konzipiert ist. Anders liegt der Fall, wenn in der Fremdsprache ein Text über fachliche Sachverhalte zu produzieren ist, die nicht der Fachsystematik der Muttersprachenkultur entsprechen, sondern der Fachsystematik, auf der die semantischen Strukturen des Fachwortschatzes der Fremdsprache basieren. Dieser Fall liegt etwa vor, wenn eine Person englischer Muttersprache einen Text in deutscher Sprache über Sachverhalte zu schreiben hat, die für das deutsche Rechtssystem typisch, dem Rechtssystem englischsprachiger Länder jedoch fremd sind. In diesem Fall kann die Suche und Auswahl von Fachwortschatzeinheiten der Fremdsprache für die Produktion des fremdsprachlichen Fachtextes nicht Fachwortschatzeinheiten der Muttersprache als Ausgangspunkt nehmen, sondern muß fremdspracheninternen erfolgen, was seitens des Textproduzenten relativ gute Beherrschung der Fremdsprache und entsprechende Kenntnisse der fachlichen Zusammenhänge erfordert, auf denen die Strukturen des Fachwortschatzes der Fremdsprache beruhen. Das bedeutet jedoch, daß für diese Benutzungssituation sich ein einsprachiges Fachwörterbuch der Fremdsprache besser eignet als das zweisprachige Fachwörterbuch.

Zusammenfassend kann also behauptet werden, daß zwar im Bereich des allgemeinsprachlichen zweisprachigen Wörterbuches grundsätzlich spezifische inhaltliche Elemente, Textstrukturen und Präsentationsformen für die translationsunabhängige Rezeption von fremdsprachlichen Texten, die Translation aus der Fremdsprache, die Translation in die Fremdsprache und die freie Produktion in der Fremdsprache unterschieden werden können, die auch die Unterscheidung von vier Wörterbuchidealtypen entsprechend den vier Wörterbuchfunktionen sinnvoll machen, daß jedoch diese Unterscheidungen im Bereich des zweisprachigen Fachwörterbuches aufgrund diverser Faktoren teils überflüssig werden. Grundsätzlich erübrigt sich die Unterscheidung von zweisprachigem Fachwörterbuch für die Translation in die Fremdsprache und zweisprachigem Fachwörterbuch für die freie Produktion in der Fremdsprache. Die restlichen Unterscheidungen können in Abhängigkeit von verschiedenen Faktoren entfallen. Im Extremfall, wenn einem Fachwortschatz der Wörterbuchausgangssprache ein weithin parallel strukturierter Fachwortschatz der Wörterbuchzielsprache gegenübersteht, erübrigt sich sowohl die Unterscheidung von getrennten Funktionen für die Rezeption und die Produktion fremdsprachlicher Texte wie die Unterscheidung von getrennten Funktionen für translationsgebundene und nicht translationsgebundene Aufgaben des Wörterbuchbenutzers.

7. Funktionale Bivalenz von Wortschatzeinheiten in zwei- und mehrsprachigen Fachwörterbüchern

Die zwischen verschiedenen natürlichen Sprachen herrschende Anisomorphie bedingt, daß die Rollen von ausgangssprachlichen Wortschatzeinheiten, für die Äquivalente angegeben werden, und zielsprachlichen Wortschatzeinheiten, die als Äquivalente angegeben werden, vernünftigerweise nicht zu vertauschen sind. Wie die Artikel zu deutsch *Haut* und italienisch *pelle* aus einem allgemeinsprachlichen Wörterbuch Deutsch−Italienisch/Italienisch−Deutsch (Garzanti 1994) illustrieren (Textbeispiel 198.4), kann der Lexikograph nicht einfach aus einem Artikel, in dem *Haut* als Lemma verwendet und *pelle* als Äquivalent zu *Haut* angegeben wird, einen

198. Das Problem der Äquivalenz im Fachwörterbuch

> **Haut** [haot] *die* {-,Häute} **1** pelle; cute; epidermide ‖ (*fig.*): *er ist nur noch — und Knochen,* è ridotto pelle e ossa; *mit — und Haaren,* completamente, tutto quanto; *mir ist nicht wohl in meiner —,* non mi sento a mio agio; *aus der — fahren,* uscire dai gangheri; *ich möchte nicht in seiner — stecken,* non vorrei essere nei suoi panni; *sich seiner — wehren,* difendere la propria pelle; *mit heiler — davonkommen,* salvare la pelle; *seine — zu Markte tragen,* rischiare la pelle; *dieses Lied geht mir unter die —,* questa canzone mi tocca profondamente; *bis auf die — naß werden,* bagnarsi fino alle ossa; *auf der faulen — liegen,* poltrire **2** buccia, scorza **3** pelle, pellicola, velo **4** involucro, rivestimento **5** (*scient.*) membrana **6** (*pop.*) tipo: *er ist eine treue —,* è un tipo onesto.
>
> **pelle** *s.f.* **1** Haut *die*: *— secca, liscia,* trockene, straffe Haut; *malattia della —,* Hautkrankheit ‖ (*fig.*): *essere — e ossa,* nur Haut und Knochen sein; *avere la — dura,* ein dickes Fell haben; *non stare più nella — per l'impazienza,* vor Ungeduld platzen **2** (*fig.*) Leben *das,* Haut *die: lasciarci la —,* ums Leben kommen; *salvare la — a qlcu,* jdm das Leben retten; *vendere cara la (propria) —,* sein Leben teuer verkaufen; *rischiare la —,* das Leben riskieren ‖ *essere amici per la —,* Freunde fürs Leben sein **3** (*di animali*) Fell *das,* Haut *die: — di pecora,* Schaffell **4** (*cuoio*) Leder *das: oggetti in —,* Lederwaren **5** (*buccia*) Schale *die,* Haut *die.*

Textbeispiel 198.4: zwei Wörterbuchartikel (aus: Garzanti 1994, 271 und 1214)

Artikel zu *pelle* mit Angaben von Äquivalenten dadurch erarbeiten, daß er *pelle* als Lemma ansetzt und *Haut* als Äquivalent zu *pelle* angibt. Die lexikographischen Äquivalenzrelationen, die eben keine Äquivalenzrelationen in dem engeren Sinne sind, wie sie z. B. in der Mathematik definiert sind, lassen auch nicht zu, daß ein und derselbe Artikel eines allgemeinsprachlichen zweisprachigen Wörterbuchs in der Weise verschieden gelesen werden kann, daß einmal gilt, die lexikalische Einheit der Sprache A sei Lemma und die lexikalische Einheit der Sprache B Äquivalent, und ein anderes Mal, die lexikalische Einheit der Sprache B sei Lemma und die lexikalische Einheit der Sprache A Äquivalent. Im Bereich der zweisprachigen Fachlexikographie kann unter bestimmten Bedingungen die grundsätzlich immer gegebene Anisomorphie der beiden Wörterbuchsprachen graduell so begrenzt sein, daß sie praktisch in der Weise vernachlässigt werden darf, daß lexikalischen Einheiten beider Sprachen ein doppelter Status zugewiesen wird, der einer ausgangssprachlichen Wortschatzeinheit, zu der ein zielsprachliches Äquivalent angegeben wird, und der einer zielsprachlichen Wortschatzeinheit, die als Äquivalent zu einer ausgangssprachlichen Wortschatzeinheit angegeben wird. Die Bedingungen sind dann gegeben, wenn Gegenstand der lexikographischen Behandlung weithin parallel strukturierte Fachwortschätze oder Fachwortschatzausschnitte zweier verschiedener Sprachen sind. Dabei gilt, je höher der Grad der referenzsemantischen Fixierung (Definition, Standardisierung), desto geringer sind die Probleme für die Erarbeitung und Benutzung eines Wörterbuches, dessen Artikel so angelegt sind, daß die lexikalischen Einheiten beider Sprachen in doppelter Funktion verstanden werden können. Um den Idealfall handelt es sich, wenn den Einträgen des Wörterbuches bereits standardisierte Äquivalenzen zugrunde liegen. Bei dem in Textbeispiel 198.5 wiedergegebenen Ausschnitt aus einem Fachwörterbuch des Sprachenpaares Deutsch/Französisch (das mit seinem Titel beansprucht, Terminologie zweier Sprachen lexikographisch darzustellen, jedoch neben Termini im Sinne standardisierter Fachwortschatzeinheiten oder wenigstens im Sinne von Fachwortschatzeinheiten, die sich auf definierte Begriffe beziehen, auch sonstige Fachwortschatzeinheiten erfaßt: Haensch/Desportes 1994) kann den in je verschiedenen Spalten aufgeführten lexikalischen Einheiten des Französischen und des Deutschen jeweils doppelter Status zugewiesen werden. In dem Wörterbuch, dem der zitierte Ausschnitt entnommen ist, kann z. B., von Französisch als Ausgangssprache ausgehend, nachgeschlagen werden, was *anatocisme* in der französischen Wirtschaftssprache bedeutet, welche lexikalische Einheit des Deutschen im Rahmen von Translationsvorgängen französischem *anatocisme* als Bestandteil eines wirtschaftssprachlichen Fachtextes mit hoher Wahrscheinlichkeit entsprechen muß (über beides informiert „der Zinseszins" in Funktion einer Angabe zu „l'anatocisme"), was *Zinseszins* in der deutschen Wirtschaftssprache bedeutet und welche lexikalische Einheit des Französischen im Rahmen von Translationsvorgängen deutschem *Zinseszins* als Bestandteil eines wirtschaftssprachlichen Fachtextes mit hoher Wahrscheinlichkeit entsprechen muß (letztere beiden Informationen werden über „l'anato-

4. Les intérêts	**Die Zinsen**
6504 l'anatocisme *m*	der Zinseszins
6505 le calcul des intérêts	die Zinsberechnung
6506 capitaliser les intérêts	die Zinsen zum Kapital schlagen
6507 la commission de banque	die Bankprovision
6508 le décaissement	die Auszahlung
6509 l'échéance des intérêts *f*	der Zinstermin
6510 l'échelle d'intérêts *f*	die Zinsstaffel
6511 élever le taux d'intérêt	den Zinssatz erhöhen
6512 l'intérêt *m*	der Zins
6513 sans intérêt	unverzinslich, zinslos
6514 un intérêt de pénalité	ein Strafzins
6515 la différence de niveau des intérêts	das Zinsgefälle
6516 les intérêts bancaires *mpl*	die Bankzinsen *mpl*
6517 les intérêts courus *mpl*	die angefallenen Zinsen *mpl*
6518 les intérêts créditeurs *mpl*	die Habenzinsen *mpl*
6519 les intérêts débiteurs *mpl*	die Sollzinsen *mpl*
6520 les intérêts de retard *mpl*	die Verzugszinsen *mpl*
6521 les intérêts échus *mpl*	die fälligen Zinsen *mpl*
6522 les intérêts en retard *mpl*	die rückständigen Zinsen *mpl*
6523 l'intérêt simple *m*	der einfache Zins
6524 les intérêts légaux *mpl*	die gesetzlichen Zinsen *mpl*
6525 les intérêts moratoires *mpl*	die Verzugszinsen *mpl*
6526 les intérêts usuraires *mpl*	die Wucherzinsen *mpl*
6527 la marge entre les intérêts débiteurs et créditeurs	die Zinsspanne
6528 percevoir des intérêts	Zinsen vereinnahmen, Zinsen erheben
6529 porter les intérêts en compte	die Zinsen dem Konto gutschreiben
6530 prélever: la banque prélève une commission	berechnen: die Bank berechnet eine Provision
6531 produire des intérêts	Zinsen einbringen / bringen / tragen

Textbeispiel 198.5: Wörterbuchausschnitt (aus: Haensch/Desportes 1994, 232)

cisme" in Funktion einer Angabe zu „der Zinseszins" vermittelt). Die jeweils mit einer Nummer versehenen Textsegmente des zitierten Wörterbuches, in denen eine Äquivalenzbeziehung zwischen Wortschatzeinheiten der beiden Sprachen hergestellt wird, sind auf einer hierarchisch höheren Ebene thematisch und erst auf einer hierarchisch tieferen Ebene alphabetisch nach den Wortschatzeinheiten des Französischen angeordnet. Der alphabetische Zugriff ist jedoch sowohl vom Französischen wie vom Deutschen her möglich, und zwar jeweils über ein alphabetisches Register der französischen und eines der deutschen Wortschatzeinheiten. In beiden Registern bestehen die Einträge jeweils aus der Anführung einer Wortschatzeinheit und einer Nummer. Die Nummer ermöglicht den Zugriff auf die gesuchte Information im Hauptteil des Wörterbuches. Man gelangt also ausgehend von einer französischen Wortschatzeinheit *anatocisme* über die Nummer 6504 zu einem deutschen Äquivalent *Zinseszins* und ausgehend von einer deutschen Wortschatzeinheit *Zinseszins*, ebenfalls über die Nummer 6504, zu einem französischen Äquivalent *anatocisme*.

Hinreichende Parallelität der semantischen Strukturen kann auch zwischen Fachwortschätzen oder Fachwortschatzausschnitten von mehr als zwei Sprachen gegeben sein. In diesem Fall können die Strukturen des Wörterbuches so angelegt werden, daß für Wortschatzeinheiten jeder der Wörterbuchsprachen Äquivalente in allen jeweiligen weiteren Sprachen des Wörterbuches zu finden sind. Sowohl im zweisprachigen wie im mehrsprachigen (im Sinne von mehr als zwei Sprachen behandelnden) Fachwörterbuch des beschriebenen Typs kann die Makrostruktur des Wörterbuchhauptteils auf einer oder mehreren hierarchischen Ebenen einem thematischen Anordnungsprinzip folgen, so daß der alphabetische Zugriff von allen Sprachen aus nur über alphabetische Register möglich ist. Jedoch kann die Anordnung der makrostrukturellen Einheiten in dem Wörterbuchteil, in dem Wortschatzeinheiten der verschiedenen Sprachen einander als Äquivalente zugeordnet werden, auch durchgängig alphabetisch, nach der alphabetischen Reihenfolge der lexikalischen Einheiten einer der Wörterbuchsprachen vorgenommen werden, von der aus der alphabetische Zugriff unmittelbar erfolgen kann, während er von den anderen Sprachen des Wörterbuches aus indirekt, über alphabetische Register, abläuft. Das Prinzip, daß lexikalische Einheiten aller im Wörterbuch erfaßten Sprachen in zwei Funktionen auftreten – in der Funktion ausgangssprachlicher Einheiten, zu denen zielsprachliche Äquivalente angegeben werden, und in der Funktion zielsprachlicher Wortschatzeinheiten, die als Äquivalente angegeben werden –, kann im mehrsprachigen Wörterbuch auf verschiedene Arten verwirklicht sein. Es wird besonders deutlich erkennbar, wenn die Wortschatzeinheiten einfach einander in nach Sprachen verteilten Spalten gegenübergestellt werden, wie dies etwa in dem Wörterbuch der Fall ist, aus dem der in Textbeispiel 198.6 wiedergegebene Ausschnitt stammt (Haensch/Haberkamp 1996).

Es handelt sich um ein sechssprachiges Fachwörterbuch der Sprachen Deutsch, Englisch, Französisch, Spanisch, Italienisch und Russisch. Die Makrostruktur des Hauptteils („systematischer Teil") weist vier Ebenen auf. Drei davon verhalten sich hierarchisch zueinander: eine oberste mit Anordnung nach großen thematischen Feldern („A. Ernährung und Landwirtschaft, Allgemeines", „B. Ausbildung, Forschung, Informationswesen", „C. Verwaltung und Gesetzgebung", „D. Wirtschafts- und Sozialwissenschaften des Landbaus", „E. Verarbeitung landwirtschaftlicher Produkte" usw.), eine mittlere mit Anordnung nach engeren thematischen Bereichen (z. B. innerhalb „E. Verarbeitung landwirtschaftlicher Produkte": „1. Allgemeines", „2. Müllerei und Bäckerei", „3. Stärke- und Zuckerindustrie", „4. Gärungsindustrie", „5. Obst- und Gemüseverarbeitung" usw.) und eine unterste mit alphabetischer Anordnung nach den lexikalischen Einheiten des Deutschen. Eine weitere Ebene, die außerhalb der strukturellen Hierarchie steht, welche die anderen drei Ebenen bilden, entsteht durch die den gesamten Wörterbuchhauptteil durchlaufende Numerierung. Die Nummern bilden das Bindeglied zwischen den sieben alphabetischen Registern (eines pro Wörterbuchsprache und ein weiteres, „Latinus", für die botanische und zoologische Nomenklatur) und dem Hauptteil des Wörterbuches. Zu jeder im Wörterbuch registrierten lexikalischen Einheit findet man im jeweiligen Register eine Nummer. Die Nummer führt den Wörterbuchbenutzer zum jeweiligen Ort im Hauptteil, wo der lexikalischen Einheit der vom Wörterbuchbenutzer als Ausgangssprache gewählten Sprache lexikalische Einheiten der fünf anderen Sprachen so gegenüberstehen, daß sie als Äquivalentangaben interpretiert werden können.

Um eine völlig andere Konzeption scheint es sich dagegen auf den ersten Blick im Falle des achtsprachigen Fachwörterbuches zu handeln, dem der in Textbeispiel 198.7 wiedergegebene Ausschnitt entnommen ist (Sinjagin 1970).

Im ersten Band dieses Wörterbuches läßt sich eine Makrostruktur feststellen, die ungefähr derjenigen der meisten allgemeinsprachlichen zweisprachigen Wörterbücher entspricht. Es lassen sich Artikel unterscheiden, und pro Artikel ein Lemma. Beim Lemma handelt es sich jeweils um eine lexikalische Einheit des Russischen, zu der jeweils (immer in derselben Reihenfolge, in senkrechter Abfolge nach Sprachen) lexikalische Einheiten des Bulgarischen, Tschechischen, Polnischen, Ungarischen, Rumänischen, Deutschen und Englischen angegeben werden. Die russischen Lemmata sind alphabetisch geordnet. Dies könnte den Eindruck erwecken, das Wörterbuch sei sinnvollerweise nur in der Weise zu konsultieren, daß man darin für Fachwortschatzeinheiten des Russischen Äquivalente in anderen Sprachen sucht, nicht dagegen z. B. ein russisches Äquivalent für eine Wortschatzeinheit des Deutschen oder ein bulgarisches Äquivalent für eine Wortschatzeinheit des Rumänischen. Im Vorwort des Wörterbuches wird jedoch ausdrücklich darauf hingewiesen, daß dieses so konzipiert ist, daß jede der acht Wörterbuchsprachen vom Wörterbuchbenutzer als Ausgangssprache gewählt werden kann und die im jeweiligen Artikel angeführten lexikalischen Einheiten der jeweils anderen sieben Sprachen von ihm als Äquivalente zur lexikalischen Einheit der gewählten Ausgangssprache interpretiert werden dürfen: „Словарь составлен таким образом, что позволяет переводить с любого языка стран-членов СЭВ на любой из этих языков или параллельно на несколько языков. Для того, чтобы расширить возможности использования словаря, в него включен восьмой язык – английский." (Sinjagin 1970, Bd. I, VI) [Das Wörterbuch ist so angelegt, daß es die Übersetzung aus einer beliebigen der Sprachen der Mitgliedstaaten des RGW in eine beliebige andere dieser Sprachen oder parallel zueinander in mehrere Sprachen ermöglicht. Aus diesem Grund wurde mit dem Ziel noch breiterer Möglichkeiten der Verwendung des Wörterbuchs die Zahl

11036–11058 Q	Landwirtschaftliche Maschinen	Agricultural machinery	Machinisme agricole	Q	Maquinaria agrícola	Meccanica agraria	Сельскохозяйственные машины
1.	Traktor/Schlepper	Tractor	Tracteur	1.	Tractor	Trattrice	Трактор
11036	(Abgas) Turbolader m	supercharger	turbocompresseur m	11036	motor m turbo	supercaricatore m	турбонагнетатель
11037	Abgase n pl	exhaust gases pl	gaz m d'échappement	11037	gases m pl de escape	gas m pl di scappamento: gas di scarico	выхлопные газы m pl
11038	Abgasrückführung f	exhaust gas recirculation; EGR	recyclage m des gaz d'échappement	11038	recirculación f de gases de escape	ricirconduzione f del gas di scarico	рециркуляция отработавших газов
11039	Ackerreifen m; Farmerreifen m; Geländereifen m	farm tyre; off-highway tyre	pneus m pl agraires	11039	neumáticos m pl agrícolas; neumáticos para todo terreno	pneumatici m pl agricoli	шина высокой проходимости
11040	Ackerschiene f	linkage drawbar	barre f d'attelage	11040	barra f de enganche	barra f fissa (per attrezzi); barra d'attacco	прицепная скоба
11041	Allradantrieb m	four-wheel drive	propulsion f à quatre roues motrices	11041	propulsión f integral; tracción f en las cuatro ruedas; doble tracción f (LA)	propulsione f a quattro ruote motrici	привод на все колёса
11042	Allradschlepper m; Vierradschlepper m	four-wheel drive tractor	tracteur m à quatre roues motrices	11042	tractor m con cuatro ruedas motrices	trattrice f a quattro ruote motrici	трактор со всеми ведущими колёсами
11043	Anhängerkupplung f	trailer hitch; trailer coupling	attelage m pour remorque	11043	embrague m del remolque	attacco m per rimorchio; accoppiamento m per rimorchio	сцепное устройство
11044	Anhängeschiene f	trailer bar; coupling bar; hitch rail	barre f d'attache; barre d'accrochage; barre d'attelage	11044	barra f de remolque; barra de tiro; barra de acoplamiento; barra de enganche	barra f di trazione; barra d'attacco; barra di traino	прицепная скоба; прицепной брус

198. Das Problem der Äquivalenz im Fachwörterbuch

11036–11058 Landwirtschaftliche Maschinen	Agricultural machinery	Machinisme agricole	Q	Maquinaria agrícola	Meccanica agraria	11036–11058 Сельскохозяйственные машины
Traktor/Schlepper	Tractor	Tracteur	1.	Tractor	Trattrice	Трактор
11045 Anhängevorrichtung f (für Geräte); Befestigung f	attaching device (for field implements); fastening (implements); coupling device (for field implements)	attelage m (pour les outils); dispositif m d'attelage; dispositif m de fixation	11045	instalación f para remolque	dispositivo m di attacco (per attrezzi)	сцепное устройство для орудий
11046 Anhängevorrichtung f (für Wagen)	trailer coupling device; trailer hitch; hitch for wagons	dispositif m de remorquage; dispositif d'attelage pour remorques	11046	dispositivo m de remolque	dispositivo m di attacco per rimorchi; dispositivo di rimorchio	сцепное устройство для присоединения прицепа; прицепное приспособление
11047 (Anhänge)zugmaul n; Schleppermaul n	trailer drawbar	attelage m pour remorques; attelage à chape	11047	enganche m para remolque; boca f de enganche; boca de tracción	gancio m di trazione	прицепная серьга; прицепной (буксирный) крюк
11048 Anlasser m; Starter m	starting motor	démarreur m	11048	motor m de arranque	(motorino di) avviamento m; starter m; dispositivo m d'avviamento	стартер; пусковое устройство
11049 Antischlupfvorrichtung f	anti-slip device	dispositif m d'adhérence	11049	dispositivo m antideslizante	dispositivo m di aderenza; dispositivo di aggrappamento	устройство для уменьшения скольжения; антислип
11050 Antriebsrad n; Triebrad n	driving wheel; bull wheel (US)	roue f motrice	11050	rueda f motriz	ruota f motrice	ведущее колесо
11051 Arbeitsgang m; Normalgang m	working speed; working gea [sic]	vitesse f de travail	11051	velocidad f para el labrado; marcha f para al labrado	marcia f di lavoro; velocità f di lavoro	рабочий ход
11052 Aufbäumen n (des Traktors)	jacking up; rearing (of the tractor)	cabrage m	11052	encabritamiento m (del tractor)	impennamento m	поднятие (трактора)
11053 Auflaufbremse f	over-run brake	frein m à inertie	11053	freno m de inercia	freno m ad inerzia	тормоз наката (для прицепов); набегающий тормоз

Textbeispiel 198.6: Wörterbuchausschnitt (aus: Haensch/Haberkamp 1996, 748 und 749)

```
0204  жижераспределитель лемешный
      Б. лемежен разпръсквач m за
      течни торове
      C. radličkový močůvkovač
      P. rozlewacz redlicowy gnojówki
      M. kultivátorkapás trágyaelszóró
      R. distribuitor de must de băleger cu
      brăzdar
      D. Jauchedrill m, Jauchedrillvor-
      richtung f
      E. furrow liquid manure distribu-
      tor, liquid manure drill
0205  жижесборник → Б 0242
0206  жижесборный
      Б. предназначен за торова течност
      C. shromažďující močůvku, na
      močůvku
      P. gromadzący gnojówkę
      M. trágyatároló, trágyagyűjtő
      R. pentru colectarea purinei
      D. Jauchesammel-
      E. liquid manure collecting
0207  жижехранилище → Б 0242
0208  жизнедеятельность f (организма) biol.
      Б. жизнена дейност f (на организма)
      C. životně důležitá činnost f (organismu)
      P. procesy mpl (czynności) życiowe
      (w organizmie)
      M. életműködés
      R. activitate f biologică, ~ vitală
      D. Lebenstätigkeit f (des Organismus)
      E. vital activity, life ~
0209  жизненность f biol.
      Б. жизненост f, жизнеспособност f
      C. životnost f
      P. żywotność f
      M. életképesség
      R. vitalitate f
      D. Lebensfähigkeit f, Vitalität f
      E. vitality, vital power
```

Textbeispiel 198.7: Wörterbuchausschnitt (aus Sinjagin 1970, Bd. I, 232)

der in diesem behandelten Sprachen um eine achte, das Englische, erweitert].

Während der alphabetische Zugriff in diesem Wörterbuch in einer Sprache, dem Russischen, direkt über die Makrostruktur des Wörterbuchhauptteils möglich ist, führt er im Falle der anderen sieben Sprachen in Ausgangssprachenfunktion über ein Register (eines pro Sprache). Die Register geben pro lexikalische Einheit der vom Wörterbuchbenutzer als Ausgangssprache gewählten Sprache den Artikel an (im Falle von Polysemie einer Fachwortschatzeinheit in der betreffenden Sprache mehrere Artikel), in dem die Äquivalente von den anderen Sprachen her aufgesucht werden können. Dies geschieht über die Angabe eines russischen Buchstabens und einer Nummer. Mittels dieser Angabe erfährt der Wörterbuchbenutzer den Anfangsbuchstaben des russischen Lemmas eines gesuchten Artikels des Wörterbuchhauptteils. Lemmata mit denselben Anfangsbuchstaben sind jeweils durchnumeriert. Der Wörterbuchbenutzer, der z. B. ein polnisches Äquivalent zum ungarischen *kultivátorkapás trágyaelszóró* sucht, erfährt, daß er unter den mit dem Buchstaben ⟨ж⟩ beginnenden russischen Lemmata dasjenige aufsuchen muß, das in der ersten Zeile des Artikels mit der Ordnungsnummer 0204 steht. Es handelt sich um das Lemma „жижераспределитель лемешный". In dem Artikel mit diesem Lemma findet er u. a. die Angaben „M. kultivátorkapás trágyaelszóró" (ungarisches Äquivalent zu russisch жижераспределитель лемешный und, ihm vorausgehend, die Zuordnung zum Ungarischen) und „P. rozlewacz redlicowy gnojówki" (polnisches Äquivalent zu russisch жижераспределитель лемешный und, ihm vorausgehend, die Zuordnung zum Polnischen). Sodann kann er die Relation zwischen den Angaben „M. kultivátorkapás trágyaelszóró" und „P. rozlewacz redlicowy gnojówki" so interpretieren, daß polnisch *rozlewacz redlicowy gnojówki* als Äquivalent zum ungarischen *kultivátorkapás trágyaelszóró* angegeben ist.

8. Literatur (in Auswahl)

8.1. Wörterbücher

Engelbert 1986 = Heinz Engelbert unter Mitarb. v. Alexander Semenovič Berson: Rechtswörterbuch Russisch−Deutsch. Russko−nemeckij juridičeskij slovar'. Berlin. Moskau 1986.

Garzanti 1994 = Dizionario Garzanti di tedesco. Tedesco−italiano/italiano−tedesco. Mailand 1994.

Haensch/Desportes 1994 = Günther Haensch/Yvon Desportes: Wirtschaftsterminologie Französisch/Deutsch. Systematischer Wortschatz mit zwei Registern. Ismaning 1994.

Haensch/Haberkamp 1996 = Wörterbuch der Landwirtschaft. Deutsch − Englisch − Französisch − Spanisch − Italienisch − Russisch. Systematisch und alphabetisch. Begründet v. Günther Haensch und Gisela Haberkamp de Antón. 6. Aufl. München. Frankfurt/M. Münster-Hiltrup. Klosterneuburg. Bern 1996.

RAE 1992 = Real Academia Española: Diccionario de la lengua española. 21. Aufl. Madrid 1992.

Sánchez 1990/1993 = Celestino Sánchez: Wörterbuch für den Wirtschafts-, Handels- und Rechtsverkehr. Teil 1: Deutsch−Spanisch. Wiesbaden 1990. Parte 2: Español−Alemán. Wiesbaden 1993.

Schüler 1986 = Autorenkollektiv. Wissenschaftliche Gesamtredaktion Andreas Schüler: Ökonomisches Wörterbuch Englisch−Deutsch. 2. Aufl. Berlin 1986.

Sinjagin 1970 = Iraklij Ivanovič Sinjagin (naučnyj redaktor): Vos'mijazyčnyj sel'skochozjajstvennyj slovar'. Russkij – bolgarskij – češskij – pol'skij – vengerskij – rumynskij – nemeckij – anglijskij. Moskau. Sofia. Prag. Warschau. Budapest. Bukarest. Berlin 1970.

8.2. Sonstige Literatur

Arntz/Picht 1982 = Reiner Arntz/Heribert Picht: Einführung in die übersetzungsbezogene Terminologiearbeit. Hildesheim. Zürich. New York 1982 (Hildesheimer Beiträge zu den Erziehungs- und Sozialwissenschaften. Studien – Texte – Entwürfe 17).

Arntz/Picht 1989 = Reiner Arntz/Heribert Picht: Einführung in die Terminologiearbeit. Hildesheim. Zürich. New York 1989 (Studien zu Sprache und Technik 2).

Baldinger 1971 = Kurt Baldinger: Semasiologie und Onomasiologie im zweisprachigen Wörterbuch. In: Interlinguistica. Sprachvergleich und Übersetzung. Festschrift zum 60. Geburtstag von Mario Wandruszka. Hrsg. v. Karl-Richard Bausch und Hans-Martin Gauger. Tübingen 1971, 384–396. [Erneut veröffentlicht in: Probleme des Wörterbuchs. Hrsg. v. Ladislav Zgusta. Darmstadt 1985 (Wege der Forschung 612), 136–149].

Baunebjerg Hansen 1990 = Gitte Baunebjerg Hansen: Artikelstruktur im zweisprachigen Wörterbuch. Überlegungen zur Darbietung von Übersetzungsäquivalenten im Wörterbuchartikel. Tübingen 1990 (Lexicographica. Series Maior 35).

Bergenholtz 1995 = Henning Bergenholtz: Wodurch unterscheidet sich Fachlexikographie von Terminographie? In: Lexicographica 11. 1995, 50–59.

Bergenholtz/Tarp 1995 = Manual of specialised lexicography. The preparation of specialised dictionaries. Hrsg. v. Henning Bergenholtz und Sven Tarp. Amsterdam. Philadelphia 1995 (Benjamins Translation Library, Volume 12).

Bertaux 1983 = Pierre Bertaux: Contrastivité et lexicographie. In: Contrastes. Hors Série A 3. 1983, 17–21.

Choul 1987 = Jean-Claude Choul: Contrôle de l'équivalence dans les dictionnaires bilingues. In: A spectrum of lexicography. Papers from AILA Brussels 1984. Hrsg. v. Robert Ilson. Amsterdam. Philadelphia 1987, 75–90.

Christiansen/Duvå/Laursen 1994 = Lisbet Maidahl Christiansen/Grete Duvå/Anna-Lise Laursen: Das Translations-Wörterbuch für Fachsprachen: Ein integriertes Konzept. In: Fachlexikographie. Fachwissen und seine Repräsentation in Wörterbüchern. Hrsg. v. Burkhard Schaeder und Henning Bergenholtz. Tübingen 1994 (Forum für Fachsprachen-Forschung 23), 269–282.

Coseriu 1981 = Eugenio Coseriu: Kontrastive Linguistik und Übersetzungstheorie: ihr Verhältnis zueinander. In: Kontrastive Linguistik und Übersetzungswissenschaft. Akten des Internationalen Kolloquiums Trier/Saarbrücken 25.–30.9.1978. Hrsg. v. Wolfgang Kühlwein, Gisela Thome und Wolfram Wilss. München 1981, 183–199.

Cousin 1982 = Pierre-Henri Cousin: La mise en équation des entités lexicales françaises et anglaises dans un dictionnaire bilingue. In: Linguistica contrastiva. Atti del XIII Congresso Internazionale di Studi Asti, 26–28 maggio 1979. Hrsg. v. Daniela Calleri und Carla Marello. Rom 1982 (Pubblicazioni della Società Linguistica Italiana 20), 255–277.

Duvå/Laursen 1994 = Grete Duvå/Anna-Lise Laursen: Translation and LSP Lexicography: A User Survey. In: Fachlexikographie. Fachwissen und seine Repräsentation in Wörterbüchern. Hrsg. v. Burkhard Schaeder und Henning Bergenholtz. Tübingen 1994 (Forum für Fachsprachen-Forschung 23), 247–267.

Duval 1991 = Alain Duval: L'équivalence dans le dictionnaire bilingue. In: Hausmann/Reichmann/Wiegand/Zgusta 1991, 2817–2824.

Ferretti 1993 = Vittorio Ferretti: Ein lexikalisches Konzept für mehrsprachige Fachwörterbücher. In: Lebende Sprachen 38. 1993, 147–150.

Filipec 1973 = Jozef Filipec: Ekvivalenty a synonyma v slovní zásobě. In: Slovo a slovník. Zborník referátov z lexikologicko-lexikografickej konferencie v Smoleniciach 4.–7. mája 1970. Hrsg. v. Jozef Ružička und Ivan Poldauf. Bratislava 1973, 131–144.

Fischer 1973 = Walter L. Fischer: Äquivalenz- und Toleranzstrukturen in der Linguistik. Zur Theorie der Synonyma. München 1973 (Linguistische Reihe 15).

Gallagher 1993 = John D. Gallagher: The Quest for equivalence. In: Lebende Sprachen 38. 1993, 150–161.

Goffin 1981 = Roger Goffin: Die terminologische Praxis („Terminographie") im Dienst der Übersetzung. In: Lebende Sprachen 26. 1981, 147–151.

Grindsted 1988 = Annette Grindsted: Principper for præsentation af ækvivalenter i oversættelsesordbøger. Odense 1988 (Odense University Studies in Linguistics 8).

Haensch 1991 = Günther Haensch: Die zweisprachige Fachlexikographie und ihre Probleme. In: Hausmann/Reichmann/Wiegand/Zgusta 1991, 2937–2948.

Hartmann 1985 = Reinhard Rudolf Karl Hartmann: Contrastive text analysis and the search for equivalence in the bilingual dictionary. In: Symposium on lexicography II. Proceedings of the Second International Symposium on Lexicography May 16–17, 1984 at the University of Copenhagen. Hrsg. v. Karl Hyldgaard-Jensen und Arne Zettersten. Tübingen 1985 (Lexicographica. Series Maior 5), 121–132.

Hartmann 1988 = Reinhard Rudolf Karl Hartmann: Equivalence in bilingual lexicography. From correspondence relation to communicative strategy. In: Papers and Studies in Contrastive Linguistics 22. 1988, 21–28.

Hartmann 1991 = Reinhard Rudolf Karl Hartmann: Contrastive linguistics and bilingual lexicography. In: Hausmann/Reichmann/Wiegand/Zgusta 1991, 2854–2859.

Hausmann 1977 = Franz Josef Hausmann: Einführung in die Benutzung der neufranzösischen Wörterbücher. Tübingen 1977 (Romanistische Arbeitshefte 19).

Hausmann/Reichmann/Wiegand/Zgusta 1991 = Franz Josef Hausmann/Oskar Reichmann/Herbert Ernst Wiegand/Ladislav Zgusta (Hrsg.): Wörterbücher. Ein internationales Handbuch zur Lexikographie. 3. Teilbd. Berlin. New York 1991 (Handbücher zur Sprach- und Kommunikationswissenschaft 5.3).

Hausmann/Werner 1991 = Franz Josef Hausmann/Reinhold Otto Werner: Spezifische Bauteile und Strukturen zweisprachiger Wörterbücher: eine Übersicht. In: Hausmann/Reichmann/Wiegand/Zgusta 1991, 2729–2769.

Heltai 1988 = Pál Heltai: Contrastive analysis of terminological systems and bilingual technical dictionaries. In: International Journal of Lexicography 1. 1988, 32–40.

Hochmuth 1975 = Horst Hochmuth: Ermittlung von Äquivalenzkriterien durch semantischen Valenzvergleich (am Beispiel des militärischen Terminus *befördern* und seiner russischen Entsprechungen). In: Linguistische Arbeitsberichte 11. 1975, 106–112.

Hohulin 1986 = E. Lou Hohulin: The absence of lexical equivalence and cases of its asymmetry. In: Lexicographica 2. 1986, 43–52.

Kade/Kade 1975 = O. Kade/V. Kade: Semantičeskij analiz kak sredstvo naučnoj èksplikacii mež-jazykovoj èkvivalentnosti (Na materiale russkich i nemeckich glagolov). In: Teorija perevoda i naučnye osnovy podgotovki perevodčikov. Materialy vsesojuznoj naučnoj konferencii. Hrsg. v. Ministerstvo Vysšego i Srednego Special'nogo Obrazovanija SSSR und Moskovskij Gosudarstvenyj Pedagogičeskij Institut Inostrannych Jazykov Imeni Morisa Toreza. Moskau 1975, Čast' I, 151–164.

Karl 1982 = Ilse Karl: Linguistische Probleme der zweisprachigen Lexikographie. Eine Nachlese praktischer Wörterbucharbeit. Berlin 1982 (Linguistische Studien. Reihe A. Arbeitsberichte 96).

Kromann 1994 = Hans-Peder Kromann: Zur funktionalen Benutzerperspektivierung bei der Äquivalentdarbietung in einem zweisprachigen Wörterbuch mit Deutsch und Portugiesisch. In: Portugiesische und Portugiesisch–deutsche Lexikographie. Hrsg. v. Udo L. Figge. Tübingen 1994 (Lexicographica. Series Maior 56), 35–45.

Kromann/Riiber/Rosbach 1984 = Hans Peder Kromann/Theis Riiber/Poul Rosbach: Überlegungen zu Grundfragen der zweisprachigen Lexikographie. In: Studien zur neuhochdeutschen Lexikographie V. Hrsg. v. Herbert Ernst Wiegand. Hildesheim. New York. Zürich 1984 (Germanistische Linguistik 3–6/84), 159–238.

Kromann/Riiber/Rosbach 1991 = Hans Peder Kromann/Theis Riiber/Poul Rosbach: Principles of Bilingual Lexicography. In: Hausmann/Reichmann/Wiegand/Zgusta 1991, 2711–2728.

Lehmann 1981 = Dorothea Lehmann: Aspekte der Übersetzungsäquivalenz: Versuch einer Differenzierung. In: Kontrastive Linguistik und Übersetzungswissenschaft. Akten des Internationalen Kolloquiums Trier/Saarbrücken 25.–30.9.1978. Hrsg. v. Wolfgang Kühlwein, Gisela Thome und Wolfram Wilss. München 1981, 288–299.

Leisi 1971 = Ernst Leisi: Der Wortinhalt. Seine Struktur im Deutschen und Englischen. 4. Aufl. Heidelberg 1971 (Uni-Taschenbücher 95).

Malíková 1953 = O. Malíková: Problem ekvivalentu v dvojjazyčnom slovníku. In: Lexikografický sborník. Bratislava 1953, 119–125.

Manley 1985 = James Manley: Processing of excerpts for the bilingual dictionary. In: Symposium on lexicography II. Proceedings of the Second International Symposium on Lexicography May 16–17, 1984 at the University of Copenhagen. Hrsg. v. Karl Hyldgaard-Jensen und Arne Zettersten. Tübingen 1985 (Lexicographica. Series Maior 5), 245–254.

Manley/Jacobsen/Pedersen 1988 = James Manley/Jane Jacobsen/Viggo Hjørnager Pedersen: Telling lies efficiently: Terminology and the microstructure in the bilingual dictionary. In: Symposium on lexicography III. Proceedings of the Third International Symposium on Lexicography May 14–16, 1986 at the University of Copenhagen. Hrsg. v. Karl Hyldgaard-Jensen und Arne Zettersten. Tübingen 1988 (Lexicographica. Series Maior 19), 281–302.

Marello 1989 = Carla Marello: Dizionari bilingui con schede sui dizionari italiani per francese, inglese, spagnolo, tedesco. Bologna 1989 (Fenomeni Linguistici 6).

Martin 1975 = Samuel E. Martin: Selection and presentation of ready equivalents in a translation dictionary. In: Problems in lexicography. Report of the Conference on Lexicography Held at Indiana University November 11–12, 1960. Hrsg. v. Fred W. Householder und Sol Saporta. 3. Aufl. Bloomington 1975 (Indiana University Publications. General Publications 21), 153–159.

Martin 1997 = Willy Martin: LSP-dictionaries, termbanks, terminological databasis: a lexicologist's point-of-view. In: Les dictionnaires specialisés et l'Analyse de la Valeur. Actes du Colloque organisé en avril 1995 par le Centre de terminologie de Bruxelles (Institut Libre Marie Haps). Hrsg. v. A. Hermans. Louvain-la-Neuve 1997 (Bibliothèque des Cahiers de l'Institut de Linguistique de Louvain 87), 33–55.

Mikkelsen 1991 = Hans Kristian Mikkelsen: Towards the ideal special language translation dictionary. In: Hermes. Journal of Linguistics 6. 1991, 91–109.

Møller 1985 = Elisabeth Møller: Die ‚optimale' autonom-semasiologische Operation eines lexikalischen Signems der Zielsprache. In: Symposium on lexicography II. Proceedings of the Second International Symposium on Lexicography May 16–17, 1984 at the University of Copenhagen. Hrsg. v. Karl Hyldgaard-Jensen und Arne Zettersten. Tübingen 1985 (Lexicographica. Series Maior 5), 303–317.

Neubert 1986 = Albrecht Neubert: Dichtung und Wahrheit des zweisprachigen Wörterbuchs. Berlin 1986 (Sitzungsberichte der Sächsischen Akademie der Wissenschaften zu Leipzig. Phil.-hist. Klasse 126. H. 4).

Neubert 1992 = Albrecht Neubert: Fact and fiction of the bilingual dictionary. In: Euralex '90 Proceedings. Actas del IV Congreso Internacional. Barcelona 1992, 29–42.

Nielsen 1994 = Sandro Nielsen: The bilingual LSP dictionary. Principles and practice for legal language. Tübingen 1994 (Forum für Fachsprachen-Forschung 24).

Piitulainen 1987 = Marja-Leena Piitulainen: Zum Problem der Äquivalenz in der kontrastiven Lexikographie. In: Lexikologie und Lexikographie. Vorträge der IV. Sprachwissenschaftlichen Konferenz DDR–Finnland. Humboldt-Universität zu Berlin, 3.–5. September 1986. Hrsg. v. Klaus Welke und Renate Neurath. Berlin 1987 (Linguistische Studien. Reiha A: Arbeitsberichte 160), 117–123.

Pisárčiková 1973 = Mária Pisárčiková: Niekoľka poznámok o typoch synonymných ekrivalentov. In: Slovo a slovník. Zborník referátov z lexikologicko-lexikografickej konferencie v Smoleniciach 4.–7. mája 1970. Hrsg. v. Jozef Ružička und Ivan Poldauf. Bratislava 1973, 215–217.

Poldauf 1973 = Ivan Poldauf: Ověřování ekvivalence studiem textů. In: Slovo a slovník. Zborník referátov z lexikologicko-lexikografickej konferencie v Smoleniciach 4.–7. mája 1970. Hrsg. v. Jozef Ružička und Ivan Poldauf. Bratislava 1973, 103–111.

Rossenbeck 1991 = Klaus Rossenbeck: Zwei- und mehrsprachige Fachwörterbücher – Prolegomena zu Theorie und Praxis der Fachlexikographie. In: Hermes 7. 1991, 29–52.

Sager 1994 = Juan C. Sager: Reflections on terminological translation equivalents. In: Lebende Sprachen 39. 1994, 55–57.

Sanz Moreno/Serrano Cabezas 1997 = Pablo Sanz Moreno/María Serrano Cabezas: Les équivalences dans la législation sociale: In: Les dictionnaires spécialisés et l'Analyse et la Valeur. Actes du Colloque organisé en avril 1995 par le Centre de Terminologie de Bruxelles (Institut Libre Marie Haps). Hrsg. v. A. Hermans. Louvain-la-Neuve 1997 (Bibliothèque de Linguistique de Louvain 87), 245–265.

Šarčević 1990 = Susan Šarčević: Terminological incongruency in legal dictionaries for translation. In: BudaLEX '88 Proceedings. Papers from the 3rd International EURALEX Congress, Budapest, 4–9 September 1988. Hrsg. v. T. Magay und J. Zigány. Budapest 1990, 439–446.

Schaarschuh 1992 = F.-J. Schaarschuh: Deutsche Marktwirtschaft und ihre russischen Terminusäquivalente. Ergebnisse einer Pilotstudie zu den quantitativen Verhältnissen und qualitativen Besonderheiten bei der Abdeckung deutschen Fachwortgutes der Wirtschaft und Wirtschaftswissenschaft durch russische Äquivalente in der Wörterbuchliteratur. In: Lebende Sprachen 37. 1992, 49–51.

Schaarschuh 1994 = F.-J. Schaarschuh: Lexikographische Statik und terminologische Dynamik. Eine Betrachtung zur Entsprechungsqualität deutscher und russischer Wirtschaftstermini in der Wörterbuchliteratur. In: Lebende Sprachen 39. 1994, 8–13.

Schade 1973 = Walter Schade: Zur Verwendung des Kontextes bei der Auswahl von Wörterbuchäquivalenten. In: Fremdsprachen 17. 1973, 239–245.

Schmidt 1969 = Wilhelm Schmidt: Charakter und gesellschaftliche Bedeutung der Fachsprachen. In: Sprachpflege 18. 1969, 10–21.

Schnorr 1986 = Veronika Schnorr: Translational equivalent and/or explanation? The perennial problem of equivalence. In: Lexicographica 2. 1986, 53–60.

Scholze-Stubenrecht 1995 = Werner Scholze-Stubenrecht: Äquivalenzprobleme im zweisprachigen Wörterbuch. Ein Erfahrungsbericht. In: Studien zur zweisprachigen Lexikographie mit Deutsch II. Hrsg. v. Herbert Ernst Wiegand. Hildesheim. New York 1995. (Germanistische Linguistik 127–128. 1995), 1–16.

Schorr 1987 = Gabrielle Schorr: Deux types de dictionnaires bilingues de poche. In: A Spectrum of lexicography. Papers from AILA Brussels 1984. Hrsg. v. Robert Ilson. Amsterdam. Philadelphia 1987, 91–99.

Stolze 1994 = Radegundis Stolze: Übersetzungstheorien. Eine Einführung. Tübingen 1994.

Tomaszczyk 1976 = Jerzy Tomaszczyk: On establishing equivalence between lexical items between two languages. In: Papers and Studies in Contrastive Linguistics 5. 1976, 77–81.

Werner 1982 = Reinhold Werner: La definición lexicográfica. In: Günther Haensch et al.: La lexicografía. De la lingüística teórica a la lexicografía práctica. Madrid 1982 (Biblioteca Románica Hispánica, III. Manuales, 56), 259–328.

Werner/Chuchuy 1992 = Reinhold Werner/Claudio Chuchuy: ¿Qué son los equivalentes en el diccionario bilingüe? in: Estudios de lexicología y metalexicografía del español actual. Hrsg. v. Gerd Wotjak. Tübingen 1992 (Lexicographica. Series Maior 47), 99−107.

Wiegand 1979 = Herbert Ernst Wiegand: Kommunikationskonflikte und Fachsprachengebrauch. In: Fachsprachen und Gemeinsprache. Jahrbuch 1978 des Instituts für deutsche Sprache. Hrsg. v. Wolfgang Mentrup. Düsseldorf 1979 (Sprache der Gegenwart. Schriften des Instituts für deutsche Sprache XLVI), 25−58.

Wiegand 1983 = Herbert Ernst Wiegand: Was ist eigentlich ein Lemma? Ein Beitrag zur Theorie der lexikographischen Sprachbeschreibung. In: Studien zur neuhochdeutschen Lexikographie III. Hrsg. v. Herbert Ernst Wiegand. Hildesheim. Zürich. New York 1983 (Germanistische Linguistik 1−4/82), 401−474.

Wiegand 1988 = Herbert Ernst Wiegand: „Shanghai bei Nacht". Auszüge aus einem metalexikographischen Tagebuch zur Arbeit beim Großen Deutsch−Chinesischen Wörterbuch. In: Studien zur neuhochdeutschen Lexikographie VI. 2. Teilbd. Hrsg. v. Herbert Ernst Wiegand. Hildesheim. Zürich. New York 1988 (Germanistische Linguistik 87−90, 1986), 521−626.

Zgusta 1984 = Ladislav Zgusta: Translational equivalence in the bilingual dictionary. In: LEXeter '83 proceedings. Papers from the International Conference on Lexicography at Exeter, 9−12 September, 1983. Hrsg. v. Reinhard Rudolf Karl Hartmann. Tübingen 1984 (Lexicographica. Series Maior 1), 147−154.

Zgusta 1987 = Ladislav Zgusta: Translational equivalence in a bilingual dictionary: Báhukośyam. In: Dictionaries 9. 1987, 1−47.

Reinhold Werner, Augsburg

199. Fachwörterbücher als Hilfsmittel bei der Übersetzung von Fachtexten

1. Fachliche und fachsprachliche Kompetenz des Übersetzers
2. Wörterbuchbenutzung
3. Verfahren bei der Übersetzung von Fachtexten
4. Anforderungen an ein fachliches Übersetzungswörterbuch
5. Literatur (in Auswahl)

1. Fachliche und fachsprachliche Kompetenz des Übersetzers

Geht man in eine Universitätsbibliothek, wird man in der Abteilung mit Wörterbüchern unschwer erkennen können, daß der in Anspruch genommene Regelplatz für gemeinsprachliche Wörterbücher weit größer ist als der für Fachwörterbücher. Zählt man jedoch die Mehrfachexemplare und die verschiedenen Ausgaben gemeinsprachlicher Wörterbücher als ein und dasselbe Wörterbuch, wird man feststellen, daß die Anzahl der Fachwörterbücher die der allgemeinsprachlichen bei weitem überwiegt. Eine vergleichbare Zählung von Übersetzungsaufgaben würde ohne Zweifel dasselbe Ergebnis bringen: Die Übersetzung von Fachtexten stellt die am häufigsten ausgeübte Übersetzungstätigkeit dar.

Für den Beruf des Fachübersetzers gibt es in verschiedenen Ländern unterschiedliche Ausbildungstraditionen. In vielen osteuropäischen Ländern wird für die Zulassung zu einem solchen Studium die vorherige wissenschaftliche Fachausbildung (Dipl. Ing. usw.) verlangt. Darauf aufbauend wird die sprachliche „Zusatzausbildung" durchgeführt. In vielen westeuropäischen Ländern wird „lediglich" die übliche Zulassungsvoraussetzung verlangt, d. h. daß das Studium direkt nach Beendigung der Sekundarstufe begonnen werden kann. Das Studium wird dann als Sprachstudium durchgeführt, das durch Ergänzungsseminare in ausgewählten Fachgebieten (wie Jura, Technik, Wirtschaftswissenschaften) ergänzt wird.

Es gehört zu den anerkannten Fakten: je höher die Fach- und Fachsprachenkompetenz eines Übersetzers ist, je weniger wird er Hilfsmittel bei der Übersetzung benötigen. Dennoch kann man sich kaum einen Übersetzer vorstellen, der ganz ohne Hilfsmittel, darunter auch Wörterbücher, arbeitet. Selbst die am besten ausgebildeten Übersetzer mit der größten Erfahrung werden bei vielen Aufgaben gewisse Wissenslücken haben, die in drei Kompetenzbereichen vorliegen können und zwar

(1) bei der Fachkompetenz,
(2) bei der L1-Sprachkompetenz und
(3) bei der L2-Sprachkompetenz.

Bei der Fachkompetenz muß bei kulturgebundenen Fächern (wie Jura und Wirtschaftswissenschaften) außerdem zwischen L1- und L2-Fachkompetenz unterschieden werden. Weiterhin müssen verschiedene Grade der Fachlichkeit angenommen werden, weil kaum ein Fachexperte im gesamten Fach als Experte gelten kann, wohl aber dann als Semiexperte. Entsprechend kann man sich sehr wohl vorstellen, daß ein Übersetzer große sprachliche Kompetenz in L1 und/oder L2 hat, nicht jedoch eine entsprechend große fachsprachliche Kompetenz. Je geringer die jeweilige Kompetenz ist, je mehr Informationen wird der Übersetzer aus Wörterbüchern benötigen. Dies kann schematisch wie folgt zusammengefaßt werden (nach Bergenholtz/Pedersen/Tarp 1994):

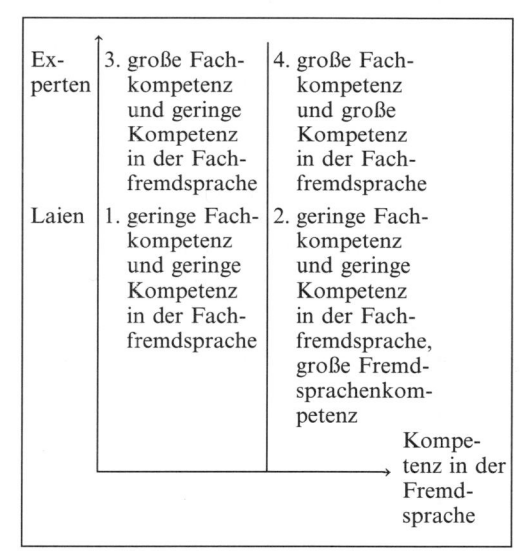

Experten	3. große Fachkompetenz und geringe Kompetenz in der Fachfremdsprache	4. große Fachkompetenz und große Kompetenz in der Fachfremdsprache
Laien	1. geringe Fachkompetenz und geringe Kompetenz in der Fachfremdsprache	2. geringe Fachkompetenz und geringe Kompetenz in der Fachfremdsprache, große Fremdsprachenkompetenz
		Kompetenz in der Fremdsprache →

Abb. 199.1: Zusammenhänge der verschiedenen Kompetenzbereiche

2. Wörterbuchbenutzung

Bis vor wenigen Jahren konnte man den Wörterbuchbenutzer als den bekannten Unbekannten bezeichnen. Speziell für den Gebrauch von monolingualen Sprachwörterbüchern kann man dies nicht mehr ohne Einschränkungen sagen (vgl. Ripfel/Wiegand 1988). Auch für Fachwörterbücher liegen erste Untersuchungen vor. Nicht überraschend ist, daß nachgewiesen werden konnte, daß ein Benutzer bei bilingualen Einzelfachwörterbüchern eine höhere Trefferquote beim Nachschlagen hat, als dies der Fall ist bei den üblicheren Fachwörterbüchern mit vielen Fächern, und letztgenannte sind wiederum besser geeignet als gemeinsprachliche Wörterbücher (Tomaszczyk 1989, 178). In diesem Fall beruhen die Aussagen auf einer Untersuchung anhand eines einzelnen Textes durch einen einzelnen Übersetzer. Genauere Auskünfte sind durch die Anwendung der sog. Protokollmethode erreicht worden, indem Informanten während einer Fachübersetzung die jeweiligen Problemfälle und ihre Lösungsversuche festgehalten haben (Duvå/Laursen 1994). Nicht überraschend ist es, daß Äquivalentprobleme eine Hauptrolle spielen (vgl. Art. 198). Überraschender ist es dagegen, daß Fragen nach fachlichen Bedeutungen eine ganz entscheidende Rolle spielen. Anhand dieser Untersuchungen kann folgender „Wunschkatalog" zu Verbesserung neuer Fachwörterbuchkonzepte aufgestellt werden; die Wünsche sind in der Reihenfolge der Anzahl der jeweiligen Problemtypen angeführt:

— enzyklopädische Information/Definition
— Fachgebietszuordnung
— Angabe von Beispielen
— Angabe von Kollokationen

Zwischen dieser Untersuchung, die am Beispiel von Wirtschaftstexten bei Übersetzungen aus dem Dänischen ins Französische und ins Spanische durchgeführt wurde, und anderen zu anderen Sprachenpaaren und anderen Fächern, gibt es wesentliche Unterschiede, insbesondere weisen andere Untersuchungen einen großen Bedarf an grammatischen und kollokativen Angaben auf (Møller 1992. Nielsen 1994, 13—33).

Zwischen diesem „Wunschkatalog" und der fachlexikographischen Praxis klafft mehr als eine Lücke: Bilinguale und polylinguale Fachwörterbücher haben selten enzyklopädische/semantische Angaben, oftmals gibt es nicht einmal eine Zuordnung zum jeweiligen Fachgebiet, oft gibt es keine grammatischen Angaben, und schließlich haben Kollokationsangaben in Fachwörterbüchern absoluten Seltenheitswert. Allgemein gilt, daß sowohl die Praxis als auch die Theorie der Fachlexikographie weit unter dem Niveau der monolingualen allgemeinsprachlichen Lexikographie liegt. Bei dem „Wunschkatalog" ist zu berücksichtigen, daß Wörterbücher nicht das einzige Hilfsmittel beim Übersetzen darstellen.

3. Verfahren bei der Übersetzung von Fachtexten

Bevor der eigentliche Übersetzungsprozeß beginnt, muß der Text gelesen werden. Dabei wird das Grundverständnis des Inhalts erarbeitet. Außerdem kann der Übersetzer die notwendige Eingrenzung des Fachgebiets vornehmen, sich dabei auch Grundtermini und eventuell eine Zuordnung zur UDK-Klassifikation notieren. Diese Eingrenzung ist deswegen erforderlich, weil die Übersetzung vieler Fachtermini von ihrer Zugehörigkeit zu einem bestimmten Fachgebiet abhängt (vgl. auch Art. 198). Bei der ersten Lektüre des Textes wird der Übersetzer üblicherweise auch solche Fachtermini markieren, die ihm unbekannt sind oder zu denen er mögliche Äquivalente bestätigt haben möchte.

Bei einer L1-L2-Übersetzung kann für die endgültige Lösung einiger Äquivalentprobleme und für erste Hinweise für eine weitere Äquivalentsuche zunächst auf vorliegende L1-L2-Fachwörterbücher zurückgegriffen werden. Bei der Übersetzung aus oder in kleine Sprachen kann es jedoch schon in dieser Phase notwendig werden, L3-L2-Fachwörterbücher heranzuziehen, da oft keine fachrelevanten L1-L2-Wörterbücher vorliegen. Die optimale Ausgangslage für eine Suche nach L2-Äquivalenten liegt vor, wenn es für das Sprachenpaar ein Teilfach- oder Einzelfachwörterbuch zu dem vorliegenden Fachgebiet gibt. Bei Kombinationen von „kleinen" Nationalsprachen ist dieser Wörterbuchtyp jedoch selten, da die vorliegenden Fachwörterbücher vor allem sog. Mehrfachwörterbücher sind. Folgender Wörterbuchartikel aus dem bisher umfangreichsten dänisch-englischen technischen Wörterbuch stellt ein typisches Beispiel aus einem solchen Wörterbuch dar:

---

rørstuds conduit adapter, flanged socket, joining pipe, pipe socket, pipe stub, socket pipe

---

Textbeispiel 199.1: Wörterbuchartikel aus LaH dä-engl Wb

Nur ein Übersetzer mit einer großen Fachkompetenz wird in der Lage sein, aus den sechs aufgereihten Äquivalentangaben genau die zu wählen, die in dem konkreten Fachgebiet die richtige ist. Dazu kommt, daß die meisten Mehrfachwörterbücher oft sehr breit angelegt sind. Beispielsweise umfaßt das soeben zitierte Wörterbuch 161 verschiedene Fächer. Mit seinen 90.000 Lemmata kann es nicht annähernd die Kerngebiete der angeblich kodifizierten Fächer abdecken. Die unzureichende terminologische Erfassung, die mit der Abwesenheit von Angaben enzyklopädischer/semantischer Art verbunden ist, hat zur Folge, daß ein solches Wörterbuch keine sichere Hilfe leisten kann. Dies gilt insbesondere für die Funktion, die in dem zitierten und den meisten vergleichbaren bi- und polylingualen Fachwörterbüchern als ihre Hauptfunktion angegeben wird: Hilfe bei der Übersetzung von Fachtexten.

Nach der Konsultation eines Mehrfachwörterbuches wird der Übersetzer normalerweise das Problem haben, daß es immer noch eine größere Menge von Termini gibt, für die er keine äquivalenten L-2-Ausdrücke oder keine Bestätigung für eine gefundene Äquivalentangabe für den gegebenen Text- bzw. Sachzusammenhang hat finden können. Besonders bei Übersetzern, die kein Studium für Fachübersetzer absolviert haben und typischerweise Übersetzungsaufgaben jeder Art übernehmen, kann diese Unsicherheit ihren Ursprung in Rezeptionsproblemen haben, die außerdem bei Kulturspezifika verstärkt werden. Da die üblichen bi- und polylingualen Fachwörterbücher nur in geringem Umfang Hilfe bei der Rezeption bieten und auch nicht bieten wollen, wird sich der Übersetzer genötigt sehen, Paralleltexte in Form von Lehrbüchern, Handbüchern, Lexika und Enzyklopädien sowie Fachtexte relevanter Art heranzuziehen.

In dem Maße wie die Einsichten in den fachlichen Textinhalt beim Übersetzen steigen, wird der Übersetzer aus dem Zusammenhang schließen können, welche Termini als wahrscheinliche Äquivalente in Frage kommen. Die vermuteten L2-Termini können anschließend in monolingualen oder bilingualen L2-L1-Fachwörterbüchern (oder L2-L3-Fachwörterbüchern) überprüft werden. Hier muß jedoch ergänzt werden, daß dies oft Schwierigkeiten bereitet. Beispielsweise konnte aus dem oben zitierten Wörterbuchartikel keine einzige der sechs angegebenen Äquivalentangaben in drei monolingualen englischen Fachwörterbüchern gefunden werden, darunter auch nicht in einem Einzelfachwörterbuch zu dem termrelevanten Fachgebiet. Die übriggebliebenen Problemfälle müssen daher in Zusammenarbeit mit einem Experten des jeweiligen Fachgebietes gelöst werden, im Idealfall mit dem Verfasser des zu übersetzenden Textes. Bei der Suche nach Äquivalenten bzw. nach Bestätigung bei Äquivalenzunsicherheiten handelt es sich somit um einen sowohl arbeits- als auch zeitintensiven Prozeß, der aus vielen Einzelschritten bestehen kann.

Übersetzung von Fachtexten stellt für viele Im- und Exportfirmen ein wesentliches Problem dar. Solche Firmen stellen daher oft firmeninterne bi- oder polylinguale Termlisten zusammen, die nebenbei auch zur Vereinheitlichung der firmenrelevanten Terminologie beitragen. Der Wert dieser Termlisten als Hilfe bei der Übersetzung ist jedoch recht begrenzt, da es sich meist um reine Wortlisten mit Lemma und Äquivalentangabe(n) ohne irgendeine fachliche Erklärung handelt. Vgl. hierzu ein Beispiel aus einem deutsch-englisch-französisch-italienischen Wörterverzeichnis, das von einem Schweizer Aluminiumhersteller ausgearbeitet worden ist:

Hubwerk hoisting gear, jack, lifting device – dispositif de levage, engin de levage – dispositivo di sollevamento, impianto die sollevamento

---

Textbeispiel 199.2: Mehrsprachiges firmeninternes Wörterverzeichnis

Fehlende bedeutungsdifferenzierende Informationen haben auch hier zur Folge, daß der Benutzer ohne große Fachkompetenz nicht beurteilen kann, inwieweit die jeweilige Äquivalentangabe in einem bestimmten Textzusammenhang korrekt, unklar oder gar falsch ist. Hinzu kommt, daß keine weiteren Angaben zu finden sind, also auch keine Kollokationsangaben oder Angaben von Satzbeispielen, die die Äquivalente in einem Kontext anführen, die u. U. den Benutzer in die Lage versetzen könnten, eine größere Sicherheit bei der Übersetzung zu erlangen.

Abgesehen von Teil- und Stücklisten treten Fachtermini nie isoliert auf, sondern sind Bestandteil von Texten. Da so gut wie keine Fachwörterbücher explizite oder implizite Informationen über die Kollokationsmöglichkeiten eines Fachterms bringen, hat der Übersetzer nur die Möglichkeit, authentische Paralleltexte durchzulesen, wenn er im fachsprachlichen Usus der Zielsprache schreiben will. Diese – sehr zeitintensive – Möglichkeit wäre wohl auch denkbar, wenn es sich um grammatische Unsicherheiten bei der Übersetzung handelt. Üblicherweise sucht der Fachübersetzer jedoch Informationen in L2-Lerner- oder gemeinsprachlichen Wörterbüchern. Oft wird er dabei im Stich gelassen, weil diese Wörterbücher die gesuchten Fachtermini nicht buchen. Die meisten Fachwörterbücher sind hier auch nicht hilfreich, weil sie so gut wie keine grammatischen Angaben enthalten.

Somit entsteht ein relativ negatives Bild bei einer Durchsicht der großen Mehrheit vorliegender bi- und polylingualer Mehrfach-Fachwörterbücher und firmeninterner Termlisten. Weder erhält der Fachexperte mit geringer Fachsprachenkompetenz noch der Übersetzer mit geringer Fach- und Fachsprachenkompetenz ausreichende Hilfe bei konkreten Übersetzungsaufgaben.

4. Anforderungen an ein fachliches Übersetzungswörterbuch

Es gibt viele Gründe für das recht unerfreuliche Bild der vorliegenden Übersetzungswörterbücher. Zum einen gilt immer noch, daß die praktische Lexikographie nicht durchgehend als eine Tätigkeit angesehen wird, die wissenschaftlich fundiert ist und entsprechend als hochqualifiziert eingeschätzt wird. Zum anderen kann für die Erarbeitung der meisten Fachwörterbücher kaum ein angemessener Verdienst erwartet werden, wenn es nicht um theoretisch und praktisch unzufriedenstellende bi- und polylinguale Vielfach-Fachwörterbücher geht. Für jedes Fach, zu jedem Sprachenpaar besteht zwar ein realer Bedarf, nicht aber eine für die Deckung der entstehenden Herstellungskosten ausreichende Käuferschar. So bestehen für die bilinguale Fachlexikographie grundsätzlich zwei Möglichkeiten: Entweder werden keine oder kaum taugliche Wörterbücher erstellt, oder aber man erhält von staatlicher oder privater Seite die nötige Unterstützung. Die erste Möglichkeit ist die Regel, die zweite die Ausnahme. Für diese Ausnahme können einige Vorschläge gemacht werden.

Generell kann festgestellt werden, daß monolinguale L2-Fachwörterbücher und auch gemeinsprachliche L1-L2-Wörterbücher zwar hilfreich sein können, jedoch keine ausreichende Hilfe bieten. Eine Lösung könnte die Erstellung von monolingualen L2-Fachwörterbüchern sein, die wie das BBI-Wörterbuch besonders reich an Kollokationsangaben sein sollen (Tomaszcyk 1989, 183). Dies scheint in der Tat eine Lösung zu sein, wenn man nicht über die Mittel und Mitarbeiter für die nötigen Wörterbücher aller Sprachenpaare in allen Fächern verfügt. Solche Wörterbücher könnten aufgebaut sein nach dem Muster eines pumpentechnologischen Wörterbuchs, das aus drei Lemmalisten besteht. Neben zwei rein bilingualen Glossaren (L1 → L2 und L2 → L1) wird im Hauptteil, im L2-Teil, besonderen Wert gelegt auf grammatische, enzyklopädische und kollokative Angaben:

---

impeller [C]
The rotating member of a centrifugal pump which imparts kinetic energy to the fluid.
▲ ~ eye, ~ inlet, ~ kit, ~ outlet, bladeless ~, blockade of ~, open ~, reversed ~, solid ~, semi-axial ~, semi-open ~, segmented ~, straigh radial and straight axial ~ types, through-flow ~ of the channel type, tighten the ~
→ § 3.4; ill 7

Textbeispiel 199.3: Wörterbuchartikel aus Pedersen 1995

---

adenine ⟨sg⟩ adenina ⟨f, sg⟩
Adenine belongs chemically to the purines and is a component of energy-rich compounds such as adenosine 5'-triphosphate. It is also a building block of nucleic acids (DNA and RNA). The tail, consisting of about 200 adenine nucleotides, is added to the mRNA transcript as it is processed in the nucleus
● La molécula de ADN es una doble hélice formada por dos cadenas de nucleótidos que se emparejan, y que se caracterizan cada ano de ellos por la presencia de uno de los cuatro grupos químicos llamados bases: adenina (A), guanina (G), timina (T) y citosina (C).
● Each nucleotide carries one of four bases: adenine (A), thymine (T), guanine (G) or cytosine (C). A set of three bases, called a codon, specifies one amino acid. The structure of the bases is such that they form complementary pairs: adenine forms hydrogen bonds with thymine, whereas guanine binds to cytosine.
▲ s ~ base pairs with *pares de bases de ~ con*; tail of ~ nucleotides *cola de nucleotidos de ~*
→ purine; § 18

Textbeispiel 199.4: Wörterbuchartikel aus Kaufmann/Bergenholtz 1995

Für kulturungebundene Fächer, d. h. insbesondere für technische und naturwissenschaftliche Fächer, kann ein solches monolinguales Basisfachwörterbuch auch in mehrere bilinguale Wörterbücher eingehen. Ein Beispiel hierfür stellt ein englisch-spanisches/ spanisch-englisches gentechnologisches Wörterbuch (Kaufmann/Bergenholtz 1995) dar. Es enthält neben grammatischen, enzyklopädischen und kollokativen Angaben auch spanische und englische Textbeispiele, die die Funktion von Paralleltexten erfüllen können.

In dem Beispiel aus dem englisch-spanischen Teil ist die enzyklopädische Angabe auf Englisch verfaßt, im spanisch-englischen Teil auf Spanisch. Dieses Konzept ist jedoch nur verwendbar für kulturungebundene Fächer, für kulturgebundene Fächer werden weiter ausgebaute Konzepte für Übersetzungswörterbücher nötig sein (vgl. Bergenholtz/Tarp 1995, Kap. 4).

5. Literatur (in Auswahl)

Bergenholtz/Pedersen/Tarp 1994 = Henning Bergenholtz/Jette Pedersen/Sven Tarp: Basic issues in LSP lexicography. In: Translating LSP texts. Ed by Henning Bergenholtz et al. Copenhagen 1994, 151−187.

Bergenholtz/Tarp 1995 = Manual of specialised lexicography. The preparation of specialised dictionaries. Ed. by Henning Bergenholtz/Sven Tarp. Amsterdam 1995 (Benjamins Translation Library 12).

Duvå/Laursen 1994 = Grete Duvå/Anna-Lise Laursen: Translation and LSP lexicography: A User Survey. In: Fachlexikographie. Fachwissen und seine Repräsentation in Wörterbüchern. Hrsg. v. Burkhard Schaeder und Henning Bergenholtz. Tübingen 1994 (Forum für Fachsprachen-Forschung 23) 247−267.

Kaufmann/Bergenholtz 1995 = Uwe Kaufmann y Henning Bergenholtz con cooperación de Bjarne Stumman, Sven Tarp, Francisco Planas Guiral, Laura de la Rosa Marabet, Nelson la Serna Torres y Gladys la Serna Miranda: Diccionario Enciclopédico de Ingeniería Genética Español-Inglés/Inglés-Español. [in Vorbereitung].

Møller 1992 = Bernt Møller: Oversættelse af teknisk tekst: Anførte problemer og konstaterede fejl. In: Oversættelse af fagsproglige tekster. Ed. by Arnt Lykke Jakobsen. København 1992 (ARK 65), 219−244.

Nielsen 1994 = Sandro Nielsen: The bilingual LSP dictionary. Principles and practice for legal language. Tübingen 1994 (Forum für Fachsprachen-Forschung 24).

Pedersen 1995 = Jette Pedersen: A Grundfos dictionary of pump technology. Bjerringbro: Grundfos [im Druck].

Ripfel/Wiegand 1988 = Martha Ripfel/Herbert Ernst Wiegand: Wörterbuchbenutzungsforschung. Ein kritischer Bericht. In: Studien zur neuhochdeutschen Lexikographie VI, 2. Teilbd. Hrsg. v. Herbert Ernst Wiegand. Hildesheim 1988 (Germanistische Linguistik 87−90) 491−520.

Tomaszczyk 1989 = Jerzy Tomaszczyk: Technical translation and dictionaries. In: Translation and lexicography. Papers read at the EURALEX Colloquium held at Innsbruck 2−5 July 1987. Ed. by Mary Snell-Hornby. Amsterdam 1989, 177−186.

Henning Bergenholtz/Jette Pedersen, Århus

200. Die Berücksichtigung der Fachlexikographie in der neueren Wörterbuch- und Fachsprachenforschung: eine sachliche und bibliographische Übersicht

1. Zur Entwicklung der Reflexion über die Fachlexikographie
2. Zum Verhältnis von Terminographie und Fachlexikographie
3. Selektionsprinzipien für die bibliographische Übersicht
4. Sachliche Übersicht
5. Bibliographische Übersicht

1. Zur Entwicklung der Reflexion über die Fachlexikographie

Als kulturelle und als eigenständige wissenschaftliche Praxis (i. S. v. Wiegand 1998, 38 ff) ist die europäische Fachlexikographie in ihren unterschiedlichen Ausprägungen (zu denen es derzeit noch keine in allen Punkten einheitliche Auffassung gibt; vgl. z. B. Wiegand 1988 mit Bergenholtz 1996) weit über 1000 Jahre alt. Bereits innerhalb ihrer frühen Formen finden sich Reflexionen auf verschiedene Aspekte fachlexikographischer Prozesse, und zwar u. a. in den Vorwörtern von jeweiligen Fachwörterbüchern/Fachlexika und (Fach-)Enzyklopädien (vgl. Art. 201 u. 249, 2.) und z. T. auch in den Artikeln zu Lemmazeichen wie *Wörterbuch*, *Lexikon* und *Enzyklopädie* (vgl. Art. 183) und entsprechenden Wortäquivalenten in anderen Sprachen.

Die schriftlichen Reflexionen auf die Fachlexikographie − seien sie nun wörterbuchintern oder wörterbuchextern überliefert − können bis ins 20. Jh. hinein meistens als *selbstreflexive Komponenten* der fachlexikographischen Praxis (i. S. v. Wiegand 1998, 42 ff) verstanden werden, so daß es in solchen Reflexionen um Problemstellungen anhand je spezifischer, historisch gegebener fachlexikographischer Prozesse geht, und die Lösungsvorschläge in erster Linie prozeßspezifisch sind, so daß sie meistens nur für ein bestimmtes Wörterbuchprojekt gelten oder bestenfalls partiell für Probleme bei Fachwörterbüchern des gleichen Typs. Durch die Existenz einer selbstreflexiven Komponente ist die fachlexikographische Praxis z. T. „theoriegetränkt", wobei die infrage kommenden Theorien oder Theoriefragmente ganz verschiedener Art sein können und sich meistens auf den Wörterbuchgegenstandsbereich (i. S. v. Wiegand 1998, 303), also z. B. auf eine Fachsprache oder mehrere, oder auf den Wörterbuchgegenstand (i. S. v. Wiegand 1998, 302), also auf bestimmte Eigenschaftsausprägungen der im Fachwörterbuch erwähnten Fachausdrücke beziehen sowie weiterhin auf einzelne Aspekte von fachlexikographischen Prozessen.

Die theorieorientierte Reflexion auf die invarianten Eigenschaften, Gesetzmäßigkeiten und Typen fachlexikographischer Prozesse und damit auch auf deren zugehörige Ergebnisse, also die Fachwörterbücher aller Art, eine Reflexion, die von den je spezifischen Gegebenheiten eines fachlexikographischen Prozesses abstrahiert und eine weitergehende Theoriebildung anstrebt mit dem Ziel, nicht nur ein vertieftes Verständnis der fachlexikographischen Praxis zu erreichen, sondern auch wissenschaftlich fundierte Bedingungen für zukünftige Einwirkungsmöglichkeiten auf letztere zu schaffen, mithin eine metalexikographische Reflexion, die auf praxisrelevante Theoriebildung zielt, gibt es − von wenigen früheren Ansätzen abgesehen (vgl. z. B. Schaeder 1982) − erst seit einem guten Jahrzehnt (vgl. auch Art. 196). Erst während dieses Zeitraums wurde — bisher allerdings nur mehr oder weniger systematisch — damit begonnen, einige der Erkenntnisfortschritte zur Lexikographie der Allgemeinsprachen (der Leitvarietäten, der Standardsprachen) aufzugreifen und unter Berücksichtigung der besonderen Bedürfnisse der Lexikographie von Fachsprachen kritisch zu nutzen und gegebenenfalls aus- und umzugestalten.

Die allmählich zunehmende Einbeziehung der Fachlexikographie in den Gegenstandsbereich der Metalexikographie kann als eines der wesentlichen Charakteristika der lexikographietheoretischen Diskussion und ihrer neueren Entwicklung seit Ende der 80er Jahre gelten, nachdem in den 70er Jahren das theoretische Interesse an der monolingualen Lexikographie dominiert hatte und sich danach die Forschungsschwerpunkte besonders auf die bilingualen allgemeinsprachlichen Wörterbücher und auf die Lernerwörterbücher verlagert hatten.

Wenn festgestellt wurde, daß sich das theoretische Interesse an der Fachlexikographie seit Ende der 80er Jahre erheblich verstärkt hat, dann heißt das nicht, daß nicht bereits früher nützliche Beiträge zur Fachlexikographie erschienen und in der bibliographischen Übersicht (vgl. Abschn. 5) zu berücksichtigen sind. Die Verteilung der Beiträge ist aber deutlich so, daß die vor 1985 erschienenen Arbeiten überwiegend einzelnen fachlexikographischen Prozessen und deren spezifischen Problemstellungen zugeordnet werden können, während das für viele Beiträge nach 1985 nicht gilt (vgl. Wiegand 1995).

Eine gewisse Sonderrolle spielen die fachlexikographischen Beiträge, die in der von Wüster geprägten Tradition entstanden sind; sie verstehen sich selbst nicht als Beiträge zur Fachlexikographie, sondern als solche zur Terminographie und damit zur Terminologie. Es ist klar, daß in einer Forschungsphase, in der es verstärkt um die Theorie und Methodologie der Fachlexikographie geht, auch dieses Selbstverständnis neuerdings zur Debatte steht (vgl. dazu z. B. Picht 1985; Knowles 1988; Riggs 1989; Bergenholtz 1995; Humbley 1997; Bergenholtz/Kaufmann 1997). Ein relativ zu einer allgemeinen Theorie der Lexikographie in allen Hinsichten vertretbarer Konsens ist bisher nicht in Sicht.

2. Zum Verhältnis von Terminographie und Fachlexikographie

Im folgenden kann es nicht darum gehen, das angesprochene Verhältnis grundsätzlich zu betrachten. Vielmehr werden nur die wichtigsten Standpunkte vorgetragen, um eine Begründung für die bibliographische Selektion und die Gliederung der bibliographischen Übersicht angeben zu können.

In diesem Handbuch wird die Terminographie als Teil der Fachlexikographie gesehen, was sich in der Kapitelüberschrift „Fachlexikographie III: die Terminographie im 20. Jahrhundert" (vgl. Kap. XXIII) zeigt; daß diese Sicht des Verhältnisses von Fachlexikographie und Terminographie nicht ohne weiteres breite Zustimmung finden wird, kann vermutet werden. Denn es gibt in der neueren Forschungsliteratur drei verschiedene Grundhaltungen, von denen nur die dritte mit der Konzeption dieses Handbuches einigermaßen übereinstimmt. Diese Grundhaltungen lassen sich wie folgt grob charakterisieren:

(1) Den Wörterbuchgegenstandsbereich der Terminographie bilden Fachsprachen, während als Wörterbuchgegenstandsbereich der Lexikographie Allgemeinsprachen gelten. Diese Auffassung macht den Fachausdruck *Fachlexikographie* überflüssig.

(2) Die Terminographie ist ein Teil der Terminologie (besser: der Terminologiewissenschaft, und zwar wegen der mit *Terminologie* verbundenen Ambiguitäten, vgl. Bergenholtz 1995, 51 f), während die Fachlexikographie ein Teil der Lexikographie ist. Terminographie und Fachlexikographie sind deutlich durch jeweils unterschiedliche Aufgaben, methodische Vorgehensweisen und theoretische Ansätze getrennt.

(3) Die Terminographie ist ein Teil der Fachlexikographie und letztere ein Teil der Lexikographie. Anders ausgedrückt heißt dies, daß die Terminographie eine spezielle Ausprägung von Fachlexikographie darstellt, so daß *Terminographie* partonym zu *Fachlexikographie* ist.

Zur Stützung der Auffassungen (1) und (2) werden unterschiedliche Argumente vorgebracht; die wichtigsten können wie folgt zusammengefaßt werden:

(a) Lexikographie und Terminographie unterscheiden sich durch eine klare Trennung ihrer Wörterbuchgegenstandsbereiche, die zugleich als Trennung der Aufgabenbereiche aufgefaßt wird: die Lexikographie hat die Aufgabe, Allgemeinsprachen unter besonderer Berücksichtigung ihrer Lexik lexikographisch zu bearbeiten; die Terminographie hat dagegen die Aufgabe, besonders die Fachtermini terminographisch zu bearbeiten.

(b) Lexikographen wählen eine alphabetische, Terminographen dagegen eine systematische Makrostruktur.

(c) Die Lexikographie ist deskriptiv, im Gegensatz dazu ist die Terminographie präskriptiv.

(d) Den Adressatenkreis für die Produkte der Terminographen bilden Fachexperten, den für die Produkte der Lexikographen bilden die Laien.

(e) Die Produkte der Terminographen sollen bei der Textproduktion Verwendung finden, die der Lexikographen sind für die Textrezeption bestimmt.

Es gibt weitere Versuche, Terminographie von Fachlexikographie abzugrenzen. Die gerade genannten Argumente werden auch nicht einheitlich von allen Terminographen vertreten (vgl. Bergenholtz 1995). Keines der genannten Argumente deckt jedoch die bisherige fachlexikographische Praxis gänzlich ab, und die Argumente (a) bis (e) sind auch nicht mit den bisherigen Ansätzen zu einer Theorie der Fachlexikograpie in Übereinstimmung zu bringen.

(Zu a) Als Teil der Lexikographie bearbeitet die Fachlexikographie seit vielen Jahrhunderten die Lexik von Fachsprachen (vgl. z. B. Kap. XXII, Art. 249 u. Müller 1997), während die Terminographie ein Kind des 20. Jh.s ist.

(Zu b) Die Produkte der Fachlexikographie weisen nicht immer eine alphabetische Makrostruktur auf. Beispielsweise findet man bereits im 16. Jh. Fachwörterbücher, die eine sachliche Gliederung haben (vgl. Kap. VII in Müller 1997).

(Zu c) Die Fachlexikographie arbeitet üblicherweise teilweise deskriptiv und teilweise präskriptiv; im einzelnen hängt dies stark von der Entwicklung und der Art des jeweiligen Faches ab.

(Zu d) Der Adressatenkreis für fachlexikographische Produkte besteht manchmal aus Laien und manchmal aus Fachexperten (vgl. z. B. Art. 214).

(Zu e) Fachlexikographen erarbeiten sowohl Fachwörterbücher, die für die Textrezeption als auch solche, die für die Textproduktion gedacht sind sowie darüber hinaus solche Werke, die für beide Funktionen konzipiert sind.

Nach diesen Überlegungen gilt: Terminographie und Fachlexikographie haben den gleichen Wörterbuchgegenstandsbereich, und sie teilen mit allen anderen Arten von Lexikographie (wie z. B. Dialektlexikographie und Textlexikographie) das oberste Ziel, nämlich die kulturelle Praxis der Wörterbuchbenutzung zu ermöglichen und zu fördern (vgl.

Wiegand 1998, 87f). Sie unterscheiden sich in den sprachtheoretischen Präferenzen (bes. hinsichtlich der zeichentheoretischen Positionen und der Auffassung vom Status der Begriffe, vgl. Wiegand 1979) sowie in der Auswahl aus dem Fundus der lexikographischen Methoden.

3. Selektionsprinzipien für die bibliographische Übersicht

Die Selektionsprinzipien werden durch verschiedene äußere Rahmenbedingungen mitbestimmt, vor allem durch den *locus publicandi*. Daher wird insbesondere die computerunterstützte Terminographie (vgl. Art. 224) und die Computerterminographie — also jener Praxisbereich, in dem terminologische Datenbanken erstellt werden — (mit Rücksicht auf Kap. XXIII u. XXIV) nur stark selektiv berücksichtigt.

Nicht berücksichtigt werden:

— Beiträge zur Lexikographie der Allgemeinsprachen, die auch Ausführungen zur Fachlexikographie eines Faches oder Berufsfeldes aufweisen. Hier wird auf HSK 5.1 – 5.3 verwiesen.
— Beiträge zur fachsprachlichen Lexik in Wörterbüchern (wie z. B. allgemeine einsprachige Wörterbücher), die keine Fachwörterbücher sind.
— Beiträge zu Enzyklopädien und Fachenzyklopädien; vgl. hierzu die einschlägigen Artikel in Kap. XX; die Literatur, in der es um die Unterscheidung von Wörterbuch und Enzyklopädie geht, ist dagegen berücksichtigt.
— Rezensionen von Fachwörterbüchern, vgl. hierzu den thematischen Teil „Wörterbuchkritik, Dictionary Criticism" in Lexicographica 9. 1993, 1 – 173. Rezensionsaufsätze sind dagegen berücksichtigt.
— Beiträge in romanischen Sprachen (außer solchen in Französisch), Beiträge in slavischen und nichtindoeuropäischen Sprachen; vgl. dazu Kromann/Mikkelsen 1988 sowie Art. 273.

Englische und französische Beiträge wurden stärker selektiv berücksichtigt als solche in Deutsch und in den skandinavischen Sprachen, so daß die bibliographische Übersicht nur für die beiden zuletzt genannten Bereiche eine gewisse Repräsentativität beanspruchen kann.

4. Sachliche Übersicht

In diesem Abschnitt werden — als *erster Teil der sachlichen Übersicht* zur Berücksichtigung der Fachlexikographie in der neueren Wörterbuch- und Fachsprachenforschung — diejenigen Beiträge, die sich nicht nur auf spezielle lexikographische Prozesse beziehen (und die in der bibliographischen Übersicht unter „5.1. Allgemeine Beiträge" eingeordnet sind) sowie einige ausgewählte Beiträge aus den Rubriken 5.2.—5.26. wichtigen Aspekten des fachlexikographischen Prozesses und bestimmten Eigenschaften von Fachwörterbüchern sowie einigen weiteren sachlichen Gesichtspunkten (wie z. B. Benutzerbezug) zugeordnet. — Die Arbeiten, die sich überwiegend auf spezielle lexikographische Prozesse beziehen, sind durch die sachliche Gliederung der bibliographischen Übersicht nach Fächern und Berufsfeldern ebenfalls in eine sachliche Übersicht gebracht, so daß die bibliographische Übersicht ab 5.2. zugleich als *zweiter Teil der sachlichen Übersicht* gelten kann.

Beide Teile der Übersicht machen deutlich, daß auf die Wörterbuch- und Fachsprachenforscher noch umfangreiche Aufgaben warten.

Auf den *gesamten fachlexikographischen Prozeß* (als einer modellhaften Größe) beziehen sich eine Reihe von umfangreicheren monographischen Beiträgen und thematischen Sammelbänden (wie z. B. Riedel/Wille 1979; Wüster 1991 [1979]; Schaeder/Bergenholtz (Hrsg.) 1994; Bergenholtz/Tarp (Hrsg.) 1995, aber auch einige kleinere Beiträge (wie z. B. Gross 1975; Sherman 1978; Bergenholtz 1994). Weiterhin liegen auch umfangreichere u. z. T. auch kleinere Beiträge zur Fachlexikographie eines ganzen Faches vor, insbesondere zur Medizin z. B. Lowe/Manuila 1981; Manuila/Manuila 1981; Dressler/Schaeder (Hrsg.) 1984, zu den Rechtswissenschaften (z. B. Nielsen 1994) und zur Technik (z. B. Al-Chalabi 1980; Sykes 1984; Opitz 1990; Hermans 1995).

Das *Verhältnis zwischen Fachlexikographie und Terminographie/Terminologie* behandeln vor allem folgende Arbeiten: Kübler 1965; Picht 1985; Knowles 1988; Riggs 1989; Wright 1994; Bergenholtz 1995; Humbley 1997 und Bergenholtz/Kaufmann 1997. Mit dieser Diskussion nahe verwandt ist die über die für die neuere Fachlexikographie relevante *Wörterbuchtypologie* (vgl. auch Art. 193), die im Zusammenhang mit den Unterscheidungsmöglichkeiten von Wörterbuch, Lexikon, Enzyklopädie und enzyklopädischen Wörterbuch bzw. Allbuch (oder: Allwörterbuch) geführt wird (vgl. dazu u. a. Haimann 1980, 1982; Frawley 1981; Horstkotte 1982; Rey 1982; Wiegand 1988, 1998; Lara 1989; Hupka 1989; Henriksen 1992; Bergenholtz 1998).

Die mehr oder weniger empirisch fundierten Untersuchungen zum *Benutzerbezug* von Fachwörterbüchern weisen unterschiedliche Ergebnisse auf, was wohl auch damit zusammenhängt, daß fachliche Laien und Fachexperten bei der Textrezeption, -produktion und -übersetzung unterschiedliche Informationsbedürfnisse haben (vgl. u. a. Moulin 1979; Opitz 1979, 1990; Neubert 1989, Tomaszczyk 1989; Duvå/Laursen 1994; Pilegaard 1994). Weiterhin liegen allgemeine Überlegungen zum Benutzerbezug und zur *Funktion von Fachwörterbüchern* vor (vgl. Buksch 1973; Kalverkämper 1990; Tarp 1994, 1995; Geeb 1997a; Wiegand 1998; vgl. Art. 199).

Zur *Planung und Vorbereitung fachlexikographischer Prozesse* liegen mehrere Arbeiten vor; insbesondere die Bedeutung eines fachsystematischen Zugangs wurde zunächst von Terminologen (z. B. Wüster 1991 [1979]; Nedobity 1982; Arntz/Picht 1991) hervorgehoben, in neuerer Zeit aber auch von anderen Fachlexikographen (z. B. Pedersen 1994; Svensén 1994).

Zahlreiche Arbeiten setzen sich mit den *Einsatzmöglichkeiten von Computern* in fachlexikographischen Prozessen auseinander; einige dieser Arbeiten sind: Baumann/Neubert 1974; Zikmund et al. 1975; Baumann et al. 1975; Borsdorf/Gross 1981; McNaught 1982; Sager 1982a; Haarstrich 1986; Kučera/Vollnhals 1986; Neubert 1988; Auger et al. 1991; Schaeder 1981; Budin/Galinski 1992; Nagao 1994; Speer 1994; Weber 1994; vgl. Art. 194 u. 224).

Die *Wörterbuchbasis* und damit die empirische Basis von Fachwörterbüchern wird öfters — bezogen auf je konkrete Fälle — in denen unter 5.2. ff eingeordneten Arbeiten behandelt; eigenständig wurde dieser wichtige Themenkomplex bisher nur selten bearbeitet (vgl. z. B. Opitz 1990a; Bergenholtz/Pedersen 1994; Pedersen 1996). Die *äußere Selektion* (oder: Lemmaselektion) betrachten u. a. Rütz 1976 und Bergenholtz 1994a.

Am deutlichsten zeigen sich die Lücken in der Erforschung der Fachwörterbücher im Bereich der *Wörterbuchform* (Textstrukturen der verschiedensten Art) und im Bereich der *Wörterbuchgegenstände* (Grammatik, Semantik usw.). Zu den Strukturen von Fachwörterbuchartikeln (Lexikonartikeln, terminologischen Einträgen) vgl. man: Böhme 1984; Hohnhold 1988, 1991; Gerzymisch-Arbogast

1989; Hohnhold/Schneider 1991; Fricke 1992; Dyrberg/Tournay 1995; Bläsi 1998. Zu den *Strukturen von Fachwörterbüchern* (Makro-, Mikro- und Mediostruktur) vgl. man: Nielsen 1990a; Béjoint/Thoiron 1992; Schaeder 1995 und Art. 196. Mit den Außentexten befassen sich Dressler 1994b, Møller 1994 und Mikkelsen 1996 (vgl. auch Art. 196).

Zu zahlreichen Teilen möglicher *Fachwörterbuchgegenstände* und damit zu zahlreichen *Angabetypen* liegen bisher keine eigenen Untersuchungen vor (z. B. Synonymieangaben, Hyponymieangaben, Ausspracheangaben). Zur Grammatik vgl. man Mugdan 1989, speziell zur Syntax Gallagher 1986, Pedersen 1995b und Bergenholtz/Pedersen 1994a und zur *Wortbildung* Rossenbeck 1979 sowie Link 1985. Mit den *Beispielen* befaßt sich Bergenholtz 1994b, mit den Bedeutungsangaben Petöfi 1980 und mit den Bedeutungsbeziehungen Geeb 1997b (vgl. auch die Arbeiten unter 5.20). Die *Kollokationsproblematik* wird u. a. in folgenden Beiträgen behandelt: Rossenbeck 1988; L'Homme 1992; Martin 1992; Thomas 1993; Bergenholtz/Tarp 1994; Pedersen 1995. Mit Abbildungen beschäftigen sich Hupka 1989 und Zink 1994a (vgl. Art. 197).

Eine für die weiterführende Theoriebildung wichtige, noch in Gang befindliche Diskussion ist die zum *Verhältnis von semantischen und enzyklopädischen Angaben* im Fachwörterbuch; hierzu vgl. man: Wiegand 1988; Tarp 1992; Wiegand 1994; Rossenbeck 1994; Bergenholtz 1996; Bergenholtz/Kaufmann 1996; Geeb 1997; Lemberg/Petzold/Speer 1998.

Bei den zwei- und mehrsprachigen Fachwörterbüchern steht (wie in Art. 198) im Zentrum des Interesses die Äquivalenzproblematik; ausgewählte Arbeiten zur zweisprachigen Fachlexikographie sind: Neubert 1979; Rossenbeck 1978, 1979, 1987, 1989, 1991; Hetai 1988; Shaikevich/Oubine 1988; Haensch 1991; Pedersen 1994a; Christiansen et al. 1994; Dobrina 1994; Pilegaard 1994 und Tarp 1995.

5. Bibliographische Übersicht

Die bibliographische Übersicht ist wie folgt gegliedert: Unter 5.1. finden sich — in alphabetischer Ordnung — alle ausgewählten Beiträge, die nicht vornehmlich einem Fach bzw. einer Fächergruppe oder einem Berufsfeld zugeordnet werden können. Ab 5.2. bis 5.26 ist die Übersicht zunächst sachlich nach Fächern, Fächergruppen oder Berufsfeldern geordnet, wobei die Anordnung letzterer alphabetisch nach ihren Bezeichnungen vorgenommen wurde.

5.1. Allgemeine Beiträge (Fachlexikographie einschließlich Terminographie)

Arntz/Picht 1991 = Reiner Arntz/Heribert Picht: Einführung in die Terminologiearbeit. Hildesheim. Zürich. New York 1991 (Studien zur Sprache und Technik 2).

Auger et al. 1991 = Pierre Auger/Patrick Drouin/Marie-Claude l'Homme: Automatisation des procédures de travail en terminographie. In: Meta 36. 1961, 121—127.

Balsgart 1993 = Karin Balsgart: Fag, faglighed og fagordbøger. In: Hermes 10. 1993, 65—94.

Baumann/Neubert 1974 = Edgar Baumann/Günter Neubert: Das elektronische Wörterbuch der Fachsprachen — Aufgaben und lexikographische Struktur. In: Wissenschaftliche Zeitschrift der Technischen Universität Dresden 23. 1974, 627—633.

Baumann et al. 1975 = Edgar Baumann/Eckard Meyer/Günter Neubert/Werner Reinhardt: Das elektronische Wörterbuch der Fachsprachen Russisch/Englisch/Deutsch — EWF. In: Internationales Kolloquium ‚Rechnerunterstützte fachsprachliche Lexikographie', 5.—7. Februar 1975, Dresden [Redaktionsgruppe: K. E. Heidolph, H. Schmidt, I. Stahl, P. Suchsland (Leitung), H. Zikmund]. Berlin [DDR] 1975 (Linguistische Studien. Reihe A. Arbeitsberichte 27).

Béjoint/Thoiron 1992 = Henri Béjoint/Philippe Thoiron: Macrostructure et microstructure dans un dictionnaire de collocations en langue spécialité. In: Terminologie et traduction 2/3. 1992, 513—522.

Belanger 1991 = Gilles Belanger: Pour une nouvelle terminographie. In: Meta 1991, 49—54.

Bergenholtz 1992 = Henning Bergenholtz: Almensproglige informationer i fagordbøger. In: Ruth Vatvedt Fjeld (ed.): Nordiske studier i leksikografi. Rapport fra Konferanse om leksikographi i Norden, 28.—31. mai 1991. Oslo 1992, 244—259.

Bergenholtz 1994 = Henning Bergenholtz: Zehn Thesen zur Fachlexikographie. In: Schaeder/Bergenholtz (Hrsg.) 1994, 43—56.

Bergenholtz 1994a = Henning Bergenholtz: Fachsprache und Gemeinsprache: Lemmaselektion im Fachwörterbuch. In: Schaeder/Bergenholtz (Hrsg.) 1994, 285—304.

Bergenholtz 1994b = Henning Bergenholtz: Beispiele in Fachwörterbüchern. In: Schaeder/Bergenholtz (Hrsg.) 1994, 421—439.

Bergenholtz 1995 = Henning Bergenholtz: Wodurch unterscheidet sich Fachlexikographie von Terminographie? In: Lexicographica 11. 1995, 50—59.

Bergenholtz 1996 = Henning Bergenholtz: Grundfragen der Fachlexikographie. In: Martin Gellerstam/Jerker Järberg/Sven-Göran Malmgren/Kerstin Norén/Lena Rogström/Catarina Röjder Papmehl (eds.): Euralex '96 Proceedings I–II. Papers submitted to the Seventh EURALEX International Congress on Lexicography in Göteborg, Sweden. Part II. Göteborg 1996, 731–758.

Bergenholtz/Kaufmann 1996 = Henning Bergenholtz/Uwe Kaufmann: Enzyklopädische Informationen in Wörterbüchern. In: Nico Weber (Hrsg.): Semantik, Lexikographie und Computeranwendungen. Tübingen 1996 (Sprache und Information 33), 167–182.

Bergenholtz/Kaufmann 1997 = Henning Bergenholtz/Uwe Kaufmann: Terminography and Lexicography. A critical Survey of Dictionaries from a Single Specialized Field. In: Hermes 18. 1997, 91–126.

Bergenholtz/Pedersen 1994 = Henning Bergenholtz/Jette Pedersen: Zusammensetzung von Textkorpora für die Fachlexikographie. In: Schaeder/Bergenholtz (Hrsg.) 1994, 161–176.

Bergenholtz/Pedersen 1994a = Henning Bergenholtz/Jette Pedersen: Grammar in bilingual LSP dictionaries, with a special view to technical English. In: Schaeder/Bergenholtz (Hrsg.) 1994, 351–383.

Bergenholtz/Pedersen/Tarp 1994 = Henning Bergenholtz/Jette Pedersen/Sven Tarp: Basic Issues in LSP Lexicography. In: Translating LSP Texts. OFT Symposium. Copenhagen Business School 11–12 April 1994. Ed. by Henning Bergenholtz, A. Lykke Jakobson, B. Maegaard, H. Mørk and P. Skyum-Nielsen. Copenhagen 1994, 151–187.

Bergenholtz/Schaeder 1994 = Henning Bergenholtz/Burkhard Schaeder: Fachlexikographie. Fachwissen und seine Repräsentation in Wörterbüchern. Ein Vorwort. In: Schaeder/Bergenholtz (Hrsg.) 1994, 1–8.

Bergenholtz/Tarp (Hrsg.) 1995 = Manual of Specialised Lexicography. The preparation of specialised dictionaries. Ed. by Henning Bergenholtz and Sven Tarp. With contributions by Grete Duvå, Anna-Lise Laursen, Sandro Nielsen, Ole Norling-Christensen, Jette Pedersen. Amsterdam. Philadelphia 1995 (Benjamins Translation Library 12).

Bergenholtz/Tarp 1994 = Henning Bergenholtz/Sven Tarp: Mehrworttermini und Kollokationen in Fachwörterbüchern. In: Schaeder/Bergenholtz (Hrsg.) 1994, 385–419.

Bessé 1991 = Bruno de Bessé: Le contexte terminographique. In: Meta 36. 1991/1, 111–120.

Bläsi 1998 = Christoph Bläsi: Artikel kleiner Lexika über Personen. Ein exemplarischer Vorstoß in die angewandte Metalexikographie sachlexikographischer Werke. Diss. [masch.] Heidelberg 1998.

Böhme 1984 = Petra Böhme: Untersuchungen zur Struktur und sprachlichen Mitteln der Textsorten Lexikonartikel, Monographie und Fachzeitschriftenartikel (dargestellt an russischen Texten aus dem Fachgebiet Ökonomie). Diss. [masch.] Zwickau 1984.

Borsdorf/Gross 1981 = Wolfgang Borsdorf/Helmut Gross: Zur Zeitökonomie bei der Erarbeitung zweisprachiger Fachwörterbücher. In: Rechnerunterstützung bei der Bearbeitung fachlexikographischer Probleme. Ein Sammelband. Hrsg. v. Gunter Neubert. Leipzig 1981 (Linguistische Studien), 94–114.

Budin 1994 = Gerhard Budin: Einige Überlegungen zur Darstellung terminologischen Fachwissens in Fachwörterbüchern und Terminologiedatenbanken. In: Schaeder/Bergenholtz (Hrsg.) 1994, 57–68.

Budin/Galinski 1992 = Gerhard Budin/Christian Galinski: Übersetzungsorientierte Phraseologieverwaltung in Terminologiedatenbanken. In: Terminologie et traduction 2/3, 1992, 565–574.

Burghardt 1977 = Wolfgang Burghardt: Wie hilfreich sind fach- und umgangssprachliche Wörterbücher? (Eine mehrstufige Analyse ausgewählter Terme). In: János S. Petöfi/Jürgen Bredemeier (Hrsg.): Das Lexikon in der Grammatik – die Grammatik im Lexikon. 1. Halbbd. Hamburg 1977 (Papiere zur Textlinguistik 13.1), 1–25.

Burrill/Bonsack 1967 = Meredith F. Burrill/Edwin Bonsack: Use and Preparation of Specialized Glossaries. In: Problems in Lexicography. Ed. by Fred W. Householder/Sol Saporta. Sec. edit. with additions and corrections. Bloomington 1967, 183–198.

Callebaut 1983 = Bruno Callebaut: Les vocabulaires techniques et scientifiques et les dictionnaires. Les cas d'une nomenclature des sciences naturelles. In: Cahiers de lexicologie 43/2. 1983, 33–52.

Christiansen et al. 1994 = Lisbet Maidahl Christiansen/Grete Duvå/Anna-Lise Laursen: Das Translationswörterbuch für Fachsprachen: Ein integriertes Konzept. In: Schaeder/Bergenholtz (Hrsg.) 1994, 269–282.

Cluver 1989 = A. D. de V. Cluver: A Manual of Terminography. Pretoria 1989.

Dobrina 1994 = Claudia Dobrina: EU Terminology in Swedish: Compiling an English-Swedish Vocabulary. In: Willy Martin et al. (eds.): Euralex 1994. Proceedings. Papers submitted to the 6th EURALEX International Congress on Lexicography. Amsterdam 1994, 433–439.

Dressler 1994b = Stephan Dressler: Texte um Texte im Kontext: Umtexte in Fachwörterbüchern. In: Schaeder/Bergenholtz (Hrsg.) 1994, 305–323.

Drozd 1986 = Lubmír Drozd: Gegenstand, Methoden und Ziele der Terminographie. In: Brücken: Germanistisches Jahrbuch DDR–ČSSR 1986/1987, 238–248.

Duvå/Laursen 1994 = Grete Duvå/Anna-Lise Laursen: Translation and LSP Lexicography: A

User Survey. In: Schaeder/Bergenholtz (Hrsg.) 1994, 247−267.

Dyrberg/Tournay 1995 = Gunhild Dyrberg/Joan Tournay: Den fagsproglige ordbogartikels fysiognomi. In: Ásta Svararsdóttir/Guðrun Kvaran/Jón Hilmar Jónsson (red.): Nordiske studier i leksikografi 3. Rapport fra Konferense om leksikografi i Norden. Reykjavik 7.−10. juni 1995. Reykjavik 1995, 107−122.

Eco 1985 = Umberto Eco: Wörterbuch versus Enzyklopädie. In: Umberto Eco: Semiotik und Philosophie der Sprache. München 1985 (Supplemente 4), 77−132.

Ermert/Port 1985 = Axel Ermert/Peter Port: Probleme bei der Erstellung und Übersetzung von Normwörterbüchern − dargestellt am Beispiel ISO 5127. In: Deutscher Dokumentartag 1984. Darmstadt, vom 9. bis 12. 10. 1984. Perspektiven der Fachinformation. Programme−Praxis−Prognosen. Bearb. v. Hilde Strohl-Goebel. München [usw.] 1985, 308−333.

Felber/Budin 1989 = Helmut Felber/Gerhard Budin: Terminologie in Theorie und Praxis. Tübingen 1989 (Forum für Fachsprachen-Forschung 9).

Felber/Nedobity/Manu 1982 = Helmut Felber/Wolfgang Nedobity/Adrian Manu: Normwörterbücher. Erstellung−Aufbau−Funktion. In: Studien zur neuhochdeutschen Lexikographie II. Hrsg. v. Herbert Ernst Wiegand. Hildesheim. New York 1982 (Germanistische Linguistik 3−6/80), 37−72.

Felber/Manu/Nedobity 1987 = Helmut Felber/Adrian Manu/Wolfgang Nedobity: Standardized Vocabularies. In: Terminologie et traduction 1. Commission des Communautés Européennes. Direction traduction. Service. Bruxelles 1987, 49−102.

Ferretti 1993 = Vittorio Feretti: Ein lexikalisches Konzept für mehrsprachige Fachwörterbücher. In: Lebende Sprachen 38. 1993, 147−150.

Frawley 1981 = William Frawley: In Defense of the Dictionary: A Response to Haiman. In: Lingua 55. 1981, 53−61.

Frawley 1988 = William Frawley: New Forms of Specialized Dictionaries. In: International Journal of Lexicography 1. 1988, 189−213.

Fricke 1992 = Martina Fricke: Der Fachwörterbuchartikel. Eine kognitiv-semantische Perspektive. Diplomarbeit [masch.]. Institut für Übersetzen und Dolmetschen der Univ. Heidelberg. Heidelberg 1992.

Gallagher 1986 = John D. Gallagher: English Nominal Constructions. A Problem for the Translator and the Lexicographer. In: Lebende Sprachen 31/3. 1986, 108−113.

Geeb 1997 = Franziskus Geeb: Semantische und enzyklopädische Informationen in Fachwörterbüchern. Eine Untersuchung zu fachinformativen Informationstypen mit besonderer Berücksichtigung wortgebundener Darstellungsformen. Diss. [masch.] Handelshøjskolen Århus 1997.

Geeb 1997a = Franziskus Geeb: Die Benutzertypologie als Grundstein terminologischer und lexikographischer Arbeit. In: Proceedings from XXII International Association Language & Business Conference ‚Language and Business Life'. Ed. by Annelise Grinsted. Vol. 2. Duisburg 1997, 215−235.

Geeb 1997b = Franziskus Geeb: Bedeutungsbeziehungen in fachlexikographischen Nachschlagewerken. In: Hermes 18. 1997, 127−155.

Gerbert 1970 = M. Gerbert: Fachsprachliche Lexik in alphabetischer und systematischer Zusammenstellung. In: Wissenschaftliche Zeitschrift der Technischen Universität Dresden 19. 1970, 327−332.

Gerzymisch-Arbogast 1989 = Heidrun Gerzymisch-Arbogast: Fachlexikonartikel und ihre Thema-Rhema-Strukturen. Am Beispiel des Faches Wirtschaft. In: Lexicographica 5. 1989, 18−51.

Goffin 1981 = Roger Goffin: Die terminologische Praxis („Terminographie") im Dienst der Übersetzung. In: Lebende Sprachen 26. 1981, 147−151.

Grinstedt/Toft 1984 = Annelise Grinsted/Bertha Toft: Leksikografi or terminologi. In: Viggo Hjørnager Pedersen/Niels Krogh-Hansen (red.): Oversaettelseshåndbogen. København 1994, 61−75.

Gross 1975 = Helmut Gross: Gedanken zur Methodik der fachsprachlichen Lexikographie. In: Wissenschaftliche Zeitschrift der Technischen Universität Dresden 24. 1975, 1276−1280.

Haensch 1991 = Günther Haensch: Die zweisprachige Fachlexikographie und ihre Probleme. In: HSK 5.3, 2937−2948.

Haiman 1980 = John Haiman: Dictionaries and encyclopedias. In: Lingua 50. 1980, 329−357.

Haiman 1982 = John Haiman: Dictionaries and Encyclopedias Again. In: Lingua 56. 1982, 353−355.

Heltai 1988 = Pál Heltai: Contrastive Analysis of Terminological Systems and Bilingual Technical Dictionaries. In: International Journal of Lexicography 1. 1988, 32−40.

Henriksen 1992 = Petter Henriksen: Forholdet mellem encyklopedologi og leksikografi. In: Ruth Vatvedt Fjeld (Hrsg.): Nordiske Studier i leksikografi. Rapport fra konferanse om leksikografi i Norden 28.−31. mai 1991. Oslo 1992, 219−227.

Henriksen 1992 = Petter Henriksen: Normering i encyklopedier. In: Normer or regler. Festskrift til Dag Gundersen 15. januar 1998. Redigert av Ruth Vatvedt Fjeld og Boye Wangensteen. Oslo 1998, 326−343.

Hering 1986 = Frank Hering: Wörterbuch-Nutzerkonferenz an der TU Dresden zu praxisrelevanten Fragen der Gestaltung von Fachwörterbüchern. In: Fremdsprachen 30. 1986, 267−271.

Hermans 1995 = Ad Hermans: Specialised dictionaries. In: Language International 7. 1995, 29−33.

Hermans (éd.) 1997 = Les dictionnaires spécialisés et l'Analyse de la Valeur. Actes du colloque organisé en avril 1995 par le Centre de terminologie de Bruxelles (Institut Libre Marie Haps). Éd. par Ad Hermans. Louvain-la-Neuve 1997 (Bibliothèque des Cahiers de l'Institut de Linguistique de Louvain 87).

Hohnhold 1988 = Ingo Hohnholdt: Der terminologische Eintrag und seine Terminologie. In: Mitteilungsblatt für Dolmetscher und Übersetzer 34/5. 1988. 4−17.

Hohnhold 1991 = Ingo Hohnhold: Terminologische Einträge und Lexikoneinträge. In: Mitteilungsblatt für Dolmetscher und Übersetzer 37/2. 1991, 2−8.

Hohnhold/Schneider 1991 = Ingo Hohnhold/Thomas Schneider: Terminological Records and Lexicon Entries. A Contrastive Analysis. In: Meta 36/1. 1991 (Sonderh.: Terminology in the World: Trends and Research), 161−173.

Horstkotte 1982 = Gudrun Horstkotte: Lexikon oder Enzyklopädie? Bern. Stuttgart. Wien 1982 (Studien zur Sprachpsychologie 9).

HSK 5.1−5.3 = Wörterbücher. Dictionaries. Dictionnaires. Ein internationales Handbuch zur Lexikographie [...] Hrsg. v. Franz Josef Hausmann, Oskar Reichmann, Herbert Ernst Wiegand, Ladislav Zgusta. Berlin. New York 1. Teilbd. 1989, 2. Teilbd. 1990, 3. Teilbd. 1991 (Handbücher zur Sprach- und Kommunikationswissenschaft [HSK] 5.1, 5.2, 5.3).

Humbley 1997 = John Humbley: Is terminology specialized lexicography? The experience of French-speaking countries. In: Hermes 18. 1997, 13−32.

Hupka 1989 = Werner Hupka: Das enzyklopädische Wörterbuch. In: HSK 5.1. 988−999.

Hupka 1989a = Werner Hupka: Wort und Bild. Die Illustrationen in Wörterbüchern und Enzyklopädien. With an English Summary. Avec un résumé français. Tübingen 1989 (Lexicographica. Series Maior 22).

Kalverkämper 1990 = Hartwig Kalverkämper: Das Fachwörterbuch für den Laien. In: HSK 5.2. 1512−1523.

Knowles 1988 = Francis E. Knowles: Lexicography and Terminography. A Rapprochement? In: Mary Snell-Hornby (ed.): ZüriLEX '86 Proceedings. Papers read at the EURALEX International Congress, University of Zürich, 9.−14. September 1986. Tübingen 1988, 329−337.

Knowles/Roe 1994 = Frank Knowles/Peter Roe: LSP and the Notion of Distribution as a Basis for Lexicography. In: Willy Martin [et al.] (eds.): Euralex 1994. Proceedings. Papers submitted to the 6th EURALEX International Congress on Lexicography. Amsterdam 1994, 306−319.

Kromann/Mikkelsen 1988 = Hans-Peder Kromann/Hans Kristian Mikkelsen: Fagsprog og fagsproglig kommunikation. En selektiv systematisk bibliografi ca. 1980−88. København 1988 (ARK 45. Sproginstitutternes Arbejdspapirer. Handelshøjskolen i København).

Kromann/Thomsen 1989 = Hans-Peder Kromann/Knud Troels Thomsen: Akzente der Fachsprachenforschung von heute und morgen. Bericht vom Kopenhagener Werkstattgespräch 1.−2. Juni 1988. In: Terminologie et traduction 1. 1989, 137−160.

Kučera 1984 = Antonín Kučera: Aus der Werkstatt der praktischen Verlagslexikographie. Übersetzungswörterbücher der Fachsprachen. In: Mitteilungen für Dolmetscher und Übersetzer 1/30. 1984, 3−6.

Kučera/Vollnhals 1986 = Antonín Kučera/Otto Vollnhals: Compact mit dem Computer. Maschinelle Umkehr eines zweisprachigen Fachwörterbuches. In: Lexicographica 2. 1986, 120−126.

Lara 1989 = Luis Fernando Lara: Dictionnaire de langue, encyclopédie et dictionnaire encyclopédique: le sens de leur distinction. In: HSK 5.1. 280−297.

Laurén et al. 1997 = Christer Laurén/Myking/Heribert Picht: Terminologi som vetenskapsgren. Med bidrag af Anita Nuopponen och Nina Puuronen. Lund 1997.

Laurén/Picht 1992 = Christer Laurén/Heribert Picht: Terminologilæren og dens anvendelse. In: Terminologiläran och dess relationer till andra områden. Nordisk forskarkurs i Mariehamn, Åland, september 1990. Stockholm 1992, 7−18.

Laurén/Picht (Hrsg.) 1994 = Ausgewählte Texte zur Terminologie. Hrsg. v. Christer Laurén und Heribert Picht. Wien 1994 (Serie IITF/Infoterm 1).

Lenders 1983 = Winfried Lenders: Fachsprachliche Lexika und Terminologiedatenbanken − neue Formen der Vermittlung von Fachsprache und ihre Probleme. In: Heinrich P. Kelz [Hrsg.]: Fachsprache. 1: Sprachanalyse und Vermittlungsmethoden. Dokumentation einer Tagung der Otto Benecke Stiftung zur Analyse von Fachsprachen und zur Vermittlung von fachsprachlichen Kenntnissen in der Ausbildung von Flüchtlingen in der Bundesrepublik Deutschland. Bonn 1983 (Dümmlerbuch 6302), 46−61.

Lenstrup 1992 = Rita Lenstrup: Den selektive specialordbog. In: Ruth Vatvedt Fjeld (Hrsg.): Nordiske studier i leksikografi. Rapport fra Konferanse om leksikografi i Norden 28.−31. mai 1991. Oslo 1992, 278−482.

Lepage 1996 = Thierry Lepage: Analyse de la valeur des dictionnaires specialisés. In: Translatio 15. 1996, 250−257.

L'Homme 1992 = Marie-Claude L'Homme: Les unités phraséologiques verbales et leur représentation en terminographie. In: Terminologie et traduction 2/3. 1992, 493−504.

Link 1985 = Elisabeth Link: Wortbildung im Fachwörterbuch. In: Deutscher Dokumentartag 1984. Darmstadt, vom 9. bis 12. 10. 1984. Perspektiven der Fachinformation. Programme−Praxis−Prognosen. München [usw.] 1985, 288−307.

Maidahl 1992 = Lisbet Maidahl: Brugen af fagordbøger. En empirisk undersøgelse. In: Arnt Lykke Jacobsen (Hrsg.): Oversættelse af fagsproglige tekster. Kopenhagen 1992 (ARK 65), 205−218.

Malmgren 1994 = Sven-Göran Malmgren: Svensk lexikologi. Ord, ordbildning, ordböcker och orddatabaser. Lund 1994.

Manu 1979 = Adrian Manu: Die internationale Bibliographie der Normwörterbücher − ein Modell. In: Terminologie als angewandte Sprachwissenschaft. Gedenkschrift für Univ.-Prof. Dr. Eugen Wüster. Hrsg. v. Helmut Felber, Friedrich Lang, Gernot Wersig. München. New York. London. Paris 1979, 87−98.

Martin 1992 = Willy Martin: Remarks on Collocations in Sublanguages. In: Terminologie et traduction 2/3. 1992, 157−164.

Martin 1997 = Willy Martin: LSP dictionaries, term banks, terminological databases: A lexicologist's point-of-view. In: Hermans (éd.) 1997, 33−55.

MacNaught 1982 = John McNaught: Specialised Lexicography in the Context of a British Linguistic Data Bank. In: Lexicography in the Electronic Age. Proceedings of a Symposium Held in Luxembourg, 7−9 July, 1981. Eds.: J. Goetschalck/L. Rolling. Amsterdam. New York. Oxford 1982, 171−184.

Meyer/Mackintosh 1994 = Ingrid Meyer/Kristen Mackintosh: Phraseme Analysis and Concept Analysis: Exploring a Symbiotic Relationship in the Specialized Lexicon. In: Willy Martin et al. (eds.): Euralex 1994. Proceedings. Papers submitted to the 6th EURALEX International Congress on Lexicography. Amsterdam 1994, 339−348.

Mikkelsen 1991 = Hans Kristian Mikkelsen: Towards the ideal special language translation dictionary. In: Hermes 6. 1991, 91−109.

Mikkelsen 1992 = Hans Kristian Mikkelsen: Teori og praksis i fagleksikografien − med særliig vægt på beskrivelses problemer i forbindelse med empirisk analyse af danske fagordbøger. In: Arnt Lykke Jacobsen (Hrsg.): Oversættelse af fagsproglige tekster. Kopenhagen 1992 (ARK 65), 173−182.

Mikkelsen 1996 = Hans Kristian Mikkelsen: Leksikografiske kvalitetsindikatorer. Selvforståelse som udgangspunkt for evaluering. In: Lexico Nordica 3. 1996, 153−193.

Møller 1994 = Bernt Møller: User-friendly LSP dictionary outside matter. In: Schaeder/Bergenholtz (Hrsg.) 1994, 325−348.

Moulin 1979 = André Moulin: Dictionaries − General, Technical, Specialised, etc. and How They Often Leave (Foreign) Advanced Learners in the Lurch. In: Dictionaries and their Users. Papers from the 1978 B. A. A. L. Seminar on Lexicography. Ed. by R. R. K. Hartmann. Exeter 1979 (Exeter Linguistic Studies 4), 76−81.

Mugdan 1989 = Joachim Mugdan: Grammar in Dictionaries of Languages for Special Purposes (LSP). In: Hermes 3. 1989, 125−142.

Müller 1997 = Peter O. Müller: Deutsche Lexikographie des 16. Jh.s. Konzeptionen und Funktionen frühneuzeitlicher Vokabulare und Wörterbücher. Habil.-Schrift [masch.]. Erlangen 1997.

Nagao 1994 = Makoto Nagao: A Methodology for the Construction of a Terminology Dictionary. In: Computational Approaches to the Lexicon. Ed. by B. T. S. Atkins and A. Zampolli. Oxford 1994, 397−411.

Nedobity 1982 = Wolfgang Nedobity: Classifying Concepts in Subject Vocabularies − the Practical Application of Wüster's Research. Wien 1982 (Infoterm − Dok 8−82).

Nedobity 1983 = Wolfgang Nedobity: The General Theory of Terminology: A Bases for Preparation of Classified Dictionaries. In: Dictionaries 5. 1983, 69−75.

Neubert 1970 = Gunter Neubert: Die Darstellung des technischen Wortguts in englisch-deutschen Fachwörterbüchern in der Sicht des Technikers. In: Wissenschaftliche Zeitschrift der Technischen Universität Dresden 19. 1970, 339−342.

Neubert 1988 = Gunter Neubert: Fachwortformen im Text, im Lexikon und in der Fachwortsammlung. In: Fachsprache 10. 1988, 124−136.

Neubert 1988a = Gunter Neubert: Computergestützte Fachlexikographie mit dem Programmsystem EWF. In: Mary Snell-Hornby (ed.): ZüriLEX '86 Proceedings. Papers read at the EURALEX International Congress, University of Zürich, 9−14 September 1986. Tübingen 1988, 401−406.

Neubert 1989 = Gunter Neubert: Zur Wörterbuchsituation in der fachorientierten Fremdsprachenausbildung. In: Fachsprache−Fremdsprache−Muttersprache (Dresden) 17/18. 1989, 111−116.

Neubert 1990 = Gunter Neubert: Fachlexikographie − Probleme, Aufgaben, Konzepte. In: Hermes 4. 1990, 67−84.

Nielsen 1990 = Sandro Nielsen: Contrastive Description of Dictionaries Covering LSP Communication. In: Fachsprachen 12. 1990, 129−136.

Nielsen 1990a = Sandro Nielsen: Lexicographic Macrostructures. In: Hermes 4. 1990, 49−66.

Nielsen 1994a = Sandro Nielsen: Applicering of alordbogsprincippet. In: Anna Garde/Pia Jarvad (Hrsg.): Nordiske studier i leksikografi II. Rapport fra Konferance om leksikografi i Norden 11.−14. maj 1993. København 1994, 204−217.

Nkwenti-Azeh 1995 = Blaise Nkwenti-Azeh: The treatment of synonymy and cross-references in special-language dictionaries (SLDs). In: Terminology. International Journal of Theoretical and Applied Issues in Specialized Communication 2. 1995, 325–351.

Nuopponen 1993 = Anita Nuopponen: Begriffssysteme und Textstruktur. Am Beispiel deutscher und finnischer Enzyklopädieartikel. In: Hartmut Schröder (Hrsg.): Fachtextpragmatik. Tübingen 1993 (Forum für Fachsprachen-Forschung 19), 99–113.

Opitz 1990a = Kurt Opitz: Formen und Probleme der Datenerhebung III: Fachwörterbücher. In: HSK 5.2. 1625–1631.

Pedersen 1994 = Jette Pedersen: Anskueliggørelse af faglige relationer i brancheordbøger. In: LexicoNordica 1. 1994, 203–207.

Petöfi 1980 = Janós S. Petöfi: Explikationen in umgangssprachlichen und fachsprachlichen Wörterbüchern. In: Grundelemente der semantischen Struktur von Texten III. Objektargumente. Hrsg. v. Hans-Jürgen Eikmeyer und Louise M. Jansen. Hamburg 1980 (Papiere zur Textlinguistik 26), 123–140.

Picht 1985 = Heribert Picht: Leksikografi–Terminografi. In: Nordisk terminologikursus 2. Bind 1. København 1985, 351–372.

Picht 1990 = Heribert Picht: Terminologi i leksikografisk perspektiv. In: Skriften på Skærmen. Nr. 4. 1990 (Handelshøjskolen i Århus), 7–32.

Picht 1992 = Heribert Picht: Grænseflader mellem terminologi og vidensteknik. In: Proceedings af 2. nordisk symposium om Terminologi EDB & Vidensteknik, hrsg. v. Bertha Toft. Kolding 1992, 22–33.

Picht 1993 = Heribert Picht: Terminologiens opståen, dens grundlæggende elementer og dens forbindelse til andre discipliner og vidensområder. In: Fagspråk i Norden. Rapport fra en konferanse i Lund 4.–6. desember 1992. Oslo 1993, 29–49.

Picht 1997 = Heribert Picht: Erarbeitung und Anwendung begrifflicher Strukturierungen. In: Hermes 18. 1997, 33–50.

Pilegaard 1994 = Morten Pilegaard: Bilingual LSP Dictionaries. User benefit correlates with elaborateness of ‚explanation'. In: Schaeder/Bergenholtz (Hrsg.): 1994, 211–228.

Reinke 1993 = Uwe Reinke: Towards a Standard Interchange Format for Terminographic Data. In: TKE '93. Terminology and Knowledge Engineering. Ed. by Klaus-Dirk Schmitz. Proceedings. Third International Congress on Terminology and Knowledge Engineering, 25–27 August 1993 Cologne, Federal Republic of Germany organized by the Association for Terminology and Knowledge Transfer (GTW) (International Information Centre for Terminology (Infoterm). Frankfurt a. M. 1993, 270–282.

Rey 1982 = Alain Rey: Encyclopédies et dictionnaires. Paris 1982 (Que sais-je? 200).

Riedel/Wille 1979 = Hans Riedel/Margit Wille: Über die Erarbeitung von Lexika. Grundsätze und Kriterien. Leipzig 1979 (Beih. 91. zum Zentralblatt für Bibliothekswesen).

Riggs 1989 = Fred W. Riggs: Terminology and Lexicography. In: International Journal of Lexicography 2. 1989, 89–100.

Rossenbeck 1978 = Klaus Rossenbeck: Fachsprachlicher Wortschatz des Schwedischen und Deutschen als Problem der bilingualen Lexikographie. In: Skandinavistik 1. 1978, 1–15.

Rossenbeck 1979 = Klaus Rossenbeck: Einige Typen fachsprachlicher Wortbildung im Schwedischen und Deutschen. Methodische Probleme ihrer Beschreibung unter dem Gesichtswinkel der einsprachigen und zweisprachigen Lexikographie. In: Zweites Europäisches Fachsprachensymposium Bielefeld, 24.–26. 9. 1979. Bielefeld 1979, 197–209.

Rossenbeck 1987 = Klaus Rossenbeck: Zur Gestaltung zweisprachiger Fachwörterbücher. In: Beads or Bracelet? Selected Papers from the Fifth European Symposium on LSP 1985. Ed. by A. M. Cornu, J. Vanparijs, M. Delahaye, L. Baten. Oxford 1987, 274–283.

Rossenbeck 1989 = Klaus Rossenbeck: Lexikologische und lexikographische Probleme fachsprachlicher Phraseologie aus kontrastiver Sicht. In: Benjamin Bennani (ed.): Translation and Lexicography. Paper read at the EUROLEX Colloquium helt at Innsbruck 2–5 July 1987. Missouri 1989, 197–210.

Rossenbeck 1991 = Klaus Rossenbeck: Zwei- und mehrsprachige Fachwörterbücher – Prolegomena zu Theorie und Praxis der Fachlexikographie. In: Hermes 7. 1991, 29–52.

Rossenbeck 1994 = Klaus Rossenbeck: Enzyklopädische Information im zweisprachigen Fachwörterbuch. In: Schaeder/Bergenholtz (Hrsg.) 1994, 133–159.

Sager 1982 = Juan C. Sager: New Approaches to Specialized Dictionary Consultation. In: Lebende Sprachen 27. 1982, 59–66.

Sager 1982a = Juan C. Sager: Automation in Specialised Lexicography. In: José Rodríguez Richart/Gisela Thome/Wolfram Wills (Hg.): Fachsprachenforschung und -lehre, Schwerpunkt Spanisch. Internationales Kolloquium an der Universität des Saarlandes, Saarbrücken, 6.–8. November 1980. Tübingen 1982 (Tübinger Beiträge zur Linguistik 177), 159–167.

Sager 1989 = Juan C. Sager: The Dictionary as an Aid in Terminology. In: HSK 5.1. 1989, 167–170.

Sager 1990 = Juan C. Sager: A Practical Course in Terminology Processing. With a Bibliography by Blaise Nkwenti-Azeh. Amsterdam. Philadelphia 1990.

Schaeder 1991 = Burkhard Schaeder: Fachlexikographie: Die Terminologiedatenbank. Internationale Projektierung als fachliches Dokumentations- und Informationssystem, als Hilfsmittel bei der Textrezeption, -produktion und -translation sowie als Lehr-/Lernmittel. In: Hermes 7. 1991, 53−70.

Schaeder 1994a = Burkhard Schaeder: Zu einer Theorie der Fachlexikographie. In: Schaeder/Bergenholtz (Hrsg.) 1994, 11−41.

Schaeder 1994b = Burkhard Schaeder: Das Fachwörterbuch als Darstellungsform fachlicher Wissensbestände. In: Schaeder/Bergenholtz (Hrsg.) 1994, 69−102.

Schaeder 1995 = Burkhard Schaeder: Mediostrukturen in Fachwörterbüchern. In: Lexicographica 11. 1995, 121−134.

Schaeder 1996 = Burkhard Schaeder: Wörterbuchartikel als Fachtexte. In: Hartwig Kalverkämper/Klaus-Dieter Baumann (Hrsg.): Fachliche Textsorten. Komponenten−Relationen−Strategien. Tübingen 1996 (Forum für Fachsprachen-Forschung 25), 100−124.

Schaeder/Bergenholtz (Hrsg.) 1994 = Burkhard Schaeder/Henning Bergenholtz (Hrsg.): Fachlexikographie. Fachwissen und seine Repräsentation in Wörterbüchern. Tübingen 1994 (Forum für Fachsprachen-Forschung 23).

De Schaetzen 1991 = Caroline de Schaetzen: Cours d'outils d'aide à la terminographie pour traducteur. In: La Banque des mots 42. 1991, 37−48.

Shaikevich/Oubine 1988 = A. Shaikevich/I. Oubine: Translators and Researchers Look at Bilingual Termininological Dictionaries. In: Babel 34. 1988, 10−16.

Sherman 1978 = Donald Sherman: Special purpose dictionaries. In: Cahiers de lexicologie 32. 1978, 82−102.

Shine 1992 = Norman Shine: Dictionaries for specialised languages. The situation in Denmark today. In: Symposium on Lexicography V. Proceedings of the Fifth International Symposium on Lexicography May 3−5, 1990 at the University of Copenhagen. Ed. by Karl Hyldgaard-Jensen und Arne Zettersten. Tübingen 1992 (Lexicographica. Series Maior 43), 175−187.

Svensén 1992 = Bo Svensén: Terminologi och lexikografi. In: Terminologiläran och dens relationer till andra områder. Nordisk forskarkurs i Marienhamm, Åland september 1990. Stockholm 1992, 97−122.

Svensén 1998 = Bo Svensén: Om terminologisk standardisering. In: Normer og regler. Festskrift til Dag Gundersen 15. januar 1998. Redigert av Ruth Vatvedt Fjeld og Boye Wangensteen. Oslo 1998, 313−325.

Sykes 1984 = J. B. Sykes: The Lexicography of Science. In: Interdiplinary Science Review 9. 1984, 82−85.

Tarp 1994 = Sven Tarp: Funktionen in Fachwörterbüchern. In: Schaeder/Bergenholtz (Hrsg.) 1994, 229−246.

Tarp 1995 = Sven Tarp: Wörterbuchfunktionen: Utopische und realistische Vorschläge für die bilinguale Lexikographie. In: Studien zur zweisprachigen Lexikographie mit Deutsch II. Hrsg. v. Herbert Ernst Wiegand. Hildesheim. New York 1995 (Germanistische Linguistik 127−128), 17−61.

Tarp 1997 = Sven Tarp: Introduction to the Thematic Section. In: Hermes 18. 1997, 9−11.

Temmermann 1997 = Rita Temmermann: Questioning the univocity ideal. The difference between socio-cognitive Terminology and traditional Terminology. In: Hermes 18. 1997, 51−90.

Thomas 1993 = Patricia Thomas: Choosing headwords from language-for-special-purposes (LSP) collocations for entry into a terminology data bank (term bank). In: Helmi B. Sonneveld/Kurt L. Loening (eds.): Terminology. Applications in interdisciplinary communication. Amsterdam. Philadelphia 1993, 43−68.

Vollnhals 1982 = Otto Vollnhals: Fachwörterbücher aus Datenbank. In: Börsenblatt 60. 1982, 1663−1666.

Weber 1993 = Nico Weber: Conception et élaboration d'un glossaire terminologique à l'aide d'un gestionnaire de bases de données: un essai en lexigraphie assistée par ordinateur. In: Cahiers de lexicologie 62. 1993, 5−24.

Weber 1994 = Nico Weber: Maschinelle Hilfen bei der Herstellung, Verwaltung und Überarbeitung von Fachwörterbüchern. In: Schaeder/Bergenholtz (Hrsg.) 1994, 191−207.

Wiegand 1979 = Herbert Ernst Wiegand: Definition und Terminologienormung − Kritik und Vorschläge. In: Terminologie als angewandte Sprachwissenschaft. Gedenkschrift für Univ.-Prof. Dr. Eugen Wüster. Hrsg. v. Helmut Felber, Friedrich Lang, Gernot Wersig. München [etc.], 101−148.

Wiegand 1988 = Herbert Ernst Wiegand: Was ist eigentlich Fachlexikographie? Mit Hinweisen zum Verhältnis von sprachlichem und enzyklopädischem Wissen. In: Deutscher Wortschatz. Lexikologische Studien. Ludwig Erich Schmitt zum 80. Geburtstag von seinen Marburger Schülern. Hrsg. v. Horst Haider Munske/Peter von Polenz/Oskar Reichmann/Reiner Hildebrandt. Berlin. New York 1988, 729−790.

Wiegand 1989 = Herbert Ernst Wiegand: Zur Einführung [in: Thematic Part: Lexicography for Special Purposes in German]. In: Lexicographica 5. 1989, 1−4.

Wiegand 1994 = Herbert Ernst Wiegand: Zur Unterscheidung von semantischem und enzyklopädischen Daten in Fachwörterbüchern. In: Schaeder/Bergenholtz (Hrsg.) 1994, 103−132.

Wiegand 1995 = Herbert Ernst Wiegand: Zur Einführung und bibliographischen Orientierung. [Vorspann zum „Thematic Part: Fachlexikographie/Lexicography for Special Purposes"]. In: Lexicographica 11. 1995, 1−14.

Wiegand 1997 [1998] = Herbert Ernst Wiegand: Zur Einführung [in den „Thematic Part: Fachwörterbücher zur Linguistik/Special Purpose Dictionaries of Linguistics"]. In: Lexicographica 13. 1997 [1998], 1–2.

Wiegand 1998 = Herbert Ernst Wiegand: Wörterbuchforschung. Untersuchungen zur Wörterbuchbenutzung, zur Theorie, Geschichte, Kritik und Automatisierung der Lexikographie. 1. Teilbd. Mit 159 Abbildungen im Text. Berlin. New York 1998.

Wright 1994 = S. E. Wright: Lexicography versus Terminology. In: Termnet news 45. 1994, 12–16.

Wüster 1973 = Eugen Wüster: Benennungs- und Wörterbuchgrundsätze. Ihre Anfänge in Deutschland. In: Muttersprache 83. 1973, 434–440.

Wüster 1974 = Eugen Wüster: Die Umkehrung einer Begriffsbeziehung und ihre Kennzeichnung in Wörterbüchern. In: Nachrichten für Dokumentation. Zeitschrift für Information und Dokumentation mit Schrifttum zu den Informationswissenschaften 25. 1974, 256–263.

Wüster 1991 = Eugen Wüster: Einführung in die Allgemeine Terminologielehre und Terminologische Lexikographie. Hrsg. v. Richard Braun u. Frank-Rutger Hausmann unter Mitwirkung v. Jürgen Grimm. Mit einem Vorwort von Richard Braun. 3. Aufl. Bonn 1991 (Abhandlungen zur Sprache und Literatur 20) [1. Aufl. 1979].

Zikmund et al. 1975 = Internationales Kolloquium ‚Rechnerunterstützte fachsprachliche Lexikographie', 5.–7. Februar 1975, Dresden. [Redaktionsgruppe: K. E. Heidolph, H. Schmidt, I. Stahl, P. Suchsland (Leitung), H. Zikmund]. Berlin [DDR] 1975 (Linguistische Studien. Reihe A. Arbeitsberichte 27).

Zink 1994 = Christoph Zink: Benennen und Erklären – richtig, schön und nützlich: Wie entsteht ein „gutes" Wörterbuch. In: Dressler/Schaeder 1994, 83–113.

5.2. Agrarwissenschaft, Landwirtschaft

Aubrac 1982 = Raymond Aubrac: le thésaurus multilingue AGROVOC. In: Multilingua 1. 1982, 169–173.

Brendler 1971 = Gerhard Brendler: Linguistische Aspekte bei der Erarbeitung eines ein- und mehrsprachigen Thesaurus, dargestellt an Beispielen des Fachthesaurus Landtechnik. Diss. [masch.] Leipzig 1971.

5.3. Bergbau (vgl. Art. 203)

Barth 1972 = Erhard Barth: Vorüberlegungen zu einem Wörterbuch der Fachsprache des Bergbaus. In: Germanistische Linguistik 4/72, 531–546.

Barth/Göbel 1973 = Erhard Barth/Wolfgang Göbel: Proben eines Wörterbuches der zeitgenössischen Fachsprache des Bergbaus. In: Deutsche Sprache 1. 1973, 65–80.

Paul 1987 = Rainer Paul: Vorstudien für ein Wörterbuch der Bergmannssprache in den sieben niederungarischen Bergstädten während der frühneuhochdeutschen Sprachperiode. Tübingen 1987 (Reihe Germanistische Linguistik 72).

Piirainen 1988 = Ilpo Tapani Piirainen: Vorüberlegungen zu einem Wörterbuch der deutschen Bergbausprache. In: Erikoiskielet ja käännösteoria. VAK-KI-seminari 8. Vöyri 13.–14. 2. 1988. Fackspråk och översättning-steori. Vaasa 1988, 240–246.

Vriesen 1966 = Karl-Heinz Vriesen: Technische Wörterbücher und Glossare für den Bergbau. In: Lebende Sprache 11. 1966, 85–88.

5.4. Bibliothekswissenschaft (vgl. Art. 215)

Haarstrich 1986 = Uwe Haarstrich: Zur DV-Unterstützung der Arbeiten an einem englisch-deutschen und deutsch-englischen Fachwörterbuch des Bibliothekswesens. Diplomarbeit [masch.]. Fachhochschule Hannover 1986.

Kesting 1985/86 = Maria Kesting: Lexikographische Untersuchung des Wortes „Einführung" und sein sachliches Umfeld in der bibliothekswissenschaftlichen Literatur. Eine onomasiologische und semasiologische Untersuchung in Hinblick auf die Erstellung eines terminologischen Wörterbuches. Diplomarbeit [masch.] Fachhochschule Hamburg 1985/86.

Sauppe 1990 = Eberhard Sauppe: Aus der Werkstatt eines Wörterbuches. In: Buch und Bibliothekswissenschaft im Informationszeitalter. Internationale Festschrift für Paul Kaegbein zum 65. Geburtstag. Hrsg. v. Engelbert Plassmann/Wolfgang Schmitz/Peter Vodosek. München. New York. London. Paris 1990, 205–214.

5.5. Chemie (vgl. Art. 205)

Carstens 1997 = Adelia Carstens: Issues in the Planning of a Multilingual Explanation Dictionary of Chemistry for South African Students. In: Lexikos 7. 1997, 1–24.

Melzer 1972 = Wolfgang Melzer: Zur Geschichte des deutschsprachigen chemischen Wörterbuchs im 19. Jh. Diss. Hamburg 1972.

Melzer 1973 = Wolfgang Melzer: Zur Geschichte der deutschsprachigen chemischen Wörterbücher im 19. Jh. In: Strukturgeschichte der Naturwissenschaften 2. 1973, 183–195.

5.6. Erziehungswissenschaft (vgl. Art. 212)

Lenzen 1989 = Dieter Lenzen: Die Enzyklopädie Erziehungswissenschaft. Ein Editionsbericht. In: Lexicographica 5. 1989, 52–84.

5.7. Lexikographie

Bergenholtz 1994c = Henning Bergenholtz: Plan eines nordischen Wörterbuches der Lexikographie. Ein Werkstattbericht. In: Symposium on Lexicography VI. Proceedings of the Sixth International Symposium on Lexicography May 7–9, 1992 at the University of Copenhagen. Ed. by Karl Hyldgaard-Jensen and Viggo Hjørnager Pedersen. Tübingen 1994 (Lexicographica. Series Maior 57), 315−329.

Bergenholtz/Svensén 1994 = Henning Bergenholtz/Bo Svensén: Systematisk inledning till Nordisk lexikografisk ordbok (NLO). In: LexicoNordica 1. 1994, 149−185.

Bergenholtz et al. 1997 = Faglig inledning. In: Henning Bergenholtz/Ilse Cantell/Ruth Vatvedt Fjeld/Dag Gundersen/Jón Hilmar Jónsson/Bo Svensén: Nordisk Leksikografisk Ordbok. Med bidrag av Helgi Haraldsson, Hans Kristian Mikkelsen, Jaako Sivula. Oslo 1997 (Skrifter utgitt av Nordisk forening for leksikografi 4), 11−47.

Dobler 1981 = Renate Dobler: Das terminologische Wörterbuch der Fachlexikographie Englisch−Deutsch−Spanisch: ein praktisches Anwendungsbeispiel der Terminologienormung. Diss. Wien 1981.

Jónsson 1998 = Jón Hilmar Jónsson: Normhensyn ved valg av ekvivalenter. Islandsk som ekvivalentspråk i Nordisk leksikografisk ordbog. In: Normer og regler. Festskrift til Dag Gundersen 15. januar 1998. Redigert av Ruth Vatvedt Fjeld og Boye Wangensteen. Oslo 1998, 304−312.

Kübler 1965 = G. Kübler: Terminologie und Lexikographie. Erläuterungen zu den Norm-Entwürfen (Okt. 1965): DIN 2334. Blatt 1: Gestaltung von Fachwörterbüchern und von Wörterbuchmanuskripten; Wörterbücher. Blatt 2: Wörterbuchmanuskripte. Blatt 3: Belegzettel. In: DIN-Mitteilungen 44. 1965. H. 10, 480−498.

Kübler 1965a = G. Kübler: Terminologie und Lexikographie. Erläuterungen zum Norm-Entwurf (Nov. 1965): DIM 2335. Terminologie und Lexikographie; Sprachzeichen, Länderzeichen, Autoritätszeichen. In: DIN-Mitteilungen 44. 1965. H. 11, 547−558.

Kübler 1966 = G. Kübler: Terminologie und Lexikographie. In: Lebende Sprachen 11. 1966, 5−6.

Kübler 1971 = G. Kübler: Grundlagen der Terminologie und Lexikographie. In: Mitteilungsblatt für Dolmetscher und Übersetzer. Sept. 1971, 1−6.

Svensén 1994 = Bo Svensén: Nordisk lexikografisk ordbok − terminologisk systematik. In: LexicoNordica 1. 1994, 229−238.

Svensén 1995 = Bo Svensén: Nordisk lexikografisk ordbog: artiklarnas struktur och innehåll. In: Nordiske studier i leksikografi 3. Rapport fra Konferanse om leksikografi i Norden. Reykjavik 7.−10. juni 1995. Red. av Ásta Svavarsdóttir/Guðrun Kvaran/Jón Hilmar Jónsson. Reykjavik 1995 (Skrifter utgitt av Nordisk forening for leksikografi 3), 383−395.

Scheffer 1992 = C. J. Scheffer: Thoghts on ISO and the Development of Terminologies in Southern-Africa. In: Lexikos. 1992, 192−205.

5.8. Literaturwissenschaft, Ästhetik
(vgl. Art. 213)

Barck 1986 = Karlheinz Barck: Grundbegriffe der Ästhetik und Kunstwissenschaft − Konzeption eines historisch-kritischen Wörterbuchs. In: Wissenschaftliche Zeitschrift der Universität Berlin 35. 1986, 773−779.

Barck/Fontius/Thierse 1989 = Karlheinz Barck/Martin Fontius/Wolfgang Thierse: Historisches Wörterbuch ästhetischer Grundbegriffe. In: Archiv für Begriffsgeschichte 32. 1989, 7−33.

Barck/Fontius/Thierse 1990 = Karlheinz Barck/Martin Fontius/Wolfgang Thierse (Hrsg.): Ästhetische Grundbegriffe. Studien zu einem historischen Wörterbuch. Berlin 1990.

Barck/Fontius/Thierse 1990a = Karlheinz Barck/Martin Fontius/Wolfgang Thierse: Historisches Wörterbuch ästhetischer Grundbegriffe. In: Weimarer Beiträge 36. 1990, 181−202.

Boisson 1975 = A. Boisson: Rapport sur le dictionnaire international des termes littéraires. In: Actes du VIe congrès de l'Association internationale de littérature comparée. Proceedings of the 6th Congress of International Comparative Literature Association. Bordeaux 1970. Comité de réd. Michel Cadot et al. Stuttgart 1975, 143−147.

Däschlein 1994 = Heribert Däschlein: Literaturlexikon. Autoren und Werke deutscher Sprache. Herausgegeben von Walther Killy. Bertelsmann Lexikon Verlag. München und Gütersloh 1988−1993. Praxisbericht. In: Neue Information und Speichermedien in der Germanistik. Zu den Perspektiven der EDV als Informationsträger für die literaturwissenschaftliche Forschung. Hrsg. v. Klaus Barchow und Walter Delabor. Bern [etc.] 1994 (Jahrbuch für Internationale Germanistik. Reihe A. Kongreßberichte 38), 113−116.

Kaden 1990 = Christian Kaden: Thesen zur begriffsgeschichtlichen Arbeit für das Historische Wörterbuch ästhetischer Grundbegriffe. In: Weimarer Beiträge 36. 1990, 203−207.

Kasten 1994 = Eberhard Kasten: Das Allgemeine Künstlerlexikon (AKL). Ein Praxisbericht. In: Neue Informations- und Speichermedien in der Germanistik. Zu den Perspektiven der EDV als Informationsträger für die literaturwissenschaftliche Forschung. Hrsg. v. Klaus Barchow und Walter Delabor. Bern [etc.] 1994 (Jahrbuch für Internationale Grammatik. Reihe A. Kongreßberichte 38), 97−112.

Petrović 1969 = Svetozar Petrović: The Dictionary of Literary Terms and the Concept of Literary Terminology. In: The Art of the Word. Selected Studies 1957−1967. Ed. by Zdenko Skreb. Zagreb 1969, 259−309.

5.9. Logopädie

Compolini et al. 1997 = Claire Compolini/Véronique Van Hövell/Pascaline Gorgemans: Constraintes d'un dictionnaire multidomaine: la terminologie de la logopedie. In: Hermans (éd.) 1997, 267−278.

Scholz 1989 = Hans-Joachim Scholz: Probleme der Lexikographie interdisziplinärer Fachsprachen. Am Beispiel: Logopädie (Sprachheilpädagogik). In: Lexicographica 5. 189, 5−17.

5.10. Medizin (vgl. Art. 208; zur Paracelsus-Lexikographie vgl. Art. 245)

Ahlswede/Evens 1988 = Thomas Ahlswede/Martha Evens: A Lexicon for a Medical Expert System. In: Relational Models of the Lexicon. Representing Knowledge in Semantic Networks. Ed. by Martha Walton Evens. Cambridge [etc.] 1988 (Studies in Natural Language Processing), 97−111.

Alexander 1975 = Gerhard Alexander: Zum russisch-englisch-französischen Häufigkeitswörterbuch der Medizin. In: Fachsprachen und Sprachstatistik. Hrsg. und redaktionell bearb. v. Lothar Hoffmann. Berlin 1975 (Sammlung Akademie-Verlag 41. Sprache), 119−134.

Becher 1981 = Ilse Becher: Rechnergestützte Erarbeitung eines Wörterbuches des lateinisch-griechischen Wortschatzes in der Medizin. In: Rechnerunterstützung bei der Bearbeitung fachlexikalischer Probleme. Ein Sammelband. Hrsg. v. Gunter Neubert. Leipzig 1981 (Linguistische Studien), 219−237.

Boss et al. 1994 = Norbert Boss/Renate Jäckle/Norbert Schrader/Günter Wangerin: Aufbau und Inhalt des Roche Lexikon Medizin (2. Auflage. Urban und Schwarzenberg 1987). In: Dressler/Schaeder (Hrsg.) 1994, 115−121.

Burr 1929 = Charles Walts Burr: Dr. James and his medical dictionary. New York. Repr. In: Annuals of medical history 1. 1929, 180−190.

David 1994 = Heinz David: Wörterbuch der Medizin. VEB Verlag Volk und Gesundheit Berlin. Konzeption und Realisierung der 12. Auflage. In: Dressler/Schaeder (Hrsg.) 1994, 123−132.

Dressler 1994 = Stephan Dressler: Bibliographie [der Medizinwörterbücher]. In: Dressler/Schaeder (Hrsg.) 1994, 171−301.

Dressler 1994a = Stephan Dressler: Wörterbuch-Geschichten. In: Dressler/Schaeder (Hrsg.) 1994, 55−81.

Dressler/Schaeder (Hrsg.) 1994 = Wörterbücher der Medizin. Beiträge zur Fachlexikographie. Hrsg. v. Stephan Dressler und Burkhard Schaeder. Tübingen 1994 (Lexicographica. Series Maior 55).

Dressler/Schaeder 1994 = Stephan Dressler/Burkhard Schaeder. Wörterbücher der Medizin. Ein Vorwort. In: Dressler/Schaeder (Hrsg.) 1994, 1−12.

Eiselt 1982 = Erika Eiselt: Zu Problemen bei der Bearbeitung eines Fügungswörterbuches. Dargelegt an Beispielen aus der Fachsprache Medizin/Russisch. Halle 1982 (Arbeitsberichte und wissenschaftliche Studien 87).

Hübner 1967 = W. Hübner: Linguistische Aufgaben bei der Erarbeitung medizinischer Fachthesauri für die wissenschaftliche Information und Dokumentation. In: Actes du xe congrès international des linguistes, Bucarest, 28 août − 2 septembre 1967 [Red.: A. Graur, Jorgu Jordan et al.]. Bucarest 1969−70, 511−515.

Immken 1995 = Antje Immken: Pragmatische Aspekte der Lexikographie in deutschen und deutsch-englischen Fachwörterbüchern der Medizin. Diplomarbeit [masch.]. Institut für Übersetzen und Dolmetschen der Univ. Heidelberg. Heidelberg 1995.

Lippert 1978 = Herbert Lippert: Fachsprache Medizin. In: Interdisziplinäres Wörterbuch in der Diskussion. Hrsg. v. Helmut Henne/Wolfgang Mentrup/Dieter Möhn/Harald Weinrich. Düsseldorf 1978 (Sprache der Gegenwart 45), 86−101.

Lowe/Manuila 1981 = D. A. Lowe/A. Manuila: Guidelines for Terminology and Lexicography. Drafting of Definitions and Compilation of Monolingual Vocabularies. In: Progress in Medical Terminology. Ed. by A. Manuila. Basel [etc.] 1981, 31−60.

Lüking 1994 = Silke Lüking: Probleme zweisprachiger Fachwörterbücher der Medizin Deutsch-Englisch/Englisch-Deutsch. In: Dressler/Schaeder (Hrsg.) 1994, 145−163.

Manuila 1981 = A. Manuila: Medical Terminology and Medical Dictionaries. An Assessment of Problems, Needs and Prospects. In: Progress in Medical Terminology. Ed. by A. Manuila. Basel 1981, 87−100.

Manuila/Manuila 1981 = A. Manuila/L. Manuila: Guide to Medical Lexicography. In: Progress in Medical Terminology. Ed. by A. Manuila. Basel 1981, 101−112.

Pilegaard 1988 = Morten Pilegaard: Dansk-engelsk medicinsk ordbog. Generering af fagsprogsordbog fra glosekartotek. In: Hermes 1. 1988, 239−244.

Pilegaard 1994 = s. 5.1.

Schaeder 1994 = Burkhard Schaeder: Wörterbücher der Medizin − Versuch einer Typologie. In: Dressler/Schaeder (Hrsg.) 1994, 25−54.

Schneider 1994 = Rolf Schneider: Zur äußeren Aufmachung und Gestaltung von medizinischen Fachwörterbüchern. In: Schaeder/Bergenholtz (Hrsg.) 1994, 177−190.

Sournia 1986 = Jean Charles Sournia: Les dictionnaires médicaux vus par un médecin. In: Traduction et terminologie médicales. Medical Translation and Terminology. Red.: Jean Charles Sournia. Montréal 1986 (Meta 31/1), 7−11.

Wiese 1994 = Ingrid Wiese: Medizinische Fachsprache und Fachlexikographie − Theoretische Aspekte. In: Dressler/Schaeder (Hrsg.) 1994, 13−24.

Zink 1994a = Christoph Zink: Information und Illustration: das Bild im medizinischen Sachwörterbuch. In: Dressler/Schaeder (Hrsg.) 1994, 133−144.

5.11. Molekularbiologie

Bergenholtz/Kaufmann 1992 = Henning Bergenholtz/Uwe Kaufmann: Konception af en ny fagordbog. In: Arnt Lykke Jacobsen (Hrsg.): Oversættelse af fagsproglige tekster: Indlæg fra Sandbergkonferencen den 21.–22. november 1991. Kopenhagen 1992 (ARK 65), 183–204.

Bergenholtz/Kaufmann 1996 = s. 5.1.

Bergenholtz/Kaufmann 1997 = s. 5.1.

Kaufmann 1993 = Uwe Kaufmann: Anvendelse af det dansk genteknologiske tekstkorpus ved udarbejdelsen af Genteknologisk ordbog, med speciel henblik på udvælgelsen af eksempler. In: Proceedings af seminar om korpuslingvistik i fagsprogsforskningen. 26. og 27. november 1992. Red. af Gert Engel. Kolding 1993, 56–68.

Temmermann 1997 = s. 5.1.

5.12. Musikwissenschaft (vgl. Art. 211)

Bandur 1997 = Markus Bandur: Musiklexika. In: Die Musik in Geschichte und Gegenwart. 2. neubearb. Aufl. Hrsg. v. Ludwig Finscher. Bd. 6. Kassel [etc.] 1997, 1390–1421.

Blumröder 1984 = Christoph von Blumröder: Das Handbuch der musikalischen Terminologie. Ein Zwischenbericht. 1985/86. In: Archiv für Begriffsgeschichte 28. 1984, 281–297.

Coover 1971 = James Coover: Music Lexicography. Including a Study of Lacunae in Music Lexicography and a Bibliography of Music Dictionaries. 3. Aufl. Carlisle 1971.

Coover 1980 = James Coover: Dictionaries and encyclopaedias of music. In: The New Grove Dictionary of Music and Musicians. Hrsg. v. Stanley Sadie. Bd. 5. London 1980, 430–459.

Eggebrecht 1953 = Hans Heinrich Eggebrecht: Aus der Werkstatt des terminologischen Handwörterbuchs. In: Kongreßberichte. Internationale Gesellschaft für Musikwissenschaft 5. 1953, 155–165.

Eggebrecht 1955 = Hans Heinrich Eggebrecht: Studien zur musikalischen Terminologie. Wiesbaden 1955 (Akademie der Wissenschaften und der Literatur [zu Mainz]. Abhandlungen der geistes- und sozialwissenschaftlichen Klasse. 1955. 10) [2. Aufl. 1968].

Eggebrecht 1957 = Hans Heinrich Eggebrecht: Walters Musikalisches Lexikon in seinen terminologischen Partien. In: Acta musicologica 29. 1957, 10–27.

Eggebrecht 1957a = Hans Heinrich Eggebrecht: Ein Musiklexikon von Christoph Demantius. In: Die Musikforschung 10. 1957, 48–60.

Eggebrecht 1960 = Hans Heinrich Eggebrecht: Lexika der Musik. In: Die Musik in Geschichte und Gegenwart. Allgemeine Enzyklopädie der Musikforscher des In- und Auslands. Hrsg. v. Friedrich Blume. Bd. 8, LAAFF-MEJTUS. Kassel. Basel. London. New York 1960, 685–700.

Eggebrecht 1968 = Hans Heinrich Eggebrecht: Das Handwörterbuch der musikalischen Terminologie. In: Archiv für Begriffsgeschichte 12. 1968, 114–125.

Eggebrecht/Reckow 1968 = Hans Heinrich Eggebrecht/Fritz Reckow: Das Handwörterbuch der musikalischen Terminologie. In: Archiv für Musikwissenschaft 25. 1968, 241–277.

Eggebrecht et al. 1970 = Hans Heinrich Eggebrecht (in Zusammenarbeit mit Wolf Frobenius und Fritz Reckow): Bericht II über das Handwörterbuch der musikalischen Terminologie (anläßlich der Vorlage von vier Musterartikeln). In: Archiv für Musikwissenschaft 27. 1970, 214–251.

Gurlitt 1966 = Willibald Gurlitt: Ein begriffsgeschichtliches Lexikon der Musik. In: Willibald Gurlitt: Musikgeschichte und Gegenwart. Eine Aufsatzfolge. Hrsg. und eingeleitet v. Hans Heinrich Eggebrecht. Teil II. Wiesbaden 1966 (Beihefte zum Archiv für Musikwissenschaft 17), 183–188.

Smit 1992 = Maria Smit: An interdisciplinary, intercultural and multilingual project: the new Southern African music education dictionary. In: Hannu Tommola/Krista Varantola/Tarja Salmi-Tolonen/Jürgen Schopp (eds.): Euralex '92 Proceedings I–II. Papers submitted to the 5th EURALEX International Congress on Lexicography in Tampere, Finland. Part II. Tampere 1992 (studia translatologica. ser. A. vol. 2), 511–517.

Smit 1995 = Maria Smit: A theoretical frame work for a multilingual and cross-cultural music education dictionary. Herbert E. Wiegand's metalexicograpy. In: Papers presented at the Tenth Symposium on Ethnomusicology. Music Department, Rhodes University, 30 September to 2 October 1991. Ed. by Carol Muller. Grahamstown 1995, 157–161.

Smit 1996 = Maria Smit: Wiegand's Metalexicography as a Framework for a Multilingual, Multicultural, Explanation Music Education Dictionary for South Africa. Diss. [masch.] Univ. of Stellenbosch 1996.

Venn 1992 = Ursula Venn: *Neoklassizismus*. Kritik und Vorschläge zur Fachlexikographie der Musik. In: Worte, Wörter, Wörterbücher. Lexikographische Beiträge zum Essener Linguistischen Kolloquium. Hrsg. v. Gregor Meder und Andreas Dörner. Tübingen 1992 (Lexicographica. Series Maior 42), 183–194.

5.13. Naturwissenschaft (insgesamt; vgl. Art. 201)

Graf-Stuhlhofer 1995 = Franz Graf-Stuhlhofer: Überbewertung der eigenen Nation. Der Anteil der eigenen Landsleute an naturwissenschaftshistorischen Lexika. In: Berichte zur Wissenschaftsgeschichte 18. 1995, 131–133.

Klein 1993 = Wolf Peter Klein: Projektvorstellung: Eine sprachhistorische Bibliographie naturwissenschaftlicher Fachlexika. In: Fachsprache 15. 1993, 126−138.

Klein 1995 = Wolf Peter Klein: Das naturwissenschaftliche Fachlexikon in Deutschland zwischen Renaissance und 19. Jh. In: Lexicographica 11. 1995, 15−49.

5.14. Ozeanographie

Banks/Cahuzac 1987 = David Banks/Philippe Cahuzac: Towards a Multilingual Thesaurus of Oceanographical Terms. In: Fachsprachen 9. 1987, 60−62.

5.15. Philosophie (vgl. Art. 210)

Apel 1951/52 = Karl Otto Apel: Das Begriffsgeschichtliche Wörterbuch der Philosophie. In: Zeitschrift für philosophische Forschung 6. 1951/52, 133−136.

Cummings 1979 = W. Philip Cummings: Dictionaries of Philosophy: A Survey and a Proposal. In: Dictionaries 1. 1979, 97−101.

Ritter 1967 = Joachim Ritter: Leitgedanken und Grundsätze des Historischen Wörterbuchs der Philosophie. In: Archiv für Begriffsgeschichte 11. 1967, 75−80.

Roelcke 1989 = Thorsten Roelcke: Die Terminologie der Erkenntnisvermögen. Wörterbuch und lexikosemantische Untersuchung zu Kants „Kritik der reinen Vernunft". Tübingen 1989 (Reihe Germanistische Linguistik 95).

Rothacker 1950 = Erich Rothacker: Das akademische Wörterbuch der Philosophie. In: Das Goldene Tor. 1950, 94−97.

Schwartz 1983 = Richard L. Schwartz: Der Begriff des Begriffs in der philosophischen Lexikographie. Ein Beitrag zur Begriffsgeschichte. München 1983 (Minerva-Fachserie Philosophie).

5.16. Physik (vgl. Art. 206)

Liebaug/Liebaug-Dartmann 1989 = Bruno Liebaug/Hildegard Liebaug-Dartmann: Wörterbücher für den Fachunterricht Physik in Studienkollegs für ausländische Studierende. In: Lexicographica 5. 1989, 143−158.

5.17. Politik- und Geschichtswissenschaft

Albers et al. 1984 = Detlev Albers/Ulrich Albrecht/Klaus-Michael Bogdal/Werner Goldschmidt/Kornelia Hauser/Eike Hennig/Michael Jäger/Harald Kerber/Leo Kofler/Brita Rang/Erich Wulff: Stellungnahmen zur Konzeption des Kritischen Wörterbuches des Marxismus. In: Argument 26. 1984, 736−744.

Arbeitsgruppe Marx-Engels-Wörterbuch 1968 = Über das Marx-Engels-Wörterbuch. Verfaßt von der Arbeitsgruppe Marx-Engels-Wörterbuch im Institut für deutsche Sprache und Literatur der DAW Berlin. In: Weimarer Beiträge 14. 1968, 343−360.

Haug 1984 = Wolfgang Fritz Haug: Richtlinien für Beiträge zum „Kritischen Wörterbuch des Marxismus". Zur Diskussion gestellter Entwurf. In: Argument 26. 1984, 518−520.

Kosellek 1967 = Reinhart Kosellek: Richtlinien für das Lexikon politisch-sozialer Begriffe der Neuzeit. In: Archiv für Begriffsgeschichte 11. 1967, 81−99.

o. V. 1969 : Zum Erscheinen des Marx-Engels-Wörterbuches. In: Deutsche Zeitschrift für Philosophie 17. 1969, 1111−1121.

Strauß 1988 = Gerhard Strauß: Neue Wege in der Lexikographie des politisch-ideologischen Wortschatzes. In: Symposium on Lexicography III. Proceedings of the Third International Symposium on Lexicography may 14−16, 1986 at the University of Copenhagen, ed. by Karl Hyldgaard-Jensen/Arne Zettersten. Tübingen 1988 (Lexicographica. Series Maior 19), 183−213.

Wunsch 1962 = Karl Wunsch: Zur Gliederung des Wortschatzes im Marx-Engels-Wörterbuch. In: Forschungen und Fortschritte 36. 1962, 343−345.

5.18. Psychologie

Bergenholtz 1978 = Henning Bergenholtz: Zur Sprache der Psychologie und ihrer lexikographischen Erfassung. In: Interdisziplinäres Wörterbuch in der Diskussion. Hrsg. v. Helmut Henne, Wolfgang Mentrup, Dieter Möhn, Harald Weinrich. Düsseldorf 1978 (Sprache der Gegenwart 45), 102−115.

Bergenholtz 1980 = Henning Bergenholtz: Das Wortfeld Angst. Eine lexikographische Untersuchung mit Vorschlägen für ein großes Interdisziplinäres Wörterbuch der deutschen Sprache. Stuttgart 1980.

5.19. Rechtswissenschaft, Rechtsleben

Bergenholtz et al. 1990 = Henning Bergenholtz/Helle Dam/Torben Henriksen: Udarbejdelse af en spansk-dansk juridisk ordbog: overvejelser og løsninger. In: Hermes 5. 1990, 127−136.

Blesken 1961 = Hans Blesken: Das Deutsche Rechtswörterbuch. In: Zeitschrift für Volkskunde 57. 1961, 95−103.

Blesken 1967 = Hans Blesken: Das Deutsche Rechtswörterbuch. Historischer Standort, Aufgaben und Probleme. In: Forschungen und Fortschritte 41. 1967, 181−186.

Blesken 1970 = Hans Blesken: Aus der Arbeit der Heidelberger Akademie der Wissenschaften. Das Deutsche Rechtswörterbuch. Wörterbuch der älteren deutschen Rechtssprache. In: Heidelberger Jahrbücher 14. 1970, 171−199.

Chaffrey 1991 = Patrick Nigel Chaffrey: Problemer i forbindelse med tospråklig juridisk leksikografi. In: Ruth Vatvedt Fjeld (ed.): Nordiske studier i leksikografi. Rapport fra Konferanse om leksikografi i Norden 28.−31. mai 1991, 501−508.

Dickel/Speer 1979 = Günther Dickel/Heino Speer: Deutsches Rechtswörterbuch. Konzeption und lexikographische Praxis während acht Jahrzehnten

(1897—1977). In: Helmut Henne (Hrsg.): Praxis der Lexikographie. Berichte aus der Werkstatt. Tübingen 1979 (Reihe Germanistische Linguistik 22), 20—36.

Dyrberg/Tournay 1995 = s. 5.1.

Elsässer 1912 = August Elsässer: Das Wörterbuch der deutschen Rechtssprache. In: Germanisch-Romanische Monatsschrift 4. 1912, 139—144.

Kisch 1980 = Guido Kisch: Juridical Lexicography and the Reception of Roman Law. In: Guido Kisch: Forschungen zur Rechts- und Sozialgeschichte des Mittelalters. Mit einem Verzeichnis der Schriften von Guido Kisch zur mittelalterlichen Rechtsgeschichte. Sigmaringen 1980 (Ausgewählte Schriften 3), 205—235.

Kjær 1997 = Anne Lise Kjær: Thi kendes for ret — om lemmata og eksempler i juridisk fagleksikografi. In: Hermes 18. 1997, 157—175.

Kronauer 1990 = Ulrich Kronauer: Das Deutsche Rechtswörterbuch — ein zu wenig bekanntes Hilfsmittel der 18.-Jh.-Forschung. In: Das achtzehnte Jahrhundert 14. 1990, 281—283.

Laufs 1993 = Adolf Laufs: Das Deutsche Rechtswörterbuch. In: Akademie-Journal 2. 1993, 7—11.

Lemberg 1996 = Ingrid Lemberg: Die Entstehung des Deutschen Rechtswörterbuches. In: Lexicographica 12. 1996, 105—124.

Lemberg 1996a = Ingrid Lemberg: Die Belegexzerption zu historischen Wörterbüchern am Beispiel des „Frühneuhochdeutschen Wörterbuches" und des „Deutschen Rechtswörterbuches". In: Wörterbücher in der Diskussion II. Vorträge aus dem Heidelberger Lexikographischen Kolloquium. Hrsg. v. Herbert Ernst Wiegand. Tübingen 1996 (Lexicographica. Series Maior 70), 83—102.

Lemberg 1998 = Ingrid Lemberg: Lexikographische Erläuterungen im Deutschen Rechtswörterbuch: Gestaltungsmuster in einem Wörterbuch der älteren deutschen Rechtssprache. In: Wörterbücher in der Diskussion III. Vorträge aus dem Heidelberger Lexikographischen Kolloquium. Hrsg. v. Herbert Ernst Wiegand. Tübingen 1998 (Lexicographica. Series Maior 84), 133—154.

Lemberg 1998a = Ingrid Lemberg: Möglichkeiten der Bedeutungserläuterung im Deutschen Rechtswörterbuch. In: Bedeutungserfassung und Bedeutungsbeschreibung in historischen und dialektologischen Wörterbüchern. Beiträge zu einer Arbeitstagung der deutschsprachigen Wörterbücher, Projekte an Akademien und Universitäten vom 7. bis 9. März 1996 anläßlich des 150jährigen Jubiläums der Sächsischen Akademie der Wissenschaften zu Leipzig. Hrsg. v. Rudolf Große. Stuttgart. Leipzig 1998 (Abhandlungen der Sächsischen Akademie der Wissenschaften zu Leipzig Phil.-hist. Klasse 75. H. 1), 77—85.

Lemberg/Speer 1997 = Ingrid Lemberg/Heino Speer: Bericht über das Deutsche Rechtswörterbuch. In: Zeitschrift der Savigny-Stiftung für Rechtsgeschichte 114. 1997, 679—697.

Lemberg et al. 1998 = Ingrid Lemberg/Sybille Petzold/Heino Speer: Der Weg des Deutschen Rechtswörterbuches in das Internet. In: Wörterbücher in der Diskussion III. Hrsg. v. Herbert Ernst Wiegand. Tübingen 1998 (Lexicographica. Series Maior 84), 262—284.

Nielsen 1989 = Sandro Nielsen: Kritisk oversigt over engelske og danske juridiske ordbøger. In: Hermes 3. 1989, 55—75.

Nielsen 1994 = Sandro Nielsen: The Bilingual LSP Dictionary. Principles and Practice for Legal Language. Tübingen 1994 (Forum für Fachsprachen-Forschung 24).

Nielsen 1994a = s. 5.1.

Objartel 1990 = Georg Objartel: Zum Nutzwert des Deutschen Rechtswörterbuchs für die historische Lexikologie. In: Wörter und Namen. Aktuelle Lexikographie. Symposium Schloß Ranischholzhausen 25.—27. September 1987. Hrsg. v. Rudolf Schützeichel u. Peter Seidensticker. Marburg 1990 (Marburger Studien zur Germanistik 13; zugleich Schriften der Brüder-Grimm-Gesellschaft 23), 90—96.

Rossenbeck 1977 = Klaus Rossenbeck: ‚Berått mod' — ‚berauschter Sinn'? Bemerkungen zum Fachwörterbuch für Recht und Wirtschaft. Schwedisch-Deutsch—Deutsch-Schwedisch. Von G. Parsenow. Köln 1975. In: Moderna Språk 71. 1977, 77—96.

Šarčević 1989 = Susan Šarčević: Conceptual Dictionaries for Translation in the Field of Law. In: International Journal of Lexicography 2. 1989, 277—293.

Šarčević 1990 = Susan Šarčević: Terminological Incongruenca in Legal Dictionaries for Translation. In: T. Magay and J. Zigány (eds.) BudaLEX '88 Proceedings. Papers from the 3rd International EURALEX Congress, Budapest, 4—9 September 1988. Budapest 1990, 439—446.

Schmidt-Wiegand 1990 = Ruth Schmidt-Wiegand: Das „Deutsche Rechtswörterbuch". Geschichte und Struktur. In: Wörter und Namen. Aktuelle Lexikographie. Symposium Schloß Ranischholzhausen 25.—27. September 1987. Hrsg. v. Rudolf Schützeichel u. Peter Seidensticker. Marburg 1990 (Marburger Studien zur Grammatik 13; zugleich Schriften der Brüder-Grimm-Gesellschaft 23), 115—168.

Speer 1989 = Heino Speer: Das Deutsche Rechtswörterbuch. Historische Lexikographie einer Fachsprache. In: Lexicographica 5. 1989, 85—128.

Speer 1991 = Heino Speer: Das Deutsche Rechtswörterbuch. Vorstellung des Wörterbuchs und lexikografische Praxis am Beispiel *magdeburgisch*. In: Historical Lexicography of the German Language. Vol. 2. Ed. by Ulrich Goebel and Oskar Reichmann in collaboration with Peter I. Barta. Lewiston. Queenston. Lampeter 1991 (Studies in Russian and German 3), 675—711.

Speer 1994 = Heino Speer: DRW to FAUST. Ein Wörterbuch zwischen Tradition und Fortschritt. In: Lexicographica 10. 1994, 171–213.

Tebbens 1982 = H. D. Tebbens: Le dictionnaire juridique néerlandais-français: un exercise de droit comparé. In: Langange du Droit et Traduction, bajo la direccion de J. C. Gémar. Québec 1982, 173–185.

Wahl 1904/05 = Gustav Wahl: Ein Wörterbuch der deutschen Rechtssprache. In: Zeitschrift für Deutsche Wortforschung 6. 1904/05, 369–372.

Williams 1983 = C. Williams: Towards an Italian-English Glossary of Labour Law Terminology. In: The incorporated Linguist 2. 1983, S. 70–77.

5.20. Rhetorik

Brohm et al. 1990: Berthold Brohm/Gregor Kalivoda/Franz-Hubert Robling: Work in Progress: Bericht über das Forschungsprojekt ‚Historisches Wörterbuch der Rhetorik'. In: Rhetorik 9. 1990, 171.

Kalivoda 1992 = Gregor Kalivoda: Historisches Wörterbuch der Rhetorik. Ein Lexikon-Projekt zu Geschichte, Systematik, Terminologie und Interdisziplinarität der Rhetorik. In: Wolfenbüttler Barock-Nachrichten 19. 1992, 10–12.

Kalivoda/Robling 1989 = Gregor Kalivoda/Franz-Hubert Robling: Das Historische Wörterbuch der Rhetorik. Ein Beitrag zur Begriffsforschung und Lexikonherstellung. In: Lexicographica 5. 1989, 129–142.

Ueding 1986 = Gert Ueding: Das historische Sachwörterbuch der Rhetorik. Ein Forschungsprojekt. In: Rhetorik 5. 1986, 115–119.

Ueding et al. 1994 = Gert Ueding/Gregor Kalivoda/Franz-Hubert Robling/Heike Mayer: Destructio destructionis. Über böswillige und sachliche Kritik am Historischen Wörterbuch der Rhetorik. In: Jahrbuch Rhetorik 12. 1994, 178–183.

5.21. Sprachwissenschaft

Beckers/Schmitter 1978 = Kommentierte Übersicht über sprachwissenschaftliche Wörterbücher und allgemeine Einführungen von einer Arbeitsgruppe unter der Leitung von Hartmut Beckers und Peter Schmitter. Münster 1978 (Studium Sprachwissenschaft 1).

Bergenholtz 1997 [1998] = Henning Bergenholtz: Linguistische und lexikographische Fachwörterbücher in Skandinavien. In: Lexicographica 13. 1997 [1998], 3–16.

Boulanger 1995 = Jean-Claude Boulanger: Observations sur le Dictionnaire de Linguistique et de Sciences du Langage. In: Lexicographica 11. 1995, 232–251.

Brugmann 1909 = Karl Brugmann: Ein Wörterbuch der sprachwissenschaftlichen Terminologie. In: Germanisch-Romanische Monatszeitschrift 1. 1909, 209–222.

Bußmann 1974 = Hadumod Bußmann: Lexika der sprachwissenschaftlichen Terminologie. Bericht über eine vernachlässigte Gattung. Teil 1. In: Deutsche Sprache 2. 1974, 43–66.

Bußmann et al. 1975 = Hadumod Bußmann/Hans Altmann/Hartmut Lauffer: Lexika der sprachwissenschaftlichen Terminologie. Teil 2. In: Deutsche Sprache 3. 1975, 147–172; Teil 2: Fortsetzung 255–269.

Dobrovol'skij 1997 [1998] = Dmitrij Dobrovol'skij: Linguistische Wörterbücher in Rußland. In: Lexicographica 13. 1997 [1998], 34–73.

Crystal 1997 [1998] = David Crystal: The linguistic identity of English-language dictionaries of linguistics. In: Lexicographica 13. 1997 [1998], 17–33.

Gardt 1996 = Andreas Gardt: Sprachtheorie in Barock und Aufklärung. Enzyklopädisches Wörterbuch. Zum Stand eines lexikographischen Projektes. In: Klaus D. Dutz/Hans-J. Niederehe (Hrsg.): Theorie und Rekonstruktion. Münster 1996, 87–100.

Gardt et al. 1991 = Andreas Gardt/Ingrid Lemberg/Oskar Reichmann/Thorsten Roelcke: Sprachkonzeption in Barock und Aufklärung: Ein Vorschlag für ihre Beschreibung. In: Zeitschrift für Phonetik, Sprachwissenschaft und Kommunikationsforschung 44. 1991, 17–33.

Gouws 1997 [1998] = Rufus H. Gouws: Afrikaans special purpose dictionaries of linguistics. In: Lexicographica 13. 1997 [1998], 74–94.

Hartmann 1972 = R. R. K. Hartmann: More on Glossaries of Linguistic Terminology. In: Linguistische Berichte 21. 1972, 77–79.

Hiersche et al. 1956 = Rolf Hiersche/Erika Ising/Gunhild Ginschel: Aus der Arbeit an einem historischen Wörterbuch der sprachwissenschaftlichen Terminologie. Berlin 1956 (Sitzung der Deutschen Akademie der Wissenschaften zu Berlin. Klasse für Sprachen, Literatur und Kunst. Jg. 1955, Nr. 2).

Ising 1967 = Erika Ising: Methodologische Probleme eines sprachwissenschaftlichen Wörterbuches auf historischer Grundlage. In: Actes du Xe congrès international des linguistes. Bucarest, 28 août – 2 septembre 1967 [Red.: A. Graur, Jorju Jordan et al.]. Bd. 4. Bucarest 1969–70, 465–469.

Koerner 1972 = E. F. K. Koerner: Glossaries of linguistic terminologie 1951–1971: An overview. In: Linguistische Berichte 18. 1972, 30–38.

Kreuder 1973 = Hans-Dieter Kreuder: Lexika der modernen linguistischen Terminologie anläßlich des Erscheinens von W. Ulrichs ‚Wörterbuch – linguistische Grundbegriffe'. In: Zeitschrift für Dialektologie und Linguistik 40. 1973, 175–184.

Kreuder 1978 = Hans-Dieter Kreuder: Neue Lexika der modernen linguistischen Terminologie: eine Bilanz der 1973–1976 erschienenen sprachwissenschaftlichen Nachschlagewerke aus der Bundesrepublik Deutschland. In: Zeitschrift für Dialektologie und Linguistik 45. 1978, 68−94.

Kreuder 1988 = Hans-Dieter Kreuder: Anstöße zur Begründung der Metasprachlichen Lexikographie. In: Deutscher Wortschatz. Lexikologische Studien. Ludwig Erich Schmitt zum 80. Geburtstag von seinen Marburger Schülern. Hrsg. v. Horst Haider Munske, Peter von Polenz, Oskar Reichmann, Reiner Hildebrandt. Berlin. New York 1988, 370−397.

Lang 1967 = Ewald Lang: Vorschläge für ein linguistisches Wörterbuch. In: Linguistics 37. 1967, 52−57.

Lindemann 1997 [1998] = Margarete Lindemann: Die französischen Fachwörterbücher zur Linguistik. In: Lexicographica 13. 1997 [1998], 95−166.

Molodez 1984 = W. N. Molodez: Besonderheiten des russisch-deutschen Wörterbuches grammatischer Termini. In: Wissenschaftliche Zeitschrift der Universität Leipzig 33. 1984, 535−543.

Roelcke 1990 = Thorsten Roelcke: Varietäten in deutschsprachigen linguistischen Wörterbüchern. Lemmabestand und Artikellänge. In: Lexicographica 6. 1990 [1991], 222−236.

Schmitt 1933 = Alfred Schmitt: Probe eines Wörterbuchs der sprachwissenschaftlichen Terminologie, den Sprachwissenschaftlern zur Begutachtung unterbreitet. Mit einem Vorwort von Leo Weisgerber. Berlin. Leipzig 1933 (Beih. zum 51. Bd. der Indogermanischen Forschungen).

Wolski 1989 = Werner Wolski: Linguistik − selektiv wahrgenommen. In: Zeitschrift für germanistische Linguistik 17. 1989, 323−341. [Rezensionsaufsatz zu Terminologie zur neueren Linguistik. 2., völlig neu bearb. u. erw. Aufl. 1988. Verfaßt und zusammengestellt von Werner Abraham.].

Zink 1994 = s. 5.1.

5.22. Standardisierung

Engler 1965 = B. Engler: Voraussetzungen, Gestaltungs- und Bearbeitungsgesichtspunkte für ein Begriffslexikon der Standardisierung. Dresden 1965.

5.23. Technik

Al-Chalabi 1980 = S. A. R. Al-Chalabi: Technical Dictionaries. In: IDELTI Journal 13. 1980, 66−122.

Brammer 1991 = F. A. Brammer: Internationales Elektrotechnisches Wörterbuch des DIN − das IEV der IEC in deutscher Übersetzung. In: Mitteilungsblatt für Dolmetscher und Übersetzer 37. 1991/5, 4−11.

Bucksch 1973 = Herbert Buksch: Das technische Übersetzungsfachwörterbuch. In: Mitteilungsblatt für Dolmetscher und Übersetzer 19/5. 1973, 6−8.

Chagunda 1983 = M. Chagunda: Interfaces between Technical Dictionaries and EAP Learners. M. Sc. diss. [masch.]. Univ. of Aston Birmingham 1983.

Gross 1967 = Helmut Gross: Prinzipien der Wortauswahl bei der Aufstellung eines kleinen Wörterbuchs der Elektrotechnik. In: Wissenschaftliche Zeitschrift der Technischen Universität Dresden 16. 1967, 827−831.

Hermans/de Schaetzen 1991 = Ad Hermans/Caroline de Schaetzen: Étude fonctionelle des dictionnaires techniques par les méthodes de l'analyse de la valeur. In: Le langage et l'homme 26. 1991, 301−303.

Hoffmann 1979 = Lothar Hoffmann: Häufigkeitswörterbücher der Subsprachen von Wissenschaften und Technik − Schlüssel zum Fachtext. In: Fachsprache 1−2. 1979, 91−95.

Horn 1983 = Babette Horn: Technische Wörterbücher mit deutschen und russischen Äquivalenten. In: Lebende Sprachen 28. 1983, 141−143 u. 189−191.

Kučera 1982 = Antonín Kučera: Pragmatische Überlegungen bei der Anlage von Fachwörterbüchern der Technik und der exakten Naturwissenschaften. In: Proceedings of the 3rd European Symposium on LSP, Copenhagen, August 1981. Ed. by Jørgen Hoedt, Lita Lundquist, Heribert Picht, Jaques Quistgaard. The LSP Centre, UNESCO ALSED LSP Network and Newsletter, The Copenhagen School of Economics, København 1982, 319−327.

Opitz 1979 = Kurt Opitz: Technical Dictionaries: Testing the Requirement of the Professional User. In: Dictionaries and Their Users: Papers from the 1978 B. A. A. L. Seminar on Lexicography. Ed. by Reinhard R. K. Hartmann. Exeter 1979 (Exeter Linguistic Studies 4), 89−95.

Opitz 1983 = Kurt Opitz: Special-purpose lexicography: Dictionaries for technical use. In: Lexicography: Principles and Practice. Ed. by R. R. K. Hartmann. London [usw.] 1983 (Applied Language Studies), 163−180.

Opitz 1990 = Kurt Opitz: The Technical Dictionary for the Expert. In: HSK 5.2., 1505−1512.

Pedersen 1995 = Jette Pedersen: The Identification and Selection of Collocations in Technical Dictionaries. In: Lexicographica 11. 1995, 60−73.

Pedersen 1995a = Jette Pedersen: Koncernspecifik brancheordbog med særligt henblik på teknisk engelsk. Prækonceptionelle overvejelser og koncept. Diss. [masch.]. Handelshøjskolen i Århus 1995.

Pedersen 1995b = Jette Pedersen: Grammatiske oplysninger i tekniske fagordbøger. In: Lexico Nordica 2. 1995, 121−142.

Pedersen 1996 = Jette Pedersen: Sammensætning af et tekstkorpus til en bilingval teknisk fagordbog og forslag til metodiske lemmaselektionskriterier. In: Lexico Nordica 3. 1996, 139−152.

Rütz 1976 = Gisela Rütz: Konzeption, Umfang und Auswahlprinzipien bei Technik-Wörterbüchern in den romanischen Sprachen. In: Fremdsprachen 1976, 40−43.

Sager 1984 = Juan C. Sager: Terminology and the Technical Dictionary. In: LEXeter '83 Proceedings. Papers from the International Conference on Lexicography at Exeter, 9–12 September 1983. Ed. by Reinhard R. K. Hartmann. Tübingen 1984 (Lexicographica. Series Maior 1), 315–326.

De Schaetzen 1991a = Caroline de Schaetzen: Check-list for the assessment of technical dictionaries. In: Le linguiste = De taalkundige 37. 1991, 52–57.

Stellbrink 1997 = Hans-Jürgen Stellbrink: A cost/benefit analysis of dictionary-making. The example of the multilingual dictionary of the gasindustry. In: Hermans (éd.) 1997, 135–144.

Tarp 1991 = Sven Tarp: Encyklopædiske oplysninger i tosprogede ordbøger. In: Ruth Vatvedt Fjeld (ed.): Nordiske studier i leksikografi. Rapport fra Konferanse om leksikografi i Norden, 28.–31. mai 1991. Oslo 1992, 522–531.

Tarp 1992a = Sven Tarp: Prolegomena til teknisk ordbog. Diss. [masch.]. Handelshøjskolen i Århus 1992.

Tomaszczyk 1989 = JerzyTomaszczyk: Technical Translation and Dictionaries. In: Mary Snell-Hornby: Translation and Lexicography. Papers read at the EURALEX Colloquium held at Innsbruck 2–5 July 1987. Amsterdam. Philadelphia 1989, 177–186.

Wüster 1936 = Eugen Wüster: Wörterbücher der Technik. In: Wörter und Sachen 17. 1936, 164–173.

Wüster 1939 = Eugen Wüster: Internationales Elektrotechnisches Wörterbuch. In: Mitteilungen des VDE-Bezirks Berlin-Brandenburg 1939, Nr. 2, 3–4.

Wüster 1939a = Eugen Wüster: Internationales Elektrotechnisches Wörterbuch. In: Elektrotechnische Zeitschrift 60. 1939, 559–560.

Wüster 1956 = Eugen Wüster: Das Internationale Elektrotechnische Wörterbuch. Die Mitarbeit im deutschen Sprachgebiet. In: Elektrotechnische Zeitschrift 77. 1956, 415–418.

5.24. Theologie

Friedrich 1958 = Gerhard Friedrich: Das Theologische Wörterbuch zum Neuen Testament. In: Sprachforum 3. 1958, 27–32.

Friedrich 1959 = Gerhard Friedrich: Die Problematik eines Theologischen Wörterbuchs zum Neuen Testament. In: Studia Evangelica. Texte und Untersuchungen zur Geschichte der altchristlichen Literatur 73. 1959, 481–486.

Friedrich 1972 = Gerhard Friedrich: Von der Arbeit am Theologischen Wörterbuch zum Neuen Testament in Kiel. In: Christiana Albertina. Kieler Universitätszeitschrift 13. 1972, 5–10.

Friedrich 1972/73 = Gerhard Friedrich: Das bisher noch fehlende Begriffslexikon zum Neuen Testament. In: New Testament Studies 9. 1972/73, 127–152.

Friedrich 1976 = Gerhard Friedrich: ‚Begriffsgeschichtliche' Untersuchungen im theologischen Wörterbuch zum Neuen Testament. In: Archiv für Begriffsgeschichte 20, 1976, 151–177.

5.25. Universitäts- und Hochschulwesen

Schreiter 1984 = G. Schreiter: Überlegungen und Probleme bei der Arbeit mit einem schwedisch-deutschen Wörterbuch über das Universitäts- und Hochschulwesen. In: Germanistisches Bulletin 7. Mitteilungsblatt schwedischer Germanisten 1984, 8–27.

5.26. Wirtschaft (vgl. Art. 209)

Berényi 1982 = Sarolta Berényi: Caractères et équivalences des vocabulaires economiques français et hongrois. In: Annales Universitatis Scientiarum Budapestinensis de Rolande Eötvös Nominatae. Sectio philologica moderna 13. 1982, 102–108.

Boelcke/Straub/Thiele 1983 = Jürgen Boelcke/Bernhard Straub/Paul Thiele: Wie entsteht ein Wirtschaftswörterbuch? Einige lexikographische Anmerkungen. In: Nouveaux cahiers d'Allemand 1. 1983, 256–266.

Christiansen et al. 1994 = s. 5.1.

Costa-Barthe 1997 = Regina Costa-Barthe: Die Fachwörterbücher der Wirtschaft und die Wende: Bestandsaufnahme und Kritik. In: Hermans (éd.) 1997, 211–218.

Duvål/Laursen 1994 = s. 5.1.

Földi 1982 = Tamas Földi: A Multilingual Dictionary of Economics. In: The CONTA Conference. Proceedings of the Conference on Conceptual and Terminological Analysis in the Social Sciences. Held at the Zentrum für interdisziplinäre Forschung (ZIF), Bielefeld, FRG, May 24–27, 1981, ed. by Fred W. Riggs. Frankfurt a. M. 1982, 154–167.

Lenstrup 1992 = s. 5.1.

Poulsen 1992 = Sonja Poulsen: Kollokationsundersøgelse inden for engelsk merkantilt og økonomisk sprog med henblik på udarbejdelse af ordbogskoncept. In: Ruth Vatvedt Fjeld (Hrsg.): Nordiske Studier i Leksikografi. Rapport fra Konferanse om leksikografi i Norden 28.–31. mai 1991. Oslo 1992, 288–295.

Rossenbeck 1977 = s. 5.19.

Schaarschuh 1992 = F. J. Schaarschuh: Deutsche Marktwirtschaft und ihre russischen Terminusäquivalente. Ergebnisse einer Pilotstudie zu den quantitativen Verhältnissen und qualitativen Besonderheiten bei der Abdeckung deutscher Fachwortgutes der Wirtschaft und Wirtschaftswissenschaft durch russische Äquivalente in der Wörterbuchliteratur. In: Lebende Sprachen 37. 1992, 49–51.

Schaarschuh 1994 = F. J. Schaarschuh: Lexikographische Statik und terminologische Dynamik. Eine Betrachtung zur Entsprechungsqualität deutscher und russischer Wirtschaftstermini in der Wörterbuchliteratur. In: Lebende Sprachen 39. 1994, 8−13.

Schaeder 1982 = Burkhard Schaeder: Untersuchungen zur Kodifikation der Wirtschaftssprache in fachsprachlichen und gemeinsprachlichen Wörterbüchern. In: Konzepte zur Lexikographie. Studien zur Bedeutungserklärung in einsprachigen Wörterbüchern. Hrsg. v. Wolfgang Mentrup. Tübingen 1982 (Reihe Germanistische Linguistik 38), 65−92.

Schneider 1983 = Franz Schneider: Überlegungen zu dem Konzept eines Kontextfachwörterbuches der Wirtschaftssprache. In: Norden 30. 1993, 1−47.

Schneider 1998 = Franz Schneider: Studien zur kontextuellen Fachlexikographie. Das deutschfranzösische Wörterbuch der Rechnungslegung. Tübingen 1998 (Lexicographica. Series Maior 83).

Verlinde/Binon 1994 = Serge Verlinde/Jean Binon: The Dictionnaire contextuel du Français économique: A Production Oriented Dictionary of Business French. In: Willy Martin et al. (eds.): Euralex 1994. Proceedings. Papers submitted to the 6th EURALEX International Congress on Lexicography. Amsterdam 1994, 523−529.

Wagner 1989 = Horst Wagner: Les dictionnaires du français langue de spécialité/langue économique. In: Actes du XVIIIe Congrès International de Linguistique et de Philologie Romanes. Université de Trèves (Trier) 1986 publiés par Dieter Kremer. Tome IV. Section VI: Lexicologie et Lexicographie. Section VII: Onomastique. Tübingen 1989, 209−218. [Diskussion 218−219].

Wagner 1992 = Horst Wagner: Le traitement des noms composés dans les dictionnaires de français économiques. In: Actas do XIX Congreso Internacional de Lingüística e Filoloxía Románicas. Universidade de Santiago de Compostela 1989. Publ. par Ramón Lorenzo. II. Lexicoloxía et Metalexicografía. La Coruña 1992, 221−232.

Henning Bergenholtz, Aarhus
Hans-Peder Kromann (†), Kopenhagen
Herbert Ernst Wiegand, Heidelberg

XXII. Fachlexikographie II: die europäische Lexikographie der Fachsprachen im Zeitalter der Industrialisierung

201. Formen der Fachlexikographie in der vorindustriellen Zeit: eine historische Übersicht

1. Zur Orientierung
2. Frühe griechische Literatur
3. Lateinische Literatur
4. Spätantike
5. Mittelalter
6. Renaissance/Frühe Neuzeit
7. Das 18. Jahrhundert
8. Literatur (in Auswahl)

1. Zur Orientierung

Die Probleme bei der Erstellung einer Typologie der Fachwörterbücher (vgl. Art. 193) spiegeln sich in der großen Bandbreite von historischen Texten, die je nach Definition des Begriffs „Fachlexikon" in die Geschichte der Fachlexikographie eingereiht werden können. In der (historischen) Fachsprachenforschung hat sich noch keine einheitliche Definition des Begriffs „Fachlexikon" durchgesetzt. Um möglichst viele empirische Fakten in Betracht ziehen zu können und so den Blick auf die Geschichte anfangs nicht zu sehr einzuengen, orientiert sich diese Übersicht an einer relativ weiten Definition. Als „Fachwörterbücher" (bzw. hier synonym auch: „Fachlexika") werden diejenigen vormodernen Texte betrachtet, die in einem fachlich-wissenschaftlich geprägten Arbeitszusammenhang entstanden und primär oder sekundär zum Nachschlagen spezifischer Terminologie- und/oder Sachinformationen konzipiert sind. Daraus folgt, daß Texte dieser Art in irgendeiner Form Lexeminventare in alphabetischer oder systematischer Ordnung enthalten und direkt oder indirekt mit sachlich-wissenschaftlichen Erläuterungen versehen sind. Je nachdem, wo und wie diese Lexeminventare mit den ihnen zugeordneten Informationen in einem Text makrostrukturell auftauchen, entspricht ein spezifischer Text mehr oder weniger dem alltagssprachlichen Verständnis von Fachlexika. Die breite Übergangszone, die die Textsorte Fachlexikon von anderen fachsprachlichen Textsorten trennt und in der sich die Ausdifferenzierungsgeschichte der Textsorten spiegelt, wird durch Begriffe wie „Lehrbuch", „Handbuch", „Leitfaden", „Kompendium" bis hin zu „Ratgeber" und „Vademecum" bezeichnet. Zur vorliegenden Forschungsliteratur gilt insgesamt, daß die Arbeiten zur alten Fachlexikographie so gut wie nie aus der Perspektive der neueren linguistischen Fachsprachenforschung, sondern hauptsächlich in klassisch-philologischer, mediävistischer oder allgemein historischer Sicht verfaßt wurden. Diesem Blickwinkel entsprechend gibt es dort kaum Überlegungen zur präzisen fachtexttypologischen Klassifizierung des überkommenen historischen Materials. Dem entspricht wiederum der Umstand, daß die vorliegenden fachtexttypologischen Vorschläge, die mindestens mittelbar immer auch die Textsorte „Fachlexikon" betreffen, bisher kaum auf die Fülle des antiken, mittelalterlichen oder frühneuzeitlichen Fachtextkorpus bezogen wurden. Angesichts der o. g. Festlegung des Begriffs „Fachlexikon" soll eingangs zudem betont werden, daß im Rahmen dieses historischen Überblicks verständlicherweise nicht die Gesamtheit der Texte, die von dieser Definition erfaßt werden, zur Sprache kommen kann. Was die konkreten Angaben zu einzelnen Disziplinen angeht, werden lediglich die wichtigsten Entwicklungslinien und Überlieferungsstränge mit möglichst einschlägigen Titeln, Stationen und Autoren genannt. Als Endpunkt der Übersicht wurde aus pragmatischen Gründen und im Blick auf die folgenden Artikel, die ausführlich einzelne disziplinäre Traditionen der Fachlexikographie behandeln, das Jahr 1800 angenommen. Soweit

201. Formen der Fachlexikographie in der vorindustriellen Zeit

präzise Erscheinungsdaten einzelner Fachlexika genannt wurden, wurde versucht, die Ersterscheinung zu ermitteln; bei mehrbändigen Titeln gilt die Angabe für den ersten veröffentlichten Band.

2. Frühe griechische Literatur

Die allerersten Formen fachlexikonähnlicher Texte entstanden im Zusammenhang mit der frühen griechischen Glossographie, deren Arbeit freilich primär durch ein grammatisches Erkenntnisinteresse angetrieben wurde (Tolkiehn 1925 I; Gärtner/Fuhrmann 1979). Die Entwicklung ergab sich daraus, daß in glossographischen Traditionen im Laufe der Zeit mehr oder weniger sachorientierte Terminologieverzeichnisse hergestellt wurden. Kulturgeschichtlich hängt diese Bewegung eng mit den Erkenntnis- und Orientierungsbedürfnissen zusammen, die aus der philologisch-bibliothekarischen und der didaktischen Aufarbeitung älterer Texte erwuchsen. In diesen Bereichen kam es zu einer verschärften Wahrnehmung der unterschiedlichen griechischen Sprachvarietäten, was Verständnisprobleme nach sich zog, die wiederum durch spezifische, philologisch zu erarbeitende Hilfsmittel behoben werden sollten. Während Glossare im Kontext der Homerlektüre bis zum 4. Jh. v. Chr. lediglich dialektale und archaische Wörter mit Erläuterungen versahen, gab es bereits in hellenistischer Zeit Autoren, die sich systematisch um die Zusammenstellung fachlexikonähnlicher Texte bemühten. Arbeiten dieser Art werden allerdings in der Regel nicht als Fachlexika, sondern als sog. Onomastika bezeichnet (Wendel 1939). Insgesamt gilt, daß sachorientierte Texte dieser Art nicht immer trennscharf von etymologischen, dialektologischen oder ähnlichen rein sprachorientierten Texten zu unterscheiden sind. Auch die antiken Synonymlexika wurden zum Teil aus vergleichbaren Motiven zusammengestellt. Sie machten zunächst auf mögliche semantische Differenzierungsschwierigkeiten ähnlicher Wörter aufmerksam und mußten dann die vorliegenden Probleme notwendigerweise durch ein sachorientiertes Verfahren beheben. Dieses Verfahren kann im vorliegenden Kontext als Vermittlung von Fachwissen verstanden werden. Die aus den variablen Textformen resultierende Schwierigkeit, die verschiedenen fachlexikonähnlichen Textsorten präzise gegeneinander abzugrenzen, ist freilich nicht eine antike Eigenheit. Sie zieht sich bis weit in die Neuzeit. Die folgenden Ausführungen zur Antike sammeln einige Belege zu Nachschlagewerken, deren Abfassung offensichtlich (auch) durch ein großes Sachinteresse angetrieben wurde; ausschließlich auf dialektale oder andere sprachliche Charakteristika gerichtete Sammlungen treten hier dagegen in den Hintergrund. Sämtliche derartige Quellen der Antike sind nur selten vollständig oder in größeren Textpartien überliefert. Von der Existenz der Texte zeugen zumeist explizite Bemerkungen oder implizite Hinweise aus anderen Schriften sowie bruchstückhaft tradierte Fragmente.

In den Onomastika standen Listen mit Bezeichnungen, durch die die Gegenstände bestimmter Fachgebiete benannt und der jeweilige Zusammenhang von Name und Sache gelegentlich erläutert wurde. Soweit „etymologische" Erläuterungen gegeben wurden, kann als sprachtheoretischer Hintergrund die einflußreiche stoische Sprachlehre angenommen werden. Disziplinär gesehen entstammen die Onomastika hauptsächlich den Bereichen Biologie, Geographie und Medizin; häufig läßt sich jedoch ein einzelnes Werk nicht eindeutig einer bestimmten Disziplin zuordnen. So sammelte zum Beispiel im dritten vorchristlichen Jh. der alexandrinische Gelehrte und Bibliotheksdirektor Kallimachos in seinen ἐθνικαὶ ὀνομασίαι unter anderem die verschiedenen Bezeichnungen für Fische, Vögel, Winde, Flüsse, Inseln, Monate und Nymphen. Sein Schüler Eratosthenes trug die Spezialbezeichnungen zum Umgang mit technischen Apparaten wie Schiffen (z. B. Erläuterungen zum Mast und seinen Teilen) und landwirtschaftlichen Geräten (z. B. Arten und Bestandteile des Pfluges und des Wagens) zusammen; außerdem soll er das erste vollständige griechische Verzeichnis der Sternbilder erstellt haben (Pfeiffer 1978, 209 f). Tryphon konzipierte ein Onomastikon zu Musikinstrumenten, vegetarischen Lebensmitteln und möglicherweise auch zu den Tiernamen. Philemon von Aixone sammelte die Bezeichnungen für die unterschiedlichen Brotsorten. Artemidoros verfaßte ein sachlich geordnetes Kochbuch. Ebenfalls im Zusammenhang mit der Arbeit in der alexandrinischen Bibliothek entstanden die Λέξεις bzw. Γλῶσσαι des Aristophanes von Byzanz. Diese Arbeit stellte einen umfassenden Versuch dar, die vorangegangenen Sammlungen dialektaler, archaischer und fachsprachlicher Bezeichnungen in einer teils sachlich, teils nach Dialekten geordneten Übersicht zu konzentrieren (Pfeiffer 1978, 243—252). Der größte Anteil der frühen Fachlexikographie fällt in das Gebiet der Medizin. Im Kontext der philologischen Textaufarbeitung des Korpus von Hippokrates verfaßte Bakcheios aus Tanagra um 200 v. Chr. ein Glossar, das die Terminologie des berühmtesten Arztes der Antike erläuterte. Hier wurden vor allem die maßgeblichen Bezeichnungen für die verschiedenen Körperteile sowie die Krankheitsnamen und -symptome aufgelistet. Von dieser Arbeit profitierte später stark das Hippokrates-Lexikon von Erotianos, das im ersten nachchristlichen Jh. entstand. Auch das umfangreiche medizinische Werk von Galen soll teilweise in lexikographischer Form abgefaßt gewesen sein, ebenso einige Arbeiten von Rufus aus Ephesos und Xenophon aus Kos. Letztere begannen ihre Erläuterungen zu den Körperteilen am Kopf und schritten systematisch über Hals, Rumpf, Beine bis zu den Füßen voran.

Die Lexeminventare dieser Schriften waren entweder nach dem Vorkommen der Lemmata in den zugrundeliegenden (Hippokrates-)Schriften oder sachlich nach bestimmten Arbeitsbereichen geordnet. Da diese Textstruktur teilweise langwieriges Nachschlagen erforderte, wenn man die Bedeutung eines Terminus ermitteln wollte, neigte man mit der Zeit mehr und mehr zur praktischen alphabetischen Gliederung des Wortschatzes (zum Hintergrund Daly 1967). Einschlägiges Beispiel dafür ist das genannte Werk von Erotianos. Auch ältere Werke wurden nun unter diesem Vorzeichen neu zusammengestellt. So waren die 95 Bücher περὶ γλωσσῶν καὶ ὀνομάτων von Pamphilos (1. Jh. n. Chr.) vermutlich zunächst nach Sachgebieten, dann alphabetisch geordnet. Man fand darin u. a. Informationen zu Tieren, Lebensmitteln und architektonischen Termini. Daraus exzerpierte Diogenianos aus Herakleia, der auch geographische Eigennamenkataloge eingerichtet hatte, fünf alphabetisch zusammengestellte Bücher. Sie wurden wegen ihrer konzisen Konstitution und daraus resultierender Gebrauchsfertigkeit noch bis ins 12. Jh. als Nachschlagewerke benutzt. Ähnliches wie für das lexikographische Werk von Pamphilos könnte für die 108 Bücher von Dorotheos gelten, die unter dem Titel Λέξεων συναγωγή kursierten. Auch das 10 Bände umfassende Onomastikon von Pollux aus Naukratis ist vielleicht auf die genannte Art und Weise gegliedert gewesen. Was die Nähe der antiken Synonymlexika zur Geschichte der Fachlexika angeht, sei hier lediglich auf das aus byzantinischen Quellen rekonstruierte, alphabetisch geordnete Wörterbuch von Philon von Byblos (1./2. Jh. n. Chr.) hingewiesen. Es behandelte semantische Differenzen bedeutungs- oder formähnlicher Wörter.

3. Lateinische Literatur

Die lateinischen Formen der frühen fachlexikonähnlichen Literatur sind unmittelbare Anlehnungen an die griechischen Vorläufer (Tolkiehn 1925 II; im Zusammenhang der glossographischen Tradition Goetz 1910). Mit der Übernahme hellenistischer Grammatiken und Sprachbetrachtungen etablierten sich in Rom verschiedene Varianten der Erklärung ungewöhnlicher und seltener, d. h. bis zu einem gewissen Grad eben auch fachsprachlicher, Wörter. Wie in der vorhergehenden Zeit ist auch jetzt die Grenze zwischen Arbeiten, die im Sinne glossographischer Ansätze hauptsächlich sprachorientiert waren, und Texten, die primär fachorientiert waren, nicht immer deutlich zu ziehen. Hinsichtlich des Textaufbaus findet man weiterhin die alte Palette von Möglichkeiten: Das Lexeminventar konnte der Reihenfolge der schwierigen Wörter im vorgegebenen Text folgen, aber auch alphabetisch oder sachlich-systematisch gegliedert sein. Die Funktion der Texte bestand in der Regel darin, die Lektüre schwieriger Schriftsteller zu erleichtern. Je nach Gebrauchskontext waren die Erläuterungen zu den Lemmata unterschiedlich detailliert. So hat etwa der Grammatiker Aurelius Opillus im ersten vorchristlichen Jh. systematisch Worterklärungen gesammelt. Der als Biograph bekannte Sueton soll neben seiner Schimpfwörtersammlung Listen zu den Sachbereichen Kleidung, Körperleiden und Spiele veröffentlicht haben. Regelrecht lexikographisch angeordnet war die Arbeit von Verrius Flaccus *De verborum significatu*. Hier erschienen seltene, ungebräuchliche Wörter mit grammatischen und sachlichen Erläuterungen. Desgleichen waren die Kapitel 13 ff der Arbeit *De compendiosa doctrina* des afrikanisch-römischen Grammatikers Nonius Marcellus lexikonartig angelegt; in diesen Abschnitten wurden die Bezeichnungen für Schiffe, Kleider, Gefäße, Farben, Speisen, Getränke, Waffen und Verwandtschaftsbeziehungen aufgelistet und erläutert.

Zu diesen eher sprachorientierten, glossographischen Arbeiten stießen allmählich Bewegungen, die aus heutiger Sicht als Beginn der enzyklopädischen Überlieferung gelten (Collison 1966; Grimal 1966; zur Begriffsgeschichte Dierse 1977). Die Bedeutung der universalwissenschaftlichen Tradition reichte freilich schon immer über den Horizont der jeweiligen Einzeldisziplinen hinaus. Sie hatte neben der fachinternen Funktion der Wissenssammlung immer auch die fachexterne Aufgabe, existierende Wissensbestände zu popularisieren (Hünemörder 1981). Ihr formales Textprofil steht unter verwandten Vorgaben wie die antike Lehrbuchtradition, die mythologischen Handbücher, die vielfältigen Formen von Auswahlsammlungen und die sog. Buntschriftstellerei (Fuchs 1962). Die Lehrbuchtradition ist durch ein formal ähnliches Aufbaumuster gekennzeichnet und besitzt zumindest in Teilen Handbuchcharakter. Insbesondere die obligatorischen definitorischen Abschnitte, in denen mit dem einschlägigen philosophischen Verfahren der sog. Diairesis disziplinäre Begriffsrelationen erläutert werden, erlauben es, darin Frühformen wissenschaftlicher Fachlexika zu sehen. Die Spannweite der Themen, die auf diese Art und Weise textlich einheitlich erfaßt wurden, reicht von grammatisch-rhetorischen Gesamtdarstellungen (z. B. Anaximenes, Dionysius Thrax, Cicero) über Landwirtschaft (Varro), Architektur (Vitruv) und Medizin (Cornelius Celsus) bis hin zur geographischen Feldmessung (Frontin; Fuhrmann 1960). Ausgehend von diesen Vorarbeiten gab es enzyklopädisch angelegte Werke, die das gesamte Wissen der Zeit oder zumindest große Abschnitte daraus in einem Übersichtswerk leicht zugänglich machen wollten. Wenn die Erkenntnisdisposition dieser Publikationen im allgemeinen auch nicht nach Lemmata organisiert war, so wurden sie von den Zeitgenossen doch häufig als Nachschlagewerke benutzt, da sie systematisch das Sach- und Sprachwissen verschiedener Wissensbereiche entwickelten. Ihrem Textaufbau und der Tatsache, daß viele Teile daraus in anderen Texten wiederauftauchen, kann deutlich abgelesen werden, daß sie die gezielte Suche nach einzelnen Informationen mindestens unterstützten. Traditionsbildend wurden schon früh die 9 Bücher *Disciplinae* des Polyhistors Varro (1. Jh. v. Chr.), die zum Teil auf anderen Fachschriften des Autors aufbauten. Die ersten 7 Disciplinae stellten als artes liberales (Grammatik, Rhetorik, Dialektik [= Trivium], Musik, Arithmetik, Geometrie, Astrologie [= Quadrivium]) das bildungs- und institutionsgeschichtlich äußerst einflußreiche Inventar von antiken (und mittelalterlichen) Grundwissenschaften dar. Bezeichnend für die historischen Hintergründe beim Verfassen wissenssammelnder Fachtexte ist hier wiederum der kulturelle Kontext. Bekanntlich wurde Varro von Caesar mit der Einrichtung einer öffentlichen Bibliothek betraut, in der auf breiter Grundlage die griechische und römische Literatur inventarisiert und kollektiv verfügbar gemacht werden sollte. Ein anderes Motiv, das bei der Entstehung enzyklopädischer Schriften häufig eine Rolle spielte, war der Umstand, daß Gelehrte Texte dieser Art ausdrücklich für ihre Söhne schrieben. Den Sprößlingen sollte auf diese Art und Weise ein sinnvoll aufbereitetes Konzentrat der eigenen Gelehrsamkeit vermittelt werden. Auf naturgeschichtlichem Gebiet folgten Varro im ersten nachchristlichen Jh. neben der kaum näher bekannten Enzyklopädie von Celsus die 37 Bücher *Naturalis historiae* von Plinius d. Ä. In diesem umfangreichen, nach Sachgebieten geordneten Werk waren nicht nur die traditionellen naturwissenschaftlichen Überlieferungen wie Kosmologie/Astronomie, Meteorologie, Medizin/Pharmazie, Biologie, Geographie und Anthropologie präsent. Man findet hier darüber hinaus systematische, immer wieder auch terminologisch orientierte Einführungen zu verschiedenen Handwerken und kulturellen Fertigkeiten wie Veterinärmedizin, Acker- und Bergbau, Münz-, Mal- und Backkunst, Metall- und Papierherstellung. Einzelne Abschnitte sind nach Lemmata lexikographisch und teilweise auch alphabetisch konzipiert (z. B. die Zensuslisten der 11 Regionen Italiens (Buch VII)). Insbesondere die alphabetisch aufgelisteten Nachträge in den Büchern XXVII und XXXII offenbaren die Tatsache, daß diese großartige Enzyklopädie auch zum Nachschlagen benutzt werden sollte. Für den systematisch-wissenschaftlichen Anspruch der Naturgeschichte spricht darüber hinaus das inhaltliche Profil des ersten Buchs, das mit Sicherheit schon von Plinius selbst verfaßt wurde. Es enthält ein Gesamtregister, ein vergleichsweise präzise spezifizierendes Inhaltsverzeichnis der folgenden Bücher sowie zwei erschöpfende Listen mit den griechischen und römischen Quellenautoren, die der Autor zu Rate gezogen hatte. Die Wirkung des plinianischen Querschnitts durch das zeitgenössische Natur- und Kulturwissen war groß (Borst 1994).

4. Spätantike

Am Ausgang der Antike kam es angesichts des Verfalls heidnischer und des Aufstiegs christlicher gelehrter Institutionen zunächst zu weiteren enzyklopädischen Werken. Sie sollten die umfangreichen Erträge der hellenistisch-römischen Wissenschaften unter den veränderten Zeitbedingungen und Auswahlkriterien konservieren. Diese Ambition wurde von Martianus Capella in seiner Schrift zu den artes liberales (*De nuptiis Philologiae et Mercurii*) zunächst noch unter neoplatonischen Vorgaben realisiert. Vor ähnlichem philosophischen Hintergrund waren im 6. Jh. die Handbücher von Boethius zu den vier Disziplinen des Quadriviums geschrieben; erhalten sind die *Institutio arithmetica* und die *Institutio musica*. Definitiv im Sinne christlich-monastischer Zielsetzungen dagegen verfuhr zur selben Zeit Cassiodorus, als er im 2. Buch seiner *Institutiones divinarum et saecularium litterarium* den Mönchen in Vivarium systematisch die sieben freien Künste darstellte. Eine wirkungsvolle Legitimation zur Anfertigung christlicher Enzyklopädien hatte Augustinus gegeben (*De doctrina christiana* 2, 59; vgl. auch *Sap.* 7, 17/21). Während diesen enzyklopädischen, sachorientierten Arbeiten die deutliche Einrichtung nach Lemmata fehlt, sind die überlieferten spätantiken Formen lexikographischer Bemühungen zu sehr sprachorientiert, um sie im sachorientierten Zentrum der Fachlexikongeschichte zu plazieren. Sie stehen zum Teil noch unmittelbar in den Traditionen der griechischen (Dialekt-)Lexikographie. Hier ist etwa das umfangreiche, erhaltene Lexikon des griechischen Grammatikers Hesychios aus Alexandria zu nennen; es wurde vermutlich im 5. oder 6. Jh. zusammengestellt. Hesychios schöpfte in seiner Arbeit u. a. aus dem sog. *Kyrillos-Glossar*, das nach heutigem Wissensstand im 5. Jh. in Alexandria entstanden war und große Verbreitung erlangte. Darin waren mehrere christliche Bibelglossen und -onomastika mit Erläuterungen zum Attischen vereinigt. Ähnliches gilt für das in etwa gleichzeitige sog. *Lexikon Messanense*, das Oros, ein in Konstantinopel lehrender Alexandriner, geschrieben hatte. Ein lateinisches Lexikon zu schwierigen Wörtern aus verschiedenen Sprachstufen und Varietäten erstellte zur gleichen Zeit Placidus, vermutlich ein Spanier. Neben diesen entweder enzyklopädischen oder sprachzentrierten Übersichtswerken gibt es einige Hinweise dazu, daß gewisse Texte in einzelfachorientierten Zusammenhängen mehr dem ähneln, was heute eindeutig und unmißverständlich als Fachlexikon bezeichnet wird. Das gilt z. B. für juristische Kompendien des 4. Jh.s, in denen Rechtssätze systematisch aufgelistet wurden. Hervorzuheben sind daraus die *Sententiarum receptarum ad filium libri V* des sog. *Pseudo-Paulus I* sowie ein Rechtswörterbuch mit dem Titel *De variis lectionibus liber singularis* (Herzog 1989, § 507). In geographischen Arbeitskontexten erschienen die sog. Itinerarien, also katalogartige Schriften und Listen, die rein zu Gebrauchszwecken die verschiedenen Namen von Örtlichkeiten (Regionen, Städte, Häfen, Berge, Quellen, Land- und Seestraßen), bestimmte Reiserouten und Entfernungsangaben verzeichneten (Herzog 1989, § 516—520). Begründeterweise kann angenommen werden, daß viele Texte dieser Art ursprünglich mit Abbildungen und Karten versehen waren. Die Überlieferung der Itinerarien setzt erst in der Spätantike ein, was hauptsächlich auf die Tatsache zurückzuführen ist, daß angesichts des fortwährenden Wandels der territorialen Gliederung die Orientierung an den alten Namen geographischer Einheiten trügerisch sein konnte. Als zentrales Bindeglied zwischen den antiken enzyklopädischen Traditionen und dem mittelalterlichen Fachschrifttum gelten die 20 (unvollendeten) Bücher *Etymologiae* (auch unter dem Titel: *Origenes*) von Isidor, dem Bischof von Sevilla, aus dem 7. Jh. (Fontaine 1966). Die systematisch geordneten Kapitel präsentieren das Fachwissen in Form von Worterklärungen. Dies macht deutlich, daß die Intention Isidors auch darauf gerichtet war, die motivierte Struktur der überlieferten fachsprachlichen Terminologien durchsichtig zu halten: Die Legitimität der herkömmlichen Fachsprachen sollte (quasi-)etymologisch vorgeführt werden. Mnemotechnisch gesehen führte dieses Verfahren natürlich auch zu günstigen Auswirkungen auf die Erinnerbarkeit der jeweiligen Termini. Wenn klar gemacht wurde, warum und aus welchem Grund ein Terminus genau diese vorliegende Form hat, erschien jede Wissenschaft als planmäßige, rationale Einsetzung von Wörtern für bestimmte Inhalte.

5. Mittelalter

Die mittelalterliche Fachlexikographie ist lediglich auf enzyklopädischem Gebiet schon vergleichsweise gut erforscht (zur Spannbreite der zu beachtenden Phänomene vgl. z. B. Wolf 1985; vgl. Art. 246). Die fachtexttypologische Frage, ob und, wenn ja, inwiefern einige der diversen wissenssammelnden und -einführenden Texte (Assion 1973) zwischen Antike und Neuzeit eventuell in die Geschichte der Fachlexikographie eingereiht werden können, wurde in der Literatur bisher kaum behandelt. Trotz dieses Defizits läßt sich vermuten, daß in den verschiedenen Traditionen der mittelalterlichen Fachprosa einige Werke durchaus als Fachlexika im eingangs genannten Sinn zu bezeichnen sind. Dies gilt insbesondere für die medizinisch-pharmazeutische (vgl. MacKinney 1938; Riha 1992), die biologisch-botanische (Schnell 1991), die mineralogische und teilweise auch für die juristische Textüberlieferung. Zu nennen sind für die deutsche Tradition etwa frühmittelalterliche Arznei- und Rezeptbücher sowie Rechtssammlungen (Kartschoke 1990, 264–269 sowie Art. 250 u. 242), ähnliche hochmittelalterliche Sammlungen wie etwa das Arzneibuch Ortolfs von Baierland, das sog. *Deutsche salernitanische Arzneibuch* und das *Roßarzneibuch* Meister Albrants bis hin zu den alchemistischen und prognostisch-mantischen Übersichtswerken des Spätmittelalters (Cramer 1990, 121–133). Darüber hinaus könnten möglicherweise auch die mittelalterlichen geologisch-mineralogischen Übersichtswerke, die sog. Lapidarien (wegweisend Marbode v. Rennes, De lapidibus; 11./12. Jh.), z. T. basierend auf alten griechischen Vorläufern (Halleux/Schamp 1985), die zoologischen Sammelbände, die sog. Bestiarien, und die diversen astronomischen und trigonometrischen Tabellenwerke in die Vorgeschichte der modernen Fachlexikograpie eingereiht werden (Sarton 1931, 14 ff; Stannard 1974; Lindberg 1994, 367 ff). Aufgrund der relativ einfachen Gliederbarkeit ihrer Sachbereiche waren disziplinäre Traditionen dieser Art für systematische Sammlungen besonders prädestiniert. Die taxonomische Ausrichtung an bestimmten mehr oder weniger natürlichen Gattungen (z. B. Arzneimittel, Krankheitssymptome, Kräuterarten, Körperteile) legte hier stets (quasi-)lexikographische Ordnungskriterien nahe. Darüber hinaus ist wegen des besonderen Zuschnitts des scholastisch-theologischen Wissensbegriffs und seiner Verkörperung in spezifischen pädagogisch-institutionellen Kontexten davon auszugehen, daß wissenschaftliches Fachschrifttum eo ipso zur Konkretisierung in Übersichts- und Nachschlagewerken tendierte. Aneignung, Formulierung und Übermittlung von Wissen wurde weniger unter der Perspektive eines szientifischen Prozesses gedacht, der durch theoretische Inkommensurabilitäten und immer wiederkehrende Paradigmenwechsel gekennzeichnet ist. Die eigentliche Aufgabe des Wissenschaftlers erschien vielmehr als allmähliche Anhäufung als unverrückbar geltender göttlicher (bzw. quasi-göttlicher) Kenntnisse, worin sich allmählich die christliche Ordnung des Universums immer deutlicher zeigen sollte. Wie Gott als prinzipiell unveränderlich zu denken war, so mußte auch definitives, wirkliches Wissen als konstitutiv unwandelbar gedacht und in entsprechenden Texten verfügbar gemacht werden. Schließlich umkreiste Wissenschaft in bestimmter Hinsicht dasjenige intellektuale Feld, worin Menschen Gott am nächsten kommen konnten. Dieser erkenntnistheoretischen Einbindung in das christliche Weltbild verdankte die mittelalterliche Enzyklopädik ihre große Resonanz und die enorme Energie, die in ihre sorgfältige Herstellung investiert wurde (grundlegend Meier 1984, dies. 1988; mit (kunstgeschichtlichem) Schwerpunkt auf den Illustrationen Goldschmidt 1926; Saxl 1957). Ihre Vorformen liegen – vor allem, was die Orientierung an den Objektbereichen der Natur angeht –, in Bedas *De natura rerum* (8. Jh.) und Hrabanus Maurus' *De rerum naturis* bzw. *De universo* (9. Jh.; Heyse 1969), der Übersicht *De philosophia mundi* von Honorius Augustodunensis (= Wilhelm v. Conches; 12. Jh.), der Arbeit *De finibus rerum naturalium* (um 1225) von Arnoldus Saxo sowie in den biologischen Klassifikationen von Albertus Magnus (z. B. *De animalibus*) und der Sammlung *De naturis rerum* von Alexander Neckam. Der Höhepunkt der Abfassung umfassender, universalwissenschaftlich geprägter Kompendien fällt dann in die Hochscholastik des 13. Jh.s. Lateinische Marksteine setzten der *Liber de natura rerum* von Thomas von Cantimpré, die Arbeit *De proprietatibus rerum* von Bartholomaeus Anglicus (Meyer 1988) sowie das *Speculum maius* von Vinzenz von Beauvais (Meier 1992). Teilweise kamen diese Werke zu großer Verbreitung, was auch mit der Tatsache zusammenhängt, daß sie in vielen Neuredaktionen immer wieder umgearbeitet und schon früh mindestens teilweise in die gängigen europäischen Volkssprachen übertragen wurden (zum Zuschnitt insgesamt Meyer 1990a; 1990b). Als Übersetzer ins Französische, Italienische, Spanische, Englische, Holländische und Deutsche sind Personen wie

Jean Corbechon, John of Trevisa, Jacob von Maerlant, Vivaldo Belcazer, Vicente de Burgos, Michael Baumann und Peter Königschlaher bekannt; direkt in der Volkssprache wurden die Enzyklopädien von Brunetto Latini und Gossuin de Metz verfaßt (Meier 1984, 468). Für den deutschsprachigen Bereich wurde insbesondere die Überarbeitung von Thomas v. Cantimprés Enzyklopädie durch Konrad v. Megenberg wichtig. Das daraus resultierende *Buch der Natur* (um 1350) gilt als eines der ersten umfassenden Kompendien zur Natur in deutscher Sprache. Eigenheiten und Entstehungsbedingungen des Naturbuchs sind in der Forschung schon vergleichsweise gut aufgearbeitet (Brückner 1961; Nischik 1986; Hayer 1988, Art. 244). Nicht zuletzt die Form der Abfassung dieser Werke beleuchtet ihren fachlexikographischen Charakter. Die Methode bestand in der Regel darin, daß die Erkenntnisse aus den bestehenden Spezialwerken zunächst kompiliert und exzerpiert, dann systematisch angeordnet wurden. Am Textbeginn wurden die Quellenschriften häufig im Detail aufgezählt. Die bevorzugten Ordnungsmuster erhellen die skizzierte theologisch-philosophische Einbettung der mittelalterlichen Enzyklopädien. Sie tendieren nämlich zu einer ontologischen statt einer wissenschaftssystematischen Begründung. Das interne Arrangement der Bücher sollte nach zeitgenössischem Selbstverständnis nicht auf souveränen menschlichen Setzungen, sondern auf vorgegebenen, letztlich schöpfungstheologisch legitimierten Ordnungen aufbauen. Während auf den unteren Ebenen dagegen durchaus auch die alphabetische Reihung anzutreffen ist (Thomas v. Cantimpré, Bartholomaeus Anglicus), folgte die Makrostruktur nicht selten dem mutmaßlichen Ablauf der göttlichen Schöpfung (Vinzenz v. Beauvais). Die Reihenfolge der behandelten Sachen reproduziert also den Gang der göttlichen Gedanken, die die Welt erschaffen hatten. War die Ordnung der Sachen weniger gut durchorganisiert, kamen lediglich enzyklopädieartige Schriften zustande, die dieses Manko implizit schon am Titel anzeigten. Beispiele dafür sind der *Liber floridus* von Lambert v. Saint-Omer sowie diverse andere Werke, die charakteristische Bezeichnungen wie „hortus", „silva", „Trésor" oder „Thezaur" tragen und heute oft zusammenfassend als Florilegien bezeichnet werden. Die Neuredaktionen der enzyklopädischen Handschriften waren jedoch wie das Fachschrifttum insgesamt dadurch gekennzeichnet, daß sie mit der Zeit zu einer stärkeren Ordnung nach formalen, insbesondere alphabetischen Kriterien führten (zum handschriftentechnischen Hintergrund aufschlußreich Parkes 1976; Palmer 1989). Dies steht deutlich für den Trend, daß die Werke im Kontext der zunehmenden scholastischen Gelehrsamkeit immer mehr und vielleicht sogar ausschließlich als (wissenschaftliche) Nachschlagewerke benutzt wurden. Konkrete Belege dafür sind z. B. die zunehmende Einfügung ausführlicher Kapitelübersichten und Register sowie die Umarbeitung der Kapitelüberschriften in umfangreiche *tabulae alphabeticae*. Dadurch wurde ein praktisches Hilfsmittel zum Nachschlagen spezifischer Informationen zur Verfügung gestellt, ohne den Vorrang der systematischen Kapitelgliederung, die weiterhin mittelalterlichen *ordo*-Vorstellungen gehorchen mußte, substantiell anzutasten (Meyer 1991). Die nun mögliche Zuordnung genau eines Textabschnitts zu genau einem Registerausdruck legt es nahe, Neuredaktionen dieser Art als Mischform zwischen systematischer und alphabetischer Lexikonstruktur anzusehen. Daß die zunehmende Gelehrsamkeit der Scholastik mittelbar zur Entwicklung von wissenschaftlichen Textsorten mit dienendem, praktischen Charakter führte, läßt sich auch an einem anderen Faktum nachvollziehen. Die allgemein gestiegene wissenschaftliche Expertise hatte nämlich die Folge, daß der aristotelische Wort- und Sachschatz in spezifischen Fachlexika für die Bedürfnisse der Zeitgenossen aufgearbeitet wurde. In dergleichen Sammelarbeiten wurden die schwierigen fachsprachlichen Wörter des am höchsten geachteten Philosophen, der ja zu fast allen Wissensgebieten mindestens einen maßgeblichen Text beigesteuert hatte, alphabetisch aufgelistet und erläutert. Dies geschah u. a., indem die wichtigsten definitorisch gehaltenen Fundstellen zu den jeweiligen Ausdrücken aus dem bekannten Aristoteles-Korpus präsentiert wurden (Grabmann 1939, bes. Kap. VIII). Vermutlich muß für die verschiedenen Sachglossare, die im ausgehenden Mittelalter erschienen, ein ähnliches Motivationsgefüge angesetzt werden. Zuletzt sei darauf hingewiesen, daß die byzantinische Erarbeitung umfangreicher etymologischer Werke möglicherweise auch dazu führte, daß einige Abschnitte der Lexika nicht nur grammatische Angaben, sondern auch Fachwissen zu den einzelnen Lemmata enthielten. Bekannt, wenn auch bisher noch nicht vollständig ediert,

201. Formen der Fachlexikographie in der vorindustriellen Zeit

sind das *Etymologicum Genuinum* (9. Jh.), das *Etymologicum Gudianum* (11. Jh.), das *Etymologicum Magnum* (12. Jh.), das *Etymologicum Symeonis* (13. Jh.?) und das sog. *Zonaraslexikon* (Erbse 1965; Gärtner 1979). Fraglos gilt die abschnittweise Sachorientierung der mittelalterlichen griechischen Lexika für die ca. 30 000 Lemmata umfassende sog. Suda aus dem 10. Jh., das größte erhaltene byzantinische Lexikon. Zu den dort aufgelisteten Wörtern findet man u. a. biographische und Sachartikel jeder Art, so daß man dieses umfangreiche Werk in die Vorgeschichte moderner Enzyklopädien stellen muß.

6. Renaissance/Frühe Neuzeit

Mit der Erfindung der Druckkunst und dem Aufstieg des philologisierenden Renaissance-Humanismus intensivierte sich die Abfassung von Fachlexika (bibliographisch sehr hilfreich Tonelli 1971, zur Einführung informativ und phantasievoll Grafton 1985). Disziplinär stehen nach wie vor diejenigen Erkenntnisgegenstände im Zentrum, die schon zuvor den Blick der Fachlexikographen beherrschten: Medizin, Biologie und Enzyklopädik. Sprachlich dominierte weiterhin das einsprachige lateinische Fachwörterbuch. Für die frühe Neuzeit ist dieser Komplex zuletzt im Rahmen einer Geschichte der naturwissenschaftlichen Fachlexika skizziert worden (Klein 1995, Kap. 3.1.f). Neben der naturwissenschaftlichen Überlieferung zeigten sich aber auch in der Theologie wegweisende Neuerungen (Eybl 1995). Zu nennen sind hier die verschiedenen Bibelenzyklopädien, die den Wissens- und Sprachschatz der Heiligen Schrift systematisch zugänglich machen sollten. Abgefaßt wurden dergleichen Werke etwa von P. Berchorius (1474), G. Eder (1568), H. Lauretus (1570), G. Bullock (1572), M. Vogel (1581, 1592), A. de Balinghem (1621) und J. H. Alsted (1625). Die Geschichte der theologischen Fachlexikographie hatte allerdings bereits mit dem von Hieronymus aus dem Griechischen ins Lateinische übersetzten biblischen Onomastikon und den synoptischen Tabellen zum Auffinden paralleler Evangeliumsstellen von Eusebius (3./4. Jh.) begonnen; im Mittelalter sind die sog. *distinctiones* (z. B. Alanus ab Insulis, *Distinctiones dictionum theologicalium*; P. Capuanus d. Ä., *Alphabetum in artem sermonicandi*), die in alphabetisch geordneten Listen die unterschiedlichen Bedeutungen biblischer Ausdrücke erläuterten, dieser Texttradition zuzuordnen (Smalley 1964, 246 f). Ausgedehntere historische Studien zu weiteren disziplinären Traditionen fehlen. Hier ist etwa daran zu denken, daß wissenschaftliche Nachschlagewerke auch in einer wirkungsmächtigen Disziplin wie der Jurisprudenz eine gewisse Rolle gespielt haben werden. Möglicherweise lassen sich auch schon frühe Formen musikalischer Lexika finden. Als Beispiel für die inhaltliche und formale Spannweite frühneuzeitlicher Fachlexikographie sei hier nur auf das *Lexicon novum ac perspicuum de rebus criticis* von R. R. Robbigius (1622) und eine kunsthistorisch dokumentierte Bildenzyklopädie aus dem 16. Jh. (Chojecka 1982) verwiesen. Beide Werke sind offensichtlich quer zu den bestehenden disziplinären Mustern zu klassifizieren. Darüber hinaus wäre genauer zu untersuchen, wie sich Form und Inhalt der zahlreichen frühneuzeitlichen (Sammel-)Werke, die im Titel als „Theatrum" (dt. „Schauplatz") bezeichnet werden, zur Geschichte der Fachlexikographie verhalten. Auffällig ist, daß für fast jedes Wissensgebiet eine resümierende Arbeit dieser Art vorzuliegen scheint: Auf theologischem Gebiet findet man etwa das *Theatrum biblicum* von N. J. Piscator (1643), das *Theatrum arcanorum divinae sapientiae* (1699) von C. Horlacher oder gar das spektakuläre *Theatrum diabolorum* (1569) mit unterschiedlichen Verfassern. In der (Universal-)Geschichte ist z. B. das *Theatrum historicum* (1629) von Ch. Hellwig zu nennen, in der Geograpie das *Theatrum cosmographicum* (1636, aber bereits frühere Editionen) von St. Ritter, das *Theatrum oder Schawbuch der gantzen Welt* (1602) von A. Ortelius sowie die verschiedenen Theatra, die einzelne Städte, Landstriche und Staaten beschrieben, in der Bildkunst das *Theatrum emblematicum* (1665) von H. Ch. Gebhard, in der Musik das Instrumentenverzeichnis *Theatrum instrumentorum seu sciagraphia* (1620) von M. Praetorius, in der Medizin die *Theatra anatomica* von C. Bauhin (1605) und J. J. Manget (1716), in der Zoologie das *Insectorum sive minimorum animalium theatrum* (1634) von Th. Movet. Die maschinen-technologischen Werke von J. Besson (*Theatrum instrumentorum et machinarum* (1578), dt. bereits 1595), G. A. Boeckler (*Theatrum machinarum novum*, 1661) und H. Zeising (*Theatrum machinarum*, 1708) bereiteten die entsprechende, große Sammlung von J. Leupold (*Theatrum machinarum generale*, 1724) vor.

In der Biologie ist vor allem die Abfassung und breite Rezeption der diversen Kräuterbücher einschlägig. Ihre Autoren greifen in Teilen auf die antiken Vorgaben der Botanik — insbesondere Pedanius Dioscurides — zurück, schon früh jedoch verkörperte sich diese Textüberlieferung auch in vielen volkssprachlichen Editionen (Arber 1986; Nissen 1961). Die Ausgaben waren in der Regel systematisch nach den unterschiedlichen Pflanzenarten geordnet und teilweise mit detaillierten Abbildungen illustriert. Allmählich wurden immer mehr und ausführlichere typographische Mittel eingesetzt, die das punktuelle Suchen in diesen Sammlungen erleichterten (Inhaltsverzeichnis, Kapitelübersicht, Register, lebende Kolumnentitel). Es spricht für ein großes Bedürfnis nach Nachschlagewerken dieser Art, daß ihre Druckgeschichte bereits mit Inkunabeln in den 80er Jahren des 15. Jh.s beginnt (die sog. Mainzer Kräuterbücher). In der ersten Hälfte des 16. Jh.s folgten Kräuterbuchautoren wie H. Braunschweig, E. Rösslin d. J. (Rhodion), H. Bock (Tragus), Th. Dorsten, L. Fuchs, O. Brunfels und D. Kyber. Um die Mitte des Jh.s schuf der Züricher Gelehrte Konrad Gesner seine einzigartigen Tier- und Pflanzensammlungen, die bis ins 18. Jh. immer wieder überarbeitet und — teilweise unter anderen Titeln — neu aufgelegt wurden (zum Profil Harms 1989). Conrad Forer und Rudolf Heußlein übersetzten die lateinischen Werke Gesners schon früh ins Deutsche (Friedrich 1995). Im 17. Jh. folgten dann die lateinischen Übersichtswerke zur Biologie von Autoren wie C. Bauhin, G. Franck v. Franckenau, J. Horst, J. Jonston, Ch. Mentzel, A. Q. Rivinus (Bachmann) und B. de Boodt. Verschiedene Editionen in deutscher Sprache wurden teils als Neuschöpfungen, teils als Übersetzungen u. a. besorgt von J. Diether (Tabernaemontanus), P. Uffenbach, W. Spangenberg, P. Nyland, J. Olorinus, Th. Panckow und J. Poppe. Die medizinisch-pharmazeutischen Fachlexika standen wegen der ausgedehnten antiken Traditionen, die nun verstärkt aufgearbeitet wurden, mehr im Zentrum der fleißigen humanistisch-philologischen Gelehrsamkeit als die Kräuterbücher. Schon früh erschienen 1473 die *Synonyma* von Simon Genuensis, die bereits ein Jahr später unter dem sprechenderen Titel *Clavis sanationis simplicia medicinalia [...] ordine alphabetico [...] elucidans* erneut herausgegeben wurden. Aus der direkten Arbeit an den antiken medizinischen Texten mit ihrer umfänglichen fachsprachlichen Terminologie, hauptsächlich in Griechisch, resultierten später z. B. das *Dictionarium medicum* von Henri Estienne (1564), das u. a. die antiken Hippokrates-Glossen von Galen und Erotianos lexikographisch für die Neuzeit aufarbeitete, das *Lexicon Hippocrateum* von A. Foesius (1588) und das *Lexicon medicum* von B. Castellus (1598). Letzteres Werk verzeichnete sogar die gebräuchlichste arabische Terminologie der Medizin. Im breiten Schnittfeld zwischen Medizin, Pharmazie und Botanik stand das deutsch-lateinische Nachschlagewerk von Lorenz Fries (*Synonima und gerecht Auslegung der wörter, so man dan in der Artzny, allen Krütern, Wurtzlen, Blumen, Samen ... zu schreiben ist*). Dieses Werk von 1519 ist insofern besonders bemerkenswert, als es für das recht frühe Bemühen steht, die medizinische Fachsprache auch in Deutsch zugänglich zu machen. Einem ähnlichen Zweck sollten auch die verschiedenen Lexika dienen, die den relativ einzigartigen, unorthodoxen Sprach- und Sachschatz von Paracelsus verzeichneten. Schon den Zeitgenossen waren die abenteuerlichen paracelsischen Gedanken und Texte offensichtlich so nebulos und erklärungsbedürftig, daß sie Hilfsmittel zum Verständnis heranziehen mußten. Zu nennen sind das paracelsische *Dictionarium* von Gerhard Dorn (1573), das laut Untertitel Definitionen der dunklen Vokabeln geben wollte, die häufig in den philosophisch-medizinischen Schriften von Paracelsus zu finden seien, außerdem die entsprechenden *Onomastica*, die 1574/1575 von Johann Fischart, Michael Toxites, Adam von Bodenstein und Leonhard Thurneisser erstellt wurden. Daneben ist hier auch die deutschsprachige *Cyclopaedia Paracelsica Christiana* (1585) von Samuel Siderocrates zu nennen (Rhein 1995). Im 17. Jh. wird die lateinische medizinische Fachlexikographie repräsentiert durch Werke wie die polyglotte *Mantissa nomenclaturae medicae hexaglottae* von J. P. Bruno (1688), das *Lexicon medicum etymologicum* von Callard de la Ducquerie (1691), das *Jatreum hippocraticum* von J. C. Dieterich (1661), die *Encyclopaedia* von J. Dolaeus (1684), die *Bibliotheca medicopractica* (1695) und die *Bibliotheca anatomica* (1685) von J. J. Manget, das *Lexicon medico-galeno-chymico-pharmaceuticum* von N. Spaenholz (= F. Müller von Löwenstein; 1661) und das *Promptuarium Hippocratis* von C. A. Plesse (1683). Wegweisend noch für die medizinische Fachlexikographie des 18. Jh.s waren die verschiedenen Wörterbücher von Steven Blankaart, die in der zweiten Hälfte des 17. Jh.s in vielen verschiedenen, auch volkssprachlichen Editionen erschienen. Auf originär philosophischem Gebiet wurden zudem frühneuzeitliche Lexika publiziert, die die terminologischen Eigenheiten der maßgeblichen antiken Schulen systematisch inventarisierten. Dieser Aufgabe widmeten sich z. B. G. B. Bernardi in seinem *Seminarium totius philosophiae Aristotelicae et Platonicae, nec non Stoicae* (1582), das er wegen des dreigeteilten Sachbereichs im Untertitel auch als *Lexicon triplex* bezeichnete, die beiden philosophischen Lexika von R. Goclenius (1613/1615), das *Lexicon philosophicum* von J. Micraelius (1652), das philosophische Vademecum von J. A. Scherzer (1658) und das allerdings hauptsächlich auf Aristoteles zugeschnittene Wörterbuch von Martin Vogel (1689). Neben den angeführten zentralen Disziplinen, in denen frühneuzeitliche Fachlexika erstellt wurden, gab es noch einige andere Sachgebiete, in denen mit der Zeit wissenschaftliche Fachwörterbücher erschienen. Für die Mathematik setzte das *Lexicon seu dictionarium mathematicum* (1573) von K. Dasypodius Maßstäbe. Etwa hundert Jahre später veröffentlichte H. Vitalus sein *Lexicon mathematicum, astronomicum, geometricum* (1668). Es war einerseits denjenigen Disziplinen gewidmet, die ihr Heil in der nun deutlich zunehmenden Mathematisierung der Erkenntnis sahen, zehrte aber andererseits noch deutlich von den traditionellen Anwendungsbereichen der Mathematik wie Astronomie und Musik. Teilweise in enger Verbindung mit biologisch-medizinischen Fachlexika etablierten sich allmählich chemische bzw. alchimistische Nachschlagewerke. Sie konnten in dem mittelalterlichen Überblickswerk *Dictionarium artis alchymiae* von John Garland ein Vorbild sehen. So veröffentlichte M. Ruland 1612 sein *Lexicon alchymiae sive dictionarium alchemisticum*; 1651 erschien das *Lexicon chemicum* von W. Johnson. Beide Nachschlagewerke verzeichneten den Sprachschatz der Chemie noch in starker Abhängigkeit von den paracelsischen Positionen. Erst G. W. Wedel sollte sich gegen Ende des 17. Jahrhunderts in seinen chemisch-medizinischen Kompendien und Übersichtswerken deutlicher von den Prägungen Paracelsus' absetzen. Die wissenschaftliche Fachlexikographie der frühen Neuzeit hatte enge Beziehungen zu einer Texttradition, die fachsprachhistorisch zwar schon immer eine große Rolle gespielt hatte, nun aber aufgrund des gesteigerten wissenschaftlichen Erkenntnis- und Systematisierungsanspruchs konzentrierter ausgebaut wurde. Gemeint ist die enzyklopädische Tradition, die im frühneuzeitlichen Kontext unter bestimmten, intern teilweise erheblich differierenden philosophisch-universalwissenschaftlichen Prämissen wiederaufgenommen wurde (Schmidt-Biggemann 1984; Zedelmaier 1992; Eybl u. a. 1995) und auch im Zusammenhang mit dem spezifischen Profil des zeitgenössischen Sprachkonzepts (Slaughter 1982; Klein 1992) zu sehen ist. Aus diesen Projekten resultierten einige Sammelwerke, die je nach leitendem Ordnungs- und Theorieprinzip mehr oder weniger fachlexikonähnlichen Charakter besaßen. Gemäß den wissenschaftlichen Ansätzen waren die Enzyklopädien, die in ihrem Vollständigkeitsanspruch faktisch überwiegend unvollendet blieben, mit vielen Hilfsmitteln zum planmäßigen Nachschlagen sowie umfangreichen Tabellen und Listen ausgestattet. Ihre Stofforganisation war systematisch. Eine Ausnahme bildet lediglich das alphabetische *Magnum theatrum vitae humanae* (1631) von Laurentius Beyerlinck. Erst gegen Ende des 17. Jh.s setzte sich mehr und mehr das alphabetische Prinzip durch. Wenn nicht chronologisch, dann doch von Anspruch und Realisierung her, ist die Arbeit von J. H. Alsted der Prototyp der frühneuzeitlichen Enzyklopädie. In seiner calvinistischem Arbeitsethos entsprungenen, sieben Bände umfassenden *Encyclopaedia* von 1630 wertete er die zahlreichen von ihm vorher erstellten Kompendien und Handbücher systematisch aus. Auf ähnlichen Wegen wandelte J. A. Comenius, ein Schüler Alsteds, der in seiner *De rerum humanarum emendatione consultatio catholica* zunächst einen ontologisch basierten Abriß der menschlichen Kenntnisse über die Welt liefern wollte und, flankierend dazu, die Erstellung eines alphabetisch geordneten *Lexicon reale pansophicum* im Sinn hatte. Seine diesbezüglichen Vorarbeiten wurden erst 1966 aus den überlieferten Manuskriptfragmenten rekonstruiert. Vergleichbar universale, systematische Intentionen bestimmten auch die Abfassung der entsprechenden Werke von G. Reisch, B. Keckermann, C. Timpler, C. Salmasius, Th. Campanella, A. Kircher, A. Calov, G. J. Vossius, M. Pexenfelder, J. Jonston und D. G. Morhof. Am Rande gehören zu diesen Unternehmungen auch Kuriosa wie der *Thesaurus philosophicus* (1624) von G. A. Fabricius, der vollständig aus Tabellen bestand und den Leser auf diese Art und Weise in Gehalt und Terminologie der verschiedenen philosophischen Disziplinen einführen sollte. Zuletzt sei darauf hingewiesen, daß neben den genannten disziplinären Traditionen und der Enzyklopädik auch die zeitgenössische Lexikographie, die sich im Spannungsfeld von lateinisch-griechischer Wissenschaftssprache und jeweiliger Volkssprache auf den ersten Blick als rein *sprach*orientierte Übersetzungshilfe im Sinne heutiger Sprachwörterbücher verstand, *sach*wissensvermittelnde Funktionen übernehmen konnte (Lecouteux 1993). Dies gilt auch für die zahlreichen linguistisch inspirierten Werke, die sich im Titel als „nomenclator" bezeichneten und die Benennungen bestimmter, systematisch geordneter Dinggruppen planmäßig vorführten. Explizit genannt seien hier nur der *Nomenclator omnium rerum* (1567) von H. Junius und der polyglotte *Nomenclator trilinguis Graecolatinogermanicus* (1588) von N. Frischlin (Claes 1988).

7. Das 18. Jahrhundert

Die Fachlexikographie des 18. Jh.s setzte die vorliegenden Arbeiten der vorangegangenen Zeit unter neuen sprachlichen Voraussetzungen fort. Gemäß dem aufklärerischen Impetus wurden mehr und mehr wissenschaftliche Wörterbücher veröffentlicht, die die hergebrachten lateinisch-griechischen Terminologien in den gängigen europäischen Volkssprachen erklärten und so das Wissen der Zeit auch für breitere Kreise zugänglich machen sollten. Darüber hinaus spiegelt sich in der sprachlichen Herkunft der Lemmata der Umstand, daß auch die Formseite der bestehenden Wissenschaftsterminologien nunmehr vermehrt in volkssprachlichen Elementen realisiert wurde. Kurz: der Verlust der allgemeineuropäischen lateinischen Wissenschaftssprache zugunsten der verschiedenen Nationalsprachen hatte offensichtliche Folgen für Aufbau und Gestalt der Fachlexikographie. Die wichtigsten Stationen dieser Entwicklung sollen im folgenden skizziert werden, insofern davon die Entwicklung in Deutschland betroffen ist. Der rote Faden der Darstellung wird sich wie bisher überwiegend an den unterschiedlichen wissenschaftlichen Disziplinen orientieren. Nicht unterschlagen werden soll dabei die Tatsache, daß die Entwicklung zu volkssprachlichen Formen in Deutschland im Vergleich zu anderen europäischen Nationalsprachen relativ spät erfolgte (vgl. zur englischen Fachlexikographie Art. 256). Es versteht sich außerdem, daß angesichts des gewachsenen Umfangs der im 18. Jh. veröffentlichten Fachlexikographie noch weniger als für die vorhergehende Zeit ein Anspruch auf vollständigen Quellennachweis erhoben werden kann. Diese Einschränkung gilt um so mehr, als breiter angelegte fachsprachhistorische oder gar kontrastive Studien für den gesamteuropäischen Kontext der wissenschaftlichen Wörterbücher im 18. Jh. noch nicht vorliegen (für die Naturwissenschaft in Deutschland lediglich zuletzt Klein 1995, Kap. 3.3.).

Die medizinische Fachlexikographie des 18. Jh.s (Dressler 1994) zehrte zunächst unmittelbar von den Vorgaben des 17. Jh.s. 1705 erschien eine deutsch-lateinische Ausgabe des weit verbreiteten Lexikons von St. Blankaart. Im Laufe des Jahrhunderts wurden immer wieder verschiedensprachige Editionen publiziert, die sich wie diese Arbeit auf die Vorlagen Blankaarts stützten. Initiiert und gestaltet wurden sie u. a. von G. E. Stahl, J. F. Isenflamm, J. H. Schulze, M. G. Agnethler und G. E. v. Kletten. Weitere medizinische Fachlexika in deutscher Sprache stellten J. G. Bernstein (u. a. *Neues chirurgisches Lexikon oder Wörterbuch der Wundarzneikunde neuerer Zeiten*, 1783), J. G. Essich (u. a. *Medicinisches Lexicon*, 1787), Ch. H. Keil (u. a. *Compendiöses, doch vollkommenes anatomisches Handbüchlein*, 1736), E. G. Kurella (*Anatomisch-chirurgisches Lexicon*, 1753), G. Schuster (*Medicinisch-chymisches Lexicon*, 1756) und J. J. Woyt (*Deutsches vollständig-medicinisches Lexicon*, 1701) zusammen. Im Schnittfeld von Medizin, Botanik und Chemie sorgte darüber hinaus neben A. C. Ernsting insbesondere Ch. Hellwig (teilweise unter den Pseudonymen V. Kräutermann und C. Schröter) für die Erstellung vieler Fachlexika, die die traditionellen Fachsprachen auch in deutscher Sprache erklärten oder übertrugen (u. a. *Thesaurus pharmaceuticus oder Apotheker Schatz*, 1711; *Vollkommenes deutsch- und lateinisches physicalisch- und medicinisches Lexicon*, 1713; *Chirurgisches Lexicon*, 1713?; *Neu eingerichtetes Lexicon pharmaceuticum oder Apotheker-Lexicon*, 1709). Hellwig kümmerte sich auch um die Neueditionen des Kräuterbuchs von v. Franckenau. G. H. Behr und J. Ph. Burggrave arbeiteten dagegen weiterhin hauptsächlich im Rahmen der lateinischen Sprache. Als Gemeinschaftsunternehmen einer größeren Ärztegemeinschaft wurde eine sog. *Onomatologie* der Medizin erstellt (*Onomatologia medica completa oder Medici-*

201. Formen der Fachlexikographie in der vorindustriellen Zeit

nisches Lexicon, 1756). Sie war eher auf die Sprach- als auf die Sachvermittlung gerichtet. Für die Pharmazeutik stehen darüber hinaus Werke wie das aus dem Französischen übersetzte *Vollständige Materialien-Lexicon* von N. Lémery (1721), das *Dispensatorium universale seu lexicon chemico-pharmaceuticum* von Ch. F. Reuss (1786 ff), das *Manuale sive Lexicon pharmaceutico-chymicum* von D. de Spina (1700) und das *Deutsche Dispensatorium oder allgemeine Apothekerbuch* von J. H. Pfingsten (1783).

Auch in der Biologie wurde zunächst noch gelegentlich an alte Traditionen, namentlich die Kräuter- und Tierbücher, angeknüpft. Die Werke wurden nun auch vermehrt mit prächtigen Illustrationen der Tier- und Pflanzenwelt ausgestattet. Dafür stehen Autoren wie Th. Zwinger (*Theatrum Botanicum*, 1744, bereits frühere Editionen), M. B. Valentin (*Viridarium reformatum, seu regnum vegetabile, das ist: Neu=eingerichtetes und Vollständiges Kräuter-Buch*, 1719, *Amphitheatrum zootomicum*, 1729), A. Munting (*Phytographia curiosa*, 1713), J. W. Weinmann (*Phytanthoza Iconographia*, 1737 ff) und J. J. Bräuner (*Thesaurus Sanitatis, oder: Neu-eröffneter Schatz menschlicher Gesundheit bestehet in einem wohlgefasten Teutschen Kräuter-Buch*, 1728). Für die geordnete Inventarisierung der Gattungen im Tierreich stehen die diversen Werke von J. Th. Klein. Im Zuge der Entwicklung und Durchsetzung der biologischen Klassifikation von Linné erschienen aber auch mehr und mehr Arbeiten, die ihre Übersichten an dieser Taxonomie orientierten. Zu nennen sind außer Linné selbst Autoren wie F. J. Maerter, A. W. Roth, Ch. H. Möller (*Lexicon entomologicum*, 1795), J. D. Leers (*Nomenclator Linnaeus*, 1775) und Ch. F. Reuss (*Dictionarium botanicum*, 1781 ff). Gegen Ende des Jh.s veröffentlichten M. B. Borkhausen (u. a. *Botanisches Wörterbuch*, 1797), F. G. Hayne (*Termini botanici iconibus illustrati*, 1799) und J. K. W. Illiger (*Versuch einer systematischen vollständigen Terminologie für das Thierreich und Pflanzenreich*, 1800) ihre Nachschlagewerke, die deutlich von der gewachsenen Reputation der Botanik zeugen. Wie in der Medizin wurde auch in der Pflanzenkunde eine umfangreiche, als Gemeinschaftswerk vieler Experten konzipierte Onomatologie veröffentlicht. Sie entstand unter der Leitung von J. F. Gmelin (*Onomatologia botanica completa, oder vollständiges botanisches Wörterbuch*, 1772 ff). Für die Vermittlung der traditionellen lateinisch-griechischen Terminologie der Biologie an Nicht-Latein- bzw. -Griechisch-Kundige sorgten Arbeiten, die den Polyglottismus auf ihre Fahnen schrieben, so z. B. das im Kern noch aus dem 17. Jh. stammende *Lexicon plantarum polyglotton universale* (1715) von Ch. Mentzel, der *Nomenclator botanicus* (1769) von G. Ch. Oeder, das deutsch-lateinische *Wörter=Buch* von J. E. Poppe (1747) oder die diversen Arbeiten von Ph. A. Nemnich (u. a. *Allgemeines Polyglotten=Lexicon der Naturgeschichte*, 1793). Im Kontext dieser naturwissenschaftlichen Bereiche müssen darüber hinaus auch die chemischen, geologischen, physikalischen und allgemein naturgeschichtlichen Nachschlagewerke gesehen werden. Für die Chemie sind mindestens die Autoren H. W. Kels (*Onomatologia chymica practica*, 1791), J. Ch. Remler (*Neues chemisches Wörterbuch*, 1793) und D. L. Bourguet (*Chemisches Handwörterbuch*, 1798 ff) zu nennen. Für den großen französischen Einfluß in diesem Wissenschaftsbereich spricht die Tatsache, daß verschiedene Auflagen des *Dictionaire de chymie* von P. J. Macquer durch C. W. Pörner und J. G. Leonhardi ins Deutsche übersetzt wurden. Diese Arbeiten sind inhaltlich insgesamt gekennzeichnet durch die Verwerfung der Alchemie. Daß der Fortschritt der (antiphlogistischen) Chemie im Zuge der bahnbrechenden Arbeiten Lavoisiers nicht zuletzt auch mit den Formen der symbolischen Notation zusammenhing, wurde in den zeitgenössischen Diskussionen um die Einführung einer neuen Nomenklatur deutlich. Derlei Zeichensysteme wurden am Ende des Jh.s methodisch und übersichtlich dargestellt in Publikationen von C. Ch. L. Weigel, G. Eimbke, Ch. Girtanner und J. A. Scherer. Für den weniger stürmischen Fortschritt in der Geologie bzw. Mineralogie können die *Sciagraphia lithologica curiosa, seu lapidum figuratorum nomenclator* von J. J. Scheuchzer (1750, andere Editionen wohl schon früher) und das achtsprachige *Lexicon mineralogicum* von F. A. Reuss (1798) namhaft gemacht werden. Die ersten Fachwörterbücher, die im Titel den (modernen) Begriff der Physik trugen, wurden von J. S. G. Gehler (*Physikalisches Wörterbuch*, 1787 – 1795, 1798) und J. C. Fischer (*Physikalisches Wörterbuch*, 1798) verfaßt. Dagegen war das *Compendium physicae eclecticae* von J. H. Jungken (1713) noch sehr viel mehr der alten, eher philologisch verankerten Form von Physik gewidmet. Für die ambitionierten Versuche, den Zusammenhang der modernen Naturgeschichte insgesamt zu präsentieren, lassen sich Arbeiten von G. H. Borowski (*Systematische Tabellen über die allgemeine und besondere Naturgeschichte*, 1775), J. F. Blumenbach (*Handbuch der Naturgeschichte*, 1779), das zehnbändige Gemeinschaftswerk mit dem Titel *Neuer Schauplatz der Natur* (1775) sowie die zunächst von F. H. W. Martini begonnene, nach seinem Tod von J. G. Krünitz herausgegebene *Allgemeine Geschichte der Natur in alphabetischer Ordnung* (1784) anführen. Letzteres Werk griff auf das einflußreiche *Dictionnaire raisonné universel d'histoire naturelle* (1748) von J. C. Valmont de Bomare zurück, das in Auszügen als *Onomatologia historiae naturalis completa oder Wörterbuch der Naturgeschichte* schon zuvor auf Deutsch erschienen war. Im Übergangsfeld zur philosophischen Fachlexikographie erschienen mathematische Wörterbücher, deren fachsprachgeschichtliche Wirkung wegen des wachsenden Einflusses der damit verbundenen Erkenntnis- und Vergewisserungsform kaum zu überschätzen ist. An hervorragender Stelle ist hier das *Mathematische Lexicon* (1716) des einflußreichen Aufklärungsphilosophen Ch. Wolff zu nennen (vgl. Art. 253). Später folgten dann die praktischer orientierten Sammelbände von J. P. Birkner (*Versuch eines Rechnungs-Lexicons, oder: die gemeine, mathematische und bürgerliche Rechenkunst in alphabetischer Ordnung*, 1795 ff) und A. Bürja (*Sprachkunde der Größenlehre*, 1799 ff); letzteres war laut Untertitel ausdrücklich so eingerichtet, daß hier „lauter deutsche Kunstwörter" benutzt wurden. Auch im Zentrum der philosophischen Fachlexikographie dominierte zunächst der Bezug auf den Sprachgebrauch von Ch. Wolf. So sammelte das *Philosophische Lexicon* (1737) von H. A. Meissner die tragenden Begriffe seines Gedankensystems, eine vergleichbare Arbeit fertigte J. N. Frobesius mit seinem *Compendium* (1746) für die Wolffsche Logik an. Daneben existierten in der ersten Jahrhunderthälfte noch das *Philosophische Lexicon* (1726) von J. G. Walch und das lateinische *Lexicon philosophicum* (1716) von Plexiacus. Im Zuge des Aufstiegs der kritischen Philosophie und der damit verbundenen Verständnisprobleme kam es dann gegen Ende des Jh.s zu Wörterbüchern, die die Eigenheiten des Kantschen Sprachgebrauchs für interessierte Leser zusammenstellten. Einschlägig sind das *Wörterbuch zum leichteren Gebrauch der Kantischen Schriften* (1786) von C. Ch. E. Schmidt, das sechsbändige *Encyclopädische Wörterbuch der kritischen Philosophie* (1797) von G. S. A. Mellin sowie das *Wörterbuch zur „Kritik der reinen Vernunft" und zu den philosophischen Schriften Kants* (1788) von S. H. Heinicke. Das *Philosophische Wörterbuch* (1791) von S. Maimon und das *Wörterbuch der Platonischen Philosophie* (1799) von J. J. Wagner lagen dagegen weniger im kritischen Trend der Zeit.

Die allgemeine Bildungskonjunktur der Aufklärung führte auch auf dem Feld der enzyklopädischen Literatur zu neuen Entwicklungen. Zum einen wurden lateinisch-deutsche Lexika herausgegeben, die einen ersten generellen Zugang zur hergebrachten Wissenschaftssprache schaffen sollten. Sie sind als Keime der später entstehenden sog. Konversationslexika zu sehen und beförderten die Entstehung einer regelrechten Bildungssprache, die nun zwischen den traditionellen Fachsprachen und der deutschen Gemeinsprache entstand. Zum anderen wurden nun auch die ambitionierten eigenständigen Enzyklopädien der Zeit in den Volkssprachen realisiert (Kossmann 1969, im europäischen Kontext Collison 1966). Für erstere Gruppe stehen z. B. das *Natur= Kunst= Berg= Gewerck= und Handlungs=Lexicon* (1712) von P. J. Marperger. Laut Untertitel war dieses Lexikon der deutschen Erklärung der „Termini technici oder Kunst-Wörter" der Physik, Medizin, Botanik, Chemie, Anatomie, Chirurgie, Pharmazie, Mathematik, Astronomie, Mechanik, Nautik, Kriegskunst sowie der diversen Handwerke gewidmet. Es war insbesondere an eine Adressatengruppe gerichtet, die nun zunehmend mit der wachsenden Registeranzahl des Deutschen konfrontiert wurde: die Zeitungsleser. Das Werk war der zweite Teil des von Ph. B. S. v. Schütz edierten *Realen Staats- und Zeitungs-Lexikon* (1704), das hauptsächlich geographische Eigennamen erläutert hatte. Zu dieser Gruppe gehören mittelbar auch das *Teutsch-Lateinische Wörterbuch* (1741) von J. L. Frisch, das die deutsche Fachsprache des Handwerks und verschiedener sog. „Künste" wie Bergbau, Jagd- und Forstwesen mit den entsprechenden lateinischen Termini abglich, das *Allgemeine Historische Lexicon* (1709) von J. F. Buddeus, Gottscheds *Handlexicon oder kurzgefaßtes Wörterbuch der schönen Wissenschaften und freyen Künste* (1760) sowie das bereits 1670 zum ersten Mal veröffentlichte *Dictionarium historicum* von N. Lloyd. Später erschien dann mit deutlich fachexterner Ausrichtung das *Gemeinnützige Lexikon für*

Leser aller Klassen, besonders für Unstudierte (1791) von J. F. Roth, das die gängigen bildungssprachlichen Redensarten und Fachwörter versammelte. Auf ähnlicher Ebene ist das allerdings wesentlich umfangreichere elfbändige *Encyclopädische Wörterbuch oder alphabetische Erklärung aller Wörter aus fremden Sprachen, die im Deutschen angenommen sind, wie auch aller in den Wissenschaften und bei Künsten und Handwerken üblichen Kunstausdrücke* (1793) von G. H. Heinse anzusiedeln. In die zweite Gruppe, also die sachorientierten Enzyklopädien, fallen Arbeiten wie das *Allgemeine Lexicon der Künste und Wissenschaften* (1721) von J. Th. Jablonski, die *Encyklopädie der historischen, philosophischen und mathematischen Wissenschaften* (1775) von J. G. Büsch, die *Encyklopädie* (1782) von G. S. Klügel und das *Allgemeine Real-Handwörterbuch der gemeinnützigen Sachkenntnisse* (1793; Verfasser?). Als repräsentative Leistung dieser Tradition in Deutschland hat allerdings das 64bändige *Grosse vollständige Universal-Lexicon aller Wissenschaften und Künste* (1732ff) des Verlegers J. H. Zedler zu gelten (Quedenbaum 1977; vgl. Art. 185). Die nach dem Modell der Enzyklopädie von Diderot und d'Alembert (vgl. Art. 183) organisierte *Deutsche Encyclopädie* (1778) von H. M. G. Köster (ab Bd. 18 J. F. Roos) blieb nach 23 Bänden, die bei dem buchstaben „K" endeten, unabgeschlossen (Decker 1990). Das *Conversationslexicon* (1796) von R. G. Löbel und Ch. W. Franke war der unmittelbare Vorläufer für die einflußreichen, vielgelesenen Brockhaus-Enzyklopädien (Lehmann 1934; Meyer 1965). Den allmählichen Aufstieg moderner technisch-ökonomischer Erkenntnisformen im Zeitalter der einsetzenden Industrialisierung repräsentieren die *Oekonomisch-technologische Enzyklopädie* (1773) von J. G. Krünitz und das *Teutsche Real-, Manufactur- und Handwercks-Lexicon* (1745, nur Teil 1 erschienen) von G. H. Zincke. Daß sich auch im Zeitalter der Aufklärung kein einheitlicher Vernunftbegriff durchsetzen konnte, beweist die im Stile o. g. naturwissenschaftlicher Onomatologien verfaßte *Onomatologia curiosa artificiosa et magica oder ganz natürliches Zauber-Lexicon* (1764). Inwiefern bei ihrer Abfassung außer J. Ch. Wiegleb auch eine — laut Untertitel — in den magischen Künsten „sehr viele Jahre übende Gesellschaft" beteiligt war, konnte noch nicht definitiv geklärt werden. Ebenso ist fraglich, wer den thematisch ähnlich gelagerten *Neueröffneten Schauplatz geheimer philosophischer Wissenschaften* (1770) erarbeitet hat. Zur disziplinär unorthodoxen Gruppe der magischen Lexika mag — freilich mit anderer Stoßrichtung — auch das *Betrugs-Lexicon* (2. Aufl. 1761) von G. P. Hönn gezählt werden.

8. Literatur (in Auswahl)

Arber 1986 = Agnes Arber: Herbals. Their origin and evolution. A chapter in the history of botany, 1470—1670. [2. Aufl. 1938] Cambridge 1986 [Nachdruck].

Assion 1973 = Peter Assion: Altdeutsche Fachliteratur. Berlin 1973.

Borst 1994 = Arno Borst: Das Buch der Naturgeschichte. Plinius und seine Leser im Zeitalter des Pergaments. Heidelberg 1994.

Brückner 1961 = Annemarie Brückner: Quellenstudien zu Konrad von Megenberg. Frankfurt/M. 1961.

Chojecka 1982 = Ewa Chojecka: Bayerische Bild-Enzyklopädie. Das Weltbild eines wissenschaftlich-magischen Hausbuchs aus dem frühen 16. Jahrhundert. Baden-Baden 1982.

Claes 1988 = Frans M. W. Claes: Über die Verbreitung lexikographischer Werke in den Niederlanden und ihre wechselseitigen Beziehungen mit dem Ausland bis zum Jahre 1600. In: Historiographia Linguistica XV. 1988, 17—38.

Collison 1966 = Robert Collison: Encyclopaedias: Their history throughout the ages. A bibliographical guide with extensive historical notes to the general encyclopaedias issued throughout the world from 350 B. C. to the present day. 2nd ed. New York. London.

Cramer 1990 = Thomas Cramer: Geschichte der deutschen Literatur im späten Mittelalter. München 1990.

Daly 1967 = L. W. Daly: Contributions to a history of alphabetization. Brüssel 1967.

Decker 1990 = Uwe Decker: Die Deutsche Encyclopädie (1778—1807). In: Das 18. Jahrhundert 14/2. 1990, 147—151.

Dierse 1977 = Ulrich Dierse: Enzyklopädie. Zur Geschichte eines philosophischen und wissenschaftstheoretischen Begriffs. Bonn 1977 (Archiv für Begriffsgeschichte, Suppl. 2).

Dressler 1994 = Stephan Dressler: Wörterbuch-Geschichten. In: Wörterbücher der Medizin. Beiträge zur Fachlexikographie. Hrsg. v. Stephan Dressler und Burkhard Schaeder. Tübingen 1994 (Lexicographica. Series Maior 55), 55—81.

Erbse 1965 = Hartmut Erbse: Etymologika. In: Lexikon der Alten Welt. Zürich. München 1965, Sp. 902—904.

Eybl 1995 = Franz M. Eybl: Bibelenzyklopädien im Spannungsfeld von Konfession, Topik und

Buchwesen. In: Eybl/Harms/Krummacher/Welzig 1995, 120–140.

Eybl/Harms/Krummacher/Welzig 1995 = Franz M. Eybl/Wolfgang Harms/Hans-Henrik Krummacher/Werner Welzig (Hrsg.): Enzyklopädien der Frühen Neuzeit. Beiträge zu ihrer Erforschung. Tübingen 1995.

Fontaine 1966 = Jacques Fontaine: Isidore de Séville et la mutation de l'encyclopédisme antique. In: Cahiers de l'histoire mondiale 9/3. 1966, 519–538.

Friedrich 1995 = Udo Friedrich: Naturgeschichte zwischen artes liberales und frühneuzeitlicher Wissenschaft. Conrad Gessners „Historia animalium" und ihre volkssprachliche Rezeption. Tübingen 1995.

Fuchs 1962 = H. Fuchs: Enzyklopädie. In: Reallexikon für Antike und Christentum, Bd. 5 (1962), Sp. 504–515.

Fuhrmann 1960 = Manfred Fuhrmann: Das systematische Lehrbuch. Ein Beitrag zur Geschichte der Wissenschaften in der Antike. Göttingen 1960.

Gärtner 1979 = Hans Gärtner: Etymologie, -ica. In: Der Kleine Pauly. Lexikon der Antike. München 1979, Bd. 2, Sp. 391 f.

Gärtner/Fuhrmann 1979 = Hans Gärtner/Manfred Fuhrmann: Glossographie. In: Der Kleine Pauly. Lexikon der Antike. München 1979, Bd. 2, Sp. 816–821.

Goetz 1910 = Walter Goetz: Glossographie. In: Paulys Realencyclopädie der classischen Altertumswissenschaft. Neue Bearbeitung. Stuttgart 1910, Bd. VII, 1, Sp. 1433–1466.

Goldschmidt 1926 = Adolph Goldschmidt: Frühmittelalterliche illustrierte Enzyklopädien. In: Vorträge der Bibliothek Warburg 1923–1924. Hrsg. v. Fitz Saxl. Leipzig. Berlin 1926, 215–238.

Grabmann 1939 = Martin Grabmann: Methoden und Hilfsmittel des Aristotelesstudiums im Mittelalter. München 1939 (Sitzungsberichte d. Bayer. Akad. d. Wiss., Philos.-hist. Abt., Jg. 1939, H. 5) [Nachdruck 1979].

Grafton 1985 = Anthony Grafton: The world of the polyhistors: Humanism and encyclopedism. In: Central European History XVIII. 1985, 31–47.

Grimal 1966 = Pierre Grimal: Encyclopédies antiques. In: Cahiers d'histoire mondiale 9/3. 1966, 459–482.

Halleux/Schamp 1985 = Robert Halleux/Jacques Schamp (Hrsg.): Les lapidaires grecs. Paris 1985.

Harms 1989 = Wolfgang Harms: Bedeutung als Teil der Sache in zoologischen Standardwerken der frühen Neuzeit (Konrad Gesner, Ulisse Aldrovandi). In: Lebenslehren und Weltentwürfe im Übergang vom Mittelalter zur Neuzeit. Hrsg. v. H. Boockmann. Göttingen 1989, 352–369.

Hayer 1988 = Gerold Hayer: Die Überlieferung von Konrads von Megenberg „Buch der Natur". Eine Bestandsaufnahme. In: Deutsche Handschriften 1100–1400. Oxforder Kolloquium 1985. Hrsg. v. Volker Honemann und Nigel F. Palmer. Tübingen 1988, 408–423.

Herzog 1989 = Reinhart Herzog (Hrsg.): Restauration und Erneuerung. Die lateinische Literatur von 284 bis 374 n. Chr. München 1989 (Handbuch der Altertumswissenschaft, Abt. 8, Bd. 5).

Heyse 1969 = Elisabeth Heyse: Hrabanus Maurus' Enzyklopädie „De rerum naturis". Untersuchungen zu den Quellen und zur Methode der Kompilation. München 1969.

Hünemörder 1981 = Christian Hünemörder: Antike und mittelalterliche Enzyklopädien und die Popularisierung naturkundlichen Wissens. In: Sudhoffs Archiv 65, 1981, 339–365.

Kartschoke 1990 = Dieter Kartschoke: Geschichte der deutschen Literatur im frühen Mittelalter. München 1990.

Klein 1992 = Wolf Peter Klein: Am Anfang war das Wort. Theorie- und wissenschaftsgeschichtliche Elemente frühneuzeitlichen Sprachbewußtseins. Berlin 1992.

Klein 1995 = Wolf Peter Klein: Das naturwissenschaftliche Fachlexikon in Deutschland zwischen Renaissance und 19. Jahrhundert. In: Lexikographica 11. 1995, 15–49.

Kossmann 1969 = Bernhard Kossmann: Deutsche Universallexika des 18. Jahrhunderts. Ihr Wesen und ihr Informationswert, dargestellt am Beispiel der Werke von Jablonski und Zedler. In: Archiv für die Geschichte des Buchwesens 9. 1969, Sp. 1554–1596.

Lecouteux 1993 = Claude Lecouteux: Zur Vermittlung mittelalterlichen Denkens und Wissens: Die Glossare und Lexika als paraliterarischer Weg. In: Mittelalterliche Denk- und Schreibmodelle in der deutschen Literatur der Frühen Neuzeit. Hrsg. v. Wolfgang Harms und J.-M. Valentin. Amsterdam. Atlanta 1993, 19–35.

Lehmann 1934 = Ernst Herbert Lehmann: Geschichte des Konversationslexikons. Leipzig 1934.

Lindberg 1994 = David C. Lindberg: Von Babylon bis Bestiarium. Die Anfänge abendländischen Wissens. Stuttgart. Weimar 1994.

MacKinney 1938 = L. C. MacKinney: Medieval medical dictionaries and glossaries. In: Medieval and historiographical essays in honor of James Westfall Thompson. Hrsg. v. J. L. Cate und E. N. Anderson. Chicago 1938, 240–268.

Meier 1984 = Christel Meier: Grundzüge der mittelalterlichen Enzyklopädik. Zu Inhalten, Formen und Funktionen einer problematischen Gattung. In: Literatur und Laienbildung im Spätmittelalter und in der Reformationszeit. Hrsg. v. L. Grenzmann und Karl Stackmann. Stuttgart 1984, 467–500.

Meier 1988 = Christel Meier: Cosmos politicus. Der Funktionswandel der Enzyklopädie bei Brunetto Latini. In: Frühmittelalterliche Studien 22. 1988, 315–356.

Meier 1992 = Christel Meier: Vom ‚homo cælestis' zum ‚homo faber'. Zur Reorganisation der mittelalterlichen Enzyklopädie für neue Gebrauchsfunktionen bei Vinzenz von Beauvais und Brunetto Latini. In: Pragmatische Schriftlichkeit im Mittelalter. Erscheinungsformen und Entwicklungsstufen. Hrsg. v. Klaus Grubmüller und H. Keller. München 1992, 157–175.

Meyer 1965 = Heinz Meyer: Das Konversationslexikon, eine Sonderform der Enzyklopädie. Ein Beitrag zur Geschichte der Bildungsverbreitung in Deutschland. Göttingen 1965.

Meyer 1988 = Heinz Meyer: Bartholomäus Anglicus, „De proprietatibus rerum". Selbstverständnis und Rezeption. In: Zeitschrift für deutsches Altertum und deutsche Literatur 117. 1988, 237–274.

Meyer 1990a = Heinz Meyer: Werkdisposition und Kompilationsverfahren einer spätmittelalterlichen Enzyklopädie im Codex 125 der Stiftsbibliothek Klosterneuburg. In: Zeitschrift für deutsches Altertum und deutsche Literatur 119. 1990, 434–453.

Meyer 1990b = Heinz Meyer: Zum Verhältnis von Enzyklopädik und Allegorese im Mittelalter. In: Frühmittelalterliche Studien 24. 1990, 290–313.

Meyer 1991 = Heinz Meyer: Ordo rerum und Registerhilfen in mittelalterlichen Enzyklopädiehandschriften. In: Frühmittelalterliche Studien 25. 1991, 315–339.

Nischik 1986 = Traude-Marie Nischik: Das volkssprachliche Naturbuch im späten Mittelalter. Sachkunde und Dinginterpretation bei Jacob von Maerlant und Konrad von Megenberg. Tübingen 1986.

Nissen 1961 = Claus Nissen: Kräuterbücher aus fünf Jahrhunderten. Medizinhistorischer und bibliographischer Beitrag. Zürich. München. Olten 1961.

Palmer 1989 = Nigel F. Palmer: Kapitel und Buch. Zu den Gliederungsprinzipien mittelalterlicher Bücher. In: Frühmittelalterliche Studien 23. 1989, 43–88.

Parkes 1976 = Malcolm B. Parkes: The Influence of the concepts of *Ordinatio* and *Compilatio* on the development of the book. In: Medieval learning and literature. Essays presented to Richard Wiliam Hunt. Hrsg. v. J. J. Alexander und M. T. Gibson. Oxford 1976, 114–141.

Pfeiffer 1978 = Rudolf Pfeiffer: Geschichte der Klassischen Philologie. Von den Anfängen bis zum Ende des Hellenismus. (2. Aufl.) München 1978.

Quedenbaum 1977 = Gerd Quedenbaum: Der Verleger und Buchhändler Johann Heinrich Zedler 1706–1751. Hildesheim 1971.

Rhein 1995 = Stefan Rhein: Die *Cyclopaedia Paracelsica Christiana* und ihr Herausgeber Samuel Siderocrates: Enzyklopädie als anti-humanistische Kampfschrift. In: Eybl/Harms/Krummacher/Welzig 1995, 81–97.

Riha 1992 = Ortrun Riha: Wissensorganisation in medizinischen Sammelhandschriften. Klassifikationskriterien und Kombinationsprinzipien bei Texten ohne Werkcharakter. Wiesbaden 1992.

Sarton 1931 = George Sarton: Introduction to the history of science. Vol. II: From Rabbi Ben Ezra to Roger Bacon. Baltimore 1931.

Saxl 1957 = Fitz Saxl: Illustrated medieval encyclopaedias. In: Fitz Saxl: Lectures 1. London 1957, 228–254.

Schmidt-Biggemann 1983 = Wilhelm Schmidt-Biggemann: Topica universalis. Eine Modellgeschichte humanistischer und barocker Wissenschaft. Hamburg 1983.

Schnell 1991 = Bernhard Schnell: Das „Prüller Kräuterbuch". Zum ersten Herbar in deutscher Sprache. In: Zeitschrift für deutsches Altertum und deutsche Literatur 120. 1991, 184–202.

Slaughter 1982 = Mary M. Slaughter: Universal language schemes and scientific taxonomy in the seventeenth century. Cambridge 1982.

Smalley 1964 = B. Smalley: The study of the Bible in the Middle Age. Notre Dame 1964.

Stannard 1974 = Jerry Stannard: Medieval herbals and their development. In: Clio Medica 9. 1974, 23–33.

Tolkiehn 1925 = Johannes Tolkiehn: Lexikographie. In: Paulys Realencyclopädie der classischen Altertumswissenschaft. Neue Bearbeitung. Stuttgart 1925, Bd. XII, 2, Sp. 2432–2482.

Tonelli 1971 = Giorgio Tonelli: A short-title list of subject dictionaries of the sixteenth, seventeenth and eighteenth centuries as aids to the history of ideas. London 1971.

Wendel 1939 = Carl Wendel: Onomastikon. In: Paulys Realencyclopädie der classischen Altertumswissenschaft. Neue Bearbeitung. Stuttgart 1939, Bd. XVIII, 1, Sp. 507–515.

Wolf 1985 = Norbert Richard Wolf (Hrsg.): Wissensorganisierende und wissensvermittelnde Literatur im Mittelalter. Perspektiven ihrer Erforschung. Wiesbaden 1987.

Zedelmaier 1992 = Helmut Zedelmaier: Bibliotheca universalis und Bibliotheca selecta. Das Problem der Ordnung des gelehrten Wissens in der frühen Neuzeit. Köln. Weimar. Wien 1992.

Wolf Peter Klein, Berlin

202. Special lexicography for navigation: A survey

1. Beginnings of a seafaring culture in modern Europe
2. Development of maritime lexicography
3. Aim and content in maritime dictionaries
4. Bibliography (selective)

1. Beginnings of a seafaring culture in modern Europe

Once landoriented people took an interest in the art of shiphandling and navigation, the scene was set for one of the earlierst examples of specialized lexicography. In Europe, that condition must have existed at the close of the Middle Ages when the exploration of unknown seas and territories began to outgrow the strictures imposed on it by the physical and psychological environment of Christianized Europe. As a routine of seafaring grew and spread from littoral regions in the southwest northwards along the Atlantic coast, several western European language areas were successively exposed to a new word stock of considerable social and economic import which at least the military and commercial élites could not ignore for long. The need for practical information about the expressions used in navigation and shipping thus developed along with the desire to learn the skills of the trade itself.

2. Development of maritime lexicography

2.1. From thesaurus to dictionary

The general period when all this occurred — the Renascence — did not fail to imprint its own character on the beginnings of maritime lexicography. Desire for learning and curiosity about the world never went without pragmatic orientation by what was of use and susceptible to achievement. The opposite of scholastic academism, Renascence interest in seafaring was anything but theoretical and not even technical for the sake of knowledge per se, but driven by practical aims: advice in ship construction and handling, routing, maritime law, etc. An early body of ancillary literature (Ludwig 1993, 3ff) attests to a pragmatic turn of mind, but it is hard to determine in this mix of manuals, thesauri and nomenclatures where the dictionary aspect begins to detach itself as a separate and governing purpose. All that can be surmised is that between Alonso Sancho de Guelva's *Compendio del arte de navigar* of 1448, the earliest known maritime book cited by Röding (1793) in his preface, and Sir Henry Manwayring's *The sea-man's dictionary* (1644) the lexicographic interest inherent in such publications had established itself sufficiently in order to claim the new descriptive term *dictionary* for the general designation of such reference works; an even more revealing mark of the shift in interest from the realia of shipping to its language, is the switch from a systematic order of presentation to an alphabetized arrangement of single headwords. A likely date for the beginning of maritime lexicography is the early 17th century when also the first general-language dictionary was published in England by Robert Cawdrey (Osselton 1983 14).

The transition from the manual to the dictionary format was, nevertheless, slow and halting. The full title of John Smith's *The sea-man's grammar and dictionary* of 1691 continues: "explaining all the difficult terms in navigation and the practical navigator and gunner." Its main contents are still organized on systematic principles such as "Of docks and their definitions", "How to build a ship, with the definition of all the principal names of every part [...] and the reasons of their use" etc. The outcome is a contextualized presentation of terms by subject area in the manner of an encyclopedia, followed by two short alphabetical lists comprising key nouns and verbs provided with explanations in nontechnical language:

a road, is any place near the land where ships may ride at achnor, and a ship riding there is called a Roader

to ride, when a ship's anchor holds her fast, so that she does not drive with wind or tide, she is said to *ride at anchor*

Half a century later, *The gentleman's dictionary in three parts* viz. I: *The art of riding the great horse* [...] II: *The military art* [...] III: *The art of navigation* (1705) reflects another small step toward the modern dictionary in focussing on a specific target group and conceiving itself as an aid to education. Offering such now-standard features as definitions and the inclusion of idioms (under noun headwords), this alphabetized glossary may with some justification be called the first specialized learner's dictionary.

Maritime dictionaries at this stage were generally monolingual, i. e. concerned with explaining technical expressions to speakers of the same language in their mother tongue. Considering England's role in the history of shipping from the 17th century onward, it is hardly surprising that the first maritime dictionaries were published in English. During the 18th century, however, France began to vie with her neighbor as a naval power. Consequently, there arose a need for maritime reference works in French, which was well met by Nicolas Aubin's *Dictionnaire de marine* (1736) and Alexandre Saverien's *Dictionnaire historique, théorique et pratique de marine* (1758).

2.2. From mono- to plurilingual dictionaires

A major step in maritime lexicography was the publication, in 1777, of Daniel Lescallier's *Vocabulaire des termes de marine anglois et françois* by the Imprimerie Royale in Paris. It marked the beginning of translingual, i. e. translating, dictionaries in the marine field compiled on strictly linguistic principles which its author did not fail to spell out, along with caveats characteristic of maritime lexicography still today:

"I have consistently indicated the part of speech belonging to each word and the gender of nouns; this is very important when dealing with a language as little fixed as that of the marine. I have unraveled some etymologies, but have mentioned only such as have seemed obvious to me; if one tries to go too far in this direction, one settles into a system, and that is a way into error." (Foreword; my translation)

In their application, these principles generate a very modern microstructure, as can be seen from the following excerpt.

TO LOOSE. Verb. act.
to loose any sail, Déployer ou larguer une voile.
to loose or loosen a rope, Larguer une manœuvre.
LOST. Adj. & part., passé du verbe TO LOSE, *Perdu* ou *naufragé*, en parlant d'un vaisseau.
TO LOWER. Verbe. *Amener.*
Lower handsomely! *Amène en douceur!*
Lower cheerly! *Amène tout plat!* ou *en bande*, ou *lache tout!*
LUFF! Impératif & subst. *Lof!* Ordre au timonnier.

With the introduction of translingual glossing, the maritime dictionary finally cut the ties that had previously bound it to such content-oriented forms as the manual or the encyclopedia. Along with the transformation of nomenclature into the grammatical word class of nouns, other parts of speech were thus placed on a par with nouns and gained access as well. This concerned chiefly verbs and adjectives and included idioms, helping to establish a meaningful macrostructure of the maritime dictionary. All these changes ultimately reflected the recognition of a new type of user: the professional expert. His aim in consulting such a dictionary was no longer, to acquire basic knowledge about marine practices, but to find equivalences of meaning and expression across languages.

Barely twenty years later, an epochal work took the maritime dictionary still further along the road of multilingual lexicography. Johann Hinrich Röding's *Allgemeines Wörterbuch der Marine in allen europäischen Seesprachen nebst vollständigen Erklärungen* (1793—98) was not only the first significant maritime dictionary published in Germany but at the same time a polyglot reference work in four volumes — one of them devoted exclusively to illustrations — that, in attempting to surpass all its precursors in scope and reliability, fell in some respects back into the encyclopedic trend of past generations:

"I herewith hand over to the public a work whose elaboration is among the most difficult ever undertaken. It comprises an explanation of the European marine languages and of the entire nautical science [...]. Its main body is based on the German language and each technical word is accompanied by an expression of the same meaning in the Dutch, Danish, Swedish, English, French, Italian, Spanish and Portuguese language [...]. [...] So that this work may at the same time be also considered a teaching manual, under every main article all the idioms connected with it have been gathered and the difference that may take place among the European nations in one or the other instance, has been indicated [...]. At its head I have placed a general marine bibliography [...])." (Preface; my translation)

Among later publications that can in any way be compared to Röding's encyclopedic achievement there is no dearth of attempts to emulate — albeit usually on a reduced scale — his polyglot approach in various countries during the 19th century, from Reehorst's *Polyglott marine dictionary, in ten languages* (London 1850) and Paasch's popular *From keel to truck: Marine dictionary in English, French and German* (Antwerp 1885) to René de Kerchove's *International maritime diction-*

ary in English, French and German (New York 1947). As the internationalization of industry and commerce embarked upon after World War II can be expected to continue at an increased pace, the multilingual approach to maritime lexicography appears to be assured of a prosperous future, even though maritime dictionaries of the 21st century will probably lack encyclopedic ambitions while striving for a revised concept of technicality.

3. Aims and content in maritime dictionaires

3.1. Changing interpretations of technicality

Given its traditional purpose, the specialized maritime dictionary has always been considered an instance of technical lexicography. This presumed technical orientation has, nevertheless, undergone changes dictated by the course of technological development on the one hand and on the other, by shifting interests on the part of dictionary users. A sharp caesura in the development of maritime terminology was caused by the change in ships' propulsion from sail to steam and by the concomitant replacement of wood as the chief building material by steel — a process extending over the second half of the 19th century. As the craft of shipbuilding and shiphandling evolved during this period into a branch of engineering, the new technology introduced a large amount of fresh lexical material into the maritime vocabulary (without dislodging, it should be added, a commensurate portion from the former lexicon). For several decades, engineering in a country like England became indeed synonymous with marine engineering; and this helped in turn to foster a long line of dictionaries straddling the fields of seafaring and engineering. It begins with a distinction between traditional sailing vessels and steamships implied as early as 1845 by the title of Lemetheyer's *Dictionnaire moderne des termes de marine et de la navigation à vapeur*; in England, the modern orientation finds expression in the use of the word *technical* in such titles as William Pirrie's *Technical dictionary of sea terms, phrases, and words* (1895).

On the other hand, the gradual demise of shipping by sail stimulated its own line of lexicographic development. A strong sense of tradition that was increasingly forced into nostalgia, turned retired ex-sailors, along with a growing public of lay sympathizers, toward the maritime past. This was a general trend in the western world that can be observed at the close of the 19th century reflected in the popular genre of the sea novel to which reputable writers like Melville, Conrad, Forester and others contributed significantly. The influence of that trend on lexicography should not be underrated. Whether in a critical stance like A. Ansted's (1887, iii) or, rather more frequently, by simply satisfying a lucrative unexacting market, maritime dictionaries have as a result all too often been allowed to suggest since then a contorted, anachronistic image of maritime life and language. In such works, its technicality is frozen in a state that antedates the industrial age.

German concern with naval and marine history added nationalist motives to the worldwide trend towards the beginning of the 20th century. The result was a remarkable and unique digression of maritime lexicography toward a narrow linguistic application. After the Marine Office had commissioned A. Stenzel to compile a *Deutsches seemännisches Wörterbuch* which appeared in 1904 yet seems not to have met expectations, another contract was passed to Friedrich Kluge, a professor who had published the first etymological dictionary of German to much acclaim in 1883. Kluge finally produced his meticulously researched scholarly book, *Seemannssprache*, in 1911, following the same principles of historical analysis established in his earlier study. Not surprisingly, *Seemannssprache* while making use of all availably previous maritime dictionaries including the *Nautisch-technisches Wörterbuch der Marine* (1883) by Dabovich, adopted a traditionalist view of seafaring in which technology was kept to the human scale, as it were. As a technical dictionary, it was obsolete from the moment of its conception, and has left no imprint on maritime lexicology since.

Finally it must be remembered that outside interest in maritime affairs and their language had from the outset been to a large degree commercially motivated. This is reflected in a number of dictionaries for the nautical trade that appeared particularly in Germany in the early 19th century, such as C. F. Meeden's *Handbuch der Kaufmanns- und Schiffersprache* (4th ed. 1866), which helped to establish for the maritime dictionary a wide range of technical reference.

3.2. Persistent problems and likely future trends

Considerations of subject definition aside, maritime dictionaires have always battled against a number of difficulties specific to lexicographic efforts in the maritime field, chiefly among them the twin problems of scope and currency. Both have been briefly touched upon in other contexts; here they shall be considered in their relationship with the maritime and shipping fields proper. As Röding already pointed out, nautical science − assuming with him that it can be designated in such manner − comprises "innumerable branches of learning" whose various terms may, as Ansted complained, be used "in various senses while sometimes several may have but one meaning. And besides these we have a list of expressions which, while they cannot be regarded as sea terms, have direct reference to boat-building and boat-sailing. [...] Numerous as are the terms in daily use among seafaring men, their number has been considerably enlarged of late years [...]." None of the events and developments in the maritime field since then permit us to doubt the continued validity of Ansted's and Röding's observations.

As functions of a technological and social evolution, seafaring and shipping are not just complex fields of polycentric activity, but they also lack an agreed theoretical frame. Contrary to the situation in many of their constituent subject areas, some of which have undergone a considerable measure of standardization, the marine industry as a whole − including all its operations − remains a rather vague concept whose limits and internal structure are neither self-evident nor immutable. (Opitz 1991) The consequences of this state of affairs for the maritime lexicographer are disconcerting and lead to highly unsatisfactory lexicographic practices. Lacking objective criteria of what constitutes a valid corpus on which to construct a specialized lexicon, lexicographers must let the question of its scope and orientation be answered by their own assumptions about what the eventual users will expect, or find useful. Yet even this procedure is at best highly speculative since needs analyses in a diversified operational field like this could be expected − if undertaken − to proliferate unduly and yet yield only fragmentary results. Dictionaries based on presumed needs, as against those constructed on objective structures like nomenclatures or thesauri, always tend to suffer from an indistinct inclusiveness that has its roots in the lack of perception about their field of application. Maritime dictionaries have been no exception, having in recent years drifted as far apart as *Elsevier's maritime dictionary* (English-French-Arabic; 1987), Brodie's *Dictionary of shipping terms* (1985) which interprets *shipping* to mean "commercial", the *Dictionnaire de l'océan* (1989) with its inclusion of zoology, geography, history and a host of related topics or the *Seaspeak maritime vocabulary*, an abortive attempt in the 1980s to compile a minimal list of terms to be used in standard marine communication around the world.

If the scope of maritime dictionaries has been diffuse, topical relevance in such works has also been threatened by the failure of compilers to come to terms with the problem of obsolescence. Accelerating change in sea transport is not adequately accounted for by an increase of lexical entries without a corresponding process of weeding out material of diminished importance: a fair balance must be struck between conservation and innovation, but there are hardly any reliable criteria for the significance of an entry while no agreed textual corpus exists and user profiles shift. The same lexical material that served dictionary users well ten years ago may no longer be essential to today's staff found increasingly on the expanding periphery of the shipping industry, far from its seagoing nucleus: a growing body of ancillary shore personnel working in containerization and affreightment, transport logistics, insurance, administration and planning, is using ever smaller segments of the traditional maritime language register in highly conventionalized routine operations that will rarely call for the use of a dictionary. At the policy-making and regulatory level − both nationally and internationally − the realignment of world trade for the 21st century will, on the other hand, cause a large number of text-processing and translating staff worldwide to seek up-to-date technical information that is only marginally related to the sea-based corpus of past maritime dictionaries.

A fresh start may be the best response to that scenario: multilingual terminological dictionaries, with English as the key language, compiled on the evidence, and for the needs, of current and future transport patterns dominated by the mixed-carrier and carry-on principles, with minimal involvement of ships and their crews and a shift in emphasis from the technical back to the commercial sector. It may be a fair assumption that such dictionaries will require radically novel methods of corpus selection and glossing strategy, of editing and publication. Access and updating needs may point to the electronic data bank as an appropriate format rather than the bound print volume. In any case, the sea and its romantic appeal will no longer find much of a place in them.

4. Bibliography (selective)

Ansted 1887 = A. Ansted: A dictionary of sea terms. Glasgow 1887.

Lescallier 1777 = Daniel Lescallier: Vocabulaire des termes de marine anglois et françois. Paris 1777.

Ludwig 1993 = Stanislaw Ludwig: A visual overview of nautical literature, 1472—1600. In: Nautologia. Supplement DO 3/1993, 2—8.

Opitz 1991 = Kurt Opitz: Between chaos and total control. The language of the shipping industry. In: Proceedings of the 3rd INFOTERM symposium. Vienna 1991, 71—76.

Osselton 1983 = Noel Edward Osselton: On the history of dictionaries. In: Lexicography. Principles and practice. Ed. by Reinhard R. K. Hartmann. London 1983. (Applied Language Studies), 13—21.

Röding 1793 = Johann Hinrich Röding: Allgemeines Wörterbuch der Marine in allen europäischen Seesprachen nebst vollständigen Erklärungen. Hamburg 1793.

Kurt Opitz, Hamburg

203. Die Fachlexikographie des Bergbaus: eine Übersicht

1. Einleitung
2. Bergbau und bergmännisches Schrifttum im Mittelalter
3. Terminologien der frühen Neuzeit
4. Entwicklung der bergmännischen Lexikographie
5. Deutsch-fremdsprachige Bergbauwörterbücher
6. Ausblick
7. Literatur (in Auswahl)

1. Einleitung

Seit Jahrtausenden gilt das Interesse des Menschen den Bodenschätzen; bei chinesischen Chronisten, in Inschriften der Ägypter, Assyrer, Babylonier und Inder sowie in der Bibel gibt es Hinweise auf den Bergbau in alter Zeit. Die frühesten Textzeugnisse stammen aus der hellenistischen Epoche, und zwar von Theophrast (372—287 v. Chr.), von Straton von Lampsakos (340—270 v. Chr., s. Biringuccio 1925) und von Philon (zwischen 300 und 100 v. Chr.). Die Titel der Werke weisen auf Metalle, Bergwerksmaschinen und den Bergmann hin; keiner der Texte ist erhalten. Durch die reiche Überlieferung römischer Schriftsteller sind uns diese Zeugnisse aus der Antike jedoch bekannt; sie berichten von einer vielseitigen montanistischen Kultur.

Von den römischen Schriftstellern ist neben Marcus Vitruvius Pollio (80—15 v. Chr.) vor allem Caius Plinius der Ältere (23—79 v. Chr.) bekannt, dessen *Historia naturalis* als wichtigste Quelle über den Bergbau im Altertum dient. Plinius stellte sich in seinem umfangreichen Werk die Aufgabe, das zerstreute Wissen seiner Zeit über die Naturgeschichte zu sammeln und zu erläutern. Sein Werk stellt eine Fundgrube für die Geschichte der Technik und der Naturwissenschaften im Altertum dar und enthält konkrete Beschreibungen des antiken Bergbaus. Es dauerte aber noch mehr als ein Jahrtausend, bis der Bergbau und das bergmännische Schrifttum begannen.

2. Bergbau und bergmännisches Schrifttum im Mittelalter

Im 6. Jh. n. Chr. war die Gewinnung von Bodenschätzen in Böhmen weit entwickelt; es ist jedoch nicht bekannt, welche Völker sich dort um das Schürfen und den Abbau bemühten. Im Gebiet des heutigen Deutschland wurde im 9. Jh. Eisen-, Kupfer-, Silber- und Goldbergbau betrieben. Im Norden begann der Bergbau im 10.—11. Jh. im Unter- und Oberharz. Im 12. Jh. entstanden ertragreiche Gruben in Tirol, in Oberungarn (im Gebiet der heutigen Slowakei) sowie im Erzgebirge. Seit dem 13. Jh. wird in Wielicka in Polen Salz und in Falun in Schweden Kupfer gefördert. Danach verbreitete sich der Erzbergbau in ganz Mitteleuropa: Silbergruben entstanden im Schwarzwald und im Elsaß, Gold wurde im neubesiedelten Schlesien, in Tirol und in den steirischen Alpen gewonnen.

Für den Bergbau bestand das Interesse im Finden und Beurteilen der Mineralien; es entstand ein spezielles Schrifttum an Steinbüchern, Lapidarien, in denen Minerale, Gesteine, Erze und Metalle beschrieben und gelegentlich mit Vorstellungen des Aberglaubens vermischt wurden. In der Arbeit des mittelasiatischen Gelehrten und Enzyklopädisten Abul al-Bîrûnî (973–1048) wurden über 100 Mineralien, Erze, Metalle und Legierungen beschrieben; es werden über 300 Benennungen und Synonyme angeführt. Im deutschsprachigen Raum verfaßte wiederum der Universalgelehrte Albertus Magnus (1193–1280) ein umfangreiches Werk mit dem Titel *De mineralibus et rebus metallicis libri V*, das ein Vorläufer des bergmännischen Schrifttums des 16. Jh.s ist (Koch 1963, 3–12).

3. Terminologien der frühen Neuzeit

Durch große Entdeckungen und Erfindungen des 15. Jh.s auf den Gebieten der Mechanik, Physik, Astronomie, Geographie und Mathematik wurde der mittelalterliche Horizont in Naturwissenschaften erweitert; die Denkweise änderte sich grundlegend. An der Wende zur frühen Neuzeit blühte der Bergbau in Mitteleuropa; die wirtschaftlichen Beziehungen zwischen mehreren Ländern förderten den Handel mit Metallen und Salz. Der Übergang zum Stollenbau, der Bau von Bewetterungseinrichtungen, der Einsatz von Wasserhaltungsmaschinen, die Einführung der Sprengarbeit mit Schießpulver, der Grubenmauerung, des Kompasses und neuer Förderungsarten führten den Bergbau im deutschsprachigen Raum zu einer Glanzzeit im 16. Jh.; dies machte sich auch im bergmännischen Schrifttum bemerkbar.

Die ersten Aufzeichnungen bergrechtlicher Gewohnheiten gehen etwa auf das Jahr 1200 zurück; im 13.–14. Jh. wurden für die wichtigsten Bergorte Bergordnungen und Bergrechte erlassen (Willecke 1977). Im alpenländischen Bergrecht dominierte das Bergregal, das Recht des Staates auf alle Bodenschätze. Im Bergrecht von Iglau/Jihlava, das für weite Teile Deutschlands und Ostmitteleuropas galt, herrschte wiederum die Bergbaufreiheit, nach der jeder Finder gegen bestimmte Abgaben an den Staat Bergbau treiben durfte. Die bergrechtliche Terminologie war Jahrhunderte lang recht einheitlich und den Fachleuten vertraut; erst in modernen Ausgaben alter Bergrechte werden auch die rechtlichen und technischen Termini erläutert. Aus älteren gedruckten Bergrechten sind J. Deucers *Corpus iuris* (1624) und T. Wagners *Corpus iuris metallici* (1791) hervorzuheben.

Offensichtlich im Jahre 1556 hatte ein Bergbauverständiger aus der Silberstadt Schwaz in Tirol eine umfangreiche handschriftliche Abhandlung in deutscher Sprache vollendet, die als *Ettenhardtscher Codex*, *Etenhardisches Bergbuch* (Friese 1865), *Ettenhardtsche Bilderhandschrift*, *Schwazer Bergewerksbuch* (Mayer 1928), *Bildercodex* oder *Schwazer Bergbuch* (Kirnbauer 1956) bezeichnet wird. Sie geht auf eine Tradition technischer Bilderhandschriften zurück und vermittelt einen Einblick in die rechtlichen, wirtschaftlichen, sozialen und kulturellen Verhältnisse im Bergbau der damaligen Zeit. In über 120 farbigen Illustrationen wird die soziale Lage der Bergleute und ihre Stellung zu den Gewerken ausführlich behandelt. Mit der Erläuterung zahlreicher technischer Begriffe wurde mit dieser Handschrift das vielleicht älteste bergmännische Reallexikon des deutschen Sprachgebietes geschaffen; die Bilder stammen wahrscheinlich von dem Schwazer Maler Jörg Kolber (Egg 1957).

Gegenwärtig sind sieben Exemplare des Schwazer Bergbuches bekannt, die sich in Text und Bild im wesentlichen gleichen. Trotz dieser Zahl der Handschriften dürfte der Inhalt des Schwazer Bergbuches nur einem kleinen Kreise von Fachleuten bekannt gewesen sein. Anders sah es aus mit der Verbreitung des bergbaukundlichen Wissens in den Schriften, die im Druck erschienen. Als älteste bergmännische Buchveröffentlichung ist das „Bergbüchlein" des Freiberger Stadtarztes und späteren Bürgermeisters Ulrich Rülein von Calw (um 1460–1523) zu nennen, das anonym und ohne Orts- und Zeitangabe wohl um 1500 vermutlich in Leipzig gedruckt wurde. Es trägt den Titel *Ein nutzlich bergbuchley* und wurde lange dem Verfasser zahlreicher chemischer Schriften, Basilius Valentinus, zugeschrieben. Die 2. Auflage des „Bergbüchleins" ist 1518 erschienen; sie enthält als Anhang ein anonymes achtseitiges Glossar „Bercknamen, den anfahrenden Bergleuten vast dinlich" — dieser betont den Unterschied zwischen bergmännischen und allgemeinsprachlichen Bezeichnungen. Rüleins Werk ist ein wahres Volksbuch geworden, das über 50 Jahre lang den Wissensdurst der deutschen Bergleute gestillt hat. Bis zum Ende des 17. Jh.s erschienen zehn Neudrucke, davon allein acht im 16. Jh.

Für die Bergbaukunde besaßen jedoch die Schriften von Georgius Agricola eine besondere Bedeutung. Der sächsische Humanist und Arzt Georg Bauer (1491—1555), der seinen Namen entsprechend der Gepflogenheit der damaligen Zeit in Agricola latinisierte, war eine Persönlichkeit der Renaissance, die das humanistische Gelehrtentum mit einer realistischen Naturbetrachtung und einer praktisch-technischen Betätigung verband. Im Jahre 1530 erschien seine erste Abhandlung zur Bergbaukunde *Bermannus sive de re metallica dialogus*. Sie enthält eine alphabetisch nicht geordnete Liste von 76 Termini, die von Petrus Plateanus zusammengestellt wurde. Für die 2. Auflage von 1546 erweiterte und verbesserte Agricola diese Liste auf 127 Termini.

Seit der Veröffentlichung des „Bermannus" im Jahre 1530 arbeitete Agricola an seinem montanistischen Hauptwerk *De re metallica libri XII*. Er konnte das Manuskript bereits 1550 fertigstellen; es wurde aber erst 1556, ein Jahr nach seinem Tod, gedruckt. Das Buch behandelt das gesamte Berg- und Hüttenwesen mit seinen geologischen und chemischen Randgebieten, besonders aber die im erzgebirgischen Bergbau verwendete Maschinentechnik. Um den Text zu beleben und verständlich zu machen, ließ er sein Werk mit einer Vielzahl von Holzschnitten ausstatten. Das Buch enthält ein Register der Termini, das zusammen mit den Abbildungen ein Lexikon des Bergbaus in der frühen Neuzeit bildet. Die *XII Bücher vom Bergbau und Hüttenwesen* (1566) wurden ein einschlägiges Nachschlagewerk, das bis zur Mitte des 17. Jh.s in vier lateinischen, drei deutschen und einer italienischen Ausgabe erschien.

Für die bergmännischen Arbeitsbücher, Lehr- und Informationsschriften gehörten nach Agricola ein Register zum Text und ein beigefügtes Glossar bergmännischer Termini und Redensarten zum festen Bestandteil. So findet sich in dem *Bericht vom Bergwerk* des Georg Engelhard von Löhneyß aus dem Jahre 1617 ein Verzeichnis der Bergphrasen. Im *Berg-Bau-Spiegel* B. Rösslers aus dem Jahre 1700 sind ein ausführliches Register zum Text sowie ein umfangreiches Glossar „Deutliche erklärte Bergmännische Termini und Redensarten" beigefügt. Ähnliche Erklärungen bergmännischer Termini sind auch weniger bekannten montanistischen Schriften beigefügt, so u. a. der 6. Auflage des *Großen Probierbuchs* Lazarus Erckers aus den Jahren 1672/73.

Aus lexikographischer Sicht stellt die *Ausführliche Berg-Information* von A. von Schönberg (1693) eine Neuorientierung dar: das Werk enthält einen 277 Seiten umfassenden Textteil und 206 Seiten Artikel über Arbeiten und Aufgaben der wichtigsten Berufsrollen im Berg- und Hüttenwesen; diese 75 Artikel unterschiedlichen Umfangs sind nach ihrem jeweiligen Thema alphabetisch geordnet. Das eigentliche Lexikon enthält über 1200 alphabetisch geordnete bergbauliche Termini und Redensarten. Aus dem Lexikon Schönbergs hat der nur mit den Initialien I. M. P. a. W. bekannte Autor des *Neu-Eröffneten Berg-Wercks* für sein 1707 erschienenes Büchlein Erklärungen für die etwa 1000 Stichwörter aus dem Bereich des Bergbaus entlehnt.

Verzeichnisse und Register von Bergphrasen finden sich außer in den eigentlichen Bergbauanleitungen auch in der bergmännischen Erbauungsliteratur der frühen Neuzeit. Solche Glossare sind in der *Sarepta* von J. Mathesius aus dem Jahre 1562, im *Geistlichen Bergwerk* von P. Eichholtz aus dem Jahre 1655 und in der *Allegorischen Vorstellung* von J. F. Suchland aus dem Jahre 1685 sowie in ihren zahlreichen Neuauflagen enthalten. Auch diese Textsorte ist bei den Bemühungen zu berücksichtigen, die dann seit dem 17. Jh. zur Entstehung der eigentlichen deutschen Bergbauwörterbücher führen.

4. Entwicklung der bergmännischen Lexikographie

4.1. Deutsche Bergbauwörterbücher des 17. Jahrhunderts

Die Tradition der Bergbauwörterbücher geht auf zahlreiche Terminologien und Glossare zurück, die in bergmännischen Schriften der frühen Neuzeit als unselbständige Publikationen erschienen. Der Nutzen der Register und Glossare für Bergleute selbst sowie für bergmännisch interessierte Laien war groß; im 17. Jh. wuchs der Bedarf an eigenständigen Veröffentlichungen, was zu den ersten eigentlichen Bergbauwörterbüchern führte. Als ältestes Werk dieser Gattung ist *Interpres phraseologiae metallurgicae* von Chr. Berwardus aus dem Jahre 1673 anzusehen. Es handelt sich, trotz der Bezeichnung „Phraseologie", weniger um Redensarten als um Termini aus dem Berg- und Hüttenwesen, die in verständlicher Form erläutert werden.

Weitaus bekannter ist das 41 Seiten umfassende Büchlein „Ausgeklaubte Gräuplein Erz" von G. Junghans aus dem Jahre 1680. Darin werden einem Nicht-Bergmann unverständliche Fachwörter sowie Redensarten in einer allgemeinverständlichen Sprache erklärt. Die beiden hier genannten Bergbauwörterbücher erlebten nur eine einzige Auflage und hatten im 17. Jh. weniger Bedeutung als die Schriften Agricolas aus dem 16. Jh., die noch um die gleiche Zeit nachgedruckt wurden.

4.2. Deutsche Bergbauwörterbücher des 18. Jahrhunderts

Im 18. Jh. wird die bergmännische Lexikographie ausgebaut. Im Jahre 1722 veröffentlichte J. Hübner ein *Curieuses und reales Natur-, Kunst-, Berg-, Gewerk- und Handlexikon*, das ein breites Spektrum der Termini aus der Bergbaukunde und den benachbarten Wirtschaftsgebieten erläutert. Im Gegensatz dazu enthält das 122seitige Büchlein *Entdeckte Geheimnisse* von G. R. Lichtenstein aus dem Jahre 1778 eine kleine Auswahl von allgemein nicht verständlichen *Kunstwörtern* und Redewendungen auf allen Gebieten des Berg- und Hüttenwesens. Dieses Werk steht im Sinne der Aufklärung für die Einführung deutscher Termini, deren fachliche Bedeutung möglichst klar dargestellt werden soll.

Das *Mineralogische und bergmännische Wörterbuch* von J. S. Schröter war ein ehrgeiziges Unternehmen: es war auf mehrere Bände angelegt, aber die 1789 erschienenen Bände 1 und 2 enthalten nur die Stichwörter von *A* bis *Eisrost* – eine Fortsetzung erfolgte nicht. Dagegen stellt das 630seitige *Bergmännische Wörterbuch* (1778) eines anonymen Autors ein Nachschlagewerk dar, in dem die wichtigsten Termini des sächsischen Bergbaus mit treffenden, z. T. noch heute gültigen Erläuterungen versehen werden.

4.3. Deutsche Bergbauwörterbücher des 19. Jahrhunderts

Im Zuge der Industrialisierung entwickelte sich auch der Bergbau in Deutschland sowohl in technischer als auch in wirtschaftlicher Hinsicht. Der Kohlebergbau gewann an Bedeutung, die Metallproduktion nahm zu. Im Jahre 1805 publizierte C. F. Richter das *Neueste Berg- und Hüttenlexikon*; das zweibändige Werk versuchte, das vorhandene montanistische Wissen in einem Nachschlagewerk zusammenzufassen. Dies fand bald Nachahmer, indem S. Rinmann 1808 die Teile 1 und 2 des *Allgemeinen Bergwerkslexikons* veröffentlichte; dies erstreckte sich auf Stichwörter mit den Anfangsbuchstaben A bis F – das Werk wurde nicht vollendet.

Einen Höhepunkt erreichte diese Tradition durch drei Nachschlagewerke von C. Hartmann. Zuerst erschien 1825 ein zweiteiliges *Handwörterbuch der Mineralogie, Berg-, Hütten- und Salzwerkskunde*, das auch französische Entsprechungen zu deutschen Ausdrücken enthält. In den Jahren 1840–1841 erschien dann sein *Conversations-Lexicon der Berg-, Hütten und Salzwerkskunde und ihrer Hülfswissenschaften* in vier Bänden. Darauf folgte 1859 Hartmanns dreibändiges *Handwörterbuch der Berg-, Hütten- und Salzwerkskunde der Mineralogie und Geognosie*. Das „Conversations-Lexicon" enthält auch französische und englische Übersetzungsäquivalente deutscher Termini; damit sollte der Verbreitung des Werkes in unterschiedlichen Bergbaugebieten Rechnung getragen werden. Daß der regionale Gebrauch der bergmännischen Termini nicht einheitlich war, zeigt das 1856 erschienene *Idioticon der österreichischen Berg- und Hüttensprache* von C. von Scheuchenstuel. Als nicht-selbständige Publikation ist 1884 eine ähnliche Sammlung lokaler Termini von W. Schell, *Die technischen Ausdrücke und Bezeichnungen bei dem oberharzischen Gangbergbau* in der Zeitschrift für Bergrecht erschienen. Als Kuriosität läßt sich die *Zusammenstellung der im deutschen und chilenischen Bergbau gebräuchlichsten synonymen bergmännischen Ausdrücke* von A. Plagemann aus dem Jahre 1887 bezeichnen.

Eine für Bergbauinteressenten vorgesehene allgemeinverständliche Darstellung der bergmännischen Termini bot 1850 das *Lexikon zur Bergmannssprache, oder populäre Erläuterung der beim Bergwerkswesen vorkommenden Kunst-wörter* von J. Schaffranek. Alle zuvor genannten Wörterbücher und Lexika des 19. Jh.s erreichten weder ein hohes lexikographisches Niveau noch eine große Verbreitung.

Dagegen stellen die folgenden drei Wörterbücher einen wissenschaftlichen Neuanfang in der bergmännischen Lexikographie dar; bis heute wurden sie nicht übertroffen. Im Jahre 1882 veröffentlichte J. Dannenberg ein 464 Seiten umfassendes *Bergmännisches Wörterbuch*; die Artikel sind knapp, aber die Erläuterungen mit Hinweisen auf verschiedene Zweige des Bergbaus sind präzise. Davor war

1859 M. F. Gätzschmanns *Sammlung bergmännischer Ausdrücke* erschienen, die in der 2. Auflage mit durch A. Gurlt besorgte englische und französische Übersetzungsäquivalente erweitert wurde.

Den Höhepunkt der bergmännischen Lexikographie bildet das 1870—1871 in Breslau erschienene *Deutsche Bergwörterbuch* mit Belegen von H. Veith. Im Vorwort erläutert der Autor seine Zielsetzung, daß das Wörterbuch nur bergrechtliche Termini enthalten solle. Er ist jedoch zu der Einsicht gekommen, daß der Bergbau, das Bergrecht und die Technik eng miteinander verbunden sind und daher zusammenfassend berücksichtigt und unter den jeweiligen Lemmata erläutert werden sollen. Das Wörterbuch enthält auch als veraltet gekennzeichnete sowie mundartliche Ausdrücke. Die einzelnen Termini und deren Verwendung werden mit Angaben zur zeitlichen und räumlichen Geltung versehen. Der deutsche Kohlenbergbau ist in Veiths Sammlung entsprechend seinem damaligen Entwicklungsstand noch wenig vertreten, die Elektrifizierung fehlt gänzlich. Die Belegstellen weisen auf die reichhaltige montanistische Literatur hin, die am Anfang des 600 Seiten umfassenden Werkes angeführt wird.

Aus dem 19. Jh. lassen sich am Rande das anonym erschienene *Erklärende Wörterbuch der im Bergbau, in der Hüttenkunde und Salinenwerken vorkommenden technischen Kunstausdrücke und Fremdwörter* aus Westfalen sowie das ebenfalls anonyme, nur 34 Seiten umfassende *Verzeichniß bergmännischer Ausdrücke, welche beim sächsischen Bergbau im Gebrauch sind* aus Freiberg erwähnen.

4.4. Deutsche Bergbauwörterbücher des 20. Jahrhunderts

Es ist erstaunlich, daß im 20. Jh. kein umfangreiches Bergbauwörterbuch erschienen ist. Lange galt als das einschlägige Werk für den ganzen Montanbereich das *Illustrierte Handlexikon des Bergwesens* von K. Selbach aus dem Jahre 1907. Das 719 Seiten umfassende Werk ist auf die Technik spezialisiert und enthält 1237 Abbildungen; es stellt aber den Stand des Bergbaus vor nunmehr 100 Jahren dar. Ein neues Nachschlagewerk ist das *Lexikon des Bergbau*, dessen 4. Auflage 1962 von H. Grothe herausgegeben wurde. Es ist in der Reihe *Lueger Lexikon der Technik* erschienen, enthält 727 Seiten und zahlreiche Abbildungen und Tabellen; veraltete Termini und bergrechtliche Stichwörter fehlen gänzlich.

Vor dem Zweiten Weltkrieg gab es im Ruhrgebiet einen Forscher, der versuchte, den damals aktuellen wichtigsten Wortschatz des Bergbaus zusammenzustellen. Er hieß A. Drissen und hat zuerst 1934 ein 160 Seiten umfassendes *Fremdwörterbuch für den Bergbau*, 1937 das Büchlein *Sprachliche See-, Schiff- und Grubenfahrt*, 1939 in der 2. Auflage das 112 Seiten umfassende Büchlein *Die deutsche Bergmannssprache*, im gleichen Jahr ein kleines *Verdeutschungsbuch der Technik, zugleich Fremdwörterbuch für den Bergbau* veröffentlicht. Aus seiner Feder stammt auch das 112 Seiten umfassende *Sprachgut des Markscheiders, Wegweiser für Landmesser, Berg- und Vermessungsbeamte*, das ebenfalls 1939 in der 2. Auflage erschienen ist. Alle diese kleinen Veröffentlichungen geben kurze Erläuterungen zu den einzelnen Stichwörtern; es werden keine Belege angeführt, die Darstellung ist laienhaft.

Die einzige philologische Arbeit des 20. Jh.s zur Lexik des Bergbaus stellt der 238 Seiten umfassende Band *Studien zur deutschen Bergmannssprache in den Bergmannsliedern des 16.—20. Jahrhunderts* von H. Wolf (1958) dar. Dem Titel nach handelt es sich hier nicht um ein allgemeines bergmännisches Wörterbuch, sondern um den Wortschatz des Bergwesens in der älteren und neueren Überlieferung der Bergmannslieder vorwiegend aus mitteldeutschen Quellen. Zu den Vorzügen dieser Arbeit gehören die präzisen Wortartikel mit Erläuterungen zur Herkunft der Termini sowie die Berücksichtigung von Metaphern, die in der Sprache des Bergmannes eine große Rolle spielen.

Das eigentliche Bergbauwörterbuch hat im 20. Jh. nur einen Vertreter, *Das kleine Bergbaulexikon*, das im Fachbereich Bergtechnik der Fachhochschule Bergbau in Bochum von mehreren dort tätigen Professoren zusammengestellt wurde. Es erschien 1979 in der 2. Auflage, enthält 254 kleinformatige Seiten und zahlreiche Abbildungen; lexikographisch sind die einzelnen Wörterbuchartikel recht unterschiedlich — gelegentlich nur standardsprachliche Synonyme, manchmal ausführliche technische Erklärungen.

5. Deutsch-fremdsprachige Bergbauwörterbücher

Seit dem Spätmittelalter wanderten deutsche und deutschsprachige Bergleute zu neuen Bergbaurevieren im Ausland, vor allem nach

Ost-, Ostmittel- und Südosteuropa. Die Bergbautechnik in Deutschland und in den Alpenländern war Jahrhunderte lang auf einem hohen technischen Stand; bis heute nehmen deutsche Bergbaumaschinen weltweit einen beträchtlichen Anteil am Bergbau ein. Daher ist es verständlich, daß die deutsche Bergbauterminologie gebraucht wurde und als Lehnwörter in viele Sprachen eindrang.

Gegen Ende des 19. Jh.s erschienen ein ungarisches-deutsches Bergbauwörterbuch von A. Péch und ein bergmännisches Wörterbuch für Deutsch, Tschechisch und Russisch von E. Horovsky. Zu Beginn des 20. Jh.s wurde ein „Deutsch-polnisches bergmännisches Wörterbuch" von F. Piestrak veröffentlicht, das zwei Auflagen erreichte. Vor dem Zweiten Weltkrieg erschien auf Tschechisch und Deutsch ein *Bergmännisches Wörterbuch* von O. Langhammer. Diese Tradition der deutsch-slawischen Terminologien wurde in Polen bis vor kurzem fortgesetzt, indem 1986 ein *Deutsch-polnisches Bergbauwörterbuch* und ein *Polnisch-deutsches Bergbauwörterbuch* von M. Kozdrój-Weigel und F. Lipski erschienen.

Im übrigen ist nach dem Zweiten Weltkrieg in der Bergbaukunde eine Tendenz zu mehrsprachigen Bergbauwörterbüchern festzustellen. Im Jahre 1970 erschien ein „Rudarski rečnik" (Bergbauwörterbuch), das 16 500 Termini auf Serbisch/Kroatisch, Englisch, Französisch, Deutsch und Russisch enthält. Auf der Grundlage einer Wortliste von M. R. Lambert mit 25 000 Termini haben R. J. M. Wyllie und G. O. Argall 1975 die 2. Auflage des *World Mining Glossary* herausgegeben, das über 11 000 Termini auf Englisch, Schwedisch, Deutsch, Französisch und Spanisch enthält. Es überrascht, daß eine einsprachige deutsche Bearbeitung dieser beiden recht umfangreichen Bergbauwörterbücher nicht vorgenommen wurde.

6. Ausblick

Der Bergbau hat seit Jahrtausenden eine große Bedeutung für die Wirtschaft und Industrie; seit dem Spätmittelalter hat die Bergbaukunde deutschsprachiger Länder eine Vorrangstellung in der Fördertechnik und Sicherheit der Bergwerke.

Angesichts der Bedeutung des Bergbaus für Staaten und ihre Bevölkerung ist es verständlich, daß man sich um eine genaue Information sowohl für die Fachleute als auch für die Bergbauinteressenten bemüht hat. Deutschsprachige Bergbauwörterbücher und -anleitungen gibt es von der frühen Neuzeit an bis heute; der Schwerpunkt lag jedoch im Zeitalter der Industrialisierung im 19. Jh.

Oben wurden die wichtigsten bergmännischen Wörterbücher charakterisiert; auf die vielen Glossare in Veröffentlichungen verschiedener Art konnte nur am Rande eingegangen werden. Es zeigte sich auch, daß die Bergbauwörterbücher weitgehend nur bergrechtliche und bergbautechnische Termini enthalten. Der Schwerpunkt der besprochenen Werke lag zuerst im Erzbergbau; seit dem 18. Jh. wurde zunehmend der Kohlenbergbau mitberücksichtigt. Über den Salzbergbau läßt sich das Werk von F. Patocka *Das österreichische Salzwesen* (1987) anführen. Wenn die Erdölförderung zum Bergbau hinzugerechnet wird, muß das *Erdöl-Lexikon* von G. Lehmann (1964) angeführt werden.

Im 20. Jh. ist kein einziges umfassendes Bergbauwörterbuch erschienen. Es bleibt ein dringendes Desideratum der montanistischen Forschung und Praxis, ein modernes, alle Bereiche des Bergbaus umfassendes bergmännisches Wörterbuch der deutschen Sprache zu schaffen. Ob es noch im 20. Jh. erscheint, ist unwahrscheinlich.

7. Literatur (in Auswahl)

Agricola 1530 = Georg Agricola: Bermannus sive de re metallica dialogus. Basel 1530.

Agricola 1566 = Georg Agricola: De re metallica libri XII. Basel 1566 (Zwölf Bücher vom Berg- und Hüttenwesen. Berlin 1928).

Albertus Magnus 1651 = Albertus Magnus: Opera, quae hactenus haberi potuerunt, in lucem ed. stud. et lab. Petri Jammy. Teil 1–21. Lugduni 1651.

al-Bîrûnî 1030 = Abu'l Raihân Muhammed ben Ahmed al-Bîrûnî: Kitâb al Djamâhir fî (ma'rifat) al-Dja-wâhir (Sammlung von Angaben und Kenntnissen über die wertvollen Mineralien). Handschrift um 1030.

Bergmännisches Wb. 1778 = Bergmännisches Wörterbuch, darinnen die deutschen Benennungen und Redensarten erkläret und zugleich die in Schriftstellern befindlichen lateinischen und französischen angezeigt werden. Chemnitz 1778.

Berwardus 1673 = Christian Berwardus: Interpres phraseologiae metallurgicae oder: Erklärung der fürnemsten Terminorum und Redensarten. Frankfurt/M. 1673 [Nachdruck Essen 1987. Hrsg. v. Leopold Auburger].

Biringuccio 1925 = Vannocio Biringuccio: Ein Lehrbuch der chemisch-metallurgischen technologie des Artilleriewesens aus dem 16. Jahrhundert. Übers. u. erl. von Otto Johannsen. Braunschweig 1925.

Bischoff 1979 = Walter Bischoff u. a.: Das kleine Bergbaulexikon. 2. Aufl. Essen 1979.

Dannenberg 1882 = Johann Dannenberg: Bergmännisches Wörterbuch. Leipzig 1882.

Deucer 1624 = Johann Deucer: Metallicorum corpus juris, oder Bergk-Recht, aus allen Kayserlichen, Königlichen etc. Berg-Ordnungen, Reformationen etc. zusammengezogen. Schlackenwald 1624.

Drissen 1939 = Alfred Drissen: Verdeutschungsbuch der Technik, zugleich Fremdwörterbuch für den Bergbau. Recklinghausen 1939.

Drissen 1934 = Alfred Drissen: Fremdwörterbuch für den Bergbau. Recklinghausen 1934.

Drissen 1937 = Alfred Drissen: Sprachliche See-, Schiff- und Grubenfahrt. Recklinghausen 1937.

Drissen 1939 = Alfred Drissen: Die deutsche Bergmannsprache. 2. Aufl. Bochum 1939.

Drissen 1939a = Alfred Drissen: Das Sprachgut des Markscheiders. Wegweiser für Landmesser, Berg- und Vermessungsbeamte. 2. Aufl. Recklinghausen 1939.

Egg 1957 = Erich Egg: Ludwig Lässl und Jörg Kolber. Verfasser und Maler des Schwazer Bergbuches. In: Anschnitt 9. 1957 H. 1/2, 15−19.

Eichholtz 1655 = Peter Eichholtz: Geistlich Bergwerck. Teil 1.2. Goslar 1655.

Ercker 1574 = Lazarus Ercker: Beschreibung: Allerfürnemisten Mineralischen Ertz, unnd Berckwercksarten. Prag 1574.

Erklärendes Wb. [...] 1869 = Erklärendes Wörterbuch der im Bergbau, in der Hüttenkunde und in Salinenwerken vorkommenden technischen Kunstausdrücke und Fremdwörter. Burgsteinfurt 1869.

Friese 1865 = Franz Friese: Das Ettenhardische Bergbuch. In: Berg- und Hüttenmännisches Jahrbuch der K. K. Bergakademien Schemnitz und Leoben 14. 1865, 125−172.

Gätzschmann 1881 = Moritz Ferdinand Gätzschmann: Sammlung bergmännischer Ausdrücke. 2. Aufl. mit Hinzufügung der englischen und französischen Synonyme und engl.-dt. und franz.-dt. Wortregister durch A. Gurlt. Freiberg 1881.

Grothe 1962 = Lueger: Lexikon der Technik. Bd. 4. Lexikon des Bergbaus. Hrsg. v. H. Grothe. 4. Aufl. Stuttgart 1962.

Hartmann 1825 = Carl Hartmann: Handwörterbuch der Mineralogie, Berg-, Hütten- und Salzwerkskunde. Ilmenau 1825.

Hartmann 1840−1841 = Carl Hartmann: Conversations-Lexicon der Berg-, Hütten- und Salzwerkskunde und ihrer Hülfswissenschaften. Bd. 1−4. Stuttgart 1840−1841.

Hartmann 1859 = Carl Hartmann: Handwörterbuch der Berg-, Hütten- und Salzwerkskunde der Mineralogie und Geognosie. Bd. 1−3. Weimar 1859.

Horovský 1890 = Eduard Horovský: Deutsch-böhmisch-russisches berg- und hüttenmännisches Wörterbuch. Prag 1890.

Hübner 1722 = Johann Hübner: Curieuses und reales Natur-, Kunst-, Berg-, Gewerk- und Handelslexikon. Leipzig 1722.

Junghans 1680 = Georg Junghans: Ausgeklaubte Gräuplein Erz, oder das ist, zusammengetragene bergläufige Wörter und Redensarten. O. O. 1680.

Kirnbauer 1837 = Franz Kirnbauer: Das „Schwazer Bergbuch". In: Zeitschrift für Berg-, Hütten- und Salinenwesen 85. 1937, H. 6, 338−346.

Koch 1963 = Manfred Koch: Geschichte und Entwicklung des bergmännischen Schrifttums. Goslar 1963.

Kozdrój-Weigel/Lipski 1986 = Malgorzata Kozdrój-Weigel/Felix Lipski: Deutsch-polnisches Bergbauwörterbuch. 2. Aufl. Gliwice 1986.

Kozdrój-Weigel/Lipski 1986a = Malgorzata Kozdrój-Weigel/Felix Lipski: Polnisch-deutsches Bergbauwörterbuch. Gliwice 1986.

Langhammer 1935 = Otto Langhammer: Hornicko-hutnický slovník. Berg- und hüttenmännisches Wörterbuch. Prag 1935.

Lehmann 1994 = Georg Lehmann: Erdöl-Lexikon. Mit einem engl.-dt. Fachwörterverzeichnis. 4. Aufl. Mainz. Heidelberg 1964.

Lichtenstein 1778 = G. R. Lichtenstein: Entdeckte Geheimnisse oder Erklärung alter Kunstwörter und Redensarten bey Bergwerken und Hütten-Arbeiten. Helmstedt 1778.

Löhneyß 1617 = Georg Englhardt Löhneyß: Bericht vom Bergwerk. Zellerfelt 1617.

Mathesius 1562 = Johann Mathesius: Sarepta oder Bergpostil. Samt der Joachimsthalischen kurtzen Chronicken. Nürnberg 1562.

Mayer 1928 = Franz Mayer: Das Schwazer Bergwerksbuch von Jahre 1556. In: Beiträge zur Geschichte der Technik und Industrie 18. 1928, 15−18.

Patocka 1987 = Franz Patocka: Das österreichische Salzwesen. Eine Untersuchung zur historischen Terminologie. Wien. Köln. Graz 1987.

Péch 1879 = A. Péch: Magyar és német bányászati szótár (Ungarisch-deutsches Bergwörterbuch). Selmeczen 1879.

Piestrak 1924 = Felix Piestrak: Deutsch-polnisches bergmännisches Wörterbuch. Wieliczka 1913. Katowice 1924.

Plagemann 1887 = A. Plagemann: Zusammenstellung der im deutschen und chilenischen Bergbau gebräuchlichsten synonymen bergmännischen Ausdrücke. Vaedivia 1887.

Plinius 1851–1858 = C. Plinius Secundus: Naturalis historiae libri XXXVII. Rec. et comm. Jul. Sillig. Gotha 1851–1858.

Pollio 1938 = Marcus Vitruvius Pollio: Über die Baukunst. Neu bearb. u. hrsg. v. Erich Stürzenakker. Essen 1938.

Richter 1805 = Carl Friedrich Richter: Neuestes Berg- und Hütten-Lexikon. Bd. 1.2. Leipzig 1805.

Rinman 1808 = Sven Rinman: Allgemeines Bergwerkslexikon. Bd. 1.2. Leipzig 1808.

Rössler 1700 = Balthasar Rössler: Speculum metallurgiae politissimum, oder hell-polierter Berg-Bau-Spiegel. Dresden 1700.

Rudarski rečnik 1970 = Rudarski rečnik. Srpskohrvatski; English; français; deutsch; russkij. Belgrad 1970.

Rülein von Calw o. J. = Ulrich Rülein von Calw: Ein nutzlich bergbuchley. O. O. u. J.

Schaffranek 1850 = J. Schaffranek: Lexikon zur Bergmannssprache, oder populäre Erläuterung der beim Bergwerkswesen vorkommenden Kunstwörter. Berlin 1850.

Schell 1884 = F. Schell: Die technischen Ausdrücke und Bezeichnungen bei dem oberharzischen Gangbergbau. In: Zeitschrift für Bergrecht 25. 1884, 181–249.

Scheuchenstuel 1856 = Carl von Scheuchenstuel: Idioticon der österreichischen Berg- und Hüttensprache. Wien 1856.

Schönberg 1693 = Abraham von Schönberg: Ausführliche Berg-Information. Leipzig. Zwickau 1693 [Nachdruck Essen 1987. Hrsg. v. Leopold Auburger].

Schröter 1789 = J. S. Schröter: Mineralogisches und bergmännisches Wörterbuch. Bd. 1.2. Frankfurt/M. 1789.

Selbach 1907 = Karl Selbach: Illustriertes Handlexikon des Bergwesens. Leipzig 1907.

Suchland 1658 = Johann Friedrich Suchland: Allegorische Vorstellung wie das geistliche Bergwerck mit dem irdischen in vielen Stücken kürtzlich verglichen wird. Goslar 1658.

Theophrastus 1854–1862 = Theophrastus von Eresos: Opera quae super sunt omnia. Ex. rec. Fried. Wimmer. T. 1–3. Leipzig 1854–1862.

Veith 1871 = Heinrich Veith: Deutsches Bergwörterbuch mit Belegen. Bd. 1.2. Breslau 1871.

Verzeichniß [...] 1852 = Verzeichniß bergmännischer Ausdrücke, welche beim sächsischen Bergbaue in Gebrauch sind. Freiberg 1852.

Wagner 1791 = Theodor Wagner: Corpus iuris metallici recentissimi et antiquioris. Sammlung der neuesten und älteren Berggesetze. Leipzig 1791.

Willecke 1977 = Raimund Willecke: Die deutsche Berggesetzgebung von den Anfängen bis zur Gegenwart. Essen 1977.

Wolf 1958 = Herbert Wolf: Studien zur deutschen Bergmannssprache, in den Bergmannsliedern des 16.–20. Jahrhunderts, vorwiegend nach mitteldeutschen Quellen. Tübingen 1958.

Wyllie/Argall 1975 = R. J. M. Wyllie/George O. Argall Jr. (eds.): World mining glossary of mining, processing, and logical terms. English, Svenska, Deutsch, Français, Español. 2nd. ed. San Francisco 1975.

Ilpo Tapani Piirainen, Münster

204. Die Fachlexikographie der Biologie: eine Übersicht

1. Eingrenzung des Sachgebiets und allgemeine bibliographische Hinweise
2. Die Sprache der Biologie
3. Einteilung und allgemeine Charakterisierung der einsprachigen Fachwörterbücher der Biologie
4. Literatur (in Auswahl)

1. Eingrenzung des Sachgebiets und allgemeine bibliographische Hinweise

Die Biologie als eigenständige naturwissenschaftliche Disziplin „von der belebten Natur und den Gesetzmäßigkeiten im Ablauf des Lebens von Pflanze, Tier und Mensch" (Duden 1993, 539) ist recht jungen Datums (Näheres zum Werdegang des Wortes *Biologie* in: Lexikon der Biologie 1983, Bd. 2, Stichwort Biologie, sowie Schaller 1992, 511). Im Sinne dieser Globaldefinition ist in jüngerer Zeit der Begriff *Biowissenschaften* entstanden, wohl in Anlehnung an das Englische *life sciences*, der in Duden 1994 als „Gesamtheit der zur Biologie gehörenden Wissenschaftszweige" definiert wird. Welche Vielfalt von Spezialdisziplinen heute unter dem Wort *Biologie* subsumiert wird, legt Schaller (1992, 511–517) anschaulich dar. Eine bibliographische Gesamtdarstellung würde den vorgegebenen Rahmen dieses Artikels sprengen. Es wurden daher nur Wörterbücher in Betracht gezogen, die die Biologie im engeren Sinn als Naturwissenschaft behandeln. Nicht berücksichtigt wurden die weitgehend technisch orientierten Bereiche Biotechnologie und Umweltschutz(technik) (wohl aber die Ökologie), ferner Land- und Forstwirtschaft, Gartenbau usw., medizinische Bereiche wie die Immunologie, Veterinärmedizin sowie Biochemie als Teil der Chemie, sofern der erfaßte Wortschatz schwerpunktmäßig zu den genannten Sachgebieten tendiert. Ebenso unberücksichtigt blieben die Nomenklaturen der Botanik, Zoologie, Bakterien, Viren usw. einschließlich der großen Zahl von Tier- und Pflanzennamenverzeichnissen, deren Hauptadressaten Systematiker und, wie im letzteren Fall, Apotheker, Landwirte, Gärtner usw. sind (vgl. Voetz 1990, 1254—1258). Die Nomenklaturen beruhen auf internationalen Vereinbarungen. Sie dienen der eindeutigen Benennung von Tieren usw. nach festen Regeln und gehen über den Rahmen dieses Beitrages hinaus.

Obwohl aus Platzgründen nur eine Auswahlbibliographie möglich ist, wurde versucht, einen weitreichenden Überblick über die neueren Fachwörterbücher für die deutsche Sprache zu vermitteln. Der Schwerpunkt liegt dabei auf der modernen im Buchhandel erhältlichen Literatur.

2. Die Sprache der Biologie

Sieht man einmal von Wörtern wie *Blatt*, *Blüte*, *Wurzel* usw. ab, so ist schon bei einem flüchtigen Blick in ein biologisches Wörterbuch der hohe Anteil an Fremdwörtern, die sich aus dem Lateinischen und Griechischen herleiten, nicht zu übersehen. Dieser Anteil wird noch größer, wenn man sich in Spezialbereiche mit großen Wissenszuwächsen wie die Genetik begibt (vgl. Drozd/Seibicke 1973, 99). In anderen Disziplinen, wie etwa der Verhaltensforschung, finden sich dagegen noch zahlreiche deutsche Wörter, die aus traditionellen Begriffssystemen übernommen wurden. Manche dieser Wörter haben dabei fachspezifische, von der Umgangssprache abweichende Bedeutungen angenommen (z. B. *Attrappe* oder *Dialekt*, vgl. Immelmann 1982, 31 und 58).

Die Wortelemente der antiken Sprachen erlauben es, über nationalsprachliche Grenzen hinweg, die Vielzahl neuer wissenschaftlicher Erkenntnisse adäquat zu beschreiben, wenn die nationalen Sprachen keine Wörter dafür anbieten oder Präzision nur durch schwerfällige und wortreiche Umschreibungen möglich ist (z. B. *oligotroph*: durch Nahrungs- oder Nährstoffarmut gekennzeichnet; *Iteration*: „die Wiederholung einer Entwicklung, insbesondere eine heterochrone Parallelentwicklung" (Sedlag/Weinert 1987, 150)). Da dieses Wortgut gleichzeitig Bestandteil vieler Kultursprachen ist, erleichtert es die internationale wissenschaftliche Kommunikation. Dieser Umstand erklärt auch das Nebeneinander von deutschen Synonymen und solchen fremdsprachlichen Ursprungs (z. B. *perenn — mehrjährig, annuell — einjährig, bienn — zweijährig* (von Pflanzen)). Der unbedachte Umgang mit diesem Wortgut führte zu zahlreichen Neuprägungen, nicht zuletzt auch, um sich terminologisch von der wissenschaftlichen Konkurrenz abzuheben (vgl. Schaefer 1992, 5; Schaller 1992, 516; Sedlag/Weinert 1987, 5). Die Folge davon ist eine große Zahl von Synonymen und Quasisynonymen (z. B. *Aasfresser, Aastiere, Nekrophagen, Saprophagen, Zoosaprophagen*).

Einen detaillierten und systematischen Überblick über Wortbildungselemente bietet Werner 1972 (475 S.). Mit mehr als 3000 Einträgen erlaubt dieses Werk die etymologische Analyse des biologischen Vokabulars. Einer Erklärung mit Bedeutungsangabe für das betreffende Wortbildungselement folgen ausführliche Angaben zur Verwendung mit zahlreichen Beispielen (der Eintrag *sarc-* etwa gliedert sich in 4 Hauptbedeutungen mit insgesamt 7 Unterbedeutungen; besonders produktive Elemente wie z. B. *gen-* erstrecken sich über eine ganze Seite). Eingedeutschte Schreibweisen (z. B. *Biocoenosis = Biozönose*) werden in vielen Fällen angegeben. In einer zehnseitigen Einleitung wird auf die etymologischen Spezifika des biologischen Wortguts eingegangen. Ein abschließendes Sachregister mit Fachausdrücken verweist diese auf die dazugehörigen Wortstämme, unter denen die Wortbildungsmittel erläutert werden. Fehlende Angaben zu Genus und Numerus sowie zur Betonung der Fachwörter sind allerdings ein Nachteil. Weitere Titel zum selben Thema: Steiner 1988 (31 S.) und Vogellehner 1983 (140 S.). Steiner beschränkt sich auf die Zoologie und bringt eine Liste von 800 Wortbildungselementen mit der deutschen Grundbedeutung ohne Beispielwörter. Lediglich in einem dreiseitigen Vorwort wird auf Wortbildung, Schreibweise und Phonetik eingegangen. Wesentlich ausführlicher behandelt Vogellehner die botanische Terminologie. Nach teilweise ausführlichen Kapiteln zur Wortbildung, Eindeutschung der lateinischen und griechischen Wortelemente und Betonung sowie c-, k-, z-Schreibung folgt eine Liste der Wortbestandteile und Fachausdrücke (rund 1500) mit Beispielen und Erläuterungen, aber ohne Genusangabe. Grundzüge der botanischen Nomenklatur und ein kleines griechisch/lateinisch-deutsches Lexikon mit etwa 750 Einträgen runden das Buch ab.

Neben diesem klassischsprachigen Fundus enthalten die biologischen Wörterbücher eine zunehmend große Zahl von Direktübernahmen aus dem Englischen, da dieses heute die international verbindliche Sprache der Biologie ist (Schaller 1992, 512). Dabei bleiben die Wörter häufig in ihrer ursprünglichen Form erhalten: *annealing, antisense RNA* usw. Daneben gibt es zahlreiche originalgetreue Lehnübersetzungen ins Deutsche (z. B. *antigenpräsentierende Zellen* für *antigen-presenting cells*). Eine eindeutige Vorzugsbenennung ist selbst nach längerem Gebrauch des Fachwortes nicht immer auszumachen, da viele Wissenschaftler wegen der größeren Vertrautheit mit dem englischen Terminus und zur Vermeidung von Mißverständnissen diesem den Vorzug geben. Unabhängig davon wird aber in der deutschen Wissenschaftssprache meist die englische Abkürzung unverändert übernommen (im Gegensatz etwa zum Französischen, vgl. De/En *AIDS*, Fr *SIDA*, De/En *DNA* (nur in eher populärwissenschaftlichen Werken *DNS*), Fr *ADN*).

3. Einteilung und allgemeine Charakterisierung der einsprachigen Fachwörterbücher der Biologie

Um eine gewisse Ordnung in die Vielzahl der vorgestellten Wörterbücher zu bringen, wurde folgende pragmatische Einteilung gewählt: 3.1. alphabetische Gesamtdarstellungen der Biologie, 3.2. alphabetische Spezialwörterbücher zu einzelnen Teilgebieten. Von einer Einteilung nach Benutzerkategorien wurde abgesehen, da sie mangels eindeutiger Beurteilungskriterien zu spekulativ wäre (vgl. zu dieser Thematik Kalverkämper 1990, 1512−1523; Kühn 1989, 111−127; Opitz 1990, 1505−1512). Diesbezügliche Angaben erfolgen nur dort, wo aufgrund der Zielsetzung eines Wörterbuches eine hinreichend zuverlässige Aussage möglich ist. Eine Unterteilung nach dem Typus der Nachschlagewerke (vgl. hierzu Wiegand 1988, 729−790) unterblieb, da es sich ausschließlich um (fachliche) Sachwörterbücher handelt, die nur selten sprachliche Informationen enthalten, wenn man von etymologischen Erklärungen einmal absieht.

Die hier vorgestellten Werke dienen in erster Linie der Sachinformation für Benutzer mit unterschiedlichstem Anforderungsprofil. Das Wortmaterial wird daher lediglich aus fachlicher und nicht aus sprachlicher Sicht dargestellt, weswegen etwa Wörter wie Biologe, Botaniker, biologisch fehlen, statt Verben nur die dazugehörigen Substantive erscheinen, von Phraseologie ganz zu schweigen. Nur selten werden veraltete oder ungebräuchliche Ausdrücke als solche gekennzeichnet. Als Minimum sind auch für Fachwörterbücher zu fordern: Genus, Numerus (z. B. unregelmäßige oder fachsprachliche Pluralbildung), Aussprache (Betonung). Desiderata aus lexikographischer Sicht sind: orthographische Varianten (z. B. das Problem der c-, k- oder z-Schreibweise, vgl. hierzu Vogellehner 1983, 13−14), Wortbildungselemente mit Erklärungen und Beispielen, Synonyme und ggf. Antonyme, Abkürzungen, Angabe des Spezialgebiets, eine ausgefeilte Verweistechnik usw. Demgegenüber enthalten die meisten Sachwörterbücher graphische Darstellungen verschiedener Art, um die teils komplexen Sachverhalte zu verdeutlichen, ferner z. T. sehr umfangreiche Fachliteraturlisten. Die Stichwortfolge ist in der Regel glattalphabetisch, und Mehrwortbenennungen stehen meist nur unter dem ersten Wort. Um Wiederholungen bei der Vorstellung der einzelnen Wörterbücher möglichst zu vermeiden, wird nur auf fehlende Synonyme/Antonyme, Abkürzungen, Abbildungen oder mangelhafte Verweistechnik hingewiesen (bei den Gesamtdarstellungen auch auf fehlende sprachliche Angaben). Umlaute werden meist wie die Grundlaute behandelt und in der Sortierreihenfolge nicht nach a−e usw. aufgelöst, wie dies bei Fachwörterbüchern aus den letzten Jahren vermehrt zu beobachten ist. Die Schreibung von c, k und z, ein altbekanntes Problem im Deutschen, durchzieht auch die biologischen Wörterbücher in allen Variationen. Bei neueren Publikationen ist eine eindeutige Tendenz zum c festzustellen. Leider bietet keiner der Autoren einen durchdachten Lösungsansatz (vgl. z. B. Duden. Das Wörterbuch medizinischer Fachausdrücke 1985, 24−37). Die beiden letzten Aspekte bleiben daher unerwähnt.

Als Quellen für die Erforschung der Fachsprache der Biologie sind vor allem die großen Gesamtdarstellungen gut geeignet. Aus den oft ausführlichen Stichwortartikeln, zumal beim Vergleich mehrerer Wörterbücher, lassen sich zusätzliches Wortgut erschließen sowie Fragen zum Gebrauch beantworten (z. B. enthält der Artikel zu *Prägung* (Lexikon der Biologie 1983) auch das Verb, die dazugehörige Präposition *auf* sowie die verschiedenen Formen von Prägung). Vergleiche erlauben zudem Rückschlüsse auf die Häufigkeit einzelner Wörter und somit die Erarbeitung eines Grundwortschatzes, der allerdings mit einem repräsentativen Belegkorpus abgeglichen werden müßte. Nomenklatorische Abbildungen und enzyklopädische Übersichtsartikel stellen eine große Hilfe bei systematischen Arbeiten dar. Kleinere Gesamtdarstellungen sind dagegen aufgrund der geringen Stichwortzahl nur im Hinblick auf den Basiswortschatz interessant. Zur Klärung von Detailfragen bieten sich schließlich die zahlreichen Spezialwörterbücher an, denen in dieser Beziehung eine besondere Bedeutung zukommt. Anders sieht es bei den sprachlichen Aspekten aus. Hier sind bei allen Wörterbüchern Abstriche zu machen, da häufig selbst Minimalforderungen nicht erfüllt werden. Letzteres gilt vor allem für die Wörterbücher der Spezialgebiete, während ansonsten die obigen Aussagen im wesentlichen auch auf diese zutreffen. Der Wert eines Wörterbuchs für die Fachsprachenforschung hängt allerdings von vielen Kriterien ab, nicht zuletzt von der Aufgabenstellung. Generell kann man sagen, daß sich der Fachwortschatz eines Gebietes um so gesicherter erfassen läßt, je mehr Wortsammlungen vorhanden sind und je detaillierter diese sind.

Die Fachwörterbücher werden im folgenden nach Sachgebieten zusammengefaßt und meist stichwortartig kommentiert, um eine informierte Vorauswahl zu ermöglichen.

3.1. Alphabetische Gesamtdarstellungen der Biologie

Mit etwa 40 000 zum Teil sehr ausführlichen Stichwortartikeln und 80 000 Einträgen im Registerband ist das *Lexikon der Biologie* 1983/1987a/1992 (rund 5000 S.) das derzeit umfangreichste Wörterbuch dieses Sachgebiets und seiner zahlreichen Nebengebiete. Über 5000 Tabellen, Abbildungen und Bildtafeln sowie zahlreiche enzyklopädische Überblicksartikel runden das Werk ab. Die Artikel enthalten in der Regel die obengenannten Informationen (bei deutschen Wörtern keine Angaben zu Genus, Numerus, Etymologie und Betonung), die Schreibweise richtet sich nach dem fachwissenschaftlichen Usus (wobei Varianten unberücksichtigt bleiben: z. B. nur *Cyto...*). Unterschiedliche Bedeutungen eines Wortes werden im Artikel durchgezählt und mit Fachgebietsangabe versehen. Leider mangelt es aber an Konsequenz. Viele Stichwörter erscheinen nur im Plural (*Allergene, Desmosomen, Adjustores*) ohne Genusangabe oder Hinweis auf die Singularform, andere ohne jegliche Angabe (*Adonit, Affekt*) neben z. B. *Allergie* und *Alginsäure* als w. gekennzeichnet. Der Ergänzungsband 1994 (324 S.) aktualisiert das Lexikon der Biologie mit 2500 neuen Fachbegriffen in der beschriebenen Weise, allerdings unter Weglassung sämtlicher sprachlicher Angaben. Aufgrund seines Umfangs und seiner Aktualität ist dieses Werk eine der besten Quellen für die Fachsprachenforschung, wobei die thematischen Überblicksartikel besonders hilfreich sind. Zur Erfassung der sprachlichen Informationen wird allerdings in vielen Fällen ein gründliches Studium der Fachliteratur unumgänglich sein. Ein zweiter Ergänzungsband erschien 1995 (326 S. mit 2900 Stichwörtern, davon etwa 2150 neue). Die Ergänzungsbände werden nicht fortgeführt.

Die in der Summe der Stichwörter zweitgrößte Gesamtdarstellung erscheint seit 1975 unter dem Titel *Wörterbücher der Biologie: Die biologischen Fachgebiete in lexikalischer Darstellung*. Entgegen der ursprünglichen Konzeption eines durchgehend alphabetischen Werkes erscheinen eigenständige Teilbände zu ausgewählten Sachgebieten mit einem geplanten Gesamtumfang von etwa 25 000 Stichwörtern. Die Bände im Taschenbuchformat bieten teils sehr ausführliche Einträge mit ausgiebigen Verweisen, allerdings auf den jeweiligen Band beschränkt. Synonyme stehen meist nur unter der Vorzugsbenennung. Sprachliche Informationen fehlen dagegen vollends, und die in diesem Zusammenhang oben genannten Mängel (z. B. Plural statt Singular) treffen auch hier zu. Bei der Orthographie bestehen z. T. Unterschiede nicht nur zwischen einzelnen Bänden, sondern auch innerhalb eines Bandes (z. B. *Coenospezies/Zönospezies* ohne Verweis und sogar mit unterschiedlicher Definition (Sedlag/Weinert 1987)). Das Spektrum reicht von den physikalisch-chemischen Grundlagen bis zu Physiologie und Morphologie, Ökologie und Biogeographie, Pflanzen- und Tiersystematik, vergleichende Verhaltensforschung usw. Nähere Angaben zu den neueren Bänden unter den einzelnen Fachgebieten. Das Werk bildet eine wertvolle Ergänzung zu dem im obigen Lexikon gebotenen Wortmaterial, da die Spezialwörterbücher meist tiefer in die Materie eindringen.

Weitere Gesamtdarstellungen: *Fachlexikon ABC Biologie* 1986 (weitestgehend identisch mit *Brockhaus ABC Biologie* 1990, 1012 S.): etwa 7000 Stichwörter auf 1013 S., weiteres Fachvokabular unter dem Hauptstichwort (z. B. *chlorophob/-phil* unter *Chlor*), keinerlei sprachliche Informationen. *Meyers Taschenlexikon Biologie* 1988: rund 15 000 Sachartikel auf 960 S., Synonyme erscheinen meist nur unter dem Hauptstichwort, von Aussprachehinweisen und knappen Herkunftsangaben abgesehen keine sprachlichen Informationen. Zieht man die zahlreichen Tier- und Pflanzenbezeichnungen ab, bleibt im wesentlichen nur der biologische Grundwortschatz. Insofern ist es vergleichbar mit *Herder Lexikon Biologie* 1974 (237 S., 2200 Stichwörter, von der Anlage her eine Miniaturausgabe des *Lexikons der Biologie* 1983) und Abercrombie/Hickman/Johnson 1971 (257 S., 2000 Stichwörter, keine sprachlichen Angaben), die sich eher an den interessierten Laien richten. Auf schulische Bedürfnisse zugeschnitten sind: *Jugendlexikon Biologie* 1981 (408 S., knapp 4000 Stichwörter, weitgehend identisch mit *Lexikon der Biologie* 1987b, 384 S.) und Schülerduden *Die Biologie* 1986 (484 S., 2500 Einträge, außer Betonung bei Fremdwörtern keine sprachlichen Angaben, weitestgehend identisch mit *Meyers kleines Lexikon Biologie* 1986, 508 S.).

3.2. Alphabetische Spezialwörterbücher zu einzelnen Teilgebieten

3.2.1. Biogeographie/Evolution

Mit rund 2200 Stichwörtern auf 333 S. behandelt Sedlag/Weinert 1987 die Entfaltung von Leben in Zeit und Raum und geht auch auf die Unterschiede gleichlautender Begriffe in der Tier- und Pflanzengeographie ein.

3.2.2. Biometrie

Auf dem mathematisch orientierten Spezialgebiet bringt Rasch 1988 auf 965 S. 2494 Stichwörter mit ausführlichen Erklärungen und vielen Verweisen. Innerhalb der Artikel werden weitere Fachbegriffe erklärt, die z. T. nicht lemmatisiert sind.

3.2.3. Botanik

Das Wörterbuch von Schubert/Wagner 1993 (645 S.) behandelt mit über 16 000 Stichwörtern querschnittartig die meisten Teilgebiete der Botanik. Neben zahlreichen lateinischen und griechischen Wörtern aus der Nomenklatur werden Wortbildungselemente, taxonomische Kategorien und Fachwörter erläutert; ferner Betonungsangabe bei Fremdwörtern, Genusangaben nur bei Gattungsnamen, keine Abbildungen. Den Vorspann bildet eine 50seitige Einführung in die Terminologie und Nomenklatur der Botanik, ein Verzeichnis der deutschen Pflanzennamen und ein Überblick über das System der Pflanzen runden das Buch ab. Weitere botanische Speziallexika: Borriss/Libbert 1985, 591 S., enthält über 400 oft sehr ausführliche Einträge zur Pflanzenphysiologie einschließlich der Nachbardisziplinen (Zytologie, Morphologie, Mikrobiologie usw.). Fröhlich 1991 (382 S., mehr als 3000 Stichwörter) behandelt Pflanzenschutz und Phytopathologie und die damit zusammenhängenden Bereiche. Bei Natho/Müller/Schmidt 1990, 852 S., etwa 4000 Stichwörter, liegt der Schwerpunkt auf der ausführlichen Beschreibung taxonomischer Kategorien. Boros 1955, 255 S., über 4000 Stichwörter, keine Abkürzungen, Definitionen teilweise knapp, so daß sich das Fehlen von Abbildungen bemerkbar macht. In einem 60seitigen Anhang werden die Artnamen und fachsprachlichen Wortbildungsmittel erklärt. Wagenitz 1996 bringt auf 530 S. rund 4000 Termini mit knappen Definitionen und zahlreichen historischen Hinweisen zum Ursprung und Bedeutungswandel sowie Übersetzungen ins Englische und Französische.

3.2.4. Ethologie

Immelmann 1982 (317 S.), hervorgegangen aus Immelmann 1975, enthält knapp 1000 ausführlich erklärte Begriffe aus der Verhaltensforschung. In einzelnen Artikeln wird die Fachbedeutung im Unterschied zur gemeinsprachlichen Bedeutung herausgearbeitet (z. B. *Adoption, Hemmung*). Weitere Titel: Heymer 1977 (rund 1000 Einträge auf 237 S.) behandelt, teils ausführlich kommentiert, das tierische und menschliche Verhalten. Gattermann 1993 (354 S., über 2000 meist ausführliche Stichwörter) ist Nachfolger von Tembrock 1978. Meyer 1976 (240 S.) mit über 1000 Einträgen und etymologischem Anhang.

3.2.5. Genetik/Gentechnik

Das einzige deutschsprachige Wörterbuch der Genetik, Rieger/Michaelis/Green 1958, mit 2500 Stichwörtern erschien nur in der 1. und 2. Auflage auf Deutsch, seitdem nur noch in englischer Sprache. In der Gentechnik ist zunächst Ibelgaufts 1990 zu nennen, der auf 658 S. mehr als 2000 Fachwörter ausführlich erklärt und z. T. in längeren Überblicksartikeln themenspezifisch im Zusammenhang darstellt (z. B. *Blotting-Techniken*), ferner Wenzel/Amann 1991 (290 S.) mit 800 z. T. sehr langen Stichwortartikeln. Während sich die beiden letztgenannten eher an den Fachmann richten, bietet Vogel 1992 auf 205 S. mit etwa 1000 Stichwörtern (ohne Abbildungen) eine verständliche Einführung für Laien. Weitere Titel: Eberle/Reuer 1984 (311 S.), Oliver/Ward 1988 (221 S.).

3.2.6. Mikrobiologie

Das *Lexikon der Biochemie und Molekularbiologie* 1991 aus demselben Verlag wie das *Lexikon der Biologie* 1983 gleicht diesem hinsichtlich Aufbereitung und Darstellung des Fachvokabulars, so daß die zu letzterem gemachten Aussagen auch hier in jeder Beziehung zutreffen. Unter den Spezialwörterbüchern bildet es eine Ausnahme, da Genus- und Ausspracheangaben geboten werden. Bei einer Reihe von Stichwörtern sind die Erläuterungen in beiden Werken teils weitestgehend identisch, teils aktualisiert. Auf rund 1500 S. werden 12 000 Sachstichwörter definiert, darunter zahlreiche Anglizismen. Weitere 2000 nicht lemmatisierte Fachbegriffe lassen sich über ein Register erschließen. Zur Aktualisierung erschien unter gleichem Titel 1993 ein Ergänzungsband mit etwa 2500 Einträgen auf 200 S., allerdings fehlen, im Gegensatz zum Grundwerk, sämtliche sprachlichen Angaben. Ein zweiter Ergänzungsband erschien 1995 (272 S. mit 3000 Stichwörtern, davon etwa 2000 neue). Die Ergänzungsbände werden nicht fortgeführt. Weitere Titel: Brand 1992 mit 600 Stichwörtern auf 256 S.; Geißler 1972 mit gut 1000 Einträgen auf 356 S.; Müller 1981 (403 S.); Weber 1997 mit rund 4000 Stichwörtern auf 652 S. sowie Abbildungen und einem englisch-deutschen Wörterverzeichnis.

3.2.7. Mykologie

Dörfelt 1989 behandelt auf 432 S. mit knapp 2000 Einträgen ausführlich den Bereich Pilze. Zu den Lemmata werden ggf. unregelmäßige Plural-/Singularbildungen angeführt.

3.2.8. Neurobiologie

Das *Fachlexikon ABC Neurobiologie* 1989 behandelt auf 472 S. rund 2000 Stichwörter zu Eigenschaften, Funktionen und Leistungen des Nervensystems.

3.2.9. Neurophysiologie

Burkhardt 1971, 1239 z. T. sehr ausführliche Stichwortartikel auf 316 S. zur Physiologie der Nerven, des Zentralnervensystems usw.

3.2.10. Ökologie

Angesichts der Aktualität ökologischer Themen ist die große Zahl von Wörterbüchern nicht weiter verwunderlich. Streit/Kentner 1992 (382 S., fast 6000 Stichwörter) behandeln die wichtigen Begriffe aus Ökologie und benachbarten Disziplinen (Botanik, Zoologie, Geowissenschaften, Chemie, Physik, Natur- und Umweltschutz usw.). Zahlreiche Stichwortartikel enthalten weitere, nicht lemmatisierte Spezialwörter. Mit 10 000 Stichwörtern decken Leser/Streit/Haas u. a. 1993 (474 S., ohne Abbildungen, aber mit besonders reichhaltigen Verweisen) dieselben Themen ab, wobei besonders Grundbegriffe vertreten sind. Neben dem ökologischen Kernbereich behandelt Schaefer 1992 (433 S., etwa 4000 Stichwörter, Nachfolger und Neubearbeitung von Tischler 1975 mit nur etwa 1600 Einträgen auf 125 S.) die theoretische und angewandte Ökologie. Für ein breiteres Publikum angelegt sind: *Humboldt-Umwelt-Lexikon* 1990 (360 S., rund 2800 Einträge), lexikalischer Teil identisch mit Schülerduden *Die Ökologie* 1988 (368 S.) und *Meyers kleines Lexikon Ökologie* 1987 (376 S.). Als Spezialwerk sei genannt: Streit 1991 (731 S., über 7000 Stichwörter) über Wirkungen von Chemikalien und physikalischen Prozessen auf Organismen und Ökosysteme.

3.2.11. Paläontologie

Lehmann 1977, 440 S. und rund 4000 Einträge mit etymologischen Angaben. Eine Übersicht über das System der Organismen beschließt das Buch.

3.2.12. Parasitologie

Eichler 1977 bringt auf 525 S. 5886 Einträge mit meist nur sehr knappen Erläuterungen. Den Schluß bildet ein Verzeichnis der wissenschaftlichen Tier- und Pflanzennamen. Für die Fachsprachenforschung nur bedingt geeignet.

3.2.13. Virologie

Geißler 1986 bringt auf 408 S. etwa 1500 Stichwörter, in der Regel mit sehr ausführlichen Erklärungen, aus denen sich weiteres Wortgut erschließen läßt.

3.2.14. Zoologie

Hentschel/Wagner 1984 (673 S., ohne Abbildungen): Der lexikalische Hauptteil enthält rund 15 000 Einträge (Tiernamen, zoologische Fachwörter sowie allgemeinbiologische, anatomische und physiologische Termini). Außer Präfixe werden nur ganze Wörter aufgeführt, die etymologisch und inhaltlich erklärt werden, dazu Betonungs- und Genusangaben (wobei aber hinter Einträgen im Plural — z. B. *Adduktoren, Antagonisten* — kein Hinweis auf das Genus im Singular steht). Synonyme stehen meist nur unter dem wissenschaftlichen Terminus, daneben werden auch die lateinischen und griechischen Herkunftswörter erfaßt. Großen Raum nehmen die wissenschaftlichen Bezeichnungen der höheren Taxa ein, wobei auch die deutschen Tiernamen, allerdings nicht durchgängig, berücksichtigt werden. Dem Wörterbuch geht eine 40seitige Einführung in die Terminologie und Nomenklatur der Zoologie voraus mit ausführlichen Hinweisen zur Entwicklung der zoologischen Fachsprache, zur Aussprache der lateinischen und griechischen Wörter und zu den Prinzipien der taxonomischen Nomenklatur. Ein Autorenverzeichnis zu den Taxa und ein Überblick über das Tierreich bilden den Schluß. Von den zoologischen Teilgebieten seien genannt: Entomologie: Die Insekten allgemein behandeln Kéler 1963, Jacobs/Seidel 1975 (377 S.) und Jacobs/Renner 1988 (690 S.), die Bienen sind das Thema von Hüsing/Nitschmann/Bährmann 1987 (399 S.). Herpetologie: Kabisch 1990 (477 S.) enthält etwa 3000 Stichwörter zum Thema Amphibien und Reptilien, zudem mehrere nomenklatorische Abbildungen.

4. Literatur (in Auswahl)

4.1. Wörterbücher

Abercrombie/Hickman/Johnson 1971 = M. Abercrombie/C. J. Hickman/M. L. Johnson: Taschenlexikon der Biologie. Stuttgart 1971 [Nachdruck 1982].

Boros 1955 = Georg Boros: Botanisches Wörterbuch. Zürich 1955.

Borriss/Libbert 1985 = Heinrich Borriss/Eike Libbert (Hrsg.): Pflanzenphysiologie. Stuttgart 1985 (Wörterbücher der Biologie).

Brand 1992 = Karl Brand: Taschenlexikon der Biochemie und Molekularbiologie. Heidelberg 1992.

Brockhaus ABC Biologie 1990 = Brockhaus ABC Biologie. Hrsg. v. Friedrich W. Stöcker/Gerhard Dietrich. 7. Aufl. [unveränderter Nachdruck der 6. Aufl.] Leipzig 1990.

Burkhardt 1971 = Dietrich Burkhardt unter Mitarbeit v. Ingrid de la Motte: Wörterbuch der Neurophysiologie. 2., unveränd. Aufl. Jena 1971.

Dörfelt 1989 = Heinrich Dörfelt: Lexikon der Mykologie. Stuttgart 1989.

Duden 1993 = Duden. Das große Wörterbuch der deutschen Sprache in 8 Bänden. Hrsg. und bearb. v. Wissenschaftlichen Rat und den Mitarbeitern der Dudenredaktion unter der Leitung v. Günther Drosdowski. 2., völlig neu bearb. u. stark erw. Aufl. Mannheim 1993.

Duden 1994 = Duden. Das große Fremdwörterbuch. Herkunft und Bedeutung der Fremdwörter. Hrsg. u. bearb. v. Wissenschaftlichen Rat der Dudenredaktion. Bearbeitung: Günther Drosdowski in Zusammenarbeit mit Dieter Baer [u. a.]. Mannheim 1994.

Duden. Das Wörterbuch medizinischer Fachausdrücke 1985 = Duden. Das Wörterbuch medizinischer Fachausdrücke. Hrsg. u. bearb. v. der Redaktion Naturwissenschaft und Medizin des Bibliographischen Instituts. Leitung: Karl-Heinz Ahlheim. 4., vollständig überarb. u. erg. Aufl. Mannheim. Stuttgart 1985.

Eberle/Reuer 1984 = P. Eberle/E. Reuer: Kompendium und Wörterbuch der Humangenetik. Stuttgart 1984.

Eichler 1977 = Wolfdietrich Eichler: Parasitologisch-insektizidkundliches Wörterbuch. 1. Aufl. Jena 1977.

Fachlexikon ABC Biologie 1986 = Fachlexikon ABC Biologie. Ein alphabetisches Nachschlagewerk für Wissenschaftler und Naturfreunde. Hrsg. v. Gerhard Dietrich/Friedrich W. Stöcker. 6., überarb. u. erw. Aufl. Thun 1986.

Fachlexikon ABC Neurobiologie = Fachlexikon ABC Neurobiologie. Hrsg. v. Gerald Wolf. Thun 1989.

Fröhlich 1991 = Gerd Fröhlich (Hrsg.): Phytopathologie und Pflanzenschutz. 2., überarb. u. erw. Aufl. Jena 1991 (Wörterbücher der Biologie).

Gattermann 1993 = Rolf Gattermann (Hrsg.): Verhaltensbiologie. Jena 1993 (Wörterbücher der Biologie).

Geißler 1972 = Erhard Geißler (Hrsg.): Taschenlexikon Molekularbiologie. Ein alphabetisches Nachschlagewerk. Frankfurt a. M. 1972.

Geißler 1986 = Erhard Geißler (Hrsg.): Fachlexikon ABC Virologie. 1. Aufl. Thun 1986.

Hentschel/Wagner 1984 = Erwin Hentschel/Günther Wagner: Zoologisches Wörterbuch. 2., überarb. u. erg. Aufl. Stuttgart 1984 [1. Aufl. Stuttgart 1976 unter dem Titel: Tiernamen und zoologische Fachwörter unter Berücksichtigung allgemeinbiologischer, anatomischer und physiologischer Termini].

Herder Lexikon Biologie 1974 = Herder Lexikon Biologie 1974. Bearb. v. Rainer Bergfeld. 3. Aufl. Freiburg 1974.

Heymer 1977 = Armin Heymer: Ethologisches Wörterbuch − Ethological Dictionary − Vocabulaire éthologique. 1. Aufl. Berlin 1977.

Humboldt-Umwelt-Lexikon 1990 = Humboldt-Umwelt-Lexikon. Hrsg. u. bearb. v. Meyers Lexikonredaktion in Zusammenarbeit mit Klaus Wegmann. München 1990.

Hüsing/Nitschmann/Bährmann 1987 = Johannes Otto Hüsing/Joachim Nitschmann/Rudolf Bährmann: Lexikon der Bienenkunde. München 1987.

Ibelgaufts 1990 = Horst Ibelgaufts: Gentechnologie von A bis Z. Erw. Ausgabe Weinheim 1990.

Immelmann 1975 = Klaus Immelmann: Wörterbuch der Verhaltensforschung. München 1975.

Immelmann 1982 = Klaus Immelmann: Wörterbuch der Verhaltensforschung. Berlin 1982.

Jacobs/Renner 1988 = Werner Jacobs/Maximilian Renner: Biologie und Ökologie der Insekten. Ein Taschenlexikon. 2., überarb. Aufl. Stuttgart 1988.

Jacobs/Seidel 1975 = Werner Jacobs/Friedrich Seidel: Systematische Zoologie: Insekten. Stuttgart 1975 (Wörterbücher der Biologie).

Jugendlexikon Biologie 1981 = Jugendlexikon Biologie. Hrsg. v. Gerhard Dietrich/Annelies Müller-Hegemann. 1. Aufl. Leipzig 1981.

Kabisch 1990 = Klaus Kabisch unter Mitarbeit v. Johannes Klapperstück: Wörterbuch der Herpetologie. 1. Aufl. Jena 1990.

Kéler 1963 = Stefan von Kéler: Entomologisches Wörterbuch mit besonderer Berücksichtigung der morphologischen Terminologie. 3., durchges. u. erw. Aufl. Berlin 1963.

Lehmann 1977 = Ulrich Lehmann: Paläontologisches Wörterbuch. 2., überarb. u. erw. Aufl. Stuttgart 1977.

Leser/Streit/Haas u. a. 1993 = Hartmut Leser/Bruno Streit/Hans-Dieter Haas [u. a.]: Diercke-Wörterbuch Ökologie und Umwelt. 2 Bände. 1. Aufl. München. Braunschweig 1993.

Lexikon der Biochemie und Molekularbiologie 1991 = Lexikon der Biochemie und Molekularbiologie in 3 Bänden. Redaktionsleitung: Rolf Sauermost. Freiburg 1991−1992.

Lexikon der Biochemie und Molekularbiologie 1993 = Lexikon der Biochemie und Molekularbiologie. Ergänzungsband 1993/A−Z. Redaktionsleitung: Rolf Sauermost. Freiburg 1993.

Lexikon der Biochemie und Molekularbiologie 1995 = Lexikon der Biochemie und Molekularbiologie. Ergänzungsband 1995 A−Z. Redaktionsleitung: Rolf Sauermost. Heidelberg 1995.

Lexikon der Biologie 1983 = Lexikon der Biologie in 8 Bänden: Allgemeine Biologie − Pflanzen − Tiere. Fachberater: Arno Bogenrieder/Klaus-Günther Collatz/Hans Kössel/Günther Osche. Freiburg 1983−1987.

Lexikon der Biologie 1987a = Lexikon der Biologie 9. Band: Register, Bibliographie. Bearb. Udo Bekker/Christian Geinitz/Christian Just u. a. Freiburg 1987.

Lexikon der Biologie 1987b = Lexikon der Biologie. Hrsg. v. Gerhard Dietrich/Annelies Müller-Hegemann. 6. Aufl. Augsburg 1987.

Lexikon der Biologie 1992 = Lexikon der Biologie 10. Band: Biologie im Überblick. Systematik − Tabellen − Geschichte − Perspektiven. Hrsg. v. Michael Schmitt. Freiburg 1992.

Lexikon der Biologie 1994 = Lexikon der Biologie. Ergänzungsband 1994 A−Z. Redaktion Sabine Gantner/Rolf Sauermost. Heidelberg 1994.

Lexikon der Biologie 1995 = Lexikon der Biologie. Ergänzungsband 1995 A−Z. Redaktion Sabine Gantner/Rolf Sauermost. Heidelberg 1995.

Meyer 1976 = Peter K.-W. Meyer: Taschenlexikon der Verhaltenskunde. Paderborn 1976.

Meyers kleines Lexikon Biologie 1986 = Meyers kleines Lexikon Biologie. Hrsg. v. der Redaktion für Biologie des Bibliographischen Instituts. Redaktionelle Leitung: Karl-Heinz Ahlheim. Mannheim 1986.

Meyers kleines Lexikon Ökologie 1987 = Meyers kleines Lexikon Ökologie. Hrsg. v. Meyers Lexikonredaktion in Zusammenarbeit mit Klaus Wegmann. Redaktionelle Leitung: Karl-Heinz Ahlheim. Mannheim 1987.

Meyers Taschenlexikon Biologie 1988 = Meyers Taschenlexikon Biologie in 3 Bänden. Hrsg. v. Meyers Lexikonredaktion unter der Leitung v. Karl-Heinz Ahlheim. Mannheim 1988.

Müller 1981 = Gunther Müller: Mikrobiologie. Stuttgart 1981 (Wörterbücher der Biologie).

Natho/Müller/Schmidt 1990 = Günther Natho/Christa Müller/Harry Schmidt (Hrsg.): Systematik und Morphologie der Pflanzen. Stuttgart 1990 (Wörterbücher der Biologie).

Oliver/Ward 1988 = S. Oliver/J. M. Ward: Wörterbuch der Gentechnik. Stuttgart 1988.

Rasch 1988 = Dieter Rasch (federführender Hrsg.): Biometrisches Wörterbuch. 3., völlig neu gefaßte u. erw. Aufl. Thun 1988.

Rieger/Michaelis/Green 1958 = Rigomar Rieger/Arnd Michaelis/Melvin M. Green: Genetisches und Cytogenetisches Wörterbuch. 2. Aufl. Berlin 1958.

Schaefer 1992 = Matthias Schaefer: Ökologie. Mit einem englisch-deutschen Register. 3., überarb. u. erw. Aufl. Jena 1992 (Wörterbücher der Biologie).

Schubert/Wagner 1993 = Rudolf Schubert/Günther Wagner: Pflanzennamen und botanische Fachwörter. Botanisches Lexikon mit einer Einführung in die Terminologie und Nomenklatur. 11. Aufl. Stuttgart 1993.

Schülerduden. Die Biologie 1986 = Schülerduden. Die Biologie. Hrsg. u. bearb. v. der Redaktion Naturwissenschaft und Medizin des Bibliographischen Instituts unter Leitung v. Karl-Heinz Ahlheim. 2., vollständig überarb. u. erg. Aufl. Mannheim 1986.

Schülerduden. Die Ökologie 1988 = Schülerduden. Die Ökologie. Hrsg. u. bearb. v. Meyers Lexikonredaktion unter der Leitung v. Karl-Heinz Ahlheim. Mannheim 1988.

Sedlag/Weinert 1987 = Ulrich Sedlag/Erich Weinert: Biogeographie, Artbildung, Evolution. Stuttgart 1987 (Wörterbücher der Biologie).

Steiner 1988 = Gerolf Steiner: Wort-Elemente der wichtigsten zoologischen Fachausdrücke. 7. Aufl. Stuttgart 1988.

Streit 1991 = Bruno Streit: Lexikon Ökotoxikologie. 1. Aufl. Weinheim 1991.

Streit/Kentner 1992 = Bruno Streit/Elke Kentner: Umwelt-Lexikon. Freiburg 1992.

Tembrock 1978 = Günter Tembrock (Hrsg.)/Annelore Bilsing (Mitarb.): Verhaltensbiologie unter besonderer Berücksichtigung der Physiologie des Verhaltens. Stuttgart 1978 (Wörterbücher der Biologie).

Tischler 1975 = Wolfgang Tischler: Ökologie mit besonderer Berücksichtigung der Parasitologie. Stuttgart 1975 (Wörterbücher der Biologie).

Vogel 1992 = Sebastian Vogel: Lexikon Gentechnik. Reinbek 1992.

Vogellehner 1983 = Dieter Vogellehner: Botanische Terminologie und Nomenklatur. 2., überarb. u. erw. Aufl. Stuttgart 1983.

Wagenitz 1996 = Gerhard Wagenitz: Wörterbuch der Botanik. Stuttgart 1996.

Weber 1997 = Herbert Weber: Wörterbuch der Mikrobiologie. Stuttgart 1997.

Wenzell/Amann 1991 = Wolfgang Wenzel/Margarete J. Amann: Lexikon der Gentechnologie. Berlin 1991.

Werner 1972 = Fritz Clemens Werner: Wortelemente lateinisch-griechischer Fachausdrücke in den biologischen Wissenschaften. 1. Aufl. Frankfurt 1972 [Suhrkamp Taschenbuch 64 der 3. Aufl. Halle 1968; 1. Aufl. 1956 unter dem Titel: Wortelemente lateinisch-griechischer Fachausdrücke in der Biologie, Zoologie und vergleichenden Anatomie].

4.2. Sonstige Literatur

Drozd/Seibicke 1973 = Lubomir Drozd/Wilfried Seibicke: Deutsche Fach- und Wissenschaftssprache. Bestandsaufnahme – Theorie – Geschichte. Wiesbaden 1973.

Kalverkämper 1990 = Hartwig Kalverkämper: Das Fachwörterbuch für den Laien. In: Wörterbücher. Dictionaries. Dictionnaires. Ein internationales Handbuch zur Lexikographie. Hrsg. v. Franz Josef Hausmann/Oskar Reichmann/Herbert Ernst Wiegand/Ladislav Zgusta. 2. Teilbd. Berlin 1990 (Handbücher zur Sprach- und Kommunikationswissenschaft 5.2), 1512–1523.

Kühn 1989 = Peter Kühn: Typologie der Wörterbücher nach Benutzungsmöglichkeiten. In: Wörterbücher. Dictionaries. Dictionnaires. Ein internationales Handbuch zur Lexikographie. Hrsg. v. Franz Josef Hausmann/Oskar Reichmann/Herbert Ernst Wiegand/Ladislav Zgusta. 1. Teilbd. Berlin 1989 (Handbücher zur Sprach- und Kommunikationswissenschaft 5.1), 111–127.

Opitz 1990 = Kurt Opitz: The Technical Dictionary for the Expert. In: Wörterbücher. Dictionaries. Dictionnaires. Ein internationales Handbuch zur Lexikographie. Hrsg. v. Franz Josef Hausmann/Oskar Reichmann/Herbert Ernst Wiegand/Ladislav Zgusta. 2. Teilbd. Berlin 1990 (Handbücher zur Sprach- und Kommunikationswissenschaft 5.2), 1505–1512.

Schaller 1992 = Friedrich Schaller: Ist diese Wissenschaft noch ein Ganzes? Überlegungen zum Zerfall der Biologie. In: Lexikon der Biologie 10. Band: Biologie im Überblick. Systematik – Tabellen – Geschichte – Perspektiven. Hrsg. v. Michael Schmitt. Freiburg 1992, 511–517.

Voetz 1990 = Lothar Voetz: Wörterbücher von Tier- und Pflanzennamen. In: Wörterbücher. Dictionaries. Dictionnaires. Ein internationales Handbuch zur Lexikographie. Hrsg. v. Franz Josef Hausmann/Oskar Reichmann/Herbert Ernst Wiegand/Ladislav Zgusta. 2. Teilbd. Berlin 1990 (Handbücher zur Sprach- und Kommunikationswissenschaft 5.2), 1254–1258.

Wiegand 1988 = Herbert Ernst Wiegand: Was eigentlich ist Fachlexikographie? In: Deutscher Wortschatz. Lexikologische Studien. Ludwig Erich Schmitt zum 80. Geburtstag. Hrsg. v. Horst Haider Munske/Peter von Polenz/Oskar Reichmann/Reiner Hildebrandt. Berlin. New York 1988, 729–790.

Karl-Heinz Trojanus, Saarbrücken

205. Die Fachlexikographie der Chemie: eine Übersicht

1. Einleitung
2. Gegenstandbereich/Definitionen
3. Die Sprache der Chemie
4. Historischer Rückblick
5. Moderne Fachlexika der Chemie
6. Sonderformen
7. Literatur (in Auswahl)

1. Einleitung

Auf dem langen Weg von praktischer Betätigung zur modernen Naturwissenschaft hat die Chemie durchgreifende Paradigmenwechsel erfahren, die zu einem vielschichtigen und extrem umfangreichen Wortschatz mit eigener Zeichensprache geführt haben (Hoffmann/Laszlo 1991; vgl. Art. 138).

„Die chemische Fachterminologie geht in keiner anderen auf, ... sie kann z. B. nicht auf die Sprache der Physik zurückgeführt werden" (Janich 1994),

was sich u. a. auf Makro- und Mikrostruktur der Chemielexika auswirkt. Die Chemie ist ‚anglophon geprägt', Referenzwerke und Sprachbeispiele gehören daher bevorzugt zum „saxonischen" Kommunikationsbereich (Kretzenbacher 1994). Diese Auswahl *berücksichtigt nicht*: unbearbeitete Übersetzungen, gekürzte Fassungen/Taschenbuchausgaben; Thesauri und Klassifikationen; Tabellenwerke, Handbücher u. ä., selbst wenn diese Glossare o. ä. Zusätze enthalten; Lexika der gesamten Naturwissenschaften, obwohl diese ca. 20% chemische Sachverhalte aufweisen. Zu einigen ‚Grenzfällen' vgl. 6.

2. Gegenstandsbereich/Definitionen

Die Abgrenzung der Chemie als „Prototyp einer Laborwissenschaft; ... gewissermaßen Naturwissenschaft pur" (Mittelstraß 1992) ist sehr schwierig, da sie zu vielen Nachbargebieten Übergänge aufweist: physiologische Chemie/Biologie, pharmazeutische Chemie/Arzneimittelkunde, makromolekulare Chemie/Kunststofftechnik, physikalische Chemie/Wärmelehre, Optik, Elektromagnetik u. v. a. m.

Einige Definitionen dienen der pragmatischen Abgrenzung.

Chemie ist „die empirisch begründete Wissenschaft von den Eigenschaften und Umwandlungen materieller Substanzen" (Quinkert 1992) bzw. „von den möglichen Kombinationen bekannter Elemente" (Janich 1994); sie „gestattet jedoch Materieformen herzustellen, die auf der Erde oder im Universum nicht vorkommen" (Atkins 1994). Systematisch gebildete Namen und „utopische Formeln für (bis jetzt) unbekannte chemische Verbindungen ... können jederzeit niedergeschrieben werden" (Hoffmann/Laszlo 1991).

Als Lehre von den Gesetzmäßigkeiten bei Qualitätsänderungen von Stoffen, die für den Menschen in irgendeiner Weise nützlich/interessant sind, definiert die global tonangebende American Chemical Society enumerativ:

„Chemie beschäftigt sich mit den chemischen Elementen in freiem oder gebundenem Zustand; den Reaktionen, Umsetzungen, Umwandlungen und Wechselwirkungen der chemischen Elemente und ihrer Verbindungen sowie der Bestimmung, Steuerung, Voraussage, Deutung, Auswertung, Anwendung und den Mechanismen dieser Prozesse; den Grunderscheinungen und Kräften der Natur hinsichtlich ihrer Anwendung auf Reaktionen, Extraktionen, Kombinationen, Prozesse, Additionen, Synthesen, Zersetzungen, Kennzeichnungen und Analysen."

3. Die Sprache der Chemie

Die chemische Fachsprache (Crosland 1962; Wolff 1971; Bevan 1976; Burghardt 1977; Kisakürek 1993) wird in den Art. 138 u. 269 dargelegt; im folgenden werden nur Merkmale skizziert, die sich in der Lexikographie bemerkbar machen (Worttypen, Sortierprinzipien, semantische Aspekte u. ä.). Sie ist „eine Bildersprache, eine Art Metaphorik; ... Bauklötzchensprache; ... Musterbeispiel einer selbst erklärenden durchsichtigen Nomenklatur" (Pörksen 1994) − zumindest hinsichtlich der Stoffnamen, d. h. der Mehrheit der Lexikoneinträge. Es sind „durchsichtige Komposita, die den Schluß ... auf die Zusammensetzung erlauben, mit Prä-, In- und Suffixen, die etwas über die quantitativen Verhältnisse sagen, mit Abkürzungssymbolen, ... Formeln ... und Strukturformeln" (Pörksen 1994). Die Benennungsregeln der systematischen Nomenklatur (z. B. Ring Systems Handbook 1984) gehen über die Beschreibungssprache Linnés für sämtliche Arten in der Biologie deutlich hinaus. Folgende Merkmale sind relevant.

(a) *Homonyme* kommen „nicht oder nur selten vor" (Hoffmann/Laszlo 1991); *Polysemie* entsteht z. B. wenn Hauptvertreter und Stoffklasse gleich benannt werden („Alkohol' für Ethylalkohol C_2H_5-OH und Alkohole als Verbindungsklasse R-OH).

(b) Das *Weiterwirken unterschiedlicher Sprachebenen* (Umgangssprache: *Gold, Bindung, Lösung* ...; Halbtrivialnamen: *Methan, Buten, Destillat* ...; historische Fehlbenennungen: *Benzol* ...) neben den genormten Fachbenennungen wird durch Trivialnamenverzeichnisse kompensiert (Negwer 1994; Ash/Ash 1994; Scharnow 1993).

(c) Die Termini sind (begriffsinhaltlich) *stark hierarchisch gegliedert*, was zu Klassen, Teilklassen, Gruppen usw. führt, die nebeneinander geordnet werden und komplizierte Verweisungsmuster bedingen; z. B. fügt Römpp 1989 den sieben Ebenen der DK (DK 678 *Makromolekulare Stoffe* ... 678.744.521 *Polymethylvinylether*) noch eine achte ein (*Polyvinylalkylether*).

(d) *Eponyme Komposita* machen viele komplizierte Sachverhalte in Texten und Wörterbüchern ‚handhabbar'; besonders produktive Bestandteile (Wagner 1951) zeigen die Beispiele: Tollens-*Reagens*, Hückelsche-(4n+2)-*Regel*, Hofmann-*Abbau*, Diels-Alders-*Synthese*, Witting-*Reaktion*; die sog. Namensreaktionen (Laue/Plagens 1995; Hassner/Stumer 1994; Comyns 1993; Uhl/Kyriatsoulis 1984; Krauch/Kunz 1976; Rosendahl 1976) entfalten oft sprachlich heterogene Varianten, z. B. Cope rearrangement ergibt hetero-Cope r., 1-aza-3-oxa-Cope r., [3,3]-sigmatropic retro-Cope r. etc.

(e) Der Anteil *ikonographischer Elemente*, die mehr als eine technische Kurzschrift bilden, ist beachtlich (z. B. 3D-Aspekte; Strukturformeln; vgl. Ring Systems Handbook 1984).

(f) Viele *Synonyma* (und *Quasi-Synonyma*) sowie gleichwertige Bezeichnungssysteme erzwingen besondere lexikalische Vorkehrungen (Ash/Ash 1994), wie diese unvollständige Liste für *ein* Lexem zeigt:

Benzol (Umgangssprache, Duden)
Benzen (Fachsprache, Halbtrivialname)
Benzenum (pharmazeutische Benennung)
Phenylwasserstoff (obsoleter Trivialname)
Benzin (obsoletes französisches Lehnwort)
Cyclo-1,3,5-trien (systematischer Name)
sym-Cyclohexatrien (alternativer IUPAC-Name)
C_6H_6 (Registerformel gemäß Hill-System)
H_6C_6 (rein alphabetische Registerformel)
[71-43-2] (Registry No. of Chemical Abstracts)
DK 547.532 (sprachunabhängige Notation)
Daneben gibt es noch Handelsbezeichnungen wie Rohbenzol, Reinbenzol, Waschbenzol, mehrere Strukturformeln, UN number etc.

Ein dreiteiliges Wörterbuch verknüpft z. B. für 20 000 Chemikalien Summenformel, Registry No. und Namen (Howard/Neal 1992); bei den Namen wird die Institution vermerkt, die bestimmte Vorzugsbenennungen prägte bzw. verbindlich erklärte (UN; WHO etc.). Ähnlich verfährt man bei sog. Freinamen (INN International Nonproprietary Name), die nach WHO-Regeln als aussprechbare chemische Kurzbezeichnung (quasi Semitrivialnamen) ständig neu geprägt werden (INN 1977; Marler 1978; Negwer 1994; so wird aus (dem kürzesten der drei gleichrangig möglichen Synonyma) 2-(hydroxymethyl)-2-methylpentyl butylcarbamate carbamate der eindeutige Freiname Tybamate.

(g) Der hohe Anteil an *Symbolen, Identifikationsmerkmalen* und die *eigene Grammatik* (Liebscher/Neels 1994; Leigh 1990; Rigaudy/Klesney 1979) führt zu Abweichungen, Zusatzregeln, Konventionsbrüchen usw. bei der alphabetischen Anordnung von Lexikoneinträgen, Registerelementen und in EDV-Speichern. Lokanten, stereochemische Deskriptoren, Exponenten, Sonderzeichen, additive/subtraktive Präfixe usw. bewirken ungewohnte Sortierungen: beim 1,3/1',6'-[2.2] (1-Benzofurano) (benzo-7-oxabicyclo[2.2.1]heptadieno)phan ist erst das 19. graphische Zeichen (also B) für die Einordnung von Bedeutung; *N,N-β*-Trimethylbutyramid, *sym*-Triazin, D-(L)-Trehalose und *cyclo*-Tetrakis...(dicarbonyl)rhodium stehen bei T, Cyclotetradecan aber bei C wie auch [4,4-$^3H_2$]Cyclohexan. Vor allem Ausdrücke wie C=C-Bindung, ($_8\pi$-$_2\pi$)-Cycloaddition, (*E,Z,Z,E*)-Deca-2,4,6,8-tetraen, C_{sp}^3-C_{sp}-σ-Bindung u. ä. werden uneinheitlich gehandhabt, da oft nur ein Teil der Nomenklaturvorschriften befolgt wird; hier sind die für das jeweilige Nachschlagewerk selbst angegebenen Grundsätze neben den authoritativen zu beachten.

4. Historischer Rückblick

Mit dem Übergang von der Alchemie/Iatrochemie, die eine allegorische, anthropo- und theriomorphe, synonyma- und symbolreiche Sprache pflegte (Schneider 1981), zur modernen Naturwissenschaft beginnt ein radikaler Wandel der chemischen Fachsprache.

Die systematische Nomenklatur ist von unübertroffener Eindeutigkeit, so daß die ersten Wörterbücher eher Übersetzungshilfen sind (Macquer 1767; Bochaute 1788); auch Lavoisiers Nomenclature (Morveau 1787) ist mehr eine Konkordanzliste (nom ancien: *jupiter* − nom nouveau: *étain*) mit Erläuterungen.

Für das 19. Jh. liegt eine gründliche Lexikographie der Chemie vor (Melzer 1971). Die Herausbildung der chemischen Industrie brachte eine Literatur- und Faktenfülle mit sich, die zu großen Handbüchern und enormen Wörterbuchprojekten führte.

Das anfangs gewählte alphabetische Ordnungsprinzip für Lehrbuchinhalte (mit beigefügten Lese- und Benutzungsschema) wird später zugunsten von Sachwort-Monographien (Macquer/Leonhardi 1781; Ladenburg 1882), Lexika mit hoher Stichwortauflösung (Klaproth/Wolff 1807; Liebig/Poggendorf/Wöhler 1837; Fehling 1871) und kurzinformative Wörterbücher/Taschenbücher (Dammer 1876; John 1817) aufgegeben. Diese beschreibenden und referierenden Werke werden durch normative und semantisch orientierte ergänzt, die bewußt historisch-etymologisch vorgehen (Wittstein 1847). Ladenburgs Monumentalwerk „besteht aus einer kleinen Anzahl größerer Artikel" (Vorwort), die durch Glossar, Register, geschichtliche Angaben, exzessive Quellenangaben, „Begriffsbestimmungen und Interpretationen seltener und erklärungsbedürftiger Wörter" (Vorwort) gut erschlossen werden. Klaproth/Wolff enthält noch keine Strukturformeln, wenige Reaktionsgleichungen, französische, englische und lateinische Entsprechungen, etymologische Hinweise und vermeint „einen mittleren Weg zwischen zu großer Ausführlichkeit und zu gedrängter Kürze" (Vorwort) zu gehen. Ähnliches gilt für verbreitete Wörterbücher des 19. Jh. (Bourget/Richter 1798; Trommsdorff 1805; Watts 1868; Wurtz 1868).

5. Moderne Fachlexika der Chemie

Im 20. Jh. dominiert das reine Sachwörterbuch, der Informationsspeicher in unterschiedlicher Ausprägung: mit engen oder weiten Schlagworten, einheitlichem Aufbau der Stichwörter, diversen Registern, vielen Graphiken, Tabellen, Diagrammen, Literaturangaben, fremdsprachigen Zusätzen, feingewebten Verweisungen usw.

Die folgende Einteilung ist heuristisch; eine verbindliche systematische ist nicht bekannt oder möglich.

5.1. Gesamtgebiet Chemie

Hervorgegangen aus einem einbändigen Chemielexikon (1947) ist der sog. Römpp (Römpp 1989) zum permanent weiterentwickelten Prototyp des deutschsprachigen alphabetischen Nachschlagewerkes der gesamten Chemie geworden („Weltpanorama der Chemie ... Bibel der Chemiker" lt. Vorwort); dieses elfbändige Kompendium (ca. 18 000 Druckspalten, 70 000 Stichwörter) wird daher exemplarisch vorgestellt. Die *Einträge* umfassen: einzelne Verbindungen, Verbindungsklassen, Verfahren, Laborgeräte, Stoffeigenschaften, Warenzeichen, Namen (von Chemikern, Firmen und Organisationen), Gesetze/Verordnungen und ‚allgemeine' Benennungen (z. B. *Blase, Analyse, Anlage, Genauigkeit, Messen*). Ihre *äußere Wortgestalt* ist vielfältig: Einzelbuchstaben (*α, β, C*), Zahlenkombinationen (*2,4-D, C-14*), Akronyme (*ATPase, BTX*), Maßeinheiten-Kurzzeichen (*cd/m^2, mmHg, BeV*), Nomenklaturelemente (*-al, -id, -en, -ran-, -stat-*), fremdsprachige Ausdrücke (*Baren* = russische Bezeichnung für *Carboran*), mehrgliedrige Ausdrücke (*annehmbare tägliche Aufnahme, A+D+E+B$_{12}$-Vicotrat*) und Komposita (*Chloralkalielektrolyse, Born-Haber-Prozeß*). Da „dieses Chemie-Lexikon sowohl Sach- als auch Sprachwörterbuch" ist (Römpp-Stichwort *Wörterbücher*), wird auf sprachnormende Institutionen (DIN, ISO, Duden, IUPAC, WHO u. a.) und Rechtsvorschriften (GefStoffV, ChemG, EG-Richtlinien etc.) Bezug genommen, was gelegentlich zu Uneinheitlichkeit führt. Von obsoleten Benennungen/Fehlbezeichnungen wird auf Vorzugsbenennungen verwiesen; englische, französische, italienische und spanische Entsprechungen sind oft beigefügt (und als Anhang zu vier zweisprachigen Wörterbüchern zusammengefaßt). Typische Stichwörter von Einzelsubstanzen (z. B. *Aceton, Benzol, Citronensäure*) bestehen aus Namen, Synonyma, Summen- und Strukturformel, Gefahrensymbol, Eigenschaften und Literaturangaben; bei mehrspaltigem Umfang wird schematisch gegliedert in Eigenschaften, Reaktionen, Vorkommen, Herstellung, Verwendung und Geschichte (mit Etymologie), oft ergänzt durch Tabellen, Skizzen, Diagramme, Zeichnungen. Jeder Einzelband (6 Bde. Grundwerk plus 5 Themenbde.) enthält Formelregister und Abkürzungsverzeichnis.

Im englischen Sprachraum liegt ein vergleichbares Verlagsprogramm mit fast zwanzig ‚Encyclopedia[s] of ...' vor, von denen ein Drittel der Chemie zugeordnet werden kann. Der zentrale Band Encyclopedia of Chemistry (Clark 1957) versucht das riesige und heterogene Gebiet abzudecken und setzt im Vorwort hohe Maßstäbe („to achieve the ideal of a reference book par excellence; ... scrupulous accurate, ... informative, ... usefully organized, ... well balanced"). Der Grundwortschatz, ein Textkorpus von etwa 10 MB (mit vielen Querverweisungen und 6000 Registereinträgen) ist gut erfaßt. Oft sind Zeitangaben (und Personen) über das erste Auftreten bzw. Benutzen der Ausdrücke angegeben; das Stichwort ‚chemical etymology' stellt beispielsweise fünf Gruppen zusammen. Weitere Bände (Biochemie, Elektrochemie, Geochemie usw.) dieses Programms s. 4.2.

Die gängigen Sachwörterbücher sind entweder kompakte Lexika (Eagleson 1994; Lewis 1993; Hampel/Hawley 1982; Clifford 1964; Considine/Considine 1984) i. S. von stark gegliederten Faktensammlungen oder Stichwörterverzeichnisse mit Kurzdefinition, Explikation und wenigen Grundfakten (Hibbert/James 1987; Hackh 1987; Parker 1997; Bennett 1986); typischer Vertreter (mit rund 1000 S. Umfang) ist der jeweils letztgenannte Titel: entweder fachlich weit gefaßte, strukturierte Einträge (1300 ‚topics', 7000 index entries) oder 100 000 Kurzerklärungen.

5.2. Traditionelle Teilgebiete

5.2.1. Anorganische Chemie

Die *Encyclopedia of Inorganic Chemistry* (King 1994) ist eine Mischform (260 Hauptartikel, 860 Kurzbeiträge, 350 Verweisungen, zusätzliches Stichwortverzeichnis). Die essayhaften ‚main articles' bestehen aus Übersicht, Glossar mit Kurzerläuterung zentraler Begriffe, Haupttext (mit kursiven Verweisungen zu reinen Definitionen und kursiv-halbfetten zu anderen Hauptartikeln), Tabellen, Graphiken oder Formelbildern, Bibliographie und Zusammenstellung von ‚related articles'. Die vorwiegend deskriptive Darstellung enthält auch historische und etymologische Hinweise, sowie Anmerkungen zur Nomenklatur. Kürzester Eintrag ist:

Acqua − term used for water (= acqua in Latin) as a ligand, as in hexaacqua ion $[M(H_2O)_6]^{2+}$.

Einen komplementären Aufbau zeigt das etwas umfangreichere *Dictionary of Inorganic Compounds* (Macintyre 1992). Diese Faktenkompilation ist nach der streng alphabetisch aufgebauten Bruttoformel sortiert (NaCl sodium chloride/Kochsalz steht bei ClNa!). Innerhalb des Eintrags sind die Daten schematisiert: Bruttoformel, Ident-Nr. der verlagseigenen Datenbank, systematischer Name, Synonyma, Name gemäß Chemical Abstracts Service (mit Hinweis auf Nomenklaturwechsel bei Mehrjahresregistern), Registry No., empirische Formel, relative Molekularmasse, Strukturformeln, charakteristische Daten, Toxizitätsangaben u. ä. sowie Schrifttum. Die 50 000 Verbindungen (etwa 20% aller bekannten) werden durch vier Register (Strukturtypen, Namen, Registry No. und konstitutive Elemente) vorbildlich erschlossen.

Ähnlich ist das zu 5.2.2. überleitende Wörterbuch der *metallorganischen Verbindung* (Macintyre 1994) angelegt: die 40 000 Verbindungen sind nach dem Symbol des anorganischen Zentralatoms (Ag ... Zr) geordnet. Dieses wird durch wichtige Daten vorgestellt, sein französisches, deutsches, spanisches, italienisches, russisches und japanisches Äquivalent wird angegeben und ein Strukturregister geht den nach dem Hillschen System geordneten Einträgen voran. Diese bestehen aus Namen, Synonyma, Ident-Nr. der verlagseigenen Datenbank, Registry No., Strukturformel, stereochemische Konvention, Synthesewegen, Toxizitäts- und Literaturangaben sowie Meßdaten der wichtigsten Eigenschaften (einschließlich der Derivate). Vier Register (Bruttoformel, Registry No., katalytische und synthetische Reagenzien) erhöhen den Zugriff.

5.2.2. Organische Chemie

Das Standardwerk (Buckingham 1995) verzeichnet 170 000 (der 10 Mio. bekannten) Verbindungen, zusammengefaßt in 60 000 Einträgen und geordnet nach geläufigen Namen (z. B. Trivialnamen oder INN); es nähert sich in seiner Mikrostruktur dem Glossar (Name, systematischer Name, Registry No., Struktur- und Summenformel, Kurzcharakteristik, Ident-Nr. der verlagseigenen Datenbank, Bezug zu Pharmakopoen, Synonyma und Quellenangaben) und ist durch drei Register (Name, Registry No., Bruttoformel) gut erschlossen.

Teilgebiete der organischen Chemie oder wichtige Stoffklassen sind in ähnlich aufgebauten ‚Dictionaries' erfaßt: *Natural Products* (Buckingham 1993) enthält 100 000 Stoffe mit zusätzlichen Registern für Verbindungstypen sowie Arten (Linnésches System); Steroide (Kirk 1991) und *Organophophorous Compounds* (Edmundson 1988) erfassen jeweils 15 000 Substanzen. Beim *Dictionary of Alkaloids* (Southon/Buckingham 1989) sind die Namen weitgehend von der Pflanzenspezies des ersten Nachweises abgeleitet (z. B. Delflexine in *Delphinium flexousum*, Delfrenine in *Delphinium freynii*); fünf Register (darunter Arten gemäß Linné und Verbindungstyp) erschließen die 10 000 Einträge. Ähnlich konzipiert ist der Band für *Terpenoide* (Connolly/Hill 1992); der Hauptteil besteht aus acht Sektionen (Hemi-, Mono-, Sesqui-, Di-, Sester-, Tri-, Tetra- und Polyterpenoide), die jeweils alphabetisch aufgebaut sind.

4.2.3. Technische Chemie/Verfahrenstechnik

Die *Encyclopedia of Chemical Technology* (Kirk/Othmer 1991) ist eine 25bändige, alphabetische Folge von 850 Monographien über Stoffe, Verfahren, Instrumente, Phänomene, Verwendungszwecke, Sicherheitsvorschriften; ihre Faktenfülle (12 000 Illustrationen/Tabellen) wird durch aufwendige Register erschlossen.

Ullmann's Encyclopedia of Industrial Chemistry (Ullmann 1985) setzt die Makrostruktur der letzten deutschen Ausgabe (Ullmann 1972) fort: Teil A (28 Bände) ordnet Produktgruppen, Industriechemikalien, Herstellungsverfahren usw. alphabetisch, Teil B (8 Bände) ergänzt durch fachübergreifende Grundlagen. Die monographischen Artikel sind stark gegliedert; es gibt ein deutsches und englisches Register.

Handliche Lexika (Henglein 1988) bieten „rein informative Stichwörter" (Vorwort) zu Grundbegriffen und -prinzipien der chemischen Produktionstechnik und des Umweltschutzes und verweisen gezielt auf o. a. Großwerke (bes. Ullmann) oder geben nur „orientierende Auskunft über Maschinen, Apparate, Produkte und Hilfsmittel" (Osteroth 1979) mit Hilfe vieler interner Verweisungen bzw. decken mittels 2000 Einträgen „mittlerer Länge" (Hiersig 1995) den Stoff ab. Das *ABC der Verfahrenstechnik* (Gruhn 1979) will

„das wesentliche Begriffssystem vermitteln ... und die Struktur des Wissenschaftsgebietes ... durch Querverbindungen zwischen diesen ca. 1200 Begriffen verdeutlichen; ... es sind Hauptbegriffe, Begriffe und Hilfsbegriffe, die Sachverhalte unterschiedlicher Komplexität vertreten" (Vorwort).

Die umfangreichste Enzyklopädie (McKetta 1973) ist eine noch nicht abgeschlossene alphabetische Folge von ca. 3000 Monographien (1997: Bd. 61, Buchstabe V).

Reichlich Namen prägend ist eine spezielle Verfahrenstechnik; die Kunststoffe finden sich in einer alphabetischen Enzyklopädie (Mark 1984) mit 650 Einträgen von sehr unterschiedlichem Begriffsumfang und umfangreichen Registern. Kunststoff-Lexika (Heath/Birley 1994; Carley 1993) mit knappen Erläuterungen bieten eine gute Orientierung auf diesem expansiven Sektor.

5.2.4. Physiologische Chemie/Biochemie

Das *Herder Lexikon der Biochemie und Molekularbiologie* (Herder 1995) ist im Aufbau den modernen mehrbändigen Konversationslexika nachgebildet; es gibt bei nicht-umgangssprachlichen Stichwörtern auch Genus und Aussprache an, enthält viele Graphiken, Verweisungen und ein Register.

Kompakte Darstellungen liegen als einbändige Sachwörterbücher vor (Brand 1991; Stenesh 1989; Scott/Eagleson 1988; Williams/Lansford 1967).

Vertreter spezieller biochemischer Lexika sind: *Phytochemical Dictionary* (Harborne/Baxter 1993) mit 3000 Substanzeinträgen samt Strukturformel, Eigenschaften, Pflanzenart etc. und *Phytochemical Dictionary of the Leguminosae* (Buckingham 1994), das aus Plant Section (species, synonyms, common names, geographical distribution, substance type etc.) und Chemical Section (name, alternative/trivial name, formula, Registry No. etc.) besteht, die durch vier Register verknüpft sind.

Noch spezieller sind Stofflisten von gefährlichen Stoffen (Richardson/Gangolli 1992; Sax 1992). Erstere enthält 5000 umweltrelevante Stoffe (7200 Seiten mit Registern von betroffenen Organismen, Summenformel, Namen usw.); Sax (4400 Seiten; 23 000 toxische Substanzen) gilt als einschlägiger ‚ready reference'-Klassiker.

4.2.5. Physikalische Chemie

Außer einem kompakten Sachwörterbuch (Ulicky/Kemp 1992) gibt es für das faktenreiche Gebiet kein erschöpfendes Lexikon, sondern nur tabellenartige Kompendien mit physikalischen Daten (vgl. Art. 206 Landolt-Börnstein).

Die *Encyclopedia of the Elements* (Hampel 1968) stellt „the discovery and history of [103] elements, ... their physical and biochemical properties" (Vorwort) dar, ergänzt durch 20 übergreifende Artikel (wie *noble gases, allotropy, periodic table*); die Etymologie wird nur kurz behandelt. Ähnliches gilt vom Pendent zur *Elektrochemie* (Hampel 1974), das viele Querverweisungen enthält. Die umfangreiche *Encyclopedia of Electrochemistry of the Elements* (Bard 1973) geht vom Wörterbuch ab und ordnet grob nach Elementgruppen, innerhalb der Gruppe streng alphabetisch (Vol. 1 Ar ... Xe; Vol. 2 As ... Tc usw.).

Für andere Teilgebiete liegen meist einbändige Sachwörterbücher vor: Kolloidchemie (Becher 1990; Schramm 1993), Spektroskopie (Clark 1960; Perkampus 1993), Reaktionsmechanismen (Jacobson 1948), chemische Bindung (Atkins 1992) und geochemische Aspekte (Hampel 1972; Fairbridge 1972).

Ergänzend seien hier die ‚übergreifenden' Bereiche analytische und präparative Chemie genannt (Townshend 1993; Paquette 1995).

6. Sonderformen und Grenzfälle

6.1. Nomenklaturen

Die verbindlichen Nomenklaturregeln (Leigh 1990; Liebscher/Neels 1994; Rigaudy/Klesney 1979; IUPAC 1993a) und global gültige Glossare (IUPAC 1993b; IUPAC 1993c; Freiser/Nancollas 1987) sind „steps toward a comprehensive and truely authoritative chemical dictionary" (IUPAC 1987).

6.2. Handbücher und Tabellenwerke

Der größte Teil des chemischen Wissens ist in sog. Handbüchern (Beilstein 1918; Gmelin 1922) zusammengefaßt; die alphabetische Aufstellung der ca. 600 Teilbände des Gmelin und die hochgradig strukturierte Textgestaltung in Verbindung mit vielen Registern bildet eine Grenzform zum Wörterbuch. Ähnliches gilt von den Tabellenwerken, insbes. der Thermodynamik (z. B. Garvin 1987).

6.3. Biographien und Chemiegeschichte

Sammelbiographien von Chemikern (oft mit etymologischen Passagen) können lexikonartig angelegt sein (Pötsch 1988); ähnliches gilt für die Geschichte der Chemie (Engels 1989).

6.4. Mehrsprachige Wörterbücher

Einige mehrsprachige Wörterbücher geben für eine Leitsprache (meist englisch) kurze Definitionen mit an (Dorian 1964; Kryt 1980), d. h. es sind Glossare bzw. Stichwörterbücher; eine ähnliche Grenzform ist das Häufigkeitswörterbuch (Fiedler 1973).

6.5. Lieferverzeichnisse/Chemikalienlisten

Die meist jährlich erscheinenden Lieferkataloge (Aldrich Products/25 000 Substanzen, ICN Biochemicals/45 000, Sigma Biochemicals/16 000, Lancaster Synthesechemikalien/15 000) geben oft Synonyma, Gefahrenhinweise, wichtige Eigenschaften usw. mit an und werden (vor allem wegen der guten Register) in der Praxis wie Lexika benutzt. Es gibt aber produktunabhängige Chemikalienlisten (McKetta 1993; Willmes 1993; Ash/Ash 1986; Koglin 1951/55; Merck 1996). Koglin verfügt über ein ungewöhnliches Raumgruppenregister, wendet Nomenklaturregeln ‚überkonsequent' an und ist ein Grenzfall zum Tabellenwerk. Eine zentrale Stellung nimmt der Merck-Index ein, der 10 000 wichtige Verbindungen als hochinformative Einträge (‚monographies' genannt) enthält.

7. Literatur (in Auswahl)

Ash/Ash 1986 = M. Ash/I. Ash: Thesaurus of Chemical Products. 2 Bde. London 1986.

Ash/Ash 1994 = M. Ash/I. Ash: Gardner's Chemical Synonyms and Trade Names. 10th ed. Aldershot 1994.

Atkins 1993 = P. Atkins: Quanten − Begriffe und Konzepte für Chemiker. Weinheim 1993.

Atkins 1994 = P. Atkins: Limitless Horizons. In: Nature 370. 1994, 109.

Bard 1973 = A. J. Bard: Encyclopedia of Electrochemistry of the elements. 14 Vols. New York 1973/81.

Becher 1990 = P. Becher: Dictionary of Colloid and Surface Science. New York 1990.

Beilstein 1918 = Beilstein's Handbuch der Organischen Chemie. 27 Bde. (= ca. 400 physische Bände). Berlin 1918 ff.

Bennett 1986 = H. Bennett: Concise Chemical and Technical Dictionary. 4th ed. London 1986.

Bevan 1976 = S. C. Bevan et. al.: Concise Etymological Dictionary of Chemistry. Barking 1976.

Bochaute 1788 = Karl van Bochaute: Nouvelle Nomenclature chymique etymologiquement tirée du Grec. Bruxelles 1788.

Bourget/Richter 1798/1805 = D. L. Bourget/J. B. Richter: Chemisches Handwörterbuch. 5 Bde., Suppl. 1798/1805.

Brand 1991 = K. Brand: Taschenlexikon Biochemie und Molekularbiologie. Wiesbaden 1991.

Buckingham 1993 = J. Buckingham (Ed.): Dictionary of Naturals Products. 7 Vols. London 1993.

Buckingham 1994 = J. Buckingham (Ed.): Phytochemical Dictionary of the Leguminosae. London 1994.

Buckingham 1995 = J. Buckingham (Ed.): Dictionary of Organic Compounds. 6th ed. 7 Vols. London 1996.

Burghardt 1977 = W. Burghardt: Zur Konstruktion der chemischen Fachsprache. In: Das Lexikon in der Grammatik Hrsg. v. János Petöfi/Jürgen Bredemeier. 1. Halbbd. Hamburg 1977 (Papiere zur Textlinguistik 13.1), 135−159.

Carley 1993 = J. Carley (Ed.): Whittington's Dictionary of Plastics. 3rd ed. Lancaster 1993.

Clark 1957 = G. Clark: Encyclopedia of Chemistry. V. 1. Suppl. New York 1957/8.

Clark 1960 = G. Clark: Encyclopedia of Spectroscopy. New York. London 1960.

Clifford 1964 = A. F. Clifford (Ed.): International Encyclopedia of Chemical Sciences. Princeton 1964.

Comyns 1993 = A. E. Comyns: Dictionary of Named Processes in Chemical Technology. Oxford 1993.

Connolly/Hill 1992 = J. Connolly/R. Hill: Dictionary of Terpenoids. 3 Vols. London 1992.

Considine/Considine 1984 = D. M. Considine/G. D. Considine (Eds.): Encyclopedia of Chemistry. 4th ed. New York 1984.

Crosland 1962 = Maurice P. Crosland: Historical Studies in the Language of Chemistry. London 1962.

Dammer 1876 = O. Dammer: Kurzes chemisches Handwörterbuch. Berlin 1876.

Dorian 1964 = A. F. Dorian: Elsevier's Dictionary of Industrial Chemistry in six Languages. Amsterdam 1964/8.

Eagleson 1994 = M. Eagleson: Concise Encyclopedia of Chemistry. Berlin 1994.

Edmundson 1988 = R. Edmundson: Dictionary of Organophophorous Compounds. London 1988.

Engels 1989 = S. Engels (Hrsg.): ABC Geschichte der Chemie. Leipzig 1989.

Fairbridge 1972 = R. Fairbridge (Ed.): Encyclopedia of Geochemistry and Environmental Sciences. New York 1972 (Encyclopedia of Earth Sciences Series IVa).

Fehling 1871 = H. von Fehling (Hrsg.): Neues Handwörterbuch der Chemie. 10 Bde. Braunschweig 1871/1930.

Fiedler 1973 = G. Fiedler: Fachwortschatz Chemie. Häufigkeitswörterbuch russisch/englisch/französisch. Leipzig 1973.

Freiser/Nancollas 1987 = H. Freiser/G. H. Nancollas: Compendium of Analytical Nomenclature. IUPAC Definitive Rules. Oxford 1987.

Garvin 1987 = D. Garvin (Ed.): CODATA Thermodynamic Tables. Berlin 1987.

Gmelin 1922 = Gmelin Handbuch der Anorganischen Chemie 8. Aufl. ca. 600 Bde. Berlin/Heidelberg 1922 ff.

Gruhn 1979 = G. Gruhn (Hrsg.): ABC Verfahrenstechnik. Leipzig 1979.

Hackh 1987 = R. Grant/C. Grant: Hackh's Chemical Dictionary − American, International and British Usages. 5th ed. New York 1987.

Hampel 1968 = C. Hampel (Ed.): Encyclopedia of the Chemical Elements. New York 1968.

Hampel 1972 = C. Hampel (Ed.): Encyclopedia of Geochemical Sciences. New York 1972.

Hampel 1974 = C. Hampel (Ed.): Encyclopedia of Electrochemistry. New York 1974.

Hampel/Hawley 1982 = C. Hampel/G. Hawley: Glossary of Chemical Terms. 2nd ed. New York 1982.

Harborne/Baxter 1993 = J. Harborne/H. Baxter: Phytochemical Dictionary. Basingstoke 1993.

Hassner/Stumer 1994 = A. Hassner/C. Stumer: Organic Syntheses based on Name Reactions and Unnamed Reactions. Tarrytown, NY 1994 (Tetrahedron organic Chemistry Series Vol. 11).

Heath/Birley 1994 = J. Heath/A. Birley: Dictionary of Plastics Technology. London 1994.

Henglein 1988 = E. Henglein: Fach-Lexikon Chemische Technik. Weinheim 1988.

Herder 1995 = Herder Lexikon der Biochemie und Molekularbiologie. 3 Bde., 2 Suppl. Freiburg 1995.

Hibbert/James 1987 = D. B. Hibbert/A. M. James: MacMillan Dictionary of Chemistry. London 1987.

Hiersig 1995 = H. Hiersig (Hrsg.); VDI-Lexikon Produktionstechnik/Verfahrenstechnik. Düsseldorf 1995.

Hoffmann/Laszlo 1991 = R. Hoffmann/P. Laszlo: Darstellungen in der Chemie − Die Sprache der Chemiker. In: Angewandte Chemie 103.1991, 1−16.

Howard/Neal 1992 = P. Howard/M. Neal: Dictionary of Chemical Names and Synonyms. Michigan 1992.

INN 1977 = International Proprietary Names (INN) for Pharmaceutical Substances. Cumulative List. Geneva 1977.

IUPAC 1987 = V. Gold et. al. (Eds.): IUPAC Compendium of Chemical Terminology. Geneva 1987.

IUPAC 1993a = IUPAC Glossary of Class Names of Organic Compounds and Reactive Intermediates Based on Structure. Geneva 1993.

IUPAC 1993b = Guide to IUPAC Nomenclature of Organic Compounds. Oxford 1993.

IUPAC 1993c = Basic Terminology of Stereochemistry. Geneva 1993.

Jacobson 1946 = C. A. Jacobson (Ed.): Encyclopedia of Chemical Reactions. 8 Vols. New York 1946/59.

Janich 1994 = P. Janich: Chemie und Geisteswissenschaft − Stand der Diskussion. In: Selbstbilder und Fremdbilder der Chemie. Hrsg. v. E. Winter. Essen 1994, 7−15.

John 1817 = J. F. John: Handwörterbuch der allgemeinen Chemie. 4 Bde. Leipzig 1817/9.

King 1994 = B. King (Ed.): Encyclopedia of Inorganic Chemistry. 8 Vols. Chichester 1994.

Kirk 1991 = D. N. Kirk et. al. (Eds.): Dictionary of Steroids. London 1991.

Kirk/Othmer 1991 = R. E. Kirk/D. F. Othmer (Eds.): Encyclopedia of Chemical Technology. 4th ed. 27 Vols. New York 1991/8.

Kisakürek 1993 = V. Kisakürek: Organic Chemistry – Its Language and its State of the Art. Weinheim 1993.

Klaproth/Wolff 1807 = M. H. Klaproth/F. Wolff: Chemisches Wörterbuch. 5 Bde., 5 Suppl. Berlin 1807/19.

Koglin 1951 = W. Koglin: Kurzes Handbuch der Chemie. 5 Bde. Göttingen 1951/5.

Krauch/Kunz 1976 = H. Krauch/W. Kunz: Reaktionen organischer Verbindungen. 5. Aufl. Heidelberg 1976.

Kretzenbacher 1994 = Heinz L. Kretzenbacher: Bemerkungen eines Philologen zwischen Chemie und Geisteswissenschaft. In: Selbstbilder und Fremdbilder in der Chemie. Hrsg. v. E. Winter. Essen 1994, 157–185.

Kryt 1980 = D. Kryt: Dictionary of Chemical Terminology in English (with definitions), German, French, Polish and Russian. Amsterdam 1980.

Ladenburg 1882 = A. Ladenburg (Hrsg.): Handwörterbuch der Chemie. 13 Bde. Breslau 1882/90 (Enzyklopädie der Naturwissenschaften Abt. II Teil 3).

Laue/Plagens 1995 = T. Laue/A. Plagens: Namen- und Schlagwort-Reaktionen der Organischen Chemie. 2. Aufl. Stuttgart 1995.

Leigh 1990 = G. J. Leigh: IUPAC Nomenclature of Inorganic Chemistry. Oxford 1990.

Lewis 1993 = R. J. Lewis: Hawley's Condensed Chemical Dictionary. 12th ed. New York 1993.

Liebig/Poggendorf/Wöhler 1837 = Justus von Liebig/J. Poggendorf/F. Wöhler: Handwörterbuch der reinen und angewandten Chemie. 9 Bde., 2 Suppl. Braunschweig 1837/64.

Liebscher/Neels 1994 = W. Liebscher/J. Neels (Bearb.): Nomenklatur der anorganischen Chemie; IUPAC Deutsche Fassung. Weinheim 1994, 12–39.

Macintyre 1992 = J. Macintyre (Ed.): Dictionary of Inorganic Compounds. 5 Vols., 2 Suppl. London 1992/4.

Macintyre 1994 = J. Macintyre (Ed.): Dictionary of Organometallic Compounds. 2nd ed. 5 Vols., Suppl. London 1994/5.

Macquer 1767 = P. J. Macquer: Dictionnaire de Chymie. T. I. Yverdon 1767.

Macquer/Leonhardi 1781 = Chymisches Wörterbuch oder Allgemeine Begriffe der Chymie nach alphabetischer Ordnung. 6 Bde. Leipzig 1781/3.

Mark 1984 = H. F. Mark et. al. (Eds.): Encyclopedia of Polymer Science and Technology. 2nd ed. 19 Vols. New York 1984/9.

Marler 1978 = E. E. J. Marler: Pharmacological and Chemical Synonyms. 6th ed. Amsterdam 1978.

McKetta 1976 = J. J. McKetta/G. E. Weismantel (Eds.): Encyclopedia of Chemical Processing and Design. ca. 70 Vols. New York 1976 ff.

McKetta 1993 = J. J. McKetta: Inorganic Chemicals Handbook. 2 Vols. New York 1993.

Mead 1964 = W. J. Mead (Ed.): Encyclopedia of Chemical Process Equipment. New York 1964.

Melzer 1972 = Wolfgang Melzer: Zur Geschichte des deutschsprachigen chemischen Wörterbuches im 19. Jahrhundert. [Diss.] Hamburg 1972.

Merck 1996 = The Merck Index. 12th ed. Rahway/London 1996.

Mittelstraß 1992 = Jürgen Mittelstraß: Chemie und Geisteswissenschaften – Eine Einleitung. In: Chemie und Geisteswissenschaften. Hrsg. v. J. Mittelstraß/G. Stock. Berlin 1992, 9–13.

Morveau 1787 = L. B. G. de Morveau/A. L. Lavoisier/A. Bertholet/F. de Fourcroy: Méthode de nomenclature chimique. Paris 1787.

Negwer 1994 = M. Negwer: Organic chemical drugs and their Synonyms. 4 Bde. Berlin 1994.

Osteroth 1979 = D. Osteroth (Hrsg.): Chemisch-Technisches Lexikon. Berlin 1979.

Paquette 1995 = L. A. Paquette: Encyclopedia of Reagents for Organic Synthesis. 8 Vols. New York 1995.

Parker 1997 = S. P. Parker: McGraw-Hill Dictionary of Chemistry. New York 1997.

Perkampus 1993 = H.-H. Perkampus: Lexikon Spektroskopie. Weinheim 1993.

Pörksen 1994 = Uwe Pörksen: Chemie und Geisteswissenschaften – Zwei Sprachkulturen, Anmerkungen zu Werkstattgespräch. In: Selbstbilder und Fremdbilder der Chemie. Hrsg. v. E. Winter. Essen 1994, 147–156.

Pötsch 1988 = W. R. Pötsch/A. Fischer/W. Müller (Hrsg.): Lexikon bedeutender Chemiker. Leipzig 1988.

Quinkert 1992 = G. Quinkert: Spuren der Chemie im Weltbild unserer Zeit. In: Chemie und Geisteswissenschaften. Hrsg. v. J. Mittelstraß/G. Stock. Berlin 1992, 53–87.

Richardson/Gangolli 1992 = M. L. Richardson/S. Gangolli: Dictionary of Substances and their Effects. 7 Vols. Cambridge 1992/5.

Rigaudy/Klesney 1979 = J. Rigaudy/S. P. Klesney: IUPAC Nomenclature of Organic Chemistry, Section A–F, H. Oxford 1979.

Ring Systems Handbook 1984 = Ring Systems Handbook (Ring Formula Index/Ring Name Index). Columbus/OH 1984.

Römpp 1989 = Römpp Chemie Lexikon. Hrsg. v. J. Falbe/M. Regitz. 9. Aufl. 6 Bde., 5 Erg.-Bde. Stuttgart 1989/95 [10. Aufl. 1996 ff].

Rosendahl 1976 = F. K. Rosendahl: Handbuch der Namensverfahren in der chemischen Technik. Essen 1976.

Sax 1992 = R. J. Lewis: Sax's Dangerous Properties of Industrial Materials. 8th ed. London 1992.

Scharnow 1993 = H. G. Scharnow et. al.: Dictionary of Common Names. Trivialnamen Handbuch. Weinheim 1993.

Schneider 1981 = W. Schneider: Lexikon alchemistisch-pharmazeutischer Symbole. 2. Aufl. Weinheim 1981.

Schramm 1993 = L. L. Schramm: The Language of Colloid and Interface Science. A Dictionary of Terms. Cambridge 1993.

Scott/Eagleson 1988 = T. Scott/M. Eagleson: Concise Encyclopedia of Biochemistry. Berlin 1988.

Southon/Buckingham 1989 = I. Southon/J. Buckingham: Dictionary of Alkaloids. London 1989.

Stenesh 1989 = J. Stenesh: Dictionary of Biochemistry and Molecular Biology. 2nd ed. New York 1989.

Townshend 1993 = A. Townshend et. al. (Eds.): Dictionary of Analytical Reagents. London 1993.

Trommsdorff 1805 = J. B. Trommsdorff: Allgemeines pharmazeutisch-chemisches Wörterbuch. 5 Bde. Erfurt 1805/13.

Uhl/Kyriatsoulis 1984 = W. Uhl/A. Kyriatsoulis: Namen- und Schlagwortreaktionen in der organischen Chemie. Braunschweig. Wiesbaden 1984.

Ulicky/Kemp 1992 = L. Ulicky/T. J. Kemp: Comprehensive Dictionary of Physical Chemistry. New York 1992.

Ullmann 1972 = Ullmanns Enzyklopädie der technischen Chemie. 4. Aufl. Hrsg. v. E. von Bartholomé et. al. 25 Bde. Weinheim 1972—84.

Ullmann 1985 = Ullmann's Encyclopedia of Industrial Chemistry. 5th ed. Ed. by H. J. Arpe et. al. 36 Vols. Weinheim 1985/96.

Wagner 1951 = K. G. Wagner: Autorennamen als chemische Begriffe — Ein alphabetisches Nachschlagwerk. Weinheim 1951.

Watts 1868 = A. Watts: A Dictionary of Chemistry and the Allied Branches of other Sciences. London 1868/9.

Williams/Lansford 1967 = R. J. Williams/E. M. Lansford (Eds.): Encyclopedia of Biochemistry. New York 1967.

Willmes 1993 = A. Willmes: Taschenbuch Chemische Substanzen. Thun. Frankfurt 1993.

Wittstein 1847 = G. C. Wittstein: Vollständiges etymologisch-chemisches Handwörterbuch. 2. Aufl. 2 Bde., 3 Suppl. München 1847/58 [Nachdruck Hildesheim 1984].

Wolff 1971 = R. Wolff: Die Sprache der Chemie — Von Atom bis Zyankali. Bonn 1971 (Mathematisch-Naturwissenschaftliche Taschenbücher Bd. 1).

Wurtz 1869 = A. Wurtz [et. al.]: Dictionnaire de chimie pure et appliquée. 3 T. Paris 1868/78.

Gerhard Wenske, München

206. Die Fachlexikographie der Physik: eine Übersicht

1. Fachgebiet und Fachsprache der Physik
2. Historischer Rückblick
3. Wörterbücher der Naturwissenschaften
4. Gesamtgebiet Physik
5. Teilgebiete der Physik
6. Sonderformen und übergreifende Werke
7. Literatur (in Auswahl)

1. Fachgebiet und Fachsprache der Physik

Die heutige Physik befaßt sich mit allem in der Natur, was in Form von Prinzipien und Gesetzen verstehbar ist, genauer: mit allen Zustandsformen und Bewegungen der Materie, ihrer Struktur, ihren Eigenschaften, Kräften und Wechselwirkungen — sofern sie nicht als Chemie und Biologie gesondert sind. Sie ist der Prototyp der exakten (nomothetischen) Wissenschaft und beruht auf (induktiver) messender Erfassung und mathematischer Formalisierung (samt deduktiver Ableitungen); „als Paradigma einer empirischen Wissenschaft" (Mittelstraß 1974) ist sie auch Grundlage für fast alle technischen Anwendungen.

Die *Sprache der Physik* (Weizsäcker 1960; Gerlach 1962; Heinzmann 1970; Pausch 1971) ist Beobachtungs- und Theoriesprache (Carnap); „elementare Termini werden durch geeignete operative Definitionsverfahren eingeführt" (Mittelstaedt 1986). Diese Orthosprache wird als Modellsprache mittels Kritik und Reorganisation „zur faktischen Umgangs- und Wissenschaftssprache konstruiert, ... enthält also Nominatoren, Relatoren, Abstraktoren" (Mittelstraß 1974). Satzstücke (d. h. autosemantische Ausdrücke) sind Namen für Ideen und Vorstellungen, die ihrerseits Bilder von Weltausschnitten sind.

Für die Lexikographie ergeben sich aus dieser kunstsprachlichen Einbettung einige Besonderheiten und Schwierigkeiten (Feynman: „Physiker unterlegen ganz gewöhnlichen Wörtern eine andere Bedeutung"). Es kommt zu ‚unsinnigen' Wortbildungen (*schwarzes Licht*; *nullte Näherung*), seltsamen Analogien (*Tröpfenmodell des Atomkerns*), Weiterbenutzung von Fehlbenennungen („*Atom*' ist nicht unteilbar, ‚*Potentiometer*' ist kein Meßgerät) oder semantischer Überfrachtung (*Ionenwanderung*, also Wander-Wanderung). *Eponyme* bilden einen beachtlichen Wortschatz (Ruffner 1984), der Zweitbestandteil *Effekt* ist bes. produktiv und entsprechende Wörterbücher (Hix/Alley 1958) enthalten oft auch chronologische Aspekte (Ballentyne/Lovett, 1980), Biographien (Schubert 1987) u. ä. Gleichermaßen produktiv ist das Wortelement für Meßgeräte *meter* (*Manometer*, *Barometer*, *Voltmeter* ...), das sich bes. häufig in Lexika der Meßtechnik findet (Helm/Richter 1984; Schrüfer 1992).

Da es „eine eindeutige Verbindung zwischen den mathematischen Symbolen, den Messungen und Begriffen der gewöhnlichen Sprache gibt" (Heisenberg) und „die Mathematik ... zugleich Hilfsmittel und Endstufe ist" (Gerlach 1962) sind Symbole, Formeln udgl. häufig in Physik-Lexika oder selbständigen Werken (Polon 1965) zu finden, bes. im Grenzbereich theoretische Physik/angewandte Mathematik (Sneddon 1976); letztgenanntes weist bei 2000 Einträgen viele Verweisungen und ein detailliertes Register auf.

2. Historischer Rückblick

Die Physik der Neuzeit (Galilei, Newton, Kepler u. a.) hat nach der Ausgliederung von Chemie, Biologie, Geologie, Mineralogie usw. in einigen großen Wörterbüchern (Fond 1781; Fischer 1798; Marbach 1834; Marbach 1850; Emsmann 1868) als klassische Physik Gestalt angenommen, obwohl es meist Lehrbücher in alphabetischer Anordnung waren; dem bewußt „volkstümlichen, bequemen Nachschlagwerk" (Lommel 1882) ist ein Leseschlüssel beigefügt. Exemplarisch ist ein mehrbändiges Wörterbuch (Gehler 1789) mit einer Geschichte der Erfindungen, Realregister (mit eingefügten Erläuterungen) und Verzeichnis der lateinischen und französischen Kunstwörter. In diesen Kompendien finden sich z. B. Essays über die *Dampfmaschine* (212 S.), das *Atmen* (20 S.), die *Atmosphäre* (112 S.), aber auch Einträge wie *Astronomische und physikalische Bildersprache* („... wo Wortsprache nicht ausreicht, bedarf es der Figuren und der Bildersprache").

3. Wörterbücher der Naturwissenschaften

Umfangreiche Nachschlagwerke der Naturwissenschaften ähneln im Aufbau sehr den modernen Konversationslexika (Brockhaus 1989; Parker 1992) oder sind sehr konzise Wörterverzeichnisse (Morris 1992) mit 125 000 Definitionen, Fachgebietszuordnung, Synonymen, Polysemen, Aussprachehinweis und Etymologie. Als Standardwerk mit 7300 Einträgen nimmt Considine/Considine 1995 eine Mittelstellung ein. Der Anteil der physikalischen Termini dominiert mit 10 bis 20%.

4. Gesamtgebiet Physik

Mit der Ausbildung der modernen Physik in diesem Jh. und der ungeheuren Kenntniserweiterung werden die monumentalen *Handbücher* (Berliner/Scheel 1926; Flügge 1955) und das monströse *Tabellenwerk* (Landolt/Börnstein 1950) typisch. Parallel dazu gibt es das klassische *Sachwörterbuch* (Glazebrook 1922; Berliner/Scheel 1932; Westphal 1952; Franke 1969; Besancon 1985; Lerner/Trigg 1990; Gray/Isaacs 1991), das „Form und Inhalt wegen der ersten Belehrung von Hilfswissenschaften" (Berliner/Scheel, Vorwort) erhält und oft Satzteile als Eintrag aufweist (z. B. *Radioaktivität der Steine, Photometrie verschiedenfarbiger Lichtquanten, selektive Reflexion des Schalles*), aber zunehmend zur Sammlung von Essays (mit verknüpfenden Registern usw.) wird: Besancon reduziert die Physik auf 300 zentrale Begriffe, Lerner/Trigg hat beim Buchstaben Z nur einen Eintrag (*Zeeman-Stark-Effect*). Dieser Trend gilt für die beiden aktuellen Standardwerke (mit 18 bzw. 22 Bänden): Meyers 1992 verfügt bei 14 000 Seiten (6000 Abb., 4000 Literaturstellen) über 70 000 Registereintragungen und 4200 ‚glossaries', die den wichtigen Artikeln vorangestellt werden. Die *Encyclopedia of Applied Physics* (Trigg 1991) gliedert 950 Großartikel in Inhaltsübersicht, Glossar, Akronymliste, zitierte und weiterführende

Literatur etc., verknüpft diese durch Verweisungen und feinmaschige Register und ordnet sie den 20 Teilgebieten sowie sechs Kategorien (Geräte/Ausrüstungen, Materialien, Prozesse/Phänomene u. a.) zu.

Eine Mittelstellung nimmt das klassische Wörterbuch von Thewlis 1961 ein, das kurze mehrzeilige Definitionen und mehrspaltige Übersichtsartikel verbindet (ca. 14 000 Einträge), ergänzt durch ein neunsprachiges Register.

Ähnliches gilt von den kompakteren, am Konversationslexikon orientierten Werken (Müller 1975; Lord 1986; Gellert/Lenk 1989). Den anderen Pol bilden handliche Wörterbücher, die knappe sachliche Definitionen (Isaacs 1996), mitunter ergänzt durch Synonyma, Akronyme, Sachgebiets- und Aussprachangaben (z. B. Parker 1997 mit 9200 Einträgen). Ältere Wörterbücher dieser Art (Auerbach 1920) geben bei Eponymen oft Personaldaten mit an oder „etymologische Erklärungen" (Vorwort, Berndt 1920); letztere finden sich ausschließlich in kleineren Zusammenstellungen (Mullen 1969; Flood 1974; Ciba 1982).

5. Teilgebiete der Physik

Einige Teilgebiete sind weitgehend zu *selbständigen Disziplinen* geworden und seien nur mit ihren Standardlexika erwähnt: *Astrophysik* (Hopkins 1980; Meyers 1989; Maran 1992), *Biophysik* (McAinsh 1986), *Geohysik* (Bartels/Angenheister 1969). Für die rund 20 Teilgebiete, welche die tonangebende American Physical Society kennt, gibt es Wörterbücher in recht unterschiedlichem Umfang, von diversem Aufbau und mit ziemlich abweichenden Schwerpunkten; auch hier herrscht das Sachwörterbuch vor.

Von der *klassischen Mechanik* gibt es nur für die praktisch wichtige *Akustik* eigene Wörterbücher: Sound (Stevens 1975) enthält 3600 Einträge (englische Definitionen) mit fünfsprachigem Register, das Reallexikon Akustik (Rieländer 1982) nimmt auf die jeweiligen Normen Bezug (2000 Begriffe).

Vom traditionellen Gebiet des Elektromagnetismus ausgehend hat sich die Elektronik (und Elektrotechnik) als völlig zur Technik gehörig entwickelt, so daß hier nur der *Magnetismus* mit dem hochaktuellen Bereich kernmagnetische Resonanz erwähnt sei. Die hochspezifische Terminologie (von *absolute value mode* bis *zero-quantum coherence*) wird sachlich erläutert (Homans 1989) oder im achtvolumigen Kompendium (Grant/Harris 1995) in 800 Artikeln abgehandelt, wobei der erste Band Geschichtliches (auch persönliche Erinnerungen bedeutender Fachleute und begriffliche Aspekte) dem Alphabet voranstellt.

Der sichtbare Bereich des Spektrums ist als *Optik* vielfältiger in der Lexikographie vertreten. Besonders umfangreich (20 000 Einträge, z. B. *Linse* ist 20 S. lang) ist das *Dictionary of visual science* (Cline 1980); daneben gibt es kompaktere Wörterbücher (Mütze 1961; Haferkorn 1988; Meyers 1991) und einen „Ratgeber beim Verdeutschen für Optiker, Augenärzte etc." (Deutsches Wörterbuch 1916), das 1000 Termini zusammenstellt (z. B. *hemisymmetrisch = gegenähnlich*, *holosymmetrisch = gegengleich*); ähnlich verfährt Pietzsch 1925. Ebenfalls das Ergebnis der Arbeit einer Nomenklaturkommission (mit Angabe der Vorzugsbenennung, deutscher und französischer Äquivalente usw.) ist das *Dictionary of light microscopy* (Bradbury 1989); andere Schwerpunkte berücksichtigen Gray 1973 und Clark 1963.

Für die *Atom- und Kernphysik* liegen Sachwörterbücher (Höcker/Weimer 1959), kurze Definitionslisten (del Vecchio 1964) oder mehrsprachige Wörterbücher (mit Definitionen) vor (Clason 1970); bzgl. Isotope vgl. 6.

Die *Wärmelehre* ist durch ein Wörterbuch der *Thermodynamik* vertreten (James 1976).

6. Sonderformen und übergreifende Werke

Wegen der zentralen Rolle, die *Formeln*, *Symbole* (Polon 1965), *Maßeinheiten* und *Meßverfahren* spielen, seien lexikalisch aufgebaute Werke hier gesondert aufgeführt. Lexika der Maßeinheiten enthalten oft äußerst kurze Einträge (Junge 1981; ca. 9000), sind mitunter historisch ausgerichtet (Hellweg 1979), weisen auf veraltete, ungesetzliche, ausländische Bezeichnungen hin (Schulz/Vogelsang 1991; Fischer/Vogelsang 1993), kommentieren die Chronologie (Drazil 1983) oder berücksichtigen stärker die Eponyme (Jerrard/McNeill 1992). Sprachnormend wirken hier internationale Gremien wie ISO, WHO und IUPAP (ISO 1993; Lowe 1975 und Cohen/Giacomo 1987).

Neben den Meßgrößen ist die Meßtechnik noch von Bedeutung für die Physik (Schrüfer 1992; Profos/Domeisen 1993); das klassische Lexikon hierzu versucht „von grundlegenden

Begriffen deduktiv zum Konkreten vorzugehen" (Helm/Richter 1984; ca. 4000 Einträge).

Quer zu den in Abs. 5 angegebenen Teilgebieten verlaufen auch die Tabellenwerke und Datensammlungen, die oft Übergangsformen zum Wörterbuch bilden (Emiliani 1987; Kaye/Laby 1995). Ein *Tabellenwerk* (Firestone/Shirley 1993) ordnet z. B. die kernphysikalischen Daten aller 3100 bekannten Isotope (und Isomere) nach aufsteigender Massenzahl (von A = 1 bis A = 272) und gliedert in zweiter Stufe nach der Ordnungszahl. Das 250 physische Bde. umfassende Großwerk mit Diagrammen, Definitionsabschnitten, bewerteten Tabelleneinträgen usw. (Landolt/Börnstein 1950) bildet einen extremen Grenzfall als Nachschlagewerk.

Ebenso spartenübergreifend ist die *Geschichte der Physik* (Herrmann 1986) mit Biographien, Sachwörtern und Titel der Originalschriften als Einträge zu sehen.

7. Literatur (in Auswahl)

Auerbach 1920 = F. v. Auerbach: Wörterbuch der Physik. Berlin. Leipzig 1920.

Ballentyne/Lovett 1980 = D. W. G. Ballentyne/D. R. Lovett: Dictionary of named effects and laws in chemistry, physics and mathematics. 4th ed. London 1980.

Bartels/Angenheister 1969 = J. Bartels/G. Angenheister (Hg.): Fischer Lexikon Geophysik. Frankfurt/Main 1969.

Berliner/Scheel 1926 = A. Berliner/K. Scheel: Handbuch der Physik. 24 Bde. Berlin 1926/9.

Berliner/Scheel 1932 = A. Berliner/K. Scheel: Physikalisches Handwörterbuch. 2. Aufl. Berlin 1932.

Berndt 1920 = G. Berndt: Physikalisches Wörterbuch. Berlin. Leipzig 1920.

Besancon 1985 = R. M. Besancon: The Encyclopedia of Physics. 3rd ed. New York. London 1985.

Bradbury 1989 = S. Bradbury et al.: Dictionary of light microscopy. Oxford 1989.

Brockhaus 1989 = Brockhaus Naturwissenschaften und Technik. 5 Bde. Wiesbaden 1989.

Ciba 1982 = W. Ciba et al.: Fremdwörterbuch naturwissenschaftlicher und mathematischer Begriffe. 4. Aufl. Köln 1982.

Clark 1963 = G. C. Clark (Ed.): Encyclopedia of X-rays and gamma rays. New York 1963.

Clason 1970 = W. E. Clason: Dictionary of nuclear science and technology in six languages. 2nd ed. Amsterdam 1970.

Cline 1980 = D. Cline et al.: Dictionary of visual science. 3rd ed. Radnor, PA 1980.

Cohen/Giacomo 1987 = E. R. Cohen/P. Giacomo: Symbols, Units, Nomenclature and Fundamental Constants in Physics. Geneva 1987 (IUPAP-25).

Considine/Considine 1995 = D. M. Considine/G. Considine (Eds.): Van Nostrand's Scientific encyclopedia. 8th ed. New York 1995.

del Vecchio 1964 = A. del Vecchio: Concise dictionary of atomics. New York 1964.

Deutsches Wörterbuch 1916 = Fremdwortausschuß für die Optik: Deutsches Wörterbuch der gesamten Optik. Berlin 1916/7.

Drazil 1983 = J. V. Drazil: Quantities and units of measurements: A dictionary and handbook. London. Wiesbaden 1983.

Emiliani 1987 = C. Emiliani: Dictionary of physical sciences: Terms – Formulas – Dates. Oxford 1987.

Emsmann 1868 = A. H. Emsmann: Physikalisches Handwörterbuch. 2 Bde. Leipzig 1868.

Firestone/Shirley 1993 = R. B. Firestone/V. S. Shirley (Eds.): Tables of isotopes. 8th ed. London 1993.

Fischer 1798 = J. C. Fischer: Physikalisches Wörterbuch oder der vornehmsten zur Physik gehörigen Begriffe und Kunstwörter. 8 Bde. Göttingen 1789/1827.

Fischer/Vogelsang 1993 = R. Fischer/K. Vogelsang: Größen und Einheiten in Physik und Technik. 6. Aufl. Berlin. München 1993.

Flood 1974 = W. F. Flood: Scientific words: Their structure and meaning. Westport 1974.

Flügge 1955 = E. Flügge (Hrsg.): Handbuch der Physik. 52 Bde. Berlin 1955 ff.

Fond 1781 = S. de la Fond: Dictionnaire de Physique. Paris 1781.

Franke 1969 = H. Franke: Lexikon der Physik. 2. Aufl. 3 Bde. Stuttgart 1969.

Gehler 1789 = J. Gehler: Physikalisches Wörterbuch oder Versuch einer Erklärung der vornehmsten Begriffe und Kunstwörter der Naturlehre. 5 Bde. Suppl. Leipzig 1789/99.

Gellert/Lenk 1989 = W. Gellert/R. Lenk: Fachlexikon ABC Physik. 2. Aufl. 2. Bde. Frankfurt. Thun 1989.

Gerlach 1962 = W. Gerlach: Die Sprache der Physik. Bonn 1962 (Mathematisch-naturwissenschaftliche Taschenbücher 5).

Glazebrook 1922 = R. Glazebrook (Ed.): Dictionary of applied physics. 5 vols. London 1922/3.

Grant/Harris 1995 = D. M. Grant/R. K. Harris (Eds.): Encyclopedia of nuclear magnetic resonance. 8 vols. New York 1995.

Gray 1973 = P. Gray (Ed.): Encyclopedia of microscopy and microtechnique. New York 1973.

Gray/Isaacs 1991 = H. J. Gray/A. Isaacs (Eds.): Dictionary of physics. 3rd ed. Harlow 1991.

Haferkorn 1988 = H. Haferkorn (Hrsg.): BI-Lexikon Optik. Leipzig 1988.

Heinzmann 1970 = F. Heinzmann et al.: Physik Häufigkeitswörterbuch. Leipzig 1970.

Hellweg 1979 = Q. Hellweg: Lexikon der Maße und Gewichte. Gütersloh 1979.

Helm/Richter 1984 = L. Helm/W. Richter: Fachlexikon Meßtechnik. Leipzig 1984.

Herrmann 1986 = A. Herrmann: Lexikon Geschichte der Physik A−Z. 3. Aufl. Köln 1986.

Hix/Alley 1958 = C. F. Hix/R. P. Alley: Physical laws and effects. New York/London 1958.

Höcker/Weimer 1959 = K. H. Höcker/K. Weimer: Lexikon der Kern- und Reaktortechnik. 2 Bde. Stuttgart 1959.

Homans 1989 = S. W. Homans: A dictionary of concepts in nuclear magnetic resonance. Oxford 1989.

Hopkins 1980 = J. Hopkins (Ed.): Glossary of astronomy and astrophysics. 2nd ed. London. Chicago 1980.

ISO 1993 = International vocabulary of basic and general terms in metrology. 2nd ed. Geneva 1993.

Isaacs 1996 = A. Isaacs (Ed.): A dictionary of physics. 3rd. ed. Oxford 1996.

James 1976 = A. James: Dictionary of thermodynamics. New York 1976.

Jerrard/McNeill 1992 = H. G. Jerrard/D. B. McNeill: Dictionary of scientific units. 6th ed. London 1992.

Junge 1981 = H.-D. Junge: BI-Taschenlexikon Messung−Meßgröße−Maßeinheit. Leipzig 1981.

Kaye/Laby 1995 = G. W. C. Kaye/T. H. Laby: Tables of physical and chemical constants. 16th ed. London 1995.

Landolt/Börnstein 1950 = H. H. Landolt/R. Börnstein (Hrsg.): Zahlenwerte und Funktionen aus Physik, Chemie, Astronomie, Geophysik und Technik. 6. Aufl. Berlin 1950 ff [bisher ca. 250 physische Bde.]

Lerner/Trigg 1990 = R. G. Lerner/G. L. Trigg: Encyclopedia of physics. 2nd. ed. Weinheim 1990.

Lommel 1882 = E. v. Lommel: Lexikon der Physik und Meteorologie. Leipzig 1882.

Lord 1986 = M. P. Lord: Dictionary of physics. London 1986.

Lowe 1975 = D. A. Lowe: A Guide to international recommendations on names and symbols for quantities and on units of measurement. Geneva 1975.

Maran 1992 = S. P. Maran (Ed.): The astronomy and astrophysics encyclopedia. New York 1992.

Marbach 1834 = G. O. Marbach: Populäres Physikalisches Lexikon: Enzyklopädie der Experimentalphysik. 5 Bde. Leipzig 1834/8.

Marbach 1850 = O. Marbach: Physikalisches Lexikon: Enzyklopädie der Physik und ihrer Hilfswissenschaften. 2. Aufl. 6 Bde. Leipzig 1850/9.

McAinsh 1986 = T. F. McAinsh (Ed.): Physics in medicine and biology encyclopedia: Medical physics, bioengineering, biophysics. 2 vols. Oxford 1986.

Meyers 1989 = R. A. Meyers (Ed.): Encyclopedia of astronomy and astrophysics. San Diego 1989.

Meyers 1991 = R. A. Meyers (Ed.): Encyclopedia of laser and optical technology. San Diego 1991.

Meyers 1992 = R. A. Meyers (Ed.): Encyclopedia of physical sciences and technology. 2nd ed. 18 vols. San Diego 1992.

Mittelstaedt 1986 = P. Mittelstaedt: Realität in der modernen Physik. Mannheim 1986 (BI-Hochschultaschenbücher 650).

Mittelstraß 1974 = J. Mittelstraß: Die Möglichkeit der Wissenschaft. Frankfurt 1974 (Suhrkamp Taschenbuch Wissenschaft 62).

Morris 1992 = C. Morris (Ed.): Academic Press Dictionary of science and technology. San Diego 1992.

Mullen 1969 = W. B. Mullen: Dictionary of scientific word elements: chemistry, mathematics, physics. New Jersey 1969 (Littlefield quality paperbacks 102).

Müller 1975 = H.-H. Müller (Hrsg.): Meyers Lexikon Physik. Mannheim/Wien/Zürich 1975.

Mütze 1961 = K. Mütze (Hrsg.): ABC der Optik. Leipzig 1961.

Parker 1992 = S. P. Parker (Ed.): McGraw-Hill Encyclopedia of science and technology. 7th ed. 20 vols. New York 1992.

Parker 1997 = S. P. Parker (Ed.): McGraw-Hill Dictionary of physics. 2nd ed. New York 1997.

Pausch 1971 = H. Pausch: Anmerkungen zu Problemen und Strukturen der Wissenschaftssprache in der modernen Physik. In: Wirkendes Wort 21. 1971, 411−424.

Pietzsch 1925 = W. Pietzsch: Fremdsprachliches Optisches Wörterbuch. Bd. 5/6 Photographie. Erfurt. Weimar 1925/33.

Polon 1965 = D. D. Polon (Ed.): Dictionary of physics and mathematics abbreviations, signs and symbols: definitions A−Z. New York 1965.

Profos/Domeisen 1993 = P. Profos/E. Domeisen: Lexikon und Wörterbuch der industriellen Meßtechnik. 3. Aufl. München. Wien 1993.

Rieländer 1982 = M. M. Rieländer: Reallexikon der Akustik. Frankfurt 1982.

Ruffner 1984 = J. H. Ruffner et al. (Eds.): Eponym dictionaries index. Detroit 1984 ff.

Schrüfer 1992 = E. Schrüfer (Hrsg.): VDI-Lexikon Meß- und Automatisierungstechnik. Düsseldorf 1992.

Schubert 1987 = J. Schubert: Dictionary of effects and phenomena in physics. Weinheim 1987.

Schulz/Vogelsang 1991 = G. Schulz/K. Vogelsang: Kleines Lexikon Einheiten − Formeln − Größen. Leipzig 1991.

Sneddon 1976 = I. N. Sneddon (Ed.): Encyclopedic dictionary of mathematics for engineers and applied scientists. Oxford 1976.

Stevens 1974 = R. W. B. Stevens (Ed.): Sound. London 1974.

Thewlis 1961 = J. Thewlis (Ed.): Encyclopedic dictionary of physics. 9 vols. 5 suppls. New York 1961/76.

Trigg 1991 = G. L. Trigg (Ed.): Encyclopedia of applied physics. 22 vols. Weinheim 1991/7.

Weizsäcker 1960 = C. F. v. Weizsäcker: Sprache der Physik. In: Sprache und Wissenschaft. Göttingen 1960.

Westphal 1952 = W. Westphal (Hrsg.): Physikalisches Wörterbuch. Berlin 1952.

Gerhard Wenske München

207. Die Fachlexikographie der Mathematik: eine Übersicht

1. Vorbemerkungen
2. Einsprachige Darstellungen
3. Mehrsprachige Wörterbücher
4. Literatur
   (in Auswahl und mit Kommentaren)

1. Vorbemerkungen

Die zunehmende Spezialisierung läßt auch in der Mathematik den Wunsch nach geeigneten Nachschlagewerken − infolge der gestiegenen Internationalisierung auch nach gehaltvollen mehrsprachigen Wörterbüchern − immer stärker werden, da selbst der ausgebildete Mathematiker kaum noch das Gesamtgebiet der Mathematik zu überblicken vermag. Bei der Erarbeitung entsprechender Lexika ist den Interessen eines heterogenen Benutzerkreises Rechnung zu tragen, der von den reinen Mathematikern, Physikern und Chemikern über die Anwender der Mathematik aus dem Bereich der übrigen Wissenschaften und Technik bis hin zu Schulmathematikern und mathematisch interessierten Laien reicht. Dabei ist im Auge zu behalten, daß gute Wörterbücher − und keineswegs nur einsprachige − einen erheblichen normativen Einfluß auf den Sprachgebrauch haben.

Als für den Benutzer am praktischsten erscheinen zunächst alphabetisch geordnete Wörterverzeichnisse (einsprachige Wörterbücher im engeren Sinne) mit nicht zu langen Artikeln, die möglichst ohne weiteres Nachschlagen verständlich sind. Mehr in die Tiefe gehende Informationen lassen sich jedoch in der Regel nur durch Gesamtdarstellungen größerer Gebiete gewinnen, so daß man auf Enzyklopädien im engeren Sinne, Handbücher und Monographien nicht verzichten kann. Über neuere mathematische Originalarbeiten kann man sich an Hand der Besprechungen in den Referateorganen (*Mathematical Reviews* [Math. Rev.] und *Referativnyj žurnal Matematika*) sowie der Autorreferate im *Zentralblatt der Mathematik* informieren. Hinsichtlich des Sprachgebrauchs in der Mathematik sei auf die unter 4.1. genannten Veröffentlichungen sowie auf den Art. 136 verwiesen.

2. Einsprachige Darstellungen

2.1. Mathematische Wörterbücher im engeren Sinne

Es gibt nur wenige umfassende einsprachige mathematische Wörterbücher. Im Deutschen ist das erste dieser Art das *Mathematische Wörterbuch* in 2 Bänden von Naas/Schmid. Der Plan hierzu geht bis 1930 zurück; die Vorarbeiten haben schon vor dem Zweiten Weltkrieg begonnen. Die Herstellung war sehr aufwendig, denn die Aufteilung der größeren, in Fahnen gesetzten Artikel (die seinerzeit in einer Akademieausstellung allen Interessenten gezeigt wurden) auf die einzelnen Stichwörter erfolgte erst nachträglich.

Nun weisen Gesamtdarstellungen der Mathematik wegen der dauernden Prägung neuer Begriffe sehr schnell immer größere Lücken auf, wenn auch die in ihnen enthaltenen Aussagen im allgemeinen ihren Wert behalten, im Gegensatz zu experimentellen Wissenschaften, in denen Forschungsergebnisse schnell veralten, nicht aber in diesem Maße laufend neue Begriffe aufkommen. Da sich der mit dem Naas/Schmid getriebene Aufwand nicht ohne weiteres wiederholen läßt, ist daher vorgesehen, Lexika in Wörterbuchform zu kleineren Gebieten herauszugeben, die in kürzeren Abständen aktualisiert werden können. Neben einem vierbändigen Werk zur Kybernetik, das eine gewisse Sonderrolle spielt, sind in diesem Sinne im Akademie-Verlag bisher Bände zu Wahrscheinlichkeitsrechnung (Stochastik), Optimierung und Algebra erschienen.

Im Russischen ist zeitlich zunächst an die von führenden Mathematikern verfaßten einschlägigen Artikel in der 2. Auflage der *Bol'šaja Sovetskaja Ėnciklopedija* zu denken. Einzelne davon sind in deutscher Übersetzung broschiert erschienen. Das erste umfassende einsprachige mathematische Wörterbuch ist die 1977–1985 in 5 Bänden veröffentlichte *Matematičeskaja Ėnciklopedija*, die in weiten Bereichen den modernen Stand der Wissenschaft widerspiegelt; eine Kurzfassung davon stellt das 1988 erschienene *Matematičeskij ėnciklopedičeskij slovar'* dar. In geringfügig ergänzter englischer Übersetzung wurde sie als *Encyclopaedia of Mathematics* bei Kluwer herausgegeben.

Im Englischen liegt jetzt neben den einschlägigen Artikeln der *Encyclopaedia Britannica*, die erstaunlich umfassende aktuelle Darstellungen von Teilgebieten der Mathematik enthält, als ganz moderne Veröffentlichung das von Itô herausgegebene *Encyclopaedic Dictionary of Mathematics* in 2 Bänden vor, eine Übersetzung des ursprünglich japanischen Originals.

Im Französischen gibt es als einsprachiges mathematisches Wörterbuch das *Dictionnaire des mathématiques* von Bouvier und George, das allerdings nicht so tief geht.

Das erste einsprachige mathematische Wörterbuch im Ungarischen ist das *Matematikai Kislexikon* von Miklós, das jedoch bei weitem nicht so viel umfaßt wie das von Naas/Schmid.

2.2. Mathematische Enzyklopädien

Neben den Wörterbüchern im eigentlichen Sinne sind die Enzyklopädien von besonderer Bedeutung. Unter diesen ist die 1898–1935 erschienene *Encyklopädie der Mathematischen Wissenschaften mit Einschluss ihrer Anwendungen* auch heute noch für die klassische Mathematik und insbesondere für historische Fragen von großem Wert. Sie verdankt ihre Entstehung der Initiative von Felix Klein, Heinrich Weber und Franz Meyer und der finanziellen Unterstützung durch die Akademien. Ursprünglich war die Erarbeitung eines alphabetisch angeordneten Lexikons ins Auge gefaßt worden, zu dem Felix Müller mit seinem Wörterbuch (1900) bereits Vorarbeit geleistet hatte; von dieser Darstellungsform wurde auf Grund des hohen Aufwandes und unvermeidlicher Inhomogenitäten Abstand genommen.

Der bereits 1939 (für den Band *Algebra und Zahlentheorie*) gestartete Versuch, eine grundlegende aktualisierte Neufassung herauszubringen, ist durch den Krieg und die anschließende Teilung Deutschlands wohl endgültig gescheitert, zumal die bereits erschienenen Hefte naturgemäß nicht mehr den neuesten Stand repräsentieren. Die französische Ausgabe der Enzyklopädie, die auf der Grundlage der deutschen von französischen Mathematikern erarbeitet worden ist, erscheint gegenwärtig im Nachdruck.

Im Rahmen der (jetzt bei Masson, Paris, erscheinenden) Reihe *Éléments de Mathématiques* veröffentlicht ein Kreis führender Mathematiker unter dem Pseudonym N. Bourbaki eine auf hohem Niveau stehende Darstellung der Grundstrukturen der Mathematik.

2.3. Gesamtdarstellungen einzelner Gebiete

Im Hinblick auf die Schwierigkeiten, einen enzyklopädischen Überblick über die gesamte Mathematik zu geben, der nicht bereits zur Zeit des Erscheinens überholt ist, geht heutzutage der Trend dahin, in zwangloser Reihenfolge Gesamtdarstellungen einzelner Teilgebiete zu veröffentlichen, die nicht nur dem Spezialisten verständlich sind und in kürzeren Abständen aktualisiert werden können. Diesem Anliegen dient insbesondere die ursprünglich bei Addison-Wesley, seit Jahren inzwischen bei Cambridge University Press verlegte *Encyclopedia of Mathematics*, von der seither über 66 Bände erschienen sind. Die Fortschritte auf einzelnen Spezialgebieten werden in der Reihe *Ergebnisse der Mathematik und ihrer Grenzgebiete* bei Springer zusammengefaßt, und einem ähnlichen Anliegen dienen die Bände der *Encyclopedia of Mathematical Sciences* bei Springer, die auf einschlägigen Beiträgen der russischen *Itogi nauk* basieren.

Unabhängig davon gibt es (teilweise sogar mehrbändige) Monographien zu einzelnen Gebieten, die hier nicht separat aufgeführt werden sollen, beispielsweise zu Booleschen Algebren oder zu Mathematischer Logik; und beliebt sind auch Anthologien von Klassikern der Mathematik, wie etwa James R. Newmans vierbändige *The World of Mathematics* (Tempus, Redmond 1988).

2.4. Elementarere Darstellungen

Für breitere Leserkreise existieren zahlreiche Veröffentlichungen; in Wörterbuchform etwa das *Lexikon der Mathematik* (Gellert 1977) oder das *Tolkovyj slovar' matematičeskich terminov* (Ditkin 1965); in thematisch zusammenhängender Darstellung z. B. die *Kleine Enzyklopädie Mathematik*, der *dtv-Atlas zur Mathematik*, das auch in russischer Übersetzung erschienene *Mathematical handbook for scientists and engineers* von Korn/Korn und das *Taschenbuch der Mathematik* von Bronstein/Semendjajew; daneben mehr auf den Schulstoff zugeschnittene Werke wie die *Enciclopedia delle matematiche elementari* von Berzolari u. a., die von H. Behnke u. a. herausgegebenen 5bändigen *Grundzüge der Mathematik*, die in 5 Bänden erschienene *Enzyklopädie der Elementarmathematik* oder die *Encyklopädie der elementaren Algebra und Analysis* von Weber, ganz zu schweigen von älteren Werken wie *Schlömilchs Handbuch der Mathematik*.

3. Mehrsprachige mathematische Wörterbücher

Wichtig für das Verständnis und die Übersetzung ausländischer mathematischer Veröffentlichungen sind gute zwei- und mehrsprachige Wörterbücher, wobei mehrsprachige häufig eine noch bessere Differenzierung ermöglichen. Zu beachten ist, daß in der Umgangssprache geläufige Wörter in der Mathematik ganz spezielle Bedeutung haben können, daß sich der Sinn zusammengesetzter Begriffe oft nicht einfach „additiv" aus den Komponenten ergibt, daß es für die richtige Wortwahl daher sehr auf den Kontext ankommt und daß ständig neue Begriffe geprägt werden. Ein Wörterbuch, das im wesentlichen nur sog. Grundwörter enthält, nützt daher meist nur wenig, auch wenn es manchmal bei Zusammensetzungen scheinen könnte, sie seien trivial.

Als derzeit umfangreichstes Wörterbuch ist das 4sprachige *Wörterbuch Mathematik* in 2 Bänden von Eisenreich/Sube zu nennen, das zur Erleichterung der richtigen Auswahl durchweg Gebietsangaben macht. Von kleineren zweisprachigen seien nur genannt das russisch-englische von Lohwater (das in den Math. Rev. besonders gelobt wird, obgleich es viele allgemeine, nichtmathematische Termini enthält), das von Kalužnin herausgegebene deutsch-russische, das französisch-russische von Rozov sowie das 1959 im Deutschen Verlag der Wissenschaften erschienene *Mathematische Wörterbuch* Russisch-Deutsch und Englisch. Überraschend ist, wie viele spezielle mathematische Termini bereits 1957 das 2bändige allgemeinsprachige *Magyar-német szótár* von Halasz (Akadémiai Kiadó, Budapest) enthält.

Wortlisten sind gelegentlich auch in anderen Veröffentlichungen enthalten, z. B. in der Zeitschrift *Fremdsprachen*. Weiteres ist der folgenden Übersicht mit bibliographischen Angaben zu entnehmen.

4. Literatur (in Auswahl und mit Kommentaren)

4.1. Generelle Vorbemerkungen

Das folgende Verzeichnis basiert auf unmittelbarer Kenntnis von Werken, auf Besprechungen in den Math. Rev. und auf Verlags- und sonstigen Verzeichnissen. Die Einordnung in die verschiedenen Gruppen ist naturgemäß fließend: manchmal ist nach größeren Artikeln alphabetisch geordnet, während Einzelbegriffe durch ein Register erschlossen werden; gelegentlich enthalten die Bücher auch mehrsprachige Begriffsverzeichnisse; und wenn das betreffende Buch nicht im Original vorlag, war nicht immer mit Sicherheit zu entscheiden, ob es sich um eine alphabetische Anordnung von Stichwörtern oder mehr um eine thematische Darstellung handelt. Da schon aus Platzgründen keine Vollständigkeit angestrebt werden konnte, sei insbesondere auf die Verzeichnisse in den verschiedenen Auflagen der *International Bibliography of [Specialized] Dictionaries* (Fachwörterbücher und Lexika) bei Saur, München, verwiesen. Weitere Bibliographien findet man in dem Art. *335. Bibliography of Dictionary Bibliographies* von Margaret Cop in: *Wörterbücher. Ein Internationales Handbuch zur Lexikographie*, 3. Teilband, de Gruyter, Berlin−New York 1991, 3169−3177. Die Aufnahme zusätzlicher einsprachiger Einzeldarstellungen verbot sich von vornherein; hier kann man die in einzelnen Werken angeführten Bibliographien sowie die Sachkataloge der mathematischen Bibliotheken konsultieren. Als Beispiele für Veröffentlichungen zum mathematischen Sprachgebrauch sei verwiesen auf die Arbeiten Bock/Gottwald/Mühlig (1972), Lobatsch (1993), Rautenberg (1965) und Sabath (1970) im Art. 136.

4.2. Einsprachige mathematische Wörterbücher im engeren Sinne

Arabin 1970 = W. Arabin: Kleines Mengenlehrelexikon. Bad Breisig 1970. [59 S.].

Borowski 1991 = E. J. Borowski/J. M. Borwein: The Harper Collins dictionary of mathematics. New York 1991. [659 S.].
Rein englisches Wörterbuch für Studenten mit Abbildungen, Formeln und auch moderneren Termini; wegen logischer Fehler ist kritische Lektüre erforderlich.

Boursin 1972 = Jean-Louis Boursin: Dictionnaire élémentaire de mathématiques modernes. Paris 1972. [320 S.].

Bouvier 1983 = Alain Bouvier/Michel George: Dictionnaire des Mathématiques, 2ème éd. Paris 1983. [834 S., 7600 Schlüsselworte].
Enthält zahlreiche instruktive Abbildungen, ein umfangreiches Symbolverzeichnis und einige Tabellen; bietet neben klassischen Begriffen auch eine Reihe moderner Termini.

Casenoves 1975 = Maravall Casenoves: Diccionario de matemática moderne. Madrid 1975. [332 S.].

Chambadal 1981 = Lucien Chambadal: Dictionnaire de mathématiques. Paris 1981. [312 S.].
Enthält vor allem Grundbegriffe, Definitionen mit Beispielen und grundlegenden Resultaten. Auch ins Spanische übersetzt.

Clapham 1990 = Christopher Clapham: The Concise Oxford Dictionary of Mathematics. 1990. [210 S.].

Ditkin 1965 = O. V. Manturov/Ju. K. Solncev/Ju. I. Sorkin/N. G. Fedin: Tolkovyj slovar' matematičeskich terminov, pod red. V. A. Ditkina. Moskva 1965. [539 S.].
Für Lehrer; enthält etwa 1800 Termini klassischer Mathematik und ein Namensverzeichnis, geht aber weit über den Schulstoff hinaus. Ausführliche und gute Artikel.

Eisenreich 1989 = Günther Eisenreich: Lexikon der Algebra. Berlin 1989. [677 S.].
Schließt an die in Naas/Schmid 1961 enthaltenen Begriffe an und enthält zahlreiche neue Termini. Zu den einzelnen Artikeln gibt es allgemeine und spezielle Literaturhinweise. Enthält ein umfangreiches, auf einzelne Gebiete aufgeschlüsseltes Literaturverzeichnis.

Fiedorenko 1974 = N. P. Fiedorenko/R. Malesinski (red.): Słownik matematiki i cybernetyki ekonomiczney. Państwowe Wydawn. Warszawa 1974. [391 S.].
200 Termini.

Freiberger 1977 = W. F. Freiberger [u. a.] (ed.): The international dictionary of applied mathematics. Huntington. New York 1977. [1173 S.].
Enthält kurze Erklärungen, viel Physik sowie Übersetzungen der französischen, deutschen, russischen und spanischen Termini ins Englische.

Gagnon 1976 = Philippe Gagnon: Lexique mathématique. Documents de consultation. Assoc. des institutions d'enseignement secondaire. Montréal 1976. [43 S.].

Gellert 1977 = Walter Gellert/Herbert Kästner, Siegfried Neuber (Hrsg.): Lexikon der Mathematik. Leipzig 1977. [624 S.].
Mit zahlreichen Abbildungen und Symbolverzeichnis. Die Artikel sind auf einen größeren Benutzerkreis zugeschnitten und behandeln vor allem klassischen Stoff, es sind aber auch einige modernere Termini enthalten.

Göpfert 1986 = Alfred Göpfert [u. a.]: Lexikon der Optimierung. Berlin 1986. [388 S.].
Niveauvolle Artikel mit Literaturangaben. Enthält ein Symbolverzeichnis, ein generelles Literaturverzeichnis und ein Fachwörterverzeichnis Englisch-Französisch-Russisch-Deutsch mit Registern.

Greenstein 1978 = Carol Greenstein (ed.): Dictionary of logical terms and symbols. New York 1978. [150 S.].

Grignon o. J. = Jean Grignon: Lexique mathématique. Symboles. Vocabulaire. Tables. Mathématique, enseignement élémentaire. Montréal o. J.

Hazewinkel 1988 = Michiel Hazewinkel (Hrsg.): Encyclopaedia of Mathematics, 10 Volumes. Dordrecht 1988–1992.
Etwa 7000 Artikel und ein Index. Es handelt sich um die ins Englische übersetzte und (in den Literaturangaben) leicht aktualisierte 5bändige russische Matematičeskaja Ėnciklopedija (Vinogradov 1977).

Itô 1993 = Kiyosi Itô (ed.): Encyclopedic Dictionary of Mathematics. 2nd ed. Mathematical Society of Japan. 2 Vols., Cambridge/Mass., London 1993. [2148 S.].
Moderne Darstellung zu den einzelnen alphabetisch geordneten Spezialgebieten der Mathematik mit ausführlichem Index, der auf Gebiet oder Seitenzahl verweist; im Anhang ausführliche Formelsammlung und numerische Tafeln.

James 1992 = Robert C. James/Glenn James: Mathematical Dictionary. 5th ed. New York 1992. [548 S.].
8000 Termini. Multilingual edition mit Index in Französisch, Deutsch, Russisch und Spanisch.

Kaazik 1985 = Ju. Ja. Kaazik: Matematičeskij slovar'. Tallin 1985. [294 S.].
Auf mittlerem Niveau, enthält Tabellen mit Bezeichnungen.

Karush 1989 = William Karush: Webster's New World dictionary of mathematics. New York 1989. [317 S.].
Allgemeinverständlich, für Nichtspezialisten.

Kerner 1988 = Otto Kerner/Joseph Maurer/Jutta Steffens/Thomas Thode/Rudolf Voller: Vieweg Mathematik Lexikon. 2. Aufl. Braunschweig 1988. [378 S.].

Enthält Begriffe, Definitionen, Sätze und Beispiele für das Grundstudium in Mathematik.

Knerr 1988 = Richard Knerr: Knaurs Lexikon der Mathematik für Schule und Beruf. München 1988. [527 S.].
Sehr elementare Artikel. Vom gleichen Verfasser gibt es noch eine Reihe ähnlicher Titel.

Kompendium 1975 = Kompendium mathematischer Begriffe. Bern 1975. [37 Bl.].

Kordos 1974 = M. Kordos (red.): Mały słownik matematyczny. Warszawa 1974. [344 S. 1700 Termini.].

Mariott 1990 = F. H. C. Mariott: A Dictionary of Statistical Terms. 5th ed. New York 1990. [223 S.].

McGraw-Hill Dictionary 1978 = McGraw-Hill Dictionary of Physics and Mathematics. New York 1978. [1035 S.].
Für Leser mit Grundwissen.

Meschkowski 1976 = Herbert Meschkowski: Mathematisches Begriffswörterbuch. 4. Aufl. Mannheim 1976. [315 S.].
Enthält nur wenige mathematische Termini und ein umfangreiches Literaturverzeichnis.

Miklós 1972 = Miklós Farkas: Matematikai Kislexikon. Budapest 1972. [444 S.].
Enthält gute Artikel, die nicht so sehr ins Spezielle gehen.

Millington 1966 = William Millington/T. Alaric Millington: Dictionary of mathematics. London 1966. [259 S.].

Müller 1991 = P. H. Müller (Hrsg.): Lexikon der Stochastik. 5. Aufl. Berlin 1991. [627 S.].
Enthält niveauvolle Artikel, z. T. mit Literaturhinweisen, ein Symbolverzeichnis, ein generelles Literaturverzeichnis und Stichwortverzeichnis mit Übersetzungen englischer, französischer und russischer Termini jeweils ins Deutsche.

Naas/Schmid 1961 = Josef Naas/Hermann Ludwig Schmid: Mathematisches Wörterbuch. Berlin. Leipzig 1961. [Bd. I $A-K$ 1043 S., Bd. II $L-Z$ 952 S.].
Spätere Ausgaben (3. Aufl. 1972) sind unveränderte Nachdrucke. Enthält anspruchsvolle Artikel mit Literaturhinweisen und ein ausführliches Symbolverzeichnis zu den einzelnen Gebieten der Mathematik und theoretischen Physik. Keine Schulmathematik. Weiterentwicklungen finden in Lexika zu den einzelnen Fachgebieten Berücksichtigung.

Ralston 1976 = Anthony Ralston/Chester L. Meck: Encyclopedia of computer science. New York 1976. [1523 S.].
Enthält etwa 500 Artikel.

Rech 1973 = Jürgen Rech: Herder Lexikon Mathematik. Freiburg/Br. 1973. [238 S.].

Rochorov 1988 = Ju. V. Rochorov (red.): Matematičeskij ènciklopedičeskij slovar'. Moskva 1988, [848 S.].
Gibt die Matematičeskaja ènciklopedija stark gekürzt wieder. 3500 Artikel.

Schmitz 1972 = Georg Schmitz [u. a.]: Mathematik-Lexikon. Braunschweig 1972. [192 S.].

Singer 1972 = L. Singer: Mathematical dictionary. London 1972.

Sneddon 1976 = Jan N. Sneddon (ed.): Encyclopedic dictionary of mathematics for engineers and applied scientists. Oxford 1976. [846 S.].

Vinogradov 1977 = I. M. Vinogradov (red.): Matematičeskaja Ènciklopedija. Moskva. [Bd. 1 1977, 1152 Sp., Bd. 2 1979, 1104 Sp., Bd. 3 1982, 1184 Sp., Bd. 4 1984, 1216 Sp., Bd. 5 1984, 1246 Sp.].
Enthält anspruchsvolle, von den jeweiligen Verfassern gezeichnete Artikel zu den einzelnen mathematischen Termini mit Literaturangaben und ein ausführliches Register. Englische Übersetzung s. Hazewinkel 1988.

Weik 1970 = Martin H. Weik: Standard Dictionary of Computers and Information Processing. New York 1970. [326 S.].
Enthält kürzere Erläuterungen zu den einzelnen Termini und Hinweise auf weitere einschlägige Glossarien und eine Bibliographie.

4.3. Mathematische Gesamtdarstellungen

Belzer 1996 = Jack Belzer/Albert G. Holzman/Allen Kent (eds.): Encyclopedia of Computer Science and Technology. 16 Vols., Supplement Vols. New York 1996.
Enthält etwa 300 Artikel und Bibliographien.

Bronstein 1989 = J. N. Bronstein/K. A. Semendjajew: Taschenbuch der Mathematik, 24. Aufl. Leipzig 1989. [840 S.].
Ergänzende Kapitel, 5. Aufl. 1988, 234 S. Umfassender Überblick über die klassische Mathematik für Studenten, Lehrer und Praktiker mit Tabellen und Abbildungen.

Encyklopädie = Encyklopädie der Mathematischen Wissenschaften mit Einschluß ihrer Anwendungen. Leipzig 1898–1935.
6 Bde., z. T. in mehreren Teilen, mit von führenden Mathematikern verfaßten größeren gehaltvollen Artikeln zu größeren Gebieten mit bibliographischen Hinweisen und Sachverzeichnis.
Eine Neuausgabe von Bd. I *Algebra und Zahlentheorie* ist seit 1939 bei Teubner, Leipzig, die letzten vorliegenden Hefte (bis 1967) sind bei Teubner, Stuttgart, erschienen. Auf Grund der Spaltung Deutschlands ist die Unternehmung abgebrochen worden. Die Artikel enthalten z. T. auch Übersetzungen einiger grundlegender Fachbegriffe in andere Sprachen.
Eine auf Grundlage der deutschen Ausgabe von französischen Mathematikern verfaßte französische Ausgabe ist als *Encyclopédie des Sciences Mathématiques Pures et Appliquées* bei Gauthier-Villars Paris und bei B. G. Teubner Leipzig erschienen; sie wird zur Zeit bei Éditions Jacques Gabay, Sceaux, nachgedruckt.

Korn 1968 = Granino A. Korn/Theresa M. Korn: Mathematical handbook for scientists and engineers, 2nd ed., New York 1968. [1130 S.].

Umfassender Überblick über einen Großteil der klassischen Mathematik für Anwendungen mit Tabellen, Abbildungen und Bibliographie; auch in russischer Übersetzung erschienen.

Reinhardt 1991 = Fritz Reinhardt/Heinrich Soeder: dtv-Atlas zur Mathematik. München. [Bd. 1 9. Aufl. 1991, Bd. 2 8. Aufl. 1992, insgesamt 498 S.].
Graphisch geschickte stichwortartige Darstellung der klassischen Mathematik in moderner Darstellung, nach Gebieten geordnet.

4.4. Elementar- und Schulmathematik, Darstellungen für größere Kreise

Aleksandrow 1968 = P. S. Aleksandrow [u. a.] (Hrsg.): Enzyklopädie der Elementarmathematik Bd. 1−5. Berlin 1971−1981 [in verschiedenen Auflagen].

Athen 1967 = Hermann Athen/Jörn Bruhn: Lexikon der Schulmathematik, Bd. 1−4. Köln 1967 ff. [1200 S.].

Behnke 1964 = Heinrich Behnke/Reinhold Remmert/Hans-Georg Steiner/Horst Tietz: Das Fischerlexikon Mathematik. Frankfurt; [Mathematik I 1964, 383 S.; Mathematik II 1966, 398 S.].
Enthält einzelne Artikel für eine große Allgemeinheit.

Behnke 1966 = Heinrich Behnke [u. a.]: Grundzüge der Mathematik. Göttingen. I: Grundlagen der Mathematik, Arithmetik und Algebra, 1966; II: Geometrie, Teil A: Grundlagen der Geometrie. Elementargeometrie, 1967, Teil B: Geometrie in analytischer Behandlung, 1971; III: Analysis, 1968; IV: Geometrie und Statistik, 1966; V: Rechenanlagen, Algebra und Analysis, 1968.
Für Lehrer an Gymnasien und Mathematiker in Industrie und Wirtschaft. Sehr solide Darstellung, bereits in mehreren Auflagen.

Berzolari 1964 = L. Berzolari/G. Vivanti/D. Gigli: Enciclopedia delle matematiche elementari e complementari. Ulrich Hoepli, Milano 1964−1972. [3 Bände in 7 Teilen].

Kleine Enzyklopädie = Kleine Enzyklopädie Mathematik, 13. Aufl. Leipzig 1986.
Elementare Darstellung der klassischen Mathematik. Die westdeutsche Ausgabe ist als *Handbuch der Mathematik* bei Buch und Zeit Verlagsgesellschaft, Köln 1972. [739 S.] erschienen.

Meschkowski 1972 = Herbert Meschkowski/Detlef Laugwitz (Hrsg.): Meyers Handbuch der Mathematik, 2. Aufl. Mannheim 1972. [839 S.].

Waliszewski 1988 = Włodzmierz Waliszewski: Encyklopedia szkolna. Warszawa 1988. [384 S.].
1000 Einträge, für Grund- und Mittelschüler.

4.5. Mehrsprachige Wörterbücher

Aleksandrov 1962 = P. S. Aleksandrov i dr. (red.): Anglo-russkij slovar' matematičeskich terminov. Moskva 1962. [371 S.].
12 000 Termini, z. T. allgemeinsprachige, mit Tabelle von Maßen und kurzer englischer Grammatik.

Benker 1992 = Hans Benker (Hrsg.): Fachwörterbuch Computer und mathematische Anwendungen, Französisch-Deutsch/Deutsch-Französisch. Berlin. Paris 1992. [176 S.].
6000 Wortstellen, wichtigste Termini aus Computerbereich und Anwendungen.

Burlak 1963 = J. Burlak: Russian-English mathematical vocabulary. Edinburgh. London. New York 1963. [305 S.].
Enthält insbesondere eine Grammatik und französische Namen in der Geschichte der Mathematik; nach Math. Rev. ist das Wörterbuch von Lohwater besser.

Daubach 1983 = Günther Daubach: Wörterbuch der Computerei Englisch-Deutsch/Deutsch-Englisch. 2. Aufl. München 1983. [137 S.].
Englisch/Deutscher Teil enthält auch kurze Definitionen oder Beschreibungen.

Efimov 1993 = Oleg P. Efimov: Russian-English dictionary of mathematics. Boca Raton, FL 1993. [319 S.].
27 000 Einträge.

Eisenreich 1996 = Günther Eisenreich/Ralf Sube: Langenscheidts Fachwörterbuch Mathematik (Englisch, Deutsch, Französisch, Russisch), 4. Aufl. Berlin. Paris 1995. [1458 S.].
35 000 Wortstellen, jeweils mit speziellen Gebietsangaben; wenn zur Identifizierung notwendig, mit kurzen Erläuterungen; deutsches, französisches und russisches Register. Die vorhergehenden Auflagen sind unter dem Titel Mathematik in 2 Bänden erschienen.

Eisenreich 1994 = Günther Eisenreich/Ralf Sube: Mathematik Englisch-Deutsch, 2. Aufl. Thun. Frankfurt a. M. 1994. [466 S.].
Spezielle Ausgabe des vorstehenden Wörterbuchs.

Engländer 1978 = G. Engländer: Mathematisch-naturwissenschaftliches Wörterbuch Deutsch-Vietnamesisch. Leipzig 1978. [240 S.].
15 000 Termini.

Gluško 1986 = M. M. Gluško (red.): Anglijskij tolkovyj slovar' po kibernetike i prikladnoj matematike. Moskva 1986. [184 S.]
400 Schlüsselworte, 5000 Wörterbucheinträge.

Gluško 1988 = M. M. Gluško: Russko-anglijskij matematičeskij slovar'-minimum. Moskva 1988. [144 S.].
5000 Einträge, basierend auf dem Wörterbuch von Lohwater.

Görner 1990 = Horst Görner: Englisch für Computerfreunde, englisch-deutsches Wörterverzeichnis. Berlin. Paris 1990. [80 S.].
5800 Einträge, besonders für Computereinsteiger.

Gould 1979 = S. H. Gould/P. E. Obreanu: Romanian-English Dictionary and Grammar for the Mathematical Sciences. Providence 1979. [51 S.].
Grundwissen.

Herland 1965 = Leo Herland: Dictionary of mathematical sciences. London 1965. [Vol. I German-English, 323 S.; Vol. II English-German, 349 S.].

Hyman 1960 = Charles Hyman: German-English mathematics dictionary. New York 1960. [131 S.].
8500 Einträge.

Kalužnin 1980 = L. A. Kalužnin (red.): Nemecko-russkij matematičeskij slovar'. Moskva 1980. [560 S.].
30 000 Termini, gibt auch die mathematische Aussprache für Formeln im Deutschen an, enthält Abkürzungen Deutsch-Russisch.

Klaften o. J. = B. Klaften: German-English/English-German mathematical dictionary. New York o. J.

Klaften 1961 = Berthold Klaften: Mathematisches Vokabular: Englisch-Deutsch, Deutsch-Englisch. München 1961. [186 S.].
Enthält nur allgemeine Termini, Arithmetik, elementare Algebra, Trigonometrie, Differential- und Integralrechnung, ebene und räumliche Geometrie, jedes Gebiet einzeln alphabetisiert.

Kolaitis 1976 = Mema Kolaitis: English-Greek dictionary of pure and applied mathematics, with Greek-English appendix, Vol. 1, 2. CV. Athen 1976. [1516 S.].

Kotz 1964 = Samuel Kotz: Russian-English dictionary of statistical terms and expressions and Russian reader in statistics. Chapel Hill/NC 1964. [115 S.].
5000 russische Termini und Ausdrücke, auch russische Sätze, als wertvoll eingeschätzt.

Lebedev 1964 = S. A. Lebedev (red.): Anglo-russkij slovar' po vyčislitel'noj technike. Moskva 1964. [279 S.].
Scheint sehr vollständiges Lexikon technischer Termini zu sein.

Lohwater 1990 = R. P. Boas (ed.): A. J. Lohwater's Russian-English dictionary of the mathematical sciences, 2nd ed. Providence 1990. [343 S.].
Enthält auch recht allgemeine Wörter sowie Grammatik, wird aber in den Math. Rev. sehr gelobt. 15 000 Termini.

Lyle 1970 = William David Lyle: dictionnaire français et anglais de terminologie mathématique. Ottawa 1970. [137 S.].
Geringer Wortschatz; enthält im Anhang Zahlwörter, Symbole und Aussprache von Formeln.

Macintyre 1966 = Sheila Macintyre, Edith Witte: German-English mathematical vocabulary. Edinburgh-London. New York 1966. [95 S.].
Enthält grammatische Skizze, Universitätstexte, reine Mathematik, keine angewandte Mathematik und Logik.

Mathematisches Wörterbuch = Mathematisches Wörterbuch Russisch-Deutsch und Englisch. Berlin 1959. [244 S.].
Enthält viele allgemeine Wörter und eine Grammatik. Eine 4sprachige erweiterte Neuausgabe war bereits im Umbruch gesetzt, ist aber nie erschienen.

Meschkowski 1972 = Herbert Meschkowski: Mehrsprachenwörterbuch mathematischer Begriffe. Mannheim 1972. [135 S.].
Deutsch-Englisch, Französisch, Italienisch, Russisch mit Rückverweisungen Englisch-Deutsch, Französisch-Deutsch, Italienisch-Deutsch, Russisch-Deutsch. Enthält nur die Termini des Begriffswörterbuchs von Meschkowski.

Miklaševskaja 1963 = N. E. Miklaševskaja/R. I. Miklaševskij: Pol'sko-russkij matematičeskij slovar'. Moskva 1963. [213 S.].
12 000 Einträge. Enthält viele Zusammensetzungen, die selbstverständlich sind.

Milne-Thomson 1962 = L. M. Milne-Thomson: Russian-English mathematical dictionary. Madison 1962. [191 S.].
Enthält mehr redundante Einträge und ist reichhaltiger als das Buch von Lohwater in angewandter Mechanik, aber schwächer in reiner Mathematik, Statik, Numerik und Ökonomie.

Müller 1900 = Felix Müller: Mathematisches Vokabularium Französisch-Deutsch und Deutsch-Französisch, enthaltend die Kunstausdrücke aus der reinen und angewandten Mathematik. Leipzig 1900. [316 S.].
Enthält über 10 000 Ausdrücke mit näheren Angaben und ist für die alte Terminologie sehr ausführlich.

Ostrovskij 1960 = N. N. Lovnar-Zapol'skaja i dr.: Nemecko-russkij mechaniko-matematičeskij slovar' pod red. Ju. A. Ostrovskogo. Moskva 1960. [238 S.].
Enthält 6500 Einträge zu angewandter Mathematik.

Peltier 1973 = E. Peltier: Grundwortschatz der modernen Mathematik. Bruxelles 1973. [124 S.]. (Deutsch-Französisch).

Pfeil 1980 = Traute Pfeil: Mathematischer Fachwortschatz. Friedrich-Schiller-Universität Jena 1980. [100 S.].
Enthält 2000 Termini für Anfänger.

Rozov 1970 = N. Ch. Rozov (red.): Francuzsko-russkij matematičeskij slovar'. Moskva 1970. [303 S.].
Enthält 13 000 Termini und die französische Aussprache von Formeln sowie Einheiten; entspricht dem Buch von Kalužnin.

Russko-anglijskij slovar'-minimum po matematike, fizike i chimii. Moskva 1969. [179 S.].
Soll der Erleichterung der Lektüre von Schulliteratur durch Ausländer dienen.

Russko-litovsko-anglijskij terminologičeskij slovar' po vyčislitel'noj technike. Vil'njus 1971. [597 S.].

Russko-ukrainskij matematičeskij slovar'. Kiev 1960. [162 S.].
Mehr für Anfänger, aber sorgfältig.

Shiu 1976 = Shiu Chang Loh/Hing Sum Hung/Luan Kong/Yan Chuen Wong/Kung Fu Ng: A glossary of the mathematical and computing scien-

ces, Machine Translation Project. Chinese University of Hong Kong. Shatin 1976. [551 S.].
30 000 Termini Chinesisch-Englisch, zur Vorbereitung der maschinellen Übersetzung. Analog dazu: Englisch-Chinesisch. 1976. [494 S.].

Słownik polsko-rosyjsko-angielski statystyki matematycznej i statystycznoj kontroli jakości produkcji. Warszawa 1958. [48 S.].
540 Termini, nach polnischem Alphabet geordnet, mit Registern.

Sun 1971 = Chang Sun: Chinese-English dictionary of mathematical terms. 1971. [413 S.].

Tonjan 1965 = A. O. Tonjan: Slovar' matematičeskich terminov na anglijskom, russkom, armjanskom, nemeckom, francuzskom jazykach. Erevan 1965.

Valutse 1980 = V. D. Belousov/Ja. I. Njagu: Russko-moldavskij matematičeskij slovar', pod red. E. E. Valutsa. Kišinev 1980. [428 S.].
24 000 Termini.

Vocabulaires spécialisés. Mathématique moderne, éd. par les communautés européennes C. E. E., Bureau de terminologie. Bruxelles 1971 (Bulletin de traduction 42). (Französisch, Deutsch, Niederländisch, Italienisch).

Yu 1982 = Ying-Han shuxue cihui (English-Chinese mathematical dictionary), ed. by Yu Xia Qi. 2nd. ed. Beijing 1982. [556 S.].
33 000 Einträge, Anhang zur Erklärung von 400 englischen Abkürzungen, Tabellen von Namen.

Yu 1986 = Han-Ying shuxue cihui (Chinese-English mathematical dictionary), ed. by Yu Xia Qi. Beijing 1986. [1130 S.].
34 000 Einträge. Gegenstück zum vorhergehenden.

Yun 1991 = Ying-E-Han shuxue cihui (englisch-russisch-chinesisches mathematisches Wörterbuch), ed. by Yun Huan Lin. Guangzhon 1991. [609 S.].
28 000 Termini, aus den Math. Rev. und dem Referativnyj žurnal Matematika entnommen.

Značko-Javoskaja 1971 = G. V. Značko-Javoskaja: Dictionnaire de référence pour la lecture de textes mathématiques. Moskva 1971. [103 S.] (Russisch-Französisch).

Günther Eisenreich, Leipzig

208. Die Fachlexikographie der Medizin: eine Übersicht

1. Einführung
2. Wo und zu welchem Zwecke findet man medizinische Fachlexik
3. Warum findet man häufig nicht die gesuchte Information?
4. Literatur (in Auswahl)

1. Einführung

Die Fachsprache der Medizin (vgl. Art. 141 sowie die Literatur in Lüking 1994a) nimmt unter den Fachsprachen eine herausragende Stellung ein:
(a) Kein Mensch kann sich ihr entziehen. Auch der gesündeste Mensch kann nicht umhin, sich zumindest mit Fragen der Erhaltung der Gesundheit auseinanderzusetzen. Mit zunehmendem Alter beanspruchen medizinische Probleme einen immer größeren Teil unserer Aufmerksamkeit. Bei manchen Kranken werden sie gewissermaßen zum Lebensinhalt.
(b) Der medizinische Wortschatz ist sehr groß. Schätzungen gingen schon vor zwei Jahrzehnten in die Größenordnung von einer halben Million (Lippert 1978a, 1978b). Er ist damit größer als der der Gemeinsprache, und es gibt niemanden, der ihn überblicken könnte.

Eigentlich kommt niemand ohne ein medizinisches Wörterbuch aus. Allerdings setzt die Benutzung eines solchen eine gewisse Mindestbildung voraus. Damit verbleiben zwei Hauptzielgruppen:
(a) gebildete medizinische Laien: Deren Hauptanliegen dürfte sein, über eigene Erkrankungen nachzulesen. Dabei sind vermutlich mündliche und schriftliche Äußerungen des Arztes Ausgangspunkt für die Stichwortsuche. Der Lexikograph steht vor der Schwierigkeit, jemandem ohne ausreichenden Basiswissen eine spezielle Frage zu beantworten. Dies erfordert längere Texte. Daher sind in einem handlichen Lexikon für medizinische Laien relativ wenig Stichwörter (Größenordnung 2000−5000) unterzubringen, oder es gibt viele Verweise.
(b) Ärzte: Kein Arzt kennt die gesamte Medizin. Er kann kaum einen Aufsatz in einer Fachzeitschrift oder den Befundbericht eines Kollegen aus einem anderen Teilgebiet der Medizin lesen, ohne darin auf Wörter zu stoßen, deren Bedeutung er nicht genau kennt. Er verfügt über das Basiswissen der Gesamtmedizin und will nur Auskunft zu einem speziellen Stichwort. Die findet er am schnellsten in einem alphabetischen Lexikon, das zu

möglichst vielen Stichwörtern knappe Sachinformationen bietet.

Im Folgenden werden die wichtigsten deutschsprachigen medizinischen Wörterbücher und Lexika sowie einige ihnen nahestehende Werke kurz charakterisiert. Eine ausführliche Bibliographie medizinischer Nachschlagewerke ist Dressler 1994. Wegen des fließenden Übergangs wird hier zwischen Fachwörterbuch und Fachlexikon nicht unterschieden. Der begrenzte Druckraum gestattet jeweils nur eine Auswahl einiger typischer Vertreter aus dem verfügbaren Angebot.

Auf eine Erörterung von Problemen der Wörterbuchtypologie muß verzichtet werden; man vgl. hierzu Schaeder 1994 und Wiegand 1988.

2. Wo und zu welchem Zwecke findet man medizinische Fachlexik?

2.1. Informationen über die gesamte Medizin

2.1.1. Alphabetische Standardwörterbücher für den Arzt

Etwa 60 000 Stichwörter, etwa 1500−2500 Seiten, Duden-Format, wegen hoher Auflagen sehr preiswert (50−70 DM). Bei wohl jedem deutschsprachigen Arzt dürfte zumindest eines der folgenden Wörterbücher griffbereit sein:

Pschyrembel 1993: Das Hauptanliegen sind Worterklärungen und umsetzbare praktische Hinweise. Der Pschyrembel ist das am weitesten verbreitete klinische Nachschlagewerk mit langer Tradition: begründet 1894 von Otto *Dornblüth*, herausgegeben 1934−1982 von Willibald Pschyrembel, wird er seit 1986 von der Wörterbuchredaktion des Verlags Walter de Gruyter bearbeitet. Auf rund 1700 S. werden alle wichtigen Körperteile und Körperfunktionen, Krankheitsbilder, diagnostische und therapeutische Verfahren, Grundstoffe und Wirkungsweisen gängiger Medikamente erläutert. Es finden sich gute Hinweise zur Etymologie; griechische Ursprungswörter werden neuerdings transliteriert. Bedingt durch die rasche Folge der Auflagen, weist der Pschyrembel eine hohe Aktualität auf und ist reichhaltig mit Abbildungen und Tabellen ausgestattet (257. Aufl.: 2339 Abb. u. 268 Tab.; zu den Abb. vgl. Zink 1994). Der Pschyrembel ist auch als CD-ROM und als Diskette erhältlich.

Roche-Lexikon 1993: Es handelt sich um das wichtigstes Konkurrenzwerk zum Pschyrembel, das vielleicht noch etwas stärker an der praktischen Medizin orientiert ist; es weist keine Etymologie beim Stichwort auf; als Ersatz sind Wortstämme als eigene Stichwörter aufgenommen. Das Lexikon (1856 S., 1900 Abb.) wird bearbeitet von der Lexikon-Redaktion des Verlags Urban & Schwarzenberg und gesponsert von der Hoffmann-La Roche AG; es ist auch auf Diskette und als CD erhältlich. Eine nähere Charakterisierung findet sich bei Boss et al. 1994.

Zetkin/Schaldach 1992: Ursprünglich war dieses Nachschlagewerk das Standardwörterbuch der DDR; seit 1974 erscheint es auch als Lizenzausgabe in der Bundesrepublik Deutschland (2347 S., 500 Abb.). Seine Etymologieangaben sind häufig mangelhaft. Zur Geschichte des Wörterbuches vgl. man David 1994.

2.1.2. Systematisches Wörterbuch der gesamten Medizin für Ärzte

MSD-Manual 1993: Es ist nach Teilgebieten der Medizin gegliedert und stellt in knappen, aber sehr informativen Texten Ätiologie und Pathogenese, Symptomatik, Diagnose und Differentialdiagnose, Behandlung und Prognose aller einigermaßen abgegrenzten Krankheitsbilder dar. Die erste englische Ausgabe erschien 1899. Es wurde seitdem laufend aktualisiert. Die 5. deutsche Ausgabe ist eine Übersetzung der 16. englischen. Auf dünnem Papier gedruckt, konnten die 3387 Seiten noch in einem handlichen Band im Format des Duden untergebracht werden. Ein Sachverzeichnis von etwa 120 Seiten erschließt einen raschen Zugriff auf die Stichwörter. Von der MSD Sharp & Dohme GmbH gesponsert, ist das MSD-Manual im Verhältnis zum Inhalt sehr preisgünstig und entsprechend bei Ärzten verbreitet; es ist auch auf CD erhältlich.

2.1.3. Umfangreichstes alphabetisches medizinisches Wörterbuch in deutscher Sprache

Reallexikon der Medizin 1966−1977 (220 000 Stichwörter). 1966−1977 entstand in einzelnen Lieferungen eine sechsbändige Loseblattausgabe, anschließend erschien eine fünfbändige gebundene Ausgabe. Die Lexikon-Redaktion des Verlags Urban & Schwarzenberg setzte damit eine Tradition des Verlags fort, die bereits 1880 mit der 15bändigen alphabetischen *Real-Enzyklopädie der gesamten*

Heilkunde begann. Das Reallexikon brachte offenbar nicht den gewünschten wirtschaftlichen Erfolg, da die ursprünglich angekündigte Absicht, das Werk als Loseblattwerk laufend zu aktualisieren, aufgegeben worden ist. Dadurch hat das Werk angesichts der raschen Entwicklung der Medizin heute nur noch historische Bedeutung. Eine gekürzte Ausgabe erschien in 2 Bänden als *Handlexikon der Medizin* (2796 S., 1200 Abb.). Der Thesaurus wurde weiterverwertet für das *Roche-Lexikon* (56 000 Stichwörter, s. o.), das *Hexal Taschenlexikon* (22 000 Stichwörter, 850 S., 500 Abb., 70 Tab.), das *Wörterverzeichnis Medizin* (s. u.) und eine Anzahl von kleinen Wörterbüchern für einzelne medizinische Fachgebiete (s. u.).

2.1.4. Rechtschreibwörterbücher

Medizin-Duden 1992: (768 S., 37 000 Stichwörter). Die Hauptanliegen sind: Rechtschreibung und kurze Erläuterung der Etymologie (griechische Ursprungswörter in griechischer Schrift); zusätzlich finden sich sehr knappe Sachinformationen. In der über 50 Seiten umfassenden Einführung sind die „Richtlinien für die Aufstellung von Rechtschreibgrundsätzen in der Medizin" grundlegend für die Rechtschreibung medizinischer Fachausdrücke in deutschen Texten. Sie sind gleichermaßen für den medizinischen Laien und den Arzt geeignet.

Wörterverzeichnis Medizin 1991: Es handelt sich um eine reine Wortliste mit Trennzeichen; sie ist aufgebaut auf dem Stichwortbestand aus dem Roche-Lexikon (s. o.) und weist auf 662 S. im Kleinformat 53 000 Stichwörter auf. Sie ist auch als Rechtschreibekorrektur für das Programm WordPerfect® auf Diskette erhältlich.

2.1.5. Mehrsprachige Wörterbücher

Nach dem Zweiten Weltkrieg wurde die englische Sprache die internationale Wissenschaftssprache der Medizin (Lippert 1978/79, 1985). Auch in Deutschland erscheinende medizinische Fachzeitschriften bringen überwiegend Beiträge in englischer Sprache. Damit sollten englisch-deutsche medizinische Fachwörterbücher verbreitet sein. Der tatsächliche Bedarf ist jedoch gering, da die Mehrzahl der Fachbegriffe der abendländischen Schulmedizin international ist und meist nur in der Schreibweise der Landessprache angepaßt wird. Ein englisch-deutsches Wörterbuch der Gemeinsprache ist daher für die Lektüre eines englischsprachigen medizinischen Textes wichtiger als ein Fachwörterbuch. Zusätzlich wird man ein einsprachiges englisches medizinisches Wörterbuch benutzen, das etwa dem Pschyrembel entspricht. Mehrsprachige medizinische Wörterbücher dürften daher eher für Nichtmediziner von Interesse sein. Zu den Problemen, die bei der Bearbeitung zweisprachiger Fachwörterbücher der Medizin entstehen, vgl. man Lüking 1994.

Veillon/Nobel 1977 ist ein deutsch-englisch-französisches medizinisches Wörterbuch; es weist über 50 000 numerierte englische Stichwörter auf, und daneben stehen die deutsche und die französische Übersetzung. Vom Deutschen oder Französischen ausgehend kann der anderssprachige Terminus über die Kennziffer gefunden werden. Zusätzliche Sachinformationen finden sich nicht. Der Hauptband hat 1329, der Ergänzungsband 464 S. Auch ein spanisches Supplement ist erhältlich.

Unseld 1993: Dieses französisch-deutsche medizinische Wörterbuch hat 707 S. und 32 000 Stichwörter.

Europäisches Medizinisches Wörterbuch 1991: Dieses Nachschlagewerk ist fünfsprachig: deutsch − englisch − spanisch − französisch − italienisch und hat 1022 S., 14 Abb., 3 Tab.

2.1.6. Lehrbücher der medizinischen Fachsprache

Sie zielen meist auf die Vermittlung eines Basiswortschatzes und der Grundzüge der Wortbildungslehre ab und gehen kaum auf linguistische Aspekte ein (diese findet man bei Wiese 1984). Sie stehen systematischen Wörterbüchern nahe und gestatten über das Sachverzeichnis einen raschen Zugriff auf ein Stichwort. Beispiele sind:

Michler/Benedum 1981: Mit 358 S. ist es das ausführlichste deutsche Lehrbuch zur medizinischen Fachsprache. 100 Seiten sind der Einführung sowie der „Laut- und Wortbildungslehre" gewidmet. Es folgen 150 S. „Vokabularium" und 80 S. Wortregister.

Großgebauer 1988: Dieses Lehrbuch (204 S.) ist bemerkenswert durch den Versuch, den trockenen Stoff amüsant aufzubereiten. Typische Kapitelüberschriften sind z. B. „Professoren und Profite", „Der Chauffeur und die Kalorienbremse".

Lippert-Burmester/Lippert 1994: Da Fachsprachen Sprachen und keine Wortlisten sind, werden anstelle von Vokabularien die Fachwörter in Lerntexten in programmierter Form vermittelt (153 S. Auch auf Diskette erhältlich).

2.1.7. Abkürzungswörterbücher

Das Gebot der Eindeutigkeit der wissenschaftlichen Terminologie (vgl. Art. 34 u. 35) führt oft zu recht unhandlichen Begriffen. Sie werden daher häufig abgekürzt. Oft besteht die Abkürzung aus den Anfangsbuchstaben mehrgliedriger Begriffe, z. B. entsteht ERCP aus „endoskopische retrograde Choledochopankreatikographie". Manche Abkürzungen haben sogar Eingang in die Gemeinsprache gefunden (ohne daß vielen Benutzern der Abkürzungscharakter bewußt ist), z. B. Aids (akquiriertes Immundefizienzsyndrom). Die wichtigsten Abkürzungen werden in den Standardwörterbüchern als Stichwörter aufgeführt. Zusätzliche Informationen findet man z. B. in:

Sandoz-Lexikon 1986: Auf rund 270 S. werden etwa 5000 Abkürzungen aufgelöst. Bei einigen Stichwörtern werden weitere Sachinformationen beigefügt. Das Buch wird von dem Pharmakonzern Sandoz an Ärzte als Werbegeschenk kostenlos abgegeben.

Heister 1992: Dieses Abkürzungswörterbuch listet mehr als 12 000 Abkürzungen auf (432 S.).

2.1.8. Eponymwörterbücher

Während in der deutschen Medizin systematische Bezeichnungen bevorzugt werden, sind in der anglo-amerikanischen Medizin Eponyme beliebt. Unter dem übermächtigen Einfluß der amerikanischen Medizin sind auch in Deutschland Eponyme wieder gängig geworden. Dies trifft vor allem für seltene Krankheitsbilder zu, die gewöhnlich als „Syndrome" mit dem Eigennamen des Erstbeschreibers verbunden werden. Über den Pschyrembel hinausgehende Informationen vermittelt das nachfolgende, sehr erfolgreiche zweibändige alphabetische Nachschlagewerk:

Leiber/Olbrich: Der Bd. 1 (805 S.) beschreibt stichwortartig mehr als 1800 Krankheitsbilder und gibt 5000 Synonyme an. Bd. 2 (429 S.) listet zu einzelnen Symptomen die Syndrome auf, bei denen dieses Symptom vorkommt. Auf Diskette ist eine Zusatzversion erhältlich, die es ermöglicht, zu eingegebenen Symptomen ein „passendes" Syndrom zu finden. So sehr verdienstvoll dieses Werk als Informationsquelle ist, so sehr dürfte es auch die Tendenz zur Verwendung wenig informativer Eponyme in der deutschen Medizin gefördert haben. Weniger erfolgreich wurde ein Buch über die übrigen klinischen Eponyme (*Leiber/Olbert* 456 S., über 1300 Stichw., 312 Abb.).

2.1.9. Die allgemeinen Enzyklopädien und ihre „Ableger"

Die großen Enzyklopädien von Brockhaus, Meyer, Herder, Bertelsmann usw. beziehen natürlich auch die gesamte Medizin mit ein. Trotzdem ist der Nutzen begrenzt:

(1) Zu deutschen und eingedeutschten Begriffen findet der medizinische Laie relativ ausführliche Sachinformationen, wenn er die Mühe nicht scheut, sich anhand der Verweise durch meist mehrere Bände hindurchzuarbeiten. Lateinische Begriffe, wie z. B. *Arteria femoralis* (Hauptschlagader des Beins), sucht er als Stichwort vergeblich.

(2) Wegen des relativ großen zeitlichen Abstands des Erscheinens neuer Auflagen sind die Informationen häufig nicht ganz aktuell.

Deshalb nutzen die Verlage ihren großen Thesaurus als Grundlage für Spezialwörterbücher, bei denen der Leser die Informationen handlich beisammen findet, die in rascherer Auflagenfolge erscheinen können und auch leichter erschwinglich sind. Auf 200–1000 S. findet man etwa 2000–5000 Stichwörter. Deren Texte meist ausführlicher als jene in den Standardwörterbüchern für Ärzte, weil sie mehr an Hintergrundwissen vermitteln müssen. Beispiele sind: *Gesundheitsbrockhaus, Herder Lexikon Medizin, Herders Gesundheits-Lexikon, Knaurs Gesundheitslexikon, Mensch und Gesundheit* (Bertelsmann), *Wie funktioniert das? Gesund sein und fit bleiben, Wie funktioniert das? Der Mensch und seine Krankheiten, Wie funktioniert das? Medikamente, Gifte, Drogen* (Meyer).

2.1.10. Medizinische „Ratgeber"

Einen Übergang vom systematischen Wörterbuch zum Lehrbuch bilden Bücher für medizinische Laien, die meist nicht kontinuierlich gelesen, sondern zum Nachschlagen benutzt werden, wenn man ein „Problem" hat (z. T. gehören auch die soeben aufgeführten „Ableger" der großen Enzyklopädien in diese Gruppe).

Kursbuch Gesundheit: In einem alphabetischen Teil von rund 200 S. werden in dreispaltigen Tabellen „Beschwerden und Symptome", deren „Mögliche Ursachen" und „Was man tun soll" aufgelistet. Im Hauptteil von etwa 500 S. werden systematisch die häufigen Krankheiten nach Organen geordnet beschrieben. Es folgen etwa 100 Seiten über „Untersuchung und Behandlung" und etwa 100 S. über „Selbsthilfe". Der sehr verständ-

lich geschriebene Text wird durch 300 (z. T. etwas mißglückte) Abbildungen aufgelockert.
Lippert-Burmester/Lippert 1993: Auf 562 S. (mit über 100 Abb.) werden Nutzen und Risiken ärztlicher Eingriffe aus allen Teilgebieten der Medizin beschrieben. Das Buch soll die oft mangelhafte Aufklärung des Patienten vor Operationen ergänzen und dem Patienten die Entscheidung für oder gegen eine Operation erleichtern.

2.2. Informationen über einzelne medizinische Fachgebiete

Ausführliche Informationen über Teilgebiete der Medizin findet man gewöhnlich nicht in Fachwörterbüchern, sondern in Lehrbüchern und Handbüchern, die in der deutschsprachigen Medizin eine große Tradition besitzen. Durch die Approbationsordnung für Ärzte und die Weiterbildungsordnungen für die einzelnen Facharztgebiete ist die Medizin im Gegensatz zu vielen Geisteswissenschaften klar gegliedert. In den Gegenstandskatalogen für die vier ärztlichen Staatsprüfungen (Vorprüfung und 3 Teile des Staatsexamens) ist auf jeweils einigen hundert Schreibmaschinenseiten aufgeführt, worüber der Kandidat Bescheid zu wissen hat. An diesen Gegenstandskatalogen orientieren sich die meisten Lehrbücher, von denen es für jedes Fachgebiet der Medizin mehrere in verschiedener Ausführlichkeit im Buchhandel gibt. Bei jährlich etwa 12 000 Studienanfängern der Medizin an deutschsprachigen Universitäten besteht ein etwa gleich großer Bedarf an Lehrbüchern für die einzelnen Fachgebiete, so daß ein heftiger Konkurrenzdruck die Lehrbuchautoren zu ständiger Aktualisierung und Verbesserung ihrer Werke zwingt. Bewährte Lehrbücher werden etwa alle drei bis fünf Jahre neu aufgelegt, um die Aktualität zu wahren.

Als größte Nachschlagwerke gibt es für nahezu jedes medizinisches Fachgebiet ein sog. Handbuch, das in jeweils 10 bis 30 Bänden das gesamte Wissen dieses Fachgebiets darzustellen versucht. Die deutschen Handbücher waren bis etwa in die siebziger Jahre weltweit führend. Die immer raschere Entwicklung der Medizin hat inzwischen die Möglichkeiten des Handbuchs überholt. Ähnlich wie die großen Enzyklopädien können Handbücher nur in größeren Zeitabständen neu aufgelegt werden, so daß sie bald nicht mehr den aktuellen Stand der Wissenschaft wiedergeben. Die klassischen Handbücher wurden daher durch mehrbändige Lehrbücher über Teilgebiete abgelöst, die überwiegend in englischer Sprache abgefaßt sind, auch wenn sie von deutschen Autoren verfaßt wurden. Nur die englische Sprache ermöglicht noch einen entsprechenden Absatz und damit eine kostendeckende Produktion. Die deutschen medizinischen Verlage von Bedeutung unterhalten daher Niederlassungen in den USA oder sind schon in internationale Konzerne eingebettet.

Den Zugriff auf die aktuellste Literatur ermöglichen Datenbanken, z. B. MEDLINE.

Inzwischen gibt es mehr als 60 Teilgebiete der Medizin, auf die sich ein Arzt in seiner Weiterbildung spezialisieren kann (über 40 Facharztgebiete und etwa 20 „Zusatzbezeichnungen"). Da es beim gegebenen Druckraum nicht möglich ist, alle diese Teilgebiete zu behandeln, seien drei Gebiete mit besonderer Problematik herausgegriffen:

2.2.1. Anatomie

Die Anatomie ist das einzige Teilgebiet der Medizin mit einer (seit 1895) international vereinbarten Nomenklatur. Diese wird von einem internationalen anatomischen Nomenklaturkommittee laufend aktualisiert und dann dem im Abstand von etwa fünf Jahren stattfindenden internationalen Anatomenkongreß zur Annahme vorgelegt. Die Liste der vereinbarten lateinischen Bezeichnungen erscheint unter dem Titel *Nomina anatomica*. Zur Zeit ist die 6. Aufl. gültig. Die Nomina anatomica listen die etwa 13 000 Begriffe systematisch auf, geben aber nur in wenigen Fällen (englische) Kommentare dazu. Da sie außerdem unbebildert sind, kann fast nur der Fachanatom damit umgehen. 1998 sollen die Nomina anatomica durch eine zweisprachige Terminologia anatomica abgelöst werden, die zu allen lateinischen Begriffen offizielle englische Übersetzungen angibt.

Feneis 1988: Sehr verdienstvoll ist daher ein systematisches Bildwörterbuch, das alle Begriffe der sog. makroskopischen Anatomie in der Reihenfolge der Nomina anatomica anhand von Bildern und (oft allzu) knappen Texten erläutert. In viele Sprachen übersetzt wurde Feneis zum internationalen Standardwerk.

Krstic 1984: Die Begriffe der sog. mikroskopischen Anatomie werden vortrefflich definiert und in 1576 Bildern veranschaulicht (alphabetisches englisches Wörterbuch, 450 S.).

Faller 1978: Bei diesem traditionsreichen Werk (das 1905 von Hermann Triepel begründet wurde) handelt es sich um ein alphabetisches Wörterbuch der Etymologie der lateinischen anatomischen Begriffe von 231 S.

Lippert 1994: Das Tabellenwerk stellt eine Art systematisches Wörterbuch der gesamten Anatomie dar, das auf 480 S. nahezu alle offiziellen Begriffe der Anatomie erläutert.

2.2.2. Pharmakologie

Angesichts einer Flut von Arzneimitteln kommt selbst der Arzt nicht ohne den täglichen Blick in entsprechende Nachschlagewerke aus:

Rote Liste 1997: Das Arzneimittelverzeichnis des Bundesverbandes der Pharmazeutischen Industrie wird alljährlich als dickes Buch dem Arzt kostenlos ins Haus geschickt. Die Ausgabe von 1997 umfaßt 9185 Präparateeinträge mit 12 096 Darreichungsformen und 29 689 Preisangaben von 492 pharmazeutischen Unternehmen. Der Hauptteil des Buches ist nach Indikationen und Stoffen in 88 Hauptgruppen gegliedert (ohne durchlaufende Seitenzählung, etwa 1500 S.). Der Zugriff wird durch alphabetische Verzeichnisse (a) der geschützten Namen der Fertigarzneimittel, (b) der (ungeschützten) chemischen Kurzbezeichnungen, (c) der pharmazeutischen Unternehmen und der von ihnen hergestellten Präparate erleichtert. Auf 182 S. werden Gegenanzeigen, Anwendungsbeschränkungen, Nebenwirkungen und Wechselwirkungen zusammengestellt. 40 Seiten sind den Therapiemaßnahmen bei akuten Vergiftungen gewidmet. Entsprechend seiner Herkunft enthält das Buch keine negative Kritik an Arzneimitteln. Es ist auch auf Diskette und CD erhältlich.

Bittere Pillen 1985: Gewissermaßen die Rote Liste für den Nichtmediziner bildet der von Nichtmedizinern (aber von einem Stab von 20 Ärzten und Pharmazeuten beraten) geschriebene kritische Ratgeber. Nach Anwendungsgebieten in 100 Abschnitte gegliedert, gibt es jeweils eine Einführung, der dreispaltige Tabellen mit den einzelnen Präparaten folgen. Die drei Spalten sind überschrieben: Präparat, Wichtigste Nebenwirkungen, Empfehlung. Durch die dritte Spalte unterscheiden sich die Bitteren Pillen sehr wesentlich von der Roten Liste. Bei vielen Medikamenten liest man „wenig zweckmäßig" oder gar „abzuraten". Das Buch behandelt auf 1160 S. 2600 Medikamente und ist auch auf Diskette erhältlich.

Hunnius 1986 ist ein „neutrales" alphabetisches Nachschlagewerk, das die Grundstoffe der Arzneimittel und nicht die Handelspräparate in den Mittelpunkt stellt.

2.2.3. Psychiatrie und medizinische Psychologie

Als Grenzgebiet zu den Geisteswissenschaften nimmt die Psychiatrie eine Sonderstellung innerhalb der medizinischen Fachgebiete ein. Sie ist durch eine für die übrigen Ärzte recht abstrakte Begriffswelt gekennzeichnet (und es verwundert daher nicht, daß ein Philosoph vom Range von Karl Jaspers in seiner psychiatrischen Zeit das grundlegende Werk über „Allgemeine Psychopathologie" (1913) schrieb. Psychiatrische Wörterbücher widmen sich daher in der Regel den Grundbegriffen der Psychiatrie, die in oft mehrere Seiten umfassenden Beiträgen abgehandelt werden. Auch bei alphabetischer Anordnung der meist wenigen Stichwörter sind sie im Grunde systematische Wörterbücher. Beispiele:

Battegay et al. 1992: Ziel dieses „Handwörterbuchs der Psychiatrie" ist ein „abgerundeter Überblick" über die Begriffswelt der Psychiatrie in 156 ausführlichen Beiträgen (729 S.).

Benesch 1981: Das alphabetische Wörterbuch zur klinischen Psychologie behandelt in zwei Bänden 75 Teilgebiete.

Haas 1988 ist ein deutsch-englisches Wörterbuch der Psychologie und Psychiatrie mit etwa 30 000 Stichwörtern.

Zu nennen ist weiterhin:

Müller 1986: Lexikon der Psychiatrie mit 763 S. sowie

Peters 1990, ein alphabetisches Wörterbuch der Psychiatrie und medizinischen Psychologie mit etwa 9000 Stichwörtern auf 676 S. Besonderheiten sind im Anhang ein englisch-deutsches und französisch-deutsches Glossar sowie die ausführliche Darstellung der Begriffe des „Diagnostic and Statistical Manual of Mental Disorders" der revidierten dritten Fassung von 1987 (DMS III-R).

An dieser Stelle scheint es mir am besten ein *Wörterbuch medizinischer Grundbegriffe* einzuordnen, das zwar kein Wörterbuch der Psychiatrie i. e. S. ist, aber im Charakter den psychiatrischen Wörterbüchern nahesteht, die wenige Begriffe sehr ausführlich behandeln. Dieses Taschenbuch umfaßt auf 368 S. 86 alphabetisch angeordnete Artikel, die sich mit Grundbegriffen der Medizin und ihrer Grenzgebiete befassen. Typische Überschriften sind „Autorität", „Hoffnung", „Natur", „Philosophie". Es handelt sich eigentlich mehr um ein Lehrbuch philosophischer Grundlagen der Medizin als um ein Wörterbuch.

2.2.4. Weitere Teilgebiete

Aus den übrigen Teilgebieten der Medizin seien nur einige typische Wörterbücher erwähnt:

Arnheim et al. 1992: ein dreibändiges Lexikon der Biochemie und Molekularbiologie.
Bauernfeind/Shah 1990: Etwa 3000 Stichwörter aus der Mikrobiologie und Infektiologie. Ausführlicher Anhang über Antibiotika. 370 S.
Hexal Lexikon Orthopädie Rheumatologie 1992: Etwa 5000 Stichwörter auf 366 S. Im Anhang ein Verzeichnis rheumatologischer Kliniken sowie Abbildungen von Hilfsmitteln für Rheumakranke.
Lexikon Angiologie Kardiologie 1992: 320 S., 150 Abb., 38 Tab.
Sulyma 1983: Wörterbuch der Kardiologie mit etwa 7000 Stichwörtern.
Sulyma 1986: Spezialexikon für Abkürzungen aus dem Bereich Herz und Kreislauf. Auf 509 S. werden nicht nur etwa 4000 Abkürzungen ausgeschrieben, sondern auch die zugehörigen Begriffe ausführlich erläutert.
Schmoeckel 1994: Hervorragend bebildertes (727 Abb.) alphabetisches Lexikon der klinischen Dermatologie. Teil 1: klinische Symptome, Teil 2: Diagnosen. 732 S.
Hoffmann-Axthelm 1978: Lexikon der Zahnmedizin. 662 S.

3. Warum findet man häufig nicht die gesuchte Information?

Medizinische Laien dürften medizinische Wörterbücher wohl am häufigsten zu dem Zwecke zu Rate ziehen, Informationen über eigene Erkrankungen zu gewinnen. Sie suchen dann nach Begriffen, die sie vom Arzt gehört haben oder aus Arztbriefen, Befundberichten usw. entnehmen. Solche ärztliche Äußerungen sind in der Regel nicht in medizinischer Wissenschaftssprache, sondern in einer vereinfachten ärztlichen Umgangssprache gehalten, die zwar von anderen Ärzten, nicht aber von medizinischen Laien verstanden wird. In Wörterbüchern wird diese Ebene der ärztlichen Kommunikation nur unzureichend berücksichtigt. Das Führen von Krankenakten und das Verfassen von Berichten ist während des Medizinstudiums bedauerlicherweise kaum je Gegenstand einer systematischen Unterweisung. Die meisten Ärzte orientierten sich mehr oder weniger als Autodidakten an den Beispielen ihrer Vorgänger auf den Krankenstationen, die auch schon keine Unterweisung genossen hatten. Arztbriefe, Befundberichte usw. weisen daher oft beträchtliche Mängel bezüglich Stil und Rechtsprechung auf. Im Folgenden werden einige Hauptschwierigkeiten der Informationssuche näher erläutert.

3.1. Schreibweisen

Im Medizin-Duden 1992 findet man eindeutige Regeln für die Schreibweise, wonach z. B. lateinische Termini mit *c* und deutsche Trivialbezeichnungen mit *k* bzw. *z* zu schreiben sind. Danach sind korrekte Formen *Caecum* (Blinddarm) und *Zäkum*. Häufig liest man aber auch Mischformen, wie *Caekum*, *Cäkum*, *Zaecum*, *Zäcum*, oder die veralteten Formen *Coecum*, *Zökum* usw. Seit etwa der Mitte der siebziger Jahre besteht eine starke Tendenz zur anglisierten Schreibweise der Termini. Diese betrifft vor allem die Umlaute: *e* statt *ae*, *oe* und *ue*. Dementsprechend wurde die Schreibweise *Cecum* offiziell, konnte sich aber nicht allgemein durchsetzen, so daß die anatomische Nomenklaturkommission die Schreibweise *Caecum* als offizielle Alternative wieder zugelassen hat. In der Biochemie hat allerdings die internationale Schreibweise mit *e* stärker Fuß gefaßt, so daß jetzt *Ethylalkohol* statt *Äthylalkohol* üblich ist. Da aus Platzgründen nicht alle diese Formen in die alphabetische Ordnung aufgenommen werden können, geht manche Suche ins Leere.

Eine zusätzliche Schwierigkeit bietet die Uneinheitlichkeit der Einordnung der Umlaute in das Alphabet. Nach Duden werden die Umlaute *ä*, *ö*, *ü* und *äu* wie die nicht umgelauteten Selbstlaute *a*, *o*, *u*, *au* behandelt, dagegen *ae*, *oe* *ue* wie die entsprechenden Buchstabenfolgen eingeordnet. Nach den ABC-Regeln von *DIN 5007* hingegen werden *ä*, *ö* und *ü* wie *ae*, *oe* und *ue* behandelt. Dies stört vor allem bei Umlauten am Wortanfang, z. B. *Ösophagus* (Speiseröhre). Abgesehen vom Medizin-Duden 1992 folgen die meisten Fachwörterbücher den ABC-Regeln von DIN 5007/1962. Es bahnt sich jedoch eine Änderung an, da die modernen Textverarbeitungsprogramme (wie z. B. Microsoft® Word) die alphabetische Einordnung von Stichwörtern in Sachverzeichnisse wie Duden vornehmen.

3.2. Abkürzungen

Im ärztlichen Alltag werden die Termini noch über das in der Wissenschaftssprache übliche Maß abgekürzt. Manchmal werden historische Bezeichnungen aufgegriffen, z. B. „B I" statt „Gastroduodenostomia terminoterminalis oralis partialis inferior" (Billroth-I-Operation nach dem Chirurgen Billroth). Je häufiger ein Begriff verwandt wird, desto mehr besteht die Neigung ihn zu verkürzen. Selbst relativ kurze Wörter werden noch weiter verkürzt, z. B. i.v. statt „intravenös", PE statt „Probeexzision", o. B. statt „ohne (krankhaften) Befund". Viele Abkürzungen sind mehrdeutig, z. B. Ca ist das internationale Elementzeichen für Calcium, wird aber in der Medizin häufig als Abkürzung für „Carcinoma" (oder „Karzinom") gebraucht. EU kann „Erwerbsunfähigkeit" oder „Extrauteringravidität" bedeuten. Welcher medizinische Laie denkt bei KZ schon an „Kräftezustand" oder „körperlicher Zustand" (übliche Abkürzung in Krankengeschichten)? Die ärztliche Umgangssprache ist zwar für den Insider aus dem Zusammenhang eindeutig, für den Laien oft auch unter Zuhilfenahme der gängigen medizinischen Lexika schwer zu entschlüsseln. Selbst ein spezielles Abkürzungslexikon (s. o.) hilft manchmal nicht weiter.

3.3. Vielzahl der Synonyme

Der Wortschatz der Medizin entstammt vier Hauptquellen: a) Aus dem Griechischen leitet sich die Mehrzahl der Begriffe der Krankheitslehre ab. b) Auf dem Lateinischen beruht die anatomische Nomenklatur. c) Besonders forschungsaktive Gebiete der Medizin (z. B. die Immunologie) übernehmen ihre Begriffe aus dem Englischen. d) Für alle häufigen Begriffe gibt es auch traditionelle deutsche Bezeichnungen. Andere Nationalsprachen spielen so gut wie keine Rolle, wenn man von einigen französischen Begriffen in der Nervenheilkunde absieht. Für Eileiter gibt es die offizielle anatomische Bezeichnung Tuba uterina, das griechische Salpinx (z. B. in Salpingitis = Eileiterentzündung), das englische oviduct und die eingedeutschten Formen Ovidukt und Tube (doppeldeutig, weil darunter auch die Tuba auditoria = Ohrtrompete verstanden werden kann). Erkrankungen der Lunge kann man unter den Überschriften Pneumonologie, Pneumologie, Pulmonologie, respiratorische Krankheiten und Erkrankungen der Atmungsorgane (Atemwege) finden. Manchmal setzen Ärzte bei Diskussionen mit Fachkollegen in Anwesenheit des Patienten (z. B. bei der Krankenhausvisite) auch gezielt für den Patienten unverständliche Synonyme ein, um ihn nicht unnötig zu beunruhigen. So werden möglichst die Begriffe *Krebs*, *Karzinom* oder die inzwischen auch schon vielen Laien bekannte Abkürzung *Ca* vermieden und stattdessen von *Neoplasma*, *Neubildung* usw. gesprochen. Beliebt sind dann auch verkürzte Eponyme, z. B. „*Kochherd*" für *tuberkulöser Herd* (*Morbus Koch* = *Tuberkulose*).

4. Literatur (in Auswahl)

(Nicht aufgenommen wurden die allgemeinen Enzyklopädien und ihre „Ableger".)

Arnheim et al. 1991 = Katharina Arnheim [mit zahlreichen Mitautoren]: Lexikon der Biochemie und Molekularbiologie. 3 Bde. Freiburg i. Br. 1991.

Battegay et al. 1992 = Raymond Battegay/Johann Glatzel/Walter Pöldinger/Udo Rauchfleisch (Hrsg.): Handwörterbuch der Psychiatrie. 2. Aufl. Stuttgart 1992.

Bauernfeind/Shah 1990 = Adolf Bauernfeind/Pramod M. Shah: Lexikon der Mikrobiologie und Infektiologie. Stuttgart. New York 1990.

Benesch 1981 = Helmut Benesch: Wörterbuch zur klinischen Psychologie. 2 Bde. München 1981.

Bittere Pillen 1985 = Kurt Langbein/Hans-Peter Martin/Hans Weiß: Bittere Pillen. Nutzen und Risiken der Arzneimittel. Ein kritischer Ratgeber. Köln 1985 [seitdem Neubearbeitungen im Abstand von etwa zwei Jahren].

Boss et al. 1994 = Nobert Boss/Renate Jäckle/Norbert Schrader/Günter Wauperin: Aufbau und Inhalt des „Roche Lexikon Medizin". In: Wörterbücher der Medizin [...], 115–121.

DIN 5007/1962 = DIN 5007 Regeln für die alphabetische Ordnung (ABC-Regeln). Berlin-Köln 1962.

Dornblüth 1894 = Otto Dornblüth: Wörterbuch der klinischen Kunstausdrücke für Studierende und Ärzte. Leipzig 1894.

David 1994 = Wörterbuch der Medizin. VEB Verlag Volk und Gesundheit Berlin. Konzeption und Realisierung der 12. Auflage. In: Wörterbücher der Medizin [...], 123–132.

Dressler 1994 = Stephan Dressler: Bibliographie der Medizinwörterbücher. In: Wörterbücher der Medizin [...], 171–279.

Europäisches Medizinisches Wörterbuch 1991 = Europäisches Medizinisches Wörterbuch. Stuttgart. New York 1991.

Faller 1978 = Adolf Faller: Die Fachwörter der Anatomie, Histologie und Embryologie. Ableitung und Aussprache. 29. Aufl. München 1978.

Feneis 1988 = Heinz Feneis: Anatomisches Bildwörterbuch der internationalen Nomenklatur. 6. Aufl. Stuttgart. New York 1988.

Großgebauer 1988 = Klaus Großgebauer: Medizinische Fachsprache. Etymologisch-erklärende Einführung. München 1988.

Haas 1988 = Roland Haas: Wörterbuch der Psychologie und Psychiatrie. Bd. 1: Englisch – Deutsch. Toronto 1980. Bd. 2: Deutsch – Englisch. Göttingen [usw.] 1988.

Handlexikon der Medizin 1980 = G. Thiele (Hrsg.): Handlexikon der Medizin. München – Wien – Baltimore 1980.

Heister 1992 = Rolf Heister: Lexikon medizinisch-wissenschaftlicher Abkürzungen. Stuttgart. New York 1992. (Uni-Taschenbücher NJ 1549).

Hexal Taschenlexikon = Hexal Taschenlexikon Medizin. Bearb. v. Norbert Boss u. der Lexikonredaktion des Verlags Urban & Schwarzenberg. München. Wien. Baltimore 1993.

Hexal Lexikon Orthopädie Rheumatologie 1992 = Hexal Lexikon Orthopädie Rheumatologie. Hrsg. v. der Lexikonredaktion des Verlags Urban & Schwarzenberg. Bearb. v. Renate Jäckle unter Mitarbeit v. H. Mathies u. S. Stolz. München. Wien. Baltimore 1992.

Hoffmann-Axthelm 1978 = Walter Hoffmann-Axthelm (Hrsg.): Lexikon der Zahnmedizin. 2. Aufl. Berlin 1978.

Hunnius 1986 = Curt Hunnius: Pharmazeutisches Wörterbuch. 6. Aufl. Hrsg. v. A. Burger. H. Wachter. Berlin. New York 1986.

Krstic 1984 = R. V. Krstic: Illustrated encyclopedia of human histology. Berlin [usw.] 1984.

Kümmel/Siefert 1992 = Werner Kümmel, Helmut Siefert: Kursus der medizinischen Terminologie. 6. Aufl. Stuttgart — New York 1992 (Uni-Taschenbücher 0335).

Kursbuch Gesundheit 1990 = Verena Corazza/Renate Daimler/Andrea Ernst/Krista Federspiel/Vera Herbst/Kurt Langbein/Hans-Peter Martin/Hans Weiß: Kursbuch Gesundheit. Köln 1990.

Leiber/Olbert 1968 = Bernfried Leiber/Theodor Olbert: Die klinischen Eponyme. Medizinische Eigennamenbegriffe in Klinik und Praxis. München. Berlin. Wien 1968.

Leiber/Olbrich 1990 = Bernfried Leiber/Gertrud Olbrich: Die klinischen Syndrome. Syndrome, Sequenzen und Symptomenkomplexe. 7. Aufl. Hrsg. v. G. Burg, J. Kunze, D. Pongratz, P. G. Scheurlen, A. Schinzel, J. Spranger. 2 Bde. München. Wien. Baltimore 1990.

Lexikon Angiologie Kardiologie 1992 = Lexikon Angiologie Kardiologie. Hrsg. v. der Lexikonredaktion des Verlags Urban & Schwarzenberg. Bearb. v. U. Busch, U. Renner, W. Theiss, G. Wangerin. München. Wien. Baltimore 1992.

Lippert 1978a = Herbert Lippert: Fachsprache Medizin. In: Helmut Henne/Wolfgang Mentrup/Dieter Möhn/Harald Weinrich (Hrsg.): Interdisziplinäres deutsches Wörterbuch in der Diskussion. Düsseldorf 1978 (Sprache der Gegenwart XLV), 86—101.

Lippert 1978b = Herbert Lippert: Sprachliche Mittel in der Kommunikation im Bereich der Medizin. In: Fachsprachen und Gemeinsprache Jahrbuch 1978 des Instituts für deutsche Sprache. Hrsg. v. Wolfgang Mentrup. Düsseldorf 1978 (Sprache der Gegenwart XLVI), 84—99).

Lippert 1978/79 = Herbert Lippert: Rückzug der deutschen Sprache aus der Medizin? In: Medizinische Klinik 73 1978, 487—496. Schlußwort. In: Medizinische Klinik 74 1979, 409—411.

Lippert 1985 = Herbert Lippert: Englisch — neue Wissenschaftssprache der Medizin. In: Deutsch als Wissenschaftssprache. 25. Konstanzer Literaturgespräch des Buchhandels. Hrsg. v. Hartwig Kalverkämper und Harald Weinrich. Tübingen 1985 (Forum für Fachsprachen-Forschung 3), 38—44.

Lippert 1994 = Herbert Lippert: Anatomie kompakt. Berlin [usw.] 1994.

Lippert-Burmester/Lippert 1993 = Wunna Lippert-Burmester/Herbert Lippert: Operationen. Nutzen und Risiken ärztlicher Eingriffe. Ein kritischer Ratgeber. Köln 1993.

Lippert-Burmester/Lippert 1994 = Wunna Lippert-Burmester/Herbert Lippert: Medizinische Fachsprache. Programmiertes Lehrbuch für Medizinstudium und Gesundheitsberufe. Stuttgart. New York 1994.

Lühing 1994 = Silke Lühing: Probleme Zweisprachiger Fachwörterbücher der Medizin Deutsch-Englisch/Englisch-Deutsch. In: Wörterbücher der Medizin [...], 145—163.

Lühing 1994a = Silke Lühing: Bibliographie zur Fachsprache der Medizin. In: Wörterbücher der Medizin [...], 281—301.

Medizin-Duden 1992 = Duden: Das Wörterbuch medizinischer Fachausdrücke. 5. Aufl. Mannheim. Wien. Zürich 1992.

Michler/Benedum 1981 = Markwart Michler/Jost Benedum: Einführung in die medizinische Fachsprache. Medizinische Terminologie für Mediziner und Zahnmediziner auf der Grundlage des Lateinischen und Griechischen. 2. Aufl. Berlin [usw.] 1981.

MSD-Manual 1993 = MSD-Manual der Diagnostik und Therapie. Hrsg. v. der MSD Sharp & Dohme GmbH, deutsche Bearb. v. Karl Wiemann. 5. Aufl. München. Wien. Baltimore 1993.

Müller 1986 = Christian Müller (Hrsg.): Lexikon der Psychiatrie. 2. Aufl. Berlin 1986.

Peters 1990 = Uwe Henrik Peters: Wörterbuch der Psychiatrie und medizinischen Psychologie. 4. Aufl. München. Wien. Baltimore 1990.

Pschyrembel 1993 = Pschyrembel Klinisches Wörterbuch. 257. Aufl. Berlin. New York 1993. [258. Aufl. 1998].

Real-Enzyklopädie der gesamten Heilkunde 1880—1884 = Albert Eulenburg (Hrsg.): Real-Enzyklopädie der gesamten Heilkunde. 15 Bde. Berlin 1880—1884 [4. Aufl. 1907—1914].

Reallexikon der Medizin 1966—1977 = Reallexikon der Medizin und ihrer Grenzgebiete. 6 Bd. München. Berlin. Wien 1966—1977.

Roche Lexikon 1993 = Roche Lexikon Medizin. Bearb. v. der Lexikonredaktion des Verlags Urban & Schwarzenberg (Leitung Norbert Boss). 3. Aufl. München. Wien. Baltimore 1993.

Rote Liste 1997 = Rote Liste 1997. Arzneimittelverzeichnis des Bundesverbandes der Pharmazeutischen Industrie. Aulendorf 1997.

Sandoz-Lexikon 1986 = Sandoz AG (Hrsg.): Lexikon medizinischer Abkürzungen. 7. Aufl. Nürnberg 1986.

Schaeder 1994 = Burkhard Schaeder: Wörterbücher der Medizin – Versuch einer Typologie. In: Wörterbücher der Medizin [...], 25–54.

Schmoeckel 1994 = Christian Schmoeckel: Lexikon und Differentialdiagnose der klinischen Dermatologie. 2. Aufl. Stuttgart. New York 1994.

Sulyma 1983 = Myron G. Sulyma (Hrsg.): Wörterbuch der Kardiologie. 4 Bde. München 1983.

Sulyma 1986 = Myron G. Sulyma: Lexikon Abkürzungen Herz – Kreislauf. 3. Aufl. München 1986.

Unseld 1993 = Dieter Werner Unseld (Hrsg.): Mediinisches Wörterbuch Französisch-Deutsch/Deutsch-Französisch. Stuttgart und Paris 1993.

Veillon/Nobel 1977 = E. Veillon/A. Nobel: Medizinisches Wörterbuch/Dictionnaire médical/Medical Dictionary. 6. Aufl. Bern 1977. [Ergänzungsband. Bern 1974].

Wiegand 1988 = Herbert Ernst Wiegand: Was eigentlich ist Fachlexikographie? Mit Hinweisen zum Verhältnis von sprachlichem und enzyklopädischen Wissen. In: Deutscher Wortschatz. Lexikologische Studien. Ludwig Erich Schmitt zum 80. Geburtstag von seinen Marburger Schülern. Hrsg. v. Horst Haider Munskl, Peter von Polenz, Oskar Reichmann, Reiner Hildebrandt. Berlin. New York 1988, 729–790.

Wörterbuch medizinischer Grundbegriffe 1979 = Eduard Seidler (Hrsg.): Wörterbuch medizinischer Grundbegriffe. Eine Einführung in die Heilkunde in 86 Artikeln. Freiburg i. Br. 1979 (Herderbücherei 706).

Wiese 1984 = Ingrid Wiese: Fachsprache der Medizin. Eine linguistische Analyse. Leipzig 1984.

Wörterbücher der Medizin 1994 = Wörterbücher der Medizin. Beiträge zur Fachlexikographie. Hrsg. v. Stephan Dressler und Burkhard Schaeder. Tübingen 1994 (Lexicographica. Series Maior 55).

Wörterverzeichnis Medizin 1991 = Wörterverzeichnis Medizin mit Trennhilfen. Herausgegeben vom Verlag Urban & Schwarzenberg. München. Wien. Baltimore 1991.

Zetkin/Schaldach 1992 = M. Zetkin/Herbert Schaldach (Hrsg.): Wörterbuch der Medizin. 15. Aufl. Stuttgart. New York 1992.

Zink 1994 = Christoph Zink: Information und Illustration: das Bild im medizinischen Sachwörterbuch. In: Wörterbücher der Medizin [...], 133–144.

Herbert Lippert, Neustadt a. Rbg.

209. Die Fachlexikographie des Wirtschaftswesens: eine Übersicht

1. Einleitung
2. Die einsprachige Fachlexikographie des Wirtschaftswesens mit Objektsprache Deutsch
3. Die zweisprachige Fachlexikographie des Wirtschaftswesens mit Ausgangs- oder Zielsprache Deutsch
4. Literatur (in Auswahl)

1. Einleitung

1.1. Die Fachlexikographie des Wirtschaftswesens als wissenschaftlicher Gegenstand; bibliographische Erschließung

Die Fachlexikographie des Wirtschaftswesens (FLW) ist, soweit erkennbar, noch nie zusammenfassend behandelt worden. Halbich 1950 verfolgt ein primär wissenschaftsgeschichtliches Ziel, nämlich die Darstellung der Entstehung der Wirtschaftswissenschaft als selbständiger Disziplin durch deren Herauslösung aus der Staatswissenschaft; Halbich zeichnet diese Entwicklung anhand des Vergleichs weniger Artikel aus fünf Nachschlagewerken des 18. und 19. Jh.s nach. Bergenholtz 1994 ist eine praxisorientierte und dabei auf die historische Dimension weitgehend verzichtende Anleitung zur Erstellung moderner ein- und zweisprachiger Fachwörterbücher verschiedener Fachgebiete. Eine umfassende Darstellung der speziellen Probleme der FLW steht noch aus (Ansätze jedoch bei Schaeder 1982; Boelcke 1983; Rossenbeck 1991; Bergenholtz 1994).

Der bisher noch fehlenden Gesamtdarstellung der FLW müßte zunächst einmal die Schaffung einer verläßlichen Grundlage durch umfassende bibliographische Erschließung der primären Quellen vorausgehen. Das bisher auf diesem Gebiet Geleistete ist unzulänglich. Zaunmüller 1958 schließt Fachwörterbücher von der Erfassung ausdrücklich aus, Zischka 1959 ist in bezug auf die FLW lückenhaft. Kühn 1978 beabsichtigt nicht, eine auf Vollständigkeit angelegte Bibliographie zu erstellen, sondern

„in einer Systematik möglichst viele Aspekte der Wörterbuchschreibung zu berücksichtigen und Wörterbücher mit unterschiedlichem Informationsgehalt zu verzeichnen" (Kühn 1978, V).

Da aber die Bibliographie in dieser Hinsicht völlig unkommentiert bleibt, ist nicht ersichtlich, nach welchen Prinzipien die ein-, zwei- und mehrsprachigen Wörterbücher in den die Wirtschaftslexikographie betreffenden Abschnitten ausgewählt sind oder in welcher Beziehung diese der Illustration der von Kühn auf der Grundlage gewisser Kodifikationsmerkmale vorgeschlagenen Wörterbuchtypologie dienlich sein können. Saur 1960 umfaßt nur die Zeit ab 1950, wobei schon in dieser ersten Auflage der Bibliographie die Lieferbarkeit der aufgenommenen Titel durch den Buchhandel ein wichtiges Auswahlkriterium darstellte; in der 5. Auflage 1972 sind vor 1960 erschienene Werke generell ausgeschieden, und die 6. Auflage 1979 erfaßt nur Neuerscheinungen aus den Jahren 1970 bis 1979; seither ist diese Bibliographie nicht mehr neu bearbeitet worden. Die im gedruckten *Sachkatalog* der Bibliothek des Instituts für Weltwirtschaft Kiel (1968) angewandten Prinzipien machen die Erschließung von Werken der FLW zu einem teilweise sehr mühsamen Unterfangen. Sachwörterbücher sind in diesem Katalog gesammelt nur dann ausgewiesen, soweit diese das Gesamtgebiet Wirtschaft bzw. die gesamte Betriebswirtschaft zum Gegenstand haben, vgl. die Schlagwörter *Wirtschaftswissenschaftliche Enzyklopädien* bzw. *Betriebswirtschaftliche Enzyklopädien* in Bd. 80 bzw. Bd. 18; Sachwörterbücher zu Teilgebieten der Volkswirtschaftslehre (VWL) bzw. der Betriebswirtschaftslehre (BWL) sind hingegen unter dem betreffenden Sachgebiet verzeichnet, dort jedoch nicht gesondert erfaßt, sondern chronologisch unter die Monographien eingeordnet (ähnlich wird übrigens auch in der *Bibliographie der Wirtschaftswissenschaften* verfahren); in Bd. 79 sind unter den Schlagwörtern *Wirtschaftssprache* bzw. *Wirtschaftssprachwörterbücher* ein-, zwei- und mehrsprachige Wörterbücher verzeichnet, bei denen es sich jedoch z. T. auch um Sachwörterbücher handelt.

Die Erstellung einer systematischen Gesamtbibliographie der FLW ist also ein für die Erforschung von Geschichte und Problemen der FLW (und damit eines wichtigen Teils der Fachlexikographie im allgemeinen) wie auch für die Erforschung der Geschichte der Wirtschaftswissenschaft gleichermaßen bedeutsames Desiderat. Im Idealfall wären in die bibliographische Erschließung auch Rezensionen sowie andere wirtschaftstheoretische und metalexikographische Arbeiten miteinzubeziehen, in denen die kritische Auseinandersetzung mit den einschlägigen Werken ihren Niederschlag gefunden hat: daß davon eine Gesamtdarstellung eines so weit gespannten Gebietes, wie es die FLW darstellt, erheblich profitieren würde, ist evident.

1.2. Wörterbuchtypologische Fragen und Abgrenzung

Der im folgenden gegebene Überblick trägt wegen mangelnder Vorarbeiten und wegen der Begrenzung durch den ihm vorgegebenen Rahmen notwendigerweise den Charakter des Vorläufigen. Ist schon die einsprachige Fachlexikographie des Wirtschaftswesens mit Objektsprache Deutsch (EFLW) ein nicht einfach zu überschauendes Gebiet, so kommt bei der Darstellung von Umfang und Art der zweisprachigen Fachlexikographie des Wirtschaftswesens mit Ausgangs- und Zielsprache Deutsch (ZFLW) noch erschwerend hinzu, daß ermittelte Titel nicht immer leicht zugänglich sind. Außerdem ist zu bedenken, daß ein einzelner zwangsläufig überfordert ist mit der Beurteilung von Wörterbüchern, bei deren Ausgangs- oder Zielsprache es sich um eine verhältnismäßig große Anzahl von Fremdsprachen (dazu jeweils in einer fachsprachlichen Variante!) handelt.

Dieser Überblick ist deshalb wie folgt abgegrenzt. Nur einsprachige Wörterbücher mit Objektsprache Deutsch sowie zweisprachige Wörterbücher mit Ausgangs- oder Zielsprache Deutsch werden berücksichtigt; hingegen wird aus Platzgründen die mehrsprachige FLW, auch wenn das Deutsche eine der beteiligten Sprachen ist, ausgeschlossen; aus demselben Grund werden auf Disketten oder CD-ROM vorliegende Wörterbücher nicht behandelt. In die Darstellung einbezogen werden sowohl Sachwörterbücher als auch Sprachwörterbücher (vgl. Wiegand 1988). Die hier vorgenommene typologische Klassifizierung bedient sich eines ziemlich grobmaschigen Rasters, weil die Grenzen zwischen dem Typ des Sachwörterbuchs und dem des Sprachwörterbuchs in der lexikographischen Praxis oft nicht eingehalten werden (u. a. deshalb, weil dies, besonders in der ZFLW, aus der Perspektive der Wörterbuchbenutzer oft gar nicht wünschenswert ist; vgl. Rossenbeck 1994).

Während in der EFLW der Typ des Sachwörterbuchs dominiert, dessen primärer Zweck in der Vermittlung von Sachinformationen und enzyklopädischem Wissen besteht, überwiegt in der ZFLW der Typ des Sprachwörterbuchs, dessen primärer Zweck in der Vermittlung von zielsprachlich möglichst angemessener (im Idealfall in bezug auf die Ausgangssprache äquivalenter) Informationen über die ausgangssprachlichen Lemmata eines Wörterbuchs besteht. Echte Allbücher, die konsequent Sprach- und Sachlexikographie miteinander verbinden, konnten im Bereich der EFLW nicht belegt werden; in der ZFLW kommen diesem Typ am nächsten einige Wörterbücher aus dem frühen 19. Jh.

1.3. Die historische Entwicklung der Wirtschaftswissenschaften

Zum Verständnis der historischen Entwicklung besonders der EFLW, aber auch der ZFLW, ist ein kurzer Rückblick auf die Entwicklung der Wirtschaftswissenschaften seit dem 18. Jh. erforderlich (das Folgende in enger Anlehnung an den Artikel zum Lemma **Wirtschaftswissenschaften** in Gabler-W, 13. Aufl. 1992; vgl. dazu auch Halbich 1950).

Im 18. Jh. entsteht allmählich unter dem Einfluß der Physiokraten und Kameralisten eine sich von der Bindung an philosophische und theologische Systeme lösende säkularisierte Wirtschaftswissenschaft. Die Wissenschaft von der „Ökonomie" bezieht sich (wie im 16. und 17. Jh.) in erster Linie auf Haus- und Landwirtschaft sowie angrenzende Bereiche (Forstwirtschaft, Bergbau, Fischerei, Handwerk etc.). Dem Interesse der absoluten Fürsten an Systemen der Wirtschaftsverwaltung entspringt die Kameralwissenschaft; deren wissenschaftliche Bindung an die Staatswissenschaft ist dafür verantwortlich, daß im 19. Jh. – nachdem sich die Wirtschaftswissenschaft aus der Staatswissenschaft herausgelöst hat – nur Nationalökonomie und Finanzwissenschaft als Gegenstände der Wirtschaftswissenschaft angesehen werden. Daneben entwickelt sich jedoch schon seit dem 18. Jh. eine Handelswissenschaft, die auf Theorie und Praxis kaufmännischer Tätigkeit ausgerichtet ist; ihr wissenschaftlicher Status ist zunächst gering – als Wissenschaft ernst genommen wird sie erst seit der Wende zum 20. Jh., womit der Weg zur modernen BWL beschritten ist. Wichtige Kennzeichen der Entwicklung im 20. Jh. sind einerseits die Diskussionen um das Verhältnis der Wirtschaftswissenschaft zu anderen Sozialwissenschaften, andererseits die allgemeine Tendenz zur Differenzierung und Spezialisierung innerhalb des Fachs sowie, in deren Gefolge, die Herausbildung neuer Teilfächer. Mit dieser Tendenz gehen jedoch Bemühungen um eine Synthese, d. h. eine Integration der BWL mit der VWL einher. Die FLW stellt ein ziemlich getreues Spiegelbild all dieser Entwicklungen dar.

2. Die einsprachige Fachlexikographie des Wirtschaftswesens mit Objektsprache Deutsch

2.1. Wörterbücher des 18. Jahrhunderts

Aus der EFLW des 18. Jh.s läßt sich ein *Grosses und Vollständiges Oeconomisch- und Physicalisches Lexicon* (1750) nennen, eine bearbeitende Übersetzung eines im 18. Jh. mehrfach aufgelegten Werks von Noel Chomel; es enthält hauptsächlich Lemmata, die dem Bereich der Ökonomie im oben beschriebenen Sinne zuzuordnen sind, aber auch solche, die eher in den Bereich der Handelswissenschaft fallen (u. a. Artikel über als Handelsplätze wichtige Städte usw.). Dagegen möchte Marperger 1733 alles

„beschreiben, was über diese edle Profession der Mercanzy, und alle dieselbe angehende Personen, Sachen und Handlungen, möchte können gesagt [...] werden" und „Unterricht von vielen andern bey der Waaren-Handlung vorfallenden und davon dependirenden Dingen" bieten (Vorrede).

Es werden also Lemmata behandelt, die als Wirtschaftstermini in modernem Sinne zu betrachten sind (wie **Actie, Accise, Banco, Wechsel** etc.), wobei auch für den Kaufmann wichtige juristische Begriffe berücksichtigt werden; hinzu kommen sowohl warenkundliche Artikel als auch Artikel über Handelsplätze, wirtschaftskundliche Artikel über gewisse Länder, berufskundliche Artikel und die Erklärung von Maßen und Gewichten. Außerdem enthält das Werk zahlreiche Lemmata – besonders Fremdwörter und Wörter aus anderen Sprachen –, denen keine enzyklopädischen Erläuterungen, sondern nur sprachliche Bedeutungsangaben beigegeben sind, womit Marperger 1733 teilweise auch die Funktion eines Sprachwörterbuchs übernimmt.

Schon im frühen 18. Jh. scheint sich als selbständiger Zweig der auf die Bedürfnisse des Handels ausgerichteten Lexikographie die enzyklopädische Darstellung der Warenkunde herauszubilden (z. B. Bohn 1720; Schedel 1791).

Die Kameralwissenschaft scheint zum ersten Mal in lexikographischer Form in Bergius 1767 und Bergius 1775 dargestellt worden zu sein (diesen Anspruch erhebt jedenfalls Bergius selbst in seinem Vorbericht, 1767, Bd. 1). Die Sacherläuterungen zu den Lemmata, auch solcher, die z. B. in die Bereiche des Handels, der Landwirtschaft oder der Berufskunde fallen, werden entsprechend dem Zweck des Werkes aus staatspolitischem Gesichtswinkel gegeben.

Krünitz 1782 ist ein vielbändiges Werk, das zunächst als bearbeitende Übersetzung der *Encyclopedie Oeconomique, ou systeme general de l'Oeconomie rustique, domestique & politique*, Yverdon 1770 ff angelegt war, dann aber ab Buchstabe B als des Verfassers eigenes Werk fortgesetzt wird (vgl. Krünitz 1782, Bd. 1, XXXIV; gewisse Artikel übernimmt Krünitz allerdings wortwörtlich aus Bergius − vgl. Halbich 1950, passim). Krünitz versucht eine Synthese von Ökonomie (im obigen Sinne), Kameralwissenschaft und Handelswissenschaft, indem Lemmata aus allen drei Bereichen behandelt werden; unter den kameral- und handelswissenschaftlichen Einträgen finden sich z. T. lange enzyklopädische Artikel (z. B. unter **Concurs** oder **Buchhaltung**); aber wie in Marperger 1733 gibt es auch bei Krünitz zahlreiche Lemmata, die keiner enzyklopädischen Erläuterung bedürfen und daher nur mit einer sprachlichen Bedeutungserklärung versehen sind, so daß auch dieses Werk teilweise die Funktion eines Sprachwörterbuchs erfüllt; von besonderem Interesse ist hier die Tatsache, daß auch Wortverbindungen (Kollokationen) als eigenständige Lemmata aufgenommen werden (z. B. **Conto eintragen, Conto halten, Conto transportieren**). Als echtes Allbuch kann Krünitz jedoch nicht bezeichnet werden, da eine konsequente Verbindung von sprachlicher und sachlicher Information den meisten Artikeln abgeht.

2.2. Sachwörterbücher des 19. und 20. Jahrhunderts

Auch im 19. Jh. gibt es noch Sachwörterbücher, in deren Mittelpunkt die Bereiche der Hauswirtschaft, der Landwirtschaft und des Gewerbes stehen; interessanterweise wird aber im Titel von Löbe 1852 nicht mehr das Wort *Ökonomie* verwendet; statt dessen tritt hier *Wirthschaftskunde* auf, was auch von dem Bedeutungswandel zeugt, dem *Ökonomie* im 19. Jh. unterliegt. Im übrigen scheiden sich jetzt die beiden Entwicklungslinien, deren Herausbildung schon in der zweiten Hälfte des 18. Jh.s erkennbar wird, noch deutlicher voneinander. Die eine ist bestimmt durch Sachwörterbücher zur Staatswissenschaft bzw. zur VWL, die andere durch Kaufmannslexika oder Handelswörterbücher, die etwa die Tradition von Marperger 1733 fortführen. Beide Entwicklungslinien setzen sich bis ins 20. Jh. hinein fort.

2.2.1. Staats- und Volkswirtschaftswörterbücher im 19. und 20. Jahrhundert

Dem vom liberalen Geist des Vormärz geprägten Staatslexikon von Rotteck 1834 ist eine „Allgemeine encyklopädische Uebersicht der Staatswissenschaft und ihrer Theile" vorangestellt; in dem darin entworfenen Lehrgebäude von der Staatswissenschaft wird als integraler Teil auch die Ökonomie behandelt, deren einer Zweig, die Nationalökonomie, „die Rechts- und politischen Grundsätze der Förderung und Erhaltung des Privatvermögens der Bürger" behandelt; ihr anderer Zweig, die „Cameral- und Finanzwissenschaft", behandelt hingegen „die Rechts- und politischen Grundsätze der Förderung und Erhaltung des Staatsvermögens" (Bd. 1, 36). Dementsprechend sind in das Lexikon auch Lemmata, die diesen Bereichen zuzuordnen sind, aufgenommen, doch nehmen sie − auch wenn man die einschlägigen biographischen Artikel hinzurechnet − im Rahmen des Gesamtwerkes einen relativ bescheidenen Platz ein.

Während Rotteck 1834 und das in seiner geistigen Nachfolge stehende Staatslexikon von Bluntschli 1857 nach Julius Bachems sicher richtiger, von ihm aber nicht positiv gemeinter Einschätzung Repräsentanten des Liberalismus sind (vgl. Bauer 1963, 25), ist die Entstehung des *Görres-Staatslexikons* 1889 aus der Situation des Kulturkampfes heraus zu verstehen; das erklärte Ziel, das mit der Herausgabe dieses Werks verbunden war, bestand laut Bachems Denkschrift, die der Planung des Werks zugrunde lag, darin, „dem mächtigen Einfluß" von Rotteck 1834 und Bluntschli 1857 ein „Staatswörterbuch katholischer Richtung" entgegenzusetzen, um den politischen Liberalismus zu überwinden (Bauer 1963, 25). Sozialpolitische Fragen und Kapitalismuskritik stehen im Mittelpunkt der wirtschaftsrelevanten Artikel. Seit der 6. Auflage (1957) trägt das Werk den Untertitel „Recht − Wirtschaft − Gesellschaft", womit das Werk zu einer „Enzyklopädie der Sozialwissenschaften" ausgeweitet wird (Bauer 1963, 38). Die 7. Auflage (1985) will

„wie die sechs vorangegangenen Auflagen ein Spiegel des geschichtlichen Wandels in Staat und Gesellschaft wie auch des Wandels des Katholizismus in seiner Einstellung zu den politischen und sozialen Fragen" sein, die Herausgeber „wissen sich der christlichen Offenbarung und der Lehre der Kirche verpflichtet" (*Görres-Staatslexikon*, 7. Aufl. 1985, Bd. 1, V).

Die Tradition der Staatslexika wird in der Nachkriegszeit auch durch Werke kleineren Umfangs fortgeführt (z. B. Beck 1977; Drechsler 1992).

Die Abgrenzung der Wirtschaftswissenschaft von der Staatswissenschaft wird erstmals bei Rentzsch 1866 deutlich sichtbar; hauptsächlich konzentriert sich Rentzsch darauf, „ein möglichst ausreichendes Verständniß der volkswirthschaftlichen Begriffe" zu vermitteln (Rentzsch 1866, III), und nur sporadisch sind noch Lemmata (wie z. B. **Regierung**) aufgenommen, die noch auf die alte Nähe der Nationalökonomie zur Staatswissenschaft hinweisen. Die Konzentration auf „volkswirthschaftliche Begriffe" ist auch insoweit wörtlich zu nehmen, als biographische Artikel von Rentzsch nicht aufgenommen werden.

Conrad 1890 trägt zwar im Titel auch noch das Wort *Staatswissenschaften*, aber im Vorwort distanzieren sich die Herausgeber noch deutlicher als Rentzsch 1866 von dem bis dahin vorherrschenden Verständnis von Staatswissenschaft: allgemeine Staatslehre, öffentliches Recht (philosophisches Staatsrecht, Verfassungs-, Verwaltungs- und Völkerrecht), „Staats-Sittenlehre", Politik etc. werden jetzt ausdrücklich ausgeschlossen — der Hauptinhalt des Werkes soll aus den

„Staatswissenschaften im neuern und engern Sinne, nämlich aus der theoretischen und praktischen Volks- und Staatswirtschaftslehre und der unter wirtschaftlichen Gesichtspunkten aufgefaßten Gesellschaftslehre und Sozialpolitik" bestehen; das Wort *Staatswissenschaften* in diesem eingeschränkten Sinne wird von den Herausgebern im Titel nur beibehalten, „um dem Werke einen kurzen, bequemen Titel zu geben" (Conrad 1890, III).

Ein weiteres Wörterbuch zur VWL erscheint noch vor der Jahrhundertwende (Elster 1898). Elster versichert im Vorwort, dieses Werk sei völlig unabhängig von dem im gleichen Verlag erscheinenden *Handwörterbuch der Staatswissenschaften* (Conrad 1890), an dem er selbst ebenfalls als einer der Herausgeber beteiligt ist; das neue Werk sei „für weitere Kreise bestimmt" und soll „in erster Linie den Studierenden [...] als brauchbares Hand- und Lehrbuch dienen" (Elster 1898, III).

Conrad 1890 wird mehrfach neu bearbeitet; die 4. Auflage erscheint 1923–1929, wobei für die Kontinuität der im Herausgebergremium von Anfang an vertretene Ludwig Elster steht. Die Tradition dieses Handwörterbuchs wird sogar noch nach dem Zweiten Weltkrieg durch zwei weitere Neubearbeitungen fortgeführt; interessant ist der die Entwicklung des Selbstverständnisses des Faches reflektierende (und damit auch die Lemmaauswahl entscheidend beeinflussende) Umstand, daß das Werk in diesen beiden Neubearbeitungen jeweils einen neuen Titel erhält: 1956 wird der Titel ohne nähere Begründung dahingehend geändert, daß *Staatswissenschaften* durch *Sozialwissenschaften* ersetzt wird (vgl. die ähnliche Ausweitung des Gegenstandsbereichs in der etwa gleichzeitigen 6. Auflage des *Görres-Staatslexikons*!); bei der nächsten Auflage (1977) wird der Übergang zu *Wirtschaftswissenschaft* als ein Akt der Selbstbeschränkung dargestellt; die Sozialwissenschaften seien „so breit aufgefächert" und hätten sich „so weit von der Wirtschaftswissenschaft entfernt", daß die Darstellung des Gesamtgebiets in einem Sammelwerk aussichtslos erscheine (Bd. 1, S. III).

Auch Elster 1898 hat eine Reihe von Neuauflagen erfahren, die vierte und letzte 1931–1933, in deren Vorwort betont wird, daß neue Spezialgebiete wie Soziologie und BWL zu berücksichtigen gewesen seien. Das erste Handwörterbuch, in dem das letztgenannte Gebiet als selbständiges Fach zusammenfassend dargestellt wird, war kurz zuvor erschienen (Nicklisch 1926).

Unter den allein der VWL gewidmeten Sachwörterbüchern mittleren Umfangs und neueren Datums sind Geigant 1975 und Gabler-V 1981 zu nennen. Bei letzterem handelt es sich allerdings nicht um eine selbständige Arbeit, sondern in der Hauptsache um einen Auszug aus Gabler-W (10. Aufl. 1979), dessen volkswirtschaftliche Artikel nachgedruckt werden, ohne daß dies irgendwo erwähnt wäre; Änderungen in den Artikeln beziehen sich praktisch ausschließlich auf die Verweisstruktur, die Anzahl der neuen Lemmata ist minimal.

2.2.2. Handels- und Kaufmannswörterbücher bis zum Beginn des 20. Jahrhunderts

Im 19. Jh. erscheinen — neben einigen Warenlexika (z. B. Leuchs 1825) in dichter Folge und z. T. in mehreren Auflagen Handels- und Kaufmannslexika, von denen allerdings manche, wie z. B. Mac-Culloch (1835; eine bearbeitende Übersetzung eines englischen Werks), Schiebe 1837 oder die 12. Auflage 1859 der *Allgemeinen Encyclopädie* 1836 ausdrücklich auch die Nationalökonomie bzw. die Finanzwissenschaft miteinbeziehen. Ansonsten umfaßt das Spektrum der berücksichtigten Sachgebiete etwa den schon im 18. Jh. für Lexika dieses Typs (vgl. Marperger 1733) abgesteckten Rahmen, der durch andere Gebiete wie Schiffahrt und Verkehrswesen (z. B. Mac-Culloch 1835), Technologie (Schiebe 1837; Spamer 1876) usw. erweitert oder auch um gewisse Gebiete reduziert sein kann (z. B. Leuchs 1844, wo waren-, städte- und länderkundliche Artikel nicht enthalten sind). Gelegentlich werden auch die Gebiete der Ökonomie im Sinne des 18. Jh.s noch miteinbezogen (9. Auflage 1850 der *Allgemeinen Encyclopädie* 1836). Die Verbindung von Sach- und Sprachlexikographie der Art, wie sie Marperger 1733 und Krünitz 1782 repräsentieren, wird allerdings immer mehr zugunsten einer reinen Sachlexikographie zurückgedrängt, sie kommt in Ansätzen aber immer noch vor (z. B. Leuchs 1844; *Conversations-Lexicon* 1846; Spamer 1876; Haushofer 1880). — Einen Höhepunkt der lexikographischen Tradition der Kaufmanns- und Handelslexika bildet Bott 1925, wo im Vorwort allerdings behauptet wird, seit der dritten Auflage (1797) von Ludovici 1752 sei „kein größeres deutsches Kaufmannslexikon mehr erschienen". Allein die Aufzählung der in Bott 1925 behandelten Gebiete nimmt im Vorwort rund eine Seite ein; einbezogen sind „Biographien deutscher Wirtschaftsführer" ebenso wie die Darstellung von Interessenverbänden, Konzernen und einzelnen Unternehmen.

2.2.3. Sachwörterbücher zum Gesamtgebiet Wirtschaft aus der Zeit nach 1945

Aus der Zeit nach 1945 sind heute außer dem bereits genannten vielbändigen *Handwörterbuch der Wirtschaftswissenschaft* (vgl. Conrad 1890) zwei große Sachwörterbücher zum Gesamtgebiet Wirtschaft auf dem Markt: Gabler-W (1956; 13. Aufl. 1992) und Vahlen (1987; 2. Aufl. 1992). Beide wollen VWL und BWL mit allen ihren Teilgebieten erfassen und enthalten auch Artikel zu wissenschaftstheoretischen Lemmata, soweit diese für die Wirtschaftswissenschaft von Bedeutung sind. In zahlreichen Artikeln werden wirtschaftsrelevante Institutionen und Organisationen, Gesetze und Verträge abgehandelt. In Gabler-W sind auch Länderberichte, berufskundliche Artikel und biographische Artikel (über wichtige Wirtschaftstheoretiker, nicht jedoch über Wirtschaftspolitiker, Funktionäre von Interessenorganisationen und führende Persönlichkeiten aus dem Wirtschaftsleben) aufgenommen, während Artikel dieser Art in Vahlen nicht enthalten sind. Beide Lexika verzichten auf die Aufnahme von Firmenporträts, und Vahlen schließt auch — in deutlicher Polemik gegen eine Reihe von Lemmata in älteren Auflagen von Gabler-W „Trivialstichwörter, insbesondere aus dem kaufmännischen Alltag" (Vahlen 1987, Bd. 1, V) aus. An sprachlichen Angaben finden sich (über Bedeutungsangaben hinaus) in Gabler-W bei Fremdwörtern und fremdsprachigen Zitatwörtern z. T. Angaben zu Herkunft und Grundbedeutung, Angaben, die in Vahlen fehlen.

Ein in bezug auf äußeren Umfang, Anzahl der Lemmata (lt. Vorwort 10 000) und Ausführlichkeit vieler Artikel kleineres Werk als Gabler-W und Vahlen (Vahlen 1987 enthält lt. Vorwort 14 000 Lemmata, die 13. Auflage von Gabler-W grob geschätzt 30 000) stellt Bertelsmann-G 1992 dar, ein Werk, das manche Züge eines Allbuchs trägt. Nicht nur von der Auswahl der behandelten Gebiete her, unter denen auch alles das berücksichtigt ist, was oben als bei Vahlen und Gabler-W ausgeschlossen aufgezählt wird, ist Bertelsmann-G 1992 das wohl umfassendste z. Zt. auf dem deutschen Buchmarkt greifbare Wirtschaftslexikon; es enthält auch die vergleichsweise meisten sprachlichen Angaben verschiedener Art: neben Bedeutungsangaben finden sich auch Synonymangaben, Ausspracheangaben (hauptsächlich bei Fremdwörtern und gewissen Eigennamen), etymologische Angaben zu Herkunft und Bedeutung (hauptsächlich bei Fremdwörtern) und Genusangaben (bei Fremdwörtern in Zweifelsfällen). Als vollwertiges Sprachwörterbuch der Wirtschaftssprache kann Bertelsmann-G 1992 allerdings nicht dienen, da diese Art von Angaben nicht konsequent in allen Artikeln gemacht werden, sondern nur dann, wenn bei den Benutzern entsprechende Bedürfnisse vermutet werden; außerdem ist die wirtschaftssprachliche Phraseologie nicht eigens behandelt. Bertelsmann-G 1992 zeichnet sich dadurch aus, daß das Werk reich illustriert ist (als Idee nicht neu, vgl. schon Spamer 1876). Während in Gabler-W und Vahlen nur einzelnen Artikeln Diagramme, Übersichten oder Tabellen beigegeben sind, wird in Bertelsmann-G 1992 in der Art moderner Konversationslexika von diesen und anderen Mitteln der Illustration (Fotografien, Landkarten, Graphiken usw. im Farbdruck) reichlich Gebrauch gemacht.

Nach dem Zweiten Weltkrieg ist eine Reihe von weiteren ebenfalls das Gesamtgebiet Wirtschaft behandelnden Sachwörterbüchern geringeren Umfangs erschienen, die sich aber im allgemeinen auf Bedeutungserklärung und enzyklopädische Erläuterung der Wirtschaftsterminologie konzentrieren und eher periphere Gebiete wie Institutionen, Länderberichte, Berufskunde und Biographisches entweder gar nicht oder nur am Rande behandeln (z. B. Woll 1987, Recktenwald 1975). Aus lexikographischem Blickwinkel verdienen jedoch zwei Werke besonderes Interesse, weil sie als Einleitung eine systematische Einführung in das den Gegenstand des Lexikons bildende Fach enthalten: Meyer 1974 und Bertelsmann-L 1975. Solche Einleitungen sind schon aus der Lexikographie des 19. Jh.s bekannt (vgl. Rotteck 1834; auch Ludovici 1752 enthält lt. Bott 1925, Bd. 1, V, im letzten Band eine systematische Einführung in das Fach), in der modernen EFLW sind sie jedoch eine Seltenheit. In Meyer 1974 sind der darstellende und der lexikalische Teil nicht direkt miteinander verzahnt. In Bertelsmann-L 1975 hingegen ist die Verzahnung sehr eng: das „Lexikon wirtschaftlicher Begriffe" ist in das Register zum darstellenden Teil integriert; nur Lemmata, die im darstellenden Teil nicht vorkommen, jedoch für die dargestellten Gebiete zentral sind, erhalten eigene Einträge. In einem eigenen lexikalischen Teil sind biographische Artikel über „Wirtschaftswissenschaftler, Sozialpolitiker, Unternehmer" zusammengefaßt, während Meyer 1974 auf die Aufnahme von Artikeln dieser Art verzichtet.

Hinzu kommt eine kaum noch zu überblickende Reihe von kleineren Sachwörterbüchern — sie enthalten etwa zwischen 500 und 4000 Lemmata —, die populärwissenschaftlich sind und sich — z. T. schon im Titel, z. T. im Vorwort — an Schüler, Studenten, die „qualifizierte Sekretärin", die Jugend, Zeitungsleser, Lehrer, Laien, mehrere von diesen Gruppen gleichzeitig oder auch schlicht an jedermann wenden (Erffa 1990; Escherle 1988; Gabler-S 1980; Gertoberens 1991; Günter 1975; Mentzel 1977; Mühlbradt 1989; Otte 1975; Rump 1988; Schreiber 1987; *Wirtschafts-Lexikon für jedermann* 1991; Zens 1990); sie wollen in Schule, Ausbildung, Praxis und Beruf Verwendung finden. Die Erklärungssprache ist meist einfach gehalten, die Ausführlichkeit der Artikel ist beschränkt, und in einem Teil der Wörterbücher wird intensiver Gebrauch von Diagrammen und Schaubildern gemacht, wie sie auch in einführenden Lehrbüchern, aber auch in Wirtschaftsmagazinen und der Tagespresse zu finden sind. Mühlbradt 1989 versucht dem wirtschaftlich nicht vorgebildeten Leser die Lektüre dadurch schmackhaft zu machen, daß in Text und Zeichnungen Comic-Figuren eingeführt werden; an Ereignissen aus dem „Leben" dieser „Lexikon-Familie" sollen die in den Artikeln dargestellten abstrakten Sachverhalte beispielhaft veranschaulicht werden. — Den Ansprüchen, die in Hinsicht auf die dauernd erforderliche Aktualisierung von Sachwörterbüchern gestellt werden, versuchen Ratzke 1991 und Zens 1990 durch die Verwendung des Loseblattsystems gerecht zu werden. — Über Bedeutungsangaben hinausgehende sprachliche Angaben, von denen in sich an die obengenannten Benutzerkreise wendenden Sachwörterbüchern in erster Linie solche zur Aussprache von Fremd- und Zitatwörtern sowie Genus-Angaben in Zweifelsfällen zu erwarten wären, finden sich relativ selten (Ausspracheangaben z. B. in Rump 1988, etymologische Angaben in Günter 1975, beide Arten von Angaben in Herder 1974).

2.2.4. Sachwörterbücher zur Betriebswirtschaftslehre und zu ihren Teilfächern

Mit Nicklisch 1926 ist das erste selbständige Sachwörterbuch der BWL erschienen. Das Werk ist die erste Bestandsaufnahme einer im Rahmen der Wirtschaftswissenschaft sich als eigenständiges Teilfach etablierenden Disziplin, die sich ihrer selbst vergewissern und ihre Grenzen abstecken will. Die mit diesem Werk begründete Tradition findet ihre Fortsetzung in der fortlaufenden Neubearbeitung dieses Werks bis hin zu seiner 5. Auflage (1993), die jetzt das „Grundlagenwerk" der mit Erscheinen der 4. Auflage (1974) ins Leben gerufenen *Enzyklopädie der Betriebswirtschaftslehre* 1974 ff bildet; diese 5. Auflage will „nicht nur die Zusammenfassung der wesentlichen Inhalte der anderen Handwörterbücher" sein, sondern „die übergreifenden und verbindenden Aspekte" der BWL betonen, darüber hinaus „den Stand der wissenschaftlichen Betriebswirtschaftslehre" widerspiegeln und gleichzeitig auch als „anwendungsbezogene Informationsquelle" dienen (Bd. 1, IX−X).

An Sachwörterbüchern mittleren Umfangs zum Gesamtgebiet der BWL sind aus neuester Zeit Lück 1983 und Corsten 1992 zu erwähnen, zahlreiche kleinere bleiben ungenannt. Die wissenschaftliche Spezialisierung hat jedoch auch zu fast allen Teilgebieten der BWL Spezialwörterbücher hervorgebracht, die ihrer Vielzahl wegen hier nur beschränkt dargestellt werden können. Besonders zu vier Teilgebieten ist eine größere Anzahl von Sachwörterbüchern erschienen:

Rechnungswesen und Verwandtes (Bott 1940; Kresse 1970; Fäßler 1973; Lück 1980; Busse von Colbe 1991; Horváth 1993; Gabler-C 1993; Heyd 1993), Marketing und Werbung (Frerk 1929; Frank 1959; Kropff 1959; Falk 1982; Neske 1983; Pflaum 1983; Koschnick 1987; Diller 1992), Bank- und Börsenwesen (Achterberg 1967; Gabler-B 1988; Kurzawa 1990; Büschgen-Bank 1992; Büschgen-Börse 1991; Siebers 1994) sowie Management: zu letzterem als Fach weniger deutlich abgrenzbarem Gebiet existiert eine Vielzahl von Sachwörterbüchern verschiedenen Umfangs, von der mehrbändigen Enzyklopädie (*Management-Enzyklopädie* 1969) über Werke mittleren Umfangs (Eckardt 1971; Linnert 1977; Altfelder 1973; Pieper 1991) bis hin zum Taschenbuch (Kerler 1975), und selbst als Teilgebiete des Managements anzusehende Bereiche älteren oder neueren Datums wie das Personalwesen (Beyer 1990) oder das Qualitätsmanagement (Kaminske 1993) sind bereits lexikographisch aufbereitet worden. − Aber auch an anderen wirtschaftswissenschaftlichen Teil- und Randgebieten sind Spezialwörterbücher erschienen: Versicherung (Manes 1909; Finke 1958; Schierenbeck 1990; Gabler-VL 1994), Steuern (Schaeberle 1990), Wirtschaftsinformatik (Heinrich 1987 − ein durch die als Einleitung gegebene systematische Einführung in das Fach bemerkenswertes Werk), Arbeitswissenschaft (Giese 1930), Arbeitsrecht (Spiegelhalter 1994), Europäische Gemeinschaft (Wisdorff 1993).

2.2.5. Areallinguistisch ausgerichtete Sachwörterbücher

In der EFLW scheinen areallinguistisch ausgerichtete Wörterbücher keine hervortretende Rolle zu spielen (ob Reichesberg 1902 in diese Kategorie fällt, muß hier offenbleiben). Besonders zu erwähnen wäre hier jedoch Flemming 1990, ein Wörterbuch, das im Gefolge der Vereinigung der beiden deutschen Staaten sich ergebende Verständigungsprobleme lösen will. In zweispaltigem Druck werden u. a. Lemmata einander gegenübergestellt, bei denen der Wortkörper zwar äußerlich gleich, die begriffliche Füllung in Ost und West jedoch aus ideologischen oder anderen Gründen verschieden ist; als Lemmata können auch unterschiedliche Bezeichnungen für Begriffe mit gleichen oder ähnlichen zentralen Merkmalen einander gegenübergestellt werden, wobei auch auf die begrifflichen Inkongruenzen aufmerksam gemacht wird; bei Lemmata, bei denen in Ost bzw. West keine begriffliche Entsprechung vorhanden ist, bleibt die andere Spalte leer.

2.2.6. Wirtschaftslexikographie unter ideologischen Vorzeichen

Von den in der Zeit des Nationalsozialismus erschienenen Sachwörterbüchern sei Bülow 1936 genannt, ein Werk, in dem Zugeständnisse an den Zeitgeist daran ablesbar sind, daß gewisse für die nationalsozialistische Wirtschaftsideologie und Wirtschaftspraxis wichtige Begriffe und Institutionen oder Organisationen in nationalsozialistischem Sinne dargestellt werden.

Vgl. Lemmata wie **Arbeitsbeschaffung, Gemeinschaft, Betriebsgemeinschaft, Bauer, Blut und Boden, Erbhof, Siedlung, Arbeitsdienst, Deutsche Arbeitsfront, Reichsnährstand**; bei anderen Lemmata wie **Geburtenrückgang, Sozialismus** oder **Weltwirtschaftskrise** wird deren ideologische Deutung durch den Nationalsozialismus zumindest erheblicher Raum gewährt. Unter **Gewerkschaft** wird nur die Unternehmensform dieses Namens behandelt, so als hätte es Arbeitnehmerorganisationen mit dieser Bezeichnung nie gegeben.

Unter den ideologischen Vorzeichen des Marxismus-Leninismus, der Beschlüsse von SED-Parteitagen usw. steht die EFLW in der ehemaligen DDR. Das umfangreichste in der DDR erschienene Sachwörterbuch, das etwa 15 000 Lemmata enthaltende *Ökonomische Lexikon* 1978, will die „politische Ökonomie des Sozialismus und der vorsozialistischen Produktionsweisen einschließlich der ökonomischen Lehrmeinungen [...]" in ihrer Gesamtheit erfassen (Bd. 1, 5). Ergänzt wird dieses Wörterbuch durch die Reihe *Lexikon der Wirtschaft* 1968 ff, eine Reihe, die insgesamt 11 Bände umfaßt und deren Einzelbände jeweils eine wirtschaftswissenschaftliche Disziplin darstellen. − Auch außerhalb dieser Reihe sind in der DDR Spezialwörterbücher erschienen, z. B. Stassen 1977. − Ein Werk, das sich offen zu seinem Charakter als Instrument sozialistischer Indoktrination im Auftrag des VIII. SED-Parteitages bekennt (es wendet sich außer an die „Werktätigen" u. a. an die „Propagandisten der Partei und der gesellschaftlichen Organisationen" und die Teilnehmer am „Parteilehrjahr"), ist das *Wörterbuch der Ökonomie. Sozialismus* (1973).

2.2.7. Wörterbuch der Wirtschaftsethik

Kein Wirtschaftssachwörterbuch in traditionellem Sinne, sondern einen Versuch, ideologisch auslegbare Wirtschaftsbegriffe so darzustellen, daß „wirtschaftliche Zusammenhänge für ethische Fragestellungen durchsichtig" gemacht und „ethische Überlegungen in die wirtschaftlichen Sachzusammenhänge" integriert werden, bildet Enderle 1993; es will den Dialog anstoßen zwischen denen, die eine „Eigengesetzlichkeit der Wirtschaft" postulieren, und denjenigen, die der Moral absoluten Vorrang vor ökonomischen Gesichtspunkten geben (Enderle 1993, V).

2.3. Sprachwörterbücher

Unter den Sprachwörterbüchern ragt Schirmer 1911 heraus, ein Werk, das in den Kontext der historischen Wortforschung zu Beginn dieses Jahrhunderts einzuordnen ist.

„Es behandelt als Kaufmannssprache [...] nur die Ausdrücke, mit denen der Kaufmann den geschäftsmäßigen Betrieb des Güteraustausches in allen seinen Einzelfunktionen benennt: ausgeschlossen bleiben also alle Ausdrücke, die den Fabrikationsweg angehen, [...] ferner [...] die rein wissenschaftlich-nationalökonomische Terminologie" (Schirmer 1911, V).

Als Lemmata aufgenommen werden nicht nur allein der Fachsprache angehörende Ausdrücke, sondern ebenso Wörter der Allgemeinsprache, soweit sie in der Kaufmannssprache eine fachsprachliche Bedeutung aufweisen; dabei sind den Bedeutungsangaben oft auch etymologische Angaben zu Herkunft und eventuellem Bedeutungswandel sowie Belege vom ersten Auftreten bis in die jüngste Zeit zur Seite gestellt. Darüber hinaus legt Schirmer besonderen Nachdruck „auf die Sammlung der umgangssprachlichen Bestandteile, namentlich auch der Scherz- und Spottausdrücke der heutigen Kaufmannssprache", womit sein Wörterbuch sich auch als Zeugnis der Erforschung von Sonder- und Gruppensprachen, die am Anfang des 20. Jh.s ihren Aufschwung nimmt, ausweist.

Der Wörterbuchtyp, der unter den Wirtschaftssprachwörterbüchern am häufigsten vertreten zu sein scheint und der auf eine lange Tradition zurückblicken kann, ist das Fremdwörterbuch (Marperger 1706 – enthält neben einem Fremdwörterbuch auch ein kleines normierendes Wörterbuch ortographischer ‚Zweifelsfälle' –, Nehring 1717; Eitzen 1894; Koepper 1950; Gabler-F 1994).

Zur Kategorie der Produktionswörterbücher zählt sich Normann 1989, ein Wörterbuch, das – in seinem Zweck einem Synonymwörterbuch vergleichbar – seinen Benutzern dabei behilflich sein will, das „treffende Fachwort für die Wirtschaft" zu finden. Die einzelnen Lemmata wie auch die Einträge unter diesen sind höchst unterschiedlicher Art. Teils handelt es sich um in der Wirtschaftssprache konventionalisierte Fachausdrücke, denen eine Bedeutungsangabe beigegeben ist: diese Angaben wären jedoch bei der fachsprachlichen Textproduktion gewiß nicht einschränkungslos als „treffender" Ausdruck zu übernehmen. Teils bestehen die Lemmata aus gemeinsprachlichen Umschreibungen von Fachausdrücken, die dann in dem Eintrag selbst genannt sind. Teils werden unter fachsprachlichen Lemmata in den Einträgen auch bedeutungsähnliche Wörter aufgereiht, ohne daß der Benutzer etwas darüber erfährt, in welchem Verhältnis das Lemma zu diesen angegebenen Synonymen oder Pseudosynonymen steht oder wie diese gegeneinander abzugrenzen sind. – Rothfuss 1991 enthält eigentlich zwei Wörterbücher, ein Rezeptions- und ein Produktionswörterbuch: im ersten, „Produktversprechen" betitelten, wird die Bedeutung und die Verwendung gewisser Wörter in der Werbesprache beschrieben und an konkreten Beispielen belegt, der zweite Teil, der den Titel „Satzgestaltung" trägt, ist pragmatisch ausgerichtet und enthält (auch als Empfehlungen zu verstehende) Erklärungen zur Wirkung des Gebrauchs gewisser Wörter in der Werbesprache.

2.4. Künftige Aufgaben der einsprachigen Fachlexikographie mit Objektsprache Deutsch

Ein synchronisches Sprachwörterbuch der deutschen Wirtschaftssprache, ein Wörterbuch also, das nicht nur die spezifische Wirtschaftsterminologie, sondern auch den fachbezogenen nichtterminologischen Wortschatz sowie die unter kommunikativem Aspekt wichtige Phraseologie der Wirtschaftssprache (Kollokationen etc.) berücksichtigte und so angelegt wäre, daß es als Rezeptions- wie als Produktionswörterbuch für muttersprachliche wie fremdsprachliche Benutzer dienen könnte, fehlt bisher. Ein solches Wörterbuch stellt in mehrerlei Hinsicht ein dringendes Desiderat dar: *erstens* berücksichtigen die vorhandenen Allgemeinwörterbücher die Wirtschaftssprache verständlicherweise nur unvollkommen, *zweitens* ist die Wirtschaftssprache ein für die Fachsprachenforschung zentrales Thema, *drittens* spielt die Wirtschaftssprache in Forschung und Lehre des Faches Deutsch als Fremdsprache eine zunehmend wichtige Rolle, und *viertens* würde ein solches Wörterbuch in der Wirtschaftspraxis im In- und Ausland gute Dienste leisten. Besonders aus der Perspektive der beiden zuletzt genannten Anliegen wäre die Erarbeitung eines Allbuchs, das eine konsequente Verbindung von sprachlicher, sachlicher und enzyklopädischer Information zur Grundlage hätte, gar noch wünschenswerter als die eines reinen Sprachwörterbuchs. Sprachwörterbuch wie Allbuch würden jedenfalls nicht nur einem wissenschaftsinternen Interesse genügen, sondern auch höchst praktischen Nutzen mit sich bringen.

3. Die zweisprachige Fachlexikographie des Wirtschaftswesens mit Ausgangs- oder Zielsprache Deutsch

3.1. Ph. A. Nemnich als Pionier der zweisprachigen Fachlexikographie des Wirtschaftswesens

Die zweisprachige Fachlexikographie des Wirtschaftswesens mit Ausgangs- oder Zielsprache Deutsch (ZFLW/D) beginnt sich, soweit erkennbar, am Ausgang des 18. Jh.s zu entwickeln. Von Anfang an steht dabei die Befriedigung der in der Wirtschaftspraxis auftretenden sprachlichen Bedürfnisse des grenzüberschreitenden Handels und Wirtschaftsverkehrs im Vordergrund.

Eine Pionierrolle in der Entwicklung der ZFLW/D hat offenbar Philipp Andreas Nemnich gespielt. Sein erstes Wirtschaftswörterbuch ist ein Warenwörterbuch (Nemnich 1797), in dem eigentlich zwölf Wörterbücher enthalten sind: elf zweisprachige, die alle die Zielsprache Deutsch haben, sowie ein zwölfsprachiges mit Ausgangssprache Deutsch. In den zweisprachigen Wörterbüchern dieser ersten Ausgabe werden ohne weitere Erläuterungen den alphabetisch geordneten Warenbezeichnungen der jeweiligen Ausgangssprache die deutschen Warenbezeichnungen gegenübergestellt, und das gleiche Prinzip herrscht in dem zwölfsprachigen Wörterbuch. In Teil 2 und Teil 3 dieses Werks (bis 1802 erschienen; bei der Erarbeitung dieser Übersicht nicht zugänglich) scheint Nemnich jedoch bereits über dieses lexikographische Prinzip hinausgegangen zu sein, denn in einer sich auf dieses Werk beziehenden Verlagsankündigung (in Nemnich 1803, vor dem Titelblatt) heißt es, daß „die beyden letzten [Theile] mit vielen Erklärungen versehen sind". „Erklärungen" enthalten auch die meisten Einträge der Neubearbeitung des Warenlexikons (Nemnich 1821). Einige der ab 1815 zunächst als selbständige Einzelwörterbücher erscheinenden Teile dieser Neubearbeitung tragen folgerichtig die Bezeichnung „Waaren-Encyclopädie" in ihrem Titel (z. B. Nemnich 1815). In den meisten Wörterbucheinträgen fügt Nemnich den zielsprachigen Entsprechungen, neben gelegentlichen etymologischen Hinweisen, ausführliche Sacherläuterungen und enzyklopädische Informationen zu den Gegenständen, die die Lemmata bezeichnen, hinzu, in der sicher richtigen Annahme, daß vielen Wörterbuchbenutzern wegen fehlender Sachkunde über die Warenwelt des fremden Landes mit der bloßen Angabe einer deutschen Übersetzung allein nicht genügend gedient ist und diese deshalb einer Ergänzung bedürfen durch „[...] gerade dasjenige, was den Kaufmann, auf seinem Komtoir, zu wissen interessirt" (Nemnich 1815, II). Die warenkundlichen Informationen sind etwa der Art, wie sie auch in den entsprechenden Artikeln bei Marperger 1733 und Krünitz 1782 gegeben werden:

„Bei den Artikeln stehen die Verschiedenheiten und die Qualitäten derselben, ihre Herkunft und Bestimmung, die Packung, der Verkauf, und was sonst, nach der eigenen Beschaffenheit eines jeden Gegenstandes, passend und sachdienlich genannt werden mag" (Nemnich 1815, II).

Nemnich verbindet somit Sprach- und Sachlexikographie in einer Weise, durch die sein Werk dem Typ des echten Allbuchs zumindest sehr nahekommt.

Ähnlich wie Nemnich 1797 ist auch Nemnich 1803 eigentlich eine Sammlung von mehreren Wörterbüchern, acht zweisprachigen (der englisch-deutsche Teil auch selbständig und erheblich erweitert: Nemnich 1816) und einem neunsprachigen. Auch hier tragen die zweisprachigen Teile deutliche Züge des Allbuchs. Unter zahlreichen Lemmata finden sich neben Kommentaren zu Fragen terminologischer Abgrenzungen vor allem enzyklopädische Erläuterungen zu den jeweiligen Begriffen, wobei das Hauptgewicht auf den Verhältnissen in dem Land, um dessen Sprache es in dem betreffenden Wörterbuchteil geht, liegt; eine kontrastiv angelegte Analyse der Verhältnisse im Lande der Ausgangssprache mit denen in dem der Zielsprache und eine Ableitung von sich daraus eventuell ergebenden sprachlichen Konsequenzen leistet Nemnich allerdings noch nicht; trotzdem muß seine diesbezügliche lexikographische Praxis als überraschend modern bezeichnet werden (vgl. Rossenbeck 1994).

Nemnich 1803 wirkt auch in seiner Auffassung von dem, was sonst noch in ein Fachwörterbuch gehört, und damit in seiner daraus ablesbaren Auffassung von dem, was eine Fachsprache überhaupt ausmacht, erstaunlich fortschrittlich; er berücksichtigt bereits auch Mehrwortermini als selbständige Einheiten und bezieht über den rein terminologischen Wortschatz hinaus in großem Umfang auch die spezifisch wirtschaftssprachliche Phraseologie (im Sinne von Kollokationen und anderen mehr oder weniger festen Wortverbindungen) mit ein. Phraseologisches erhält teils einen selbständigen Wörterbucheintrag, teils ist es unter Lemmata zu finden, die einen Bestandteil der betreffenden Wortverbindung darstellen, teils ist es aber auch außerhalb der alphabetischen Ordnung im Rahmen der Erläuterungen zu gewissen Lemmata als sachlich zu diesen gehörig behandelt. Soweit ersichtlich, ist die deutsche wirtschaftssprachliche Phraseologie im letzten Teil von Nemnich 1803, „Deutsches Lexicon in Acht Sprachen übersetzt", in erheblich größerem Umfang berücksichtigt, als dies z. B. bei Krünitz 1782 der Fall ist, wodurch das Wörterbuch einen erheblichen Quellenwert in bezug auf den Zustand der deutschen Wirtschaftssprache um 1800 erhält.

Beachtung verdient auch die Tatsache, daß Nemnich bei der Ausarbeitung dieses neunsprachigen Wörterbuchs eine klare Einsicht in die Problematik zeigt, die mit der Erarbeitung eines neuen zwei- oder mehrsprachigen Fachwörterbuchs durch „Umkehrung" von schon vorhandenen Wörterbüchern verbunden ist: eine mechanische Umkehrung von Wörterbucheinträgen, bei der die zielsprachliche Seite zur ausgangssprachlichen und die ausgangssprachliche zur zielsprachlichen gemacht wird − ein noch in neuester Zeit von manchen Lexikographen unkritisch angewandtes Verfahren −, verbietet sich gerade bei Wirtschaftswörterbüchern in vielen Fällen, besonders dann, wenn je unterschiedliche kulturspezifische Voraussetzungen im Bereich der Ausgangs- und der Zielsprache Äquivalenzprobleme aufgeworfen haben oder wenn z. B. auf der zielsprachlichen Seite lexikalische Lücken haben gefüllt werden müssen. Nemnich geht diesem Fehler aus dem Wege:

„Die acht ersten Wörterbücher enthalten nicht nur das Gemeinschaftliche der Handlung, sondern auch dasjenige, was einem jedem Lande besonders eigen ist. Das letzte oder Deutsche Lexicon umfast, in neun zusammengestellten Sprachen, das Gemeinschaftliche der Handlung" (Nemnich 1803, Vorwort).

Interessant ist auch die von Nemnich 1803 gewählte Abgrenzung des in seinem Wörterbuch behandelten Bereichs: es wird neben rein wirtschaftssprachlichem Wortgut auch eine erhebliche Menge rechtssprachliches, soweit dieses für das Fachgebiet Wirtschaft von Bedeutung ist, mit berücksichtigt.

Die Pionierleistung Nemnichs wird hier deshalb so ausführlich dargestellt, weil seine Wörterbücher nicht nur ein erstaunlich breites Spektrum von Fremdsprachen umfassen (Englisch, Französisch, Spanisch, Portugiesisch, Italienisch, Holländisch, Dänisch, Schwedisch, Russisch, Polnisch, Neugriechisch und Lateinisch), sondern weil sich an seinen Wörterbüchern und den in ihnen angewandten lexikographischen Prinzipien eine Reihe von Problemen illustrieren lassen, die sich auch heute noch in der Praxis der zweisprachigen Fachlexikographie stellen und die in der modernen metalexikographischen Forschung diskutiert werden, und zwar u. a.:

Abgrenzung des Sachgebiets bei der Erstellung eines Fachwörterbuchs, Bestimmung der Zielgruppe, Terminographie contra Lexikographie, Lemmaauswahl im Hinblick auf terminologischen, fachspezifischen und fachbezogenen Wortschatz, fachsprachliche Phraseologie, Einbeziehung sachlexikographischer und/oder enzyklopädischer Information und damit Grenzziehung zwischen Sprach- und Sachlexikographie.

Aus Gründen der Übersichtlichkeit wird im folgenden die ZFLW jedoch nicht problemorientiert, sondern hauptsächlich sprachpaarweise dargestellt; u. a. aus Gründen des Platzmangels muß sich die Charakterisierung einzelner Wörterbücher auf das Notwendigste beschränken, manche Wörterbücher sind nur genannt, womit − ohne daß Vollständigkeit angestrebt wird − wenigstens auf Vorhandenes aufmerksam gemacht werden soll.

3.2. Die zweisprachige Fachlexikographie des Wirtschaftswesens mit Ausgangs- oder Zielsprache Englisch

In der zweisprachigen Fachlexikographie des Wirtschaftswesens sind begreiflicherweise die Wörterbücher mit Ausgangs- oder Zielsprache Englisch am zahlreichsten vertreten. Hier liegen Wörterbücher verschiedenen Umfangs, Anspruchs und Zwecks vor. Während das Wörterbuch von Löwinsohn 1888 gegenüber Nemnich 1803 bzw. 1816 insofern einen Rückschritt darstellt, als es keinerlei Sacherläuterungen enthält, in bezug auf Phraseologisches sehr dürftig ist und obendrein auch eine Menge fachfremder Lemmata aufführt, stellt Price 1926 ein Wörterbuch mittleren Umfangs dar, das auch − sogar mit Hinweisen auf weiterführende Literatur versehene! − Sacherläuterungen enthält. Schon in der Zwischenkriegszeit sind weitere Wirtschaftswörterbücher mit Englisch erschienen (Eitzen 1922; Clark 1930). Nach 1945 setzt dann ein breiter Strom von Wörterbüchern verschiedenen Umfangs und unterschiedlichen Spezialisierungsgrades ein.

Zu den großen Wörterbüchern, die teilweise auch die gesamte Rechtssprache mit einbeziehen, die teilweise auch mehr oder weniger systematisch Sacherläuterungen zu ausgewählten Lemmata enthalten und/oder die Phraseologie der Wirtschaftssprache in mehr oder weniger reichem Umfang berücksichtigen, zählen: Eichborn 1947; Eichborn 1961; Erdsiek 1964; Romain 1975; Dietl 1979; Eichborn 1981; Schüler 1986; Schäfer 1986; Hamblock 1989 und Goede 1993. Unter den Wörterbüchern geringeren Umfangs wären Gunston 1954; Eichborn 1975; Zahn 1989; Ritter 1991; Hamblock 1991, Kummert 1992, van Bernem 1994 und PONS 1994 zu nennen. Auch Lernerwörterbücher liegen zum Sprachpaar Englisch/Deutsch vor: Schmitz 1975; Freyd-Wadham 1987 − mit Sacherläuterungen; Hoffmann 1987; Renner 1970 − systematisch angeordnet und alphabetisch erschlossen, kombiniert mit Übersetzungsübungen: diesem Werk ähnliche Lernerwörterbücher liegen auch zum Französischen (Haensch 1962), zum Spanischen (Haensch 1961), zum Italienischen (Brenninger 1963) sowie zum Russischen (Grischin 1969) vor. Unter den einzelne Teilfächer des Wirtschaftswesens behandelnden Fachwörterbüchern mit Englisch dominieren die zum Finanz-, Bank- und Börsenwesen (Langguth 1933; Steneberg 1946; Dobbek 1948; Feldbausch 1980; Zahn 1984; Zahn 1986; Collin 1993). Die beiden letzteren enthalten auch Sacherläuterungen zu einer gewissen Anzahl von Lemmata, Collin 1993 darüber hinaus auch Sprachbeispiele in Form von Belegen! − vgl. weiter Downes 1993, Hohenstein 1993. − Auch zu Marketing und Werbung liegen Spezialwörterbücher vor (Rotsch 1973; Gruber 1977; Koschnick 1983). Einen interessanten Versuch zur Erstellung eines auf die spezifischen Bedürfnisse einer Wirtschaftsbranche ausgerichteten Wirtschaftswörterbuchs stellt Rychlik 1993 dar.

3.3. Die zweisprachige Fachlexikographie des Wirtschaftswesens mit Ausgangs- oder Zielsprache Französisch

Die zweisprachige Fachlexikographie des Wirtschaftswesens mit Ausgangs- oder Zielsprache Französisch gewinnt, soweit ersichtlich, erst nach dem zweiten Weltkrieg eine gewisse Breite. Der französische Teil von Löwinsohn 1888 scheint zunächst eine ziemlich isolierte Erscheinung zu bleiben, für ihn gilt im übrigen dasselbe, was schon oben über den englischen Teil gesagt ist.

Aus der ersten Hälfte dieses Jahrhunderts wären Roepke 1938 und Tastevin 1942 zu nennen, aus der Nachkriegszeit Roepke 1954, Roepke 1965, Thomik 1977, Boelcke 1990 − die primäre Zielgruppe dieses Wörterbuchs sind Benutzer mit Muttersprache Französisch −, Ebermann 1993 und Haensch 1994.

Potonnier 1964 war im ersten Band, dem deutsch-französischen Teil, zunächst als reines Wirtschaftswörterbuch angelegt, während schon im zweiten Band, dem französisch-deutschen Teil, wie später auch in der Neubearbeitung des ersten Bandes, die Rechtssprache ebenfalls miteinbezogen ist. Umgekehrt war Doucet 1960 zunächst ein Wörterbuch mit Hauptgewicht auf der Rechtssprache, das später auch um die Wirtschaftssprache erweitert wird (Doucet 1977). Spezialwörterbücher mit Französisch, die Teilgebiete des Wirtschaftswesens zum Gegenstand haben, sind offenbar nur vereinzelt erschienen (Kovarík 1964; Reist 1964; Düring 1965; Klaus 1991).

3.4. Die zweisprachige Fachlexikographie des Wirtschaftswesens mit anderen romanischen Sprachen

In der zweisprachigen Fachlexikographie des Wirtschaftswesens mit anderen romanischen Sprachen sind in größerer Anzahl Wörterbücher mit Italienisch (u. a. Lazzioli 1941; Pontevivo 1956; Heinze 1960; Conte 1989; Romano 1991; Renzinghoff 1992) und mit Spanisch (u. a. Kotzenberg 1875; Lerche 1956; Eichborn 1972; Radde 1989; Ebermann 1993 a; Becher 1994; Sanchez 1994) vertreten; aber auch das Portugiesische ist durch wenigstens drei Wörterbücher neueren und neuesten Datums repräsentiert (Iden 1963; Dora 1986; Jayme 1990).

3.5. Die zweisprachige Fachlexikographie des Wirtschaftswesens mit Ausgangs- oder Zielsprache Russisch

Nach der Pionierleistung Nemnichs scheinen rund hundert Jahre bis zum Erscheinen weiterer Wirtschaftswörterbücher mit Russisch vergangen zu sein (Kulhanek 1914; Choduschin 1924). Gleich nach 1945 erscheinen dann in der sowjetischen Besatzungszone bzw. in der DDR weitere Wörterbücher (Klöpper 1948; Dollinger 1955). Als das umfangreichste dieser Wörterbücher ist Möchel 1976 zu nennen, dessen Kern „die Begriffe der politischen Ökonomie des Kapitalismus und des Sozialismus" bilden, das darüber hinaus aber auch den „Grundwortbestand" zahlreicher anderer wirtschaftswissenschaftlicher Disziplinen und auch „die für die Ökonomie bedeutsamen Begriffe benachbarter Wissensgebiete" aufnimmt (Möchel 1976, 5 f). Aber auch von russischer Seite ist ein großes Wirtschaftswörterbuch erstellt worden (Bljach 1977). In auffällig großer Anzahl sind Wirtschaftswörterbücher mit Russisch seit den politischen und wirtschaftlichen Umwälzungen Ende der 80er Jahre erschienen. Décsi 1990 bemüht sich, auch „Termini des aktuellen ökonomischen und politischen Umbaus" zu berücksichtigen (Décsi 1990, VI), Termini, denen in Rathmayr 1993 und Oppermann 1993 das Hauptaugenmerk gilt: Rathmayr sucht ein „Bild der russischen Marktwirtschaftsterminologie mit deskriptiven, aber auch leicht normativen Zügen zu entwerfen" (Rathmayr 1993, 4), wobei den Lemmata z. T. Sacherläuterungen in deutscher Sprache mit russischer Übersetzung beigegeben sind. Oppermann 1993 ist ein zweisprachiges Sachwörterbuch, in dem deutsche Termini und die dazugehörigen Definitionen/Sacherläuterungen in russischer Übersetzung wiedergegeben sind. Mit Nikiforowa 1993, Sazonov 1993 und Salistschew 1994 sind in neuester Zeit weitere, z. T. umfangreiche Wirtschaftswörterbücher mit Russisch erschienen.

3.6. Die zweisprachige Fachlexikographie des Wirtschaftswesens mit skandinavischen Sprachen

Unter den übrigen zweisprachigen Wirtschaftswörterbüchern mit Deutsch bilden eine größere Gruppe diejenigen mit einer skandinavischen Ausgangs- oder Zielsprache. Die in der ersten Hälfte dieses Jahrhunderts erschienenen Wörterbücher mit Dänisch (Ludvigsen 1913) bzw. Schwedisch (Bertels 1911) sind primär auf die Bedürfnisse der Handelskorrespondenz abgestellt, was sich u. a. in einer reichen Berücksichtigung von Kollokationen und anderer stehender Wendungen bemerkbar macht; die Tradition dieser Handelswörterbücher wird später in Dänemark durch Poulsen 1977 und in Schweden, in etwas anderer Form, durch Sjödin 1993 fortgeführt. Kleiber 1941 scheint der einzige Vertreter eines Wirtschaftswörterbuchs mit Norwegisch zu sein (lt. Zischka 1958, 187 „[h]auptsächlich Warenwörterbuch"). Das einzige aus neuerer Zeit stammende größere Wirtschaftswörterbuch mit Schwedisch, Parsenow 1975, kann in der ersten wie in der zweiten Auflage (1985) als Beispiel einer fachlexikographischen Mißgeburt gelten.

3.7. Die zweisprachige Fachlexikographie des Wirtschaftswesens mit sonstigen Sprachen

In der ZFLW sind andere Sprachen als die bisher genannten allem Anschein nach nur sporadisch und dann meist auch nur durch eine geringe Anzahl von Wörterbüchern vertreten. Aus der Zeit nach 1945 haben sich in Bibliographien und Bibliotheken Wirtschaftswörterbücher mit folgenden Sprachen nachweisen lassen:

Neugriechisch (Favis 1960), Polnisch (Słownik 1956; Schulz 1995), Tschechisch (Klusáková 1992), Slowakisch (Plešková 1965), Serbokroatisch (Pajević 1965), Ungarisch (Verbényi 1964; Hamblock 1994), Türkisch (Kiygi 1995), Japanisch (Tohata 1960), Arabisch (Leicher 1992), Indonesisch (Wulffen 1985) und Chinesisch (Liu 1984, Fang 1992).

4. Literatur (in Auswahl)

4.1. Bibliographien

Bibliographie der Wirtschaftswissenschaften = Bibliographie der Wirtschaftswissenschaften (Vormals Bibliographie der Sozialwissenschaften). Göttingen [fortlaufend].

Kühn 1978 = Peter Kühn: Deutsche Wörterbücher. Eine systematische Bibliographie. Tübingen 1978 (Reihe Germanistische Linguistik 15).

Sachkatalog 1968 = Bibliothek des Instituts für Weltwirtschaft Kiel. Sachkatalog. Boston 1968.

Saur 1960 = Technik und Wirtschaft in fremden Sprachen. Internationale Bibliographie der Fachwörterbücher. Bearb. v. Karl-Otto Saur [u. a.]. Pullach bei München 1960 (Handbuch der technischen Dokumentation und Bibliographie 4) [5. Aufl. hrsg. v. Helga Lengenfelder, 1972; 6. Aufl., hrsg. v. Helga Lengenfelder, 1979; Titel und Reihentitel von Aufl. zu Aufl. verschieden!].

Zaunmüller 1958 = Wolfram Zaunmüller: Bibliographisches Handbuch der Sprachwörterbücher. Ein internationales Verzeichnis […]. Stuttgart 1958.

Zischka 1959 = Gert A. Zischka: Index Lexicorum. Bibliographie der lexikalischen Nachschlagewerke. Wien 1959.

4.2. Wörterbücher
4.2.1. Einsprachige Wörterbücher

Achterberg 1967 = Erich Achterberg und Karl Lanz: Enzyklopädisches Lexikon für das Geld-, Bank- und Börsenwesen. 2 Bde. 3. Aufl. Frankfurt a. M. 1967 [zugleich 3. Aufl. von M. Palyi und P. Quittner: Handwörterbuch des Bankwesens. 1933].

Allgemeine Encyclopädie 1836 = Allgemeine Encyclopädie für Kaufleute und Fabrikanten, so wie für Geschäftsleute überhaupt. Oder vollständiges Wörterbuch des Handels, der Fabriken und Manufakturen [...]. Hrsg. v. einer Gesellschaft gelehrter und praktischer Kaufleute. 1. Aufl. Leipzig 1836. [Titel und Untertitel in den folgenden Aufl. z. T. verändert; 9. Aufl., hrsg. v. Wilhelm Hoffmann. 2 Bde. Leipzig 1850; 12. Aufl., hrsg. v. Carl Noback und Friedrich Noback, fortgesetzt von Friedrich Steger. Leipzig 1859.]

Altfelder 1973 = Klaus Altfelder [u. a.]: Lexikon der Unternehmensführung. Ludwigshafen 1973.

Beck 1977 = Reinhart Beck: Sachwörterbuch der Politik. Stuttgart 1977.

Bergius 1767 = Johann Heinrich Ludwig Bergius: Policey- und Cameral-Magazin [...]. 9 Bde. Leipzig 1767–1774.

Bergius 1775 = Johann Heinrich Ludwig Bergius: Neues Policey- und Cameral-Magazin [...]. 6 Bde. Leipzig 1775–1780.

Bertelsmann-G 1992 = Bertelsmann Lexikon Wirtschaft. Hrsg. v. Lexikon-Institut Bertelsmann. Chefredakteur W.-E. Gudemann. Gütersloh 1992.

Bertelsmann-L 1975 = Wirtschaft. Daten und Fakten zum Nachschlagen. Hrsg. v. Lexikon-Institut Bertelsmann. Redaktionelle Leitung: W. Ludewig. Gütersloh [usw.] 1975.

Beyer 1990 = Horst-Thilo Beyer: Personallexikon. München [usw.] 1990.

Bluntschli 1857 = Deutsches Staatswörterbuch. Hrsg. v. J. C. Bluntschli und Karl Brater. 11 Bde. Stuttgart 1857–1870.

Bohn 1720 = G. C. Bohn: Neueröffnetes Waarenlager oder Waaren-Lexicon für Kaufleute. Hamburg 1720.

Bott 1925 = Handwörterbuch des Kaufmanns. Lexikon für Handel und Industrie. Hrsg. v. Karl Bott. 5 Bde. Hamburg 1925–1932.

Bott 1940 = Lexikon des kaufmännischen Rechnungswesens. Hrsg. v. Karl Bott. 2 Bde. Stuttgart 1940–1941 [2. Aufl., 4 Bde., 1954–1957].

Bülow 1936 = Friedrich Bülow: Wörterbuch der Wirtschaft. Leipzig 1936 [6. Aufl. Stuttgart 1970; ab 7. Aufl. 1975: s. Recktenwald 1975].

Büschgen 1991 = Hans E. Büschgen: Das kleine Börsen-Lexikon. Begr. durch R. Mindner. 19. Aufl. Düsseldorf 1991 [1. Aufl. 1954].

Büschgen 1992 = Hans E. Büschgen: Das kleine Bank-Lexikon. Düsseldorf 1992.

Busse von Colbe 1991 = Lexikon des Rechnungswesens. Handbuch der Bilanzierung und Prüfung [...]. Hrsg. v. Walther Busse von Colbe. 2. Aufl. München [usw.] 1991.

Conrad 1890 = Handwörterbuch der Staatswissenschaften. Hrsg. v. J. Conrad [u. a.], 6 Bde. Jena 1890–1894 [4. Aufl., hrsg. v. Ludwig Elster [u. a.], 6 Bde., 1923–1925, Ergänzungsband 1929; *Handwörterbuch der Sozialwissenschaften. Zugleich Neuauflage des Handwörterbuch der Staatswissenschaften.* Hrsg. v. E. v. Beckerath [u. a.] 12 Bde. Stuttgart [usw.] 1956–1965; *Handwörterbuch der Wirtschaftswissenschaft. Zugleich Neuauflage des Handwörterbuchs der Sozialwissenschaften.* Hrsg. v. W. Albers [u. a.], 9 Bde. und Reg.-Bd. Stuttgart [usw.] 1977–1983].

Conversations-Lexicon 1846 = Conversations-Lexicon der kaufmännischen Wissenschaften. Eine vollständige Handlungs-Encyclopädie für Banquiers, Kaufleute, Fabrikanten, Droguisten, Sensale und Geschäftsleute jeder Art. 5 Bde. Grimma o. J. [1846–1848].

Corsten 1993 = Lexikon der Betriebswirtschaftslehre. Hrsg. v. Hans Corsten. 2. Aufl. München [usw.] 1993.

Diller 1992 = Vahlens Großes Marketinglexikon. Hrsg. v. Hermann Diller. München 1992.

Drechsler 1992 = Gesellschaft und Staat. Lexikon der Politik. Hrsg. v. Hanno Drechsler [u. a.]. 8. Aufl. München 1992 [1. Aufl. 1970].

Eckardt 1971 = Handlexikon der modernen Managementpraxis. Hrsg. v. Horst Eckardt. München 1971.

Eitzen 1894 = Friedrich Wilhelm Eitzen: Fremdwörterbuch der Handelssprache, verdeutscht und erklärt [...]. Leipzig 1894.

Elster 1898 = Wörterbuch der Volkswirtschaft in zwei Bänden. Hrsg. v. Ludwig Elster. 2 Bde. Jena 1898 [4. Aufl., 3 Bde., 1931–1933].

Enderle 1993 = Lexikon der Wirtschaftsethik. Hrsg. v. Georges Enderle [u. a.] Freiburg [usw.] 1993.

Enzyklopädie der Betriebswirtschaftslehre 1974 ff = Enzyklopädie der Betriebswirtschaftslehre. Stuttgart 1974 ff. Bd. 1: Handwörterbuch [HWB] der Betriebswirtschaft, 1974 [= 4. Aufl. von Nicklisch 1926; 5. Aufl., 3 Bde., 1993]; Bd. 2: HWB der Organisation, 1973 [3. Aufl. 1992]; Bd. 3: HWB des Rechnungswesens, 1970 [3. Aufl. 1993]; Bd. 4: HWB der Absatzwirtschaft, 1974; Bd. 5: HWB des Personalwesens, 1975 [2. Aufl. 1992]; Bd. 6: HWB der Finanzwirtschaft, 1976 [2. Aufl. 1995]; Bd. 7: HWB der Produktionswirtschaft, 1984; Bd. 8: HWB der Revision, 1983 [2. Aufl. 1991]; Bd. 9: HWB der Planung, 1989; Bd. 10: HWB der Führung, 1987 [2. Aufl. 1995]; Bd. 11: HWB der Öffentlichen Betriebswirtschaft, 1988; Bd. 12: HWB Export und Internationale Unternehmung, 1989.

Erffa 1990 = Dagmar von Erffa: Taschenlexikon der Wirtschaft. München 1990 [2. Aufl. Berlin 1954].

Escherle 1988 = Hans-Jürgen Escherle/Klaus Kaplaner: Neues Lexikon der Wirtschaft. Die wichtigsten Begriffe und Zusammenhänge zum Nachschlagen. München 1988.

Falk 1982 = Bernd Falk/Jakob Wolf: Das große Lexikon für Handel und Absatz. 2. Aufl. Landsberg/L. 1982.

Fäßler 1973 = Klaus Fäßler [u. a.]: Lexikon Kostenrechnung und Controlling. 4. Aufl. München 1980.

Finke 1958 = Handwörterbuch des Versicherungswesens. Hrsg. v. Eberhart Finke. 2 Bde. Darmstadt 1958.

Flemming 1990 = Günther Flemming/Alfred Keck: Deutsch-deutsches Wirtschaftslexikon. Volkswirtschaft. Stuttgart 1990.

Frank 1959 = Frank Werbe Lexikon. Stuttgart 1959.

Frerk 1929 = C. W. Frerk: Reklame-Fachwörterbuch. Berlin 1929.

Gabler-B 1988 = Bank-Lexikon. Handwörterbuch für das Geld-, Bank- und Börsenwesen. Redaktion Karlheinz Müssig. 10. Aufl. Wiesbaden 1988 [1. Aufl. 1953].

Gabler-C 1993 = Gabler Lexikon Controlling. Hrsg. v. Konrad Liessmann. Wiesbaden 1993.

Gabler-F 1994 = Gabler Fremdwörterbuch Wirtschaft. Wiesbaden 1994.

Gabler-S 1980 = Gablers Schüler-Lexikon Wirtschaft. Bearb. v. Manfred Kuhn. Wiesbaden 1980.

Gabler-V 1981 = Gablers Volkswirtschaftslexikon. Wiesbaden 1981.

Gabler-VL 1994 = Gabler Versicherungslexikon. Hrsg. v. Peter Koch und Wieland Weiss. Wiesbaden 1994.

Gabler-W 1956 = Dr. Gablers Wirtschafts-Lexikon. Hrsg. v. R. Sellien und H. Sellien. 2 Bde. Wiesbaden 1956 [13. Aufl., 4 Bde., 1992].

Geigant 1975 = Friedrich Geigant/Dieter Sobotka/Horst M. Westphal: Lexikon der Volkswirtschaft. München 1975 [6. Aufl. 1994].

Gertoberens 1991 = Klaus Gertoberens: Fachwörterbuch Wirtschaft. München 1991.

Giese 1930: Handwörterbuch der Arbeitswissenschaft. Hrsg. v. Fritz Giese. 2 Bde. Halle/S. 1930.

Görres-Staatslexikon 1889 = Staatslexikon. Hrsg. im Auftrage der Görres-Gesellschaft zur Pflege der Wissenschaft im katholischen Deutschland durch Adolf Bruder [...] fortgesetzt durch Julius Bachem. 5 Bde. Freiburg 1889–1897 [6. Aufl., 8 Bde., 1957–1963; 7. Aufl., 7 Bde., 1985–1993].

Grosses und Vollständiges Oeconomisch- und Physicalisches Lexicon (1750) = Die wahren Mittel, Länder und Staaten glücklich [...] zu machen; [...] Oder Grosses und vollständiges Oeconomisch- und Physicalisches Lexicon [...]. Alles [...] insbesondere aus des P. Noel Chomel [...] Dictionnaire oeconomique [...] zusammen getragen [...]. 8 Bde. Leipzig 1750–1759.

Günter 1975 = Horst Günter: Jugendlexikon Wirtschaft. Einfache Antworten auf schwierige Fragen. Reinbek 1975.

Haushofer 1880 = Langenscheidt's Handelslexikon. Handlexikon des ganzen Kaufmännischen Wissens. Hrsg. v. M. Haushofer [u. a.]. 2 Bde. Berlin o. J. [1880].

Heinrich 1987 = Lutz J. Heinrich/Friedrich Roithmayr: Wirtschaftsinformatik-Lexikon. 2. Aufl. München [usw.]. 1987.

Herder 1974 = Herder Lexikon Wirtschaft. Bearb. v. G. Böing. Freiburg [usw.] 1974.

Heyd 1993 = Reinhard Heyd: Lexikon für Rechnungswesen und Controlling. Stuttgart 1993.

Horváth 1993 = Vahlens Großes Controllinglexikon. Hrsg. v. Péter Horváth und Thomas Reichmann. München 1993.

Kaminske 1993 = Gerd Kaminske/Jörg-Peter Brauer: Qualitätsmanagement von A bis Z. Erläuterungen moderner Begriffe des Qualitätsmanagements. München [usw.] 1993.

Kerler 1975 = Richard Kerler: Begriffe des Managements. München 1975.

Koepper 1950 = Gustav Koepper: Fremdwörterbuch für Handel, Gewerbe und Industrie. 6. Aufl. Baden-Baden [usw.] 1950.

Koschnick 1987 = Wolfgang J. Koschnick: Standard-Lexikon für Marketing, Marktkommunikation, Markt- und Mediaforschung. München [usw.] 1987.

Kresse 1970 = Werner Kresse: Handlexikon für Rechnungswesen, Steuer und Recht. 2 Bde. 2. Aufl. Stuttgart 1970.

Kropff 1959 = H. F. J. Kropff: Wörterbuch der Werbung. Essen 1959.

Krünitz 1782 = Johann Georg Krünitz: Oekonomische Encyklopädie, oder allgemeines System der Staats-Stadt-Haus- u. Landwirtschaft, in alphabetischer Ordnung. 2. Aufl. Berlin 1782 ff [1. Auflage 1773 begonnen; insgesamt 242 Teile, 1773–1858].

Kurzawa 1990 = Illustriertes ABC der Börse. Das Nachschlagewerk für die intelligente Kapitalanlage. Haar bei München 1990.

Leuchs 1825 = Johann Michael Leuchs: Allgemeines Waaren-Lexicon oder vollständige Waarenkunde mit Angabe der Erzeugungs- und Bezugs-Orte, der Art und Menge des Verbrauchs, der Preise und des Ganges des Handels. 2 Bde. Nürnberg 1825–1826.

Leuchs 1844 = Johann Michael Leuchs: Ausführliches Handels-Lexicon oder Handbuch der höhern Kenntnisse des Handels. Enthaltend die Wort- und Sacherklärungen aller Gegenstände des Handels, und was damit in Verbindung stehet [...]. 2 Bde. 2. Aufl. Nürnberg 1844 [1. Aufl. 1824−1826].

Lexikon der Wirtschaft 1968 ff = Lexikon der Wirtschaft. Berlin 1968 ff [Haupttitel von elf nicht numerierten Einzelbänden, z. T. in mehreren Auflagen, mit folgenden Untertiteln: Arbeit; Berufsbildung; Industrie; Organisation und Technik der Verwaltungsarbeit; Preise; Rechentechnik. Datenverarbeitung; Rechnungsführung und Statistik; Verkehr; Versicherung; Volkswirtschaftsplanung; Wirtschaftsrecht.]

Linnert 1977 = Peter Linnert [u. a.]: Lexikon angloamerikanischer und deutscher Managementbegriffe. München 1977 [1. Aufl. Gernsbach 1972].

Löbe 1852 = Illustrirtes Lexikon der gesammten Wirthschaftskunde. [...] Hrsg. v. William Löbe. 5 Bde. Leipzig 1852−1855.

Lück 1980 = Lexikon der Wirtschaftsprüfung. Rechnungslegung und Prüfung. Hrsg. v. Wolfgang Lück. München 1980 [2. Aufl. Marburg 1989].

Lück 1983 = Lexikon der Betriebswirtschaft. Hrsg. v. Wolfgang Lück. Landsberg/L. 1983.

Ludovici 1752 = Carl Günther Ludovici: Eröffnete Academie der Kaufleute, oder vollständiges Kaufmanns-Lexicon [...]. 5 Bde. Leipzig 1752−1756 [3. Aufl. 6 Bde, 1797−1801].

Mac-Culloch 1835 = Universal-Lexikon für Kaufleute und Fabrikanten, [...] mit besonderer Rücksicht auf National-Oekonomie und Finanzen. Nach dem Englischen des J. R. Mac-Culloch. 2 Bde. Augsburg 1835−1838.

Management-Enzyklopädie 1969 = Management-Enzyklopädie. Das Managementwissen unserer Zeit. 6 Bde. München 1969−1972 [2. Aufl., 10 Bde., 1982−1985].

Manes 1909 = Alfred Manes: Versicherungslexikon. Ein Nachschlagewerk für alle Wissensgebiete der Privat- und der Sozialversicherung [...]. Tübingen 1909; Ergänzungsband 1913 [3. Aufl. 1930].

Marperger 1706 = Paul Jacob Marperger: Allzeitfertiger Handels-Correspondent [...]. Teil 1: o. J. c. O. [Hamburg 1706], Teil 2: Hamburg 1709. [In Teil 1: Kap. 3, Nöthige Erklärung und Gebrauch der fremden Handels-Wörter, 42−172; Kap. 6, Von der Orthographie, oder der Kunst recht zu schreiben, 204−228.]

Marperger 1733 = Paul Jacob Marperger: Neueröffnetes Kaufmanns-Magazin, zum Unterricht und Dienst aller, der Medicin [...] u. s. f. insonderheit aber der edlen Kaufmannschaft [...] Beflissenen [...]. 2. Aufl. Hamburg 1733.

Mentzel 1977 = Wolfgang Mentzel/Helmut Wittelsberger: Kleines Wirtschafts-Wörterbuch. Freiburg 1977.

Meyer 1974 = Meyers Handbuch über die Wirtschaft. Redaktionelle Leitung: Hans-Joachim Eifert [u. a.]. 3. Aufl. Mannheim [usw.] 1974.

Mühlbradt 1989 = Frank W. Mühlbradt: Wirtschaftslexikon. Kompaktwissen für Schule, Ausbildung, Beruf. Frankfurt a. M. 1989.

Nehring 1717 = Joh. Christoph Nehring: Historisch-Politisch-Juristisches Lexicon, In welchem über die Erklärung derer Juristischen und bey der Kaufmannschafft gebräuchlichen / auch andere in denen Zeitungen vorkommende Redens-Arten / verschiedene [...] Kunst-Wörter [...] dargestellet und erkläret werden [...]. 7. Aufl. Gotha 1717.

Neske 1983 = Fritz Neske: Gabler Lexikon Werbung. Wiesbaden 1983.

Nicklisch 1926 = Handwörterbuch der Betriebswirtschaft. Hrsg. v. H. Nicklisch. 5 Bde. Stuttgart 1926−1928 [5. Aufl., hrsg. v. Waldemar Wittmann [u. a.], 3 Bde., 1993].

Normann 1989 = Reinhard von Normann: Das treffende Fachwort für die Wirtschaft. Das umfassende Wirtschaftswörterbuch. Thun 1989.

Ökonomisches Lexikon 1978 = Ökonomisches Lexikon. 3 Bde. 3. Aufl. Berlin 1978−1980.

Otte 1975 = Frank Otte: Das Lexikon der Wirtschaft. München 1975.

Pflaum 1983 = Lexikon der Werbung. Hrsg. v. Dieter Pflaum und Ferdinand Bäuerle. Landsberg/L. 1983 [4. Aufl. 1991].

Pieper 1991 = Lexikon Management. Hrsg. v. Rüdiger Pieper. Wiesbaden 1991.

Ratzke 1991 = Wirtschaft heute. Ein aktuelles Lexikon wichtiger Begriffe. Hrsg. v. Dietrich Ratzke. Frankfurt a. M. 1991 [Loseblattausgabe].

Recktenwald 1975 = Horst Claus Recktenwald: Wörterbuch der Wirtschaft. 7. Aufl. Stuttgart 1975 [vgl. Bülow 1936; 11. Aufl. 1990].

Reichesberg 1902 = N. Reichesberg: Handwörterbuch der Schweizerischen Volkswirtschaft, Socialpolitik und Verwaltung. 3 Bde. Bern 1902−1911.

Rentzsch 1866 = H. Rentzsch: Handwörterbuch der Volkswirthschaftslehre. Leipzig 1866.

Rothfuss 1991 = Volker Rothfuss: Wörterbuch der Werbesprache. Stuttgart 1991.

Rotteck 1834 = Staats-Lexikon oder Encyklopädie der Staatswissenschaften. Hrsg. v. Carl von Rotteck und Carl Welcker. 15 Bde., 4 Supplementbde. Altona 1834−1846 [3. Aufl., 14 Bde., Leipzig 1856−1866].

Rump 1988 = Knaurs Kaufmännisches Lexikon. Wirtschaft für jedermann. Hrsg. v. Paul Rump. München 1988.

Schaeberle 1990: Deutsches Steuerlexikon. Hrsg. v. Jürgen Schaeberle und Hans Utech. München 1990 [Loseblattausgabe].

Schedel 1791 = Johann Christian Schedel: Vollständiges allgemeines Waaren-Lexikon oder deutliche Beschreibung aller rohen und verarbeiteten Produkte [...]. Offenbach 1791.

Schiebe 1837 = Universal-Lexikon der Handelswissenschaften [...]. Hrsg. v. August Schiebe. 3 Bde. Leipzig und Zwickau 1837—1839.

Schierenbeck 1990 = Bank- und Versicherungslexikon. Hrsg. v. Henner Schierenbeck. München [usw.] 1990.

Schirmer 1911 = Alfred Schirmer: Wörterbuch der deutschen Kaufmannssprache auf geschichtlichen Grundlagen. Mit einer systematischen Einleitung. Straßburg 1911 [Neudruck, mit einem Nachwort von Dieter Möhn, Berlin [usw.] 1991].

Schreiber 1987 = Handlexikon Wirtschaft. Aktuelles Wissen für Praxis & Ausbildung. Hrsg. v. Uwe Schreiber. München 1987 [5. Aufl. 1992].

Siebers 1994 = Alfred B. J. Siebers/Martin M. Weigert: Börsenlexikon. München 1994.

Spamer 1876 = Otto Spamer's Illustrirtes Handels-Lexikon. Praktisches Hülfs- und Nachschlagebuch über alle Gegenstände des Handels und Weltverkehrs. Auf Grund des Wissenswürdigsten aus dem Gebiete der gesammten Handelswissenschaften und der Kontorpraxis. Hrsg. v. der Redaktion von Rothschild's Taschenbuch für Kaufleute. 4 Bde. Leipzig 1876—1879.

Spiegelhalter 1994 = Arbeitsrechtslexikon. Redaktion Hans Joachim Spiegelhalter. München 1994 (Beck'sches Personalhandbuch 1) [Loseblattausgabe].

Stassen 1977 = Wörterbuch der Außenhandelspraxis. Autorenkollektiv unter der Leitung v. Benno Stassen und Horst Schrader. Berlin 1977.

Vahlen 1987 = Vahlens Großes Wirtschaftslexikon. Hrsg. v. Erwin Dichtl und Otmar Issing. 2 Bde. München 1987 [2. Aufl. 1992].

Wirtschafts-Lexikon für jedermann 1991 = Wirtschafts-Lexikon für jedermann. Lektorat: Heinz Laudel und Wulf Wallrabenstein. Hamburg 1991.

Wisdorff 1993 = EG-Lexikon. Hrsg. v. Eberhard Wisdorf und Sabine Haupt. Stuttgart 1993.

Woll 1987 = Wirtschaftslexikon. Hrsg. v. Arthur Woll. München [usw.] 1987 [6. Aufl. 1992].

Wörterbuch der Ökonomie. Sozialismus 1973 = Wörterbuch der Ökonomie. Sozialismus. Hrg. v. Willi Ehlert [u. a.]. Berlin 1971.

Zens 1990 = Rolf D. Zens: Aktuelle Fachbegriffe aus der Wirtschaft für die qualifizierte Sekretärin. Ein praxisnahes Nachschlagewerk von A—Z. Kissing 1990 [Loseblattausgabe].

4.2.2. Zweisprachige Wörterbücher

Becher 1994 = Herbert J. Becher: Wörterbuch der Rechts- und Wirtschaftssprache. Teil 1: Spanisch-Deutsch. 4. Aufl. München 1994. Teil 2: Deutsch-Spanisch. 4. Aufl. München 1994.

Bernem 1994 = Theodor van Bernem: Wirtschaftsenglisch-Wörterbuch. Englisch-Deutsch/Deutsch-Englisch. 3. Aufl. München 1993.

Bertels 1911 = Bertels' Tyska Affärslexikon. Praktisk Handbok och Uppslagsbok för Tysk Handelskorrespondens. Svensk-Tyska. Tysk-Svenska. Göteborg 1911 [3. Aufl. Stockholm 1939].

Bljach 1977 = I. S. Bljach/L. T. Bagma: Nemecko-russkij ėkonomičeskij slovar'. Moskva 1977.

Boelcke 1990 = Jürgen Boelcke/Bernard Straub/Paul Thiele: Wirtschaftswörterbuch. Bd. 1: Deutsch-Französisch. Bd. 2: Französisch-Deutsch. 2. Aufl. Wiesbaden 1990.

Brenninger 1963 = Andreas Brenninger/Giuseppina Petan: Deutsch-italienische Wirtschaftssprache. Systematischer Wortschatz mit Übersetzungsübungen und einem alphabetischen Wörterbuch. München 1963.

Choduschin 1924 = S. Choduschin: Deutsch-russisches Wörterbuch in technischen und kaufmännischen Ausdrücken. Berlin 1924.

Clark 1930 = J. M. Clark: Langenscheidts Handelswörterbuch der englischen und deutschen Sprache. Bd. 1: Englisch-Deutsch. Berlin 1931. Bd. 2: Deutsch-Englisch. Berlin 1930.

Collin 1993 = P. H. Collin/Eva Torkar/Rupert Livesey: PONS-Fachwörterbuch Bank- und Finanzwesen. Englisch-Deutsch. Deutsch-Englisch. Stuttgart [usw.] 1993.

Conte 1989 = Giuseppe Conte/Hans Boss: Wörterbuch der Rechts- und Wirtschaftssprache. Teil 1: Italienisch-Deutsch. 4. Aufl. München 1993. Teil 2: Deutsch-Italienisch. 4. Aufl. München 1989.

Décsi 1990 = Gyula Décsi/Sándor Karcsay: Wörterbuch der Rechts- und Wirtschaftssprache. Teil 1: Russisch-Deutsch. Budapest [usw.] 1990. Teil 2: Deutsch-Russisch. Budapest [usw.] 1985.

Dietl 1979 = Clara-Erika Dietl/Anneliese Moss/Egon Lorenz: Wörterbuch für Recht, Wirtschaft und Politik mit erläuternden und rechtsvergleichenden Kommentaren. Bd. 1: Englisch-Deutsch. München 1979 [= 2. Aufl. von Erdsiek 1964; 5. Aufl. 1990]. Bd. 2: Deutsch-Englisch. München 1983 [4. Aufl. 1992].

Dobbek 1948 = Otto Dobbek: Finance and Accounting. Fachwörterbuch für Buchhaltungs- und Finanzwesen. Deutsch-Englisch und Englisch-Deutsch. 2. Aufl. Frankfurt a. M. 1948 [1. Aufl. 1947].

Dollinger 1955 = A. Dollinger: Wörterbuch für Technik und Wirtschaft. Russisch-Deutsch. Halle/S. 1955.

Dora 1986 = Helmut Dora [u. a.]: Ökonomisches Wörterbuch. Deutsch-Portugiesisch. Berlin 1986; Portugiesisch-Deutsch (hrsg. v. Volker Wein und Peter Zwirnmann). Berlin 1988.

Doucet 1960 = Michel Doucet: Wörterbuch der deutschen und französischen Rechtssprache. Lexikon für Justiz, Verwaltung, Wirtschaft und Handel. Teil 1: Französisch-Deutsch. München 1960. Teil 2: Deutsch-Französisch. München 1963.

Doucet 1977 = Michel Doucet/Klaus E. W. Fleck: Wörterbuch der Rechts- und Wirtschaftssprache. Teil 1: Französisch-Deutsch. München 1980. Teil 2: Deutsch-Französisch. München 1977.

Downes 1993 = John Downes/Jordan E. Goodman: Fachbegriffe Finanzierung und Kapitalanlagen. Englisch-Deutsch. Wiesbaden 1993.

Düring 1965 = Gerhard Düring: Deutsch-Französisches Lexikon für Bank-, Börsen- und Finanzausdrücke. Wiesbaden 1965.

Ebermann 1993 = Vicki Ebermann: Lexikon der französischen Wirtschaftsfachbegriffe. Deutsch-Französisch. Eltville am Rhein 1993.

Ebermann 1993 a = Vicki Ebermann: Lexikon der spanischen Wirtschaftsfachbegriffe. Deutsch-Spanisch. Eltville am Rhein 1993.

Eichborn 1947 = Reinhart von Eichborn: Spezialwörterbuch für Handel und Wirtschaft. Mitarbeit: Johanna Maria Tischer. Bd. 1: Deutsch-Englisch. Stuttgart 1947. Bd. 2: Englisch-Deutsch. Stuttgart 1948.

Eichborn 1961 = Reinhart von Eichborn: Wirtschaftswörterbuch. Bd. 1: Englisch/Deutsch. Düsseldorf 1961 [4. Aufl. 1974]. Bd. 2: Deutsch/Englisch. Düsseldorf 1962 [4. Aufl. 1974].

Eichborn 1972 = Reinhart von Eichborn/Aurelio Fuentes: Wirtschaftswörterbuch. Bd. 1: Deutsch-Spanisch. Düsseldorf 1972. Bd. 2: Spanisch-Deutsch. Düsseldorf 1974.

Eichborn 1975 = Reinhart von Eichborn: Der kleine Eichborn. Taschenwörterbuch der Wirtschaftssprache. Bd. 1: Englisch-Deutsch. Bd. 2: Deutsch-Englisch. Burscheid 1975.

Eichborn 1981 = Reinhart von Eichborn: Der große Eichborn. Wirtschaft, Recht, Verwaltung, Verkehr, Umgangssprache. Bd. 1: Deutsch-Englisch. Burscheid 1982. Bd. 2: Englisch-Deutsch. Burscheid 1981.

Eitzen 1922 = Friedrich Wilhelm Eitzen: Wörterbuch der Handelssprache. Neu bearb. [...] v. Wilhelm Eitzen. Teil 1: Deutsch-Englisch. Leipzig 1922. Teil 2: English-German. Leipzig 1923.

Erdsiek 1964 = Gerhard Erdsiek/Clara-Erika Dietl: Wörterbuch für Recht, Wirtschaft und Politik mit erläuternden und rechtsvergleichenden Kommentaren. Englisch-Deutsch. Teil 1: A–K. Schloß Bleckede bei Hamburg 1964. Teil 2: L–Z. Hamburg 1968.

Fang 1992 = Fang Weiping: Fachwörterbuch Steuern. Deutsch-Chinesisch/Chinesisch-Deutsch. Stuttgart 1992.

Favis 1960 = Ioannis Favis: Lexikon der Rechts- und Wirtschaftsterminologie. Bd. 1: Griechisch-Deutsch. Athen 1960. Bd. 2: Deutsch-Griechisch. Athen 1964.

Feldbausch 1980 = Friedrich K. Feldbausch: Bank-Wörterbuch. Banking Dictionary. Deutsch-Englisch. Englisch-Deutsch. 3. Aufl. Landsberg am Lech 1984 [1. Aufl. 1972].

Freyd-Wadham 1987 = Hilda Th. Freyd-Wadham: Englisches Wirtschaftsalphabet. English Economic Terms with Definitions and German Vocabulary. 12. Aufl. Stuttgart 1987 [1. Aufl. 1967].

Goede 1993 = Gerd W. Goede: Wirtschaftsenglisch-Lexikon. Englisch-Deutsch. München 1993.

Grischin 1969 = Nikolai Grischin/Günther Haensch/Rüdiger Renner: Deutsch-russische Wirtschaftssprache. Systematischer Wortschatz mit Übersetzungsübungen und alphabetischem Wörterbuch. München 1969.

Gruber 1977 = Clemens M. Gruber: Wörterbuch der Werbung und des Marketing. Englisch-Deutsch, Deutsch-Englisch. Ismaning 1977 [5. Aufl. 1992].

Gunston 1954 = Charles A. Gunston/C. M. Corner: Deutsch-englisches Glossarium finanzieller und wirtschaftlicher Fachausdrücke. Frankfurt a. M. 1954 [9. Aufl. 1984].

Haensch 1961 = Günther Haensch/Francisco Casero: Deutsch-spanische Wirtschaftssprache. Systematischer Wortschatz mit Übersetzungsübungen. München 1961.

Haensch 1962 = Günther Haensch/Rüdiger Renner: Deutsch-französische Wirtschaftssprache. Systematischer Wortschatz mit Übersetzungsübungen und alphabetischem Wörterbuch. 2. Aufl. München 1962.

Haensch 1994 = Günther Haensch/Yvon Desportes: Wirtschaftsterminologie. Französisch-Deutsch/Deutsch-Französisch. München 1994.

Hamblock 1989 = Dieter Hamblock/Dieter Wessels: Großwörterbuch Wirtschaftsenglisch. Deutsch/Englisch. Düsseldorf 1989; Englisch/Deutsch. Düsseldorf 1992.

Hamblock 1991 = Dieter Hamblock/Dieter Wessels: Wörterbuch Wirtschaftsenglisch. Deutsch/Englisch. Düsseldorf 1991; Englisch/Deutsch. Düsseldorf 1992.

Hamblock 1994 = Dieter Hamblock/Dieter Wessels/Dezso Futasz: Wörterbuch Wirtschaftsungarisch. Deutsch-Ungarisch. Berlin 1994; Ungarisch-Deutsch. Berlin 1994.

Heinze 1960 = Siegfried Heinze: Deutsch-italienisches Glossarium finanzieller und wirtschaftlicher Fachausdrücke. Frankfurt a. M. 1960.

Hoffmann 1987 = Hans G. Hoffmann: Englischer Aufbauwortschatz Wirtschaft. 2. Aufl. München 1987 [1. Aufl. 1972].

Hohenstein 1993 = Götz Hohenstein: Fachbegriffe Finanzwesen und Rechnungswesen. Englisch-Deutsch/Deutsch-Englisch. Wiesbaden 1993.

Iden 1963 = Wörterbuch wirtschaftlicher Fachausdrücke. Portugiesisch-Deutsch. Kiel 1963.

Kiygi 1995 = Osman N. Kiygi: Wirtschaftswörterbuch in zwei Bänden. Bd. 1: Türkisch-Deutsch. München 1995. Bd. 2: Deutsch-Türkisch. München 1995.

Klaus 1991 = Hans Klaus: Fachausdrücke im Bankgeschäft. Französisch-Deutsch/Deutsch-Französisch. 3. Aufl. Bern 1991.

Kleiber 1941 = Boris Adolf Kleiber: Technisch-kaufmännisches Wörterbuch. Deutsch-Norwegisch, Norwegisch-Deutsch. Oslo 1941 [erneut, mit norwegischem Titel: Oslo 1954].

Klöpper 1948 = Herbert Klöpper: Wörterbuch für Technik und Wirtschaft. Teil 1: Deutsch-Russisch. Halle/S. 1948.

Klusáková 1992 = Lenka Klusáková: Česko-nemecky Německo-česky Slovník obchodních pojmů. Ostrava o. J. [1992].

Kotzenberg 1875 = H. W. A. Kotzenberg: Deutsch-spanisches und spanisch-deutsches Wörterbuch des kaufmännischen Verkehrs und der Handelskorrespondenz. Bremen 1875.

Koschnick 1983 : Wolfgang J. Koschnick: Standard Dictionary of Advertising, Mass Media and Marketing. Englisch-German. Berlin [usw.] 1983; Deutsch-Englisch. Berlin [usw.] 1987.

Kovařík 1964 = Miroslav Kovařík: Deutsch-französisches Steuerwörterbuch. Frankfurt a. M. 1964.

Kulhanek 1914 = Michael Kulhanek: Deutsch-russisches kaufmännisches Wörterbuch. Berlin [usw.] 1914.

Kummert 1991 = Michael Kummert: Lexikon der englischen Wirtschaftsfachbegriffe. Deutsch-Englisch. Eltville am Rhein 1991.

Langguth 1933 = K. Th. Langguth: Handwörterbuch des Finanzwesens in deutscher und englischer Sprache. Bd. 1: Englisch-Deutsch. Bd. 2: Deutsch-Englisch. Berlin 1933.

Lazzioli 1941 = Costante Lazziolo/G. Nemi: Novissimo dizionario commerciale delle lingue italiana e tedesca. Teil 1: Tedesco-italiano. Teil 2: Italiano-tedesco. Brescia 1941 [Neuausgabe: Brescia 1957].

Leicher 1992 = Eberhard Leicher: Wörterbuch der arabischen Wirtschafts- und Rechtssprache. Arabisch-Deutsch. Baden-Baden 1992.

Lerche 1956 = Mario Rolf Lerche: Deutsch-spanisches Glossarium finanzieller und wirtschaftlicher Fachausdrücke. Frankfurt a. M. 1956 [2. Aufl. 1976].

Liu 1984 = Liu Shing-I: Wörterbuch der Rechtssprache und Wirtschaftssprache. Teil 1: Chinesisch-Deutsch. München 1986. Teil 2: Deutsch-Chinesisch. München 1984.

Löwinsohn 1888 = S. Löwinsohn: Handels-Wörterbuch enthaltend die hauptsächlichsten Warenbezeichnungen und technischen Ausdrücke für Handel, Gewerbe, Landwirtschaft, Fabrik-, Bank-, Seewesen etc. Bd. 1: Deutsch-Englisch. Englisch-Deutsch. Bd. 2: Deutsch-Französisch. Französisch-Deutsch. Leipzig 1888.

Ludvigsen 1913 = Vilhelm Ludvigsen: Tysk-dansk og dansk-tysk Handelsordbog. 2 Bde. København 1913 [rev. Ausg. 1944].

Möchel 1976 = Gerhard Möchel und Autorenkollektiv: Ökonomisches Wörterbuch Russisch-Deutsch. 3. Aufl. Berlin, 1976 [1. Aufl. 1968].

Nemnich 1797 = Philipp Andreas Nemnich: Waaren-Lexicon in Zwölf Sprachen. Hamburg 1797 [Teil 2 und Teil 3: erschienen bis 1802].

Nemnich 1803 = Philipp Andreas Nemnich: Comtoir-Lexicon in Neun Sprachen. Für Handelsleute, Rechtsgelehrte und sonstige Geschäftsmänner. Hamburg 1803.

Nemnich 1815 = Philipp Andreas Nemnich: Britische Waaren-Encyclopädie. Hamburg 1815.

Nemnich 1816 = Philipp Andreas Nemnich: Universal-Lexicon der englischen und deutschen Handlungs-Correspondenz. Enthaltend alle Wörter und Redensarten des merkantilischen Briefstils, des Buchhaltens und Rechnungswesens, der Bank- und Wechsel-Operationen, des Kaufs und Verkaufs von Waaren, [...], des Insolvenz-Verfahrens, und überhaupt der ganzen Handlungs-Jurisprudenz, der Contracte jeder Art, etc. etc. Hamburg 1816.

Nemnich 1821 = Phil. Andr. Nemnich: Neues Waaren-Lexikon in zwölf Sprachen. 3 Bde. Hamburg 1821.

Nikiforowa 1993 = Anna S. Nikiforowa. Wörterbuch Wirtschaftsrussisch. Bd. 1: Deutsch-Russisch. Berlin 1993. Bd. 2: Russisch-Deutsch. Berlin 1994.

Oppermann 1993 = Klaus Oppermann: Grundbegriffe Wirtschaft. 400 volks- und betriebswirtschaftliche Fachtermini. Deutsch/Russisch. Wiesbaden 1993.

Pajević 1965 = Milija Pajević/Dietrich Frenzke: Wörterbuch wirtschaftlicher Fachausdrücke. Serbokratisch-Deutsch. Kiel 1965.

Parsenow 1975 = Günter Parsenow: Fachwörterbuch für Recht und Wirtschaft. Schwedisch/Deutsch−Deutsch/Schwedisch. Köln [usw.] 1975 [2. Aufl. 1985].

Plešková 1965 = Magda Plešková: Nemecko-slovenský a slovensko-nemecký ekonomický terminologicky slovník. Bratislava 1965.

PONS 1994 = PONS Großes Fachwörterbuch Wirtschaft. Englisch-Deutsch/Deutsch-Englisch. Stuttgart [usw.] 1994.

Pontevivo 1956 = Giacomo Pontevivo: Dizionario commerciale. Italiano-tedesco, tedesco-italiano. Torino 1956.

Potonnier 1964 = Georges Ed. Potonnier/Brigitte Potonnier: Wörterbuch der Wirtschaft. Bd. 1: Deutsch-Französisch. Wiesbaden 1964 [2. Aufl. 1982]. Bd. 2: Wörterbuch für Wirtschaft, Recht und Handel. Französisch-Deutsch. Wiesbaden 1970 [2. Aufl. 1990].

Poulsen 1977 = S. O. Poulsen: Ordbog for korrespondenter. Harlev 1977 [ab 2. Aufl., 1980, u. d. T. Dansk-tysk handelsordbog; 4. Aufl. 1987].

Price 1926 = Hereward T. Price: Volkswirtschaftliches Wörterbuch. Bd. 1: Englisch-Deutsch. Berlin 1926. Bd. 2: Deutsch-Englisch. Berlin 1929.

Radde 1989 = Karl-Heinz Radde: Ökonomisches Wörterbuch. Spanisch-Deutsch. Berlin 1989.

Rathmayr 1993 = Renate Rathmayr: PONS-Fachwörterbuch Marktwirtschaft. Deutsch-Russisch mit Glossar Russisch-Deutsch. Mitarbeit: Ruth Berg [u. a.]. Stuttgart [usw.] 1993.

Reist 1964 = Florian Reist: Fachwörterbuch für Buchhaltung und Kalkulation. Deutsch-Französisch, Französisch-Deutsch. Köln [usw.] 1964.

Renner 1970 = Rüdiger Renner/Rudolf Sachs: Deutsch-englische Wirtschaftssprache. Systematische Terminologie und alphabetisches Wörterbuch mit Übersetzungsübungen. 2. Aufl. München 1970 [4. Aufl. 1981].

Renzinghoff 1992 = Herbert Renzinghoff: Lexikon der italienischen Wirtschaftsfachbegriffe. Deutsch-Italienisch. Eltville am Rhein 1992.

Ritter 1991 = Ulrich Peter Ritter/Karl Georg Zinn: Grundwortschatz wirtschaftswissenschaftlicher Begriffe. Englisch-Deutsch. Deutsch-Englisch. 5. Aufl. Stuttgart 1991.

Roepke 1938 = Fritz Roepke: Handbuch der französischen Wirtschaftssprache. Berlin 1938.

Roepke 1954 = Fritz Roepke: Deutsch-französisches Glossarium finanzieller und wirtschaftlicher Fachausdrücke. Frankfurt a. M. 1954 [6. Aufl. 1983].

Roepke 1965 = Fritz Roepke: Französisch-deutsches Glossarium finanzieller und wirtschaftlicher Fachausdrücke. Frankfurt a. M. 1965 [2. Aufl. 1982].

Romain 1975 = Alfred Romain: Wörterbuch der Rechts- und Wirtschaftssprache. Bd. 1: Englisch-Deutsch. München 1975 [4. Aufl. 1989]. Bd. 2: Deutsch-Englisch. München 1980 [3. Aufl. 1994].

Romano 1991 = Bernardo Romano: Lexikon der italienischen Wirtschaftsfachbegriffe. Deutsch-Italienisch. Eltville am Rhein 1991.

Rotsch 1973 = Lothar Rotsch: Marketing Dictionary. Englisch-Deutsch. 7. Aufl. Tübingen 1973 [6. Aufl. 1960].

Rychlik 1993 = Reinhard Rychlik: Business English for the Pharmaceutical Industry. Marketing − Administration − Research. München [usw.] 1993.

Sanchez 1990 = Celestino Sanchez: Wirtschaftswörterbuch. Wörterbuch für den Wirtschaftsverkehr, Handelsverkehr und Rechtsverkehr. Teil 1: Deutsch-Spanisch. Wiesbaden 1990. Teil 2: Spanisch-Deutsch. Wiesbaden 1993.

Salistschew 1994 = Wjatscheslaw Salistschew: Wirtschaftswörterbuch Deutsch-Russisch. Wiesbaden 1994.

Sazonow 1993 = Gabler Bankwörterbuch Russisch. Hrsg. v. Juri Sazonov. Wiesbaden 1993.

Schäfer 1986 = Wilhelm Schäfer: Wirtschaftswörterbuch. Bd. 1: Englisch-Deutsch. 2. Aufl. München 1986 [1. Aufl. 1979]. Bd. 2: Deutsch-Englisch. 2. Aufl. München 1987 [1. Aufl. 1983].

Schmitz 1975 = Albert Schmitz/Edith Schmitz: Englisch-deutsches Lernwörterbuch. Wirtschaft. München 1975.

Schüler 1986 = Andreas Schüler und Autorenkollektiv: Ökonomisches Wörterbuch. Englisch-Deutsch. 2. Aufl. Berlin 1986 [1. Aufl. 1980].

Schulz 1995 = Fred Schulz: Deutsch-Polnisches Wörterbuch der Betriebswirtschaftslehre. München 1995.

Sjödin 1993 = Maria Sjödin [u. a.]: Norstedts tyska affärsordbok. o. O. [Stockholm] 1993.

Słownik 1956 = Słownik handlowy. Niemecko-polski i polsko-niemiecki. Bd. 1: Niemecko-polska. Bd. 2: Polsko-niemiecka. Warszawa 1956.

Steneberg 1946 = Wilhelm Steneberg: Handwörterbuch des Finanzwesens in deutscher und englischer Sprache. Wörterbuch des Geld-, Bank- und Börsenwesens [...]. 2 Bde. Berlin 1946.

Tastevin 1942 = Paul Tastevin: Dictionnaire des termes économiques et financiers allemands et français. 2 Bde. Paris 1942.

Thomik 1977 = Rudolf Thomik: Fachwörterbuch für Wirtschaft, Handel und Finanzen. Französisch-Deutsch. Deutsch-Französisch. 3. Aufl. Köln [usw.] 1977 [1. Aufl. Baden-Baden 1952].

Tohata 1960 = Seichi Tohata/Kyoji Shinomiya: Deutsch-japanisches Wörterbuch der Wirtschaft. Tokyo 1960.

Verbényi 1964 = László Verbényi: Német-Magyar külkereskedelmi szótár. Budapest 1964.

Wulffen 1985 = Bernd Wulffen: Wörterbuch wirtschaftlicher Begriffe. Indonesisch-Deutsch/Deutsch-Indonesisch. Wiesbaden 1985.

Zahn 1984 = Hans E. Zahn: Dictionary of Banking and Stock Trading. German-English. English-German. 3. Aufl. 1984 Frankfurt a. M. [1. Aufl. 1982].

Zahn 1986 = Hans E. Zahn: Financial Innovations. Glossary of New Hedging and Financing Instruments. English-German. Frankfurt a. M. 1986.

Zahn 1989 = Hans E. Zahn: English-German Financial Glossary of Financial and Economic Terms. 3. Aufl. Frankfurt a. M. 1989.

4.3. Sonstige Literatur

Bauer 1963 = Clemens Bauer: Das [Görres-]Staatslexikon. Zur Vollendung der 6. Auflage. In: Jahres- und Tagungsberichte der Görres-Gesellschaft 1963, 24−38.

Bergenholtz 1994 = Manual i fagleksikografi. Udarbejdelse af fagordbøger − problemer og løsningsforslag. Hrsg. v. Henning Bergenholtz und Sven S. Tarp. Herning 1994.

Boelcke 1983 = Jürgen Boelcke/Bernhard Straub/Paul Thiele: Wie entsteht ein Wirtschaftswörterbuch? Einige lexikographische Anmerkungen. In: Nouveaux cahiers d'allemand 1. 1983, 256−266.

Halbich 1950 = Antonie Halbich: Die Entwicklung der deutschen nationalökonomischen Wissenschaft und ihr lexikographisches Spiegelbild. Diss. [masch.] Innsbruck 1950.

Rossenbeck 1991 = Klaus Rossenbeck: Zwei- und mehrsprachige Fachwörterbücher − Prolegomena zu Theorie und Praxis der Fachlexikographie. In: Hermes. 7. 1991, 29−52.

Rossenbeck 1994 = Klaus Rossenbeck: Enzyklopädische Information im zweisprachigen Fachwörterbuch. In: Fachlexikographie und seine Repräsentation in Wörterbüchern. Hrsg. v. Burkhard Schaeder und Henning Bergenholtz. Tübingen 1994 (Forum für Fachsprachen-Forschung 23), 133−159.

Schaeder 1982 = Burkhard Schaeder: Untersuchungen zur Kodifikation der Wirtschaftssprache in fachsprachlichen und gemeinsprachlichen Wörterbüchern. In: Konzepte zur Lexikographie. Studien zur Bedeutungserklärung in einsprachigen Wörterbüchern. Hrsg. v. Wolfgang Mentrup. Tübingen 1982 (Reihe Germanistische Linguistik 38). 65−91.

Wiegand 1988 = Herbert Ernst Wiegand: Was eigentlich ist Fachlexikographie? Mit Hinweisen zum Verhältnis von sprachlichem und enzyklopädischem Wissen. In: Deutscher Wortschatz. Lexikologische Studien. Ludwig Erich Schmitt zum 80. Geburtstag von seinen Marburger Schülern. Hrsg. v. Horst Haider Munske, Peter von Polenz, Oskar Reichmann, Reiner Hildebrandt. Berlin. New York 1988, 729−790.

Klaus Rossenbeck (Lund)

210. Die deutschsprachige Fachlexikographie der Philosophie in ihrem europäischen Umfeld: eine Übersicht

1. Vorbemerkungen
2. Historische Gesichtspunkte
3. Lexikographische Gesichtspunkte
4. Funktionale und pragmatische Gesichtspunkte
5. Literatur (in Auswahl)

1. Vorbemerkungen

Die Geschichte und der Bestand an philosophischen Wörterbüchern deutscher Sprache ist (demjenigen anderer Einzelsprachen vergleichbar) ausgesprochen uneinheitlich und läßt sich nur schwer unter einem übergeordneten Gesichtspunkt allein hinreichend betrachten. Vor diesem Hintergrund werden im folgenden verschiedene Gesichtspunkte jeweils einzeln herangezogen und miteinander lose verknüpft. Angesichts der verhältnismäßig hohen Anzahl an philosophischen Wörterbüchern kann im Rahmen dieser Übersichtsdarstellung nur eine kleine Auswahl an wie auch immer bedeutenden oder zumindest bekannten Werken genannt werden; eine Ausnahme bildet dabei die Lexikographie zu Immanuel Kant und zur sog. „kritischen Philosophie", die hier exemplarisch etwas umfassender berücksichtigt wird, um so auch einen Blick auf lexikographische Nebenschauplätze zu ermöglichen. Eine vollständige Fachbibliographie philosophischer Wörterbücher liegt bislang nicht vor; Hinweise auf einzelne Wörterbücher und Wörterbuchbibliographien sind indessen bei Cop (1990), Cummings (1979), Kühn (1978) und Tonelli (1971) sowie in Wörterbücher (1989 ff) zu finden.

2. Historische Gesichtspunkte

Die Geschichte der deutschsprachigen philosophischen Lexikographie ist durch eine mehr oder weniger deutliche Bindung an diejenige der Bildungs- und Wissenschaftssprache sowie der Lexikographie vom 18. bis zum 20. Jh. gekennzeichnet. Darüber hinaus sind zahlreiche Bezüge zwischen den einzelnen philosophischen Wörterbüchern selbst festzustellen. Diese Geschichte wird im folgenden unter Berücksichtigung der jeweils zeitgenössischen Philosophie kurz umrissen, wobei drei Perioden von jeweils rund einem Jahrhundert Länge unterschieden werden.

2.1. Erste Periode (18. Jahrhundert)

Die erste Periode reicht hier etwa vom Beginn der philosophischen Lexikographie in der ersten Hälfte des 18. Jh.s bis hin zu den großen Wörterbüchern zur kritischen Philosophie am Ende des 18. und am Anfang des 19. Jh.s. Seit der Zeit der Aufklärung gewinnt der Gebrauch des Deutschen im Bildungs- und Wissenschaftsbereich gegenüber demjenigen des Latein oder des Französischen zunehmend an Bedeutung: Dabei bildet sich zum einen eine weitgehend überregionale Standardsprache heraus; zum anderen werden in verschiedenen Wissenschafts- und Fachbereichen eigene Fachsprachen konstituiert. Im philosophischen Bereich ist dabei vor allem auf das Schaffen Christian Wolffs hinzuweisen, dessen deutschsprachige Schriften als Begründung der jüngeren deutschen Fachsprache der Philosophie angesehen werden dürfen: Die Terminologie Wolffs wirkt seither bis in den philosophischen Sprachgebrauch des 20. Jh.s hinein fort und bildet dabei stets Ansatzpunkte zur Kritik und Weiterentwicklung (vgl. Art. 253). Als Höhepunkt und zugleich Überwindung der Aufklärungsphilosophie sind dabei jedoch zunächst die sog. „kritischen Schriften" Immanuel Kants zu werten, die allesamt in deutscher Sprache verfaßt und veröffentlicht wurden.

Die Lexikographie des 18. und beginnenden 19. Jh.s spiegelt diese sprachgeschichtlichen Verhältnisse wider: So wird bereits in der ersten Hälfte des Jahrhunderts und somit etwa zwei Jahrzehnte vor dem Erscheinen der großen französischen *Encyclopédie* von Diderot und d'Alembert (1751 ff) der erste Band von Zedlers *Universal-Lexicon* (1732 ff) vorgelegt (vgl. Art. 183 u. 185), in der zweiten Hälfte folgt dann das Sprachwörterbuch von Johann Christoph Adelung (1793 ff). Als erstes bedeutendes philosophisches Wörterbuch deutscher Sprache hat in dieser Zeit dasjenige von Johann Georg Walch zu gelten, dessen erste Auflage auf das Jahr 1726 und vierte Auflage auf das Jahr 1775 zurückreichen. In den Artikeln dieses Wörterbuchs, die sich zum Teil wörtlich in Zedlers Lexikon wiederfinden, begegnet dem Leser eine intensive Auseinandersetzung mit der zeitgenössischen Philosophie. Dabei ist zum einen zu beachten, daß Walch nicht als Anhänger der sog. „Schulphilosophie" Wolffs zu gelten hat, und zum anderen, daß der akademische Fachbereich der Philosophie im 18. Jh. noch zahlreiche Disziplinen umfaßt, die im weiteren Verlauf der Geschichte nach und nach ausgesondert wurden; letzteres wird bereits aus dem vollständigen Titel der ersten Auflage des Wörterbuches deutlich: *Philosophisches Lexicon, darin die in allen Theilen der Philosophie, als Logic, Metaphysic, Physic, Pneumatic, Ethic, natürlichen Theologie und Rechtsgelehrsamkeit, wie auch Politic fürkommenden Materien und Kunstwörter erkläret, und aus der Historie erläutert werden.*

Im weiteren Verlauf des 18. Jh.s entstehen einige weitere philosophische Wörterbücher von unterschiedlicher Bedeutung und Spezialisierung. Einen Höhepunkt erfährt die deutschsprachige philosophische Lexikographie dann um die Jahrhundertwende mit der Kodifizierung der Werke Immanuel Kants und der sog. „kritischen Philosophie": Das erste Kantwörterbuch stammt dabei von Carl Christian Erhard Schmid und erscheint bereits während der kritischen Periode Kants. Es handelt sich dabei um ein kleines Werk, das zunächst als Anhang an eine Einführung in die kritische Erkenntnislehre Kants diente (Schmid 1786), dann jedoch erweitert und bis zu seiner vierten Auflage nach zwölf Jahren (Schmid 1798) selbständig verlegt wurde. Das Wörterbuch Schmids hat seinerzeit eine verhältnismäßig hohe Beachtung erfahren; dies zeigt nicht zuletzt auch ein weiteres frühes Kantwörterbuch (Heinicke 1788), welches hiermit zahlreiche Textübereinstimmungen aufweist und über weite Strecken den Charakter einer (teils verkürzenden) Abschrift zeigt. Eine umfassende lexikographische Würdigung erfährt die kritische Philosophie ebenfalls bereits zu Lebzeiten Kants: Zum einen durch Georg Samuel Albert Mellins *Encyclopädisches Wörterbuch der kritischen Philosophie* in sechs Bänden (1797 ff) und zum anderen durch das inhaltlich weiter gefaßte *Neue philosophische allgemeine Real-Lexikon* in vier Bänden von Johann Christian Lossius (1803 ff); beide dürfen zu den bedeutenderen philosophischen Wörterbüchern deutscher Sprache überhaupt gerechnet werden und stellen gemeinsam einen Spiegel der zeitgenössischen Philosophie der Jahrhundertwende dar. Mellin selbst ist darüber hinaus als Autor weiterer Wörterbücher hervorgetreten, die ebenfalls zumindest dem Umkreis der Kantlexikographie zuzurechnen sind: Dabei sind insbesondere die *Kunstsprache der kritischen Philosophie* (1798), eine Sammlung von Belegtexten, sowie das *Allgemeine Wörterbuch der Philosophie* (1806 f), das weniger als Fach- denn als Bildungswörterbuch konzipiert ist, zu nennen. Am Beispiel Mellins wird die Variabilität philosophischer Lexikographie bereits im Rahmen eines einzelnen philosophischen und eines einzelnen lexikographischen Autors besonders deutlich.

2.2. Zweite Periode (19. Jahrhundert)

Die zweite Periode der philosophischen Lexikographie deutscher Sprache ist von den Wörterbüchern Mellins oder Lossius' bis zum Erscheinen der Wörterbücher Rudolf Eislers um die Wende vom 19. zum 20. Jh. anzusetzen. Aus sprachgeschichtlicher Sicht ist diese Zeit zum einen als Konsolidierungsphase der deutschen Bildungs- und Standardsprache zu betrachten. Zum anderen handelt es sich hier um diejenige Zeitspanne, in der die deutschen Fach- und Wissenschaftssprachen jeweils in Abhängigkeit von ihren Fachbereichen eine mitunter erhebliche Weiterentwicklung sowie eine nationale und internationale Bedeutungszunahme erfahren. Dies gilt auch für den Bereich der Philosophie und deren Sprachgebrauch, der mit dem deutschen Idealismus und dessen verschiedenartigen Spielarten wie etwa bei Fichte, Schelling oder Hegel zunächst einen weiteren Höhepunkt erreicht. Die hieran anschließende Entwicklung ist von einer Ausdifferenzierung der philosophischen Ansätze und Schulen geprägt; so etwa mit dem historisch-dialektischen Materialismus, dem Positivismus, dem Neukantianismus, der geisteswissenschaftlichen Philosophie oder der sog. „Lebensphilosophie" Nietzsches. Bei aller Verschiedenheit ist diesen Ansätzen dennoch eine jeweils mehr oder weniger explizite Auseinandersetzung mit der jüngeren und zeitgenössischen Philosophie und deren deutscher Fachsprache eigen.

Im Gegensatz zur Lexikographie der vorhergehenden Zeitspanne spiegelt diejenige des 19. Jh.s diesen sprach- und wissenschaftsgeschichtlichen Befund lediglich zum Teil wider: Es entstehen in dieser Zeit verschiedenartige deutschsprachige Wörterbücher und Enzyklopädien (wie zum Beispiel Campe 1807ff, Ersch/Gruber 1818ff, Grimm 1854ff, Sanders 1860ff oder auch Paul 1897). Die philosophische Sprache erfährt in diesen Werken (von der Enzyklopädie Ersch und Grubers 1818ff partiell abgesehen) jedoch nur geringe, wenn nicht gar keine Berücksichtigung.

Die philosophische Fachlexikographie des 19. und des beginnenden 20. Jh.s selbst ist zunächst einmal durch eine ganze Reihe kleinerer Wörterbücher geprägt, die ein verhältnismäßig schwankendes philosophisches und lexikographisches Niveau zeigen. Dabei ist den verschiedenartigen Wörterbüchern zum Werk Kants und zur kritischen Philosophie, die um die Wende vom 19. zum 20. Jh. unter dem Einfluß des Neukantianismus erscheinen, wiederum eine besondere Bedeutung beizumessen. Hier sind (in chronologischer Reihenfolge) die folgenden Wörterbücher zu nennen: Wegner (1893) als ein selektives Belegtextwörterbuch zu Kants Gesamtwerk; Baumann (1910) als Wörterbuch zu Christian Wolff, das sich ausdrücklich in den Dienst der Kantinterpretation stellt; Heußner (1925) als belegstellenorientiertes Wörterbuch zu Kants kritischen Schriften; Ratke (1929) als Werkwörterbuch zur *Kritik der reinen Vernunft*; und schließlich Eisler (1930) als das noch in der Gegenwart einschlägige Autorenwörterbuch zu Kants Gesamtwerk. Als Beispiele für weitere Autorenwörterbücher sei unter anderen auf Frauenstädt (1871) zu Schopenhauer oder Schütz (1895) zu Thomas von Aquin hingewiesen. Neben diesen Autorenwörterbüchern erscheint im 19. Jh. ein weiterer Typ philosophischer Wörterbücher: Das Philosophenwörterbuch, in dem (vornehmlich) einzelne Philosophen namentlich aufgeführt und mit Angaben zu Leben und Werk versehen werden (vgl. etwa Noack 1879 oder Eisler 1912).

Als das bedeutendste lexikographische Werk dieser Zeitspanne ist das *Wörterbuch der Philosophischen Begriffe* von Rudolf Eisler anzusehen, das nach seinem ersten Erscheinen (1897) insgesamt vier Auflagen (zuletzt 1927ff) erreicht hat. Dieses Wörterbuch ist bereits dem Titel nach „historisch-quellenmäßig bearbeitet" und somit ausdrücklich begriffsgeschichtlich und zugleich dokumentarisch ausgerichtet, d. h. es sind unter jedem Stichwort bzw. Lemma philosophiegeschichtliche Erläuterungen sowie ausgewählte Belegtexte zu den betreffenden Konzepten zu finden. Dabei werden grundsätzlich sämtliche Philosophen seit der Antike berücksichtigt; eine Schwerpunktsetzung auf die kritische Philosophie ist jedoch nicht zu übersehen.

2.3. Dritte Periode (20. Jahrhundert)

Die dritte Periode schließlich ist diejenige nach dem Erscheinen der verschiedenen Auflagen von Eislers *Wörterbuch der Philosophischen Begriffe* bis in die Gegenwart hinein. Die Geschichte der deutschen Bildungs- und Standardsprache ist in dieser Zeit unter anderem durch eine verstärkte Aufnahme an wissenschaftlichem und technischem Wortschatz sowie durch eine zunehmende Internationalisierung geprägt. Die deutschen Fach- und Wissenschaftssprachen selbst verlieren an internationaler Bedeutung und zeigen ebenfalls Züge einer Internationalisierung. Die deutsche Fachsprache der Philosophie gehört dabei etwa neben der psychologischen oder der archäologischen Fachsprache zu den wenigen, die sich gegenüber der Vormachtstellung des Englischen trotz gleichfalls rückläufiger Entwicklung nicht allein im gebildeten, sondern auch im wissenschaftlichen Gebrauch noch vergleichsweise behaupten können. Die

Philosophie im deutschsprachigen Raum spaltet sich dabei wiederum in zahlreiche verschiedene Ansätze und Schulen auf, die in jeweils mehr oder weniger starker konzeptioneller und sprachlicher Abhängigkeit von der internationalen Forschung stehen; hierzu zählen unter anderen die Phänomenologie Husserls, der Existenzialismus, der Neupositivismus, der Pragmatismus, der Neomarxismus oder die sog. „Logistik".

Die Lexikographie des 20. Jh.s hat mehrere allgemeine Wörterbücher zur deutschen Sprache (beispielsweise Trübner 1939 ff, Klappenbach/Steinitz 1961 ff, Duden 1976); als bekannteste und zugleich bedeutendste Enzyklopädie deutscher Sprache darf hier der *Brockhaus* mit seinen diversen Auflagen gelten. In diesen lexikographischen Werken erfährt die philosophische Fachsprache eine mehr oder weniger deutliche Berücksichtigung. Dabei fällt jedoch auf, daß der Sprachgebrauch der zeitgenössischen Philosophie hier eine geringere Aufnahme findet als derjenige des 18. und des 19. Jh.s. Die Gründe hierfür sind unter anderem in dem konservativen Fortwähren des Bildungsideals humanistischer Prägung sowie in der weitreichenden Differenzierung und nurmehr schwer zu überbrückenden Spezialisierung der Gegenwartsphilosophie selbst zu suchen.

Philosophische Wörterbücher, die ausdrücklich bestimmten Schulen und deren lexikographischer Aufarbeitung verpflichtet sind, gibt es in dieser Zeit nicht; auch die philosophische Autorenlexikographie findet keine Fortsetzung, die derjenigen der vorangehenden Jahrhunderte entspricht. Dies mag (neben den katastrophalen zeitgeschichtlichen Umständen um die Mitte des Jh.s) ebenfalls mit der wachsenden Differenzierung und Spezialisierung der Philosophie und der philosophischen Fachsprache selbst zu tun haben, die eine zunehmend kritische und distanzierte Haltung gegenüber dem allgemeinen und dem philosophischen Sprachgebrauch mit sich bringt und somit die Tragweite einzelner Autoren- oder Bereichswörterbücher erheblich begrenzt. Symptomatisch für die hier skizzierte Situation der philosophischen Fachsprache ist unter anderem auch das bereits zu Beginn des 20. Jh.s vorgelegte sprachkritische *Wörterbuch der Philosophie* von Fritz Mauthner (1910 f), das hier darüber hinaus auch als ein Beispiel für ein extrem bearbeiterabhängiges Wörterbuch heranzuziehen ist, dessen Artikel zumindest programmatisch weniger begriffs- als sprachgeschichtlich orientiert sind.

Die philosophische Lexikographie nach Eisler ist (von Mauthner abgesehen) vor diesem Hintergrund zunächst durch das Entstehen kleinerer philosophischer Gesamtwörterbücher gekennzeichnet. Zu den bekanntesten gehört hierbei unter anderem das *Philosophische Wörterbuch* von Heinrich Schmidt (vgl. Schmidt/Schischkoff 1982), das seit dem ersten Erscheinen zu Beginn des Jahrhunderts zahlreiche Auflagen erlebt hat und somit neben der älteren Philosophiegeschichte wenigstens tendenziell auch einige Entwicklungsströmungen der zeitgenössischen Philosophie widerspiegelt. Weitere Wörterbücher dieses Typs, die jeweils eigene inhaltliche und formale Schwerpunkte setzen, stellen zum Beispiel diejenigen von Apel/Ludz (1976), Brugger (1985), Hoffmeister (1955) oder Klaus/Buhr (1985) dar. All diese Wörterbücher führen im übrigen auch einzelne Philosophen namentlich an; ein reines Philosophenlexikon liegt etwa mit Lutz (1989) vor.

Seit den siebziger Jahren des 20. Jh.s erfährt die philosophische Lexikographie deutscher Sprache wiederum einen deutlichen Aufschwung. Neben dem *Handbuch philosophischer Grundbegriffe* (Krings/Baumgartner/Wild 1973), das nicht allein als Nachschlagewerk, sondern darüber hinaus auch als Beitrag zur aktuellen Forschungsdiskussion verstanden werden möchte, trägt hierzu vor allem das *Historische Wörterbuch der Philosophie* von Joachim Ritter und Karlfried Gründer (1971 ff) bei. Dieses Wörterbuch, das sich als Nachfolgewerk von Eislers *Wörterbuch der Philosophischen Begriffe* (1927 ff) versteht und auf zwölf Bände hin angelegt ist, erhebt dem Verlagsprospekt nach immerhin den Anspruch, „eines der bedeutendsten, aufwendigsten und auch erfolgreichsten Buchprojekte der modernen deutschsprachigen Geisteswissenschaften und zugleich das umfassendste philosophische Begriffslexikon aller Zeiten" zu sein. Das Verhältnis von Anspruch und Wirklichkeit ist selbst hier indessen nicht ganz ungetrübt, zeigen sich doch sowohl aus historischer wie aus systematischer Sicht noch immer Diskongruenzen und Desiderate. Dennoch stellt das *Historische Wörterbuch der Philosophie* einen Höhepunkt der philosophischen Lexikographie im deutschsprachigen Raum dar: Es schließt mit der Berücksichtigung weiterer Fachbereiche wie etwa der Psychologie oder der Philologie, die auf das philosophische Denken des 19. und des

20. Jh.s erheblichen Einfluß ausüben, einen lexikographiegeschichtlichen Bogen, der vom Beginn des 18. Jh.s mit dem ebenfalls breit angelegten Wörterbuch Walchs bis in die Gegenwart hinein reicht.

Mit dem Ende der sechziger und dem Beginn der siebziger Jahre nimmt auch die Erstellung philosophischer Indices und Konkordanzen deutlich zu. Als frühe Beispiele aus dem Bereich der Kantlexikographie seien hier die Seitenkonkordanz von Hinske und Weischedel (1970) sowie der Index zur *Kritik der reinen Vernunft* von Martin und Löwisch (1967) genannt. Mehrbändige Großprojekte der philosophischen Dokumentationslexikographie werden daraufhin im Zuge des technischen Fortschritts möglich. Aus dem Bereich der Kantlexikographie etwa, die auch in diesem Bereich wiederum eine Vorreiterrolle übernimmt, sind hier der *Allgemeine Kantindex zu Kants gesammelten Schriften* (Martin 1967ff) sowie der *Kant-Index* (Hinske 1986ff) anzuführen (vgl. daneben auch Hinske/Delfosse 1983ff).

3. Lexikographische Gesichtspunkte

Die philosophischen Wörterbücher deutscher Sprache zeigen unter lexikographischen Gesichtspunkten eine Vielfalt an Erscheinungsformen. Diese zeigen sich sowohl hinsichtlich der bearbeiteten Textkorpora als auch in Bezug auf die Textstrukturen der Wörterbücher selbst.

3.1. Textkorpora

Die deutschsprachigen philosophischen Wörterbücher decken nur zum Teil die gesamte (westliche) Philosophiegeschichte ab. Zu diesen zählen die großen philosophischen Gesamtwörterbücher des 18. bis 20. Jh.s (z. B. Walch 1775, Eisler 1927ff oder Ritter/Gründer 1971ff) sowie die kleineren Gesamtwörterbücher des 20. Jh.s (z. B. Hoffmeister 1955 oder Schmidt/Schischkoff 1982), wobei hier zum Teil durchaus Schwerpunktsetzungen auf die jeweils zeitgenössische Philosophie zu beobachten sind. Wörterbücher, welche die Philosophie der Antike, des Mittelalters oder frühen Neuzeit alleine bearbeiten, liegen nicht vor; jedoch bestehen Wörterbücher zu einzelnen Autoren dieser philosophiegeschichtlichen Perioden (z. B. Schütz 1895). Die jüngere Philosophie seit der Aufklärung ist insbesondere durch die reichhaltige Lexikographie zu Kant und zur kritischen Philosophie vertreten (z. B. Schmid 1798, Mellin 1797ff, Eisler 1930 und Hinske 1986ff); Wörterbücher zu anderen Philosophen oder philosophischen Schulen dieser Zeit erscheinen im Vergleich hierzu nur vereinzelt (z. B. Baumann 1910, Frauenstädt 1871). Dies wiegt angesichts der erheblichen philosophiegeschichtlichen Bedeutung etwa des deutschen Idealismus oder im Hinblick auf den nur schwer überschaubaren Facettenreichtum der Philosophie des ausgehenden 19. und des 20. Jh.s verhältnismäßig schwer, so daß hier neben den philosophischen Gesamtwörterbüchern durchaus noch Desiderate im Bereich philosophischer Spezialwörterbücher bestehen.

Der unterschiedliche Korpusumfang, den die philosophischen Wörterbücher deutscher Sprache jeweils aufweisen, gestattet deren Klassifizierung in drei Gruppen, die selbst wiederum weiter untergliedert werden können: Erstens sowohl einbändige als auch mehrbändige Gesamtwörterbücher, die zum Teil bereits auf bestimmte philosophische Schulen hin spezialisiert sind; zweitens Wörterbücher, die einen einzelnen philosophischen Fachbereich oder eine philosophische Schule betreffen; und drittens schließlich Wörterbücher, die entweder das Gesamtwerk oder eine Werkauswahl bis hin zu einem einzelnen Werk eines philosophischen Autors bearbeiten. Die Philosophenlexika, die Leben und Werk verschiedener philosophischer Autoren gewidmet sind, stellen hier einen Sonderfall innerhalb der ersten, tendenziell auch der zweiten Gruppe dar.

3.2. Makrostruktur und Lemmaansatz

Philosophische Wörterbücher sind in aller Regel semasiologisch angelegt und weisen dabei eine alphabetische Makrostruktur auf; dies gilt sowohl für Gesamt- und Bereichswörterbücher als auch für Autoren- oder Werkwörterbücher. Es finden sich jedoch einige Ausnahmen von dieser Regel; es seien drei Beispiele genannt: So ist erstens etwa das Wolffwörterbuch von Baumann (1910) unter philosophisch-systematischen Gesichtspunkten angelegt und weist somit eine onomasiologische Makrostruktur mit semasiologischen Angaben auf. In dem Belegstellenwörterbuch zu Kant von Wegner (1893) werden zweitens die einzelnen Belege nach Kants Werken eingeteilt und über ein alphabetisches Stichwortregister zugänglich gemacht; hier liegt somit eine korpusbezogene Makrostruktur vor. Drittens findet sich bei Willmann (1933) der

Versuch einer historisch ausgerichteten Makrostruktur.

Der Lemmaansatz philosophischer Wörterbücher erfolgt weitgehend in der Grundform sowie in der jeweils üblichen Schreibweise; Varianten werden nicht angeführt. Die Auswahl der Lemmata erfolgt selektiv: Es werden fast ausnahmslos lediglich solche Wörter aufgenommen, die als philosophiegeschichtlich bedeutsam oder für einen philosophischen Autor charakteristisch angesehen werden. Fachübergreifende Fachwörter sind eher in Gesamt- als in Bereichs- oder gar Autorenwörterbüchern anzutreffen. Allgemeinsprachliche Ausdrücke werden weitgehend ausgeschlossen.

3.3. Mikrostruktur sowie Interpretation und Dokumentation

Die Anlage einzelner Wörterbuchartikel ist im Bereich der philosophischen Lexikographie recht vielfältig (zur Diskussion einzelner Beispiele aus dem Bereich der Kantlexikographie vgl. Roelcke 1989). Dabei stehen Angaben zur Interpretation von Wortbedeutungen sowie solche zur Dokumentation des betreffenden Wortgebrauchs im Vordergrund. Bisweilen finden sich Angaben zur Etymologie; solche zur Grammatik oder Pragmatik sind demgegenüber kaum anzutreffen. In Artikeln, die dem Leben und Werk einzelner Philosophen oder philosophischer Schulen gewidmet sind, werden des weiteren auch enzyklopädische Angaben gemacht; in einigen Fällen werden auch Literaturhinweise gegeben. Bei der Gliederung der einzelnen Artikel stehen entweder einzelne Bedeutungen oder andere (etwa systematische oder historische) Gesichtspunkte im Vordergrund. Artikelgliederungen, die anhand von Einzelbedeutungen vorgenommen werden, sind dabei bisweilen hierarchisch angelegt; andere Gliederungen neigen zu einer nichthierarchischen Anlage.

Die Unterscheidung verschiedener Bedeutungen ein und desselben Wortes unterliegt (der Lemmaauswahl vergleichbar) in der Regel einer starken Selektion. Dabei stehen Angaben zu philosophischen Bedeutungen im Vordergrund, während solche zu fächerübergreifenden Fachbedeutungen oder gar zu allgemeinsprachlichen Bedeutungen zunehmend in den Hintergrund rücken; diese Tendenz ist in den älteren Wörterbüchern stärker ausgeprägt als in den jüngeren. Die Angaben zur Polysemie innerhalb der philosophischen Verwendung einzelner Fachwörter fallen vergleichsweise sparsam aus und werden somit dem tatsächlichen Fachwortgebrauch zumeist nicht gerecht. Die Gründe für diese innerfachliche Bedeutungsselektion sind dabei in einem systemlinguistischen Inventarmodell zu suchen, das unter anderem auch der philosophischen Lexikographie im Rahmen der allgemeinen Konstituierung und Reglementierung von Fachsprachen zugrunde gelegt wird (vgl. Roelcke 1995).

Eine für philosophische Wörterbücher charakteristische Form der Bedeutungsangabe gibt es nicht. Charakteristisch ist allenfalls deren hoher Grad an Variabilität, der sich durchaus auch in ein und demselben Wörterbuch zeigen kann: Die Art und Weise der Beschreibung einzelner Bedeutungen reicht dabei von einfachen Definitionen über solche mit weiteren Erläuterungen bis hin zur freien Erörterung der betreffenden Konzepte. Definitorische Angaben finden sich (mit Ausnahme der Indices und Konkordanzen) in Wörterbüchern aller Perioden und Typen, während diskursive Elemente der Bedeutungsangaben eine Zunahme vom 18. zum 20. Jh. sowie von Autoren- zu Gesamtwörterbüchern erkennen lassen. Eine vergleichbare Tendenz ist mit der Zunahme eher deskriptiver neben eher präskriptiven Bedeutungsangaben zu beobachten. Beide (einander durchaus entsprechende) Tendenzen sind zum einen mit der philosophiegeschichtlichen Aufwertung der Problematisierung gegenüber der Kategorisierung philosophischer Begrifflichkeit und zum anderen mit der wachsenden Diversifikation der philosophischen Fachsprache und dem hiermit verknüpften Sprachskeptizismus in Verbindung zu bringen.

Die Angabe von Belegtexten und Belegstellen spielt im Rahmen der philosophischen Lexikographie eine erhebliche Rolle, ist doch das Studium von Originaltexten für die philosophische Diskussion unerläßlich. Vor dem Hintergrund der steigenden Problematisierung philosophischer Begrifflichkeit ist aus historischer Sicht eine Zunahme an solchen dokumentarischen Wörterbuchkomponenten zu beobachten. Die Auswahl der Belegtexte und -stellen erfolgt indessen in der Regel allein nach Maßgabe des Wörterbuchautors und dient zumeist der Unterstützung der Beschreibung einzelner Bedeutungen. Wesentliches Merkmal vieler Wörterbücher ist hierbei die recht „großzügige" Verfahrensweise im Hinblick auf die Kennzeichnung von Belegtexten: So werden diese oftmals nicht eigens markiert und gehen in die Bedeutungsbeschreibung seitens des Lexikographen über. In einigen, nicht seltenen Fällen ersetzen (markierte oder unmarkierte) Belegtexte die Bedeutungsbeschreibung sogar vollständig. Diese Erscheinungen sind in den älteren Wörterbüchern tendenziell stärker ausgeprägt, sind jedoch auch innerhalb der Lexikographie des 20. Jh.s zu beobachten.

Innerhalb der steigenden Zahl dokumentarischer Wörterbücher, sei es nun in Form von Indices oder von Konkordanzen, wird die interpretative Komponente bis auf ein Minimum (so etwa im Hinblick auf die Korpuswahl oder die Lemmaselektion) zurückgedrängt: Solche Wörterbücher enthalten also kaum oder keine interpretativen Vorgaben, sondern erschließen die betreffenden philosophischen Originaltexte nahezu allein in formaler Hinsicht.

3.4. Mediostruktur und lexikographische Begleittexte

Mediostrukturen sind in philosophischen Wörterbüchern zumeist nicht sehr stark ausgeprägt; lexikographische Verweise beziehen sich zumeist allein auf solche Einheiten, die in die philosophische Begriffsbestimmung bzw. die lexikographische Bedeutungsbeschreibung Eingang finden. Die Rekonstruktion fachlexikalischer Systeme oder Teilen davon ist dabei jedoch nur selten möglich.

Die Werke der philosophischen Lexikographie deutscher Sprache weisen demgegenüber neben dem eigentlichen Wörterbuchteil oftmals ergänzende Texte auf. Zu diesen Begleittexten zählen unter anderem Vorworte, die jedoch oftmals nur wenig Auskunft über die lexikographische Konzeption, sondern vielmehr über den Hintergrund der Wörterbuchbearbeitung geben; historisch oder systematisch orientierte Abhandlungen zur Philosophie, die eine Einordnung der lexikographischen Informationen in den Gesamtkontext ermöglichen sollen; Sachregister, über die nicht eigens lemmatisierte philosophische Wortschatz erschlossen werden kann; sowie schließlich Werk- oder Literaturverzeichnisse. Umfang und Form dieser Begleittexte sind ausgesprochen variabel.

4. Funktionale und pragmatische Gesichtspunkte

Der Gebrauch philosophischer Wörterbücher erstreckt sich sowohl auf den philosophischen als auch auf den linguistischen Bereich: Aus philosophischer Perspektive erfüllen sie vor allem zwei Funktionen: Zum einen dienen sie der Vermittlung philosophischer Inhalte und zum anderen der Hilfestellung bei der Auslegung philosophischer Texte. In sprachwissenschaftlicher Hinsicht sind sie insofern von Interesse, als sie Erkenntnisse über die Eigenheiten und die Entwicklung der philosophischen Fachsprache selbst ermöglichen. Diesen Anforderungen, denen Wörterbücher anderer textinterpretierender Disziplinen wie etwa der Geschichts- oder der Literaturwissenschaft in vergleichbarer Weise zu genügen haben, werden Interpretations- und Dokumentationswörterbücher in unterschiedlichem Maße gerecht.

So leisten philosophische Interpretationswörterbücher durch die Beschreibung der Bedeutungen philosophischer Fachwörter einen erkennbaren Beitrag zur Vermittlung von Fachwissen. Zu problematisieren ist in diesem Zusammenhang jedoch, daß das Verhältnis von Deskription und Präskription in diesen Wörterbüchern zumeist ungeklärt bleibt, so daß eher präskriptive Wörterbücher in deskriptiver Hinsicht und eher deskriptive Wörterbücher in präskriptiver Hinsicht mißverstanden werden können. Hierbei ist zu beachten, daß sowohl prä- als auch deskriptive Wörterbücher in jedem Falle mehr oder weniger stark beachtete konzeptionelle Vorgaben machen und somit bis zu einem gewissen Grad auch fachgeschichtliche Tatsachen schaffen. Im Rahmen der Geschichte deutschsprachiger Wörterbücher ist dies zum Beispiel bei Walch (1775) oder Eisler (1927 ff) zu beobachten und von Ritter/Gründer (1971 ff) zu erwarten. Im Gegensatz hierzu tragen Dokumentationswörterbücher nur in äußerst geringem Maße zur Vermittlung von philosophischem Fachwissen bei.

Der Beitrag philosophischer Interpretationswörterbücher zur Auslegung philosophischer Texte ist indessen in starkem Maße von deren Abstimmung zwischen Bedeutungsinterpretation einerseits und Belegtextdokumentation andererseits abhängig. So sind reine Bedeutungsbeschreibungen für die Arbeit mit philosophischen Texten nur bedingt hilfreich, da sie nicht zwischen dem Text und dessen Interpretation vermitteln. Dies ist allein durch eine Rückbindung der (interpretierenden) Bedeutungsbeschreibung an die (interpretierten) Textstellen, in denen die betreffenden Fachwörter verwendet werden, möglich. Nur auf diesem Wege ist der Wörterbuchbenutzer in der Lage, die Bedeutungsbeschreibung als Interpretationsvorschlag aufzufassen und diesen seinerseits zu überprüfen (vgl. Roelcke 1994). Vor diesem Hintergrund stellt das Verhältnis von interpretativen und dokumentarischen Komponenten neben der „Güte" der Interpretation selbst ein wichtiges Kriterium zur Evaluation philosophischer Wörterbücher dar. Es wird hierbei deutlich, daß reine Dokumentationswörterbücher nur einen begrenzten Beitrag zur philosophischen Textexegese leisten können, es sei denn, diese soll (etwa im wissenschaftlichen Kontext) weitgehend frei von interpretativen Vorgaben erfolgen.

Sowohl Interpretations- als auch Dokumentationswörterbücher lassen darüber hinaus auch Erkenntnisse über die Eigenheiten und die Entwicklung der philosophischen Fachsprache selbst zu. Bereits die formale Auswertung von Dokumentationswörterbüchern kann zum Beispiel einen wichtigen Beitrag zur philologischen Textkritik leisten, läßt Rückschlüsse auf die Entstehung und Interdependenz philosophischer Texte zu und gestattet Einblicke in die Vorkommensgeschichte philosophischer Termini (vgl. Hinske 1994). Die Auswertung von Interpretationswörterbüchern führt darüber hinaus zu Erkenntnissen über die Konstruktion und Konstitution philosophischer Fachwortschätze im allgemeinen sowie im Hinblick auf inner-, über- und außerfachliche Bedeutungsrelationen einschließlich der Polysemie und Synonymie einzelner philosophischer Fachwörter im besonderen. Diese Erkenntnisse lassen sich des weiteren unter sprach- und begriffsgeschichtlichen Gesichtspunkten weiter vertiefen. Dabei ist jedoch zu beachten, daß sowohl der Lemmaansatz als auch die Beschreibung von Bedeutungen in philosophischen Interpretationswörterbüchern zumeist einer starken Selektion unterliegen und die Bedeutungsbeschreibungen selbst wiederum in erheblichem Maße von der Interpretation des Lexikographen abhängen. Sie können somit die philologische Auswertung erschweren, wenn nicht gar unmöglich machen. Vor diesem Hintergrund wird die Forderung nach einer aufeinander abgestimmten Kombination von Interpretations- und Dokumentationswörterbüchern noch einmal bekräftigt.

Im Ganzen betrachtet zeigt die philosophische Lexikographie deutscher Sprache eine große Vielfalt mit zum Teil bemerkenswerten Wörterbüchern. Sie weist aber auch eine ganze Reihe von Desideraten auf, die sowohl in philosophischer als auch in philologischer Hinsicht spürbar sind. Es ist zu erwarten, daß Philosophie und Philologie im Rahmen der Lexikographie künftig mehr zueinander finden, als dies bislang der Fall ist.

5. Literatur (in Auswahl)

Adelung 1793 ff = Johann Christoph Adelung: Grammatisch=kritisches Wörterbuch der Hochdeutschen Mundart [...]. 2. Aufl. Leipzig 1793– 1801 (1. Aufl. 1774). [Nachdruck Hildesheim 1970].

Apel 1951/52 = Karl Otto Apel: Das Begriffsgeschichtliche Wörterbuch der Philosophie. In: Zeitschrift für philosophische Forschung 6. 1951/52, 133–136.

Apel/Ludz 1976 = Max Apel/Peter Ludz: Philosophisches Wörterbuch. 6. Aufl. Berlin 1976 (1. Aufl. 1930).

Barck 1986 = Grundbegriffe der Ästhetik und Kunstwissenschaft — Konzeption eines historisch-kritischen Wörterbuchs. In: Wissenschaftliche Zeitschrift der Universität Berlin 35. 1986, 773–779.

Baumann 1910 = Julius Baumann: Wolffsche Begriffsbestimmungen. Ein Hilfsbüchlein beim Studium Kants. Leipzig 1910.

Blühm 1962 = Elger Blühm: Johann Heinrich Zedler und sein Lexikon. In: Jahrbuch der Schlesischen Friedrich-Wilhelms-Universität zu Breslau 7. 1962, 184–297.

Brugger 1985 = Walter Brugger: Philosophisches Wörterbuch. 17. Aufl. Freiburg 1985 [1. Aufl. 1947].

Campe 1807 ff = Joachim Heinrich Campe: Wörterbuch der deutschen Sprache. Braunschweig 1807–11. [Nachdruck Hildesheim 1969].

Caygill 1995 = Howard Caygill: A Kant Dictionary. Oxford 1995.

Collison 1964 = Robert L. Collison: Encyclopaedias. Their history throughout the ages. A bibliographical guide with extensive historical notes to the general encyclopaedias issued throughout the world from 350 B. C. to the present day. New York. London 1964.

Cop 1990 = Margaret Cop: Babel unravelled. An annotated world bibliography of dictionary bibliographies, 1658–1988. Tübingen 1990 (Lexicographica. Series Maior 36).

Cummings 1979 = W. Philip Cummings: Dictionaries of Philosophy: A survey and a proposal. In: Dictionaries 1. 1979, 97–101.

Duden 1976 = Duden. Das große Wörterbuch der deutschen Sprache in sechs Bänden. Hrsg. und bearb. v. Wiss. Rat und den Mitarbeitern der Dudenredaktion unter Leitung v. Günther Drosdowski. Mannheim [usw.] 1976.

Eisler 1912 = Rudolf Eisler: Philosophen-Lexikon. Leben, Werke und Lehren der Denker. Berlin 1912.

Eisler 1927 ff = Rudolf Eisler: Wörterbuch der Philosophischen Begriffe. Historisch-quellenmäßig bearbeitet. 4. Aufl. 3 Bde. Berlin 1927−30. [1. Aufl. 1897].

Eisler 1930 = Rudolf Eisler: Kant Lexikon. Nachschlagewerk zu Kants sämtlichen Schriften, Briefen und handschriftlichem Nachlaß. Berlin 1930. [Nachdruck Hildesheim 1984].

Encyclopédie 1751 ff = Encyclopédie, ou Dictionnaire raisonné des sciences, des arts et des métiers. Mis en orde et publié par Denis Diderot et Jean LeRond d'Alembert. 17 Vols. Paris. Neufchatel 1751−1765. [Nachdruck Stuttgart 1968].

Ersch/Gruber 1818 ff = Allgemeine Encyclopädie der Wissenschaften und Künste [...]. 97 Bde. Hrsg. v. J. G. Ersch und J. G. Gruber. Leipzig 1818−1889.

Eucken 1879 = Rudolf Eucken: Geschichte der philosophischen Terminologie. Leipzig 1879.

Frauenstädt 1871 = Christian Maria Julius Frauenstädt: Schopenhauer-Lexikon. Ein philosophisches Wörterbuch nach Arthur Schopenhauers sämmtlichen Schriften und handschriftlichem Nachlaß. Leipzig 1871.

Grimm 1854 ff = Jacob Grimm und Wilhelm Grimm: Deutsches Wörterbuch. 32 Bde. Leipzig 1854−1960. [Nachdruck München 1984].

Heinicke 1788 = Samuel Heinicke: Wörterbuch zur Kritik der reinen Vernunft und zu den philosophischen Schriften von Herrn Kant. Preßburg 1788. [Nachdruck Brüssel 1968].

Hertslet 1890 = William Lewis Hertslet: Schopenhauer-Register. [...]. Leipzig 1890.

Heußner 1925 = Alfred Heußner: Kleines Kant-Wörterbuch. Göttingen 1925.

Heydenreich 1793 ff = Karl Heinrich Heydenreich: Aesthetisches Wörterbuch über die bildenden Künste nach Watelet und Levesque. 4 Bde. Leipzig 1793−1795.

Hinske 1986 ff = Kant-Index. 35 Bde [geplant]. Hrsg. v. Norbert Hinske. Stuttgart 1986 ff.

Hinske 1994 = Norbert Hinske: Vom Thesaurus zum Erkenntnisinstrument? Möglichkeiten und Grenzen EDV-erzeugter Indices im Umkreis der Philosophie. In: Lexicographica 10. 1994, 21−37.

Hinske/Delfosse 1983 ff = Norbert Hinske: Lambert-Index. Erstellt in Zusammenarbeit mit Heinrich P. Delfosse. 4 Bde. Stuttgart 1983−87.

Hinske/Weischedel 1970 = Norbert Hinske/Wilhelm Weischedel: Kant-Seitenkonkordanz. Darmstadt 1970.

Hoffmeister 1955 = Johannes Hoffmeister: Wörterbuch der philosophischen Begriffe. 2. Aufl. Hamburg 1955.

Klappenbach/Steinitz 1961 ff = Wörterbuch der deutschen Gegenwartssprache. 6 Bde. Hrsg. v. Ruth Klappenbach und Wolfgang Steinitz. Berlin 1961−1977.

Klaus/Buhr 1985 = Philosophisches Wörterbuch. Hrsg. v. Georg Klaus und Manfred Buhr. 2 Bde. 12. Aufl. Berlin 1985.

Krings/Baumgartner/Wild 1973 = Handbuch philosophischer Grundbegriffe. Hrsg. v. Hermann Krings, Hans Michael Baumgartner und Christoph Wild. 6 Bde. München 1973.

Kühn 1978 = Peter Kühn: Deutsche Wörterbücher. Eine systematische Bibliographie. Tübingen 1978 (Reihe Germanistische Linguistik 15).

Lossius 1803 ff = Johann Christian Lossius: Neues philosophisches allgemeines Real=Lexikon oder Wörterbuch der gesammten philosophischen Wissenschaften. 4 Bde. Erfurt 1803 ff.

Lutz 1989 = Metzler Philosophen Lexikon. [...]. Hrsg. v. Bernd Lutz. Stuttgart 1989.

Martin/Löwisch 1967 = Sachindex zu Kants Kritik der reinen Vernunft. Hrsg. v. Gottfried Martin, bearb. v. Dieter-Jürgen Löwisch. Berlin 1967.

Maimon 1791 = Salomon Maimon: Philosophisches Wörterbuch [...]. Berlin 1791.

Martin 1967 ff = Allgemeiner Kantindex zu Kants gesammelten Schriften. Hrsg. v. Gottfried Martin. Berlin 1967 ff.

Mauthner 1910 f = Fritz Mauthner: Wörterbuch der Philosophie. Neue Beiträge zu einer Kritik der Sprache. 5 Bde. 1910 f. [Nachdruck Zürich 1980].

Mellin 1794 = Georg Samuel Albert Mellin: Marginalien und Register zu Kants Kritik der reinen Vernunft. [...]. Züllichau 1794 [Neuausgabe Gotha 1900].

Mellin 1797 ff = Georg Samuel Albert Mellin: Encyclopädisches Wörterbuch der kritischen Philosophie, oder Versuch einer fasslichen und vollständigen Erklärung der in Kants kritischen und dogmatischen Schriften enthaltenen Begriffe und Sätze [...]. 6 Bde. Leipzig 1797−1804.

Mellin 1798 = Georg Samuel Albert Mellin: Kunstsprache der kritischen Philosophie, oder Sammlung aller Kunstwörter Derselben, mit Kants eigenen Erklärungen, Beyspielen und Erläuterungen; [...]. Jena. Leipzig 1798.

Mellin 1806 f = Georg Samuel Albert Mellin: Allgemeines Wörterbuch der Philosophie. Zum Gebrauch für gebildete Leser, welche sich über einzelne Gegenstände der Philosophie unterrichten wollen. 2 Bde. Magdeburg 1806 f.

Merguet 1887 = H. Merguet: Lexikon zu den philosophischen Schriften Cicero's mit Angabe sämtlicher Stellen. 3 Bde. Jena 1887. [Nachdruck Hildesheim 1961].

Noack 1879 = Ludwig Noack: Historisch-biographisches Handwörterbuch zur Geschichte der Philosophie. Leipzig 1879.

Paul 1897 = Hermann Paul: Deutsches Wörterbuch. 1. Aufl. Halle 1897.

Ratke 1929 = Heinrich Ratke: Systematisches Handlexikon zu Kants Kritik der reinen Vernunft. Hamburg 1929.

Ritter 1967 = Joachim Ritter: Leitgedanken und Grundsätze des Historischen Wörterbuchs der Philosophie. In: Archiv für Begriffsgeschichte 11. 1967, 75−80.

Ritter/Gründer 1971 ff = Historisches Wörterbuch der Philosophie. Hrsg. v. Joachim Ritter und Karlfried Gründer. 9 von 12 Bänden. Darmstadt 1971−1995.

Roelcke 1989 = Thorsten Roelcke: Die Terminologie der Erkenntnisvermögen. Wörterbuch und lexikosemantische Untersuchung zu Kants „Kritik der reinen Vernunft". Tübingen 1989 (Reihe Germanistische Linguistik 95).

Roelcke 1991 = Thorsten Roelcke: Das Eineindeutigkeitspostulat der lexikalischen Fachsprachensemantik. In: Zeitschrift für germanistische Linguistik 19. 1991, 194−208.

Roelcke 1994 = Thorsten Roelcke: Wörterbuch zu den philosophischen Schriften Friedrich Schillers. Konzeption und Probeartikel. In: Lexicographica 10. 1994, 43−60.

Roelcke 1995 = Thorsten Roelcke: Fachwortkonzeption und Fachwortgebrauch. Hintergründe einer Diskrepanz zwischen Sprachwissenschaft und Sprachwirklichkeit. In: Zeitschrift für deutsche Philologie 114. 1995, 394−409.

Rothacker 1950 = Erich Rothacker: Das Akademische Wörterbuch der Philosophie. In: Das Goldene Tor 5. 1950, 94−97.

Schmid 1786 = Carl Christian Erhard Schmid: Critik der reinen Vernunft im Grundrisse zu Vorlesungen nebst einem Wörterbuche zum leichtern Gebrauch der Kantischen Schriften. Jena 1786.

Schmid 1798 = Carl Christian Erhard Schmid: Wörterbuch zum leichtern Gebrauch der Kantischen Schriften. 4. Aufl. Jena 1798. [Nachdruck hrsg. v. Norbert Hinske. Darmstadt 1976].

Schmidt/Schischkoff 1982 = Philosophisches Wörterbuch. Begr. v. Heinrich Schmidt. 21. Aufl. neu bearb. v. Georgi Schischkoff. Stuttgart 1982. [1. Aufl. 1911].

Schütz 1895 = Ludwig Schütz: Thomas-Lexikon. Sammlung, Übersetzung und Erklärung der in sämtlichen Werken des h. Thomas von Aquin vorkommenden Kunstausdrücke und wissenschaftlichen Aussprüche. 2. Aufl. München 1895.

Sanders 1860 ff = Daniel Sanders: Wörterbuch der deutschen Sprache. 3 Bde. Leipzig 1860−65. [Nachdruck der 2. Aufl. 1876: Hildesheim 1969].

Schwartz 1983 = Richard L. Schwartz: Der Begriff des Begriffs in der philosophischen Lexikographie. Ein Beitrag zur Begriffsgeschichte. München 1983.

Stockhammer 1972 = Morris Stockhammer: Kant Dictionary. New York 1972.

Tonelli 1971 = Giorgio Tonelli: A short-title list of subject dictionaries of the sixteenth, seventeenth and eighteenth centuries as aids to the history of ideas. London 1971.

Trübner 1939 ff = Trübners Deutsches Wörterbuch. Hrsg. v. Alfred Götze und Walter Mitzka. 8 Bde. Berlin 1939−1957.

Verneaux 1973 = Roger Verneaux: Le vocabulaire de Kant. 2 Vols. Paris 1973.

Wagner 1909 = Gustav Friedrich Wagner: Encyklopädisches Register zu Schopenhauers Werken. Karlsruhe 1909.

Walch 1775 = Johann Georg Walch: Philosophisches Lexicon, darin die in allen Theilen der Philosophie, als Logic, Metaphysik, Physic, Pneumatic, Ethic, natürlichen Theologie und Rechtsgelehrsamkeit, wie auch Politic fürkommenden Materien und Kunstwörter erkläret, und aus der Historie erläutert werden. 4. Aufl. Mit einer kurzen kritischen Geschichte der Philosophie v. Justus Christian Hennings. Leipzig 1775 (1. Aufl. 1726). [Nachdruck Hildesheim 1968].

Wegner 1893 = Gustav Wegner: Kantlexikon. Ein Handbuch für Freunde der Kant'schen Philosophie. Berlin 1893.

Willmann (1933) = Otto Willmann: Die wichtigsten philosophischen Fachausdrücke in historischer Anordnung. 3. Aufl. Hrsg. v. J. Pascher. München 1933 [1. Aufl. 1923].

Wörterbücher 1989 ff = Wörterbücher [...]. Ein internationales Handbuch zur Lexikographie [...]. Hrsg. v. Franz Josef Hausmann, Oskar Reichmann, Herbert Ernst Wiegand, Ladislav Zgusta. 3 Teilbände. Berlin. New York 1989/1990/1991 (Handbücher zur Sprach- und Kommunikationswissenschaft 5.1−5.3).

Zedler 1732 ff = Grosses vollständiges Universal-Lexicon aller Wissenschaften und Künste [...]. 64 Bde. und 4 Suppl.-Bde. Leipzig. Halle 1732−54.

Thorsten Roelcke, Heidelberg

211. Die Fachlexikographie der Musikwissenschaft: eine Übersicht

1. Vorbemerkung
2. Typologie: Terminologisches Wörterbuch und Reallexikon
3. Geschichtliche Stationen der deutschen musikalischen Fachlexikographie seit 1732
4. Literatur (in Auswahl)

1. Vorbemerkung

Die musikalische Fachlexikographie als die alphabetische Anordnung und Erklärung der auf die Musik bezogenen Fachwörter besitzt eine lange Tradition, deren Wurzeln in die griechische Antike reichen. Als selbständiger und sich kontinuierlich entwickelnder Zweig des musikalischen Schrifttums im Sinne vollwertiger Fachliteratur setzt die neuzeitliche Fachlexikographie jedoch erst zu Beginn des 18. Jh.s ein, ist damit aber immer noch weitaus älter als die seit dem späten 19. Jh. so genannte akademische Musikwissenschaft.

Die große Bedeutung, die den Darstellungen des historischen Fachwortschatzes und den Erläuterungen der Termini für die Musikforschung zukommt, liegt in dem einzigartigen Bezug der musikalischen Fachsprache auf die außersprachliche und des Wortbegriffs nicht bedürfende Daseinsform der Musik. Denn das musikalische Kunstwort, der Terminus, bezeichnet nicht nur einen der Musik zugehörigen Sachverhalt, sondern ‚benennt' ihn. Das Fachwort ist von daher nicht eine beliebige Zuordnung eines sprachlichen Zeichens zu einer musikalischen Sache. Die fixierende Prägung erhellt ganz im Gegenteil die subjektive Seite, die menschliche Sicht- und Verstehensweise des zur Sprache Gebrachten:

„Daher kommt es, daß die Musikwörter über ihren ‚Zweck' als Bezeichnung hinaus eine so wichtige Quelle historischer Erkenntnis darstellen; daß sie so viel auszusagen vermögen, so viel Begrifflichkeit zu verstehen geben können, so reich sind an Widerspiegelungen musikgeschichtlicher Ereignisse; daß sie so beharrlich fortbestehen (während die bezeichnete Sache längst sich wandelte) und so stark den Gefahren des Mißverstehens und der willkürlichen Handhabung ausgesetzt sind" (Eggebrecht [1955] ²1968, 39 f).

Die damit angesprochene Aktualität der historischen Fachwörterbücher für die gegenwärtige Musikwissenschaft, ihre Aussagekraft hinsichtlich Analyse, Ästhetik, Rezeption und Musiktheorie, ist Anlaß, in die folgende Darstellung die Wörterbücher seit dem 18. Jh. einzubeziehen und die Verbindung mit früheren Traditionen des begrifflichen Umgehens mit Musik nachzuzeichnen. Da der Schwerpunkt auf der deutschsprachigen Lexikographie der Fachbegriffe liegt, sei auf die einschlägigen und umfassenden historischen Zusammenfassungen der musikalischen Personen-, Sach- und Speziallexikographie hingewiesen (Bandur 1997, 1390 ff; Coover 1980, 430 ff; Eggebrecht 1960, 685 ff; 1967, 515 ff).

2. Typologie: Terminologisches Wörterbuch und Reallexikon

Der erwähnten Differenz zwischen den fundamentalen Formen des Benennens und des Bezeichnens entspricht im Bereich der musikalischen Termini der grundlegende lexikographische Gegensatz von terminologischen oder bedeutungsgeschichtlichen Wörterbüchern und bezeichnungsgeschichtlichen Nachschlagewerken, den sog. Reallexika (wir folgen hier weitgehend dem Sprachgebrauch von Eggebrecht [1955] ²1968, 21 ff). Diese Polarität schließt weitergehende und auch andersgeartete Differenzierungen der lexikalischen Darstellung des Fachwortschatzes nicht aus; der Mangel an systematischen Untersuchungen auf diesem Gebiet läßt gleichwohl eine detailliertere Typologie der musikalischen Wörterbücher noch nicht zu.

2.1. Das terminologische Wörterbuch

Die Lexik der musikterminologischen Wörterbücher ist auf die Fachwörter, insbesondere auf die Kunstwörter, die Termini gerichtet. Diese Gruppe der Lexika verzeichnet den Fachwortschatz und erklärt die Bedeutung der einzelnen Termini. (In einem weiteren Sinne gehören dazu auch die nicht eigentlich terminologischen fremdsprachlichen Ausdrücke, die außerhalb ihres vokabularen Geltens übersetzt werden müssen. Als Beispiel ist der Bestand an italienischen Bezeichnungen für die musikalische Aufführungspraxis zu nennen). Variieren können in den einzelnen terminologischen Lexika nicht nur die Einträge, die je nach historischem Ort und Zeit, Zielgruppe und Wissen sowie Schwerpunkten der Verfasser oder des Herausgebers sowohl Fremdwörter, allgemein-musikalische, aktuelle und historische, ungebräuchliche Termini als auch Fachwörter musikalischer oder musikwissenschaftlicher Teilgebiete umfassen. Ebenso können die auf die Stichwörter folgenden Erläuterungen unterschiedliche Gestalt annehmen und die wörtliche Übersetzung, die aktuellen und historischen Bedeutungen sowie etymologische und bedeutungsgeschichtliche Ausführungen enthalten.

Ein Versuch, möglichst viele Fachwörter aus dem Deutschen, Englischen, Französischen, Italienischen, Spanischen, Ungarischen und Russischen alphabetisch aufzulisten und mittels des Deutschen als Grundsprache zusammenzuführen, liegt vor in dem *Terminorum Musicae Index septem linguis redactus*, dem *Polyglotten Wörterbuch der musikalischen Terminologie*, wie es im deutschen Untertitel genannt wird (Budapest und Kassel 1980).

2.2. Reallexikon

Die Lexik der Reallexika, zu denen hier in der Mehrzahl auch die sachbezogenen Artikel der Universallexika und Enzyklopädien gezählt werden können, unterscheidet sich in vielen Punkten hinsichtlich des dargestellten Fachwortschatzes nicht von demjenigen terminologischer Wörterbücher, da viele Stichwörter, werden sie nun als Benennungen oder als Bezeichnungen erläutert, identisch sind und in gleicher Schreibung vorkommen. Eine wesentliche Differenz liegt jedoch darin, daß zahlreiche Lexikoneinträge der Reallexika nach dem Prinzip der jeweils geläufigen, zeitgenössischen Schreibung des Wortes verfahren und bei unterschiedlichen Benennungen für denselben musikalischen Sachverhalt der jeweiligen aktuellen Bezeichnung den Vorzug geben. Weitaus signifikanter ist allerdings der Unterschied in der Form der Erläuterung der Schlagwörter, da in einem Reallexikon in der Mehrzahl der Fälle die mit dem Stichwort bezeichnete oder gemeinte Sache oder Sachgeschichte zur Darstellung kommt, aber nicht − oder möglicherweise nur als vorgeschaltete ‚feststellende' Definition − die Bedeutung des Terminus.

3. Geschichtliche Stationen der deutschen musikalischen Fachlexikographie seit 1732

3.1. Vorgeschichte und Grundlegung der modernen Fachlexika

Die musikalische Lexikographie als eigenständiger Zweig des Musikschrifttums setzt in den ersten Jahren des 18. Jh.s ein und damit in einer Zeit, als

„allgemein das enzyklopädische Darstellen des Gesamtwissens auseinanderbrach in ein alphabetisches Anordnen von Wörtern und Sachen der Einzelgebiete und als speziell die überlieferte musikalische Begriffswelt in eine neue Auffassung der Musik und in den Beginn ihrer ‚Geschichte' hineingeriet" (Eggebrecht 1960, 688).

Ihre Vorgeschichte besitzt die Musiklexikographie in den antiken Glossarien zur Erklärung ungewöhnlicher Ausdrücke, in den mittelalterlichen Wortsammlungen (Vocabularien, Dictionarien, Alphabeta, Diffinitoria etc.), insbesondere in Johannes Tinctoris bedeutendem und in seiner Art bis ins 18. Jh. einzigartigen *Terminorum musicae diffinitorium* (Treviso 1495, geschrieben um 1472), sowie in der Gattung der alphabetisch geordneten Appendices zur Erklärung der aufkommenden neuen italienischen Fachausdrücke im 17. Jh.

Für die Musiklexikographie im eigentlichen Sinne, die mit Th. B. Janowkas lateinischem *Clavis ad Thesaurum magnae artis musicae* (Prag 1701), S. de Brossards *Dictionaire de musique* (Paris 1703, ²1705) und J. G. Walthers *Musicalischem Lexicon* (Leipzig 1732) anhebt, ist bezeichnend, daß sie die bisherige starke pädagogische Komponente in der reinen Worterklärung und -übersetzung des Fachwortschatzes zugunsten einer breiteren Darstellung zurücknimmt und insgesamt hinsichtlich Vollständigkeit der Lexik, inhaltlicher Tiefe und Ausführlichkeit neben die zeitgenössischen Musiktraktate tritt.

Janowkas 167 Artikel umfassendes Lexikon aus dem Jahre 1701 bildet in seiner Verbindung der bisher streng getrennten Gattungen des alphabetisch geordneten Diffinitoriums und des fortlaufenden Musiktraktats streng genommen eine Zwischenstation auf dem Weg zur modernen Lexikographie. In vielen Eintragungen, so auch in dem Artikel *musica*, der an die Definitionen von Boetius und Augustinus anknüpft, ist ein traditioneller Grundzug erkennbar.

Im Kontrast dazu erwuchs Brossards französisches *Dictionaire* 1703 aus der Erweiterung eines kleinen musikalischen Glossars, das Brossard 1695 einer Solomotettensammlung vorangestellt hatte. Unabhängig von Janowka entstand sein Lexikon aus der Absicht, das Glossar für eine zweite Auflage dieser Motetten zu erweitern. Dementsprechend sind «le premier objet, & la matiere principale» des *Dictionaire* die italienischen Termini und deren Wiedergabe durch französische Wörter, die wiederum in einer angehängten *Table Alphabétique des Termes Français* aufgeschlüsselt werden, so daß dieses Lexikon speziell für die Geschichte der französischen Musikterminologie von größter Bedeutung ist. Die fortschrittliche Grundhaltung in Brossards Nachschlagewerk ist an dem bewußten und systematischen Einschluß der neuen Affekt- und Tempobegriffe zu erkennen, die auf die Leitidee des «plus expressive» der zeitgenössischen «musique moderne» (seit Anfang des 17. Jh.s) verweisen und insbesondere auch den Bereich der «exécution» berücksichtigen. Dem eigentlichen *Dictionaire*, das sowohl Einzel- als auch Sammeleinträge enthält, sowie dem schon erwähnten Verzeichnis der französischen Termini, das durch Einbezug von «quelques Termes Grecs, Latins & Italiens» zugleich als Register angelegt ist, läßt Brossard noch eine Abhandlung *De la manière de bien prononcer les Mots Italiens* folgen und beschließt den Band mit einem 900 Namen umfassenden Verzeichnis derjenigen, «qui ont ecrit sur la Musique, en toutes sortes de Temps, de Pays, et de Langues». Dieser letzte Appendix verweist auf Brossards unausgeführtes Vorhaben eines bio-bibliographischen Lexikons, dessen Ausarbeitung den Anknüpfungspunkt für das erste deutschsprachige Wörterbuch — Walthers *Musicalisches Lexicon* — darstellt.

3.2. J. G. Walthers *Musicalisches Lexicon* (1732): das etymologische Fachwörterbuch des musikalischen Barock

Wie Janowkas und Brossards Lexika ist auch J. G. Walthers *Musicalisches Lexicon* (Leipzig 1732) vollgültige und für die Musikauffassung der Zeit aufschlußreiche Fachliteratur. Seine Bedeutung liegt weniger in der Tatsache, daß es sich um das erste deutschsprachige Musiklexikon handelt, noch auch darin, daß es das erste auch musikbiographische Nachschlagewerk überhaupt darstellt, sondern

„in erster Linie in seinen terminologischen Partien, im Nennen und Erklären von nahezu 3000 ,[in Griechischer, Lateinischer, Italiänischer und Frantzösischer Sprache] gebräuchliche[n] Musicalische[n] Kunst- oder sonst dahin gehörige[n] Wörter[n] [Walther 1732, Titelblatt]'" (Eggebrecht 1957b, 11).

Walther knüpft an Brossard an, der „nur die blosen Nahmen der *Musicorum theoreticorum* […] hingesetzet, ohne zu melden, wer sie gewesen, und was sie geschrieben". Dies habe ihn veranlaßt, „dasjenige, so noch fehlet, zu eigener Nachricht und Ergetzlichkeit […] aufzusuchen, und, so viel als möglich seyn wollen, beyzufügen" (Walther 1732, *Vorbericht*, f. 5). Zugleich aber zielt Walther auf eine umfassende Überarbeitung und Ergänzung der terminologischen Partien in Brossards Lexikon, „dessen sämtliche Articul, nebst noch andern, alhier in teutscher Erklährung, nach Möglichkeit, angebracht worden sind" (Walther 1732, Art. *Brossard*, 115a). Im Unterschied zu Brossard («Je me suis plus attaché aux choses qu'aux mots») verlagert Walther dabei das Schwergewicht von den Sachen auf die Wörter und eliminiert die starke Akzentsetzung auf die «musique moderne»: War es Brossards Absicht, mit seinem Lexikon in dem im damaligen Frankreich ausgetragenen ,Querelle des Anciens et des Modernes' Partei zu ergreifen für die zeitgenössische Musik im Sinne einer Abwertung der alten, so ist Walthers lexikalische Arbeit demgegenüber gekennzeichnet von der Musikanschauung des 16. und 17. Jh.s, die als noch voll aktuelle Vergangenheit von der Idee der Ars musica beherrscht wird:

„Dies ist das eigentliche Kennzeichen seines Diffinitoriums: es ist ein Sammelbecken der Musikwörter und Wortbedeutungen einer Zeit, an deren Ende es steht; von der Gegenwart des beginnenden 18. Jahrhunderts nur hin und wieder beleuchtet, ist es beheimatet im Überlieferten und noch unberührt von jenem radikalen Umbruch im Felde der Terminologie, da die *Ars musica* der *Theorie der Schönen Künste* überantwortet wurde" (Eggebrecht 1957b, 16).

Die andersgelagerte Ausrichtung in Walthers Lexikon löst Brossards lexikalische Anlage mit ihren subsumierenden Oberbegriffen in eine streng alphabetische Abfolge der Einträge auf. Zugleich wird in allen 2885 terminologischen Einträgen nach einer ausschließlich vom Wort her kommenden Blickrichtung verfahren. So wird nicht nur dasjenige mit einem eigenen Eintrag bedacht, was im strengen Sinne als eine Unter- oder Abart eines übergeordneten Terminus gelten kann (vgl. die Art. *Imitatione*, *Proportio*, *Psalmus*, *Tempo* oder gar *Musica* mit mehr als 50 weiteren separaten Einträgen). Auch unterschiedliche Wortformen, wie Singular, Plural, Maskulinum, Femininum, Steigerungen und Verkleinerungen werden berücksichtigt, sobald sie nur irgendeine Bedeutungsnuance anzeigen: beispielsweise

ὄργανα ἔμπευσα („blasende Instrumente"), ὄργανα ἔντατα („besaitete Instrumente"), *Organarius*

[...] („ein Orgelmacher"), *Organetto* („eine kleine Orgel"), *Organicus [...]* („ein Organist, Orgelspieler"), *Organiser* („musicalische Instrumente verfertigen"), *Organiste* („eine Orgel-Spielerin"), *Organistrum* („der Ort in der Kirche, wo die Orgel stehet"), *Organo* (Name eines Lautenisten), *Organœdus* („[...] einer der die Orgel spielt, und zugleich drein singet"), *Organopœus* („ein Orgelmacher"), *Organum [...], Organo [...], Orgue [...]* („eine Orgel"), *Organo di Campane* („ein Glocken-Spiel"), *Organo picciolo* („eine kleine Orgel"), und *Organorum moderator* („ein Organist") (Walther 1732, 452).

Hinzu treten unabhängige Einträge für äquivalente Wörter innerhalb der gleichen Sache, verschiedenartige Ausdrücke für denselben Begriff und Termini mit gleichem Präfix wie beispielsweise die 17 Stichwörter mit der Vorsilbe *semi*.

Auch Walthers Ausführungen zu den Einträgen gehen primär nicht von Realien, von Wortinhalten aus, und damit von Sachbegriffen, sondern von der Bedeutung, von Wortbegriffen. Die alphabetische Anordnung des Fachwortschatzes wird vom Wort her aufgeschlüsselt, und das bedeutet speziell in musikterminologischer Hinsicht, von dem ‚Namen', der Vokabel, die dem Terminus als Kunstwort zugrundeliegt. Als Beispiel sei die Erklärung des Stichworts *Allemanda, Allamanda (ital.), Allemande (gall.)* (27 f) erwähnt, in der Walther erst die wörtliche Übersetzung „Alle Mann" anführt, dann die Bedeutung „Teutsches Kling-Stück, oder vielmehr Schwäbisches Lied" anschließt, um daraufhin eine ausführliche Etymologie des Terminus von seinem vokabularen Sinn her folgen zu lassen, an deren Ende erst er den in Rede stehenden musikalischen Sachverhalt knapp erläutert. Dergestalt wird der gesamte musikalische Fachwortschatz der Zeit von Walther befragt: sei es die Frage nach der „Ursache von dieser Benennung" (*Psalmi graduales*, 501a), das Interesse an der „Derivation dieses Worts" (*Madrigale*, 376b), oder der Blick auf die „etymologische[n] allusiones" (*Pandura*, 461a), Walthers Erkenntnisinteresse ist geleitet von dem Bewußtsein einer strikten Trennung von musikalischem Sachverhalt und seiner Benennung. Zusätzlich fließen in seine Erklärungen immer wieder auch Beobachtungen zur Genese des Fachwortschatzes ein: eine musikalische Bedeutung entsteht „per Metaphoram" (*Mæander*, 376b), „per Antonnomasiam" (*Nota*, 445a) oder „ad imitationem" (*Complexio*, 177a) (weitere Beispiele siehe bei Eggebrecht 1957b, 15 f). Dies alles heißt aber auch, daß Walthers Lexikon immer wieder den inhaltlichen, sachgeschichtlichen Zusammenhang zerreißt, daß einzelne Artikel sich wiederholen und überschneiden. Es bedeutet allerdings auch, daß Walther beim deutschen Wort stehenbleibt, daß bis auf wenige Ausnahmen (es handelt sich um etwa 30 Stichwörter) die Bedeutung der deutschen Begriffswörter als bekannt vorausgesetzt wird. Zudem bleibt Walthers terminologisches Denken statisch: es kennt keine Geschichte, die zwischen den unterschiedlichen Stadien in der Bedeutung eines Terminus vermittelt und weiß nichts von den Vorgängen des Bedeutungswandels, von der zusammenhanglosen Bedeutung der Kunstwörter, die unabhängig voneinander von ihrer Grundbedeutung als Vokabel zum Terminus werden können.

Walthers Lexikon erfuhr keine weitere Auflage; die Fachlexikographie des 18. Jh.s knüpfte an seiner terminologischen Arbeit nicht an. Der Wandel in der Musikauffassung, der sich schlagwortartig als Übergang von der Ars musica zur Musik als Schönen Kunst beschreiben läßt, führte zu einer Ausrichtung der lexikographischen Arbeit auf die Zielgruppe der Liebhaber und Dilettanten. Eine vor allem um die etymologischen und terminologischen Partien gekürzte Ausgabe von Walthers Lexikon erschien 1737 unter dem Titel *Kurtzgefaßtes Musicalisches Lexicon* bei den Verlegern Stößel in Chemnitz.

3.3. J. G. Sulzers *Allgemeine Theorie der Schönen Künste* (1771−74)

Nach Walters *Lexicon* von 1732 erlosch das Interesse an der Etymologie der Fachbegriffe. Im weiteren Verlauf entstand und etablierte sich das sog. „Liebhaber"-Lexikon, das dem anwachsenden Interesse breiter Gesellschaftskreise nach Kenntnis und Verstehen der musikalischen Fachwörter nachkommen wollte. Bis in das 19. Jh. blieb es terminologisch orientiert, stellte zumeist eine Kürzung oder Kompilation anderer Wörterbücher dar und war, wenn selbständig, so doch aus Rücksicht auf die Käuferschicht von geringem Umfang. Hierzu zählen das schon erwähnte *Kurtzgefaßte Musicalische Lexicon* von 1737, das selbständige, doch dilettantische *Musikalische Handwörterbuch* von J. G. Wilke aus dem Jahre 1786 mit über 400 terminologischen Eintragungen und G. W. Wolfs *Kurzgefaßtes Musikalisches Lexikon* (Weimar 1782, ^{2}1792, ^{3}1806), welches über 500 Fachwörter erläutert. Eine weitere Tendenz auch und gerade in der deutschen Fachlexikographie der

Zeit war neben der Eingliederung der fremdsprachigen Termini in die Nationalsprache die Eindeutschung der Fachwörter. Dies wird auch deutlich in der für die zweite Hälfte des 18. Jh.s bedeutenden und neben J.-J. Rousseaus *Dictionaire de Musique* (Paris 1786) einflußreichen *Allgemeinen Theorie der Schönen Künste.* Unter der Herausgabe von J. G. Sulzer erschien dieses als Nachschlagewerk angelegte Kompendium in den Jahren 1771—74 und wuchs in der zweiten, vermehrten Auflage 1792—94 auf vier Bände an. Nach dem Vorbild von M. Lacombes *Dictionaire portatif des beaux arts* (Paris 1753) versuchten Sulzer und seine Mitarbeiter, eine Übertragung allgemeiner Kunstbegriffe auf die Einzelkünste. In den von Sulzer sowie den Komponisten J. Ph. Kirnberger und J. A. P. Schulz verfaßten 243 Artikeln zur Musik spiegelt sich der seit der Jahrhundertmitte und der Herausbildung der Ästhetik als eigenständiger philosophischer Disziplin selbstverständlich gewordene Einbezug der Musik in das System der Schönen Künste. Das bedeutet, daß nicht nur die Mehrzahl der musikbezogenen Einträge unter dem Blickwinkel der damaligen Kunstauffassungen geschrieben ist, sondern daß auch in denjenigen Beiträgen, die explizit auf die „Schönen Künste" insgesamt bezogen werden — zu nennen wären beispielsweise die Artikel *Ausdruck, Empfinden, Ernsthaft, Kunstgriff, Leidenschaft* und *Wahrheit* — die Musik als eine Kunstform neben anderen mitgemeint und abgehandelt ist. Zu den grundlegenden musiktheoretischen Fachbegriffen tritt dergestalt eine Schicht von Wörtern musikästhetischer und vereinzelt -soziologischer Herkunft (wie beispielsweise *Cammermusik*; vgl. auch dieses Stichwort in Walthers Lexikon 1732), die jedoch wie alle Ausdrücke insgesamt nicht vom Wort her erläutert werden. Die von Sulzer eigens betonte Eindeutschung gewisser Schlagwörter als Umwandlung von „fremden" in „eigentliche Wörter", wie „Accompagnement" zu *Begleitung,* „Comes" zu *Gefährte,* „Contretems" zu *Verzögerung* etc. machte in einigen Fällen eine Erläuterung der Bedeutung von vornherein überflüssig. Aber der konnotative Charakter dieser neuen und im weitesten Sinne ästhetisch fundierten Ausdrücke, zu denen noch die seit dem 17. Jh. stark angewachsene Zahl der vorwiegend italienischen Tempoangaben und Interpretationsanweisungen hinzukommt, verhinderte in der Mehrzahl der Begriffsbildungen mangels eines konkreten Bezugsobjekts auch die Möglichkeit der Sacherklärung. Als Reaktion bilden sich die an die Wortübersetzung anknüpfenden interpretierenden und essayistischen Darstellungen heraus, die vor allem in den Fachartikeln der Enzyklopädien des 19. Jh.s dominieren.

Ein weitgehend selbständiges, mit Sulzers Nachschlagewerk vergleichbares Werk stellt noch das zweibändige *Aesthetische Lexikon* von I. Jeitteles (Wien 1835 und 1837) dar, dessen musikalische Artikel von Freiherr von Lannoy stammen.

3.4. H. Chr. Kochs *Musikalisches Lexikon* (1802): das Begriffssystem der musikalischen Klassik

H. Chr. Kochs *Musikalisches Lexikon* (Frankfurt a. M. 1802) kann neben Walthers Lexikon von 1732, dessen „technischer Inhalt [...] durch die starken Fortschritte, welche [...] die Tonkunst gemacht hat, ganz unvollständig geworden [ist]" (Koch 1802, VII), als eines der bedeutendsten historischen Sachlexika der Musik gelten. Sowohl was die Genauigkeit seiner Information angeht als auch vom Umfang des erfaßten Fachwortschatzes her nimmt es einen der obersten Plätze in der Fachlexikographie nicht nur der deutschen Sprache ein. Der Rang dieses Werkes, das laut Titelblatt „die theoretische und praktische Tonkunst, encyclopädisch bearbeitet, alle alten und neuen Kunstwörter erklärt und die alten und neuen Instrumente beschrieben, enthält", resultiert vor allem aus der Verzeichnung und Erklärung der für die Kompositionslehre seiner Zeit wichtigen Termini. Im Anschluß an seinen hochgelobten *Versuch einer Anleitung zur Composition* (1782—93) liefert Kochs Lexikon „ein hochqualifiziertes Begriffssystem zumal der vor- und frühklassischen Musik- und Satzlehre" (Eggebrecht 1967, 516a). Insbesondere in den Einträgen *Absatz, Abschnitt, Cäsur, Einschnitt, Hauptsatz, Periodenbau* und *Satz* — Begriffswörter, die ihre Herkunft in den für die Musik des 18. Jh.s zentralen Denkformen der Grammatik und Rhetorik nicht verleugnen —, gelingt Koch ein geschlossenes System der Begriffsbildung, das auf einem gleichermaßen geschlossenen System der Kompositionslehre fußt. Obwohl die Einflüsse von Rousseau und Sulzer keineswegs zu unterschätzen sind — Koch zitiert extensiv aus ihren Nachschlagewerken — und die Vorrede zahlreiche lexikographische und musikhistorische Arbeiten anführt (neben den erwähnten Schriften Rousseaus und Sulzers sind insbesondere Werke von Forkel, Tinctoris, Bonanini und

Praetorius genannt), ist Kochs Arbeit nicht nur in den Partien der auf die musikalische Komposition bezogenen Fachwörter selbständig und originell. Aufgrund seiner schon von den Zeitgenossen erkannten Qualität war Kochs Lexikon von größtem Einfluß auf die Nachschlagewerke des 19. Jh.s. Denn bei der Darstellung der lehrbaren Gegenstände der Tonkunst berücksichtigt Koch auch die ästhetischen Gesichtspunkte, wie sie in seiner Zeit mit den Begriffen „Kunstgefühl", „Geschmack" und „Genie" angesprochen wurden und wie sie als „Philosophie des Schönen der Tonkunst" seinem Verständnis nach zur „Theorie der Tonkunst" (Art. *Musik*) gehören. Und auch der Anknüpfungspunkt an der für das 18. Jh. einflußreichen Analogie von Sprache und Musik hindert Koch keineswegs, bei der für dieses Denken maßgeblichen Vokalmusik als obersten Spezies der Musik stehenzubleiben. Ganz im Gegenteil wendet er sein begriffliches System auch schon auf die im 19. Jh. den ersten Rang einnehmende sog. reine Instrumentalmusik an.

Bis 1882, bis zu dem im folgenden Abschnitt 3.5. behandelten *Musik-Lexikon* von H. Riemann, der ausdrücklich Kochs Arbeit als ein „verdientliches Werk" würdigte, erschien im 19. Jh. kaum ein Werk, das sich mit dem von Koch gesetzten und erfüllten Anspruch messen lassen kann. Zwar erfuhr gerade die Sach- und Personenlexikographie einen immensen quantitativen Aufschwung und wurde in Reaktion auf das breite Bedürfnis der bürgerlichen Schichten nach musikalischer Aufklärung zu einem der wichtigsten Zweige des musikalischen Schrifttums. Doch richtete sich die Hauptaufgabe der Lexikographen nicht mehr in dem gleichen Maße wie bei Koch auf die Lehre von der Tonsetzkunst oder die Kompositionslehre, wie es zunehmend genannt wurde. Die für Kochs Lexikon so bedeutsame Situation, daß

„die vielseitigen Anforderungen, welche die so verschiedenen Klassen der Leser, die sich eines solchen Kunstwörterbuches bedienen, an dasselbe machen, und der Umstand, daß bey Anfängern der Kunst, so wie auch bey vielen Tonkünstlern, die sich bloß der praktischen Tonkunst gewidmet haben, sehr oft ein Werk dieser Art die ganze musikalische Bibliothek abgeben muß" (Koch 1802, VIII),

fiel für die Lexikographie des 19. Jh.s nicht mehr ins Gewicht. Die Diversifizierung und Verbreitung des musikalischen Schrifttums brachten es mit sich, daß die ausführlichen und zusammenhängenden Erläuterungen mu-

siktheoretischer und kompositionstechnischer Fachbegriffe in speziellen Musik- und Kompositionslehren abgehandelt wurden und die Einträge der Nachschlagewerke ganz auf die Zielgruppe des gebildeten Bürgertums abgestimmt sein konnten.

Im Anschluß an Kochs gekürzte Fassung seines Lexikons, die unter dem Titel *Kurzgefaßtes Handwörterbuch der Musik für praktische Tonkünstler und für Dilettanten* 1807 in Leipzig erschien (eine zweite überarbeitete Auflage von Kochs Lexikon veröffentlichte 1865 A. von Dommer), entstanden zahlreiche und überwiegend einbändige Wörterbücher von unterschiedlichem, doch selten vergleichbarem Wert. Einige seien kursorisch angeführt:

– J. E. Häuser, *Musikalisches Lexicon oder Erklärung und Verdeutschung aller in der Musik vorkommenden Ausdrücke, Benennungen und Fremdwörter, mit Bezeichnung der Aussprache* (und wenigen sowie kurzen Personeneinträgen), Meissen 1828, ²1833;
– J. D. Andersch, *Musikalisches Woerterbuch*, Berlin 1829;
– G. Schilling, *Musikalisches Handwörterbuch*, Stuttgart 1830;
– J. A. Chr. Burkhard, *Neuestes vollständiges musikalisches Wörterbuch, enthaltend die Erklärung aller in der Musik vorkommenden Ausdrücke*, Ulm 1832;
– C. Gollmick, *Kritische Terminologie für Musiker und Musikfreunde*, Frankfurt a. M. 1833;
– G. Schilling, *Der musikalische Sprachmeister*, Tübingen 1840;
– F. Riewe, *Handwörterbuch der Tonkunst, sachlich und biographisch*, Teil I: *Sachliches*, Gütersloh 1879.

Das zumeist einbändige und terminologisch ausgerichtete Wörterbuch wurde jedoch seit den 1830er Jahren verdrängt durch die überwiegend mehrbändigen Universallexika, den Enzyklopädien mit Personen- und Sacheinträgen, die dem im 19. Jh. rapide anwachsenden musikalischen Fachwissen und den biographischen Informationsmengen nachzukommen bemüht waren. Hierzu zählen insbesondere

– das von A. Gathy redigierte einbändige *Musikalische Conversations-Lexicon, Encyclopädie der gesammten Musik-Wissenschafft* (Leipzig, Hamburg und Itzehoe 1835);
– die von G. Schilling herausgegebene *Encyclopädie der gesammten musikalischen Wissenschaften, oder Universal-Lexikon der Tonkunst* (6 Bände, Stuttgart 1835–1838, Supplement-Band 1842; davon abhängig das einbändige *Universal-Lexikon der Tonkunst* von F. S. Gaßner, Stuttgart 1849);

– das von J. Schladebach und später von E. Bernsdorf geleitete *Neue Universal-Lexikon der Tonkunst* (3 Bände, Dresden 1856–61)
– und H. Mendels und A. Reissmans *Musikalisches Conversations-Lexikon* (11 Bände, Berlin 1870–1883, Ergänzungsband 1883).

Im 19. Jh. entstand neben dem Typus der vielbändigen Enzyklopädie auch die Form des Speziallexikons, das zum Teil für den Laien gedacht war, zum Teil aber auch hohe wissenschaftliche Ansprüche befriedigen sollte. Als eines der ersten Wörterbücher mit einer spezialisierten Lexik darf wohl Fr. von Driebergs *Wörterbuch der griechischen Musik* (Berlin 1835) gelten.

3.5. H. Riemanns *Musik-Lexikon* (1882)

Die im späten 19. Jh. unter der Bezeichnung *Musikwissenschaft* an den Universitäten institutionalisierte Disziplin, die alle bisherigen auf die theoretische Beschäftigung mit der Musik gerichteten Aktivitäten zusammenfassen sollte, brachte auch einen neuen und einflußreichen Typus des musikalischen Lexikons hervor: das 1882 in Leipzig erstmals erschienene *Musik-Lexikon* des bedeutenden Musikforschers Hugo Riemann. Dieses Sach- und Personenartikel umfassende einbändige Nachschlagewerk, das als Standardwerk des deutschen Musikschrifttums gelten darf, ist geprägt durch die umfangreiche musikgeschichtliche Arbeit ihres Verfassers. Die eigenständige Konzeption beruht auf der konzisen Darstellung des aktuellen musikalischen Wissens durch einen einzigen Autor sowie auf der Verbindung von musikgeschichtlicher Erkenntnis und systematischem Wissenschaftsbegriff, so daß dieses Nachschlagewerk als lexikalisches Pendant zu dem Aufriß und Entwurf der von Riemann maßgeblich geprägten akademischen Musikwissenschaft zu sehen ist. Doch Riemann wollte mit diesem Werk durchaus nicht nur das Fachpublikum ansprechen; er zielte mit seiner lexikalischen Tätigkeit zugleich auf eine Vermittlungsform, die hochqualifizierte wissenschaftliche Information auch für den praktischen Musiker und den gebildeten Laien verfügbar werden ließ. Nach seinen Vorstellungen sollte die alphabetische Anordnung der wissenschaftlichen Ergebnisse aus erster Hand unterstützt werden durch eine allgemein zugängliche Darstellungsweise, und das bedeutete für Riemann, die musikwissenschaftliche Forschung insgesamt in ihren Ergebnissen gleichsam öffentlich nachvollziehbar und verständlich zu machen.

Der Erfolg des Lexikons ist nicht zuletzt ablesbar daran, daß es zwölf Auflagen erfuhr, von denen noch die achte Auflage (1916) von Riemann abgeschlossen wurde. Der seitdem bis in die gegenwärtig letzte, die zwölfte Auflage beibehaltene Titel *Riemann Musiklexikon* akzentuiert, daß auch sämtliche auf Riemann folgende Herausgeber den Grundgedanken seiner Arbeit bewußt bewahrt wissen wollten und ihn zum Anknüpfungspunkt und Maßstab für die jeweils notwendige Aktualisierung genommen haben. Die zwölfte Auflage, in der erstmals Personen- und Sachartikel bandweise getrennt erschienen sind, wurde von W. Gurlitt (zwei Bände *Personenteil*, Mainz 1959 und 1961), H. H. Eggebrecht (*Sachteil*, Mainz 1967) und C. Dahlhaus (zwei Bände mit Ergänzungen zum Personenteil, Mainz 1972 und 1975) herausgegeben und ist ebenfalls zum Standardwerk der Musikwissenschaft geworden. In den *Sachteil*, der zahlreiche neue und auf die gegenwärtige Situation der Musikwissenschaft und des Musiklebens bezogene Schlagwörter enthält, sind außerdem noch die umfangreichen Vorarbeiten zu dem in 3.7. behandelten *Handwörterbuch der musikalischen Terminologie* eingegangen.

3.6. *Die Musik in Geschichte und Gegenwart* (1949–1987)

Die von Friedrich Blume in jahrzehntelanger Arbeit herausgegebene Enzyklopädie *Die Musik in Geschichte und Gegenwart* (MGG) erschien von 1949 bis 1968 in 14 Bänden mit 9414 Artikeln, zu denen in den 1970er Jahren noch zwei Supplementbände mit 2874 Einträgen sowie 1986 ein Registerband hinzutraten. Dieses bedeutende Werk, das ab 1994 unter der Herausgeberschaft von Ludwig Finscher bändeweise in zweiter, neubearbeiteter Auflage erscheint, läßt sich nicht mehr als Fachwörterbuch im geläufigen Sinne des Wortes ansprechen. Die bewußt utopisch formulierte Leitidee, die „Gesamtheit des musikalischen Wissens" (Blume 1951) zu erfassen, wurde vor allem in den Sachartikeln nicht mehr anhand von ausführlichen Worterklärungen bewerkstelligt; an Stelle des vom Fachwort ausgehenden bedeutungs- oder bezeichnungsgeschichtlichen Eintrags ist hier in vielen Fällen die Darstellung eines zusammenhängenden Sachgebietes getreten, das im Rahmen von stellenweise umfangreichen Monographien behandelt wird. Zahlreiche Schlagwörter der Sachartikel orientieren sich aus diesem Grunde nicht mehr primär an der fachsprachlichen Begrifflichkeit, sondern an übergeordneten Kategorien, die der Systematik des Faches entspringen und die einen thematischen Hintergrund bilden, vor dem unterschiedliche Herangehens- und Darstellungsweisen beliebig akzentuiert und verknüpft werden können.

3.7. Das *Handwörterbuch der musikalischen Terminologie* (1972 ff)

Das von Hans Heinrich Eggebrecht herausgegebene und seit 1972 in ein bis zwei Loseblattlieferungen pro Jahr erscheinende *Handwörterbuch der musikalischen Terminologie* — bis Frühjahr 1998 waren 26 Auslieferungen mit 170 Monographien in 5 Ordnern erschienen — beruht auf Vorarbeiten und Planungen, die in den 1950er Jahren einsetzen. Es war Willibald Gurlitt, der — anknüpfend an Erich Rothackers Plan eines *Begriffsgeschichtlichen Wörterbuchs der Philosophie* — 1950 erstmals begann, ein musikterminologisches Wörterbuch zu konzipieren. Der Leitgedanke, der hinter diesem für die Fachsprachenforschung hochbedeutsamen Nachschlagewerk steht, ist die Überzeugung, daß die musikalischen Fachwörter im Denken und Sprechen über Musik von jeher eine wesentliche Rolle spielen. Das Wissen um Bedeutung, Bezeichnungsgehalt und Verwendungsweise der Fachwörter in Vergangenheit und Gegenwart erweist sich von daher als unumgänglich zum Verständnis der abendländischen Musik.

„Was die musikalische Terminologie der Vergangenheit betrifft, so hängt die Entscheidung über die Richtigkeit des Verstehens und Gebrauchens musikalischer Fachwörter objektiv ab von der Kenntnis ihres einst intendierten Bezeichnungsgehalts, ihres historisch jeweiligen Bedeutens. Diese Jeweiligkeit des Bedeutens der musikalischen Termini will das Handwörterbuch aufschlüsseln, indem es den musikalischen Gebrauch der Wörter nennt, datiert und belegt und dabei so chronologisch und geschichtlich verfährt, wie die Wortverwendungen zeitlich aufeinanderfolgen und geschichtlich zusammenhängen. Insofern versteht sich musikalische Terminologie als Wissenschaft von der Bedeutungsgeschichte musikalischer Fachwörter.

Aber auch in bezug auf die musikalische Fachsprache der Gegenwart liegt die Entscheidung über die Richtigkeit des Verstehens und Verwendens der überkommenen oder neu entstandenen Termini nicht im definitorischen Belieben des einzelnen oder dieser Gegenwart, sondern die musikalischen Fachwörter bringen aus ihren Entstehungsprozessen und ihrer Geschichte Bedeutungen, Bezeichnungsgehalte, Sinnintentionen mit, so daß ihnen die willkürliche Verwendung ebenso inadäquat ist wie die dogmatische Definition und sie darüber hinaus bei unreflektiertem Gebrauch das Denken und Sprechen über Musik nicht nur verwirren, sondern auch unbewußt beeinflussen. Der Willkür und dem Dogmatismus, der Verwirrung und der unreflektierten Präfixierung des Denkens beim Gebrauch musikalischer Wörter will das Handwörterbuch durch die Aufdeckung ihrer Herkunft und Bedeutungsgeschichte entgegenwirken" (Eggebrecht, *Vorwort*, 1).

Wesentlich für das *Handwörterbuch der musikalischen Terminologie* ist die Überzeugung, daß die Ausprägung musikalischer Termini aufgrund des ihnen zugrundeliegenden Wortes Aufschlüsse über den Begreifensprozeß zuläßt, daß die Zuordnung von Terminus und Sachverhalt keine beliebige ist, sondern mit der ursprünglichen vor- oder außermusikalischen vokabularen Verwendungsweise des zum Terminus gewordenen Wortes in Verbindung steht. Diese in der Entstehungsgeschichte und im Gebrauch des Terminus aufscheinende und wissenschaftlich erfaßbare Begriffsweise ist es, welche die musikalische Terminologie zu einem „Verstehensinstrument für Sachen und Sachverhalte in ihrem geschichtlichen Sein und Gelten" (Eggebrecht, *Vorwort*, 1) macht und sie in eine Begriffsgeschichte überführt.

4. Literatur (in Auswahl)

Bandur 1997 = Markus Bandur: Musiklexika. In: Die Musik in Geschichte und Gegenwart, 2., neubearb. Aufl. Hrsg. v. Ludwig Finscher, Bd. 6. Kassel. Basel. London. New York. Prag. Stuttgart und Weimar 1997, 1390−1421.

Coover 1971 = James Coover: Music Lexicography. Including a Study of Lacunae in Music Lexicography and a Bibliography of Music Dictionaries. 3. Aufl. Carlisle 1971.

Coover 1980 = James Coover: Dictionaries and encyclopaedias of music. In: The New Grove Dictionary of Music and Musicians. Hrsg. v. Stanley Sadie. Bd. 5. London 1980, 430−459.

Eggebrecht [1955] ²1968 = Hans Heinrich Eggebrecht: Studien zur musikalischen Terminologie. Wiesbaden 1955 (Akademie der Wissenschaften und der Literatur [zu Mainz]. Abhandlungen der geistes- und sozialwissenschaftlichen Klasse, 1955. 10). [2. Aufl. 1968].

Eggebrecht 1957a = Hans Heinrich Eggebrecht: Ein Musiklexikon von Christoph Demantius. In: Die Musikforschung 10.1957, 48−60.

Eggebrecht 1957b = Hans Heinrich Eggebrecht: Walthers Musikalisches Lexikon in seinen Terminologischen Partien. In: Acta Musicologica 29.1957, 10−27.

Eggebrecht 1960 = Hans Heinrich Eggebrecht: Lexika der Musik. In: Die Musik in Geschichte und Gegenwart. Hrsg. v. Friedrich Blume. Bd. 8. Kassel. Basel. London und New York 1960, 685–699.

Eggebrecht 1967 = Hans Heinrich Eggebrecht: Lexika. In: Riemann Musiklexikon. Sachteil der 12. Aufl. Mainz 1967, 515–519.

Markus Bandur, Freiburg i. Br.

212. Die Fachlexikographie der Pädagogik/Erziehungswissenschaft: eine Übersicht

1. Zur Geschichte
2. Sonderentwicklungen in der DDR
3. Zur Typologie pädagogischer/ erziehungswissenschaftlicher Nachschlagewerke ab 1945
4. Literatur (in Auswahl)

1. Zur Geschichte

Seit über 150 Jahren besteht in der deutschen Pädagogik eine erhebliche Nachfrage hinsichtlich gesicherter Information und verbindlicher Terminologie, vor allem für die Berufsgruppe der Lehrer. Bis 1900 waren — ohne die zahlreichen Nachauflagen — mindestens 13 Lexika bzw. alphabetisch geordnete enzyklopädische Handbücher erschienen (4 einbändige, 5 zweibändige, 1 dreibändiges, 1 vier- bzw. — durch einen Ergänzungsband — später fünfbändiges, 1 sieben- sowie 1 elfbzw. — in 2. Aufl. zehnbändiges — vgl. Übersicht 212.1). Ihr Quellenwert für die historische Begriffsforschung ist beträchtlich, dies insbesondere wegen weltanschaulicher (konfessioneller, nationaler u. a.) Orientierungen (vgl. Art. 145). Da auch Geistliche als Schulinspektoren auf regionaler Ebene Kontrollfunktionen wahrnehmen, behielten die Kirchen trotz staatlicher Schulaufsicht Einfluß auf die Lehrerbildung und den Unterricht. Dieses wird auch darin deutlich, daß bis in die 70er Jahre des 20. Jh.s immer noch weltanschaulich gebundene Nachschlagewerke des Faches erschienen. — Wissenschaftlichen Ansprüchen entsprechen im 19. Jh. am ehesten Schmid (vgl. 1859–1878) bzw. Schmid/ Schrader (vgl. 1876–1887) sowie Rein (vgl. 1895–1899).

Von 1900 bis 1933 werden fünf neue allgemeinpädagogische Nachschlagewerke publiziert sowie die ersten Spezialwörterbücher der Pädagogik überhaupt (vgl. die Übersichten 212.1 u. 212.2). Unter den kleineren Werken dieser Zeit muß das „Pädagogische Wörterbuch" von Wilhelm Hehlmann aus historischen Gründen hervorgehoben werden, das 1931 erstmals mit 230 S. erschien (vgl. Hehlmann 1931), bis 1971 vermehrt und aktualisiert wurde, insgesamt elf Auflagen erlebte und seit 1982 von Winfried Böhm — völlig neu erarbeitet — fortgeführt wird (vgl. Böhm 1982, 1988, 1994). Die in der nationalsozialistischen Zeit veröffentlichten 2. und 3. Auflagen des „Hehlmann" — andere pädagogische Fachlexika erschienen in dieser Zeit nicht — zeigen die Anpassungsbereitschaft und -fähigkeit des Autors bzw. der Terminologie. Nach dem Zweiten Weltkrieg knüpfte Hehlmanns *Wörterbuch der Pädagogik* — wie ein Stichwörtervergleich zeigt — wieder an die Erstausgabe von 1931 an (vgl. Hehlmann 1931, 1953). Auch für spätere Auflagen wurde ihm der Vorwurf der Unausgewogenheit gemacht (vgl. Hossbach 1968). An den verschiedenen Ausgaben dieses Wörterbuches kann die Bedeutungsgeschichte pädagogischer bzw. erziehungswissenschaftlicher Begriffe und deren Konjunkturen gut untersucht werden.

Nach 1945 erschienen in den 50er und 60er Jahren neue ein- bis fünfbändige Lexika der Pädagogik. Abgesehen von der schon erwähnten konfessionellen Bindung bei einigen Werken wird das Bemühen deutlich, die Begrifflichkeit der Pädagogik zu stabilisieren und zu differenzieren. Hervorzuheben aus diesem Zeitabschnitt sind ein schweizerisches Werk (Kleinert 1950–1952) und eine deutschösterreichische Koproduktion (Haase/Schneider 1952–1955, Ergänzungsband: Haase/ Schneider 1964). Ab Mitte der 60er Jahre begann unter dem Einfluß der US-amerikanischen empirisch-analytisch orientierten „educational studies" ein Wandel der vormals geisteswissenschaftlichen Pädagogik in eine sozialwissenschaftlich akzentuierte Erziehungswissenschaft. In der Folge des sog. Sputnikschocks unternahm die Bundesrepublik Deutschland große Anstrengungen bei der Reform des Bildungswesens, während der das Fach Erziehungswissenschaft an den Hochschulen expandierte. In Anlehnung an andere Sozialwissenschaften übernahmen Teile der Erziehungswissenschaft deren methodische Ansätze, und zwar sowohl die erfahrungswissenschaftlichen als auch die „emanzipatorisch-kritischen". — Dementsprechend wurden in den 70er Jahren neue Lexika (vgl. z. B. Rombach 1970; Groothoff/ Stallmann 1971) publiziert, teils aus empirischer (vgl. Hornay/Ruppert/Schultze 1970), teils dezidiert aus kritisch-emanzipatorischer Perspektive (vgl. Rauch/Anziger 1972, 1973; Groothoff 1973; Wulf 1974), sowie zahlreiche kleinere Spezialwörterbücher, etwa zur kybernetischen Pädagogik, Schulpädagogik, Berufs- und Arbeitspädagogik, Sozialpädagogik, Vorschul- resp. Sexualerziehung (vgl. 3.5. und die Übersicht 212.2).

Das jüngste und zugleich umfassendste Nachschlagewerk ist die zwölfbändige *Enzyklopädie Erziehungswissenschaft* (Lenzen 1982—1986; Taschenbuchreprint: 1995). Ziel war es, das in der Bildungsreformperiode zwischen 1965 und 1975 akkumulierte Wissen in einer neuen Konzeption zu dokumentieren. Jeder der thematischen Bände der „EE" enthält einen systematisch geordneten Handbuchteil, dessen (insges. 173) Beiträge Teilgebiete der Erziehungswissenschaft bzw. Problemfelder darstellen. Dem Handbuchteil jedes Bandes folgt ein alphabetisch geordneter Lexikonteil, der die für den betreffenden Band relevanten Stichwortartikel umfaßt (insges. 702 Lexikonbeiträge, fast 8.000 Seiten Gesamtumfang). Die Bände 1—5 erläutern Sachverhalte, Probleme und Begriffe, die alle Felder der Erziehungswissenschaft gemeinsam betreffen; die Bände 6—11 weisen auf Sachverhalte, Probleme und Begriffe hin, die sich auf die einzelnen Abschnitte des pädagogischen Prozesses von der Erziehung in früher Kindheit bis zur Hochschule oder Erwachsenenbildung beziehen. Alle Bände haben ein umfangreiches Sach- sowie Namenregister. Der Gesamtregisterband erschließt noch einmal das komplette Werk über sämtliche in der Enzyklopädie vorkommenden Begriffe und Eigennamen (ca. 10.000 Sachbegriffe und 20.000 Namen — Editionsbericht: vgl. Lenzen 1989b).

Ab 1990 sind bisher lediglich 5 kleinere, einbändige Fachlexika bzw. Definitionswörterbücher erschienen (vgl. Schröder 1992; Keller/Novak 1993; Böhm 1994; Köck/Ott 1994; Schaub/Zenke 1995). Hiervon ist das Definitionswörterbuch von Köck/Ott das lexikalisch umfangreichste.

2. Sonderentwicklungen in der DDR

Nach der Aufteilung Deutschlands in Besatzungszonen und der Gründung der DDR kam es — in starker Anlehnung an die sowjetische Pädagogik und Psychologie und auf der Grundlage des Historischen Materialismus zu einer Sonderentwicklung pädagogischer Terminologie in der DDR, die sich auch in ihren Nachschlagewerken aufzeigen läßt. So erschien 1960 die *Kleine pädagogische Enzyklopädie* (vgl. Frankiewicz u. a. 1960), die 1963 als vermehrte zweibändige Ausgabe 509 Artikel aufwies (vgl. Frankiewicz u. a. 1963). Das *Pädagogische Wörterbuch* (Laabs u. a. 1987) umfaßt 1.165 Stichwörter und versteht sich — in Absetzung von der bürgerlichen Pädagogik „der BRD" — „als Nachschlagewerk der marxistisch-leninistischen pädagogischen Wissenschaften". In der Bundesrepublik selbst erschien 1974 ein *Wörterbuch der DDR-Pädagogik* von J. Niermann (vgl. 1974), der sich als Autor eingehend mit dem Bildungswesen und der Pädagogik der DDR beschäftigte.

3. Zur Typologie pädagogischer/ erziehungswissenschaftlicher Nachschlagewerke ab 1945

In die Untersuchung einbezogen wurden keine Lexika, die sich ausschließlich an Eltern und/oder Jugendliche wenden. In Anlehnung an die Merkmalsbeschreibungen bei Hausmann 1985 lassen sich die pädagogischen/erziehungswissenschaftlichen Nachschlagewerke, allerdings nicht immer ganz trennscharf, typisieren in

3.1. Fachlexika

Diese informieren — in der Regel ausführlich und in zahlreichen Stichwörtern — vor allem *sachlich* über theoretische und methodische Begriffe, über pädagogische Prozesse und Tätigkeiten, über erzieherische Phänomene, über Institutionen und Institutionsformen, z. B. Schulformen oder das Schulwesen einzelner Länder sowie z. T. über Pädagogen.

Vgl. z. B. die Werke: Kleinert 1950—1952; Haase/ Schneider 1952—1955 [Ergänzungsbd.: 1964]; Hehlmann 1953 — 11. Aufl. 1971; Groothoff/Stallmann 1961 — 5. Aufl. 1971; Hornay/Ruppert/ Schultze 1970; Rombach 1970, 1977; Lenzen 1982—1986 [Taschenbuchreprint: 1995]; Böhm 12. Aufl. 1982 — 14. Aufl. 1994.

3.2. Grundwortschätze

Grundwortschätze beschäftigen sich mit den für besonders wichtig gehaltenen Begriffen der Erziehungswissenschaft/Pädagogik. Ihre Artikel stellen — auch in historischer Perspektive — eher Abstracta dar, gelegentlich auch die für den jeweiligen Gegenstand verwendeten Wörter und deren Etymologie. Damit wird z. T. ein besonderer Beitrag geleistet zur Terminologie des Faches. Oft wurde dadurch versucht, ein System der Pädagogik zu konstruieren oder wenigstens „einheimische Begriffe" zu etablieren, ein Unternehmen, das angesichts der hohen Interdisziplinarität der Pädagogik/Erziehungswissenschaft (vgl. Heid 1989) ein vergeblicher Versuch geblieben ist. Zu der Kategorie der Grundwortschätze gehören u. E.:

Dolch 1952 — 8. Aufl. 1971 [Nachfolger: Ipfling 1974]; Groothoff 1964; Speck/Wehle 1970; Zöpfl u. a. 1970 — 7. Aufl. 1976; Groothoff 1973; Wulf 1974 — 7. Aufl. 1989; Roth 1976; Maier 1978; Lenzen 1989a.

3.3. Definitionswörterbücher

In den Definitionswörterbüchern werden Gegenstände sprachlich kurz erläutert und oft explizit definiert. Andere Auffassungen und z. T. dem Genannten widersprechende Definitionen werden nicht dargelegt oder problematisiert. Als Nachschlagewerke der Pädagogik/Erziehungswissenschaft gehören dazu:

Weigl u. a. 1952; Schorb o. J. [1968]; Kaluza 1976; Köck/Ott 1976 — 5. Aufl. 1994; Meyers kleines Lexikon Pädagogik 1988.

3.4. Sprachwörterbücher/Glossare

Bisher gibt es nur drei Sprachwörterbücher zu Teildisziplinen der Pädagogik, und zwar für die Sonderpädagogik (vgl. Reinartz/Masendorf 1975) und für die Sozialarbeit/Sozialpädagogik (vgl. Deutscher Verein ... 1988a, 1988b). Darüber hinaus erschienen vier Bände des *Handbuch der Internationalen Rechts- und Verwaltungssprache*, die das Vokabular für den Bereich „Bildungswesen" bzw. den des „Schul- und Hochschulwesens" bereitstellen. Glossare mit Übersetzungen deutschsprachiger Termini in andere Sprachen (welche, s. Übersichten 212.1 u. 212.2) sind in folgenden Werken zu finden:

Dolch 3. Aufl. 1960 — 8. Aufl. 1971; Englert u. a. 1966; Frank/Hollenbach 1973; Ipfling 1974; Nölker/Schoenfeldt 1985; Roth 1976; Schaub/Zenke 1995.

3.5. Spezialwörterbücher

In diesen Wörterbüchern werden die Wortschätze für Teilbereiche der Pädagogik bereitgestellt bzw. für die sich ausdifferenzierenden Subdisziplinen, Fachrichtungen und Praxisfelder der Pädagogik/Erziehungswissenschaft (vgl. auch die chronologische Auflistung in Übersicht 212.2). Die Übersicht macht deutlich, daß erste Spezialwörterbücher schon ab 1911 erschienen, die meisten der 74 Werke jedoch in dichter Folge ab 1963, also der Zeit der Expansion, Spezialisierung und Ausdifferenzierung des Faches. Lexika *ausschließlich* zur Pädagogischen Psychologie wurden als psychologische hier nicht einbezogen. — So sind — neben Einzelwerken — mehrere Spezialwörterbücher erschienen für die Bereiche

- *Arbeits-/Berufs- und Wirtschaftspädagogik:* Schloen/Wolf o. J. [1930 od. 1931]; Schlieper/Baumgardt/Stratenwerth 1964; Grüner/Kahl/Georg 1971 — 8. Aufl. 1995; Wörterbuch der Berufs- und Wirtschaftspädagogik 1973; Rischar/Rischar-Titze 1976; BBF 1977; Nölker/Schoenfeldt 1985; Ashauer 1990.
- *Didaktik/Unterrichtswissenschaft:* Schorb 1964; Köhring/Beilharz 1973; Stocker 1976; Schröder/Finkenstaedt 1977; Nündel 1979; Roth 1980.
- *Erwachsenenbildung/Weiterbildung:* Wirth 1978; Dahm u. a. 1980.
- *Heil- und Sonderpädagogik:* Dannemann/Schober/Schulze 1911; Seeling/Franzmeyer 1926; Dannemann u. a. 1934; Heese/Wegener 1969; Khella 1980; Dupuis/Kerkhoff 1992.
- *Medienpädagogik/Bildungstechnologie:* Heinrichs 1971; Baeyer/Buck 1979; Hüther/Schorb 1981; Hüther/Schorb/Brehm-Klotz 1990.
- *Schulpädagogik:* Düring/Lehmann 1971; Wörterbuch der Schulpädagogik 1973; Nicklis 1973 — 2. Aufl. 1975; Odenbach 1974; Kozdon 1978; Aschersleben/Hohmann 1979; Brunner/Zeltner 1980; Mähler/Schröder 1991; Hintz/Pöppel/Rekus 1993 — 2. Aufl. 1995; Keck/Sandfuchs 1994.
- *Sexualerziehung/-pädagogik:* Fischer/Rhein/Ruthe 1969; Brocher/Friedeburg 1972; Koch/Lutzmann 1985.
- *Sozialarbeit/Sozialpädagogik:* Schwendtke 1977 — 4. Aufl. 1995; Deutscher/Fieseler/Maòr 1978; Kreft/Mielenz 1980 — 4. Aufl. 1996; Deutscher Verein ... 1980 — 4. Aufl. 1997; Khella 1980; Eyferth/Otto/Thiersch 1984; Stimmer 1994 — 3. Aufl. 1998.
- *Vorschulerziehung:* Schinzler 1976; M. M. Niermann 1979.

3.6. Historische Wörterbücher

In der Übersicht 212.2 sind auch zwei Spezialwörterbücher zur Erziehungsgeschichte resp. zur Historischen Pädagogik zu finden (vgl. Rach 1964 — 2. Aufl. 1967; Elzer 1985). Hier sind Begriffe und Gegenstände gesammelt, deren Bedeutung z. T. nicht mehr bekannt ist bzw. über die andere Nachschlagewerke keine Auskunft geben.

Übersicht 212.1: Pädagogische/erziehungswissenschaftliche Nachschlagewerke in deutscher Sprache

Zitationstitel (vollst. Titel in Bibliographie)	Bände, Buchformat, Gesamtumfang in Seiten	Stichwörterzahl, Zahl der Verweise	L ?	P ?	Publ. Typ	Hrsg./Autor(en) lt. Angaben des Werkes	Adressaten lt. Angaben des Werkes	Kurzcharakterisierung, Anmerkungen
Wenzel 1797 (AU)	1 Bd., 8°, 439 S.	346 St., 42 Verw.	−	−	M	Autor Magister der freyen Künste u. d. Philosophie	Eltern, Erzieher, Hebammen, Ammen, Wärterinnen	erziehungspraktisch, v. a. frühe Kindheit inkl. Säuglingspflege, „körperliche Erziehung" u. „moralische Bildung"; keine Lit.ang.
Reuter 1811	1 Bd., Kl.8°, 288 S.	73 St.	−	−	M	k. A.	Eltern, Erzieher	volksschul- u. erziehungspraktisch, wahrscheinl. beeinflußt durch Salzmann (Schnepfenthal); z. T. längere Textauszüge aus relevanter Lit. mit Quellenangabe
Baumgarten 1828	2 Teile	*						sekundär nachgewiesen durch GV alt
Wörle 1835	1 Bd., 8°, 875 S.	329 St., 57 Verw. in Register	−	+	M	Autor Elementarlehrer in Ulm	Volks-Lehrer, Seminaristen	volksschulpraktisch
Münch 1840–1842	3 Bde., 8°, 2.112 S.	1.327 St. 551 Verw.	−	+	M	Autor ehem. Seminarrektor f. Schulaufseher und Pfr. in Unlingen (Bay.)	christl. Volksschullehrer	katholisch; erziehungs- und vor allem schulpraktisch; vorwissenschaftlich; 42 Personenartikel
Hergang 1843/1847 (2. durchges. Aufl. 1851)	2 Bde., 4°, 1.829 S.	1.052 St., 264 Verw.	+	+	H	Red. Dr. d. Philos. (u. Theol.; 2. Aufl.) Archidiakonus in Budissin, die namentl. u. zahlenmäßig nicht ausgewiesenen Autoren: „Prediger u. Lehrer"	Lehrer, Eltern, Erzieher, Geistliche, Schulvorsteher, Freunde der Pädagogik	erziehungspraktisch; kurze Lit.ang. in den Artikeln
Münch 1844–1845 (2., rev., verb. u. verm. Aufl.)	3 Bde., 8°, 1.776 S.	1.307 St., 577 Verw.	−	(+)	M	Autor ehem. Seminarrektor f. Schulaufseher und Pfr. in Unlingen (Bay.)	christl. Volksschullehrer, Schulkatecheten, Geistliche, Erzieher	katholisch; erziehungs- und vor allem schulpraktisch; vorwissenschaftlich; nur noch 5 Personenartikel

212. Die Fachlexikographie der Pädagogik/Erziehungswissenschaft: eine Übersicht 2017

Zitationstitel (vollst. Titel in Bibliographie)	Bände, Buchformat, Gesamtumfang in Seiten	Stichwörterzahl, Zahl der Verweise	L ?	P ?	Publ. Typ	Hrsg./Autor(en) lt. Angaben des Werkes	Adressaten lt. Angaben des Werkes	Kurzcharakterisierung, Anmerkungen
Münch/Loé 1858–1860 [3. Aufl. v. Münch 1840–1842]	3 Bde., 8°, 1.819 S.	⊙	⊙	+	M/B	Autor Seminarrektor, Schulinspektor, Pfr.; Hrsg. Studienlehrer u. Subrektor	Schulaufseher, Geistliche, Lehrer, Erzieher u. gebildete Eltern	s. Münch 1844–1845. Mit einem Anhang v. Biographien um das Schulwesen u. d. Jugenderziehung besonders verdienter Männer v. Dr. J. B. Heindl
Schmid 1859–1878	11 Bde., 4°, 10.152 S.	752 St. Artikelverz. am Ende jedes Bandes; Autorenverz. am Ende des letzten Bandes	+	+	H	Hrsg. Gymnasialrector in Ulm bzw. Stuttgart, unt. bes. Mitwirk. von Prof. Dr. v. Palmer u. Prof. Dr. Wildermuth, Tübingen; 160 Autoren (u. a. 53 Schulmänner, 43 „Gelehrte", 20 Theologen)	Eltern, Lehrer, „Anstaltsvorsteher, Schulbehörden, Männer d. päd. Wiss."	evangelisch; Schwerpunkte: Allgem. Päd. u. ihre Hilfswiss., Schulkunde, Geschichte d. Päd., Schulstatistik erziehungs- u. schulpraktisch, doch auch m. wiss. Anspruch. – Die Art. sind namentlich gekennzeichnet u. enthalten z. T. im Text Lit.ang.
Encyklopädie der Pädagogik 1860	2 Bde., 8°, 1.490 S.	über 4.500 St.	–	+	H	„v. e. Verein prakt. Lehrer u. Erzieher" verfaßt, keine Namen genannt	k. A.	erziehungs- u. schulpraktisch; halbes Fremdwörterbuch auch für päd. irrelevante Fremdwörter wie Amalgam, Ambassade, Amblyopie, Amputation
Rolfus/Pfister 1863–1866	4 Bde., 8°, 2.676 S.	964 St., 365 Verw. keine Register	+	+	H	R. Pfr. in Reiselsingen (Baden), P. Pfr. i. Ritztissen (Württemb.); Autoren: geistl. u. weltl. Schulmänner, namentlich nicht aufgeführt	Geistliche, Volksschullehrer, Eltern, Erzieher	katholisch; eher schulpraktisch; kaum Lit.ang. 138 Personenartikel, 62 Länderartikel
Rolfus/Pfister 1872–1874 (2. verb. u. verm. Aufl.)	4 Bde., 8°, 3.004 S.	1.040 St., 394 Verw.	+	+	H	R. Pfr. zu Reuthe (Baden), P. Schulinspector u. Stadt-Pfr. zu Ehingen; Autoren wie 1. Aufl.	Geistliche, Volksschullehrer, Eltern, Erzieher	katholisch; eher schulpraktisch; kaum Lit.ang. 143 Personenartikel, 65 Länderartikel
Petzoldt 1874	2 Bde., Gr.8°, 719 S.	1.275 St.	+	+	H	Gymnasialrector a. D., Prälat Dr. unt. Mitwirkung d. namhaftesten Pädagogen	Volksschullehrer	evangelisch; stark volksschulpraktisch; kaum Lit.ang.; 75 Personenartikel; 53 Länderartikel; s. a. Petzoldt/Kroder 1877/1878

Zitationstitel (vollst. Titel in Bibliographie)	Bände, Buchformat, Gesamtumfang in Seiten	Stichwörterzahl, Zahl der Verweise	L?	P?	Publ. Typ	Hrsg./Autor(en) lt. Angaben des Werkes	Adressaten lt. Angaben des Werkes	Kurzcharakterisierung, Anmerkungen
Schmid/Schrader 1876–1887 (2. verb. Aufl.)	10 Bde, 4°, 9.769 S.	833 St., 502 Verw. Artikelverz. am Ende jedes Bandes; Autorenverzeichnis am Ende des letzten Bandes	+	+	H	begonnen noch v. Prälat Dr. Schmid, (s. o.), fortgeführt v. W. Schrader, Geh. RegRat u. Kurator d. Univers. Halle. 202 Autoren	Eltern, Lehrer, „Anstaltsvorsteher, Schulbehörden, Männer d. päd. Wiss."	evangelisch; inhaltl. Schwerpunkte: Allgem. Päd. u. ihre Hilfswiss., Schulkunde, Geschichte d. Päd., Schulstatistik erziehungs- u. schulpraktisch, doch auch m. wiss. Anspruch. Ausführl. Länderart. z. europ. Bildungswesen; ausführl. Lit.ang.; Art. namentlich gekennzeichnet
Petzoldt/Kroder 1877/1878 (2. verm. Aufl. des Werks von Petzoldt 1872/73)	2 Bde., Gr.8°, 792 S.	1.048 St., 218 Verw.	+	+	M/B	P. Gymnasialrektor a. D., Prälat Dr; Bearb. Kroder: Obermädchenlehrer u. Organist in Hof	Volksschullehrer	auf das Volksschulwesen konzentriert; wenig Lit.ang.; 100 Personenart., 35 Länderart.
Schmid 1877/1879	2 Bde., 4°, 2.306 S.	464 St., 422 Verw. Artikelverz. am Ende jedes Bandes	–	+	H	Hrsg. u. Bearb. Schulrector a. D. aus Stuttgart, Mitarbeiter Pfr. Drehmann	1. für Volks-, Bürger-, Mittel- u. Fortbildungsschulen 2. für Familie, Eltern, Erzieher, Lehrer	evangelisch: Pädagogik, Didaktik, Ethik, Psychologie, körperliche Erziehung, berühmte Pädagogen; Artikelauszüge aus Schmid 1859–78, 11 Art. eigens für dieses Werk geschrieben; Art. namentlich gekennzeichnet
Sander 1883	1 Bd., 8°, 556 S.	961 St., 408 Verw.	+	+	M	Regier.- u. Schulrat in Breslau	Volksschullehrer	305 Personenart., 42 Länderart.; Lit.ang. im Text verweisen auf bibliogr. Anhang
Lindner 1884 (AU) (4., unveränd. Aufl. 1891)	1 Bd., 4°, 1.039 S., Abb.	415 St., 411 Verw., Sachreg., Namenreg.	+	+	M	Schulrat, Prof. Dr. d. Uni Prag, Bezirksschulinspektor	Volksschullehrer	Herbartianisch: Schwerpunkt: Volksschulwesen ca. 100 Porträts (Abb.) berühmter Pädagogen
Rolfus 1884 (Erg.-Bd. zu Rolfus/Pfister 1872–1874)	1 Bd., 8°, 404 S.	136 St. Stichwort-Register	+	+	H	R. Pfr. u. Erzbischöfl. Bezirksschulinspektor	Volksschullehrer, Geistliche, Eltern, Erzieher	katholisch; eher schulpraktisch; kaum Lit.ang. Zu den 136 neuen Artikeln gibt es noch einige aktualisierende Nachträge zu den Artikeln in der Ausgabe Rolfus/Pfister 1872–1874

212. Die Fachlexikographie der Pädagogik/Erziehungswissenschaft: eine Übersicht

Zitationstitel (vollst. Titel in Bibliographie)	Bände, Buchformat, Gesamtumfang in Seiten	Stichwörterzahl, Zahl der Verweise	L?	P?	Publ. Typ	Hrsg./Autor(en) lt. Angaben des Werkes	Adressaten lt. Angaben des Werkes	Kurzcharakterisierung, Anmerkungen
Sander 1889 (*2. durchges. u. verm. Aufl.*)	1 Bd., Gr.8°, 729 S.	1.169 St., 458 Verw.	+	+	M	Regier.- u. Schulrat in Breslau (S. hat mitgewirkt an Meyers Konversationslexikon)	Lehrer u. Erzieher	540 Personenart., 42 Länderartikel; Lit.ang. am Ende jedes Art.
Rein 1895–1899	7 Bde., 4°, 6.750 S.	1.023 St., 556 Verw.	–	+	H	Hrsg. Univ.-Prof. u. Sem.-Dir. in Jena, 239 Autoren	k. A.	Herbartianisch; theoretische, praktische u. historische Pädagogik; nichts über Österreich enthalten
Rein 1903–1911 (*2. [verm. u. verb.] Aufl.*)	10 Bde., 4°, 9.637 S. + 1 system. Inhaltsverz. von E. Zeissig	1.111 St., 544 Verw. alphabet. Art.liste am Anfang jedes Bandes	+	+	H	Hrsg. Univ.-Prof. u. Seminar-Direktor in Jena; 333 Autoren (Prof., Schulräte, Direktoren, Pfr.)	Lehrer, Schulverwalter, Laien	Herbartianisch; Art. namentl. gekennzeichnet u. m. Lit.ang. neu gegenüber 1. Aufl.: Artikel zum ausländ. Schulwesen
Loos 1906/1908 (AU) (*2. unveränd. Aufl. 1911*)	2 Bde., Gr.8°, 2.171 S.	633 St., 408 Verw. Autorenverz. u. Reg. am Ende des letzten Bandes	+	+	H	Hrsg. Dr. u. Landesschulinspektor in Linz, 105 Autoren („Gelehrte u. Schulmänner")	Schulmänner, Eltern	berücksichtigt auch das Schulwesen u. Besonderheiten in Österreich; Artikel namentl. gekennzeichnet, kurze Lit.ang. zu den meisten Artikeln *Nachfolgewerk zu Lindner (zuletzt 1891)*
Roloff 1913–1917 (*Nachdruck 1921*)	5 Bde., 4°, 6.692 S.	1.717 St., 1227 Verw.; alphabet. Art.liste am Anfang jedes Bandes	+	+	H	Hrsg. Lateinschulrektor a. D., 263 Autoren aller Schulgattungen	Volksschulen, Fortbildungsschulen, höhere Schulen	katholisch: *Nachfolgewerk zu Rolfus/Pfister (zuletzt 1872–74; Ergänzungsbd. Rolfus 1884)* Sachgebiete: praktische, theoretische u. historische Pädagogik
Schwartz 1928–1931	4 Bde., 4°, 5.632 S.	811 St., 529 Verw.	+	+	H	Hrsg. Geh. ORegR, MinR a. D.; 255 Autoren d. „Gesellschaft für ev. Päd."	k. A.	evangelisch; wg. der ev. Weltanschauung wurde von Rezensenten die Wissenschaftlichkeit des Werks offenbar angezweifelt (s. Vorwort des letzten Bandes) – Art. namentlich gekennzeichnet
Spieler 1930/1932	2 Bde., 4°, 1.421 S.	860 St. Pers.- u. Sachreg.	+	+	H	Hrsg. Priv.-Doz. Dr. Direktor	k. A.	katholisch, *Ergänzung zu Roloff 1913–17*; Theorie und Praxis der Pädagogik

Zitationstitel (vollst. Titel in Bibliographie)	Bände, Buchformat, Gesamtumfang in Seiten	Stichwörterzahl, Zahl der Verweise	L?	P?	Publ. Typ	Hrsg./Autor(en) lt. Angaben des Werkes	Adressaten lt. Angaben des Werkes	Kurzcharakterisierung, Anmerkungen
Hehlmann 1931	1 Bd., Kl.8°, 230 S. + Abb.	923 St., 354 Verw.	+	+	M	Autor Priv.-Doz. Dr. in Halle	„größerer Kreis von Benutzern"	wichtigste Gebiete des Bildungswesens und seine Organisation, Theorie der Bildung und Erziehung, Geschichte der Pädagogik, Jugendkunde; kurze Artikel mit Lit.ang; 18 Länderart., 241 Personenart.
Hehlmann 1941 *(2. völlig neu bearb. Aufl.)*	1 Bd., Kl.8°, 471 S.	1.060 St., 145 Verw.	+	+	M	apl. Prof. Dr. in Halle	k. A.	nationalsozialistisch ausgerichtet; nur noch 164 Personenart. (Artikel über Persönlichk. jüdischer Abstammung gestrichen, dafür Nazi-Größen als Pädagogen aufgenommen); jetzt 50 Länderart.
Hehlmann 1942 *(3. durchges. Aufl.)*	1 Bd., Kl.8°, 492 S.	1.096 St., 154 Verw.	+	+	M	apl. Prof. Dr. in Halle	k. A.	nationalsozialistisch ausgerichtet; kurze Artikel mit Lit.ang; 163 Personenart., nur noch 43 Länderart.
Kleinert 1950–1952 (CH)	3 Bde., Gr.8°, 2.357 S.	über 2.270 St.	+	+	H	8 Hrsg. u. 2 Red.sekretäre; 558 Autoren	Fachleute u. an erzieherischen, unterrichtl. u. schulorganisator. Fragen Interessierte	Fachlexikon; schweizerisches Grundlagenwerk; Bd. 3: Geschichte der Päd., fast 1.000 Biographien, zahlreiche Länderartikel alle Beiträge namentl. gekennzeichnet u. mit Lit.ang.
Dolch 1952	1 Bd., 8°, 110 S.	129 St., 185 Verw.	–	–	M	Univ.-Prof. Dr. (Päd.) in München	Lehrer	Grundwortschatz; speziell f. d. Lehrerfortbildung entwickelt
Haase/Schneider 1952–1955 *(2., 3., 4. unveränd. Aufl. 1960, 1962 bzw. 1964/65 [s. u.])*	4 Bde.; Gr.8°, 2.376 S. + 83 S. Reg.	2.862 St., 1.156 Verw. Personen- und Sachregister als Kreuzregister zu allen 4 Bänden	+	+	H	Dt. Inst. für wiss. Päd., Münster; Inst. für Vergl. Erziehungswiss., Salzburg; 18 wiss. Fachbearbeiter; 1 Schriftleiter; 661 Autoren	k. A.	Fachlexikon; *Nachfolgewerk zu Roloff 1912–1917 und Spieler 1930/1932;* katholisch; Grundfragen der Päd.; Philosophie, Päd. Psychologie, Sozial-, Volks-, Heil-, Auslands- und Religionspädagogik, Hochschulwesen
Weigl u. a. 1952	1 Bd., 8°, 126 S.	1.125 St.	–	–	(M)	4 Lehrerbildner	Berufserzieher, Lehrer aller Schulgattungen, Heilpädagogik, Kindergärtnerinnen u. a.	Definitionswörterbuch zur Erziehungswissenschaft, Didaktik, Psychologie, Heilpädagogik, Religions- und Moralpädagogik; eher schulpraktisch gekennzeichnet mit den Kürzeln der 4 Autoren

212. Die Fachlexikographie der Pädagogik/Erziehungswissenschaft: eine Übersicht

Zitationstitel (vollst. Titel in Bibliographie)	Bände, Buchformat, Gesamtumfang in Seiten	Stichwörterzahl, Zahl der Verweise	L ?	P ?	Publ. Typ	Hrsg./Autor(en) lt. Angaben des Werkes	Adressaten lt. Angaben des Werkes	Kurzcharakterisierung, Anmerkungen
Hehlmann 1953 (4., vollst. neubearb. Aufl.)	1 Bd., Kl.8°, 486 S.	1.353 St., 182 Verw.	+	+	M	(s. o.); nach dem Krieg Lexikonredakteur	k. A.	Fachlexikon; entnazifizierte Neuausgabe des seit 1931 erscheinenden „Pädagogischen Wörterbuchs"; 244 Personenart, 43 Länderart. (einschl. der alten Bundesländer); *neu*: Tests
Hehlmann 1957 (5., vollst. neubearb. Aufl.)	1 Bd., Kl.8°, 520 S.	1.474 St., 180 Verw.	+	+	M	(s. o.); nach dem Krieg Lexikonredakteur	k. A.	Fachlexikon; aktualis. Neuausg. mit 150 neuen Stichwörtern, darunter weitere 44 Personen- und 2 Länderart.; 29 Artikel der letzten Ausgabe wurden gestrichen.
Dolch 1960 (3. verb. Aufl.)	1 Bd., 8°, 147 S.	133 St., 196 Verw.	–	–	M	Univ.-Prof. Dr. (Päd.) in Saarbrücken	Lehrer	Grundwortschatz; neue Stichwörter: Begegnung, Dialektik, Einstieg, Engagement, exemplarisches Lehren und Lernen, Situation, Unstetigkeit. *neu*: viersprachiges Register und Notationen der Dezimalklassifikation
Frankiewicz u. a. 1960 (DDR)	1 Bd., 8°, 527 S.	129 St.	–	–	H	Hrsg.: Chefred.; Autoren: Wiss., Lehrer, Erzieher, Schulfunktionäre	Lehrer, Schulfunktionäre, Arbeiter, Eltern	Grundwortschatz sozialistischer Pädagogik (DDR); Schwerpunkt: Schulpolitik, Didaktik, Methodik, polytechnische Bildung, Erziehung
Hehlmann 1960 (6. neubearb. Aufl.)	1 Bd., Kl.8°, 561 S.	1.514 St., 183 Verw.	+	+	M	(s. o.); nach dem Krieg Lexikonredakteur	k. A.	Fachlexikon; jetzt 344 Personenart. und 46 Länderart.; Tests wieder herausgenommen, einige psychologische Termini entfernt
Groothoff/ Stallmann 1961 (2. durchges. Aufl. 1964; 3. bzw. 4. unveränd. Aufl. 1965 bzw. 1968)	1 Bd., Gr.8°, 632 S.	508 St., 6 Verw.	+	+	H	G. Univ.-Prof. Dr. (Päd.) in Köln, S. Prof. in Lüneburg	Eltern, Erzieher, Lehrer, Pfr., Studierende	Fachlexikon; im Auftrag d. evangelischen Kirchentages erstellt; *zwei Anhänge*: 1. Zur Geschichte d. Päd. (mit 32 Biographien) 2. Zur Päd. von 17 Ländern
Frankiewicz u. a. 1963 (DDR)	2 Bde., 8°, 1.078 S.	412 St., 97 Verw.	+	+	H	Hrsg.: Sektionsleiter im DPZI; Autoren: Wiss., Lehrer, Erzieher, Schulfunktionäre	Lehrer, Erzieher, Arbeiter, Bauern, Wissenschaftler, Schulfunktionäre, Ärzte, Eltern	Fachlexikon sozialistischer Pädagogik (DDR): Grundlagen u. Geschichte d. Päd., Schulpolitik, Schulpäd., Didaktik, Methodik, Polytechnische Bildung u. Erziehung, Psychologie, Schulhygiene, Vorschulerziehung, Berufsbildung, außerschulische u. außerunterrichtl. Bildung u. Erz., Sonderschulwesen, Auslandspäd.

Zitationstitel (vollst. Titel in Bibliographie)	Bände, Buchformat, Gesamtumfang in Seiten	Stichwörterzahl, Zahl der Verweise	L?	P?	Publ. Typ	Hrsg./Autor(en) lt. Angaben des Werkes	Adressaten lt. Angaben des Werkes	Kurzcharakterisierung, Anmerkungen
Groothoff 1964	1 Bd., Kl.8°, 371 S.	36 St.	–	–	H	H. Univ.-Prof. Dr. (Päd.) in Köln; 16 Wissenschaftler als Autoren	k. A.	Grundwortschatz; eher enzyklopädische Darstellung
Haase/Schneider 1964 (*Ergänzungsbd. zur 4. unveränd. Aufl. von 1952–55 [1964/65]*)	1 Erg.Bd., Gr.8°, 818 S.	Ergbd.: 613 St., 146 Verw.	+	+	H	Dt. Inst. für wiss. Päd., Münster; Inst. für Vergl. Erziehungswiss., Salzburg; 13 wiss. Schriftleiter; 267 Autoren	k. A.	Fachlexikon; katholisch (s. o.); „weltanschaulich geschlossene Orientierung über Erziehung und Erziehungswissenschaft"
Hehlmann 1964 (*7. neubearb. Aufl.*)	1 Bd., Kl.8°, 575 S.	1.562 St., 195 Verw.	+	+	M	(s. o.); nach dem Krieg Lexikonredakteur	k. A.	Fachlexikon; jetzt 351 Personenart., St. zur Erbcharakterologie gestrichen
Dolch 1967 (*6. verb. Aufl.*) (*8. unveränd. Aufl. 1971*)	1 Bd., 8°, 147 S.	134 St., 196 Verw.	–	–	M	Univ.-Prof. Dr. (Päd.) in Saarbrücken	k. A.	Grundwortschatz; geringe Änderungen zur 3. Aufl. (s. o.) *Besonderheiten*: Notationen der Dezimalklassifikation und viersprachiges Reg.
Hehlmann 1967 (*8. neubearb. Aufl.*)	1 Bd., Kl.8°, 608 S.	1.609 St., 204 Verw.	+	+	M	(s. o.); nach dem Krieg Lexikonredakteur	k. A.	Fachlexikon; neue Stichwörter: Charakterziehung, Elite, Information, Legasthenie, Lehrprogramme, Regelkreis, Rollenverhalten, Speicherung, Sprachlabor u. a.
Schorb (o. J.) [1968] (*8. durchges. Aufl. 1975*)	1 Bd., Kl.8°, 232 S. 8. Aufl.: 258 S.	1.010 St., 277 Verw.	–	–	M	Prof. Dr. (Päd.) in München	k. A.	Definitionswörterbuch zu Erziehung, Unterricht; kybernetisch-informationstheoretisch akzentuiert
Hornay/Ruppert/ Schultze 1970	2 Bde., Gr.8°, 1.425 S.	2.270 St., 936 Verw.	–	+	H	H. Schulrat: R. Prof. Dr.; S. Prof. Dr. am Dt. Inst. f. intern. päd. Forschung, Frankfurt/M.; Wiss. Beratung: Prof. Dr. Scheuerl; über 200 Autoren	Lehrer, Erzieher, Eltern, Wissenschaftler, Studenten, Bildungspolitiker	Fachlexikon; Grundsatzfragen der Bildung, Erziehung und des Schulwesens; Schulorganisation, Bildungsökonomie, päd. Psychologie, Fachdidaktiken.

Zitationstitel (vollst. Titel in Bibliographie)	Bände, Buchformat, Gesamtumfang in Seiten	Stichwörterzahl, Zahl der Verweise	L?	P?	Publ. Typ	Hrsg./Autor(en) lt. Angaben des Werkes	Adressaten lt. Angaben des Werkes	Kurzcharakterisierung, Anmerkungen
Rombach 1970 (Neue Ausgabe) (2. Aufl. 1971–1973)	4 Bde, Gr.8°, 2.022 S.	2.344 St., 1.586 Verw. 62 S. Pers.- u. Sachregister	+	+	H	Willmann-Inst., München–Wien; Ltg. der Hrsg.: Rombach; 15 wiss. Fach- u. 1 Schriftleiter	für Wissenschaft und Praxis	Fachlexikon; völliger Neubau ohne inhaltliche Anlehnung an die Vorläufer-Ausgaben beim Herder-Verlag; wissenschaftliche Terminologie der Gegenwart sowie Personen- und Institutionenkunde; inhaltliche Schwerpunkte: Päd., Psychologie, Philosophie, Soziologie; Theologie u. Religionspäd. von je 1 katholischen u. evangelischen Fachmann betreut. Biographien auch von internat. bekannten lebenden Pädagogen; insges. 461 Personen- und 66 Länderartikel
Speck/Wehle 1970 (Kart. Studienausg. 1973)	1 Bd, Gr.8°, 1.300 S.	45 große Artikel, 10 Verw.	–	–	H	S. Prof. Dr. in Dortmund, W. Prof. Dr. in Neuss	Mitarbeiter d. Lehrerfortbildung, Lehrer, Erzieher, päd. Interessierte	Grundwortschatz; im Auftrag des (katholischen) Dt. Inst. f. wiss. Päd., Münster; Grundlagen des päd. Handelns und Denkens kritisch erörtert, keine histor. Perspektive
Zöpfl u. a. 1970	1 Bd., 8°, 291 S.	140 St., 21 Verw.	–	–	H	4 Hrsg., 38 Autoren	Studierende der PHs, Lehrer aller Ausbildungsgänge	Grundwortschatz; mit einer Einf. i. d. wiss. Arbeiten, e. Abriß d. Geschichte der Pädagogik sowie 57 S. Lit.anhang; Art. namentl. gezeichnet, z. großen T. mit Lit.ang.
Groothoff/ Stallmann 1971 (5. vollst. neu bearb. Aufl.)	1 Bd., Gr.8°, 673 S.	455 St., 1 Verw. 13 S. Register	–	+	H	G. Univ.-Prof. Dr. (Päd.) in Köln; S. Hon.-Prof. (theol.) in Göttingen	päd. interessierte und Päd. studierende Jugend	Fachlexikon; evangelisch, obwohl theologische Beitr. weitgehend herausgenommen; keine Anhänge mehr zur Geschichte d. Päd. und der Päd. der Länder
Hehlmann 1971 (9. durchges. u. erg. Aufl.; unverändert nachgedruckt als 10. und 11. Aufl. mit der Jahreszahl 1971 im Impressum)	1 Bd., Kl.8°, 628 S.	1.714 St., 206 Verw.	+	+	M	(s. o.); nach dem Krieg Lexikonredakteur	k. A.	Fachlexikon: neue Stichwörter: Aktionsformen, audiovisuelle Medien, Beratung, Bildungspolitik, Bildungstechnologie, Case study, Curriculum, Differenzierung, Egoismus, Entwicklungsstörungen, Futurologie, Generationenfrage, Gesellschaft, Kollegstufe, Kreativität, Latenz, Lehrling (sic! statt Auszubildender, wie es damals hieß), Lerngesellschaft, Lerntheorie, Orientierungsklassen, Plastizität, Rauschmittel, Transfer, Unterrichtstechnologie, Verhaltenssteuerung, Vorschulerziehung, Vorurteil u. a.

Zitationstitel (vollst. Titel in Bibliographie)	Bände, Buchformat, Gesamtumfang in Seiten	Stichwörterzahl, Zahl der Verweise	L?	P?	Publ. Typ	Hrsg./Autor(en) lt. Angaben des Werkes	Adressaten lt. Angaben des Werkes	Kurzcharakterisierung, Anmerkungen
Rauch/Anzinger 1972	1 Bd., 8°, 299 S.	67 St. Sachregister	–	–	H	2 Hrsg., 34 Autoren, damals vor allem des akadem. Mittelbaus	k. A.	„lexikalische Aufbereitung krit.-emanzipatorischer Erziehungsansätze"; Kritik bürgerlicher Erziehung – Entwicklung von Gegenmodellen
Groothoff 1973 (Neuausgabe)	1 Bd., Kl.8°, 395 S.	37 St.	–	–	H	H. Univ.-Prof. (Päd.) in Köln; 20 Wissenschaftler als Autoren	k. A.	(s. o.) Grundwortschatz; aus der Position der „kritischen Pädagogik" heraus neu geschrieben
Rauch/Anzinger 1973 (4., erw. u. bearb. Aufl.) (TB-Ausg. 1975)	1 Bd., 8°, 383 S.	75 St. Sachregister	+	–	H	2 Hrsg., 34 Autoren, damals vor allem des akadem. Mittelbaus	k. A.	(s. o.) neue Stichwörter: Ästhetische Erziehung, China, DDR, Heimerziehung, Positivismus, Projektstudium, Prüfung und Herrschaft, Sonderpädagogik; andere St. wurden neu geschrieben
Wehle 1973	3 Bde., 8°, 616 S.	309 St., 16 Verw.	–	–	H	Prof. Dr. (Päd.) in Neuss	Lehrer, Erzieher, Studierende	Lexikon aktueller Schlagworte als Ergänzung zu anderen vorh. Lexika; Bd. 1: Erziehung, -swissenschaft; Bd. 2: Bildungsforschung, -politik; Bd. 3: Unterricht, Curriculum. Die drei Bände sind in sich alphabetisch geordnet
Ipfling 1974 (2. Aufl. 1975)	1 Bd., 8°, 340 S.	100 St., Register	–	–	H	9 Autoren, vorwiegend Wiss. (Schulpädagogen)	k. A.	Grundwortschatz; *Nachfolgewerk zum Dolch* (s. 1967), doch völlig neu erarb.; dt.–engl. Glossar statt viersprachigem Register
Weber/Domkel Gehlert 1974	1 Bd., 8°, 120 S.	71 Stichw., 65 Blankverweise	–	–	M	3 Fachwiss. d. Univers. Augsburg	k. A.	Grundwortschatz; sozialwissenschaftlich orientiert
Wulf 1974 (Nachdruck [als TB] bis z. Z. 1989)	1 Bd., 8°, 717 S. (inkl. Anhang) TB-Ausg.: 677 S.	129 St.	–	–	H	Hrsg.: Univ.-Prof. Dr. (Päd.) in Siegen; 100 Autoren	vorwiegend Erziehungswissenschaftler und Studierende der Päd.	Grundwortschatz; sozialwissenschaftlich orientiert; interdisziplinäre Behandlung zentraler Fragen der Erziehung; Erziehungswiss. als Gesellschaftswiss.; 1.–5. Aufl. mit einem Anhang Schultests
Speichert 1975	1 Bd., Kl.8°, 398 S.	156 St., Verweisregister	–	–	H	Hrsg.: Fachredakteur, zahlr. Autoren	k. A.	„topographische Beschreibung" zur kritischen Erziehungswissenschaft und Bildungspolitik; marxistisch; zu einigen St. zwei Artikel konträrer Positionen

212. Die Fachlexikographie der Pädagogik/Erziehungswissenschaft: eine Übersicht

Zitationstitel (vollst. Titel in Bibliographie)	Bände, Buchformat, Gesamtumfang in Seiten	Stichwörterzahl, Zahl der Verweise	L?	P?	Publ. Typ	Hrsg./Autor(en) lt. Angaben des Werkes	Adressaten lt. Angaben des Werkes	Kurzcharakterisierung, Anmerkungen
Kaluza 1976 *(4. Aufl. 1981)*	1 Bd., 8°, 212 S., über 220 Abb.	ca. 1.500 St.	–	–	M	Lexikonredakteur	Päd., Sozialarbeiter, Kindergärtnerinnen, Eltern	Definitionswörterbuch; Schwerpunkt Didaktik
Köck/Ott 1976	1 Bd., 8°, 453 S.	1.224 St., 512 Verw.	–	–	M	2 Lehrer, tätig als Lehrerbildner	Pädagogen, Erzieher, Eltern, Studierende	Definitionswörterbuch; begriffs- und anwendungsorientiert; pädagogisch-psychologisch, didaktisch-unterrichtstechnologisch, schulpraktisch orientiert
Roth 1976 *(TB-Ausg. 1980)*	1 Bd., Gr.8°, 489 S.	103 St. Sachregister	–	–	H	Hrsg.: Univ.-Prof. Dr. (Päd.) in Bremen; 80 Autoren, vorwiegend Wiss.	breiter Leserkreis; u. a. Lehrerstudenten, Hauptfachstudenten	Grundwortschatz; Schwerpunkte: erziehungswiss. Forschung, Schule, Unterricht, Berufspäd. *Besonderheit:* Stichwortverz. mit fremdsprach. Glossar (engl., franz., russ.)
Zöpfl u. a. 1976 *(7. erg. Aufl.)*	1 Bd., 8°, 398 S.	144 St., 18 Verw.	–	–	H	4 Hrsg., 38 Autoren	Studierende, Lehrer, päd. interess. Leser	Grundwortschatz; grundlegende Art. zu allen Fachdidaktiken; eher schulpraktisch; *Anhang:* Einführ. i. wiss. Arbeiten; Abriß d. Geschichte d. Päd.; 89 S. Lit.verz.
Rombach 1977	3 Bde., 8°, 1.128 S.	498 St. Personen- u. Sachreg.	–	–	H	Willmann-Inst., München – Wien; Ltg. der Hrsg.: Rombach, Univ.-Prof. Dr. (Philos.) in Würzburg; 8 wiss. Fach- u. 1 Schriftleiter; 300 Autoren	k. A.	Fachlexikon; alle klassischen Disziplinen der Päd. u. ihrer Nachbarwissenschaften, z. B. Allgem. Päd., Schulpäd., Lehrerbildung, Bildungswesen, Sozialpäd., Ethik, Hochschulwesen, Religionspäd., Wirtschaftspäd., Soziologie, Psychologie – *weniger:* Geschichte der Päd., Institutionenkunde
Hierdeis 1978	2 Teile, Kl.8°, 919 S.	81 St. Personenreg., Sachreg.	–	–	H	Hrsg. Univ.-Prof. Dr. (Päd.) in Erlangen; 74 wiss. Autoren	Erziehungswissenschaftler, Praktiker, Studierende	eher ein alphabetisches Handbuch, doch durch Register auch als Grundwortschatz brauchbar; längere Beiträge mit Lit.ang. zu Stichwörtern wie „Altsprachlicher Unterricht" oder „Musikerziehung"; Subdisziplinen, Unterrichtsfächer
Maier 1978	1 Bd., 8°, 460 S.	115 St. Sachreg.	–	–	H	Hrsg. Univ.-Prof. Dr. (Päd.) in Regensburg; 15 Autoren	Studierende der Päd., Erzieher, Lehrer	Grundwortschatz; Schwerpunkt: Erziehung und Allgemeine Didaktik

Zitationstitel (vollst. Titel in Bibliographie)	Bände, Buchformat, Gesamtumfang in Seiten	Stichworterzahl, Zahl der Verweise	L'?	P'?	Publ. Typ	Hrsg./Autor(en) lt. Angaben des Werkes	Adressaten lt. Angaben des Werkes	Kurzcharakterisierung, Anmerkungen
Keller/Novak 1979 (*bis 7. Aufl. 1991 unverändert*)	1 Bd., Kl.8°, 352 S.	55 Hauptartikel u. 502 Definitionsart.	–	–	M	2 Psychologen	interess. Laien, Studenten, Schüler	Mischung aus Definitionswörterbuch und Grundwortschatz; Einf. i. Hauptgebiete der modernen Pädagogik u. kurze Definitionen, vorwiegend pädag. Psychologie u. Psychopathologie
Köck/Ott 1979 (*2., überarb. u. erw. Aufl.) (3. Aufl. 1983, 4. Aufl. 1989*)	1 Bd., 8°, 651 S.	1.467 St., 612 Blankverweise im Text eingestreut	–	–	M	(s. o.), nun Dozent für Schulpäd. bzw. FHS-Prof.	Eltern, Erzieher, Lehrer, Ausbilder u. Auszubildende, Studierende, Berufs- u. Bildungsberater, Personalchefs	Definitionswörterbuch; begriffs- und anwendungsorientiert; pädagogisch-psychologisch, didaktisch-unterrichtstechnologisch, schulpraktisch orientiert
Petzold/Speichert 1981	1 Bd., Kl.8°, 523 S.	über 230 St.	–	–	H	Hrsg. Redakteure einer Fachzeitschr.	k. A.	Grundwortschatz; praxis-problemorientiert; marxistisch. Schwerpunkt: päd. u. sozialpäd. Praxisbegriffe. *Vorgängerwerk: Speichert 1975*
Böhm 1982 (*12., neuverf. Aufl. von Hehlmann*)	1 Bd., Kl.8°, 586 S.	1.424 St., 185 Verw.	+	+	(M)	Autor: Univ.-Prof. Dr. in Würzburg; Zuarbeit durch e. Team	Laien, Studierende, Wissenschaftler	Fachlexikon; *Nachfolgewerk zum Hehlmann* (*s. o., zuletzt 1971*), jedoch völlig neu erarbeitet; 366 Personen- u. 70 Länderartikel; „humanistisch-personalistischer Standpunkt des Verfassers"
Lenzen 1982–1986 (*Nachdruck als TB 1995*)	12 Bde., Gr.8°, 7.922 S.	882 Beitr. (Hb. u. Lex.) Registerband	+	–	H	23 Hrsg. Erz.wissenschaftler; über 700 Autoren	Bibliotheken, Wissenschaftler, Hauptfachstudierende	Fachenzyklopädie u. -lexikon in einem; systemat. Gesamtgliederung, umfassende Dokumentation des Standes der Erz.wiss. zum Ende der Bildungsreform (ca. 1980); unterrepräsentiert sind die Sozial- sowie die Sonderpädagogik
Schröder 1985	1 Bd., 8°, 350 S.	473 St. Sachregister	–	–	M	1 Univ.-Prof. Dr. (Schulpäd.) in Würzburg	„Einsteiger" i. d. Erziehungswiss.	Kein Grundwortschatz, obwohl im Titel so ausgewiesen; eher Fachlexikon für Päd. u. Didaktik, Psychologie (weniger Soziologie); jedoch schulpraktisch sowie päd.-psycholog. orientiert
Hierdeis 1986 (*2. verb. u. erw. Aufl.) (3. Aufl. 1990*)	2 Teile, Gr.8°, 640 S.	81 Beitr. Personenregister, Sachregister	–	–	H	Univ.-Prof. Dr. (Päd.) i. Innsbruck; 69 Erz.wiss.ler	Erziehungswissenschaftler, Praktiker, Studierende	alphabetisches Handbuch, doch durch Register auch als Grundwortschatz brauchbar; (s. o.); neu: „Lehrerrolle" und „Umwelterziehung"; Änderungen und Aktualisierungen in anderen Beiträgen

212. Die Fachlexikographie der Pädagogik/Erziehungswissenschaft: eine Übersicht

Zitationstitel (vollst. Titel in Bibliographie)	Bände, Buchformat, Gesamtumfang in Seiten	Stichwörterzahl, Zahl der Verweise	L ?	P ?	Publ. Typ	Hrsg./Autor(en) lt. Angaben des Werkes	Adressaten lt. Angaben des Werkes	Kurzcharakterisierung, Anmerkungen
Laabs u. a. 1987 (DDR)	1 Bd., Gr.8°, 432 S.	1.165 St., 311 Verw. Personenregister	+	–	H	12 Hrsg., 197 Autoren	Pädagogen, Eltern, päd. Interessierte, Studierende, Lehrende, Wissenschaftler	Fachlexikon; sozialistisch; Länderart. nur zu den sozialistischen Bruderländern
Böhm 1988 (*13., überarb. Aufl.*)	1 Bd., Kl.8°, 654 S.	1.492 St., 181 Verw.	+	+	M	Univ.-Prof. Dr. (Päd.) in Würzburg, Zuarbeit v. 15 Mitarbeitern	Studenten, Lehrer, Erzieher, Sozialpäd., Eltern u. päd. Interessierte	Fachlexikon (s. o.); jetzt 70 Länder- und 400 Personenartikel
Meyers Kleines Lexikon Pädagogik 1988	1 Bd., 8°, 429 S.	über 3.000 St.	–	–	H	Lexikonredakteure (Psychologen)	k. A.	Definitionswörterbuch; identisch mit „Schülerduden Pädagogik". *Anhang*: Verzeichnis wichtiger im Buch genannter Personen, 3 S. Lit.verz.
Lenzen 1989a	2 Bde., Kl.8°, 1.650 S.	198 St., 1.194 Blankverweise im Text eingestreut	–	–	H	H. Univ.-Prof. Dr. (EWI) in Berlin, 1 Mitarbeiter, 129 Autoren	Studierende, Wissenschaftler	Grundwortschatz; ausführliche Beiträge mit langen Lit.verz.; 70% aktualis. Beiträge aus Lenzen 1982–1986 (s. o.) und 30% Originalbeiträge
Schröder 1992 (*2. erw. u. aktualis. Aufl.*)	1 Bd., 8°, 418 S.	468 St.; Personenreg. Sachregister	–	–	H	1 Univ.-Prof. Dr. (Schulpäd.) in Würzburg	Studierende, Wissenschaftler	Kein Grundwortschatz, obwohl im Titel so ausgewiesen; eher Fachlexikon für Päd. u. Didaktik, Päd. Psychologie (weniger Soziologie d. Erziehung); stark schulpraktisch
Keller/Novak 1993 (*Völlig überarb. u. aktualis. Neuausg.*)	1 Bd., Kl.8°, 394 S.	476 St., 187 Verw.	–	+	M	2 Psychologen, 1 davon in der Lehrerbildung tätig	Laien, Studierende, Praktiker	Mischung aus Definitionswörterbuch und Grundwortschatz. *Völlige Neufassung*: 88 neue Stichwörter, 167 (vorwiegend psychopathologische) gestrichen; *neu*: Artikel zu Unterrichtsfächern sowie 19 Kurzbiographien klassischer Pädagogen

2028   XXII. Die europäische Lexikographie der Fachsprachen im Zeitalter der Industrialisierung

Zitationstitel (vollst. Titel in Bibliographie)	Bände, Buchformat, Gesamtumfang in Seiten	Stichwörterzahl, Zahl der Verweise	L?	P?	Publ. Typ	Hrsg./Autor(en) lt. Angaben des Werkes	Adressaten lt. Angaben des Werkes	Kurzcharakterisierung, Anmerkungen
Böhm 1994 (14., überarb. Aufl.)	1 Bd., Kl.8°, 759 S.	1.572 St., 209 Verw.	+	+	M	Univ.-Prof. Dr. (Päd.) in Würzburg, Zuarbeit von Mitarbeitern	Studenten, Lehrer, Erzieher, Sozialpäd., Eltern u. päd. Interessierte	Fachlexikon; *neue Stichw.*: Autonomie, Elite, Entelechie, Entwicklung, Frühförderung, Gesundheitsbildung, Gewalt, Hochbegabte, Integration, Neukantianismus, Postmoderne, Rassismus, Risikogesellschaft, u. a. z. B. pädagogische Fachrichtungen (insges. 50 neue Sachstichw.); die fünf neuen Bundesländer (jetzt 75 Länderart.), 31 neue Kurzbiographien, 4 gestrichen = 427 Personenart. insgesamt
Köck/Ott 1994 (5., völlig neu bearb. u. erw. Aufl.)	1 Bd., 8°, 901 S.	2.044 St., 832 Verw.	–	–	M	k. A. (s. o.)	Studierende, Lehrer	Definitionswörterbuch; begriffs- und anwendungsorientiert; pädagogisch-psychologisch, didaktisch-unterrichtstechnologisch, schulpraktisch orientiert
Schaub/Zenke 1995 (2. durchges. Aufl. 1997)	1 Bd., Kl.8°, 432 S.	1.323 St., 272 Verw.	–	+	M	Univ.-Prof. Dr. (Schulpäd.) in Hildesheim; PH-Prof. Dr. (Päd.) in Ludwigsburg	Schüler, Studierende, Eltern, Lehrer, Pädagogen	Definitionswörterbuch; anwendungsorientiert; pädagogisch-psychologisch, didaktisch-unterrichtstechnologisch. *Anhang*: Biographische Daten; systematisch geordnetes Literaturverz.; Anschriften (2. Aufl. im Anhang aktualisiert)
Hierdeis/Hug 1996 (4. vollst. überarb. u. erw. Aufl. von Hierdeis 1978)	4 Bde., 8°, 1.616 S.	127 St., 16 S. Personenreg., 34 S. Sachregister	–	–	H	H. Univ.-Prof. Dr. bzw. Univ.-Ass. Dr. in Innsbruck; 114 Wissenschaftler als Autoren	k. A.	alphabetisch geordnetes Handbuch, doch durch die umfangreichen Register als Grundwortschatz brauchbar; zahlreiche neue Stichwörter; als erstes erziehungswissenschaftliches Nachschlagewerk auch auf CD-ROM erhältlich

Stand: 30. 4. 1998. Es sind keine Nachschlagewerke berücksichtigt, die *ausschließlich* für Jugendliche und/oder Eltern erarbeitet wurden.

Abb.	= Abbildungen	Art.	= Artikel
CH	= Schweiz	Gr.8°	= Großoktav (Buchrückenhöhe 22,5–25 cm)
k. A.	= keine Angaben	Kl.8°	= Kleinoktav (Buchrückenhöhe 15–18,5 cm)
Lit.ang.	= Literaturangaben	M	= Monographie (von 1–3 Autoren verfaßt)
Red.	= Redaktion/Redakteur	St.	= Stichwörter
4°	= Quart (Buchrückenhöhe 25–35 cm)	8°	= Oktav (Buchrückenhöhe 18,5–22,5 cm)
AU	= Österreich	B	= Bearbeiter
GV alt	= Gesamtverzeichnis des deutschsprachigen Schrifttums 1700–1910	H	= Herausgeberwerk (mind. 1 Hrsg., mehrere Beiträger)
L	= Artikel über das Schulwesen einzelner Länder (Staaten, Provinzen, freie Städte)	Lit.	= Literatur
P	= biographische Artikel	Pfr.	= Pfarrer
Verw.	= (Quer-)Verweise auf Artikel	Verz.	= Verzeichnis
*	= bisher nur sekundär nachgewiesen. Standort nicht gefunden	⊙	= konnte wg. mangelnder Verfügbarkeit in Berlin nicht einbezogen werden

212. Die Fachlexikographie der Pädagogik/Erziehungswissenschaft: eine Übersicht

Übersicht 212.2: Pädagogische/erziehungswissenschaftliche Spezialwörterbücher in deutscher Sprache

Erscheinungszeitraum	Zitationstitel (vollst. Titel in Bibliographie)	Bände, Buchformat, Gesamtumfang in Seiten	Subdisziplin, Sachgebiet	Anmerkungen
1910–1919	**Dannemann/Schober/Schulze 1911**	1 Bd., Gr.8°, 987 S.	Heilpädagogik	ca. 1.160 Artikel
1920–1929	**Clausnitzer u. a. 1920**	1 Bd., 4°, 569 S.	Volksschulwesen	1.818 Stichwörter
	Seeling/Franzmeyer 1926	1 Bd., Kl.8°, 165 S.	Heilpädagogik	ca. 1.075 Stichwörter; Definitionswörterbuch
1930–1939	**Schloen/Wolf o. J. [1930 od. 1931]**	1 Bd., 8°, 130 S.	Arbeitserziehung	257 Stichwörter, auch biogr. Artikel, 28 Verweise
	Dannemann u. a. 1934 *(2. verm. Aufl.)*	2 Bde., Gr.8°, 1.704 S.	Heilpädagogik	1.658 Artikel in zwei Bänden
1940–1949				
1950–1959				
1960–1969	**Pense 1963**	1 Bd., 8°, 332 S.	Sozial- u. Jugendhilfe	ca. 1.400 Stichwörter
	Rach 1964	1 Bd., 8°, 340 S.	Erziehungsgeschichte	ca. 120 Artikel
	Schlieper/Baumgardt/Stratenwerth 1964	1 Bd., Gr.8°, 398 S.	Berufserziehung	201 Artikel
	Schorb 1964	1 Bd., Kl.8°, 154 S.	Unterrichtswissenschaft	160 Stichwörter, in Themenkreisen geordnet
	Englert u. a. 1966	1 Bd., 8°, 243 S.	Kybernetische Pädagogik	Glossar engl., franz., russ.
	Rach 1967 *(2. verm. Aufl.)*	1 Bd., 8°, 372 S.	Erziehungsgeschichte	ca. 120 Artikel
	Fischer/Rhein/Ruthe 1969	1 Bd., 8°, 445 S.	Sexualpädagogik	Definitionswörterbuch; 16 Autoren
	Heese/Wegener 1969	3 Bde., Gr.8°, 2.008 S.	Heilpädagogik	1.679 Stichwörter; *Nachfolgewerk zu Dannemann u. a. 1934*
1970–1979	**Düring/Lehmann 1971**	1 Bd., Gr.8°, 169 S.	Schulpädagogik	556 erläuterte Fachtermini
	Heinrichs 1971	1 Bd., 8°, 362 S.	Medienpädagogik, Bildungstechnologie	ca. 160 Artikel, 80 Autoren
	Grüner/Kahl/Georg 1971	1 Bd., Kl.8°, 199 S.	Berufs- und Arbeitspädagogik	Definitionswörterbuch, ca. 1.500 Stichwörter
	Brocher/Friedeburg 1972	1 Bd., 8°, 782 S.	Sexualerziehung	ca. 100 Artikel zu Fachbegriffen
	Eppert 1973	1 Bd., Kl.8°, 354 S.	Fremdsprachendidaktik	Lit.verz. am Ende, Glossar engl.–dt.
	Frank/Hollenbach 1973	1 Bd., 8°, 234 S.	Kybernetische Pädagogik	Glossar engl., russ., tschech., franz., span., portug.; *Nachfolgewerk zu Englert u. a. 1966*
	Köhring/Beilharz 1973	1 Bd., 8°, 272 S.	Fremdsprachendidaktik u. -methodik	Begriffswörterbuch mit 750 Stichwörtern
	Korherr/Hierzenberger 1973 *(2. Aufl. 1978)*	1 Bd., 8°, 1.115 S.	Religionspädagogik, Katechetik	22 Autoren, Lit.verz. am Ende; katholisch
	Nicklis 1973 *(2. durchges. Aufl. 1975)*	1 Bd., 8°, 467 S.	Schulpädagogik	systematisch und in den Klassen dann alphabetisch
	Wörterbuch d. Berufs- und Wirtschaftspädagogik 1973	1 Bd., Kl.8°, 320 S.	Berufs- u. Wirtschaftspädagogik	*Auszug aus Rombach 1970*; 161 Großartikel
	Wörterbuch d. Schulpädagogik 1973	1 Bd., Kl.8°, 384 S.	Schulpädagogik	*Auszug aus Rombach 1970*; 143 Großartikel

Erscheinungszeitraum	Zitationstitel (vollst. Titel in Bibliographie)	Bände, Buchformat, Gesamtumfang in Seiten	Subdisziplin, Sachgebiet	Anmerkungen
	Grüner/Kahl/Georg 1974 (3. [veränd.] Aufl.)	1 Bd., Kl.8°, 193 S.	Berufspädagogik	ca. 1.500 Stichwörter
	J. Niermann 1974	1 Bd., Kl.8°, 248 S.	DDR-Pädagogik	365 Artikel
	Odenbach 1974	1 Bd., Kl.8°, 490 S.	Schulpädagogik	ca. 2.000 Stichwörter
	Reinartz/Masendorf 1975	1 Bd., Kl.8°, 177 S.	Sonderpädagogik	reines Sprachwörterbuch engl.–deutsch
	Rischar/Rischar-Titze 1976	1 Bd., Kl.8°, 163 S.	Berufs- u. Arbeitspädagogik	über 2.400 Stichwörter u. Blankverweise
	Stocker 1976	2 Bde, Kl.8°, 577 S.	Literatur- u. Sprachdidaktik	ca. 110 Stichw.
	Schinzler 1976	1 Bd., Kl.8°, 336 S.	Vorschulerziehung	*Auszug aus Rombach 1970*; 153 Großartikel
	BBF 1977	1 Bd., 8°, 430 S.	Berufsbildung	Grundwortschatz; 80 Artikel
	Honal/Lachner 1977 ff	2 Ordner, 4°, Losebl.samml.	Schulleitung	derzeit ca. 2.300 Stichwörter
	Schröder/Finkenstaedt 1977	1 Bd., 8°, 393 S.	engl. Fachdidaktik	97 Stichw.
	Schwarzer 1977	1 Bd., 8°, 255 S.	Beratung	71 Artikel, 35 Autoren
	Schwendtke 1977 (2. Aufl. 1980, 3. Aufl. 1991)	1 Bd., Kl.8°, 312 S.	Sozialarbeit/Sozialpädagogik	ca. 400 Stichwörter
	Deutscher/Fieseler/Maòr 1978	1 Bd., 8°, 234 S.	Sozialarbeit/Sozialpädagogik	188 Artikel
	Kozdon 1978	1 Bd., 8°, 206 S.	Schulpädagogik	178 Stichwörter
	Wirth 1978	1 Bd., 8°, 756 S.	Erwachsenenbildung	93 größere Artikel
	Aschersleben/Hohmann 1979	1 Bd., Kl.8°, 255 S.	Schulpädagogik	145 Stichwörter
	Baeyer/Buck 1979	1 Bd., 8°, 158 S.	Kommunikation u. Medienpraxis	Definitionswörterbuch
	Kochan/Neuhaus-Siemon 1979	1 Bd., 8°, 545 S.	Grundschulpädagogik	136 Stichwörter, 99 Autoren
	M. M. Niermann 1979	2 Bde., Kl.8°, 404 S.	Vorschulerziehung	über 250 Stichwörter, 55 Autoren
	Nündel 1979	1 Bd., 8°, 526 S.	Deutschunterricht	mit einem Glossar
1980–1989	Brunner/Zeltner 1980	1 Bd., Kl.8°, 262 S.	Päd. Psychologie, Schulpädagogik	Definitionswörterbuch, ca. 1.500 Stichwörter
	Dahm u. a. 1980	1 Bd., 8°, 400 S.	Weiterbildung	längere Artikel mit Lit.ang.
	Deutscher Verein … 1980	1 Bd., 8°, 938 S.	Sozialarbeit/Sozialpädagogik	ca. 1.650 Artikel, 362 Autoren
	Gutjahr-Löser/Hornung 1980	1 Bd., Gr.8°, 364 S.	Politische Bildung, Bildungspolitik	CSU-Standpunkt; 70 Artikel
	Kreft/Mielenz 1980 (2. Aufl. 1983)	1 Bd., 8°, 536 S.	Sozialarbeit/Sozialpädagogik	über 240 Stichwörter
	Khella 1980	1 Bd., 8°, 324 S.	Sozialarbeit, Sozialpädagogik, Sonderpädagogik	217 Artikel
	Roth 1980	1 Bd., Gr.8°, 547 S.	Didaktik der Schulfächer	445 Artikel

212. Die Fachlexikographie der Pädagogik/Erziehungswissenschaft: eine Übersicht

Erscheinungszeitraum	Zitationstitel (vollst. Titel in Bibliographie)	Bände, Buchformat, Gesamtumfang in Seiten	Subdisziplin, Sachgebiet	Anmerkungen
	Hüther/Schorb 1981	1 Bd., 8°, 220 S.	Medienpädagogik	☉
	Eyferth/Otto/Thiersch 1984	1 Bd., Gr.8°, 1.322 S.	Sozialarbeit/Sozialpädagogik	104 Stichwörter, 118 Autoren
	Elzer 1985	1 Bd., 8°, 469 S.	Geschichte d. Pädagogik	mehr Biographien als Begriffe
	Gutjahr-Löser/Hornung 1985 (2., erw. Aufl.)	1 Bd., Gr.8°, 536 S.	Polit. Bildung, Bildungspolitik	CSU-Standpunkt; 103 Artikel
	Koch/Lutzmann 1985	1 Bd., 8°, 217 S.	Sexualerziehung	63 Stichwörter
	Nölker/Schoenfeldt 1985	1 Bd., Gr.8°, 326 S.	Berufspädagogik	Glossar: dt., engl., franz., span.
	Deutscher Verein ... 1986 (2. erw. Aufl.)	1 Bd., 8°, 1.074 S.	Sozialarbeit/Sozialpädagogik	rund 1.800 Stichwörter (lt. Vorwort)
	Deutscher Verein ... 1988a	1 Bd., Kl.8°, 115 S.	Sozialarbeit/Sozialpädagogik	reines Sprachwörterbuch dt.–engl., engl.–dt.
	Deutscher Verein ... 1988b	1 Bd., Kl.8°, 129 S.	Sozialarbeit/Sozialpädagogik	reines Sprachwörterbuch dt.–franz., franz.–dt.
	Kreft/Mielenz 1988 (Neuausgabe)	1 Bd., 8°, 670 S.	Sozialarbeit/Sozialpädagogik	über 290 Stichwörter
1990–1995	**Ashauer 1990**	1 Bd., Kl.8°, 223 S.	Berufs- u. Wirtschaftspädagogik	Definitionswörterbuch; 191 Stichwörter
	Hüther/Schorb/Brehm-Klotz 1990 (2. erw. Aufl.)	1 Bd., 8°, 284 S.	Medienpädagogik	53 Stichwörter, 26 Autoren
	Mähler/Schröder 1991	1 Bd., Kl.8°, 115 S.	Schulpädagogik/-praxis	mehr als 200 Stichwörter
	Dupuis/Kerkhoff 1992	1 Bd., Gr.8°, 741 S.	Sonderpädagogik, Heilpädagogik, Nachbargebiete	ca. 3.500 Stichwörter, Mitarbeit von 114 Fachgelehrten
	Deutscher Verein ... 1993 (3. erneu. u. erw. Aufl.)	1 Bd., Kl.8°, 1.183 S.	Sozialarbeit/Sozialpädagogik	1.756 Artikel, 584 Autoren
	Hintz/Pöppel/Rekus 1993	1 Bd., 8°, 400 S.	Schulpädagogik	71 Stichwörter
	Keck/Sandfuchs 1994	1 Bd., 8°, 384 S.	Schulpädagogik	350 Stichwörter, 80 Autoren
	Stimmer 1994 (2. bzw. 3. [unveränd.] Aufl. 1996 bzw. 1998)	1 Bd., Gr.8°, 567 S.	Sozialpädagogik/Sozialarbeit	1.040 Artikel, 310 Verweise
	Georg/Grüner/Kahl 1995 (8. überarb. u. erw. Aufl.)	1 Bd., Kl.8°, 243 S.	Arbeits- und Berufspädagogik	Definitionswörterbuch; über 2.000 Stichwörter
	Hintz/Pöppel/Rekus 1995 (2. überarb. Aufl.)	1 Bd., 8°, 408 S.	Schulpädagogik	71 Stichwörter
	Schwendtke 1995	1 Bd., Kl.8°, 537 S.	Sozialarbeit/Sozialpädagogik	454 Stichwörter
	Kreft/Mielenz 1996 (4. vollst. überarb. u. erw. Aufl.)	1 Bd., Gr.8°, 720 S.	Sozialarbeit/Sozialpädagogik	318 Stichwörter, davon 77 neue; umfangreiche Lit.ang.
	Deutscher Verein ... 1997 (4. vollst. überarb. Aufl.)	1 Bd., 8°, 1.175 S.	Sozialarbeit/Sozialpädagogik	1.702 Stichwörter, 628 Autoren

Stand: 30. 4. 1998.   Nachschlagewerke ausschließlich für Pädagogische Psychologie wurden hier als psychologische angesehen und daher nicht aufgenommen.

Gr.8° = Großoktav (Buchrückenhöhe 22,5–25 cm)   Kl.8° = Kleinoktav (Buchrückenhöhe 15–18,5 cm)   Losebl.samml. = Loseblattsammlung
4° = Quart (Buchrückenhöhe 25–35 cm)   8° = Oktav (Buchrückenhöhe 18,5–22,5 cm)   ☉ = konnte wg. mangelnder Verfügbarkeit in Berlin nicht ausgezählt werden

4. Literatur (in Auswahl)

Aschersleben/Hohmann 1979 = Karl Aschersleben/ Manfred Hohmann: Handlexikon der Schulpädagogik. Stuttgart [u. a.] 1979 (Urban-Taschenbuch 304).

Ashauer 1990 = Günter Ashauer: Fachbegriffe der Berufs- und Wirtschaftspädagogik. 4. überarb. u. erg. Aufl. unter Mitarb. v. Jürgen Backhaus. Stuttgart 1990.

Baeyer/Buck 1979 = Alexander von Baeyer/Bernhard Buck: Wörterbuch Kommunikation und Medienpraxis für Erziehung und Ausbildung. Begriffe und Erläuterungen aus Praxis, Wissenschaft und Technik. München [u. a.] 1979.

Baumgarten 1828 = Johann Christoph Friedrich Baumgarten: Handwörterbuch für Volksschullehrer. 2 Teile, A–Z. Quedlinburg 1828.

BBF 1977 = Schlüsselwörter zur Berufsbildung. Hrsg. v. Bundesinstitut für Berufsbildungsforschung. Weinheim. Basel 1977.

Böhm 1982, 1988, 1994 = Winfried Böhm: Wörterbuch der Pädagogik. Begründet v. Wilhelm Hehlmann. 12., neuverf. Aufl. Stuttgart 1982 [13., überarb. Aufl. 1988; 14., überarb. Aufl. 1994].

Brocher/Friedeburg 1972 = Lexikon der Sexualerziehung. Hrsg. v. Tobias Brocher/Ludwig von Friedeburg. Stuttgart. Berlin 1972.

Brunner/Zeltner 1980 = Reinhard Brunner/Wolfgang Zeltner: Lexikon zur pädagogischen Psychologie und Schulpädagogik. München. Basel 1980 (Uni-Taschenbücher 1049).

Clausnitzer u. a. 1920 = Handwörterbuch des Volksschulwesens. Hrsg. v. E. Clausnitzer/L. Grimme/A. Sachse/R. Schubert. Leipzig. Berlin 1920.

Dahm u. a. 1980 = Wörterbuch der Weiterbildung. Hrsg. v. Gerwin Dahm, [...]. München 1980.

Dannemann/Schober/Schulze 1911 = Enzyklopädisches Handbuch der Heilpädagogik. Hrsg. v. Adolf Dannemann/H. Schober/E. Schulze. Halle 1911.

Dannemann u. a. 1934 = Enzyklopädisches Handbuch der Heilpädagogik. Hrsg. v. Adolf Dannemann u. a. 2. Aufl., 2 Bde. Halle 1934.

Deutscher/Fieseler/Maòr 1978 = Lexikon der sozialen Arbeit. Hrsg. v. Ruth Deutscher/Gerhard Fieseler/Harry Maòr. Stuttgart u. a. 1978.

Deutscher Verein ... 1980, 1986, 1993, 1997 = Fachlexikon der sozialen Arbeit. Hrsg. v. Deutschen Verein für öffentliche und private Fürsorge. Frankfurt a. M. 1980 [2. erw. Aufl. Stuttgart [u. a.] 1986; 3. erneuerte u. erw. Aufl. Stuttgart. Köln. Berlin 1993; 4. vollst. überarb. Aufl. 1997].

Deutscher Verein ... 1988a = Wörterbuch der sozialen Arbeit. Deutsch – Englisch, Englisch – Deutsch. Hrsg. v. Deutschen Verein für öffentliche und private Fürsorge. Stuttgart [u. a.] 1988.

Deutscher Verein ... 1988b = Wörterbuch der sozialen Arbeit. Deutsch – Französisch, Französisch – Deutsch. Hrsg. v. Deutschen Verein für öffentliche und private Fürsorge. Stuttgart [u. a.] 1988.

Dolch 1952, 1960, 1967, 1971 = Josef Dolch: Grundbegriffe der pädagogischen Fachsprache. Nürnberg 1952 [3. verbess. Auflage mit viersprachigem Register. München 1960; 6. verb. (erw. u. neubearb.) Aufl. 1967; 7. bzw. 8. (unveränd.) Aufl. 1969 bzw. 1971].

Dupuis/Kerkhoff 1992 = Enzyklopädie der Sonderpädagogik, der Heilpädagogik und ihrer Nachbargebiete. Hrsg. v. Gregor Dupuis/Winfried Kerkhoff. Berlin 1992.

Düring/Lehmann 1971 = Paul Düring/Friedrich Lehmann: Der Schulalltag von A bis Z. Ansbach 1971.

Elzer 1985 = Hans-Michael Elzer: Begriffe und Personen aus der Geschichte der Pädagogik. Hrsg. v. Franz Joachim Eckert u. Klaus Lotz. Frankfurt a. M. Bern. New York 1985.

Encyklopädie der Pädagogik 1860 = Encyclopädie der Pädagogik. Bearb. v. einem Vereine praktischer Lehrer und Erzieher. 2 Bde. Leipzig 1860.

Englert u. a. 1966 = Lexikon der kybernetischen Pädagogik und der programmierten Instruktion. Hrsg. v. Ludwig Englert u. a. Quickborn 1966.

Eppert 1973 = Franz Eppert: Lexikon des Fremdsprachenunterrichts. Bochum 1973.

Eyferth/Otto/Thiersch 1984 = Handbuch zur Sozialarbeit/Sozialpädagogik. Hrsg. v. Hanns Eyferth/Hans-Uwe Otto/Hans Thiersch. Neuwied. Darmstadt 1984.

Fischer/Rhein/Ruthe 1969 = Wörterbuch zur Sexualpädagogik und ihren Grenzgebieten. Hrsg. v. Jochen Fischer/Peter Rhein/Reinhold Ruthe. Wuppertal 1969.

Frank/Hollenbach 1973 = Begriffswörterbuch der kybernetischen Pädagogik. Hrsg. v. Helmar Frank/ G. Hollenbach. Hannover. Paderborn 1973.

Frankiewicz u. a. 1960 = Kleine pädagogische Enzyklopädie. Hrsg. v. Heinz Frankiewicz u. a. Berlin 1960.

Frankiewicz u. a. 1963 = Pädagogische Enzyklopädie. Hrsg. v. Heinz Frankiewicz u. a. 2 Bde. Berlin 1963.

Groothoff 1964 = Pädagogik. Hrsg. v. Hans-Hermann Groothoff unter Mitwirkung v. Edgar Reimers. Frankfurt a. M. 1964 (Das Fischer Lexikon).

Groothoff 1973 = Pädagogik. Neuausgabe. Hrsg. v. Hans-Hermann Groothoff unter Mitwirkung v. Edgar Reimers. – [247. Tsd.]. Frankfurt a. M. 1973 (Das Fischer Lexikon).

Groothoff/Stallmann 1961, 1964, 1965, 1968 = Pädagogisches Lexikon. Hrsg. v. Hans-Hermann Groothoff/Martin Stallmann. Stuttgart 1961 [2.

durchges. Aufl.: 1964; 3. bzw. 4. unveränd. Aufl.: Stuttgart. Berlin 1965 bzw. 1968].

Groothoff/Stallmann 1971 = Neues pädagogisches Lexikon. Hrsg. v. Hans-Hermann Groothoff und Martin Stallmann. 5., vollst. neu bearb. Aufl. Stuttgart [u. a.] 1971.

Grüner/Kahl/Georg 1971, 1974, 1995 = Gustav Grüner/Otto Kahl/Walter Georg: Berufs- und arbeitspädagogische Kenntnisse. Kleines berufspädagogisches Lexikon. Bielefeld 1971 [3. (veränd.) Aufl. 1974; 8. (überarb. u. erw.) Aufl. 1995].

Gutjahr-Löser/Hornung 1980, 1985 = Politischpädagogisches Handwörterbuch. Hrsg. v. Peter Gutjahr-Löser/Klaus Hornung. München 1980 [2., erw. Aufl. Percha 1985].

Haase/Schneider 1952−1955, 1960, 1962, 1964/1965 = Lexikon der Pädagogik. Hrsg. v. Deutschen Institut für wissenschaftliche Pädagogik, Münster/Institut für Vergleichende Erziehungswissenschaft, Salzburg. Schriftleitung: Heinrich Rombach. 4 Bde. Freiburg 1952−1955 [2., 3. bzw. 4. unveränd. Aufl.: Freiburg. Basel. Wien 1960, 1962 bzw. 1964/1965; Ergänzungsband (zur vierbändigen Ausgabe 1952−1955 u. ö.). Freiburg. Basel. Wien 1964].

Hausmann 1985 = Franz Josef Hausmann: Lexikographie. In: Handbuch der Lexikologie. Hrsg. v. Christoph Schwarze/Dieter Wunderlich. Königstein/Ts. 1985, 367−411.

Heese/Wegener 1969 = Enzyklopädisches Handbuch der Sonderpädagogik und ihrer Grenzgebiete. Hrsg. v. Gerhard Heese und Hermann Wegener. 3., völlig neubearb. Aufl. des „Enzyklopädischen Handbuchs der Heilpädagogik", 3 Bde. Berlin 1969.

Hehlmann 1931, 1941, 1942 = Wilhelm Hehlmann: Pädagogisches Wörterbuch. Leipzig 1931 [2. völlig neu bearb. Aufl. 1941; 3. durchgeseh. Aufl. 1942].

Hehlmann 1953, 1957, 1960, 1964, 1967, 1971 = Wilhelm Hehlmann: Wörterbuch der Pädagogik. 4., vollst. neubearb. Aufl. Stuttgart 1953 [5. vollst. neubearb. Aufl. 1957; 6. neubearb. Aufl. 1960; 7. neubearb. Aufl. 1964; 8. neubearb. Aufl. 1967; 9., durchges. u. erg. Aufl. 1971; unveränd. Nachdruck als 10. u. 11. Aufl. mit der Jahreszahl 1971 im Impressum].

Heid 1989 = Helmut Heid: Interdisziplinarität. In: Pädagogische Grundbegriffe. Hrsg. v. Dieter Lenzen. Bd. 1. Reinbek 1989, 781−798.

Heinrichs 1971 = Lexikon der audio-visuellen Bildungsmittel. Hrsg. v. Heribert Heinrichs. München 1971.

Hergang 1843/1847, 1851 = Pädagogische Real-Encyclopädie oder Encyclopädisches Wörterbuch des Erziehungs- und Unterrichtswesens und seiner Geschichte [...] Bearb. v. einem Vereine von Predigern und Lehrern u. redigiert v. Karl Gottlob Hergang. 2 Bde. Grimma. Leipzig 1843/1847 [2. durchges. Aufl. 1851].

Hierdeis 1978, 1986, 1989, 1996 = Taschenbuch der Pädagogik. Hrsg. v. Helmwart Hierdeis. 2 Teile. Baltmannsweiler 1978 [2., neubearb. Aufl. 1986; 3. (unveränd.) Aufl. 1989; 4. vollst. überarb. u. erw. Aufl. 1996. Hrsg. v. Helmwart Hierdeis und Theo Hug].

Hintz/Pöppel/Rekus 1993, 1995 = Dieter Hintz/Karl-Gerhard Pöppel/Jürgen Rekus: Neues schulpädagogisches Wörterbuch. Weinheim. München 1993 [2. überarb. Aufl. 1995].

Honal/Lachner 1977ff = Handwörterbuch der Schulleitung. Hrsg. v. Werner H. Honal/Jürgen Lachner. Loseblatt-Sammlung. München 1977ff.

Hornay/Ruppert/Schultze 1970 = Pädagogisches Lexikon. Hrsg. v. Walter Hornay/Johann Peter Ruppert/Walter Schultze. 2 Bde. Gütersloh 1970.

Hossbach 1968 = Friedrich W. Hossbach: Bemerkungen zu einem pädagogischen Wörterbuch. In: Neue Sammlung 1. 1968, 95−103.

Hüther/Schorb 1981 = Grundbegriffe der Medienpädagogik. Hrsg. v. Jürgen Hüther/Bernd Schorb. Ehingen 1981.

Hüther/Schorb/Brehm-Klotz 1990 = Grundbegriffe der Medienpädagogik. Hrsg. v. Jürgen Hüther/Bernd Schorb/Christiane Brehm-Klotz. 2. völlig neubearb. Aufl. Ehingen 1990.

Ipfling 1974 = Grundbegriffe der pädagogischen Fachsprache. Hrsg. v. Heinz-Jürgen Ipfling. Unter Mitarbeit v. Paul Jung [...]. München 1974.

Kaluza 1976, 1981 = Herder-Lexikon Pädagogik. Bearb. im Auftr. der Lexikonred. v. Björn Kaluza. Freiburg. Basel. Wien 1976. [4. Aufl. 1981].

Keck/Sandfuchs 1994 = Wörterbuch Schulpädagogik. Hrsg. v. Rudolf W. Keck/Uwe Sandfuchs. Bad Heilbrunn 1994.

Keller/Novak 1979, 1991 = Josef A. Keller/Felix Novak: Kleines pädagogisches Wörterbuch. Freiburg. Basel. Wien 1979 [7. unveränd. Aufl. 1991].

Keller/Novak 1993 = Josef A. Keller/Felix Novak: Kleines pädagogisches Wörterbuch. Völlig überarb. und aktualis. Neuausgabe. Freiburg. Basel. Wien 1993.

Khella 1980 = Karam Khella: Wörterbuch der Sozialarbeit, Sozialpädagogik und Sonderpädagogik. 1.−5. Tsd. Hamburg 1980.

Kleinert 1950−1952 = Lexikon der Pädagogik. Hrsg. v. Heinrich Kleinert, Schriftleiter. 3 Bde. Bern 1950−1952.

Koch/Lutzmann 1985 = Stichwörter zur Sexualerziehung. Hrsg. v. Friedrich Koch/Karlheinz Lutzmann. Weinheim 1985.

Kochan/Neuhaus-Siemon 1979 = Taschenlexikon Grundschule. Hrsg. v. Barbara Kochan und Elisabeth Neuhaus-Siemon. Königstein 1979.

Köck/Ott 1976, 1979, 1983, 1989, 1994 = Peter Köck/Hanns Ott: Wörterbuch für Erziehung und Unterricht. Donauwörth 1976 [2., überarb. u. erw.

Aufl. 1979; 3. bzw. 4. unveränd. Aufl. 1983 bzw. 1989; 5., völlig neu bearb. u. erw. Aufl. 1994].

Köhring/Beilharz 1973 = Klaus H. Köhring/Richard Beilharz: Begriffswörterbuch Fremdsprachendidaktik und -methodik. München 1973.

Korherr/Hierzenberger 1973 = Praktisches Wörterbuch der Religionspädagogik und Katechetik. Hrsg. v. Edgar Josef Korherr/Gottfried Hierzenberger. Freiburg. Basel. Wien 1973.

Kozdon 1978 = Baldur Kozdon: Grundbegriffe der Schulpädagogik. Bad Heilbrunn/Obb. 1978.

Kreft/Mielenz 1980, 1983, 1988, 1996 = Wörterbuch Soziale Arbeit. Hrsg. v. Dieter Kreft/Ingrid Mielenz. Weinheim. Basel 1980. [2. unveränd. Aufl. 1983; Neuausgabe: 3. vollst. überarb. u. erw. Aufl. 1988; 4. vollst. überarb. u. erw. Aufl. 1996].

Laabs u. a. 1987 = Pädagogisches Wörterbuch. Hrsg. v. Hans-Joachim Laabs [...]. Berlin 1987.

Lenzen 1982–1986, 1995 = Enzyklopädie Erziehungswissenschaft. Hrsg. v. Dieter Lenzen unter Mitarbeit v. Agi Schründer. 12 Bde. Stuttgart 1982–1986 [Reprint als Taschenbuch: Stuttgart. Dresden 1995].

Lenzen 1989a = Pädagogische Grundbegriffe. Hrsg. v. Dieter Lenzen unter Mitarb. v. Friedrich Rost. 2 Bde. Reinbek 1989 (rowohlts enzyklopädie 487; 488).

Lenzen 1989b = Dieter Lenzen: Die Enzyklopädie Erziehungswissenschaft. Ein Editionsbericht. In: Lexicographica 5. 1989, 52–84.

Lindner 1884 = Gustav Ad. Lindner: Encyklopädisches Handbuch der Erziehungskunde mit besonderer Berücksichtigung des Volksschulwesens. Wien. Leipzig 1884.

Loos 1906/1908 = Enzyklopädisches Handbuch der Erziehungskunde. Hrsg. v. Joseph Loos. 2 Bde. Wien 1906/1908 [Nachdruck: 1911].

Mähler/Schröder 1991 = Bettina Mähler/Stefan Schröder: Kleines Schullexikon für Lehrer in den neuen Bundesländern. Frankfurt a. M. 1991.

Maier 1978 = Pädagogisches Taschenlexikon. Hrsg. v. Karl-Ernst Maier. Regensburg 1978.

Meyers ... 1988 = Meyers Kleines Lexikon Pädagogik. Hrsg. u. bearb. v. Meyers Lexikonredaktion in Zusammenarbeit mit Gerhard Eberle und Axel Hillig. Mannheim. Wien. Zürich 1988.

Münch 1840–1842, 1844/45 = Matth. Corn. Münch: Universal-Lexicon der Erziehungs- und Unterrichts-Lehre für ältere und jüngere Christliche Volksschullehrer. [...] 3 Bde. Augsburg 1840–1842 [2. rev., verb. u. verm. Aufl. 3 Bde. 1844/1844/1845].

Münch/Loé 1859/1860 = Universal-Lexicon der Erziehungs- und Unterrichtslehre für Schulaufseher, [...] von M. C. Münch. Hrsg. v. Hermann Th. Loé. 3. umgearb. u. verb. Aufl. 3 Bde. Augsburg 1859/1859/1860.

Nicklis 1973, 1975 = Handwörterbuch der Schulpädagogik. Hrsg. v. W. S. Nicklis. Bad Heilbrunn 1973 [2. durchges. Aufl. 1975].

Niermann 1974 = Johannes Niermann: Wörterbuch der DDR-Pädagogik. Heidelberg 1974 (Uni-Taschenbücher 380).

Niermann 1979 = Wörterbuch der Vorschulerziehung. Hrsg. v. Monika M. Niermann. 2 Bde. Heidelberg 1979 (Uni-Taschenbücher 940; 971).

Nölker/Schoenfeldt 1985 = Glossar: Internationale Berufspädagogik. deutsch – english – français – español. Hrsg. v. Helmut Nölker/Eberhard Schoenfeldt. Sindelfingen 1985.

Nündel 1979 = Lexikon zum Deutschunterricht: mit einem Glossar. Hrsg. v. Ernst Nündel. München. Wien. Baltimore 1979.

Odenbach 1974 = Karl Odenbach: Lexikon der Schulpädagogik. Begriffe von A–Z. Braunschweig 1974.

Pense 1963 = Lexikon der Sozial- und Jugendhilfe. Hrsg. v. Rudolf Pense. Köln. Berlin 1963.

Petzold/Speichert 1981 = Handbuch pädagogischer und sozialpädagogischer Praxisbegriffe. Hrsg. v. Hans-Joachim Petzold und Horst Speichert. Reinbek 1981.

Petzoldt 1872/1873 = E. Petzoldt's Handwörterbuch für den Deutschen Volksschullehrer. 2 Bde. in 14 Lfgn. Dresden 1872/1873.

Petzoldt/Kroder 1877/1878 = Doktor E. Petzoldt's Handwörterbuch für den Deutschen Volksschullehrer. Bearb. v. Johannes Kroder. 2., vermehrte Aufl., Leipzig 1877/1878.

Rach 1964, 1967 = Alfred Rach: Sachwörterbuch zur deutschen Erziehungsgeschichte. Weinheim. Berlin 1964 [2. verb. u. erg. Aufl. 1967].

Rauch/Anzinger 1972, 1973 = Wörterbuch Kritische Erziehung. Hrsg. v. Eberhard Rauch und Wolfgang Anzinger. 1. und 2. Aufl., Starnberg 1972 [4., erw. u. überarb. Aufl. 1973 (TB-Ausgabe: Frankfurt a. M. 1975)].

Rein 1895–1899, 1903–1911 = Encyklopädisches Handbuch der Pädagogik. Hrsg. v. Wilhelm Rein. 7 Bde., Langensalza 1895–1899 [2. Aufl., 10 Bde. und 1 Systemat. Inhaltsverzeichnis. 1903–1911].

Reinartz/Masendorf 1975 = Erika Reinartz/Friedrich Masendorf: Kleines Wörterbuch der Sonderpädagogik. Engl.–dt. Berlin 1975.

Reuter 1811 = Pädagogisches Real-Lexicon, oder Repertorium für Erziehungs- und Unterrichtskunde und ihre Literatur. Hrsg. v. D. Reuter. Nürnberg 1811.

Rischar/Rischar-Titze 1976 = Klaus Rischar/Christa Rischar-Titze: Lexikon der Berufs- und Arbeitspädagogik. Ludwigshafen 1976.

Rolfus 1884 = Real-Encyclopädie des Erziehungs- und Unterrichtswesens nach katholischen Principien. Ergänzungsbd. Bearb. u. hrsg. v. Hermann Rolfus. Mainz 1884.

Rolfus/Pfister 1863–1866, 1872–1874 = Real-Encyclopädie des Erziehungs- und Unterrichtswesens nach katholischen Principien. Bearb. u. hrsg. v. Hermann Rolfus/Adolph Pfister. 4 Bde. Mainz 1863–1866 [2., verb. und vermehrte Aufl. 1872–1874].

Roloff 1913–1917 = Lexikon der Pädagogik. Hrsg. v. Ernst M. Roloff. 5 Bde. Freiburg [u. a.] 1913–1917.

Rombach 1970 = Lexikon der Pädagogik. Neue Ausgabe in vier Bänden. Hrsg. v. Willmann-Institut, München–Wien. Leitung der Herausgabe: Heinrich Rombach. Freiburg. Basel. Wien 1970 [2. unveränd. Aufl.: 1971–1973].

Rombach 1977 = Wörterbuch der Pädagogik. Hrsg. v. Willmann-Institut München–Wien. Leitung der Herausgabe: Heinrich Rombach. 3 Bde. Freiburg. Basel. Wien 1977.

Roth 1976 = Handlexikon zur Erziehungswissenschaft. Hrsg. v. Leo Roth. München 1976 [textident. zweibändige TB-Ausgabe: Reinbek 1980].

Roth 1980 = Handlexikon zur Didaktik der Schulfächer. Hrsg. v. Leo Roth. München 1980.

Sander 1883, 1889 = Ferdinand Sander: Lexikon der Pädagogik. Leipzig 1883 [2. durchges. u. verm. Aufl., Breslau 1889].

Schaub/Zenke 1995 = Horst Schaub/Karl G. Zenke: Wörterbuch zur Pädagogik. München 1995 (dtv 3357).

Schinzler 1976 = Wörterbuch der Vorschulerziehung. Hrsg. v. Engelbert Schinzler. Freiburg 1976 (Herderbücherei 9035).

Schlieper/Baumgardt/Stratenwerth 1964 = Friedrich Schlieper/Johannes Baumgardt/Wolfgang Stratenwerth: Handwörterbuch der Berufserziehung. Laaspe 1964.

Schloen/Wolf o. J. = Wörterbuch der Arbeitserziehung. Bearb. v. H. Schloen u. M. Wolf. Langensalza o. J. [ca. 1930/1].

Schmid 1859–1878 = Encyclopädie des gesammten [!] Erziehungs- und Unterrichtswesens. Bearb. v. einer Anzahl Schulmänner und Gelehrten und hrsg. v. K. A. Schmid. 11 Bde. Gotha 1859–1878.

Schmid 1877/1879 = Pädagogisches Handbuch für Schule und Haus. Bearb. v. K. A. Schmid. 2 Bde. Gotha 1877/1879.

Schmid/Schrader 1876–1887 = Encyclopädie des gesammten [!] Erziehungs- und Unterrichtswesens. Hrsg. v. K. A. Schmid und fortgeführt v. Wilh. Schrader. 10 Bde. 2. verb. Aufl. Gotha [ab Band 6: Leipzig] 1876–1887.

Schorb 1964 = Alfons Otto Schorb: 160 Stichworte zum Unterricht. Bochum 1964.

Schorb o. J. [1968] = Alfons Otto Schorb: Pädagogisches Lexikon. Bochum o. J. [1968] [8. durchges. Aufl., Bochum o. J. [1975]] (Kamp Pädagogische Taschenbücher 38).

Schröder 1985, 1992 = Hartwig Schröder: Grundwortschatz Erziehungswissenschaft. Ein Wörterbuch der Fachbegriffe. Von „Abbilddidaktik" bis „Zielorientierung". München 1985 [2. erw. und aktualis. Aufl. 1992].

Schröder/Finkenstaedt 1977 = Real-Lexikon der englischen Fachdidaktik. Hrsg. u. bearb. v. Konrad Schröder u. Thomas Finkenstaedt. Darmstadt 1977.

Schwartz 1928–1931 = Pädagogisches Lexikon. Hrsg. v. Hermann Schwartz. 4 Bde. Bielefeld. Leipzig 1928–1931.

Schwarzer 1977 = Beraterlexikon. Hrsg. v. Ralf Schwarzer. München 1977.

Schwendtke 1977, 1980, 1991, 1995 = Wörterbuch der Sozialarbeit und Sozialpädagogik. Hrsg. v. Arnold Schwendtke. Heidelberg 1977 [2. bzw. 3. unveränd. Aufl. 1980 bzw. 1991; 4. überarb. u. erw. Aufl. 1995] (Uni-Taschenbücher 656).

Seeling/Franzmeyer 1926 = Otto Seeling/Heinz Franzmeyer: Heilpädagogisches Taschen-Wörterbuch. Halle 1926.

Speck/Wehle 1970 = Handbuch pädagogischer Grundbegriffe. Hrsg. v. Josef Speck u. Gerhard Wehle. 2 Bde. München 1970 [Studienausgabe: 1973].

Speichert 1975 = Kritisches Lexikon der Erziehungswissenschaft und Bildungspolitik. Im Auftr. der päd. extra-Redaktion hrsg. v. Horst Speichert. Reinbek 1975 (rororo Handbuch 6190).

Spieler 1930/1932 = Lexikon der Pädagogik der Gegenwart. Hrsg. v. Deutschen Institut für wissenschaftliche Pädagogik, Münster. Ltg. d. Hrsg.: Josef Spieler. 2 Bde. Freiburg 1930/1932.

Stimmer 1994 = Lexikon der Sozialpädagogik und der Sozialarbeit. Hrsg. v. Franz Stimmer unter Mitarbeit v. Hilde van den Boogaart u. Günter Rosenhagen. München. Wien 1994 [2. bzw. 3. (unveränd.) Aufl. 1996 bzw. 1998].

Stocker 1976 = Taschenlexikon der Literatur- und Sprachdidaktik. Hrsg. v. Karl Stocker. 2 Bde. Kronberg 1976.

Weber/Domkel/Gehlert 1974 = Erich Weber/Horst Domke/Siegmund Gehlert: Kleines sozialwissenschaftliches Wörterbuch für Pädagogen. Donauwörth 1974.

Wehle 1973 = Pädagogik aktuell. Lexikon pädagogischer Schlagworte und Begriffe. Hrsg. v. Gerhard Wehle. 3 Bde. München 1973.

Weigl u. a. 1952 = Franz Weigl u. a.: Pädagogisches Fachwörterbuch. München 1952.

Wenzel 1797 = Paedagogische Encyclopaedie, worinn [...] das Noethigste, [...] kurz und deutlich erklaeret wird. Verfasset von Gottfried Immanuel Wenzel. Wien 1797.

Wirth 1978 = Handwörterbuch der Erwachsenenbildung. Hrsg. v. Ingeborg Wirth unter Mitarbeit v. Hans-Hermann Groothoff. Paderborn 1978.

Wörle 1835 = Encyklopädisch-pädagogisches Lexikon ... Bearb. und hrsg. v. J. G. C. Wörle. Heilbronn 1835.

Wörterbuch der Berufs- und Wirtschaftspädagogik 1973 = Wörterbuch der Berufs- und Wirtschaftspädagogik. Freiburg. Basel. Wien 1973 (Herder-Bücherei 9009).

Wörterbuch der Schulpädagogik 1973 = Wörterbuch der Schulpädagogik. Freiburg. Basel. Wien 1973 (Herder-Bücherei 9001).

Wulf 1974 = Wörterbuch der Erziehung. Hrsg. v. Christoph Wulf. München. Zürich 1974 [als TB-Ausgabe z. Z. (unveränd.) 7. Aufl. 1989 (Serie Piper 345)].

Zöpfl u. a. 1970, 1976 = Kleines Lexikon der Pädagogik und Didaktik. Hrsg. v. H. Zöpfl, G. Bittner, R. Mühlbauer, H. Tschamler. Donauwörth 1970 [7. erg. Aufl. 1976].

Dieter Lenzen, Berlin
Friedrich Rost, Berlin

213. Die Fachlexikographie der Literaturwissenschaft: eine Übersicht

1. Zur Typologie literaturwissenschaftlicher Lexika
2. Zur Fachsprache der Literaturwissenschaft
3. Zur fachlexikographischen Praxis der Literaturwissenschaft
4. Zur Geschichte literaturwissenschaftlicher Lexikographie
5. Literatur (in Auswahl)

1. Zur Typologie literaturwissenschaftlicher Lexika

Die Fachlexikographie der Literaturwissenschaft ist in ihrem Gesamtbestand nicht mehr zu überblicken und allenfalls noch typologisch zu erfassen. Drei Haupttypen literaturwissenschaftlicher Lexika sind dabei immerhin voneinander zu unterscheiden: (1) *Werklexika*, (2) *Autorenlexika* und (3) *Sachlexika*.

1.1. *Werklexika* bieten Informationen über einzelne Texte (wie Romane oder Dramen oder auch Essays), oft auch über Textsammlungen (wie Gedichtsammlungen, Erzählanthologien etc.) — selten über ein ganzes Œuvre eines Autors. Stillschweigende Voraussetzung der Aufnahme eines Werkes in ein literaturwissenschaftliches Werklexikon ist im allgemeinen die Annahme, das Werk sei selbst (gemessen an historisch wechselnden literaturgesellschaftlichen Konventionen) zur ‚schönen' Literatur im Unterschied zur Sach- oder Gebrauchsliteratur zu zählen oder gehöre gar dem Kanon einer bestimmten Literatur an, oder wenigstens sein Verfasser habe überwiegend Texte geschrieben, die im Bereich der ‚schönen' Literatur anzusiedeln wären. Manche Lexika bieten darüber hinaus auch Informationen über Texte, Bücher oder Werke, die geistesgeschichtliche Bedeutung für die Betrachtung von Literatur haben (z. B. Kindler 1988, wo auch über die theoretischen Schriften von Michael Bachtin oder Roland Barthes und Jürgen Habermas informiert wird). Diese Informationen betreffen z. B. den Inhalt einzelner Bücher, formale Besonderheiten, Entstehung und Wirkung eines Textes oder mehrerer Texte, Forschungsliteratur u. a. m. Einen Sonderfall des literaturwissenschaftlichen Werklexikons stellt Renner 1994 dar — es ist ein Lexikon literaturtheoretischer Werke, das nicht wie die üblichen Werklexika vor allem Primärliteratur (‚schöne' Literatur), sondern ausschließlich Sekundärliteratur behandelt.

1.2. *Autorenlexika* halten Informationen über einzelne Autoren, die als Verfasser von ‚schöner' Literatur hervorgetreten sind, bereit — über ihr Leben und literarhistorische Beziehungen, über einzelne Texte und nicht selten über das Œuvre eines Autors — sowie häufig Angaben zur Forschungsliteratur (Bio-Bibliographisches). Eine Sondergruppe des Autorenlexikons bilden Pseudonymenlexika (z. B. Querard 1869; Weller 1886; Holzmann 1906), die Informationen über Schriftsteller bieten, die unter einem oder mehreren Pseudonymen schreiben; eine typologisch weiter zu unterscheidende Sondergruppe bilden die Anonymenlexika (z. B. Holzmann 1902), die die Titel anonym erschienener Texte als Lemmata verwenden und jeweils das Anonymat aufzulösen beanspruchen. Anonymenlexika grenzen typologisch an sog. Titelbücher (z. B. Schneider 1965; Ahnert 1966), die die Verfasser nicht notwendigerweise auch pseudonym oder anonym erschienener Literaturwerke nachweisen. Pseudonymen- und Anonymenlexika werden oft auch miteinander kombiniert (z. B. Malkett 1962).

1.3. *Sachlexika* schließlich verzeichnen und erläutern literaturwissenschaftliche Vokabeln in einem weiten Sinn (‚Begriffe', ‚Methoden', ‚Schulen') — dazu unten mehr.

1.4. In den Bereich der literaturwissenschaftlichen Fachlexikographie gehören auch solche Lexika, die den Wortschatz eines Dichters aufbereiten (z. B. Goethe 1966 den Goethe-Wortschatz). Da solche Wörterbücher lediglich schriftstellerische Objektsprache erschließen, anstatt literaturwissenschaftliche Metasprache zu erläutern, müssen sie hier nicht weiter berücksichtigt werden; ebensowenig kommen darum auch Indices (z. B. Kleist 1969; Trakl 1971), Konkordanzen (z. B. Celan 1969), Zitat-Wörterbücher (z. B. Büchmann 1864) sowie allgemeine Wörterbücher in Betracht, obwohl historische Wörterbücher wie das Grimmsche Wörterbuch (Grimm 1854), Wörterbücher zu bestimmten Sprachstufen (z. B. Lexer 1872) oder auch Etymologische Wörterbücher (z. B. Kluge 1989) und Fremdwörterbücher (wie Schulz/Basler 1913) zu den lexikographischen Hilfsmitteln der Literaturwissenschaft zählen. Ergänzt wird der abgesteckte engere Bereich der literaturwissenschaftlichen Lexikographie allerdings durch Lexika zu anderen Wissensbereichen neben der Literaturwissenschaft. Hier gibt es im lexikographischen Bestand nicht selten fachliche Überschneidungen, wie insbesondere auch das Verhältnis zwischen Rhetorik und literaturwissenschaftlicher Rhetorik (vgl. Lausberg 1960; Lanham 1969; Plett 1981; Donker 1982; Rhetorik 1992) oder auch zwischen Literatur- und Buchwissenschaft als Nachbar- und Teildisziplin der Literaturwissenschaft zeigen (vgl. Ziller 1980, Corsten 1987).

1.5. Die genannten lexikographischen Haupttypen werden häufig *explizit* miteinander kombiniert (vgl. z. B. Frauwallner 1951; Knaur 1986; Killy 1988), oft stößt man aber auch auf *implizite* Kombinationen der Haupttypen (z. B. Kayser 1953; Brockhaus 1988; Harenberg 1989). Typologisch weiter unterscheidende Kriterien sind allemal (a) die *Erscheinungsform* (als abgeschlossenes Lexikon oder als unabgeschlossene Loseblatt-Sammlung wie im Fall von Comics 1991, KLG 1978, KLfG 1983, KLRG 1984 oder auch Reiseliteratur 1988 — eine Form, die interessanterweise lediglich bei Autoren- und Werklexika vorkommt, nicht jedoch bei Sachlexika); die (b) *Selbständigkeit* (als eigenständiges Lexikon oder als unselbständiger Anhang zu einer Monographie oder einem Arbeitsbuch — wie bei Wagenknecht 1993; Fricke/Zymner 1996), sowie der (c) *Gegenstandsbereich*. Der Gegenstandsbereich bestimmt sich im einzelnen u. a. (i) nach geographischen Kriterien, insofern Autoren, Werke oder Sachen erfaßt werden, die die ‚Weltliteratur' (z. B. Shipley 1953; Bompiani 1956; Tieghem 1968; Shipley 1970; Comics 1976; Escarpit 1979; Brauneck 1981; Klein 1981), Nationalliteraturen (z. B. Allibone 1865; Hornung 1992; Kasack 1992) oder Literaturen einzelner Regionen betreffen (vgl. detailliert Zischka 1959); der Gegenstandsbereich bestimmt sich weiter (ii) nach historiographischen Kriterien, insofern Autoren, Werke oder Sachen erfaßt werden, die nur einzelne Zeitabschnitte oder Epochen betreffen (z. B. Verfasserlexikon 1933 u. Verfasserlexikon 1978; Endres 1975; Fürstenwald 1984; Gurst 1989; Dinzelbacher 1992; Schneiders 1995); zudem kann der Gegenstandsbereich (iii) nach linguistischen Kriterien bestimmt werden, insofern Autoren, Werke oder Sachen erfaßt werden, die eine bestimmte Sprache oder auch einen bestimmten Dialekt betreffen (ausführlich hierzu Zischka 1959); sodann kann der Gegenstandsbereich (iv) nach geschlechtsdifferenzierenden Kriterien bestimmt sein (wobei Lexika, die Bezeichnungen wie Autor, Dichter, Schriftsteller u. a. in Titel oder Untertitel aufnehmen, gewöhnlich männliche und weibliche Autoren behandeln, während Lexika, die ausdrücklich und ausschließlich Bezeichnungen wie Schriftstellerinnen, Autorinnen, Dichterinnen in Titel oder Untertitel aufnehmen, erkennbar zwischen männlichen und weiblichen Autoren differenzieren und männliche Autoren ganz ausschließen — z. B. Puknus 1980; Friedrichs 1981; Brinker-Gabler 1986); weiter können Lexika (v) nach gattungssystematischen Kriterien unterschieden sein, insofern Autoren, Werke oder Sachen erfaßt werden, die nur eine Gattung betreffen — Dramen, Romane oder Lyrik und ihre jeweiligen Autoren, wie z. B. bei Märchen 1977, Alpers 1980, Knörrich 1981, Lehmann 1983, Wolfe 1986, Brauneck 1986, Klemm 1991, Knörrich 1992, Pietrek 1992, Krimi 1993. Der Gegenstandsbereich kann (vi) auch durch inhaltliche Kriterien bestimmt werden, insofern Autoren, Werke oder Sachen erfaßt werden, die z. B. Figuren, Stoffe, Motive oder auch Handlungsmuster betreffen (vgl. z. B. Schmitt 1952, Marino 1975, Daemmrich 1987, Seigneuret 1988, Frenzel 1988, Rinsum 1990, Frenzel 1992). Schließlich (vii) gibt es noch eine ganze Gruppe von Lexika, die nach weltanschaulichen oder religiösen Kriterien, nach dem Zielpublikum oder nach der Weiterverwendung von Literatur u. a. m. ihren Gegenstandsbereich bestimmen (z. B. als Lexikon sozialistischer Literatur: Barck 1994; als Lexikon der Kinder- und Jugendliteratur: Doderer 1975; als Lexikon der verbotenen Literatur: Houben 1925; als Lexikon deutsch-jüdischer Autoren: Judaica 1992; als Lexikon der Literaturverfilmungen: Schmidt 1995).

Ein viertes übergreifendes Unterscheidungsmerkmal ist sodann (d) das des *Umfangs*. Zumeist geben Lexika schon im Titel zu erkennen, daß sie nur Grundlegendes zu erfassen und nur ein ‚kleines' Lexikon zu sein beanspruchen, oder aber enzyklopädische Vollständigkeit anstreben (vgl. z. B. Grützmacher 1987; Lorenz 1992). Mit dem Kriterium des Umfangs hängt das des (e) *Zielpublikums* eng zusammen — literaturwissenschaftliche Lexika müssen sich nämlich nicht nur an den bereits ausgebildeten Fachmann wenden, sondern können auch für Studierende und Studienanfänger sowie überhaupt für interessierte Laien (und hier nicht nur Erwachsene, sondern auch für Jugendliche und Kinder) bestimmt sein (vgl. Pletticha 1996; siehe auch Browning 1960, das ausdrücklich ein Lexikon für jedermann sein möchte). Mit dem Zielpublikum hängt als weiteres Kriterium (f) das der *Lexikon-Sprache* zusammen, die eben nicht mit der Autoren- oder Werk-Sprache des Gegenstandsbereiches übereinstimmen muß und dies wohl in den allermeisten Fällen auch nicht tut. So gibt es ganz selbstverständlich deutschsprachige Lexika für Romanisten (z. B. Hess 1989) oder englischsprachige Lexika zur deutschen Literatur und der Wissenschaft von ihr (z. B. Herd 1983). Zum Teil umfangreiche Bibliographien literaturwissenschaftlicher Lexika bieten Zischka 1959, Zelewitz 1974, Meyer-Krentler 1994, Blinn 1994, Raabe 1994 oder auch Zelle 1996; lexikographische Darstellungen zum Lemma *Literaturlexikon* finden sich z. B. in Wilpert 1989 oder in Schweikle 1990.

2. Zur Fachsprache der Literaturwissenschaft

Nicht allein die Einträge in Sachlexika verzeichnen literaturwissenschaftliche Fachsprache, zur Fachsprache gehören auch Autorennamen und Werktitel, die in Autoren- und Werklexika verzeichnet werden. Daß dies so ist und hier nicht vielmehr einfach nur quasi ‚naturwüchsige' Realien erfaßt werden, kann man daran erkennen, daß Autorenlexika vielfach durch literaturwissenschaftliche Konvention festgelegte Namensformen verzeichnen (z. B. *Goethe* — nicht jedoch *Göthe*), und daran, daß Werklexika vielfach konventionell gebräuchliche Werktitel, aber nicht unbedingt auch die tatsächlichen Titel ‚verschlagworten' (z. B. *Die Insel Felsenburg* statt *Wunderliche Fata einiger See-Fahrer ...* etc.). Bei den Sachlexika, die das Fachvokabular der Literaturwissenschaften in einem engeren Sinn erfassen, kann zwischen stärker (a) ‚literarischen' Lexika (z. B. Grützmacher 1987; Lorenz 1991) und (b) ‚Lexika der Wissenschaft von der Literatur' unterschieden werden (z. B. Wolfe 1986, Prince 1987, Link 1990, Hawthorne 1991). Während literarische Lexika vor allem literarhistorisch überliefertes, etwa in Dichtungslehren und Poetiken kodifiziertes Vokabular erfassen und als Vokabular der Literaturwissenschaft anbieten, richten Lexika der Wissenschaft von der Literatur ihre Aufmerksamkeit auf literaturwissenschaftliche und nicht unbedingt schon durch die Tradition der Poetiken und Dichtungslehren verbürgte Termini. Häufig werden die beiden Typen allerdings miteinander verbunden (wie zuletzt in Reallexikon 1996); eine Misch- und zugleich Sonderform von literarischem Lexikon und Lexikon von der Literatur stellen Lexika zum Literaturunterricht sowie zur Literatur- und Deutschdidaktik dar (etwa Nündel 1981; Stocker 1987).

3. Zur fachlexikographischen Praxis der Literaturwissenschaft

Für nahezu alle literaturwissenschaftlichen Fachausdrücke gelten die allgemeinen Bedingungen und Probleme literaturwissenschaftlicher Terminologie: Die Ausdrücke

„entstehen meistens beiläufig, übernehmen verbreitete, wenig genau konturierte Allgemeinbegriffe, überwiegend inhaltlicher Art, werden selten genauer definiert, unterliegen Bedeutungsschwankungen und -veränderungen. Das führt fast durchweg zu einer großen Beliebigkeit ihrer Verwendung. Dennoch kann man in literarhistorischen Arbeiten — im Gegensatz zu systematischen — nicht darauf verzichten" (Steinecke 1982, 347).

Darüber hinaus entstammen weite Teile des literaturwissenschaftlichen Fachvokabulars (wie etwa *Metapher*, *Chiasmus* oder auch *Ode*) der lateinischen und griechischen Antike — unabhängig davon zwar, in welcher modernen Literaturwissenschaft sie nun Verwendung finden, aber nicht unbeeinflußt von ihrem langen Herkommen. Eine nicht selten komplizierte Geschichte der Begriffe erschwert deshalb vielfach die fachsprachliche Verständigung mit ihnen und führt häufig zu widersprüchlichen Begriffsbestimmungen in verschiedenen Sachlexika — zumal im Vergleich von verschiedensprachigen Sachlexika (fachsprachliche Entsprechungen finden sich in Ruttkowski 1969; vgl. auch Ruttkowski 1980). Nötige Differenzierungen zwischen der (a) *Wortgeschichte* eines lexikographischen Lemmas, die Informationen über Herkunft und verschiedene Bedeutungen eines Begriffsnamens bietet, und der (b) *Begriffsgeschichte* (Informationen über konzeptuelle Entwicklungen und Veränderungen, eventuell auch über wechselnde Begriffsnamen) werden allerdings erst in einem neueren lexikographischen Werk konsequent versucht — nämlich dem Reallexikon 1996. Demnach wäre insbesondere genauer zu unterscheiden zwischen

„Fachausdrücken (wie Daktylus, Volksstück, Intertextualität, Sturm und Drang), die zusammen das fachsprachliche Vokabular unserer Disziplin bilden; [...] den literaturwissenschaftlichen Begriffen als Merkmalskombinationen unabhängig von ihrer national oder auch international u. U. differierenden sprachlichen Benennung (so können Sturm und Drang und Geniezeit gegebenenfalls denselben Begriff bezeichnen, erlebte Rede und style indirect libre tun dies ganz sicher); und schließlich [...] einem Terminus, der erst durch explizite Zuordnung genau eines Fachausdrucks zu einem Begriff mit angegebener Merkmalskombination zustande kommt" (Fricke 1988, 3; vgl. auch Fricke/Weimar 1996).

Einer reinen Neuerfindung literaturwissenschaftlicher Nomenklaturen wird dabei ebenso wie einer bloß restaurativen Tradierung vergangener Sprachgebräuche durch die historisch gestützte Explikation literaturwissenschaftlicher Begriffe begegnet. Begriffsinhalte werden also durch eine rationale Rekonstruktion explizit gemacht — und zwar durch eine Beschreibung bisheriger Verwendungsweisen des Begriffsnamens, sodann durch eine explizite Abgrenzung eines vorgeschlagenen Wortgebrauches unter Angabe logisch klar strukturierter semantischer Merkmale des Begriffs.

„Eine Begriffsexplikation verbindet also eine Aussage über historisch übliche Gebrauchsweisen (die, als ‚lexikalische Definition', wahr oder falsch sein kann) mit einer terminologischen Bestimmung des vorgeschlagenen wissenschaftlichen Gebrauchs (die, als ‚stipulative Definition', nicht wahr oder falsch sein kann, sondern nur zweckmäßig oder unzweckmäßig)" (Fricke/Weimar 1996, 7f; vgl. auch Gabriel 1988 u. Fricke/Zymner 1996, 240−253).

Neben der Differenzierung zwischen Explikation, Wort- und Begriffsgeschichte gehört darüber hinaus die separate Behandlung der Sach- und Forschungsgeschichte zu den lexikographischen Prinzipien, die das Reallexikon 1996 als terminologisches Lexikon sowohl von seinen Vorläufern (Reallexikon 1925; Reallexikon 1958) als auch von vielen der anderen zeitgenössischen Lexika unterscheiden und dadurch zugleich das Reallexikon 1996 zu einem lexikographischen Meilenstein machen. Die Bedeutung dieses Werkes besteht u. a. in der konsequenten lexikographischen Beachtung moderner wissenschaftstheoretischer Standards. Als dezidiert terminologisches Lexikon präsentiert das Reallexikon 1996 nicht in erster Linie (literarhistorisches) Sachwissen, wie der Name des ‚Real'-Lexikons leicht vermuten lassen könnte, sondern die Ergebnisse terminologischer Forschungen. In der Geschichte des Reallexikons gibt es mit dem Reallexikon 1996 also einen dezidierten Bruch trotz der Beibehaltung des Titelausdrucks „Reallexikon": Waren die beiden Vorgänger des Reallexikons 1996 noch eher enzyklopädische Lexika (s. u.), so handelt es sich bei dem Reallexikon 1996 um ein terminologisches Sachlexikon, das somit die Vorläufer nicht in jedem Fall ersetzt, wohl aber präzisierend ergänzt. Die Unterschiede in der lexikographischen Praxis, die es zwischen den einzelnen Auflagen des Reallexikons gibt, lassen sich nicht nur an den unterschiedlichen Artikelschemata festmachen, sondern auch an den jeweils von den verantwortlichen Herausgebern formulierten lexikographischen Prinzipien. Geht es demnach im Reallexikon 1996 um die wissenschaftstheoretisch abgesicherte Explikation der Terminologie der deutschen Literatur*wissenschaft* (vgl. Fricke/Weimar 1996), so ging es in der 2. Auflage des Reallexikons um eine „objektive Berichterstattung" über die deutsche Literatur*geschichte* in übergreifenden Lexikonartikeln, bei denen die „individuelle Sicht und Meinung und die individuelle Form der Aussage" der einzelnen Verfasser nicht ausgeschaltet werden sollte (Reallexikon 1958, IX). Darin setzt das Reallexikon 1958 die einer „geistesgeschichtlichen Literaturwissenschaft" (Reallexikon 1925, VI) verpflichtete Konzeption der ersten Auflage des Reallexikons fort. Dieses betrachtete als die ‚Realien der Literaturgeschichte' „die Gesamtheit der über- und unterpersönlichen Faktoren", die auf die Kunstwerke schöpferischer Einzelpersonen Einfluß haben.

„In diesem Sinne sucht das vorliegende, auf drei Bände berechnete Reallexikon der deutschen Literaturgeschichte erstmalig den sach- und formgeschichtlichen Gesichtspunkt zum herrschenden Prinzip zu erheben. Die Einzelpersönlichkeiten und ihre künstlerische Eigenart werden nur insofern Beachtung finden, als sie bei der Darstellung der sachlichen Entwicklungslinien von Bedeutung sind" (Reallexikon 1925, V).

Während die erste Auflage des Reallexikons noch mit einem Namenregister auskommt und seine Herausgeber es im übrigen auch gern in den „Händen der Studierenden und in den Schulbibliotheken sehen würden" (Reallexikon 1925, VI), enthält das Reallexikon 1958 zusätzlich ein Sachregister, das die in den einzelnen Artikeln auftretenden Begriffe nachweisen und die „Assoziationen aufzeigen" soll,

„die im Grenzbereich von literaturwissenschaftlicher Terminologie und bildungsbürgerlicher Umgangssprache zu unterschiedlichen Verbindungen von Sachen und Begriffen und zu partiell konventionalisierten Begriffsbildungen führten" (Reallexikon 1958, Bd. 5, VII).

Gegenüber den zuerst auch an breites Laienpublikum gerichteten ersten Auflagen des ‚Reallexikons' ist es das Ziel des Reallexikon 1996, „dem ganzen Fach ‚deutsche Literaturwissenschaft' als einheitliches terminologisches Lexikon" zu dienen (Fricke/Weimar 1996, 11), es ist also in erster Linie als Informationsmittel für den Fachmann gedacht. Der überwiegende Teil literaturwissenschaftlicher Sachlexika im 20. Jh. folgt ähnlich wie die beiden ersten Auflagen des Reallexikons eher geistesgeschichtlich positivistischen Konzepten, was häufig schon an der unmarkierten Vermischung von Realdefinition und Nominaldefinition zu erkennen ist, oder auch an der jede Begriffsexplikation oder Definition aussparenden, erzählenden Erläuterung des jeweiligen Stichwortes. Dabei bilden zumal die ausdrücklich ‚kleinen', lediglich die Grundbegriffe erfassenden Lexika vielfach einen interessanten lexikographischen Typus zwischen enzyklopädischem und explikatorischem Lexikon, den man wohl treffend als glossarisches Sachlexikon bezeichnen kann.

Weder so monographisch-ausführlich wie ein enzyklopädisches Lexikon, noch terminologisch rekonstruierend wie ein explikatorisches Lexikon, bietet ein glossarisches Lexikon in überwiegend knapp gehaltenen Artikeln vor allen Dingen mehr oder weniger formalisierte Erläuterungen zur literarischen oder literaturwissenschaftlichen Wortverwendung eines Lemmas. Vergleichbar mit der Konzeption des Reallexikons 1996 ist bei allerdings weit geringerem Umfang und bei weit geringerem Anspruch Brunner/Moritz 1996. Eine jüngere lexikographische Alternative zum Reallexikon 1996 stellt dagegen Fischer 1996 dar. Wie schon Fischer 1965 steht auch Fischer 1996 in der Tradition der enzyklopädischen Lexika.

In der literaturwissenschaftlichen Lexikographie stoßen wir hier zumeist auf Mischungen von zunächst ja typologisch unterscheidbaren *systematischen* und *alphabetischen* Enzyklopädien, insofern sie jeweils nach Themenkreisen konzipiert, die Einzelartikel dann aber alphabetisch geordnet sind. So stoßen wir etwa in Fischer 1996 auf Themenkreise wie „Literatur und ihre Funktion", „Elemente und Strukturen", „Gattungen", „Epochen und Epochenstile", „Wirkungen und Rezeptionsbewegungen", „Philologie und literarisches Leben" sowie „Theorie der Literatur". Diesen Themenkreisen sind jeweils lexikographische Stichwörter zugeordnet, die im Aufbau des Lexikons dann alphabetisch aufeinanderfolgen — so folgt z. B. in Band II von Fischer 1996 der dem Themenbereich „Elemente und Strukturen" zugeordnete Artikel *Gespräch/Dialog* dem Artikel *Gegenwartsliteratur*, der zum Themenkreis „Epochen und Epochenstile" gehört. Enzyklopädische Lexika zeichnen sich darüber hinaus in den einzelnen Artikeln dadurch aus, daß sie weniger systematisch und systematisierend als vielmehr historisch umfassend zu sein beanspruchen. Dabei wird nicht selten vollkommen auf die Definition einer literaturwissenschaftlichen Fachvokabel verzichtet zugunsten einer möglichst aspektreichen, monographischen Darstellung der sich an den jeweiligen Ausdruck knüpfenden Sachgeschichte. Freilich besteht hier jedoch stets die Gefahr, daß enzyklopädisches, literaturwissenschaftliches Erzählen ohne einen eindeutigen, wissenschaftlich konstituierten und damit stabilen Gegenstand auskommen muß. Unter der historischen Breite der Darstellung leidet u. U. also die terminologische Schärfe. Dementsprechend richtet sich das Lexikon Fischer

1996 auch nicht in erster Linie an ein Fachpublikum.

„Das Lexikon bietet dem anspruchsvollen, aber nicht unbedingt fachkundigen Leser Durchblick und Orientierung auf hohem Niveau, Partizipation an Sehweisen und Urteilen, Einblick in historische und systematische Zusammenhänge und nicht zuletzt eine Nähe zu den Texten, die produktive Rezeption im Lesen, Kennenlernen und Wiedererkennen ermöglicht" (Fischer 1996, II).

Diese Publikumsausrichtung teilt Fischer 1996 mit zahlreichen glossarischen und enzyklopädischen Lexika.

4. Zur Geschichte literaturwissenschaftlicher Lexikographie

Eine historiographische Erschließung literaturwissenschaftlicher Lexikographie gibt es bislang nicht, sie ist ein wissenschaftsgeschichtliches Desiderat. Grundzüge einer Geschichte der literaturwissenschaftlichen Fachlexikographie könnten sich allerdings an den skizzierten typologischen Unterscheidungen orientieren. Demnach wären wohl zumindest für die Fachlexikographie der deutschen Literaturwissenschaft drei Entwicklungsphasen lexikographischer Thesaurierung literaturgeschichtlichen oder auch dichtungstheoretischen Wissens zu unterscheiden. Nach wenigen frühen Versuchen sachlexikographischer wie auch autorenlexikographischer Art im 16. u. 17. Jh., die sich zumeist an ein spezielles, gelehrtes Publikum richteten und häufig — zumal im Barock — eher die Funktion eines ‚poetischen Trichters' zur Einübung in die Poesie als die eines informierenden Hilfsmittels hatten, setzten sich im 18. Jh. Lexika enzyklopädischen Typs durch, die eine Interessengleichheit von gelehrtem und allgemeinem Publikum unterstellen und in denen sich neben anderem auch literaturgeschichtlich und poetologisch relevante Informationen finden (wichtigster Vertreter hier: Zedler 1732; vgl. Art. 185; für die französische Literatur wäre zuvor schon auf die Enzyklopädie von A. Furetière zu verweisen und — gewissermaßen als Höhepunkt dieser Entwicklung, auf die ‚Encyclopédie' von Diderot und d'Alembert; vgl. Art. 183). Dieser Typus hielt sich über das 19. Jh. hinaus (wichtigster Vertreter im deutschsprachigen Raum: Ersch/Gruber 1818), doch schon im 18. Jh. sind hier zwei Entwicklungsstränge zu beobachten — der eine führt zum enzyklopädischen Konversationslexikon (Meyer, Brockhaus), das auch literaturwissenschaftliche Fachausdrücke und literaturgeschichtliche Sachverhalte in knapper und allgemeinverständlicher Form für ein allgemeines Publikum erläutert; der andere zum enzyklopädischen Reallexikon der Literaturgeschichte, das ausschließlich literaturgeschichtliche Sachverhalte und literaturwissenschaftliche Fachausdrücke erläutert und sich dabei an ein zunehmend spezielles Publikum richtet. Begleitet wird diese Entwicklung von der Herausbildung lexikographischer Hilfsmittel glossarischen Typs, die dem literarisch Interessierten und auch dem Literaturwissenschaftler knappe Erläuterungen zu bestimmten Lemmata zur Verfügung stellen wollen. Eine breite Differenzierung literaturwissenschaftlicher Fachlexikographie ist allerdings erst im 20. Jh. zu konstatieren; neben der Fortführung des enzyklopädischen Lexikon-Typs ist hier zunächst im Bereich des Sachlexikons das breite Angebot glossarischer Lexika zu bemerken; daneben aber auch die Vielfalt an — unter verschiedenen Aspekten — gestalteten Autoren- und Werklexika. Ob das Reallexikon 1996 lexikographiegeschichtlich Epoche machen wird, bleibt abzuwarten.

5. Literatur (in Auswahl)

Ahnert 1966 = Heinz Jörg Ahnert: Deutsches Titelbuch 2. Ein Hilfsmittel zum Nachweis von Verfassern deutscher Literaturwerke 1915—1965. Berlin 1966.

Allibone 1965 = S. Austin Allibone (Hrsg.): A Critical Dictionary of English Literature and British and American Authors. 4 vols. suppl. Detroit 1965.

Alpers 1980 = Hans-Joachim Alpers [u. a.]: Lexikon der Science Fiction Literatur. 2 Bde. München 1980.

Barck 1994 = Simone Barck/Silvia Schlenstedt [u. a.] (Hrsg.): Lexikon sozialistischer Literatur. Ihre Geschichte in Deutschland bis 1945. Stuttgart 1994.

Blinn 1994 = Hansjürgen Blinn: Informationshandbuch Deutsche Literaturwissenschaft. 3., neu bearb. u. erw. Aufl. Frankfurt a. M. 1994.

Bompiani 1956 = Dizionario Letterario Bompiani degli autori di tutti i tempi e di tutti le letterature. 3 Bde. Hrsg. v. Valentino Bompiani. Milano 1956.

Brauneck 1981 = Weltliteratur im 20. Jahrhundert. Autorenlexikon. 4 Bde. Hrsg. v. Manfred Brauneck. Reinbek 1981.

Brauneck 1986 = Theaterlexikon. Begriffe und Epochen, Bühnen und Ensembles. Hrsg. v. Manfred Brauneck u. Gérard Schneilin. Reinbek 1986.

Brinker-Gabler 1986 = Gisela Brinker-Gabler/Karola Ludwig/Angela Wöffen: Lexikon deutschsprachiger Schriftstellerinnen von 1800 bis 1945. München 1986.

Brockhaus 1988 = Der Literatur-Brockhaus. 3 Bde. Hrsg. v. Werner Habicht u. Wolf-Dieter Lange. Männheim 1988.

Browning 1960 = D. C. Browning: Everyman's Dictionary of Literary Biography. 2nd rev. ed. London 1960.

Brunner/Moritz 1996 = Horst Brunner/Rainer Moritz (Hrsgg.): Literaturwissenschaftliches Lexikon. Grundbegriffe der Germanistik. Berlin 1996.

Büchmann 1864 = Georg Büchmann: Geflügelte Worte. Der Zitatenschatz des deutschen Volkes. Berlin 1864 [32. Aufl. 1972].

Celan 1969 = Peter H. Neumann: Wort-Konkordanz zur Lyrik Paul Celans bis 1967. München 1969.

Comics 1976 = The World Encyclopedia of Comics. Ed. by Maurice Horn. New York 1976.

Comics 1991 = Lexikon des Comics. Werke, Personen, Themen, Aspekte. Loseblattausgabe. Hrsg. v. Heiko Langhans u. Marcus Czerwionka. Meitingen 1991 ff.

Corsten 1987 = Lexikon des gesamten Buchwesens. Hrsg. v. Severin Corsten, Günter Pflug u. Friedrich Adolf Künsemüller. Bde. 1–3 (A–H). 2., völlig neu bearb. Aufl. Stuttgart 1987.

Daemmrich 1987 = Horst S. u. Ingrid Daemmrich: Themen und Motive in der Literatur. Ein Handbuch. Tübingen 1987.

Dinzelbacher 1992 = Sachwörterbuch der Mediävistik. Unter Mitarbeit zahlreicher Fachgelehrter und unter Verwendung der Vorarbeiten von Hans-Dieter Mück, Ulrich Müller, Franz Viktor Spechtler und Eugen Thurnher. Hrsg. v. Peter Dinzelbacher. Stuttgart 1992 (Kröners Taschenausgabe 477).

Doderer 1975 = Lexikon der Kinder- u. Jugendliteratur. Hrsg. v. Klaus Doderer. 3 Bde. u. Erg.-Bd. Weinheim 1975–1982.

Donker 1982 = M. Donker/G. M. Muldrow: Dictionary of Literary-Rhetorical Conventions of the English Renaissance. London 1982.

Endres 1975 = Elisabeth Endres: Autorenlexikon der deutschen Gegenwartsliteratur. 1945–1975. Frankfurt a. M. 1975.

Ersch/Gruber 1818 = Allgemeine Enzyklopädie der Wissenschaften und Künste. Hrsg. v. Johann Samuel Ersch u. Johann Georg Gruber. Sect. 1, Th. 1–99 (A–G), Sect. 2, Th. 1–43 (H–Ligatur), Sect. 3, Th. 1–25 (O–Phyxios). Graz 1969 ff [Nachdr. d. Ausg. Leipzig 1818–1889].

Escarpit 1979 = Roland Escarpit: Dictionnaire international des termes littéraires. Bern 1979.

Fischer 1965 = Das Fischer-Lexikon Literatur. 3 Bde. Hrsg. v. Wolf-Hartmut Friedrich u. Walther Killy. Frankfurt a. M. 1964 ff.

Fischer 1996 = Das Fischer Lexikon Literatur. 3 Bde. Hrsg. v. Ulfert Ricklefs. Frankfurt a. M. 1996.

Frauwallner 1951 = E. Frauwallner, H. Giebisch, E. Heinzel (Hrsg.): Die Weltliteratur. Biographisches, literarhistorisches und bibliographisches Lexikon in Übersichten und Stichwörtern. 3 Bde. Wien 1951–1954.

Frenzel 1988 = Elisabeth Frenzel: Motive der Weltliteratur. Ein Lexikon dichtungsgeschichtlicher Längsschnitte. 3., überarb. u. erw. Aufl. Stuttgart 1988.

Frenzel 1992 = Elisabeth Frenzel: Stoffe der Weltliteratur. Ein Lexikon dichtungsgeschichtlicher Längsschnitte. 8., vollst. überarb. Aufl. Stuttgart 1992.

Fricke 1988 = Harald Fricke: Einführung. In: Zur Terminologie der Literaturwissenschaft. Akten des IX. Germanistischen Symposions der DFG Würzburg 1986. Hrsg. v. Christian Wagenknecht. Stuttgart 1988, 1–8.

Frickel/Weimar 1996 = Harald Fricke/Klaus Weimar: Begriffsgeschichte als Explikationsprogramm. Konzeptuelle Anmerkungen zum neubearbeiteten ‚Reallexikon der deutschen Literaturwissenschaft'. In: Archiv für Begriffsgeschichte XXXIX (1996), 7–18.

Frickel/Zymner 1996 = Harald Fricke/Rüdiger Zymner: Einübung in die Literaturwissenschaft. 3. Aufl. Paderborn 1996.

Friedrichs 1981 = Elisabeth Friedrichs: Die deutschsprachigen Schriftstellerinnen des 18. und 19. Jahrhunderts. Stuttgart 1981.

Fürstenwald 1984 = Maria Fürstenwald/Jean M. Woods: Schriftstellerinnen, Künstlerinnen und gelehrte Frauen des deutschen Barocks. Ein Lexikon. Stuttgart 1984.

Gabriel 1988 = Gottfried Gabriel: Wie klar und deutlich soll eine literaturwissenschaftliche Terminologie sein? In: Wagenknecht 1988, 24–34.

Goethe 1966 = Goethe-Wörterbuch. Hrsg. v. der Deutschen Akademie der Wissenschaften zu Berlin, der Akademie der Wissenschaften in Göttingen und der Heidelberger Akademie der Wissenschaften. Berlin 1966 ff.

Grimm 1854 = Jacob Grimm/Wilhelm Grimm: Deutsches Wörterbuch. Hrsg. v. d. Deutschen Akademie d. Wissenschaften zu Berlin. Bde 1–32. Leipzig 1954–1960. Neubearb. hrsg. v. der Akademie der Wissenschaften d. DDR in Zusammenarb. mit d. Akad. d. Wissenschaften zu Göttingen. Leipzig 1965 ff.

Grützmacher 1987 = Jutta Grützmacher: Literarische Grundbegriffe – kurzgefaßt. Stuttgart 1987.

Gurst 1989 = Lexikon der Renaissance. Hrsg. v. Günter Gurst [u. a.]. Leipzig 1989.

Harenberg 1989 = Harenbergs Lexikon der Weltliteratur. 5 Bde. Dortmund 1989.

Hawthorne 1991 = Jeremy Hawthorne: A Glossary of Contemporary Literary Theorie. London. New York 1992.

Herd 1983 = E. W. Herd/A. Obermayer: A Glossary of German Literary Terms. Dunedin 1983.

Hess 1989 = Rainer Hess [u. a.]: Literaturwissenschaftliches Wörterbuch für Romanisten. 3., völlig neu bearb. u. erw. Aufl. Tübingen 1989.

Hiller 1980 = Helmut Hiller: Wörterbuch des Buches. 4., vollst. neu bearb. Aufl. Frankfurt a. M. 1980.

Holzmann 1902 = Michael Holzmann/Hanns Bohatta: Deutsches Anonymen-Lexikon 1501–1850. 7 Bde. Hildesheim 1984 [Nachdr. d. Ausg. Weimar 1902–1928].

Holzmann 1906 = Michael Holzmann/Hanns Bohatta: Deutsches Pseudonymen-Lexikon. Hildesheim 1970 [Nachdr. d. Ausg. Wien 1906].

Hornung 1992 = Alfred Hornung: Lexikon der amerikanischen Literatur. Mannheim. Leipzig. Zürich 1992.

Houben 1925 = Heinrich Hubert Houben: Verbotene Literatur von der klassischen Zeit bis zur Gegenwart. Ein historisch-kritisches Lexikon über verbotene Bücher, Zeitschriften und Theaterstücke, Schriftsteller und Verleger. 2 Bde. Dessau bzw. Bremen 1925–1928 [Nachdr. Hildesheim 1992].

Judaica 1992 = Lexikon deutsch-jüdischer Autoren. Hrsg. v. Archiv Bibliographia Judaica. München 1992 ff.

Kasack 1992 = Wolfgang Kasack: Lexikon der russischen Literatur des 20. Jahrhunderts. 2., neubearb. u. wesentl. erw. Aufl. München 1992.

Kayser 1953 = Kleines Literarisches Lexikon. 2., völlig ern. Ausg. Hrsg. v. Wolfgang Kayser. Bern 1953.

Killy 1988 = Literatur Lexikon. Autoren und Werke deutscher Sprache. 15 Bde. Hrsg. v. Walter Killy. Gütersloh 1988 ff.

Kindler 1988 = Kindlers Neues Literatur Lexikon. Hrsg. v. Walter Jens. 20 Bde. München 1988 ff.

Klein 1981 = Encyclopedia of World Literatur in the 20th Century. 4 Bde. Hrsg. v. Leonard S. Klein. New York 1981.

Kleist 1969 = Index zu Heinrich Kleist. Sämtliche Erzählungen, Erzählvarianten, Anekdoten. Bearb. v. Helmut Schanze. Frankfurt a. M. 1969.

Klemm 1991 = Irma Klemm (Hrsg.): Deutscher Romanführer. Stuttgart 1991.

KLG 1978 = Kritisches Lexikon zur deutschsprachigen Gegenwartsliteratur. Hrsg. v. Heinz Ludwig Arnold. München 1978 ff.

KLfG 1983 = Kritisches Lexikon zur fremdsprachigen Gegenwartsliteratur. Hrsg. v. Heinz Ludwig Arnold. München 1983 ff.

KLRG 1984 = Kritisches Lexikon der romanischen Gegenwartsliteraturen. Hrsg. v. Wolf-Dieter Lange. Tübingen 1984 ff.

Kluge 1989 = Friedrich Kluge: Etymologisches Wörterbuch. 22. Aufl. unter Mithilfe von Max Bürgisser u. Bernd Gregor völlig neu bearb. v. Elmar Seebold. Berlin. New York 1989. [23., erw. Aufl. bearb. v. Elmar Seebold 1995].

Knaur 1986 = Knaurs Lexikon der Weltliteratur. Autoren, Werke, Sachbegriffe. 3., überarb. Aufl. München. Zürich 1986.

Knörrich 1981 = Otto Knörrich (Hrsg.): Formen der Literatur. Stuttgart 1981.

Knörrich 1992 = Otto Knörrich: Lexikon lyrischer Formen. Stuttgart 1992.

Krimi 1993 = Lexikon der Kriminalliteratur. Autoren, Werke. Themen/Aspekte. Loseblattausgabe. Hrsg. v. Klaus-Peter Walter. Meitingen 1993 ff.

Lanham 1969 = R. A. Lanham: A Handlist of Rhetorical Terms. A Guide for Students of English Literature. Berkeley 1969.

Lausberg 1960 = Heinrich Lausberg: Handbuch der literarischen Rhetorik. Eine Grundlegung der Literaturwissenschaft. 2 Bde. München 1960. [3. Aufl. Stuttgart 1990. Mit einem Vorwort von Arnold Arens].

Link 1990 = Jürgen Link: Literaturwissenschaftliche Grundbegriffe. Eine programmierte Einführung auf strukturalistischer Basis. 4. Aufl. München 1990.

Lehmann 1983 = Kleines deutsches Dramenlexikon. Hrsg. v. Jakob Lehmann. Königstein/Ts. 1983.

Lexer 1872 = Matthias Lexer: Mittelhochdeutsches Handwörterbuch. Zugleich als Supplement und alphabetischer Index zum Mittelhochdeutschen Wörterbuche von Benecke–Müller–Zarneke. 3 Bde. Leipzig 1872–1878. [Nachdr. Stuttgart 1974].

Lorenz 1992 = Otto Lorenz: Handlexikon literarischer Grundbegriffe. München 1992.

Märchen 1977 = Enzyklopädie des Märchens. Handwörterbuch zur historischen und vergleichenden Erzählforschung. Hrsg. v. Kurt Ranke u. a. Berlin. New York 1977 ff.

Malkett 1962 = Samuel Malkett/John Laing: Dictionary of Anonymous and Pseudonymous English Literature. 9 vols, new ed. Edinburgh 1962.

Marino 1975 = Adrian Marino: Dictionnaire des idées littéraires. Bruxelles 1975.

Meyer-Krentler 1994 = Eckhardt Meyer-Krentler: Arbeitstechniken Literaturwissenschaft. 4. Aufl. München 1994.

Nündel 1981 = Lexikon zum Deutschunterricht. Hrsg. v. Ernst Nündel. 2. Aufl. München 1981.

Pietrek 1992 = Klaus W. Pietrek (Hrsg.): Lexikon der erotischen Literatur. Autoren, Werke, Themen, Aspekte. Meitingen 1992 ff.

Plett 1991 = Heinrich F. Plett: einführung in die rhetorische textanalyse. 8. Aufl. Hamburg 1991.

Pletticha 1996 = Heinrich Pletticha (Hrsg.): Literatur-Lexikon. 9. Aufl. München 1996.

Prince 1987 = Gerald Prince: A Dictionary of Narratology. University of Nebraska Press 1987.

Puknus 1980 = Neue Literatur der Frauen. Deutschsprachige Autorinnen der Gegenwart. Hrsg. v. Heinz Puknus. München 1980.

Querard 1869 = J. Querard: Les supercheries litteraires devoilées. Galerie des écrivains français de tout l'europe qui se sont déguisés sous des anagrammes, des astéronymes, des initialismes, des noms littéraires, des pseudonymes facétieux ou bizarres. 7 vol., 3e éd. par O. Barbier [et al.]. Paris 1869–1879.

Raabe 1994 = Paul Raabe: Einführung in die Bücherkunde zur deutschen Literaturwissenschaft. 11. Aufl. Stuttgart. Weimar 1994.

Reallexikon 1925 = Reallexikon der deutschen Literaturgeschichte. Hrsg. v. Paul Merker u. Wolfgang Stammler. 3 Bde. Berlin 1925.

Reallexikon 1958 = Reallexikon der deutschen Literaturgeschichte. Begr. v. Paul Merker u. Wolfgang Stammler. 2. Aufl. Neu bearb. und unter redaktioneller Mitarbeit von Klaus Kanzog sowie Mitwirkung zahlreicher Fachgelehrter hrsg. v. Werner Kohlschmidt u. Wolfgang Mohr. 4 Bde. u. 1 Reg.-Bd. Berlin 1958–1988.

Reallexikon 1997 = Reallexikon der deutschen Literaturwissenschaft. Gemeinsam mit Harald Fricke, Klaus Grubmüller u. Jan-Dirk Müller hrsg. v. Klaus Weimar, Bd. 1. Berlin 1997.

Reiseliteratur 1988 = Lexikon der Reise- und Abenteuerliteratur. Loseblattausgabe. Hrsg. v. Friedrich Schegk. Meitingen 1988 ff.

Renner 1994 = Lexikon literaturtheoretischer Werke. Hrsg. v. Rolf Günter Renner u. Engelbert Haberkost. Stuttgart 1994.

Rhetorik 1992 = Historisches Wörterbuch der Rhetorik. Hrsg. v. Gert Ueding. Mitbegründet v. Walter Jens. In Verbindung mit […] unter Mitwirkung von mehr als 300 Fachgelehrten. Tübingen 1992 ff.

Rinsum 1990 = Lexikon der literarischen Gestalten. Bd. 1: Deutschsprachige Werke. Bd. 2: Fremdsprachige Werke. Hrsg. v. Annemarie u. Wolfgang van Rinsum. Stuttgart 1990.

Ruttkowski 1969 = W. V. Ruttkowski/R. E. Blake: Literaturwörterbuch – glossary of literary terms – Glossaire de termes littéraires. Bern. München 1969.

Ruttkowski 1980 = Wolfgang Ruttkowski: Nomenclator Litterarius. Bern 1980.

Schmidt 1995 = Klaus M. u. Ingrid Schmidt: Lexikon der Literaturverfilmungen. Deutschsprachige Filme 1945–1990. Stuttgart 1995.

Schmitt 1952 = Franz Anselm Schmitt: Beruf und Arbeit in deutscher Erzählung. Ein literarisches Lexikon. Stuttgart 1952.

Schneider 1965 = Max Schneider: Deutsches Titelbuch. Ein Hilfsmittel zum Nachweis von Verfassern deutscher Literaturwerke. 2. Aufl. Berlin 1965.

Schneiders 1995 = Lexikon der Aufklärung. Deutschland und Europa. Hrsg. v. Werner Schneiders. München 1995.

Schweikle 1990 = Metzler Literatur Lexikon. Stichwörter zur Weltliteratur. 2., verb. Aufl. Hrsg. v. Günther u. Irmgard Schweikle. Stuttgart 1990.

Schulz/Basler 1913 = Hans Schulz/Otto Basler: Deutsches Fremdwörterbuch. Bde. 1–4. Berlin 1913 ff.

Seigneuret 1988 = Dictionary of literary themes and motifs. Ed. by Jean-Charles Seigneuret. 2 vol. New York 1988.

Shipley 1953 = Dictionary of World Literature. Hrsg. v. Joseph T. Shipley. New York 1953.

Shipley 1970 = Joseph T. Shipley (Hrsg.): Dictionary of World Literary Terms. Corr., enl. and completely rev. ed. London 1970.

Steinecke 1982 = Hartmut Steinecke: Die Rolle von Prototypen und kanonisierten Werken in der Romantheorie. In Eberhard Lämmert (Hrsg.): Erzählforschung. Ein Symposion. Stuttgart 1982, 335–347.

Stocker 1987 = Taschenlexikon der Literatur- und Sprachdidaktik. Hrsg. v. Karl Stocker. 2. Aufl. Frankfurt a. M. 1987.

Tieghem 1968 = Philippe van Tieghem/Pierre Josserand (Hrsg.): Dictionnaire des littératures. 3 vols. Paris 1968.

Trakl 1971 = Index zu Georg Trakl Dichtungen. Bearb. v. Wolfgang Klein u. Harald Zimmermann. Frankfurt a. M. 1971.

Verfasserlexikon 1933 = Die deutsche Literatur des Mittelalters. Verfasserlexikon. Unter Mitarb. zahlr. Fachgenossen hrsg. v. Wolfgang Stammler. 5 Bde. Berlin 1933–1955.

Verfasserlexikon 1978 = Die deutsche Literatur des Mittelalters. Verfasserlexikon. Begründet von Wolfgang Stammler, fortgef. v. Karl Langosch. 2., völlig neu bearb. Aufl. unter Mitarb. zahlr. Fachgelehrter hrsg. v. Kurt Ruh zusammen mit Gundolf Keil, Werner Schröder, Burghart Wachinger, Franz Josef Worstbrock. Berlin. New York 1978 ff.

Wagenknecht 1989 = Christian Wagenknecht (Hrsg.): Zur Terminologie der Literaturwissenschaft. Stuttgart 1989.

Wagenknecht 1993 = Deutsche Metrik. Eine historische Einführung. 3. Aufl. München 1993.

Weller 1886 = Emil Weller: Lexicon pseudonymorum. Wörterbuch eer Pseudonyme aller Zeiten und Völker. Hildesheim 1963 [Nachdr. der Ausg. Regensburg 1886].

Wilpert 1989 = Gero von Wilpert: Sachwörterbuch der Literatur. 7., verb. u. erw. Aufl. Stuttgart 1989 (Kröners Taschenausgabe 231).

Wolfe 1986 = Gary K. Wolfe: Critical Terms for Science Fiction and Fantasy. A Glossary and Guide to Scholarship. Westport 1986.

Zedler 1732 = Johann Heinrich Zedler: Grosses vollständiges Universal-Lexikon. 64 Bde. u. 4 Suppl.-Bde. Graz 1961–1964 [Neudr. d. Ausg. Leipzig u. Halle 1732–1754].

Zelewitz 1974 = Klaus Zelewitz: Einführung in das literaturwissenschaftliche Arbeiten. Stuttgart 1974.

Zelle 1996 = Carsten Zelle: Kurze Bücherkunde für Literaturwissenschaftler. Tübingen 1996.

Zischka 1959 = Gert A. Zischka: Index Lexicorum. Bibliographie der lexikalischen Nachschlagewerke. Wien 1959.

Rüdiger Zymner, Wuppertal

214. Die Fachlexikographie der Elektronischen Datenverarbeitung und der Informatik: eine Übersicht

1. Vorbemerkungen und Bestandsaufnahme
2. Einsprachige vs. zwei- und mehrsprachige Wörterbücher
3. Wörterbuchumfang
4. Behandelte Sach- und/oder Fachgebiete
5. Adressat(inn)enkreis
6. Zum lemmatisierten Wortschatz
7. Schlußbemerkungen
8. Literatur (in Auswahl)

1. Vorbemerkungen und Bestandsaufnahme

Den Schwerpunkt des vorliegenden Artikels bilden einsprachige deutsche Wörterbücher der Elektronischen Datenverarbeitung (kurz: *EDV*) und Informatik sowie mehrsprachige Wörterbücher der EDV und Informatik mit Deutsch. Es werden ausschließlich Printwörterbücher betrachtet. Im Literaturverzeichnis sind einige CD-ROM-Wörterbücher aufgelistet (vgl. Data Becker 1996; IBM 1996; Meyers 1996 und Schulze 1996a), im Text jedoch nicht weiter berücksichtigt, da sie sich von Printwörterbüchern noch immer fast ausschließlich durch den Datenträger unterscheiden.

Zunächst muß inhaltlich näher bestimmt werden, was unter Wörterbüchern der EDV und Informatik verstanden werden soll. Ist bereits das Fachgebiet der Informatik nicht präzise bestimmt, sondern allenfalls vage als *Wissenschaft vom Computer* umrissen und in zahlreiche Subbereiche untergliedert (vgl. Art. 128, 1.1. u. 1.2.), so verhält es sich mit dem Gebiet der EDV noch problematischer. Zum einen handelt es sich dabei nicht um ein spezifisches Fachgebiet, sondern um mit Computern und Computerabläufen befaßte Teilbereiche diverser Fachgebiete (z. B. des Bankwesens, der Betriebswirtschaft, der Medizin, der öffentlichen Verwaltung und der Druckindustrie), zum anderen signalisiert der Ausdruck *EDV* bereits seit geraumer Zeit — im Gegensatz zu dem neueren und sachgemäßeren Ausdruck *automatisierte Datenverarbeitung* (kurz: *ADV*), mit dem allein Computerabläufe bezeichnet werden und nicht Abläufe beliebiger, mit elektronischen Bauteilen bestückter Maschinen — den Laienstatus derer, die ihn verwenden. Um so auffälliger ist es, daß zahlreiche Wörterbücher im Titel den Ausdruck *EDV* aufweisen (die ausgeschriebene Form kommt dagegen lediglich zu *Datenverarbeitung* verkürzt vor).

Aufgrund der dargestellten Sachverhalte lassen sich zwei Thesen formulieren: (1) Wörterbücher der EDV und Informatik können keinen speziellen Fachgebieten zugeordnet werden, da in ihnen fachgebietsneutrale Sachverhalte „rund um den Computer" behandelt werden. (2) Wörterbücher der EDV und Informatik sind in der Regel nicht für einschlägige Fachleute bestimmt, sondern für Laien, die aus dem einen oder anderen Grund mit Computern arbeiten oder sich dafür interessieren.

Beide Thesen werden im weiteren Text eingehender behandelt (zu These (1) vgl. insbesondere 4. und zu These (2) 5.), für den Augenblick ist lediglich festzuhalten, daß Wörterbücher der EDV und Informatik — gemäß der These (1) — Wörterbücher „rund um den Computer" sind. Der fachsprachliche Status der in ihnen behandelten sprachlichen Ausdrücke ergibt sich nicht durch die Zuordnung dieser Ausdrücke zu einem bestimmten Fachgebiet, sondern durch die zu einem

Sachgebiet, für das mehrerlei gilt: (a) Es hat für eine ganze Reihe von Fachgebieten Relevanz. (b) Eine ganze Reihe von Fachgebieten steuern Unterschiedliches zu diesem bei. (c) Es weist ein großes Umfeld, bestehend aus Hersteller- und Softwarefirmen, Computerhändlern usw., auf. (d) Laien partizipieren an ihm in immer stärkerem Maße. Aus diesem Grund wurden auch explizit anwendungsbezogene Wörterbücher, die sich teilweise nur mit einem kleinen Ausschnitt aus dem genannten Sachgebiet beschäftigen (vgl. z. B. Haslinger 1989; Jürgensmeier/Niemeier 1989 und Wienicke 1991), berücksichtigt.

Die Datenbank der Deutschen Bibliothek in Frankfurt am Main verzeichnet Ende 1997 über 200 in Deutschland, Österreich oder der Schweiz erschienene Wörterbücher, die im Titel die Komponenten *Datenverarbeitung*, *Computer*, *EDV*, *Informatik* oder *PC* führen. Auffällig ist, daß sich diese Wörterbücher einerseits hinsichtlich der Aufmachung und des Umfangs stark voneinander unterscheiden, andererseits jedoch aus den Titeln respektive den Titelkomponenten nur wenige Rückschlüsse auf die tatsächlichen Wörterbuchgegebenheiten möglich sind. Die Hauptaufgabe in den Abschnitten 2. bis 7. wird deshalb sein, die im Hinblick auf die Fachsprachenforschung relevanten Eigenschaften der Wörterbücher der EDV und Informatik eingehender zu behandeln und geeignete Kriterien zu einer entsprechenden Unterteilung des vorgefundenen Wörterbuchbestands herauszubilden.

2. Einsprachige vs. zwei- und mehrsprachige Wörterbücher

In deutschen fachsprachlichen Prägungen, die dem mit *EDV* (bzw. *ADV*) und *Informatik* umrissenen Sachgebiet zugeordnet werden können, ist ein ausgesprochen starker Einfluß des Englischen zu verzeichnen (vgl. Art. 128, 2.2.). Dies schlägt sich auch in den lexikographischen Produkten nieder. Selbst in den in der ehemaligen DDR entstandenen Fachwörterbüchern spielte das Englische eine tragende Rolle, wenn auch russische Termini ebenfalls Berücksichtigung fanden (vgl. z. B. Paulin 1968).

Normalerweise kann zwischen einsprachigen deutschen Wörterbüchern der EDV und Informatik und zwei- und mehrsprachigen mit Deutsch klar unterschieden werden. Sonderfälle stellen — neben einigen einschlägigen Abkürzungswörterbüchern (vgl. 2.3.) — IFIP 1968 und Wenke/Jaeggi 1993 dar. IFIP 1968 ist, für sich genommen, ein einsprachiges, einbändiges und onomasiologisches Wörterbuch (als solches werden wir es nachfolgend auch behandeln). Da es jedoch jedem Lemma einen eindeutigen Schlüssel zuweist, kann es mit den gleichartig aufgebauten IFIP-Wörterbüchern anderer europäischer Sprachen zu einem zwei- oder mehrsprachigen Wörterbuch erweitert werden. Im Wörterverzeichnis von Wenke/Jaeggi 1993 finden sich zweierlei Arten von Wörterbuchartikeln. Die der einen Art bestehen aus englischen Lemmata mit deutschen Äquivalentangaben, die der anderen Art aus deutschen Lemmata mit Bedeutungserläuterungen. Wenke/Jaeggi 1993 kann somit weder den einsprachigen noch den zwei- oder mehrsprachigen Wörterbüchern zugerechnet werden.

2.1. In den *einsprachigen Wörterbüchern* der EDV und Informatik finden sich zumeist Teile der einschlägigen englischen Fachlexik immer berücksichtigt. Dabei sind verschiedene Arten der Berücksichtigung zu unterscheiden, wenngleich in den Wörterbüchern häufig Mischformen zu finden sind.

In fast allen Wörterbüchern kommen englische Fachtermini als Lemmata vor — oft ist dies gar nicht zu vermeiden, da lexikalisierte deutsche Entsprechungen fehlen (als typische Beispiele wären hier der Ausdruck *Cursor* und Komponenten von Befehlssprachen wie z. B. *copy* zu nennen). Es gibt jedoch auch Wörterbücher, die englischsprachige Termini als Elemente einer deutschen Fachsprache aus dem Bereich der EDV oder Informatik selbst dann anführen, wenn es gebräuchliche Übersetzungen gibt; vgl. Abb. 214.1 sowie z. B. Duden 1989; Haslinger 1989; Kaltenbach/Reetz/Woerrlein 1992; Köthe 1995 und Rosenbaum 1995.

Daneben sind in den Wörterbüchern englischsprachige Lemmata zu finden, die nicht als Termini einer deutschen Fachsprache behandelt werden und deshalb lediglich als Lemmata von Verweisartikeln angeführt sind; vgl. Abb. 214.2 sowie z. B. Braun/Giese/Hüttermann u. a. 1993; Burschil/Häußer/Münzel u. a. 1989; Erbslöh 1989; Hilber 1996; Kopp 1993; Müller 1986 und 1988a; Otto 1988; Rosenbaum 1995; Schulze 1988 u. 1989 sowie Sillescu 1992.

Eine Besonderheit in diesem Zusammenhang stellt das Wörterbuch Kaltenbach/Reetz/Woerrlein 1992 dar. Darin kommen ne-

214. Die Fachlexikographie der EDV und der Informatik: eine Übersicht

> **file transfer**
> (dt.: Datentransfer)
> Der Vorgang des Übertragens von Dateien von einem Rechnersystem auf ein anderes, meist unter Zuhilfenahme der Datenfernübertragung.

Abb. 214.1: Wörterbuchartikel aus Braun/Giese/Hüttermann u. a. 1993

> ■ **linkage editor** → Binder

Abb. 214.2: Wörterbuchartikel aus Müller 1988

> **Dateitransfer** — oder englisch **file transfer**, siehe unter →*Filetransfer*.

Abb. 214.3: Wörterbuchartikel aus Kaltenbach/Reetz/Woerrlein 1992.

> **Datenschutz**
> BDStG
> *data protection*
> Die vom Gesetzgeber für notwendig erachteten technischen und organisatorischen Maßnahmen, um *Daten* gegen unberechtigten Zugriff zu schützen, vor allem, um die unberechtigte Einsichtnahme und Verwendung personenbezogener Daten zu verhindern.
> In der Bundesrepublik Deutschland wurde von der Regierung das Gesetz zum Schutz von Mißbrauch personenbezogener Daten bei der Datenverarbeitung (Bundesdatenschutzgesetz, BDStG) geschaffen.

Abb. 214.4: Wörterbuchartikel aus Haslinger 1989

> **DATEI** (engl. data file). Eine Datei besteht aus einer Ansammlung inhaltlich zusammengehöriger Informationseinheiten bzw. einer definierten Anzahl gleichartiger Datensätze, die auf einem externen Speichermedium abgelegt sind. So besteht z.B. eine Adreßdatei aus einer bestimmten Anzahl von Datensätzen, die jeweils Angaben über eine bestimmte Person enthalten. Dateien können auch unstrukturiert sein, wie z.B. eine Textdatei. Die Kategorisierung von Dateien kann nach verschiedenen Kriterien erfolgen z.B. nach Funktion: Programm-, Datendatei oder nach Zugriffsart: sequentielle oder Direktzugriffsdatei.
>
> **FILE** Englische Bezeichnung für Datei. Man unterscheidet Programmfiles (z.B. ein Graphikprogramm) und Datenfiles (z.B. eine Zeichnung). Programmfiles besitzen unter MS-DOS immer die hierfür reservierte Dateikennung COM oder EXE.

Abb. 214.5: Wörterbuchartikel aus Bachmann 1990

ben Verweisartikeln der genannten Form auch solche zu deutschsprachigen Lemmata vor; vgl. Abb. 214.3.

Eine andere Form der Berücksichtigung englischer Fachlexik finden wir in deutschen Wörterbüchern mit englisch-deutschem Register; vgl. z. B. Falkner 1982; Haslinger 1989; Rolle 1982 und 1985; Schneider 1991; Sillescu 1992 und Wendorff/Marzluf 1974.

Daneben gibt es einsprachige deutsche Wörterbücher, deren Wörterbuchartikel Angaben zu englischen Äquivalenten der jeweiligen Lemmata enthalten; vgl. Abb. 214.4. sowie z. B. Burschil/Häußer/Münzel u. a. 1989; Eirich/Quinten-Eirich 1984; Hilber 1996; Jamin 1985; Kaltenbach/Reetz/Woerrlein 1992; Klingberg 1993; Kopp 1993; Rolle 1982 u. 1985 sowie Sillescu 1992.

Weitere einsprachige deutsche Wörterbücher der EDV und Informatik sind: Boenisch/Boenisch 1989; Braun/Giese/Hüttermann u. a. 1993; Dähnhard 1991; Darcy/Boston 1985; Demandt 1993; Fehrle 1995; Grieser/Irlbeck 1995; Hauff 1967; Hofer/Bludau/Born u. a. 1976; Jasper 1996; Jürgensmeier/Niemeier; Jürgensmeier/Niemeier/Steiner 1990; Koreimann 1977; Lukas/Nöst 1995; Müller 1969 u. 1979; Plank 1986; Rassbichler 1979; Schneider 1970; Schulze 1984 u. 1996; Stade 1989; von Sydow 1994 und Wienicke 1991.

Eine Kombination der aufgezeigten Vorgehensweisen zur Einbindung der englischen Fachlexik erbringt nicht immer gelungene Ergebnisse. Ein Beispiel ist Bachmann 1990; in diesem Wörterbuch führt eine kuriose und wenig benutzungsfreundliche Mischform aus

Fehlerverriegelung	**error lock**	**blocage sur erreur**
état actif	**active state**	**aktiver Status**

Abb. 214.6: Listenausschnitte aus Carl 1982

access barred The state in which the calling DTE is not permitted to make a call to the DTE identified by the selection signals. (CCITT)	**Zugriff verboten** Der Zustand, in dem der rufenden DEE nicht erlaubt ist, einen Ruf an die von der Wählzeichenfolge angewählte DEE zu richten. (Ü/CCITT)	**accès interdit** L'état dans lequel la station émettrice n'est pas permit d'émettre un appel à la station identifiée par les caractères de sélection. (T/CCITT)

Abb. 214.7: Listenausschnitt aus Carl 1982

verschiedenen Vorgehensweisen dazu, daß Erläuterungen zu ein und demselben Sachverhalt über mehrere Wörterbuchartikel verteilt werden; vgl. die beiden Beispiele in Abb. 214.5.

Es steht zu vermuten, daß Wörterbuchbenutzer(innen) aufgrund der unbestrittenen Dominanz des Englischen im Bereich der EDV und Informatik im Zweifelsfall selbst in einem einsprachigen deutschen Wörterbuch eher einen englischen Fachterminus suchen als einen korrespondierenden deutschen Ausdruck. Aus diesem Grund ist in Bezug auf die Vorgehensweise zur Einbindung der englischen Fachlexik folgendes festzustellen: (a) Wörterbuchartikel mit deutschsprachigen Lemmata sollten – soweit vorhanden – immer eine Angabe zu englischen Äquivalenten enthalten. (b) Soweit keine etablierten deutschen Übersetzungen existieren, sollten die englischen Termini als Lemmata angesetzt werden, auf Adhoc-Übersetzungen ins Deutsche ist zu verzichten. (c) Alle in den Wörterbuchartikeln angeführten englischen Äquivalente sollten gleichzeitig Lemmata von Verweisartikeln sein oder in einem speziellen Register aufgelistet werden. (d) Andere Arten des Vorgehens sind wenig benutzungsfreundlich und deshalb zu vermeiden.

2.2. Bei den *zwei- und mehrsprachigen Wörterbüchern* der EDV und Informatik ist zu unterscheiden zwischen Wortlisten, die zwar – neben Lemma- und Äquivalentangaben – ggf. einige andere Angaben bieten, aber keine Bedeutungserläuterungen, und solchen Wörterbüchern, die zumindest in einem der darin enthaltenen Wörterverzeichnisse Bedeutungserläuterungen zu den Lemmata und/oder den Äquivalenten anführen.

So weist beispielsweise Carl 1982 drei tabellarisch angeordnete, dreisprachige Wortlisten auf; die erste ist nach den englischen Lemmata alphabetisch sortiert, die zweite nach den deutschen und die dritte nach den französischen. Die zweite und die dritte Liste sind reine Wortlisten; vgl. die beiden Beispiele in Abb. 214.6.

Die erste Liste dagegen enthält Bedeutungserläuterungen in allen drei Sprachen; vgl. Abb. 214.7.

In ähnlicher Weise bieten Brinkmann/Schmidt 1985; Ferretti 1996; IBM 1971, 1978 u. 1985 sowie Schulze 1997 neben sprachbezogenen Angaben Bedeutungserläuterungen, wenn auch nicht immer zu allen Lemmata; vgl. die beiden Beispiele in Abb. 214.8.

access cycle *Zugriffszyklus* s. m.; *SO*

access code, operator's *; DEF. *In the IBM 3790 Communication System, an 8-bit code, associated with a particular operator ID and stored in an internal 3791 table, that indicates the 3790 programs and controller functions the operator is allowed to use.* **Bedienerzugriffscode** s. m.; DEF. *Ein 8-Bit-Code, welcher einer einzelnen Bediueridentifikation zugeordnet ist und anzeigt, welche 3790-Programme und welche Funktionen der Leitzentrale der Bediener benutzen darf.; DFV*

Abb. 214.8: Wörterbuchartikel aus IBM 1985

Die Wörterbücher jedoch, aus deren Wörterbuchartikeln kaum über fachsprachliche Übersetzungsnotwendigkeiten hinausgehende, fachliche Informationen erschlossen werden können, sind deutlich in der Überzahl; vgl. Bärwald 1993; Bürger 1976, 1979 u. 1990; Carl/Amkreutz 1981; Coster 1979; Linse 1994; Siemens 1968 u. 1970 und Wittmann/ Klos 1987. Viele dieser Sprachwörterbücher stellen − zumindest in einem Teil ihrer Wörterbuchartikel − weitere Angaben bereit (z. B. Fachgebiets-, Genus-, Wortarten-, Rektions-, Aussprache- und/oder Kollokationsangaben). Einige dieser Angabetypen sind in Bezug auf die Vermittlung sprachlichen vs. enzyklopädischen Wissens durchaus ambivalent; vgl. dazu u. a. die Kollokationsangaben in Abb. 214.9 oder allgemein Fach- und/oder Sachgebietsangaben und ihre Funktion in den genannten Wörterbüchern.

ADAR	Appareil Distributeur par Agent Receveur
ADC	Ampex Disk Controller
ADC	Air Data Computer
ADC	Automatic Digital Computer
ADC	Analog-Digital Converter
ADCCP	Advanced Data Communications Control Procedure
ADD	Arbeitskreis Dezentrale Datenverarbeitung

Abb. 214.10: Artikelstrecke aus Carl/Amkreutz 1982

| 15 absolute value (math) (e.g. of a complex number) |
| ◇ Absolutwert *m*, Betrag *m* (z.B. einer komplexen Zahl) |
| △ valeur *f* absolue, module *m* (p.ex. d'un nombre complexe) |

Abb. 214.9: Wörterbuchartikel aus Wittmann/ Klos 1987

Eine Sonderstellung nimmt Havlíček 1997 ein. In diesem onomasiologischen Wörterbuch finden sich eine ganze Reihe intern alphabetisch geordneter, zweisprachiger Wortlisten (z. B. zu den Themen *Computertechnik*: *Rechnerarten*, *Grundbegriffe* und *Digitalrechner*), diese sind jedoch von erläuternden Texten flankiert.

2.3. Abschließend seien noch die *Wörterbücher zu gängigen Abkürzungen* in der EDV und Informatik erwähnt. Wenn die Wörterbuchartikel eines solchen Abkürzungswörterbuchs lediglich aus dem Lemma und der zugehörigen, häufig fremdsprachigen Abkürzungsauflösungsangabe bestehen, gerät die eindeutige Zuordnung des betreffenden Nachschlagewerks entweder zu den ein- oder zu den zwei- und mehrsprachigen Wörterbüchern der EDV und Informatik problematisch; vgl. Abb. 214.10.

Anders verhält es sich mit Abkürzungswörterbüchern, die ein komplexeres Mikrostrukturprogramm aufweisen, also z. B. neben Abkürzungsauflösungsangaben deutschsprachige Bedeutungserläuterungen enthalten; vgl. Stade 1989 sowie die Beispiele in Abb. 214.11 u. 214.12.

Wörterbücher letzterer Art sind ohne Zweifel den einsprachigen deutschen Wörterbüchern der EDV und Informatik zuzuordnen.

3. Wörterbuchumfang

Obwohl der überwiegende Teil der Wörterbücher der EDV und Informatik zu den einbändigen Nachschlagewerken zählt, gibt es zwischen den einzelnen Wörterbüchern hinsichtlich des Umfangs erhebliche Unterschiede.

DDL	Data Description Language. Datenbanksprache.
DDP	Distributed Data Processing. Dezentrale Datenverarbeitung.
DDX-P	Name eines DATEX-P-Netzes in Japan; weiteres Netz: Venus-P.

Abb. 214.11: Artikelstrecke aus Boenisch/Boenisch 1989

DDC	(engl.) direct digital control (dir. digitale [Mehrfach]Steuerung/Regelg. - siehe VDI/VDE 3555 - vgl. auch CLDATA; KIAP; PDV$_1$; MSR)
DDL	Datendefinitionssprache (von engl. data definition language - dient der Definition von Daten im Zusammenhang mit Datenbanksystemen (DBS') - vgl. auch DCL, DDL, DML; QL; SQL; DBE, DBL; RDA)

Abb. 214.12: Artikelstrecke aus von Sydow 1994

Zu den wenigen Zwei- und Mehrbändern gehören Bürger 1990, Carl/Amkreutz 1981 und Schulze 1989.

Eine sinnvolle Bestimmung des Umfangs der Wörterbücher der EDV und Informatik sollte sich deshalb nicht an der Bandzahl orientieren, sondern an der Anzahl der Lemmata und an der Gestaltung der Wörterbuchartikel (vgl. für einsprachige Wörterbücher 3.1. sowie für zwei- und mehrsprachige Wörterbücher 3.2.). Seitenzahlen dagegen sind aufgrund eines sehr unterschiedlichen Layouts und des teils sehr großzügigen Einsatzes wenig informativer Illustrationen ebenfalls kein zuverlässiger Indikator für den Wörterbuchumfang.

3.1. Die folgenden Ausführungen zum *Umfang der einsprachigen Wörterbücher* der EDV und Informatik orientieren sich — ebenso wie jene unter 3.2. — in erster Linie an der Anzahl der Lemmata in den jeweiligen Wörterbüchern und stützen sich dabei auf Verlagsangaben. Es sei aber darauf hingewiesen, daß diese Angaben nicht immer zuverlässig sind. Abgesehen davon, daß einige schwarze Schafe zu mehr oder minder augenfälligen Übertreibungen neigen, unterscheiden sich die Zählweisen z. T. erheblich voneinander. Einige Verlage zählen beispielsweise nur die Hauptlemmata, andere berücksichtigen die Sublemmata und/oder rechnen die Lemmata von reinen Verweisartikeln mit ein.

Die Verlagsangaben zur jeweiligen Anzahl der Lemmata reichen bei den einsprachigen Wörterbüchern von *400* bis *26 000*; vgl.:

Braun/Giese/Hüttermann u. a. 1993: *2000*; Burschil/Häußer/Münzel u. a. 1989: *1650*; Dähnhard 1991: *1000*; Darcy/Boston 1985: *2700*; Demandt 1993: *1500*; Erbslöh 1989: *600*; Falkner 1982: *1500*; Haslinger 1989: *3000*; Kaltenbach/Reetz/Woerrlein 1992: *4000*; Köthe 1995: *1000*; Müller 1986: *1500*; Rassbichler 1979: *400*; Rolle 1982: *1000*; Rolle 1985: *1700*; Rosenbaum 1995: *2000*; Schneider 1970: *3000*; Schneider 1991: *17010*; Schulze 1984: *4100*; Schulze 1988: *5800*; Schulze 1989: *26 000*; Sillescu 1992: *1000*; Wendorff/Marzluf 1974: *1100*.

Doch selbst wenn wir von den bereits erwähnten unterschiedlichen Zählweisen der einzelnen Verlage absehen, können diese Angaben allein aus mindestens zwei Gründen nur bedingt als aussagekräftig gelten. Zum einen hat der Grad der Modularität, mit dem das zu vermittelnde Fachwissen auf verschiedene Wörterbuchartikel verteilt wurde, starken Einfluß auf die Anzahl der in den Wörterbüchern der EDV und Informatik vorkommenden Lemmata. Zum anderen spielt auch die Frage eine entscheidende Rolle, ob ein Wörterbuch zahlreiche Verweisartikel und/oder Kurzartikel aufweist, die bei der Zählung der Lemmata berücksichtigt wurden, oder ob auf solche Artikel zugunsten eines entsprechenden Registers verzichtet wurde. Ein Beispiel mag dies verdeutlichen.

Durch äußerst geringe Modularität im Wörterverzeichnis zeichnet sich Duden (1989; ohne Angabe der Lemmataanzahl, anhand des Registers auf knapp 600 geschätzt) aus. Dagegen sind die Wörterbuchartikel dieses Wörterbuchs ausgesprochen lang, da die semantischen Angaben nach onomasiologischen Kriterien unter einer relativ geringen Anzahl von Lemmata gebündelt wurden (vgl. z. B. den Artikel zu *Grammatik* mit 13 Spalten, den zu *Datenbank* mit 14 Spalten und 3 nach inhaltlichen Kriterien angeordneten Sublemmata sowie den zu *Mikroprozessor* mit 65 Spalten und 5 Sublemmata). Auf reine Verweisartikel wurde verzichtet, statt dessen findet sich ein Register, welches den Zugriff auf die gewünschten Angaben ermöglicht; vgl. Abb. 214.13.

Das Register von Duden 1989 vermittelt einen Eindruck davon, um wieviel höher die Anzahl der Lemmata dieses Wörterbuchs läge (nämlich um ca. 1400), wenn es, wie in anderen einsprachigen Wörterbüchern der EDV und Informatik üblich, anstelle des Registers Verweisartikel und/oder nur wenige Zeilen umfassende Kurzartikel enthielte.

Die meisten der einsprachigen Wörterbücher der EDV und Informatik enthalten zahlreiche Verweis- und/oder Kurzartikel; vgl. Dähnhard 1991; Haslinger 1989; Hilber 1996 (ohne Angabe der Lemmataanzahl); Plank 1986 (ohne Angabe der Lemmataanzahl);

214. Die Fachlexikographie der EDV und der Informatik: eine Übersicht

> Anfrage **31**
> Anfragesprache 31
> Angewandte Informatik
>   270
> Animation 316
> Anklicken 350, 354
> Anpaßbarkeit 546
> Anschalteinheit 161
> ANSI **31**, 281
> Antialternative 409
> Antikonjunktion 403

Abb. 214.13: Ausschnitt aus dem Register von Duden 1989; durch Fettdruck hervorgehobene Seitenzahlen besagen, daß der betreffende Ausdruck im Wörterverzeichnis als eigenes Lemma oder Sublemma vorkommt.

> **Ausgabe**
> (engl.: output)
> Übertragung von Daten aus einem Speicher an ein Ausgabegerät.

Abb. 214.14: Wörterbuchartikel aus Braun/Giese/Hüttermann u. a. 1993

> **EINFACHTERMINAL**
> Terminal, das über keine besonderen Fähigkeiten (z.B. Funktionstasten usw.) verfügt.

Abb. 214.15: Wörterbuchartikel aus Dähnhard 1991

> **selbstorganisierendes System** → *Selbstorganisation*
>
> **selbstproduzierendes System** → *Selbstorganisation*
>
> **selbstreparierendes System** → *Selbstorganisation*
>
> **selbstständige Sprache** → *Datenmanipulationssprache*
>
> **Selbststrukturierung** → *System, selbstanpassendes*
>
> **selbstverschieblicher Programmbereich**
> → *Programmbereich, selbstverschieblicher*

Abb. 214.16: Artikelstrecke aus Schneider 1991

Rolle 1982; Rosenbaum 1995 und Wendorff/Marzluf 1974 sowie für typische Kurzartikel die Abb. 214.14 u. 214.15.

Auch Lukas/Nöst 1995 (ohne Angabe der Lemmataanzahl) ist in der ersten von insgesamt vier Wortlisten (*Teil 1: Allgemeines, Teil 2: Windows, Teil 3: Word for Windows 6.0* und *Teil 4: Excel 5.0*) in ähnlicher Weise aufgebaut, in den übrigen drei Wortlisten jedoch finden sich deutlich längere, thematisch gebündelte Wörterbuchartikel. Schneider 1991 und Schulze 1989 enthalten – neben oft sehr umfangreichen Wörterbuchartikeln – ebenfalls zahlreiche Verweisartikel (vgl. Abb. 214.16), jedoch kaum Kurzartikel; außerdem ist zu beachten, daß Schneider 1991 englischsprachige Fachausdrücke (ca. 3400) in ein separates Register auslagert, während sie in Schulze 1989 als Lemmata von Verweisartikeln in das Wörterverzeichnis eingearbeitet sind.

Andere wesentliche Aspekte, die in eine Umfangsbestimmung für Wörterbücher der EDV und Informatik einfließen sollten, können hier nur angerissen werden. So besitzen einige Wörterbücher neben ein oder mehreren Wörterverzeichnissen umfangreiche Anhänge; Wendorff/Marzluf 1974 beispielsweise hat einen Anhang, der u. a. eine Geschichte der EDV, ein alphabetisches Namensverzeichnis der wichtigsten EDV-,Pioniere' und eine Übersicht über die wichtigsten Zahlensysteme enthält. Ebenfalls von Interesse wäre, welche Angabetypen in den einzelnen Wörterbüchern neben der Angabe des Lemmas und den Bedeutungserläuterungen vorgesehen sind. Während z. B. in Schneider 1991 acht weitere Angabetypen vorkommen (Abkürzungs-, Abkürzungsauflösungs-, Äquivalent-, Autor(inn)en-, Hyperonym-, Synonymen-, Fach- und/oder Sachgebiets- sowie Verweisangaben), sind es in Schulze 1989 und Dähnhard 1991 lediglich vier (es fehlen Abkürzungs-, Autor(inn)en-, Hyperonym- sowie Sach- und/oder Fachgebietsangaben).

3.2. Auch die *Umfangsbestimmung für zwei- und mehrsprachige Wörterbücher* sollte mit einem Blick auf die Anzahl der jeweils angesetzten Lemmata beginnen. Die betreffenden Verlagsangaben reichen von *3000* bis *110 000*, wobei allerdings zu beachten ist, daß (a) im Falle mehrerer, nach Sprachen untergliederter-

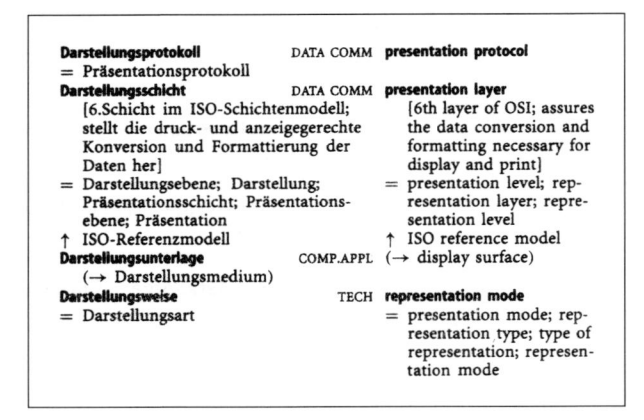

```
Darstellungsprotokoll          DATA COMM   presentation protocol
 = Präsentationsprotokoll
Darstellungsschicht            DATA COMM   presentation layer
   [6.Schicht im ISO-Schichtenmodell;      [6th layer of OSI; assures
   stellt die druck- und anzeigegerechte    the data conversion and
   Konversion und Formattierung der         formatting necessary for
   Daten her]                               display and print]
 = Darstellungsebene; Darstellung;        = presentation level; rep-
   Präsentationsschicht; Präsentations-    resentation layer; repre-
   ebene; Präsentation                     sentation level
 ↑ ISO-Referenzmodell                    ↑ ISO reference model
Darstellungsunterlage          COMP.APPL  (→ display surface)
   (→ Darstellungsmedium)
Darstellungsweise                 TECH    representation mode
 = Darstellungsart                       = presentation mode; rep-
                                           resentation type; type of
                                           representation; represen-
                                           tation mode
```

Abb. 214.17: Artikelstrecke aus Ferretti 1996

ter Wörterverzeichnisse die Lemmata aller Verzeichnisse zusammengerechnet wurden und (b) die Wörterbuchartikel — insgesamt betrachtet — deutlich kürzer sind als die in den einsprachigen Wörterbüchern:

Bärwald 1993: *15 000*; Brinkmann/Schmidt 1985: *62 184*; Bürger 1976: *11 000*; Bürger 1979: *14 000*; Bürger 1990: *100 000*; Carl 1982: *3000*; Carl/Amkreutz 1981: *110 000*; Carl/Amkreutz 1982: *6700*; Ferretti 1996: *92 000*: Linse 1994: *32 957*; Schulze 1997: *42 000*.

Eine wichtige Rolle im Hinblick auf den Umfang zwei- und mehrsprachiger Wörterbücher der EDV und Informatik spielt des weiteren die bereits behandelte Frage (vgl. 2.2.), ob die betreffenden Nachschlagewerke Bedeutungserläuterungen o. ä. bereitstellen. Beispielsweise enthält das Wörterbuch mit der größten Lemmataanzahl in obiger Liste, Carl/Amkreutz 1981, lediglich drei dreisprachige Wortlisten (die Anzahl der angeführten Lemmata, die einer deutschen Fachsprache im Bereich der EDV und Informatik zuzurechnen sind, entspricht mithin in etwa der in Schulze 1989), während Carl 1982 zwar deutlich weniger Lemmata anführt, dafür aber zu mehr als der Hälfte von diesen DIN- und internationale Definitionen bietet. In Ferretti 1996 sind fast ebenso viele Lemmata verzeichnet wie in Carl/Amkreutz 1981, jedoch kommen hier in vielen Fällen Bedeutungserläuterungen vor; vgl. Abb. 214.17.

Von Interesse für eine Bestimmung des Umfangs zwei- und mehrsprachiger Wörterbücher ist auch, welche Angabetypen — neben den Lemma- und Äquivalentangaben sowie ggf. den Bedeutungserläuterungen — zum Mikrostrukturenprogramm der untersuchten Wörterbücher gehören. In Ferretti 1996 beispielsweise kommen zahlreiche weitere Angabetypen vor (neben den genannten u. a.: Antonym-, Äquivalent-, Hyperonym-, Hyponym-, Quasisynonym- und Synonymangaben). In Brinkmann/Schmidt 1985 dagegen sind lediglich zwei weitere Angabetypen (Genus- und Sachgebietsangaben) zu verzeichnen. Carl/Amkreutz 1981 sieht keinerlei weitere Angabetypen vor und Bürger 1990 enthält lediglich Genusangaben zu deutschen und französischen Äquivalenten englischer Ausdrücke.

3.3. Eine *vergleichende Betrachtung ein- und zwei- bzw. mehrsprachiger Wörterbücher* ergibt, daß die Anzahl der Lemmata in den aufgelisteten zwei- und mehrsprachigen Wörterbüchern (Ø ca. *34 800*) durchschnittlich um etwa ein Zehnfaches höher ist als die in den aufgelisteten einsprachigen Wörterbüchern (Ø ca. *3600*); selbst wenn im Falle der zwei- und mehrsprachigen Wörterbücher lediglich die Lemmata, die als Elemente einer deutschen Fachsprache im Bereich EDV und Informatik gelten können, berücksichtigt werden, ist die durchschnittliche Lemmaanzahl in diesen Wörterbüchern noch immer deutlich höher als in den einsprachigen. Die Frage, ob es sich bei den betreffenden Wörterbüchern um Ein- oder Mehrbänder handelt, zeitigt dagegen nur wenig Auswirkungen auf die Anzahl der darin enthaltenen Lemmata; vgl. z. B. den Einbänder Schneider 1991 mit *17 010* Lemmata sowie ca. *3400* Registereinträgen und den Fünfbänder Schulze 1989 mit *26 000* Lemmata.

Im Hinblick auf das Mikrostrukturenprogramm zeigen sowohl die einsprachigen als auch die zwei- und mehrsprachigen Wörterbücher teils hohe, teils geringe Komplexität, die durchschnittliche Wörterbuchartikellänge liegt dagegen aufgrund der umfassenderen Bedeutungserläuterungen in den einsprachigen Wörterbüchern deutlich höher als in den zwei- und mehrsprachigen Wörterbüchern.

4. Behandelte Sach- und/oder Fachgebiete

Da bislang die in den Wörterbüchern der EDV und Informatik behandelten Sach- und/oder Fachgebiete nur sehr vage mit der Formulierung „rund um den Computer" umrissen wurden (vgl. 1.), soll nun unter 4.1. beschrieben werden, welche Sach- und/oder Fachgebiete in den Außentexten der Wörterbücher selbst als relevant genannt werden und unter 4.2., welche Sach- und/oder Fachgebietsangaben in den Wörterbuchartikeln vorkommen. Die Wörterbuchtitel dagegen erlauben kaum Rückschlüsse auf die in den Wörterbüchern behandelten Sach- und/oder Fachgebiete; so sind sich die Wörterbücher Carl/Amkreutz 1981, Coster 1979, IBM 1971 und Wittmann/Klos 1987, die allesamt die Komponente *Datenverarbeitung* im Titel enthalten, hinsichtlich der in ihnen berücksichtigten Sach- und/oder Fachgebiete nicht ähnlicher als beispielsweise Schneider 1991 mit dem Titel *Lexikon der Informatik und Datenverarbeitung* und Schulze 1989 mit dem Titel *Computerenzyklopädie*.

4.1. Zumindest einige *Hinweise zu den berücksichtigten Sach- und/oder Fachgebieten* finden sich in den Außentexten der meisten Wörterbücher der EDV und Informatik, wenngleich in keinem der nachfolgend angeführten Wörterbücher eine Kennzeichnung der behandelten Lemmata entsprechend ihrer Sach- und/oder Fachgebietszugehörigkeit vorgenommen wird (vgl. dazu auch 4.2.).

Havliček (1997, XIV) spricht von „allen Gebieten der Computer- und Datentechnik", von Sydow (1994, V) lapidar von „Informatik und Umfeld", Müller (1986, 5) von „der neuen Technik der Personal- und Heimcomputer" und das zweisprachige Wörterbuch Schulze (1997, 5) von „Computern [...] im Büro, in der Werkstatt, in Presse, Rundfunk und Fernsehen" sowie von „den unmittelbar mit dem Computer verbundenen neuen Medien". Boenisch/Boenisch (1989, 5) berücksichtigen die „Datenverarbeitung und die unterschiedlichsten Randgebiete rund um ‚den Computer'" und Darcy/Boston (1985, 5) die „Fachausdrücke, die heutzutage am häufigsten in der Computerwelt benutzt werden". Rolle (1985, 5) erläutert die „Hard- und Software-Begriffe des Personal Computing und verwandter Bereiche", Kopp (1993, Einband) „das Computerwissen unserer Zeit", Demandt (1993, Einband) „die wichtigsten Begriffe rund um den Computer", und Erbslöh (1989, Vorwort) „ausgewählte Begriffe aus Sicht der Daten- und Textverarbeitung sowie Bürokommunikation".

Etwas ausführlicher äußert sich Rosenbaum (1995, Einband), welcher Informationen über „Hardwarehersteller, die Welt der Telekommunikation, gängige und weniger bekannte Softwareprogramme" bieten möchte. Burschil/Häußer/Münzel u. a. (1989, Vorwort) setzen Schwerpunkte in den Bereichen „Grundlagen der elektronischen Datenverarbeitung, Kommunikationstechnik [...], Systemsoftware, Softwaretechnologie und Programmiertechnik, Mikrocomputer- und Mikroprozessortechnik, CNC- und CAD/CAM-Technik". Sillescu (1992, VII) beschäftigt sich mit „den Bereichen Betriebssysteme, Datenverarbeitung, Desktop Publishing, DOS, Grafik, Hardware, Software, Telekommunikation, Textverarbeitung, Windows". Detailliert gibt auch Haslinger (1989, V) über die berücksichtigten Bereiche Auskunft: „Die Mikroelektronik und die Schaltkreistechnologien sowie Architektur, Aufbau und Wirkungsweise von Computern; Peripheriegeräte und deren Schnittstellen; Strukturen und Funktionsweise von Betriebssystemen, Datenbanken, Programmiersprachen und Anwendersoftware". Das mehrsprachige Wörterbuch Bürger (1990, Klappentext) listet unter fünf Hauptgebieten (*Allgemeine Grundlagen der Informatik, Softwareentwicklung, Hardwarekomponenten, Systemzuverlässigkeit* und *Anwendungen der Informatik in Industrie und Wirtschaft*) zahlreiche Themenbereiche auf, die in diesem Wörterbuch berücksichtigt sind.

Die Wörterbuchaußentexte lassen in ihrer Verschiedenheit den Eindruck entstehen, daß sich die betreffenden Wörterbücher auf ganz unterschiedliche Sach- und/oder Fachgebiete beziehen. Eine genauere Analyse, die nicht nur die Lemmatabestände, sondern auch die behandelten nichtsprachlichen Sachverhalte in den einzelnen Wörterbüchern der EDV und Informatik miteinander vergleicht, zeigt jedoch, daß dies — abgesehen von den Unterschieden zwischen einsprachigen Wörterbüchern einerseits und zwei- und mehrsprachigen Wörterbüchern andererseits — nur in wenigen Ausnahmen tatsächlich der Fall ist. Zu diesen Ausnahmen sind insbesondere diejenigen Wörterbücher zu rechnen, die sich auf einen speziellen Computertyp und/oder ein spezielles Betriebssystem konzentrieren (vgl. Jürgensmeier/Niemeier/Steiner 1990; Jürgensmeier/Niemeier 1989; Lukas/Nöst 1995 und Wienicke 1991). Dennoch zeigen diese Wör-

> **Datei**
>
> Unter Datei versteht man einen Satz zueinander gehörender Daten, seien sie numerisch oder alphanumerisch. Eine Datei ist zum Beispiel: eine Adreßliste; eine Sammlung von Meßwerten eines bestimmten Zeitraums; ein mit einem Textverarbeitungsprogramm erstellter Brief; ein Basic-Programm (das ist nämlich eine Sammlung von Programmzeilen). Der Ausdruck Datei taucht normalerweise in Zusammenhang mit der Abspeicherung von Daten- oder Textblöcken auf der Diskette oder Festplatte auf.
>
> **Dateianzahl**
>
> FILES = x
>
> Sie können die Anzahl der Dateien, die gleichzeitig geöffnet sein können, selbst mit dem Konfigurationsbefehl →FILES bestimmen (siehe auch →Konfiguration).

Abb. 214.18: Artikelstrecke aus Jürgensmeier/Niemeier/Steiner 1990

terbücher in ihren Inhalten deutliche Überschneidungen mit den anderen Wörterbüchern der EDV und Informatik; vgl. Abb. 214.18, worin auf ein Lemma von allgemeinem Interesse, das sich in fast allen Wörterbüchern der EDV und Informatik findet, ein DOS-spezifisches Lemma folgt.

Dasselbe gilt natürlich auch umgekehrt: In vielen Wörterbüchern der EDV und Informatik auf dem deutschsprachigen Markt werden, auch wenn dies nicht aus dem Titel oder den Ausführungen in den Außentexten ersichtlich ist, der Computertypus *PC* und das Betriebssystem *DOS* (oder in künftigen Wörterbüchern: *Windows 95* oder *98*) besonders berücksichtigt. Erläuterungen beispielsweise zu Apple-Computern oder dem Unix-Betriebssystem sind dagegen deutlich unterrepräsentiert.

Generell läßt sich sagen, daß in den einsprachigen Wörterbüchern der EDV und Informatik annähernd dieselben Fach- und/oder Sachgebiete bzw. dieselben ausgewählten Ausschnitte aus diesen lexikographisch bearbeitet werden − wenn auch ggf. mit unterschiedlichem Komplexitäts- und Differenzierungsgrad, unterschiedlichen Anforderungen an die Wörterbuchbenutzer(innen) und unter unterschiedlichen Lemmata. Die Auswahl dieser Sachgebietsausschnitte erfolgt in der Regel mit Blick auf die durchschnittlichen PC-Anwender(innen) und hat die Vermittlung derjenigen Bausteine aus dem Fachwissen des Bereichs *EDV und Informatik* zum Ziel, von denen die Wörterbuchautor(innen) annehmen, daß sie für diesen Personenkreis von besonderer Relevanz sind, weil im herkömmlichen Umgang mit dem Computer die entsprechenden Fragen und Probleme entstehen. Die auffällig voneinander abweichenden Angaben zu den behandelten Sach- und/oder Fachgebieten in den Wörterbuchaußentexten dienen mithin im wesentlichen dazu, diejenigen inhaltlichen Auswahlkriterien für die Wörterbuchinhalte zu betonen, von denen sich die Autor(inn)en respektive die Verlage die meiste Akzeptanz innerhalb des von ihnen ins Auge gefaßten Adressat(inn)enkreises versprechen.

Anders verhält es sich mit den zwei- und mehrsprachigen Wörterbüchern. Bei diesen steht nicht die Vermittlung von in der alltäglichen Computerpraxis nutzbarem Fachwissen im Vordergrund, sondern die Übersetzungssituation. Insbesondere Wörterbücher, die sich an professionelle Übersetzer(innen) wenden (vgl. 5.), behandeln nicht allein diejenigen Teile von Fachwortschätzen, die für die typischen Computer-Anwender(innen) von Interesse sind, sondern sind − da die Übersetzer(innen) auch mit der Übersetzung einschlägiger Fachtexte befaßt sind − um relative Vollständigkeit in den berücksichtigten Fachgebieten bemüht, was sich auch deutlich an der durchschnittlichen Anzahl an Lemmata in diesen Wörterbüchern zeigt (vgl. z. B. die Angaben zu Brinkmann/Schmidt 1985, Bürger 1990 und Carl/Amkreutz 1981 unter 3.1.). Die Konsequenz aus diesem Bemühen um relative Vollständigkeit ist, daß im Falle der zweisprachigen Wörterbücher die genannten Sach- und/oder Fachgebiete in einem deutlich engeren Zusammenhang mit den tatsächlich in diesen Wörterbüchern präsentierten Inhalten stehen, als dies bei den einsprachigen Wörterbüchern der Fall ist (vgl. auch 4.2.).

4.2. *Fach- und/oder Sachgebietsangaben* (oder im Hinblick auf ihre Funktion vergleichbare Angaben) werden in nur wenigen Wörterbüchern explizit eingeführt. Sieben von diesen (vier zwei- und mehrsprachige und drei einsprachige) sollen nachfolgend kurz vorgestellt werden.

In den Außentexten von Brinkmann/Schmidt 1985 finden sich 108 „Sachgebietsschlüssel", darunter z. B. *Co* (= *Electronic components/Bauelemente*), *HSP* (= *Printers, Hard copy devices/Drucker*) oder *S & M* (= *Sales and marketing/Vertrieb*), aber auch Fachgebietsangaben wie z. B. *Cryp* (= *Cryptography, Encryption/Kryptografie, Sprachverschlüsselung*), *Cy* (= *Cybernetics/Kybernetik*) und *Met* (= *Meteorology/Meteorologie*).

Ferretti 1996 listet 94 verschiedene „Fachgebiete" auf, z. B. *ATOM.PHYS* (= *Atomic Physics/ Atomphysik*) oder *ECON* (= *Economy/Wirtschaftswissenschaften*). Seine Liste enthält auch Sachgebietsangaben wie *COMM.CABLE* (= *Communication Cables/Nachrichtenkabel*) und *WORD PROC* (*Word processing/Textverarbeitung*), die in einer sich anschließenden Übersicht einem der eigentlichen Fachgebiete zugeordnet werden; zur Einordnung von *WORD PROC* beispielsweise vgl. Abb. 214.19.

```
• Elektrotechnik
[...]
•• Nachrichtentechnik
[...]
••• Datentechnik, Informatik
[...]
•••• Datenverarbeitung
[...]
••••• Software-Technik
[...]
•••••• Computeranwendungen
[...]
••••••• Textverarbeitung
[...]
```

Abb. 214.19: Veranschaulichung eines Ausschnitts aus der „Übersicht über die Fachgebiete" in Ferretti 1996

Das einsprachige IBM-Wörterbuch 1978 nennt 68 „Sach- und Fachgebietsangaben"; solche sind z. B. *AL* (= *Algol*), *AS* (= *Assemblersprache*), *BH* (= *Buchhaltung*), *DFV* (= *Datenverarbeitung*), *HA* (= *allg. maschinenbez. Begriffe (Hardware)*), *MA* (= *Mathematik*) und *MT* (= *Maschinentyp*).

Schneider 1991, ebenfalls ein einsprachiges Wörterbuch, listet 53 „Teilgebietsangaben" (in 7 Hauptgruppen zusammengefaßt) auf, die wesentliche Gemeinsamkeiten mit den Sach- und Fachgebietsangaben in anderen Wörterbüchern aufweisen. Gegenüber der Auflage von 1983 finden sich 4 Ergänzungen: *5. Angewandte Informatik — methodologische Aspekte: Wissensverarbeitung, Expertensysteme, Desktop Publishing, Kryptographie* und *6. Angewandte Informatik — anwendungsbereichsbezogene Aspekte: Informatik in der Fertigung (Produktionsinformatik)*. In den Benutzungshinweisen wird ausdrücklich darauf hingewiesen, daß die im Wörterbuch praktizierte Einteilung der Lemmata in verschiedene Teilgebiete lediglich als Orientierungshilfe für die Benutzer(innen) gedacht ist und darüber hinaus keine Geltung beansprucht (Schneider 1991, IX).

Linse 1994 verzeichnet 48 „Sachgebietsschlüssel"; im Vergleich zur ersten Auflage von 1981 sind 9 Sachgebietsschlüssel hinzugekommen, u. a.: *Db* (*Bases de données/Datenbanken*), *Email* (= *Messagerie électronique/Elektronische Post*), *Rés* (= *Réseaux/ Netzwerke*), *Texte* (= *Traitement de texte/Textverarbeitung*) und — bezeichnenderweise — *Gén* (= *Généralités/Allgemeines*).

Das onomasiologische Wörterbuch IFIP 1968 erläutert in den Außentexten die „Anordnung der Abschnitte". Es werden 6 Haupt- und 20 Unterabschnitte genannt, die im Hinblick auf ihre Funktion den Fach- und/oder Sachgebietsschlüsseln anderer Wörterbücher gleichen; vgl. z. B. *Beschreibung und Darstellung von Daten: Organisation digitaler Daten* oder *Gerätetechnik: Speicher mit unbeweglichen magnetischen Medien*.

In Wittmann/Klos 1987 sind 14 „Fachgebietshinweise" aufgelistet, die zum Großteil eher als Sachgebietshinweise aufgefaßt werden sollten; vgl. z. B.: *dig* (= *Digitalrechner, digitale Technik*), *magn* (= *Magnetismus, ‚magnetische Bauteile'*) und *p. c.* (= *Lochkarten, Lochkartenmaschinen*).

Die Gegebenheiten der sieben analysierten Wörterbücher zeigen mehrerlei Dinge deutlich. (a) Welche Fach- und Sachgebietsschlüssel verwendet werden, ist nicht aufgrund des Wörterbuchtitels prognostizierbar; vgl. z. B. die „Sachgebietsschlüssel" *Cryptography, Encryption/Kryptografie, Sprachverschlüsselung* und *Cybernetics/Kybernetik*) in Brinkmann/ Schmidt 1985, die in der Fachgebietsauflistung in Ferretti 1996 nicht vorkommen — und dies, obwohl beide Wörterbücher *Wörterbuch der Datentechnik* heißen. (b) Mit Ausnahme von Ferretti 1996 erhebt keines der Wörterbücher den Anspruch, sich an einem tatsächlich existierenden Fächerkanon zu orientieren. Vielmehr dienen die verwendeten Fach- und/oder Sachgebietsschlüssel einer Ad-hoc-Unterteilung des jeweiligen Lemmatabestands. (c) Entsprechend finden sich in den Wörterbüchern, unabhängig von etwaigen Unterschieden in den Lemmabeständen, sehr unterschiedliche Fach- und/oder Sachgebietsschlüssel. Während beispielsweise Ferretti 1996 dem Lemma *Datenaustausch* die Fachgebietsangabe *Datenkommunikation* zuordnet, finden wir in Linse 1994 die Sachgebietsangabe *Software* und in Schneider 1991 ist *Datenaustausch* lediglich Lemma eines Verweisartikels, dessen korrespondierender Wörterbuchartikel *Datenverbund in der Verwaltungsorganisation* dem Teilgebiet *Rechnernetze und verteilte Systeme* zugeordnet wird. (d) Eine klare Unterscheidung von Fach- und Sachgebieten wird in keinem der Wörterbücher getroffen. (e) Eine Ursache für den uneinheitlichen und inkonsequenten Umgang mit Sach- und/oder Fachgebietsschlüsseln ist in der noch immer schnell fortschreitenden technischen Entwicklung im Bereich EDV und Informatik zu suchen, die sich auch in den in Schneider 1991 und Linse 1994 notwendig gewordenen Ergänzungen widerspiegelt.

Es sei noch darauf hingewiesen, daß die Sach- und/oder Fachgebietsangaben in den zwei- und mehrsprachigen Wörterbüchern zumeist keine Rolle bei der Suche nach einem geeigneten Äquivalent zu spielen scheinen. Wörterbuchartikel der Form (a) *Lemma$_a$: Äquivalent$_1$ (Fach- oder Sachgebiet$_1$) / Äquivalent$_2$ (Fach- oder Sachgebiet$_2$)* oder (b) *Lemma$_1$ (Fach- oder Sachgebiet$_1$): Äquivalent$_a$ und Lemma$_2$ (Fach- oder Sachgebiet$_2$): Äquivalent$_a$* kommen in den untersuchten Wörterbüchern nur in Ausnahmefällen (wie dem in Abb. 214.20 dokumentierten) vor.

Datenkabel   COMM.CABLE   **data transmission cable**
Datenkabel   TERM&PER   **data cable**
Datenkabel   COMM.CABLE   **computer cable**
= Computerkabel

Abb. 214.20: Artikelstrecke aus Ferretti 1996; *TERM & PER = Terminals and Peripherals/End- und Peripheriegeräte*

5. Adressat(inn)enkreis

Aus dem jeweiligen Wörterbuchtitel sind keine weiterreichenden Rückschlüsse auf den Adressat(inn)enkreis, für den dieses Wörterbuch zusammengestellt wurde, möglich. So sollte man beispielsweise von Braun/Giese/ Hüttermann u. a. 1993, Burschil/Häußer/ Münzel u. a. 1989 und Schneider 1991, deren Titel die an gleichnamiges Fachgebiet gemahnende Komponente *Informatik* beinhalten, eher annehmen, daß sie sich an Fachleute wenden, als von Dähnhard 1991, Demandt 1993 und Schulze 1989, deren Titel die fachgebietsneutrale Komponente *Computer* enthalten und deshalb an die Zielgruppe *Laienanwender(innen)* denken lassen. Tatsächlich aber zeigt eine genauere Betrachtung dieser Wörterbücher ein anderes Bild.

Rolle (1985, Einband) rechnet zur Zielgruppe seines Wörterbuchs ganz allgemein alle, „die sich privat oder im Beruf für Personal Computer interessieren". Kopp (1993, Einband) wendet sich — nicht weniger unverbindlich — an alle, die „das Computerwissen unserer Zeit greifbar haben möchten", bei Otto (1988, Einband) aus demselben Verlag findet sich eine annähernd identische Formulierung. Auch in dem zweisprachigen Wörterbuch Linse (1994, Vorwort) wird die Zielgruppe nicht präzisiert, sondern lediglich als diejenigen Personen, die „mit den sprachlichen Problemen der Datentechnik, Telekommunikation und Software konfrontiert" sind, umrissen.

Explizit an Laien wenden sich eine ganze Reihe von Wörterbüchern der EDV und Informatik. Braun/Giese/Hüttermann u. a. (1993, v) wollen „ein Hilfsmittel [...] für Computer-,Einsteiger' und nicht-professionelle EDV-Anwender" bereitstellen. In ähnlicher Weise wendet sich Dähnhard (1991, Einband) an *Laien* und *Einsteiger*. Erbslöh (1989, Vorwort) schließlich nennt ausdrücklich *Nichtspezialisten* als Adressat(inn)en seines Wörterbuchs.

Zahlreiche Wörterbücher der EDV und Informatik betonen, nicht nur für Neulinge auf dem Gebiet *Computertechnologie*, sondern auch für fortgeschrittene Anwender(innen) von Nutzen zu sein. So nennt Rosenbaum (1995, Einband) „Anfänger wie auch fortgeschrittene Anwender" als Zielgruppe; Eirich/Quinten-Eirich (1984, Vorwort) fassen *Computer-Einsteiger* und *Computer-Anwender* ins Auge. In ähnlicher Weise verfahren Müller (1988a, Vorwort), Darcy/Boston (1985, 5), Demandt (1993, Einband) und Wienicke (1991, 5).

Sillescu (1992, Einband) wird für *Einsteiger, Fortgeschrittene* und *Profis* empfohlen, Jürgensmeier (1990, Einband) und Jürgensmeier/Niemeier (1989, Einband) für *Anfänger, Fortgeschrittene* und *Experten* — wobei mit *Profis* oder *Experten* keine Fachleute der Informatik oder angrenzender Fachgebiete gemeint sind, sondern schlicht Personen, die bereits sehr erfahrene Computeranwender(innen) sind.

Ebenso finden sich Nachschlagewerke, die speziell für Lernende der unterschiedlichsten Ausbildungsstätten gedacht sind. Die „Schüler von heute [...] als Berufstätige von morgen mit der EDV vertraut" machen wollen Wendorff/Marzluff (1974, 5) und betonen, daß EDV-Kenntnisse nicht nur für künftige „Programmierer und Systemanalytiker" von Belang seien, sondern auch in vielen anderen Tätigkeitsfeldern. Burschil/Häußer/Münzel u. a. (1989, Vorwort) wenden sich an „Schüler aller allgemeinbildenden Schulen, an Studierende der zweijährigen Fachschulen sowie an Studenten im Grundstudium wirtschaftswissenschaftlicher, naturwissenschaftlicher und technischer Studiengänge", gleichzeitig aber auch an all diejenigen, „die sich an ihrem Arbeitsplatz mit elektronischen Medien auseinanderzusetzen haben". Zwei Wörterbücher beziehen sich auf junge Benutzer(innen), ohne bestimmte Ausbildungsstätten zu nennen. So ist Jamin (1985, Vorwort von K. Zuse) „speziell für Jugendliche" gemacht, ebenso Köthe (1995) – wenngleich dies bei diesem Nachschlagewerk lediglich an der Aufmachung und dem einschlägigen Reihentitel ersichtlich ist.

Einige der Wörterbücher definieren ihren Adressat(inn)enkreis, indem sie berufliche Tätigkeitsfelder auflisten, in denen Computerwissen zumindest von Vorteil ist. 26 verschiedene Personenkreise, an die „sich das Werk richtet", nennt von Sydow (1994, II), darunter beispielsweise *berufstätige Informatiker, Lehrer, Naturwissenschaftler, Publizisten, Rechtsanwälte, Studenten* und *Übersetzer*. Als „optimal für Techniker, Übersetzer und alle PC-Anwender" stellt sich das onomasiologische Wörterbuch Havlíček (1997, Einband) dar. Bürger (1990, Klappentext) „wendet sich an fachsprachlich interessierte Wissenschaftler und Ingenieure, die mit der Informatik befaßt sind, an Lehrer und Studenten an Universitäten, Technischen Hochschulen, Ingenieurhochschulen und Fachschulen sowie an Übersetzer und Dokumentalisten". Schneider (1991, V) wendet sich „sowohl an die Praktiker [...] als auch an Wissenschaftler, Lehrer an Gymnasien, Fachhochschulen und Universitäten, an Schüler, Studenten und Hobby-Computer-Fans". Weniger detailliert, aber sinngemäß ähnlich, erläutert IFIP (1968, ix), es sei zur Unterstützung „aller, ob Fachmann oder Neuling, die mit [...] der Informationsverarbeitung zu tun haben", zusammengestellt. Ebenfalls „für den Fachmann wie für den fachlich nicht Geschulten" geschrieben ist Schulze (1989, Vorsatz) und Schulze 1997 will sowohl *Spezialisten* als auch *Nichtfachleuten* Hilfestellung beim Übersetzen der einschlägigen englischen Fachterminologie ins Deutsche bieten. Carl 1982 dagegen ist allein „für Fachleute, d. h. für Dolmetscher, Übersetzer sowie für EDV-Spezialisten bestimmt".

Die überwiegende Anzahl der Wörterbücher der EDV und Informatik richtet sich erklärtermaßen nicht oder zumindest nicht nur an einschlägige Fachleute, sondern ist entweder für Laien gemacht, die aus beruflichen Gründen oder aufgrund privaten Interesses Computeranwender(innen) sind bzw. es werden wollen, und/oder für professionelle Übersetzer(innen) in diesem Bereich. Dies steht in Einklang mit der eingangs (vgl. 1.) aufgestellten These (2). Darüber hinaus ist klar erkennbar, daß These (2) mit These (1), die besagte, daß Wörterbücher der EDV und Informatik in der Regel fachgebietsneutrale Sachverhalte „rund um den Computer" behandeln (vgl. auch 4. und 4.1.), in direktem Zusammenhang steht. Die vorrangige Orientierung an Nichtfachleuten bei der Abfassung von Wörterbüchern der EDV und Informatik läßt eine klare Abgrenzung diverser Fach- und Fachteilgebiete voneinander unnötig und – insbesondere, wenn Fragen der Computer-Praxis im Vordergrund stehen – sogar hinderlich werden.

6. Zum lemmatisierten Wortschatz

In diesem Abschnitt wird eine Fallstudie vorgestellt, deren Ziel es war, den in verschiedenen ein- sowie zwei- und mehrsprachigen Wörterbüchern der EDV und Informatik jeweils lemmatisierten Wortschatz exemplarisch anhand ausgewählter Artikelstrecken zu vergleichen. Untersucht wurde zunächst der Bestand an lemmatisierten Komposita, deren erste Komponente *daten* oder *Daten* lautet und deren zweite Komponente mit einem *a* beginnt. Dabei wurden auch komplexe Lemmata berücksichtigt, die mit einem Kompositum der genannten Art beginnen (wie z. B. *Datenaustausch zwischen Rechnern* oder *Datenaustausch, dynamischer*. Die folgenden 44 Wörterbücher wurden ausgewertet:

Bachmann 1990 u. 1992; Bärwald 1993; Boenisch/Boenisch 1989; Braun/Giese/Hüttermann u. a. 1993; Brinkmann/Schmidt 1985; Bürger 1990; Burschil/Häußer/Münzel u. a. 1989; Carl 1982; Dähnhard 1991; Darcy/Boston 1985; Demandt 1993; Duden 1989; Eirich/Quinten-Eirich 1984; Erbslöh 1989; Falkner 1982; Ferretti 1996; Haslinger 1989; Hilber 1996; Jamin 1985; Jürgensmeier/Niemeier 1989; Jürgensmeier/Niemeier/Steiner 1990; Klingberg 1993; Kopp 1993; Köthe 1995; Linse 1994; Lukas/Nöst 1995; Müller 1986, 1988 u. 1988 a; Otto 1988; Plank 1986; Rolle 1982 u. 1985; Rosenbaum 1995; Schneider 1991; Schulze 1984, 1989 u. 1997; Sillescu 1992; von Sydow 1994; Wendorff/Marzluf 1974; Wenke/Jaeggi 1993 sowie Wienicke 1991.

In den ausgewerteten Wörterbüchern fanden sich 131 lemmatisierte Ausdrücke (i. S. v. *types*), die mit *daten* oder *Daten* begannen. Diese Ausdrücke wurden insgesamt in 298 Fällen als Lemmata (i. S. v. *tokens*) angesetzt; mithin kam jeder dieser Ausdrücke in durchschnittlich ca. 2,3 Wörterbüchern vor. Im einzelnen verteilten sich die vorgefundenen Ausdrücke folgendermaßen auf die 44 ausgewerteten Wörterbücher:

- 1 Ausdruck kam in 23 der ausgewerteten Wörterbücher als Lemma vor (*datenabhängig*).
- 1 Ausdruck kam in 20 der ausgewerteten Wörterbücher als Lemma vor (*Datenausgabe*).
- 1 Ausdruck kam in 19 der ausgewerteten Wörterbücher als Lemma vor (*Datenaustausch*).
- 1 Ausdruck kam in 9 der ausgewerteten Wörterbücher als Lemma vor (*Datenaufbereitung*).
- 2 Ausdrücke kamen in je 7 der ausgewerteten Wörterbücher als Lemmata vor (*Datenabfragesprache* und *Datenaufzeichnung*).
- 3 Ausdrücke kamen in je 6 der ausgewerteten Wörterbücher als Lemmata vor (*Datenadresse*, *Datenanzeige* und *Datenattribut*).
- 2 Ausdrücke kamen in je 5 der ausgewerteten Wörterbücher als Lemmata vor (*Datenarchiv* und *Datenaustauschsteuerung*).
- 9 Ausdrücke kamen in je 4 der ausgewerteten Wörterbücher als Lemmata vor (*Datenabrufsignal*, *Datenabstraktion*, *Datenanalyse*, *Datenanforderung*, *Datenanschlußeinheit*, *Datenanschlußgerät*, *Datenart*, *Datenaufnahme* und *Datenautobahn*).
- 7 Ausdrücke kamen in je 3 der ausgewerteten Wörterbücher als Lemmata vor (*Datenabfrage*, *Datenabfragesystem*, *Datenänderung*, *Datenausgabekanal*, *Datenausgaberegister*, *Datenausgabesteuerung* und *Datenauswertung*).
- 24 Ausdrücke kamen in je 2 der ausgewerteten Wörterbücher als Lemmata vor (*datenabhängiger Fehler*, *datenabhängiger Maschinenfehler*, *Datenabruf*, *Datenadreßkettung*, *Datenaktualität*, *Datenaktualisierung*, *Datenalarm*, *Datenanfangsadresse*, *Datenannahme*, *Datenanschluß*, *Datenaufbau*, *Datenaufbauanweisung*, *Datenaufzeichnungsmedium*, *Datenausdruck*, *Datenausgabegerät(e)*, *Datenausgabeleitung*, *Datenausgang*, *Datenausspähung*, *Datenaustausch-Einheit*, *Datenaustauschformat*, *Datenaustauschprogramm*, *Datenaustauschprotokoll*, *Datenauswahl* und *Datenauswahlsteuerung*).
- 80 Ausdrücke kamen lediglich in je 1 der ausgewerteten Wörterbücher als Lemmata vor (*Datenbarbeitung*, *Datenabfall*, *Datenabgrenzungssymbol*, *Datenabhängigkeit*, *Datenabrufanweisungssprache*, *Datenabrufstation*, *Datenabruftechnik*, *Datenabtastsystem*, *Datenabtastung*, *Datenabzugspause*, *Datenadministrator*, *Datenadresse, unzulässige*, *Datenadressenkettung*, *datenadressiert*, *datenadressierter Speicher*, *Datenadressierung, indirekte*, *Datenadreßliste*, *Datenaggregat*, *Datenaggregierung*, *Datenalphabet*, *Datenanalysator*, *Datenanalysesystem*, *Datenanfall*, *Datenanfang*, *Datenanordnung*, *Datenanordnung, arithmetische*, *Datenanpassung*, *Datenanpassungsgerät*, *Datenanweisung*, *Datenanwendungsbestimmung*, *Datenanzeige-Kathodenstrahlröhre*, *Datenanzeigerichtung*, *Datenanzeigetafel*, *Datenarchivierung*, *Datenarchivverwalter*, *Datenarchivverwaltung*, *Datenassistent*, *Datenattribut-*

angabe, *Datenaufbau-Anweisung*, *Datenaufbauanweisungen*, *Datenaufbereiter*, *Datenaufbereitungsraum*, *Datenaufstellung*, *Datenaufzeichnungsdichte*, *Datenaufzeichnungsgerät*, *Datenaufzeichnungskapazität*, *Datenaufzeichnungskode*, *Datenaufzeichnungsroutine*, *Datenaufzeichnungssystem*, *Datenaufzeichnungsverfahren*, *Datenaufzeichnungsvorrichtung*, *Datenausgabeadapter*, *Datenausgabeband*, *Datenausgabebus*, *Datenausgabeeinheit*, *Datenausgabekontrolle*, *Datenausgabeliste*, *Datenausgabemethode*, *Datenausgabestation*, *Datenausgangsleitung*, *Datenaustausch innerhalb des öffentlichen Bereichs*, *Datenaustausch und Speicherung*, *Datenaustausch zwischen Datenendgeräten im Zeichenmodus*, *Datenaustausch zwischen Peripheriegeräten und Speicher*, *Datenaustausch zwischen Rechnern*, *Datenaustausch, dynamischer*, *Datenaustausch, Steuereinheit für den zeichenweisen*, *Datenaustausch-Einheiten*, *Datenaustausch-Format*, *Datenaustauschanlage*, *Datenaustauschbarkeit*, *Datenaustauschbereich*, *Datenaustauscheinheit*, *Datenaustauschfunktion*, *Datenaustauschregister*, *Datenaustauschsystem*, *Datenaustauschvorschrift*, *Datenauswahlschaltung*, *Datenauswahlsystem* und *Datenauswertungszentrale*).

Es ist bemerkenswert, daß mehr als 60 Prozent der vorgefundenen Ausdrücke nur in jeweils einem einzigen Wörterbuch vorkommen und weitere 31 Prozent in je 2 bis 4 Wörterbüchern. Einige der untersuchten Wörterbücher verzeichnen nicht ein einziges Lemma, auf welches das hier verwendete Auswahlkriterium zutrifft (z. B. Bachmann 1990 u. 1992; Duden 1989 sowie Klingberg 1993).

Die Ursachen hierfür sind vielfältig. So muß die jeweilige Gesamtzahl der in den untersuchten Wörterbüchern behandelten Lemmata mit in Betracht gezogen werden (vgl. Abschnitt 3.), da diese eine entscheidende Rolle für die jeweilige Differenzierungstiefe bei der Lemmaselektion spielt. Gut zeigen läßt sich dies an dem Beispiel von *Datei* in zwei kurz nacheinander erschienenen Wörterbüchern desselben Verfassers (Schulze 1988 mit 5800 Lemmata und Schulze 1989 mit 26 000 Lemmata). Von den 35 mit dem Wort *Datei* beginnenden Lemmata, die in dem Sechsbänder Schulze 1989 angeführt sind, kommen nur 5 auch in dem Einbänder Schulze 1988 vor; vgl. die Tabelle in Abb. 214.21.

Eine andere Ursache für die Heterogenität des in den Wörterbüchern der EDV und Informatik vorgefundenen Lemmabestands ist darin zu suchen, daß die ausgewerteten Wörterbücher zwischen 1974 und 1996 erschienen sind — ein langer Zeitraum angesichts des ra-

Lemma	Schulze 1988	Schulze 1989
Datei anlegen	–	+
Datei eröffnen	–	+
Datei schließen	–	+
Datei, aktive	–	+
Datei, benutzereigene	–	+
Datei, direkte	–	+
Datei, externe	–	+
Datei, gekettete	–	+
Datei, gemeinsame	–	+
Datei, geschützte	–	+
Datei, gesicherte	–	+
Datei, gestreute/gestreut gespeicherte	+	+
Datei, hierarchische	–	+
Datei, index-sequentielle	+	+
Datei, indiziert-verkettete	+	+
Datei, indizierte	+	+
Datei, interne	–	+
Datei, invertierte	–	+
Datei, konventionelle	–	+
Datei, logische	–	+
Datei, öffentliche	–	+
Datei, passive	–	+
Datei, permanente	–	+
Datei, physische	–	+
Datei, private	–	+
Datei, residente	–	+
Datei, satzorientierte	–	+
Datei, segmentorientierte	–	+
Datei, sequentielle	+	+
Datei, sequentiell-verkettete	–	+
Datei, temporäre	–	+
Datei, ungeschützte	–	+
Datei, ungesicherte	–	+
Datei, verkettete	–	+
Datei, voll invertierte	–	+

Abb. 214.21: Übersicht über komplexe Lemmata mit der Komponente *Datei* in Schulze 1988 u. 1989

schen technischen Fortschritts in diesem Bereich und des damit verbundenen gesellschaftlichen Wandels. So ist es nicht verwunderlich, daß beispielsweise in Wendorff/Marzluf 1974, Carl 1982 und Rolle 1982 der Ausdruck *Datenautobahn* nicht verzeichnet ist, wohl aber in Ferretti 1996, Hilber 1996 und Rosenbaum 1995.

Ein weiterer Grund für die geringe Übereinstimmung in den Lemmabeständen der Wörterbücher der EDV und Informatik besteht darin, daß zahlreiche in den Wörterbüchern der EDV und Informatik als Lemmata angesetzte Ausdrücke keine eingespielten Fachausdrücke sind. Es handelt sich bei diesen Ausdrücken vielmehr um – teils konkurrierende – Bezeichnungen, die von diversen Herstellerfirmen und Softwarehäusern geprägt wurden, oder um – häufig durch Übersetzung aus dem Englischen entstandene – Ad-hoc-Formulierungen der jeweiligen Autor(inn)en.

Ein typisches Beispiel für das Zusammenwirken der genannten Faktoren sind die selten lemmatisierten, mit *Datenaufzeichnung* beginnenden Komposita (vgl. *Datenaufzeichnungsdichte, Datenaufzeichnungsgerät, Datenaufzeichnungskapazität, Datenaufzeichnungskode, Datenaufzeichnungsmedium, Datenaufzeichnungsroutine, Datenaufzeichnungssystem* und *Datenaufzeichnungsverfahren*. In Schulze 1989 kommen keine entsprechenden Komposita vor, vielmehr wird bei *Datenaufzeichnung* auf das Hyperonym *Datenerfassung* verwiesen. Entsprechend findet sich anstelle von *Datenaufzeichnungsmedium* das Lemma *Datenerfassungsgerät*, anstelle von *Datenaufzeichnungssystem* das Lemma *Datenerfassungssystem* und anstelle von *Datenaufzeichnungsverfahren* das Lemma *Datenerfassungsverfahren*; analog bildbare Ausdrücke wie *Datenerfassungsfehler* oder *Datenerfassungsprotokoll* sind dagegen nicht lemmatisiert.

Noch unübersichtlicher wird die Sachlage, wenn wir die Äquivalentangaben berücksichtigen. Zu *Datenerfassungsgerät* sind in Schulze 1989 die Äquivalente *data collection terminal* und *data gathering station* angegeben. In Brinkmann/Schmidt 1985 werden als Äquivalente zu *Datenaufzeichnungsmedium* die Ausdrücke *data recording medium* und *recording medium* genannt, dem Lemma *Datenerfassungsgerät* dagegen, welches in diesem Wörterbuch ebenfalls vorkommt, sind die Äquivalente *data collection terminal* und *data capture terminal* zugeordnet. Ferretti 1996 schließlich gibt als Äquivalent zu *Datenaufzeichnungsgerät* den Ausdruck *data logger* an, während Brinkmann/Schmidt 1985 in der englisch-deutschen Wortliste zu *data logger* das Äquivalent *Datenlogger*, zu *data logging* jedoch *Datenerfassung* verzeichnen.

Trotz aller verständlichen Gründe für die unterschiedlichen Lemmabestände in den Wörterbüchern zur EDV und Informatik erstaunt doch das festgestellte Ausmaß dieser Unterschiede — so kommt nicht einmal das Grundwort *Daten* in allen analysierten Wörterbüchern vor. Außerdem können auch nicht alle Ausdrücke, die sich nur selten lemmatisiert fanden, als Ad-hoc-Bildungen bzw. Ad-hoc-Übersetzungen oder als anbieterspezifische Bezeichnungen betrachtet werden (vgl. z. B. *Datenaustauschformat*, *Datenaustauschprotokoll* und *Datenauswertung*). Neben den genannten Gründen dürften deshalb noch andere Faktoren ausschlaggebend sein: Zum einen ist der Fachwortschatz innerhalb der Informatik und der angrenzenden Fachgebiete offensichtlich ebenso aufgesplittert wie das Fachgebiet *Informatik* und der Bereich *EDV* selbst; daraus erklärt sich die enorme Anzahl der einschlägigen, teils konkurrierenden Fachausdrücke. Zum anderen bieten Printwörterbücher nur begrenzten Druckraum, so daß aus dem Gesamt des in Frage kommenden Wortschatzes eine Auswahl getroffen werden muß. Diese Auswahl erfolgt in der Regel nicht in Einklang mit einer Auswahl von zu behandelnden Teilbereichen der EDV und Informatik, sondern trägt der individuellen Einschätzung der Wörterbuchautor(inn)en in bezug auf die Bedürfnisse von Computeranwender(inne)n und/oder von professionellen Übersetzer(inne)n Rechnung.

7. Schlußbemerkungen

Die Wörterbücher der EDV und Informatik sind zum überwiegenden Teil nicht für Expert(inn)en der einschlägigen Fachgebiete geschrieben, sondern als Vermittlungstexte gedacht. Die einsprachigen Wörterbücher wenden sich an typische nicht-professionelle PC-Anwender(innen), die zweisprachigen sich darüber hinaus an professionelle Übersetzer(innen). Diese Zielgruppenorientierung zeigt sich deutlich an der nicht an Fachgebietsgrenzen, sondern an vermuteten Anwender(innen)bedürfnissen ausgerichteten Auswahl an vermittelten Inhalten sowie an einem allgemein geringen Fachlichkeitsgrad derselben. Einsprachige Wörterbücher der EDV und Informatik spiegeln mithin in der Regel nicht den Fachsprachengebrauch und den Wissensstand innerhalb der Informatik und angrenzender Fachgebiete wider. Sie beziehen sich vielmehr auf das Informationsbedürfnis von Laien, die aus beruflichen oder persönlichen Gründen Interesse an Computern und Computeranwendungen haben.

8. Literatur (in Auswahl)

Bachmann 1990 = Bernhard Bachmann: Großes Lexikon der Computerfachbegriffe. Vaterstetten bei München 1990.

Bachmann 1992 = Bernhard Bachmann: Das neue Computerlexikon von A—Z. Vaterstetten bei München 1992.

Bärwald 1993 = Werner Bärwald: Fachwörterbuch Büro- und Datenkommunikation. Französisch—Deutsch, Deutsch—Französisch. Mit je etwa 7500 Wortstellen. Berlin. Paris 1993.

Benker 1996 = H. Benker: Langenscheidts Fachwörterbuch Computer und mathematische Anwendungen. Französisch—Deutsch/Deutsch—Französisch. Berlin. München 1996.

Boenisch/Boenisch 1989 = Dieter Boenisch und Andreas Boenisch: Wörterbuch der EDV-Kürzel für die tägliche Praxis. Berlin. Chicago. London. São Paulo. Tokio 1989.

Braun/Giese/Hüttermann u. a. 1993 = Manfred Braun, Thomas Giese, Ulrich Hüttermann, Rolf Krattenmacher und Gerhard Schweitzer: Gabler-Kompakt-Lexikon EDV und Informatik. 2000 Begriffe nachschlagen—verstehen—anwenden. Wiesbaden 1993.

Brinkmann/Schmidt 1985 = Wörterbuch der Datentechnik. Deutsch—englisch, englisch—deutsch. Data Systems Dictionary. English—German, German—English. 3., vollkommen überarb. u. erw. Aufl. Von Karl-Heinz Brinkmann und Rudolf Schmidt. Hrsg. v. Karl-Heinz Brinkmann und E. Tanke. Wiesbaden 1985.

Bürger 1976 = Erich Bürger: Wörterbuch Datenerfassung—Programmierung. Englisch, deutsch, französisch, russisch. Mit etwa 11 000 Fachbegriffen. Thun. Frankfurt a. M. 1976.

Bürger 1979 = Erich Bürger: Wörterbuch Informationsverarbeitung. Englisch, deutsch, französisch, russisch. Mit etwa 14 000 Fachbegriffen. Thun. Frankfurt a. M. 1979.

Bürger 1990 = Technik-Wörterbuch Informatik. Englisch, Deutsch, Französisch, Russisch. Mit etwa 25 000 Wortstellen. Hrsg. v. Erich Bürger. Bd. 1: A—Z. Bd. 2: Register. 2., unveränd. Aufl. Berlin 1990.

Bürger 1996 = Erich Bürger: Langenscheidts Fachwörterbuch Informatik. Englisch—Deutsch—Französisch—Russisch. Berlin. München 1996.

Burschil/Häußer/Münzel u. a. 1989 = Klaus Burschil, Dieter Häußer, Robert Münzel, Karl-Ludwig Renker und Helmut Zopp: Kleines Lexikon der Informatik. 2., überarb. u. erw. Aufl. Bad Homburg v. d. H. 1989 (Gehlenbuch 181).

Carl 1982 = Wilhelm H. Carl: Taschenwörterbuch der Datenkommunikation/Pocket Dictionary of Data Communication/Dictionnaire de poche du télétraitement des donnés A—Z. Köln 1982.

Carl/Amkreutz 1981 = Wilhelm H. Carl und Johann J. Amkreutz: Wörterbuch der Datenverarbeitung (Der rote Amkreutz). Hardware—Software—Textverarbeitung—Datenfernübertragung—Elektronik. Deutsch, englisch, französisch. 2 Bde. 2., überarb. u. verb. Aufl. Köln 1981.

Carl/Amkreutz 1982 = Wilhelm H. Carl und Johann J. Amkreutz: Abkürzungen der Datenverarbeitung. A—Z aus den Bereichen der Daten- und Textverarbeitung — Hardware, Software, Datenfernverarbeitung und Elektronik. 2., überarb. u. verb. Neuaufl. 6700 deutsche, englische, französische Abkürzungen. Köln 1982.

Coster 1979 = Jean de Coster: Fachwörterbuch Datenverarbeitung. Deutsch—Französisch. Frankfurt a. M. 1979.

Dähnhard 1991 = Peter Dähnhard: Lexikon der Computerfachbegriffe. Eltville am Rhein 1991.

Darcy/Boston 1985 = Webster's New World Lexikon der Computer-Begriffe. Hrsg. v. Laura Darcy und Louise Boston. Aus dem Amerikanischen übers. v. Bernd Gatter. Bergisch Gladbach 1985 (Bastei-Lübbe-Taschenbuch 63081). [Originalausgabe: Webster's New World Dictionary of Computer Terms. New York 1983.]

Data Becker 1996 = Das Data Becker PC Lexikon. o. O. 1996. [CD-ROM]

Demandt 1993 = Sabine Demandt: PC abc. Das kleine Lexikon der Computer-Begriffe. Bornheim 1993.

Duden 1989 = Duden Informatik. Ein Sachlexikon für Studium und Praxis. Algorithmen, Datenkommunikation, Datenverarbeitung, Programmiersprachen, Programme, Programmsystem, Betriebssystem, Computer, Hardware, Software. Mit etwa 500 meist zweifarbigen Abbildungen, zahlreichen Beispielen und einem ausführlichen Register. Hrsg. v. Lektorat des B. I.-Wissenschaftsverlags unter Leitung von Hermann Engesser. Bearb. v. Volker Claus und Andreas Schwill. Korr. Aufl. Mannheim. Wien. Zürich 1989.

Eirich/Quinten-Eirich 1984 = Dietmar Eirich/Sabine Quinten-Eirich: Heyne Computer Lexikon. Fachbegriffe von *A—Z*. 2. Aufl. München 1984 (Heyne-Computer-Bücher 15/5).

Erbslöh 1989 = Diethard Erbslöh: Kleines Computer-Lexikon. Wissenswertes über Datenverarbeitung, Textverarbeitung und Bürokommunikation. 3. Aufl. Stuttgart 1989.

Falkner 1982 = Reinhold Falkner: Mikrocomputer-Lexikon. 1500 Fachbegriffe exakt definiert mit Register Englisch/Deutsch. München 1982.

Fehrle 1995 = R. Fehrle: Das PC-Einsteiger-Lexikon. Die wichtigsten Begriffe zum Mitreden. Hrsg. v. Andreas Patschorke und Christian Spitzner. München 1995.

Ferretti 1996 = Vittorio Ferretti: Wörterbuch der Datentechnik. Deutsch/Englisch. Englisch/Deutsch. 92 000 Einträge (44 000 deutsche und 48 000 englische) aller Gebiete der Informatik, mit Hauptbegriffen der angrenzenden Fachgebiete sowie des allgemeinen technischen Sprachgebrauchs (insgesamt 94 Fachgebiete). Berlin. Heidelberg. New York 1996.

Grieser/Irlbeck 1995 = F. Grieser und T. Irlbeck: Computer-Lexikon. 2. Aufl. München 1995.

Haslinger 1989 = Erwin Haslinger: Lexikon der Personal-Computer, Arbeitsplatzsysteme, Kommunikationsnetze. München. Wien 1989.

Hauff 1967 = Volker Hauff: Wörterbuch der Datenverarbeitung. Begriffe, Erläuterungen, Abkürzungen. 3., neubearb. u. stark erw. Aufl. Stuttgart 1967 (Telekosmos Monographien zur Datenverarbeitung).

Havlíček 1997 = Miroslav Havlíček unter Mitwirkung v. Emil Badura: Englisch für PC-Anwender. Wiesbaden 1996.

Hilber 1996 = Wolfgang Hilber: EDV & PC Lexikon. Bergisch Gladbach 1996.

Hofer/Bludau/Born u. a. 1976 = Alfred Hofer, Ingo Bludau, Werner Born, Walter Brauer, Johannes Frotscher, Heiner Furkert, Rolf Giesecke, Wolfgang Gühne, Jürgen Hackler, Hans Hesse, Siegfried Junge, Helmut Jüttler, Siegfried Körting, Heinz Lohse, Dieter Müller, Dieter Schreiter, Heinz Werner und Gottfried Wildenhain: Fachbegriffe und Sinnbilder der Datenverarbeitung. Hrsg. v. Institut für Datenverarbeitung [Dresden]. 2. Aufl. München 1976.

IBM 1971 = IBM Deutschland: Fachausdrücke der Datenverarbeitung. Wörterbuch und Glossar. Englisch—deutsch, deutsch—englisch. Redaktion R. Merkl. Stuttgart [IBM Deutschland] 1971.

IBM 1978 = IBM Deutschland: Fachausdrücke der Text- und Datenverarbeitung. Wörterbuch und Glossar. Englisch—deutsch, deutsch—englisch. Redaktion R. Merkl. Stuttgart [IBM Deutschland] 1978.

IBM 1985 = IBM Corporation: Fachausdrücke der Informationsverarbeitung. Wörterbuch und Glossar. Englisch—deutsch, deutsch—englisch. Redaktion K. Csikai. Stuttgart [IBM Deutschland] 1985.

IBM 1996 = IBM Corporation: IBM Dictionary of Computing on CD-ROM. o. O. 1996. [CD-ROM]

IFIP 1968 = Technischer Ausschuß I (Terminologie) der International Federation for Information Processing [= IFIP]: IFIP Fachwörterbuch der Informationsverarbeitung. 1. deutschspr. Aufl. Amsterdam 1968.

Jamin 1985 = Klaus Jamin: Computer-Lexikon. Zeichnungen von Otto Wamser. Berlin. Darmstadt. Wien 1985.

Jasper 1996 = Dirk Jasper: Das aktuelle ECON Online-Lexikon. Düsseldorf 1996.

Jürgensmeier/Niemeier 1989 = Günter Jürgensmeier und Hartmut Niemeier: PC-DOS-MS-DOS-

*Lexikon. Von A bis Z: Das umfassende Nachschlagewerk für jeden DOS-Anwender (bis PC-/MS-DOS-Version 3.3). Haar bei München 1989.

Jürgensmeier/Niemeier/Steiner 1990 = Günter Jürgensmeier, Hartmut Niemeier und Franz-Josef Steiner: DOS 4.0 Lexikon. Von *A* bis *Z*: Das umfassende Nachschlagewerk für jeden DOS-Anwender (bis PC-/MS-DOS-Version 4.01). Haar bei München 1990.

Kaltenbach/Reetz/Woerrlein 1992 = Thomas Kaltenbach, Udo Reetz und Hartmut Woerrlein: Das große Computer-Lexikon. 4000 aktuelle Begriffe von *Ada* bis *Zuse*. Frankfurt am Main 1992.

Klingberg 1993 = ABC der Multimedia-Technologie. Hrsg. v. Klaus D. Klingberg. Bergheim 1993.

Köthe 1995 = Rainer Köthe: WAS IST WAS-Computerlexikon. Über 200 farbige Abbildungen. Stuttgart [1995].

Kopp 1993 = Bernhard Kopp: Das neue Falken-Computer-Lexikon. Gütersloh. Wien. Stuttgart [1993].

Koreimann 1977 = Dieter S. Koreimann: Lexikon der angewandten Datenverarbeitung. Mit 71 Abbildungen und 35 Tabellen. Berlin. New York 1977.

Linse 1994 = Doris Linse: Wörterbuch der Datentechnik. Deutsch—französisch, französisch—deutsch. Hrsg. v. K.-H. Brinkmann und E. Tanke. 2. überarb. u. erw. Aufl. Wiesbaden 1994. [erste Aufl. 1981].

Lukas/Nöst 1995 = Anja Lukas und Theresia Nöst: Großes Computerlexikon. Köln [1995].

Meyers 1996 = Meyers Lexikon Informatik. Version 1.1. o. O. 1996. [CD-ROM]

Müller 1969 = Lexikon der Datenverarbeitung. Hrsg. v. Peter Müller in Zusammenarbeit mit Guido Löbel und Hans Schmid. Geleitwort v. Konrad Zuse. Mit 270 Zeichnungen und Tabellen sowie 93 Fotos im Bildteil. 4., völlig neu überarb. u. erw. Aufl. München 1969.

Müller 1979 = EDV Taschenlexikon. Hrsg. v. Peter Müller in Zusammenarbeit mit Guido Löbel und Hans Schmid. 8. Aufl. München 1979.

Müller 1986 = Mikrocomputer Lexikon. Über 1500 Begriffe aus dem Heim- und Personal-Computer-Bereich. Hrsg. v. Peter Müller in Zusammenarbeit mit Guido Löbel und Hans Schmid. 2., überarb. u. erw. Aufl. Landsberg am Lech 1986.

Müller 1988 = Lexikon der Datenverarbeitung. Hrsg. v. Peter Müller in Zusammenarbeit mit Guido Löbel und Hans Schmid. 10., überarb. u. erw. Aufl. Landsberg am Lech 1988.

Müller 1988 a = Lexikon der PC-Praxis. Hrsg. v. Peter Müller in Zusammenarbeit mit Guido Löbel und Hans Schmid. Landsberg am Lech 1988.

Otto 1988 = Falken Computer-Lexikon. Red.: Iris Anna Otto. Niedernhausen/Ts. 1988.

Paulin 1968 = Gerhard Paulin: Kleines Lexikon der Rechentechnik und Datenverarbeitung. 2., bearb. u. erw. Aufl. Braunschweig 1968 (Reihe Automatisierungstechnik).

Plank 1986 = Karl-Ludwig Plank: Kleines Lexikon der Informationstechnik. Heidelberg 1986 (net-Buch Telekommunikation).

Raabe 1996 = C. Raabe: PC & EDV Lexikon. Düsseldorf 1996.

Rassbichler 1979 = Paul Rassbichler: Aktuelles Grundwissen der Datenverarbeitung in 400 Stichworten. Umfangreiche Einführung in die DV-Sprache, Arbeitshilfen, DV-Lexikon für Führungskräfte. Kissing 1979.

Rolle 1982 = Personal-Computer-Lexikon. Die 1000 wichtigsten Hard- und Software-Begriffe des Personal Computing mit ausführlicher Erklärung. Zusammengestellt v. Günter Rolle. Haar bei München 1982.

Rolle 1985 = Personal-Computer-Lexikon. Über 1700 der wichtigsten Hard- und Software-Begriffe des Personal computings mit ausführlichen Erläuterungen. Zusammengestellt v. Günter Rolle. Überarb. v. Peter Rosenbeck. 2., überarb. u. erw. Aufl. Haar bei München 1985.

Rosenbaum 1995 = Oliver Rosenbaum: Das kleine Sybex PC-Lexikon. Über 2000 Begriffe. Leicht verständliche Erklärungen. Schnelle Orientierung mit zahlreichen Querverweisen. Frankfurt a. M. Berlin 1995.

Schneider 1970 = Carl Schneider: Datenverarbeitungs-Lexikon. Wiesbaden 1970.

Schneider 1991 = Lexikon der Informatik und Datenverarbeitung. Hrsg. v. Hans-Jochen Schneider. 3., akt. u. erw. Aufl. München. Wien 1991. [erste Aufl. 1983]

Schulze 1984 = Hans Herbert Schulze: Das rororo Computerlexikon. Schwierige Begriffe einfach erklärt. Reinbek bei Hamburg 1984.

Schulze 1988 = Hans Herbert Schulze: Das rororo Computerlexikon. Schwierige Begriffe einfach erklärt. Akt. u. erw. Neuaufl. Reinbek bei Hamburg 1988.

Schulze 1989 = Hans Herbert Schulze: Computerenzyklopädie. Lexikon und Fachwörterbuch für Datenverarbeitung und Telekommunikation. 6 Bde. Reinbek bei Hamburg 1989.

Schulze 1996 = Hans Herbert Schulze: PC-Lexikon. Fachbegriffe schlüssig erklärt. 4. Aufl. Reinbek bei Hamburg 1996.

Schulze 1996 a = Hans Herbert Schulze: PC-Lexikon/Computer-Englisch. o. O. 1996. [CD-ROM]

Schulze 1977 = Hans Herbert Schulze: Computer-Englisch. Ein Fachwörterbuch. Überarb. u. erw. Neuausgabe. Reinbek bei Hamburg 1997. [1. Aufl. 1986]

Siemens 1968 = Siemens Aktiengesellschaft: Fachwörter der Datenverarbeitung. Englisch—Deutsch. München [Siemens] 1968.

Siemens 1970 = Siemens Aktiengesellschaft: Wörterbuch der Datenverarbeitung. Deutsch–englisch. Red.: K.-H. Brinkmann, J. Schultz und E. Tanke. Berlin. München [Siemens] 1970.

Sillescu 1992 = Daniel Sillescu: Sybex PC-Lexikon. Düsseldorf. Paris. San Francisco. Soest 1992.

Stade 1989 = Uwe-Kurt Stade: Lexikon der Abkürzungen in der EDV. 3. Update. Hamburg 1989.

von Sydow 1994 = Friedrich von Sydow: InformLex. Lexikon für Abkürzungen und Metaphern in Informatik und Umfeld. Braunschweig. Wiesbaden 1994.

Wendorff/Marzluf 1974 = Dieter Marzluf und Heinz-Dieter Wendorff: Lexikon der EDV. Nachschlagewerk mit zahlreichen Abbildungen und tabellarischen Übersichten für Auszubildende und Studierende an Fachschulen. Rinteln 1974 (Wirtschaftswissenschaftliche Bücherei für Studium und Praxis).

Wenke/Jaeggi 1993 = Hans-Georg Wenke und Stephan Jaeggi: So You Speak Computer English? Das Publishing-Lexikon. Über 3800 Stichwörter, Abkürzungen und Fachbegriffe aus EDV und Electronic Publishing. 2., durchges. Aufl. St. Gallen 1993.

Wienicke 1991 = Wolfgang Wienicke: PC-XT-AT-Lexikon. Alle praxisrelevanten Begriffe besonders ausführlich erklärt mit zahlreichen Problemlösungen. Mit 76 Abb. 2., neu bearb. und erw. Aufl. München 1991.

Wittmann/Klos 1987 = Alfred Wittmann und Joël Klos: Wörterbuch der Datenverarbeitung. Mit Anwendungsgebieten in Industrie, Verwaltung und Wirtschaft. Dictionary of Data Processing. […]. Dictionnaire du Traitement des Données. […]. 5., verb. u. erw. Aufl. München. Wien 1987.

Andrea Lehr, Heidelberg

215. Die Fachlexikographie des Bibliothekswesens: eine Übersicht

1. Zum Stand der Forschung
2. Bibliothekswesen/librarianship: Terminologische Vielfalt
3. Bibliothekswesen/librarianship: Versuch einer terminologischen Klärung
4. Fachwörterbücher des Bibliothekswesens: ein typologischer Überblick
5. Fachwörterbücher des Bibliothekswesens: Datenbasis, Bauteile und Strukturen
6. Zusammenfassung und Ausblick
7. Literatur (in Auswahl)

1. Zum Stand der Forschung

Die Fachsprache und die Fachlexikographie des Bibliothekswesens sind bisher wenig erforscht.

Den einschlägigen Handbüchern zum Bibliothekswesen, wie z. B. Fang (1990), Hacker (1992), Köttelwesch (1980), Langfeldt (1965–1976), Milkau/Leyh (1952–1965) oder Taylor (1978–1980) sind diese Themen, vor allem auch die nationalen und internationalen Bestrebungen einer Standardisierung und Vereinheitlichung der Terminologie des Bibliothekswesens (vgl. Lechner 1995, DIN 31639, ISO 5127), keiner Erwähnung wert.

Speziell der Fachlexik des bibliothekswesens sind die Beiträge von Nicholson (1958) mit dem Titel „The Jargon of Librarianship" und von Compton (1926) und Cook (1941) zur „Library Language" gewidmet, die zeigen, daß zahlreiche, in einschlägigen Fachwörterbüchern des Bibliothekswesens aufgeführte Ausdrücke zu allgemeiner Art sind, „to be called a library word" (Nicholson 1958, 3). Ähnlich argumentiert Shapiro (1989), der im übrigen in einem kleinen Glossar aufzeigt, wann ausgewählte Fachausdrücke des Bibliothekswesens zum ersten Mal im „Oxford English Dictionary" gebucht sind.

Ähnlich schlecht ist es um die Erforschung der Fachlexikographie des Bibliothekswesens bestellt, wobei zugestanden sei, daß die Wörterbuchforschung erst seit kurzer Zeit der Fachlexikographie eine gewisse Aufmerksamkeit schenkt (vgl. Schaeder/Bergenholtz 1994).

Wie in den einschlägigen fortlaufenden Bibliographien zum Buch- und Bibliothekswesen (wie z. B. im „Dokumentationsdienst Bibliothekswesen DOBI") oder in jenen zur Fachlexikographie (wie z. B. Lengenfelder 1979) dokumentiert ist, gibt es immerhin etliche allgemeine und spezielle einsprachige, zwei- und mehrsprachige Fachwörterbücher des Bibliothekswesens. Die im Anhang dieses Art. präsentierte Bibliographie umfaßt u. a. rd. 50 Titel von Fachwörterbüchern, die sich dem Bereich des Bibliotheks- bzw. Buchwesens zuordnen lassen. Daß die Abgrenzung des Bereichs „Bibliothekswesen" oder „librarianship" bzw. der „Bibliothekswissenschaft" oder „library science" gegenüber den Bereichen „Buchwesen" oder „bibliology" wie auch „Informationswissenschaft" oder „information science" nicht immer leicht, bisweilen auch nicht möglich oder gewollt ist, belegen die strittigen Diskussionen zu diesem Thema (vgl. z. B. Kaegbein 1986; Knoche/Lux 1990; Prytherch 1994; Sauppe 1986).

Der Fachlexikographie des Bibliothekswesens wurden — von Rezensionen einzelner Fachwörterbücher einmal abgesehen — bisher allein drei Beiträge gewidmet, die allesamt Werkstattberichte darstellen.

Sauppe (1990) behandelt einige grundsätzliche lexikographische Aspekte, Fragen der bibliothekarischen Terminologie, ausgewählte Probleme der Makro- und Mikrostruktur sowie die maschinelle Bearbeitung des von ihm verfaßten „Wörterbuchs des Bibliothekswesens Deutsch-Englisch, Englisch-Deutsch — Dictionary of Librarianship German-English/English-German" (Sauppe 1988). Die maschinelle Bearbeitung dieses Wörterbuchs ist exklusives Thema einer in diesem Zusammenhang entstandenen Diplomarbeit (Haarstrich 1986).

Gleichfalls als Werkstattbericht angelegt sind die Ausführungen von Barova (1994a), mit denen sie Konzept und Anlage des von ihr verfaßten „Deutsch-bulgarischen Wörterbuchs des Bibliothekswesens" (Barova 1994) begründen möchte.

2. Bibliothekswesen/librarianship: Terminologische Vielfalt

In der näheren Umgebung der Bezeichnung *Bibliothekswesen* finden sich im Deutschen:

Bibliothekskunde (z. B. Krieg 1990), *Bibliothekslehre* (z. B. Kluth 1970), *Bibliothekspraxis* (z. B. Kluth 1979), *Bibliothekswissenschaft* (z. B. Milkau/Leyh 1952—1965); darüber hinaus: *Büchereiwesen* (z. B. Langfeldt 1965—1976), *Bücherkunde* (Denis 1777/78), *Buchkunde* (z. B. Bohatta 1927; Funke 1963), *Buchwesen* (z. B. Löffler/Kirchner 1987 ff), *Buchwissenschaft* (z. B. Migon 1990); in älteren Schriften zudem: *Bibliothekonomie* (Hesse 1840), *Bibliologie* und *Bibliognosie* (vgl. Brockhaus 1892).

Im Englischen lassen sich in der einschlägigen Literatur und den Wörterbüchern zum Gegenstand „librarianship" folgende weitere Bezeichnungen nachweisen:

bibliography, bibliology, book science, library science.

Das Französische bietet neben *bibliothéconomie*: bibliographie, bibliologie, science bibliothécaire, science du livre.

Im Spanischen finden sich neben *bibliteconomía*: bibliologia, bibliotecología.

Nach Kunze/Rückl (1969: Sp. 1561—1744) haben die deutschen Bezeichnungen folgende Entsprechungen im Englischen, Französischen und Spanischen:

Bibliognosie: [kein Eintrag]
Bibliologie: [kein Eintrag]
Bibliothekskunde: [kein Eintrag]
Bibliothekslehre: engl. library science; franz. bibliothéconomie; span. biblioteconomía
Bibliothekswesen: engl. librarianship, library affairs; franz. bibliothéconomie; span. biblioteconomía
Bibliothekswissenschaft: engl. librarianship, library science; franz. bibliothéconomie, science bibliothécaire; span. bibliotecología
Bücherkunde: engl. bibliology; franz. bibliographie, bibliologie; span. bibliogía
Buchkunde: engl. bibliology [Sauppe 1988: bibliography, bibliology]; franz. histoire du livre, bibliologie; span. bibliología
Buchwesen: engl. bibliology; franz. bibliologie; span. bibliología
Buchwissenschaft: engl. book science; franz. bibliologie, science du livre; span. bibliología

Die Übersicht zeigt, daß das Deutsche mit Abstand die größte Bezeichnungsvielfalt aufweist, gefolgt vom Englischen und Französischen, während das Spanische lediglich mit drei, definitorisch wohl unterschiedenen Bezeichnungen aufwartet.

3. Bibliothekswesen/librarianship: Versuch einer terminologischen Klärung

Will man sich Klarheit über die Definitionen, den standardisierten oder auch nur pragmatisch eingespielten Gebrauch der Ausdrücke *Bibliothekswesen* bzw. *librarianship* und der in ihrem Umfeld angesiedelten Ausdrücke verschaffen, liegt es nicht fern, allgemeinsprachliche und fachsprachliche Wörterbücher in dieser Angelegenheit zu konsultieren. Diese Übung zielt darauf, näher zu bestimmen und abzugrenzen, was denn eigentlich der Gegenstand eines Fachwörterbuchs der Bibliothekswissenschaft sein könnte.

3.1. Wörterbucherklärungen Deutsch

Wir lassen die Ausdrücke *Bibliographie* im Sinne von *Bücherkunde* (vgl. Brockhaus 1892 und DUW 1989) sowie die damit partiell synonymischen Ausdrücke *Bibliognosie* und *Bibliologie* (vgl. Hiller [5]1991) ebenso außer acht wie die anderen erkennbar auf das Buchwesen bezogenen Ausdrücke *Bücherkunde* (vgl. DUW 1989; Kunze/Rückl 1969 und [2]1974/75), *Buchforschung* (Rehm 1991), *Buchkunde* (vgl. Kirchner 1952—1956; Kunze/Rückl

1969), *Buchwesen* (vgl. DUW 1989) und *Buchwissenschaft* (vgl. Kunze/Rückl ²1974/75; Rehm 1991). Bezeichnet werden durch diese Ausdrücke Forschung, Lehre, Kunde oder Wissenschaft, welche die Geschichte, Herstellung, Distribution und Rezeption von Büchern sowie die Erschließung der Buchproduktion durch Kataloge und Bibliographien zum Gegenstand haben.

Es verbleiben damit für die nähere Betrachtung die folgenden Ausdrücke:

Bibliothekskunde:
Krieg (1990) führt die Bezeichnung im Titel. Ein entsprechendes Lemma findet sich weder in Kunze/Rückl (²1974/75) noch in Rehm (1991), obwohl es im Vorwort (1991, V) heißt, das Werk sei eine „Einführung in die Buch- und Bibliothekskunde". LGB² (1987 ff) verweist kommentarlos von diesem Stichwort auf das Stichwort „Bibliothekswissenschaft". DUW (1989) bietet folgende Erklärung: ʻ[...] Lehre vom Bibliothekswesen u. seiner Geschichte'.

Bibliothekslehre:
Bibliothekslehre ist nach der folgenden Erklärung für DUW (1989) soviel wie Bibliothekskunde, abzüglich der Lehre von der Geschichte des Bibliothekswesens:

(1) „[...]: *Lehre vom Bibliothekswesen;*" (DUW 1989)
(2) „Lehrfach der → Bibliothekswissenschaft, zugleich ihr Kernfach; sie umfaßt → Bestandsaufbau und → Bestandserschließung sowie die Lehre von der Leitung und Planung einer Bibliothek einschließlich der Lehre von der Struktur und Organisation des Bibliothekswesens. Früher auch als Bibliothekonomie bzw. Verwaltungslehre bezeichnet [...]." (Kunze/Rückl ²1974/75)

Bibliothekswesen:
Nicht gebucht ist das Lemma in den einsprachigen Wörterbüchern von Hiller (⁵1991), Kirchner (1952–1956), Rehm (1991), wie auch nicht im Dictionarium (⁶1974). LGB² (1987 ff) verweist: *Bibliothekswesen* → *Bibliothek*. DUW (1989) und Kunze/Rückl (²1974/75) erklären:

(1) „[...]: *alles, was mit der Funktion, Organisation u. Verwaltung von Bibliotheken zusammenhängt.*" (DUW 1989)
(2) „Gesamtheit der bibliothekarischen Einrichtungen eines örtlichen, regionalen oder fachlichen Bereichs, eines Staates oder mehrerer Staaten mit verschiedenen Aufgaben und im Zusammenwirken für die Literaturversorgung der Bevölkerung in einem Territorium bzw. der Mitarbeiter in einem speziellen Fachbereich der Produktion, der Wissenschaft oder des gesellschaftlichen Lebens. Das B tritt in der Hauptsache durch Bereitstellen, Erschließen und Ausleihen von Literatur aller Zeiten, Gattungen und Formen sowie von auditiven und visuellen Materialien, aber auch durch rege Informationstätigkeit und Öffentlichkeitsarbeit in Erscheinung [...]." (Kunze/Rückl ²1974/75)

Bibliothekswissenschaft:
Während *Bibliothekswesen* keineswegs in allen einschlägigen Wörterbüchern, wohl aber im DUW (1989) gebucht ist, verhält es sich im Falle von *Bibliothekswissenschaft* – von Hiller (⁵1991) einmal abgesehen, der weder das eine noch das andere Stichwort aufführt – exakt umgekehrt.

Ihren ersten lexikographischen Auftritt erfährt die Bezeichnung *Bibliothekswissenschaft* (nach Fietz 1991: 77f) in der „Allgemeinen Encyclopädie der Wissenschaften und Künste" von Ersch und Gruber (1818–1889); Theil 10, 1823: 69–73 (verfaßt von Friedrich Adolf Ebert).

Neuere Wörterbücher bieten folgende Erklärungen:

(1) „die Summe der Erkenntnisse, die sich sowohl auf die Bibl. als eine geschichtlich gewordene und organisatorische Einrichtung, als auch auf den Inhalt der Bibl., die Bücher erstrecken [...]." (Kirchner 1952–1956)
(2) „[...] e librarianship, amerik.: library science; f bibliothéconomie, science bibliothécaire. Die wissenschaftliche Untersuchung, Behandlung und Führung der gesamten bibliothekarischen Arbeit und ihres theoretischen und praktischen Mittelpunktes in Buch und Leser. Forschungsgebiet und Lehrdisziplin, die beide die gesellschaftliche Funktion der Bibliotheken in Vergangenheit und Gegenwart und die Ausarbeitung der Prinzipien für die gesellschaftliche Nutzung der Literatur für die Zwecke der aktiven Förderung der sozialistischen Erziehung, Kultur und Wissenschaft zum allgemeinen Gegenstand haben [...]. Als Lehrdisziplin an Fachschulen und Universitäten umfaßt die B 5 Fächer: Die → Bibliothekslehre als leitendes Hauptfach, die → Buchkunde, die → Bibliotheksgeschichte, die → Bibliographie und → Information/Dokumentation und die bibliotheka-

rische → Wissenschaftskunde (selbständig oder in Verbindung mit → Fachbibliographie). [...] Die erste Verankerung der B an einer deutschen Universität fand 1886 in Göttingen statt, wo Karl → Dziatzko (1842—1903) einen Lehrstuhl für Bibliothekshilfswissenschaften innehatte [...]. O. F." (Kunze/Rückl 1969)

(3) „Von Martin → Schrettinger erstmalig im Jahre 1807 so bezeichneter Wissenschaftszweig, der sich heute in Forschung und Lehre hauptsächlich mit Wesen und Erscheinungsformen, Funktion, Struktur und Wirkungsbedingungen der Bibliotheken und bibliothekarischen Einrichtungen befaßt. In Gestalt von Begriffen, Kategorien, Hypothesen und Gesetzen entwickeln sich die verallgemeinerten und systematischen praktischen Erfahrungen aus dem Bibliothekswesen zunehmend zur theoretischen Grundlage der bibliothekarischen Arbeit und werden dabei ständig von der Praxis in den Bibliotheken überprüft. Gegenstand der B ist die Gesamtheit der funktionellen und strukturellen Eigenschaften und Beziehungen des Bibliothekswesens und seiner Bestandteile als gesellschaftlich determinierte Institution [...]. Enge wechselseitige Beziehungen bestehen zwischen der B auf der einen, der → Bibliographie, der → Wissenschaftskunde und der → Informatik sowie weiteren gesellschaftswissenschaftlichen und einigen technischen Disziplinen auf der anderen Seite. Für bestimmte Teilgebiete der bibliothekarischen Arbeit haben Erkenntnisse der Pädagogik, Psychologie, Mathematik, Logik, Ökonomie, Leitungswissenschaft und Kommunikationswissenschaft erhebliche Bedeutung [...]." (Kunze/Rückl ²1974/75)

(4) „Die Beschäftigung mit den theoretischen Grundlagen bibliothekarischer Arbeit [...]." (LGB² 1987 ff)

Zusammenfassend darf festgestellt werden, daß „Bibliothekswesen" als unscharfer Ausdruck zur Bezeichnung alles dessen gelten muß, „was mit der Funktion, Organisation u. Verwaltung von Bibliotheken zusammenhängt", wie DUW (1989) erklärt.

Bibliothekskunde und *Bibliothekslehre* sind synonymische Ausdrücke für eine Unterrichtung über die Geschichte, Funktion, Organisation, Verwaltung, Dokumentations- und Informationsarbeit der Bibliotheken sowie über wesentliche Wissensbestände aus dem Bereich des Buchwesens. *Bibliothekswissenschaft* bezeichnet im Unterschied dazu die wissenschaftliche Beschäftigung mit den genannten Gebieten.

3.2. Definitionen Englisch

Neben *librarianship*, das u. a. von Kunze/Rückl (1969) und Sauppe (1988) als Äquivalent zu *Bibliothekswesen* angeführt wird, sind in unserem Zusammenhang die folgenden Stichwörter von Interesse: *bibliography, bibliology, book science, library affairs* und *library science*.

Harrod (⁴1977) bucht und erklärt: *bibliography, bibliology, librarianship, library science*. Sauppe (1988) enthält (mit entsprechender Übersetzung ins Deutsche): *bibliography* 1: '[...] (bibliology) [...]' 'Buchkunde' [...]'; *bibliology*: '[...] s. bibliography 1'; *librarianship*: '[...] Bibliothekswesen [...]'; *library science*: '[...] Bibliothekswissenschaft [...]'.

Lassen wir wiederum jene Ausdrücke außer acht, die sich auf das Buchwesen beziehen: *bibliography, bibliology* und *book science*, so verbleiben für die nähere Betrachtung die beiden folgenden (mit den deutschen Bezeichnungen *Bibliothekswesen* und *Bibliothekswissenschaft* korrespondierenden) Ausdrücke:

librarianship:

„ALA World Encyclopedia" enthält lediglich die Lemmata: *librarianship, philosophy of* und *librarianship, profession of*, unter denen man allerdings vergeblich nach einer Erklärung von *librarianship* sucht.

Die „Cambridge Encyclopedia" (1990) verweist unter diesem Stichwort auf *library science* und Harrod (⁴1977) erklärt: „The profession of librarian."

„ALA Glossary" (1983) erklärt: „The profession concerned with the application of knowledge of media and those principles, theories, techniques, and technologies which contribute to the establishment, preservation, organization, and utilization of collections of library materials and to the dissemination of information through media."

library science:

(1) „is the discipline that encompasses all aspects of library operation. It did not become an identifiable discipline, nor did librarianship begin to emerge as a profession, until the later half of the 19th century [...]." (Britannica 1985)

(2) „The study of all aspects of library functions. It covers such topics as selection and acquisition policy, classification systems, and cataloguing, as well as bibliography and administration. As a discipline in its own right,

library science, or librarianship, is a late 19th-c development. → library". (Cambridge Encyclopedia 1990)
(3) „The knowledge and skill concerned with the administration of libraries and their contents; library economy and bibliography." (Harrod ⁴1977)

Zusammenfassend läßt sich feststellen, daß im englischen Sprachgebrauch *bibliography*, *bibliology* und *book science* in annähernd gleicher Weise die wissenschaftliche Beschäftigung mit der Produktion, Distribution und Rezeption von Büchern in historischer und systematischer Perspektive bezeichnen.

Während Harrod (⁴1977) und „The ALA Glossary" (1983) *librarianship* als *profession* bezeichnen, wird *librarianship* in der „Cambridge Encyclopedia" (1990) ohne Umstände mit *library science* gleichgesetzt als die wissenschaftliche Beschäftigung mit „all aspects of library functions".

4. Fachwörterbücher des Bibliothekswesens: ein typologischer Überblick

Typologien von Fachwörterbüchern dienen zum einen der wissenschaftlichen Beschreibung und Ordnung der Ergebnisse lexikographischer Praxis; sie können zum anderen als Handlungsanleitung für eben diese Praxis genutzt werden, insofern sie in systematischer und begründeter Weise die Merkmale nennen, die Wörterbücher eines bestimmten Typs aufweisen müssen, damit sie den jeweils intendierten genuinen Zweck erfüllen. Typologien können nach verschiedenen Kriterien erstellt werden, wobei die Merkmale (a) Art und Umfang des Datenangebots und (b) die Adressaten des Datenangebots eine zentrale Rolle spielen (vgl. Art. 193 zur Typologie der Fachwörterbücher).

4.1. Geschichte der Fachwörterbücher des Bibliothekswesens

Zu einer Darstellung der Lexikographie des Bibliothekswesens gehört ein Rückblick in ihre Geschichte; es wird u. a. auch eine Antwort auf die Frage erwartet, welches Wörterbuch als das erste Fachwörterbuch des Bibliothekswesens angesehen werden darf. In den einschlägigen Handbüchern wie auch den Fachwörterbüchern des Bibliothekswesens sucht man vergeblich nach einer Antwort auf diese Frage.

Nach unseren bisherigen Erkundungen ist das erste einsprachige Wörterbuch, ja das erste Wörterbuch überhaupt, das im Titel explizit auf das Bibliothekswesen Bezug nimmt, dasjenige von Harrod (1939) *The Librarians' Glossary of Terms Used in Librarianship, Documentation and the Book Crafts*. Unter den von Harrod ausgewerteten und im Vorwort der ersten Auflage aufgeführten Fachwörterbüchern findet sich als enger verwandtes *The Bookman's Glossary* (New York 1925) genannt. Es folgen in kurzen zeitlichen Abständen: Tomlinson (1942) *The Library Science Glossary* und *ALA Glossary of Library Terms* (1943).

Wesentlich früher, aber mit einem nur indirekten Bezug auf das Bibliothekswesen, ist das folgende Wörterbuch erschienen: *Dictionnaire pratique de la presse, de l'imprimerie et de la librairie: suivi d'un code complet contenant les lois, ordonnances, règlements, arrêts du conseil, exposés des motifs et rapports sur la matière. Par J. Bories et F. Bonassies. 2 vols. Paris 1847. Vol. I: IX, 611 pp.; Vol. II: 548 pp.* (Bories/Bonassies 1847; Reimpression: Farnborough Hants. 1971).

Ist das Kriterium wiederum ein expliziter Bezug im Titel auf das Bibliothekswesen, so darf wohl — sieht man von Rust (1950) *Fachwörter des Bibliothekswesens, des Druckgewerbes, der Buchbinderei und des Hochschulwesens, die der lateinischen Sprache entstammen* ab — als erstes einsprachiges deutsches Fachwörterbuch des Bibliothekswesens dasjenige von Kunze/Rückl (1969) *Lexikon des Bibliothekswesens* gelten.

Ihm voran gehen allerdings das von Karl Löffler und Joachim Kirchner hrsg. dreibändige *Lexikon des gesamten Buchwesens* (1935—1937) sowie das *Wörterbuch des Buches* (Hiller 1954).

Ebenfalls früher als Kunze/Rückl (1969) erschien als erstes zweisprachiges Wörterbuch Englisch-Deutsch/Deutsch-Englisch Gross (1952) *Library Terms — Fachausdrücke des Bibliothekswesens* [...]", dem dann mit beträchtlichem Abstand und kurz nacheinander diejenigen von Sauppe (1988) und Keitz/Keitz (1989) folgten.

Zu den frühen mehrsprachigen Fachwörterbüchern des Bibliothekswesens gehören Schlemminger (1946: Deutsch — Englisch — Französisch), das *Vocabularium bibliothecarii* (1962: English, French, German, Spanish) sowie das *Dictionarium bibliothecarii practicum* (1963: 22 Sprachen).

4.2. Wörterbuchzuordnungen

In der englischsprachigen Fachlexikographie zum Bibliothekswesen finden sich Bezeichnungen wie die folgenden:

dictionary (ALA Dictionary 1983, Clason [2]1985, Keitz/Keitz [2]1989, Leong 1984, Heng 1984, Sauppe 1988, [2]1996), *concise dictionary* (Keenan 1996), *encyclopedia/encyclopaedia* (ALA Encyclopedia [2]1986, Landau [3]1969), *dictionary and encyclopaedia* (Labarre 1969), *glossary* (Harrod [8]1995, Salinié 1990), *lexicon* (Elsevier's lexicon 1964), *reference book* (Harrod [7]1990), *terminology* (Hines 1971), *vocabularium* (Thompson 1962)

Harrod ([4]1977) erklärt, wobei *terminology* und *vocabularium* nicht gebucht sind:

DICTIONARY. '1. A book explaining the words of language, the words being arranged in alphabetical order; it usually gives the orthography, pronunciation and meaning of each word. A dictionary of the words in a restricted field of knowledge usually gives only the meaning. 2. In information retrieval, *synonymous with* THESAURUS *(q. v.)*.'
ENCYCLOPAEDIA. 'A work containing information on all subjects, or limited to a special field or subject, arranged in a systematic (usually alphabetical) order. Encyclopaedias may be in one volume, in which case a very brief information will be given, or they may be in forty or more volumes in which the various matters will be comprehensive, usually written by experts, and sometimes containing bibliographies and illustrations [...].'
GLOSSARY. '1. An alphabetical list of abstruse, obsolete, unusual, technical, dialectical or other terms concerned with a subject field, together with definitions. 2. A collection of equivalent synonyms in more than one language.'
LEXICON. 'A dictionary of the words of a language, the words being arranged in alphabetical order; especially one giving the meaning in another language. It is chiefly applied to a dictionary of Greek, Syriac, Arabic or Hebrew but is also used for encyclopaedias and subject dictionaries.'
REFERENCE BOOKS. '1. Books such as dictionaries, encyclopaedias, gazetteers, year books, directories, concordances, indices, bibliographies and atlases, which are compiled to supply definite pieces of information of varying extent, and intended to be referred to rather than read through. 2. Books which are kept for reference only and are not allowed to be used outside the building.'

In der deutschsprachigen bzw. mehrsprachigen Lexikographie mit Deutsch finden sich als Bezeichnungen einer im weiten Sinne verstandenen Fachlexikographie zum Bibliothekswesen Titel wie die folgenden:

ABC (Moessner 1981, Stöckle 1988), *Dictionarium* (Dictionarium [6]1974), *Glossar* (Glossar zur BID-Informatik 1982), *Lexikon* (Bader 1925, Kirchner 1952–1956, Kunze/Rückl [2]1974/75, LGB[2] 1987 ff, Rehm 1991), *Wörterbuch* (Hiller [5]1991; Keitz/Keitz [2]1992, Keitz/Keitz 1994, Sauppe 1988, [2]1996), *Handwörterbuch* (Knechtges 1995), *Praktisches Wörterbuch* (Knechtges 1992), *Buchfachwörterbuch* (Schlemminger 1946), *Fachwörterbuch* (Schlemminger [2]1954, Simanova/Hogh 1980), *Verzeichnis* (Moravek 1958), *Vocabularium* (Thompson 1970). Daneben finden sich Bezeichnungen wie: *Fachausdrücke* (Gross 1952), *Fachwörter* (Rust 1950).

Ohne dies im einzelnen ausführen zu können, sei festgestellt, daß die Titel nur begrenzt Auskunft über Zuordnung und Inhalt des jeweiligen Wörterbuchs geben.

4.3. Abgrenzung, Arten und Umfänge des Datenangebots

4.3.1. Abgrenzung des Datenangebots

Es ist keine Besonderheit des Bibliothekswesens, daß sich die Grenzen dieses Faches gegenüber benachbarten Gebieten (wie z. B. dem Buchwesen) nur unscharf bestimmen lassen. Die Fachwörterbücher tragen diesem Umstand nicht selten schon in ihren Titeln Rechnung: *ALA Glossary of Library Terms: with a selection of terms in related fields* (ALA Glossary of Library Terms 1943); *Fachausdrücke des Bibliothekswesens und seiner Nachbargebiete* (Gross 1952).

Andere Fachwörterbücher nennen in ihren Titeln die jeweils berücksichtigten angrenzenden Gebiete: *The Librarians' Glossary of Terms Used in Librarianship, Documentation and the Book Crafts* (Harrod [4]1977); *Lexikon Buch – Bibliothek – Neue Medien* (Rehm 1991), *Wörterbuch des Bibliothekswesens – Unter Berücksichtigung der bibliothekarisch wichtigen Terminologie des Informations- und Dokumentationswesens, des Buchwesens, der Reprographie und der Datenverarbeitung* (Sauppe 1988).

Harrod (1939) führt zur Auswahl im Vorwort seines Wörterbuchs aus: „It is primarily a glossary of library terms, but includes such subjects as printing, paper-making, publishing, binding, and illustrating, with which a librarian must be familiar, not only for the satisfactory performance of his professional duties, but also to meet the requirements of the Library Association's examinations."

Verschweigt der Titel die Berücksichtigung der als benachbart angesehenen Gebiete, finden sich meistens entsprechende Hinweise im Vorwort der Wörterbücher. So führen z. B. Kunze/Rückl (1969) im Vorwort ihres Wörterbuchs aus, daß neben „Theorie und Praxis des Bibliothekswesens" durch die Aufnahme und Erklärung einschlägiger Benennungen „mitbehandelt" werden: Buchwesen (Buchgeschichte, Buchdruck, Buchhandel), Leserkunde, Information, Dokumentation, Kulturtheorie, Literaturwissenschaft, Soziologie, Psychologie, Pädagogik.

Wenn ein Fachwörterbuch ein Verzeichnis der ausgewerteten Quellen bzw. ein Literaturverzeichnis enthält, lassen sich auch daraus eventuell berücksichtigte Nachbargebiete erschließen, wie etwa bei Hiller (1991, 350—354), der Literatur aus folgenden Gebieten aufführt: Geschichte des Buches, Schrift, Papier, Druck und Typographie, Bucheinband, Buchhandel, Bibliothekswesen, Bibliographie, Bibliophilie, Rechtskunde.

Sauppe (1988, ²1996) schließt sich mit der Erwähnung des Informations- und Dokumentationswesens sowie der Datenverarbeitung im Untertitel seines Wörterbuchs einem — von ihm auch verschiedentlich diskutierten — Trend an (vgl. z. B. Sauppe 1986), der in der englischsprachigen und in der zweisprachigen Fachlexikographie des Bibliothekswesens seit längerem auch seinen Niederschlag in den Titeln der Wörterbücher findet:

Terminology of Library and Information Science (Hines 1971), *Encyclopedia of Library and Information Science* (Encyclopedia of Library 1975), *The ALA Dictionary of Library and Information Science* (ALA Dictionary 1983), *The ALA Glossary of Library and Information Science* (ALA Glossary 1983), *ALA World Encyclopedia of Library and Information Services* (ALA Encyclopedia ²1986), *Dictionary of Library and Information Science* (Leong 1984), *Dictionary of Library and Information Science. English-Chinese, Chinese-English* (Heng 1984), *Elsevier's Dictionary of Library Science. Information and Documentation in 6 Languages* (Clason ²1985), *Dictionary of Library and Information Science English-German/German-English* (Keitz/Keitz 1989), *Bilingual Glossary of Terms in Librarianship and Information Science French-English, English-French* (Salinié 1990), *Concise Dictionary of Library and Information Science* (Keenan 1996).

Während zunächst vor allem das Buchwesen als enges Nachbargebiet bzw. als Teilgebiet des Bibliothekswesens angesehen wurde und wird, spielt — wie oben bereits ausgeführt wurde — seit einiger Zeit die Informationswissenschaft eine zentrale Rolle im gesamten Bibliothekswesen: *Bibliotheks-, Informations- und Dokumentationswesen (BID)* (vgl. „Glossar zur BID-Informatik 1982") werden als eine Einheit betrachtet, von manchen inzwischen das Bibliothekswesen bzw. die Bibliothekswissenschaft auch als Teilgebiet des Informationswesens bzw. der Informationswissenschaft verstanden. Dies bleibt erklärlicherweise nicht ohne Folgen für die Lemmaauswahl eines dem Bibliothekswesen gewidmeten Fachwörterbuchs.

4.3.2. Arten des Datenangebots: fachliche Sachwörterbücher, fachliche Sprachwörterbücher, fachliche Allbücher

Je nachdem, ob Fachwörterbücher Sach- oder Sprachinformationen oder aber sowohl Sach- als auch Sprachinformationen bieten, lassen sich dementsprechend (a) fachliche Sachwörterbücher, (b) fachliche Sprachwörterbücher und (c) fachliche Allbücher unterscheiden (vgl. hierzu im einzelnen Wiegand 1994, 108—110; Schaeder 1994a, 22—24).

Hinzu kommt die Unterscheidung in allgemeine, d. h. die gesamte Breite des Fachgebiets bzw. Faches abbildende, und spezielle Wörterbücher, d. h. solche, die nur bestimmte Ausschnitte des Fachgebiets bzw. Faches präsentieren.

Das Kernstück der Fachwörterbücher eines Fachgebietes bzw. eines Faches bilden die fachlichen Sachwörterbücher. Ihr genuiner Zweck besteht darin, Auskünfte über die zum betreffenden Fachgebiet bzw. Fach gehörigen Sachen bzw. Wissensbestände zu geben.

Zu den fachlichen Sachwörterbüchern des Bibliothekswesens gehören insbesondere die einsprachigen Wörterbücher, weil sie mehr oder weniger umfängliche Definitionen und/oder enzyklopädische Informationen zu den jeweils lexikographisch bearbeiteten Begriffen bieten.

Ein Musterbeispiel für ein fachliches Sachwörterbuch stellt *The Librarians' Glossary of Terms Used in Librarianship, Documentation and the Book Crafts* (Harrod ⁷1990, ⁸1995) dar, das sich — abgesehen von der Nennung bibliothekarisch einschlägiger Vereinigungen und Institutionen — auf die Buchung und Definition bzw. Erklärung des im Titel charakterisierten Fachwortschatzes beschränkt.

Zu den fachlichen Sachwörterbüchern des Bibliothekswesens lassen sich ebenfalls die enzyklopädisch angelegten Wörterbücher rechnen, die sich auszeichnen (a) durch die Aufnahme von Eigennamenartikeln, in denen Vita und Leistung bedeutender Persönlichkeiten des Bibliothekswesens gewürdigt werden, (b) durch die Aufnahme sog. Länderartikel, in denen das Bibliothekswesen eines Landes mehr oder weniger ausführlich dargestellt wird und (c) dadurch, daß sie über eine Definition bzw. Erklärung des Fachwortschatzes hinaus etwa Informationen über die Geschichte, Geltung, theoretische Zuordnung oder praktische Handhabung der bezeichneten Sachen bieten.

Zu den fachlichen Sachwörterbüchern in diesem Sinne gehören außer dem schon erwähnten Wörterbuch von Harrod des weiteren z. B.:

ALA Dictionary 1983; ALA Glossary of Library Terms 1943; ALA Glossary 1983; ALA Encyclopedia ²1986; Encyclopedia of Library and Information Science 1975; Keenan 1996; Landau ³1966; Leong 1984; Simon 1973; Tomlinson 1942 sowie Kunze/Rückl ²1974/75.

Wie auch in anderen Fachbereichen bzw. Fächern üblich, finden sich unter den Wörterbüchern des Bibliothekswesens solche, die nicht als fachliche Sach-, sondern als fachliche Sprachwörterbücher zu gelten haben. Der genuine Zweck fachlicher Sprachwörterbücher besteht darin, Auskünfte über die Sprache im Fach bzw. die Fachsprache zu geben.

Zu den fachlichen Sprachwörterbüchern des Bibliothekswesens gehören insbesondere

(a) Etymologische und Fremdwörterbücher, wie z. B.:

Kleines Fremdwörterbuch des Buch- und Schriftwesens (Martin 1959); *Lateinisch-griechische Fachwörter des Buch- und Schriftwesens* (Rust 1977);

(b) Zwei- und mehrsprachige Wörterbücher, soweit sie keine Sachinformationen enthalten, wie z. B.:

Library Terms — Fachausdrücke des Bibliothekswesens und seiner Nachbargebiete. Englisch-Deutsch und Deutsch-Englisch (Gross 1952); *Dictionary of Library and Information Science English-German/ German-English. Wörterbuch Bibliotheks- und Informationswissenschaft* (Keitz/Keitz 1989); *Wörterbuch der Bibliotheks- und Informationswissenschaft: français-allemand, allemand-français* (Keitz/Keitz 1994); *Dictionary of Library and Information Science. English-Chinese, Chinese-English* (Heng 1984); *Bilingual Glossary of Terms in Librarianship and Information Science French-English, English-French* (Salinié 1990); *Bibliothekarisches Handwörterbuch: Deutsch-Englisch-Russisch* (Knechtges ²1995); *Elsevier's Dictionary of Library Science, Information and Documentation in 6 Languages* (Clason ²1985); *Vocabularium bibliothecarii: English, French, German, Spanish, Russian, Slovak* (Vocabularium bibliothecarii 1970); *Dictionarium bibliothecarii practicum: ad usum internationalem in XXII linguis* (Dictionarium ⁶1974).

Da etliche der fachlichen Sachwörterbücher zusätzlich sprachliche Informationen und vor allem etliche der sprachlichen Sachwörterbücher zusätzliche fachliche Informationen enthalten, gehören sie — streng genommen — zu der Gruppe der sog. fachlichen Allbücher.

Nicht selten finden sich in Wörterbüchern, die auf den ersten Blick den fachlichen Sachwörterbüchern zuzurechnen wären, zusätzliche sprachliche Informationen. So werden z. B. in Kunze/Rückl (1969), welche Praxis in der 2. Auflage (²1974/75) aufgegeben wurde, unmittelbar nach dem Lemma die Äquivalente der entsprechenden Benennung in russischer, englischer und französischer Sprache aufgeführt. So bieten andere Wörterbücher Angaben zur Herkunft von Benennungen, wie z. B. Hiller ⁵1991: **Bibliothek** '(griech. = Bücherkasten)'. Mit einer Sonderbarkeit wartet Rehm (1991) auf, in welchem Wörterbuch sich neben dem Sachartikel **Bibliothek** 'griech.: eigentlich = Büchergestell) [...]' ein weiterer Artikel zum gleichen Lemma findet, der durch den Zusatz „Wort" als Sprachartikel gekennzeichnet ist:

Bibliothek (Wort). 'Das Wort Bibliothek (griech. von biblion = Buch, theke = Behälter, lat.: bibliotheca) bezeichnet ursprünglich nur Behältnisse (Lade, Fach, Regal, Schrank), in denen Papyrusblätter, Rollen, Bücher aufbewahrt werden. Im weiteren Sinne wird es schon in der Antike für die Räumlichkeiten oder das Gebäude gebraucht, die zur Aufbewahrung von Bücherbehältnissen dienen, schließlich für die Sammlung der Bücher selbst [...].'

Umgekehrt enthalten sprachliche Sachwörterbücher des Bibliothekswesens, vor allem die zweisprachigen, hin und wieder Sachinformationen, nicht so sehr um sachlich zu informieren, sondern zur näheren begrifflichen Bestimmung des Ausdrucks in der Ausgangs- oder der Zielsprache. So erläutert z. B. Sauppe (1988):

Abdeckboden '[...] (als oberer Abschluß eines Regals) [...]'

oder

Auslegeschrift '[...]/patent application [...] (published for opposition after examination)'.

Zum Datenangebot gehören ebenso Abbildungen, die sich vor allem in den enzyklopädisch angelegten Wörterbüchern finden, so z. B. in der *ALA Encyclopedia* (²1986), der *Encyclopedia of Library* (1975), dem *Lexikon des gesamten Buchwesens* (LGB² 1987 ff) oder etwa in Kirchner (1952−1956), dessen Bände 3 und 4 reine Bildbände darstellen.

Eine besondere Gruppe stellen Wörterbücher dar, die für die bibliothekarische Praxis geschaffen wurden und werden, aber deshalb keine Wörterbücher *des* Bibliothekswesens sind, weil sie nicht über Sprache oder Sachen dieses Faches informieren. Zu diesen Wörterbüchern für die bibliothekarische Praxis gehören etwa Abkürzungswörterbücher, wie z. B. *Acronyms and Abbreviations in Library and Information Work* (Montgomery 1990); *Internationale Titelabkürzungen von Zeitschriften, Zeitungen, wichtigen Handbüchern, Wörterbüchern, Gesetzen, Institutionen usw.* (Leistner [7]1997); *New International Dictionary of Acronyms in Library and Information Science and Related Fields* (Sawoniak/Witt [3]1994); zu diesen Wörterbüchern für die bibliothekarische Praxis zählt etwa auch *A Manual of European Languages for Librarians* (Allen [3]1978).

4.3.3. Umfänge des Datenangebots

Umfänge des Datenangebots lassen sich auf zweierlei Weise messen: zum einen mit Hilfe eines eher äußerlichen Kriteriums, nämlich der Band- bzw. Seitenzahl, zum anderen nach einem eher inhaltlichen Kriterium, nämlich der Anzahl der gebuchten Lemmata und dem Grad der Ausführlichkeit der Wörterbuchartikel.

(1) Einsprachige Wörterbücher Deutsch

Unter den deutschen allgemeinen einsprachigen Wörterbüchern des Bibliotheks- und Buchwesens finden sich

(a) einbändige Wörterbücher, wie z. B. Glossar zur BID-Informatik 1982; Hiller [5]1991; Kunze/Rückl (1969; rd. 2600 Lemmata; s. Vorwort); Rehm (1991; „mehr als 2.400 Stichworte"; s. Vermerk auf dem rückseitigen Buchdeckel); Simon 1973;
(b) zweibändige Wörterbücher, wie z. B. Kirchner (1952—1956; ca. 3000 Lemmata; A.P./B.S), Kunze/Rückl ([2]1974/75);
(c) drei- und mehrbändige Wörterbücher, wie z. B. LGB[1] (3 Bde, 1935—1937), LGB[2] (1987 ff; ca. 16.000 Lemmata).

(2) Einsprachige Wörterbücher Englisch

Für das Englische steht im Vergleich zum Deutschen ein größeres Angebot an einsprachigen Wörterbüchern zur Verfügung, wie z. B. *ALA Dictionary* 1983; *ALA Glossary* 1983; *ALA Encyclopedia* 1980; *ALA Encyclopedia* ([2]1986; 457 articles; see preface); *Bookman's Glossary* ([5]1975; ca. 1600 terms); Buchanan (1976; ca. 550 terms; A.P./B.S.); Harrod ([7]1990; ca. 2220 terms; see preface; [8]1995; ca.

9000 terms); Hines 1971; Keenan 1996; Landau [3]1966; Leong 1984; Tomlinson 1942.

Ohne Konkurrenz ist zur Zeit die bis 1985 auf 38 Bände angewachsene *Encyclopedia of Library and Information Science* (vol. 1 ff New York 1968 ff).

(3) Zwei- und mehrsprachige Wörterbücher mit Deutsch

Unter den zwei- und mehrsprachigen Wörterbüchern mit Deutsch, die allesamt einbändig sind, seien an erster Stelle die zweisprachigen Wörterbücher Englisch-Deutsch/Deutsch-Englisch genannt. Neben dem vergleichsweise kleinen und ein wenig veralteten Wörterbuch von Gross 1952 gibt es drei neuere: Keitz/Keitz ([2]1992; „rund 25.000 Einträge"; s. Vorwort), Knechtges 1992 und Sauppe (1988; rd. 7550 „Eintragungen" German-English; rd. 7950 „Eintragungen" English-German; s. Vorwort p. VIII; [2]1992; 13.123 Lemmata German-English, 13.176 Lemmata English-German, „ein Plus von 10.799 Einträgen gegenüber der 1. Auflage; s. Vorwort p. VIII). Das Wörterbuch von Knechtges wurde in der 2. Aufl. (1995) um Russisch ergänzt.

Für das Sprachenpaar Französisch-Deutsch/Deutsch-Französisch erschien das Wörterbuch von Keitz/Keitz (1994; „rund 18.000 Einträge"; s. Vorwort), die vorher das oben genannte Wörterbuch Englisch-Deutsch/Deutsch-Englisch veröffentlicht hatten.

Außerdem gibt es ein Wörterbuch Deutsch-Russisch/Russisch-Deutsch Vasilevic (1988; rd. 6000 „Einträge" pro Sprache; siehe Vorwort), ein Wörterbuch Deutsch-Slowakisch/Slowakisch-Deutsch (Simanova/Hogh 1980), ein Wörterbuch Deutsch-Spanisch/Spanisch-Deutsch (Calvo/Sauppe 1997), ein Wörterbuch Deutsch-Chinesisch/Chinesisch-Deutsch (Zhijian et al. 1996), ein Wörterbuch Englisch-Russisch (Elizarenkova 1962) sowie ein in Anlehnung an Sauppe 1988 geschaffenes Wörterbuch Deutsch-Bulgarisch (Barova 1994; 4000 Lemmata nach den Ausführungen des Vorworts; exakt 3953 Lemmata nach der Lemmanumerierung). Hinzuweisen bleibt auf zwei Internetwörterbücher: Kleines Wörterbuch für BibliothekarInnen Deutsch-Englisch, Englisch-Deutsch; Kleines Wörterbuch für Bibliothekare Französisch-Deutsch, Deutsch-Französisch.

Unter den Wörterbüchern, die mehr als zwei Sprachen bieten, seien erwähnt: Schlemminger (1954: Deutsch-Englisch-Französisch); Knechtges ([2]1995: Deutsch-Englisch-

Russisch; ca. 840 Lemmata pro Sprache); *Slovar bibliotecnych* (1958: Tschechisch, Russisch, Polnisch, Deutsch, Englisch, Französisch), *Vocabularium bibliothecarii* (1962: English, French, German, Spanish, Russian; ca. 2800 „Einträge"); Clason (1976: sechs Sprachen; 5500 terms); *Dictionarium* ([6]1974: 22 Sprachen; rd. 400 Lemmata pro Sprache, wie die laufende Numerierung erkennen läßt; „the total number of dictionary entries is approximately 17.000"; see preface).

Je nach Mächtigkeit des Datenangebots lassen sich — relativ zu der Gesamtmenge der Fachausdrücke des jeweiligen Fachgebiets bzw. Faches — unterscheiden: (a) Großwörterbücher, (b) Handwörterbücher, (c) Kleinwörterbücher.

Zu den Großwörterbüchern des Bibliothekswesens zählt zweifellos das bisher nicht abgeschlossene mehrbändige Werk *Encyclopedia of Library and Information Science* (vol. 1 ff New York 1968 ff) und ebenso das *Lexikon des gesamten Buchwesens* (LGB), dessen 1., von Löffler/Kirchner herausgegebene Auflage (1935—1937) drei Bände umfaßt und dessen 2., noch nicht abgeschlossene Auflage (1987 ff) fünf Bände umfassen und insgesamt 16.000 Stichwörter enthalten soll. Als Großwörterbücher dürfen auch Kunze/ Rückl und das von Kirchner (1952—1956) herausgegebene *Lexikon des Buchwesens* angesehen werden, das mit seinem Umfang von rd. 3000 Stichwörtern zunächst als „zweibändige Ausgabe" des LGB[1] (1935—1937) „in kleinerem Format und einfacherer Ausstattung" konzipiert war, schließlich „keine Fortführung des alten, sondern eine zwar ähnliche, aber doch neue Publikation" wurde (Kirchner 1952—1956, Bd. I, Vorwort).

Da die einsprachigen Wörterbücher zwar weniger Lemmata enthalten als die zweisprachigen, dafür aber mit zum Teil umfänglichen Sach- und bisweilen auch Bedeutungserklärungen aufwarten, gehören die meisten von ihnen zusammen mit den zweisprachigen Wörterbüchern zur Klasse der Handwörterbücher. Prominente einsprachige Handwörterbücher des Bibliothekswesens sind etwa Harrod [8]1995 für das Englische und Rehm 1991 für das Deutsche.

Zur Klasse der Kleinwörterbücher mag etwa Buchanan 1976 zählen, welches Wörterbuch auf 144 Seiten rd. 550 knapp erläuterte Stichwörter enthält, sowie Knechtges 1992 mit rd. 840 gebuchten und knapp erläuterten Lemmata pro Sprache.

Sieht man einmal von dem LGB[2] (1987 ff) ab, dessen Objektbereich sich in historischer Sicht von den steinernen Bilinguen der Frühzeit bis hin zur computergesteuerten Buchherstellung der Gegenwart und in systematischer Sicht über die Bereiche der Buchproduktion, -distribution und -rezeption (einschl. des Bibliotheks-, Dokumentations- und Informationswesens) erstreckt, scheint trotz der in den meisten Wörterbuchvorworten erwähnten Abgrenzungsproblematik der Kernwortschatz des Bibliothekswesens, der seit alters her starke Überschneidungen mit demjenigen des Buchwesens und neuerlich mit demjenigen des Dokumentations- und Informationswesens aufweist, im Vergleich zu anderen Fachsprachen eher klein an Zahl zu sein. Nach Einschätzung seiner Lexikographen und Terminologen beträgt der Fachwortschatz des Bibliothekswesens im engeren Sinne höchstens 800 bis 1500 Benennungen. Diese Zahl wird durch die Lemmabestände einschlägiger einsprachiger Wörterbücher bestätigt, wenn man bei der Zählung die meist in großer Zahl gebuchten Eigennamen unberücksichtigt läßt.

Die größeren Lemmabestände der zweisprachigen Wörterbücher kommen vor allem dadurch zustande, daß — was für diesen Typ von Wörterbuch auch sinnvoll sein kann — in großem Umfang Komposita gebucht sind. So gibt z. B. Sauppe 1988 im Vorwort seines Wörterbuchs Deutsch-Englisch/Englisch-Deutsch an: „Das Wörterbuch enthält rund 15 000 Eintragungen, 7550 im deutsch-englischen und 7950 im englisch-deutschen Teil." Keitz/Keitz ([2]1992, Vorwort) geben als Gesamtzahl „rund 25.000 Einträge", Keitz/Keitz (1994, Vorwort) „rund 18.000 Einträge" an; Vasilevic 1988 enthält nach eigenen Angaben rd. 6000 Einträge pro Sprache.

4.4. Adressaten und Funktionen des Datenangebots

4.4.1. Einsprachige Wörterbücher

Die einsprachigen allgemeinen Fachwörterbücher des Bibliothekswesens — konzipiert, erarbeitet, herausgegeben von Bibliothekaren bzw. Lehrenden des betreffenden Faches — richten sich in erster Linie an Auszubildende bzw. Studierende sowie an Fachkollegen des eigenen Faches sowie angrenzender Fächer und in zweiter Linie an interessierte Laien.

„This work has been compiled primarily for the use of students of librarianship who have always needed such a book at hand during their studies", erklärt Harrod (1939, preface).

Kunze/Rückl (1969, Vorwort) möchten ihr *Lexikon der Bibliothekswissenschaft* verstanden und genutzt wissen als „ein Informationsmittel für Fachkollegen des Bibliothekswesens und alle an bibliothekarischen Fragen Interessierte anderer Disziplinen".

Rehm (1991, Vorwort) erklärt, ihr Wörterbuch sei eine „Einführung in die Buch- und Bibliothekskunde, die sich nicht an den Experten, sondern an den auszubildenden Bibliothekar und Dokumentar sowie an den nicht buchkundlich und nicht bibliothekarisch vorgebildeten Bücherfreund wenden möchte [...]".

4.4.2. Zweisprachige Wörterbücher

Zweisprachige Fachwörterbücher dienen Studierenden wie Fachleuten des jeweiligen Faches als Hilfsmittel bei der Rezeption und/ oder Produktion und/oder Übersetzung fachlicher Texte.

Sauppe 1988 (²1996) führt im Vorwort seines Wörterbuchs aus:

„Das Wörterbuch soll der fachlichen Kommunikation zwischen den Bibliothekaren des deutschen und englischen Sprachraumes dienen. Es hat in erster Linie das Ziel, das Verständnis von bibliothekarischen Fachtexten in der jeweils anderen Sprache zu erleichtern sowie den mündlichen und schriftlichen Gedanken- und Informationsaustausch auf internationaler Ebene zu fördern. Darüber hinaus soll es auch dem Bibliothekar eine Hilfe sein, der in seinem Aufgabengebiet mit der englisch-deutschen Fachsprache in den genannten Grenzgebieten in Berührung kommt."

Knechtges (²1995, Vorwort) setzt sich eher allgemeinere Ziele, wenn sie schreibt:

„Mit diesem Wörterbuch soll ein Beitrag zur verstärkten Kooperation sowohl zwischen Bibliotheken, als auch zwischen Bibliothekaren und Bibliothekarinnen in Europa geleistet" und „das sprachliche Verstehen unter ihren Fachleuten" gefördert werden.

4.4.3. Mehrsprachige Wörterbücher

Der Zweck, den mehrsprachige Wörterbücher erfüllen könnten, ist auf den ersten Blick in aller Regel schwer erkennbar, schon gar, wenn ein Wörterbuch mit fünf, zehn oder gar 22 Sprachen aufwartet. Im Falle des *Dictionarium Bibliothecarii Practicum* (⁶1974), das 22 Sprachen umfaßt, gibt es einen erklärten Zweck, nämlich, wie das Vorwort sagt, „dem Bibliothekar zu seiner alltäglichen Arbeit auf dem Gebiete der Katalogisierung und Ordnung fremdsprachiger Dokumente eine Hilfe zu bieten [...]."

Da Titel von Dokumenten, zu denen auch Bücher und Aufsätze zählen, nicht allein Fachausdrücke enthalten, stellt dieses Wörterbuch nach eigenem Bekunden

„eine Kombination der allgemeinen und der Fachwörterbücher dar, insofern es auch zahlreiche grammatikalische Hilfswörter wie Artikel, Suffixe, Präpositionen usw. enthält, die nicht unmittelbar in den Bereich des Bibliothekswesens und der Bibliothekswissenschaft gehören. Diese erleichtern die Konstruierung der Titelaufnahmen für diejenigen, die die betreffende Sprache nicht oder nur in geringem Maße kennen".

Diesem Zweck dienen auch „spezielle Tabellen", die folgendes aufführen:

„Benennungen der zur Bearbeitung der Periodika benötigten Zeitabschnitte, die Auflösung der arabischen und römischen Grund- und Ordnungszahlwörter in Buchstaben sowie die bibliothekarischen internationalen Transkriptionsregeln der griechischen und kyrillischen Buchstaben". („Dictionarium bibliothecarii practicum" ⁶1974, Vorwort).

5. Fachwörterbücher des Bibliothekswesens: Datenbasis, Bauteile und Strukturen

Den Abschluß der Darstellung soll ein kursorischer Durchgang durch die Fachwörterbücher des Bibliothekswesens bilden. Außer einer typologischen Zuordnung sollen die je speziellen Eigenschaften des einzelnen Wörterbuchs im Vergleich zu den typologisch gleichartigen Wörterbüchern kurz charakterisiert werden.

5.1. Einsprachige Wörterbücher Deutsch

Den Fachwörterbüchern, die das Bibliothekswesen explizit zu ihrem Gegenstand erklären, gehen im deutschsprachigen Raum jene voraus, die dem Buchwesen gewidmet sind: *Lexikon des gesamten Buchwesens* (LGB¹ 1935−1937, LGB² 1987 ff), *Lexikon des Buchwesens* (Kirchner 1952−1956) und das *Wörterbuch des Buches* (Hiller 1954, ⁵1991).

Da die 2. Auflage des auf fünf Bände angelegten, bisher erst bis zum 4. Band (1995) gediehenen *Lexikon des gesamten Buchwesens*, das schließlich 16 000 Stichwörter enthalten soll, noch nicht endgültig einzuschätzen ist, konzentrieren wir uns hier auf die beiden verbleibenden Wörterbücher − nicht ohne festzuhalten, daß im LGB (1987 ff) nach Auskunft des vorläufigen Vorworts dem Bibliothekswesen ein breiter Raum gewidmet sein soll.

(a) *Lexikon des Buchwesens* (Kirchner 1952−1956)

Das von Kirchner herausgebene, durch rd. 30 Fachleute (incl. des Herausgebers) erarbeitete „Lexikon", unter dem entsprechenden Stichwort im Wörterverzeichnis erklärt als „ein sprachliches, alphabetisch geordnetes Nachschlagewerk, also ein Wörterbuch", besteht aus vier Bänden.

Sein Gegenstandsbereich ist (wie das Vorwort mitteilt; Bd. I, 1952, V ff) „das Wissen vom Buch, von seiner Geschichte, seiner Technik in Druck und Einband sowie von seiner künstlerischen Gestaltung durch Bild und Schmuck und nicht zuletzt die Kenntnis der bibliographischen Hilfsmittel"; hinzu kommen der „Handel und die Vertriebsformen des Buches in allen Kulturländern". Das Bibliothekswesen, „als nur mittelbar zum gestellten Thema gehörig", wird in „zusammenfassenden geschichtlichen Artikeln" behandelt. Ausdrücklich unberücksichtigt bleiben: Entwicklung der Schreibschrift, Bibliotheksbau, Verwaltung und Technik der Bibliotheken, das Zeitungs- und Zeitschriftenwesen.

Das Wörterbuch richtet sich als Nachschlagewerk „nicht nur an die wissenschaftlich interessierten Benutzer, sondern möchte darüber hinaus auch der großen Gemeinde der Bücherfreunde, den Buchhändlern, den Buchdruckern und den technischen und künstlerischen Vertretern der graphischen Gewerbe ein nützliches Auskunftsmittel sein" (vgl. Vorwort, Bd. I, 1952, V).

Datenbasis ist nach Angaben des Herausgebers das von ihm selbst zusammen mit Karl Löffler edierte *Lexikon des gesamten Buchwesens* (LGB[1] 1935—1937), als dessen 2. Auflage es zunächst konzipiert war. Die grundlegende Überarbeitung der Vorlage führte dazu, das neu entstandene Wörterbuch nicht als zweite Auflage des alten auszuzeichnen, sondern es als „eine zwar ähnliche, aber doch neue Publikation" mit einem eigenen Titel zu versehen (Vorwort, Bd. I, V).

Das *Lexikon des Buchwesens* (Kirchner 1952—1956) besteht aus folgenden Bauteilen:

BAND I (1952; VIII, 405 pp.):
VORSPANN: Vorwort (pp. V—VII), Verzeichnis der Abkürzungen (p. VIII);
WÖRTERVERZEICHNIS: *Aa-Kyrieleis* (pp. 1—405).
BAND II (1953; III, pp. 409—927):
VORSPANN: Vorwort (2 unpag. Seiten), Verzeichnis der Abkürzungen (1 unpag. Seite);
WÖRTERVERZEICHNIS: *Lackeinbände-Zwitterdrucke* (pp. 409—888);
NACHSPANN: Register (pp. 889—927).

Das Register, dessen Vorbild sich bereits im LGB[1] (1935—1937) findet, darf als eine besondere Leistung hervorgehoben werden. Es bietet eine systematische Ordnung des gesamten Stichwortbestandes des Wörterbuchs mit den Hauptbereichen: I. Bibliographie, II. Bibliophilie, III. Bibliothekswesen, IV. Bucharten, V. Buchdruck, VI. Bucheinband, VII. Buchhandel, VIII. Buchillustration, IX. Buchkörper, X. Papier, XI. Antikes Buchwesen, XII. Mittelalterliches Buchwesen, die wiederum in bis zu sieben Subbereiche und teilweise in weitere Einzelbereiche untergliedert sind. So findet sich z. B. im Hauptbereich „V. Buchdruck" als ein Subbereich „2. Druckgeschichte" und dort u. a. als Einzelbereich „d) Druckersprache" mit folgenden Stichwörtern und der Angabe der Seite, auf der das betreffende Stichwort zu finden ist:

Eierkuchen, Fische, Fliegenköpfe, Gewißgeld, Hochzeit, Hurenkind, Jungfer, Leiche, Männchen setzen, Pachulke, Schimmelbogen, Schnellhase, Schusterjunge, Schweizerdegen, Speck, Zwiebelfische.

Leider wurde versäumt, im gleichsam umgekehrten Verfahren bei jedem Stichwort im Wörterverzeichnis den Bereich anzugeben, dem es im Register zugeordnet ist.

Ein solches Register ermöglicht zum ersten dem Lexikographen vor der Drucklegung des Wörterbuchs eine systematische Kontrolle des gebuchten Wortschatzes, zum zweiten dem Benutzer (insbesondere den Auszubildenden) in Form einer zweiten Zugriffsstruktur die systematische Erarbeitung einzelner Bereiche des Buchwesens.

Die Bände III (1955; XXXIX, 320 pp.) und IV (1956; XLVII, pp. 321—663) bieten in zwei Teilen einen „Bildatlas zum Buchwesen", wobei im ersten Teil 412 Abbildungen auf 320 Tafeln und im zweiten Teil 545 Abbildungen auf 324 Tafeln präsentiert werden, geordnet nach einer vom Register abweichenden Einteilung; erster Teil: I. Das Buch, II. Die Buchillustrationen, III. Der Bucheinband; zweiter Teil: IV. Der Buchdruck, V. Das Papier, VI. Der Buchhandel, VII. Die Bibliotheken, VIII. Die Bibliographie und Lexikographie, IX. Die Bibliophilie.

Zur Makrostruktur des Wörterverzeichnisses ist anzumerken, daß sich (a) die Lemmaauswahl — wie oben schon erwähnt wurde — am Wortschatz des LGB[1] (1935—1937) orientiert, (b) daß der Umfang rd. 3000 Lemmata beträgt, die (c) glattalphabetisch geordnet sind.

Über die Mikrostruktur der Wörterbuchartikel läßt sich zusammenfassend sagen, daß mehr als ein Drittel der Wörterbuchartikel Eigennamenartikel darstellen (rd. 1000 Namen von Bibliographen, Bibliophilen, Druckern, Schriftkünstlern, Buchbindern, Buchhändlern und Illustratoren), weitere rd. 50 Artikel sog. Länderartikel. Die Wörterbuchartikel bieten neben den enzyklopädischen bisweilen auch sprachliche Informationen, und zwar vereinzelt einmal grammatische Angaben (**Armarium**, 'plur. Armaria [...]'), selten und ohne erkennbare Systematik auch Hinweise auf fremdsprachige Äquivalente (**Autor** '[...] franz. „Auteur", engl. „author" [...]'), vor allem aber solche zur Herkunft (**Antiphonar**, 'lat. liber antiphonarius [...]'; **Abbreviatur**, 'lat., Benennung für Abkürzung [...]'; **Almanach**. 'Die Etymologie des Wortes A. ist unklar [...]'). Am Ende zahlreicher Artikel finden sich in einem gesonderten Abschnitt Hinweise auf weiterführende Literatur.

Eine mediostrukturelle Besonderheit wurde bereits erwähnt, und zwar die Verweisungen aus dem Register in das Wörterverzeichnis. Im übrigen wird aus dem Text der Wörterbuchartikel mit „(s. d.)" auf andere Stichwörter verwiesen, z. B. **Achtelpetit** '[...]. Der Buchdrucker gebraucht den Ausdruck für die Bezeichnung des Durchschusses (s. d.) und der Quadranten (s. d.) und Regletten (s. d.)'. Mediostrukturell unverbunden sind Wörterverzeichnis und Bildteil, d. h. es finden sich bei den Stichwörtern keine Verweise auf die im Bildteil enthaltenen Abbildungen.

Insgesamt können die Wörterbuchartikel als gering standardisiert gelten, was nicht zuletzt an variierenden Formulierungen wie den folgenden erkennbar wird: **Achtelpetit**, 'die kleinste Einheit des typograph. Systems [...]'; **Adligat** '[...] heißt eine Schrift [...]'; **Akkolade** 'nennt man [...]', **Americana**. 'Man versteht darunter [...]'; **Aushängebogen**, 'Bezeichnung für [...]'; **Auszeichnung** 'ist die Hervorhebung [...]'.

(b) *Wörterbuch des Buches* (Hiller ^{5}1991, 1. Aufl. 1954)

Das von Helmut Hiller bearbeitete, in 1. Aufl. 1954 erschienene *Wörterbuch des Buches* (2. Aufl. 1958, 3. Aufl. 1967, 4. Aufl. 1980, 5. Aufl. 1991) gilt unter Bibliothekaren im Hinblick auf sein Format (Oktav) als handliches, im Hinblick auf die Stichwortauswahl als aktuelles und wegen der ebenso knappen wie gediegenen Sacherklärungen als schnell und zuverlässig informierendes Handwörterbuch.

Sein Gegenstand ist das Buchwesen aus historischer und systematischer Perspektive. Als potentielle Benutzer werden im Vorwort genannt: Sortiments- und Verlagsbuchhändler, Bibliothekare, Leser und Büchersammler, Autoren und Kritiker, Drucker und Buchbinder. Über die Herkunft der gebuchten Lexik, die Datenbasis, gibt der Verfasser keine Auskunft, so man die „zu weiterer Beschäftigung mit dieser oder jener Frage" im Literaturverzeichnis (pp. 350−354) aufgeführten Monographien und Wörterbücher (aus den Bereichen Geschichte des Buches, Papier, Druck und Typographie, Bucheinband, Buchhandel, Bibliothekswesen und Bibliographie, Bibliophilie und Rechtskunde) nicht auch als mögliche ausgewertete Quellen ansieht.

Das *Wörterbuch des Buches* (Hiller ^{5}1991) besteht aus folgenden Bauteilen:

VORSPANN: Vorwort zur fünften Auflage (p. 5), Abkürzungsverzeichnis (p. 6);
WÖRTERVERZEICHNIS: *Abbildung − Zwitterdrucke* (pp. 7−346);
NACHSPANN: Verzeichnis latinisierter Ortsnamen, die in älteren Büchern sowie in Universitäts- und Schulschriften häufig vorkommen (pp. 347−349); Literaturverzeichnis (pp. 350−354).

Zur Makrostruktur des Wörterverzeichnisses sei erwähnt, daß der gebuchte Wortschatz (nach unserer eigenen Zählung) ca. 2700 Lemmata umfaßt, wobei im Vorwort gesagt wird, daß im Vergleich zur vorhergehenden Auflage (Hiller ^{4}1980) „etwa 700 Stichwörter" neu aufgenommen bzw. aktualisiert wurden, vor allem aus dem Bereich der Datenverarbeitung.

Hinsichtlich der Mikrostruktur ist erwähnenswert, daß sich neben den sachlichen bisweilen auch sprachliche Angaben finden, und zwar vor allem Herkunftsangaben, wie z. B. **Adligat** '(lat. adligatum = beigebunden) [...]'.

Die Wörterbuchartikel sind im Hinblick auf ihren Aufbau und auf die Formulierung der Artikeltexte gering standardisiert. Wie auch in dem vorher besprochenen „Lexikon des Buchwesens" (Kirchner 1952−1956) herrscht Uneinheitlichkeit im Verfahren des Definierens (Real- vs. Nominaldefinition): **Abpressen** 'nennt man [...]'; **Abstracts** '[...] sind Inhaltsangaben [...]'; **Adligat** '[...] Bez. für [...]'; **Akkolade** '[...] Geschweifte Klammer'; **Akronym** [...] heißt [...]'; **Aldinen** 'werden [...] genannt [...]'.

(c) *Lexikon des Bibliothekswesens* (Kunze/ Rückl ^{2}1974/75, 1. Aufl. 1969)

Das von Horst Kunze und Gotthard Rückl unter Mitarbeit von Hans Riedel und Margit Wille herausgegebene, in erster Auflage (1969) in einem Band und in der zweiten, neubearbeiteten Auflage (^{2}1974/75) in zwei Bänden erschienene „Lexikon des Bibliothekswesens" gilt im deutschsprachigen Raum gleichsam als Klassiker, dem man die „parteiliche Wertung vom marxistisch-leninistischen Standpunkt" aus (siehe Vorwort zur 1. und 2. Aufl.), die in einer überschaubaren Anzahl von Artikeln ihren Niederschlag fand, nachzusehen geneigt ist.

Das von mehr als 150 Mitarbeitern erarbeitete Wörterbuch hat die Darstellung von „Theorie und Praxis des Bibliothekswesens sowie benachbarter Gebiete" (siehe Vorwort der 1. Aufl. 1969) zum Gegenstand, wobei die zunächst berücksichtigten Gebiete des „Buchwesens, der Buchgeschichte, des Buchdrucks und Buchhandels" in der zweiten Auflage vor allem um die Gebiete der Information und Dokumentation, Soziologie und Nutzerforschung „eine Erweiterung und Ergänzung erfuhren" (siehe Vorwort zur 2. Aufl. 1974/75).

Im Vorwort der 1. Auflage (1969) wird erklärt, daß das Lexikon „als Informationsmittel für Fachkollegen des Bibliothekswesens und alle an bibliothekarischen Fragen Interessierte" konzipiert wurde. Auf welchem Wege die Stichwörter gewonnen wurden, wird nicht gesagt, wobei man aber davon ausgehen darf, daß zumindest die im Vorwort der ersten Auflage (1969) in anderem Zusammenhang erwähnten Wörterbücher von Löffler/Kirchner (LGB^1 1935–1937) und Kirchner (1952–1956) ausgewertet wurden.

Das *Lexikon des Bibliothekswesens* (Kunze/Rückl ^{2}1974/75) umfaßt folgende Bauteile:

BAND I:
VORSPANN: Vorwort (pp. V–VI); Verzeichnis der Mitarbeiter (pp. VII–X); Verzeichnis der Abkürzungen (pp. XI–XII); Benutzungsanleitung (p. XIII);
WÖRTERVERZEICHNIS: *Abbe–Nutzfläche* (Sp. 1–1040).

BAND II:
WÖRTERVERZEICHNIS: *obere Grenze–Zypern* (Sp. 1041–1560);
NACHSPANN: Registerteil (Sp. 1561–2112):
Vorbemerkungen zum Registerteil;
(1) Sprachenregister deutsch-russisch-englisch-französisch-spanisch (Sp. 1561–1744):
Schlagwortregister russisch-deutsch (Sp. 1745–1798);
Schlagwortregister englisch-deutsch (Sp. 1799–1846);
Schlagwortregister französisch-deutsch (Sp. 1847–1894);
Schlagwortregister spanisch-deutsch (Sp. 1895–1944).
(2) Systematische Übersicht (Sp. 1946–1994):
Kultur, Bildungsarbeit, Klubwesen (Sp. 1951);
Bibliothekswesen, Bibliothekswissenschaft (Sp. 1951–1979);
Buch- und Schriftwesen, Verlagswesen, Buchhandel (Sp. 1979–1989);
Bibliographie (Sp. 1989–1990);
Information und Dokumentation (Sp. 1990–1993);
Archivwesen (Sp. 1993–1994)
[mit jeweils weiteren Unterbereichen].
(3) Analytisches Register der Sach-, Personen- und geographischen Begriffe (Sp. 1998–2112).

Im Unterschied zur ersten Auflage, bei der — wie im Vorwort erklärt wird — aus terminlichen Gründen — „auf ein ursprünglich geplantes Sachregister verzichtet" wurde, bietet die zweite Auflage einen umfänglichen Registerteil (Sp. 1561–2112), der weitere Zugriffsmöglichkeiten auf den Datenbestand des Wörterverzeichnisses ermöglicht.

Neben den auch in der ersten Auflage enthaltenen zwei- und mehrsprachigen Wörterverzeichnissen findet sich zum einen ein Register, das den gesamten Stichwortbestand des Wörterbuchs in systematischer Anordnung präsentiert. Dieses Register läßt nicht nur erkennen, in welcher Weise sich der gebuchte Gesamtwortschatz des Bibliothekswesens auf einzelne Teilbereiche verteilt, sondern sich insbesondere auch für die systematische Erarbeitung einzelner Teilbereiche nutzen. Zum anderen findet sich ein alphabetisch geordnetes Register, das über die bloße Auflistung des Stichwortbestandes hinaus aufzeigt, unter welchem Stichwort eine nicht selbst als Stichwort angesetzte Benennung ansonsten noch zu finden ist.

Im Hinblick auf die Makrostruktur des glattalphabetisch geordneten Wörterverzeichnisses sei angemerkt, daß die erste Auflage (1969) nach Auskunft des Vorworts rd. 2600 Stichwörter enthält, die zweite Auflage (1974/75) nach unseren eigenen Zählungen trotz einer Vermehrung von mehr als 150 Artikeln zum Bibliothekswesen etwa den gleichen, vielleicht gar einen geringeren Umfang besitzt. Der Umfang der sog. Personennamenartikel ist mit rd. 150 deutlich niedriger als in den Wörterbüchern zum Buchwesen.

Hinsichtlich der Mikrostruktur ist der Umstand bemerkenswert, daß beim Ansetzen der Stichwörter große Sorgfalt auf die Kennzeichnung und Erläuterung der Fachterminologie gelegt und z. B. im Fall synonymischer Benennungen jeweils eine Benennung als Vorzugsbenennung ausgewiesen wurde.

Die Wörterbuchartikel bieten nahezu ausschließlich Sachangaben. Bis auf höchst vereinzelte Fälle (z. B. **Autograph** 'Plural: Autographe oder Autographen [...]'; **Telex** 'Von engl. Teleprinterexchange [...]') finden sich keine sprachlichen Angaben, auch nicht die ansonsten in einsprachigen Wörterbüchern des Bibliothekswesens allermeist anzutreffenden Angaben zur Etymologie.

Die zum Teil sehr umfänglichen Artikeltexte sind nur in seltenen Fällen klar strukturiert. Durchgehend finden sich am Ende die Verfasser der Artikel durch Namenskürzel angegeben, in zahlreichen Artikeln gefolgt von Hinweisen auf weiterführende Literatur.

Wie auch in den oben schon vorgestellten Wörterbüchern wurde wenig Sorgfalt auf den definitorischen Teil der Erläuterung gelegt, wie die folgenden Beispiele belegen mögen: **Annotation** 'Sammelbegriff für [...]'; **Anstaltsbibliothek** 'Sammelbezeichnung für [...]'; **Auflage** 'Bezeichnung für [...]'; **Bandangabe** 'Unter B versteht man [...]'; **beigefügte Schrift** 'Der Ausdruck [...]'; **Bestandseinheit** 'Ein in der deutschen Sprache noch nicht allgemein gebräuchlicher Begriff [...]'; **Beutelbuch** 'Spätmittelalterliche Einbandform [...]'; **Bücherverzeichnis** 'Fachterminus für [...]'. Abgesehen von der Uneinheitlichkeit ist es gerade bei Fachwörterbüchern ein Ärgernis, wenn nicht klar zwischen Begriff und Benennung unterschieden wird und *Begriff* verwendet wird, wo es *Benennung* bzw. *Bezeichnung* heißen muß.

Im übrigen hätte das erwähnte systematische Register genutzt werden können, um für den definitorischen Teil der Artikel jeweils ein genus proximum zu finden.

Das Verweissystem und damit die wörterverzeichnisinterne Mediostruktur wurde in der zweiten Auflage (1974/75) wesentlich verfeinert.

Zusammenfassend läßt sich sagen, daß das *Lexikon des Bibliothekswesens* in seiner ersten Auflage (1969) aus der Sicht des Faches eine lexikographische Großtat darstellte. Die zweite Auflage (1974/75) bietet im Hinblick auf die Stringenz der Stichwortauswahl, der Formulierung der Artikeltexte und nicht zuletzt durch das systematische und das alphabetische Register wesentliche Verbesserungen. Daß es nicht nur wegen seines durchgehenden Bezugs auf die Verhältnisse der inzwischen untergegangenen DDR, sondern vor allem wegen der rasanten Weiterentwicklung des Bibliothekswesens über weite Strecken hin veraltet ist, offenbart allein schon ein Blick auf den Umfang von gerade einmal 16 Stichwörtern zum Teilgebiet „Datenverarbeitung" (vgl. Sp. 1992). Da das Wörterbuch von seiner lexikographischen Konzeption und von seiner fachlichen Gediegenheit her nach wie vor einzig dasteht, wäre eine Neubearbeitung wünschenswert.

(d) *Lexikon Buch — Bibliothek — Neue Medien* (Rehm 1991)

Das von Margarete Rehm erarbeitete *Lexikon Buch — Bibliothek — Neue Medien* (München, London, New York, Paris 1991. VIII, 294 pp.) stellt, wie das Vorwort erklärt, „den Versuch dar, einen Überblick über den das Buch betreffenden Wissensstoff zu geben und das Wichtigste über Aufgaben und Arbeitsweise der Bibliotheken zu vermitteln". Wie schon der Titel zu erkennen gibt, wird dem Bereich der Medien, insbesondere den elektronischen Medien, vermehrte Aufmerksamkeit geschenkt.

Die Verfasserin möchte das Wörterbuch als lexikographisch aufbereitete „Einführung in die Buch- und Bibliothekskunde" verstanden wissen, die sich „nicht an den Experten, sondern an den auszubildenden Bibliothekar und Dokumentar sowie an den nicht buchkundlich und nicht bibliothekarisch vorgebildeten Bücherfreund" wendet (Vorwort).

Für die Auswahl des Stichwortbestandes und die Sacherklärungen wurden, wie das Vorwort schließen läßt, die „einführenden Werke" genutzt, die das Literaturverzeichnis aufführt. Als Fachwörterbücher werden dort neben dem Medienlexikon von Brepohl 1989 allein noch Hiller [4]1980 und Kirchner 1952—1956 angegeben.

Das Wörterbuch besteht aus folgenden Bauteilen:

VORSPANN: Vorwort (p. v); Literaturverzeichnis (pp. vii—viii);
WÖRTERVERZEICHNIS: *a. a. O.-Zwitterdrucke* (pp. 1—294).

Zur Makrostruktur des Wörterverzeichnisses sei angemerkt, daß der gebuchte, glattalphabetisch angeordnete Fachwortschatz „aus mehr als 2.400 Stichworten" besteht, wie auf dem rückseitigen Buchumschlag vermerkt wird.

Zu Inhalt und Aufbau der Wörterbuchartikel, d. h. der Mikrostruktur, ist anzumerken, daß sich neben den Sacherklärungen sprachliche Angaben vor allem zur Etymologie, selten zur Grammatik finden, z. B. **Addenda** '(lat., Sing.: Addendum [...]'; **Copyright** '(engl. = Vervielfältigungsrecht) [...]'. Die Artikeltexte sind nicht durchgehend klar strukturiert. In der Regel folgt dem Stichwort (nach einer bisweilen vorhandenen Herkunftsangabe) der definitorische Teil, mal ohne und (unnötigerweise) mal mit Wiederholung des Stichworts, z. B. **Datei**. 'Eine Datei ist [...]'; **Datenerfassung** ist [...]'; **Datennetz**. 'Ein Datennetz ist [...]'; **Datenträger** 'sind [...]'. Beim Stichwort **Datenbank** wird der Artikel aber z. B. mit einer längeren Ausführung über die Zunahme der Fachinformationen eröffnet, ehe man erfährt, was eine Datenbank ist.

Die definitorischen Teile der Wörterbuchartikel sind zwar in der Mehrzahl als Realdefinitionen formuliert, doch werden aus unerklärlichen Gründen hin und wieder auch Nominaldefinitionen gebraucht, wie z. B. bei **Abhandlung** 'Unter einer Abhandlung versteht man [...]'; **Abriß** 'ist die Bezeichnung für [...]'; **Ansetzung** 'ist ein bibliothekarischer Fachausdruck für [...]'; **Audiovision** 'bedeutet [...]'; **Auflagendruck** '[...] heißt der Druck [...]'; **Ausschließen** 'nennt man [...]'. **Dateldienste** ist widersinnigerweise gleichzeitig „Kunstwort" und „Sammelbegriff".

Der Wiederherstellung der durch die alphabetische Anordnung verlorengegangenen Zusammenhänge dient ein fein ausgearbeitetes Verweissystem. Zusätzlich zu den Verweisen in den Artikeltexten finden sich an deren Ende bisweilen solche, die auf inhaltlich angrenzende Artikel verweisen, z. B. **Abhandlung** '[...]. S. a. Dissertation, Habilitationsschrift, Programm-Abhandlung'.

Zusammenfassend läßt sich sagen, daß das *Lexikon Buch − Bibliothek − Neue Medien* (Rehm 1991) trotz einer Reihe (in einer zweiten Auflage zu behebender) lexikographischer Mängel, die in mehr oder weniger großem Maße allen bisher besprochenen einsprachigen deutschen Wörterbüchern des Bibliothekswesens bescheinigt werden müssen, ein fachlich nützliches Nachschlagewerk darstellt, das zum einen sowohl das Buch- als auch das Bibliothekswesen, zum anderen vor allem die elektronischen Medien in angemessener Weise berücksichtigt.

5.2. Einsprachige Wörterbücher Englisch

Von den etwa ein Dutzend einsprachigen englischen Wörterbüchern des Bibliothekswesens und den beiden prominentesten Wörterbüchern des Buchwesens seien hier aus Platzgründen allein drei vorgestellt, und zwar ausführlicher und stellvertretend für andere gleichartige Wörterbücher (wie z. B. The ALA Glossary): Leonard M. Harrod *The Librarians' Glossary of Terms Used in Librarianship, Documentation and the Book Crafts und Reference Book*, eher summarisch: *The ALA World Encyclopedia of Library and Information Services* (^{2}1986) und *Bookman's Glossary* (^{4}1975).

(a) *The Librarians' Glossary of Terms Used in Librarianship, Documentation and the Book Crafts and Reference Book* (Harrod)

„Der Harrod" gilt nicht allein in der englischsprachigen Welt als das einbändige Handwörterbuch des Bibliothekswesens schlechthin. Erstmals 1939 erschienen, erlebte es bis heute acht, in immer kürzeren Abständen erschienene Auflagen: London ^{2}1959, ^{3}1971, ^{4}1977, ^{5}1984, ^{6}1987, ^{7}1990, ^{8}1995.

Das in der 8. Auflage (1995) 692 Seiten umfassende Wörterbuch ist nach Auskunft des Vorworts der 1. Auflage „primarily a glossary of *library* terms, but includes such subjects as printing, papermaking, publishing, binding, and illustrating". Von der 2. Auflage (1959) an haben Auswirkungen auf den Inhalt des Wörterbuchs, was das Vorwort der 4. Auflage (1977) nennt: „New techniques in publishing, mechanization of library methods, technological changes in information retrieval, the increasing use of computers in many aspects of library and information science activities."

Das Wörterbuch wurde nach Auskunft der 1. Auflage (1939) in erster Linie als Nachschlagewerk für „students of librarianship" konzipiert, soll aber auch dem „library assistant" sowie dem praktizierenden Bibliothekar als Auskunftsmittel dienen.

Seinem primären Benutzungszweck entsprechend wurde im Hinblick auf die Stichwortauswahl vorrangig berücksichtigt, was Lehrplan und Prüfungsordnung der „Library Association" an terminologischer Kenntnis verlangen. Im Vorwort der ersten Auflage (1939) werden als weitere Werke, die als Datenbasis ausgewertet wurden, neben „Bookman's Glossary" als allgemeinem Fachwörterbuch sechs Spezialwörterbücher genannt, u. a. zu den Gebieten „Paper Terminology", „Printing", „Bookbinding". Die 4. Auflage (1977) erwähnt als weitere (unspezifizierte) Quellen: „periodicals, spezialized subject glossaries and publications of official bodies."

Das Wörterbuch Harrod (⁴1977) besteht aus folgenden Bauteilen:

VORSPANN: Contents (p. 6); Prefaces 1st—4th edition (pp. 7—14); Acronyms and Abbreviations in general use (pp. 15—33);
WÖRTERVERZEICHNIS („Glossary"): *36-LINE BIBLE-ZURICH INDEX* (pp. 35—888);
NACHSPANN: Supplement (Acronyms, Definitions) (pp. 889—903).

In der ersten Auflage finden sich im Anhang terminologische Listen. „The classified lists of terms at the end of the book have been provided as a check-list for students, but they will also be useful as a reminder when trying to remember a term which is temporarily evasive [...]". (Harrod 1939, Preface).

Zur Makrostruktur des glattalphabetisch geordneten Wörterverzeichnisses (word-by-word method) sei angemerkt, daß sich der Umfang der Stichwörter von der ersten zur zweiten Auflage von 400 auf 1600 Stichwörter erhöht hat, um schließlich auf rd. 2500 Stichwörter anzuwachsen. In der 4. Auflage (1977) entfielen u. a. die „classified lists of entries".

Zum Aufbau der Wörterbuchartikel (Mikrostruktur) sei insbesondere der hohe Grad an Standardisierung hervorgehoben, der sich zum ersten in der Beschränkung auf wesentliche sachliche Informationen, zum zweiten in der einheitlichen Architektur der Artikel und zum dritten in den Definitionen zeigt (vgl. die Beispiele in 4.2), die auf die Satzform verzichten und terminologischen Ansprüchen in hohem Maße genügen.

Der Aufbau des Verweissystems (der Mediostruktur) beweist ein weiteres Mal den in diesem Wörterbuch erreichten hohen Standard lexikographischer Praxis. Verwiesen wird in den Artikeltexten auf erklärungsbedürftige Fachausdrücke, die — wie die Stichwörter — in Versalien gesetzt sind, sowie am Ende von Artikeln auf inhaltlich angrenzende Stichwörter durch *see also* [...].

Zusammenfassend sei geurteilt, daß „The Librarians' Glossary" im Hinblick auf Inhalt und Aufbau des Wörterverzeichnisses hohen fachlichen und lexikographischen Ansprüchen genügt. Da das Wörterbuch den Anspruch erhebt, auch für Lerner gedacht zu sein, wären neben Literaturangaben auch weitere Umtexte (vor allem Benutzungshinweise und ein systematisches Register) wünschenswert.

(b) *ALA World Encyclopedia of Library and Information Services* (ALA Encyclopedia ²1986)

In erster Auflage 1980 erschienen, bietet auch die zweite, erheblich vermehrte und durchgängig überarbeitete Auflage (1986) der „ALA Word Encyclopedia of Library and Information Services" (ALA = American Library Association) nunmehr auf rd. 900 Seiten exakt das, was der Titel verheißt: enzyklopädische Informationen. Die insgesamt 475 (meist mit zusätzlichen Illustrationen ausgestatteten) Artikel wurden von über 400 Fachleuten verfaßt. Hervorzuheben ist die systematische Übersicht, die jeden Artikel einem der folgenden Bereiche zuordnet: 1. The library in society (Geschichte der Bibliotheken; Bibliothekswesen der Gegenwart, das in Länderartikeln, geordnet nach den Kontinenten, dargestellt wird; rd. 200 Namensartikel, die dem Wirken bedeutender Personen, vor allem Bibliothekaren und Biographen, gewidmet sind); 2. Bibliothekstypen, einschließlich eines langen Artikels über Archive; 3. Theorie und Praxis des Bibliothekswesens; 4. Bibliothekarische Ausbildung; 5. Bibliotheksorganisationen. Abgesehen davon, daß die Literaturangaben insgesamt ein wenig spärlich ausgefallen sind, gilt diese Enzyklopädie unter den einbändigen Werken gleicher Art sicher zurecht als Standardwerk.

(c) *The Bookman's Glossary* (New York ⁵1975)

The Bookman's Glossary, erstmalig 1925 erschienen, ist nach Auskunft des Vorworts „a practical guide to the terminology used in the production and distribution of books — not necessarily the technical language of the trade, but rather the words in common usage in a bookstore, in a publisher's office, in a library, or among book collectors". Das Wörterbuch, das aus einem Vorwort (pp. v—vi), dem Wörterverzeichnis (pp. 1—163) und einem Literaturverzeichnis (pp. 165—167) besteht, basiert im Hinblick auf die Stichwortauswahl und die definitorischen Erklärungen nach eigenem Bekunden auf den im Literaturverzeichnis („A selected reading list") genannten Monographien, allgemeinen und speziellen Wörterbüchern zum Buchwesen, insbesondere auf „An Encyclopedia of the Book" (Glaister 1960). Das Wörterverzeichnis umfaßt rd. 1600 „terms", die in hochgradig standardisierter und knapper Form erläutert werden.

5.3. Zweisprachige Wörterbücher Deutsch-Englisch/Englisch-Deutsch

Drei nahezu gleichzeitig erschienene zweisprachige Wörterbücher des Bibliothekswesens, Deutsch-Englisch/Englisch-Deutsch die einen (Sauppe 1988; Knechtges 1992), Englisch-Deutsch/Deutsch-Englisch das andere (Keitz/Keitz 1989, ²1992) deuten darauf hin, daß es einen gestiegenen Bedarf an diesem Typ von Wörterbuch gibt. Da das Wörterbuch von Knechtges in der zweiten Auflage (1995) dreisprachig erschien, wird es im nächsten Kapitel vorgestellt.

(a) *Wörterbuch des Bibliothekswesens — Dictionary of Librarianship* (Sauppe 1988, ²1996)

Der Titel des Wörterbuchs von Eberhard Sauppe gibt Auskunft darüber, daß sein Gegenstand das Bibliothekswesen ist, und zwar „unter Berücksichtigung der bibliothekarisch wichtigen Terminologie des Informations- und Dokumentationswesens, des Buchwesens, der Reprographie und der Datenverarbeitung". Gewonnen wurden die Stichwörter und ihre jeweiligen Äquivalente — wie das Vorwort allgemein formuliert und das rd. 60 Titel umfassende Literaturverzeichnis spezifiziert — durch die Auswertung zahlreicher primärer Quellen (Texte) und sekundärer Quellen (Wörterbücher).

„Im vorliegenden Wörterbuch ist die deutsch-englische und englisch-deutsche Terminologie des Bibliothekswesens umfassend enthalten. Besonderer Wert wurde auf den Nachweis der in der aktuellen Fachdiskussion verwandten Begriffe gelegt. Der verzeichnete Wortschatz ist vorrangig dem Inhalt deutsch- und englischsprachiger Fachlexika, Fachbücher und Fachaufsätze entnommen worden. Daneben galt meine Aufmerksamkeit der standardisierten Terminologie, wie sie in nationalen und internationalen Normen und Regelwerken zu finden ist. Im Normungsbereich wurden insbesondere die Normensammlungen der deutschsprachigen Länder (Bundesrepublik Deutschland, Österreich und Deutsche Demokratische Republik) und der International Organization for Standardization (ISO) ausgewertet [...]" (Sauppe 1988, Vorwort).

Über das, was das Vorwort als intendierten allgemeinen Benutzungszweck angibt, nämlich daß das Wörterbuch „der fachlichen Kommunikation zwischen den Bibliothekaren des deutschen und des englischen Sprachraumes dienen (soll)", nennt Sauppes Bericht „Aus der Werkstatt eines Wörterbuches" (Sauppe 1990, 206) im einzelnen: Hilfe beim Verständnis von Fachtexten, die nicht in der jeweiligen Muttersprache geschrieben sind; Hilfe beim Her- und beim Hinübersetzen; Hilfe für diejenigen, „welche mit einem oder mehreren anderssprachigen Partnern mündlich kommunizieren wollen".

Das in seinem Gesamtaufbau vorbildlich organisierte Wörterbuch von Sauppe (1988) besteht aus folgenden Bauteilen:

VORSPANN: Inhaltsverzeichnis/Content (p. v); Vorwort (pp. vii−ix); Preface (pp. xi−xii); Benutzungshinweise (pp. xiii−xiv), User's Guide (pp. xv−xvi); Literaturnachweis/List of Sources Used (pp. xvii−xx). Vorbildlich ist schon für sich genommen der Vorspann, insbesondere das Vorwort, das den Wörterbuchgegenstand näher charakterisiert, die Datenbasis und den intendierten Benutzungszweck nennt, den Umfang des Wörterverzeichnisses angibt, die Problematik der Unschärfe vieler fachlicher Ausdrücke anspricht und den gewählten Lösungsweg erklärt, diejenigen nennt, die bei der fachlichen Erarbeitung und der Erstellung der Druckvorlage Hilfe leisteten. Erwähnt seien zusätzlich die Benutzungshinweise, die in wohl geordneter und knapper Form mitteilen, was in dieser Hinsicht zu wissen nützlich ist: Alphabetische Ordnung, Tildensetzung, Aufbau der Wörterbuchartikel, Rechtschreibung.
WÖRTERVERZEICHNIS: Wörterbuch Teil I: Deutsch-Englisch; Dictionary Part I: German-English (pp. 1−205);
Wörterbuch Teil II: Englisch-Deutsch; Dictionary Part II: German-English (pp. 207−420);
NACHSPANN: Anhang 1/Appendix 1: Definitionsnachweise/Sources of Definitions (pp. 423−424);
Anhang 2/Appendix 2: Sachgebietsschlüssel/Subject Field Codes (pp. 425−426);
Anhang 3/Appendix 3: Abkürzungen/Abbreviations (pp. 427−428).

Der im Nachspann präsentierte Sachgebietsschlüssel gliedert den Gegenstandsbereich des Wörterbuchs in folgende Sachgebiete:

Acquision, Archives, Art, Building and Equipment, Budgeting and Accounting, Bibliography, Binding, Books: History, Publishing, Trade (including: Serials), Cartography, Cataloguing, Classification, Universal Decimal Classification, Communication, Education, Electronic Data Processing, Electronic Data Processing/Visual Display Unit, Generalities/Miscellaneous Subjects, Subject Indexing, Information Sciences (including fringe subjects), Information Systems, Law, Librarianship in general, Linguistics, Music, Non-Book-Materials, Office, Organization and Management, Paper, Public Relations, Preservation of Library and Archival Materials, Printing, Punched Cards, Punched Tapes, Reference Work, Reprography/Photography, Retrieval, Reader Service/Inter-library Loan, Shelving, Staff, Stock, Technical Service, Writing.

Die bei jedem Lemma als Angabe notierte Zuordnung zu (wenigstens) einem dieser

Sachgebiete liefert zum ersten eine bedeutsame Information, gliedert zum zweiten den gesamten gebuchten Wortschatz in Teilwortschätze und ergibt drittens eine (in ihrer Systematik zwar diskutable, aber bei Fachwörterbüchern bisher einzigartige) durchgängige onomasiologische Aufbereitung eines semasiologisch angelegten Wörterbuchs.

Zur Makrostruktur des 420 Seiten umfassenden Wörterverzeichnisses ist zunächst anzumerken, daß der Stichwortumfang nach Auskunft des Vorworts (p. viii) „rund 15 500 Eintragungen" beträgt, „7550 im deutsch-englischen und 7950 im englisch-deutschen Teil" (^{2}1996: 13 123 im deutsch-englischen und 13 176 im englisch-deutschen Teil). Die alphabetische Anordnung ist nach dem Prinzip „Buchstabe für Buchstabe, nicht Wort für Wort" organisiert (Sauppe 1990, 121), und zwar im Hinblick auf die englischsprachige Literatur, in der sich ein und dasselbe Kompositum bisweilen getrennt oder mit Bindestrich oder zusammengeschrieben findet, wie z. B. *book plate*, *book-plate*, *bookplate* (= 'Exlibris'). Aus Platzersparnisgründen sind einem Kompositum folgende Komposita mit demselben ersten Bestandteil als Strichlemmata angesetzt, wie z. B.

Wunsch¦buch [...]
 ~datei [...]
 ~kartei [...]
 ~liste [...]
 ~zettel [...]

Welche Probleme diese Art der Anordnung mit sich bringt, zeigen die langen, häufig durch vollständige Lemmata unterbrochenen Kompositareihen etwa zu den Bestandteilen **Buch-** oder **Daten-**.

Im Hinblick auf Aufbau und Ausstattung sind die Wörterbuchartikel im Vergleich zu anderen zweisprachigen Fachwörterbüchern, die sich in der Regel mit der Angabe des zielsprachlichen Äquivalents begnügen, beispielhaft.

Wir führen − in leicht ergänzter Weise − das Beispiel an, das der Verfasser in seinem Bericht „Aus der Werkstatt eines Wörterbuches" (Sauppe 1990, 213) selbst gewählt hat.

Der Eintrag im Wörterbuch hat folgendes Aussehen:

subheading 1 '[...]'
subheading 2 *n* (secondary heading
 added to a subject heading) [Cat]
 <ISO 5127/3a> / Unterschlagwort *n*
 * (adjacent to the main heading:)
 Nebenschlagwort *n* ¦¦ *s. a. subdivision*
subheading 3 '[...]'

Die Segmentierung des Wörterbuchartikels „**subheading** 2" ergibt folgendes Bild:

Artikelsegment	Erläuterung
subheading	Lemma
2	Bedeutungsvariante 2
n	grammatische Angabe: Wortart *n* = noun
(secondary heading added to a subject heading)	semantischer Kommentar
[Cat]	Sachgebietszuordnung: Cat = Cataloguing
<ISO 5127/3a>	Nachweis einer normierten Benennung und Definition
/	Strukturanzeiger: es folgt das Äquivalent der Zielsprache
Unterschlagwort	1. Äquivalent
n	grammatische Angabe: *n* = neutrum
*	Strukturanzeiger
(adjacent to the main heading:)	vorauslaufende, das folgende Äquivalent spezifizierende Bedeutungserläuterung
Nebenschlagwort	2. Äquivalent
n	grammatische Angabe: *n* = neutrum
¦¦	Strukturanzeiger für nachfolgenden Verweis
s. a.	Verweisangabe
subdivision	Lemma, auf das als Verweisziel verwiesen wird

Nicht alle Wörterbuchartikel sind in dieser Weise mit Angaben ausgestattet; doch findet sich zu jedem Stichwort als Minimalausstattung: (a) grammatische Angabe (im Deutschen: Wortartenangabe und im Falle von Substantiven die Angabe des grammatischen Geschlechts; im Englischen: Wortartenangabe); (b) Sachgebietszuordnung, welche Angabe auch als Bedeutungsangabe bzw. als Unterordnung unter einen Oberbegriff gelesen werden kann; (c) Äquivalent in der Zielsprache.

Über die im oben angeführten Beispiel vorgestellten Angaben hinaus finden sich vereinzelt (vgl. das Verzeichnis der Abkürzungen): Angaben zur regionalen Einschränkung des Gebrauchs (z. B. British, Süddeutsch) sowie die diachronische Angabe: *veraltet*.

Eine besondere Erwähnung verdient der Nachweis einer normierten Benennung und Definition, eingetragen jeweils beim Stichwort der Ausgangssprache. Abgesehen davon, daß sich durch diese Angabe der Kernbestand normierter bibliothekarischer Fachausdrücke ermitteln läßt, bedeutet der Nachweis im Sinne einer Äquivalenzbewertung eine beträchtliche Hilfe bei der Übersetzung.

Die bei der Erarbeitung abschließend maschinell überprüfte Mediostruktur wird durch zwei Arten von expliziten Verweisen konstituiert: (a) dem *siehe*-Verweis von einer Abkürzung auf die expandierte Form (z. B. **AK** [...] *s. alphabetischer Katalog*), von einer Schreibvariante auf die Vorzugsschreibung (z. B. **mozaic binding** [...] *s. mosaic binding*) und von einer Benennungsvariante auf die Vorzugsbenennung im Sinne einer gezielten Variantenführung (z. B. **Drehturm** [...] *s. Drehsäule*).

Zusammenfassend sei betont, daß das *Wörterbuch des Bibliothekswesens — Dictionary of Librarianship* von Sauppe (1988, ²1996) in fachlicher, terminologischer und lexikographischer Hinsicht sowohl unter den zweisprachigen Wörterbüchern des Bibliothekswesens als auch unter den zweisprachigen Fachwörterbüchern insgesamt einen hervorragenden Platz einnimmt. Abgesehen von einigen wenigen, in einer ersten Auflage nahezu unvermeidlichen Problemen der korrekten Äquivalenzangabe (vgl. die Rezensionen) ist dieses Wörterbuch im Hinblick auf die Gesamtgliederung (Auswahl und Anordnung der Bauteile) sowie im Hinblick auf Inhalt und Aufbau des Wörterverzeichnisses und der Wörterbuchartikel vorbildlich. Ob es die intendierten, nach gängiger Auffassung nicht in einem einzigen Wörterbuch zu realisierenden Zwecke der Textrezeption, Textproduktion und Übersetzung sowohl in der einen Richtung (Deutsch-Englisch) als auch in der anderen Richtung (Englisch-Deutsch) zu erfüllen vermag, kann allein durch empirische Benutzungsanalysen überprüft werden.

(b) *Dictionary of Library and Information Science English-German/German-English. Wörterbuch Bibliotheks- und Informationswissenschaft Englisch-Deutsch/Deutsch-Englisch* (Keitz/Keitz ²1992)

Das in erster Auflage 1989 und in zweiter, überarbeiteter und erweiterter Auflage 1992 erschienene Wörterbuch enthält nach Auskunft des Vorworts der ersten Auflage Fachausdrücke „aus dem Informations-, Dokumentations- und Bibliotheksbereich", wobei Fachausdrücke „informationswissenschaftlicher Nachbardisziplinen nur aufgenommen wurden, wenn sie von fachgebietsübergreifendem Interesse sind".

Als Benutzungszweck gibt das Vorwort zur ersten Auflage an: Hilfe „bei der Übersetzung wissenschaftlicher Publikationen".

Zur Datenbasis, d. h. zu den Quellen, aus denen die Stichwörter und die jeweiligen Äquivalente gewonnen wurden, werden keine Angaben gemacht. Die erste Auflage erfuhr eine herbe Kritik (durch Erdmute Lapp in: Mitteilungsblatt des Verbandes der Bibliotheken des Landes Nordrhein-Westfalen e. V., 40. 1990, 157—159), in der vor allem die Buchung veralteten und ungebräuchlichen Sprachmaterials sowie die teilweise „irreführende bis falsche Wiedergabe der Bedeutung von Wörtern in der Zielsprache" angeprangert werden.

Das Wörterbuch besteht aus folgenden Bauteilen:

VORSPANN: Instructions/Benutzerhinweise (p. v); Preface 1. Edition and 2. Edition (p. vi); Vorwort zur 1. und zur 2. Auflage (p. vii);
WÖRTERVERZEICHNIS:
English-German (pp. 1—266);
Deutsch-Englisch (pp. 267—527).

Wie die jeweiligen Vorworte mitteilen, enthält das Wörterbuch in seiner ersten Auflage „rund 20.000 Einträge", welcher Bestand in der zweiten Auflage „um mehr als 5.000 wichtige neue Begriffe erweitert werden konnte".

Das Wörterverzeichnis ist glattalphabetisch nach dem Prinzip Wort-für-Wort geordnet, wobei alle Stichwörter (einschließlich der mehrteiligen) als eigene Lemmata angesetzt sind, z. B.

Buch [...]
Buch bestellen [...]
Buch entleihen [...]
[...]
Bucharchiv [...]
Buchaufstellung [...]

Im englisch-deutschen Teil finden sich bei den englischen Stichwörtern keinerlei zusätzliche Angaben, bei den deutschen Äquivalenten als grammatische Angaben: Genusangabe bei Substantiven, zusätzliche Wortartenangabe bei Adjektiven und Verben, z. B. **limited** 'begrenzt *adj.*'; **line/to** 'linieren *vrb.*'.

Im deutsch-englischen Teil finden sich bei den englischen Äquivalenten keinerlei zusätzliche Angaben und bei den deutschen Stichwörtern als grammatische Angaben: Genusangabe bei Substantiven, zusätzliche Wortartenangabe bei Adjektiven und Verben, z. B. **Broschur** *f.* '[...]', broschieren *vrb.* '[...]', broschiert *adj.* '[...]'.

Verweise kommen in diesem Wörterbuch nicht vor.

Zusammenfassend sei bemerkt, daß das Wörterbuch von Keitz/Keitz auch in seiner 2. Auflage (1992) nicht den in der zweisprachigen Lexikographie inzwischen üblichen Standard erreicht und weit hinter dem zurückbleibt, was das Wörterbuch von Sauppe (1988, ²1996) zu bieten hat.

5.4. Mehrsprachige Wörterbücher mit Deutsch

(a) *Bibliothekarisches Handwörterbuch: Deutsch-Englisch-Russisch; Englisch-Deutsch-Russisch; Russisch-Deutsch-Englisch* (Knechtges ²1995)

In der ersten Auflage erschien das Wörterbuch 1992 mit einem Gesamtumfang von 91 Seiten zweisprachig unter dem Titel *Praktisches Wörterbuch für Bibliothekare Deutsch-Englisch/Englisch-Deutsch. Librarian's Practical Dictionary German-English/English-German* (hrsg. vom British Council und der Stadtbücherei Köln, bearbeitet von Susanne Knechtges unter Mitarbeit von Monika Segbert und John Hutchins). In der zweiten Auflage wurde es durch die Hinzunahme des Russischen zum dreisprachigen Wörterbuch, wuchs auf 204 Seiten an und trägt nun den Titel *Bibliothekarisches Handwörterbuch: Deutsch-Englisch-Russisch; Englisch-Deutsch-Russisch; Russisch-Deutsch-Englisch* (von Susanne Knechtges unter Mitarbeit von Monika Segbert, John Hutchins, Nadja Ekhevitch; 2., wesentl. erw. Aufl. Bad Honnef 1995). Wie das Vorwort zur zweiten Auflage mitteilt, soll es „mit der Zeit alle gängigen europäischen Sprachen umfassen".

Über die Quellen, aus denen der gebuchte Wortschatz gewonnen wurde, erfährt man nichts; nur dies, daß er „praxisorientiert" zusammengestellt wurde. Wie das Vorwort über den Benutzungszweck mitteilt, soll durch das Wörterbuch „ein Beitrag zur verstärkten Kooperation sowohl zwischen Bibliotheken, als auch zwischen Bibliothekaren und Bibliotekarinnen in Europa geleistet werden" [sic!].

Das Wörterbuch besteht aus folgenden Bauteilen:

VORSPANN: Vorwort (p. 5); Preface (p. 7); Inhaltsverzeichnis Deutsch (p. 8); Inhaltsverzeichnis Englisch (p. 9); Inhaltsverzeichnis Russisch (p. 10); WÖRTERVERZEICHNIS: Deutsch-Englisch-Russisch (pp. 11–58); Englisch-Deutsch-Russisch (pp. 59–112); Russisch-Deutsch-Englisch (pp. 113–160); NACHSPANN: Thematisches Verzeichnis Deutsch-Englisch-Russisch (pp. 161–204): Bibliothekstypen/Types of Libraries; Bibliothekspersonal/Library Staff; Was ist wo in der Bibliothek?/What is where in the Library? Abteilungen/Departments; Bibliothekshaushalt/Library's Budget; Erwerbung und Bestand/Acquisitions and Collections; Anmeldung/Registration; Ausleihe/Lending; Katalog und Systematik/Catalogue and Classification; Titelaufnahme/Catalogue Entry; Aufstellung/Shelving; Computer und Datenbanken/Computer and Data Bases; Bibliotheksangebote und Dienstleistungen/Library Services; Telefonische Anfragen/Telephone Enquiries; Medienarten/Types of Material; Rund ums Buch/All about the Book; Buchhandel/Book Trade.

Das Wörterverzeichnis umfaßt nach unserer eigenen Zählung ca. 840 Stichwörter pro Sprache. Seine drei Teile sind glattalphabetisch geordnet, die Stichwörter der jeweiligen Ausgangssprache und die Äquivalente in den jeweiligen Zielsprachen, abgesehen von sporadisch angefügten bedeutungserläuternden Zusätzen (z. B. **besetzt** '(Telefon) [...]'), mit keinerlei zusätzlichen Angaben ausgestattet. Angesichts der intendierten internationalen Nutzbarkeit des Wörterbuchs ist die (auch nirgendwo erläuterte) Ansetzung von Stichwörtern wie **ArchivarIn**, **AutorIn**, **BibliothekarIn** usw. merkwürdig; ganz abgesehen davon, daß es gleichzeitig nur in maskuliner Form gibt: **Abonnent, Datenbankbenutzer, Doktorand, Verleger**.

Während kaum erkennbar ist, wie das Wörterverzeichnis vor allem wegen des Fehlens jeglicher Art von Angaben den intendierten Zweck erfüllen soll, läßt sich dies sehr wohl von dem thematischen, durchgehend Deutsch-Englisch-Russisch organisierten Verzeichnis im Nachspann des Wörterbuchs annehmen. Vor allem die handlungsorientierten Verzeichnisse wie „Anmeldung", „Ausleihe", „Benutzung des Microfiche-Katalogs" und „Telefonische Anfragen" können eine von Wörterbüchern ansonsten nicht gebotene praktische Hilfe darstellen, insbesondere dann, wenn sie — wie dies im Falle des Verzeichnisses „Benutzung des Microfiche-Katalogs" schon geschehen ist — nicht nur Vokabeln, sondern Sätze samt Übersetzung enthalten.

(b) *Dictionarium bibliothecarii practicum: ad usum internationalem in XXII linguis* (Dictionarium ⁶1974)

Das von Zoltán Pipics herausgegebene mehrsprachige Wörterbuch erschien erstmalig 1963 und erlebte bis heute insgesamt sieben Auflagen: ²1964, ³1969, ⁴1970, ⁵1971, ⁶1974, ⁷1977, wobei die Anzahl der Sprachen ständig vermehrt wurde. Bei der 1. und 2. Auflage war das Ungarische Ausgangssprache, bei der 3. bis 5. Auflage das Deutsche, seit der 6. Auflage ist es das Englische. Der alleinige Benutzungszweck dieses Wörterbuchs ist es, „dem Bibliothekar zu seiner alltäglichen Arbeit auf dem Gebiete der Katalogisierung und Ordnung fremdsprachiger Dokumente eine Hilfe zu bieten" (Dictionarium ⁶1974, Vorwort, S. 7); genauer gesagt: bei der Titelaufnahme fremdsprachiger Dokumente.

Diesem Zweck entsprechend stellt das Wörterbuch nach Auskunft des Vorworts „eine Kombination der allgemeinen und der Fachwörterbücher dar, insofern es auch zahlreiche grammatikalische Hilfswörter wie Artikel, Suffixe, Präpositionen usw. enthält, die nicht unmittelbar in den Bereich des Bibliothekswesens und der Bibliothekswissenschaft gehören".

Das Wörterbuch besteht aus folgenden Bauteilen:

VORSPANN: Preface (pp. 5–6); Vorwort (pp. 7–9); Benutzungshinweis und Verzeichnis der Abkürzungen und Symbole (p. 11);
WÖRTERVERZEICHNIS: Teil I: „Multilingual Dictionary" (pp. 13–189); Ausgangssprache Englisch, wobei die Lemmata von 1 bis 377 und in einem anschließenden Teil, der die Namen der Monate und Wochentage sowie einige allgemeine Zeitbezeichnungen enthält, von I bis XXX durchnumeriert sind; Teil II: „Bilingual Indexes" French-English, German-English, Russian-English [usw. für 12 Sprachen] mit Angabe der Nummer des englischen Ausgangslemmas im Teil I; jeder der zweisprachigen Listen ist jeweils ein Appendix angefügt: „Calendar Units", „Numerals", „Alphabet" (der jeweiligen Ausgangssprache);
NACHSPANN: Inhaltsverzeichnis (p. 385).

Das Wörterverzeichnis umfaßt – wie aus der Numerierung der Lemmata erkennbar ist – 407 englischsprachige Stichwörter mit Äquivalenten in 21 Sprachen. Die Äquivalente der Zielsprachen sind spaltenweise geordnet, die Spalten auf jeweils zwei Doppelseiten verteilt. Die Numerierung der Lemmata ermöglicht einen schnellen Zugriff aus den zweisprachigen Listen des Teils II auf das jeweilige englischsprachige Ausgangslemma im Teil I.

Zusammenfassend läßt sich sagen, daß das Dictionarium (⁶1974) als Spezialwörterbuch mit einem einzigen Benutzungszweck konzipiert ist, nämlich als bibliothekarisches Hilfsmittel für die Titelaufnahme von fremdsprachigen Dokumenten. Ob und in welchem Maße es diesen Zweck erfüllt, müßte im Rahmen einer empirischen Benutzungsanalyse überprüft werden.

6. Zusammenfassung und Ausblick

Selbst international betrachtet, verfügt das Bibliothekswesen über keine sonderlich große Zahl allgemeiner einsprachiger, zwei- und mehrsprachiger Fachwörterbücher. Einschließlich solcher Wörterbücher, die explizit dem Buchwesen gewidmet sind, haben unsere Recherchen etwa 50 Titel zu Tage gefördert.

Mit rund einem Dutzend allgemeiner einsprachiger Wörterbücher, die im Titel explizit auf das Bibliothekswesen Bezug nehmen (*ALA Dictionary* 1983; *ALA Glossary of Library Terms* 1943; *ALA Glossary* 1983; *ALA Encyclopedia* ²1986; *Encyclopedia of Library* 1975 ff; Harrod ⁸1995; Hines 1971; Keenan 1996; Landau ³·³1968; Leong 1984; Tomlinson 1942) und zwei prominenten Wörterbüchern des Buchwesens (Bookman's Glossary ⁵1975; Glaister 1979) führt die englischsprachige Fachlexikographie das Feld an.

In beträchtlichem Abstand folgen die weiteren, darunter auch die deutschsprachige Fachlexikographie, die neben drei Wörterbüchern des Buchwesens (Hiller ⁵1991; Kirchner 1952–1956; LGB² 1987 ff) – rechnet man das Glossar zur BID-Informatik 1982 nicht hinzu – gerade einmal zwei allgemeine einsprachige Wörterbücher des Bibliothekswesens vorzuweisen hat (Kunze/Rückl ²1974/75; Rehm 1991).

Ebenfalls nicht übermäßig groß ist die Zahl der allgemeinen zweisprachigen Fachwörterbücher des Bibliothekswesens (vgl. Barova 1994; Gross 1952; Hajdushek 1975; Heng 1984; Keitz/Keitz ²1992; Keitz/Keitz 1994; Knechtges 1992; Salinié 1990; Saringuljan 1958; Sauppe ²1996; Simanova/Hogh 1980; Vasilevic 1988), von denen gut drei Viertel als eine der beiden Sprachen Englisch aufweisen.

Nahezu ebenso groß wie die Zahl der allgemeinen zweisprachigen ist diejenige der allgemeinen mehrsprachigen Fachwörterbücher des Bibliothekswesens (*Biblioteeksterminologie* 1967; *Bibliotekstermer* 1965; Clason ²1985; *Dictionarium* ⁶1974; Knechtges ²1995; Moravek 1958; Schlemminger ²1954; *Slovar bibliotecnych terminov* 1958; *Vocabularium bibliothecarii* 1962; *Vocabularium bibliothecarii* 1970; *Vocabularium bibliothecarii nordicum* 1968), unter denen dasjenige von Schlemminger ²1954 wiederum explizit dem Buchwesen gewidmet ist.

Abgesehen davon, daß in fachlicher Hinsicht eine Reihe der betrachteten Wörterbücher veraltet ist, abgesehen auch davon, daß zumindest die allgemeinen einsprachigen Fachwörterbücher des Bibliothekswesens wegen der unterschiedlichen nationalen Ausprägungen des Fachgebiets nur bedingt miteinander vergleichbar sind, besteht für jede

Fachlexikographie des Bibliothekswesens ein grundsätzliches Problem in der Bestimmung der Auswahl der zu berücksichtigenden Fachlexik.

Nahezu notorisch ist die Klage darüber, daß sich die Fachlexik des Bibliothekswesens nicht klar gegenüber benachbarten Gebieten abgrenzen lasse, welches Problem sie aber mit nahezu jedem Fachgebiet teilt. Eine erste Abgrenzung ist seit jeher gegenüber dem Buchwesen bzw. der Buchwissenschaft vonnöten, neuerlich vor allem gegenüber der Dokumentations- und Informationswissenschaft, die inzwischen von manchen Fachleuten als umfassendes Fachgebiet angesehen wird, das als Teilgebiet u. a. das Bibliothekswesen enthalte. Je nachdem, in welchem Maße die genannten eng benachbarten Gebiete berücksichtigt werden, je nachdem auch, welche Rolle die bibliothekarische Praxis spielen soll, wird der für ein Wörterbuch des Bibliothekswesens in Frage kommende Fachwortschatz zwischen rd. 800 und rd. 1500 Stichwörtern liegen. Empirische Analysen zur Fachlexik des Bibliothekswesens, die etwa auf der systematischen Auswertung eines Korpus exemplarischer Texte basieren könnten, fehlen bisher.

Die Stichwortanzahl und der gesamte Charakter eines Fachwörterbuchs der Bibliothekswissenschaft wird nicht unwesentlich dadurch beeinflußt, ob und in welchem Umfang aufgenommen werden: sog. Länderartikel und/oder Eigennamenartikel; Länderartikel, die das Bibliothekswesen der betreffenden Länder im Hinblick auf dessen Organisation, bedeutende Bibliotheken, Ausbildungswege usw. beschreiben; Eigennamenartikel, die Vita und Leistungen hervorragender Persönlichkeiten für die Entwicklung des Bibliothekswesens darstellen. Die englischsprachige Fachlexikographie unterscheidet hier deutlicher als etwa die deutschsprachige zwischen „dictionary" oder „glossary" einerseits und „encyclopedia" andererseits, welche Unterscheidung auch die (später noch angesprochene) Begriffsexplikation betrifft.

Unter dem Aspekt, daß Fachwörterbücher eine spezielle Form der Präsentation von Wissensbeständen darstellen, ist es für die lexikographische Praxis und in der Folge auch für den Benutzer von Vorteil, das Fachgebiet zu strukturieren. Solche Strukturierungen lassen sich aus systematischen Darstellungen des Faches gewinnen. Sie werden zwar im Anhang einiger Wörterbücher als Übersicht über die Gliederung des Bibliothekswesens geboten (z. B. Kirchner 1952—1956; Kunze/Rückl ^{2}1974/75), aber, abgesehen von Sauppe 1988, ^{2}1996, nicht für die Zuordnung der im Wörterverzeichnis aufgeführten Benennungen zu den einzelnen Teilfachgebieten des Bibliothekswesens und damit auch nicht für die Begriffsexplikation genutzt.

Im Hinblick auf Inhalt und Aufbau der Wörterbuchartikel weisen die englischen einsprachigen Wörterbücher des Bibliothekswesens (wie z. B. Harrod ^{8}1995; *ALA Glossary* 1983 und andere) einen eher hohen Grad, die deutschen einsprachigen Wörterbücher einen eher geringen Grad an Standardisierung auf. Unter den zweisprachigen Wörterbüchern ragt in dieser Hinsicht allein Sauppe 1988, ^{2}1996 hervor.

In den einsprachigen deutschen Fachwörterbüchern des Bibliothekswesens sind die Artikel nur ausnahmsweise (vgl. z. B. die Länderartikel) klar strukturiert, was darauf schließen läßt, daß bei der Planung der jeweiligen Wörterbuchvorhaben offenbar kein durchgehendes, für die unterschiedlichen Artikeltypen jeweils einheitlich organisiertes Konzept für den formalen und inhaltlichen Aufbau entwickelt wurde. Das zeigt sich zum einen in der unzureichenden Bestimmung von obligatorischen und fakultativen Angaben, zum anderen in deren Anordnung; das zeigt sich vor allem in den Begriffsexplikationen, die allermeist nicht den an fachliche (terminologische) Erklärungen zu stellenden Ansprüchen genügen.

Da die Mediostruktur, d. h. das System der Verweise, dafür zu sorgen hat, die durch die alphabetische Anordnung verlorengegangenen systematischen Beziehungen der in den einzelnen Artikeln präsentierten Wissensbestände wieder herzustellen, wird für die lexikographische Praxis ein begründetes Verfahren des Verweisens benötigt (vgl. Schaeder 1996a). Auch in diesem Punkt lassen die meisten Wörterbücher — so sie überhaupt eine erkennbare Mediostruktur aufweisen — kein begründetes Konzept erkennen.

Bleibt als Resumee des Durchgangs durch die Fachlexikographie des Bibliothekswesen festzuhalten:

(1) Weder die Fachlexikographie der angrenzenden Informationswissenschaft (die z. B. mit demjenigen von Schneider 1997 wenigstens über ein vorbildliches Fachwörterbuch verfügt; vgl. Art. 214) noch diejenige des angrenzenden Buchwesens (das mit Hiller ^{5}1991 ein fachlich gediegenes einbändiges und

nächstens mit dem LGB ²1987 ff ein fachlich anspruchsvolles und umfassendes mehrbändiges Fachwörterbuch vorzuweisen hat) berücksichtigen die Fachlexik des Bibliothekswesens in einem auch nur annäherungsweise angemessenen Umfang. Aus diesem Grunde gibt es ohne Zweifel einen Bedarf an eigenen Fachwörterbüchern des Bibliothekswesens.

(2) Betrachtet man die einsprachigen Fachwörterbücher des Bibliothekswesens im Vergleich, so kann man feststellen, daß die englischsprachige Fachlexikographie eine Palette allgemeiner und spezieller fachlicher Sprach-, Sach- und Allwörterbücher von guter fachlicher und lexikographischer Qualität geschaffen hat. Die deutschsprachige Fachlexikographie des Bibliothekswesens nimmt sich dagegen im Hinblick auf die Anzahl der Wörterbücher (Kunze/Rückl ²1974/75 und Rehm 1991), die Aktualität der Information sowie die fachliche und lexikographische Qualität eher bescheiden aus. Wünschenswert wäre eine vollständige Neubearbeitung des Großwörterbuchs von Kunze/Rückl ²1974/75 sowie eine gründliche (für eine zweite Auflage sicher zu erwartende) Überarbeitung des Handwörterbuchs von Rehm 1991.

(3) Für die zweisprachige Fachlexikographie des Bibliothekswesens besitzt das Wörterbuch von Sauppe 1988, ²1996 Vorbildcharakter. Zwar müssen erst noch empirische Benutzungsanalysen erweisen, ob es den selbst erhobenen Ansprüchen genügt, gleichermaßen für die Zwecke der Textproduktion, -rezeption und -translation sowohl in die eine als auch in die andere Sprachrichtung geeignet zu sein (welchen Anforderungen allein der bisher in der zweisprachigen Fachlexikographie nicht realisierte Typ eines erklärenden Wörterbuchs genügen könnte); doch ist es unter den zweisprachigen Fachwörterbüchern (nicht nur des Bibliothekswesens und nicht nur für das Sprachenpaar Deutsch-Englisch) im Hinblick auf die Gesamtkonzeption, Inhalt und Aufbau des Wörterbuches (einschließlich der Umtexte), des Wörterverzeichnisses sowie der Wörterbuchartikel unter den Wörterbüchern vergleichbaren Typs einzigartig.

(4) Wenn in den Vorworten der Wörterbücher (so z. B. in Sauppe 1988, ²1996 und in Kunze/Rückl ²1974/75) erklärt wird, es könne nicht Aufgabe des Wörterbuchs sein, normierend zu wirken, so verkennt solcher Vorbehalt die tatsächliche Wirkung von Fachwörterbüchern. Ob dies beabsichtigt ist oder nicht: Fachwörterbücher haben normierende Wirkung, und zwar sowohl im Hinblick auf die Benennung als auch im Hinblick auf die Begriffsdefinition. Dieser Umstand verlangt, daß zum ersten die Fachlexikographie auf ein sicheres empirisches Fundament gestellt wird (z. B. durch die systematische Auswertung von Texten), daß zum zweiten bei der Begriffsdefinition nicht nur fachliche, sondern auch terminologiewissenschaftliche Anforderungen berücksichtigt werden und daß zum dritten (wie Sauppe 1988, ²1996 es teilweise vorführt) angezeigt wird, ob es sich jeweils (a) um einen terminologisierten und normierten, (b) um einen terminologisierten, aber nicht normierten, (c) um einen nicht terminologisierten, aber pragmatisch eingespielten oder (d) um einen nicht terminologisierten und nicht pragmatisch eingespielten Fachausdruck handelt.

7. Literatur (in Auswahl)

7.1. Wörterbücher

ALA Dictionary 1983 = The ALA Dictionary of Library and Information Science. Chicago 1983.

ALA Encyclopedia 1980 = ALA World Encyclopedia of Library and Information Services. Ed. by Robert Wedgeworth. Chicago 1980.

ALA Encyclopedia ²1986 = ALA World Encyclopedia of Library and Information Services. Ed. by Robert Wedgeford. 2nd ed. Chicago, London 1986. [Rez.: Klaus Schreiber in: Zeitschrift für Bibliothekswesen und Bibliographie 33. 1986, 475−476].

ALA Glossary of Library Terms 1943 = ALA Glossary of Library Terms: with a selection of terms in related fields. Prep. by Elizabeth H. Thompson. Chicago 1943. [4th print: 1956; 10th print: 1968].

ALA Glossary 1983 = The ALA Glossary of Library and Information Science. Ed. by Heartsill Young. Chicago 1983.

Allen 1975 = Charles G. Allen: A Manual of European Languages for Librarians. London [etc.] 1975.

Allen ²1977 = Charles G. Allen: A Manual of European Languages for Librarians. 2nd impr. (with minor corrections). London [etc.] 1977. [3rd impr. London [etc.] 1978].

Bader 1925 = Karl Bader: Lexikon deutscher Bibliothekare: im Haupt- und Nebenamt, bei Fürsten, Staaten und Städten. Leipzig 1925. (Zentralblatt für Bibliothekswesen, Beiheft 54).

Barova 1994 = Zvetalina Barova: Deutsch-Bulgarisches Wörterbuch des Bibliothekswesens. Sofia 1994. [130 p.].

Biblioteeksterminologie 1967 = Biblioteeksterminologie: Engels, Frans, Duits, Nederlands: met toestemming van de Unesco voor Nederland en Belgie bewerkte uitg. van het Vocabularium bibliothecarii. 2. uitg. 1962 van A. Thompson. 's-Gravenhage 1967.

Bibliotekstermer 1965 = Bibliotekstermer: Svenska, engleska, franska, tyska. 2. uppl. Lund 1965.

BID-terminologie 1990 = BID-terminologie. Verklarend woordenboek van Nederlandse termen op het gebied van biblioteek en documentaire informatie met vertalingen in het Engels, Frans, Duits, Spaans. Redactie: P. J. van Swigchem en E. J. Slot. Den Haag 1990.

Bookman's Glossary 1925 = The Bookman's Glossary. Ed. by John A. Holden. New York 1925.

Bookman's Glossary ^{4}1961 = The Bookman's Glossary. 4th rev. ed. Ed. by Mary C. Turner. New York 1961.

Bookman's Glossary ^{5}1975 = The Bookman's Glossary. 5th rev. ed. Ed. by Jean Peters. New York [etc.] 1975.

Bories/Bonassies 1847 = J. Bories: Dictionnaire pratique de la presse, de l'imprimerie et de la librairie: suivi d'un code complet contenant les lois, ordonnances, règlements, arrêts du conseil, exposés des motifs et rapports sur la matière. Par J. Bories et F. Bonassies. 2 vols. Paris 1847. [Reimpression: Farnborough Hants. 1971].

British Standard Glossary 1976 = British Standard Glossary of Documentation Terms 1976 (BS 5408).

Brockhaus 1892 = Brockhaus' Konversations-Lexikon. 14., vollständig neu bearb. Aufl. In sechzehn Bänden. Bd. 2. Leipzig. Berlin. Wien 1892.

Buchanan 1976 = Brian Buchanan: Glossary of Indexing Terms. London 1976.

Calvo/Sauppe 1997 = Gabriel Calvo/Eberhard Sauppe: Wörterbuch des Bibliothekswesens Deutsch-Spanisch, Spanisch-Deutsch. Diccionario de Biblioteconomia alemán-espagnol, espagnol-alemán. München [usw.] 1997.

Cambridge Encyclopedia 1991 = The Cambridge Encyclopedia. Ed. by David Chrystal. Reprint with updates and corr. Cambridge [etc.] 1991.

Cawkell 1993 = Anthony E. Cawkell: Encyclopaedic Dictionary of Information Technology and Systems. London [etc.] 1993.

Clason 1976 = Willem E. Clason: Elsevier's Dictionary of Library Science, Information and Documentation in 6 Languages: English/American, French, Spanish, Italian, Dutch and German. Comp. and arr. on an English Aphabetical Basis by W. E. Clason. Amsterdam 1976.

Clason ^{2}1985 = Willem E. Clason: Elsevier's Dictionary of Library Science, Information and Documentation in 6 Languages: English/American, French, Spanish, Italian, Dutch and German. Comp. and arr. on an English Aphabetical Basis by W. E. Clason. 2. ed., 2. impr. Amsterdam 1985.

Cowles 1933 = Barbara Cowles: Bibliographer's Glossary for Foreign Words and Phrases. An Alphabet of Terms in Bibliographical and Booktrade Use. Comp. from 20 languages. New York 1933.

Dictionarium ^{6}1974 = Dictionarium bibliothecarii practicum: ad usum internationalem in XXII linguis. The Librarian's Practical Dictionary in 22 Languages. Wörterbuch des Bibliothekars in 22 Sprachen. Ed. by Zoltán Pipics. 7th rev. and enl. ed. Budapest. Pullach/München 1977. [1st ed. 1963; 2nd ed. 1964; 3rd ed. 1969; 4th ed. 1970; 5th ed. 1971; 6th ed. 1974].

DUW 1989 = Duden Deutsches Universalwörterbuch. Hrsg. und bearb. vom Wissenschaftlichen Rat und den Mitarbeitern der Dudenredaktion unter Leitung von Günther Drosdowski. 2., völlig neu beab. und stark erw. Aufl. Mannheim. Wien. Zürich 1989.

Elizarenkova 1962 = Tat'jana P. Elizarenkova: English-Russian bookman's glossary/Anglo-russkij slovar' knigoved ceskich terminov. Moskva 1962.

Elsevier's Lexicon 1964 = Elsevier's Lexicon of Archive Terminology: French, English, German, Spanish, Italian, Dutch. Comp. and arr. on a systematic Elsevier's Lexicon basis by a Committee of the International Council on Archives. Amsterdam 1964.

Encyclopedia of Library 1975 = Encyclopedia of Library and Information Science. Ed. by Allen Kent, Harold Lancour, Jay E. Daily. Vol. 1 ff. New York 1968 ff. Vol. 16: Library school − Mainz. 1975. vol. 47: 1991; supl. 24: 1998.

Encyklopedia wspólczesnego bibliotekarstwa polskiego 1976 = Encyklopedia wspólczesnego bibliotekarstwa polskiego [Enzyklopädie des modernen polnischen Bibliothekswesen]. Komitet red. Karol Globiowski. Wroslaw [etc.] 1976.

Estivals 1993 = Robert Estivals (ed.): Les sciences de l'écrit. Encyclopédie internationale de bibliologie. Paris 1993.

Evans/Himly/Walne 1984 = Frank B. Evans/Francois-J. Himly/Peter Walne: Dictionary of Archival Terminology: English and French; with equivalents in Dutch, German, Italian, Russian and Spanish = Dictionnaire de terminologie archivistique. München [etc.] 1984. (ICA handbooks series; 3).

Feather 1997 = John Feather (ed.): International encyclopedia of information and library science. London 1997.

Frequency term lists 1982 = Essential problems in terminology for informatics and documentation. Frequency term lists. (FID 617). All-Union Institute of Scientific and Technical Information. Moscow 1982.

Friis-Hansen 1991 = Jens B. Friis-Hansen [et al.]: Informationsordbogen. Ordbog for informationshandtering, bog og bibliotek. o. O. [Hellerup] 1991.

Gilchrist/Gaster 1973 = Alan Gilchrist/Kathleen Gaster: A Compressed Term Index Language for Library and Information Science. Comp. by Alan Gilchrist and Kathlenn Gaster. London 1973.

Glaister 1979 = Geoffrey Ashall Glaister: Glaister's Glossary of the Book: Terms used in papermaking, printing, bookbinding and publishing with notes on illuminated manuscripts and private presses. 2. ed., completely rev. London [etc.] 1979. [1st ed. London 1960].

Glossar zur BID-Informatik 1982 = Glossar zur BID-Informatik: ein Nachschlagewerk für die Aus- und Fortbildung im Bibliotheks-, Informations- und Dokumentationsbereich. Redaktion: Detlev Skalski/Ralf-Dirk Hennings. Berlin 1982.

Glosario 1988 = Glosario ALA de bibliotecIogía y ciencias de la información. Ed. by Heartsill Young; traducción Blanca de Mendizabal Allende. Madrid 1988.

Glossary of Basic Archival and Library Conservation Terms 1988 = Glossary of Basic Archival and Library Conservation Terms English with equivalents in Spanish, German, Italian, French and Russian. Comp. by the Committee on Conservation and Restoration, Internat. Council on Archives. Ed. by Carmen Crespo Nogueira. München [etc.] 1988. 151 p. (ICA handbooks series, vol. 4) [Rez.: Hanns Peter Neuheuser in: Bibliothek 14. 1990, 170−171.].

Glossary of Library Networking 1978 = Glossary of Library Networking. Washington 1978.

Gross 1952 = Otti Gross: Library Terms − Fachausdrücke des Bibliothekswesens und seiner Nachbargebiete. Englisch-Deutsch und Deutsch-Englisch. Hamburg 1952.

Grubacic 1964 = Kosta Grubacic: Enciklopedijski Leksikon Bibliotekarstva. Sarajewo 1964.

Hajdushek 1981 = English-Slovak, Slovak-English Dictionary of Library and Information Science = Anglicko-Slovensky, Slovensko-Anglicky. Martine 1981.

Harrod 1939 = Leonard M. Harrod: The Librarians' Glossary of Terms Used in Librarianship, Documentation and the Book Crafts and Reference Book. London 1939.

Harrod ^{2}1959 = Leonard M. Harrod: The Librarians' Glossary of Terms Used in Librarianship, Documentation and the Book Crafts and Reference Book. 2nd rev. ed. London 1959.

Harrod ^{3}1971 = Leonard M. Harrod: The Librarians' Glossary of Terms Used in Librarianship, Documentation and the Book Crafts and Reference Book. 3rd rev. ed. London 1971.

Harrod ^{4}1977 = Leonard M. Harrod: The Librarians' Glossary of Terms Used in Librarianship, Documentation and the Book Crafts and Reference Book. 4th rev. ed. London 1977. 903 p.

Harrod ^{5}1984 = Leonard M. Harrod: The Librarians' Glossary of Terms Used in Librarianship, Documentation and the Book Crafts and Reference book. Advisory ed. Leonard Montague Harrod. 5th ed. Aldershot 1984.

Harrod ^{6}1987 = Leonard M. Harrod: Harrod's Librarians' Glossary of Terms Used in Librarianship, Documentation and the Book Crafts and Reference Book. 6th ed. Comp. by Ray Prytherch. Aldershot [etc.] 1987. X, 855 p. [Reprint: 1989: Rez: Eberhard Sauppe in: International Classification 15. 1988, 41−42].

Harrod ^{7}1990 = Leonard M. Harrod: Harrod's Librarians' Glossary of Terms Used in Librarianship, Documentation and the Book Crafts and Reference Book. Comp. by Ray Prytherch. 7th ed. Aldershot [etc.] 1990.

Harrod ^{8}1995 = Harrod's librarian's glossary: 9000 terms used in information management, library science, publishing, the book trades and archive management. 8. ed. comp. by Ray Prytherch. Aldershot, Hants 1995. [Rez. in: Informationsmittel für Bibliotheken (IFB) 3/1995, 2].

Heng 1984 = Li Heng: Dictionary of Library and Information Science. English-Chinese, Chinese-English. München [etc.] 1984.

Hertzberger 1956 = Menno Hertzberger: Dictionnaire a l'usage de la librairie ancienne: pour les langues francaise, anglaise, allemande, suedoise, danoise, italienne, espagnole, hollandaise. Dictionary for the antiquarian booktrade. Paris 1956.

Hiller 1954 = Helmut Hiller: Wörterbuch des Buches. Frankfurt/M 1980. [2., durchges. u. erw. Aufl. 1958; 3., neu bearb. Aufl. 1967, 4., vollständig neu bearb. Aufl. 1980; 341 p.].

Hiller ^{5}1991 = Helmut Hiller: Wörterbuch des Buches. 5., vollst. neu bearb. Aufl. Frankfurt am Main 1991 [Rez.: Horst Röhling in: Mitteilungsblatt des Verbandes der Bibliotheken des Landes Nordrhein-Westfalen 42. 1992, 265−266; Gisela Ewert in: Buch und Bibliothek 45. 1993, 80−81.].

Hines 1971 = Theodore C. Hines: Terminology of Library and Information Science. A selective glossary. Prel. ed. New York 1971.

Jokanovic 1988 = Vladimir Jokanovic [et al.]: Mala Jugoslovenska Enciklopedija Bibliotekarstva. Beograd 1988.

Keenan 1996 = Stella Keenan: Concise Dictionary of Library and Information Science. Structure and Terminology. München [etc.] 1996.

Keitz/Keitz 1989 = Saiedeh von Keitz/Wolfgang von Keitz: Dictionary of Library and Information Science English-German/German-English. Wörterbuch Bibliotheks- und Informationswissenschaft Englisch-Deutsch/Deutsch-Englisch. Weinheim 1989. [Rez.: Klaus Schreiber in: Zeitschrift für Bibliothekswesen und Bibliographie 37. 1990, 253; Erdmute Lapp in: Mitteilungsblatt des Verbandes der Bibliotheken des Landes Nordrhein-Westfalen 40. 1990, 157−159].

Keitz/Keitz ^{2}1992 = Saiedeh von Keitz/Wolfgang von Keitz: Dictionary of Library and Information Science English-German/German-English. 2nd, rev. Edition. Wörterbuch Bibliotheks- und Informationswissenschaft Englisch-Deutsch/Deutsch-Englisch. 2. überarb. Aufl. Weinheim 1992. [Rez. in: Informationsmittel für Bibliotheken (IFB) 3/1995, 1−2].

Keitz/Keitz 1994 = Saiedeh von Keitz/Wolfgang von Keitz: Wörterbuch der Bibliotheks- und Informationswissenschaft: français-allemand, allemand-français. Weinheim 1994. [Rez. in: Zeitschrift für Bibliothekswesen und Bibliographie 41. 1994, 535−536; Informationsmittel für Bibliotheken (IFB) 3/1995, 1−2].

Kirchner 1952−1956 = Joachim Kirchner (Hrsg.): Lexikon des Buchwesens. 4 Bde. Stuttgart 1952−1956. [Bd. 1−2: Textteil, Bd. 3−4: Bildteil].

Kleines Wörterbuch für Bibliothekare Französisch-Deutsch, Deutsch-Französisch 1997 = Kleines Wörterbuch für Bibliothekare Französisch-Deutsch, Deutsch-Französisch; U. Michalowsky, ULB Kassel 1997. In: www.uni-duesseldorf.de/WWW/ulb/bib.html#terminologie

Kleines Wörterbuch für BibliothekarInnen Deutsch-Englisch, Englisch-Deutsch 1997 = Kleines Wörterbuch für BibliothekarInnen Deutsch-Englisch, Englisch-Deutsch: B. Wiegandt, ULB Kassel 1997. In: www.uni-duesseldorf.de/WWW/ulb/bib.html#terminologie

Knechtges 1992 = Praktisches Wörterbuch für Bibliothekare Deutsch-Englisch/Englisch-Deutsch. Librarian's Practical Dictionary. German-English/English-German. Hrsg. v. British Council und der Stadtbücherei Köln. Von Susanne Knechtges unter Mitarbeit v. Monika Segbert und John Hutchins. Köln 1992. [Rez.: Manfred Rothe in: Buch und Bibliothek 45. 1993, 277−278; Luise Sanders in: Auskunft 13. 1993, 72−75].

Knechtges ²1995 = Susanne Knechtges unter Mitarbeit von Monika Segbert, John Hutchins, Nadja Ekhevitch: Bibliothekarisches Handwörterbuch: Deutsch-Englisch-Russisch; Englisch-Deutsch-Russisch; Russisch-Deutsch-Englisch. 2., wesentl. erw. Aufl. Bad Honnef 1995. [Rez. in: Informationsmittel für Bibliotheken (IFB) 3/1995, 2].

Kuhn 1979 = Hilde Kuhn: Wörterbuch der Handbuchbinderei und der Restaurierung von Einbänden, Papyri, Handschriften, Graphiken, Autographen, Urkunden und Globen in deutscher, englischer, französischer und italienischer Sprache. 2. Aufl. Hannover 1979.

Kunze/Rückl 1969 = Lexikon des Bibliothekswesens. Hrsg. v. Horst Kunze und Gotthard Rückl. Unter Mitarb. v. Hans Riedel u. Margit Wille. Leipzig 1969.

Kunze/Rückl. ²1974/75 = Lexikon des Bibliothekswesens. Hrsg. v. Horst Kunze u. Gotthard Rückl. Unter Mitarb. v. Hans Riedel u. Margit Wille. − 2. neubearb. Aufl. 2 Bde. Leipzig 1974−1975.

Labarre 1969 = E. J. Labarre: Dictionary and Encyclopaedia of Paper and Paper-making: with equivalents of the technical terms in French, German, Dutch, Italian, Spanish, and Swedish. 2nd ed. Amsterdam 1969.

Landau ³1966 = Thomas Landau (ed.): Encyclopaedia of Librarianship. 3rd. rev. ed., London 1966. [1. ed. 1958, 2. ed. 1959].

Landau ³·³1968 = Thomas Landau (ed.): Encyclopaedia of Librarianship. 3rd. rev. ed., 3. impr. London 1968.

Leistner 1970 = Internationale Titelabkürzungen von Zeitschriften, Zeitungen, wichtigen Handbüchern, Wörterbüchern, Gesetzen usw. 2 Bde. Bearb. v. Otto Leistner. Osnabrück 1970.

Leistner 1997 = Otto Leistner: Internationale Titelabkürzungen von Zeitschriften, Zeitungen, wichtigen Handbüchern, Wörterbüchern, Gesetzen, Institutionen etc. 7., erw. Aufl. 3 Bde. Osnabrück 1997.

Leong 1984 = Carol Leong: Dictionary of Library and Information Science. Comp. by Carol Leong. München 1984.

Lexikon der Information und Dokumentation 1984 = Lexikon der Information und Dokumentation. Hrsg. v. Steffen Rückl. Leipzig 1984.

LGB¹ 1935−1937 = Lexikon des gesamten Buchwesens. Hrsg. v. Karl Löffler und Joachim Kirchner. 3 Bde. Leipzig 1935−1937. Bd. I: Aa−Goetheana; 1935 Bd. II: Göttingen−Petrarcaschrift; 1936. Bd. III: Petreus−Zyprische Schrift, Register; 1937.

LGB² 1987ff = Lexikon des gesamten Buchwesens. Hrsg. v. Severin Corsten, Günther Pflug, Friedrich Adolf Schmidt-Künsemüller unter Mitwirkung v. Bernhard Bischoff et al. 2., völlig neu bearb. Aufl. 5 Bde. Stuttgart 1987 ff. Bd. I: A−Buch; 1987. Bd. II: Buck−Foster; 1989. Bd. III: Fotochemigraphische Verfahren−Institut für Buchmarkt-Forschung: 1991. Bd. IV: Institut für Buch- und Handschriftenrestaurierung−Lyser; 1995. [Rez.: Klaus Schreiber in: Zeitschrift für Bibliothekswesen und Bibliographie 33. 1986, 383−387; Herbert E. Wiegand in: Lexicographica 3/1987. Tübingen 1987, 269−270].

Loeber 1967 = E. G. Loeber: Supplement to E. J. Labarre: Dictionary and Encyclopaedia of Paper and Paper-making. Amsterdam 1967.

Martin 1959 = Walter Martin: Kleines Fremdwörterbuch des Buch- und Schriftwesens. Leipzig 1959.

Massa de Gil/Trautmann/Goy 1973 = Beatriz Massa de Gil/Ray Trautmann/Peter Goy: Diccionario tecnico de biblioteconomia: Espanol-Ingles. Technical dictionary of librarianship: English-Spanish. 4. ed. México 1973.

Moessner 1981 = Gustav Moessner: Buchbinder-ABC. Bearb. v. Hans Kriechel. Bergisch-Gladbach 1981.

Montgomery 1990 = Acronyms and Abbreviations in Library and Information Work. Ed. by A. C. Montgomery. 4th ed. London 1990.

Moravek 1958 = Endre Moravek: Verzeichnis ungarischer Fachausdrücke und Abkürzungen aus dem Buch- und Bibliothekswesen: mit Übersetzungen ins Deutsche, Französische und Englische. Unter Mitarb. v. Edith Bernath-Bodnar zusammengest. v. Endre Moravek. Wien 1958. (Biblos-Schriften, Bd. 17).

Multilingual Dictionary [...] 1973 = Multilingual Dictionary of Technical Terms in Cartography. Wiesbaden 1973.

Murk 1986 = Tista Murk: Vokabularium für Bibliotheken (allgemeine öffentliche und Schulbibliotheken) in den vier Landessprachen der Schweiz. Bd. I. Chur 1986.

Nordisk Leksikon for Bogvaesen 1951−1962 = Nordisk Leksikon for Bogvaesen. 2 vols. Red. af Palle Birkelund et. al. Koebenhavn. Bd. I: 1951. Bd. II: 1962.

Nogueira 1988 = Carmen Crespo Nogueira (ed.): Glossary of Basic Archival and Library Conservation Terms English with Equivalents in Spanish, German, Italian, French and Russian. München [etc.] 1988.

Orne 1976 = J. Orne: The Language of the Foreign Book Trade Abbreviations, Terms, Phrases. 3. ed. Chicago/Ill. 1976.

Rehm 1991 = Margarete Rehm: Lexikon Buch − Bibliothek − Neue Medien. München. London. New York. Paris 1991 [Rez.: Ludger Syré in: Auskunft 11. 1991, 338−339; Hans-Dieter Kübler in: Buch und Bibliothek 43. 1991, 800−801; Wolfgang Tripmacker in: Leipziger Jahrbuch zur Buchgeschichte 3. 1993, 374−376].

Rolland-Thomas 1969 = P. Rolland-Thomas [et al.]: Vocabulaire technique de la bibliothéconomie et de la bibliographie. Montreal 1969.

Rosenberg 1983 = Kenyon C. Rosenberg: Dictionary of Library and Educational Technology. 2nd. ed., rev. and expanded. With the assistance of Paul T. Feinstein. Littleton, Col. 1983.

Ruppelt/Solf 1992 = Georg Ruppelt/Sabine Solf (Hrsg.): Lexikon zur Geschichte und Gegenwart der Herzog-August-Bibliothek Wolfenbüttel. Wiesbaden 1992. (Lexika europäischer Bibliotheken. 1).

Rust 1950 = Werner Rust: Fachwörter des Bibliothekswesens, des Druckgewerbes, der Buchbinderei und des Hochschulwesens, die der lateinischen Sprache entstammen. Leipzig 1950.

Rust 1977 = Werner Rust: Lateinisch-griechische Fachwörter des Buch- und Schriftwesens: mit einem Verzeichnis häufiger lateinischer Ortsnamen für den Berufsnachwuchs der wissenschaftlichen Bibliotheken und des Buchhandels. 2., erg. Aufl. Wiesbaden 1977.

Salinié 1990 = Frances Salinié: Bilingual Glossary of Terms in Librarianship and Information Science. Glossaire bilingue en bibliothéconomie et science de l'information: French-English, English-French. London 1990.

Saringuljan 1958 = Michail C. Saringuljan: Anglo-russkij bibliotecno-bibliograficeskij slovar. English-Russian dictionary of library and bibliographical terms. Sost. M. Ch. Saringuljan. Moskva 1958.

Sauppe 1988 = Eberhard Sauppe: Wörterbuch des Bibliothekswesens. Unter Berücksichtigung der bibliothekarisch wichtigen Terminologie des Informations- und Dokumentationswesens, des Buchwesens, der Reprographie und der Datenverarbeitung. Deutsch-Englisch, Englisch-Deutsch. Dictionary of Librarianship. Including a selection from the terminology of information science, bibliology, reprography, and data processing. German-English, English-German. München. New York. London. Paris 1988 [Rez.: Werner Bies in: Lebende Sprachen 35, 1990, 40−41; Hermann Frödl in: Biblos 4/1989, 1−2; Manfred Hank in: ABI-Technik 9. 1989, 177−181; Barbara Lutes-Schaab in: Nachrichten für Dokumentation 41. 1990, 83−84; Pamela S. Richards in: Library Quarterly. July 1990, 282; Manfred Rothe in: Buch und Bibliothek 41. 1989, 210; Diann D. Rusch-Feja in: Bibliothek 13. 1989, 401−404].

Sauppe [2]1996 = Eberhard Sauppe: Wörterbuch des Bibliothekswesens. Unter Berücksichtigung der bibliothekarisch wichtigen Terminologie des Informations- und Dokumentationswesens, des Buchwesens, der Reprographie des Hochschulwesens und der Datenverarbeitung. Deutsch-Englisch, Englisch-Deutsch. 2., durchges. u. erw. Aufl. Dictionary of Librarianship. Including a selection from the terminology of information science, bibliology, reprography, higher education, and data processing. German-English, English-German. 2nd., revised and enlarged edition. München, New Providence, London, Paris 1996. [13123 Lemmata German-English; 13176 Lemmata English-German; „ein Plus von 10799 Einträgen gegenüber der 1. Auflage"; s. Vorwort p. viii] [Rez. in: BuB − Buch und Bibliothek 49/1997, 848−849; Informationsmittel für Bibliotheken (IFB) 4/1996, 2−3].

Sawoniak 1976 = Henryk Sawoniak: Miedzynarodowy slownik akronimow z zakresu informacji naukowej bibliotekoznawstwa i dziedzin pokrewnych. An International Dictionary of Acronyms in Library and Information Science and Related Fields. Wroclaw [etc.] 1976.

Sawoniak/Witt 1988 = Henryk Sawoniak/Maria Witt: New International Dictionary of Acronyms in Library and Information Science and Related Fields. München. New York. London. Paris 1988 [Rez. in: Zeitschrift für Bibliothekswesen und Bibliographie 35. 1988, 364−365].

Sawoniak/Witt [2]1992 = Henryk Sawoniak/Maria Witt: New International Dictionary of Acronyms in Library and Information Science and Related Fields. 2nd. rev. and enl. ed. München. New York. London. Paris 1992.

Sawoniak/Witt [3]1994 = Henryk Sawoniak/Maria Witt: New International Dictionary of Acronyms in Library and Information Science and Related Fields. 3rd rev. and enl. ed. München, New York, London, Paris 1994. [Rez.: Eberhard Sauppe in:

Bibliothek — Forschung und Praxis 19. 1995, 128—130; Klaus Schreiber in: Zeitschrift für Bibliothekswesen und Bibliographie 41. 1994, 534—545].

Schlemminger 1946 = Johann Schlemminger: Buchfachwörterbuch: Deutsch — Englisch — Französisch. Naumburg 1946. [2. Aufl. 1954 u. d. T.: Fachwörterbuch des Buchwesens].

Schlemminger ²1954 = Johann Schlemminger: Fachwörterbuch des Buchwesens: Deutsch — Englisch — Französisch. Zusammenstellung der gebräuchlichen deutschen, englischen und französischen Fachausdrücke aus Buchhandel, Verlag, Buchgewerbe, Graphik und dem Gesamtgebiet des Buchwesens. 2., wesentl. erw. Aufl. Darmstadt [etc.] 1954.

Schneider 1997 = Lexikon Informatik und Datenverarbeitung. Hrsg. von Hans-Jochen Schneider. 4., aktual. u. erw. Aufl. München. Wien 1997.

Sharma 1986 = Pandey S. K. Sharma: Dictionary of Library and Information Science English-Hindi & Hindi-English. New Delhi 1986.

Simanova/Hogh 1980 = Viera Simanova/Horst Hogh: Deutsch-slowakisches und slowakisch-deutsches Fachwörterbuch der Bibliothekswissenschaft und Informatik. Nemesko-slovensky, slovensko-nemecky slovník z kniznicnej vedy a informatiky. Martin 1980.

Simon 1973 = Konstantin R. Simon: Bibliographische Grundbegriffe und Fachtermini. Aus d. Russ. von Friedrich Nestler. Pullach 1973.

Slovar' bibliotecnych terminov 1958 = Slovar' bibliotecnych terminov. Wörterbuch der bibliothekarischen Fachausdrücke. Slovnik knihovnick'ych terminu v sesti jazycich: cesky, rusky, polsky, nemecky, anglicky, francouzsky. Praha 1958.

Slovar' bibliotecnych terminov 1976 = Slovar' bibliotecnych terminov [Wörterbuch der bibliothekarischen Fachausdrücke]. Gos. Biblioteka SSSR im. V. I. Lenina. Obscaja red. O. S. Cubar'jana. Moskva 1976.

Slovník knihovnickych termínu 1958 = Slovník knihovnickych termínu v sesti jazycích [Wörterbuch der bibliothekarischen Fachausdrücke in sechs Sprachen]: cesky-rusky-polsky-nemecky-anglicky-francouzsky. Praha 1958.

Stiehl 1977 = Ulrich Stiehl: Satzwörterbuch des Buch- und Verlagswesens: Deutsch-Englisch. Dictionary of Book Publishing: German-English. München 1977.

Stöckle ⁷1988 = Wilhelm Stöckle [et al.]: ABC des Buchhandels. 7. Aufl. München 1988.

Suslova/Ulanova 1976 = I. M. Suslova/L. N. Ulanova: Slovar' bibliotecnych terminov [A dictionary of library terms]. Moskva 1976.

Tayyeb 1985 = Rashid Tayyeb: A Dictionary of Acronyms and Abbreviations in Library and Information Science. Comp. by R. Tayyeb and K. Chandna. 2. ed. Ottawa 1985.

Terminologie der Information und Dokumentation 1975 = Terminologie der Information und Dokumentation. Redaktion: Ulrich Neveling und Gernot Wersig. München 1975.

Terminology of Documentation 1976 = Terminology of Documentation: a selection of 1200 basic terms publ. in English, French, German, Russian and Spanish = Terminologie de la documentation = Terminologie der Dokumentation. Paris 1976.

Teschner 1988 = Helmut Teschner: Fachwörterbuch Drucktechnik. Thun 1988.

Tomlinson 1942 = Lawrence E. Tomlinson: The Library Science Glossary. Waco/Texas 1942.

Vaillancourt 1980 = Pauline M. Vaillancourt: International Directory of Acronyms in Library, Information and Computer Sciences. New York 1980.

Vasilevic 1982 = Gennadij Vasilevic: Russko-nemeckij slovar' po bibliotecnomu [Russisch-deutsches Fachwörterbuch zum Bibliothekswesen]. Moskva 1982.

Vasilewitsch 1988 = Gennadi Vasilewitsch: Slovar' po bibliotecnomu Russko-nemeckij, Nemecko-russkij. Wörterbuch des Bibliothekswesens Russisch-Deutsch, Deutsch-Russisch. Leipzig 1988 [Rez.: Klaus Schreiber in: Zeitschrift für Bibliothekswesen und Bibliographie 37. 1990, 253].

Vocabulaire de la documentation 1987 = Vocabulaire de la documentation. Glossary of documentation terms. 2ᵉ edition. Paris 1987.

Vocabularium abbreviaturarum bibliothecarii 1961 ff = Vocabularium abbreviaturarum bibliothecarii. Vol. 1 ff. Budapest 1961 ff.

Vocabularium bibliothecarii 1962 = Vocabularium bibliothecarii: English, French, German, Spanish, Russian. Comp. Anthony Thompson. Collaborator for Russian: E. I. Shamurin; collaborator for Spanish: Domingo Bonocore. 2nd ed. Paris 1962. 627 p. [1st ed. 1953; suppl. 1958].

Vocabularium bibliothecarii 1970 = Vocabularium bibliothecarii: English, French, German, Spanish, Russian, Slovak. Comp. Anthony Thompson. Collaborator for Russian: E. I. Shamurin; collaborator for Spanish: Domingo Bonocore; collaborator for Slovak: Mikulás Micatek. Martin 1970.

Vocabularium bibliothecarii nordicum 1968 = Vocabularium bibliothecarii nordicum: engelsk, dansk, norsk, svensk, finsk. Ed. by Torben Nielsen. Copenhagen 1968.

Walther 1987 = Karl Klaus Walther: Lexikon der Buchkunst und Bibliophilie. Leipzig 1987.

Wersig/Neveling 1976 = Gernot Wersig/Ulrich Neveling: Terminology of Documentation: a selection of 1200 basic terms publ. in English, French, German, Russian, and Spanish. Paris 1976.

Wijnekus/Wijnekus 1983 = F. J. M. Wijnekus/E. F. P. H. Wijnekus: Elevier's Dictionary of the Printing and Allied Industries in Six Languages. 2nd ed. Amsterdam [etc.] 1983.

Woordeboek van Biblioteekkundige 1989 = Woordeboek van Biblioteeks kundige en verwante Terme. Dictionary of Library Science, Information Science and Related Terms English-Afrikaans; Afrikaans-English. Saamgestel deur die Nasionale Vakterminologiediens van die Departement van Nasionale opvoeding in medwerking met'n Redksiekomitee. Compiled by the National Terminology services of the Department of National Education in collaboration with an Editorial Committee. 1989.

Wörterbuch der Reprographie 1982 = Wörterbuch der Reprographie: deutsch mit Definitionen, englisch, französisch, spanisch. München. New York. London. Paris 1982.

Zhijian et al. 1996 = L. Zhijian/Z. Lanfang/Y. Quingfen/W. Jie: Wörterbuch des Bibliothekswesens Deutsch-Chinesisch, Chinesisch-Deutsch. München [usw.] 1996. [Rez. in: Informationsmittel für Bibliotheken (IFB) 4/1996, 4].

7.2. Sonstige Literatur

Anthony 1982 = L. J. Anthony (ed.): Handbook of Special Librarianship and Information Work. 5th ed. London 1982.

Arnold 1987 = Werner Arnold (Hrsg.): Die Erforschung der Buch- und Bibliotheksgeschichte in Deutschland. Wiesbaden 1987.

Ashworth 1962 = Wilfried Ashworth (ed.): Handbook of Special Librarianship and Information Work. 2nd. ed. 1962.

Barova 1994a = Zvetalina Barova: Lexikologische und lexikographische Voraussetzungen für zweisprachige Wörterbücher, am Beispiel Deutsch-Bulgarisch. Diss. Hannover 1994.

Bergenholtz/Tarp 1995 = Henning Bergenholtz/Sven Tarp (Hrsg.): Manual of Specialised Lexicography. The Preparation of Specialised Dictionaries. Amsterdam. Philadelphia 1995.

Berger 1993 = Ralph Berger: Vademecum ad libros: Einführungsbibliographie in die Buch- und Bibliothekskunde. Herzogenaurach 1993.

Besterman 1971 = Theodore Besterman: Bibliography Library Science and Reference Books. Totowa/N. Y. 1971.

Bibliographie de la documentation 1965 = Bibliographie de la documentation et de la bibliothéconomie. La Haye 1965.

Bibliographie des Bibliothekswesens 1970 = Bibliographie des Bibliothekswesens. Bibliography of Library Science. 3. Aufl. München-Pullach [etc.] 1970.

Blum 1969 = Rudolf Blum: Bibliographia. Eine wort- und begriffsgeschichtliche Untersuchung. Frankfurt a. M. 1969.

Bohatta 1927 = Hanns Bohatta: Einführung in die Buchkunde. Wien 1927.

Busch 1966 = Jürgen Busch: Bibliographie zum Bibliotheks- und Büchereiwesen. Aus dem Nachlaß bearb. v. Ursula von Dietze. Wiesbaden 1966.

Busse/Ernestus/Plassmann 1983 = Gisela von Busse/Horst Ernestus/Engelbert Plassmann: Das Bibliothekswesen der Bundesrepublik Deutschland. 2. Aufl. Wiesbaden 1983.

Buzas 1978 = Ladislaus Buzas: Deutsche Bibliotheksgeschichte der neuesten Zeit, 1800–1945. Wiesbaden 1978.

Chavkina 1952 = L. B. Chavkina: Slovari bibliotecno-bibliograficeskich terminov [Wörterbücher bibliothekarischer und bibliographischer Fachwörter]: anglo-russkij, nemecko-russkij, francuzsko-russkij. Moskva 1952.

Compton 1926 = Nelly Jane Compton: Library Language. In: American Speech 2. 1926, 93–95.

Cook 1941 = Pauline Cook: Informal Library language. In: American Speech 16. 1941, 310–311.

Dahl 1957–1960 = Svend Dahl: Nordisk Handbok i Bibliotekskundskap. 3 vol. 1957–1960.

Denis 1777/78 = Michael Denis: Einleitung in die Bücherkunde. 2 Theile. Wien 1777/78. [2. Aufl. Wien 1795/1796].

DIN 31639/1983 ff = DIN (Deutsches Institut für Normung) 31639 (Teil 1 ff): Fachwörterbuch der Information und Dokumentation. Berlin 1983 ff.

Douglas 1949 = Mary P. Douglas: The Teacher-Librarian's handbook. 2nd. ed. 1949.

Dressler/Schaeder 1994 = Stephan Dressler/Burkhard Schaeder (Hrsg.): Wörterbücher der Medizin. Tübingen 1994. (Lexicographica, Series Maior 55).

Fang 1990 = Josephine R. Fang: World Guide to Library, Archive and Information Science. München 1990.

Funke 1963 = Fritz Funke: Buchkunde. 2. Aufl. Leipzig 1963.

Gaus 1994 = Wilhelm Gaus: Berufe im Archiv-, Bibliotheks-, Informations- und Dokumentationswesen. 3., überarb. Aufl. Berlin [etc.] 1994.

Graesel 1890 = Armin Graesel: Grundzüge der Bibliothekslehre mit bibliographischen und erläuternden Anmerkungen. Neubearb. von Julius Petzoldts „Katechismus der Bibliothekslehre". Leipzig 1890.

Graesel 1897 = Armin Graesel: Manuel de bibliothéconomie. Paris 1897.

Graesel 1902 = Armin Graesel: Handbuch der Bibliothekslehre. 2., völlig umgearb. Aufl. der „Grundzüge der Bibliothekslehre". Leipzig 1902.

Grund/Heinen 1995 = Uwe Grund/Armin Heinen: Wie benutze ich eine Bibliothek? Basiswissen, Strategien, Hilfsmittel. München 1995. (Uni-Taschenbücher 1834).

Haarstrich 1986 = Uwe Haarstrich: Zur DV-Unterstützung der Arbeiten an einem englisch-deutschen und deutsch-englischen Fachwörterbuch des

Bibliothekswesens. Diplomarbeit: Fachhochschule Hannover 1986.

Hacker 1992 = Rupert Hacker: Bibliothekarisches Grundwissen. 6., völlig neu bearb. Aufl. München. London. New York. Paris 1992.

Handbook of Standard Terminology 1979 = Handbook of Standard Terminology for Reporting and Recording Information about Libraries. Colorado 1979.

Hesse 1840 = Leopold A. Hesse: Bibliothekonomie oder Lehre von der Anordnung, Bewahrung und Verwaltung der Bibliotheken. Aus dem Französischen des L. A. Constantin. Leipzig 1840.

Hillen/Nilges 1992 = Wolfgang Hillen/Annemarie Nilges: Das Bibliothekswesen Frankreichs. Wiesbaden 1992. (Elemente des Buch- und Bibliothekswesens 14).

International Bibliography of the Book Trade and Librarianship (s. Fachliteratur zum Buch- und Bibliothekswesen).

IBB 1959−1988 = Internationale Bibliographie der Bibliographien 1959−1988. International Bibliography of Bibliographies 1959−1988. Hrsg. v. Hartmut Walravens. Bearb. v. Michael Peschke. 12 Bde. München [etc.] 1959 ff.

IBBB 1928 ff = Internationale Bibliographie des Buch- und Bibliothekswesens, mit besonderer Berücksichtigung der Bibliographie. Bearb. v. Rudolf Hoecker und Joris Vorstius. Leipzig 1928 ff.

ISO 5127/1981 ff = ISO (International Organization for Standardization) 5127 (Part 1 ff): Documentation and Information − Vocabulary. Genève 1981 ff.

Kaegbein 1986 = Paul Kaegbein (Hrsg.): Bibliothekswissenschaft als spezielle Informationswissenschaft. Frankfurt a. M. Berlin. New York 1986.

Katalog der Zss. 1980 = Katalog der Zeitschriften und Serien für die Fachgebiete Buch- und Bibliothekswesen. Göttingen 1980.

Kehr/Neubauer/Stoltzenburg 1976 = Wolfgang Kehr/Karl Wilhelm Neubauer/Joachim Stoltzenburg (Hrsg.): Zur Theorie und Praxis des modernen Bibliothekswesens. 3 Bde. München 1976.

Kesting 1985/86 = Maria Kesting: Lexikographische Untersuchung des Wortes „Einführung" und sein sachliches Umfeld in der bibliothekswissenschaftlichen Literatur. Eine onomasiologische und semasiologische Untersuchung in Hinblick auf die Erstellung eines terminologischen Wörterbuches. Diplomarbeit Fachhochschule Hamburg 1985/86.

Kirchner 1991 = Hildebert Kirchner: Grundriß des Bibliotheks- und Dokumentationsrechts. Frankfurt a. M. 1991.

Kirchner 1951 = Joachim Kirchner: Bibliothekswissenschaft. Buch- und Bibliothekswesen. Heidelberg 1951. [2. Aufl. Heidelberg 1953].

Klinger 1987 = Helga Klinger (unter Mitarbeit v. Fritz Kunz): Bibliothekarische Fachinformation.

Ergebnisse und Perspektiven, mit einer Auswahlbibliographie der Bibliotheksmittel zum Bibliothekswesen. Leipzig 1987.

Kluth 1970 = Rolf Kluth: Grundriß der Bibliothekslehre. Wiesbaden 1970.

Kluth 1971 = Rolf Kluth: Einführung in die Bibliotheksbenutzung. Berlin 1971. [Sammlung Göschen, Bd. 3004].

Kluth 1979 = Rolf Kluth: Lehrbuch der Bibliothekspraxis. Wiesbaden 1979.

Knoche/Lux 1990: Michael Knoche/Claudia Lux: Das Ende der Bibliothekswissenschaft und ihre Zukunft. In: Buch- und Bibliothekswissenschaft im Informationszeitalter. München [etc.] 1990, 59−70.

Köttelwesch 1980 = Clemens Köttelwesch: Das wissenschaftliche Bibliothekswesen in der Bundesrepublik Deutschland. Frankfurt a. M. Bd. I: Die Bibliotheken: Aufgaben und Strukturen. 2., überarb. Aufl. 1980. Bd. II: Die Bibliotheken in ihrer Umwelt. 1980.

Krauß-Leichert 1990 = Ute Krauß-Leichert: Einsatz neuer Technologien im Bibliothekswesen. Eine Expertenbefragung. München [etc.] 1990.

Krieg ²1990 = Werner Krieg: Einführung in die Bibliothekskunde. 2. Aufl. besorgt v. Rudolf Jung. Darmstadt 1990.

Kunze 1977 = Horst Kunze: Grundzüge der Bibliothekslehre. 4., neubearb. Aufl. Leipzig 1977.

Kunze 1983 = Horst Kunze: Das große Buch vom Buch. Berlin 1983.

Langfeldt 1965−1976 = Johannes Langfeldt (Hrsg.): Handbuch des Büchereiwesens. 2 Halbbde. nebst Registerbd. Wiesbaden. 1. Halbbd. bearb. v. Rudolf Jörgen/Johannes Langfeld/Werner Mevissen. 1973. XI, 1228 p. 2. Halbbd. bearb. v. Friedrich Andrae/Jürgen Busch/Hermann Buser. 1965. Registerband. Bearb. v. Marianne Balke. 1976.

Lengenfelder 1979 = Helga Lengenfelder: International Bibliography of Specialized Dictionaries. Fachwörterbücher und Lexika. Ein internationales Verzeichnis. 6th edition; 6. Ausgabe. München. New York. London. Paris 1979. (Handbook of International Documentation and Information, vol. 4; Handbuch der internationalen Dokumentation und Information 4).

Lengenfelder/Hausen 1973 = Helga Lengenfelder/Gitta Hausen: Fachliteratur zum Buch- und Bibliothekswesen. International Bibliography of the Book Trade and Librarianship. 10. Ausg. Pullach 1973. (Ab 12. Ausgabe 1981 u. d. T.: International Bibliography of the Book Trade and Librarianship. Fachliteratur zum Buch- und Bibliothekswesen).

Line/Mackenzie 1994 = Librarianship and Information Worldwide 1994. An Annual Survey. Hrsg. von Maurice Line/Graham Mackenzie. München [etc.] 1994.

Meyer 1982 ff = Horst Meyer (Bearb.): Bibliographie der Buch- und Bibliotheksgeschichte. Bd. 1 ff. Bad Iburg 1982 ff.

Migon 1990 = Krzysztof Migon: Das Buch als Gegenstand wissenschaftlicher Forschung. Buchwissenschaft und ihre Problematik. Aus dem Polnischen übers. v. Andreas Fleischer. Wiesbaden 1990. (Buchwissenschaftliche Beiträge aus dem deutschen Bucharchiv München 32).

Milkau 1931 – 1942 = Fritz Milkau (Hrsg.): Handbuch der Bibliothekswissenschaft. 3 Bde. Leipzig 1931 – 1942.

Milkau/Leyh 1952 – 1965 = Fritz Milkau: Handbuch der Bibliothekswissenschaft. 2., verm. und verb. Aufl. hrsg. v. Georg Leyh. 3 Bde nebst Registerbd. Wiesbaden.
Bd. I: Schrift und Buch. 1952.
Bd. II: Bibliotheksverwaltung. 1961.
Bd. III,1: Geschichte der Bibliotheken. 1955.
Bd. III,2: Geschichte der Bibliotheken. 1957.
Registerband. Bearb. v. Renate Bellmann. 1965.

Mittenzwei 1982 = Karin Mittenzwei: Zur Entwicklung des Verhältnisses der Bibliothekswissenschaft zur Informations- und Dokumentationswissenschaft 1968 – 1978. Eine kritische Analyse. Freiberg 1982.

Nicholson 1958 = John B. Nicholson: The Jargon of Librarianship. In: Annals of Librarianship 16. 1958.

Parker 1985 = Ralph Halstead Parker: Libraries and Library Science. In: The New Encyclopaedia Britannica. Vol. 22. 15th ed. Chicago [etc.] 1985, 968 – 984.

Petzoldt 1856 = Julius Petzoldt: Katechismus der Bibliothekslehre. Anleitung zur Einrichtung und Verwaltung von Bibliotheken. Leipzig 1856.

Prytherch 1994 = Ray Prytherch: Information Management and Library Science. London 1994.

Publikation und Dokumentation 1989 = Publikation und Dokumentation: Normen für Verlage, Bibliotheken, Dokumentationsstellen, Archive. Hrsg. v. DIN Deutsches Institut für Normung. 3. Aufl. Berlin 1989.

Richter 1992 = Brigitte Richter: Précis de bibliothéconomie. 5. éd. revue et mise à jour. München [etc.] 1992.

Röttcher/Böttger/Ankerstein 1991 = Günter Röttcher/Klaus-Peter Böttger/Ursula Ankerstein: Basiskenntnis Bibliothek. Fachkunde für Assistentinnen und Assistenten an Bibliotheken. Die theoretischen und praktischen Grundlagen eines Bibliotheksberufes. 2., überarb. u. aktual. Aufl. Bad Honnef 1991.

Sauppe 1986 = Eberhard Sauppe: Die Entwicklung des Faches Bibliothekswissenschaft. In: Kaegbein 1986, 1 – 19.

Sauppe 1990 = Eberhard Sauppe: Aus der Werkstatt eines Wörterbuches. In: Buch und Bibliothekswissenschaft im Informationszeitalter. Internationale Festschrift für Paul Kaegbein zum 65. Geburtstag. Hrsg. v. Engelbert Plassmann/Wolfgang Schmitz/Peter Vodosek. München. New York. London. Paris 1990, 205 – 214.

Schaeder 1994 = Burkhard Schaeder: Wörterbücher der Medizin. Versuch einer Typologie. In: Dressler/Schaeder 1994, 25 – 54.

Schaeder 1994a = Burkhard Schaeder: Zu einer Theorie der Fachlexikographie. In: Schaeder/Bergenholtz 1994, 11 – 41.

Schaeder 1994b = Burkhard Schaeder: Das Fachwörterbuch als Darstellungsform fachlicher Wissensbestände. In: Schaeder/Bergenholtz 1994, 69 – 102.

Schaeder 1996 = Burkhard Schaeder: Wörterbuchartikel als Fachtexte. In: Hartwig Kalverkämper/Klaus-Dieter Baumann (Hrsg.): Fachliche Textsorten. Komponenten. Relationen. Strategien. Tübingen 1996, 100 – 124. (Forum für Fachsprachen-Forschung. 25).

Schaeder 1996a = Burkhard Schaeder: Mediostrukturen in Fachwörterbüchern. In: Lexicographica 11. 1995, 121 – 134.

Schaeder/Bergenholtz 1994 = Burkhard Schaeder/Henning Bergenholtz (Hrsg.): Fachlexikographie. Fachwissen und seine Repräsentation in Wörterbüchern. Tübingen. (Forum für Fachsprachen-Forschung 23).

Schmidt 1840 = Johann August Friedrich Schmidt: Handbuch der Bibliothekswissenschaft. 1840.

Schrettinger 1808/1829 = Martin Schrettinger: Versuch eines vollständigen Lehrbuches der Bibliothek-Wissenschaft oder Anleitung einer vollkommenen Geschäftsführung eines Bibliothekars. 2 Bde. München 1808/1829.

Shapiro 1989 = Fred R. Shapiro: Contributions to the History of Library Terminology. In: The Library Quarterly 59. No. 2. 1989, 95 – 115.

Simon 1985 = Elisabeth Simon: Bibliothekswesen in England. Eine Einführung. München. New York. London. Paris 1985.

Simon 1986 = Elisabeth Simon: Bibliothekswesen in Frankreich. Eine Einführung. München. New York. London. Paris 1986.

Simon 1988 = Elisabeth Simon: Bibliothekswesen in den USA. Eine Einführung. München. New York. London. Paris 1988.

Stirling 1982 = John F. Stirling (ed.): University Librarianship. London 1982.

Taylor 1978/1980 = L. J. Taylor: A Librarian's Handbook. 2 vols. London 1978/1980.

Urquhart 1981 = Donald Urquhart: The Principles of Librarianship. Leeds 1981.

Vleeschauwer 1958/59 = Herman Vleeschauwer: Library History in Library Science. 2 vols. Pretoria 1958/59.

Vleeschauwer 1960 = Herman Vleeschauwer: Library Science as a Science. 4 vols. Pretoria 1960.

Vleeschauwer 1962 = Herman Vleeschauwer: General Introduction in Library Science. 3 vols. Pretoria 1962.

Vodosek 1980 = Peter Vodosek (Hrsg.): Bibliotheksgeschichte als wissenschaftliche Disziplin. Beiträge zur Theorie und Praxis. Referate des siebten Fortbildungsseminars für Bibliothekare vom 23. bis 25. Januar 1979 in der Herzog-August-Bibliothek Wolfenbüttel. Hamburg 1980.

Vorstius/Joost ^{8}1980 = Joris Vorstius/Siegfried Joost: Grundzüge der Bibliotheksgeschichte. 8. Aufl. Wiesbaden 1980.

Wachter 1991 = Sigrid Wachter: Fach- und laiensprachliche Semantik des substantivischen Wortschatzes im Bereich „Buchhandel und Verlagswesen". Frankfurt a. M. [etc.] 1991.

Witt 1995 = Maria Witt: International Bibliography of Bibliograpies in Libraries and Information Science and Related Fields. Vol. 2: 1979–1990. München [etc.] 1995.

World Guide ^{9}1989 = World Guide to Libraries. 9. Aufl. München 1989. (Handbuch der Internationalen Dokumentation und Information, Bd. 8).

Annette Peth, Siegen/Burkhard Schaeder, Siegen

XXIII. Fachlexikographie III: die Terminographie im 20. Jahrhundert

216. Grundsätze und Methoden der neueren Terminographie

1. Theoretische Grundlegung und begriffliche Bestimmung
2. Terminographische Grundsätze und Methoden
3. Grundzüge terminographischer Richtlinien
4. Praxisfelder der Terminographie
5. Literatur (in Auswahl)

1. Theoretische Grundlegung und begriffliche Bestimmung

Terminographie kann aufgefaßt werden als „Praxis der Erfassung und Darstellung terminologischer Daten in Fachwörterbüchern und Terminologiedatenbanken" (Budin 1994). Diese Definition ist in einem größeren theoriegeschichtlichen Zusammenhang zu sehen. Die Benennung *Terminographie* ist als analoge Verdichtung des Ausdrucks *terminologische Lexikographie* (Wüster 1991 (1979)) entstanden. So gesehen wäre Terminographie aufzufassen als spezielle Form der Lexikographie (im Sinne der Fachlexikographie), die zum Gegenstand terminologische Daten hat.

In einer Terminologienorm von 1986 wird, dem Beispiel Wüsters folgend, der Benennung *terminologische Lexikographie* als Vorzugsbenennung den Bezeichnungen *Terminographie* und *Fachlexikographie* als zugelassene Synonyme der Vorzug gegeben und definiert als „geordnete Darstellung von Terminologie auf der Grundlage der in der Lexikologie und der Terminologielehre gewonnenen Erkenntnisse" (DIN 2342).

Auch wird heute der Ausdruck *Terminographie* wegen der eben zu Tage getretenen Statik als zu eng auf lexikographische Aspekte eingeengt teilweise abgelehnt und dafür der Ausdruck *Terminologiearbeit* vorgezogen (etwa bei Schmitz 1993, Hohnhold 1990).

In der internationalen englischsprachigen Literatur wird zunehmend der wesentlich weitere und flexiblere Begriff „terminology management" verwendet, der terminographische Aktivitäten als einen Aspekt unter vielen beinhaltet. Die Benennung *Terminologiemanagement* ist ebenfalls eine Analogiebildung, in diesem Fall zu *Informationsmanagement* und bezeichnet alle Arten von Manipulationen mit terminologisch relevanten Informationen für einen bestimmten Zweck. Wie umfassend der Begriff „Terminologiemanagement" geworden ist, zeigt eine Übersicht über die Hauptkapitel des Handbuchs für Terminologiemanagement (Wright/Budin 1997):

– Selektion und Repräsentation von Benennungen
– Begriffsbeschreibung, Begriffssysteme
– Arten von Terminologiemanagement (deskriptiv vs. präskriptiv)
– Anwendungen (Technische Dokumentation, Industrielle Fertigung, Qualitätsmanagement, Informationsmanagement etc.)
– Werkzeuge und Methodologien (Anwendung von Terminologieverwaltungssystemen, Wörterbuchproduktion, Textanalyse etc.)
– Sprachpolitik (Terminologieplanung etc.)
– rechtliche und ethische Aspekte
– Ausbildung

Die zu Beginn vorgeschlagene Konzeption von Terminographie als Praxisfeld der Erstellung von Fachwörterbüchern und Terminologiedatenbanken durch Erfassung und Darstellung terminologischer Daten ist somit als wichtiger Teilbereich des Terminologiemanagements aufzufassen. Ohne terminographische Datensammlungen wäre Terminologiemanagement jeglicher Ausprägung unmöglich.

Die folgende Graphik soll die eben erwähnten begrifflichen Verhältnisse verdeutlichen, wobei auch der größere Kontext der Terminologiewissenschaft, der Terminologiearbeit (bzw. Terminologie-Erarbeitung) und vor allem des Terminologiemanagements inkludiert ist (Abb. 216.1):

Fachlexikographie	Terminologiewissenschaft
	Terminographie
Informations- management	Terminologie- management
Terminologie-Erarbeitung in den Sachwissen- schaften bzw. in der fachlichen Praxis	

Abb. 216.1: „Positionierung" der Terminographie

2. Terminographische Grundsätze und Methoden

Der eben skizzierte Zusammenhang läßt erwarten, daß Grundprinzipien der Terminographie einerseits aus lexikographischen Regeln und andererseits aus Grundsätzen der Terminologiewissenschaft (Terminologielehre) sowie Erfahrungen der Terminologie-Erarbeitung (Terminologiearbeit) entstanden sind. Diese Grundsätze sind laufend auf ihre Aktualität zu überprüfen und den jeweiligen Gegebenheiten und Anforderungen anzupassen. Dabei haben sie stets empfehlenden Charakter, auch wenn sie in Form von terminologischen Grundsatznormen veröffentlicht werden. Eine pragmatische Handhabung dieser Regeln und Methoden bedeutet deren situationsadäquate Anwendung.

Mit Felber/Budin (1989, 142) können folgende Hauptgrundsätze der Terminographie unterschieden werden:

- größtmögliche Zuverlässigkeit terminographischer Daten;
- Einheitlichkeit der Organisation terminographischer Datensammlungen;
- Anwendungsorientierte Darstellung dieser Datensammlungen;
- Anwendung von Normen.

Obwohl diese Grundsätze hier abstrakt formuliert sind, haben sie primär praktischen Charakter: die Betonung der Zuverlässigkeit terminographischer Daten ist nicht nur auf den Einfluß der Normung zurückzuführen, sondern symbolisiert vielmehr den Qualitätsgedanken, der implizit in allen Bereichen der Terminologie immer schon enthalten war und erst jetzt explizit als „Qualitätssicherung in und durch Terminologiearbeit" genauer beschrieben und als eigene Dimension der terminologischen Praxis aufgefaßt wird. Die „Einheitlichkeit" als Grundsatz bedeutet primär Konsistenz in der Anwendung selbstgewählter terminographischer Methoden und ist sowohl Voraussetzung von Zuverlässigkeit und Qualität, als auch Grundbedingung der Benutzerfreundlichkeit, die im 3. Hauptgrundsatz, nämlich der Anwendungsorientierung, enthalten ist. Die Anwendung von Normen soll keinesfalls die Benutzerfreundlichkeit mindern, sondern sie eher durch verstärkte Einheitlichkeit erhöhen.

Aus diesen Überlegungen wird deutlich, daß die genannten Hauptgrundsätze ein komplexes Bedingungsgefüge bilden, wobei mehrere Phasen der Terminographie auch eine Dynamisierung im Sinne von Rückkopplungseffekten beinhalten (s. Abb. 216.2).

Als Phasen der Terminographie können unterschieden werden:

- Bedarfs- und Nutzeranalyse
- Erstellung einer terminographischen Datensammlung
- Anwendung
- Pflege der Datensammlung (ggf. Adaptierung für neue Bedürfnisse und Nutzergruppen)

Die Anwendung ist eigentlich nicht Teil der Terminographie, sondern des Terminologiemanagements. Gleichzeitig gibt es auch Forschungsaspekte der Terminographie, um etwa die Erstellungsphase zu optimieren, neue Darstellungsmöglichkeiten zu entwickeln etc.

In der folgenden Abbildung sollen nun die dynamischen Beziehungen zwischen den Phasen der Terminographie und den Grundsätzen dargestellt werden.

Phasen	Grundsätze
Bedarfs- und Nutzeranalyse	Differenzierung von Anwendungen
Erstellung	Konsistenz, Qualität
Anwendung	Benutzerfreundlichkeit
Pflege	Qualität

Abb. 216.2: dynamische Beziehungen zwischen terminologischen Hauptgrundsätzen sowie den Phasen der Terminographie

Ein weiteres Grundprinzip der Terminographie, das in diesen Grundsätzen nicht explizit genannt wird, ergibt sich durch Axiomatisierung der wesentlichen Aussagen der terminologiewissenschaftlichen Forschung und der aus dieser abgeleiteten Grundsätze der Terminologie-Erarbeitung (Deduktion) sowie durch Generalisierung der dabei gemachten Erfahrungen (Induktion).

Im wesentlichen ist damit ein begriffsorientierter Ansatz der Terminographie ge-

```
+KAFFEKOLBE  XKAFFIKOLBE

Klass: 272

Kolbe som brukes til tilbereding og
servering av kaffe, te eller tevann.
Kaffekolber brukes helst i forbindelse med
traktemaskiner. De er laget av glass, men
de har ofte hank eller lokk av annet
materiale.

Jf. +kaffekule  Xkaffikule

Synonymer: kolbe, tekolbe


+KAFFEKULE  XKAFFIKULE  1

Klass: 272

Kar til koking og servering av kaffe.
Kaffekuler har en kuleformet kolbe av
glass. Når kaffen skal serveres,
plasseres kolben i en metallbeholder.
Beholderen er foret med tekstil, og
den har hank og åpning for tuten.

Jf. +kaffekolbe  Xkaffikolbe

1Fra svensk, kaffekula.



MUGGE

Klass: 272 264 271 273

Skjenkekar for forskjellig slags drikke og
saus. Mugger har nebb og hank i siden.
Betegnelsen brukes bare om kar uten lokk.
Mugger kan være laget av glass, keramikk,
metall eller plast.

Jf. +fløtemugge  Xfløytemugge, nebbkanne

Synonymer: cocktailmugge, melkemugge,
mjølkemugge, nebba, nebbe, punsjemugge,
saftmugge, sjokolademugge, vannmugge,
vassmugge, ølmugge
```

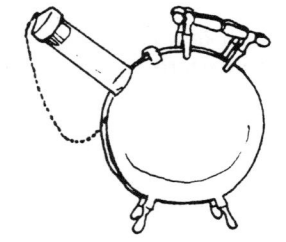

Abb. 216.3: (Ostby 1990, 342 f als Beispiel für ethnologische Museumsdokumentation)

meint: im Vordergrund steht „terminologisches Wissen", das erfaßt und bedarfsgerecht dargestellt wird. Dieses terminologische Wissen kann wie folgt eingeteilt werden (siehe Schmitz 1993, Picht 1993, Budin 1994):

— gegenstandsbezogenes Wissen
— begriffsbezogenes Wissen
— benennungsbezogenes Wissen
— Zuordnungswissen
— pragmatisches Anwendungswissen etc.

216. Grundsätze und Methoden der neueren Terminographie

```
SI  States Characterized Ethnically by the
    Composition of their Populations and by
    the Ethnicity of those who hold power

⟨SID1⟩ an ethnostate whose population is
composed predominantly of one ethnic com-
munity ⟨SIM3⟩ ⟨N6⟩
    UT: MONO-ETHNIC STATE; MONO-NA-
TIONAL STATE;
        ONE-NATION STATE
    ET: NATION STATE ⟨SIM3⟩ ⟨SOD1⟩
BRO88: ...a number of mono-national states
on a par with multi-national states which in-
clude a few developed nations who still do not
have their independent national statehood...
BRO88: the majority of the so-called mono-na-
tional states contain citizens of the main na-
tionality together with greater or lesser num-
bers of members of other nationalities
BRO85: See ⟨SID3⟩
KVO77: As has been shown in previous chap-
ters, most European states are, in principle,
one-nation states. This means that, as a rule,
they bear the name of a nation and comprise
territory which roughly corresponds to the area
inhibited by people who consider themselves to
be members of that nation.
EXAMPLES: Spain, Japan
NOTE: An internationally recognized world
state is sometimes called a 'nation state' even
though it is not a homogeneous ethnostate.
```

Abb. 216.4: Begriffsglossar der Ethnologie (Riggs 1985)

```
4206  pitanga; Surinam cherry
    f  cerisier carrè; cerisier de Cayenne;
       eugénier à fleurs solitaires
    d  Pitangabaum
    l  Eugenia uniflora
4207  pitcher plant; side-saddle flower
    f  sarracénie
    d  Krugblatt; Schlauchpflanze; Trompeten-
       blatt
    l  Sarracenia

    pitcher plant − 3828
```

Abb. 216.5: Macura 1979 (Ausschnitt aus einem benennungsorientierten Fachwörterbuch)

Je nachdem, welche Wissensart in einem konkreten Verwendungszusammenhang im Vordergrund steht, werden aus dem Repertoire der terminographischen Methoden passende Organisations- und Arbeitsprinzipien ausgewählt und angewendet. Für jede dieser Wissensarten gibt es auch prototypische Beispiele der terminographischen Praxis:

„*Primat des Gegenstandes*": terminographische Datensammlung einer Museumsdokumentation, einer biologischen oder chemischen Nomenklatur (s. Abb. 216.3)

„*Primat des Begriffes*": Begriffslexika der Sozialwissenschaften (s. Abb. 216.4)

Das gewählte Beispiel verdeutlicht diesen Primat auch durch eine der allgemeinen Lexikographie unbekannte Reihenfolge der Daten: zuerst eine begriffliche Beschreibung, dann erst mehrere Benennungen, die diesem Begriff in der ausgewerteten Literatur zugeordnet werden.

„*Primat der Benennung*": Dies entspricht der lexikographischen Praxis, wo im allgemeinen Wörter (meist alphabetisch geordnet) einer bestimmten Sprache aufgelistet werden und je nach Bedarf mit verschiedenen Informationen (Wissensarten) versehen werden: Semantik (Bedeutungen), Syntax (Grammatik, Phraseologie), Pragmatik (Anwendungsbeispiele und -hinweise). In der mehrsprachigen Lexikographie werden Wörter zweier oder mehrerer Sprachen in Äquivalenzrelationen (inklusive Teil- oder Nicht-Äquivalenz) gegenübergestellt.

Die meisten Fachwörterbücher und Terminologiedatenbanken sind in dieser Weise aufgebaut. Fachwortschätze (Fachterminologien) werden dort alphabetisch geordnet dargestellt (s. Abb. 216.5).

„*Primat der Zuordnung*": hier sind vor allem Synonymwörterbücher, „faux amis"-Sammlungen, aber auch übersetzungsorientierte Datensammlungen zu nennen (s. Abb. 216.6)

„*Primat der Pragmatik*": Letztgenannte Datensammlungen beinhalten manchmal auch spezielle textbezogene Informationen, um den konkreten Gebrauch bestimmter Benennungen in Fachtexten in verschiedenen Sprachen nachvollziehen zu können. Das folgende Beispiel stammt aus einem „Esprit"-Forschungsprojekt („Translator's Workbench"), in dem neue Wege der Terminographie erforscht und erprobt wurden (s. Abb. 216.7).

Die soeben klar zutage getretene Vielfalt der Schwerpunkte in der Praxis der Terminographie bedingt eine differenziertere Betrachtung der Beziehung zwischen Lexikographie und Terminographie. Die bisher übliche Ge-

101	**Konjukturprognose** f.	=	**economic forecast**
102	**Konjunkturpolitik** f.	=	*counter-cyclical exonomic policy*
103	**Konjunkturrat** m.		≠
			tp.: Economic Policy Council
	(D: Gremium, das alle zur Erreichung der Ziele des Stabilitätsgesetzes erforderlichen konjunkturpolitischen Maßnahmen und die Möglichkeit der Deckung des Kreditbedarfs der öffentlichen Haushalte berät; ihm gehören an: der Bundesminister für Wirtschaft und der Bundesminister der Finanzen, je ein Vertreter der Länder und vier Vertreter der Gemeinden und Gemeindeverbände – § 18 StWG.)		(D: a body which advises on all measures necessary to achieve the objectives of the Stability Law and the possible ways of meeting public sector borrowing requirements; it is composed of the Federal Ministers of Economics and of Finance, a representative from each of the *Laender* and four representatives of the local authorities and their associations.)
104	**Konjunkturausgleichsrücklage** f. (Art. 109 Abs. 4 GG; §§ 5–7 StWG)		≠ tp.: reserve for offsetting cyclical trends
105	**Stillegung** f. (D: z. B. Stillegung des Konjunkturzuschlags in einer Konjunkturausgleichsrücklage – Art. 109 Abs. 4 Ziff. 2 GG; § 7 Abs. 1 StWG)	=	**freezing** (D.: e. g. the freezing of the countercyclical surcharge in the reserve for offsetting cyclical trends)
106	**Konjunktursteuerung** f.	=	**regulating the level of economic activity**
107	**Hochkonkunktur** f.	=	**boom**
	Rezession f.	=	**slump; recession**
	Flaute f.	=	**stagnation**

Abb. 216.6: Beispiel aus der zweisprachigen Terminographie der Rechtssprache mit Schwerpunkt auf interlinguale Zuordnungen (Internationales Institut für Rechts- und Verwaltungssprache. 1987)

ENTRY: catalyst
EQUIVALENT: Katalysator
DEFINITION: A catalyst is made up of three components: catalytic substrate, washcoat, and active phase. Catalyst, converter shell, and wire mesh together are referred to as converter.
TRANSFER COMMENT related to the terms (among others) *catalyst, catalytic converter, emission control system:*
Catalyst und *catalytic converter* werden häufig mit derselben Referenz verwendet. Bei genauerer Betrachtung ist der *Katalysator* Teil des *katalytischen Konverters*. Aufgrund des polysemen Gebrauchs der Termini sowohl im Englischen als auch im Deutschen kann die aktuelle Bedeutung und somit die deutsche Zieltextentsprechung lediglich aufgrund des Kontextes festgelegt werden. Es ist zu beachten, daß die Termini *Konverter* und *Reaktor* im Deutschen synonym verwendet werden. *Reaktor* stammt aus dem Fachgebiet der Chemie; im Fachgebiet der Katalysatortechnik tritt *Konverter* häufiger auf. Bei der Übersetzung von *catalyst* ist zu berücksichtigen, daß der Terminus folgende unterschiedliche Gegenstände oder Sachverhalte bezeichnet: 1. gesamte Katalysatoranlage (emission control system) 2. Träger (catalytic substrate) 3. katalytisch aktive Schicht (active phase) 4. Konverter (reactor unit) 5. Zwischenschicht (wash coat) 1–5 lassen sich in vielen Kontexten nicht klar voneinander trennen. Auch innerhalb eines Textes wird der Terminus sowohl im Englischen als auch im Deutschen mit verschiedenen denotativen Bedeutungen gebraucht (AUFBAU DES KATALYSATORS).

Abb. 216.7: Albl et al 1991, 7f

Merkmaltafel „terminographische Datensammlung"

a Zeichenart siehe 3.1.1	b Beschreibungsart (Begriff oder Gegenstand) siehe 3.1.2	c Systemhaftigkeit siehe 3.1.3	d Fachgebiet siehe 3.1.4

a_1 Begriffszeichen
a_{11} Benennung
a_{12} Sinnzeichen
a_{13} Kurzzeichen
a_{14} Namen^1
a_2 Gegenstandszeichen
a_{21} Abbildungszeichen
a_{22} Namen^2
a_3 Themazeichen
a_4 Bild
	b_1 Begriffsbeschreibung
	b_{11} Inhaltsbeschreibung
	b_{111} Begriffsbestimmung
	b_{112} Begriffserklärung
	b_{12} Umfangsbeschreibung
	b_2 Bestandsbeschreibung
	b_{21} Bestandsbestimmung
	b_{22} Bestandserklärung
		c_1 systematisch
		c_{11} Begriffssystem
		c_{111} listenförmige
		    Darstellung
		c_{112} Begriffsplan
		c_{12} Bestandsystem
		c_{121} listenförmige
		    Darstellung
		c_{122} Bestandsplan
		c_2 nichtsystematisch
			Angabe des
			Fachs durch die
			Notation der
			Internationalen
			Dezimalklassi-
			fikation (DK)

e Sprache siehe 3.1.5	f Sprachenart (Zeichen- oder Bildsprache) siehe 3.1.6	g Reihung der Einträge siehe 3.1.7	h Autorität siehe 3.1.8

Kennzeichnung durch die
Sprachenzeichen der
ISO-Norm 639
	f_1 Nationalsprache
	f_2 Plansprache
	f_3 Formelsprache
	f_4 Bildsprache
		g_1 Sachfolge
		g_2 Themafolge
		g_{21} Themarahmen
		    + Sachfolge
		g_{22} Themarahmen
		    + alphabet. Folge
		g_3 alphabet. Folge
		g_4 mittelbare alpha-
		    betische Folge
		g_5 Sprachenteile
		g_{51} vertikale Einträge
		g_{52} horizontale Einträge
		g_6 geteilt nach Sprachen
			h_1 empfohlen
			h_{11} geregelt
			h_{12} genormt
			h_2 vorge-
			    schrieben
			h_3 nicht-
			    geregelt

i Autoren siehe 3.1.9	j Datenträger siehe 3.1.10	k Erstellung siehe 3.1.11
i_1 Einzelautor i_2 mehrere Autoren i_3 Kommission	j_1 Buch j_2 Kartei j_3 Magnetband j_4 Magnetplatte	k_1 händisch k_2 mit Computer

Abb. 216.8: Merkmaltafel von Felber 1991

genüberstellung zweier Extreme (wortorientierte (semasiologische) Lexikographie versus begriffsorientierte (onomasiologische) Terminographie) sollte ersetzt werden durch ein mehrdimensionales Kontinuum von Theorien und Praktiken, in denen meist ein bestimmter Schwerpunkt erkennbar ist, fast immer aber mehrere Wissensarten miterfaßt und -dargestellt sind. Denn auch die Lexikographie ist wesentlich vielfältiger in bezug auf diese Schwerpunktsetzung, als oft angenommen wird.

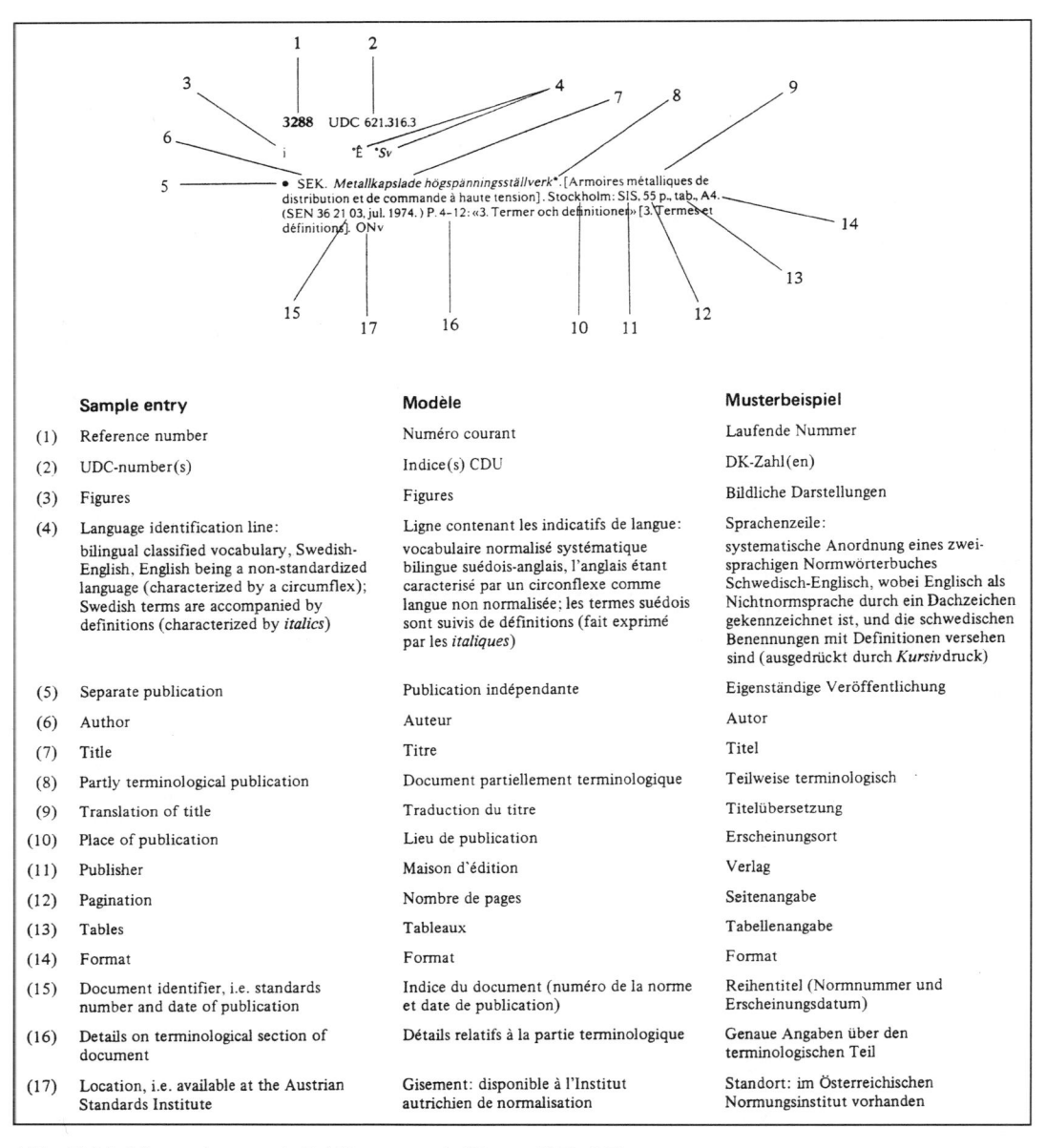

	Sample entry	Modèle	Musterbeispiel
(1)	Reference number	Numéro courant	Laufende Nummer
(2)	UDC-number(s)	Indice(s) CDU	DK-Zahl(en)
(3)	Figures	Figures	Bildliche Darstellungen
(4)	Language identification line: bilingual classified vocabulary, Swedish-English, English being a non-standardized language (characterized by a circumflex); Swedish terms are accompanied by definitions (characterized by *italics*)	Ligne contenant les indicatifs de langue: vocabulaire normalisé systématique bilingue suédois-anglais, l'anglais étant caractérisé par un circonflexe comme langue non normalisée; les termes suédois sont suivis de définitions (fait exprimé par les *italiques*)	Sprachenzeile: systematische Anordnung eines zweisprachigen Normwörterbuches Schwedisch-Englisch, wobei Englisch als Nichtnormsprache durch ein Dachzeichen gekennzeichnet ist, und die schwedischen Benennungen mit Definitionen versehen sind (ausgedrückt durch *Kursiv*druck)
(5)	Separate publication	Publication indépendante	Eigenständige Veröffentlichung
(6)	Author	Auteur	Autor
(7)	Title	Titre	Titel
(8)	Partly terminological publication	Document partiellement terminologique	Teilweise terminologisch
(9)	Translation of title	Traduction du titre	Titelübersetzung
(10)	Place of publication	Lieu de publication	Erscheinungsort
(11)	Publisher	Maison d'édition	Verlag
(12)	Pagination	Nombre de pages	Seitenangabe
(13)	Tables	Tableaux	Tabellenangabe
(14)	Format	Format	Format
(15)	Document identifier, i.e. standards number and date of publication	Indice du document (numéro de la norme et date de publication)	Reihentitel (Normnummer und Erscheinungsdatum)
(16)	Details on terminological section of document	Détails relatifs à la partie terminologique	Genaue Angaben über den terminologischen Teil
(17)	Location, i.e. available at the Austrian Standards Institute	Gisement: disponible à l'Institut autrichien de normalisation	Standort: im Österreichischen Normungsinstitut vorhanden

Abb. 216.9: Mustereintrag mit Erklärungen aus Wüster 1979: XX

So unterscheidet Wiegand schon auf einer sehr abstrakten Ebene grundsätzlich mehrere Arten der Lexikographie (Wiegand 1989, 250 ff):

- Sprachlexikographie (als nicht-wissenschaftliche also kulturelle Praxis sowie als wissenschaftliche Praxis in den Wissenschaften sowie in Verbindung mit der Lexikologie)
- Sachlexikographie
- Allbuchlexikographie

Dabei wird die Wörterbuchforschung als eigener Bereich beschrieben. Die Lexikographie ist dann in einem mehrdimensionalen Raster nach verschiedenen Einteilungskriterien (Sprachen, Sprachkombinationen, Informationsgehalt, Sachgebiet (als Objektebene), Verwendungszweck etc. in verschiedene Arten zu unterteilen, wie im Internationalen Handbuch für Lexikographie (s. Literaturhinweis Wiegand 1989) eindrucksvoll gezeigt wird.

Die Wörterbuchtypologie weist selbst eine komplexe mehrdimensionale Matrix nach verschiedensten Einteilungskriterien auf (Hausmann 1989, 968 ff).

Für die Terminographie hat Felber (1991) ebenfalls eine mehrdimensionale Matrix als Grundlage einer Typologie aufgestellt (s. Abb. 216.8), wobei folgende Haupteinteilungskriterien unterschieden werden:

- Zeichenart
- Beschreibungen
- Systemhaftigkeit
- Fachgebiet
- Sprache
- Sprachenart
- Reihung der Einträge
- Autorität
- Autoren
- Datenträger
- Erstellung

Diese Merkmale können in fast beliebiger Weise miteinander kombiniert werden und ergeben eine fast unübersehbare Vielfalt an Fachwörterbüchern. Für fast jede Ausprägung einer Merkmalskombination lassen sich konkret vorhandene Beispiele angeben.

Ein Indiz dafür, wie unterschiedlich lexikographische Werke und terminographische Datensammlungen sein können und sehr oft sind, ist die Tatsache, daß sogar Bibliographien von Fachwörterbüchern und anderen terminographischen Datensammlungen eine sehr spezielle Struktur aufweisen, wie folgendes Beispiel aus einer derartigen Bibliographie zeigt Abb. 216.9. (In diesem Fall wurden sogar eine Reihe spezieller lexikographischer Zeichen − auf metalexikographischer Ebene − entwickelt.)

Zwei weitere Beispiele sollen zeigen, wie enzyklopädisches Fachwissen nach terminologischen Gesichtspunkten in Fachwörterbüchern dargestellt werden kann. Abb. 216.10 ist ein Beispiel für die Sozialwissenschaften (einsprachig und klar einzelkulturbezogen), Abb. 216.11 soll die benutzerfreundliche Integration von fachlichen Bildern in Fachwörterbücher veranschaulichen.

3. Grundzüge terminographischer Richtlinien

Zur Unterstützung der terminographischen Praxis sind in den letzten Jahren Richtlinien bzw. Empfehlungen mit mehr oder weniger stark normativem Charakter entwickelt worden oder werden gerade erarbeitet. Sie unterscheiden sich allesamt auch durch unterschiedliche Zielsetzungen, Nutzergruppen (also Adressaten) und Geltungsbereiche. Im folgenden sollen exemplarisch einige Grund-

---

ÜBERBETRIEBLICHE MITBESTIMMUNG. Siehe **Mitbestimmung**.

ÜBERGANGSGELD. Das Ü. wird im Rahmen der **Sozialversicherung** während medizinischer oder beruflicher Rehabilitationsmaßnahmen (medizinische berufsfördernde und ergänzende Leistungen und Maßnahmen zur Eingliederung von körperlich, geistig oder seelisch Behinderten in Arbeit, Beruf und Gesellschaft) der **Renten-** oder **Unfallversicherung** sowie der **Bundesanstalt für Arbeit** als Ersatz für Verdienstausfall in Höhe von 70% bis 90% des Regel- bzw. Grundlohns gezahlt.

ÜBERMASSVERBOT. Siehe **Verhältnismäßigkeitsgrundsatz**.

ÜBERSTUNDE. Siehe **Überarbeit**.

ÜBERSTUNDENVERGÜTUNG. Siehe **Überarbeit**.

ÜBLICHE VERGÜTUNG. Ergibt sich die Höhe des vom Arbeitgeber geschuldeten **Arbeitsentgelts** weder aus einer ausdrücklichen noch aus einer stillschweigenden Vereinbarung, so schuldet der Arbeitgeber dem Arbeitnehmer die ü. V. Hierunter ist die für gleiche oder ähnliche Dienstleistungen an dem betreffenden Ort mit Rücksicht auf die persönlichen Verhältnisse gewöhnlich gewährte Vergütung zu verstehen. Das wird zumeist bei nicht tarifgebundenen Arbeitnehmern der einschlägige Tariflohn einschließlich der Lohnzuschläge sein. Welcher Tariflohn einschlägig wäre, richtet sich nach Art und Umfang der vom Arbeitnehmer auf Veranlassung des Arbeitgebers tatsächlich geleisteten Arbeit.

Abb. 216.10: Weiss/Krieger 1991

---

züge dieser Dokumente dargestellt werden, damit auch ein Einblick in die gegenwärtige Entwicklung der modernen Terminographie sowie ihrer Grundsätze und Methoden gegeben werden kann:

Ein internationales Team von Terminographie-Experten hatte 1990 im Auftrag der Konferenz der Übersetzungsdienste Westeuropäischer Staaten (Küwes) Richtlinien für die übersetzungsorientierte Terminographie erstellt, die zuerst auf Deutsch, Englisch und Französisch, mittlerweile auch auf Italienisch erschienen sind (Küwes 1990): auf leicht verständliche und praxisorientierte Weise werden hier die wesentlichen methodischen Grundlagen der übersetzungsorientierten Terminographie mit zahlreichen Beispielen dem Praktiker (in der Regel einem Übersetzer, der keine Terminologie-Ausbildung er-

> **416 arc transmitter**
> **Poulsen arc transmitter**
> A *radio transmitter* (429) that produces a continuous-wave (cw) radio-frequency signal by means of an electric arc.
> *Note:* Invented in 1903 by the Danish engineer Valdemar Poulsen and used in the early days of wireless telegraphy.
>
> **émetteur à arc**
> **émetteur Poulsen**
> *Émetteur radioélectrique* (429) d'ondes électromagnétiques entretenues générées par un arc électrique.
> *Note:* Inventé en 1903 par l'ingénieur danois Valdemar Poulsen et employé dans les débuts de la télégraphie sans fil.
>
> ARC TRANSMITTER
> ÉMETTEUR À ARC
>
> electric arc / *arc électrique*
> hydrogen gas / *hydrogène*
> copper electrode / *électrode en cuivre*
> carbon electrode / *électrode en charbon*

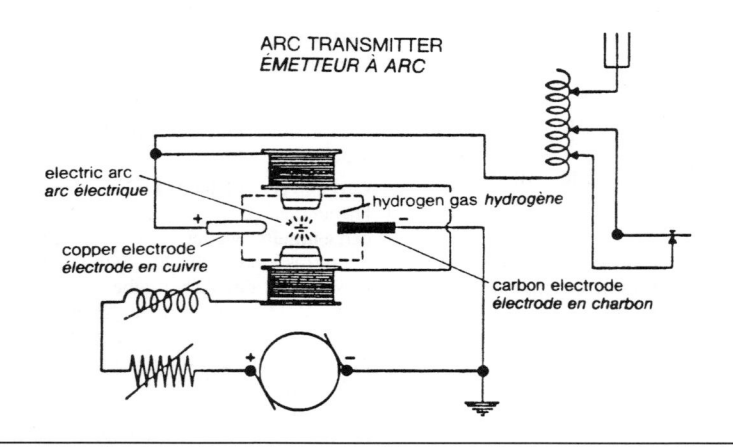

Abb. 216.11: Lauriston/Le Néal 1985

fahren hat) näher gebracht. Neben Hinweisen, wie eine textorientierte (punktuelle) Terminologieanalyse und -recherche durchgeführt werden kann oder wie Quellen (Wörterbücher, „Paralleltexte", Normen etc.) zitiert werden sollten, steht der terminologische Eintrag als zentrale Einheit der Terminographie im Mittelpunkt. Weiters sind praktische Hinweise auf existierende Terminologiedatenbanken, Klassifikationssysteme sowie eine kommentierte Bibliographie enthalten.

Wesentlich abstrakter, normativer sind dagegen beispielsweise der österreichische Normentwurf A 2710 „Übersetzungsorientierte Terminographie – Grundsätze und Methoden" sowie auf internationaler Ebene ein entsprechender Normentwurf ISO 12616 „Translation-Oriented Terminography". Damit soll der „kleinste gemeinsame Nenner" dieser Grundsätze festgelegt werden. Auch hier stehen der terminologische Eintrag und die Möglichkeiten der Zusammensetzung dieser Einträge aus verschiedenen Datenkategorien (Informationsarten) sowie ein „Mindestdatensatz" eines terminologischen Eintrags im Mittelpunkt. Dokumente dieser Art dienen als Ausgangspunkt für deren kontextspezifische Konkretisierung und Erweiterung in Form konkreter Arbeitsanweisungen, von Hinweisen, firmeninterner Richtlinien etc., keinesfalls aber als selbständig anwendbares praktisches Arbeitsinstrument.

Als Sammlung praktischer Hinweiszeichen für die fachlexikographische und terminographische Praxis kann die internationale Norm ISO 1951 (Lexikographische und typographische Zeichen für die Terminographie) bezeichnet werden. Sie gehen weit über die in den meisten Wörterbüchern üblichen lexikographischen Zeichen und typographischen Konventionen hinaus, um spezifische Arten von Informationen benutzergerecht und doch effizient darstellen zu können (s. Abb. 216.12).

Die bisher umfassendste Sammlung terminographischer Informationsarten (Datenkategorien) auf internationaler Ebene stellt die Norm ISO FDIS 12620 (1997) dar, mit mehr

2020	†_ (_[obs]) [sup]	Superscript dagger preceding a term (or a kind of designation) indicates that this designation has become obsolete or was superseded. It can alternatively be represented by „[sup]", i. e. „superseded" or „[obs]", i. e. „obsolete" following the designation.
0021	!_ (_[transl])	Exclamation mark preceding a term indicates that this term has been coined by means of translation. It can alternatively be represented by „[transl]", i. e. „translation" following the term.
00A E 2122	_® _™	Superscript Registered (trade-mark) sign or superscript trade-mark sign after a term or term element indicates that this term or term element also represents a trade-mark.

Abb. 216.12: Ausschnitt aus ISO 1951 (Entwurf der Revision ISO DIS 1951: 1994)

als einem Dutzend Gruppen von Datenkategorien, die in einer kumulativen Liste weit über Hundert an der Zahl sind und jeweils für ihre konkrete Anwendung beschrieben sind. Mit dieser Liste (im Sinne eines Kataloges von Datenelementen) soll eine Grundlage für die jeweilige benutzer- und zweckorientierte Modellierung terminographischen Wissens und dessen Handhabung geboten werden. Aus dieser Liste können einzelne Datenkategorien ausgewählt und zu einem terminologischen Eintrag kombiniert werden, der seinerseits als „Maske" (im Sinne eines auszufüllenden Formulars) als Instrument der terminographischen Datenerfassung und -verwaltung dient. Um dieses Dokument sinnvoll nutzen zu können, müssen natürlich terminologische bzw. terminographische Kenntnisse vorhanden sein. Abb. 216.13 zeigt einen Ausschnitt aus diesem Katalog.

4. Praxisfelder der Terminographie

Hier können nur exemplarisch einige traditionelle Anwendungsgebiete genannt werden. Dabei sind vor allem Fachübersetzer als Hauptnutzergruppe von terminographischen Datensammlungen, zunehmend aber auch als

term	Designation of a defined concept in a special language by a linguistic expression.
main entry term head term	Any designation of a concept heading a terminological record.
synonym	Term that represents the same concept as the main entry term in a term entry.
quasi-synonym	Term that represents the same concept as another term in the same language, but for which interchangeability is limited to some contexts and inapplicable in others.
int. scientific term	Term is part of an international scientific nomenclature as adopted by an appropriate scientific body.
variant	One of the different forms of a term, including spelling variants, morphological variants and syntactical variants.
symbol	Designation of a concept by letters, numerals, pictograms or any combination thereof.
abbreviated form	Term resulting from the omission of any part of a term while designating the same concept. Types of abbreviated forms can include: • short form • abbreviation • initialism • acronym • clipped term
terminology acceptability rating term status	One of a set of codes indicating the usage status of a term. Types of terminology acceptability rating can include: • standardized term • preferred term • admitted term • deprecated term • superseded term • rare term • recommended term • suggested term • non-standardized term • new term

Fortsetzung Abb. 216.13 →

phraseological unit	Any group of two or more words that form a sense unit. Types of phraseological unit can include: • collocation • set phrase • standard text
register	Classification indicating the relative level of language individually assigned to a lexeme or term or to a text type. Types of register can include: • stilted register • formal register • technical register • neutral (standard) register • colloquial register • slang register • vulgar register • in-house register • bench-level register • intimate register • literary register
restriction	Category of factors that limit the usage of a term. Types of restrictions can include: • trademark • trade name
geographical usage	Term usage reflecting regional differences.
time restriction	Indication of a period of time during which a term was subject to special usage.
grammar	Grammatical information about a term. Types of grammar can include: • part of speech • gender • grammatical number • singular • dual • plural • voice • principal parts • inflection • animate
term formation	Classification of a term according to the methodology employed in creating the term.

Fortsetzung Abb. 216.13 →

	Types of term formation can include: • borrowed term • loan term • barbarism • loan translation • false calque • paraphrase • neologism
term / concept relation	Characteristic of the term / concept assignment indicating its relative degree of ambiguity.
degree of equivalence	Extend to which the concept associated with a designation in L1 covers the same characteristics as the concept associated with a designation L2. The degree of equivalence can include: • smaller $<$ • equivalent $=$ • approximately equivalent $\approx$ • larger $>$ • non-equivalent $\neq$
transfer comment	Note included in a term entry indicating the degree of equivalence, directionality or other special features affecting equivalence between an L1 term and an L2 term.
directionality	Property of multilingual equivalent terms indicating whether a similar degree of equivalence exists when moving from L1 to L2 as when moving from L2 to L1.
reliability code	Code assigned to a data element or record indicating adjudged accuracy and completeness.
domain subject field subject label	Field of human knowledge to which a terminological record is assigned.
definition	Statement that describes a concept and permits its differentiation from other concepts within a system of concepts.

Abb. 216.13: Ausschnitt aus dem Katalog von Datenkategorien ISO FDIS 12620 (1997)

Ersteller derselben relevant. Für die bereits mehrmals erwähnte übersetzungsorientierte Terminologiearbeit bzw. Terminographie (vgl. Art. 223 u. 224) sind seit vielen Jahren Methoden erarbeitet, vielfach in der Praxis angewendet und theoretisch beschrieben worden (im deutschsprachigen Raum etwa Hohnhold 1979, (et passim), 1990; Arntz/Picht 1989 (1982); Bühler 1982, 1992; Infoterm 1982; Mossmann 1988 u. v. a.). (siehe Hohnhold Aufsatz 223)

Ein weiterer großer Anwendungsbereich ist die Wörterbucherstellung bzw. der Aufbau von Terminologiedatenbanken (vgl. Art. 224).

5. Literatur (in Auswahl)

Albl et al 1991 = Michaela Albl et al: Conceptual Design of Termbanks for Translation Purposes. Interner Bericht. Esprit Project 2315 Translator's Workbench, 1991.

Arntz/Picht 1989 = Reiner Arntz/Heribert Picht: Einführung in die Terminologiearbeit. Hildesheim 1989.

Bühler 1982 = Hildegund Bühler: General Theory of Terminology and Translation Studies. In: Meta 27. 1982, 425−431.

Bühler 1992 = Hildegund Bühler: Of Terms and Texts. Terminologie & Traduction no. 2−3 1992, 423−431.

Budin 1994 = Gerhard Budin: Einige Überlegungen zur Darstellung terminologischen Fachwissens in Fachwörterbüchern und Terminologiedatenbanken. In: Das Fachwörterbuch. Hrsg. v. Burkhard Schaeder und Henning Bergenholtz Tübingen 1994 (Forum für Fachsprachenforschung 23), 57−68.

DIN 2342 = DIN. Wörterbuch der Terminologie 1986 (DIN 2342).

Felber 1991 = Helmut Felber: Terminographie − Terminographische Datensammlung. Wien, 1991 (Manuskript).

Felber/Budin 1989 = Helmut Felber/Gerhard Budin: Terminologie in Theorie und Praxis. Tübingen (Forum für Fachsprachen-Forschung 9), 1989.

Infoterm 1982 = Infoterm. Guidelines for computer-assisted terminology work. Wien 1982.

IIRV 1987 = Internationales Institut für Rechts- und Verwaltungssprache: Handbuch der internationalen Rechts- und Verwaltungssprache. Haushalt und Rechnungsprüfung. Deutsch/Englisch. Köln. Berlin. Bonn. München 1987.

Hausmann 1989 = Franz Josef Hausmann: Wörterbuchtypologie. In: Wörterbücher. Dictionaries. Dictionnaires. Ein internationales Handbuch zur Lexikographie. An International Encyclopedia of Lexicography. Encyclopédie internationale de lexicographie. Hrsg. v. Franz Josef Hausmann, Oskar Reichmann, Herbert Ernst Wiegand, Ladislav Zgusta. Erster Teilbd. Berlin. New York 1989 (Handbücher zur Sprach- und Kommunikationswissenschaft), 968−981.

Hohnhold 1979 = Ingo Hohnhold: Übersetzungsorientierte Terminologiearbeit − fachsprachlich orientiertes Übersetzen. Lebende Sprachen 24. 1979. no. 4, 153−156.

Hohnhold 1990 = Ingo Hohnhold: Einführung in die Übersetzungsorientierte Terminologiearbeit. Stuttgart 1990.

ISO 1951 = International Standards Association: Lexicographical symbols particularly for use in classifying defining vocabularies. Genf 1997.

ISO FDIS 12616 = International Standards Association: Translation-oriented Terminography. Genf 1997.

ISO FDIS 12620 = International Standards Association: Computational aids in terminology − Data categories. Genf 1997.

Küwes 1990 = Konferenz der Übersetzungsdienste westeuropäischer Staaten 1: Empfehlungen für die Terminologiearbeit. Bern 1990.

Lauriston/Le Néal 1985 = Andy Lauriston/Jocelyne Le Néal: Bilingual Dictionary of International Telecommunications 2: Transmission Equipment. Montréal 1985.

Macura 1979 = Paul Macura: Elsevier's Dictionary of Botany. I. Plant names. Amsterdam. Oxford. New York 1979.

Mossmann 1988 = Yvonne Mossmann: Die Terminologiedatenbank vor der Entscheidung: Was ist zu fordern? Lebende Sprachen 33. 1988. no. 1, 1−10.

Ostby 1990 = John Birger Ostby: Developing nomenclature for ethnological material: report from a Norwegian project. In: Terminology for Museums. Proceedings of an International Conference held in Cambridge, England, 21−24 September 1988. Hrsg. v. Andrew Roberts. Cambridge 1990, 338−344.

Picht 1993 = Heribert Picht: Wissensrepräsentation in Terminologiedatenbanken. In: Beiträge zur Terminologie und Wissenstechnik. Hrsg. v. Gerhard Budin, Erhard Oeser. Wien 1997, 200−208 [Vortrag gehalten 1993 in Wien].

Riggs 1985 = Fred Riggs: Intercocta Glossary. Concepts and Terms used in Ethnicity Research. Honolulu 1985.

Schmitz 1993 = Klaus-Dirk Schmitz: Verarbeitung fachsprachlichen Wissens in Terminologieverwaltungssystemen. Vortrag 24. September 1993 Leipzig, GAL-Tagung Fachkommunikation. In: Fachkommunikation. Hrsg. v. Bernd Spillner. Frankfurt a. M. 1994, 45−55.

Weiss/Krieger 1991 = M. Weiss/H. Krieger: Die Arbeitsbeziehungen in der Bundesrepublik Deutschland. Ein Glossar. Dublin 1991.

Wiegand 1989 = Herbert Ernst Wiegand: Der gegenwärtige Status der Lexikographie. In: Wörterbücher. Dictionaries. Dictionnaires. Ein internationales Handbuch zur Lexikographie. An International Encyclopedia of Lexicography. Encyclopédie internationale de lexicographie. Erster Teilbd.

Hrsg. v. Franz Josef Hausmann, Oskar Reichmann, Herbert Ernst Wiegand, Ladislav Zgusta. Berlin. New York 1989, 246–280.

Wüster 1979 = Eugen Wüster: International Bibliography of Standardized Vocabularies/prepared by H. Felber. 2. rev. Auflage. München. New York. London. Paris 1979.

Wüster 1991 = Eugen Wüster: Einführung in die Allgemeine Terminologielehre und fachsprachliche Lexikographie. Bonn 1991 [1. Aufl. 1979].

Wright/Budin 1994 = Sue Ellen Wright/Gerhard Budin: Data elements in terminological entries: An empirical study. In: Terminology 1994, 41–59.

Wright/Budin 1997 = Sue Ellen Wright/Gerhard Budin: Handbook of Terminology Management. Vol. 1. Amsterdam. Philadelphia 1997.

Gerhard Budin, Wien
Hildegund Bühler, Wien

217. Terminography in UN-organizations: A brief overview

1. Introduction
2. Terminography in UN-organizations: a brief overview
3. Terminography within specialized international organizations
4. Terminography work in international standardizing bodies: IEC and ISO

1. Introduction

It is axiomatic to say that activities in the area of terminography within specialized international organizations/institutions/commissions started comparatively early. To a large extent this was due to the need for unambiguous translations/interpretations of official documents in the official languages of the respective organizations and the need for appropriate communication between experts.

International co-operation in all spheres of life, in particular in science and technology, politics and social welfare, culture and leisure, trade and commerce, etc. has become — at the latest in the 20th century — an integral part of society in general. The *Yearbook of International Organizations* edited by the Union of International Associations lists thousands of international organizations in all subject fields. Since international co-operation equals communication, special measures have become necessary to make sure that the means of communication, i. e. special languages and in particular subject field terminologies, are readily available to the members of these organizations. International co-operation also equals multilingual communication. Even if an international organization decides to have only one language as its official language, the multilingual dimension inevitably affects the work of such an organization. The decision on which language(s) is (are) declared official can only be understood when analysing the organization in question from a historical and political point of view.

This article can provide just a short glimpse of the variety and complexity of terminographical work carried out in these organizations; therefore, only a few examples can be given of this work. Chapter 2 gives a very brief overview of the terminography carried out in some specialised UN-organizations. Chapter 3 deals with terminography within specialised international organizations that operate on the international level. Please note that organizations exclusively or primarily dealing with terminology and its various aspects are dealt with in article 231. European organizations are covered in article 218, while regional networks are described in 220, 221 and 222. Chapter 4 describes terminography as it is carried out within the framework of international terminology standardization. Please refer to article 226 for the methods of prescriptive terminology work.

2. Terminography in UN-organizations: A brief overview

The activities of the United Nations, founded immediately after World War II and with headquarters in New York, two further official locations in Geneva and Vienna and its specialised organizations located in those cities mentioned plus Paris, Rome, Nairobi, etc. cover a wide range of fields, in particular science and culture, medicine and health, food and agriculture, humanitarian and social issues, the environment, industrial development and international trade, nuclear safety, etc. Basically all the organizations of the UN-system have six official languages (in alphabetical order by English language name:

Arabic, Chinese, English, French, Russian, Spanish). Some sectors of the UN, however, have special regulations with a limitation to 2 or 3 languages. This means that most official UN-documents have to be produced in 6 official versions that are of equal status. In order to limit translation costs to a reasonable amount, working documents are translated into fewer languages, usually 2 or 3. On the operational level of document creation and distribution, there is usually a source text in one of these languages (mostly English), that has to be translated. Therefore, these organizations have translation departments, usually divided into 6 language sections that produce the other official language versions as soon as possible. Some UN-organizations have terminology and reference departments that deal specifically with the provision of documents to experts, running a library and documentation centre and provide (in most cases multilingual) glossaries to translators, interpreters, documentation experts and any other interested staff members.

In order to co-ordinate the activities of these departments within the UN-system responsible for translation, terminology and reference, two co-ordination for have been operating within the UN-system, namely the *Inter-Agency Meeting on Language Arrangements, Documentation and Publications* (IAMLADP) and the *Joint Inter-Agency Meeting on Computer-assisted Terminology and Translation* (JIAMCATT). Both groups meet regularly in order to exchange ideas on practical problems encountered, working methods, the management of terminology databases, the use of electronic tools, in particular software for multilingual document management, operating terminology databases, computer-supported translation tools, etc. A small example of the many practical problems that are discussed is the character set management problem: the 6 official languages are written with 4 different scripts, i.e. Latin script (for English, French and Spanish), Arabic script (for Arabic), Cyrillic script (for Russian) and Chinese script (for Chinese). This fact leads to a set of (partially unsolved) problems concerning the processing of texts in these languages on computer, maintaining multilingual databases, etc. At the meetings of both groups individual departments present the solutions they have found for specific problems that might be of relevance to colleagues in other departments.

In the following, some UN-organizations are briefly mentioned that carry out terminographical work, i.e. publishing multilingual glossaries, maintaining a terminology database, providing assistance to translators and interpreters for solving terminological problems, etc.

United Nations Educational, Scientific and Cultural Organization (UNESCO), with headquarters in Paris, has recently been one of the most active UN-organizations in the field of terminology, not only concerning the publication of glossaries covering the terminologies needed in various UNESCO activities, but also in providing software for the management of multilingual specialised information (MicroISIS) and is actively supporting and promoting the *International Information Centre for Terminology* (Infoterm), which UNESCO initiated and co-founded in 1971 (see art. 231). A project by the Terminology, Documentation and Reference Section of UNESCO has recently produced promising first results concerning the integrated management of multilingual terminographical and documentation work, with prototype software on the basis of MicroISIS. Key concepts used for retrieving information in UNESCO databases, catalogues, etc. have been organized into a thesaurus.

The *World Health Organization* (WHO) in Geneva has operated on a similar level of intensity, publishing a number of multilingual glossaries (e.g. on acupuncture, and the nomenclature of diseases), preparing bibliographical data on medical dictionaries and offering software for the integrated management of multilingual terminologies, bibliographical data and a thesaurus for document and term indexing and information retrieval.

Multilingual thesauri are also maintained by the *Food and Agriculture Organization* (FAO) in Rome (AGRIS-Thesaurus) and the *United Nations Environmental Protection Agency* (UNEP) in Nairobi (INFOTERRA-Thesaurus). The *General Agreement on Trade and Tariffs* (GATT) in Geneva and the *International Monetary Fund* (IMF) in New York have published a number of glossaries focussing on their fields of activity. Other organizations such as the *United Nations Industrial Development Organization* (UNIDO) and the *International Atomic Energy Agency* (IAEA), both in Vienna, have always been very active in terminological work.

3. Terminography within specialized international organizations

In the following, descriptions are presented of a selection of international bodies and their activities related to both terminography and computerized/computer-assisted terminography. These activities span a wide range of subjects as diverse as their descriptions. Information on some of these bodies was easily accessible and is thus extensive. The results of others may be classified as "grey" literature, difficult to come by and equally difficult to assess. The order of entries is alphabetical, based on the official name of the organization. Generally speaking, the English/French version of the denomination of an organization/commission/committee served as the basis for this arrangement.

The fact that terminography pertaining to practically all fields is indeed actively persued in international organizations, institutions, associations, federations, commissions and committees is witnessed by terminographic work ranging from dairy products, to sports and leisure, archives and meteorology. All organizations have produced or are producing interesting terminographic tools of particular interest to language mediators, specialized translators and experts alike. Needless to say, this listing is not complete but should be considered a valuable reference tool since the majority of publications can be attributed a quasi standard status.

Mention should be made that an extensive and world-wide survey is now being carried out by Infoterm and its co-operating partners to assess the present state of the art of terminological/terminographic activities. The results will be available as an up-dated edition of the "World guide to terminological activities", published originally in 1975 and 1985. In addition, the data will also be made accessible as a factual (possibly on-line) data bank and should thus serve as a vital instrument both in terms of co-ordination between and assistance to a wide range of subject specialists, language mediators, etc.

Comission internationale de l'éclairage/International Commission on Illumination/Internationale Beleuchtungskommission (CIE)
Central Bureau:
Kegelgasse 27
1030 Wien, Austria

The Commission was established back in 1913. For the purposes of the co-ordination of terminological activities, particularly those related to the preparation of the "International lighting vocabulary", a special Committee, viz. Committee 1.1 "Terminology", was established which published the vocabulary as CIE-Publication No. 17. The "International lighting vocabulary", available in its fourth edition, was prepared jointly with the IEC (*International Electrotechnical Commission*) and issued as IEC Publication No. 50 (845), CIE Publication No. 17.4.

At present, investigations are being undertaken to establish a termbank covering concepts, terms and definitions in the field of lighting in 10 languages. A completely revised and updated computerized version is planned to be available in 1999.

Federative Committee on Anatomical Terminology (FCAT)
For Dr. J. A. Didio
Escola Paulista de Medicina
Rua Botucatu no. 720
São Paulo, CEP 04023-062
BRAZIL

Parent organization: International Federation of Associations of Anatomists.

FCAT was founded in 1903 and has since been engaged in the preparation of multilingual terminologies, viz. specialized dictionaries related to anatomy. Work in computerized terminography has recently been started as well.

International Association for Sports and Leisure Facilities (IAKS)
Carl-Diem-Weg 3
D-50933 Cologne, Germany

This international private association was founded in 1965 and prepares and publishes works in German, French, English and Spanish related to sports and leisure facilities.

International Association of Electrical Contractors (A.I.E.)
5 Tue Hamelin
75116 Paris, France

Founded in 1954, this international private, non-profit association is engaged in the development of a professional vocabulary in French, English and German related to the domain of electrical contractors which is to be published in the not too distant future.

International Association of Lighthouse Authorities/ Association internationale de signalisation maritime (IALA/AISM)
20ter, rue Schnapper
78109 St. Germain en Laye, France

This association, founded in 1957 as a private international body, published a dictionary of English, French, Spanish and German terms related to aids in navigation.

International Association of Professional Congress Organizers (IAPCO)
Secretariat:
Rue Washington 40
1040 Brussels, Belgium

A professional organization, established in 1968, IAPCO prepares and publishes works related to the wide range of activities in conference organization.

Since communication in speech and writing plays a pivotal role in the present-day world, a growing multitude of international conferences are organized for participants from all walks of life.

These conferences also give rise to a rich spectrum of fringe activities. As a result, conference organizers need to have at their disposal, in an easily accessible and expanded form, a practical tool to assist them in meeting the challengers of a constantly evolving world.

The meeting industry today presents a picture of increasing technical complexity with respect to infrastructure and communications techniques and there is also an ever greater diversity in the services offered: information dissemination, cultural and social events, meeting-room setup and other facilities for conference participants.

To remedy this situation the IAPCO embarked on a project entitled "Meeting industry terminology", the results of which were published in 1992.

The aim of this work, intended primarily for the meeting professions, is to present an overview in nine languages of the terminology in this sector, with definitions designed to harmonize usage.

This nine-language vocabulary provides a systematic overview of the various facets of an international conference: organization, finances, meetings, meeting-room equipment, audio-visual aids, interpreting and translation, document reproduction, public relations, social and cultural activities, reception, accommodation and transport arrangements for participants.

It is the product of a joint effort by the Commission of the European Communities (Terminology Unit of the Translation Service and Joint Interpreting and Conference Service) and the International Association of Professional Congress Organizers – IAPCO.

This edition constitutes an attempt to cover in greater depth the same field as the five-language 1987 edition entitled "Congress terminology".

The International Bureau for the Standardization of Man-made Fibres/Bureau international pour la standardization de la rayonne et des fibres synthétiques (BISFA)
Avenue E. van Nieuwenhuyse, 4
1160 Bruxelles, Belgium

BISFA, founded in 1928, has been involved in the preparation of vocabularies since 1968. At the time BISFA, recognizing the need to avoid a confusion of technical terms, published its first "Terminology booklet". This contained, in six languages, those terms and definitions which accurately described the different forms in which man-made fibres were available. For the purposes of the clarification of the relationships between the various concepts, diagrams were made to illustrate the manufacturing connection between the different forms related to the primary materials and intermediate products.

As a result of BISFA's continuing terminological studies, the original Terminology booklet was revised and extended in 1977. An addendum appeared in 1981. The most recent and comprehensive edition of the "Terminology relating to man-made fibres" has just come off the press. It is, however, at present available in English only.

International Chamber of Commerce/Chambre de commerce internationale (ICC/CCI)
38 Cours Albert 1
75008 Paris, France

Established as early as 1919 an international organization of ICC (The World Business Organization) it now has a membership of tens of thousands of firms and commercial organizations. It functions as a research and documentation centre as well as a publishing house, ICC has prepared and published terminologies and thesauri specific to international commerce and trade, among others. Particular mention should be made of "Incoterms" prepared by the ICC Working Group on Trade Terms.

Used the world over to specify the obligations for delivering goods in international contracts, Incoterms 1980 have now been revised by experts from the International Chamber of Commerce (ICC) to bring them completely up-to-date with changes in international trade.

When drafting their contracts, buyers and sellers can be sure of defining their responsibilities simply and safely by referring to one of the ICC Incoterms, thus eliminating any possibility of misunderstanding and subsequent dispute.

Incoterms 1990 have been written to take account of changes in transportation techniques and to render them fully compatible with developments in electronic data interchange (EDI). A German version of Incoterms is also available.

International Civil Aviation Organization/Organization de l'aviation civile internationale (ICAO/OACI)
1000 Sherbrooke St. W., Suite 400
P.O. Box 400
Montréal, Quebec H3A 2RZ
Canada

ICAO was founded in 1947 and has since published a series of terminologies on aviation, air navigation, air transport, law, etc. plus "terminology circulars", "terminology advisories", etc. in English, French, Spanish, Russian and occasionally also in Arabic.

ICAO also publishes the multi-volume ICAO Lexicon containing terms and definitions embodied in the Convention of International Civil Aviation Services; the "Lexicon" is generally updated on a regular basis.

International Commission on Glass (ICG)
c/o Glaverbal
Mr. Jean de Ceuninck
Centre de Recherche et Développement
rue de l'Aurore 2
6040 Jumet, Belgium
tel: +32 71 28 02 11
Fax: +32 61 42 23 55

The International Commission on Glass was founded in September 1933, at the conclusion of the First International Congress on Glass and Ceramics. As early as 1948 work on "Fundamental definitions in glass technology" was included in the programme of work, and sub-committee "A 1: Definitions and Terminology" was set up within the framework of Committee "A" dealing with "Science and Technology" in 1957.

The "Dictionary of glassmaking", published originally in 1965 by Sub-Committee A 1 in English, French and German constituted the starting point for two further editions and language versions of the main ICG Dictionary, which appeared in 1983 and 1992. Between 1965 and 1975 Japanese, Czech, Russian, Italian, Spanish, Polish, Dutch, Swedish, Portuguese versions were issued upon the initiative of national working groups but under the aegis of the ICG.

A listing of ICG publications dealing with glass terminology is given below; the publications are available either from ICG (address above) or Elsevier Science Publishers, P.O. Box 211, 1000 AE Amsterdam, Netherlands.

- "Terminology of defects in glass" (English–French–German, 1969)
- "Dictionary of glass-making" (First edition: English–Czech–Russian, 1970). Number of specialized terms: 1803.
- "Dictionary of glass-making" (First edition: English–German–Polish, 1970). Number of specialized terms: 1803.
- "ICG Dictionary of glass-making" (English–French, German, 1982). Number of specialized terms: 4428.
- "ICG Dictionary of glass-making" (English–Spanish–Portuguese, 1992). Number of specialized terms: 4428.
- "Dizionario di tecnologia vetraria"
(Italian supplement to the main ICG Dictionary of glass-making). Stazione Sperimentale del Vetro, Murano, (1987), 134 pages (also 4428 terms).
- "ICG Dictionary of gloss-making", English–Japanese version (also 4428 terms). The Ceramic Society of Japan, Tokyo, (1993), 486 pages, 8500 Yens.

The main ICG Dictionary of glass-making (1983 and 1992) is available in the following languages via the terminology database EURODICAUTOM: English, French, German, Spanish, Portuguese, Italian, Dutch, Danish and Greek.

International Commission on Irrigation and Drainage (ICID)
48, Nyana Marg, Chankyapuri
New Delhi-110 021, India

This international institution, founded in 1950, designated as a Non-Governmental Organisation (NGO) for disseminating information on the state of the art in the field of irrigation, drainage, and flood control, is at present revising its "Multilingual technical dictionary on irrigation, drainage, flood control and related subjects", originally published in 1967.

International Council of Archives (ICA)
ICA Project Group on Terminology
Mr. Björn Lindh, Riksarkivet
Box 12541
10229 Stockholm, Sweden

The Project Group (DAT III) was established in 1991 and is engaged in the preparation of the third edition of the well-known "Dictionary of archival terms/Dictionnaire de terminologie archiviste". It is planned to publish German and Spanish versions as well.

International Dairy Federation/Féderation internationale de laiterie IDF/FIL)
41 Square Vergate
1040 Brussels, Belgium

Founded in 1903 as an international organization, IDF prepared and published the "IDF Dictionary of dairy terminology" in 1983, available from Elsevier (Amsterdam).

International Federation for Information Processing(,)
IFIP is now located in Austria:
Hofstrasse 3
2361 Laxenburg, Austria
Tel: +43 2236 73616
Fax: +43 2236 736169
e-mail: ifip@ifs.univie.ac.at

IFIP was founded in 1960 under the auspices of UNESCO and is a multilingual federation of professional and technical organizations concerned with information processing. IFIP's mission is to be the leading, truly international, apolitical organization which encourages and assists in the development, exploitation and application of Information Technology for the benefit of all people. Among a large number of publications (mostly published by Elsevier/North-Holland) are those pertaining to the theory and practice of software, computer applications, communication systems, etc. A new serial was started in 1992, viz. "IFIP Transactions". This new serial consists of approximately 15,000 pages of valuable scientific information from leading researches, published in 35 volumes per year. IFIP has also published IFIP guides to concepts and terms in information and data processing.

The aims of IFIP are to promote information science and technology by:
- fostering international co-operation in the field of information processing;
- stimulating research, development and the application of information processing in science and human activity;
- furthering the dissemination and exchange of information about the subject;
- Encouraging education in information processing.

IFIP is dedicated to improving worldwide communication and are increased understanding among practitioners of all nations about the role information processing can play in all walks of life.

Information technology is a potent instrument in today's world, affecting people in everything from their education and work to their leisure and in their homes. It is a powerful tool in science and engineering, in commerce and industry, in education and administration. It is truly international in its scope and offers a significant opportunity for developing countries. IFIP helps to bring together workers at the leading edge of the technology to share their knowledge and experience, and acts as a catalyst to advance the state of the art.

International Federation for the Theory of Machines and Mechanisms (IFT.MM)
Institute of Thermomechanics
Dolejskova 5
Prague 8, Czech Republic

Under the aegis of this federation, founded in 1969, a commission has been set up for the standardization of terminology related to the theory of machines and mechanisms. Standardized vocabularies in English, French, German and Russian have been published.

International Hydrographic Organization (IHO)
Secretariat: B.P. 445
MC-98011 Monaco Cedex

IHO, founded in 1921, functions as a technical and consultative body and standardizes symbolization and terminology for hydrographic and cartographic purposes. Standardized vocabularies on the subject have so far been published in English and French.

International Institute of Refrigeration/Institut international du froid (IIF/IIR)
177, Boulevard Malesherbes
75017 Paris, France

This intergovernmental organization for the development of refrigeration and cryogenics was established in 1908 and has been heavily engaged in terminographic work. The first "International dictionary of refrigeration" was published in 1961. The "New international dictionary of refrigeration", a fully revised and updated version, was issued in 1978, covering some 3000 entries in English, French, Russian, German, Spanish, Italian and Norwegian. It is intended to update the dictionary with corresponding appendices in Dutch and Japanese. Computerized terminographic activities are also underway for an update of the bilingual IIR thesaurus (in English and French) of the IIR documentary database.

International Monetary Fund (IMF)
Bureau of Language Services
Washington, D.C. 20431
United States

Since its foundation in 1945, the International Monetary Fund has prepared and published several editions of the IMF Glossary. The fourth and most recent edition of the IMF Glossary, which appeared in 1992, has been thoroughly revised by the Bureau of Language Services (BLS) Terminology Working Group, composed of staff from the Reference, Terminology and Documentation Section, and representatives from the various language divisions.

The main body of the Glossary consists of words, phrases, and institutional titles most commonly encountered in IMF documents in areas such as money and banking, public finance, balance of payments, and economic growth.

Terms relating to the organization, structure and staff titles of the IMF are included in the main body of this Glossary.

Like the 1982 and 1986 editions, this Glossary contains a selection of terms automatically retrieved from the IMF Computerized Terminology Databank, and processed through computerized photo-composition programs. The Bureau of Language Services also prepares separate topical Terminology Bulletins (countries and adjectives of nationalities, currency lists, list of staff titles, etc.).

International Organization for Unification of Terminological Neologisms (IOUTN)
Ul. Szturmova 4
02-678 Warsaw, Poland

The International Organization for the Unification of Terminological Neologisms/World Bank of International Terms has been affiliated to the United Nations/NGO. DPI/as Non-Governmental Organization since 1987.

IOUTN affiliates philologists, linguists and specialists in various fields of science who are interested in problems of the transnationalization and dissemination of specialized terminology.

It numbers about 200 individual members, mostly high level specialists in 40 countries, and 10 corporate members, an academy of science, two international organizations, numerous scientific and research institutes, a Polish association of translators "TEPIS", which publishes the glossaries of standardized law terminology, and six IOUTN National committees.

The main task of IOUTN is:

– Encouragement to take over the specialized terminology from the language of its creator
– The transfer of current specialized terminology to less developed and developing countries.

A number of glossaries (covering 20–40 languages) have been published so far, dealing with subjects such as the environment, soil science, corrosion, astronautics, computer science, linguistics, nuclear energy, chemistry, radiology and radiography, etc.

Editorial work of IOUTN entails: the publication of glossaries and vocabularies to facilitate the work of translators and writers in various fields, and the publication of "NEOTERM – World Specialized Terminology" – a journal dealing with theoretical and practical problems of internationalizing terminology.

The "World Bank of International Terms" affiliated to IOUTN aims at recording international terminology and specialized neologisms using the materials supplied by members from all over the world.

International Peat Society (IPS)
Kuokkalantie 4
40420 Jyskä, Finland

IPS was set up in 1968 as a scientific and technical society for the study of peatlands. The Society is involved in two types of terminographic work, viz. the preparation of terminologies and a thesaurus.

International Refugee Documentation Network (IRDN)
CP 2500
1211 Genève 2 Dépôt, Switzerland

The secretariat of this network is hosted at the Centre for Documentation of Refugees (United Nations High Commissions for Refugees). It was established in 1986 and is, among others, involved in computerized terminography and thesaurus construction. The network also runs a terminology data bank and issues vocabularies on matters related to the problems of refugees.

International Telecommunication Union/Union internationale des télécommunications (ITU/UIT)
Terminology, References and Computer Aids to Translation
Place des Nations
1211 Genève 20, Switzerland

The International Telecommunication Union, originally founded in 1865, has been involved in terminographic activities for a long time.

Back in the 1970s, for example, ITU issued three volumes of the trilingual "Lexicon of telecommunications terms" in English, French and Spanish.

When the first ITU terminology database was created in 1978, access was limited to one or two terminals for direct consultation, the main purpose being to publish printed glossaries. With the installation of a LAN network linking more than 800 PCs and with the implementation of TIES, the Terminology Section was offered the possibility of using one menu option to provide access to the database. The emphasis then shifted from the production of printed glossaries to the direct consultation on screen. This led to the putting into service of an important database (called TERMITE) containing official terminological entries as well as draft and sometimes incomplete terminological entries which are nevertheless useful in meetings the internal needs of the translation services, all the terms appearing in the Provisional Lexicon of Telecommunications published in December 1987 plus corrections and updated or new entries made since then (incorporating part of the ITU-T Terms and Definitions plus the Index). Mainly, the entries are in English, French, Spanish and sometimes Russian (transcribed), although a very few may also contain Italian, German and Portuguese. TERMITE today contains approximately 59 000 entries. Integration of Arabic, Russian and Chinese terminology would also be possible once the computer environment for these languages reaches the necessary level of compatibility with the rest of ITU.

Remote access to TERMITE is also available to outside users (external translators working from home, translation sections of other organizations) via ITU TIES system.

In September 1992, the Terminology Section produced a printed version of TERMITE intended originally for internal use (translators on mission, outside collaborators or interpreters who do not have access to the bank) but in view of the interest it attracted, the decision was taken to offer it for sale. Now entirely sold out, this printed version comprised four volumes:

- English–French–Spanish trilingual list (2 volumes)
- French index (1 volume)
- Spanish index (1 volume).

The TIMBER project

The Siemens TEAM software for terminology management is now obsolete and the Siemens mainframe itself is being phased out in ITU. While still going on, the search for a commercial product fitting even the minimum requirements for terminology management and dissemination has up to now proved fruitless.

In April 1993, a project was launched to develop a product that would progressively replace and upgrade the whole set of heterogeneous programs currently used for terminology management and consultation, glossary production, and terminology-related publication and miscellaneous management tasks. In its first phase, it mainly addresses the issue of terminology management, leaving consultation and publication requirements to later phases. The project is called TIMBER (Terminological Information Management Based on Enhanced Retrieval) and it takes into account the current and planned software and hardware platform at the ITU, in particular Microsoft Word for Windows as the official word processor, the Ingres SQL server as the RDBMS and Unix as the server's OS, including the appropriate application program interfaces. The possibility of marketing the resulting software, the terminology database or the paper glossaries (international organizations, administrations and private companies ...) has also been considered. The project is carried out in the Terminology Section, in close cooperation with the main users. Resources comprise the project leader (terminology and natural languages processing specialist) and two programmers. Targeted users include translators and revisors (inside and outside ITU), technical editing services, terminologists, readers and writers (inside and outside ITU). (Update provided by Mr. Georges Araman)

International Union of Forestry Research Organizations/Union internationale des instituts de recherches forestières (IUFRO)
Subject Group S 6.03-00 "Information Systems and Terminology/Systèmes d'information et terminologie"
Mr. Alois Kempf
WSL, Dokumentation
Zürcherstraße 111
8903 Birmensdorf, Switzerland

Forestry terminology is – among many other activities with IUFRO – also of particular concern. In 1981, an international group of forest experts started the compilation of concepts to be considered in the preparation of the "Lexicon silvestre". A working document of the first volume of the "Lexicon silvestre" was then presented on the occasion of the IUFRO-Congress in 1991. The particular value of this extensive work is derived from the systematic approach taken. The "Lexicon" covers some 1000 concepts and 1000–5300 terms, in 24 languages. The arrangement follows the Universal Decimal Classification for forestry. At present, efforts are being undertaken to secure appropriate funds for the development of a forestry term bank which would represent terminographic data prepared by more than 100 experts from 25 countries. It is expected that some 1000 additional concepts will be added to the "Lexicon silvestre" and 28 languages, including Chinese, Arabic, Latvian will be covered.

International Union of Geological Sciences (IUGS)
Secretariat: Geological Survey of Norway
P.O.B. 3006- Lade
Leiv Erikssons Vei 39
7002 Trondheim, Norway

IUGS, a non-governmental and non-profit institution, was established in 1961. In addition to co-ordinating the activities of its members, IUGS is involved in the preparation of terminologies and thesauri related to the geological sciences and has also set up a termbank.

International Union of Pure and Applied Chemistry (IUPAC)
IUPAC Secretariat
Bank Court Chambers
2–3 Round Way
Cowley Centre
Oxford OX4 3YF, United Kingdom

The International Union of Pure and Applied Chemistry represents for chemists the major avenue of international co-operation; it is non-profit organization and a member of the *International Council of Scientific Unions* (ICSU). It was founded back in 1919 with the major aim of furthering the study and development of pure and applied chemistry, of promoting co-operation and of disseminating appropriate information. To accomplish this work IUPAC is split up into divisions which in turn are headed by committees co-ordinating the work of the various commissions and sub-commissions. The responsibility for terminological/terminographic work rests with specially designated commissions. The preparation of nomenclatures, definitions and terms follows specific IUPAC guidelines and principles. The results of the work of the numerous terminology commissions, working and task groups have been and are mostly still published as "IUPAC Recommendations" in the official IUPAC journal and in compendium book-form. Below bibliographic references are given to sample IUPAC recommendations related to terminographic works which have appeared recently.

- IUPAC. Macromolecular Division. Commission on Macromolecular Nomenclature. Structure-based Nomenclature for Irregular Single-Strand Organic Polymers. (IUPAC Recommendations 1994), Pure & Appl. Chem., vol. 66, no. 3, pp. 873–889.
- IUPAC. Analytical Chemistry Division. Commission on Analytical Nomenclature. Commission on General Aspects of Analytical Chemistry. Nomenclature in Laboratory Robotics and Automation. (IUPAC Recommendations 1994), Pure & Appl. Chem., vol. 66, no. 3, pp. 609–630.
- IUPAC. Physical Chemistry Division. Commission on Colloid and Surface Chemistry. Subcommittee on Thin Films. Subcommittee on Advanced Materials: Colloid, Surface and Catalytic Aspects. Thin Films including Layers: Terminology in Relation to their Preparation and Characterization. (IUPAC Recommendations 1994), Pure & Appl. Chem., vol. 66, no. 8, pp. 1667–1738.
- IUPAC. Physical Chemistry Division. Commission on Electrochemistry. Analytical Chemistry Division. Commission on Electroanalytical Chemistry. Terminology and Conventions for Microelectronic Ion-selective Field Effect Transistor devices in Electrochemistry. (IUPAC Recommendations 1994), Pure & Appl. Chem., vol. 66, no. 3, pp. 565–569.
- IUPAC. Inorganic Chemistry Division. Commission on High Temperature and Solid State Chemistry. Definitions of Terms Relating to Phase Transitions of the Solid State. (IUPAC Recommendations 1994), Pure & Appl. Chem., vol. 66, no. 3, pp. 577–594.
- IUPAC. Analytical Chemistry Division. Commission on Analytical Nomenclature. Nomenclature for the Presentation of Results of Chemical Analysis. (IUPAC Recommendations 1994), Pure & Appl. Chem., vol. 66, no. 3, pp. 595–608.
- IUPAC. Organic Chemistry Division. Commission on Physical Organic Chemistry. Glossary of Terms used in Physical Organic Chemistry. (IUPAC Recommendations 1994), Pure & Appl. Chem., vol. 66, no. 3, pp. 1077–1184.
- IUPAC. International Union of Biochemistry and Molecular Biology. IUBMB-IUPAC Joint Commission on Biochemical Nomenclature. Panel on Biochemical Thermodynamics. Recommendations for Nomenclature and Tables in Biochemical Thermodynamics. (IUPAC Recommendations 1994), Pure & Appl. Chem., vol. 66, no. 3, pp. 1641–1666.

International Working Group on Taxonomic Databases for Plant Sciences (TDWG)
TDWG Secretariat
Missouri Botanical Garden
P.O. Box 299
St. Louis, MO 63166-0299
USA

TDWG was started in 1985 as an international working group to explore ideas on standardization and collaboration between major plant taxonomic database projects.

The primary objective has been to promote the common use and interpretation of terminology and common logical rules and data relationships. To further this aim, TDWG forms working subgroups to develop among other things terminology standards. TDWG annual meetings provide a forum for discussing the form and content of the proposed standards, for voting on the adoption of these standards, and discussing other aspects of taxonomic databases. The standards adopted by TDWG are made available in published form so that those responsible for taxonomic databases may consider them both in the planning of new projects and in the management of existing ones.

North American Plant Protection Organization (NAPPO)
960 Carling Avenue
K. W. Neat by Building
Room 4107
Ottawa, Ontario K1A OC6

NAPPO, an international organization founded in 1976, co-ordinates plant protection activities in the United States, Canada and Mexico. Glossaries of terms related to plants and plant protection have been prepared in English and Spanish.

Permanent International Association of Road Congresses/Association internationale permanente des congrès de la route (PIARC/AIPCR).
La Grande Arche
Paroi Nord, Niveau 1
92055 Paris La Défense, France
Mr. Patrice Retour
Deputy Secretary General

Founded in 1909, following the 1st International Road Congress held in Paris in 1908, the Permanent International Association of Road Congresses is the oldest of the international associations concerned with roads and road engineering.

The general aim of the Association is to improve international co-operation and to foster progress in:

– the formulation of road transport policies,
– the planning, construction, improvement and maintenance of roads,
– the operation and management of road systems,

within the context of wider policies toward transport.

PIARC is a non-political and non-profit association and has been located in Paris since its foundation. It was granted consultative status, category II, to the Economic and Social Council of the United Nations in 1970.

The official languages of PIARC are French and English.

The Association is administered by the Permanent International Commission whose members are nominated by representatives of member governments.

The Association is headed by the Executive Committee chosen by the Commission from among its members. The Executive Committee consists of the President of the Association, three Vice-Presidents, the Past President, the Secretary General and other members. Africa, America, Asia and Australasia, Western Europe, Central and Eastern Europe are represented on the Executive Committee. It is reelected every four years.

The task of PIARC Committee and Working Groups is to propose, in their own field of expertise, syntheses and recommendations intended for both decision makers and road technicians.

There are currently thirteen Committees and four Working Groups; viz. "T Commission on Terminology", devoted explicitly to issue of road terminology. The first edition of the Technical Dictionary of Road Terms was issued in 1931. The sixth bilingual English–French edition was published in 1990. It includes basically only specific road terms.

The PIARC Lexicon of Road and Traffic Engineering contains over 12,000 expressions in English and French of a common use for road engineers; it is also available in electronic form on floppy disks. It refers to terms and definitions used in France and in the United Kingdom; special terms used in Belgium, Switzerland and the United States are also mentioned. The dictionary includes about 1,200 concepts; more than 350 of these concepts are explained, particularly each time that one of them does not have any equivalent in the other language.

The Dictionary proposes a logical nomenclature distributed in sixteen sections:

– types of road
– design and geometry

- traffic
- intersections
- components of the road
- drainage
- auxiliary works and accessories
- structure of the pavement
- materials
- construction
- good qualities, faults and tests
- engineering structures
- maintenance and winter maintenance
- economics and finance
- tunnels
- the environment, nuisance, accidents.

This nomenclature is completed by an alphabetical index. The bilingual English−French edition covers 164 pates and 6 figures.

The fifth French/English edition of the Dictionary (1982) was used for its translation into fifteen other languages: Arabic, Chinese, Czech, Danish, Dutch, German, Greek, Hungarian, Italian, Japanese, Polish, Romanian, Russian, Slovak and Spanish. Each of these cross-referenced versions represents the basis for the numbering of the Dictionary (the numbering of the fifth edition has been retained in the sixth edition); some versions also include English and French terms; other versions cannot be used without this Dictionary because they do not contain English/French terms (but only the numbering).

The sixth edition (1990) was translated into Arabic, Croatian, Greek, Lithuanian, Spanish and Portuguese.

Each of the cross-referenced Dictionaries can be ordered from the corresponding PIARC National Committee when there is one, or else from the official PIARC correspondents in the countries concerned, whose addresses can be obtained from PIARC Central Office.

The Dictionaries in Arabic, Chinese, Greek, Japanese, Polish, Portuguese, Russian and Spanish can be ordered from PIARC at the same price as the basic Dictionary.

- Arabic−English−French (1991 − 224 pages)
- Chinese−English−French (1989 − 116 pages)
- Greek−English−French−German (1992 − 200 pages)
- Japanese−English−French−German (1989 − 162 pages)
- Polish−English−French−German (1986 − 181 pages)
- Portuguese−English−French (1991 − 104 pages)
- Russian (1987 − 124 pages) (to be used with English−French Dictionary)
- Spanish−English−French (1991 − 190 pages)

Latin-American specifical terms are included. To be published

- Croatian
- Lithuanian

It contains terminology related to the following topics:

- Road Design
- Road Construction
- Road Materials
- Drainage of Water
- Maintenance of Roads
- Bridges and Tunnels
- Road Transport
- Traffic
- Regulation of Traffic
- Road Safety
- Parking
- Road Users
- Vehicles
- Equipment of Roads
- Road Signing
- Road Lighting
- Environment
- Land Use
- Geography
- Law
- Management and Financing
- Communication
- Computer Data Processing
- Mathematics and Statistics
- Physics and Chemistry

The PIARC Lexicon is available from "La Maison du Dictionnaire" under the title: "Dictionnaire technique des routes et de la circulation routière". It is also available in electronic form (floppy disks) and integrated into the softwares MERCURY/TERMEX TM and WORDTRADER.

The Lexicon is also on the French "Minitel": +33 (1) 36 28 00 28 or 3617 SYSTRAN.

Union des associations techniques internationales/ Union of International Technical Associations (UATI/UITA)
1, Rue Mioliss
75015 Paris, France

Among the multifarious activities of UATI, founded in 1950, the preparation of terminologies in numerous technical fields is also given special attention. The establishment of a multifunctional term bank was envisaged a few years ago. It appears though that this project has been set aside for the time being.

Union Internationale des chemins de fer/International Railway Union/Internationaler Eisenbahnverband (UIC)
16 rue Jean Rey
65015 Paris, France

The activities of UIC, established in 1922, and the UIC Documentation Centre in the area of terminology are various. The "Lexique des termes ferroviaires" is updated constantly and will shortly be edited in a CD ROM version. A CD ROM database works in 12 languages at the moment and the trilingual (French, English, German) thesaurus will be combined with the ECMT Transport Thesaurus.

Union Mundial pro Interlingua (UMI)
Secretary General Piet Cleij
Steenen Camer 4
3721 NC Bilthoven, Netherlands

UMI was set up in 1954 as an international society to promote Interlingua. A large number of vocabularies has been prepared and published recently with the assistance of a term bank.

World Energy Council/Conseil mondial de l'énérgie (WEC)
34 St. James's Street
London SWA, United Kingdom

Set up in 1924, the World Energy Council has, among others books prepared and issued several editions of the "Energy dictionary". The latest edition was released in September 1992 and covers English, French, German and Spanish terms related to a broad range of concepts in the field of energy.

World Meteorological Organization/Organisation météorologique mondiale (WMO/OMM)
41, av. Giuseppe-Motta
Case postale 2300
1211 Genève, Switzerland

The WMO was founded in 1951 as the successor to the IMO (1973–1950). In terms of terminological activities the main emphasis is on the "International meteorological vocabulary/Vocabulaire météorologique international/Vocabulario meteorologico internacional (IMV)" the first edition of which appeared in 1966.

That work, in four languages, was the outcome of much effort and research on the part of numerous meteorologists and other specialists in different countries, with the support of the WMO Secretariat.

The rapid development of meteorological science and the refinement of the technologies used in its practical application necessitated a new edition. The task was undertaken by the Working Group on Bibliographic Problems of WMO's Commission for Atmospheric Sciences. After several interruptions, the Atmospheric Environmental Service of Environment Canada offered to complete the work on the English and French parts of the IMV.

This vocabulary was finally published in 1992 and is made up of a multilingual list of over 3,500 terms arranged in English alphabetical order, accompanied by definitions in each of the languages (English, French, Russian and Spanish), and French, Russian and Spanish indexes.

This new edition published more than 25 years after the first, has been augmented with numerous concepts relating to new meteorological knowledge, techniques or concerns. It is intended to help standardize the terminology used in this field and to facilitate communication between specialists speaking different languages.

Like the first edition, it takes due account of the definitions approved by the WMO technical commissions or other constituent bodies as well as terms and definitions adopted by other organizations, particularly the International Civil Aviation Organization and the International Commission on Illumination.

4. Terminography work in international standardizing bodies: IEC and ISO

4.1. The *International Electrotechnical Commission* (IEC)

4.1.1. History

The rapid development of science and technology on the one hand and of international economic, commercial and industrial relations on the other hand at the end of the 19th century gave rise to the need for harmonization on an international level. Specialists from various subject fields, such as chemistry, physics, biology, medicine and others realized that relevant committees, commissions, organizations, etc. were necessary to achieve harmonization. The first ones to decide to do even more than to harmonize the technology, i.e. to standardize it, were electrical engineers. In 1906 the International Electrotechnical Commission/Commission Electrotechnique Internationale IEC/CEI) was founded and based in Geneva. Today it is the the authoritative wordwide body responsible for developing global standards in the field of electrical engineering. Some 50 countries are members of the IEC. More than 1300 standards have been published up to now, many of them in several parts.

The work of IEC is carried out by technical committees. More than 200 such committees are in existence today. Even without an explicit knowledge of the General Theory of Terminology, developed in the early thirties by the Austrian engineer Eugen Wüster, electrical engineers realized that terminology standardization has to precede object standardization; that is the reason why the first technical committee, TC 1, created as early as 1908, dealt with terminology.

4.1.2. Tasks and policy of TC 1

TC 1 is a horizontal committee, the task of which is to standardize and co-ordinate the terminology used by the other technical committees of the IEC in different electrotechnical fields, to provide the equivalence of terms in different languages and, consequently, to prepare an appropriate tool, viz. an International Electrotechnical Vocabulary/Vocabulaire Electrotechnique International (IEV/VEI), to promote the use of this terminology in scientific and technical literature in teaching, in technical specifications and commercial exchanges. It has the overall responsibility for preparing the IEV and transferring the corresponding data in English and French to the database. All other IEC technical committees have to make sure that their terminology is not in contradiction to the IEV. In fact, only 53 technical committees out of a total of 86 carry out terminology work in cooperation with TC 1. The other TCs have their own terminology. In general, the preparation of an IEV chapter is entrusted to the respective specialized technical committee by TC 1. If the IEV chapter in question is of interest to several technical committees, the preparation is taken over by TC 1, which invites the technical comittees concerned to participate in the working group charged with carrying out the work. During the various stages of the preparation of the terms and definitions of a given chapter both in English and French, the TC 1 Secretariat updates the final version of the chapter that approval by the Editing committee and sends the manuscript to the Central Office for printing.

Today, 21 National Committees are participating in the work of TC 1 as P(articipating) members and 17 as O(observing) members. In addition, TC 1 has liaisons with 10 international organizations which also deal, among other things, with terminology harmonization or standardization in their particular subject field:

- the International Organization for Standardization (ISO – see 4.2)
- the International Bureau of Weights and Measures (BIPM)
- the International Commission for Illumination (CIE)
- the International Conference on Large High Voltage Electric Systems (CIGRE)
- the International Institute of Welding (IIW)
- the International Telecommunication Union (ITU)
- the International Organization of Legal Metrology (OIML)
- the Union for the Coordination of the Production and Transport of Electric Power (UCPTE)
- the European Broadcasting Union (EBU)
- the International Union of Railways (UIC)

4.1.2.1. The International Electrotechnical Vocabulary (IEV)

The IEV is subdivided into chapters, each covering a certain subfield of electrical engineering or a related subject; they are published as individual booklets. The chapters are distributed in the following classes:

(1) General concepts
(2) Materials
(3) Measurement, regulation and calculation
(4) Electrical equipment
(5) Electronic equipment
(6) Generation, transmission and distribution of energy
(7) Telecommunications
(8) Particular applications

Up to now, approximately 70 chapters have been published, some 15 chapters are in print, 25 chapters are in the process of complete or partial revision and 14 new chapters are under consideration. In addition, a general index of all terms is available.

The IEV was conceived as a multilingual vocabulary from the start, covering the following eight languages:
English, French, German, Italian, Spanish, Dutch, Swedish and Polish. In the late fifties, Russian was added and from 1993 onwards, two other languages, i.e. Portuguese and Japanese, have been included. Definitions are given in English, French and Russian; the 700 series also contains definitions in Spanish, while chapters 841 and 845 also give definitions in German. Annex A lists all chapters of the IEV published so far in numerical order.

4.1.2.2. Multilingual dictionary

In 1983, the IEC Multilingual Dictionary of Electricity was published in two volumes. It contains the terminology of 37 chapters of the IEV, including definitions in English and French as well as alphabetical indexes in all other IEV languages with English and French equivalents.

In 1992, the second edition of the above dictionary was published; the terminology of 26 new chapters has been added; thus a total of 63 chapters is covered by this work.

It comprises five volumes with a total of more than 4500 pages. Volume 1 gives terms and definitions in English and French, with equivalents in Russian, German, Spanish, Italian, Dutch, Polish and Swedish. Volume 2 gives terms in English, in alphabetical order, with equivalents in French and the other seven languages mentioned. Volumes 3, 4 and 5 contain alphabetical indexes of the terms in these 7 languages with references to the English and French entries in volume 1.

4.1.3. Other terminological publications of the IEC

4.1.3.1. Terminology prepared by other TCs of the IEC

As mentioned above, 33 Technical Committees of the IEV do not cooperate within the IEV system, but prepare their own terminology. The outcome of this work is a large number of vocabularies on subject fields such as nuclear reactors, semiconductor devices, control valves, etc. A list of these terminologies is given in Annex B.

4.1.3.2. Handbooks

Handbook 1 (1983)
Letter symbols
Including conventions and signs for electrical technology. A handbook for everyday use.
  114 pp. CHF 15.– (First edition) TC 25
Handbook 2, published in 1985, is entitled "Vocabulary of fundamental concepts" and contains the terminology of chapters 101 "Mathematics", 111 "Physics and chemistry", 121 "Electromagnetism", 131 "Electrical and magnetic circuits" and 151 "Electrical and magnetic devices" of IEC Publication 50 "International Electrotechnical Vocabulary" (IEV).

4.1.3.3. The "International vocabulary of basic and general terms in metrology"

This guide was published in 1984 jointly with the International Bureau of Weights and Measures (BIPM), the International Organization for Standardization (ISO) and the International Organization of Legal Metrology (OIML).

4.1.3.4. The "Thésaurus CEI rationnel de l'électricité" [IEC Thesaurus of electricity]

This publication is available only in French; an English version is in preparation.

4.2. The International Organization for Standardization (ISO)

4.2.1. History

After the foundation of the IEC, more and more countries became aware that standardization at national level had to be organized and unified. This is why, especially after World War I, national standards committees, commissions, associations, etc. appeared all over Europe and also in the USA, where a large number of specialized organizations, the task of which was the harmonization of technical rules and principles in their particular subject field, already existed.

In the early thirties, several countries created the International Federation of the National Standardizing Associations (ISA), subdivided into different Technical Committees (TCs) which dealt with the technical subjects allocated to them. One of these Technical Committees, TC 37 "Terminology", was created in 1936 at the suggestion of the late professor Eugen Wüster, the founder of the General Theory of Terminology, whose dissertation entitled "Die Terminologienormung in der Technik, besonders in der Elektrotechnik" [Terminology standardization in technology, with particular emphasis on electrical engineering] gave the decisive impetus to the work on terminological methods and principles. ISA 37 had four main tasks: (1) denomination rules; (2) international unification of terms; (3) monolingual vocabularies; (4) multilingual vocabularies. The subject specialists realized that terminology standardization precedes the standardization of objects and that terminology standardization at international level can only be effective if it follows internationally agreed rules. To this end ISA 37 held four meetings up to 1939 when it was disbanded.

Unfortunately, because of the events preceding World War II as well as during the war itself, no standardization activities could take place. After the war, in 1946, representatives of 25 countries met in London and decided to create a new international body "the object of which would be to facilitate the international coordination and unification of industrial standards". This body was given the name "International Organization for Standardization (ISO)" and began to function officially on 23 February 1947. The structure of this newly created standardization body was similar to that of its predecessor, ISA. Technical Committees worked on standardization of different subject fields, among them TC 37 "Terminology", the secretariat of which was held by the former Soviet Union from 1947 to 1949. After many efforts, Wüster succeeded in reinstalling ISO/TC 37 "Terminology (principles and co-ordination)". The secretariat was assumed by the Austrian Standards Institute (ON) and held by Wüster himself until his death in 1977.

4.2.2. ISO today

Today the International Organization for Standardization has 77 member bodies and 21 corresponding members.

The work is carried out within some 2800 technical bodies (Technical Committees, Subcommittees, Working Groups); more than 30,000 experts from all parts of the world participate each year in ISO technical work which, to date, has resulted in the publication of about 9400 standards, some 700 of which are terminology standards, e. g. the standards containing only terms and definitions (or only the terms or nomenclatures) of a certain subject field.

A distinction has to be made between terminology standards and standards on principles and methods of terminology.

4.2.3. ISO/TC 37 "Terminology (principles and co-ordination)"

In 1953, ISO/TC 37 continued the work started by ISA 37. At present, it is subdivided into three subcommittees (SCs), each one being subdivided into 3 working groups (WGs):

SC 1 Principles of terminology
   WG 1 Documentation in terminology
   WG 2 Vocabulary of terminology
   WG 3 Principles, methods and concept systems
SC 2 Layout of vocabularies
   JWG 1 Joint TC 37/SC 2 – TC 46/SC 4
   WG: ISO 639 Code for the representation of names of languages
   WG 2 Descriptive terminology – Principles and methods
   WG 3 Alphabetic ordering of multilingual alphanumeric data in languages using the Latin alphabet
SC 3 Computational aids in terminology
   WG 1 Data elements
   WG 2 Vocabulary
   WG 3 SGML applications

ISO/TC 37 has 17 P-members (Austria, Belgium, Brazil, Canada, China, Denmark, Finland, Germany, Iran, Japan, Netherlands, Norway, Poland, Russia, South Africa, Sweden and USA), 38 O-members and 36 liaisons with other organizations active in terminology work, such as the International Federation for Information and Documentation (FID), the International Institute for Welding (IIW), the International Information Centre for Terminology (Infoterm), the World Health Organization (WHO), etc.

Up to now, the following International Standards (most of them second editions) have been issued by ISO/TC 37:

ISO 639: 1988 Code for the representation of names of languages
ISO 704: 1987 Principles and methods of terminology (under revision)
ISO 860: 1996 International unification of concepts and terms
ISO 1087: 1990 Terminology – Vocabulary (under revision)
ISO DIS 1951: 1994 Lexicographical symbols particularly for use in classifying defining vocabularies
ISO 6156: 1987 Magnetic tape exchange format for terminological/lexicographical records (MATER)
ISO 10241: 1992 International terminology standards – Preparation and layout
ISO/TR 12618: 1994 Computational aids in terminology – Creation and use of terminological databases and text corpora

In addition to the revisions of existing standards mentioned above, the following new standards are being published:

ISO 639-2 Code for the representation of names of languages – Part 2: Alpha-3 code (jointly with ISO/TC 46/SC 4)
ISO 1087-2 Terminology work – Vocabulary – Part 2: Computational aids in terminology
ISO 12199 Terminology – Alphabetic ordering of multilingual terminological and lexicographical data represented in the Latin alphabet
ISO 12200 Computational aids in terminology – Machine readable Terminology Interchange Format (MARTIF) – An SGML application
ISO 12616 Translation-oriented terminography
ISO 12620 Computational aids in terminology – Data categories

4.2.4. Terminographic work within ISO Technical Committees

4.2.4.1 ISO/IEC Joint Technical Committee 1 (JTC 1) "Information technology"

In 1987, the former ISO Technical Committee TC 97 was transformed into a joint IEC/

ISO body to better cope with the extensive subject of information technology. Among the large number of technical standards published prior to and after 1987, there is also the series ISO/IEC 2382 "Information technology — Vocabulary" in 34 parts, covering, in over 500 pages, the entire terminology of the fields of data processing, information science, computer science, etc. All (English and French) terms are followed by definitions and arranged in systematic order; at the end of each part there are alphabetical indexes in both languages. A general permuted index of all the parts has been published under the number ISO/IEC TR 12382: 1992. New parts are in preparation, while existing parts are under permanent revision.

Another terminology project of JTC 1 is the series ISO 5138 "Office machines — Vocabulary", nine parts of which have been published so far, structured in the same way as the abovementioned 2382 series.

Other terminological publications of JTC 1 are:

ISO/IEC 824: 1988 Terminology related to microprocessors
ISO/TR 9544: 1988 Information processing — Computer-assisted publishing — Vocabulary
ISO/TR 10623: 1991 Technical product documentation — Requirements for computer-aided design and draughting — Vocabulary

4.2.4.2. Other ISO/TCs

At the end of 1994, the technical work within ISO was being carried out by 183 active TCs (from a total of 209), 632 subcommittees (SCs), 1920 working groups (WGs) and 24 ad hoc study groups. There is practically no TC which can avoid not doing terminology work, since practically all standards contain at least a small terminology clause (one or more defined concepts indispensable for the comprehension of the document). A large number of TCs have, therefore, created subcommittees and/or working groups dealing exclusively with the standardization of the terminology of the respective subject field, including symbols of relevance, as well as a special type of terminology. A total of more than 200 subcommittees and working groups have so far prepared some 600 terminology standards.

4.2.5. Other ISO publications related to terminology

4.2.5.1. "International vocabulary of basic and general terms in metrology"

The vocabulary is a joint project of ISO, BIPM (Bureau international des poids et mesures), IEC, IUPAC (International Union of Pure and Applied Chemistry), IUPAP (International Union of Pure and Applied Physics) and OIML (Organisation internationale de métrologie légale) and covers subjects relating to measurement.

4.2.5.2. "ISO Handbook on quantities and units"

This publication reproduces the full text of standards on SI units and quantities in space and time, periodic phenomena, mechanics, heat, electricity and magnetism, electromagnetic radiation, chemistry, molecular physics, nuclear physics, etc.

4.2.5.2. ISO/IEC Guide 2: 1991 "General terms and their definitions concerning standardization and related activities"

This Guide was prepared by STACO (ISO Committee on Standardization Principles) and contains some 160 terms and definitions in English, French and Russian as well as equivalents, in German, Spanish, Italian, Dutch and Swedish on all subjects of importance to standardization, harmonization, certification, etc.

4.2.5.4. ISO Guide 30: 1992 "Terms and definitions used in connection with reference materials"

This Guide was prepared by REMCO (ISO Committee on Reference Materials) and contains some 30 concepts (terms with definitions in English and French).

4.2.5.5. ISO Guide 52: 1990 "Glossary of fire terms and definitions"

This Guide was drawn up by ISO/TAG 5 (ISO Technical Advisory Group 5) "Fire tests"; it contains 118 entries from International Standards related to fire (principally fire tests). Terms and definitions are given in English and French.

Magdalena Krommer-Benz, Wien
Adrian Manu, Wien
Gerhard Budin, Wien

218. Terminographie bei der Europäischen Kommission

1. Das Prinzip der institutionellen Mehrsprachigkeit
2. Übersetzung und übersetzungsorientierte Terminologie
3. Metaterminographische Vorüberlegungen
4. Analytische Beschreibung terminographischer Arbeiten. Zur Makrostruktur und Mikrostruktur
5. Technolekte in kontrastiver Sicht
6. Der Eurolekt und das Ursprungsmodell
7. Ausblick
8. Übersicht der besprochenen terminographischen Arbeiten
9. Literatur (in Auswahl)

1. Das Prinzip der institutionellen Mehrsprachigkeit

Die Sprachenfrage der 1958 gegründeten Europäischen Gemeinschaft (heute Europäische Union) hängt bekanntlich mit dem Grundkonsens zusammen, daß, wenn die europäischen Nationen auf den wichtigsten Gebieten einander nähergebracht werden sollen, ihre sprachliche Identität aufrechterhalten bleiben soll und alle Staatssprachen als Amts- und Arbeitssprachen gleichberechtigt behandelt werden müssen. Sprachen sind nicht nur das entscheidende Kommunikationsmittel. Als Ausdruck eines reichen Kulturerbes und des demokratischen Denkens gehören sie auch zu den Lebenskräften Europas.

Grundlage für die Sprachenregelung sind Artikel 217 des Vertrags zur Gründung der Europäischen Wirtschaftsgemeinschaft und Artikel 190 des Vertrags zur Gründung der Europäischen Atomgemeinschaft. Auf der Grundlage dieser Artikel legte der Ministerrat in seiner Verordnung Nr. 1, Art. 1, ABl. 17/1958, S. 385, vom 15. April 1958 die Amtssprachen der sechs Gründerstaaten fest. Heute sind es fünfzehn Staaten und elf Sprachen, nämlich Dänisch, Englisch, Deutsch, Französisch, Italienisch, Niederländisch, Spanisch, Portugiesisch und Griechisch (Goffin 1987). Mit der EU-Erweiterung sind Schwedisch und Finnisch dazugekommen. Die Europäische Gemeinschaft ist ein supranationales Staatswesen, das Recht setzen kann, welches jeden Staat, jedes Unternehmen, ja jeden Bürger unmittelbar betrifft und bindet. Die Bürger und ihre Vertretungen müssen daher an der Vorbereitung von Entscheidungen der Organe gleichberechtigt mitwirken können. Vorschläge der Kommission an den Ministerrat und an das Europäische Parlament müssen in alle Amtssprachen übersetzt werden. Der Übersetzer hat somit eine zentrale Stellung im Entscheidungsprozeß. Er wird hoheitlich tätig, da die von ihm übersetzten Verordnungen, Rechts- und Verwaltungsvorschriften in den neun Fassungen in gleicher Weise rechtsverbindlich sind. Darin unterscheidet sich die EG von der UNO-Sprachenvielfalt.

2. Übersetzung und übersetzungsorientierte Terminologie

Die explosionsartige Entwicklung der Übersetzung sowie die intensive Beschäftigung mit der Terminologie lassen sich nicht zuletzt aus dem Bedürfnis nach reibungslosem Funktionieren der in den Amtssprachen arbeitenden europäischen Organisationen erklären. Der Übersetzer muß sich mit Texten herumschlagen, die aus fast allen Bereichen des menschlichen Wissens stammen. Es gibt kaum eine Textart, die im Übersetzungsdienst nicht vorkommt. Der hohe Schwierigkeitsgrad bringt es mit sich, daß von den Übersetzern ein fundiertes Sach- und Fachwissen verlangt wird, juristische und wirtschaftliche Kenntnisse sowie Erfahrungen in der Währungs- und Finanzpolitik, Konjunktur- und Sozialpolitik, in Wissenschaft und Technik. Die Übertragung solcher Texte setzt immer eine geistig-inhaltliche Auseinandersetzung mit dem Sachwissen voraus und zugleich mit der einschlägigen Terminologie. Bis zu 40% des Zeitaufwandes bei fachtextlichen Übersetzungen entfallen auf terminologische Recherchen (Bachrach s. d.).

Aus der Notwendigkeit heraus, terminologische Einzelrecherchen auf Anfrage der Übersetzer durchzuführen, entstand der benutzerbezogene, übersetzungsorientierte, mehrsprachige Terminologiedienst, der nun auf mehr als 35 Jahre Praxis zurückblickt. Der Terminologe springt für den fachwortbedürftigen Übersetzer bei der Suche nach terminologischen Äquivalenzen ein. Es handelt sich um eine, an der Übersetzungsfront unter Druck ausgeübte Tätigkeit ohne jegliche wissenschaftliche Fundierung, die in dem ausufernden Fachwortschatz der sprunghaft zunehmenden Zahl der Innovationen und im

Umfeld der immer enger werdenden Integrationspolitik ihre Daseinsberechtigung findet. Gleichwohl muß diese Tätigkeit als Dienstleistung ihre Wirtschaftlichkeit auf ihrem Gebiet immer wieder mit konkreten Errungenschaften unter Beweis stellen (Goetschalckx 1977 und Goffin 1981).

Der Weg, der von der punktuellen Terminologiepraxis (Praxis der Praxis) hin zu den thematischen Recherchen, bzw. zu der Terminographie führt, wurde schnell zurückgelegt. Übersetzungsorientierte, unidirektionale (auf eine einzige Zielsprache durchgeführte) Recherchen wurden mosaikartig innerhalb eines selben Sachbereichs zusammengebracht und durch Hinzufügung anderssprachiger Entsprechungen ergänzt. Diese Etappe setzte eine Reflexion über die vielseitigen, pragmatischen Praktiken voraus, d. h. ein Theoretisieren und Problematisieren der Praxis. Somit wurde die Gretchenfrage gestellt: was sollte man denn unter Terminologie und Terminographie verstehen? Es ging weder um Terminologielehre noch um Terminologiewissenschaft. Die übersetzungsorientierte Terminologietätigkeit hat bei der EG bislang keine präskriptive Rolle eingenommen. Zur Festlegung der Begriffe und zur Überprüfung eventueller Vorgaben fehlte ihr die Zuständigkeit. Zielsetzung ist nur die Erstellung einer einheitlichen Terminologie als Verständigungshilfe zwischen den Mitgliedstaaten. Die europäische Terminologie ist in Artikel 8 des Euratom-Vertrags (1958) verankert, wo ausdrücklich die „Vereinheitlichung der kerntechnischen Fachsprache" als Aufgabe erwähnt wird. Hauptaufgabe ist es, den bestehenden Gebrauch in den Ländern festzustellen und zu beschreiben: diese Rolle ist ausgesprochen deskriptiv. Zum einen werden die Fachtermini aufgedeckt, erschlossen und belegt, zum anderen die Wortgleichungen (Zuordnung von Äquivalenzen) erarbeitet. Jede einzelne Benennung müßte sodann als deckungsgleich mit dem Begriff nachgewiesen werden. Die selbstgeschaffene Terminologie bleibt im Regelfall eine Ausnahme.

3. Metaterminographische Vorüberlegungen

Wie die Lexikologie als wissenschaftliche Forschung zu der Lexikographie als Methodik und Praxis der Wörterbuchschreibung (dictionnairique) in einem „gestörten Verhältnis" (G. Haensch 1984) steht, so gilt ähnliches in der EG-Produktion für das Paar Terminologie/Terminographie. Seit den Anfängen entwickelte sich in den EG-Terminologiebüros eine empirische, trotz mancherlei Schwächen unschätzbare terminographische Produktion, die in ihrer handwerklich bestimmten, „gewerblich" orientierten Praxis an den Theorien der (auch angewandten) Terminologielehre bislang vorbeigegangen ist. Daß die terminographische Praxis bei der EG den terminologischen Theorien vorauseilte, läßt sich auf zwei Tatsachen zurückführen: (a) die Terminographen waren zu sehr mit der Realität zweckgebundener, funktioneller Sprachverwendung konfrontiert, (b) sie standen zu sehr unter Zeitdruck. Es ist also selbstverständlich, daß Diskurse, Überlegungen und Reflexionen über die EG-Terminographie − was wir hier als Metaterminographie in Anlehnung an den von F. J. Hausmann (Hausmann 1989, 75; 98) verwendeten Begriff der Metalexikographie zu nennen vorschlagen − ausgesprochen selten vorkommen. Die wenigen Ansätze zu einer europäischen Metaterminographie findet man in Glossarvorworten (vgl. 8), Benutzungsanleitungen, Einleitungen, ggf. Rezensionen, nebst Erfahrungsberichten, Beschreibungen aus der Werkstatt. Insgesamt betrachtet eine spärliche Ausbeute. In dem knappen Abschnitt „Methodologie" im Vorwort zu dem 1978 verfaßten Stahlnormen-Glossar (vgl. 4.5.1.) vermittelte ich einen Eindruck über die Strukturen der Fachsprachen, die dann in dem Aufsatz „Structures lexicales et glossaires multilingues" (Goffin 1973, 237 ff) ausgeweitet wurden und hier weiter unten im Abschnitt „Technolekte" (vgl. 5.) noch einmal zusammenfassend aufgegriffen werden.

In ihrem fast vierzigjährigen Bestehen haben die Terminologiedienste der Europäischen Gemeinschaft eine vielgestaltige, weitreichend angelegte Terminographietätigkeit − von den bescheidenen, zweisprachigen Fachwortlisten bis zu umfangreichen, reich illustrierten, elfsprachigen Wörterbüchern − entfaltet. Die meisten der Hunderte von Fachwortsammlungen laufen paradoxerweise unter der terminologisch ungenauen, stark strapazierten, im Hause aber allgemein gängigen Titel-Bezeichnung von *Glossar* (F. *glossaire*). Vereinzelt stößt man auf Titel wie *Vokabular* (F. *vocabulaire*), *Vokabularium*, *Wortgut* (F. *vocabulaire*), *phraseologisches Wörterbuch* (F. *dictionnaire phraséologique*), *Glossarium*. Es handelt sich in allen Fällen um für Übersetzer bestimmte, übersetzungsorientierte, mehrsprachige Sammlungen von kritisch erarbeiteten, dokumentierten Terminologien. Unsererseits möchten wir zur Bezeichnung dieser Werke den Oberbegriff „Terminographische Arbeit" vorschlagen.

3.1. Typologie der terminographischen Arbeiten nach Textsorten

Zur besseren Übersicht über die Vielfalt und Buntheit dieser Arbeiten führen wir schon hier eine für die Themenauswahl relevante, fünfteilige Klassifizierung der Arbeiten ein, die sich nach den zur Übersetzung vorgelegten Texttypen richtet (Goffin 1986, 197 ff). Nach jedem Titel wird das Erscheinungsjahr der ersten Ausgabe erwähnt.

(1) Texte in bezug auf das sog. Primärrecht der EG, d. h. Gründungsverträge, sowie Protokolle und Erklärungen zu den Verträgen, deren Textversionen als gleichermaßen verpflichtende Urtexte gelten, z. B. EGKS-Vertrag (1974); Römische Verträge (1974/1983); Einheitliche Europäische Akte (1988); Europäische Union (1992).
(2) Texte im Zusammenhang mit der Verwaltung der Gemeinschaftsorgane und mit der Anwendung der gemeinschaftlichen beamtenrechtlichen Vorschriften, z. B. Statut der Beamten (1975); Haushalt (1992); Ausschüsse (1985); Verzeichnis der Programme (1993).
(3) Texte in bezug auf das abgeleitete Gemeinschaftsrecht im Rahmen der europäischen Integrationspolitik, z. B. Mehrwertsteuer (1983); Tabak (1975); Weinbereitung (1985); Wirtschaft-Finanz-Geldwesen (1985); Zollkodex (1991); Fischereifahrzeuge und Sicherheit an Bord (1992); Fischfanggerät (1987); Wassertiere und -pflanzen (1993); Landwirtschaftliche Gebäude. Viehzucht (1993).
(4) Texte in bezug auf das Verwaltungs-, Rechts-, Sozial- und Bildungssystem eines Landes; solche Texte benutzen Begriffe, die unabhängig voneinander gewachsene, historisch unterschiedliche Denk- und Argumentationsstrukturen vermitteln, z. B. Soziale Sicherheit (1988); Arbeitswelt und Gewerkschaftsbewegung (1983); Berufsbildung (1987).
(5) Texte in bezug auf die Verwirklichung eines europäischen Marktes für Wissenschaft und Technik neben den technischen Anhängen zu den Verträgen (Kohle und Stahl für die EGKS, Kerntechnik für den Euratom-Vertrag), z. B. Euratom-Glossar (1962); Plasmaphysik (1969); Neue Verkehrstechniken (1976); Stahlnormen (1978); Alternative Energiequellen (1984); Biotechnologie (1990); ESPRIT (1984).

3.2. Geschichtliches

Von bahnbrechender Bedeutung in der Terminographiegeschichte der EG sind zwei terminographische Arbeiten, die Anfang der 60er Jahre entstanden.

Die eine wurde 1962 von dem Terminologiebüro der Atomgemeinschaft erstellt: das fünfsprachige, in Loseblattform veröffentlichte EURATOM-Glossar, das 4000 Begriffe und 400 Definitionen aus Kerntechnik und Kernphysik nebst verwandten Gebieten umfaßte. Für jede Benennung wurde eine Fundstelle angegeben aus Veröffentlichungen von Normeninstituten oder aus einschlägigen Fachpublikationen. Das Wortgut wurde über Lochkarten auf Magnetbänder einer IBM 1401 gespeichert, maschinell geordnet und mit fünf alphabetischen Registern ausgedruckt. Wir schreiben das Jahr 1962 für den ersten Einsatz von DV-Geräten für Terminologiearbeiten bei der EG! (Kowalski 1965). Die zweite Arbeit ist das 1964 bei der EWG herausgegebene EUROTERM-Wörterbuch, das in Satzkonkordanzen das Auffinden des mehrsprachigen Wortguts ausgewählter EG-Dokumente über Landwirtschaft erleichtern sollte. Einordnung, Sortierung und Tabellierung wurden in Ispra auf IBM-Maschinen ausgeführt. Alle in den fünf einsprachigen Registern aufgeführten Stichwörter erscheinen in ihrem authentischen Satzzusammenhang nach dem KWIC-System. Die Leistung der Autoren kann man nicht hoch genug einschätzen, wenn man sich die maschinellen Schwierigkeiten vorstellt, unter denen diese Arbeit stand.

3.3. Theoretische Grundlagen

Wenn es auch den Terminographen bis jetzt nicht gegeben war, eine linguistisch abgesicherte, ausdrücklich formulierte Methodologie festzulegen, haben sie doch in all den Jahren dieselben theoretischen Grundsätze gewahrt, die die Gründerväter der Terminologieforschung von vornherein in den Vordergrund gestellt haben, und zwar:

(1) Alle Arbeiten werden unter einer spezifischen Zweckbestimmung durchgeführt.
(2) Alle Arbeiten sollen betont übersetzerorientiert sein, d. h. daß die Übersetzer als zentrale Benutzergruppe anvisiert werden.
(3) Die Erarbeitung von Terminologie geschieht durch die vergleichende Auswertung

von originaler Fachliteratur in mehreren Sprachen.
(4) Terminologische Äquivalenzen sollen von Fachleuten des jeweiligen Fachgebiets überprüft werden.
(5) Jede terminologische Einheit (Einwort- oder Mehrwortbenennung) soll möglichst in einem relevanten Kontext ihre wahre Bedeutung erhalten.
(6) Die Arbeit soll im Hauptteil in einem systematisch aufgebauten, mit Begriffsrelationen vernetzten Korpus bestehen (ein paar Glossare sind auch zum fortlaufenden Lesen bestimmt) oder in einem „chronologisch", d. h. nach der Reihenfolge der ausgewerteten Artikel geordneten Korpus. Dem Korpus folgen dann die einzelsprachigen, alphabetischen Register, die durch eine besondere Farbe erkennbar sind.
(7) Theoretischer Ausgangspunkt soll der abgegrenzte Begriff oder Sachverhalt mit eindeutiger Benennung sein, dann die Eins-zu-Eins-Entsprechung, welche dann pluridirektional erweitert wird.
(8) Um die multilingualen Aspekte zu berücksichtigen, sollen auch scheinbar banale Begriffe aufgenommen werden, wenn in der einen oder anderen Gemeinschaftssprache eine terminologische Eigenheit oder ein Übersetzungsproblem vorliegt.

4. Analytische Beschreibung terminographischer Arbeiten. Zur Makrostruktur und Mikrostruktur

Zur analytischen Beschreibung der einzelnen Werke sollen die folgenden klassischen Beurteilungsdimensionen ins Auge gefaßt werden: (a) Eigenart des behandelten Wortguts, (b) Themaabgrenzung und Kurzbeschreibung des Korpus (Primärquellen und Sekundärquellen), (c) makrostrukturelle Angaben: Anzahl der Rubriken im Korpus und der Eintragungen in den alphabetischen Registern, (d) makrostrukturelle Angaben: Darlegung der Ordnungsprinzipien des Korpus (textbedingte Anordnung oder thematisch angelegte Systematik), (e) mikrostrukturelle Angaben: Beispiele von spezifischem Wortgut, Untersuchung von Bedeutungserklärungen, relevanten Kontexten, Kollokationen. Die Beschreibungen gliedern sich nach den fünf Hauptkategorien von Texten, die weiter oben (vgl. 3.1.) unterschieden wurden: (1) Primärrecht, (2) Verwaltungsrecht, (3) Integrationspolitik, (4) Rechts- und Bildungssysteme der Mitgliedstaaten, (5) technologische Forschungspolitik (Goffin 1990).

4.1. Primärrecht

In die erste Kategorie fallen die Verträge (EGKS, EWG, Euratom, Einheitliche Europäische Akte, Vertrag über die Europäische Union) und sonstige Rechtsakte der Gemeinschaftsorgane. Die in den Mitgliedstaaten unmittelbar gültigen Gesetzestexte enthalten gleichermaßen verbindliche Urfassungen mit unveränderbarer Terminologie. Verpflichtend ist die wortgetreue Übernahme der authentischen Texte: Das Primärrecht hat durch seine zwingende und normierende Eigenschaft die Größe und Würde kanonischer Texte erworben. Angesichts der Eigenart dieses Wortguts sind viele Schlüsselwörter durch Lehnübersetzung aus den meist französischen Originalfassungen zu Internationalismen geworden. Die Wortwahl beruht auf thematischen Kriterien (ist die Eintragung relevant für das Thema?), auf maximalistischen Selektionskriterien (nach dem Motto: lieber zu viel als zu wenig) und nach kontrastiven Kriterien (aufgenommen wird ein Stichwort, sobald in irgend einer Sprache etwas Übersetzungsrelevantes vorliegt).

(1) Wörterbuch zur Europäischen Vertragssprache. 1974, 1960. Rubriken in sechs Sprachen, 1983 mit Griechisch und Irisch, 683 S.

Dieses halbphraseologische Wörterbuch beinhaltet den Grundwortschatz der Grundverträge der Europäischen Gemeinschaft sowie der Verträge zu ihrer ersten Erweiterung. Zugrunde gelegt wurden die amtlichen EG-Veröffentlichungen aus dem Jahre 1973. Das Korpus enthält 1960 Eintragungen (mit Angabe der Fundstellen), die über die sechs alphabetischen Register (mit insgesamt ca. 27 000 Stichwörtern) zugänglich sind. Zahlreiche Wörter und Wendungen treten in den Verträgen und Protokollen zu wiederholten Malen auf. Soweit sie in allen Sprachfassungen genau übereinstimmten, wurden sie nur einmal aufgenommen, und zwar in einem möglichst charakteristischen Kontext.

Beim Vertrag von Paris sind dies Ausdrücke wie *Subventionen* und *Beihilfen, Beratungen, Hohe Behörde, Zustellung, finanzielle Sanktionen* und *Zwangsgelder, Umlagen, Anpassungsbeihilfen, Wiederbeschäftigung, einstweilige Maßnahmen.* In dem Vertrag von Rom und dem daraus abgeleiteten Recht sind dies unter anderen Ausdrücke wie *Ab-

schöpfungen, System der allgemeinen Präferenzen, Schwellenpreis, Maßnahmen gleicher Wirkung, Währungsausgleichsbeträge, Mitverantwortungsabgabe, eigene Mittel.

(2) Einheitliche Europäische Akte, 1988, 173 Begriffe, neun Sprachen, 220 S.

Dieses Glossar ist das Ergebnis der systematischen Auswertung der Einheitlichen Europäischen Akte, dem Institutionellen Vademekum und dem Dokument „Die Einheitliche Akte muß ein Erfolg werden". Eine Anzahl von für interessant gehaltenen Übersetzungsvarianten wurde dieser Aufstellung hinzugefügt. Es hat sich herausgestellt, daß manche scheinbar endgültig festgelegten Bezeichnungen vom eingeführten Gebrauch abweichen, z. B. steht im EWG-Vertrag *libre circulation*, so steht hier *liberté de circulation*. Um den spezifischen Bedarf in allen Arbeitssprachen abzudecken, ist der Ausdruck *enveloppe quinquennale*, der in Französisch einleuchtend ist, in Englisch aufgenommen, wo er mit einer Umschreibung wiedergegeben wird: *limit on expediture over a five-year period*. Die Neubildung F. *comitologie*, D. *Komitologie*, welche die Zusammenarbeit der Kommission mit verschiedenartigen Ausschüssen bei den Durchführungsaufgaben bezeichnet, wirkt wie ein künstliches Sprachelement in den germanischen im Gegensatz zu den romanischen Sprachen. Die Berücksichtigung von terminologischen Schwierigkeiten und von Übersetzungsproblemen in allen Amtssprachen zieht die Verwendung scheinbar banaler Begriffe in der einen oder anderen Sprache nach sich. Die Anordnung der Rubriken in alphabetischer Reihenfolge der französischen Begriffe hat ihren Grund darin, daß die meisten Texte zur Akte erst in Französisch abgefaßt wurden.

Diese Sammlung enthält die neuesten Schlüsselwörter wie *Subsidiaritätsprinzip, Komitologie, flankierende Politiken, Weißbuch über die Kosten des Nicht-Europa, gegenseitige Anerkennung, sogenanntes „filet"-Verfahren, Wirtschaftskreise, großer einheitlicher Markt, wirtschaftlicher und sozialer Zusammenhalt, bizephales Vorgehen.*

(3) Vocabularium. Vertrag über die Europäische Union (Maastricht), 1992, 396 Eintragungen in neun Sprachen, 160 S.

Dieses teilweise phraseologische Glossar entstand durch Auswertung der neun Sprachversionen des Textes „Vertrag über die Europäische Union" (Dokument CONF-UP-UEM 2002/1/92, REV. 1). Es umfaßt ein Korpus mit 396 Eintragungen in neun Sprachen, die in der Reihenfolge ihres Vorkommens im Vertragstext aufgeführt sind, sowie neun alphabetische Indexe, die maschinell erstellt und von Terminologen bearbeitet wurden. Die recht umfassende Auswahl der Ausdrücke und der phraseologischen Einträge wurde von Übersetzern und Terminologen getroffen, die an der Sitzung der Rechts- und Sprachsachverständigen teilgenommen haben, auf der die letzten sprachlichen Feinheiten des Vertragstextes abgeklärt wurden. Bei der Formulierung der Einträge mußten mehrsprachige Aspekte und die Eigenheiten der verschiedenen Gemeinschaftssprachen berücksichtigt werden, was zu bestimmten Kompromissen geführt hat.

Die neuesten Ausdrücke aus dem Vertrag sind: *Europäische Zentralbank, Unionsbürgerschaft, Strukturfonds, gemeinschaftlicher Besitzstand.*

4.2. Arbeiten zum europäischen Verwaltungsrecht

Die Verwaltung der Organe, die Anwendung der gemeinschaftlichen beamtenrechtlichen Vorschriften, die in die Finanzverfassung eingebettete Haushaltspolitik führen zu Texten mit halbamtlicher institutioneller Terminologie. Zu den Verwaltungsäußerungen rechnet man Ausschreibungen, Dienstanweisungen, Geschäftsordnungen, Auswahlverfahren und anderes. Drei terminographische Arbeiten fallen in diese Kategorie.

(1) Wortgut des Statuts der Beamten der EG, 1975, 861 Eintragungen, sechs Sprachen, 358 S.

Diese Wortsammlung enthält das Wortgut des „Statuts der Beamten der Europäischen Gemeinschaften" und der „Beschäftigungsbedingungen für die sonstigen Bediensteten" sowie der wichtigsten einschlägigen Verwaltungsdokumente der Kommission. Sie besteht aus einem Korpus mit 862 Eintragungen in den Amtssprachen und sechs alphabetischen Indexen mit insgesamt etwa 15 000 Stichwörtern. Der Ausgangstext des Statuts greift deutlich erkennbar auf ein vorherrschendes französisches Modell zurück, das allen anderen Versionen seinen Stempel aufgedrückt hat. Viele Ausdrücke stellen eine sprachliche Nachbildung von französischen, „nationalen" Benennungen dar, wobei die Einwirkung durch gleichzeitige Textveröffentlichung in allen Sprachen noch verstärkt wird (vgl. 6.2.).

So wird das Wort *Beamter* im Gemeinschaftsgebrauch immer mit dem Begriff *official* übersetzt, während im Englischen *civil servant* oder *local government officer* (für die Beamten lokaler öffentlicher Körperschaften) verwendet wird. Der französische Begriff *titularisation* wird durch Umschreibungen in deutscher Sprache mit *Ernennung zum Beamten auf Lebenszeit* (für die Verbeamtung) und in englischer Sprache mit *establishment of staff* wiedergegeben. Da der Terminus *fonctionnaire détaché hors de son administration d'origine* im deutschen Beamtenrecht nicht vorkommt, sucht der Eurolekt Zuflucht zu *abgeordneter Beamter*. Was den Beamten betrifft, der für eine bestimmte Zeit ernannt ist, so heißt er im deutschen Beamtenrecht *Beamter auf Zeit*, im europäischen Statut *Bediensteter auf Zeit*. Während im deutschen Recht unterschieden wird zwischen *Ernennungsbehörde* (F. *autorité investie du pouvoir de nomination*) und *Einstellungsbehörde* (F. *autorité investie du pouvoir de nomination lors du recrutement*), liest man im europäischen Beamtenstatut über *Anstellungsbehörde* (F. *autorité investie du pouvoir de nomination*) und *Einstellungsbehörde* (F. *autorité habilitée à conclure le contrat d'engagement*).

(2a) Haushaltsterminologie, 1976, 390 Eintragungen, sechssprachig, 1983, neunsprachig

Das gemeinschaftliche Haushaltsrecht, das sich in der jährlichen Aufstellung und in der abschließenden Feststellung des Gesamthaushaltsplans äußert, hat sich in erheblichem Maße auf die Terminologie ausgewirkt. Diese Sammlung beruht auf den Texten zur Haushaltsordnung und Finanzregelung aus den Jahren 1974 und 1976, neben den grundlegenden Begriffen aus den Verträgen von Paris und Rom. Durch die Errichtung einer eigenen Haushaltspolitik im Rahmen einer neuen Rechtsordnung hat sich in der Kommission eine hauseigene Ausdrucksweise herausgebildet, die sich manchmal von dem in den Mitgliedstaaten üblichen Sprachgebrauch absetzt.

In der Gemeinschaftsregelung zum Finanzmechanismus steht z. B. als Äquivalent für *Bilanz der laufenden Posten* das englische *balance of current payment*, während *balance of payments on current account* vorzuziehen wäre. Als deutsche Entsprechung für *crédits d'engagement* (nicht zu verwechseln mit *crédits pour engagements* D. *Mittel für Verpflichtungen*) findet man in Gemeinschaftstexten *Verpflichtungsermächtigungen* und nicht *Bindungsermächtigung*, und zur Bezeichnung von *crédits de paiements* (nicht zu verwechseln mit *crédits pour paiements* D. *Mittel für Zahlungen*) findet man *Zahlungsermächtigungen* anstatt *Ausgabebewilligung*.

Ab 1988 wurden grundlegende Änderungen am Finanzsystem der Gemeinschaft eingeführt. Dies wirkte sich natürlich auch auf den Text der Haushaltsordnung von 1977 aus; nach punktuellen Änderungen kam es 1990 zu einer allgemeinen Revision. Diese rechtlichen und verwaltungstechnischen Veränderungen verursachten deutliche Verschiebungen in der Terminologie.

(2b) Haushaltvokabular der Europäischen Gemeinschaften, 1992, 1000 Eintragungen, neun Sprachen, 720 S.

Das Vokabular ist das Ergebnis einer systematischen und umfassenden Auswertung der konsolidierten Fassung der Haushaltsordnung von 1990. Es umfaßt Begriffe und Ausdrücke, die u. a. folgende Bereiche decken: Einnahmen und Ausgaben, Aufstellung, Gliederung, Darstellung und Ausführung des Haushaltsplans, Mittelbindung, Auftragsvergabe, Rechnungsführung, Rechnungslegung und Rechnungsprüfung. Jede mit einer Quellenangabe versehene Eintragung verweist auf die Haushaltsordnung oder einen anderen haushaltstechnischen Text.

Die Sammlung bringt ausführliche Definitionen zu folgenden Stichwörtern: *Frühwarnsystem, Präferenzabkommen, surbudgétisation, Altlast, non-affectation, vierte Einnahmequelle, pragmatischer Zeitplan*.

4.3. Arbeiten zur europäischen Integrationspolitik

Die Entwicklung der Terminologie geht Hand in Hand mit der Vertiefung der europäischen Integration. Diese umfaßt die in den Verträgen ausdrücklich erwähnte Wirtschaftspolitik (z. B. Zoll und Mehrwertsteuer), Landwirtschaftspolitik und Sozialpolitik. In den Texten über diese Themen wird die im Hause erarbeitete Gemeinschaftssprache an die Öffentlichkeit getragen.

4.3.1. Zoll und Wirtschaft

(1a) Zollvokabular 1977, sechssprachig, 1984 neunsprachig, 1000 Eintragungen, 826 S.

Für die Erstellung des Vokabulars wurden fast alle Gemeinschaftsregelungen aus dem Zollgebiet systematisch und chronologisch ausgewertet. Viele Grundverordnungen zielen auf die Schaffung einer Zollunion mit den Sondergebieten Zollrecht, Zollverfahren, Zollwert, Veredelungsverkehr und die Aufstellung eines gemeinsamen Zolltarifs gegenüber Drittländern. Die Bearbeitung dieser

Themen ist durch die jedem Zollsystem eigene Vielfalt und sprachliche Besonderheit erschwert.

(1b) Zollkodex der Gemeinschaften, 1991, 371 Begriffe, neun Sprachen, 1993, aktualisierte Neuauflage, 335 S.

Dieses Vokabular vereint in einem einzigen Rechtsinstrument die Zollvorschriften der Gemeinschaft. Es ist deshalb der Eckstein für die Harmonisierung des Zollvokabulars, sowohl innerhalb der EG-Dienststellen als auch in den einzelstaatlichen Behörden. Es ist das Ergebnis der Auswertung der Verordnung zur Festlegung des Zollkodex der Gemeinschaften. Die erste Ausgabe beruhte auf dem Vorschlag.

(2) Vokabular. Die Mehrwertsteuer in den Gemeinschaftsdokumenten, sechssprachig, 1978, neunsprachig 1983, 250 Begriffe, 379 S.

Dieses Vokabular umfaßt das die Mehrwertsteuer betreffende Wortgut der Gemeinschaft. Neben der systematischen Auswertung von Gemeinschaftstexten mit rechtsverbindlichem Charakter wurden Veröffentlichungen über die gemeinschaftlichen und einzelstaatlichen Regelungen untersucht. Zahlreiche Begriffe sind durch Hinzufügung nationaler Bezeichnungen bereichert bzw. ersetzt worden. Wegen der Eigenart des Gebiets erheben die gegebenen Äquivalenzen nicht immer Anspruch auf Allgemeingültigkeit; sie spiegeln vielmehr den hauseigenen Sprachgebrauch wider.

So wurde das englische Wort *hidden tax* aus dem Green Paper von 1971 dem Wort *residual tax* als Entsprechung für *Restbelastung* beigefügt.

(3) Wirtschaft, Finanzen, Geldwesen, 1985, 1000 Eintragungen, neun Sprachen, 1110 S., 2 Bände

Diese hauptsächlich anhand von Gemeinschaftstexten zusammengesetzte Sammlung umfaßt verschiedene Sachgebiete der Wirtschaftswissenschaften. Die Einführung des Europäischen Währungssystems gibt Anlaß zu einer sprachlichen Konfrontierung der Gebiete Makroökonomie, Börsen- und Kreditwesen. Es stellt sich heraus, daß scheinbar identische Begriffe sich in verschiedenen Sprachen oft auf verschiedene Realitäten beziehen und subtile Bedeutungsverschiebungen bei bestimmten klassischen Begriffen festzustellen sind.

So überschneidet sich für den deutschen Wirtschaftler der Begriff *Geldpolitik* (F. *politique monétaire intérieure*) teilweise mit dem Begriff *Kreditpolitik*, während der angelsächsische Wirtschaftler beide Begriffe kennt (*domestic monetary policy* und *credit policy*).

Es wäre illusorisch, die Begriffe in allen Arbeitssprachen genau gegeneinander abzugrenzen und absolut eindeutige Äquivalenzen zu suchen. Die Definitionen im Korpus tragen aber dazu bei, gewisse Begriffe zu erhellen. Das europäische System kennt das gemeinsame Floaten der Währung (auch *Block-Floating* genannt): als Bezeichnung für die von einigen EG-Ländern vorgenommene Freigabe der Wechselkurse gegenüber Drittländern bei gleichzeitig festen Wechselkursen der Währungen untereinander. In dem System wird zwischen *freiem Floaten* und *schmutzigem Floaten* unterschieden. Das System führte zu der Entstehung der *Gemeinschaftsschlange*, d. h. die Bandbreite oder Marge, innerhalb welcher sich die Devisenkurse bewegen dürfen (die Schlange). Man spricht auch von der *Minischlange der Beneluxländer*, innerhalb welcher sich die Kurse nur um 1,5% bewegen. Das Niederländische benutzt hier den Begriff *Beneluxlintworm* oder *Bandwurm*. Interventionen werden ausbezahlt in *Gemeinschaftswährungen*, in *Multiwährungen* und in *Schlangenwährungen*.

4.3.2. Agrarpolitik

Die Ausgestaltung der im EWG-Vertrag ausdrücklich erwähnten, gemeinschaftlichen Agrarpolitik umfaßt alle Maßnahmen zur Aufrechterhaltung des gemeinsamen Marktes für landwirtschaftliche Erzeugnisse. Sie gibt Anlaß zu einer hohen Regelungsdichte, wenn man bedenkt, daß in der gemeinschaftlichen Rechtssetzung und den gemeinsamen Marktordnungen die Mehrzahl der Vorschriften den Agrarmarkt betreffen. Andererseits differieren die einzelstaatlichen Landwirtschaftsprodukte und -ressourcen wegen der jahrhundertelang gewachsenen Traditionen. Das schlägt sich in der Fachsprache nieder. Zum einen ist sie aufgrund ihrer Gebundenheit an einen altüberlieferten Beruf und der vielen Grenzgebiete (Botanik und Zoologie) nicht mehr zu überblicken. Zum anderen führt die vollständige Vergemeinschaftung zu einem Kollidieren vieler Fachtermini. Die Glossare umfassen verschiedene Teilgebiete.

(1) Vokabular, Weinbereitung, 1985, 270 Begriffe, neunsprachig, 346 S.

Das Vokabular gibt Auskunft über die gebräuchlichsten Verfahren der Weinbereitung.

Es ist in sieben Unterkapitel gegliedert: (1) Weinwissenschaften und -technologien, (2) Weinlese, (3) Von der Rebe bis zum Most, (4) Gährung, (5) Ausbau, (6) Weine und Bestasndteile, (7) Krankheiten und Fehler. Die meisten Begriffe stammen aus EWG-Verordnungen.

(2) Tabakvokabular, 1975, sechssprachig, 1986, 500 Begriffe, neunsprachig, 440 S.

Dieses Vokabular, das auch Kurzbeschreibungen von Fachwörtern enthält, deckt die Terminologie aus den Bereichen von Tabakanbau, -aufbereitung und -veredelung sowie aus Herstellung und Vermarktung von Tabakerzeugnissen ab. Es befaßt sich mit der Terminologie des gemeinsamen Marktes, wie sie in den Gemeinschaftsdokumenten erscheint. An diesen Teil schließt sich eine Klassifikation der Tabaksorten an.

(3) Glossarium. Landwirtschaftliche Gebäude, Rinderhaltung, 1993, 498 Begriffe, 1051 S.

Dieses Glossar ist im Rahmen des Aktionsprogramms für Sicherheit, Arbeitshygiene und Gesundheitsschutz am Arbeitsplatz entstanden und bezieht sich auf die landwirtschaftlichen Gebäude. Die zusammengestellten Begriffe berücksichtigen hauptsächlich die Rinderzucht und behandeln die einzelnen Teile des Betriebes, die verschiedenen Bauarten, elektrische Installationen und Belüftungsanlagen, Aufstallungsarten, Melkeinrichtungen und einzelne Aspekte der Veterinärmedizin.

4.3.3. Fischereipolitik

Die als „blaues Europa" bezeichnete Fischereipolitik hat als Zielsetzung die Festlegung von Fangquoten, die Vereinbarung zulässiger Fangtechniken und die Erhaltung der Fischbestände. Die terminologische Reichhaltigkeit und oft verwirrend wirkende Vielfalt dieser bildhaften, ursprünglichen, variantenreichen Sprache führen zu der Notwendigkeit, eine gewisse sprachliche Vereinheitlichung zu erreichen, ohne jedoch dem regionalen und lokalen Ausdrucksreichtum Abbruch zu tun.

(1) Multilingual Dictionary. Fischfanggerät, 1987, 1992, 407 Begriffe, 333 S., neunsprachig

Dieses Glossar umfaßt 407 Begriffe mit 150 Abbildungen. Der Hang dieser Fachsprache zur Anschaulichkeit zeigt sich besonders in den metaphorischen Benennungen der Geräte, die oft als „Beseelung des Geräts" aufgefaßt werden.

Der deutsche Wortschatz läßt eine stärkere Familiengebundenheit und Motivierung durch Kohärenz erkennen, z. B. *Wurfnetz*, *Verandanetz*, *Gespannschleppnetz*, *Schiebnetz* und *Trammelnetz*, während die französischen Entsprechungen *épervier*, *sautade*, *chalut-bœuf*, *pousseux*, *tramail* lauten. Erwähnenswert sind auch die französischen Metaphern *biribi* für *Knüppeltau*, *coupe-cul* für *Teilstropp*, u. a., oder umgekehrt *Ochsenauge* für *craquelin*.

(2) Fischereifahrzeuge und Sicherheit an Bord, 1990, 1992, 400 Begriffe, neunsprachig, 947 S.

Das Glossar enthält fast 400 Fachtermini über Fahrzeuge, passive Sicherheit (Teile, Struktur der Schiffe), Einrichtungen an Bord, Stabilitätsanforderungen und aktive Sicherheit (Signale, Rettungsmittel). Die Grundlage für dieses Glossar bildet die terminologische Auswertung des „Internationalen Übereinkommens über die Sicherheit von Fischereifahrzeugen" (1977). Auch in dieser Arbeit kommt eine bildhafte, von traditionellen oder regionalen Gegebenheiten geprägte Sprache zum Ausdruck. Darüber hinaus werden die kontrastierenden Wortbildungen des Französischen und des Deutschen gut sichtbar: auf der einen Seite besteht eine Vorliebe für Derivationen und syntagmatische Wortbildungen, auf der anderen Seite besteht der Hang zu Kompositionen und Gegenstandsgebundenheit.

Im Gegensatz zu der deutschen integrierenden Wortzusammensetzung wie etwa *Frischfisch* − *Seitenfänger* steht die französische Synapsie *chalutier latéral de pêche fraîche*, oder *Baumkurrenkutter* zu *chalutier à tangons*.

(3) Illustriertes Glossar. Wassertiere und -pflanzen, 1993, zehnsprachig, 518 S.

Das Glossar enthält Angaben zu 1512 Arten von Fischen, Krebstieren, Weichtieren, Wassersäugetieren, Algen und anderen Fischereierzeugnissen. Jedes Stichwort ist zumindest auf der Ebene der taxonomischen Familie genau identifizierbar. Bei jeder Eintragung steht die wissenschaftliche bzw. lateinische Bezeichnung, die Familie und eine Abbildung. Diese Abbildungen dienen nicht der exakten Identifizierung jeder einzelnen Art, sondern der Veranschaulichung der allgemeinen Kennzeichnen.

4.4. Sozial- und Bildungswesen

Auf dem Gebiet des Sozialwesens steht man vor einer Terminologie, in der die Begriffe stark auseinanderklaffen. Weil in den jeweiligen Ländern die Sozial- und Bildungssysteme unabhängig voneinander historisch gewachsen sind, kann man die landesspezifischen Begriffe nur aus dem System heraus verstehen, in das sie eingefügt sind. Dabei müssen die Begriffssysteme vorerst unabhängig voneinander aufgedeckt, Begriffe in ihre wesentlichen Merkmale aufgelöst und dann miteinander verglichen werden. Eindeutige Entsprechungen oder vollständige begriffliche Äquivalenzen liegen selten vor. Die Begriffe lassen sich in vielen Fällen nur durch Entlehnung, Lehnübersetzung, Prägung einer Neubenennung oder Schaffung eines Erklärungsäquivalents wiedergeben.

(1) Arbeitswelt und Gewerkschaftsbewegung, 1983, 415 Begriffe, 216 S., zehnsprachig

Dieses Glossar wurde vom Europäischen Gewerkschaftsinstitut in Zusammenarbeit mit dem Terminologiedienst der Kommission erstellt. Es enthält 415 Begriffe in 10 Sprachen (Norwegisch und Schwedisch, ohne Portugiesisch). Der entscheidende Gesichtspunkt für die Begriffsauswahl war nicht unbedingt die Vollständigkeit, sondern die Konzentration auf die in der Praxis häufig verwendeten Begriffe. Der Band gliedert sich in 4 Teile: Teil I stellt die Begriffe in den 10 Sprachen dar, Teil II enthält in jeder Sprache den alphabetischen Index, Teil III erläutert einige Begriffe in Form von kurzen Definitionen, Teil IV enthält die Namen der wichtigsten Gewerkschaftsorganisationen auf nationaler, europäischer und internationaler Ebene in den verwendeten Sprachen sowie eine Liste der Abkürzungen von Gewerkschaftsorganisationen. Das Glossar zeigt, daß das in der Gewerkschaftsbewegung verwendete Wortgut zahlreiche Verständigungsprobleme aufwirft. Der *Arbeitsdirektor* ist aufgrund des Montanmitbestimmungsgesetzes in der Bundesrepublik ein gleichberechtigtes Vorstandsmitglied in einem Unternehmen, das nur mit der Zustimmung der Belegschaft ernannt werden kann. Ohne Definition sind die Übersetzungen *directeur du travail* und *worker director* sinnlos. In der Gewerkschaftsterminologie versteht man unter *closed shop* einen Arbeitsplatz, für den die Mitgliedschaft in einer Gewerkschaft eine Grundbedingung für die Beschäftigung ist, als Ergebnis eines Vertrages zwischen Arbeitgeber und Gewerkschaft bzw. Gewerkschaften. In diesem Fall ist nur eine Entlehnung möglich, D. *closed shop* oder eine Umschreibung.

Man achte auf folgende Entsprechungen: F. *partenaires sociaux*/B. *interlocuteurs sociaux*/E. *both sides of industry*/D. *Tarifvertragsparteien, Sozialpartner.* Das englische *check-off* ist eine Form des Einzugs der Gemeinschaftsbeiträge. Diese werden direkt vom Lohn abgezogen und müssen vom Arbeitgeber direkt an die Gewerkschaft überwiesen werden. D. *Beitragsabzug vom Lohn.*

(2) Terminologie der Berufsbildung, Grundbegriffe, 1987, 96 S., CEDEFOP, sechssprachig

Es handelt sich um eine Gegenüberstellung der Benennungen von 20 Grundbegriffen der Berufsbildung in den Sprachen Dänisch, Deutsch, Englisch, Französisch, Italienisch, Niederländisch in den Mitgliedstaaten Belgien, Dänemark, Deutschland, Frankreich, Irland, Italien, Luxemburg, Niederlande, Vereinigtes Königreich Großbritannien und Nordirland mit kurzen Begriffserklärungen in den Originalsprachen. Eine deutsche Übersetzung dieser Erklärungen ist im Anhang enthalten.

(3) Glossar. Berufsbildung. Teilausgabe, 1991 (CEDEFOP-Dokument), sechssprachig

Diese Ausgabe versucht die Begriffe des Sachgebiets Berufsbildung aus den EG-Mitgliedstaaten einander vergleichbar gegenüberzustellen. Die Arbeit beruht auf dem zu Beginn der achtziger Jahre von CEDEFOP herausgegebenen Monographien der nationalen Berufsbildungssysteme. Die Arbeit wird an rund 500 Begriffsblättern in allen EG-Sprachen aufgrund eines Vergleichs der nationalen Begriffe durchgeführt.

(4) Vocabularium. Soziale Sicherheit, 1988, 286 Begriffe, neunsprachig, 171 S.

Die Fachwortsammlung beruht auf zwei Grundverordnungen über die soziale Sicherheit der Wanderarbeitnehmer und ihrer Familienangehörigen. Die Begriffe weisen je nach Mitgliedsland sehr unterschiedliche Realitäten auf.

4.5. Technologische Forschung

In der Anfangsphase der europäischen Integration beruhte die gemeinsame Forschungs- und Technologiepolitik auf den beiden Sektorenverträgen EGKS und Euratom. Die Terminologiearbeit bezog sich also erst auf die vordringlichen Bereiche von Kohle, Stahl und Kernenergie. Erst später traten die neuen Forschungsthemen hinzu: Umwelt, neue Verkehrstechniken, neue Energiequellen, neben der Schlüsseltechnologie der Informations- und Kommunikationstechnik, z. B. dem Forschungsprogramm ESPRIT. Die Glossare sind nach einem zentralen Begriffssystem erstellt und die weit abgesteckten Sachgebiete zunächst in Teilsachgebiete unterteilt. Innerhalb jedes Teilsachgebiets wird aufgrund eines vorher aufgestellten Begriffsplans eine systematische Gliederung in Bereiche und Unterbereiche durchgeführt, so daß die Begriffe in eine logische Reihenfolge eingeordnet werden. Durch die umfangreichen sprachlichen und sachlichen Informationen eignen sich diese Glossare nicht nur als Nachschlagwerke, sondern auch zur systematischen Einarbeitung in die Terminologie des zu behandelnden Sachgebiets.

(1) Stahlnormenglossar, 1978, 835 Eintragungen, 689 S., sechssprachig

Dieses weitgehend kontextbezogene Glossar ist das Ergebnis der systematischen Auswertung des in fast 150 viersprachigen Euronormen und den entsprechenden nationalen Normen (AFNOR, BS, DIN, UNI, NBN, NEN, DS) enthaltenen terminologisch relevanten Textmaterials. Es handelt sich um Güte- und Prüfnormen sowie um Maß- und Toleranznormen. Das Glossar besteht aus einem Korpus mit 835 weitgehend kontextbezogenen Eintragungen in sechs Sprachen (Französisch, Englisch, Deutsch, Italienisch, Niederländisch, Dänisch) neben sechs alphabetischen Indexen mit je 2800 Stichwörtern in den einzelnen Sprachen. Die Eintragungen enthalten (a) mehrgliedrige Zusammensetzungen wie *Salzbadhärten* oder *Grobkornglühen* mit Definition aus einer Euronorm oder einer entsprechenden nationalen Norm, sofern terminologische oder phraseologische Abweichungen vorliegen, (b) sinnerläuternde, terminologisch relevante Satzteile, in die die Fachtermini eingebettet sind, (c) Eins-zu-Eins-Äquivalenzen, sofern sich die Begriffe in dem betreffenden Sachgebiet decken.

Aus dieser Arbeit ist ersichtlich, daß eine Fachsprache mehr als eine Wortliste oder eine einfache Sammlung von Wörtern ist, aus der man bei der Übersetzung von der einen in die andere Sprache nur die korrespondierende Bezeichnung zu entnehmen braucht. Scheinbar gleiche Bezeichnungen nehmen im Mosaik des terminologischen Feldes nicht immer die gleiche Stellung ein und funktionieren in der Sprache anders (vgl. 5.).

(2) Glossar Neue Verkehrstechniken, 1976, 1490 Begriffe, 900 S., sechssprachig

In den 70er Jahren herrschte in den europäischen Industrieländern eine rege Forschungstätigkeit im Hinblick auf die Verbesserung der Verkehrsmittel. Die neuen, oft avantgardistischen Entwicklungen waren in den einzelnen Ländern unterschiedlich ausgerichtet. So lag der Schwerpunkt der Forschungsarbeit in der Bundesrepublik auf dem Gebiet der spurgebundenen Fern- und Nahverkehrssysteme mit Magnetschwebeführung und Linearmotorantrieb, in Großbritannien auf dem Gebiet der Technologie der Luftkissenfahrzeuge und in Frankreich auf dem Gebiet des Aerotrains und der fortgeschrittenen Turbinenzüge. Parallel mit der ungeheuren Zunahme an Neuerungen entwickelte sich auch eine neuartige Fachsprache mit zum Teil unausgegorenen Neologismen und oft verwirrenden Synonymen. Das Glossar enthält einen systematisch gegliederten Hauptteil mit etwa 1500 sechssprachigen Eintragungen auf der Grundlage von Originalveröffentlichungen sowie einen Indexteil mit sechs alphabetisch geordneten Indexen und insgesamt etwa 20 000 Einträgen. Die Begriffe des Hauptteils sind oft mit einem Begleittext in einer der Arbeitssprachen der EG versehen, der aus einer Originalveröffentlichung stammt und mit einem Hinweis auf seine Fundstelle versehen ist. Da es für manche Ausdrücke im Zusammenhang mit Techniken, die nur in dem einen oder anderen Land entwickelt wurden, noch nicht in allen Sprachen allgemein akzeptierte Entsprechungen gibt, mußte die Wortsammlung gelegentlich „sprachschöpferisch" abgerundet werden. Als zusätzliche Information finden wir einige schematische Zeichnungen sowie eine kurze Beschreibung einer Anzahl interessanter Projekte, die sich in der Entwicklung oder noch in der Erprobung befinden. Das Wortgut verteilt sich auf sieben Kapitel: (1) Betriebswirtschaftliche und technische Aspekte; (2) Zwangsgeführte Systeme für den Fernverkehr (Aérotrain, Turbinenzüge) und für den Nahverkehr (Kabinenbahnen, Rollsteige, Untergrundbahnen); (3) Autonome Landverkehrsmittel (neuartige Autobus- und Taxikonzepte, Sicherheitsauto, Elektrofahrzeuge); (4) Seeverkehrsmittel (neue Schiffstypen, Containerisierung, Be- und Entladevorgänge, Kombischiffe); (5) Luftkissenfahrzeuge; (6) Luftfahrzeuge (Starrflügler,

Schwenkflügler, usw.); (7) Straßenverkehr und elektronische Hilfen.

(3) Wörterbuch. Alternative Energiequellen, 1984, 2500 Begriffe, 1166 S., sechssprachig, zwei Bände

Wegen der großen und riskanten Ölabhängigkeit der EG-Länder besteht eine vordringliche Aufgabe der Energiepolitik darin, eine zuverlässige, ausreichende Versorgung zu gewährleisten und alternative Optionen der Energieversorgung zu erschließen. Die Förderung beschränkt sich weitgehend auf die begleitende Unterstützung nationaler Projekte, so daß die Benennungen für die einsatzbereiten oder im Routinebetrieb befindlichen Vorhaben fachsprachlich weit auseinanderliegen. Die labile, synonymreiche Terminologie der erneuerbaren Energiequellen folgt dabei mühsam dem Rhythmus der Forschung: Neubildungen entstehen und vergehen in ständiger Reihenfolge, seit altersher bekannte Begriffe erfahren einen nicht immer geglückten oder logisch vertretbaren Wandel. Das Wörterbuch besteht aus einem systematisch gegliederten Hauptteil in sechs Sprachen mit mehr als 2500 Begriffen und einem Indexteil mit sechs alphabetisch geordneten Registern, die auf ca. 36 000 Benennungen verweisen. Im Hauptteil findet man erklärende Begleittexte aus Originaldokumenten in einer der Amtssprachen nebst einer Vielzahl von Abbildungen. Dieser ist in neun Kapitel unterteilt: (1) allgemeine Begriffe; (2) Sonnenenergie (d. h. thermische Konversion, photovoltaische Konversion, Biokonversion und Biomasse); (3) Windenergie; (4) Meeresenergie; (5) geothermische Energie; (6) Wärmepumpen; (7) Wasserstoff; (8) Energiespeicherung; (9) Kernfusion und Plasmaphysik.

(4) Biotechnologie-Glossar, 1990, 700 Begriffe, 1080 S., neunsprachig, Elsevier, London & New York

Dieses Glossar enthält neben dem Grundwortschatz der als Ausgangsbasis geltenden Biomolekularbiologie die Fachterminologie für biotechnologische Verfahren, die in der Medizin, der Pharmazeutik, der Landwirtschaft und Nahrungsmittelindustrie angewandt wird. Das systematisch gegliederte Korpus besteht aus neun Kapiteln: (1) Molekularbiologie; (2) Physiologie und Biochemie; (3) Gentechnik; (4) Enzymologie; (5) Pharmakologie; (6) Immunologie; (7) Phytogenetik; (8) Biomasse; (9) Angewandte Wissenschaft. Alle Eintragungen sind mit den aus Originaldokumenten entnommenen Kontexten und genauen Quellenangaben versehen, was eine Betrachtung aus verschiedenen Blickwinkeln ermöglicht. Wenn ein Ausdruck in einer Sprache nicht abgesichert schien, wurde auf eine Entsprechung verzichtet.

(5) ESPRIT-Glossar in fünf Bänden

Das seit 1984 laufende Arbeitsprogramm des Europäischen Strategischen Programms für Forschung und Entwicklung auf dem Gebiet der Informationstechnologie (ESPRIT) umfaßt 500 Projekte für die industrielle Modernisierung. Diese Projekte geben Anlaß zu einer hochaktuellen Terminologie, die in fünf Bänden festgehalten ist: (1) Grundlagenforschung; (2) Mikroelektronik (u. a. Halbleiter, Mikroprozessoren); (3) Datenverarbeitung und Software-Technologie; (4) Peripherieeinrichtungen; (5) rechnerintegrierte Fertigung, u. a. Robotik.

5. Technolekte in kontrastiver Sicht

Wie weiter oben dargelegt (vgl. 4.5.1.), ist das Stahlnormenglossar das Ergebnis der systematischen Auswertung von 150 viersprachigen Euronormen und den entsprechenden nationalen Normen. Die kontrastive Untersuchung von DIN-Stahlnormen und AFNOR-Stahlnormen über Wärmebehandlung hat gezeigt, daß Terminologien eigenartige Leerstellen und Vollstellen aufweisen, die bezeugen, daß Technolekte physikalische Sachverhalte unter verschiedenartigen sprachlichen Gesichtspunkten sehen. Daraus ergeben sich zum Teil abweichende Bezeichnungen, die nicht als bloßes Abbild der außersprachlichen Realität zu deuten sind. Zur Erläuterung einige Beispiele: Das Französische *durée de mise en température* ist die Zeitspanne vom Beginn des Erwärmens bis zum Erreichen der Solltemperatur im Kern des Werkstückes. Dieser im Französischen als eine Einheit betrachtete Vorgang wird im Deutschen geteilt in: *Anwärmdauer*, die Zeitspanne vom Beginn des Erwärmens bis zum Erreichen der Solltemperatur an der Oberfläche des Werkstückes, und *Durchwärmdauer*, die Zeitspanne vom Erreichen der Solltemperatur an der Oberfläche des Werkstückes bis zum Erreichen der Solltemperatur im Kern. In der französischen Stahlterminologie verwendet man *surchauffe* für *chauffage effectué dans les conditions de température et de durée telles qu'il se produit un grossissement exagéré du grain.* Das Deutsche hat keine direkte Entsprechung, sondern unterscheidet: *Überhitzen,* ein Erwärmen auf so hohe Temperatur, daß bei üblicher Haltedauer eine unerwünschte Kornvergrößerung auftritt, und *Überzeiten,* ein Erwärmen mit so langen Haltezeiten, daß bei üblichen Temperaturen eine unerwünschte Kornvergrößerung auftritt. Im Französischen versteht man unter *décarburation* die Verringerung des Kohlenstoffgehaltes unter der Einwirkung eines umgebenden Mittels. Das Deutsche kennt *Auskohlung* bei vollständigem und *Abkohlung* bei teilweisem Entzug des Kohlenstoffs.

Die Beispiele zeigen, daß auch die Technolekte das zu bezeichnende Wirklichkeitskontinuum mit dem der Sprache zur Verfügung stehenden morphologisch-lexikalischen Rüstzeug abgrenzt, ausgliedert und zergliedert. Der Wissenschaftler gliedert die Umwelt, an deren Eigengesetzlichkeit kein Zweifel bestehen kann, nach Anhaltspunkten auf, die ihm erst in und mit der Sprache faßbar sind. Technolekte enthalten bestimmte spracheigene Einheiten, die nicht immer auf präzisen, definierten Normen basieren. Die Strukturierung der Technolekte richtet sich zugleich nach wissenschaftlichen Anforderungen und nach sprachlichen Gesichtspunkten. Es wird deutlich, daß die angebliche Diskrepanz zwischen der Fachsprache als Abbildungsinstrumentarium einer sog. objektiven festen Realität und der Allgemeinsprache als Ausdrucksmittel einer subjektiven veränderlichen Wirklichkeit stark zu relativieren ist. Es trifft jedoch zu, daß die Eigenstruktur der durch die Fachsprache „geworteten Umwelt" dem Menschen präziser und die Gegenstände abgegrenzter erscheinen und somit das Erfassen erleichtern.

6. Der Eurolekt und das Ursprungsmodell

Seit jeher ist die Sprache, die in den Schriftstücken der europäischen Gemeinschaft verwendet wird, Gegenstand heftiger Attacken. Politiker stellen sie unaufhörlich an den Pranger, Parlamentarier und Journalisten verunglimpfen sie. Zahlreich und unerbittlich sind die Zensoren, die sie abwerten mit den französischen Wörtern als *eurobabillage* oder *brouillard linguistique européen,* mit den deutschen Wörtern als *Eurowelsch* oder *Eurokauderwelsch,* mit den englischen Wörtern als *Eurospeak* oder *Eurofog* bezeichnen. Die Gemeinschaft wurde auch einmal *Dadefinspeaking Community* getauft, ein gewagtes Akronym, das sich aus den ersten Buchstaben der Mitgliedstaaten vor 1984 zusammensetzt. Die deutsche Presse prägte einmal das Kofferwort *frutsch* (français und deutsch), die Engländer sprachen von *Frenglish* (Englisch mit französischem Einschlag) und von *back-door francisation.* Was die Ankläger eigentlich angreifen, sind gleichermaßen die esoterischen Fachtermini, die „(un)heimliche" Phraseologie, die willentlich unscharf abgegrenzten Begriffe und die Abkürzungswut, die den Eurobürgern die Wahrheit verschleiern würden. Man kann sich nicht immer sicher sein, ob es diese Zensoren nicht vielmehr auf die Ordnung Europas abgesehen haben als auf die zur sprachlichen Erfassung der neuen Wirklichkeit geschaffenen Wörter.

6.1. Wesen des Eurolekts

Wir haben in einem anderen Zusammenhang zu beweisen versucht, daß die in den Texten der Europäischen Gemeinschaft verwendete Sprache — die wir Eurolekt getauft haben (Goffin 1990, 18) — sich weder durch ihren Ursprung, noch durch ihr Funktionieren von den Gesetzmäßigkeiten anderer „Lekte" wie Regiolekte oder Technolekte abhebt.

Die lexikogenischen Mechanismen, die die Bildung des Eurolekts beherrschen, sind in weiten Bereichen mit jenen vergleichbar, die die Sprachforschung bei jeder Entstehung von Terminologien herausgestellt hat. Es ist zutreffend, daß sich diese Mechanismen in allen elf Sprachen auf unterschiedliche Weise wiederfinden. Jede verfügt zwar über ein eigenes Strukturierungsmodell, das sie dazu zwingt, die eine oder andere Form von Wortbildungsschemata zu bevorzugen. Jedoch scheint jede dieser Sprachen die ausreichende Vielfältigkeit und Flexibilität aufzubringen, um mit der eigenen verbalen Dynamik und den eigenen Mustern alle heutigen Herausforderungen auf dem Gebiet der Neuwortbildungen zu bewältigen. Wenn man sich darüber einig ist, daß die Spezifik der Gestaltung Europas dazu berufen ist, eine neue gemeinschaftliche Rechtsordnung unter Wahrung der einzelstaatlichen Traditionen zu schaffen, dann muß man gleichzeitig akzeptieren, daß die Sprache, die sie sich schafft und derer sie sich bedient, in den Integrationsprozeß eingesetzt werden muß. Ob diese Sprache nun Anlaß zur Schaffung neuer Wörter gibt (Euronyme), — um das entstehende Europa in Worte zu kleiden — oder ob sie Begriffe und

Bezeichnungen überträgt, die schon in den protagonistischen Sprachen (heterolexikologische Einheiten) verankert sind: Sie besteht aus einer umfassenden Gesamtheit von Aussagen, die ganz normal wie ein Subsystem innerhalb einer Sprache funktionieren und nicht etwa wie eine künstliche Sprache oder gar ein Jargon, eine verkommene Form einer „Nationalsprache", die ihrerseits klar und nüchtern wäre. Wenn die lexikalischen Einheiten der Gemeinschaftsschriftstücke, sog. Eurolexeme, erst einmal in die Logik der Aussage zurückgesetzt und in den kognitiven Zusammenhang und wieder in die Dynamik der Rede rückgeführt worden sind, in denen sie funktionieren, nehmen sie weniger esoterische Formen an. Ihre Zeichen erweisen sich in linguistischer Hinsicht oft als motivierter und durchsichtiger, wenn man berücksichtigt, daß sie von einer sozialen Kommunikationspraxis herrühren, die über die Konvergenz von Wirtschaftsformen und Politik hinausgeht und dabei die Verschiedenheit menschlicher Dimensionen und kultureller Werte respektiert.

6.2. Das Ursprungsmodell des Gemeinschaftstextes

Sehr schnell wird sichtbar, daß ein Gemeinschaftstext häufig auf ein vorherrschendes einzelstaatliches Modell zurückgreift, das dem Endtext seinen Stempel aufdrückt. Der Gemeinschaftstext ist das Ergebnis eines Kompromisses zwischen dem gedanklichen Inhalt und der formellen Struktur, zwischen Standpunkten und Ausdrucksweisen (Woodland 1985). So durchwob das deutsche Recht mit der Diktion deutscher Ursprungtexte die Gemeinschaftsschriftstücke über den Wettbewerb. Andererseits spiegelt der Text über das Statut der europäischen Beamten in weiten Teilen auf die gleiche Weise das Modell des französischen Gesetzestextes wider. Diese Texte bringen die landesspezifischen Wortverbindungen und Ausdrücke einerseits und die Eurolexeme oder die Euronyme andererseits in ein labiles Gleichgewicht, wenn nicht sogar in eine Konkurrenzsituation. Dies ist durch die Schaffung einer gemeinschaftlichen supranationalen Gewalt bedingt. Es wäre gewagt, zu behaupten, daß ein künstlicher Einschnitt die abgeklärten, durchsichtigen, einzelstaatlichen Begriffe den undurchsichtigen, supranationalen, willentlich geheimen, nur den Eurokraten vorbehaltenen Begriffen gegenüberstellen würde.

In dem Maße, in dem der Ursprungstext einen Kompromiß darstellt, schimmert auch in den Übersetzungen der Duktus des Ausgangstextes durch, so stark ist dessen Prägnanz. Ohne von dieser Modellvorgabe völlig beherrscht zu sein, prägt diese dennoch auf unbestimmte, aber nicht zu leugnende Weise die Übersetzung und zwingt sie in ihrem Bemühen um Genauigkeit, sich den Konturen und dem Aufbau der Modellvorgabe zu beugen. Diese Einwirkung wird durch parallele Textveröffentlichung — mitunter Segment für Segment — verstärkt. Wenn auch von gleichem juristischen Wert, sind die übersetzten Textversionen doch — vom streng linguistischen Standpunkt betrachtet — weniger authentisch und weniger landessprachlich, als wäre der Text direkt in der Muttersprache verfaßt. Da bei der Kommission das Französische häufig die Ursprungssprache ist, schieben sich die Übersetzungen in die Form des zuvor geschaffenen Textes ein, auch wenn dessen ursprüngliche Diktion durch eine „transnationale" Bearbeitung neutralisiert wird. Es sollte nicht allein dem Übersetzer aufgebürdet werden, den Text klar und nüchtern abzufassen. Der Verfasser ist für den Textstil mitverantwortlich. Berücksichtigt man dieses unsichtbare, aber vorhandene Muster, bedarf es doch einer geraumen Zeit um zu eruieren, wie man einen Text der Gemeinschaft entschlüsselt und das Strukturmuster des ursprünglichen Aufbaus und die Merkmale erkennt, die die Endfassung ausmachen. Die Analyse der einzelnen Versionen des gleichen Textes würde es dann erlauben, der Textgenese nachzugehen.

7. Ausblick

Wenn man heute die Wörterbuchlandschaft in der Europäischen Union betrachtet, so muß man anerkennen, daß der geistige und materielle Aufwand, den ihre Zusammensetzung erforderte, erheblich gewesen ist. Ihr Einfluß ist zweifelsohne in seiner Breitenwirkung beträchtlich: Tausende von Exemplaren wurden verteilt, bzw. käuflich erworben. Und dennoch bedarf die europäische Terminologieszene noch der sprachwissenschaftlichen Beschreibung, weil die grundsätzliche Polarität zwischen linguistisch orientierten Terminologiewissenschaftlern (Theorie) und rein empirisch praktizierenden Terminographen (Praxis) noch nicht beseitigt ist.

Auf beiden Seiten ist das Geleistete beachtenswert. Die Theoretiker haben folgende Errungenschaften zu verzeichnen: (1) das terminologische Denken macht einen erheblichen Bestandteil der mehrsprachigen Sprachprozesse beim Übersetzen aus, (2) die Terminologieforschung hat den ihr angemessenen Platz innerhalb der Linguistik eingenommen, besonders wenn man annimmt, daß die Fachsprachen innerhalb des gesamten Sprachsystems als Teilmengen der Gesamtsprache funktionieren, (3) die Systemhaftigkeit der Terminologien gehorcht nicht ausschließlich außersprachlichen Anforderungen (primär der Sachgebietskenntnis), sondern richtet sich auch nach sprachlichen Gesichtspunkten, (4) das Theoretisieren über die Terminologie setzt bekanntlich ausführliche Untersuchungen ihrer vielseitigen Realisationen in „Terminologien" voraus, (5) abstrakte Schemata, deduktiv errichtete Stammbäume sowie kontrastiv durchgeführte Semanalysen sind wenig praxisbezogen. Die Terminographen haben folgende positive Punkte zu verzeichnen: (1) die mehrsprachige EG-Terminolgoiepraxis bestätigt sich als direkte Hilfe (punktuelle Recherchen), hauptsächlich an der Front der unter Druck stehenden Übersetzer, (2) der textbedingten, übersetzungsbezogenen Terminographie ist es gelungen, sich über die vorwissenschaftliche Stufe hinaus durch verstärktes Interesse an sprachtheoretischen Fragen und an lexikographischen Techniken aus der rein handwerklichen Befangenheit zu lösen, (3) durch die theoretische Überhöhung ist sich die pragmatisch gewachsene Terminographie ihrer Schwächen und Inkongruenzen bewußt geworden.

Die Nebeneinanderstellung von Terminographie und Terminologiewissenschaft läßt noch die Frage offen, wie sich diese Disziplinen zueinander verhalten. Ob sie sich gegenseitig stärken und befruchten, bleibt dahingestellt. Sicher ist, daß eine Annäherung zwischen Terminologiepraktikern und Terminologiewissenschaftlern erst nach der Überwindung mancher Widerstände und Vorurteile möglich sein wird.

8. Übersicht der besprochenen terminographischen Arbeiten

8.1. Kommission der europäischen Gemeinschaften (Brüssel)

— *Alternative Energiequellen*, 1984; 1166 S., ISBN 92-825-4217-3 (2 Bände), 2500 Eintragungen, 6-sprachiges Register mit Illustrationen FR-EN-DE-IT-NL-DA

— *Biotechnologie*, 1990; 1080 S., ISBN 1-85166-589-2, 700 Eintragungen, 9-sprachiges Register EN-FR-DE-IT-NL-DA-ES-PT-EL
— *Einheitliche Europäische Akte*, 1988; 220 S., IX/476/88, 175 Eintragungen, 9-sprachiges Register FR-EN-DE-IT-NL-DA-ES-PT-EL
— *Europäische Union (Maastricht)*, 1992; 160 S., SdT/0084/92, 396 Eintragungen, 9-sprachiges Register FR-EN-DE-IT-NL-DA-ES-PT-EL
— *Europäische Vertragssprache* (Teil 1); 1983, 683 S., ISBN 92-825-4695-0, 1960 Eintragungen, 6-sprachiges Register FR-DE-EN-IT-NL-DA,
— 1983, 528 S., IX/926/83, 1960 Eintragungen, 3-sprachiges Register FR-EN-EL; 1983, 311 S., ISBN 92-825-4045-6 EN-GA
— *Europäische Vertragssprache* (Teil 2); 1984, 252 S., IX/1098/84, 231 Eintragungen, 7-sprachiges Register FR-EN-DE-IT-NL-DA-EL
— 1984, 87 S., IX/2034/84, 231 Eintragungen, 2-sprachiges Register EN-GA
— *Haushalt*, 1992, 720 S., SdT/202/92, 1000 Eintragungen, 9-sprachiges Register FR-EN-DE-IT-NL-DA-ES-PT-EL
— *Mehrwertsteuer*, 1986; 396 S., IX/1137/86, 250 Eintragungen, 9-sprachiges Register FR-EN-DE-IT-NL-DA-EL-ES
— *Soziale Sicherheit*, 1988; 295 S., IX/1092/88, 286 Eintragungen, 9-sprachiges Register FR-EN-DE-IT-NL-DA-ES-PT-EL
— *Stahlnormen*, 1978; 689 S., ISBN 92-825-0833-1, 835 Eintragungen, 6-sprachiges Register FR-EN-DE-IT-NL-DA
— *Statut der Beamten der E.G.*, 1975; 358 S., IX/550/79, 861 Eintragungen, 6-sprachiges Register FR-DE-EN-IT-NL-DA
— *Tabak*, 1986; 440 S., IX/203/86, 500 Eintragungen, 9-sprachiges Register FR-EN-DE-IT-NL-DA-ES-PT-EL
— *Neue Verkehrstechniken*, 1976; 900 S., CB-23-787-243-6A-C, 1490 Eintragungen, 6-sprachiges Register FR-EN-DE-IT-NL-DA
— *Weinbereitung*, 1985; 346 S., IX/2918/85, 270 Eintragungen, 9-sprachiges Register FR-EN-DE-IT-NL-DA-ES-PT-EL
— *Wirtschaft, Finanzen, Geldwesen*, 1985; 1110 S., IX/949/85 (2 Bände), 1000 Eintragungen, 9-sprachiges Register FR-EN-DE-IT-NL-DA-EL-ES-PT
— *Zoll*, 1984; 826 S., IX/712/84, 1000 Eintragungen, 9-sprachiges Register FR-EN-DE-IT-NL-DA-EL-ES-PT
— *Zollkodex der Gemeinschaften*, 1991; 335 S., SdT/0021/91, 371 Eintragungen, 9-sprachiges Register FR-EN-DE-IT-NL-DA-ES-PT-EL

8.2. Kommission der europäischen Gemeinschaften (Luxemburg)

— *Arbeitswelt und Gewerkschaftsbewegung*, 1983; 216 S., ISBN 92-825-0833-4, 415 Eintragungen, 10-sprachiges Register DA-DE-EN-ES-FR-EL-IT-NL-NO-SV
— *ESPRIT*; (5 Bände) DA-DE-EN-ES-EL-FR-IT-NL-PT

– *Fischereifahrzeuge und Sicherheit an Bord*, (2. Aufl.), 1992; 947 S., 9-sprachiges Register DA-DE-EN-ES-FR-EL-IT-NL-PT
– *Fischfanggerät*, (2. Aufl.), 1992; 333 S., 9-sprachiges Register, 407 Eintragungen, versehen mit Definitionen und Illustrationen DA-DE-EN-ES-FR-EL-IT-NL-PT
– *Viehzucht*, 1993; 600 S., 9-sprachiges Register DA-DE-EN-ES-FR-EL-IT-NL-PT
– *Landwirtschaftliche Gebäude, Rinderhaltung*, 1993; 1051 S., 9-sprachiges Register, 498 Begriffe, mit Illustrationen DA-DE-EN-ES-FR-EL-IT-NL-PT
– *Wassertiere und -pflanzen*, 1993; 560 S., 10-sprachiges Register, 1512 Eintragungen, versehen mit Illustrationen LA-DA-DE-EN-ES-FR-EL-IT-NL-PT

8.3. CEDEFOP

– *Terminologie der Berufsbildung. Grundbegriffe* DA-DE-EN-FR-IT-NL

9. Literatur (in Auswahl)

Bachrach s. d. = J. A. Bachrach: Multilinguisme et traduction. Réalisations communautaires et coopération internationale.

Goetschalckx 1977 = Jacques Goetschalckx: Les activités terminologiques dans les institutions européennes et l'Eurodicautom. In: Franchir la barrière linguistique. München 1977, 123–153.

Goffin 1973 = Roger Goffin: Structures lexicales, terminologies techniques et glossaires contextuels multilingues. In: Meta 18. 1973, 237–253.

Goffin 1981 = Roger Goffin: Die terminologische Praxis im Dienst der Übersetzung. In: Lebende Sprachen 4. 1981, 147–151.

Goffin 1986 = Roger Goffin: Les ouvrages terminographiques des Communautés européennes. In: Termia 84. 1986, 197–206.

Goffin 1987 = Roger Goffin: Le statut de langues et les stratégies linguistiques dans les services de traduction des Communautés européennes. In: Actes du Colloque international sur l'aménagement linguistique. Québec 1987, 365–376.

Goffin 1990 = Roger Goffin: L'Europe en 9 langues: champ d'affrontements et ferment d'intégration linguistiques. In: Meta 35/1. 1990, 13–19.

Goffin 1994 = Roger Goffin: L'expérience de la terminologie à la Commission des Communautés européennes. In: Langues et societés. Mélanges offerts à J.-C. Corbeil, Niemeyer, Tübingen 1994, 149–158.

Goffin 1994a = Roger Goffin: L'Eurolecte: oui, Jargon communautaire: non. In: Meta 39/4. 1994, 636–642.

Goffin 1998 = Roger Goffin: EURODICAUTOM. La Banque de données terminologiques multilingues de la Commission européenne 1973–1997. In: Terminologie et traduction. n° 2, 1998.

Hausmann 1989 = Frans Josef Hausmann: Kleine Geschichte der Metalexikographie. In: Wörterbücher in der Diskussion. Vorträge aus dem Heidelberger Lexikographischen Kolloquium. Hrsg. v. Herbert Ernst Wiegand. Tübingen 1989 (Lexicographica. Series Maior 27), 75–109.

Haensch 1984 = Günter Haensch: Lexikographie zwischen Theorie und Praxis heute. In: Theoretische und praktische Probleme der Lexikographie. Hrsg. v. Dieter Goetz und Thomas Herbst. München 1984, 118–138.

Kowalski 1965 = Heinz Kowalski: Laborjargon und Fachsprache in der Kerntechnik. In: Bulletin der europäischen Atomgemeinschaft 1965, H. 4, 104–109.

Woodland 1985 = P. Woodland: Le processus législatif dans la Communauté économique européenne. In: Revue du Marché commun 1985, 290.

Roger Goffin, Brüssel

219. Terminography and the Computer at the European Commission

Terminological work at the European Commission is indissociable from the policy of multilingualism established by the founding fathers of the European Union. The activity is particularly connected with translation and has therefore been primarily organized and developed within the Translation Service.

For a general description of terminological work, and in particular of the EURODICAUTOM database see *Terminologie* n° 38 and *Terminologie et Traduction* (various issues).

It is both the Commission's right and duty to propose policies at European level, and in all fields. Originally, of course, that meant coal and steel, nuclear power, and the economy, but today also includes domains such as agriculture, social affairs and telecommunications. The Commission therefore prepares decisions, regulations, and directives in all areas of human activity; it also makes recommendations, receives reports from experts, communicates with the other Institutions and the Member States, drafts white papers, green papers, and in short, handles a considerable volume of texts and organizes an impressive number of meetings.

The communication flow, both oral and written, has to be managed in all of the official and working languages of the Union, i. e. Spanish, Danish, German, Greek, English, Finnish, French, Italian, Dutch, Portuguese, and Swedish, not forgetting the languages which are sometimes used in political contacts or negotiations with other regions of the world. The role of translators and of the other language specialists is therefore essential on this multilingual assembly line.

With such a diversity of fields and languages, Commission translators are, in spite of their high level of training and experience, often faced with two types of linguistic and terminological problem: what does this term mean in the original text; and how can the concept be expressed in the target language?

To answer these questions, translators use traditional tools, for example dictionaries, and may make use of documentation and terminology services which in particular prepare specialized glossaries or terminological files. The difficulty of keeping these resources up to date, of adapting them to new official languages after the various enlargements of the Community or Union, and of disseminating them in real time to an increasing number of colleagues, inside and outside the Commission, are some of the reasons why terminologists were quick to turn to computers, which they have used for a long time now, to help them carry out their work more effectively. That is how the EURODICAUTOM database was designed and has developed as the backbone of Community terminology.

EURODICAUTOM is the Community's multilingual terminological database, and is managed by the European Commission. It was designed as an open collection of files which could be consulted directly and easily by the end-user, primarily on a VDU, the purpose being to increase productivity, the quality of texts and the harmonization of the terms used. The main features of EURODICAUTOM are user-friendliness, flexibility, dynamism and efficiency.

It is not intended here to review in detail all the facets of such an application, but rather to see how the tool has evolved, why/how it is becoming an ever more integral part of automatic text processing, and how terminological work will develop in the coming years.

When EURODICAUTOM was designed at the beginning of the seventies, it was clear that the tool's success would depend on its simplicity and user-friendliness. Experience with other systems such as DICAUTOM and EUROTERM had convinced the project managers of that fact. The objective was to allow terminologists and translators, both when preparing and consulting data, to concentrate on the essential, i. e. the contents of the file, and not on the presentation of data, sophisticated codes for correct indexing of information, or complicated manipulations in order to ask a question or obtain an answer.

The computer equipment at that time was basic, very inhomogeneous, and was destined to evolve for both technical and political reasons. A user-friendly application could be defined as an application which was easy to consult, accessible from any workstation and which did not require the learning of an overly complex query language. At a certain stage it was therefore decided to stop displaying accents or providing highlighting, options which would have required the use of dedicated terminals and limited considerably access to the database.

The concept of user-friendliness has evolved, however, and the only definition on which all users of a computer system could agree today is probably what pleases me, i. e. EURODICAUTOM users not only want a performance which is at least as good as before, but also the ability to define for themselves what appears on the screen: A might want a term in green at the top left of the screen, B the same thing in blue on the bottom right; C may wish definitions to appear within a small box, quite separate from the other fields, whilst D wants to group all textual information. Finally, E might like to visualize a maximum of data on one screen, with F preferring text to be well spaced out between several windows.

User-friendliness is not only concerned with presentation of the data, but also the research itself and the smooth integration into (or at least with!) the most common working tools, starting with word processing. In the case of EURODICAUTOM, a great effort was made to increase this type of user-friendliness within the application itself, and to adapt it from a client-server point of view, the client being a Windows or Internet interface capable of managing query profiles, reformatting screens and translating the codes used, for example, for fields, authors and sources. The watch-word which is increasingly invoked is that which has also assumed preeminence in European policy: subsidiarity, or the idea that the central application should stick to doing what only it can do, or what it is best placed to do, whilst leaving to local tools those questions which can be decentralized.

This can be illustrated with examples as diverse as the statistics concerning the database and its use, or the management of query messages or of profiles. The statistics on contents are to be found where the data themselves are located, and it is therefore from here that they should be extracted, but it would be wrong today to continue managing (inevitably limited) edit formats intended for printing them out on a central laser printer, when the loading of these data into a spreadsheet allows all those with the right access to produce instantaneously a plethora of personalized reports. On a similar note, how can you justify the management of an identical message file for everyone on the mainframe when it is known that certain users like sober messages while others prefer something more explicit: by localizing the messages, everyone can translate fin de session automatically as end of session, finished, goodbye, or even delete it altogether. This does not enhance in any way the quality of the data, but *can* improve the user's perception of a central system, which they thus feel can be adapted to their own needs. The vast majority of the processes involved in data presentation could be modified along these lines, in particular the working glossaries, which are still much in demand by translators and interpreters, and can now be much better adapted to their requests.

One of the basic characteristics of EURODICAUTOM is the use of original weighting algorithms for automatically indexing data and conducting searches in the database. This logic can, however, be supplemented or even short-circuited by the informed user, who may, within the automatically selected subsets, choose to give priority to certain information according to the field, source, originating department, etc. This intervention may be completely ad hoc, affect only one question, cover an individual query session (a document, for example) or be tailored to the working practices of certain colleagues. Up to now, the translator could memorize only one personal profile, which therefore had to contain the parameters most frequently used: if you generally work from German into French in the field of information technology, you seldom need to see the definitions and sources to judge the quality of information, and will therefore save the appropriate parameters in a profile which will be activated automatically when the database is opened. If every third day or so you nevertheless have to translate a medical text in Portuguese, a language and field that you are less comfortable with, you will have to modify the profile in order to define the appropriate languages and to request the definitions. That way, you will avoid prescribing purgatives for a common head cold (*constipado*), and recommending that a woman who is *embarazada* overcome her shyness rather than consult a gynaecologist! By transferring the management of such profiles to the local and individual level, there is no problem in letting each user create a dozen or so well defined, normal profiles, usable just as they are whenever they appear most appropriate. A small system integrated with text preprocessing could even in many cases select the right query profile automatically, which could be very useful for off-line processing.

The query logic of EURODICAUTOM is based in fact on an observation – it is difficult to cover all terminology in all the fields of human activity – and on a premise: professional translators can find a response to their terminological problems from incomplete or even imperfect information. The system was therefore designed to avoid silence, going so far as to propose a related answer whenever its memory cannot find a response corresponding exactly to the question posed. This approach remains valid and widely appreciated, especially in the light of results from other systems which have been tested in the production environment, but it had to be supplemented and qualified when the user's circle widened to non-translators, and especially when efforts to give translators the answers they need when (or even before) the problem arrives on their desk were intensified.

In the long term, it is desirable, both for translators and for the administration, that the time spent translating be used only for things which are worth the trouble. The focus is therefore on greater standardization of certain texts and the development of automatic drafting and translating aids. This by no means implies that such aids will replace the author or translator (could they really?); rather, these tools will help rid them of repetitive tasks, or prepare their work, propose possible answers, whilst leaving responsibility for deciding the best solution (and giving them the means to do so) in their hands. It is, moreover, this type of approach (I propose, but you alone can decide, according to your knowledge, your work environment, the text and its destination), which largely contributed to EURODICAUTOM's acceptance as the principal translator's aid twenty years ago. However, these efforts will all be vain, and everyone, starting with the developers and decision-makers must be persuaded of this, if the data fed into the computer systems are not up to the mark. Take the perfectly simple example of the spelling checker: here is an unsophisticated tool which can render — and does indeed render — an enormous service to all those who have to type texts, yet which is still far too limited in value, especially for certain languages, and which could be very dangerous if the contents of the dictionaries it uses are inadequate or inaccurate, and if the controlling algorithms are too unreliable.

It is fair to say that EURODICAUTOM's designers had at least foreseen the importance and interest of such text preparation work, since from the outset the system was designed to be used in real time, i. e. on-line, with production of an immediate response on a VDU, or off-line for other types of search. Amongst these was the improperly named batch search, the principle and the objectives of which were simple, but which was never very successful. This involved the translator (or documentalist, administrator, secretary ...), posing a list of questions one day, and receiving a list of possible answers on paper the next. The idea was to relieve the translator of the mechanical task of searching, to have the work done only once whatever the number of target-languages, and to increase not only production, but also the homogeneity of texts by ensuring recourse to the same source of information, etc. In practice, this approach was never very popular. The actual quality of the search system, certainly less effective than for an on-line search, is probably partly responsible for this lack of enthusiasm, but other factors also tended to discourage its use. The fact that the original texts were available only on paper, for example, is certainly one of the great obstacles to all efforts to automate part of the multilingual written communication chain: indeed, since translators still had to type their questions, the effort required from them was just the same as for an on-line search. In addition, abrupt changes in priorities prevented translators from organizing their work in an optimum way, whereas for an upstream search the text had at least to be browsed through before translation began. Moreover, the difficulty the various language divisions had in advancing in parallel made it difficult to synchronize translation work and therefore terminological research. Not to mention the fact that the terms which posed a problem for the new recruit in the French section were not the same as those giving his/her more experienced German colleague pause for thought. And everyone knows that certain terms appear patently obvious or impossible on the first reading, only revealing their true nature after time is taken to digest the text. These factors, together with the arbitrary limitation of the number of answers proposed, all too often forced translators to return to the terminal to recommence or refine their research, such that the time gained was not obvious. The very limited number of terminals available and their geographical spread were not sufficient to encourage users of the database. Nor, for that matter, did having data in their favourite form, on paper.

To relaunch this type of work, we therefore had to wait until some of the negative elements were removed or compensated by more marked advantages. We are at such a turning point today. The introduction of microcomputers, in particular the possibility of running several tasks simultaneously from a graphic interface, the widespread familiarity with word processing and its macros, the development of networks and especially electronic mail, the gradual appearance of tools more suited to the specific needs of translators and the change in attitudes: these are some of the factors which made it possible to reorganize the preprocessing of certain texts and to envisage the development of this actitivy using more powerful and better adapted tools.

One of the key programmes in this respect is EURAMIS (European rapid advanced multilingual information service), the first modules of which have already been installed and which is intended for general release in 1997. The very first stage aimed to create a synergy between existing tools running on different computers by combining them in the same interface. Terminological research has a lot to benefit from this approach. Translators can create a list of terms using word processing, send it to EURODICAUTOM via electronic mail, and a few minutes later receive an answer file unter the same conditions. If the formats have to be adapted to enable re-use of the data by integrated translation software tools (Translator's Workbench), the feasibility and real value of such an approach are clear, because the possibilities go well beyond this means of consulting the database. Indeed, as there are ever more texts in electronic form, (WP 5.2 and WinWord 6 today, Word 97 tomorrow, maybe SGML/Eurolook the day after), research on the terms of a text can be carried out by computer tools even before the translator knows he/she has to translate it!

The system used today gives a preview of what could be done, and especially developed, tomorrow, and employs only tried and tested systems, the use of which has again considerably increased since the installation of the first interface. The user can, by clicking on the relevant boxes, ask for a machine translation (MT) or a search in the legislative documentation base CELEX for the exact target-language equivalents of the titles of reference documents appearing in a text; by using the MT analysis programme, he/she can also generate − just as automatically − a list of terms found in the text, which is then sent to EURODICAUTOM and dealt with exactly as in the above example. Results are all the more interesting as the MT dictionaries have been supplemented with EURODICAUTOM terms, so that after the morphological analysis of the text, the automatic identification of the terms sought in EURODICAUTOM is good.

In contrast to the reservations of the past, such a system has every chance of winning the support of users, (translators, interpreters and other officials), and of gradually encouraging some of them to use more ambitious tools. It is no longer necessary to type one's questions, or even mark them in the text; also gone are the problems, especially psychological, connected with the selection of the terms: it is the dumb machine that selects, that combs far and wide, and if some of the terms it retains are too simple, it will not feel embarrassed by the ensuing witticisms, particularly since the importation of the answers into suitable tools will avoid the translator seeing the undesirable terms (but will ensure consultation of the appropriate terminology classifications, and the automatic integration of official terms where necessary). The retrieval of the answers in a reusable format is almost instantaneous and the terms chosen by the translator can be inserted by a simple click in the translation text. Good organization means, moreover, that it is now possible to update and clean up data in the memory more quickly: for the first time, terminologists can see the answers which are returned on the basis of real consultations, in the process of producing a text. They can prefilter these answers, refine, supplement and correct them; they also receive the list of terms with no response, and can carry out their research before the beginning of the translation, or work with the translators, or even follow immediately behind them in order to pursue the latter's own research in more detail. They can supplement work in all languages and thus anticipate the research of colleagues of other languages who will only perhaps be called upon to translate the text at a later date.

It goes without saying that the radical improvement in the search strategy also has a large hand in increasing use of off-line searchers. All the more so since this improvement was obtained by integrating the on-line consultation engine, appreciated by all, with the batch consultation process. The translator is therefore no longer thrown by the results obtained, since they coincide completely with those produced by an on-line search. And by working through a query interface, translators can define their own search strategy rather than let the system decide arbitrarily how to limit the number of answers so as to avoid overly inflating the files or lists. Thus, for example, the translators may decide only to accept results which answer the question in full, on when they wish to use truncation (never, always, only if no answer, or after a given number of replies to the original question), and on the other search parameters (department responsible, collection, field, reliability, author, date); it is also for them to determine the combination of languages they want, and how detailed the information should be (do they want only equivalents or a definition, note, context, etc.?).

There is a particular problem which arises especially when the translator (or interpreter) wishes to have only bilingual files, limited to the terms alone. The familiar problem of redundancy, noise, overretrieval, assumes even greater proportions. It is not intended here to reflect on the causes of this phenomenon, nor on possible solutions, but simply to lay stress on an important aspect of the translator's work, which leads one to consider the differences between lexicography and terminography from a different perspective, as well as the nature of terminological work in a translation environment which is multilingual to boot. In this context, and in a situation of one-way bilingualism at the moment which concerns us, the notion even of a double does not correspond to any generally proposed theory or definition, because — logically and rightly for the terminologist — all definitions and theories are based on notions and concepts. But for translators at this particular point, the question boils down to one term (in the broad sense) — such that synonyms in the original language do not interest them — and to its possible equivalents or even more radically still to the possibility of substituting it with a character string; if the same written form X in language L_1, in all its meanings, always has as an equivalent written form Y in language L_2, only this form interests them, only this form is worth being taken as a solution and, of course, only once! Many will no doubt recognize here one of the problems of the translator-terminologist relationship! Fortunately, as it is becoming increasingly easier to conceive of and make the distinction between the different views of the same contents, it should be possible to satisfy everyone, translators seeing only what is useful to them (according to their own evaluation criteria, which often vary from translator to translator), terminologists enjoying more time to seek a fuller solution to problems, with a view to improving the overall service and quality in the long term.

One of the fundamental problems of terminology in the translation environment can only be touched on here. The terminologist starts from the concept in order to get to the term. But the translator starts from the term, just as the lexicographer is supposed to start from the word, and endeavours to go back to the concept, then goes into terminology mode and finds the lexical label needed to represent the concept thus identified in the target language. It is not possible to avoid completely, in this kind of activity, an immediate term for term translation, with all the risks that that entails. And which probably multiply in a logarithmic or exponential way in a multilingual environment! And things get even worse when one knows to what extent inaccuracies, not to say errors or faults, are legion in this field. The context of the European Institutions is less special than one might think, corresponding rather to the activity of numerous bodies active on the international scene. There is scarcely any need to refer to the difficulties of political negotiations, or the compromise documents painfully hammered out after all-night talks. The original texts, in the Commission of course, but also elsewhere, starting with the scientific contributions of eminent researchers seeking funding for their work, are not always written by a native speaker of the language used. These are therefore false originals, written in a translated language, containing suspect terminology. Or they are written by a native speaker who knows nothing of the subject: all our Parliaments discuss subjects with which its members are scarcely familiar, our newspapers, even in their scientific and technical colums, are noted for their incorrect use of terms, publicity compels even specialists in the fields to modulate their language, and so on. There is therefore a growing hiatus between what a terminology should be — and what it sometimes is, between a specialist in field X, communicating with another specialist in this same field, in their common specialist language L_1 — namely unambiguous, clear and precise, and the reality, of people, whether specialists or not, who find themselves required to communicate in situations which do not guarantee, or which even prevent, the expression of such a terminology. Yet these are the texts which are being written and translated every day, these are the texts which are studied in the Universities, and which are used for the training of specialists in languages and other fields, and these are the texts whose terminology can be found in glossaries and dictionaries. Of course, these are also the terms that are found in EURODICAUTOM, whether they come from the terminographical research of the Commission or other Institutions themselves, or from works published by specialized bodies or ministries which have made contributions to the database. Fortunately, in the case of EURODICAUTOM, these terminologies are subjected to the sustained fire of competent and critical users, and are moreover validated, consolidated and updated, a process which is to be intensified in the future. In addition, one may hope that the initiatives (see in particular the projects Pointer and Interval, the creation of Elra, the encouragement of LISA, etc.) taken by the Commission to encourage the organization and structuring of terminological work throughout Europe, as well as to facilitate the distribution and re-use of terminological data, will benefit from EURODICAUTOM's contents, and that in return the contents of the database will become richer and more refined.

In the meantime, the Commission is endeavouring, in cooperation with the other Institutions, moreover, to establish a procedure by which one can harvest the terminological fruits of the translators' labours and let them mature in successive stages, exploiting the knowledge of the different Institutions and consulting specialists in the Member States along the way, in order later to disseminate them as widely as possible throughout Europe. To forge the first link in this chain, the Commission has installed a local harvesting tool which gives translators an easy means of inputting the results of their terminological research, and provides translation units with a way of validating these terms. After intra- and interlinguistic collation, the multilingual data can be widely distributed via EURODICAUTOM, the technological support for which is destined to develop and diversify in the years to come.

M. Alain Reichling, Luxemburg

220. Terminographie in regionalen Organisationen I: NORDTERM

1. Einleitung
2. Historischer Rückblick
3. NORDTERMs Gründung, Zielsetzung und Organisationsstruktur
4. Tätigkeitsbereiche
5. Zusammenfassung und Ausblick
6. Literatur (in Auswahl)

1. Einleitung

Die Begriffe ‚nordischer Raum' und ‚Skandinavien' sind nicht synonym; Skandinavien umfaßt Dänemark, Norwegen und Schweden, unter dem nordischen Raum versteht man außer den genannten Ländern noch Finnland und Island. Diese Verdeutlichung ist in mehrerer Hinsicht wichtig; zwar ist der Norden von außen gesehen kulturhistorisch weitgehend homogen und zwischen den einzelnen Ländern bestehen traditionelle Bindungen, doch darf nicht übersehen werden, daß dieser Raum grundverschiedene Sprachen (nordgermanische Sprachen (Dänisch, Färöisch, Isländisch, Norwegisch und Schwedisch), Finnisch, Samisch, Grönländisch) und die dazugehörigen Bevölkerungsgruppen vereinigt. Diese Feststellung ist von nicht geringer Bedeutung, wenn von regionalen Organisationen im Terminologiebereich gesprochen wird. Die meisten regionalen Zusammenschlüsse dieser Art haben als das verbindende Element dieselbe oder zumindest eng verwandte Sprachen, z. B. Spanisch, Portugiesisch, Katalanisch etc. in RITerm (Red Iberoamericana de Terminología).

Aus der nordischen Konstellation ergeben sich Voraussetzungen und Problemstellungen, die in anderen regionalen Zusammenschlüssen so gut wie unbekannt sind. Dies bedeutet auch, daß der nordische Raum in wesentlichen terminologischen Aspekten eher ein Abbild der internationalen als der regionalen Zusammenarbeit ist und daher mit Problemstellungen und Lösungsmodellen vertraut ist, die sich in sprachlich homogenen Räumen kaum ergeben. Vor diesem Hintergrund ist NORDTERM ein atypischer regionaler Zusammenschluß.

2. Historischer Rückblick

Wenn von Vorläufern der terminologischen Arbeit wie Linné und Berzelius in Schweden oder H. C. Ørsted in Dänemark abgesehen wird, begann die terminologische Arbeit in den meisten nordischen Ländern um die Jahrhundertwende oder in den unmittelbar folgenden Jahrzehnten. Typisch für diese Tätigkeiten war, daß
− sie ausschließlich in Fachorganisationen stattfanden;
− die fachliche Kommunikation in der Muttersprache hohen Stellenwert hatte;
− sie immer auch mehrsprachig orientiert waren, um einerseits die fachliche Kommunikation und damit den Wissenstransfer im weitesten Sinne über die Sprachgrenzen hinweg zu sichern und andererseits den wirtschaftlichen Bedürfnissen im Rahmen der zu-

nehmenden Internationalisierung zu genügen.

In den 30er und 40er Jahren ist eine Kristallisierung der Bestrebungen festzustellen. Organisationen wie RTT (Rådet for teknisk terminologi) in Norwegen und TNC (Tekniska nomenklaturcentralen) in Schweden sowie ‚Terminologicentralen' in Dänemark werden als Zusammenschlüsse von Vereinigungen der privaten Wirtschaft und staatlichen Institutionen aus Forschung, Lehre und Verwaltung gegründet. Auch in Finnland und Island nehmen zu dieser Zeit die terminologischen Tätigkeiten zu, die aber wie z. B. in Finnland wegen des Krieges nicht zu übergeordneten Organisationen führen. Ungeachtet unterschiedlicher Organisationsformen waren (und sind noch heute) ihnen die multidisziplinäre Zusammensetzung der Leitungs- und Exekutivorgane und die Zusammenarbeitsformen gemein. Der Ansatz ihrer Arbeit ist noch weitgehend lexikographisch.

RTT und TNC haben sich in den folgenden Jahrzehnten weiterentwickelt und den heutigen Erfordernissen angepaßt, ‚Terminologicentralen' dagegen mußte 1960 ihre Tätigkeit einstellen.

Der nächste Impuls zu einer weiteren Stärkung der Terminologiearbeit kam fast gleichzeitig von mehreren Seiten. Zum einen stieg der fachliche, mehrsprachige Kommunikationsbedarf in den 50er und 60er Jahren weiter an und gab damit auch den Anstoß zur Intensivierung der Fachsprachenforschung und der fachsprachlichen Ausbildung an Wirtschaftsuniversitäten und Institutionen mit ähnlicher Zielsetzung, zum anderen war Dänemark 1972 der EG beigetreten, womit seit 1970 ein sprunghafter Anstieg von EG-bezogenen, fachsprachlichen Übersetzungen verbunden war, der wiederum den Bedarf an entsprechenden Terminologien deutlich sichtbar werden ließ.

Aus dieser Situation entstand 1974 in Dänemark die ‚Terminologigruppen', von der auch die Anregung ausging, eine nordische Zusammenarbeit einzuleiten, die 1976 zur Gründung von NORDTERM in Verbindung mit der Jahresversammlung von TNC in Stockholm führte. Ebenfalls 1974 wurde TSK (Teknikaan Sanastokeskus — die finnische Entsprechung zu RTT und TNC) gegründet.

3. NORDTERMs Gründung, Zielsetzung und Organisationsstruktur

An der Gründungsversammlung nahmen Vertreter aus Dänemark, Finnland, Norwegen und Schweden teil (NORDTERM 1976). Die nationalen Ansprechpartner waren ‚Terminologigruppen', TSK, RTT und TNC. Es wurde eine Form der Zusammenarbeit vereinbart, die bis 1987 ohne schriftlich niedergelegte Statuten auskam. Nachdem Art und Umfang der Aktivitäten erheblich zugenommen hatten, wurde 1987 ein Statut ausgearbeitet und angenommen; damit wurde ein festerer, aber doch flexibler Rahmen geschaffen, ohne jedoch eine Körperschaft des öffentlichen Rechts zu gründen. Diese Form der Zusammenarbeit, die der nordischen Mentalität am besten entspricht, hat sich als lebensfähig und adäquat erwiesen, ohne bürokratische und zur Versteinerung neigende Strukturen zu bilden.

1983 trat Island bei und 1991 wurde die samische Sprachgemeinschaft, vertreten durch ‚Nordisk Samisk Institutt, Norge', in den Leitungsausschuß aufgenommen.

Das Nordische Sprachsekretariat ist seit Jahren als Beobachter vertreten und stellt auf nordischer Ebene die Verbindung zu den Sprachkommissionen dar, die auch auf nationaler Ebene zu NORDTERM-Mitgliedern in der einen oder anderen Form besteht.

3.1. Zielsetzung

In Punkt 2 des Statuts (Fassung 1993) heißt es:

„NORDTERM ist ein nordisches Forum und Netz auf dem Gebiet der Terminologie. NORDTERM soll
− die nordische Zusammenarbeit durch den Austausch von Informationen, Erfahrungen und Arbeitsergebnissen, durch Gemeinschaftsprojekte sowie Konferenzen, Seminare u. ä. fördern und sichern;
− den Einfluß der nordischen Länder auf und den Anteil an der internationalen terminologischen Entwicklung durch gemeinsam festgelegte Richtlinien sichern.

NORDTERM's Tätigkeitsbereich umfaßt Terminologieforschung, praktische Terminologiearbeit, Terminologieausbildung und andere mit der Terminologie in Verbindung stehende Aktivitäten.

3.2. Organisationsstruktur

Das heutige NORDTERM kennt vier Organisationseinheiten. Auf der obersten Ebene liegt der Leitungsausschuß, der aus je einem Vertreter der jeweiligen Ländern sowie einem Vertreter der samischen Sprachgemeinschaft und einem Beobachter des Nordischen Sprachsekretariats besteht. Der Leitungsaus-

schuß hat gemäß Punkt 3.1. des Statuts folgende Aufgaben:
- Repräsentation NODTERMs
- Koordination der NORDTERM-Tätigkeiten
- Berichterstattung gegenüber der NORDTERM-Versammlung
- Wahrnehmung der laufenden Geschäfte
- Analyse und Ingangsetzung neuer Aktivitäten und in Verbindung damit die Einsetzung von neuen Arbeits- oder Projektgruppen
- Schaffung der Rahmenbedingungen für die Arbeit dieser Gruppen
- Beschaffung von Mitteln für die NORDTERM-Arbeit
- Umstrukturierung und Auflösung inaktiver Arbeits- und Projektgruppen.

Der Vorsitz wechselt alle 2 Jahre nach einem aus der Praxis entstandenen Rhythmus; eine Wahl findet nicht statt.

Unter dem Leitungsausschuß liegen die Arbeitsgruppen (AG), die einen größeren Themenkreis bearbeiten und innerhalb ihres Arbeitsbereichs relativ autonom sind. Sie haben permanenten Charakter und ändern sich nur, wenn einschneidende thematische Änderungen erforderlich werden oder neue Arbeitsbereiche aufgenommen werden müssen, z. Z. bestehen folgende Arbeitsgruppen:

AG 1: Terminologieforschung und -ausbildung sowie Wissenstechnik
AG 2: Computerunterstützte Terminologiearbeit
AG 3: Harmonisierung von nordischen Benennungen für neue Begriffe
AG 4: INSTA TK 10 ‚Grundsätze der Terminologiearbeit'

Die Tätigkeitsbereiche sind unter Punkt 4 beschrieben.

Projektgruppen führen genau definierte, begrenzte Vorhaben durch. Mit Erfüllung ihrer Aufgabe löst sich die Gruppe automatisch auf.

Die alle zwei Jahre stattfindende NORDTERM-Versammlung steht allen nordischen Terminologieinteressierten offen; sie ist Diskussionsforum und breit angelegte Hintergrundsgruppe, die NORDTERM neue Ideen und Impulse zuführt und somit die Verbindung zur Basis darstellt. In Verbindung mit der Versammlung wird ein Symposium abgehalten, das Einblick in die stattgefundene Forschung, Lehre und praktische Arbeit der letzten Jahre gibt. Das Symposium kann auch unter ein Rahmenthema besonderer Aktualität gestellt sein, wie es z. B. 1991 und 1993 der Fall war („Bedarf und Nutzen der Terminologiearbeit in den 90ern" und „Terminologische Zusammenarbeit in der EG und in den nordischen Ländern").

3.3. Die nationalen Strukturen

Die dänische ‚*Terminologigruppen*' ist der Zusammenschluß von Vertretern der Wirtschaftsuniversitäten, des Sprachrates, der Übersetzerverbände, der Wirtschaft, des Informations- und Dokumentationsbereichs, der Normung sowie der dänischen Sektion der EU-Terminologiedienste. Die Gruppe ist offen und neue Mitglieder (in der Regel nur Organisationen und Institutionen) können jederzeit aufgenommen werden (Vedtægt ... 1992). Über eigene Geldmittel verfügt die Gruppe nicht; die zu lösenden Aufgaben werden entweder von den Institutionen der Mitglieder durchgeführt oder durch Projektgelder finanziert.

TSK in Finnland ist eine Vereinigung, deren fachliche Zusammensetzung naturwissenschaftlich-technisch und sprachlich orientiert ist; andere Fachgebiete sind jedoch keineswegs ausgeschlossen wie aus den Tätigkeitsberichten und Statuten zu entnehmen ist (Stadgar ... 1994). Der Schwerpunkt liegt auf der praktischen Terminologiearbeit und der terminologischen Ausbildung von vor allem Praktikern. Die Finanzierung erfolgt durch die Mitglieder der Vereinigung, den Staat und durch die durch eigene Dienstleistungen erwirtschafteten Mittel.

Terminologieforschung und akadamische Ausbildung werden vor allem an der Universität Vasa betrieben. – Insgesamt gesehen weicht das fachliche, wohl aber das organisatorische, Profil in Finnland nur unwesentlich von dem der ‚Terminologigruppen' ab.

In Island nimmt die vom Parlament eingesetzte Sprachkommission *(Islensk málnefnd)* die Koordinierung der Terminologiearbeit wahr und vertritt das Land in NORDTERM. Eine Institution, die sich ausschließlich terminologischer Fragen annimmt, gibt es nicht, wohl aber besteht eine Reihe von sehr aktiven Terminologieausschüssen, die die praktische Terminologiearbeit, zumeist in Projektform, durchführen.

RTT in Norwegen wurde 1938 als Vereinigung gegründet. Seit 1990 ist RTT eine Stiftung; die fachliche Zusammensetzung und Zielsetzung gleicht der von TSK und TNC. Die Leitung liegt bei 4 gewählten Vertreter der Stiftung sowie einem Vertreter des Ministeriums für Kultur. Die Finanzierung erfolgt in ähnlicher Weise wie bei TSK. Forschung und Lehre werden überwiegend, aber nicht ausschließlich, vom universitären Bereich (z. B. Universitetet i Bergen, Norges Handelshøyskole) wahrgenommen.

TNC in Schweden ist ein 1941 gegründeter gemeinnütziger Verein, dessen fachliche Zusammensetzung der von RTT und TSK gleicht. TNC wird ebenfalls vom Staat teilfinanziert; ein weiterer Teil wird durch Mitgliedsbeiträge abgedeckt, der Rest muß durch Produkte (Glossare, Projekte, Beratungsdienste etc.) erwirtschaftet werden. Die Einbindung des akademischen Bereichs (insbesondere des sprachlich orientierten) ist in den Statuten festgelegt (Stadgar ... 1994a); er ist durch jahrelange Zusammenarbeit ein operativer Bestandteil des schwedischen Gesamtprofils geworden.

Trotz der unterschiedlichen organisatorischen Strukturen und finanziellen Grundlagen fällt die weitgehende Übereinstimmung in der Zusammensetzung der fachlichen Repräsentation ins Auge. Überall sind Forschung, Lehre, nationale sprachliche Institutionen, Wirtschaft, Normung, I&D-Bereich und staatliche Institutionen vertreten.

Diese Konstellation deckt sich in hohem Maße mit der Idealvorstellung davon, welche Partner in eine interdisziplinäre Zusammenarbeit wie die terminologische eingehen sollten.

4. Tätigkeitsbereiche

NORDTERMs Tätigkeitsbereiche spiegeln sich am besten in den Namen der z. Z. vier AGs wider.

AG 1 *Terminologieforschung und -ausbildung sowie Wissenstechnik* wurde schon 1976 (damals unter der Bezeichnung *Terminologieausbildung*) auf der Gründungsversammlung eingesetzt und erhielt den Auftrag, die Grundlage für eine eigenständige Terminologieentwicklung durch eine solide Ausbildung eines Grundstamms von Personen zu schaffen. Zu diesem Zweck wurde im Sommer 1978 in Dänemark ein zweiwöchiger Internatkursus mit 25 Teilnehmern aus den damals vier Mitgliedsländern abgehalten.

Zunächst wurde ein Programm entworfen und erörtert, das alle seinerzeit zur Terminologie bekannten und relevanten Themenkreise umfaßte. Danach erfolgte eine Sichtung des im Norden vorhandenen terminologischen Wissens und des entsprechenden Personenkreises, der es repräsentierte. Die danach verbliebenen thematischen Lücken wurden durch Beiträge anerkannter Fachleute aus dem Ausland geschlossen.

Die Teilnehmer waren Fachsprachler, Philologen, Ingenieure, technische Redakteure, Normungsfachleute und Dokumentalisten.

Durch diesen Kursus wurde die erste gemeinsame theoretische und anwendungsbezogene Grundlage für die weitere Ausbildung und beginnende Forschung in den einzelnen Ländern geschaffen.

In den Jahren 1982, 1985 und 1990 fanden weitere Kurse gleichen Umfangs mit ähnlicher und erweiterter Thematik statt, um besonders den nachwachsenden Personenkreis zu schulen und vor allem zu erweitern.

Alle diese Veranstaltungen wurden durch ‚Nordiske Forskerkurser' voll oder teilweise finanziert.

Neben diesen Ecksteinen der Aus- und Weiterbildung wurden Seminare von kürzerer Dauer (1—3 Tage) abgehalten, deren Thematik sich an den jeweiligen Bedürfnissen orientierte. Hier wären Themen wie terminologische Datenbanken, Terminologieausbildung, Terminologie in der Übersetzung und Dokumentation sowie ab 1989 Wissenstechnik zu nennen.

Eine Bibliographie der terminologischen Ausbildungsgänge in den nordischen Ländern wurde 1987 erarbeitet (Picht 1987).

Weitere direkte oder indirekte Ergebnisse der (Vor-)Arbeit der AG 1 sind die Erarbeitung von Lehr- und Handbüchern (z. B. Haarala 1981; Svensén 1987; SFS-Käsikirja 50, 1988) und anderem Ausbildungsmaterial (Picht (ed.) 1978, 1985) sowie eine Reihe von Publikationen mit Forschungsergebnissen aus dem nordischen Raum (z. B. NORDTERM 1992; Nordman 1992; Fagspråk i Norden 1993; Laurén 1993). Nordische Forscher und Praktiker haben in zunehmendem Maße auf internationalen Veranstaltungen solide Beiträge geleistet. Ferner hat ein nicht unerheblicher Export von Knowhow durch Seminare und Kurse außerhalb des nordischen Raums stattgefunden.

Zielsetzung der AG 1 ist es, die Grundlagen für die terminologische Forschung und Lehre zu schaffen, sie laufend den neuen Erkenntnissen anzupassen und zu erweitern. Die zentrale Funktion dieser AG läßt sich auch daraus ablesen, daß viele Tätigkeiten der anderen AGs auf der von der AG 1 geschaffenen Basis aufsetzen.

AG 2 *Computerunterstützte Terminologiearbeit* ist besonders durch zwei Arbeitsgebiete hervorgetreten:
(1) Taxonomie der Datenelemente
(2) Themenklassifikation für Terminologiebanken.

Der Wunsch und die Notwendigkeit, terminologische Daten ohne weitere Bearbeitung oder Umklassifizierung austauschen zu können, wurde auf internationaler Ebene schon in den 70er Jahren heftig, aber ohne nennenswerte, praktische Ergebnisse diskutiert. Ende der 70er und Anfang der 80er Jahre bestanden im Norden einige Terminologiebanken bzw. befanden sich in der Planungsphase. Der Zeitpunkt war günstig, um rechtzeitig die Grundlage für einen realisierbaren Datenaustausch zu schaffen. Anstatt den ohnehin wenig fruchtbaren Weg über die Vereinheitlichung des Datenformats zu gehen, das sich als Prokrustesbett erwiesen hatte, begann man mit dem Vergleich der Datenelemente in bestehenden Formaten und ihrer Harmonisierung. Das Ergebnis war eine nach Typen gegliederte Taxonomie der Datenelemente, deren Inhalte definiert sind und die eine offene Reihe darstellen, die jederzeit erweitert werden kann, solange neue Elemente disjunktiv definiert sind. Dieser Ansatz erlaubt den Aufbau von individuellen Formaten auf der Grundlage von festgelegten Bauelementen, die die Voraussetzung für einen selektiven Austausch von Daten ohne Informationsverluste bilden.

Dieser Ansatz wurde später von ISO/TC 37/SC3 aufgegriffen und weiterentwickelt und ist z. Z. auf dem Wege, eine ISO-Norm zu werden.

Eng verbunden mit dem Austausch von terminologischen Daten ist die Klassifikation für Terminologiebanken. Auch in diesem Bereich konnte international keine Einigung erzielt werden. Im Anschluß an die Arbeiten einer internationalen Arbeitsgruppe, erarbeitete eine Projektgruppe der AG 2 eine NORDTERM-Klassifikation, die auf dem Prinzip der Mengenlehre basiert und deren Ausbau sich an den tatsächlich vorhandenen Beständen orientiert (Picht 1994). Diese Klassifikation wurde aus verschiedenen Gründen nicht eingeführt; sie wurde aber in Dänemark weiterentwickelt und ist heute als DANTERM-Klassifikation in Gebrauch. Eine deutsche und englische Version liegen in Kürze vor.

Seit einiger Zeit arbeitet die AG 2 an der Erstellung eines einheitlichen NORDTERM-Formats (NTRF – Nordic Terminology Record Format).

Die Arbeit der AG 2 hat zu einer engen Zusammenarbeit der nordischen Terminologiebanken entscheidend beigetragen. Eines der sichtbaren Ergebnisse ist die CD-ROM-Version von TERMDOK, bei deren Entstehung TNC die entscheidende Triebkraft war.

Sie enthält ausgewählte terminologische Daten aus TNCs eigener Bank sowie Daten aus der finnischen Bank Tepa, RTTs termbase, DANTERM, der isländischen Terminologiebank ‚Kringla', TERMIUM und Eurodicautom.

Die AG 3 *Harmonisierung von nordischen Benennungen für neue Begriffe* wurde 1993 eingesetzt und soll eine terminologieplanerische Funktion — nicht zuletzt hinsichtlich der Entwicklung im Rahmen der EU — wahrnehmen.

Die 1981 ins Leben gerufene AG 4 *Normung* trägt heute die Bezeichnung *INSTA TK 10 „Prinzipien für die Terminologiearbeit"* (INSTA — Internordisk Standardisering).

Der Tätigkeitsbereich dieser AG entspricht weitgehend dem von ISO/TC 37 „Terminology. Principles and Co-ordination". Schon sehr früh haben diejenigen NORDTERM-Mitglieder zusammengefunden, die als aktive Mitglieder in TC 37 mitarbeiteten; gleichzeitig wurden die in TC 37 nicht vertretenen NORDTERM-Mitglieder in die Arbeit eingebunden und ihre Ideen indirekt in die internationale Normungsarbeit eingebracht.

Das Hauptanliegen der AG ist es, die nordische Haltung zu TC 37-Dokumenten zu harmonisieren, um so den nordischen Stimmen im internationalen Rahmen mehr Gewicht zu verleihen und abgestimmte Verbesserungsvorschläge vorlegen zu können. AG 4 hat an so gut wie allen ISO/TC 37-Dokumenten aktiv mitgearbeitet; besonders hervorzuheben sind die Revisionsprojekte „International Harmonization of Concepts and Terms" (ISO 860) und „International Terminology Standards — Preparation and Layout" (ISO 10 241), zu denen die AG 4 grundlegend revidierte Entwürfe vorlegte. Bei beiden Projekten war es ein entscheidender Vorteil, auf langjährige Erfahrungen sowohl im Bereich der Sprachplanung und deren Harmonisierung in einem multilingualen Raum als auch auf dem Gebiet der computerunterstützten, praxisnahen Terminographie und der Normung zurückgreifen zu können.

Vorwiegend für den innernordischen Gebrauch erarbeitete die AG 4 die Publikation NORDTERM 2 „Terminologins terminologi" (Terminologie der Terminologie) in den fünf nordischen Sprachen sowie Deutsch, Englisch und Französisch.

Durch den beabsichtigten Beitritt von Finnland, Norwegen und Schweden zur EU hatte sich eine Reihe von terminologischen Vorhaben und Projekte ergeben, die weitgehend in nationaler und bilateraler Regie durchgeführt worden sind. Zur besseren Abstimmung von zukünftigen Vorhaben und zur Stärkung des nordischen Anteils an der Terminologiearbeit in der EU wurde 1993 die AG 3 (siehe oben) ins Leben gerufen.

Ein wenn auch summarischer Überblick über die nordische Terminologiearbeit wäre unvollständig, würden nicht auch die zahlreichen Projekte angesprochen, die auf nationaler Ebene oder in bi- und trilateraler Zusammenarbeit durchgeführt worden sind.

An dieser Stelle sind die zahlreichen mehrsprachigen Glossare von RTT, TNC und TSK zu nennen, die eine lange Reihe von vorzugsweise technischen Fachgebieten abdecken; ferner ist die umfangreiche terminographische Produktion in Island zu Fachgebieten wie Medizin, Datenverarbeitung, Flugwesen etc. hervorzuheben.

Einher mit dieser Produktion geht die Entwicklung der terminographischen Methoden und Werkzeuge, d. h. der terminologischen Datenbanken (siehe hierzu u. v. a. Hinz/Nistrup Madsen 1990: 23 ff; Hjulstad 1992: 185 ff; Svensén 1992: 97 ff; Nykänen 1993: 65 ff).

In Norwegen ist im Rahmen des Terminol-Projekts der ‚Norsk termbank' die norwegische Erdölterminologie erarbeitet worden, ein Projekt mit einer starken terminologieplanerischen Komponente und engem Praxisbezug (Roald et al. 1986). Ähnliche sprachpolitisch fundierte terminologieplanerische Aspekte sind besonders bei den isländischen Projekten (Helgadóttir 1991: 56 ff) aber auch in Schweden, Norwegen und Finnland festzustellen, wo gerade die Übersetzungsarbeit in Verbindung mit dem geplanten Beitritt zur EU nicht wenige terminologische Probleme aufgeworfen hat, deren Lösung mit der Terminologieplanung eng verbunden ist.

Die jüngste Entwicklung ist in der samischen Sprachgemeinschaft zu verzeichnen, wo gleichzeitig mit der gemeinsprachlichen Sprachpflege und Sprachplanung Terminologieplanung betrieben wird und deren Ergebnisse in der samischen Terminologiebank festgehalten werden (Utsi 1991: 46 ff).

5. Zusammenfassung und Ausblick

Mit der Gründung von NORDTERM ist in den nordischen Ländern das erste regionale Forum für Terminologiearbeit entstanden, das von seiner Konzeption und seinem Aufbau her als modellhaft bezeichnet werden kann. Dank der langen Zusammenarbeitstradition auf sprachlichem Gebiet aber auch durch die persönlichen Kontakte einerseits, und andererseits durch die für alle nordischen Länder charakteristische Tradition des Fremdsprachenerwerbs und die Notwendigkeit, den Wissenstransfer in fremden Sprachen zu gestalten, bestanden die günstigsten Voraussetzungen für die Gründung eines aktiven, flexiblen Forums. Verstärkt wurde diese Konstellation durch das engere Zusammenrücken der europäischen Staaten und dem damit notwendigerweise verbundenen Bedarf an Fachkommunikation, in der der Terminologie eine maßgebliche Rolle zukommt.

Die Verschiedenartigkeit der Sprachen war kein Hindernis, im Gegenteil, sie hat den Blick für übergeordnete Problemstellungen geweitet. Damit kann NORDTERM als praxisnahes und bereits erprobtes Modell für sprachlich heterogene Regionen dienen.

Ferner ist die gleichzeitige und integrierte Entwicklung von theoretischer Forschung, praktischer Anwendung und Lehre hervorzuheben. Zuweilen mag in Übersichtsdarstellungen von NORDTERM der Eindruck entstanden sein, daß im nordischen Raum nur die Anwendungskomponente der Terminologie zu finden sei. Zwar ist es richtig, daß sich im Norden keine terminologische Schule — dieser Begriff ist nicht unumstritten (Laurén/Picht 1993: 494 ff) — entwickelt hat, was aber durchaus kein Indiz dafür sein kann, daß keine Grundlagenforschung geleistet worden ist. Der Ausgangspunkt war in vieler Hinsicht der von Wüster vorgezeichnete, ein, wie sich erwiesen hat, fruchtbarer *Ausgangs*punkt für eine eigenständige Entwicklung.

Auf eine zukünftige Sprachenpolitik der EU und insbesondere auf ihre terminologische Komponente ist der nordische Raum gut vorbereitet, da er über eine (fach-)sprachliche und terminologische Infrastruktur, Kompetenz und Kooperationserfahrung verfügt, die auch der EU neues Wissen zuführen kann.

6. Literatur (in Auswahl)

Fagspråk 1993 = Fagspråk i Norden 1993. Rapport fra en konferanse i Lund, 4.–6. desember 1992. Nordisk Språksekretariats Rapport 19; Oslo.

Haarala 1981 = Risto Haarala: Sanastotyön Opas. Kotimaisten Kielten Tutkimuskeskus; Helsinki 1981.

Helgadóttir 1991 = Sigrun Helgadóttir: Terminology in Iceland. In: Terminology Science & Research 2. 1991, no. 2, 56−75.

Hinz/Nistrup Madsen 1990 = Hanne Hinz/Bodil Nistrup Madsen: Databasestruktur og brugerinterface til terminologidatabaser. In: Heribert Picht (ed.) Terminologi, edb og vidensteknik. In: NORDTERM 3 (Varde), 23−63.

Hjulstad 1992 = Håvard Hjulstad: Datamaskinstøttet termino/leksiko-logi/-grafi. In: NORDTERM 4. 1992, 185−192.

Laurén 1993 = Christer Laurén: Fackspråk. Form. Innhåld. Funktion. Lund 1993.

Laurén/Picht 1993 = Christer Laurén/Heribert Picht: Vergleich der terminologischen Schulen. In: Ausgewählte Texte zur Terminologie; TermNet. Hrsg. v. Christer Laurén und Heribert Picht. Wien 1993, 493−539.

Nordman 1992 = Marianne Nordman: Svenskt fackspråk. Lund 1992.

NORDTERM 1976 = NORDTERM 1976; Terminologiskt samarbete i Norden; Seminarium i Stockholm 22−23 april 1976; Tekniska nomenklaturcentralen.

NORDTERM 2. 1989 = NORDTERM 2. 1989: Terminologins terminologi.

NORDTERM 4. 1992 = NORDTERM 4. 1992: Terminologilären och dess relationer till andra områden. Nordisk forskarkurs i Mariehamn, Åland september 1990. Stockholm.

NORDTERM Vedtægter 1993.

Nykänen 1993 = Olli Nykänen: Hyper-TEPA: A Prototype for a Hypertermbank. In: Proceedings des NORDTERM-Symposiums 1991; ‚Behovet och nyttan av terminologiskt arbete på 90-talet'; NORDTERM 5. 1993, 65−72.

Picht 1978 = Heribert Picht (ed.): Nordisk Terminologikurs, ‚Rolighed', Skodsborg, DK 20.−30. juni 1978; (2 Bde), Proceedings 1978.

Picht 1985 = Heribert Picht (ed.): Nordisk Terminologikurs II, ‚Rolighed', Skodsborg, DK 5.−16. august 1985; (2 Bde), Proceedings 1985.

Picht 1987 = Heribert Picht: Bibliografi. Terminologiske Uddannelser i Norden. Manuskript. Okt. 1987.

Picht 1994 = Heribert Picht: Entstehung, Grundlage und Anwendung der DANTERM-Klassifikation. In: Festskrift til Gert Engel i anledning af hans 70 års fódselsdag. Hrsg. v. Annelise Grinsted und Bodil Nistrup Madsen. Handelshøjskole Syd. Skriftserie 11. 94. Kolding 1994, 115−126.

Roald/Myking/Pedersen 1986 = Jan Roald/Johan Myking/Per-Bjørn Pedersen: Terminol. Slutrapport fra et terminologisk prosjekt. Norske språkdata 11; Nordisk institutt. Universitetet i Bergen 1986.

Stadgar ... 1994 = Stadgar för Centralen för Teknisk Terminologi [dies ist der schwedische Name für TSK] vom 28. 4. 1994.

Stadgar ... 1994a = Stadgar för Tekniska nomenklaturcentralen (TNC) vom 1. 5. 1994.

Svensén 1987 = Bo Svensén: Handbok i Lexikografi. Stockholm 1987 (TNC 85) [Engl. Übersetzung: *Practical Lexicography. Principles and Methods of Dictionary-Making.* Oxford. New York 1993].

Svensén 1992 = Bo Svensén: Terminologi och leksikografi. In: NORDTERM 4. 1992, 97−122.

SFS-Käsikirja 50 1988: Sanastotyön käsikirja. Soveltavan terminologian periaatteet ja työmenetelmät. Helsinki.

Utsi 1991 = T. Nils Utsi: Terminology Work in Sámi. In: Terminology Science & Research 2 1991, no. 2, 46−55.

Vedtægt ... 1992 = Vedtægt for Terminologigruppen vom 16. 6. 1992.

Heribert Picht, Kopenhagen

221. Terminographie in regionalen Organisationen II: RITerm

1. Background
2. Purposes
3. Membership
4. Authorities
5. Activities
6. RITerm-BD

1. Background

In 1987, in Madrid, on the occasion of the second Terminology and Computational Linguistics Fair, organized by Union Latine and the Consejo Superior de Investigaciones Científicas, a group of terminologists from the Spanish-speaking and Portuguese-speaking countries signed the "Manifiesto de Madrid", which appealed to the governments for terminology policies, as well as for the creation of a structure to bring them together.

Very few governments have carried out actions to that end ever since. Nevertheless, in 1988, in Caracas, during the First Latin-American Terminology Symposium, what was to be called RITerm was created, that is, the Terminology Ibero-American Network. The word *Ibero-American*, somewhat ambiguous in Spanish too, that was used owing to lack of a more appropriate term, was then reflecting the Spanish and Portuguese languages' needs within the American and European continents. Much later, that denomination has been extended to all the languages spoken through the Iberian Peninsula and the Spanish and Portuguese-speaking region of the American continent.

At that time, the main activities carried out by RITerm were above all focused on the inventory of all the terminological activities developed in Latin America and the Iberian Peninsula, as well as on the realization of a biennial symposium (in 1990 in Brasilia, in 1992 in San Millan de la Cogolla (Spain), in 1994 in Buenos Aires and in 1996 in Mexico), the audience of which (60 to 200 people) could hear from 30 to 60 lectures, depending on the occurrence.

In its early stages, RITerm had decided the Secretariat would be undertaken by rotation, so as to guarantee the representativeness of the network's member countries. Thus, the Secretariat was taken on, successively, by the Universidad Simón Bolívar (Venezuela) from 1988 to 1990, by the IBICT (Brasil) from 1990 to 1992, by the CINDOC (Spain) from 1992 to 1994, by the Universitat Pompeu Fabra (Spain) from 1994 to 1996. Nevertheless, during the 1996 Assembly, there was no possibility but to realize that a "rotating" Secretariat led to the scattering and sometimes the loss of pieces of information — while the distances worsened the situation by reducing the possibilities to get in touch with the network's partners —, and also that, even if the terminological activities in that region were developing, most organizations taking part into RITerm had too weak structures to undertake correctly the Secretariat. That is the reason why that Assembly decided to charge Union Latine with a permanent Secretariat — though dismissible —, because it has offices in several of the countries where RITerm is acting.

2. Purposes

RITerm's aim is to establish a cooperation channel between its members in order to strengthen, first and foremost, the Spanish language and Portuguese language terminology, and moreover to put forward activities connected with the above-mentioned languages terminological field: it can therefore contribute to transferring the information and knowledge necessary to the development of the Spanish-speaking and Portuguese-speaking peoples. It is the Terminology Ibero-American Network's duty to act as an exchange and work network in the field of terminology. It does not exclude the possibility that other Ibero-American languages might be taken into account nor the possible participation of institutions or people from other Spanish-speaking or Portuguese-speaking countries.

RITerm therefore means to act in a perspective of exchanging terminological, bibliographical, factual information between the network's members, of cooperation with a view to developing terminological projects or knowledge engineering, as well as terminological, lexicographical, text data banks, and, furthermore, in the field of computational linguistics, of data processing applied to terminology and of language planning. RITerm moreover advocates collaboration on terminological training programmes, in order to promote the development and spreading of terminology as a discipline and also as a major activity within the framework of the terminology Ibero-American symposiums.

3. Membership

RITerm is an institution open to any person or institution working in the field of terminology or its related disciplines. To join it, you just need to ask for it and to pay an annual fee: this one is 100 dollars for the institutions and 50 dollars for the individuals.

What advantages can RITerm's members take of their membership? They are entitled to get a reduction on the different network's products or on some of its members' ones, they take part in its working groups, in the events the network sponsors, in the Ibero-American terminological data banks network project named RITerm-BD, in training programmes developed in the framework of important European programmes, in the terminology Ibero-American symposiums, they receive the RITerm journal, RITerm's web reports their activities, and they are informed of the terminological activities developed in Latin America and in the Iberian Peninsula, among the many advantages offered by any association.

4. Authorities

This network has endowed itself with structures, that is, a Secretariat, an Executive Council and a General Assembly. This last meets every two years, to adjust the common policies, but above all to inspire actions aiming to counter the weakness of the terminological structures in the region. It is RITerm's highest organ.

As far as the Executive Committee is concerned, it is the decision-making authority of the network. Elected every 4 years, it is composed of a president: Maria Teresa Cabré, from the Universitat Pompeu Fabra, vice-presidents: Enilde Faulstich from the Universidade de Brasilia, and Rodolfo Alpízar, from the Book Institute of Cuba, a treasurer: Leticia Leduc, from the Mexican Translators Organization, and a Secretariat, managed by Daniel Prado, from Union Latine.

Union Latine, as a secretariat, takes on the administration of the network.

5. Activities

Currently, RITerm's activities are mainly focused on information collection, diffusion of this information through RITerm's journal and web, as well as on the implementation of a training programme in the field of terminology and of the terminological data banks network project named RITerm-BD.

6. RITerm-BD

This is the most important project of RITerm: it consists in implementing a terminolgoical data banks network meant for Latin America and the Iberian Peninsula.

For that project, a feasibility study was made, over a period of one year (some 4000 pages of documents), in twelve countries of the region. It permitted to gather a huge quantity of information about the terminological activities: some 600 institutions working in terminology were detected, 150 of which do it continuously, as well as about 2500 new works, in addition to the 15000 other ones previously listed by Union Latine and RITerm. Moreover, all the deficiencies and difficulties were noted, and the priority fields as far as terminological development is concerned were defined. This comprehensive study draws up an outline of the bank growth. On the basis of this study, financial requests have been made to various institutions.

The project comprises four steps:

- the first one: inclusion of already available electronic dictionaries on a web system, in order to spread them free of charge and to motivate possible partners to take part in the network;
- the second one: setting up of a small network with six terminological data banks, in six countries, with harmonized formats, in clearly determined fields, via the web;
- the third one: equalizing of the other countries inside this network, which is meant to spread a harmonized and validated terminology, while mentioning the regional variants;
- in the meantime, the fourth part of the project is intended to organize a training according to three levels: an initial one for beginners, a specialized one, and a training for teachers.

Any individual or institution willing to join RITerm can do it through the Union Latine offices (ask us the list). For further particulars, please apply to Union Latine:

131, rue du Bac – 75007 Paris – France
Tel.: (3 31) 45 49 60 60
Fax.: (3 31) 45 44 45 97
E-mail: dtil@calva.net
- RITerm also has an electronic conference: RITerm@FranceNet.fr
- and a web site:
http://www.iula.upf.es/riterm/ritermca.htm (Catalan-language)
http://www.iula.upf.es/riterm/ritermes.htm (Spanish-language)
http://www.iula.upf.es/riterm/ritermpo.htm (Portuguese-language)

M. Daniel Prado, Paris

222. Terminographie in regionalen Organisationen III: Rint

1. Was ist Rint?
2. Terminologie und Entwicklung
3. Rint und die Terminologie-Entwicklung

1. Was ist Rint?

„Das Internationale Neologie- und Terminologienetz" (kurz Rint genannt), ist eine internationale Organisation, die 1986 anläßlich des ersten frankophonen Gipfeltreffens zum Zweck der Terminologie-Entwicklung und der internationalen Zusammenarbeit auf dem Gebiet der Sprachplanung gegründet wurde.

Während sich Rint ursprünglich aus offiziell beauftragten Terminologie-Institutionen in Frankreich, der Schweiz, der französisch sprechenden belgischen Gemeinschaft, Kanada (insbesondere Quebec zusammensetzte, hat sich das Netz im Laufe der Jahre um folgende Staaten erweitert: Benin, Republik Kongo, Guinea, Mali, Mauretanien, Kamerun, Niger, Zentralafrikanische Republik, Senegal, Burundi, Kongo, Madagaskar, Tunesien, Marokko und Haiti. Hinzu kam noch ein assoziiertes Mitglied: die Union Latin.

Um sowohl dem Bedarf an Terminologie, der durch die beschleunigte Entwicklung auf dem Gebiet der Wissenschaft und Technik sowie der vermehrten Fachkommunikation entstanden ist, als auch den Anforderungen, die sich durch das Auftauchen von Sprachplanungsaktivitäten in den Ländern der nördlichen und südlichen Hemisphäre ergeben haben, gerecht zu werden, wurden folgende Ziele in den Statuten des Rint festgelegt:

1.1. Allgemeine Ziele des Rint

– Anpassung der französischen Sprache an die modernen Gegebenheiten in Wissenschaft und Technik;
– Bereitstellung für Französischsprechende von Ausdrucksmitteln, die sie für die neuen Gebiete insbesondere im Bereich der Wissenschaft und Technik benötigen;
– Förderung von konzertierten Aktionen zur Erstellung von Terminologien durch französischsprechende Länder und Sprachgemeinschaften;
– Förderung, parallel zur französischen Sprache, der Entwicklung nationaler Sprachen im frankophonen Sprachraum des Südens.

1.2. Spezifische Ziele

– Förderung und Organisation terminologischer Aktivitäten in französischer Sprache durch Anregung, Koordinierung und Verbreitung von Neologismen und terminologischen Arbeiten in den verschiedenen frankophonen Sprachgemeinschaften;
– Erfassung von neuen Terminologien und Neologismen, Analyse des terminologischen Ausgangsmaterials und Verbreitung der gewonnenen Ergebnisse.
– Beitragsleistung zur Harmonisierung neuer Terminologien und Förderung von deren Anwendung im Rahmen der Frankophonie;
– Vermittlung jeder Art von Informationen über französische Neologismen und Terminologiearbeiten;
– Förderung von Denkanstößen in bezug auf Theorie und Methodologie in der Neologie;
– Unterstützung der Ausbildung von Fachkräften für die Erstellung und Verbreitung von Neologismen und Terminologien;
– Förderung der Ausbildung von Terminologen besonders in den frankophonen Ländern und Staaten im Süden.

Die Herausforderung, denen sich Rint stellt, sind vielschichtig und wichtig. Zu deren Realisierung wurde daher ein Vier-Punkte-Plan erstellt, welcher Terminologiearbeiten, Vermittlung und Information, Ausbildung, sowie Grundlagen- und angewandte Forschung vorsieht.

2. Terminologie und Entwicklung

Seit dem letzten Krieg haben die Länder der nördlichen Hemisphäre gegen Ende und nach der Kolonialzeit versucht, den südlichen Ländern eine Entwicklungspolitik nach dem Vorbild der Industriestaaten aufzuoktroyieren.

Sollte das was im Norden gelang nicht auch zwangsläufig im Süden durchzusetzen sein? Erst in den achtziger Jahren ist man sich des Mißerfolges bewußt geworden und stellten die Entwicklungsexperten die Rechtmäßigkeit und Erfolgschancen jener Art von Aktivitäten in Frage, die von unzähligen internationaler Organisationen durchgeführt wurden. Dabei tauchte aus den Trümmern der ‚Entwicklung um jeden Preis' der Begriff von der nachhaltigen Entwicklung auf.

Dieses Bewußtsein hat sich dann anläßlich des Gipfeltreffens in Rio im Jahre 1992 herauskristallisiert. In einem Artikel der Zeitung ‚Le Devoir' (Montreal) stellte damals Javier Perez de Cuellar fest: „eine andere humane sowie nachhaltige und solidarische Entwicklung ist notwendig geworden." Aber sie kann nur auf der Basis von neuen Betrachtungs- und Vorgehensweisen und Politiken entstehen, zu deren Entfaltung es einer Vertiefung der Kontakte zwischen Kultur und Entwicklung bedarf. Es wird immer deutlicher, daß es nur eine nachhaltige und ökologische Entwicklung geben kann, sonst nichts.

Der kulturelle Aspekt der Entwicklung tritt durch die Rolle der Terminologie bei der Wissensaufbereitung sowie beim Wissenstransfer, welche die Basis der sozialen und wirtschaftlichen Entwicklung bilden, in Erscheinung. Dieses Prinzip diente als Grundlage bei der Gründung des Internationalen Neologie- und Terminologienetzes Rint.

In Anbetracht der zunehmenden Entwicklung auf dem Gebiet der Terminologie hat Rint ein Seminar über ‚Terminologie und Entwicklung' teils in Rabat (im Juni 1991), teils in Cotonou (im Dezember 1992) abgehalten, dessen Ergebnisse in den Nummern 6 und 9 Zeitschrift *Terminologies nouvelles* veröffentlicht wurden. Dieses Seminar sollte die enge Beziehung zwischen Terminologie und globaler Entwicklung im Hinblick auf die Sprachplanung verdeutlichen. Man wollte in erster Linie:

– die Problematik, Sachlage und Zusammenhänge beschreiben, die sich aus der Entwicklung ergeben und ein Eingreifen der Terminologie erforderlich machen.
– zeigen wie die ebengenannten Probleme durch die Terminologie gelöst werden können.
– am Beispiel von einigen aktuellen Fällen in gewissen Ländern beweisen, wie die Anwendung von Terminologie zur Lösung von Entwicklungsproblemen beitragen kann.
– darstellen, welchen Beitrag das Rint aufgrund seiner Zusammensetzung und seiner Fachkräfte bei der Durchführung von Aktivitäten zugunsten der Entwicklung leisten kann.

Unter den wichtigsten Schlußfolgerungen sind einige besonders hervorzuheben.

Zu allererst scheint es, daß die Sprache sowohl ein Hindernis für die Entwicklung und den Wissenstransfer als auch ein Mittel zum Zweck unter gewissen Bedingungen sein kann. Es ist daher notwendig, daß besagte Sprachen genügend entwickelt sind, besonders was die Terminologie betrifft, um als angemessene Kommunikationsträger, namentlich auf dem Gebiet der Wissenschaft und Technik, in Betracht zu kommen.

Die zweite Bedingung ist, daß diese Sprachen unter jenen verbreitet sind, die ein gewisses Niveau an Bildung und Sprachgewandtheit aufweisen.

Das wiederum stellt die Alphabetisierung und den Unterricht in jenen Sprachen, die man ausbauen möchte, in Frage, zwei Bereiche in denen die Terminologie bei der Entwicklung von Mitteln für Begriffsbildung und Kommunikation sowie bei der Wissensaneignung und dem Wissenstranfer eine grundlegende Rolle spielt.

Man muß auch beachten, daß diese Sprachen notwendigerweise einen wichtigen Platz in den staatlichen Gremien eines Landes sowie in Forschungs- und Produktionsprozessen einnehmen müssen, wodurch sie einen Stellenwert erreichen, der ihnen die Weiterentwicklung ermöglicht. Die rechtliche Stellung einer Sprache reicht nicht aus, um sicherzustellen, daß sie in der Realität auch verwendet wird. Daher bedarf es einer gut formulierten Sprachpolitik zur Gewährleistung einer kontinuierlichen Sprachentwicklung und zur Verstärkung der Sprachplanung, die einher geht mit der sozialen und wirtschaftlichen Entwicklung.

Schließlich sind sich die Experten aus den frankophonen Ländern des Südens alle einig, daß die Entwicklung der nationalen Sprachen komplementär zur französischen Sprache gefördert werden müsse.

3. Rint und die Terminologie-Entwicklung

Rint hat sich als Austauschs- und Ausbildungsforum durchgesetzt. Tatsächlich bildet Rint ein Netz von nationalen Terminologie-Institutionen, die von den jeweiligen Regierungen beauftragt sind, sich für die Realisierung der wichtigsten Sprachentwicklungsziele einzusetzen. Bei diesen Institutionen handelt es sich um Regierungsstellen für die Durchführung der jeweiligen Sprachpolitik sowie um wissenschaftliche Terminologieforschungszentren und Universitäten. Sämtliche Facetten der Terminologie sind im Rint vertreten: die theoretische Forschung, die angewandte Forschung einschließlich der Forschung für die Herstellung von computergestützten Hilfsmitteln für die Terminologie-Entwicklung, die Erstellung, Verbreitung und

Anwendung von Terminologien, die Fachübersetzung, sowie die Sprachplanung im Allgemeinen. Rint ist daher als eine einzigartige Gruppierung verschiedenartiger und einander ergänzender Erfahrungen anzusehen.

Das wichtigste Projekt, das Rint in den nächsten Jahren in Angriff nehmen möchte, ist die Durchführung eines Entwicklungsplanes zur Bereicherung des französischen Wortschatzes aus Wissenschaft und Technik.

Gemäß dem Wunsch, den der ständige Sekretär der Akademie der Wissenschaften, Paul Germain, in einem an den obersten Rat der französischen Sprache (Conseil supérieur de la langue française) gerichteten *Bericht über den wissenschaftlichen und technischen Wortschatz im Französischen* geäußert hat und der sich so liest:

„Es ist in der Tat absolut klar, daß sowohl die Neologie- als auch die Terminologie-Arbeit kontinuierlich fortgesetzt werden muß, wenn man möchte, daß Französisch eine moderne Sprache mit starker Ausdruckskraft im wissenschaftlichen und technischen Bereich ist. Es handelt sich dabei um eine Aufgabe, die in ständiger Zusammenarbeit mit allen frankophonen Ländern durchzuführen ist."

Dieses Problem steht im Mittelpunkt des Interesses von Rint und entspricht seinen Hauptzielen. Das Netz hat daher ein Programm zur „Neologie-Überwachung" ausgearbeitet, an dem die meisten Mitgliedsländer beteiligt sein werden. Es dreht sich dabei um die Einrichtung eines computergestützten Neologieaustauschsystems, durch das zugelassene Wortschöpfungen schnell in Umlauf gebracht werden können. Diese neuen Wörter werden von den Teilnehmern gesammelt, die nach einer einheitlichen Methode arbeiten. Das Sammeln von zugelassenen Neologismen läßt sich durch ein Softwareprogramm für computergestützte terminologische Auswertung bewerkstelligen, wie z. B. dem TERMINO, dessen Entwicklung vom Rint gefördert wurde.

Louis-Jean Rousseau, Québec

223. Übersetzungsorientierte Terminographie: Grundsätze und Methoden

1. Zur Abgrenzung und Terminologie
2. Zeitrahmen
3. Anknüpfungspunkte
4. Spezifische eigene Elemente
5. Grundsätze, Ziele
6. Methoden, Instrumente
7. Perspektiven der Weiterentwicklung
8. Literatur (in Auswahl)

1. Zur Abgrenzung und Terminologie

Übersetzungsorientierte Terminographie (ÜoT) ist eine spezifische Richtung vor allem beschreibender und darstellender Terminologiearbeit, die inhaltlich und zeitlich unmittelbar das Übersetzen von Fachtexten unterstützt. Sie bildet neben der institutionellen Terminologienormung und der „freien", d. h. nicht an bestimmte, begrenzte Übersetzungsumfelder gebundenen Fachlexikographie den dritten großen Sektor planmäßiger professioneller Beschäftigung mit Terminologie.

Die drei Richtungen sind untereinander durchlässig, Merkmale der einen können bereichernd auch bei den anderen auftreten; es gibt Mischformen. So ist etwa Mehrsprachigkeit kein abgrenzendes Merkmal von ÜoT gegenüber der Normung, die ebenfalls zunehmend mehrsprachig erfolgt. So gibt es Aspekte der Festlegung nicht nur bei der Normung, sondern auch, und keineswegs nur im Nachvollzug, bei der ÜoT. Und die Äquivalenzierung steht von jeher im Zentrum der ÜoT und der mehrsprachigen Fachlexikographie.

Terminologie bezeichnet nach Wüsters Terminologielehre (Wüster 1979, 1985) die Einwort- und Mehrwortbenennungen der fachlichen Begriffe, d. h. die Termini, sei es als eine definierte Untermenge oder als abstraktes Gesamt. Die ÜoT rechnet, in Anknüpfung insbesondere an Warner 1966, die terminologisch relevanten phraseologischen Wendungen und Fügungen, das sind Benennungen in vorwiegend fester phraseologischer Bindung zur Bezeichnung von fachlichen Begriffen oder Sachverhalten, ebenfalls zur Terminologie. Zusammenfassend bezeichnen wir die Benennungen und phraseologischen Wendungen und Fügungen als *Benennungseinheiten* oder auch als *terminologische Einheiten*.

Terminographie ist ein neuerer Terminus. Er bezeichnet, genau genommen, lediglich die

Aufzeichnung von Benennungseinheiten, d. h. das dargestellte Endergebnis voraufgehender Terminologiearbeit. Die ÜoT fing als *Übersetzungsorientierte Terminologiearbeit* an und heißt in der Praxis auch heute noch so. Sie wird hier in ihrer Gesamtheit beschrieben.

2. Zeitrahmen

Eine bis heute nachwirkende Pioniertat in der frühen Fachlexikographie waren Schlomanns Illustrierte Technische Wörterbücher in sechs Sprachen. In deren 1928 erschienenem Band 2 schreibt der Verfasser: „Für die Technik ist die Phraseologie der Schlüssel zum Verstandenwerden." Damit wurden erstmals Terminologie und fachliche Phraseologie aufeinander bezogen und in einem großen Wörterbuchprojekt gemeinsam berücksichtigt.

Die systematische Fundierung der Terminologie und eines Teils der fachsprachlichen Phraseologie leisteten später, in zwei Etappen, zwei Ingenieure.

Im Jahre 1931 begründete Wüster in einem umfangreichen Werk über Sprachnormung in der Technik (Wüster 1931, 1970) die Terminologielehre und systematisierte ihr zentrales Anwendungsgebiet, die Terminologienormung. Bis Mitte der 70er Jahre ergänzte Wüster seine Aussagen hierzu und bezog zunehmend Aspekte und ganze Gebiete aus dem Umfeld in seine Überlegungen ein, zuletzt — ohne diesen Aspekt zu Ende verfolgen zu können — das Fachübersetzen. Im Mittelpunkt von Wüsters Terminologielehre stehen die fachlichen Begriffe und Benennungen sowie ihre Zuordnung zu Fachgebieten. Aspekte der Phraseologie und des aktuellen Textbezugs werden nicht behandelt.

Im Jahre 1966 ergänzte Warner die inzwischen vor allem in der Normung weltweit beachteten terminologischen Grundsätze Wüsters durch phraseologische Grundsätze für die Technik, ebenfalls in besonderem Hinblick auf die Normungsarbeit (Warner 1966). Warner rechnete die phraseologischen Wendungen zu den fachtextkonstituierenden Bausteinen von terminologischem Rang und erweiterte damit den Gegenstand von Terminologiearbeit um eine ganze Klasse. Das war der Schritt von den Einzelwörtern zu den Wortgruppen, bzw. von den Benennungen i. e. S. zu den Benennungseinheiten i. w. S. Schlomanns pragmatischer Ansatz fand eine späte wissenschaftliche Bestätigung.

Mitte der 60er Jahre setzte in mehreren großen Sprachendiensten fast gleichzeitig ein Bemühen um eigene Wege in der Terminologiearbeit ein, die spezifischen übersetzerischen Belangen Rechnung tragen sollten. Das war der Beginn der Übersetzungsorientierten Terminologiearbeit bzw. Terminographie (ÜoT), über deren erste 25 Jahre im folgenden zu berichten ist.

3. Anknüpfungspunkte

ÜoT knüpft in fünf wesentlichen Aspekten an Vorhandenes an.

Erstens ist die von Wüster und anderen postulierte Begriffsbindung der Benennungen auch Grundlage der ÜoT. Ist unkritisches Hantieren mit Benennungen schon in einer einzigen Sprache bedenklich, öffnet es bei mehrsprachigem Arbeiten, exemplarisch beim Übersetzen, Mißverstehen Tür und Tor. Übersetzen lebt u. a. vom Verständnis der Begriffe in den Texten.

Zweitens hatten neben den Benennungen auch die fachsprachlichen phraseologischen Wendungen und Fügungen in der ÜoT von Anfang an einen besonderen Stellenwert. Erst später wurde hier ausdrücklich an Warner angeknüpft. Den Aspekt der terminologisch relevanten Phraseologie hat die ÜoT gezielt weiterentwickelt, um Forderungen an stilgerechtes Übersetzen von Fachtexten Rechnung zu tragen. Übersetzen lebt auch von der Berücksichtigung idiomatisch-phraseologischer Baugruppen in den Texten.

Drittens lebt Übersetzen von der textkategorie-adäquaten Wiedergabe des Ausgangstextes in der Zielsprache, d. h. vom gelungenen Textganzen als Vertreter seiner Klasse. Dazu gehört die jeweils typische Terminologie in typischer phraseologischer Einbindung.

Viertens: Keine planvolle Beschäftigung mit Terminologie kommt ohne Einbeziehung der Fachgebiete, zu denen die Termini gehören, und ohne ein Ordnungsschema für sie aus. Die ÜoT hat teils an vorhandene Fachgebietsklassifikationen angeknüpft, teils eigene eingerichtet.

Fünftens: Frühe Versuche, die elektronische Datenverarbeitung auch für Sprachdaten nutzbar zu machen, wurden zum Anlaß genommen, die Verarbeitung terminologischer Daten auf dem Computer zu implementieren und ihre Darstellung vom Computer aus zu steuern. So entstand die computer- oder rechnerunterstützte Terminographie und ihr konkretes Instrument, die Terminologie-Datenbank. Sie ist die erste bedeutende Eigenleistung der gerade erst aufgekommenen ÜoT und hat zu deren relativ rascher Etablierung als eigenständige Richtung wesentlich beigetragen.

Die rechnerunterstützte Terminographie wurde später auch von anderen Richtungen der Terminologiearbeit übernommen, etwa von der Terminologienormung.

4. Spezifische eigene Elemente

ÜoT hat schon auf der Bedarfsseite zwei für den gesamten Arbeitsumfang ausschlaggebende spezifische Kriterien zu berücksichtigen: einmal den eigenen Bedarf und zum zweiten den Mehrbedarf, den der eigene Bedarf darstellt. Beide Kriterien zusammen ergeben auf der Arbeitsseite zwingend das Prinzip *in eigener Regie*. Damit sind die drei ersten eigenen Elemente von ÜoT bestimmt.

Mit dem Ziel der Deckung des je eigenen Bedarfs unterscheidet sich ÜoT sowohl von der institutionellen Terminologienormung als auch von der Terminographie, die in marktgängigen Fachwörterbüchern ihren Niederschlag findet; jene beiden Ausprägungen von Terminologiearbeit und Terminographie haben einen angenommenen generellen Bedarf im Auge, den sie z. B. mit der möglichst vollständigen Darstellung der Terminologie eines Fachgebiets oder definierten Teilfachgebiets abzudecken suchen. Solche Wortschätze können auch einsprachig sein. Ihre Adressaten sind nicht nur Übersetzer, sondern alle, die mit Fachtexten berufsmäßig zu tun haben. Dagegen zielt ÜoT auf Deckung des je eigenen übersetzerischen Bedarfs: Sie erstreckt sich auf die Arbeitsgebiete eines einzelnen Übersetzers, einer Gruppe, eines Übersetzungsdienstes, auf die je erforderlichen Sprachenpaare und -richtungen, auf etwa zu berücksichtigende hausspezifische Termini. Sie ist stets von vornherein mehrsprachig ausgerichtet.

Der eigene Bedarf ist immer ein Mehrbedarf. Auch darin unterscheidet sich ÜoT von der Terminologienormung und der lexikographischen Terminographie, die beide definierte Gesamtbedarfslagen im Auge haben. ÜoT zielt auf Deckung des Mehrbedarfs in bezug auf das Was und in bezug auf das Wie. Das Was beinhaltet die benötigte, aber nicht an Ort und Stelle oder zumutbar zugänglich vorhandene Terminologie, häufig im fachphraseologischen Kontext, mit Angaben zum Gebrauch etc. Das im Übersetzungsalltag ebenso wichtige Wie meint das Auffinden benötigter Termini in einem, höchstens zwei Nachschlagegängen. ÜoT soll nicht nur fehlende Terminologie überhaupt bereitstellen, sondern auch griffbereit aufbereitet. Das Prinzip der Deckung lediglich des jeweiligen Mehrbedarfs hat zur Folge, daß die Ergebnisse von ÜoT nicht in dem Maße wie bei der institutionellen Terminologienormung und der freien lexikographischen Terminographie allgemein verwendbar sind. (An diesem Punkt setzen alle kritischen Überlegungen zu Zusammenarbeit auf dem Sektor der ÜoT ein.)

Dennoch kann die beschriebene Arbeit in einer Übersetzungssituation, sei es beim einzelnen Übersetzer oder im Übersetzungsdienst, die ja nie eine allgemeine ist, nur in eigener Regie in Angriff genommen werden. Auch in diesem Punkt unterscheidet sich ÜoT von Terminologienormung und Fachlexikographie. Dort leisten gewissermaßen vorausehende Stellvertreter die Arbeit für spätere Nutzer, die nicht (nur) sie selbst sind. Hier handelt es sich um aktuelle Selbsthilfe der Betroffenen an Ort und Stelle, die genau wissen, was ihnen fehlt und was sie brauchen und wie.

Kein anderer Anwenderbereich von Terminologie bezieht so ausdrücklich das kontextuelle Umfeld der Termini in die Arbeit mit ein wie Übersetzer. Die Mitaufzeichnung von Mikrokontexten (zusammen mit dem jeweiligen Terminus) ist konstitutiver Bestandteil der ÜoT und damit ein weiteres spezifisch eigenes Element. Mikrokontexte liefern dem Übersetzer entweder phraseologisches Anschauungsmaterial, was vor allem beim Übersetzen in Fremdsprachen von Belang ist, und/oder definitorische Anhaltspunkte bei fraglichen Begriffen.

Mikrokontexte, wie auch andere Begleitinformationen zu Termini, etwa Synonyme, Antonyme, Gebrauchshinweise, werden im Laufe der Zeit sukzessive in die entsprechenden terminologischen Einträge aufgenommen. Terminologische Einträge in der ÜoT sind offene Dokumentationsstellen, die ständig weiterbesetzt werden, bedarfsweise auch mit terminologischen Daten aus neu hinzukommenden Sprachen. ÜoT ist *work in progress*; ihre für die jeweilige Nutzung abgerufenen „Endprodukte" sind oft morgen schon überholt. ÜoT lebt von der laufenden auftragsnahen Aktualisierung. Auch Terminologienormen und viele Fachwörterbücher werden zwar in längeren Zeitabständen aktualisiert, sie haben aber doch viel mehr den Charakter von Endprodukten als die oft nur für ein einziges Übersetzungsprojekt abgerufenen Glossare der ÜoT.

Auf den Weg einer eigenständigen Richtung wurde die übersetzungsorientierte Terminographie zunächst durch die ersten drei, fast zeitgleich entwickelten, auf dem Großrechner installierten Terminologie-Datenbanken gebracht; das waren die Systeme DIC-AUTOM der Europäischen Gemeinschaft, LEXIS des Sprachendienstes der Bundeswehr (später Bundessprachenamt) und TEAM der Firma Siemens AG. Sozusagen nachgeliefert wurde die Grundlegung der ÜoT in der Sache, d. h. was die Erarbeitung von Terminologie für den Übersetzungsbedarf anbelangt (Lenoch 1968; Dubuc 1978, 1985; Hohnhold 1990). Heute ist die ÜoT in der Fachübersetzerausbildung zunehmend verankert. Auf Hunderten von Veranstaltungen und in Tausenden von Publikationen weltweit ist sie unter allen denkbaren Aspekten behandelt worden.

5. Grundsätze, Ziele

Wichtige Grundsätze der ÜoT sind bereits in den Abschnitten 3., 4. behandelt:

- Die Begriffsbindung der Benennungseinheiten.
- Die Einbeziehung der fachsprachlichen phraseologischen Wendungen und Fügungen.
- Die Einbeziehung von Textkategorien als Vertreter von einzelnen Textganzen.
- Die Zuordnung von Begriffen und Benennungseinheiten zu Fachgebieten.
- ÜoT als Deckung des eigenen Bedarfs in eigener Regie, wobei der eigene Bedarf stets ein Mehrbedarf ist.
- Die besondere Berücksichtigung von Mikrokontexten.
- Das Angewiesensein auf vielfältige Begleitinformationen zu den terminologischen Einheiten.

Hiervon ausgehend, hat ÜoT zunächst zu berücksichtigen:

Zum ersten: Die Begriffe und weitergehenden Sachverhalte und die Beziehungen zwischen ihnen (ohne deren Kenntnis können Texte weder verstanden noch übersetzt werden).

Zum zweiten: Den tatsächlichen aktuellen Sprachgebrauch auf der Ebene der Benennungen, Wendungen und sonstigen Standardformulierungen (der tatsächliche Sprachgebrauch läuft gelegentlich den Ergebnissen der amtlichen Terminologienormung zuwider bzw. er bietet oft überhaupt die einzige Sicherheit, weil auf vielen Gebieten oder Teilgebieten Normung noch nicht erfolgt ist).

Zum dritten: Den Text als Ganzes (in dem die Terminologie unter Berücksichtigung der beiden ersten Punkte auf eindeutige, widerspruchsfreie Aussage hin wirksam sein soll).

Mit der Zuordnung von Begriffen und Sachverhalten und ihren Benennungen, Wendungen etc. zu Fachgebieten trägt Terminographie dem Bedürfnis Rechnung, daß beim Erstellen/Übersetzen von Fachtexten die für das betroffene Fachgebiet spezifische und übliche Terminologie verwendet wird. Neben dieser eher allgemeingültigen Zuordnung von Terminologie sind häufig weitere, pragmatische Zuordnungen zu treffen. So muß ÜoT bei verschiedenen Auftraggebern unterschiedlich übliche Terminologien auseinanderhalten, bestimmte einheitliche Terminologien bestimmten Übersetzungsprojekten zuordnen etc. Das wirkt sich auch auf die Strukturierung von Terminologiebeständen für Übersetzungszwecke aus, und darüber hinaus ganz generell auf Grundsätze der Nutzung: ÜoT muß nach Bedarf Terminologiebestände bereitstellen, die ein oder mehrere Fachgebiete oder ein aktuelles Arbeitsgebiet oder Übersetzungsprojekt oder die Terminologie eines Auftraggebers möglichst umfassend abdecken. Die Weichen für eine derartige gleichzeitig selektive und umfassende Abdeckung werden beim Anlegen der terminologischen Einträge, d. h. bei ihrer Erarbeitung, gestellt; hier wird jeder Eintrag mit der zutreffenden Fachgebietskennung und ggf. weiteren Geltungsbereichskennungen versehen.

Sind diese Kennungen vorwiegend für ein gezieltes Retrieval mit möglichst vollständigen Ergebnissen von Bedeutung, so dienen andere Begleitinformationen zu den Termini (etwa Definitionen, Kontexte, Quellenangaben) deren Absicherung zum Gebrauch. Hierbei ist die lückenlose Quellenbelegung besonders wichtig, denn die erarbeiteten Terminologiebestände sollen ja ihrerseits als zuverlässige Quelle gelten.

Die Aufzeichnungen von Benennungseinheiten allein ist noch keine Terminographie; erst ihre Belegung durch relevante Begleitinformationen macht sie dazu.

An dieser Stelle kommt die sozusagen duale Sicht auf die ÜoT ins Spiel, nämlich auf ihre Dokumentationsseite und ihre Nutzungsseite (Bayer/Frechen/Hohnhold u. a. 1993, 5 ff). Unter Dokumentation fällt die Erarbeitung, Aufzeichnung, Speicherung und Bereithaltung der terminologischen Daten, während ihre Ausgabe und Bereitstellung als Übersetzungshilfe der Nutzungsseite zuzuordnen ist. Plausibel auf den ersten Blick erscheint, daß nur dasjenige terminologische Material dokumentiert wird, das ein definierter Nutzerkreis voraussehbar brauchen wird. Insofern können wir von direkter Interdependenz von Dokumentation und Nutzung sprechen. Daneben gibt es noch ein zweites, scheinbar konträres, tatsächlich jedoch komplementäres Prinzip, das Prinzip der funktionellen Unabhängigkeit von Dokumentation und Nutzung terminologischer Daten: Während die Dokumentation die Funktion hat, alles voraussehbar benötigte Material zu erfassen, also langfristig angelegt ist, liegt jeder Nutzung ein aktueller spezifischer Bedarfsfall zugrunde, der nur Untermengen des erfaßten Gesamts beansprucht und darauf selektiv zugreifen können muß. Konkret: Aus gespeicherten mehrsprachigen Beständen müssen zweisprachige selektiert werden können; aus einem gespeicherten Bestand müssen nur solche Einträge, die bestimmte Begleitinformationen aufweisen (z. B. eine Definition und eine bestimmte Fachgebietskennung), ausgegeben werden können; aus gespeicherten Einträgen dürfen aktuell nicht benötigte Begleitinformationen (z. B. die Fachgebietskennung, wenn nur Einträge zu einem einzigen Fachgebiet auszugeben sind) nicht mit ausgegeben werden müssen; etc. Der jeweils aktuelle Nutzungszweck bestimmt die aktuelle Ausgabe, unter Anlegung der Kriterien von Selektion, Suppression und Verknüpfung. Auf der Eintragsebene ist also zu unterscheiden zwischen den möglichst vollständig dokumentierten terminologischen Einträgen in der Datenbankd auf der einen und den in aller Regel nur Teilinhalte davon aufweisenden, von ihnen abgeleiteten Glossar- oder Lexikoneinträgen für aktuelle Nutzung auf der anderen Seite (Hohnhold 1991, 2ff).

Hier wird auch ein ökonomischer Aspekt sichtbar: ÜoT dokumentiert *einmal*, was *vielfach*, in jeweils bedarfsgerechtem Zuschnitt, gebraucht bzw. genutzt wird. ÜoT muß sich ja, im Gegensatz etwa zur institutionellen Terminologienormung, an Ort und Stelle (d. h. für den betroffenen Übersetzungsdienst, für den einzelnen freiberuflich tätigen Übersetzer) finanziell tragen. Besseres, schnelleres, konsistenteres Übersetzen muß die Kosten der betriebenen Terminologiearbeit wieder einspielen, und mehr.

Eine u. a. ökonomisch begründete Forderung ist auch, daß ÜoT die für das Human-übersetzen und für das maschinelle Übersetzen (Machine Translation, MT) benötigte Terminologie nur *einmal* erarbeitet und für beide Übersetzungsvarianten bereithält, denn die benötigten Termini sind dieselben, und ÜoT hat sicherzustellen, daß sie hier wie dort einheitlich verwendet werden (Hohnhold/Schneider 1991, 161 ff). Das trifft für Übersetzungsdienste zu, in denen human und maschinell übersetzt wird; deren Anzahl steigt ständig.

ÜoT ist heute nicht mehr ohne Einsatz des Computers realisierbar. Wer übersetzungsorientierte Terminographie sagt, meint rechnergestützte übersetzungsorientierte Terminographie. Allein die beiden Funktionsbereiche der Dokumentation und der Nutzung von Terminologie, mit ihren unterschiedlichen Vorgehensweisen und ihrem notwendigen Zusammenspiel, erfordern den Einsatz des Rechners. Auch der Übersetzungsarbeitsplatz ist längst ein Arbeitsplatz am Rechner, mit vielfältigen Kommunikations- und Konsultationsmöglichkeiten, geworden, so daß auch unter dem Aspekt des Handling von Terminologiearbeit und ihren Ergebnissen der Rechnereinsatz zwingend ist.

Der Fachübersetzer, zu dessen Aufgabenspektrum auch die ÜoT gehört, muß dementsprechend heute Kenntnisse und Fertigkeiten in vier Bereichen aufweisen, nämlich im Inhaltlichen seines Arbeitsgebiets, im Sprachlich-Übersetzerischen, in der Terminologie und im instrumentell-technischen DV-Bereich.

Fachübersetzungen sind, als letzter Arbeitsgang am Text, fast immer, und häufig sehr eng, termingebunden. ÜoT muß auch diesem Aspekt voll Rechnung tragen und gerät daher nicht selten selbst unter Zeitdruck, was um so dringender langfristig bedarfsorientierte Planung voraussetzt, damit auch kurzfristigen Bedarfssituationen unverzüglich und aufwandsarm begegnet werden kann.

6. Methoden, Instrumente

Grundlegende Methoden werden zunächst für die beiden Funktionsbereiche Dokumentation und Nutzung von Terminologie dargestellt. Danach wird auf die Betreibung einer Terminologie-Datenbank unter dem Aspekt möglicher Arbeitsteilung eingegangen.

6.1. Terminologiedokumentation

(a) Fachgebiete, Arbeitsgebiete, Projekte, Sprachen

Terminologie wird erarbeitet für relevante Fachgebiete oder Arbeitsgebiete oder für einzelne Projekte, u. U. einzelne Aufträge, jeweils für die relevanten Arbeitssprachen. Jeder erfaßten terminologischen Einheit werden u. a. die Fachgebietskennung, ggf. weitere Kennungen für das Arbeitsgebiet, das Projekt oder einen sonstigen Geltungsbereich, beigegeben, zwecks richtiger Einordnung in der Datenbank und verlustloser Ausgabe bei kennungsbezogener Abfrage.

(b) Erfassungsschwelle

Erarbeitet und erfaßt wird Material oberhalb der für den Nutzer bzw. Nutzerkreis abgestimmten Bedarfsschwelle (Mehrbedarf).

(c) Erfassungsrahmen, -schwerpunkt, -aufwand im Einzelfall

Im Rahmen abgestimmter Konstanten (Bedarfsschwelle, Zuordnung von Einträgen zu Teilbeständen u. a.) sind u. U. im Einzelfall Besonderheiten zu berücksichtigen, wie Schwerpunkt auf phraseologischen Wendungen, kein Aufwand für Miterfassung von Kontextpassagen u. a. Es ist auch zu unterscheiden etwa zwischen auftragsnaher Aktualisierung eines bestehenden Bestandes und der Erstanlegung eines Bestandes, mit ihren unterschiedlichen Anforderungen an systematisches Vorgehen.

(d) Vergleichende terminologische Textauswertung

Die vergleichende Auswertung von Originaltexten aus dem aktuellen Arbeitsgebiet und den betroffenen Sprachen, unter Einbeziehung des zu übersetzenden Auftragstextes, liefert nicht nur Wissen zur Sache, sondern auch benötigte fachphraseologische und terminologische Informationen. Sie ist daher die Methode der Wahl für die Erarbeitung mehrsprachiger Terminologie. Textauswertung wird sinnvoll unterstützt durch Konsultation vorzugsweise einsprachiger Fachwörterbücher.

(e) Terminologischer Eintrag

Funktion, Inhalt: Weltweit verwendeter Ordnungsrahmen für die Erfassung und Speicherung terminologischer Daten und deren ständige Bereithaltung für selektive Nutzung nach Bedarf (Hohnhold 1988, 4 ff, Bayer/Frechen/Hohnhold u. a. 1993, 2 ff). Der Eintrag bezieht sich auf einen Begriff und enthält dessen Benennungseinheit(en in den vertretenen Sprachen) sowie Begleitinformationen, die den Begriff klären bzw. zuordnen (z. B. Definition, Synonym, Fachgebietskennung), die Benennungseinheit zuordnen (z. B. pragmatische Geltungsbereichskennung), die Benennungseinheit in ihrem Gebrauchsumfeld belegen (z. B. Kontextpassagen, Quellen) oder den Eintrag dokumentieren (z. B. Verantwortlicher, Zeitpunkt der Einrichtung).

Struktur: Der Eintrag stellt auf Rechnerebene einen adressierbaren, offenen Datensatz dar, in den jederzeit weitere Daten, etwa aus der laufenden vergleichenden Textauswertung, eingebracht werden können. Einträge können einsprachig oder mehrsprachig belegt sein; einsprachige können zu mehrsprachigen erweitert werden. Der Eintrag hat definierte Felder für die verschiedenen vorgesehenen Teilinformationskategorien (z. B. Benennungseinheit, Fachgebietskennung, Definition), die, für die sprachenbezogenen Teilinformationen, auch nach Sprachen unterschieden sind. Das ist das Eintragsbelegungsschema. Jeder Nutzer kann die Eintragsfelder im Prinzip für seine spezifischen Belegungsbelange umdefinieren, dabei ist jedoch der gesamte Nutzerkreis zu berücksichtigen: Verlustloser direkter Austausch von Terminologie setzt möglichst einheitliche Belegung voraus, es sei denn, man konvertiert die Daten über ein Austauschformat.

(f) Einträge für nicht-terminologische Daten

In der Datenbank lassen sich neben Terminologiebeständen auch Ordnungs- und Übersichtssysteme aus dem Umfeld der ÜoT speichern, soweit sie auf einzelnen Einträgen aufbauen. Darunter fallen Fachgebietsordnungen, Quellenverzeichnisse u. ä. In solchen Sonderbeständen bildet jedes Fachgebiet bzw. jede Quelle, aus der gespeicherte Terminologie bezogen ist, einen Eintrag. Für diese nicht-terminologischen Einträge wird jeweils ein eigenes Belegungsschema eingerichtet, das vom Schema terminologischer Einträge abweicht.

(g) Teilbestände in der Datenbank

Die Terminologie-Datenbank besteht aus Teilbeständen, das sind auf der einen Seite die Terminologiebestände und auf der anderen die erwähnten Ordnungsbestände aus dem Umfeld. Die Terminologiebestände können je nach Nutzerbedürfnissen unterschiedlich definiert sein: Es können Fachgebietsbestände, Bestände für Gruppen verwandter Fachgebiete oder nach Arbeitsgebieten oder Projekten getrennte Terminologiebestände sein.

(h) Eingabestrategie

Die Eingabe und Zuordnung terminologischer Daten und Einträge erfolgt stets primär unter den Kriterien der Ökonomie und des vernünftigerweise zu erwartenden Abfrageverhaltens (im Rahmen der Erfassungsschwelle). Kurzformen, Synonyme oder orthographische Varianten von Benennungen werden nicht als separate Einträge erfaßt, sondern dem Eintrag mit der zugehörigen Benennung als Begleitinformationen beigegeben. Für Mehrwortbenennungen, phraseologische Wendungen etc. werden nicht jeweils mehrere Einträge, unter ihren verschiedenen sinntragenden Elementen, angelegt, sondern nur jeweils einer, in dem die sinntragenden Elemente gemäß ihrer Relevanz für die Abfrage markiert werden. Jedem Eintrag werden die Kennungen für den Teilbestand, in den er eingeht, für das Fachgebiet und ggf. sonstige Geltungsbereiche beigegeben.

(i) Eingabetechnik

Die Eingabe neuer Einträge erfolgt am Bildschirm, in der Regel im Rahmen einer Maske, die bereits die Adressen der zu belegenden Datenfelder und ggf. auch Vorbelegungen konstant bleibender Teilinformationen enthält. Weitere Teilinformationen oder Korrekturen zu schon vorhandenen Einträgen werden in die entsprechenden Datenfelder eingebracht.

(j) Hardware und Software

Die ersten Terminologie-Datenbanken waren auf dem Großrechner installiert. Seit Mitte der 80er Jahre verlagert sich das Schwergewicht zunehmend auf den Personal Computer (PC). Mit der Ablauffähigkeit von Programmen zur Einrichtung von Datenbanken und vielfältigen Möglichkeiten der Verwaltung und Nutzung von Terminologie auf dem PC und dem inzwischen breiten Angebot solcher Programme ist rechnerunterstützte ÜoT heute jedem, auch jedem allein arbeitenden, Fachübersetzer zugänglich.

(k) Gemeinsame Datenhaltung für Humanübersetzen und maschinelles Übersetzen (MT)

Überlegungen zu gemeinsamer Datenhaltung sind im Gange. Sie haben zu berücksichtigen, daß das Humanübersetzen die Erarbeitung vielfältiger terminologischer Daten und ihre Speicherung, MT dagegen die Erarbeitung und Speicherung vor allem linguistischer Daten, bei selektiver Übernahme einiger terminologischer Datenkategorien von der Humanübersetzungsseite, erfordert (Hohnhold/Schneider 1991, 161 ff). Das sind zwei Untermengen eines theoretischen Gesamts (das insgesamt auf keiner der beiden Seiten benötigt wird), die in einem schmalen Bereich überlappen.

6.2. Terminologienutzung

(a) Nutzung von Anfang an und überall

Sobald ein Terminologiebestand eingerichtet ist und die ersten Einträge aufweist, kann er genutzt werden. Wartezeiten bis zur Fertigstellung wie bei marktgängigen Wörterbüchern oder Terminologienormen entfallen. Jeweils aktuelle Bestände aus der Datenbank stehen unverzüglich an allen Arbeitsplätzen bzw. Standorten im vorgesehenen Nutzerbereich zur Verfügung, z. B. im Netz oder auf Diskette. Kooperierende Fremdnutzer lassen sich ebenfalls umgehend versorgen.

(b) Austausch, Austauschformat

Für den Austausch von Terminologiebeständen zwischen Datenbanken mit unterschiedlicher Eintragsstruktur sind Konvertierungsprogramme und Austauschformate entwickelt worden, ohne daß hier das letzte Wort schon gesprochen wäre.

(c) Selektion, Suppression, Verknüpfung von Daten

Programmbausteine des Datenbanksystems besorgen zunächst die für die aktuelle Nutzung erforderliche Selektion der Daten, z. B. nach benötigten Sprachen, Einträgen, Fachgebieten oder sonstigen Geltungsbereichen, Quellen und anderen Teilinformationen, auch über Bestandsgrenzen hinweg; zum zweiten die Suppression von aktuell nicht benötigten Daten, z. B. Eintragsadresse, Zeitpunkt der Erfassung, Fachgebietskennung (wenn alle Einträge des aktuell benötigten Glossars die gleiche haben). Drittens lassen sich bestimmte Datenkategorien für die Selektion miteinander verknüpfen, z. B. alle Einträge für drei miteinander verwandte Fachgebiete ausgeben, die eine deutsche Definition aufweisen. So wird die Ordnung, die für die in der Bank gespeicherten Daten und Bestände gilt, auf der Ausgabeseite durch eine andere, pragmatisch nutzungsbestimmte Ordnung ersetzt.

(d) Generierung von Einträgen

Andere Programmbausteine generieren Zweiteinträge, indem sie die entsprechenden Stammeinträge statt über deren Benennungseinheit(en in den vertretenen Sprachen) über in ihnen enthaltene Synonyme, Kurzformen oder markierte sinntragende Elemente (in Mehrwortbenennungen oder Wendungen) abfragen. Dadurch läßt sich der Nachschlageaufwand erheblich reduzieren.

(e) Abruf, Ausgabe, Bereitstellung

Die jeweils benötigten terminologischen Daten werden entweder am Bildschirm abgerufen, im Rahmen der Einzeleintragsabfrage, des Navigierens im aktuell aktivierten Bestand oder über den entsprechenden Indexabschnitt; oder sie werden nach den jeweils angelegten Selektionskriterien als Glossar ausgegeben, sei es auf Mikrofiche oder sonstigen Datenträgern, sei es auf Papier.

Bereitstellung von Terminologiebeständen für die Einzelabfrage aus der Textverarbeitung: Der für die jeweilige Übersetzung (am Bildschirm) relevante Terminologiebestand wird für die direkte Abfrage terminologischer Einheiten bereitgestellt. Der Übersetzer wechselt zwischen dem zu übersetzenden Text und dem Terminologiebestand nach Bedarf hin und her. Zutreffende zielsprachliche Äquivalente werden durch Anklicken in die entstehende Übersetzung eingebracht.

Bereitstellung von Terminologiebeständen für das Auftragstext-Screening: Der zu übersetzende Text läuft an dem in Frage kommenden gespeicherten Terminologiebestand vorbei; dabei wird das Terminologievorkommen im Text mit dem bereitgestellten Bestand verglichen und das Delta ermittelt. Letzteres wird dann gezielt hinzuerarbeitet. Ein solches Screening empfiehlt sich beim Humanübersetzen für Großaufträge. Beim maschinellen Übersetzen ist es ein in den Gesamtablauf integrierter Prozeß.

(f) Aktualisierung

Die beiden letztgenannten Nutzungsmethoden begünstigen die auftragsnahe Aktualisierung der gespeicherten Terminologie. ÜoT lebt von laufender Aktualisierung gespeicherter Bestände, denn der überwiegende Teil der zum Übersetzen anfallenden Texte stammt aus dem Bereich neuer und neuester Technologien. Quellen für die Aktualisierung sind neben den Auftragstexten die zur vergleichenden Auswertung herangezogenen Texte aus den betroffenen Arbeitssprachen.

(g) Druckausgaben, Layout

Hier sind wir bei der Terminographie im engsten Sinne, nämlich bei der gedruckten Darstellung gespeicherter Terminologie. Seit Ende der 60er Jahre lassen sich gespeicherte Terminologiebestände über ein datenbankgesteuertes Lichtsatzverfahren in marktgängige Fachwörterbücher überführen. Dieses Vorgehen bewährt sich bis heute; ganze Serien von Fachwörterbüchern wurden so hergestellt, wobei die Spanne vom Redaktionsschluß bis zum Erscheinen enorm verkürzt werden konnte und die unaufwendige Aktualisierung rasch aufeinanderfolgende Neuauflagen zuließ. Das Druck-Layout ließ sich an praktisch alle bekannten oder vorausgesehenen Nutzergewohnheiten anpassen, nicht nur bei den publizierten Wörterbüchern, sondern auch bei den Rechnerausdrucken für internen Gebrauch. Heute kann sich jeder sein eigenes Layout-Spektrum am PC selbst einrichten, im Rahmen der Optionen des Terminologiesystems, oder über Desktop Publishing. Wenn das Programmsystem das vorsieht, kann der Nutzer bei generierten Zweiteinträgen wählen, ob er sie als Verweise auf den zugehörigen Stammeintrag (platzsparend) oder als Volleinträge mit allen wissenswerten Teilinformationen an Ort und Stelle (nachschlagesparend) ausgedruckt haben möchte.

6.3. Arbeitsteilung

Die Terminologie-Datenbank auf PC-Ebene hat dem Prinzip Arbeitsteilung neue Impulse verschafft, die allerdings vorzugsweise der Arbeit in Gruppen zugutekommen. Allein arbeitenden Übersetzern hat sie aber den nicht geringen Vorteil gebracht, daß sie nun überhaupt erst ihr Wortgut maschinell speichern, nutzen und ggf. austauschen können.

Arbeit in Gruppen findet in Übersetzungsdiensten jeglicher Größe, Zugehörigkeit (z. B. Industrie, Behörden, freie Dienste) und Organisationen statt. Hier wird die Terminologiearbeit in der Regel von einer Terminologiestelle gruppen- und sprachenübergreifend koordiniert; zu ihren Aufgaben gehören auch prinzipielle Aspekte des Einsatzes der Datenbank, etwa die Methodik des Bestandsaufbaus oder der Aktualisierung, die platzübergreifende Verwaltung der Datenbank. Eine solche Konstruktion entlastet die einzelnen Übersetzer von Arbeiten, die ohnehin einzeln nicht sinnvoll zu erledigen wären, und macht sie frei für inhaltliche Arbeit an den Terminologiebeständen für ihren jeweiligen Bereich, etwa für die laufende Aktualisierung. Ein Bestand wird in der Regel von einem Bestandsinhaber verantwortlich geführt, dem die betroffenen Übersetzer terminologisch zuarbeiten.

Jeder Arbeitsplatz, an dem Fachtexte hergestellt werden, ist heute ein Rechnerarbeitsplatz und damit technisch kooperationsfähig. Jeder Text, der ersthergestellt oder übersetzt wird, ist auf Terminologie angewiesen. Vor diesem doppelten Hintergrund haben sich die Beziehungen zwischen dem Übersetzungsdienst und der Technischen Dokumentation, z. B. in der Industrie, positiv entwickelt. Die Zusammenarbeit zwischen den beiden Bereichen realisiert sich u. a. in gemeinsamer Erarbeitung spezieller Terminologien. So wird die Durchlässigkeit zwischen der ÜoT mit ihrer mehrsprachigen Ausrichtung einerseits und der Erarbeitung einsprachiger Terminologien in Fachbereichen andererseits größer.

7. Perspektiven der Weiterentwicklung

Eine so grundlegende und allerorten zunehmend als notwendig begriffene Tätigkeit wie die Übersetzungsorientierte Terminologiearbeit ist nach erst 25 Jahren noch nicht fertig entwickelt. Als Bereiche, die auf ihre Weiterentwicklung Einfluß nehmen können, kommen neben der Software-Branche die Terminologiewissenschaft und -forschung, mit ihren Komponenten der Aus- und Fortbildung, die institutionelle Terminologienormung, die Fachübersetzerausbildung und schließlich die Übersetzungspraxis an Ort und Stelle in Betracht. Es wäre zu begrüßen, wenn nicht weiterhin die entscheidenden Impulse und Innovationen immer wieder aus dem erst- und letztgenannten Bereich kämen, wenn also etwa die Terminologieforschung sich künftig entschiedener und wegweisender der ÜoT annähme.

Mit Vorrang weiterzuentwickeln sind, aus der Sicht aktueller Defizite, folgende Aspekte:

Neben den Fachübersetzern, die ÜoT als integrale Komponente ihrer Arbeit sehen und leisten, werden in größeren Übersetzungsdiensten Terminologen benötigt. Die Fachübersetzerausbildung hätte vermehrt eigenständige Unterrichtseinheiten mit zentralen Aspekten der Terminologielehre zu entwickeln und diese auch als Prüfungsfach einzurichten. Die Terminologieforschung hätte sich vermehrt *allen* Anwendungsbereichen von Terminologie zu öffnen, also auch der ÜoT, und ggf. zusammen mit der Übersetzerausbildung geeignete Lehrinhalte zu erarbeiten.

Das zunehmend in Sprachendienste Eingang findende maschinelle Übersetzen (MT) wird der ÜoT insofern neue Impulse vermitteln, als sie nun, ausgerichtet an den maschinell zu übersetzenden Texten, streng textbezogen, fachgebietsbezogen und erschöpfend betrieben werden *muß*, damit das MT-System brauchbare Ergebnisse liefert. Der erwähnten gemeinsamen Datenhaltung für MT-Systemlexika und in der Datenbank für Humanübersetzen, bzw. weitgehender Kompatibilität zwischen beiden, wird vordringlich Aufmerksamkeit zu widmen sein. Gegenüber diesem Problem erscheint das der Kompatibilität zwischen verschiedenen Datenbanken bzw. der Schaffung eines einfach zu handhabenden, durchsetzbaren Austauschformats als das kleinere.

In Europa ist die Zeit der Vorherrschaft der westmitteleuropäischen Sprachen zuende. Gleichzeitig drängen bislang eher exotisch anmutende Sprachräume wie der arabische sowie Chinesisch und Japanisch in das alte Europa hinein und zwingen uns, auch ihre Zeichen verarbeiten und abbilden zu können. Soweit es sich um Kulturräume ohne eine ausgebildete eigene Fachsprache handelt, wie etwa der gesamte arabische Raum, kommt die Notwendigkeit der Schaffung einer solchen noch hinzu. Das wird ohne breiteste Mitwirkung der Übersetzerseite nicht möglich sein.

8. Literatur (in Auswahl)

Bayer/Frechen/Hohnhold [u. a.] 1993 = Ruth K. Bayer/Gerhard Frechen/Ingo Hohnhold [u. a.]: Rechnerunterstützte Dokumentation und Nutzung fachtextlicher Daten am Übersetzungsarbeitsplatz. Definierter gemeinsamer Nenner in offener Umgebung. (Wiesbadener Profil 1993.) In: Mitteilungsblatt für Dolmetscher und Übersetzer 39/2. 1993, 1–12.

Dubuc 1978 = Robert Dubuc: Manuel pratique de terminologie. Montréal. Québec 1978. [2. Aufl. Paris 1985].

Hohnhold 1988 = Ingo Hohnhold: Der terminologische Eintrag und seine Terminologie. In: Mitteilungsblatt für Dolmetscher und Übersetzer 34/5. 1988, 4–17.

Hohnhold 1990 = Ingo Hohnhold: Übersetzungsorientierte Terminologiearbeit. Eine Grundlegung für Praktiker. Stuttgart 1990.

Hohnhold 1991 = Ingo Hohnhold: Terminologische Einträge und Lexikoneinträge. In: Mitteilungsblatt für Dolmetscher und Übersetzer 37/2. 1991, 2−8.

Hohnhold/Schneider 1991 = Ingo Hohnhold/Thomas Schneider: Terminological Records and Lexicon Entries. A Contrastive Analysis. In: META 36/1. 1991 (Sonderheft: Terminology in the World: Trends and Research), 161−173.

Lenoch 1968 = Hans Lenoch: Entwurf eines Leitfadens für die Praxis des Terminologen. Luxemburg 1968.

Warner 1966 = Alfred Warner: Internationale Angleichung fachlicher Wendungen der Elektrotechnik. Versuch einer Aufstellung phraseologischer Grundsätze für die Technik. Berlin 1966.

Wüster 1931 = Eugen Wüster: Internationale Sprachnorm in der Technik, besonders in der Elektrotechnik. Berlin 1931. (Die nationale Sprachnormung und ihre Verallgemeinerung.) [3. Aufl. Bonn 1970].

Wüster 1979, 1985 = Terminologie als angewandte Sprachwissenschaft. Gedenkschrift für Eugen Wüster. Hrsg. v. Helmut Felber, Friedrich Lang, Gernot Wersig. München 1979. [Nachdruck Kopenhagen 1985].

Ingo Hohnhold, Gilching

224. Computergestützte Terminographie: Systeme und Anwendungen

1. Einleitung
2. Zugriff auf existierende Terminologiebestände
3. Verwaltung eigener Terminologie
4. Ausblick
5. Literatur (in Auswahl)

1. Einleitung

Unsere heutige Zeit ist durch eine Zunahme an Wissen in nahezu allen technologischen, wirtschaftlichen, politischen und kulturellen Bereichen geprägt. Durch moderne Kommunikations- und Publikationsmethoden und -medien wird dieses Wissen derart schnell und weit verbreitet, daß die Informationsflut heute kaum noch zu bewältigen ist. Die Verbreitung von Wissen erfolgt jedoch heute nicht nur wie in der Vergangenheit innerhalb einer abgeschlossenen Gruppe von Fachleuten; Informationen werden für unterschiedliche Nutzergruppen, auch über Sprachgrenzen hinaus, aufbereitet und weitergegeben. Dies hat zur Folge, daß die Definition, Speicherung und Verbreitung von ein- und mehrsprachiger Terminologie in der heutigen Zeit eine unabdingbare Voraussetzung für einen exakten und effizienten Wissenstransfer ist.

Berücksichtigt man die weite Verbreitung von Computern und das entsprechend große Angebot an Anwendungssoftware, so wird deutlich, daß die Erfassung, Verwaltung und Recherche von terminologischen Daten ebenso wie andere Schritte innerhalb des komplexen Kommunikationsprozesses rechnerunterstützt erfolgen können. Dies bedeutet, daß Werkzeuge für die computergestützte Terminographie nicht nur von unterschiedlichen Anwendergruppen genutzt werden, sondern auch, daß die mit diesen Systemen erstellten Terminologiebestände innerhalb eines komplexen Netzwerkes mit anderen rechnergestützten Werkzeugen wie z. B. Informations- und Dokumentationssystemen, Faktendatenbanken, wissensbasierten Expertensystemen, maschinellen Übersetzungsprogrammen und EDV-gestützten Übersetzerarbeitsplätzen kommunizieren sollten. Terminologische Datenbanken werden sicherlich in der Zukunft eine zentrale Rolle in einem derartigen Verbund von rechnergestützten Systemen spielen.

Durch die oben aufgeführten Argumente wird die Bedeutung einer effizienten Terminologiearbeit innerhalb des Entstehungsprozesses eines (Fach-)Textes oder einer (Fach-) Übersetzung deutlich; für diese Arbeit stehen leistungsfähige computergestützte Werkzeuge zur Verfügung. Das gute Preis/Leistungs-Verhältnis und die weite Verbreitung von Microcomputern hat dazu geführt, daß man heute selbst am Arbeitsplatz des freiberuflich arbeitenden technischen Autors oder beim Einzelübersetzer eine EDV-Ausstattung findet, die außer zur Textverarbeitung bei der Erstellung der Fachtexte auch für die terminologische Arbeit genutzt werden kann (vgl. Schmitz 1994b).

2. Zugriff auf existierende Terminologiebestände

Beim Anfertigen eines Textes oder einer Übersetzung mit hohem Fachlichkeitsgrad muß der Autor oft mehr als 60% der Zeit für die Recherche der Fachterminologie aufwenden. Als traditionelle Hilfsmittel stehen ihm hierfür in der Regel nur (Fach-)Wörterbücher zur Verfügung. Derartige terminologische Quellen sind aber bezüglich einer schnellen und effizienten Recherche schwer zu handhaben, häufig veraltet und für bestimmte Sachgebiete oder Sprachen nicht verfügbar. Deshalb ist es für den technischen Autor oder den Übersetzer notwendig, auf andere existierende Terminologiebestände zugreifen zu können. Im folgenden werden drei Gruppen von Produzenten und/oder Anbietern derartiger Bestände aufgeführt und mit Beispielen belegt sowie die Möglichkeiten des Zugriffs auf diese Bestände vom Arbeitsplatz des Textproduzenten aus erläutert (vgl. Schmitz 1990, Schmitz 1991b).

2.1. Großrechner-Terminologiedatenbanken

Nationale und internationale Institutionen sowie weltweit operierende Industrieunternehmen mit größeren Sprachendiensten gehörten zu den ersten, die seit etwa Anfang der 60er Jahre damit begannen, Großrechenanlagen zur Terminologieverwaltung einsetzen. Die Notwendigkeit hierzu war in diesen Organisationen besonders groß, da viele Übersetzer oft unter starkem Termindruck gemeinsam an umfangreichen Übersetzungen arbeiten mußten. Hinzu kommt, daß innerhalb der unternehmensspezifischen Sachgebiete eine konsistente Terminologie auch in mehreren Sprachen verfügbar sein sollte (vgl. Blatt/Freigang/Schmitz/Thome 1985, 86 ff).

Von den weltweit über 100 „großen" Terminologiedatenbanken sind die bekanntesten:

— EURODICAUTOM (Kommission der Europäischen Union, Luxemburg/Brüssel): Terminologie vorwiegend aus den EG-Sachgebieten in möglichst allen Sprachen der Mitgliedsländer (vgl. Art. 219).
— LEXIS (Bundessprachenamt, Köln): Vorwiegend (militär-)technische Terminologie in Deutsch, Englisch, Französisch, Russisch und anderen Sprachen.
— NORMATERM (AFNOR, Paris): Genormte französische und internationale (englische) technisch-naturwissenschaftliche Terminologie.
— TEAM (Siemens AG, München): Technische Terminologie aus den Unternehmensbereichen in Deutsch, Englisch, Französisch, Italienisch, Spanisch, Niederländisch, Portugiesisch und Russisch.
— TERMIUM (Kanadische Regierung, Ottawa): Französische und englische Terminologie aus nahezu allen Wissensbereichen.

Obwohl die Funktion der einzelnen Datenbanken in den jeweiligen Unternehmen unterschiedlich ist, haben sie doch meistens auf der Basis einer begriffsbezogenen Konzeption folgende Datenfelder gemeinsam:

— Vorzugsbenennungen (Term/Phrase) in den einzelnen Sprachen
— Sachgebietskennzeichnung/Klassifikation
— Definition
— Kontextbeispiele
— Synonyme
— Quellenangaben
— Bemerkungen
— Verwaltungsangaben (Datum/Bearbeiter).

Während früher auf diese Terminologiebestände nur von den Übersetzern des eigenen Sprachendienstes zugegriffen werden konnte, ist heute oft auch der Zugang für unternehmensfremde Übersetzungsdienste und Einzelübersetzer möglich.

2.2. Wörterbuch-Datenbestände

Im Bereich der Drucktechnologie hat sich ebenso wie in anderen Bereichen in den letzten Jahrzehnten ein technologischer Wandel vollzogen. Bei den Zeitungs- und Buch-Verlagen wurden nach und nach die früher benutzten Bleisatz-Maschinen durch Fotosatz-Anlagen, die von Computern gesteuert werden, verdrängt. Dies gilt natürlich auch für die Verlagshäuser, die gedruckte Wörterbücher auf dem Markt anbieten. Da die gedruckten Informationen jetzt maschinenlesbar und damit weiterverarbeitbar vorliegen, können sie nicht nur in der gedruckten Papierform sondern auch auf magnetischen oder optischen Datenträgern weitergegeben werden. Dies ermöglicht dem „Leser" dieser Wörterbuchdaten, schneller und gezielter sowie nach unterschiedlichen Kriterien auf Lexikoneinträge zuzugreifen.

Obwohl es auch Daten auf magnetischen Datenträgern (Disketten) gibt, werden in zunehmenden Maße optische Datenträger (CD-ROM) wegen der größeren Speicherkapazität und der Nicht-Veränderbarkeit (Copyright) bevorzugt.

Beispiele für derartige Datensammlungen sind:

— Collins-MTX-Wörterbücher: Sprachpaarbezogene Ausgaben der Collins Taschenwörterbücher (Diskette)
— Harrap-MTX-Wörterbuch: Englisch-Französische Ausgabe des Harrap's Concise Dictionary (Diskette)
— Langenscheidt PC-Bibliothek: Langenscheidts Taschenwörterbuch Englisch-Deutsch-Englisch (120.000 Stichwörtern und Wendungen), Franzö-

sisch-Deutsch-Französisch (95.000 Stichwörter und Wendungen); Langenscheidts Eurowörterbücher Englisch, Französisch, Italienisch, Spanisch (jeweils ca. 45.000 Stichwörter und Wendungen (Diskette + CD-Rom).
— TA-Electronic Publishing: Allgemeinsprachliche Wörterbücher Deutsch-Englisch (TransDic) oder Deutsch-Englisch-Französisch-Spanisch (Office-Dic) (Diskette).
— Le Robert Electronique: Neunbändige Ausgabe des einsprachigen französischen „Grand Robert de la Langue Française" (CD-ROM).
— The Oxford English Dictionary: Zwölfbändige Ausgabe des einsprachigen englischen „Oxford English Dictionary" (CD-ROM).
— Multilingual Dictionary Database: 18 meist zweisprachige Wörterbücher u. a. von Brandstetter und Harrap in 12 verschiedenen Sprachen (auch Japanisch und Chinesisch) (CD-ROM).

Aus der Sicht des technischen Autors, Übersetzters oder Terminologen muß man sich bei diesen Datensammlungen darüber klar sein, daß zwar ein effizienter Zugang möglich ist, daß aber die Struktur der Daten und das Informationsangebot pro Eintrag in der Regel dem der gedruckten Wörterbuchfassung entsprechen. Dies bedeutet, daß die Daten ein-, zwei- oder mehrsprachig auf der Basis der Benennungen organisiert sind und daß neben der Benennung (nur noch) grammatische Angaben (Wortklasse, Genus, Flexionsmuster), einfache Sachgebiete und Wendungen, in denen die Benennung vorkommt, verfügbar sind.

2.3. Fachgebietsbezogene Glossare

Auch Softwarehäuser, die spezielle Programme zur Terminologieverwaltung vertreiben (vgl. 3.), bieten zu diesen Programmen fachspezifische Glossarsammlungen auf Diskette an. Die meist zweisprachigen Glossare orientieren sich in der Struktur des einzelnen Eintrags an den Möglichkeiten der verwendeten Software, enthalten aber in einigen Fällen kaum mehr als nur die Benennungen in den beiden Sprachen.

— IBM-Deutschland (Herrenberg bei Stuttgart) bietet unter dem Namen ELWO ihr deutsch-englisches Fachwörterbuch der Informationstechnik auf Diskette an.
— TA-Electronic Publishing (Nürnberg) bietet in ihrer Globedisk-Reihe verschiedene elektronische Fachwörterbücher aus den Gebieten Wirtschaft und Technik an.
— Eurolux (Luxemburg) bietet für die Programme Termex/MTX und MTX-Reference über 100 zwei-, drei- oder viersprachige Glossare und (Fach-)Wörterbücher zu den Sachgebieten Datenverarbeitung, Wirtschaft, Handel, Recht, Medizin u. a. an; als Sprachen sind in erster Linie Englisch, Deutsch und Französisch vertreten.
— Trados (Stuttgart) bietet für ihr Terminologieverwaltungsprogramm MultiTerm für Windows einige Glossare zu den Gebieten Computer, Wirtschaft und Recht sowie Bestände aus EURODICAUTOM an.

2.4. Zugangsformen

Für den technischen Autor, den Übersetzer, den Terminologen oder andere mehrsprachig arbeitende Benutzer ist der Zugang zu diesen existierenden Terminologie- oder Wörterbuchbeständen auf unterschiedliche Art und Weise möglich. Die Zugangsformen lassen sich grob in die drei folgenden Gruppen unterteilen.

(a) Bei der traditionellen Zugangsform liegt das Wortgut auf Papier (Wörterbuch oder Computerausdruck) oder auf Mikrofiche (Datenbankausgabe) vor. Für die Nutzung dieser Zugangsform werden keine bzw. nur einfache technische Hilfsmittel (evtl. ein Mikrofiche-Lesegerät) benötigt. Als nachteilig muß jedoch angesehen werden, daß der Zugang langsam und nur über die Kriterien möglich ist, die bei der Aufbereitung des Wortgutes berücksichtigt wurden (alphabetische Sortierung nach der Ausgangssprache). Hinzu kommt, daß die derart verfügbare Terminologie nur eine geringe Aktualität aufweist.

(b) Sind die Terminologiebestände am Arbeitsplatz des Übersetzers auf CD-ROM oder auf Diskette verfügbar, so bleibt zwar das Problem der geringen Aktualität immer noch bestehen, die Bestände können aber effizient, schnell und interaktiv nach unterschiedlichen Kriterien durchsucht werden. Hinzu kommt, daß gefundene Übersetzungen meist direkt in einen Text übernommen werden können, was dann eine Arbeitserleichterung bringt, wenn der Schreibende während des Anfertigens eines zielsprachlichen Textes terminologisch recherchieren muß. Eine derartige Zugangsform zu existierenden Terminologiebeständen erfordert als technische Voraussetzung neben dem Computer ein CD-ROM-Laufwerk und/oder eine entsprechende Terminologieverwaltungssoftware. Auf CD-ROM werden Großrechner-Datenbankbestände (z. B. EURODICAUTOM, TERMIUM) und Wörterbuchdaten (z. B. Harrap, Brandstetter) angeboten, auf Diskette sind vereinzelt Großrechner-Datenbestände (z. B. TEAM), meist aber Wörterbuchdaten (z. B. Collins, Harrap, Langenscheidt, Electronic Publishing) und spezielle Glossare verfügbar.

(c) Als dritte Zugangsform zu vorhandenen Terminologiebeständen bietet sich noch der direkte Zugang an. Hierbei verbindet sich der Suchende von seinem Arbeitsplatz aus direkt mit der Datenbank, in der die Terminologie abgelegt ist. Als Verbindungsweg werden öffentliche Datennetze (in Deutschland beispielsweise Datex-P oder Datex-J) oder das Internet genutzt. Technische Voraussetzung hierfür ist ein Personalcomputer mit der entsprechenden Kommunikationssoftware, ein Modem zum Anschluß an das Netz und die entsprechende Netzberechtigung sowie die Zugangsberechtigung für die inhaltliche Nutzung der auf einem Host-Rechner verfügbaren Terminologiedatenbank. Während bei den beiden anderen Zugangsformen der Informationssuchende einmalige Kosten für den Erwerb des gesamten Wortgutes auf Papier, Mikrofiche, CD-ROM oder Diskette aufbringen muß, fallen bei der direkten Zugangsform (nur) Kosten für die jeweils recherchierte Terminologie an (Leitungs- und Informationskosten). Diese Zugangsform hat bezüglich der Effizienz und der Recherche-Möglichkeiten die gleichen Vorteile wie die unter (b) aufgezeigte Zugangsform, darüber hinaus aber noch den Vorteil der größeren Aktualität der Bestände. Zur Zeit ist m. W. nur der direkte Zugang zur EURODICAUTOM-Datenbank der Europäischen Union möglich, wobei die inhaltliche Nutzung (noch) kostenfrei ist.

3. Verwaltung eigener Terminologie

Der Zugriff auf existierende Terminologiebestände kann dem Übersetzer oder Terminologen einen ersten Vorschlag für eine brauchbare Übersetzung liefern; oft ist es jedoch so, daß diese Übersetzungsvorschläge bei neuen Sachgebieten oder für bestimmte Auftraggeber (firmenspezifische Terminologie) modifiziert werden müssen. Da der Übersetzer in solchen Fällen ebenso wie beim Fehlen einer terminologischen Einheit in den existierenden Beständen diese weder korrigieren noch ergänzen kann, muß er an seinem Arbeitsplatz ein elektronisches Werkzeug zur Verfügung haben, das die Verwaltung der eigenen Terminologie ermöglicht. Eine derartige Ersetzung des traditionell benutzten Karteikastens kann durch die Verwendung eines Textverarbeitungsprogrammes, eines universellen Datenbanksystems oder eines speziellen Terminologieverwaltungsprogramms erfolgen. Die ersten beiden Gruppen von Werkzeugen sind für die Verwaltung der eigenen Terminologie nicht optimal geeignet, wurden in der Vergangenheit aber oft mangels anderer Programme eingesetzt. Heute stehen den jeweils mit Terminologiearbeit befaßten Anwendergruppen jedoch eine Vielzahl von leistungsfähigen und ausgereiften Terminologieverwaltungsprogrammen zur Verfügung.

Als Terminologieverwaltungsprogramme werden Software-Produkte bezeichnet, die speziell für die Verwaltung sprachlicher Datenbestände und für die Nutzung durch den Übersetzer und Terminologen konzipiert sind. Sie haben in der Regel nicht die volle Leistungsfähigkeit eines Datenbanksystems, erlauben aber alle für die Verwaltung von Terminologie notwendigen Operationen mit relativ einfachen Befehlen. Die älteren Programme sind meist als „speicherresidente" Moduln implementiert, die modernen sind unter der graphischen Benutzeroberfläche MS-Windows ablauffähig; so können Terminologieverwaltungssysteme zusammen mit nahezu allen handelsüblichen Textverarbeitungsprogrammen benutzt werden. Die einfachen und preiswerten Terminologieverwaltungsprogramme sind in der Regel zunächst für die Nutzung am Einzelarbeitsplatz konzipiert; viele von ihnen können aber ebenso wie die leistungsfähigeren Systeme auf PC-Netzwerken innerhalb größerer organisatorischer Einheiten eingesetzt werden.

Die wichtigsten Typen von Terminologieverwaltungsprogrammen sollen im folgenden erläutert und durch auf dem Markt angebotene Softwareprodukte belegt werden. Eine detaillierte vergleichende Darstellung von Terminologieverwaltungssystemen findet sich bei Blanchon 1991 und 1993, Mayer 1990 und Freigang/Mayer/Schmitz 1991.

3.1. Sprachpaarbezogene Terminologieverwaltungssysteme

Die ersten auf dem Markt verfügbaren PC-Programme zur Terminologieverwaltung gehörten zur Klasse der sprachpaarbezogenen Systeme. Diese Programme orientieren sich eher an dem benennungsorientierten oder lexikographischen Ansatz der Terminologieverwaltung und sind vorwiegend für den Einsatz am Einzelarbeitsplatz konzipiert. Neben den Termini der Ausgangs- und Zielsprache erlauben die einfachen Systeme nur die Verwaltung weniger zusätzlicher Datenkategorien wie Grammatikangabe oder Anmerkung; komplexe Systeme können auch Synonyme,

Kontexte, Definitionen und andere Informationen speichern. Der Zugang sollte in der Regel nur über die Benennungen der Ausgangssprache erfolgen, oft ist aber auch ein zielsprachlicher Zugang oder das nicht unproblematische automatische „Kippen" des Wörterbuchs möglich.

– INK-TERMTRACER (Trados, Stuttgart): Einfaches, preiswertes und benutzerfreundliches Programm zur Verwaltung zweisprachiger Terminologiebestände; außer den Termini in zwei Sprachen (jeweils max. 65 Zeichen) gibt es für zusätzliche Informationen nur noch die Felder „Form" (5 Zeichen), „Usage" (65 Zeichen) und „Info" (65 Zeichen); speicherresident.

– MTX-Reference (Eurolux, Luxemburg): Einfaches, preiswertes und benutzerfreundliches Programm zur Verwaltung zweisprachiger Terminologiebestände; außer den Termini in zwei Sprachen (jeweils max. 53 Zeichen) gibt es für zusätzliche Informationen die Felder „Grammar Note", „Usage Note", „Gender etc." und „Other Notes", die jeweils von der Länge her beschränkt sind; speicherresident und als Windows-Version.

– CATS (P. A. Schmitt, Uni Mainz/Germersheim): Anspruchsvolles Programm zur Verwaltung zweisprachiger Terminologiebestände mit ausgereifter Eintragsstruktur (auch Synonyme, Quellen, Definitionen, u. ä.).

3.2. Mehrsprachige Terminologieverwaltungssysteme

Mehrsprachige Terminologieverwaltungssysteme erlauben die weitgehend gleichberechtigte Behandlung von Fachwortbeständen mehrerer Sprachen, wobei jede Sprache als Such- oder Ausgangssprache gewählt werden kann. Sie sind sowohl für den Einsatz am Einzelarbeitsplatz als auch innerhalb größerer Organisationseinheiten geeignet. Auch in dieser Gruppe gibt es einfach Systeme mit wenigen Datenkategorien und komplexe Systeme mit einer ausgereiften terminologischen Eintragsstruktur und mit anspruchsvollen Bereinigungs- und Ausgaberoutinen.

– Termbase (Srinivasan, Germersheim): Mehrsprachiges und benutzerfreundliches Windows-Programm mit max. 5 Sprachfeldern und wenigen Zusatzfeldern.

– TermISys (Köller Informationssysteme): Mehrsprachiges Terminologieverwaltungssystem mit relativ frei festlegbarer Abfolge der Datenkategorien auf der Basis eines festgelegten Kategorienkatalogs mit Definition, Erläuterung, Kontext, Beispiel, Quelle, Synonym; Windows-Programm.

– TMS (Bodart, Stuttgart): Leistungsfähiges Terminologieverwaltungsprogramm zur Verwaltung mehrsprachiger Terminologie; Synonymautonomie; vorwiegend für den Einsatz in Sprachendiensten geeignet; läuft auf vernetzten leistungsfähigen PC's; zusätzliches Klassifikationsmodul; Überführung von Ericsson-CAT-Beständen möglich.

– KEYTERM (Cap Debis, München/Stuttgart): Leistungsfähiges mehrsprachiges Terminologieverwaltungsprogramm; vorwiegend für Sprachendienste geeignet; Synonymautonomie; läuft auf UNIX-Rechnern und unter Windows; Vertrieb und Weiterentwicklung zur Zeit fraglich.

3.3. Frei strukturierbare Terminologieverwaltungssysteme

Terminologieverwaltungssysteme mit frei definierbarer Eintragsstruktur erlauben es den unterschiedlichen Benutzertypen, die terminologische Eintragsstruktur an die eigenen Bedürfnisse optimal anzupassen. Deswegen können mit diesen Systemen sowohl zweisprachige als auch mehrsprachige Terminologiebestände mit einfacher oder komplexer Struktur aufgebaut und recherchiert werden. Die bei den meisten Systemen mögliche Definition von Eintragsmasken und Eingabemodellen unterstützt eine systematische und konsistente Terminologieverwaltung.

– TERMEX / MTX (Eurolux, Luxemburg): Leistungsfähiges und benutzerfreundliches Programm mit vielfältigen Strukturierungsmöglichkeiten; Eintrag max. 1900 Zeichen in 50 Zeilen; beliebige Teilinformationen können in das Textverarbeitungssystem übernommen werden; automatische Verweisfunktion zwischen Einträgen; auch mehrsprachige Terminologie verwaltbar; speicherresident; Windows-Version; von Eurolux werden weitere Werkzeuge für Übersetzer angeboten.

– MULTITERM FOR WINDOWS (Trados, Stuttgart): Leistungsfähiges und benutzerfreundliches Programm zur Verwaltung mehrsprachiger Terminologie; variabler Eintragsaufbau von einfacher zweisprachiger Struktur bis zur komplexen mehrsprachigen Struktur mit hierarchischen Abhängigkeiten der Datenkategorien untereinander; Eintragsgröße sowie Anzahl und Benennung der Datenkategorien weitgehend unbegrenzt; ausgereifte Layout- und Exportdefinition; in verschiedenen Versionen verfügbar; von Trados werden auch weitere Werkzeuge für Übersetzer (z. B. Translator's Workbench) angeboten.,

Daß neben den erwähnten Systemen noch einige weitere leistungsfähige Terminologieverwaltungsprogramme mit unterschiedlicher Eintragsstruktur auf dem Markt angeboten werden oder sich in der Entwicklung befinden (z. B. TWIN von Siemens oder Superlex von Blowers), soll an dieser Stelle nur erwähnt werden.

4. Ausblick

Für eine effiziente rechnerunterstützte Terminologieverwaltung am Arbeitsplatz von technischen Autoren, (Fach-)Übersetzern und Terminologen sind sowohl der Zugang zu existierenden Terminologiebeständen als auch Werkzeuge für die Verwaltung eigener Terminologie notwendig. Die aufgeführten Beispiele belegen, daß es hierzu heute bereits vernünftige Möglichkeiten gibt. In den nächsten Jahren wird sicherlich das Angebot an Terminologiebeständen weiter wachsen und durch moderne und preiswerte Speicher- und Kommunikationsmedien für jeden mit Terminologiearbeit betrauten Anwender verfügbar sein. Hierzu ist es notwendig, daß technische und inhaltliche Standards oder Normen für den Austausch von terminologischen Datenbeständen entwickelt und durchgesetzt werden (vgl. Melby/Schmitz/Wright 1996, Reinke 1993, Schmitz 1996a, Wright 1993). Qualitativ werden sich Terminologiedatenbanken hin zu Wissensdatenbanken entwickeln und damit nicht nur von technischen Autoren, Übersetzern und Terminologen sondern von einem größeren Kreis von Benutzern/Benutzergruppen (Dokumentare, Bibliothekare, Ingenieure, u. a.) erstellt, gefüllt, gewartet und abgefragt werden. Die Verfügbarkeit von sorgfältig erarbeiteter und abgesicherter Terminologie wird notwendige Voraussetzung für das Erstellen qualitativ hochwertiger Fachtexte sein; die Erarbeitung und Weitergabe dieser Terminologie wird – wie z. B. auch das Desk-Top-Publishing – zum Leistungsangebot der einzelnen Nutzergruppen hinzukommen.

5. Literatur (in Auswahl)

Blanchon 1991 = Elisabeth Blanchon: Choisir un logiciel de terminologie. In: La banque de mots, Numéro spécial 4. 1991, 5–96.

Blanchon 1993 = Elisabeth Blanchon: Terminological databases software: the changing market. In: Supplement Proceedings of the Third International Congress on Terminology and Knowledge Engineering. Ed. by Klaus-Dirk Schmitz. Cologne, 25–27 August 1993, 1–10.

Blatt/Freigang/Schmitz/Thome 1985 = Achim Blatt/Karl-Heinz Freigang/Klaus-Dirk Schmitz/Gisela Thome: Computer und Übersetzen. Eine Einführung. Hildesheim 1985.

Bessé/Pulitano 1990 = Bruno de Bessé/Donatella Pulitano: Les logiciels de gestion de la terminologie. In: Terminologie et Traduction 3/1990, 131–140.

Freigang/Mayer/Schmitz 1991 = Karl-Heinz Freigang/Felix Mayer/Klaus-Dirk Schmitz: Micro- and Minicomputer-based Terminology Data Bases in Europe. Wien 1991. (TermNet Report 1).

GTW 1994 = Gesellschaft für Terminologie und Wissenstransfer: Empfehlungen für Planung und Aufbau von Terminologiedatenbanken. Saarbrücken 1994 (GTW-Report).

Mayer 1990 = Felix Mayer: Terminologieverwaltungssysteme für Übersetzer. In: Lebende Sprachen 1990. H. 3, 106–114.

Mayer 1993 = Felix Mayer: Entry Models in Translation-Oriented Computer-Assisted Terminography. In: TKE '93. Terminology und Knowledge Engineering. Ed. by Klaus-Dirk Schmitz. Frankfurt a. M. 1993, 205–214.

Melby/Schmitz/Wright 1996 = Alan K. Melby/Klaus-Dirk Schmitz/Sue Ellen Wright: The Machine Readable Terminology Interchange Format (MARTIF) – Putting Complexity in Perspective. In: TermNet News 1996. Nr. 54/55, 11–21.

Reinke 1993 = Uwe Reinke: Towards a Standard Interchange Format for Terminographic Data In: TKE '93. Terminology and Knowledge Engineering. Ed. by Klaus-Dirk Schmitz. Frankfurt a. M. 1993, 270–282.

Schmitz 1987 = Klaus-Dirk Schmitz: Mensch-Maschine-Schnittstelle am Übersetzerarbeitsplatz. In: Maschinelle Übersetzung. Methoden und Werkzeuge. Hrsg. v. Wolfram Wilss, Klaus-Dirk Schmitz. Tübingen 1987, 309–321.

Schmitz 1990 = Klaus-Dirk Schmitz: Rechnergestützte Terminologieverwaltung am Übersetzerarbeitsplatz. In: Terminologie et Traduction 3. 1990, 7–23.

Schmitz 1991a = Klaus-Dirk Schmitz: Rechnergestützte Terminologieverwaltung und Übersetzerausbildung. In: Neue Methoden der Sprachmittlung. Hrsg. v. Christian Schmitt. Wilhelmsfeld 1991, 85–119.

Schmitz 1991b = Klaus-Dirk Schmitz: Rechnergestützte Terminologieverwaltung am Übersetzerarbeitsplatz. In: Akten des Symposions „Terminologie als Qualitätsfaktor". Hrsg. v. Deutscher Terminologie-Tag. Köln 1991, 89–106.

Schmitz 1994a = Klaus-Dirk Schmitz: Interaktionsarten bei Terminologieverwaltungssystemen. In: Sprachdatenverarbeitung für Übersetzer und Dolmetscher. Hrsg. v. Ingeborg Fischer/Karl-Heinz Freigang/Felix Mayer/Uwe Reinke. Hildesheim 1994, 109–132.

Schmitz 1994b = Klaus-Dirk Schmitz: Rechnergestützte Terminologieverwaltung in der Praxis. In:

Tagungsakte des Kongresses „Das berufliche Umfeld des Dolmetschers und Übersetzers − aus der Praxis für die Praxis". Hrsg. v. Bundesverband der Dolmetscher und Übersetzer BDÜ. Bonn 1994, 210−214.

Schmitz 1994c = Klaus-Dirk Schmitz: Verarbeitung fachsprachlichen Wissens in Terminologieverwaltungssystemen. In: Fachkommunikation. Kongreßbeiträge zur 24. Jahrestagung der Gesellschaft für Angewandte Linguistik (GAL). Hrsg. v. Bernd Spillner. Frankfurt a. M. 1994, 45−55.

Schmitz 1994d = Klaus-Dirk Schmitz: Überlegungen zum Einsatz und zur Evaluierung von Terminologieverwaltungssystemen. In: Lebende Sprachen 1994. H. 4, 145−149.

Schmitz 1996a = Klaus-Dirk Schmitz: MARTIF. Ein neuer ISO-Standard für den Austausch terminologischer Daten. In: Technische Dokumentation 33/1996, 8−9.

Schmitz 1996b = Klaus-Dirk Schmitz: Terminology Management Systems. In: The Translator's Handbook. Ed. by Rachel Owens. London 1996, 221−246.

Schmitz 1996c = Klaus-Dirk Schmitz: Tools for Managing Terminology. In: The ELRA Newsletter 3/1996, 11−12.

TermNet 1993 = TermNet (Hrsg.): Proceedings of the 2nd TermNet Symposium „Terminology in Advanced Microcomputer Applications − TAMA '92", Avignon 5−6 June 1992. Wien 1993.

Wright 1993 = Sue Ellen Wright: Special Problems in the Exchange of Terminological Data. In: TKE '93. Terminology and Knowledge Engineering. Ed. by Klaus-Dirk Schmitz. Frankfurt a. M. 1993, 300−307.

Klaus-Dirk Schmitz, Köln

XXIV. Terminologiearbeit und Terminologieregelung

225. Grundlagen der Terminologiewissenschaft

1. Einleitung
2. Metaterminologie: Erkenntnistheoretische und wissenschaftstheoretische Grundlagen der Terminologiewissenschaft
3. Grundzüge terminologiewissenschaftlicher Theorien
4. Ausblick
5. Literatur (in Auswahl)

1. Einleitung

Während die Ausarbeitung von Regeln und Grundsätzen für die Bildung von Benennungen in speziellen Fachgebieten schon im vorigen Jahrhundert einsetzte, kam es erst zu Beginn unseres Jahrhunderts im Zusammenhang mit den Normungsbestrebungen zu einer allgemeinen terminologischen Grundlagenforschung. Seitdem unterscheidet man die spezielle terminologische Grundsatzlehre, die sich mit der Aufstellung terminologischer Grundsätze und Methoden, die für einzelne Fachgebiete gelten, von der allgemeinen terminologischen Grundsatzlehre, die sich mit der Aufstellung allgemeiner terminologischer Grundsätze und Methoden beschäftigt, die für alle Fachgebiete und viele Sprachen gelten sollen. Es war jedoch von allen Beginn der terminologischen Grundlagenforschung klar, daß die Festlegung allgemeiner Grundsätze, die zu einheitlich aufgebauten Terminologien führen sollte, wie sie die Normung benötigte, erst auf Grund von Untersuchungen über viele Einzelfälle erfolgen konnte. Die normative Terminologiearbeit setzt daher die deskriptive Terminologiearbeit voraus. Oder anders ausgedrückt: die Erhebung des Ist-Zustandes von Terminologien muß der Erstellung des Soll-Zustandes vorausgehen. Versteht man unter „Terminologie" die geordnete Menge von Begriffen eines Fachgebietes mit den ihr zugeordneten Benennungen oder sprachlichen Bezeichnungen, so besteht die deskriptive Terminologiearbeit im Sammeln und Erfassen von bereits bestehenden Zuordnungen zwischen Begriff und Begriffszeichen und den Ordnungen und/oder Beziehungen dieser Begriffe und Begriffszeichen untereinander, die das Begriffssystem eines Fachgebietes strukturieren. Dieser bereits vorhandene Ist-Zustand eines speziellen Fachgebietes ist das Ergebnis eines historischen Prozesses, in dem fachinterne Regelungen durch die zuständigen Fachkommissionen getroffen worden sind. Erst auf diesem induktiv gewonnenen Material von terminologischen Daten baut die allgemeine terminologische Grundsatzlehre auf, die der Vereinheitlichung sowohl der Terminologie eines Fachgebietes als auch der Terminologien vieler Fachgebiete, d. h. der Terminologienormung dient, wie sie von den nationalen wie internationalen Normungsorganisationen durchgeführt wird. In diesem Sinne muß in der terminologischen Grundlagenforschung sowohl eine einzelfachliche wie überfachliche als auch einzelsprachliche wie übersprachliche Grundsatzarbeit unterschieden werden (Felber/Budin 1989). Die sprachbezogene Terminologieforschung hat jedoch gegenüber den sprachwissenschaftlichen Forschungen, die sich mit tausenden Einzelsprachen beschäftigen müssen, den Vorteil, daß es nur relativ wenige (derzeit vielleicht rund 300) terminologisch relevante Sprachen gibt, d. h. Sprachen mit ausgebildeten Terminologien. Nur bei solchen terminologisch voll entwickelten Sprachen (wie z. B. Englisch, Französisch, Deutsch) kann es Terminologienormung im strengen Sinn geben. Sie besteht im wesentlichen sowohl in einer nachträglichen Vereinheitlichung durch Auslese von bereits vorhandenen sprachlichen Bezeichnungen als auch in Neuschaffungen von Benennungen. Dabei sind die Grundsätze und Methoden zu beachten, wie sie in den Regelwerken von Sprachämtern und in den jeweiligen Stellen, die sich mit Sprachplanung befassen, zu finden sind. Benennungen sollen in diesem Sinn sprachlich richtig, treffend, knapp, leicht ableitbar und eindeutig sein. Sie sollen von den Sprachteilnehmern nicht als Fremdkörper empfunden werden. Die fachlichen Anforderungen haben jedoch in den speziellen Terminologien der einzelnen Fachrichtungen den Vorrang. Neben der sprachbezogenen terminologischen Grundlagenforschung, die eng mit der angewandten Sprachwissenschaft und der Fachsprachenforschung verbunden ist, ist die begriffsbezogene Grundlagenforschung zu unterscheiden, die sowohl übersprachlich wie überfachlich ist und darauf abzielt, terminologische Grundsätze und Methoden auszuarbeiten, die für alle oder sehr viele Fachgebiete und natürliche Sprachen gelten sollen. Den Anstoß dazu lieferten die Forschungen zu einer allgemeinen Terminologielehre von Eugen Wüster, die als eine „Theorie der Terminologie" oder als „terminologische Grundsatzlehre" zu verstehen sind. Für diesen abstraktesten und grundlegenden Teil der Terminologiearbeit wurden wegen ihres logisch-erkenntnistheoretischen Charakters auch der treffende Ausdruck *Metaterminologie* (Hajutin 1971, 321) vorgeschlagen. Sie bildet den einheitlichen Kern aller terminologischen Grundlagenforschung, unabhängig von den sprachlichen und fachlichen Differenzierungen.

2. Metaterminologie: Erkenntnistheoretische und wissenschaftstheoretische Grundlagen der Terminologiewissenschaft

2.1. Erkenntnistheoretische Grundlagen

Die systematische Verbindung von sprachbezogener und begriffsbezogener Grundlagenforschung in der Allgemeinen Terminologielehre kommt am deutlichsten in dem sog. semiotischen Dreieck zum Ausdruck, das für die terminologische Grundlagenforschung durch Wüster zu einem vierteiligen Wortmodell ergänzt worden ist. In seiner einfachsten Grundstruktur, die seit der Antike (Platon und Aristoteles) bekannt war, wird die Beziehung von „Begriff", „Zeichen" und „Objekt" geregelt. Entscheidend dabei ist die immer wieder neu reflektierte und neu begründete Einsicht, daß es zwischen den Zeichen und den Objekten der realen Welt keine direkte Entsprechung gibt. Graphisch wird diese fundamentale Einsicht seit Ogden und Richards (1923) durch eine unterbrochene Linie zwischen Zeichen und Objekt angedeutet, die besagt, daß diese nie direkt nachvollziehbare Beziehung immer nur über den „Begriff" erreicht werden kann. Was aber ist der „Begriff"? Die Grundfigur des semiotischen Dreiecks läßt zwei Antworten zu:

— Begriff ist die Bedeutung des Zeichens
— Begriff ist die Repräsentation des Objekts.

Daß terminologische Fragestellungen besser im Rahmen einer gegenstands- und sachgebietsbezogenen Repräsentationstheorie als im Rahmen einer linguistisch orientierten Zeichentheorie zu verstehen sind, geht schon daraus hervor, daß Eugen Wüster das linguistisch orientierte semiotische Dreieck nicht unverändert in seine Terminologielehre aufgenommen hat, indem er zwischen der Welt der „idealen Zeichen", denen die Begriffe als „Denkeinheiten" zugeordnet sind und der Realisierung der idealen Zeichen in natürlichen Systemen (als Sprechzeichen oder Schreibzeichen) oder in künstlichen technischen Systemen (als mechanisch-elektrische Zustände) unterscheidet. Damit ergibt sich der erkenntnistheoretisch bedeutsame Unterschied einer Repräsentation erster und zweiter Ordnung. Denn die Realisierung der von Wüster sog. „idealen Zeichen" der „Denkeinheiten" in unterschiedlichen Sprachen und Darstellungsmedien ist bereits eine Repräsentation zweiter Ordnung, die eine Vielfalt von Realisierungsmöglichkeiten zuläßt. So kann ein Begriff, wie jeder Übersetzer weiß, in unterschiedlichen Sprachen dargestellt werden. Diese wiederum können gesprochen und geschrieben sein und außerdem können Begriffe auch durch graphische Abbildungen dargestellt werden, die die Unterschiede natürlicher Sprachen umgehen (wie z. B. die Konstruktion der euklidischen Geometrie, die von den natürlichen Wortsprachen völlig unabhängig ist). Fragt sich dann aber nur, was nun Wüster mit der Unterscheidung von „Bedeutung" und dem „idealen Zeichen" gemeint hat, in das sich die Spitze des semiotischen Dreiecks zerlegt hat, wodurch das von Wüster sog. vierteilige Wortmodell entstanden ist.

Wüster selbst geht zwar in seinem „Wortmodell" explizit von Begriffen als Sprachsystem aus, das aus sprachlichen Einheiten (Worten) besteht, denen er die „Bedeutungen" zuordnet, aber für ihn ist das Sprachsystem nicht eine unhintergehbare Voraussetzung. Darin liegt auch der entscheidende Unterschied seiner Auffassung zur Sprachphilosophie des Wiener Kreises, mit der er sich sonst sehr verbunden fühlt. Systematisch ordnet er dem sprachphilosophisch-linguistischen Teil seiner Terminologietheorie einen erkenntnistheoretischen Teil vor, in dem es ihm explizit um die Beziehung von Begriff und Gegenstand geht. Den gesamten Prozeß der Entstehung von Beziehungen zwischen perzipierbarem Gegenstand und Begriff einerseits und Bedeutung und Zeichen andererseits bezeichnet er mit einem Ausdruck von Weisgerber als das „Worten der Welt". Damit ist nichts anderes gemeint als der Prozeß der Entstehung der Repräsentationen erster Ordnung, d. h. die Entstehung von Allgemeinbegriffen von individuellen Gegenständen als interne „gedachte = geistige Gegenstände" in den Köpfen der Menschen" (Wüster 1959/60, 184) und deren Externalisierung durch bestimmte sprachliche Zeichen im Sinne einer Repräsentation zweiter Ordnung, in der die geistigen Gegenstände einen Namen bekommen, der sie repräsentiert: Denn Begriffe können nur durch Zeichen identifiziert werden. Das Zeichen ist somit ein perzipierbarer Ersatzgegenstand für den Begriff. Ein solcher „Ersatzgegenstand" ist nach Wüsters Auffassung für die Bildung bleibender Allgemeinbegriffe und deren „willkürliche Hervorrufung im eigenen und in fremden Köpfen" nötig: „Ohne Zeichen kann ein Begriff nicht bestehen" (Wüster 1959/60, 189). Damit wird der Prozeß der Repräsentation von Wüster ausdrücklich in drei Schritte zerlegt:

1. Schritt: Die Bildung von „Individualbegriffen", d. h. die interne „Vorstellung" eines individuellen Gegenstandes durch Zerlegung (Desintegration) eines Individuums und Wiederintegration zu einem Merkmalskomplex.

2. Schritt: Die Bildung eines Allgemeinbegriffes oder des Begriffes im eigentlichen Sinn durch Abstraktion, d. h. der Hervorhebung der gemeinsamen Merkmale der wahrgenommenen bzw. vorgestellten individuellen Gegenstände.

3. Schritt: Die Zeichengebung durch explizite Zuordnung der Zeichen zu den Allgemeinbegriffen. Der dritte Schritt ist das eigentliche Worten der Welt, der zweite Schritt, die „Abstraktion", steht dem „Worten" schon näher, während der erste Schritt noch nichts anderes ist als die „geistige Aufschließung der Welt durch den Menschen". Sowohl „Denkeinheit" als auch „ideales Zeichen" beziehen sich auf die Repräsentation erster Ordnung und beziehen sich auf das, was im semiotischen Dreieck selbst als „Begriff" bezeichnet wird. Eine solche Zertrennung der erkenntnistheoretisch unzerlegbaren Wissenseinheit „Begriff" beruht jedoch letzten Endes nur auf einem unterschiedlichen Zugang: nämlich einerseits von der Psychologie, andererseits von der Linguistik her. Geht man von der Sprache aus, dann ist das „Denken" nichts anderes als „leises Sprechen" oder ein internes Manipulieren mit idealen Zeichen. Geht man jedoch von der Psychologie aus, dann ist der Begriff (Konzept) das Produkt eines Prozesses, der mit der Wahrnehmung (Perzeption) beginnt und über die mentale Repräsentation des einzelnen Wahrnehmungsgegenstandes (= Vorstellung, Perzept) als individuelle Repräsentation zum Begriff (Konzept) als der generellen oder allgemeinen Repräsentation führt, die psychologisch gesehen nichts anderes ist als die denkende Verarbeitung individueller Wahrnehmungen. Aus diesem Dilemma zwischen zwei unterschiedlichen disziplinären Zugängen empirischer Art führt nur die erkenntnistheoretische Auffassung des Begriffes. Eine solche nichtempirische oder metaempirische Auffassung des Begriffes in der Erkenntnistheorie ist normativ-regulativer Art und bestimmt den „Begriff" als allgemeine Repräsentation durch das sog. „Schema". Mit diesem ursprünglich von Kant eingeführten Ausdruck ist eine Regel oder ein Verfahren gemeint, das zwischen Wahrnehmung des einzelnen Objektes und Denken des Allgemeinen, das den individuellen Objekten gemeinsam ist, vermittelt. Das Besondere wird in einer allgemeinen Struktur „verzeichnet", die dann auf alle gleichartigen individuellen Objekte anwendbar ist. Das Schema gibt also den einzelnen perzipierbaren Wahrnehmungsobjekten ihre kategoriale Struktur und den allgemeinen Kategorien (= Begriffen) ihren Inhalt.

Im Unterschied zur traditionellen Erkenntnistheorie, die entweder im Sinne des sensualistischen Empirismus von den Wahrnehmungsinhalten oder im Sinn des Rationalismus bzw. Transzentralismus von a priori festgelegten begrifflichen (kategorialen) Strukturen ausgegangen ist, bedeutet der hier verwendete Ausdruck „Schema" weder ein empirisches Abstraktionsprodukt noch eine unverändert und starr vorgegebene Struktur, sondern nur eine Verfahrensregel, bei der allerdings zwischen ihrer Konstruktion und ihrer Anwendung nicht unterschieden werden kann. Begriffsbildung heißt Schematisieren durch Kategorisierung von Objekten, bei der die jeweils relevanten perzipierbaren Eigenschaften von Objekten zu qualitativen, relationalen usw. Merkmalskomplexen zusammengefaßt und verdichtet werden und eine Handlungs- oder Anwendungsregel zur Erkennung (Diagnose) neuer Objekte und ihrer Einordnung in den bereits erfaßten Gegenstandsbereich dienen. In der Anwendung der begrifflichen Schemata kann es und muß es zur Veränderung und Erweiterung der Kategorisierungsregeln kommen und somit zu einer Veränderung des begrifflichen Schemas selbst oder der primären Repräsentation. Damit ergibt sich auch eine Erklärung der real vorhandenen Begriffsdynamik, sowohl im Sinne eines Begriffswandels, der die Erkenntnisinhalte betrifft, als auch den sog. „Bedeutungswandel" der Begriffe, der sich auf ihre Benennungen oder Bezeichnungen im Sinne einer Repräsentation zweiter Ordnung bezieht. Im Rahmen einer allgemeinen Repräsentationstheorie lassen sich daher über den Objektbezug in der Terminologietheorie folgende Festlegungen treffen:

Die (Wüstersche) Terminologielehre geht vom Begriff, nicht von der Bezeichnung (oder Benennung) aus. Der Begriff bezieht sich auf Objekte und Sachverhalte (orientiert an den Sachwissenschaften insbes. technische Gegenstände). Begriffe und Begriffssysteme strukturieren Objekte und Sachverhalte kontextgebunden. Begriffssysteme (wissenschaftliche Terminologien) sind Realitätsausschnitte von einer bestimmten Perspektive, die durch ein bestimmtes Erkenntnisinteresse festgelegt wird. (Kohle als Gegenstand der Wirtschaftswissenschaften oder der Chemie oder der Paläontologie usw.). Es führt kein direkter Weg von der Bezeichnung zum Objekt (Gegenstand), d. h. die sprachliche Oberfläche gibt keine Auskunft über die Struktur der Objekte. Die praktische Konsequenz daraus ist, daß die Kataloge der Benennung von Objekten nicht selbst schon die Struktur der Objekte speichern. Die Struktur der Objekte muß vielmehr selbst durch (begriffliche) Beschreibung der Eigenschaften der Objekte in Form einer expliziten Darstellung der Merkmale und ihrer Relationen untereinander angegeben werden. Der Begriff muß daher als Merkmalsbündel oder „Informationsverdichtung" verstanden werden. Damit wird er zur Wissenseinheit. Wissen besteht nicht aus isolierten Daten, nicht aus isolierten Benennungen, sondern aus dem Modell eines Realitätsausschnittes.

2.2. Wissenschaftstheoretische Grundlagen

Die Terminologietheorie von Wüster und die Wissenschaftstheorie des Wiener Kreises beruhen auf der Grundidee der Anwendung der formalen Logik auf die Real- und Sachwissenschaften. Der Unterschied besteht lediglich darin, daß sich Carnap und der Wiener Kreis auf die Aussagenlogik stützen, während Wüster von der Begriffslogik ausging. Für den Wiener Kreis war Wissenschaft ein Aussagensystem, für Wüster dagegen ein Begriffssystem. Die Priorität der logisch-philosophischen Grundlagen der Terminologietheorie oder Metaterminologie vor den allgemein sprachwissenschaftlichen hat Wüster immer dadurch betont, daß er explizit festgestellt hat: „Jede Terminologiearbeit geht von den Begriffen aus". (Wüster 1979, 1) Und er geht soweit, daß er zur Abgrenzung gegenüber der allgemeinen Sprachwissenschaft behauptet, daß das Reich der Begriffe in der Terminologie als unabhängig vom Reich der Benennungen (= Termini) angesehen werden muß. Daher sprechen die Terminologen von Begriffen, während die Sprachwissenschaftler in bezug auf die Gemeinsprache von Wortinhalten sprechen, die von der Wortgestalt nicht zu trennen sind (Wüster 1979, 1−2).

Der von Wüster geforderte Vorrang der Begriffe in der Terminologie bewirkt auch eine andere Einstellung gegenüber dem sprachlichen Ausdruck. Die sprachliche Oberfläche ist nur konventionell und sekundär. Sie gibt als solche keine Auskunft über das zugrundeliegende Begriffssystem eines Fachgebietes, sondern ist bestenfalls nur das Resultat einer bewußten Sprachgestaltung, die für jede Systematisierung von Fachgebieten gegenüber dem Allgemeinwissen charakteristisch ist. Deshalb ist auch die allgemeine Sprachwissenschaft ungeeignet, die allgemeinen Gesetzmäßigkeiten des Aufbaus von Begriffen und Begriffssystemen anzugeben. Ebensowenig aber sind es die unterschiedlichen Sachverhalte von Fachgebieten, aus denen man solche Gesetzmäßigkeiten abstrahieren könnte. Denn diese Gesetzmäßigkeiten zur Ordnung von Begriffssystemen bildeten vielmehr sowohl die historische als auch die systematische Voraussetzung für die Entstehung solcher speziellen Terminologien. Wüster hat das Verhältnis der Terminologiewissenschaft zur Logik explizit auf folgende Weise ausgesprochen:

„Die Kenntnis, was für Verhältnisse zwischen Begriffen überhaupt möglich sind, muß sie von der Logik übernehmen ... Dagegen kommt die Feststellung der tatsächlichen Verhältnisse zwischen den einzelnen Begriffen bestimmter Fachgebiete den Terminologien zu." (Wüster 1963, 422)

Die deskriptive Terminologieforschung, die nur im engen Zusammenhang mit den Sach- oder Realwissenschaften betrieben werden kann, liefert also erst das Anwendungsgebiet für die normative Terminologiearbeit als angewandter Begriffslogik. (vgl. Art. 226). Anwendung der „Begriffslogik" auf die bereits vorhandenen Fachsprachen oder speziellen Terminologien heißt bei Wüster in erster Linie Kritik der Fachsprachen. Das war auch der Ausgangspunkt seiner Terminologielehre. Wüster hat selbst seine Entwicklung ausdrücklich auf folgende Weise beschrieben:

„Zuerst hat er mit den Einteilungen der Sprachforscher gearbeitet. Dann hat er sich bemüht, diese von ihren Widersprüchen und Lücken zu befreien. Erst Jahre später konnte er zu seiner Überraschung feststellen, daß in der logischen Begriffslehre dieselbe Aufgabe in überzeugender Weise gelöst ist." (Wüster 1963, 427)

Diesen Übergang von einer sprachwissenschaftlich zu einer begriffslogisch orientierten Terminologieforschung kann man auch die wissenschaftstheoretische Wende der Terminologie bezeichnen. Denn damit ist die Terminologielehre im Sinne einer begriffslogisch ausgerichteten „Metaterminologie" zu einem integrierten Bestandteil einer Metatheorie der Realwissenschaften geworden. Denn die Auffassung von Wissenschaft als Begriffssystem (Wüster) und als Aussagensystem (Carnap) widersprechen sich nicht, sondern ergänzen einander. Solche Ergänzungen sind zwar innerhalb der Wissenschaftstheorie des Wiener Kreises selbst versucht worden, indem Carnap seine logische Syntax der Wissenschaftssprache durch eine Semantik bzw. sogar durch eine Theorie der semantischen Information zu erweitern versuchte; aber alle diese Versuche gingen im Rahmen des von Wittgenstein inaugurierten *linguistic turn* von den sprachlichen Bezeichnungen und nicht von den Begriffen aus. Dadurch, daß Wittgenstein zwischen den „Bedeutungen" von sprachlichen Bezeichnungen oder Benennungen und den „Begriffen" selbst nicht unterschieden hat, ist das fundamentale erkenntnistheoretische Problem von „Sprache und Wirklichkeit" nicht gelöst, sondern vielmehr verdeckt worden. Denn nach Wittgensteins Ansicht bleibt der inhaltliche Bezugspunkt der Sprache selbst, die begrifflich erfaßbare Wirklichkeit, außerhalb des in sich geschlossenen Sprachsystems:

„Die Verbindung zwischen ‚Sprache und Wirklichkeit' ist durch die Worterklärungen gemacht, welche zur Sprachlehre gehören, so daß die Sprache in sich geschlossen, autonom bleibt". (Wittgenstein 1973, 52)

Auf diese Weise ist eine Sprachkritik im fundamentalen Sinn, die immer von einem Bezugspunkt außerhalb der Sprache, das heißt aber von den begrifflich repräsentierten Tatsachen und Dingen ausgehen muß, nicht möglich. Genau das aber ist die eigentliche Intention der Metaterminologie, die sowohl die erkenntnistheoretischen Bedingungen als auch die begriffslogischen Voraussetzungen jeder sprachlichen Darstellung der Wirklichkeit berücksichtigt, wie sie zweifelsohne in den speziellen fachwissenschaftlichen Terminologien bereits vorhanden sind. Die Metaterminologie als Kritik der Fachsprachen ist daher nicht, wie manchmal die Terminologienormung mißverstanden wird, ein Unternehmen, das von einem absoluten Nullpunkt terminologischer Regelung ausgeht, sondern vielmehr eine ständige Berichtigung der bereits vorhandenen, durch die deskriptive Terminologiearbeit erfaßten und bereits vorgeregelten Fachsprachen. Die Grundsätze einer solchen normativen Berichtigung der Fachsprachen hat Wüster in seinem erkenntnistheoretischen Begriffsmodell erläutert. Im Sinne der gegenwärtigen Wissenschaftstheorie sind das System dieser Grundsätze als eine allgemeine Repräsentationstheorie zu betrachten. Denn wenn man dieses Modell aus dem von Wüster ursprünglich intendierten Diskussionszusammenhang mit den Sprachwissenschaftlern herauslöst, in dem seine Abhandlung über „Das Worten der Welt" (1959/60) geschrieben worden ist, erkennt man deutlich, daß hier bereits von zwei Repräsentationsstufen die Rede ist. Denn Wüster spricht sowohl von einem Allgemeinbegriff, der die individuellen Gegenstände vertritt, als auch von einem „Zeichenbegriff", der diesem Allgemeinbegriff „zugeordnet" ist und auf verschiedene Weise durch ein Lautgebilde oder Schriftgebilde realisiert werden kann. Während jedoch die Realisierung des „Zeichenbegriffs" durch unterschiedliche Laut- oder Schriftgebilde willkürlich oder konventionell ist, ist es die Zuordnung von Allgemeinbegriff und Zeichenbegriff keineswegs. Denn diese muß nach begriffslogischen Grundsätzen erfolgen, die allgemein festlegen, in welchem Verhältnis Begriffe überhaupt zueinander stehen können. Das gilt auch für die Begriffe unterschiedlicher Repräsentationsebenen. Der Allgemeinbegriff, der Individuen vertritt, und der ideale Zeichenbegriff müssen in einem isomorphen Abbildungsverhältnis zueinander stehen, das die Struktur der Objekte auf die Struktur der sie repräsentierenden Zeichen überträgt. Denn das ist die Voraussetzung für die scheinbar so rätselhafte Möglichkeit nicht nur über die Objekte der realen Welt mit Hilfe von Zeichen beliebiger Art zu kommunizieren, sondern auch über diese Objekte Voraussagen machen zu können, ohne sie selbst vorzuzeigen oder mit ihnen hantieren zu müssen. Jegliche Art von Wissenstransfer und jede erfolgreiche Wissensverarbeitung beruht daher auf der begrifflichen Erfassung von Objekten. Denn wie man in einer Umdeutung eines Satzes von Wittgenstein sagen kann:

„Wenn ich einen Gegenstand begrifflich erfaßt habe, (bei Wittgenstein: „Wenn ich einen Gegenstand kenne") so kenne ich auch sämtliche Möglichkeiten seines Vorkommens in Sachverhalten". (Tractatus 2.0123)

Während jedoch Wittgenstein und ihm folgend die Wissenschaftstheorie des Wiener Kreises die Kenntnis des Gegenstandes nur aussagenlogisch versteht („Nur der Satz hat Sinn: nur im Zusammenhang des Satzes hat ein Name Bedeutung" Tractatus 3.3.) baut die Metaterminologie auf der Begriffslogik auf:

„Am Anfang der klassischen Logik steht die Lehre von den Begriffen. Ausschließlich von diesem Teil der Logik soll die Rede sein. Die Lehre von Urteilen und von den Schlüssen betrifft nicht die Begriffe selbst, sondern ihre Verwendung." (Wüster 1963, 419)

Mit dieser Vorordnung der Begriffslogik vor die Aussagenlogik stellt sich Wüster gegen eine weitverbreitete, auch vom Wiener Kreis propagierte Auffassung, daß die moderne mathematisierte oder kalkülisierte Aussagenlogik die klassische Logik abgelöst bzw. vollkommen ersetzt hat. Diese Auffassung ist für die Intentionen der Wissenschaftstheorie des Wiener Kreises durchaus verständlich. Denn diese hat sich ja ausdrücklich als eine Fortsetzung und Erweiterung des metamathematischen Programms zu einer Metatheorie der Erfahrungswissenschaften (science) verstanden. Das heißt, es kam dem Wiener Kreis nur auf die aussagenlogische Widerspruchsfreiheit von erfahrungswissenschaftlichen Aussagensystemen an, nicht aber auf die Inhalte, nach denen die realen Sachwissenschaften ihre logische Struktur als Begriffssystem erhalten. Für die Terminologielehre Wüsters, der Wissensgebiete als Begriffssysteme oder Begriffsfelder betrachtet, wäre diese Auffassung jedoch völlig unbrauchbar. Deshalb beruft sich Wüster mit Recht auf die klassische Begriffslogik, die für ihn keineswegs durch die moderne kalkülisierte Aussagenlogik oder Logistik beseitigt worden ist, sondern durchaus ihren eigenen unentbehrlichen Wert als logisches Handwerkszeug der Terminologielehre behalten hat. Als Gewährsmann für die fundamentale, nicht ersetzbare Funktion der klassischen Begriffslogik zitiert er den Tübinger Logiker von Freytag-Löringhoff (1955), der konsequenter als alle anderen Verteidiger der klassischen Logik nachgewiesen hat, daß die Begriffslogik die kalkülisierte Aussagenlogik als Sonderfall enthält. Dazu aber ist eine allgemeinere und zugleich grundlegendere Auffassung vom „logischen Begriff" nötig als sie gewöhnlich in der Aussagenlogik angenommen wird. Dort ist der logische Begriff nichts anderes als das Prädikat möglicher Urteile, d. h. der logischen Aussage oder des logischen Satzes. In der Begriffslogik, in der es zunächst nur um die Begriffe selbst geht und nicht um ihre Funktion in logischen Urteilen und Schlüssen, ist der Begriff alles das, was gemeint werden kann, d. h. was Gegenstand des Denkens sein kann, gleichgültig, ob dieser nun wirklich oder unwirklich ist, existiert oder nicht existiert, abstrakt oder konkret, individuell oder allgemein, ein reales Ding, ein Sachverhalt oder nur eine Eigenschaft eines Dinges ist. In diesem Sinne als das „Gemeinte" (oder „Noem") hat auch der von Wüster ausführlich zitierte Sprachwissenschaftler Koschmieder (1953) den „außersprachlichen (= logischen) Begriff" charakterisiert. Der so aufgefaßte logische Begriff, der sprachunabhängig nur auf das Gemeinte oder auf den Gegenstand bezogen ist, ist für alle Menschen gleich und gehorcht allein logischen Gesetzen, die von den natürlichen Allgemeinsprachen oder den durch Vereinbarungen künstlich geregelten Fachsprachen mehr oder weniger genau realisiert werden. Obwohl die sprachlichen Ausdrucksformen oft weit voneinander abweichen, sind diese logischen Gesetze allgemeingültig. So sagt von Freytag-Löringhoff mit Recht:

„Auch ein Chinese etwa, dessen Sprachdenken erstaunlich andere Wege geht als das unsrige, benutzt und widerlegt genau wie wir in Urteilen und Schlüssen, und zwar von einer übersprachlichen Ebene angesehen, in den selben logischen Formen." (v. Freytag-Löringhoff 1955, 14)

Eine solche Auffassung der reinen Logik, die von den sprachlichen Zeichen unabhängigen

Begriffe und deren, durch logische Grundsätze geregelten Verbindungen ausgeht, liefert zugleich auch die einzig tragfähige Grundlage zu einer Theorie der Übersetzung. Übersetzen kann nur der, der zuvor den Inhalt des Textes verstanden hat. Das bedeutet,

„daß der Weg der Übersetzung nicht direkt von Sprache zu Sprache, von Vokabular zu Vokabular, von Syntax zu Syntax geht, sondern immer über den sprachunabhängigen Inhalt, den im Text behandelten Gegenstand" (v. Freytag-Lörringhoff 1967, 97f).

Diese Auffassung ist auch grundlegend für alle übersetzungsorientierte Terminologieforschung der Wiener Schule. Sie ist insofern von höchst aktueller Bedeutung, weil damit, wie schon von Freytag-Lörringhoff bereits 1967 erkannt hat, auch die Grenze des automatischen Übersetzens angegeben ist. Diese Grenze, die in der sprachanalytischen Philosophie zu Quines These von der prinzipiellen Unübersetzbarkeit einer Sprache in eine andere geführt hat, läßt sich nur durch eine sach- und begriffsbezogene Terminologieforschung aufheben. Damit erweist sich nun auch die fundamentale Bedeutung der auf die Begriffslogik aufgebauten Metaterminologie — für die internationale Fachsprachennormung. Denn sie allein ist es, die für eine korrekte, auf den Grundsätzen der Begriffslogik beruhende Angleichung der Fachsprachen, die immer im Rahmen einer Nationalsprache aufgestellt sind, garantieren kann. Für eine solche Angleichung und Vereinheitlichung der bereits vorhandenen Fachsprachen sind nicht nur einheitliche Begriffe, sondern auch einheitliche Begriffssysteme nötig, die sowohl auf Sachkenntnis als auch auf Kenntnis der logischen Struktur der Begriffe und Begriffssysteme beruhen. An dieser Stelle zeigt sich nun deutlich der Charakter der reinen Logik als bloßes Werkzeug des Denkens im allgemeinen und der wissenschaftlichen Erkenntnis im besonderen. Ein Werkzeug ist umso brauchbarer, je einfacher es ist und je vielfältiger es eingesetzt werden kann. In der Terminologielehre war es von vornherein klar, daß der Schlüssel sowohl für die logische Struktur der Allgemeinbegriffe als auch für die Begriffssysteme in der Identität und Diversität von Merkmalskomplexen besteht. Die logische Struktur eines Begriffes ist durch die Identität eines Merkmalskomplexes bestimmt, den verschiedene Individuen, die als solche divers, das heißt nur mit sich identisch sind. Dadurch wird ein Begriff von einem anderen Merkmalskomplex abgegrenzt, der einen anderen Begriff bildet. Beziehungen zwischen den unterschiedlichen Begriffen, die diese zu einem Begriffssystem verbinden, können nur durch Teilidentitäten von diversen Merkmalskomplexen zustandekommen. Dadurch entstehen Oberbegriffe, die man als logische Gattung von den Unterbegriffen der logischen Art unterscheidet. Grundsätzlich kann man einem Begriff jedes seiner Merkmale oder mehrere von seinen Merkmalen entnehmen und diesen neuen Merkmalskomplex als Gattung zu jenem Begriff auffassen, der damit zum untergeordneten Artbegriff wird. Rein logisch gesehen heißt Art einer Gattung nichts anderes als alle Merkmale der Gattung und noch mehr zu haben, Gattung einer Art sein heißt, nur Merkmale der Art, aber weniger zu haben. Das ist das einzige, was man im Rahmen der reinen Logik über die Struktur der Begriffe und Begriffssysteme feststellen kann. Alles andere bleibt der deskriptiven, feststellenden Terminologiearbeit überlassen, die von den einzelnen Sachgebieten ausgeht, in denen die tatsächlichen Begriffsverhältnisse auf Grund wissenschaftlicher Sachkenntnis dargestellt sind. In den einzelnen Disziplinen der Realwissenschaften wird auch die Zuordnung von Begriff und Gegenstand festgelegt. Das ist die Aufgabe wissenschaftlicher Erkenntnis, mit deren Rekonstruktion sich die Erkenntnistheorie beschäftigt. Insofern ist auch die Erkenntnistheorie für die Terminologielehre oder Metaterminologie von Bedeutung. Denn sie bezieht sich auf die Begriffsdynamik, d. h. auf die Entstehung oder Konstituierung und auf die Veränderung von Begriffen, die sich notwendig durch den wissenschaftlichen Erkenntnisfortschritt ergeben. Diese erkenntnistheoretische Seite der wissenschaftlichen Begriffsbildung wird in der Terminologielehre durch das Konzept der „kontrollierten Begriffsdynamik" berücksichtigt, die in der gegenwärtigen Wissenschaftstheorie in der sog. „Theoriendynamik" auf der Ebene der Aussagensysteme ihr Gegenstück hat. Ebenso wie im Rahmen der Wissenschaftstheorie die erkenntnistheoretische Analyse der Entstehung und Veränderung von wissenschaftlichen Theorien die Entwicklungsgesetzmäßigkeiten eines Wissensgebietes erkennen läßt, ist auch die kontrollierte Begriffsdynamik als ein methodologisches Verfahren anzusehen, das gerade nicht, wie manche Fachvertreter der Terminologienormung vorwerfen, die Entwicklung eines Fachgebietes durch frühzeitige nicht mehr aufhebbare terminologische Festlegung hemmt, sondern diese vielmehr fördert und unterstützt. Kontrollierte Begriffsdynamik bedeutet kurz gesagt die ständige Präsenz der präskriptiven oder normativen Terminologiearbeit im Fluß der Entstehung neuer wissenschaftlicher Erkenntnisse oder technischer Produkte. Ihr Ziel ist es, „den richtigen Zeitpunkt für die Terminologienormung (d. h. für die Vereinheitlichung und Festlegung der Begriffe und ihrer Benennungen) aufgrund der freien Begriffsentwicklung zu finden" (Felber). Gerade diese Methodik der kontrollierten Begriffsdynamik ist die für die gegenwärtige Situation wesentliche Neuerung der Terminologieforschung. Denn in einer Zeit, in der sich die Entwicklung der Wissenschaft in einem Maß wie nie zuvor durch die neuen Informationstechnologien beschleunigt hat und sicher noch mehr beschleunigen wird, stellt sie die unentbehrliche Grundlage zur Bewältigung der immer größer werdenden Informationsflut dar. Diese Beschleunigung des wissenschaftlichen Fortschrittes, auf Grund der neuen Informationstechnologien, ist auch der praktische Anlaß zur Integrierung der beiden weitgehend getrennt entwickelten Gebiete der allgemeinen Terminologielehre und Wissenschaftstheorie zu einer Wissenstechnologie. (Vgl. Art. 229).

3. Grundzüge terminologiewissenschaftlicher Theorien

Nach dieser ausführlichen Erörterung epistemologischer *Voraussetzungen* der Terminologie soll nun die Terminologiewissenschaft als *Disziplin* genauer beschrieben werden. Dafür soll ein wissenschaftstheoretischer Beschreibungsrahmen mit folgenden Parametern gewählt werden:

(1) Gibt es eine oder mehrere Theorien, die eindeutig dieser Disziplin zugeordnet werden können?
(2) Gibt es − als Bausteine solcher Theorien − Begriffe und entsprechende Benennungen, die als genuin dieser Disziplin zugehörig betrachtet werden können?
(3) Wird in der wissenschaftlichen Literatur diese Disziplin als gegeben angenommen bzw. postuliert und beschrieben?
(4) Ist diese Disziplin institutionalisiert (etwa in Form von Lehrstühlen, Fachorganisationen und -vereinen, Instituten etc.?

Diese Kriterien sind als nicht-normative und deskriptiv-komparative Parameter zu verstehen, denen ein evolutionär-informationstheoretisches Wissenschaftsmodell (Oeser 1976) zugrundeliegt, in dem „Wissenschaft" als komplexes und dynamisches Informationssystem, bestehend aus Begriffs- und Aussagesystemen aufgefaßt wird.

Zum *ersten Kriterium*, der Frage nach terminologiewissenschaftlichen Theorien, ist zu sagen, daß auch beim Begriff „Theorie" hier nicht evaluierend, also nicht-normativ vorgegangen werden soll − mit welcher Legitimation könnte man sich denn generell als Richter über die Qualität von „Theorien" oder theorieähnlichen Aussagesystemen betätigen?

Ohne eine detaillierte Rezeptionsanalyse der letzten Jahrzehnte der relevanten wissenschaftlichen Literatur machen zu müssen, kann hier festgestellt werden, daß die bereits mehrmals erwähnte „Allgemeine Terminologielehre" wie sie von ihrem Begründer Eugen Wüster genannt wurde (im Englischen übrigens − etwas aussagekräftiger − „General Theory of Terminology"), ein direkter (expliziter) oder indirekter (impliziter) Ausgangs- oder zumindest Bezugspunkt für fast alle bekannten Theorien zu terminologischen Themen war.

Eine Diskussion, die die Entwicklung der Terminologiewissenschaft von Beginn an begleitet hat, betrifft die immer wieder postulierte und beschriebene Existenz verschiedener „Schulen der Terminologie". Diese Hypothese lag auch der Konzeption eines Sammelbandes zur Terminologiewissenschaft, „Ausgewählte Texte zur Terminologie" (Laurén/Picht 1993a), zugrunde, in dem vor allem die „Prager Schule", die „Sowjetische Schule" und die „Wiener Schule" der Terminologie, sowie weitere Ansätze in Kanada, in Deutschland und im nordischen Raum einander gegenübergestellt wurden. Wie die vergleichende Analyse der beiden Herausgeber allerdings schnell zeigt, überwiegen die Gemeinsamkeiten, und das Trennende kann auf unterschiedliche Schwerpunkte reduziert werden (Laurén/Picht 1993b).

Das *zweite Kriterium* ist ebenfalls erfüllt, betrachtet man zahlreiche Definitionen von Begriffen und Benennungen, die in der Terminologiewissenschaft in spezifischer Weise verwendet werden. Auch wenn die meisten von ihnen aus benachbarten Disziplinen (vor allem Sprachwissenschaften wie Lexikographie, Morphologie, Semantik oder Logik) übernommen worden sind, würden sie doch meist in ihrer begrifflichen Bedeutung verändert und in ein kohärentes Begriffssystem integriert.

Obwohl die für die Terminologiearbeit grundlegende Terminologie sogar international (ISO 1087: 1990) sowie vielfach auch national genormt ist, herrscht kaum Einigkeit über diese Begriffe in der wissenschaftlichen Literatur. Diese Tatsache ist unter anderem auf die Theoriespezifik vieler Begriffsdefinitionen zurückzuführen, gleichzeitig ist sie aber generell ein auffälliges Merkmal vieler Geistes- und Sozialwissenschaften (zur terminologischen Vielfalt in den Sozialwissenschaften siehe Budin 1993b).

Das *dritte Kriterium* betrifft das Selbstverständnis einer wissenschaftlichen Disziplin. Auch hier darf keine Wertung der in der Literatur gefundenen Aussagen vorgenommen, sondern es muß diese zur Kenntnis genommen und in Beziehung zu unseren Kriterien gesetzt werden. Bei diesem Punkt sind auch die größten Meinungsunterschiede festzustellen. Die Auffassungen ergeben im Vergleich ein breites Spektrum zwischen zwei Extrempositionen, nämlich der kategorischen Ablehnung einer eigenen Disziplin und der strikten Zuordnung aller terminologischen Praxis und Forschung zur Sprachwissenschaft, bis zur konsequenten Propagierung einer von allen anderen Disziplinen (vor allem von der Sprachwissenschaft) völlig unabhängigen Terminologiewissenschaft.

In einer eingehenden Analyse der Entwicklung dieses Faches in den letzten 15 Jahren definiert Picht die Terminologiewissenschaft als interdisziplinäre und transdisziplinäre Wissenschaft, deren Aktivitätsbereich einerseits die Untersuchung von Gegenständen, Begriffen und ihren Repräsentationsformen sowie den Beziehungen zwischen ihnen, andererseits die Untersuchung ihrer systematischen Darstellung und ihrer Anwendung in vielen verschiedenen Wissensgebieten umfaßt (nach Picht 1994, 155). Dabei wird diese Disziplin in den Rahmen folgender Nachbardisziplinen oder Arbeitsgebiete gestellt (ibidem, 144 ff):

- Wissenschaftstheorie und Erkenntnistheorie
- Semiotik und Sprachwissenschaft
- Sprachplanung
- Wissenstechnik (Knowledge Engineering)
- Informatik (computer science)
- Informationswissenschaft
- technische Normung
- alle Fachgebiete (in bezug auf ihre eigene Fachterminologie).

Die Betonung der Interdisziplinarität der Terminologiewissenschaft hat bereits Tradition und stellt zweifellos ein wesentliches inhärentes Merkmal dieser Disziplin dar (vergleichbar mit der Künstlichen-Intelligenz-Forschung oder der Biologie): so betitelte Wüster 1974 seinen epochemachenden Aufsatz: „Die Allgemeine Terminologielehre — ein Grenzgebiet zwischen Sprachwissenschaft, Logik, Ontologie, Informatik und den Sachwissenschaften" (Wüster 1974). Eine vereinfachte Sichtweise der Interdisziplinarität ist von Budin (1993a, 81 f) vorgeschlagen worden: Terminologiewissenschaft steht dabei im Brennpunkt zwischen Wissenschaftstheorie, Informationswissenschaft und Sprachwissenschaft (insbesondere der Fachsprachenforschung). Ohne diese Disziplinen wäre die Terminologiewissenschaft sicherlich nicht denkbar. Die Bezüge zu den anderen vorher genannten Disziplinen oder Arbeitsgebieten werden dabei natürlich nicht geleugnet; der genannte Bezug zu den Sachwissenschaften zum Beispiel kann bei dieser Konzeption unter der Wissenschaftstheorie als „Metadisziplin" zusammengefaßt werden.

Der Begriff „Transdisziplinarität" ist ebenfalls von großer Bedeutung. Er kann nämlich im Sinne einer sich überlappenden Schnittmenge interpretiert werden: Terminologiewissenschaft ist *sowohl* Wissenschaftstheorie, *als auch* Informationswissenschaft, *als auch* Sprachwissenschaft (nämlich Fachsprachenforschung), was durch folgende Graphik verdeutlicht werden kann (Budin 1993a, 82):

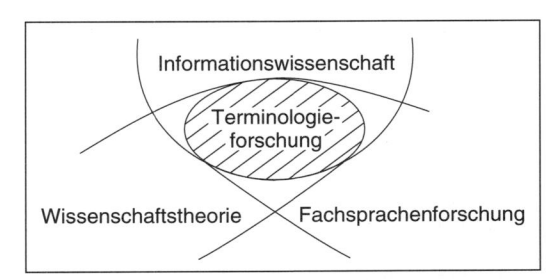

Abb. 225.1: Veranschaulichung zur „Transdisziplinarität" der Terminologiewissenschaft (nach Budin 1993a, 82)

Das Argument der totalen Subsumption unter die Sprachwissenschaft kann schon allein deswegen nicht richtig sein, als zahlreiche wissenschaftliche Beiträge zu terminologischen Fragestellungen *nicht* von Linguisten im weitesten Sinne (also inklusive Lexikographen), sondern von Vertretern der Übersetzungswissenschaft (die sich teilweise nicht (mehr) der Sprachwissenschaft zugerechnet wissen wollen), der Wissenschaftstheorie (Philosophie), der Informationswissenschaft, aber auch verschiedenster Disziplinen wie Medizin, Chemie, Physik, etc. zu Fragen ihrer eigenen Terminologie geliefert werden, die oft auch wichtige Anregungen und Beiträge zur Theorie der Terminologie eines bestimmten Faches (somit auch wissenschaftstheoretisch bedeutsam) bzw. zur Theorie der Terminologie im generellen Sinne darstellen (z. B. Hohenegger 1993 für die Biologie; Hirs 1993a und 1993b, Lewalle 1993 für die Medizin; Riggs 1979, 1982, 1993 für die Sozialwissenschaften; Godly 1993 für die Chemie).

Das *vierte Kriterium* kann ebenfalls als erfüllt betrachtet werden, da die Terminologiewissenschaft seit vielen Jahrzehnten an Universitäten und Hochschulen in vielen Ländern der Welt unterrichtet wird. Die institutionelle Verankerung im Rahmen von Nachbardisziplinen (Sprachwissenschaft, Übersetzungswissenschaft, Wissenschaftstheorie, Informationswissenschaft) ist dabei durchaus unterschiedlich, der interdisziplinäre Charakter steht aber immer im Mittelpunkt.

Es existieren auch Fachorganisationen und Vereine, wie etwa das Internationale Institut für Terminologieforschung (IITF) mit dem Sitz in Wien. Dieser 1989 gegründete Verein umfaßt gegenwärtig rund 100 Mitglieder aus 40 verschiedenen Ländern der Welt (durchwegs Wissenschaftler, die im Terminologieunterricht oder in der Terminologieforschung tätig sind). Weiterhin gibt es zahlreiche Tagungen in verschiedenen Ländern, die unter dem Motto einer interdisziplinären Terminologieforschung stehen. Seit 1990 gibt es auch eine wissenschaftliche Zeitschrift, die sich ausschließlich terminologiewissenschaftlichen Fragestellungen widmet: „Terminology Science and Research" (im Verlag TermNet Publications), ab 1994 auch die Zeitschrift „Terminology" (im Benjamins Verlag). Die meisten Aufsätze dieser Art werden natürlich in den verschiedensten Fachzeitschriften der genannten Disziplinen in aller Welt veröffentlicht. Bereits 1989 enthielt die Internationale Bibliographie der Theoretischen Literatur der Terminologie über 3500 bibliographische Nachweise, heute sind es fast 10 000 (Krommer-Benz/Schernthaner 1989).

Im folgenden sollen einige wesentliche Aspekte terminologiewissenschaftlicher Theorien dargestellt werden.

Die Parameter, die Laurén und Picht für ihre vergleichende Analyse terminologiewissenschaftlicher Ansätze identifiziert haben, können als Kernelemente dieser Theorien angesehen werden (Laurén/Picht 1993b, 502 ff):

— der Begriff
— die Benennung
— das Verhältnis zwischen Begriff und Benennung
— das Verhältnis der Terminologie zur Sprachpflege, Sprachkultur, Sprachplanung und Normung
— die Terminologie im System der Wissenschaften.

Jedes dieser Themen läßt sich nach der jeweiligen Sichtweise (sprachwissenschaftlich, wissenschaftstheoretisch, informationswissenschaftlich) sehr vielfältig unterteilen, erst darin wird das breite Spektrum und die Differenzierung der terminologiewissenschaftlichen Forschung deutlich:

Wie unter 2. deutlich gezeigt wurde, ist der „Begriff" die zentrale Untersuchungs- und Beschreibungseinheit der Terminologiewissenschaft. Die klassische aristotelische Begriffslogik ist in vereinfachter Form in das Theoriegebäude übernommen worden und stellt auch einen wesentlichen Teil der terminologischen Arbeitsmethoden dar (Wüster 1974).

Die Logik ist aber nicht nur wesentlicher Bestandteil der wissenschaftstheoretischen Analyse, sondern auch der informationswissenschaftlichen Erarbeitung von dokumentarischen Ordnungssystemen („Ordnungslehre" Schmidt 1956 und Greiner 1978). Somit ergibt sich ein gemeinsames grundlagentheoretisches Fundament der genannten Disziplinen.

Eine umfassende terminologische Untersuchung eines wissenschaftlichen Begriffes sollte demnach folgende Aspekte beinhalten:

(1) wissenschaftstheoretisch:

— die Stellung dieses Begriffes in der Wissensstruktur (Theorie, Methode etc.) eines Fachgebietes (also auch Beziehungen zu anderen Begriffen) sowie seine Rolle in der Schaffung neuen Wissens (Argumentation)
— die Dynamik dieses Begriffes in seiner Verwendung als Instrument der wissenschaftlichen Forschung (als Ausdruck der Wissensdynamik) und des Erkenntnisfortschritts, auch als Beispiel der Wissenschaftsgeschichte (wie etwa der Begriff „Energie" in der Physik seit Newton)
— die Entstehung dieses Begriffes als Beispiel der Mechanismen der wissenschaftlichen Begriffsbildung. Dabei sind nicht nur kognitionspsychologische Aspekte der mentalen Repräsentation wissenschaftlicher Begriffe relevant, sondern auch die epistemologische Frage, wie die Umwelt, auf die sich die wissenschaftliche Forschung und somit ihr Diskurs richten, kategorisiert und in Form von „Gegenständen" beschrieben wird.

(2) informationswissenschaftlich:

– die Rolle dieses Begriffes beim Aufbau dokumentarischer Ordnungssysteme (wie Klassifikationen und Thesauri) sowie deren Verwendung für die Wiedergewinnung von Fachinformationen (wofür terminologische Begriffssysteme die Voraussetzung sind)

(3) sprachwissenschaftlich:

– die Rolle dieses Begriffes bei der Bildung entsprechender Bezeichnungen für den wissenschaftlichen Diskurs (Begriff als Bedeutungsstruktur von semiotischen Gebilden)
– die unterschiedlichen Möglichkeiten der sprachlichen Darstellung eines Begriffes, u. a. auch in Form einer phraseologischen Einheit (was sprachtypologische Vergleiche der Benennungsbildung geradezu herausfordert).

Der systemische Charakter eines solchen Begriffes erfordert bei allen genannten Aspekten die Analyse der Beziehungen zu anderen Begriffen. Dabei hat sich die Beschränkung auf die klassische Begriffslogik in den terminologischen Untersuchungsmethoden als Hindernis erwiesen: funktionale sowie oft unspezifizierte assoziative Zusammenhänge zwischen Begriffen entziehen sich weitgehend einer logischen Analyse sowie einer exakten Modellierung bzw. Formalisierung; auch für die kognitionspsychologische Forschung stellen sie eine Herausforderung dar.

Der systemische Charakter äußert sich aber auch darin, daß ein Begriff als Informationseinheit (im Sinne der unter 2. erwähnten Informationsverdichtung) mit unterscheidender und kategorisierender Funktion immer im Zusammenhang mit entsprechenden Bezeichnungen zu untersuchen ist, die im Diskurs für diesen Begriff verwendet werden. Die Semiose ist als dynamischer Prozeß der Zuordnung von Zeichen verschiedenster Art zu kognitiven „Einheiten" Teil der Textproduktion sowie in umgekehrter Form Teil der Textrezeption. Präzision, Konsistenz und Transparenz dieser semiotischen Prozesse in terminologischen Strukturen sind zentrale Themen der Terminologiewissenschaft. Als Homonymie, Polysemie, Synonymie etc. sind Zuordnungsprobleme aber nicht nur Gegenstand der Forschung (etwa Horecky 1982), sondern vor allem Herausforderung an die terminologische Praxis, um einen Beitrag zur Optimierung der wissenschaftlichen Kommunikation zu leisten.

Eine sprachwissenschaftlich-orientierte Betrachtung von Terminologien beinhaltet neben der (traditionellen) semantischen auch textlinguistische und soziolinguistische Fragen:

– welche Rolle spielt Fachterminologie bei der Textproduktion bzw. im Fachdiskurs generell? (Beaugrande 1991, Budin 1994)
– welche Rolle spielt umgekehrt der fachliche Diskurs bei der dynamischen Veränderung von Terminologie?
– welche Verständigungsbarrieren können durch Terminologie entstehen und wie können sie beseitigt werden? (adressatenbezogene Textoptimierung)
– welche Rolle spielt der geplante und systematische Aufbau von Fachterminologien bei der Sprachplanung, also der bewußten Reformierung einer bestimmten Sprache (in diesem Fall ihres Wortschatzes)? (mehr dazu in Art. 227).

Auch übersetzungswissenschaftliche Fragestellungen sind für die Terminologiewissenschaft von zunehmender Bedeutung (z. B. Arntz 1993 zur terminologischen Äquivalenz bei der Fachübersetzung).

4. Ausblick

Die Terminologiewissenschaft ist als theoretische Disziplin nicht entstanden aufgrund einer (angeblichen) „germanischen Ordnungs- und Klassifizierungswut" sondern aus einer (forschungs-)praktischen Notwendigkeit heraus: sowohl als wichtige Vertiefung vieler Fragestellungen der Fachsprachenforschung, als auch als unverzichtbares Integrationsfeld der interdisziplinären Untersuchung terminologischer Strukturen, terminologischer Probleme und der Erarbeitung von Methoden, Grundsätzen etc. für den praktischen Umgang mit Terminologie. Gleichzeitig stellen sich zahlreiche neue Herausforderungen an diese (Inter-)Disziplin. Heribert Pichts Beurteilung des Status quo kann hier zugestimmt werden: trotz des unübersehbaren Fortschritts dieser Disziplin sind eine Reihe von Problemen zu lösen, allen voran die Formulierung einer breiten und umfassenden Terminologie-Theorie, die die Entwicklungen der letzten 15 Jahre in homogener Weise integrieren kann (sinngemäß nach dem englischen Original Picht 1994, 155). Eine transdisziplinäre Terminologiewissenschaft, die in Verbindung mit Wissenschaftstheorie, Informationswissenschaft und Sprachwissenschaft betrieben wird, muß sich auch zahlreichen neuen Fragen stellen, wie etwa Komplexität und Dynamik von Terminologien im Fachwissen, im Diskurs, in elektronischen Informationssystemen, etc. (siehe dazu etwa Budin 1996).

5. Literatur (in Auswahl)

Arntz 1993 = Reiner Arntz: Terminological Equivalence and Translation. In: Terminology: Applications in interdisciplinary communication. Hrsg. v. H. Sonneveld, K. Loening. Amsterdam. Philadelphia 1993, 5−20.

Beaugrande 1991 = Robert de Beaugrande: Theory and Practice in the Design of Text Production Models. In: Textproduktion. Neue Wege der Forscchung. Hrsg. v. Gerd Antos, Hans P. Krings. Trier 1991, 1−40.

Budin 1993a = Gerhard Budin: Terminologie und Fachkommunikation. In: Fachsprachentheorie Bd. 1: Fachsprachliche Terminologie. Begriffs- und Sachsysteme. Methodologie. Hrsg. und betreut v. T. Bungarten. Tostedt 1993, 64−84.

Budin 1993b = Gerhard Budin: Wie (un)verständlich ist das Soziologendeutsch? Begriffliche und textuelle Strukturen in den Sozialwissenschaften. Frankfurt a. M., Berlin [etc.] 1993 (Werkstattreihe Deutsch als Fremdsprache 42).

Budin 1994 = Gerhard Budin: Text production and terminology control. ALFA vol. 7/8, 1994/95; Terminologie et linguistique de spécialité − Etudes de vocabulaires et textes spécialisés, 217−223.

Budin 1996 = Gerhard Budin: Terminologie und Wissensorganisation: Komplexität und Dynamik wissenschaftlicher Informations- und Kommunikationsprozesse. Tübingen 1996 (Forum für Fachsprachen-Forschung 28).

Carnap 1928 = Rudolf Carnap: Der logische Aufbau der Welt. Berlin-Schlachtensee 1928.

Felber 1989 = Helmut Felber, Gerhard Budin: Terminologie in Theorie und Praxis. Tübingen 1989 (Forum für Fachsprachen-Forschung 9).

Freytag-Lörringhoff 1955 = Bruno von Freytag-Lörringhoff: Logik, ihr System und ihr Verhältnis zur Logistik. Stuttgart [etc.] 1955.

Freytag-Lörringhoff 1967 = Bruno von Freytag-Lörringhoff: Logik II. Definitionstheorie und Kalkülwechsel. Stuttgart [etc.] 1967.

Greiner 1978 = Götz Greiner: Allgemeine Ordnungslehre. Frankfurt a. M. 1978.

Godly 1993 = Ted Godly: Terminological Principles and Methods in the Subject Field of Chemistry. In: Terminology: Applications in interdisciplinary communication. Hrsg. v. H. Sonneveld, K. Loening. Amsterdam. Philadelphia 1993, 141−164.

Hajutin 1993 = A. D. Hajutin: Verschiedene Richtungen in der Terminologiearbeit. In: Ausgewählte Texte zur Terminologie. Hrsg. v. Christer Lauren und Heribert Picht. Wien 1993, 3−4.

Hirs 1993a = Willem M. Hirs: ICD-10, A missed chance and a new opportunity for medical terminology standardization. In: Terminology Work in Subject Fields. Vienna 12−14 November 1991. Hrsg. v. Magdalena Krommer-Benz und Adrian Manu. Wien 1993, 134−156.

Hirs 1993b = Willem M. Hirs: The use of Terminological Principles and Methods in Medicine. In: Terminology: Applications in interdisciplinary communication. Hrsg. v. H. Sonneveld und K. Loening. Amsterdam. Philadelphia 1993, 223−240.

Hohenegger 1993 = Johann Hohenegger: Species as the basic units in taxonomy and nomenclature. In: Terminology Work in Subject Fields. Vienna 12−14 November 1991. Hrsg. v. Magdalena Krommer-Benz und Adrian Manu. Wien 1993, 15−30.

Horecky 1982 = Jan Horecky: Zu Bedeutungsbeziehungen zwischen den terminologischen Benennungen. Special Language/Fachsprache 4. 1982, Nr. 2, 50−54.

ISO 1990 = ISO 1087 Vocabulary of Terminology. Genf: ISO, 1990.

Koschmieder 1953 = Erich Koschmieder: Das Gemeinte. In: Lexis 3/2 1953, 308−315.

Nedobity 1984 = Wolfgang Nedobity: Eugen Wüster und die Sprachkritiker des Wiener Kreises. In: Muttersprache 95 1984/85, 42−48.

Krommer-Benz/Schernthaner 1989 = Magdalena Krommer-Benz/Maria Schernthaner: International Bibliography of Terminological Literature. Wien 1989 (TermNet Bibliographical Series 1).

Laurén/Picht 1993a = Christer Laurén/Heribert Picht [Hrsg.]: Ausgewählte Texte zur Terminologie. Wien 1993 (Serie IITF/Infoterm 1).

Laurén/Picht 1993b = Christer Laurén/Heribert Picht: Vergleich der terminologischen Schulen. In: Laurén, Christer; Picht, Heribert [Hrsg.]: Ausgewählte Texte zur Terminologie. Wien 1993, 493−539.

Lewalle 1993 = Pierre Lewalle: International Coordination of Health and Biomedical Terminology Work as Part of WHO's Constitutional Mandate. In: Terminology Work in Subject Fields. Vienna 12−14 November 1991. Hrsg. v. Magdalena Krommer-Benz, Adrian Manu. Wien 1993, 129−133.

Oeser 1974 = Erhard Oeser: System, Klassifikation, Evolution. Historische Analyse und Rekonstruktion der wissenschaftstheoretischen Grundlagen der Biologie. Wien. Stuttgart 1974.

Oeser 1976 = Erhard Oeser: Wissenschaft und Information, 3 Bde., Wien. Stuttgart 1976.

Oeser 1979 = Erhard Oeser: Wissenschaftstheorie als Rekonstruktion der Wissenschaftsgeschichte, Bd. 1: Metrisierung, Hypothesenbildung, Theoriendynamik. Wien. München 1979.

Oeser 1979 = Erhard Oeser: Wissenschaftstheorie als Rekonstruktion der Wissenschaftsgeschichte, Bd. 2: Experiment, Erklärung, Prognose. Wien. München 1979.

Oeser 1991 = Erhard Oeser: Die Repräsentation von Objekten in Terminologie und Wissenstechnik. Vortrag in Wien 1991.

Picht 1994 = Heribert Picht: The Multidisciplinary Nature of Terminology: Remembering Eugen Wüster. ALFA vol. 7/8, 1994/95; Terminologie et linguistique de spécialité − Etudes de vocabulaires et textes spécialisés, 137−161.

Riggs 1979 = Fred Riggs: A New Paradigm for Social Science Terminology. International Classification 6. 1979, no. 3, 150−158.

Riggs 1982 = Fred Riggs: COCTA-Glossaries: the anasemantic perspective. In: The CONTA Conference. Proceedings of the Conference on Conceptual and Terminological Analysis in the Social Sciences held at the Zentrum für Interdisziplinäre Forschung (ZIF), Bielefeld, FRG, May 24−27, 1981. Hrsg. v. F. Riggs. Frankfurt a. M. 1982, 234−276.

Riggs 1993 = Fred Riggs: Social Science Terminology: Basic Problems and proposed Solutions. In: Terminology: Applications in interdisciplinary communication. Hrsg. v. H. Sonneveld, K. Loening. Amsterdam, Philadelphia 1993, 195−222.

Schmidt 1956 = Franz Schmidt: Ordnungslehre. München. Basel 1956.

Wittgenstein 1963 = Ludwig Wittgenstein: Tractatus logico-philosophicus/Logisch-philosophische Abhandlung. Frankfurt 1963.

Wittgenstein 1973 = Ludwig Wittgenstein: Philosophische Grammatik. Hrsg. v. Rush Rhees. Frankfurt 1973.

Wüster 1959/60 = Eugen Wüster: Das Worten der Welt, schaubildlich und terminologisch dargestellt. In: Sprachforum III. 1959/60, 183−204.

Wüster 1963 = Eugen Wüster: Die Struktur der sprachlichen Begriffswelt und ihre Erschließung in Wörterbüchern. In: Proceedings of the IIIrd Congress of the International Federation of Translators. Oxford, London. New York. Paris 1963, 418−433.

Wüster 1974 = Eugen Wüster: Die Allgemeine Terminologielehre − ein Grenzgebiet zwischen Sprachwissenschaft, Logik, Ontologie, Informatik und den Sachwissenschaften. In: Linguistics 119. 1974, 61−106.

Wüster 1979 = Eugen Wüster: Einführung in die Allgemeine Terminologielehre und Terminologische Lexikographie. Hrsg. v. Richard Braun und Frank-Rutger Hausmann unter Mitwirkung von Jürgen Grimm. Mit einem Vorwort von Richard Braun. 3. Aufl. Bonn 1991 (Abhandlungen zur Sprache und Literatur 20) [1. Aufl.: Wien 1979].

Erhard Oeser, Wien
Gerhard Budin, Wien

226. Deskriptive und präskriptive Terminologieerarbeitung

1. Terminologie und Terminologie-Erarbeitung
2. Normung, Harmonisierung, Vereinheitlichung
3. Deskriptive Terminologie-Erarbeitung
4. Präskriptive Terminologie-Erarbeitung
5. Literatur (in Auswahl)

1. Terminologie und Terminologie-Erarbeitung

Ziel dieses Artikels ist es, die Tätigkeit der Terminologie-Erarbeitung in ihren unterschiedlichen Ausformungen und verschiedenen Aufgabenstellungen zu beschreiben und vor allem anhand des Begriffspaares „deskriptiv−präskriptiv" typologisch zu unterscheiden.

Zuerst soll der Begriff der „Terminologie" kurz beschrieben werden. Ohne auf wissenschaftshistorische bzw. wissenschaftstheoretische Aspekte der Terminologiewissenschaft eingehen zu wollen (vgl. Art. 31. u. 225), sei an dieser Stelle an einige Grundannahmen erinnert, die nicht nur der wissenschaftlichen Erforschung von Terminologie, sondern vor allem auch der praktischen Bearbeitung terminologischer Information zugrundeliegen.

Der Grad der Wissenschaftlichkeit einzelner Fachgebiete mag noch so unterschiedlich sein, ihr Fachwissen und fachspezifische Fertigkeiten entwickeln sich inhaltlich gesehen auf der Grundlage von − mehr oder weniger explizit ausformulierten − Theorien und Methoden. Wissenschaftliche Theorien sind Systeme von Aussagen, denen korrespondierende Begriffssysteme zugrunde liegen. Begriffssysteme beinhalten nicht nur Begriffsbeziehungen hierarchischer Art, und sie sind auch meist nicht stabil, sondern verändern sich einhergehend mit der dynamischen Weiterentwicklung des Fachwissens. Fachterminologien existieren nicht nur in wissenschaftlichen und technischen Fachgebieten, sondern auch in praktischen Fachgebieten, wie z. B. handwerklichen oder künstlerischen Berufen, in denen fachspezifische Fertigkeiten und Knowhow entstanden sind, für die bis zu einem gewissen Zeitpunkt nicht oder noch nicht die Notwendigkeit einer systematisch und wissenschaftlich theoretisch-methodologischen Untermauerung des entsprechenden Fachwissens bestand.

Die Begriffe und Begriffssysteme und ihre verschiedenen Repräsentationen wirken daher konstituierend für die Entwicklung von Fachwissen auf einem neuen oder existierenden Fachgebiet. Aus diesem Grund ging man schon seit dem ausgehenden Mittelalter daran, Terminologien mehr oder weniger systematisch zu erarbeiten. Dies erfolgte zunächst in Form der deskriptiven Terminologie-Erarbeitung (bisher weniger präzis *Terminologiearbeit* genannt). Die präskriptive Terminologie-Erarbeitung setzte mit der Ausarbeitung normativer Regeln und Grundsätze für die Bildung von Benennungen vor allem im Rahmen der Bemühungen zur Erstellung von Nomenklaturen in einzelnen Fachgebieten im 18. Jh. ein. Mit dem Aufkommen der technischen und industriellen Normung wurde bald die Notwendigkeit der Festlegung zentraler Begriffe, Benennungen und Definitionen für praktisch jede Norm erkannt. Einhergehend mit der Zunahme genormter Terminologie ergab sich zwangsläufig die Notwendigkeit, einheitliche (allgemeine) terminologische Grundsätze und Methoden aufzustellen. Damit war aber auch der Grundstein für die Entwicklung einer allgemeinen terminologischen Grundlagenforschung gelegt, die bis in die 70er Jahre weitgehend von E. Wüster entwickelt und in internationaler Zusammenarbeit weiter ausgebaut wurde.

Schon bei geringen Umfängen erleichtert die systematische Terminologie-Erarbeitung die Verwendung von Terminologien für verschiedene Zwecke, deren wichtigste begriffs- und damit fachwissenbezogen sind — unbeschadet ihrer wesentlichen Funktion in der Fachkommunikation. Ab bestimmten Umfängen wird eine systematische Terminologie-Erarbeitung sogar zwingend erforderlich, will man nicht erhebliche Nachteile, wie Inkonsistenz, Widersprüche usw., für die Weiterentwicklung des betreffenden Fachgebietes oder in der betreffenden Fachkommunikation in Kauf nehmen.

Die präskriptive Terminologie-Erarbeitung setzt die deskriptive Terminologie-Erarbeitung voraus: der Erstellung des Soll-Zustandes muß die Erhebung des Ist-Zustandes vorausgehen. Daraus ergeben sich eine Reihe von Anforderungen an das Systemdesign für Terminologieverwaltungssysteme, damit diese für die Erfassung terminologischer Informationen im Rahmen der unterschiedlichen Formen der Terminologie-Erarbeitung effizient eingesetzt werden können. Bei beiden Arten von Terminologie-Erarbeitung ist eine periodische oder kontinuierliche Adaptierung (im Sinne der kontrollierten Begriffsdynamik) an die evolutionäre Entfaltung des Fachwissens unerläßlich.

Fachgebiete konstituieren sich durch Fachleutegemeinschaften, in denen sich in der Regel spezifische Fachsprachen herausbilden. Hauptvoraussetzung für das Entstehen einer Fachsprache ist die Herausbildung von einer oder mehreren Terminologien — entsprechend dem Entwicklungsstand des jeweiligen Fachwissens und Knowhows. Die gesellschaftlichen Träger der Fachsprachen sind Forscher, Entwickler u. a. Fachleute, die in der Regel an der Weiterentwicklung ihres jeweiligen Fachwissens und Knowhows und der entsprechenden — je nach Fachgebiet mehr oder weniger — praktisch einsetzbaren Resultate interessiert sind. Spätestens seit dem 19. Jh. sind diese Fachleutegemeinschaften stark an grenzüberschreitender- und dabei vor allem an sprachgrenzüberwindender Fachkommunikation interessiert. Je nach Entwicklungsstand und -dynamik des Fachwissens im Einzugsbereich einer Sprache und damit auch ihrer Fachsprachen entstehen die Terminologien und Fachsprachen oder werden in weniger entwickelten Sprachen/Fachsprachen in Nachvollziehung solcher geschaffen. Das nachvollziehende Schaffen von Terminologien kann also auch durchaus in der gleichen Sprache, aber auf anderen Fachgebieten erfolgen (z. B. in neuentstehenden bzw. sich weiterentwickelnden interdisziplinären Fachgebieten).

Der Polyfunktionalität terminologischer Information entsprechend haben sich zum Zwecke der Weitergabe von Fachwissen (neben der Fachkommunikation auch Fachunterricht und Wissenstransfer zwischen Völkern), Transformation (z. B. Fachübersetzen, Dolmetschen etc.), Wiederverwendung und Weiterverwertung von Fachwissen etc. verschiedene Arten der Terminologie-Erarbeitung herausgebildet, die häufig explizit gar nicht die Erleichterung der Fachkommunikation zum Ziel haben, sondern primär ganz andere Zwecke verfolgen können, wie z. B. die Schaffung von Rechtsnormen, die industrielle Fertigung, die wissenschaftliche Forschung etc.

Terminologie-Erarbeitung geschieht in erster Linie durch Fachleute, die in vielen Ländern der Welt und auf unzähligen Fachgebieten sich bemühen, die durch die ungeheure (exponentielle) Zunahme des Fachwissens verursachten fachgebietsimmanenten Probleme (etwa jene der Wissensordnung) sowie intra- und interlinguale Fachkommunikationsprobleme zu lösen.

Terminologische Probleme können entstehen

- zwischen Fachleuten des gleichen Fachgebietes,
- zwischen Fachleuten unterschiedlicher, wenn auch verwandter Fachgebiete,
- zwischen Fachleuten und Nichtfachleuten,
- zwischen Nichtfachleuten als Anwendern (Kunden).

Dabei ist zu beachten, daß

- die Fachkommunikation im Prinzip zwar international ausgerichtet ist, praktisch aber im Rahmen von konkret existierenden Sprachen (inklusive Plansprachen) erfolgt,
- die Fachgebiete sich – vor allem wegen der Zunahme des Fachwissens – immer stärker sektorisieren,
- die Entwicklung von Fachsprachen in einzelnen Sprachen zu unterschiedlichen Zeitpunkten einsetzt,
- die Fachsprachen sich sowohl in einzelnen Sprachen als auch verschiedenen Fachgebieten mit unterschiedlicher Dynamik entfalten.

Konkrete Aktivitäten der Terminologie-Erarbeitung erfolgen somit stets aufgrund konkreter Bedürfnisse, und kann folgende Formen haben (wobei in der Praxis meist Mischformen auftreten):

- einsprachig oder mehrsprachig,
- punktuell oder systematisch-umfassend
- auf regionaler, nationaler oder internationaler Ebene,
- im Rahmen von Sprachplanungs- bzw. Terminologieplanungsaktivitäten.
- als Grundlage für die Sachnormung
- als Voraussetzung für die wissenschaftlich-technische Übersetzung
- im Rahmen der wissenschaftlichen und technischen Facharbeit zur Wissensorganisation und -konsolidierung.

Terminologie-Erarbeitung im Sinne dieses Artikels

- ist als bewußte Terminologieregelung (z. B. Normung von Terminologien auf der Grundlage von Begriffssystemen unter mehr oder weniger strikter Festlegung von Benennungsregeln) im Sinne der präskriptiven Terminologie-Erarbeitung ein kreativer Prozeß, der den jeweiligen Anwendungskontext beeinflußt,
- wird aber auch als Rekonstruktion bestehender Terminologien im Sinne der deskriptiven Terminologie-Erarbeitung für verschiedenste Zwecke durchgeführt.

Terminologie-Erarbeitung in letzterem Sinne ist zwar gleichermaßen eine Art von und unverzichtbares Element der Terminologieplanung, doch ist sie ‚selbstgenügsam' auf eng begrenzte Zwecke ausgerichtet. In der Regel können beide Grundformen der Terminologie-Erarbeitung auf jedem Fachgebiet gleichzeitig in reiner Form und/oder in verschiedenen Mischformen vorkommen.

Präskriptive Terminologie-Erarbeitung bezieht sich in der Praxis neben der Festlegung der Methoden der Terminologie-Erarbeitung und -festlegung vor allem auf die systematische oder halbsystematische Festlegung von Benennungen und anderen Begriffsdarstellungen sowie Begriffsbeschreibungen und kann sich auf eine institutionelle Autorität berufen. Deskriptive Terminologie-Erarbeitung beschränkt sich weitgehend auf die Festlegung der Methoden der Terminologie-Erarbeitung und macht begriffliche Unterschiede ‚transparent'.

Im Unterschied zur Terminologie-Erarbeitung, die immer nur von Fachleuten des betreffenden Fachgebietes durchgeführt werden kann, werden in der (meist sprachbezogenen) Terminographie (vgl. Art. 216) im wesentlichen existierende terminologische Informationen auf der Grundlage existierender Dokumente (mit oder ohne Einbeziehung nichtsprachlicher Aspekte) erfaßt, und bestimmten terminographischen Grundsätzen entsprechend systematisch – meist in Form von Fachwörterbüchern oder Terminologiedatenbanken dargestellt und verfügbar gemacht. Dabei ist zumindest eine rationale Evaluierung der terminographisch erfaßten Informationen notwendig, um gegebenenfalls Verbesserungen vorzunehmen oder den zuständigen Experten vorzuschlagen, damit die terminologischen Informationen, die als Ergebnis der Terminographie vorliegen, wiederverwend- und weiterverwertbar sein können.

Zusammenfassend sei „Terminologie" in Vereinfachung früherer Definitionen (Wüster 1979; Felber 1984; Picht/Draskau 1985) bestimmt als „strukturierte Gesamtheit von Begriffen und Benennungen eines Fachgebietes" (Budin 1991). „Terminologie-Erarbeitung" ist die bewußte oder unbewußte Schaffung ganzer Fachgebietsterminologien oder von Teilen derselben (z. B. eine einzelne Benennung) in einer bestimmten Sprache (oder mehreren

Sprachen). In dieser Definition ist ausdrücklich die „unbewußte" Terminologie-Erarbeitung genannt, sie ist sogar der Regelfall, da sie meist integraler Bestandteil der fachlichen Arbeit (also der Forschung, der industriellen und wirtschaftlichen Prozesse, der sozialen und kulturellen Tätigkeiten, etc.) ist und oft gar nicht als terminologische Tätigkeit wahrgenommen wird. Umso schwieriger ist es andererseits, Fachleute von der Notwendigkeit der Terminologie-Erarbeitung zu überzeugen, wenn diese nicht Bestandteil ihrer Arbeit ist, oder wenn sie es ist, von der Notwendigkeit der Optimierung dieser Arbeit zu überzeugen.

Im Gegensatz zu früheren Publikationen (Wüster 1969; Hohnhold 1990; Arntz/Picht 1989; Felber 1984; Felber/Budin 1989) wird hier ganz bewußt nicht der Ausdruck *Terminologiearbeit* verwendet, da dieser Begriff aus heutiger Sicht zu eng, vor allem aber zu vage erscheint und in der Fachliteratur, trotz des Vorhandenseins einer international genormten Definition des Terminus *Terminologiearbeit* (ISO 1087), entweder sehr unterschiedlich und widersprüchlich definiert und verwendet wird, oder überhaupt abgelehnt wird (z. B. Sager 1990 für das Englische). Das Wort *Erarbeitung*, das in diesem neuen Kompositum verwendet wird, soll auch das kreativ-dynamische Element dieser Tätigkeit deutlich hervorheben und ist nicht durch jahrelange Diskussionen, die bisher zu keinem Konsens geführt haben, belastet.

Die Terminologie-Erarbeitung steht somit im Gegensatz zur Terminographie (vgl. Art. 216 und 224), die primär vorhandene terminologische Daten dokumentiert. Dies umfaßt auch kreative Aspekte, etwa in der Art und Weise, wie terminologische Informationen zu modellieren und in Datensammlungen darzustellen sind.

2. Normung, Harmonisierung, Vereinheitlichung

2.1. Klärung der Grundbegriffe

Normung oder Normungsarbeit stellt eine Art von Vereinheitlichungsbestrebung dar und bedeutet gemäß der genormten Eigendefinition der Internationalen Normungsorganisation (ISO) die

„Tätigkeit zur Erstellung von *Festlegungen* für die allgemeine und wiederkehrende Anwendung, die auf aktuelle oder absehbare Probleme Bezug haben und die Erzielung eines optimalen Ordnungsgrades in einem gegebenen Zusammenhang anstreben" (ISO Guide 2, 1991; EN 45020, 1993).

In den Anmerkungen zu dieser Definition wird festgehalten, daß die Normungsarbeit

„im besonderen aus den Vorgängen zur Formulierung, Herausgabe und Anwendung von *Normen*" besteht. „Wichtige Vorteile der *Normung(sarbeit)* sind die Verbesserung der Eignung von Erzeugnissen, Verfahren und Dienstleistungen für ihren geplanten Zweck, die Vermeidung von Handelshemmnissen und die Erleichterung der technischen Zusammenarbeit".

Der Passus „Erzielung eines optimalen Ordnungsgrades in einem gegebenen Zusammenhang" ist kennzeichnend für den pragmatischen Ansatz der Normung insgesamt. Sowohl Unter- als auch Überregulierung müssen vermieden werden — es geht pragmatisch (auch unter Berücksichtigung der Tatsache, daß jede Norm einen Kompromiß vieler Interessen darstellt) um das richtige Augenmaß bei der Normung. Wird in einem gegebenen Zusammenhang, der Normung erfordert oder nahelegt, zu wenig genormt, wird das Ziel der Normung genausowenig erreicht, wie wenn zu viel genormt wird (exzessive Normung schadet nämlich der Entwicklung).

Neben den aus der oben genannten Definition abgeleiteten allgemeinen Zielen kann die Normung im jeweiligen Einzelfall auch

„ein oder mehrere besondere Ziele verfolgen, um ein Erzeugnis, ein Verfahren oder eine Dienstleistung *gebrauchstauglich* zu gestalten. Solche Ziele können sein ... die *Verminderung der Vielfalt*, Brauchbarkeit *(Gebrauchstauglichkeit)*, *Kompatibilität (Verträglichkeit)*, *Austauschbarkeit*, *Gesundheit*, *Sicherheit*, der *Umweltschutz*, *Schutz des Erzeugnisses*, die gegenseitige Verständigung, wirtschaftliche Ausführung oder der Handel" (EN 45020).

Subsumiert man auch den Warenaustausch im Handel und das Einsetzen genormter Komponenten in komplexen Produkten usw. unter Kommunikation, dann stellt Normung im weitesten Sinne eine der Hauptgrundlagen funktionierender Kommunikation in praktisch allen Bereichen der Wirtschaft und Technik, wie auch in Wissenschaft, Bildung und Ausbildung sowie in der öffentlichen Verwaltung dar.

Eng verwandt und teilweise auch verzahnt mit der Normung ist der Bereich der technischen Vorschriften, die von vorschrift- bzw. regelsetzenden Behörden im Wege der nachgeordneten Rechtserzeugung (von Verordnungen usw.) erstellt und erlassen oder angenommen werden. Diese technischen Vorschriften haben oft den gleichen Textcharakter wie Normen, sind aber in der Regel gesetzlich bindend, so wie auch Normen, die zum Bestandteil von Gesetzen oder solchen technischen Vorschriften gemacht werden, Rechtscharakter gewinnen. In vielen Gesetzen (die bezeichnenderweise auch „Rechtsnormen" genannt werden) sind ebenfalls terminologische Festlegungen enthalten. Die Normung generell und insbesondere die Terminologienormung stellt auf jeden Fall einen wesentlichen Regelfaktor in der Struktur der Fachkommunikation dar.

Vereinheitlichungs-, Normungs- und Harmonisierungsbestrebungen finden auf internationaler, multinationaler und nationaler (in großen Ländern sogar regionaler) Ebene statt. Es werden daher auch Normen außerhalb des Rahmens der in ISO und ihrem Pendant in der Elektrotechnik, der Elektrotechnischen Kommission (IEC), vereinigten normenschaffenden Institutionen geschaffen. In einigen Ländern (z. B. USA, Japan) gibt es eine Vielzahl von normenschaffenden Stellen, die nicht Mitglied der ISO sind (und daher früher zum Bereich der Quasi-Normung gezählt wurden). Darüber hinaus gibt es in manchen Ländern Fachbereichsnormen und fast überall auf der Erde Werksnormen in der Industrie. Bei fast allen diesen Normungsaktivitäten kommen länderübergreifende Aktivitäten und Wirkung vor. Überall, wo genormt wird, wird unvermeidlich vorher, nebenher oder im nachhinein Terminologienormung betrieben, denn „Sachnormung erfordert Sprachnormung" (Wüster 1970). Allerdings ist hier *Sprachnormung* im engeren Sinne, d. h. als Normung fachsprachlicher Konventionen, insbesondere der Terminologie, und keinesfalls als *Normung der Alltagssprache* zu verstehen.

Die Vielzahl von Ebenen und organisatorischen Rahmen führt zwangsläufig zu Diskrepanzen, die während der Normungsarbeit oder im nachhinein *harmonisiert* werden. Das Ergebnis sind *harmonisierte Normen*, d. h. „Normen zum selben *(Normungs-)Gegenstand*, die von verschiedenen *normenschaffenden Körperschaften* angenommen wurden ..." (EN 45020). *Vereinheitliche Normen* sind „harmonisierte Normen, welche im Inhalt völlig gleich sind, sich aber in ihrer Gestaltung unterscheiden" (EN 45020). *Identische Normen* sind „harmonisierte Normen, welche einander in Inhalt und Gestaltung völlig gleichen" (EN 45020). Diese Harmonisierung kann wiederum auf nationaler (bilateral und multilateral), multinationaler und internationaler Ebene erfolgen. Das gleiche gilt analog auch für alle anderen Arten von Normen, technischen Vorschriften usw. Beim Dokument EN 45020 handelt es sich um die auf höchster Ebene zwischen ISO, IEC und der Gemeinsamen Europäischen Normungsorganisation CEN/CENELEC harmonisierte Terminologie der Normung.

Normen bestehen aus *Festlegungen*, d. s. „Formulierungen im Inhalt eines *normativen Dokuments* in Form einer *Angabe*, einer *Anweisung*, einer *Empfehlung* oder einer *Anforderung* (EN 45020), wobei Angaben eine Information vermitteln, Anweisungen eine Handlung fordern, Empfehlungen einen Rat oder eine Anleitung geben und Anforderungen zu erfüllende Kriterien anführen (EN 45020). Bei der Terminologienormung handelt es sich in der Regel eher um Empfehlungen oder Angaben, als um Anweisungen oder Anforderungen.

Gegenüber der Normung bestehen häufig — vor allem bei Geistes- und Sozialwissenschaftlern meist auf Unkenntnis beruhende — massive Vorurteile und daraus restierende Vorbehalte, die insbesondere auch gegen die Terminologienormung (als Sprachnormung im weiteren Sinne mißverstanden) gerichtet sind. Dabei wird meist übersehen, daß Normung keineswegs in ewiggültigen Festlegungen resultiert und einem ständigen Überprüfungs- und Anpassungsprozeß unterworfen ist. Die Terminologienormung, von Wüster noch *fachsprachliche Normung* (d. h. normative Vereinheitlichung fachsprachlicher Konventionen) genannt, legt also lediglich den Wissensstand zum Zeitpunkt der Erstellung der Norm fest, der im Zuge der im Normungssystem ohnehin vorgesehenen regelmäßigen Überprüfungen von Zeit zu Zeit der Entwicklung angepaßt werden muß und auch angepaßt (bzw. gegebenenfalls zurückgezogen) wird.

In vielen Ländern müssen die für die Normung wesentlichen gesellschaftlichen Kreise (im deutschsprachigen Raum: die Wirtschaft und Industrie, die Wissenschaft und Forschung, die öffentliche Verwaltung und die Konsumenten) statutengemäß in einem ausgewogenen Verhältnis bei der Erstellung von Normen eingebunden sein. Die Vertretung der jeweiligen Interessen erfolgt nach dem Delegationsprinzip über Experten, die von den entsprechenden Interessenverbänden, den Hochschulen oder der öffentlichen Verwaltung nominiert werden. Die endgültigen Formulierungen in den Normen kommen nach dem Konsensprinzip zustande, d. h. es wird solange diskutiert, bis in allen strittigen Fragen ein hinlänglicher Kompromiß (meist einstimmig) erzielt wird. Natürlich kann im Einzelfall dieser Kompromiß mal auf einem hohen, mal niedrigerem Niveau erzielt werden — jedenfalls handelt es sich nicht um ein einseitiges „Diktat". Vor der endgültigen Veröffentlichung werden die Normentwürfe der Öffentlichkeit für Stellungnahmen zugänglich gemacht. Dieser ausgesprochen demokratische Charakter der Normung ist in der Regel viel zuwenig bekannt. Die häufige Ablehnung der Terminologienormung durch Leute, die andererseits Verkehrsregeln, Gesetze („Rechtsnormen'), die im höchsten Maße regulierte Schriftsprache, die Ergebnisse der technischen Normung usw. im Alltag bewußt oder unbewußt akzeptieren, ist daher nicht ganz konsequent. Auch ist vielen — selbst Normern — eine wichtige Maxime der Normung nicht ausreichend bewußt: „exzessive Normung schadet der Entwicklung". Daher ist es verfehlt, die Normung einerseits mit ungerechtfertigter Kritik zu bedenken, andererseits unangemessene Forderungen an sie zu stellen.

Der Begriff „Sprachnorm", der an dieser Stelle nicht aus sprachtheoretischer Sicht ausführlich behandelt werden kann, läßt sich für die vorliegende Themenstellung weiter in 2 Unterbegriffe differenzieren: „natürliche" Sprachnorm, der ein Normbegriff zugrundeliegt, der die evolutive Sprachentwicklung voraussetzt und primär auf die soziolinguistische Dimension der Akzeptanz sprachlicher Variationen und deren historischer Entwicklung abzielt; „künstliche" Sprachnorm als Ergebnis bewußter und organisierter Einflußnahme auf eine bestimmte Sprache oder deren Teilbereichen (etwa Orthographie, Grammatik, Stilistik, Lexik). Dieser begrifflichen Differenzierung entspricht bereits der Unterscheidung zwischen Deskription und Präskription: während die „natürliche" Sprachnorm nur beschreibend (eben deskriptiv) festgestellt werden kann, muß die „künstliche" Sprachnorm per Dekret oder Erlaß als präskriptive Handlungsaufforderung an die betroffene Sprachgemeinschaft aufgefaßt werden.

Zusammenfassend läßt sich feststellen: der Begriff der Sachnorm beschränkt sich auf den normativ-festlegenden Aspekt und kann selbst wieder in mehrere Normenarten unterschieden werden: Im ISO Guide 2 (1991) wird „Norm" als Dokument definiert, das durch Konsens von Experten und durch offizielle Veröffentlichung durch eine dafür gesetzlich vorgesehene Institution entsteht. Dieser Normbegriff integriert Inhalt und Form und gibt letzterem Aspekt sogar den Vorrang. Öfentlich verfügbare Normen werden auf internationaler, regionaler, nationaler und lokaler Ebene veröffentlicht. Ihr rechtlicher Status und somit der Grad der Verbindlichkeit ist gesetzlich geregelt und variiert zwischen einer „schwachen" Empfehlung und einer gesetzlich vorgeschriebenen Anwendung bei Strafandrohung bei Unterlassung.

ISO Guide 2 unterscheidet u. a. folgende Arten von Normen (ISO 1991, 14 ff):
(1) Grundlagennorm (allgemeine Grundlage für speziellere Normen);
(2) Terminologienorm (Sammlung genormter Termini und Definitionen sowie Erläuterungen, Beispiele, etc.);
(3) Prüfnorm (beinhaltet genormte Prüfverfahren und spezifische Anleitungen für Prüfvorgänge, statistische Auswertung der Resultate, etc.);
(4) Produktnorm (definiert Anforderungen, denen Produkte genügen müssen);
(5) Verfahrensnorm (Anforderungen, denen z. B. Fertigungsprozesse genügen müssen);
(6) Dienstleistungsnorm (Anforderungen, denen Dienstleistungen aller Art genügen müssen);
etc.

Die Terminologienorm als eine der wesentlichen Normenarten hat grundlegenden Charakter, sie ist Voraussetzung für andere Normenarten im Sinne der Bereitstellung eindeutiger Kommunikationsmittel (definierte Begriffe und Termini). Normen als Dokumente beinhalten sehr oft in einem eigenen Abschnitt für das Verständnis der Norm notwendige Begriffsdefinitionen. Zu Details der internationalen Terminologienormen vgl. Art. 217.

2.2. Dimensionen der Terminologie-Erarbeitung

Normung bzw. Harmonisierung von Arbeitsweisen der Terminologie-Erarbeitung (Methoden) und von konkret vorliegenden Terminologien (Daten) findet in der Praxis auf mehreren sich überschneidenden und einander bedingenden Ebenen statt, wodurch sich ein mehrdimensionales Beziehungsgefüge ergibt:

Räumliche Dimension:
geographisch (inkl. besonderer Gegebenheiten wie Meere, Berge, Wüsten etc. und darausfolgende Anforderungen)

Soziale (politische, wirtschaftliche, militärische, kulturelle, etc.) Dimensionen:
(1) nach Ländergrenzen (nationale Ebene),
(2) nach Grenzen regionaler Interessengruppen (politisch, wirtschaftlich, etc. Zusammenarbeit wie EU, NAFTA, militärisch wie etwa NATO
(3) international: Organisationen des UN-Systems wie UNESCO, UNIDO; andere internationale Organisationen
(4) interkulturelle Spezifika

Zeitliche Dimension:
Die Evolution soziokultureller Systeme, der technische und wissenschaftliche Fortschritt, die Prozeßdynamik ganz allgemein erfordern auch eine „Normenevolution".

Fachliche Dimension:
intra- und interdisziplinäre Ebene in den Wissenschaften, Branchen in Industrie und Wirtschaft etc.

Sprachliche Dimension:
(1) nach den natürlichen Einzelsprachen
(2) ein- und mehrsprachige Ebene

Juristische Dimension:
Grad der Verbindlichkeit.

Im Vergleich zu Wüsters 4 Dimensionen der Terminologiearbeit (Wüster 1969), nämlich Sprache, Fach, Sprachzugang und Sprachüberblick, die ihrerseits untergliedert sowie miteinander verbunden sind, ergibt sich nun ein noch komplexeres Modell, das eine Reihe weiterer, vor allem pragmatischer Dimensionen (soziale, juristische, zeitliche, etc.) enthält und somit als Beschreibungsinstrument für jede Form der Terminologie-Erarbeitung genutzt werden kann. Die genannten Dimensionen werden operationalisiert als Parameter für die einheitliche Darstellung und den Vergleich verschiedener Ausformungen der Terminologie-Erarbeitung. Die Interaktionen der genannten Dimensionen untereinander stellen eine weitere Komplexitätsebene dar, die für die Bewertung und Interpretation von konkreten Daten von Bedeutung ist. Abb. 226.1 faßt die genannten Dimensionen in ein Modell, das die Beziehungen der Dimensionen untereinander allerdings nicht grafisch ausdrückt. Für die Parametrisierung der Dimensionen mit ihren oben beschriebenen Ausformungen und Aspekten kann ein Beispiel angeführt werden, welches auch zeigt, daß nie alle Dimensionen gleichzeitig in jedem Einzelfall relevant sind.

Beispiel für einen konkreten Fall einer Terminologie-Erarbeitung:

IUPAC Recommendation 1995: Instrumentation for the Spectral Dispersion and Isolation of Optical Radiation (Nomenclature, Symbols, Units and their Usage in Spectrochemical Analysis – IX). Pure and Applied Chemistry, vol. 67, no. 10, pp. 1725–1744, 1995

Ausprägungen der genannten Dimensionen:
(1) *Raum:* international (weltweit)
(2) *Organisation:* International Union for Pure and Applied Chemistry (IUPAC) Analytical Chemistry Division; Commission on Spectrochemical And Other Optical Procedures for Analysis
(3) *Fach:* Chemie
(4) *Zeit:* gültig ab 1995, bis zur nächsten Revision dieses Dokuments
(5) *Sprache:* Englisch, Übersetzungen müssen von der IUPAC autorisiert werden
(6) *Recht:* Harmonisierungsdokument mit empfehlendem Status

Die zwei oben genannten Begriffe „Normung" und „Harmonisierung" können zu einander in ein begriffslogisches Verhältnis gebracht werden, indem „Regelung" als Oberbegriff von „Normung" und „Harmonisierung" aufgefaßt wird. Der Unterschied zwischen den beiden Unterbegriffen kann (nach Benking 1991) wie folgt bestimmt und am Beispiel der Terminologie-Erarbeitung expliziert werden:

(1) Normung findet in der Regel innerhalb einer Dimension statt, z. B. Terminologienormung innerhalb eines Landes, in einer Sprache, in einem Fachgebiet, etc.
(2) Harmonisierung findet zwischen Dimensionen statt, nachdem bereits innerhalb der betroffenen Dimensionen Terminologienormung stattgefunden hat oder terminologische Strukturen anzutreffen sind, z. B. Harmonisierung von einzelsprachlichen Terminologien zur beruflichen Weiterbildung auf der Ebene der Europäischen Union, wie es seit Jahren vom Europäischen Zentrum zur Förderung der beruflichen Weiterbildung (CEDEFOP) durchgeführt wird.

Dieser Zusammenhang wird in Abb. 226.2 verdeutlicht.

Normung geht somit der Harmonisierung voraus. Auf der Ebene der Europäischen Union gibt es nun auch den Begriff der „harmonisierten Normen", die in mehreren EU-Richtlinien und einem entsprechenden Leitfaden definiert werden als

„technische Spezifikationen, die von einer europäischen Normenorganisation aufgrund eines von der

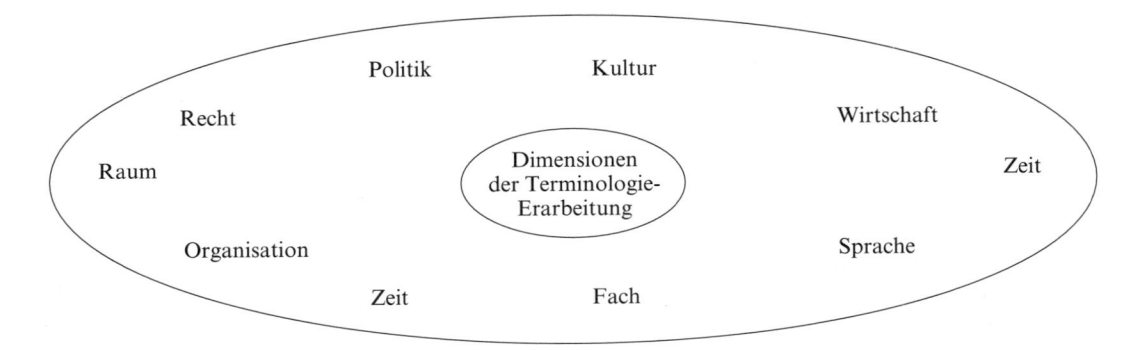

Abb. 226.1: Dimensionen der Terminologie-Erarbeitung (Budin 1996, 145)

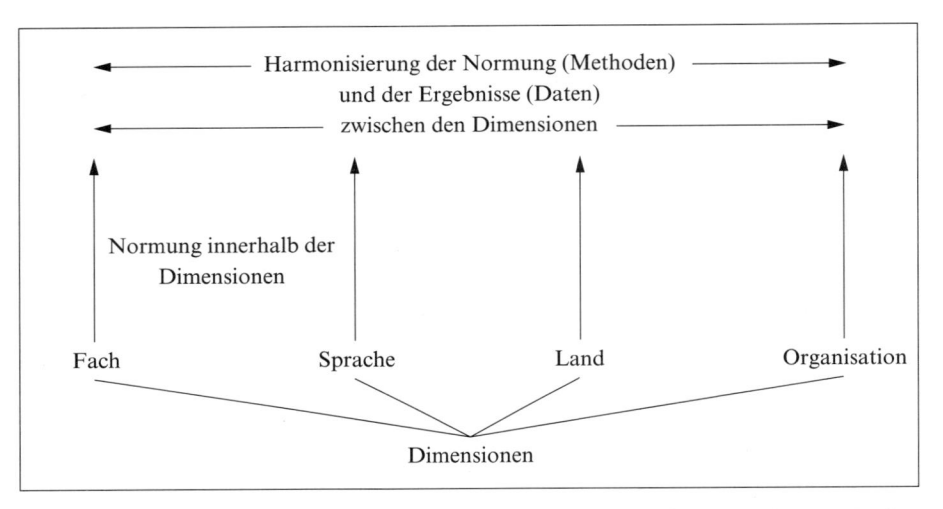

Abb. 226.2: Modell des Zusammenhangs zwischen Normung und Harmonisierung (Budin 1996, 152)

Kommission gemäß der Richtlinie 83/189/EWG erteilten Auftrags aufgestellt werden, und zwar nach den am 13. November 1984 vereinbarten allgemeinen Richtlinien für die Zusammenarbeit zwischen den europäischen Normenorganisationen und der Kommission" (Leitfaden der EU-Kommission 1993: 27).

Diese juristische Definition besagt u. a., daß europäische Normen (CEN-Normen) harmonisierende Kraft haben, d. h. daß bestehende (und abweichende) nationale Normen durch europäische Normen zum selben Gegenstand ersetzt werden. Dies gilt somit auch für sämtliche Fachterminologien, die in Normen festgelegt werden (s. 4.).

Für die Harmonisierung können die unterschiedlichen juristischen Verbindlichkeits- oder Autoritätsgrade mit der räumlich-politischen Dimension wie folgt verbunden werden: Harmonisierung kann in der Reihenfolge des abnehmenden Verbindlichkeitsgrades Gesetzeswirkung haben, sie kann Teil einer Verordnung oder Durchführungsbestimmung sein, sie kann quasi-normativ wirken oder bloß empfehlend sein. Dies hängt von der Art und Weise der konkreten Ein- bzw. Anbindung solcher Terminologien in/an nationale, supranationale, internationale u. a. Gesetzeswerke ab. Abb. 226.3 faßt diese Zusammenhänge in ein Modell.

Das CEDEFOP arbeitet seit Jahren an der Entwicklung von Methoden zur Durchführung von Harmonisierungsprojekten auf europäischer Ebene und ihrer konkreten Umsetzung in verschiedenen Industrie- und Dienstleistungsbereichen. Im Mittelpunkt

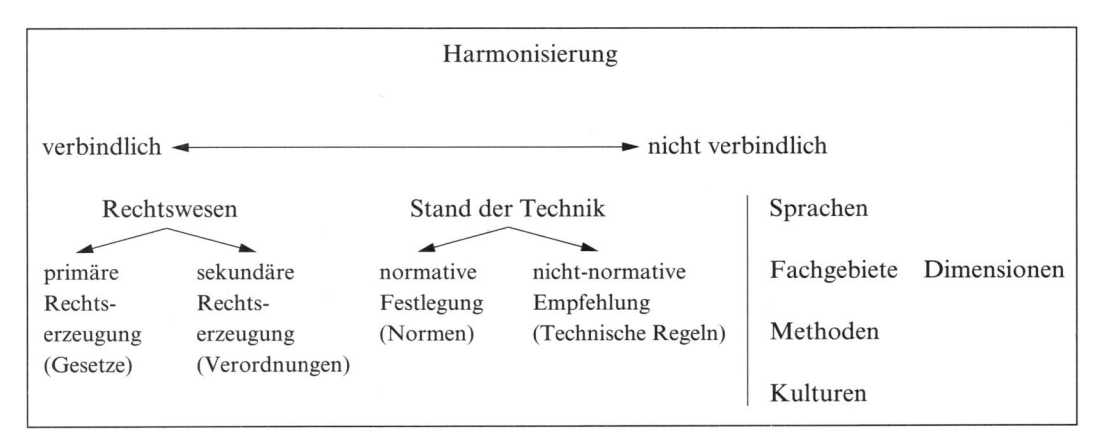

```
                            Harmonisierung

verbindlich  ◄──────────────────────────────►  nicht verbindlich

     Rechtswesen          Stand der Technik      Sprachen
      ╱      ╲              ╱        ╲
  primäre   sekundäre   normative   nicht-normative   Fachgebiete   Dimensionen
  Rechts-   Rechts-     Festlegung  Empfehlung
  erzeugung erzeugung   (Normen)    (Technische Regeln)   Methoden
  (Gesetze) (Verordnungen)
                                                         Kulturen
```

Abb. 226.3: Harmonisierung mit unterschiedlichen Verbindlichkeitsgraden in den verschiedenen Dimensionen

steht die Festlegung von terminologischen Entsprechungen für die offiziellen Sprachen der Europäischen Union für die gegenseitige Anerkennung beruflicher Befähigungsnachweise. Dies ist vor allem deshalb eine besonders komplexe Aufgabenstellung, weil die Berufsausbildungssysteme in den Mitgliedstaaten der Europäischen Union und damit auch die begrifflich-terminologischen und diskursiven Strukturen in den einzelnen Sprachen zum Teil stark voneinander abweichen. Die Schaffung einer bis zu einem gewissen Grade „künstlichen", d. h. „europäischen" Begrifflichkeit in den einzelnen Berufssparten war Gegenstand zahlreicher Sitzungen nationaler Delegierter mit den Vertretern von CEDEFOP, bei denen aus und in alle offiziellen Sprachen gedolmetscht wurde, bzw. für die in der Vorbereitung jeder Sitzung aus und in alle Sprachen relevante Dokumente übersetzt wurden. Die dafür entwickelte Methode der „projektbegleitenden Terminologiedokumentation" (Felber/Galinski/Nedobity 1988) sah die Erstellung von branchenspezifischen terminologischen Glossaren vor, die als Unterstützung der Dolmetscher, der Übersetzer, der Projektleitung und der Delegierten erfolgreich eingesetzt worden sind. Die terminologische Analyse des fachlichen Diskurses, wie er in schriftlicher Form in Dokumenten verschiedener Art (Studien zu einzelnen Berufen bzw. Ländern, Strategiepapiere der Delegierten und Stellungnahmen zu CEDEFOP-Dokumenten, etc.) bzw. mündlich während der Sitzungen stattfand, war dabei ein wichtiges methodisches Element. So konnten zahlreiche (unbeabsichtigte und unbemerkte, aber auch bewußt herbeigeführte „strategische") Mißverständnisse identifiziert und ausgeräumt werden, die durch die Komplexitätsebene des mehrsprachigen Diskurses und des interlingualen Informationstransfers mitunter noch verstärkt oder perpetuiert wurden.

Das Terminologiemanagement wurde im Laufe der Jahre, in der diese Projekte durchgeführt wurden, von einer peripheren Dienstleistung, dessen Nützlichkeit vielfach in Frage gestellt worden war, zu einem strategischen polyfunktionalen Instrument der Projektorganisation, das sogar Zeit und Kosten sparen half. Eine ausführliche Darstellung dieser Erfahrungen ist in Galinski 1994 enthalten. Aus dieser Studie ist der folgende Überblick der Arbeitsschritte dieser Methode sowie Abb. 226.4 entnommen, die die Komplexität der beschriebenen Prozesse in einem Modell veranschaulichen soll.

„Arbeitsverfahren des CEDEFOP zur Feststellung von EU-Entsprechungen für Befähigungsnachweise im Überblick:
1. Einholen von Vorschlägen zu relevanten Berufsgruppen (= Sektoren) und Berufen von den zuständigen Stellen (oder zuständigen Arbeitgeber – oder Gewerkschaftsorganisationen) der Mitgliedsstaaten,
2. Vorwahl von Berufsgruppen und Berufen durch die EU-Kommission (19 Sektoren mit etwa 200 Berufen),
3. Einladen von bis zu drei Sachverständigen für jede Berufsgruppe aus jedem Mitgliedstaat durch die EU-Kommission,
4. Vorbereitende Untersuchungen im Auftrag des CEDEFOP,
5. Aufstellen einer vorläufigen Liste von Berufen für jeden Sektor durch das CEDEFOP,

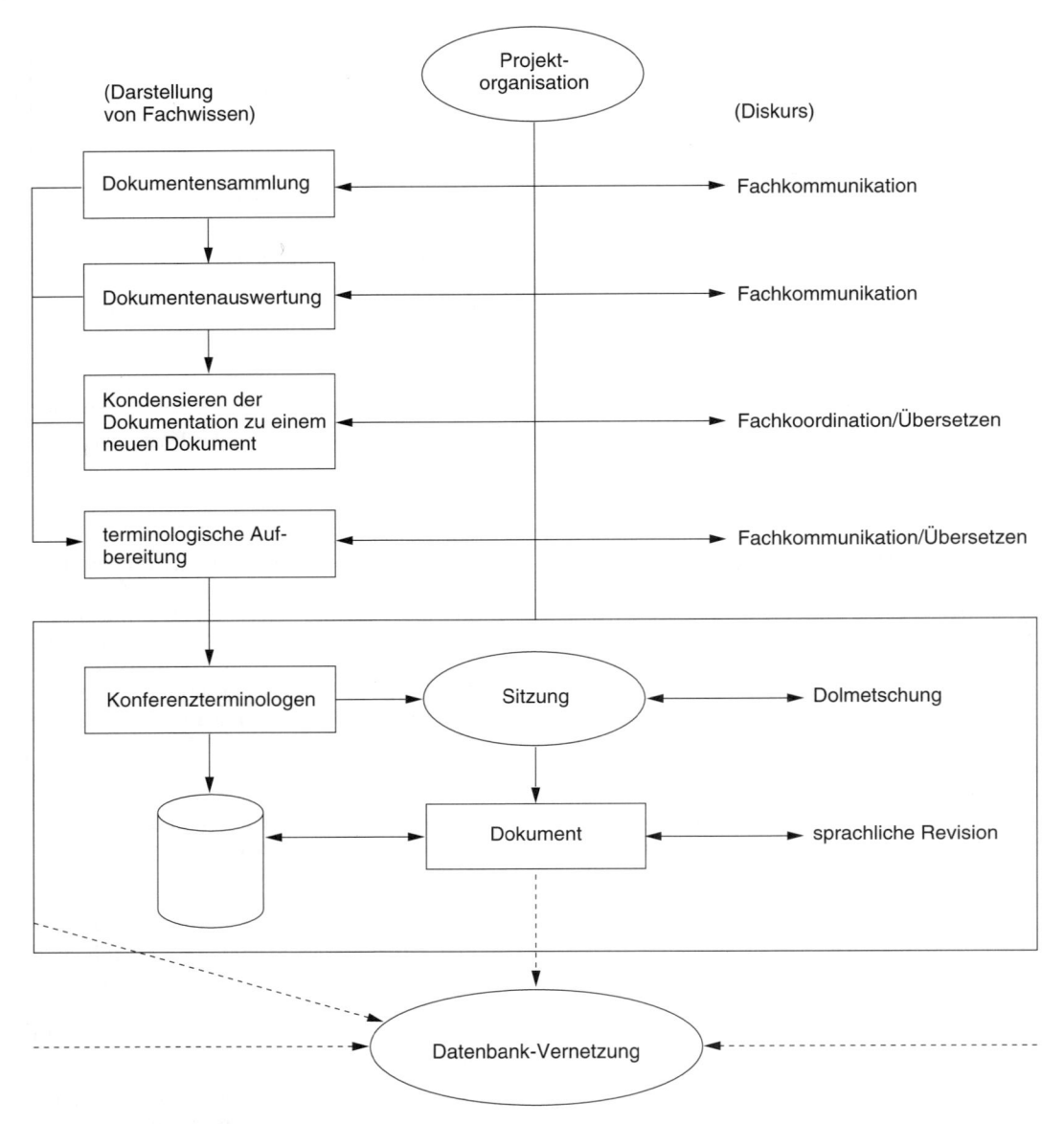

Abb. 226.4: Modelldarstellung des terminologischen Informationsmanagements bei internationalen Harmonisierungsprojekten (Galinski 1994, 9)

6. Umfrage unter den benannten Sachverständigen der Mitgliedstaaten bezüglich der vorläufigen Liste von Berufen,
7. Auswahl der Berufe, für welche erste Entwürfe der „praktischen beruflichen Anforderungen" erstellt wurden,
8. Vorbereitung der (9sprachigen) Konferenzen zwecks Diskussion und Festlegung der praktischen beruflichen Anforderungen durch Delegationen aus allen Mitgliedsstaaten; zur Vorbereitung gehörte auch die Erstellung von
   − terminologischen Textrastern
   − Bibliograhien
   − Terminologien
   − Arbeitsglossaren,
9. Diskussion dieser Entwürfe in 2 oder mehr Konferenzen; dabei unterstützten Konferenzterminologen die Delegation, Dolmetscher und Konferenzorganisation,
10. Anfertigen des Konferenzresultats in 9 Sprachen am Ende der Konferenz durch die Konferenzterminologen,
11. Übergabe von vergleichenden Übersichten in der jeweiligen Originalsprache, die zusammen

mit der Letztfassung der Berufsbeschreibungen in Form eines Sachstandsberichts von DECE-FOP an die EU-Kommission weitergeleitet wurden,
12. Offizielle Zuleitung der Projektergebnisse durch die EU-Kommission an die ständigen Vertretungen der Mitgliedsstaaten zwecks förmlicher Zustimmung,
13. Veröffentlichung im Amtsblatt der EU" (Galinski 1994, 8).

2.3. Normung und Harmonisierung vs. Anwendung

Im folgenden sollen zwei grundlegende Entwicklungsrichtungen des fachlichen Diskurs im allgemeinen und der terminologischen Information im besonderen beschrieben werden. Dabei wird ein systemtheoretischer Theorierahmen vorausgesetzt, in dem Sprache als soziales System mit anderen sozialen Systemen (Gesellschaft, Wissenschaft, Wirtschaft) untrennbar verbunden ist und dynamisch interagiert.

Diese Entwicklungsrichtungen wurden zuvor durch das Gegensatzpaar „deskriptiv–präskriptiv" dargestellt und stehen in einem ständigen (ja inhärenten) Spannungsverhältnis zu einander. Zum einen erzeugt die dem Fachdiskurs inhärente Entwicklung zur Diversität ständig neue Varianten, im terminologischen Bereich in Form von Synonymen, Ad hoc-Abkürzungen, Polysemen, etc. Zum anderen wird (in der Regel bzw. im Idealfall von den betroffenen Fachleuten selbst) ständig normierend eingegriffen durch Eliminierung dieser Varianten und Festlegung von Vorzugsbezeichnungen, Definitionen, Begriffssystemen, etc. Anwendung genormter Terminologie in bestimmten Diskursgemeinschaften führt zwar (im Sinne der faktischen Kraft des Normativen) zuerst zu einer Reduktion der Komplexität terminologischer Diversität, mündet aber im Laufe der Zeit unweigerlich in einen neuerlichen Normierungsbedarf, wenn die Begriffsdynamik des betroffenen Fachwissens oder die pragmatischen Handlungsumstände (etwa neue wirtschaftliche, politische, juristische Gegebenheiten) die betroffene Terminologie durch eine neuerliche Zunahme an Diversität durch Variantenbildung bzw. durch die Einführung neuer terminologischer Elemente (einzelner Begriffe und Bezeichnungen) in den Diskurs verändert haben. Dieser Diskurs hat aber auch eine selbstregulierende Kraft, nämlich die normative Kraft des Faktischen, wenn sich aus mehreren Bezeichnungsalternativen im Laufe der Zeit eine als die bevorzugte Bezeichnung durchsetzt und die anderen in Vergessenheit geraten. Dabei spielen gruppendynamische Prozesse eine große Rolle: Bezeichnungen, die von führenden Vertretern einer Disziplin, oder der führenden Firma in einer Branche im Diskurs verwendet werden, haben gute Chancen zu so einer Vorzugsbenennung zu werden, durch simple Nachahmungseffekte in der Diskursgemeinschaft. Nachträglich werden dann solche Bezeichnungen offiziell genormt, oder im Harmonisierungsverfahren für verbindlich erklärt.

Abb. 226.5 soll dieses Spannungsverhältnis zwischen Normund und Anwendung verdeutlichen.

3. Deskriptive Terminologie-Erarbeitung

3.1. Funktionale Formen der Deskription

Folgende Funktionen können bei der deskriptiven Terminologie-Erarbeitung festgestellt werden:

(1) Bestandsaufnahme existierender Terminologien
(2) Vergleich (Kontrastiver bzw. komparativer Ansatz):
(3) Punktuelle Einzelanalyse oder systematischer Vergleich nach einer bestimmten Dimension
(4) Vorbereitung der Präskription: Sammlung vorhandener terminologischer Daten zur Schaffung einer Entscheidungsgrundlage im Normungsprozeß
(5) Schaffung einer Grundlage der Terminologie-Anwendung (a) in Textproduktion (Technische Dokumentation) (b) in Übersetzen/Dolmetschen
(6) Wörterbucherstellung, Datenbankaufbau.

Diese Funktionen haben sehr unterschiedliche Ziele und erfordern deshalb auch z. T. sehr unterschiedliche Methoden, die im folgenden beleuchtet werden sollen.

3.2. Methoden der Deskriptiven Terminologie-Erarbeitung

„Eine eigenständige Methodik der Deskriptiven Terminologie-Erarbeitung hat der amerikanische Politikwissenschaftler Fred Riggs für die Sozialwissenschaften erarbeitet (Riggs 1979, 1982, 1986; Riggs/Budin/Mälkiä 1997). Die Motivation, sich auf methodischer Ebene bewußt und explizit zu unterscheiden von der Terminologie-Normung, die lange Zeit als die klassische (sogar die einzig mögliche oder sinnvolle) Form der Terminologie-Erarbeitung galt, wird vor allem mit der „Natur der

```
                    ←————— normative Kraft des Faktischen ——————
                    —————— faktische Kraft des Normativen ——————→

                              Sprache
    Normung  ←—————————→               ←—————————→  Anwendung
                            Terminologie


    Terminologienorm                                        Fachdiskurs
    ←————————————————  Abtrinarität  ————————————————

                        Natürlichkeit  ————————————————————→

                         Komplexität   ————————————————————→
    Eliminierung von Varianten                          Variantenbildung
                          Diversität   ————————————————————→
```

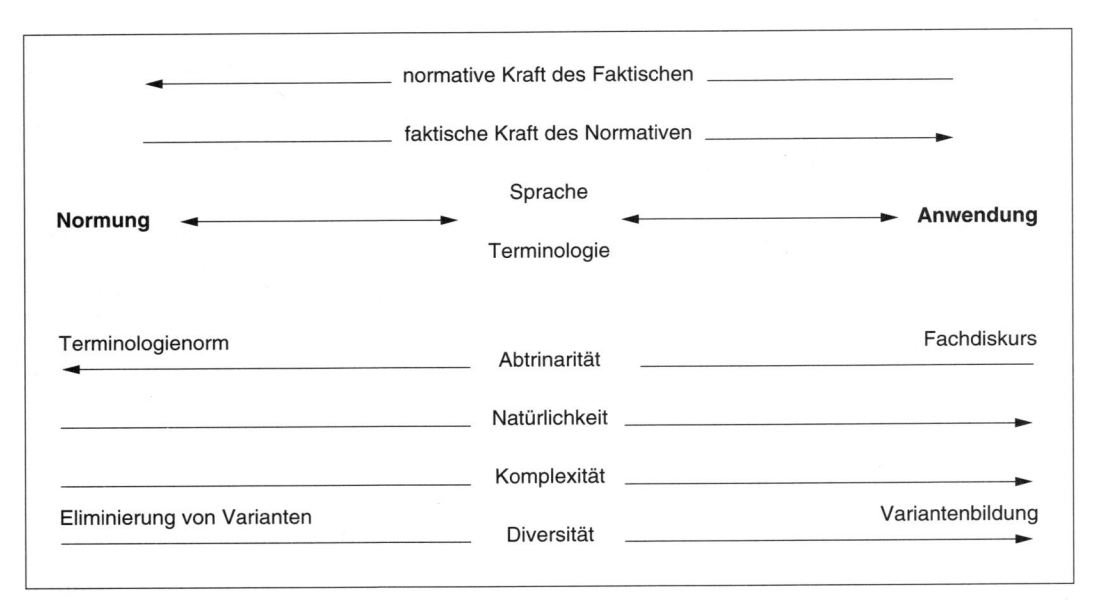

Abb. 226.5: Normung vs. Anwendung

Sache", d. h. epistemologisch begründet: sozialwissenschaftliche Terminologien entziehen sich der strengen (begriffslogischen) Einordnung in Begriffssysteme sowie einer entsprechend stringenten Definition der Begriffe wie die Festlegung bestimmter Benennungen als deren Entsprechungen. Die Unmöglichkeit einer sozialwissenschaftlichen Terminologienormung ist letztlich wissenschaftspragmatisch zu begründen: durch den für die meisten Sozialwissenschaften typischen Theorienpluralismus (Sinai 1984), also die gegenseitige Zurückweisung von Theorien zum selben Objektbereich, ergibt sich zwangsläufig (durch die Theoriebeladenheit der Begriffe) ein terminologischer Pluralismus, also die Ko-Existenz konkurrierender Begriffe und Benennungen zum selben Objekt. Der Objektbereich der Sozialwissenschaften ist zumeist sprachlich vermittelt, d. h. nur über Sprache analysierbar, Sprache wird somit zum Erkenntnisinstrument (Budin 1993) der Sozialwissenschaften. Die doppelte Dynamik (soziale Entwicklung und Erkenntnisfortschritt bzw. Theoriendynamik) und die mangelnde Akzeptanz der Terminologie der Kollegenschaft lassen Normung, die stets auf Konsens beruht, unmöglich erscheinen. Für theoretische Begriffe gilt dies sicherlich, für operationale und quantitative Begriffe gibt es aber sehr wohl Möglichkeiten und auch Bedarf: so sind etwa Bereiche der Wirtschaftswissenschaften, der empirischen Sozialforschung etc. sehr wohl auch terminologisch klar geregelt, was von den jeweiligen Fachleutegemeinschaften auch akzeptiert bzw. von diesen selbst getragen wird. Was zumindest erreicht werden kann, ist eine Vereinheitlichung der Methoden der Terminologie-Erarbeitung, um bestimmten Qualitäts- und Konsistenzgrundsätzen entsprechen zu können, vor allem aber eine erhöhte Transparenz sozialwissenschaftlicher Terminologien (im Sinne ihrer Nachvollziehbarkeit, Verständlichkeit, auch für den Laien).

Auf methodischer Ebene begründet Riggs seinen Ansatz auf dem Prozeß der Bezeichnung neuer Begriffe, also auf einem onomasiologischen Vorgang, den er auch „ana-semantisch" (im Sinne einer rückwärtslaufenden Semantik), oder auch „onomantisch" (Riggs unterscheidet bei der Onomasiologie zwischen der Onomastik (der Bezeichnung von Individualobjekten durch Namen) und der Onomantik (der Bezeichnung von Klassenbegriffen durch Termini)) nennt (Riggs 1981, 234 ff). Damit soll allen Sozialwissenschaftlern ein Instrument gegeben werden, mit dem sie bewußt und zielgerichtet Begriffe, die sie selbst schaffen, so bezeichnen, daß die Verständigung mit den Kollegen erleichtert wird, in dem diese durch die neue Bezeichnung sofort erkennen können, welcher Begriff dahintersteht (s. Abb. 226.6).

> <GID2>ethnic practices designed to preserve and advance the interests of an ethnic organization by non-violent political action <GID1> <NEN3>
> UT: ETHNIC ACTIVISM; ETHNIC COMPETITIVENESS; ETHNIC PROTEST
> JA019: (See <KA5> ACC O2: ETHNIC ACTIVISM - it does not exhibit the same level of ethnic activism, the pace is more often than not dictated by the alien ethnic.
> MA448: Favoritism, ethnic nepotism, and ethnic competitiveness play their roles in creating inequalities and disequilibrium in the distribution of political goals.
> HJ005: The German case underlines the high risks of ethnic protest in a situation that tests national loyalties.

Abb. 226.6: Beispiele terminologischer Einträge nach der Darstellungsmethode von Riggs 1985

Für Riggs ist vor allem die Repräsentation sozialwissenschaftlichen Wissens und dessen Terminologie in Fachwörterbüchern von zentraler Bedeutung. Dabei steht für ihn vor allem die Anordnung der Informationen in Form von Datenelementen in den einzelnen Wörterbucheinträgen im Mittelpunkt. Während in der lexikographischen Praxis üblicherweise ein Lemma, also das Wort in seiner normalisierten Grundform an der Spitze des Eintrags steht, und diesen auch in einem alphabetischen Index bzw. in der alphabetischen Anordnung der Einträge vertritt, ist für Riggs eine konsequente Anwendung der „onomantischen" Methode erst dann gegeben, wenn der Begriff, der in einem bestimmten Eintrag dargestellt werden soll, auch zuerst angegeben wird.

Dies allein ist aber noch kein Widerspruch, d. h. kein Unterschied zur Terminologie-Normung, bei der allenfalls der onomasiologische Ansatz im Mittelpunkt steht. Auch in Terminologienormen könnte im Prinzip eine Definition eines Begriffs an der Spitze des Eintrags stehen. Der Unterschied besteht vielmehr in der „Psychologie der Anwendung", d. h. in der impliziten Annahme bei Einträgen einer Terminologienorm, daß dabei nicht nur eine bestimmte Definition eines Begriffs und die Schreibweise einer bestimmten Benennung festgelegt wird, sondern vor allem auch die Entsprechung zwischen beiden, und die Ausschließung eventueller Synonyme von dieser Entsprechung.

Im Unterschied dazu läßt eine deskriptive Terminologiesammlung keine terminologische Kontrolle zu, d. h. mehrere Benennungen zum gleichen Begriff sind prinzipiell gleichberechtigt. Dem Leser ist überlassen, welche von mehreren Benennungen akzeptiert und in der eigenen Verwendung bevorzugt wird.

Die Kreativität einer solchen Terminologiesammlung besteht vor allem in der erstmaligen Zusammenführung verschiedener Informationen aus unterschiedlichen Quellen in einen konsistent aufgebauten terminologischen Eintrag. Als Forschungsergebnisse sind solche Darstellungen meist auch Gegenstand terminologischer Diplomarbeiten, wie sie an vielen Universitäten und Fachhochschulen in aller Welt erstellt werden.

Das Wesen der *Deskription* besteht in der möglichst vollständigen und „realitätsnahen" (d. h. dem fachlichen Diskurs der entsprechenden Fachleutegemeinschaft entsprechenden) *Beschreibung terminologischer Komplexität*. Demgegenüber zeichnet sich die *Präskription* durch eine „terminologische Kontrolle", d. h. eine bewußte und *zielorientierte Reduktion terminologischer Komplexität*, aus.

Dieser bewußt nicht-reduktionistische Ansatz der deskriptiven Terminologie-Erarbeitung läßt somit alle Möglichkeiten offen: die Anwender entscheiden selbst, ob sie eine angegebene Definition akzeptieren und selbst verwenden wollen, welche Benennung sie für diesen Begriff verwenden wollen, oder ob sie selbst eine neue Definition, eine neue Benennung etc. vorschlagen wollen. Der Unterschied zwischen der sozialwissenschaftlichen Terminologie-Erarbeitung und der übersetzungsbezogenen Terminografie ergibt sich dadurch, daß bei zweiterer die komparative Rekonstruktion des Sprachgebrauchs in Ausgangs- und Zielsprachen im Mittelpunkt steht, während bei ersterer es um die terminologische Innovation und Transparenz der Begriffsdynamik und der terminologischen Zuordnungen geht.

Der hier beschriebene Ansatz ist stets auch textorientiert, d. h. für alle terminologischen Informationen werden Belegstellen aus der Fachliteratur in der terminologischen Datensammlung angegeben. Riggs ist in diesem Zusammenhang ungewöhnlich restriktiv: er möchte nur wenige Quellen zulassen, nämlich nur die Werke und Publikationen der „wichtigsten" Vertreter einer wissenschaftlichen Disziplin mit ihren wichtigsten Publikationen („seminal works"). Diese letztlich arbiträre Einschränkung ist problematisch, da damit sehr viele (die meisten) wissenschaftliche(n) Publikationen von der terminologischen Auswertung ausgeschlossen wären. Die Wissenschaftsgeschichte zeigt aber immer wieder, daß gerade Publikationen von (noch) unbekannten Forschern oft sehr wesentliche Gedanken enthalten und auch Begriffe prägen, die für die Terminologie des betroffenen Fachs sehr wohl von großer Bedeutung sind. Deshalb sollte es keine Beschränkungen bei der Auswertung der Fachliteratur zum Zweck der Terminologie-Erarbeitung geben.

Der textorientierte Ansatz der Terminologie-Erarbeitung ist auch immer ein komparativer Ansatz, da der tatsächliche Gebrauch einer Benennung, die einen Begriff repräsentiert, in einem bestimmten Ko(n)text analysiert wird und das Resultat mit der in einem Fachwörterbuch kodifizierten (weil lexikalisierten) Bedeutung verglichen werden kann.

Die Rolle der deskriptiven Terminologie-Erarbeitung in verschiedenen Anwendungen des Terminologiemanagements ist oft sehr unterschiedlich.

In der Fachtextproduktion (Wissenschaftliches Schreiben, fachsprachlicher Diskurs und Technische Dokumentation) ist die textorientierte Terminologie-Erarbeitung ein wichtiges Mittel, um den entstehenden Text konsistent und kohärent gestalten zu können. In sehr umfangreichen Dokumentationen (die oft mehrere tausend Seiten umfassen) muß ein bestimmtes Objekt auch stets gleich bezeichnet sein, bzw. ein Begriff in derselben Weise verwendet werden.

Die systematische Ausarbeitung von Fachterminologien, wie auch die nachträgliche Systematisierung von terminologischen Beständen, erfordert die Herstellung bzw. die Rekonstruktion begrifflicher Zusammenhänge. Die Darstellung solcher Begriffsbeziehungen in Datenbanken oder anderen Dokumentationsinstrumenten ist ein wichtiges heuristisches Instrument dafür. Komplexe Begriffsnetze erfordern ihre Visualisierung, um dem Anwender von Computerprogrammen die Möglichkeit zu geben, weitere Terminologiebestände in bestehende Strukturen einzufügen, an diese anzubinden, oder neue und autonome Strukturen zu schaffen. Die Nutzung neuer Technologien wie Hypertext- und Multimedia-Systemen (Hypermedia) hat hier völlig neue Möglichkeiten eröffnet. Die Navigation in Begriffssystemen im Bildschirm ermöglicht eine gezielte inhaltsorientierte Suche nach bestimmten Begriffen.

Bei der übersetzungsorientierten Terminologie-Erarbeitung ist der komparativ-kontrastive Aspekt naturgemäß sehr stark ausgeprägt und die Methode zielt auf das Auffinden von zielsprachlichen Äquivalenten ab." (Text dieses Abschnittes zitiert aus Budin 1996, 149—158) (vgl. Art. 223).

4. Präskriptive Terminologie-Erarbeitung

4.1. Einleitung

Im folgenden soll die Präskriptive Terminologie-Erarbeitung mit ihren Grundsätzen und Methoden beschrieben werden. Als Terminologienormung stellt sie gewissermaßen die „klassische" Form der Beschäftigung mit Terminologie dar und hat in der Geschichte der Terminologiewissenschaft eine entscheidende Rolle zur Etablierung des Faches gespielt.

„Aus den allgemeinen Normungsfunktionen, wie sie Susanto (1988, 37) zusammenstellt, und wie sie hier in Abb. 226.7 wiedergegeben sind, sticht in bezug auf die Terminologienormung vor allem die Kommunikationsfunktion hervor, für die von Susanto explizit die Erleichterung der Verständigung durch eine einheitliche Terminologie angegeben wird. Doch die Bedeutung der Terminologienormung für die Normung (also die Sachnormung) reicht auch in deren andere Funktionen hinein: die Harmonisierungsfunktion ist nur durch die bereits erwähnte Harmonisierung unterschiedlicher (z. T. bereits genormter) Terminologien möglich, auch die Tauschfunktion der Normung ist nur gewährleistet, wenn dabei einheitliche Terminologie verwendet wird. Dasselbe gilt für Qualitätssicherung durch Normung.

Die Frage der Normbarkeit, die Susanto in technische, wirtschaftliche und organisatorische Normbarkeit (Susanto 1988, 38 ff) einteilt, ist für die Terminologienormung separat von der Sachnormung zu stellen. Am leichtesten normbar sind zweifellos quantitative Begriffe und Maßeinheiten der Mathematik, Physik, Chemie, Technik, etc. Am schwierigsten normbar sind theoretisch-abstrakte Begriffe, wie etwa „Qualität". Diese Problema-

Hauptmerkmal	Erläuterung und Beispiel
Häufung	Reduzierung der Typenvielfalt und Schnittstellen, wirtschaftliche Fertigung durch größere Stückzahlen, Erleichterung der Auswahl
Tausch	Vollständige, funktionelle und partielle Austauschbarkeit, Datenaustausch zwischen Dv.-Anlagen durch genormte Schnittstellen
Qualität	Qualitätssicherung, Erzielen höherer Qualität, Zuverlässigkeit, Gebrauchstauglichkeit, technische Lieferbedingungen
Prüfung	Einheitliche und eindeutige Prüfverfahren, Festlegung von Prüfverfahren aus sicherheitstechnischen Gründen
Sicherheit	Festlegungen zum Schutz des Menschen und der Umwelt, Betriebssicherheit von Systemen, Lebensdauer, Verfügbarkeit
Rationalisierung	Vereinfachung und Erleichterung von Arbeitsvorgängen, Reduzierung von Arbeitsaufwand, Kosteneinsparung
Förderung	Entwicklungsförderung, Förderung des Technologie-Transfers, des Warenverkehrs, Anwendungsförderung von Fertigungsverfahren, Ausbildungsförderung
Recycling	Ressourcenschonung durch Wiederverwertung, -verwendung, Weiterverwertung u. -verwendung
Grundlage	Einheitliche Festlegung technischer Grundlagen z. B. für Planung, Berechnung, Verfahren usw., allgemeine Grundsätze
Kommunikation	Zur Verbesserung und Ermöglichung der Verständigung durch einheitliche Terminologie, Festlegung von Schrift und Zeichen
Harmonisierung	Regionales, internationales und betriebsinternes Angleichen von technischen Dokumenten, Abbau von Handelshemmnissen, Übernahme bestehender Normen
Know-How	Speicherung bzw. Konzentrierung von Fachwissen, bei Werknormung: Verhinderung des Know-How-Verlustes durch Personalfluktuation, Sicherung des technischen Vorsprungs

Abb. 226.7: Merkmale und Funktionen der Normung nach Susanto 1988, 37

tik wird auch bei der Meta-Terminologienormung deutlich, wenn die „Terminologie der Terminologie" international genormt werden soll. Die jahrelangen Diskussionen im Rahmen des Fachnormenausschusses der ISO, TC 37 (Terminologie – Grundsätze und Koordination), in bezug auf die Norm ISO 1087 (Terminology–Vocabulary) sowie auf einen Teil 2 dazu, der die Terminologie der computergestützten Terminologiearbeit festlegen soll, sind geprägt von unterschiedlichen Theorien und Methoden, die in verschiedenen Forschungstraditionen, in verschiedenen Ländern, in verschiedenen Arbeitszusammenhängen gepflegt und angewendet werden" (Text aus Budin 1996, 158 ff.).

Wie in Art. 217 ausführlich dargelegt wird, gibt es zahlreiche Normenausschüsse der ISO, der IEC und anderen Organisationen, die ihre eigene Fachgebietsterminologien normen, um die Sachnormung tatsächlich durchführen zu können.

Abb. 226.8 u. 226.9 geben Beispiele für eine zweisprachige verbindliche Luftfahrt-Phraseologie für Kanada (Abb. 226.8) sowie für die internationale verbindliche Harmonisierung der ICAO (International Civil Aviation Organization) in 4 Sprachen und vereinheitlichten Definitionen (Abb. 226.9).

4.2. Terminologienormung als Paradefall der präskriptiven Terminologie-Erarbeitung

Der Bereich der Terminologienormung als Spezialfall der Terminologievereinheitlichung sei hier stellvertretend für die präskriptive Terminologie-Erarbeitung herausgegriffen und näher erläutert. Voranzuschicken ist an dieser Stelle, daß in vielen – vor allem naturwissenschaftlichen und technischen – Fachgebieten seit langer Zeit der begrifflichen Wissensordnung großes Augenmerk entgegengebracht wird. Die Terminologievereinheitlichung und -normung hat daher in diesen Fachgebieten einen wesentlich höheren Stellenwert im Selbstverständnis der Forscher als in Geistes- und Sozialwissenschaften, wo der oben genannte theoretische und metho-

IDENTIFICATION	
PROCEDURES RADAR IDENTIFIED (position if required). RADAR IDENTIFICATION LOST. SQUAWK IDENT. SQUAWK (number) AND IDENT. SQUAWK STANDBY - SQUAWK (number).	**PROCÉDURES** IDENTIFIÉ RADAR (position si nécessaire). IDENTIFICATION RADAR PERDUE. AFFICHEZ IDENT. AFFICHEZ (numéro) ET IDENT. AFFICHEZ STANDBY - AFFICHEZ (nombre).
HAND-OFFS HAND-OFF (aircraft identification), (radar identification information), (altitude), (other control information as necessary). (aircraft identification) IDENTIFIED.	**TRANSFERTS** TRANSFERTS (indicatif de l'aéronef), (renseignements d'identification radar), (altitude), (autres renseignements de contrôle suivant le cas). (Indicatif de l'aéronef) IDENTIFIÉ.
SSR CODE ASSIGNMENT SQUAWK MAYDAY, CODE SEVEN SEVEN ZERO ZERO.	**ASSIGNATION DES CODES SSR** AFFICHEZ MAYDAY, CODE SEPT SEPT ZÉRO ZÉRO.
OMISSION OF REPORTING POINTS OMIT POSITION REPORTS.	**OMISSION DES POINTS DE COMPTE RENDU** OMETTEZ LES COMPTES RENDUS DE POSITION.

Abb. 226.8: Department of National Defence/Secretary of State 1981

A34
Aeronautical fixed telecommunication network (AFTN). A world-wide system of aeronautical fixed circuits provided, as part of the aeronautical fixed service, for the exchange of messages and/or digital data between aeronautical fixed stations having the same or compatible communications characteristics.

Réseau du service fixe des télécommunications aéronautiques (RSFTA). Réseau mondial de circuits fixes aéronautiques destiné, dans le cadre du service fixe aéronautiques, à l'échange de messages et/ou de données numériques entre stations fixes aéronautiques ayant des caractéristiques de communication identiques ou compatibles.

Red de telecomunicaciones fijas aeronáuticas (AFTN). Sistema completo y mundial de circuitos fijos aeronáuticos dispuestos como parte del servicio fijo aeronáutico, para el intercambio de mensajas y/o de datos numéricos entre estaciones fijas aeronáuticas que posean caracteristicas de comunicación idénticas o compatibles.

Сеть авиационной фиксированной электросвязи (AFTN). Всемирная система аниационных фиксированных цепей, являющаяся частью авиационной фиксированной службы и предусматривающая обмен сообщениями и/или цифровыми данными между авиационными фиксированными станциями с аналогичными или совместимыми связными характеристиками.
(An. : 3, 10/I, 10/II)

A35
Aeronautical fixed telecommunication network circuit. A circuit forming part of the AFTN.

Circuit du réseau du service fixe des télécommunications aéronautiques. Circuit faisant partie du RSFTA.

Circuito de la red de telecomunicaciones fijas aeronáuticas. Circuito que forma carte de la AFTN.

Цепъ сети авиационной фиксированной электросвязи. Цепъ, являюшаяся частлю AFTN.
(An. : 10/I, 10/II)

Abb. 226.9: Eintrag aus dem „ICAO Lexicon", ICAO 1991

dologische Pluralismus (aus Mangel an Konsens) eine begrifflich-terminologische Vereinheitlichung unmöglich erscheinen läßt, weshalb die unter 3. erläuterte deskriptive Terminologie-Erarbeitung die einzig realistische Möglichkeit darstellt. In Grundlagen- und Anwendungsaspekten solcher Fachgebiete, wie z. B. in der Metrologie, setzte daher schon im 19. Jh. organisierte Normung auf internationaler Ebene ein. Vielfach kann diese Normung (z. B. Maße und Gewichte, Symbole usw.) als Sonderfall der Terminologienormung angesehen werden. Als sich um die Jahrhundertwende die industrielle und technische Normung formierte und alsbald in der Gründung internationaler Normungsorganisationen, zunächst auf dem Gebiet der Elektrotechnik mit der Internationalen Elektrotechnischen Kommission (IEC) 1906 und später in der Industrie insgesamt mit der Gründung des Internationalen Verbandes der nationalen Normungsvereinigungen (ISA = International Federation of National Standardizing Associations) 1926, mündete, wurde schnell erkannt, daß Terminologienormung (im Sinne der normativen Terminologie-Erarbeitung) eine wesentliche Voraussetzung für die Sachnormung bildete: „Terminologienormung geht vor Sachnormung". In der IEC begann 1908 die systematische Terminologienormung mit der Gründung des Technischen Komitees IEC/TC 1 „Terminologie". Die 1947 nach dem Zweiten Weltkrieg neugegründete Internationale Normungsorganisation (ISO) mit Sitz in Genf hatte von Anfang an auch Terminologienormung auf dem Programm.

In diesem Geflecht von Anforderungen an die Normung und deren technische, gesellschaftliche, wirtschaftliche und rechtlichen Bedingungen gibt es eine feine Abstufung des Grades an Autorität der Resultate von Vereinheitlichungs-, Normungs- und Harmonisierungsbestrebungen. In bezug auf Terminologie kommt gesetzlichen Festlegungen im internationalen, multinationalen und nationalen Recht die höchste Autorität zu. Rechtlich gesehen fast gleich-autoritativ sind technische Verordnungen (technische Regeln im weitesten Sinne) und solche Normen, die per Gesetz einen gesetzesähnlichen Status erlangen (z. B. viele Bau-, Konsumenten- und Umweltnormen). Die anderen Normen und weitere technische Regeln (z. B. TÜV-Richtlinien) gelten vor Gericht als „Stand der Technik" und werden herangezogen, wenn Gesetze nicht hinreichen. Darüber hinaus werden die vereinheitlichten Terminologien von einigen Vereinigungen oder Verbänden, öffentlichen oder nachrangigen Stellen, Firmen oder Konzernen als „defacto-Standard" angesehen, wenn sie dank der allgemeinen Anerkennung oder des Renommées der vereinheitlichenden Organisation oder Institution als „quasi-genormt" angesehen werden. Dies gilt auch für die Resultate von Harmonisierungsbestrebungen seitens nicht-hoheitlicher Institutionen und Organisationen. In diesem Zusammenhang muß aber auch erwähnt werden, daß die verschiedenen Arten von Normen keineswegs gleich ‚verbindlich' sind. Methodennormen, wie z. B. die der terminologischen Grundsatznormung, gehören zu den am wenigsten bindenden Normen. Der Vorteil der Anwendung liegt einzig und allein darin, daß man die Erfahrung von Tausenden Terminologienormen nutzen kann und seine terminologischen Daten leichter tauschen kann − wenn man will. Es gibt kaum einen Zwang zur Anwendung (es sei denn seitens eines Auftraggebers, z. B. mit Hinblick auf Qualitätssicherung).

In der Terminologienormung unterscheidet man zwischen Terminologienormen, die terminologische Festlegungen enthalten, und terminologischen Grundsatznormen, die genormte Grundsätze und Methoden für terminologische Aktivitäten enthalten. Darüber hinaus gibt es kaum eine Sachnorm, die nicht auch einen Abschnitt „Begriffe und Definitionen" mit terminologischen Festlegungen enthält. Terminologienormen kann man auch als „vertikale Grundlagennormen" ansehen, da sie zur Grundlage für die Normen des betreffenden Sachgebietes dienen. Terminologische Grundsatznormen, die man auch als *Methodennormen* bezeichnen kann, sind in diesem Sinne „horizontale Grundlagennormen", da ihr Anwendungsbereich (scope) sich auf alle/ viele Sachgebiete oder auf ein breites Sachgebiet, wie z. B. die Elektrotechnik, bezieht.

4.3. Die Erarbeitung genormter Terminologie (Terminologienormen) und deren Verhältnis zur Terminologischen Grundsatznormung

Nach dem Motto „Terminologienormung geht vor Sachnormung" nimmt sich die Sachnormung zwangsläufig auch des fachsprachlichen Sprachgebrauchs im Bereich des Gegenstands der jeweiligen Norm an, wobei die schriftliche Fachkommunikation in zunehmendem Maße auch viele Arten nicht-wortsprachlicher Repräsentationen umfaßt. Die

Terminologie ist wesentliches Element der „geistigen Infrastruktur" der Normen und unverzichtbarer Teil des Regelgerüsts der Normung insgesamt. Im Teil 3 der ISO-Richtlinien (ISO Directives), auch „Bibel" der Normungsarbeit genannt, wird die Bedeutung der Terminologie an prominenter Stelle explizit (und darüber hinaus an vielen Stellen explizit und implizit) angesprochen als Voraussetzung für

(1) Homogenität im Sinne von Einheitlichkeit von Struktur, Stil und Terminologie,
(2) Kohärenz in bezug auf genormte Terminologie, Einheiten (und deren Symbole), Abkürzungen, technische Zeichnungen, graphische Symbole und
(3) Stil der Normentexte (hier wohl eher gemeint: korrekter Sprachgebrauch vor allem bezogen auf die terminologisch-phraseologischen Konventionen des betreffenden Fachgebietes) (ISO Directives 1986).

Diesbezügliche Defizite würden unweigerlich zu Rechtsunsicherheit und letztlich zu einer Abwertung der Normung führen.

Im Zuge der Sachnormung muß sich die Normungsarbeit also unvermeidlich mit dem jeweiligen Sprachgebrauch, also insbesondere der Terminologie, befassen und diesbezügliche Festlegungen treffen. Diese Normungspraxis führt einerseits in vielen großen technischen Komitees zur Notwendigkeit, die Terminologie des betreffenden Normungsbereichs systematisch aufzuarbeiten, weshalb viele technische Komitees eine zentrale Arbeitsgruppe oder einen Unterausschuß für Terminologienormung eingerichtet haben. Die in den einzelnen technischen Komitees festgelegten Terminologien beeinflussen wiederum den Sprachgebrauch in den jeweiligen Fachgebieten. Der Entstehung des Sprachgebrauchs in den Fachsprachen aus Forschung und Entwicklung heraus und seine zunächst informelle, später immer bewußtere Normierung über gesellschaftliche Prozesse bis hin zur organisierten Normung ist so Teil eines Regelkreises, bei dem der evolutionär entstehende Sprachgebrauch die Normierung beeinflußt, die wiederum auf die Entwicklung des Sprachgebrauchs zurückwirkt. Ähnliches gilt auch für eine Vielzahl kleinerer und größerer Bestrebungen zur Vereinheitlichung von Terminologie (z. B. im Rahmen der International Union for Pure and Applied Chemistry, IUPAC).

Andererseits beeinflußt die Entwicklung des Sprachgebrauchs auch die terminologische Grundsatznormung mit ihren Auswirkungen auf die normative Terminologie-Erarbeitung. Die Praxis der Terminologienormung wirkt wiederum in Form eines Regelkreises zurück auf die terminologische Grundsatznormung. Die Auswirkungen der letzteren werden eigentlich nur bei spektakulären Fällen, wie dem des Schraubendrehers (zu dem der Schraubenzieher aufgrund der Forderung nach „korrekten Benennungen" in einem mühevollen, teils mit großem Eifer sowohl der Befürworter als auch der Ablehnenden begleiteten Prozeß umbenannt wurde) der Öffentlichkeit sichtbar. In einigen Fachbereichen, wie der Chemie, bei der Entwicklung verschiedener Nomenklaturen usw. sind sie omnipräsent und nicht wegzudenken als konstituierendes Element des Fachwissens.

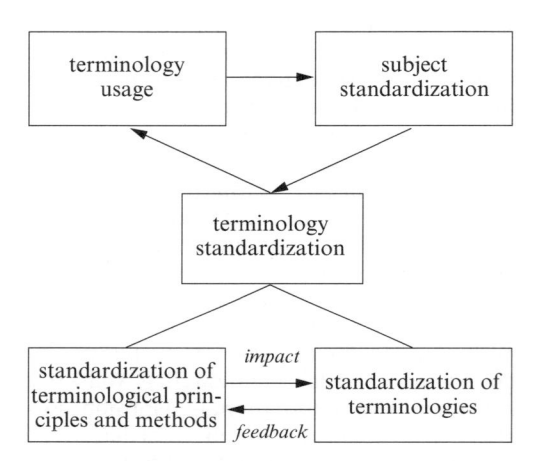

Abb. 226.10: Der doppelte Regelkreis der Terminologienormung

Aus dem oben Gesagten folgt, daß normative Terminologie-Erarbeitung und terminologische Grundsatznormung komplementär zueinander sind und den fachsprachlichen Sprachgebrauch bzw. die Fachkommunikation im weitesten Sinne weit über den engen Rahmen der Normung hinaus beeinflussen. Nun wäre es aber von der normativen Terminologie-Erarbeitung zuviel verlangt, die gesamte Terminologie des betreffenden Gegenstandes oder Fachgebietes festzulegen und dadurch qualitativ bessere, ‚autoritative' Wörterbücher und Lexika sowohl für die Fachleute selbst als auch für die Vielzahl von Wiederverwendern (z. B. Fachübersetzer) und Weiterverwertern (z. B. Fachlexikographen) von Terminologien zu schaffen. Sobald die Terminologienormung über die Anzahl der Begriffe, die in einer Norm oder Normenfamilie verwendet werden, hinausgeht, gerät sie leicht in die Zone exzessiver Normung. Daher folgt die normative Terminologie-Erarbeitung zwar meistens einem systematischen Ansatz, gebiert aber in der Regel als Resultate ‚nur' halbsystematische Terminologienormen.

4.4. Terminologische Grundsatznormung am Beispiel von ISO/TC 37

Mit der quantitativen Zunahme genormter Begriffe, die zunehmend in mehreren Fachgebieten (nicht zuletzt durch die rapide Zunahme interdisziplinärer und transdisziplinärer Fachgebiete) angewendet wurden, tauchte einerseits die Notwendigkeit für eine theoretische und methodologische Untermauerung der normativen Terminologie-Erarbeitung wie andererseits ein Koordinationsbedarf mit Hinblick auf Konsistenzprobleme u. dgl. auf. Auf der Grundlage theoretischer Vorarbeiten in verschiedenen Disziplinen vorwiegend auf nationaler Ebene kam es dann im Jahre 1936 auf internationaler Ebene zur Gründung des Technischen Komitees ISA/TC 37 „Terminologie", das sich die Erarbeitung normativer Regeln für die Terminologie-Erarbeitung zum Ziel setzte. 1952 nahm das Technische Komitee ISO/TC 37 „Terminologie (Grundsätze und Koordinierung)" seine Tätigkeit auf und setzte dort fort, wo ISA/TC 37 im Jahre 1938 aufgehört hatte. Mangels geeigneter nationaler Vorarbeiten und Modelle stellten die Arbeiten von ISA/TC 37 und später ISO/TC 37 von Anfang an eine Pionierleistung dar. Da hier ab ovo ausgehend von der internationalen Ebene Internationale Normen geschaffen wurden, haben wir es auch mit einem der ersten Fälle von „pre-standardization", d. h. Vorausnormung, zu tun, während die Normung normalerweise im nachhinein (post quem) erfolgt.

Die terminologische Grundsatznormung bringt vor allem die Grundnormen für die Methodik der präskriptiven Terminologie-Erarbeitung und Terminographie hervor, insbesondere für den Bereich der Terminologienormung. Ihre Anfänge gehen in die zweite Hälfte des 19. Jh.s zurück, als man sich in einigen Fachgebieten (Botanik, Zoologie, Chemie) organisierte, um einheitliche Benennungsregeln zu schaffen. Gerade in den großen Nomenklaturen sind systematische Benennungsregeln die Voraussetzung dafür, daß die Fachsprache ihre terminologische Produktivität bewahrt.

Die terminologische Grundsatznormung ist

– systematisch, an der Wissensstruktur ausgerichtet
– begriffsorientiert, Bezeichnungen werden Begriffen zugeordnet
– klassifikatorisch, Definitionen

ISO/TC 37 hat 3 Unterausschüsse, die ihrerseits 3 bis 4 Arbeitsgruppen haben:

(1) Theoretische Grundlagen und Basismethodik (TC 37/SC 1): Terminologie der Terminologie-Erarbeitung; Methodik der Terminologie-Erarbeitung und Terminographie
(2) Ausarbeitung von Terminologienormen (TC 37/SC 2)
(3) Computeranwendungen auf dem Gebiet der Terminologie (TC 37/SC 3)

Die Festlegung terminologischer Grundsätze kann allgemein gerichtet sein auf

(1) die *theoretischen Grundlagen* des betreffenden Fachgebietes (entsprechend einer explizit formulierten oder implizit vorhandenen speziellen Terminologielehre)
 – bei ISO/TC 37 gehören die Norm ISO 704 „Principles and methods of terminology" und Teile der ISO 860 „International harmonization of concepts and terms" sowie der ISO 10241 „International terminology standards – Preparation and layout" zu dieser Kategorie;
(2) die *Methoden der Terminologie-Erarbeitung*, die bei ISO/TC 37 durch die Norm ISO 10241 (schwerpunktmäßig gerichtet auf die Terminologienormung) und Teile der ISO 860 abgedeckt werden, wobei es hier vor allem um die Abgrenzung von Begriffen voneinander, Begriffsbeziehungen und den darauf basierenden Begriffssystemen, sowie die Methoden der Begriffsbeschreibung (vornehmlich Definition) geht; auch der Technische Bericht ISO/TR 12618 läßt sich hierunter als Grundlage für computergestützte Methoden der Begriffsextraktion aus Texten fassen;
(3) die *terminographische Handhabung von Daten* (mit allem was zur Datenerfassung und -verarbeitung erforderlich ist); diese Aspekte werden von ISO/TC 37 zum Teil in der Norm ISO 10241, vor allem aber durch die Normen ISO 6156 „MATER", ISO 12200 „MARTIF" (beides Formate für den Austausch terminologischer Daten), ISO 12620 (Katalog von Datenkategorien) und ISO 12199 (über das mehrsprachige alphabetische Ordnen in terminologischen und lexikographischen Anwendungen) abgedeckt;
(4) die *Darstellung terminologischer Daten* (auf der Grundlage von Formatfestlegungen), zu welcher die Darstellung von Benennungen und anderen Bezeichnungen, Begriffsbeschreibungen und andere deskriptive Darstellungen, sowie das Layout von Einträgen und Dateien (in

konventioneller wie auch computerisierter Form) samt der hierzu notwendigen Symbole gehören; Teile der ISO 10241 und die Normen ISO 1951, ISO 639-1 und 639-2 fallen unter diese Kategorie;

(5) *Anwendungen der genannten Grundsätze für nicht-terminologische oder nicht primär terminologische Zwecke.*

Der Scope von ISO/TC 37 umfaßt die „Normung der Methoden zum Erstellen, Kompilieren und Koordinieren von Terminologien", wobei sich die normenschaffende Tätigkeit aus Kapazitätsgründen auf die Erstellung von internationalen Normen über

— terminologische Grundsätze und Methoden,
— Terminologieerarbeitung,
— Erstellung und Gestaltung von Terminologienormen,
— computergestützte Terminographie,
— Terminologiedokumentation,
— Codierung und Codes in der Terminologie

beschränkt. Natürlich befaßt sich ISO/TC 37 auch mit der Normung der Terminologie der Terminologie (ISO 1087 „Vocabulary of terminology"). Generell kann eine Tendenz zur Ausweitung der Festlegung terminologischer Grundsätze in Richtung computer-gestützter Methoden und Anwendungen festgestellt werden.

Die Normen von ISO/TC 37 bilden auf internationaler Ebene u. a. die Grundlage vor allem der Terminologienormung im Rahmen der IEC, auf regionaler und nationaler Ebene bei den diversen normenschaffenden Institutionen, sowie bei der Terminologievereinheitlichung und -harmonisierung vieler internationaler Organisationen (z. B. IUPAC). Viele nationale Normungsorganisationen übernehmen die Normen von ISO/TC 37 je nach Bedarf im Original, in Form einer Übersetzung oder Adaptierung in das nationale Normenwerk, fallweise als Basis für interne Richtlinien für die Terminologienormung. Die meisten der auf den jeweiligen Zweck zugeschnittenen Richtlinien oder Handbücher für deskriptive und präskriptive Terminologie-Erarbeitung aller Arten terminologisch aktiver Institutionen und Organisationen fußen oder berufen sich auf die Normen von ISO/TC 37.

ISO/TC 37, das 1996 sein 60jähriges Bestehen feierte, hat sich in den letzten Jahrzehnten in erster Linie der Normung von Methoden der Terminologie-Erarbeitung gewidmet, wobei die Terminologienormung (implizit) im Mittelpunkt stand. Neuerdings werden aber auch Methoden der deskriptiven Terminologieerarbeitung in einem Dokument (ISO DIS 12616 „Translation-oriented Terminography") behandelt. Eine neue Herausforderung für TC 37 stellt sich durch den steigenden Koordinationsbedarf der „Schwesterausschüsse" innerhalb der ISO, im Rahmen einer ISO-internen Harmonisierung bestehender genormter Terminologien bzw. für eine koordinierte harmonisierende Terminologienormung für neue Arbeitsvorhaben. Derzeit sind zahlreiche Begriffe gleichzeitig, aber abweichend voneinander in mehreren Normen definiert, was zu Irritation und Verunsicherung der Anwender führt. Weiters deponieren immer mehr Ausschüsse Bedarf an Beratung und Hilfestellung durch ISO/TC 37 bei der Handhabung terminologischer Arbeitsmethoden und der Anwendung terminologischer Grundsatznormen. Für diesen Zweck wurde von TC 37 ein Leitfaden erarbeitet, der in leicht verständlicher Form die Grundsätze und Methoden der Terminologie-Erarbeitung bzw. der Terminographie wiedergibt, soweit sie im Rahmen der Terminologienormung relevant sind.

4.5. Umfang der Terminologienormung

Geht man von der Tatsache aus, daß Terminologien die Darstellung von Fachwissen auf der Ebene der Begriffe sind und Begriffe für die Bildung von Fachwissen immer in eine Wissensordnung (begriffliche Systematik) eingebunden sind, muß man auch nicht-wortsprachliche Begriffspräsentationen akzeptieren, die aus pragmatischen Gründen vorkommen, wenn die Fachsprache nicht ausreichend Benennungselemente zur Verfügung stellt, wenn Benennungen nicht sinnvoll sind (z. B. Steichcodes für Produkte), oder anderweitige Konventionen (z. B. Formeln, graphische Symbole usw.) vorliegen.

Aus den Erfahrungen der normativen Terminologie-Erarbeitung heraus ist die Erkennntnis gewachsen, daß die Terminologie keineswegs auf wort-sprachliche Repräsentationen reduziert werden kann, will man nicht wesentliche Merkmale von ihr in der (vor allem schriftlichen) Fachkommunikation übersehen. In manchen Fachgebieten (z. B. sub-atomare Physik) lassen sich die Begriffe und Begriffssysteme z. T. nur noch durch nicht-wortsprachliche Symbole darstellen. In vielen Fachgebieten gäbe es keine Begriffssysteme mehr, wenn man nicht-wortsprachliche Repräsentationen ausklammern würde. Der Begriff der Benennung wurde daher schon vor einiger Zeit erweitert auf den der Bezeichnung, welche auch symbolhafte Begriffsdarstellungen durch alphanumerische Zeichen, graphische Symbole u. dgl. umfaßt. Erst in den letzten Jahren wächst die Erkenntnis, daß es auch bei den deskriptiven Begriffsdarstellungen (wie Definition usw.) nicht-wortsprachliche Darstellungen, wie z. B. Flußdiagramme usw., gibt, die keineswegs — wie noch vor wenigen Jahren postuliert — „eine Definition ergänzen, aber nicht ersetzen können", sondern manchmal die einzige ‚ökonomische' Repräsentation darstellen.

Das Begriffsfeld „Begriffsrepräsentationen" kann daher aus pragmatischen Gründen unterteilt werden in:

Begriffsrepräsentation:
(1) symbolische Repräsentationen
— Bezeichnung (d. h. eine kurze, symbolische Repräsentation)
    — sprachliche Bezeichnung
        — Benennung (Einwortbenennung oder Mehrwortbenennung)
        — Kurzform (inklusive Akronyme, Abkürzungen, Initialismen, etc.)
        — Alphanumerische Symbole
— nicht-wortsprachliche Bezeichnungen
    — graphisches Symbol
    — andere Arten (wie etwa Strichcodes)

(2) Beschreibende Repräsentationen
— sprachlich-beschreibende Repräsentation
    — Begriffsbestimmung (strikt, präzis und logisch korrekt)
        — logische Bestimmung
            — Definition (intensional)
            — Definition (extensional)
        — partitive Bestimmung
            — partitiv-intensionale Bestimmung
            — partitiv-extensionale Bestimmung
        — andere Arten der Bestimmung
    — Begriffserklärung (logisch unvollständige Begriffsbeschreibung)
    — andere Arten von sprachlichen Begriffsbeschreibungen (z. B. definierender Kontext)
— nicht-wortsprachliche beschreibende Repräsentationen mit verschiedenen Unterarten, die hier nicht weiter ausgeführt werden sollen

Weitere Details zu nicht-wortsprachlichen Begriffsrepräsentationen siehe Galinski/Picht 1997 und Picht 1994.

Geht man also davon aus, daß Terminologien die Repräsentation begrifflichen Wissens mit wortsprachlichen und/oder nicht-wortsprachlichen Symbolen darstellen, so muß man auch die Normung graphischer Symbole (ISO/TC 145), von Einheiten (Maßen, Gewichten usw. — ISO/TC 12), Ikons, vielen Elementen technischer Zeichnungen (ISO/TC 10), chemischer u. a. Formeln usw. zum Bereich der Terminologienormung zählen. Unter diesem Gesichtspunkt stellen die meisten von der ISO als Grundlagennormen für die gesamte Normung angesehenen Internationalen Normen Spezialfälle der Terminologienormung dar (ISO 1989). Diese Tatsache wird allerdings dadurch verschleiert, daß sich traditionellerweise eigene Technische Komitees mit diesen speziellen Aspekten beschäftigen. So publiziert etwa das ISO/TC 12 (Quantities, units, symbols, conversion factors) die ISO 31 mit 14 Teilen, in denen alle wesentlichen Einheiten genau definiert und festgelegt werden (Details dazu in Thor 1995).

Das Ausmaß der präskriptiven Terminologie-Erarbeitung ist jedenfalls beachtlich. Im Bereich der Terminologienormung allein dürften mehr als 5000 Arbeitsgruppen auf allen Ebenen und in den verschiedenen organisatorischen Rahmen aktiv sein. Ihre Tätigkeit resultiert in geschätzten 20 000 Terminologienormen (das sind Normen, die ausschließlich aus terminologischen Festlegungen bestehen — im Gegensatz zu der genormten Terminologie in Sachnormen, die meistens einen Abschnitt über Benennungen und Definitionen enthalten). Der Gesamtumfang genormter Terminologie kann weltweit auf mindestens 3 Mio. Einträge geschätzt werden. Mit der quantitativen Zunahme genormter Terminologie (etwa 10% pro Jahr) wächst überproportional der Bedarf an Koordination und Harmonisierung. Bezieht man andere Arten der präskriptiven Terminologie-Erarbeitung (z. B. Festlegung durch wissenschaftlich-technische Vereine oder Interessenverbände usw.) ein, kommt man wahrscheinlich auf mehrere zigtausend terminologievereinheitlichende Arbeitsgruppen von Fachleuten weltweit. Die Tendenz ist steigend.

4.6. Zunehmende Verlagerung des Schwerpunktes auf Anwendungen

Das Aufkommen der Sprachindustrien mit einer Vielzahl von Sprachressourcen, die größtenteils wiederum Terminologie enthalten, führt zu völlig neuen Arbeitsweisen in der technischen Dokumentation, beim wissenschaftlichen und technischen Schreiben, beim Fachübersetzen, in Information und Dokumentation usw. Die Berührungsfelder der terminologischen Grundsatznormung mit diesen Anwendungsbereichen weiten sich aus, wodurch zunehmend ein Bedarf an neuen Normen entsteht. Die sich ausweitende Digitalisierung aller Informationen, inkl. termi-

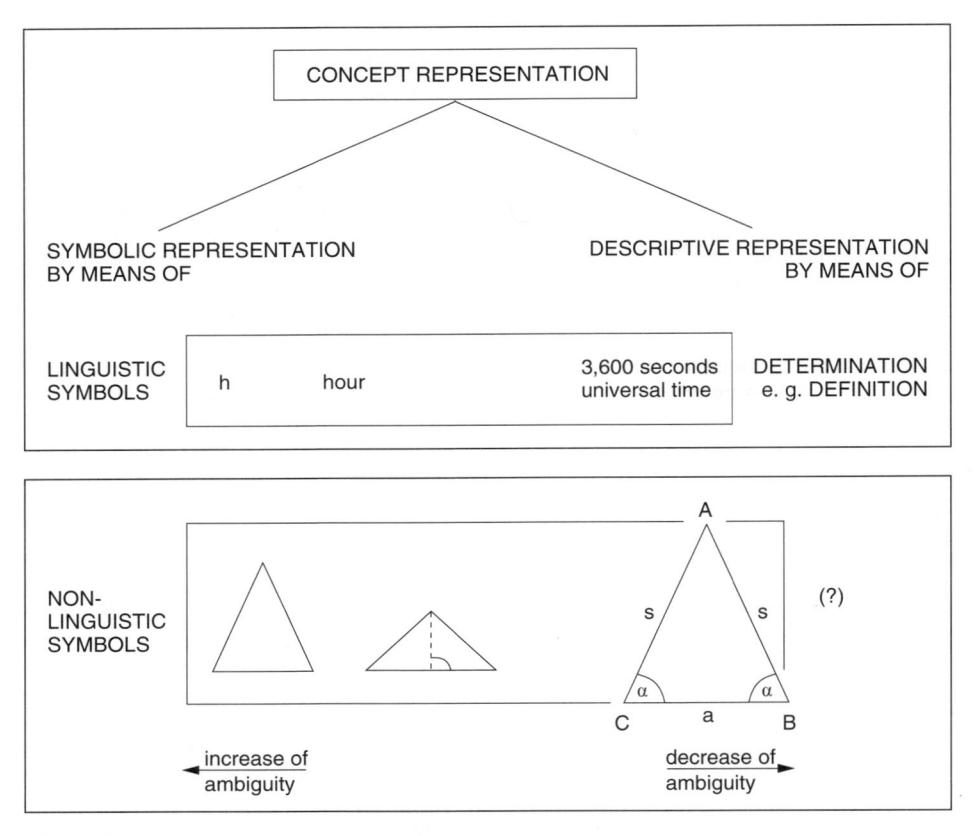

Abb. 226.11: Graphische Darstellung verschiedener Begriffsrepräsentationsarten

nologischen Informationen, erleichtert die Wiederverwendung und Weiterverwertung terminologischer Daten. Dadurch werden höhere Anforderungen an Genauigkeit und Konsistenz einerseits, und Multifunktionalität terminologischer Daten andererseits gestellt. Terminologien werden auch im Zuge der Ausweitung der Produkthaftung auf die technische Dokumentation in Zukunft ebenfalls den Regeln der Qualitätssicherung und der Produkthaftung unterliegen. Auch unter diesem Aspekt bahnt sich neuer Normungsbedarf an.

Im Bereich der industriellen Normung ist es für Fachleute eine Selbstverständlichkeit, daß Terminologienormung und Sachnormung hand in hand gehen müssen. Angesichts der enormen Zunahme neuen Wissens, begleitet von einer Zunahme etwa gleichen Ausmaßes an neuen Begriffen, stellt sich das Problem, wie die Fachleute mit ihrem beschränkten Inventar an linguistischen Symbolen und Benennungselementen in hinreichendem Ausmaß die notwendigen Benennungen für eine ungehinderte Kommunikation nicht nur unter Fachleuten, sondern bei allen Terminologieverwendern, zur Verfügung stellen können. Ein Versagen hätte gravierende Auswirkungen auf den Wissenstransfer, wobei insbesondere die Zunahme der Polysemie (Synonymie und Homonymie) in der Terminologie zu einer „Ent-Terminologisierung" und damit zum Aufbau von Kommunikationsbarrieren in der Fachkommunikation führen würde (Galinski/Nedobity 1986).

Terminologienormung dient den gleichen Zielen wie die Normung allgemein und ist — wie auch die Normung allgemein — keineswegs in allen Bereichen notwendig, sinnvoll oder wünschenswert (Galinski/Nedobity 1986). Wie auch bei der industriellen Normung profitiert heute praktisch jeder einzelne auch von der Terminologienormung — ohne sich unbedingt dessen bewußt zu sein. Die theoretischen Grundlagen und Methoden der terminologischen Grundsatznormung lassen sich im Prinzip auf jeden Bereich der Fachkommunikation anwenden und kommen dort in der einen oder anderen Gestalt fast überall vor. Inwieweit sich jedoch die terminologischen Grundsatznormen von ISO/TC 37, so wie sie heute sind, auch auf die theoretischen Grundlagen bei der deskriptiven Terminologie-Erarbeitung erstrecken (könnten), ist nicht hinreichend untersucht. Wegen des in geistes- und sozialwissenschaftlichen Fachgebieten in der Regel stärker ausgeprägten Theorienpluralismus ist dies heute nicht bzw. noch nicht der Fall, fände zumindest in den meisten geistes- und sozialwissenschaftlichen Fachgebieten nicht die notwendige Akzeptanz und müßte organisatorisch ohnehin anders aufgezogen werden. Auch in bezug auf die Methoden der Terminologie-Erarbeitung, terminographische Handhabung und Darstellung terminologischer Daten es hier Widerstände gegen präskriptive Grundsätze, obwohl eine Annäherung vor allem im Hinblick auf die Nutzerfreundlichkeit der Endprodukte prinzipiell möglich sein sollte. Andererseits bemühen sich diese Fachgebiete vermehrt um eine naturwissenschaftliche Ausrichtung, was sicherlich über kurz oder lang auch auf die Art der Terminologie-Erarbeitung nicht ohne Auswirkungen bleiben kann. Ob diese Widerstände eher wissenschaftssoziologisch zu erklären sind oder abhängig von den Gegenständen des Fachgebietes sind, ist noch zu klären.

4.7. Terminologievereinheitlichung

Terminologie-Vereinheitlichungsbestrebungen sind so vielgestaltig, daß eine genauere Beschreibung den Rahmen dieses Artikels sprengen würde. Auf der einen Seite gibt es fachgebietsbezogene Terminologievereinheitlichung, wie z. B. im Rahmen von: IUPAC (Chemie) und IUPAP (Physik), bei der auch fachbezogene terminologische Grundsätze und Methoden (laut Wüster „spezielle Terminologielehren") festgelegt werden. Interessant ist hier die Tatsache, daß die strikte Festlegung von Benennungsregeln und Benennungselementen in vielen Fällen eine wesentliche Voraussetzung für die „Benennungsproduktivität" des betreffenden Sachgebietes ist.

Andererseits gibt es viel themenbezogene Terminologievereinheitlichung, die oft eine Mischung aus Vereinheitlichung, Normung und Harmonisierung darstellt, zumindest aber eng mit der regulären Terminologienormung und -harmonisierung verzahnt ist. Ein gutes Beispiel hierfür ist die Terminologieeinheitlichung und -verwaltung an Flughäfen, die sich im Spannungsfeld zwischen gesetzlichen Regelungen (Festlegungen der Internationalen zivilen Luftfahrtorganisation) [ICAO] und nationaler Gesetzgebung) und Normung einerseits und den Anforderungen an Verständlichkeit und Benutzerfreundlichkeit andererseits vollzieht. Dabei sind einerseits die verschiedenen ‚Register' von Flugpersonal, Bodenpersonal, technischem Personal und Kontrollturm zu berücksichtigen, andererseits aber der Terminologiegebrauch (mit seinen durchaus gerechtfertigten Synonymen) so konsistent und kommunizierbar zu halten, daß es in gegebenen Einzelfällen (z. B. medizinischen Notfallsituationen) nicht aufgrund terminologischer Unterschiede zu Katastrophen kommen kann.

Auch bei der Terminologieharmonisierung gibt es eine große Bandbreite verschiedenartiger fachgebietsbezogener (z. B. WHO) oder themenbezogener (z. B. Zollklassifikation) Aktivitäten und verschiedensten Mischformen (z. B. Umwelt).

5. Literatur (in Auswahl)

Arntz/Picht 1989 = Reiner Arntz/Heribert Picht: Einführung in die Terminologiearbeit. Hildesheim 1989.

Benking 1991 = Heiner Benking: Manuskript zur Normung und Harmonisierung. Ulm 1991.

Budin 1991 = Gerhard Budin: Wissensdarstellung in der Fachkommunikation. In: VAKKI-Seminaari, Vöyri 9.−10. 2. 1991. Vaasa 1991, 28−35.

Budin 1993 = Gerhard Budin: Wie (un)verständlich ist das Soziologendeutsch. Frankfurt a. M. Berlin. Bern. New York. Paris. Wien 1993.

Budin 1996 = Gerhard Budin: Wissensorganisation und Terminologie. Die Komplexität und Dynamik wissenschaftlicher Informations- und Kommunikationsprozesse. Tübingen 1996 (Forum für Fachsprachen-Forschung 28).

CEN 1993 = Gemeinsame Europäische Normungsorganisation (CEN/CENELEC). European Standard/Norme Européenne/Europäische Norm EN 45020. General Terms and their definitions concerning standardization and related activities/ Termes généraux et leurs définitions concernant la normalisation et les activités connexes/Allgemeine Fachausdrücke und deren Definitionen betreffend Normung und damit zusammenhängenden Tätigkeiten. Brüssel 1993 (EN 45020: 1993).

Department of National Defence / Secretary of State 1981 = Department of National Defence / Secretary of State. Aeronautical Communications / Communications aéronautiques. Ottawa 1981.

EU-Kommission 1993 = EU-Kommission. Leitfaden für die Anwendung der nach dem neuen Konzept und dem Gesamtkonzept verfaßten Gemeinschaftsrichtlinien zur Technischen Harmonisierung. Brüssel 1993 [Entwurf].

Felber 1984 = Helmut Felber: Terminology Manual. Paris 1984.

Felber 1985 = Helmut Felber: Standardization of terminology. Wien 1985 (Infoterm 15−85 rev.).

Felber/Galinski/Nedobity 1988 = Helmut Felber/Christian Galinski/Wolfgang Nedobity: Hilfsmittel für die vielsprachige Facharbeit auf dem Gebiet der Berufsbildung. Eine CEDEFOP-Infoterm-Veröffentlichung. Berlin 1988.

Felber/Budin 1989 = Helmut Felber/Gerhard Budin: Terminologie in Theorie und Praxis. Tübingen 1989 (Forum für Fachsprachen-Forschung 9).

French 1985 = E. J. French: Terminological activities in ISO and their wider significance. Internationales Informationszentrum für Terminologie (Infoterm) (ed.). Wien 1985, 247−258.

Galinski 1994 = Christian Galinski: Terminologisches Informationsmanagement in Harmonisierungsprojekten der EU. Wien 1994.

Galinski/Nedobity 1987 = Christian Galinski/Wolfgang Nedobity: Fachsprache, Terminologieplanung und -normung. In: Bulletin CILA 45 (1987). Numéro spécial. Fachsprache als System, Fachsprache als Gebrauchstext. Actes du Symposium de la Commission interuniversitaire suisse de linguistique appliquée. Saint-Gall, 10−11 Mars 1986, 122−137 und in: Terminologie et traduction 1987. No. 2, 44−58.

Galinski/Picht 1997 = Christian Galinski/Heribert Picht: Graphic and Other Semiotic Forms of Knowledge Representation in Terminology Management. In: Handbook of Terminology Management. Ed. by S. E. Wright and Gerhard Budin. Amsterdam. Philadelphia 1997, 42−62.

Hohnhold 1990 = Ingo Hohnhold: Einführung in die übersetzungsbezogene Terminologiearbeit. Stuttgart 1990.

ICAO 1991 = International Civil Aviation Organization: Definitions contained in the Convention on International Civil Aviation, the Annexes hereto and the Procedures for Air Navigation Services (ICAO Lexicon). Montréal 1991.

ISO 1989 = International Organization for Standardization (ISO): ISO/IEC Directives. Part/partie 3. Drafting and presentation of International Standards/Rédaction et présentation des Normes internationales. Geneva/Genève 1989. [Second edition].

ISO 1990 = International Standards Organization: ISO 1087 Terminology−Vocabulary. Genf 1990.

ISO 1991 = International Organization for Standardization (ISO): ISO/IEC Guide 2 − General Terms and their definitions concerning standardization and related activities. Geneva 1991. (ISO/IEC Guide 2: 1991).

ISO 1992 = International Organization for Standardization (ISO): ISO/IEC Directives. Part 2. Methodology for the development of International Standards. Geneva 1992. [Second edition].

ISO 1995 = International Organization for Standardization (ISO): ISO/IEC Directives. Part 1. Procedures for the technical work. Geneva 1995. [Third edition].

IUPAC 1995 = International Union of Purea and Applied Chemistry: Recommendation 1995: Instrumentation for the Spectral Dispersion and Isolation of Optical Radiation (Nomenclature, Symbols, Units and their Usage in Spectrochemical Analysis − IX). Pure and Applied Chemistry. Cambridge 1995, vol. 67, no. 10, 1725−1744.

Picht 1994 = Heribert Picht: On Object and Concept Representation with Focus on Nonverbal Forms of Representation. In: International Conference on Terminology Science and Terminology Planning, Riga, 17−19 August 1992. Ed. by J. K. Draskau and H. Picht. Wien 1994, 231−254.

Picht/Draskau 1985 = Heribert Picht/Jennifer Draskau: Introduction to Terminology. Surrey 1985.

Riggs 1979 = Fred Riggs: A New Paradigm for Social Science Terminology. In: International Classification 6. 1979, no. 3, 150−158.

Riggs 1981 = Fred Riggs: Interconcept Report. A New Paradigm for Solving the Terminology Problems of the Social Sciences. Paris: UNESCO 1981. (Reports and papers in the social sciences 47).

Riggs 1982 = Fred Riggs: COCTA-Glossaries: the anasemantic perspective. In: The CONTA Conference. Proceedings of the Conference on Conceptual and Terminological Analysis in the Social Sciences. ZIF, Bielefeld, FRG, May 24−27, 1981. Hrsg. v. F. Riggs. Frankfurt a. M. 1981, 234−276.

Riggs 1985 = Fred Riggs: Ethnicity. Intercocta Glossary. Concepts and Terms used in Ethnicity Research. Honolulu 1985. (International Conceptual Encyclopedia for the Social Sciences 1).

Riggs 1986 = Fred Riggs: Manual for Intercocta Glossaries. Honolulu 1986 [Entwurf].

Riggs/Budin/Mälkiä 1997 = Fred Riggs/Gerhard Budin/Matti Mälkiä. Descriptive Terminology Work. In: Handbook of Terminology Management. Ed. by S. E. Wright; Gerhard Budin. Amsterdam/Philadelphia 1997.

Sager 1990 = Juan Carlos Sager: A practical course in terminology processing. Amsterdam/Philadelphia 1990.

Sinai 1984 = Fred Sinai: Der Pluralismus sozialwissenschaftlicher Theorien. Diss. Wien 1984.

Susanto 1988 = Agus Susanto: Methodik zur Entwicklung von Normen. Berlin/Köln 1988. (DIN-Normungskunde 23).

Thor 1995 = Anders Thor: Terminology for Quantities and Units in International Standards. In: ISO Bulletin. July 1995, 3−5.

Wüster 1969 = Eugen Wüster: Die vier Dimensionen der Terminologiearbeit. In: Mitteilungsblatt für Dolmetscher und Übersetzer 15. 1969, no. 2, 1−6; no. 5, 1−5.

Wüster 1970 = Eugen Wüster: Sachnormung erfordert Sprachnormung. In: O + B Organisation und Betrieb 1970, 25, Nr. 11, 11.

Wüster 1971 = Eugen Wüster: Grundsätze der fachsprachlichen Normung. In: Muttersprache 81. 1971, 262−275.

Wüster 1979 = Eugen Wüster: Einführung in die Allgemeine Terminologielehre und Terminologische Lexikographie. Wien 1979.

Christian Galinski, Wien
Gerhard Budin, Wien

227. Terminologieplanung und Sprachplanung

1. Begriffliche Abgrenzungen
2. Systematisches Modell der Terminologieplanung
3. Fachsprachliche Terminologieplanung als Mittel der Sprachinnovation
4. Sprach- und Terminologieplanung als Instrument im vielsprachigen Europa
5. Literatur (in Auswahl)

1. Begriffliche Abgrenzungen

Seit Kommunikationsprobleme den Menschen bei konkreter Sprachanwendung bewußt geworden sind, gibt es die Suche nach einer ‚idealen' Sprache. Die Wissenschafts- und Philosophiegeschichte (zum Beispiel Leibniz oder Lavoisier) ist voll von Beispielen für gezielte und mehr oder weniger erfolgreiche Eingriffe in die ‚natürliche' Entwicklung von Wissenschaftssprachen. Sofern diese Eingriffe bestehende, also sog. ‚natürliche' Sprachen betreffen, sprechen wir von Sprachplanung, während sich die Interlinguistik oder Plansprachenlinguistik im Sinne von Blanke (1985) und Schubert (1989) mit der Schaffung neuer Sprachsysteme (sog. Plansprachen oder künstlicher Sprachen wie Esperanto) beschäftigt (vgl. Art. 91). In diesem Artikel sollen nun das Verhältnis zwischen Sprachplanung und Terminologieplanung sowie Methoden und konkrete Bedingungen und Beispiele für Terminologieplanung beschrieben werden.

Der Begriff der Sprachplanung, wie er explizit mit dieser Bezeichnung auf Weinreich (1957) und Haugen (1959) zurückführbar ist, aber auch frühzeitig andere Bezeichnungen hatte wie *glottopolitics* (Hall 1951, 15), *language engineering* (Miller 1950; Springer 1956, 46 ff), *language regulation* (Gorman 1973), oder *language development* (Noss 1967), hat seither zahlreiche Definitionsversuche erfahren, wobei allerdings die auf der jeweiligen metasprachlichen Ebene verwendeten Termini bestimmte sprachkulturspezifische Konnotationen aufweisen, die es erschweren, hundertprozentige Äquivalente auf mehrsprachiger Ebene zu finden (im Deutschen etwa *Sprachpflege*, im Französischen (aus Quebec *l'amenagement linguistique*) (worauf auch Nelde immer wieder hinweist (zuletzt 1997). Während Karam nach einer vergleichenden Analyse von Definitionen des Begriffs „Sprachplanung" (language planning) von Haugen 1969, Rubin/Jernudd 1971, und Fishman 1971 zu seiner eigenen Definition von Sprachplanung als ‚management of linguistic innovation' kommt (Karam 1974, 118), vergleicht 15 Jahre später Cooper gleich 12 verschiedene Definitionen, wobei einige davon mit jüngerem Datum den sprachpolitischen Aspekt hervorgehoben haben (wie etwa der Ansatz von Neustupný 1983, 2), und so kommt auch Cooper zu seiner eigenen Definition:

‚language planning refers to deliberate efforts to influence the behavior of others with respect to the acquisition, structure, or functional allocation of their language codes' (Cooper 1989, 45).

Wie Cooper selbst sagt, ist diese Definition bewußt weit gefaßt, um den Begriff der Sprachplanung nicht einzuschränken auf die Tätigkeit von Regierungen, auf bestimmte Zielgruppen oder auf eine bestimmte (als Idealform postulierte) Art (Methodik) der Sprachplanung.

Für eine Abgrenzung des Begriffs der Sprachplanung von anderen Begriffen eignet sich der Begriff der Kommunikationsplanung als gemeinsamer Oberbegriff. Nach Hancock (1981) läßt sich unter Kommunikationspla-

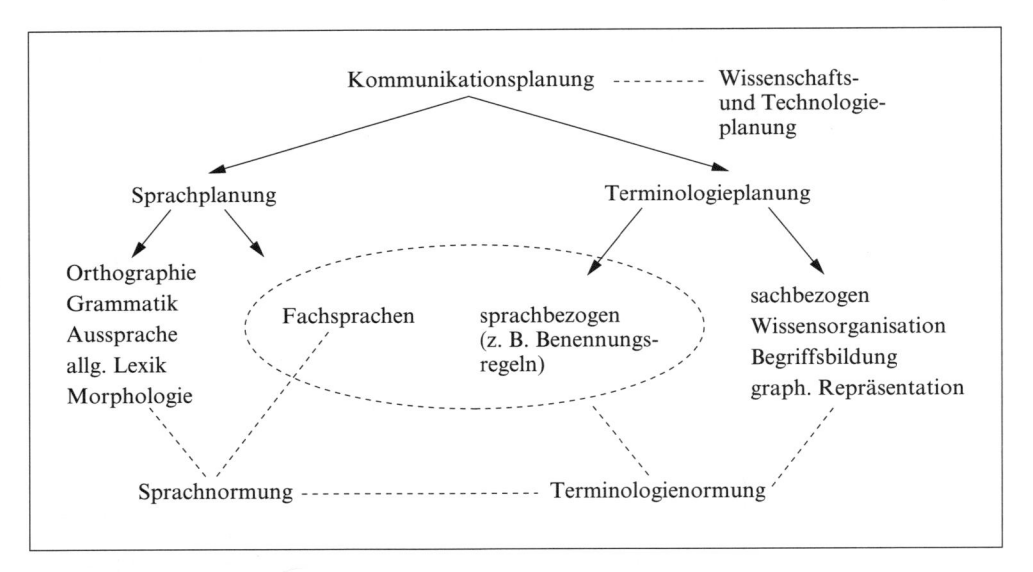

Abb. 227.1: Zusammenhang zwischen Sprachplanung und Terminologieplanung.

nung jede gezielte Beeinflussung von Kommunikationsstrukturen (einschließlich ihrer zugrundeliegenden technischen und organisatorischen Infrastrukturen) verstehen und umfaßt somit nicht nur jede Form von Sprachplanung, sondern auch die Terminologieplanung. Abb. 227.1. zeigt ein Übersichtsmodell, in dem die genannten Begriffe zueinander in Beziehung gesetzt sind, wobei der Bereich der Wissenschafts- und Technologieplanung (im Sinne einer strategischen Wissenschafts- und Technologiepolitik) auf dieser abstrakten Ebene den Sachbezug herstellt, der im Begriff „Terminologie" als sachgebietsbezogene Begriffs- und Bezeichnungsstruktur enthalten ist. Die erste Spalte auf der 3. Abstraktionsebene gibt die klassischen Bereiche der Sprachplanung, also die Inhalte der Corpusplanung an: Grammatik, Lexik, Orthographie, Aussprache, etc., umfaßt aber auch die Statusplanung (Sprachprestige) sowie die Spracherwerbsplanung (Organisation des Sprachunterrichts). Daraus kann man nun die fachsprachliche Sprachplanung als besonderen Bereich hervorheben, in dem der systematische Auf- und Ausbau bestimmter Fachsprachen (also sämtlicher fachbezogener Kommunikationsmittel) im Mittelpunkt stehen. Der Begriff der Terminologieplanung läßt sich ebenfalls in zwei Bereiche unterteilen, zum einen in Aktivitäten der Sprachentwicklung (z. B. in Malaysia/Indonesien, Katalonien, etc.), zum anderen in fachgebiets- und fachwissensbezogene Aktivitäten der (wie die Formulierung und Anwendung von Benennungsregeln, etwa in der Chemie, oder die Erstellung von Regeln der Begriffsbildung, der inhaltlichen Beschreibung von neuen Forschungsbereichen und Industriebranchen für ihre terminologische Aufbereitung). In diesem Bereich sind auch nichtwortsprachliche Kommunikationsmittel wie grafische Symbole enthalten, die in Technik und Naturwissenschaft nach Möglichkeit international zumindest für große Fachgebiete (Elektrotechnik, Medizin, Chemie, etc.) vereinheitlicht und normiert werden. Somit ergibt sich ein Kontinuum von Tätigkeiten, in dem sich in der Mitte ein klarer Überschneidungsbereich befindet, also die fachsprachliche Sprachplanung, die natürlich terminologische Elemente enthält, sowie die auf Sprachentwicklung abzielende Terminologieplanung und die fachgebietsbezogene Terminologieplanung.

Zu beiden Bereichen lassen sich auch die Begriffe „Sprachnormung" und „Terminologienormung" in Beziehung setzen, wobei beide Teile der Sprachplanung bzw. der Terminologieplanung sind und sich ebenfalls auch im Überschneidungsbereich befinden.

In beiden Bereichen von Sprach- und Terminologieplanung spielen ökonomische Aspekte eine wesentliche Rolle:

Die vielfältigen Beziehungen zwischen Sprache und Ökonomie (Wirtschaft, Markt) hat Coulmas (1992) eindrucksvoll beschrieben. Die Sprachökonomie (also das Prinzip der effizienten, sparsamen und ökonomischen Verwendung sprachlicher Ausdrucksmittel bei möglichst großer kommunikativer Wirkung, auch quantifiziert als Zipfsches Gesetz Gegenstand der linguistischen Diskussion, bzw. sprachpsychologisch (etwa Herrmann 1972) beschrieben) ist für die fachsprachliche Terminologieplanung von größter Bedeutung, zumal Fachtermini einerseits eine prototypische Manifestation dieses Prinzips sind (im Sinne einer sehr ökonomischen Informationskondensierung von Fachwissen), sie andererseits gleichzeitig auch anderen Prinzipien unterliegen, die mit dem der Sprachökonomie konfligieren, etwa terminologische Transparenz und Ausdruckspräzision. Aber auch der wirtschaftliche Aspekt von Sprachverwendung fällt in diesen Bereich. So ist es von sprachpolitischer und oft sogar staatspolitischer Bedeutung, die Kosten der Sprach- und Terminologieplanung überhaupt berechnen zu können, um entsprechende Entscheidungen von Regierungen oder anderen Institutionen sachlich untermauern und vorbereiten zu können. Indirekt läßt sich damit der ‚Wert' einer Sprache für eine bestimmte Gemeinschaft (Sprachgemeinschaft, Staat, Staatenbund (etwa die Europäische Union, wo eine gezielte Vielsprachigkeitspolitik und ihre instrumentelle Umsetzung ein konstitutives Element ihrer Existenz war, ist, und auch in Zukunft sein wird!)). So sind EU-Förderprogramme und Initiativen zum Aufbau eines Marktes für Sprachressourcen (inklusive eines Terminologiemarktes) Beispiele für indirekte Terminologieplanung auf internationaler (regionaler) Ebene. ‚Indirekt' ist sie deswegen, weil (nicht zuletzt im Sinne des Subsidiaritätsprinzips) konkrete (direkte) Terminologieplanung für eine bestimmte Sprache (etwa Baskisch) und darin für bestimmte Fachgebiete (Medizin, Biologie) ihren Ausgangspunkt immer von den jeweiligen Sprachgemeinschaften und den von diesen dafür geschaffenen oder dafür zuständigen Institutionen (Sprachakademien, Terminologiezentren, Universitätsinstituten, etc.) durchgeführt werden. (Vgl. auch Art. 218 u. 219).

2. Systematisches Modell der Terminologieplanung

Da sich die Terminologieplanung als systematische Tätigkeit im Schnittpunkt zwischen Angewandter Linguistik (Soziolinguistik, Sprachplanung) und Terminologieforschung bzw- -erarbeitung befindet, sollte ein theoretisches Modell der wesentlichen Faktoren dies berücksichtigen. Die Anfänge der systematischen und wissenschaftlich untermauerten Terminologie-Erarbeitung bzw. Terminologienormung liegen gerade bei Wüster (1931) wie auch bei Drezen (1934, 1936) in der Begeisterung für Plansprachen (Esperanto; vgl. Art. 91). Folgende Prinzipien sind den beiden Bereichen gemeinsam und liegen ihnen zugrunde:

— der Aspekt der internationalen Verständigung, der sich bei der konkreten (sprachentwicklungsbezogenen wie auch bei der fachwissensorientierten) Terminologieplanung oft in der systematischen Übernahme von internationalen Benennungselementen (griechisch-lateinische Präfixe, Suffixe, Wortstämme) manifestiert (wie dies viele einzelsprachliche Terminologien der Medizin, Biologie, Chemie, etc. als typische Merkmale aufweisen).
— der normative Aspekt in Form von Terminologienormung, -harmonisierung, etc. (vgl. Art. 226).
— das Idealziel einer eindeutigen, präzisen Kommunikation, das viele Ansätze der Sprachphilosophie ebenso wie der Wissenschaftstheorie kennzeichnet (etwa im Neo-Positivismus des Wiener Kreises (Carnap, Hahn, Neurath, etc.; vgl. Art. 225), der dieses Idealziel in der Sprache der Physik sah und alle anderen Wissenschaftssprachen auf diese zurückführen bzw. nach ihrem Vorbild reformieren wollte).

Werden nun zentrale Faktoren, Prozesse und Disziplinen in ein solches Grundmodell der Terminologieplanung integriert, zeigt sich sehr schnell ihr interdisziplinärer Charakter: Sowohl auf der theoretischen, wie auch auf der praktisch-methodologischen Ebene sind verschiedenste Fachgebiete, Methoden und Abläufe zueinander in Beziehung zu setzen. Wie Abb. 227.2. zeigt, betrifft dies Linguistik, Soziologie, Politikwissenschaft, Informationswissenschaft, Wissenschaftstheorie und andere. Erst im Spannungsfeld zwischen Wissenschafts- und Technologieplanung, Sprachplanung und Terminologieplanung können erfolgreiche Projekte durchgeführt werden, die Evaluierungs- und Optimierungsstufen vorsehen. Letztere sollten vor allem die Untersuchung der Akzeptanz der im Rahmen der Terminologieplanung erarbeiteten Termini in den betroffenen Fachleutegemeinschaften inkludieren, um bei Bedarf spezifische Maßnahmen der Statusplanung sowie der Akquisitionsplanung treffen zu können.

Theorien

- Soziologie
- Politikwissenschaft
- Sprachwissenschaft
- Terminologiewissenschaft
- Informationswissenschaft
- Wissenschaftstheorie

Praxis

- sozio-politische Prozesse
- Kommunikation
- Erarbeitung und Gebrauch von Terminologien
- Informationsflüsse, Dokumentationsarbeit
- Wissenschaft und Forschung

→ Wissenschafts- und Technologieplanung ←
↓
→ Kommunikationsplanung ←
↓
→ Sprachplanung ←
↓
→ Terminologieplanung ←
↓
Evaluierung
↓
Optimierung
↓

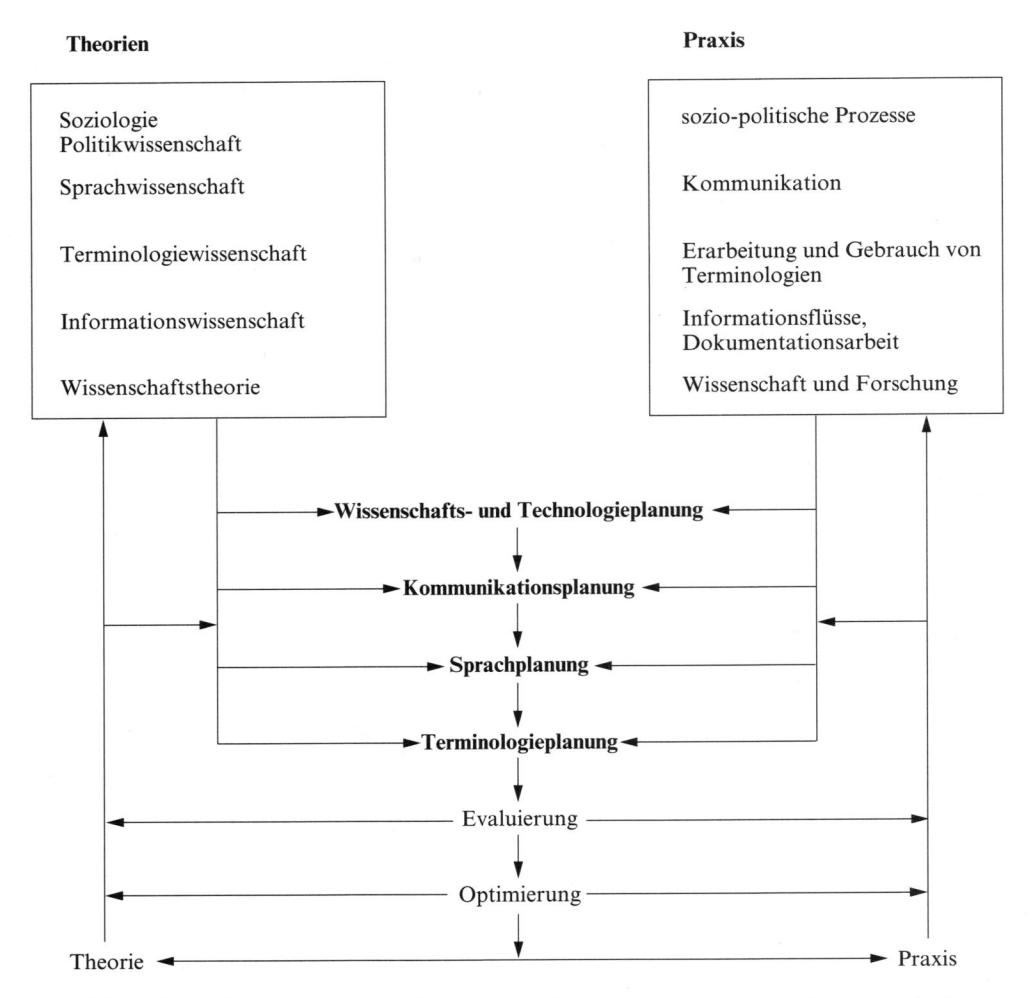

Theorie ←→ Praxis

Abb. 227.2: Ein umfassendes Grundmodell zentraler Faktoren der Sprach- und Terminologieplanung (nach Budin 1992, 91)

Neuere Beispiele für empirische Studien der Akzeptanz von Resultaten der systematischen Terminologieplanung sind Rangnes (1996) und Sæbøe (1996) im Bereich der norwegischen Erdölterminologie, und wie diese seit Jahren auf den Förderplattformen (überwiegend erfolgreich) eingesetzt wird.

In der Folge kann ein weiteres Modell der interagierenden Prozesse erstellt werden, in dem auch Ausbildungs- und Erziehungspolitik, politische Entscheidungsprozesse, der soziale Wandel als genereller Kontext für all diese Prozesse, sowie Übersetzungsaktivitäten und Sprachpolitik zueinander in Beziehung gesetzt werden, wie Abb. 227.3 zeigen soll.

Auf der theoretischen Ebene führen solche Modelle zu einer interdisziplinären Theorie der Terminologieplanung, die sich zusammensetzt aus Elementen von Sprachplanungstheorien meist soziolinguistischer Prägung, Teilen (z. T. traditioneller) terminologiewissenschaftlicher Theorien und Methoden (Terminologie-Erarbeitung, sowie Terminologienormung), sowie Theorien sozioökonomischer, industrieller und wissenschaftlicher Entwicklung, inklusive Theorien der Sprachentwicklung. Die Operationalisierung solcher Modelle und Theorien in konkreten Terminologieplanungsprojekten erfordert stets eine umfassende Studie der jeweils vorliegenden Bedingungen des sprachlich-terminologischen

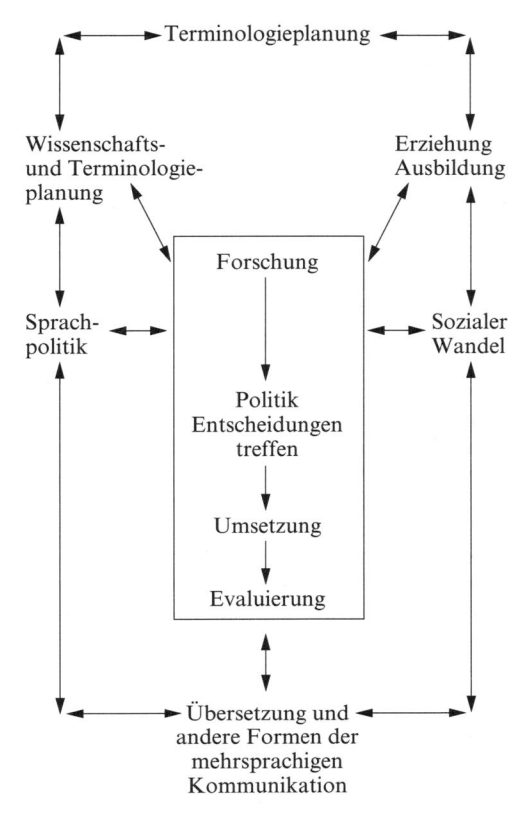

Abb. 227.3: Dynamisches Prozeßmodell (nach Budin 1993, 115)

Ist-Zustandes (und dessen gesellschaftspolitischen Kontextes) und eine Machbarkeitsstudie bezüglich des zu erreichenden Soll-Zustandes und der einzusetzenden Methoden.

3. Fachsprachliche Terminologieplanung als Mittel der Sprachinnovation

Am Beispiel von Minderheitensprachen läßt sich zeigen, daß einerseits die Ausarbeitung von Fachsprachen ein Mittel ist, um für eine bestimmte Sprachgemeinschaft (mehr) ökonomische und politische Unabhängigkeit von einer dominierenden Sprachgemeinschaft (z. B. die Kolonial- oder Besatzungsmacht repräsentierend) zu erreichen (Eastman 1983, 99), andererseits ist die fachsprachliche Terminologieplanung Teil eines allgemeineren Prozesses des sozialen Wandels, meist im Sinne der Modernisierung oder Industrialisierung traditioneller Gesellschaften, wodurch auch Mitglieder von Sprachminderheiten teilhaben können am technischen Fortschritt, an neuen Berufen, neuen Technologien, etc. ohne dabei ihre eigene Sprache (zumindest im Berufsleben) aufgeben zu müssen. Weiter sind diese Fachsprachen auch die Voraussetzung für fachsprachlichen Unterricht auf allen Erziehungsstufen. Jedenfalls zeigen erfolgreiche Beispiele von Sprach- und Terminologieplanung, daß die systematische Ausarbeitung fachterminologischer Corpora in einer Sprache den Status dieser Sprache erhöhen und ihre Funktionsbreite ausweitet.

Der erste Schritt der Sprachplanung, nicht nur in Entwicklungsländern, sondern auch in vielen Minderheitensprachengemeinschaften in hochentwickelten Industrieländern, ist, im Rahmen der Entwicklung einer ausgewählten Sprachvarietät zur Standardsprache, die Ausarbeitung von Fachterminologien. So betonen Jernudd (1977) und Ferguson (1968) die Wichtigkeit dieser Phase als Umsetzung einer vorher formulierten Sprachpolitik.

In diesem Zusammenhang erweist es sich als zweckmäßig, zwischen exogener und endogener Sprachpolitik zu unterscheiden. Exogene Sprachpolitik ist z. B. in Afrika gar nicht so selten. So wird eine fremde Sprache, meist eine (ehemalige) Kolonialsprache wie Englisch, Französisch oder Portugiesisch als Nationalsprache festgelegt, zumeist deswegen, weil man sich nicht auf eine der vielen in einem bestimmten Land gesprochenen Sprachen oder auf eine Sprachvarietät einigen konnte. Eine solche Sprachpolitik kann zwar einerseits leicht als (neo-) imperialistische Politik kritisiert und entlarvt werden (Williams 1992, 127, auch Haugen 1985), andererseits ermöglicht es doch in manchen Fällen, schwelende Stammeskonflikte um die Vorherrschaft in einem Land zu entschärfen, indem man eine ‚neutrale' Sprache spricht, die in diesen Fällen auch leicht einzuführen ist, das es genügend Lehrmaterial und voll entwickelte Fachsprachen gibt. Resultat dessen ist allerdings, daß die Tätigkeiten der Ausarbeitung und Verbreitung afrikanischer Sprachen auf lokaler und regionaler Ebene dadurch keine ausreichenden Geldmittel zur Verfügung gestellt bekommen (Heine 1992). Außerdem sprechen kleine Eliten im Land eine dieser ehemaligen Kolonialsprachen, während ein Großteil der Bevölkerung auch sprachlich von dieser Elite getrennt ist, und in Erziehung und Unterricht, die dann in dieser Fremdsprache durchgeführt werden, deutlich benachteiligt sind, wodurch der Status afrikanischer Sprachen noch mehr sinkt.

Erfolgreiche Beispiele für endogene Sprachpolitik in Afrika sind Tanzania (mit Swahili), Somalia (Somali), Ethiopia (Amharic) oder Guinea mit 8 gleichberechtigten offiziellen Sprachen. Sobald sich die Einsicht durchsetzt, daß sprachliche und ethnische Vielfalt ein Kulturgut und kein Nachteil ist, fällt es auch leichter, nationale Einigung auf der Grundlage von Diversität und Pluralität (u. a. auf sprachlicher Ebene) zu bauen (Njogu 1992, 69). Bei der Auswahl von dialektalen Varietäten zur Schaffung einer Standardsprache kommt es mitunter zu Problemen innerhalb einer Sprachgemeinschaft, ebenso wie es zu ethnischen Spannungen zwischen rivalisierenden Sprachgemeinschaften kommen kann, wenn eine Sprache aus mehreren herausgehoben werden soll (etwa als offizielle Staatssprache). In solchen Fällen werden mitunter auch mehrere Sprachen gleichberechtigt mit einem offiziellen Status ausgestattet. In einigen Ländern wurden aber ehemalige Kolonialsprachen (wie Englisch) als offizielle Sprache hinzugenommen (als lingua franca).

Bei der fachsprachenorientierten Sprachentwicklung und Terminologieplanung sind zwei gegenläufige Methoden zu unterscheiden: einerseits die Erhöhung der sprachinternen Effizienz ohne Bezugnahme auf andere Sprachen (wie etwa internationale Verkehrs- und Wissenschaftssprachen), was sehr oft zu einem isolationistischen Sprachpurismus führt, durch den ‚Fremd'wörter eliminiert oder gleich vermieden werden, andererseits eine eher internationalistische Sprachentwicklung mit dem Ziel, die internationale Verständigung zu erleichtern, wobei international übliche Wörter oder Wortelemente (Präfixe, Suffixe, etc., meist lateinischen und griechischen Ursprungs) systematisch als Neologismen in die jeweilige Sprache integriert werden. In diesem Zusammenhang betont Jernudd, daß es sinnvoll sein kann, innerhalb derselben Sprache beide Ziele zu verfolgen, da innerhalb der einzelnen Fachgemeinschaften der eine oder andere Ansatz zur Entwicklung der entsprechenden Fachsprachen eher Akzeptanz findet (Jernudd 1977, 235). Die unterschiedliche historische Entwicklung wissenschaftlicher Disziplinen und technischer Produktionsbereiche hat zu enormen Unterschieden im sprachlichen Selbstverständnis einer Fachleutegemeinschaft innerhalb einer Sprachgemeinschaft geführt. Während es etwa für Chemiker und Elektrotechniker selbstverständlich ist, eine internationale Terminologie in ihre eigene Sprache zu integrieren, wäre dies andererseits für Philosophen und Soziologen nicht akzeptabel: je stärker eine Disziplin an eine bestimmte Kultur historisch gebunden ist, desto ‚eigentümlicher' wird die jeweilige Fachsprache sein, desto isolationistischer werden Terminologieplanungsaktivitäten sein. Daraus ergibt sich die für die Praxis der Sprach- und Terminologieplanung wesentliche Forderung, daß die beiden genannten gegenläufigen Strategien gezielt in den passenden Bereichen eingesetzt werden sollen, und keine Sprache im Rahmen der systematischen Sprachentwicklung ‚über einen Kamm geschert' werden darf. Extremer Sprachpurismus wird meist nur von Politikern (nationalistischer Prägung) oder von Linguisten, die ideologisch von der Politik entsprechend beeinflußt oder indoktriniert sind, bevorzugt. Andererseits ist es für das Selbstbewußtsein und Selbstverständnis (Identität) einer Sprachgemeinschaft sehr wichtig, einen gewissen Grad an sozio-kultureller Eigenständigkeit und Unabhängigkeit etwa von benachbarten großen Sprachgemeinschaften oder von internationalen Verkehrssprachen zu erreichen. Eine solche Strategie hebt auch das Prestige und den sozialen Status der eigenen Sprache gegenüber anderen, vielleicht geopolitisch dominierenden Sprachen. Beispiele für terminologischen Sprachpurismus in Afrika sind etwa Tanzania (Polomé 1980, 117) und Kenya (Njogu 1992, 74) wo technische Fachterminologien von ‚Fremd'wörtern ‚gereinigt' werden, was für die Mitglieder der entsprechenden Fachleutegemeinschaften einen größeren Lernaufwand bedeutet und die Gefahr eines „sprachlich-kulturellen Ghettos" (Spencer 1985, 392) entsteht. Es zeigt sich, daß auf Dauer extrem isolationistische Sprachplanung einen deutlichen kommunikativen Nachteil für die betroffenen Gemeinschaften bringt und daß bei diesen relativ bald die Akzeptanz dafür sinkt und der Ruf nach einer ausgewogenen, realistischeren und entideologisierten Sprach- und Terminologiepolitik immer lauter wird. Eine internationalorientierte Terminologieplanungspolitik orientiert sich an einer oder mehreren international oder regional verbreiteten Wissenschafts- und Verkehrssprachen. Durch systematische Nutzung bestimmter Wortbildungsmethoden wie Entlehnung und Lehnübersetzung reduziert sich der kognitive Aufwand der Betroffenen, mehrere Sprachen zu lernen und zwischen mehreren Sprachen zu übersetzen.

Im Falle von Minderheitensprachen (also kleinere Sprachgemeinschaften, die mit einer dominierenden Sprachgemeinschaft in einem Staat oder einer stark abgegrenzten politischen Einheit (wie etwa eine teilautonome Republik oder Provinz) ko-existiert, ist auch auf den Gesamtzusammenhang zu achten, also auf den Einfluß der fachsprachlich-terminologischen Planungsaktivitäten auf die Gesamtsprache. Angesichts der enormen Steigerungsraten in den Quantitäten einzelner Wissenschaftssprachen kann es vor allem für kleine (und wenig finanzstarke) Sprachgemeinschaften notwendig werden, Prioritäten zu setzen, indem Terminologieplanung zuerst und primär in zentralen Gesellschaftsbereichen betrieben wird, etwa Rechts- und Verwaltungssprache, (also Bereiche, die alle Angehörigen dieser Sprachgemeinschaft betreffen), oder auch Wirtschaftssprache, aber (vorerst) nicht in naturwissenschaftlichen Disziplinen oder technischen Bereichen (wo jährlich Millionen neuer Begriffe entstehen und wo somit ein enormer Aufwand notwendig wäre, auch nur ansatzweise zentrale Begriffe und Benennungen in allen Disziplinen schaffen zu können. Damit soll auch die Einführung der neugeschaffenen Terminologien in den Unterricht auf allen Erziehungsebenen (von der Primarstufe bis zur Erwachsenenbildung) sowie in allen Massenmedien einhergehen, um maximal Verbreitung und Akzeptanz sicherzustellen.

Damit wird auch deutlich, wie stark Sprachplanung und -entwicklung (auf die Gesamtsprache zielend) und Terminologieplanung (auf einzelne Fachgebiete und ihre Begriffe und Benennungen zielend) interagieren und voneinander abhängig sind. Bei originärer Sprachentwicklung (am Beispiel von Entwicklungsländern Afrikas) kann die Terminologieplanung als Teil der gesamten Sprachplanung angesehen werden.

4. Sprach- und Terminologieplanung als Instrument im vielsprachigen Europa

Der Westeuropa umfassende geographische Raum (die Europäische Union und die Europäische Freihandelszone) umfaßt etwa 15 offizielle Nationalsprachen, etwa 30 anerkannte Regionalsprachen und darüber hinaus eine Reihe von ‚Sprachen mit geringerer Verbreitung'. Trotz dieser Sprachenvielfalt ist Westeuropa im Vergleich zu anderen Weltregionen als eher sprachenarm zu bezeichnen. Aktive Sprachpolitik gibt es bei weitem nicht in allen Ländern, und allzuoft wurde dabei auf Fachsprachen und Terminologie vergessen. Erst in den letzten Jahren ist die verstärkte Berücksichtigung der Fachsprachen als wesentliches Element von Wirtschaft, Technik, Wissenschaft und anderen gesellschaftlichen Bereichen auch in der Sprachpolitik zu beobachten.

In der Europäischen Union gibt es einige Regelungen in bezug auf die Verwendung der Sprachen, wobei der Grundsatz der ethnolinguistischen Gleichwertigkeit hervorzuheben ist. So gibt es derzeit (1997) elf offizielle Amtssprachen (da Luxemburg und Irland auf die Verwendung von Lëtzeburgesch bzw. des Irisch-Gälischen (diese Sprache gehört allerdings zu den zwölf Vertragssprachen!) auf dieser Ebene verzichtet haben (Pfeil 1996)). Bei den Regional- und Minderheitensprachen ist dieser Gleichheitsgrundsatz allerdings auf nationaler Ebene leider nicht immer sichergestellt, weshalb in dieser Hinsicht verstärkte Aufklärungsarbeit der EU in den Mitgliedsländern betrieben wird. Mittlerweile ist die Vielsprachigkeit in Europa zumindest auf der offiziellen Ebene der EU-Politik als wesentliches Merkmal Europas und Potential für die Zukunft anerkannt, was sich im neuen Programm der EU, ‚MLIS' (Multilingual Information Society), manifestiert.

Die EU läßt sich diese institutionalisierte Vielsprachigkeit in den europäischen Institutionen einiges kosten. Mit 55 Sprachenpaaren und 110 Richtungen beim Übersetzen und Dolmetschen besteht ein enormer ‚Übersetzungsdruck'. Für den Beitritt weiterer Länder zur EU sucht man schon jetzt nach sprachpolitischen Lösungen.

Erste Konturen einer europäischen Terminologie-Infrastruktur lassen folgende wesentliche Grundkomponenten erkennen:

— die gezielte Förderung von Terminologieplanung für alle in Europa gesprochenen Sprachen sowie Unterstützung bei der Formulierung einer konkreten Terminologieplanungspolitik
— Unterstützung beim Aufbau und Betrieb von Institutionen, die Terminologie in einzelnen Fächern schaffen
— Unterstützung beim Aufbau und Betrieb von nationalen und regionalen Terminologiedokumentationszentren
— Förderung der Zusammenarbeit zwischen Terminologievereinigungen und der Schaffung von Kooperationsgemeinschaften in der Wirtschaft
— Förderung des europäischen Terminologiemarktes (auf der Ebene der terminologischen

Ressourcen ebenso wie auf der Ebene von sprachtechnologischen Anwendungen für die Verarbeitung terminologischer Daten in Datenbanken etc.)

Die Bedeutung einer umfassenden Sprach- und Terminologieplanungspolitik in einem vielsprachigen Europa wächst auch deswegen so schnell, weil die Fachkommunikation generell ein geradezu unvorstellbarer Kostenfaktor ist: so werden von der EU-Kommission (DG XIII) für das Jahr 1990 die gesamten Kosten für Erstellen, Publizieren, Verbreiten und Weiterverarbeiten von Dokumenten (aller Art) in allen gesellschaftlichen Bereichen in allen Mitgliedsländern der EU auf ca. 500 Milliarden ECU geschätzt. Daß dabei fast immer Terminologie im Spiel ist, leuchtet ein, ebenso, daß eine Effizienz- und Qualitätssteigerung in der Fachkommunikation unter anderem auch mit einem gezielten und funktionsadäquaten Terminologiemanagement verbunden ist. Systematische Terminologieplanung hilft in diesem Zusammenhang, Qualitäts-, Produktivitäts- und Akzeptanzaspekte schon bei der Schaffung von Neologismen zu berücksichtigen und zur Anwendung zu bringen. Daß hier ein enormes Potential an Kosteneinsparung liegt, zeigt auch die Tatsache, daß bei vielen Firmen beim innerbetrieblichen Informationsmanagement enorme Kostenreduktionen und gleichzeitig Qualitätssteigerungen durch die Einführung und konsequente Umsetzung von Methoden des Terminologiemanagements und der innerbetrieblichen Terminologieplanung (auch als Teil der Pflege der ‚Corporate Language') erzielt werden konnten.

5. Literatur (in Auswahl)

Blanke 1985 = Detlev Blanke: Internationale Plansprachen. Berlin 1985.

Budin 1992 = Gerhard Budin: Language Planning and Terminology Planning — Theories and Practical Strategies. In: International Conference on Terminology Science and Terminology Planning. In Commemoration of E. Drezen (1892—1992), Riga, 17—19 August 1992 and International IITF-Workshop: Theoretical Issues of Terminology Science, Riga, 19—21 August 1992. Hrsg. v. Jennifer K. Draskau, Heribert Picht. Wien. 1992, 85—93.

Budin 1994 = Gerhard Budin: Practical Issues in Multilingual Terminology Planning. In: New Perspectives on teaching translators and interpreters in South Africa. Hrsg. v. A. Kruger. Pretoria 1994, 111—119.

Cooper 1989 = Robert L. Cooper: Language Planning and Social Change. Cambridge 1989.

Coulmas 1992 = Florian Coulmas: Language and Economy. Oxford 1992.

Drezen 1934 = E. K. Drezen: Normung wissenschaftlich-technischer Begriffe, Bezeichnungen und Termini. Moskau 1934. [Original in Russisch].

Drezen 1936 = E. K. Drezen: Internationalisierung der wissenschaftlich-technischen Terminologie. Moskau 1936. [Original in Russisch].

Eastman 1983 = C. M. Eastman: Language Planning: An introduction. San Francisco 1983.

Ferguson 1968 = Charles A. Ferguson: Language Development. In: Language Problems of Developing Nations. Hrsg. v. Joshua A. Fishman, Charles A. Ferguson, J. Das Gupta. New York 1968, 27—35.

Fishman 1971 = Joshua A. Fishman: The Sociology of Language: An Interdisciplinary Social Science Approach to Language in Society. In. Advances in the Sociology of Language. Hrsg. v. Joshua A. Fishman. Den Haag, 1971, 217—404.

Gorman 1973 = Thomas P. Gorman: Language Allocation and Language Planning in a Developing Nation. In: Language Planning: Current Issues and Research. Hrsg. v. J. Rubin, R. Shuy. Washington 1973, 72—82.

Hall 1951 = Robert A. Hall: American Linguistics, 1925—1950. In: Archivum Linguisticum 4. 1951, 1—16; 41—43.

Hancock 1981 = Alan Hancock: Communication Planning for Development. An Operational Framework. Paris 1981.

Haugen 1959 = Einar Haugen: Planning for a Standard Language in Modern Norway. In: Anthropological Linguistics 1. 1959, 8—21.

Haugen 1969 = Einar Haugen: Language Planning, Theory and Practice. In: Actes du Xe Congres International des Linguistes: Bucarest, 28 Août — 2 Septembre 1967. Hrsg. v. A. Graur. Vol. 1. Bucarest 1969, 701—711.

Haugen 1985 = Einar Haugen: Language of Imperialism: Unity or Pluralism? In: Language of Inequality. Hrsg. v. N. Wolfson, J. Manes. Berlin 1985, 3—17.

Heine 1992 = B. Heine: Language Policies in Africa. In: Language and Society in Africa: the Theory and Practice of Sociolinguistics. Hrsg. v. R. K. Herbert. Johannesburg 1992, 23—35.

Herrmann 1972 = Theo Herrmann: Einführung in die Psychologie der Sprache 1972.

Jernudd 1977 = Björn J. Jernudd: Linguistic Sources for Terminological Innovation: Policy and Opinion. In: Language Planning Processes. Hrsg. v. J. Rubin, B. J. Jernudd, J. Das Gupta, J. A. Fishman, C. A. Ferguson. Den Haag 1977, 215—236.

Karam 1974 = Francis X. Karam: Toward a Definition of Language Planning. In: Advances in Language Planning. Hrsg. v. J. A. Fishman. Den Haag 1974, 103−124.

Miller 1950 = George A. Miller: Language Engineering. In: Journal of the Acoustical Society of America 22. 1950, vol. 6, 720−725.

Nelde 1997 = Peter H. Nelde: Sprachen- und Minderheitenpolitik in der Europäischen Union. Wien 1997. [Vortrag am 10. 6. 1997 in Wien].

Neustupný 1983 = Jirí V. Neustupný: Towards a Paradigm for Language Planning. In: Language Planning Newsletter 9. 1983, vol. 4, 1−4.

Njogu 1992 = K. Njogu: Kenya: Grassroots Standardization of Swahili. In: Democratically Speaking: International Perspectives on Language Planning. Hrsg. v. N. T. Crawhall. Salt River 1992, 69−76.

Noss 1967 = Richard Noss: Language Policy and Higher Education. Vol. 3, part 2 of Higher Education and Development in Southeast Asia. Paris 1967.

Pfeil 1996 = Werner Pfeil: Die Sprachregelung in der Europäischen Union − eine Frage von Verfassungsrang? Historische Entwicklung und zukünftige Perspektiven. In: Lebende Sprachen 16. 1996, Nr. 1, 1−5.

Polomé 1980 = Edgar Polomé: Tanzania: a sociolinguistic perspective. In: Language in Tanzania. Hrsg. v. E. Polomé und C. P. Hill. Oxford 1980, 103−138.

Rangnes 1996 = Odd Kjetil Rangnes: Oljeterminologi og språkholdninger. Bruk av spørreskjema i lys av ‚dobbel hermeneutikk' In: Terminologi − system og kontekst. Nordisk minisymposium 1996. Hrsg. v. J. Myking, R. Sæbøe, B. Toft. Bergen 1996, 231−238.

Rubin/Jernudd 1971 = Introduction: Language Planning as an Element in Modernization. In: Can Language be Planned? Sociolinguistic Theory and Practice for Developing Nations. Honolulu 1971, xiii−xxiv.

Sæbøe 1996 = Randi Sæbøe: Fagspråk, sosial funksjon og sosial mening. Noen vitenskapsfilosofiske betraktninger om språksituasjonen i norsk petroleumsvirksomhet. In: Terminologi − system og kontekst. Nordisk minisymposium 1996. Hrsg. v. J. Myking, R. Sæbøe, B. Toft. Bergen 1996, 263−272.

Schubert 1989 = Klaus Schubert: Interlinguistics − its Aims, its Achievements, and its Place in Language Science. In: Interlinguistics. Aspects of the Science of Planned Languages. Berlin. New York 1989, 7−44.

Spencer 1985 = J. Spencer: Language Development in Africa: The unequal equation. In: Language of inequality. Hrsg. v. N. Wolfson und J. Manes. Berlin 1985, 387−397.

Springer 1956 = George Springer: Early Soviet Theories in Communication. Cambridge 1956.

Williams 1992 = G. Williams: Sociolinguistics: A Sociological Critique. London 1992.

Wüster 1931 = Eugen Wüster: Internationale Sprachnormung in der Technik, besonders in der Elektrotechnik. Berlin 1931.

Christian Galinski, Wien
August D. de V. Cluver, Pretoria
Gerhard Budin, Wien

228. Terminologie und Dokumentation − T & D

1. Einleitung − Grundbegriffe: Fachinformation und Fachwissen
2. Dokumentation in der Terminologie
3. Dokumentation im Sinne von Dokumentieren und Archivieren
4. Informationsmanagement
5. Bibliographische Kontrolle, terminologische Kontrolle, Wissenskontrolle
6. Neue Anwendungen von T & D
7. Literatur (in Auswahl)

1. Einleitung − Grundbegriffe: Fachinformation und Fachwissen

Durch die zunehmende Interdependenz zwischen den Fachgebieten Terminologiewissenschaft, Fachsprachenforschung, Informationswissenschaft, Kommunikationswissenschaft, Wissenschaftstheorie und Language Engineering einerseits und die Theorien- und Methodenvielfalt in dieser Umgebung andererseits wird eine umfassende Informations- und Kommunikationstheorie notwendig. Eine solche läßt sich möglicherweise gewinnen, wenn man die Rolle der Terminologie im Informationswesen und die Rolle der Dokumentation in der Fachkommunikation unter Beschränkung auf Fachwissen und Fachinformationen genauer analysiert.

Dabei stellt sich heraus, daß Fachkommunikation keineswegs nur in mündlicher, sondern heutzutage vorwiegend in schriftlicher Form erfolgt, wobei letztere durch die Entwicklung der Multimedia-Technologie und -Methodologie eine derzeit in ihrer Tragweite noch nicht abzusehende Ausweitung erfahren wird. Durch die Informations- und Kommunikationstechnologien nehmen die gesprochenen Informationen weniger zu als – und dies in gigantischem Ausmaß – die Daten in schriftlicher Form. Damit geht einher das Entstehen neuer Dokumentarten – vor allem solcher in elektronischer Form. Verschärft wird diese Situation durch das Auftreten neuer und neuartiger „Repräsentationen" von Fachinformation und Fachwissen sowie des verstärkten Gebrauchs vieler Sprachen in den sog. global information infrastructures (GIIS) über die vielzitierten Informations-Highways. Die sich anbahnende globale *mehrsprachige* Informationsgesellschaft steht damit vor einer Vielzahl höchst komplexer Probleme, die sich nur z. T. technisch lösen lassen, am ehesten durch die Weiterentwicklung der Grundlagenmethodik von Terminologie und Dokumentation.

In diesem Zusammenhang müssen vorab einige Begriffsklärungen vorgenommen werden. Fachwissen, d. h. das Wissen auf den verschiedenen Fachgebieten, ist gleichzeitig Instrument und Gegenstand der Fachkommunikation (Budin 1991a, 78), wobei Fachwissen definiert werden kann als strukturierte Menge von Begriffen und Aussagen aller Art, die bestimmte gesellschaftliche Handlungsbereiche konstituieren, wie etwa Recht, Wirtschaft, Technik sowie alle wissenschaftlichen Disziplinen (Budin 1991b). Auch der Informationsbegriff muß näher bestimmt werden:

„Information is not only the basic concept of information science, epistemology and the philosophy of science, but also a dynamic element of any terminological structure and thus a fundamental concept of terminology research." (Budin 1991c, 219).

„‚Information' becomes the fundamental element of a systematic reconstruction process describing and explaining the iterative process of gaining knowledge." (Oeser 1976, 8, zitiert in Budin 1991c).

Information ist aber auch „die Reduktion von Unsicherheit durch Kommunikationsprozesse" (Wersig 1971, 74). Einhergehend mit der Zunahme an Fachwissen (geschaffen durch die ständig größere Anzahl von Fachleuten) nehmen die Fachinformationen exponentiell zu.

Man kann die beiden Begriffe „Wissen" und „Information" relativ gut unterscheiden, indem man Wissen als eine eher statische Einheit ansieht und Information als den dynamischen Prozeß, der einen spezifischen Wissenszustand verändert (Budin 1991a, 79). Wissen und Information sind unweigerlich systemgebunden: alle Wissenseinheiten oder Informationseinheiten hängen mit einem Fachgebiet *und* mit Fachleuten zusammen. Im Computer gibt es nur Daten. In dem Moment, in dem diese Daten abgefragt werden, werden sie zu Information und verändern den Wissensstand einer Person. (vgl. Budin 1991a; für eine Diskussion dieser Grundbegriffe in bezug auf den Begriff der Terminologie, vgl. Budin 1996, für eine ausführliche und kritische Diskussion des Informationsbegriffs – auch aus begriffsgeschichtlicher Sicht – vgl. Capurro 1978, bzw. der Begriffe „Fachinformation" und „Wissen" vgl. vor allem Capurro 1986).

Fachwissen und -informationen werden zum großen Teil ausgedrückt oder besser repräsentiert durch Texte (das sind in der Fachkommunikation sowohl gesprochene Texte als auch geschriebene Texte). Dem entspricht auch der Begriff der „speech corpora" für gesprochene Texte in der linguistischen Datenverarbeitung. Diese Repräsentationen werden größtenteils gespeichert auf elektronischen Medien (wobei zunehmend die Kommunikationsnetze die Funktion von Datenspeichern übernehmen). Das Fachwissen selbst und die Fachinformation residieren ferner in dynamischer Form im „kollektiven Gedächtnis" der Fachleute. Dieses unterliegt spezifischen qualitativen und quantitativen Beschränkungen und muß durch die Wissensrepräsentation in geschriebener und elektronisch gespeicherter Form unterstützt werden (Galinski 1991, 15).

Durch den Einfluß der Informations- und Kommunikationstechnologien erfahren traditionelle Begriffe wie „Text" (vor allem „Fachtext") und „Kommunikation" (vor allem „Fachkommunikation") eine das Informationswesen revolutionierende Ausdehnung. Auch Datenbanken stellen Formen der Wissensrepräsentation dar. Fachtexte, die traditionellerweise als verschriftete gesprochene Fachkommunikation aufgefaßt werden konnten, umfassen auf diese Weise heute – unter Einschluß von Datenbanken – alle Arten von Fachwissensrepräsentationen. Diese umfassen selbstverständlich auch neuartige, vor allem nicht-wortsprachliche Repräsentationsarten, deren Typenvielfalt und Anteil an Fachtexten offensichtlich zunehmen.

Die Fachwissensrepräsentationen in konventioneller und elektronischer Form unterliegen unterschiedlichen qualitativen und quantitativen Beschränkungen. Die derzeitig vorherrschenden Formen der Texterstellung führen unvermeidlich zu einem Überfluß an redundanten Informationen (noise). Die Zahl der wissenschaftlichen Zeitschriften nahm allein in der Zeit von 1920 bis 1970 um das dreifache zu. 1982 wurden allein in den Naturwissenschaften 3.245.200 Dokumente veröffentlicht, davon 600.000 in den USA. Neues Wissen wird häufig recht sorglos benannt und ist daher relativ schwierig aus den Informationsmengen herauszufiltern. (Galinski/Nedobity 1988) Die Methoden des systematischen Textmanagements unterstützt von computer-gestütztem technischen Schreiben (CATW) und der Verfügbarkeit umfassender systematischer, d. h. auch konsistenter Datenbanken, könnten hier Abhilfe schaffen, sind aber noch relativ unterentwickelt.

Nach Bearbeitungs- und Zugänglichkeitsgrad in Informations- und Dokumentationsprozessen können Primär-, Sekundär- und Tertiärinformationen unterschieden werden. Zu Typologien von Informationsdatenbanken bzw. Fakteninformationssystemen siehe Henzler 1992 sowie Mie 1985 und Mie 1990). Sowohl in der Literaturdokumentation, als auch in der Daten- und Faktendokumentation kann die Zugriffsart (direkt, indirekt, Referral) unterschieden sowie eine Typologie nach Dokumentationsobjekten (Individuen, Ereignisse, Materielle Gegenstände, Bilder, Ton, Musik, Begriffe/Terminologie, numerische Daten, Schrifttum) aufgestellt werden (Henzler 1992, 4 f). Terminologie stellt somit ein eigenes Dokumentationsobjekt dar. Terminologische Daten sind Faktendaten mit Informationen über Begriffe und ihre Repräsentationen wie Benennungen, Synonyme, Definitionen, etc. Sekundärinformationen umfassen Daten über Dokumente, also traditionellerweise über Druckwerke aller Art (publizierte oder nicht-publizierte Bücher, Artikel und andere Druckwerke), in neuerer Zeit auch über elektronische Dokumente, die neben den eigentlichen Informationen auch die Informationen zur Formatierung usw., d. h. das gesamte „Informations*objekt*" umfassen. Der Teil eines Textes bis hin zur kleinsten Informationseinheit ist wiederum — formal gesehen — ein Text. Dementsprechend sind auch Teile von Dokumenten bis hin zu dem Teil, der die kleinstmögliche Informationseinheit umfaßt, wiederum Dokumente. Daran läßt sich ersehen, wie nah verwandt miteinander die Begriffe Text, Dokument, Daten und Fakten (geworden) sind. Tertiärinformationen beziehen sich nach mancher Auffassung auf ganze Datenbestände, Dateninhaber udgl. und können in diesem Sinne auch als komplexe Fakteninformationen über komplexe Objekte aufgefaßt werden. Die Einträge in einer Datenbank, in denen die Daten zu einem Objekt gesammelt sind, stellen wiederum — formal gesehen — ein Dokument dar, das ausgedruckt und vervielfältigt werden kann.

Die Auswirkungen dieser Entwicklung auf traditionelle Schutzrechte für geistiges Eigentum können hier nur angedeutet werden.

Der Ausdruck *Dokumentation* steht für mehrere Begriffe:

„1. im weitesten Sinne das systematische Sammeln, Ordnen, Speichern/Lagern, Abrufen und Verteilen von vor allem wissenschaftlich-technischen Fachinformationen,
2. im engeren Sinne das Erwerben, Ordnen, Speichern/Lagern, Abrufen und Verteilen von Dokumenten,
3. eine Zusammenstellung von Dokumenten zu einem bestimmten Thema,
4. beschreibende Information, die erforderlich ist, um maschinenlesbare Dateien und Systeme zu konzipieren, entwickeln, bedienen und zu warten,
5. die Beschreibung einer Vorgangsweise oder eines Komplexes von Vorgangsweisen bzw. einer Politik." (Young 1983, 77), (vgl. auch u. a. Windel 1980; Meyer-Uhlenried 1980; Seeger 1997).

In allen obengenannten Bedeutungen ist *Dokumentation* zumindest in Teilaspekten im Rahmen von ‚Terminologie und Dokumentation' relevant. Unter die Bedeutung 1 fällt auch das Dokumentieren von Informationen zu Begriffen und Benennungen, heute *Terminographie* genannt. Hierbei müssen in der Regel zu jedem Eintrag Dossiers mit Literaturhinweisen, Zitaten, Hintergrundinformationen usw. angelegt werden, was der *Dokumentation* unter 3. entspricht. 2. bezieht sich auf die Tätigkeit des Dokumentierens und Archivierens. Unter 4. wird das Erstellen von Texten im Sinne der „technischen Dokumentation" (und analog dazu des wissenschaftlichen Schreibens und des technischen Schreibens) verstanden, während sich 5 eher auf richtlinienartige Dokumente, wie z. B. das Organisationshandbuch einer Organisation bezieht.

Terminologiedokumentation

Schon in den 60er Jahren des 20. Jh. trat der Begriff „Terminologiedokumentation" auf, der aber jahrelang wegen seiner Vielschichtigkeit Kopfzerbrechen bereitete. In den 70er Jahren ergab sich durch die Aufteilung in 4 verschiedene Begriffe eine weitgehende Bereinigung und Klärung. (vgl. auch Arntz/Picht 1989)

- Verstanden einige unter Terminologiedokumentation das Dokumentieren terminologischer Informationen (von Wüster noch genauso mißverständlich *terminologische Lexikographie* genannt), wird dies heute in Analogie zur Lexikographie *Terminographie* genannt.
- Dokumenten- und andere Informationssammlungen zum Thema Terminologie und die entsprechenden Dokumentationstätigkeiten werden heute als Information und Dokumentation (IuD) auf dem Gebiet der Terminologie bezeichnet.
- Das Anlegen von Dossiers (d. h. Materialsammlungen) zu einzelnen Einträgen in einer Terminologiesammlung wird als Tätigkeit heute Dokumentation für die Terminologiearbeit und Terminographie genannt.
- Die Integration der Methoden von Terminologiearbeit und Dokumentation und ihren verschiedenen Anwendungen wird seit einigen Jahren von Infoterm als ‚Terminologie & Dokumentation' (T & D — analog zum im Englischen üblichen I & D) bezeichnet (Galinski 1991, 7).

Schon in den 70er Jahren wurde deutlich, daß bibliographische Informationen und dokumentarische Methoden in praktisch allen terminologischen Aktivitäten, die einem Anspruch auf Qualität genügen wollen, unverzichtbar sind. Umgekehrt wurde auch klar, daß die Anwendung terminologischer Methoden bei der Erstellung von Dokumentationssprachen und deren Anwendung auf Indexieren und Informationsretrieval zur Effizienz in der Dokumentation beiträgt.

2. Dokumentation in der Terminologie

2.1. Dokumentation für die Terminologie-Erarbeitung und Terminographie

Bei der Terminologie-Erarbeitung und Terminographie benötigt man eine eigene Art bzw. Ausformung der Dokumentation. Hierbei geht es um

(1) das Anlegen von Informations-Dossiers zu jedem Begriffseintrag,
(2) das — je nach Bedarf temporäre oder permanente — Verwalten von Zitaten, ggf. ihre Bewertung und Literaturangaben,
(3) das Anlegen und Verwalten von bibliographischen und Fakteninformationen.

Diese Referenzinformationen müssen in verschiedenen Dateien erfaßt, aber miteinander vernetzt sein, damit man effizient arbeiten kann.

Die bibliographischen Daten können sich auf konventionelle Publikationen und graue Literatur beziehen, im weiteren Sinne auf alle Arten von Dokumenten einschließlich der elektronischen Dokumente. Bei Auskünften seitens Fachleuten, werden diese im Begriffseintrag formal wie Dokumente behandelt. Fachleute gehören in der Regel Institutionen oder Organisationen an und arbeiten im Rahmen von Programmen oder Kommissionen oder dergleichen. Daher müssen in der Regel auch terminologische Aktivitäten und Organisationen aller Art samt Adressen usw. erfaßt werden. Damit die terminologischen Einträge nicht mit nicht-terminologischen Informationen überfrachtet werden, muß man einheitliche Regeln für die unter den gegebenen Umständen (abhängig von den Informationsmengen insgesamt und der Komplexität des Terminologieprojekts) eindeutige Kürzung von Referenzinformationen erarbeiten und anwenden.

Die Qualität terminologischer Einträge hängt weitgehend von der Güte der verwendeten Quellen und der Genauigkeit ihrer Erfassung ab. Die Wartung terminologischer Einträge wird durch eine genaue Erfassung, Bewertung und Verwaltung der Informationsquellen erheblich erleichtert, ja unter wirtschaftlichen Gesichtspunkten erst ermöglicht.

2.2. Dokumentationsaspekte bei großen Terminologiedatenbanken und Terminologiestellen

In der modernen Dokumentation kann jedes Objekt — also nicht nur schriftliche Objekte — formal als Dokument angesehen werden. Eine der Hauptfunktionen von Dokumentationssprachen (im Sinne von Themensystemen) ist es, eine Vielzahl von Dokumenten in für verschiedene Zwecke handhabbare Teilmengen zu unterteilen. Da Begriffe erkenntnistheoretisch gesehen ebenfalls (abstrakte, immaterielle) Objekte sind, können bzw. müssen sie — z. B. in Form terminologischer Einträge in einer Terminologiedatenbank — ebenfalls als Dokumente behandelt werden. Es gibt daher praktisch keine Terminologiedatenbank, bei der keine Dokumentationssprache zur Anwendung kommt. (Galinski 1996, 53)

Dokumentiert man terminologische Informationen in Form von Einträgen, so stellen diese formal Dokumente dar, die ebenfalls klassifiziert und/oder beschlagwortet werden müssen. Dies ist um so notwendiger, je größer die Terminologiesammlung ist. Alle Unternehmen oder Institutionen, die eine Terminologieabteilung oder eine größere Terminologiedatenbank einrichten, müssen über kurz oder lang Terminologie und Dokumentation betreiben. Dabei stellt sich die zumeist schwierige Frage, welches Klassifikationssystem oder welcher Thesaurus für die Klassierung bzw. Beschlagwortung terminologischer Einträge verwendet werden sollen. Dies hängt einerseits vom thematischen Umfang (Extension) der Terminologiedatenbank, andererseits vom quantitativen Umfang (Zahl der Einträge) in dieser Datenbank ab. Jene Systeme, die ein weites Themenspektrum abdecken (wie eben TERMIUM oder auch EURODICAUTOM) benötigen eine allgemeine Klassifikation. In letzterer wird beispielsweise die Lenoch-Klassifikation verwendet (vgl. Art. 218). Fachbezogene Terminologiedatenbanken verwenden entweder bereits vorhandene Fachklassifikationen und Thesauri, oder erstellen eine solche Dokumentationssprache eigens für diesen Zweck. Abb. 228.1. stellt ein Beispiel einer Terminologiedatenbank dar, in der deutlich unterschieden wird zwischen einer Datenbasis mit den eigentlichen terminologischen Daten und einer Datenbasis mit dokumentarischen Referenzinformationen. Für diese Datenbank wurde eigens ein Klassifikationssystem ausgearbeitet, das für die konkreten Bedürfnisse der Anwender im Hinblick auf thematische Abdeckung (Extension) und Strukturierungstiefe (Intension) maßgeschneidert ist.

3. Dokumentation im Sinne von Dokumentieren und Archivieren

Dokumentation umfaßt im engeren Sinne das Erwerben, Ordnen, Speichern/Lagern, Abrufen und Verteilen von Dokumenten sowie die Tätigkeiten des Dokumentierens und Archivierens von Informationen, Fakten oder Dokumenten aller Art. Sobald Informationen oder Fakten in der ersten Bedeutung von Dokumentation ‚dokumentiert' werden, erhält man als Ergebnis wiederum Dokumente (und seien es elektronische Dokumente), die im engeren Sinne von Dokumentation gehandhabt werden müssen.

Auf vielen Fachgebieten, in vielen großen Organisationen oder Institutionen wird Dokumentation in diesem Sinne betrieben. Viele Institutsbibliotheken an Universitäten sind (oder sollten eigentlich sein) eine solche Art

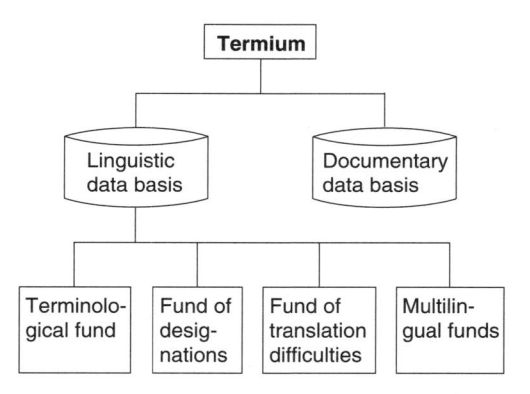

Abb. 228.1: TERMIUM III — Die Terminologiedatenbank der kanadischen Regierung (Galinski 1991, 9)

von Dokumentation. In großen Firmen gibt es sogar sehr unterschiedliche Dokumentationstypen: Archive für die Firmengeschichte, Ablagen für bestimmte Geschäftsunterlagen, Aufbewahrungssysteme für technische Zeichnungen (oft auch — leider synonym zu *technischem Schreiben* oder *technischer Redaktion* — *technische Dokumentation* genannt), Bibliotheken und Dokumentationen der Forschungs- und Entwicklungsabteilungen usw.

3.1. Terminologie-Informations- und -Dokumentationszentren

Auf dem Gebiet der Terminologie gibt es in vielen Ländern oder Sprachgemeinschaften, ferner auf multinationaler und internationaler Ebene Terminologie-Informations- und -Dokumentationszentren. Diese sammeln Informationen über terminologische Publikationen, Datenbestände, Aktivitäten, Institutionen und Organisationen sowie Experten, bereiten sie für eigene Dokumentationszwecke und für verschiedene Nutzerkreise auf und verteilen einige davon z. B. in Form der „aktiven Information" (dazu gehört auch das Publizieren von Bibliographien, Informationszeitschriften und dergleichen, um das Ausmaß an „passiver Information", d. h. unter anderem das Beantworten von Anfragen geringhalten zu können). Unter inhaltlichen Gesichtspunkten bezieht sich diese Art der Dokumentation auf bibliographische Informationen über Publikationen und Dokumente betreffend:

(1) theoretische Literatur auf dem Gebiet der Terminologie,
(2) ein- und mehrsprachige Fachwörterbücher, -lexika, -vokabulare, -glossare und -enzyklo-

pädien (wobei Terminologienormen einen Sonderfall darstellen),
(3) genormte und nicht-genormte Terminologie-Richtlinien,
(4) terminologierelevante Zeitschriften,
(5) terminologierelevante Bibliographien und Verlagskataloge,
(6) Berichte und Akte von Terminologietagungen,
(7) Terminologiedissertationen und andere akademische Abschlußarbeiten,
(8) Unterrichts- und Ausbildungsunterlagen von Terminologie-Kursen und -Lehrveranstaltungen,
(9) ‚versteckte Glossare‘ (d.s. meist kleine Terminologiesammlungen z. B. als Teil eines Buches, Artikels oder einer Zeitschrift),
(10) sowie Fakteninformationen und Hintergrundmaterial über:
  − terminologische Aktivitäten,
  − terminologische Tagungen, Konferenzen usw.,
  − Terminologieexperten,
  − Terminologieverwaltungssysteme,
  − Ausbildungsmöglichkeiten auf dem Gebiet der Terminologie.

Für weitere Details zu Terminologiedokumentationsstellen vgl. man Art. 231.

3.2. Literaturdokumentation

Die klassische Literaturdokumentation bezieht sich auf publizierte Dokumente, wie Bücher (Monographien oder Buchserien), Zeitschriften (einschließlich der Aperiodika) und in manchen Büchern (mit kollektiven Autoren) oder den meisten Zeitschriften enthaltenen „abhängigen" Autorenbeiträge (Artikel). Bereits in den 60er Jahren nahm dagegen die sog. graue Literatur überproportional zu. Bei der grauen Literatur handelt es sich um Dokumente, die zwar wie Publikationen aussehen, aber nicht alle Kriterien von Publikationen erfüllen. Vor allem sind sie nicht mit einer der genormten Buch- oder Zeitschriftennummerierungssysteme, wie ISBN oder ISSN, versehen, weshalb sie auch nicht in die großen die Produkte von Verlagen enthaltenen Gesamtkataloge aufgenommen werden. Alle Arten von Inhouse-Dokumenten, verschiedene Berichte, Dissertationen, selbst Normen, wenn sie nicht mit einer ISBN-Nummer versehen sind, sind dem Bereich der grauen Literatur zuzuordnen. Formal werden sie bei der bibliographischen Erfassung wie Publikationen behandelt.

Bei der Terminologie-Erarbeitung kann praktisch jedes Dokument − publiziert oder graue Literatur − als Quelle dienen und muß daher auch bibliographisch erfaßt werden.

Auch Beschriftungen von Verpackungen oder an Maschinen, Flugblätter und andere Druckwerke mit eher schnell vergänglichem Inhalt werden formal als Publikationen erfaßt und behandelt. Im Extremfall wird sogar eine Person, falls sie als Informationsquelle diente, formal wie ein Dokument behandelt.

3.3. Ordnung in der Dokumentation

Bereits ab wenigen Laufmetern Umfang oder relativ kleinen Datenbeständen gewinnen die Begriffe „Ordnung" und „Organisation" eine grundlegende Bedeutung in jeder Dokumentation. Zwar ließe sich durchaus nach willkürlichen Ordnungskriterien (wie z. B. in manchen Bibliotheken die platzsparende Ordnung nach Buchgröße) oder sogar ganz ohne Ordnung dokumentieren. Doch wäre dann die Nutzbarkeit mit zunehmender Dokumentenmenge immer schwieriger. In der Regel bedarf es weiterer Ordnungssysteme (z. B. Kataloge in herkömmlichen Bibliotheken), die im Hintergrund oder parallel zu den nach welchen Kriterien auch immer aufgestellten Dokumentationsbeständen systematische Referenzen zum Standort, Sachgebietseinteilung und dergleichen bieten. Es bedarf also Ordnungssysteme verschiedener Art für verschiedene Zwecke in der Dokumentation.

Für die *inhaltliche* Einteilung wurden im Laufe der Zeit die sog. Dokumentationssprachen entwickelt.

3.4. Allgemeine Ordnungslehre und Dokumentationssprachen

Die allgemeine Ordnungslehre (Schmidt 1956; Greiner 1978) ist einerseits system- und wissenschaftstheoretische Voraussetzung und methodologische Grundlage für die Ausarbeitung und Anwendung von Dokumentationssprachen und wird im Rahmen der Informationswissenschaft und Dokumentation weiterentwickelt. Sie ist anwendbar auf natürliche und künstliche Systeme und bezieht sich auch auf Möglichkeiten der Wissensordnung bzw. Wissensorganisation, im Hinblick auf Klassifikationssysteme für eine universale Wissensordnung (grundlegend dazu Dahlberg 1974) oder für fachbezogene Klassifikationssysteme und Thesauri.

Fachwissen entsteht u. a. aufgrund naturwissenschaftlich-technischen Denkens und ist somit als Produkt des menschlichen Geistes unter den künstlichen Systemen zu subsumieren. Das Fachwissen wird auf der untersten Ebene vor allem repräsentiert durch Begriffe und Begriffssysteme (egal ob sie erfaßt sind oder nur in den Köpfen der Fachleute existieren) und wird in textlicher Form in der Regel in einer Vielzahl von – untereinander stark redundanten – Texten niedergelegt.

Auf dem Gebiet der Terminologie müssen Ordnungsregeln auf die Objekte, die Begriffe und die Begriffsrepräsentationen angewendet werden. Eine umfassende Theorie der Terminologie umfaßt daher eine Gegenstandstheorie, eine Begriffstheorie, eine Begriffsrepräsentationstheorie und eine Theorie der terminologischen Ordnung. Letztere umfaßt auch die Dokumentationssprachen, sowohl als Instrument, um terminologische Informationen zu ordnen, als auch als Gegenstand, da der Aufbau von Klassifikationssystemen und Thesauri wesentliche Elemente dieser Terminologietheorie voraussetzt und die Anwendungsregeln dieser Dokumentationssprachen beim Klassieren, Beschlagworten und Indexieren terminologische Prinzipien konstitutiv beinhalten.

Da eine ausführliche Diskussion dieser Thematik den Rahmen des vorliegenden Artikels sprengen würde, sei an dieser Stelle die Lektüre u. a. folgender grundlegender Werke (im deutschsprachigen Raum) verwiesen: Fugmann 1992; Soergel 1969; Dahlberg 1974; Wersig 1978; Wersig 1980; Wüster 1971; Lang 1980; Laisiepen 1980; Knorz 1997; Manecke 1997; Burkart 1997.

Auf die zahlreichen, relevanten Normen im deutschsprachigen Raum bzw. auf internationaler Ebene wird in den genannten Werken verwiesen. Zusammenfassend und vereinfacht dargestellt kann eine Dokumentationssprache als eine Art von Metasprache zur Einteilung von Objekten (inkl. Dokumenten) nach inhaltlichen Kriterien aufgefaßt werden. Hierzu gehören Klassifikationsschemata im Bibliothekswesen genauso wie Dokumentationsthesauri oder mehr oder weniger systematische Schlagwortkataloge. Je nach ihrer Funktion können sie auch eingeteilt werden in Indexierungssprachen (zur Inhaltserschließung von Dokumenten und anderen Objekten) oder Retrievalsprachen (zum Wiederfinden von Dokumenten oder anderen Objekten). Man kann Dokumentationssprachen auch als Makrostruktur des Fachwissens (oder Themensysteme) bezeichnen – im Gegensatz zu Begriffssystemen, die man als die Mikrostruktur des Fachwissens ansehen kann. Dokumentationssprachen haben einerseits die Funktion von Indexierungssprachen zur Klassierung und Beschlagwortung von Dokumenten und ggf. anderen ‚Objekten' und andererseits die Funktion von Retrievalsprachen zum Abrufen von Informationen. Im Terminologiebereich werden sie auf große Terminologiebestände angewendet, um diese in handhabbare Teilbestände zu gliedern. Dabei ist es sinnvoll, im Rahmen einer Organisation die gleiche Dokumentationssprache (oder die gleiche Kombination von Dokumentationssprachen) auf terminologische und bibliographische sowie Faktendaten anzuwenden. Ferner sollte in der Regel für einen bestimmten Zweck und für gleiche Bestände jeweils nur eine Dokumentationssprache (oder Kombination von Dokumentationssprachen) verwendet werden. Bei der Erstellung einer Dokumentationssprache oder ihrer Anpassung an eine geplante Anwendung sollten unbedingt terminologische Grundsätze und Methoden angewandt werden. Auf keinen Fall aber dürfen die Terminologie eines Fachgebietes und die Dokumentationssprache(n) dieses Fachgebietes miteinander verwechselt werden, wie ähnlich sie sich auch an der sprachlichen Oberfläche sein mögen, oder auch nicht vermischt werden, da sie verschiedene Funktionen erfüllen, die zwar komplementär zueinander sind, die sie aber strukturell miteinander inkompatibel machen (Galinski 1996, 52; zu den Unterschieden vgl. Felber/Budin 1989). Dokumentationssprachen sind sog. Themensysteme und können als solche als Makrostruktur des Wissens angesehen werden. Terminologien dagegen entsprechen Begriffssystemen, die als die Mikrostruktur des Wissens angesehen werden können. Sobald ein Begriff die Funktion eines Themas, das eine Gruppe von Begriffen oder von Objekten umfaßt, übernimmt, wandert er in dieser Funktion – auch wenn die Benennung gleich bleibt – in den Bereich der Dokumentationssprachen.

4. Informationsmanagement

Bücher und Artikel über Informationsmanagement füllen ganze Bibliotheken, weshalb generell auf folgende Werke verwiesen wird: Herget 1997, Cronin/Davenport 1991, Vogel 1992. Genereller Hintergrund ist die Tatsache, daß der Wert von Information als „neuer Rohstoff" und somit „neuer Produktionsfaktor" – nach wie vor eher gefühlmäßig als konkret faßbar – erkannt worden ist. In der Praxis hat sich erwiesen, daß die effiziente und effektive Handhabung von Informationen zu einem Informationsvorsprung führen und damit von entscheidender Bedeutung für die Wettbewerbsfähigkeit von Unternehmen, ja ganzen Nationen sein kann. Auch besteht offensichtlich ein enger Zusammenhang zwischen Innovation(sfähigkeit) und Informationsmanagement.

Allerdings wird der Informationsmanagementbegriff in den verschiedenen Disziplinen, hauptsächlich in der Wirtschaftsinformatik und Informationswissenschaft nicht gleich und nicht einmal innerhalb der Disziplin konsistent verwendet. Das trifft schon für die Begriffe „Information" und „Management" zu. Im Sinne eines ganzheitlichen Managementbegriffs auf der Grundlage evolutionärer Managementtheorien ist Management ausgerichtet am Modell ‚überlebensfähiger Systeme' und trägt durch seine Führungs- und Koordinationsfunktionen im Spannungsfeld von Planung, Struktur und Kultur einer Organisation wesentlich zum „Überleben" des Unternehmens oder der Institution in einer sich ständig dynamisch wandelnden Umwelt bei. Die Schwierigkeit liegt nun darin, wie und in welcher Form Informationsmanagement in die bestehenden und zukünftigen Organisationsstrukturen, insbesondere in die gewachsenen Managementstrukturen paßt oder eingepaßt werden kann (Vogel 1992). „Gegenstandsbereich des Informationsmanagements ist die effektive und effiziente Bewirtschaftung des Produktionsfaktors Information in Organisationen. [...] Das verfolgte Ziel (des Informationsmanagements ist): Die richtige Information, im richtigen Umfang, in der richtigen Qualität, zur richtigen Zeit, mit möglichst geringem Aufwand, bei der richtigen Person." (Herget 1997, 783 f).

4.1. Wissen in Texten — Wissen in Datenbanken

Herkömmlicherweise enthält ein Dokument einen wortsprachlichen Text. Zunehmend aber kann ein (Fach-)Text auch nicht-wortsprachliche Repräsentationen von Informationen und Wissen (z. B. Graphiken, Illustrationen, Formeln usw.) enthalten oder im Extremfall ausschließlich aus solchen bestehen. Nach dem methodischen Ansatz von SGML (der Standard Generalized Markup Language — vgl. ISO 1986) ist jeder Teil eines Textes wiederum ein Text. Mit SGML kann man bei Bedarf jeden — formal oder inhaltlich identifizierbaren — Teil eines Textes zwecks weiterer Verarbeitung kennzeichnen. Der beschreibende Text über einen Begriff (z. B. eine Definition als Repräsentation zweiter Ordnung) repräsentiert indirekt auch das Objekt mit dem der Begriff (Repräsentation erster Ordnung) korrespondiert. Auf diese Weise kann jedes Objekt durch einen Text dargestellt werden, der wiederum in Form eines Dokuments verarbeitet und verwaltet wird. In diesem Sinne stellen Dokumente „Informationsobjekte" dar, die texthafte oder nicht-texthafte Informationen enthalten können. Die Dokumente selbst werden mit Hilfe der Dokumentationssprachen geordnet, ihr Inhalt über Dokumentationssprachen erschlossen.

Dokumentation im weiteren Sinne bedeutet auch den Prozeß der Dokumentenerstellung. „Technische Dokumentation" umfaßt größtenteils auch das technische Schreiben, auch technische Redaktion genannt, und entspricht analog dem wissenschaftlichen Schreiben. Hier handelt es sich im Grunde genommen um gleiche Vorgänge, die lediglich zu unterschiedlichen Dokumentenarten führen. Da es sich dabei um — konventionelle oder elektronische — Fachdokumente handelt, die Fachtexte (durchaus im modernen Sinne mit allen Arten von Repräsentationen von Fachwissen) umfassen, enthalten sie unweigerlich je nach Textsorte einen mehr oder weniger großen Anteil an terminologischen Einheiten (vgl. stellvertretend Krings 1996).

4.2. Terminologie & Dokumentation (T&D) in Organisationen

T&D ist ein Begriff, der in der Mitte der 80er Jahre im Zusammenhang mit der theoretisch-methodologischen Fundierung terminologischer Aktivitäten (wie Terminologie-Erarbeitung und Terminographie) auftauchte. Dies entsprang auch dem Bedürfnis, fortgeschrittene dokumentarische Methoden zu integrieren, um terminologische (Wissens-)Datenbanken besser strukturieren zu können. Als willkommener Nebeneffekt können auf diese Weise auch Faktendaten, die nicht primär von terminologischem Interesse sind (z. B. Produktinformationen), kostengünstig mitverarbeitet und — verwaltet werden. Im einzelnen wurden dabei unter anderem folgende Datenarten, die ihren konkreten Niederschlag in Form von elektronischen Dokumenten finden, identifiziert:

Textdokumentation: Ko(n)texte
Definitionen
logische Einheiten
Layouteinheiten usw.

Literatur-dokumentation:	herkömmliche bibliographische Beschreibungen über Publikationen u. a. Dokumente Abstracts Beschlagwortung und Klassierung usw.
Faktendokumenta-tion:	Institutionen und Organisationen Fachleute Projekte und Programme numerische Fakten, usw.
Software-dokumentation:	Beschreibung der Software(module) formale Erfassung der Softwaremodule
Bild-, Ton-dokumentation:	Bilddaten andere nicht-wortsprachliche audio-visuelle Darstellungen
Terminologie-dokumentation:	Terminologien (inkl. Nomenklaturen) elektronische Wörterbücher usw.
Dokumentations-sprachen	Thesaurus-Einträge Klassifikations-Einträge usw.

Zunehmend finden solche Module — teils in vereinfachter Form — bereits Eingang in die Büroautomation und Datenkommunikation.

Die Integration von Methoden der Terminologiewissenschaft (und ihrer praktischen Anwendung in Form der deskriptiven und präskriptiven Terminologie-Erarbeitung sowie Terminographie), der Informationswissenschaft (und ihrer praktischen Anwendung in Form der Information und Dokumentation) und der Informatik (und ihrer praktischen Anwendung in Form der Datenbankmodellierung) angewendet auf terminologische Datenbanken optimiert die Systematik bei der Erfassung und Verwaltung von terminologischen Datenstrukturen, verbessert die Möglichkeiten des Validierens von Daten (z. B. Dublettenkontrolle) und semantischen Beziehungen (hier im Sinne der Informatik). Sie schafft auch die Grundlage für die immer notwendiger werdende Qualitätssicherung bei der Terminologie-Erarbeitung und Terminographie — insbesondere im Bereich der Terminologienormung und -harmonisierung.

Die dabei entstehenden terminologischen Wissendatenbanken sind so konzipiert, daß sie terminologische Informationen (im weitesten Sinne unter Einschluß nicht-wortsprachlicher Repräsentationen) und die dazugehörigen bibliographischen Daten (im weitesten Sinne), ferner die hierfür erforderlichen Verwaltungsdaten sowie darüberhinausgehende Fakteninformationen auf der Ebene des Begriffswissens verarbeiten und „managen" können. Solche terminologischen Wissensdatenbanken sind daher von Natur aus multifunktional, mehrsprachig und — vom Ansatz her — sprachunabhängig. In Verbindung mit der Wissenschaftstheorie (als umfassender Überbau für die Informations- und Kommunikationstheorien) und der Informatik wird hier die Grundlage für „echte Wissensdatenverarbeitung" geschaffen (Galinski 1996, 50).

4.3. Informationsressourcenmanagement — IRM

Bei Betonung von an der Informatik ausgerichteten Zielen ist Informationsmanagement

„die Erhöhung der Effizienz und Effektivität einer Organisation durch die Verbesserung ihrer Fähigkeit, die informationsbezogenen Probleme, die die interne und externe Umwelt schaffen, zu bewältigen. Effizienz meint dabei die Erreichung eines bestimmten Ergebnisses mit möglichst wenig Mitteleinsatz (Wirtschaftlichkeit), Effektivität die Erreichung eines möglichst leistungsstarken Ergebnisses bei einem gegebenen Mitteleinsatz (Wirksamkeit). Diese sollen realisiert werden durch gezielte Koordination der Informations*verarbeitung*, für die bestimmte Personen, möglicherweise in einer eigenständigen Funktionseinheit, verantwortlich sind." (Vogel 1992, 13)

Geht man aber vom Primat der Methoden über die Werkzeuge aus und erkennt, daß die Qualität der Informations*erarbeitung* neben den Umsetzungs- und Durchsetzungsfähigkeiten der handelnden Individuen weitgehend auch die Qualität der Informations*anwendung* bestimmen, stößt man auf den Begriff „Informationsressourcenmanagement" (IRM), der in der Bandbreite der verschiedenen Theorien des Informationsmanagements den konkretesten Ansatz darstellt.

Im Gegensatz zur weitverbreiteten Ansicht, Information sei ein Kostenfaktor, sieht IRM Information als Produktionsfaktor, der dazu beiträgt, daß andere Ressourcen

— nach Bedarf bewahrt und unterstützt werden,
— effizient und effektiv akquiriert werden,
— wirtschaftlich gelagert und abgerufen werden,
— optimal eingesetzt werden,
— rechtzeitig ausgesondert werden, wenn sie ihre Brauchbarkeit verloren haben. (FID 1993, 3)

Dadurch werden alle Ressourcen von statischen zu dynamischen Größen. Durch IRM werden vorhandene Erfahrungen und Wissensquellen im Unternehmen wesentlich „intelligenter" (nämlich strategisch) eingesetzt — mit positiven Auswirkungen auf alle Produktions- und Dienstleistungsbereiche (vgl. Vogel 1992).

Durch IRM sollen das vorhandene Wissen (d. h. der kollektive Erfahrungsschatz und das kollektive Gedächtnis) der Organisation und externe Informationsquellen besser genutzt werden. Dem muß aber eine geeignete Wissensordnung zugrunde liegen und die geeigneten Methoden zum Zugriff auf Informationen zur Verfügung stehen. Beides kann heute ohne terminologische Informationen, Methoden und Hilfsmittel nicht optimal bewerkstelligt werden.

5. Bibliographische Kontrolle, terminologische Kontrolle, Wissenskontrolle

Angesichts der sprunghaft anschwellenden Literaturmengen im Bereich der Information und Dokumentation kam in den 70er Jahren der Begriff der „bibliographischen Kontrolle" auf. Dieser besagte lediglich, daß man den Mengen an Sekundärinformationen nur Herr werden könnte, wenn man die Informationen über neuentstehende Publikationen möglichst unmittelbar nach dem Entstehen erfassen würde. Die UNESCO förderte daher die Ausarbeitung einer Serie von Normungsvorhaben auf dem IuD-Sektor, die sich mit vielen Aspekten der Erfassung, der Inhaltserschließung, des Austausches und der technischen Verarbeitung vorwiegend bibliographischer Informationen aller Art beschäftigten und die die Grundlage von IuD-Aktivitäten bis heute darstellen. Aus diesen Vorhaben erwuchsen internationale Normen von Zeichensatzkodierungen für den bibliographischen Austausch, Transliterations- und Transkriptionssysteme (für Informationen in Nicht-Lateinschriften), Erarbeitung von ein- und mehrsprachigen Dokumentationsthesauri, Austauschformate, genormte Buch- und Zeitschriftennummerierungssysteme, Layout von Publikationen aller Art usw. Diese werden im Rahmen des technischen Komitees ISO/TC 46 „Information and documentation" der Internationalen Normungsorganisation (ISO) laufend neueren Entwicklungen angepaßt und um weitere Normen erweitert.

Im Bereich der Terminologie haben wir es schon seit geraumer Zeit mit einem ähnlichen Phänomen wie im IuD-Bereich vor 30 Jahren zu tun. Die Terminologien nehmen quantitativ und in ihrer Vielfalt sprunghaft zu. Diese Zunahme ist jedoch wegen der extremen Sektorisierung der Fachgebiete nur auf wenigen Fachgebieten offenkundig. Insgesamt gesehen ist diese Entwicklung im wahrsten Sinne außer Kontrolle geraten. Die Fachleute selbst kommen mit herkömmlicher präskriptiver und deskriptiver Terminologie-Erarbeitung nicht mehr mit dem „Aufräumen" nach. Die zunehmende Vernetzung und Verschmelzung von Informations- und Kommunikationstechnologien verschärft diese Situation. Daher ist es dringend notwendig, sich intensiv mit der Frage einer „terminologischen Kontrolle" analog zur bibliographischen Kontrolle auseinanderzusetzen, wobei sich diese terminologische Kontrolle nicht nur auf die bisher übliche Funktion der Reduktion terminologischer Komplexität beim Aufbau von Thesauri beschränken darf. Die Idee, neuentstehende Terminologien sozusagen an der Quelle erfassen zu können, klingt bestechend, doch sind die Probleme, die hierbei zu überwinden sind, wesentlich größer als im Bereich der Sekundärinformationen, wo man eine begrenzte Anzahl von Daten über ein Dokument erfaßt. In der Terminologie müssen umfangreiche Daten zu jeder neuen oder variierten Repräsentation des Fachwissens auf der Ebene der Begriffe erfaßt werden. Aus Gründen der Systematik muß man in der Terminologie auch die ständig zunehmenden nichtwortsprachlichen Repräsentationen gleichwertig zu den Benennungen erfassen. Jeder Eintrag sollte mindestens Informationen über:

- Fach(teil)gebiet
- linguistische Aspekte
- eine oder mehrere Begriffsbeschreibungen
- Quellenangaben

neben verwaltungstechnischen Daten, wie Autoreninformationen, Erfassungsdatum usw. umfassen. Hierbei sollte auch die Wiederverwendung und Weiterverwertung gebührend berücksichtigt werden, da sonst eine Terminologie-Erarbeitung in den meisten Fällen unwirtschaftlich ist und daher immer wieder unter einem Rechtfertigungsdruck steht.

Geht man davon aus, daß man über Terminologie (im Sinne der Mikrostruktur des Wissens) Zugriff auf Detaildaten aller Art hat, während man über Dokumentationssprachen (im Sinne der Makrostruktur des Wissens) Zugriff auf Teilmengen von Informationen aller Art hat, bildet T&D die Grundlage für Wissenskontrolle im oben angeführten Sinne und damit für künftiges Wissensmanagement.

```
┌─────────────────────┐
│ Terminology         │
│ science             │
└─────────────────────┘
┌─────────────────────┐
│ Terminology work    │
│ and terminography   │
└─────────────────────┘
┌─────────────────────┐      ┌─── Knowledge ──────────┐
│ Documentation       │─────▶│ Terminology &          │
└─────────────────────┘      │ Documentation          │
┌─────────────────────┐      ├────────────────────────┤
│ Information         │─────▶│ Information            │
│ science             │      │ management             │
└─────────────────────┘      ├────────────────────────┤
┌─────────────────────┐      │ Knowledge data         │
│ Computer            │─────▶│ processing             │
│ science             │      └─── Management ─────────┘
└─────────────────────┘
```

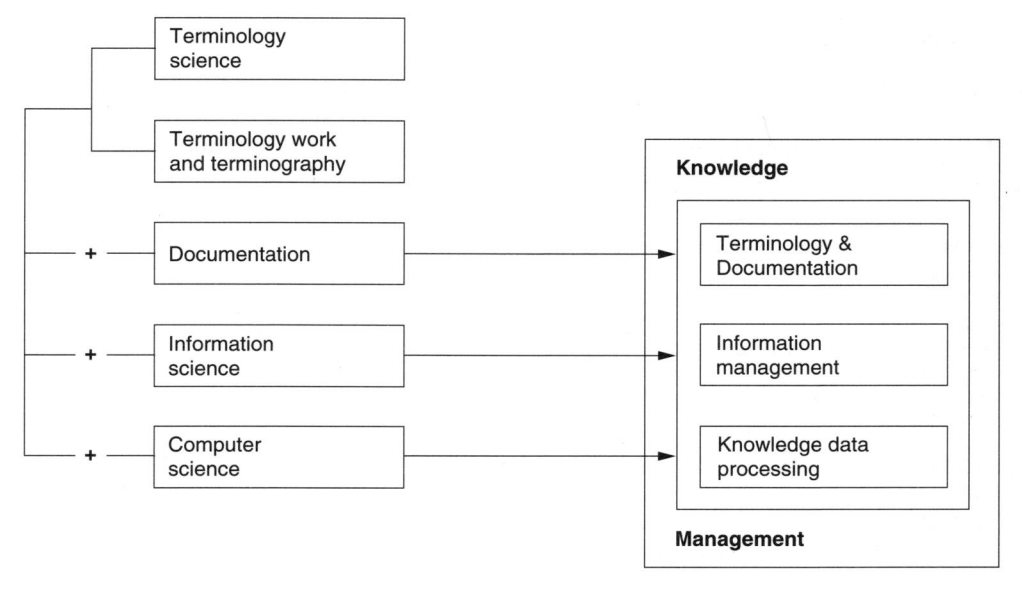

Abb. 228.2: (Galinski 1991, 8)

Allerdings fehlt in diesem Modell noch ein Ersatz für die bisherigen „sozialen" Mechanismen, durch die in den einzelnen Fachleutegemeinschaften neues Wissen Anerkennung findet und veraltetes Wissen ausgeschieden wird.

6. Neue Anwendungen von T&D

Da terminologische Daten, Methoden und Werkzeuge im Prinzip überall dort, wo Fachinformationen und Fachwissen in irgendeiner Art gehandhabt werden, einsetzbar sind, öffnet sich ein breites Spektrum von Anwendungen. Im folgenden werden nur einige Beispiele angeführt, bei denen sich gezeigt hat, daß Terminologie – richtig eingesetzt – zu Synergieeffekten führten.

6.1. Unterstützung des Wissenstransfers auf nationaler Ebene

In China gibt es konkrete Ansätze (mittlerweile mit guten Ergebnissen), T&D zur systematischen Unterstützung des Wissens- und Technologietransfers einzusetzen. In vielen Ländern ist vielfach gutgemeinter Technologietransfer am mangelnden Wissenstransfer gescheitert (Galinski 1994b). Dies hat auch eine sprachliche Dimension: Da sich die chinesische Sprache und vor allem die Schrift kaum zur Übernahme von Lehnwörtern nach deren Aussprache eignet, ist China gezwungen, im Zuge des Entstehens neuen Wissens im Ausland möglichst umgehend die entsprechende chinesische Terminologie festzulegen und für bestimmte Anwendungsbereiche (z. B. Lehrbücher im Bildungs- und Ausbildungswesen) für verbindlich zu erklären, da sonst Reibungsverluste gewaltigen Ausmaßes in der Fachkommunikation auftreten würden.

6.2. Vernetzung von Datenbanken mit technischen und Wirtschafts-Informationen

Um verteilte heterogene Datenbanken mit Produktinformationen, Wirtschaftsinformationen, sowie bibliographischen Daten usw. gemeinsam abfragen zu können, empfiehlt sich die Entwicklung einer T&D-Datenbank mit einer vereinheitlichten übergeordneten Dokumentationssprache und Querverweisen zwischen den verschiedenen Informationsarten über die Terminologiedatenbank (Galinski/Tjoa 1995).

6.3. Informationsmanagement bei multinationalen Harmonisierungsprojekten

T&D-Methoden und -Daten(banken) sind auch ein wichtiges IRM-Instrument für

– die Vorbereitung von Harmonisierungsprojekten
– die Durchführung von Harmonisierungskonferenzen
– die Vernetzung heterogener Datenbanken.

Dies wurde etwa auf dem Gebiet der beruflichen Weiterbildung in gemeinsamen Projekten mit dem Europäischen Zentrum für die Förderung der beruflichen Weiterbildung (CEDEFOP) empirisch nachgewiesen (Galinski 1994a). Im Rahmen dieser Projekte wurden

- eine Methode der projektbegleitenden Terminologiedokumentation und
- die Funktion des Konferenzterminologen entwickelt sowie
- die konzeptuellen Grundlagen für die Vernetzung verteilter heterogener Datenbanken auf dem Gebiet der beruflichen Weiterbildung gelegt (vgl. Art. 226).

Durch die Methode der projektbegleitenden Terminologiedokumentation wurden alle im Rahmen der Projekte nach Sektoren anfallenden Dokumente weitgehend datenbankmäßig erfaßt und zur Unterstützung der Organisation der Vergleichbarmachung von bestimmten Berufen (und damit zusammenhängender Informationen, wie Abschlußzertifikate usw.) aufbereitet. Damit wurde nicht nur die vielsprachige Kommunikation zwischen den Länderdelegationen unterstützt, sondern auch eine Optimierung der vielsprachigen Projektabläufe erzielt. Als „Nebenprodukte" fielen mehrsprachige Branchenglossare, Amtsblätter der EU mit Festlegungen über Berufsbezeichnungen und Berufsbildungsabschlüssen, ein thematisches Glossar über berufliche Qualifikationen und Zertifizierung u. a. Informationsprodukte an, die im weiteren als Grundlage für hochwertige Informationsdienstleistungen des CEDEFOP dienen sollten (abgesehen vom institutsinternen IRM).

Die Diskussion in den Harmonisierungskonferenzen wurde als „kollektives mehrsprachiges technisches Schreiben" identifiziert, das durch eine „konferenzbegleitende mehrsprachige Terminologiedokumentation" und die Funktion von „Konferenzterminologen" erheblich effizienter gestaltet werden konnte. Dabei konnte ein entsprechender Konsens in strittigen Fragen rascher ermöglicht und der Ablauf der Konferenz erheblich beschleunigt werden. Am Ende der Konferenz konnten die Delegierten den diskutierten Text in allen Konferenzsprachen bereits mitnehmen, was auch den Abstand zwischen den Konferenzen verkürzen half. Obgleich die Konferenzterminologen und die projektbegleitende Terminologiedokumentation erhebliche Mehraufwendungen verursachten, wurden wesentlich mehr Ausgaben durch das Einsparen von Konferenzen vermieden.

Die Nebenprodukte dieser Arbeit sollten als Elemente für die Vernetzung von verteilten heterogenen Informationsdatenbanken in vielen Ländern mit verschiedenen Sprachen herangezogen werden.

6.4. Umwelt-Datenkatalog

Im Bereich der Umweltinformationen standen die Umweltämter verschiedener Länder und bald auch die Europäische Umweltagentur (EEA) sowie das UNEP (United Nations Environmental Programme) auf internationaler Ebene vor dem Problem, extrem heterogene Datenarten in verteilten heterogenen Informationssystemen zur Gewinnung verschiedener Daten zu vernetzen. Hier konzipierte man einen neuen Typ von Informationssystemen, den „Datenkatalog", mit verschiedenen Verwaltungs- und Zugriffsmöglichkeiten auf detaillierte Einzeldaten von höchster Granularität, Referenzdaten verschiedener Art und der Möglichkeit zur Aggregation dieser Daten auf höheren Ebenen. In diesen Meta-Informationssystemen auf nationaler, europäischer und internationaler Ebene sind auch mehrsprachige Thesauri als Beschlagwortungs- und Abfragesprachen sowie mehrsprachige Terminologiedatenbanken, aber auch Metadaten zu genormten Terminologien wie umweltbezogene Nomenklaturen und Klassifikationssysteme enthalten (vgl. aus terminologischer Sicht Galinski/Budin 1994; Budin 1996; sowie allgemein zur Konzeption im deutschsprachigen Raum Lessing 1989; Schütz/Lessing 1993; Hashemi-Kepp/Legat 1994).

6.5. Entwicklung des Terminologiemarktes

Insgesamt scheint sich allmählich ein „Terminologiemarkt" zu entfalten mit Produkten und Dienstleistungen für verschiedene Nutzergruppen, wie

(1) Terminologieschaffende Fachleute,
(2) Terminologie-Weiterverwerter (z. B. Terminologie-Ersteller und Terminographen (einschl. Fachlexikographen),
(3) Terminologie-Vertreibende,
(4) Terminologie-(Wieder)nutzer aller Art (z. B. Fachübersetzer).

Dabei sollen nicht nur terminologische Daten zur verlangten Zeit am Arbeitsplatz in der erforderlichen Form verfügbar gemacht werden, sondern über terminologische Daten, Methoden und Werkzeuge das IRM generell verbessert und alle Prozesse, bei denen Terminologien Verwendung finden (z. B. Texterstellung, Lokalisierung usw.), optimiert werden. Auf diesem Markt werden zunehmend Dienstleistungen nach außen in Auftrag gegeben. Dazu gehören u. a.

- terminologische Forschungs- und Entwicklungsarbeiten (z. B. Datenbankendesign)
- Terminologie-Erarbeitung,
- Wartungs- und Servicearbeiten an Systemen und Dateien.

Dabei scheint sich ein „dualer" Markt herauszukristallisieren mit

(1) einem eher „öffentlichen" Bereich, in dem Fachleute nach Sektoren ihre Terminologien im Eigeninteresse erarbeiten und teilweise festlegen, und hierfür entsprechende Dienstleistungen benötigen,
(2) einem eher kommerziellen Bereich, in dem die Anbieter von Terminologie-Produkten und -Dienstleistungen agieren.

Die künftige Terminologie-Infrastruktur in Europa soll zwischen diesen beiden Bereichen eine Brücke bilden, damit möglichst viele und vor allem hochwertige Terminologien zu vernünftigen Konditionen der Vielzahl von potentiellen Nutzern angeboten werden können (Galinski 1997).

7. Literatur (in Auswahl)

Arntz/Picht 1989 = Reiner Arntz/Heribert Picht: Einführung in die Terminologiearbeit. Hildesheim 1989.

Budin 1991a = Gerhard Budin: Knowledge Organization and Knowledge Retrieval as Key Elements of Knowledge Management. In: Proceedings NISKO Tagung Bratislava 1991. Bratislava 1991, 78−83.

Budin 1991b = Gerhard Budin: Wissensdarstellung in der Fachkommunikation. In: VAKKI-seminaari 9.−10. 2. 1991, Vöyri. Vaasa 1991, 28−35.

Budin 1991c = Gerhard Budin: The structure and role of specialized information in scientific and technical terminologies. In: Classification, data analysis and knowledge organization. Proceedings of the 14th Annual Conference of the Gesellschaft für Klassifikation e. V., University of Marburg, March 12−14 1990. Hrsg. v. H.-H. Bock und P. Ihm. Berlin [usw.] 1991, 216−220.

Budin 1996 = Gerhard Budin: Wissensorganisation und Terminologie. Komplexität und Dynamik wissenschaftlicher Informations- und Kommunikationsprozesse. Tübingen 1996. (Forum für Fachsprachen-Forschung 28).

Burkart 1997 = Margarete Burkart: Thesaurus. In: Grundlagen der praktischen Information und Dokumentation. Hrsg. v. M. Buder, W. Rehfeld, T. Seeger und D. Strauch. 4., völlig neu gefaßte Aufl., München [usw.] 1997, 160−179.

Capurro 1978 = Rafael Capurro: Information. Ein Beitrag zur etymologischen und ideengeschichtlichen Begründung des Informationsbegriffs. München. New York. London. Paris 1978.

Capurro 1986 = Rafael Capurro: Hermeneutik und Fachinformation. Freiburg. München 1986.

Cronin/Davenport 1991 = Blaise Cronin und Elisabeth Davenport: Elements of Information Management. Metuchen 1991.

Dahlberg 1974 = Ingetraut Dahlberg: Grundlagen universaler Wissensordnung. Pullach bei München 1974.

Felber/Budin 1989 = Helmut Felber/Gerhard Budin: Terminologie in Theorie und Praxis. Tübingen 1989.

FID 1993 = International Federation for Information and Documentation (FID): Information management for business. Hrsg. v. K. Kalseth, P. Peñas, T. Stanton. Den Haag 1993 (FID 704).

Fugmann 1992 = Robert Fugmann: Theoretische Grundlagen der Indexierungspraxis. Frankfurt a. M. 1992.

Galinski 1991a = Christian Galinski: Terminology & Documentation (T&D), text management and the universal availability of information and knowledge. In: Proceedings NISKO Tagung Bratislava 1991. Bratislava 1991, 15−35.

Galinski 1991b = Christian Galinski: From ‚terminology documentation' (TD) to ‚terminology & documentation' (T&D) − T&D as a prerequisite of information management. In: TermNet News 33/3. 1991, 7−14.

Galinski 1994a = Christian Galinski: Terminologisches Informationsmanagement in Harmonisierungsprojekten der EU. Wien 1994.

Galinski 1994b = Christian Galinski: A systematic approach to knowledge transfer. Trade and Development Board. Ad Hoc Working Group on Interrelationship between Investment and Technology Transfer. Third Session, Geneva, 21 March 1994. Wien 1994.

Galinski 1996 = Christian Galinski: Strategisches Informationsmanagement in der Terminologiedokumentation. Fakten, Daten, Zitate 13. 1996. Nr. 1−4, 49−60.

Galinski 1997 = Christian Galinski: The ‚Terminology Market'. In: 2nd International Conference on Terminology, Standardization and Technology Transfer (TSTT'97). Proceedings. Beijing 1997, 4−17.

Galinski/Nedobity 1988 = Christian Galinski/Wolfgang Nedobity: A terminological data bank as a management tool. In: Conference on Arab Co-operation in Terminology. Arab terminology in service of global development. Tunis, 7–10 July 1986. Proceedings. Hrsg. v. The Arab Standardization and Metrology Organization (ASMO), The Arab League Educational, Cultural and Scientific Organization (ALECSO), The National Institute for Standardization and Industrial Property (INNORPI) und International Information Centre for Terminology (Infoterm). Tunis 1988, 79–87.

Galinski/Budin 1994 = Christian Galinski; Gerhard Budin: Thesaurus and terminology providing access to reference knowledge in environmental information systems. In: Environmental knowledge organization and information management. Proceedings of the First European ISKO Conference 14–16 Sept. 1994, Bratislava, Slovakia. Hrsg. v. P. Stancikovà und Ingetraut Dahlberg. Frankfurt a. M. 1994, 65–73.

Galinski/Tjoa 1995 = Christian Galinski/A. Min Tjoa: Multilingual user interface to international information systems. Need for and importance of a multilingual system for the exchange and dissemination of specialized information. Wien 1995.

Greiner 1978 = Götz Greiner: Allgemeine Ordnungslehre. Frankfurt a. M. 1978.

Hashemi-Kepp/Legat 1994 = Helmut Hashemi-Kepp/Rudolf Legat: Der Umweltdatenkatalog – Ein bundesweites Metainformationssystem über umweltrelevante Datenbestände in Österreich. In: Angewandte Geographische Informationsverarbeitung. VI. Beiträge zum GIS-Symposium, 6.–8. Juli 1994 Salzburg. Hrsg. v. F. Dollinger und J. Strobl. Salzburg 1994, 247–254.

Henzler 1992 = Rolf Henzler: Information und Dokumentation. Sammeln, Speichern und Wiedergewinnen von Fachinformationen in Datenbanken. Berlin [usw.] 1992.

Herget 1997 = Josef Herget: Informationsmanagement. In: Grundlagen der praktischen Information und Dokumentation. Hrsg. v. M. Buder, W. Rehfeld, T. Seeger und D. Strauch. 4., völlig neu gefaßte Aufl. München [usw.] 1997, 781–794.

ISO 1986 = International Organization for Standardization (ISO). Information processing – Text and office systems – Standard Generalized Markup Language (SGML). Genf 1986 (ISO 8879).

ISO 1988 = International Organization for Standardization (ISO): Information and documentation. Genf 1988 (ISO Standards Handbook 1).

Knorz 1997 = Gerhard Knorz: Indexieren, Klassieren, Extrahieren. In: Grundlagen der praktischen Information und Dokumentation. Hrsg. v. M. Buder, W. Rehfeld, T. Seeger und D. Strauch. 4., völlig neu gefaßte Aufl. München. New York. London. Paris 1997, 120–140.

Krings 1996 = Wissenschaftliche Grundlagen der Technischen Kommunikation. Hrsg. v. Hans P. Krings. Tübingen 1996. (Forum für Fachsprachen-Forschung 32).

Laisiepen 1980 = Klaus Laisiepen: Klassifikation. In: Grundlagen der praktischen Information und Dokumentation. Hrsg. v. K. Laisiepen, E. Lutterbeck und K.-H. Meyer-Uhlenried. München [usw.] 1980, 299–350.

Lang 1980 = Friedrich Lang: Inhaltserschließung. In: Grundlagen der praktischen Information und Dokumentation. Hrsg. v. K. Laisiepen, E. Lutterbeck und K.-H. Meyer-Uhlenried. München [usw.] 1980, 246–298.

Lessing 1989 = Helmut Lessing: Umweltinformationssysteme. Anforderungen und Möglichkeiten am Beispiel Niedersachsens. In: Informatik im Umweltschutz. 4. Symposium. Karlsruhe 1989. Hrsg. v. A. Jaeschke, W. Geiger und B. Page. Berlin. London. New York 1989, 209–218.

Manecke 1997 = Hans-Jürgen Manecke: Klassifikation. In: Grundlagen der praktischen Information und Dokumentation. Hrsg. v. M. Buder, W. Rehfeld, T. Seeger und D. Strauch. 4., völlig neu gefaßte Aufl. München. New York. London. Paris 1997, 141–159.

Meyer-Uhlenried 1980 = Karl-Heinrich Meyer-Uhlenried: Der Dokumentationsprozeß und seine Gliederung. In: Grundlagen der praktischen Information und Dokumentation. Hrsg. v. K. Laisiepen, E. Lutterbeck und K.-H. Meyer-Uhlenried. München [usw.] 1980, 106–132.

Mie 1985 = Friedrich Mie: Zur Terminologie und Typologie von Fakteninformationssystemen. In: Nachrichten für Dokumentation 36. 1985. no. 2, 66–72.

Mie 1990 = Friedrich Mie: Fakteninformationssysteme. In: Grundlagen der praktischen Information und Dokumentation. Hrsg. v. M. Buder, W. Rehfeld und T. Seeger. München [usw.] 1990, 547–558.

Oeser 1976 = Erhard Oeser: Wissenschaft und Information. Band 1: Wissenschaftstheorie und empirische Wissenschaftsforschung. Wien. München 1976.

Rüttler 1991 = M. Rüttler: Information als strategischer Erfolgsfaktor. Konzepte und Leitlinien für eine informationsorientierte Unternehmensführung. Berlin 1991.

Schmidt 1956 = Franz Schmidt: Ordnungslehre. München. Basel 1956.

Schütz/Lessing 1993 = Thomas Schütz/Helmut Lessing: Metainformation von Umwelt-Datenobjekten. Zum Datenmodell des Umwelt-Datenkatalogs Niedersachsens. In: Informatik im Umweltschutz. 7. Symposium, Ulm, 1993. Hrsg. v. A. Jaeschke, T. Kämpke, B. Page und F. J. Radermacher. Berlin. London. New York 1993, 18–28.

Seeger 1997 = Thomas Seeger: Grundbegriffe der Information und Dokumentation. In: Grundlagen der praktischen Information und Dokumentation. Hrsg. v. M. Buder, W. Rehfeld, T. Seeger und D. Strauch. 4., völlig neu gefaßte Aufl. München. [usw.] 1997, 1–15.

Soergel 1969 = Dagobert Soergel: Klassifikationssysteme und Thesauri. Eine Anleitung zur Herstellung von Klassifikationssystemen und Thesauri im Bereich der Dokumentation. Frankfurt a. M. 1969.

Vogel 1992 = Elisabeth Vogel: Informationsmanagement. Berufliche Anforderungen und Konsequenzen für die Ausbildung. Konstanz 1992.

Wersig 1971 = Gernot Wersig: Information – Kommunikation – Dokumentation. Pullach. München. Berlin 1971.

Wersig 1978 = Gernot Wersig: Thesaurus-Leitfaden. Eine Einführung in das Thesaurus-Prinzip in Theorie und Praxis. München. New York 1978.

Wersig 1980 = Gernot Wersig: Gleichordnende Indexierung. In: Grundlagen der praktischen Information und Dokumentation. Hrsg. v. K. Laisiepen, E. Lutterbeck und K.-H. Meyer-Uhlenried. München [usw.] 1980, 351–417.

Windel 1980 = Gunther Windel: Was ist Information und Dokumentation? In: Grundlagen der praktischen Information und Dokumentation. Hrsg. v. K. Laisiepen, E. Lutterbeck und K.-H. Meyer-Uhlenried. München [usw.] 1980, 1–77.

Wüster 1971 = Eugen Wüster: Begriffs- und Themaklassifikationen. Unterschiede in ihrem Wesen und ihrer Anwendung. In: Nachrichten für Dokumentation 22. 1971. no. 3, 98–104; no. 4, 143–150.

Young 1983 = H. Young: The ALA glossary of library and information science. Chicago 1983.

Christian Galinski, Wien
Gerhard Budin, Wien

229. Terminologische Wissenstechnik

1. Wissenstechnik: Systematischer Ursprung, historische Entwicklung und Definitionen
2. Terminologie und Wissenstechnik: Berührungspunkte und Integrationsversuche
3. Was ist Wissen?
4. Was kann das terminologische Wissen in die Wissenstechnik einbringen?
5. Was sind *wissensbasierte Systeme*?
6. Wie und unter welchen Formen kann terminologisches Wissen in wissensbasierte Systeme eingebaut werden?
7. Zusammenfassung und Ausblick
8. Literatur (in Auswahl)

1. Wissenstechnik: Systematischer Ursprung, historische Entwicklung und Definitionen

Wissenstechnik (*Knowledge Engineering*) ist ein Ausdruck, der aus jenem Bereich der Computerwissenschaft stammt, der versucht hat, den Computer der menschlichen Intelligenz anzunähern und deswegen mit der Bezeichnung *Artificial Intelligence* (AI) oder *Künstliche Intelligenz* (KI) versehen worden ist.

Dieses Gebiet der „Künstlichen Intelligenz", zu dem so unterschiedliche Problemstellungen wie automatisches Beweisen und Übersetzen, Sprachverstehen, Mustererkennung und Robotik gehören, zeichnete sich gegenüber der konventionellen Datenverarbeitung mit ihren algorithmischen Programmen durch heuristische Programme und intelligente Suche aus. Nach einer Reihe von Fehlschlägen, die sich aus der Konzentration auf das Konzept einer generellen Intelligenz mit generellen Problemlösungsmethoden und heuristischen Strategien allgemeiner Art ergeben haben, ist man zur Einsicht gekommen, daß Intelligenz als Problemlösungsfähigkeit auf Wissen und zwar auf begrenztem Fachwissen beruht.

1.1. Dementsprechend war die erste Verwendung des Ausdrucks *Knowledge Engineering* (Michie: 1973; Shortliffe: 1981) zunächst hauptsächlich auf die Übertragung von Wissen aus Büchern und schriftlichen Dokumenten in Computerprogramme bezogen, gleichgültig ob diese Übertragung indirekt durch Programmierung oder direkt durch Lesen durch die Maschine selbst geschieht. In diesem engeren Sinn fällt „Wissenstechnik" mit dem Begriff „Wissenserwerb" (knowledge acquisition) zusammen, worunter sowohl die erstmalige Errichtung einer Wissensbasis als auch die Erweiterung oder Verbesserung einer schon bestehenden Wissensbasis gemeint sein kann. Als „Wissensbasis" wird allgemein jener Teil des Systems bezeichnet, der das spezielle Wissen über einzelne Fakten, Objekte, Eigenschaften, Beziehungen und Regeln enthält. Davon unterschieden ist der sog. „Inferenzmechanismus", der die Steuerungseinheit eines solchen wissensbasierten Systems darstellt, die zur Verarbeitung des in der Wissensbasis vorhandenen Wissens nach festgelegten Problemlösungsmethoden dient. Da sich wissensbasierte Systeme im Unterschied zu anderen KI-Systemen, die auf generellen Problemlösungsmechanismen aufbauen, nur auf einen eng umschriebenen Bereich von Fakten eines bestimmten Fachgebietes beschränken, werden sie auch Expertensysteme (expert systems) oder wissensbasierte Expertensysteme (knowledge based expert systems = KBES) genannt.

Nach der allgemeinen Definition von E. Feigenbaum 1977 ist ein Expertensystem ein mit soviel „Wissen" ausgestattetes Computerprogramm, daß es auf der Stufe des menschlichen Experten tätig werden kann.

1.2. Damit erweitert sich der Begriff der „Wissenstechnik" von der Wissensakquisition auf die Repräsentation und Verarbeitung von Wissen durch Computerprogramme. Unter „Wissenstechnik" wird dann der gesamte Erstellungs- und Wartungsprozeß eines wissensbasierten Systems, von den ersten Vorstudien über die Machbarkeit des Systems, der Auswahl von geeigneten Werkzeugsystemen, über Wissensakquisition bis hin zur Integration des Systems und zur späteren Wartung und eventuellen Erweiterung der Wissensbasis verstanden (Karbach/Linster 1990).

1.3. Eine weitere Verallgemeinerung des Begriffes „Wissenstechnik" ergibt sich aus den Anwendungsmöglichkeiten von wissensbasierten Systemen in den Informationswissenschaften, wenn man neben die Darstellung von Wissen in Fachtexten oder Dokumenten auch die Darstellung von Wissen mit Hilfe von Computern mit einbezieht. Dann kann man von „Wissensbanken" oder „Wissensbanksystemen" sprechen (Hennings 1991). Wissenstechnik umfaßt dann die Analyse, Erfassung, Darstellung, Speicherung und Wiedergabe fachspezifischer Wissensinhalte mit Hilfe von Computern. Das Ziel der Wissenstechnik ist, so gesehen, allgemein die Aufbereitung (Ordnung, Systematisierung, Darstellung) und Speicherung von wissenschaftlichen Erkenntnissen mit maschinellen Mitteln (Computern) zum Wiederfinden von gewonnenem Wissen und zur Gewinnung von neuem Wissen (Felber 1993, 119).

2. Terminologie und Wissenstechnik: Berührungspunkte und Integrationsversuche

Von den beiden Gebieten Terminologie und Wissenstechnik, die sich zunächst völlig unabhängig voneinander entwickelt haben, ist die Terminologie das wesentlich ältere Gebiet, das lange vor der Etablierung der Computerwissenschaft oder Informatik vorhanden war (vgl. Art. 31).

2.1. Die ersten Berührungspunkte wurden bereits von E. Wüster selbst in einem Vortrag aus dem Jahre 1972 aufgewiesen, in dem er die Allgemeine Terminologielehre als „ein Grenzgebiet zwischen Sprachwissenschaft, Logik, Ontologie, Informatik und den Sachwissenschaften" charakterisierte. Er erkannte, daß der Computer nicht nur ein mathematischer, sondern auch ein „logischer Rechner" ist, dessen Vorteil darin besteht, riesige Mengen von sprachlich formulierten Informationen, die sowohl Sachverhalte als auch Schrifttumsangaben sein können, speichern und „blitzschnell" wiedergeben zu können (vgl. Wüster 1974). Mit seinem vierteiligen Wortmodell, in dem er die zentrale Rolle der konkreten Realisierung der Zeichen für die maschinelle Darstellung und Verarbeitung bereits voraussahnte, hatte er auch gleichzeitig schon den Weg zur Wissenstechnik geöffnet (vgl. Art. 31).

Konkretere Bezüge zwischen Terminologie und Wissenstechnik ergaben sich zunächst im Rahmen der Entwicklung der Datenbanktechniken, wo schon sehr früh die Bezeichnungen *Terminologische Datenbank, Terminologiedatenbank* oder auch *Termbank* als eine besondere Form der Datenbanken (Stiegelbauer 1988) auftauchen. Solche terminologische Datenbanken unterscheiden sich von den lexikographisch orientierten Datenbanken, die nach den Prinzipien von Wörterbüchern aufgebaut sind, dadurch, daß sie auf das Begriffssystem eines bestimmten Wissensgebietes bezogen und nach terminologischen Grundsätzen aufgebaut sind. Kurz gesagt: lexikographische Datenbanken sind „wortbasiert" (word-based) während terminologische Datenbanken „begriffsbasiert" (concept-based) sind. Das eigentliche Unterscheidungskriterium besteht darin, daß im ersten Fall der Benutzer einer lexikographischen Datenbank ausschließlich auf die sprachliche Bezeichnung angewiesen ist, während er im zweiten Fall ausgehend von den explizit eingetragenen Begriffsbeziehungen im Prinzip das gesamte Begriffssystem eines Wissensgebietes (= die Terminologie) wiedergewinnen kann.

In der Weiterentwicklung der terminologischen Datenbanken, die vor allem in den

Kongreßbänden „Terminology and Knowledge Engineering" (TKE '87, TKE '90, und TKE '93) dokumentiert ist, wurde dann durch die Bezeichnung *wissensbasierte Termbank (knowledge-based term bank)* der direkte Bezug zur Wissenstechnik hergestellt. Ausgangspunkt war die Unterscheidung von „wissensarmen" Termbanken, die kaum oder gar kein Begriffsbeziehungswissen enthielten und den „wissensreichen" Termbanken, die das systematisch geordnete Begriffssystem mit den dazugehörigen Begriffsbeziehungen, d. h. die gesamte Struktur eines bestimmten Wissensgebietes wiedergeben sollen.

2.2. Damit erweist sich die Terminologie als ein nützliches Werkzeug für die Erstellung der fachspezifischen Wissensbasis eines Expertensystems (Ahmad 1993). Denn wissensbasierte Expertensysteme sind gegenüber der konventionellen Datenverarbeitung gerade dadurch ausgezeichnet, daß ihre Elemente nicht nur isolierte Daten, sondern Begriffe von Objekten und ihren Eigenschaften sind. Die Schlüsselstellung der Terminologie ergibt sich dadurch, daß die Klärung dieser Begriffe als komplexerer Wissenseinheiten nur durch terminologische Methoden und Vereinbarungen erreicht werden kann. In diesem Sinne ist die Terminologie eine notwendige Voraussetzung der Wissenstechnik (Oeser 1988, 224 ff). Der konkrete Punkt, an dem die terminologischen Methoden für die Entwicklung von wissensbasierten Systemen relevant sind, liegt daher in der Anfangsphase des gesamten Knowledge Engineering, die sich durch die Unterscheidung von „Wissensakquisition" und „Wissenselizitation" noch genauer unterteilen läßt (Ahmad 1993). Während man unter „Wissensakquisition" im ursprünglichen Sinn nur die Übertragung von bereits vorhandenem Wissen in eine maschinengerechte Form versteht, bedeutet „Wissenselizitation" den Prozeß der Entwicklung eines konzeptuellen Wissensmodells, das das Begriffssystem eines bestimmten Fachgebietes umfaßt. Ein solches explizites Wissensmodell erweist sich dann als nötig, wenn es sich um die Computerisierung eines komplex strukturierten Wissensgebietes handelt. Durch die Benutzung eines expliziten Modells gewinnt man Sicherheit und vermeidet Fehler, weil das Modell ein wohlfundiertes, anschauliches und verbindliches Fundament für alle ist, die an der Entwicklung eines wissensbasierten Systems beteiligt sind. Von „terminologischer Wissenstechnik" kann man immer dann konkret sprechen, wenn zu den Beteiligten an der Entwicklung eines wissensbasierten Systems neben dem Wissensingenieur und dem Experten des jeweiligen Fachgebietes auch ein Terminologe gehört (Engel/Picht 1990). Das wird sich dort als notwendig erweisen, wo es um Fachgebiete geht, die einer einheitlichen, nach international anerkannten Grundsätzen geregelten Terminologie bedürfen.

Im Rahmen der terminologischen Wissenstechnik handelt es sich bei der Errichtung eines expliziten Modells immer um „Begriffsmodellierung". Solche Begriffsmodelle spielen für wissensbasierte Systeme eine ähnliche Rolle wie Datenmodelle für Datenbanksysteme. Analog zur Unterscheidung von externen und internen Datenmodellen kann man auch hier einerseits von einem externen konzeptuellen Modell sprechen, das sowohl vom Experten als auch vom Wissensingenieur verstanden und benutzt werden kann und dessen Erstellung eine terminologische Angelegenheit ist, die deskriptive und normative Aspekte besitzt – und andererseits von einem maschinen- oder systeminternen Modell, das auf Grund bestimmter Implementierungstechniken wie Frames, semantische Netzwerke oder objektorientiertes Programmieren erstellt wird und eine rein ingenieurwissenschaftliche Angelegenheit der Softwareentwicklung ist.

3. Was ist Wissen?

Trotz der steigenden Verwendungshäufigkeit des Begriffes „Wissen" ist noch weitgehend unklar geblieben, was darunter zu verstehen ist. Gegenüber der konventionellen Datenverarbeitung soll jedenfalls „Wissensverarbeitung" einen qualitativen Unterschied darstellen, der meist mit dem Hinweis auf die höhere Komplexität der „Wissenselemente" verbunden wird. Während es sich bei Daten numerischer und nichtnumerischer Art stets um einfache Elemente handelt, die mit Hilfe konventionell festgelegter Zeichen codiert und danach maschinell gespeichert, verarbeitet und wiedergewonnen werden können, versteht man unter „Wissen" immer die Gesamtheit von Wahrnehmungen, Erfahrungen und Kenntnissen, die sich auf bestimmte Gegenstandsbereiche beziehen.

Das heißt, es geht hier nicht nur um einzelne Daten, die selbst wiederum einen Teilaspekt des Wissens ausmachen, sondern es geht auch um die Beziehungen dieser Daten untereinander und um den Kontext oder den Zusammenhang, in dem sie stehen. „Wissen" bedeutet also sowohl Kenntnis über Daten besitzen, als auch mit diesen Daten etwas anfangen zu können.

3.1. Entsprechend den unterschiedlichen Zielsetzungen gibt es auch unterschiedliche Arten von Wissen, die voneinander systematisch abgegrenzt werden müssen. So unterscheidet bereits Platon das Wissen nach seinem Sicherheitsgrad in zwei große Bereiche: „Doxa" und „Episteme", wobei sich die Doxa auf die äußere Erscheinung, die Episteme dagegen auf das Wesen der Dinge bezieht. Diese Unterscheidung kehrt in der modernen Erkenntnistheorie (Epistemologie) als „Glaube" und „Wissen" (believe and knowledge) wieder. Eine andere Unterscheidung, die mit der erstgenannten nicht unmittelbar zusammenfällt, ist die Trennung von konkretem „Alltagswissen" (common sense knowledge) und Fachwissen, insbesondere das abstrakte wissenschaftliche Fachwissen. Mit dieser Unterscheidung ist auch die Darstellungsform von Wissen verknüpft. Denn während das Alltagswissen in der natürlichen Alltags- oder Umgangssprache formuliert wird, bedarf das spezielle Fachwissen (Berufswissen, wissenschaftliches Wissen) bereits einer geregelten Fachsprache, die die präzise Bedeutung der Begriffe eindeutig festlegt. Dagegen ist die konkrete Bedeutung der alltagssprachlichen Begriffe durch den jeweiligen situativen Kontext gegeben.

Weiterhin kann man Wissen auch nach seinem Inhalt entweder als deskriptives Faktenwissen (Wissen, daß ...) oder als funktionales Ursachen- und Handlungswissen (Wissen, wie ...) bezeichnen, woraus die moderne Unterscheidung von deklarativem und prozeduralem Wissen entstanden ist, die sich jedoch primär auf die Darstellungsform von Wissen bezieht. Inhaltlich gesehen steht hier ein konzeptuell-abstraktes Wissen über ursächliche Zusammenhänge dem ereignis-orientierten konkreten Wissen über einzelne Daten gegenüber.

3.2. Eine weitere Unterscheidung bezieht sich auf die Ebenen des Wissens, d. h. auf den Grad der Theoretisierung des Wissens. Am untersten Ende steht das einfache empirische Faktenwissen, das aus perzipierbaren Daten besteht und durch empirische Begriffe als elementare Wissenseinheiten, ausgedrückt werden kann. Wobei man unter „Begriff" nicht nur einzelne Merkmale eines Gegenstandes oder Sachverhaltes, die als „Daten" behandelt werden können, versteht, sondern das gesamte „Merkmalsbündel" und seinen Kontext, in dem dieser Begriff im Rahmen eines Wissenskomplexes oder einer Wissensdomäne steht, die selbst wiederum ein Begriffssystem bildet.

Am obersten Ende steht das theoretische, logisch erschlossene Wissen, das auf theoretischen Begriffen beruht, die Sinn und Bedeutung nur innerhalb einer Theorie haben. Wissen kann daher sowohl als Begriffssystem als auch als Aussagensystem dargestellt werden. Die fundamentalere Ebene des Wissens ist jedoch das Begriffssystem, das auch in jedem Aussagensystem vorhanden ist. Denn Begriffe sind logisch gesehen Prädikate möglicher Urteile (Aussagen). Entsprechend der Vielfalt von Unterscheidungen der Wissensarten und Wissensebenen gibt es auch unterschiedliche Arten von Wissensdarstellungen in den unterschiedlichen Medien sowohl der gesprochenen und geschriebenen Sprache, als auch der maschinellen Speicherung, die von den jeweiligen Implementierungstechniken abhängen.

3.3. Entsprechend dem Gegenstandsbereich der theoretischen und angewandten Terminologieforschung, die sich stets mit den Begriffen, ihren Beziehungen und ihren Darstellungsformen beschäftigt, ist terminologisches Wissen als Metawissen zu betrachten. Es richtet sich in diesem Sinne nicht auf die Gegenstände oder Sachwissenschaften, sondern auf das Begriffssystem, das lediglich die Struktur eines Wissensgebietes wiedergibt, die aus den elementaren Einheiten, den Begriffen, und ihren Verknüpfungen besteht. Terminologisches Wissen ist daher Ordnungs- oder Orientierungswissen.

3.4. In Anbetracht des Gegenstandsbereichs der Terminologie (Gegenstand, Begriff, Begriffsbeziehung und Benennung) können bestimmte Arten des Wissens mit terminologischen Methoden gesammelt, bearbeitet, gespeichert und zugänglich gemacht werden.

Ein Gegenstand − materiell oder immateriell − kann durch objektiv nachprüfbare Aussagen beschrieben werden, die durch weitere enzyklopädische Informationen in Form von Daten ergänzt werden können, z. B. über den Gegenstand ‚Grundgesetz der Bundesrepublik Deutschland'.

Das Wissen über einen Begriff als Denk- und Wissenseinheit ist in den Merkmalen, die als Wissensbausteine des Begriffs gesehen werden können, enthalten. Ihre Gesamtheit einschließlich der zwischen ihnen bestehenden Beziehungen macht die Intension aus. Ferner gehört zum Begriffswissen auch das Wissen über die Extension eines Begriffs.

Eine weitere Ebene des terminologischen Wissens ist die des Wissens über die Beziehungen zwischen Begriffen. Sie setzt die Ebene des Begriffswissens voraus. Begriffsbeziehungswissen kann in zwei Gruppen unterteilt werden:
- Wissen über die Beziehungen zwischen Begriffen in einem Begriffssystem; es erlaubt Aussagen über die begriffliche Struktur und innere Kohärenz eines Begriffsapparates, z. B. eines Fachgebietes oder einer Theorie; der Begriff ist gleichsam ein Baustein dieser Struktur; dies impliziert auch die Fachzugehörigkeit des Begriffs und seinen Stellenwert im System.
- Wissen über die Verknüpfbarkeit von Begriffen zu fachlich korrekten Aussagen im Sinne einer Fachwendung (Picht 1989, 89); diese Form des Wissens liegt an der Schwelle zu komplexeren Wissensformen, die über der Ebene des terminologischen Wissens liegen; z. B. ‚ein Urteil, ein Rechtsgeschäft, ein Testament anfechten', wobei die ersten drei Begriffe zu verschiedenen Teilsystemen gehören, aber durchaus fachlich korrekt mit dem Begriff ‚anfechten' verbunden werden können, ohne daß jedoch terminologische Beziehungen im herkömmlichen Sinne zwischen ihnen bestehen.

Die bisher genannten Wissensarten bezogen sich auf den Inhalt, der aber ohne Ausdruck nicht kommunizierbar ist. Als weitere Wissensart muß daher Gegenstands- und Begriffsrepräsentationswissen hinzukommen, das sprachunabhängig oder sprachabhängig sein kann. Zur ersten Gruppe sind Symbole, Notationen und bildhafte Darstellungen zu rechnen; zur zweiten die sprachlichen Zeichen, die sich hinsichtlich des terminologischen Wissens nach ihrer Bezeichnungsfunktion in Namen (für Gegenstände) und Benennungen (für Begriffe) unterteilen lassen.

Beide Repräsentationsformen erfordern Wissen über Bezeichnungskonventionen; in der ersten Gruppe z. B. die einer technischen Zeichnung; in der zweiten Gruppe das sprachbezogene Wissen auf phonetisch/phonologischer, graphemischer, morphologischer, syntaktischer und textueller Ebene.

Terminologisches Wissen wird als eine Menge von Daten in einem terminologischen Datenbankeintrag dargestellt.

4. Was kann das terminologische Wissen in die Wissenstechnik einbringen?

Da das oberste Ziel der Wissenstechnik als ‚Verarbeitung von vorhandenem Wissen zur Schaffung von neuem Wissen' definiert werden kann, ergeben sich zwischen Terminologie und Wissenstechnik Berührungspunkte in verschiedenen Stadien des Wissensverarbeitungsprozesses. Da in wissensverarbeitenden Systemen Denkprozesse nachgebildet bzw. simuliert werden, kommt dem Begriff als ‚Denkelement' — was das ‚Wissenselement' jedoch keineswegs ausschließt — Priorität zu (vgl. auch Ahmad et al. 1989, 8). Dies impliziert, daß begriffliche Relationsmerkmale und Relationsbeziehungen zwischen Begriffen von vorrangigem Interesse sind, da sie ein begriffliches Verknüpfungspotential beinhalten.

In der Phase des Wissenserwerbs als Grundlage für jegliche weitere Verarbeitung erleichtert und unterstützt das terminologische Wissen das Eindringen des Wissensingenieurs in ein zu bearbeitendes Fachgebiet durch eine geordnete (systematisierte) Darstellung des betreffenden Begriffsapparates und seiner Repräsentationsformen. Terminologisches Wissen kann also die Bausteine des Wissens liefern, das die Grundlage des Wissensingenieurs für die weitere Extraktion von Wissen auf den übergeordneten Ebenen aus Dokumentationsmaterial oder durch Interviews mit Fachleuten bildet.

In der Wissensrepräsentationsphase können je nach Ziel und Zweck des zu erstellenden wissensverarbeitenden Systems Wissensstrukturteile des terminologischen Wissens direkt oder in abgewandelter Form übernommen werden, z. B. kann die Vererbung von Begriffsmerkmalen, die sich aus der begrifflichen Über- und Unterordnung in logischen Begriffssystemen ergibt, Anwendung finden. Ferner können Begriffsbeziehungen, die sich aus der fachsprachlichen Phraseologie ergeben, bei der Formulierung von Regeln in Expertensystemen verwendet werden. Wissensstrukturen höheren Komplexitätsgrades liegen jedoch außerhalb des unmittelbaren Bereichs des terminologischen Wissens.

In der Phase der Wissensverarbeitung durch ein Programm spielt das terminologi-

Framework	Artificial Intelligence		Terminology	
System	Expert system		Term bank	
Technology	Knowledge Engineering		Terminography	
Tasks	Knowledge	Acquisition	Term	Elicitation
		Representation	+	Elaboration
		Deployment	Concept	Representation
		Dissemination		Dissemination

Abb. 229.1: A paradigm for the comparison of artificial intelligence and terminology

sche Wissen keine Rolle. Jedoch bei der Repräsentation des Wissensverarbeitungsergebnisses, aber auch bereits bei der Formulierung des ‚Ausgangswissens' kommt dem Begriffsrepräsentationswissen entscheidende Bedeutung zu, z. B. wäre sonst eine Umsetzung des Verarbeitungsergebnisses in eine natürlichsprachliche Form unmöglich.

Aus dem Gesagten geht hervor, daß zwischen der Wissenstechnik und der Terminologie eine ‚symbiotische Beziehung' besteht (die hier nur angedeutet werden kann), was jedoch nicht heißt, daß das eine als ein Teil des anderen gesehen werden kann; die Kompetenzschwerpunkte sind deutlich und markant (siehe hierzu u. a. Ahmad et al. 1989, 2).

5. Was sind *wissensbasierte Systeme*?

Die Auffassungen darüber, was unter dieser Benennung zu verstehen ist, gehen auseinander. Zumeist beinhalten die in der KI gängigen Definitionen Elemente wie ‚Expertensystem', ‚Wissensbasis in diesen Systemen', ‚Wissensrepräsentation' etc. Unter der Benennung *wissensbasiertes System* sollen hier zum einen wissensreiche terminologische Datenbanken als Wissensspeicher und zum anderen wissensverarbeitende Systeme, in denen eine „kreative Verarbeitung" erfolgt, verstanden werden. Diese Unterscheidung erscheint für unsere Zwecke hinreichend und adäquat, um eine grobe Einteilung nach der primären Funktion des Systems, nämlich ‚Wissensspeicherung' und ‚Wissensverarbeitung', vorzunehmen.

Wissensarme terminologische Datenbanken der ersten Generationen, die kaum oder kein Begriffsbeziehungswissen enthalten und deren Konzeption weitgehend auf lexikographischen Ansätzen basiert, sind hier nicht gemeint, da ihre Daten in den meisten Fällen nicht die Minimalkriterien einer terminologischen Bearbeitung erfüllen.

Eine klare Trennung zwischen (wissensreichen) terminologischen Datenbanken und Wissensbanken, ein Begriff, der in den letzten Jahren immer häufiger auch in der terminologischen Literatur auftritt, erscheint heute schwierig, da beide Begriffe in ständiger Entwicklung sind und Zwischenformen entstanden sind, die eher einen gleitenden Übergang als eine Trennung zwischen diesen Bankarten nahelegen (Picht 1992). Als Exponenten der wissensreichen terminologischen Datenbank und einer Wissensbank könnten z. B. DANTERM (Hinz; Nistrup Madsen 1990, 23 ff) bzw. das Projekt ‚Sozialanthropologische Wissensdatenbank als Fachinformationssystem' (Stockinger 1993) angeführt werden.

In wissensverarbeitenden Systemen, z. B. Expertensystemen, enthält die Wissensbasis neben den Daten Regeln, Metaregeln und Beziehungen; ferner ist, wie schon oben hervorgehoben, ein entscheidendes Merkmal dieser Systeme ein Inferenzmechanismus, der das Wissen der Wissensbasis bearbeitet.

Als eine Sonderform von wissensbasierten Systemen können maschinelle Übersetzungssysteme angesehen werden.

Allen drei Typen gemein ist die Verwendung von terminologischem Wissen in der einen oder anderen Form. Die Unterschiede der Wissensrepräsentation sind erheblich und werden von der Funktion des repräsentierten Wissens im jeweiligen System bestimmt.

Die entscheidenden Unterschiede zwischen den zwei Grundtypen von wissensbasierten Systemen können nach Ahmad et al. 1989, 26 folgendermaßen illustriert werden (s. Abb. 229.1).

6. Wie und in welcher Form kann terminologisches Wissen in wissensbasierte Systeme eingebaut werden?

Generell ist der Verwendungszweck ausschlaggebend für die Form, in der Wissen repräsentiert werden soll. Eine universelle Wissensrepräsentationsform gibt es nicht.

In wissensreichen terminologischen Datenbanken können alle unter 3.4. genannten Arten des terminologischen Wissens gespeichert werden und sind einzeln oder in Kombinationen abrufbar. So enthält DANTERM z. B. folgende Datentypen:

(1) klassifikatorische Daten
(2) benennungsbezogene Daten
(3) definitionsbezogene Daten
(4) Texte
(5) Begriffsbeziehungsdaten
(6) thesaurusbezogene Daten
(7) äquivalenzbezogene Daten
(8) verwaltungsbezogene Daten
(9) Zusatzinformationsdaten.

Diese Kategorien erlauben eine umfassende und detaillierte Speicherung von Wissen über einen Begriff und seine semiotischen Repräsentationsformen. Der Begriff steht eindeutig, wie schon unter 2.1. erwähnt, im Zentrum des Eintrags.

Bei einer Wissensbank wie der unter 5. genannten wird das terminologische Wissen einer terminologischen Datenbank über die Begriffsbeziehungen hinaus weiter vernetzt und zu einer umfassenderen Wissensstruktur ausgebaut, so daß der Nutzer dank der Möglichkeiten, die die Hypermediaentwicklung bietet, über verschiedene Wege die gewünschte Information (Wissen) ansteuern kann. Es liegt also eine Vernetzung von traditionellen Datenbanken mit Hypertext-Komponenten und regelbasierten Systemen vor (Stockinger 1993, 38). Bei diesen Systemen wird bereits deutlich, daß die Grenzen des herkömmlichen terminologischen Wissens erreicht und möglicherweise bereits überschritten worden sind; das Urteil hierüber ist vom jeweiligen Verständnis des Gegenstandsbereichs der Terminologie als Disziplin abhängig.

Diese beiden Formen wissensbasierter Systeme können als Wissensspeicher und/oder Informationssystem eingestuft werden; sie generieren kein neues Wissen, sie machen es in systematisierter und damit aufbereiteter Form leichter, gezielter und in kombinierter oder kombinierbarer Form zugänglich.

Beim Aufbau von Expertensystemen können Wissensbanken zwar, wie bereits erwähnt, eine wertvolle Hilfe sein, eine direkte Übernahme ihrer Wissensrepräsentationsformen ist jedoch kaum möglich. Die Repräsentationsform muß der jeweiligen KI-Verarbeitungsmethode angepaßt sein. Ohne in Einzelheiten einzudringen, kann generell festgehalten werden, daß

(1) die Benennung zum Träger des Begriffswissens wird;
(2) Merkmale ebenfalls ausgedrückt durch Benennungen in die Wissensrepräsentation eingehen können und
(3) bei einigen KI-Methoden hierarchische Beziehungen wie sie aus der Terminologie bekannt sind neben einer Reihe von anderen Anwendung finden können.

Da das übergeordnete Ziel eines Expertensystems die Problemlösung ist, ergibt es sich von selbst, daß neben dem terminologischen Wissen andere Wissensarten erforderlich sind, die von der Terminologie nicht abgedeckt werden können.

Bei maschinellen Übersetzungssystemen liegt es in der Natur des Systems, daß hier vor allem das Ergebnis der terminologischen Äquivalenzanalyse im Vordergrund steht, d. h. daß äquivalente Benennungen in mindestens 2 Sprachen als Benennungsgleichungen zur Verfügung stehen müssen. Aus einer Wissensbank kann sprachliches Wissen übernommen werden, in der Regel aber doch nur in beschränktem Maße, da weit mehr morphologische und syntaktische Informationen erforderlich sind als die, die normalerweise in einer Wissensbank gespeichert sind. Die semantische Information über die Zugehörigkeit einer Benennung zu einem Fachgebiet oder einem Teilbereich desselben kann aus der Wissensbank übernommen werden, muß aber in eine dem System entsprechende Form gebracht werden. Eine Direktübernahme ist kaum möglich.

Diese Kurzcharakteristiken lassen erkennen, daß trotz der symbiotischen Beziehung zwischen Terminologie und Wissenstechnik auch wesentliche Unterschiede bestehen, die weniger das Wissen (vor allem terminologisches Wissen) an sich, als seine Repräsentationsformen betreffen, oder anders gesagt: der Schwerpunkt der Wissensrepräsentation verlagert sich bei wissensverarbeitenden Systemen von der Begriffsbeschreibung im weitesten Sinne auf die Benennung als Repräsentationsform des terminologischen Wissens, auf die ‚fertige, abgeklärte Wissensbausteinrepräsentation' in komplexeren Wissensgefügen, die über der Ebene des terminologischen Wissens liegen.

Daß die Frage der Wissensakquisition, -elizitation und -repräsentation ein Eckstein der Entwicklung ist, läßt sich auch aus den zahlreichen Beiträgen in den Kongreßakten

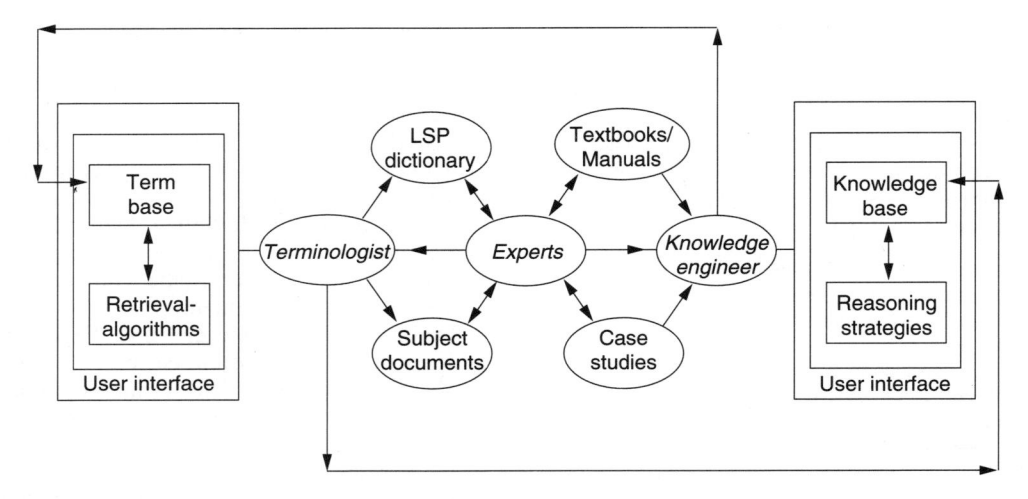

Abb. 229.2: The interaction between terminology and knowledge engineering

der letzten Jahre ablesen; als Vertreter für viele andere sei hier auf Beiträge von Peschl 1990, 131 ff; Ahmad 1993, 56 ff und Lukas et al. 1993, 78 hingewiesen.

Die Interaktion zwischen Terminologie und Wissenstechnik kann treffend durch die Graphik aus Ahmad et al. 1989, 64 veranschaulicht werden.

7. Zusammenfassung und Ausblick

Es kann aus heutiger Sicht festgehalten werden, daß die Verbindung der Terminologie zur Informatik, besonders in der Gestalt von terminologischen Datenbanken, bereits in der Mitte der 60er Jahre etabliert wurde und daß seit Mitte der 80er Jahre die Wissensbereiche KI und Terminologie sich einander annähern. Es kann daher heute berechtigt von breiten gemeinsamen Randzonen gesprochen werden, die sowohl der KI als auch der Terminologie zugerechnet werden können. Diese Entwicklung hat zu Neu- und Umdenken geführt und hat nicht zuletzt der theoretischen Untermauerung beider Disziplinen wertvolle Anstöße gegeben, deren Auswirkungen auch weit in andere Bereiche hinein spürbar sind, z. B. in der Fachkommunikation im weitesten Sinne, den Informationswissenschaften und dem Informationsmanagement.

An zukünftigen Entwicklungen zeichnet sich die Tendenz zu einer generellen Wissensmodellierung ab, die sich, im Gegensatz zur bisherigen Praxis, weniger auf die Aussagen von einzelnen Experten stützt, sondern die Wissensmodellierung ganzer Fachgebiete anstrebt (Oeser 1993; Budin 1993).

Eine weitere Aufgabe liegt in der Erforschung der automatischen Wissensextraktion aus Texten mit dem Ziel, den Auf- und Ausbau von Wissenbanken wirtschaftlicher, rascher und auf breiterer Basis gestalten zu können. Auch hierzu wurden schon erste Ansätze vorgelegt und Modellversuche mit positiven Ergebnissen durchgeführt. Eng verbunden hiermit ist auch die weitere Erforschung der Wissensrepräsentation, zu der ebenfalls eine steigende Anzahl Veröffentlichungen vorliegt und die zu einem festen Punkt in Kongreßprogrammen geworden ist.

8. Literatur (in Auswahl)

Ahmad et al. 1989 = Khurshid Ahmad/Heribert Picht/Margaret Rogers/Patricia Thomas: Terminology and Knowledge Engineering: A Review. Technical Report TWB Cl − 1; Sept. 1989; University of Surrey 1989.

Ahmad 1993 = Khurshid Ahmad: Terminology and Knowledge Acquisition: A Text Based Approach. In: TKE '93: Terminology and Knowledge Engineering. Ed. by K.-D. Schmitz. Frankfurt a. M. 1993, 56−70.

Budin 1993 = Gerhard Budin: Knowledge, Organization and Modelling of Terminological Knowledge. In: TKE '93: Terminology and Knowledge Engineering. Ed. by K.-D. Schmitz. Frankfurt a. M. 1993, 1−7.

Engel/Picht 1990 = Gert Engel/Heribert Picht: New professional profiles in knowledge engineering and knowledge transfer. In: TKE '90: Terminology and Knowledge Engineering. Vol. 1. Ed. by H. Czap and Wolfgang Nedobity. Frankfurt a. M. 1990, 47—61.

Feigenbaum 1977 = E. A. Feigenbaum: The art of artificial intelligence: Themes and case studies of knowledge engineering. In: Proceedings of the 5th International Joint Conference of Artificial Intelligence. 1977, 1014—1029.

Felber 1993 = Helmut Felber: Allgemeine Terminologie und Wissenstechnik. Theoretische Grundlagen. Wien 1993 (IITF-Series 1).

Hennings 1991 = Ralf-Dirk Hennings: Informations- und Wissensverarbeitung. Berlin. New York 1991.

Hinz/Madsen 1990 = Hanne Hinz/Bodil Nistrup Madsen: Databasestruktur og brugerinterface til terminologidatabaser. In: ‚Terminologi, edb og vidensteknik'; Nordterm-symposium 1989. Ed. by Heribert Picht. Varde 1990, Nordterm 3, 23—59.

Karbach/Linster 1990 = Werner Karbach/Marc Linster: Wissensaquisition für Expertensysteme. München. Wien 1990.

Michie 1973 = D. Michie: Knowledge Engineering. Kybernetes. International Journal of Cybernetics and General Systems. England. 2 1990, 197—200.

Oeser 1988 = Erhard Oeser: Terminologie als Voraussetzung der Wissenstechnik. In: Terminology and Knowledge Engineering (Supplement). Hrsg. v. H. Czap und Christian Galinski. Frankfurt a. M. 1988, 224—231.

Oeser 1993 = Erhard Oeser: Theoretical Principles of Terminological Knowledge Engineering. In: TKE '93: Terminology and Knowledge Engineering. Ed. by K.-D. Schmitz. Frankfurt a. M. 1993, 34—38.

Peschl 1990 = Markus F. Peschl: Some Critical Reflections on Symbolic Knowledge Representation. In: TKE '90: Terminology and Knowledge Engineering. Vol. 1. Ed. by H. Czap and Wolfgang Nedobity. Frankfurt a. M. 1990, 131—139.

Picht 1989 = Heribert Picht: Fachsprachliche Phraseologie. In: Special Language: From Humans Thinking to Thinking Machines. Ed. by C. Laurén and M. Nordman. Clevedon. Philadelphia 1989, 89—109.

Picht 1992 = Heribert Picht: Vidensrepræsentation i termbanker og vidensbanker. In: Terminologi, edb & vidensteknik. 2. nordisk symposium. Varde 1992, 55—77.

Shortliffe 1981 = E. H. Shortliffe: Consultation Systems for Physicians: The Role of Artificial Intelligence Techniques. Proceedings of the Canadian Society for Computational Studies of Intelligence. In: Readings in Artificial Intelligence. Ed. by B. L. Webber and N. J. Nilsson. Palo Alto 1981.

Stiegelbauer 1988 = Günter Stiegelbauer: Eine Terminologiedatenbank für die praktische Wissensverarbeitung. In: Terminology and Knowledge Engineering. (Supplement). Hrsg. v. H. Czap und Christian Galinski. Frankfurt a. M. 1988, 68—71.

Stockinger 1993 = Johann Stockinger: IITF-Zwischenbericht für das Forschungsprojekt ‚Sozialanthropologische Wissensdatenbank als Fachinformationssystem'. Wien 1993.

Wüster 1974 = Eugen Wüster: Die Allgemeine Terminologielehre — ein Grenzgebiet zwischen Sprachwissenschaft, Logik, Ontologie, Informatik und den Sachwissenschaften. In: Ausgewählte Texte zur Terminologie. Hrsg. v. Laurén; Heribert Picht. Wien 1993, 331—376.

Erhard Oeser, Wien
Heribert Picht, Kopenhagen

230. Der Terminologe — Beruf oder Funktion?

1. Der Terminologe — ein Beruf?
2. Qualitative und quantitative Entwicklungen im terminologischen Arbeitsbereich
3. Manifestationen dieser Entwicklungen
4. Perspektiven
5. Literatur (in Auswahl)

1. Der Terminologe — ein Beruf?

Die Bezeichnung *Terminologe* hat sich zwar schon früh eingebürgert, doch die Auffassungen davon, was darunter zu verstehen ist, gehen auseinander. Trotz verschiedener Definitionen und Stellenbeschreibungen für Terminologen kann jedoch eine grobe generelle Einteilung vorgenommen werden.

Einerseits werden Personen als Terminologen bezeichnet, die sich der Bearbeitung bestimmter Terminologien widmen, d. h. die terminographische Arbeit leisten, andererseits wird auch derjenige Terminologe genannt, der sich mit Terminologie in Forschung und Lehre befaßt. Diese Einteilung hat sich bisher aus der Praxis ergeben, trägt aber nicht wesentlich zu einer Klärung bei, da in der Praxis viele Überschneidungen vorkommen. Mehr Klarheit verspricht eine Einteilung, die sich zum einen an dem Kriterium ‚fachliche Inhalte eines Berufs und der damit verbundenen Fachausbildung' und zum anderen an dem der ‚Funktion' orientiert.

1.1. Die herkömmliche Auffassung von Beruf hat primär den Inhalt eines Faches als Kern. Es gilt das Fach zu erlernen, um als Tischler, Landwirt, Jurist, Betriebswirt, etc. gegebene Aufgaben adäquat erfüllen zu können. Das damit verbundene Fachwissen, zu dem auch die Benennungen der Fachbegriffe (die Terminologie) gehören, wird in entsprechenden Ausbildungsgängen vermittelt.

Worin besteht nun aber der Inhalt eines Fachgebietes wie das der Terminologie, die sich selbst als interdisziplinäres (fächerübergreifendes) Wissensgebiet versteht? Der Inhalt könnte als das theoretische Grundlagen- und Methodenwissen bestimmt werden, das auf Inhalte *anderer* Fachgebiete angewendet wird. Um allerdings ein Produkt hervorbringen zu können, z. B. ein terminologisches Wörterbuch oder eine terminologische Datenbank, bedarf es über Grundlagen- und Methodenwissen hinaus noch des Wissens, auf das eben diese Bearbeitungsmethoden angewendet werden sollen.

1.2. Nähert man sich einer Klärung des Begriffs ‚Terminologe als Beruf' von der Funktion, ergibt sich ein anderes Bild. Da die Terminologie als Wissensgebiet und als geordnete Fachwortschätze eine zentrale Funktion im Rahmen der Fachkommunikation im weitesten Sinne erfüllt, werden die Aufgaben und die Funktion des Terminologen — und damit sein Berufsbild (man sollte es besser Berufsprofil nennen) — in Abhängigkeit von dieser übergeordneten Aufgabe definiert werden müssen.

Betrachtet man den beruflichen Werdegang von Personen, die heute als Terminologen arbeiten und sich auch zu Recht als solche bezeichnen, zeigt sich, daß hinsichtlich ihrer nicht-terminologischen Ausbildung zwischen zwei Gruppen unterschieden werden kann:

(1) Personen mit philologischer/linguistischer/übersetzerischer Ausbildung
(2) Personen mit nicht-sprachbezogenen Ausbildungen.

Diese Grobeinteilung schließt Kombinationen wie Jurist/Ingenieur/Betriebswirt Linguist/Übersetzer/etc. nicht aus, doch sind sie nicht die Regel.

Für beide Gruppen gilt, daß sie ihr terminologisches Wissen bisher in Zusatzausbildungen erworben haben, sei es in Fortbildungskursen verschiedener Dauer und Intensität oder in — oft fakultativen — Ausbildungskomponenten, die in andere Ausbildungsgänge integriert sind (vgl. Art. 102).

Die Kompetenzschwerpunkte beider Gruppen liegen bei gleicher terminologischer Ausbildung auf verschiedenen Gebieten und deuten bereits Funktionsbereiche an, so wird z. B. ein Jurist, der als Terminologe arbeitet, kaum metallurgische Themen terminologisch bearbeiten und sprachlich ausgebildete Personen werden als Terminologen immer auf die Zusammenarbeit mit entsprechenden Fachleuten angewiesen sein, wenn es um die fachlichen Inhalte einer Terminologie und deren Strukturierung geht.

Der gemeinsame Nenner für beide Gruppen ist, wie gesagt, das terminologische Grundlagen- und Methodenwissen und dessen Umsetzung in die Praxis; dieses Wissen ist eine Voraussetzung für die Erfüllung einer Funktion, die auf die Hervorbringung eines Produkts gerichtet ist, dessen Inhaltssubstanz aus den Fachgebieten stammt und nicht aus der Terminologie als Wissenschaft an sich. Daraus folgt, daß es *den* Terminologen — als Beruf — kaum geben kann, wohl aber den ‚Terminologen in *Funktion*'. Und da die Funktionen verschieden sein können, wird man eher von funktionsbedingten ‚Berufsprofilen' sprechen müssen als vom ‚Beruf' des Terminologen.

1.3. Auf den Terminologen in Forschung und Lehre ist obige Unterteilung nur bedingt anwendbar, da der Gegenstandsbereich primär nicht die Erarbeitung von Terminologien, sondern die Entwicklung theoretischer und methodologischer Grundlagen und eventuell ihre Didaktisierung ist. *Terminologe* in diesem Sinne bezeichnet eine Person, die die Terminologie als Wissenschaft betreibt. Damit ist die Bezeichnung *Terminologe* analog zu z. B. *Textlinguist*, *Transformationsgrammatiker* oder *Phonetiker* zu verstehen.

1.4. Der terminologische Ausbilder — als Funktion gesehen — nimmt eine Zwischenstellung ein; als Person kann er entweder primär Praktiker oder Theoretiker sein, aber doch nie das eine *ohne* das andere. Ferner gehört zu seinem ‚Berufsprofil' die Fähigkeit zur Didaktisierung und Vermittlung des Stoffs, wobei er auf recht unterschiedlich interessierte und orientierte Zielgruppen eingehen können muß.

2. Qualitative und quantitative Entwicklungen in der terminologischen Arbeit

Die in den letzten 10 Jahren zu verzeichnenden Veränderungen können zwar klassifikatorisch in veränderte Rahmenbedingungen und terminologieexterne sowie terminologieinterne Faktoren unterteilt werden, wobei *terminologie-* in dieser Zusammensetzung als ‚auf das Wissensgebiet der Terminologie an sich bezogen' zu verstehen ist. Sie dürfen jedoch nicht isoliert betrachtet werden, da sie in dauernder Wechselwirkung zueinander stehen.

2.1. Veränderte Rahmenbedingungen

Unter dieser Überschrift sollen jene Faktoren zusammengefaßt werden, die für die Entwicklung des Terminologiebereichs bestimmend waren und noch sind.

2.1.1. An erster Stelle ist hier die Erkenntnis von der Bedeutung der Fachkommunikation im weitesten Sinne für die Weiterentwicklung und Anwendung des Fachwissens anzuführen. Sie hat in einem ständig größer werdenden Kreis zu gesteigertem Fachkommunikationsbewußtsein geführt. Daraus entstand wiederum eine größere Bereitschaft zur Anerkennung der Fachkommunikation als wesentlichem Entwicklungs- und Produktionsfaktor. Man könnte auch von einer generellen Aufwertung der Terminologie im Rahmen der Fachkommunikation sprechen. (Zu Einschränkungen und Problemen vgl. Art. 107).

2.1.2. Ferner kann eine bedeutende Erweiterung des Forschungsgegenstandes der Fachsprachen festgestellt werden. Im Kielwasser der „pragmatischen Wende" in der Linguistik erweiterte sich auch der Blickwinkel der Fachsprachenforschung. Disziplinen, die früher nicht selten eher als marginal galten und daher oft aus verschiedenen Gründen ein quasiautonomes Dasein führten, haben durch die Erweiterung des Forschungsrahmens von einer eher einseitig linguistisch orientierten Fachsprachenforschung der 70er Jahre zur weit umfassenderen Fachkommunikationsforschung eine Aufwertung erfahren und fügen sich heute als unerläßliche Teile in den Forschungsbereich ein. Dabei konnten wertvolle Erfahrungen, die z. B. in der Terminologie und der Information und Dokumentation (I&D) seit Jahrzehnten vorlagen — man denke hier z. B. an die fachliche Zweitkompetenz (Baumann/Kalverkämper 1992, 14) oder das Wissen über andere semiotische Systeme als die Sprache in der Fachkommunikation (z. B. Schröder 1993, 187 ff; Picht 1994, 231 ff) — in einem größeren Zusammenhang nutzbar gemacht werden.

2.2. Terminologieexterne Faktoren

Zu diesen Faktoren können gerechnet werden:

2.2.1. Der in allen Fachbereichen laufend stattfindende Wissenszuwachs bedingt eine entsprechende Fachkommunikation, die auf der Begriffsebene die Schaffung von Terminologien erfordert. Sie müssen — explizit oder implizit — mit den bestehenden Terminologien abgestimmt, also bearbeitet, und danach gelagert und zugänglich gemacht werden, um ihren Zweck im Kommunikationsgefüge erfüllen zu können. Dieser fortlaufende Prozeß wird weitgehend von den Bedarfsträgern der Terminologie zumeist unbewußt geregelt, seltener aber bewußt gesteuert.

2.2.2. Die fortschreitende Differenzierung und Spezialisierung sowie die Entstehung neuer Fachgebiete (z. B. Umweltschutz, Gentechnologie) schaffen ebenfalls Bedarf an Fachkommunikation. Hier geht es nicht selten um die Schaffung ganzer Terminologien, die eine systematische Terminologieplanung besonders in der Initialphase wünschenswert oder gar erforderlich machen.

2.2.3. Parallel hierzu verlaufen fachbezogene I&D-Prozesse, die sich unter der Dachbezeichnung *Fachinformation* zusammenfassen lassen. Die möglichst reibungslose und bewußt gesteuerte Abwicklung dieser Prozesse wird auch *Informationsmanagement* genannt. Informationsmanagement seinerseits aber erfordert Werkzeuge (z. B. Klassifikationen, Thesauren), deren Bausteine terminologischer Art sind. Sie sind Instrumente der Wissensordnung, deren Systembestandteile Begriffe bzw. Themen (ausgedrückt durch Benennungen) und die Beziehungen, die zwischen Begriffen bzw. Themen bestehen, sind.

Terminologie und I&D stehen somit in einem komplementären Verhältnis zueinander, das zwar schon seit Jahrzehnten bekannt ist, aber heute stärker denn je in den Vordergrund tritt.

2.2.4. Durch die zunehmende Integration von Fachgebieten und die entstehenden fachlichen Randverschmelzungen (vgl. Art. 229) werden Teilgebiete der Terminologie in anderen Disziplinen nutzbar gemacht, z. B. in der Wissenstechnik und der I&D.

2.2.5. Ein weiterer terminologieexterner Faktor ist die Notwendigkeit, ganze Terminologien in Sprachen zu schaffen, die entweder durch historische Umstände in ihrer Entwicklungsfreiheit behindert wurden (z. B. die Sprachen des Baltikum) oder die einen durch politische, sozioökonomische, technologische o. a. Entwicklungen bedingten Bedarf haben, fachsprachliche Komponenten und die somit erforderlichen Terminologien zu entwickeln oder auszubauen. Mit anderen Worten: in beiden Fällen geht es um eine bedarfsgesteuerte Terminologieplanung und -entwicklung (siehe auch 3.1.3).

2.3. Terminologieinterne Faktoren

Diese Faktoren fallen vor allem in den Bereich der Grundlagen- und Methodenentwicklung und könnten auch als Wissenzuwachs in der Terminologiewissenschaft bezeichnet werden. Sie stehen oft in kausaler Beziehung zu den unter 2.2. genannten Faktoren.

Folgende Bereiche entwickelten sich besonders intensiv:

2.3.1. Die Annäherung von Terminologie und Wissenstechnik hat der theoretischen Terminologie Anstöße zum Umdenken, zu Anpassungen und Erweiterungen gegeben, die besonders die Bereiche Wissensordnung und Wissensrepräsentation berührt haben.

2.3.2. Unter demselben Einfluß stand auch weitgehend die Weiterentwicklung der terminologischen Datenbanken und der Übergang zu Wissensbanken. Letztere wiederum können zumindest potentiell die Schnittstelle zu anderen wissensverarbeitenden Systemen sein. Der Trend zu einer Integration solcher Banken in komplexere Systeme ist evident.

2.3.3. Ein weiterer Bereich ist die Erforschung und Nutzbarmachung von anderen semiotischen Systemen als Sprache für die Begriffs- und Wissensrepräsentation.

2.3.4. Stark in den Vordergrund getreten ist ebenfalls die wissenschaftstheoretische Durchdringung der Terminologie, die einerseits zu wesentlichen Erkenntnissen über terminologische Grundelemente wie Gegenstand, Begriff, Wissen und dergl. und andererseits zum Selbstverständnis der Terminologie im Gefüge der Wissenschaften beigetragen hat.

2.3.5. Ausgehend von dem schon lange etablierten Gebiet der Sprachplanung begann man mit der Entwicklung der Grundlagen der Terminologieplanung, die eine Reihe von Ähnlichkeiten mit der Normung aufweist.

Faßt man die genannten Entwicklungen und Einflüsse zusammen, kann man feststellen, daß beachtliche quantitative und qualitative Entwicklungen in den letzten 10 Jahren stattgefunden haben. Von grundsätzlich neuen Funktionen kann jedoch kaum gesprochen werden, wohl aber vom Ausbau, der Intensivierung, Modifizierung und Integration bekannter Funktionen im Gesamtgefüge der Fachkommunikation zu der auch die Fachinformation zu zählen ist.

Diese Aussage gilt — *mutatis mutandis* — sowohl für die terminologische Praxis als auch für Forschung und Lehre. Bezogen auf die Berufsprofile heißt dies, daß neben den bekannten Profilen neue entstanden oder im Entstehen begriffen sind (z. B. Terminologieplaner, terminologischer Wissensingenieur), die aber bei genauerem Hinsehen Weiterentwicklungen bzw. bedarfs- und entwicklungsbedingte Modifikationen von terminologischen Grundfunktionen sind und oft in anderer Form und unter anderer Bezeichnung schon früher bestanden haben.

3. Manifestationen dieser Entwicklungstendenzen

Der Überschaubarkeit halber sollen die unter 2. genannten Entwicklungen aus folgenden 4 Blickpunkten beschrieben werden, wobei auch hier die Kategorisierung nur als Darstellungshilfe dienen soll, keineswegs aber als Trennlinie aufgefaßt werden darf.

— Neue Funktionen in der Terminologie im Hinblick auf Berufsprofile
— Ausbildungsgänge für Terminologen
— Ausbildungsgänge für den Forschernachwuchs
— Terminologielehrerausbildung

Die letzten drei Punkte werden nur in bezug auf die Berufsprofile behandelt; ansonsten vgl. Art. 102.

TERMINOLOGIST	KNOWLEDGE ENGINEER
fields of activity	*fields of activity*
elaboration of terminologies	acquisation of knowledge
terminographical activities	representation of knowledge
terminological documentation	processing of knowledge
establishment and maintenance of integrable term banks	creation of dialogue structures
	formalization of knowledge
	design of knowledge-based systems for knowledge transfer

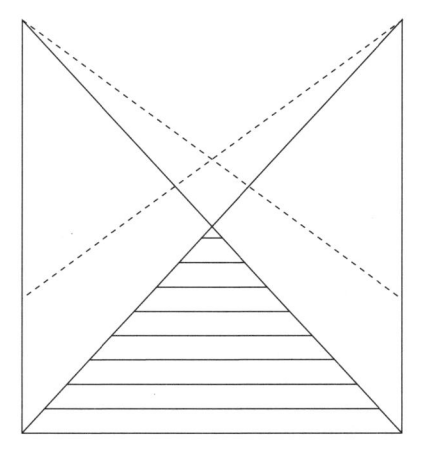

Abb. 230.1: Arbeitsbereiche von Terminologen und Wissensingenieuren nach Engel/Picht 1990

3.1. Neue Funktionen in der Terminologie

3.1.1. Wissenstechnik

Nach dem ersten Kongreß zum Thema „Terminology and Knowledge Engineering" (Trier 1987) wurden erste Untersuchungen mit dem Ziel vorgenommen, Verzahnungsmöglichkeiten von Terminologie und Wissenstechnik aufzudecken. Das Ergebnis war aufschlußreich und bekräftigte eine Reihe von Annahmen (vgl. Art. 229; Ahmad et al. 1989).

Zur gleichen Zeit arbeitete eine Arbeitsgruppe der Gesellschaft für Terminologie und Wissenstransfer an der Bestimmung der Berufsprofile des Terminologen und des Wissensingenieurs und deren inhaltlichen Überlappungen sowie der möglichen Verschiebungen/Erweiterungen der gemeinsamen Wissensmenge bei entsprechenden Zusatzausbildungen. Die Ergebnisse wurden in einem Beitrag auf der Tagung gleichen Namens 1990 vorgelegt (Engel/Picht 1990, 47–61), aus dem auch die folgende Figur stammt.

Auf der gleichen Linie, doch eher entwicklungs- und anwendungsorientiert, lagen Projekte, die an der Wirtschaftsuniversität Süd-Dänemark durchgeführt wurden, wo u. a. versucht wurde, terminologische Wissensstrukturen in Expertensysteme einzubauen (Toft 1990, 6–7; Lervad/Weilgaard 1990, 3).

Die Entwicklung der Hypertexttechnik führte zu einer Dynamisierung der terminologischen Datenbank, in der Begriffssysteme graphisch dargestellt werden können und ein leichtes Navigieren zwischen den einzelnen Datenfeldern gegeben ist (Nykänen 1993, 65–72).

Ende der 80er Jahre taucht der Begriff der terminologischen Wissensbank auf. Als Beispiel für die ersten Schritte in dieser Entwicklung kann das Projekt ‚Taschenwissensbank' (Budin 1990, 93 ff) genannt werden. Es wird nun auch zwischen wissensarmen und wissensreichen terminologischen Datenbanken unterschieden (Ahmad et al. 1989, 65) und versucht, die Grenzen zwischen terminologischer Datenbank und terminologischer Wissensbank näher zu bestimmen (Picht 1992, 55 ff). Stark im Vordergrund stehen z. Z. Versuche, Wissen aus Dokumenten automatisch zu elizitieren. Entsprechende Programme sind in der Entwicklungs- und Erprobungsphase (Ahmad 1993, 56–70).

Einen hohen Grad der Integration verschiedener Wissensdarstellungsmethoden und -techniken und deren Verknüpfung ist in dem Projekt ‚Konzept und Implementierung einer sozialanthropologischen Wissensdatenbank mit Bildspeicherung als modellhaftes Fachinformationssystem' (IITF 1994) erreicht worden.

In Zusammenhang mit der Maschinenübersetzung sind entsprechend aufbereitete Terminologien neben der Systementwicklung von zentraler Bedeutung für die Operationalität solcher Systeme in der Praxis. Hier sei stellvertretend für viele andere Ansätze auf die Entwicklung der Transferwörterbücher für das Maschinenübersetzungsprogramm METAL hingewiesen (Weilgaard 1992, 202).

3.1.3. I&D und Terminologie

Die enge Verbindungen zwischen I&D und Terminologie wurde in diesem und anderen Beiträgen wiederholt angesprochen.

Wie I&D-Funktionen mit denen des Terminologen verknüpft sein können geht anschaulich aus dem CEDEFOP-Dokument (CEDEFOP — Europäisches Zentrum für die Förderung der Berufsausbildung) ‚Hilfsmittel für die vielsprachige Facharbeit auf dem Gebiet der Berufsbildung' (1988) hervor. Auch in diesem Falle kann von einer Berufsprofilerweiterung um die terminologische Komponente gesprochen werden; die Mitarbeiter nahmen terminologische Aufgaben wahr, sie waren ‚Terminologen in Funktion'.

3.1.3. Terminologieplanung

Das Konzept der Terminologieplanung ist nicht neu. In der Praxis wird Terminologieplanung, zumeist eingebettet in die Sprachplanung in Ländern mit ausgeprägter Sprachenpolitik, z. B. Island, schon seit Beginn des Jahrhunderts betrieben (vgl. Helgadóttir 1991, 56 ff). Auch die Normung enthält seit je terminologieplanerische Aspekte.

Die Terminologieplanung hat in den letzten 10 Jahren starke Impulse erhalten, die vor allem wirtschaftlicher und kulturpolitischer Art sind, wobei sich beide oft kaum voneinander unterscheiden lassen.

So wurde z. B. im frankophonen Kanada seit Mitte der 70er Jahren intensiv und mit nicht unbedeutenden finanziellen Aufwand an der Erstellung französischer Terminologien auf den verschiedensten Fachgebieten gearbeitet. Die Motivation zu diesem Unterfangen war eindeutig kulturpolitischer Art.

Ein illustratives Beispiel für die Terminologieplanung innerhalb eines Fachgebietes ist die Schaffung der norwegischen Ölterminologie. Das Projekt ‚Terminol' (Roald et al. 1986) wurde Mitte der 80er Jahre von der ‚Norsk termbank' als eine Kooperation zwischen der Universität Bergen und dem norwegischen Erdölsektor in Angriff genommen. Die Motivation zur Durchführung dieses Projektes lag in erster Linie im wirtschaftlich-sicherheitsmäßigen Bereich, sprachpolitische Aspekte sind jedoch auch feststellbar. Anschlußprojekte soziolinguistischer Art sind heute (1994) in Vorbereitung; sie sollen die Erkenntnisse dieser bewußten Terminologieplanung aus der Sicht der Anwender analysieren.

Rein wirtschaftliche Motivationen liegen der Terminologieplanung z. B. bei dem finnischen Konzern Nokia zugrunde, wo seit Mitte der 80er Jahre eine terminologische Datenbank mit vorwiegend betriebsinterner Terminologie betrieben wird.

Sprachgemeinschaftsorientiert ist die kombinierte Sprach- und Terminologieplanung der Samen (Utsi 1991, 46 ff). Sie zielt darauf ab, die samische Sprache in einer relativ verstreut lebenden Sprachgemeinschaft zu festigen, zu vereinheitlichen und gleichzeitig zu einem vollgültigen Kommunikationsmittel auszubauen. Kultursoziologische Schwerpunkte stehen hier im Vordergrund.

In China wiederum liegt der Schwerpunkt der Terminologieplanung auf der Schaffung chinesischer Terminologien mit dem Ziel, den Wissenstransfer zu fördern oder auf breiter Basis überhaupt erst zu ermöglichen. Die Motivation ist daher indirekt (volks-)wirtschaftlicher Natur (Huang Zhaohou 1992, 42 ff).

Terminologieplanung mit starken kultursoziologischen/nationalen Motiven wird z. B. in Katalonien, im Baskenland, im Baltikum, der Ukraine und in Südtirol betrieben.

Aus diesen wenigen Beispielen ist abzulesen, daß Terminologieplanung aus sehr unterschiedlichen Motiven, auf verschiedenen Ebenen und in komplizierten Bedingungsgefügen stattfindet. Die sehr verschiedenartigen Motivationen und Zielsetzungen sind nicht ohne Konsequenzen für die Funktionen des Terminologen und damit für sein Berufsprofil. In einem Teil der Fälle wird der Terminologe notwendigerweise eine philologische/linguistische Ausbildung haben müssen, in anderen wird eine Fachgebietsorientierung eher gefragt sein. Auch aus dieser Sicht wird deutlich, daß die Berufsprofilbestimmung des Terminologen sich an seiner Funktion zu orientieren hat.

Die hier genannten Ansätze erheben freilich nicht den Anspruch auf Vollständigkeit, sie sollen lediglich neuere Entwicklungsrichtungen und Funktionen in der Terminologie illustrieren und gleichzeitig auf mögliche Komponenten in terminologischen Berufsprofilen hinweisen.

3.2. Ausbildungsgänge für Terminologen

Analysiert man die bisher bekannten Ausbildungsgänge im Hinblick auf ihre Selbständigkeit, wird man feststellen, daß Terminologie entweder als integrierter Bestandteil in anderen Ausbildungsgängen oder als Fortbildung gelehrt wird. Von einer autonomen Berufsausbildung im herkömmlichen Sinne kann jedoch nicht gesprochen werden.

In Fortbildungsgängen, die zumeist als Kurse angeboten werden, ist die Funktionsgerichtetheit am stärksten ausgeprägt und macht einen Teil des Lernziels aus. Wenn von generellen Einführungskursen abgesehen wird, sind die Zielgruppen der Fortbildungskurse vor allem Fachübersetzer, Dokumentalisten, Normer, Fachleute verschiedener Fachgebiete, Personal von terminologieerarbeitenden Institutionen und Datenbankbetreibern und zuweilen Sprach- und Terminologieplaner.

Als integrierter Bestandteil anderer Ausbildungsgänge ist die Terminologie in den Fachübersetzerausbildungen bereits gut verankert (vgl. Art. 102). Jüngeren Datums sind Integrationen in Ausbildungen, die stark fächerübergreifend orientiert sind und sehr oft ausgeprägte computerlinguistische Züge tragen. Hier wären u. a. die Ausbildung zum ‚cand. ling. merc. − datalingvistik' an der Wirtschaftsuniversität Kopenhagen (Madsen/Hansen 1991, 10 ff) oder die Ausbildung auf gleicher Ebene ‚Sproglig Informatik' an der Wirtschaftsuniversität Süd-Dänemark (*Studieordning* ... 1994) zu nennen. Bei beiden Ausbildungen stehen Begriffe wie ‚Sprachtechnologie' und ‚Sprachindustrie' an zentraler Stelle. Der Terminologie kommt hier eine anderen Disziplinen nebengeordnete Rolle zu und gibt den Absolventen die Kompetenz, als praktisch arbeitende Terminologen, insbesondere in Verbindung mit terminologischen Datenbanken und anderen integrierbaren Systemen, wie z. B. Maschinenübersetzung, tätig zu werden. Ausbildungen dieser Art werden auch anderenorts, z. B. an der Fachhochschule Köln, in verschiedenen Fachkombinationen und mit unterschiedlicher Gewichtung der Terminologie angeboten.

An zukünftige Informationsmitarbeiter wendet sich die ‚Informatør'-ausbildung an der Universität Vasa in Finnland; auch hier bildet die Terminologiekomponente einen Teil des Lehrplans (Laaksovirta 1991, 4 ff).

Schon aus diesen wenigen Beispielen − sie könnten beliebig erweitert werden − ist ersichtlich, daß terminologisches Wissen immer für eine mehr (in Fortbildungskursen) oder zum Ausbildungszeitpunkt eventuell noch weniger klar definierbare Funktion erworben wird. Dabei ist es unerheblich, daß Form, Inhalt und Dauer sich über die Jahre der Entwicklung angepaßt haben; die Zielsetzung der Kompetenzerweiterung ist nach wie vor dominant, ohne jedoch berufskonstituierend zu sein.

3.3. Ausbildungsgänge für den Forschernachwuchs

Ziel dieser Ausbildungen, die vor allem im nordischen Raum eine lange Tradition haben, ist die Heranbildung von wissenschaftlich arbeitenden Terminologen als Forscher im Sinne des unter 1.3. Gesagten. Diese Gruppe ist weniger von einer Bedarfssituation als von persönlichen Interessen bestimmt und kann daher hier vernachlässigt werden.

3.4. Terminologielehrerausbildung

Trotz mancher Ähnlichkeiten und gemeinsamer Interessen mit der unter 3.3. genannten Gruppe, ist hier eine Bedarfssteuerung deutlicher erkennbar. In einer Reihe von Ländern hat man die Terminologie als integrierten Bestandteil in Lehrpläne aufgenommen und damit auch einen Bedarf an kompetenten Lehrkräften geschaffen, der heute noch nicht überall befriedigend abgedeckt werden kann (Picht 1993, 56 ff).

Jedoch auch hier gilt wie für die anderen Kategorien, daß Terminologie immer auf andere Ausbildungen aufgesetzt wird und keine Eigenständigkeit im Sinne eines autonomen Berufs hat. Der Funktionscharakter des Terminologen als zusätzliches Berufsprofil ist dagegen nicht zu bestreiten.

4. Perspektiven

Der Tenor dieses Beitrages hat deutlich werden lassen, daß die Terminologie als *alleinige Berufsgrundlage* kaum vorstellbar ist. Dies liegt vor allem in ihrer interdisziplinären Natur begründet, die Fachgebietswissen gleich welcher Art immer einschließt.

Diese scheinbar grundsätzliche Begrenzung gilt jedoch nicht für die *Funktionen* des Terminologen. Sie sind der Entwicklung der unter 2. genannten Faktoren untergeben und werden sich entsprechend der Bedarfs- und Erkenntnislage verändern und erweitern, was zwangsläufig auch zu den daraus resultierenden Berufsprofilveränderungen und -erweiterungen führen muß.

5. Literatur (in Auswahl)

Ahmad et al. 1989 = Khurshid Ahmad/Heribert Picht/Margaret Rogers/Patricia Thomas: Terminology and Knowledge Engineering: A Review. Technical Report TWB C1 – 1; University of Surrey 1989.

Ahmad 1993 = Khurshid Ahmad: Terminology and Knowledge Acquisition: A Text Based Approach. In: TKE '93: Terminology and Knowledge Engineering. Ed. by K.-D. Schmitz. Frankfurt 1993, 56–70.

Baumann/Kalverkämper 1992 = Klaus-Dieter Baumann/Hartwig Kalverkämper: Kontrastive Fachsprachenforschung – ein Begriff, ein Symposium und eine Zukunft. Zur Einführung. In: Kontrastive Fachsprachenforschung. Hrsg. v. Klaus-Dieter Baumann und Hartwig Kalverkämper; Tübingen 1992 (Forum für Fachsprachen-Forschung 20), 9–25.

Budin 1990 = Gerhard Budin: Terminological knowledge engineering in practice: development of a pocket knowledge data bank. In: La Lingüistica aplicada. Noves Perspectives/Noves Professions/Noves Orientations. Ed. by M. T. Cabré/L. L. Payrato/L. de Sopeña. Barcelona 1990, 93–97.

CEDEFOP-Dokument 1988 = Hilfsmittel für die vielsprachige Facharbeit auf dem Gebiet der Berufsbildung. Eine CEDEFOP-Infoterm-Veröffentlichung. Berlin 1988.

Engel/Picht 1990 = Gert Engel/Heribert Picht: New professional profiles in knowledge engineering and knowledge transfer. In: TKE '90: Terminology and Knowledge Engineering. Ed. by H. Czap/W. Nedobity. vol. 1; Frankfurt 1990, 47–61.

Helgadóttir 1991 = Sigrun Helgadóttir: Terminology in Iceland. In: Terminology Science & Research 2. 1991, no. 2, 56–75.

Huang Zhaohou 1992 = Huang Zhaohou: On Normalization of Scientific and Technological Terminology in China. In: International Conference on Terminology, Standardization and Technology Transfer. Proceedings. 1991–07–02/06. Beijing 1992, 42–49.

IITF 1994 = IITF-Abschlußbericht für das Forschungsprojekt ‚Konzept und Implementierung einer sozialanthropologischen Wissensdatenbank mit Bildspeicherung als modellhaftes Fachinformationssystem'. Wien, März 1994.

Kandidatuddannelse 1994 = Kandidatuddannelse – cand. ling. merc. – datalingvistik. Studievejledning. Studieordning. Fællesregler. 93/94. Handelshøjskolen i København.

Laaksovirta 1991 = T. H. Laaksovirta: The New Syllabus for Information Dissemination at the University of Vaasa. In: Terminology Science & Research 2. 1991 no. 1, 4–9.

Lervad/Weilgaard 1990 = Susanne Lervad/Lotte Weilgaard: Tekstilrådgivning på edb. In: Temanummer af HHS-Information om erhvervssproglig forskning ved HHS, nr. 2, dec. 1990, 3.

Madsen/Hansen 1991 = Bodil Nistrup Madsen/Steffen Leo Hansen: Computational Linguistics at the Copenhagen Business School. In: Terminology Science & Research 2. 1991, no. 1, 10–21.

Nykänen 1993 = Olli Nykänen: Hyper-TEPA: A Prototype for a Hypertermbank. In: Proceedings des NORDTERM-Symposiums 1991; ‚Behovet och nyttan av terminologiskt arbete på 90-talet'. Helsingfors 1993 (NORDTERM 5), 65–72.

Picht 1992 = Heribert Picht: Vidensrepræsentation i termbanker og vidensbanker. In: Terminologi, edb & vidensteknik. 2. nordisk symposium. Varde 1992, 55–77.

Picht 1993 = Heribert Picht: Planning training courses for teachers of terminology. In: Terminology Sience & Research 4. 1993, no. 2, 56–66.

Picht 1994 = Heribert Picht: On concept and concept representation with focus on non-linguistic forms of representation. In: International Conference on Terminology Science and Terminology Planning and international IITF-Workshop ‚Theoretical Issues on Terminology Science. Ed. by J. K. Draskau und Heribert Picht. Wien 1994, 231–254.

Roald et al. 1986 = Jan Roald/Johan Myking/Per-Bjørn Pedersen: Terminol. Slutrapport fra et terminologisk prosjekt. Norske språkdata 11; Nordisk institutt, Universitetet i Bergen 1986.

Schröder 1993 = Hartmut Schröder: Semiotische Aspekte multimedialer Kommunikation. Am Beispiel produktvermarktender Texte. In: Fachtextpragmatik. Hrsg. v. Hartmut Schröder. Tübingen 1993 (Forum für Fachsprachen-Forschung 19), 187–209.

Studieordning ... 1994 = Studieordning for den Erhvervssproglige Kandidatuddannelses 2. del ‚Sproglig Informatik'. Forsøgsordning. Gældende for studerende som påbegynder uddannelsen 1. september 1994. Handelshøjskole Syd.

Weilgaard 1992 = Lotte Weilgaard: Ordbøger i METAL; anvendelse af terminologiske principper til opbygning af maskinoversættelsesordbøger i METAL. In: Terminologi, edb & vidensteknik. 2. nordisk symposium. Varde 1992, 202–221.

Toft 1990 = Bertha Toft: Vejen til et ekspertsystem. In: Temanummer af HHS-Information om erhvervssproglig forskning ved HHS, nr. 2, dec. 1990, 6–7.

Utsi 1991 = Nils T. Utsi: Terminology Work in Sámi. In: Terminology Science & Research 2. 1991, no. 2, 46–55.

Gert Engel, Kolding
Heribert Picht, Kopenhagen

231. International Information Centre for Terminology – Infoterm. – International Co-operation in Terminology

1. Introduction
2. History
3. Organizational profile and scope of activities
4. International co-operation in the field of terminology
5. Literature (selected)

1. Introduction

In order to evaluate the 'raison d'être' of an international organization, it is often useful to put the question, what would be, if this organization had not existed. In the case of Infoterm the positive effect of its existence is probably most visible in developing countries. In developed countries the quantitative and qualitative scope of terminological aspects and problems is so big that any activity comparable to that of Infoterm is just a drop in the bucket. Of course, Infoterm's activities are well known to the scholars, experts and students active or interested in terminology.

In many countries Infoterm has initiated and/or facilitated terminological activities, helped establish national institutions or organizations, provided guidance and assistance to co-operative efforts. Thousands of students, scholars and experts have received valuable information, background material, information on institutions and organizations, and active support for their research or terminology work, which they could not have completed successfully or at least not with the same efficiency and quality level without Infoterm's assistance. Attitudes towards terminology in many developed countries and – until recently even in multinational enterprises – as a rule is rather indifferent. When terminological activities are carried out, the respective institution/organization is most of the time not interested in co-operation with others. In most cases the respective body proudly thinks of doing it alone or does not even consider the benefits of co-operation. Gradually this attitude is changing due to the sheer quantitative and qualitative dimension of the 'terminology problem' today. But still the 'business' to promote co-operation in terminology is hard and sometimes not appreciated.

Only recently the 'awareness gap' between the importance of terminology and the necessity of a systematic approach and an institutional infrastructure in the field of terminology is in the course of being filled. Although terminology is crucial wherever and whenever knowledge is being recorded, processed, transformed, transferred or disseminated, not even subject specialists tend to take this into account, regarding terminology as an unlimited natural resource like the air around the earth. Only if major communication problems or mishaps occur due to deficient or lacking terminology, the fundamental role of terminology is more or less grudgingly acknowledged.

2. History

Although subject specialists started with co-operation in terminology as early as in the 18th century, in particular in natural sciences, such as chemistry, biology, physics etc., the necessity for organizing the promotion, co-operation and co-ordination in terminology only arose after the Second World War. Among the first ones to call for an institution were the translators, i. e. (re-)users of terminology, who suffered from the ever increasing amount of terminology in the wake of the fast scientific and technological development. From there to the recognition that terminology is a cost factor in every commercial, non-profit or public organization was quite a long way to go. The history of Infoterm very much reads like the history of the development of terminology science and many of its applications emerging after 1945.

2.1. The road to Infoterm

As early as in 1949, after having prepared a report on "International Scientific and Technical Dictionaries", the United Nations Educational, Scientific and Cultural Organisation (UNESCO) proposed that an "International Terminology Bureau" be founded under the common auspices of UNESCO and ISO (Wüster 1974). In the following years the topic "international centre for terminology" appeared again and again on the agenda of the General Conferences of UNESCO without achieving any progress for its implementation.

After the Second Congress of the International Federation of Translation (FIT) in

Rome in 1956, FIT also started to discuss the establishment of an international centre for scientific and technical terminology. Following resolution 2 of that Congress, the FIT Council was asked to take appropriate measures for the creation of such a centre in co-operation with UNESCO.

In 1967, the Council of Europe set up a Working Group for Terminology with the aim of creating a European Clearinghouse for terminological questions. This clearinghouse was to assist modern language teaching.

It was, however, not until the idea of a "United Nations Information System both Scientific and Technical" (UNISIST) was conceived in the sixties that progress could be made. UNISIST was a UNESCO intergovernmental programme to encourage and guide voluntary co-operation in the exchange of scientific and technical information at the national, regional and international levels. From the very beginning terminological issues ranged high on the agenda of the UNISIST Programme. UNESCO started to support terminological activities on a concrete level. The project to establish an agency for an International Committee for the Co-ordination of Terminological Activities (ICCTA) was discussed for some time within UNESCO. Finally, UNESCO announced that it intended to create an international centre for terminology which should meet the needs of all user groups concerned. In order to prevent the establishment of different centres in various international organizations, UNESCO offered a solution which would be acceptable to all parties concerned.

In 1970, UNESCO asked Eugen Wüster, already well-known as scientist and expert in terminology and documentation, to prepare two reports on terminology:

— Inventory of Sources of Scientific and Technical Terminology
— A Plan for Establishing an International Information Centre (Clearinghouse) for Terminology

These reports were later published under the title "The Road to Infoterm" as the first volume of the Infoterm Series (Wüster 1974). A detailed description of the needs and requirements for establishing an international terminology centre — in fact a feasibility study — can be found in the second report. Because of Wüster's close working relations with the Austrian Standards Institute (ON), UNESCO entered into negotiations with the ON and other Austrian authorities concerning statutory and financial details. The ON, backed by the Austrian Federal Ministry for Construction and Technology (as it was then called) and the Austrian Federal Economic Chamber, impressed by Wüster's efforts and in line with the Austrian tradition to do pioneering work in terminology research, standardization and documentation, accepted the commitment to establish an international focal point for terminological activities as a permanent institution under contract with UNESCO in 1971. This institution was to be called the "International Information Centre for Terminology (Infoterm)".

To UNESCO it was important that on the one hand Infoterm was incorporated in an institution that had the necessary infrastructure for an efficient operation and on the other hand that this institution worked in a related scientific field also on an international level. The ON fulfilled these requirements being member organization of the International Organisation for Standardization (ISO) and holding among others the Secretariat of the Technical Committee ISO/TC 37 "Terminology (principles and co-ordination)", which was in fact taken care of by Wüster. In order to increase Infoterm's efficiency, it was informally combined with the above-mentioned Secretariat. Only later Infoterm established formal liaison status with ISO/TC 37.

2.2. Development phase I 1971–1979

When Infoterm commenced work in 1971 with two staff members who actually belonged to the ON, it had a great asset to base its operations on, the know-how and the exhaustive collection of international documents on terminology and lexicography of Wüster, who at that time still maintained his private library and research centre in Wieselburg (Lower Austria). Wüster was appointed honorary scientific director of Infoterm. Only years after his death in 1977, his holdings and legacy concerning the fields of terminology, lexicography, documentation, German orthography, standardization etc. were acquired by the ON and moved to Vienna, where they became a major element of Infoterm holdings as the so-called "Wüster Library".

In its implementation and build-up decade, 1971–1979, Infoterm concentrated on information and documentation activities in the field of terminology focussing on terminology work in the natural sciences and technology and in particular on terminology standardization. As the international clearinghouse and referral centre for terminology, Infoterm was sometimes also requested to

– provide consultancy services and guidance in matters of terminology standardization, terminology documentation, terminology teaching and training, terminology planning, etc.
– initiate or organize the preparation of guidelines and manuals for various aspects of terminological activities,
– hold courses and give lectures on different aspects of terminology science and its applications,
– organize or co-organize international conferences or specialized expert groups,
– organize and/or co-ordinate terminological projects, etc.

UNESCO promoted these activities and provided assistance in the form of contracts for individual tasks. Infoterm could thus publish a number of bibliographies, which has to be seen as a form of 'active information' complementary to Infoterm's role and function as information centre. As terminological activities increased year after year, the above-mentioned complementary activities and services gained more and more prominence and had to be systematized.

According to a suggestion made by the UNISIST Steering Committee in June 1976, UNESCO had an international group of experts evaluate the activities of Infoterm and approve of the working programme submitted for the period 1976–86. The results of this evaluation are enclosed in a final report which was distributed by UNESCO to all bodies concerned. The summary states among others that "The outstanding success of Infoterm in all its spheres of activity clearly indicates a continuation and indeed an amplification of its functions." In line with this evaluation, the Austrian Government agreed to increase Infoterm's personnel to 5 regular staff members.

This increase of capacity and moral support allowed Infoterm among others

– to start issuing the Infoterm Newsletter in 1976,
– to record the bibliographic data on terminology standards in preparation of the "International Bibliography of Standardized Vocabularies" on a world-wide scale, which were dataprocessed by Siemens AG (Germany) in preparation for publication in 1979 as Infoterm Series 2,
– to contact bodies and individuals concerned with terminology such as organizations and institutions, commissions and committees as well as individual experts active in terminology in preparation of a world-wide inquiry on terminological activities, which resulted in the "World Guide to Terminological Activities" published in 1977 as Infoterm Series 4, to organize the First Infoterm Symposium on "International Co-operation in Terminology", in Vienna in 1975 (the proceedings of which were published in 1976 as Infoterm Series 6),
– to organize the "First International Conference on Terminology Data Banks" in Vienna in 1979 (the proceedings of which were published in 1980 as Infoterm Series 5),
– to organize, jointly with AILA and Soviet institutions, the International Symposium on "Theoretical and Methodological Problems of Terminology" (published in 1981 as Infoterm Series 7).

In spite of the increase of personnel from 2 to 5 staff members, this still did not suffice to cope adequately with the increasing work load. Therefore, Infoterm successfully adopted the UNISIST idea of networking in co-operation with UNESCO, and embarked on organizing an International Network for Terminology (TermNet) of institutions and experts co-operating on a voluntary basis. The preparatory groundwork for this networking was laid during 1977–1979. Infoterm and TermNet thus can be viewed as major achievements of the UNISIST decade of UNESCO.

Complying with a recommendation adopted at the First Infoterm Symposium, a feasibility study for a network of terminological activities was carried out by Infoterm in 1976/1977. After the positive evaluation of this study at a meeting of experts convened by UNESCO (to become the Infoterm Advisory Committee – IAC in 1978), Infoterm established contacts with several hundred possible TermNet partners (as they were then called) in order to find out whether they were interested in such a co-operation. The results of this inquiry were presented together with a draft proposal for the Three TermNet Programmes to the IAC which was recruited from the ranks of the above-mentioned experts. At the IAC meeting in 1979, the following recommendations were adopted among others:

– Infoterm was put in charge to implement the suggestions made in regard to the development of TermNet,
– a periodical was to be published to channel the flow of information within TermNet.

In line with these new tasks, regular staff was increased to 7 in 1979 by the Austrian authorities financing Infoterm.

2.3. Development phase II 1980−1989

During the "establishment of the networking decade 1980−1989", the International Network for Terminology (TermNet), an informal network of institutions, organizations and experts ready to co-operate on a voluntary basis, was implemented as a joint programme of Infoterm and UNESCO with funds provided by UNESCO and contributions in kind by various TermNet partners. Already in 1980, the first issue of TermNet News was prepared by Infoterm in co-operation with the General Directorate of Terminology and Documentation (DGTD) of the Translation Bureau of the Department of the Secretary of State of Canada.

Thanks to the substantial assistance in kind by the Canadian TermNet partners (in particular the DGTD), Infoterm was enabled to publish TermNet News before long on a regular basis and to launch the publication of three more periodical current awareness bulletins:

− BiblioTerm (BIT − as from 1982): quarterly periodical containing bibliographical data on newly published mono- and multilingual specialized vocabularies;
− StandardTerm (STT − as from 1986): quarterly periodical containing bibliographical data on newly published standardized vocabularies all over the world;
− Terminology Standardization and Harmonization (TSH − as from 1989): quarterly information bulletin on current national, regional and international activities in the field of terminology standardization.

It was also possible to organize a number of co-operative activities among several major TermNet partners which were so successful that Infoterm soon faced severe capacity problems again.

This situation was aggravated by four development trends which, to a certain degree, were triggered by Infoterm, but which were also a result of the development in general:

(1) Due to its systematic approach to 'terminology documentation' in co-operation with TermNet partners, Infoterm found out that far more publications and documents existed and many more activities were ongoing in the field of terminology than expected.
(2) As a consequence, the need for documentation activities increased, which triggered a demand for

− computerization of the documentation activities,
− computerization of the operation of Infoterm,
− more current awareness bulletin type of periodical publications.

(3) This in turn led to increased co-operation in terminology at national, regional and international levels, which triggered a demand for

− consultancy services (with regard to terminology institutions, applications of terminology methods and data, terminology teaching and training etc.),
− general guidelines and recommendations (with regard to terminology work and terminography),
− terminology planning,
− terminology management system development.

(4) Hitherto unknown or neglected aspects, such as the importance of terminological methods and data for

− information management,
− knowledge transfer,
− knowledge data processing,
− coding in data processing (e. g. with regard to electronic data interchange EDI) − data modelling,

gained importance in administration as well as in the private sector.

In order to cope with these new demands and needs and with a view to a division of labour at international and regional levels, Infoterm was instrumental in founding a number of organizations, such as

− the Association of Terminology and Knowledge Transfer (GTW, 1986) in preparation of the First International Congress on "Terminology and Knowledge Engineering" TKE '87 with the general objective of bringing together the worlds of terminology and computer science (in particular knowledge engineering);
− the International Network for Terminology (TermNet) at the end of 1988 as an international non-profit association consisting of corporate members with the general objective to co-operate in joint activities for
− developing applications in the field of terminology,
− establishing a market for terminological data and services,
− applying terminological methods and data for developing the "knowledge industries",
− the International Institute for Terminology Research (IITF) at the beginning of 1989, focussing its activities on co-operation concerning
− fundamental and basic research,
− terminology teaching and training.

Infoterm also actively supported the establishment, among others, of

- the Iberoamerican Terminology Network (RITerm) in 1988,
- the Japan Terminology Association (JTA) in 1988,
- the Italian Association for Terminology (AS.S.I.Term) in 1991,
- the German Terminology Association (DTT) in 1987,

and constantly tries to promote co-operation activities within and among geographical or linguistic regions at all levels.

As a result of these efforts supported by many co-operation partners world-wide, it was possible not only to step up publication activities considerably, but also

- to organize the first meeting of managers of terminology data banks in 1983,
- to organize an expert group working (in the form of pre-normative R & D) on guidelines for the recording of terminological data (since 1982),
- to hold the Second Infoterm Symposium on "Networking in Terminology" in Vienna in 1985 (the proceedings of which were published as Infoterm Series 8),
- to organize the First International Congress on "Terminology and Knowledge Engineering" (TKE '87) together with the GTW in Trier (Germany) in 1987 (Czap/Galinski [eds.] 1988),
- to assist the organization of the First TermNet Symposium "Terminology in Applied Microcomputer Applications" TAMA '89 in Vienna in 1989 (TermNet News special issue 1989),
- to start developing multilingual application software packages on the basis of the UNESCO documentation software package Mini-Micro CDS/ISIS (commonly known as MicroISIS),
- to embark on R & D activities with regard to terminological knowledge data processing,
- to carry out and initiate teaching and training activities in many countries and regions of the world (since 1989 numerous courses and seminars have been held in countries such as Malaysia, China, Japan, Venezuela, Brazil, USA, Spain, Italy, Tanzania, South Africa, etc.),
- to conceive new or not yet recognized applications of terminological methods and data.

Impressed by the success of Infoterm's activities on the one hand and worried by the ever increasing demand and need for more and new services which only Infoterm could provide due to its experience (and documentation back-up), on the other hand while fully appreciating the operational and financial commitment of the Austrian institutions financing Infoterm, the IAC at its 9th meeting in May 1989 expressed its concern with regard to the future of Infoterm and established a task force to draw up a plan presenting the possibilities which would allow Infoterm to fulfil its increasing tasks in the future. Several models for how Infoterm could be turned into a legally independent international institution were discussed with a view to give foreign governments the opportunity to contribute to Infoterm's overall activities or to individual programmes financially or in kind so that Infoterm services could be further focussed and systematized to meet existing needs and demands.

2.4. Development phase III 1990—1995

Since 1990 it has been increasingly recognized that Infoterm as a neutral non-profit institution at international level performs tasks and functions of public interest that go far beyond its original main role as international clearinghouse and referral centre for terminology. Especially consultancy services to government institutions world-wide, based on its integrative approach in the form of "terminology & documentation" (T & D), applied to all kinds of specialized information and communication activities, gained recognition.

Jointly with the GTW, Infoterm organized the Second International Congress on "Terminology and Knowledge Engineering" (TKE '90) (Czap/Nedobity [eds.] 1990). At the end of the Congress participants resolved that "the organizations/institutions concerned with terminological activities at international level, such as Infoterm, TermNet, GTW, IITF and ISO/TC 37, approach international organizations of the United Nations system as well as European and other regional institutions to draw their attention to the importance of the availability of reliable terminological data and of terminological methods, and to formulate a recommendation to the governments of the member states of these organizations [...] to promote terminological activities.".

In 1991 — coinciding with its 20th anniversary — Infoterm was associated to the United Nations Department of Public Information. In the same year a resolution was passed at the UNESCO General Conference that called on UNESCO member states "(a) to intensify co-operation on terminological matters (i) at national level; (ii) among themselves at regional and international levels; (iii) with international organizations active in terminology work, in particular with Infoterm, [...] and (b) to promote and support — morally and, if possible, financially — all the various kinds of terminological activities undertaken by universities, public authorities, business enterprises and other institutions".

A number of conferences organized or co-organized by Infoterm revealed the range of topics in the field of terminology:

– International Conference on "Knowledge Organization, Terminology and Information Access Management" (NISKO '91), Bratislava (Slovakia) (NISKO [ed.] 1991),
– Symposium on "Standardizing Terminology for Better Communication", Cleveland (USA) (Strehlow/Wright [eds.] 1993),
– Ibero-American Symposium on Terminology Teaching, Granada (Spain) (Gallardo San Salvador/Sanchez [eds.] 1991),
– International Conference on "Terminology, Standardization and Technology Transfer" (TSTT 91), Beijing (China) (CNTCTS [ed.] 1991),
– International Symposium on "Terminology & Documentation in Specialized Communication" (T & D '91), Hull (Canada) (Minister of Supply and Services Canada [ed.] 1991),
– Third Infoterm Symposium on "Terminology work in subject fields", Vienna (Austria), 1991 (Krommer-Benz/Manu [eds.] 1991).

In 1993 Infoterm was assigned the status of the International Collaborating Centre for Terminology of the World Health Organization (WHO). The OECD "Macrothesaurus for Information Processing in the Field of Economic and Social Development" was made available on the "Multilingual Thesaurus Management" (MTM3) Software jointly developed by Infoterm, TermNet, OECD and the Canadian International Development and Research Centre (IDRC) on the basis of MicroISIS with the financial assistance of the Austrian Government. The Localisation Industry Standards Association (LISA), an organization with the crème de la crème of information technology industry as its members adopted the "Terminology Interchange Format" (TIF) which was developed by a working group of the Text Encoding Initiative (TEI) with a strong Infoterm input. Infoterm started to launch the International Standardized Terminology Exchange Network (STEN) with a number of pioneering co-operation partners in the world of standardization.

In order to cope with the ever increasing flow of information within the terminology community, Infoterm embarked on a computerization strategy with the aim to arrive at a set of modular multilingual application software packages for future integrated information resource management (IRM) purposes programmed on the basis of MicroISIS, which would serve also those Infoterm co-operation partners that cannot afford to develop such software themselves. This software development strategy is particularly designed for information centres networking with many foreign partners, similar to Infoterm. The software packages (partly still in preparation) comprise a library and documentation module, an international bibliography publishing module, a scientific activities factual database module, a terminology database module, a multiple documentation language module, an office automation module and probably other modules to be linked under future versions of MicroISIS.

In 1992 UNESCO commissioned a group of renowned terminology experts to carry out a "Study on the re-assessment of the original mandate of Infoterm" with the aim

– of evaluating Infoterm's part tasks and activities, their effectiveness and efficiency and
– of formulating recommendations concerning the future operation, foci of activities and institutional development of Infoterm.

The study, endorsed by the IAC and presented to UNESCO in 1993, emphasized the fact that Infoterm had fulfilled its mandate extremely well over the past years. However, for the future this mandate needs to be adapted and reformulated into "the improvement of specialist information and communication, especially with regard to knowledge transfer, through the promotion of terminological activities and co-operation in this field". The study also stated that for the benefit of the emerging global multilingual information and communication society Infoterm should enter into a new development phase.

The UNESCO General Conference in 1993, while "acknowledging the contribution of Infoterm [...] to specialized communication, information and knowledge transfer and terminology science and its applications and convinced that Infoterm, as in the past, can substantially assist developing countries to develop terminology planning strategies with a view to support the development of subject field related education and vocational training, research in science and technology, as well as specialized communication, invited Member States (a) to take advantage of Infoterm's extensive holdings [...] and (b) to support Infoterm's efforts to computerize its services and continue to function as the international clearinghouse and referral centre in the field of terminology and its applications".

In 1993 several model terminology courses were held in China, South Africa, Italy, Argentina, Venezuela and Brazil, TIF was processed in ISO/TC 37 for becoming an International Standard, the prototype of a "hyperterminology-based multimedia knowledge database" was developed, the 3rd International Congress on "Terminology and Knowledge Engineering" (TKE '93) (Schmitz [ed.] 1993) was again co-organized by Infoterm and GTW.

In 1994 European institutions started to work intensively on implementing "information super-highways". The report on the future information society (so-called "Bangemann Report") was adopted at the Korfu Conference in 1994, asking all governments of EU member states to study the implications of informatization and globalization of society for Europe and the EU member states. Infoterm, which had organized the establishment of a Subcommittee on Specialized Information and Knowledge Transfer within the framework of the Austrian National Commission for UNESCO, was requested by the Austrian government to get engaged and organize activities that would prove the great contribution, which terminology can make with regard to the efficient use of the future information superhighways. Upon the invitation of the European Commission, Infoterm participated in high-level expert groups discussing the future multilingual information society in Europe (in preparation of a new EU Programme) and was nominated by Austria to participate in the planning and carrying out of R & D programmes within the Fourth Framework Programme of the EU.

The International Conference on "Electronic Publishing" (EP '94 – in Beijing, China) was supported by Infoterm. Infoterm helped to organize the International Congress on "Intellectual Property Rights for Specialized Information, Knowledge and New Technologies" (KnowRight '95 – in Vienna). In 1996 the Fourth International Congress on "Terminology and Knowledge Engineering" (TKE '96) was co-organized with the GTW.

A major restructuring of Infoterm was conceived in 1995. In 1996 Infoterm moved to new premises and became an international not-for-profit association. Currently its activities are streamlined in such a way as to strengthen Infoterm's role and functions as the biggest terminology information and documentation centre at international, regional and national levels.

3. Organizational profile and scope of activities

In 1995 the Infoterm staff consisted of 4 professionals (incl. the Director) and 3 assistants. The range of activities is subdivided into the following Sections:

– Strategic planning and counselling: comprising among others the planning of the work programme and the co-ordination of activities, external relations, planning of services, strategic counselling, Secretariat of the IAC, planning of the computerization etc.;
– R & D, training and quality assurance: comprising among others the implementation of the R & D, teaching and training (T & T), information & documentation (I & D), meetings and conferences strategies, care of the Wüster Library, international bibliographies pertinent to research and training, etc.;
– Librarianship and publications: comprising among others the implementation of the publication programme, organization of conferences, international bibliographies pertinent to terminology, management of the library and documentation holdings, etc.;
– Terminography and classification: comprising among others standardized terminology, international bibliographies pertinent to terminography, terminological data exchange, classification services, etc.

All staff members perform information services and are engaged to a greater or lesser degree in standardization activities at national, European and international levels.

There are about 20 formal agreements of co-operation mostly with international institutions/organizations. About 40 liaisons or affiliations are maintained with all kinds of specialized associations or other organizations on a regular basis. In addition, Infoterm maintains regular contacts with about 500 specialized institutions/organisations world-wide. More than 100 publications exchange agreements ensure that the Infoterm holdings of pertinent journals have become comprehensive with regard to terminology and related fields. Many of these journals are only accessible at Infoterm, taking all European libraries together.

ISO entrusted Infoterm with the Registration Authority for the International Standard ISO 639 "Code for the representation of names of languages". Infoterm functions as the International Thesaurus Information Centre within the framework of the International Organization for Standardization (ISO) and for the International Federation for Information and Documentation (FID). It is also the Software development and services co-ordination centre for UNESCO and OECD for MTM (Multilingual Thesaurus Management software).

Infoterm holdings comprise among others

— one of the most comprehensive collections of specialized dictionaries, glossaries and vocabularies (comprising many dictionaries issued as 'grey literature' otherwise next to inaccessible, collections of acronyms, symbols dictionaries etc.), a collection of documentation thesauri and classification schemes (for library applications), the most comprehensive collection of terminology standards,
— a large collection of theoretical works on terminology and related fields,
— the most comprehensive collection of terminological periodicals,
— a collection of proceedings of terminological meetings, conferences etc.,
— a collection of terminological dissertations, theses, etc.,
— a collection of documentary works of reference,
— the Wüster Library, which comprises a lot of material that still waits for scientific analysis such as
— the manuscript (catalogue cards) of the unfinished "dictionary of terminology"
— the manuscript (catalogue cards) of the unfinished "key to terminology" (containing 'international' morphemes for coining concepts)
— Wüster's voluminous correspondence with many scholars
— comprehensive material to the reform of the German spelling
— a more or less complete collection of materials concerning the beginnings of the standardization of terminological principles and methods
— a similarly complete collection of materials concerning the emergence of the 'General Theory of Terminology',
— a collection of software packages of all kinds of programmes for terminological and lexicographic data processing etc.

Infoterm's broad range of activities can be summarized under the following headings:

— International Clearinghouse and Referral Centre for Information on Terminology,
— counselling concerning fundamental and public issues in the field of terminology,
— terminology research library,
— scientific publishing in the field of terminology,
— fundamental R & D in terminological knowledge data processing,
— joint R & D projects,
— teaching and training in terminology (focussing on the training of trainers),
— organizing and co-organizing meetings and conferences,
— co-operation in terminology standardization,
— development of the methodology of I & D and librarianship,
— active participation in the development of basic standards (with respect to EDIFACT, data modelling, SGML etc.),

and last but not least a continuous promotion and support of terminological activities and co-operation in terminology world-wide.

4. International co-operation in the field of terminology

The field of terminological activities is multifaceted. Efforts are undertaken in nearly every region, language or subject field, but as a rule with little interconnection and, therefore, a high degree of sectorization (reflecting the sectorization in the different fields of science and technology). There are terminological activities by language, by geographical region, by subject-field, by application (e. g. translators), by special aspects (e. g. standardization), and last but not least by terminological institutions/organizations, and co-operation among those active in terminology is increasing year by year.

Infoterm has always fostered activities and promoted co-operation e. g. within language regions. One of the model cases for such co-operation is Nordterm (see article no. 220), other examples are the Rint (see article no. 222), RITerm (see article 221) and ArabTerm. China with its many minority languages within China, on the one hand, and many Chinese living in other countries, on the other hand, in fact has to be regarded both as a language region and a continent of its own. In 1993 the China Terminology Network (China TermNet), in 1997 the East Asia Forum on Terminology (EAFTerm) were founded.

Terminology has always been an issue in all regulatory activities at international level and increasingly so at European level. Product classification for customs purposes, hazardous waste terminology, are only some of the examples for such terminology harmonization with legal implications often cutting across many subject fields. Infoterm has started to organize co-operation among standardizing bodies with regard to the passive and active exchange of standardized terminologies. Although increased activity in the area of terminology standardization represents a positive trend, failure to communicate among standardizing groups has resulted in duplication of effort and considerable terminological variation due to the divergent scientific, technical, economic and industrial development background in different countries. Great benefits could be gained for every standards organization, if existing standardized terminologies could be made mutually available (passive exchange). The mutual assignment of equivalents to each others terminologies (active exchange) would add a new dimension to this exchange of standardized terminologies. In order to assist standards organizations to exchange their terminologies, Infoterm has adapted MicroISIS for terminology exchange purposes. Co-operation is organized within the framework of the (informal) international Standardized Terminology Exchange Network (STEN) comprising a number of standards organizations that are also members of ISONET. One of the primary aims of the STEN group is to cut costs in the creation of terminology standards by avoiding duplicated effort and by eliminating potential sources of misunderstanding due to poorly harmonized terminology.

In order to cope with the ever increasing number of terminological activities (translating into an increased workload at Infoterm) three strategies are pursued:
(1) division of labour and sharing of efforts among the terminological organizations at international level;
(2) promotion, stimulation and – if necessary/desired – co-ordination of networking among the terminologically active institutions/organizations or committees etc. at international, regional and national levels;
(3) focussing activities on strategic matters and non-commercial activities, such as co-ordination, conception of universal tools (e. g. guidelines, manuals, software etc.), consultancy services to international organizations (especially those of the UN system) and government institutions, promotion and organization of scientific conferences or workshops, participation in projects to support knowledge transfer, promotion and organization of training of trainers activities in addition to Infoterm's information and documentation activities.

It has always been the core element of Infoterm's policy

– to encourage subject-field specialists to prepare high-quality terminological data and

– to convince institutions/organizations and individual experts alike that the shear dimension of the 'terminology problem' requires co-operation.

The reduction of services and activities for the lack of capacity entailed by the streamlining of Infoterm activities in the early 90s had to be compensated by complementary activities of national and regional terminology institutions and organizations as well as by a more efficient co-ordination of activities of the terminological organizations active at international level. For this purpose the representatives of the five international terminological organizations (viz. Infoterm, TermNet, GTW, IITF, ISO/TC 37) met in 1992 for a first round of discussions concerning the future co-operation and co-ordination. Since then this co-ordination was installed on a regular though informal basis.

5. Literature (selected)

CNTCTS 1991 = International Conference on Terminology, Standardization and Technology Transfer. Proceedings. (TSTT '91). Hrsg. v. CNTCTS. Beijing 1991.

Czap/Galinski 1987 = Proceedings. International Congress on Terminology and Knowledge Engineering. Applications. Trier, 29 September–1 October 1987. Hrsg. v. Hans Czap; Christian Galinski. Frankfurt a. M. 1987.

Czap/Nedobity 1990 = Terminology and Knowledge Engineering (TKE '90). Proceedings. Second International Congress on Terminology and Knowledge Engineering. Applications. Trier, 2–4 October 1990. Hrsg. v. Hans Czap; Wolfgang Nedobity. 2 vols. Frankfurt a. M. 1990.

Felber/Krommer-Benz/Manu 1979 = Helmut Felber/Magdalena Krommer-Benz/Adrian Manu: International bibliography of standardized vocabularies. Bibliographie internationale de vocabulaires normalisés. Internationale Bibliographie der Normwörterbücher. München. New York. London. Paris 1979 (Infoterm Series 2).

Galinski/Schmitz 1996 = TKE '96: Terminology and Knowledge Engineering. Proceedings. Fourth International Congress on Terminology and Knowledge Engineering. 26–28 August 1996. Hrsg. v. Christian Galinski; Klaus-Dirk Schmitz. Vienna, Austria. Franfurt a. M. 1996.

Gallardo/Sánchez 1992 = La Enseñanza de la Terminología. Actas del Coloquio Iberoamericano sobre Enseñanza de la Terminología. Granada, June 1991 [IberoAmerican Symposium on Terminology Teaching]. Hrsg. v. Natividad Gallardo San Salvador; Dolores Sánchez. Granada 1992.

Infoterm 1976 = International Co-operation in Terminology: First Infoterm Symposium, Vienna,

9—11 April 1975. Co-operation internationale en terminologie. Premier Symposium d'Infoterm. München 1976 (Infoterm Series 3).

Infoterm 1980 = Terminological Data Banks. Proceedings of the First International Conference. Vienna, 2/3 April 1979. München. New York. London. Paris 1980 (Infoterm Series 5).

Krommer-Benz 1977 = World guide to terminological activities. Organizations, terminology banks, committees. Guide mondial des activités terminologiques. Organisations, banques de terminologie, comités. Hrsg. v. Magdalena Krommer-Benz. München 1977 (Infoterm Series 4).

Krommer-Benz 1981 = Theoretical and methodological problems of terminology. International Symposium Moscow, 27—30 November 1979. Proceedings. Problemes théoriques et méthodologiques de la terminologie. Teoreticeskie i metodologiceskie voprosy terminologii. Hrsg. v. Magdalena Krommer-Benz. München. New York. London. Paris 1981 (Infoterm Series 6).

Krommer-Benz 1986 = Networking in terminology. International co-operation in terminology work. Second Infoterm Symposium, Vienna, 14—17 April 1985. Travail dans le cadre d'un réseau de terminologie. Co-opération internationale dans le travail terminologique. Deuxième Symposium d'Infoterm 14—17 April 1985. Hrsg. v. Magdalena Krommer-Benz. München 1986 (Infoterm Series 8).

Krommer-Benz/Manu 1993 = Terminology work in subject fields. Proceedings. Third Infoterm Symposium, Vienna, 12—14 November 1991. Travail terminologique dans les domaines de specialité. Actes. Troisième Symposium d'Infoterm. Hrsg. v. Magdalena Krommer-Benz; Adrian Manu. Wien 1993.

Liu 1994 = International conference on Electronic Publishing. Proceedings. (EP '94). Hrsg. v. Liu, Xiaorong. Beijing 1994.

Nedobity 1982 = Terminologies for the Eighties. With a special section: 10 years of Infoterm. Hrsg. v. Wolfgang Nedobity. München. New York. London. Paris 1982 (Infoterm Series 7).

NISKO 91 = International Conference on Knowledge Organization, Terminology & Information Access Management (NISKO '91). Proceedings of the First NISKO Conference. Bratislava, 13—16 May 1991. Bratislava 1991.

Strehlow/Wright 1993 = Standardizing Terminology for Better Communication: Practice, Applied Theory, and Results. Proceedings. ASTM STP 1166. Hrsg. v. Richard A. Strehlow; Sue Ellen Wright. Philadelphia 1993.

T & D 91 = Proceedings from the International Symposium on "Terminology & Documentation in Specialized Communication" (T & D '91). Actes du Symposium International "Terminologie et Documentation dans la Communication Specialisée". Hull (Canada). Hrsg. v. Minister of Supply and Services Canada. Hull 1992.

TSTT 1997 = Encyclopedia of China Publishing House: Proceedings. 2nd International Conference on Terminology, Standardization and Technology Transfer. Beijing 1997-08-03/08. Beijing 1997.

Wüster 1974 = Eugen Wüster: The Road to Infoterm. Pullach. München 1974 (Infoterm Series 1).

Christian Galinski, Wien

XXV. Geschichte der Fachsprachen I: Ausschnitte aus der Entwicklung innerhalb der Antike und Spätantike

232. Grammatik, Rhetorik und Dialektik (Trivium) und ihre Fachsprachen: eine Übersicht

1. Allgemeines
2. Grammatik
2.1. Definition
2.2. Terminologie
3. Rhetorik
3.1. Definition
3.2. Terminologie
4. Dialektik
4.1. Definition
4.2. Terminologie
5. Literatur (in Auswahl)

1. Allgemeines

Die Zusammenfassung der geistigen Disziplinen fand erstmals zu Beginn des 1. Jh. v. Chr. ihren Ausdruck in dem t. t. *artes liberales* (Cic. inv. 1,35), was die griechischen Theoretiker mit ἐγκύκλιος παιδεία/*enkyklios paideia* wiedergaben (Dion. Hal. comp. 206; vgl. Quint. inst. or. I 10,1). In den Enzyklopädien der Spätantike (Martianus Capella, Cassiodor und Isidor) findet sich die Unterteilung der „sieben freien Künste" in das *Quadrivium* (Boeth. inst. math. I 1) der mathematischen Disziplinen Arithmetik, Geometrie, Musik, Astronomie und das *Trivium* (schol. Vindob. Hor. a. p. 307) der Fächer Grammatik, Dialektik, Rhetorik. Die Bestandteile des Triviums haben ihre jeweils eigene Entstehungsgeschichte.

2. Grammatik

2.1. Definition

Als Begründer und Meister der *Grammatik* gilt der auch auf anderen Gebieten bewanderte Sophist Hippias (Plat. Hipp. min. 368 d), wobei „Grammatik" sowohl Homererklärung im besonderen als auch die Kenntnis der Bedeutung der Buchstaben, Silben, Rhythmen und Harmonien sowie Gedächtniskunst im allgemeinen meint (Hipp. mai. 285 c/e); Cicero (de or. 3, 127) spricht in seinem Referat jener Platon-Stelle von *litterarum cognitio et poetarum*, was den Schluß nahelegt, daß es zu seiner Zeit noch keinen lateinischen t. t. für Grammatik gab, wie Platon diese Fähigkeit mit ἐπιστήμων περὶ γραμμάτων ὀρθότητος/*epistemon peri grammaton orthotetos* ausdrückte (vgl. Phil. 18 b/d) und ähnlich Prot. 312 b ἡ παρὰ τοῦ γραμματιστοῦ μάθησις/*he para tou grammatistou mathesis*; vgl. 325 e, wo er von „Lesen, Erlernen der Buchstaben (γράμματα/*grammata*) und Auswendiglernen guter Dichter" spricht. Im Kratylos (431 e) und Sophistes (253 a) wird für die Richtigkeit der Wortbildung die γραμματικὴ τέχνη/*grammatike techne* als eine bestehende Größe in Anspruch genommen. Nach Aristoteles Topik 6,5 (142 b 31) gab es Unsicherheiten in der Definition von Grammatik. Er selbst bezeichnet sie einmal als die Kunst des Lesens und Schreibens, Kat. 1 (1 a 14), ein andermal als die Lehre von den Lauten, Met. 3,2 (1003 b 20). Die philosophische Spekulation über Sprache, die nicht zuletzt aus der philologischen Beschäftigung mit den klassischen Dichtern hervorgegangen war, führte in der Stoa zur Bildung der Grammatik, wie sie im Handbuch des Dionysios Thrax (2. Jh. v. Chr.) niedergelegt ist. „Die empirische Erforschung des bei Dichtern und Prosaikern vorherrschenden Sprachgebrauchs" (§ 1) wird verknüpft mit einer systematischen Untersuchung des Aufbaus der Sprache. Alexandrinische Philologie und stoische Theorie (bes. Diogenes von Babylon περὶ φωνῆς/*peri phones*) gehen hier eine Verbindung ein.

Im ganzen gibt Dionysios den Kenntnisstand seiner Zeit wieder; sein Handbuch wurde maßgebend für alle Grammatiken der Folgezeit. Da die römische Literatur im Anfang Übersetzung der griechischen war, ergab sich die Notwendigkeit, Fragen der Grammatik zu reflektieren, von selbst, und so kann Sueton, de gramm. 1 (100 R.) nicht nur bereits Ennius und Livius (Andronicus) unter die Grammatiker rechnen, sondern auch Krates von Mallos, der sich im Jahre 168 v. Chr. in Rom aufhielt und die Römer mit Sprachproblemen bekannt machte. Als Vermittler der griechischen Grammatik und Begründer der römischen Sprachwissenschaft gilt jedoch L. Aelius Stilo (ca. 154—90 v. Chr.). Die Grammatik wird auch *litteratura* genannt (Quint. II 1,4, Suet. a. a. o. 4); nach Varro, 1.1. 5,7 kommt ihr vorzugsweise die Erklärung des Wortgebrauches der Dichter (Wortbildung, Deklination) zu. Die praktische Bedeutung der Grammatik liegt in Rom einerseits darin, über Formbildung und Orthographie der eigenen Sprache zu entscheiden, andererseits dem Redner das notwendige Rüstzeug zu vermitteln; vgl. Tac. dial. 31,11 und 30,8, wo die Grammatik zu den *ingenuae artes* zählt.

2.2. Terminologie

Die grammatische Terminologie ist von den Griechen geprägt, von den Römern vermittelt und in den modernen Sprachen bis heute fast unverändert in Gebrauch. Am Anfang der grammatischen Systematik stehen die Buchstaben (στοιχεῖα/*stoicheia*, *litterae*), 24 des griechischen und 23 des lateinischen Alphabets (mit den griechischen Buchstaben y und z), unterteilt in Vokale (φωνήεντα/*phoneenta*, *vocales*) und Konsonanten (ἄφωνα/*aphona* oder ἄφθογγα/*aphthonga*, *mutae* und *liquidae* [Zuordnung variierend]). Die Silbe (συλλαβή/*syllabe*, *syllaba*) besteht aus der Verbindung von Vokalen und Nichtvokalen; aus Silben entsteht ein Wort (λέξις/*lexis*, *dictio*). Worte, schon früh in ὄνομα/*onoma* und ῥῆμα/*rhema* unterschieden (Plat. Krat. 425 a), wenn auch noch nicht in der späteren Terminologie Subjekt und Prädikat verfestigt, bilden einen Satz (λόγος/*logos*, *enuntiatum*, *sententia*); λόγος σημαντικός/*logos semantikos* ist daher Rede, im Gegensatz zur bedeutungslosen Buchstaben- bzw. Tonfolge, der λέξις ἀσήμαντος/*lexis asemantos*. Die Rede hat fünf (Chrysipp), sechs (Antipater) bzw. acht (Dionysios Thrax) Redeteile: Name (ὄνομα/*onoma*, *nomen* bzw. προσηγορία/*prosegoria*, *appellatio* [*substantivum* ist kein antiker t. t.]), Zeitwort (ῥῆμα/*rhema*, *verbum*) — die aristotelische Unterscheidung ὑποκείμενον/*hypokeimenon*—κατηγορούμενον/*kategoroumenon*, deren wörtliche Übersetzung „Subjekt—Prädikat" ist, hat keinen Eingang in die antike Grammatik gefunden —, Mittelwort (μετοχή/*metoche*, *participium*), Artikel (ἄρθρον/*arthron* [fehlt im Lateinischen]), Fürwort (ἀντωνυμία/*antonymia*, *pronomen*), Verhältniswort (πρόθεσις/*prothesis*, *praepositio*), Umstandswort (ἐπίρρημα/*epirrhema*, *adverbium*) und Bindewort (σύνδεσμος/*syndesmos*, *coniunctio*). Die römische Grammatik, die an der Achtzahl der *partes orationis* festhält, fügt an Stelle des Artikels die *interiectio* ein, die von den Griechen zum Adverb gerechnet wurde. Die Redeteile sind von den römischen Grammatikern minutiös differenziert worden; der Verweis auf Quint. inst. or. 1 mag ein vollständiges Referat ersetzen. Dem *nomen* kommen zu: ποιότης/*poiotes*, *qualitas* (Eigenname oder Appellativum), γένος/*genos*, *genus* (ἀρσενικόν/*arsenikon*, *masculinum*, θηλυκόν/*thelykon*, *femininum*, σκευή/*skeue*, οὐδέτερον/*oudeteron*, μεταξύ/*metaxy*, *neutrum*, *commune*), εἶδος/*eidos*, *figura* (ἁπλοῦς/*haplous*, *simplex*, σύνδετον/*syndeton*, *compositum*), ἀριθμός/*arithmos*, *numerus* (ἑνικός/*henikos*, *singularis*, πληθυνικός/*plethynikos*, *pluralis*, δυϊκός/*dyikos* [Dual, fehlt im Lateinischen]), πτώσεις/*ptoseis*, *casus* (ὀρθή/*orthe*, ὀνοματική/*onomatike*, εὐθεῖα/*eutheia*, *nominativus*, *rectus*, *simplex*), die πλάγιαι πτώσεις/*plagiai ptoseis*, *casus obliqui*: γενική/*genike*, *generalis* [falsch als *genitivus* übersetzt], *possessivus*, δοτική/*dotike*, *dativus*, αἰτιατική/*aitiatike*, *causativus* [falsch als *accusativus* übersetzt], κλητική/*kletike*, *vocativus*; nur im Lateinischen: *ablativus*. Das Zeitwort (ῥῆμα/*rhema verbum*) ist durch acht Formarten gekennzeichnet: Beugung (ἔγκλισις/*enklisis*, *inclinatio*) in ὁριστική/*horistike*, *indicativus* [sc. *modus*], προστακτική/*prostaktike*, *imperativus*, εὐκτική/*euktike* [Optativ, fehlt im Lateinischen], ὑποτακτική/*hypotaktike*, *subiunctivus*), διαθέσεις/*diatheseis*, *genera verbi* (ἐνεργητική/*energetike*, ὀρθόν/*orthon*, *activum*, παθητική/*pathetike*, *passivum*, μεσότης [Medium, fehlt im Lat.], ὕπιον/*hypion*, dem Deponens entsprechend), εἴδη/*eide*, *species* (πρωτότυπον/*prototypon*, Stammwort, παράγωγον/*paragogon* Ableitung), σχήματα/*schemata*, *figurae* (*simplex*/*compositum*), ἀριθμοί/*arithmoi* (wie bei *nomen*), πρόσωπα/*prosopa*, *personae* (πρῶτον/*proton*, δεύτερον/*deuteron*, τρίτον/*triton*), χρόνοι/chronoi, tempora (ἐνεστώς/enestos, instans, auch praesens, παρεληλυθώς/parelelythos, praeteritum, μέλλων/mellon, futurum; die Vergangenheit zerfällt in παρατατικόν/paratatikon, imperfectum, παρακείμενον/parakeimenon, τέλειον/teleion, perfectum, ὑπερσυντελικόν/hypersyntelikon, plusquamperfectum, ἀόριστον/ahoriston, [Aorist, fehlt im Lat.]; futurum exactum ist kein antiker Begriff), συζυγία/syzygia [die Akzente betreffend, gilt nur für das Griechische]. Als Bestandteil der Grammatik im engeren Sinne galten Semasiologie, Lexikographie, Glossographie und Etymologie; im weiteren Sinne zählte zu ihr die Lehre der Redefiguren, σχήματα λέξεως/schemata lexeos, figurae orationis et sententiarum. So sehr sich die Terminologie der antiken Grammatik bis in die Neuzeit selbst dort behauptet hat, wo die moderne Sprachwissenschaft neue Wege ging, so wenig läßt sich eine gewisse Erstarrung im Formalen leugnen, was u. a. auch daraus hervorgeht, daß es die antike Grammatik nicht wirklich zu einer begrifflichen und systematischen Unterscheidung zwischen Laut-, Formenlehre und Syntax gebracht hat.

3. Rhetorik

3.1. Definition

Die *Rhetorik* im Sinne einer τέχνη/techne wird im allgemeinen auf Gorgias (ca. 480—380) als Archegeten zurückgeführt, der selbst eine „Redekunst" verfaßt hat (VS 82 B 12 ff), von der noch die sogenannten Gorgianischen Figuren (σχήματα/schemata) kenntlich sind (ἰσόκωλα/isokola, ἀντίθετα/antitheta, πάρισα/parisa, ὁμοιοτέλευτα/homoioteleuta etc.). Gorgias gilt als Schöpfer der rhythmisierten (Kunst)prosa. Er hat als erster eine rationale Begründung der Rhetorik gegeben, losgelöst von ihrem jeweiligen Gegenstand. Wesen und Ziel der Rhetorik ist die Verfügung über jede gewünschte (psychologische) Wirkung auf den Hörer, insbesondere die Kunst, „die unterlegene Sache zur siegenden zu machen." Platon hat in seiner Kritik der Rhetorik einseitig deren negative Möglichkeiten, nämlich die Mißachtung der Wahrheit um eines bestimmten Effektes willen, herausgestellt. Um eine Vermittlung zwischen Rhetorik und Dialektik bemüht sich Aristoteles in seiner „Rhetorik" (τέχνη ῥητορική/techne rhetorike), dem bedeutendsten Lehrbuch der Antike über diesen Gegenstand. Er übernimmt und begründet die von Gorgias zuerst gemachte Einteilung der Rhetorik in die drei Gattungen (Staats-, Gerichts- und Gelegenheitsrede), erörtert Beweis (συλλογισμός/syllogismos) und Wahrscheinlichkeitsaussage (ἐνθύμημα/enthymema, παράδειγμα/paradeigma, σημεῖον/semeion) und verknüpft Grundsätze der Ethik (Gerechtigkeit, Nutzen, Ehre) mit der Rhetorik. Einen breiten Raum nimmt die Erörterung der Disposition der Rede (τάξις/taxis) und der Stilmittel (λέξις/lexis) sowie der zur Verfügung stehenden Gedanken (τόποι/topoi) ein. Der nacharistotelische Schulbetrieb, beginnend mit der Stillehre des Theophrast, erweitert und verfeinert die rhetorische Begrifflichkeit und stellt einen Kanon von zehn klassischen Rednern auf (Quint. inst. or. X 1, 76—80). Die hellenistische Rhetorik ist darüber hinaus durch die Entstehung zweier, sich zum Teil bekämpfender Stilrichtungen gekennzeichnet, dem nach seinem Herkunftsgebiet genannten Asianismus (starke Rhythmisierung der Rede, Häufung der Kunstmittel, Schwulst, Regellosigkeit) und dem sich allein an der Sprache der attischen Redner orientierenden Attizismus. Die Anfänge der Rhetorik in Rom (Cato maior, Gaius Gracchus, Licinius Crassus, Publikation politischer Flugschriften) sind durch Ciceros übermächtigen Einfluß fast gänzlich der Vergessenheit anheimgefallen. Neben dessen publizierten (und meist für die Publikation eigens ausgearbeiteten) Reden sind vor allem theoretische Schriften zur Rhetorik hervorzuheben: *De inventione*, eine Jugendschrift und praktisches Handbuch für die Gerichtsreden; *De oratore*, über den Beruf des Redners (*orator perfectus*) und die Verbindung von Rhetorik und Bildung; *Brutus*, eine Geschichte der römischen Beredsamkeit, *Orator*, über die Stilarten und die Lehre vom Prosarhythmus. Zu nennen ist auch die unter Ciceros Namen überlieferte *Rhetorica ad Herennium* aus den 80er Jahren des 1. Jh.s v. Chr., in der die Rhetorik nach den *officia oratoris* dargestellt wird. In durchweg unsystematischer Form umkreist Cicero in seinen rhetorischen Schriften das Ideal des ‚philosophischen' (allgemeingebildeten), juristisch und historisch ausgebildeten und praxiserfahrenen Redners. Sein großes Verdienst dabei ist die Übernahme der griechischen rhetorischen Terminologie und ihre Umsetzung ins Lateinische. In der Kaiserzeit verlagert sich die Rhetorik aus der Öffentlichkeit in den Schulbetrieb, dessen Produkte vornehmlich *suasoriae*, *controversiae* und *declamationes* sind. Aus dieser Zeit stammt das letzte bedeutende Lehrbuch der Beredsamkeit, die *Institutio oratoria* des Quintilian (ca. 90 n. Chr.), das die gesamte antike Rhetorik wie in einer Summa zusammenfaßt und gleichzeitig den dominierenden Einfluß Ciceros auf die lateinische Sprachkunst bezeugt. Wie in der Grammatik haben auch in der Rhetorik spätantike Theoretiker Kompendien hervorgebracht, in denen jedoch mehr oder weniger das Bekannte variiert und mit subjektiven Akzenten versehen wird.

3.2. Terminologie

Das System der antiken Rhetorik ist äußerst subtil und differenziert; hier können nur die wichtigsten Gesichtspunkte aufgeführt werden. Die Rhetorik verlangt vom Redner je drei Voraussetzungen, drei allgemeine, Naturanlage (φύσις/*physis, natura*), Ausbildung (παιδεία/*paideia*, ἐπιστήμη/*episteme*, τέχνη/*techne, doctrina, scientia, ars*) und Erfahrung (ἐμπειρία/*empeiria, usus*), und drei spezielle, die Methode des Kenntniserwerbs betreffend, Unterricht in der rhetorischen Lehre (τέχνη/*techne, ars*), Nachahmung der Vorbilder (μίμησις/*mimesis, imitatio*) und Übung (ἄσκησις/*askesis*, μελέτη/*melete, exercitatio*). Der Arten der Rede selbst sind ebenfalls drei (γένη τῶν λόγων/*gene ton logon, genera causarum*), die Gerichtsrede (γένος δικανικόν/*genos dikanikon, genus iudiciale*), die politische Rede (γένος συμβουλευτικόν/*genos symbouleutikon* oder δημηγορικόν/*demegorikon, genus deliberativum*) und die Fest- oder Gelegenheitsrede (γένος ἐπιδεικτικόν/*genos epideiktikon, genus demonstrativum*). Die Tätigkeiten bzw. Fähigkeiten des Redners sind: die Auffindung der inhaltlichen Gesichtspunkte bzw. Argumente (εὕρεσις/*heuresis, inventio*), die Gliederung des Stoffes (τάξις/*taxis, dispositio*), die Darstellung in Sprache, Stil, Formulierung (λέξις/*lexis, elocutio*), das Auswendiglernen (μνήμη/*mneme, memoria*) sowie der Vortrag selbst (ὑπόκρισις/*hypokrisis, pronuntiatio* oder *actio*). Die jeweilige Rede gliedert sich in Einleitung (προοίμιον/*prooimion, exordium*), den Hauptteil mit Erzählung und Präzisierung des Sachverhalts (διήγησις/*dihegesis*, πρόδεσις/*prodesis, narratio, divisio*) und der Argumentation, der (positiven und negativen) Beweisführung (πίστωσις/*pistosis*, ἔλεγχος/*elenchos, confirmatio, confutatio*) und den Schluß (ἐπίλογος/*epilogos, peroratio*). Je nach Gegenstand, Zweck und Publikum kann zwischen drei Stilarten gewählt werden, dem schlichten Stil (χαρακτὴρ ἰσχνός/*charakter ischnos, genus subtile*), dem mittleren (χαρακτὴρ μέσος/*charakter mesos, genus medium*) und dem erhabenen (χαρακτὴρ ὑψηλός/*charakter hypselos, genus grande* oder *sublime*). Für alle gilt das Erfordernis der Stilqualitäten, der Sprachrichtigkeit (Ἑλληνισμός/*Hellenismos, Latinitas*), der Klarheit (σαφήνεια/*sapheneia, perspicuitas*), der Angemessenheit (πρέπον/*prepon, aptum*), des Redeschmucks (κόσμος/*kosmos, ornatus*) und der Kürze (συντομία/*syntomia, brevitas*). (Für das vollständige System der antiken Rhetorik s. Volkmann 1885; Lausberg 1960).

4. Dialektik

4.1. Definition

Die Dialektik (διαλεκτικὴ τέχνη bzw. μέθοδος/*dialektike techne* bzw. *methodos*) galt bei den griechischen Denkern als Teil der Philosophie und wurde bisweilen sogar mit ihr identifiziert. Von Platon (Staat 532/9) wird sie definiert als ein Vermögen, das dem Bereich des rein Denkbaren angehört, „das Gute in seinem Wesen durch die bloße Vernunfttätigkeit zu erfassen". Durch Dialektik gelangt man an das Ziel des Denkbaren; Dialektiker ist, wer den λόγος τῆς οὐσίας/*logos tes ousias* hat (534 b). Einziges Medium der Dialektik ist die Sprache, in Frage und Antwort wird die Wahrheit gesucht (Krat. 390 c). Dialektiker ist, wer auf die wissenschaftlichste Weise (ἐπιστημονέστατα/*epistemonestata*) fragt und antwortet (Staat 534 d/e), und daher krönt die Dialektik alle anderen Wissenschaften wie ein Schlußstein (ebd.). Gegensatz der Dialektik ist die (sophistische) Eristik (Soph. 259 c) und die Rhetorik (Phaidr. 266 b, Phil. 58 a). Die aristotelische Schrift „Topik" handelt thematisch von der Dialektik und ihren Schlußverfahren und definiert sie selbst im ersten Satz als eine „Methode, nach der wir über jedes aufgestellte Problem aus wahrscheinlichen Sätzen Schlüsse ziehen können" (100 a 18), d. h. die dialektischen Schlüsse zielen auf Wahrscheinliches (vgl. auch Sophistische Widerlegungen 183 a 39). Mit dieser Terminologie weicht Aristoteles vom platonischen Verständnis von Dialektik ab, der darunter geradezu die Wissenschaft vom wahren Seienden (den Ideen) verstand (Phil. 57 e/f). Aristoteles nennt die Dialektik „das korrespondierende Gegenstück (ἀντίστροφος/*antistrophos*) zur Rhetorik" (Rhet. I 1, 1354 a 1) und hebt damit hervor, daß beide ihre Prämissen nicht aus dem Gebiet des beweisbaren Wissens beziehen, sondern aus allgemeinen Ansichten (δόξαι/*doxai*). Die Rhetorik kann, da sie in der Lage ist, syllogistische Schlüsse zu bilden, gleichsam als ein Nebentrieb (παραφυές/*paraphyes*) der Dialektik bezeichnet werden (1356a 25). Für die Stoiker ist die Dialektik neben der Rhetorik ein Teil der Logik (Chrysipp SVF II 48); sie ist das Wissen von Wahrem und Falschem und dem Dazwischenliegenden (ebd.). Denken und Sprechen werden als eine Einheit betrachtet und folglich wird die Dialektik unterteilt in die Lehre von den bezeichnenden Lauten, den σημαίνοντα/*semainonta* und von den Inhalten, dem durch jene Bezeichneten, den σημαινόμενα/*semainomena* (SVF II 166). Begriffsbestimmung und Gattungseinteilung sind vor allem das Werk Chrysipps, dessen Sätze über die Stoische Schule hinaus „soviel galten wie die Sprüche Apollons".

4.2. Terminologie

Hauptquellen für die Rekonstruktion des antiken Systems der Dialektik sind Aristoteles' *Topik* und das Referat der stoischen philosophischen Lehren (δόγματα/*dogmata*) durch Diogenes Laertios VII 38−83, der selbst nur deren Hauptstücke (κεφάλαια/*kephalaia*) wiedergeben will. Dialektik ist ein Unterbegriff der Logik (in einigen Schulen neben der Rhetorik) und wird definiert als „die Wissenschaft von dem was wahr und was falsch und was keines von beidem ist" (ἐπιστήμη ἀληθῶν καὶ ψευδῶν καὶ οὐδετέρων/*episteme alethon kai pseudon kai oudeteron*); letzteres bezieht sich auf die Behauptungen, in denen es gilt, Überzeugendes und Zweifelhaftes (πιθανὸν καὶ ἀμφιβόλως λεγόμενον/*pithanon kai amphibolos legomenon*) zu unterscheiden. Die Dialektik ist einerseits die Lehre von den Schlüssen (ἡ περὶ τῶν συλλογισμῶν θεωρία/*he peri ton syllogismon theoria*) und andererseits die vom Wort (φωνή/*phone*) und der Rede (λόγος/*logos*) und überschneidet sich insofern mit der Rhetorik; „daher tragen die Stoiker diese Lehre in der Theorie von der Stimme vor" (Diog. a. a. O. 62). Dialektik ist die Wissenschaft von der lehrhaften Unterhaltung: daher „beginnt die dialektische θεωρία/*theoria* mit der Stimme, die beim Menschen ihren Ausgangspunkt im Verstande hat; was sie produziert, ist Ausdruck bzw. Aussage (λέξις/*lexis*)" (a. a. O. 55). Die Aussagen gliedern sich in vollständige und unvollständige; jene in Urteile und Schlüsse, diese in bloße Prädikate und Scheinschlüsse (σοφίσματα/*sophismata*). Ein Urteil (ἀξίωμα/*axioma*) ist, was entweder wahr oder falsch ist, oder eine vollständige Sache, die an sich entweder bejaht oder verneint werden kann. Die Urteile sind teils einfach, teils nicht einfach. Einfach sind diejenigen, die aus einem oder mehreren unzweideutigen Urteilen bestehen, gleich ob bejahenden, zusprechenden, absprechenden, bestimmten und unbestimmten (ἀποφατικόν/*apophatikon*, ἀρνητικόν/*arnetikon*, στερητικόν/*steretikon*, κατηγορικόν/*kategorikon*, καταγορευτικόν/*katagoreutikon*, ἀόριστον/*ahoriston*), nicht einfach sind die hypothetischen und assertorisch verbundenen, die verflochtenen, disjunktiven und kausalen (συμπεπλεγμένον/*sympeplegmenon*, διαζευγμένον/*diazeugmenon*, αἰτιῶδες/*aitiodes*); als eine eigene Abteilung werden die kondizionalen Urteile geführt. Die Wahrheit der verbundenen Urteile ergibt sich aus Widerspruchsfreiheit, Folgerichtigkeit und Folgenotwendigkeit von Vordersatz und Nachsatz. Ein verführerisches Urteil (πιθανὸν ἀξίωμα/*pithanon axioma*) ist, was sich zwar in Sprache und Syntax ausdrücken läßt, was aber unmöglich ist und nicht wahr sein kann. Notwendige Urteile sind wahr, nichtnotwendige wahr oder falsch. Schließlich gibt es bündige (schlüssige) und nicht bündige Urteile (λόγοι περαντικοὶ καὶ ἀπέραντοι/*logoi perantikoi kai aperantoi*) sowie unbewiesene Schlüsse, so genannt, weil sie keines Beweises bedürfen. Da alle Urteile zugleich sprachliche Verlautbarung sind (λέξις/*lexis*), fällt die Dialektik insoweit auch in die Zuständigkeit von Rhetorik, Grammatik und Stilistik, beginnend mit den Elementen (στοιχεῖα/*stoicheia*) der Rede über die Satzlehre bis zur Bedeutungslehre (σημαντική/*semantike*).

5. Literatur (in Auswahl)

Fuchs 1962 = Harald Fuchs: Enkyklios Paideia. In: Reallexikon für Antike und Christentum. Bd. 5. Stuttgart 1962, 365−398.

Glück 1965 = Manfred Glück: Grammatik. In: Lexikon der Alten Welt. Zürich. Stuttgart 1965, 1129−1133.

Gudemann 1912 = Alfred Gudemann: Grammatik. In: Realencyclopädie der Classischen Altertumswissenschaft. Bd. 7. Stuttgart 1912, 1780−1811.

Hadot 1984 = Ilsetraut Hadot: Arts libéraux et philosophie dans la pensée antique. Paris 1984.

Hadot 1997 = Ilsetraut Hadot: Geschichte der Bildung; artes liberales. In: Einleitung in die lateinische Philologie. Hrsg. v. Fritz Graf. Stuttgart. Leipzig 1997, 17–34.

Hommel 1965 = Hildebrecht Hommel: Rhetorik. In: Lexikon der Alten Welt. Zürich. Stuttgart 1965, 2611–2626.

Hülser 1987/88 = Karlheinz Hülser: Die Fragmente zur Dialektik der Stoiker. Stuttgart 1987/88.

Kühnert 1961 = Friedmar Kühnert: Allgemeinbildung und Fachbildung in der Antike. Berlin 1961.

Lausberg 1960 = Heinrich Lausberg: Handbuch der literarischen Rhetorik. München 1960.

Lossau 1964 = Manfred Lossau: Dialektik (Antike). In: Historisches Wörterbuch der Rhetorik. Bd. 2. Tübingen 1994, 560–567.

Mette 1960 = Hans Joachim Mette: ΕΓΚΥΚΛΙΟΣ ΠΑΙΔΕΙΑ. In: Gymnasium 67. 1960, 300–307.

Volkmann 1885 = Richard Volkmann: Die Rhetorik der Griechen und Römer in systematischer Übersicht. 2. Aufl. Leipzig 1885.

Hermann Funke, Mannheim

233. Philosophie und ihre Fachsprache im Altertum: eine Übersicht

1. Einleitung
2. Naturphilosophie und Ontologie
3. Sprachtheorie und Logik
4. Literatur (in Auswahl)

1. Einleitung

1.1. Eine Rahmenüberlegung

Seiendes, Idee, Substanz, Akzidenz — vier Sachen, die erstmals von antiken Philosophen überdacht und benannt worden sind. Weil ursprünglich auch niemand anderes danach gefragt hat, steht also fest: Die antike Philosophie hatte eine Fachterminologie. Unabhängig von den Beispielen läßt sich das so sagen: Die Philosophie entstand im antiken Griechenland und hat sich dort als etwas konstituiert, was von anderen geistigen Strömungen und Tätigkeiten wohl unterscheidbar war. Die griechischen Philosophen haben Fragen gestellt und Dinge erforscht, um die man sich anderweitig nicht oder nicht in vergleichbarer Weise gekümmert hat. Sonst hätte es keinen Grund gegeben, sie alle gleichermaßen ‚Philosophen' zu nennen. In diesem noch wenig bestimmten Sinn haben sie daher Untersuchungen angestellt, die für sie eigentümlich waren. Für ihre Forschungen und ihre Resultate werden sie dann auch Benennungen gehabt haben. Insofern müssen sie über eine Fachsprache verfügt haben, über eine Sprache, die es ihnen erlaubte, die von ihnen ins Auge gefaßten Gegenstände angemessen darzustellen; von der Eigenart der philosophischen Reflexionen her wird sie zu verstehen sein.

Obwohl also sicher ist, daß die Philosophie im Altertum eine Fachsprache hatte, ist dies ein merkwürdiger Gedanke. Wenn wir von ‚Fachsprachen' reden, konnotieren wir Spezialisierung und Enge — im Widerspruch zu den ersten Eindrücken ebenso wie zu allen gründlicheren Kenntnissen von der antiken Philosophie. Wenn die Konnotationen jedoch mehr in die Richtung auf besondere Absichten gehen, dann ist im Altertum keine besondere Absicht zu erkennen, sondern eher eine große Vielfalt, gibt es doch kaum ein philosophisches Thema, das in der Antike nicht schon angegangen worden wäre. Wir benutzen heute zahlreiche Termini, die aus der griechischen Philosophie übernommen wurden und die aus unserer eigenen Alltags- und Wissenschaftssprache nicht mehr wegzudenken sind, z. B. *Atom, Energie, Idee, Kategorie, Skepsis,* dazu in lateinischer Übersetzung z. B. *Element, Form, Kasus, Materie, Prämisse, Proposition, Subjekt.* Diese und viele weitere bei uns gebräuchliche Wörter sind thematisch ungemein breit gestreut und waren im Griechischen keine besonders auffälligen Wortprägungen. Daß sie trotzdem charakteristische Elemente der Sprache eines einzigen Faches gewesen sein sollen, ist merkwürdig.

Diese Punkte zusammenfassend läßt sich sagen: Die Philosophie hat keinen spezifischen Gegenstand, beschäftigt sich vielmehr in gewisser Weise mit allem. Ebenso hat sie keine Methode, die für sie insgesamt typisch wäre, sie als ganze gegen andere Disziplinen abheben könnte und sie auch im einzelnen leiten würde. Ihre Fachsprache läßt sich daher nicht über eine solche Methode oder über einen bestimmten Gegenstandsbereich charakterisieren. Auch war sie in der Antike nicht homogen:

Antiochos von Askalon (* zw. 130 u. 120 v. Chr., † ca. 68 v. Chr.; dazu Glucker 1978; Sedley 1981;

Barnes 1989) war in der Athener Akademie recht lange Schüler Philons von Larissa und unterstützte dessen Skepsis. Im Jahr 87 v. Chr. indes brach er mit ihm — warum genau, wußte schon Cicero nicht. Antiochos verstand sich aber weiterhin als Akademiker. Nichtsdestoweniger gründete er in Athen bald darauf eine eigene Schule. Er versuchte dort, die alte Akademie Platons wieder zu beleben, und vertrat — insbesondere angesichts des Publikums aus Rom — die Ansicht, die großen Philosophenschulen seiner Zeit hätten ungeachtet ihrer Differenzen einhellig die Philosophie des Sokrates entfaltet und unterschieden sich voneinander lediglich in der Terminologie. Cicero, der Antiochos im Jahr 79 in Athen sechs Monate lang hörte, berichtet in seinem Werk mehrfach von dieser These (vgl. FDS Nr. 248—254). Darüber hinaus bemühte er sich auch seinerseits, den Römern die griechische Philosophie bekannt zu machen und übertrug eine Anzahl charakteristischer Ausdrücke aus dem Griechischen ins Lateinische. Hiernach gab es sogar eine *homogene* philosophische Fachsprache bzw. Philosophie. Indes sprach Antiochos über eine Mehrzahl philosophischer Terminologien, von denen er behauptete, sie seien äquivalent. Auf diese Weise stellte er die Lehrunterschiede als unwichtig dar und machte dem römischen Publikum so deutlich, worauf es in der Philosophie jenseits aller Schulstreitigkeiten und Tagesfragen seiner Meinung nach ankam. Aber sonst war seine Idee von einer Einheitsphilosophie mit einer einzigen Fachsprache nicht gerechtfertigt. Dazu waren die Differenzen zwischen den philosophischen Schulen in der Logik und Erkenntnistheorie zu groß. Die Vielfalt war inhomogen. Auch hätte die Einheitsfachsprache des Antiochos nicht beansprucht, auch der vorsokratischen Philosophie gerecht zu werden.

Das Argument für die Existenz einer philosophischen Fachsprache besagte, daß die antiken Philosophen charakteristische Dinge erörtert und benannt haben. Die Merkwürdigkeiten bedeuten, daß über dieses Argument kaum hinauszukommen ist. Die Darstellung der Fachsprache bleibt an die der philosophischen Reflexionen gebunden und kann davon nicht abgelöst werden. Eine annähernd vollständige Übersicht über die Fachsprache müßte eigentlich eine komplette antike Philosophiegeschichte enthalten. Stattdessen ist auszuwählen.

1.2. Auswahlkriterien

Die Übersicht muß auf jeden Fall die Grundüberlegung verifizieren, daß die Philosophen auch im Altertum schon charakteristische Dinge diskutiert und dafür passende Fachausdrücke gefunden haben. Und es muß deutlich werden, mit welchen sprachlichen Mitteln die philosophischen Bezeichnungen gebildet wurden. Beides wird beispielartig an naturphilosophisch-ontologischem und an sprachtheoretisch-logischem Material dargestellt (Abschnitt 2 bzw. Abschnitt 3). Der naturphilosophisch-ontologische Themenkreis setzt gleich am Anfang der Philosophiegeschichte bei den Vorsokratikern ein und wird bis ins 4. Jh. v. Chr. so weit skizziert, daß sich der systematische Ort einiger Fachtermini abzeichnet und die weitere Entfaltung des Gebietes vorstrukturiert wird. Im Bereich von Sprachtheorie und Logik haben die griechischen Philosophen zahlreiche bis heute übliche Termini entwickelt. Hier dargestellt wird indes nicht das Ergebnis, sondern etwas von der Konstitution des Themenfeldes und davon, wie sich einzelne Termini allmählich herausschälen.

Themen der Ethik und deren Fachausdrücke kommen in dieser Auswahl nicht vor. Denn einschließlich der Skeptiker (vgl. Sextus Empiricus, *Pyrrhōneioi Hypotypōseis* 1.8, 10, 12) waren sich in der Antike alle Philosophen einig, daß die Philosophie dem Glück zu dienen und die Ethik den Weg dorthin zu ebnen habe. Indes hatte jede Schule, die sich zu diesem Fragenkomplex geäußert hat, eigene Vorstellungen sowohl vom Glück als auch von dem Weg dorthin, und sie hat dafür auch gehörig argumentiert. Dabei wurde jeweils ein typisches Vokabular ausgebildet, das natürlich von Schule zu Schule wechselte. Wegen der Fülle der darin festgehaltenen Beobachtungen und Aspekte ist es auch heute noch anregend. Es ist aber ungeeignet für eine kurze Übersicht und enthält keine sowohl instruktive als auch schulübergreifende Fachterminologie.

Das ausgebreitete Material könnte auch noch in anderer Hinsicht vervollständigt werden. So dauerte die antike Philosophie bis zur Schwelle des Mittelalters oder bis zum Beginn der byzantinischen Epoche um 700 n. Chr. Von diesem Zeitraum kommt hier sehr viel überhaupt nicht zur Sprache und muß wohl auch nicht referiert werden, insofern in nachhellenistischer Zeit in der Philosophie nicht mehr viel Anregendes geschah. Aber für die Überlieferung und die Fixierung eines philosophischen Kanons war diese Periode dennoch bedeutsam. Nicht weiter vorgestellt wird auch die doxographische Literatur. Dort wurde jeweils zu einer größeren Anzahl von Stichwörtern zusammengestellt, was die Philosophen dazu gesagt hatten. Auch dadurch wurde eine abgeschliffene schulübergreifende Terminologie gefördert.

2. Naturphilosophie und Ontologie

2.1. Die Frage nach dem Ursprung der Welt

Die griechische Philosophie entstand im frühen 6. Jh. v. Chr. als Alternative zu der auf sie hinführenden mythologischen Weltauffassung (dazu mit weiteren Literaturhinweisen Mansfeld 1983/86, I 9—38; Barnes 1982; Kirk/Raven/Schofield 1983). Thales von Milet, einer der sogen. „Sieben Weisen" des Altertums, galt schon im Altertum als ihr Begründer (vgl. Aristoteles, *Metaphysika* A 3.

983 b 20f). Er hatte nämlich die Sonnenfinsternis vom 28. Mai 585 v. Chr. vorausgesagt und außerdem behauptet, die Erde sei aus dem Wasser entstanden. Damit wurde die religiöse Deutung von Sonnenfinsternissen hinfällig und die Götter in der Entstehungsgeschichte der Erde überflüssig − beides wenigstens der Idee nach; denn gute Gründe hatte Thales noch nicht. Sein Schüler Anaximandros von Milet (610−547 v. Chr.) machte aus den Anregungen seines Lehrers einen umfassenden Begriff des natürlichen Prozesses. Anaximander konzipierte einen gemeinsamen Ursprung aller Erfahrungsgegenstände, der keiner weiteren Rückführung auf einen andersartigen (mythischen) Ursprung mehr bedürfen sollte, aus dem vielmehr in einem ebenso autonomen wie gesetzmäßigen Proceß die uns erfahrbare Welt hervorgegangen sein sollte. Durch diesen Ursprungsbegriff wurde aus den Ansätzen des Thales das systematische Programm einer umfassenden, begrifflich nachvollziehbaren Welterklärung. Erst damit war die Alternative zur Mythologie vollständig etabliert und die Philosophie klar konstituiert. Das neue Programm war allerdings noch nicht zufriedenstellend durchgeführt. Das zu versuchen und genauer herauszufinden, was als ein solcher Ursprung gelten könnte, war die weitere Aufgabe Anaximanders und der nächsten Philosophengeneration.

Im Rahmen des von Anaximander konzipierten ersten Programms einer philosophischen Welterklärung taucht auch schon der erste philosophische Fachterminus auf. Ein natürlicher Ursprung, wie Anaximander ihn ins Auge faßte, hieß künftig ἀρχή (*archē*). Ein Fachterminus war das nicht deshalb, weil das Wort neu gewesen wäre, sondern deshalb, weil der Ausdruck genau das zu benennen erlaubte, wonach die Philosophen und nur sie suchten. Des näheren hatte er zwei bemerkenswerte Eigenschaften: (1) Er wurde im Zuge einer Fragestellung gebildet und erhielt durch sie seinen präzisen Sinn; indem er das zum Ausdruck brachte, wonach man systematisch begründet forschte, war er nur der Art einer Kennzeichnung und stand zunächst für eine Aufgabe, nicht für eine Lösung. (2) Das verwendete Wort *archē* war keine Neuprägung der Philosophen, wurde vielmehr aus der Alltagssprache übernommen und erhielt eine durch die Fragestellung stilisierte Bedeutung; weil es sich auch dafür von Hause aus eignete, war es einem intelligenten, aber nicht „eingeweihten" Griechen auch in der neuen, fachspezifischen Bedeutung verständlich. − Beide Eigenschaften sind für die Termini der antiken Philosophie noch lange typisch, mindestens bis zum Beginn der Kaiserzeit. Das später und heute häufig verwendete Verfahren, von der Tradition bereits abgeschliffene Ausdrücke oder Fremdwörter aufzugreifen und sie durch eine Definition neu zu bestimmen, stand damals noch nicht zur Verfügung.

Nun hatten die ersten Philosophen zwar die mythische Welterklärung desavouiert und ein Alternativprogramm formuliert. Aber die Versuche, einen Ursprung im Sinne Anaximanders anzugeben, befriedigten nicht. Auch wenn die Anzahl der im Skopus der Erklärungsversuche befindlichen Phänomene ständig wuchs, blieb doch das Anfangsproblem ungelöst, die Frage nämlich, wodurch ein Urzustand Anlaß zu einer Veränderung hätte; außerdem erstreckten sich die Erklärungsversuche zwar auf den natürlichen Kosmos, nicht aber auf den ganzen Bereich der menschlichen Lebensgestaltung. Wegen dieser Mängel brachten die Ursprungskonzeptionen mit demselben aufklärerischen Nachdruck den alten Topos von der Unzulänglichkeit des menschlichen Wissens in Erinnerung. Xenophanes von Kolophon (ca. 570−475 v. Chr.) hat diesen Gedanken allen seinen Beiträgen zur Philosophie angefügt, den theologischen Beiträgen ebenso wie den nicht-theologischen; absolute Sicherheit sei nirgends zu erzielen (Fragment B 34 Diels-Kranz). Damit hat Xenophanes das Alternativprogramm abgerundet, natürlich ohne dafür einen weiteren Fachterminus kreieren zu müssen: Die Frage nach der Rechtfertigung rationaler Theorien wurde zu einer innerphilosophischen Frage.

2.2. Das Seiende als der Ursprung

Parmenides von Elea (um 500 v. Chr. herum 40 Jahre alt) antwortete auf die Herausforderung des Xenophanes sehr bestimmt: Für seine eigenen Überlegungen beanspruchte er als erster ausdrücklich absolute Gewißheit (Fragment B 1 Diels-Kranz). Diesen Anspruch gründete er auf den nicht empirischen, vielmehr rein begrifflichen Charakter seiner Argumentation. Weil sie vollkommen formal war, stellten ihre Ergebnisse sich als absolut verläßliche Einsichten dar, noch sicherer, als es die mythische Welterklärung je hätte beanspruchen können. In der Folge prägten sie dadurch bleibend das Vorverständnis der Philosophen von einer Erkenntnis; eine Erkenntnis sollte ihren Namen künftig nur verdienen, wenn das Erkannte absolut zuverlässig sei und sich nie ändere.

Inhaltlich drehte Parmenides' Argumentation sich um ‚das Seiende'. Um es näher zu bestimmen, unterschied er es in einem aussagenlogisch folgerichtigen Verfahren von einigen Begriffen und verknüpfte es mit anderen Begriffen, so daß sich für das, was ist, gerade insofern, als es ist, weitere Eigenschaften ergaben (bes. Fragmente B 2 und 8 Diels-Kranz). Insbesondere erwies das Seiende sich als unveränderlich. Wenn es also die seit Anaximander gesuchte *archē* war, löste sich das beschriebene Anfangsproblem auf. Dazu war nur noch nötig, die erzielten Ergebnisse, obwohl sie erfahrungsfrei und rein formal waren, zu einer Erklärung der empirischen Welt zu nutzen. Das tat Parmenides in einer allerdings höchst merkwürdigen Kosmogonie und Kosmologie: Er führte die empirische Welt auf eine menschliche Fehlinterpretation des Formalgültigen zurück. Diese ganz kontraintuitive Deutung überzeugte nur wenige. Trotzdem folgte man ihm darin, das Seiende als den gesuchten Ursprung anzusetzen, und interpretierte es dann etwas anders. In welcher Weise es bei möglichst großer Erklärungsleistung für die empirische Welt möglichst wenig anders zu konzipieren war, das war in der Zeit nach Parmenides die Frage, auf die es ankam und in deren Beantwortung Empedokles, Anaxagoras, die Atomisten und die übrigen Vorsokratiker des 5. Jh.s v. Chr. voneinander abwichen.

Für die philosophische Fachsprache ergab sich daraus (1) erstens, daß sie um einige Termini bereichert wurde, nicht nur um den des *Seienden*, sondern auch um die, die in der Argumentation des Parmenides sonst noch vorkamen; *Nichtseiendes, Werdendes, Eines,* u. a. m.; wenn man will, kam auch der beschriebene Erkenntnisbegriff hinzu. Wichtig ist vor allem die Verkettung; wenn einer der Begriffe auf den Plan tritt, dann auch alle anderen. Im übrigen entstammten diese Termini wieder alle der Alltagssprache, aber ihre Bedeutung wurde nach den Bedingungen der parmenideischen Argumentation erweitert oder abgewandelt. Wer also nach Parmenides das Seiende ein wenig anders bestimmen wollte, mußte auch die weitere Begriffskette behutsam modifizieren. (2) Zweitens wechselte der Titel für das zentrale Anliegen der Philosophie. Man sprach von den *archai* weiterhin so, wie Anaximander das konzipiert hatte. Aber die *archē*, auf die es entscheidend ankam, war nun das Seiende, das es also vorrangig zu untersuchen galt. Das ursprüngliche Forschungsprogramm entpuppte sich als Metaphysik; Aristoteles schrieb ihre erste Geschichte (*Metaphysika* A 1−10. 980a20−993a28). (3) Drittens führte Parmenides vor, wie der von Xenophanes eingebrachten Aufgabe zu genügen sei, philosophische Behauptungen zu rechtfertigen: durch begriffliche Argumentation. Daher verdienten Begriffe und Definitionen vermehrte Aufmerksamkeit, die dann nicht nur selber in spezifischer Weise benannt wurden; sondern die Definitionspraxis lieferte bald weitere Fachtermini. Außerdem tat sich hier eine neue Diskussionsebene auf; es traten die Möglichkeiten zutage, über die verschiedenen Weisen der Sprachverwendung nachzudenken.

2.3. Ideen und Gutes

Die Dimension der Ethik in die philosophische Weltauffassung einzubringen stand auch nach Parmenides noch aus. Das Thema wurde an verschiedenen Stellen bearbeitet (Pythagoreer, Sophisten, Demokrit) und gewann auch wegen der gesellschaftlichen Veränderungen des 5. Jh.s v. Chr. an Dringlichkeit. Für Sokrates (469−399 v. Chr.) war es so wichtig, daß er die Naturphilosophie überging und sich der Ethik verschrieb; in diesem Gebiet fragte er nach dem Allgemeinen und achtete als erster auf die Definitionen (Aristoteles, *Metaphysika* A 6. 987b1−6, M 4. 1078b17−32, 9. 1086a37−b5). Platon (428/7−347 v. Chr.) hat sowohl diesen Strang als auch die von Parmenides herkommende Tradition aufgenommen und beides so sehr vereinigt, daß seine Philosophie als ganze praktische Philosophie ist, obwohl sie häufig nur als theoretische Bemühung wahrgenommen wurde. Noch im hohen Alter bekräftigte Platon den praktischen Anspruch und erneuerte zur Ehre der wahren Philosophie sein politisches Glaubensbekenntnis, zum allgemeinen Wohl müßten die Philosophen Staatsmänner oder die Staatsmänner Philosophen werden (*Epistolai* VII, 326a6−b4). Begrifflich umgesetzt hat Platon die ungeschiedene Einheit von Theorie und Praxis dadurch, daß er − vorläufig gesprochen − die parmenideische Begriffskette um den Begriff des ‚Guten' (und ‚Schönen') erweiterte.

Zunächst bemühte er sich wie Sokrates um klare Begriffsbildung und untersuchte speziell solche Begriffe, die etwas Werthaftes enthalten. Alle Taten und Dinge sind durch Teilhabe an solchen Begriffen selbst werthaft und gut, ohne Teilhabe daran hingegen schlecht. Die Werte andererseits sind (a) erkennbar, daher nach Platon auch lehrbar und darüber hinaus im Anschluß an den Satz des Parmenides, das Denken sei mit dem Sein identisch (Parmenides, Fragment B 3 Diels-Kranz), auch seiend. Als Ursachen guter Taten und Dinge sind sie (b) den stets verdunkelnden Wechselfällen der wahrnehmbaren Welt enthoben und gehören einem die Sinnlichkeit transzendierenden Bereich an, müssen m. a. W. Ideen sein, die wegen Punkt (a) in höchstem Maße ‚sind'. Die Sinnenwelt gewinnt nur Existenz durch Teilhabe an der wahren Existenz, den Ideen, und bildet, indem sie existiert (teilhat), die Ideen ab — natürlich unvollkommen. Das wahrhaft und vollkommen Seiende sind die Ideen. Der Begriff des Seienden ist damit gegenüber den vorsokratischen Philosophen differenziert worden: Für Platon gibt es verschiedene Seinsweisen, wahres oder Ideen-Sein und eine daran bloß teilhabende Art der Existenz. Diese Differenzierung umschreibt den Fortschritt gegenüber den Vorgängern. Zugleich zeichnen sich weitere Diskussionen ab. Denn beide Seinsweisen sind mit gravierenden begrifflichen Schwierigkeiten belastet — die Ideen, weil schon in der Akademie unklar war, wieso sie rein bleiben können, wenn doch Sinnliches an ihnen teilhat (Einzelheiten bei Wieland 1982, 95 ff, und Schmitz 1985, II 6—15), und das Wahrnehmbare, weil der Umstand, daß es zu grob sei, um die Ideen vollkommen abzubilden, zugleich als Erklärung des Übels in der Welt dient.

Wenn die Differenzierung des Seienden in die parmenideische Begriffskette hineingetragen wird, wird die Einheit des Seienden problematisch, und es tut sich ein weites Feld auf. In der berühmten Gleichnisserie im 6. und 7. Buch der *Politeia* hat Platon den naheliegenden Diskussionsvarianten eine wirkmächtige weitere hinzugefügt. Anstatt etwa zu sagen, alle Begriffe der Kette seien in vergleichbarer Weise zu differenzieren, ‚übertrifft' nach dem Sonnengleichnis das Gute überhaupt alles und bekommt „das Erkennbare vom Guten nicht nur das Erkanntwerden, sondern auch das Sein und das Wesen [...], da doch das Gute selbst nicht das Sein ist, sondern noch über das Sein an Würde und Kraft hinausragt" (*Politeia* VI, 509b6—10). Im Guten ist alle Vielheit aufgehoben, herrscht absolute Einheit, und gerade so ist es nichtsdestoweniger Ursprung von allem.

Die philosophische Fachterminologie berührte das insofern, als die parmenideische Begriffskette nicht nur um den Begriff des ‚Guten' ergänzt wurde. Das Sonnengleichnis verschob auch die Gewichte, indem (a) das Gute einen Vorrang vor dem Seienden bekam und (b) dieser Vorrang auch den Gedanken vorbereitet haben könnte, aus der Kette auch wieder den einen oder anderen Begriff herauszunehmen, z. B. das Junktim zwischen *Seiendem*, *Einem*, *Wahrem* und *Notwendigem* aufzubrechen, wie Aristoteles dies tat (*Metaphysika* Θ10. 1051a34—1052a11). Nach dem Gesagten hat Platon außerdem die Ideen über den alltagssprachlichen Gebrauch hinaus hypostasiert und dem Ausdruck *Idee* dadurch eine ebenso fachspezifische wie strittige Bedeutung gegeben. Darüber hinaus hat er die philosophische Diskussion auch noch in vielen weiteren Punkten angeregt und um charakteristische Ausdrücke bereichert, die aufzuzählen hier nicht möglich ist.

2.4. Ontologien nach Platon

Nach einer alten, noch nicht verklungenen Sage kann alles, was in der Philosophie nach Platon kam, als Kommentar zu seinem Werk gelten; entscheidend Neues sei nicht mehr gedacht worden. Bereits die philosophiegeschichtliche These des Antiochos von Askalon (oben in 1.1.) kann in diesem Sinne verstanden werden. Andere meinen dagegen, daß es sehr wohl noch etwas Neues gegeben habe; ausgerechnet Aristoteles (384—322 v. Chr.) sei da zu nennen, den man häufig in die platonische Tradition einzubinden versucht hat und der sich mit Platon unstreitig ganz intensiv auseinandergesetzt hat; seine Platon-Kritik sei nicht nur eine übliche Kritik am eigenen Lehrer, sondern wesentlich mehr.

Diese Diskussion zu entscheiden ist hier nicht nötig. Es genügt, sie zu erwähnen. Denn je nach Stellungnahme zu ihr haben die aristotelischen Neuerungen ein anderes Gewicht.

Ausgehend von den wenigen Bemerkungen zum Werk Platons wird man von diesen Neuerungen als erstes festhalten, daß Aristoteles die Pragmatien getrennt hat. Für Platon waren theoretische und praktische Philosophie noch ununterscheidbar eins. Bei Aristoteles sind sie unverwechselbar verschieden, und ist keineswegs mehr jede theoretische Erwägung zugleich ein Stück der praktischen Philosophie; denn letztere bedenkt die menschlichen Verfügungsmöglichkeiten über die Bedingungen unserer Handlung grundsätzlich mit. — Xenokrates, von 338 bis 314 Leiter der Akademie, hat die Pragmatientrennung in die Platon-Überlieferung übernommen, vielleicht mit einer abweichenden Interpretation; er teilte die Philosophie ein in Logik, Ethik und Physik (Sextus Empiricus, *Pros Mathēmaticous* 7.16). Diese Einteilung ist dann allgemein üblich geworden; in der Antike wurde sie insbesondere auch von den Epikureern und von den Stoikern vertreten, die aber hinzuzufügen pflegten, die Philosophie bilde eine Einheit.

Was die Analyse des Seienden betrifft, hatte Platon verschiedene Seinsweisen unterschieden. Aristoteles trieb die Analyse weiter voran und unterschied am Seienden *Substanz* und *Akzidenz*. Für das genauere Verständnis dieser Differenzierung entscheidend ist, auf welcher Grundlage Aristoteles seine Analyse entwickelte, ob er sich dabei etwa von der Struktur der Aussage leiten ließ. Denn gerade er hat die *Etwas-als-Etwas-Struktur* der Aussage erkannt, sie eigentlich erst als Prädikation begriffen und zur Beschreibung genau dieses Befunds den Ausdruck κατηγορία (*katēgoria*) in die Philosophie eingeführt (*Topika* A 9. 103a20f), dessen Bedeutung später immer wieder modifiziert worden ist. Das Wort heißt von Hause aus „Anklage" oder „Beschuldigung" und wurde von Aristoteles aus dem rechtlichen Bereich übertragen – eine durchaus passende Metapher, solange es für die Prädikation stand. Im übrigen gibt es Gelegenheit zu einem allgemeinen Hinweis: Aristoteles hat manches beobachtet, wofür das Griechische ihm keine einschlägige Bezeichnung zur Verfügung stellte. Von daher hat er seinen Hörern und Lesern sprachlich allerlei zugemutet: Wörter neu geprägt (z. B. *katēgoria*), gewaltige Bedeutungserweiterungen vorgenommen – so etwa bei δύναμις (*dynamis*, ursprünglich „Fähigkeit", dann „Möglichkeit") – und auch sprachliche Ungetüme gebildet, z. B. τὸ τί ἦν εἶναι (*to ti ēn einai*) für das Wesen (diese Prägung war freilich durch die *logos*-Erklärung des Antisthenes vorbereitet; dazu unten in 3.3.). Gerade solche Ausdrücke sind für die philosophische Terminologie des Aristoteles typisch, auch wenn sie nicht in die allgemeine Fachterminologie übergegangen sind. Ohne Anspruch auf Vollständigkeit hat in neuerer Zeit H. Schmitz (1985, I/1, 6ff) eine längere Liste charakteristisch aristotelischer Termini zusammengestellt.

Außer den Analysen des Aristoteles gab es in nachplatonischer Zeit noch andere Ansätze, die hier ebenfalls kurz zu nennen sind. Parmenides hatte durch seine Gleichsetzung von ‚Denken' und ‚Sein' dazu Anlaß gegeben, alles, was denkbar ist, eben deshalb auch schon als seiend zu betrachten. Dagegen und gegen die Folgen bei Platon wandten sich die später als Materialisten eingestuften Epikureer und Stoiker: Sie erklärten das Seiende für etwas Körperliches und erkannten daneben als Nichtseiendes bzw. Unkörperliches nur das Leere an, so Epikur, oder nur das Leere, den Ort, die Zeit und die Lekta, so die Stoiker. Das Gedachte, erst recht das nur Gedachte galt nach dieser Sprachregelung nicht mehr als etwas Seiendes, sondern bedurfte einer neuen Analyse. Davon und von den verwendeten Termini ist leider kaum etwas erhalten (Näheres bei Long/Sedley 1987, I 25ff, 162ff, 266ff).

3. Sprachtheorie und Logik

3.1. Zur Konstitution dieses Fachgebiets

Über die Sprachphilosophie der Antike informiert bereits Bd. 7 dieser Handbuch-Reihe (1992); einen detaillierten kürzeren Überblick bietet neuerdings auch Villers (1997, 17–138).

Eingesetzt haben die philosophischen Reflexionen über die Sprache anscheinend mit Heraklit von Ephesus (Blütezeit 504/01 v. Chr.), der die mythische Verschmelzung von Sprache, Denken und Sein erstmals klar auflöste (bes. Fragment B 1 Diels-Kranz). Bei Parmenides war das anders; doch soweit die Sprache mit dem Sein verknüpft ist und nicht zur Welt des Scheins paßt, treten im Ergebnis auch bei ihm Sprache und empirische Welt auseinander. Es gab daher Anlaß, über unsere sprachliche Bezugnahme auf die Welt nachzudenken, und so entwickelte sich außer einer Erkenntnislehre die Sprachphilosophie und – nach gewissen Vorbereitungen durch Zenon von Elea (Schüler des Parmenides) sowie durch die platonische Dialektik – seit Aristoteles auch die formale Logik. Unter dem Titel „Logik" hat man dieses ganze Themenfeld ab Xenokrates als einen eigenen Zweig der Philosophie ausgewiesen, wobei allerdings folgendes zu beachten ist:

(a) Aristoteles hat sich die xenokratische Einteilung der Philosophie nicht zu eigen gemacht. Seine Nachfolger und seine Kommentatoren hingegen vertraten in der Frage der Fächereinteilung vor allem deshalb eine leicht abweichende Position, weil sie außer der theoretischen und der praktischen Philosophie nicht noch einen dritten Teil des Faches anerkennen wollte. Um das zu vermeiden, bezeichneten sie die Logik lediglich als ein ὄργανον (*organon*) der Philosophie, d. h. als ihr *instrumentum* oder Werkzeug (FDS Nr. 27–32a).

(b) Soweit man die „Logik" oder das „Organon" als eigenes Fach ausgrenzte, war der

Umfang dieses Faches nicht sofort klar. In der aristotelischen Schultradition legte man ihn später entsprechend den fünf oder sechs Schriften fest, die zusammen als ‚das Organon' des Aristoteles bekannt sind. Diese Tradition wurde auch maßgeblich für die allgemeine Bedeutung des Ausdrucks *Logik*. Bei den Stoikern gehörte zur Logik von Anfang an auch die Rhetorik, während die Erkenntnislehre wohl erst im 2. Jh. v. Chr. von der Naturphilosophie zur Logik wechselte. Den Kernbereich der Logik bildete bei ihnen die *Dialektik*, in der die Themen des aristotelischen Organon behandelt wurden (freilich mit einer anderen formalen Logik) und auch noch zusätzliche Themen Platz fanden, so etwa die Sprachtheorie (für Einzelheiten des Themenspektrums vgl. FDS I S. LXXVIII–XC; für einige Grundbegriffe antiker Sprachtheorie siehe Ax 1986).

(c) Die Epikureer pflegten neben der Naturphilosophie und der Ethik als drittes Gebiet die sog. Kanonik, ihre Epistemologie. Sie enthielt eine wissenschaftliche Methodologie und Beiträge zur Sprachphilosophie (Einzelheiten bei Long/Sedley 1987, I 78–101). Die formale Logik wiesen die Epikureer nicht als eigene philosophische Disziplin aus.

3.2. Definitionen

In der Entstehung von Sprachphilosophie und Logik spielten auch Definitionen eine beachtliche Rolle, zunächst wegen des rein formalen Charakters der parmenideischen Argumentation. Sodann studierte Sokrates an ihnen das Allgemeine (oben 2.3.). Ein weiteres Motiv, sich mit ihnen zu befassen, ergab sich durch das pythagoreische Gegensatzdenken.

Die ursprüngliche pythagoreische Kosmologie erklärte die Welt aus den Prinzipien des „Unbegrenzten" und der „Eins" und stellte sich als eine originäre Weiterentwicklung der Kosmologien Anaximanders und des Anaximenes dar (vgl. Mansfeld 1983/86, I 98 ff). Sie wurde dann jedoch gern mit anderen Lehren vermischt, und so kam es zu den wenig wissenschaftlichen pythagoreischen Tafeln einander äquivalenter Gegensatzpaare. Aristoteles referiert eine solche Liste: „Begrenztes und Unbegrenztes; Gerades und Ungerades; Eins und Vieles; Rechtes und Linkes; Männliches und Weibliches; Ruhendes und Bewegtes; Gerades und Krummes; Licht und Dunkelheit; Gutes und Schlechtes; Quadratisches und ungleichseitig Viereckiges" (*Metaphysika* A 5. 986a23–26). Derartige Tafeln spielten in der Akademie offenbar eine ansehnliche Rolle; sogar Platon und Aristoteles selbst ließen sich davon gelegentlich beeindrucken (Einzelheiten bei Schmitz 1985, II 255–259). Ein derart naives Gegensatzdenken befriedigte aber selbstverständlich nicht. Da gruppierte sich die eine (linke) Kolumne so unbedarft zum Guten und die andere (rechte) so unbedarft zum Schlechten, daß Aristoteles mit beißendem Spott vorführte, wie bei dieser Denkweise ganz auffällige Analogien zum Wesen der Dinge erhoben werden (*Metaphysika* N 6. 1093a13–b11). Angesichts solcher Schwächen wird das Ansehen der Tafeln auch als eine Herausforderung zu anspruchsvolleren definitorischen Bemühungen gewirkt haben.

Darüber hinaus gewannen die Definitionen im Zuge der Heraklit-Rezeption an Interesse. Manche Leute legten Heraklits Fluß-Lehre, sein πάντα ῥεῖ (*panta rhei*, „Alles fließt"), sehr extrem aus. Namentlich der historische Kratylos meinte nicht bloß, über Veränderliches sei keine wahre Aussage möglich; sondern er glaubte überdies, man dürfe überhaupt nichts sagen. Er selbst soll sich daran auch gehalten und sich auf Zeigegesten beschränkt haben (Aristoteles, *Metaphysika* Γ 5. 1010a7–15). Für so extrem denkende Herakliteer machte die Stabilität sprachlicher Bedeutungen die Wörter untauglich, um damit irgendetwas zu bezeichnen. Oder andersherum: Angesichts des mehr oder weniger ständigen Wechsels dessen, worauf wir uns sprachlich beziehen, wurde die Stabilität sprachlicher Bedeutungen zum Thema und mit ihr die Definitionen, die diese Stabilität sichern.

In der Akademie (gegr. ca. 387 v. Chr.) wurde das vielfach motivierte Interesse an den Definitionen aufgegriffen. Man pflegte eine intensive Definitionspraxis und diskutierte die sprachtheoretische Eigenart der Definitionen. Was die Definitionspraxis betrifft, wurden Listen kanonischer Definitionen aufgelegt. Die darin zusammengestellten Definitionen waren Gemeingut und sollten jedem Mitglied der Akademie selbstverständlich werden (vgl. Platon, *Epistolai* XIII, 360b8; Aristoteles, *Peri geneseōs kai phthoras* B3. 330b16 f, *Peri zōōn moriōn* A2. 642b12). Einige Auszüge und andere Derivate solcher Listen sind uns sogar überliefert, darunter beispielsweise die dihairetischen Übungen in Platons *Sophistes* und *Politikos* sowie die Schrift *Definitionen* oder *Horoi* im Corpus Platonicum. Bei diesen Definitionen ging es nicht darum, neue Wörter mit Bedeutung zu versehen oder neue Begriffe zu fixieren, sondern es kam darauf an, die durch ein gebräuchliches Wort bezeichneten Sachen mit Hilfe anderer Wörter korrekt wiederzugeben. In diesem Sinne trefflich definieren zu können wurde weit über die Akademie hinaus eine hoch geschätzte Fähigkeit. An dem Stoiker Sphairos etwa († nach 221 v. Chr.) wurde dieses Talent von anderen Stoikern gerühmt (Cicero, *Tuculanae disputationes* IV 24, 53).

Die ausgedehnte Definitionspraxis erweiterte die Möglichkeiten begrifflicher Argumentation und förderte den Sinn für Nuancen. Außerdem wurden dabei viele Termini festgelegt, die schon als philosophische Fachtermini gelten durften oder dann dazu wurden. Aber nicht jeder definierte Ausdruck war von dieser Art. Die Definition des Angelfischers in Platons *Sophistes* bereicherte die Fachsprache ebensowenig wie die Auskunft, eine „Beschenkung" sei „Ausdruck des Wohlwollens" (Pseudo-Platon, *Horoi* 414a5). Trotzdem hatte es einen guten Sinn, auch so etwas in den Listen zu führen: Philosophen brauchen ständig elementare Beispiele, zumal dann, wenn sie über Definitionen diskutieren.

3.3. Definitionstheorie, Elenchoi, Dialektik

Die bevorzugte Art der Definition war die Angabe eines Gattungsbegriffs und einer spezifischen Differenz. Das ergibt sich aus den vielen erhaltenen Definitionsbeispielen und steht auch als ausdrückliche Definition der Definition in den Listen, wohl unterschieden von anderen sprachtheoretisch relevanten Definitionen (z. B. Pseudo-Platon, *Horoi* 414d10). Vor dem Hintergrund eben dieser Definitionstechnik versteht sich zudem, was Antisthenes (ca. 455–360 v. Chr.) sagte. Seine *logos*-Definition — die erste, die uns überhaupt erhalten ist — besagt, der *logos* sei ὁ τὸ τί ἦν ἢ ἔστι δηλῶν (*ho to ti ēn ē esti dēlōn* / „dasjenige, was kundtut, was etwas war oder ist": Fragment V A 151 Giannantoni Bd. II = Diogenes Laertius VI,3). Diese Formulierung paßt gleichermaßen zu mehreren Bedeutungen von *logos*, nämlich sowohl, wenn damit ein sinnvolles Wort oder ein Begriff gemeint ist, als auch bei den Bedeutungen „Urteil" oder „Aussagesatz" als auch bei der Bedeutung „Definition". Speziell zur Definition sagte Antisthenes weiter, daß sie ein „großer" oder „langer" Logos sei (λόγος μακρός / *logos makros*: Fragment V A 150 Giannantoni Bd. II = Aristoteles, *Metaphysika* H 3. 1043b25 f). Das entsprach der üblichen Definitionstechnik; das Definiendum ist nach ihr ein einziger Term, während für das Definiens mindestens zwei Komponenten erforderlich sind (zur Logik des Antisthenes Giannantoni 1990, Bd. IV, 356–385).

Insoweit wurden die Definitionen daraufhin betrachtet, was eine Definition sei. Es sind auch noch andere Reflexionen denkbar. Insbesondere mußte auf der Ebene der Definitionspraxis die Angemessenheit der Definitionen beurteilt und nötigenfalls verbessert werden, unabhängig davon, ob es sich um theoretisch relevante oder um anspruchsvolle oder eher um schlichte Definitionen handelte. Mit Rücksicht auf dieses Problem, aber auch, um etwas über die Wahrheit oder Falschheit vorgelegter Behauptungen herausfinden oder um die Güte eines Arguments testen zu können, wurde in Platons Akademie eine spezielle Form der Unterredung gepflegt: die *Elenchoi*. Wie am eingehendsten Stemmer (1992, 96–127) dargelegt hat, waren das Zweierdialoge, in denen der eine Gesprächspartner die Rolle des Fragenden oder des Angreifers, der andere die des Antwortenden oder des Verteidigers übernahm; nach genau festgelegten Regeln untersuchten die beiden beliebige Definitionen oder Thesen oder auch Argumente, um sie zu billigen oder zu verwerfen. Wurden sie verworfen, dann waren sie nicht zu halten; aber aus der Diskussion ergaben sich eventuell Hinweise zur Verbesserung. Wurden sie dagegen gebilligt, dann war eigentlich bloß eine Diskussionsrunde überstanden; daraus weiterreichende Schlüsse zu ziehen war nur bedingt möglich (vgl. Art. 4, Abschn. 3.2.2.).

In solchen Dialogen Könnerschaft zu entwickeln hieß, jede der beiden Rollen, die des Fragenden ebenso wie die des Antwortenden, meisterlich zu beherrschen und daher Wahrheits- und Adäquatheitsfragen mit der nötigen Umsicht angehen zu können. Mit Blick auf solche Könnerschaft führte Platon einen neuen Terminus ein. Er sprach von διαλεκτικὴ τέχνη (*dialektikē technē*) oder einfach von διαλεκτική (*dialektikē*), also von *Dialektik*, d. h. von der „Kunst der Unterredung" oder — ausführlicher übersetzt — von der „Kunst der Frage-Antwort-Diskussion" (siehe insbesondere *Politeia* VII, 534e3 und *Phaidros* 276e5 f); denn der Dialektiker war für Platon durchweg derjenige, „der zu fragen und zu antworten versteht" (*Kratylos* 390c10 f; s. a. *Politeia* VII, 534d3–10). Der neue Terminus bezeichnete für Platon zugleich diejenige Fähigkeit, welche den Philosophen auszeichnet. Diesen hohen Rang hat die Könnerschaft in der Unterredung nicht behalten können; es gab zu viele, die die Elenchoi für etwas anderes als für ernsthafte Untersuchungen benutzten. So stufte schon Aristoteles die Dialektik etwas herunter. Trotzdem blieb dieser Ausdruck ein Fachterminus ersten Ranges und bezog sich weiterhin auf bestimmte, für die Wahrheitsfindung relevante menschliche Fähigkeiten, ursprünglich auf die Könnerschaft in einer sehr künstlichen Art des Dialogs. Abschließend halten wir fest, wie Platon den neuen Terminus gebildet hat: Mit Blick auf die Elenchoi prägte er nach den üblichen grammatischen Regeln zu einem geläufigen Wort (διαλέγεσθαι / *dialegesthai*) eine bis dahin vollkommen ungebräuchliche Form.

3.4. Aussagenlogisches

In der formalen Logik der Antike bildeten sich zwei Terminologien aus, die eine in der Tradition der aristotelischen Prädikaten-, die andere in der der stoischen Aussagenlogik. Die beiden Terminologien sind in der Spätantike verschiedentlich gegenübergestellt worden (vgl. FDS Nr. 681–694) und hinreichend bekannt. Weniger bekannt ist, daß diese Fachausdrücke zum Teil ebenfalls erst nach einigen Diskussionen festgelegt werden konnten und daß von solchen Debatten noch Spuren erhalten sind. Am bekanntesten ist der Streit um einen angemessenen Begriff der wahren Implikation (vgl. FDS Nr. 952–965). Es gab aber auch Auseinandersetzungen über den Begriff der einfachen Aussage, das logische *und* und das logische *oder* sowie über den Begriff des korrekten Schlusses. Zum Abschluß sei davon berichtet.

Logisch einfache Aussagen sind als Aussagen nichtsdestoweniger zusammengesetzt. Denen, die die Terminologie eingeführt haben, schien es deswegen angebracht, die Einfachheit elementarer Aussagen zu rechtfertigen:

„Denn wie wir den Faden, der doch aus Haaren zusammengesetzt ist, einfach nennen, weil er nicht aus Fäden zusammengesetzt ist, die derselben Gattung angehören, so werden auch Aussagen deshalb einfach genannt, weil sie nicht aus Aussagen zusammengesetzt sind, sondern aus anderen Bestandteilen" (FDS Nr. 915 = Sextus Empiricus, *Pros Mathēmaticous* 8.94).

Was das logische *und* betrifft, hat man sich ebenfalls ziemlich rasch darauf verständigt, die und nur die konjunktiven Aussagen als wahr anzusehen, bei denen ausnahmslos alle Teilaussagen wahr sind. Mit dieser Normierung wurde jedoch zugleich eine ungewöhnliche Verwendung von *falsch* eingeführt; und die hat man folgendermaßen gerechtfertigt:

„Wie wir im täglichen Leben bei einem Mantel, der meistenteils in Ordnung, aber an einer kleinen Stelle defekt ist, nicht von der Mehrzahl heiler Stellen her sagen, er sei heil, sondern von der kleinen defekten Stelle her sagen, er sei defekt, so wird man auch bei der Konjunktion sagen müssen, daß sie selbst dann, wenn sie auch nur eine einzige falsche und ansonsten mehrere wahre Teilaussagen hat, aufgrund der einen Teilaussage als ganze falsch ist" (FDS Nr. 968 = Sextus Empiricus, *Pros Mathēmaticous* 8.128).

Die terminologischen Rechtfertigungen gehen nach Ebert beide auf die Dialektiker im Umkreis des Diodoros Kronos zurück, stammen also wohl aus der Zeit um 300 v. Chr. (Ebert 1991, 103–112). Was damit eingeführt wurde, war bald so selbstverständlich, daß der Neuplatoniker Dexippos (4. Jh. n. Chr.) geradezu das umgekehrte Problem hatte, die Rede von einer Verbindung (συμπλοκή / *symplokē*) außer für konjunktive Aussagen auch noch für die Zusammengesetztheit elementarer Aussagen zuzulassen (*In Aristotelis Categorias* I 20. 22,12–21).

Das logische *oder* war zunächst so normiert, daß genau eine der verknüpften Teilaussagen wahr und jede andere Teilaussage falsch sein mußte, damit die ganze Aussage als wahr galt. Diese rigide Vorschrift zu ändern war angesichts vieler lebenspraktischer Beispiele sinnvoll und angesichts bestimmter juristischer Fälle mit geradezu geboten. Trotzdem war es ein langwieriger, mit vielen definitorischen Unsicherheiten belasteter Prozeß. Sollte man verlangen, daß wenigstens eine Teilaussage wahr ist? Oder daß wenigstens eine falsch ist? Und auf welche Weise genau sollte man das verlangen, wenn es doch üblich war, das *oder* über die Charakterisierung von Gegensätzen einzuführen? Von diesem logischen Reformprozeß gibt noch eine ziemlich große Zahl antiker Autoren Zeugnis, z. B. Galen, Apollonios Dyskolos, einige römische Juristen, Texte zur Exegese Homers, auch Gellius (ein paar Texte davon in FDS Nr. 972 ff).

Der Begriff des schlüssigen Arguments bildet das letzte Beispiel. Der Skeptiker Sextus Empiricus (Ende 2. Jh. n. Chr.) überliefert mehrere Definitionen dieses Begriffs. Die merkwürdigste und zweifellos älteste davon nennt diejenigen Argumente schlüssig, „bei denen, falls für die Prämissen zugestanden wird, daß sie zutreffen, kraft dieses Zugeständnisses auch die Konsequenz zu folgen scheint" (*Pros Mathēmaticous* 8.303 = FDS Nr. 1059). Da reicht, bloß dem Anschein nach zu folgern, noch aus, um ein Argument schlüssig zu machen; und die Berechtigung zur Folgerung dem Anschein nach ergibt sich bereits aus dem Zugeständnis des Dialogpartners. Ein brauchbares Kriterium ist das gewiß nicht. In einem weiteren Text heißt es, ein Argument sei dann schlüssig, „wenn die Implikation wahr ist, die mit der aus den Prämissen des Arguments gebildeten Konjunktion beginnt und mit der Konsequenz des Arguments endet" (*Pyrrhōneioi Hypothypōseis* 2.137 = FDS Nr. 1058). Der Autor schärft anschließend ein, daß die Prämissen schlüssiger Argumente nicht wahr sein müssen: ein deutlicher Fortschritt gegenüber dem ersten Text. Aber die Wahrheit der Implikation wird hier noch nicht nach dem chrysippeischen Kriterium beurteilt; der Implikation hängen die Paradoxien der materialen Implikation an, und sie ist sicher ungeeignet, um die Schlüssigkeit von Argumenten zu beurteilen (Ebert 1991, 147−152). Nimmt man zu den beiden Beispielen weitere Texte hinzu, insbesondere die überlieferten Listen von Fehlschlüssen (FDS Nr. 1110f; dazu Ebert 1991, 131−175, und Hülser 1993), dann erweist das schlüssige Argument sich als ein Terminus, den angemessen zu bestimmen in der Antike noch nicht gelungen ist.

4. Literatur (in Auswahl)

Ax 1986 = Wolfram Ax: Laut, Stimme und Sprache. Studien zu drei Grundbegriffen der antiken Sprachtheorie. Göttingen 1986 (Hypomnemata 84).

Barnes 1982 = Jonathan Barnes: The Presocratic Philosophers. London 1979. 2. überarb. Aufl. 1982.

Barnes 1989 = Jonathan Barnes: Antiochus of Ascalon. In: Philosophia Togata. Essays on Philosophy and Roman Society. Ed. by M. Griffin and J. Barnes. Oxford 1989, 51−96.

Dorandi 1989 = Tiziano Dorandi: Antiochos d'Ascalon. In: Dictionnaire des Philosophes Antiques I. Paris 1989, 216−218.

Ebert 1991 = Theodor Ebert: Dialektiker und frühe Stoiker bei Sextus Empiricus. Untersuchungen zur Entstehung der Aussagenlogik. Göttingen 1991 (Hypomnemata 95).

Ferber 1995 = Rafael Ferber: Zenons Paradoxien der Bewegung und die Struktur von Raum und Zeit. 2., durchges. und um ein Nachw. erweiterte Aufl. Stuttgart 1995.

FDS = Karlheinz Hülser: Die Fragmente zur Dialektik der Stoiker. Neue Sammlung der Texte mit deutscher Übersetzung und Kommentaren. 4 Bde. Stuttgart 1987/88.

Giannantoni 1990 = Gabriele Giannantoni: Socratis et Socraticorum Reliquiae. Vol. I−IV. Neapel 1990.

Glucker 1978 = John Glucker: Antiochus and the Late Academy. Göttingen 1978 (Hypomnemata 56).

Hülser 1987/88 = FDS

Hülser 1993 = Karlheinz Hülser: Zur dialektischen und stoischen Einteilung der Fehlschlüsse. In: Dialektiker und Stoiker. Zur Logik der Stoa und ihrer Vorläufer. Hrsg. v. K. Döring und Th. Ebert. Stuttgart 1993, 167−185.

Ioppolo 1992 = Anna Maria Ioppolo: Sesto Empirico e l'Academia scettica. Elenchos 13. 1992, 169−199.

Kirk/Raven/Schofield 1983 = G. S. Kirk/J. E. Raven/M. Schofield: The Presocratic Philosophers. Cambridge 1957. 2. neu bearb. Aufl. 1983. Deutsch von K. Hülser. Stuttgart. Weimar 1994.

Long/Sedley 1987 = A. A. Long/D. N. Sedley: The Hellenistic philosophers. 2 vols. Cambridge 1987.

Mansfeld 1983/86 = Jaap Mansfeld: Die Vorsokratiker. Griechisch/Deutsch. 2 Bde. Stuttgart 1983/1986.

Schmitz 1985 = Hermann Schmitz: Die Ideenlehre des Aristoteles. 2 Bde. Bonn 1985.

Sedley 1981 = David N. Sedley: The end of the Academy. In: Phronesis 26. 1981, 67−75.

Stemmer 1992 = Peter Stemmer: Platons Dialektik. Die frühen und mittleren Dialoge. Berlin 1992.

Villers 1997 = Jürgen Villers: Kant und das Problem der Sprache. Die historischen und systematischen Gründe für die Sprachlosigkeit der Transzendentalphilosophie. Konstanz 1997.

Wieland 1982 = Wolfgang Wieland: Platon und die Formen des Wissens. Göttingen 1982.

Karlheinz Hülser, Konstanz

234. Medizin und ihre Fachsprache im Altertum: eine Übersicht

1. Die Fachsprache in der griechischen Medizin
2. Der Beitrag der römischen Medizin zur Entwicklung der medizinischen Fachsprache
3. Literatur (in Auswahl)

1. Die Fachsprache in der griechischen Medizin

Im antiken Griechenland gehörten die Ärzte zu den ersten, die das Schreiben in Prosa auf einem Fachgebiet, das einer jahrhundertealten mündlichen Tradition verpflichtet war, als Mittel der Kommunikation systematisch genutzt haben. Der Übergang von der Mündlichkeit zur Schriftlichkeit dürfte auf dem Gebiet der Medizin spätestens in der ersten Hälfte des 5. Jh.s v. Chr. erfolgt sein, zu einer Zeit, als die griechischen Ärzte darangingen, die empirisch gewonnenen Kenntnisse durch die Anwendung der von den Naturphilosophen übernommenen Theorien und Fragestellungen auf eine wissenschaftliche Grundlage zu stellen und damit auch das Selbstverständnis der Medizin als einer eigenständigen Wissenschaft zu fördern. Die schriftliche Fixierung der Beobachtungen, die die Ärzte im Umgang mit den Patienten gemacht hatten, bot ihnen einerseits die Gelegenheit, Wissen zu speichern und zu verbreiten, andererseits aber auch die Chance, aus den engen Bahnen der Tradition auszubrechen, indem sie ihre ganz persönlichen Ansichten in schriftlicher Form bewußt in Gegensatz zu den überkommenen Anschauungen stellten und damit zugleich der Gefahr entrissen, von diesen wieder verschüttet zu werden (vgl. Lonie 1983, 147).

1.1. Die ältesten erhaltenen griechischen medizinischen Texte stammen aus dem Ende des 5. und dem Anfang des 4. Jh.s v. Chr. Sie gehören zu einer umfangreichen Sammlung von Schriften, die unter dem Namen des berühmten Arztes Hippokrates von Kos (um 460–370 v. Chr.) tradiert worden ist. Keine von diesen Schriften kann mit Sicherheit dem Hippokrates als Autor zugewiesen werden. Wir dürfen jedoch davon ausgehen, daß eine größere Anzahl von ihnen von Angehörigen der koischen Ärzteschule verfaßt wurde, als deren geistiger Ahnherr Hippokrates galt, daß eine andere Gruppe aber in der Tradition der Ärzteschule von Knidos, einer der Insel Kos benachbarten Stadt an der kleinasiatischen Küste, stand. Die Lehrinhalte dieser beiden Schulen unterschieden sich vor allem darin, daß die koischen Ärzte eine individualisierende Krankheitsauffassung vertraten, während die Nosologie der Knidier stärker symptomatologisch ausgerichtet war und systematisierende Tendenzen aufwies.

Alle Schriften der hippokratischen Sammlung sind im ionischen Dialekt, in der zu dieser Zeit gültigen Sprache der wissenschaftlichen Prosa, abgefaßt. Gemeinsam ist ihnen auch das für die hippokratische Medizin kennzeichnende Bemühen, die gesunden und krankhaften Vorgänge im menschlichen Körper auf natürliche Gegebenheiten wie den Säftehaushalt des Körpers, Ernährung, Lebensweise und Klimaverhältnisse zurückzuführen und dementsprechend die Krankheiten mit natürlichen und rational begründbaren Mitteln zu behandeln. In Inhalt und Darstellungsform weisen die Texte jedoch beträchtliche Unterschiede auf. Inhaltlich decken sie Spezialgebiete wie Physiologie, innere Medizin, Knochenchirurgie, Gynäkologie, Embryologie, Zeugungsphysiologie, Ätiologie, Prognose und Diätetik ab. Die Formen der Darstellung umfassen neben den für die medizinische Literatur generell typischen Sammlungen von Krankheitsbeschreibungen auch problemorientierte Untersuchungen, Spruchsammlungen, hypomnematische Aufzeichnungen und Reden. Bei der unterschiedlichen formalen Gestaltung der Texte hat neben dem Inhalt und der Individualität des Verfassers auch die jeweilige Kommunikationssituation, d. h. die Frage nach den Rezipienten und der Funktion der Schriften, eine Rolle gespielt. Die meisten von ihnen wurden zweifellos von Ärzten für Ärzte geschrieben und dienten dem Zweck, Fachwissen zu vermitteln. Das trifft zumindest auf alle Texte zu, in denen für die medizinische Praxis relevante Sachverhalte wie die Beschreibung von Krankheiten mit Angaben zur Symptomatik, zur Ätiologie, zum Krankheitsverlauf und -ausgang sowie Therapiehinweisen oder prognostische Zeichen, diätetische Indikationen, der Einfluß von Umweltfaktoren auf das gesunde und krankhafte Körpergeschehen und physiologische Konzeptionen systematisch oder additiv dargestellt sind. In der hippokratischen Sammlung finden sich aber auch Schriften, die zwar auch von den Ärzten gelesen wurden, aber in erster Linie für eine breitere Leserschicht geschrieben worden sind und sich als Aufklärungsschriften für den medizinischen Laien verstehen. Auffällig ist, daß diese Texte, die den medizinischen Laien bestimmte Kenntnisse vermitteln sollten, die es ihnen ermöglichen, selbst etwas für ihre Gesundheit zu tun oder doch wenigstens das Vorgehen der behandelnden Ärzte sachkundig zu beurteilen, sich weder im Wortgebrauch noch in ihrem wissenschaftlichen Anspruch von denen unterscheiden, die für Ärzte geschrieben wurden. Ein wesentlicher Grund dafür, daß medizinische Publikationen auch unter Nichtmedizinern ihre Leser fanden, bestand darin, daß es in der Antike noch keine nur für den Fachmann verständliche Fachsprache gab. Denn im Unterschied zur modernen medizinischen Fachsprache, deren Terminologie weitgehend aus dem Griechischen und Lateinischen übernommen worden ist, waren die medizinischen Begriffe, die von den Autoren der hippokratischen Schriften verwendet wurden, Bestandteil des allgemein üblichen Wortschatzes und somit auch für den Laien verständlich. Von einer Fachsprache kann allenfalls insofern die Rede sein, als die Texte einen ihrem speziellen Gegenstand entsprechenden Fachwortschatz verwenden, der wie in der modernen Medizin Bezeichnungen von Körperteilen und -organen, Krankheitsnamen, die Benennung von Symptomen, Untersuchungsmethoden und therapeutische Maßnahmen beinhaltet. Für diese „medizinische" Sprache ist es jedoch kennzeichnend, daß weder die Wörter, mit denen medizinische und speziell anatomische Gegebenheiten benannt wurden, in ihrer Bedeutung eindeutig festgelegt waren noch für eine bestimmte Gegebenheit immer dasselbe Wort benutzt wurde. So wird z. B. das Wort ἀρτηρία im Singular zur Bezeichnung sowohl für die Luftröhre als auch für die Aorta, oder das Wort νεῦρον zur Bezeichnung für Sehnen, Bänder und Nerven gebraucht, und umgekehrt wird z. B. der Magen mit den Wörtern στόμαχος und γαστήρ oder die Speiseröhre mit dem speziellen Ausdruck οἰσοφάγος und mit dem auch für den Magen gebrauchten Wort στόμαχος bezeichnet. Ein Grund für das Schwanken bei der Benennung vor allem der inneren Körperteile dürfte zweifellos das mangelhafte anatomische Wissen der Hippokratiker gewesen sein, das nicht zuletzt darauf zurückzuführen ist, daß für die humoralpathologisch orientierte hippokratische Medizin die genaue Kenntnis der in den inneren Organen bestehenden festen Körperstrukturen nicht unbedingt erforderlich war und daß demzufolge nur ein geringes Interesse an anatomischen Untersuchungen bestand. Da aber andererseits schwankender Terminologiegebrauch auch in den beiden knochenchirurgischen Schriften „Über die Knochenbrüche" und „Über das Einrenken der Gelenke" zu beobachten ist, die eine erstaunlich genaue Kenntnis vom Knochenbau des menschlichen Körpers erkennen lassen, wird man den entscheidenden Grund für dieses Phänomen wohl eher darin zu sehen haben, daß die Namen der Körperteile generell für die Ärzte aus hippokratischer Zeit keine Fachlexeme waren, sondern Wörter der Alltagssprache, deren Gebrauch beliebig war.

Die frühe Entwicklungsstufe der Medizin, die die hippokratischen Schriften repräsentieren, spiegelt sich auch im Gebrauch von Krankheitsnamen wider. Die Grundlage der Nosologie der hippokratischen Ärzte bildete die Lehre von den Körpersäften als den konstitutiven Bestandteilen des menschlichen Körpers, deren Mischungsverhältnisse für Gesundheit und Krankheit ausschlaggebend waren: unter Gesundheit verstanden sie die ausgewogene Mischung der Säfte, unter Krankheit ein gestörtes Mischungsverhältnis, das durch das Überwiegen des einen oder das zu geringe Vorhandensein eines anderen Saftes zustande kam. Eine derartige Störung im Säftehaushalt des Körpers betraf nach ihren Vorstellungen immer, auch bei lokal begrenzten Erkrankungen, den ganzen Organismus und bedingte entsprechend der bei jedem einzelnen Menschen individuell verschiedenen Säftemischung eine Vielfalt individueller Krankheitsformen, die an dem jeweiligen Patienten in ihrer Besonderheit beobachtet werden mußten. Diese Krankheitsvorstellung führte dazu, daß die Hippokratiker in ihren Krankheitsbeschreibungen zwar mit größter Sorgfalt alle Symptome des Krankheitsverlaufs und auch den Ausgang der Krankheit erfaßten, daß sie aber häufig darauf verzichteten, die verschiedenen Symptome zu einem Krankheitsbild zusammenzufassen und dieses als solches zu diagnostizieren. Das erklärt denn auch die Tatsache, daß selbst in den nosologischen Schriften der hippokratischen Sammlung einerseits keineswegs alle dort beschriebenen Erkrankungen einen Namen tragen und andererseits unter Krankheiten, die mit einem Namen versehen sind, bisweilen verschiedene Verlaufsformen angeführt werden, die unter Umständen so stark differieren, daß es nur schwer vorstellbar ist, daß sie tatsächlich ein und demselben Krankheitsbild entsprochen haben. Die Benennung der Krankheiten erfolgte, wie bereits der Arzt Galen von Pergamon (129—um 200) im 2. Kapitel des 2. Buches seiner Schrift „Die therapeutische Methode" zutreffend festgestellt hat, hauptsächlich nach dem von der Krankheit betroffenen Körperteil (z. B. πλευρῖτις, Rippenfellentzündung; περιπνευμονία, Lungenentzündung), nach den auffälligsten Symptomen (z. B. εἰλεός, Darmverschluß; σπασμός, Krampfzustände), nach beiden genannten Faktoren (z. B. κεφαλαλγία, Kopfschmerz), nach der angenommenen Krankheitsursache (z. B. χολέρα, eine von der Galle hervorgerufene Darmerkrankung), nach der Ähnlichkeit mit äußeren Erscheinungen, wobei die Metaphern dem Bereich der Zoologie, der Botanik, der unbelebten Natur oder dem Alltagsleben entlehnt sein können (z. B. καρκίνος, Krebs; ἄνθραξ, Karbunkel) und schließlich gelegentlich auch mit dem Namen dessen, der eine Krankheit zuerst behandelt hat (z. B. das nach dem Kentauren Cheiron benannte Geschwür), oder mit dem Patientennamen (z. B. das nach dem trojanischen Helden Telephos benannte Geschwür). Die von Galen angeführten Benennungsmotive behielten die ganze Antike hindurch ihre Gültigkeit und spielen nach Wiese (1984, 49f) auch heute noch bei der Bildung neuer Termini in der klinischen Medizin eine Rolle. Die griechischen Krankheitsnamen, wie sie uns in größerer Zahl zum erstenmal in den hippokratischen Schriften begegnen, sind zum festen Bestandteil der modernen medizinischen Terminologie geworden, wobei allerdings darauf hinzuweisen ist, daß lediglich die Namen identisch sind, während die klinischen Bilder, die von den hippokratischen Ärzten und in der heutigen Medizin mit den betreffenden Krankheitsbezeichnungen verbunden werden, in den seltensten Fällen eine Identifikation zulassen.

Da die hippokratischen Schriften auf naturwissenschaftlichem Gebiet die einzigen Fachtexte aus dem ausgehenden 5. und beginnenden 4. Jh. sind, die uns vollständig überliefert wurden, ist es in Ermangelung von Vergleichsmaterial nur schwer zu beurteilen, ob die stilistischen Besonderheiten, die sie im Vergleich mit medizinischen Werken aus späterer Zeit aufweisen, lediglich Ausdruck eines archaischen Stils sind oder ob es sich bei ihnen um Kennzeichen einer fachinternen Kommunikation handelt. Während man früher eher dem ersten Erklärungsmodell zuneigte, sind in jüngerer Zeit Stimmen laut geworden, die den Grund für die sprachlichen Besonderheiten in der besonderen Kommunikationssituation sehen möchten. Langholf (1977, 9 ff) und Hellweg (1985) haben dies am Beispiel der Krankheitsfallbeschreibungen aus dem ersten und dritten Buch der hippokratischen „Epidemien" zu zeigen versucht, in denen die z. B. auch für moderne Krankenanamnesen typische Ausdrucksknappheit bzw. Sprachökonomie besonders auffällig ist, die mit dem Ziel, mit möglichst geringem sprachlichem Aufwand möglichst viel Information zu vermitteln, durch Stilmittel wie formelhafte Sprache, Substantivierung, Parataxe, Nominalsatzgebrauch oder Asyndese gekennzeichnet ist. Die eingehenden Stiluntersuchungen von Langholf und Hellweg haben deutlich gemacht, daß die stilistischen Besonderheiten in diesen Texten weder mit archaischer Schreibweise noch mit der Klassifizierung der Krankheitsfallbeschreibungen als tagebuchartige Aufzeichnungen eines Arztes für den eigenen Gebrauch hinreichend erklärt werden können; die für die Ausdrucksknappheit kennzeichnenden Stilmerkmale, die sich, wenngleich weniger ausgeprägt, auch in zahlreichen anderen Schriften der hippokratischen Sammlung finden, seien vielmehr neben anderen Gestaltungsprinzipien bewußt als sprachliches Ausdrucksmittel eingesetzt worden. Denn die Autoren, die ihre Werke für ihre ärztlichen Kollegen verfaßten, konnten davon ausgehen, daß der von ihnen angesprochene Leserkreis über das erforderliche Fachwissen verfügte, das es ihnen ermöglichte, nur angedeutete Fakten in einen größeren Zusammenhang einzuordnen.

1.2. Bereits im 4. Jh. v. Chr. setzte eine Entwicklung ein, die in den folgenden Jahrhunderten in den verschiedensten Disziplinen der Medizin zu einem beachtlichen Wissenszuwachs führte und in dem umfangreichen Werk des Arztes Galen von Pergamon, der vor allem die Gebiete Anatomie, Physiologie, Nosologie und Pharmakologie durch eigene Forschungsergebnisse bereicherte, ihren letzten Höhepunkt und zugleich ihren Abschluß fand. Diese Entwicklung im einzelnen nachzuvollziehen ist nicht möglich, da sie für uns angesichts des Umstandes, daß das literarische Schaffen der hellenistischen Ärzte durch die Ungunst der Überlieferung nahezu gänzlich verlorengegangen ist, nur noch in den medizinischen Schriften aus der römischen Kaiserzeit faßbar ist. Die größten Erkenntnisfortschritte wurden in der Epoche des Hellenismus auf dem Gebiet der Anatomie erzielt. Während man sich im 4. Jh. noch damit begnügte, Tiere zu sezieren und die an ihnen erhobenen anatomischen Befunde auf den Menschen zu übertragen, war es den beiden Ärzten Herophilos von Chalkedon und Erasistratos von Keos, die in der ersten Hälfte des 3. Jh.s v. Chr. in Alexandria tätig waren, zum ersten und zugleich auch zum letzten Mal in der Antike möglich, systematische Sektionen auch an menschlichen Leichen durchzuführen und auf diese Weise den Bau der inneren Organe am Menschen selbst zu studieren. Die Ergebnisse seiner anatomischen Untersuchungen hat Herophilos in einer Schrift mit dem Titel „Anatomie" in mindestens vier Büchern festgehalten, aus der jedoch nur wenige wörtliche Bruchstücke erhalten sind. Allein der Umfang seines anatomischen Werkes, aber auch die Nachrichten, die uns von den späteren Autoren über seine anatomischen Aktivitäten überliefert sind, lassen den Schluß zu, daß Herophilos das gesamte Körperinnere vom Gehirn bis zum Urogenitaltrakt sezierte und dabei nicht nur äußere Gestalt und Lage der einzelnen Organe betrachtete, sondern erstmalig auch deren Aufbau und Strukturen eingehend untersuchte. Das erklärt auch die zahlreichen anatomischen Entdeckungen, die mit seinem Namen verbunden sind. Hervorzuheben ist vor allem seine Entdeckung der Nerven, die auf der Erkenntnis beruhte, daß Gehirn, Rückenmark und Nerven eine morphologische Einheit bilden. Zu den von ihm als erstem erhobenen anatomischen Befunden gehören ferner, um nur einige Beispiele zu nennen, die Gehirnventrikel, die venösen Sinus im Gehirn und deren Zusammenfluß, die anatomische Unterscheidung zwischen Venen und Arterien auf Grund der unterschiedlichen Wandstärke der beiden Gefäße, die Identifizierung der Nebenhoden und der Ampulla des Samenleiters im Bereich der samenableitenden Organe des männlichen Genitale und die Ovarien als Teil der weiblichen Geschlechtsorgane, die er jedoch in Analogie zu den männlichen Hoden ebenfalls als Hoden bezeichnete. Von Erasistratos wissen wir, daß er die Herzklappen und ihre Funktion beschrieben hat. Er hat sich nachweislich auch mit der Anatomie des Gehirns und der Nerven beschäftigt und soll im Alter auf Grund genauerer anatomischer Studien wie vor ihm bereits Herophilos zu der richtigen Erkenntnis gelangt sein, daß die Nerven ihren Ursprung im Gehirn und nicht, wie er zuvor angenommen hatte, in der Hirnhaut haben.

Der enorme Kenntniszuwachs auf dem Gebiet der Anatomie führte zwangsläufig auch zu einer spürbaren Bereicherung des anatomischen Wortschatzes. Bei der Prägung neuer Bezeichnungen scheint sich wiederum Herophilos besonders hervorgetan zu haben. Das beweist nicht nur die relativ große Zahl von Termini, die ihm zugeschrieben werden, sondern auch der Umstand, daß mehrere von ihnen in der Antike sich als maßgebliche Bezeichnungen durchgesetzt und darüber hinaus in latinisierter Form auch Eingang in die moderne anatomische Nomenklatur gefunden haben. Bei der Bildung anatomischer Namen haben für Herophilos verschiedene Gesichtspunkte eine Rolle gespielt. Zum Beispiel hat er dem Nebenhoden auf Grund seiner Lage am Hoden, den er abweichend vom sonst üblichen Sprachgebrauch als *didymos* bezeichnete, den auch heute noch üblichen Namen *Epididymis* gegeben. Den ersten Abschnitt des Dünndarms nannte er *Zwölffingerdarm* (Duodenum), weil er für diesen eine Länge von 12 Fingerbreiten ermittelt hatte. Daneben begegnen Bezeichnungen, für deren Bildung die von ihm festgestellte Ähnlichkeit der jeweiligen anatomischen Gebilde vor allem mit Gegenständen des täglichen Lebens ausschlaggebend war. Auf diesem Verfahren beruhen Benennungen wie *griffelförmiger Auswuchs* für den dünnen, spitz zulaufenden Knochenfortsatz an der Unterseite des Schläfenbeins (*Processus styloideus ossis temporalis*), den er mit einem zum Beschreiben von Wachstafeln benutzten Griffel verglich, oder *Weinkelter* für den in der älteren anatomischen Nomenklatur als *Torcular Herophili*, heute als *Confluens sinuum* bezeichneten Abschnitt der Blutleiter der harten Hirnhaut, der für das Blut ebenso wie die Kelter für den Wein zugleich Sammelbecken und Abfluß ist. Auf Herophilos geht auch die Bezeichnung der inneren Augenhaut als *Netzhaut* (Retina) zurück, die er offensichtlich auf Grund der Tatsache, daß sie den Glaskörper umgibt, mit einem Fischernetz verglich, das, wenn es aus dem Wasser heraufgezogen wird, in ähnlicher Weise seinen Inhalt umschließt. Der in der hippokratischen Medizin anzutreffende Gebrauch von Synonymen setzte sich selbst bei der Bildung neuer anatomischer Termini in der hellenistischen Anatomie fort und findet sich gelegentlich auch noch im 2. nachchristlichen Jh. bei Galen, was um so mehr verwundert, als gerade er häufig genug den nichtterminologischen Sprachgebrauch anderer medizinischer Autoren kritisiert und keinen Zweifel daran läßt, daß er selbst eine unmißverständliche Ausdrucksweise im Interesse einer fruchtbaren Kommunikation innerhalb eines Fachgebiets, das über eine nur den Fachleuten verständliche Terminologie verfügt, für unverzichtbar hält.

Als besonders nützlich sollten sich die anatomischen Studien der hellenistischen Ärzte, bei denen zum erstenmal zugleich auch pathologische Befunde erhoben wurden, für die Chirurgie erweisen (vgl. Michler 1968). Denn während in der hippokratischen Medizin lediglich die mit konservativen Mitteln und Methoden arbeitende Knochen- und Wundchirurgie einen hohen Entwicklungsstand erreicht hatte, waren nunmehr auch Entwicklungsmöglichkeiten für die operative Chirurgie gegeben, für deren erfolgreiche Ausübung genauere Kenntnisse von der Lage und Struktur der Körperorgane eine unabdingbare Voraussetzung waren. Die Anfänge einer operativen Chirurgie lassen sich bereits bei den Ärzten aus frühhellenistischer Zeit nachweisen, ihren Abschluß fand diese Entwicklung, in deren Verlauf große Fortschritte in der Kenntnis speziell von Organerkrankungen und den damit verbundenen pathologischen Veränderungen zu verzeichnen sind, im 2. Jh. n. Chr. Sie wurde begleitet sowohl von der Weiterentwicklung und Verfeinerung des chirurgischen Instrumentariums als auch von der Einführung neuer Verfahren wie der Gefäßunterbindung und der Anwendung narkotischer Mittel zur Schmerzlinderung, deren Wirkung jedoch eher bescheiden war. Zu den größeren operativen Eingriffen auf dem Gebiet der allgemeinen Chirurgie gehörten Amputationen, das Entfernen von Fisteln, Bruchoperationen, die Operation von Gefäßerweiterungen und verschiedene Verfahren zur Beseitigung von Blasensteinen einschließlich des Blasensteinschnitts. Darüber hinaus konnten aber auch zum erstenmal auf Spezialgebieten wie der Gynäkologie und der Augenheilkunde chirurgische Eingriffe vorgenommen werden, die wie der Starstich oder die Operation des prolabierten Uterus oder des angeborenen Verschlusses der weiblichen Genitalorgane neue Behandlungsmöglichkeiten erschlossen, die über die Erfolge einer rein medikamentösen Therapie, wie sie bislang üblich war, weit hinausführten. Ähnlich wie die Anatomie brachte auch die Ausbildung der operativen Chirurgie eine Bereicherung der medizinischen Sprache mit sich.

Dem Gegenstand entsprechend, kamen vor allem Namen für chirurgische Instrumente, für Verbände, Pflaster und andere chirurgische Anwendungen hinzu, ferner Ausdrücke, die die Operationsverfahren betreffen, und nicht zuletzt auch Benennungen für Erkrankungen und pathologische Phänomene aus dem Bereich der operativen Chirurgie.

Zu den Teilgebieten der Medizin, die in der Epoche des Hellenismus besonders große Fortschritte für sich verbuchen konnten, gehört schließlich noch die Heilmittellehre. Der Kenntniszuwachs auf diesem Gebiet erstreckte sich zum einen auf die in der Medizin verwandten Arzneistoffe, die sog. einfachen Heilmittel, deren Zahl zunahm, nachdem als Folge der Expansionspolitik Alexanders des Großen in verstärktem Maße mit den Völkern des Orients Handel betrieben wurde, und zum anderen auf die Zusammenstellung von Rezepturen für die Zubereitung von Arzneiformen verschiedenster Art. Zu den Arzneiformen, die am häufigsten vorkommen, gehören z. B. Pflaster, Salben, erweichende Mittel und Streupulver zur äußeren Anwendung, Tränke, Tabletten und Zäpfchen zur inneren Anwendung und zur Behandlung bestimmter Körperteile Ohrentropfen, Augenkollyrien und Gurgelmittel. Für die Benennung dieser zusammengesetzten Heilmittel waren ähnlich wie bei der Bildung der Krankheitsnamen unterschiedliche Gesichtspunkte maßgebend. Bezeichnungen wie *schmerzstillende Mittel*, *zusammenziehende Mittel*, *harntreibende Mittel*, *Reizmittel* oder *Brechmittel* orientieren sich an der Wirkung der jeweiligen Arzneien. Nach den als Hauptbestandteil der jeweiligen Medikamente angesehenen Ingredienzien sind Namen wie *Mittel mit Mohn*, *Mittel mit Maulbeeren* oder *Tablette mit Bernstein* gebildet. Der Farbe des Heilmittels verdankt z. B. die Bezeichnung *grünes Pflaster* seine Entstehung. Bisweilen sind die Medikamente aber auch nach ihrem Erfinder benannt. Bei dieser Art der Benennung sind zwei Varianten möglich: entweder erscheint der Eigenname im Genitiv (z. B. *malagma Apollophanis*, erweichendes Mittel des Apollophanes), oder es wird ein von dem Eigennamen abgeleitetes Adjektiv gebildet (z. B. *Erasistration*, Umschlag des Erasistratos; *Zopyrios*, Tablette des Zopyros). Die Bereicherung des Arzneimittelschatzes ist speziell für die ärztliche Praxis von großem Nutzen gewesen, wie die in größerer Zahl erhaltenen Rezeptsammlungen aus der römischen Kaiserzeit und der Spätantike beweisen, die die Tradition der hellenistischen Rezeptliteratur fortsetzten. Ihre abschließende theoretische Grundlegung erfuhr die Pharmakologie in der Schrift des Arztes Dioskurides aus Anazarba (2. Hälfte des 1. Jh.s) mit dem Titel „Über Arzneistoffe", die Beschreibungen von Arzneistoffen aus den drei Naturreichen, von ihren medizinischen Wirkungen und von ihren Anwendungsbereichen enthält, und in Galens Werk „Über Mischung und Wirkung der einfachen Heilmittel", in dem der Pergamener die Lehre von den Wirkungen der Arzneistoffe unter systematisierenden Gesichtspunkten dargestellt hat.

2. Der Beitrag der römischen Medizin zur Entwicklung der medizinischen Fachsprache

Anders als in Griechenland konnte sich in Rom eine auf empirisch gewonnenen Kenntnissen und religiös-magischen Bräuchen beruhende Hausmedizin, die von Laien praktiziert wurde, über viele Jahrhunderte hin als bestimmende Form der Heilkunde behaupten. Das änderte sich erst, als es griechischen Ärzten, die nach der Eroberung der griechisch-hellenistischen Staaten durch die Römer in größerer Zahl nach Rom kamen, gelang, die Römer durch Therapieerfolge, die sie für sich verbuchen konnten, von der Nützlichkeit einer wissenschaftlich begründeten Medizin zu überzeugen. Die Pflege der Medizin als Wissenschaft, für die Rom als Metropole des neu entstandenen Weltreichs die besten Voraussetzungen bot, blieb allerdings weiterhin eine Domäne der griechischen Ärzte. Die Leistung der Römer beschränkte sich weitgehend darauf, die Medizin der Griechen unter dem Gesichtspunkt der praktischen Nutzbarkeit zu rezipieren, um auf diese Weise ihre Akzeptanz bei Ärzten und medizinischen Laien gleichermaßen zu erhöhen. Dieses Ziel verfolgte zweifellos die acht Bücher umfassende Darstellung der Medizin des Celsus, der einzige erhaltene Teil einer umfangreichen Enzyklopädie, in der ursprünglich noch die Disziplinen Landwirtschaft, Rhetorik, Rechtswissenschaft, Philosophie und Kriegswesen ausführlich abgehandelt worden waren. Der Teil der Enzyklopädie, der der Medizin gewidmet ist, wurde während der Regierungszeit des Kaisers Tiberius (14–37) geschrieben. Er basiert weitgehend auf griechischen Schriften aus hellenistischer Zeit. Das Werk des Celsus ist für uns jedoch nicht nur als Quelle für die Medizin dieser Epoche interessant, sondern auch als Zeugnis für die Herausbildung der lateinischen medizinischen Fachsprache, dem als vergleichbare Repräsentanten noch die Rezeptsammlungen des Scribonius Largus (1. Jh.), des Theodorus Priscianus (um 400) und des Cassius Felix (5. Jh.) sowie die Schrift über akute und chronische Krankheiten des Caelius Aurelianus (5. Jh.), bei der es sich um eine freie Übersetzung des gleichnamigen Werkes des griechischen Arztes Soran von Ephesos (Anfang des 2. Jh.s) handelt, an die Seite gestellt werden können.

Bei der Benutzung der griechischen medizinischen Texte, die den lateinischen Autoren als Quelle für die Abfassung eigenständiger Werke oder als Übersetzungsvorlage dienten, sahen diese sich mit einer über Jahrhunderte gewachsenen medizinischen Fachsprache konfrontiert, über die ihre Muttersprache infolge des niedrigen Entwicklungsstandes der römischen Hausmedizin nicht verfügte. Das stellte sie vor die schwierige Aufgabe, sozusagen aus dem Stand heraus eine Sprache zu schaffen, die es ihnen ermöglichte, die in den von ihnen benutzten griechischen Quellen dargestellten Sachverhalte adäquat wiederzugeben. Daß der lateinische Wortschatz dafür nicht ausreichend war, zeigt die relativ große Zahl von griechischen Termini, die in allen genannten Texten als Fremdwörter begegnen (vgl. Langslow 1991–92, 108 ff; 1994, 228 ff; Grmek 1991, 196 f). Allerdings sind die griechischen Begriffe in vielen Fällen mit ihren lateinischen Äquivalenten gekoppelt. Diese Verfahrensweise hat unterschiedliche Gründe: zum einen soll damit lediglich auf den griechischen Ursprung des betreffenden lateinischen Terminus aufmerksam gemacht werden, und zum anderen wird damit angedeutet, daß beide Ausdrücke als gleichberechtigt betrachtet und bisweilen auch tatsächlich als Synonyme gebraucht werden. Zu den griechischen Termini, die fester Bestandteil der lateinischen medizinischen Sprache geworden sind und über das Lateinische auch in die moderne medizinische Fachsprache gelangten, gehören vor allem Krankheitsnamen wie z. B. *peripneumonia* (Lungenentzündung), *pleuritis* (Rippenfellentzündung) oder *apoplexia* (Schlaganfall). Als griechische Fremdwörter wurden aber auch Namen von Pflanzen, die als Arzneistoffe verwendet wurden, und die für das Griechische typische Benennung von Heilmitteln nach einem bestimmten Ingredienz (vgl. 1.2.), für die es im Lateinischen keine Entsprechung gab, beibehalten. Grundsätzlich kann man jedoch davon ausgehen, daß sich die Verfasser der genannten Werke im Interesse der Verständlichkeit ihrer Texte darum bemüht haben, den Gebrauch griechischer Wörter auf das Notwendigste zu beschränken und sich nach Möglichkeit in ihrer Muttersprache auszudrücken. Die Benennungen der wichtigsten Körperteile und -organe wie *caput* (Kopf), *cerebrum* (Gehirn), *cor* (Herz), *pulmo* (Lunge) oder *iecur* (Leber) sind rein lateinische Wörter und gehörten als solche zum allgemein üblichen Wortschatz. Griechische Termini, vor allem Komposita, für die im Lateinischen kein Äquivalent vorhanden war, wurden mit mehrgliedrigen Ausdrücken oder Umschreibungen wiedergegeben, z. B. οὐρήθρα, Harnröhre, mit *fistula urinae*; δύσπνοια, Atembeschwerden, mit *difficultas respirationis*; κεφαλαλγία, Kopfschmerz, mit *dolor capitis*; σιαγονῖται μύες, Kinnbackenmuskeln, mit *musculi, qui buccas colligant* (vgl. Langslow 1991−92, 115 ff; 1994, 232 f). Zu den sprachlichen Mitteln, die von den lateinischen Autoren nach dem Vorbild ihrer griechischen Quellen zur Bildung medizinischer Benennungen genutzt wurden, gehören nach Langslow (1991−92, 112 ff; 1994, 227 f) ferner u. a. die Verwendung von Eigennamen zur Bezeichnung von Medikamenten (vgl. 1.2.), der metaphorische Gebrauch von Wörtern aus der Alltagssprache (z. B. *musculus*, kleine Maus, zur Bezeichnung des Muskels oder *carbunculus*, Kohle, zur Bezeichnung eines bösartigen Geschwürs) und die Verwendung bestimmter Substantivendungen wie *-ies*, *-ities*, *-igo*, *-or* zur Kennzeichnung jeweils unterschiedlicher klinischer Befunde (z. B. *caries*, Fäulnis; *durities*, Verhärtung; *prurigo*, juckender Schorf; *tumor*, entzündliche Schwellung; *rigor*, Kälteschauer).

Mit Recht hat Langslow (1991−92, 107 f; 1994, 226 f) darauf hingewiesen, daß von sieben sprachlichen Hilfsmitteln, die für die Bildung moderner Fachtermini genutzt werden, fünf bei der Prägung lateinischer medizinischer Termini eine Rolle gespielt haben. Nach unserem Dafürhalten gilt aber auch für die Sprache der lateinischen medizinischen Autoren, was wir schon für die griechische medizinische Sprache festgestellt haben, nämlich daß sie nur mit Vorbehalt als Fachsprache bezeichnet werden kann; denn wie das Griechische erfüllt sie weder das Kriterium, daß sie nur für die Fachvertreter verständlich war, noch verfügt sie über eine verbindliche Terminologie. Es soll jedoch nicht bestritten werden, daß die Schaffung der lateinischen medizinischen Sprache zu dem Wertvollsten gehört, was die Römer auf dem Gebiet der Medizin geleistet haben, und daß sie mit dieser Sprache den Grundstein für die Entwicklung der modernen medizinischen Fachsprache gelegt haben.

3. Literatur (in Auswahl)

Caelius Aurelianus = Caelii Aureliani Celerum passionum libri III; Tardarum passionum libri V. Hrsg. v. Gerhard Bendz. Übers. v. Ingeborg Pape. Teil I. Berlin 1990. Teil II. Berlin 1993 (Corpus Medicorum Latinorum VI, 1).

Cassius Felix = Cassii Felicis De medicina. Hrsg. v. Valentin Rose. Leipzig 1879.

Celsus = A. Cornelii Celsi quae supersunt. Hrsg. v. Friedrich Marx. Leipzig. Berlin 1915 (Corpus Medicorum Latinorum I).

Dioskurides = Pedanii Dioscuridis Anazarbei De materia medica. Hrsg. v. Max Wellmann. 3 Bde. 2. Aufl. Berlin 1958.

Erasistratos = Erasistrati Fragmenta. Hrsg. v. Ivan Garofalo. Pisa 1988 (Biblioteca di Studi Antichi 62).

Galen = Claudii Galeni Opera omnia. Hrsg. v. Karl Gottlob Kühn. 20 Bde. Leipzig 1821−1833.

Grmek 1991 = Mirko D. Grmek: La dénomination latine des maladies considérées comme nouvelles par les auteurs antiques. In: Le latin médical. La constitution d'un langage scientifique. Réalités et langage de la médecine dans le monde romain. Hrsg. v. Guy Sabbah. Saint-Etienne 1991 (Centre Jean-Palerne. Mémoires X), 195−214.

Hellweg 1985 = Rainer Hellweg: Stilistische Untersuchungen zu den Krankengeschichten der Epidemienbücher I und III des Corpus Hippocraticum. Bonn 1985.

Herophilos = Heinrich von Staden: Herophilus. The Art of Medicine in Early Alexandria. Edition, Translation and Essays. Cambridge. New York u. a. 1989.

Hippokrates = Œuvres complètes d'Hippocrate. Hrsg. und übers. v. Emile Littré. 10 Bde. Paris 1839−1861.

Langholf 1977 = Volker Langholf: Syntaktische Untersuchungen zu Hippokrates-Texten. Brachylogische Syntagmen in den individuellen Krankheits-Fallbeschreibungen der hippokratischen Schriftensammlung. Wiesbaden 1977.

Langslow 1991−92 = David Langslow: The Development of Latin Medical Terminology: Some Working Hypotheses. In: Proceedings of the Cambridge Philological Society 37. 1991−92, 106−130.

Langslow 1994 = David Langslow: Some Historical developments in the Terminology and Style of

Latin Medical Writings. In: Tradición e innovación de la medicina Latina de la Antigüedad y de la Alta Edad Media. Actas del IV Coloquio Internacional sobre los „textos médicos latinos antiguos". Hrsg. v. Manuel Enrique Vázquez Buján. Santiago de Compostela 1994 (Cursos e Congresos da Universidade de Santiago de Compostela 83), 225−240.

Lonie 1983 = Iain M. Lonie: Literacy and the Development of Hippocratic Medicine. In: Formes de pensée dans la Collection hippocratique. Actes du IVᵉ Colloque International Hippocratique (Lausanne, 21−26 septembre 1981). Hrsg. v. François Lasserre und Philippe Mudry. Genf 1983, 145−161.

Michler 1968 = Markwart Michler: Die alexandrinischen Chirurgen. Eine Sammlung und Auswertung ihrer Fragmente. Wiesbaden 1968.

Scribonius Largus = Scribonii Largi Compositiones. Hrsg. v. Sergio Sconocchia. Leipzig 1983.

Theodorus Priscianus = Theodori Prisciani Euporiston libri III. Hrsg. v. Valentin Rose. Leipzig 1894.

Wiese 1984 = Ingrid Wiese: Fachsprache der Medizin. Eine linguistische Analyse. Leipzig 1984 (Linguistische Studien).

Jutta Kollesch, Berlin

235. Theologie und ihre Fachsprache im Altertum: eine Übersicht

1. Grundbegriff Religion
2. Permanente Strukturen
3. Griechische Religion
4. Römische Religion
5. Frühchristliche Religion
6. Literatur (in Auswahl)

1. Grundbegriff Religion

Die theologische Fachsprache im europäischen Altertum ist in drei Bereichen zu betrachten: (1) Im griechischen Heidentum. (2) In der römischen Religion. (3) Im griechisch-lateinischen Christentum, dessen Sprache biblische Hebraismen und Begriffe der hellenistischen Philosophie aufnimmt. Die Verschiedenheit der zugrundeliegenden Denkweisen zeigt sich beispielhaft am Grundbegriff *Religion*. Röm. *religio* wird von Cicero (nat. deor. 2; 72) durch die etymologische Ableitung von einem altlat. *relegere* erklärt, Gegenstück zu dem noch gebräuchlichen *neglegere* „mißachten". *Religio* als genaue Rücksicht heißt negativ in Beziehung auf menschliches Verhalten „ängstliche Scheu davor, göttliche Mächte zu verletzen", in Beziehung auf die göttliche Macht selbst „Tabu", positiv die Möglichkeit, mit den Göttern in Verbindung zu treten, um sie durch Erfüllung ihres Willens günstig zu stimmen. Dahinter steht eine andere Weltsicht: Der Grieche bezieht die Götter in seinen Kosmos mit ein; der Römer grenzt seinen Lebensraum hinter der sakralen Stadtgrenze (*pomerium*) ab. Mit den Göttern verkehrt er wie mit auswärtigen, potentiell feindlichen Mächten, mit denen der Friede (*pax deum*) erst durch rituelle Vorkehrungen ausgehandelt werden muß (Latte 1968; Muth 1978). Schon Polybios (6, 56) stellt fest, daß seine griechische Sprache über kein Äquivalent zu *religio* verfüge. Was ihm deren Wesen am ehesten zu treffen schien, δεισιδαιμονία, war im Griechischen seiner Zeit eindeutig negativ gewertet, *religio* in Rom dagegen staatstragende Norm. Die griechische Redensart ὅσιόν ἐστιν heißt „es ist den Göttern wohlgefällig und kultisch erlaubt" (Aristophanes Lys. 742 f: Da an heiliger Stätte Tod und Geburt als μιάσματα verboten sind, will eine Frau sich zur Niederkunft εἰς ὅσιον ... χωρίον begeben). Die römische Redensart *religio est* heißt dagegen „es verstößt gegen den Götterwillen, ist kultisch verboten und ängstlich zu meiden (Plautus, Curc. 350: Der zu einem Schmaus eingeladene Parasit sähe es als schwere Sünde an, wenn er nein sagte, *religio fuit, denegare nolui*). Dem Griechen ist Scheu vor Göttern nicht fremd (σέβεσθαι), doch sie soll nicht in Angst ausarten. Daß δέος (Angst) im Wort θεουδής „gottesfürchtig" der Odyssee enthalten war, bewirkte, daß es aus der Alltagssprache verschwand und nur als literarische Homerreminiszenz fortlebte. Θεοσεβής (Herodot 2; 37 charakterisiert die Ägypter als θεοσεβεῖς ... περισσῶς ἔοντες) ist kein Wort der Kultsprache. Εὐσέβεια ist die rechte Ehrfurcht vor allem, was hohen Respekt verdient, nicht allein vor Göttern, ebenso ein ethischer wie ein theologischer Wertbegriff (Foerster 1964). Vollends εὐλάβεια liegt ganz im profanen Bereich und dringt erst in christlicher Zeit in theologische Terminologie ein (Epist. Hebr. 5; 7; 12; 28). Das von der griechischen Sicht Epikurs bestimmte Verdammungsurteil des Römers Lucretius (1; 62—65; 101) gegen die *religio* als schiere Angst vor den Göttern öffnete den Weg zur christlichen Neudeutung: Man verwarf den etymologischen Bezug zu *relegere* und postulierte eine zwar linguistisch fragwürdige, aber zu den neuen theologischen Prämissen passende Ableitung von *religare* „rückbinden" (Lactantius inst. 4; 28; 3—16). *Religio* wird so zur dankbaren Verbundenheit mit dem Schöpfergott, Angst transformiert zu Gottesfurcht. Der moderne christlich definierte Religionsbegriff ist somit grundverschieden von altrömischer *religio*.

2. Permanente Strukturen

Die römische Religion gerät früh unter bestimmenden Einfluß der griechischen, die christliche Theologie steht in Auseinandersetzung vor allem mit dem Platonismus. Da religiöse Praxis konservativ ist, erhalten sich manche Strukturen durchgängig, besonders deutlich beim Gebet (Severus 1972), das sich regelmäßig in drei Hauptteile gliedert: (1) Anrufung, (2) Lob der Gottheit, ihrer Macht, ihrer Beziehung zum Betenden, (3) Bitten. Bitt- und Dankgebet sind ohne begleitenden Gestus möglich, Opfer und magische Beschwörung verlangen Einheit von Sprechen und Handlung (zum römischen Gebet nach Appel 1909 jetzt grundlegend Hickson 1993).

Die Anrufung geschieht in direkter Rede (Du) mit der Aufforderung, zu erscheinen oder zu hören im Imperativ (ἔρχεο, ἐλθέ, δεῦρ'ἄγε / *ades*, oder κλῦθι μοι / *audi*), dem Gottesnamen im Vokativ, oder indirekt, indem der Beter in 1. Person spricht (ἐπικαλοῦμαι σέ, λίτομαι/*te advoco, invoco, adoro te*). Zu diesem θεαγωγὸς λόγος (Merkelbach/Totti 1990, I, 9; 16) gehören Epitheta zum Gottesnamen in Form von Substantiven (Herrscherprädikate wie ἄναξ, κύριε/*domine*), Adjektiven, Partizipien, Relativsatz, die schon zum 2. Teil überleiten. Hier kann schon die Hoheit (πολυτίμητος terminologisch nur für Götter) und Macht (παντοκράτωρ) angesprochen werden (Merkelbach/Totti 1990, II, 68). Es gehört dazu die mythische Genealogie bzw. im Christentum die Gottessohnschaft (μονογενὴς παρὰ πατρός/ *unigenitus a patre*). Spezifisch im Polytheismus ist die Erwähnung der lokalen Heimat und der Kultorte; sie werden ebenso wie die Kultnamen der Gottheit aufgereiht mit formelhaftem εἴτε … εἴτε, ἤ … ἤ, *sive … sive*,

bei Anruf mehrerer Götter καί … καί. Um Fehler durch Auslassung auszuschließen, schließt der Römer mit Formeln wie *quoquo nomine te fas est invocare*. Kernstück des Mittelteils ist die Aretalogie, eine rühmende Erzählung der Taten und Wunder, mit denen der Gott seine Macht bewiesen hat. Daraus hat sich die Literaturform des Hymnus entwickelt. An Stelle der Erzählung kann ein Dialog treten, in dem der Fragende selbst antwortet (τίς μορφὰς ζῴων ἔπλασεν; — εἷς θεὸς ἀθάνατος u. s. w.; Merkelbach/Totti 1990, I, 16). Der Beter macht seine persönliche Beziehung geltend, dargebrachte Opfer, Mysterienweihe, Berufung auf frühere Erhörung. Er stellt sich mit seinem Namen vor. Die Bitte, das Opfer gnädig anzunehmen, leitet zum dritten Teil über, denn die Annahme bedeutet schon Erhörung. Alternativ kann die Erhörungsbitte auch am Schluß, nach Vortrag des Anliegens stehen. Die Bitte selbst kann im Imperativ, Infinitiv oder Optativ geäußert werden, oft eingeleitet mit ἀλλά / νῦν δέ / *nunc*. Besonderen Nachdruck verleiht das Verlangen nach schneller Erfüllung; wie bei der Anrufung ist auch hier Doppelung oder Vervielfachung typischer Gebetsstil: ταχὺ ταχύ / ἤδη ἤδη, bei der Invokation δεῦρο δεῦρο/ἐλθέ ἐλθέ. Vom privaten Gebet unterscheidet sich das öffentliche des antiken Staatskults vor allem durch das voraufgehende Schweigegebot des Herolds an die Versammlung (εὐφημία ἔστω / εὐφημεῖν χρή / *favete linguis*) und die Aufforderung an die zur Teilnahme nicht Berechtigten, sich zu entfernen (*hostis vinctus mulier virgo exesto*: Paulus Festus 72, 10 Lindsay). Feierliche Begrüßung der Gottheit (χαῖρε ἄναξ) oder die begleitende Ehrfurchtsgeste (γουνοῦμαί σ' ἐλαφηβόλε: Anacreon 1, 1) sind auch im persönlichen Gebet möglich. Die über die Zeiten hinweg bewahrten Grundstrukturen lassen viele Abwandlungen zu, verkürzt bis zum Stoßgebet, erweitert mit situationsentsprechenden Zusätzen.

Eine feste Formtradition weist auch der Eid auf und seine Abschwächung, die Beteuerung. Bei der letzteren genügt schon die im Griechischen mit der Beteuerungspartikel (μά / νή) verbundene Nennung des Gottes. Im formalen Eid folgt der zu beschwörende Gegenstand, im Reinigungseid die Verneinung eines Tatvorwurfs oder Sachverhalts, im Votum die Bejahung, das Versprechen zu erfüllen (*ex mei animi sententia*), dazu die Selbstverfluchung für den Fall des Eidbruchs (*si sciens fallo fefellerove, tum [...]*), eventuell mit vorangehender Bitte um Segen als Lohn für Eidestreue (*ita me deus iuvet*). Vgl. Hickson 1993, 107−128. Welcher Gott genannt wird, steht nicht im Belieben des Schwörenden: Frauen nennen weibliche, Männer männliche Gottheiten, die griechischen Städte schreiben ihren Bürgern vor, bei welchen heimischen Göttern sie in offiziellen Eiden zu schwören haben (Ziebarth 1905). Gellius (11, 6) berichtet, im frühen Rom sei die Beteuerung *ecastor* nur von Frauen, *hercle* dagegen nur von Männern gebraucht worden, denn vom Herculeskult waren Frauen ausgeschlossen. Auch in Sparta riefen Frauen die Dioskuren Kastor und Pollux an (ναὶ τὼ σιώ: Aristophanes Lys. 81; 90; 142. ναὶ τὸν Κάστορα ebd. 206). Wer das Risiko scheute, wählte die Form der Aposiopese (μὰ τὸν ... als Mann, μὰ τὴν ... als Frau) oder ersetzte den Gottesnamen durch ein weniger gefährliches Wesen: Sokrates schwor beim Hund (μὰ τὸν κύνα). An Stelle der Gottheit, deren Fluch den Eidbrecher trifft, konnte auch etwas Wertvolles genannt werden, dessen Verlust besonders schmerzlich wäre. In Rom galt für Vestalinnen und den Priester des Juppiter (Flamen Dialis) ein Tabu: Sie durften nicht schwören (Gellius 10; 15; 31). Im Christentum nimmt die Häufigkeit zufolge des Schwurverbots (Matthäus 5; 34) ab. Spezifisch christlich ist, von dieser Stelle sprachlich ausgehend, *iurare in* statt des klassischen *iurare per*. Die sokratische Formel der Beteuerung bei einem Tiernamen ist als heidnisch durch Konzilsdekret untersagt.

Ein eindrückliches Beispiel von Konstanz bietet sich im Seelenglauben. Die formelhafte Grabschrift ἐνθάδε κεῖται / *hic situs est* / *hic requiescit in pace* erscheint griechisch, römisch und christlich. Erdbestattung, bei der der Tote im Grabe liegt, und Verbrennung, durch die er im Feuer zerstört wird, machen keinen Unterschied, denn es ist der Geist des Verstorbenen, den man sich im Grabe wohnend vorstellt. Die konkurrierende Vorstellung der Entrückung in ein Jenseits spielt weniger in heidnischen, stärker in den christlichen Grabschriften mit herein (Lattimore 1942). Eine gehobene Form stellt die Aussage in der Ich-Form dar: κεῖμαι / *iaceo* / *quiesco*. Der Tote spricht durch den Mund dessen, der laut, wie stets im Altertum, die Grabschrift liest, und stellt sich mit Angaben zur Person und Biographie vor. Diese Form erhebt literarischen Anspruch und wird so von der Epigrammendichtung bevorzugt aufgenommen (z. B. Spottepigramm des Simonides auf Timokreon: Diehl, Anthol. lyrica 1 nr. 99).

3. Griechische Religion

Die Griechen entwickelten in klassischer Zeit keine Theologie im engeren Sinne. Die Priester vollzogen die Praxis der Riten, aber stellten keine systematische Lehre auf. Religiöse Gedanken fanden Ausdruck in der Dichtung; vor allem Homer, mehr als Hesiod, prägte die anthropomorphen Züge der Götterwelt. Nach den Dichtern war Reflexion Aufgabe der Philosophen. Schon Homer nennt göttliche Kräfte wie Ate und Eris; in der Philosophie kamen Begriffsgottheiten hinzu wie Ἀνάγκη, Πειθώ, Ἀλήθεια. In hellenistischer Zeit beherrschte Tyche (Zufall und Erfolg) die Vorstellungen (Herter 1975). Alle Zeugnisse sind schriftlich stilisiert; am ehesten läßt noch die Komödie Formen mündlicher Äußerung abbildhaft erkennen, wo in der Parodie die Kernpunkte scharf herausgehoben werden (Kleinknecht 1937). Reflexion und Kritik der Philosophen tendiert früh zum Monotheismus: Parmenides siedelt die Gottheit an im unvergänglichen wahren Sein, geschieden von der Welt des Scheins (δόξα). Heraklit lehrt das eine Prinzip des Logos, Garant einer Einheit in der Spannung der Gegensätze (παλίντονος ἁρμονίη). Für Anaxagoras ist es der göttliche, von keiner Mischung getrübte Geist (νοῦς), der die materielle Welt schafft. Am längsten und tiefsten hat Platon und die Schule des Platonismus gewirkt; er stellt die Idee des Guten als höchste in eine Hierarchie der Ideen, noch über dem wahrhaft Seienden (ὄντως ὄν), demgegenüber der materiellen Welt kein wahres Sein zukommt. Eine Rangfolge läßt im Platonismus die Schar der Einzelgötter als untergeordnete Manifestationen ihrer Sonderkräfte gelten. Philosophisches Denken und religiöses Fühlen gehen parallel. Wie in den Mysterienkulten (τελεταί) der Myste durch die heiligen Handlungen (δρώμενα) dazu gelangt, als Schauender (ἐπόπτης) die Erscheinung (ἐπιφάνεια) der Gottheit zu erfahren, steigt die Seele des Platonikers durch die Planetensphären zum Einen auf. Auf niederer Stufe steht die magisch religiöse Praxis der Theurgie, durch die ein Gott gezwungen wird, zu erscheinen und dienstbar zu sein. Der Geisterbeschwörer (κλήτωρ) ruft den Gott, in das Medium (δοχεύς), dessen Trancezustand wie in den Mysterien als τελετή bezeichnet wird, einzugehen (εἰσκρίνειν), so daß es vom Gott erfaßt wird (κατοχή) und der Gott durch seine Stimme spricht (Dodds 1970).

Das Heilige hat verschiedene Aspekte (Rudhardt 1958). Ἱερός bezeichnet das Eigentum des Gottes, „dem Gott zugehörig und menschlicher Verfügung entzogen", z. B. ein Tempelbezirk (τέμενος, d. h. ein reserviertes, „abgeschnittenes" Stück des Landes). Völlig Tabu ist im Heiligtum nur das ἄδυτον, ἄβατον (Unbetretbare). Im Adjektiv ὅσιος meint „heilig" die Übereinstimmung mit dem Götterwillen. Heiligkeit im Sinne des „Mysterium tremendum" eignet den Wörtern ἅγιος und ἁγνός, denen das Substantiv ἄγος zugrundeliegt, mit dem die furchtbare Macht der Gottheit benannt wird ebenso wie der frevlerische Akt, durch den der Mensch ihr verfällt (Chantraine/Masson 1954). Εὐαγής ist, wer mit dieser Macht gut steht, ἐναγής, wer in ihren Fluch verstrickt ist. Ἅγιος ist, was für Menschen von einem Tabu umgeben ist, dem sie nur mit Scheu nahen, ἁγνός etwas, dessen unberührte Reinheit bewahrt werden muß.

Die Wörter für Tun, ἔρδω und δράω, werden im engeren Sinn für kultisches Handeln gebraucht, πρᾶξις für das Ritual. Auch das Theater ist Kulthandlung und als solche δρᾶμα. Zentrum des Kults ist das Opfer (θυσία) als Ehrung (τιμή) der Gottheit. Die Gaben werden durch den Opferpriester (ἱερεύς) dem Gott übereignet als ἱερά (stets im Plural), daher das allgemeine Wort für Opfer. Am Opfer für die Oberirdischen nehmen die Menschen teil, indem sie die guten Stücke des Fleisches im Opferschmaus verzehren; auf dem Altar (βωμός) werden nur die in das Fett eingehüllten Knochen verbrannt, denn den Göttern kommt nach volkstümlicher Deutung nur das Feinste, der Duft (κνίση), zu. Den unterirdischen Göttern, den Heroen und den Toten gehören alle Gaben ganz. Die Tieropfer (σφάγια) werden ganz verbrannt (ὁλοκαυτοῦνται). Da das kostspielig war, brachte man sie nur in Ausnahmesituationen dar, Gesetze schränkten den Luxus im Totenkult ein (Nilsson 1967, 676 f.). Trankopfer (σπονδαί, λοιβαί) goß man den chthonischen Göttern und den Toten in eine Grube (βόθρος), so daß die Erde sie aufnahm.

4. Römische Religion

In Rom wirkte die ursprüngliche Einheit von Recht und Religion stärker nach als bei den Griechen. Man trennte scharf den Bereich des *ius*, der Gesetze, die zum Heil des Volkes (*salus publica*) einzuhalten geboten war, vom Bereich des *fas*, in dem göttliche Mächte walteten und die Bedingungen setzten, unter denen die Menschen mit ihnen verkehren durften. Es gab daher die Behörde der *Pontifices*, die nach den formellen Regeln des Pontifikalrechts (*ius divinum*) und des Festkalenders (*fasti*) den Verkehr mit den Göttern pflegten. Anders als die Priesterschaften, die den Tempeln ihrer bestimmten Götter verbunden waren, amtete das *Collegium* der *Pontifices* als Staatsorgan. Staatliche *Collegia* bildeten auch die *Augures*, welche die gottgesandten Vorzeichen (*auguria oblativa*) oder die mittels Riten erbetenen (*auguria impetrativa*) einzuholen und zu deuten hatten, die *Decemviri sacris faciundis* für die Deutung der Orakelsprüche der Sibyllinischen Bücher. *Haruspices* waren Fachleute der Eingeweideschau (*disciplina Etrusca*). Im Kriegsfall traten die vier *Fetiales* in Aktion: Ihres Amtes war es, vom Feind geraubtes Eigentum zurückzufordern und, falls es verweigert wurde, den Ritus der Kriegseröffnung zu vollziehen. Alle Riten wurden in den tradierten festen Formen vollzogen, von deren strikter Einhaltung der Erfolg abhing. Das gesprochene Wort war wichtig: Der Text mußte fehlerfrei ohne Anstoß vorgetragen sein. Jedes Versprechen machte den Kultakt ungültig, so daß er von Anfang an wiederholt werden mußte (*instaurare*). Man konnte auf diese Weise z. B. die Wiederholung einer Theateraufführung absichtlich erzwingen. Der Genauigkeit diente, ähnlich den Gesetzestexten, die Häufung von Synonymen, damit alle Möglichkeiten abgesichert würden.

Der hohen Wertung des Eigentums im Recht entsprach die Bedeutung der Grenze im Sakralen. Der Grenzstein (*terminus*) war, anders als der griechische ὅρος, ein Gott, so unverrückbar, daß er nicht einmal Juppiter seinen Platz räumte (Ovid, fasti 2; 639−84). Bei einer Stadtgründung wird um das künftige Wohngebiet eine sakrale Furche (*sulcus*) gezogen; sie markiert den späteren Bannkreis (*pomerium*), innerhalb dessen Friede und *Ius* herrschen. Tempel von Göttern, die nicht den Rang anerkannter Staatsgötter haben, darf es nur außerhalb des *pomerium* geben, ausländische Gesandte werden außerhalb beherbergt, ein Heer darf nur einmal im Triumphzug einziehen und hört damit auf, Kriegsheer zu sein, der Imperator verliert sein Kommando. Auch im privaten Bereich hat die Grenze des Landguts sakrale Bedeutung. Außerhalb liegende Wildnis, die nicht von Menschen in Besitz genommen ist, gehört göttlichen Mächten. Der Bauer, der etwas davon roden will, muß ihnen das Land abkaufen durch eine Opfergabe. Nach Cato (agr. 139) hat er das Schweineopfer mit den formellen Gebetsworten (*concepta verba*) zu begleiten:

„Ob du ein Gott oder eine Göttin bist (*si deus si dea es*), der das Deine da zu eigen gehört (*quoium illud sacrum est*), so wie es Recht ist, dir mit einem Schwein zum Ausgleich zu opfern (*uti tibi ius est porco piaculo facere*) zum Zweck, dies dein Gotteseigentum zu schmälern (*illius sacri coercendi ergo*), sei es, daß ich persönlich oder jemand in meinem Auftrag das Opfer darbringt (*sive ego sive quis iussu meo fecerit*), so daß es rechtens dargebracht ist (*uti id recte factum siet*), zu diesem Zwecke richte ich an dich, während ich dieses Schwein zum Ausgleich dir als Opfer darbringe, freundliche Gebete (*eius rei ergo te hoc porco piaculo immolando bonas preces precor*), du mögest willfahrend und geneigt sein mir, meinem Hause samt meiner Dienerschaft und meinen Kindern (*uti sies volens propitius mihi domo familiaeque meae liberisque meis*). Dieser meiner Angelegenheit wegen sei du geehrt und gemehrt durch das Opfer dieses Schweins als Ausgleich (*harumce rerum ergo macte hoc porco piaculo esto*)".

Am Beispiel dieses Gebetsformulars lassen sich wesentliche Züge römischer Religiosität aufzeigen. Die Götter stellt der Römer sich in weit geringerem Maße in Menschengestalt vor als der von der Anschaulichkeit homerischer Dichtung herkommende Grieche. Man rechnet mit Unbekannten, vielleicht männlich, vielleicht weiblich, vielleicht ohne faßbare Gestalt. Manche manifestieren sich als „Augenblicksgötter" ein einziges Mal, z. B. der Gott *Aius Locutius*, dessen Stimme die Römer vor einer Kriegsgefahr gewarnt hatte. *Aio* und *loquor* sind die Verba für „Sprechen"; der Name besagt also, daß der Gott nichts anderes war als eben die einmal vernommene Stimme. – Mit dem Wort *sacrum* nennt das Gebet den Verhandlungsgegenstand: Es geht um ein Tauschgeschäft, Grundstück gegen Opferschwein. Das Wort *sacer* entspricht begrifflich dem griechischen ἱερός, doch wiegt für den Römer das Tabu weit stärker. Ein Verbrecher, den man für *sacer* erklärt, ist damit für immer aus der Gemeinschaft der Menschen ausgestoßen, ganz den finsteren Mächten ausgeliefert. Im positiven Sinne „für keinen Menschen verfügbar" ist z. B. in der Kaiserzeit das *numen* des Kaisers und alle Dinge, die dem Kaiser zugehören, nur nicht der Kaiser selbst, der vielmehr *sacratissimus* heißt; denn *sacer* ist das Eigentum, nicht die Person (Hiltbrunner 1968). Die Tabus sind abgestuft: Den nächst schwächeren Grad bezeichnet *sanctus* für Dinge und Personen, die durch einen Akt des *sancire* (wörtlich „umhegen") für unverletzlich erklärt worden sind. Die Kombination *sacro sanctus*, eine den Volkstribunen verliehene Eigenschaft, vereint das naturgegebene mit dem durch Satzung zugeschriebenen Tabu. Ulpian (dig. 1; 8; 9) nennt als Beispiel der *sanctitas* die Gesetze, die zwar von den Göttern geschützt, aber nicht ihnen zu eigen gehören. Ein nächst niedrigerer Grad ist *religiosus*: so heißen z. B. die sakralrechtlich geschützten Grabstätten. – Mit dem Wort *piaculum* wird hier das Opfertier als Ausgleichsabgabe bezeichnet: *piaculum* ist das Mittel, mit dem *pietas* hergestellt wird. *Pius* ist, wer seine Verpflichtungen gegenüber denen, die Anspruch auf Verehrung haben und Macht, diesen Anspruch durchzusetzen, nächst den Göttern vor allen Eltern und Ahnen, voll erfüllt und damit das friedliche Einvernehmen gesichert hat, insbesondere die *pax deum*. Eben dies ist das Hauptziel religiösen Handelns, gewissermaßen ein ausgeglichenes Konto im Handel mit den Göttern (*commercium deorum*) zu haben. Innerliche Gottverbundenheit spielt da keine Rolle. Schuld wird durch eine entsprechende Kulthandlung (*expiatio*) getilgt. Da die Römer überzeugt sind, durch ihre sorgfältige Erkundung des Götterwillens stets in der Lage zu sein, ein gestörtes Verhältnis zu den Göttern mit einer *expiatio* in die beste Ordnung zu bringen, halten sie sich für anderen Nationen überlegen. Der *maiestas deorum*, die sie unbedingt respektieren, entspricht die unbedingt zu respektierende *maiestas populi Romani* gegenüber andern Völkern. – *Facere* oder *agere* bedeuten terminologisch „kultisch handeln", speziell „opfern". – *Immolare*, wörtlich „mit geschrotetem und gesalzenem Korn (*mola salsa*) bestreuen" bildet zusammen mit dem Aufgießen von Wein auf das Opfertier einen Teil der Zeremonie. Der die gesprochenen Worte begleitende Akt wird *pars pro toto* genommen, so daß *immolare* „opfern" schlechthin heißt. – Das Wort *bonus* bekommt im sakralen Kontext den prägnanten Sinn „glückbringend". So steht es vom Epitheton für Götter (*Bona Dea*) bis hinab zu der trivialen Segensformel *quod bonum felix faustum fortunatumque sit* (Hickson 1993, 56; 63). – Etymologische Figuren wie *preces precor* kennzeichnen, besonders alliterierend (wie auch *porco piaculo*), den Stil sakraler Sprache. – *Volens propitius sis* ist ein Gebetswunsch, der in stereotyper Häufigkeit auf Weihinschriften verbreitet ist. – Die Formel *macte esto* ist nur sakraler Sprache eigen. Antike Erklärer verstanden die Silbe *mac-* als an *-t* assimiliertes *mag-*, wie in *magnus, magis* u. ä. Wörtern. *Macte esto* erklärten sie demnach als „sei gemehrt", die Opfergabe, mit der die Macht und Ehre des Gottes gemehrt wurde, fügte man im Instrumentalis bei. Auf heldenhafte Menschen angewandt lautete der Segenswunsch *macte virtute estote*.

Da der Erfolg der Kulthandlung und der in der *pax deum* für das Volk und den einzelnen Bürger gesicherte helfende Beistand der Götter von der peinlich genauen Einhaltung der Form abhängt, ist keine Abweichung erlaubt. Die römische Sakralsprache ist extrem konservativ. Wenn Cicero (leg. 2, 8–22) ein Beispiel gibt, wie eine von ihm selbst entworfene Sakralgesetzgebung auszusehen hätte, bedient er sich einer in Phonetik, Morphologie (Imperative auf *-to*) und Syntax (kurze Parataxen) hochaltertümlichen Sprache. Die Kultpraxis bewahrte Textformen, die in der Spätzeit von den Sprechern nur noch als bloße Lautfolgen hergesagt wurden, wobei das mangelnde Verständnis Entstellungen nach sich zog (Hickson 1993, 8). Beispiele liefern die Kultlieder (*carmina*) der *Fratres Arvales* (Norden 1939) und der *Salii* (Frg. poet. lat. ed. K. Büchner 1982, p. 1). Einzelne unverstandene Relikte gab es vielfach. Was die *di indigetes* und die *indigitamenta* bedeuteten, darüber waren schon die Erklärer augusteischer Zeit auf Hypothesen angewiesen. Man rätselte, warum am Frauenfest der *Matralia* die Mütter nicht für ihre eigenen Kinder, sondern *pueris sororiis* beten sollten, was man als „für die Kinder der Schwester" verstand. Man hatte das alte Verb *sororiare* „reifen der Mädchen in der Pubertät", wo sie unter dem Schutz der *Juno sororia* standen, vergessen. Das Gebet galt somit ursprünglich den eigenen Töchtern, denn *puer* wurde im Altlatein auch feminin gebraucht (Latte 1960, 97 mit Anm. 3). Der Gebrauch der traditionsschweren Formelsprache erforderte Kenntnisse, wie sie nur jene Gesellschaftsschicht besitzen konnte, welche die Träger der Staatskulte stellte. Dieser Schicht gehören auch die Autoren an, die kritisch über Religion reflektieren: Varro, Cicero (*De natura deorum*), Seneca (*De superstitione*; Briefe, Dialoge). Von der Religion der Unterschichten, Sklaven, Freigelassenen (Bömer 1958) geben Grabschriften und Weihungen an die Hausgötter (*Lares*) Zeugnis. Eine Sonderstellung nahmen die stehenden Heere der Kaiserzeit ein mit ihrer Verehrung orientalischer Götter (*Juppiter Dolichenus, Mithras*; Birley 1978). Sie schufen sich eigene Begriffsgottheiten wie die *Disciplina militaris* (*Disciplinae militari Augustorum aram dedicaverunt*: Année épigraphique 1973 nr. 629).

5. Frühchristliche Religion

Das Christentum wurzelt in jener Richtung des palästinensischen Judentums, die in Opposition zum hellenistischen Kult der Gottkönige stand. Auch an sich positive Wertbegriffe wie φιλανθρωπία wurden von den Christen der ersten beiden Jahrhunderte strikt abgelehnt, weil sie Parolen hellenistischer Kultur waren, deren Verfechter ihrerseits den Christen Misanthropie (*odium humani generis*: Tacitus, ann. 15, 44) unterstellten (Hiltbrunner 1990). Die christliche Tugend hieß φιλαδελφία. Sprachliche Absetzung geschah auf mehrfache Art. Beibehaltung des fremden Wortes im griechischen Kontext blieb auf wenige Interjektionen wie *amen, halleluia, maranatha* beschränkt. Schon das vorchristliche Griechisch der LXX kannte Wörter einer Sondersprache, die für Heiden zwar verständlich, aber nicht üblich waren, z. B. ἀγάπη. Sie wurden von den Christen aufgenommen. Andere waren Nichtchristen nicht in dem Sinn bekannt, der ihnen von den Christen verliehen wurde, z. B. εὐλογεῖν „schön reden", christlich für das Lob- und Dankgebet (Hamman 1980, 1197); πρεσβύτερος „älterer Mann", judengriechisch „Synagogenältester", christlich „Priester" anstelle des als heidnisch gemiedenen ἱερεύς. Termini des heidnischen Kults blieben tabuisiert: Christen nannten ihren Versammlungsort nie ἱερόν, sondern ναός, ἐκκλησία, nicht *templum*, sondern *ecclesia*. Wenn es in der Übersetzungssprache kein Äquivalent für den zu übersetzenden Begriff gibt, wird das Übersetzungswort in seiner Bedeutung verändert: Für hebräisch *kabod* „die Majestät Gottes" steht griechisch δόξα, lateinisch *gloria* (Mohrmann 1961/77, 1, 277–286), Wörter, die zuvor nie in diesem Sinn verstanden worden sind. In Nachwirkung von hebräisch *hodā* bekommen ἐξομολογεῖν und *confiteri* zusätzlich zur Bedeutung „bekennen" noch die des „lobpreisens" (Siegert 1950). Πίστις bedeutet in profanem Griechisch das Zutrauen, das man schenkt, und die Zusicherung, die man erhält, als christlicher Terminus den Glauben, lateinisch *fides*; der Christ heißt πιστός, *fidelis*. Unvermeidlich war die

Umwertung des Begriffs αἵρεσις (*haeresis, secta*) für eine philosophische Schule, die ihre bestimmte Lehrmeinung vertrat. Wenn christliche Theologie den Anspruch erhob, die einzige und unverfälschte Wahrheit zu verkünden, mußte jede Entscheidung für abweichende Lehren zwangsläufig negativ als Ketzerei gewertet werden. Die Notwendigkeit, im Streit der Meinungen genaue Definitionen und Distinktionen zu formulieren, erzeugte eine Vielzahl neuer Wortbildungen. Im Bereich der Gottesprädikate wucherten besonders die Komposita mit α-privativum bzw. negativem *in-*, z. B. ἀγέννητος (*innascibilis*), ἄφθαρτος (*incorruptibilis*) mit dem Substantiv ἀφθαρσία (*incorruptibilitas*). Jede neue Häresie rief ein neues Schlagwort hervor, am bekanntesten die 325 entschiedene Kontroverse zwischen orthodoxem ὁμοούσιος (*homoousius, coessentialis, consubstantialis*) und arianischem ὁμοιούσιος (*similis substantiae*), und die 431 in Ephesos verhandelte zwischen den mariologischen Prädikaten θεοτόκος und χριστοτόκος. Ein weiteres Problem stellte sich bei der Missionierung der lateinischsprachigen Gebiete. Für die Griechisch Sprechenden war die christliche Sondersprache nur ein Teil innerhalb ihres Sprachsystems. Für die Nur-Lateiner, zuerst in Africa, wurde das Griechische als Ganzes zur ihrem Alltag fremden Kultsprache. Die Übergangszeit bis zur lateinischen Bibel und Liturgie ließ eine Konkurrenz entstehen zwischen Fremdwort und Lehnübersetzung, z. B. *baptizare* oder *tinguere, intinguere* „taufen". Hier überlebte das Fremdwort *baptizare*, während z. B. *eucharistia* und *cena dominica*, *chrisma* und *unctio*, *episcopus* und *sacerdos* sich nebeneinander behaupteten. Oft trat sogleich die Übersetzung ein: λειτουργία wurde nicht übernommen und durch *officium* und *munus* vertreten. Der konservative Zug sakraler Sprache war wirksam, wenn für προσευχή (Gebet) nicht das zu erwartende *preces* eintrat, sondern eine archaische Bedeutung von *oratio*, was in lebendiger Sprache ausschließlich die Rede bezeichnete, reaktiviert wurde. Erst in nachkonstantinischer Zeit paßte sich die Liturgie der Verkehrssprache an und nahm *preces* und *precatio* auf (Hamman 1980, 1198 f).

Gegen Ende des 2. Jh. begann die intensivere Auseinandersetzung mit der griechischen Philosophie, deren Fachsprache für die Theologie nutzbar gemacht wurde. Man übernahm z. B. die stoische Übertragung des Begriffs οἰκονομία von Staatsverwaltung auf die göttliche Weltordnung. Der ἀπάθεια, Freiheit von Schmerz als Eigenschaft der Gottheit und des Weisen, hielt man den menschgewordenen Christus als παθητὸς σαρκί entgegen. Der neuplatonische Begriff ὑπόστασις „Grundlage des Einen, die in den Ableitungen erhalten bleibt", wurde weiterentwickelt bis zur Definition der Trinität durch Athanasios als drei im Wesen mit dem einen Gott identische Hypostasen. Die stoische ἀποκατάστασις-Lehre, nach der, wenn alle Gestirne in ihrem Kreislauf zum selben Punkt zurückgekehrt wären, die Welt endete und eine neue begänne, mit der früheren identisch, wurde von Origenes umgeformt, im 6. Jh. aber als Irrlehre verworfen. Vom christlichen Inhalt abgesehen unterscheiden sich die großen griechischen Väter Klemens von Alexandrien, Origenes, im 4. Jh. Basileios, Gregor von Nyssa, Johannes Chrysostomos in ihrer Prosa, Gregor von Nazianz auch in Poesie, nicht grundlegend vom rhetorisch geschulten Stil ihrer Gegner Porphyrios, Kaiser Julian, Libanios. Die eigenwilligste schöpferische Potenz zeigte sich in den lateinischen Schriften Tertullians. Ihm sind eine Fülle von Wortbildungen zu verdanken (Braun 1977; Mohrmann 1961/77, 2, 235–246) wie z. B. Christus als *salutificator* „Stifter des Heils". Nicht immer ist er Erfinder des zuerst bei ihm belegten Wortes, z. B. *trinitas* (für τριάς) hat er wohl von dem bekämpften Gnostiker Valentinus übernommen (Braun 1977, 151–157). Manches fand er in der nicht lange zuvor entstandenen lateinischen Bibel vor. In Streitschriften gegen Heiden und dissidente Christen wie in den Moraltraktaten, führt er eine polemisch aggressive Sprache.

Mit Vorliebe bedient er sich der rhetorischen Frage, z. B. *hoc magis gloriabitur potestas earum (sc. legum), quod etiam inauditam damnabunt veritatem?* (apol. 1, 3). Der Verlebendigung dient der fiktive Dialog mit einem Einwand des Gegners. Er versteht zu variieren nach den rhetorischen Regeln der *Dispositio*: Derselbe Gedanke, daß die Heiden, wären sie nicht in Unkenntnis, aufhören müßten, die Christen zu hassen und statt dessen ihre eigenen früheren Irrtümer verdammen würden, wird im Anfangsteil relativ ruhig formuliert: *cum omnes, qui retro oderant, quia ignorabant, quale sit, quod oderant, simul desinunt ignorare, cessant et odisse. [...] incipiunt odisse, quod fuerant et profiteri, quod oderant* (apol. 1, 6). In der Steigerung des Redeschlusses (*peroratio*) klingt es so: *discite, quid in nobis accusetis, et non accusabitis! recognoscite, quid in vobis non accusetis, et accusabitis* (nat. 1, 20, 13).

Während Tertullian einen überall relativ einheitlichen Ton anschlägt, schreibt Augustinus in mannigfachen dem Zweck angepaßten Stilformen (Mohrmann 1932, 11—21). Er, der vor seiner Bekehrung den Beruf eines Lehrers der Rhetorik ausübte, formt bewußt die Rede nach deren Regeln. Im 4. Buch *De doctrina christiana*, wo er die Prinzipien darlegt, widmet er breiten Raum (c. 96—150) den 3 Stilhöhen: Der schlichte Stil dient dazu, lehrend Inhalte zu vermitteln, der mittlere dazu, von den Lehren zu überzeugen, der hohe Stil ruft dazu auf, die Überzeugungen in die Tat umzusetzen. Ein wichtiger Punkt ist die Rücksicht auf den Adressaten. Vor allem hat der Prediger auf Verständlichkeit zu achten (c. 63—65). Da seine afrikanischen Zuhörer nicht gewohnt sind, auf die Quantität der Silben zu hören, klingt für sie *ōs* „Mund" und *os* „Knochen" gleich. Augustinus empfiehlt daher für „Knochen" die aus dem Plural *ossa* rückgebildete Singularform *ossum*, obwohl sie dem Vulgärlatein angehört. Er ist sonst eher zurückhaltend gegenüber Neologismen. Erst nach langem Zögern und Ersatzbildungen wie *reparator* entschließt er sich, das Wort *salvator* zu übernehmen (Mohrmann 1932, 145 f), sieht sich aber veranlaßt, den Gebrauch ausdrücklich als Wiedergabe von hebr. *Iesus* zu rechtfertigen (Mohrmann 1961/77, 2, 249, 310 f). Streben nach Volksnähe eignet der Predigtsprache zu allen Zeiten; der Augustiner Luther steht mit dem Rat, dem Volk aufs Maul zu schauen, voll in der Tradition Augustins und ein literarischer Erzähler wie der Pfarrherr Jeremias Gotthelf zeigt dieselben Merkmale, die Augustin dann anwendet, wenn er sich an ein breites Publikum richtet: Nicht Perioden, sondern kürzere Kommata, parataktische Gliederung, Schmuck durch Alliteration, Assonanz und Reim, Vorliebe für Wortspiele und Bildersprache. Beispielsweise gilt die Mausefalle (*muscipula*) als Bild für die Versuchung, aber auch positiv wertend für den Sieg Christi, der durch sein Blut als Köder und das Kreuz als Falle den Teufel fängt (Mohrmann 1932, 229—231). Wie Tertullian hält Augustin das Interesse wach durch das fiktive Gespräch, in dem der Redner an des Hörers statt Fragen stellt, die er dann selbst beantwortet. Diese Mittel setzt Augustin auf allen drei Stilebenen in den *Sermones* ein, ebenso, mit lexikalisch und syntaktisch größerer Nähe zur Hochsprache und Einbezug biblischer Elemente und hymnischer Steigerungen, in den *Confessiones* (Mohrmann 1961/77, 1, 371—381. 2, 308—323). Die volkstümliche Sprache hat in religiös-ethischem Sinn zugleich die Bedeutung, von der Demut des Predigers zu zeugen, sie ist ein *se humiliare*. Neben der psychologischen Komponente steht die soziale der Wirkung auf verschiedene Schichten. Lexikalisch wirkt sie in Entlehnungen aus der Sprache einzelner Gesellschaftsgruppen. Sehr reich trägt die Fachsprache der Medizin bei mit Wörtern wie *antidotum, indigestio, paralyticus, saniosus* u. a., des Rechts mit *circumventio, effractor* u. a., aber auch Dichtung, Philosophie, Landwirtschaft (Mohrmann 1932, 236—242).

Den äußersten Gegensatz zur Sprache der Predigten bilden im Gesamtwerk Augustins die Bücher *De civitate Dei*. Der an Cicero angelehnte Stil der Frühdialoge ist hier fortentwickelt, indem die hypotaktisch gebaute Periode durch verdeutlichende Einschübe ausgeweitet und schwer überfrachtet wird. An die Stelle der mit *quod* oder *quia* eingeleiteten Aussagesätze tritt viel häufiger die klassische Infinitivkonstruktion, statt Assonanz und Reim dienen die Klauseln dem Wohlklang, ausführliche Gleichnisse stehen anstatt der Bilder. Zwischen den stilistischen Extremen reihen sich ein die Schriften zur Bibelexegese, Muster des lehrenden schlichten Stils, während die Streitschriften gegen Donatisten, Manichäer und Pelagianer in der Polemik bis zum pathetischen hohen Stil sich steigern. Im Eingehen auf die verschiedenen Adressaten entfaltet Augustin die ganze Meisterschaft seiner Rhetorik in den Briefen.

Sehr breit nachgewirkt haben vor allem die Volkspredigten Augustins. Sie wurden nicht bloß stilistisch nachgeahmt, sondern gerne mit den gebotenen Adaptationen wörtlich übernommen, woraus sich die große Zahl der frühmittelalterlichen Predigten erklärt, die unter dem Namen Augustins überliefert sind. Zu hohen Kirchenfesten hat schon Augustin im hohen panegyrischen Stil gepredigt. Diese Form hat bald nach ihm einen Höhepunkt erreicht in den Festpredigten des Papstes Leo I., aus denen Formulierungen in die römische Liturgie übergegangen sind (Callewaert 1948).

In der Liturgie treten die Gläubigen in eine Situation ein, die eine über den Alltag erhobene Sprache verlangt (Blaise 1966). Der Genetiv der Steigerung εἰς τοὺς αἰῶνας τῶν αἰώνων/in saecula saeculorum ist als Hebraismus biblisch tradiert. Würdiger Schmuck der Rede wird mit Mitteln der Kunstprosa erzielt, z. B. rhythmische Klauseln, Redefiguren jeder Art, besonders beliebt das Isokolon.

Sie bestimmen neben der Wortwahl den Sondercharakter liturgischer *Orationes* (Mohrmann 1961/77, 2, 93—108).

Als soziale Gruppe haben die Wüstenmönche eine Sondersprache, mit der sie sich bewußt von der Welt absetzen. Die Sammlungen der *Apophthegmata* spiegeln ihre mündlichen Äußerungen: Da Vielreden verpönt war, kurze Kernsprüche von wenigen treffenden Worten. Selbst die Gebrauchsgegenstände hatten ihre eigenen Bezeichnungen: Mönchskleid war der σάκκος (*cilicium*), das Zwiebackbrötchen ein *paxamatium*. Im Bereich der Spiritualität (Miquel 1986) erhielten bekannte Begriffe ihren speziellen Sinn: ἀπάθεια war nicht die stoische Leidenschaftsfreiheit, sondern die Tugend des Dulders (*humilitas*), θεωρία nicht die philosophische *vita contemplativa*, sondern die mystische Versenkung bis zur Gottesschau, ἀκήδεια nicht die Sorglosigkeit, sondern die monastische Hauptsünde, die innere Leere und Sinnlosigkeit, ἀναισθησία nicht die stumpfe, dumme Gefühllosigkeit, sondern die Abtötung gegen Versuchungen der Welt.

6. Literatur (in Auswahl)

Appel 1909 = Georgius Appel: De Romanorum precationibus. Gissae 1909 (Religionsgeschichtliche Versuche und Vorarbeiten 7, 2).

Birley 1978 = Eric Birley: The religion of the Roman Army. In: Aufstieg und Niedergang der römischen Welt II, 16, 2. Hrsg. v. Wolfgang Haase. Berlin. New York 1978, 1506—1541.

Blaise 1966 = Albert Blaise: Le vocabulaire latin des principaux thèmes liturgiques. Turnhout. Paris 1966.

Bömer 1958 = Franz Bömer: Untersuchungen über die Religion der Sklaven in Griechenland und Rom, 1. Teil. In: Akademie der Wissenschaften und der Literatur in Mainz. Abhandlungen der geistes- und sozialwissenschaftlichen Klasse 7. 1957, 375—580.

Braun 1977 = René Braun: „Deus Christianorum". Recherches de vocabulaire doctrinal de Tertullien. 2ᵉ éd. revue et augmentée. Paris 1977.

Callewaert 1948 = Camille Callewaert: Saint Léon le Grand et les textes du Léonien. In: Sacris erudiri. Jaarboek voor Godsdienstwettenschapen 1. 1948, 35—122.

Chantraine/Masson 1954 = Pierre Chantraine/Olivier Masson: Sur quelques termes du vocabulaire religieux des Grecs: la valeur du mot ἄγος et de ses dérivés. In: Sprachgeschichte und Wortbedeutung. Festschrift Albert Debrunner. Bern 1954, 85—107.

Daniel 1990 = Robert W. Daniel/Franco Maltomini: Supplementum magicum I. Opladen 1990 (Abhandlungen der Rheinisch-Westfälischen Akademie der Wissenschaften. Sonderreihe Papyrologica Coloniensia 16, 1).

Dodds 1970 = Erec Robertson Dodds: Die Griechen und das Irrationale (The Greeks and the Irrational. 1951). Übers. v. Hermann-Josef Dirksen. Darmstadt 1976.

Foerster 1964 = Werner Foerster: σέβομαι, εὐσεβής, εὐσέβεια, εὐσεβέω. In: Theologisches Wörterbuch zum Neuen Testament. Bd. 7. Hrsg. v. Gerhart Kittel u. a. 1964, 169—184.

Hamman 1980 = Adalbert Hamman: La prière chrétienne et la prière païenne, formes et différences. In: Aufstieg und Niedergang der römischen Welt II, 23, 2. Hrsg. v. Wolfgang Haase. Berlin. New York 1980, 1190—1247.

Herter 1975 = Hans Herter: Tyche. In: Kleine Schriften. München 1975, 76—90.

Hickson 1993 = Francis V. Hickson: Roman prayer language: Livy and the Aeneid of Vergil. Stuttgart 1993 (Beiträge zur Altertumskunde 30).

Hiltbrunner 1968 = Otto Hiltbrunner: Die Heiligkeit des Kaisers. In: Frühmittelalterliche Studien 2. 1968, 1—30.

Hiltbrunner 1990 = Otto Hiltbrunner: Warum wollten sie nicht φιλάνθρωποι heißen? In: Jahrbuch für Antike und Christentum 33. 1990, 7—20.

Kleinknecht 1937 = Hermann Kleinknecht: Die Gebetsparodie in der Antike. Stuttgart 1937. Repr. 1967 (Tübinger Beiträge zur Altertumswissenschaft 28).

Latte 1960 = Kurt Latte: Römische Religionsgeschichte. München 1960. Repr. 1967 (Handbuch der Altertumswissenschaft 5, 4).

Latte 1968 = Kurt Latte: Griechische und römische Religiosität. In: Kleine Schriften. München 1968, 48—59.

Lattimore 1942 = Richmond Lattimore: Themes in Greek and Latin Epitaphs. Urbana 1942 (Illinois Studies in Language and Literature 28, 1—2).

Merkelbach/Totti 1990 = Reinhold Merkelbach/Maria Totti: Abrasax. Ausgewählte Papyri religiösen und magischen Inhalts I: Gebete. II: Gebete (Fortsetzung). Opladen 1990/1 (Abhandlungen der Rheinisch-Westfälischen Akademie der Wissenschaften. Sonderreihe Papyrologica Coloniensia 17, 1/2).

Miquel 1986 = Pierre Miquel: Lexique du désert. Étude de quelques mots-clés du vocabulaire monastique du grec ancien. Abbaye de Bellefontaine. Paris 1986 (Spiritualité orientale 44).

Mohrmann 1932 = Christine Mohrmann: Die altchristliche Sondersprache in den Sermones des hl. Augustin. Erster Teil. Nijmegen 1932 (Latinitas Christianorum Primaeva 3).

Mohrmann 1961/77 = Christine Mohrmann: Études sur le latin des chrétiens. Bd. 1—4. Roma 1961

(2ᵉ éd.). 1961. 1965. 1977 (Ed. di storia e letteratura 65. 87. 103. 143).

Muth 1978 = Robert Muth: Vom Wesen römischer „religio". In: Aufstieg und Niedergang der römischen Welt II, 16, 1. Hrsg. v. Wolfgang Haase. Berlin. New York 1978, 290−354.

Muth 1988 = Robert Muth: Einführung in die griechische und römische Religion. Darmstadt 1988.

Nilsson 1967 = Martin P. Nilsson: Geschichte der griechischen Religion 1. 3. Aufl. München 1967 (Handbuch der Altertumswissenschaft 5, 2, 1).

Norden 1939 = Eduard Norden: Aus altrömischen Priesterbüchern. Lund 1939 (Acta Regiae societatis humaniorum literarum Lundensis 29).

Rudhardt 1958 = Jean Rudhardt: Notions fondamentales de la pensée religieuse et actes constitutifs du culte dans la Grèce classique. Étude préliminaire pour aider à la compréhension de la piété athénienne au IVᵉ siècle. Genève 1958.

Severus 1972 = E. von Severus: Gebet I. In: Reallexikon für Antike und Christentum. Stuttgart 1972, 1134−1258.

Siegert 1950 = Hans Siegert: Griechisches in der Kirchensprache. Ein sprach- und kulturgeschichtliches Wörterbuch. Heidelberg 1950.

Ziebarth 1905 = Erich Ziebarth: Eid I. Bei den Griechen. In: Paulys Realencyclopädie der classischen Altertumswissenschaft. Neue Bearbeitung. Hrsg. v. Georg Wissowa. 10. Halbband. Stuttgart 1905, 2076−2083.

Otto Hiltbrunner, Gröbenzell

236. Jurisprudenz und ihre Fachsprache im römischen Altertum: eine Übersicht

1. Sakrale Ursprünge
2. Republikanische Zeit
3. Kaiserzeitliches Recht
4. Römisches Recht und Europa
5. Literatur (in Auswahl)

1. Sakrale Ursprünge

Weit stärker als in griechischen Stadtrechten wirkt im römischen Recht die ursprüngliche Einheit von Religion und Recht nach. Während griechisch *Dike* die Weisung zur Beilegung des Streits bedeutet, ist das römische *ius* eine Heilsordnung (zu indo-iranisch yōḥ Heil; abzulehnen die Erklärung als Bindung, zu *iungere*), von deren Wahrung der Rechtsfriede unter den Bürgern und der Friede mit den Göttern (*pax deum*) abhängt. Aus der unbegrenzten Umwelt (*tescum*) wird durch Ortung, Grenzfurche oder Mauer der den Menschen gehörende Bezirk abgegrenzt. Außerhalb, im Bereich übermenschlicher Mächte, ist menschliches Handeln nur zugelassen in dem Rahmen, den die Götter gestatten (*fas*). Innerhalb der sakralen Grenze (*pomerium*) gelten die Gebote und Verbote des *ius* für zwischenmenschliche Beziehungen und als *ius divinum* für den Rechtsverkehr mit den Göttern. Das ungestört bewahrte *ius* und das zum Gedeihen des Volkes veranstaltete *augurium* sind beide nötig für das Heil (*salus*) der Gemeinde. Die frühe Rechtssprache weist signifikante Gemeinsamkeiten auf mit der Sprache der Auguren. Die *condictio* des Augurs, d. h. die Ladung, sich zur bestimmten Frist zur *inauguratio* einzufinden, ist Vorbild der *legis actio per condictionem* des Zivilprozesses. Der Klagende fordert den Beklagten auf, am Gerichtsort (*in iure*) zu erscheinen. Bestreitet er (*quando tu negas*), wird zum 30. Tag, dem *dies iustus*, der Richter eingesetzt. Als später im Formularprozeß keine Fristsetzung (*denuntiatio*) mehr stattfand, wurde das Wort *condictio* konservativ beibehalten für die Klage auf eine bestimmte Leistung (*dare facere oportere*), ohne daß der Schuldgrund genannt wurde (Justinian, Institutiones 4,6,15). Aufgabe der Auguren war die Deutung (*interpretatio*) der Vorzeichen. Herkömmliche wurden nach Beobachtung (*observatio*) gemäß erlernten Regeln (*disciplina*) gedeutet; neuartige Zeichen durch Schließen auf deren Sinn zu deuten (*colligere*), darin zeigte der Augur seine Kunst (*ars*). Analog benannt wurde die Rechtskunde (*interpretandi scientia*) des Collegiums der Pontifices. Strikte Beobachtung der Gesetzesform (*observatio*) war Grundlage der regelgerechten Praxis (*iuris disciplina*). Im *colligere* aus gegebenen Tatsachen auf den wahren Sachverhalt erweist sich das *ius* als die *ars boni et aequi*. Weitere Parallelen bei Manthe (1993). Schon in der Zeit der Republik ist man sich der sakralen Ursprünge vielfach nicht mehr bewußt (Noailles 1949). Stark wirken sie nach im Strafrecht, soweit die Sanktionen von der Gemeinde verhängt wurden in Fällen, die den Zorn schützender Götter herausfordern. Mit dem Spruch *sacer esto* wird ein Missetäter der Gottheit anheimgegeben, d. h. aus der menschlichen Gemeinschaft ausgestoßen. Es sind spezifische Delikte, die so geahndet werden: Versetzung des Grenzsteins, Fälschung von Maß und Gewicht, Trug, den der zur *fides* verpflichtete *patronus* gegen den *cliens* begeht. Uralt geheiligter Brauch des Gastrechts gebietet, dem Fremden das Lebensnotwendige, d. h. Obdach, Wasser und Feuer zu gewähren. Wer der Strafe entgeht, indem er aus dem römischen Staat ausscheidet und ins Ausland verzieht (*exilium*), dem wird durch die *interdictio aqua et igni* dieses allgemeine Menschenrecht entzogen. Bewahrt bleibt der sakrale Grundzug auch in der völkerrechtlichen Kriegserklärung nach den Regeln des Fetialrechts (Wieacker 1988, 216).

2. Republikanische Zeit

2.1. Archaische Sprachform

Die gemeinsame Herkunft des zivilen und des sakralen Rechts drückt sich aus im konservativen Festhalten der sprachlichen Form. Doch besteht ein grundlegender Unterschied. Sakrale Formeln werden nachgesprochen, auch wenn in späterer Zeit Phonetik, Morphologie und Wortschatz so verändert sind, daß die Sprecher den Formeltext gar nicht mehr verstehen. Rechtssätze hingegen können ihre Wirksamkeit nur entfalten, wenn ihre Verständlichkeit gesichert ist. Ihre Sprache wird daher unter möglichster Wahrung der Tradition fortwährend aktualisiert (Wieacker 1988, 292–305). Der überlieferte Text der Zwölf Tafeln repräsentiert nicht die Sprache des 5. Jh.s v. Chr. (Wieacker 1966). Er war aber Gegenstand des Schulunterrichts. Der junge Römer lernte die Sätze auswendig. Archaische Wörter wie *endo* für *in*, *nec* für *non*, *se* für *sine* merkte er sich, ebenso, daß der Akkusativ des Pronomens *is* im Masculinum als *im* erschien, im Femininum durch das nicht mehr gebräuchliche Pronomen *sos* in der Form *sam* ersetzt war. Die in den mit *uti*, *qui* oder *si* eingeleiteten Nebensätzen auftretenden aoristischen Konjunktive *faxsit*, *legassit*, *nuncupassit* hinderten das Verstehen ebensowenig wie die deponentischen Infinitive *testarier* u. ä., oder daß *est* im Sinne von *vorhanden ist* in der durch -*sco* erweiterten Form *escit* auftrat (Fraenkel 1925, 441–443).

Daß in den Zwölf Tafeln Wörter eine nicht übliche Bedeutung hatten, z. B. *adorare* = Klage führen statt *agere*, *tempestas* statt *tempus* u. ä., das lehrten die Grammatiker. Als Stilmuster prägte sich die Folge des hypothetischen Vordersatzes (*si*, *qui*, *uti*) mit imperativischem Nachsatz (Imperativendung -*to*) für Gesetze ein.

2.2. Verhältnis zur Allgemeinsprache

Der Schulunterricht bewirkte, daß die Rechtssprache in der Allgemeinbildung des Römers weitaus größeres Gewicht hatte als jede andere Fachsprache (De Meo 1986, 69–73; Calboli 1994). Sie wirkt überall nach, von den Komödien des Plautus und Terenz bis zu den spätlateinischen Kirchenschriftstellern. Allerdings werden Wörter, die von Juristen in technischem Sinn gebraucht werden, in nichtjuristischer Literatur auch in unterminologischer Weise verwendet. Daraus ergeben sich Wortspiele. Bei Horaz (Satire 2,1,82–85) versteht der Jurist Trebatius *mala carmina* im Sinne der Zwölf Tafeln als Schmähgedicht, ursprünglich war sogar Schadenzauber gemeint (Wieacker 1956, 462 f), der Dichter dagegen als schlechte Verse. Von einem gesellschaftlichen Eklat berichtet Plinius (Brief 6,15). Der zur Rezitation seines Werks einladende Dichter versteht unter *iubere* die ermutigende Aufforderung eines Mäzens und will das Gedicht dem Juristen Iavolenus Priscus widmen. Dieser nimmt mit herbem Scherz *iubere* terminologisch im Sinn von *mandare* (analog zu *mandare* verbindet er sogar in seinen Rechtsbescheiden *iubere* mit dem Dativ) und verweigert sich der Rolle des für ein *iussum* verantwortlichen Auftraggebers (Hiltbrunner 1979).

Am Beispiel von *agere*/*actio* sei aufgezeigt, wie in der Fachsprache bestimmte Ausschnitte aus dem usuellen Bedeutungsfeld spezialisiert werden (Biondi 1965, 184). Mit der Grundbedeutung heißt das Wegerecht *ius eundi et agendi*, wobei *agere* Viehtrieb und Fahren mit Wagen umschreibt. Der Kontroverse zwischen *scriptum* und *voluntas*, in der sich rechtsgeschichtlich die Forensische Rhetorik gegen den Rechtsformalismus stellt, ist der Gegensatz von *dictum* (Wortbehauptung) und *actum* (schlüssige Handlung) zuzuordnen. Am verbreitetsten ist *agere* für die gerichtliche Klage. Der Kläger heißt *agens*, in Blankoformularen trägt er den fiktiven Namen *Agerius*; der Beklagte, der zahlen (*numerare*) soll, heißt *Numerius*. Dem *patronus* als Anwalt obliegt das *causam agere*. Der *Prae*-

tor erteilt die *actio* (Erlaubnis zur Prozeßeröffnung) und *actio* heißt nicht nur das Klagerecht, sondern die Klage und der Prozeß selbst. Der Begriff ist so geläufig, daß das Wort *actio* durch Ellipse wegfallen darf, z. B. bei Klage auf Herausgabe des Pfandes: *recte agitur pigneraticia* (ergänze *actione*). Zwar bedienen sich auch Juristen allgemeinsprachlicher Wendungen wie *aetatem agere* (sein Leben verbringen) oder *gratias agere* (danken); doch sogar umgangssprachliches *nihil agere* (untätig sein oder nichts ausrichten) wird durch den Kontext terminologisch im Sinne der Rechtsunwirksamkeit.

2.3. Mündlichkeit

In früher Zeit wurden Rechtsakte mündlich vollzogen, begleitet von den obligatorischen Symbolhandlungen. Die Sprache weist Figuren oralen Ausdrucks auf (De Meo 1986, 75–80; Poccetti 1994). Alliteration und etymologische Figur sind z. B. vereint im Zwölftafelgesetz 12,2 *si servus furtum faxit noxiamve noxit*. Die *Figura etymologica* verleiht der generellen Aussage Nachdruck und betont den Rechtscharakter, z. B. Lex Antonia de Termessibus (FIRA I p. 136,21) *sancitum est sanctione*. Lex Cincia (Frg. Vaticana 298) *pro servis servitutem servierunt*. Ähnlich wirkt die Periphrase im Senatsbeschluß über die Baccanalia 23 (FIRA I p. 241) *senatuosque sententiam uti scientes esetis* (statt *sciatis*). Sehr typisch sind asyndetische Reihen. Zwei verwandte Begriffe werden so vereint zu Paaren wie *agere facere, pactum conventum, locatum conductum*, aber auch antithetisch wie *emptio venditio, dare accipere*, oder als Sequenz wie *sumito habeto, usus fructus*. Eine Dreierfolge bilden die rituellen *tria verba*, mit denen der Richter das strittige Eigentum im Urteil zuspricht: *do dico addico*. In ihnen zeigt sich die steigende Silbenzahl der Reihe, wie z. B. in *actio petitio persecutio*. Alle diese Redeformen bieten dem Sprecher eine mnemotechnische Hilfe. Vollständigkeit und formale Richtigkeit der vorgeschriebenen Worte waren gefordert für die Gültigkeit des Aktes; sie waren wirksam aus sich selbst, unabhängig vom wahren Willen des Sprechers. Bei manchen Geschäften genügte die einseitige Erklärung. Z. B. spricht beim Kauf eines Sklaven der Käufer: *hunc ego hominem ex iure Quiritium meum esse aio isque mihi emptus esto hoc aere aeneaque libra*. Der Verkäufer brauchte nichts zu sagen. Denn der Satz ist nicht bloß konstatierend, er schafft, indem er ausgesprochen wird, Recht (Thomas 1974, 112;

Wieacker 1988, 327 f). Auch als es gemünztes Geld gab, blieb es bei den Worten und die Wage wurde mit einem Geldstück symbolisch berührt. Eine zweiseitige Erklärung war hingegen gefordert beim Versprechen, eine bestimmte Summe zu zahlen. Der Begünstigte nennt die Summe und fragt: *mihi dari spondesne?* Der sich Verpflichtende antwortet: *spondeo*. Nur römische Bürger dürfen diese Form verwenden. Für Verträge mit Nichtrömern muß das Wort durch *stipulor* ersetzt werden. Zwischen Stummen und Tauben wäre auch diese Vertragsform unmöglich. Die Wirkung tritt allein durch das gesprochene und gehörte Wort ein.

2.4. Jurisdiktion, Legislative, Rechtswissenschaft

2.4.1. Die Zwölf Tafeln bilden die Grundlage, ihre *leges* werden in den *legis actiones* angewandt. Drei soziale Gruppen tragen die Fortschritte während der Republik. Am wichtigsten sind die jährlich wechselnden Praetoren. Der Praetor verkündet kraft seines Imperiums vor seinem Amtsantritt die Grundregeln seiner Rechtsprechung im Edikt. Dieses wurde im wesentlichen vom Nachfolger übernommen und nicht neu konzipiert. Kaiser Hadrian legte den Text endgültig fest. Das Edikt als Amtsrecht (*ius honorarium*) schafft Recht für solche Fälle, die von den *leges* nicht vorgesehen waren, Fälle, bei denen Treu und Glauben (*bona fides*) oder Billigkeit (*bonum et aequum*) den Anspruch begründeten. Wenn der Praetor die Klage zuließ (*actionem dabat*), benannte er den oder die Richter und formulierte *per concepta verba* die juristische Entscheidung der Streitfrage. Mit dem Urteilsbefehl (*formula*) wandten sich die Parteien an das Gericht (*iudicium*), wo zu entscheiden war, ob der Sachverhalt sich in den Rahmen der *formula* einfügte, z. B. *Wenn es sich erwahrt, daß X dem Y so und so viel zu zahlen schuldig ist, verurteile, wenn nicht, sprich frei* (*si paret .... dare oportere, condemnato, si non paret, absolvito*).

2.4.2. Die zweite Gruppe bildeten diejenigen Magistrate, die das Recht hatten, Volksversammlungen einzuberufen und ihnen Gesetzesanträge vorzulegen. Consuln und Praetoren stellten die Anträge in den *comitia*, die so beschlossenen Gesetze hießen *leges rogatae*. Die Volkstribunen beriefen die *concilia plebis*; die dort beschlossenen Gesetze galten als *plebis scita* für das Gesamtvolk. Mit Gesetzeskraft faßte der Senat seine *senatus consulta*. Im Bestreben, alle von den Beratern erwogenen Eventualitäten mit einzubringen, wurden die Gesetzestexte weitschweifig und wichen vom summarischen Stil der Zwölf Tafeln ab. Ein allerdings extremes Beispiel bietet die sog. Lex Rubria, im Jahr 49 oder 42 v. Chr. in Rom erlassen als Gemeinderecht aller Städte des cisalpinen Galliens (FIRA I 170−175). An das Muster einer Prozeßformula für eine *actio damni infecti* (Stellung einer Kaution für eventuell eintretenden Schaden) schließt die Bestimmung an, daß im konkreten Fall anstelle der Mustername für Kläger, Beklagten und Ort die wirklichen Namen zu verwenden seien. Sollten aber zufällig Parteien und Ort so heißen wie die vorgegebenen Musternamen, dann solle es bei diesen bleiben (Schulz 1961, 114). Man sieht, welch geringe Meinung man in Rom von den selbständigen Fähigkeiten der Amtsträger in den Provinzstädten hatte. Doch gerade der Umstand, daß selbst im entlegensten Winkel des Reichs jedermann damit zu tun bekam, hat dazu beigetragen, daß von der Hochsprache verpönte Archaismen der Rechtssprache in der Umgangssprache geläufig blieben und bis in die romanischen Nachfolger des Lateins fortlebten. Der Schuldner, von dem Zahlung verlangt wird, heißt z. B. nicht *ex quo petitur*, sondern *unde petitur*, ebenso wie im Französischen *dont* statt des Relativpronomens mit Praeposition steht.

2.4.3. Die dritte Gruppe, die Fachjuristen (Nelson 1975), trat in der Öffentlichkeit nicht hervor. Da jedoch mit seltenen Ausnahmen weder die Praetoren noch die übrigen Magistrate juristische Fachkenntnisse besaßen, waren sie auf kundige Berater angewiesen. Der *in iure* die *formulae* konzipierende Praetor umgab sich stets mit einem *consilium*. Auf diese Weise wirkten die Rechtsgelehrten (*iuris consulti*, *iuris periti*) auf Inhalt und Wortlaut der *concepta verba* ein. Sie pflegten die präzise und knappe alte Rechtssprache. Horaz (Sat. 2,1,4−9) karikiert sie, indem er Trebatius um Rat gegen die Kritiker bittet: „Trebatius, schreibe mir vor, was ich zu tun habe." − „quiescas." Juristisch heißt das „Verzichte auf eine Klage"; Horaz versteht es als „Halte den Mund". Er entgegnet: „Heißt das, ich solle überhaupt keine Verse mehr schreiben?". − „aio". Das befehlende *Ja* klingt höchst altertümlich und ist nur in der Juristensprache noch üblich. Horaz wendet ein: „Zum Kuckuck, das wäre freilich das Gescheiteste, aber ich leide an Schlaflosigkeit". Jetzt erteilt Trebatius sein scherzhaftes *responsum*: „Mit Öl sollen sich salben und so dreimal über den Tiber schwimmen, alle, die tiefen Schlaf nötig haben" usw. (*ter uncti transnanto Tiberim somno quibus est opus alto* ...). Zur Fachsprache gehört da vor allem der Imperativ auf -*to* und überhaupt der autoritative Stil des Bescheides. In juristischen Lehrbüchern führt der didaktische Zweck zu etwas ausführlicherem, aber schlichtem Stil (Schulz 1961, 186−209; Nelson 1981, 395−423).

2.4.4. Über die Juristen erhaben fühlten sich die Redner, die in Prozessen als Verteidiger und Ankläger auftraten. Ihre Rhetorik suchte Emotionen zu wecken und die Richter zu überreden. Sie schmeichelten den Ohren mit den rhythmischen Kolonschlüssen der Kunstrede, deren Fehlen bei den Juristen Quintilian (Institutio 11,2,41) eigens vermerkt. In der Rede *Pro Murena* gießt Cicero seinen Spott aus über den Gegner, den Juristen Servius Sulpicius. Die Formeln der *legis actiones* seien lächerlich; sogar was in den Gesetzen anfangs gut gewesen sei, hätten die Einfälle der Juristen verpfuscht. Ungeachtet solcher Geringschätzung kann aber Cicero als Prozeßredner juristische Grundkenntnisse nicht entbehren. In seinen *Topica* erläutert er eine Reihe von Rechtsbegriffen, deren Kenntnis dem Rhetor nützlich ist, z. B. *compascuus ager*, *mater familias*, *usus* und *abusus*, *abalienatio*, *litus*, *postliminium*, *aqua pluvia*, *testamenti factio*. In *De legibus* formuliert er Gesetze im Stil der Zwölf Tafeln (Pascucci 1970b).

2.5. Fortentwicklung

Die sich erweiternde Kasuistik erforderte die Neubildung zahlreicher Bezeichnungen. Die Zwölf Tafeln beschreiben Vorgänge meist verbal; spätere Begriffsbildung faßt sie in Verbalabstrakta. Die *Nomina actionis* auf -*io* sind die produktivste Gruppe, zusammenfassend untersucht von Kaser (1965). Sie werden nicht nur von Einzelverben abgeleitet, sondern von ganzen Wortgruppen. Aus *in ius vocare* entsteht die *in ius vocatio*, aus *pro herede gerere* die *pro herede gestio*, aus *manu mittere* die *manumissio*, aus *ratum habere* die *ratihabitio*, aus *acceptum ferre* die *acceptilatio*. Eine zweifache Ableitung vom gleichen Verb wurde nötig bei *capere*. *Captio* als die ältere ging aus von *capere* im Sinn von jemandem eine Falle stellen, ihn hineinlegen. Als man zu *capere* im Sinn von in Besitz nehmen in den Verbindungen *usu capere* (ersitzen) und *pignori capere* (zum Pfand nehmen) Substantive bildete, kam es zu der alternativen Form *usu capio*, *pignoris capio*, woraus dann wieder *capio* (Inbesitznahme) rückgebildet wurde, alles Substantive, deren Gebrauch auf die Rechtssprache beschränkt blieb.

3. Kaiserzeitliches Recht

3.1. Bis Iustinian

Das Ende der Republik bringt einen tiefen Einschnitt in der Rechtsgeschichte. Ohne Volksversammlungen gibt es keine *leges rogatae* mehr. Die Gesetze werden als *constitutiones* von der Kanzlei des Kaisers erlassen. In Nachfolge hellenistischer Ideologie ist der Herrscher „das lebendige Gesetz", seine Reskripte und Dekrete haben Gesetzeskraft. In ein und demselben Verfahren, der *cognitio extraordinaria*, werden Rechtsfrage und Urteil entschieden. Der zweiteilige Formularprozeß findet in vielen Provinzen gar nicht statt und wird schließlich abgeschafft. Im *consilium* des Kaisers wirken die hervorragendsten Juristen, deren Namen für die klassische Epoche des römischen Rechts stehen. Während von den Werken der republikanischen wenig übrig geblieben ist, sind die Entscheidungen der kaiserzeitlichen Juristen in die justinianische Sammlung der *Digesta* (*Pandekten*) eingegangen und haben, vereint mit den Kaiserconstitutionen des Codex Theodosianus aus dem Jahr 438, des Codex Iustinianus (2. Fassung 534) und den Novellae Justinians (534–565), sowie dem Lehrbuch der justinianischen Institutiones, den Grundstock gebildet, aus dem das römische Recht ins europäische Recht übergegangen ist. Während die in den Digesta gesammelten Lehrmeinungen der klassischen Juristen trotz zahlreicher durch die Bearbeiter vorgenommenen Änderungen die Tradition wahren, bildet sich in den Constitutiones ein Kanzleistil aus, dessen Formeln von anonymen Verwaltungsbeamten gehandhabt werden (Schulz 1961, 332). Seit Constantin d. Gr. (312–337) wuchert eine wilde Rhetorik mit schwülstigem Prunk; die präzise Begriffsklarheit, die an der juristischen Sprache von Quintilian gerühmte *proprietas verborum*, verschwimmt (Sargenti 1938, 177–180; Schulz 1916, 39; 1961, 415). Dagegen wirkt sich die Christianisierung mit dem Zuwachs des Kirchenrechts auf die Sprachform kaum aus. Lange vorher sind im Wandel moralischer Werte neue Begriffe ins Recht eingedrungen. Die klassische *aequitas* war für den Praetor ein Mittel, Härten und Lücken des Gesetzes zu mildern durch eine der Besonderheit des Falles gerecht werdende Lösung (Nörr 1974, 36–39, 113–114). Jetzt entsprach es dem Zeitgeist, Härten zu mildern durch Gnade des Herrschers. Seit Mark Aurel kann eine Rechtsentscheidung mit *humanitas* begründet werden; sie wird plakativ herausgestellt im Höchstpreisedikt Diokletians. Die Gottkönige des Hellenismus hatten in absoluter Willkür ihre Gunst als *philanthropia* erwiesen; die *humanitas* ist deren Erbe als Ausdruck absoluter Herrschaft. In der Republik hätte eine aus Willkür des Machthabers gewährte Gnade als dem Recht fremd gegolten. Das Wort *clementia* ist kein Rechtsbegriff.

3.2. Byzanz und Frühmittelalter

Dem Eindringen griechischer Gedanken ins römische Recht steht im Bereich der Sprache gegenüber, daß das Griechische mit lateinischen Fremdwörtern durchsetzt wird. Die Lateinstudien im Osten dienen vor allem dazu, Beamte mit griechischer Muttersprache für die römische Praxis von Recht und Verwaltung auszubilden. Die griechisch konzipierten *Novellae* Justinians erhalten im *Authenticum* eine lateinische Parallelfassung. Mehr noch als die Militärsprache ist das Recht zum Einfallstor für nur oberflächlich, z. B. durch griechische Flexionsendungen, eingebürgerte lateinische Termini geworden (Triantaphyllides 1892; Burgmann 1991). Im lateinsprachigen Westen übernahmen die in der Völkerwanderung entstehenden germanischen Staaten die Kodifikation ihres zuvor mündlich tradierten Rechts nach römischem Muster, wobei römisches Vulgarrecht mit germanischen Rechtssatzungen vereint wurde. Bei den Ostgoten Italiens entstand das *Edictum Theoderici*, geltend für römische und gotische Untertanen, bei den Westgoten Spaniens die *Lex Visigothorum* mit verschiedenen Teilen für Römer und Goten (5.–7. Jh.), bei den Burgundern des Rhonetals die *Leges Burgundionum* (5.–6. Jh.), bei den merovingischen Franken die *Lex Salica*, bei den Langobarden der *Edictus Rothari*.

4. Römisches Recht und Europa

Im 12. Jh. führte die Entdeckung einer Handschrift der *Digesta* aus dem 6. Jh., als Italien noch unter byzantinischer Herrschaft stand, zur Neubelebung des römischen Rechts. Die Universität Bologna überflügelte die langobardisches Recht lehrende Schule von Pavia, und im 13.–14. Jh. bildete das mit Hilfe der Kommentierung durch die sog. Glossatoren und Konsiliatoren für die veränderten Zeitumstände anwendbar gemachte römische Recht die Grundlage der Studien an italienischen und französischen Universitäten (Pringsheim 1961). Die Reichskammergerichtsordnung von 1495 erklärte das römische Recht als kaiserliches Recht zum Bestandteil der „gemeinen Rechte" des Reichs (Koschaker 1953). Im 17.–18. Jh. herrschte in der deutschen Wissenschaft und Praxis der *Usus modernus Pandectarum.* Auch im südlichen Frankreich und Spanien dominierte römisches Recht. Als Erbe aus den Niederlanden gelangte es durch die Siedler 1652 sogar bis Südafrika, wo es noch im 20. Jh. Geltung bewahrt hat (Kaser 1964). Keine Rezeption hat stattgefunden in England; doch über das Französische haben Einzelbegriffe Eingang gefunden, z. B. *tutelage* (franz. *tutelle = tutela,* wo das Deutsche das germanische Wort *Vormundschaft* mit römischrechtlichen Inhalten füllt). Die heute geltenden nationalen Gesetzbücher zeichnen sich durch Systematisierung vor dem römischen Recht aus. Sie operieren indes mit dort geprägten Begriffen, die in Übersetzungslehnwörtern weiterleben, z. B. *possessio* = Besitz, *proprietas* = Eigentum, *usus fructus* = Nießbrauch (schweizerisch Nutznießung). Nur die implizite feste Rückbeziehung der „elterlichen Gewalt" auf das Vorbild der *patria potestas* sicherte das Verständnis, obwohl Gewalt auch im Sinne von *vis* gebraucht werden kann. Bei der Umgestaltung des Familienrechts wurde 1975 die „elterliche Gewalt" durch das *Sorgerecht* ersetzt, auch dieses entspricht der *cura* des römischen Rechts als Pflegschaft für Schutzbedürftige.

5. Literatur (in Auswahl)

Biondi 1965 = Biondo Biondi: La terminologia romana come prima dommatica giuridica. In: Biondo Biondi: Scritti giuridici 1. Milano 1965, 181–212.

Burgmann 1991 = Ludwig Burgmann: Λέξεις ῥωμαϊκαί: Lateinische Wörter in byzantinischen Rechtstexten. In: Lexicographica Byzantina, Beiträge zum Symposion zur byzantinischen Lexicographie (Wien 1.–4. 5. 1989). Hrsg. v. Wolfram Hörandner und Erich Trapp. Wien 1991 (Byzantina Vindobonensia 20), 61–79.

Calboli 1994 = Gualtiero Calboli: La lingua latina tra giuristi e retori. In: Atti del convegno internazionale Il latino del diritto (Perugia 8–10 ott. 1992). A cura di S. Schipani e N. Scivoletto. Roma 1994, 63–96.

De Meo 1986 = Cesidio De Meo: Lingue tecniche del latino. 2. Aufl. Bologna 1986, 67–131.

FIRA = Fontes iuris romani anteiustiniani. Ediderunt S. Riccobono, J. Baviera, C. Ferrini, J. Furlani, V. Arangio-Ruiz. 2. Aufl. Florentiae 1941–1943.

Fraenkel 1925 = Eduard Fraenkel: Zum Texte römischer Juristen. In: Hermes 60, 1925, 415–443. Neuabdruck in: Eduard Fraenkel: Kleine Beiträge zur klassischen Philologie 2. Roma 1964, 417–445.

Hiltbrunner 1979 = Otto Hiltbrunner: Prisce iubes ... In: Zeitschrift der Savigny-Stiftung für Rechtsgeschichte, Romanistische Abteilung 96. 1979, 31–42.

Kaser 1964 = Max Kaser: Das römische Recht in Südafrika. In: Zeitschrift der Savigny-Stiftung für Rechtsgeschichte, Romanistische Abteilung 81. 1964, 1–30.

Kaser 1965 = Max Kaser: Zur juristischen Terminologie der Römer. In: Studi in onore di Biondo Biondi 1. Milano 1965, 97–142. Neuabdruck in: Max Kaser: Ausgewählte Schriften 1. Camerino 1976, 35–83.

Koschaker 1953 = Paul Koschaker: Europa und das römische Recht. 2. Aufl. München 1953.

Manthe 1993 = Ulrich Manthe: Stilistische Gemeinsamkeiten in den Fachsprachen der Juristen und Auguren in der römischen Republik. In: Der Stilbegriff in den Altertumswissenschaften. Hrsg. v. K. Zimmermann. Rostock 1993, 69–74.

Nelson 1975 = H. L. W. Nelson: Die Fachsprache der römischen Juristen. In: Actes de la XIIe conférence internationale d'études classiques Eirene (Cluj-Napoca 2–7 oct. 1972). București. Amsterdam 1975, 121–145.

Nelson 1981 = H. L. W. Nelson: Überlieferung, Aufbau und Stil von Gai Institutiones. Leiden 1981.

Noailles 1949 = Pierre Noailles: Du droit sacré au droit civil. Paris 1949.

Nörr 1974 = Dieter Nörr: Rechtskritik in der römischen Antike. München 1974 (Abhandlungen der Bayerischen Akademie der Wissenschaften. Neue Folge 77).

Pascucci 1968 = Giovanni Pascucci: Aspetti del latino giuridico. In: Studi italiani di Filologia classica 40. 1968, 3–43. Neuabdruck in: Giovanni Pascucci: Scritti scelti 1. Firenze 1983, 311–351.

Pascucci 1970a = Giovanni Pascucci: Diritto e filologia. In: Atene e Roma 15, 1970, 161–173. Neuabdruck in: Giovanni Pascucci: Scritti scelti 1. Firenze 1983, 353–367.

Pascucci 1970b = Giovanni Pascucci: L'arcaismo nel De legibus di Cicerone. In: Studia Florentina Alexandro Ronconi sexagenario oblata. Roma 1970, 311–324. Neuabdruck in: Giovanni Pascucci: Scritti scelti 2. Firenze 1983, 823–836.

Poccetti 1994 = Paolo Poccetti: Latino e diritto. In: Atti del convegno internazionale Il latino del diritto (Perugia 8−10 ott. 1992). A cura di S. Schipani e N. Scivoletto. Roma 1994, 3−77.

Pringsheim 1961 = Fritz Pringsheim: Beryt und Bologna. In: Fritz Pringsheim. Gesammelte Abhandlungen 1. Heidelberg 1961, 391−449.

Sargenti 1938 = Manlio Sargenti: Il diritto privato nella legislazione di Costantino. Milano 1938.

Schulz 1916 = Fritz Schulz: Einführung in das Studium der Digesten. Tübingen 1916.

Schulz 1961 = Fritz Schulz: Geschichte der römischen Rechtswissenschaft. Weimar 1961.

Thomas 1974 = Yan Thomas: La langue du droit romain: Problèmes et méthodes. In: Archives de philosophie du droit 19. Paris 1974, 103−125.

Triantaphyllides 1892 = C.-C. Triantaphyllides: Léxique des mots latins dans Théophile et dans les Novelles de Justinien. In: Etudes de philologie néogrecque. Ed. par Jean Psichari. Paris 1892, 159−277.

Wieacker 1956 = Franz Wieacker: Zwölftafelprobleme. In: Revue internationale des droits de l'antiquité 3ᵉ série 3. 1956, 459−491.

Wieacker 1966 = Franz Wieacker: Die XII Tafeln in ihrem Jahrhundert. In: Entretiens sur l'antiquité classique publiés par Olivier Reverdin, tome 13. Vandoeuvres-Genève 1967, 291−356.

Wieacker 1988 = Franz Wieacker: Römische Rechtsgeschichte 1. München 1988 (Handbuch der Altertumswissenschaft 3.1.1.).

Otto Hiltbrunner, Gröbenzell

237. Landwirtschaft und ihre Fachsprache im Altertum: eine Übersicht

1. Antike Landwirtschaft als Testfall pragmatischer Sprachgeschichtsschreibung
2. Römische Landwirtschaft: eine *histoire de longue durée*
3. Traditionen des Sprechens: landwirtschaftliche Lehrbücher zwischen hellenistischen Gattungstraditionen und praktischer Anwendung
4. Wiedergewinnung des verschütteten Alltags
5. Literatur (in Auswahl)

1. Antike Landwirtschaft als Testfall pragmatischer Sprachgeschichtsschreibung

Wer über ein Fach spricht, muß auch über dessen Sprache sprechen; wer über die Sprache eines Faches spricht, muß über das Fach sprechen. Diese zunächst trivial scheinenden Forderungen ernstzunehmen, bedeutet in der Praxis nicht weniger, als den von Schlieben-Lange (1983, 30 ff) beschriebenen und beklagten Riß, der spätestens seit dem 18. Jh. Sprachgeschichtsschreibung und Historiographie trennt, systematisch zu überbrücken versuchen. Und wirklich können die Leistungen der Fachsprachenforschung der letzten 25 Jahre, soweit sie explizit oder implizit historisch ausgerichtet sind, als mehr oder weniger erfolgreiche Versuche einer solchen von Schlieben-Lange programmatisch geforderten pragmatischen Sprachgeschichtsschreibung gelten.

Leider ist von der gegenseitigen Wiederentdeckung von Historiographie und Linguistik in den Arbeiten, die sich mit der antiken Landwirtschaft befassen, bisher wenig zu spüren (s. z. B. Flach 1990): das gilt selbst für solche, die im Rahmen der französischen Annales-Geschichtsschreibung verfaßt wurden und daher i. a. die Zeit vom Frühmittelalter bis zur Frühen Neuzeit umfassen (Bloch 1982; Duby 1977). Nicht viel besser steht es mit den Veröffentlichungen auf der linguistischen Seite des Grabens: Trotz Reklamierens des Primats der historischen Betrachtung seitens zumeist indogermanistisch inspirierten Arbeiten kann von einer Verbindung von Sach- und Wortgeschichte weder bei De Meo (1986) noch gar bei Bruno (1969) die Rede sein. Unbeschadet löblicher Ausnahmen in Form von Einzelbeobachtungen (z. Richter 1957) nehmen beide Stränge, die Realgeschichte und die Linguistik, von der jeweils anderen Seite kaum Notiz. Im Falle der antiken Landwirtschaft und der mit ihr verbundenen Traditionen des Sprechens ist der genannte Graben besonders fatal:
− Die Landwirtschaft und die mit ihr verbundenen Tätigkeiten bildeten nicht nur für den antiken Menschen, sondern auch bis zur Industrialisierung für den allergrößten Teil der europäischen und außereuropäischen Menschheit die hauptsächliche Lebenswelt, ihr „Tätigkeitsumfeld" (Kalverkämper 1990, 91). Da aber Menschen sprechen, d. h. konkret: ihren dinglichen πράξεις sprachliche Äquivalente gegenüberstehen (beides bildet in Wirklichkeit eine Einheit), muß den sprachlichen Traditionen aus dem Tätigkeitsumfeld „Landwirtschaft" bei der Erforschung vergangener Lebenswelten eigentlich ein bevorzugter Stellenwert zukommen.
− Trotz aller historischen Wandlungen ist einerseits die dingliche Seite der antiken Landwirtschaft

im mediterranen Raum bis in unser Jh. bemerkenswert stabil geblieben (vgl. 2), zum anderen haben auch die Sprachen, in denen sich die antike Landwirtschaft bevorzugt ausdrückte, in moderner Form überlebt: Aus dem Lateinischen und Griechischen sind das Romanische und das Neugriechische geworden. Es gibt also auf beiden Seiten des Grabens historische Prozesse *de longue durée*.

Auf dem uns zur Verfügung stehenden Raum ist es unmöglich, die seit langem getrennten Traditionen wieder zusammenzuführen oder auch nur eine umfassende Darstellung der antiken Lebenswelt „Landwirtschaft" zu liefern, wo die Realgeschichte das Sprechen über sie und umgekehrt die Sprachgeschichte die innere Geschichte ihres Objekts reflektieren würde, zumal in letzter Zeit archäologische Fragestellungen für beide Traditionen immer wichtiger geworden sind (Niehoff-Panagiotidis 1995). Im folgenden handelt es sich um einen ersten Versuch: Nach einem kurzen Blick (2.) auf die realgeschichtliche Seite des Problems, wie es sich im Rahmen der frz. Sozialgeschichtsschreibung stellt, folgt in 3. eine knappe Darstellung der uns aus der Antike schriftlich überlieferten Traditionen des Sprechens über Landwirtschaft. Unter 4. soll eine vorläufige Synthese durch Einbeziehung der heute noch lebendigen Tradition erfolgen; dabei klammern wir die agr.-ngr. Seite weitgehend aus und beschränken uns auf das Problem lateinisch-romanischer Kontinuität.

2. Römische Landwirtschaft: eine *histoire de longue durée*

Antike Landwirtschaft ist zunächst einmal mediterrane Landwirtschaft; dies gilt gleicherweise für die griechische wie für die römische. Durch die griechische Kolonisation, die punische, vor allem aber die römische Expansion verbreiteten sich ihre Anbaumethoden und z. T. auch -produkte nicht nur im gesamten Mittelmeerraum (einzige grundsätzliche Ausnahme ist Ägypten), sondern z. T. auch in Gebieten, die zunächst keine naturräumlichen Voraussetzungen für sie boten. „Mediterran" läßt sich dabei als dasjenige Gebiet definieren, wo das Niederschlagsminimum im Sommer einen mehr oder weniger starken Wassermangel bewirkt, dem schon in der Antike durch künstliche Bewässerung abgeholfen werden mußte (Philippson 1922, 89 ff). Dieser grundsätzliche Unterschied zum mitteleuropäischen Klima bedingt in manchen Zonen des Mittelmeerraums (Naher Osten) bereits semiaride oder aride Zustände mit jahreszeitlicher Konzentration der Niederschlagsmenge auf eine Art Regenzeit. Auf dieser Grundkonstellation beruht die mittelmeerische Trias von Weizen, Wein und Olivenöl (LeRoy Ladurie 1985, passim), die seit der griechischen Kolonisation den gesamten Raum auszeichnete und z. T. noch heute charakterisiert: Bis ins 19. Jh. bilden diese drei Kulturen das Rückgrat des mediterranen Primärsektors und daher auch der Ernährung; Obst und Gemüsekulturen waren lediglich eine Ergänzung, die an zahlreichen Orten nur mit Hilfe von Bewässerung möglich war. Da deren Einführung z. T. erst durch die Araber erfolgte, war die antike „Landwirtschaft" noch wesentlich stärker auf die genannten Grundprodukte fixiert.

Viehwirtschaft war und ist überwiegend extensiv möglich, in erster Linie im Bergland (das viel verbreiteter ist, als man i. a. annimmt) und in Gebieten, wo wegen der Ungunst des Bodens (Erosion, Verkarstung) Akkerbau nicht möglich ist. Konflikte zwischen Ackerbauern und Hirten sind daher vorprogrammiert (Pasquinucci in: Gabba/Pasquinucci 1979, 75 ff), wenn auch nicht so häufig und bestimmend wie im Nahen Osten.

Nach dieser Definition muß ein großer Teil des von den Römern eroberten und romanisierten Gebiets als nicht mediterran eingestuft werden: Der Ölbaum gedeiht wegen Frost weder in Norditalien (La Spezia-Ravenna, im Westen reicht ein schmaler Küstensaum bis nach Frankreich) noch in Nordfrankreich oder Nordspanien. Die Einbeziehung dieser Gebiete in eine mediterrane Ökonomie stellte die Römer vor Probleme, die auch bei der Christianisierung nicht verschwanden: Eine Religion, die der mediterranen Trias eine wichtige Rolle in ihrem Kult zuweist, mußte bei ihrer Ausbreitung außerhalb des Mittelmeers auf die dortigen Gegebenheiten Rücksicht nehmen, veränderte sie aber auch (Duby 1977, 25 ff).

Die Bedeutung der Landwirtschaft für den antiken Menschen läßt sich schwer überschätzen: In ihr arbeiten ca. 80 bis 90 Prozent der Bevölkerung, und die antike Stadt ist eine Gemeinde von Ackerbürgern oder (Groß-) grundbesitzern. Felder reichten bis an die Stadtgrenze, Nutzgärten waren auch innerhalb der Städte häufig (Gehrke 1986, 18 ff; für das 16. Jh. s. Febvre 1989, 16 f).

Bleiben auch die Bearbeiter der Felder (Sklaven, Freibauern, später Kolonen) für uns weitgehend stumm, so belehrt uns ein Blick auf die römischen Schriftsteller, daß sie zum allergrößten Teil Grundbesitzer waren: Ob der Agrarinvestor Cato oder der kleine Grundbesitzer Vergil, ob Varro oder Cicero − der antiken Wirtschaft entsprechend lebten sie nicht nur nahezu ausschließlich von der Landwirtschaft, wie die meisten ihrer Mitbürger, sondern waren auch in der einen oder anderen Weise in ihr tätig, selbst wenn dies nur den Besuch ihrer Güter betraf, den Cato (Kap. II) beschreibt. Kurzum: Auch für die kleine Elite schreibender Römer, mehr noch für die ungleich größere Menge der unmittelbaren Bodenbearbeiter stellte der komplex gegliederte Bereich „Landwirtschaft" den größten Teil ihrer täglichen Lebenswelt (die *structures du quotidien*) dar. Diese Tatsachen fanden ihr ideologisches Pendant in dem, was man landwirtschaftliche Mentalität nennen könnte: Nur das Betreiben von Landwirtschaft galt der griechischen und römischen Elite als angemessene Form des Besitzes und Investierens; der Preis des Landlebens durchzieht die gesamte römische Literatur bis in die Spätantike (Varro II, praef.; Vergil, Georgica; Columella, praef. 7; Ausnahmen: Sallust, Cat. 4,1; Cicero, de fin. praef.: *illiberalis labor*); Topisch ist der Hinweis auf den ländlichen *mos maiorum* im Gegensatz zum verdorbenen Stadtleben. Handwerker (βάναυσοι), Manufakturbesitzer (wie der Athener Feldherr Kleon) und sogar Händler wurden verachtet, aller Topik vom Händlervolk zum Trotz auch bei den Griechen. Wer als Aufsteiger auf sich hielt, investierte wie Cato oder Cicero in die Landwirtschaft.

Daher ist landwirtschaftliches Wissen in der Antike grundsätzlich Alltagswissen, zumal die Arbeitsteilung noch nicht so fortgeschritten war; was freilich nicht bedeutet, daß es keine Spezialisten gab: Wir erfahren sowohl von speziell ausgebildeten Sklaven als auch von Fachleuten für Spezialkulturen (Baumzucht, usw.), die auch die entsprechenden Traktate verfaßten (vgl. 3). Trotzdem war noch im 1. Jh. v. Chr. die Meinung weit verbreitet, solche Traktate hellenistischer Manier seien eigentlich unnötig, jedermann könne mit gesundem Menschenverstand ein erfolgreicher Landwirt sein (Cicero, de or. I, 249; Martin 1971, 95 ff).

Die mediterrane Landwirtschaft ist also der Sockel, auf dem die Mittelmeerkultur der Antike, noch bis ins 19. Jh., ruht, ein Faktor der Kontinuität, wie sie der Annales-Geschichte so teuer ist: man vergleiche nur Braudels Vorwort zur 1. Auflage von *La Mediterranée* (1990), wo er von einer *histoire quasi immobile* spricht, die auf ihn, den Ostfranzosen, umso stärker gewirkt haben.

Diese in der Tat oft frappante Kontinuität stellt sich dem Betrachter aus dem Blickwinkel der *histoire totale* auf den Ebenen der Handlungen/Tätigkeiten, auf der der Artefakte und der der die Taten begleitenden Handlungen dar: Die erste Ebene umfaßt bestimmte Techniken, z. B. bei der Ernte; die zweite einerseits Werkzeuge wie etwa Ackergeräte (s. Guillou 1986), aber auch archäologische Überreste bis zu den noch heute im Luftbild deutlich sichtbaren Grenzlinien der römischen Ackeraufteilung, der *centuriatio* (Flach 1990, Tafeln 1–5), die dritte Ebene umfaßt Bezeichnungen für die Artefakte und die mit ihrer Hilfe ausgeführten Handlungen von den Einzelwörtern bis zu den Diskurstraditionen, auch wenn diese uns weitgehend verloren sind. Doch in Wahrheit gehören diese Ebenen zusammen: Die Artefakte erfüllen ihre Funktion erst in der Praxis, die archäologischen unter ihnen müssen sogar wieder in einen Handlungszusammenhang gestellt werden, um interpretierbar zu sein. Da aber alle menschliche Praxis auf die Gemeinschaft bezogen ist, und gerade in der Landwirtschaft Zusammenarbeit und Kommunikation lebenswichtig sind, ist von all dem die sprachliche Seite nicht zu trennen: Die Sprache der antiken Landwirtschaft ist eine ihrer konstituierenden Faktoren; die zweifellos große Kontinuität in diesem Bereich der Sprache ein Teil der historischen Kontinuität des Mittelmeerraums selbst.

Doch ist Vorsicht geboten: Es gibt auch einen Mythos der Kontinuität, der die z. T. gravierenden Veränderungen übersieht, häufig i. S. einer bewahrenden Bauernideologie. Schon Febvre hat (bei Braudel/Duby/Aymard 1990, 8 f) darauf hingewiesen, daß Herodot, bereiste er heute das Mittelmeer, doch sehr befremdet wäre: Italien war damals nicht das Land, wo die Zitronen blühen: die Agrumenkultur wurde erst von den Arabern begründet und kam aus Spanien nach Italien; Gleiches gilt für den in Südspanien (Valencia!) und Norditalien so beliebten Reis (Vernet 1984, 39). Überhaupt die Araber: Sie haben im Frühmittelalter direkt oder indirekt die mediterrane Landwirtschaft wohl am nachhaltigsten verändert. Der nächste Schub erfolgt unter den Osmanen (Braudel 1985, 163 ff): Mais kommt aus Amerika, wird aber von den Osmanen systematisch zum Nahrungsmittel erhoben (*grano turco*), und wer könnte sich die (nord-)italienische Küche ohne Polenta und die amerikanische Tomate vorstellen? Aber schon am Ende der Antike müssen zahlreiche Strukturen der römischen Landwirtschaft zerfallen sein, müssen lokale Besonderheiten die gemeinsame Basis verändert haben: Das gilt natürlich verstärkt für Gebiete, die von vornherein keine mediterrane Landwirtschaft hatten, wie Nordgallien und Dacien, aber auch etwa Sardinien, das, durch seine weitgehende Isolierung begünstigt, in dieser Zeit eine Repastorisierung erfahren haben muß. Diese war in Dacien wohl am stärksten: Daß bis weit in die Neuzeit der allergrößte Teil der romanischen Bevölkerung auf dem Balkan aus transhumanten Hirten bestand, macht, allen rumänischen Kontinuitätslitaneien zum Trotz, einen Bruch in der Wirtschaftsweise unabweisbar. Wenn man von diesem Sonderfall absieht, so sind es vor allem drei Gebiete der Romania, wo spätantik-frühmittelalterliche Veränderungen die Kulturlandschaft entscheidend gegenüber der (spät)römischen Basis verändert haben (wobei auch die sprachliche Seite diese Diskontinuitäten illustriert, vgl. 4): Nordgallien, Spanien und Sizilien.

Der erste Fall ist klar und eindeutig: Nordgallien wurde spät und nur eingeschränkt in die mediterrane Landwirtschaft eingegliedert; auch in der Agrarverfassung übernahmen die Römer hier viel von den Kelten (Martin 1971, 73 ff). Die Sonderstellung dieser Gegend wurde in der Spätantike wieder verstärkt: Die umfangreiche Ansiedlung der germanischen Franken (im Ggs. etwa zum westgotischen Spanien) bedeutete einen Bruch; aus der Verschmelzung galloromischer Traditionen und fränkischer Institutionen entstand das der mediterranen Ökonomie gänzlich fremde Lehnswesen.

Etwas anders liegt der Fall in Spanien (Kress 1968): Die arabische Eroberung führt zwar zur Aufgabe des spätrömisch-westgotischen Großgrundbesitzes, die Araber jedoch setzen auf Kleingrundbesitz und intensive Nutzung kleiner, bewässerter Flächen; daher die Einführung neuer Obst- und Gemüsesorten aus Persien und Indien (s. o.). Doch stehen die Araber selber, dem Mythos vom Wüstenvolk zum Trotz, in spätantik-mediterranen Traditionen: Es ist eher von einer Verlagerung der Gewichte als von einem Bruch auszugehen; daher blühen in der Araberzeit viele Gebiete Südspaniens, die unter den Kaisern prosperiert hatten, aber in der Westgotenzeit zugunsten des Nordens an Bedeutung verloren hatten, wieder auf, wie die Baetica mit Córdoba.

Ähnliches gilt für Sizilien: Dort bedeutet die byzantinische Herrschaft eine Fortsetzung der spätrömischen; die arabische trägt ebenfalls mediterranen Charakter mit Umverteilungen wie in Spanien.

Über die sprachliche Entsprechungen dieser Veränderungen werden wir unter 4. handeln; doch sollten die bisherigen Ausführungen nicht nur den zeitlichen Kontinuitätsmythos „Mittelmeer" problematisieren, sondern auch den räumlichen: War schon die römische Landwirtschaft lokal differenziert, so verstärkten sich diese Tendenzen in der Spätantike. Dem römischen Modell am engsten verhaftet blieb von den Ländern der Romania außer Südfrankreich am ehesten Italien, wobei der Norden wegen der Langobarden bisweilen Gemeinsamkeit mit Gallien aufweist. Daher wird Italien für die folgenden Ausführungen die Schablone bilden.

Doch bevor wir uns unter 3. den Traditionen des schriftlichen Sprechens über Landwirtschaft zuwenden, müssen wir gerade für Italien zwei weitverbreitete Mythen bekämpfen. Da ist zunächst der Mythos vom italischen Bauern, der sich mit dem Pflug in der Hand die Welt unterwirft: Die Römer als Bauernvolk, das Lateinische als „langue de paysans" (Marouzeau, 1925) im Gegensatz zum „Händlervolk" der Griechen sind ein derartig verbreitetes Klischee, daß nach seiner Berechtigung kaum noch gefragt wird (vgl. selbst Coseriu 1977, 10 f: „Los campesinos y pastores del Lacio"). Schöpfer dieses Mythos sind nicht zum wenigsten die Römer selber, zu einem Zeitpunkt, als die traditionelle Subsistenzwirtschaft, so sie denn wirklich je bestand, von ihren Lobrednern zerstört wurde: Beispielhaft ist die Einleitung von Catos *de agri cultura*: Bauern sind die besten Krieger — was aber dann als Musterbetrieb beschrieben wird, ist ein von Sklaven bewirtschaftetes Investitionsobjekt in Spezialprodukten, wo die Ergebnisse „wissenschaftlicher", hellenistischer Methoden angewendet werden, der Typ jener *villa* also, die den traditionellen Hof des Kleinbauern hoffnungslos ins Hintertreffen bringen sollte. Seit dem 2. Punischen Krieg war diese Form zur Bedeutungslosigkeit verurteilt, und es ist für unser Thema nicht gleichgültig, daß die älteste erhaltene Schrift über römische Landwirtschaft, gleichzeitig das älteste überlieferte lateinische Prosawerk, einen Gutshof schildert, dem, hellenistischen und karthagischen Vorbildern verpflichtet, in doppelter Weise die Zukunft gehören sollte: Sachlich durch Verdrängung der Subsistenzhöfe, diskurstraditionell durch die (mit der Ausnahme von Plinius d. Ä.) absolute Fixierung der späteren Schriftsteller auf diesen Typus.

Der andere Mythos, vor dem zu warnen ist, ist der des *latifundiums*, dem auch Anderson (1978, 13 ff) erliegt: Demnach ist die römische Landwirtschaft seit unvordenklichen Zeiten von extensivem Großgrundbesitz geprägt, wo zunächst Sklaven, dann (seit dem 2. Jh. n. Chr.) zuerst freie, später schollengebundene Pächter (*coloni*) ziemlich uneffektiv für den absentistischen *landlord* fronen. Dies sei ein Grund für die Rückständigkeit der antiken Landwirtschaft allgemein, den wirtschaftlichen Ruin Italiens und schließlich Roms gewesen.

Auch dieses Bild ist zumindest einseitig. Wahr ist, daß der von Cato, Varro und Columella als ideal beschriebene Hof nur von mittlerer Größe (50—100 ha: Cato; 500—1500 ha: Columella) ist (Martin 1971, 343 ff), daß Columella extensive Wirtschaft auf riesigen Flächen verdammt (I, 3, 8 ff, ohne das Wort *latifundium* zu nennen), daß Plinius, der es zuerst verwendet, damit atypisch jede Art von größerem Landbesitz meint, so daß sein berühmter Satz *latifundia perdidere Italiam* (hist. nat. XVIII, 35) nur *cum grano salis* zu verstehen ist, daß das Bild, das wir aus den Briefen seines Neffen gewinnen, immer noch i. W. das alte ist: großer Besitz, aber verteilt auf mittelgroße Einheiten mit intensiver Spezialwirtschaft (Wein, Oliven). Es hat also sicher *latifundia* im strengen Sinn gegeben, aber repräsentativ waren sie bis in die Spätantike nicht; auch lokale Differenzen sind dabei zu berücksichtigen (Süditalien). Selbst die alte Wirtschaftsweise des Subsistenzhofes verschwand in der Kaiserzeit nicht vollständig, sondern blieb in bestimmten Gebieten erhalten, wenn auch auf niedrigem Niveau: Plinius d. Ä. schreibt (hist. nat., praef. 5; ib. XVIII,25, 249) ausdrücklich für diese traditionellen Bauern und teilt sogar ihre Sprichwörter mit. Das ist nicht nur ein gutes Beispiel für die „Gleichzeitigkeit des Ungleichzeitigen" (Romano 1980), sondern auch für die Richtigkeit von Braudels (1990, I,151 f) Beobachtung, daß in der „zähen" Mittelmeerkultur wenige Entitäten wirklich verschwinden, sondern nur unwichtig werden, zurücktreten oder von der Überlieferung unberücksichtigt bleiben: Da diese aber schriftlich erfolgt, können wir vom „Abtauchen" nicht auf ein Absterben schließen, sondern nur auf Nicht-Repräsentativität für die Träger unserer Überlieferung.

Für den folgenden Abschnitt bedeutet das Gesagte, daß der allergrößte Teil der antiken Traditionen des Sprechens über Landwirtschaft verloren ist, da er in einem rein mündlich-alltagsweltlichen Zusammenhang verblieb und somit im wörtlichen Sinne als verschollen zu gelten hat. Was wir haben, sind schriftliche Überlieferungen, die in ganz bestimmten, z. T. widersprüchlichen Traditionen stehen. Diese Texte repräsentieren eher das versprachlichte und verschriftete *imaginaire* als die Alltagswirklichkeit.

3. Traditionen des Sprechens: landwirtschaftliche Lehrbücher zwischen hellenistischen Gattungstraditionen und praktischer Anwendung

Während die Alltagsrede über Landwirtschaft uns unwiderbringlich verloren ist (doch vgl. 4.), sind uns schriftliche Texte in großer Zahl erhalten: Der Bedeutung des Primärsektors entsprechend, verfügen wir über ein umfangreiches Korpus an Inschriften, Papyri (zumeist aus Ägypten und daher fast immer griechisch), juristischen Texten (Weber 1891; Buck 1980), wo landwirtschaftliche Fakten thematisiert werden. Der wichtigste Texttyp jedoch, der sich mit Landwirtschaft beschäftigt, ist der des systematischen Lehrbuches (Fuhrmann 1958), das es unternimmt, nach Art einer *eisagoge* den gesamten Stoff einer *ars* (in diesem Falle der Landwirtschaft) systematisch als Kompendium darzustellen. Derartige Handbücher zur Landwirtschaft sind zeitlich über die gesamte uns überschaubare römische Literatur bezeugt und erhalten: Der Wichtigkeit der Landwirtschaft und des Redens über sie entsprechend, erstrecken sich die erhaltenen Werke von Cato maior (2. Jh. v. Chr.) bis zu Palladius (4. oder 5. Jh. n. Chr.). Das poetische Pendant zum Prosalehrbuch, das Lehrgedicht, behandelt ebenfalls bevorzugt die Landwirtschaft: Neben den *Georgica* Vergils (hellenistisches Vorbild: Nikander) seien hier nur die Produktionen Columellas (Buch X) und Palladius' genannt, die überwiegend in Prosa geschrieben haben.

Es ist oft bemerkt worden, daß ein Großteil der antiken und mittelalterlichen Literatur didaktischen Charakter aufweist; innerhalb dieses Diskursuniversums (Schlieben-Lange 1983, 19 f, 146 f) hebt sich der Texttyp „systematisches Lehrbuch" durch inhaltliche und formale Besonderheit deutlich ab. Wie zahlreiche andere Texttypen der römischen Literatur ist er, wie das Lehrgedicht auch, ein durch Übersetzungen und Bearbeitungen aus der griechischen Literatur des Hellenismus übernommener: dadurch überschreitet er den Geltungsbereich einer Sprache. Für das Thema Landwirtschaft (und nicht nur dieses) überschreitet er auch noch weitere, zeitliche und sprachliche Grenzen: So wurden die Texttradition des landwirtschaftlichen Lehrbuchs durch Übersetzungen auch an die Syrer und v. a. Araber (*kitāb al-filāḥa* [Buch der Landwirtschaft]) weitergegeben, so daß noch das Buch des Spaniers Ibn Al-ʿAwwām (12./13. Jh.) alle ihre gattungsspezifischen Merkmale aufweist (Ullmann 1972, 447 f). Wie bei Jurisprudenz, Medizin, Geographie usw. wurden dabei vor allem die Kompilationen des spätantiken Konzentrationsprozesses (*Corpus juris*, *Hippiatrika*, etc.) übersetzt. Somit gilt für die Texttraditionen der Landwirtschaft dasselbe wie generell für deren Konstanz über die Spätantike hinaus: Mit gewissen Ausnahmen (islamisches und jüdisches Recht) werden sie von den drei Nachfolgern der antiken Mittelmeerkultur (Byzanz, Islam, lateinisches Mittelalter) fortgesetzt; Gattungsgeschichte, die an den liebgewordenen Sprach- und Kulturgrenzen haltmachen, verfehlt daher ihr Ziel.

Das impliziert nicht bruchlose Tradition: Die griechische Produktion über Landwirtschaft ist (wie fast die gesamte hellenistische Fachliteratur) verloren (Xenophons *Oikonomikos* steht noch nicht in ihr); was wir besitzen, ist lediglich die mittelbyzantinische Kompilation der *Geoponika*, die auf Anweisung des Konstantinos Porphyrogennetos (10. Jh.) erstellt wurde. Während wir durch die arabischen Übersetzungen immerhin bis zum spätantiken Kompendium des Vindanios Anatolios (4./5. Jh., Ullmann 1972, 429 ff) verstoßen, verfügen wir nur durch die lateinischen landwirtschaftlichen Literatur über umfangreiche Reflexe hellenistischer Wissenschaft auf diesem Gebiet. Unsere Situation ist also paradox: Während wir durch die Papyri in erster Linie für Ägypten Gebrauchstexte in griechischer Sprache besitzen, verfügen wir auf Lateinisch über eine ganze Anzahl an normierenden und didaktischen Texten, jedoch nur über wenige Papyri. Über beide Seiten unterrichtet am ehesten die arabische Überlieferung, die beides bewahrt hat. Sie ist jedoch von einer vollständigen Bestandaufnahme noch weit entfernt.

Durch den übermächtigen hellenistischen Einfluß wurde also die konkret landwirtschaftliche Realität (Ausnahme: Cato) in Form des hellenistischen systematischen Lehrbuches (und dadurch auch des Lehrgedichtes) verschriftlicht (sachliche Übernahme griechischer Methoden/Artefakte und Lehnwörter (Typ: machina < μαχανά) seit der unteritalienischen Kolonisation ist dagegen viel älter). Da die Römer diese Tradition bereits fertig vorfanden, brauchen wir über ihre Herkunft nur wenig Worte zu verlieren (Fuhrmann 1958, 156): Die ältesten erhaltenen Exemplare (Rhetorik des Anaximenes, 4. Jh. v. Chr.) zeigen den Texttyp und seine formalen Besonderheiten bereits voll ausgebildet. Wie Fuhrmann wahrscheinlich machen konnte, lassen sich ursprünglich zwei Traditionen, eine ausführlichere, gefälliger stilisierte rhetorische, und eine knappere philosophische (d. i. stoische) unterscheiden: Stilisierten zuerst die Rhetoren ihre eigenen Lehrbücher nach den von ihnen entdeckten Prinzipien (*partes orationis*), so wurde dieses System im Laufe der hellenistischen Zeit auf immer mehr Wissensgebiete ausgedehnt; dabei flossen auch (popular-)philosophische Traditionen (διαίρεσις/*divisio*; γένος-εἶδος/*genus-species*) mit ein. Den seit Aristoteles' Rhetorik angebahnten Kompromiß beider Bildungssysteme erbten die Römer dann als etwas Fertiges und im Texttyp Lehrbuch mehrfach Repräsentiertes.

Wie weit diese Tradition bereits die Grenzen der griechischen Sprache überschritten hatte, sieht man daran, daß speziell das landwirtschaftliche Lehrbuch über karthagische Vermittlung nach Rom gelangte: Das umfangreiche Werk des für uns im übrigen völlig schattenhaften Mago wurde nach dem Fall Karthagos auf Befehl des Senats aus dem Punischen ins Lateinische (Varro I,1,10; Columellar I,1,10) und von dem Griechen Cassius Dionysius aus Utica ins Griechische übersetzt (von einem Diophanes gekürzt). Dieses Werk war für Celsus, vor allem aber Columella und die späteren griechischen Kompilationen (Vindanios) bis zu den Arabern Vorbild. Nach den mageren Fragmenten und den späteren Werken zu schließen, bot es die Ergebnisse der hochentwickelten, fast industriell verfahrenden karthagischen Landwirtschaft in hellenistischer Aufmachung: Ein Beweis mehr, wie das „semitische" Karthago selbst in mediterraner Kulturkoine steht.

Uns stellt sich dank der Überlieferungslage die Rezeption dieser hellenistischen Form als langdauernder Prozeß dar: Cato ist von ihr völlig unberührt, während am Ende der Antike Palladius wesentliche Merkmale von ihr aufgibt.

Wie stark diese Tradition ist, zeigt exemplarisch die Forschung zu Catos kleiner Schrift: Da ihr Aufbau so gar nicht dem des klassischen Kompendiums entspricht, gibt es beinahe eine der homerischen analoge catonische Frage: von der Atethese des ganzen bis zu Teilen des Werkes, gestörter Überlieferung bis unvollendetem Zustand des Werkes reicht die Liste von Versuchen ganzer Philologengenerationen, diese ungewohnte Form in das bewährte Muster einzupassen. Erst Fuhrmann und dann Schönberger in seiner Ausgabe (1980) ist es gelungen, es in seiner Eigenart zu würdigen: Die älteste uns erhaltene Prosaschrift folgt vorhellenistischen Traditionen; die notwendigen Handlungen werden zweimal, dem Jahreslauf folgend, aufgezählt (beim zweiten Durchlauf sind es kultische Verrichtungen). Das Strukturprinzip dieses Bauernkalenders ist also das der Liste i. S. von Koch (1988; 1993), wie es häufig bei im Verschriftlichungsprozeß befindlichen Sprachen anzutreffen ist. Das soll nicht heißen, daß Cato eben doch der altitalisch-primitive Bauer war, dem Hellenismus abhold — im Gegenteil: An Einzelerkenntnissen hellenistischer „Wissenschaft" bis hin zur Magie ist sein Büchlein voll, auch griechische Lehnwörter finden sich zahlreich (De Meo 1986, 50 ff), doch entspricht dem Zweck, einen modernen, investiven Gutshof darzustellen, noch nicht die Form, in der dies seit dem Hellenismus üblich war.

Dem Strukturprinzip Catos waren offenbar noch die beiden Saserna verpflichtet; Tremelius Scrofa, dessen Werk wie das ihrige verloren ist, schon nicht mehr: In Varros Dialog legt er I,2,25 seinen Vorgängern gegenüber bereits eine gewisse Geringschätzung an den Tag (Martin 1971, 237 ff).

Nach Catos *liber de agri cultura* sind Varros *res rusticae* das erste vollständig überlieferte Buch zur Landwirtschaft und in mancher Hinsicht der Philosophie am stärksten verpflichtet: Die von dort stammende Neigung zu Definitionen und Gegenüberstellungen ist hier auf die Spitze getrieben; dies und die derselben Tradition entstammende Dialogform gehen zu Lasten der praktischen Verwendbarkeit als Leitfaden zum Handeln.

Die Anpassung an hellenistische Texttraditionen erfolgte also weder auf einmal, noch kontinuierlich, sondern schubweise und unter Widerständen: Ist Catos Buch eher eine Verweigerung als ein „noch nicht", so thematisiert Varro in seinem Dialog den Konflikt zwischen Anhängern der *communis intelligentia* (Cicero, de orat. I,249) und den „Modernisten", indem er Scrofa die Frage des Agrasius, *ars id an quid aliud* (sc. das Wissen des Landwirts), emphatisch beantworten läßt: *non modo est ars, sed etiam necessaria ac magna; eaque est scientia*: Damit wird der Landwirtschaft explizit der Status einer τέχνη, ja einer ἐπιστήμη zuerkannt. Dagegen hatte schon der Komiker Epikrates zu Anfang des 4. Jh. v. Chr. über die dihairetischen Bemühungen der Akademie gespottet, die auch Bäume und Pflanzen umfasse (frg. 11 Kock); gerade diese philosophische Tradition gelangte über Aristoteles und die Pflanzenbücher Theophrasts zu Varro.

Höhepunkt und Gipfel der römischen landwirtschaftlichen Tradition ist hundert Jahre später mit Columella (Col.) erreicht, dem es gelingt, zwischen Systematisierung und Realisierbarkeit, formaler Tradition und didaktischer Darstellung zu vermitteln: Sein Ideal, der *agricola perfectus* (I, praef. 32), ist ein umfassend gebildeter, technisch geschulter Spezialist — und trotzdem römischer Großgrundbesitzer. Auch für ihn ist Landwirtschaft eine *disciplina*, eine *ars* oder *scientia* — deshalb entfaltet er alle Versprachlichungsmittel, die die hellenistische Wissenschaft dafür anzubieten hatte, allerdings in Maßen. Diesen Mitteln wollen wir uns stellvertretend für die anderen Autoren zuwenden.

Kennzeichen des hellenistischen Lehrbuchs war stets eine systematische und erschöpfende Darstellung des Stoffes gewesen; speziell für die Landwirtschaft war seit Mago bis zu den Arabern trotz mancher Abweichungen folgende Reihenfolge verbindlich (vgl. das Schema *a capite ad calcem* in der medizinischen Tradition, z. B. bei Celsus): Das Landgut und seine Organisation (I bei Col.), Ackerbau (II), Baumzucht (III–V), und zwar in der Reihenfolge: Wein — Olive — übrige, Tierzucht (VI–VII), und zwar vom Groß- (Pferde, Rinder) zum Kleinvieh, Hühner (VIII), Bienen (IX) — von Vergil aus künstlerischern Gründen an den Schluß verlegt, Gartenkultur (X), von Col. in *aemulatio* mit Vergil in Hexametern gehalten, Pflichten des *villicus* und Bauernkalender (XI) — er steht bei Vergil und in den Geoponika nach dem Getreideanbau, die Pflichten der *villica* (XII). Die Abweichungen Col. vom allgemeinen Schema sind, wie der Vergleich mit Vergil und den Geoponika lehrt, gering und z. T. dadurch zu erklären, daß die Bücher XI und XII erst später angefügt wurden; daß Palladius eine ganz andere Einteilung zeigt, werden wir noch sehen. Die Übergänge von einem Thema zum anderen werden von Col., der Tradition entsprechend, sorgfältig markiert, ebenso eventuelle Digressionen und die metakommunikative Wiederaufnahme des Fadens (V, 1,1; 6; 8), häufig in der ersten Person. Alle Lehrbücher der Landwirtschaft haben anweisenden Charakter: Eine als richtig erkannte Methode wird als verbindlich gelehrt. Daher ist die Grenze zwischen auch formal als solchen erkennbaren Anweisungen und deskriptiven Passagen fließend: Auch idealtypische Handlungen mit anweisender Illokution werden von Col. im allgemeinen Präsens gehalten (V,9,4; 6). Der tiefere Grund dafür liegt aber darin, daß auch die rein beschreibenden Passagen, wo etwa Pflanzen geschildert werden, nicht, wie bei Theophrast, Selbstzweck sind, sondern einem praktischen Zweck gehorchen: Einerseits wird nur beschrieben, was man brauchen kann, andererseits wird dem angehenden Landwirt als bekannt Vorausgesetztes nicht beschrieben: Col. gibt weder eine Deskription des Ölbaumes noch des Weinstockes; das war vorausgesetztes Alltagswissen. Wenn man das berücksichtigt, wird klar, warum Col. auch die traditionellen formalen Mittel des systematischen Lehrbuchs nur sparsam einsetzt: διαίρεσις, διαφορά etc. kommen vor (V,1,4 ff; 13; V,8,1–2), aber nicht so exzessiv wie in den Rhetoriklehrbüchern oder Varro. Auch die Auseinandersetzung mit abweichenden Meinungen seiner Vorgänger hat ihren Platz (v. a. in der *praefatio*, wo Col. den beliebten Topos von der Erschöpfung der Erde ablehnt), aber eben einen praktischen. Diese finalistische Grundhaltung ist besonders deutlich, wenn Col. die διαίρεσις und anschließende Punkt-für-Punkt-Erledigung doch einmal ausführlich vornimmt, wie im Abschnitt über die Vermessung des Ackers (V,1,4 ff): Daß er hier die Agrimensoren wiedergibt, ist klar, ebenso, daß er nicht als Fachmann schreibt; entscheidend ist aber, daß dieser enge Anschluß an ein zwar verwandtes, aber eben doch anderes Fach dadurch bedingt ist, daß er ein solches Wissen als zu speziell nicht voraussetzen kann und daher die Techniken des systematischen Lehrbuches besonders starr anwendet. Uneingeschränkt übernimmt er dagegen die Form des Katalogs (so V,8,3 f, s. Fuhrmann 1958, 27 u. ö.), wie ihn auch Vergil kennt (II,85 ff: Olive und Wein), und die des vorausgehenden oder nachfolgenden Überblicks: Kapitelüberschriften, Übersichten zu Beginn jedes Buches (*dispositio*), schließlich die Zusammenfassung des Gesamtwerkes am Ende von Buch XI: *omnium librorum meorum argumenta subieci*; ihre Echtheit ist, im Gegensatz zu den anderen, unumstritten: All dies steht in einer langen Tradition, die schon Cato für sein Werk benutzt hatte (Fuhrmann 1958, 163 ff; s. auch Vergil II,1 ff).

Große Vielfalt im Verhältnis zu Cato zeigt Col. in der formalen Realisierung seiner Anweisungen: Der exzessiven Verwendung des Imperativs auf *-to* bei jenem stehen bei ihm nicht nur der adhortative Konjunktiv (V,9,1), der Imperativ (V,9,2; etc.), das Futur (V,9,17), die Gerundivkonstruktion (V,9,13), sondern auch das außerzeitliche Präsens zur Kennzeichnung idealtypischer Handlungen gegenüber (V,5,8—9). Auch Bedingungssätze (V,9,2; 17) oder Konstruktionen mit unpersönlichen Verben (V,9,3; 8: *opporte(bi)t*; V,9,16: *convenit*) machen generelle Aussagen über Handlungen, die dadurch als vorbildlich hingestellt werden. Man sieht deutlich, daß die rhetorische Tradition mit ihrem Ideal der *variatio* Pate gestanden hat.

Natürlich verwendet Col. auch den üblichen landwirtschaftlichen Fachwortschatz, über dessen Fachlichkeit i. S. Kalverkämpers wir in 4. handeln werden.

Columellas Synthese sollte nicht unwidersprochen bleiben; die „Gleichzeitigkeit des Ungleichzeitigen" sollte sich auch an seinem Werk bewahrheiten: Die Wahrscheinlichkeit, daß der ältere, vorhellenistische Typus des Lehrbuchs in Catos Manier die ganze Zeit erhalten blieb, und nur, analog anderen historischen Tatsachen, vorübergehend/überlieferungsbedingt verschwand, erhärtet sich, wenn wir den Auszug betrachten, den ein Anonymus aus seinem Werk in geringem zeitlichen Abstand herstellte: Die den Büchern III–V entsprechenden allein erhaltenen Passagen zeigen, wie der Exzerptor trotz wörtlichen Ausschreibens unter Fortlassung des hellenistischen „Ballasts" das erreichte Niveau verläßt. Auch Plinius d. Ä. setzt sich von den gelehrten Agronomen (XVIIII, 284) ab, deren wichtigsten Repräsentanten Columella er mehrfach kritisiert, in XVIII, 70 mit besonderer Verve *tantum fallitur Columella!*, und den er einem Cato oder den Saserna hintanstellt (XVII, 199); er hingegen richte sich an die ungebildeteten einfachen Bauern (s. o. 2. und Martin 1971, 375 ff). Es ist klar, daß die zeitgenössische wie die ältere Kritik (s. o.) sich an einem Grundwiderspruch nicht nur des Werks von Col., sondern des ganzen Texttyps „systematisches Lehrbuch" in seiner Anwendung auf die Landwirtschaft rieb: dem zwischen Alltagswissen in einer landwirtschaftlich geprägten Welt und dem Anspruch auf Wissenschaftlichkeit, die seit dem Hellenismus mit bestimmten formalen Kriterien verknüpft war. So gesehen, überrascht der bewußte Bruch, den Palladius am Ende der Antike mit der Texttradition vornahm, weniger: Obwohl Col. seine Hauptquelle ist und er ihn z. T. einfach ausschreibt, ist sein Werk etwas ganz Neues und zugleich wieder ganz Altes: Es ist ein nach Monaten geordneter Bauernkalender in Listenform, wie es schon Catos Buch gewesen war, nur daß es nicht zwei Durchläufe wie dieses enthält, sondern nur einen. Lediglich das vorgeschaltete erste Buch behandelt allgemeine Themen, die außerhalb des Jahreskreislaufes gültig sind. Dort lesen wir (I,1,1): *Neque enim formator agricolae debet artibus et eloquentia rhetores imitari, quod a plerisque factum est, qui dum diserte locuntur rusticis, hoc adsequuntur, ut eorum doctrina nec a disertissimis possit intellegi.* Damit hat der Autor die Texttradition, die mit Übernahme der hellenistischen Wissenschaft durch die Übersetzung Magos begann, bewußt verlassen; daß gerade er im lateinischen Mittelalter so großen Erfolg hatte und Col. Werk in den Hintergrund drängte, überrascht nicht. Dabei bleibt er *im einzelnen* der hellenistischen Tradition natürlich verhaftet, seine Sprache ist reich an den neuen lexikalischen Gräzismen der Spätantike, aber das Strukturprinzip ist verlassen. Palladius führt also, durchaus typisch, die spätantike

Tradition fort, tut dies aber vergröbernd: So verfaßte er in *aemulatio* mit Col. ein *carmen de insitione* (Pfropfen) in Hexametern, aber es steht nicht mehr *suo loco* wie bei ihm.

Dieser Befund ist typisch: Auch andere Wissensgebiete wie Medizin und Veterinärkunde, Rechtswissenschaft etc. gelangten aus der panmediterranen Kultur der Spätantike nur als dürftige Kompilationen popularisierender Struktur in den lateinischen Westen, während Byzantiner und Araber aus dem vollen schöpfen konnten; die Wiedergewinnung dieses Erbes sollte im Westen Jahrhunderte dauern.

4. Wiedergewinnung des verschütteten Alltags

Wir haben mehrfach betont, daß die mündliche alltagssprachliche Rede über Landwirtschaft der Antike unwiederbringlich verloren ist. Diese These soll abschließend präzisiert werden.

Columella, Varro oder gar Palladius gehören nicht zu jenem altphilologischen Lektürekanon, der, seit Jahrzehnten immer stärker auf schöne Literatur beschränkt, wichtige Textgruppen der lateinischen Literatur außer Acht läßt, etwa die gesamte Rechtswissenschaft. Dagegen werden Vergils *Georgica* als zum Kanon gehörig fleißig gelesen. Jeder, der eine „normale" lateinische Ausbildung genossen hat, wird bei ihrer Lektüre auf eine Fülle von Vokabeln stoßen, die ihm sonst nie begegnet sind: Bezeichnungen für den *Dreschschlitten* und die *Pflugteile*, den *Ölschaum* und den *Mäusedorn*. Auf seine Frage erfährt er dann meist, dies sei eben der Fachwortschatz, den Vergil seinen hellenistischen und römischen Vorbildern verdanke; er finde sich auch bei Varro, Cato, Columella. Damit dürfte es dann sein Bewenden haben. Was unser Altphilologe dann meist nicht tut, nämlich im „Meyer-Lübke" oder im „FEW" nachsehen, hätte ihn mit einer verwirrenden Erfahrung konfrontiert: Nicht nur häufige Wörter wie *campus, capra, bos* haben sich in den romanischen Sprachen gehalten, sondern auch seltene, rare oder sogar hapax legomena. Wie ist dieser Befund im Rahmen des in 1. bis 3. Gesagten zu interpretieren?

Vor Beantwortung dieser Frage müssen wir das Gesagte etwas differenzieren: Platzmangel verbietet es uns, auch nur den vergilschen Fachwortschatz und seine Parallelen bei den Fachschriftstellern detailliert zu untersuchen. Leider gibt es außer den zu einem Buch versammelten Artikeln von Bruno (1969) keine systematische Darstellung der Bewahrung des lateinischen landwirtschaftlichen Wortschatzes in den romanischen Sprachen (fehlt auch bei Andrei 1981 völlig); und auch diese Zusammenstellung ist lediglich eine (sehr unzuverlässige) kommentierte Wortliste. Wir müssen uns hier darauf beschränken, einzelne, aber repräsentative Punkte zu streifen:

− Generell ist die Erhaltung auch ungewöhnlicher oder speziell/fachlich erscheinender Begriffe sehr stark ausgeprägt: die Bezeichnungen für Dreschwagen und -schlitten (*trahea, tribulum*: Verg. I,164) in verschiedenen Bereichen der Romania (Meyer-Lübke 8840; 8886) *pullus* „dunkel" (von der Erde: Col. I, praef. 24) in Italien (alt und dialektal: M.-L 6829; 6830, doch s. FEW); alle von Vergil (I,170 ff) genannten Teile des Pfluges (Bruno 1969 Nr. 144 ff); *examen* als „Bienenschwarm" (IV,21) ist panromanisch („sauf Roumain" und Sardisch) volkssprachlich fortgesetzt i. Ggs. zum gelehrten „Examen" (M.-L. 2936); *fusus* „Spindel" (Verg. IV,348; panromanisch: M:-L. 3620) erscheint einmal bei Vitruv (X,2,4) i. S. von „Quersprosse zwischen den Rädern", wird aber auch in dieser Bedeutung von manchen romanischen Sprachen (Nordspanien und teilw. Frankreich, s. FEW) fortgesetzt, war also kaum Bestandteil eines Architektenjargons.

− Daneben steht aber auch die Verdrängung oder gar das Verschwinden relativ häufiger Wörter: So wird *ager* sensu proprio eigentlich nur im Rumänischen (!) fortgesetzt (falsch Bruno 1969 Nr. 1; s. FEW), auch *bipalium* „Doppelspaten" durch das germanische *vanga* (zuerst Palladius I,42,3; s. FEW) ersetzt. Auffällig ist die Unberechenbarkeit dieser Dialektik von Verlust/Erhalt: Wer viel mit dem Material gearbeitet hat, weiß, daß es immer wieder in beiden Richtungen Überraschungen gibt. Lokale und sachliche Differenzierungen und ihre historischen Erklärungen dafür werden wir weiter unten geben.

− Selbst extrem seltene Wörter wie *antes* „Reihe (von Weinstöcken u. ä.)" (Verg. II,417; Col. X,376), *mescus* „dicht, dunkel" (?Verg. IV,131; Lucr. I,326: Bedeutung schon antik umstritten), oder gar ein hapax legomenon wie *camur* „krumm" (Verg. III,55; die übrigen Textbelege im ThLL beruhen auf Vergilimitation; typisches Glossenwort) ist erhalten (M.-L. 501; 9271a; 1564; s. a. FEW). Das gilt selbst für antiquarische Glossenwörter wie *co(h)us* „Deichselpunkt" (urspr. „hohl"), das aber wegen der häufig agrarischen Metaphorik des Lateinischen (Marouzeau 1925; De Meo 1986, 27 ff) die Basis für *incohare* abgab; im Romanischen ist es gut erhalten: M.-L. 1796,2. Das geht soweit, daß wir mit Hilfe des Romanischen tatsächlich Kritik am Vergiltext betreiben könnten (so bei den Lesarten *rustum/ruscum*: II,413; s. Richter 1957, 243 f, ohne an das Romanische zu denken), wenn wir wollten.

Der Fall *cohus* ist aber auch sonst aufschlußreich: Das Romanische bewahrt häufig nichtmetaphorische Bedeutungen, die im Lateinischen sehr selten sind, und zwar in volkssprachlicher Form: Außer für *examen* gilt dies etwa auch für *putare*: Die Bedeutung „meinen" ist sekundär aus der „fachlichen" „(Bäume)beschneiden" heraus entwickelt worden. Die metaphorische und geläufigere Bedeutung ist verschwunden, nicht jedoch die ursprüngliche: M.-L. 6869. Da *putare arbores* genau Wendungen wie spanisch *podar los árboles* entspricht, dürfte hier Kontinuität auf phraseologischer Ebene vorliegen.

— Besonders interessant sind metasprachliche Äußerungen der Schriftsteller selber: Wenn etwa Col. (V,5,15) davon berichtet, daß die Bauern seiner Heimat (Baetica) für einen schwülen Wind *vulturnus* sagen, und dieses Wort heute noch im Spanischen vorkommt (Corominas 1980, I, s. v. *bochorno*, ohne Hinweis auf Col.).

Dieses — hier notwendig impressionistische — Bild ergibt, wenn man es in seinen historischen Kontext i. S. von 1. stellt, einen eindeutigen Befund: der weitgehende Erhalt des landwirtschaftlichen „Sonderwortschatzes" des Lateinischen in volkssprachlicher Form ist ein Reflex des entsprechenden Erhalts dieses entscheidenden Teiles der antikmediterranen Lebenswelt, im Gegensatz etwa zum Kriegswesen, wo Fremdeinflüsse (in erster Linie germanische) dominieren. Die mediterrane Agrargeschichte ist selber Teil der *longue durée*, so daß auch der von ihr repräsentierte Wortschatz, z. T. auch die Phraseologie (Wagner 1933) sich nur langsam gewandelt hat. Völlig unbeweglich ist aber auch dieser Bereich nicht, und es ist nachweisbar, daß auch die Wortgruppen, die besonders starke Verluste hinnehmen mußten, durch einschneidende Veränderungen in den Sachen überflüssig wurden. Als Beispiel können die Listen von Wein- und Olivennamen gelten, die Columella und Vergil (s. o.) bieten: Kaum eines davon hat im Romanischen überlebt (wohl aber das griechische *colymbas* „eine Olivensorte": Col. XII,49,8 im Aramäischen): Der Grund dafür ist klar: Die meisten dieser häufig griechischen Marken- und Warennamen wurden mit den grundlegenden Veränderungen des Handelswesens und der Konsumenteninfrastruktur (Rückkehr zur Subsistenzwirtschaft) bedeutungslos.

Noch deutlicher wird das Gesagte, wenn wir die Erhaltung/Neuerung des ererbten Wortguts lokal differenzieren: Eindeutig konservativen Zonen wie Mittel- und Süditalien, Sizilien (trotz des arabischen Einflusses), vor allem aber Sardinien, stehen extrem innovative Gebiete gegenüber, wo die jeweiligen Kontaktsprachen den landwirtschaftlichen Wortschatz erheblich verändert haben: Dazu gehören Nordfrankreich, Rumänien und z. T. auch die iberische Halbinsel, die aber auch (v. a. im Norden) viel Altes bewahrt hat. Dazwischen stehen Gebiete mit uneinheitlichem Verhalten: Norditalien, die Rätoromania, auch das i. a. konservative Südfrankreich. Das historisch-linguistische Gesamtpanorama der Romania wiederholt sich also: Wir haben eine Germano-Arabo- und eine Slavoromania als besonders neuerungsfreudig im Verhältnis zur römischen Vergangenheit; als harter Kern der Archaizität stehen dem Mittel- und Süditalien mit Sardinien als bewahrende Gebiete gegenüber. Dort finden wir sogar sprachliche Spuren einer spätantiken Reagrarisierung, so wenn etwa *cohors* nur noch „Schafhürde" (so schon Cato, orig. 4 frg. 2; Varro I,13,3; Col. 2,14,8; Wagner 1921, 108 f) und *mansio* „Rinderherde" (ib. 89) bedeuten.

Mustert man kurz die Fortsetzungen der oben angesprochenen mittelmeerischen Trias *vinum, triticum/frumentum, oleum*, sieht man schon an diesem Beispiel, wie die Verteilung aussieht: Das Wort für „Wein" haben alle bewahrt, aber das Spanische und Portugiesische haben für „Öl" das arabische *zait(aceite)*, die Franzosen (auch italienisch alt und dialektal) das germanische „Blatt" für den Weizen (*blé, biado*), aber *froment* bewahrt; der spezifischere Ausdruck überlebt nur in italienischen Dialekten, im Rätoromanischen, vor allem aber im Sardischen und Iberoromanischen (M.-L. 8924: *triticum*).

Was läßt sich aus dem bisher Gesagten für die Fragestellung nach dem Grad der Fachlichkeit gewinnen? Wie verhält sich die insgesamt doch erstaunliche Persistenz im Wortschatz und in der Phraseologie zu dem, was oben über die Texttraditionen gesagt wurde? Zunächst: Weder der antike noch der in den romanischen Volkssprachen fortgesetzte Wortschatz für Landwirtschaft sind „fachsprachlich" im üblichen Sinn des Wortes, also in ihrer Verwendung auf eine kleine Gruppe beschränkt. Anders ausgedrückt: Legt man die von Kalverkämper (1990) zu recht postulierte Skala von mehr oder weniger ausgeprägter Fachlichkeit an, so ist dieser Teil des Wortschatzes und der Phraseologie als „wenig fachlich" einzustufen, da die Landwirtschaft als alltägliche Praxis den wichtigsten Bereich der Lebenswelt der antiken wie nachantiken präindustriellen Gesellschaften bildete; da diese Lebenswelt mit einigen Ausnahmen von den Veränderungen am Ende der Antike weitgehend unberührt blieb, blieb der auf sie bezügliche Wortschatz erhalten. Dies gilt freilich nicht für stärker fachlich geprägte Sonderbereiche wie Warennamen im Wein- und Olivenanbau; auch hier ermittelt nur detailliertere Analyse das Richtige. Einer Korrektur bedarf daher das bisherige Bild vom Verhältnis zwischen Fach- und Volkssprache in der Antike (Rydbeck 1967).

Auf den höheren Ebenen der Texttraditionen bietet sich ein wesentlich differenzierteres Bild: Hier sind wir für vergangene Epochen wesentlich auf schriftliche Zeugnisse angewiesen. Diese zeigten große Konstanz im auch das Mittelalter beherrschenden Typus des listenartigen Rezeptbuches mit rein äußerlicher (z. B. jahreszeitlicher) Anordnung; dagegen ist die wissenschaftliche Disposition des Stoffes wie bei Col. in ihrer Dauerhaftigkeit wesentlich fragiler. Der Grund dafür ist leicht einzusehen: Die listenartigen Zusammenstellungen sind nur medial schriftlich, konzeptionell dagegen stärker der mündlichen Tradition verpflichtet. Der starke Verlust an Schriftlichkeit im nachantiken Westen läßt diesen Typus vorherrschen, im Ggs. zum Osten. Wir haben also auf der einen Seite eine dauerhaftere (*longue durée*) Texttradition eher mündlichen Charakters, die die gesprochene Sprache (faßbar im Romanischen, soweit *mot populaire*) und die lediglich medial schriftliche Tradition der Rezeptliste umfaßt, und eine kurzlebigere, auf Verschriftlichung angewiesene Tradition, die der hellenistischen Wissenschaft entstammt; sie bleibt im Osten vorherrschend, wird im Westen dagegen erst mit der Renaissance wieder aktuell.

Damit operieren wir außer mit sprachwissenschaftlichen Begriffen auch mit dem Instrumentarium der neueren Volkskunde; da diese aber von einem konstanten Austausch zwischen Hoch- und Volkskultur („gesunkenes Kulturgut") ausgeht, wäre Analoges auch bei unserem Thema zu erwarten. Dies ist auf der Ebene des Wortschatzes leicht: Es läßt sich zeigen, wie einerseits populäre Ausdrücke in die Sprache der Wissenschaft Eingang fanden (z. B. *vanga*, s. o.), wie aber auch andererseits „wissenschaftlich", d. h. aber auch: ursprünglich schriftlich vermittelte Wörter in den Volkssprachen, und zwar als *mots populaires*, weiter leben: So ist die Einführung des „medischen Grases" der *medica* (*herba*) — die Iraner waren große Pferdezüchter —, nämlich der Luzerne, im Römischen Reich der hellenistischen Wissenschaft zuzuschreiben (zuerst Varro I,42), aber das Wort hat im Romanischen ein zähes Nachleben (M.-L. 5455).

Pragmatische Sprachgeschichtsschreibung im Gebiet der Landwirtschaft ist also möglich — mehr konnte vorliegende Skizze nicht leisten. Sie wird an die Tradition der „Wörter und Sachen"-Forschung dann erfolgreich anknüpfen können, wenn sie deren Fehler, nämlich museale Ausrichtung, Kleben am Einzelwort und an der Einzelsache, Vernachlässigung der lebensweltlichen Praxis, vor allem der innovativen, einseitiges Haften an einem mythischen Volkstumsbegriff (der manchen in die Arme des Nationalsozialismus trieb: Hausmann 1993, 126ff), überwindet. Dazu bedarf es der Rezeption von neueren Methoden wie der Textlinguistik, aber auch der Zusammenarbeit mit einer nicht rein kunstgeschichtlich orientierten Archäologie.

5. Literatur (in Auswahl)

Anderson 1978 = Perry Anderson: Von der Antike zum Feudalismus. Frankfurt/M. 1978. [Engl. Orig. unter d. Titel: Passages from Antiquity to Feudalism. London 1974].

André 1961 = Jacques André: L'alimentation et la cuisine à Rome. Paris 1961.

Andrei 1981 = Silvia Andrei: Aspects du vocabulaire agricole latin. Rom 1981.

Bloch 1982 = Marc Bloch: Die Feudalgesellschaft. Frankfurt/M. et al. 1982. [Franz. Orig. unter d. Titel: La société féodale. Paris 1939].

Braudel 1985 = Fernand Braudel: Sozialgeschichte des 15.–18. Jh. 3 Bde. München 1985. [Franz. Orig. unter d. Titel: Civilisation matérielle, économie et capitalisme, XVe–XVIIIe siècle. Paris 1979].

Braudel 1990 = Fernand Braudel: Das Mittelmeer und die mediterrane Welt in der Epoche Philipps II. Frankfurt/M. 1990. [Franz. Orig. unter d. Titel: La Méditerranée et le monde méditerranéen à l'époque de Philippe II. 4. Aufl. Paris 1979].

Braudel/Duby/Aymard 1990 = Fernand Braudel/ Georges Duby/Michel Aymard: Die Welt des Mittelmeers. Zur Geschichte und Geographie kultureller Lebensformen. Frankfurt/M. 1990. [Franz. Orig. unter d. Titel: La Méditerranée. L'espace et l'histoire, les hommes et l'héritage. Paris 1985; 1986].

Bruno 1969 = Maria Grazia Bruno: Il lessico agricolo latino. 2. Aufl. Amsterdam 1969.

Buck 1983 = Robert J. Buck: Agriculture and Agricultural Practice in Roman Law. In: Historia, Einzelschriften. Heft 45. Wiesbaden 1983.

Burke 1991 = Peter Burke: Offene Geschichte. Die Schule der ›Annales‹. Berlin 1991. [Engl. Orig. unter d. Titel: The French historical revolution. The annales school, 1929–89. Cambridge 1990].

Cato = Marcus Porcius Cato: Vom Landbau, Fragmente. Alle erhaltenen Schriften Lateinisch-Deutsch. Hrsg. u. übers. v. Otto Schönberger. München 1980.

Columella = Lucius Junius Moderatus Columella: Zwölf Bücher über Landwirtschaft. Buch eines Unbekannten über Baumzüchtung. Lateinisch-Deutsch. Hrsg. u. übers. v. Will Richter. München 1981.

Corominas 1980 = Joan Corominas/José A. Pascual: Diccionario crítico etimológico castellano e hispánico. Madrid 1980.

Coseriu 1977 = Eugenio Coseriu: Estudios de lingüística románica. Madrid 1977.

De Meo 1986 = Cesidio de Meo: Lingue tecniche del Latino. Bologna 1986.

Duby 1977 = Georges Duby: Krieger und Bauern. Frankfurt/M. 1977. [Franz. Orig. unter d. Titel: Guerriers et paysans. Paris 1973].

Erbe 1979 = Michael Erbe: Zur neueren französischen Sozialgeschichtsforschung. Darmstadt 1979.

Febvre 1989 = Lucien Febvre: Der neugierige Blick. Leben in der französischen Renaissance. Berlin 1982. [Franz. Orig. in d. Band: Pour une histoire à part entière. Paris 1982].

FEW = Französisches etymologisches Wörterbuch. Walter von Wartburg. Berlin 1928 ff.

Flach 1990 = Dieter Flach: Römische Agrargeschichte. Hdb. d. Altertumswiss. 3. Abt., 9. Teil. München 1990. S. dazu die Bespr. von Andrea Jördens. In: Archiv für Papyrusforschung 39. 1993, 49–81.

Fluck 1985 = Hans-R. Fluck: Fachsprachen. Einführung und Bibliographie. 3. Aufl. Tübingen 1985. (Uni-Taschenbücher 483).

Fuhrmann 1960 = Manfred Fuhrmann: Das systematische Lehrbuch. Ein Beitrag zur Geschichte der Wissenschaften in der Antike. Göttingen 1960.

Fuhrmann 1974 = Manfred Fuhrmann: Die römische Fachliteratur. In: Römische Literatur. Hrsg. v. Manfred Fuhrmann. Frankfurt/M. 1974, 181–194.

[In: Neues Handbuch der Literaturwissenschaft. Hrsg. v. Klaus von See].

Fumagalli 1992 = Vito Fumagalli: Mensch und Umwelt im Mittelalter. Berlin 1992. [Ital. Orig. unter d. Titel: L'uomo e l'ambiente nel medio evo. Rom. Bari 1992].

Gabba/Pasquinucci 1979 = E. Gabba/M. Pasquinucci: Strutture agrarie e allevamento trasumante nell'Italia antica (III.–I. sec. A.C.). Pisa 1979.

Gehrke 1986 = Hans-Joachim Gehrke: Jenseits von Athen und Sparta: Das Dritte Griechenland und seine Staatenwelt. München 1986.

Guillou 1986 = André Guillou: Les outils dans les Balkan du Moyen Âge à nos jours. Paris 1986.

Gummerus 1906 = Hermann Gummerus: Der römische Gutsbetrieb als wirtschaftlicher Organismus nach den Werken von Cato, Varro und Columella. Leipzig 1906.

Hausmann 1993 = Frank-Rutger Hausmann: „Aus dem Reich der seelischen Hungersnot". Briefe und Dokumente zur Fachgeschichte der Romanistik im Dritten Reich. Würzburg 1993.

Kalverkämper 1978 = Hartwig Kalverkämper: Die Problematik von Fachsprache und Gemeinsprache. In: Sprachwissenschaft 3. 1978, Heft 4, 406–444.

Kalverkämper 1980 = Hartwig Kalverkämper: Die Axiomatik der Fachsprachenforschung. In: Fachsprache 2. 1980, 2–20.

Kalverkämper 1983 = Hartwig Kalverkämper: Textproduktion und Textrezeption. In: *forum* ANGEWANDTE Linguistik 3. Tübingen 1983, 91–103.

Kalverkämper 1990 = Hartwig Kalverkämper: Gemeinsprache und Fachsprachen – Plädoyer für eine integrierende Sichtweise. In: Deutsche Gegenwartssprache. Tendenzen und Perspektiven. Hrsg. v. Gerhard Stickel. Berlin. New York 1990. [Jahrbuch 1989 des Instituts für deutsche Sprache].

Koch 1988 = Peter Koch: Fachsprache, Liste und Schriftlichkeit in einem Kaufmannsbuch aus dem Duecento. In: Fachsprachen in der Romania. Hrsg. v. Hartwig Kalverkämper. Tübingen 1988 (Forum für Fachsprachen-Forschung 8), 15–49.

Koch 1993 = Peter Koch: Pour und typologie conceptionelle et médiale des plus anciens documents/ monuments des langues romanes. In: M. Selig/B. Hartmann: Le passage à l'ecrit des langues romanes. Tübingen 1993 (ScriptOralia 46), 39–84.

Kolendo 1980 = Jorzy Kolendo: L'agricoltura nell' Italia Romana. Rom 1980.

Kress 1968 = Hans-Joachim Kress: Die islamische Kulturepoche auf der iberischen Halbinsel. Marburg 1968.

Krüger 1925 = Fritz Krüger: Die Gegenstandskultur Sanabrias und seiner Nachbargebiete. Hamburg 1925.

Le Roy Ladurie 1985 = Emmanuel Le Roy Ladurie: Die Bauern des Languedoc. Darmstadt 1985.

[Franz. Orig. unter d. Titel: Les Paysans de Languedoc. Paris 1969].

Marouzeau 1925 = Jules Marouzeau: Le latin, langue de paysans. In: Mélanges Vendryes. Paris 1925, 251–264.

Martin 1971 = René Martin: Recherches sur les agronomes latins et leur conceptions économiques et sociales. Paris 1971.

Meyer-Lübke 1972 = Wilhelm Meyer-Lübke: Romanisches Etymologisches Wörterbuch. Heidelberg 1972^5.

Niehoff-Panagiotidis 1995 = Jannis Niehoff-Panagiotidis: Archäologie und Sprachwissenschaft. In: Klio 77. 1995, 339–353.

Palladius = Palladii Rutilii Tauri Aemiliani viri inlustris opus agriculturae, de veterinaria medicina, de insitione. Ed. Robert H. Rogers. Leipzig 1975.

Philippson 1922 = Alfred Philippson: Das Mittelmeergebiet. Leipzig. Berlin 1922.

Richter 1957 = Vergil. Georgica. Hrsg. u. erkl. v. Will Richter. München 1957.

Richter 1968 = Will Richter: Die Landwirtschaft im homerischen Zeitalter. Göttingen 1968. In: Archaeologia Homerica Bd. II, Kapitel H.

Romano 1980 = Ruggiero Romano u. a.: Die Gleichzeitigkeit des Ungleichzeitigen. Fünf Studien zur Geschichte Italiens. Frankfurt/M. 1980. [Ital. Orig. unter d. Titel: Storia d'Italia. Bd. 1: I caratteri originali. Torino 1972. Coordinatori: Ruggiero Romano/Corrado Vivanti.].

Rostovtzeff 1929 = M. Rostovtzeff: Gesellschaft und Wirtschaft im römischen Kaiserreich. 2 Bde. Heidelberg 1929. [Engl. Orig. unter d. Titel: The social and economic history of the Roman Empire. 3 Bde. Oxford 1926. (2. Aufl. von P. M. Fraser 1957).

Rydbeck 1967 = Lars Rydbeck: Fachsprache, vermeintliche Volkssprache und Neues Testament. Uppsala 1967.

Schlieben-Lange 1983 = Brigitte Schlieben-Lange: Traditionen des Sprechens. Elemente einer pragmatischen Sprachgeschichtsforschung. Stuttgart et al. 1983.

Svennung 1935 = Josef Svennung: Untersuchungen zu Palladius und zur lateinischen Fach- und Volkssprache. Uppsala 1935.

Ullmann 1972 = Manfred Ullmann: Die Natur- und Geheimwissenschaften im Islam. Leiden. Köln 1972. [Hdb. d. Orientalistik, 1. Abt., Ergänzungsbd. VI, 2. Abschnitt].

Varro = M. Terenti Varronis res rusticae / Varron: Economie rurale. 1. Buch. Hrsg., übers. und komm. v. Jacques Heurgon. Paris 1978. 2. Buch. Hrsg., übers. u. komm. v. Charles Guiraud. Paris 1985.

Vergil = P. Vergilii Maronis opera. Recognovit R. A. B. Mynors. Oxford CT 1969.

Vernet 1981 = Joan Vernet: Die spanisch-arabische Kultur in Orient und Okzident. [Span. Orig. unter d. Titel: La cultura hispanoárabe en oriente y occidente. Barcelona 1978].

Wagner 1921 = Max Leopold Wagner: Das ländliche Leben Sardiniens im Spiegel der Sprache. Heidelberg 1921.

Wagner 1933 = Max Leopold Wagner: Über die Unterlagen der romanischen Phraseologie (im Anschluß an Petronius' „Satyricon"). In: Volkstum und Kultur der Romanen 6. 1933, 1–26.

Weber 1891 = Max Weber: Die römische Agrargeschichte in ihrer Bedeutung für das Staats- und Privatrecht. Stuttgart 1891.

Westerath 1938 = Heinrich Westerath: Die Fachausdrücke des Ackerbaus bei den römischen Agrarschriftstellern. Diss. Münster 1938.

White 1970 = Kenneth Douglas White: Roman farming. London. Southampton 1970.

White 1973 = Kenneth Douglas White: Roman Agricultural Writers I: Varro and his predecessors. In: ANRW I. 1973. 4, 439–497.

*Johannes Niehoff-Panagiotidis,
Freiburg im Breisgau*

XXVI. Geschichte der Fachsprachen II: Ausschnitte aus der Entwicklung innerhalb des Deutschen

238. Fachsprachliche Phänomene im *Abrogans*

1. Zur Forschungsgeschichte
2. Lateinischer Abrogans
3. Althochdeutscher Abrogans
4. Literatur (in Auswahl)

1. Zur Forschungsgeschichte

Als der lateinische Abrogans mit seiner althochdeutschen Übersetzung (Steinmeyer/Sievers 1879/1968; vgl. Splett 1976 u. 1978) in der Nachfolge G. Baeseckes (1953, 106) noch als ein Nachschlagewerk zum Erlernen ausgefallener lateinischer Wörter, als rhetorisches Hilfsmittel zur Pflege eines asianischen Stils eingestuft wurde, lag es vom fachsprachlichen Standpunkt aus nahe, dieses Werk direkt mit der Artes-Literatur zu verbinden. So stellte etwa G. Eis (1967, 6 f) den Abrogans an die Spitze des weltlichen Fachschrifttums in althochdeutscher Zeit und ordnete ihn dem Gebiet des Triviums, genauer der Rhetorik, zu. Diese Zuordnung ist allerdings niemals durch eine fachsprachliche Analyse des durch ihn überlieferten Wortschatzes überprüft und erhärtet worden. Dabei wäre zunächst einmal zwischen dem lateinisch-lateinischen Glossar und seiner althochdeutschen Glossierung zu unterscheiden.

2. Lateinischer Abrogans

Für die Vorform des lateinischen Abrogans nimmt Baesecke als Sitz im Leben den antiken Schulbereich an, in dem es „zur Erklärung erloschener oder sonst schwieriger Worte der älteren Schriftsteller gedient" (1953, 101) habe. Durch Vermittlung im Geiste Cassiodors sei er in die benediktinischen Klöster gelangt und habe so mehr pädagogische als literarische Aufgaben übernommen, und zwar „der eindringenden italienischen Volkssprache gegenüber das Hochlatein der Kirche zu verteidigen, den Wortschatz zu erhalten, dem Stil mit vornehmen Worten aufzuhelfen." (102) Dieser Wechsel von einem Hilfsmittel für das Textverständnis zu einem solchen, stilistisch anspruchsvolle Texte zu verfassen, wird jedoch nur postuliert und mit geistesgeschichtlichen Argumenten zu stützen versucht, nicht aber am Wörterbuch selbst aufgewiesen. Eine weitgehende Lemmatisierung der Einträge zur Normalform und eine Umkehrung von lateinischem Lemma und Interpretament wären etwa untrügliche Indizien für eine derartige Änderung der Gebrauchsbedingungen. Davon kann aber beim Abrogans keine Rede sein. Mehr als fraglich ist außerdem die Vermutung, daß im Zuge dieser Veränderung „auch manches der theologischen Literatur entnommene und manches trivialere, sonstwie besondere Wort hinzugefügt" (102) worden sei. Zwar ist die Hinzufügung der sog. Eucherius- bzw. Hieronymus-Glossen (Stalzer 1909, 83 ff) am Ende der einzelnen Buchstaben ein Zeichen für sekundäre Erweiterung, nicht aber für eine Überformung eines „unkirchlich-antiken Wörterbuches" (Baesecke 1950, 40). Denn diese finden sich in nahezu gleichem Umfang auch innerhalb der einzelnen Buchstaben. Mit diesen Deutungen biblischer Namen und erklärungsbedürftiger Appellative der Vulgata ist vielmehr ein charakteristischer ‚Fachwortschatz' des Abrogans erfaßt, der in den Rahmen frühmittelalterlicher Schriftauslegung zu stellen ist (vgl. Wutz 1914/15):

Aelam : porticum (Steinmeyer/Sievers I,18,2; Eucherius 149,13)
Aethiopia : tenebre (30,27; Eu 144,16)
Alabastrum : uasculum, genus marmoris pretiosi (48,27; Eu 148,21 f)
Apologia : excusatio (48,32; Eu 161,9)
Apocalypsis : reuelatio (50,38; Eu 161,5)
Apocrifa : recondita (50,40; Eu 161,8)
Aegyptus : tribulatio (52,2; Eu 144,16 f)
Amos : potens siue fortis aut populum debellans (52,19; Eu 143,12 f)
Abdias : seruus domini (52,26; Eu 143,13)
Abacus : amplexans (52,28; Eu 143,15)

Ageus : festus uel solemnis (52,30/52,24; Eu 143,15 f)
Andreas : uirilis, grecum est (52,33; Eu 143,24)
[...]
Manna : quod hoc (= quid est hoc), [id est caelestis cibus] (206,37; Eu 146,4 f, 90,10 f)
Maranotha (= Maranatha) : dominus noster (207,8; Eu 146,5)
Matheus : donatus quondam (207,26; Hieronymus 62,20; vgl. Eu 144,3)
Marcus : excelsus Mandato (207,29; Eu 144,9)
Messias : christi (= unctus, id est Christus?) (212,18; Eu 140,14)
Michie (= Micha) : quis iste (212,20; Eu 143,14)
Maria : inluminat (= inluminata) [siue stella maris] (212,23; Eu 143,19 f)
[Melotes] : [ex] uno latere [de]pendens, qu[a] m[o]nachi utuntur (212,25; Eu 157,1 f)
Manmona : diuicie (212,30; Eu 146,7)
[...]
Zizania : [lolium] (269,33; Eu 148,16)
Zebedeus : donatus (269,34; H 63,15 f)
Zaheus : iustificatus aut iustus uel iustificando (269,36; H 63,16 f)
Zacharius : memor dei uel memoria domini (270,2; H 63,16; vgl. auch Eu 143,9)
Zarda : alienatus (270,5; H 59,11)

Da sich herausgestellt hat, daß insgesamt mehr als 45% der rund 2440 Glossengruppen (Splett 1979, 21) Bibelglossen sind — sei es primär, sei es durch nachträgliche Bezugnahme auf Vulgatastellen, denn der Abrogans hat nicht direkt aus glossierten Texten, sondern aus lateinischen Glossaren geschöpft (Brans 1914, 100 ff) —, ist der Abrogans als sog. sekundäres Bibelglossar einzustufen (Splett 1985 u. 1990).

Eine Reihe von Glossengruppen legt allerdings den Schluß nahe, außer der genannten Ausrichtung auf den Bibelwortschatz noch andere Zielsetzungen anzunehmen. Das würde etwa für den Eintrag *Senum : senium*, der den Grammatikerglossen zuzuordnen ist, für etymologische Glossen wie *Cantilena : a canendo* oder orthographische Hinweise wie in der Glosse *Erus : dominus uel uir sed magis per h scribitur* gelten (vgl. Splett 1985, 732). Hier wird der elementare Bereich des Lateinunterrichts berührt, in den ja die volkssprachliche Glossierungstätigkeit eingebunden ist.

3. Althochdeutscher Abrogans

Dasselbe gilt auch für den althochdeutschen Abrogans, der als eine vom Volkssprachlichen ausgehende, aber ebenfalls auf das Verstehen des lateinischen Bibeltextes zielende Textsorte zu klassifizieren ist. Demzufolge kann der hier greifbare Wortschatz von knapp 3 700 althochdeutschen Wörtern in rund 14 700 Belegen (Splett 1979, 21) nicht generell als Fachwortschatz bezeichnet werden. Dennoch stellt er aufgrund seiner Materialfülle eine Fundgrube dar für die folgende, stärker unter fachsprachlicher Systematik stehende Glossographie, wie beispielsweise eine Gegenüberstellung der Körperteilbezeichnungen im Abrogans und im spätalthochdeutschen Summarium Heinrici (Hildebrandt 1974, 124 ff) zeigen kann, ohne daß damit ein genetischer Zusammenhang zwischen diesen beiden Glossaren unterstellt werden soll.

houbit ‚(caput) Haupt, Kopf'	/ Caput ‚höbit'
sceitila ‚(vertex) Scheitel'	/ Vertex ‚sceitila'
	/ Calvaria ‚gibilla; gebil'
	/ Calvitium ‚caluwa'
	/ Cerebrum ‚hirni'
hirnibolla ‚[caput] Schädel'	
	/ Cerebella ‚hirniscala'
	/ Menica ‚hirnivel'
nak ‚(testa) Haupt'	/ Extrex ‚nac'
hâr ‚(capillus) Haar'	/ Capilli ‚lochi'
fahs ‚(caesaries, capillus, coma) Haar'	/ —
	/ Timpora ‚tunnewanga'
antlutti ‚[vultus] Gesicht'	/ Facies ‚antluzzi'; Vultus (‚wille')
	/ Frons ‚tinna; stirna'
ouga ‚(oculus) Auge'	/ Oculi ‚ögun'; Ocellus ‚ögilin'
seha ‚(pupilla) Pupille'	/ Pupilla ‚ögaphel'; Acies ‚seha; gespicz'
	/ Palpebra ‚ögbrawa'
zahar ‚(lacrima) Träne'	/ Lacrimę ‚trahene; zäher'
	/ Supercilia ‚uberbrawa'
	/ Intercilium (‚wetenbra')
	/ Genę ‚hufeli'
	/ Malę ‚wange'
	/ Maxilla ‚kinnibaccho'
	/ Mandibula ‚baccho; ein kew'
bart ‚(barba) Bart'	/ Barba ‚bart'
grana ‚[locus super bucam] Schnurrbart'	/ Granones ‚grani; granen'
	/ Auris ‚ora'
	/ Austria ‚orismero'
	/ Nasus vel naris ‚nasa'
	/ Interfinium ‚nasacrustala'
mund ‚(bucca, os) Mund'	/ Os ‚munt' ... vel bucca
	/ Labium superius, Labrum inferius ‚lefse'
zunga ‚(lingua) Zunge'	/ Lingua ‚zunga'
zan ‚(dens) Zahn'	/ Dentes ‚ceni'
	/ Precisores ‚vorderceni'
	/ Molares vel genuini ‚bacchoceni'
	/ Gingivę ‚pilorni'

guomo ‚(faux) Rachen'	/ Fauces ‚guomun'
	/ Palatus vel baratrum ‚slunt'
	/ Mentum ‚kinni'
	/ Sublinguium ‚racho'
	/ Submentum ‚underkinne'
	/ Rumen ‚sluntbein'
hals ‚[collum] Hals'	/ Collum (‚hals')
	/ Cervix (‚halsadara')
	/ Gula vel guttur ‚kela'
	/ Vua ‚blat'
	/ Struma ‚croph'
ahsala ‚[umerus] Schulter'	/ Humerus ‚ahsela'
ahsalbein ‚[super, umerus] Schulterknochen'	/ –
arm ‚(brachia) Arm'	/ Brachium ‚arm'
	/ Tori ‚musi'
	/ Cubitus ‚elin'
elina ‚(ulna) Ellenbogen'	/ Alenus ‚elinbogo'
uohsana ‚(lacertus) Oberarm'	/ Alę vel ascelle ‚v̊chesun'
hant ‚(manus) Hand'	/ Manus ‚hant'
	/ Dextra ‚zesuwa'
winistra ‚(sinistra) die Linke, linke Hand'	/ Sinistra ‚winstera'
lenka ‚(laeva) die Linke, linke Hand'	/ –
fûst ‚(pugnus) Faust'	/ Pugnus ‚fust'
	/ Vola ‚bal'
fingar ‚(digitus) Finger'	/ Digiti ‚vingere'
	/ Pollex ‚dumo'
	/ Index ‚zeigare'
	/ Impudicus vel medius ‚lancmar'
	/ Anularis vel medicinalis ‚goltvinger'
	/ Auricularis ‚orvinger'
nagal ‚[unguis] Nagel'	/ Vngula ‚nagel'
	/ Articulus ‚lidilin'
brust ‚(pectus) Brust'	/ Pectus ‚brust'
	/ Cartilago ‚brustleffil'
	/ Vbera vel mammę ‚duttun'
	/ Cutis ‚hut'
	/ Pori ‚sweizlochir'
smeroleib ‚(axungia) Fettklumpen'	/ Arvina ‚smero'
lid ‚(membrum) Glied'	/ Membra ‚lide'
fornŏnti ? ‚(artus) Glied, Finger'	/ Artus ‚gileichi'
fornŏntig – subst.: ‚(artus) Glied, Finger'	/ –
âdra ‚[vena] Ader'	/ Venę ‚adrun'
beina ‚[osseus ‚knöchern') Knochen'	/ Ossa ‚bein'
	/ Medulla ‚marc'
	/ Costa ‚ribbi'
	/ Latus ‚sita'
ruggi ‚(dorsum) Rücken'	/ Dorsum, tergum ‚ruggo'
aftanŏntîg – subst.: ‚(tergum) Rücken'	/ –
hintanŏntîg – subst.: ‚(tergum) Rücken'	/ –
	/ Scapula ‚scultera'
	/ Palę ‚ruggebratun'
	/ Spina ‚ruggebein'
lentî(n) ‚(renes) Lende'	/ Renes ‚lenten; lendi'
	/ Ren vel rien ‚lentibrato'
	/ Lumbi ‚lancha'
	/ Umbilicus ‚nabulo'
	/ Clunes ‚goffun'
	/ Posteriora ‚hinderteil'
	/ Culus vel podex ‚ars vel after'
	/ [Podiscus ‚arswisc']
	/ Anus ‚arsloch'
arsbelli ‚[tergum ?] Hinterbacke'	/ Nates ‚arsbelle'
	/ Virilia ‚gimahti'
hôdo ‚(pubes) Hode'	/ Testiculi ‚hoden'
	/ Lanugo ‚stuphar'
ubarkniuwi ‚(femur) Schenkel'	
	/ Femora ‚huffi'
	/ Ingues ‚heigdrůse'
	/ Glans vel tolis ‚drůs'
druos ‚(glandula) Drüse, Mandel'	/ Glandula vel tosilla ‚drůsilin'
dioh ‚(femur) Schenkel'	/ Coxę ‚diech'
diohbrâto ‚(suffrago) Oberschenkel'	/ Suffragines (‚hamen')
knio ‚(geniculum, genu) Knie'	/ Genua ‚knie'
kniorado ‚(poples) Knie, Kniescheibe'	/ Pobles ‚knierado'
	/ Crura ‚bein'
	/ Tibię ‚scinkun'
	/ Surę ‚wadun'
	/ Talus ‚enkil'
	/ Locus corrigie ‚riho'
	/ Pedes ‚fůzi'
	/ Planta ‚sola'
	/ Calx ‚versina'

Abgesehen davon, daß ein alphabetisches Glossar keine fachsprachliche Systematik abbilden kann, so ist in dem angeführten Beispiel noch nicht einmal ansatzweise eine umfassende Sammlung der Lexik eines begrenzten Sachbereichs zu erkennen. Bezeichnend ist auch, daß im Abrogans gewisse althochdeutsche ‚Fachwörter' durch Mißverstehen der lateinischen Vorlage aufs Pergament gelangt sind: so etwa *nasahelm* als Bezeichnung für einen Helm mit Nasenband, weil *vectigal* ‚Abgabe' fälschlich auf *vectis* ‚Riegel' und *galea* ‚Helm' bezogen worden ist (Splett 1976, 398). Zudem gelingt es dem Glossator bzw. den Glossatoren häufig nicht, angemessene volkssprachliche Äquivalenzen für lateinische Fachtermini zu finden. Statt dessen gehen sie von den lateinischen Interpretamenten aus und versuchen von dort her eine akzeptable

Übersetzung zu geben, was natürlich nur annäherungsweise gelingen kann. Ein solcher Fall ist beispielsweise *kiwuntanlîh* ‚gewunden' als Wiedergabe von *syllogismus* ‚Vernunftschluß, Syllogismus' — die Handschriften haben *Solocis(si)mus* unter dem Einfluß von *soloecismus* ‚grammatisch falsche Wortverbindung', der sich bereits in der zugrunde liegenden Abba-Glosse *Sologysmus : flexuosa et tortuosa conclusio* bemerkbar macht (Splett 1976, 367 f). Die vielfach zu beobachtende Glossierung mittels eines übergeordneten Begriffs zeigt, daß von einer differenzierten und exakten Wiedergabe der lateinischen Fachtermini nicht die Rede sein kann. So werden zum Beispiel *gladius* ‚messerähnliches Schwert als Hieb- und Stichwaffe', *machaera* ‚langes, waidmesserähnliches Schwert', *romphaea* ‚großes zweischneidiges Schwert' unterschiedslos mit *wâfan* ‚Waffe, Schwert' und *ensis* ‚Schwert als Hiebwaffe' mit *was* ‚scharf, spitz' bzw. *wassa* ‚Schärfe, Spitze' glossiert, sei es aus Unkenntnis, sei es aus bewußter Vernachlässigung der semantischen Unterschiede, wie es das spätmittelalterliche Schulwörterbuch, der ‚Vocabularius Ex quo', mit dem Eintrag *Gladius, Ensis, Mucro, Anceps, Framea, Spata, Rumphea idem sunt, eyn swert* (1154) demonstriert. Auf derselben Linie liegen die Fälle, in denen das lateinische Lemma einfach wiederholt wird wie etwa bei *Hyrographum [Ch-] : cirographum*, wo erst die spätere Bearbeitung des Abrogans, die ‚Samanunga worto', mit *buohstabzîla* ‚Buchstabenzeile' einen zutreffenden volkssprachlichen Ausdruck für die sogenannte Schnitturkunde bietet (Splett 1979, 91).

Resümierend ist festzustellen, daß die althochdeutsche Übersetzung des Abrogans in noch geringerem Maße als die lateinische Vorlage einen spezifisch fachsprachlichen Wortschatz überliefert. Dies gilt selbst im Hinblick darauf, daß die Voraussetzungen für ausgebaute volkssprachliche Fachsprachen vor allem in Konkurrenz zum Lateinischen — falls die Überlieferungslage nicht täuscht — noch nicht gegeben waren.

4. Literatur (in Auswahl)

Baesecke 1950 = Georg Baesecke: Frühgeschichte des deutschen Schrifttums. Lfg. 1. Halle/S. 1950 (G. B.: Vor- und Frühgeschichte des deutschen Schrifttums II).

Baesecke 1953 = Georg Baesecke: Frühgeschichte des deutschen Schrifttums. Lfg. 2. Hrsg. v. Ingeborg Schröbler. Halle/S. 1953 (G. B.: Vor- und Frühgeschichte des deutschen Schrifttums II).

Brans 1914 = Robert Brans: Das Reichenauer Glossar Rf nebst seinen näheren Verwandten Bib. 9 und Bib. 12. Straßburg 1914 (Untersuchungen zur deutschen Sprachgeschichte 5).

Eis 1967 = Gerhard Eis: Mittelalterliche Fachliteratur. 2. Aufl. Stuttgart 1967 (Sammlung Metzler 14).

Eucherius = [Eucherius: Instructiones] In: Sancti Eucherii Lugdunensis Formulae spiritalis intellegentiae. Instructionum libri duo ..., ed. Carolus Wotke. Prag. Wien. Leipzig 1894 (Corpus scriptorum ecclesiasticorum Latinorum 31: S. Eucherii Lugdunensis opera omnia I), 62−173.

Hieronymus = [Hieronymus: Liber de nominibus Hebraicis] In: Paul de Lagarde: Onomastica sacra. 2. Aufl. Göttingen 1887. Nachdruck Hildesheim 1966, 25−116.

Hildebrandt 1974 = Summarium Heinrici. Hrsg. v. Reiner Hildebrandt. Bd. 1: Textkritische Ausgabe der ersten Fassung Buch I−X. Berlin. New York 1974 (Quellen und Forschungen zur Sprach- und Kulturgeschichte der Germanischen Völker NF. 61).

Köbler 1972 = Gerhard Köbler: Verzeichnis der Übersetzungsgleichungen von Abrogans und Samanunga. Göttingen 1972 (Göttinger Studien zur Rechtsgeschichte, Sonderbd. 15).

Splett 1976 = Jochen Splett: Abrogans-Studien. Kommentar zum ältesten deutschen Wörterbuch. Wiesbaden 1976.

Splett 1978 = Jochen Splett: Samanunga-Studien. Erläuterung und lexikalische Erschließung eines althochdeutschen Wörterbuchs. Göppingen 1979 (Göppinger Arbeiten zur Germanistik 268).

Splett 1985 = Jochen Splett: Zur Frage der Zweckbestimmung des Abrogans. In: Collectanea Philologica. Festschrift für Helmut Gipper zum 65. Geburtstag. Bd. II. Baden-Baden 1985 (Saecula spiritalia 15), 725−735.

Splett 1990 = Jochen Splett: Der Abrogans und das Einsetzen althochdeutscher Schriftlichkeit im 8. Jahrhundert. In: Typen der Ethnogenese unter besonderer Berücksichtigung der Bayern. Hrsg. v. Herwig Wolfram und Walter Pohl. Teil 1. Wien 1990 (Österreichische Akademie der Wissenschaften. Philosophisch-historische Klasse. Denkschriften 201), 235−241.

Stalzer 1909 = J[osef] Stalzer: Zu den hrabanisch-keronischen Glossen. In: Στρωματεῖς. Grazer Festgabe zur 50. Versammlung deutscher Philologen und Schulmänner. Graz 1909, 80−90.

Steinmeyer/Sievers 1879/1968 = Die althochdeutschen Glossen. Gesammelt und bearbeitet v. Elias Steinmeyer und Eduard Sievers. Bd. I: Glossen zu biblischen Schriften. Berlin 1879. [Nachdruck Zürich. Dublin 1968].

Vocabularius Ex quo = ‚Vocabularius Ex quo'. Überlieferungsgeschichtliche Ausgabe. Gemeinsam mit Klaus Grubmüller hrsg. v. Bernhard Schnell, Hans-Jürgen Stahl, Erltraud Auer und Reinhard Pawis. Bd. I−V. Tübingen 1988/1989 (Texte und Textgeschichte 22−26).

Wutz 1914/15 = Franz Wutz: Onomastica sacra. Untersuchungen zum Liber interpretationis nominum Hebraicorum des Hl. Hieronymus. 1. und 2. Hälfte. Leipzig 1914/1915 (Texte und Untersuchungen zur Geschichte der altchristlichen Literatur III,11).

Jochen Splett, Münster

239. Rechtssprache im Althochdeutschen und ihre Erforschung: eine Übersicht

1. Rechtssprache in althochdeutscher Zeit. Quellenlage und Forschungsstand
2. Problemfelder
3. Grundlegung der Rechtssprache als Fachsprache im frühen Mittelalter
4. Literatur (in Auswahl)

1. Rechtssprache in althochdeutscher Zeit. Quellenlage und Forschungsstand

In den Arbeiten zu Struktur und Geschichte der deutschen Rechtssprache hat das Althochdeutsche (Ahd.) zunächst keine Rolle gespielt (v. Künßberg 1930). Dies lag zweifellos an der geringen Anzahl volkssprachiger Rechtstexte aus der Zeit zwischen 750 und 1050, zwischen dem Abrogans und Notker dem Deutschen (Splett 1985a; Sonderegger 1986). Das Bruchstück einer adh. Lex Salica-Übersetzung (Sonderegger 1964; Simone 1991) und eines Kapitels des Trierer Capitulare (Tiefenbach 1975), die Straßburger Eide und ein ahd. Priestereid (Schmidt-Wiegand 1977b), der Indiculus superstitionum et paganarum, die Hammelburger und Würzburger Markbeschreibungen als Beispiele lat./dt. Urkundensprache sind hier zu nennen. Das amtliche Schrifttum der Zeit war in der Bildungssprache Latein abgefaßt: Das gilt für die Urkunden oder Diplome, die Leges oder Stammesrechte, die Kapitularien oder königlichen Gesetze, die Konzilbeschlüsse u. a. m. Außerhalb dieser Schriftlichkeit hat es aber eine Rechtssprache gegeben, die in der Mündlichkeit vor Gericht lebte. Dies beweisen die volkssprachigen Wörter und Glossen in den lat. Rechtstexten (Schmidt-Wiegand 1978, 1991). Die mündliche Form der Rechtssprache ist indessen nur schwer zu erfassen, da man hierfür weitgehend auf die sog. Rechtserkenntnisquellen angewiesen ist: Ahd. Glossen, Gebrauchstexte wie Taufgelöbnis und Beichte, theologische Traktate wie der ahd. Isidor, Bibelübersetzungen wie der Tatian und Bibelepik, wie sie Otfrid von Weißenburg geschaffen hat, die kleineren ahd. Denkmäler Hildebrandslied, Ludwigslied, Georgslied, Muspilli und Memento mori − kurz die ahd. Überlieferung in ihrer ganzen Breite ist zu berücksichtigen.

Diese Überlieferungslage hat sich auf den Gang der Forschung ausgewirkt, der sich erst zum Positiven wendete, als die Beschäftigung mit dem Ahd. allgemein neuen Aufschwung nahm. Das 'Althochdeutsche Wörterbuch' hatte so Arbeiten im Gefolge, die auch die rechtssprachliche Seite des Ahd. betrafen (Karg-Gasterstädt 1958; Ibach 1958; Protze 1963). Dies gilt auch für die von Rudolf Schützeichel geförderten Arbeiten zu den volkssprachigen Wörtern (Tiefenbach 1973; Schützeichel 1986; Landwehr 1998; Meinekes B. 1998), den ahd. Glossen (Bergmann 1966; Frank 1974) und den kleineren ahd. Denkmälern, wie für sein 'Althochdeutsches Wörterbuch' (Schützeichel ⁵1995). Als man auf rechtshistorischer Seite das sog. Übersetzungsproblem (Heck 1931) ernst zu nehmen begann, erhielt auch hier die Beschäftigung mit dem Ahd. neue Impulse. Ausgehend von der Erkenntnis, daß hinter den Rechtstermini der lat. Quellen die volkssprachigen Äquivalente mitzubedenken sind, wie umgekehrt hinter den volkssprachigen Rechtswörtern lat. Termini stehen können, hat Gerhard Köbler eine Reihe von Verzeichnissen, sog. Übersetzungsgleichungen zu ahd. Sprachdenkmälern wie Abrogans und Samanunga, die Benediktinerregel, Tatian, Otfrid von Weißenburg und Notker von St. Gallen vorgelegt und, darauf aufbauend, ein ahd./lat. wie lat./ahd. Wb., die in ein Ahd.-Nhd.-Lat. Wörterbuch (Köbler ³1992) eingegangen sind und als eine Ergänzung zu dem Ahd. Wb. von Schützeichel angesehen werden wollen.

Alle diese Hilfsmittel sind für die Erforschung der Rechtssprache im Althochdeutschen, die zunächst mit philologisch-historischen Methoden betrieben werden muß (vgl. Art. 23.), unverzichtbar. Bei dem Rechtswortschatz, der auf diese Weise zu erfassen ist, handelt es sich keineswegs um einen Fachwortschatz in modernem Sinne, denn die meisten dieser Termini sind aus der sog. „Alltagssprache" übernommen und haben neben ihrer spezifisch rechtssprachlichen Bedeutung ihre allgemeinsprachliche beibehalten (Hyldgard-Jensen 1980); es handelt sich also hauptsächlich um Rechtswörter in weiterem Sinne. Rechtswörter im engeren Sinne wie *bannus, suonen, wargus, morgengeba, antmallum/hantgemal* können dabei in sehr frühe, vordeutsche bzw. germanische Schichten zurückreichen. Diesen Zusammenhang hat besonders Stefan Sonderegger (1962; 1965) betont. Aber auch Hans Heider Munske hat von den Missetatsbezeichnungen aus für die Rechtswortgeographie (Munske 1968; 1973) den Bezug auf die Germania gefordert. Die von Ruth Schmidt-Wiegand angeregten Arbeiten (Hüpper 1983; v. Olberg 1983; 1991b; Niederhellmann 1983) sollten die Basis für die Untersuchung von Sprache und Kulturgeschichte, zu der auch die Rechtskultur gehört, erweitern.

Eine zusammenfassende Behandlung der ahd. Rechtssprache oder ihres Fachwortschatzes gibt es nicht (vgl. jetzt Schmidt-Wiegand 1996). Der folgende Überblick beschränkt sich aus Gründen der Zweckmäßigkeit auf das Ahd. in seinen zeitlichen und räumlichen Grenzen. Das Altsächsische, obwohl wie das Ahd. zum frühmittelalterlichen Deutsch gehörend, bleibt außerhalb der Betrachtung. Doch sollen das Essener Heberegister und die Freckenhorster Heberolle als volkssprachige Rechtstexte wenigstens genannt werden. Als Rechtserkenntnisquelle von höchstem Rang sei der 'Heliand' hervorgehoben. Der Vergleich dieses Werkes mit Otfrids Evangeliendichtung und dem Tatian, der beiden zugrunde liegt, kann in bezug auf die Rechtssprache zu weiterführenden Ergebnissen führen (Schmidt-Wiegand 1987).

2. Problemfelder

2.1. Mündlichkeit und Schriftlichkeit

Für die Mündlichkeit vor Gericht sind die sog. *Leges*, auch *Leges barbarorum*, Volks- oder Stammesrechte zu nennen, eine recht zuverlässige Quellengruppe (Schott 1979): Obwohl lat. abgefaßt, lassen sie durch Zitate direkter Rede Rückschlüsse auf das vor Gericht gesprochene Wort zu, zumal nicht nur diese Partien, sondern auch der übrige Text mit zahlreichen Wörtern volkssprachiger Herkunft durchsetzt ist (Schmidt-Wiegand 1978, 1991). Durch lat. Endungen bzw. Flexionselemente sind Wörter wie z. B. *sunnis* 'echte Not', *alodis* 'freies Eigen', *bannus* 'Befehl', *manire* 'vorladen' u. a. m. dem lat. Kontext rein äußerlich angeglichen, während ihre volkssprachige Wurzel als Bedeutungsträger zunächst erhalten blieb und z. T. noch im Ahd. Entsprechungen haben kann, wie z. B. an *mallus* 'Gericht' mit ahd. *mahal* st. N. 'Gericht, Gerichtsstätte, Gerichtsversammlung' oder *wargus* 'Verbrecher' mit ahd. *warg* st. M. 'Feind' bzw. 'Teufel' zu sehen ist. In einigen Fällen sind diese Rechtswörter den Legestexten auch in Form erläuternder Glossen beigegeben, wobei ihre Einleitung dann ihre Herkunft aus der gesprochenen Sprache deutlich macht. So etwa in der Lex Salica durch ein *mallobergo ... hoc est* oder *sunt*, d. h. 'vor Gericht' oder 'in der Gerichtssprache' bei den sog. Malbergischen Glossen (Schmidt-Wiegand 1991); oder auch durch ein *dicimus* wie in der Lex Ribuaria bei *colpos quos nos dicimus bunislegi*. Entsprechend wird in der Lex Alamannorum vom 'Zopfeid' der Frau gesagt: *Hoc dicunt Alamanni nasteid*, und in der Lex Baiuvariorum *quod plotruns vocant*. Die volkssprachigen Wörter der Lex Salica, Lex Ribuaria, Lex Alamannorum und Lex Baiuvariorum u. a. sind für die Stammessprache Westfränkisch, Mittel- und Ostfränkisch, Alemannisch und Bairisch aufschlußreich, wobei der Einfluß des Fränkischen mit Rechtswörtern wie *bannus* und *fredus* 'Friedensgeld' auf die jüngeren Rechtsaufzeichnungen deutlich zu erkennen ist. Für das Ahd. sind die beiden obd. Leges, Lex Alamannorum und Lex Baiuvariorum (Baesecke 1935; 1950) besonders ergiebig, wobei hier an den notwendigen Vergleich mit den volkssprachigen Wörtern der langobardischen Gesetze (van der Rhee 1970) erinnert sei.

Die Anwendung des Rechts hat sich auch nach seiner Aufzeichnung auf seine mündliche Tradition gestützt. Doch ist aufgrund der reichen handschriftlichen Überlieferung der Leges klar, daß auch schriftliche Texte benutzt worden sind: Ihre „Rückübersetzung" in die Volkssprache war dafür Voraussetzung. Für die Bewahrung der Tradition brauchte man den Rechtskundigen oder, wie es im Muspilli heißt, den *woroltrehtwison*, den 'Kundigen des Rechtes der Welt' (Kolb 1962; Schützeichel 1988). Karl der Große ließ nach seiner Kaiserkrönung die beiden fränkischen Rechte, Lex Salica und Lex Ribuaria, überarbeiten (Einhard c. 9). Diese Aussage ist wohl auch auf die sprachlich gereinigte Fassung der Lex Salica, die sog. *Lex emendata*, zu beziehen, der u. a. auch die Malbergische Glosse fehlt. Nach den Lorscher Annalen hat Karl der Große 802/3 auf dem Reichstag zu Aachen, wo *duces, comites, christianus populus* und *legislatores* versammelt waren, verfügt, daß in seinem Reich, soweit dies noch nicht geschehen, alle Rechte gesammelt und jedermann in seiner Sprache erklärt werden sollten. Ferner, daß die Richter nach geschriebenem Recht (*per scriptum*) zu urteilen hätten, *sed omines homines, pauperes et divites, in regno suo iustitiam habuissent*. Durch Kapitularien, sog. *Capitula legibus addenda*, ließen die Karolinger die Stammesrechte außerdem ergänzen und einem reichsrechtlichen Rahmen einordnen. Vor diesem Quellenhorizont sind das Bruchstück einer ahd. Übersetzung der Lex Salica emendata und das sog. Trierer Capitulare zu sehen, ein Kapitel aus den von Ludwig dem Frommen 818/19 erlassenen *Capitula legibus addenda*, mit dem das Verhältnis von Erbschaft und Schenkung neu geregelt bzw. das Stammesrecht zugunsten der Kirche durchbrochen worden ist. Beiden Zeugnissen kommt für die Kenntnis der Rechtssprache im Ahd. eine Schlüsselstellung nicht allein im Blick auf ihren Wortschatz zu. Aber während die Lex Salica-Übersetzung, die nach den überlieferten Registerteilen einmal vollständig gewesen sein muß, Zeichen für den Vortrag enthält, für den sie offensichtlich bestimmt gewesen ist, kann dies bei dem Trierer Capitulare schon aufgrund seiner Syntax, die eng der lat. Vorlage folgt, nicht der Fall sein: Sie bedurfte der Umsetzung in das gesprochene Wort. Immerhin könnte das Stück für die Erläuterung der kirchenpolitisch wichtigen Bestimmung in der Volkssprache Grundlage gewesen sein. Die ahd. Lex Salica-Übersetzung, einziger erhaltener Text einer „südgerm.-kontinentalen" Lex des Frühmittelalters (Sonderegger 1964), zeichnet sich durch Selbständigkeit gegenüber der lat. Vorlage aus, was die Syntax und den Stil betrifft. Sie verfügt über Stäbe wie *farah in felde* für *porcellum in campo* und die rechtssprachliche Figura etymologica wie bei *hve man weragelt gelte* für *de compositione homicidiis*.

2.2. Tradition und Innovation

In bezug auf die Textsorte oder den Rechtsquellentyp gehören die Leges einer älteren, die Kapitularien einer jüngeren Stufe der Textentwicklung an (Ganshof 1961), was sich auch auf die Sprachgestalt, das Verhältnis von Latein und Volkssprache oder Schriftlichkeit und Mündlichkeit (Sonderegger 1971; de Sousa Costa 1994) ausgewirkt hat. Traditionsgebundene Elemente in den Leges, innovative in den Kapitularien entsprechen diesem Unterschied.

Dies gilt ähnlich auch für den Eid als der mündlich gegebener Versicherung einer Wahrheit (assertorischer Eid) oder Absicht (promissorischer Eid) unter Anrufung Gottes bzw. einer anderen höheren Macht mit Wort und Gebärde. Die Schriftform gehört hier nicht zur Funktion des Textes. Die schriftliche Überlieferung ist von hier aus im frühen Mittelalter äußerst schmal. Im Ahd. sind es ein Priestereid vom Anfang des 9. Jh.s, der in zwei Hss. aus Freising überliefert ist, und die Straßburger Eide, ein Herrscher- und ein sog. Untertaneneid, die am 14. Februar 842 zu Straßburg von Ludwig dem Deutschen und Karl dem Kahlen bzw. ihren beiden Heeren in dt. und roman. Sprache geschworen worden sind. Nithard hat sie in seinen 'Vier Büchern fränkischer Geschichte' in vollem Wortlaut wiedergegeben. Der ahd. Priestereid, ein Oboedienzeid (Schmidt-Wiegand 1977b) gehört einer Sonderentwicklung des Rituals der Priesterweihe nördlich der Alpen an (Pontificale romano-germanicum, Mainz 10. Jh.). Als Vorbereitung auf die eigentliche Weihe verspricht der zu Ordinierende, gehorsam und anhänglich zu sein, im Bistum zu verbleiben und stets nach besten Können und Vermögen zu handeln. Die Eingangsformel *daz ih dir holt pin* entspricht der kommunikativen Situation der Eidesleistung und durfte von einer entsprechenden Gebärde, Handerhebung oder Handreichung mit der Bedeutung 'ich schwöre', begleitet gewesen sein. Die Gemeinsamkeiten mit den karolingischen Treueiden, die nur lat. überliefert sind und mit den Worten *quod fidelis sum* beginnen, ist nicht zu übersehen. Auch die Beteuerungsformel *so mino chrefti enti mino chunsti sint* hat dort Parallelen. Stabreimende Formeln wie *fruma frumenti, kahorich ent kahengig* haben in ahd. Denkmälern wie Otlohs Gebet und bei Otfrid von Weißenburg, Anknüpfungspunkte bzw. Entsprechungen. Auch bei den Straßburger Eiden, Teil eines mündlich beschworenen Vertrages, der von hier aus einer schriftlichen Form wie der Urkunde nicht bedurfte, zeigt der Wortlaut besonders zu Eingang des Herrschereides den Einfluß kanzleisprachlicher Muster: *In godes minna ind in thes christianes folches ind unser bedhero gehaltnissi* hat in karolingischen Kapitularien zahlreiche Parallelen. Bei den Vasalleneiden mit ihrem auf die Eidesleistung bezogenen Wortschatz (*eid*, *swerran*, *leisten*, *forbrechan*) ist Einfluß der Kanzleisprache weniger spürbar; vielmehr verraten doppelte Verneinung und Anakoluth die Nähe zur gesprochenen Sprache. Tradition und Innovation liegen in diesen Stücken eng beieinander.

Zu den Innovationen aus ahd. Zeit in bezug auf die Rechtssprache gehört auch die Entstehung einer lat.-dt. Urkundensprache. Für sie sind die Markbeschreibungen von Hammelburg und Würzburg bezeichnend (Bauer 1988). Am 7. Januar 777 hatte Karl der Große seine Besitzungen in und um Hammelburg dem Kloster Fulda übereignet. Die Investitur des Abtes Sturmi erfolgte am 8. Oktober des gleichen Jahres durch die Grafen *Nidhart* und *Heimo*, nachdem zuvor ein Grenzumgang stattgefunden hatte, dessen Ergebnis in der Markbeschreibung protokollartig festgehalten ist. Personennamen, Orts- und Flurnamen sind volkssprachig. Hinzu kommen Lagebezeichnungen in Wendungen wie *in thie teofun gruoba* und *inde in Otitales houbit* für *inde in caput*. Die Würzburger Markbeschreibungen stammen beide aus dem Jahr 779, sind aber nur in Kopien der Zeit um 1100 überliefert. Die erste ist in lat. Sprache abgefaßt, wobei der Aufbau der Urkunde mit Invocatio, Publicatio, Narratio, Dispositio und Datum der Form offizieller Urkunden der frühen Karolingerzeit entspricht. Ahd. sind hier die Namen mit den dazugehörigen Präpositionen, Artikeln und Adjektiven. Die zweite Würzburger Marktbeschreibung ist überhaupt volkssprachig und damit der Zeit des Schreibers stärker angeglichen als die erste. Auf die Sprechsituation des Rechtsganges nehmen satzeinleitende Formeln wie *diz sageta* Bezug. Auffallend viele Kurznamen spiegeln die Nähe zur gesprochenen Sprache wider (Sonderegger 1971). Das allmähliche Herauswachsen der Urkundensprache aus dem Lat. in die Volkssprache ist an diesen Stücken besonders deutlich zu erkennen. Denn während in den frühen Urkunden aus St. Gallen (Sonderegger 1961) und Fulda (Kletschke 1933) die volkssprachigen Elemente auf die Namen beschränkt sind, führen bei den Markbeschreibungen die volkssprachigen Anteile über Flurnamen und Lagebezeichnungen zu einem volkssprachigen Urkundentext im Ganzen, lange vor dem Entstehen einer dt. Urkundensprache im 13. Jh.

2.3. Wort und Begriff

Der Vergleich der kleineren ahd. Rechtsdenkmäler zeigt, daß ihr Wortschatz wie bei den volkssprachigen Wörtern der Leges zwar auch im Vordeutschen wurzelt, daß in ahd. Zeit aber ein Umbau erfolgte, der sowohl die Wortbildung der Rechtswörter wie ihren Inhalt betrifft. In der ahd. Lex Salica-Übersetzung wird ein *De mannire* 'Von der Ladung' der Vorlage zutreffend mit *Her ist von meni* wiedergegeben, denn *mannire* wie *meni* gehen auf vordt. **manjan* '(vor)laden' zurück, das im Ahd. gleichbedeutendes *menen* ergab. Volkssprachiges *mallum* 'Gericht' aber und *chrenecruda* 'Erdwurf' werden in der gleichen Quelle durch ein anderes Wort, nämlich *ðing*, bzw. eine Umschreibung wie *ðer scazloos man anðran arslahit* ersetzt (Sonderegger 1964). Im Trierer Capitulare stehen neben *versellan* 'übertragen' *sala* 'Übertragung, das Übertragene' und *salunga* 'Übertragung', ferner *ge-an-ervo* 'heres proximus' bzw. 'heres'. Die Beispiele zeigen, daß der Untergang älterer Bezeichnungen durch eine Bedeutungserweiterung bei den verbleibenden (wie bei *ding*) bzw. durch Neubildungen (*geanervo*) wettgemacht wird. Besonders das Problem der Abstraktbildungen (*sala/salunga*) verdient dabei Beachtung, wobei die Nähe zum Lateinischen wie bei *urcundī/testimonium* bzw. *urcundo/testis* (Freudenthal 1949) wesentlich gewesen ist. Die vordt. Schicht greift man mit den volkssprachigen Wörtern der Leges, mit den Parallelen im Altsächsischen, Altenglischen, Altnordischen, mit dem Gotischen und den germ. Lehnwörtern im Finnischen und Baltischen (Fromm 1958); den Umbau des Rechtswortschatzes im Ahd. mit der Übersetzungsliteratur wie der Benediktinerregel (B), dem ahd. Isidor (I), Tatian (T) u. a. m., den poetischen Denkmälern wie Hildebrandslied (H), Georgslied (G), Ludwigslied (L), Muspilli (M), Otfrid von Weißenburg (O) und Notker von St. Gallen (N). Für den Umbau und Ausbau des Rechtswortschatzes ist offenbar die Bildung von Wortfamilien (Splett 1985b) entscheidend gewesen, wurde doch dadurch der Rechtswortcharakter von Grund- und Bestimmungswörtern gefestigt.

Für diese Entwicklung lassen sich eine Reihe von Beispielen anführen wie etwa *ban*, 'Gebot, Aufgebot zum Gerichtstag, Bann' (M, O), Abstraktbildung zu *bannen* 'gebieten' (N), das zu griech. *phēmi*, lat. *fāri* 'sprechen' gehört. Im Ahd. hat das Verb *gibannan* Bedeutungsspezialisierungen wie 'jem. vor Gericht fordern, vorladen' neben sich, dazu *daz mahal gipannit* (M V. 32). Ahd. *erbi* 'Erbe, Besitz' gehört mit got. *arbi* zu griech. *orphanós* 'verwaist' und lat. *orbus* 'geraubt', was als Ausgangsbedeutung von *Erbe* 'verwaistes Gut' nahelegt, die in ahd. *arbeo loasa* (H V. 22, Schwab 1972) nachzuwirken scheint. Der Zusammenhang von Besitz und vornehmen Geschlecht spiegelt sich in ahd. *uodil* 'Besitztum, Heimat' (T, I) wider, das zu ahd. *adal* 'Geschlecht, Abstammung' (O) gehört. Das Wort ist in PN wie *U(da)lrich*, *Ute* u. a. eingegangen wie auch in *allodium*, die Bezeichnung für den adeligen Erbbesitz, die wie die Bezeichnung *feudum* (zu **fehu* 'Vieh') für das Lehensgut nur in mittellateinischer Form, also als volkssprachiges Wort, überliefert ist.

Aufschlußreich für den Sprachwandel, der sich im Ahd. abgespielt hat, sind die Herrscher- und Amtsbezeichnungen, die man auch als Entsprechungen zu den lat. Texten, die mit ihnen übersetzt werden, sehen muß (Köbler 1972). Ahd. *kuning, -ig*, Ableitung mittels Zugehörigkeitssuffix von *kunni* 'Geschlecht', ist durch frühe Entlehnung in das Finnische und Baltische für das Vordt. gesichert. In den ahd. Denkmälern vom Abrogans bis auf Notker steht *kuning* für *rex*; lediglich Notker hat daneben auch *herro* und *rihtare* zur Wiedergabe von *rex*. Eine andere Übersetzung ist *rîhhi*, das mit got. *reiks*, altsäsich *rîki* zu einem Adj. **rîkaz* 'mächtig' zu stellen ist, welches in PN wie *Friedrich*, *Heinrich*, *Richard* fortlebt. Als Bezeichnung für den 'König' und 'Herrn' ist im Ahd. häufig *truhtîn* belegt (T, I, H, L u. ö.), eine Ableitung zu *truht/druht* 'Gefolge, Schar' also ursprünglich der 'Gefolgsherr', die im Ahd. als Entsprechung zu lat. *dominus* auch auf Christus und Gott übertragen wurde (Schmidt-Wiegand 1974). Andere Bezeichnungen für den Herrscher waren ahd. *furisto*, wörtlich 'der erste' und *herizogo* 'Herzog', eine Lehnbildung zu griech. *stratēgós* oder *stratēlátēs* 'Heerführer', ebenso wie ahd. *hêriro > herre* von *hêr* 'alt, ehrwürdig' in Anlehnung an lat. *senior* (Schirokauer 1957); *furisto* und *hêrosto* übersetzen auch lat. *princeps*, während *herizogo* auch für lat. *praeses* steht. Ahd. *frô* 'Herr' < *frawa* in *frôno* 'dem Herrn gehörig, herrlich' ist bereits auf dem Rückzug begriffen und hat sich auch nur mit Ableitungen wie *Frau* und in Zusammensetzungen wie *Fronarbeit*, *Frondienst*, *Fronleichnam* bzw. in ON wie *Fronhausen* über das Ahd. hinweg erhalten können.

Der aus dem Vordt. stammende Rechtswortschatz gilt im Ahd. als relativ geschlossen (Schmidt-Wiegand 1977). In der ahd. Benediktinerregel sind im Gegensatz zum religiösen Wortschatz bei den Rechtswörtern kaum Lehnwörter aus dem Lat. zu vermerken (Betz 1965). Ausnahmen wie *pînōn* 'peinigen, quälen, strafen' mit *pîna* 'Schmerz, Drangsal' oder *castigōn* 'züchtigen, strafen' sind noch nicht einseitig auf das Recht festgelegt. Zu den wenigen Entlehnungen aus dem Lat. gehört das bei N überlieferte *fogat* 'Richter, Rechtsvertreter', das über mhd. *voget* zu nhd. *Vogt* geworden ist. Indessen ist hier zu berücksichtigen, daß die Nähe zum Lat. im Ahd. zu Lehnbildungen wie *herizogo* und *hêriro* wie zur Übernahme von Lehnbedeutungen geführt haben kann, wie dies bei ahd. *giwona/giwonaheit* 'Gewohnheit, Brauch, Ordnung' der Fall ist, das von T bis N Bedeutungsnuancen von lat. *consuetudo*, das übersetzt wurde, in sich aufgenommen hat (Köbler 1969).

Rechtswörter wie *Ding* und *Sache*, *rügen* und *schwören*, *Schuld*, *Sühne* und *Buße* haben so im Ahd. eine inhaltliche Veränderung erfahren, die ihre Behauptung im Bereich der Rechtssprache bzw. auch ihr endgültiges Ausscheiden zur Folge hatte. Ahd. *ding* 'Gerichtsversammlung, Gerichtsverhandlung, Gerichtstag' aber auch 'Sachverhalt, Streitsache' wird bereits sinnentleert für 'Ding, Sache' gebraucht (Karg-Gasterstädt 1958), während *verteidigen* (Protze 1963) zu *tagadinc* 'Gericht' seinen Rechtsgehalt bis in die Neuzeit bewahrt hat. Bei ahd. *mahal* 'Gerichtsstätte', das mit *mahlōn* 'anklagen', *mahalen* 'zur Braut oder Frau nehmen', *malī* 'Vermählung, Verlobung', *gemāla* 'Gemahlin' eine ansehnliche Wortfamilie besaß, hat sich in Wörtern wie *Gemahl*, *Gemahlin* und *vermählen* der Rechtssinn bis heute erhalten. Im Ahd. ist *ruogen* als Entsprechung zu lat. *accusare* bei T, O u. a. m. (Köbler 1969) Rechtswort im Sinne von 'anklagen, beschuldigen', das *ruogstab* 'Anklage' neben sich hat, eine plastische Bezeichnung für den Brauch, die Rede vor Gericht zu staben bzw. auch den Eid auf den Gerichtsstab abzulegen. Die Antwort auf die *Rüge* war der *Eid* des Angeklagten, dazu auch *eidstab* 'Eidesleistung, Rechenschaft' und *eidam* 'Schwiegersohn', *eidswurt* 'falsches, leichtfertiges Schwören'. Obwohl die postverbale Bildung *Schwur* dem Ahd. noch fremd gewesen zu sein scheint, hat *swerren* 'eidlich versprechen' mit *meinswerio* 'Eidbrüchiger', *bisworani* 'Beschwörung' u. a. m. bereits eine vielgliedrige Wortfamilie (Splett 1986). Zu *scal/sculum* 'zu etwas verpflichtet sein' sind als Abstraktbildung ahd. *sculd* 'rechtliche Verpflichtung zu einer Leistung' und als Amtsbezeichnung *sculdheizo* 'Schultheiß, Vorsteher, Verwalter, centurio' in T, bei O und N belegt. Der wegen einer unterlassenen Leistung Schuldige wurde im Gericht zu einer *Sühne*, ahd. *suona* 'Urteil, Entscheidung' bzw. 'Sühne, Versöhnung' oder aber zur Leistung einer *Buße*, ahd. *buoza* zu *baz* 'besser', wörtlich also 'Besserung, Wiedergutmachung' (Weisweiler 1930) verurteilt. Besonders ahd. *suonen* 'entscheiden, richten, beurteilen, sühnen, versöhnen' hat mit *bi-, gisuonen* 'versöhnen', *suonotag* 'Tag des Jüngsten Gerichts' eine weite Verbreitung und bedeutende Wortfamilie gehabt, wie z. B. der Blick auf die ahd. Entsprechung zu lat. *iudium, iudicare, iudex* im Ahd. zeigen (Köbler 1970).

Denn ahd. *suona/suonen* sind um 750/60 im alemannisch-bairischen Raum die führenden Bezeichnungen für *iudicium/iudicare* gewesen, bereits eine jüngere Bildung gegenüber der älteren, vordt. Schicht *tuom/tuomen*, die hier im Oberdeutschen sich nur mit Relikten erhalten hatte, während sie im Fränkischen und Altsächsischen im 8. Jh. mit *tuom/tuomen* bzw. *dôm/dômian* durchaus noch präsent gewesen ist, ehe sich vom Mittelrhein, aus dem austrasischen Kerngebiet zwischen Köln, Brüssel und Metz heraus, ab 800 die fränkischen Neubildungen *urteili/irteilen* vorschoben, um sich gegenüber *dôm/dômian* bzw. *tuom/tuomen* und *suona/suonen*, wie auch nhd. *Urteil* beweist, erfolgreich und endgültig durchzusetzen. Diese Entwicklung, die man durch Hinzunahme der ahd. Glossen zu den übrigen Sprachdenkmälern des Ahd. rekonstruieren konnte (Freudenthal 1949), hat sich ähnlich bei *testis/testimonium*, *testare* und seinen Entsprechungen im Ahd. abgespielt, wobei sich fränkisch *urkundi* 'Zeugnis' mit seiner Wortfamilie gegenüber den offensichtlich älteren Bezeichnungen auch hier durchzusetzen vermochte. Diese Erneuerung des Rechtswortschatzes erfolgte aus dem gleichen Gebiet heraus, aus dem mit der fränkischen Gerichtsverfassung auch die *scabini* oder *scheffene* 'Schöffen' (Tiefenbach 1973) ausgegangen sind, deren volkssprachige Bezeichnung mit ihren morphologischen und semantischen Einzelheiten noch nicht restlos geklärt ist.

Wie sich hier bestimmte Bezeichnungen, die für das Rechtsleben eine besondere Funktion hatten, nur in Konkurrenz mit anderen gleichbedeutenden Bezeichnungen auf Dauer durchsetzen konnten, so bildeten sich auch zentrale Ordnungsbegriffe wie *reht* und *frîheit* erst im Wechselspiel mit verwandten oder bedeutungsähnlichen Bezeichnungen heraus. Dem Begriff 'Recht' entsprachen im Ahd. eine Reihe von Lexemen wie *êwa, reht, tuom, gewalt, wonaheit*, die verschiedene Aspekte des Rechtlichen abdeckten und von hier aus auch verschiedene Bedeutungen auf sich vereinigten, wie z. B. *êwa* 'Recht, Gesetz, Altes und Neues Testament'. Aus dem Kreis dieser Bezeichnungen ging schließlich *reht* von dem gleichlautenden Adj. 'gerade, richtig, rechtens' als Oberbegriff hervor. Es bezog sich zunächst auf die subjektiven Rechte und Pflichten des Einzelnen, beruhend auf Anspruch und Leistung, ehe es im Gefolge von lat. *ius* von einer Bezeichnung für das subjektive Recht auch zu einer Bezeichnung für das objektive oder normative Recht wurde und damit die anderen Bezeichnungen wie vor allem *êwa*, das später auf das Recht der Eheschließung eingeengt worden ist, in den Hintergrund drängte (Schmidt-Wiegand 1987). Der Begriff *frîheit*, der sich erstmals bei N findet, steht in Konkurrenz zu anderen volkssprachigen Wörtern, wie *selbwaltigi, unbedwungeni, baldi* u. a., mit denen ebenfalls lat. *libertas* wiedergegeben wird. Eine dieser Bezeichnungen, *frîhalsi,* hat schon im Abrogans und in der ahd. Benediktinerregel Entsprechungen, knüpft aber hier noch, wie die Wortbildung (zu *frîhals* 'Freigelassener') verrät, an die konkrete Situation der deliberatio an (v. Olberg 1991a). Die Beispiele *reht* und *frîheit*, die unter dem Einfluß christlicher Wertvorstellungen wie *iustitia* und *libertas arbitrii* eine starke semantische Erweiterung erfahren haben, sind für den inneren Zusammenhang des Rechtlichen mit dem Religiösen in der Zeit des Ahd. bezeichnend.

2.4. Recht und Religion

Dieser Zusammenhang wird auch an der Wortgeschichte von ahd. *êwa* deutlich, zumal auch Zusammensetzungen wie *êwarto* 'Priester' belegt sind. Die Herkunft des Wortes aus der vorchristlichen Religion schien deshalb lange sicher zu sein (Weisweiler 1924). Indessen ist von der Etymologie wie von der

Beleglage her dies heute auszuschließen. Denn *êwa* liegt eine vorahd. Wz. **aiwæ* 'Sitte, Recht' zugrunde, so daß die Herkunft unmittelbar aus dem Recht wahrscheinlicher ist. Von hier aus war ahd. *êwa* zur Übersetzung von lat. *lex* besonders geeignet, mit dem sowohl das mündlich überlieferte wie das schriftlich fixierte (Stammes-)Recht bezeichnet worden sind. Entsprechend trat ahd. altsächsisch *êsago* für lat. *legislator* ein. Ahd. *êwa* gehört also zu den Rechtswörtern, die wie *Buße* und *Sühne* erst sekundär im Zuge der christlichen Mission von Angelsachsen und Iren zur Wiedergabe christlicher Glaubensvorstellungen herangezogen worden sind. Ihre bereits vorhandene Begrifflichkeit wie die Tatsache, daß ihnen gerade kein ausgesprochen paganer Sinn anhaftete, mochten die Übernahme dieser Rechtswörter in die ahd. Kirchensprache begünstigen.

Denn in der Zeit des Ahd. läßt sich auf allen Gebieten der Sprach- und Textentwicklung eine konsequente Zurückdrängung paganer Relikte beobachten (Schmidt-Wiegand 1992). Bezeichnend hierfür ist der Erdwurf *chrenecruda* in der Lex Salica, der mit dem Institut der Magenhaftung verbunden war, in den karolingischen Rezensionen des Rechts aber als heidnisch gekennzeichnet worden ist. In diesem Zusammenhang ist auch der *Indiculus superstionum et paganiarum* zu nennen, ein kleines Aberglaubenverzeichnis mit Kapitulariencharakter und volkssprachigen Reliktwörtern. Es steht in einer Handschrift mit dem ersten altsächsischen Taufgelöbnis zusammen, in dem noch die Namen der heidnischen Götter Donar, Wodan und Saxnot genannt werden, denen der Täufling abschwören mußte. In allen jüngeren Texten dieser Art fehlen sie (Biere 1985). Der Terminus *wargus* 'Verbrecher', ursprünglich 'Würger', in den Rechtsquellen für den 'Grabräuber' belegt, wurde in das Ahd. als *warch* mit den Bedeutungen 'Feind' und 'Teufel' übernommen und dabei seiner spezifisch rechtlichen Bedeutung entkleidet.

Die Entwicklung ist bei ahd. *buoza* und *suona* anders verlaufen. Ahd. *suonen* mit der Grundbedeutung 'still machen' bzw. 'wiederherstellen' trat mit seiner Wortfamilie für lat. *reconciliare* ein, behielt aber gleichzeitig seine funktionale Bedeutung für die Rechtssprache bei und ist in Anlehnung an *iudicare* (s. o.) auf 'richten, urteilen' erweitert worden. Auch bei ahd. *buozen* mit der Grundbedeutung 'wiederherstellen, bessern', das ebenfalls als Entsprechung zu *reconciliare* belegt ist, ist gleichzeitig eine Verschärfung des rechtlichen Gehalts zu beobachten. Inwieweit an dieser Entwicklung auch Poenitentialien der irischen Missionare beteiligt gewesen sind (Reiffenstein 1959), ist im einzelnen noch zu untersuchen. Nicht zuletzt die ahd. Beichten (Eggers 1955 f). mit *missetât* für lat. *delictum* und *meinswart* 'Meineid' zu *swerien* 'schwören' u. a. m. enthalten hier weiterführende Beispiele.

Für das Verhältnis von Recht und Religion und seinen Niederschlag auf die ahd. Rechtssprache hat das *Muspilli* eine Schlüsselstellung. Das Stabreimgedicht handelt von dem Schicksal der Seele nach dem Tod, dem Weltuntergang durch Feuer und dem Jüngsten Gericht. Es enthält zahlreiche Rechtswörter wie *marha* 'Grenzland', *warch* zu mlat. *wargus* (s. o.), *kôsa* < lat. *causa* 'Streitsache', *arteilen* 'urteilen' u. a. m. Einzelne Motive wie das des *muspille* (V. 57) reichen zweifellos in die mythische Schicht paganer Religiosität zurück. Sie sind aber in die zeitgenössische, d. h. christliche Bußpredigt in poetischer Form, völlig integriert, so daß auch der Wortschatz in seinem historischen Umfeld gesehen werden muß. So ist zu fragen, ob *mord* (V. 93) hier als 'Totschlag im Zuge der Blutrache' zu verstehen ist (Reiffenstein 1966) oder eher als Meintat mit seiner älteren Bedeutung 'heimlicher Totschlag' (Schmidt-Wiegand 1987) bzw. ob an dieser Stelle nicht überhaupt von der außerrechtlichen Bedeutung 'Tötung' auszugehen ist (Schützeichel 1988). Im Blick auf die enge Verknüpfung von himmlischem und irdischem Gericht in diesem Text (Kolb 1971) wird man sich indessen für den Rechtswortcharakter entscheiden.

3. Die Grundlegung der Rechtssprache als Fachsprache im frühen Mittelalter

Der Überblick sollte gezeigt haben, daß Rechtssprache in der Zeit des Althochdeutschen mehr als nur eine Fortsetzung des vordeutschen Zustandes gewesen ist. Wenn sie auch weiterhin vor allem in der Mündlichkeit vor Gericht lebte und nur selten oder ausnahmsweise die Schriftform erreichte, so war sie doch der zunehmenden Verschriftlichung des Lebens gegenüber offen. Dies hat sich in einer Vermehrung des Wortschatzes wie seiner semantischen Erweiterung niedergeschlagen. Die ahd. Rechtssprache hat durch diese

Umbildung ein Eigengewicht erlangt, das sie von der früheren Epoche stammessprachlicher Zeit deutlich unterscheidet. Der Blick auf *Lex* und *Capitulare* mit ihren Übersetzungen in die Volkssprache kann dies verdeutlichen. Für die äußere wie innere Umgestaltung der ahd. Rechtssprache ist dabei die Berührung mit der Latinität von Antike und Christentum entscheidend gewesen (Sonderegger 1984). Rein äußerlich ist dies an der schrittweisen Herausbildung einer ahd. Form der Urkundensprache wie an Notkers Rhetorik abzulesen, die Regeln für die Sprachbeherrschung im Rechtsstreit enthält (Sonderegger 1986). Geht man von den spärlichen ahd. Rechtsquellen im engeren Sinne ab, die wie Eid und Stammesrecht vor allem für das Verhältnis von Schriftlichkeit und Mündlichkeit charakteristisch sind, und bezieht man die Rechtserkenntnisquellen wie die Glossen (Bergmann 1973), kirchliche Gebrauchsliteratur, Übersetzungen und poetische Denkmäler mit ein, so lassen sich die Voraussetzungen und Bedingungen dieser Entwicklung erkennen. Lehnwörter (wie *foget, kōsa*) haben nur in geringem Umfang die ahd. Rechtssprache erreicht. Indessen haben Lehnbildungen (*herizogo*) und Lehnbedeutungen (*truhtin*) nicht nur bei übergeordneten Leitbegriffen (*reht*) zu einer Entfaltung in morphologischer (*salunga, frîheit*) und semantischer Hinsicht geführt, die an den aufkommenden Abstraktbildungen (Meineke 1993) für die ahd. Rechtssprache noch einmal eigens zu untersuchen wäre. Begriffe wie *dominus, ius, iustitia, consuetudo, libertas* haben ganz offensichtlich ihre Wirkung auf den heimischen Rechtswortschatz ausgeübt, der dadurch eine äußere und innere Differenziertheit neuer Art erreichte. Dieser Rechtswortschatz ist freilich alles andere als Rechtsterminologie in fachsprachlichem Sinne, bei der Wort und Begriff festgelegt und möglichst eindeutig auf die Sache bezogen sind. Ihn zeichnet vielmehr ein hohes Maß von Vagheit aus. So ist für die ahd. Epoche gerade die Polysemie der Bezeichnungen charakteristisch wie auch die Vielfalt der Synonyme und Heteronyme für ein und dieselbe Sache. Durch Konkurrenz verschiedener Rechtswörter, Wortersatz und Bedeutungsveränderung, Untergang und Neubildung, Vereinheitlichung und Vielfalt sind aber in der Zeit des Ahd. Voraussetzungen für eine Entwicklung geschaffen worden, die mit Rechtswörtern wie *Urteil, Buße, Sühne, Recht* und *Ehe* zur Rechtssprache als einer Fachsprache in modernem Verständnis geführt haben.

4. Literatur (in Auswahl)

Althochdeutsches Wörterbuch = Althochdeutsches Wörterbuch. Aufgrund der von Elias von Steinmeyer hinterlassenen Sammlungen im Auftrag der Sächsischen Akademie der Wissenschaften zu Leipzig, begründet v. Elisabeth Karg-Gasterstädt und Theodor Frings, hrsg. v. Rudolf Große, Berlin 1968 ff.

Baesecke 1935 = Georg Baesecke: Die deutschen Worte der germanischen Gesetze. In: Beiträge zur dt. Sprache und Literatur 59. 1935, 1−101.

Baesecke 1950 = Georg Baesecke: Vor- und Frühgeschichte des dt. Schrifttums. Bd. 2. 1. Lfg., Halle 1950.

Bauer 1988 = Reinhard Bauer: Die ältesten Grenzbeschreibungen in Bayern und ihre Aussagen für Namenkunde und Geschichte. München 1988.

Bergmann 1966 = Rolf Bergmann: Mittelfränkische Glossen. Studien zu ihrer Ermittlung und sprachgeographischen Einordnung. Bonn 1966. [2. Aufl. 1977].

Bergmann 1973 = Rolf Bergmann: Verzeichnis der althochdeutschen und altsächsischen Glossenhandschriften. Mit Bibliographie der Glosseneditionen, der Handschriftenbeschreibungen und der Dialektbestimmungen. Berlin. New York 1973.

Betz 1965 = Werner Betz: Deutsch und Lateinisch. 2. Aufl. Bonn 1965.

Biere 1985 = Bernd Ulrich Biere: Schriftlichkeit und Mündlichkeit − Vereinheitlichung und Verständlichkeit. Eine historisch-systematische Problemskizze. In: Germanistik. Forschungsstand und Perspektiven. Vorträge des deutschen Germanistentages 1984. Tl. 1. Berlin. New York 1985. 346−365.

Eggers 1955, 1958, 1959 = Hans Eggers: Die althochdeutschen Beichten. In: Beiträge zur Geschichte der deutschen Sprache und Literatur 77 (Halle) 1955, 89−123; 80. 1958, 372−403; 81. 1959, 78−122.

Frank 1974 = Irmgard Frank: Die althochdeutschen Glossen der Handschrift Leipzig Rep. II 6. Berlin. New York 1974.

Freudenthal 1949 = Karl Frederik Freudenthal: Arnulfingisch-karolingische Rechtswörter. Eine Studie in der juristischen Terminologie der ältesten germanischen Dialekte. Göteborg 1949.

Fromm 1958 = Hans Fromm: Die ältesten Germanischen Lehnwörter im Finnischen. In: Zeitschrift für deutsches Altertum 88. 1958, 81−101; 211−240; 299−324.

Ganshof 1961 = François Louis Ganshof: Was waren die Kapitularien? Weimar 1961.

Heck 1931 = Philipp Heck: Übersetzungsprobleme im frühen Mittelalter. Tübingen 1931.

Hüpper 1983 = Dagmar Hüpper-Dröge: Schild und Speer. Waffen und ihre Bezeichnungen im frühen Mittelalter. Frankfurt a. M. Bern. New York 1983. (Germanistische Arbeiten zu Sprache und Kulturgeschichte 3).

Hyldgaard-Jensen 1980 = Karl Hyldgaard-Jensen: Wechselbeziehungen zwischen der juristischen und der nichtjuristischen Sprache im Frühmittelalter am Beispiel des Wortschatzes. In: Kopenhagener Beiträge zur Germanistischen Linguistik Kopenhagen 1980, 85−91.

Ibach 1958 = Helmut Ibach: Zu Wortschatz- und Begriffswelt der althochdeutschen Benediktinerregel. In: Beiträge zur Geschichte der deutschen Sprache und Literatur 80 (Halle). 1958, 190−271.

Karg-Gasterstädt 1958 = Elisabeth Karg-Gasterstädt: Althochdeutsch Thing − Neuhochdeutsch Ding. Die Geschichte eines Wortes. Berlin 1958. (Berichte über die Verhandlungen der Sächsischen Akademie der Wissenschaften zu Leipzig, Phil.-hist. Kl. Bd. 104, H. 2).

Kletschke 1933 = Hans Kletschke: Die Sprache der Mainzer Kanzlei nach den Namen der Fuldaer Urkunden. Halle/S. 1933.

Köbler 1969 = Gerhard Köbler: Zur Frührezeption der consuetudo in Deutschland. In: Historisches Jahrbuch 89. 1969, 339−371.

Köbler 1970 = Gerhard Köbler: Richten − Richter − Gericht. Zeitschrift der Savigny-Stiftung für Rechtsgeschichte, germ. Abt., 87. 1970, 57−113.

Köbler 1971 = Gerhard Köbler: Das Recht im frühen Mittelalter. Untersuchungen zu Herkunft und Inhalt frühmittelalterlicher Rechtsbegriffe im deutschen Sprachgebiet. Köln. Wien 1971.

Köbler 1971 = Gerhard Köbler: Lateinisch-althochdeutsches Wörterbuch. Göttingen 1971.

Köbler 1972 = Gerhard Köbler: Amtsbezeichnungen in den frühmittelalterlichen Übersetzungsgleichungen. In: Historisches Jahrbuch 92. 1972, 334−357.

Köbler 1974 = Gerhard Köbler: Althochdeutsch-lateinisches Wörterbuch. Göttingen 1974.

Köbler 1992 = Gerhard Köbler: Althochdeutsch-neuhochdeutsch-lateinisches Wörterbuch. 3. Aufl. Gießen-Lahn 1992.

Kolb 1962 = Herbert Kolb: dia weroltrehtwîson. In: Zeitschrift für deutsche Wortforschung 18. 1962, 88−95.

Kolb 1971 = Herbert Kolb: Himmlisches und irdisches Gericht in karolingischer Theologie und Dichtung: In: Frühmittelalterliche Studien 5. 1971, 284−303.

Künßberg 1930 = Eberhard Frhr. von Künßberg; Die deutsche Rechtssprache. In: Zeitschrift für Deutschkunde 44, 1930, 379−389.

Landwehr 1998 = Kerstien Landwehr: Über den volkssprachigen Wortschatz der Leges. In: Bedeutungserfassung und Bedeutungsbeschreibung in historischen und dialektologischen Wörterbüchern. Hrsg. v. Rudolf Große (Abhh. d. Sächs. Akad. d. Wiss. zu Leipzig, Phil.-hist. Kl. Bd. 75, H. 1) Stuttgart, Leipzig 1998, 73−76.

Meineke 1998 = Birgit Meineke, Über die Verfahren der Bedeutungsermittlung am volkssprachigen Wortschatz der Leges. In: Ebd., 65−72.

Meineke 1993 = Eckehard Meineke: Abstraktbildungen im Althochdeutschen. Wege zu ihrer Erschließung. Göttingen 1993.

Munske 1968 = Horst Haider Munske: Rechtswortgeographie. In: Wortgeographie und Gesellschaft. Hrsg. v. Walther Mitzka. Festgabe für Ludwig Erich Schmitt zum 60. Geburtstag am 10. Februar 1968. Berlin 1968, 349−370.

Munske 1973 = Horst Haider Munske: Der germanische Rechtswortschatz im Bereich der Missetaten. Philologische und sprachgeographische Untersuchung. Berlin. New York 1973.

Niederhellmann 1983 = Annette Niederhellmann: Arzt und Heilkunde in den frühmittelalterlichen Leges. Eine Wort- und sachkundliche Untersuchung, Berlin. New York 1983 (Arbeiten zur Frühmittelalter-Forschung 12).

Olberg 1983 = Gabriele von Olberg: Freie, Nachbarn und Gefolgsleute. Volkssprachige Bezeichnungen aus dem sozialen Bereich in den frühmittelalterlichen Leges. Frankfurt a. M. Bern. New York 1983.

Olberg 1991a = Gabriele von Olberg: Aspekte frühmittelalterlicher Freiheitsvorstellungen im Spiegel volkssprachiger Wörter. Überlegungen zu den Leistungen und Anwendungsmöglichkeiten lexikologischer Forschungen für eine Kulturgeschichte des Mittelalters. In: Die abendländische Freiheit vom 10. zum 14. Jahrhundert. Der Wirkungszusammenhang von Idee und Wirklichkeit im europäischen Vergleich. Hrsg. v. Johannes Fried, Sigmaringen 1991, (Vorträge und Forschungen XXXIX), 85−105.

Olberg 1991b = Gabriele von Olberg: Die Bezeichnungen für soziale Stände, Schichten und Gruppen in den Leges barbarorum. Berlin. New York 1991 (Arbeiten zur Frühmittelalter-Forschung 11).

Protze 1963 = Helmut Protze: Verteidigen. In: Beiträge zur deutschen Sprache und Literatur 85 (Halle). 1963, 335−354.

Reiffenstein 1959 = Ingo Reiffenstein: Die althochdeutsche Kirchensprache. Innsbruck 1959 (Innsbrucker Beiträge zur Kulturwissenschaft 6), 41−58.

Reiffenstein 1966 = Ingo Reiffenstein: Rechtsfragen in der deutschen Dichtung des Mittelalters. Salzburg 1966 (Salzburger Universitätsreden H. 12), 5−22.

Rhee 1970 = Florus van der Rhee: Die germanischen Wörter in den langobardischen Gesetzen. Rotterdam 1970.

Schirokauer 1957 = Arno Schirokauer: Die Wortgeschichte von *Herr*. In: Germanistische Studien. Hamburg 1957, 213−231.

Schwab 1972 = Ute Schwab: arbeo laosa. Philologische Studien zum Hildebrandslied. Bern 1972.

Schmidt-Wiegand 1974 = Ruth Schmidt-Wiegand: Druht und Druhtin. Zur historischen Terminologie im Bereich der Sozialgeschichte. In: Historische Forschungen für Walter Schlesinger. Köln. Wien 1974, 524—535.

Schmidt-Wiegand 1977a = Ruth Schmidt-Wiegand: Fremdeinflüsse auf die deutsche Rechtssprache. In: Sprachliche Interferenz. Festschrift für Werner Betz. Hrsg. v. Herbert Kolb und Hartmut Lauffer in Verbindung mit Karl Otto Brogsitter, Wolfgang Huber, Hans H. Reich und Hans Schottmann. Tübingen 1977, 226—245.

Schmidt-Wiegand 1977b = Ruth Schmidt-Wiegand: Eid und Gelöbnis, Formel und Formular im mittelalterlichen Recht. In: Recht und Schrift im Mittelalter. Hrsg. v. Peter Classen. Sigmaringen 1977 (Vorträge und Forschungen XXIII), 55—90.

Schmidt-Wiegand 1978 = Ruth Schmidt-Wiegand: Alemannisch und Fränkisch in Pactus und Lex Alamannorum (1978). In: Schmidt-Wiegand 1991, 443—480.

Schmidt-Wiegand 1979 = Ruth Schmidt-Wiegand: Die volkssprachlichen Wörter der Leges barbarorum als Ausdruck sprachlicher Interferenz. In: Frühmittelalterliche Studien 13. 1979, 56—87.

Schmidt-Wiegand 1987 = Ruth Schmidt-Wiegand: Reht und êwa. Die Epoche des Althochdeutschen in ihrer Bedeutung für die Geschichte der deutschen Rechtssprache. In: Althochdeutsch Bd. II. Wörter und Namen. Forschungsgeschichte. Hrsg. v. Rolf Bergmann, Heinrich Tiefenbach und Lothar Voetz. Heidelberg 1987, 937—958. [Dazu Dies. Archiv für Begriffsgeschichte 35. 1992, 291].

Schmidt-Wiegand 1991 = Ruth Schmidt-Wiegand: Stammesrecht und Volkssprache. Ausgewählte Aufsätze zu den Leges barbarorum. Festgabe für Ruth Schmidt-Wiegand zum 1. 1. 1991. Hrsg. v. Dagmar Hüpper und Clausdieter Schott. Weinheim 1991.

Schmidt-Wiegand 1992 = Ruth Schmidt-Wiegand: Spuren paganer Religiosität in frühmittelalterlichen Rechtsquellen. In: Germanische Religionsgeschichte, Quellen und Quellenprobleme. Hrsg. v. Heinrich Beck, Detlev Ellmers und Kurt Schier. Berlin. New York 1992, 575—585.

Schmidt-Wiegand 1996 = Ruth Schmidt-Wiegand: Rechtssprache in althochdeutscher Zeit. In: Frühmittelalterliche Studien 30. 1996, 1—18.

Schott 1979 = Clausdieter Schott: Der Stand der Leges-Forschung. In: Frühmittelalterliche Studien 13. 1979, 29—55.

Schützeichel 1986 = Rudolf Schützeichel: Die Philologische Erforschung des volkssprachigen Wortschatzes der Leges, Capitularien und Diplome. In: Sprache und Recht. Beiträge zur Kulturgeschichte des Mittelalters. Festschrift für Ruth Schmidt-Wiegand. Hrsg. von Karl Hauck, Karl Kroeschell, Stefan Sonderegger, Dagmar Hüpper und Gabriele von Olberg Berlin. New York 1986, Bd. 2, 831—845.

Schützeichel 1988 = Rudolf Schützeichel: Zum Muspilli. In: Festschrift für Ingo Reiffenstein. Göppingen 1988, S. 15—29.

Schützeichel 1995 = Rudolf Schützeichel: Althochdeutsches Wörterbuch. 5. überarb. und erg. Aufl. Tübingen 1995.

Simone 1991 = Guilio Simone: LS vs LF, La traduzione frammentaria in antico alto tedesco della Lex Salica e la sua base latina. Bologna 1991.

Sonderegger 1961 = Stefan Sonderegger: Das Althochdeutsche der Vorakte der älteren St. Galler Urkunden. Ein Beitrag zum Problem der Urkundensprache in althochdeutscher Zeit. In: Zeitschrift für Mundartforschung 28. 1961, 231—286.

Sonderegger 1962 = Stefan Sonderegger: Die Sprache des Rechts im Germanischen. In: Schweizer Monatshefte 42. Jahr, H. 3, Juni 1962, 259—271.

Sonderegger 1964 = Stefan Sonderegger: Die althochdeutsche Lex Salica-Übersetzung. In: Festschrift für Wolfgang Jungandreas. Trier 1964, 113—122.

Sonderegger 1965 = Stefan Sonderegger: Die ältesten Schichten einer Germanischen Rechtssprache. In: Festschrift für Karl Siegfried Bader. Hrsg. v. Ferdinand Elsener und W. H. Ruoff. Köln. Graz 1965, 419—438.

Sonderegger 1971 = Stefan Sonderegger: Reflexe gesprochener Sprache in der althochdeutschen Literatur. In: Frühmittelalterliche Studien 5. 1971, 176—189.

Sonderegger 1974 = Stefan Sonderegger: Althochdeutsche Sprache und Literatur. Eine Einführung in das älteste Deutsch. Darstellung und Grammatik. Berlin. New York 1974. [2. Aufl. 1984].

Sonderegger 1984 = Stefan Sonderegger: Die Bedeutung des religiösen Wortschatzes für die Entfaltung des Althochdeutschen: Von früher Vielfalt zu allmählicher Vereinheitlichung. In: Irland und Europa. Die Kirche im Frühmittelalter. Hrsg. v. Próisésas Ni Chatháin und Michael Richter. Stuttgart 1984, 240—257.

Sonderegger 1986 = Stefan Sonderegger: Rechtssprache in Notkers des Deutschen Rhetorik. In: Sprache und Recht. Beiträge zur Kulturgeschichte des Mittelalters. Festschrift für Ruth Schmidt-Wiegand. Hrsg. v. Karl Hauck, Karl Kroeschell, Stefan Sonderegger, Dagmar Hüpper und Gabriele von Olberg, Bd. II. Berlin. New York 1986, 870—895.

de Sousa Costa 1994 = Annette de Sousa Costa: Studien zu volkssprachigen Wörtern in karolingischen Kapitularien. Göttingen 1994.

Splett 1985a = Jochen Splett; Zur Frage der Zweckbestimmung des Abrogans. In: Collectanea Philologica. Festschrift für Helmut Gipper, Bd. 2. Baden-Baden 1985, 725—735.

Splett 1985b = Jochen Splett: Wortfamilien im Althochdeutschen. In: Germanistik. Forschungsstand und Perspektiven. Vorträge des Deutschen Germanistentages 1984, 1. Tl.: Berlin. New York 1985, 134—153.

Splett 1986 = Jochen Splett: Lexikalische Beschreibungsprobleme am Beispiel der althochdeutschen Wortfamilie *swerien*. In: Sprache und Recht. Beiträge zur Kulturgeschichte des Mittelalters. Festschrift für Ruth Schmidt-Wiegand. Hrsg. v. Karl Hauck, Karl Kroeschell, Stefan Sonderegger, Dagmar Hüpper und Gabriele von Olberg. Berlin. New York 1986, Bd. 2, 930—943.

Tiefenbach 1973 = Heinrich Tiefenbach: Studien zu Wörtern volkssprachiger Herkunft in karolingischen Königsurkunden. Ein Beitrag zum Wortschatz der Diplome Lothars I. und Lothars II. München 1973 (Münstersche Mittelalter-Schriften 15).

Tiefenbach 1975 = Heinrich Tiefenbach: Ein übersehener Textzeuge des Trierer Capitulare. In: Rheinische Vierteljahrsblätter 39. 1975, 272—310.

Weisweiler 1924 = Josef Weisweiler: Bedeutungsgeschichte, Linguistik und Philologie. Geschichte des Wortes *êuua*. In: Stand und Aufgaben der Sprachwissenschaft, Festschrift für W. Streitberg. 1924, 419—462.

Weisweiler 1930 = Josef Weisweiler: Buße. Halle/S. 1930.

Ruth Schmidt-Wiegand, Münster

240. Fachsprachliche Phänomene in den zum Trivium gehörenden Werken Notkers III. von St. Gallen

1. Einleitung
2. Fachsprachliche Grundlegung durch den Aufbau des Übersetzungswerkes
3. Fachsprachliche Terminologie im einzelnen
4. Wertung
5. Literatur (in Auswahl)

1. Einleitung

Notker III. Labeo oder Teutonicus von St. Gallen (um 950—1022), Schulleiter (*magister*) der Klosterschule daselbst und einer der umfassendsten dt. Gelehrten der spätottonischen Zeit, gilt als bedeutendster Übersetzer der ahd. Sprachstufe (Überblick Sonderegger 1987). Während die für das Ahd. insgesamt konstitutiven Übersetzungen aus dem Lateinischen sich sonst fast ausschließlich auf Bibel, Katechetik, Theologie und Rechtsdenkmäler beschränkten, hat Notker den Kreis des Übersetzens tief in die *septem artes liberales* hinein, vor allem des *Triviums*, erweitert. Hintergrund dafür sind, wie insbesondere aus Notkers Brief an Bischof Hugo von Sitten um 1015 hervorgeht (vgl. Hellgardt 1979; Sonderegger 1987a; Text bei King/Tax Bd. 7, 1996, 348 f.):

— die Einsicht in die Notwendigkeit weltlichantiker Bildung als Instrumentarium für das volle Verständnis der *libri ecclesiastici*, d. h. von Bibel und Theologie, was in der Schule vorrangig zu unterrichten sei;
— die Erfahrung, daß über das Medium der Muttersprache (*per patriam linguam*) Bildungsinhalte viel besser erfaßt werden können als in einer fremden Sprache (*in lingua non propria*);
— der daraus resultierende Impetus, aus Liebe zu seinen Schülern — wie deren hervorragendster, Ekkehart IV., es formuliert hat (*propter caritatem discipulorum*) — schwierige lat. Texte zu übersetzen;
— die Anwendung eines differenzierenden Übersetzungsverfahrens, an die sich eine Erklärung für das syllogistisch, bildlich oder rhetorisch Ausgedrückte unter Beizug von Fachschriftstellern anschließt (*latine scripta in nostram [linguam] vertere et syllogistice aut figurate aut suasorie dicta per Aristotelem vel Ciceronem vel alium artigraphum elucidare*), wobei die um eigene Zusätze bereicherte kommentierende Erläuterung oft im Sinne einer *interpretatio christiana* verchristlicht erscheint.

Dies alles geschieht auf dem Hintergrund breiter benediktinischer Bildung des Frühmittelalters, in deren Mittelpunkt neben der alles überwölbenden Theologie die Orientierung an Augustinus und Boethius (sowie über diesen auch an Aristoteles nach der lat. Fassung seiner Werke) sowie die Rezeption Ciceros stehen (vgl. Schröbler 1953; Sonderegger 1980; Backes 1982). Überdies werden durch Notker viele weitere Werke (u. a. Kirchenväter, Geschichtsschreiber, Kommentare bes. zu Boethius, vgl. Gibson 1991) herangezogen oder sogar als Schullektüre nach dem gültigen Kanon (Glauche 1970; 1972) übersetzt. Von diesen ist leider etwa ein Drittel verloren, jedoch durch Notkers Brief bezeugt.

2. Fachsprachliche Grundlegung durch den Aufbau des Übersetzungswerkes

Notkers Schriften lassen sich nach verschiedenen Gesichtspunkten gliedern, nämlich

− chronologisch-werkbiographisch im Anschluß an seinen Brief
− sprachlich nach Verwendung der Sprache, d. h. ahd., lat.-ahd. gemischt, lat. mit ahd. Erklärungen, rein lat., wobei zu bedenken bleibt, daß vor allem in den Kommentarzusätzen wie auch in der Übersetzung manche Fachtermini lat. verbleiben und wenn überhaupt nur gelegentlich übersetzt werden
− nach den schulisch-wissenschaftlichen bzw. theologisch-biblischen Fachgebieten.

Tatsächlich läßt sich Notkers Übersetzungswerk am besten nach den Fachgebieten der *septem artes liberales*, unterteilt in Trivium und Quadrivium und vermehrt um die poetische Schullektüre, sowie nach Bibelwerken und Theologie aufgliedern, wobei die Werke im einzelnen noch den beiden Sprachen Ahd. oder Lat. zugeordnet werden können. Eine nach diesen Kriterien gewonnene Aufgliederung zeigt dann das in Abb. 240.1. dargestellte Bild (nach Sonderegger 1989, 143−144, vorbereitet durch Sonderegger 1970, 85 bzw. 1987, 1217−1223), aus dem auch die den einzelnen Disziplinen zuzuordnenden Einzelschriften ersichtlich sind. So gesehen, ergibt sich bereits durch den Aufbau von Notkers Übersetzungswerk eine fachsprachliche Grundlegung nach folgenden Gebieten des Artes-Bereiches, deren Gerüst dann terminologisch mehr oder weniger dicht ausgefüllt wird:

(1) Trivium
− Grammatik: lat. *grammatica*, adh. *gramátih* neben *gramátih*, Gen. -*chis*, Dat. *che* n., mit Erst- und Fremdbetonung nebeneinander (ungenau Wb. Sehrt-Legner 1955, 235) eingedeutscht (Glossator Ekkehart IV. zum Psalter *in grammatiche, in gramatiche* ohne Akzente), dazu *grammaticus*, ahd. *gramátichâre* (Piper I,459 Cat. III,14).
− Rhetorik: lat. *rhetorica*, dazu *rhetor*, ahd. *díngmán* m. (forensisch, vor Gericht, aber auch für *iudex*), *sprâhmán* m. (consiliarisch, in der Beratung), vgl. Piper I,619; ferner *réde-*

nâre m. Piper I,613, die zit. Stellen in De syllogismis.
− Dialektik bzw. Philosophie, lat. *philosophia*, dazu *philosophus, der uuîso*, pl. *die uuîsen* (Piper I,613), ferner *die uuîsegérnen* 'die Weisheitbegehrenden' (Piper I,416), Glossator Ekkehart IV. zum Psalter *uuîsilinge* Pl. (belegt Gen. Pl. -*o*), sodann *uuîstûomis flégare* (belegt Dat. Pl. *flégerin*, Piper I,619) 'der Weisheit Hüter'.
(2) Quadrivium, lat. auch *doctrina quaternaria* (nach griech.-latinisiert *mathentetrada*), ahd. Akk. Sg. *dîa fierzinkun méistescáft* (Piper I,778 Mart. Cap. II,3) 'die vierzinkige, d. h. vierteilige Wissenschaft', deren Fächer im einzelnen nicht volkssprachlich ausgedrückt sind.
(3) Artes liberales i. a.: In Anlehnung an Cassiodor, Institutiones 2,4 *liber autem dictus est a libro* faßt Notker die *septem artes liberales* als *die síben bûohlíste* 'die sieben Buchgelehrsamkeiten' auf, was durch die Kommentierung des für Notker wichtigen Kommentators Remigius von Auxerre zu Boethius, De consolatione Philosophiae I,3 unterstützt wird, wo es über die Erscheinung der personifizierten Philosophie heißt *et gestabat quidem dextra libellos*, was Remigius so erläutert: *libelli ipsi sunt in quibus liberales artes continentur*. Notker übersetzt die Stelle (Piper I,11) mit den Worten *án dero zéseuuûn trûog si bûoh. târ liberales artes ána uuâren*. Dieses Buchverständnis der sieben freien Künste kommt am Anfang der kleinen ahd. Rhetorik, wie sie in Buch II der Consolatio-Übersetzung eingebettet ist, deutlich zum Ausdruck (Piper I,65): *Rhetorica íst éin dero septem liberalium artium. dáz chît tero síben bûohlísto ... Téro síbeno íst grammatica díu êrista ... Tiu ánderíu ist rhetorica ...* usw. (vgl. Sonderegger 1986, 1993, 1997, 60−63; King 1993).

Der Aufbau von Notkers Übersetzungswerk (Abb. 240.1.) zeigt die Verankerung seiner Schriften in der lat. Tradition von Frühmittelalter, Christentum (Bibel, Kirchenväter) und Spätantike (mit Rückgriffen bis zu Cicero und den römischen Historikern) in vierfacher Hinsicht:

− durch die Grund- oder Ausgangssprache seiner Übersetzungen wie durch die lat. Kommentarwerke dazu (sog. Notker latinus, wie die Edition King/Tax 1972 ff dies umfassend erkennen läßt)
− durch einige in lat. Sprache geschriebene Werke (mit z. T. ahd. Worterklärungen) oder

Gruppe	Sachgebiet	althochdeutsch	lateinisch
1. 1.1.	Trivium Grammatik	indirekt durch eine grammatisch streng normierte, auf phonetischer Beobachtung beruhende althochdeutsche Schreibsprache verwirklicht	grammatischer Traktat 'Quomodo VII circumstantiae rerum in legendo ordinandae sunt'[1]
1.2.	Rhetorik	sog. kleine ahd. Rhetorik (in der Boethius-Übersetzung 'De consolatione Philosophiae', Buch II, eingefügt)[2]	'De arte rhetorica' (mit ahd. Begriffen und Beispielen)
1.2./1.3.	Rhetorische Dialektik oder dialektische Rhetorik	'De syllogismis' (lat.-ahd. Doppeltext)	
1.3.	Dialektik	Boethius, 'De consolatione Philosophiae' Aristoteles-Boethius, 'Categoriae' Aristoteles-Boethius, 'De interpretatione' ('Peri Hermeneias')	'De partibus logicae' (mit ahd. Sprichwörtern) 'De definitione' (Bruchstück einer Logik, teilweise ahd. übersetzt und erklärt)
2. 2.1.	Quadrivium Arithmetik	*Boethius, 'De institutione arithmeticae'	
2.2.	Musik	'De musica' (in dieser Form nur ahd., mit lat. Termini)	
2.3.	Astronomie		'Computus' (rein lat. Text)
3.	Artes liberales im allgemeinen	Martianus Capella, 'De nuptiis Philologiae et Mercurii'	
4.	Poetische Schullektüre	*'Disticha Catonis' *Vergil, 'Bucolica' *Terenz, 'Andria'	
5. 5.1.	Theologie Bibelübersetzung	Psalter (mit *Cantica* und katechetischen Stücken im Anhang)	
5.2.	Bibelkommentierung	*Gregor d. Gr., 'Moralia in Job' (vermutlich teilweise)	
5.3.	Theologische Schriften	*Boethius, 'Opuscula sacra' (umstritten)	

Abb. 240.1 Notkers des Deutschen Werke (verlorene Schriften sind mit Asterisk* bezeichnet)
1 nach Backes 1982
2 nach Sonderegger 1986

durch den lat.-ahd. Doppeltext De syllogismis
– durch die vielen lat. verbliebenen Bestandteile – oft fachwissenschaftliche Begriffe oder auch Zitate, kurze Erklärungen – in Übersetzung und zusätzlicher Kommentierung, so daß man wenn nicht von Mischsprache, so doch von lat. Reservaten in der ahd. Fassung spricht
– durch die handschriftliche Verwirklichung einer lat.-ahd. Satz-für-Satz-Anordnung, so daß dem lat. Satz oder Teilsatz stets die die-

sen verdeutschende und damit voll verständlich machende volkssprachliche Fassung folgt, auch wenn diese stellenweise verkürzt oder durch Kommentierung erweitert wird (zu dieser Art Textanordnung und Buchverwirklichung Hellgardt 1992; Sonderegger 1993).

Diese Prädominanz des Lat. hat die rein fachsprachliche Terminologie Notkers nur teilweise auch volkssprachlich verwirklichen lassen, so daß es auch bei den sieben freien Künsten bzw. im Trivium-Bereich nur begrenzt möglich wird, von einer schon deutschen Fachsprache zu sprechen, da diese noch kein geschlossenes System ausmacht, wohl aber den ersten breit gefächerten Versuch, Artes-Literatur im frühmittelalterlichen Schulbetrieb auch über das Medium der zwar dem Lat. unter- oder nur nebengeordneten Volkssprache zu vermitteln. Insofern hat Notker einen maßgeblichen Platz als erster Fachschriftenübersetzer jenseits bloßer Glossierung in der Geschichte des deutschen Schulunterrichts (vgl. Henkel 1988, 73−86; Crossgrove 1994, 30−32), an dessen Anfang er mit vielen typisch schulsprachlichen Wendungen, Aufforderungen, Vor- und Rückbezügen, rhetorischen Fragen gesprochener Unterrichtssprache steht (Sonderegger 1980a, 80−85); z. B. *Ferním îo nóh* 'außerdem' (für lat. *amplius*, wörtlich 'bemerke weiter noch'); *Lírne nóh páz pechénnen* 'lerne noch besser begreifen'; *Chîesên iz nóh cnôtôr* 'Erörtern wir dies noch genauer'; *Tannân uuízen uuír uuola* ... 'Deshalb wissen wir nun bestens'; *Uuîo mág áber dáz sîn?* 'Wie kann das nur sein?'; *Uuîo sól man chéden?* 'Wie soll man sagen?'; *Uuîo mág?* 'Inwiefern?'; *Fóne uuíu íst táz?* 'Warum?'; *Zíu íst táz?* 'Warum ist das so?'; und viele andere.

3. Fachsprachliche Terminologie im einzelnen

3.1. Grundsätzliches

Notkers fachsprachliche Terminologie des Trivium-Bereiches ist in zweifacher Hinsicht übergreifend: erstens läßt sie sich nicht auf einzelne Werke allein eingrenzen, da Grammatisches, Rhetorisches und Dialektisches (d. h. Philosophisches) sozusagen in allen Werken entweder lat. oder ahd. bzw. gemischtsprachlich vorkommen, auch wenn gewisse Schwerpunkte gem. Abb. 240.1. festzustellen sind; zweitens ist sie in die „Terminologie des Intellekts" i. a. eingebettet, von der Trier (1931, 48) sagt, sie zeige „einen Reichtum, wie er vor Notker nirgends erreicht worden ist, wie er sich aber auch nach Notker in der mhd. Literatur kaum wieder findet." Am breitesten ist bei Notker neben der theologisch-christlichen Begriffssprache zweifellos die dialektisch-philosophische Terminologie ausgebildet, da sie im Zentrum der Aristoteles-Boethius-Tradition steht, gefolgt von der rhetorischen Terminologie insbesondere nach Cicero bzw. dem Cicero im Mittelalter zugeschriebenen anonymen Werk Ad Herennium, während eine grammatische Begriffsbildung in der Volkssprache nur teilweise in Zusammenhang mit der Logik ausgebildet erscheint. Was die Wortarten betrifft, stehen dabei das Substantiv und eingeschränkter auch das Verbum voran, während Adjektive (vgl. Giuffrida 1972) weniger daran beteiligt sind.

3.2. Zur Forschungsgeschichte

Die fachsprachliche Terminologie Notkers hat seit über hundert Jahren das Interesse der Forschung gefunden, ohne daß es zu einer wirklich umfassenden Aufarbeitung des Gesamtbereichs gekommen wäre. Am besten erschlossen ist Notkers theologisch-christliche Begriffssprache (Lit. im „Register zur Wortschatzforschung über Notkers Psalter und den Glossator" bei Tax in der Edition King/Tax Bd. 10, 1983, 587−608 [ATB Nr. 93] mit entsprechendem Wörterverzeichnis). Am Anfang der Erforschung des Trivium-Bereiches stehen zwei kürzere aber materialreiche Akademieabhandlungen Kelles (Kelle 1886; 1903). Nachdem Hoffmann 1910 Gesichtspunkte betr. Notkers Mischprosa und Naumann 1913 einen neuen Zugang zu Notkers Prosastil vermittelt hatten, traten Trier 1931 allgemeiner (über Notker bes. S. 48−103) und Luginbühl 1933 spezieller (neben dem Glaubensbereich über die natürliche Welt und ihre Ordnung S. 74−118) mit Untersuchungen zu Notkers Übersetzungskunst hervor, an die sich vor allem Schröbler 1953 (zur Consolatio-Übersetzung) vertiefend anschloß. Die philosophische Terminologie der Kategorien-Übersetzung untersuchte Jaehrling 1969 (vgl. auch Vollmann 1967, Bolender 1980), diejenige der Hermeneutik (De interpretatione) Staeves 1996, die besondere des Zeit-Ewigkeits-Bereiches in theologischer und philosophischer Hinsicht Burger 1972 (zu Notker bes. anhand des Psalters, aber auch übergreifend, S. 198−268), während Backes 1982 Notkers Anwendung der mittelalterlichen Denkform der Etymologie in den Mittelpunkt seiner Untersuchung über die Martianus Capella-Übersetzung stellte, Bakkes 1991 den kosmologisch-philosophischen Naturbegriff Notkers beleuchtet hat (vgl. auch Hellgardt 1991).

Den lat. Einfluß in Form der Lehnbildungen in verschiedenen Werken Notkers stellten im Anschluß an das methodische Vorgehen von Betz einige Arbeiten aus seiner Schule dar (dazu zusammenfassend Betz 1974), ferner Coleman 1964 (mit weit. Lit.), wobei sich eine klare Staffelung überwiegender Lehnübersetzungen (z. B. *nôtmáchunga* f. für *causa necessitatis, necessitas* 'notwendige Ursache'), gut vertretener Lehnübertragungen (z. B. *gnôtmárchunga* f., *gnôtmézunga* f., *gnôtméz* n. für *definitio* 'genaue Bezeichnung, Begriffsbestimmung'), weniger zahlreicher Lehnschöpfungen (z. B. *uuîssprâchôn* für *disputare* 'wissenschaftlich erörtern', *uuîssprâchunga* f. für *disputatio* 'wissenschaftliche Erörterung'), und spärlicher bloßer Lehnbedeutungen (z. B. *réda* f. für *ratio* neben *oratio, sermo* u. ä. 'Vernunft[grund], Begriff, vernünftige Überlegung' neben 'Rede, Ausspruch' u. ä.) ergibt. Einen neuen Zugang zu Notkers rhetorischer Terminologie eröffneten Köbler 1974 und 1983 (in Verbindung mit dem Rechtsdenken) sowie Sonderegger 1980 (Cicero-Rezeption) und 1986 (Rechtssprache und Rhetorik). Wertvolle Hilfe leisten die Spezialwörterbücher zu Notker, nämlich Sehrt/Legner 1955, Sehrt 1962, Köbler 1971, Götz 1997 ferner die allgemeinen Wörterbücher des Ahd. (Ahd. Wb. [1952−]1968 ff., Schützeichel ⁵1995). Auf diesem forschungsgeschichtlichen Hintergrund nimmt Notker auch in der allgemeinen Fachsprachenliteratur einen unverzichtbaren Platz ein (z. B. Assion 1973 Register S. 226; Boesch 1977 betr. lehrhafte Lit. Register S. 287; von Hahn 1983, 13−14, 39; Henkel 1988 betr. Schullit. Register S. 352; Crossgrove 1994 Register S. 203), der allerdings noch zu verstärken ist.

3.3. Ansätze zu einer grammatischen Terminologie

Für Notker ist die Grammatik, gemäß der antik-frühmittelalterlichen Tradition, Voraussetzung für das richtige Sprechen, d. h. für die elementare korrekte Sprachbeherrschung. So wird es einleitend in der kleinen ahd. Rhetorik innerhalb der Consolatio-Übersetzung (PiperI,65) im Anschluß an Isidors Etymologiae II,2 („In Grammatica enim scientiam recte loquendi discimus") zum Ausdruck gebracht:

„Téro síbeno [sc. bûohlísto] íst grammatica díu êrista. díu únsíh lêret rectiloquium. dáz chît réhto sprechen. táz íoh chínt kelírnên múgen. sô uuír tágoliches hôrên."

Das heißt:
„Von diesen sieben Künsten (eigentl. Buchgelehrsamkeiten) ist die erste die Grammatik, die uns die Sprachrichtigkeit lehrt, das heißt richtig sprechen, was sogar Kinder zu lernen vermögen, wie wir täglich hören können."

Daß Notker ein bewußter Grammatiker war, geht aus seiner streng geregelten spätahd. Sprachform mit phonetischer Akzentuierung, rhythmischer Interpunktion, lautgesetzlich-graphematisch durchgeführtem Anlaut- und Auslautgesetz und durchgebildetem Formen- wie Wortbildungssystem hervor, wobei auch Notkers Brief darauf hinweist:

„Oportet autem scire quia uerba theutonica sine accentu scribenda non sunt. pręter articulos, ipsi soli sine accentu pronuniantur acuto et circumflexo."

Dies ist bei Notker in den Hss. meist auch durchgeführt, vgl. die Stelle oben mit *diu* Artikel, *díu* Rel. (aus Demonstr.) Pron., *téro* Demonstr. Pron., *dáz chît* 'dieses bedeutet', *táz* Rel. Pron. Schließlich darf Notker nach Bakkes 1982 so gut wie sicher als Verfasser des lat. grammatischen Traktats *Quomodo VII circumstantiae rerum in legendo ordinandae sint* (Piper I, XIII−LXXXIX; King/Tax Bd. 7, 1996, 46−104; vgl. Abb. 240.1.) angesehen werden. Trotz dieses beachtlichen grammatischen Hintergrundes als Voraussetzung für Notkers durchgeformte Übersetzungs- und Schulsprache sind volkssprachliche grammatische Termini im einzelnen nicht häufig, da „der aktive Latein-Wortschatz als integratives Element des ahd. Satzes" (Backes 1982, 162, mit allgem. Liste zur Martianus Capella-Übersetzung) hier mehr als in anderen Bereichen die Fachterminologie bestimmt. Immerhin zeigen sich da und dort Ansätze zu einer differenzierten, mindestens teilweise grammatisch-onomastischen Terminologie in Verbindung mit der Logik, wie dies am Beispiel der Zusammensetzungen und Ableitungen von *námo* m. 'Name, Wort, nomen' (Abb. 240.2., überarbeitet nach Sonderegger 1989a, vgl. auch Jaehrling 1969, 14−21) aus dem Gesamtwerk Notkers aufgeschlüsselt werden kann. Besondere volkssprachliche grammatische Bezüge sind in Notkers Übersetzung der Categoriae und der

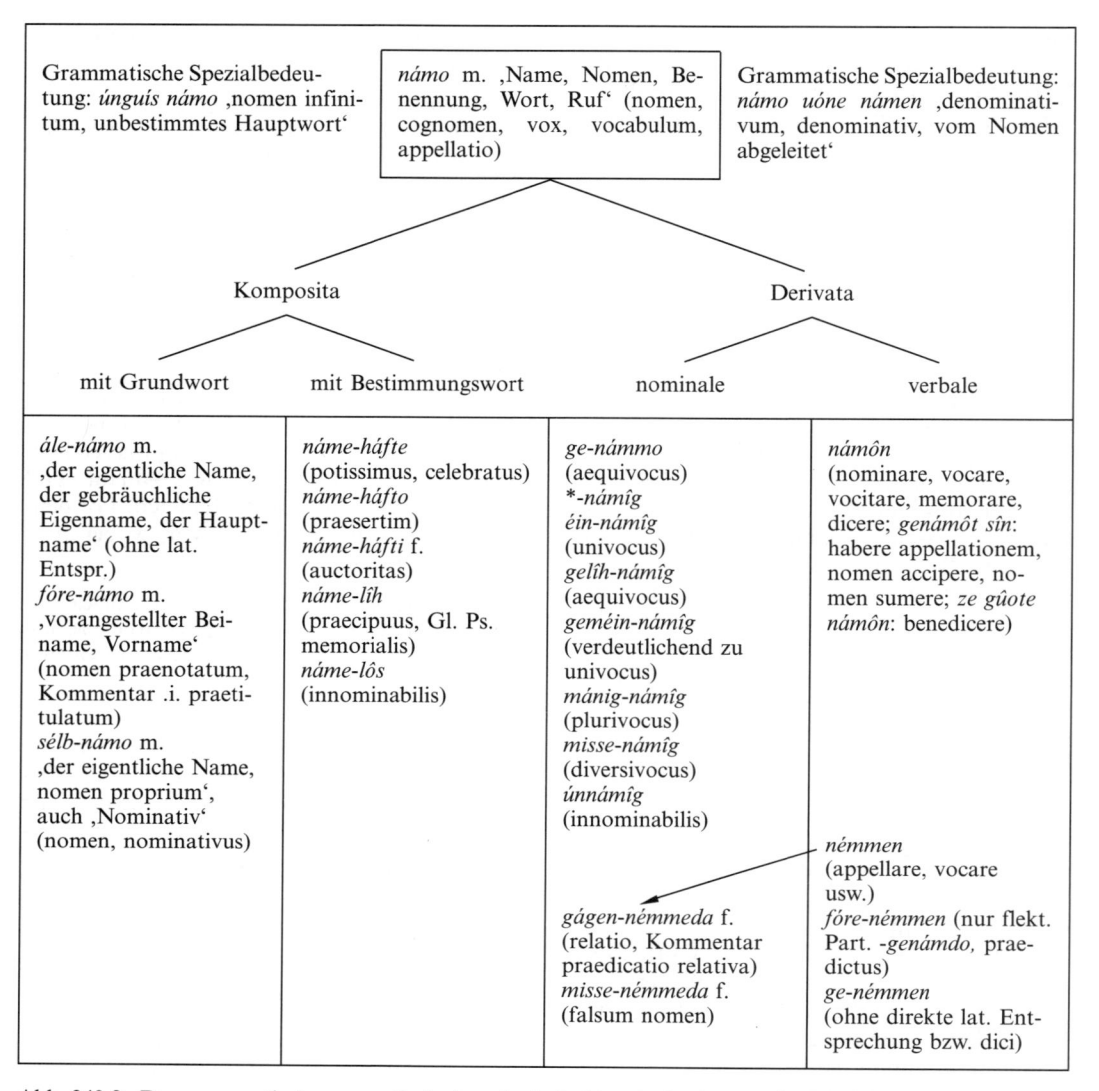

Grammatische Spezialbedeutung: *únguis námo* ‚nomen infinitum, unbestimmtes Hauptwort'	*námo* m. ‚Name, Nomen, Benennung, Wort, Ruf' (nomen, cognomen, vox, vocabulum, appellatio)		Grammatische Spezialbedeutung: *námo uóne námen* ‚denominativum, denominativ, vom Nomen abgeleitet'
	Komposita		Derivata
mit Grundwort	mit Bestimmungswort	nominale	verbale
óle-námo m. ‚der eigentliche Name, der gebräuchliche Eigenname, der Hauptname' (ohne lat. Entspr.) *fóre-námo* m. ‚vorangestellter Beiname, Vorname' (nomen praenotatum, Kommentar .i. praetitulatum) *sélb-námo* m. ‚der eigentliche Name, nomen proprium', auch ‚Nominativ' (nomen, nominativus)	*náme-háfte* (potissimus, celebratus) *náme-háfto* (praesertim) *náme-háfti* f. (auctoritas) *náme-lîh* (praecipuus, Gl. Ps. memorialis) *náme-lôs* (innominabilis)	*ge-námmo* (aequivocus) **-námîg* *éin-námîg* (univocus) *gelîh-námîg* (aequivocus) *geméin-námîg* (verdeutlichend zu univocus) *mánig-námîg* (plurivocus) *misse-námîg* (diversivocus) *únnámîg* (innominabilis) *gágen-némmeda* f. (relatio, Kommentar praedicatio relativa) *misse-némmeda* f. (falsum nomen)	*námôn* (nominare, vocare, vocitare, memorare, dicere; *genámôt sîn*: habere appellationem, nomen accipere, nomen sumere; *ze gûote námôn*: benedicere) *némmen* (appellare, vocare usw.) *fóre-némmen* (nur flekt. Part. *-genámdo*, praedictus) *ge-némmen* (ohne direkte lat. Entsprechung bzw. dici)

Abb. 240.2: Das grammatisch-onomastische bzw. logische Terminologiegerüst im Bereich von *námo* ‚Namen, Nomen' bei Notker (mit Einschluß des Psalmen-Glossators)

Schrift De interpretatione des Aristoteles-Boethius zu finden, vor allem oder beispielhaft

— was Schreibtechnik und Interpunktion betrifft (Cat. II,5; Piper I,400−401) zu *reiz* m. 'linea, nota; Linie, Strich', *stúpf* m. 'punctum, nota, momentum; Punkt' aber auch 'Augenblick', *únderstúpfen* 'interpungieren (sumere communem terminum)'
— zur Kasuslehre (De interpretatione I,3; Piper I,503−504) mit den Termini *únguis námo* m. 'nomen infinitum, unbestimmtes Hauptwort', *chêr* m. 'flexio, Flexion, Beugung', *ánderlîchi* f. 'alteratio; Änderung (der Beschaffenheit)', *uuéhsal, -el* m. 'mutatio; wechselnde Flexionsänderung, Kasuswechsel', so z. B. im Satz: „Casus íst flexio. táz chît chêr. flexio íst alteratio. táz chît ánderlîchi. alteratio íst mutatio. táz chît uuéhsel. fóne díu sínt casus uuéhsela." (vgl. Staeves 1996, 59−62)
— zur Relation und Vertauschung der Kasus (Cat. II,26; Piper I,422−423) mit den Termini *gágensíht* f. 'relatio; Beziehung', *umbechêr* m. 'conversio; Vertauschung'
— zur Negation und Affirmation (De interpretatione I,1,3; Piper I,501,504; ferner De syllogismis öfter), d. h. *lóugen* m. 'negatio

(neben contradictio u. ä.); Verneinung (neben Leugnung)' und *féstenunga* f. 'affirmatio u. ä.; Bejahung (auch Beweis, Stütze)'.

Viele weitere Bezüge ergeben sich aus dem kontrastiven Vergleich Latein/Volkssprache (Sonderegger 1987a, 853 f.) zur Wortbildung, unter diesen z. B. die Stelle Cat. III,14 Qualia denominatiua dici (Piper I,459):

„Ut a candore candidus. et a grammatica grammaticus. et a iustitia iustus. Álsô uuîzêr uóne uuîzî. gramátichâre uóne gramátiche. réhtêr uóne réhte genámôte sínt [usw.]."

Auf Notkers grammatischem Übersetzungsvorbild beruht schließlich die sog. St. Galler Schularbeit (früher Brief Ruodperts genannt), eine lat.-ahd. Schulübersetzung (Fragment) in einer Sammelhs. der Stiftsbibl. St. Gallen, 1. Hälfte des 11. Jh., deren Schlußteil grammatische Fachausdrücke i. w. aus Donat enthält, die teilweise mit Notkers Terminologie (z. T. in anderer Anwendung) übereinstimmen (Sonderegger 1980b mit Lit.): z. B. *comparatio te uuídermezúnga* (Notker *uuídermézunga* 'Vergleich, Gleichnis'), *participium téilnémunga* (fehlt bei Notker). Dieses Denkmal hat über den Druck bei Melchior Goldast, Alamannicarum rerum Scriptores II, 1606, 87—88 bis tief in die Barockgrammatik hinein nachgewirkt.

3.4. Rhetorische Terminologie

Die Ausgangslage für die Erfassung und Darstellung von Notkers rhetorischer Terminologie ist insofern günstig, als neben den vielen Bezügen im Gesamtwerk dazu zwei Schriften in lat.-ahd. Ergänzung eine eigenständige neue Zusammenfassung des Gegenstandes bieten: die kleine ahd. Rhetorik, eingefügt in Notkers Boethius-Übersetzung Buch II, Kap. 10—14 bzw. etwas lockerer anschließend auch Kap. 15, 39, 49, 51 bzw. vorausgehend Kap. 3, 9 (Piper I, entsprechende Kap.), sowie die größere, aus 59 Kapiteln mit vorausgehendem Lehrgespräch bestehende lat. Rhetorik (Piper I,623—684; King/Tax Bd. 7, 1996, 105—185) mit ihren vielen ahd. Worterklärungen oder Beispielen (Sonderegger 1986). Beide Texte ergänzen sich nach Aufbau und z. T. völlig entsprechender volkssprachlicher Terminologie, so daß es nicht möglich ist, die lat. Rhetorik dem St. Galler magister Notker Teutonicus abzusprechen, wie de Rijk 1963—65 es versucht hat. Im Aufbau folgen beide Werke dem ineinandergreifenden Schema (1) allgemeine Gesichtspunkte (vor allem am Anfang und Schluß),
(2) Lehre vom Stoff (relativ breit ausgestaltet), (3) Lehre von der Verarbeitung (lat. Rhetorik: Redeteile, verschiedene Redestile, die fünf Verarbeitungsphasen; ahd. Rhetorik: nur am Rand berücksichtigt). Auch für Notker steht die Rhetorik über der Grammatik, wie es denn in der ahd. Rhetorik im einleitenden Kap. Qvid sit Rhetorica (Boethius II,10; Piper I,65) nach der oben vermittelten Wesensbestimmung der Grammatik darüber heißt:

„Tíu ánderíu [sc. dero síben bûohlísto] íst rhetorica. tíu únsih férrôr léitet. uuánda sî gíbet úns tîa gespráchi. déro man in dínge bedárf. únde in sprácho. únde so uuâr dehéin einúnga ist geméinero dúrfto. Tára zû diu chínt nehéin núzze sínt. nûbe frûote líute."

Das bedeutet: „Die zweite [der sieben Buchgelehrsamkeiten, d. h. freien Künste] ist die Rhetorik, die uns weiter führt, denn sie vermittelt uns die Art von Beredsamkeit, derer man vor Gericht bedarf und in der Beratung und wo immer keine Übereinstimmung besteht in gemeinschaftlichen Interessen. Dazu sind die Kinder [gemeint: die zwar sprechen können] nicht von Nutzen, sondern nur erfahrene Leute."

Daneben unterstreicht Notker, dem als übersetzend gestaltender Sprachmeister die Rhetorik ein zentrales Anliegen bedeutet, antiker Tradition folgend, indessen noch verdeutlichend die ethische Aufgabe der Redekunst (Boeth. II,3; Piper I,53), nachdem er den orator als *uir bonus, dicendi peritus*, den *uir malus* als *nîeht orator! núbe seductor* „keineswegs Redner, sondern Verführer" bezeichnet hat, wie folgt:

„Rhetorica gemág mícheliu díng. Sî bechêret tie ménnisken ába mendatio ad ueritatem. Sî gíbet mestis consolationem. únde incredulis fidem. únde únsínnige getûot si sínnige. Uuánda dáz sô ist. pedíu íst si philosophię sô gehénde."

Das bedeutet:

„Die Rhetorik vermag große Dinge. Sie wendet die Menschen weg von der Lüge zur Wahrheit. Sie spendet den Trauernden Trost und den Ungläubigen Glaube, und Unvernünftige macht sie zu Verständigen. Weil dem so ist, deshalb ist sie der Philosophie so zur Hand."

Damit ist gleichzeitig die Vermittlungsfunktion der Rhetorik zwischen notwendiger Voraussetzung grammatischer Sprachbeherrschung über die rhetorische Sprachgestaltung des Wahren zur dialektisch-philosophischen Sprachdurchdringung bis hin zur Erkenntnis Gottes als des summum bonum umrissen, wie sie der Stufenleiter des Triviums Grammatik, Rhetorik, Dialektik entspricht (vgl. dazu auch Isidor, Etymologiae II,1,1−2 bzw. II,22,2:

„Coniuncta est autem Grammaticae arti Rhetorica ...; in Rhetorica vero percipimus qualiter ea, quae didicimus, proferamus." Bzw. „Ideo autem post Rhetoricam disciplinam Dialectica sequitur, quia in multis utraque communia existunt.")

Auf den humanistischen wie christlichen Geist in Notkers Rhetorik (z. T. nach Augustinus) hat Jaffe 1985 hingewiesen.

Was die Terminologie im einzelnen betrifft, welche über hundert z. T. mit der Rechtssprache oder der Dialektik übereinstimmende Ausdrücke, nicht selten die lat. Vorlage variierend oder gar differenzierend, umfaßt − davon 97 einfache oder mehrfache Worterklärungen allein in der lat. Rhetorik −, müssen wir uns mit wenigen Hinweisen begnügen, die nach Möglichkeit aus dem Gesamtwerk Notkers (ahd. und lat. Rhetorik, übrige Werke) ermittelt sind. Am differenziertesten ist, was die volkssprachliche Übersetzung und Erklärung der lat. Terminologie angeht, der Bereich der drei Aristotelischen Redegattungen (*genera causarum*) ausgestaltet, die Notker − wie in Abb. 240.3. dargestellt − besonders genau und ausgewogen erläutert. Zurückhaltender verfährt Notker in der Verdeutschung der *status legales*, d. h. der das Gesetz betreffenden Standpunkte der (allgemein in der Rhetorik im Zentrum stehenden) Gerichtsrede, ausführlicher dagegen bei den schon in der antiken Tradition außerordentlich fein gegliederten *status rationales*, d. h. den vernunftmäßigen Standpunkten (Aufschlüsselung bei Sonderegger 1986, 883−890). Die fünf Verarbeitungsphasen der Rede (*partes rhetoricae*) werden in der lat. Rhetorik Kap. 46−58 teilweise wie folgt verdeutscht:

− Inventio, keine ahd. Entsprechung im betr. Kap. (aber sonst bei Notker auch in der Rhetorik *gedang* m., pl. *-cha* 'Nachdenken, Gedanken')
− Dispositio, ahd. *scáfunga vnte órdenúnga des kechôsis* 'Gliederung und Einteilung der Rede'
− Memoria, ahd. *kehúgida. dés tû gedâhtôst. ze spréchénne* 'Erinnerungsvermögen daran, woran du gedacht hast, um es vortragen zu können'
− Elocutio, ahd. *reht-kespráche. uel reht-kechose* 'richtige Ausdrucksweise oder richtige Redeweise'; *dero sculdigon uuorto legida ze dinen gedanchin. ze demo so du sprechen uuellest* (lat. ideonorum uerborum accomodatio ad inuentionem) 'Anpassung geeigneter Worte an deine Gedanken, worüber du sprechen willst'
− Pronuntiatio, ahd. *tíu gerértida dero stímma. iôh tis lichamin. nâh tero gerîste déro uuórto. únde déro díngo* 'der Einklang von Stimme und Körper gemäß der Angemessenheit der Worte und Gegenstände'; Item, quid est pronuntiatio? *kerértida. kebárda. kehába. keuúrftigí. kezámi. síntsâmi. zúhtigi.* „Desgleichen, was ist also der Vortrag? Einklang, Gebärde, Gehaben, Gestik, Haltung, Ausgewogenheit, Selbstbeherrschung".

Im übrigen betont Notker an verschiedenen Stellen auch die ästhetische Seite der Rhetorik, die er als *lústsámêr líst* m. 'liebliche Fertigkeit', deren Ausübung als *méisterskáft des kechôses* 'Meisterschaft der Redeführung' bezeichnet und von deren *dulcedo* er spricht, wie auch vom *spénstîgo chôson* 'verlockend reden'. Kein Wunder, daß gerade in Notkers lat. Rhetorik Kap. 52 die bekannten halb stab-, halb endreimenden drei Strophen über eine Begegnung von zwei Kämpfern und − zweimal − über den Eber als verschlüsselte Beispiele für besondere Redefiguren eingegangen sind. Sprachliches Vorbild bleibt dabei Cicero, über dessen rhetorische Werke Notker im Anschluß an die Beschreibung der Fertigkeit des Redners sagt (ahd. Rhetorik, Boeth. II,14; Piper I,71−72):

„uuîo zímîg. uuîo chléine. uuîo spílolîh. târ dáz keuállet. uuîo grémezlîh. uuîo drôelih. uuîo in álla rárta geuuérbet. tés sint ciceronis pûoh fól. díu er de arte rhetorica gescríben hábet."

Das bedeutet:

„Wie würdevoll, wie zierlich, wie launig dies dann herauskommt, wie zornig, wie drohend, wie auf alle Tonarten abgestimmt, davon sind Ciceros Bücher voll, die er über die Redekunst geschrieben hat."

3.5. Philosophische Terminologie

Notkers dialektisch-philosophische Terminologie von je nach Eingrenzung zweihundert bis fünfhundert Wörtern erscheint naturgemäß am dichtesten in den eigentlich philosophischen Übersetzungen oder kleinen Schriften zur Logik (vgl. Abb. 240.1.). Dabei ist, ähnlich wie im Fall der kleinen ahd. Rhetorik in Buch II der Boethius-Übersetzung, eine Art kleiner ahd. Dialektik, freilich mehr verstreut auf verschiedene Kapitel, vorzugsweise in Buch III (genauer II,39−40, 42, 49; III,15, 60, 78, 109, 121, 124; IV,7; alle Piper I) der Consolatio-Übersetzung eingefügt. Darin

240. Fachsprachliche Phänomene in den zum Trivium gehörenden Werken Notkers III.

Redegattungen: **genera causarum** (ahd. *strît* ‚causa, Streitpunkt bzw. rednerische Auseinandersetzung darum')

ahd. *tíu sláhta des strîtes*
‚diese Gattung rednerischer Auseinandersetzung'

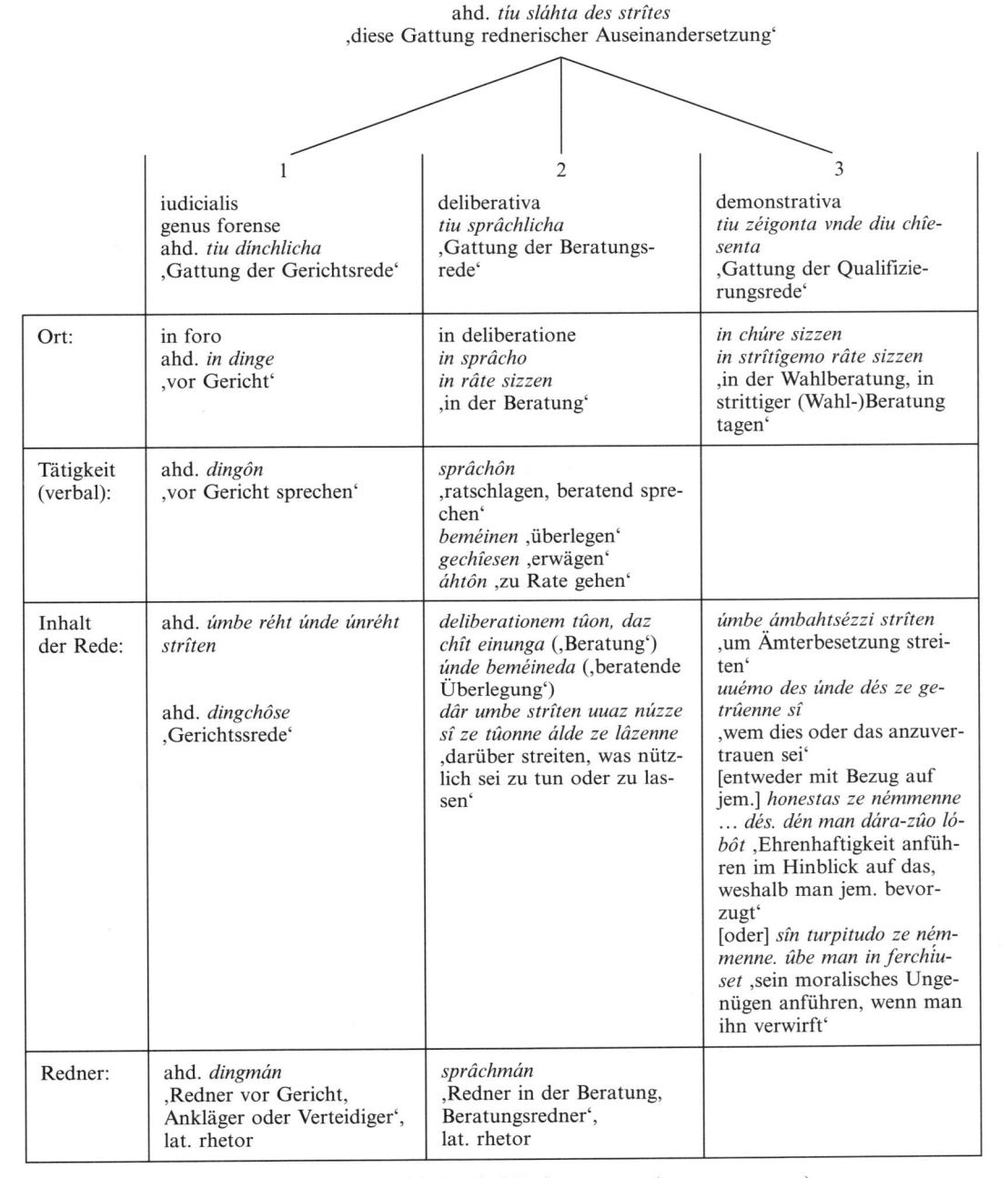

	1	2	3
	iudicialis genus forense ahd. *tiu dínchlicha* ‚Gattung der Gerichtsrede'	deliberativa *tiu sprâchlicha* ‚Gattung der Beratungsrede'	demonstrativa *tiu zéigonta vnde diu chîesenta* ‚Gattung der Qualifizierungsrede'
Ort:	in foro ahd. *in dinge* ‚vor Gericht'	in deliberatione *in sprâcho* *in râte sizzen* ‚in der Beratung'	*in chúre sizzen* *in strîtîgemo râte sizzen* ‚in der Wahlberatung, in strittiger (Wahl-)Beratung tagen'
Tätigkeit (verbal):	ahd. *dingôn* ‚vor Gericht sprechen'	*sprâchôn* ‚ratschlagen, beratend sprechen' *beméinen* ‚überlegen' *gechîesen* ‚erwägen' *áhtôn* ‚zu Rate gehen'	
Inhalt der Rede:	ahd. *úmbe réht únde únréht strîten* ahd. *dingchôse* ‚Gerichtssrede'	deliberationem tûon, daz chît einunga (‚Beratung') *únde beméineda* (‚beratende Überlegung') *dâr umbe strîten uuaz núzze sî ze tûonne álde ze lâzenne* ‚darüber streiten, was nützlich sei zu tun oder zu lassen'	*úmbe ámbahtsézzi strîten* ‚um Ämterbesetzung streiten' *uuémo des únde dés ze getrûenne sî* ‚wem dies oder das anzuvertrauen sei' [entweder mit Bezug auf jem.] *honestas ze némmenne ... dés. dén man dára-zûo lóbôt* ‚Ehrenhaftigkeit anführen im Hinblick auf das, weshalb man jem. bevorzugt' [oder] *sîn turpitudo ze némmenne. ûbe man in ferchíuset* ‚sein moralisches Ungenügen anführen, wenn man ihn verwirft'
Redner:	ahd. *dingmán* ‚Redner vor Gericht, Ankläger oder Verteidiger', lat. rhetor	*sprâchmán* ‚Redner in der Beratung, Beratungsredner', lat. rhetor	

Abb. 240.3: Notkers Terminologie im Bereich der drei Redegattungen (*genera causarum*)

geht es u. a. um den Unterschied zwischen rhetorischer Auseinandersetzung (*rhetorica suadela, suasio/dissuasio, deliberatio* ahd. verbal *dingôn, sprâchôn* Abb. 240.3.) und philosophischer Erörterung (*philosophica disputatio*, ahd. *uuîssprâchunga* f., verbal *uuîssprâchôn*), um die Argumentationslehre mit ihren rhetorischen wie logischen Schlußfolgerungen, wozu vor allem auch die Schrift De syllogismis heranzuziehen ist, sowie um das In-

	Philosophia	
	Philosophia téilet síh in diuina et humana	
Divina	(Boeth. II,40)	Humana
Diuina lêrtôn. díe úns in búochen gótes sélbes naturam. únde día ueritatem trinitatis scriben. Díe héizent theologi.		*Humana lêrent únsih physici únde ęthici. táz chît. de naturis et moribus.*

Dialektik

als Wissenschaft der philosophischen Erörterung (De syllog. 18) *Dialectica est... iudicandi peritia. Vel ut alii dicunt disputandi scientia. Méisterscáft chíesennes. únde ráchonnis.* „Die wissenschaftliche Fertigkeit des Beurteilens und Erörterns."

Zentrale Stellung der *ratio*, ahd. vor allem *réda* f. ‚Vernunft, vernünftiges Denken, folgernde Überlegung'

Haupttätigkeit: *disputatio*, ahd. *uuîssprâchunga* f. ‚philosophische Erörterung'

  disputare, ahd. vor allem *uuîssprâchôn, uuîsrâchôn, ráchôn, rédenôn*

Die drei instrumenta der disputatio:

1	2	3
argumentum bzw. argumentatio	syllogismus bzw. ratiocinatio	definitio (diffinitio)
ahd. *eruáreni* f., *erréccheda* f. ‚Beweisführung (aus Tatsachen)'	vor allem *geuuârráchunga* f. ‚Wahrheitserörterung, Vernunftschluß'	vor allem *gnôtméz* n., *gnôtmézunga* f. ‚genaue Bestimmung'
g(e)lóublichi f. ‚Glaubwürdigmachung'	*erráteni* f. ‚Folgerung'	*gnôtmáchunga* f. ‚genaue Abgrenzung'
guissunga f. ‚beweisende Vergewisserung'	*rédenunga* f. ‚Vernunftschluß, Vernunftüberlegung'	*éndunga* f. ‚Endbestimmung'
uuórtzéichen n. ‚Beweis'		*úndermárchunga* f. ‚Abgrenzung'
		réhtsága f. ‚genaue Angabe'
		förderunga ‚erklärende Bestimmung'
argumentari ahd. *erráten, ersúochen*	ratiocinari vor allem *uuâr-ráchôn, erráten, rédenôn*	definire vor allem *gnôtmézôn, guismézôn, márchôn, zéigôn*

Abb. 240.4: Der grundsätzliche Aufbau von Notkers philosophisch-dialektischer Terminologie

strument der Definition (dazu auch das Bruchstück einer Logik De definitione). Demgegenüber enthält De partibus logicae nur ahd. Anwendungsbeispiele, keine volkssprachlichen Fachtermini, wohl aber ist dies der Fall bei den beiden Aristoteles-Boethius-Übersetzungen Categoriae [κατηγορίαι] (erster Teil des Aristotelischen Organon; dazu Jaehrling 1969) und De interpretatione [περὶ ἑρμηνείας] (zweiter Teil des Aristotelischen Organon).

Will man den grundsätzlichen Aufbau von Notkers philosophisch-dialektischer Terminologie begreifen (dazu Abb. 240.4.), muß man zunächst davon ausgehen, daß zur Philosophie sowohl die *divina* (d. h. die Gotteserkenntnis) wie die *humana* (Erkenntnis von Natur und Mensch in verschiedener Hinsicht) gehören, wie Notker dies in einem zusätzlich eingeschobenen Kapitel der Consolatio-Übersetzung Boeth. II,40 De partibus philosophiae zum Ausdruck bringt (vgl. dazu Isidor, Etymologiae II,24,1 ff.). Insofern gehört eben auch die theologische Fachsprache — etwa zu Zeit, Ewigkeit, Schicksal, Providenz, Praeexistenz (vgl. Schröbler 1953; Vollmann 1967; Burger 1972, 252—268) — zur Philosophie im weiteren Sinn. Freilich ist dabei die Einschränkung zu machen, wie sie bei Notker in De syllogismis Kap. 17 De potentia disputandi (ahd. *Fóne dero máhte des vvîssprâchônis*, Piper I,619—620; King/Tax Bd. 7, 1996, 304—305) steht:

„*Diuina excedunt humanam rationem. intellectu enim capiuntur. Tíu gótelîchin díng. uuérdent keîstlîcho uernómen. âne dísa méisterskáft.*"

Das bedeutet:

"Die göttlichen Dinge werden geistlich begriffen, unabhängig von dieser Fertigkeit (der philosophischen Erörterung)", wobei *intellectu/geistlîcho* als 'überirdisch, durch göttliche, d. h. von Gott gegebene Einsicht' zu verstehen ist, entsprechend der bei Boethius Cons. Buch V bzw. in Notkers Übersetzung feststellbaren Stufenleiter *sensus* 'Sinneswahrnehmung der unbeweglichen Lebewesen', *imaginatio* 'Vorstellungskraft der beweglichen Tiere', *ratio* 'diskursives Denken' der Menschen (auch, aber nur bei Notker *humanus intellectus*), *(divinus) intellectus* 'Einsicht' Gottes (Schröbler 1953, 35, 42, 50; Bolender 1980), wobei die höhere Erkenntnisart jeweils auch die niederen umfaßt, diese aber keine Beziehung zu den höheren haben.

Die Dialektik, seit Augustinus als *disciplina disciplinarum* begriffen, wird bei Notker gemäß antik-frühmittelalterlichem Verständnis als *iudicandi peritia* bzw. *disputandi scienta*, ahd. *méiscáft chîesennes únde ráchonnis* (vgl. Abb. 240.4.) verstanden (*iudicandi scientia* Cicero, Topica II,6; *bene disputandi scientia* Augustinus, De Dialectica I). Dabei ist die zentrale Rolle der *ratio*, ahd. vor allem *réda* 'Vernunft, vernünftiges Denken' hervorzuheben, die Notker mehr als einmal unterstreicht. Z. B. in einem Einschub der Consolatio-Übersetzung V,24 (Piper I,335):

„Ratio dáz íst tíu chráft tes sínnes. tîa der ménnisko hábet álles eino [usw.]."

Das bedeutet:

„Vernünftiges Denken, das ist die Geisteskraft, über die der Mensch ganz allein verfügt."

Oder De syllogismis 18 (Piper I, 621; King/Tax Bd. 7, 1996, 307):

„Réda erríhtet únsih állis tés man strîtet. Tér día chán uínden. dér íst iudex. tér íst ratiocinator. tér íst disputator. Tér íst argumentator. tér íst dialecticus. dér íst apodicticus et syllogisticus."

Das heißt:

„Das vernünftige Denken belehrt uns über alles, worüber man sich auseinandersetzt. Wer dieses zu erlangen vermag, der ist Beurteiler, der ist schlußfolgernder Denker, der ist disputierender Denker, der ist Argumentator, der ist Kenner der Dialektik, der ist logisch versierter Beweisführer und in Syllogismen bewandert."

Der Haupttätigkeit der Dialektik, der *disputatio*, sind drei Instrumente zugeordnet, wie Notker dies im Zusatzkapitel Boeth. III,109 (bzw. 108) Quid sit diffinitio seiner Consolatio-Übersetzung (Piper I,206) zum Ausdruck bringt:

„Hîer íst ze uuízenne. dáz diffinitio óuh éigen instrumentum íst philosophorum. ad disputandum. sámo-so argumentum íst. únde syllogismus."

Die hauptsächlichen volkssprachlichen Termini dieser drei Verfahrensweisen – nämlich der Argumentation, der Schlußfolgerung und der Definition – in Notkers Werken sind in Abb. 240.4. aufgeführt, während die sechzehn *loca argumentorum* fast nur lat. (Kelle 1886, 52–53) und die sechsundzwanzig *modi* der *ratiocinatio* gelegentlich ahd., ausführlicher bes. in De syllogismis, umschrieben werden.

Am ergiebigsten für die philosophische Terminologie im engeren Sinn, also ohne die auch theologische Seite, sind Notkers Übersetzungen der beiden Aristotelischen Schriften nach der lat. Fassung des Boethius. Zunächst die Categoriae [κατηγορίαι], d. h. Aussageschemata (*praedicamenta*) oder Formen der Aussagen über das Seiende, wo nach den auch für die Grammatik wichtigen Grundbegriffen (vgl. Abb. 240.2.) folgende Bereiche behandelt werden (Einzelheiten bei Jaehrling 1969): Substanz (ahd. *êht* f., sonst auch *wíst* f., ferner *daz íst, dázter íst* 'dasjenige, was ist'), Quantität (i. d. R. lat. *quantitas*, einmal *gewáhst* f. 'gewachsene Größe'), Relation (u. a. *gágensíht* f. 'relatio, Beziehung'), Qualität (*uuîolichi* f. 'Wiebeschaffenheit') mit Einschluß von Haben (*habitus*, ahd. *hába* f. 'Eigenschaft, Besitz, Verhalten'), Wirken der natürlichen Fähigkeiten und Leiden, sodann Wo (lat. *ubi*, ahd. *wâr, wâre*) und Wann (lat. *quando*, ahd. *uuénne*), Gegenüberstellung (lat. *oppositio*, ahd. *gágenstelle* n., *gágenstélleda* f.), Priorität und Simultaneität sowie Bewegung (lat. *motus, motio, mutatio*, ahd. *uuága* 'Bewegung', *uuéhsal* m. 'Wechsel, Veränderung'). Was sodann die Aristotelische Schrift Περὶ ἑρμηνείας, lat. De interpretatione, betrifft, ist auch für die Beurteilung der Terminologie darauf hinzuweisen, daß diese Schrift „gar keine Hermeneutik, sondern eine Art logischer Grammatik ist, die die logischen Strukturen des apophantischen Logos (des Urteils) untersucht und alle anderen Arten des Logos, bei denen es nicht nur auf das Wahrsein ankommt, ausschließt" (Gadamer 1974, 1062). Dementsprechend ist deren Terminologie auch in Notkers Verdeutschungen vor allem im Bereich von wahrer und falscher Aussage (*enuntiatio, oratio enuntiativa*, ahd. *sága* f.; *contradictio*, ahd. *uuíderchétunga* f., sonst auch *ougen* m., *uuíderchéta* f., *uuidersprácha* f.) und grammatischer Kategorien zu suchen (dazu kurz Kelle 1896, 42−46; ausführlich Staeves 1996). Die kleine ahd. Einleitung Prefatiuncula in Periermenias (Piper I; 499) gibt darüber hinaus eine Inhaltsangabe und Leseanweisungen für weitere, nicht ins Ahd. übersetzte Werke des Aristoteles aus dem Bereich der Logik:

„Náh periermeniis. sól man lésen prima analitica [ἀναλυτικὰ πρότερα]. târ er [sc. Aristoteles] béidero syllogismorum keméina regula syllogisticam héizet. táranâh sól man lésen secunda analitica [ἀναλυτικὰ ὕστερα]. târ er súnderîgo lêret predicatiuos syllogismos. tîe er héizet apodicticam. ze iúngist sól man lésen topica [τοπικά]. án dîen ér óuh súnderîgo lêret conditionales. tîe er héizet dialecticam. Tíu partes héizent sáment logica."

Damit ist, auf dem Hintergrund der beachtlichen frühmittelalterlichen Klosterbibliothek (heute Stiftsbibliothek) zu St. Gallen, die erste philosophische Leseanweisung in deutscher Sprache für das Gebiet der Dialektik gegeben.

4. Wertung

In der Sprachgeschichte des Deutschen darf Notker durch seine kommentierenden Übersetzungen, die um − was den Stoff betrifft − kompilatorische, − was die Gestaltung betrifft − eigene volkssprachliche Kapitel in Anlehnung an antike oder frühmittelalterliche Fachschriftsteller bzw. Kommentatoren ergänzt sind, als erster Fachschriftsteller und Begründer einer fachsprachlichen Terminologie insbesondere auf dem Gebiet des Triviums gelten. Hand in Hand damit ist seine Stellung als erster nicht nur lat. sondern ergänzend auch deutsch unterrichtender Pädagoge bzw. Schulleiter (*magister*) zu sehen, welcher das schwierige Latein seinen Schülern über das Medium der eigenen Volkssprache begreiflich machen will. Im Bemühen um das Verständnis der lat. Wissenschaftsbegrifflichkeit versucht Notker durch ein stets auf den Sinnzusammenhang abgestimmtes und deshalb (oder auch bedingt durch den weiten Bedeutungsgehalt lat. Wörter) oft variierendes Übersetzen, z. T. auch durch aneinandergereihte Mehrfachübersetzungen zu einer deutschen Terminologie zu finden, die − auch hier oft variierend − immer wieder durch erneute Aufnahme des lat. Terminus zur vorbildhaften Ausgangssprache zurückfindet. Viele Termini Notkers sind hapax legomena des Ahd. (vgl. Schröbler 1953, 178 f.), aber manche seiner Begriffsübersetzungen sind auch schon in der vorausgehenden ahd. Glossierung, die zwar für den Triviumbereich spärlich ist, oder später wieder im Mhd. zu finden. Freilich ist eine sichtbare Nachwirkung Notkers auf den weiter verbreiteten Psalter, die St. Galler Schularbeit und die frühmhd., alem. gefärbte Alkuin-Übersetzung De virtutibus et vitiis beschränkt, dürfte aber angesichts der handschriftlichen Verbreitung vor allem seiner lat. Schriften, zu denen De arte rhetorica gehört, punktuell größer gewesen sein. Während Notkers Terminologie im religiösen Bereich − auch was Philosophisches betrifft − befangener, gleichförmiger oder traditioneller ist, bewegt er sich in den Artes-Schriften viel differenzierter, freier und variationsreicher (vgl. Luginbühl 1970, 119 ff; Burger 1972, 265 ff). Wie für Notker die *artes* als 'iter ad Sapientiam' zu verstehen sind (Backes 1991), kann auch sein terminologisches Bemühen um die Fachsprache der Wissenschaften über die Volkssprache als neuer Weg zu einem vertieften − oft genug lat.-ahd. kontrastiv dokumentierten − Sprach- und Begriffsverständnis auf Gott hin als Träger der höchsten Weisheit verstanden werden. Notker der Deutsche von St. Gallen ist der bedeutendste frühmittelalterliche Übersetzer des deutschen Sprachkreises, und seine Artes-Übersetzungen sind die wichtigsten Zeugnisse der Aneignung griech.-lat. Bildung innerhalb der ahd. Zeit. Als erster Rezeptor Ciceros (Sonderegger 1980) und als erster Aristoteles-Boethius-Übersetzer in der dt. Bildungsgeschichte vollzieht er terminologisch und bewußt mittelalterlich etymologisierend sowohl grundsätzlich wie in manchen Einzelbeispielen die Jahrtausendschritte Griechisch-Lateinisch-Deutsch.

5. Literatur (in Auswahl)

5.1. Editionen und Spezialwörterbücher zu Notker (soweit zitiert)

King/Tax 1972 ff. = James C. King/Petrus W. Tax: Die Werke Notkers des Deutschen. Neue Ausgabe, Bd. 1−10 bzw. 1A−10A [teilw. für den Notker latinus], Tübingen 1972 ff. (Altdeutsche Textbibliothek 73−75, 80−81, 84, 87, 91, 93−94, 98, 100−101, 109: als Textausgabe 1996 abgeschlossen, es fehlen noch einzelne Kommentarbände).

Piper = Paul Piper: Die Schriften Notkers und seiner Schule. Bd. I−III, Freiburg i. Br. Tübingen 1882−1883 [lexikographisch am besten erschlossen, darum wie üblich danach zitiert].

Köbler 1971 = Gerhard Köbler: Verzeichnis der normalisierten Übersetzungsgleichungen der Werke Notkers von St. Gallen. Göttingen 1971 (Göttinger Studien zur Rechtsgeschichte, Sonderbd.).

Sehrt 1962 = Edward H. Sehrt: Notker-Glossar. Ein Ahd.-Lat.-Nhd. Wörterbuch zu Notkers des Deutschen Schriften. Tübingen 1962.

Götz 1997 = Heinrich Götz: Deutsch und Latein bei Notker. Ergänzungen zum Notker-Glossar von E. H. Sehrt. Tübingen 1997.

Sehrt/Legner 1955 = Notker-Wortschatz. Das gesamte Material zusammengetragen v. Edward H. Sehrt und Taylor Starck, bearb. und hrsg. v. Edward H. Sehrt u. Wolfram K. Legner, Halle/S. 1955 [Stellenverz. nach der Edition Pipers].

5.2. Allgemeine Wörterbücher des Althochdeutschen

Ahd. Wb. 1968 ff. = Althochdeutsches Wörterbuch. Auf Grund der von Elias von Steinmeyer hinterlassenen Sammlungen im Auftrag der Sächsischen Akademie der Wissenschaften zu Leipzig begründet [und zunächst hrsg.] v. Elisabeth Karg-Gasterstädt und Theodor Frings, hrsg. v. Rudolf Große. Bd. I ff. Berlin [1952–]1968 ff.

Schützeichel 1995 = Rudolf Schützeichel: Althochdeutsches Wörterbuch. 5., überarb. u. erw. Aufl. Tübingen 1995.

5.3. Fachliteratur

Assion 1973 = Peter Assion: Altdeutsche Fachliteratur. Berlin 1973 (Grundlagen der Germanistik 13).

Backes 1982 = Herbert Backes: Die Hochzeit Merkurs und der Philologie. Studien zu Notkers Martian-Übersetzung. Sigmaringen 1982.

Backes 1991 = Herbert Backes: Dimensionen des Natur-Begriffs bei Notker dem Deutschen von St. Gallen. In: Miscellanea Mediaevalia. Veröffentlichungen des Thomas-Instituts der Univ. zu Köln. Bd. 21,1 Mensch und Natur im Mittelalter. Berlin. New York 1991, 20–27.

Betz 1974 = Werner Betz: Lehnwörter und Lehnprägungen im Vor- und Frühdeutschen. In: Deutsche Wortgeschichte. Hrsg. v. Friedrich Maurer und Heinz Rupp. 3., neubearb. Aufl. Bd. I. Berlin 1974, 135–163.

Boesch 1977 = Bruno Boesch: Lehrhafte Literatur. Lehre in der Dichtung und Lehrdichtung im deutschen Mittelalter. Berlin 1977 (Grundlagen der Germanistik 21).

Bolender 1980 = Herbert Bolender: Notkers ‹Consolatio›-Rezeption als widerspruchsfreie Praktik. Eine Hypothese. In: Beiträge zur Geschichte der deutschen Sprache und Literatur 102. 1980, 325–388.

Burger 1972 = Harald Burger: Zeit und Ewigkeit. Studien zum Wortschatz der geistlichen Texte des Alt- und Frühmittelhochdeutschen. Berlin. New York 1972 (Studia Linguistica Germanica 6).

Coleman 1964 = Evelyn Scherabon Coleman: Die Lehnbildungen in Notkers Übersetzungen. In: Taylor Starck Festschrift 1964. Ed. by Werner Betz, Evelyn S. Coleman, Kenneth Northcott. London. The Hague. Paris 1964.

Crossgrove 1994 = William Crossgrove: Die deutsche Sachliteratur des Mittelalters. Bern 1994 (Germanistische Lehrbuchsammlung 63).

Gadamer 1974 = Hans-Georg Gadamer: Hermeneutik. In: Historisches Wörterbuch der Philosophie. Hrsg. v. Joachim Ritter, Bd. 3, Basel bzw. Darmstadt 1974, 1061–1073.

Gibson 1991 = Margaret Gibson: Boethius in the tenth century. In: Lateinische Kultur im X. Jahrhundert. Akten des I. Internationalen Mittellateinerkongresses Heidelberg 1988. Hrsg. v. Walter Berschin. Stuttgart 1991 (Mittellateinisches Jahrbuch 24/25. 1989/1990), 119–124.

Giuffrida 1972 = Robert T. Giuffrida: Das Adjektiv in den Werken Notkers. Berlin 1972 (Philologische Studien und Quellen 64).

Glauche 1970 = Günter Glauche: Schullektüre im Mittelalter. Entstehung und Wandlungen des Lektürekanons bis 1200 nach den Quellen dargestellt. München 1970 (Münchener Beiträge zur Mediävistik und Renaissance-Forschung 5).

Glauche 1972 = Günter Glauche: Die Rolle der Schulautoren im Unterricht von 800 bis 1100. In: Settimane di Studio del Centro Italiano di Studi sull'Alto Medioevo 19: La Scuola nell'Occidente latino dell'alto medioevo. Spoleto 1972, 617–638.

von Hahn 1983 = Walther von Hahn: Fachkommunikation. Entwicklung. Linguistische Konzepte. Betriebliche Beispiele. Berlin. New York 1983 (Sammlung Göschen 2223).

Hellgardt 1979 = Ernst Hellgardt: Notkers des Deutschen Brief an Bischof Hugo von Sitten. In: Befund und Deutung. Zum Verhältnis von Empirie und Interpretation in Sprach- und Literaturwissenschaft. Festschrift für Hans Fromm. Hrsg. v. Klaus Grubmüller, Ernst Hellgardt, Heinrich Jellisen und Marga Reis. Tübingen 1979, 169–192.

Hellgardt 1991 = Ernst Hellgardt: Geographie und Astronomie im Werk Notkers des Deutschen. In: Reisen und Welterfahrung in der deutschen Literatur des Mittelalters. Vorträge des XI. Anglodeutschen Colloquiums 1989 Univ. Liverpool. Hrsg. v. Dietrich Huschenbett und John Margetts. Würzburg 1991, 54–68 (Würzburger Beiträge zur dt. Philologie 7).

Hellgardt 1992 = Ernst Hellgardt: Lateinisch-deutsche Textensembles in Handschriften des 12. Jahrhunderts. In: Latein und Volkssprache im deutschen Mittelalter 1100–1500. Regensburger Colloquium 1988. Hrsg. v. Nikolaus Henkel und Nigel F. Palmer. Tübingen 1992, 19–31.

Henkel 1988 = Nikolaus Henkel: Deutsche Übersetzungen lateinischer Schultexte. Ihre Verbreitung und Funktion im Mittelalter und in der frühen Neuzeit. München. Zürich 1988 (Münchener Texte und Untersuchungen zur deutschen Literatur des Mittelalters 90).

Hoffmann 1910 = Paul Hoffmann: Die Mischprosa Notkers des Deutschen. Berlin 1910 (Palaestra 58).

Jaehrling 1969 = Jürgen Jaehrling: Die philosophische Terminologie Notkers des Deutschen in seiner Übersetzung der Aristotelischen „Kategorien". Berlin 1969 (Philologische Studien und Quellen 47).

Jaffe 1985 = Samuel Jaffe: Antiquity and innovation in Notker's Nova rhetorica: The Doctrine of Invention. In: Rhetorica. A Journal of the History of Rhetoric 3. (Berkeley) 1985, 165−181.

Kelle 1886 = Johann Kelle: Die philosophischen Kunstausdrücke in Notkers Werken. In: Abh. der Kgl. Bayer. Akad. der Wiss., Phil.-hist. Kl. Bd. 18, Abt. I. München 1886[−1888], [separat paginiert] 1−58.

Kelle 1903 = Die rhetorischen Kunstausdrücke in Notkers Werken. In: Abh. der Kgl. Bayer. Akad. der Wiss., Phil.-hist. Kl. Bd. 31, Abt. III. München 1903, 445−454.

King 1993 = James C. King: Notker the German's use of Martianus Capella, De nuptiis Philologiae et Mercurii in the Classroom. In: Sangallensia in Washington. The arts and letters in Medieval and Baroque St. Gall Viewed from the late twentieth century. Ed. by James C. King. New York 1993, 253−261.

Köbler 1974 = Gerhard Köbler: Stadtrecht und Bürgereinung bei Notker von St. Gallen. Göttingen 1974 (Arbeiten zur Rechts- und Sprachwissenschaft 4).

Köbler 1983 = Gerhard Köbler: Vorstufen der Rechtswissenschaft im mittelalterlichen Deutschland. In: Zeitschrift der Savigny-Stiftung für Rechtsgeschichte, Germanist. Abt. 100. (Wien. Köln. Graz) 1983, 75−118.

Luginbühl 1933/1970 = Emil Luginbühl: Studien zu Notkers Übersetzungskunst. Diss. Zürich. Weida i. Thür. 1933 bzw. Berlin 1970 (Das Althochdeutsche von St. Gallen 1).

Naumann 1913 = Hans Naumann: Notkers Boethius. Untersuchungen über Quelle und Stil. Straßburg 1913 (Quellen und Forschungen 121).

de Rijk 1963−65 = L. M. de Rijk: On the curriculum of the arts in the Trivium at St. Gall from c. 850−c. 1000. In: Vivarium 1. (Leiden) 1963−65, 35−86.

Schröbler 1953 = Ingeborg Schröbler: Notker III von St. Gallen als Übersetzer und Kommentator von Boethius' De consolatione Philosophiae. Tübingen 1953 (Hermaea 2).

Sonderegger 1970 = Stefan Sonderegger: Althochdeutsch in St. Gallen. Ergebnisse und Probleme der althochdeutschen Sprachüberlieferung in St. Gallen vom 8. bis 12. Jahrhundert. St. Gallen. Sigmaringen 1970 (Bibliotheca Sangallensis 6).

Sonderegger 1980 = Stefan Sonderegger: Notker der Deutsche und Cicero. Aspekte einer mittelalterlichen Rezeption. In: Florilegium Sangallense. Festschrift für Johannes Duft zum 65. Geburtstag. Hrsg. v. Otto P. Clavadetscher, Helmut Maurer, Stefan Sonderegger, St. Gallen. Sigmaringen 1980, 243−266.

Sonderegger 1980a = Stefan Sonderegger: Gesprochene Sprache im Althochdeutschen und ihre Vergleichbarkeit mit dem Neuhochdeutschen − Das Beispiel Notkers des Deutschen von St. Gallen. In: Ansätze zu einer pragmatischen Sprachgeschichte. Züricher Kolloquium 1978. Hrsg. v. Horst Sitta. Tübingen 1980, 71−88.

Sonderegger 1980b = Stefan Sonderegger: St. Galler Schularbeit. In: Die deutsche Literatur des Mittelalters, Verfasserlexikon. 2. Aufl. Hrsg. v. Kurt Ruh [u. a.], Bd. 2. Berlin. New York 1980, Sp. 1049−1051.

Sonderegger 1986 = Stefan Sonderegger: Rechtssprache in Notkers des Deutschen Rhetorik. In: Sprache und Recht. Festschrift für Ruth Schmidt-Wiegand. Hrsg. v. Karl Hauck, Karl Kroeschell, Stefan Sonderegger [u. a.], Berlin. New York 1986, 870−895.

Sonderegger 1987 = Stefan Sonderegger: Notker III. von St. Gallen (N. Labeo; N. Teutonicus) OSB. In: Die deutsche Literatur des Mittelalters, Verfasserlexikon. 2. Aufl. Hrsg. v. Kurt Ruh [u. a.], Bd. 6. Berlin. New York 1987, 1212−1236.

Sonderegger 1987a = Stefan Sonderegger: Notker der Deutsche als Meister einer volkssprachlichen Stilistik. In: Althochdeutsch. Festschrift Rudolf Schützeichel. Hrsg. v. Rolf Bergmann, Heinrich Tiefenbach und Lothar Voetz. Bd. I. Heidelberg 1987, 839−871.

Sonderegger 1989 = Stefan Sonderegger: Notker III. von St. Gallen und die althochdeutsche Volkssprache. In: Geistesleben um den Bodensee im frühen Mittelalter. Vorträge eines Mediävistischen Symposions 1987 auf Schloß Hofen am Bodensee. Hrsg. v. Achim Masser und Alois Wolf. Freiburg i. B. 1989 (Literatur und Geschichte am Oberrhein 2), 139−156.

Sonderegger 1989a = Stefan Sonderegger: Name und Namen im Werk Notkers des Deutschen von St. Gallen. In: Namen in deutschen literarischen Texten des Mittelalters. Vorträge Symposion Kiel 1987. Hrsg. v. Friedhelm Debus und Horst Pütz, Neumünster 1989 (Kieler Beiträge zur deutschen Sprachgeschichte 12), 77−96.

Sonderegger 1993 = Stefan Sonderegger: Notker's realization of a Latin − Vernacular book tradition. In: Sangallensia in Washington. The arts and letters in Medieval and Baroque St. Gallen viewed from the late twentieth century. Ed. by James C. King. New York 1993, 233−239.

Sonderegger 1997 = Stefan Sonderegger: Althochdeutsch als Anfang deutscher Sprachkultur. Freiburg Schweiz 1997 (Wolfgang Stammler Gastprofessur für Germanische Philologie. Vorträge, hg. vom Mediävistischen Institut der Univ. Freiburg Schweiz, H. 2).

Stæves 1996 = Cornelia Stæves: Notkers Hermeneutik-Übersetzung. Möglichkeiten der zweisprachigen Textbearbeitung. Frankfurt a. M. 1996 (Europäische Hochschulschriften I Bd. 1582).

Trier 1931 = Jost Trier: Der deutsche Wortschatz im Sinnbezirk des Verstandes. Die Geschichte eines sprachlichen Feldes. Bd. I: Von den Anfängen bis zum Beginn des 13. Jahrhunderts. Heidelberg 1931 (Germanische Bibliothek, 2. Abt., 31).

Vollmann 1967 = Benedikt Vollmann: Simplicitas divinae providentiae. Zur Entwicklung des Begriffs in der antiken Philosophie und seiner Eindeutschung in Notkers 'Consolatio'-Übersetzung. In: Literaturwiss. Jb. der Görres-Gesellschaft N.F. 8, (Berlin) 1967, 5−29.

Stefan Sonderegger, Zürich

241. Fachsprachliche Phänomene im *Lucidarius*

1. Problemstellung
2. Literarhistorische Zuordnung des *Lucidarius* zur Fachprosaforschung
3. Beispiele fachsprachlicher Phänomene
4. Schlußbemerkungen
5. Literatur (in Auswahl)

1. Problemstellung

Der mhd. *Lucidarius* vermittelt Welt- und Glaubenswissen in der Volkssprache an Schüler und Nichtfachleute, setzt aber andererseits ein nicht unbeträchtliches Maß an Bildung bei seinen Adressaten voraus. Als didaktischer Prosatext, der sich in selbständiger Bearbeitung seiner lat. Quellen bereits von der sprachlichen Vorherrschaft des Lateinischen befreit hat, bietet er sich als lohnendes Objekt für die Suche nach frühen Ansätzen einer deutschen Fach- und Wissenschaftssprache an. Der *Lucidarius* wurde sprachwissenschaftlich noch nicht unter dieser Perspektive untersucht. Im folgenden soll versucht werden, den Text in den Rahmen der Fachprosaforschung einzuordnen und anhand ausgewählter Beispiele fachsprachliche Phänomene im *Lucidarius* aufzuspüren.

2. Literarhistorische Zuordnung des *Lucidarius* zur Fachprosaforschung

2.1. Inhalt und Aufbau des *Lucidarius*

Der dreiteilige Lehrdialog des *Lucidarius* über die Schöpfung des Kosmos und Ordnung der irdischen Welt (I), über die Christenheit und ihr liturgisches Leben (II) und über das Schicksal der Seelen nach ihrem individuellen Tod und nach dem Jüngsten Gericht (III) entstand im 12. Jh. und ist das erste originale Prosawerk der deutschen Literatur. Eine nähere literaturgeschichtliche Einordnung des Textes, die ihn nach den Aussagen des sog. A-Prologes als Auftragswerk Herzog Heinrichs des Löwen (um 1190−1195) mit dem Braunschweiger Welfenhof in Verbindung bringt, muß nach der kritischen Neuedition des *Lucidarius* (Gottschall/Steer 1994, zit.) aufgegeben werden, da sich der A-Prolog als sekundäre Bearbeitung eines späteren Redaktors erwiesen hat (Steer 1990). Trotzdem bleibt der *Lucidarius* als früher wissensvermittelnder Text, der das naturwissenschaftliche, philosophische und theologische Wissen seiner Zeit einem volkssprachlichen Publikum zugänglich macht, von Interesse, zumal auch seine philosophiegeschichtliche Relevanz nachgewiesen werden konnte (Sturlese 1992). Der anonyme Autor des *Lucidarius* stützte sich auf lat. Quellentexte, vor allem auf die *Imago mundi*, die *Gemma animae* und das *Elucidarium* des Honorius Augustodunensis, die *Philosophia* des Wilhelm von Conches und auf *De divinis officiis* des Rupert von Deutz. Dabei entnahm er aus den lat. Texten souverän die Bausteine, die er im dt. *Lucidarius* zu einem neuen Ganzen zusammenfügte. Namen- und strukturgebend war das *Elucidarium* des Honorius, das inhaltlich für das erste Buch des *Lucidarius* nur das Baugerüst lieferte, im zweiten Buch des *Lucidarius* ganz ausgeklammert blieb, für das dritte Buch jedoch die gesamte und einzige Textgrundlage bildete, so daß hier von einer Übersetzung gesprochen werden kann (Gottschall 1991).

2.2. Wissen und seine Vermittlung im *Lucidarius*

Von seiner Thematik läßt sich der *Lucidarius* in den weitgesteckten Rahmen der mittelalterlichen Enzyklopädie einreihen und gehört somit auch in den Kontext der deutschen Fachprosa des Mittelalters, insofern die von Eis (1960) auf die Literatur der Artes postulierte Begrenzung der Fachprosa erweitert wird. So nimmt Schmitt (1972, 5−7), wie schon Eis (1967, 3), den *Lucidarius* neben der *Mainauer Naturlehre* und dem *Buch der Natur* Konrads von Megenberg unter der Rubrik *Mittelalterliche Enzyklopädien* in seine Textsammlung zur deutschen Fachprosa des Mittelalters auf, zumal das Wissen der Artes in die Enzyklopädien mehr oder weniger vollständig Eingang findet. Der *Lucidarius* betont schon im Prolog den lehrhaften Charakter des angekündigten Dialogs zwischen *meister* und *iunger* und stellt sich als Wahrheit vermittelndes Regulativ gegen Irrtümer aller Art vor:

„Suuer diz bůch gerne lesen wil, / der gewinnet wistůmes uil, / daz er uz den bůchen nith lithe wirt erveret, / wil er gedenken, waz in lucidarius habe geleret" (1, 15−2, 1).

Diese Wahrheit ist selbstverständlich die Wahrheit der Theologie, das Wissen über Gott schließt das Wissen über die Welt mit ein, die Wissenschaft des *Lucidarius* ist an erster Stelle christliche Wissenschaft, oder, wie es Notker der Deutsche bereits ein Jahrhundert früher formulierte, *Philosophia divina* und *humana*. Die Einteilung der Philosophie, die Notker im zweiten Buch seines Boethiuskommentars vornahm, stimmt frappierend mit der Thematik des ersten Buches im *Lucidarius* überein, worauf zum ersten Mal Sturlese (1992, 263) aufmerksam machte:

„Philosophia téilet síh in diuina et humana. Diuina lêrtôn. díe úns in bûochen gótes sélbes naturam. únde día ueritatem trinitatis scríben. Díe héizent theologi […] Humana lêrent únsih physici únde ethici […] Târ míte râtiskotôn sie uuánnân dágolíches geskéhe accessus maris . et recessus. uuánnân uuîlon geskéhe eclipsis solis et lune . uuánnân vuínteres chúrze tága sîn . únde súmeres lánge. uuánnân álle fontes fluminum chómen . uuéder mêra sî sol alde luna . uuîo míchel diu érda sî . uuâr ûfe si stánde . uuáz sía inthábee." (Tax 1986, 87 f)

Der *Lucidarius* ist im Traditionszusammenhang dieses Wissenschaftsprogramms zu lesen. Damit hat eine grundlegende Umbewertung des Textes gegenüber der älteren Forschung stattgefunden, die im *Lucidarius* entweder eine Verbindung aus Realiensumme und geistlicher Summe (Eis 1967, 3) oder ein banal-unterhaltsames Volksbuch (Simrock 1866, 375 f) sehen wollte.

2.3. Die Sprache im *Ludicarius*

Der enge Zusammenhang mit Theologie und Philosophie bestimmt die Sprache des *Lucidarius*. Der anonyme Verfasser bedient sich einer deutschen Wissenschaftssprache, für die der Primat des Lateinischen außer Zweifel steht. Zwar hat sich der *Lucidarius* bereits völlig von der lat. Syntax gelöst, trotzdem setzt er bei seinem Publikum lat. Grundkenntnisse voraus (vgl. 3.2.−3.5.). Will man den *Lucidarius* einer Periode der Fachsprachenentwicklung zuordnen, so gehört er in den „Übergang vom Lat. zur ‚Volkssprache'", zu theologisch-philosophischen Texten im weitesten Sinne, deren fachsprachlicher Charakter im theoretisch-wissenschaftlichen Bereich liegt (Seibicke 1985, 2000). In sprachgeschichtlicher Sicht liegt die Besonderheit derartiger Texte in der ständigen Auseinandersetzung mit der internationalen Gelehrtensprache Latein, die möglichst adäquat in das Deutsche umgesetzt werden soll. Zu erwarten sind Erweiterungen und evtl. Neuprägungen im Bereich der Wortbildung vor dem Hintergrund lat. Vorlagen, Übernahme fremdsprachlicher Termini und eine Fülle von Lehnprägungen.

3. Beispiele fachsprachlicher Phänomene

3.1. Wissensgebiete im *Lucidarius* und Sprachebenen

Die Thematik des *Lucidarius* berührt Bereiche der *septem artes liberales*, und hier nur das *Quadrivium*, der *artes mechanicae*, der Philosophie und der Theologie. Philosophie und Theologie sind, abgesehen von einer kurzen Behandlung des Trinitätsgeheimnisses im ersten Buch, auf Buch zwei und drei konzentriert, während ein vorwiegend naturkundliches Interesse das erste Buch bestimmt. Dabei fällt auf, daß der *Lucidarius*-Autor entgegen der dem Mittelalter eigenen ‚symbolischen' Naturanschauung die physische Welt nicht als eine auf metaphysische Zusammenhänge verweisende Metapher betrachtet, sondern an einer sachlich reflektierenden Beschreibung interessiert ist. Verweischarakter auf eine transzendente Ebene hin besitzen lediglich die Formen und Gesten des religiösen

Ritus sowie das Wort Gottes in der Hl. Schrift. Sie bedürfen der Deutung. Ganz klar wird diese Trennung bereits in der Fragestellung des Dialogs. Im ersten Buch fragt der Schüler nach der Beschaffenheit eines Dinges und nach seiner Ursache. Im zweiten und dritten Buch häufen sich die Fragen nach der Bedeutung, was der Verfasser programmatisch formuliert:

„Ich wil daz wol gelöben, daz dehein dinc sie gesezet in der heiligen cristenheite, ez si gesezzet durch etelich bezeichenunge" (Luc. II.11; 75, 1−3; vgl. auch die Fundstellen für *betiuten, bezeichenen* und *bezeichenunge* im Wörterbuch zur Ausgabe).

Die sachbezogene Darstellung der Naturdinge fordert erhöhte sprachliche Präzision. Pörksen (1984) hat auf die Schwierigkeiten einer Abgrenzung der historischen naturwissenschaftlichen Fachsprachen von der Gemeinsprache hingewiesen. Als monofunktioneller Funktiolekt hat die Fachsprache die Aufgabe, die Gegenstände ihres Fachgebiets eindeutig zu benennen, sie innerhalb einer systematischen Ordnung zu klassifizieren und die geltenden Sachzusammenhänge in Begriffen und Formeln zu erklären. Die fachsprachliche Terminologie bewegt sich dabei „zwischen den Polen des spezialsprachlichen, arbiträren, nur benennenden Zeichenterminus auf der einen Seite und des gemeinsprachlichen, orientierenden [...], durchsichtigen und selbsterklärenden Ausdrucks auf der anderen Seite" (Pörksen 1984, 87f). Für den konkreten Fall des *Lucidarius* erhöhen sich die Unsicherheitsfaktoren beträchtlich, da der Text einerseits kein klar umrissenes Fachgebiet behandelt, sondern ‚Weltwissen' enzyklopädisch ausbreitet, und da andererseits der gemeinsprachliche Hintergrund des Autors und seiner Adressaten unbekannt ist. Zudem fehlen für den mhd. Wortschatz weitgehend Nachweise von Erstbelegen, so daß die allgemeine Gebräuchlichkeit bzw. spezialsprachliche Exklusivität eines sprachlichen Ausdruckes nur unzulänglich über Paralleltexte taxiert werden kann.

Im *Lucidarius* angesprochene Themen der *artes liberales* und *artes mechanicae* sind Astronomie, Geographie und Medizin. Auf theologisch-philosophischer Ebene werden behandelt Trinität, Erlösungslehre, Sacramente, Meßliturgie, Paramente und Eschatologie sowie mit Einschränkung naturphilosophische Zusammenhänge im ersten Buch. Im folgenden sollen die einzelnen Themenbereiche auf fachsprachliche Spuren überprüft werden.

3.2. Astronomie

Unter Astronomie wird im folgenden nicht nur die eigentliche Himmelskunde, sondern auch Kosmologie allgemein verstanden. Hinter den fachlichen Erörterungen des *Lucidarius* stehen lat. Quellentexte, die eine spezifische Terminologie verwenden. Der *Lucidarius*-Autor übernimmt eine Reihe dieser Termini, wobei einerseits die Grenze zwischen Fremdwort und assimiliertem Lehnwort noch schwankt (vgl. lat. *elementum* mit drei Belegen neben mhd. *element* mit acht Belegen), andererseits an der Verwendung des Fremdwortes sein vermuteter Bekanntheitsgrad bei den Adressaten (mit aller Vorsicht) eingeschätzt werden kann. Als bekannt vorausgesetzt bzw. nicht erklärt werden *ether*: die obere, feurige Luftregion, die vom Mond bis zu den Sternen reicht, also den gesamten supralunaren Bereich umfaßt; *materie* (nur als assimiliertes Fremdwort gebraucht); *natûre*: Beschaffenheit, Art (in der Form des assimilierten Lehnwortes; lat. *natura* wird einmal verwendet: „Die himilisce natura ist so starc, daz sie die irdesche uberwindet" (Luc. I.90; 51, 11f) und kann evtl. als früher Beleg für ein ‚modernes' Naturverständnis von Natur als selbständiger Kraft aufgefaßt werden; *plânête* neben lat. *planeta*; *cometa*: nur in der lat. Form. *Ether* als assimiliertes Lehnwort dürfte im *Lucidarius* erstmals belegt sein. Notker übersetzt den Terminus mit „obere luft", z. B. Cons. Phil. IV, m. 1 bei der Beschreibung des Aufstieges des menschlichen Geistes zu Gott:

„Únde iz úberstîget taz héiza fiur . dero óberûn lúfte . díu fóne drâti sínero férte brínnet" (lat.: „et transcendit uerticem ignis qui calet agili motu etheris") (Tax 1990, 185, 4−6).

Der *Lucidarius*-Autor verzichtet auf jeden Übersetzungsversuch. Alle fünf Termini sind aus der lat. Fachliteratur übernommen und in ihrer eigentlichen Bedeutung nur dem Lateinkundigen verständlich. Im Kontext des mhd. *Lucidarius* sind sie als nichtmotivierte Termini zu bewerten und werden wie Eigennamen gebraucht.

Erklärt werden *kaoz* und *firmamentum*. Der einzige Beleg für *kaoz* läßt kaum eine Entscheidung zu, ob es sich hier um das übernommene lat./griech. Fremdwort *chaos* oder ein mhd. assimiliertes Lehnwort *kaos* handelt. Das Wort bezeichnet den Zustand der Welt vor Gottes schöpferischer Tätigkeit: „Do waz núwen ein visterin, die hiez kaoz" (Luc. I.8; 5, 15). Der *Lucidarius*-Autor verbindet hier Aussagen aus der *Philosophia* des

Wilhelm von Conches und Gen. 1, 2. Er fährt fort: „Wan do waren die uier elemente sament" (S. 5, 15 f). Mit dem Ausdruck *sament* für *indiscretus*, der auch für das Verhältnis der drei göttlichen Personen der Trinität gebraucht wird (Luc. I.3 und II.5), steht der *Lucidarius*-Autor in einer bis auf Notker zurückreichenden tradition, der *sament, samenthaftic* für die ungetrennte Einheit in Raum und Zeit verwendet, z. B. Cons. Phil. III, m. 9:

„[...] fingere opus fluitantis materię .i. informis et indiscretę [...] daz scáffelôsa zímber ze máchônne . ûzer démo dísiu uuérlt uuárd. Sî méinet tîa sámenthâftigûn mássa . dîa er ze êrest téta . an déro nîeht keskéidenes neuuás" (Tax 1988, 149, 5–10),

oder über die göttliche Providenz in Cons. Phil. IV, p. 6:

„Áber gótes prouidentia . dáz íst tíu sáment-háftîga óbesíht . tíu úngetéilet íst . per tempora . et loca . mít téro sáment pegríffen sínt . presentia . preterita . et futura . svperiora . et inferiora" (Tax 1990, 212, 4–6).

Firmamentum wird explizit als Fremdwort bezeichnet und mit einer allgemeinverständlichen Übersetzung versehen: „Den himel heizent die bůch firmamentum, daz ist ein uestenunge" (Luc. I.21; 10, 4 f; vgl. auch Luc. I.25 und 26). Mit *firmamentum* wird die äußerste Sphärenschale benannt, die erklärende Lehnübersetzung trägt zum Verständnis des Phänomens wenig bei und wird nicht weiter eingesetzt. Im übertragenen Sinne erscheint die gleiche Lehnübersetzung für lat. *confirmatio*: „die uestenunge dez steten mûtes hin ze gote" (Luc. II.29; 85, 14).

Die ursprünglich motivierte Zusammensetzung *sunnenwende* ist bereits völlig terminologisiert und wird als Datum verstanden in der Opposition „vmbe sunnen wenden" (24. Juni) — „vnbe wihennathen" (25. Dez.) (Luc. I.59; 34, 5 f). Für die Umlaufbahnen der Sonne und der übrigen Himmelskörper werden vereinfachende Ausdrücke der Gemeinsprache eingesetzt (Luc. I.78 und 92): für die Sonneneklyptik steht „die crumbe" (52, 13) bzw. „die twerhin" (46, 8), für die gerade Bahn des Mondes und der anderen Planeten „die rihte" (46, 8; 52, 14). „Twerhîn" scheint eine selbständige Ableitungsform des *Lucidarius*-Autors zu sein, der Femininableitungen mit Suffix -*în* bevorzugt. Eine Reihe von Fachtermini als inneres und äußeres Lehngut aus dem Lateinischen, die bei der behandelten Thematik erwartet werden, fehlen im *Lucidarius* und werden durch einfache Umschreibungen ersetzt. Für den Tierkreis stehen „zwelf strázen" (Luc. I.79), die *Mainauer Naturlehre* verwendet dagegen „zodiacus" (Plant u. a. 1972, 300 rb). Die Mondfinsternis (eclipsis lunae) erscheint als „Verwandlung des Mondes" (Luc. I.94), es gibt kein Wort für Sternschnuppen: „... daz wir die sternen sehent schiezen uon dem himele ..." (Luc. I.96; 54, 4 f). Bei Notker heißen sie „tiu scózonten fíur" (Tax 1990, 185, 6). Sonnenfinsternis wird mit „vinsterin in dem dage" (Luc. I.97; 55, 1) umschrieben, ebenso der Neumond: „war umbe schinet der mane niht" (Luc. I.98; 55, 5).

3.3. Geographie

Bei der Beschreibung der Ordnung dieser Welt werden geographische Grundkenntnisse verlangt. Der *Lucidarius*-Autor behandelt in der Reihenfolge der Erdteile Asien, Europa und Afrika Länder und Gegenden (regiones) mit ihren Bewohnern wie auch die verschiedenen Meere und Flüsse. Als bekannte Größen der Weltkarte werden folgende Meere ohne Erklärung genannt: *wendelmer* (oceanus; acht Belege): das das Festland umgebende Weltmeer; als Synonym verwendet der *Lucidarius*-Autor auch *sin(t)gewege* (drei Belege): die andauernde große Flut, nur im *Lucidarius* belegt, als Analogiebildung zu *sin(t)fluot*. In einem Fall wird freilich *sin(t)gewege* auch als Synonym für *sin(t)fluot* benutzt, so daß die Eindeutigkeit des Terminus nicht gewährleistet ist; *lebermer* (mare concretum): sagenhaftes, geronnenes Meer im Norden; im *Lucidarius* als bekannter Terminus vorausgesetzt; das *Merigarto*, Str. 10 spricht noch von einem „mere ... giliberot" (Voorwinden 1973, 26); *wildez mer* („Der [sc. Rhein] rinnet durch osterfranken in daz wilde mer" Luc. I.59; 33, 9 f): Nordsee; da das Wort nur hier belegt ist, bleibt es unklar, ob es sich um ein externes Syntagma oder bereits um eine terminologisierte Einheit handelt; *rotez mer* (sieben Belege): wird als terminologisierte Einheit aufgefaßt, während das *Merigarto*, Str. 9 noch die Apposition „rot" erklärt: „des griez si so rot als ein minig unt ein pluot" (Voorwinden 1973, 26).

Als externe Syntagmata, und daher als erklärungsbedürftig, werden aufgefaßt: *caspenischez mer*: Kaspisches Meer, das seinen Namen von einem „berc Caspius" (Luc. I.53; 21, 5) herleitet; *wellendez mer*: kochendheißer Äquatorialozean, der an Äthiopien grenzt: „An daz lant stozet daz wellende mer. Daz ist so uerbrant von der sunnen, daz ez wallit als ein kessil" (Luc. I.60; 36, 2 f). Die lat. Quelle, *Imago mundi* I.32, bietet keinen adäquaten Terminus, sondern bleibt mit „maximus oceanus" (Flint 1982, 64) ganz allgemein.

Für die fünf Klimazonen der Erde verwendet der *Lucidarius*-Autor den deutschen Terminus *strâze* (in dieser speziellen Bedeutung sonst nicht belegt). Konrad von Megenberg wird in seiner dt. Übersetzung der *Sphaera mundi* des Johannes de Sacrobosco von den „fûnf praiten" (Brévart 1980, 32 f) sprechen. Ein ausgesprochener Fachbegriff wird für die unterirdischen Wasserläufe herangezogen, mit deren Hilfe man sich den Wasserkreislauf erklärt: „Tuerhes durch die erde gant löcher, die heissent dracones" (Luc. I.45; 17, 15). Und auf die Frage nach dem Ursprungsort der Quellen antwortet der Meister:

„Da die wasser uz den mer rinnent vnder der erde in den drachen. So der drako danne ende genimet, so brichet daz wasser uber die erde [...]" (Luc. I.46; 18, 2−4).

Auch hier ist wieder ein Schwanken zwischen dem lat. Fremdwort und dem dt. Lehnwort zu beobachten, wobei der *Lucidarius*-Autor erstmals die geographische Lehnbedeutung übernimmt. Für das Lateinische unterscheidet Isidor im *Liber de differentiis* I.165 *draco*: das Tier von *traco*: der Erdhöhlung (PL 83, 27 C). Das Mhd. übernimmt *draco* mit seiner Bedeutung als Lehnwort. Die Erweiterung um die Lehnbedeutung von *traco* scheint außer im *Lucidarius* nicht belegt. In der Lehre folgt der *Lucidarius* dem anonymen Traktat *De mundi celestis terrestrisque constitutione* I.55, der im 12. Jh. im süddt. Raum entstand:

„Nam flumina mare intrant omnia, nec tamen redundat, quia ad suos alveos per tracones redeunt" (Burnett 1985, 22).

Ebenfalls um die Neueinführung einer Lehnbedeutung handelt es sich bei der Verwendung des Wortes *diuter* für den sagenhaften Volksstamm der Kynokephalen, die mit dem schon im *Summarium Heinrici* belegten Terminus *hunthoubete* übersetzt werden. *Diuter*, im Mhd. für *interpres* stehend, wird hier im Sinne von *monstrum* gebraucht und steht in Opposition zu *mensch*: „[...] daz sint túter. Die celent similiche bûch zû menschen" (Luc. I.53; 23, 2 f). Der *Lucidarius*-Autor erläutert den Terminus nicht. Vermutlich prägte er ihn aus der geläufigen Etymologie von *monstrum*: „[...] monstra [...] ideo nuncupantur, quod [...] monstrare ac praedicare aliqua futura videntur" (Lindsay 1911, XI, 3, 2 f). Bei der Aufteilung der Winde in vier *cardinales* und acht *collaterales* (Luc. I.67) werden die lat. Fachbegriffe als Fremdwörter beibehalten. Bei den Adressaten wurde offenbar die Kenntnis der lat. Windrose vorausgesetzt. Die *Mainauer Naturlehre* bietet dagegen den gleichen Zusammenhang in Gemeinsprache: „also sint och vier winde vñ het ieglicher zwene anhenge oder zwene knehte" (Plant u. a. 1972, 298 rb). Zuletzt sei noch der reflexive Gebrauch des Verbums *sîgen* erwähnt, das auch in der üblichen intransitiven Bedeutung „niederfallen, tropfen, rinnen" verwendet wird. Der einzige reflexive Beleg scheint die Selbstreinigung des Wassers unter der Erde zu beschreiben:

„Rinnet ez (sc. das Wasser) denne verre vnder der erden von den wurmen, so siget ez sich vnder der erden, daz es deste bezzer wirt" (Luc. I.107; 59, 10−12).

Hinter der Schreibform verbirgt sich wahrscheinlich das stV. *sîhen* oder das swV. *seigen, seihen* für lat. *colare*: durchseihen, reinigen, läutern. Eine lat. Entsprechung für den beschriebenen Vorgang fehlt. Der Terminus läßt sich mit aller Vorsicht der Berufssprache der Bergleute zuordnen, zumal der *Lucidarius*-Autor auch für das Bild von der funkenstiebenden Hölle den Terminus *eitoven*: Schmelzofen verwendet (Luc. I.19; 9, 7).

3.4. Medizin

Die medizinische Thematik wird nur am Rande in *Lucidarius* I.88 und I.110−117 gestreift. In I.88 werden die vier Temperamente des menschlichen Charakters nach der Lehre der *quatuor humores* entwickelt, ohne daß die Fachtermini benutzt werden. Der *Lucidarius*-Autor begnügt sich mit der Umschreibung über die vier Elementarqualitäten *calt, truken, heiz, naz*. Aus den möglichen Kombinationen je zweier Qualitäten ergibt sich der Charakter. I.110 handelt von den Entwicklungsvoraussetzungen des Menschen, wobei *guote materie* und *broede materie* unterschieden und Völlerei der Eltern („sich vberuassin mit essene vnde mit trinkene" 60, 12 f) verurteilt wird. I.111 trägt die Temperamente nach den vier Elementarqualitäten auch für die Tiere nach und erwähnt für den Menschen unterschiedliche Körperfarbe, die einen Rückschluß auf die Säftemischung zuläßt:

„Al dar nach so er der elementen gevahet, als hat er die site, als verwet sich ouch der lip. An der varwe sulent die arzat kiesen, wie si den menschen helfen suln" (Luc. I.111; 61, 11−14).

Im Zentrum medizinischer Unterweisung steht die Lehre von der Entwicklung des Embryos (I.112−113), was ausdrücklich als *gotes tougeni* bezeichnet wird. Der *Lucidarius* folgt weitgehend der *Philosophia* des Wilhelm von Conches (IV, 8, 16; IV, 10, 17; IV, 13, 20), der die salernitanische Vorstellung vom siebenkammrigen Uterus vertritt, der sieben Prägestempel für maximal sieben Embryonen enthält. Auf Fachtermini wird weitgehend verzichtet, lediglich das Fremdwort *matrix* wird beibehalten, aber erklärt: „So het ein iegelich wib in ir eine kamere, die heizit matrix" (62, 1 f). Ausgangspunkt und Voraussetzung für alle weiteren Abläufe ist die Empfängnis des männlichen Spermas, laut *Philosophia* IV, 8, 16: „Sperma ergo est virile semen ex pura substantia omnium membrorum compositum" (Maurach 1980, 95). Stark vereinfacht wird daraus im *Lucidarius*: „Daz kint wirt geborn von der luteren materia, die gesament wirt uon allen dem libe" (61, 18−62, 1). *Substantia* wird mit *materia* wiedergegeben, ein Wort für den Substanz-Begriff fehlt. Die Embryonalentwicklung durchläuft sodann folgende Stadien: Milch, Blut, Gerinnung („wellit ez zesamene" 62, 8; lat. *coagulat*), Ausprägung der menschlichen Gestalt, Formung der einzelnen Körperteile. Dabei weist nur die Lehnübertragung *zesamenwellen* fachsprachliche Züge auf. I.113 behandelt die Ernährung des Kindes im Mutterleib mittels *menstruus sanguis*. Das Fremdwort bleibt unerklärt stehen und wird nochmals zur Bezeichnung des Monatsflusses eingesetzt: „der siechedage von dem menstrvis" (63, 4 f). Auch hier folgt der *Lucidarius* Wilhelm von Conches, mischt allerdings volkstümliche Vorstellungen mit ein, wenn er von einer Ernährung des Fötus durch den Mund (anstelle des Nabels) spricht. Zuletzt geht der *Lucidarius* in I.114−117 kurz auf anatomische Besonderheiten des Menschen ein: dreikammeriges Gehirn für *wistům*, *gehugede* und *vnderscheidunge* (63, 7−9), Wachstum von Haar und Nägeln und das Phänomen des Ergrauens, jeweils nach der *Philosophia* des Wilhelm von Conches. Medizinischer Fachwortschatz wird nicht eingesetzt.

3.5. Theologie und Philosophie

Theologie und Philosophie im *Lucidarius* beschränken sich auf die priesterliche Praxis sowie die nötigsten theologischen Grundbegriffe des Trinitätsgeheimnisses und der Erlösungslehre. Das schlichte Niveau ist zum einen auf die lat. Vorlage des *Elucidarium* zurückzuführen, das seinerseits über praktische Theologie nicht hinausgeht, zum anderen fehlt dem *Lucidarius* jede spekulative Höhe. Für die Personen der Trinität bedient sich der *Lucidarius*-Autor des seit ahd. Zeit üblichen Terminus *genennede* für *persona*, der im Plural für die drei Personen der Gottheit steht. In einem Fall setzt er den Singular für eine innertrinitarische Person: „wez wir eine genemede bittent der heiligen driualtikeit" (II.3; 70, 8 f). Die göttlichen Appropriationen werden mit „drie naturen" (I.7) bezeichnet und die Trinität selbst wird mit der seit dem Trudperter Hohen Lied bekannten Lehnübertragung *drîvaltecheit* (II.3) wiedergegeben. Das Hauptinteresse des Autors gilt dem gottesdienstlichen Officium: *ambahte* (22 Belege) neben *antreite* (ein Beleg). In diesem Zusammenhang verweist der *Lucidarius*-Autor auf die Symbolstruktur der liturgischen Handlungen und Gegenstände:

„[...] daz begat men in der heiligen cristenheite, daz het alliz einen geistlichen sin vnde eine tôgine bezeichenunge" (II.1; 69, 11−13).

Sin steht hier, wie im Prolog („Von der gescrifft gewinnen wir den geistlichen sin"; 1, 9), für ‚Inhalt, Bedeutung' − ein Wortgebrauch, der im *Lucidarius* erstmals verwendet zu werden scheint. Der früheste nachgewiesene Beleg findet sich im *Parzival*, später auch im *Tristan* (Trier 1973, 245 u. 280). Für die Behandlung der Liturgie wie auch der Eschatologie bedient sich der Verfasser immer wieder des Lateinischen. Sämtliche lat. Zitate des *Lucidarius* aus der Hl. Schrift (14) und aus dem Canon Missae (17) stehen in Buch II und III (Gottschall/Steer 1994, 183 f). Alle Worte des Canons bleiben unübersetzt, nur ihre geistliche Bedeutung wird erläutert, während sämtliche Bibelzitate übersetzt werden.

Bei der Beschreibung der sieben Tagzeiten, der Priestergewänder und des Meßablaufs steht dem *Lucidarius*-Autor eine bereits in der frühmhd. geistlichen Dichtung und der volkssprachlichen Predigtliteratur des 12. Jh.s erprobte Terminologie zur Verfügung. In allen Themenbereichen stehen dabei die lat. Fremdwörter neben den assimilierten Lehnwörtern, die z. T. über das Französische vermittelt wurden, z. B. *prima/prîme*, *tertia/terzje*, *nona/nône*, *responsorium/respons*, *evangelium/êwangêlje*, *alba/albe*, *stola/stôle*, *collecta* (Meßoration)*/collecte*, *oblata/oblâte*, *venia/venje*; nur das Lehnwort wird verwendet bei *mettîn*: Matutin, erste Gebetsstunde der Tagzeiten (8 Belege), *lausmettîn*: Morgengebet, nach der Matutin (II.25; 82, 11; II.26; 83, 5) und in analoger Bildung *vinstermetten*: Matutin in der Nacht von Karfreitag auf Karsamstag (nocturnae vigiliae) (II.71; 109, 4); *vesper*; *umbrâl* (Humeral); *kâsel, kasugele*; *offerende*: Gesang zur Opferung (II.54; 97, 18, 20, 21; 98, 12; fehlt bei Lexer); *pâce/paece*: Friedenskuß bei der Messe; *salme* und *salter*; in mehreren Fällen wird das lat. Fremdwort durch ein mhd. Synonym oder eine volkssprachliche Paraphrase ersetzt: *pater noster/ frone pater noster/frone gebet*; die Teile des Priester- und Bischofsgewandes *lappe* (lat. lingula ... vestimenti), *gürtel, hantvan* (Manipel), *schüehelîn* (sandalia), *hiubelîn* (infula), *horn* (Spitze der Bischofsmitra), *zügel* (Band an der Bischofsmitra), *halsstric* (um den Hals gelegtes Band, das das Pallium festhält), *leiter* (Purpurstreifen), *vase* (Franse an der Stola und der Dalmatica); Teile der Messe wie *stille messe* (Gebet der eigentlichen Opferhandlung), *swîgen* (das stille Gebet des Priesters in der Messe); Tage und Feste des Kirchenjahres wie *heiliger sameztac* (Karsamstag), *heilige naht* (Osternacht), *heiliger morgen* (Ostermorgen), *ôsterwoche, an dem anderen samsdage* (Samstag der Oktav nach Ostern), *kriuzetac* (Bittprozession mit dem Kreuz), *Roemer kriuzetac* (Litania maior), *die crúce tage uor der uffert* (die drei Tage vor Himmelfahrt, Litaniae minores), *daz ambt antlaze* (letztes Abendmahl Christi am Donnerstag der Karwoche). *Sunnetac* (3 Belege) steht neben *sunnentac* mit -*n*- als Fugungselement (14 Belege). Der *Lucidarius*-Autor bietet in diesem Zusammenhang eines der frühesten Beispiele volkssprachiger Etymologien, wenn er das Wort *sunnentac*, wie folgt, deutet:

„Die sunne betûtet den almehtigen got. Durch daz heize wir den dac nach dem sunnen, wen in got selbe gewihet hat. Do got den menschen vnde die welt allererst gescûf, do firet er den sunnen dac" (II.97; 119, 10—12).

Ein solches Vorgehen setzt die Kenntnis lat. Etymologietradition voraus und zeigt den selbstbewußten Umgang des Autors mit der Volkssprache (Ruberg 1975, 303 f). Der *Lucidarius*-Autor bietet auch Lehnübersetzungen lat. Termini an: *învarn* für *introitus* (92, 12) und *stîgunge* für *graduale* (liturgischer Gesang, der auf den Stufen des Ambo gesungen wird; 95, 15).

Bei der Erläuterung des Tatbestandes der Simonie, der Abwägung zwischen Opfer und Almosen und der Erklärung der Firmung dringen Termini der Rechtssprache in den *Lucidarius* ein: einen *kouf gestiften* (74, 4), *gedinge tuon* (eine Zahlung leisten; 74, 5, 14), *wuocher, gesuoch, enbresten* (der Anklage entgehen, freigesprochen werden; vgl. DRWB 2 (1932—35), 1544), *voget* und *vogetîe* (Vormundschaft; 107, 13, 16).

Die Einschätzung von Komposita mit dem Gen. des stM. *got* im ersten Glied als neugebildete Syntagmen ist freilich problematisch (*gotesgebot, gotesgesiht, gotesgewalt, gotesgnâde, goteshelfe, gotesholde, goteskraft, gotesminne, gotesrîchtuom*), aber zumindest in Erwägung zu ziehen. Echte, im *Lucidarius* neu geprägte Syntagmen liegen vor bei der Zusammensetzung aus zwei Substantiven mit einem sw. Subst. im ersten Glied und -*n*- als Fugungselement: *herrenbezeichenunge* (Christussymbol), *herrentoufe, herrenurstende*. Auffällig ist auch noch im dritten Buch des *Lucidarius* die konstante Übersetzung von lat. *perfectus* mit „uollebraht an der gûtete" (123, 16; 124, 1, 12 f).

4. Schlußbemerkungen

Das inhaltlich einfache Niveau des *Lucidarius* zwingt seinen Verfasser nicht, die gemeinsprachliche Ebene zu verlassen, lediglich das zweite Buch verlangt Fachwissen in der Liturgie. Ein Mindestbestand an lat. Fachterminologie, die über assimilierte Lehnwörter mehr oder weniger weit in den mhd. Wortschatz integriert ist, bleibt freilich unverzichtbar. Sie erlaubt Rükschlüsse auf den Bildungsstand des Adressatenkreises, für den Grundkenntnisse der lateinischen Sprache vorausgesetzt werden müssen. Die exemplarische Beschreibung fachsprachlicher Phänomene attestiert dem *Lucidarius*-Autor einen souveränen und selbstbewußten Umgang mit der Volkssprache, der in Einzelfällen bis zur Neuprägung von Termini reicht. Der hier vorgelegte Versuch ersetzt allerdings nicht eine gründliche sprachwissenschaftliche Untersuchung des gesamten Wortschatzes unter historischen und fachsprachlichen Aspekten, die für das Verständnis und die literarhistorische Einordnung des *Lucidarius* dringend erforderlich wäre, da dieser Text aufgrund seiner angeblich festen Datierung und der thematischen Problematik sowohl von der Fachprosaforschung als auch von Untersuchungen im Umkreis der frühmhd. geistlichen Dichtung bisher völlig vernachlässigt wurde.

5. Literatur (in Auswahl)

5.1. Textausgaben

Brévart 1980 = Konrad von Megenberg: Die Deutsche Sphaera. Hrsg. v. Francis B. Brévart. Tübingen 1980 (Altdeutsche Textbibliothek 90).

Burnett 1985 = Pseudo-Bede: De mundi celestis terrestrisque constitutione. A treatise on the universe and the soul. Ed. and transl. by Charles Burnett. London 1985 (Warburg Institute Surveys and Texts 10).

Flint 1982 = Honorius Augustodunensis: Imago mundi. Hrsg. v. Valerie I. J. Flint. In: Archives d'histoire doctrinale et littéraire du moyen-âge 57. 1982, 7−153.

Gottschall/Steer 1994 = Der deutsche *Lucidarius*. Band 1: Kritischer Text nach den Handschriften. Hrsg. v. Dagmar Gottschall und Georg Steer. Tübingen 1994 (Texte und Textgeschichte 35).

Lindsay 1911 = Isidori Hispalensis Episcopi Etymologiarum sive Originum libri XX. Hrsg. v. W. M. Lindsay. Oxford 1911.

Maurach 1980 = Wilhelm von Conches: Philosophia. Hrsg. v. Gregor Maurach. Pretoria 1980.

Plant u. a. 1972 = Die sogenannte *Mainauer Naturlehre* der Basler Hs. B VIII 27. Abbildung, Transkription, Kommentar. Hrsg. v. Helmut R. Plant, Marie Rowlands und Rolf Burkhart. Göppingen 1972 (Litterae 18).

Tax 1986 = Die Werke Notkers des Deutschen, I: Boethius, *De consolatione Philosophiae*, I/II. Hrsg. v. Petrus W. Tax. Tübingen 1986 (Altdeutsche Textbibliothek 94).

Tax 1988 = Die Werke Notkers des Deutschen, II: Boethius, *De consolatione Philosophiae*, III. Hrsg. v. Petrus W. Tax. Tübingen 1988 (Altdeutsche Textbibliothek 100).

Tax 1990 = Die Werke Notkers des Deutschen, III: Boethius, *De consolatione Philosophiae*, IV/V. Hrsg. v. Petrus W. Tax. Tübingen 1990 (Altdeutsche Textbibliothek 101).

Voorwinden 1973 = Norbert Th. J. Voorwinden: Merigarto. Eine philologisch-historische Monographie. Leiden 1973.

5.2. Sonstige Literatur

Eis 1960 = Gerhard Eis: Mittelalterliche Fachprosa der Artes. In: Deutsche Philologie im Aufriß. Hrsg. v. Wolfgang Stammler. Bd. 2. 2. überarb. Aufl. 1960, Sp. 1103−1216.

Eis 1967 = Gerhard Eis: Mittelalterliche Fachliteratur. 2. Aufl. 1967 (Sammlung Metzler 14).

Gottschall 1991 = Dagmar Gottschall: Lucidarius (Elucidarium), -rezeption. In: Lexikon des Mittelalters. Hrsg. v. Robert-Henri Bautier u. a. Bd. 5. 1991, Sp. 2159−2161.

Pörksen 1984 = Uwe Pörksen: Deutsche Sprachgeschichte und die Entwicklung der Naturwissenschaften. − Aspekte einer Geschichte der Naturwissenschaftssprache und ihrer Wechselbeziehung zur Gemeinsprache. In: Sprachgeschichte. Ein internationales Handbuch zur Geschichte der deutschen Sprache und ihrer Erforschung. Hrsg. v. Werner Besch, Oskar Reichmann und Stefan Sonderegger. 1. Halbbd. Berlin. New York 1984 (Handbücher zur Sprach- und Kommunikationswissenschaft 2.1), 85−101.

Ruberg 1975 = Uwe Ruberg: Verfahren und Funktionen des Etymologisierens in der mittelhochdeutschen Literatur. In: Verbum et Signum I. Beiträge zur mediävistischen Bedeutungsforschung. Hrsg. v. Hans Fromm, Wolfgang Harms und Uwe Ruberg. München 1975, 295−330.

Schmitt 1972 = Wolfram Schmitt (Hrsg.): Deutsche Fachprosa des Mittelalters. Berlin. New York 1972.

Seibicke 1985 = Wilfried Seibicke: Fachsprachen in historischer Entwicklung. In: Sprachgeschichte. Ein internationales Handbuch zur Geschichte der deutschen Sprache und ihrer Erforschung. Hrsg. v. Werner Besch, Oskar Reichmann und Stefan Sonderegger. 2. Halbbd. Berlin. New York 1985 (Handbücher zur Sprach- und Kommunikationswissenschaft 2.2), 1998−2008.

Simrock 1866 = Karl Simrock: Die deutschen Volksbücher. Gesammelt und in ihrer ursprünglichen Echtheit wiederhergestellt. Bd. 13. Basel 1866 [Nachdruck Hildesheim. New York 1974].

Steer 1990 = Georg Steer: Der deutsche *Lucidarius* − ein Auftragswerk Heinrichs des Löwen? In: Deutsche Vierteljahresschrift 64. 1990, 1−25.

Sturlese 1992 = Loris Sturlese: Philosophie im deutschen *Lucidarius*? Zur Vermittlung philosophischer und naturwissenschaftlicher Lehre im deutschen Hochmittelalter. In: Beiträge zur Geschichte der deutschen Sprache und Literatur 114. 1992, 249−277.

Trier 1973 = Jost Trier: Der deutsche Wortschatz im Sinnbezirk des Verstandes. Von den Anfängen bis zum Beginn des 13. Jahrhunderts. 2. Aufl. Heidelberg 1973.

Die Verfasserin dankt Frau Dr. Marlies Hamm, die ihre ungedruckten Materialien zum *Lucidarius*-Kommentar zur Verfügung stellte:
Marlies Hamm: Der deutsche *Lucidarius*. Quellen und Anmerkungen, Tübingen (Texte und Textgeschichte) [im Druck].

Dagmar Gottschall, Lecce

242. Der Rechtswortschatz im *Sachsenspiegel*

1. Der Sachsenspiegel als Rechtsbuch
2. Der Sachsenspiegel als Fachliteratur
3. Der Rechtswortschatz des Sachsenspiegels
4. Der Rechtswortschatz des Sachsenspiegels als Wortschatz einer „Fachsprache"
5. Literatur (in Auswahl)

1. Der Sachsenspiegel als Rechtsbuch

Der Begriff des Rechtsbuchs wird heute weit gefaßt. Man versteht darunter Sammlungen des angewandten Gewohnheitsrechts, die zwischen 1200 und 1500 in deutscher Sprache aufgezeichnet worden sind, und zwar in Bindung an einen bestimmten Anwendungsraum wie eine Stadt (Magdeburg), eine bestimmte Region (Sachsen) oder überregional an das Reich (Deutschenspiegel). In den zeitgenössischen Quellen werden diese Texte als *spiegel* (Sachsenspiegel), *lant-* und *lehenrechtsbuoch* (Schwabenspiegel), *kayserrecht* (Schwabenspiegel, Frankenspiegel) oder auch nur als *rechtbuk* (Berliner Stadtrecht) bezeichnet. Der Sachsenspiegel gehört mit dem Mühlhäuser Reichsrechtsbuch zu den ältesten Texten dieser Art. Sein Autor, Eike von Repgow, dessen Geschlecht sich nach dem Dorfe Reppichau bei Dessau nannte, hat den Sachsenspiegel wohl 1224/25 *an dudisch gewant*, nachdem er sich zunächst an einer lat. Fassung versucht hatte. Nach der Reimvorrede hat Eike sein Werk, das *den luden algemene* (V. 99) gewidmet ist, auf Veranlassung des Grafen Hoyer von Falkenstein (V. 261 ff), Stiftvogts von Quedlinburg, abgefaßt. In sechs Urkunden zwischen 1209 und 1233, die in die Umgebung des Grafen Heinrich I. von Anhalt, des Markgrafen Dietrich von Meißen und des Landgrafen Ludwig IV. von Thüringen führen, wird Eike zunächst unter den *nobiles viri*, dann unter den anhaltinischen Ministerialen als Zeuge aufgeführt. Es ist unwahrscheinlich, daß er einen festen Schöffenstuhl hatte. Aber er gehörte wohl zu den schöffenbarfreien Leuten, die kraft Geburt zum Schöffenamt berechtigt waren. Als Ratgeber in Rechtssachen dürfte Eike von Repgow als Ministerialer am Hofe des Grafen von Anhalt tätig gewesen sein. Eike hat sein Werk bis 1230/31 mehrmals überarbeitet und durch Zusätze laufend erweitert.

Vom Sachsenspiegel ging eine starke und nachhaltige Wirkung aus. In Süddeutschland entstanden nach seinem Vorbild der 'Spiegel deutscher Leute' oder 'Deutschenspiegel' und das 'Kaiserrecht', der sog. 'Schwabenspiegel'. Der Sachsenspiegel gelangte früh an den Niederrhein und in die Niederlande. Siedler nahmen das *ius Saxonicum* nach Ost(mittel)europa mit. Vor allem wurde der Sachsenspiegel im Stadtrecht (Magdeburg, Neumarkt, Hamburg, Lüneburg, Herford u. a. m.) rezipiert. Über 400 Handschriften und Fragmente belegen die Wege seiner Verbreitung.

Das *dudisch*, das Eike benützte, dürfte das Elbostfälische seiner engeren Heimat gewesen sein, das dem Mitteldeutschen bereits sehr nahe stand. Bezeichnend hierfür ist die in Halle befindliche Quedlinburger Hs. (Cod. 81), die mitteldeutsch geschrieben ist und zahlreiche niederdeutsche Reliktwörter enthält. K. A. Eckhardt ist bei der Gestaltung seiner kritischen Ausgabe von dieser Hs. ausgegangen. Als eine Rekonstruktion einer niederdeutschen Fassung ist sie von philologischer Seite kritisiert worden. Für sprachliche Untersuchungen sieht man sich deshalb heute auf die Hss. verwiesen, die nur teilweise wie die älteste datierte Hs., der Harffer Sachsenspiegel des Jahres 1295, in Ausgaben zugänglich sind. Der Sachsenspiegel ist häufig in das Mitteldeutsche umgesetzt worden. Stellvertretend für diese Hss. sind die Bilderhss. des Sachsenspiegel zu nennen, eine in der Rechtsbücherüberlieferung einzigartige Gruppe. Die vier erhaltenen Codices aus Oldenburg, Heidelberg, Dresden und Wolfenbüttel liegen heute alle in Faksimile-Ausgaben vor. Allein der Oldenburger Codex ist niederdeutsch. Der Kommentarband zur Wolfenbütteler Bilderhandschrift enthält Ausführungen über Sprache und Stil, den Rechtswortschatz und ein Glossar der Rechtswörter (vgl. jetzt auch W. Peters, 1995/96). Wenn im Folgenden auf diesen Text zurückgegriffen wird, so entspricht dies der Wirkung, die der Sachsenspiegel über das Mitteldeutsche auf die deutsche Rechtssprache gehabt hat (hierzu jetzt auch B. Hennig, 1996). Der in dieser Hs. mitüberlieferte Mainzer Reichslandfriede ermöglicht zudem einen Vergleich des Rechtsbuches mit einem Gesetzestext.

2. Der Sachsenspiegel als Fachliteratur

Der Sachsenspiegel gilt in der Forschung als ein Werk mittelalterlicher Fachliteratur von besonders hohem Rang. Dabei kann hier nicht von den üblichen Kriterien für Fachliteratur ausgegangen werden wie z. B. der Bindung an ein bestimmtes, meist berufsbedingtes Fach und der Orientierung auf ein entsprechend fachlich gebildetes Publikum. Denn den Berufsstand der Juristen hat es zur Zeit Eikes noch nicht gegeben. Der Graf und der Richter, der Schultheiß und Fronbote, die Schöffen und Urteiler, die im Gericht Recht zu finden hatten, waren zwar Repräsentanten der Gerichtsverfassung, doch besaß keiner von ihnen eine besondere Ausbildung für sein Amt. Ebensowenig berufsbezogen war das Publikum, an das sich Eike laut Reimvorrede wandte: Nämlich an alle, die das Recht lieben und vom Unrecht unterscheiden wollen (V. 111 u. ö.). Diese erklärte Absicht zur Unterscheidung von Gut und Böse, rechter und falscher Lehre, die sich auch im Text niedergeschlagen hat, rückt den Sachsenspiegel in den Kreis der Fachliteratur, die mehr als nur Sachliteratur ist. Wie die Wirkung beweist, besaß der Sachsenspiegel offensichtlich auch „Modellcharakter" für die Anwendung des Rechts im Gericht, indem er das, was rechtens war, abgezogen vom Einzelfall so darstellte, daß seine Sätze jederzeit auf vergleichbare Situationen anzuwenden gewesen sind. Er hatte also eine pragmatische Funktion, was sich auch auf den Wortschatz wie auf Sprache und Stil ausgewirkt hat.

Während es aus ahd. Zeit nur wenige volkssprachige Rechtsdenkmäler, meist fragmentarischen Charakters, gibt und auch die Übergangszeit des Frühmittelhochdeutschen (12./13. Jh.) mit nur wenigen Zeugnissen wie Formeln aus einem 'Gottesurteilverfahren', einer 'Schwäbischen Trauformel' und dem Erfurter Judeneid spärlich belegt ist, sind es in der Rechtsbücherzeit erstmals umfangreiche Texte, die tieferen Einblick in die Rechtssprache der Zeit, ihre Grammatik, Syntax und Lexik vermitteln. Mit Zitaten wörtlicher Rede, mit Paarformeln und Sprichwörtern, lassen sie auch Rückschlüsse auf die Mündlichkeit vor Gericht zu. Eine systematische Auswertung der Rechtsbücher im Zuge einer historischen Fachprosaforschung steht noch aus.

3. Der Rechtswortschatz

3.1. Rechtswörter im engeren und im weiteren Sinn

Der Rechtswortschatz im allgemeinen wie der des Sachsenspiegel im besonderen ist von dem Fachwortschatz anderer Fachsprachen durch eine größere Nähe zur Gemeinsprache generell unterschieden. Denn da sich das Recht auf die ganze Breite des Lebens bezieht, ist in den Rechtsbüchern wie in anderen volkssprachigen Rechtstexten der Anteil der Nichtrechtswörter als Sinnträger unverhältnismäßig groß. Ein Teil der Wörter, die aus der Gemein- oder Alltagssprache stammen, wird zwar auch in „rechtstechnischem" Sinn gebraucht, hat aber daneben seine allgemeinsprachliche Bedeutung erhalten, z. B. *klagen* 'sich klagend gebärden', rechtssprachlich aber 'beklagen' oder 'anklagen'; *nôt* allgemeinsprachlich 'Bedrängnis', alltagssprachlich 'Kindesnot', rechtssprachlich 'Nötigung, Vergewaltigung, Notzucht'. Den Prinzipien des 'Deutschen Rechtswörterbuchs' entsprechend spricht man hier von Rechtswörtern im weiteren Sinne. Rechtswörter im engeren Sinne wie *rechtelôs, richter, gerichte* bezeichnen von vornherein eine rechtsspezifische Sache und sind ohne diesen Zusammenhang nicht denkbar. Ihre Bedeutung liegt meist fest. Rechtswörter im weiteren Sinne, die eine außerrechtliche Sache nur rechtlich werten, haftet durch ihre Nähe zur Gemeinsprache eine gewisse Vagheit an. Eike hat dies gespürt, wenn er allgemein verbreiteten Wörtern wie *gût, laster, schade* eine besondere Definition beigibt, wenn er sie wie *gût* 'Besitz an Grund und Boden' in rechtstechnischem Sinne verwendet hat. Wie die bereits genannten Beispiele *rechtelôs, richter, gericht* zeigen, werden Rechtswörter im engeren Sinne vor allem auf dem Wege der Wortbildung gewonnen. Im Vergleich zu der Vagheit der Rechtswörter im weiteren Sinne zeichnen sie sich durch größere Eindeutigkeit aus.

3.2. Historische Schichten

3.2.1. Erbwörter

Der Rechtswortschatz des Sachsenspiegels gehört verschiedenen historischen Schichten an. Ein Grundbestand sog. Erbwörter wie *âchte, ban, bûze, ding, erbe, vride, sache, schult* und *sûne*, die zu den Kernbegriffen mittelalterlicher Rechtssprache gehören, führen bereits mit ihrer Rechtsbedeutung in das Vordeutsche oder Germanische zurück. Dies überrascht an sich nicht, gehört doch die Rechtssprache zu den ältesten Fachsprachen ethnischer Gruppen überhaupt. Indem Rechtswörter im Verlauf ihrer Geschichte auf wechselnde oder neue Rechtsverhältnisse übertragen worden sind, haben sie teilweise eine starke semantische Aufspaltung erfahren. So steht *vride* im Sachsenspiegel für 'Friede, Sicherheit, Schutz', für die Friedensordnung, den königlichen Sonderfrieden, dann freilich von Eike durch Wendungen wie *des rîches vride* oder *des kuniges vride* verdeutlicht. *Bann*, ursprünglich 'Gebot unter Strafandrohung', entsprechen im Mittelhochdeutschen 'Gebot' und 'Verbot', 'Gerichtsbarkeit', 'Gerichtsbezirk', 'Bann'. Im Sachsenspiegel wird das Wort dem allgemeinen Sprachgebrauch entsprechend gebraucht, aber zusätzlich auch für die 'Strafe bei Übertretung', für den 'Gerichtsbann' wie für den 'Kirchenbann' verwendet. Freilich unterscheidet Eike auch hier durch Wendungen wie *des kuniges ban* oder *des bâbestes ban*. Entsprechend heißt es bei *âchte* 'öffentlich rechtliche Verfolgung, gerichtliche Rechtloserklärung' *des rîches âchte* oder *des kuniges âchte* für 'Reichsacht'. *Buße*, ursprünglich 'Besserung, rechtliche Genugtuung', bezeichnet im Sachsenspiegel die 'rechtliche Wiedergutmachung' im weltlichen wie im geistlichen Bereich, wobei die Wendung *mit bûze bessern* 'als Wiedergutmachung eine Buße leisten' noch dem ursprünglichen semantischen Zusammenhang festzuhalten scheint.

3.2.2. Lehn- und Fremdwörter

Auch das Lehnwortgut des Sachsenspiegel reicht mit Lehnwörtern wie *ammechte* 'Amt', dazu *anmechtman*, und *rîche* 'Reich' bzw. 'Herrscher, König', die zu den ältesten Lehnwörtern des Deutschen überhaupt zählen, weit in das Vordeutsche zurück, z. B. mit *kamph* < aus lat. *campus*, das im Sachsenspiegel als Bezeichnung für den gerichtlichen Zweikampf verwendet wird. Im übrigen hat man eine ältere, vorahd. Lehnwortschicht von einer jüngeren zu unterscheiden, wie an dem Gegeneinander von *phaffe*, *bischof* einerseits und *pabist*, *babist* andererseits deutlich wird. Dieser jüngeren Lehnwortschicht gehört auch *pîne* 'peinliche Strafe, Leibesstrafe' an, das für die Anfänge einer peinlichen Strafjustiz im Sachsenspiegel aufschlußreich ist. *Wette* bzw. *gewette* zu mlat. *vadium* 'Verpfändung beweglicher Habe', das seinerseits auf ein germ. *wadja* 'Pfand' zurückgeht, wird im Sachsenspiegel ausschließlich für die Summe gebraucht, die bei einem verlorenen Prozeß außer der Buße an den Gerichtsherrn abzuführen ist, während gleichzeitig seine frühere Funktion und Bedeutung durch das aus dem Französischen entlehnte *phant* ersetzt worden ist. Einer jüngsten Schicht gehören die Lehnwörter an, die mit der höfisch-ritterlichen Standeskultur aus dem Französischen und Niederländischen übernommen worden sind, allen voran *ritter* zu frz. *chevalier*, das ursprünglich 'Reiter' bedeutete. Im Sachsenspiegel ist es eindeutig Standesbezeichnung, wie z. B. auch die Wendung *von ritters art* beweist. In diesen Zusammenhang gehören auch *amîe* 'Geliebte' und *turnei* 'Turnier', ferner *harnasch* oder *harnisch*, das Mitte des 12. Jh. aus dem Altfranzösischen mit der Bedeutung 'Ausrüstung des Kriegers' entlehnt worden ist, im Sachsenspiegel aber im Ensemble des *Heergewätes* (die Rüstung des Mannes und sein Sondergut) für das 'Waffenhemd' erscheint, d. h. mit einer eingeschränkten Bedeutung, wie sie auch bei Wolfram von Eschenbach zu finden ist. Als Rechtswörter im engeren Sinne sind *voit* 'Vogt' zu lat. *vocatus* und *voitîe* 'Vogtei, Amtsbezirk des Vogtes' zu nennen, eine Ableitung mit dem Lehnsuffix -*îe*, die von Eike aber auch mit erweiterter Bedeutung für 'Schutzherrschaft, Schirmherrschaft' gebraucht worden ist.

3.2.3. Sprachausgleich

Im Vergleich zu den Urkunden seiner Zeit und Umgebung (Aken, Halle) hat der Sachsenspiegel einen eher konservativen als innovativen Rechtswortschatz. Das altertümliche *hantgemal* 'Stammgut', das in Eikes Zeit längst nicht mehr verstanden wurde (Wolfram von Eschenbach), ist ebenso beibehalten wie das veraltete *phlege* 'Abgabe', das durch die Bezeichnung *phleghafte* für die zinspflichtigen Bauern gestützt worden ist. Für den Begriff *bewegliche Habe* werden im Sachsenspiegel noch *varnde gût* oder *varnde habe* gebraucht, während die städtischen Urkunden längst zu dem moderneren Begriff und seiner Bezeichnung übergegangen sind. Der konservative Grundzug des Sachsenspiegel schloß nicht aus, daß seine Verbreitung über die hochdeutsch-niederdeutsche Sprachgrenze hinaus wesentlich zum Sprachausgleich zwischen den Schreiblandschaften beigetragen hat, der zu den Voraussetzungen für die Entstehung der nhd. Schriftsprache gehört. Meist wird die Wirkung, die der Sachsenspiegel in dieser Beziehung gehabt hat, mit den obd. Fassungen des Deutschen- und des Schwabenspiegels in Zusammenhang gebracht. Es ist aber auch an die naheliegende Umsetzung des Rechtsbuches vom Niederdeutschen in das Mitteldeutsche zu denken, die, wie die Quedlinburger Hs. (Cod. 81) beweist, schon früh eingesetzt hat. Zu den Rechtswörtern, die mit dem Sachsenspiegel aus dem Niederdeutschen in das Hochdeutsche vorangetragen worden sind, gehören *Gerücht*, *echt* und *billig*, die freilich im Laufe der Zeit ihre Rechtsbedeutung eingebüßt haben. Bei *Vormund* hat sich der Rechtssinn bis zum heutigen Tag gehalten. Als ein Rechtswort im engeren Sinn, das bereits im Mühlhäuser Reichsrechtsbuch belegt ist, hat sich die md. Form *voremunde* mit dem Sachsenspiegel durchgesetzt und gleichbedeutende Bezeichnungen wie *fürsprech*, *gerhab*, *momber*, *träger* und *pfleger* an die Ränder des deutschen Sprachraums zurückgedrängt.

3.3. Rechtswörter durch Wortbildung

Die bisher angeführten Beispiele haben gezeigt, daß der Vagheit überkommener Rechtswörter offenbar durch Zusammensetzungen und Ableitungen, die eine Einschränkung vorhandener Polysemie zur Folge hatte, begegnet werden konnte. Diese Wortbildungen wie der Aufbau von Wortfamilien um Kernbegriffe wie *erbe*, *ding*, *richten*, *schult*, *vride*, *recht*, *zins* u. a. m. trugen zur Festigung der Rechtsbegriffe zweifellos bei. Ein Beispiel mag dies veranschaulichen: *ding* mit den Rechtsbedeutungen 'Gericht, Gerichtsversammlung', 'Gerichtstag', 'Gerichtspflicht' wie auch der heute allein noch gebräuchlichen Bedeutung 'Sache, Gegenstand, Ding' hatte *dingen* 'Gericht halten', *dingphlichtic*, *dingstat* 'Gerichtsstätte', *dingvluchtic*, *dingzal* 'Gerichtstermin', *teding* < *tageding* 'Gerichtsversammlung' mit *tedingen* 'einen Termin setzen' und *vortedingen* 'vor Gericht laden', *gedinge* 'Nutzungsrecht, Anwartschaft, Rechtsanspruch auf ein Gut' und *lipgedinge* 'auf Lebenszeit zur Nutznießung übertragenes Gut, Leibrente' neben sich, — eine ansehnliche Wortfamilie, die zugleich deutlich macht, daß Wortkompositionen vor den Ableitungen absolut Vorrang hatten.

3.3.1. Komposita

In der Regel sind es Rechtswörter im engeren Sinn, die durch Zusammensetzung oder Zusammenrückung gebildet worden sind. Sie können wie *hantgemal* 'Stammgut', *morgengabe* 'das, was der Ehemann seiner Frau am Morgen nach der Brautnacht schenkt' oder *balmunden* 'für einen schlechten Vormund erklären' in die vordeutsche oder stammesrechtliche Zeit zurückreichen. War wie bei *balmunden* der Sinn bereits verdunkelt, so wurde eine Definition beigegeben: *balmunden* *das is man sal im verteilen alle vormundeschaft*. In diese älteste Schicht der Komposita gehört wohl auch *meineid* zu *mein* 'falsch', *kebeskint* zu mhd. *kebes* 'Nebenfrau'. Es sind vor allem Bezeichnungen aus dem Erb- und Eherecht wie *swertmag* 'Verwandter von väterlicher Seite', *lipgedinge* (s. o.) 'Leibrente' (für die Witwe), *musteil* 'Hälfte der Speisevorräte, die bei der Erbteilung an die Frau des Verstorbenen fällt'; ferner Bezeichnungen für Verbrechen wie *missetât* zu *missetûn*, *mortbrant*, *tôtslag*. Standes- und Amtsbezeichnungen wie *biergelde* für den Abgabepflichtigen oder *schultheize* für den Beisitzer im Grafending, der die Bußen einzutreiben hatte, gehören einer jüngeren, mittelalterlichen Schicht an. Wie *lantrecht* mit *lantrichtere* oder *wikbilde* 'städtischer Gerichtsbezirk' spiegeln Bezeichnungen wie diese die Gerichtsordnung mit ihren Besonderheiten wider.

In den Umkreis des Gerichts führen auch die zahlreichen Zusammensetzungen von Verben mit Präpositionen bzw. Adverbien lokaler Bedeutung wie *abe-*, *ane-*, *ent-*, *uber-*, *ûf-*, *um-*, *under-*, *wider-*, *zû-*; dazu *anevangen* 'etwas durch Angreifen als sein Eigentum ansprechen', *entreden* 'sich durch Eid reinigen', *ubirzûgen* 'mit Zeugen überführen', *ûflâzen* 'vor Gericht auflassen', *ûzwîsen* 'gerichtlich ausweisen' usw. Die Präpositionen haben hier bereits die Funktion von Präfixen. Insgesamt handelt es sich um Rechtswörter, die durch die Komposition eine inhaltliche Präzisierung und damit eine zusätzliche Festlegung des rechtlichen Inhalts erfahren haben. Die gleiche Funktion haben Präfix- und Suffixbildungen.

3.3.2. Präfix- und Suffixbildungen

Die Zahl der Affixbildungen ist in den Rechtsbüchern im Vergleich zu der älteren Überlieferung aus althochdeutscher und frühmittelhochdeutscher Zeit ganz erheblich angewachsen. So ist neben *klagen* nun *beklagen* 'vor Gericht Anklage erheben, verklagen' als ein Rechtsterminus getreten, der sich bis auf den heutigen Tag erhalten hat, während *beleiten* 'Geleitschutz gewähren' zu *leiten* 'führen' und *belenen* neben *lenen* 'leihen' mit den Institutionen, auf die sie sich bezogen, untergegangen sind.

Zahlenmäßig an der Spitze stehen zweifellos die Präfixbildungen mit *ge-*: *gebiten* 'befehlen', *gebrechen* 'streitig machen, entziehen', *gesprechen* 'absprechen', *gestên* 'eingestehen', *geswern* 'abschwören', *gestêtegen* 'bestätigen'. Das Präfix, das in der Verbbeugung eine perfektivierende oder futuristische Funktion hat, bewirkt in der Rechtssprache eine Verstärkung oder Intensivierung, wie *gebîten* 'gebieten, befehlen, auffordern' gegenüber *bîten* 'anbieten, erbieten' beweist; *gebot* und *gesetze*, *gerûchte/gerûfte* 'Klagegeschrei zur Festnahme eines Missetäters', *gewere* 'rechtskräftig gesicherter Besitz' mögen hier als Beispiele genügen. Auch die kollektivierende Funktion der Vorsilbe ist festzustellen: *genôs* 'Standesgenosse', *gebûr* 'Bauer, Nachbar', *gedinge* 'Nutzungsrecht', *gerade* 'Aussteuer, Frauengut', *hergewete* 'Kriegsausrüstung'. Einige Bezeichnungen wie *Gericht*, *Gebot*, *Gewalt* gehören heute zu zentralen Begriffen der Rechtsordnung. Bildungen mit *vor-*, *ver-* enthalten eine vergleichbare Verstärkung oder Intensivierung: *vorâchten* 'in die Acht erklären, ächten', *vorbannen* 'in den Bann tun', *vorbîten*, *vorheischen* 'zum gerichtlichen Zweikampf herausfordern', *vorklagen* 'anschuldigen, verklagen', *vorlouken(en)* 'ableugnen', *vorphlegen* 'sich verpflichten'; dazu Substantive wie *vorrêter* 'Verräter'.

Für die Aufzeichnung des Rechts, abgezogen vom konkreten Einzelfall, waren Abstrakta eine Notwendigkeit. Die alten Wortbildungsmuster, Femininabstrakta auf *-e* und *-t < ti*, die in das Vordeutsche gehören, reichten nicht mehr aus: Ableitungen von Adjektiven wie *hulde* 'Treuversprechen, Huldigung' zu *hold* oder von Verben wie *sûne* 'Versöhnung, Sühne'. Meist handelt es sich hier wie bei *volge* 'Zustimmung zu einem gerichtlichen Urteil' um eine rechtlich gewertete (außerrechtliche) Tätigkeit, also ein Rechtswort im weiteren Sinne. Bei den Femininabstrakta auf *-t*, meist Nomina actionis zu starken Verben, ist dies ähnlich: *macht* 'Kraft, Vermögen' zu *mac/mugen*, *phlicht* 'Obliegenheit, Pflicht' zu *phlegen*, *schult* und *unschult* zu *sal/suln*. Erst durch Komposition entstehen wie bei *nôtnunft* zu *nemen* Rechtswörter im engeren Sinne.

Neben die älteren Typen der Abstraktbildungen treten so die jüngeren Bildungen auf *-schaft*, *-heit* und *-tum*, d. h. mit Suffixen, die noch im Mhd. die Qualität von Apellativen haben konnten: *tûm/tuom* mit as. *dôm* 'Urteil, Gericht' ist so im Ahd. ein Rechtswort von zentraler Bedeutung gewesen. Im Sachsenspiegel sind nur *herzogtûm* und *schultheizentûm* belegt; besonders produktiv scheint dieser Typ also noch nicht gewesen zu sein. Entsprechendes gilt für *-heit*, ursprünglich 'Wesen, Beschaffenheit', das erst mit der Mystik so recht in Mode gekommen ist. Es wurde besonders für Ableitungen von Eigenschaftswörtern verwendet und ist so im Sachsenspiegel mit *gewisheit*, *gewonheit*, *krancheit*, *stêtigkeit*, *warheit* vertreten. Als ein zentraler Rechtsbegriff sei hier *vrîheit* 'Stand der Freien' genannt: *vrîheit ist aber drîerhand*, nämlich in bezug auf die Gerichtspflicht, bei der drei Gruppen von Freien zu unterscheiden sind, die *Schöffenbarfreien*, die *Pfleghaften* (Abgabenpflichtigen) und die *Landsassen*, die keinen eigenen Grundbesitz hatten. Von Personenbezeichnungen wie *kint*, *krist*, *mensche* und *tôr* sind mit *-heit* Ordnungsbegriffe von übergreifender (universaler) Bedeutung wie *kintheit*, *kristenheit*, *menschheit* und *tôrheit* gebildet und im Sachsenspiegel belegt. Besonders produktiv war offensichtlich zur Zeit des Sachsenspiegels das Suffix *-schaft* mit der Grundbedeutung 'Beschaffenheit'. Wie das Beispiel *eigenschaft* 'Knechtschaft, Unfreiheit' zeigt, bezeichnen diese Ableitungen häufig einen rechtlich-sozialen Zustand oder eine entsprechende Institution, wie z. B. *bûrmeisterschaft*, *gebûrschaft*, *graveschaft*, *lantgraveschaft*, *manschaft*, *vormundschaft* usw. Weitaus am produktivsten aber war nach Ausweis der Sachsenspiegel-Überlieferung das Suffix *-unge*, mit dem vor allem Ableitungen von Verben gebildet wurden wie *absunderunge* 'Abfindung' bzw. 'Auszahlung künftiger Erben', *bewîsunge* 'Einweisung in ein Gut', *inwîsunge* dass., *ladunge* 'Vorladung vor Gericht', *lênunge* 'Belehnung', *lôsunge* 'Freilassung', *marcscheidunge* 'Gemarkungsgrenze', *nôtwerunge* 'Notwehr', *sinnunge* 'Lehensbegehren', *vorvestunge* 'gerichtliche Ächtung, Bezirksacht' u. a. m. Die mit den Ableitungen auf *-ung* später konkurrierenden Bezeichnungen auf *-nis*, *-nisse* sind im Sachsenspiegel nur in geringer Zahl vertreten. Die Ableitungen von Verben bezeichnen meist das Ergebnis einer Tätigkeit, wie *bedûtnis* 'Bedeutung' zu *dûten* 'deuten' oder *gevencnisse* 'Gefangenschaft' zu *vâhen*, *vangen*.

3.4. Adjektive

Zu den Begriffen, die im Sachsenspiegel am häufigsten belegt sind, gehören *gût*, *eigen* und *recht*. Sie sind durch Konversion aus Adjektiven gewonnen, haben aber alle eine mehr oder weniger starke Differenzierung in bezug auf Funktion und Bedeutung erfahren. So meint *gût* das 'Gut', den 'Besitz' im allgemeinen wie das 'Lehensgut' im besonderen. Das Rechtswort *eigen* meint das Eigentum, besonders an Liegenschaften, aber auch die

Eigenleute, Hörige oder Leibeigene. Diese soziale Komponente wird durch Komposita wie *eigenkint, eigenman, eigenschaft* 'Leibeigenschaft, Unfreiheit' verstärkt. Beträchtlich ist die inhaltliche Differenzierung bei *recht*, das 'die gesetzliche Anordnung oder Bestimmung', das 'Besitzrecht und den rechtlichen Anspruch darauf' meinen kann, den Rechtsstatus einer Person mit allen Rechten und Pflichten, aber auch konkret den 'Reinigungseid'. Wendungen wie *echt und recht* betreffen die Ehr- und Rechtsfähigkeit, Recht und Gesetz im ganzen; *sîn recht dar zû tûn* 'sein Recht ausüben' bzw. 'den Reinigungseid leisten'; *vollenkomen an sîme rechte sîn* 'voll rechtsfähig sein' usw. *lantrecht, lênrecht, zinsrecht*, aber auch *sechsisches, swebisches, vrenkisches recht* sind zusätzliche Verbindungen, die das Gewicht des Adjektivs in einem Rechtstext zeigen: Es dient gleicherweise der inhaltlichen Differenzierung wie einer zusätzlichen Festlegung der Rechtsbedeutung und damit der Unterscheidung des Rechtswortschatzes vom allgemeinsprachlichen Wortschatz. Auf diesem Wege konnte eine neue Begrifflichkeit gewonnen werden, die vom Autor des Sachsenspiegel dann zusätzlich erläutert worden ist: *Die hanthafte tat is da, wo man einen man mit der tat begrift ...*, d. h. 'auf frischer Tat, mit der Waffe in der Hand'. Das Adj. *hanthaft* mit *-haft*, ursprünglich 'verbunden mit', das schon im Vorahd. den Charakter eines Suffixes angenommen hat, liegt in *êhaft* 'gesetzlich' vor, das nd. *echt* ergab und mit dieser Form in das Hd. gelangte; es begegnet im Sachsenspiegel in Wendungen wie *echte nôt* 'rechtlicher Hinderungsgrund, vor Gericht zu erscheinen', *echt und recht* (s. o.) und in Zusammensetzungen wie *echtlôs* 'rechtsunfähig'. Zu den Bildungen mit *-haft* gehören ferner *lîbhaft* 'lebend' (in erbrechtlichem Sinne), *schadehaft, werhaft, wettehaft* 'zur Zahlung des Gewettes verpflichtet', *wonhaft* und *phlegehaft* 'zur Abgabe (*phlege*) verpflichtet'. Im Sachsenspiegel ist dieses Adjektiv zur Standesbezeichnung für den Zins- oder Abgabepflichtigen geworden. Ähnlich ist es *schephinbâre*, einem Adjektiv mit dem Suffix *-bâre, -bêre,* ergangen, das zur Standesbezeichnung für den Schöffenbarfreien wurde. Vermutlich gehört das mit *phleghafte* gleichbedeutende *bîrgelde* zur gleichen Wurzel wie *-bâre, -bêre*, ursprünglich 'tragend'. Im Sachsenspiegel ist dieses Suffix nicht häufig verwendet; doch sind *seintbar < sentbar* 'gerichtsfähig' und *schephinbar* auch im Mainzer Reichslandfrieden von 1235, also in einem Gesetzestext, überliefert. Auf dem Wege zum Suffix war nach Ausweis des Sachsenspiegels auch *lôs* 'frei, ledig', das in Kompositionen wie *echtelôs, erbelôs, êrlôs, rechtlôs, trûwelôs* 'wortbrüchig, treulos' belegt ist.

Hier ist noch einmal auf die Präfixe zurückzukommen. Das kollektivierende wie soziierende *ge-* ist auch bei den Adjektiven häufig belegt, wie *gemeine* 'gemeinsam, allgemein', *getrûwe*, aber auch die adjektivisch gebrauchten Partizipien wie *geborn* 'abstammend, herkünftig', *abgesundert, angeborn, ûsgeradet* zeigen. Eine relativ große Gruppe bilden die Adjektive mit dem Präfix *un-*, das eine Negation ausdrückt und auch in Substantiven wie *ungelucke* und *ungenôs* 'Ungenosse, von geringerem Stand', *ungerichte* 'Verbrechen, Vergehen, Unrecht', *unlust* 'Unruhe, Lärm vor Gericht', *unschult* 'Reinigungseid' vorkommt. Als Adjektive sind hier zu nennen *unbescholden, unbestatet* 'unausgestattet', *unbetwungen* 'ohne Zwang, freiwillig', *unbewîset* 'nicht eingewiesen, ohne Einweisung', *unbillich* 'nicht rechtmäßig', *unecht* 'rechtlos', *unêlich* 'unehelich', *ungerâdet* 'nicht ausgesteuert', *unrecht, unschuldig, unvorholn und unvorstoln* 'nicht heimlich und nicht verborgen', d. h. 'öffentlich'.

3.5. Paarformeln

Das Beispiel *unvorholn und unvorstoln* zeigt, welche Funktion Paarformeln haben konnten: Sie umschrieben einen abstrakten Begriff wie den der notwendigen Öffentlichkeit bei einem rechtlichen Geschäft auf eine plastische, d. h. anschauliche Weise: *Swas he andirs dinges koufit unvorholn unde unvorstoln bi tagislichte unde nicht in beslossenme hûse ...* Es handelt sich in diesem Falle um eine tautologische Paarformel, bei der die beiden Glieder in semantischer Hinsicht zwar nicht völlig gleich sind, sich aber doch inhaltlich weitgehend decken. Diesen, im Sachsenspiegel relativ häufig vertretenen Formeln stehen kontrastive Formeln wie *uf wassere oder uf lande, durch liebe noch durch leide* gegenüber. Während diese Formeln eher in den gemeinsprachlichen Bereich gehören, führt die dritte Gruppe der differenzierenden Formeln wie *recht unde gewonheit, recht unde gebot*, indem hier zwischen Gewohnheitsrecht und Satzungsrecht unterschieden wird, in das Zentrum rechtssprachlicher Begriffsbildung.

Die Herkunft der Paarformeln aus der Spruchpraxis der Gerichte ist lange bestritten worden, weil vor allem die Urkundentexte wie das Schrifttum der Kanzleien sich dieses

Stilmittels bedienten. Gemeinsamkeiten, die zwischen Sachsenspiegel und Mainzer Reichslandfrieden in dieser Hinsicht bestehen und nicht auf direkte Abhängigkeit zurückgehen können, lassen indessen auf eine mündliche Tradition schließen, die unabhängig von der schriftlichen Überlieferung bestanden haben muß. In die gleiche Richtung weisen die Varianten, die es in Rechts- wie Gesetzestext in gleicher Weise gibt: *dubig* oder *roubig*, aber auch *duplich* oder *rouplich*, *egenes* oder *lenes*, aber auch *an eigen und an lêne*; *echtlôs und rechtlôs*, aber auch *êrlôs unde rechtlôs* in vergleichbarem Zusammenhang, so vor allem im Mainzer Reichslandfrieden.

4. Der Rechtswortschatz des Sachsenspiegels als Wortschatz einer Fachsprache

Der Autor des Sachsenspiegels war kein Fachmann in modernem Verständnis, d. h. er besaß keine Berufsausbildung. Er wandte sich auch nicht an eine geschlossene „Berufsgruppe", Graf, Richter, Schultheiß und Fronbote etwa, sondern an alle am Recht interessierten Laien. Als Sachkundiger, der wahrscheinlich in beratender Funktion tätig gewesen ist, hatte aber der Verfasser des Sachsenspiegel eine ausgezeichnete Kenntnis des Rechts und handhabte die überkommene Rechtssprache mit größtem Geschick. Dies gilt gerade auch für seinen Umgang mit dem Wortschatz. Er hat z. B. neue Begriffe eingeführt oder undurchsichtig gewordene zutreffend erklärt. Seine Definitionen hatten die Unterscheidung der rechtssprachlichen Bedeutung von der allgemeinsprachlichen wie etwa bei *laster*, *schade* oder *vrîheit* zum Zweck. Mittelalterlicher Rechtssprache, das zeigt der Vergleich mit dem Althochdeutschen und Frühmittelhochdeutschen, und das gilt auch noch für die Rechtsbücherzeit, fehlt die Eindeutigkeit moderner Fachterminologie. Die Übernahme und Tradierung überkommener Rechtswörter wie ihre Übertragung (Metonymie) auf neu hinzugekommene Rechtsverhältnisse und Institutionen hat bei vielen Bezeichnungen zu einer ausgeprägten Polysemie geführt, wie z. B. bei *ding*, *recht*, *vride* u. a. zu beobachten ist. Damit wurde die Vagheit des Rechtswortschatzes, wie er durch die Nähe der Rechtssprache zur Gemeinsprache ohnehin gegeben war, noch erhöht. In der Rechtsbücherzeit hatte man indessen schon gelernt, diesem Umstand zu begegnen. Komposita mit Präpositionen oder Adverbien lokaler Bedeutung bewirkten bei Verben eine inhaltliche Festlegung, eine Monosemierung. Wie denn überhaupt eine starke Vermehrung der Präfix- und Suffixbildungen gegenüber älteren Texten festzustellen ist. Einige dieser Wortbildungsmittel sind bis in die Rechtssprache der Neuzeit hinein produktiv geblieben. Dazu gehören die Abstraktbildungen auf *-ung(e)*, die Präfixbildungen mit dem Negationspartikel *un-*, aber auch die Zusammensetzungen mit dem in der Rechtssprache so beliebten *-lôs*. Durch diese wie andere Wortbildungsmittel wurde der Bestand an Rechtswörtern im engeren Sinne vermehrt. Hinzu kommt der Aufbau von Wortfamilien durch Komposition und Ableitung um Kernbegriffe herum wie etwa *ding*, *swern*, *vride*, *recht* usw., die dadurch gefestigt oder stabilisiert worden sind, wenn sie auch nicht immer (wie bei *ding*) den Verlust der ursprünglichen Rechtsbedeutung aufhalten konnten. Zur Festigung rechtlicher Begrifflichkeit haben auch die phraseologischen Wendungen beigetragen, die im Text des Sachsenspiegel reichlich vorhanden sind. Bisweilen sind sie Ausdruck einer zunehmenden Differenzierung oder Spezialisierung, so wenn *des kuniges ban* und *des bâbestes ban* einander gegenübergestellt werden; oder der *vorvestunge* 'Bezirksacht' *des rîches* oder *des kuniges âchte*, die 'Reichsacht'; in diesem Zusammenhang sind auch noch einmal die Paarformeln zu erwähnen: *unvorholn und unverstoln*, *dubig oder roubig*, *echt und recht*, *echtlôs und rechtlôs*, *êrlôs und rechtlôs*, *recht unde gewonheit*, *recht und gebot*, die ohne die stete Einwirkung der mündlichen Überlieferung auf die Schriftlichkeit des Rechts nicht denkbar sind. Alles zusammengenommen hat man es hier mit Elementen einer mittelalterlichen „Fachsprache" zu tun, die nicht nur mit einzelnen Rechtswörtern wie *beklagen*, *gerichte*, *Gebot*, *gewalt* und *Vormund*, sondern mit ihrer Grundstruktur zum Fundament der modernen Rechtssprache überhaupt geworden ist. — Zur Bedeutung des Sachsenspiegels für das mittelhochdeutsche Wörterbuch jetzt auch B. Hennig (1996).

5. Literatur (in Auswahl)

Åsdahl Holmberg 1957 = Märta Åsdahl Holmberg (Hrsg.): Der Harffer Sachsenspiegel vom Jahre 1295. Landrecht. Lund 1957.

Bischoff 1943/44 = Karl Bischoff: Zur Sprache des Sachsenspiegel. In: Zeitschrift für Mundartforschung 19, 1−80.

Bischoff 1967 = Karl Bischoff: Sprache und Geschichte an der mittleren Elbe und der unteren Saale. Köln. Graz 1967 (Mitteldeutsche Forschungen 52).

Eckhardt 1973 = Karl August Eckhardt (Hrsg.): Sachsenspiegel. Land- und Lehnrecht (MGH Font iur. Germ. ant. N.S. I, I u. II). 3. Aufl. Göttingen 1973.

Eis 1967 = Gerhard Eis: Mittelalterliche Fachliteratur. 2. Aufl. Stuttgart 1967 (Sammlung Metzler).

Handwörterbuch zur deutschen Rechtsgeschichte (HRG). Hrsg. v. Adalbert Erler, Ekkehard Kaufmann. Bd. 1−5. Berlin 1971−1998.

Hennig 1996 = Beate Hennig: Zum Sachsenspiegel als Quelle im mittelhochdeutschen Wörterbuch. In: Varietäten der deutschen Sprache. Festschrift für Dieter Möhn, hrsg. von Jörg Hennig und Jürgen Meier. Frankfurt a. M. Berlin. Bern. New York. Paris. Wien 1996 (Sprache in der Gesellschaft 23), 11−28.

Janz 1989 = Brigitte Janz: Rechtssprichwörter im Sachsenspiegel. Eine Untersuchung zur Text-Bild-Relation in den Codices picturati. Frankfurt a. M. Bern. New York. Paris 1989 (Germanistische Arbeiten zu Sprache und Kulturgeschichte 13).

Janz 1990 = Brigitte Janz: *Wir sezzen unde gebiten.* Der Mainzer Reichslandfriede in den Bilderhandschriften des Sachsenspiegels. In: Beiträge zur Geschichte der deutschen Sprache und Literatur 112. 1990, 242−266.

Johanek 1984, 1997 = Peter Johanek: Eike von Repgow, Hoyer von Falkenstein und die Entstehung des Sachsenspiegels. In: Civitatum Communitas. Studien zum europäischen Städtewesen. Festschrift für Heinz Stoob. Köln. Wien 1984, 716−755, Wiederabdruck in: Ders.: Was weiter wirkt ..., hrsg. v. Antje Sander-Berke und Birgit Studt, Münster 1997, 103−142.

Lieberwirth 1993 = Rolf Lieberwirth: Die Entstehung des Sachsenspiegels und Landesgeschichte, und Ders.: Die Wirkungsgeschichte des Sachsenspiegels. In: Die Wolfenbütteler Bilderhandschrift des Sachsenspiegels. Aufsätze und Untersuchungen. Kommentarband zur Faksimile-Ausgabe. Hrsg. v. Ruth Schmidt-Wiegand. Berlin 1993, 43−61 u. 63−86 [Wiederabdruck in ders.: Rechtshistorische Schriften, hrsg. von Heiner Lück, Weimar. Köln. Wien. 1997, 395−45, 427−468].

Oppitz 1990 = Ulrich-Dieter Oppitz: Deutsche Rechtsbücher des Mittelalters, Bd. I: Beschreibung der Rechtsbücher. Bd. II: Beschreibung der Handschriften. Köln. Wien 1990.

Peters 1996 = Werner Peters: Der Rechtswortschatz. In: Ruth Schmidt-Wiegand (Hrsg.): Der Oldenburger Sachsenspiegel, Kommentarband, 125−141.

Schmidt-Wiegand 1983 = Ruth Schmidt-Wiegand, Der 'Sachsenspiegel' Eikes von Repgow als Beispiel mittelalterlicher Fachliteratur. In: Zeitschrift für Literaturwissenschaft und Linguistik. 13, H. 51/52: Fachsprache und Fachliteratur 1983, 206−226.

Schmidt-Wiegand 1991 = Der Sachsenspiegel. Überlieferungs- und Editionsprobleme. In: Der Sachsenspiegel als Buch, Hrsg. v. Ruth Schmidt-Wiegand und Dagmar Hüpper. Frankfurt a. M. Bern. New York. Paris 1991 (Germanistische Arbeiten zu Sprache und Kulturgeschichte, 1), 19−56.

Schmidt-Wiegand 1992 = Ruth Schmidt-Wiegand: Der Mainzer Reichslandfriede im Spannungsfeld zwischen Mündlichkeit und Schriftlichkeit. In: Verborum Amor. Studien zur Geschichte und Kunst der deutschen Sprache. Festschrift für Stefan Sonderegger, zum 65. Geburtstag Hrsg. v. Harald Berger, Alois M. Maas und Peter von Matt. Berlin. New York 1992, 342−357.

Schmidt-Wiegand 1993 = Ruth Schmidt-Wiegand: Eike von Repgow. Sachsenspiegel. Die Wolfenbütteler Bilderhandschrift. Faksimile − Textband − Kommentarband; darin: Sprache und Stil der Wolfenbütteler Bilderhandschrift, 201−218; Der Rechtswortschatz, 219−232. Berlin 1993.

Schmidt-Wiegand 1995/1996 = Der Oldenburger Sachsenspiegel. CIM I 410 der Landesbibliothek Oldenburg. Faksimile − Textband − Kommentarband hrsg. v. Ruth Schmidt-Wiegand. Graz 1996 (Codices Selecti CI).

Schmidt-Wiegand 1993 = Ruth Schmidt-Wiegand (Hrsg.): Überlieferungs- und Editionsprobleme deutscher Rechtsbücher. In: Methoden und Probleme der Edition mittelalterlicher deutscher Texte. Bamberger Fachtagung 26.−29. Juni 1991. Pleniumsreferate. Hrsg. v. Rolf Bergmann und Kurt Gärtner. Tübingen 1993, 63−79.

Ruth Schmidt-Wiegand, Münster

243. Die bairische Fassung des *Pelzbuchs* Gottfrieds von Franken: ihr Fachwortschatz und ihr Quellenwert für die historische Fachsprachenforschung

1. Einleitung
2. Zu Autor und Urtext
3. Quellen und Aufbau des Werkes
4. Überlieferung
5. Zur Wirkung des *Pelzbuches*
6. Zum Fachwortschatz von BC
7. Die Buchstabenbereiche A, B und C/K der Fachtermini der Fassung BC des *Pelzbuches*
8. Literatur (in Auswahl)

1. Einleitung

Bei dem *Pelzbuch* Gottfrieds von Franken (von Würzburg), einem Lehrbuch für Obst- und Weinbau (*pelzen* = „pfropfen", „veredeln"), handelt es sich um ein ursprünglich in lateinischer Sprache verfaßtes Werk, das unter dem Titel *Abbreviatio Palladii* lief und sowohl in lateinischer wie insbesondere in deutscher Sprache eine räumlich wie zeitlich weitreichende Wirkung erzielen konnte; außerdem liegen Übersetzungen ins Tschechische und Englisch aus dem 15. Jh. vor.

2. Zu Autor und Urtext

Über Gottfried sind bislang keine weiteren Quellen vorhanden; einziger Zugang zu Person und Werk ist also das *Pelzbuch* und dessen Überlieferung. Bislang wurde die Entstehung seines Werkes mit „vor 1350" angegeben (vgl. Keil 1981, 125). Eine jüngst erschienene Zusammenstellung der lateinischen Überlieferung (Kiewisch 1995, 190–193) berechtigt jedoch zu der Annahme, daß das *Pelzbuch* noch dem 13. Jh., allenfalls den Jahren um 1300 angehört. Dafür spricht zum einen die beachtliche Anzahl von Handschriften aus der ersten Hälfte (teilweise erstem Drittel) des 14. Jh., zum andern die Tatsache, daß das konkurrierende Werk zum Gartenbau von Petrus de Crescentiis (*Ruralium commodorum libri XII*, um 1305 vollendet, und zwar in Bologna, wo Gottfried anscheinend ebenfalls begütert war), völlig unberücksichtigt bleibt.

Über die Herkunft Gottfrieds ergibt sich aus dem Text folgendes: Er hielt sich des öfteren in Würzburg auf, bzw. war dort oder in der näheren Umgebung beheimatet; außerdem kennt er Bamberg; daneben gibt er einen Hinweis, daß er in der Nähe von Bologna über Grundbesitz verfügte. Die weiteren Ortsnennungen (etwa Athens) sind wohl den Quellen entnommen; dagegen deuten die Hinweise auf Ober- und Niederdeutschland darauf hin, daß er Obstbaugebiete der Schweiz und Weinbaugebiete Brabants bereist haben könnte.

3. Quellen und Aufbau des Werkes

Abbreviatio Palladii nennt sich das Werk, und im ersten Vers des einleitenden Gedichts heißt es: „*Palladij librum abreuiatum per Gotefredum*" (Eis 1944, 21). Hier wird auf das *Opus agriculturae* des Rutilius Taurus Aemilianus Palladius (4. Jh.) verwiesen. Allerdings bringt Gottfried keineswegs eine Kurzfassung des spätantiken Werkes zum Landbau, vielmehr zeigt er sich bei der Beschreibung der Veredelungsarten als sehr eigenständig: während die Kapitel über die Obstbäume von Palladius abhängig sind, zeigen die Kapitel über den Weinbau enge Verwandtschaft mit den *Geoponika*, einer Sammlung von Exzerpten zum Landbau aus dem 10. Jh. (vgl. Ankenbrand 15–25; Keil 1981, 126f). Außerdem erwähnt Gottfried das ‚Büchlein, wie man Baume zweien soll' des schweizerischen Gartenschriftstellers Meister Richard. Da für den lateinischen Urtext keine Edition vorliegt und die bisherigen Quellenuntersuchungen (Ankenbrand) anhand der ersten deutschen Übersetzung (Fassung A) vorgenommen wurden, stehen die entsprechenden Ergebnisse auf keinem sicheren Fundament.

4. Überlieferung

Für die lateinische Überlieferung des *Pelzbuches* sind bislang 40 Handschriften gebucht; davon entfallen 15 auf das 14. Jh., vier weitere auf die Schwelle vom 14. zum 15. Jh., 17 auf das 15. und drei auf das 16. Jh. (vgl. Haupt 1872 558–564; Kiewisch 1995 190–193; Mayer 1998).

Für das Deutsche sind mehrere Fassungen bekannt, die von insgesamt etwa 75 Handschriften bei einer zeitlichen Erstreckung vom 14. bis zum 19. Jh. tradiert werden, wobei freilich auch sehr kleine Exzerpte mitgezählt sind (vgl. Eis 1944; Ankenbrand 1970; Mayer 1998), die allerdings den weitaus größten Teil der Überlieferung ausmachen.

Die aus dem Deutschen übertragene tschechische Überlieferung umfaßt acht Textzeugen unterschiedlicher Übersetzungsklassen (Eis 1944; Mayer 1998), für die englische sind bisher neun gebucht (Braekman 1989).

Die älteste deutsche Handschrift wurde Mitte des 14. Jh.s geschrieben und präsentiert den Text in der Fassung A, die sich, abgesehn von einigen Auslassungen, recht genau an die lateinische Vorgabe hält. Sie ist vermutlich im ostfränkisch-thüringischen Raum entstanden. Eis gab diese Fassung nach der Handschrift Admont, Stiftsbibliothek, Cod. 504 heraus. Der Text umfaßt 60 Kapitel, während das Register 68 Kapitel verzeichnet. Die Kap. A 61 bis A 68 werden, soweit bislang bekannt, auch von keiner anderen Handschrift der A-Fassung tradiert.

Eine schwäbische Fassung ist nur in der Handschrift Wien, ÖNB, 4694, Bl. 143^r–150^r, faßbar.

Die Fassungen D und E stellen lediglich kleinere Auszüge dar, die von B abhängig sind, aber auch eigenes Material bringen (Eis, 1944 50–53).

Die Wirkungsgeschichte der deutschen Versionen wird eindeutig von der bairischen Bearbeitung BC dominiert. Sie wurde von Eis (1944) nach zwei Handschriften ediert (B = Prag, Landes- und Universitätsbibliothek, Cod. XVI E 32; C = Prag, Böhmisches Nationalmuseum, XI E 16).

Die Unterschiede zwischen A und BC sind enorm, wie bereits der Umfang der beiden Übersetzungen zeigt.

A beginnt mit dem größten und zentralen Kapitel des ganzen Werkes, das sechs Arten des „pelzens" vorführt (= A 1). BC stellt diesem Kapitel 24 neue Kapitel voran; innerhalb dieser zusätzlichen Kapitel gibt es nur zwei Informationen (zwei Sätze), die sich – zumindest nach dem Informationsgehalt – auch in A befinden (B 15 entspricht A 26; B 21 entspricht A 4, Absatz 3). Der Mittelteil von BC folgt weitgehend A, wobei es – im Gegensatz zur Darstellung von Eis – zu keinen Umstellungen kommt. Von den 60 Kapiteln, die A besitzt, fehlen 15 in BC (A 15, 16, 19, 24, 29, 31, 35, 42–46, 49, 54, 60); dafür hat BC innerhalb dieses Mittelteils seinerseits 14 zusätzliche Kapitel gegenüber A: BC 33, 35, 42–46, 48, 50, 59, 62–65. Für den angehängten Schlußteil von BC (75–88, bei C 75–91) gibt es in A keine Entsprechung.

Damit enden die Unterschiede von A und BC noch keineswegs: auch die parallel überlieferten Kapitel zeigen deutliche Varianzen; sie bieten unterschiedliche Informationen zum selben Thema, wobei keineswegs nur BC zusätzlichen Text aufweist, manchmal sind auch die Kapitel in A ausführlicher. In BC wurden nicht nur (fast) alle Bezüge zu Gottfried (z. B. lokale Angaben) getilgt, sondern außerdem – wie bereits Gerhard Eis bemerkte – auch die Kapitel, die den Sektor der Magie streifen, wie die Erzeugung von verschiedenfarbigen Früchten (A 4, Absatz 2) oder von Schriftzeichen auf Pfirsichkernen (A 15), von äußeren Zeichen auf Melonen, Quitten und anderen Früchten (A 19); das Fehlen von A 29, 44, 65 und 66 weist in dieselbe Richtung (vgl. Eis 1944, 44f). Das Übergehen der übrigen Kapitel erklärt sich vielleicht damit, daß hier Themen abgehandelt werden, die mit Aufzucht und Veredeln von Obst und Wein kaum etwas zu tun haben, so das Kapitel über Dill und Lauch (A 31) oder die Haltbarmachung von Kuchen (A 42), bzw. die Abschnitte A 49, 54 und 60, die nicht den Winzer und Obstbauern, sondern vorwiegend den Kellermeister und Weinhändler ansprechen (vgl. Eis 1944, 45).

Außerdem trachtet BC nach einer klaren, in der Regel wortreicheren Darstellung. Die Zusätze zu Beginn, deren Quelle noch zu ermitteln ist, behandeln ausschließlich die Baumzucht. Im Gesamtaufbau erweist sich BC als weniger systematisch: die Zusätze durchbrechen die Gliederung, wie sie von A und dem lateinischen Original geboten wird. A gliedert den Text in sieben Abschnitte („Gesetze"), wovon allerdings die letzten drei nur im Register wiedergegeben werden.

Genaugenommen muß man bei BC von einem neuen Pelzbuch sprechen, dessen Hauptquelle (für etwa fünfzig Prozent des Textes) das *Pelzbuch* Gottfrieds darstellt. Außerdem wurde mit einiger Wahrscheinlichkeit für diese Fassung eine eigene Übersetzung erarbeitet, denn auch Satzbau sowie Wortschatz zeigen keine nennenswerten Gemeinsamkeiten mit A. Dabei muß auch die Möglichkeit in Betracht gezogen werden, daß BC mit ihren Erweiterungen und Auslassungen auf eine lateinische Redaktion des *Pelzbuches* zurückgehen könnte.

Die Unterschiede von A und BC betreffen auch den Fachwortschatz. So finden sich etwa folgende Fachausdrücke aus A 1 (entspricht B 25) nicht in B: *pfroppunge, knoufe, pfropris* („Pfropfreis" = in B: *czwielczwey* „Zweig"), *entrinden, borke*. Die Benennung des Weinbauern (A 35 *wynczurlle* „Winzer") wird in BC umgangen.

5. Zur Wirkung des *Pelzbuches*

Obwohl bei weitem nicht alle deutschen Überlieferungsträger genau bestimmt sind, läßt sich feststellen, daß die BC-Redaktion die mit Abstand größte Wirkung erzielen konnte. Für die A-Fassung sind bislang nur fünf Handschriften gesichert: neben der Admonter Handschrift die Münchner Codices Cgm 407 und Cgm 590; eine Heidelberger Handschrift überliefert nur A 48 und A 59; der ehemals in der Fürstenbergschen Bibliothek zu Donaueschingen aufbewahrte Cod. 787 bietet das Weinbuch, als Anfang eines umfangreichen Kompendiums zum Weinbau (abgedruckt bei Ankenbrand 1970, 115–151).

Nach bisherigem Wissenstand überliefern die übrigen Textzeugen die Klasse BC, und zwar – von ganz wenigen Ausnahmen abgesehen – nur fragmentarisch. (Ausnahmen: Göttingen, UB, Cod. Jurid. 391; Cgm 407 [überliefert auch A]; Cgm 727). Daneben wurde die tschechische sowie eine niederdeutsch-dänische Übertragung (Stockholm, Cod. Holm. Vu 82; vgl. Ankenbrand 1970, 47–86) anhand von BC übersetzt. Dabei enthält die norddeutsche Überlieferung kaum noch Bestimmungen des Urtextes, da hier – abgesehen von zwei Pelzvorschriften – nur Zusätze von BC eingegangen sind.

6. Zum Fachwortschatz von BC

Zur Untersuchung des Fachwortschatzes wurde ein Register der Fachtermini erstellt, dessen erste Buchstabenbereiche (A, B, C/K) hier mitgegeben werden. Wie schon diese Beispiele deutlich werden lassen, verfügt das *Pelzbuch* in seiner BC-Version über einen ausgeprägten Fachwortschatz, der die Bereiche der Bodenbearbeitung (*erdreich* ist einer der am häufigsten verwendeten Fachausdrücke) des Pflanzens, Pfropfens, Ziehens und Erntens genauso einbegreift wie Angaben zur Morphologie bzw. Anatomie der Pflanze. Die Spezialisierung geht so weit, daß sie zwischen *chorn* („Weinbeere") und *chorndel* („Kern der Weinbeere") differenziert. Für die heimischen Ostsorten sind auch hier die morphologischen Strukturen vom Kernhaus (*chernstal*) bis zum Stiel erfaßt. Was die Sorten betrifft, erfolgt morphologisch eine ähnlich genaue Differenzierung, die im Gegensatz zum jüngeren *Traktatus de plantatione arborum* allerdings noch keine Sortennamen bringt.

Neben der Pflanze und dem Boden kommen die Bearbeitungsgeräte zur Darstellung, deren Präsentation jedoch bei Weingewinnung und Kellermeisterei eine größere Rolle spielt als im Bereich der Obstbaumveredelung. Die Verfügbarkeit der Fachtermini erlaubt eine exakte Bezeichnung der Entwicklung von Most und Wein, von dessen Umschlagen, Sauerwerden und Konsistenzveränderung (*seiger, zach, anczigk*).

Die Vielzahl der Gerätschaften reicht von der Benennung der Gefäße (*assach*) und der Volumen-Bestimmung (*czehen emerig*) bis zur Angabe von deren Konfiguration, Nutzung und Handhabung. Besonders auf Bohrer (*nebiger, zapfnebiger*), Nagel und zapfenartige Strukturen (*czwykchel*) wird präzise abgehoben; die Lagerstätten sind dargestellt hinsichtlich Dimension, Belüftung sowie anderer Eigenschaften.

Als Kennzeichen der Pelzbuch-Terminologie kann die semantische Eindeutigkeit hervorgehoben werden. Konkurrenzen treten ebenso selten auf, wie es den Bearbeitern auch gelingt, Polysemie bzw. Synonyme weitgehend zu vermeiden.

7. Die Buchstabenbereiche A, B und C/K der Fachtermini der Fassung BC des *Pelzbuches*

Die Belegstellen werden nur nach Kapiteln angegeben, da die Edition von Eis (1944) keine Zeilenzähler mitgibt und die Kapitel in der Regel auch sehr kurz sind.

Mehrfachnennungen eines Wortes innerhalb eines Kapitels wurden nicht eigens aufgenommen, wenn die Bedeutung gleichbleibt.

A

abcziehen („den Most abziehen") [B68]; („dem Faß entnehmen") [B71]
abencz („am Abend") [B88]
abfallen, *s*. abvallen
abflaen („abfleihen", „abwaschen") [B42]
ablassen [B71]
ablesen („ernten", „lesen", „einsammeln") [B22, B58, B61]
abmachen („anmachen", „verbessern"), hier: abmachen mit gewurcz [B32]; abmachen: man mag es gesunten leuten abmachen [B43]

abnemen („Obst ernten") [B22, B32]
    abnemunder mon (monn) [B19, B33]
    abnemunder paum („im Ertrag nachlassender Baum") [B27]
abprechen [B58]
abreren [B85]
abrueten („Eberraute") [B51]
    abruten stokch [B51]
absagen („absägen") [B25]
absneyden [B53, B83]
abtrinkchen [B84]
abvallen [B32]
äl („Aale") [B50]
aichen holcz [B62]
akcher („Acker") [B52]
alant [B81]
    alant wein [B81]
    alant wurczen [B81]
aller heiligen tag („Allerheiligen") [B25]
amaiss [B87]
amreln („Marillen") [B41]
    amerelen kern [B19]; amrelnchern [B31]
anczikch („umgeschlagen", „sauer") [B63, B79]
anczunten („anzünden", „entflammen") [B75]
aneis („Anis") [B42]
ankumt („anfällt") [B1]
anprinnen („anbrennen") [B46]
ansacz (*möglicherweise Fehler, recte*: aussacz) [B88]
anslahen (das die frucht an daz pherseich czwey slach) [B33]
ansten [B25]
anstossen (s. auffstossen) [B25]
apffel [B26], *vgl. auch*: apholter
aphel [B29; B34]; äphel [B33, B58]
apholter („Apfelbaum") [B1, B26]
    apholterpawm [B25]
    apholter stokch [B25]
apoteke [B3]
Aprilli („April") [B25]
Aristotiles [B27, B28]
arthemisie wein [B82]
asche [B35, B57]
assach („Gefäß") [B72]
asst [B7, B30]
atichper [B64]
aufcziechen (an dem löffel) [B46]
aufhecht (jn die luft) („aufrichtet") [B82]
aufriechen (oben nicht aus aufriech: „stincken") [B72]
aufstoßen (auf den pelczstokch) [B25], *vgl. auch*: aufstossen
augel („Astauge") [B25, B54, B56]; augel (pl. Augen = Trieb?) [B55]
    auglein [B25]
aus cheiden [B48]
ausdrukchen („ausdrücken", „auspressen") [B45, B59, B60]
ausdrukchen („austrocknen") [B44]
ausgen („herausfließen") [B67]
ausgraben [B25, B30, B31]
auz prannen („ausbrennen", „destillieren": wer waldrian auz prannt „wer Baldrian ausbrennt) [B77]

auspressen [B60]
austreiben [B30, B47, B54, B55, B56]
austreten [B60]
auswerfen [B33, B81]
ausziehen [B30]
ayr („Eier") [B77, B78]
    ayrchlar („verrührtes Eiweiß") [B77]
    ayr totter [B78]

B

balsam chrawt [B51]
baumbs frucht [B10]
bechomen/bekomen/bechumen („gedeihen", „gelingen", „wachsen") [B25, B31, B36, B38, B51, B56, B57]
begiessen [B30, B32]
behalten (*hier*: „lagern", „aufbewahren") [B58, B61, B82]
behennd („schnell", „geschickt") [B25]
behentlich („schnell") [B60, B61]
behueten („acht geben", „sorgen") [B63, B73, B88: behuetten]
benedicten wurczen [B76]
benemen („wegnemen"): benymbt jm seinew chraft [B84, B88]
beschaben [B7]
besneyden [B7], besnaitten [B25]
besprengen [B19, B34, B47, B48, B49, B55]
besorgen („fürchten") [B75]
bestentig („haltbar") [B73, B75]
bestreichen [B40, B54, B56]
bestümeln (die esst bestümeln: „schneiteln") [B25]
bestyeb[en] (das sy icht besteyb „besteubt werden") [B82]
betriegen („betrügen") [B69]
betwungen (das sew dar jnn betwungen legen: „dicht gedrängt" [B52]
blob („blau"): blob lilgen [B51]

C

champ/chemppen/kemph („Rispe an der die Weibeeren hängen") [B60, B61, B84]
cheiden („treiben", „Frucht austreiben") [B48]
cheil („Keil") [B25, B27]
chelte („Kälte", „Frost") [B21, B58, B60, B65, B87]
cheren („wenden", „richten") [B25]
chern/khern („Fruchtkern") [B19, B20, B25, B32, B33, B34, B40, B44, B59]
chern/kern („Hauptstrang des Baumstammes oder Astes") [B5, B10, B25, B54]
chernstal (sneyd die kueten von dem chernstal: „Kernhaus") [B46]
chersen („Kirschen") [B41]
    cherspawm („Kirschbaum") [B39]
chesten/chessten [B47]
    chesten pawm [B47]
chien („Kienspan") [B32]
chlar [B83]
chlewben (da man holcz mit chlewbat; *S. 150 ganz unten*) [B25, B40, B54: chlewb die reben; B55]
chlieben (wurczen an den ... pawm chlieben („klieben", „spalten") [B32]

chluegleich („sorgfältig", „mit Verstand") [B50, B55]
chnöberl („Knospe") [B25]
chnopf/knopf („Sproßspitze") [B50]
chochsilber („Quecksilber") [B5]; choksilber [B87]
chorn (hier „Beere", „Weinbeere") [B54]
　chorner (hier „Weinbeeren") [B60]
chorndel („Körner der Weinbeere") [B54]
chosten („schmecken", „probieren", „versuchen") [B72]
chosten (dy nespel werden suesser an dem chosten) [B15]
cheidichten (so cheidichten die chern: „keimen") [B19]
chemph: gewz ... wein ... an dieselben chemph [B84]
chraft (hier „Kraft des Weines" [B60]); [B81, B82, B84, B86, B88]
chrankch/chrannkch („schwach", „krank") [B71]
chrankch lewt [B43]
chrawt (edel chrawt, „Gewürz") [B51, B87]
chrot („Kröte", „Lurch") [B87]
chreftig wein [B71; B81, B86]
chreftigen („stärken") [B88]
chrewczen („Baumkrankheit"; auch: natern) [B1, B70]
Christmon (Dezember) [B9, B47, B48]
chueten [B46]
　chuttenpaumb/chütenpawm [B16, B36]
　chuetenaphel [B37]
　chütenczwey [B37]
chunftig [B72]
chunftichleichen [B72]
cystern („Zisterne") [B58]
czach („zäh"?) [B72, B74, B75]
czaichen („Zeichen für die rechte Erntezeit") [B60]; („für das Verderben des Weines B72]
czapfnebiger („Zapfbohrer") [B62]
czechen emerig („Zehntel eines Eimers fassend") [B82]
czeit [B60, B70]
czeitig („reif") [B45, B49, B51, B83]
czwey/czwei („Zweig", „Gezweig") [B20, B25, B26, B30, B33]
cziehen: czewch [B25]; das erdreich von den wurczen [B27]; „aufziehen" [B36]
czimeyplued [B81]
czwiual („Zwiebel") [B63]
czwykchel („spitz zulaufender kurzer Nagel") [B32]
czwylichsack [B44]

8. Literatur (in Auswahl)

Alanne 1950 = Eero Alanne: Die deutsche Weinbauterminologie in althochdeutscher und mittelhochdeutscher Zeit. Helsingfors 1950.

Ankenbrand 1970 = Roswitha Ankenbrand(-Wedler): Das Pelzbuch des Gottfried von Franken. Diss. Heidelberg 1970.

Braekman 1989 = Willi L. Braekman: Geoffrey of Franconia's Book of Trees and Wine, Brüssel 1989 (Scripta, Mediaeval and Renaissance Texts and Studies 24).

Crossgrove 1994 = William Crossgrove: Die deutsche Sachliteratur des Mittelalters. Bern 1994, Petrus de crescentiis. In: Verfasserlexikon. 2. Aufl. [...] Bd. 7, 499–501.

Eis 1944 = Gerhard Eis: Gottfrieds Pelzbuch. Studien zur Reichweite und Dauer der Wirkung des mittelhochdeutschen Fachschrifttums. Brünn. München. Wien 1944 (Südosteuropäische Arbeiten 38). [Neudruck 1966].

Eis 1951 = Gerhard Eis: Einflüsse des mittelhochdeutschen Pelzbuchs auf die neuzeitliche Literatur und Forschung. In: Gerhard Eis: Studien zur altdeutschen Fachprosa. Heidelberg 1951 (Germanische Bibliothek 3. Reihe), 47–79.

Eis 1971 = Gerhard Eis: Harburger Pelzbuch-Handschriften. In: Gerhard Eis, Forschungen zur Fachprosa. Bern. München 1971, 225–233. [Neudruck aus: Zeitschrift für Agrargeschichte und Agrarsoziologie 4. 1956, 135–144].

Fehrle 1920 = Eugen Fehrle: Richtlinien zur Textgestaltung der griechischen Geoponica, Heidelberg 1920 (Sitzungsber. der Heidelberger Akad. d. Wissenschaften. 1. Abh.).

Geoponica [...] 1895 = Geoponica, sive Cassiani Bassi Scholastici de re rustica ecologae, rescensuit Henricus Beckh, Leipzig 1895; Deutsche Übertragung: Michael Herr: *Der veldbaw oder das Buch von der Veldtarbeyt* ... Straßburg. (Ottheinrich) 1563.

Haupt 1872 = Josef Haupt: Ueber d. md. Arzneibuch des Meisters Bartholomäus. In: Sitzungsber. der phil.-hist. Kl. der Kaiserl. Akademie der Wissenschaften. Bd. 71. Wien 1872. 451–566.

Keil 1980 = Gundolf Keil: Der Kodex Kohlhauer. Ein iatromathematisch-hauswirtschaftliches Arzneibuch aus dem mittelalterlichen Oberfranken. In: Sudhoffs Archiv 64. 1980, 130–150.

Keil 1981 = Gundolf Keil: ‚Gottfried von Franken (von Würzburg)'. In: Verfasserlexikon. 2. Aufl. Bd. 3. Berlin. New York 1981, 125–136.

Kiewisch 1995 = Susanne Kiewisch: Obstbau und Kellerei in lateinischen Fachprosaschriften des 14. und 15. Jh.s. Würzburg 1995 (Würzburger medizinhistorische Forschungen 57).

Mayer 1998 = Johannes G. Mayer: Das *Pelzbuch* Gottfrieds von Franken. Entstehungszeit – Fassungen – Überlieferung. In: Würzburger medizinhistorische Mitteilungen 15 (Sonderbd. zum 100jährigen Bestehen des Würzburger Instituts für Geschichte der Medizin). Würzburg 1998. [Im Druck].

Ploß 1955 = Emil Ploß: Das Pelzbuch des Gottfried von Franken. Ein gartenbaulicher Versuch im 14. Jh. In: Fränkisches Land 2 (28. April 1955) [ohne Pag.].

Sudhof 1954 = Siegfried Sudhof: Das deutsche Pelzbuch des Mittelalters und seine Einflüsse auf die europäische Gartenbauliteratur der Neuzeit. In:

Zeitschrift für Agrargeschichte und Agrarsoziologie 2. 1954, 105−114.

Sudhof 1955 = Siegried Sudhof: Gottfried von Franken. In: Verfasserlexikon. 1. Aufl. Bd. 5. Berlin 1955, 267−270.

Verfasserlexikon: Die deutsche Literatur des Mittelalters: Verfasserlexikon. 2. völlig neu bearb. Aufl. Hrsg. v. Gundolf Keil/Kurt Ruh [federführend bis Bd. VIII (1992)]/Werner Schröder/Burghart Wachinger [federführend ab Bd. IX (1995)] und Franz Josef Worstbrock, I ff, Berlin. New York [1977−]1978 ff.

Vermeer 1961 = H. J. Vermeer: Technisch-naturwissenschaftliche Rezepte aus einer Harburger Handschrift. In: Sudhoffs Archiv 45. 1961, 110−126.

Warner 1952 = Marjorie F. Warner: Domitzers Pflanzbüchlein. In: Agricultural History 26. (Washington) 1952, 59−67.

Werlin 1963 = Josef Werlin: Weinrezepte aus einer Südtiroler Sammelhandschrift. In: Archiv für Kulturgeschichte 45. 1963, 243−252.

Werlin 1965 = Josef Werlin: Eine Heidelberger Überlieferung des Pelzbuches von Gottfried von Franken. In: Centaurus 11. 1966, 210−214.

Werlin 1966 = Josef Werlin: Weinrezepte aus einer Mondseer Handschrift des 15. Jahrhunderts. Neue Forschungen auf dem Gebiet des mittelalterlichen Gartenbaus und Haushalts. In: Die wissenschaftliche Redaktion 3. 1966, 79−90.

Gundolf Keil, Würzburg
Johannes Gottfried Mayer, Würzburg

244. Die erste Fassung des *Buches der Natur* von Konrad von Megenberg: ihr Fachwortschatz und ihr Quellenwert für die historische Fachsprachenforschung

1. Problemstellung
2. Die Stellung des *Buches der Natur* in der Fachprosaforschung
3. Fachwortschatz im *Buch der Natur*
4. Zur Nachwirkung des *Buches der Natur*
5. Schlußbemerkungen
6. Literatur (in Auswahl)

1. Problemstellung

Konrad von Megenbergs *Buch der Natur* (BdN), das schon von seinem ersten Herausgeber als „erste Naturgeschichte in deutscher Sprache" apostrophiert wurde (Pfeiffer 1861, zit.), stellt einen wichtigen Zeugen volkssprachlicher Fachprosa dar, der sich als letzter in die Reihe der *imago mundi*-Texte mit enzyklopädischem Anspruch einreiht. Konrads Leistung in der thematischen Strukturierung und ganz besonders in der sprachlichen Gestaltung hatte schon früh das Interesse der Fachprosaforschung und der Sprachwissenschaft auf sich gezogen (Buckl 1993, 4−26). Für eine objektive Beurteilung ist jedoch die Kenntnis der lateinischen Vorlage unerläßlich. Die neuesten Untersuchungen zu diesem Problem (Ulmschneider 1992 und 1994) konnten in der Frage nach dem Verhältnis Konrads zu seinen Quellen entscheidende Fortschritte erzielen, so daß wir das *Buch der Natur* heute weitgehend als Übersetzung ansehen müssen. Für eine Untersuchung des Fachwortschatzes, der stets vor dem Hintergrund der standardisierten lateinischen Wissenschaftssprache zu sehen ist, ergeben sich folgende Fragestellungen: In welchen Wissensgebieten war Konrad von Megenberg selbst Fachmann und welche Fachsprachen standen ihm zur Verfügung? Kann der Umsetzungsprozeß in die Volkssprache das evtl. vorhandene fachsprachliche Niveau der Vorlage bewahren, oder sinkt die deutsche Übersetzung zwangsläufig mangels ebenbürtiger Termini auf eine populärwissenschaftliche Ebene ab, die sich mit der Diktion der Gemeinsprache begnügen muß? Legt Konrad von Megenberg mit seinen Lehnübersetzungen und neuen Wortprägungen den Grundstein für eine deutsche Wissenschaftssprache, die im Fachschrifttum der Folgezeit rezipiert wird?

2. Die Stellung des *Buches der Natur* in der Fachprosaforschung

2.1. Inhalt und Aufbau des *Buchs von den natürlichen Dingen*

Konrad von Megenberg (1309−1374) begann seine umfangreiche volkssprachliche „Naturgeschichte", die er selbst *Buch von den natürlichen Dingen* nennt, etwa 1348 in Wien, wo er

1342–1348 als Rektor der Wiener Stephansschule tätig war, und vollendete sein Werk 1350 in Regensburg, wo er als Kanoniker des Regensburger Domkapitels und Scolasticus der Domschule seine letzten Lebensjahre verbrachte. Das *Buch der Natur* fällt in eine Zeit intensiver schriftstellerischer Tätigkeit Konrads. Für die Wiener Stephansschule hatte er bereits das Elementarlehrbuch zur Astronomie, die *Sphaera mundi* des Johannes von Sacrobosco, ins Deutsche übersetzt, parallel zum *Buch der Natur* arbeitete er an seinen großen moralphilosophischen Schriften, der *Monastica* und der *Yconomica* (1348–1352) und äußerte sich in kurzen Traktaten zu aktuellen Fragen seiner Zeit wie Pest und Erdbeben, wobei er je nach Adressatenkreis der Volkssprache oder der Gelehrtensprache Latein den Vorzug gab. Das *Buch der Natur* ist im Kontext dieser Schriften zu betrachten. Es besteht aus einem von Konrad selbst verfaßten Prolog, aus acht Büchern über die Themen Mensch, Himmelskunde, Tiere, Bäume, Kräuter, Edelsteine, Metalle, Wunderbrunnen und Wundermenschen und aus einem Epilog. Dieser Aufbau läßt sich auf die beiden Komplexe Mikrokosmos (Mensch) und Makrokosmos (Welt) reduzieren (Blank 1984). Den Inhalt bezieht Konrad aus einem lateinischen Buch vom Typus *Liber de natura rerum*, als dessen Autor er Albertus Magnus ansieht. Erst gegen Ende seiner Übersetzungsarbeit kommen ihm Zweifel an dessen Verfasserschaft (Pf. 430, 5–13). Im achten Buch schließlich gibt Konrad wichtige Hinweise zu seiner Arbeitsweise und der lateinischen Vorlage: er habe seine Vorlage um ein Drittel vermehrt und zuletzt ein anderes lateinisches Buch desselben Typs gefunden, das einen Abschnitt mehr enthalte, nämlich über Wundermenschen. Diese zusätzliche Information füge er seiner Übersetzung an (Pf. 485, 31–486, 3), d. h. Konrad benutzte mindestens zwei Exemplare des *Liber de natura rerum*. Das *Buch der Natur* ist in zwei Fassungen auf uns gekommen, einer ersten (A) von Konrad selbst verfaßten, die Gegenstand der folgenden Untersuchung ist, und einer zweiten (B), die ein anonymer Redaktor 1359 erstellte und nach Tilgung sämtlicher biographischer Daten Konrads dem österreichischen Herzog Rudolf IV. widmete, wie Buckl 1993 nachweisen konnte.

2.2. Das Verhältnis des *Buches der Natur* zu seinen lateinischen Quellen

Konrads Hauptquelle ist der *Liber de natura rerum* des Thomas Cantimpratensis (1201– 1263/72) in einer anonymen Bearbeitung, der sog. Thomas III-Redaktion. Wie Ulmschneider 1992 zeigen konnte, unterteilt sich diese Redaktion wiederum in Thomas IIIa und in die Vulgatafassung Thomas IIIb. Konrads Vorlage kommt der Thomas IIIa-Version sehr nahe. Bisher ist jedoch keine Textstufe von Thomas III bekannt, geschweige denn eine Handschrift, die völlig mit dem *Buch der Natur* übereinstimmt, zumal Konrad offenbar mehrere Exemplare des *Liber de natura rerum* benutzt hat, wie er mehrfach anklingen läßt und explizit ausspricht in BdN VIII (Pf. 485, 31–486, 3). Aus der Zusammenschau mehrerer Textzeugen der Thomas III-Redaktion läßt sich Konrads Vorlage weitgehend rekonstruieren. Als Ergebnis bestätigt sich die Hypothese Matthaeis (1912), der im *Buch der Natur* in erster Linie eine Übersetzung vermutete. Die wenigen Abweichungen von der lateinischen Vorlage beschränken sich auf biographische Angaben Konrads, Moralisatioauslegungen auf Dingproprietäten und die von Konrad herangezogenen Zusatzquellen: Avicenna, *Liber Canonis*; Rasis, *Physiognomia* und Abhandlung über die Träume aus dem *Liber ad Almansorem*; Albertus Magnus, *De Vegetabilibus* (Matthaei 1912), ferner die *Meteora* des Albertus Magnus und eigene Werke Konrads von Megenberg, nämlich die *Deutsche Sphaera*, die *Questiones super speram* und *Expositiones super speram* (Deschler 1977), *Causa terre motus* und evtl. *De mortalitate in Alamannia*.

2.3. Konrad von Megenberg als Übersetzer und Bearbeiter

Konrads eigentliche Leistung besteht in der adäquaten Umsetzung der lateinischen Vorlage in das Deutsche. Dabei geht er souverän mit der Ausgangssprache um und beweist perfekte Beherrschung der Zielsprache. Seine Übersetzung hat sich völlig von der lateinischen Syntax gelöst. Konrad bemüht sich, möglichst alle Fachtermini zu übertragen, wobei sein größtes Problem bei den Namen der Tiere, Pflanzen und Mineralien liegt. Soweit es ihm möglich ist, erzeugt er mit Hilfe der Etymologie auch im Deutschen motivierte Termini, so daß seine Sprache über ein hohes Maß an Ursprünglichkeit und Anschaulichkeit verfügt, dem Vorgehen eines Paracelsus gut 150 Jahre später nicht unähnlich. Als Bearbeiter erscheint Konrad von Megenberg in den Texterweiterungen durch von ihm gewählte Zusatzquellen (vgl. 2.2.), in Erläuterungen und Dingauslegungen, die die Vorgaben seiner Vorlage weit übersteigen.

2.4. Der Stellenwert des *Buches der Natur* in der Entwicklung deutscher Naturwissenschaftssprachen

Historische naturwissenschaftliche Fachsprachen sind sachbereichsbezogene Subsysteme der Gemeinsprache, die sich nur partiell durch Fachvokabular und Stil von dieser abgrenzen lassen. Ihre Funktion besteht in der differenzierenden und eindeutigen Bezeichnung der Gegenstände des jeweiligen Faches (Nomenklatur), in seiner systematischen Ordnung durch klassifizierende Begriffe und der Erläuterung geltender Sachzusammenhänge durch erklärende Begriffe und Formeln (Pörksen 1986, 14). Dabei verläuft der Übergang zwischen naturwissenschaftlicher Fachsprache und Gemeinsprache gleitend und läßt sich auf einer abgestuften Skala darstellen, die von der breiten Basis allgemeinverständlicher Paraphrasen eines Sachverhaltes oder Begriffes zu hochartifiziellen Fachtermini aus Abkürzungswörtern oder frei vereinbarten Symbolen reicht. Pörksen (1986, 14 f) entwarf eine Skala aus zwölf Stufen, deren vier unterste mit Vorsicht für Konrad von Megenberg herangezogen werden können: Vermeidung eines speziellen Terminus durch Synonymik, Paraphrasen und ausgeführte Beschreibungen; Metaphern; neugebildete Komposita oder feste Lexemsequenzen aus dem Erbwortschatz und schließlich Wörter des Erbwortschatzes in spezialsprachlicher Verwendung. Die Differenz zur Gemeinsprache ist auf diesen vier Ebenen nahezu aufgehoben, die Mitteilungen sind für die Teilhaber der Gemeinsprache motiviert und daher durchsichtig. Will man eine Naturwissenschaftssprache auf dieser Ebene einem Texttyp zuordnen, so wäre sie wohl, nach den Einteilungsprinzipien von Hahns für moderne Fachsprachen, der Sprache populärwissenschaftlicher Texte als Zwischenstellung zwischen Theoriesprache und Umgangssprache zuzurechnen (von Hahn 1980, 392). Nach der Einteilung von Habermas (1978, 330) ließe sich von öffentlicher Bildungssprache sprechen. Derartige Klassifizierungsversuche sind für eine historische Sprachstufe natürlich nur bedingt anwendbar. Solange nicht aus Megenbergs volkssprachlichem Gesamtwerk sowie aus historischen Paralleltexten die Wortbildungsmuster und Funktionsstände in ihrer Gesamtheit analysiert sind, ist es nicht möglich, den Sprachstand des *Buches der Natur* historisch korrekt einzuordnen bzw. die Frage zu beantworten, inwieweit Konrad von Megenberg im *Buch der Natur* sprachliches Neuland betritt. Erste Ergebnisse zum *Buch der Natur*, die Wolf 1987 vorlegte, stützen die oben entwickelte Einordnung von Konrads Text. Bei der Untersuchung von Übersetzungen lateinischer Wissenstexte beschreibt Wolf den wissensliterarischen Funktiolekt der Volkssprache als Diasystem, das zwischen den Polen einer eng am Lateinischen orientierten und einer an indigenen Sprachstrukturen ausgerichteten Sprache schwankt. Als Material dienen zwei unabhängige, zeitlich 100 Jahre auseinanderliegende Übersetzungen des *Liber de natura rerum* von Konrad von Megenberg und von Peter Königschlacher. Untersucht werden Verbalableitungen mit den Suffixen -ung und -er. Die Unterschiede sind frappierend. Königschlacher entnimmt morphologische und syntaktische Regeln dem Lateinischen und wendet sie auf das Deutsche an. Seine Bestrebungen nach Eineindeutigkeit tragen Merkmale einer Fachsprache. Dagegen finden sich bei Konrad von Megenberg „morphologische Polysemien bzw. homonyme Morpheme, wie sie in jeder natürlichen Sprache vorkommen" (Wolf 1987, 145). Ausgehend von den beiden Übersetzungstypen *verbum de verbo* und sog. *sensus de sensu*, bzw. *aigne deutsch* und *gemaine deutsch* tendiert Konrad mehr zum *gemainen* Deutsch. Er steht damit durchaus im Zusammenhang der übrigen volkssprachlichen Wissensliteratur seiner Zeit, die sich der sprachwissenschaftlichen Forschung immer deutlicher als eigene Textart präsentiert. Bedingt ist dieser Befund auch durch das institutionell nicht abgesicherte und somit im Bildungshorizont völlig offene Publikum der Wissensliteratur, nicht zuletzt auch durch die lateinische Vorlage des *Liber de natura rerum*, der als Enzyklopädie keiner spezifischen Fachrichtung angehört, sondern Wissen auf breiter Basis vermittelt. Dennoch kennt und kultiviert auch Konrad von Megenberg das strikt dem Lateinischen folgende *aigne deutsch*, und zwar bei der Übersetzung von Namen. Hinter der Signalformel *haizt aigencleich/aigencleichen* oder *haizt ... nâch der aigenchait der latein* verbirgt sich eine ausgefeilte Technik der Namensübertragung, wobei nur im äußersten Notfall das Fremdwort stehenbleibt. Wenn möglich zieht Konrad eine Assimilation durch Austausch von Nominalsuffixen vor, um den Begriff in die Deklinationsklassen und Genera des deutschen Sprachsystems einzugliedern (Nischik 1989, 500). In der Regel jedoch werden die etymologischen Bestandteile des lateinischen Wortes ins Deutsche übersetzt, so daß neue, motivierte Termini entstehen, z. B. *abides: auzgängel*, von lat. *abire* (Pf. 231, 10 f); *pellicanus: grâhäutel* von lat. *pellis* und *canus* (Pf. 210, 3 f). Dabei bietet Konrad bisweilen auch die deutsche Benennung neben der aus der lateinischen Etymologie entwickelten als Alternative, z. B.

„Gladiolus haizet slatenkraut und haizet aigenleichen nâch der latein swertlinch oder swertelkraut" (Pf. 403, 31 f).

Die Fundamentalthese von der deutungsmächtigen Kraft des Namens ist für Konrad von Megenberg oberste Maxime.

3. Fachwortschatz im *Buch der Natur*

Konrads Hauptinteresse im *Buch der Natur* dürfte — von den Dingauslegungen einmal abgesehen — auf dem Gebiet der Astronomie und auf dem Gebiet der Medizin und Pharmazie liegen. Zu astronomischen Fragen äußerte er sich in schulmäßig aufgebauten lateinischen Quaestionen und übersetzte außerdem vor dem *Buch der Natur* bereits die *Sphaera mundi* des Johannes von Sacrobosco ins Deutsche. Den medizinischen (I) und pharmakologischen Teil (IV—V) des *Buches der Natur* erweiterte er um zahlreiche Zusatzquellen.

Bislang wurde die Fachterminologie Konrads von Megenberg nur auf dem Gebiet der Astronomie von Deschler 1977 gründlich untersucht. Deschler legt sein Hauptaugenmerk auf die Wortbildung. Konrad ist bemüht, den lateinischen Fachwortschatz der Astronomie auf Deutsch wiederzugeben und vermeidet Fremdwörter. Er arbeitet in der Regel mit Lehnübersetzungen. Dabei entstehen Termini, die aus Wörtern der Gemeinsprache gebildet werden (Lehnbedeutungen). Problematisch für eine Fachsprache auf der Basis von Lehnbedeutungen ist freilich die so entstehende Mehrdeutigkeit, die Konrad häufig durch zusätzliche Determinierungen auszugleichen sucht, z. B. *himelzaichen* neben *zaichen* für ‚Sternzeichen'. Beliebt sind auch Termini, die aus echten oder vermeintlichen etymologischen Bestandteilen der Vorlage gebildet werden, z. B. *helfvater* für ‚Jupiter' aus lat. *iuvare* und *pater* (Pf. 57, 4), ein Verfahren, das für das gesamte *Buch der Natur* zu beobachten ist. In der lateinischen Vorlage mitgelieferte Erläuterungen eines Terminus werden bei der Übersetzung gleich in das deutsche Wort miteinbezogen:

„und ist ain planêt als vil gesprochen in kriechscher sprâch als ain irrgênder stern oder als ain selbwalzender stern dar umb, daz die siben stern von in selber walzend sint" (Pf. 68, 13—16).

Assimilierte Lehnwörter sind spärlich und bleiben im Rahmen des bereits völlig Eingebürgerten, wie *element, planêt, nâtûr* u. ä. Wortwahl und Wortbildung (Komposita, Ableitungen) sind bei Konrad bis in die kleinste Einzelheit durchdacht, um Mißverständnisse auszuschließen. Die zahlreichen Wortneuprägungen auf astronomischem Gebiet, die praktisch ohne lateinische Fremdwörter auskommen, stellen eine Meisterleistung in der Fachprosa des ausgehenden Mittelalters dar (Deschler 1977, 307—324).

Auf medizinischem Gebiet geht Konrad ganz analog vor. Auch hier ist er um möglichst umfassende Übersetzung bemüht, bewahrt aber auch Fremdwörter. Als bekannt vorausgesetzt werden die Fachtermini für die drei Körpersäfte *colera, melancolia, fleuma*; *pluot* erscheint stets in Übersetzung (vgl. Pf. 6, 23—26). *Apotêke* wird unübersetzt stehengelassen, ebenso *parilis/paralis* für Paralyse (Lähmung). Wo deutsche Krankheitsbezeichnungen vorhanden sind, wählt Konrad diese, z. B. *strauche* (Erkältung), *viertäglicher riten* (Viertagefieber, Malaria), *vallend suht/... siehtum/... leit* (Epilepsie). Um Fremd- oder Lehnwörter zu vermeiden, arbeitet Konrad mit Lehnbedeutungen aus Termini anderer Fachbereiche, z. B. aus der Tierzucht. Für den menschlichen Kastraten benutzt er den Terminus *maiden* (Wallach):

„an den mannen, die maiden sint und ir gezeug niht habent" (Pf. 7, 29 f).

In Kapitel BdN I. 43 „Von den adern", in dem Konrad über die lateinische Vorlage hinaus auf einen „krieg zwischen den ärzten und den maistern von der nâtûr" (Pf. 35, 15 f) verweist, hantiert er mit einer doppelten Benennung, nach der Funktion des Gegenstandes und nach seiner lateinischen Bezeichnung, die zusätzlich etymologisiert werden kann:

„die êrsten sint runstâdern, dâ daz pluot inne rint und fleuzt ... und haizent ze latein vene. die andern âdern sint gaistâdern und haizent ze latein arterie, daz ist als vil gesprochen sam eng weg, und in den vliezent die nâtûrlichen gaist ... die dritten âdern sint pantâdern und haizent ze latein nervi. mit den pint diu nâtûr diu herten pain in den glidern zesamen" (Pf. 35, 18—34).

Von einiger Bedeutung ist BdN I. 50 „Von den Träumen". Konrad von Megenberg übersetzt hier erstmals die physiologisch-medizinische Traumdeutung des Rasis (*Liber ad Almansorem* II. 24: De somniorum significationibus) ins Deutsche. Mit ihm beginnt die deutsche Tradition der naturwissenschaftlichen Traumdeutung. Die von Konrad bereitgestellte Traumlehre wird bald aus dem Kontext des *Buches der Natur* herausgelöst und in neue, medizinische oder auch astronomisch-astrologische Zusammenhänge eingeordnet (Palmer/Speckenbach 1990, 185 f). Die Entstehung bestimmter Traumbilder wird auf bestimmte Säftemischungen im menschlichen Körper zurückgeführt. Auch hier kommt Konrad fast völlig ohne Fremdwörter aus, nur *rôte colera* und *swarz colera oder melancolia* bleiben als Fachtermini stehen. Akzeptanz in medizinischen Kreisen findet auch BdN V „Von den Kräutern". Konrad ergänzt hier seine Vorlage, wie schon in BdN IV „Von den Bäumen", aus *De vegetabilibus* des Albertus Magnus. Jedes Pflanzenkapitel folgt einem festen Aufbau: Nennung des lateinischen Namens, deutsche Bezeichnung(en), Wirkungsgrad der jeweiligen Pflanze, verschiedene Unterarten; Wirkung und Verwendung von Blättern, Stengel, Wurzeln und Saft als Heilmittel; äußere Anwendung und innere Anwendung mit jeweiliger Wirkung gegen bestimmte Krankheiten. Der besondere Stil der Handlungsanweisungen (Rezepte) unterstreicht den fachsprachlichen Charakter (Drozd/Seibicke 1973, 12), der durch die wortwörtliche Übernahme von 65 Drogen aus dem BdN durch den Münchner Arzt Johannes Hartlieb in sein *Kräuterbuch* (um 1440) noch bestätigt wird (Werneck 1958). Konrad von Megenbergs ausführliche deutschsprachige Lehre der Botanik und Pharmakologie im BdN darf bis zum Erscheinen des monumentalen *Hortus sanitatis* um 1485 als die maßgebende Lehrschrift auf diesem Gebiet betrachtet werden (Eis 1982, 303). Für Fachterminologie im engeren Sinne bleibt hier nur Raum bei der Erwähnung der behandelbaren Krankheiten, die, falls eine deutsche Bezeichnung fehlt, sofort erklärt werden, z. B. „genorrea, daz ist unwillig sâmenrêrn" (Pf. 312, 14 f). Meist bemüht sich Konrad jedoch auch, die wissenschaftliche Benennung einer Krankheit zusammen mit dem deutschen Äquivalent zu vermitteln. Die Lehnübersetzung nach etymologischen Bestandteilen tritt hier (vielleicht wegen der mangelnden Durchsichtigkeit der oft griechischen und arabischen Lehnwörter; vgl. Baader 1974) hinter die umschreibende Paraphrase des Krankheitsbildes zurück:

„afternâdern, die ze latein emoroides haizent" (Pf. 391, 25); „die grôzen unreinen gesweren, die ze latein annuates haizent" (Pf. 392, 5 f); „wider den kalten fluz auz dem haupt, der reuma haizt" (Pf. 363, 23 f); „wider der prust âmacht, diu cardiaca haizt" (Pf. 362, 21 ff).

Konrad zeigt sich dabei versiert im Sachwortschatz der Heilmittelkunde, z. B. *latwerg*, „der nem fünf pillulas, daz sint küggelein" (Pf. 90, 2 f), *pflaster, syrop, syropl, triaker*. Eine systematische Untersuchung des medizinischen und pharmakologischen Fachwortschatzes im *Buch der Natur* steht noch aus.

Das Gleiche gilt für weitere fachsprachliche Elemente aus dem Bereich der *Artes mechanicae*, die bei Konrads Sinn für Praxisnähe und Anwendungsbezogenheit seiner Wissensvermittlung zu erwarten sind. Im folgenden seien nur paradigmatische Beobachtungen herausgegriffen. Für die Mauser der Vögel verwendet Konrad neben *sich mauzen* auch den jagdsprachlichen Terminus *rêren* (Pf. 213, 21) (Lindner 1964, 252 f). Bei der Beschreibung des auf Beute ausfliegenden Greiffalken präzisiert Konrad seine lateinische Vorlage durch die entsprechende fachsprachliche Wendung:

„wenne er den raup siht den er vâhen wil, sô swingt er sich auz …" (Pf. 186, 6 f).

Ebenso beschreibt die *Ältere deutsche Habichtslehre* das Flugverhalten des Greifvogels:

„Swingt sich der habich ze ser nach den vogln, so ist ez zuo mager; … das er den vogel mueg gesehen, so wirt er sich swingen" (Lindner 1964, 298 u. ö.).

Das *Buch der Natur* weist auch Verbindungen zur Kochbuchliteratur auf. Konrads Rezept zur Zubereitung des Aals (Pf. 244, 28−245, 4) findet sich inhaltlich übereinstimmend auch im ältesten erhaltenen Kochbuch, dem *Buoch von guoter spîse* (zwischen 1354 und 1352) (Brunner 1983, 158rb). Termini wie *spizvogel* (Vogel, der am Spieß gebraten wird; Pf. 197, 21) oder *sals* (eingekochter Saft, Sauce; Pf. 362, 3; 426, 10) stammen aus dem Sachwortschatz der Küche. Das Hausgerät *angster*, eine enghalsige Flasche, aus ital. *anguistara*, das Konrad über seine Vorlage hinaus zur Verdeutlichung einer Mengenangabe verwendet: „vier sehstail weins … daz sint vier gar grôz angstaer" (Pf. 252, 19 f), verweist auf italienischen Lehnwortschatz, der sich erst im 14. Jh. verstärkt im deutschen Sprachraum einbürgert (Öhmann 1974, 370).

4. Zur Nachwirkung des *Buches der Natur*

Die lebhafteste Rezeption des *Buches der Natur* setzt im medizinischen Fachschrifttum ein. Die menschliche Anatomie und Physiologie (Buch I) sowie der drogenkundliche Teil (Buch V) werden aus dem übrigen Kontext des *Buches der Natur* herausgenommen und blockweise oder selbst noch in Einzelkapitel zerlegt in medizinische Sammelhandschriften integriert. Ein „klassisches" Beispiel für die Verwendung des *Buches der Natur* stellt die von Palmer/Speckenbach 1990 untersuchte und kommentierte Petroneller Handschrift dar, deren Programm folgende Themenbereiche umfaßt: ein lateinisch-deutsches pharmakologisches Kräuterbuch, eine frühmittelalterliche Kosmologie, eine physiologische Erörterung des Menschen (BdN I), eine deutsche Traumprognostik (mit BdN I. 50), eine Planeten- und Elementenlehre (BdN II). Der ganze Komplex entspricht der Weltsicht gelehrter Ärzte mit universitärer Ausbildung und Amtsausübung am Fürstenhof oder in städtischen Zentren. Die Volkssprache steht in derartigen Handbüchern gleichberechtigt neben der lateinischen Gelehrtensprache. Im gleichen Zusammenhang ist Hartliebs Rezeption des *Buches der Natur* in seinem *Kräuterbuch* zu sehen oder der Einfluß des *Buches der Natur* auf Johannes Dryanders *Spiegel der Arzney* aus dem 16. Jh. (Steer 1970). Die Nachwirkung des *Buches der Natur* im medizinischen Bereich erhärtet Hayer in überlieferungsgeschichtlichen Studien (1988a und b). Konrads *Buch von den natürlichen Dingen* vermag jedoch nicht den Kreis traditioneller mittelalterlicher Medizin zu überschreiten, weder inhaltlich noch sprachlich. Ein Blick auf Paracelsus, für den der eigentliche Beginn einer deutschen Wissenschaftssprache auf dem Sektor der Medizin in Anspruch genommen wird, zeigt den sprachlichen Abstand, der Konrad von Megenberg klar einer vergangenen Epoche zuweist. Ein Vergleich des *Buches der Natur* mit den Untersuchungen Weimanns (1963), der den Wortschatz des Paracelsus nach drei Kategorien unterteilt (neu geprägte und international eingebürgerte Wörter; neu geprägte und ins Deutsche eingebürgerte Wörter; ins Deutsche eingeführte Fremdwörter; vgl. Art. 245), zeigt die Traditionsgebundenheit Konrads von Megenberg. Bedeutungserweiterungen finden noch nicht statt, z. B. *laudanum* bei Paracelsus: konzentriertes Heilmittel, Extrakt, ursprünglich aus lat. *laudanum*: Harz einer bestimmten Pflanze (Weimann 1963, 377 f); bei Konrad von Megenberg: „lôröl, daz laudanum haizt" (Pf. 363, 2 f). Zudem rückt die strikte Fremdwortvermeidung Konrads Sprache auf eine vorwissenschaftliche Stufe. Paracelsus bürgert z. B. das Fremdwort *artikulieren* aus lat. *articulare*: untergliedern, in das Deutsche ein (Weimann 1963, 387). Konrad von Megenberg übersetzt noch *vox articulata* mit „gestuckt stimm" (Pf. 240, 20). Ein ganz ähnliches Schicksal ist Konrads Übersetzungsleistung auf dem Gebiet der Astronomie beschieden. Auch hier erreichte weder die *Deutsche Sphaera*, geschweige denn das *Buch der Natur*, eine größere Wirkung (Deschler 1977, 324). Von einer deutschen astronomischen Fachsprache, die dann wieder mit Fremdwörtern durchsetzt ist, ist erst bei Kepler zu sprechen. Unterreitmeier (1983, 28) sieht das Scheitern des Deutschen als Fachsprache im Institutionellen begründet. Wissenschaftliche Erkenntnisse waren an das Latein der Schulen und Universitäten gebunden. Der deutsche Fachwortschatz Konrads von Megenberg konnte sich nicht durchsetzen.

5. Schlußbemerkungen

Konrad von Megenbergs *Buch der Natur* ist eine herausragende Übersetzungsleistung auf dem Gebiet deutscher Fachprosa des 14. Jh.s. Sein Quellenwert für die historische Fachsprachenforschung liegt jedoch eher in der Bereitstellung von Sachwortschätzen aus verschiedenen Gebieten der *Artes mechanicae* als in der Entwicklung einer deutschen Wissenschaftssprache. Gerade Konrads radikaler Verzicht auf die Übernahme fachsprachlicher lateinischer Termini als Fremdwörter grenzen ihn von der Entwicklung einer naturwissenschaftlichen Fachsprache aus. Seiner sehr direkten, anschaulichen Sprache fehlt das Abstraktionsvermögen und die eineindeutige Präzision wissenschaftlicher Terminologie. Dies liegt zum einen in der enzyklopädischen und damit allgemein gehaltenen Thematik seines Werkes begründet, zum anderen aber auch im Zeitpunkt seiner Übersetzungstätigkeit. Die Zeit ist noch nicht reif für die Etablierung einer deutschen Wissenschaftssprache (Deschler 1977, 324). Etwa 150 Jahre später geht Paracelsus bei seinen Umsetzungen lateinischer Terminologie in die Volkssprache ganz ähnlich vor und hat nachhaltigen Erfolg. Auch Paracelsus greift für neue Wortprägungen gerne auf die heimische Umgangssprache zurück, auch er führt dialektale Varianten bei Benennungsvorschlägen an, auch er wählt Entlehnungen aus volkskundlichen Bereichen und handwerklichem Berufsjargon (Weimann 1963, 371). Doch er läßt, im Unterschied zu Konrad von Megenberg, im hohen Maß Fremd- und assimilierte Lehnwörter zu. Konrads Versuch ist den Bemühungen Albrecht Dürers (1471−1528) auf dem Sektor einer deutschen mathematischen Fachsprache zu vergleichen. Um Handwerkern die theoretischen Grundlagen ihres Handwerks zu vermitteln, bedient er sich der Gemeinsprache, wählt möglichst anschauliche Ausdrücke und umschreibt griechische und lateinische Fachtermini in der Volkssprache. Dürer scheitert mit seinen Bemühungen völlig. Vom eigentlichen Zielpublikum wird er nicht rezipiert, wohl aber in Humanistenkreisen nach einer lateinischen Rückübersetzung (Habermann/Müller 1987) − eine Möglichkeit, die für das *Buch der Natur* Konrads von Megenberg schon aufgrund seiner Thematik nicht in Frage kam.

6. Literatur (in Auswahl)

6.1. Textausgaben

Brunner 1983 = Horst Brunner (Hrsg.): Das Hausbuch des Michael de Leone (Würzburger Liederhandschrift) der Universitätsbibliothek München (2° Cod. ms. 731). Göppingen 1983 (Litterae 100).

Lindner 1964 = Kurt Lindner: Die deutsche Habichtslehre. Das Beizbüchlein und seine Quellen. 2. Aufl. Berlin 1964 (Quellen und Studien zur Geschichte der Jagd 2).

Pfeiffer 1861 = Konrad von Megenberg: Das Buch der Natur. Die erste Naturgeschichte in deutscher Sprache. Hrsg. v. Franz Pfeiffer. Stuttgart 1861 [Nachdruck: Hildesheim. New York 1971].

6.2. Sonstige Literatur

Baader 1974 = Gerhard Baader: Die Entwicklung der medizinischen Fachsprache im hohen und späten Mittelalter. In: Fachprosaforschung. Acht Vorträge zur mittelalterlichen Artesliteratur. Hrsg. v. Gundolf Keil und Peter Assion. Berlin 1974, 88−123.

Blank 1984 = Walter Blank: Mikro- und Makrokosmos bei Konrad von Megenberg. In: Geistliche Denkformen in der Literatur des Mittelalters. Hrsg. v. Klaus Grubmüller, Ruth Schmidt-Wiegand, Klaus Speckenbach. München 1984 (Münstersche Mittelalter-Schriften 51), 83−100.

Buckl 1993 = Walter Buckl: Megenberg aus zweiter Hand. Überlieferungsgeschichtliche Studien zur Redaktion B des *Buchs von den natürlichen Dingen*, Hildesheim. Zürich. New York 1993 (Germanistische Texte und Studien 42).

Deschler 1977 = Jean-Paul Deschler: Die astronomische Terminologie Konrads von Megenberg. Ein Beitrag zur mittelalterlichen Fachprosa. Bern. Frankfurt a. M. 1977 (Europäische Hochschulschriften. Reihe I. 171).

Drozd/Seibicke 1973 = Lubomir Drozd/Wilfried Seibicke: Deutsche Fach- und Wissenschaftssprache. Bestandsaufnahme − Theorie − Geschichte. Wiesbaden 1973.

Eis 1982 = Gerhard Eis: Der Einfluß der mittelalterlichen Botanik auf die Gartenliteratur des 16.−18. Jahrhunderts. In: Gerhard Eis: Medizinische Fachprosa des späten Mittelalters und der frühen Neuzeit. Amsterdam 1982 (Amsterdamer Publikationen zur Sprache und Literatur 48), 299−306.

Habermann/Müller 1987 = Mechthild Habermann/Peter O. Müller: Zur Wortbildung bei Albrecht Dürer. Ein Beitrag zum Nürnberger Frühneuhochdeutschen um 1500. In: Zeitschrift für deutsche Philologie 106. 1987 (Sonderheft), 117−137.

Habermas 1978 = Jürgen Habermas: Umgangssprache, Wissenschaftssprache, Bildungssprache. In: Merkur 32. 1978, 327−342.

von Hahn 1980 = Walter von Hahn: Fachsprachen. In: Lexikon der Germanistischen Linguistik. Hrsg. von Hans Peter Althaus, Helmut Henne, Herbert Ernst Wiegand. 2. vollständig neu bearb. u. erw. Aufl. Tübingen 1980, 390−395.

Hayer 1988a = Gerold Hayer: Die Überlieferung von Konrads von Megenberg *Buch der Natur*. Eine Bestandsaufnahme. In: Deutsche Handschriften 1100−1400. Oxforder Kolloquium 1985. Hrsg. v. Volker Honemann und Nigel F. Palmer. Tübingen 1988, 408−423.

Hayer 1988b = Gerold Hayer: *Zu lob dem hochgebornem fürsten Rudolfen dem vierden herczog in Österreich*. Zur Rezeption von Konrads von Megenberg *Buch der Natur*. In: Festschrift für Ingo Reiffenstein zum 60. Geburtstag. Hrsg. v. Peter K. Stein, Andreas Weiss und Gerold Hayer. Göppingen 1988 (Göppinger Arbeiten zur Germanistik 478), 473−492.

Matthaei 1912 = Otto Matthaei: Konrads von Megenberg Deutsche Sphaera und die Übersetzungstechnik seiner beiden deutschen Prosawerke. Diss. Berlin 1912.

Nischik 1989 = Traude-Marie Nischik: ... *und haizt ze däutsch* ... − Zur Übertragung lateinischer *Nomina rerum* im *Buch der Natur* des Konrad von Megenberg. In: Festschrift für Herbert Kolb. Hrsg. v. Klaus Matzel und Hans-Gert Roloff. Bern. Frankfurt a. M. New York. Paris 1989, 494−511.

Öhmann 1974 = Emil Öhmann: Der romanische Einfluß auf das Deutsche bis zum Ausgang des Mittelalters. In: Deutsche Wortgeschichte. Bd. I−III. Hrsg. v. Friedrich Maurer und Heinz Rupp.

3. neu bearb. Aufl. Berlin. New York 1974—1978, hier Bd. I, 1974, 323—396.

Palmer/Speckenbach 1990 = Nigel F. Palmer/Klaus Speckenbach: Träume und Kräuter. Studien zur Petroneller *Circa instans*-Handschrift und zu den deutschen Traumbüchern des Mittelalters. Köln. Wien 1990 (Pictura et poesis 4).

Pörksen 1986 = Uwe Pörksen: Deutsche Naturwissenschaftssprachen. Historische und kritische Studien. Tübingen 1986 (Forum für Fachsprachen-Forschung, 2).

Steer 1970 = Georg Steer: Zur Nachwirkung des *Buchs der Natur* Konrads von Megenberg im 16. Jahrhundert. In: Volkskultur und Geschichte. Festgabe für Josef Dünninger zum 65. Geburtstag. Hrsg. v. Dieter Harmening, Gerhard Lutz, Bernhard Schemmel, Erich Wimmer. Berlin 1970, 570—584.

Ulmschneider 1992 = Helgard Ulmschneider: *Ain puoch von latein ... daz hât Albertus maisterleich gesamnet.* Zu den Quellen von Konrads von Megenberg *Buch der Natur* anhand neuerer Handschriftenfunde. In: Zeitschrift für deutsches Altertum und deutsche Literatur 121. 1992, 36—63.

Ulmschneider 1994 = Helgard Ulmschneider: *Ain puoch von latein* — nochmals zu den Quellen von Konrads von Megenberg *Buch der Natur.* In: Zeitschrift für deutsches Altertum und deutsche Literatur 123. 1994, 309—333.

Unterreitmeier 1983 = Hans Unterreitmeier: Deutsche Astronomie/Astrologie im Spätmittelalter. In: Archiv für Kulturgeschichte 65. 1983, 21—41.

Weimann 1963 = Karl-Heinz Weimann: Paracelsus und der deutsche Wortschatz. In: Deutsche Wortforschung in europäischen Bezügen. Hrsg. v. Ludwig Erich Schmitt. Bd. 2, Gießen 1963, 359—408.

Werneck 1958 = Heinrich L. Werneck, Kräuterbuch des Johannes Hartlieb. Eine deutsche Handschrift um 1435/1450 aus dem Innviertel. In: Ostbairische Grenzmarken. Passauer Jahrbuch für Geschichte, Kunst und Volkskunde 2. 1958, 71—124.

Wolf 1987 = Norbert Richard Wolf: Wortbildungen in wissensliterarischen Texten. In: Zeitschrift für deutsche Philologie 106. 1987 (Sonderh.), 137—149.

Dagmar Gottschall, Lecce

245. Paracelsus und der Fachwortschatz der *Artes mechanicae*

1. Paracelsus und die *Artes mechanicae*
2. Europäische Entwicklung der Fachsprachen in der Frühen Neuzeit
3. Paracelsus und die Fachsprache
4. Paracelsus und der deutsche Fachwortschatz
5. Paracelsus und der fremdwörtliche Fachwortschatz
6. Paracelsus zur Theorie der Fachsprache
7. Paracelsus-Lexikographie
8. Nachwirkung des Paracelsischen Fachwortschatzes
9. Literatur (in Auswahl)

1. Paracelsus und die *Artes mechanicae*

1.1. Paracelsus (eigentlich Theophrast von Hohenheim) gehört zu den bedeutenden Ärzten der europäischen Renaissancezeit. 1493 zu Einsiedeln (Schweiz) geboren, verlebt er seine Jugend in Villach (Kärnten), wo sein Vater, Wilhelm von Hohenheim, als Bergwerksarzt tätig ist. So kommt Paracelsus früh mit der Medizin, aber auch mit dem Bergwerkswesen, mit Metallurgie, Verhüttungswesen, Chemie und Alchimie in Berührung. Nach dem Medizinstudium (u. a. in Ferrara) durchstreift er mehrere europäische Länder auf ausgedehnten Erfahrungsreisen, z. T. als Militärarzt, ist später zeitweilig Stadtarzt und Hochschullehrer in Basel. Und er ist allezeit ein streitbarer Erneuerer der Medizin. Er leitet die Ablösung der alten scholastischen Medizin ein (bleibt aber auch in vielem der alten medizinischen Tradition verhaftet). Die Einführung der Chemie in die Medizin und Pharmazie ist seine wichtigste Neuerung (flankiert von weiteren Neuerungen und Entdeckungen im Detail). Nebenher vertritt er eine eigenwillige Naturphilosophie und spiritualistische Religionsphilosophie. Er stirbt 1541 in Salzburg, wo sich sein Ehrengrab bis heute befindet.

1.2. Die Aktivitäten des Paracelsus bewegen sich somit im Rahmen der Medizin und der *Artes mechanicae*. Die bis ins Spätmittelalter gültige Einteilung der Wissenschaften und „Künste" setzt neben die sieben „Artes liberales" sieben *Artes mechanicae*. Vier dieser Artes-Gruppen bilden das berufliche Umfeld des Paracelsus: medicina (Humanmedizin und Pharmazie, seit dem Spätmittelalter Universitätswissenschaft); opificium (diverse Handwerke, dazu auch Bergwerks- und Metallwesen, Chemie); agricultura (Landbau, dabei auch Botanik, Heilpflanzenkunde); venatio (Jagd, dabei auch Tierkunde, Tierheilkunde). — Die schriftliche Fachsprache in diesen Fachgebieten war, soweit von der Antike her überkommen, Lateinisch, insbesondere in der Universitätswissenschaft der Medizin. Daneben gab es für die *Artes mechanicae* die mündlich überlieferte Fachsprache der Meister, Gehilfen, Knappen in den Nationalsprachen (u. a. bei den Handwerkern, Bergknappen, Metallarbeitern, Alchimisten, Heilkundigen, Hebammen, Kräutersammlern etc., auf die Paracelsus ausdrücklich verweist).

2. Europäische Entwicklung der Fachsprachen in der Frühen Neuzeit

2.1. In der Renaissancezeit öffnen sich die Fachsprachen der Universitätswissenschaften neuen Entwicklungen. Man muß sich dabei die Wissenschaftssituation am Ausgang des Mittelalters vergegenwärtigen. Seit der Antike hatten gewisse Grundwerke der antiken Medizin und Naturwissenschaften ihre Gültigkeit behalten. Deren Textgrundlage bestand häufig in lateinischen Übersetzungen eines ursprünglich griechischen Textes; z. T. auch aus lateinischen Nachübersetzungen von arabischen Vorläuferübersetzungen. Diese Grundwerke waren bis in die Scholastik durch mittelalterliche Kommentare ergänzt worden, aber selbst im wesentlichen unverändert geblieben. — In der Renaisancezeit bot nun die Neuentdeckung zahlreicher griechischer Handschriften (im Zusammenhang mit der türkischen Übernahme Konstantinopels) neue und vielfach korrektere Textgrundlagen. Jetzt wurden Textverbesserungen in den bisherigen lateinischen Übersetzungen anhand der griechischen Originale möglich. Die humanistischen Ärzte und Naturwissenschaftler, die diesen Fortschritt einbrachten, empfanden sich in ihrem Selbstverständnis als Neuerer, nicht als Reaktionäre (obwohl sie auf einen älteren Wissensstand zurückgriffen).

2.2. Bald finden auch humanistische Tendenzen der Sprachrichtigkeit ihren Weg in die Wissenschaftssprache. Einerseits führt die Wiederbelebung der griechischen Tradition zur Wiederbelebung bzw. Neuprägung griechischer Termini (in lateinischem Formalgewand, d. h. u. a. mit lateinischen Endungen). In Italien wird diese Richtung gefördert durch Marsilio Ficino (1433—1499) und durch den Hippokrates-Übersetzer Niccolo Leoniceno (1428—1524). — Andererseits führt das humanistische Ideal eines gereinigten, klassischen Latein zum Versuch der Überwindung sowohl der griechischen als auch der arabischen Fremdwörter (Termini) und zur Bildung einer einheitlichen, homogenen lateinischen Wissenschaftssprache. Und innerhalb dieser lateinischen Fachsprache wird auch der Ersatz schiefer, unkorrekter lateinischer Termini durch sprachlich korrektere, treffendere Ausdrücke angestrebt. Ein Hauptvertreter dieser Richtung ist Andreas Vesal(ius) (1494—1564).

2.3. Diese philologisch-humanistische Strömung ist nur eine von mehreren Triebkräften zu einem Wandel der Wissenschaftssprache. Andere Impulse nehmen ihren Ausgang von Veränderungen in der Konzeption der Wissenschaften selbst. Dazu gehören auch vereinzelt aufkommende Zweifel an der Gültigkeit der antiken Autoritäten, aber auch Entdeckungen neuer Fakten durch Erfahrung und Experiment. Wichtige Vertreter dieser Entwicklung sind Vesal und Paracelsus.

2.4. In die Renaissancezeit fällt auch das Heraufkommen der Nationalsprachen als Sprachen der Wissenschaft (vgl. Olschki 1919). Das im Mittelalter geltende Monopol des Lateinischen als der einzigen Sprache der Wissenschaften wird in der Renaissance-Epoche durchbrochen; nicht zuletzt auch unter dem Einfluß nationalsprachlicher Traditionen in den *Artes mechanicae*. — In Italien beginnen der Humanist Leon Battista Alberti (1404—1472) und der Mathematiker Luca Pacioli (1445—1514) mit ersten Schritten in diese Richtung. Es schließen sich an: Giordano Bruno (1548—1600) und Galileo Galilei (1564—1642). — In Deutschland wird eine ähnliche Entwicklung eingeleitet durch die Mathematiker Michael Stifel (1487—1567) und Adam Ri(e)se (ca. 1492—1559); die Botaniker Otto Brunfels (ca. 1489—1534), Hieronymus Bock (ca. 1498—1554), Leonhard Fuchs (1501—1566) und Jacob(us) T. Tabernaemontanus (ca. 1520—1590); die Chirurgen Peter von Ulm (14./15. Jh.), Hieronymus Brunschwyg (15./16. Jh.) und Hans von Gersdorff (15./16. Jh.); die Ärzte Lorenz Fries (ca. 1490—1531) und Theophrastus Paracelsus; zum Barock hin weitergeführt durch den Astronomen Johannes Kepler

(1571–1630). – Auch in Großbritannien finden sich parallele Bestrebungen in Renaissance und Barock: selbst Humanisten wie Thomas Morus (1478–1535) und George Buchanan (1506–1582) machen gelegentlich Gebrauch von der Nationalsprache. Voll im Trend stehen Thomas Elyot (1490–1546), Francis Bacon (1561–1626) und Robert Burton (1577–1640). – Ähnlich in Frankreich: u. a. der Chirurg Ambroise Paré (ca. 1510–1590). – Eine Entwicklung wird eingeleitet, die schließlich ganz Europa erfaßt und uns heute selbstverständlich erscheint. Dennoch bleiben, innerhalb der nationalsprachlichen Wissenschaftssprachen, die eigentlichen Fachausdrücke weithin international, d. h. griechischen und lateinischen Ursprungs, wenn auch als Fremdworte in nationalsprachlichem Formalgewand (d. h. u. a. mit den nationalsprachlichen Endungen etc.). Neben ihnen und über sie hinaus werden jedoch vielfach auch rein nationalsprachliche Fachtermini (deutsch, französisch, italienisch, englisch etc.) neu geprägt.

3. Paracelsus und die Fachsprache

3.1. Auch Paracelsus hat an dieser fachsprachlichen Entwicklung vollen Anteil (vgl. Weimann 1951): durch seine Innovationen in den Wissenschaften ebenso wie durch die Verwendung der Nationalsprache, des Deutschen, als Wissenschaftssprache. Den Bestrebungen des Humanismus jedoch steht er fern. Die Sprache seiner Schriften ist vor allem sachbezogene Fachsprache. Er verzichtet dabei auf schriftstellerischen Ehrgeiz, auf Eleganz der Diktion. Seine Sprachgebung ist eher schlicht. Uns Heutige mutet sie ungelenk an. Aber das gilt weithin auch für Schriften anderer frühneuhochdeutscher Autoren. Sprache ist für Paracelsus in erster Linie Medium zur Vermittlung seiner Sachaussagen. Er zielt auf Verstehbarkeit, auf inhaltliche Richtigkeit des Ausdrucks, des Fachterminus.

3.2. Da Paracelsus einer der frühen Fachwissenschaftler ist, die in deutscher Sprache schreiben (nur wenige seiner Schriften sind in Latein abgefaßt), und da sein Werk sehr umfangreich ist, so sind bei ihm in der Tat viele deutsche Fachausdrücke sehr früh, oft sogar zuerst, belegt. Nach dem Umfang seines Œuvre steht Paracelsus statistisch in der Spitzengruppe der frühen deutschschreibenden Fachwissenschaftler jener Zeit; daher bietet er auch ein besonders reiches Wortmaterial, mit einem relativ großen Anteil an Innovationen im fachwissenschaftlichen Wortschatz. In der Paracelsus-Gesamtausgabe von Karl Sudhoff und Kurt Goldammer erreichen die (für die Fachsprache der *Artes mechanicae* relevanten) medizinischen, naturwissenschaftlichen und (natur-)philosophischen Schriften einen Umfang von 14 Bänden (vgl. Paracelsus 1922).

4. Paracelsus und der deutsche Fachwortschatz

4.1. Paracelsus verwendet für seinen fachsprachlichen Wortbedarf in reichem Maße deutsche Fachtermini und deutsche allgemeinwissenschaftliche Ausdrücke (vgl. Weimann 1951; Weimann 1963). – Die äußere Gestalt der Paracelsischen Sprachgebung ist frühneuhochdeutsch, im Gewand des „Gemeinen Landdeutsch"; mit dem Lautstand des Oberdeutschen, der Kaiserlichen Kanzleisprache, den Sprachanpassungen der oberdeutschen Druckersprache im bayerisch-österreichischen, fränkischen und schwäbischen Raum, die damals bis hin nach Basel und Straßburg gilt. Schweizerischer Lautstand findet sich jedoch kaum. – Wo der deutsche Wortschatz regionale Synonyme aufweist, folgt die Wortwahl des Paracelsus stets dem Oberdeutschen; bei konkurrierenden Synonymen im Bayerisch-Österreichischen und im Schwäbisch-Alemannischen folgt die Wortwahl häufig dem letzteren. – Viele von Paracelsus gebrauchte Fachausdrücke sind in der deutschen Sprache schon lange vorhanden. Viele andere sind erst im Frühneuhochdeutschen von frühen Fachautoren geschaffen worden. Paracelsus übernimmt alsbald solche frühen Neuschöpfungen anderer Autoren und steht damit auf der Höhe seiner Zeit.

4.2. Zahlreiche Fachtermini prägt Paracelsus jedoch auch selbst. Er formt sich Worte aus dem Rohstoff der Hochsprache in reicher Abwandlung. U. a. mit Wortzusammensetzungen, Wortverbindungen: z. B. *ezpulver* (Ätzpulver; Paracelsus 1922 [im folgenden PSW], Bd. 10, 140), *fürstenarzt* (PSW, Bd. 8, 221), *hirnkrankheit* (PSW, Bd. 1, 84), *kriegswunde* (PSW, Bd. 7, 86), *spital arzet* (PSW, Bd. 7, 387). Verschiedenartige Ableitungen, besonders Abstraktsubstantive mit Suffixen auf *-keit*, *-ung*: z. B. *krezikeit* (= Krätze; PSW, Bd. 6, 403), *spizsinnikeit* (= Verrücktheit; PSW, Bd. 1, 102); *auffressung* (auch = Ätzung, Schwärung; PSW, Bd. 10, 294), *aufschneidung* (PSW, Bd. 6, 81), *durchforschung* (PSW, Bd. 9, 377). Neue Verben mit vorgesetzten Präpositionen aus schon vorhandenen Grundwörtern: *ausrenken* (PSW, Bd. 8, 89), *einschinen* (einschienen; PSW, Bd. 5, 438), *uberolen* (überölen, = einölen; PSW, Bd. 7, 389), *underhülen* (unterhöhlen; PSW, Bd. 6, 270). Neue Adjektive aus vorhandenen Substantiven bzw. Verben, besonders mit dem Suffix *-isch*: *baderisch* (PSW, Bd. 2, 23), *kelchisch* (kalk-; PSW, Bd. 10, 337), *kupferisch* (PSW, Bd. 2, 237), *pulverisch* (PSW, Bd. 10, 345), *silberisch* (PSW, Bd. 2, 139).

Einige seiner Wortneuerungen sind auch deutsche Übersetzungen zu Wörtern aus der lateinischen Wissenschaftssprache: *kleine welt* (= Mikrokosmos; PSW, Bd. 9, 178), *fünft(es) wesen* (= Quintessenz; PSW, Bd. 2, 113), *hantarznei* (wörtlich übersetzt aus „Chirurgie"; PSW, Bd. 1, 341).

Manche seiner deutschsprachigen Fachausdrücke leben bis heute fort: z. B. *blut krankheit* (PSW, Bd. 10, 73), *erbkrankheit* (PSW, Bd. 7, 206), *frauenkrankheit* (PSW, Bd. 9, 186), *leber krankheit* (PSW, Bd. 7, 315), *magenkrankheit* (PSW, Bd. 2, 149), *naskrankheit* (Nasenkrankheit; PSW, Bd. 4, 476), *zen krankheit* (Zähnekrankheit, = Zahnkrankheit; PSW, Bd. 4, 226), *unheilbarkeit* (PSW, Bd. 1, 144).

4.3. Eine andere Quelle für seinen Neuwortbedarf erschließt Paracelsus im mündlichen, gesprochenen Deutsch. Er greift zurück auf mündlich längst existierendes, aber noch nicht schriftlich bezeugtes Wortgut. Er schöpft aus dem Wortschatz der heimischen *Artes mechanicae*, aus der Umgangssprache, auch aus den Mundarten. Mitunter gibt er sogar Herkunftsangaben zu solchen Mundartwörtern: „vulgo in Silesia et Borussia vocant den *bauchwolf*" (PSW, Bd. 4, 274), „vocantur in Austria *ferlin*" (PSW, Bd. 4, 255), „in der Etsch dicitur *kropfsalz*" (PSW, Bd. 4, 225). – Volkskundlichem Bereich entnimmt Paracelsus Bezeichnungen der Volksmedizin und Volksbotanik, von Bauern, Badern, Kräutersammlern, Hebammen. Er entlehnt auch aus den Berufssprachen der Bergleute, Schmelzer, Metallarbeiter und anderer Berufsgruppen der *Artes mechanicae*. Hierher stammen *kobolt* (= Kobalt; PSW, Bd. 3, 49), *wismat* (Wismut; PSW, Bd. 3, 49), *zink*, *zinken* (Zink; PSW, Bd. 3, 49), die Paracelsus zuerst als Metalle erkennt und benennt. Worte aus solchen Bereichen, bis dahin selten oder gar nicht schriftlich bezeugt, hebt er auf die schriftsprachliche Ebene:

„weiter seind nun auch etliche metallen, die nit in der geschrift [...] oder in der gemein erkent seind, und doch metallen. als der *zinken*, der *kobolt*, die sich vom feur lassen hemmern und schmiden" (PSW, Bd. 3, 49).

5. Paracelsus und der fremdwörtliche Fachwortschatz

5.1. Paracelsus benutzt nicht nur deutsche Termini für seinen fachsprachlichen Wortbedarf, sondern greift auch auf den bereits vorhandenen lateinischen Fachwortschatz zurück (vgl. Weimann 1963). Soweit es sich nicht um fachwissenschaftlich Neues handelt, kann er einfach lateinische Fachausdrücke (z. T. auch griechischer Abkunft, jedoch in lateinischem Formalgewand) übernehmen und in die deutsche Sprache einführen. Auch allgemeine wissenschaftliche Begriffe übernimmt er als Fremdwörter aus dem Lateinischen und gewinnt so ein ganzes System sprachlicher Vehikel zur kommunikativen Ergänzung der Fachtermini. Er führt dabei Hunderte von Fremdwörtern als einer der frühen Autoren, z. T. als erster, in die deutsche Wissenschaftssprache ein.

5.2. Bei Paracelsus erscheinen die Fremdwörter oft noch in der ursprünglichen, fremden Gestalt:

alkali (PSW, Bd. 3, 345), *coitus* (PSW, Bd. 7, 208), *embryo* (PSW, Bd. 2, 126), *laboratorium* (PSW, Bd. 11, 83), *praxis* (PSW, Bd. 2, 244), *quantum* (PSW, Bd. 5, 257), *specificum* (PSW, Bd. 2, 382).

Oft gibt er ihnen aber auch deutsches Formalgewand. Teils durch eingedeutschte lateinische Endsilben:

abstinenz (PSW, Bd. 5, 251), *potenz* (PSW, Bd. 9, 647), *extremitet* (= Gliedmaße, Extremität; PSW, Bd. 2, 437), *simplicitet* (PSW, Bd. 5, 447), *sterilitet* (PSW, Bd. 7, 343), *impression* (PSW, Bd. 1, 135), *infection* (PSW, Bd. 4, 154); *disposiz* (PSW, Bd. 2, 368), *operaz* (PSW, Bd. 2, 444), *praeparaz* (PSW, Bd. 2, 382); *retorte* (PSW, Bd. 3, 168); *motif* (PSW, Bd. 2, 50).

Teils durch deutsche Endungen:

fabriciren (PSW, Bd. 1, 56), *filtriren* (PSW, Bd. 13, 170), *operiren* (PSW, Bd. 3, 24), *stimuliren* (PSW, Bd. 12, 198); *cementirung* (PSW, Bd. 3, 73), *for-*

mung (PSW, Bd. 2, 372), *praeparirung* (PSW, Bd. 8, 195); *animalisch* (PSW, Bd. 11, 363), *aromatisch* (PSW, Bd. 11, 331), *chirurgisch* (PSW, Bd. 7, 314), *chronisch* (PSW, Bd. 1, 50), *epidemisch* (PSW, Bd. 9, 618), *mineralisch* (PSW, Bd. 1, 8), *narcotisch* (PSW, Bd. 2, 21), *spasmisch* (PSW, Bd. 3, 442).

Teils durch Entfallen der Endung überhaupt:

argument (PSW, Bd. 1, 165), *doctrin* (PSW, Bd. 9, 175), *effect* (PSW, Bd. 1, 216), *pest* (PSW, Bd. 9, 547), *talk* (PSW, Bd. 3, 61).

5.3. Paracelsus bewährt sich mit der Übernahme dieser Fremdwörter als Sprachvermittler. Häufig wird er aber auch zum Sprachschöpfer; insbesondere, wenn es sich um Termini für seine fachwissenschaftlichen Innovationen handelt. Hauptgebiete seiner neugeprägten Fachtermini sind Medizin, Pharmazie und Chemie. Bei seinen Neuschöpfungen benutzt Paracelsus häufig gängige Grundwörter, die schon lange gebräuchlich sind, aber jetzt in neuer Zusammensetzung: z. B. *morbi invisibiles* (= Geisteskrankheiten; PSW, Bd. 9, 251). — Oft unterlegt er bereits vorhandenen lateinischen Fachausdrücken eine neue Bedeutung: so in *laudanum* (bei ihm = konzentriertes Heilmittel aus diversen Einzelextrakten unter Zusatz von Opium; PSW, Bd. 9, 482); *alcohol, alcool* (vorher in der Bedeutung = feines Pulver; bei Paracelsus erstmals in heutiger Bedeutung = Alkohol; PSW, Bd. 3, 359; Bd. 3, 312). — Bisweilen prägt er auch völlig neue, künstlich konstruierte Worte: *synovia* (= Synovia, Gelenkschmiere, bei ihm auch als = Nährstoff für die Gelenke gefaßt; PSW, Bd. 5, 138); *opodeldok, opodeltoch* (bei ihm Sammelbezeichnung für Heilbreie, sogenannte Harzpflaster; PSW, Bd. 3, 269; Bd. 5, 374); *spagiric, spagirei, spagirisch* (Parallelausdruck für = Alchimie, = alchimistisch; PSW, Bd. 4, 132; Bd. 5, 447; Bd. 1, 127).

6. Paracelsus zur Theorie der Fachsprache

6.1. Eine Fachsprachentheorie des Paracelsus gibt es nicht. Paracelsus verfolgt keine eigentlich philologisch-sprachwissenschaftlichen Ziele. Aber in seinen Schriften finden sich dennoch, verstreut und vereinzelt, kurze sprachtheoretische Äußerungen in Hinsicht auf Ergänzung und Optimierung der fachwissenschaftlichen Terminologie. In seiner Schrift „Septem Defensiones" widmet er diesem Problemkreis sogar ein eigenes Kapitel (die 2. Defension; PSW, Bd. 11, 131 ff). Zur Rechtfertigung neuer Fachausdrücke verweist er auf Innovationen in den Fachwissenschaften, z. B. in der Medizin, bzw. auf das Erfordernis terminologischer Treffsicherheit.

6.2. Einige seiner Äußerungen seien hier genannt:

„mich zu defendiren [...], das ich [...] fürhalt [...] neue nomina, vor nie gebraucht, sonder durch mich geben, warumb solchs beschehe? [...] dise krankheiten seient von der arznei noch nie beschriben" (PSW, Bd. 11, 131 f).

Paracelsus prägt also neue Fachtermini für neu entdeckte bzw. neu definierte Krankheiten. Der rechte Terminus soll der korrekten Definition der Krankheit entsprechen, aus dem Grund, aus der Materie gehen:

„Warumb ich nit bleib bei den alten nominibus? wie kan ich die alten nomina brauchen, dieweil sie nicht aus dem grunt, aus dem die krankheit entspringt [...]" (PSW, Bd. 11, 135).

„Mich bekümert das alein, den ursprung einer krankheit und seine heilung zu erfaren und den namen in das selbig zu concordiren" (PSW, Bd. 11, 136).

Paracelsus verlangt,

„das die namen der krankheiten von den verstendigen arzeten also geben werden, das der name und die krankheit ein ander gleich sein [...]; sie sollen namen haben, die da anzeigen die materi der krankheit" (PSW, Bd. 7, 186 f). „Also sollen die namen aus dem grund gon und [...] nit in der fantasei" (PSW, Bd. 8, 143). „So in die ursach der dingen die namen gon sollen, so werden vil namen erleschen" (PSW, Bd. 1, 83). —

Die Fachwissenschaftler sollen sprachbewußt sein, korrekte Termini verwenden. Wieder auf die Medizin bezogen:

„So ist es [...] eim doctor oder meister in der arznei stümpferisch, mit [...] tölpeten namen die arznei zu besudlen" (PSW, Bd. 11, 22). Denn die „namen der alten scribenten und der iezigen arzeten neotericorum sich nit vergleichen mit den krankheiten deren namen sie dan sind, welches ein confusio und irgang ist" (PSW, Bd. 11, 19).

Er gibt auch konkrete Beispiele unzulänglicher Benennungen: in Metaphern, nach Form, Aussehen, Symptomen, nach Heiligen etc.:

„Und das zeig ich [...] an, das metaphora in der erznei ein ungeschickte [= Ungeschicklichkeit] ist zu brauchen, und aus der metaphora namen zu geben gar nichts ist als ein irgang" (PSW, Bd. 11, 20). „Der form nach die arznei zu benambsen ist spötlich [...]; so ists mir billig, das ich die metaphoram ausschlag und behelf mich mit der materia, die dan dise krankheit an ir selbst ist, ire den namen aus ir selbst [zu] geben, das ist aus dem, aus welchem sie ist" (PSW, Bd. 11, 21).

Zum Wort „Fieber" als Bezeichnung nicht nur für ein Symptom, sondern als Terminus für eine Krankheit:

„Diser namen kompt von der hiz des fiebers und sein hiz ist nur ein zeichen und nit die materia noch ursach [...]; darumb febris ein solcher nam ist, der seins meisters torheit anzeigt" (PSW, Bd. 9, 69).

Zu Bezeichnungen nach Heiligen:

„Von sanct Veits tanz [...], so wollen wir doch hie [...] nicht zulegen, das die heiligen krankheiten mögen geben und den selbigen sollen also nachgenennet werden [...]; uns misfelt das geschwez, hinder welchem kein warzeichen seind, sonder alein der glauben" (PSW, Bd. 2, 407).

7. Paracelsus-Lexikographie

7.1. Zu Lebzeiten des Paracelsus waren nur wenige seiner Schriften im Druck erschienen. Erst eine Generation später (ab 1560) werden große Teile seines handschriftlichen Nachlasses in zahlreichen Einzelausgaben erstmals und posthum ediert. Ihnen folgen Sammelausgaben, und immer weitere Einzelausgaben, Übersetzungen ins Latein und in mehrere europäische Nationalsprachen; im Laufe der Zeit insgesamt an die 500 Ausgaben und Auflagen der Paracelsischen Werke. — Als Ergänzung solcher Textausgaben, zur Erläuterung der neuen Fachausdrücke der medizinisch-chemisch-naturphilosophischen Terminologie des Paracelsus, werden nun auch Paracelsus-Glossare geschaffen (vgl. Weimann 1981). — Die ersten Paracelsus-Glossare werden von den Herausgebern der frühen Textausgaben des Paracelsischen Œuvre erstellt. Adam von Bodenstein (1528—1577) läßt sein Paracelsus-Glossar, „Onomasticvm", 1566 als Beigabe und Verständnishilfe in einer von ihm edierten Paracelsischen Werkausgabe mit beidrucken (Bodenstein 1566; vgl. Weimann 1981, 167 ff). — 1574 veröffentlicht ein anderer Paracelsus-Herausgeber, Michael Toxites (eigentlich Michael Schütz; 1515—1581), ein Paracelsus-Wörterbuch als selbständige Publikation (Toxites 1574; vgl. Weimann 1981, 170 ff), unter Mitarbeit des Renaissancearztes Johann Winther von Andernach (ca. 1500—1574; vgl. Weimann 1989) und des Renaissancedichters und -arztes Johannes Fischart (1546/47—1590; vgl. Weimann 1981, 171 f). — Kurz danach läßt dann auch Adam von Bodenstein eine überarbeitete Fassung seines früheren Paracelsus-Beigabenglossars von 1566 nunmehr als Separatausgabe erscheinen (Bodenstein 1575). — In dieser frühen Phase zirkulieren nebenher auch einige handschriftliche Paracelsus-Glossare in Interessentenkreisen (vgl. Quecke 1953).

7.2. Weitere Paracelsus-Wörterbücher (z. T. in mehreren Auflagen erschienen; vgl. Weimann 1981, 173 ff) stammen u. a. von: Leonhard Thurneysser vom Thurn (1531—1596; Thurneysser 1574); Rochus LeBaillif de la Rivière (vor 1540—1605), in französischer Sprache (LeBaillif 1578); Gerhard Dorn (2. Hälfte des 16. Jh.), mit Ausgaben in lateinischer, niederländischer und deutscher Sprache (Dorn 1581; Dorn 1583); Hieronymus Reusner (geboren 1558; Reusner 1582); Martin Ruland sen. (1532—1602), dessen Paracelsus-Wörterbuch erst posthum erscheint (Ruland 1612); John French (1616?—1657), in englischer Sprache (French 1650); William Johnson (Mitte des 17. Jh.), erschienen zunächst in England, dann auch in Deutschland (Johnson 1652). — Im 18. Jh. reißt dann die bis dahin kontinuierliche Kette der Paracelsus-Wörterbücher ab. Soweit die Paracelsischen Fachausdrücke in die medizinische und chemische Terminologie dauerhaft aufgenommen worden sind, werden sie von nun an in den normalen medizinischen und chemischen Fachwörterbüchern verzeichnet. Allgemeine Ausdrücke und Wendungen des Paracelsus, soweit sie in der allgemeinen Wissenschaftssprache einen festen Platz gefunden haben, erscheinen von nun an in den allgemeinen Wörterbüchern.

8. Nachwirkung des Paracelsischen Fachwortschatzes

8.1. Paracelsus nimmt mit seinen verschiedenartigen Beiträgen eine feste Position in der Entwicklung der deutschen wissenschaftlichen Fachsprachen ein und ist als Sprachschöpfer und Sprachvermittler an ihrer Herausbildung beteiligt. Deren Durchsetzung vollzieht sich allerdings erst im Verlauf des 18. Jh.s und vor allem im 19. Jh.

8.2. Der Beitrag des Paracelsus zum frühneuhochdeutschen Fachwortschatz der *Artes mechanicae*, in Medizin und Naturwissenschaften, umfaßt einerseits neu geprägte deutsche und lateinische Fachtermini; andererseits fremdwörtliche Fachausdrücke, die er aus der bereits vorhandenen lateinischen Terminologie in die deutsche Wissenschaftssprache überführt. Zumal aus diesem letzteren Bereich wirkt manches bis heute nach. — Von den Paracelsischen Wortneuschöpfungen jedoch ist nur relativ wenig bis heute lebendig geblieben. Manche dieser neu geprägten Ausdrücke fanden von Anfang an keine Akzeptanz. Andere Termini wurden später wieder ausgeschieden, weil durch die weiteren Fortschritte der Wissenschaften in den folgenden Jahrhunderten viele Theorien des Paracelsus überholt worden und die zugehörigen Begriffe inhaltlich obsolet geworden sind; und mit den überholten Begriffen sind dann auch die Termini überflüssig geworden. Dennoch ist eine ganze Anzahl seiner Ausdrücke in die Fachsprachen und in die Allgemeinsprache übergegangen. Und so wirkt der Paracelsische Wortschatz bis heute vielfältig nach.

8.3. Einige der von Paracelsus eingeführten Termini haben sogar in andere Sprachen Eingang gefunden (vgl. Migliorini 1942). So sind seine Wörter für die Elementargeister — *Undine*, auch als *undina*, *undena* (= Wassergeist; PSW, Bd. 14, 124; Bd. 14, 125), *Gnom* (= Erdgeist; PSW, Bd. 14, 128), *Sylph* (= Luftgeist; PSW, Bd. 14, 124) — in viele europäische Sprachen übergegangen (obwohl die Begriffe natürlich sachlich überholt sind und nur noch als Motiv in Literatur und Dichtung weiterleben). Über mehrere Sprachen verbreitet haben sich auch seine Wörter *Spagirik* (vgl. 5.3.) und *Homunculus* (= künstlich in der Retorte geschaffenes Menschenwesen; PSW, Bd. 3, 243). Die von Paracelsus umgemodelten und begrifflich neu gefaßten Wörter *Gas*, bei ihm als *chaos* (PSW, Bd. 11, 178; vgl. Lippmann 1911; Darmstaedter 1929), und *Alkohol* (vgl. 5.3.; vgl. Schneider 1959) sind europäischer Gemeinbesitz geworden. Manche willkürlichen Kunstwörter, wie *Opodeldok* (vgl. 5.3.; vgl. Blaser 1954) und *Synovia* (vgl. 5.3.), sind in die internationale medizinische Terminologie integriert worden. Die Namen der von Paracelsus entdeckten drei neuen Metalle (die bis dahin als solche nicht erkannt waren) *Kobalt*, *Wismut* und *Zink* (vgl. alle drei 4.3.; vgl. Hommel 1912) gelten heute in allen Kultursprachen, bis hin zum Arabischen und Japanischen. — So hat Paracelsus einen zwar begrenzten, aber durchaus nicht unerheblichen Einfluß im Bereich der Fachsprachen ausgeübt.

9. Literatur (in Auswahl)

Bailly, Roch: siehe LeBaillif 1578.

Blaser 1954 = Robert Henri Blaser: Zur Etymologie des Wortes *Opodeldok*. In: Nova Acta Paracelsica 7. 1954, 210.

Bodenstein 1566 = Adam von Bodenstein: Onomasticvm. Ausslegunge heymlicher Paracelsischer Wörter. [Als Beigabe zu:] Paracelsus: Opvs chyrvrgicvm. Vollkommene Wundartzney […]. (Hrsg. von Adam von Bodenstein). Straßburg 1566. — [Weitere Ausgaben:] Franckfurt am Mayn 1566; Cöllen 1571.

Bodenstein 1575 = Adam von Bodenstein: Onomasticon. Theophrasti Paracelsi eigne außlegung etlicher seiner wörter und preparierungen. Basel (1575). — [Reprint:] Hildesheim 1981.

Boehm Bezing 1966 = Gisela von Boehm-Bezing: Stil und Syntax bei Paracelsus. Wiesbaden 1966. — [Ursprünglich] Phil. Diss. Erlangen 1963.

Darmstaedter 1929 = Ernst Darmstaedter: Die Entstehung der Bezeichnung *Gas*. In: Chemikerzeitung 58. 1929, 565 f.

Dorn 1581 = Gerhard Dorn (Gerardus Dorn[a]eus): Paracelsi dictionarium. [Als Beigabe zu:] (Paracelsus:) Fascicvlvs Paracelsicae medicinae […]. (Hrsg. v. Gerhard Dorn). Francoforti ad Moenvm 1581. — [Niederländische Ausg.:] Vtrecht 1614. — [Hochdeutsche Ausg.:] (Halle) 1618.

Dorn 1583 = Gerhard Dorn (Gerardus Dorn[a]eus): Dictionarium Theophrasti Paracelsi, continens obscuriorum vocabulorum, quibus in suis scriptis paßim vtitur, definitiones. Francoforti 1583. — [Weitere Ausg.:] Francoforti 1584. — [Reprint der Ausg. 1584:] Hildesheim 1981.

Eis 1960 = Gerhard Eis: Mittelalterliche Fachprosa der Artes. In: Deutsche Philologie im Aufriß. Hrsg. v. Wolfgang Stammler. 2. Aufl. Bd. 2. Berlin 1960, 1103—1216. — [Reprint von Bd. 2:] Berlin 1978.

French 1650 = J(ohn) F(rench): A Chymicall Dictionary, explaining hard Places and Words met with all in the Writings of Paracelsus, and other obscure Authors. [Als Beigabe zu einem Sammelband chemischer Autoren:] A new Light of Alchymie […]. (Hrsg. v. John French). London 1650. — [Weitere Ausg.:] London 1674.

Hommel 1912 = W. Hommel: Zur Geschichte des Zinks. Ursprung des Namens *Zink*. In: Chemikerzeitung 36. 1912, 905 ff.

Johnson 1652 = William Johnson (Gulielmus Johnsonus): Lexicon chymicvm, cum obscuriorum verborum et rerum hermeticarum, tum phrasium Paracelsicarum, in scriptis ejus et aliorum chymicorum passim occurentium, planam explicationem continens. Londini 1652. — [Weitere Ausgaben:] Londini 1652 f; Londini 1657; Londini 1660; Francoforti 1676; Francoforti, Lipsiae 1678.

LeBaillif 1578 = Rochus LeBaillif de la Rivière (Roch Bailly): Dictionariolum declarans verborum significationes, quorum in re spagirica vsi sunt philiosophi. [Als Beigabe zu:] Rochus LeBaillif de la Rivière: Le Demosterion. [...] Sommaire veritable de la medecine Paracelsique. Rennes 1578. – [Späterer Abdruck in:] Paracelsus: Opera omnia medico-chemico-chirurgica. Ed. novissima. (Hrsg. v. Fridericus Bitiskius). Vol. 1–3. [In Vol. 3 Binnentitel:] Rochi leBaillif [...] Dictionariolum vocum quibus in suis scriptis vsus est Paracelsus. Genevae 1658.

Lippmann 1911 = Edmund O. von Lippmann: Zur Geschichte des Namens *Gas*. In: Chemiker-Zeitung 5. 1911, 41 ff.

Migliorini 1942 = Bruno Migliorini: Paracelsus und sein Einfluß auf den europäischen Wortschatz. In: Sprachkunde 42. 1942, Nr. 6, 10–12.

Olschki 1919 = Leonardo Olschki: Geschichte der neusprachlichen wissenschaftlichen Literatur. Bd. 1. Heidelberg 1919.

Paracelsus 1922 [PSW] = Theophrast von Hohenheim, genannt Paracelsus: Sämtliche Werke. 1. Abteilung: Medizinische, naturwissenschaftliche und philosophische Schriften. Hrsg. v. Karl Sudhoff. Bd. 1–14. München. Berlin 1922–1933.

Quecke 1953 = Kurt Quecke: Zwei handschriftliche Paracelsus-Onomastica aus dem 16. Jh. In: Sudhoffs Archiv für Geschichte der Medizin und der Naturwissenschaften 37. 1953, 342–346.

Reusner 1582 = Hieronymus Reusner[us] (Pseudonym: Franciscus Epimetheus): Synonima. [Als Beigabe zu:] Pandora, Das ist Die edelste Gab Gottes, oder [...] Stein der Weisen, mit welchem die alten Philosophi, auch Theophrastus Paracelsus, die vnuolkommene Metallen [...] verbessert, sampt allerley [...] Kranckheiten [...] haben vertrieben. Basel 1582. – [Weitere Ausgaben:] Basel 1588; Basel 1598; Franckfurt, Leipzig 1706.

Ruland 1612 = Martin Ruland (Martinus Rulandus sen.): Lexicon alchemiae, sive Dictionarium alchemisticvm, cum obscuriorum verborum et rerum hermeticarum, tum Theophrast-Paracelsicarum phrasium, planam explicationem continens. Francofurtensium Repub(lica) 1612. – [Weitere Ausgaben:] Francofvrti 1661; Nori(m)bergae 1671. – [Reprint der Ausg. 1612:] Hildesheim 1964.

Schneider 1959 = Wolfgang Schneider: *Alkohol* bei Paracelsus. In: Pharmazeutische Zeitung 104. 1959, 547–549.

Schütz, Michael: siehe Toxites 1574.

Sudhoff, Karl: siehe Paracelsus 1922.

Telle 1981 = Joachim Telle: Die Schreibart des Paracelsus im Urteil deutscher Fachschriftsteller des 16. und 17. Jh.s. In: Kreatur und Kosmos. Internationale Beiträge zur Paracelsusforschung. [Festschrift für] Kurt Goldammer zum 65. Geburtstag. Hrsg. v. Rosemarie Dilg-Frank. Stuttgart 1981, 78–100. – [Auch erschienen] in: Medizinhistorisches Journal 16. 1981, 78–100.

Thurneysser 1574 = Leonhard(t) Thurneysser zum Thurn: Hermeneia, Das ist ein Onomasticvm [...] Vber die frembden vnd vnbekanten Wörter [...], welche in den schrifften [...] Theophrasti Paracelsi von Hohenheim gefunden werden. Teil 1. Berlin 1574. – Teil 2. [Haupttitel:] Melisah, kai Hermeneia, Das ist ein Onomasticvm [...]. Berlin 1583.

Toxites 1574 = Michael Toxites (Michael Schütz): Onomastica II. – 1: Philosophicvm, medicvm synonymvm ex varijs, vulgaribusque linguis. – 2: Theophrasti Paracelsi, hoc est earum vocum, quarum in scriptis eius solet usus esse, explicatio [...]. Argentorati 1574.

Weimann 1951 = Karl-Heinz Weimann: Die deutsche medizinische Fachsprache des Paracelsus. Phil. Diss. [masch.] Erlangen 1951. – [Xerokopieexemplare vorhanden in: Senckenbergische Bibliothek/Stadt- und Universitätsbibliothek Frankfurt am Main; Universitätsbibliothek Salzburg; Schweizerische Landesbibliothek Bern].

Weimann 1963 = Karl-Heinz Weimann: Paracelsus und der deutsche Wortschatz. In: Deutsche Wortforschung in europäischen Bezügen. Festschrift für Walther Mitzka. Hrsg. v. Ludwig Erich Schmitt. Bd. 2. Gießen 1963, 359–408.

Weimann 1981 = Karl-Heinz Weimann: Paracelsus-Lexikographie in vier Jahrhunderten. In: Kreatur und Kosmos. Internationale Beiträge zur Paracelsusforschung. [Festschrift für] Kurt Goldammer zum 65. Geburtstag. Hrsg. v. Rosemarie Dilg-Frank. Stuttgart 1981, 167–195. – [Auch erschienen] in: Medizinhistorisches Journal 16. 1981, 167–195.

Weimann 1989 = Karl-Heinz Weimann: Der Renaissance-Arzt Johann Winther von Andernach. Seine Beziehungen zum oberrheinischen Paracelsismus und zum Paracelsus-Lexikon des Michael Toxites. In: Würzburger medizinhistorische Mitteilungen 7. 1989, 215–232.

Karl-Heinz Weimann, Hannover

246. Die Fachsprache der Geometrie in der frühen Neuzeit

1. Zur Entwicklungsgeschichte deutscher Schriften geometrischen Inhalts
2. Formen der Wissensvermittlung
3. Der Übergang zu einer deutschen geometrischen Wissenschaftssprache
4. Literatur (in Auswahl)

1. Zur Entwicklungsgeschichte deutscher Schriften geometrischen Inhalts

Die Geschichte deutschsprachiger Schriften geometrischen Inhalts reicht bis in das Spätmittelalter zurück. Die überlieferten Texte, wie die um 1400 zunächst lateinisch verfaßte und dann übersetzte sog. *Geometria Culmensis* zur Feldmessung, die aus dem 15. Jh. stammenden Schriften zur spätgotischen Baukunst von Matthäus Roriczer (*Geometria deutsch*; *Büchlein von der Fialen Gerechtigkeit*) und Hans Schmuttermayer (*Fialenbüchlein*) sowie eine Reihe von Visiertraktaten zur Faßmessung, zeigen bereits wesentliche Charakteristika, die auch noch für die meisten der frühneuzeitlichen Quellen (bibliographische Hinweise bei Kästner 1796—1800 I 648 ff, II 9 ff, III 285 ff; Müller 1899, 304 ff; Reiner 1961, 9 ff; Folkerts 1974, 36 ff; Knobloch 1989, 125 ff; Müller 1993 b, 274 f) zutreffen: Die praxisorientierte Ausrichtung sowie die weitgehende Begrenzung auf elementargeometrische Inhalte.

1.1. Geometrisierung des Handwerks

Wesentliche Impulse für die weitere Entwicklung einer deutschen geometrischen Fachsprache gehen von Albrecht Dürer aus, der mit seiner *Underweysung der messung* (1525) das erste umfangreichere Lehrbuch zur Einführung in geometrische Grundlagen (Konstruktion von Linien, Flächen und Körpern, Einführung in die Perspektive) vorlegt, das zudem als Hilfe für das Verständnis seiner *Vier bücher von menschlicher Proportion* (1528) gedacht ist, die Anleitungen zur Abmessung und Konstruktion von Proportionsfiguren sowie deren Veränderung in Größe und Raum enthalten (zu Dürer vgl. Müller 1993 a, 18 ff; Müller 1993 b, 262 ff). Dürers Bemühen steht in Zusammenhang mit der Rezeption kunsttheoretischer Vorstellungen der Renaissance und der sich zu Beginn des 16. Jh.s durchsetzenden Erkenntnis, daß dem deutschen Handwerk (Kunst- und Bauhandwerk) die theoretische Fundierung fehlt. Mit seiner Forderung, die praktische Fertigkeit — den *brauch* — durch geometrisches Wissen — *die kunst der messung* — zu begründen und dadurch zu verbessern, wendet er sich an *alle kůnstbegyrigen jungen* und hofft, daß sein Werk *nicht alleyn den maleren / sonder Goldschmiden Bildhaweren Steynmetzen Schreyneren vnd allen den so sich des maß gebrauchen dienstlich seyn mag* (1525, A 1 r). Mit seinen Schriften hat Dürer eine Reihe weiterer, vor allem in Nürnberg und Frankfurt/M. gedruckter Werke angeregt (Müller 1993 b, 269 ff), in denen für den gleichen Adressatenkreis ebenfalls Grundlagen der *geometrei* (Schmid 1539, B 1 r: *Geometria / ist ein kunst / durch welche alle bewegliche vnd vnbewegliche grösse / gemessen mögen werden. Vnd ist gegründt auff Punct / Lini / Flech / vnd Córper*) vermittelt werden, und zwar häufig in Verbindung mit der Erörterung von perspektivisch bzw. proportional adäquaten Darstellungen einschließlich der Beschreibung von Konstruktion und Verwendung notwendiger Meßinstrumente. Ebenfalls für Praktiker legt schließlich der Universitätslehrer Wilhelm Holtzmann (Xylander) die erste deutsche Übersetzung der geometrischen Bücher von Euklids *Elementen* vor (1562). Das theoretische Niveau vieler dieser Werke ist im Vergleich zu Dürer, dessen Schriften in Handwerkerkreisen als *vberkůnstlich vnd vnbegreifflich* und *alleyn den hochuerstendigen dienlich* (Rodler 1531, A 2 r) galten, deutlich niedriger.

Dies gilt insbesondere für einige der von Handwerkern verfaßten Werke (z. B. Sebald Behem 1557; Heinrich Lautensack 1564), in denen geometrisches Wissen nur oberflächlich und ohne hinreichende theoretische Fundierung vermittelt wird, da die Aneignung praktischer Fertigkeiten im Vordergrund steht. Demgegenüber bieten z. B. Wolfgang Schmid (1539) und Augustin Hirschvogel (1543) didaktisch gelungene Einführungen in elementargeometrische Kenntnisse, während die umfangreiche und aus mehreren Vorlagen kompilierte Darstellung der *Mathematischen vnd Mechanischen kůnst* (1547) des Arztes Walter Hermann Ryff (Rivius), von dem auch die erste deutsche Vitruv-Übersetzung stammt (1548), trotz der von Dürer übernommenen stereotypen Adressatennennung sowohl hinsichtlich des höheren theoretischen Niveaus als auch des Inhalts (geometrische Grundlagen, Perspektive, Abschnitte zu Fortifikation, Geschützwesen und Feldmessung) aus dem Rahmen fällt.

1.2. Feldmessung

Einen weiteren Anwendungsbereich geometrischer Kenntnisse stellt das Landvermessungswesen (Feldmeßkunst) dar. Die Vermessung von Grundstücken oder Ländereien, die insbesondere zur Klärung von Pacht- bzw. Eigentumsverhältnissen, die Steuerfestlegung sowie für kartographische Unternehmungen erforderlich war, wurde gewöhnlich von obrigkeitlich bestellten Feldmessern durchgeführt, und Paul Pfintzing nennt in seiner *Methodus Geometrica* (1598, (a) 3 r) folgende theoretisch-praktischen Anforderungen an einen rechten Feldmesser:

„Erstlich soll er im lesen / schreiben vnd rechnen wol geübt vnd erfahren sein: Soll von der Hand reissen vnd stellen / darzu Illuminiren vnd schattiren wissen: nicht allein Geometriam gelernet haben / sondern sich auch auff die opticam oder Perspectiu legen / auffziehen vnd reissen können / vnd darbey die Abthailung deß Zirckels / vnd den vnterschiedt der Perpendicular vnnd Schreglini / wol verstehen / wie auch den Compasten / Schritt / Schuch vnd Zoll /rc."

Eine Anleitung zum Feldmessen, dessen Grundlagen auch für die Bereiche Fortifikation und Geschützwesen wichtig wurden (Schneider 1970, 213 ff), bietet bereits die vermutlich älteste deutsche geometrische Schrift (*Geometria Culmensis*, um 1400), aber eine größere Zahl an Einführungen in die Feldmeßkunst ist erst für das 16. und 17. Jh. überliefert (Knobloch 1989, 125 ff), wobei auch hier erhebliche Unterschiede im Niveau vorliegen.

Zu den knappen, wissenschaftlich eher anspruchslosen und auf die Angabe von mathematisch fehlerhaften, aber für Praktiker brauchbaren Näherungslösungen begrenzten Werken gehört die *Geometrei* des u. a. als Drucker, Stadtschreiber, Visierer und Geometer tätigen Jakob Köbel (1535), die neben Verfahren zur Strecken- und Flächenmessung auch eine Beschreibung von Herstellung und Gebrauch dazu notwendiger Meßinstrumente (Jakobstab, Meßrute, Spiegel) enthält. Im Vergleich mit dieser noch im 17. Jh. gedruckten, aber auch häufig kritisierten Schrift ist der Anspruch an wissenschaftlicher Fundierung und der Gehalt an allgemeinen geometrischen Grundlagen in einigen anderen Werken deutlich höher: Hierzu gehören z. B. die Darstellung des Frankfurter Rechenmeisters Simon Jacob im Rahmen seines Rechenbuches (1565), das Lehrbuch des Wittenberger Gelehrten Erasmus Reinholt (1574), in dem auch das Markscheidewesen (Vermessungen im Bergbau) berücksichtigt ist (vgl. Wunderlich 1977, 25 ff), sowie die Einführung des Hallenser Rechenmeisters und Visierers Andreas Helmreich (1591). Für das 17. Jh. wurde dann vor allem die in späteren Auflagen erweiterte *Geometria practica nova* (1617/18) des Altdorfer Professors für orientalische Sprachen und Mathematik Daniel Schwenter maßgebend. Auch Schwenter gibt zunächst eine allgemeine Einführung in geometrische Grundbegriffe und Konstruktionen (Tractatus I) und behandelt dann speziell für Landmesser den Bereich ‚Feldmessen' einschließlich einer ausführlichen Beschreibung des für Feldmeßarbeiten konstruierten Meßtisches von Johann Praetorius. Ebenso wie bei Schwenter bleibt auch für Lehrbücher zur *Geometria practica* aus dem 18. Jh. charakteristisch, daß sie im wesentlichen als Einführungen in die Feldmeßkunst konzipiert sind (z. B. Johann Bartholemäus Franc 1705; Johann Friedrich von Penther 1732).

1.3. Visierkunst

Als Folge des steigenden Weinhandels und der Notwendigkeit einer zeitsparenden, einfach handhabbaren Faßinhaltsbestimmung sind seit der Mitte des 15. Jh.s zahlreiche Abhandlungen zur Faßmessung (Visierkunst) überliefert (Bibliographie bei Folkerts 1974, 36 ff). Bei den meisten dieser Traktate handelt es sich um knappe Anweisungen zu Herstellung und Gebrauch von Visierruten (Quadrat- bzw. Kubikrute), mit deren Hilfe Tiefe und Länge von Fässern bestimmt wurden. Das Visieren von Weinfässern war nicht nur für Käufer, Verkäufer und Händler, sondern auch für die Erhebung von Weinzöllen eine wichtige Tätigkeit. Als obrigkeitlich bestimmte, geschworene Visierer sind häufig Rechenmeister nachweisbar, die auch unter den Autoren von Visiertraktaten dominieren (z. B. Ulrich Kern 1531; Adam Ries 1550; Andreas Helmreich 1557). Der geometrische Gehalt ist in den *Visierbüchlein* zunächst noch gering und auf Aspekte der Rutenkonstruktion begrenzt, während die eigentliche Visierung keine geometrischen Kenntnisse, sondern lediglich die Fähigkeit zum Lesen von Zahlen erforderte, so daß für die Praxis der Faßmessung eher arithmetisches Wissen notwendig war (Folkerts 1974, 35).

Dementsprechend gering ist in den frühen Visiertraktaten des 15. und 16. Jh.s auch die theoretische Fundierung. Dies gilt für die kürzeren Darstellungen (z. B. Jakob Köbel 1515; Johann Frey 1543), die zum Teil zusammen mit Rechenbüchern (dazu Schneider 1969) im Druck erschienen sind, wie z. B. bei dem Universitätslehrer Heinrich Schreiber (Grammateus) (1518) oder dem Rechenmeister Adam Ries (1550). Aber auch die umfangreicheren und anspruchsvolleren Visierbücher von Ulrich Kern (1531), Andreas Helmreich (1557) oder dem Arzt Johann-Hartmann Beyer (1603) unterscheiden sich grundlegend von den Werken Johannes

Keplers, der *Nova stereometria doliorum vinariorum* (1615) sowie der deutschen Bearbeitung *Messe-Kunst Archimedis* (1616), mit denen er die Visierkunst wissenschaftlich-geometrisch begründet. Keplers *MesseKunst Archimedis*, zu deren Adressaten er neben dem *Teutschen kunstliebenden Leser* auch *andere mehr einfältige Leser* zählt, ist dabei in mancher Hinsicht mit den Werken Dürers vergleichbar: Dies gilt nicht nur für das im Vergleich zu früheren Darstellungen wesentlich höhere Niveau, das keine unmittelbare Fortsetzung in deutschsprachigen Werken fand, sondern auch für den hier ebenfalls höheren Anteil an Neubildungen.

2. Formen der Wissensvermittlung

Die Art der frühneuzeitlichen Vermittlung geometrischen Wissens in deutscher Sprache wurde wesentlich dadurch bestimmt, daß der sprachliche Rückgriff auf spätmittelalterliche Traditionen nur zum geringen Teil möglich war und daß sich der Adressatenkreis in erster Linie aus handwerklich-technisch geschulten, aber wissenschaftlich-theoretisch unerfahrenen Praktikern ohne Fremdsprachenkenntnisse zusammensetzte, auf die die Autoren entweder allgemein (*dem gemeinen Leyen dienlich*) oder berufsspezifisch (*alle kůnstliche Werckleut, Feldmesser, Visierer*) verweisen. Dadurch entstand das Problem, wissenschaftlich-technische Verfahren und Begriffe, die bislang nur fremdsprachig (z. B. Euklid) oder überhaupt nicht erschlossen waren, möglichst anschaulich in deutscher Sprache zu erläutern. Hinzu kommt, daß unter den Autoren neben Gelehrten mit Zugang zur griechisch-lateinischen Wissenschaftstradition eine ganze Reihe an Handwerkern bzw. Rechenmeistern nachweisbar ist, die zwar auf eigene Erfahrungen mit der *kunst der messung* zurückgreifen konnten, denen aber anders als Albrecht Dürer kein Kreis naturwissenschaftlich interessierter Humanisten für Übersetzungshilfen und wissenschaftliche Beratung zur Verfügung stand. Entsprechend unterschiedlich ist auch das theoretische Niveau der überlieferten Schriften (vgl. 1.1.– 1.3.), wobei allgemein gilt, daß die Notwendigkeit der Verwendung von Fachtermini sowie der Erläuterung geometrischer Verfahren jeweils vom Grad der theoretischen Fundierung abhängig ist.

2.1. Terminologisierung

Für die Verwendung und Erläuterung von Fachwörtern werden von den Autoren verschiedene Verfahren genutzt, wobei auch entscheidend ist, ob es sich um fremdsprachige/ deutsche Termini der Wissenschafts- bzw. Werkstatt-Tradition handelt oder um Neologismen, d. h. um Lexeme, die in dieser Form (Wortbildungsstruktur) bzw. in dieser Funktion (fachspezifische Bezeichnung) nicht früher nachweisbar sind und zudem in einigen Fällen begründend eingeführt werden. Der Gebrauch von Fachwörtern war lediglich dann unproblematisch, wenn die Autoren auf Termini zurückgreifen konnten, die bereits zum festen Bestand der Praxis gehörten und deshalb unkommentiert verwendet werden konnten, wie z. B. die bei Albrecht Dürer dokumentierten Lexeme *vierung* (‚Viereck'), *vmbschweiff* (‚Umkreis'), *cirkel* (‚Kreis'), *quadrat*, *neuneck* oder *fischblase* (‚Figur, die durch Kreisüberschneidung entsteht'). Der Anteil entsprechender geometrischer Begriffe ist allerdings zunächst gering im Vergleich mit erklärungsbedürftigen Termini. Hierzu zählen in erster Linie die wissenschaftlich-fremdsprachigen Fachwörter, die meist nur dann ohne deutsches Äquivalent verwendet werden, wenn sie als elementar und bereits geläufig angesehen werden. So weist Wilhelm Holtzmann (Xylander) zu Beginn seiner Euklid-Übersetzung darauf hin, daß er „newerung zů vermeiden ettliche wolgebrauchte vnnd im schwanckh gehnde diser künsten benennungen bleiben lassen / vnd nitt inn Teütsche verendert hab", und nennt als Beispiele die Lexeme *Centrum / Diameter / Circumferentz / Triangel / Quadrat / Basis / Cathetus / Hypotenus*, die *gnůgsamm an iren ortten erklärt* seien, so *dz sych niemandt bald daran stossen wirt* (1562, b 3 r).

Im Vergleich mit der Beschränkung auf eine definitorische oder paraphrasierende Erklärung fremdsprachiger Termini ist die zusätzliche Einführung deutscher Äquivalente häufiger dokumentiert. Es handelt sich dabei teils um bereits von anderen Autoren verwendete, wiederaufgenommene Lexeme, teils aber auch um Neologismen, die von den Autoren entweder unkommentiert oder begründend-vergleichend bzw. mittels performativer Äußerungen eingeführt werden:

„Linea aranei, ein spinnen lini; ist auch ein krumme lini / die Albertus Dürerus deßhalben ein spinnen lini nennet / weil, wann dieselbe beschrieben wird / sie mit jhrer gantzen beschreibung / wie ein spinnweb das ansehen hat / wird fast wie ein hertz" (Schwenter 1617/18 I, B 2).

„[...] diser dreyer schnydt namen weis jch auf deutzsch nit zůsagenn / wir wöllen jn aber namen geben / dabey man sie kennen můg / Die Elipsis will jch ein eyer lini nennen / darumb das sie schyer einem ey gleich ist / Die Parabola sey genennt eyn brenn lini / darumb so man auß jr ein spiegel macht so zůndt sie an / Aber die Hiperbole will jch einn gabellini nennen" (Dürer 1525, C 3 v).

Die deutschsprachigen Äquivalente haben jedoch nicht die Funktion, fremdsprachige Fachwörter, die frühneuzeitlich noch häufig mit Fremdflexiven nachweisbar sind, zu ersetzen, sondern stellen lediglich ergänzende Alternativbenennungen dar, denen in erster Linie verständnissichernde Funktion zukommt. Teils wechseln die Autoren zwischen den fremdsprachigen bzw. deutschen Fachwörtern, teils werden beide als Doppelbenennungen kombinatorisch eingesetzt (z. B. Schmid 1539, B 2 v: *Axis / ein Echs / ist die lini / so in einer Spehr oder runden Kugel durch das centrum oder mittelpunct laufft / vnnd mit bedē orten die kugel anrůrt*). Für die Einführung deutscher Fachwörter konnten sich die Autoren eng an die fremdsprachige Vorlage anlehnen (Lehnwörter oder Lehnübersetzungen wie *halbkreis* für *semicirculus*), aber in vielen Fällen ist die durch Vergleiche gewährleistete Anschaulichkeit ausschlaggebend, und die Neologismen zeichnen sich häufig durch einen für Fachsprachen in statu nascendi allgemein kennzeichnenden stark metaphorischen Charakter aus. So verwendet nicht nur Kepler für *cubus von gleichnus wegen würffel*, und für die Bezeichnung anderer geometrischer Figuren ist eine ganze Reihe an *lini*-Komposita dokumentiert, die zeigen, wie das Kriterium der Vergleichbarkeit und infolgedessen die Einprägsamkeit die terminologische Auswahl bestimmt haben (z. B. *schlangenlini, schraubenlini, muschellini, schneckenlini, eilini*).

Nicht in allen Fällen sind Neologismen jedoch durch die Notwendigkeit begründet, fremdsprachige Termini verständlicher zu machen. So ist z. B. bei Albrecht Dürer eine Reihe von Fachwörtern ohne fremdsprachiges Äquivalent nachweisbar, die für die Bestimmung und Umstrukturierung von Körpermaßen verwendet werden (Müller 1993 a, 253 ff). Bei diesen Bildungen mit derivativer Struktur (überwiegend *-er*), deren Gebrauch zumeist unter Verwendung der Wortbildungsbasen begründet wird, handelt es sich um gemeinsprachliche Begriffe, die Dürer, zum Teil mit veränderter Wortbildungsfunktion (Personenbezeichnungen → Nomina instrumenti), für fachsprachliche Bezeichnungsfunktionen umprägt (z. B. Dürer Nachlaß II, 439: *Also magstw durch das jstrament ein ding lenger, kürtzer, dicker, dünner, preiter oder schmeler machen, wie dw wilt. Ich hab awch hÿ vnden daz jstrument awff gerissen, vnd will das nennen van bekantnus wegen den weler, dan dw magst doraws welen, welches dw wilt*). Dabei ist charakteristisch, daß Dürer für bestimmte Bezeichnungsbereiche gleich mehrere Lexeme einer Wortfamilie in fachsprachlicher Funktion verwendet (z. B. *felschen, verfelschen, felschlich, felschung, verfelschung, felscher* und *felscherin* für den Bezeichnungsbereich ‚Vergrößerung/Verkleinerung der Höhenmaße von Figuren' und die Bezeichnungsaspekte ‚Handlung', ‚Beschaffenheit' bzw. ‚Instrument') und daß die Benennungen zum Teil nicht von Anfang an fest waren, sondern das Ergebnis eines Auswahlprozesses aus mehreren, anfangs nebeneinander verwendeten Termini darstellen, wie z. B. die Lexeme *vertrag, v̄bertrag* und *vber trager* als Bezeichnungen für ein Verfahren zur Versetzung von Kopfquadraten mittels Linienprojektion (Müller 1993 a, 487 f). Im Gegensatz dazu gibt es aber auch Autoren, die auf die Auswahl eines Lexems verzichten und dafür zwei oder mehrere Fachwörter in gleicher Bezeichnungsfunktion verwenden, wie z. B. Johannes Kepler, der für *Prisma* (*Zwerstuck, Speidel, Keil, Wecken*) und *Zylinder* (*runde Seule, Welle, Walger, Waltzen*) jeweils mehrere deutsche Äquivalente anführt und dabei zum Teil für Doppelbenennungen lediglich deutsche Lexeme kombiniert (*Wellen oder Walger*).

Der experimentelle Charakter der frühneuzeitlichen deutschen Fachsprache der Geometrie wird wesentlich bestimmt durch die ausgeprägte Terminologisierungspluralität, die dadurch entstanden ist, daß Neologismen entweder überhaupt nicht traditionsbildend wirkten und durch andere Termini ersetzt wurden oder (zum Teil unter Veränderung ihrer Bezeichnungsfunktion) übernommen bzw. durch andere Lexeme ergänzt wurden. Die älteren Darstellungen zur Geschichte des geometrischen (mathematischen) Wortschatzes (Müller 1899, 323 ff; Schirmer 1912; Götze 1919 zu Kepler; Busch 1933; Tropfke 1940; Reiner 1961, 40 ff) stellen zwar einen Großteil der Fachwörter zusammen, gehen aber nur unzureichend auf Wortbildungsregularitäten (zu Dürer vgl. Müller 1993 a; Habermann 1994) sowie auf Gründe für die Übernahme bzw. Nicht-Übernahme von Lexemen ein. Als Motive dafür, daß Lexeme als Fachwörter nur begrenzte Zeit oder überhaupt nicht übernommen wurden, zeichnen sich ab:

(1) Das deutsche Äquivalent eines fremdsprachigen Terminus ist in seiner Metaphorik nicht treffend genug bzw. kontextuell nicht eindeutig monosemierbar (fachsprachliche vs. gemeinsprachliche Bezeichnungsfunktion), wie z. B. Dürers *gabellini* für *Hyperbel* oder Keplers *Anstreicher* für *Tangens* bzw. *Berg* für *Conoides hyperbolicum*. Hierher gehören auch Fachwörter, die zu falschen Analogien führen konnten, wie z. B. das von Dürer für *Ellipse* eingeführte Äquivalent *eyer lini*, das bereits Schwenter (1617/18) nur noch für *Linea ovalis* verwendet.

(2) Es handelt sich um Lexeme, die auch aufgrund ihrer dialektalen Gebundenheit nicht traditionsbildend wirkten, wie die von Kepler verwendeten Lexeme *Schelfe* (für *Zona*; oberdt. ‚Schale, Binde') und *Speidel* (für *Prisma*; oberdt. ‚Splitter, Span, Keil zum Holzspalten').

(3) Es handelt sich um Bezeichnungen für geometrische Gebilde oder Konstruktionen, die von den Adressaten als unverständlich und für den *brauch* als zu kompliziert und unnötig bewertet wurden. Dies ist z. B. für einige Konstruktionsbezeichnungen Dürers (*felscher, weler* u. a.) sowie für einige der von Kepler für geometrische Körper verwendeten Fachwörter (z. B. *Arbishauff* für *Conoides hyperbolicum*, *Hewschober* für *Conoides parabolicum*) anzunehmen.

(4) Es handelt sich um Äquivalente zu fremdsprachigen Termini, die durch solche Fachwörter ersetzbar sind, die als Lehnübersetzungen oder Lehnwörter einen engeren Bezug zur fremdsprachigen Vorlage gewährleisten. Diese Form der Ablösung von Fachwörtern tritt erst relativ spät deutlicher hervor, wird dann aber für die terminologische Vereinheitlichung im Zusammenhang mit dem Übergang zu einer geometrischen Wissenschaftssprache bestimmend (vgl. 3.). So hat sich z. B. als Entsprechung von *Diameter Durchmesser* (und nicht *Mittelriß, Durchzug, Durchschneider, Durchschlag*) ebenso durchgesetzt wie die Lehnwörter *Hyperbel* (*Gabellinie, Hohllinie, gebrochene Eierlinie, übertreffende Kegellinie*) oder *Parabel* (*Brennlinie, rechtwinkliger Kegelschnitt, vergleichende Kegellinie*).

Neben diesen sich zum Teil überlappenden Motiven für die nur begrenzte Verwendung von Fachwörtern sind jedoch auch andere Faktoren zu berücksichtigen, wie etwa die Gebrauchshäufigkeit oder die Autorenautorität. So werden z. B. die Namen von Dürer, Schwenter oder Kepler häufiger genannt, während andere Autoren, deren Schriften als zu unwissenschaftlich galten, schon bald vergessen waren. Schließlich muß auch beachtet werden, daß die allmähliche Vereinheitlichung der für das 16./17. Jh. kennzeichnenden Terminologisierungsvielfalt auch an den Prozeß des Übergangs zu einer deutschen Wissenschaftssprache zu Beginn des 18. Jh.s gebunden ist.

2.2. Zur Erläuterung geometrischer Verfahren

Nicht nur die Einführung und Erklärung von Fachwörtern (Terminologisierung), sondern auch die Erläuterung geometrischer Verfahren (Konstruktion geometrischer Gebilde, Meßverfahren) hat frühneuzeitlich aufgrund der spezifischen Adressatenorientierung ein eigenes Gepräge. Die Wissensvermittlung erfolgt dabei in einer Form, die wesentliche Züge einer ‚Werkstattsprache' aufweist und für die der rezeptartige Anweisungsstil ebenso charakteristisch ist wie die Autor- bzw. Adressatenzentrierung. Als kurzes Beispiel führe ich eine der von Albrecht Dürer gegebenen Konstruktionen einer *schneckenlini* an:

„ITem noch will jch ein schneckenlini ziehen / reiß auß eim Cemtrum .a. eyn gantzen zirckelryß / vnd theil jn mit .6 / punckten in 6 gleiche felt / vnnd setz die zal dartzu / also das 6 oben stee vnnd zeüch auß allen punckten der zirckelini streim linien in Centrum .a. Darnach theil die lini .6.a. mit .7. punckten in 8 gleiche felt / darnach thůe jm wie vor / nym eyn zirckel vnnd setz jn mit dem eyn fuß in den Centrum a vnd den andern setz in den pnnckten .1. in der streim lini .1.a. also thu jm fůr vnd fůr durch die zal all / wie du das ab zůnemen hast auß der vorrigen schnecken lini / sólchs hab jch auch hie nach auffgeryssen mit allen nöttigen beystrychen vnd ledig" (Dürer 1525, B 4 r).

Für die Erläuterung von Konstruktionen oder Meßverfahren greifen die Autoren in erster Linie auf zwei Varianten zurück: Die Erläuterung erfolgt entweder in Form von *ich*-Phrasen mit bezug auf den Autor als Handlungsausführenden oder in Form imperativischer Anleitungen mit Adressatenbezug. Die dadurch erreichte Nähe zum Lehrgespräch und zur Werkstattpraxis wird in einigen Werken durch die Verwendung von Frage-Antwort-Schemata zusätzlich verstärkt (z. B. Kepler 1616, 173: *Fragstu / wie wirt aber der besagte höhere Kegel ACB, auß welchem das Conoides AVB geschehlet ist / zusuchen sein? Antwort / das ist …*). Um den für die Durchführung von Konstruktionen bzw. Meßverfahren erforderlichen Handlungsablauf deutlicher als Abfolge aufeinander abgestimmter Teilschritte herauszustellen, verwenden die Autoren (neben-)satzeinleitend häufiger Adverbien (*darnach, dann, nun, zum ersten* u. a.), und der Hinweis auf die Notwendigkeit bzw. Möglichkeit bestimmter Verfahrensweisen erfolgt durch Modalverben (v. a. *sollen, müssen, mögen, wollen*). Auf das Anführen geometrischer Beweise wird dabei im allgemeinen bewußt verzichtet, *dieweil solche demonstrationes dem gemeinen man etwan schwerer vñ frembder / dañ die materi an ir selber zu begreiffen ist* und deshalb *als ein vergebens schreiben / das dem gemeinen anfahenden in diser kunst / mer verdries dañ lusts gebiert* (Schmid 1539, A 4 r), betrachtet wird. Nicht wenige Autoren lassen die Erklärung anspruchsvoller, theoretisch genauer Verfahren (*geometrice* bzw. *demonstrative*) ganz weg und beschränken sich auf leichter verständliche Näherungslösungen (*mechanice*), während z. B. Dürer oder Schwenter in einigen Fällen beide Wege anführen. Zum Teil werden aus didaktischen Gründen richtige mit falschen Verfahren kontrastiert, wie z. B. bei Andreas Helmreich, der darauf verweist, er wolle neben dem Feldmessen *nach recht Geometrischer weise* auch *etliche Exempel darauff / recht Idiotischer weiß das Feld zu messen / erkleren / vnd den vrsprung vnd rechten grund / vnterscheid vnd jrrunge berichten* (1591, A 4 r). Bauen die Erläuterungen auf bereits eingeführte Begriffe oder Verfahren auf, dann erfolgen zum Teil textinterne Verweise, die auch dadurch erleichtert werden, daß die Autoren ihre Lehrwerke zumeist in Bücher (Dürer), Kapitel (Rodler) oder durchnumerierte Aufgaben (Schwenter, Kepler) untergliedern und die notwendigen Fachwörter an den Anfang stellen bzw. in eigenen deutsch-lateinischen Wortlisten (als Anhang zuerst bei Kepler) zusammenfassen.

Zu den wesentlichen Verständnishilfen für die Erläuterung geometrischer Verfahren zählen schließlich *Exempel* und *Figuren*. Während die von den Autoren angeführten Beispiele auf Anwendungsmöglichkeiten geometrischer Verfahren für die handwerkliche Praxis verweisen und die exemplarische Einübung des vermittelten Wissens ermöglichen, ist der enge Bezug zwischen sprachlicher und bildlicher Darstellung, der in keinem Werk fehlt, eine wesentliche Voraussetzung für die Vermittlung geometrischen Wissens. Zum Teil werden die Zeichnungen ergänzend für die Verdeutlichung sprachlicher Erläuterungen eingesetzt, stehen zum Teil aber auch als Ersatz für umfassende sprachliche Ausführungen, und entsprechende Hinweise, *wie du besser auß beygesetzter Figur sehen kannst / als man dich mit viel worten möchte unterrichten* (Schwenter 1617/18 I, 147), erfolgen häufiger. Insbesondere in Werken ohne hinreichendes theoretisches Fundament bleibt die sprachliche Darstellung häufig auf simple Konstruktionsbeschreibungen und Meßverfahren beschränkt, die zwar leicht nachvollziehbar sind, aber keinen Wissenstransfer ermöglichen, da die hierfür notwendigen allgemeinen Prinzipien unerwähnt bleiben und eine Schwerpunktverlagerung von der sprachlichen auf die bildliche Erklärungsebene stattgefunden hat.

3. Der Übergang zu einer deutschen geometrischen Wissenschaftssprache

Die Durchsetzung und terminologische Vereinheitlichung der deutschen geometrischen Fachsprache erfolgte erst infolge des Übergangs vom Gelehrtenlatein zu einer deutschen Wissenschaftssprache, der sich auf breiterer Basis seit dem 18. Jh. vollzog und durch Christian Wolff wesentliche Impulse erhielt. Im 16. und 17. Jh. blieb die sprachlich-theoretische Leistung herausragender Persönlichkeiten wie Dürer oder Kepler noch ohne unmittelbare Breitenwirkung, da für den lateinunkundigen Adressatenkreis die praktische Fertigkeit stets wichtiger blieb als die Notwendigkeit einer allzu wissenschaftlichen Fundierung. Für wissenschaftlich orientierte Adressaten wurden Dürers Schriften von Joachim Camerarius ins Lateinische übersetzt und in dieser Wissenschaftskoine auch im nicht-deutschsprachigen Raum rezipiert. Gleiches gilt für Kepler, dessen Verwissenschaftlichung der Faßmeßkunst von der *Nova stereometria doliorum vinariorum* ausging und nicht von seiner deutschen *Messe-Kunst Archimedis*, in der die Beweise weggelassen wurden.

Als die Kluft zwischen Theorie (Latein) und Praxis (Deutsch) im 18. Jh. allmählich geschlossen wird (zur Fachgeschichte der Geometrie vgl. Kästner 1796—1800; Günther 1887; Cantor 1900/01; Tropfke 1940), werden zugleich wesentliche Charakteristika der frühneuzeitlichen geometrischen Fachsprache aufgegeben: Der Autoren- und Adressatenbezug tritt bei der Erläuterung geometrischer Verfahren im Verhältnis zu Phrasen mit dem

Indefinitpronomen *man* deutlich zurück (z. B. von Penther 1732), und die ehemals am Lehrgespräch orientierte, zahlreiche Redundanzen aufweisende Darstellungsform weicht einem rational durchstrukturierten, komprimierten Sprachstil, so daß man von einem sprachlichen Prozeß der Entpragmatisierung und Kondensierung sprechen kann. Auch für die Vereinheitlichung des Fachwortschatzes ist kennzeichnend, daß von den frühneuzeitlichen Neologismen mit zum Teil stark metaphorischer Komponente nur wenige Lexeme übernommen werden und für die Auswahl zahlreiche Lexeme mit engem Bezug zur fremdsprachigen Vorlage (Lehnübersetzungen, Lehnwörter) berücksichtigt werden (z. B. Wolff 1716). Der prägende Einfluß von Christian Wolff (Piur 1903; Menzel 1996), aber z. B. auch von Johann Heinrich Lambert (Busch 1933, 27 ff) ist zwar bekannt, aber die für die Ausbildung einer deutschen geometrischen Wissenschaftssprache maßgebenden Auswahl- und Steuerungsprozesse bleiben im einzelnen noch zu untersuchen.

4. Literatur (in Auswahl)

Behem 1557 = Sebald Behem: Das Kunst vnd Lere Büchlin. Malen vnd Reissen zulernen / Nach rechter Proportion / Maß vnd außteylung des Circkels. Frankfurt/M. 1557.

Beyer 1603 = Johann-Hartmann Beyer: Ein newe vnd schöne Art der Vollkommenen Visier-Kunst [...]. Frankfurt/M. 1603.

Busch 1933 = Wilhelm Busch: Die deutsche Fachsprache der Mathematik. Ihre Entwicklung und ihre wichtigsten Erscheinungen mit besonderer Rücksicht auf Johann Heinrich Lambert. Gießen 1933 (Gießener Beiträge zur deutschen Philologie 30).

Cantor 1900/01 = Moritz Cantor: Vorlesungen über Geschichte der Mathematik. Bd. 2: 1200–1668. Bd. 3: 1668–1758. 2. Aufl. Leipzig 1900/01.

Dürer Nachlaß = Albrecht Dürer. Schriftlicher Nachlaß. Hrsg. v. Hans Rupprich. 3 Bde. Berlin 1956–69.

Dürer 1525 = Albrecht Dürer: Unterweisung der Messung. Faksimile-Neudruck der Originalausgabe Nürnberg 1525. Nördlingen 1983.

Dürer 1528 = Albrecht Dürer: Von menschlicher Proportion. Faksimile-Neudruck der Originalausgabe Nürnberg 1528. Nördlingen 1980.

Folkerts 1974 = Menso Folkerts: Die Entwicklung und Bedeutung der Visierkunst als Beispiel der praktischen Mathematik der frühen Neuzeit. In: Humanismus und Technik 18. 1974, 1–41.

Franc 1705 = Johann Bartholemäus Franc: Praxis Geometrica Universalis Oder Allgemeine Lehre Vom Feld-Messen [...]. Augsburg 1705.

Frey 1543 = Johann Frey: Ein new Visierbüchlein / welches innhelt / wie man durch den Quadraten auff eynes yeden lands Eich / ein Růtten zůbereyten / vnd damit yetlichs vnbekants vaß Visieren / vnd solches innhalt erkennen sol [...]. Nürnberg 1543.

Geometria Culmensis = Geometria Culmensis. Ein agronomischer Tractat aus der Zeit des Hochmeisters Conrad von Jungingen (1393–1407). Hrsg. v. H. Mendthal. Leipzig 1886 (Publication des Vereins für die Geschichte von Ost- und Westpreussen).

Götze 1919 = Alfred Götze: Anfänge einer mathematischen Fachsprache in Keplers Deutsch. Berlin 1919 (Germanische Studien 1).

Günther 1887 = Siegmund Günther: Geschichte des mathematischen Unterrichts im deutschen Mittelalter bis zum Jahre 1525. Berlin 1887 (Monumenta Germaniae Paedagogica 3).

Habermann 1994 = Mechthild Habermann: Verbale Wortbildung um 1500. Eine historisch-synchrone Untersuchung anhand von Texten Albrecht Dürers, Heinrich Deichslers und Veit Dietrichs. Berlin. New York 1994 (Wortbildung des Nürnberger Frühneuhochdeutsch 2).

Helmreich 1557 = Andreas Helmreich: Ein new Visier büchlein / mit gründtlichem vnterricht / wie man drey Rutten / auff den Quadrat / Cubic / Triangel / vnd eine Schnur machen soll / Vnd damit ein jedes Vhass visiert [...]. Eisleben 1557.

Helmreich 1591 = Andreas Helmreich: Von Feldmessen / nach der Geometrei / Wie man Künstlich das Feld vnd Erdreich / mit gewisser Meßruten vnd Schnuren [...] vnd nach rechter gewisser Arithmetischer art rechnen / außtheilen vnd bringen sol [...]. Leipzig 1591.

Hirschvogel 1543 = Augustin Hirschvogel: Ein aigentliche vnd grundtliche anweysung / in die Geometria / sonderlich aber / wie alle Reguliarte / vnd Vnregulierte Corpora / in den grundt gelegt / vnd in das Perspecktiff gebracht / auch mit jren Linien auffzogen sollen werden. (Nürnberg) 1543.

Holtzmann 1562 = Wilhelm Holtzmann (Xylander): Die Sechs Erste Bücher Euclidis, vom anfang oder grund der Geometrj [...]. Basel 1562.

Jacob 1565 = Simon Jacob: Ein New vnd Wolgegründt Rechenbuch [...] Vnd dann von der Geometria / wie man mancherley Felder vnd ebne / auch allerley Corpora / Regularia vnd Irregularia / messen / Aream finden vnd rechnen sol. Frankfurt a. M. 1565.

Kästner 1796–1800 = Abraham Gotthelf Kästner: Geschichte der Mathematik seit der Wiederherstellung der Wissenschaften bis an das Ende des achtzehnten Jahrhunderts. 4 Bde. Göttingen 1796–1800 [Nachdruck Hildesheim. New York 1970].

Kepler 1616 = Johannes Kepler: Außzug auß der Vralten MesseKunst Archimedis [...]. Linz 1616. In: Johannes Kepler. Gesammelte Werke. Bd. IX: Mathematische Schriften. Bearbeitet v. Franz Hammer. München 1960, 135–274.

Kern 1531 = Ulrich Kern: Eyn new Kunstlichs wolgegründts Visierbůch / gar gwiß vnnd behend auß rechter art der Geometria / Rechnung vnd Circkelmessen [...]. Straßburg 1531.

Knobloch 1989 = Eberhard Knobloch: Praktische Geometrie. In: Maß, Zahl und Gewicht. Mathematik als Schlüssel zu Weltverständnis und Weltbeherrschung. Weinheim 1989 (Ausstellungskataloge der Herzog August Bibliothek 60), 125–154.

Köbel 1515 = Jakob Köbel: Eyn New geordent Vysirbůch [...]. Oppenheim 1515.

Köbel 1535 = Jakob Köbel: Geometrei / Von künstlichem Messen vnd absehen / allerhand höhe / fleche / ebene / weite vnd breyte / Als Thürn / Kirchen / båw / baum / velder vnd äcker rc. mit künstlich zůbereiten Jacob stab / Philosophischen Spiegel / Schatten / vnnd Meßrůten / Durch schöne Figurn vnd Exempel [...]. Frankfurt a. M. 1535.

Lautensack 1564 = Heinrich Lautensack: Des Circkels vnd Richtscheyts / auch der Perspectiua / vnd Proportion der Menschen vnd Rosse / kurtze / doch grůndtliche vnderweisung / deß rechten gebrauchs. Frankfurt a. M. 1564.

Lencker 1571 = Hans Lencker: Perspectiva [...] wie allerley ding [...] in die Perspectyf gebracht werden mag / on einige vergebliche linie / riß vñ puncten [...]. Nürnberg 1571.

Menzel 1996 = Wolfgang Walter Menzel: Vernakuläre Wissenschaft. Christian Wolffs Bedeutung für die Herausbildung und Durchsetzung des Deutschen als Wissenschaftssprache. Tübingen 1996 (Reihe Germanistische Linguistik 166).

Müller 1899 = Felix Müller: Zur Terminologie der ältesten mathematischen Schriften in deutscher Sprache. In: Abhandlungen zur Geschichte der Mathematik 9. 1899, 301–333.

Müller 1993 a = Peter O. Müller: Substantiv-Derivation in den Schriften Albrecht Dürers. Ein Beitrag zur Methodik historisch-synchroner Wortbildungsanalysen. Berlin. New York 1993 (Wortbildung des Nürnberger Frühneuhochdeutsch 1).

Müller 1993 b = Peter O. Müller: *Allen künstbegirigen zu güt.* Zur Vermittlung geometrischen Wissens an Handwerker in der frühen Neuzeit. In: Zeitschrift für germanistische Linguistik 21. 1993, 261–276.

von Penther 1732 = Johann Friedrich von Penther: Praxis Geometriae [...]. Augsburg 1732.

Pfintzing 1598 = Paul Pfintzing: Methodus Geometrica. Das ist: Kurtzer wolgegründter unnd auszführlicher Tractat von der Feldtrechnung unnd Messung [...]. Nürnberg 1598.

Piur 1903 = Paul Piur: Studien zur sprachlichen Würdigung Christian Wolffs. Ein Beitrag zur Geschichte der neuhochdeutschen Sprache. Halle/S. 1903.

Reiner 1961 = Karl Reiner: Die Terminologie der ältesten mathematischen Werke in deutscher Sprache nach den Beständen der Bayerischen Staatsbibliothek. Diss. München 1961.

Reinholt 1574 = Erasmus Reinholt: Gründlicher vnd Warer Bericht Vom Feldmessen / Sampt allem / was dem anhengig [...]. Erfurt 1574.

Ries 1550 = Adam Ries: Rechnung nach der lenge / auff den Linihen vnd Feder [...]. Mit gruntlichem vnterricht des visierens. Leipzig 1550.

Ryff 1547 = Walter Hermann Ryff (Rivius): Der furnembsten / notwendigsten / der gantzen Architectur angehörigen Mathematischen vnd Mechanischen künst / eygentlicher bericht / vnd vast klare / verstendliche vnterrichtung / zu rechtem verstandt der lehr Vitruuij. Nürnberg 1547 [Nachdruck Hildesheim. New York 1981].

Rodler 1531 = Hieronymus Rodler (Hrsg.): Eyn schön nützlich büchlin vnd vnderweisung der kunst des Messens / mit dem Zirckel / Richtscheidt oder Linial [...]. Simmern 1531 [Nachdruck mit einer Einführung von Trude Aldrian, Graz 1970].

Roriczer = Matthäus Roriczer: Das Büchlein von der Fialen Gerechtigkeit (Regensburg 1486) und Die Geometria deutsch (Regensburg um 1487/88). Mit einem Nachwort und Textübertragung hrsg. v. Ferdinand Geldner. Wiesbaden 1965.

Schirmer 1912 = Alfred Schirmer: Der Wortschatz der Mathematik nach Alter und Herkunft untersucht. Straßburg 1912 (Zeitschrift für deutsche Wortforschung. Beih. zum 14. Bd.).

Schmid 1539 = Wolfgang Schmid: Das erst buch der Geometria. Ein kurtze vnterweisung / was vñ warauff Geometria gegründt sey / vnd wie man / nach anweysung der selben / mit dem Circkel vnd Richtscheydt / allerley Lini / Flech / vnd Cörper außtheylen / vnd / in fürgegebner proportion / machen soll. Nürnberg 1539.

Schmuttermayer = Hans Schmuttermayer: Fialenbüchlein. Nürnberg um 1485–90. Textabdruck: Hans Schmuttermayer's Fialenbüchlein. In: Anzeiger für Kunde der deutschen Vorzeit N. F. 28. 1881, 65–78.

Schneider 1969 = Ivo Schneider: Verbreitung und Bedeutung der gedruckten deutschen Rechenbücher des 15. und 16. Jh.s. In: Buch und Wissenschaft. Beispiele aus der Geschichte der Medizin, Naturwissenschaft und Technik. Hrsg. v. Eberhard Schmauderer. Düsseldorf 1969 (Technikgeschichte in Einzeldarstellungen 17), 289–313.

Schneider 1970 = Ivo Schneider: Die mathematischen Praktiker im See-, Vermessungs- und Wehrwesen vom 15. bis zum 19. Jh. In: Technikgeschichte 37. 1970, 210–242.

Schön 1543 = Erhart Schön: Vnderweisung der Proportion vnnd stellung der bossen / ligent vnd stehent / abgestolen wie man das vor augen sicht / in dem bůchlein [...]. Nürnberg 1543.

Schreiber 1518 = Heinrich Schreiber (Grammateus): Ayn new kunstlich Bůch [...] Weytter ist hierjnnen begriffen [...] Visier zumachen durch den quadrat vnnd triangel mit vil andern lustigen stůkken der Geometrey. Nürnberg (1518).

Schwenter 1617/18 = Daniel Schwenter: Geometriae practicae novae. Tractatus I—III. Nürnberg 1617/18.

Tropfke 1940 = Johannes Tropfke: Geschichte der Elementar-Mathematik in systematischer Darstellung mit besonderer Berücksichtigung der Fachwörter. Bd. 4: Ebene Geometrie. 3., verb. u. verm. Aufl., besorgt v. Kurt Vogel. Berlin 1940.

Wolff 1716 = Christian Wolff: Mathematisches Lexicon, Darinnen die in allen Theilen der Mathematick üblichen Kunst-Wörter erkläret, und Zur Historie der Mathematischen Wissenschaften dienliche Nachrichten ertheilet [...]. Leipzig 1716 [Nachdruck: Christian Wolff. Gesammelte Werke. I. Abteilung, Bd. 11. Hrsg. u. bearb. v. J. E. Hofmann. Hildesheim 1965].

Wunderlich 1977 = Herbert Wunderlich: Kursächsische Feldmeßkunst, artilleristische Richtverfahren und Ballistik im 16. und 17. Jh. Beiträge zur Geschichte der praktischen Mathematik, der Physik und des Artilleriewesens in der Renaissance unter Zugrundelegung von Instrumenten, Karten, Hand- und Druckschriften des Staatlichen Mathematisch-Physikalischen Salons Dresden. Mit 73 Abbildungen. Berlin 1977 (Veröffentlichungen des Staatlichen Mathematisch-Physikalischen Salons 7).

Peter O. Müller, Erlangen

247. Die frühneuhochdeutsche Sprache des Salzwesens und ihre Erforschung: eine Übersicht

1. Zur Forschungslage
2. Historisch-sachkundlicher Überblick
3. Zur frühneuhochdeutschen Fachsprache des Salzwesens am Beispiel der österreichischen Produktionsstätten (ca. 1300—1600)
4. Ausblick
5. Literatur (in Auswahl)

1. Zur Forschungslage

Die frühneuhochdeutsche Fachsprache des Salzwesens ist bisher kaum Gegenstand wissenschaftlicher Beschäftigung gewesen. Das Salzwesen stellt im Mittelalter und der frühen Neuzeit einen überaus bedeutenden Wirtschaftszweig dar (so machten etwa in Österreich die Einkünfte aus der Salzproduktion bis zu einem Drittel der Staatseinkünfte aus), und dieser Umstand hat sich zwar in einer regen Forschungstätigkeit von seiten der Geschichtswissenschaft wie auch zahlloser Lokalhistoriker niedergeschlagen (vgl. dazu die Bibliographie in Emons/Walter 1988), eine systematische Erfassung und Beschreibung der fachsprachlichen Aspekte dieses Bereiches ist hingegen noch nicht in Angriff genommen worden. Dies hängt zum einen damit zusammen, daß die Erforschung historischer Fachsprachen insgesamt nur ein Randgebiet darstellt, das kaum expandiert, und zum anderen ist das sprachwissenschaftliche Interesse am Frühneuhochdeutschen erst vor nicht allzu langer Zeit erwacht. In diesem Beitrag kann daher auf keinerlei Forschungstradition und deren Ergebnisse zurückgegriffen werden. Es können lediglich am Beispiel des österreichischen Salzwesens, das wenigstens ansatzweise fachsprachlich untersucht wurde (Patocka 1984, 1987, 1988, Patocka/Stadler 1989; Winkler 1956), exemplarisch einige Charakteristika dargestellt werden (vgl. 3.).

Wertvolle Hilfsmittel für eine Beschäftigung mit der Fachsprache sind freilich die zahlreichen vorliegenden Lexika und Wörtersammlungen zur Bergmanns- und Hüttensprache, von denen vor allem zu erwähnen sind: Hartmann 1840/41, Scheuchenstuel 1856, Wenckenbach 1864, Krause 1879, Schraml 1936, Drissen 1939, Probszt 1962, Veith 1968 und Kirnbauer 1968. Darüber hinaus ist eine Edition des „Frankenhäuser Salzwerkslexikons" von 1753 (von Hans-Henning Walter und Ilpo Tapani Piirainen) im Entstehen begriffen, die die im 18. Jh. in den mitteldeutschen Salinen üblichen Fachausdrücke erläutern soll.

2. Historisch-sachkundlicher Überblick

Die Produktion von Kochsalz läßt sich an mehreren Orten Mitteleuropas bis in die urgeschichtliche Zeit zurückverfolgen. Ein besonders bekanntes Beispiel ist Hallstatt im österreichischen Salzkammergut, das aufgrund des mindestens seit 1000 v. Chr. dort angesiedelten Salzbergbaues zu gewaltiger wirtschaftlicher und kultureller Blüte aufstieg und für die Kulturperiode der älteren Eisenzeit namengebend wurde („Hallstattkultur", ca. 800−450 v. Chr.; vgl. Treffer 1981, 50). Etwas später beginnt der Salzbergbau am Dürrnberg nahe der salzburgischen Stadt Hallein. Abgesehen von diesen frühen Zeugnissen der urgeschichtlichen Salzproduktion, die in Siebenbürgen und auf dem amerikanischen Kontinent Parallelen haben (Emons/ Walter 1984, 34), darf es als gesichert gelten, daß die Menschen schon wesentlich länger die vielerorts zutage tretenden salzhältigen Quellen zum Würzen von Speisen und zu Konservierungszwecken genutzt haben.

In der Zeit der Völkerwanderung dürfte die planmäßige Salzerzeugung im europäischen Raum mehr oder minder zum Erliegen gekommen sein. Spätestens für das 8. Jh. n. Chr. sind da und dort zögernde Wiederanfänge anzunehmen, doch gibt es für diese Zeiträume keine gesicherten Zeugnisse.

War der Salzbedarf in urgeschichtlicher Zeit in erster Linie aus dem Abbau von mehr oder weniger reinem Natriumchlorid, also Steinsalz, gedeckt worden, so kamen im Mittelalter − abgesehen von der hier nicht näher erörterten Meersalzerzeugung − neue Methoden hinzu: Da Steinsalz in wünschenswert reiner Form nicht allzu häufig vorkommt, erzeugte man Salz durch Verdampfen von Salzwasser, welches entweder aus Solequellen gefördert werden konnte oder in Salzbergwerken künstlich erzeugt werden mußte. Letzteres Verfahren war vor allem im alpinen Raum notwendig, da dort das Salz primär als Gemengeteil des sog. *Haselgebirges* vorkommt. Dabei wurde in bergmännisch hergestellte Hohlräume Süßwasser eingeleitet, welches das Salz aus dem Konglomerat herauslöste. Die natürlich vorhandene oder auf bergmännische Weise gewonnene Salzlösung wurde sodann in die eigentlichen Produktionsstätten (in heutigem Sprachgebrauch: die *Salinen*) geleitet, wo sie − anfangs in kleineren Gefäßen, bald aber in *Pfannen* von teilweise gewaltigen Ausmaßen − durch Wärmezufuhr verdampft wurde. Das dabei sich absetzende Salz wurde herausgehoben und nach sorgfältiger Trocknung in den Handel gebracht. Die Versiedung in Pfannen wurde erst in der 2. Hälfte des 20. Jh.s durch modernere Technologien abgelöst.

Im Zeitraum von etwa 1300 bis 1600, der in diesem Zusammenhang betrachtet werden soll, befanden sich im deutschen Sprachraum mehr als 80 Erzeugungsstätten (hierzu und zum Folgenden vgl. insbesondere Emons/ Walter 1988). Während im Raum nördlich von Hannover bzw. Magdeburg nur wenige, wenngleich teilweise bedeutende Salinen bestanden, erstreckt sich südlich davon ein nahezu geschlossener Raum mit einem überaus reichen natürlichen Salzvorkommen und einer entsprechend hohen Dichte an Produktionsorten, der den Süden Niedersachsens, Westfalens, den Ostteil Hessens sowie den Südwesten der ehemaligen DDR umfaßt. Weitere Konzentrationsräume sind in den Bundesländern Rheinland-Pfalz, Saarland sowie Baden-Württemberg zu finden. Letztlich sind für den Freistaat Bayern einige Orte am Nordrand und der äußerste Südosten sowie einige bedeutende Salzproduktionsstätten im alpinen Raum Österreichs zu nennen. Die Schweiz hatte seit jeher keine nennenswerte Salzproduktion aufzuweisen (zu erwähnen wäre nur Bex im Kanton Waadt, außerhalb des deutschen Sprachraumes).

Hier eine kurze Auswahl einiger der wichtigsten Salinen im genannten Zeitraum (berücksichtigt werden nur die innerhalb der heutigen Grenzen Deutschlands und Österreichs gelegenen Standorte):

(a) Deutschland:

Schleswig-Holstein:
Oldesloe (heute Bad Oldesloe): Salzproduktion von vor 1151 bis 1865.

Niedersachsen:
Lüneburg: vor 956−1980;
Sülze (Ortsteil von Bergen): vor 1379−1862;
Salzdahlum (Ortsteil von Wolfenbüttel), vor 888−1852;
Salzdetfurth (heute Bad Salzdetfurth): 12. Jh. bis 1948;
Salzderhelden (Ortsteil von Einbeck): vor 1173−1960;
Münder (heute Bad Münder): vor 1033−1925;
Bodenfelde: vor 833−1687;
Schöningen: vor 983−1970;
Salzgitter: vor 1125−1926.

Nordrhein-Westfalen:
Halle in Westfalen: Mittelalter bis 1680;
Werl: 9. Jh. bis 1919;
Unna: vor 1389−1940;
Salzuflen (heute Bad Salzuflen): vor 1048−1945;
Salzkotten: vor 1160−1908;
Rheine in Westfalen: vor 1022−1953.

Hessen:
Nauheim (heute Bad Nauheim): 7. Jh. bis 1959;

Sooden-Allendorf (heute Bad Sooden-Allendorf): vor 776–1906;
Soden an der Kinzing (heute Bad Soden-Salmünster): vor 900–1540;
Homburg v. d. Höhe (heute Bad Homburg): vor 773–1740.

Rheinland-Pfalz:
Münster am Stein (heute Bad Münster): vor 1487–1945;
Diedelkopf (Ortsteil von Kusel): 1597 bis um 1750.

Saarland:
Sulzbach-Saar: 1560–1736.

Baden-Württemberg:
Schwäbisch Hall: vor 1200–1924;
Bretten: Mittelalter bis etwa 14. Jh.;
Weißbach: vor 1237–1827;
Sulz am Neckar: vor 1252–1924.

Mecklenburg:
Conow: vor 1325–1746;
Sülten (Ortsteil von Weitendorf): vor 1222–1731;
Sülze (heute Bad Sülze): vor 1234–1907;
Greifswald: vor 1248–1872.

Sachsen-Anhalt:
Halle a. d. Saale: vor 961–1964;
Aschersleben: 12. Jh. bis 1746;
Kötzschau und Teuditz (Teuditz: Ortsteil von Tollwitz): vor 1333–1859;
Frankenhausen: vor 998–1945;
Schönebeck: 12. Jh. bis 1967;
Staßfurt: vor 1770–1859;
Sülldorf und Sohlen (Sohlen: Ortsteil von Beyendorf): vor 1299–1726.

Thüringen:
Salzungen (heute Bad Salzungen): vor 775–1952;
Sulza (heute Bad Sulza): vor 1064–1967;
Creuzburg: vor 1426–1843.

Sachsen:
Altensalz (Ortsteil von Neuensalz): vor 1493–1739;
Erlbach: 15.–18. Jh.

Bayern:
(1) Versiedung natürlicher Sole:
Kissingen (heute Bad Kissingen): vor 800–1968;
Soden am Main (Ortsteil von Sulzbach): vor 1248–1756;
Reichenhall (heute Bad Reichenhall): vor dem 7. Jh. bis heute (Versiedung in Pfannen bis 1974).
(2) Salzbergwerk und Saline:
Berchtesgaden: Saline vom 12. Jh. bis 1927: Soleerzeugung im Bergwerk bis heute.

(b) Österreich:
(1) Versiedung natürlicher Sole:
Hall in Oberösterreich (heute Bad Hall): 8. bis 13. Jh.;
Hall bei Admont (Steiermark): 10. Jh. bis 1543;
Halltal (bei Mariazell, Steiermark): 11. Jh. bis 1560;
(2) Salzbergwerk und Saline:
Hallein (Salzburg): vor 1191 bis 1989 (Versiedung in Pfannen bis nach 1970);
Hall in Tirol: vor 1232–1968 (Versiedung in Pfannen bis 1951);
Aussee (heute Bad Aussee, Steiermark): Saline vom 10. Jh. bis 1982, Soleerzeugung im Bergwerk Altaussee bis heute;
Hallstatt (Oberösterreich): Saline vom 13. Jh. bis 1964, Soleerzeugung im Bergwerk bis heute;
Ischl (heute Bad Ischl, Oberösterreich): Saline von 1571–1966, Soleerzeugung im Bergwerk bis heute;
(3) Nur Saline (zur Versiedung der Sole aus den nahegelegenen Salzbergwerken): Ebensee (Oberösterreich): 1607 bis heute (Versiedung in Pfannen bis 1966).

Damit sind freilich nicht alle Salzerzeugungsorte für die frühzeitliche Epoche erfaßt. Außerdem wird man in der obigen Auflistung einige bekannte und zum Teil bis heute wirtschaftlich wichtige Betriebe vermissen; diese Salinenstandorte sind aber jüngere Gründungen und spielen daher in diesem Rahmen keine Rolle, wie z. B. Stade (Niedersachsen, seit 1873), Bad Wimpfen (Bayern, 1763–1967), Rappenau (Bayern, 1823–1969), Rosenheim (Bayern, 1810–1958) oder Teutschenthal (Sachsen-Anhalt, seit 1929). Die beiden einzigen heute noch existierenden Pfannensalinen sind Oberilm (Ortsteil von Stadtilm, Thüringen, seit 1905) und Göttingen (Niedersachsen, seit 1854). Daneben gibt es in der Bundesrepublik Deutschland eine Reihe von Steinsalzwerken, ebenfalls meist jüngeren Gründungsdatums, auf die hier aber nicht näher eingegangen wird.

3. Zur frühneuhochdeutschen Fachsprache des Salzwesens am Beispiel der österreichischen Produktionsstätten (ca. 1300–1600)

3.1. Allgemeines

Das Salzwesen in Österreich (genauer: in Österreich und im Fürsterzbistum Salzburg, Standorte s. o.) stellt insofern eine Besonderheit in der Salzproduktion im deutschen Sprachraum dar, als man sich hier zur Deckung des Bedarfes aus geologischen Gründen nicht auf den Abbau von reinem Steinsalz oder auf die Nutzung natürlicher salzhältiger Quellen beschränken konnte. Vielmehr mußte (und muß) in einem ersten Schritt das in den Salzbergen vorkommende Mineral durch Einleiten von Süßwasser aus dem Gesteinskonglomerat herausgelöst werden, und aus der dabei entstehenden Salzlösung wird sodann in einem weiteren Verfahren durch Verdampfen des Wasseranteils erst das eigentliche Produkt gewonnen. Diese Zweiteiligkeit der Erzeugung spiegelt sich in einem gewissen Maße auch in fachsprachlicher Hinsicht wider. Während das Siedewesen im Salinenbereich im wesentlichen dem im übrigen deutschen Sprachraum entsprach und daher sowohl technologisch wie auch terminologisch ein Austausch stattfinden konnte, ist im Bergwerkswesen eine solche gegenseitige Beeinflussung nicht möglich. In fachsprachlicher Hinsicht ist daher besonders der salzbergmännische Bereich als weitgehend eigenständig zu betrachten. Freilich ist ein Teil des lexikalischen Bestandes nicht auf den Salzbergbau allein zu beschränken, sondern ist identisch mit dem in anderen Bergwerksbereichen (Kohle- oder Metallbergbau); so können etwa Fachwörter wie *Wetter* (,atembare Luft') oder *fahren* (,jede Art von gerichteter Bewegung im Bergwerk') nicht mit einem einzelnen bergmännischen Produktionszweig in Verbindung gebracht werden. Hingegen bildete sich vor allem in jenen Bereichen, in denen keine direkten Parallelen zur speziellen bergmännischen Methode im Salzbergbau bestehen, ein autochthoner Fachwortschatz heraus, der zum Teil auch stark dialektal geprägt ist.

Da die Quellen (in erster Linie Bergordnungen, Begehberichte, landesfürstliche Verordnungen etc., teilweise abgedruckt in Lori 1764) kaum Schlüsse bezüglich Syntax, Pragmatik etc. zulassen, muß sich eine Darstellung der frühneuhochdeutschen Fachsprache des Salzwesens wohl oder übel auf die Wortebene beschränken. Im folgenden seien einige der mit dem Fachwortschatz zusammenhängenden Aspekte erörtert, vor allem basierend auf Patocka 1984 und 1987 (zu dem hier nicht zu erörternden Problem „Fachwortschatz" vs. „Terminologie" vs. „Nomenklatur" etc. vgl. etwa Seibicke 1959, 78; Schmidt 1969, 20).

Sachlich ausgeklammert wird der Bereich des Salztransportes zu Lande oder zu Wasser, da dieser nicht mehr in unmittelbarem Zusammenhang mit der Salzerzeugung steht.

3.2. Charakteristika auf der Wortebene

3.2.1. Zum Problem der Eineindeutigkeit

Der Fachwortschatz des österreichischen Salzwesens in der genannten Zeit ist durch keinerlei Normierungsmaßnahmen geprägt, die etwaige Inkonsequenzen im Eins-zu-eins-Verhältnis zwischen Signifikanten und Signifikat hätten beseitigen können. Daher finden sich viele Fälle, in denen gegen das moderne Prinzip der Eineindeutigkeit verstoßen wird, das — neben anderen Qualitäten, wie Knappheit, Exaktheit oder Neutralität in expressiver bzw. ästhetischer Hinsicht — für Fachsprachen der Gegenwart gefordert wird (vgl. Schmidt 1969, 12—16; Hoffmann 1985, 163 f; Drozd 1979; vgl. Art. 34 u. 35). Synonymie und Polysemie sind keineswegs selten auftretende Phänomene. So wird — um ein besonders komplexes Beispiel zu nennen — der künstlich angelegte Hohlraum im Salzberg, in dem Wasser mit Salz angereichert werden soll, mit den Bezeichnungen *Werk, Stuck, Bau* oder *Wehr* versehen; dazu kommen noch einige Komposita wie *Sinkwerk* oder *Kernwerk*. In den Quellen läßt sich zwar bereits eine gewisse Bevorzugung von *Werk* beobachten, doch kann von Ausschließlichkeit nicht die Rede sein. Erst in späterer Zeit treten die übrigen Bezeichnungen mehr und mehr in den Hintergrund.

Neben solchen Fällen, in denen Synonyma aus Gründen der Vereindeutigung langsam abgebaut werden, kann Synonymie freilich auch durch das Auftauchen neuer, mit den bereits vorhandenen konkurrierenden Signifikanten entstehen. Der Grund dafür kann wohl in dem nach und nach wachsenden Bedürfnis nach überregionaler Übereinstimmung zu suchen sein. Ein Beispiel dafür ist das wahrscheinlich aus der Lüneburger Saline stammende Wort *Sole* für ,salzhältiges Wasser'. Seit dem 16. Jh. sickert es in den bairischen Dialektraum ein und steht damit neben der heimischen Bezeichnung *Sulz(e)* (Patocka 1984, 166). Es deutet aber alles darauf hin, daß die Verwendungsbereiche doch recht unterschiedlich waren. Zwar wird in der Fachliteratur etwa des 19. Jh.s nur noch *Sole* gebraucht (so etwa bei Kopf 1841), *Sulze* wurde aber bis heute nicht völlig verdrängt (vgl. Pusch 1966, 53 u. 67). Daraus ist zu schließen, daß die neuere Bezeichnung in der mündlichen bergmännischen Kommunikation keineswegs die ältere verdrängte, sondern lange Zeit auf bestimmte Arten der Schriftlichkeit beschränkt war, in denen Dialektalismen weitgehend unterdrückt wurden.

Das oben genannte Kompositum *Sinkwerk* liefert seinerseits ein Beispiel für Polysemie: Es tritt in den beiden Bedeutungen ,Soleerzeugungsraum' und ,schräg in den Soleerzeugungsraum hineinführender Verbindungsgang' auf. Auch *Berg* ist in den Quellen mehrdeutig; es steht für ,Salzberg', ,Hauptstollen im Salzberg' und ,vom Hauptstollen aus angelegte Abbauebene'. In neuerer Zeit wird, wenn auch zögernd, diese Polysemie beseitigt; nunmehr stehen dafür die Signifikanten *Berg*, *Stollen* und *Horizont* zur Verfügung (Pusch 208, 231). In der frühen Neuzeit war daher für eine reibungslose fachsprachliche Kommunikation in wesentlich stärkerem Maße als heute der Kontext einzubeziehen, in dem ein Fachwort gebraucht wurde.

Aufgrund der räumlichen Trennung von Soleerzeugung und -versiedung wird es wohl kaum zu Kommunikationsproblemen gekommen sein. Mit Mißverständnissen ist allenfalls zu rechnen, wenn der gemeinte sachliche Bereich nicht von vornherein hinreichend klar ist. Ein Beispiel für eine solche die Salzerzeugungs-Phasen übergreifende Polysemie ist etwa *sieden*, das zum einen das ‚Ausfällen des Salzes aus der Sole im Pfannhaus', zum anderen das ‚Auslaugen des Salzes im Bergwerk' bedeuten kann. In der heutigen Fachsprache gilt für letzteres die neuere Bezeichnung *ätzen* (Scheuchenstuel 1856, 7; Veith 1968, 29).

3.2.2. Zur Herkunft des Fachwortschatzes

Der frühneuhochdeutsche Fachwortschatz im österreichischen Salzwesen stellt sich insofern relativ altertümlich dar, als er in der Hauptsache deutsche Erbwörter enthält. Es findet sich zwar eine Anzahl von alten Lehnwörtern, wie *Pütte* (‚kleiner Schacht über dem Soleerzeugungsraum', aus lat. *puteus* ‚Brunnen', wohl über niederdeutsche Vermittlung) oder *Pfiesel* (‚Salztrocknungsraum', aus volkslat. *pesalis* ‚Badestube'), doch waren diese in lautlicher Hinsicht bereits völlig in das deutsche System integriert (vgl. Patocka 1987, 164f, 249f).

Erst ab dem 16. Jh., einer Zeit, in der sowohl im Bergwerk als auch im Siedewesen eine Reihe von technischen Innovationen stattfindet, vermehrt sich die Zahl der Fremdwörter — etwa *Kompaß*, *Ventil*, *Mappa* (‚Bergwerkskarte') —, bleibt aber immer noch ziemlich gering. Insgesamt ist die angesprochene Altertümlichkeit ein trotz aller technischen Neuerungen bis heute geltendes Merkmal der Salzbergwerks- und Salinensprache (wie der Bergmanns- und Hüttensprache überhaupt). Dies zeigt sich etwa auch darin, daß sich viele Fachwörter mit älteren, in der Gemeinsprache nicht mehr lebendigen Bedeutungen erhalten konnten, wie z. B. *fahren*, das allgemein ‚sich (im Berg) fortbewegen' heißt, oder *Ort*, dessen ursprüngliche Semantik ‚Spitze' sich in der bergmännischen Bedeutung ‚Ende eines Stollenvortriebs' widerspiegelt.

3.2.3. Wortarten und Wortbildung

Die im österreichischen Salzwesen zwischen 1300 und 1600 in den Quellen gebrauchten Fachwörter (also Wörter mit unstrittigem fachlichen Bezug, die entweder von der Ausdrucks- oder von der Inhaltsseite her nicht als Elemente der fachexternen Alltagskommunikation anzunehmen sind) setzen sich bezüglich ihrer Wortartenzugehörigkeit etwa folgendermaßen zusammen (Patocka 1987, 309–311): Substantiva: 73%; Verba: 24%; Adjektiva: 3%.

Die Substantiva, darunter in der überwiegenden Mehrzahl Konkreta, stellen also deutlich die lexikalische Hauptsubstanz des Fachwortschatzes dar. Davon besteht etwa die Hälfte aus Simplizia bzw. Derivationen mit Hilfe von Wortbildungssuffixen und/oder Präfixen (wie z. B. *Hall* ‚Salzerzeugungsbetrieb', *Lab* ‚Salzwasser in der Siedepfanne' bzw. *Dörrer* ‚der mit der Salztrocknung Beauftragte', *Gewände*, Synonym bzw. Kollektivum zu *Wand* ‚glatte Felsmasse im Bergwerk'), die andere Hälfte aus Komposita oder Substantivierungen von Verben mit unfestem Präfix (wie z. B. *Pfannenpranft* ‚aufgebogener Rand der Pfanne', *Schöpfwerk* ‚Salzerzeugungsraum, aus dem die Sole manuell geschöpft wird' bzw. *Ausfang* ‚begonnener Grubenbau', *Durchschlag* ‚Verbindung zwischen zwei Grubenbauten'). Die Komposita sind fast zur Gänze zweigliedrige Determinativkomposita; Dreifachkomposita sind extrem selten (z. B. *Bergwerksrecht* ‚juridische Grundlage des Bergwerksbetriebes').

Bei den Verben ist der relativ geringe Anteil der Simplizia auffällig (33%); hier wären etwa *sieden* ‚das Salz durch Erhitzen der Sole ausfällen' oder *reiden* ‚beim Streckenvortrieb von der geraden Richtung abweichen' zu nennen. Sehr gering ist auch der Anteil der Verben mit festem Präfix (8%), von denen in erster Linie solche mit *ver-* auftreten, z. B. *vertiefen* ‚(einen Grubenbau) vortreiben', *versieden* ‚zur Gänze auslaugen'. Mit 48% überaus häufig — es handelt sich vor allem um Fachwörter aus dem Bergwerksbereich — sind Verben mit unfestem Präfix, vornehmlich mit Richtungsadverbia als Erstgliedern, z. B. *ausfahren* ‚sich aus einem Grubenbau begeben', *einkehren* ‚(Wasser, Sole) einleiten'. Den Rest (11%) bilden verbale Komposita mit substantivischem Erstglied, z. B. *ei-*

senspitzen ‚die Häuereisen = pickelartige Werkzeuge schärfen', *kaltstehen* ‚nicht Salz sieden'.

Adjektivische Fachwörter finden sich mit 3% nur wenige. Meist attribuieren sie Substantiva aus dem Bergwerksbereich (z. B. *ganzer Kern* ‚festes Salzgestein'), seltener auch das Endprodukt des Erzeugungsprozesses (z. B. *dürres Salz* ‚vollständig getrocknetes Salz'. Nur selten kommen adjektivische Komposita vor, wie etwa *ebensöhlig* ‚waagrecht' (Ableitung vom Substantiv *Ebensohle*).

3.2.4. Dialektale Elemente

Die allmähliche Verbreitung und Festigung der neuhochdeutschen Schriftsprache läßt sich natürlich auch an den Quellen ablesen. Dennoch gibt es auch noch in relativ späten Quellen eine große Anzahl von dialektal bedingten Schreibungen, und zwar vor allem in Schriftstücken, die eher für den betriebsinternen Gebrauch gedacht waren, weniger hingegen in landesfürstlichen Verordnungen und dergleichen.

Dialektale Schreibungen wären etwa *Pütte* (s. o.) als *piten* mit der charakteristischen Umlautentrundung; umgekehrt sind auch hyperkorrekte Umlautschreibungen überaus häufig, wie z. B. *plöch* für *Blech* (‚Teil der Siedepfanne') etc. Durchgängig werden auch die mundartlichen fallenden Diphthonge als solche geschrieben, z. B. in *kueffen* für *Kufe* (‚Holzgefäß für das aus der Pfanne gehobene Salz').

Interessanterweise gibt es einige Wörter aus dem Bergbaubereich, deren dialektale Schreibung in späterer Zeit nicht beseitigt, sondern zum Teil bis in die Gegenwart beibehalten wurde. Zu nennen wäre etwa *Stabel* (oder *Bergstabel*), ein Längenmaß, das bis ins 19. Jh. im Salzbergbau gebraucht wurde; die Schreibung mit -*a*- entspricht der bairischen Lautung für den Sekundärumlaut aus ahd. /a/. Ähnliches gilt für *Ebentl* (‚stollenartiges Verbindungsstück'), das eigentlich als *Ebenteil* aufzulösen wäre. Dies sind Bezeichnungen, die in anderen Bergbauzweigen bzw. -regionen keine Parallele haben und daher in ihrer Schreibform keinem überregionalen Ausgleich unterliegen konnten. Sie demonstrieren die Sonderstellung des österreichischen Salzbergbaues vielleicht am deutlichsten.

4. Ausblick

An den Salinenorten im deutschen Sprachgebiet, sowohl im hoch- als auch im niederdeutschen Raum, wären zwar in sehr reichem Ausmaß schriftliche Quellen vorhanden, doch hat man sich ihrer von linguistischer Seite bisher fast überhaupt nicht angenommen. Eine Aufarbeitung dieser Zeugnisse vom fachsprachlichen Standpunkt wäre aber schon insofern lohnend, als damit ein Einblick in die sprachliche Bewältigung eines schon sehr früh arbeitsteilig strukturierten Produktionszweiges möglich wäre. Darüber hinaus würde eine Ausweitung der historischen Fachsprachenforschung wesentliche Erkenntnisse zur Klärung verschiedenster Fragen bezüglich der technologischen Kontakte und Einflüsse zwischen einzelnen Regionen mit sich bringen.

5. Literatur (in Auswahl)

Drissen 1939 = Alfred Drissen: Die deutsche Bergmannssprache. 2. Aufl. Bochum 1939.

Drozd 1979 = Lubomír Drozd: Zum Eineindeutigkeitsprinzip. In: Fachsprache, Sonderh. I. 1979, 30–32.

Emons/Walter 1984 = Hans-Heinz Emons und Hans-Henning Walter: Mit dem Salz durch die Jahrtausende. Geschichte des weißen Goldes von der Urzeit bis zur Gegenwart. Leipzig 1984.

Emons/Walter 1988 = Hans-Heinz Emons und Hans-Henning Walter: Alte Salinen in Mitteleuropa. Zur Geschichte der Siedesalzerzeugung vom Mittelalter bis zur Gegenwart. Leipzig 1988.

Hartmann 1840/41 = Conversations-Lexikon der Berg-, Hütten- & Salzwerkskunde und ihrer Hülfswissenschaften. Hrsg. v. Carl Hartmann. 4 Bde. Stuttgart 1840/41.

Hoffmann 1985 = Lothar Hoffmann: Kommunikationsmittel Fachsprache. Eine Einführung. 2., völlig neu bearb. Aufl. Tübingen 1985 (Forum für Fachsprachen-Forschung 1).

Kirnbauer 1968 = Franz Kirnbauer: Berg- und hüttenmännische Wort- und Sacherklärungen. In: Der Bergmann – der Hüttenmann. Gestalter der Steiermark. Katalog der 4. Landesausstellung 1968. Graz 1968, 3–17.

Kopf 1841 = Michael Kopf: Beschreibung des Salzbergbaues zu Hall in Tyrol. Berlin 1841.

Krause 1879 = Karl Ernst Hermann Krause: Erklärendes Wörterbuch der Lüneburger Sülze. In: Jahrbuch des Vereins für niederdeutsche Sprachforschung 5. 1879, 109–172.

Lori 1764 = Johann Georg Lori: Sammlung des baierischen Bergrechts, mit einer Einleitung in die baierische Bergrechtsgeschichte. München 1764.

Patocka 1984 = Franz Patocka: Bergmannssprache und Dialekt am Beispiel der Fachsprache des bayerisch-österreichischen Salzbergbaues. In: Beiträge zur bairischen und ostfränkischen Dialektologie. Ergebnisse der Zweiten Bayerisch-Österreichischen Dialektologentagung Wien, 27. bis 30. September 1983. Hrsg. v. Peter Wiesinger. Göppingen 1984 (Göppinger Arbeiten zur Germanistik 409), 161−170.

Patocka 1987 = Franz Patocka: Das österreichische Salzwesen. Untersuchungen zur historischen Terminologie. Hrsg. v. Peter Wiesinger u. a. Wien. Köln. Graz 1987 (Schriften zur deutschen Sprache in Österreich 15).

Patocka 1988 = Franz Patocka: Leo Pronners Versbeschreibung des Ausseer Salzwesens. Bemerkungen zu einem österreichischen Text aus dem Jahre 1595. In: Studien zum Frühneuhochdeutschen. Emil Skála zum 60. Geburtstag am 20. November 1988. Hrsg. v. Peter Wiesinger. Göppingen 1988 (Göppinger Arbeiten zur Germanistik 476), 83−96.

Patocka/Stadler 1989 = Leo Pronners Beschreibung des Ausseer Salzwesens (1595). Ediert und kommentiert v. Franz Patocka und Franz Stadler. Wien 1989 (Leobener Grüne Hefte NF 9).

Probszt 1962 = Günther Probszt: Die Sprache des steirischen Bergmanns. In: Zeitschrift des historischen Vereines für Steiermark 53. 1962, 217−228.

Pusch 1966 = Hans Pusch: Der Wortschatz der Ausseer Mundart. Diss. [masch.] Wien 1966.

Scheuchenstuel 1856 = Carl v. Scheuchenstuel: Idioticon der österreichischen Berg- und Hüttensprache. Zum besseren Verständnisse des österr. Berg-Gesetzes und dessen Motive für Nicht-Montanisten. Wien 1856.

Schmidt 1969 = Charakter und gesellschaftliche Bedeutung der Fachsprachen. In: Sprachpflege 18. 1969, 10−21.

Schraml 1936 = Salzkammergut-Lexikon. [Nach 2 Handschriften aus dem 18. Jh., um 1770. Bearb. von Carl Schraml. Handschr. Manuskr., aufbewahrt im Oberösterreichischen Landesarchiv, Linz.] Linz 1936.

Seibicke 1959 = Wilfried Seibicke: Fachsprache und Gemeinsprache. In: Muttersprache 69, 1959, 70−84.

Treffer 1981 = Günter Treffer: Weißes Gold. 3000 Jahre Salz in Österreich. Wien. München. Zürich. New York 1981.

Veith 1968 = Heinrich Veith: Deutsches Bergwörterbuch mit Belegen. Wiesbaden 1968 [unveränd. Neudruck der Ausg. von 1871].

Wenckenbach 1864 = Fr. Wenckenbach: Bergmännisches Wörterbuch. Wiesbaden 1864.

Winkler 1956 = Hans Winkler: Die Bergmannsprache im Salzbergbau. In: Österreichischer Bergmanns-Kalender 1956. Wien, 83 f.

Franz Patocka, Wien

248. Die ältere deutsche Jägersprache bis zum Ende des 17. Jahrhunderts und ihre Erforschung: eine Übersicht

1. Vorbemerkung
2. Hohe Jagd − Mitteljagd − Niedere Jagd
3. Vogelfang und Beizjagd
4. Jagd als höfisches Vergnügen
5. Frühere Zeugnisse jagdlicher Terminologie
6. Literarische Quellen − Didaktische Jagdliteratur
7. Fachlich bedingte Elemente in der Jagdterminologie
8. Sozial bedingte Elemente in der Jagdterminologie
9. Weidsprüche
10. Von Johann Helias Meichßner zum Wörterbuch der deutschen Jägersprache
11. Literatur (in Auswahl)

1. Vorbemerkung

Die Jägersprache, auch als Weidmannssprache oder − exakter − als Jagd- bzw. Weidwerksterminologie bezeichnet (vgl. Art. 120), deckt in umfassender Bedeutung − wie sie vornehmlich bei historischer Betrachtung anzusetzen ist − alle Gebiete des Fachbereichs „Fangen und Erlegen von freilebenden Tieren" (heute mit dem Zusatz: „soweit sie in rechtlicher Hinsicht als Wild qualifiziert sind") ab. In die Kategorie „freilebende Tiere" werden dabei in unserer Zeit nur Säugetiere (mit Ausnahme der Meeressäuger) und Vögel gerechnet, nicht aber die Fische, die früher zum Weidwerk gezählt wurden:

„Denn die Grundbedeutung von Weid − zur idg. Wurzel *u̯ei, *u̯ei̯ə − ist ‚Ausgang auf Nahrungssuche', d. h., daß das Vieh, das weidet, oder die Weide, auf der Vieh seine Nahrung findet, zur selben idg. Wurzel gehört wie Weidwerk oder Weidmann … ursprünglich bedeutete weidwerken nicht mehr und nicht weniger als ‚sich Nahrung beschaffen', und zwar − im alten umfassenden Sinn des Weidwerks − ‚sich Nahrung beschaffen an dem, was auf der Erde, in der Erde, über der Erde (d. h. in der Luft) und im Wasser ist'. So gehörte ja auch der Fischfang so lange zum Weidwerk − man denke nur an das Wort Fischweid –, bis die Grenze zwischen Jagd und Fischerei aufgrund der zoologischen Zuordnung der erbeuteten Tiere zu den Fischen bzw. zu den Säugetieren und den Vögeln gezogen wurde" (Schwenk 1994, 204 f).

2. Hohe Jagd – Mitteljagd – Niedere Jagd

Ziel der Erlegung oder des Fangs war es, sich Fleisch zur Ernährung und Materialien zur Herstellung von Kleidung, Gerätschaften und Waffen zu besorgen, oder von sich, den Seinen und dem Eigentum Schaden, den die Tiere verursachten, abzuwenden. Schon früh, d. h. nachdem das „Recht des freien Tierfangs" durch die Rechtsformen der „Inforestation" und der „Regalität" (Schwenk 1979) abgelöst worden war, unterschied man zwischen der „Hohen Jagd" und der „Niederen Jagd". Die Hohe Jagd umfaßte dabei das Erlegen oder Fangen des Wildes, das besondere Wertschätzung genoß und deshalb dem hohen Adel vorbehalten blieb, während zur „Niederen Jagd" der Fang oder die Erlegung des Wildes gezählt wurde, das nicht ganz so hoch angesehen war und deswegen vom niederen Adel erlegt werden durfte. In einigen Herrschaften gab es zwischen beiden noch die „Mitteljagd":

„Hohe Jagd ... Großes Weidwerk, jede Jagd auf Hochwild ... Gegensatz von Mittel- und Niederjagd. In diesem Sinne rechnet man gewöhnlich zur hohen Jagd: das Roth-, Dam-, Reh- und Schwarzwild, das Auer- und Birkgeflügel, Fasan, Trappe, Kranich, Reiher, Schwan, und von den Raubthieren den Bären, Wolf und Luchs; zur niedern Jagd alles übrige Wild. Wo auch eine Mitteljagd besteht, zählt man gewöhnlich dazu das Reh- und Schwarzwild, den Wolf, das Birk- und Haselgeflügel, den großen Brachvogel. Jedoch sind diese Eintheilungen nach den Ländern sehr verschieden, und eine allgemein gültige, feste Regel kann darüber nicht aufgestellt werden" (Behlen 1842, 731 f).

Bei den heute noch gebräuchlichen Termini „Hochwild" und „Niederwild" handelt es sich also um alte Rechtsbegriffe, die sich in der Jagdterminologie erhalten haben, obwohl die rechtliche Situation längst (spätestens ab 1848; vgl. Art. 120) eine andere geworden ist.

3. Vogelfang und Beizjagd

Eine Sonderstellung nehmen im Regelfall der Vogelfang und die Beizjagd (vgl. dazu Schwenk 1967 und Schwenk 1980) ein. Der Vogelfang (vgl. etwa Aitinger 1653) war zu großen Teilen – abgesehen vom Fang der zur Hohen Jagd gezählten Schwäne, Trappen, Kraniche, Fasane, Auer-, Birk- und Haselhühner, Grossen Brachvögel, Reiher und Greifvögel – dem „gemeinen Mann" vom „Recht des freien Tierfangs" geblieben und nahm dementsprechend eine eigene Entwicklung innerhalb der jagdlichen Terminologie (s. unten). Ungeachtet dessen vergnügte sich der Adel vor allem an großen kostspieligen Vogelherden und verbot aus Gründen der eigenen Hofküche bisweilen auch den Fang von sonst dem „gemeinen Mann" nicht vorenthaltenen Vögeln.

Die Beizjagd – bewußt wird hier nicht von „Falknerei" gesprochen, da dieser heute bevorzugte Terminus in historischer Sicht ungenau ist – umfaßte die Jagd auf Haarwild, Federwild und Vögel mithilfe von dazu abgerichteten Greifvögeln (eben nicht nur mit Falken, sondern auch mit Habichten und mit einigen anderen Greifvogelarten, vgl. Schwenk-Hünemörder 1980), häufig unter Verwendung von an den Umgang mit Greifvögeln gewöhnten Hunden zum Aufsuchen und Aufstoßen des Wildes. Je nach der zu erlegenden Wildart und den Gegebenheiten des Geländes kamen vor allem Falken, die aus großer Höhe auf die Beute stoßen, oder Habichte, die in geringer Höhe hinter der Beute herstreichen, zum Einsatz. Interessanterweise findet sich dabei eine Parallele zur Hohen und Niederen Jagd: Im Regelfall stand die „Beize im hohen Flug", die Falkenbeize, dem hohen Adel, die „Beize im niederen Flug", die Beize mit dem Habicht, dem niederen Adel zu. Die erstere wurde – vornehmlich als „Reiherbeize", d. h. als Jagd mit Falken auf Reiher – als spektakuläreres und gesellschaftlich höherrangiges Ereignis geschätzt als die unter dem Gesichtspunkt der Beute ertragreichere „Habichterei", d. h. die Beizjagd mit dem Habicht, der treffenderweise auch als „Küchenvogel" bezeichnet wurde (vgl. hierzu und zum folgenden Schwenk 1991 d und Schwenk 1995 a).

4. Jagd als höfisches Vergnügen

Merkmal der zur Hohen Jagd gehörigen Teile des Weidwerks ist es, daß in ihnen meist menschen- und materialaufwendige (und damit sehr kostenintensive) Jagdmethoden entwickelt wurden, da sie nicht nur dazu dienen sollten, die Hofküche mit Wildbret zu versorgen, sondern zugleich den hochgestellten Teilnehmern an der Jagd ein Jagdvergnügen zu bieten und die Organisationskraft der Jägerei (und damit letztendlich auch der Herrschaft) zu demonstrieren hatten:

„Der zunehmende „Festcharakter" der Jagd, die zur Darstellung herrschaftlicher Macht gegenüber Gästen und Untertanen diente, erforderte eine immer besser funktionierende Organisation und eine immer größere Zahl von Bediensteten und Helfern, Hunden, Pferden, Beizvögeln, Tüchern, Netzen, Lappen, Schußwaffen und sonstigen Gerätschaften. „Eingestellte oder deutsche Jagen" und − nach 1680 − die französischem Vorbild folgenden „Parforcejagden" (in Frankreich „Chasses à courre" genannt) wurden mit großem Aufwand minutiös geplant und bisweilen in Bildern, Zeichnungen und Berichten für die Nachwelt festgehalten" (Schwenk 1995a, 444).

Gut verstehbar ist, daß der exakte Gebrauch der Jagdterminologie bei derartigen, mehr und mehr zeremoniellen Charakter annehmenden Jagden eine große Rolle spielte.

5. Frühe Zeugnisse jagdlicher Terminologie

Bereits in den germanischen Volksrechten sind erste Hinweise auf deutschsprachige jagdliche Terminologie, allerdings auf rein fachlich bedingter Basis, zu entdecken. Vornehmlich die bei der Jagd speziell benutzten Hunde sind in den verschiedenen Rechtstexten mit ihren deutschen Bezeichnungen aufgeführt, ein Hinweis darauf, welchen Stellenwert sie einnahmen. Im Lex Alam. Tit. 83, 1−2 findet sich z. B. − im lateinischen Text eingefügt − *laitihund* für ‚Leithund':

„Si quis cursale seusiu qui primus currit, involaverit, VI solidos conponat. Qui secundum, III solidos. Illo doctore qui hominem sequenter ducit, quod laitihund dicunt, furaverit, XII solidos conponat" (vgl. Schwenk 1991b, Schwenk 1995b);

im Lex Baiuv. Tit. 20, 1−3 *leitihunt* für ‚Leithund', *triphunt* für ‚Treib-, d. h. Meutehund', und *spurihunt* für ‚Spürhund':

„Si quis canem seucem, quod leitihunt dicunt, furaverit (vel occiderit) aut similem aut ipsum reddat et cum VI solidis conponat. Et si negare voluerit, cum III sacramentales iuret secundem legem suam. Si autem seucem doctum quod triphunt vocant, furaverit, cum III solidis conponat aut cum sacramentale iuret. Qui in ligamine vestigium tenet quod spurihunt dicunt, furaverit, cum VI solidis conponat et similem aut ipsum reddat" (vgl. Schwenk 1983b, Schwenk 1991b, Schwenk 1995c).

Ebenfalls im Lex Baiuv. Tit. 20,4 ist der *piparhunt*, der ‚Biberhund' −

„De his canibus quos piparhunt vocant, qui sub terram venatur qui occiderit, alium similem reddat et cum VI solidis conponat" (vgl. Schwenk 1983a) −

und Tit. 20,6 der *hapuhhunt*, der ‚Habichtshund' −

„De eo cane qui dicitur hapuhhunt, pari sententia subiaceat" (vgl. Schwenk 1991b)

− genannt. Auch Wildbezeichnungen in deutscher Sprache sind verzeichnet, etwa im Lex Baiuv. Tit. 20,7 *swarzwild*, ‚Schwarzwild' −

„De his canibus qui ursis vel bubulis, id est maioris feris quod swarzwild dicimus, persecuntur, si de his occiderit, cum simile et VI solidis conponat" (vgl. Schwenk 1998)

− als Sammelbegriff für Bären und Auerochsen.

6. Literarische Quellen − Didaktische Jagdliteratur

Da die Jagd auch in den folgenden Jahrhunderten große gesellschaftliche Bedeutung (vgl. Schwenk 1991a) besaß, finden sich viele Hinweise auf sie in den literarischen Quellen, und zwar besonders dort, wo höfisches Leben geschildert oder jagdliches Geschehen allegorisch verarbeitet wurde, etwa − um nur einige Beispiele zu nennen − in Gottfried von Straßburgs „Tristan und Isolde", in Hartmann von Aues „Gregorius" und „Büchlein", in Wolfram von Eschenbachs „Lieder", „Titurel" und „Willehalm", im „Nibelungenlied", in Hadamar von Labers „Jagd" oder in der „Jagd der Minne".

Die bevorzugten Themen dabei sind die Hetzjagd mit Hunden (vornehmlich auf den Rothirsch), die Schußjagd mit Pfeil und Bogen, die Beizjagd, die Fallenjagd und speziell der Vogelfang.

Die didaktische deutschsprachige Jagdliteratur beginnt im 14., wird zahlreicher seit dem 15. Jh. und beschäftigt sich − konsequenterweise (s. unten) − mit dem Rothirsch und seiner Verfolgung, mit den bei der Jagd eingesetzten tierischen Helfern, dem Hund und dem Beizvogel, und mit dem Vogelfang. In diesen Bereichen wurden „gelernte Jäger" mit ihrem ausgeprägten Fachwissen benötigt, hier wurde fachliches Wissen nicht mehr nur in mündlicher, sondern auch in schriftlicher Form weitergegeben.

„Das früheste deutschsprachige Werk ist ... ein Falknereitraktat: die um 1300 in Oberdeutschland entstandene, in zwei Handschriften überlieferte „Ältere deutsche Habichtslehre", die die spezifisch deutsche Art der Beizjagd mit dem Habicht (nicht mit dem Falken) zum Thema hat. Eine Anfang des 15. Jh.s angefertigte Bearbeitung dieses Textes — als „Beizbüchlein" bezeichnet — wurde erstmalig um 1480 in Augsburg gedruckt und ist das älteste gedruckte europäische Jagdbuch [...] Ebenfalls dem oberdeutschen Raum zuzurechnen ist der zweite originelle Jagdtraktat, nämlich die um 1400 entstandene, in mehr als einem Dutzend Handschriften des 15. und 16. Jh.s tradierte „Lehre von den Zeichen des Hirsches" — eine Anweisung zur Unterscheidung der Stärke der einzelnen Tiere aus den von ihnen vornehmlich in der Fährte hinterlassenen Zeichen. Besonders wichtig für die Frühgeschichte der deutschen Jagdliteratur sind drei Derivattexte dieser Zeichenlehre aus dem 15. Jh.: die „Lehre vom Arbeiten der Leithunde", die „Lehre von des Hirsches Gescheitheit und seinem Wandel" und die erweiterte „Lehre von den Zeichen des Hirsches" des Freiherrn Cuno zu Winenburg und Beilstein" (Schwenk 1972, 2138).

7. Fachlich bedingte Elemente in der Jagdterminologie

Zum Verständnis und zur Vermittlung der komplizierten Sachzusammenhänge in der Jagdtechnik und bei der Jagdausübung war eine ausgeprägte Fachterminologie unabdingbar notwendig, wie sie überhaupt die Grundlage jeder jagdlichen Terminologie darstellt. Hierher gehören Wörter wie: *birsen, birsaere, birsarmbrust* (bei der Hirschjagd, speziell mit dem Bogen), *leithunt, spürhunt, suochhunt, birshunt, stöuber, vorligender hunt, wintspil, habechwint* (für die verschiedenen Hunde, je nach ihrem Einsatz bei der Jagd), *koppel, halse, leithalse, anelegen, kurznemen* (für Gerätschaften in Verbindung mit dem Hund und für Tätigkeiten mit dem Hund), *muʒerhabech, muʒervalke, nestling, beize, beizaere, valkenaere, hebecher, hamel, ric, erstoʒen, slahen, verslahen* (beim Beizvogel und bei der Beizjagd), *vogelfenger, valbaum, lockvogel, wahtelbein, beslahen, vogelen* (beim Vogelfang).

Eine fachlich bedingte jagdliche Terminologie in der ausgearbeiteten Form, wie wir sie in der frühen lehrhaften Jagdliteratur finden, ist Indiz dafür, daß in dieser Zeit ein Corps gut ausgebildeter gelernter Jäger (sie werden auch als „Berufsjäger" bezeichnet) zur Verfügung stand, um erfolgreiche Jagden durchzuführen und die dafür notwendigen Gerätschaften und tierischen Helfer bereit zu halten. Der Einsatz dieser Spezialisten geschah während aller Phasen der Jagd, vornehmlich aber dort, wo detailliertes fachliches Wissen und große praktische Erfahrung nötig waren, etwa beim Aufspüren des Hirsches zu Beginn der Jagd, bei besonders wehrhaftem Wild, etwa der angehetzten Sau, am Ende der Jagd beim Aufsuchen verwundeten Wildes, nach erfolgreicher Jagd beim Versorgen des Wildes, beim Verwenden von Beizvögeln und Hunden, sowie dort, wo diffizile Fangmethoden mit komplizierten Fallen und Fangeinrichtungen gebraucht wurden. Die dabei benötigten Kenntnisse wurden in den Jagdtraktaten (vgl. Schwenk 1991c) festgehalten und überliefert.

So bieten die jagdliche Fachterminologie und die didaktische Jagdliteratur gemeinsam ein treffendes Spiegelbild des jagdlichen Geschehens dar.

8. Sozial bedingte Elemente in der Jagdterminologie

Zusätzlich zu den fachlich bedingten Spezialwörtern zeichnet sich die Jagdterminologie durch eine Reihe sozial bedingter sondersprachlicher Wörter aus, die als „jagdliche Standessprache" bezeichnet und oft als das „Eigentliche" der Jägersprache angesehen werden. Der früher für die sozial bedingten Elemente eines Wortschatzes oder einer Sprache gebräuchliche Terminus „Standessprache" wird hier für die jagdliche Terminologie vermieden, da er einerseits unterschiedlich interpretiert und deswegen nicht allgemein anerkannt wird und andererseits vor allem auf die heutige Situation und die der vergangenen Jahrzehnte nicht mehr zutrifft. Bisweilen wird sogar — in Verkennung der wirklichen sprachlichen Verhältnisse — Jagdterminologie und „Standessprache der Jäger" synonym verwendet. Zweifelsohne waren (und sind zumindest für den Nichtjäger noch heute) die sozial bedingten Spezialwörter, die als besonders „bizarr", „fremdartig", „blumig", „farbig" oder gar „esoterisch" bei Betrachtung der Jägersprache oder jagdlicher Texte sofort ins Auge fielen und fallen, ein Hauptanreiz für die Beschäftigung mit der Terminologie der Jäger. Dies hat dazu geführt, daß bei der Erforschung der Jägersprache bisweilen auch dort Spezialwörter als sozial bedingt (d. h. in alter Ausdrucksweise als „jagdliche Standessprache") angesehen wurden, wo es sich wohl eher, manchmal auch eindeutig, um eine fachliche, nicht um eine soziale Besonderung handelt (ein Beispiel hierfür s. unten).

Schwierig ist die Einteilung (vor allem, wenn es sich um die Zuordnung einzelner

Wörter zur einen oder zur anderen Gruppe handelt) besonders aus zwei Gründen: Zum einen ist eine derartige Klassifizierung oft mehr oder weniger subjektiv, dem „Sprachgefühl" des jeweiligen Wissenschaftlers anheimgegeben, zum anderen können fachlich bedingte Termini sekundär, d. h. eigentlich von den „Sprachschöpfern" unbeabsichtigt, denselben Effekt zeitigen wie die sozial bedingten Spezialwörter.

Anlaß für die Ausbildung sozial bedingter Elemente in einer Sprache ist sicher die Absicht, sich sozial abzugrenzen, d. h. die nicht zur Gruppe der „Eingeweihten" Gehörigen auszuschließen, und zugleich einen sozialen Zusammenschluß der „Eingeweihten" herbeizuführen, d. h. die Gruppe nach innen zu festigen (In-group- und Out-group-Verhalten). Bei den Jägern ist eine derartige Tendenz schon vor dem Auftreten einer ausgebildeten sozial bedingten Jagdterminologie durch einen „Vorläufer" nachweisbar: den Schatz der „Weidsprüche", „Weidschreie" oder „Jägersprüche" (s. unten). Wie die Verpflichtung zur Geheimhaltung des jagdlichen, vor allem auch des jagdsprachlichen, Wissens (vgl. Art. 120) dokumentieren auch die Weidsprüche das Bewußtsein der berufsmäßig als gelernte Jäger mit der Ausübung des Weidwerks Befaßten, eine geschlossene Gruppe zu bilden, deren Mitglieder sich gegenseitig zu erkennen geben und sich gegenseitig einordnen konnten.

Bisher wenig beachtet in der Diskussion um die Jägersprache blieb hingegen die Tatsache, daß auch fachlich bedingte Termini, vor allem wenn sie komplizierte (z. B. technische oder rechtliche) Sachverhalte bezeichnen und dies dazuhin noch in einer „verknappten Form" (s. unten) tun, „ungewollt" die Gruppe der Fachleute (eben wieder der in das Fachwissen „Eingeweihten") in sich zusammenschließen und nach außen abschotten, da der Nicht-Fachmann, der Nicht-zur-Gruppe-Gehörende, auch an diesem fachlich bedingten Wortschatz mangels entsprechender Fachkenntnis keinen Anteil hat.

Somit werden auch die fachlich bedingten jagdsprachlichen Wörter, eben das unverständliche „Fach-Chinesisch" der Jäger, zurecht mit den sozial bedingten Elementen der Jagdterminologie im „Jägerlatein" als Bezeichnung für die Nicht-Jägern unverständliche Jägersprache zusammengefaßt. (Daneben kann „Jägerlatein" auch erfundene oder zumindest übertriebene oder phantasievoll ausgeschmückte Schilderungen von angeblich auf der Jagd Erlebtem bezeichnen.)

Ein Beispiel für das oben Ausgeführte ist die Zuordnung von *anesprechen* ‚ansprechen' zur sozial bedingten Jägersprache bzw. zur „jagdlichen Standessprache" (so bei Lindner 1966). Zweifelsohne erscheint es für einen Nichtjäger sehr sonderbar, wenn er von einem Jäger hört, er „habe den Hirsch angesprochen", bevor er „ihm die Kugel antrug" oder — heute wohl häufig etwas weniger feierlich — bevor er ihn erlegte. Gehen wir von unserer heutigen Alltagssprache aus, so bedeutet jemanden *ansprechen* ‚das Wort an jemanden richten', ‚jemanden anreden'. Und gewiß hat der Jäger nicht das Wort an den zu erlegenden Hirsch gerichtet, bevor er ihn mit einem Kugelschuß tötete. Diese „Fremdheit" mag vielleicht der Grund dazu gewesen sein, daß K. Lindner ausführt: „das Wild anesprechen, gewiß eines der charakteristischsten Wörter der jagdlichen Standessprache" (Lindner 1966, 426). Die Einordnung von *anesprechen* in die „jagdliche Standessprache" läßt sich m. E. nicht aufrechterhalten, wenn wir uns den gemeinsprachlich ebenfalls mit *ansprechen* bezeichneten Parallelvorgang in einer Alltagssituation ins Gedächtnis rufen: Ein Bild, das als ein gelungenes Kunstwerk *angesprochen* wird, oder ein Bauwerk, das als typisches Bauwerk einer Zeitepoche *angesprochen* wird, wird ebenso wie der Hirsch bestimmt und beurteilt. Und wenn wir die Wort- und Bedeutungsgeschichte in unsere Überlegungen mit einbeziehen, wird der Sachverhalt noch klarer: Das DWB verzeichnet u. a. folgende Bedeutungen für *ansprechen*:

„1) [...] anreden, das wort an einen richten [...] 2) häufig aber hat ansprechen die absicht eines gesuchs, einer bitte [...] 3) steht jedoch der angesprochene gegenstand im bloszen acc. ohne um, so ist kein bitten gemeint, sondern berechtigtes fordern und verlangen [...] 4) [...] auch [...] heiszt es bei begegnungen: ich sprach ihn als herrn NN, für herrn NN an [...] 5) GÖTHE bedient sich oft eines ähnlichen ansprechen für oder als etwas in fällen, wo man es durch nennen oder in anspruch nehmen, für etwas erklären auslegen kann, wörtliche ansprache oder anrede aber kaum irgend stattfindet" (DWB I, 457 f).

Parallel zu dem unter 4) — und auch unter 5) — gegebenen Sprachgebrauch „spricht" der Jäger ein Stück Wild „für einen Hirsch an" oder „spricht" eine Fährte „für die Fußspuren einer bestimmten Wildart an".

Denn „Exklusivität" und bewußte Abgrenzung von den Nichtjägern konnte wohl durch ein in der Gemeinsprache so ähnlich verwendetes Wort nicht erzielt werden; vielmehr dürften wir es mit einer fachlichen Spezifizierung, die unter anderem auch in der dem Fachmann aus seinem Fachwissen heraus verständlichen „Verknappung" *einen Hirsch ansprechen, eine Fährte ansprechen, ein Geweih ansprechen* (ohne dabei jedesmal mitzuteilen, als oder für was es angesprochen wurde) zum Ausdruck kommt, zu tun haben. Dies gilt auch für die übrigen Bedeutungen von *ansprechen* in der Jagdterminologie. (Vgl. Schwenk 1997:

„ansprechen [...] 1. (vom Jäger) Wild aufgrund des Augenscheins oder anhand von Hinterlassenschaften – Fußspuren, Exkrementen oder sonstigen → Zeichen – nach Art, Geschlecht, Alter und Stärke beurteilen und es fachgerecht benennen bzw. nach den Regeln der jagdlichen Ausdrucksweise bezeichnen; ebenso: Hinterlassenschaften des Wildes – Fußspuren, Exkremente oder sonstige → Zeichen – oder den Kopfschmuck männlichen Schalenwildes beurteilen und fachgerecht benennen [...] [vom 14. Jh. bis heute belegt] 2. (vom Jagdhund) vor aufgefundenem oder ausgemachtem Wild verharren und anhaltend bellen, bis der Jäger bzw. Hundeführer bei ihm eintrifft [...] [ab dem 17. Jh. belegt] 3. (vom Jäger) sich – meist in überlieferten Redewendungen, etwa in → Weidsprüchen – an einen Mitjäger oder Hund wenden [...] [selten belegt] 4. (von Teilen des Gewehrs) funktionieren [...] [selten belegt] 5. (vom Jäger) der im angrenzenden Gebiet die Jagd ausübenden Person mitteilen, daß, wann und wo durch einen Schuß verletztes Wild über die Grenze gegangen oder geflüchtet ist [...] [selten belegt]."

In substantivischer Form (*Ansprache, Anspruch, Ansprechung*) ab dem 18. Jh. belegt:

„Ansprache f., Anspruch m., Ansprechung f. 1. aufgrund des Augenscheins oder anhand von Hinterlassenschaften – Fußspuren, Exkrementen oder sonstigen → Zeichen – erfolgende Beurteilung und fachgerechte Benennung von Wild nach Art, Geschlecht, Alter und Stärke; ebenso: Beurteilung und fachgerechte Benennung des Kopfschmucks männlichen Schalenwildes oder der Hinterlassenschaften – Fußspuren, Exkremente oder sonstigen → Zeichen – des Wildes" (Schwenk 1997).

Viele jagdliche Spezialwörter haben im sachgerechten Umfeld der Jagd mehrere unterschiedliche Bedeutungen, wobei sich die Verben in hohem Maß auszeichnen. Besonders groß ist diese Bedeutungsvielfalt immer dann, wenn das entsprechende Wort in den verschiedenen Sparten jagdlichen Handelns (etwa bei der Hetzjagd auf Haarwild, bei der Beizjagd und beim Vogelfang) Verwendung findet. Im Falle von *ansprechen* decken sich die im DWB verzeichneten gemeinsprachlichen Bedeutungen in ihrem Kern weitgehend mit den entsprechenden Grundbedeutungen in der Jagdterminologie, die lediglich fachlich spezifiziert bzw. präzisiert wurden und somit zur fachlich bedingten jagdlichen Terminologie zu zählen sind.

Die ausführliche Erörterung dieses Beispiels sollte zeigen, wie schwierig Zuordnungen zu den „Unterabteilungen" sozial bedingte und fachlich bedingte Jägersprache im einzelnen sein können, ja wie es mitunter schon schwer und nur mit gediegenem Fachwissen möglich ist, zu entscheiden, ob ein Wort der Jagdterminologie zuzurechnen ist oder nicht. Zum jagdlichen Wortschatz sollten deswegen zunächst einmal alle Wörter gezählt werden, die aus jagdlichen Gegebenheiten bzw. Notwendigkeiten neu gebildet wurden oder eine neue, spezifisch jagdliche Bedeutung erhalten haben, sei es, um fachlichen Bedürfnissen zu genügen, sei es, um Vorstellungen der Abgrenzung zu realisieren (also fachlich oder sozial bedingt sind), dazu alle gemeinsprachlichen Wörter mit jagdlicher Besonderung (im jagdlichen Umfeld gebrauchte gemeinsprachliche Wörter mit besonderer jagdlicher Konnotation), wobei es eines umfassenden, auch historisch fundierten Fachwissens bedarf, um die unvermeidbaren „Grauzonen" (denn Überlappungen zwischen dem Wortschatz der Gemeinsprache und dem der verschiedenen „Fach- oder Sachgebiete" gibt es immer) möglichst klein zu gestalten, wozu oft feinste Differenzierungen nötig sind. Gemäß diesen Prinzipien wurde auch das „Wörterbuch der deutschen Jägersprache" erarbeitet (Näheres zum Stand der Forschungen s. unten).

9. Weidsprüche

„Vorläufer" der sozial bedingten jagdsprachlichen Terminologie waren die „Weidschreie", „Jägerschreie", „Weidsprüche" oder „Jägersprüche", deren Beherrschung für den „gelernten Jäger" obligatorisch war:

„Allerlai waidmanische Fragen und Andtworten
Wie man ainen fremden oder jungen Jäger ansprechen oder fragen kan.
Lieben Waidleit, ich hab vernumen,
daß heut ain frembder Jäger ist zu uns kummen.
Den wil ich heut fragen eben,
hoffe, er werde mier Antwort geben.

"Lieber und drauter Waidmann,
wöllest mir nichte für Übel han,
daß ich dich tue spröchen an.
Ich sich das Horn und Waidmösser fein
sambt anderer Zier an der Seiten dein,
derwögen wierdestu sein beflissen
und auf meine Fragen Antwort zu göben wissen.
Wierdestu mir khünen antworten recht,
so halt ich dich für ainen Jägersknecht.
Wierdestu mir aber auf meine Fragen
nit wissen, rechte Andtwort zu sagen,
so wierde ich dich für kainen Jäger erkhenen,
ja, auch kainen rechten Waidman nenen,
sonder wierde dier treulich raten fein,
daß du noch ain Weil ain Hundtspueb solst sein
und solst werden mer weis und klueg
oder dem Pauern zwikhen den Pflueg.
Wölst mir derowögen nit für Übl han,
sonder guetwillig sagen an,
was wütert dich und deine Hunt heut an?
Andwort: Der edl Hürsch und ain hauets Schwein,
was mag heut pösser sein?" (Strasser 17. Jh.,
180 v/181 r).

Wir kennen eine ganze Reihe derartiger Weidsprüche und mehrere Sammlungen dieser „Frage- und Antwort-Prüfgespräche", etwa aus dem 16. Jh. als Anhang zur Ausgabe Frankfurt 1576 von Noe Meurers „Von Forstlicher Oberherrligkeit" (vgl. dazu auch Lindner 1968), aus dem 17. Jh. bei Strasser von Kollnitz:

„Frag: Lieber Waidman, sag mir an,
was hat der edl Hürsch heut zu Feldt getan?
Andwort: Zu Felt
hat der edl Hürsch heut Gewide gezelt.
Frag: Lieber Waidman, sag mir an,
wievil hat der edl Hürsch heut Widergeng getan?
Andwort: Söchs oder siben,
hat der Hürsch heut Widergeng getriben. [...]
Frag: Sag an, Waidman,
wo wiltu heut so früe an?
Andwort: Dort hinaus wol in das schene Holz,
etwo begögnet mir ain edler Hürsch stolz" (Strasser 17. Jh., 181 r/181 v).

Die Ablösung der Tradition der Weidsprüche durch eine sozial bedingte jagdliche Terminologie war ein Prozeß, der sich über eine lange Zeit hinzog. Auch als die sozial bedingte jagdsprachliche Terminologie schon längst Geltung besitzt, werden noch immer Weidsprüche tradiert und abgefragt. Martin Strasser von Kollnitz, der uns ausführlich mit Weidsprüchen bekannt macht, gibt zeitgleich eine Schilderung des „Weidmesserschlagens":

„Wan man ainen Waidman umb dergleichen Verpröchen wil mit dem Waidmösser straffen, so sol man in lassen zu ainer Pankh oder zu ainem umbgefallnen Pämb, Stokh, Pichele oder Stain niderkhnien lassen. Sodann sol ain Jäger oder anderer Gejaidtsverwanter, wöllicher dessen bericht ist und kurzweilliger Posen ist, wol röden kan (auf vorgeunden Befelch des Herrn oder Jägermaisters oder auf vorgeunte Anklag und Erkhantnus etlicher deswögen angefragten waidmanischen darzue verordneten Urtlspröcher) ain großes, ploßes Waidmösser in die Handt nemen, dem Verpröcher seine begangene Fäl erzölen, in aber beinöbens instruiren, wie er hinfüro waidmanisch röden und sich in allem verhalten solle. Ist er aber ain alberait erfarner Waidman, so sollman ime sollich seine begangene Fal esto mehr verweisen und jeden nach Gelögenhait seines Verpröchens oder des ergangenen Urtls oder des Herrn und Jägermaisters Befelch ime das Waidmösser zu jeder Erzöllung aines begangen Fals zümblich empfindlich auf den Arsch schlagen" (Strasser 17. Jh., 189 v/190 r).

10. Von Johann Helias Meichßner zum Wörterbuch der deutschen Jägersprache

Die erste gedruckte Sammlung von Jagdtermini erschien 1538 in Johann Helias Meichßners, eines württembergischen Hofgerichtssekretärs „Handbüchlein gruntlichs berichts / vnd Gramatic" unter der bezeichnenden Überschrift: „Etliche zierliche vnd artliche wörter / deren man sich vff vnd zu dem weidwerck gebrucht / einem schryber by Fürsten vnd herrn dienende hoflisch vnd nutzlich zuwissen", gedacht nicht für die Jäger, die diese Terminologie ja beherrschen, sondern für seine Kollegen, die sich im Schriftverkehr der richtigen Terminologie bedienen sollten, weswegen das Glossar auch sachlich, nach den einzelnen Wildarten, nicht alphabetisch geordnet war. Das in erster Auflage in Tübingen erschienene „Handbüchlein" erlebte bis 1588 zehn Auflagen; in der zweiten Auflage wurde die Sammlung der Jagdtermini etwas erweitert und erfuhr in dieser Fassung weite Verbreitung.

Bereits gut 20 Jahre später erschien ein zweites gedrucktes Jagdvokabular, umfangreicher als das Meichßners, dieses Mal als Anhang zu dem bedeutenden, 1560 in Pforzheim gedruckten jagdrechtlichen Werk „Von Forstlicher Oberherrligkeit". Der Verfasser war der kurpfälzische Rat Noe Meurer, aus dessen Feder jedoch nicht der jagdsprachliche Anhang stammt. Während Meichßner, seiner Zielsetzung entsprechend, vor allem den in offiziellen Schreiben wohl auch besonders häufig vorkommenden sozial bedingten Wortschatz verzeichnet, berücksichtigt das zweite Glossar stärker den fachlich bedingten Wortschatz. Schon damals — wie auch heute noch — bezog sich der sozial bedingte Wortschatz vornehmlich auf die Bezeichnungen für das bejagte Wild, seine Körperteile (etwa *Teller* für die Ohren beim Schwarzwild, *Lunte* oder *Standarte* für den Schwanz des Fuchses, *Blume* für den des Hasen, vgl. auch unten) und seine Handlungen (etwa *äsen* für fressen, *schöpfen* für trinken), der fachlich bedingte auf die Gebiete Technik (mit Abstand am meisten), Naturwissenschaft (vornehmlich Zoologie) und Recht. Manche aus heutiger Sicht als sozial bedingte Termini einzuordnende Wörter, wie etwa *Schweiß* für das aus dem Wildkörper austretende Blut, sind dadurch entstanden, daß alte Wortbedeutungen (eben mhd. *sweiʒ* in der Bedeutung von ‚Blut') in der Sondersprache konserviert wurden, während sich die Bedeutung in der Gemeinsprache wandelte.

Zu einer Verfeinerung des jagdsprachlichen Wortschatzes hat zweifelsohne auch die Lexikographie im Kameralismus geführt, in der ursprünglich mundartliche Spezialwörter zunächst als Synonyme verzeichnet, dann aber zu größerer Bedeutungsdifferenzierung verwendet wurden.

In unserer Zeit werden mundartliche Besonderheiten in der jagdlichen Terminologie — etwa *Ricke* bzw. *Geiß* für weibliches Rehwild, *Keule* bzw. *Schlegel* für den Oberschenkel, *Gehörn* bzw. *Gewicht(1)* für den Kopfschmuck männlichen Rehwildes — immer stärker abgeschliffen, da der moderne Jäger im Regelfall mobil ist, heute hier und morgen dort jagt, wodurch die regionale Terminologie mehr und mehr nivelliert wird.

Überbleibsel der Beeinflussung deutschen Jagens durch die französische und englische Jagdkultur finden sich bis in unsere Tage noch vereinzelt im deutschen Jagdwortschatz: Frankreich war vor allem zur Zeit der höfischen Kultur des Mittelalters und wieder im 17. und 18. Jh. das Vorbild adeligen Jagens in Deutschland. Viele französische Wörter kamen besonders mit der in Deutschland 1680 erfolgten Einführung der Parforcejagd, englische Wörter mit der Hundezucht; einige — etwa die Bezeichnung *Blume* für den Schwanz des Hasen (aus frz. *plume* in Übersetzung des deutschen Terminus *Feder(lein)* für den Hasenschwanz) oder der Befehl *down* für den Hund — sind bis heute lebendig.

Wichtige Bereiche der deutschen Jagdterminologie sind der Wortschatz des Vogelfangs, der keinerlei sozial bedingte Termini enthält (vgl. Schwenk 1967), mit dem Verbot des Vogelfangs zu Beginn des 20. Jh.s aus der praktizierten Jägersprache verschwand und nur noch historische Bedeutung besitzt, sowie der der Beizjagd, der nach dem Wiederaufleben der Falknerei durch die Gründung des Deutschen Falkenordens 1923 wieder zur lebenden Jägersprache gehört.

Seit Jacob Grimms 1854 geschriebener berühmter Vorrede zum Deutschen Wörterbuch ist die Jagdterminologie ins Interesse der Sprachwissenschaft gerückt (vgl. Lembke 1898, Schirmer 1913, Witting 1932, Trost 1934, Stroh 1952). Hervorzuheben sind dabei zwei Dissertationen — Schmidt (1909) und von Schmertzing (1938) —, Dalbys (1965) und Lindners (1966) Arbeit sowie die neueren Dissertationen von Schwenk (1967), Ott (1970) und Roosen (1995). Roosens Dissertation wie die am Forstwissenschaftlichen Fachbereich der Universität Göttingen in den letzten Jahren gefertigten Diplomarbeiten zu Jagdordnungen des 17. bis 19. Jh.s haben gezeigt, daß diese Rechtsquellen kaum neues Wortmaterial über das im „Wörterbuch der deutschen Jägersprache" (s. unten) gesammelte hinaus enthalten.

Einen wichtigen Baustein in der jagdwissenschaftlichen Grundlagenforschung bildet das im Entstehen begriffene „Wörterbuch der deutschen Jägersprache". Das auf Anstoß von Kurt Lindner 1968 mit Förderung der Deutschen Forschungsgemeinschaft gestartete Wörterbuchunternehmen (in der dafür gegründeten und von der DFG finanzierten „Arbeitsstelle Deutsche Jägersprache" an der Universität Erlangen−Nürnberg begonnen, ab 1980 an der aus Mitteln der Jagdabgabe der Bundesländer getragenen „Forschungsstelle für Jagdkultur" der Universität Bamberg fortgeführt) hat zum Ziel, ein vornehmlich für Historiker und Sprachwissenschaftler, also in der Regel für Nicht-Jäger bestimmtes philologisch-historisches Wörterbuch der deutschen jagdlichen Terminologie von den ersten schriftlichen Zeugnissen bis zur Gegenwart zu schaffen. Die darauf zugeschnittene, von Sigrid Schwenk entwickelte Konzeption — beschreibende, nicht setzende Definitionen möglichst ohne Verwendung jagdlicher Termini; Verbindung von onomasiologischem und semasiologischem Ansatz, um eine größtmögliche Informationsdichte zu erreichen; für jede Wortbedeutung ein eigener „Zitat-" und „Belegstellenblock", der über das „Gewicht" in der Jagdterminologie Auskunft gibt; umfassende Verweisapparate und Register — sowie das gesammelte Material von über 500 000 Belegstellen bilden die

Arbeitsgrundlage für das auf drei Lexikonbände im Großformat berechnete Wörterbuch (vgl. dazu Schwenk 1972, Schwenk 1996). Der Einsatz moderner EDV-Technik und einer entsprechenden Datenbank soll nun ermöglichen, die Teile des Wörterbuchs, die ursprünglich von Kurt Lindner erarbeitet werden sollten, von ihm aber nicht mehr in Angriff genommen werden konnten, in überschaubarer Zeit fertigzustellen. Doch bereits in den zurückliegenden Jahren half das gesammelte Material und das bisher fertige Manuskript vielen Wissenschaftlern bei der Entschlüsselung jagdlicher Texte und diente als Grundlage von Diplomarbeiten und Dissertationen (z. B. Roosen 1995). Dazu wird das vornehmlich auf der Basis didaktischer Quellen erarbeitete und durch den in der mittelhochdeutschen Dichtungsliteratur enthaltenen Wortschatz ergänzte, die gesamte deutschsprachige Jagdterminologie von den germanischen Volksrechten bis in die Gegenwart umfassende historisch-philologische Wörterbuch zugleich — getreu der Einsicht, daß die Sprache Schlüssel zur Welt ist — eine Übersicht über die jagdliche Entwicklung im deutschsprachigen Kulturraum bieten.

11. Literatur (in Auswahl)

Aitinger 1653 = Johann Conrad Aitinger: Kurtzer und einfältiger Bericht Von Vogelstellen / Jetzo auffs new mit Fleiß übersehen und vermehret. Cassel 1653.

Behlen 1842 = Real- und Verbal-Lexicon der Forst- und Jagdkunde. Hrsg. v. Stephan Behlen, Dritter Band G—H. Frankfurt a. M. 1842.

Dalby 1965 = David Dalby: Lexicon of the mediaeval German hunt. Berlin 1965.

Lembke 1898 = Paul Lembke: Studien zur Deutschen Weidmannssprache. In: Zeitschrift für den deutschen Unterricht 12. 1898, 233—277.

Lindner 1966 = Kurt Lindner: Zur Sprache der Jäger. In: Zeitschrift für deutsche Philologie 85. 1966, 407—431 und 86. 1967, 101—125.

Lindner 1968 = Kurt Lindner: Alte deutsche Weidsprüche. In: Fachliteratur des Mittelalters. Festschrift für Gerhard Eis. Stuttgart 1968, 245—258.

Ott 1970 = Peter Ott: Zur Sprache der Jäger in der deutschen Schweiz. Frauenfeld 1970. [Phil. Diss. Zürich 1969].

Roosen 1995 = Rolf Roosen: Jagdsprachlicher Sachwortschatz in gedruckten Landes-, Polizei-, Jagd- und Forstverordnungen des 15. und 16. Jahrhunderts. Frankfurt a. M. [usw.] 1995. [Phil. Diss. Göttingen 1993].

Schirmer 1913 = Alfred Schirmer: Die Erforschung der deutschen Sondersprachen. In: Germanisch-romanische Monatsschrift 5. 1913, 1—22.

Schmertzing 1938 = Philipp von Schmertzing: Die deutsche Jägersprache bis zum Anfang des 16. Jahrhunderts. Thesis. Harvard University, Cambridge, Massachusetts 1938.

Schmidt 1909 = Hermann Schmidt: Die Terminologie der deutschen Falknerei. Phil. Diss. Freiburg 1909.

Schwenk 1967 = Sigrid Schwenk: Zur Terminologie des Vogelfangs im Deutschen. Eine sprachliche Untersuchung auf Grund der deutschen didaktischen Literatur des 14. bis 19. Jahrhunderts. Phil. Diss. Marburg/Lahn 1967.

Schwenk 1972 = Sigrid Schwenk: Jagdliteratur und Jägersprache. In: das neue Erlangen 28/29. 1972, 2136—2145.

Schwenk 1979 = Sigrid Schwenk: Vom freien Tierfang zum Bundesjagdgesetz. Ein kurzer Abriß der deutschen Jagdgeschichte. In: museum. Deutsches Jagdmuseum München. Braunschweig 1979, 68—82.

Schwenk 1980 = Sigrid Schwenk: Beizjagd. In: Lexikon des Mittelalters I. 1980, 1825 f.

Schwenk 1983a = Sigrid Schwenk: Biberhund. In: Lexikon des Mittelalters II. 1983, 108.

Schwenk 1983b = Sigrid Schwenk: Bracke. In: Lexikon des Mittelalters II. 1983, 537 f.

Schwenk 1991a = Sigrid Schwenk: Jagd als kulturelles Phänomen. In: Zeitschrift für Jagdwissenschaft 37. 1991, 258—266.

Schwenk 1991b = Sigrid Schwenk: Jagdhunde. In: Lexikon des Mittelalters V. 1991, 270—272.

Schwenk 1991c = Sigrid Schwenk: Jagdtraktate. In: Lexikon des Mittelalters V. 1991, 272—274.

Schwenk 1991d = Sigrid Schwenk: Von der hohen Kunst zu jagen. Jagdmethoden im 18. Jahrhundert. In: Die Jägerey im 18. Jahrhundert. Heidelberg 1991, 39—47.

Schwenk 1994 = Sigrid Schwenk: Jägersprache soll verbinden. Weidmannsheil oder Waidmannsheil — ein ewiger Streit? In: Wild und Hund 24. 1994, 204 f.

Schwenk 1995a = Sigrid Schwenk: Die Bedeutung der Jagd in Deutschland des 18. Jahrhunderts — Jagd zwischen Freizeit, Zeremoniell und Ökonomie. In: Il Tempo Libero — Economia e Società (Loisirs, Leisure, Tiempo Libre, Freizeit) Secc. XIII—XVIII (Istituto Internazionale di Storia Economica „F. Datini" Prato. Serie II — Atti delle „Settimane di Studi" e altri Convegni 26). Prato 1995, 441—450.

Schwenk 1995b = Sigrid Schwenk: Seguser. In: Lexikon des Mittelalters VII, 1701.

Schwenk 1995c = Sigrid Schwenk: Spürhund. In: Lexikon des Mittelalters VII, 2149.

Schwenk 1996 = Sigrid Schwenk: Wörterbuch der deutschen Jägersprache. In: Deutschsprachige Wörterbücher-Projekte an Akademien, Universitäten, Instituten. Göttingen 1996, 88−90.

Schwenk 1997 = Sigrid Schwenk: Wörterbuch der deutschen Jägersprache [Manuskript].

Schwenk 1998 = Sigrid Schwenk: Schwarzwild. In: Lexikon des Mittelalters [in Druck].

Schwenk−Hünemörder 1980 = Sigrid Schwenk und Christian Hünemörder: Beizvögel. In: Lexikon des Mittelalters I. 1980, 1828 f.

Strasser 17. Jh. = Martin Strasser von Kollnitz: Ain Puech von allerlai Jägerei und Waidmannschafften. (Vgl. Das Jagdbuch des Martin Strasser von Kollnitz, hrsg. v. Kurt Lindner, Klagenfurt 1976.)

Stroh 1952 = Friedrich Stroh: Handbuch der germanischen Philologie. Berlin 1952. [Dort weitere Literatur].

Trost 1934 = Paul Trost: Zur Sondersprache der Jäger. In: Wörter und Sachen XVI. 1934, 61−67.

Witting 1932 = Emil Witting: Die deutsche Jägersprache. In: Klingsor Siebenbürgische Zeitschrift 9. 1932, 150−156.

Sigrid Schwenk, Bamberg

249. Die Wörterbücher des 16. Jahrhunderts: ihr Fachwortschatz und ihr Quellenwert für die historische Fachsprachenforschung

1. Zum lexikographischen Spektrum
2. Fachlexikographie
3. Fachwortschatz in allgemeinsprachlichen Wörterbüchern
4. Zum Quellenwert
5. Literatur (in Auswahl)

1. Zum lexikographischen Spektrum

Das 16. Jh. erweist sich im Rückblick als lexikographische Hoch-Zeit in der nicht zuletzt auch im deutschen Sprachraum eine Vielzahl an Wörterbüchern entstanden ist. Die auch infolge des Buchdrucks zahlreich überlieferten und bibliographisch gut erschlossenen Werke (vgl. Claes 1977; VD 16) dokumentieren dabei verschiedene kulturgeschichtliche Entwicklungsstränge: Hierzu gehören insbesondere die humanistischen Bestrebungen um eine klassische Bildung, die dann im Rahmen eines reformierten (Hoch-)Schulwesens mit einem effizienteren Latein- und Griechischunterricht kanalisiert wurden und aus denen sich sekundär auch ein auf das Deutsche gerichtetes Interesse entwickelte. Aber auch die zunehmende Bedeutung des Deutschen als Fach-, Verwaltungs- und Kirchensprache sowie die − etwa für Reisen − erforderlichen Kenntnisse lebender Fremdsprachen haben zu einer ganzen Reihe typologisch unterschiedlicher Wörterbücher geführt. Bei den meisten dieser mehr oder weniger umfangreichen Werke handelt es sich um zwei- oder mehrsprachige Wörterbücher, die als kulturelle Vermittlungsinstanzen für verschiedene Verwendungsbereiche (v. a. Schule, Wissenschaft, Reise, Recht und Verwaltung, Kirche) gedacht waren und in denen das Deutsche mit einer Reihe weiterer, aus der Antike überlieferter (Latein, Griechisch, Hebräisch, Arabisch u. a.) bzw. lebender europäischer Fremdsprachen (v. a. Französisch, Italienisch, Spanisch, Niederländisch, Englisch, Tschechisch, Polnisch, Slowenisch, Ungarisch) verzeichnet ist. Eine zusammenfassende Untersuchung dieser Werke, zu denen neben den Großgruppen der alphabetischen Wörterbücher bzw. der nach Sachgruppen konzipierten Nomenklatoren (dazu Müller 1996) auch die Kleingruppen der für den Schulunterricht angelegten Vokabulare mit morphologischer Strukturierung (nach Wortarten, Deklinations- oder Konjugationsklassen) bzw. reimlexikographischer Konzeption (dazu Müller 1994) gehören, liegt neuerdings vor (vgl. Müller 1997). Dort ist auch die Gruppe der Fachwörterbücher berücksichtigt, die sonst auch in neueren Überblicksdarstellungen zur Lexikographie des 16. Jh.s (de Smet 1986; Grubmüller 1990) ausgespart ist.

2. Fachlexikographie

Die im deutschen Sprachraum erschienenen fachlexikographischen Werke des 16. Jh.s mit deutschen Einträgen sind zwei- oder mehrsprachig angelegt, enthalten ganz überwiegend Wortschatz aus den Bereichen Medizin, Naturkunde (Botanik, Zoologie, Mineralogie) und Alchemie, sind entweder alphabetisch oder sachorientiert konzipiert und teils als bloße Wortverzeichnisse auf die Reihung von (synonymen) Wortäquivalenten begrenzt (Sprachlexikographie), enthalten zumeist aber auch sachlich-enzyklopädische Informationen (Sprach-Sach-Lexikographie; bei Wiegand 1988 ‚Allbuchlexikographie‘). Nahezu alle Fachwörterbücher reflektieren in ihrer Anlage mehr oder weniger deutlich allgemeine Entwicklungsprozesse der humanistisch geprägten Medizin bzw. Naturwissenschaft: Das im 15. Jh. einsetzende philologisch-textkritische Bemühen um die Bereitstellung wiederentdeckter bzw. die Restaurierung im Mittelalter korrumpierter Texte grundlegender Autoren (Aristoteles, Theophrast, Dioskurides, Plinius, Galen u. a.); das Bestreben der Entwirrung der durch Synonymenhäufung und Verballhornungen entstellten Fachterminologie als Voraussetzung für die Identifizierung der von den antiken Autoren beschriebenen Pflanzen, Tiere bzw. Mineralien sowie für sachgerechte Rezepturen; der Versuch der Koordination antiker mit lebendsprachigen, insbesondere deutschen Bezeichnungen (auch Synonymen/Heteronymen) als Voraussetzung für den Vergleich eigener naturkundlich-medizinischer Gegebenheiten mit der Überlieferung sowie für die richtige Verwendung heimischer Arzneimittelstoffe; schließlich das sich infolge eigenen Naturstudiums herausbildende Bewußtsein von der Notwendigkeit der Bereitstellung durch die Überlieferung nicht gedeckten Erfahrungswissens, das dann zur allmählichen Verselbständigung naturkundlicher Disziplinen aus dem engeren medizinisch-pharmazeutischen Bezugsrahmen führte, was auch eine Reihe naturkundlicher, nur noch zum Teil medizinisch-pharmazeutisch fixierter Enzyklopädien, wie z. B. die *Historia animalium* Conrad Gessners (vgl. 2.2.), dokumentiert.

2.1. Fachliche Sprachlexikographie

Der Anteil an fachlexikographischen Werken, die im wesentlichen auf die Zusammenstellung von Fachwortschatz (Synonyme) beschränkt sind und keine ausführlicheren Sacherläuterungen aufweisen, ist eher gering. Hierzu zählen lediglich die Werke von Lorenz Fries bzw. Michael Toxites/Johann Fischart, ein Pflanzenvokabular von Conrad Gessner/Caspar Wolf sowie mit Einschränkungen ein naturkundliches Werk von Paul Eber/Caspar Peucer.

Die Publikation seiner *Synonima vnd gerecht vßlegung der wörter so man dan in der artzny/ Allen krūtern/ Wurtzlen/ Blůmen/ Somen/ Gesteinen/ Safften/ vnd anderen dingen zů schreiben ist* (Erstdruck: Straßburg 1519 = Claes 1977, Nr. 277) begründet der Arzt Lorenz Fries mit der *grosse[n] gebrechlicheit vnnd zwitracht/ so dann entspringen in den vßlegungen der vocabulen so die edle kunst der artznei brauchet/ wie die selbigen in aller zungen durch mißbruch vnd grobheit verkert seind/ nicht recht geschriben/ auch in vil vnd mancherlei art vnnd weiß* (1519, A 2r). Die fünfsprachigen (lateinisch-hebräisch-griechisch-arabisch-deutschen) *Synonima* sollen die eindeutige Identifizierung konkurrierender (fremd- wie einzelsprachiger) Bezeichnungen als Voraussetzung für die sachgemäße Verwendung von Arzneimittelstoffen ermöglichen, *vff das/ so etwann einem fleissigen arbeiter der artzny soliche begegnend/ das er dann on sunder müel/ eilends weiß zů ercleren* (ebd.). Knappe Sacherläuterungen sind ebenso selten wie Artikel ohne deutsche Äquivalente (*hat nit eigens tütsch*). Die deutschen Synonyme sind zumeist kommentarlos angeführt, weisen in einigen Fällen aber auch Gebrauchsmarkierungen auf (z. B. *nach grober art*; *wie die kremer vnd scherer sagen*).

Das von dem Arzt und Paracelsisten Michael Toxites gemeinsam mit Johann Fischart herausgegebene *Onomasticon I. Philosophicum, Medicum, synonymum ex variis vulgaribusque linguis* (Straßburg 1574 = Sudhoff 1894, Nr. 154) ist ein nach Sachgruppen (*de Gemmis & Metallis, Animalia, Arbores, Aromata et species, Frumenta & legumina, Herbae*) gegliedertes Synonymenverzeichnis, das sich durch die Vielzahl der verzeichneten Sprachen und die singuläre Artikelstrukturierung von den anderen Werken abhebt: Das *Onomasticon I.*, das dem Vorwort zufolge aus der Bearbeitung eines anonymen Verzeichnisses durch Toxites und Fischart hervorgegangen ist und zusammen mit einem alphabetischen *Onomasticon II. Theophrasti Paracelsi* (vgl. 2.3.) im Druck erschienen ist (*in commodum omnium Philosophiae, ac Medicinae Theophrasticae studiosorum, cuiuscunque nationis sint*), weist eine zweiteilige Anlage auf. Dabei werden zunächst lebendsprachige Bezeichnungen in fester Reihung (maximal: deutsch-französisch-italienisch-spanisch-englisch) angeführt. Diesem Teil, der insbesondere zahlreiche deutsche Synonyme (v. a. zu Heilpflanzen) enthält, ist dann jeweils ein (mehr oder weniger) alphabetisch angelegter Index zugeordnet, in dem zahlreiche Synonyme aus der gelehrten Tradition (lateinisch, griechisch, arabisch, hebräisch u. a.) zusammen mit ‚barbarischen' Apothekerbezeichnungen und einigen wenigen Paracelsus-Termini verzeichnet sind.

Neben diesem *Onomasticon I.* weisen zwei weitere naturkundliche Vokabulare eine Sachgliederung auf: Bei der *Tabula secunda stirpium nomina Latina et Germanica continens, quae singulis mensibus aut florent aut fructum maturant*, die der Arzt Caspar Wolf als letzten Teil des Sammelbandes *De stirpium collectione tabulae* und in erster Linie *in usum Pharmacopolarum* herausgab (Zürich 1587 = Claes 1977, Nr. 700), handelt es sich um die Bearbeitung einer Vorlage von Conrad Gessner (vgl. 2.2.), die Wolf im Umfang stark erweitert und durch den Zusatz deutscher Lexeme zu einem lateinisch-deutschen Verzeichnis von Pflanzenbezeichnungen ausbaut. Anders als die vorangestellte *Tabula stirpium prima*, die alphabetisch angelegt ist und Sachwissen, aber nur sporadisch deutsche Lexeme enthält, ist die *Tabula secunda* auf den richtigen Zeitpunkt für das Sammeln von Heilkräutern ausgerichtet, und infolgedessen erfolgt die Auflistung nach Monaten, in denen die Pflanzen blühen oder Frucht tragen. Im Gegensatz zu Fries und Toxites/Fischart sind die lateinischen und deutschen Bezeichnungen in Form von Einwortgleichungen zugeordnet, so daß einzelsprachige Synonyme weitgehend fehlen.

Die von Paul Eber und Caspar Peucer zusammengestellten, überwiegend dreisprachigen (lateinisch-griechisch-deutschen) *Appellationes quadrupedum, insectorum, volucrum, piscium, frugum, leguminum, olerum & fructuum communium* (Wittenberg 1551; die Ausgabe Wittenberg 1549 = Claes 1977, Nr. 423 enthält nur die *Appellationes volucrum, piscium & frugum*), die auch in späteren Ausgaben zusammen mit den *Vocabula rei nummariae ponderum & mensurarum Graeca, Latina, Ebraica* erschienen sind, entsprechen dem Typ des auf Wortgleichungen fixierten Fachvokabulars nur noch zum Teil. Die Begrenzung auf zoologisch-botanischen Wortschatz ohne sachlich-enzyklopädische Wissensvermittlung ist für einige Sachbereiche (als Ergebnis unterschiedlicher Quellenrezeption) aufgehoben, gilt aber z. B. noch für die in späteren Ausgaben (ab 1556) ergänzten lateinisch-deutschen *Appellationes rerum metallicarum autore Georgio Agricola*. Im Gegensatz zu den bisher genannten fachlexikographischen Werken steht bei den naturkundlichen *Appellationes*, die in der erweiterten Fassung alle drei Naturreiche (Botanik, Zoologie, Mineralogie) umfassen und kaum einzelsprachige Synonyme enthalten, der medizinisch-pharmazeutische Nutzen nicht im Mittelpunkt. Als Universitätslehrer mit naturwissenschaftlichen Interessen wenden sich beide Autoren in erster Linie an ihre *studiosos*, die sie entsprechend der Einsicht, daß Unkenntnis in den Sprachen auch das Wesen der Dinge in großes Dunkel hüllt (1549, E 6v: *Nam inscitia linguarum magna caligine & rerum naturam inuoluit*), zu weiteren sprachlich-naturkundlichen Studien anregen wollen. Daß die Parallelisierung von antiken mit zeitgenössischen Bezeichnungen nicht immer dem Kriterium der Sachidentität genügt, ist auch Eber und Peucer bewußt (1549, E 6r: *Nam de multis uocabulis dubitamus, an graeca & latina recte accommodata sint ad germanica*). Für die Probleme und Lösungsversuche sind die Werke Conrad Gessners besonders aufschlußreich.

2.2. Fachlexikographie bei Conrad Gessner

Der aus der Sammlung bzw. Prägung von Fachtermini (v. a. Botanik, Zoologie, Medizin; vgl. Peters 1970 mit deutschem Wortverzeichnis) resultierende Einfluß des Arztes und Polyhistors Conrad Gessner auf die Lexikographie ist bedeutend und zeigt sich nicht nur an eigenen lexikographischen Werken, sondern auch an einer Reihe anderer, auch allgemeinsprachlicher Wörterbücher (vgl. 3.). Zu der Vielzahl an Werken, die Gessner selbst verfaßt oder herausgegeben hat (Bibliographie bei Wellisch 1984), gehören auch Fachwörterbücher zu den Bereichen Botanik und Zoologie.

Der viersprachige *Catalogus plantarum Latine, Graece, Germanice, & Gallice* (Zürich 1542 = Wellisch 1984, A 8.1) zählt wie die folgenden Werke (zu Ausnahmen vgl. 2.4.) zur Gruppe der alphabetischen, sprachlich-enzyklopädischen Fachwörterbücher, für die charakteristisch ist, daß teils nur Wortäquivalente angeführt sind, teils aber auch ausführliche Sacherläuterungen (z. B. über Vorkommen, Aussehen und Nutzen von Pflanzen) verzeichnet sind. Neben den griechischen und lateinischen Pflanzenbezeichnungen der gelehrten Tradition führt Gessner (ebenso wie Toxites/Fischart) auch eine Reihe ‚barbarischer' (lateinischer) Apothekerformen an (*vna cum uulgaribus Pharmacopolarum nominibus*), die als *vulgo*-Lexeme ausgezeichnet sind. Für die französischen Einträge, die ebenso wie die griechischen im Vergleich mit den lateinischen und deutschen weniger ausführlich sind, verweist Gessner auf Jean Ruel (*De natura stirpium libri tres*), für die deutschen Bezeichnungen werden öfters die Kräuterbuch-Autoren Hieronymus Bock und Leonhard Fuchs genannt, deren Benennungen er aber zum Teil kritisiert. Bei der (nicht ausschließlich medizinisch-pharmazeutisch motivierten) Zusammenführung von antiken mit zeitgenössischen Bezeichnungen, d. h. der Verbindung von Überlieferungs- und Erfahrungswissen, ergaben sich immer dann Probleme, wenn die Beschreibungen der klassischen Autoren zu ungenau waren bzw. die beschriebenen Pflanzen im deutschen Raum fehlten oder wenn umgekehrt heimische Pflanzen in der Antike nicht beschrieben wurden, noch gar nicht benannt waren bzw. mit mehr als einer Bezeichnung verwendet wurden. Als Folge dieser Identifizierungs- und Zuordnungsprobleme verzichtet Gessner zum Teil auf deutsche Termini und erläutert lateinische Lexeme paraphrasierend durch Hyperonyme bzw. Analogien (z. B. *Hordeago: ein vnbekañt gersten art bey Theophrasto; Impia: Ein kraut hat blätter wie Roßmarin/ sein wurtz schmeckt wie nägelin*). Führt Gessner deutsche Pflanzenbezeichnungen (häufig auch Synonyme) an, so werden diese in einigen Fällen kommentiert, und es finden sich Hinweise auf regionale Gebundenheiten (Heteronyme: *Pinea nux: Zirlin nuß/ artzepffen iñ Wallis/ zirbelnüßlin*), auf unsichere Sachidentität zwischen antiken und zeitgenössischen Bezeichnungen (z. B. *Alopecurus ... Ein graßkraut gleicht an seinem stengel eim Fuchßschwantz: vilicht mattēflachß/ od' wisenwollē*) oder auf noch nicht etablierte Bezeichnungen (z. B. *Struthium ... uulgo saponaria, uel herba fullonum: die alten brauchtend diß kraut für seyffen: mag wol Seyffenkraut heyssen*). Gessners Bemühen um eine umfassende Bestandsaufnahme deutscher Bezeichnungen bzw. um die Lösung von Identifizierungsproblemen zeigt sich besonders deutlich an solchen Formen, die kritisiert werden (z. B. *Galeopsis: uulgo scrophularia maior: Fygwartzenkrut/ sewwurtz/ braun wurtz: gefallt mir baß/ dañ wie etlich meynend/ binsaug*), wobei sich Gessner häufiger auf Bezeichnungen von Hieronymus Bock oder Leonhard Fuchs bezieht, für die er zum Teil sachgerechtere Benennungen anführt (z. B. *Muscus marinus ... Meermieß: von Apoteckern Corallina genant. Hieron. Bock machet ein anders darauß/ vnd teütscht es beerlappen: gefallt mir nit*). Das Problem der Mehrfachbenennung ist Gessner bewußt (z. B. *Ptarmice ... Mûterkraut ... doch gibt man disen namen auch etlichen anderen kreüteren*), führt zu Verweisartikeln und artikelinternen Querverweisen, bleibt aber in einigen Fällen ohne Regulierung.

Als weiteres botanisches Werk hat Conrad Gessner das *Lexicon rei herbariae trilingue* des Arztes David Kyber nach dessen Tod für den Druck überarbeitet und herausgegeben (Straßburg 1553 = Wellisch 1984, A 35). Es enthält lateinisch-griechisch-deutschen Wortschatz aus den Bereichen Botanik/Landbau (nicht nur Pflanzenbezeichnungen) und vermittelt im Vergleich mit Gessners *Catalogus plantarum* mehr Sachwissen. Knappe, auf die Nomenklatur begrenzte Artikel sind eher selten, und die für den *Catalogus* so bezeichnenden Bemühungen um die Erfassung und kritische Bewertung deutscher Bezeichnungen fehlen hier weitgehend. Im Mittelpunkt steht die quellenorientierte Zusammenstellung lateinisch-griechischer Termini (*ex variis et optimis authoribus*), durch die Kyber nicht nur Medizinern und Apothekern (deren Lateinkenntnisse freilich häufiger zu wünschen übrig ließen), sondern auch Philologen nützen will. Als Anhang sind die *Tabulae collectionum in genere, et particulatim per XII menses, in usum pharmacopolarum* von Conrad Gessner ergänzt, die jedoch anders als die spätere Ausgabe von Caspar Wolf (vgl. 2.1.) nur vereinzelt deutsche Pflanzenbezeichnungen enthalten.

Steht im *Catalogus plantarum* noch das Problem der Parallelisierung antiker mit heimischen Bezeichnungen im Mittelpunkt, so liegt der Schwerpunkt bei Gessners *Teütschen nammen der Fischen vnd Wasserthieren* auf der Erfassung und Lokalisierung sowie der Bildung deutscher Bezeichnungen für Wassertiere. Dieses zoologische Werk, das zusammen mit einer Reihe weiterer Texte, darunter auch einigen kürzeren Listen von Fischbezeichnungen (Rhein-, Donau-, Elbfische u. a.), den dritten Teil von Gessners *De piscibus et aquatilibus omnibus libelli III. novi* (Zürich 1556 = Wellisch 1984, A 43) bildet, ist das einzige Beispiel alphabetischer Fachlexikographie des 16. Jh.s, in dem das Deutsche als Lemmasprache verzeichnet ist. Die *Teütschen nammen* (Neudruck Peters 1974) sind (ebenso wie die vorangehenden, antikes Wortmaterial enthaltenden Teile des Sammelbandes) als Vorarbeit für Gessners Tierenzyklopädie *Historia animalium* (1551–1587) angelegt und durch eine Reihe fremdsprachiger Bezeichnungen ergänzt, darunter englische (*welche vns bedunckt der Teütschen spraach ähnlich seyn/ vnd an statt der Teütschen nammen/ wo an den selben mangel wäre/ gebraucht werden*), niederländische, französische, vereinzelt auch italienische, norwegische und ungarische. Latein ist zwar zum Teil als Beschreibungssprache verwendet, aber viele Artikel weisen ausschließlich deutsche Einträge (Lexeme bzw. enzyklopädische Angaben) auf, darunter zahlreiche Synonyme. Dabei ist Gessner besonders bemüht, deutsche Heteronyme zusammenzustellen, indem er zahlreiche Fischbezeichnungen, die ihm zum Teil von Gewährsleuten mitgeteilt wurden, lokalisiert (z. B. *Gråsig zů Lindaw/ Laugele zů Vberlingen/ Agûn zů Costentz/ anderswo Lagen*). Besonders interessant ist Gessners Werk auch deshalb, weil in einem eigenen Abschnitt (*De fictis nominibus Germanicis aquatilium*) ein Verzeichnis der von Gessner selbst gebildeten deutschen Bezeichnungen einschließlich der zugrunde gelegten Bildungsprinzipien zusammengestellt ist. Für Neubildungen orientiert sich Gessner in erster Linie am Vorbild fremdsprachiger Bezeichnungen (z. B. *Bocksaug dici potest Patella. nam & Galli sua lingua uocant Oeul de Bouc*), wobei die Nachahmung allerdings Bezeichnungsidentität erfordert. Zum anderen verwendet Gessner Bildungen, die deshalb besonders einprägsam sind, weil sie Charakteristika von Fischen herausstellen (z. B. *Turdus, Punterfisch/ Krametfisch (nam Krametvogel/ turdus est) à punctis & maculis quibus distinguitur, unde & Latini turdum appellarunt, quòd ijsdem referat huius nominis auem*).

2.3. Paracelsus-Lexikographie

Eine eigene Gruppe von Fachwörterbüchern bilden die Werke von Adam von Bodenstein, Michael Toxites/Johann Fischart und Leonhard Thurneisser, mit denen (sowie mit anonymen, handschriftlich überlieferten bzw. nichtdeutschsprachigen Werken) im 16. Jh. die Paracelsus-Lexikographie (Überblick bei Weimann 1981) einsetzt. Es handelt sich um von Paracelsisten verfaßte Wörterbücher vorwiegend medizinisch-alchemistisch-naturphilosophischen Inhalts, in denen Paracelsus-Termini (bzw. weiterer Wortschatz) alphabetisch verzeichnet und in Form von Einwortgleichungen bzw. ausführlicheren Artikeln mit Sacherklärungen erläutert werden.

Die Beschränkung auf Fachtermini, die in den Schriften des Arztes und Naturforschers Paracelsus (Theophrast Bombast von Hohenheim) begegnen, ist im *Onomasticon Theophrasti Paracelsi eigne außlegung etlicher seiner wörter vnd preparierungen* (Basel 1575 = Sudhoff 1894, Nr. 159; Nachdruck Hildesheim/New York 1981) von Adam von Bodenstein am konsequentesten durchgeführt. Der auch als Editor zahlreicher Paracelsischer Schriften tätige Bodenstein hatte sein Wörterbuch zunächst als Anhang von Ausgaben von Paracelsus' *Opus chirurgicum* (*Wundartzney*) beigegeben (zuerst: Straßburg 1566 = Sudhoff 1894, Nr. 75), dann aber 1575 vor allem auch als Reaktion auf das Erscheinen der Werke von Toxites/Fischart und Thurneisser, denen er ohne Namensnennung vorwirft, *sie seiend mit frembden additionen befleckt* (1575, A 2r), als Separatdruck in bearbeiteter und erweiterter Form herausgegeben. Als Interpretiersprachen für die Erklärung ausgewählter Paracelsischer Termini (Neubildungen, aber auch allgemeiner, von Paracelsus nur übernommener Fachwortschatz in lateinischer Transkription) verwendet Bodenstein Latein und Deutsch. Deutsche Einträge (Lexeme bzw. Paraphrasen) weisen nicht alle, aber viele Artikel auf, die entweder gemischtsprachig (Latein, Deutsch) oder einsprachig angelegt sind (z. B. *Essera, leüß schiepen/ kompt den knappen so sie im berckwerck viel katzen silber oder talckische ärtz graben/ auch denen so vitriol oder kupfer sieden oder graben/ vnd an den endē/ do viel schwebel oder spieß glaß felt*).

Das *Onomasticon II. Theophrasti Paracelsi* (*hoc est, earum vocum, quarum in scriptis eius solet usus esse, explicatio*) von Michael Toxites und Johann Fischart ist 1574 in Straßburg (= Sudhoff 1894, Nr. 154) zusammen mit dem *Onomasticon I. Philosophicum, Medicum* (vgl. 2.1.) im Druck erschienen. Nicht bei allen Lemmata handelt es sich um erklärungsbedürftige Paracelsus-Termini, und mit dem vorangestellten *Onomasticon I.* ergeben sich inhaltliche Überschneidungen, auf die durch Querverweise hingewiesen ist. Anders als bei Bodenstein werden die Paracelsischen Termini, über die Toxites berichtet, sie seien *partim ab alijs, partim a me ipso ex eius libris congesta, in ordinem alphabeti redegi* (1574, α 3v), zumeist zwei- oder mehrsprachig erläutert. Außer Einträgen in Latein und Deutsch, die als Interpretiersprachen dominieren, finden sich ebenso wie im *Onomasticon I.* zusätzlich französische, spanische, italienische und vereinzelt auch englische Einträge, die vermutlich auch hier auf die Mitarbeit Fischarts zurückgehen.

Die beiden *Onomastica* (Teil 1: Berlin 1574 = Sudhoff 1894, Nr. 155; Teil 2: Erstdruck Berlin 1583 = Sudhoff 1894, Nr. 194) des u. a. als paracelsistischer Arztalchemiker und Apotheker tätigen Leonhard Thurneisser zum Thurn nehmen innerhalb der Paracelsus-Lexikographie eine Sonderstellung ein. Obwohl das *Onomasticum* von 1574 im Titel (*Hermeneia. Das ist ein Onomasticum, interpretatio oder erklerunge ... Vber die frembden vnd vnbekanten Wörter/ Caracter vnd Namen/ welche in den schrifften des Tewren Philosophi, vnd Medici Theophrasti Paracelsi, von Hohenheim gefunden werden. Das erst Teil*) ausschließlich auf die Erklärung Paracelsischer Termini ausgerichtet ist, sind bereits hier nur zum Teil Paracelsismen verzeichnet, darüber hinaus aber auch zahlreiche von Thurneisser eingeführte Lexeme (z. B. *Lampa. Laudanum Theophrasti ... Ein herlich puluer domit er fyl wunders gestifftet hat/ welches im viel nachmachen wöllen/ aber noch nie keiner funden hat/ mag billich Lampas oder Lucerna heissen*), für deren Erläuterung in zumeist kürzeren Artikeln als Interpretiersprachen Latein (Termini) und Deutsch (Termini, Bedeutungsparaphrasen bzw. Sacherläuterungen) verwendet sind. Im *Onomasticum* von 1583 (*Melizah kai Hermeneia Das ist ein Onomasticum vnd interpretatio ... Vber Etliche frembde vnd ... vnbekante Nomina, Verba, Prouerbia, Dicta, Sylben/ Caracter, vnd sonst Reden. Deren nicht allein in es ... Theophrasti Paracelsi ... Sondern auch in anderer Authorum schrifften/ hin vnd wider weitleufftig gedacht/ welche hie zusammen/ nach dem Alphabet verzeichnet. Das Ander theil*) ist der Anteil an Paracelsismen dann noch geringer. Den in fremdsprachiger und lateinischer Transkription angeführten Lemmata (zwei Drittel aus der Alphabetstrecke *A-B*) sind in vielen Fällen Etymologien zugeschrieben, wobei häufig slavische, vor allem aber orientalische Sprachen (Hebräisch, Arabisch, Äthiopisch, Persisch, Syrisch u. a.) genannt werden. Für die öfters als *Alchymistisch* oder *Cabalistisch wort* charakterisierten Termini nennt Thurneisser zahlreiche Quellen, darunter viele Paracelsus-Schriften, auch bis jetzt noch nicht identifizierte (fiktive?). Auch thematisch ist das *Onomasticum*, das Thurneissers durch Reisen geweckten Interesse an sprachvergleichenden Studien dokumentiert und mehrere Sprachtabellen enthält, sehr breit angelegt: Zwar überwiegt der medizinisch-pharmazeutisch-alchemistische Wortschatz, aber darüber hinaus haben auch Lemmata aus anderen Wissensbereichen Eingang gefunden (z. B. Astrologie, Philosophie, Religion, Geographie). Sämtliche Artikel weisen deutsche Einträge auf, und in vielen Fällen stehen neben Wortäquivalenten Bedeutungsparaphrasen und Sacherläuterungen. Inwieweit Thurneissers etymologische Zuweisungen richtig oder falsch sind, in welchen Fällen es sich bei den Lemmata um Verballhornungen oder gar um Neubildungen Thurneissers handelt und inwieweit die Bedeutungserläuterungen zutreffen, bleibt noch genauer zu untersuchen.

2.4. Weitere Werke

Von den bisher genannten Fachwörterbüchern unterscheiden sich einige weitere Werke hinsichtlich Anlage bzw. Inhalt. Hierzu gehören:

Das alphabetische *Onomasticon seu Lexicon Medicinae Simplicis* des Arztes und Botanikers Otto Brunfels, das in erster Auflage (*Onomasticon Medicinae*, Straßburg 1534) als lateinisch-griechisches Wörterbuch zur Materia medica erschienen war, ist in der Ausgabe Straßburg 1543 (= VD 16, B 8526) durch deutsche Einträge ergänzt, die jedoch im Gegensatz zu den anderen angeführten Werken nur sporadisch auftreten.

Das alphabetische *Enchiridion medicum simplicium pharmacorum* (*quae in usu sunt, nomenclaturam, Historiam, Facultates & Administrationem, Brevi, elegante, fidoque poemate comprehendens*) des Arztes Jodocus Harchius (Basel 1573 = VD 16, H 564) ist vielsprachig angelegt, wobei den lateinischen Lemmata dreistufig sprachliche, vor allem aber sachliche Informationen zugeordnet sind. Am Anfang stehen jeweils Hinweise zur medizinischen Anwendung (vor allem von Heilpflanzen), die für eine bessere Einprägsamkeit in metrischer Form (als *poematium*) geboten werden. In einem zweiten Abschnitt folgt dann die unkommentierte Auflistung antiker und lebendsprachiger Bezeichnungen in Form von Wortgleichungen (maximal: lateinisch-griechisch-italienisch-französisch-niederländisch-deutsch). Ein dritter, zum Teil sehr ausführlicher Abschnitt bietet dann wieder Sachwissen (Aussehen und Vergleich mit anderen Pflanzen, Blütezeit, Ort des Wachsens etc.). Das *Enchiridion* enthält keine sprachlexikographisch begrenzten Artikel, die Bedeutung des Deutschen als Wörterbuchsprache ist gering, und im Mittelpunkt der lateinzentrierten Artikel steht die Vermittlung medizinischen Sachwissens.

Der *Stirpium & fossilium Silesiae catalogus* (*in quo praeter etymon, natales, tempus; na-*

tura & vires cum variis experimentis assignantur) des Arztes und Botanikers Caspar Schwenckfeld (Leipzig 1600 = VD 16, S 4828) enthält drei alphabetische Verzeichnisse botanisch-mineralogischen Wortschatzes, die sachbezogen auf drei Bücher verteilt sind. Die Artikel (lateinisch-griechisch-deutsch) sind zum Teil weitgehend auf terminologische Aspekte beschränkt, häufiger aber allbuchlexikographisch angelegt und enthalten dann mehrere sachbezogene Erläuterungen (Aussehen und Blütezeit von Pflanzen, medizinische Anwendung etc.).

Die lateinisch-deutsche *Sylvula quaedam appellationum, partium, instrumentorum & locutionum rei nauticae & nauticarum mercium* des Lateinschulrektors Valentin Schreck ist als einziges Beispiel der genannten Fachwörterbücher nicht medizinisch-naturkundlich ausgerichtet. Es ist zusammen mit Joachim Camerarius' *Locutiones quaedam Germanici & Latini sermonis* im Druck erschienen (Danzig 1580 = Claes 1977, Nr. 628) und enthält fachsprachliche Einträge aus dem Bereich Nautik, die nach Sachgruppen (*Genera aliquot & appellationes navium, partes et instrumenta navium, officiorum nauticorum appellationes, phrases nauticae*) angeordnet sind. Schreck begründet die Herausgabe der für seine Schüler bestimmten *Sylvula* damit, daß in bisherigen Nomenklatoren der für den eigenen Lebensraum (Danzig) wichtige Bereich der Schiffahrt zu sehr vernachlässigt worden sei.

Neben den eigenständig, ohne unmittelbare Textbindung publizierten Fachwörterbüchern stehen Fachwortschatzverzeichnisse eher geringen Umfangs, die nichtlexikographischen Fachtexten als Anhang beigegeben sind und das dort verzeichnete Wortmaterial vollständig oder teilweise erschließen sollen. Eine Zusammenstellung dieser zumeist verdeckten, auf Titelblättern nicht genannten Fachwortschatzverzeichnisse wäre nicht zuletzt deshalb wünschenswert, weil sie den Wörterbuchautoren den einfachen Zugriff auf Fachtermini ermöglichten und insofern als Scharnier zwischen nichtlexikographischen Fachtexten und fachsprachlichen wie allgemeinsprachlichen Wörterbüchern wirken konnten. In vielen Fällen handelt es sich um lateinisch-deutsche Wortäquivalenzen (zum Teil mit Synonymen bzw. knappen Sacherläuterungen), die im Gegensatz zu Wortindices keine Seitenverweise enthalten und zum Teil auch weiteren, textunabhängigen Wortschatz erschließen.

So hat z. B. Hans Gersdorf seinem *Feldtbůch der wundtartzney* (Erstdruck: Straßburg 1517 = VD 16, G 1618) *zů nutz vnd verstandt den gemeinen scherern vnnd wundtärtzten* drei lateinisch-deutsche Verzeichnisse beigegeben (*Vocabularius Anatomie aller des menschen glyder; Vocabularius Infirmitatum/ etlicher krannckheiten des menschen; Vocabularius Herbarum/ der kreüter/ wurtzelen/ somen/ vnd viel apotheckischer materialium*).

Wichtig sind auch die in einigen Werken Georg Agricolas enthaltenen lateinisch-deutschen Fachwortschatzverzeichnisse, darunter am ausführlichsten die *Interpretatio Germanica vocum rei metallicae* (v. a. Mineralbezeichnungen, daneben auch Wortschatz aus den Bereichen Bergbau und Geologie) als Anhang eines Sammelbandes mineralogisch-geologischer Schriften (Erstdruck: Basel 1546 = VD 16, A 911). Sie wurden von Eber/Peucer (vgl. 2.1.) herangezogen und konnten zusammen mit anderen Schriften, wie z. B. dem von Johannes Kentmann publizierten Mineralienkatalog (*Nomenclatura rerum fossilium, quae in Misnia praecipue, & in aliis quoque regionibus inveniuntur* in dem von Conrad Gessner edierten Sammelband *De omni Rerum Fossilium genere ...* Zürich 1565 = Wellisch 1984, A 63) als Reservoir für weitere Wörterbücher dienen.

Eine Ausnahmestellung nimmt dagegen das *Onomasticon plantarum, continens Graecas, Latinas, Italicas, Gallicas et Germanicas Nomenclaturas* des Frankfurter Stadtarztes Adam Lonitzer ein, das als Anhang zu Band II seines im wesentlichen als Kräuterbuch konzipierten *Naturalis historiae opus novum* (Tomus I: Frankfurt/M. 1551 = VD 16, L 2414; Tomus II: 1555) erschienen ist. Die Artikel mit alphabetisch sortierten lateinischen Lemmata sowie mehrsprachigen Entsprechungen sind hier zum Teil sehr ausführlich und stellen weitgehend Reduktionsformen der Pflanzenbeschreibungen aus der *Naturalis historia* dar, wobei jedoch die Termini nicht immer deckungsgleich sind. Es handelt sich eher um ein textbezogenes, kürzeres Fachwörterbuch, das sich von den knapp gehaltenen Einträgen anderer Appendixverzeichnisse deutlich unterscheidet.

3. Fachwortschatz in allgemeinsprachlichen Wörterbüchern

Neben den fachlexikographischen Werken enthalten auch einige der allgemeinsprachlich ausgerichteten Wörterbücher Fachwortschatz größeren Umfangs. Auch hier sind in erster Linie die Bereiche Medizin, Botanik, Zoologie und Mineralogie berücksichtigt, daneben häufiger auch Wortschatz aus den Bereichen Recht und Nautik. Es muß allerdings immer berücksichtigt werden, daß der Übergang zwischen Allgemein- und Fachwortschatz fließend ist und eine eindeutige Abgrenzung in vielen Fällen (so z. B. im Bereich des Handwerks) nicht möglich ist. Die gemeinsprachlichen Wörterbücher spiegeln dabei den im Verlauf des 16. Jh.s erreichten fachwissenschaftlichen Erkenntniszuwachs und schöpfen aus lexikographischen wie nichtlexikographischen Fachtextsorten. Allgemein gilt, daß der Anteil an Fachwortschatz in den in der zweiten Jahrhunderthälfte gedruckten Wörterbüchern wesentlich höher liegt und insbesondere in solchen Werken verzeichnet ist, deren Adressaten wissenschaftlich Auszubildende mit Vorkenntnissen bzw. Gelehrte darstellen.

Im Bereich der alphabetischen Lexikographie gilt dies z. B. für das *Dictionarium Latinogermanicum* von Johannes Frisius (Zürich 1556 = Claes 1977, Nr. 459), bei dem es sich im wesentlichen um den Nachdruck des *Dictionarium Latinogallicum* (Paris 1552) von Robertus Stephanus unter Ersetzung der französischen durch deutsche Interpretamente handelt. Im medizinisch-naturkundlichen Bereich folgt Frisius seiner (französischen) Vorlage allerdings häufiger nicht und übernimmt statt dessen Fachtermini von Conrad Gessner, den er im Vorwort auch erwähnt. Teils direkt, teils indirekt über Frisius hat Gessner auch das vorwiegend mittels Umkehrverfahren aus dem *Dictionarium Latinogermanicum* erarbeitete Werk von Josua Maaler, *Die Teütsch spraach* (Zürich 1561 = Claes 1977, Nr. 488; Nachdruck Hildesheim/ New York 1971) sowie das lateinisch-griechisch-deutsche, von David Schelling und Helfricus Emmelius kompilierte *Lexicon trilingue, ex Thesauro Roberti Stephani et Dictionario Ioannis Frisii ... collectum* (Erstdruck: Straßburg 1586 = Claes 1977, Nr. 690) terminologisch beeinflußt.

Einen größeren Anteil an Fachwortschatz (v. a. Medizin und Botanik, aber auch Recht, Zoologie, Mineralogie, Nautik) enthält auch das als alphabetisches Wörterbuch mit integrierten Sachgruppen konzipierte *Dictionariolum et Nomenclatura Germanico-Latino-Graeca omnium Rerum et Locutionum usitatarum* (Augsburg 1586 = Claes 1977, Nr. 689) des Arztes Martin Ruland, von dem im 17. Jh. als weiteres Wörterbuch das *Lexicon alchemiae* (Erstdruck: Frankfurt a. M. 1612; Nachdruck Hildesheim 1987) erschienen ist, in das auch vieles aus dem *Onomasticon II.* von Toxites/Fischart (vgl. 2.3.) eingegangen ist.

Für einen anderen Adressatenkreis hat dagegen Leonhard Schwartzenbach seine deutschsprachigen *Synonyma (Formular wie man ainerley rede vnd mainung/ mit andern mehr worten/ auff mancherley art vnd weise/ zierlich reden/ schreiben/ vnd außsprechen sol)* verfaßt, die in der erweiterten Fassung (Frankfurt/M. 1564 = Claes 1977, Nr. 499) neben allgemeinsprachlichen auch viele rechtssprachliche Einträge enthalten, die dem lateinunkundigen Kreis der *jungen noch vngeübten Schreiber* einen für Verwaltung und Rechtspraxis notwendigen Wortschatz (darunter zahlreiche, infolge der Rezeption des römischen Rechts übernommene lateinische Lehnwörter, *so täglich inn vnd ausserhalb Gerichts gebraucht/ vnd zum theil im Teutschen corrumpiert werden*) vermitteln sollen (vgl. Haß 1986 mit Nachdruck der Ausgabe 1564). Die *Synonyma* gehen weit über das hinaus, was die in Wörterbuch-Drucken des frühen 16. Jh.s aufgenommene, an spätmittelalterlichen Traditionen anschließende lateinisch-deutsche Rechtswortschatzsammlung *Iuristarum termini metrice* (vgl. Müller 1994, Abb. 2) enthält, unterscheiden sich aber z. B. auch von den rechtssprachlichen Bezeichnungen (*Forensium verborum, & loquendi generum interpretatio*), die Petrus Dasypodius seinem *Dictionarium Latinogermanicum et vice versa Germanicolatinum* in späteren Auflagen (zuerst Straßburg 1547 = Claes 1977, Nr. 412) beigab.

Im Gegensatz zu den alphabetischen Wörterbüchern ist der Zugriff auf Fachwortschatz in den nach Sachgruppen konzipierten Nomenklatoren (Überblick bei Müller 1996) wesentlich erleichtert. Auch für diesen, häufig auf die Gegenüberstellung von Wortäquivalenten begrenzten Wörterbuchtyp gilt, daß der Anteil an Fachwortschatz in der zweiten Jahrhunderthälfte wesentlich zunimmt und vor allem in zwei- oder mehrsprachigen Wörterbüchern mit wissenschaftlichem Anspruch für den höheren (Latein- bzw. Griechisch-) Unterricht bzw. für das Studium begegnet.

Bereits das *Novum Dictionariolum puerorum Latinogermanicum, et e diverso Germanicolatinum* von Johannes Frisius (Erstdruck: Zürich 1556 = Claes 1977, Nr. 460) enthält als dritten Teil zwei Sachgruppenvokabulare (*Nomenclator Latinogermanicus novus; Nomenclator Germanicolatinus*) mit mehreren fachsprachlichen Bindungen (v. a. rechtssprachliche sowie medizinisch-botanisch-zoologische Einträge, für die Frisius zum Teil expressis verbis auf Conrad Gessner verweist).

Besondere Bedeutung kommt dann dem achtsprachigen *Nomenclator omnium rerum propria nomina variis linguis explicata indicans* des Arztes Hadrianus Junius zu (Erstdruck: Antwerpen 1567 = Claes 1977, Nr. 513; Nachdruck Hildesheim/New York 1976), an dessen Vorbild sich alle weiteren Verfasser von Nomenklatoren direkt oder indirekt orientieren. Junius nennt im Quellenverzeichnis auch Fachautoren, darunter Georg Agricola und Conrad Gessner, von dem er viele Bezeichnungen teils direkt, teils über die Werke von Frisius (dazu Peters 1972) übernimmt. Junius' *Nomenclator* hat nicht nur eine eigene Wörterbuchfamilie begründet, zu der zahlreiche zwei- bzw. dreisprachige Bearbeitungen (häufig lateinisch-deutsch) gehören (vgl. Müller 1996, Anm. 54), sondern auch weitere, konzeptionell abweichende Nomenklatoren beeinflußt, die ebenfalls fachsprachliche Bezüge aufweisen. Zu nennen sind insbesondere: Das *Onomasticon Latinogermanicum, in usum scholae Argentoratensis* (Erstdruck: Straßburg 1579 = Claes 1977, Nr. 608; Nachdruck Hildesheim/ New York 1972) von Theophilus Golius, das durch Nathan Chytraeus eine niederdeutsche Bearbeitung erfahren hat (*Nomenclator Latinosaxonicus*; Erstdruck: Rostock 1582 = Claes 1977, Nr. 643; Nachdruck Hildesheim/ New York 1974); vor allem aber der fachsprachlich sehr ergiebige *Nomenclator trilinguis, Graecolatinogermanicus* (Erstdruck: Frankfurt a. M. 1586 = Claes 1977, Nr. 686) von Nicodemus Frischlin, der von Heinrich Decimator zu einem zehnsprachigen Werk (*Tertia pars Sylvae vocabulorum et phrasium, sive Nomenclator*; Erstdruck: Leipzig 1596 = Claes 1977, Nr. 814) erweitert wurde und an dem sich auch Helfricus Emmelius für seine zuerst 1592 in Straßburg gedruckten viersprachigen Nomenklatoren orientierte (*Nomenclator quadrilinguis, Latinogermanicograecogallicus in classes IIII distinctus; Nomenclator quadrilinguis, Germanicolatinograecogallicus, in classes IIII distinctus*; Claes 1977, Nr. 761 ff).

Die berücksichtigten Bereiche (v. a. Medizin, Naturkunde, Recht, Nautik) bleiben im wesentlichen die gleichen, sind aber unterschiedlich gewichtet. So ist z. B. bei Junius der Rechtsbereich kaum berücksichtigt, bildet aber bei Frischlin neben weiteren Bereichen (darunter auch das Bergbau- und Hüttenwesen) einen Schwerpunkt. Für nautischen Wortschatz ist dagegen der Nomenklator von Nathan Chytraeus ergiebig, in dessen späteren Auflagen (Rostock 1589 u. a.) ein Großteil des Lemmabestandes aus Valentin Schrecks Fachvokabular (vgl. 2.4.) eingearbeitet ist.

4. Zum Quellenwert

Nicht nur die Fachwörterbücher, sondern auch einige allgemeinsprachliche Wörterbücher des 16. Jh.s sind mit nichtlexikographischen Fachtextsorten eng verknüpft. Sie spiegeln den fachlichen Erkenntniszuwachs in einer Zeit, in der wissenschaftlicher Fortschritt mit terminologischer Klärung eng verbunden war. Während die Fachwörterbücher in erster Linie praktischen Bedürfnissen genügen (v. a. seitens der Ärzte und Apotheker) bzw. die Bemühungen um die Lösung terminologischer Probleme (Parallelisierung antiker mit lebendsprachigen Bezeichnungen, Identifizierung und Zusammenstellung von Synonymen bzw. Heteronymen, Neubildung von Termini) zeigen, verdeutlichen die allgemeinsprachlichen Wörterbücher mit fachsprachlichen Einträgen vor allem den Wissenstransfer über die engen Fachgrenzen hinweg. Der in den Wörterbüchern verzeichnete deutsche Fachwortschatz ist dabei mit antiken, zum Teil aber auch mit lebenden Fremdsprachen koordiniert und zeugt nicht nur von dem Bemühen um die Vermittlung antiken Wissens, sondern auch von der zunehmenden Versprachlichung von Erfahrungswissen ohne antike Grundlage. Aus den genannten Aspekten resultiert der Quellenwert der Wörterbücher für die historische Fachsprachenforschung, der bis jetzt noch nicht ausreichend gewürdigt wurde. Der in den Wörterbüchern enthaltene Fachwortschatz ist noch nicht ausgeschöpft — dies gilt z. B. auch für die zahlreichen Pflanzenbezeichnungen, die bei Marzell (1937—1979) nicht alle erfaßt sind —, und die Offenlegung der (lexikographischen wie nichtlexikographischen) Wege, über die der Wortschatz in die Wörterbücher aufgenommen und von dort weitergegeben wurde, ist bislang noch weitgehend ungeklärt. Die Aufdeckung von Abhängigkeiten ist jedoch Voraussetzung für die richtige Einschätzung der Wörterbücher und damit auch ihres Quellenwerts. So wird man z. B. dem *Onomasticon I.* von Toxites/Fischart (vgl. 2.1.), aus dem vieles in das *Lexicon Medico-Galeno-Chymico-Pharmaceuticum* von Fridericus Müller (Frankfurt a. M. 1661) eingegangen ist, nur dann gerecht, wenn man erkannt hat, daß die lebendsprachigen Einträge in vielen Fällen aus dem Nomenklator von Junius (der selbst auf Gessner u. a. fußt) übernommen sind und einige ‚deutsche' Einträge auf niederländische Bezeichnungen der Vorlage zurückgehen. Auch für andere Wörterbücher können Untersuchungen zeigen, wie lexikalische Traditionen übernommen bzw. durch Neuerungen angereichert wurden, welche Auswahlprozesse die Zusammenstellung des Wortschatzes (auch von Synonymen) gesteuert haben und welche Rolle den (Fach-)Wörterbüchern im Rahmen des (fachsprachlichen) Textsortengeflechts des 16. Jh.s zukommt.

5. Literatur (in Auswahl)

(Die im Artikel an Ort und Stelle mit Titel und bibliographischen Hinweisen angeführten lexikographischen Werke bleiben im folgenden unberücksichtigt.)

Claes 1977 = Franz Claes: Bibliographisches Verzeichnis der deutschen Vokabulare und Wörterbücher, gedruckt bis 1600. Hildesheim. New York 1977.

Grubmüller 1990 = Klaus Grubmüller: Die deutsche Lexikographie von den Anfängen bis zum Beginn des 17. Jh.s. In: Wörterbücher. Ein internationales Handbuch zur Lexikographie. Hrsg. v. Franz Josef Hausmann/Oskar Reichmann/Herbert Ernst Wiegand/Ladislav Zgusta. Zweiter Halbbd. Berlin. New York 1990 (Handbücher zur Sprach- und Kommunikationswissenschaft 5.2), 2037—2049.

Haß 1986 = Ulrike Haß: Leonhard Schwartzenbachs „Synonyma". Beschreibung und Nachdruck der Ausgabe Frankfurt 1564. Lexikographie und Textsortenzusammenhänge im Frühneuhochdeutschen. Tübingen 1986 (Lexicographica. Series Maior 11).

Marzell 1937—1979 = Wörterbuch der deutschen Pflanzennamen. Bearbeitet v. Heinrich Marzell unter Mitwirkung v. Wilhelm Wissmann und Wolfgang Pfeifer. Aus dem Nachlaß herausgegeben v. Heinz Paul. 5 Bde. Leipzig. Stuttgart. Wiesbaden 1937—1979.

Müller 1994 = Peter O. Müller: Frühneuzeitliche Reimlexikographie. In: Sprachwissenschaft 19. 1994, 320—373.

Müller 1996 = Peter O. Müller: Nomenklatoren des 16. Jh.s. In: Stand und Aufgaben der deutschen Dialektlexikographie. II. Brüder-Grimm-Symposion zur Historischen Wortforschung. Beiträge zu der Marburger Tagung vom Oktober 1992. Hrsg. v. Ernst Bremer und Reiner Hildebrandt. Berlin. New York 1996 (Historische Wortforschung 4), 149—174.

Müller 1997 = Peter O. Müller: Deutsche Lexikographie des 16. Jh.s. Konzeptionen und Funktionen frühneuzeitlicher Vokabulare und Wörterbücher. Habil. Schrift [masch.] Erlangen 1997.

Peters 1970 = Manfred Peters: Conrad Gessner als Germanist und Linguist. Diss. [masch.] Gent 1970.

Peters 1972 = Manfred Peters: Conrad Gessners Einfluß auf die deutsche und niederländische Lexikographie des 16. Jh.s. In: Niederdeutsche Mitteilungen 28. 1972, 70—96.

Peters 1974 = Konrad Gessner. Deutsche Namen der Fische und Wassertiere. Neudruck der Ausgabe Zürich 1556. Herausgegeben und eingeleitet v. Manfred Peters. Aalen 1974.

de Smet 1986 = Gilbert A. R. de Smet: Zur deutschen Lexikographie im 16. Jh. In: Beiträge zur Erforschung der deutschen Sprache 6. 1986, 144—155.

Sudhoff 1894 = Karl Sudhoff: Versuch einer Kritik der Echtheit der Paracelsischen Schriften. I. Theil: Bibliographia Paracelsica. Besprechung der unter Theophrast von Hohenheim's Namen 1527—1893 erschienenen Druckschriften. Berlin 1894.

VD 16 = Verzeichnis der im deutschen Sprachbereich erschienenen Drucke des XVI. Jh.s. — VD 16 —, hrsg. v. der Bayerischen Staatsbibliothek in München in Verbindung mit der Herzog August Bibliothek in Wolfenbüttel. I. Abteilung: Verfasser — Körperschaften — Anonyma. 22 Bde. Stuttgart 1983—95.

Weimann 1981 = Karl-Heinz Weimann: Paracelsus-Lexikographie in vier Jahrhunderten. In: Medizinhistorisches Journal 16. 1981, 167—195.

Wellisch 1984 = Hans H. Wellisch: Conrad Gessner. A bio-bibliography. Zug 1984.

Wiegand 1988 = Herbert Ernst Wiegand: Was eigentlich ist Fachlexikographie? Mit Hinweisen zum Verhältnis von sprachlichem und enzyklopädischem Wissen. In: Deutscher Wortschatz. Lexikologische Studien. Ludwig Erich Schmitt zum 80. Geburtstag von seinen Marburger Schülern. Hrsg. v. Horst Haider Munske/Peter von Polenz/Oskar Reichmann/Reiner Hildebrandt. Berlin. New York 1988, 729—790.

Peter O. Müller, Erlangen

250. Botanik und Fachsprache in den Kräuterbüchern der Renaissance

1. Von der Phytotherapeutik zur Botanik
2. Pflanzenkunde und Tradition
3. Impulse des Wandels
4. Das Pflanzenreich und die Sprache
5. Historische Pflanzennamen
6. Fachsprache und Botanik
7. Die Herausbildung der Botanik in den Kräuterbüchern
8. Literatur (in Auswahl)

1. Von der Phytotherapeutik zur Botanik

Kräuterbücher sind von Gelehrten verfaßte Handbücher aus der Zeit zwischen der zweiten Hälfte des 15. bis zum Ende des 17. Jh.s, die das Wissen über Arzneipflanzen, und zwar vorwiegend ihre praktische Anwendung, zusammentragen. Dies Wissen war im Laufe des Mittelalters in unterschiedlichen Traditionssträngen überliefert worden und wurde nun über das Medium des gedruckten Buches einem breiten Publikum zugänglich gemacht. Wie auch sonst, so nimmt auch in diesen Druckwerken der Gebrauch der Landessprachen anstelle des Lateinischen ständig zu. Der Begriff „Väter der Botanik", den man mit ihren Autoren verbindet, geht wohl auf Carl von Linnés Bezeichnung *Patres Botanices* zurück, der (Fundamenta Botanica I, Aph. 9) damit deren Verdienst würdigt, die ersten Vorstöße auf das Gebiet der Botanik unternommen zu haben. In der Tat ist in diesen Werken eine Verlagerung des Interesses von der Wirkung der Heilpflanzen auf die Pflanzen selbst zu beobachten, mit der die Entstehung einer international verbindlichen botanischen Fachsprache vorbereitet und eingeleitet wird. Dafür sind vier deutsche Autoren von vorrangiger Bedeutung: Der Theologe Otho Brunfels (1489–1534), Begründer einer Schule in Straßburg, der Mediziner Leonhart Fuchs (1501–1566), Professor und Universitätsreformer in Tübingen, Hieronymus Bock (lat. Tragus, 1498–1554), Theologe, Lehrer in Zweibrücken und Prediger in Hornbach im nördlichen Elsaß, und Valerius Cordus (1515–1544), Sohn des Mediziners und Dichters Euricius Cordus aus Simtshausen in Oberhessen, der in Marburg das Baccalaureat der Medizin erwarb und sich alsbald in Wittenberg durch Veröffentlichungen und Lehrveranstaltungen, verbunden mit ausgedehnten botanischen Exkursionen, einen Namen erwarb.

2. Pflanzenkunde und Tradition

In der Epoche, in der dieser Prozeß (vgl. Dilg 1980) beginnt, lag eine Beschäftigung mit Botanik um ihrer selbst willen völlig außerhalb des Bewußtseins. Zwar wurden in den Schulen und Klöstern des frühen Mittelalters Gewürzkräuter und vor allem Arzneipflanzen gezogen, gesammelt und verwahrt, doch ging die Pflanzenkunde, wie sie dort gelehrt und in den klösterlichen Schreibstuben tradiert wurde, nicht über den Zusammenhang hinaus, in dem sie für das Wirtschaften von Belang war. Unabhängig davon, obwohl zum Teil davon beeinflußt, blieb das ethnobotanische, lebendige Wissen um die Pflanzen in der Volksüberlieferung erhalten, während sich die Vielfalt der heimischen Pflanzenwelt der gelehrten Überlieferung nach und nach verschloß. Erst mit erneuter Rückbesinnung auf die antiken Quellen zu Beginn der Neuzeit bei gleichzeitiger Hinwendung auf die im Volke gepflegte Überlieferung begann man gewahr zu werden, daß sich die gelehrte Tradition mit den Pflanzendingen der eigenen Lebenswelt nicht deckte. Durch solche Unstimmigkeiten zwischen den antiken Quellen und den eigenen Beobachtungen kommt es zur Revision der Überlieferung und damit zu einer Neuorientierung und zur Erweiterung des formalen und lexikalischen Inventars der Botanik, und zwar zunächst unter Rückgriff auf Wortschatz und Metaphorik der Gemeinsprache.

3. Impulse des Wandels

Mehrere Komponenten von unterschiedlichem Gewicht lassen sich als die wichtigsten Quellen dieser epistemologischen Wende unterscheiden.

3.1. Humanismus und Reformation

Mächtigster Ausdruck der Neuorientierung ist die Wiederentdeckung der Antike in der Renaissance. Sie motiviert zur textkritischen Aufarbeitung der antiken Texte (Dilg 1980, 115 f). Die Folge dieser zunächst restaurativen Bewegung ist eine neue Hochschätzung des antiken Geistes, eine Haltung, die wir als Humanismus bezeichnen. Sie richtet sich zugleich gegen die Scholastik und drängt auf Revision der wissenschaftlichen Methoden. In der Medizin bedeutet das Abkehr von der arabischen Tradition der Komposita-Heilkunde mit ihren Kräutermischungen aus zahlreichen Einzeldrogen und die Rückkehr zur Simplicia-Lehre der Antike, die man bei Dioskurides und Plinius findet. Sie arbeitet mit den Kräften der einzelnen Pflanzen und wird mit der Lehre des Galen von den Säften und Wärmegraden verbunden. Mit guten Gründen hat man auch darauf hingewiesen, daß die Biographie aller Autoren, von denen hier die Rede sein wird (vgl. 1.), durch ihr Verhältnis zur protestantischen Bewegung entscheidend mitgeprägt ist (vgl. Meier Reeds 1991, 7−23).

3.2. Krise der Lehrmethoden

In der Meisterlehre der Klostergärten und Apotheken wurde der Zögling mit den Erscheinungsformen der Pflanzen, ihren Kräften und ihren Namen durch Demonstration und Erfahrung vertraut gemacht. So konnten die Pflanzen in der schriftlichen Überlieferung als bekannt vorausgesetzt werden, und es genügte, die Namen der Kräuter weiterzugeben, die in der Heilkunde oder zur Ernährung gebraucht wurden. In den Schreibstuben wurden Listen mit den Pflanzennamen angelegt und sorgfältig verwahrt. Nun wird aber eine Pflanze nicht überall mit demselben Wort bezeichnet, schon gar nicht in einer fremden Sprache. Daher war es schon im Altertum üblich, andere Namen, „Synonyma", aufzuführen, unter denen ein Kraut bekannt ist, z. B. „wir sagen *Isatis*, einige nennen ihn *Augion*, andere *Egne*, die Propheten *Arusion*, die Römer *Ruta*." (Berendes 1802, II, 216). Im Laufe des Mittelalters bildete sich eine ganze Literatur von Verzeichnissen heraus, worin jeweils mehrere Namen aneinandergereiht wurden, von denen man annahm, daß sie die gleiche Bedeutung hatten, und die keinen anderen Zweck hatten, als die Identifizierung zu erleichtern. Derartige Synonymenlisten sind in zahlreichen mittelalterlichen Handschriften erhalten, doch die Vielzahl solcher Handschriften stiftete nach und nach ein heilloses Durcheinander (vgl. Dilg 1980, 116), das den Umgang mit den pflanzlichen Drogen erschwerte. Es erwies sich als unumgänglich, die überlieferten Namen nicht nur in den antiken Quellen zu verifizieren, sondern sich auch mit den Pflanzen selbst zu beschäftigen, von denen in diesen Listen die Rede ist. Dabei stellte sich allerdings heraus, daß die Pflanzen der alten Meister mit der Flora nördlich der Alpen durchaus nicht immer übereinstimmen. Auch kommt es in einer Zeit zunehmender Erschließung der Erde durch Entdeckungen zu einer geradezu schlagartigen Vermehrung des Realienwissens. Diese Auseinandersetzung mit der Differenzierung der Pflanzenkenntnisse eigentlich ist es, die von den Kompilationen phytotherapeutischer Rezeptuarien des ausgehenden 15. Jh.s zu den Kräuterbüchern des 16. Jh.s und zur theoretischen Neuorientierung im Sinne einer allgemein verstandenen Botanik führt (vgl. Dilg 1980, 133).

3.3. Der Buchdruck

Die große Zeit der Kräuterbücher begann erst mit den Holzschnitten, die seit Beginn des 16. Jh.s einen wesentlichen Bestandteil dieser Werke bilden. Sie ließen sich in Auflagenhöhen herstellen, die in die Tausende gehen. Ohne die Erfindung des Buchdrucks, begünstigt durch den Wohlstand jener Zeit, läßt sich die Herausbildung einer botanischen Fachsprache jedoch nicht verstehen. Denn nur das Buch konnte das Bedürfnis wecken, das Prinzip von Demonstration und Erfahrung (vgl. 3.2.) durch ein Verfahren abzulösen, das es möglich machte, sich auch ohne die Anwesenheit eines Lehrers ausreichend zu informieren. Diesem Bedürfnis kam zunächst die Abbildung durch Holzschnitt entgegen. Weil man die Originalabbildungen aber häufig einfach in billigeren Kopien nachahmte oder gar die Original-Druckstöcke, wenn man ihrer habhaft werden konnte, auch an Textstellen verwendete, wo sie gar nicht hingehörten, entstand eine neue Art von Verwirrung. Selbst ein Leonhart Fuchs sieht sich schon gezwungen, seinen hervorragenden Abbildungen einige Angaben und Ausführungen hinzuzufügen. Das begriffliche Instrumentarium ist jedoch anfangs nur wenig differenziert, und es bedarf langer, intensiver Bemühungen und Auseinandersetzungen, um zu eindeutigen Problemlösungen durchzudringen. Dies ist das eigentliche Thema dieser Darlegungen.

4. Das Pflanzenreich und die Sprache

4.1. Der Mensch und seine Pflanzen

Wenn man von der Botanik als Fachwissenschaft und von ihrer Sprache spricht, kann man die Bedeutung nicht übergehen, die das Pflanzenreich für den Menschen hat. Wie zeigt sich dem Menschen, welche Bewandtnis es mit einer Pflanze hat? Entdeckt ist sie nicht schon deshalb, weil sie Bestandteil der Natur ist, sondern erst in ihrer Dienlichkeit für den Menschen. Sein Dasein muß für die Pflanze in ihrer Beschaffenheit offen sein. Er findet seine Pflanzen in der Landschaft oder in Haus und Garten, sie spenden ihm Nahrung und liefern Futter für sein Vieh, Werk- und Rohstoffe für Hausbau, für Kleidung, Schmuck und Körperpflege, erfreuen ihn durch ihre Farben, bieten sich als Arznei an oder erregen seine Furcht durch Gefährdung an Gesundheit und Leben. Pflanzen, die er einmal kennengelernt hat, wird er sein Leben lang wiedererkennen. Darüber hinaus gehört die Pflanze zu kultischen Handlungen und zur Kunst, dient ihm als Symbol oder zur Beschwörung guter und böser Mächte. In der zivilisierten Welt des christlichen Abendlandes ist davon viel verlorengegangen. Immer wieder kann man heute feststellen, daß Menschen, die in urbanisierter Umgebung aufgewachsen sind, zur Pflanzenwelt überhaupt kein Verhältnis mehr haben. Bedroht, aber durchaus lebendig ist dieses Verhältnis auch in schriftlosen Gesellschaften der Gegenwart. Gerade diese sind jedoch nach wie vor darauf angewiesen, weil ihr Leben mit dem der Pflanzen eng zusammengehört und in lebenswichtiger Weise verbunden ist (vgl. Sterly 1970, 18 u. 1983).

4.2. Kräuterbücher und Botanik

Die Verfasser der ersten Kräuterbücher sind diesen Zusammenhängen noch nicht entfremdet. Auch Carl von Linné, der Begründer der „Wissenschaft, die die Kenntnis der Pflanzen vermittelt" (*Fundamenta Botanica* 1736, I, Aph. 4), trägt ihnen noch Rechnung, wenn er (*Fund. Bot.* Aph. 3) den Pflanzen Leben zuschreibt, ebenso wie Theophrast, der erste Autor, von dem uns botanische Schriften überliefert sind. Über zwei Jahrhunderte aber sollten seit den Anfängen in den Kräuterbüchern der Renaissance noch vergehen, ehe Linné mit treffenden Formulierungen, gestützt auf umfassende Sachkenntnis, inhaltliche und terminologische Entscheidungen fällte, die allgemeine Anerkennung fanden und ihn zum Begründer der modernen Pflanzenbeschreibung machten. Als die wirklichen Botaniker bezeichnet Linné die Philosophen, Sammler und Systematiker, die aus gründlicher Kenntnis des Pflanzenreichs heraus alle Pflanzen mit einem verständlichen Namen nennen können (Fund. Bot. Aph. 7). Die Verfasser der deutschen Kräuterbücher der Renaissance führt Linné unter den Systematikern nicht auf. Das ist folgerichtig, sind ihre Werke doch von ihrem Ursprung her gar nicht auf systematische Botanik angelegt. Eine herausragende Bedeutung aber räumt er dem Sammeln, Ordnen und der Darstellung in Wort oder Abbildung ein, und damit meint er auch das Tun der „Väter" der Botanik. In der Tat fördern sie, und zwar binnen der wenigen Jahrzehnte vom Anfang bis um die Mitte des 16. Jh.s, ein Desiderat zutage. Mit der raschen Entfaltung und Differenzierung botanischen Wissens wird die Notwendigkeit terminologischer Vereinbarungen immer dringlicher, und schließlich wendet sich das Interesse bewußt von den Heilkräften ab und richtet sich auf die Pflanze selbst. Diese Neuorientierung ist es, die den botanischen Ausdruck hervorbringt und für terminologische Entscheidungen verfügbar macht. Woran es jedoch den Verfassern der Kräuterbücher noch fehlt, das ist Überblick und Detailkenntnis, ein Mangel, dessen sie sich immer deutlicher bewußt werden. Er ließ sich aber nicht von heute auf morgen beheben.

5. Historische Pflanzennamen

Die enge Verbundenheit des Menschen mit dem Pflanzenreich prägt auch die historischen Pflanzennamen als Wortkategorie, und darum sind sie als Bestandteil der botanischen Fachsprache mit zu berücksichtigen. Vor der Herausbildung der modernen Botanik kommt darin zum Ausdruck, welche Bedeutung die Pflanze für den Menschen hat, und zwar in einer sonst kaum zu beobachtenden Produktivität. Erst mit der Ausweitung der Pflanzenkenntnisse über den unmittelbaren Erfahrungsbereich hinaus stellt sich ein Bedürfnis nach der Beschreibung von Pflanzen ein, die bis dahin Teil der unmittelbaren Lebenserfahrung gewesen waren.

5.1. Lexikologie

Anders als bei Eigennamen, wird ein bestimmtes Exemplar einer Pflanze von allen anderen Exemplaren gleicher Art nicht individuell unterschieden, sondern, wie durch ein grammatisch und semantisch reguläres Nomen, klassifiziert, so daß man, lexikologisch gesehen, den sog. Pflanzennamen als Appellativum bezeichnen könnte (vgl. Seidensticker 1996, 3), womit sich auch erklärt, warum in der Schulpraxis des Mittelalters (vgl. 3.2.) vorausgesetzt werden kann, daß der Gesprächspartner weiß, wovon die Rede ist. Dominant ist die appellative Bedeutungskomponente bis heute, wenn im Sprachgebrauch der Nutzwert Vorrang hat, z. B. bei landwirtschaftlichen Erzeugnissen aus fremdartigen Kulturen wie *Kork* oder Gewürzen wie *Zimt* (vgl. Seidensticker 1997, 42). Die semantische Komponente ‚Pflanze' (bzw. ‚Produkt daraus') ist dagegen vor allem bei Obst, Gemüse und Blumen gegenwärtig, so daß die Bezeichnung auch als botanischer Begriff empfunden wird, ebenso wie bei Zusammensetzungen mit untrennbaren nominalen Bestandteilen, also sog. Makrolexemen wie *Brombeere* oder *Kellerhals*, aber auch in metaphorischen Zusammensetzungen wie *Waldmeister*. Schon früh wird es üblich, die Synonyme, besonders in jenen Listen, auch als *Namen* zu bezeichnen, und damit dürfte es zusammenhängen, daß diese Wortart sich einer formalen lexikologischen Zuordnung hartnäckig entzieht und ihr in der Linguistik auch bis heute nur wenig Beachtung geschenkt wird. Behandelt werden sie vorzugsweise unter inhaltlichen und etymologischen Kriterien. Dies wiederum entspricht dem vielfachen Wandel, dem ein Pflanzenname in der Überlieferungsgeschichte ausgesetzt sein kann.

5.1.1. Lautgestalt

Da sich der Pflanzenname morphologisch beim Sprachaustausch der aufnehmenden Sprache anpaßt (vgl. Seidensticker 1997, 30 f), kann er unvorhersehbaren Interferenzwirkungen ausgesetzt sein.

5.1.2. Etymologie

Etymologie und Semantik sind beim Pflanzennamen miteinander verwoben, da die Form in jedem Fall von einer eigenen Tradition geprägt und verändert sein kann (vgl. Seidensticker 1997, 2.2–2.4). Dadurch wird die Herkunft von Pflanzennamen häufig verdunkelt, etymologische Ableitungen können durch neue Belege rasch obsolet werden. *Liebstöckel* kann als Aphrodisiacum empfohlen werden, weil nicht berücksichtigt wird, daß es sich um eine volkstümliche Umformung von lat. *levisticum* handelt. Bei Isidor von Sevilla war es jedoch mehr als dilettantische Spielerei mit Wörtern und Formen, wenn er z. B. den anlautenden Teil von lat. *virga*, also *vi-*, so auslegte: „*Virga a vi vel a virtute dicitur, quod vim in se multam habeat ...*" (Isidorus Etym. XVII, vi, 18). Hierin kommt das Prinzip „Etymologie als Denkform" (Curtius 1961, 487) zum Ausdruck, das für das Mittelalter charakteristisch ist:

Aus der Bezeichnung wird das Wesen der Sache ableitbar — „Wer den Ursprung kennt, versteht eher, was in dem Wort steckt" (Isidorus Etym. I, XXIX). Das geht auf die Antike zurück und gilt für Pflanzennamen nicht minder als für alles andere. Nicht, daß Isidor die Evidenz historisch-etymologischer Auslegung entgangen wäre; Pflanzennamen mit beschreibenden Bestandteilen wußte er durchaus im Sinne der ursprünglichen Motivation zu deuten, wie sie ja auch in den modernen Lehnübersetzungen zum Ausdruck kommt; so erklärte er griech. *triphyllon* (Etym. XVII, ix, 72) (dt. *Dreiblatt*) und *pentaphyllon* (Etym. XVII, ix, 38) (dt. *Fünfblatt*) korrekt mit der Form der Blätter, lat. *saxifraga* ‚Steinbrech' (Etym. XVII, ix, 42) mit der Heilwirkung bei Steinleiden. Aber seine Grundhaltung zielt auf theoretische Beschäftigung mit Pflanzennamen und hat mit historisch abgeleiteter Etymologie ebensowenig zu tun wie mit der Semantik der überlieferten Pflanzennamen.

5.1.3. Semantik und Struktur

Im Wechsel der Zeiten und Kulturbereiche, ja schon in eng benachbarten Dialekten können in den verschiedenen Namen ein und derselben Pflanze unterschiedliche Aspekte zum Ausdruck kommen, so daß bei der Identifizierung Zurückhaltung geboten ist, zumal wenn es sich um historische Belege aus sehr heterogenen Quellen handelt (vgl. Seidensticker 1997, 3 und 4). Angaben zur Pflanze finden in mehrgliedrigen Lexemen unterschiedlichen Ausdruck. Als Grundwort findet sich häufig lat. *herba* ‚Pflanze, Kraut' mit einem spezifizierenden Bestimmungsteil: *Herba salutaris, artetica, acetosa*, im Deutschen statt dessen auch *Kraut, Wurz* (nd. *Wort*): *Wundkraut, Wallwurz, Lusewort*. Durch den Gesamthabitus wird davon schon früh der *Baum* unterschieden: *Ölbaum*, daneben aber auch andere Wuchstypen wie in *Kardendistel, Eichfarn, Bachminze*. Auch Namen wie *Graslilie* (‚Anthericum liliago L.'), *Kornblume* (‚Centaurea cyanus L.'), *Hundsrose* < griech. *kynorhodos* (‚Rosa canina L.'), *Tausendblatt* < lat. *millefolium, Widderzunge* < lat. *arnoglossa, Maulbeere, Hagebutte, Stechapfel, Steinsame* < griech. *lithospermon, Leinsame, Hagedorn, Gundelrebe* erfassen mit einem auffallenden Merkmal die Pflanze als Ganzes. *Zaunwinde* hebt die Sproßachse, *Teufelsabbiß* den Wurzelstock hervor, *Fratzenorchis*, dt. auch *Ohnhorn* (‚Aceras anthophorum (L.) R. Br. ex Ait.') die Form der Blüte, *Nix-*

kraut, *Tollkirsche*, *Grindkraut* (,Senecio vulgaris L.'), *Stickwurz* (,Bryonia, Zaunrübe'), aber auch *Königskerze* (,Verbascum L.') und *Moorkönig* < nordschwed. *myrkong* für die prächtige Pedicularis sceptrum-carolinum L. verraten Vertrautheit anderer Art. — Differenzierende Zusätze im Bestimmungsteil können Morphologie und Qualität unter unterschiedlichen Aspekten charakterisieren. Bei *Erdrauch* < *Fumus terrae* fällt das gefiederte, bodendeckende Blattwerk ins Auge, bei *Pfennigkraut* < *Nummularia* der Blattstand, bei *Hirtentäschel* < *Bursa pastoris* die Samenkapsel, *Einbeere* und das gleichfalls überlieferte *Vierblatt* zeigen unterschiedliche Aspekte ein und derselben Pflanze (Paris quadrifolia L.). *Weißwurz* oder *Gelbschwertel* sprechen die Farbe, *Bisamkraut* den Geruch, *Wollkraut* den Tastsinn an, um nur einige Beispiele zu nennen. Zahlangaben beschränken sich auf 1 bis 7 (ausgenommen ist die 6!): *Einkorn*, *Siebenfinger*, und — als Stereotyp für eine hohe Zahl — Hundert oder Tausend: *Centinodia*, *Dusentblatt* < *Millefolium*. — Ähnliche Arten oder Sorten werden unterschieden durch Größenvergleiche wie *groß/klein* < *maior/minor*, Herkunftsangaben sind enthalten in *Meerzwiebel* < *Scilla maritima*, *Macedonisch Peterlin* < *Petroselinum macedonicum*. Wildwachsende Varianten werden durch entsprechende Zusätze von den kultivierten unterschieden: *Wilde Rude* < *Ruta agrestis*, *Pulegium montanum*, *Raphanus silvestris*. Mit Namen wie *Wild Knuffelok* (zur Unterscheidung vom echten Knoblauch) oder *Garteneppich*, *Tame Karde* knüpfen denn auch die Kräuterbücher wieder daran an.

5.2. System, Nomenklatur und Terminologie

Mit der Ausweitung des Horizonts durch Exploration und Entdeckungen kommen immer neue Pflanzen hinzu, und das führt schließlich zu einer auswuchernden Nomenklatur und nicht selten zur Überfrachtung dieser Nomenklatur mit beschreibenden Zusätzen, so wie man etwa bei dem Basler Arzt Theodor Zwinger (New Vollkommenes Kräuter= Buch 1696) unter 22 Varianten zur Melde *wilde Melten mit vierblättrigen drauschlichten Blümlein* und eine *wilde Melten mit Blümlein und Samen in Gestalt roter Erdbeeren* findet. Caspar Bauhin (1623) geht dazu über, den Paragraphen, unter dem er die Namen aufzulisten pflegt, z. T. in regelrechte Beschreibungen aufzulösen. Damit ist schon der kritische Punkt erreicht, an dem sich eine Reform der Nomenklatur als unerläßlich erweist (Seidensticker 1997, 61). Es blieb Carl von Linné vorbehalten, in seinem *Systema naturae* (1735) im Rückgriff auf Vorarbeiten anderer Botaniker und mit Orientierung an den Sexualorganen eine Definition jeder einzelnen Pflanze nach Klasse, Ordnung, Gattung und Art umfassend festzulegen. Die binäre Nomenklatur, für die er verbindliche syntaktische Regeln festlegte, ist Voraussetzung für die weitere Entwicklung der Botanik. Gestützt auf seine Vorgänger, schuf er, nicht zuletzt durch Festlegung auf das Lateinische, die Grundlage für einen Internationalen Code, der dem natürlichen Sprachwandel entzogen ist (vgl. Seidensticker 1996, 283—288).

6. Fachsprache und Botanik

Deskriptive Angaben im Namen werden nun obsolet, da diese Nomenklatur als bloße Etikettierung durch das System der Pflanzen definiert ist. Dieses System wiederum bedarf jedoch seinerseits einer vereinbarten Terminologie, ein Desiderat, das erst im Zuge der dargelegten Ausdifferenzierung der Botanik aus der Heilkunde manifest geworden ist. Auch dieser Prozeß wird durch die dargelegte Entwicklung der phytotherapeutischen Literatur ausgelöst und vorangetrieben (vgl. 4.2.). Die Beschreibung einer Pflanze setzt Beobachtung und Definition der charakteristischen Merkmale und die Unterscheidung derselben gegenüber anderen Pflanzen voraus.

6.1. Text und Abbildung:
Otho Brunfels und Leonhart Fuchs

In den Kräuterbüchern der Renaissance kann jedoch von einer Fachsprache im heutigen Sinne noch ebensowenig die Rede sein wie bei den Pflanzennamen von einer Nomenklatur. Die frühesten unter ihnen greifen auf die Darstellungsformen der antiken Tradition zurück, in der sie verwurzelt sind. Soweit sich bei Otho Brunfels Beschreibungen finden, handelt es sich fast ausschließlich um ausführliche Zitate aus den alten Schriftstellern und vorwiegend um Vergleiche mit anderen Pflanzen, nach dem Muster: „Hat Blätter wie der Efeu, nur etwas heller und dicker". Diese aus der Antike stammende Figur der Analogie ist in allen Kräuterbüchern stark vertreten; weitaus am häufigsten erscheint der Efeu, es folgen Fenchel, Koriander, Dill und Erbse, andere erst in größerem Abstand. Nur bei einzelnen Pflanzen, für die er bei den Alten keine Entsprechung vorfindet, fügt Brunfels gelegentlich eine eigene Beschreibung hinzu, z. B. unter dem Namen *Wilder Durchwachs Mänlin* für die Orchideacea *Großes Zweiblatt* (‚Listera ovata (L.) R. Br.'). Als wichtige Ergänzung nimmt er vor allem naturgetreue Abbildungen von 260 Pflanzen auf. Um die Qualität der Holzschnitte tritt mit ihm Leonhart Fuchs in Wettstreit, und zwar vor allem, um im Interesse der arzneilichen Verwendung Verwechslungen zuvorzukommen. Er spart dafür Text ein, geht aber beim Lemmaaufbau systematisch vor, indem er Synonyme und Beschreibung trennt. Auch er benutzt einige überlieferte Mittel wie Vergleiche mit anderen Pflanzen, macht Angaben über Formen, Farben, Standort, Vegetationsperiode, Geruch, Geschmack und anderes. Als ersten Beitrag zur botanischen Begriffsbildung stellt er eine Liste von 128 Wörtern zusammen, die er in der Einleitung zu seiner lateinischen *Historia Stirpium* zum Gebrauch für den „unerfahrenen Leser" erläutert, darunter *spica* ‚der oberste, fruchttragende Teil eines Halms' und *stipula* ‚Blätter von Gräsern', der spätere botanische Terminus für das Nebenblatt an der Blattscheide bestimmter Pflanzen.

6.2. Die Ausdifferenzierung der Terminologie

6.2.1. Sprache und Beobachtung: Hieronymus Bock

Immer wieder stößt man bei Fuchs auf beschreibende Textpartien, die er fast wörtlich von Hieronymus Bock übernommen hat. Ein Vergleich zeigt denn auch eindrucksvoll, wie hoch der Hornbacher Prediger dem Tübinger Mediziner darin überlegen ist. Bock unternimmt als erster selbständige Beschreibungen. Im Unterschied zu Brunfels bedarf es aber einigen Drängens, um dem überarbeiteten Zweitdruck (1546) Holzschnitte hinzuzufügen; eigentlich hielt er, wie der Drucker Rihel berichtet, Beschreibungen und die Einordnung der einzelnen Pflanzen nach Geschlecht und Art für klarer als Abbildungen. So genau seien die Unterschiede in Abbildungen gar nicht herauszubringen. Sachkundige Gelehrte wie z. B. Conrad Gesner wußten ohnehin seine Beschreibungen höher einzuschätzen als irgendwelche Abbildungen. Zur Orientierung für den Benutzer hebt er im Lemma die Gliederung durch Marginalien heraus und geht dabei auf Vegetationszyklus, Standort, morphologische Details, Gruppierung und Anordnung der einzelnen Pflanzen, Ökotypen, Wuchsform und Art der Vermehrung ein. Grundsätzlich verfährt auch er nach den überlieferten Verfahrensweisen der antiken Vorbilder, bringt aber auch ganz originelle, vor ihm nie erwähnte Pflanzen mit einer ausführlichen Beschreibung, wie z. B. die Königskerze oder das Maiglöckchen. Dabei wird auch die vegetative Entwicklung nicht übergangen. Auch Bock greift auf überlieferte lateinische Begriffe zurück und sucht nach deutschen Entsprechungen, bedient sich hier jedoch im übrigen einer sehr bildhaften Sprache wie z. B. in der detaillierten Beschreibung der Lilienblüte:

„... vnd inn mitten der Gilgen findet man sechs gäler langer würmlein/ avff sechs weissen fäden hangen/ darnach sicht man eyn grünen schwengel/ der gehet mitten auß eyner yeden blumen/ der ist vornen dreiecket vnnd kolbecht" (1551, 282 r).

Er unterscheidet also Staubblätter (in der lateinischen Fassung *capillamenta*), Staubbeutel (lat. *apices*) und Stempel (*stamen*), und in der glockenförmigen blaßrosa Blüte der Heidelbeere entdeckt er „ein rotes schwengelein oder Zäpfflein" (1551, 343 r; lat. *pistillum*).

6.2.2. Systematik und Nomenklatur bei Bock

Da Bock seine Beobachtungen organologisch und taxonomisch noch nicht zu deuten oder ihnen eine Funktion zuzuweisen wußte, lag ihm auch der Gedanke einer systematischen Beschreibung aller Pflanzen fern. Seine Beschreibungen sind noch nicht auf eine botanische Terminologie angelegt, sondern schöpfen aus dem begrifflichen Vorrat der lateinischen Überlieferung bzw. seiner Muttersprache. Ganz im Geiste der alten literarischen Überlieferung, an der sich die Renaissance orientiert, gruppiert er die Pflanzen nach Kräutern, Sträuchern und Bäumen und im einzelnen nach der Ähnlichkeit in Wurzel, Sproß oder Belaubung, oder auch nach dem Standort. Dem entspricht auch die Bedeutung, die er den Namen beimißt. Zwar zählt er häufig eine große Anzahl aus seinen Quellen auf, doch wenn es dabei zu Unstimmigkeiten kommt, so stellt er die Entscheidung zuweilen anheim, manchmal mit ironischem Unterton. In der verbesserten Ausgabe (1551, 122 v) schreibt er:

„Jedoch will ich auff diß man den Bynetsch [d. i. Spinat] bleiben lassen inn den Kuchen [Küchen]/ vnd den selben mit Ruellio Seutlomalachon/ daz ist/ Maluaceam Betam und Hispanicum olus nennen."

Nicht ohne Spott distanziert er sich von kritikloser Übernahme überlieferter Lehrmeinungen:

„Von dreien Nespelen geschlechten schreiben die alten/ also thun auch jhre nachuolger/ wie die Affen" (1551, 356 v).

6.2.3. Botanik und Beschreibung: Valerius Cordus

Ganz anders als Bock verfährt in seiner *Historia Plantarum* Valerius Cordus, der zu Recht für den „inventor of the art of phytography" erklärt worden ist (Greene 275). Erst bei ihm kann die Rede von Botanik sein, denn er war beseelt von der Idee, jede Pflanzenspezies so zu beschreiben, daß sie sich danach identifizieren ließ. Seine *Historia Plantarum* konnte gar erst postum mit Abbildungen ausgestattet werden, und zwar mit Holzschnitten zum Kräuterbuch von Bock. Spätere Fehlbeurteilungen des Werkes sind nicht zuletzt darauf zurückzuführen (vgl. Sprague 1939, 9). Die Pflanzenbeschreibungen des Valerius Cordus unterscheiden sich jedoch von denen aller seiner Vorgänger schon durch den Aufbau. Beschrieben werden grundsätzlich Pflanzenexemplare im Zustand der Blüte oder der Reife, und er beginnt mit dem Habitus bei dem augenfälligsten Eindruck: beim *Pfeilkraut* (,Sagittaria sagittifolia L.') mit den pfeilförmigen Blättern, beim *Beifuß* (,Artemisia L.') mit dem stark duftenden Blütenstand, beim *Borretsch* (,Borago officinalis L.') mit dem unten dicken, nach oben sich stark verzweigenden Stengel. Nacheinander werden jeweils die einzelnen Organe nach Farbe, Form, ev. Behaarung und Düften beschrieben, so detailliert und unmißverständlich, daß es möglich ist, sie eindeutig zu identifizieren (vgl. Sprague 1939, 19), wie z. B. die Umbellifere, die er mit ihrem faserschopfigen Hals des Wurzelstockes und ihrem scharfen Geschmack unter dem Namen *Daucus angulosus* (Hist. Stirp. 103 v) führt, noch 1916 als die in Nordthüringen vorkommende *Hirschwurz* (,Peucedanum cervaria (L.)'; s. Sprague 1939) erkannt wurde. Auch wenn in den alten Quellen schon eine Beschreibung vorliegt, scheut Valerius Cordus nicht eine eigene, wie etwa beim *Aronstab* (,Arum spp.'), wo er gegenüber Dioskurides weit ins Detail geht. Nur in knappster Form geht er auf die Heilkräfte ein. In der Einzeldarstellung werden erste Ansätze zu terminologischer Revision der üblichen Begriffe sichtbar. Was man bis dahin als Wurzel bezeichnete, erkannte Cordus an der Dotterblume (Caltha L.) als Wurzelstock (Rhizom), und er griff dafür auf den Terminus *coliculus* (= *cauliculus*, also etwa ‚Stengelchen') zurück, den er bei Plinius und Ruellius vorfang (Sprague 1939, 3). Die Adventivwurzeln an den unteren Gelenken der Mohrenhirse (,Sorghum bicolor (L.) Moench'; Hist. Stirp. 143 r) nennt er *fulcra*. Auch er ist sich oft über organische Zusammenhänge und Funktionen noch im unklaren und findet daher nicht immer auch einen passenden Ausdruck. So vermeidet er zwar, nach überlieferter Weise den Fruchtknoten *Frucht* zu nennen, unterläßt es jedoch, dafür einen neuen Ausdruck zu prägen; er gebrauchte dafür (vgl. Greene 1909, 291), je nach der Form, manchmal *capitulum*, manchmal *tuberculum*. Die Entdeckung des Unterschieds an sich freilich ist sein Verdienst. Bei einigen botanischen Entdeckungen, wo ihm Priorität zukommt, trifft er allerdings auch terminologische Unterscheidungen. Er unterscheidet Kelch und Blütenblätter. Die traditionelle Bezeichnung *calyx*, bis dahin gebraucht für becherförmige Organe unterschiedlichster Funktion, wird von Cordus eingegrenzt auf den Boden der Blume und der ihr folgenden Frucht, und zwar − in Übereinstimmung mit dem Fachwortverzeichnis von Leonhart Fuchs − nur für verwachsenblättrige Blüten (Greene 1909, 284ff), während er bei getrenntblättrigen statt *folium* immer nur von *foliolum* (,Blättchen') spricht (Greene 1909, 289). Die vier äußeren grünen Kelchblätter der weißen Seerose (,Nymphea alba L.'), an deren Spitze und Rand er den Anflug von Weiß beobachtet, bezeichnet er als *tunica* (Hist. Plant. p. 99). Der Vergleich der Blüte der Erbse (*Pisum sativum*) mit dem Schmetterling, der wohl auf Conrad Gesner zurückgeht und den Leonhart Fuchs mit dem deutschen *Zwifalter* ausdrückt (1543, cap. 240), wird von Cordus auf Wicke, Lupine, Ginster u. a. ausgedehnt, und den Terminus *papilionaceus*, den er im Laufe mehrfacher Behandlung dafür geradezu „entwickelt", wendet er schließlich konsequent an. Seine Beobachtungen zeitigen auch Begriffe wie *convolutus* für die Faltung der Corolla in der Knospe der Irisblüte. Für die geschlossen angeordneten Staubblätter von Kompositen, wo bis dahin immer nur der Singular erscheint, findet sich bei ihm (hier bei *Tussilago*, Hist. Plant. 93 r) zum ersten Mal der Plural *stamina*. Mit dem Singular *stamen* meint er nicht das ganze

Staubblatt, sondern nur den Staubfaden. Die Fruchtblätter der Päonie, von Cordus nebst Corolla, Stamina und Stempel als Teil der Blüte behandelt, werden als *cornicula* bezeichnet (Hist. Plant. 135 v). Cordus greift auch zum ersten Mal wieder Theophrasts Bezeichnung *pericarpus* für die Fruchthülle auf, und die darin eingeschlossenen Kerne nennt er *nuclei*. Er unterscheidet nicht nur Sporen und Samen, sondern auch Sporen und Pollen, was offenbar bei Bock nicht der Fall ist. Den Terminus *Pollen* prägt er für den gelben Blütenstaub der Lilie (Hist. Plant. 152 r: „*luteo polline conspersa*"). Deck- oder Tragblätter (*Bracteae*) von Einzelblüten an Blütenständen beschreibt er (Hist. Plant. 90 r; „Gingidium") so genau, daß dies als ein erster Schritt zur systematischen Definition der Umbelliferen bezeichnet werden kann. Er erfaßt auch den Unterschied zwischen der einfachen und der zusammengesetzten Dolde: nur wenn alle Stiele von einem Punkt ausgehen, möchte er von *umbellum* reden (Millefolium Hist. Plant. 139).

7. Die Herausbildung der Botanik in den Kräuterbüchern

Die Neuorientierung, die sich in den frühen deutschen Kräuterbüchern abzeichnet, ist ein Kapitel Wissenschaftsgeschichte. Als Bartholomäus Ghotan 1483 in Magdeburg das erste Druckwerk dieser Art in niederdeutscher Sprache druckte (s. Seidensticker 1990), da wußte er dafür keine andere Bezeichnung als *Promptuarium Medicinae* — Handbuch der Arzneikunde, und es war auch nichts anderes. Fünfzig Jahre vergingen, bis das hochdeutsche *Contrafayt Kreuterbuch* des Otho Brunfels erschien (1532), Hieronymus Bocks *New Kreütterbuch* folgte 1539. Brunfels und Bock waren Freunde, und beide hatten Verbindung mit Leonhart Fuchs. In der Einleitung zu seinem Prachtwerk in lateinischer Sprache (1542) gibt dieser der Zuversicht Ausdruck, daß Valerius Cordus das Werk seines früh verstorbenen Vaters Euricius hervorragend zur Vollendung führen werde, wenn ihm dazu die Lebenszeit vergönnt sei. Ein früher Tod (1543) vor den Toren Roms machte diese Hoffnung zunichte, aber ungeachtet seiner Jugend genoß Valerius Cordus bereits höchste Wertschätzung bei Bock und Fuchs, aber auch bei Melanchthon, Conrad Gesner, der seinem Werk zur Veröffentlichung bei Wendel Rihel in Straßburg, dem Sohn von Hieronymus Bocks Drucker Josias Rihel, verhalf, und bei Caspar Bauhin, der viele der Pflanzen, die Valerius Cordus beschreibt, in seinem *Pinax theatri botanici* (1623) identifiziert hat. Wie Cordus, so geht es auch Bauhin einzig und allein um die Beschreibung der Pflanzen. Hier ist die Abwendung von der Heilkunde und die Konzentration des Interesses auf die Pflanze allein vollzogen. Bauhins *Pinax* war das Nachschlagewerk, das Linné ständig zur Hand hatte, und wenn er sich mit seiner Namengebung weithin an Bauhin hielt, so ist das die deutlichste Anerkennung einer Leistung, die ohne die Väter der Botanik nicht möglich gewesen wäre. Es verdient Beachtung, daß zwischen dem Erscheinen von Brunfels' *Herbarum vivae icones* 1532 und der Abfassung der *Historiae Plantarum* des Valerius Cordus 1540 noch nicht einmal ein Jahrzehnt liegt — ein erneuter Hinweis auf die Bedeutung, die dieser Epoche zukommt.

8. Literatur (in Auswahl)

Arber 1986 = Agnes Arber: Herbals. 3rd ed. Cambridge 1986.

Bauhin 1623 = Caspar Bauhin: Pinax Theatri Botanici. Basel 1623.

Berendes 1902 = J. Berendes: Des Pedianos Dioskurides aus Anazarbos Arzneimittellehre in fünf Büchern, übersetzt und mit Erklärungen versehen. Stuttgart 1902. [Repr. Vaduz 1987].

Bock 1539 = Hieronymus Bock: New Kreütter Buch. Straßburg 1539.

Brunfels 1532 = Otho Brunfels: Contrafayt Kreüterbuch. Straßburg 1532. [Repr. Grunwald bei München 1975].

Cordus 1561 = Valerius Cordus: Valerii Cordi Semesusii, Historiae Plantarum, libri IV. In: Cordus, Valerius: Annotationes in Pedacii Dioscoridus Anazarbei De medica materia. fol. 86—212 r. Straßburg 1561. [Universitätsbibliothek Freiburg i. Br. Rara T 2429, f.].

Curtius 1961 = Ernst Robert Curtius: Europäische Literatur und lateinisches Mittelalter. 3. Aufl. Bern 1961.

Damme 1989 = Robert Damme: Das Stralsunder Vokabular. Edition und Untersuchung einer mittelniederdeutsch-lateinischen Vokabularhandschrift des 15. Jahrhunderts. Köln. Wien 1989. (Niederdeutsche Studien 34).

Dilg 1980 = Peter Dilg: Die Pflanzenkunde im Humanismus — der Humanismus in der Pflanzenkunde. In: Humanismus und Naturwissenschaften. Hrsg. v. Rudolf Schmitz und Fritz Kraft. Boppard 1980. (Beiträge zur Humanismusforschung VI, 113—164).

Dioskurides, Pedianos: s. Berendes

Fischer 1929 = Hermann Fischer: Mittelalterliche Pflanzenkunde. München 1929.

Fuchs 1543 = Leonhart Fuchs: New Kreüterbuch. Basel 1543. [Repr. München 1975].

Greene 1909 = Edward Lee Greene: Landmarks of Botanical History. A Study of Certain Epochs in the Development of the Science of Botany. Part I. – Prior of 1562 A. D. Washington D. C. 1909. (Smithsonian Miscellaneous Collections, Part of Vol. 54).

Isidorus Hispalensis = W. M. Lindsay: Isidori Hispalensis Episcopi Etymologiarum sive Originum Libri XX. 1911. [Repr. Oxford 1957].

Linné 1735 = Carl v. Linné: Caroli Linnaei, Sueci, Doctoris Medicinae SYSTEMA NATURAE. Leiden 1735.

Linné 1736 = Carl v. Linné: Caroli Linnaei Botanici & Mineralogi Publici Fundamenta Botanica. Stockholm 1736. Editio secunda [autorisierte Zweitfassung] 1740.

Marzell 1937–1980 = Heinrich Marzell: Wörterbuch der deutschen Pflanzennamen. Bd. 1–5. Stuttgart 1937–1980.

Meier Reeds 1991 = Karen Meier Reeds: Botany in Medieval and Renaissance Universities. New York. London 1991. Harvard Dissertations in the History of Science (Thesis). Harvard 1991.

Seidensticker/Seidensticker 1990 = Peter Seidensticker/Christel Seidensticker (Hrsg.): Das Promptuarium Medicinae: Corpus Herbariorum. Frühe Deutsche Kräuterbücher Bd. I. Lahr 1990.

Seidensticker 1996 = Peter Seidensticker: Der Pflanzenname in der abendländischen Überlieferung. In: Beiträge zur Namenforschung. NF 31. 1996, 260–291.

Seidensticker 1997 = Peter Seidensticker: *die seltsamen namen all*. Studien zur Überlieferung der Pflanzennamen. Stuttgart 1997 (Zeitschrift für Dialektologie und Linguistik. Beih. 101).

Sprague 1928 = T. A. Sprague: The Herbal of Otto Brunfels. In: The Journal of the Linnean Society of London. Botany. XLVIII. No. 320. London 1928, 79–86.

Sprague/Nelmes 1931 = T. A. Sprague/E. Nelmes: The Herbal of Leonhart Fuchs. In: The Journal of the Linnean Society of London. Botany. XLVIII. no. 325. London 1931, 545–641.

Sprague/Sprague 1939 = T. A. Sprague/M. S. Sprague: The Herbal of Valerius Cordus. In: The Journal of the Linnean Society of London. Botany. LII. No. 341. London 1939, 1–113.

Sterly 1970 = Joachim Sterly: Heilpflanzen der Einwohner Melanesiens. Beiträge zur Ethnobotanik des südwestlichen Pazifik. München 1970 (Hamburger Reihe zur Kultur- und Sprachwissenschaft 6).

Sterly 1983 = Joachim Sterly: Zwei Erzählungen der Kuglkane. In: Anthropos 78. 1983, 246–253.

Synonyma Apothecariorum = Synonyma Apothecariorum. Mittelniederdeutsch-lateinisches pharmazeutisches Synonymenlexikon des 15. Jahrhunderts, enthaltend so gut wie alle Arzneistoffe, die damals in Apotheken gebräuchlich waren. [Exemplar der Hessischen Landesbibliothek Darmstadt, Ms. 2635, Bl. 42 r–77 v].

Peter Seidensticker, Lahr

251. Die Auffassung von Fachsprachen in den Sprachkonzeptionen des Barock

1. Fachsprachen im sprachlichen Alltag des 17. Jahrhunderts
2. Grundzüge barocker Sprachtheorie
3. Fachsprachen im Kontext des Sprachpatriotismus
4. Fachsprachen im Kontext der rational-universalistischen Sprachkonzeption
5. Literatur (in Auswahl)

1. Fachsprachen im sprachlichen Alltag des 17. Jahrhunderts

Die Entwicklung der Fachsprachen im Barock – zeitlich hier weitgehend mit dem 17. Jh. gleichgesetzt – ist geprägt von dem umfassenden Strukturwandel im öffentlichen Leben der frühen Neuzeit. Insbesondere die Veränderungen der ökonomischen Verhältnisse (Trennung von Wohn- und Arbeitsbereich, Zunahme der Arbeitsteilung etc.), die Herausbildung neuer bzw. die Verwissenschaftlichung traditioneller Forschungsgebiete sowie der Übergang vom Lateinischen zu den Volkssprachen wirken sich auf Anzahl und Qualität der Fachsprachen aus (Übersichtsdarstellungen: Drozd/Seibicke 1973; Seibicke 1985; Pörksen 1986, 10–41; bis zur Renaissance auch Olschki 1919; zu den wissenschaftsgeschichtlichen Veränderungen z. B. Heidelberger/Thiessen 1981).

251. Die Auffassung von Fachsprachen im Barock

Die Neuerungen knüpfen an das Fachschrifttum der bereits im Mittelalter begegnenden Einzeldisziplinen der *artes liberales* (Grammatik, Rhetorik, Dialektik etc.), der *artes mechanicae* (Handwerk, Kriegswesen, Landbau, Heilkunde etc.), der *artes magicae* (Magie und Mantik; hinzu kommen die Praktiken des Gaunertums) sowie des Rechtswesens an (dazu Eis 1962, mit zahlreichen Literaturangaben; kritisch zu Positionen der Sprachgeschichtsschreibung Bayer 1975). Der Übergang zur Neuzeit verläuft in unterschiedlichen Graden der Kontinuität; für die Fachsprache der Chemie z. B. lassen sich drei Entwicklungsstufen unterscheiden (nach Crosland 1962): (1) Bezeichnung der Substanzen u. a. nach sinnlich wahrnehmbaren Kriterien wie Farbe, Konsistenz, Geschmack, Geruch, nach planetarischen Assoziationen (Gold = Sonne, Silber = Mond etc.), nach Personen- und Ortsnamen etc., weitgehend abhängig vom individuellen Autor; (2) Epoche der Enzyklopädisierung im 17. und 18. Jh. (Verfassen von Pharmakopöen); (3) Méthode de nomenclature chimique von 1787. Zeitgenössische Darstellungen des Fachschrifttums geben u. a. Jacob Friedrich Reimmann (1710) und Justus Georg Schottelius (1663, 1148—1215).

Ausdruck und zugleich ein wesentlicher Stimulus des erwähnten Strukturwandels ist die insbes. im 17. Jh. forciert betriebene Hinwendung zu den Volkssprachen. Maßgebliche Gründe dafür sind:

— die Bewertung der Muttersprache als Ausdruck kultureller und politischer Identität;
— die Entstehung eines modernen Wissenschaftsbegriffs mit seiner Forderung nach voraussetzungslosem, d. h. weniger der gelehrten Tradition und metaphysischen Einbindungen verpflichtetem Forschen;
— eine realienorientierte Pädagogik und Didaktik (u. a. Wolfgang Ratke und Johann Amos Comenius) und die Aufwertung der *artes mechanicae* an den Lehrinstitutionen;
— die durch den Buchdruck ermöglichte Ansprache breiterer, des Lateinischen nicht mächtiger Leserschichten;
— das zu anspruchsvolle lateinsprachliche Ideal der Humanisten.

Mit der Kritik am Lateinischen als Sprache einer ausschließlich innerhalb der Gelehrtengemeinschaft betriebenen Wissenschaft, die zudem oft genug Autoren zum Verschleiern ihrer Sachaussagen diene (vgl. Leibniz' Rede vom „lateinischen Mantel" als einem „Homerischen Nebel"; Leibniz 1679, 809), geht die Aufwertung des Deutschen einher. Immer wieder wird betont, daß „des Menschen Verstand nicht an eine gewisse Sprache gebunden" sei (Harsdörffer 1648—1653, I, 17), und bestritten, „daß man nur in Latein / Griechisch oder Hebräisch weiß [= weise] / in Teutsch aber närrisch sein sollte" (Hille 1647, 136). An den Universitäten werden seit dem 16. Jh. vereinzelt deutsche bzw. mischsprachige Vorlesungen gehalten — von der Forschung in ihrer Signalwirkung wohl überwertet ist die Vorlesung des Paracelsus im Jahre 1527 (zu seinem deutschen Schrifttum vgl. Weimann 1963, anders aber Telle 1981; vgl. Art. 245) —, aufsehenerregender jedoch war die Wahl der Volkssprache durch bedeutende Wissenschaftler und Philosophen wie Galilei oder Giordano Bruno. Insgesamt aber vermag die bereits zu Beginn des 17. Jh.s begegnende Auffassung, deutsche Fachsprachen könnten nicht nur „die Teutsche Sprach und Nation mercklich [bessern]", sondern auch auf die „Künste vnnd Wissenschafften selbst" stimulierend wirken (Helwig/Jung 1614, 72), nichts am Primat des Lateinischen als Publikationssprache bis zum Ende des 17. Jh.s zu ändern.

Auch in den auf Deutsch verfaßten fachsprachlichen Texten der Barockzeit finden sich fremdsprachliche Fachausdrücke in großer Zahl, insbes. griechischer, lateinischer, arabischer, französischer, italienischer, spanischer und englischer Herkunft, in unterschiedlichen Graden der Assimilation. Dies ist am wenigsten der Fall dort, wo der sprachlich zu behandelnde Gegenstand handwerklich-technischer Natur ist. Wiederholt begegnet die Behauptung, das Deutsche sei bei der sprachlichen Erfassung der Realia lexikalisch besonders gut ausgestattet (z. B. nach Leibniz 1697, 330: Bergbau, Schiffahrt, Waidwerk, allgemein von Gegebenheiten, „so mit den fünff Sinnen zu begreiffen"; vgl. auch Longolius 1715, 513), für die einen höheren Abstraktionsgrad voraussetzenden Disziplinen jedoch noch unzureichend (Leibniz 1697, 330 f: Logik, Metaphysik, Ethik, Politik, allgemein von Gegebenheiten, die man „allein durch Betrachtung erreichen kan"; vgl. auch Leibniz 1670, 414).

Strukturell lassen sich die Fachsprachen des 17. Jh.s am deutlichsten in der Lexik, aber auch in der Graphie (Verwendung von Symbolen und Sonderzeichen), der Wortbildung, der Phraseologie, der Syntax und der Textgestaltung charakterisieren (s. z. B.

Drozd/Seibicke 1973; Rupp/Maurer 1974; Pörksen 1986). Die Präsenz fremdsprachlicher Elemente beschränkt sich weitgehend auf Wortbildung, Lexik und Phraseologismen (Mackensen 1964), mit Ausnahme des lateinischen Einflusses, der sich auch in der z. T. hybriden Syntax deutschsprachiger Texte zeigt (zu Latinismen wie dem A. c. I., N. c. I., Abl. abs., Part. conj. vgl., für die frühen Humanisten, Knape 1985, für Opitz Schulz-Behrend 1955 u. Alewyn 1962; allgemein zum lateinisch-deutschen Sprachkontakt vgl. Drux 1984).

2. Grundzüge barocker Sprachtheorie

Grundlage der folgenden Ausführungen ist die Unterscheidung dreier sprachtheoretischer Linien für den deutschsprachigen Raum im 17. Jh.: der Sprachmystik, des um die hochsprachliche Normierung des Deutschen und seine Aufwertung bemühten Sprachpatriotismus und des einem vorwiegend rationalen Wissenschaftsbegriff verpflichteten Sprachuniversalismus (zum Folgenden vgl. Gardt 1994). Die Sprachmystik kann hier unberücksichtigt bleiben, da in ihren metasprachlichen Äußerungen die Fachsprachen-Thematik vorwiegend in der Kritik an der (lateinischen) Gelehrtensprache der orthodoxen Theologie Erwähnung findet. Jakob Böhme etwa gilt diese auf der gemeinsprachlichen Semantik basierende, als künstlich und verbildet empfundene Gelehrtensprache als Sprache der „Buchstaben= Wechsler" (Böhme 1623, 35/63), die keinen Zugang zum „wahren" Wesen der Dinge erlaube. Ihr wird das Deutsche als Muttersprache gegenübergestellt, die durch ihre Nähe zur göttlich inspirierten, von Adam im Paradies verwendeten „Natursprache" dem gläubigen Menschen metaphysische Wahrheit zu vermitteln vermag (zu Böhmes transzendent begründeten Lautanalysen vgl. Konopacki 1979). — Die Beschreibungssprache der frühneuzeitlichen Mystiker selbst weist zwar fach- und gruppensprachliche Züge auf (Charakter als Arkansprache, Rückgriff auf alchimistische Terminologie), ist jedoch, wie die Metasprachen der barocken Sprachtheoretiker generell, nicht Gegenstand dieser Darstellung.

Kennzeichen der sprachpatriotischen wie der rational-universalistischen Sprachtheorie des 17. Jh.s sind u. a. (a) die weitgehende Orientierung am Wort als Gegenstand der Argumentation und (b) der Wunsch nach Optimierung des sprachlichen Zugriffs auf Wirklichkeit. *Zu (a)*: Die Orientierung am Einzelwort ist zwar insbesondere für den Sprachpatriotismus kennzeichnend (Schottelius 1663, 1276: Wörter als „Ekk= und Grundsteine" der Sprache, als „das erste und letzte im Sprachwesen", als „stets saftvolle Wurtzelen" des „Sprachbaumes" [ebd., 50]; Zesen 1668, 359: „wörter und redensahrten" als Kennzeichen von „kunst / wissenschaft und handwerk"), begegnet aber auch bei zahlreichen Universalisten (Leibniz 1697, 336: Wörter als „Grund und Boden einer Sprache"; Becher 1674, passim). Die Diskussion über Fachsprachen ist damit im 17. Jh. weitestgehend eine Diskussion über Fachwörter (bzw. „Kunstworte", „verba artis", „verba technica", „termini", „termini technici", „termini technologici", „termini artis", „technica"). Gelegentlich wird zwischen diesen Bezeichnungen semantisch differenziert, doch nie so konsequent, daß grundsätzliche Aussagen über Gewichtungen bei ihrer Verwendung möglich wären, etwa in bezug auf Handwerke im Gegensatz zu akademischen Disziplinen (vgl. aber Leibniz 1670, 411). Definiert werden Fachwörter in der Regel über ihren Referenzbereich, d. h. als Wörter, die einer bestimmten „Kunst vnd Wissenschaft eigen [sind]" (Schorer 1648, 48; s. auch Kramer 1719, Vorrede, A 3ʳ; Thomasius 1691, 122). Fragen des Satzbaus werden, wenn überhaupt, meist durch Verweis auf die syntaktische Komponente der rhetorischen Drei-Stile-Lehre angesprochen: Eine mittlere bis schlichte Stillage (d. h. keine übermäßige Verwendung komplexer syntaktischer Figuren) erscheint dabei für Fachsprachen am angemessensten (vgl. z. B. Thomasius' Forderung nach einer „Mittel=Strasse" für die Fachsprache des Rechtswesens, zwischen „allzugrosse[r] Weitläufigkeit" und einer den Text „obscur" machenden „allzukurtze[n] Schreib= Art", Thomasius 1713, 168 f).

Zu (b): Den bestmöglichen sprachlichen Zugriff auf die Wirklichkeit sehen die Vertreter des Sprachpatriotismus durch die besonderen Qualitäten des Deutschen garantiert, dem lexikalische *copia*, große wortbildungsmorphologische Möglichkeiten und eine ontologische ‚Richtigkeit' (s. 3.1.) zugesprochen werden. Universalistisch argumentierende Gelehrte dagegen glauben diesen Zugriff in optimaler Weise nur über künstlich geschaffene Sprachen gewährleistet, da die Volkssprachen aufgrund ihrer historischen Genese im semantischen Bereich Mängel wie Polyse-

251. Die Auffassung von Fachsprachen im Barock

mie, Homonymie und Synonymie aufweisen und daher als Mittel der präzisen Wirklichkeitsbeschreibung ausscheiden.

Beiden sprachtheoretischen Linien gemeinsam jedoch ist die Auffassung vom Primat der *res* gegenüber den *verba*: Die sprachlichen Ausdrücke verweisen auf vorgegebene Gegenstände und Sachverhalte der außersprachlichen Wirklichkeit bzw., bei Annahme einer mentalen Zwischenstufe, auf die im Prinzip bei allen Menschen gleichen Vorstellungen von diesen Gegenständen und Sachverhalten (Comenius 1668, 286: *notitiae communes*; zur Frage der Relation zwischen Wort und Ding vgl. u. a. Becher 1674, Vorrede u. Appendix, 46, 48; Hille 1647, 63; Harsdörffer 1644, 373; Schottelius 1663, 187; Stieler 1691, 25). In verkürzter Form ergibt sich damit das zeichentheoretische Axiom ‚Die Wörter verweisen auf die Dinge', dort jedenfalls — dies ist der Vorbehalt der rational-universalistischen Sprachkritik —, wo die Zuordnung zwischen Ausdruck und Gegenstand sachadäquat und eindeutig erfolgte. Ist das der Fall, dann vermag man die Gegenstände der Wirklichkeit auch über die sie zutreffend bezeichnenden Wörter kennenzulernen, Spracherwerb wird zum Erwerb von Wissen über die Welt (Becher 1674, Appendix, 18: „[…] daß also der Lernende mit Erlernung der Wörter / auch die allgemeine natürliche Zufäll und Wesen der benennten Sachen erlernet"). Dieser Gedanke spielt eine wichtige Rolle für die Lexikographie der Zeit. Einerseits legitimiert er die vergleichsweise intensiv, am erfolgreichsten durch Comenius betriebene onomasiologische Lexikographie sozusagen zeichentheoretisch. Gleichzeitig liefert er eine schlagende Begründung für das Verfassen von Fachwörterbüchern: Weil „die Worte den Sachen antworten", würde „ein Teutsches Werck der Kunst-Worte einen rechten Schatz guter Nachrichtungen in sich begreifen", d. h. es würden „durch Erklärung der Kunst-Worte die Wissenschaften selbst erläutert und befördert" werden (Leibniz 1697, 337 ff).

3. Fachsprachen im Kontext des Sprachpatriotismus

3.1. Ideale Ausdruck-Gegenstand-Relation

Die Neuerungen bei den Forschungsgegenständen und -methoden gerade im 17. Jh., der starke kompilatorisch-enzyklopädische Zug der Zeit und die damit einhergehende Systematisierung und Hierarchisierung in der Begrifflichkeit und Terminologie machen eine intensive Verwendung von Fachausdrücken — sei es durch Übernahme, durch eine Form der Lehnbildung oder durch muttersprachliche Neubildung — notwendig. Die Zuordnung dieser Ausdrücke zu den außersprachlichen Referenten wird in den Texten von Autoren aus dem Umkreis des Sprachpatriotismus unter einem praktischen wie unter einem zeichenspezifischen Gesichtspunkt diskutiert. Bei dem praktischen Gesichtspunkt handelt es sich um die Wortbildung: Der Forderung, wonach jedem Gegenstand der ihm eigene Ausdruck zukommen solle, könne die deutsche Sprache aufgrund ihrer besonderen Wortbildungsmöglichkeiten in ausgezeichneter Weise entsprechen. So kombiniert Justus Georg Schottelius bis zu sieben Stamm- und Derivationsmorpheme pro lexikalischer Einheit, um neue Wörter zu schaffen (1663, 78 f), und Georg Philipp Harsdörffer stellt mit seinem „Fünffachen Denckring der Teutschen Sprache" (1677, 517) ein aus 264 Flexions- und Wortbildungsmorphemen sowie einzelnen Buchstaben und Buchstabenverbindungen bestehendes Kombinationssystem vor, mit dem sich 97 209 600 — diese Angabe macht Leibniz — potentielle Wörter bilden lassen.

Der zeichenspezifische Gesichtspunkt der Diskussion der Ausdruck-Gegenstand-Relation kommt in den sprachpatriotischen Bewertungen zum Tragen, in besonderer Zuspitzung in Schottelius' „Ausführlicher Arbeit von der teutschen HauptSprache". Danach dienen die Stammwörter der deutschen Sprache im Gegensatz zu den Wörtern anderer Sprachen nicht nur zur Identifizierung der bezeichneten Gegenstände, sondern drücken geradezu deren ‚Wesen' aus, wenn auch weniger aufgrund metaphysischer Gegebenheiten, wie dies die Sprachmystik Böhmes vorsieht, sondern bedingt durch eine vermeintlich umfassende lautmalende Motiviertheit des Deutschen (Schottelius 1663, 59: die Wörter des Deutschen „[veruhrsachen] durch einen natürlichen Zufall den gehörigen Laut"). Aus dieser Annahme wird eine ontologische Richtigkeit des Deutschen abgeleitet: Die Stammwörter haben „den Kern und das Mark aus der Vernunft gesogen" (ebd., 68) und bezeichnen die Gegenstände so, wie sie tatsächlich sind. Sind nun Neubildungen im Bereich des Fachwortschatzes notwendig, so müssen sie gemäß den deutschen Wortbildungsprinzipien geschaffen werden („Die unbeweglichen HauptGründe unserer Sprache […] befehlen uns also die Wörter zu bilden / und die Dinge außzudrükken", ebd., 13). Dies wird den Sprechern insbes. dann gelingen, wenn sie nicht der „Frömdgierigkeit" (ebd., passim) nachgeben, d. h. nicht auf morphologische und lexikalische Fremdelemente zurückgreifen, sondern neue Wörter „ex fundamentis analogicis linguae germanicae" bilden und sich dabei auf ihr „gutes einheimisches Wesen" (ebd., 138) besinnen. Die fremder Kulturen unkundigen und akademisch ungeschulten Bergleute z. B. hätten sämtliche notwendigen Fachwörter „aus der grundschacht ihrer reichen muttersprache" (Zesen 1668, 353) gebildet. Solche deutschen Fachwörter kommen sowohl der deutschen Sprache selbst zugute – durch sie „[verbleibet] die [deutsche, A. G.] Sprache in jhrem Vermögen (das vermögen der Sprache sind Worte) immerfort" (Schottelius 1663, 1187) – wie auch ihren Sprechern im kommunikativen Alltag, da „ein Teutsches Gemüt also genaturet [ist] / daß es solche teutsche Wörter leichtlich vernehmen [...] kann" (ebd.).

3.2. Praktische Vorschläge zur Gestaltung von Fachsprachen

Die Diskussion über die praktische Handhabung des Fachsprachenproblems wird im Rahmen des Sprachpatriotismus zum großen Teil als Auseinandersetzung über die Vorzüge des eigenen Wortgutes gegenüber fremdem Wortgut geführt (zur Fremdwort-Diskussion im 17. Jh. vgl. Gardt 1997). Anlaß zu dieser Auseinandersetzung ist für viele Autoren die Unzufriedenheit mit den sprachlichen Erscheinungen des *Alamode*-Wesens, der Orientierung führender gesellschaftlicher Gruppen an französischer Kultur und Lebensart. Im Zusammenhang der Gegenüberstellung des sprachlich Eigenen mit dem Fremden wird das Thema der Fachsprachen als ein zentraler Punkt mitbehandelt.

Trotz der ahistorischen Sicht des Deutschen als eines idealerweise in einem hochwertigen Strukturzustand festzuschreibenden und von Fremdelementen freien Gebildes werden angesichts praktischer Kommunikationsbedürfnisse zahlreiche Zugeständnisse in der Frage fremder Fachwörter gemacht. Das Spektrum der Meinungen ist begrenzt einerseits von der Forderung nach direkter Übernahme fremdsprachlicher Ausdrücke – eine Haltung, die zur Aufklärung hin zunimmt (z. B. Thomasius) –, andererseits von der Forderung nach konsequenter Neuschöpfung mittels deutschen Wort- und Wortbildungsinventars (z. B. Zesen). Zwischen diesen Extremen begegnen zahlreiche Grade der Entlehnung, wobei sich die Diskussion bis auf die Schreibung erstreckt (Zesen lehnt c, q und y in deutschen Texten ab, 1651, 146; dagegen aber Stieler 1681, II, 171 ff; vgl. auch Werner 1635, 33). Bei denjenigen Autoren, die deutsche Neu- oder Lehnbildungen zur Wiedergabe fremdsprachlicher Fachtermini fordern, begegnen vor allem drei Begründungen: (a) eine sprachpatriotische, (b) eine sprachpädagogische und (c) eine kommunikative.

(a) Die sprachpatriotische Begründung zur Verwendung deutscher Fachtermini hebt auf die vermeintlich außergewöhnliche Leistungsfähigkeit der deutschen Sprache ab. Die Formulierungen sind entweder allgemein gehalten – „alles / was zu richtigem Verständniß einer Sache dienlich ist / [kan] in unsrer Sprache [...] bedeutet werden" (Harsdörffer 1648–53, III, 10 f; vgl. auch Schottelius 1663, 1248 f) – oder mit Bezug auf ein bestimmtes Fachgebiet formuliert („Ich halte / man könt einen Krancken eben so wol auff Teutsch / als auff Griechisch oder Arabisch curiren", Balthasar Schupp, zit. nach Zeiller 1700, 315). Insbesondere von Mitgliedern der Sprachgesellschaften werden in großer Zahl Neu- und Lehnbildungen propagiert (vgl. die Wortgeschichten des Deutschen, z. B. Rupp/Maurer 1974, 24 ff). Für die Fachsprache des Rechtswesens z. B. werden als eigene Bildungen bzw. als Übernahmen von anderen vorgeschlagen: *Gesetzbrecher* (franz. *casseloix*), *Sittenbrecher* (franz. *casse-mœurs*), *Erbzinßguht* (lat. *emphyteuticum bonum*), *Rechtsstand* (*litis pendentia*) (Schottelius 1663, 72–103); *Erblasser* (*defunctus testator*), *Klagführer* (*actoris procurator*), *Benöthiger* (*vocans*), *Benöthigter* (*provocatus*) (Stieler 1681, 270); *Vertrag* (lat. *contract*), *Fruchtniessung* (*ususfructus*), *Gewährserhaltung* (*usucapio*), *Vermachung* (*legatum*) (Zesen 1643, 39; speziell zur Rechtssprache im 17. u. 18. Jh. s. Heller 1992; zu den begriffsgeschichtlichen Entwicklungen u. a. im Rechtswesen des 17. Jh.s s. Steger 1988; zur Rechtssprache im 18. u. 19. Jh. s. Schrader 1990).

(b) Die Forderung der realienorientierten Pädagogik und Didaktik nach Verwendung deutscher Fachwörter wird am prägnantesten formuliert von Wolfgang Ratke (Ratichius) und seinen Anhängern sowie von Johann Amos Comenius (ein kurzer Überblick bei Grimm 1987). Ein Grundgedanke der Ratichianer ist, der Jugend mit der Vermittlung sprachlicher Bezeichnungen auch die Kenntnis von den bezeichneten Gegenständen und Sachverhalten nahezubringen, letzten Endes deshalb, um den jungen Menschen den durch göttliches Wirken geschaffenen Zusammenhang aller Seinsphänomene vor Augen zu führen. Dieses auf dem Konzept „der wahren Glaubens, Natur vnd Sprachen Harmony" (Ratke 1630, 269) beruhende Programm ist aber nur umsetzbar, wenn die Schüler „Alles zu erst in der Mutter Sprach" — so der fünfte Grundsatz der „Ratichianischen LehrKunst" (Helwig/Jung 1614/15, 12) — erlernen, da nur dann die Sprache nicht zum Hindernis für das verstehende Individuum auf dem Weg zur bezeichneten Sache wird. Dementsprechend begründet Christopher Helwig seine Bevorzugung deutscher Fachtermini so (1619, Vorrede, AII^v; zu Ratkes zahlreichen Eindeutschungen und Neubildungen im Fachwortbereich s. etwa seine „Allunterweisung" mit dem Verzeichnis der Fachdisziplinen, in Ratke 1619):

„Dann ob wol die ins Teutsche vbergesetzte *termini technici* anfänglich seltzam lauten / dieweil man deren nicht gewohnet / so gibt doch die Erfahrung / wann einem Lehrknaben dieselben *termini* vorgelegt / vnd mit gebührendem fleiß erkläret werden / dz er sie viel leichter vnd ehe fasset / lernet vnd verstehet / auch in dem Gedechtnuß besser behelt / als die Lateinische / die ihm gantz ohnbekant / vnnd gleichsam / wie man zu sagen pfleget / Böhmische Dörffer sind."

(c) Für nahezu sämtliche Autoren des Barockzeitalters ist Verständlichkeit eine der wichtigsten Forderungen an Sprache und ihre Verwendung, ein Sachverhalt, der die Präsenz antik-rhetorischer Kategorien in der frühneuzeitlichen Sprachtheorie belegt (*aptum*-Lehre, Begriff der *perspicuitias/Deutlichkeit*, dazu auch Haas 1980). Wird die Notwendigkeit deutscher Fachausdrücke kommunikativ begründet, so geschieht dies dementsprechend durch Hinweis auf die vermeintliche Unverständlichkeit von Fremdwörtern: Heutzutage würden so viele fremde Fachwörter verwendet, daß „ein gemeiner Deutscher / fast eine neue Sprache lernen muß / wann er einen Deutschen Brieff recht lesen vnd verstehen wil" (Hutter 1602, B III^r); schließlich bestehe die Gefahr, daß „ein Deutscher selbst den andern nicht verstehet" (Rost 1653, Vers 160; vgl. auch Hille 1647, 136).

Kennzeichen des Kommunikationsarguments ist allerdings, daß es auch zum Beweis des Gegenteils, also von den Befürwortern fremdsprachlicher Fachwörter eingesetzt wird. Dies geschieht zunehmend zur Aufklärung hin — gelegentlich vor dem Hintergrund eines bestimmten Erziehungsideals (vgl. Thomasius' Verknüpfung von gesellschaftlichem Erfolg und ‚moderner' Sprache, in Thomasius' 1687 u. 1691, 14 ff u. 134) — und erreicht einen Höhepunkt um die Mitte des 18. Jh.s: „Regula Claritatis" verlange, so Augustin Dornblüth, daß man gebräuchliche Fremdwörter in ihrer fremden Schreibung und Aussprache belasse, da sie „der gemeine Mann [...] weit besser verstehet" (1755, 302). Auch Johann Christoph Gottsched fordert beim Umgang mit fremdem Wortgut ein differenziertes Vorgehen — man solle die „Mittelstraße" gehen (1762, 237) —, und die Schweizer Johann Jacob Bodmer und Johann Jacob Breitinger (1746, 617 f) kritisieren, daß von verdeutschten mathematischen Fachtermini selbst „der beste Mathematiker [...] kein Wort [...] in seiner eigenen Muttersprache verstehen" würde. Von dieser Position aus scheinen die sprachpuristischen Bestrebungen des 17. Jh.s im Rückblick als „lächerlich", als „Grillen einiger vormaliger Zesianer, und Pegnitzschäfer, auch Glieder der fruchtbringenden Gesellschaft" (ebd., 242).

Die im 18. Jh. geäußerte Kritik an einem überzogenen Sprachpurismus begegnet allerdings bereits in der Barockzeit, in der Auseinandersetzung um die sehr weitgehenden Verdeutschungsvorschläge Philipp von Zesens (— ihn meint wohl Schottelius, wenn er von „SprachSchindere[n]" spricht, 1663, 1245; vgl. auch Grimmelshausens „teutsche Sprachpolierer", 1673, 28, auch Leibniz' „Rein-Dünckler", 1697, 332). Tatsächlich wird der Purismus der Zeit immer wieder von der Einsicht in die Unabänderlichkeit der Sprachmischung überlagert: Wie es „kein Metall ohne Schlacken und Unreinigkeit" gebe, so sei auch „fast" keine Sprache „rein und selbständig" (Harsdörffer 1648—53, III, 10), und wie Metalle meist nur in Legierungen brauchbar seien, so müsse man auch „fremdeingeschaltne Wörter nothdringlich gebrauchen" (ebd.). Fremdwörter, damit auch fremde Fachwörter, werden dann ins Deutsche übernommen, wenn (vgl. Gardt 1994, 432 f):

(a) eine Bezeichnungslücke im Deutschen besteht (z. B. Ratke 1619a, 376; Zeiller 1700, 265) oder sich das Fremdwort durch kein semantisch vergleichbar prägnantes deutsches Wort ersetzen läßt (Schill 1644, 313; Ratke 1619a, 376);

(b) sich das Fremdwort im Sprachgebrauch des Deutschen bereits durchgesetzt hat und

allgemein verständlich ist (Gueintz 1645, 5 f; Harsdörffer 1648−53, 12 f);
(c) das Fremdwort in strukturell (partiell) assimilierter Form vorliegt (Schottelius 1663, 1248; Zeiller 1700, 265).

Die tatsächlich verwendeten Fachwörter sollten, dies wird wiederholt gefordert, in Wörterbüchern zusammengestellt werden (dazu auch Kühn/Püschel 1990, Reichmann 1990 u. Henne 1975). Die Forderungen beziehen sich sowohl auf deutsche Stammwörter („Kunstwörter von Bergwerke / Jagrechten / Schiffarten / Handwerkeren / u. d. g.", Harsdörffer 1644, 19; vgl. auch Schottelius 1663, 160) wie auf lateinische Ausdrücke („omnes termini Juridici" etc., Harsdörffer 1646, 167). Vor allem Leibniz (1697, 337 ff) sieht darin eine Aufgabe für eine Akademie, möglicherweise nach italienischem oder französischem Vorbild. Für einzelne Fachgebiete liegen bereits zahlreiche Glossare vor. Als Hilfe zum Erlernen fremder Termini dient auch das Verfahren, im deutschen Text vorkommende fremdsprachliche Fachausdrücke durch ihre deutschen Äquivalente in Fußnoten oder am Seitenrand zu ergänzen (z. B. Stieler 1681, wo allerdings umgekehrt vorgegangen wird: Zu deutschen Fachausdrücken im Text werden die fremdsprachlichen Äquivalente angegeben).

4. Fachsprachen im Kontext der rational-universalistischen Sprachkonzeption

Zwei Kennzeichen der rational-universalistischen, insgesamt auf die Aufklärung vorausweisenden Sprachkonzeption des 17. Jh.s sind im Hinblick auf die Fachsprachen-Thematik von besonderer Bedeutung: (a) das Ideal zeichenrelationaler Eindeutigkeit; (b) die Beurteilung des Einflusses von Sprache auf das Denken (Gardt 1994, 21 ff, 227 ff u. 251 ff).

(a) Im Gegensatz zu zeichentheoretischen Überlegungen aus dem Umkreis des Sprachpatriotismus, dessen Autoren meist nur zwischen *Wort* und *Sache* unterscheiden, liegt dem Eindeutigkeits-Konzept − wenn auch begrifflich bzw. terminologisch keineswegs immer konsequent differenziert − ein bilaterales Zeichenmodell mit den Komponenten *Wort* (d. h. Ausdrucksseite) und *Vorstellung* („Gedanke", „notio", „idea", „cogitatio" u. a.) zugrunde, wobei zusätzlich der bezeichnete *Gegenstand* („Sache", „Ding") abgehoben wird. Als ideal gilt eine Eins-zu-eins-Relation zwischen den genannten Größen, die jedoch in den Einzelsprachen aufgrund ihrer Geschichtlichkeit und Offenheit gegenüber den unterschiedlichen Gebrauchsinteressen der Sprecher als faktisch nicht gegeben gesehen wird. Das Konzept zeichenrelationaler Eindeutigkeit entbehrt jeglicher sprachmystischer oder sprachpatriotischer Überlagerung, d. h. der Annahme eines Zugriffs auf das „Wesen" der bezeichneten Gegenstände mittels der *Natursprache* bzw. mittels der dafür angeblich besonders geeigneten deutschen Sprache.

(b) Im Rahmen der rational-universalistischen Sprachkonzeption wird ein Einfluß der Sprache auf das Denken angenommen; dieser Einfluß wird sowohl kritisch wie auch positiv vermerkt. Die Kritik begegnet in sehr ähnlicher Form bei englischen Empiristen (z. B. John Locke) wie bei kontinentalen Rationalisten (z. B. Leibniz): Die einzelsprachliche Zuordnung von Bezeichnungen zu außersprachlichen Gegenständen sei zwar für die „common Affairs of Life" (Locke 1689, 457) ausreichend; bereits bei der Verwendung von Abstrakta wie *Ehre, Glauben, Gnade, Religion* aber führe die mangelnde Präzision in den Zeichenrelationen zu Mißverständnissen und Streitigkeiten (Leibniz, in Wiedergabe von Lockes Position, 1704, III, 9, 5). Eben weil die sprachlichen Ausdrücke die Realität häufig in einer Weise gliedern erfassen, die den objektiven Gegebenheiten der Realität nicht entspricht, ist es erkenntnistheoretisch unzulässig, ‚die Wörter für die Dinge zu nehmen' („[prendre] les mots pour des choses", Leibniz, in Wiedergabe von Lockes Position, 1704, III, 10, 14). Tatsächlich können die Wörter zwischen unser Erkennen und die Wahrheit der Dinge treten („between our Understandings, and the Truth", Locke 1689, 488) und uns zu fehlerhaften Annahmen über die Wirklichkeit verleiten.

Bei positiver Bewertung des Einflusses der Sprache auf das Denken wird betont − im folgenden an Äußerungen von Leibniz belegt −, daß ein reflexives, d. h. nicht mehr nur intuitives Denken ausschließlich als ein Denken mittels (Sprach-)Zeichen möglich ist (z. B. Leibniz 1677, 191). Gäbe es für einen betreffenden Gegenstand kein ihn repräsentierendes Zeichen, müßte dieser Gegenstand stets in allen seinen Einzelheiten gedacht bzw. müßte stets seine vollständige Definition vergegenwärtigt werden (Leibniz 1704, III, 1, 2). Die Sprachzeichen dienen also als mentale

Wortmünzen, mit denen man kognitiv handelt (zur Münzmetapher s. Leibniz 1697, 329). Sachadäquates kognitives Handeln ist jedoch nur dann möglich, wenn die Zeichen — wie dies auch bei Münzen der Fall ist — in ihrem semantischen „Wert" eindeutig bestimmt sind. Der optimale Grad der Korrelation zwischen Sprachzeichen und Realität ist erreicht, wenn sich die Inhalte von Ausdrücken wie z. B. *animal* und *rationalis* zu dem Inhalt von *homo* (*homo = animal rationale*) genau so eindeutig verhalten wie die Werte der Zahlen 2 und 3 zur Zahl 6 (6 = 2 × 3) (u. a. Leibniz 1679a, 50 u. 53 f). In vollkommener Weise können dies nur künstlich geschaffene Sprachen leisten, deren Termini präzise definiert werden, wie dies Leibniz zumindest ansatzweise in seinen Entwürfen einer „Characteristica Universalis" vorschlägt.

Mit entsprechenden Abstrichen vermögen jedoch selbst die natürlichen Sprachen „zur Schärfung [des] Verstandes" (Leibniz 1697a, 5) beizutragen, wenn auch das Deutsche weniger als andere Sprachen, die in den theoretischeren und abstrakteren Wissenschaftsdisziplinen lexikalisch besser ausgebaut sind. Nicht zuletzt deshalb ist bei der Definition von Fachwörtern streng systematisch zu verfahren (Leibniz 1670, 411).

Eine der wichtigsten Eigenschaften von Fachsprache ist *claritas* (ebd., 408 ff; in diesem Sinne auch die Reihung „ratio naturalis et propria, simplex et perspicua", ebd.), die Verständlichkeit von Wort und Syntax für die Mitglieder einer Sprachgemeinschaft. In diesem Sinne weisen fremdsprachliche Fachtermini aufgrund ihres geringeren Bekanntheitsgrades mehr ‚Dunkelheit' (*obscuritas*) auf als muttersprachliche Fachausdrücke, so daß Leibniz deren Bevorzugung fordert, wo dies möglich ist (— in der Mathematik z. B. ist es nicht möglich, da ihr Gegenstand nicht sinnlicher Natur ist und zu weit vom Alltäglichen entfernt ist). Ihre fachsprachliche Bedeutung muß so genau festgelegt sein, daß diese Bedeutung im Bewußtsein der Sprachbenutzer genau dann präsent ist, wenn die entsprechende Ausdrucksseite begegnet, und umgekehrt muß mit einer bestimmten Bedeutung genau eine Ausdrucksseite korrelieren. Mittels muttersprachlicher Fachausdrücke läßt sich sogar die Seriosität des wissenschaftlichen Gegenstandes bzw. seiner sprachlichen Darstellung überprüfen: Wären Philosophen gezwungen, die Gegenstände ihres Denkens in der Muttersprache darzustellen, würde sich sehr schnell herausstellen, was Substanz hat bzw. was lediglich rhetorisches Blendwerk ist (ebd., 414). Dieser Angriff auf scholastische Traditionen und die Forderung nach einem semantisch durchsichtigen, vernunftgeleiteten fachsprachlichen Diskurs finden zu Beginn des 18. Jh.s ihre Fortsetzung in den Arbeiten Christian Wolffs.

5. Literatur (in Auswahl)

Alewyn 1962 = Richard Alewyn: Vorbarocker Klassizismus und griechische Tragödie. Analyse der Antigone-Übersetzung des Martin Opitz. Heidelberg 1926. [Nachdruck. Darmstadt 1962].

Apel 1975 = Karl-Otto Apel: Die Idee der Sprache in der Tradition des Humanismus von Dante bis Vico. 2. Aufl. Bonn 1975 (Archiv für Begriffsgeschichte 8).

Bayer 1975 = Hans Bayer: Praxis — Sprache — Denkform. Zur frühen deutschen Literatur- und Wissenschaftssprache. In: Beiträge zur Geschichte der deutschen Sprache und Literatur 97. 1975, 396—439.

Becher 1674 = Johann Joachim Becher: Methodvs Didactica […]. 2. Aufl. Frankfurt 1674.

Bodmer/Breitinger 1746 = Johann Jacob Bodmer/ Johann Jacob Breitinger: Der Mahler der Sitten […]. Bd. 2. Zürich 1746. [Nachdruck. Hildesheim. New York 1972].

Böhme 1623 = Jacob Böhme: Mysterium Magnum […]. 1623. In: Sämtliche Schriften. Faksimile-Neudruck der Ausgabe von 1730. Begonnen v. August Faust, neu hrsg. v. Will-Erich Peuckert. Bde. 7 u. 8. Stuttgart 1958.

Comenius 1668 = Johann Amos Comenius: Via lucis […]. Amsterdam 1668. In: Johannis Amos Comenii opera omnia. Hrsg. v. d. tschechoslowakischen Akademie der Wissenschaften. Bd. 14. Hrsg. v. Jarmila Borská u. Julie Nováková. Prag 1974.

Crosland 1962 = Maurice P. Crosland: Historical studies in the language of chemistry. London. Melbourne. Toronto 1962.

Dornblüth 1755 = Augustin Dornblüth: Observationes oder Gründliche Anmerckungen über die Art und Weise eine gute Übersetzung besonders in die teutsche Sprach zu machen […]. Augsburg 1755.

Drozd/Seibicke 1973 = Lubomir Drozd/Wilfried Seibicke: Deutsche Fach- und Wissenschaftssprache. Bestandsaufnahme — Theorie — Geschichte. Wiesbaden 1973.

Drux 1984 = Rudolf Drux: Lateinisch/Deutsch. In: Sprachgeschichte. Ein Handbuch zur Geschichte der deutschen Sprache und ihrer Erforschung. Hrsg. v. Werner Besch, Oskar Reichmann und Stefan Sonderegger. 1. Halbbd. Berlin. New York 1984 (Handbücher zur Sprach- und Kommunikationswissenschaft 2.1), 854—861.

Eis 1962 = Gerhard Eis: Mittelalterliche Fachliteratur. Stuttgart 1962.

Gardt 1994 = Andreas Gardt: Sprachreflexion in Barock und Frühaufklärung. Entwürfe von Böhme bis Leibniz. Berlin. New York 1994 (Quellen und Forschungen zur Sprach- und Kulturgeschichte der germanischen Völker 108).

Gardt 1997 = Andreas Gardt: Das Fremdwort in der Sicht der Grammatiker und Sprachtheoretiker des 17. und 18. Jahrhunderts. Eine lexikographische Darstellung. In: Zeitschrift für deutsche Philologie 116. 1997, 388−412.

Gottsched 1762 = Johann Christoph Gottsched: Deutsche Sprachkunst [...]. 1748. 5. Aufl. Leipzig 1762. In: Ausgewählte Werke. Hrsg. v. P. M. Mitchell. Bd. 8. Teil 1. Bearb. v. Herbert Penzl. Berlin. New York 1978.

Grimm 1987 = Gunter E. Grimm: Muttersprache und Realienunterricht. Der pädagogische Realismus als Motor einer Verschiebung im Wissenschaftssystem (Ratke − Andreae − Comenius). In: Res Publica Litteraria. Die Institutionen der Gelehrsamkeit in der frühen Neuzeit. Hrsg. v. Sebastian Neumeister und Conrad Wiedemann. Wiesbaden 1987, 299−324.

Grimmelshausen 1673 = Hans Jakob Christoffel von Grimmelshausen: Deß Weltberuffenen Simplicissimi Pralerey und Gepräng mit seinem Teutschen Michel. Hrsg. v. Rolf Tarot. Abdruck der Erstausgabe von 1673. Tübingen 1976.

Haas 1980 = Elke Haas: Rhetorik und Hochsprache. Über die Wirksamkeit der Rheotrik bei der Entstehung der deutschen Hochsprache im 17. und 18. Jahrhundert. Frankfurt. Bern. Cirencester 1980 (Europäische Hochschulschriften. Reihe 1. 349).

Harsdörffer 1644 = Georg Philipp Harsdörffer: Schutzschrift / für Die Teütsche Spracharbeit [...]. 1644. In: Georg Philipp Harsdörffer: Frauenzimmer Gesprächspiele. 1. Teil. Nachdruck. Hrsg. v. Irmgard Böttcher. Tübingen 1968, 339−396.

Harsdörffer 1646 = Georg Philipp Harsdörffer: Specimen Philologiae Germanicae [...]. Nürnberg 1646.

Harsdörffer 1648−1653 = Georg Philipp Harsdörffer: Poetischer Trichter [...]. Nachdruck der Ausgabe Nürnberg 1648−1653. (1. Teil 1650; 2. Teil 1648; 3. Teil 1653). Hildesheim. New York 1971.

Harsdörffer 1677 = Georg Philipp Harsdörffer: Deliciae mathematicae et physicae [...]. 2. Teil. Nürnberg 1677. − Auch als Nachdruck der Ausgabe Nürnberg 1651, hrsg. u. eingel. v. J. J. Berns. Frankfurt 1990.

Heidelberger/Thiessen 1981 = Michael Heidelberger/Sigrun Thiessen: Natur und Erfahrung. Von der mittelalterlichen zur neuzeitlichen Naturwissenschaft. Reinbek b. Hamburg 1981.

Heller 1992 = Martin J. Heller: Reform der deutschen Rechtssprache im 18. Jahrhundert. Frankfurt a. M. Bern. New York. Paris 1992 (Rechtshistorische Reihe 97).

Helwig 1619 = Christopher Helwig: Sprachkünste: I. Allgemeine / welche das jenige / so allen Sprachen gemein ist / in sich begreifft / II. Lateinische / III. Hebraische [...]. Gießen 1619.

Helwig/Jung 1614 = Christopher Helwig/Joachim Jung: Kurtzer Bericht Von der Didactica Oder LehrKunst Wolfgangi Ratichii [...]. Gießen 1614. In: Ratichianische Schriften I. Hrsg. v. Paul Stötzner. Leipzig 1892, 59−75.

Helwig/Jung 1614/15 = Christopher Helwig/Joachim Jung: Artickel / Auff welchen fürnehmlich die Ratichianische Lehr Kunst beruhet. Um 1614/15. In: Ratichianische Schriften II. Hrsg. v. Paul Stötzner. Leipzig 1893, 11−25.

Henne 1975 = Helmut Henne: Deutsche Lexikographie und Sprachnorm im 17. und 18. Jahrhundert. In: Deutsche Wörterbücher des 17. und 18. Jahrhunderts. Einführung und Bibliographie. Hrsg. v. Helmut Henne. Hildesheim. New York 1975, 3−37.

Hille 1647 = Carl Gustav von Hille: Der Teutsche Palmbaum: Das ist / Lobschrift Von der Hochlöblichen / Fruchtbringenden Gesellschaft Anfang / Satzungen / Vorhaben / Namen / Sprüchen / Gemählen / Schriften und unverwelklichem Tugendruhm [...]. Nürnberg 1647. Nachdruck. München 1970 (Die Fruchtbringende Gesellschaft. Quellen und Dokumente in vier Bänden, hrsg. v. Martin Bircher, Bd. 2).

Hutter 1602 = Elias Hutter: Offentlich Außschreiben [...]. Darinn Einfältig vnnd Trewlich angezeigt wirdt / Welcher massen der jetzigen Welt vnd künfftigen Posteritet / durch eine Harmoniam Linguarum vnnd sonderliche Sprachen Kunst / geholffen werden könne [...]. Nürnberg 1602.

Knape 1985 = Joachim Knape: Das Deutsch der Humanisten. In: Sprachgeschichte. Ein Handbuch zur Geschichte der deutschen Sprache und ihrer Erforschung. Hrsg. v. Werner Besch/Oskar Reichmann/Stefan Sonderegger. 2. Halbbd. Berlin. New York 1985 (Handbücher zur Sprach- und Kommunikationswissenschaft 2.2), 1408−1415.

Konopacki 1979 = Steven A. Konopacki: The descent into words. Jacob Böhme's transcendental linguistics. Ann Arbor 1979.

Kramer 1719 = Matthias Kramer: Das Königliche Nider-Hoch-Teutsch / und Hoch-Nider-Teutsch Dictionarium [...]. Nürnberg [1719].

Kühn/Püschel 1990 = Peter Kühn/Ulrich Püschel: Die deutsche Lexikographie vom 17. Jahrhundert bis zu den Brüdern Grimm ausschließlich. In: Wörterbücher. Ein internationales Handbuch zur Lexikographie. Hrsg. v. Franz Josef Hausmann/Oskar Reichmann/Herbert Ernst Wiegand/Ladislav Zgusta. Teilbd. 2. Berlin. New York 1990 (Handbücher zur Sprach- und Kommunikationswissenschaft 5.2), 2049−2077.

Leibniz 1670 = Gottfried Wilhelm Leibniz: Marii Nizolii de veris principiis et vera ratione philosophandi contra pseudophilosophos, libri IV [...]. In: G. W. Leibniz. Sämtliche Schriften und Briefe. Hrsg. v. der Preußischen Akademie der Wissenschaften, später v. der Deutschen Akademie der Wissenschaften zu Berlin bzw. der Akademie der Wissenschaften der DDR, seit 1993 Berlin-Brandenburgische Akademie der Wissenschaften. Darmstadt (später: Leipzig, dann Berlin) 1923 ff. 6. Reihe, Bd. 2. Berlin 1966, 398—444.

Leibniz 1677 = Gottfried Wilhelm Leibniz: De connexione inter res et verba [...]. 1677. In: Die philosophischen Schriften von G. W. Leibniz. Hrsg. v. C. J. Gerhardt. Berlin 1875—1890. Nachdruck. Hildesheim 1965. Bd. 7, 190—193.

Leibniz 1679 = Gottfried Wilhelm Leibniz: Ermahnung an die Teutsche, ihren Verstand und Sprache beßer zu üben. 1679. in: G. W. Leibniz. Sämtliche Schriften und Briefe. Hrsg. v. der Preußischen Akademie der Wissenschaften, später v. der Deutschen Akademie der Wissenschaften zu Berlin bzw. der Akademie der Wissenschaften der DDR, seit 1993 Berlin-Brandenburgische Akademie der Wissenschaften. Darmstadt (später: Leipzig, dann Berlin) 1923 ff. 4. Reihe, Bd. 3. Berlin 1986, 795—820.

Leibniz 1679a = Gottfried Wilhelm Leibniz: Elementa Calculi. 1679. in: Opuscules et fragments inédits de Leibniz. Hrsg. v. Louis Couturat. Paris 1903, 49—57.

Leibniz 1697 = Gottfried Wilhelm Leibniz: Unvorgreiffliche Gedancken, betreffend die Ausübung und Verbesserung der Teutschen Sprache. Um 1697. In: Leibniz und die deutsche Sprache. Hrsg. v. Paul Pietsch. In: Zeitschrift des Allgemeinen Deutschen Sprachvereins. Wissenschaftliche Beihefte. 4. Reihe, H. 30. 1908, 313—356.

Leibniz 1697a = Gottfried Wilhelm Leibniz: Einige patriotische Gedanken. 1697. In: G. W. Leibniz. Deutsche Schriften. Hrsg. v. Walther Schmied-Kowarzik. 2 Bde. Bd. 1, 3—8.

Leibniz 1704 = Gottfried Wilhelm Leibniz: Nouveaux essais sur l'entendement humain. 1704. In: G. W. Leibniz. Sämtliche Schriften und Briefe. Hrsg. v. der Preußischen Akademie der Wissenschaften, später v. der Deutschen Akademie der Wissenschaften zu Berlin bzw. der Akademie der Wissenschaften der DDR, seit 1993 Berlin-Brandenburgische Akademie der Wissenschaften. Darmstadt (später: Leipzig, dann Berlin) 1923 ff. 6. Reihe, Bd. 6. Berlin 1962.

Leser 1912 = Ernst Leser: Geschichte der grammatischen Terminologie im 17. Jahrhundert. Diss. Freiburg 1912.

Locke 1689 = John Locke: An Essay concerning Human Understanding. 1689. Ed. by Peter H. Nidditch. Oxford 1975.

Longolius 1715 = Johann Daniel Longolius: Einleitung zu gründlicher Erkäntniß einer ieden / insonderheit aber Der Teutschen Sprache [...]. Bautzen 1715.

Mackensen 1964 = Lutz Mackensen: Zur Sprachgeschichte des 17. Jahrhunderts. Aus der Arbeit der „Deutschen Presseforschung". In: Wirkendes Wort 14. 1964, 157—170.

Olschki 1919 = Leonardo Olschki: Die Literatur der Technik und der angewandten Wissenschaften vom Mittelalter bis zur Renaissance. Heidelberg 1919.

Pörksen 1986 = Uwe Pörksen: Deutsche Naturwissenschaftssprachen. Historische und kritische Studien. Tübingen 1986 (Forum für Fachsprachen-Forschung 2).

Ratke 1619 = Wolfgang Ratke: Allgemeine Sprachlehr [...]. Köthen 1619. In: Erika Ising: Wolfgang Ratkes Schriften zur deutschen Grammatik (1612—1630). Teil 2: Textausgabe. Berlin 1959, 23—37.

Ratke 1619a = Wolfgang Ratke: Die Verstehungslehrartlehr. In: Allunterweisung. Schriften zur Bildungs-, Wissenschafts- und Gesellschaftsreform. Hrsg. v. Gerd Hohendorf u. Franz Hofmann. Bearb. v. Christa Breschke. Teil 1. Berlin 1970, 363 ff.

Ratke 1630 = Wolfgang Ratke: Die Wortbedeütungslehr der Christlichen Schule [...]. Um 1630. In: Erika Ising: Wolfgang Ratkes Schriften zur deutschen Grammatik (1612—1630). Teil 2: Textausgabe. Berlin 1959, 269—318.

Reichmann 1990 = Oskar Reichmann: Geschichte lexikographischer Programme in Deutschland. In: Wörterbücher. Ein internationales Handbuch zur Lexikographie. Hrsg. v. Franz Josef Hausmann/ Oskar Reichmann/Herbert Ernst Wiegand/Ladislav Zgusta. Teilbd. 1. Berlin. New York 1989 (Handbücher zur Sprach- und Kommunikationswissenschaft 5.1), 230—246.

Reimmann 1710 = Jacob Friedrich Reimmann: Versuch einer Einleitung in die Historiam Literariam derer Teutschen. Und zwar Des dritten und letzten Theils Anderes Hauptstück [...]. Halle 1710.

Rost 1653 = Hanß Willmsen Rost: Veer Schertz Gedichte I. Van der Minschen jtzigem Wandel und Maneeren II. Van Almodischer Kleder=Dracht. III. Van vormengder Sprake / und Titeln. IV. Van Poësie und Rymgedichten [...]. O. O. 1653.

Rupp/Maurer 1974 = Friedrich Maurer/Heinz Rupp (Hrsg.): Deutsche Wortgeschichte. 3. Aufl. Bd. 2. Berlin. New York 1974.

Schill 1644 = Johann Heinrich Schill: Der Teutschen Sprach Ehren=Krantz [...]. Straßburg 1644.

Schorer 1648 = Christoph Schorer: Newe außgeputzte Sprachposaun / An die Vnartigen Teutscher Sprach=Verderber [...]. O. O. 1648.

Schottelius 1663 = Justus Georg Schottelius: Ausführliche Arbeit Von der Teutschen HauptSprache [...]. Braunschweig 1663. Nachdruck. Hrsg. v. Wolfgang Hecht. 2 Teile. Tübingen 1967.

Schrader 1990 = Norbert Schrader: Termini zwischen wahrer Natur und willkürlicher Bezeichnung. Exemplarische Untersuchungen zur Theorie und Praxis historischer Wissenschaftssprache. Tübingen 1990 (Reihe Germanistische Linguistik 105).

Schulz-Behrend 1955 = George Schulz-Behrend: Opitz' Übersetzung von Barclays Argenis. In: Publications of the Modern Language Association of America. 70, 1955, 455–473.

Seibicke 1985 = Wilfried Seibicke: Fachsprachen in historischer Entwicklung. In: Sprachgeschichte. Ein Handbuch zur Geschichte der deutschen Sprache und ihrer Erforschung. Hrsg. v. Werner Besch/ Oskar Reichmann/Stefan Sonderegger. 2. Halbbd. Berlin. New York (Handbücher zur Sprach- und Kommunikationswissenschaft 2.2.), 1998–2008.

Steger 1988 = Hugo Steger: Revolution des Denkens im Fokus von Begriffen und Wörtern. Wandlungen der Theoriesprachen im 17. Jahrhundert. In: Festschrift für Ingo Reiffenstein zum 60. Geburtstag. Hrsg. v. Peter K. Stein, Andreas Weiss und Gerold Hayer unter Mitwirkung v. Renate Hausner, Ulrich Müller u. Franz V. Spechtler. Göppingen 1988, 83–125.

Stieler 1681 = Kaspar Stieler: Teutsche SekretariatKunst [...]. 2. Aufl. Nürnberg 1681.

Stieler 1691 = Kaspar Stieler: Der Teutschen Sprache Stammbaum und Fortwachs oder Teutscher Sprachschatz [...]. Nürnberg 1691. Nachdruck. Mit einem Nachwort v. S. Sonderegger. 3 Tle. München 1968.

Telle 1981 = Joachim Telle: Die Schreibart des Paracelsus im Urteil deutscher Fachschriftsteller des 16. und 17. Jahrhunderts. In: Kreatur und Kosmos. Internationale Beiträge zur Paracelsusforschung. Kurt Goldammer zum 65. Geburtstag. Hrsg. v. Rosemarie Dilg-Frank. Stuttgart. New York 1981, 78–100.

Thomasius 1687 = Christian Thomasius: [...] Welcher Gestalt man denen Frantzosen in gemeinem Leben und Wandel nachahmen solle? ein Collegium über des Gratians Grund=Reguln / Vernünfftig / klug und artig zu leben. Leipzig 1687. Nach den Ausg. von 1687 u. 1701 hrsg. v. August Sauer. Stuttgart 1894.

Thomasius 1691 = Christian Thomasius: Einleitung zu der Vernunfft=Lehre [...]. Halle 1691. Nachdruck. Mit einem Vorwort von Werner Schneiders. Hildesheim 1968.

Thomasius 1713 = Christian Thomasius: Höchstnöthige Cautelen, welche ein studiosus iuris [...] zu beobachten hat. Halle 1713.

Weimann 1963 = Karl-Heinz Weimann: Paracelsus und der deutsche Wortschatz. In: Deutsche Wortforschung in europäischen Bezügen. Hrsg. v. Ludwig Erich Schmidt. Bd. 2. Gießen 1963, 359–408.

Werner 1635 = Johannes Werner: Manuductio Orthographica [...]. Altenburg 1635.

Zeiller 1700 = Martin Zeiller: Epistolische Schatz-Kammer [...]. Ulm 1700.

Zesen 1651 = Philipp von Zesen: Rosen= månd [...]. Hamburg 1651. In: Philipp von Zesen. Sämtliche Werke. Unter Mitwirkung v. Ulrich Maché u. Volker Meid hrsg. v. Ferdinand van Ingen. Bd. 11. Bearb. v. Ulrich Maché. Berlin. New York 1974.

Zesen 1668 = Philipp von Zesen: Helikonische Hechel [...]. Hamburg 1668. In: Ph. von Zesen. Sämtliche Werke. Unter Mitwirkung v. Ulrich Maché u. Volker Meid hrsg. v. Ferdinand van Ingen. Bd. 11. Bearb. v. Ulrich Maché. Berlin. New York 1974.

Andreas Gardt, Heidelberg

252. Das Kunstwort in der Zeit der Aufklärung: wissenschaftliche Konzeption und faktischer Gebrauch

1. Aufklärung und Fachsprache
2. Konzeption und Gebrauch von *Kunstwort*
3. Konzeption und Gebrauch von Kunstwörtern
4. Konzeption und Gebrauch deutscher Kunstwörter
5. Literatur (in Auswahl)

1. Aufklärung und Fachsprache

1.1. Aufklärung als fachsprachliches Programm

Das Gedankengut der europäischen Aufklärung ist unter anderem durch das Streben nach möglichst überprüfbarer Erkenntnis sowie durch das Bemühen um eine möglichst breite Volksbildung gekennzeichnet. Hierbei kommt der Vermittlung von Erkenntnis und Bildung durch Sprache eine herausragende Bedeutung zu. Und so ist auch die Zeit der Aufklärung für die Geschichte der deutschen Fachsprache in zweierlei Hinsicht bedeutsam: Zum einen setzt Ende des 17. Jh.s im deutschsprachigen Raum eine intensive Reflexion fachsprachlicher Kommunikation ein, welche sich im 18. Jh. dann voll entfaltet und deren Thesen bis heute wirksam sind; das

Ziel dieser Reflexion, in deren Zentrum der Gebrauch von Fachwörtern steht, liegt — den genannten Anliegen der Aufklärung entsprechend — in der Entwicklung eines möglichst verständlichen Fachsprachengebrauches im allgemeinen und in der Begründung bzw. Förderung einer deutschsprachigen Fachkommunikation im besonderen. Zum anderen entstehen — ebenfalls im Sinne einer aufklärerischen Programmatik — während des 18. Jh.s selbst zahlreiche deutsche Fachwortschätze, von welchen einige noch die Fachkommunikation im 20. Jh. prägen; diese im westeuropäischen Vergleich verhältnismäßig spät einsetzende Entwicklung betrifft vor allem den wissenschaftlich-theoretischen Bereich, weniger den Bereich anwendungsorientierter Disziplinen, deren Fachwortschätze im deutschsprachigen Raum oft bis in das frühe Mittelalter zurückreichen.

1.2. Forschungslage

Die Forschungslage zur Konzeption und zum Gebrauch von Fachwörtern in der Zeit der Aufklärung ist uneinheitlich. Nicht sämtliche Quellen der Sprachwissenschaft und Sprachphilosophie, die zur Untersuchung der Fachwortkonzeption von Interesse sind, liegen in Nachdrucken oder Neuausgaben vor; eine Bibliographie zur Sprachwissenschaft des 18. Jh.s ist im Erscheinen (Brekle/Dobnig-Jülch/Höller/Weiß 1992 ff). Die Sprachkonzeptionen der Aufklärung im allgemeinen sind Gegenstand verschiedener Arbeiten (vgl. zusammenfassend etwa Aarsleff 1975; Haßler 1984; Ricken 1990) und werden derzeit lexikographisch bearbeitet (vgl. Gardt/Lemberg/Reichmann/Roelcke 1991). Die Fachwortkonzeption der Aufklärung im besonderen wird in diesen und weiteren Arbeiten unter voneinander jeweils abweichenden Gesichtspunkten behandelt (vgl. 5.); eine systematische Gesamtdarstellung fehlt bislang jedoch. Dies gilt gleichermaßen für die Erforschung des Fachwortgebrauches selbst; auch hier liegt lediglich eine Reihe von Einzeluntersuchungen vor, deren Ergebnisse noch in einen fachsprachengeschichtlichen Zusammenhang zu stellen sind (vgl. die Übersichten von Langen 1974; von Hahn 1983, 7 ff; Seibicke 1985a).

2. Konzeption und Gebrauch von *Kunstwort*

2.1. Synonyme, Antonyme und Hyperonyme

In den Texten der deutschen Aufklärung finden sich zahlreiche Synonyme, die zur Bezeichnung von Fachwörtern dienen. Am gebräuchlichsten ist dabei *Kunstwort* (auch *Kunst=Wort*), daneben in der lateinischen Tradition des mittelalterlichen und frühneuzeitlichen Fachsprachengebrauches *terminus artis, terminus technicus, vocabulum technicum* und andere. Im Gegensatz hierzu werden etwa *gemeines Wort, gewöhnliches Wort* oder *terminus vulgaris* gebraucht. Als Hyperonyme, gelegentlich aber auch als Synonyme werden *Wort* und *terminus* verwendet. (Vgl. Zedler 1749, 359 und 363; Leser 1914, 13; Seibicke 1968, 111—123).

2.2. Definition und Klassifikation

Hinsichtlich der definitorischen Bestimmung von Fach- bzw. Kunstwörtern besteht bei den Gelehrten der Aufklärung weitgehend Einhelligkeit: Kunstwörter werden in aller Regel als lexikalische Einheiten funktionaler Varietäten bestimmt, welche eine fachspezifische Bedeutung aufweisen; dabei wird gelegentlich auch auf die hiermit verbundenen sprachsoziologischen Aspekte hingewiesen (vgl. dazu Poppe 1983; Schrader 1990). So führt etwa Christian Thomasius aus: Kunstwörter „bedeuten Sachen / die Personen so in einem gewissen Stande leben / eigen sind [...] / wenn dieser Stand eine sonderbare Geschicklichkeit oder Gelahrheit des Menschen inferiret" (Thomasius 1691, 121 f).

Mit derartigen Bestimmungen werden oftmals Abgrenzungen gegenüber lexikalischen Einheiten der Gemeinsprache (daneben auch gegenüber Archaismen und Provinzialismen) verbunden. In Zedlers Universal-Lexicon heißt es beispielsweise:

„Kunst=Wörter [...] sind solche Wörter, welche nur bey dieser oder jener Wissenschafft, oder auch bey dieser oder jener Profeßion und Handwercke, gebräuchlich sind. Diesen Kunst=Wörtern werden die gemeinen Wörter [...] entgegen gesetzt" (Zedler 1749, 363. Vgl. auch Leibniz 1697, 18; Walch 1775, 1616).

Innerhalb der Gruppe der Fachwörter selbst werden in der Zeit der deutschen Aufklärung sowohl horizontale als auch vertikale Differenzierungen vorgenommen. Eine horizontale Differenzierung besteht in der Unterscheidung verschiedener Fachwortschätze, die jeweils einem bestimmten Fachbereich eigen sind. Sie lassen neben der universitären Gliederung der Fakultäten Rückschlüsse auf die Fächergliederung dieser Zeit zu; so werden etwa in Zedlers Universal-Lexicon theologische, juristische, medizinische, philosophische und politische Kunstwörter unterschieden (vgl. Zedler 1749, 364—366). In einer vertikalen Gliederung werden mehrere Kommunikationsbereiche innerhalb eines hierarchisch nach verschiedenen Abstraktionsebenen organisierten Faches unterschieden, denen jeweils ein eigener Fachwortschatz zugeordnet wird, so etwa die Lexik der Mathematik im wissenschaftlichen, schulischen oder kaufmännischen Bereich. Bemerkenswert ist hierbei der Ansatz eines fächerübergreifenden Kunstwortschatzes, dessen Einheiten einer epistemologisch-methodologischen Grundsatzlehre entstammen (vgl. etwa Thomasius 1691, 122).

3. Konzeption und Gebrauch von Kunstwörtern

Das Streben der Aufklärung nach möglichst überprüfbarer Erkenntnis spiegelt sich in den Forderungen nach einem möglichst präzisen und systematischen sowie nach einem möglichst verständlichen Gebrauch von Fachwörtern wider. Aus diesen Forderungen wird eine Kunstworttheorie abgeleitet, die den sprachtheoretischen Grundsätzen der Aufklärungszeit näher steht als deren tatsächlichem Sprachgebrauch.

3.1. Sprachtheoretische Grundlagen

Die sprachtheoretischen Grundlagen der Kunstwortkonzeption der deutschen Aufklärung sind insbesondere durch eine Betonung des lexikalischen Inventars, eine arbiträre Zeichenvorstellung sowie durch eine starke begriffstheoretische Beeinflussung gekennzeichnet (vgl. hierzu Ricken 1990, 210 ff; Haßler 1984; Haßler 1991, 19 ff).

Die Betonung des lexikalischen Inventars in der deutschen Aufklärung zeigt sich darin, daß Wörter als die Grundelemente sprachlicher und damit auch fachsprachlicher Kommunikation angesehen werden. So betrachtet etwa Leibniz (stellvertretend für viele weitere Gelehrte, welche dieselbe Konzeption vertreten) einen möglichst großen „Reichtum" an Wörtern, d. h. ein möglichst großes lexikalisches Inventar, als „das erste und nötigste bei einer Sprache" (Leibniz 1697, 27; vgl. insbesondere Leibniz 1704). Größere sprachliche Einheiten wie Sätze oder Texte werden dieser Sprachkonzeption zufolge aus diesen einzelnen lexikalischen Grundelementen zusammengesetzt, wobei deren Bedeutung nach dem Kompositionsprinzip durch Verbindung der einzelnen Wortbedeutungen hergestellt wird (vgl. Leibniz 1670, 409 f; Wolff 1712, 157).

In der Sprachkonzeption der deutschen Aufklärung ist eine bi- bzw. trilaterale Zeichenvorstellung vorherrschend, nach welcher Ausdruck, Begriff bzw. Bedeutung (verstanden als einem Ausdruck zugeordneter Begriff) und gegebenenfalls Gegenstand eines lexikalischen Zeichens unterschieden werden. Dabei wird die Zuordnung von Ausdruck und Bedeutung bzw. Begriff als arbiträr und konventionalisiert aufgefaßt (vgl. Leibniz 1704, 3 ff; Wolff 1712, 151 ff; Wolff 1720, 160 f).

Wörter werden hiernach in der deutschen Aufklärung als Begriffszeichen aufgefaßt; daher kommt begriffstheoretischen Erwägungen bei deren Konzeption eine große Bedeutung zu. Im Rahmen der Kunstwortkonzeption ist hier zunächst die Theorie allgemeiner Begriffe wichtig, da die Bezeichnung solcher Begriffe durch lexikalische Zeichen ein wesentliches Merkmal gemein- wie fachsprachlicher Ausdrucksökonomie darstellt (vgl. Leibniz 1687, 27 f; Leibniz 1704, 6). Diese Ausdrucksökonomie, die in Verbindung mit der Arbitrarität sprachlicher Zeichen in der Möglichkeit besteht, mit einem lexikalischen Zeichen eine quantitativ wie qualitativ beliebige Menge von bereits bekannten oder neu entdeckten oder neu entwickelten Gegenständen oder Sachverhalten zu bezeichnen, wird als eine wesentliche Ursache für die Bildung von Fachwörtern betrachtet (vgl. etwa Leibniz 1670, 412 f).

3.2. Präzision und Systematizität

Ein weiterer Grund, der in der deutschen Aufklärung für die Bildung von Fachwörtern angegeben wird, besteht in deren Bedeutungspräzision, die jeweils durch eine Festlegung der betreffenden Bedeutung hergestellt wird. Diese Bedeutungsfestlegung erfolgt durch Definition, wobei eine solche Definition als eine sprachlich wiedergegebene Bedeutung, „significatio verbis expressa" (Leibniz 1670, 411), verstanden wird. Die gängige, wenn auch vielerorts recht frei gehandhabte Methode der Definition ist diejenige durch Angabe von genus proximum und differentia specifica (vgl. etwa Leibniz 1704, 44 ff). Hier ist aus dem Bereich der Begriffstheorie des weiteren die auf die antike Rhetorik zurückreichende Unterscheidung zwischen klaren, deutlichen, ausführlichen und vollständigen Begriffen von Bedeutung. Danach sind klare Begriffe solche, deren Gegenstand wiedererkennbar ist; deutlich sind diejenigen Begriffe, welche selbst wiederum begrifflich analysierbar sind, ausführlich diejenigen, welche in Abgrenzung zu anderen Begriffen hinreichend analysierbar sind, und vollständig die, deren Elemente der begrifflichen Analyse selbst noch einmal analysiert werden können (vgl. z. B. Leibniz 1704, Wolff 1712, 123 ff oder Gottsched 1762, 134 ff). Die Bedeutungsfestlegung erfolgt nun der Sprachkonzeption der Aufklärung zufolge durch eine hinreichende analytische Abgrenzung der betreffenden Bedeutung bzw. des betreffenden Begriffs gegenüber anderen Bedeutungen bzw. Begriffen:

„Man muß aber zur Erklärung einen deutlichen und ausführlichen Begriff haben, darinnen dasjenige enthalten ist, wodurch eine Sache in ihrer Art determiniret wird" (Wolff 1733, 63. Vgl. hierzu Reichmann 1995).

Da die Elemente solcher Festlegungen selbst wiederum erklärungs- bzw. festlegungsbedürftig sind, neigt die Bildung von Fachwortschätzen in der Aufklärung zu einer starken Systematisierung, indem nahezu jede Einheit durch weitere Einheiten analysiert und von anderen abgegrenzt wird.

Dies wird durch den ersten Absatz aus der Transzendentalen Ästhetik Immanuel Kants eindrucksvoll belegt:

„Auf welche Art und durch welche Mittel sich auch immer eine Erkenntniß auf Gegenstände beziehen mag, so ist doch diejenige, wodurch sie sich auf dieselbe unmittelbar bezieht, und worauf alles Denken als Mittel abzweckt, die Anschauung. Diese findet aber nur statt, sofern uns der Gegenstand gegeben wird; dieses aber ist wiederum uns Menschen wenigstens nur dadurch möglich, daß er das Gemüth auf gewisse Weise afficire. Die Fähigkeit (Receptivität), Vorstellungen durch die Art, wie wir von Gegenständen afficirt werden, zu bekommen, heißt Sinnlichkeit. Vermittelst der Sinnlichkeit also werden uns Gegenstände gegeben, und sie liefert uns Anschauungen; durch den Verstand aber werden sie gedacht, und von ihm entspringen Begriffe. Alles Denken aber muß sich, es sei geradezu (directe), oder im Umschweife (indirecte), vermittelst gewisser Merkmale zuletzt auf Anschauungen, mithin bei uns auf Sinnlichkeit beziehen, weil uns auf andere Weise kein Gegenstand gegeben werden kann" (Kant 1787, 49).

Der Grad an semantischer Systematizität bzw. die Tiefe der begrifflichen Analyse werden in der Regel von praktischen Erfordernissen abhängig gemacht, selbst wenn die tatsächliche Vorgehensweise diesen Bedingungen oftmals nicht genügt, d. h. zum Selbstzweck zu werden droht. Es ist laut Wolff „keines wegs vonnöthen, auch gar selten möglich, daß wir diese Zergliederung zu Ende bringen [...]; sondern wir können zufrieden seyn, wenn wir die Zergliederung so weit gebracht, daß wir dadurch unsern Zweck erreichen" (Wolff 1712, 131 f).

Von solchen Nominaldefinitionen oder „Wort-Erklärungen", die eine Bedeutungsbzw. Begriffsanalyse des betreffenden Wortes leisten, werden Realdefinitionen oder „Sach-Erklärungen" unterschieden, welche das Entstehen oder die Anfertigung des bezeichneten Gegenstandes beschreiben: „Jene bestehen in einer Erzelung einiger Eigenschaften, dadurch eine Sache von allen andern ihres gleichen unterschieden wird: diese zeigen die Art und Weise, wie etwas möglich ist" (Wolff 1712, 144; vgl. Leibniz 1704, 57 ff; Gottsched 1762, 141 ff).

3.3. Verständlichkeit

Die Kunstwortkonzeption der Aufklärung fordert jedoch nicht allein einen präzisen Fachwortgebrauch, sondern darüber hinaus auch einen verständlichen. Die Verständlichkeit von Fachwörtern besteht dabei zum einen in deren Eindeutigkeit und zum anderen in deren Nähe zur Gemeinsprache (vgl. Reichmann 1995).

Die Eindeutigkeit bzw. Monosemie von Fachwörtern stellt ein Ideal dar, das aus der Betonung des lexikalischen Inventars abgeleitet wird, indem die Verständlichkeit von Sätzen oder Texten insbesondere von der Unverwechselbarkeit der Wortbedeutungen abhängig gemacht wird. So erhebt beispielsweise Wolff die Forderung nach einem eindeutigen Gebrauch von Fachwörtern:

„Derowegen gehet es nicht anders an, als daß man einem jeden Worte eine abgemessene Bedeutung beyleget und dabey beständig verbleibet" (Wolff 1733, 38; vgl. Leibniz 1670, 411; Gottsched 1762, 144).

Und in demselben Text beschreibt er eine solche Eindeutigkeit nicht allein als Ideal, sondern als tatsächliches Charakteristikum seiner eigenen Werke:

„Ich schreibe mit Gedancken und gebe jeden Worte seine abgemessene Bedeutung, bey der ich beständig verbleibe" (Wolff 1733, 36).

Ungeachtet solcher Ansprüche entspricht der faktische Gebrauch von Kunstwörtern in der deutschen Aufklärung nicht dem Ideal der Eindeutigkeit; der Kunstwortgebrauch ist vielmehr durch eine starke fach- sowie gemeinsprachliche Polysemie der betreffenden lexikalischen Einheiten geprägt. Auch Synonymie stellt im Kunstwortgebrauch der Aufklärung keine Ausnahme, sondern die Regel dar.

So lassen sich beispielsweise in Kants „Kritik der reinen Vernunft" 23 verschiedene Bedeutungen des Fachwortes *Vernunft* unterscheiden, darunter zwölf transzendentalphilosophisch-epistemologische, neun nicht-transzendentalepistemologisch philosophische sowie zwei gemeinsprachliche Bedeutungen: 1. ‚Erkenntnisvermögen' (transz.-phil.); 2. ‚Vermögen zu denken' (transz.-phil.); 3. ‚Vermögen, spekulativ zu denken' (transz.-phil.); 4. ‚Vermögen, syllogistisch zu schließen' (transz.-phil.); 5. ‚Fähigkeit zu spekulativer Erfahrungserkenntnis' (transz.-phil.); 6. ‚Vermögen, metaphysisch zu denken' (transz.-phil.); 7. ‚Spekulatives Denken' (transz.-phil.); 8. ‚Formale Ordnung des spekulativen Denkens' (transz.-phil.); 9. ‚Syllogistisches Schließen' (transz.-phil.); 10. ‚Metaphysisches Denken' (transz.-phil.); 11. ‚Objektivität' (transz.-phil.); 12. ‚Gotteswesen' (transz.-phil.); 13. ‚Vermögen, metaphysisch zu denken' (trad.-phil.); 14. ‚Vermögen, moralisch zu denken' (moralphil.); 15. ‚Erkenntnisvermögen überhaupt' (trad.-phil.); 16. ‚Vermögen, metaphysisch zu denken' (moralphil.); 17. ‚transzendentalphilosophisches Reflexionsvermögen' (phil.); 18. ‚metaphysisches Denken' (trad.-phil.); 19. ‚Gotteswesen' (trad.-phil.); 20. ‚Idee' (i. S. v. Platon); 21. ‚menschliches Denken' (i. S. v. Platon); 22. ‚Befähigung, Begabung zu denken' (gemeinsprachl.); 23. ‚Denken' (gemeinsprachl.). – Unter der transzendentalphilosophischen Bedeutung ‚Erkenntnisvermögen' finden sich in der „Kritik der reinen Vernunft" 13 Synonyme: *Erkenntnißfähigkeit, Erkenntnißkraft, Erkenntnißquelle, Erkenntnißvermögen, Fähigkeit, Gemüth, Gemüthskraft, Kraft, Organ, Quell, Vermögen, Vernunft* sowie *Vorstellungskraft* (vgl. Roelcke 1989, 95 ff, 164; Roelcke 1991).

Unter Berücksichtigung von Systematizität, Polysemie und Synonymie läßt sich derjenige Teil des Fachwortschatzes Kants, welcher zur Bezeichnung von Erkenntnisvermögen im transzendentalphilosophischen Verständnis dient, wie in Abb. 252.1 gezeigt darstellen.

Die Forderung nach Nähe zur Gemeinsprache zeigt sich in zwei einander entsprechenden Ausprägungen (vgl. zum Folgenden Leibniz 1670, 412 ff; Wolff 1733, 42 ff; Gottsched 1762, 144): Zum einen wird während des fachlichen Sprachgebrauchs ein Festhalten an gemeinsprachlichen Wörtern und deren Bedeutungen angestrebt. Die Abweichung vieler fachsprachlicher gegenüber gemeinsprachlichen Bedeutungserklärungen wird dabei nicht als Abweichung von der Bedeutung selbst betrachtet, sondern vielmehr lediglich als Verdeutlichung der gemeinsprachlichen Bedeutungs- bzw. Begriffsanalyse interpretiert. Zum anderen sollen Kunstwörter welche nicht dem gemeinsprachlichen Gebrauch entsprechen, möglichst vermieden werden, sofern dies die angestrebte Ausdrucksökonomie zuläßt. Hinsichtlich dieser beiden Ausprägungen eines an die Gemeinsprache angenäherten Kunstwortgebrauchs nimmt Leibniz etwa eine horizontale Differenzierung vor, indem er diese Forderung nach Nähe zur Gemeinsprache vor allem hinsichtlich der seines Erachtens gesellschaftlich bedeutsameren Fachbereiche Philosophie, Politik oder Jura erhebt, während er innerhalb gesellschaftlich weniger bedeutsamer Bereiche wie Mathematik, Physik oder Technik eine freiere Vorgehensweise vorsieht (vgl. Leibniz 1670, 415 f).

Der faktische Gebrauch von Kunstwörtern in der deutschen Aufklärung wird auch dem Anspruch auf Nähe zur Gemeinsprache allenfalls tendenziell gerecht. Angesichts der zahlreichen und erheblichen Neuentdeckungen und Neuentwicklungen in den verschiedenen Fachbereichen erscheint die aufklärerische Forderung nach Nähe zur Gemeinsprache eher als Regulativ fachlichen Sprachgebrauchs denn als dessen tatsächlich erreichte Norm.

3.4. Anspruch und Wirklichkeit

Ausdrucksökonomie, Bedeutungspräzision sowie verständlicher Gebrauch durch Eindeutigkeit und Nähe zur Gemeinsprache sind hiernach Ideale des Fachwortgebrauchs, deren Forderung mit dem Streben der Aufklärung nach möglichst überprüfbarer Erkenntnis und deren Vermittlung erklärt werden kann. Daß der faktische Gebrauch sowie die Einführung von Fachwörtern diesen Idealen oftmals nicht entsprechen, wird auch von den Autoren des 17. und 18. Jh.s örtlich festgestellt. Die Folgerungen, die hieraus gezogen werden, bestehen jedoch nicht in einer kritischen Überprüfung dieser Ideale und der an sie geknüpften Forderungen: Weitläufigkeit, Vagheit oder Unverständlichkeit werden vielmehr als bewußte oder unbewußte Abweichungen von diesen betrachtet, die nach Möglichkeit zu vermeiden sind (vgl. Leibniz 1704, 164 ff. Hierzu auch Reichmann 1995). So werden beispielsweise Vagheit (*Dunckelheit, obscuritas*) und Polysemie (*Zweydeutig-*

252. Kunstwort in der Zeit der Aufklärung

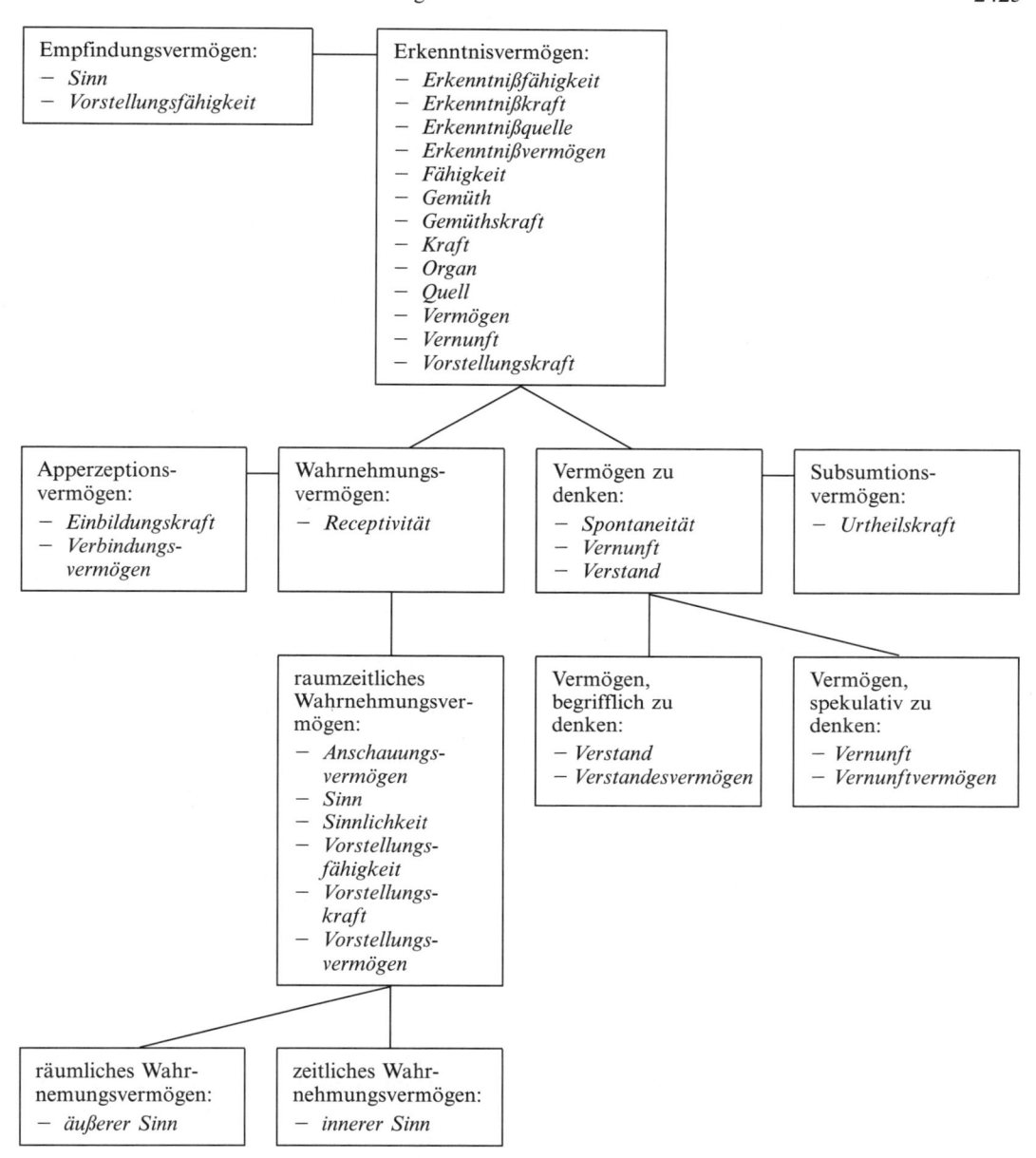

Empfindungsvermögen:
- *Sinn*
- *Vorstellungsfähigkeit*

Erkenntnisvermögen:
- *Erkenntnißfähigkeit*
- *Erkenntnißkraft*
- *Erkenntnißquelle*
- *Erkenntnißvermögen*
- *Fähigkeit*
- *Gemüth*
- *Gemüthskraft*
- *Kraft*
- *Organ*
- *Quell*
- *Vermögen*
- *Vernunft*
- *Vorstellungskraft*

Apperzeptionsvermögen:
- *Einbildungskraft*
- *Verbindungsvermögen*

Wahrnehmungsvermögen:
- *Receptivität*

Vermögen zu denken:
- *Spontaneität*
- *Vernunft*
- *Verstand*

Subsumtionsvermögen:
- *Urtheilskraft*

raumzeitliches Wahrnehmungsvermögen:
- *Anschauungsvermögen*
- *Sinn*
- *Sinnlichkeit*
- *Vorstellungsfähigkeit*
- *Vorstellungskraft*
- *Vorstellungsvermögen*

Vermögen, begrifflich zu denken:
- *Verstand*
- *Verstandesvermögen*

Vermögen, spekulativ zu denken:
- *Vernunft*
- *Vernunftvermögen*

räumliches Wahrnemungsvermögen:
- *äußerer Sinn*

zeitliches Wahrnehmungsvermögen:
- *innerer Sinn*

Abb. 252.1: Terminologie der Erkenntnisvermögen bei Kant (nach Roelcke 1989, 164)

keit, ambiguitas) als Fehler fachsprachlichen Wortgebrauchs angesehen (vgl. Thomasius 1691, 122; Leibniz 1670, 409 f), während etwa Synonyme, Paraphrasen sowie definitorische Zirkel als „Fehler der Wort-Erklärungen" beschrieben werden (vgl. Wolff 1712, 144 f). Diese Einschätzung hat sich bis in das 20. Jh. weitgehend erhalten (vgl. Roelcke 1991).

4. Konzeption und Gebrauch deutscher Kunstwörter

Mit Beginn der Aufklärung wird auch im deutschsprachigen Raum die Forderung nach einer deutschsprachigen Fachkommunikation im Bereich der theoretischen Wissenschaften erhoben. Hiervon ausgehend werden im 18. Jh. verschiedene Methoden entwickelt, mit welchen insbesondere der Forderung nach einem deutschen Kunstwortschatz in diesem Bereich entsprochen wird. Das Ende der Aufklärung markiert einen vorläufigen Höhepunkt dieser Entwicklung, von dem die Fachsprachengeschichte des 19. Jh.s ihren Ausgang nimmt.

4.1. Ausgangslage

Im Mittelalter und in der frühen Neuzeit waren in Europa das Griechische und vor allem das Latein in der Kommunikation des theoretisch-wissenschaftlichen Bereichs vorherrschend. Im handwerklichen sowie im anwendungsorientierten wissenschaftlichen Bereich haben sich dagegen schon früh landessprachliche Fachsprachen herausgebildet, deren Geschichte bis in das 18. Jh. und weiter reicht (vgl. Olschki 1919; Eis 1967; von Hahn 1983, 12 ff) – im deutschsprachigen Raum neben anderen in den Bereichen Textilwesen (von Hahn 1971), Eisenhüttenwesen (Spiegel 1972), Maschinenbau (Taenzler 1955), Druckereiwesen (Sattler 1985), Forstwesen (Kehr 1964) oder Postwesen (Branzell 1972). Mit der Aufklärung setzt nun im europäischen Raum auch die Entwicklung nationaler theoretisch-wissenschaftlicher Fachsprachen ein, welche bis zum 19. Jh. Latein und Griechisch nach und nach verdrängen. Im deutschsprachigen Raum beginnt diese Entwicklung infolge des Dreißigjährigen Krieges vergleichsweise spät erst gegen Ende des 17. Jh.s. So stellt etwa Leibniz, dessen Werke überwiegend in lateinischer oder in französischer Sprache erschienen, noch 1697 fest:

„Und ich halte dafür, daß es keine Sprache in der Welt gibt, die zum Exempel von Erz- und Bergwerken reicher und nachdrücklicher rede als die deutsche. Dergleichen kann man von allen andern gemeinen Lebens-Arten und Professionen sagen [...]. Es ereignet sich aber einiger Abgang bei unserer Sprache in den Dingen, so man weder sehen noch fühlen, sondern allein durch Betrachtung erreichen kann" (Leibniz 1697, 8).

Angesichts dieser Verhältnisse kommt es um die Jahrhundertwende wiederholt zu der Forderung, eine deutsche theoretisch-wissenschaftliche Fachsprache zu begründen (vgl. beispielsweise Thomasius 1687 und 1691, 12 ff; Leibniz 1697 und 1682/83; Wolff 1733, 24–28). Dabei ist örtlich eine Differenzierung nach gesellschaftlichen Gruppen und vertikalen Ebenen zu beobachten. Hiernach gilt Latein als die Sprache von Universitätsgelehrten, welche innerhalb akademischer Diskurse (insbesondere bei der Exegese lateinischer Quellentexte) oder bei internationaler Verständigung zu gebrauchen ist; Deutsch wird dagegen als Fachsprache der sonstigen Gebildeten angesehen, die insbesondere in der nationalen Bildungsvermittlung verwendet wird. Die Gründe für solche Forderungen sind vielfältig: Als entscheidend erscheinen hier erstens gegen vor allem französische Dominanz gerichtete Tendenzen der Schaffung einer Nationalkultur, zweitens der Volksaufklärungsgedanke, wissenschaftliche Erkenntnisse einer möglichst breiten Bevölkerungsgruppe zugänglich zu machen, und drittens die Bedingungen des akademischen Unterrichts, welcher zunehmend geringe Lateinkenntnisse bei den Studenten voraussetzen durfte.

4.2. Entwicklung

Auf solche Forderungen hin werden im 17. und 18. Jh. verschiedene Möglichkeiten diskutiert, um deutsche Fachsprachen im Bereich der theoretischen Wissenschaften zu begründen. Dabei nimmt dem sprachtheoretischen Primat von Wortzeichen folgend die Begründung deutschsprachiger Fachwortschätze eine zentrale Stellung ein. Die Diskussion des ausgehenden 17. und des 18. Jh.s läßt hier drei verschiedene Methoden erkennen: die Innovation deutscher Kunstwörter sowie die Integration und die Translation solcher aus fremden Sprachen, insbesondere lateinischer Kunstwörter. Eine Bewertung dieser Methoden erfolgt vor dem Hintergrund der jeweils vertretenen Auffassung von Sprachreinheit (vgl. Kirkness 1985; Gardt/Lemberg/Reichmann/Roelcke 1991); eine eher starke Forderung nach Sprachreinheit hat dabei eine Bevorzugung der Innovation und Translation zur Folge, während eine eher milde Forderung nach Sprachreinheit einer Integration fremder Kunstwörter (neben Innovation und Translation) aufgeschlossen gegenübersteht (vgl. Thomasius 1691, 13–19; Leibniz 1697, 11; Wolff 1733, 29–35).

Die Methode der Innovation deutscher Kunstwörter besteht entweder in der Bildung neuer Ausdrücke oder in der Festlegung neuer Bedeutungen bereits vorhandener Wörter. Die Bildung neuer Ausdrücke erfolgt durch Komposition oder Derivation, die Festlegung neuer Bedeutungen durch Definition und Systematisierung. Dabei wird in beiden Fällen die Forderung erhoben, daß sich weder Wortbildung noch Bedeutungsfestlegung von dem gemeinsprachlichen Gebrauch lexikalischer Zeichen entfernen sollen (vgl. 3.3.; Leibniz 1670, 411 ff).

Die Integration fremder Kunstwörter erfolgt jeweils durch deren Gebrauch in einem deutschsprachigen Kontext. Dabei sind morphologische Assimilationen (insbesondere im Bereich der Flexion) möglich (so etwa Wolff 1710, Vorrede).

Die Translation von Kunstwörtern aus Fremdsprachen in deutsche erfolgt entweder vermittelt oder unvermittelt. Eine unvermittelte Translation liegt dann vor, wenn die Einführung der deutschen Kunstwörter jeweils ohne Angabe der entsprechenden Einheiten der Fremdsprache vorgenommen wird; diese Vorgehensweise findet sich vor allem in Texten, welche an ein breiteres Publikum gerichtet sind. Eine vermittelte Translation erfolgt dagegen in Texten, welche einem engeren Fachpublikum gelten, und besteht in der Angabe der jeweils entsprechenden Übersetzungsäquivalente. Diese Angabe kann innerhalb einer fachlichen Abhandlung selbst in unmittelbarer Nachbarschaft zu dem jeweils betreffenden lexikalischen Ausdruck erfolgen; so zum Beispiel in der „Einleitung zur Vernunftlehre" von Christian Thomasius:

„Das alleroberste und gemeinste Kunst=Wort ist Ens oder Aliqvid ein Ding / Wesen / oder Etwas / durch welches ich alles / was ausser dem Menschen oder in demselbigen / und in seinen Gedanken gewesen ist / noch ist / und künftig seyn wird / verstehe" (Thomasius 1691, 123; vgl. etwa auch Kant 1787, 49 in 3.2.).

Sie kann aber auch die Form eines Registers oder Wörterbuches haben, welches der betreffenden Abhandlung beigefügt wird; ein solches Register findet sich beispielsweise in der Deutschen Metaphysik von Christian Wolff, wo die betreffenden Äquivalente wie etwa *Absicht* und *Finis* oder *Allgemeine Harmonie der Dinge* und *Harmonia universalis* ohne Kommentar nebeneinandergestellt werden (vgl. Wolff 1720, 673–677).

Diese drei Methoden der Einführung deutscher Kunstwörter treten zur Zeit der deutschen Aufklärung in den Fachbereichen der theoretischen Wissenschaften jeweils in verschiedenen Ausprägungen und in unterschiedlicher Gewichtung auf. Mit ihnen werden hier insbesondere im Verlaufe des 18. Jh.s zahlreiche deutsche Fachwortschätze begründet. Dies gilt vor allem für die Bereiche der Philosophie (Eucken 1879, 114 ff; Burger 1984; Alikajew 1987), der Naturwissenschaften und der Mathematik (Krause 1918; Busch 1933; Crosland 1962, 207 ff; Pörksen 1984; Pörksen 1986; Barke 1991), des Rechts (Merk 1933; Köbler 1984; Hattenhauer 1987; Brandt 1988; Schrader 1990), der Sprachwissenschaft (Poppe 1983; Ricken 1989; Ricken 1990), der Ökonomie bzw. des Kameralismus (Kleiber 1984) und anderen; im Bereich der Theologie bleibt das Latein bis weit in das 18. Jh. vorherrschend (Blank 1984).

4.3. Festigung und Fortentwicklung

Der fortschreitende Ausbau von Fachwortschätzen macht auch im deutschsprachigen Raum deren lexikographische Kodifikation erforderlich. Schon Leibniz hatte gegen Ende des 17. Jh.s mit der „Musterung und Untersuchung aller deutschen Worte" ein umfangreiches Wörterbuchprojekt gefordert, in dem auch diejenigen Einheiten, welche „gewissen Lebensarten und Künsten eigen", zu berücksichtigen wären (Leibniz 1697, 17). Und so entstehen nun im 18. Jh. zahlreiche Fachlexika, Wörterbücher und Enzyklopädien (z. B. Zedler 1732 ff; Krünitz 1773 ff; Adelung 1793 ff; vgl. auch Kap. XXII), die durch die Kodifikation von Fachwörtern mit dazu beitragen, daß der fachbezogene Wortschatz im Laufe des 18. Jh.s eine zunehmende Etablierung erfährt. Darüber hinaus leisten diese lexikographischen Werke zusammen mit zahlreichen weiteren Schriften (wie etwa denjenigen Wolffs oder Gottscheds) einen Beitrag dazu, daß der deutsche Kunstwortschatz in der Spätaufklärung eine zunehmende Popularisierung erfährt (vgl. Flood 1958; Schatzberg 1968; von Hahn 1983, 35 ff; Pörksen 1986; Schlieben-Lange 1989).

Der so gefestigte Fachwortschatz der deutschen Spätaufklärung bildet den Ausgangspunkt verschiedener Entwicklungslinien innerhalb der Geschichte der deutschen Fachsprachen im ausgehenden 18. und 19. Jh. Hierzu gehören einerseits die Weiterentwicklung und andererseits die kritische Überprüfung der Fachwortschätze im Bereich der einzelnen theoretischen Wissenschaften sowie die Fortsetzung von deren Popularisierung, welche im Sachprosastil des 19. Jh.s ihren Höhepunkt findet.

5. Literatur (in Auswahl)

Aarsleff 1975 = Hans Aarsleff: The eighteenth century, including Leibniz. In: Current trends in linguistics. Ed. by Thomas A. Sebeok. Vol. 13: Historiography of linguistics. The Hague. Paris 1975, 383−479.

Adelung 1793 ff = Johann Christoph Adelung: Grammatisch-kritisches Wörterbuch der Hochdeutschen Mundart mit beständiger Vergleichung der übrigen Mundarten, besonders aber der Oberdeutschen. 4 Bde. 1793−1801. [Nachdruck Hildesheim. New York 1970].

Alikajew 1987 = Raschid Alikajew: Entwicklungstendenzen der deutschen Wissenschaftssprache der Frühaufklärung. In: Zur jüngeren Geschichte der deutschen Sprache. Redaktion: Rudolf Große. Leipzig 1987, 57−66.

Barke 1991 = Jörg Barke: Die Sprache der Chymie. Am Beispiel von vier Drucken aus der Zeit zwischen 1574−1761. Tübingen 1991 (Reihe Germanistische Linguistik 111).

Besch/Reichmann/Sonderegger 1984/85 = Sprachgeschichte. Ein Handbuch zur Geschichte der deutschen Sprache und ihrer Erforschung. Hrsg. v. Werner Besch, Oskar Reichmann und Stefan Sonderegger. 2 Halbbände. Berlin. New York 1984/85 (Handbücher zur Sprach- und Kommunikationswissenschaft 2).

Blackall 1966 = Eric A. Blackall: Die Entwicklung des Deutschen zur Literatursprache 1700−1755. Stuttgart 1966.

Blank 1984 = Walter Blank: Deutsche Sprachgeschichte und Kirchengeschichte. In: Besch/Reichmann/Sonderegger 1984, 46−56.

Brandt 1988 = Wolfgang Brandt: Lexikalische Tendenzen in der Gesetzessprache des 18. bis 20. Jahrhunderts, dargestellt am Scheidungsrecht. In: Deutscher Wortschatz. [Ludwig Erich Schmitt zum 80. Geburtstag]. Hrsg. v. Horst Haider Munske, Peter von Polenz, Oskar Reichmann und Reiner Hildebrandt. Berlin. New York 1988, 119−150.

Branzell 1972 = Karl-Gustav Branzell: Zur Geschichte der Post-Fachsprache. In: Muttersprache 82. 1972, 158−168.

Brekle/Dobnig-Jülch/Höller/Weiß 1992 ff = Biobibliographisches Handbuch zur Sprachwissenschaft des 18. Jahrhunderts. Hrsg. v. Herbert E. Brekle, Edeltraud Dobnig-Jülch, Hans Jürgen Höller und Helmut Weiß. Bd. 1 A−Br; Bd. 2 Bu−E. Tübingen 1992−1993.

Burger 1984 = Harald Burger: Deutsche Sprachgeschichte und Geschichte der Philosophie. In: Besch/Reichmann/Sonderegger 1984, 101−112.

Busch 1933 = Wilhelm Busch: Die deutsche Fachsprache der Mathematik. Gießen 1933.

Crosland 1962 = Maurice P. Crosland: Historical studies in the language of chemistry. London. Melbourne. Toronto 1962.

Eis 1967 = Gerhard Eis: Mittelalterliche Fachliteratur. 2. Aufl. Stuttgart 1967.

Eucken 1879 = Rudolf Eucken: Geschichte der philosophischen Terminologie. Leipzig 1879.

Flood 1958 = Walter Eugen Flood: The problem of vocabulary in the popularization of science. London 1958.

Gardt/Lemberg/Reichmann/Roelcke 1991 = Andreas Gardt/Ingrid Lemberg/Oskar Reichmann/Thorsten Roelcke: Sprachkonzeptionen in Barock und Aufklärung: Ein Vorschlag für ihre Beschreibung. In: Zeitschrift für Phonetik, Sprachwissenschaft und Kommunikationsforschung 44. 1991, 17−33.

Gottsched 1742 = Johann Christoph Gottsched: Versuch einer Critischen Dichtkunst. 3. Aufl. Leipzig 1742. Ausgabe Berlin 1973 (Ausgewählte Werke VI).

Gottsched 1762 = Johann Christoph Gottsched: Erste Gründe der gesammten Weltweisheit. Leipzig 1762. Ausgabe Berlin 1983 (Ausgewählte Werke V).

von Hahn 1971 = Walther von Hahn: Die Fachsprache der Textilindustrie im 17. und 18. Jahrhundert. Düsseldorf 1971.

von Hahn 1983 = Walther von Hahn: Fachkommunikation. Entwicklung. Linguistische Kompetenz. Betriebliche Beispiele. Berlin. New York 1983 (Sammlung Göschen 2223).

Haßler 1984 = Gerda Haßler: Sprachtheorien der Aufklärung. Berlin 1984.

Haßler 1991 = Gerda Haßler: Der semantische Wertbegriff in Sprachtheorien vom 18. bis zum 20. Jahrhundert. Berlin 1991.

Hattenhauer 1987 = Hans Hattenhauer: Zur Geschichte der deutschen Rechts- und Gesetzessprache. Hamburg 1987.

Kant 1787 = Immanuel Kant: Kritik der reinen Vernunft. 2. Aufl. 1878. Ausgabe Berlin 1968 (Akademie-Textausgabe III) [Nachdruck Berlin 1968].

Kehr 1964 = Kurt Kehr: Die Fachsprache des Forstwesens im 18. Jahrhundert. Gießen 1964.

Kirkness 1985 = Alan Kirkness: Sprachreinheit und Sprachreinigung in der Spätaufklärung. In: Mehrsprachigkeit in der deutschen Aufklärung. Hrsg. v. Dieter Kimpel. Hamburg 1985 (Studien zum achtzehnten Jahrhundert 5), 85−104.

Kleiber 1984 = Wolfgang Kleiber: Deutsche Sprachgeschichte und Wirtschaftsgeschichte. In: Besch/Reichmann/Sonderegger 1984, 70−85.

Köbler 1984 = Gerhard Köbler: Deutsche Sprachgeschichte und Rechtsgeschichte. In: Besch/Reichmann/Sonderegger 1984, 56−70.

Krause 1918 = Hermann Krause: Die Geschichte der neueren zoologischen Nomenklatur in deutscher Sprache. Braunschweig 1918.

Krünitz 1773 ff = Johann Georg Krünitz: Oeconomisch-technologische Enzyklopädie. 242 Bde. 1773−1858.

Langen 1974 = August Langen: Der Wortschatz des 18. Jahrhunderts. In: Deutsche Wortgeschichte. Hrsg. v. Friedrich Maurer und Heinz Rupp. 3., neubearb. Aufl. Bd. II. Berlin. New York 1974, 31−244.

Leibniz 1670 = Gottfried Wilhelm Leibniz: Marii Nizolii de veris principiis et vera ratione philosophandi [...]. Frankfurt 1670. Ausgabe: Berlin 1966 (Sämtliche Schriften und Briefe VI.2).

Leibniz 1682/83 = Gottfried Wilhelm Leibniz: Ermahnung an die Deutschen, ihren Verstand und ihre Sprache besser zu üben [...]. Hannover 1846 (entstanden um 1682/83). Ausgabe: Stuttgart 1983 (Leibniz 1697, 47−78).

Leibniz 1697 = Gottfried Wilhelm Leibniz: Unvorgreifliche Gedanken, betreffend die Ausübung und Verbesserung der deutschen Sprache. Hannover 1717 (entstanden um 1697). Ausgabe: Stuttgart 1983.

Leibniz 1704 = Gottfried Wilhelm Leibniz: Nouveaux essais sur l'entendement humain. Livre III: Des mots. 1765 (entstanden 1704). Ausgabe: Frankfurt 1961.

Leser 1914 = Ernst Leser: Fachwörter zur deutschen Grammatik von Schottel bis Gottsched. In: Zeitschrift für Deutsche Wortforschung 15. 1914, 1−98.

Merk 1933 = Walther Merk: Werdegang und Wandlungen der deutschen Rechtssprache. Marburg 1933.

Olschki 1919 = Leonardo Olschki: Geschichte der neusprachlichen wissenschaftlichen Literatur. 3 Bde. Heidelberg 1919−1927.

Piur 1903 = Paul Piur: Studien zur sprachlichen Würdigung Christian Wolffs. Halle 1903.

Poppe 1983 = Erich Poppe: Fachsprache und Grammatikographie im 18. Jahrhundert. In: Historiographia Linguistica 10. 1983, 209−239.

Pörksen 1984 = Uwe Pörksen: Deutsche Sprachgeschichte und die Entwicklung der Naturwissenschaften. In: Besch/Reichmann/Sonderegger 1984, 85−101.

Pörksen 1986 = Uwe Pörksen: Deutsche Naturwissenschaftssprachen. Historische und kritische Studien. Tübingen 1986 (Forum für Fachsprachen-Forschung 2).

Pütz 1991 = Peter Pütz: Die deutsche Aufklärung. 4. Aufl. Darmstadt 1991 (Erträge der Forschung 81).

Reichmann 1995 = Die Konzepte von ‚Deutlichkeit' und ‚Eindeutigkeit' in der rationalistischen Sprachtheorie des 18. Jahrhunderts. In: Sprachgeschichte des Neuhochdeutschen. Hrsg. v. Andreas Gardt, Klaus J. Mattheier und Oskar Reichmann. Tübingen 1995 (Reihe Germanistische Linguistik 156), 169−197.

Ricken 1989 = Ulrich Ricken: Sprachtheorie als Aufklärung und Gegenaufklärung. In: Aufklärung und Gegenaufklärung in der europäischen Literatur, Philosophie und Politik von der Antike bis zur Gegenwart. Hrsg. v. Jochen Schmidt. Darmstadt 1989, 316−340.

Ricken 1990 = Sprachtheorie und Weltanschauung in der europäischen Aufklärung. Von Ulrich Rikken in Zus.-Arb. mit Patrice Bergheaud, Lia Formigari [u. a.] Berlin 1990 (Sprache und Gesellschaft 21).

Roelcke 1989 = Thorsten Roelcke: Die Terminologie der Erkenntnisvermögen. Wörterbuch und lexikosemantische Untersuchung zu Kants „Kritik der reinen Vernunft". Tübingen 1989 (Reihe Germanistische Linguistik 95).

Roelcke 1991 = Thorsten Roelcke: Das Eineindeutigkeitspostulat der lexikalischen Fachsprachensemantik. In: Zeitschrift für Germanistische Linguistik 19. 1991, 194−208.

Sattler 1985 = Lutz Sattler: Zum Fachwortschatz des Druckereiwesens im 17. und 18. Jahrhundert. In: Beiträge zur Erforschung der deutschen Sprache 5. 1985, 102−121.

Schatzberg 1968 = Walter Schatzberg: Gottsched as a popularizer of science. In: Modern Language Notes 83. 1968, 752−770.

Schlieben-Lange 1989 = Brigitte Schlieben-Lange: Wissenschaftssprache und Alltagssprache um 1800. In: Voraussetzungen und Grundlagen der Gegenwartssprache. Hrsg. v. Dieter Cherubim und Klaus J. Mattheier. Berlin. New York 1989, 123−138.

Schrader 1990 = Norbert Schrader: Termini zwischen wahrer Natur und willkürlicher Bezeichnung. Exemplarische Untersuchungen zur Theorie und Praxis historischer Wissenschaftssprache. Tübingen 1990 (Reihe Germanistische Linguistik 105).

Seibicke 1968 = Wilfried Seibicke: Technik. Versuch einer Geschichte der Wortfamilie um τεχνη in Deutschland vom 16. Jahrhundert bis etwa 1830. Düsseldorf 1968.

Seibicke 1985a = Wilfried Seibicke: Fachsprachen in historischer Entwicklung. In: Besch/Reichmann/Sonderegger 1985, 1998−2008.

Seibicke 1985b = Wilfried Seibicke: Von Christian Wolff zu Johann Beckmann. In: Mehrsprachigkeit in der deutschen Aufklärung. Hrsg. v. Dieter Kimpel. Hamburg 1985 (Studien zum achtzehnten Jahrhundert 5), 42−51.

Spiegel 1972 = Heinz-Rudi Spiegel: Zum Fachwortschatz des Eisenhüttenwesens im 18. Jahrhundert in Deutschland. Düsseldorf 1972.

Taenzler 1955 = Walter Taenzler: Der Wortschatz des Maschinenbaus im 16., 17. und 18. Jahrhundert. Diss. Bonn 1955.

Thomasius 1687 = Christian Thomasius: Von Nachahmung der Franzosen. Nach den Ausgaben von 1687 und 1701. Stuttgart 1894.

Thomasius 1691 = Christian Thomasius: Einleitung zur Vernunftlehre. Halle 1691. [Nachdruck Hildesheim 1968].

Walch 1775 = Johann Georg Walch: Philosophisches Lexicon. 4. Aufl. Leipzig 1775. [Nachdruck Hildesheim 1968].

Wolff 1703 = Christian Wolff: Disquisitio Philosophica de Loquela. Aufgabe: Hildesheim. New York 1974 (Gesammelte Werke II.35).

Wolff 1710 = Christian Wolff: Anfangsgründe aller mathematischen Wissenschaften. Halle 1710. Ausgabe: Hildesheim. New York 1973 (Gesammelte Werke I.12).

Wolff 1712 = Christian Wolff: Vernünftige Gedanken von den Kräften des menschlichen Verstandes und ihrem richtigen Gebrauche in Erkenntnis der Wahrheit. Halle 1712. Ausgabe: Hildesheim. New York 1978 (Gesammelte Werke I.1).

Wolff 1720 = Christian Wolff: Vernünfftige Gedanken von Gott, der Welt und der Seele des Menschen, auch allen Dingen überhaupt. Halle 1720. Ausgabe: Hildesheim. Zürich. New York 1983 (Gesammelte Werke I.2).

Wolff 1733 = Christian Wolff: Ausführliche Nachricht von seinen eigenen Schriften, die er in deutscher Sprache heraus gegeben. Frankfurt 1733. Ausgabe: Hildesheim. New York 1973 (Gesammelte Werke I.9).

Zedler 1732 ff [1749] = Grosses vollständiges Universal-Lexicon aller Wissenschaften und Künste. 64 Bde. und 4 Suppl.-Bde. [Bd. 59]. Leipzig. Halle 1732−54 [1749].

Thorsten Roelcke, Heidelberg

253. Christian Wolffs Einfluß auf die Wissenschaftssprache der deutschen Aufklärung

1. Positionen der Frühaufklärung zur Verwendung des Deutschen als Sprache der Wissenschaft
2. Christian Wolff: Ausbildung und Propagierung einer deutschen Terminologie
3. Christian Wolff und Johann Heinrich Lambert zur Notwendigkeit der Metaphorik in der Wissenschaftssprache
4. Grenzen und Impulse einer „rein deutschen" Terminologie. Das Beispiel *Begriff* und *Idee*.
5. Literatur (in Auswahl)

1. Positionen der Frühaufklärung zur Verwendunng des Deutschen als Sprache der Wissenschaft

In englischer, französischer und italienischer Sprache waren schon während des 17. Jh.s wissenschaftliche Werke von europäischer Geltung erschienen. Anders die Situation in Deutschland: Das Eintreten von Leibniz, Thomasius, Wolff für die Verwendung des Deutschen als Sprache der Wissenschaft ist Ausdruck der Erkenntnis des Rückstands, der in dieser Hinsicht zu verzeichnen war, trotz vorangegangener Bemühungen um die Verdeutschung der Wissenschaft (Pörksen 1986) und trotz eines „Kulturpatriotismus", der sich während des 17. Jh.s der deutschen Sprache zugewandt hatte (Huber 1984).

John Locke redigierte seinen „Essay concerning human understanding" (1690), der für die europäische Aufklärung ein Schlüsseltext werden sollte, von Beginn an in seiner Muttersprache. Doch wählte Leibniz für seine umfangreiche Entgegnung in Gestalt der „Nouveaux Essais sur l'entendement humain" das Französische. Auch in anderen wissenschaftlichen Arbeiten bediente er sich dieser Sprache neben dem Lateinischen. Auf der Tagesordnung der deutschen Aufklärung stand somit als programmatische Aufgabe die Entwicklung und Durchsetzung einer eigenen Wissenschaftssprache. Dabei kam das außerordentliche Interesse zur Geltung, das die Aufklärung nicht nur in Deutschland der Sprache und anderen Zeichensystemen als Instrumenten des Denkens widmete, mit dem Ergebnis, daß eine angemessene Sprache der Wissenschaften als Voraussetzung des wissenschaftlichen Erkenntnisfortschritts angesehen wurde.

1.1. Zeichen, Sprache, Denken bei Leibniz und seine Forderung einer deutschen Wissenschaftssprache

Leibniz entwickelte eine Theorie der Angewiesenheit des Denkens auf sprachliche Zeichen vor allem in seiner Auseinandersetzung mit Descartes, der das Verhältnis von Sprache und Denken im Sinne seines Dualismus der denkenden und der körperlichen Substanz interpretiert hatte: die Existenz der Gedanken ist für Descartes unabhängig von den Sprachzeichen, die vom Körper nur hervorgebracht werden, um die Gedanken der unkörperlichen Seele mitzuteilen. Descartes' Dualismus verleiht der Sprache damit eine lediglich kommunikative, keine kognitive Funktion. Dabei sieht Descartes ein entscheidendes Argument in der Arbitrarität der Sprachzeichen und ihrer dadurch bedingten Unterschiedlichkeit von Sprache zu Sprache. Wie kann also das Denken an Zeichen gebunden sein, da doch die gleichen Dinge und Begriffe sogar in den Wissenschaften von Sprache zu Sprache völlig unterschiedliche Benennungen haben? Ohne sich mit dem sensualistischen Standpunkt von Descartes' Gegenspielern Hobbes und Locke zu identifizieren, entwickelt Leibniz eine Theorie der Angewiesenheit von Denkoperationen auf Zeichen und fordert daher bessere Zeichen als eine Voraussetzung für die Verbesserung des Denkens. Sein lange gehegtes, aber Fragment gebliebenes Projekt einer allgemeinen Zeichenkunst (*ars characteristica*) sollte als Instrumentarium des Denkens den Weg zu neuen Erkenntnissen freilegen. Mit den charakteristischen Zeichen für die meisten Begriffe würden die Menschen „gleichsam ein neues Organ besitzen, das die Leistungsfähigkeit des Geistes weit mehr erhöhen wird, als die optischen Instrumente die Sehschärfe der Augen verstärken und das die Mikroskope und Fernrohre im selben Maß übertreffen wird, wie die Vernunft dem Gesichtssinn überlegen ist." (Leibniz 1904—06, I, 35)

Grundlegend für Leibniz' Zeichentheorie war seine Unterscheidung von *cognitio intuitiva* und *cognitio symbolica* (Leibniz 1684), die von späteren Autoren oft wieder aufgegriffen wurde. Intuitive Erkenntnis ist die anschauliche Vorstellung einer Sache, die symbolische Erkenntnis dagegen operiert im Denkakt mit Zeichen der Dinge statt ihrer anschaulichen Vorstellung. Sie tritt überall dort in Aktion, wo ein komplexer Gegenstand nicht als intuitive Vorstellung faßbar ist, wie z. B. das Tausendeck. Der Verstand operiert mit der Bezeichnung des Tausendecks, ohne dessen geometrische Figur vor Augen zu haben. Als Instrument der symbolischen Erkenntnis, die für das Operieren mit komplexen Begriffen unumgänglich ist, fungieren also auch Wörter. Und sie eignen sich dafür trotz der Arbitrarität ihrer Form. Denn wenn Griechen, Lateiner und Deutsche trotz ihrer unterschiedlichen Wörter nur ein und dieselbe Geometrie haben, so für Leibniz deshalb, weil die Sprachen auch als Medium des Denkens mit Hilfe der Relationen ihrer Zeichen untereinander in verschiedener Weise die gleichen Wahrheiten bezeichnen können. (Leibniz 1904—1906, I, 19 ff)

Das ist auch die sprachtheoretische Ausgangsposition seiner Forderung nach Verwendung des Deutschen als Sprache der Wissenschaften, am ausführlichsten formuliert in seinen „Unvorgreiflichen Gedanken, betreffend die Ausübung und Verbesserung der Teutschen Sprache" (redigiert wahrscheinlich 1697, veröffentlicht 1717; bereits gegen 1679 hatte Leibniz seine „Ermahnung an die Teutsche, ihren Verstand und Sprache besser zu üben" abgefaßt, die aber erst 1846 veröffentlicht wurde, vgl. Canone 1989).

An den Anfang verschiedener Vorschläge zur Verbesserung des Deutschen als Sprache der Wissenschaft stellt Leibniz seine grundsätzliche Annahme über die Funktion der Wörter für das Denken, wie er sie in den Überlegungen zur symbolischen Erkenntnis entwickelt hatte: Als Zeichen der Dinge dienen die Wörter nicht nur der Mitteilung unserer Gedanken, sie haben auch die Aufgabe, „unseren Gedanken selbst zu helfen". Es wäre viel zu umständlich, im Denken mit Bildnissen der Dinge zu operieren; an ihre Stelle treten daher Zeichen. Der Verstand „begnügt [...] sich hernach oft nicht nur in äußeren Reden, sondern auch in den Gedanken und innerlichen Selbst-Gesprächen das Wort an die Stelle der Sache zu setzen" (Leibniz 1697, 520). Denn das Wort ist als Mittel des Denkens den Bildnissen der Dinge ebenso überlegen wie die Verwendung von Zahlen dem Rechnen mit Hilfe der Finger. Eben das meint Leibniz, wenn er die Worte als *Ziffern, Rechenpfennige* oder *Wechsel-Zeddel* des Denkens charakterisiert, die es ermöglichen, zur Kenntnis der Sache selbst zu kommen:

„Daher braucht man oft die Worte als Ziffern oder Rechenpfennige, anstatt der Bildnisse und Sachen, bis man stufenweise zum Facit schreitet, und beim Vernunft-Schluß zur Sache selbst gelanget" (Leibniz 1697, 521).

Die Zeichenkombinatorik ermöglicht also produktivere Denkprozesse als der Umgang mit anschaulichen Vorstellungen der Dinge; und die Charakterisierung der Wörter als *Ziffern* oder *Rechenpfennige* verweist wiederum auf den Erkenntniswert der mathematischen Zeichensprache als verpflichtendes Vorbild für die Verbesserung der Wortsprache. Denn die Fortschritte der Mathematik sind der Entwicklung ihrer Zeichenkunst zu verdanken. Wenn in der Moderne neue mathematische Entdeckungen gemacht werden konnten, so „besteht die ganze Kunst in nichts als dem Gebrauch wohl angebrachter Zeichen". Doch nicht nur für die Mathematik, „sondern für alle Wissenschaften, Künste und Geschäfte" ist eine zweckmäßig ausgebildete Sprache ein Instrument des Erkenntnisfortschritts. (Leibniz 1697, 521) Daher fordert Leibniz ein „Teutsches Werk der *Kunst-Worte*", wie damals und während des 18. Jh.s die Fachtermini genannt wurden (vgl. Art. 252). Ein solcher „Sprach-Schatz" deutscher *Kunst-Worte* sollte nicht alphabetisch, sondern sachlich angeordnet werden, weil auf diese Weise die Termini sich durch ihren Zusammenhang gegenseitig erklären. (Leibniz 1697, 533, 545)

Allerdings verfaßte Leibniz seine wichtigsten wissenschaftlichen Texte weiterhin in lateinischer oder französischer Sprache und verzichtete darauf, seine Forderung nach der Schaffung einer deutschen Wissenschaftssprache selbst zu verwirklichen (Zur Frage, ob es „Widersprüche zwischen Leibnizens theoretischen und praktischen Bemühungen um die deutsche Sprache" gibt, s. Suchsland 1976).

1.2. Thomasius und das Problem deutscher *Kunstwörter* anstelle lateinischer

Angesichts der Selbstverständlichkeit, mit der das Lateinische die Unterrichtssprache der deutschen Universitäten geblieben war, löste der Jurist und Philosoph Christian Thomasius in Leipzig 1687 mit der Ankündigung einer Vorlesung in deutscher Sprache einen Skandal aus, der ihn veranlaßte, ein Lehramt an der Hallenser Ritterakademie zu übernehmen und sich maßgeblich an der bevorstehenden Gründung der Universität Halle zu beteiligen. Die Verwendung des Deutschen in seiner Lehrtätigkeit verband er mit der Publikation wichtiger wissenschaftlicher Werke in deutscher Sprache. 1688/89 erschienen als erstes deutschsprachiges Rezensionsorgan seine „Monats-Gespräche" (Freymütige Lustige und Ernsthafte jedoch Vernunft- und Gesetzmäßige Gedanken oder Monats-Gespräche über [...] Neue Bücher). 1691 veröffentlichte Thomasius seine „Einleitung zu der Vernunfftlehre" als erstes einer Reihe von Lehrbüchern in deutscher Sprache, schon ehe Thomasius dann an der 1694 gegründeten Universität Halle dem Deutschen als Sprache des Lehrbetriebs zur Vorherrschaft verhalf.

Bei dem Hinweis auf die Verdienste von Thomasius um die Verwendung des Deutschen als Sprache der Universitätslehre und der Wissenschaftspublizistik wurde allerdings oft übersehen, daß er damit nicht die Ausarbeitung einer wissenschaftlichen Terminologie in Gestalt deutscher *Kunstwörter* verbunden hat. Vielmehr blieb die deutsche Wissenschaftssprache bei Thomasius mit lateinischen *Kunstwörtern* durchsetzt, die im Druck durch einen anderen Schriftsatz von ihrem deutschen Kontext abgehoben und dabei sogar in den ihrer Satzstellung entsprechenden flektierten Formen verwendet wurden; freilich keinesfalls immer so gehäuft wie im folgenden Satz:

„Der *conceptus verosimilis* aber wird durch eine *inductionem ex multis individuis* würcklich *formiret*, und entstehet *ex pluribus sensationibus*, wannenhero es auch ohne gute und lange Erfahrung nicht sein kann" (Thomasius 1691, 236).

Thomasius wendet sich sogar ganz ausdrücklich gegen eine durchgehende Verdeutschung der Fachterminologie: Seine „Einleitung zu der Vernunfft-Lehre", aus der die eben zitierten Zeilen stammen, enthält in Verbindung mit den Gründen dafür, daß er dieses Werk in deutscher Sprache drucken ließ, ein Kapitel über den „Mißbrauch, daß man alle *terminos technicos* deutsch geben will" (ebda., 14—16). Ein weiteres Kapitel kommentiert als abschreckendes Beispiel eine durchgehend in deutscher Sprache abgefaßte *Logic* (ebda., 16—19). In seinem Kapitel „Von denen Kunst-Wörtern deren man sich bey der Verstand-Lehre und deren Ausübung zu bedienen pfleget" (ebda., 120—135), nennt Thomasius denn auch ganz überwiegend lateinische *Kunst-Wörter*, die er mit einer deutschen Erklärung versieht und auf diese Weise für ihre Beibehaltung plädiert. Die deutsch-lateinische Mischform seines Textes und die Warnung vor der Eliminierung üblich gewordener Fachtermini behält Thomasius bis zur fünften und letzten, 1719 erschienenen Auflage seiner „Einleitung zu der Vernunfft-Lehre" bei.

In der Tat blieben lateinische *Kunstwörter* kennzeichnend für einen üblichen Typus deutscher Wissenschaftstexte. Erst allmählich wurde er von einer Wissenschaftssprache abgelöst, die Christian Wolff als „rein deutsch" vorschlug, nachdem er ebenfalls an die neugegründete Universität Halle berufen worden war.

2. Christian Wolff: Ausbildung und Propagierung einer deutschen Terminologie

1706 auf Vorschlag von Leibniz als Mathematiker nach Halle berufen, unternimmt Wolff dort ein philosophisches Vorlesungs-

und Publikationsprogramm in deutscher Sprache zu Gegenständen, die nach heutigem Verständnis den verschiedensten natur- und geisteswissenschaftlichen Fächern zugeordnet würden. Wolffs Beweggrund für die Wahl des Deutschen in seiner Lehr- und Publikationspraxis war außer der Hallenser Gepflogenheit, die Vorlesungen in deutscher Sprache zu halten, das aufklärerische Sendungsbewußtsein, einem möglichst breiten Publikum „Gewißheit der Erkenntnis" zu vermitteln (Wolff 1726, Vorrede). Das Echo seiner Vorlesungen und seiner zahlreichen Publikationen machte Wolff zum einflußreichsten Philosophen der deutschen Aufklärung während der ersten Hälfte des 18. Jh.s und sorgte für die Verbreitung seiner deutschen Wissenschaftssprache. Ihre Ausarbeitung stützte sich auf eine sprachtheoretische Reflexion, die für Wolff wie für viele Repräsentanten der europäischen Aufklärung charakteristisch war.

2.1. Zeichen, Sprache, Erkenntnis in Wolffs Philosophie

Schon vor seiner Bekanntschaft mit Leibniz interessierte sich Wolff für das Verhältnis von Sprache und Denken (Ricken 1989, 27 f.). Von Leibniz übernimmt er dann das Konzept der *cognitio symbolica* und stellt es in den Mittelpunkt seiner Theorie des Zeichens und der Sprache. Als deutsche Entsprechung der Unterscheidung *cognitio symbolica/cognitio intuitiva* verwendet Wolff *figürliche Erkenntnis/anschauende Erkenntnis*.

Anhand der Wörter erfolgt *figürliche Erkenntnis*, während bei der *anschauenden Erkenntnis* die betreffende Sache „als Bild gleichsam vor Augen schwebt". In der *figürlichen Erkenntnis* dagegen stellen wir uns die Sachen durch Wörter oder andere Zeichen vor. Musterbeispiele der Zeichen, auf denen *figürliche Erkenntnis* beruht, sind Ziffern und algebraische Symbole. Doch auch Wörter bieten die Vorteile der *figürlichen Erkenntnis* gegenüber der *anschauenden*:

„Es hat also die figürliche Erkenntnis viele Vorteile [...]. Denn da jetzund unsere Empfindungen größtenteils undeutlich und dunkel sind, so dienen die Wörter und Zeichen zur Deutlichkeit, indem wir durch sie unterscheiden, was wir verschiedenes in den Dingen und unter ihnen antreffen." (Wolff 1720, § 319 „Nutzen der figürlichen Erkenntnis")

Indem die Wörter der Bildung und Repräsentierung der Begriffe dienen, ermöglichen sie gleichzeitig deren Unterscheidung und die Erkenntnis ihrer Verknüpfungen untereinander:

„Ja man wird finden wie schwer es uns vorkommt, wenn wir durch die anschauende Erkenntnis der Dinge ohne den Gebrauch der Wörter oder anderer gleichgültiger Zeichen ihren Zusammenhang herausbringen sollen, absonderlich, wenn Schlüsse dazu erfordert werden." (Wolff 1720, § 864, vgl. a. § 321)

Sobald wir etwas deutlich denken wollen, gehen wir daher von der *anschauenden* zur *figürlichen Erkenntnis* über, was auch in der Form geschehen kann, daß „wir zu uns selbst reden, oder wenigstens die dazu nötigen Worte gedenken" (Wolff 1720, § 322).

Dieser konstruktiven Funktion der *figürlichen Erkenntnis* steht allerdings eine Gefahr gegenüber, die schon lange mit dem traditionellen Gegensatz von Wörtern und Dingen thematisiert wurde, daß nämlich durch eine zu ausschließliche Orientierung des Denkens auf bloße Zeichen die Erkenntnis der Dinge selbst vernachlässigt wird:

„Unterdessen kann die figürliche [Erkenntnis] auch zu einigem Nachteile gereichen, wenn man nicht genug Acht darauf hat, indem wir leere Wörter, mit denen kein Begriff verknüpft ist, für Erkenntnis halten und Wörter für Sachen ausgeben" (Wolff 1720, § 320).

Eigentlich müßte mit jedem Wort der *Begriff einer Sache* verknüpft sein, um ihm eine klare Bedeutung zu verleihen; doch „Wörter können etwas bedeuten, davon wir keinen Begriff haben". Wenn einerseits Wörter das Denken zur Erkenntnis der Dinge hinlenken, dienen sie andererseits der Kommunikation über Gegenstände, von denen Sprecher und/oder Hörer überhaupt keinen *Begriff* haben.

Sogar von nichts kann man verständlich reden, denn wir verstehen andere, wenn sie von *eisern Gold* sprechen, obwohl es kein eisernes Gold gibt. Auch *leere Worte* können also verstanden werden. Wichtig ist daher die Unterscheidung zwischen dem *Begriffe des Wortes* und dem *Begriffe seines Tones*. Denn auch von dem *Tone der Wörter* müssen wir einen *Begriff* haben, um sie beim Sprechen und Hören voneinander unterscheiden zu können. Aber der eigentliche *Begriff des Wortes* ist der Begriff der Sache, die es bezeichnet. Bei der Verwendung *leerer Worte* wird also nur oder ganz überwiegend mit dem *Begriff des Tones* operiert.

Somit warnt Wolff vor den Gefahren, die für das Denken aus der Verwendung und den Kombinationsmöglichkeiten der Wörter hervorgehen, ohne daß er — wie vorher Locke — auf eine systematische Kritik der Unvollkommenheit und des Mißbrauchs der Sprache abzielt. Doch sieht er ebenso wie Locke im Fehlen deutlicher, mit den Wörtern verknüpfter Begriffe, die Ursache des ständigen Wortstreits zwischen den Gelehrten. Die rechte Bedeutung der Wörter ist daher zu bestimmen, indem man sich die Merkmale der Sachen vorstellt, die bezeichnet werden sollen (Wolff 1713, Kap. II, § 9 ff). Die *figürliche Erkenntnis* mit Hilfe der Sprache muß also eine Gefahr vermeiden, die das Zeichen zum kommunikativen Selbstzweck werden läßt, statt es als Instrument zu nutzen, das auf ein Erkenntnisobjekt gerichtet ist. Wolffs Problematisierung des Verhältnisses von Sprache und Denken und der sprachgebundenen *figürlichen Erkenntnis* als notwendiger, aber dem Irrtum ausgesetzter, höherer Erkenntnisstufe, wird bei der Verwirklichung seines Programms einer deutschen Fachterminologie durch weitere sprachtheoretische Gesichtspunkte ergänzt.

2.2. Wolffs Theorie und Praxis „rein deutscher" *Kunstwörter*

Zeitlich parallel zur ersten Phase der Entwicklung seiner Sprachtheorie verläuft Wolffs Einführung neuer deutscher *Kunstwörter*, mit denen er seine Forderung nach Reinheit des Deutschen als Wissenschaftssprache verwirklicht und die in deutschen Wissenschaftstexten damals noch übliche lateinische Fachterminologie ersetzt. Wolff faßt seine Grundsätze bei der Einführung deutscher *Kunstwörter* in drei Regeln zusammen: (1) so weit wie möglich schon vorhandene deutsche Wörter zu verwenden, statt neue zu schaffen, (2) neue deutsche Termini nicht als Übersetzung aus dem Lateinischen, sondern nach deutschen Sprachmustern zu bilden, (3) die Bedeutung deutscher *Kunstwörter* auf Wortbedeutungen der Allgemeinsprache zu stützen.

Um die Verwendung deutscher anstelle lateinischer Termini, aber auch einen Spielraum verschiedener Möglichkeiten der Ausbildung deutscher *Kunstwörter* zu begründen, beruft Wolff sich auf die Arbitrarität der Sprachzeichen:

„Denn da die Benennung willkürlich ist und [...] keine Sprache vorhanden, darinnen die Wörter wesentliche Bedeutungen haben, die sich nach den Regeln der Sprach-Kunst aus ihren Elementen, den Silben und Buchstaben dergestalt erklären lassen, als wie man die Begriffe nach den Regeln der Vernunfft-Kunst in andere einfachere und allgemeinere zergliedert; so kann die Benennung einer Sache auf vielerlei Weise geschehen [...] indem man entweder auf dieses oder auf etwas anderes sieht, was in ihr anzutreffen ist" (Wolff 1726, 29 f).

Die Arbitrarität der Sprachzeichen als Fehlen einer *wesentlichen Bedeutung* und ihre Erläuterungen durch den Hinweis auf den Unterschied zwischen sprachlichen und begrifflichen Strukturen bedeutet hier nicht eine Willkür, der nur durch den notwendigen Konsensus der Sprachgemeinschaft Grenzen gesetzt sind, wie es eine traditionelle Auffassung der Arbitrarität des Zeichens sah. Vielmehr handelt es sich um die Aufforderung und theoretische Ermächtigung, die in der deutschen Sprache angelegten Möglichkeiten für die Übernahme schon vorhandener allgemeinsprachlicher Wörter in die Wissenschaftssprache, als Einzeltermini oder als Elemente zusammengesetzter Kunstwörter, unter Beachtung des Verhältnisses sprachlicher und begrifflicher Strukturen zu nutzen. Den Spielraum, der hierbei für eine möglichst zweckmäßige Wahl besteht, kennzeichnet Wolff mit seinem Hinweis, daß „die Benennung einer Sache auf vielerlei Weise" möglich ist, je nachdem welche ihrer Eigenschaften als Merkmal dient und damit *Grund der Benennung* wird. Mit diesem Terminus erfaßt Wolff also die Problematik, auf die in der neueren Linguistik der Terminus *Bezeichnungsmotiv* gerichtet ist, als Charakterisierung eines bestimmten Merkmals der zu benennenden Sache, das die gewählte Bezeichnung ausdrückt.

Indem Wolff nun den *Grund der Benennung* in der *eigentlichen* oder *ordentlichen Bedeutung* von Wörtern der Allgemeinsprache sucht, formuliert er im Hinblick auf die *Kunstwörter* das Bemühen um Motiviertheit, wie seit Saussure die teilweise Übereinstimmung von Elementen des Wortschatzes in ihrer Lautform und Bedeutung genannt wird, und die für den Fachwortschatz gewährleistet ist, wenn er aus *rein deutschen* statt aus Fremdwörtern gebildet wird. Daher Wolffs Regel,

„daß ich die deutschen Wörter in ihrer ordentlichen Bedeutung nähme und darinnen den Grund der Benennung zu dem Kunst-Worte suchte. Denn auf solche Weise ist mein Kunst-Wort rein deutsch, weil ich deutsche Wörter in ihrer eigentlichen Bedeutung brauche und indem ich sie zu einem Kunst-Worte mache, auf Sachen ziehe, darinnen etwas anzutreffen so durch das Wort in seinem eigentlichen Verstande genommen angedeutet wird." (Wolff 1726, 34 f)

Auch die Forderung nach freier deutscher Wiedergabe lateinischer Termini anstelle einer wörtlichen Übersetzung stützt sich auf die spezifischen Möglichkeiten der deutschen Lexik:

„Ferner ist zu merken, daß ich [...] die deutschen Kunst-Wörter nicht aus dem Lateinischen übersetzt habe, sondern sie vielmehr so eingerichtet, wie ich es der deutschen Mund-Art gemäß gefunden, und wie ich würde verfahren haben, wenn auch gar kein lateinisches Kunst-Wort mir wäre bekannt gewesen". (Wolff 1926, 31)

Enge Anlehnung an das Lateinische läuft Gefahr, lächerliche deutsche Termini zu bilden, wie die Wiedergabe von *ontologia* durch *Dinger-Lehre*, für die Wolff statt dessen *Grund-Wissenschaft* vorschlägt. Eine wörtliche Übersetzung von *propositio identica* wäre unzweckmäßig, daher Wolffs Terminus *leerer Satz*. Das ist ebenso wie die Wiedergabe der *cognitio confusa* durch *undeutliche Erkenntnis* ein Musterbeispiel für Motiviertheit des deutschen Fachterminus durch den Allgemeinwortschatz; dabei wird die *undeutliche Erkenntnis* noch zusätzlich durch den Fachterminus *deutliche Erkenntnis* motiviert, während sich im Lateinischen *cognitio distincta/confusa* ohne wechselweitige Motiviertheit gegenüberstehen. Die Freiheit in der Wiedergabe lateinischer Termini ermöglicht und fordert von Fall zu Fall auch unterschiedliche deutsche Entsprechungen für ein gleiches lateinisches Wort, so für *principium mutationum: Quelle der Veränderung,* aber *principium rationis sufficientis: Satz des zureichenden Grundes,* und *principium contradictionis: Satz des Widerspruchs.*

Zu Wolffs sprachtheoretischer Reflexion kommt bei der Ausarbeitung einer deutschen Terminologie seine Praxis der Bedeutungspräzisierung hinzu. Bedeutungspräzisierungen sind fester Bestandteil von Wolffs *mathematischer* oder *demonstrativischer Lehr- und Schreibart,* als gesicherter Beweisführung nach dem Vorbild der Mathematik, auch bei der Behandlung von Gegenständen anderer Disziplinen. Voraussetzung dieser Methode ist Klarheit der verwendeten Begriffe und das heißt ihrer Bezeichnungen. Wolffs „Kurzer Unterricht von der mathematischen Lehrart", der seinem ersten deutschsprachigen Lehrwerk, den mehrbändigen „Anfangsgründen aller mathematischen Wissenschaften" (1710), vorangestellt wird, besteht vor allem in einer Darlegung der Notwendigkeit und Möglichkeit einer klaren, dem Stoff angemessenen Terminologie. Grundsätze der *Worterklärung* und *Sacherklärung,* wie Wolff die Nominal- und Realdefinition nennt, bilden den überwiegenden Teil des „Kurzen Unterrichts von der mathematischen Lehrart".

Wolffs Verwendung des Terminus *willkürlich* als Charakterisierung der Zeichen läßt im Kontext seiner Ausführungen zum deutschen Fachwortschatz zwei Bedeutungskomponenten erkennen, von denen jeweils eine dominant sein kann: das Fehlen einer der Lautform inhärenten oder — wie Wolff sagt — *wesentlichen Bedeutung*; ferner die intentionale, bewußt zweckgerichtete Auswahl von Zeichen aus einer bestimmten Menge gegebener Möglichkeiten. Zwischen beiden Komponenten besteht ein Zusammenhang, insofern die intentionale Selektion von Zeichen dadurch möglich ist, daß sie keine der Lautform inhärente Bedeutung haben, vielmehr der Mensch ihnen erst durch die Wahl als Bezeichnung für eine bestimmte Sache eine (neue) Bedeutung verleiht.

Wenn dagegen Wolffs Gegner ihm Unverständlichkeit und willkürliche Bedeutungsveränderung vorwerfen, tritt eine andere Bedeutungskomponente in den Vordergrund, als Kennzeichnung subjektiver Beliebigkeit bei der Wahl von Bezeichnungsmitteln. Wolff und seine Anhänger haben diese Anschuldigung wiederholt zurückgewiesen, im Bewußtsein der begründeten Wahl, die für die verwendeten *Kunstwörter* aus den potentiellen Möglichkeiten der deutschen Sprache getroffen wurde.

Trotzdem war ein Teil der deutschen *Kunstwörter* für das mit lateinischer Terminologie vertraute deutsche Publikum unverständlich oder zumindest so ungewohnt, daß Wolff einigen seiner *rein deutsch* verfaßten Werke ein Register deutscher *Kunstwörter* mit ihrer lateinischen Entsprechung anfügte (Wolff 1713 und 1720a). Als 1737 eine „Historie der Wolffischen Philosophie" erschien, ergänzte ihr Verfasser umfangreichere Listen von *Kunstwörtern* aus Werken Wolffs durch einen sarkastischen Kommentar über das Verfahren einiger Wolffianer, in ihren Texten deutsche *Kunstwörter* durch eingeklammerte lateinische Termini zu erklären, eine Methode, mit der man den „noch stammelnden Deutschen" ihre eigene Muttersprache beibringen mußte. (Ludovici 1737—38, II, 232)

Nachdem Wolff die Reihe seiner deutschsprachigen Hauptwerke abgeschlossen hatte, begann er einen Zyklus lateinischer Werke, der seit 1728 erschien. Wenn Wolff als einen seiner Gründe für die Wahl der Publikationssprache Deutsch die Tatsache nannte, „daß unsere Sprache zu Wissenschaften sich viel besser schickt als die Lateinische", dann aber selber zum Lateinischen überging, so ist das nur ein scheinbarer Widerspruch. Denn nach dem Abschluß seiner deutschen Hauptwerke ging es darum, für seine Philosophie das Publikum der europäischen Gelehrtenrepublik zu gewinnen, deren universelle Sprache immer noch das Lateinische war.

Seine selbstgestellte Aufgabe, die Eignung des Deutschen als Sprache der Wissenschaften zu bestätigen und sich durch dieses Medium an ein möglichst breites Publikum der eigenen Nation zu wenden, konnte Wolff nach dem Abschluß des Zyklus seiner deutschsprachigen Werke als erfüllt betrachten. Und für die weitere Propagierung der von ihm vorgeschlagenen deutschen Wissenschaftssprache konnte Wolff sich auf die zahlreichen Auflagen seiner Bücher sowie die vielen Anhänger verlassen, die er als einflußreichster deutscher Philosoph der ersten Hälfte des 18. Jh.s gewonnen hatte (s. umfangreiche Listen der „fürnehmsten Wolffianer" und ihrer Schriften zu den verschiedensten Wissensgebieten bei Ludovici 1737−38 und 1738).

Schon 1737 erschien Johann Adam Meißners ‚Philosophisches Lexikon aus Wolffs sämtlichen deutschen Schriften". Seine annähernd 800 Seiten erläutern eine umfangreiche deutsche Terminologie der verschiedensten natur- und geisteswissenschaftlichen Disziplinen mit Einbeziehung technischer Wissensgebiete. Nicht selten handelt es sich auch um Stichwörter, die wir weniger zur Wissenschaftssprache als zur Allgemeinsprache rechnen würden und an deren noch heute gültiger Bedeutung Wolffs sprachdefinitorische Arbeit beteiligt war. Hier sind Bedeutungsdifferenzierungen zu nennen wie *Begriff/ Vorstellung, Bewußtsein/Gewissen, Grund/Ursache, Empfindung/Empfindlichkeit* (Blackall 1966, 27).

3. Christian Wolff und Johann Heinrich Lambert zur Notwendigkeit der Metaphorik in der Wissenschaftssprache

Für die Bildung von *Kunstwörtern* aus allgemeinsprachlichen Wörtern, deren Bedeutung einen *Grund der Benennung* für den Fachbegriff enthält, gibt Wolff eine theoretische Begründung, die metaphorische Bezeichnungen in der wissenschaftlichen Terminologie legitimiert und geradezu fordert. Dazu erweitert er das Konzept der zeichengebundenen, *figürlichen Erkenntnis* mit Hilfe der traditionellen Unterscheidung zwischen *natürlichen* und *künstlichen Zeichen*: *Natürliche Zeichen* haben ihre Bedeutungskraft unabhängig vom Menschen, wie der Rauch als Zeichen für Feuer. *Künstliche Zeichen* dagegen sind arbiträr als Ergebnis des menschlichen Willens. Doch nur für sich genommen haben die einzelnen Sprachzeichen diesen arbiträren Charakter. Denn als Teil einer Zeichenkombination können sie den Charakter eines *natürlichen Zeichens* erhalten, indem sie hierbei ihre Bedeutung als Zeichen einer Sache und damit die Bedeutung der Sache selbst einbringen.

Nach dieser Theorie verfährt Wolff bei der freien Übersetzung lateinischer Fachtermini, wenn er in seiner kreativen Praxis der deutschen Wissenschaftssprache *principium mutationum* mit *Quelle der Veränderung* oder *propositio identica* mit *leerer Satz* wiedergibt. Das deutsche Wort *Quelle* wird hier also aufgrund seiner allgemeinsprachlichen Bedeutung zu einem *natürlichen Zeichen* für den mit dem Fachterminus *Quelle der Veränderung* gemeinten Begriff. Auf diese Weise verleiht das Wort *Quelle* dem neuen Fachterminus seinen *Grund der Benennung*. Ebenso verhält es sich mit der allgemeinsprachlichen Bedeutung des Adjektivs *leer*, wenn es Teil des Fachterminus *leerer Satz* als Wiedergabe von *propositio identica* wird.

Damit ist die Arbitrarität der Einzelzeichen nicht aufgehoben, vielmehr dient sie als Legitimation für kreative Zeichenkombinationen, die infolge des arbiträren Charakters der Einzelzeichen möglich sind, gleichzeitig aber den Elementen der Kombination den Charakter *natürlicher Zeichen* verleihen können. Die Anschaulichkeit, zu der Leibniz die *cognitio symbolica* als zeichengebundene Erkenntnis in Gegensatz gestellt hatte, wird somit in die Sprache zurückgeholt. Denn auch als notwendiges Instrument der *figürlichen Erkenntnis* muß die Sprache auf anschauliche Vorstellungen der Dinge zurückgreifen. Das geschieht dank der Kombinierbarkeit der Zeichen, so daß „in die figürliche Erkenntnis eine Klarheit und Deutlichkeit gebracht wird und sie eben dasjenige gleichsam vor Augen stellt, was in einer Sache anzutreffen ist [...]" (Wolff 1720, § 324). Damit bewirkt also die metaphorische Bezeichnung ein Ineinandergreifen von *cognitia symbolica* und *cognitia intuitiva*; sie verbindet die kognitive Überlegenheit zeichengebundener Abstraktion mit dem Vorteil gegenstandsbezogener Anschaulichkeit. (Zur Vertiefung dieser Problematik in Wolffs späteren lateinischen Werken s. Ricken 1995, 24 ff)

Als der bedeutende Mathematiker, Physiker und Philosoph Johann Heinrich Lambert 1764 die Rolle der Sprache für das Denken analysierte, erweiterte er Wolffs Erklärung der Notwendigkeit metaphorischer Termini, und zwar in einem Werk, das sich zu einem wesentlichen Teil mit Problemen des Verhältnisses von Begriffen und Bezeichnungen unter dem Gesichtspunkt der Notwendigkeit adäquater Bezeichnungen für das wissenschaftliche Denken beschäftigt: „Neues Organon oder Gedanken über die Erforschung und Bezeichnung des Wahren und dessen Unterscheidung von Irrtum und Schein" (Lambert 1764). Teil des „Organon" ist die *Semiotik oder Lehre von der Bezeichnung der Gedanken und Dinge*. Sie untersucht, „was die Sprache und andere Zeichen für einen Einfluß in die Erkenntnis der Wahrheit haben, und wie sie dazu dienlich gemacht werden können" (Lambert 1764, I, Vorrede S. XI). Zeichen sind als Instrumente des Denkens unverzichtbar, so daß die „Semiotik" mit dem Kapitel „Von der symbolischen Erkenntnis überhaupt" beginnt. In Anlehnung an den von Leibniz eingeführten Terminus *cognitio symbolica*, den auch Wolff in seinen lateinischen Werken verwendet hatte, ersetzt Lambert also Wolffs Verdeutschung *figürliche Erkenntnis* durch *symbolische Erkenntnis*.

Die ideale Eigenschaft wissenschaftlicher Zeichen resümiert Lambert wiederholt mit der griffigen Forderung, daß „die Theorie der Zeichen und die Theorie der Sachen gleichwertig" sein sollen (Lambert 1764, II, Semiotik §§ 23, 24, 128, 260). Mit diesem Ziel übernimmt Lambert Wolffs Forderung nach dem Ineinandergreifen symbolischer und anschauender Erkenntnis:

„Die Zeichen sind uns für jede Begriffe, die wir nicht immer durch wirkliche Empfindung aufklären können, ohnehin schlechterdings notwendig. Kann man sie demnach so wählen und zu solcher Vollständigkeit bringen, daß die Theorie, Kombination, Verwandlung etc. der Zeichen statt dessen dienen kann, was sonst mit den Begriffen selbst vorgenommen werden müßte; so ist dieses alles, was wir von Zeichen verlangen können, weil es so viel ist, als wenn die Sache selbst vor Augen läge." (Lambert 1764, Semiotik § 64).

Auf dem von Wolff eingeschlagenen Weg befindet sich Lambert ebenfalls, wenn er in seinen Analysen betont, daß die Metaphorik als natürlicher Bestandteil der Sprache auch unverzichtbares Instrument der Wissenschaftssprache und der wissenschaftlichen Begriffsbildung ist:

„Übrigens ist klar, daß wir hier nicht von Metaphern reden, wie sie etwa die Dichter gebrauchen, um ihren Vorstellungen mehr Leben und Nachdruck zu geben, sondern von solchen, die man in Ermanglung eigener Namen gebrauchen muß, um abstrakte und nicht in die Sinne fallende Begriffe vorstellig zu machen, und wo man folglich wissenschaftliche Begriffe damit zu benennen hat." (Lambert 1764, II, Semiotik § 195).

Damit folgt die wissenschaftliche Terminologiebildung einem allgemeinen Vorgang, der die Sprachen in ihrer Entwicklung „vom Sinnlichen zu dem Abstrakten, Allgemeinen und Metaphysischen erhöht hat." (Lambert 1764, II, Semiotik § 202). Erst nach der Benennung sinnlich wahrgenommener Dinge konnten in einer kontinuierlichen Metaphorisierung auch abstrakte Begriffe gebildet und bezeichnet werden. Die Sprachen befinden sich daher in einem fortlaufenden Prozeß der Bildung und Weiterentwicklung von Metaphern, so daß der Wortbestand in Klassen gradueller Metaphorisierung einzuteilen wäre (Lambert 1764, I, Vorrede S. XIV). Allerdings wird schließlich in der gewohnheitsmäßigen Sprachverwendung die ursprüngliche Metaphorisierung nicht mehr bemerkt, wie im Falle von *begreifen, einsehen, verstehen*, oder *Gesichtspunkt, Leitfaden, hohe Töne* (Lambert 1764, II, Semiotik §§ 18, 143, 444). Ebenso dienen Bezeichnungen von Eigenschaften des sinnlich wahrgenommenen Raumes einer abstrakten Klassifizierung und Systematisierung der verschiedensten Sachbereiche nach Größenrelationen, oder Kriterien der *Über*ordnung, *Unter*ordnung, *Abhängigkeit*. Sogar das Adjektiv *abstrakt* ist eine Metapher (Lambert 1770, 424 f). Das verdeutlichen die im 18. Jh. anstelle von *abstrakter Begriff* häufig verwendeten Äquivalente *abgezogener* oder *abgesonderter Begriff*.

4. Grenzen und Impulse einer „rein deutschen" Terminologie. Das Beispiel *Begriff* und *Idee*

Wolff und seine Anhänger hatten durchaus Grenzen der Möglichkeit erkannt, eine wissenschaftliche Terminologie nur anhand angestammter deutscher Wörter zu bilden. Die *Kunstwörter* der Wolffianer wurden daher keinesfalls dem strengen Sprachpurismus unterworfen, den man anhand einzelner Beispiele als allgemeines Prinzip vermuten könnte und den es in Deutschland seit dem 17. Jh. mitunter gegeben hat. Für die Akzeptanz von Fremdwörtern in der Wissenschaftssprache Wolffs und seiner Anhänger liefert 1737 Meißners „Philosophisches Lexikon aus Christian Wolffs sämtlichen deutschen Schriften" zahlreiche Beispiele, wie *Architect, Barometer, Caliber, Hydrotechnick, Mechanick, multipliciren, Triangel* usw.

Die deutsche Wissenschaftssprache Wolffs und seiner Anhänger bestand also nur zum Teil aus deutschen Wörtern, durch deren Wahl und Verwendung lateinische (bzw. griechische, französische) Termini eliminiert wurden. Darüber hinaus entstand die Terminologie dieser Wissenschaftssprache, indem lateinische (griechische, französische) Termini dem deutschen Sprachbau angepaßt und somit in deutsche Wörter umgewandelt wurden, mit Einschluß der Bildung deutscher Adjektive: *Geometrie — geometrisch; Mechanick — mechanisch; Quadrat — quadratisch* (Meißner 1737).

Als einschneidende Änderung deutscher wissenschaftlicher Texte entfiel damit die bei Thomasius noch übliche Flexion der lateinischen Termini innerhalb ihres deutschen Kontextes, so daß die Wissenschaftssprache jetzt den anderen Existenzformen der deutschen Sprache angeglichen war.

Also wurde in der Tat die Forderung von Leibniz erfüllt, anhand einer deutschen Wissenschaftssprache die aktive Beteiligung der Deutschen an der Wissenschaft von der Kenntnis des Lateinischen unabhängig zu machen. In diesem Sinne hat Wolff sein Ziel einer deutschen Wissenschaftssprache durchaus erreicht und damit auch dazu beigetragen, daß für das Deutsche ein neues Wechselverhältnis zwischen Wissenschaftssprache, Allgemeinsprache und Literatursprache eintrat (Blackall 1966).

Ein Ausdruck der damaligen Dynamik der neuen deutschen Terminologie war das zeitweilige Nebeneinander von eingedeutschten Fremdwörtern und deutschstämmigen Termini, wie *Mechanick = Bewegungs-Kunst, Hydrotechnick = Wasser-Bau-Kunst, Geometrie = Erdmeß-Kunst, Philosophie = Weltweisheit.* Häufig ließ in solchen Fällen die Tendenz zur Internationalisierung wissenschaftlicher Termini den deutschstämmigen Terminus ungebräuchlich werden. Die gleiche Tendenz begünstigte Eliminierungen wie *abgezogen* durch *abstrakt* und *Vergesellschaftung der Begriffe* durch *Ideenassoziation*.

Das heutige Nebeneinander von *Begriff* und *Idee* weist darauf hin, daß von Wolffs Theorie und Praxis der deutschen Wissenschaftssprache auch dann namhafte Impulse ausgehen konnten, wenn die Entwicklung anders verlief als Wolff das vorgeschlagen hatte (s. zum folgenden ausführlicher Ricken 1992). Lat. *idea* war ein wichtiger und oft verwendeter philosophischer Terminus, der in deutschen Texten bei Thomasius meist in seiner flektierten lateinischen Form beibehalten, gelegentlich aber auch schon mit der aus dem Französischen übernommenen Form *idée* oder *idee* wiedergegeben wurde. Christian Wolff wählt dagegen als Wiedergabe von *idea* die beiden deutschen Wörter *Begriff* und *Vorstellung*, die damit zu gängigen Termini werden und mit denen Wolff gleichzeitig den weiten Bedeutungsumfang von *idea* aufgliedert: *Begriff* als abstrakte Gedankeneinheit, *Vorstellung* als Akt der Einbildungskraft. Lat. *idea* umfaßte beides, ebenso schon im 17. Jh. auch französisch *idée* als zentraler philosophischer Terminus bei Descartes und englisch *idea* bei John Locke.

In Deutschland war dann *Begriff* als Wiedergabe von lat. *idea* und als Einheit der Operationen des Denkens ein so wichtiger und so bewußt verwendeter Terminus der Wolffschen Philosophie, daß *deutliche Begriffe* schließlich ein Kriterium für *Aufklärung* waren und die Bezeichnung *Begriffsforscher* als Äquivalent für *Philosoph* vorgeschlagen wurde (Campe 1801, II, 525 f). Infolge der Vorherrschaft der Wolffschen Terminologie war *Idee* in deutschen Texten während der ersten Hälfte des 18. Jh.s nur sporadisch zu verzeichnen. Noch 1764 verwendet Lamberts „Neues Organon oder Gedanken über die Erforschung und Bezeichnung des Wahren" nicht weniger als 1.271mal den Terminus *Begriff*, bei vollständigem Verzicht auf *Idee*! (Hinske 1983—87, I—II). Doch wurde *Idee* während der zweiten Jahrhunderthälfte zunehmend als deutsches Wort verwendet, teils infolge der ständigen Präsenz französischer und englischer Texte mit *idée — idea*, teils infolge neuer Denkrichtungen, die sich von dem strengen Logizismus der Wolffschen Schule distanzierten, so daß *Idee* mit einer von *Begriff* differenzierten Bedeutung ein vollgültiges deutsches Wort und ein philosophischer Terminus wurde. Immanuel Kant unterstrich diese Differenzierung, indem er *Idee* dem intuitiven Denken (und dem *Ge-*

nie), *Begriff* dem logischen Denken zuordnete (Kant 1924, 538. Vgl. Hinske 1990). Die Unverwechselbarkeit von *Idee* und *Begriff* wird durch damalige Buchtitel wie Herders „*Ideen* zur Philosophie der Geschichte der Menschheit" (1784) und im selben Jahr Kants „*Idee* zu einer allgemeinen Geschichte in weltbürgerlicher Absicht" verdeutlicht.

Damals erfolgte also mit der verspäteten Einbürgerung von *Idee* in die deutsche Sprache auch eine Bedeutungsdifferenzierung, die noch heute nachwirkt und gegenüber *Begriff* eine Komponente gedanklicher Intuition und Dynamik ausdrückt. Doch während die Eliminierung von *Bewegungs-Kunst* durch *Mechanik* ein Beispiel unter anderen für die Ablösung deutscher Termini durch Internationalismen ist (die z. T. schon von den Wolffianern selbst neben ihren „rein deutschen" Entsprechungen verwendet wurden), hat der Internationalismus *Idee* die deutsche Sprache bereichert, ohne die weitere wichtige Rolle der Termini *Begriff* und *Vorstellung* zu gefährden, die Christian Wolff bei seiner Ausarbeitung einer deutschen Wissenschaftssprache als Wiedergabe von lat. *idea* vorgeschlagen hatte. Damit brachte er also auch die Entwicklung in Gang, deren Ergebnis die spätere Differenzierung von *Idee* und *Begriff* war.

Obwohl Wolffs Verdienste um die deutsche Wissenschaftssprache schon seit dem 18. Jh. anerkannt wurden, hat die Forschung bisher nur einzelne Aspekte seiner sprachlichen Schöpferrolle und ihrer Nachwirkungen beleuchtet (Blackall 1966; Eucken 1879; Kimpel 1983, Knüfer 1911, Piur 1903, Ricken 1995). Zu ermitteln ist auch noch die deutsche Terminologie, auf die Wolff sich bereits stützen konnte und der er durch seine Werke zur Verbreitung verhalf. Wolffs „Mathematisches Lexikon, darinnen die in allen Theilen der Mathematick üblichen Kunst-Wörter erkläret" (1716), erläutert auf ca. 750 Seiten neben lateinischen fast ebenso viele deutsche Termini der Mathematik und ihrer Anwendungsgebiete (Statik, Mechanik, Hydraulik, Optik, Geographie, Architektur usw.), ohne daß Wolff sich dabei als sprachlicher Neuerer betrachtet. Also dürften viele dieser deutschen *Kunst-Wörter* schon vor ihm *üblich* gewesen sein, wie es im Werktitel heißt. — Für die Entwicklung der deutschen Wissenschaftsterminologie in der von Wolff und seinen Anhängern eingeschlagenen Richtung bietet ein herausragendes Zeugnis am Ende des 18. Jh.s ein 6-bändiges „Physikalisches Wörterbuch oder Versuch einer Erklärung der vornehmsten Begriffe und Kunstwörter der Naturlehre" (Gehler 1787—96). Der 6. Band besteht aus Registern, darunter am ausführlichsten das deutsche *Realregister* (S. 1—202), ergänzt von Verzeichnissen lateinischer und französischer *Kunstwörter*, die in den vorangehenden 5 Bänden als Entsprechungen deutscher Termini angeführt wurden. Die Stichwörter der alphabetischen Anordnung dieser Bände sind deutsche Termini, auch soweit es sich um Fremdwörter handelt. Damit wurde also der Weg fortgesetzt und vollendet, den Wolffs Anhänger schon zu seinen Lebzeiten für die Schaffung einer deutschen Wissenschaftssprache eingeschlagen hatten.

5. Literatur (in Auswahl)

Blackall 1966 = Eric A. Blackall: Die Entwicklung des Deutschen zur Literatursprache 1700—1775. Aus dem Engl. übertr. v. Hans G. Schürmann. Mit einem Bericht über neue Forschungsergebnisse 1955—1964 v. Dieter Kimpel. Stuttgart 1966.

Campe 1801 = Joachim Heinrich Campe: Wörterbuch zur Erklärung und Verdeutschung der unserer Sprache aufgedrungenen fremden Ausdrücke. 2 Bde. Braunschweig 1801.

Canone 1989 = Eugenio Canone: L „Ermahnung an die Teutsche" di G. W. Leibniz. Index locorum. In: Lexicon Philosophicum. Quaderni di Terminologia Filosofica e Storia delle Idee. 4/1989. Roma 1989.

Eucken 1879 = Rudolf Eucken: Geschichte der philosophischen Terminologie im Umriß. Leipzig 1879.

Gehler 1787—1796 = Johann Samuel Traugott Gehler: Physikalisches Wörterbuch oder Versuch einer Erklärung der vornehmsten Begriffe und Kunstwörter der Naturlehre. 6 Bde. Leipzig 1787—1796.

Gessinger 1992 = Joachim Gessinger: Metaphern in der Wissenschaftssprache. In: Beiträge zur Fachsprachenforschung. Sprache in Wissenschaft und Technik, Wirtschaft und Rechtswesen. Hrsg. v. Theo Bungarten Bd. 1. Tostedt 1982, 29—56.

Hinske 1983—87 = Norbert Hinske: Lambert-Index: Bd. 1: Stellenindex zu J. H. Lambert ‚Neues Organon I'; Bd. 2: Stellenindex zu J. H. Lambert ‚Neues Organon II'; Bd. 3: Stellenindex zu J. H. Lambert ‚Anlage zur Architectonic I'; Bd. 4: Stellenindex zu J. H. Lambert ‚Anlage zur Architectonic II'. Stuttgart—Bad Cannstatt 1983—1987.

Hinske 1990 = Norbert Hinske: Kants Anverwandlung des ursprünglichen Sinnes von Idee. In:

IDEA, Colloquio del Lessico Intellettuale Europeo. Hrsg. v. M. Fattori u. M. L. Bianchi. Rom 1990, 317–327.

Huber 1984 = Wolfgang Huber: Kulturpatriotismus und Sprachbewußtsein. Studien zur deutschen Philologie des 17. Jh.s, Frankfurt a. M 1984.

Hülzer 1987 = Heike Hülzer: Die Metapher. Kommunikationssemantische Überlegungen zu einer rhetorischen Kategorie. Münster 1987.

Kant 1924 = Immanuel Kant: Gesammelte Schriften. Hrsg. v. der Königl. Preuß. Akademie der Wissenschaften. Bd. XVI: Logik. Berlin 1924.

Kimpel 1983 = Dieter Kimpel: Christian Wolff und das aufklärerische Programm der literarischen Bildung. In: Schneiders 1983, 203–236.

Knüfer 1911 = Carl Knüfer: Grundzüge der Geschichte des Begriffs ‚Vorstellung' von Wolff bis Kant. Halle 1911.

Lambert 1764 = Johann H. Lambert: Neues Organon oder Gedanken über die Erforschung und Bezeichnung des Wahren und dessen Unterscheidung von Irrthum und Schein. 2 Bde. Leipzig. Neudruck. Hrsg. u. m. e. Anhang versehen v. Günter Schenk. Berlin 1990.

Lambert 1770 = Johann H. Lambert: Observations sur quelques dimensions du monde intellectuel, Histoire de l'Académie Royale des Sciences et Belles-Lettres. Année 1763. Berlin 1770, 421–438.

Leibniz 1684 = Gottfried Wilhelm Leibniz: Meditationes de Cognitione, Veritate et Ideis. In: Leibniz: Die philosophischen Schriften. Hrsg. v. C. I. Gerhardt. 7 Bde. Berlin 1875–90, IV, 422–426.

Leibniz 1697 = Gottfried Wilhelm Leibniz: Unvorgreifliche Gedanken, betreffend die Ausübung und Verbesserung der Teutschen Sprache (redigiert wahrscheinlich 1697, veröffentlicht 1717; benutzte Ausgabe in Leibniz (1904–06), II, 519–555).

Leibniz 1904–1906 = Gottfried Wilhelm Leibniz: Hauptschriften zur Grundlegung der Philosophie, hrsg. v. Ernst Cassirer, Berlin 1904–1906. (Philosophische Werke Bd. 1 u. 2).

Ludovici 1737–38 = Carl G. Ludovici: Ausführlicher Entwurf einer vollständigen Historie der Wolffischen Philosophie, Bd. 1.1.–1.3. Leipzig. [Neudruck Hildesheim. New York 1977].

Ludovici 1738 = Carl G. Ludovici: Neueste Merckwürdigkeiten der Leibnitz-Wolffischen Weltweisheit. Frankfurt. Leipzig 1738.

Meißner 1737 = Heinrich A. Meißner: Philosophisches Lexikon, darinnen die Erklärungen und Beschreibungen aus ... Christian Wolffens sämtlichen teutschen Schriften ... zusammen getragen, Bayreuth. Hof. 1737 [Neudruck Düsseldorf 1970].

Piur 1903 = Paul Piur: Studien zur sprachlichen Würdigung Christian Wolffs. Ein Beitrag zur Geschichte der neuhochdeutschen Sprache. Halle 1903.

Pörksen 1986 = Uwe Pörksen: Deutsche Naturwissenschaftssprachen. Historische und kritische Studien. Tübingen 1986 (Forum für Fachsprachen-Forschung 2).

Ricken 1989 = Ulrich Ricken: Leibniz, Wolff und einige sprachtheoretische Entwicklungen in der deutschen Aufklärung. Berlin 1989 (Sitzungsberichte der Sächs. Akademie d. Wiss. zu Leipzig 129, 3).

Ricken 1992 = Ulrich Ricken: Begriff oder Idee? Ein Konzept der Aufklärung im deutsch-französischen Austausch. In Médiations/Vermittlungen. Aspekte der deutsch-französischen Beziehungen vom 17. Jh. bis zur Gegenwart. Hrsg. v. Michel Grunewald und Jochen Schlobach. Bern 1992, 125–144.

Ricken 1995 = Ulrich Ricken: Zum Thema Christian Wolff und die Wissenschaftssprache der deutschen Aufklärung. In: Linguistik der Wissenschaftssprache. Hrsg. v. Heinz L. Kretzenbacher und Harald Weinrich. Berlin. New York 1995, 41–90.

Schneiders 1983 = Werner Schneiders (Hrsg.): Christian Wolff 1679–1754. Hamburg 1983.

Suchsland 1976 = Peter Suchsland: Gibt es Widersprüche zwischen Leibnizens theoretischen und praktischen Bemühungen um die deutsche Sprache? In: Zeitschrift für Phonetik, Sprachwissenschaft und Kommunikationsforschung 29. 1976, 472–475.

Thomasius 1688–1690 = Christian Thomasius: Monats-Gespräche. (Freymütige Lustige und Ernsthafte jedoch Vernunft- und Gesetzmässige Gedanken oder Monats-Gespräche über [...] Neue Bücher). Halle 1688–1690.

Thomasius 1691 = Christian Thomasius: Einleitung zu der Vernunftlehre [...]. Halle. [5. Aufl. Halle 1719].

Tschirnhaus 1700 = Ehrenfried Walther Tschirnhaus: Gründliche Anleitung zu nützlichen Wissenschaften, absonderlich zu der MATHESI und PHYSICA wie sie annitzo von den Gelehrtesten abgehandelt werden. O. O. 1700.

Ungeheuer 1983 = Gerold Ungeheuer: Sprache und symbolische Erkenntnis bei Wolff. In: Schneiders 1983, 89–112.

Wille 1991 = Dagmar von Wille: Lessico filosofico della Frühaufklärung. Rom 1991.

Wolff 1710 = Christian Wolff: Anfangsgründe aller mathematischen Wissenschaften. 4 Bde. Halle [benutzte Ausgabe: Wien 1763].

Wolff 1713 = Christian Wolff: Vernünfftige Gedancken von den Kräfften des menschlichen Verstandes und ihrem richtigen Gebrauche in Erkenntniß der Wahrheit (Deutsche Logik). Halle 1713. Neudruck, hrsg. u. bearb. v. Hans-W. Arndt, Hildesheim. New York 1978.

Wolff 1716 = Christian Wolff: Mathematisches Lexicon, darinnen die in allen Theilen der Mathematik üblichen Kunstwörter erkläret. Leipzig 1716.

Wolff 1720 = Christian Wolff: Vernünfftige Gedancken von Gott, der Welt und der Seele des Menschen, auch allen Dingen überhaupt (Deutsche Metaphysik). Frankfurt. Leipzig [benutzte Ausgabe: Halle 1751, Neudruck, hrsg. v. Ch. A. Corr, Hildesheim. Zürich. New York 1983].

Wolff 1726 = Christian Wolff: Ausführliche Nachricht von seinen eigenen Schrifften, die er in deutscher Sprache von den verschiedenen Theilen der Weltweisheit heraus gegeben ..., Frankfurt [benutzte Ausgabe: Frankfurt 1733, Nachdr. hrsg. v. Hans-W. Arndt, Hildesheim. New York 1973].

Ulrich Ricken, Halle / Saale

254. Fachliche Textsorten in der deutschen Aufklärung

1. Fachlichkeit im 18. Jahrhundert
2. Textsorten und Architektur der Sprache
3. Eigenschaften fachlicher Textsorten in der Aufklärung
4. Neue und für das Anliegen der Aufklärung dominante Textsorten
5. Literatur (in Auswahl)

1. Fachlichkeit im 18. Jahrhundert

Im Zusammenhang mit der Entwicklung der typisch neuzeitlichen Organisationsformen von Technik und Wissenschaft bildeten sich im 18. Jh. die modernen Fachsprachen heraus. Das erst im 18. Jh. aufgekommene Wort *Fach* in der übertragenen Bedeutung ‚Spezialgebiet in Handwerk, Kunst oder Wissenschaft', die an die Vorstellung eines abgeteilten Raumes anschließt, behielt dabei eine leicht negative Konnotation (vgl. Schrader 1990, 30). Betrachten wir *fachliche* Textsorten im 18. Jh., so wird eine retrospektive Fragestellung gewählt. War schon die Existenz von Fächern als solchen nicht unumstritten, so zeichnet sich in der Sprachreflexion der Gelehrten erst recht eine selbstverständliche Dominanz des allgemeinen wissenschaftlichen Anspruchs ab. Es soll deshalb im folgenden auch nicht versucht werden, die in Kap. VII und VIII entwickelte Einteilung von Fachtextsorten auf die Aufklärung anzuwenden. Dennoch werden wir uns einiger der dort entwickelten Kriterien bedienen und im Anschluß daran eine Reihe allgemeiner Charakteristika fachlicher Textsorten der deutschen Aufklärung sowie neue und im besonderen Maße das aufklärerische Anliegen repräsentierende Textsorten behandeln.

2. Textsorten und Architektur der Sprache

Während in bezug auf die schöne Literatur die Aufklärung das „bestehende Schema der literarischen Gattungen keineswegs aufgehoben, sondern mit ihrem Geist, mit ihrer Tendenz durchdrungen" (Krauss 1972, 66) hat, treten innerhalb des Gefüges der fachlichen Textsorten neue bzw. in ihrer Funktion so nicht gekannte hervor. Dies trifft insbesondere auf Anzeigen und Rezensionen in gelehrten Zeitschriften, Erzählungen in Wochen- und Monatsschriften, Dialoge, Wörterbuchartikel und Preisbewerbungsschriften zu. Inwieweit handelt es sich jedoch dabei um fachliche Textsorten? Bereits hier begegnet man der eingangs erwähnten Spezifik der Fachlichkeit in der Aufklärung.

Als fachlich kennzeichnet Schrader (1990, 65) solche Handlungen, „die in zweckrationaler, d. h. nicht-sozialer Absicht ausgeführt werden". So sinnvoll die Beschränkung auf instrumentelle Handlungen bei der Abgrenzung des „Anderen" der Fachsprache sein mag, wird sie für eine Betrachtung von fachlichen Textsorten in der Aufklärung nicht durchzuhalten sein. Letztlich würde sich aus diesem Postulat eine Konzentration auf die Werkstattsprachen ergeben, die nur noch in einigen ihrer Spuren, nicht jedoch in geschlossenen Texten zu untersuchen wären. Auch fachliche Kommunikation ist gerade im Zeitalter der Aufklärung nicht frei von sozialer Absicht, insofern über die fachinterne Vertiefung von Erkenntnissen (intensive Aufklärung) hinaus auch Wissen verbreitet werden soll (extensive Aufklärung). Der Kampf gegen Vorurteile als ein zentrales Anliegen der Aufklärung ist gerade auf eine solche soziale Wirkung fachlicher Texte angewiesen. Auch eingebunden in handwerkliche und technische Arbeitsabläufe erscheinen fachliche Texte als Handlungsinstrumente, die kaum isoliert von ihren Zwecken verstanden werden können und auch als solche nicht überliefert werden. Es erscheint bemerkenswert, daß

Diderot gerade bei der Arbeit an der französischen Enzyklopädie – einer für die Aufklärung wichtigen Textsorte – auf dieses Problem der Sinnergänzung durch die Sprache begleitende Handlungen aufmerksam wurde (Haßler 1992). Als fachliche Textsorten der Aufklärung sind deshalb auch Zeichnungen und Illustrationen zu betrachten, die – gegebenenfalls nur unter Hinzuziehung weniger Termini – technische Zusammenhänge und Abläufe festzuhalten suchen. Fächer in diesem Sinne sind Arbeitskontexte, in denen Gruppen von fachlichen zweckrationalen Handlungen vollzogen werden. „Fachsprachen sind demnach sprachliche Handlungen dieses Typs sowie sprachliche Äußerungen, die konstitutiv oder z. B. kommentierend mit solchen Handlungen in Verbindung stehen." (Schrader 1990, 9)

Die Gegenüberstellung *schriftliche / mündliche* Kommunikation kann als ein relevanter Ausgangspunkt für eine Klassifizierung der fachlichen Textsorten der Aufklärung betrachtet werden. Teilweise wird sie von der Merkmalspolarität *monologisch / dialogisch* überlagert. Wir halten es dabei allerdings nicht für sinnvoll, das Merkmal der Dialogizität auf die Gesamtheit der Fachkommunikation in der Aufklärung auszudehnen (vgl. Schlieben-Lange 1989). Zweifellos werden mit Fachtexten immer Fragen gesucht und beantwortet. Doch obwohl Fachtexte in ihrer kognitiven Funktion stets intertextuell und in den Wissenschaftsdialog eingebunden sind, erscheint für die Betrachtung der Darstellungsfunktion der Texte eine Differenzierung der Merkmale *monologisch* und *dialogisch* legitim.

Als *mündliche, dialogische* und stark *situationsgebundene* Textsorten wären das *Werkstattgespräch*, der die Arbeit begleitende *Kommentar* oder die ihr vorausgehende *Unterweisung* zwar zu erwähnen, aber nicht mehr unmittelbar zu beobachten. Als aufklärungstypisch kann angenommen werden, daß lexikalische Spuren dieser Gespräche in Wörterbüchern erscheinen, ebenso wie nach Formen gesucht wird, technische Abläufe und Verfahren bildlich festzuhalten. Nahe stehen diesen Kommunikationsformen auch solche *schriftlichen* fachlichen Textsorten in Handwerk und Technik, wie die *Gebrauchsanleitung* oder der *Experimentbericht*. Doch auch abgesehen von solchen nicht primär wissenschaftlichen Formen der Kommunikation über spezielle Gegenstände sind viele Texte, in denen sich aufklärerisches Gedankengut in Deutschland formte und dabei auch Fachliches verarbeitete, uns heute nur mittelbar zugänglich. In privaten Zirkeln wurde neben literarischen Fragen über philosophische, pädagogische, juristische und – zum Beispiel im Hinblick auf die Allgemeine Landrechtsreform – soziale und politische Themen debattiert. Nachvollziehbar sind die Themen dieser Diskussionen etwa in der von Friedrich Gedike und J. E. Biester gegründeten und 1783 bis 1811 unter verschiedenen Titeln herausgegebenen *Berlinischen Monatsschrift* (BM), als deren geistig-gesellschaftlicher Hintergrund sich die seit 1783 bestehende „Mittwochsgesellschaft" oder „Gesellschaft von Freunden der Aufklärung" abzeichnet (Pütz 1991, 22). Schwer rekonstruierbar ist jedoch, wie sich die Diskussionen selbst in den Privatwohnungen der Beteiligten abgespielt haben und welche Textsorten dabei gepflegt wurden oder entstanden sein mögen. Als Spuren der Mündlichkeit und der dialogischen Gestaltung sind in der *Berlinischen Monatsschrift* vor allem rhetorische Fragen und wertende Ausrufe zu erkennen, so etwa in einem *Etwas von Vorurtheilen und Aberglauben* überschriebenen Text, der auf ein im 18. Jh. vieldiskutiertes medizinisches Thema Bezug nimmt:

„... In Rußland fand die Einimpfung der Blattern ein mächtiges Hinderniß, weil der Pöbel in allerlei Ständen den festen Glauben hatte, daß derjenige, von dem man das Blatterngift zum Einimpfen nähme, unausbleiblich sterben müßte. – *Doch warum hole ich ein Beispiel dieser Art aus dem Norden? Giebts doch ähnliche Thatsachen genug fast täglich vor unsern Augen! Traurig ist's, daß es so schwer hält, diesem Verderben an die Wurzel zu kommen!* ..." (BM, Bd. I, Berlin 1783, 469)

Wenig später wird trotz der emotionalen Tonart der Fachterminus *Inokulation* ganz selbstverständlich verwendet. Weitere mündliche Textsorten, wie der *Akademievortrag* und die *Vorlesung* sind als vorwiegend *schriftlich konzipiert* zu betrachten und mitunter auch in einer nachträglich bearbeiteten oder niedergeschriebenen Form zugänglich. Sieht man von Anreden und gelegentlichen Gliederungssignalen ab, sind die sprachlichen Unterschiede zu gleiche Themen behandelnden schriftlichen Texten kaum auffällig.

Noch vor der Feststellung spezieller sprachlicher Merkmale für die Gestaltung dieser Textsorten erscheint es bemerkenswert, daß die deutsche Sprache in der Aufklärung überhaupt zum selbstverständlichen Mittel der Abfassung entsprechender Texte wurde. 1687 hatte Thomasius erstmals angekündigt, ein Kolleg in deutscher Sprache abhalten zu wollen. Nach seiner Verdrängung aus Leipzig begann Thomasius mit Erlaubnis des Kurfürsten von Preußen in Halle Vorlesungen in deutscher Sprache zu halten, ebenso verfuhr Wolff nach seiner Berufung nach Halle 1707. Aus dieser Hallenser Gepflogenheit, die zunächst im Gegensatz zu anderen Universitäten stand, konnten sich wesentliche Folgen für die Integration von Fachsprachlichem in die Architektur der Varianten der deutschen Sprache ergeben. Vorlesungen als Textsorte darf man sich im 18. Jh. wohl weitgehend einer konzeptuellen Schriftlichkeit unterliegend vorstellen. Gerade aufgrund der ihnen eigenen Ausarbeitung konnten sie jedoch prägenden Einfluß auf die deutsche Wissenschaftssprache haben.

Eine Übergangsstellung von mündlichen zu schriftlichen Textsorten kann den *Briefen* zugeschrieben werden. Zwar bedienen sie sich des schriftlichen Mediums und müssen in der Verwendung von Deiktika und anderen sprachlichen Mitteln auf die Distanz des Lesers zur Entstehungssituation Rücksicht nehmen, vielfach kann es sich der Briefschreiber jedoch leisten, auf unmittelbare Erfahrung bezogen zu schreiben und auch den Ton eines Gesprächs sprachlich nachzuempfinden. Sicher eignete sich der leichte Briefton eher zu literarischen Erörterungen als zur Behandlung im engeren Sinne fachlicher Themen. Wie bereits erwähnt, kann jedoch in der Aufklärung von einer strengen Abgrenzung des ‚Fachlichen‘ vom ‚Literarischen‘ nicht ausgegangen werden. Davon zeugen etwa die von Friedrich Nicolai verfaßten und 1755 anonym herausgegebenen *Briefe über den itzigen Zustand der schönen Wissenschaften in Deutschland*. Stärker als der *Literaturbericht* bietet der Brief die Möglichkeit persönlicher Wertung und Kritik ohne Objektivitätsanspruch. Sprachlich ist dieses Merkmal vor allem in der Häufung emotional wertender Lexik und der Mündlichkeit nahestehender Satzkonstruktionen erkennbar. Der Brief bleibt im Bereich des *Dialogischen* und bezieht den Leser als Partner in eine Kommunikation ein, die ihm durchaus auch fachliches Wissen vermitteln soll.

Als *schriftliche* und überwiegend *monologische* Textsorten treten dagegen der *Aufsatz*, die *Abhandlung* (*Traktat*), der *wissenschaftliche Zeitschriftenaufsatz*, die *wissenschaftliche Rezension*, die *Preisbewerbungsschrift*, das *Protokoll* oder das *Gutachten* auf. Neben textuellen Merkmalen, die sich aus der geringeren situativen Spontaneität in schriftlichen Texten generell ergeben, dürfte bei diesen Textsorten auch eine allgemein größere Rücksichtnahme aus gesellschaftlichen Zwängen heraus gewirkt haben. So kommt auch den Artikeln der *Berlinischen Monatsschrift*, besonders seit der Verschärfung der Zensur in Preußen nach dem Tode Friedrichs II., viel stärker Verlautbarungscharakter zu als die Debatten in der Mittwochsgesellschaft sicher hatten. Weitere fachliche Textsorten sind vor allem an den Sprachgebrauch in *Institutionen* gebunden, so etwa das *Gesetz*, der *Erlaß*, die *Verordnung* oder der *Vertrag*. Entsprechend der Verbindlichkeit ihres Charakters als sprachliche Handlungen entstanden Normen für ihre Gestaltung und konventionelle, die Legitimität unterstreichende Wendungen.

Eine spezielle Funktion in der Verbreitung von Kenntnissen erhalten fachbezogene *Vermittlungstexte*, die von der Bedienungsanleitung und Vorformen der Produktbeschreibung zu Verkaufszwecken bis zum Lehrbuch oder ganzen Lehrbuchzyklen gehen. Für die Entwicklung fachsprachlicher Möglichkeiten des Deutschen ist insbesondere der von Christian Wolff verfaßte Zyklus mathematisch-naturwissenschaftlicher und philosophischer Lehrbücher wegweisend (vgl. Art. 253). Nach Abschluß des deutschsprachigen Zyklus seiner Werke greift allerdings selbst Christian Wolff wieder auf das Lateinische als Kommunikationsmittel der Gelehrtenrepublik zurück und bearbeitet den vorher Deutsch behandelten Stoff zum Teil auch mit höheren wissenschaftlichen Ansprüchen.

3. Eigenschaften fachlicher Textsorten in der Aufklärung

3.1. Das Bewußtsein vom Besonderen der Fachtexte

Fachsprachliche Textsorten befinden sich notwendigerweise in einem gewissen Widerspruch zu den Bestrebungen des 18. Jh.s, den „Wortgebrauch der Literatursprache durch eine bewertende Kodifikation zu regeln und dabei die gesellschaftliche Aneignung der Fremdwörter zu erleichtern" (Bahner/Neumann 1985, 26). Von einer selbstverständlichen Integration fachsprachlicher Textsorten in den Gebrauch der deutschen Sprache konnte im 18. Jh. noch nicht ausgegangen werden. Dennoch bedingte das Sprechen über Fachliches, den meisten Menschen Fremdes, im 18. Jh. nicht mehr selbstverständlich die Verwendung einer anderen Sprache, die als Fachsprache gegenüber der von allen Mitgliedern der Sprachgemeinschaft verwendeten Gemeinsprache fungieren würde. Fachsprachliches erhält seinen Platz in der Architektur der Varietäten der deutschen Sprache.

Mit dem Aufgeben des Lateinischen als Wissenschaftssprache war außerdem deutlich geworden, daß nicht schon die Verwendung einer bestimmten Sprache Wissenschaftlichkeit des Denkens hervorbringt. Wissenschaftliches Sprechen und Schreiben hatte vielmehr der Forderung nach „klaren und distinkten Ideen" zu entsprechen, die allein „wahre" Erkenntnis garantieren (Trabant 1983, 33). Seit Descartes hatte das wissenschaftliche Sprechen und Schreiben sein Vorbild in der Mathematik gefunden, deren Zeichen klaren und distinkten Ideen entsprechen. Die Begründung der Weltfachsprache Französisch hatte sich im Gefolge der rationalistischen Sprachbetrachtung des Arguments bedient, die französische Sprache stimme in ihrer syntaktischen Struktur mit der universalen Ratio überein. Gerade Autoren wie Condillac, die sich um eine Wertung wissenschaftlicher Textproduktion bemühten, hatten jedoch festgestellt, daß alltägliches Sprechen in französischer Sprache nicht weniger konfus und unpräzise sei als in einer beliebigen anderen. Die Verschiedenheit der Sprachen wurde im 18. Jh. schließlich nicht mehr nur als eine hinderliche formale Barriere für die Verständigung angesehen, sondern als Chance für die menschliche Erkenntnis begriffen, die dem jeweils eigenen Charakter (*génie*) einer Sprache zu folgen habe und durch den Vergleich mit anderen Sprachen zusätzliche Impulse empfangen könnte. In diesem Kontext wird auch — allerdings anders thematisiert — die Problematik der Textsorten diskutiert. Wenn die Königlich-Preußische Akademie der Wissenschaften für 1792, dann für 1794 verlängert, die „Vergleichung der Hauptsprachen Europas" als Preisaufgabe ausschreibt, so ist ihr eine bei dem damaligen Diskussionsstand um den besonderen Charakter der Sprachen bereits anachronistische Verwechslung von Kriterien zur Bewertung von Sprachen mit Kriterien zur Beurteilung von Texten unterlaufen. Denn im Grunde geht es um die Frage, wie Sprachen beschaffen sein müssen, damit sie sich besonders gut für diese oder jene ‚Textsorte' eignen und welche ‚Textsorten' in der betreffenden Sprachgemeinschaft soweit entwickelt sind, daß künftige Autoren vertraute Sprachmuster vorfinden.

Das Bewußtsein einer Besonderheit fachsprachlicher Texte gegenüber der Allgemeinsprache gründete sich in der deutschen Aufklärung vor allem auf den Gegensatz *distinkt*, *klar* vs. *konfus* in der Wertung von Wortbedeutungen. Umgangssprachliches Sprechen ist deshalb für einen fachlichen Gebrauch untauglich, weil es auf traditionell Gegebenem, auf Konventionen beruht und nicht auf einer wissenschaftlich fundierten Gebrauchsfestlegung der Wörter (vgl. auch Art. 251 u. 252). Aus diesen Überlegungen entwickelte sich eine Ethik fachlichen Sprachgebrauchs in den Wissenschaften, die definitorische metasprachliche Festlegungen zu einem häufigen Merkmal der Texte werden ließ.

3.2. Definitorisches als Merkmal von fachlichen Texten

Termini einzuführen oder zu erklären ist eine herausragende Weise, sie in Texten zu gebrauchen. In solchen Äußerungen kann ein Sprecher seine Sprechhandlung, seine Einstellung zum dargestellten Sachverhalt, seine Beziehung zum Hörer, die Absicht, etwas bei diesem zu bewirken, seinen Bezug auf einen Gegenstand und die Aussage über ihn unterschiedlich gestalten und ausführen (Schrader 1990, 2). Enzyklopädien gehörten zu den erfolgreichsten Texten des 18. Jh.s, die auch retrospektiv häufig zur Charakterisierung der Schreib- und Denkweise des Zeitalters der Aufklärung verwendet wurden. Mehr noch als den richtigen Gebrauch der Wörter sollten die Benutzer ihnen Sachinformationen entnehmen können, die in Zusammenhänge des Wissens einführen. Besonders geeignet für dieses doppelte Anliegen waren Definitionen von Termini, die zu einem Charakteristikum fachlicher Texte wurden.

Als Beispiel für einen definitorischen Text verwenden wir im folgenden das bereits von Schrader (1990) erörterte Beispiel der *Grundsätze des gemeinen deutschen Privatrechts* von Justus Friedrich Runde (Göttingen 1791, Erster Abschnitt, Der Begriff des Rechts, Paragraph 3):

Recht im juristischen Sinne ist im allgemeinen alles, was Menschen, die in irgendwelcher Gemeinschaft miteinander leben, als Norm und Regel dieses Zusammenlebens wechselseitig anerkennen. —

Die klassische Definitionsform mit Angabe des *genus proximum* und der *differentia specifica* wird hier in typischer Weise durch die

Möglichkeit erweitert, eine totalisierende Proform anstelle des Oberbegriffs zu setzen. In dieser Form stehen Definitionen häufig an Textanfängen und stecken den Umfang des zu erörternden Sachverhalts ab.

Dient der definitorische Ansatz in diesem Fall der Kennzeichnung des weiteren Textes als einführend oder grundsätzlich, so gibt es andererseits auch definitorische Texte mit normierendem Anspruch. An erster Stelle sind dabei metasprachlich normierende Texte zu nennen, die Termini einführen, festlegen oder werten. Zur Bezeichnung der Problematik findet man bereits in Schottels *Teutscher Sprachkunst* (1641) und in seiner *Ausführlichen Arbeit von der teutschen HaubtSprache* (1663) wie auch später bei Stieler in *Der teutschen Sprache Stammbaum und Fortwachs* (1691) den Ausdruck *Kunstwort* (vgl. Art. 252). Mit dieser Bezeichnung, die in den genannten Werken „vertolmetscht" wird durch *terminus artis* und *terminus technologicus* ist das Phänomen speziellen Wortschatzes der Wissenschaften und Handwerke innerhalb des Deutschen zur Sprache gebracht. Leibniz' Gedanken zu den Kunstwörtern schließen auch Überlegungen zur Sprachverwendung in Texten ein. Die Polarität zwischen Fachlichkeit und Verständlichkeit wird von ihm in den *Unvorgreiflichen Gedanken betreffend die Ausübung und Verbesserung der teutschen Sprache* (1697/98) im Zusammenhang mit der Beschränkung von „Kunstwörtern" auf den Sprachgebrauch bestimmter „Menschenklassen" behandelt. Da Kunstwörter mit ihrer Bedeutung nicht dem gemeinen Wortschatz entnommen werden oder man sich nicht an ihre einmal aufgestellte Erklärung halte, könne durch ihre Verwendung häufig die Verständigung erschwert werden. Dagegen würde jedoch „alle Lust, aller Nachdruck" verlorengehen, das Gedächtnis würde erdrückt und die Rede weitschweifig, wollte man die Begriffe der Kunstwörter jeweils in rein „volkstümliche" Ausdrücke auflösen. Leibniz verweist hier auf den Konflikt zweier Zwecke der Sprache und ordnet sie gleichermaßen als Kriterium für die Bewertung der Qualität von Texten ein. Leibniz' Empfehlung, den Sprach-Schatz an Kunstwörtern gesondert in einem eigenen Wörterbuch zu sammeln, geordnet nach den Arten der Dinge (Schrader 1990, 32) kennzeichnet die Notwendigkeit eines neuen metasprachlichen Typs von fachlichen Texten: das *Fachwörterbuch*, das keinesfalls nur dem Bedarf nach Informationen über Sprachliches dienen sollte.

Die Erklärungen im Wörterbuch, zu denen es der Erfahrung in der ‚Natur der Dinge' bedarf, würden die Wissenschaften und Künste selbst befördern, indem sie „sinnreichen Personen, denen es bisher an solcher Kunde gemangelt, oft Gelegenheit zu schönen Gedanken und Erfindungen gibt." (Leibniz 1697/98, Kap. 40) Wort- und Sacherklärungen stehen dabei in unmittelbarem Zusammenhang, „denn weil die Worte den Sachen antworten, ... muß die Erläuterung ungemeiner Worte auch die Erkenntniß ungemeiner Sachen mit sich bringen." (Leibniz 1697/98, Kap. 40)

3.3. Streben nach allgemeinsprachlicher Motiviertheit und Spontaneität

Wie bereits das Auftreten von Merkmalen der Mündlichkeit in schriftlichen fachlichen Texten andeutet, war der geringe Konventionalisierungsgrad vieler fachlicher Textsorten in deutscher Sprache Anlaß, von alltagssprachlichen Kommunikationsmustern im Interesse der Verständlichkeit nicht zu weit abzuweichen. Besonders deutlich wird das in Christian Wolffs Forderung nach der Reinheit des Deutschen als Wissenschaftssprache, die ihn die in deutschen Wissenschaftstexten vielfach übliche lateinische und französische Fachterminologie durch deutsche Ausdrücke ersetzen läßt. Dabei wird auch der *Grund der Benennung* vorzugsweise in der *eigentlichen* (oder *ordentlichen*) *Bedeutung* von Wörtern der Allgemeinsprache gesehen. Als Beispiel für ein Ergebnis solcher Terminologiearbeit kann die von Wolff in einer physikalischen Abhandlung gegebene Liste von Namen der festen Materien angesehen werden:

Durchsichtiger Börnstein, Colophonium, Braun Laßpech, Schwartz, Schuster-Pech, Bimstein voll Wasser, Stein=Kohlen, Gummi/Arabicum, Aphronitrum, Harter Gyps voll Wasser, Rother Weinstein voll Wasser, Roh-Schwefel, Geläuterter Schwefel, Gegrabener Opal, Geschmoltzener Schwefel, Gegrabener Schwefel, Stein=Marck voll Wasser, Krebs=Stein voll Wasser, Brauner Glimmer, Weiß Indianisch Porcellan, Gemachtes Wasserbley, Süsse Vitriol=Erde aus der Heßischen, Minera Martis, Katzen=Silber, Frauen=Eiß (usw.) (Wolff 1973 ff, Bd. 20.1 1981, 575 ff; vgl. auch Art. 253).

Die Bildung neuer Fachwörter folgt der Regel,

„daß ich die deutschen Wörter in ihrer ordentlichen Bedeutung nähme und darinnen den Grund der Benennung zu dem Kunstworte suchte. Denn auf solche Weise ist mein Kunst-Wort rein deutsch, weil ich deutsche Wörter in ihrer eigentlichen Bedeutung brauche und indem ich sie zu einem

Kunst-Worte mache, auf Sachen ziehe, darinnen etwas anzutreffen so durch das Wort in seinem eigentlichen Verstande genommen angedeutet wird." (Wolff 1726, 34 ff)

Auch eine zu enge Anlehnung an das Lateinische laufe Gefahr, lächerliche deutsche Termini zu bilden, wie etwa *Dinger-Lehre* für *Ontologie*, für die Wolff statt dessen *Grund-Wissenschaft* vorschlägt. Auch anstelle einer wörtlichen Übersetzung von *propositio identica* schlägt Wolff einen durch den Allgemeinwortschatz motivierten Terminus vor: *leerer Satz*. Die *cognitio confusa* erhält die Bezeichnung *undeutliche Erkenntnis*, die noch zusätzlich durch die gegensätzliche Bezeichnung *deutliche Erkenntnis* gestützt wird, während in der lateinischen Opposition *cognitio distincta/confusa* eine solche Motiviertheitsbeziehung fehlt. Schließlich erfordert die korrekte Einbindung der Termini in ihren wissenschaftlichen Kontext mitunter auch unterschiedliche deutsche Entsprechungen für ein und dasselbe lateinische Wort, wie etwa *Quelle* und *Satz* für *principium: principium mutationum* – *Quelle der Veränderung*, dagegen *principium rationis sufficientis* – *Satz des zureichenden Grundes*; *principium contradictionis* – *Satz des Widerspruchs*. (Ricken 1990, 213/214)

In Ansätzen wird bei Wolff auch deutlich, daß sich Fachsprachlichkeit für ihn nicht auf Lexikalisches reduziert, sondern durchaus auf eine komplexere Textqualität bezogen sein kann, die sich allgemein als Übereinstimmung von Worten, Gedanken und Sachen und als Fehlen von stilistischer Formorientiertheit im üblichen Sinne charakterisieren ließe.

3.4. Narrativer Charakter fachlicher Texte

Keinesfalls nur auf die Abhandlungen von Polyhistoren beschränkt erscheinen fachliche Texte der Aufklärung häufig narrativ, d. h. sie bedienen sich der Darstellung eines Prozeßablaufs zwischen zwei Zeitpunkten. Dies ist selbst in einem streng mathematisch beabsichtigten Text wie Christian Wolffs „Kurtzer Unterricht von den Vornehmsten Mathematischen Schriften" der Fall, aus dem der folgende Textauszug den narrativen Charakter illustrieren soll:

„Um das Jahr Christi 1590 hat *Franciscus Vieta* der Algebra ein neues Licht gegeben, als er zuerst die Rechnung mit Buchstaben und eine allgemeine Regel aus allen arithmetischen Gleichungen die Wurtzel so genau zuziehen, als man verlanget, erfunden hat. ... Die Art mit Buchstaben zurechnen, wie sie von *Vieta* erfunden worden ist, hat *Guilielmus Oughtred*, ein Engelländer in seinem Clave Mathematica behalten, nur daß er die Dignitäten kürtzer zu bezeichnen angewiesen. Dieses Buch ist das erste mal 1631 heraus gekommen, aber A. 1693 zu Oxfurt (12 Bog.) das fünfte mal mit einigen andern seinen Schriften wieder aufgelegt worden. Er appliciret die Regeln auf allerhand Exempel, und zeiget, wie durch die Buchstaben-Rechen-Kunst in der gemeinen Geometrie Lehr-Sätze zuerfinden, und Aufgaben aufzulösen sind. ..." (Wolff 1973, Bd. 15,2, S. 37)

3.5. Kürze und Formelhaftigkeit im naturwissenschaftlichen Fachtext

Dem narrativen Charakter steht in naturwissenschaftlichen Texten eine Tendenz zur Kürze entgegen, die sich am Vorbild der Fachsprache der Mathematik orientiert und sich zur Darstellung verallgemeinernder Beziehungen auch der Variablen bedient. So beschreibt Christian Wolff unter der Überschrift *Von der verschiedenen Art der Schweere der Cörper* ein Experiment zur Gegenüberstellung der vier Elemente:

Und hieraus lässet sich der Versuch der Alten die vier Elemente vorzustellen erklären. Es sey AB *ein ovales Glas mit einem engen Halse* A *und einem breiten Fuße* BCD, *damit es feste stehen kan / wenn man es niedersetzet. Auf den Boden* B *bis* IK *wirft man Feil-Staub oder Hammerschlag / das ist / kleine Stücklein Stahl oder Eisen / die abgefeilet werden / hinein. Darauf geust man bis in* GH Oleum Tartari per deliquium, *ferner bis* EF spiritum vini *und bis* A Oleum Petroleum destillatum. *Hier stellet nach der Meinung der Alten Feil-Staub* BIK *die Erde als das schweereste Element vor;* das Oleum Tartari per deliquium KIGH *das Wasser / welches leichter ist als die Erde / der* spiritus vini GHFE *die Lufft / als welche leichter ist als das Wasser; das* Petroleum EFA *das Feuer / welches leichter ist als die Lufft.* (kursiv: deutscher Druck, normal: lateinische Buchstaben, Wolff 1973 ff, Band 20.1 (1982), 22)

Neben der Verwendung von Buchstaben für die Bezeichnung von Gegenständen und deren Relationen fällt hier auf, daß selbst der so sehr um Verdeutschung der Terminologie bemühte Christian Wolff zahlreiche lateinische Stoffbezeichnungen verwendete. Insofern kontrastiert dieser Sprachgebrauch mit dem gleichfalls bei Wolff, jedoch in einer anderen Textsorte festzustellenden. Bei der „praktischeren" Beschreibung der Luftpumpe des Otto von Guericke hatte sich Wolff ganz auf die metaphorische Kraft aus der Allgemeinsprache entlehnter deutscher Wörter verlassen:

Cap. IV. Von der Lufft-Pumpe, Wolff 1973 ff, Band 20.1 (1982), 109: Paragraph 64. *Anfangs hatte Gue-*

ricke seine *Lufft-Pumpe gantz schlecht gemacht / und ohne allen künstlichen Rüstzeug / indem er bloß eine meßingene Feuer-Sprütze dazu gebraucht und / als er ein höltzernes Weinfaß / so er mit Wasser erfüllet hatte / vergebens damit auszupumpen sich bemühete / indem die Lufft durch die verborgene Löcher des Holtzes durchgieng* (b), *eine küpfferne Kugel / darein 60 bis 70 Maaß Wasser giengen / damit ausgeleeret* (c). *Wie er es auf verschiedene Art angegriffen / damit er die Lufft aus Gläsern und Gefässen von Kupffer heraus bringen möchte / hat Schottus* (d) *weitläuffig beschrieben. Endlich aber hat er seiner Lufft-Pumpe eine bequeme Structur gegeben, / damit ein einziger Mensch durch einen Hebel den Stempel leicht hin und her bewegen konnte* (e).
(b) Experim. Magdeburg. lib. 3. c.2.f.73
(c) ibid. c.2.f.77.
(d) in Technica curiosa lib. I.p.8.& seqq.
(e) Experim. Magdeburg. lib. 3.c.4.f.75.

3.6. Zitieren und Verweisen als Merkmal fachlicher Kommunikation

Wie der soeben angeführte Text belegt, hielt es Christian Wolff für erforderlich, genau auf entsprechende Textstellen in veröffentlichten Arbeiten hinzuweisen, obwohl sicher von einer weitgehenden Bekanntheit des Guerickeschen Experiments ausgegangen werden kann. Darin zeigt sich eine neue Haltung zum fremden Text, die Verweise auf bereits Formuliertes nicht nur wegen der Achtung geistigen Eigentums zu einem gebotenen Grundsatz der Textproduktion werden ließ. Der Nachweis der Quellen ist über ein Merkmal der Erudition hinaus zu einem wesentlichen Moment der Unterscheidung fachlicher Texte und auf allgemeiner Bildung und Konversation beruhender Texte geworden.

4. Neue und für das Anliegen der Aufklärung dominante Textsorten

4.1. Fachliches in den Wochen- und Monatsschriften

Schon seit dem Ende des 15. Jh.s gab es in Deutschland Zeitungen und Anzeigeblätter, die allerdings meist auf politische Tagesereignisse und chronikenhafte Darstellungen beschränkt blieben. 1682 war mit den Leipziger *Acta Eruditorum* eine auf Literatur und Wissenschaft bezogene Zeitschrift entstanden, die allerdings in lateinischer Sprache erschien und sich auf das Referieren beschränkte. Thomasius, der selbst Mitarbeiter dieser Zeitschrift gewesen war, entschloß sich 1688 zur Herausgabe einer kritischen und provozierenden Monatsschrift, die erstmals unter der Bezeichnung *Schertz- und Ernsthafter, Vernünfftiger und Einfältiger Gedancken über allerhand Lustige und nützliche Bücher und Fragen, ..., in einem Gespräch vorgestellet von der Gesellschaft derer Müßigen* erschien. In humorvoller, oft grober und satirischer Darstellung werden Belehrungen und Unterhaltungen in oft novellistischer Einkleidung gegeben, die vor allem als Angriff auf die scholastische Philosophie verstanden wurde. Ebenfalls belehrend und Sittenbilder darstellend verfahren später die moralischen Wochenzeitschriften, etwa die 1721–1723 von Bodmer und Breitinger in Zürich herausgegebenen *Discourse der Mahlern* (vgl. Hettner 1979, I, 236). Die einzelnen Abhandlungen werden *Discourse* genannt, weil sie mündlichen Unterredungen nachempfunden sind. *Maler* bezieht sich darauf, daß die beabsichtigten Sittenschilderungen als kleine Gemälde betrachtet werden sollen und deshalb auch mit den Namen berühmter Maler (Dürer, Holbein, Raffael, Rubens) unterzeichnet sind. Obwohl die Fachlichkeit in derartigen Zeitschriften erscheinender Beiträge freilich hinter den allgemein erzieherischen Anspruch zurücktritt, kommt ihnen als Organen der Verbreitung von Wissen an das bildungsbedürftige Bürgertum eine wichtige Rolle zu.

Später erwuchs aus diesem Anliegen auch die Übertragung in wissenschaftlichen Argumentationen üblicher Schrittfolgen und Schlüsse auf das aufklärerische Bestreben, Vorurteile des Alltags abzubauen. Gleich zu Anfang des ersten Bandes der *Berlinischen Monatsschrift* wird auf diese Weise die Erforschung des Ursprungs von Legenden und Fabeln als Mittel gegen den Aberglauben vorgeführt. Als Beispiel dient die Geistergeschichte, daß vor dem Tode eines männlichen Mitgliedes eines Fürstenhauses eine weiße Frau erscheine (BM, Bd. I, Berlin 1783, 3–22). Unter Einbeziehung kulturgeschichtlicher und philosophischer Argumentationen wird diese Vorstellung auf die Umdeutung einer semantisch nicht mehr motivierten Redewendung zurückgeführt. „Die weiße Frau wird bald erscheinen" war anfangs nicht mehr als eine Anspielung auf die Tracht der fürstlichen Witwen und den vorauszusehenden Witwenstand im Hause eines Kranken oder Verletzten, und wurde erst später zu einem der Vernunft widersprechenden Phantom verallgemeinert.

Trotz der Aufnahme fachlicher Beiträge fühlt sich auch die Berlinische Monatsschrift ganz dem Anliegen einer breiten, extensiven und dem Publikum angenehmen Aufklärung verpflichtet:

„Unser Plan ist die höchste Mannichfaltigkeit, in so weit diese mit angenehmer Belehrung und nützlicher Unterhaltung bestehen kann." (BM, Bd. I, Berlin 1783, Vorrede)

Neben diskursiv-argumentativen Texten, die sich immer wieder auf Erscheinungen des Aberglaubens und seine Widerlegung beziehen, finden sich auch sehr praktisch orientierte Beschreibungen von technischen Gegenständen, wie z. B. einer Uhr zum Messen von Zeiträumen:

„*Die Vorrichtung an dieser Uhr, die durch eine Feder getrieben wird, ist so gemacht, daß wenn sie aufgezogen ist, und man mit dem Finger auf ein kleines an ihr befindliches Knöpfchen drükt, sie sogleich in Bewegung geräth, aber augenblicklich wieder stehn bleibt, wenn man mit dem Drücken völlig nachläßt.*" (BM I, 1783, 507)

Fachliche Themen aus dem Bereich des sozialen Zusammenlebens werden oft in belehrender, definitorische Elemente und Beispiele nutzender Form behandelt, wie etwa bei der Unterscheidung „des *würklichen* und *förmlichen* Rechts":

„*Was überhaupt würkliches Recht und würkliche Wahrheit sei, ist einem jeden bekannt, ...; aber von der förmlichen hat nicht jeder einen deutlichen Begriff; ich will ihn also und zu mehrerer Deutlichkeit in einem Beispiele, geben. Was die Kirche oder eine Versammlung erwählter und berufener Bischöfe zuletzt für Wahrheit erkläret hat, das ist förmliche Wahrheit für alle diejenigen, die zu dieser Kirche gehören; und förmliches Recht ist für streitene Parteien, was ein erwählter oder verordneter Richter zuletzt dafür erkannt hat.*" (BM I, 1783, 507)

Durch das Anliegen, Wissen über soziale und juristische Zusammenhänge auf diese Weise zu verbreiten, werden einfache, binäre Begriffsbildungen gefördert, die sich wie in unserem Beispiel durch die Zuordnung zweier Adjektive zu einem Hyperonym bezeichnen lassen.

4.2. Rezensionen

Dem Bedürfnis, sich möglichst schnell und auf breiten Gebieten über den aktuellen Wissensstand zu informieren, entsprachen in Deutschland am besten die Rezensionen. Das größte und wirkungsvollste Rezensionsorgan war die von Friedrich Nicolai gegründete *Allgemeine Deutsche Bibliothek* (ADB), die von 1766−1806 in 264 Bänden mit einer Durchschnittsauflage von etwa 2000 Exemplaren erschien und in der ungefähr 80 000 Bücher von 433 Mitarbeitern rezensiert wurden. Im Hinblick auf die fachlichen Textsorten wird im Vorwort zum ersten Band folgendes Auswahlprinzip formuliert:

„Schriften von einiger Wichtigkeit, sonderlich deutsche Originalschriften, wird man ausführlich recensiren, so daß sich der Leser von dem ganzen Werke selbst aus der Recension einen richtigen Begriff machen kann. Schriften von minderer Wichtigkeit, und Uebersetzungen wird man nur kürzlich anzeigen, doch mit Beyfügung eines kurzen Urtheils, über den Werth derselben. Akademische Dissertationen, einzelne Predigten und andere kleine Traktätgen, [...] wird man gar nicht anzeigen" (ADB I/1, 1766, S. I).

Sowohl für die ausführlichen Rezensionen als auch für die nach einzelnen Wissensgebieten geordneten „Kurzen Nachrichten" haben sich Gestaltungsprinzipien herausgebildet, die bereits mit einer gewissen Verbindlichkeit berücksichtigt werden. So beginnen Rezensionen in der Regel mit einem Hinweis auf die Wichtigkeit, Zeitgemäßheit und den für die Wissenschaft lückenschließenden Charakter der Veröffentlichung. Die dafür verwendeten sprachlichen Mittel bringen diese Funktion sehr vordergründig zum Ausdruck: *Es ist der Zeitpunkt, da ...* (ADB I/1, 1); ein *neuer* Beweis, daß deutliche und aufgeklärte Begriffe medizinischen Untersuchungen *keinen Schaden thun* (ADB II/1, 137); oder besonders gehäuft in einer Rezension zu Basedow:

„Eine gute Anweisung zum Unterricht der Jugend in der Religion und Sittenlehre der Vernunft *ist um so nöthiger, je mehr man sich heut zu Tage* auf die nathürliche Religion zum Nachtheil des Christenthums *zu berufen pflegt ... Es hat uns aber bisher an einer solchen Anweisung, die der Jugend faßlich genug gewesen wäre, gefehlt, und man muß es daher dem V. Dank wissen, daß er die Bahn gebrochen und den ersten Versuch dazu gemacht hat.*" (ADB I/1, 27)

Es folgt in der Regel die Darstellung des Aufbaus und ein Resümieren des Inhalts der einzelnen Kapitel. Auch dabei gibt es konventionalisierte sprachliche Mittel der Rezension: *Das Werk ist in zwey Hauptstücke getheilt, deren ersteres ... das zweyte aber* (ADB I/1, 27); *Die Vorrede besteht in ...* (ADB I/1, 28). Wertende Einschübe des Rezensenten folgen ebenfalls Regeln, die sich z. B. auch auf die Wahl der Epitheta auswirken. So ist − im positiven Falle − der Inhalt *richtig*, die Methode *überzeugend*, die Darstellung oder der Vortrag *faßlich* oder *deutlich*. Relativ selten stellen die Rezensenten Beziehungen zwischen den einzelnen Kapiteln der rezensierten

Werke dar, verknüpfen anders als der Autor, beziehen auf Hintergründe. Modalisierend wirken in der Inhaltsdarstellung sowohl der Konjunktiv als auch spezialisierte Kennzeichnungen der Redewiedergabe: *Der Verfasser sieht zwar selbst S. 18 ein, daß ...* (ADB I/1, 29); *er will, daß ...* (ADB I/1, 29); *... hatte schon im Jahre 1761 die Meynung vorgetragen, daß ...* (ADB I/1, 279); *... die Verfasser sich sehr geneigt bezeigen, ...* (ADB II/1, 276). Auf die Inhaltsdarstellung folgen dann Wertungen, die den Standpunkt des Rezensenten verdeutlichen. Auch hier besteht bereits konventionalisierte semantische Vordergründigkeit im Ausdruck von Kritik, Widerspruch, Rechtfertigung oder Lob: *Die Art von synthetischer Methode, deren sich der Verfasser bedient hat, würden wir auch nicht gewählt haben* (ADB I/1, 31); *der Verfasser hat zwar ..., aber* ((ADB I/1, 32); *Es macht also dem Verfasser keinen Vorwurf, wenn er ...* (ADB I/1, 32). Andererseits findet sich sowohl positive Wertung als auch vernichtende Kritik in komplizierten, mit mehreren Präsuppositionen arbeitenden Konstruktionen:

„*Wer seine Erfahrungen ohne Überzeugung liest, wird unsern Rath annehmen müssen, inskünftige entweder in allen ausgemachten Wahrheiten zu zweifeln, oder sich zu denjenigen zu schlagen, die aus Liebe zu Irrthümern und zu Vorurtheilen, den größten Feinden des menschlichen Geschlechts, den unwissenden Aerzten, ihren Schutz anbieten*" (ADB II/1, 137).

Unter den „Kurzen Nachrichten" finden sich hauptsächlich Texte von wenigen Zeilen, in denen die Wertung über den Inhalt dominiert. Offensichtlich erwartete das Publikum weniger Sachinformation als Urteile, die in der Konversation wiederzuverwenden waren. So findet sich zu einer aus dem Französischen übersetzten *Abhandlung von der Gesundheit* nicht mehr als folgende Zeilen:

„Obgleich der Herr Uebersetzer von diesem Buch viel Wesens macht, so müssen wir doch bekennen, daß es, wenn wir verschiedenes gute ausnehmen, im ganzen sehr mittelmäßig ist; und es ist weit gefehlt, daß der Autor, wie der Herr Uebersetzer glaubt, einem Makenzie oder Tissot an die Seite zu setzen sey." (ADB I/1, 281)

4.3. Preisbewerbungsschriften

Preisbewerbungsschriften sind eine für die wissenschaftliche Kommunikation in der Aufklärung besonders typische Textsorte, deren Besonderheit sich vor allem durch ihre Bedingungen erklärt. Als Antworten auf eine von einer wissenschaftlichen Einrichtung gestellte Aufgabe oder Frage sind sie von vornherein dialogisch und meist auch mit Blick auf eine bestimmte Erwartungshaltung geschrieben, die sich im Ankündigungstext ausdrücken kann. Die geforderte Originalität konnte sich sowohl auf die darzustellenden Ideen selbst als auch auf deren Anordnung und Verknüpfung beziehen. Gefragt war somit eine dem Zeitgeist entsprechende Darstellung, kein auf eigenen Forschungen beruhender Bericht oder eine Patentschrift. Zudem wurden die Preisbewerbungsschriften anonym eingesandt und die Verfasser wurden in der Regel nur bei den erfolgreichen Schriften bekannt, die dann auch im Druck erschienen. Zur Identifizierung der Preisschriften, über deren Bewertung Protokolle angefertigt wurden, diente neben einer Ziffer in der Reihenfolge der Einsendungen häufig das jeweilige Motto, das der Autor seiner Schrift vorangestellt hatte. Eine Feststellung von Gestaltungsprinzipien der Preisschriften wird durch die außerordentliche Vielfalt der Themen erschwert. In der Regel wird eine Gliederung in Paragraphen vorgenommen. Selten fehlt eine Anrede an die Herren der gelehrten Sozietät, die die Aufgabe gestellt hat. Wie weit diese gehen konnte zeigt eine satirische Überhöhung in einer 1780 entstandenen Schrift, die in der Dokumentation des Archivs der Berliner Akademie zu den Preisschriften unter der Nr. 37 zu finden ist:

„*Hochgelahrte und hochzuverehrende Herren savants de l‹Académie des sciences! Erlauben Sie es mir, hochgeehrteste und hochgelahrte Herren, Ihnen, bevor ich mit meinen unmaßgeblichen Vorschlägen ans Licht trete, in Demuth, zu sagen ...*".

Im Zusammenhang mit der Bewertung von Preisbewerbungsschriften und der Tätigkeit von Akademien schlechthin sind auch die Protokolle als eine wichtige fachliche Textsorte zu nennen, durch die allerdings der Ablauf der Diskussion in sehr unterschiedlicher Ausführlichkeit dokumentiert wird. Die in französischer Sprache geschriebenen *Registres* der Berliner Akademie beinhalten in der Regel nur die Aufzählung der Teilnehmer und die behandelten Themen. Demgegenüber beinhalten Protokolle zu den Diskussionen um Preisverleihungen durchaus nicht nur die Laudationes der letztlich gekrönten oder mit einem *accessit* bedachten Schriften, sondern auch Hinweise auf Vorzüge und Mängel einzelner Bewerbungsschriften.

Die Preisbewerbungsschriften und die in ihrem Umfeld stehenden Ausschreibungstexte, Protokolle und Laudationes sind

Kennzeichen für eine Zeit, in der „die dialogische Konstruktion von Wissen klar im Bewußtsein war" und in der „man darauf Wert legte, diesen dialogischen Prozeß als solchen schriftlich und literarisch sichtbar zu machen" (Schlieben-Lange 1989, 9). In sich sind sie jedoch im Unterschied zu in Dialogform gestalteten Texten in ihrer Argumentation homogen.

4.4. Fachdialoge

Fachdialoge sind keine neue, wenn auch eine in der Aufklärung besonders häufig genutzte Textsorte. Sie eignen sich besonders gut zur Vorstellung einer Polemik, insofern die gegensätzlichen Standpunkte zwei Dialogpartnern zugeschrieben werden können. Darüber hinaus haben Dialoge häufig divulgatorische Funktion. Mit Ausnahme von alchemischen Dialogen nehmen an naturwissenschaftlichen Fachgesprächen keine weiblichen Personen teil, da sie für ein ernsthaftes Gespräch nicht genug Wissen hatten (Hoppe 1989, 121). Der äußeren Gestalt eines Gesprächs kann der gesamte Text entsprechen, wenn sich der Autor nicht einmischt und dem Leser die Entscheidung überläßt. Die Dialogform gibt damit die Möglichkeit, Argumente vorzubringen, denen man sich aus Vorsichtsgründen nicht direkt anschließen konnte. Ein Musterbeispiel dafür lieferte noch im 17. Jh. der Jesuitenpater Honoré Fabri (1607–1688) mit seinen Physikalischen Dialogen, wo er die Argumente zur Stütze der Hypothese des Copernicus beibringt, dabei allerdings Mittel der indirekten Rede und „inquiunt" verwendet und dann eine gegenteilige Position vertritt. Häufig werden jedoch von vornherein der begünstigten Partei die beweiskräftigeren und einleuchtenderen Gründe in den Mund gelegt und die Tendenz zur Apologetik unterstützt. In welchem Maße Dialoge Vorbildern folgten, zeigt ein anonymer und ohne Ortsangabe erschienener Text, der im Umfeld der Wunderkuren des katholischen Pfarrers Johann Joseph Gaßner einen Wortwechsel zwischen zwei Personen enthält und nach dem Muster der sehr bekannten und häufig nachgeahmten „Totengespräche" von Lukian als „Gespräch im Reiche der Lebendigen" gearbeitet ist (vgl. Hoppe 1989, 136). Fachdialoge konnten an sokratische und lukianische Dialoge anknüpfen und blieben sicher auch nicht unbeeinflußt von den Texttraditionen der Katechismen und der mondänen Konversation.

Preisbewerbungsschriften und Fachdialoge sind zwei Textsorten, die in besonderem Maße aus dem Anliegen der Aufklärung hervorgehende Kommunikationsformen repräsentieren: das Finden und Beantworten von Fragen zur Vertiefung der Erkenntnis und die Verbreitung der gewonnenen Einsichten durch Texte, die den geläufigen Formen sprachlichen Austausches nahekommen sollen.

5. Literatur (in Auswahl)

Albrecht/Baum 1992 = Jörn Albrecht/Richard Baum (Hrsg.): Fachsprache und Terminologie in Geschichte und Gegenwart. Tübingen 1992 (Forum für Fachsprachen-Forschung 14).

Bahner/Neumann 1985 = Werner Bahner/Werner Neumann (Hrsg.): Sprachwissenschaftliche Germanistik. Ihre Herausbildung und Begründung Berlin 1985.

Bungarten 1981. = Theo Bungarten (Hrsg.): Wissenschaftssprache. Beiträge zur Methodologie, theoretischen Fundierung und Deskription. Stuttgart 1981.

Drozd/Seibicke 1973 = Lubomir Drozd/Wilfried Seibicke: Deutsche Fach- und Wissenschaftssprache. Bestandsaufnahme – Theorie – Geschichte. Wiesbaden 1973.

Hahn 1981 = Walter von Hahn (Hrsg.): Fachsprachen. Darmstadt 1981. (Wege der Forschung CDXCVIII).

Haßler 1992 = Gerda Haßler: Theorie und Praxis der Beschreibung von Fachsprachen in der Enzyklopädie der französischen Aufklärung. In: Abrecht/Baum 1992, 134–144.

Heinsius 1843 = Theodor Heinsius: Geschichte der deutschen Literatur, oder der Sprach-, Dicht- und Redekunst der Deutschen bis auf unsere Zeit. 6. Aufl. Berlin 1843.

Herzberg 1794 = E. von Herzberg: Auszug aus der von dem Staatsminister Herrn Grafen von Herzberg, als Curator der Akademie der Wissenschaften zu Berlin, gehaltenen Vorlesung vom 26. Januar 1792. In: Beiträge zur Deutschen Sprachkunde. Vorgelesen in der Königlichen Akademie der Wissenschaften zu Berlin. Erste Sammlung. Berlin 1794, 3–13.

Hettner 1979 = Hermann Hettner: Geschichte der Deutschen Literatur im achtzehnten Jahrhundert, Berlin. Weimar 1979.

Hoppe 1989 = Brigitte Hoppe: Naturwissenschaftliche Fachgespräche zur Zeit der Aufklärung in Europa. In: Brigitte Schlieben-Lange 1989, 115–167.

Kalverkämper 1982 = Hartwig Kalverkämper: Fachsprache und Textsorten. In: Proceedings of the Third European Symposium on Language for Special Purposes. Copenhague 1981: Pragmatics and LSP. Hrsg. v. Jorgen Hoedt, Lita Lundquist, Heribert Picht und Jacques Qvistgaard. Kopenhagen 1982, 105−168.

Krauss 1972 = Werner Krauss: Werk und Wort. Aufsätze zur Literaturwissenschaft und Wortgeschichte. Berlin. Weimar 1972.

Leibniz 1697/98 = Gottfried Wilhelm Leibniz: Unvorgreifliche Gedanken betreffend die Ausübung und Verbesserung der teutschen Sprache (1697/98). In: Deutsche Schriften I. Hrsg. v. G. E. Gurauer. Berlin 1838. Nachdr. Hildesheim 1966, 449−486.

Martens 1989 = Wolfgang Martens: Literatur und Frömmigkeit in der Zeit der Aufklärung. Tübingen 1989 (Studien und Texte zur Sozialgeschichte der Literatur 25).

Nicolai 1894 = Friedrich Nicolai: Briefe über den itzigen Zustand der schönen Wissenschaften in Deutschland (1755). Hrsg. v. Georg Ellinger. Berlin 1894.

Pörksen 1986 = Uwe Pörksen: Deutsche Naturwissenschaftssprachen. Historische und kritische Studien. Tübingen 1986. (Forum für Fachsprachen-Forschung 2).

Pütz 1991 = Peter Pütz: Die deutsche Aufklärung. Darmstadt 1991.

Ricken 1989 = Ulrich Ricken: Leibniz, Wolff und einige sprachtheoretische Entwicklungen in der deutschen Aufklärung. Berlin 1989.

Ricken 1990 = Ulrich Ricken: Sprachtheoretische Positionen und Entwicklungen in der deutschen Aufklärung. In: Sprachtheorie und Weltanschauung in der europäischen Aufklärung. Hrsg. v. Ulrich Ricken. Berlin 1990, 210−273.

Schlieben-Lange 1989 = Brigitte Schlieben-Lange (Hrsg.): Fachgespräche in Aufklärung und Revolution. Tübingen 1989 (Konzepte der Sprach- und Literaturwissenschaft 47).

Schrader 1990 = Norbert Schrader: Termini zwischen Natur und willkürlicher Bezeichnung. Exemplarische Untersuchungen zur Theorie und Praxis historischer Wissenschaftssprache. Tübingen 1990 (Reihe Germanistische Linguistik 105).

Trabant 1983 = Jürgen Trabant: Das Andere der Fachsprache. Die Emanzipation der Sprache von der Fachsprache im neuzeitlichen europäischen Sprachdenken. In: Zeitschrift für Literaturwissenschaft und Linguistik 51/52. 1983, 27−47.

Wolff 1926 = Christian Wolff: Ausführliche Nachricht von seinen eigenen Schrifften, die er in deutscher Sprache in den verschiedenen Theilen der Weltweisheit heraus gegeben ... Frankfurt 1726. [Benutzte Ausgabe: Neudruck, herausgegeben von H. W. Arndt. Hildesheim. New York 1973]

Wolff 1973 = Christian Wolff: Gesammelte Werke. Reprografischer Nachdruck der neuen, verbesserten und vermehrten Auflage Frankfurt und Leipzig 1750. I. Abt. Deutsche Schriften. Hildesheim. New York 1973.

Gerda Haßler, Potsdam

XXVII. History of special languages III: Excerpts from the development within the English language

255. Angelsächsische Glossen und Glossare und ihr Fachwortschatz

1. Allgemeines zu Glossen und Glossaren
2. Fachwortschatz in Glossen und Glossaren
3. Weitere Probleme der Glossare und ihres Fachwortschatzes
4. Nicht-lexikalische Glossen
5. Fazit
6. Literatur (in Auswahl)

1. Allgemeines zu Glossen und Glossaren

Aus angelsächsischer Zeit gibt es sowohl altenglische Interlinearglossen zu lateinischen Texten als auch lateinisch-altenglische Glossare; letztere stellen die Vorstufen der zweisprachigen Wörterbücher dar. Beide Formen enthalten oft nicht nur altenglische, sondern auch lateinische Glossen bzw. Erklärungen (zum Teil sogar mehr lateinische als altenglische), wenn auch die altenglischen gewöhnlich mehr Interesse finden als die lateinischen und hier ebenfalls im Mittelpunkt stehen. Der lateinische Hintergrund darf jedoch nie vergessen werden, zumal die altenglischen (wie die lateinischen) Glossen und Glossare ja in der Regel zum Verständnis der lateinischen Texte bzw. zur Erklärung seltener und schwieriger lateinischer Wörter dienten (wie z. B. *calones* : *saltantium turba*, Hessels 1906, 9 — in dieser Bedeutung nicht im *Thesaurus Linguae Latinae* [= ThLL], normale Bedeutung ‚servus militum' oder auch ‚Holzschuh, Kothurn') oder generell zur Erlernung des lateinischen Wortschatzes gedacht waren und die Verwendung im Unterricht deshalb eine ihrer Hauptfunktionen war. Für andere mögliche Zwecke, wie Ärzten und Heilkundigen als Hilfsmittel für die Identifizierung von Pflanzen zu dienen, siehe weiter unten. Das zugrundeliegende lateinische Wort bezeichnet man oft als Lemma, das Erklärungswort (die lateinische oder altenglische Glosse) auch als Interpretament.

1.1. Überlieferung

Für beide Formen, Glossen wie Glossare, sind zahlreiche Belege erhalten. Cameron (1973, 224—247) nennt 98 verschiedene lateinische Texte, die teils durchgängige, teils nur verstreute altenglische Glossen haben, wobei manche dieser Texte in mehreren Handschriften überliefert sind. So gibt es z. B. noch 13 glossierte Psalterhss. (vgl. Schabram 1965, 21 ff), 14 glossierte Hss. von Aldhelms *De laudibus virginitatis* (vgl. Goossens 1974, 13 ff), und 9 von Prudentius' *Psychomachia*.

An lateinisch-altenglischen Glossaren zählt Cameron (1973, 248—254) 59 auf. Zu den ältesten Glossaren — und damit zu den ältesten Zeugnissen für die englische Sprache überhaupt — gehören das *Épinaler Glossar* (8. Jh., in England entstanden; Ker 1957, Nr. 114) und das darauf zurückgehende 1. *Erfurter Glossar* (frühes 9. Jh., aus Köln; Ker 1957, App. Nr. 10, zu beiden vgl. auch Pheifer 1974), ferner das *Leidener Glossar* (um 800 in St. Gallen geschrieben; Ker 1957, App. Nr. 18) sowie das *Corpus Glossar* (Corpus Christi College, Cambridge, 144; 2. Viertel des 9. Jh.s, aus Canterbury; Ker 1957, Nr. 36). Glossenmaterial war bereits 669/670 mit Theodor von Tarsus und Hadrian nach England gekommen (siehe jetzt Bischoff/Lapidge 1994); dies sowie die Glossen, die aus ihrem Unterricht hervorgingen, lieferten dann Material für die frühesten lateinisch-altenglischen Glossare wie die oben genannten (vgl. z. B. Pheifer 1987). Die frühen Glossare sind offenbar miteinander verwandt und die späteren bauen z. T. ebenfalls auf ihnen auf und enthalten teilweise Abschnitte (*batches*) mit identischem Material. Im einzelnen sind die Verwandtschaftsverhältnisse jedoch sehr kompliziert, zumal insbesondere die frühen Glossare auch zwischen England und dem Kontinent hin- und herwanderten. Aus dem 10. bzw. 11. Jh. stammen dann z. B. die *Cleopatra Glossare* (London, British Library, Cotton Cleopatra A.III; Ker 1957, Nr. 143), das *Harley Glossar* (London, Brit. Libr., Harley 3376; Ker 1957, Nr. 240), das *Antwerpen-Londoner Glossar* (= *Junius Glossar*; Ker 1957, Nr. 2) sowie das Glossar, das Abt Aelfric seiner lateinisch-altenglischen Grammatik als Anhang beigab (um 1000; in mehreren Hss. erhalten; hrsg. v. Zupitza 1880). Im 12. Jh., d. h. bereits in der Zeit nach der normannischen Eroberung, entstanden das *Durhamer Pflanzenglossar* (Ker 1957, Nr. 110; ed. von Lindheim 1941) und das Pflanzenglossar in der Hs. Oxford, Bodleian Library, Laud misc. 567 (*Laud Herbal Glossary*; Ker 1957, Nr. 345; ed. Stracke 1974). Nicht nur die beiden letzteren, sondern auch die anderen genannten Glossare enthalten einen umfangreichen Anteil an Fachwortschatz.

1.2. Typen von Glossaren

Bei den Glossaren kann man von der Anordnung her drei Haupttypen unterscheiden, nämlich *glossae collectae* (fortlaufende Glossare, *running glossaries*), alphabetisch angeordnete Glossare, und Sachglossare (*class glossaries*) (vgl. dazu z. B. Derolez 1992, 20 f).

(1) *Glossae collectae* enthalten Worterklärungen vor allem zu schwierigen und seltenen Wörtern aus bestimmten Texten und sind nach exzerpierten Texten geordnet, deshalb werden manche Wörter auch wiederholt. Ein Beispiel dafür ist das *Leidener Glossar*.

(2) Alphabetische Glossare sind oft nur nach dem ersten Buchstaben (a-Anordnung) oder — was einen weiteren Entwicklungsschritt darstellt — nach den ersten beiden Buchstaben (ab-Anordnung) geordnet; Beispiele sind das *Épinaler*, das *Erfurter* und das *Corpus-Glossar*. Das bei Wright/Wülcker [WW] (1884, 194 ff) (Nr. VI) gedruckte Harley Glossar hat z. T. schon abc-Folge.

(3) Sachglossare, wie z. B. auch Aelfrics Glossar, sind nach Sachgruppen wie Tiernamen, Pflanzennamen usw. geordnet. Damit beginnt eine Tradition, die sich das ganze Mittelalter hindurch bis in die Neuzeit fortsetzt, und im 19. Jh. ein Werk wie *Roget's Thesaurus* hervorbrachte, das bis heute neu bearbeitet und neu aufgelegt wird; ebenso erscheinen auch heute noch Werke mit Titeln wie „Englischer Wortschatz nach Sachgruppen". Manche der altenglischen Glossare enthalten zahlreiche solcher Sachgruppen, andere beschränken sich auf wenige oder nur eine; vor allem für die Pflanzennamen gibt es mehrere Spezialglossare (vgl. oben zum *Durhamer* und zum *Laud-Glossar*; siehe ferner Bierbaumer 1979).

Alle drei Gruppen von Glossaren sind in der Regel nach den lateinischen Wörtern (Lemmata) angeordnet und die alphabetischen damit nach dem lateinischen Alphabet. Die genannten Typen können sich freilich überschneiden: Beispielsweise findet sich einerseits Wortschatz nach Sachgruppen manchmal auch in *glossae collectae* und in glossierten Texten. So enthält das *Leidener Glossar* z. B. einen Abschnitt über Gewichte und Münzen (*de ponderibus*, ed. Hessels 1906, 29—32); allerdings sind hier sowohl die Lemmata als auch die Glossen alle auf Latein (und gehen z. T. aufs Griechische zurück). Kalendertexte enthalten gelegentlich in Form von Glossen die altenglischen Entsprechungen zu den lateinischen Monatsnamen (ed. Meritt 1945, 56 f). Andererseits können auch Sachglossare innerhalb der einzelnen Gruppen eine alphabetische Reihenfolge aufweisen (was im Altenglischen aber selten zu sein scheint). Genetisch lassen sich die einzelnen Typen ferner z. T. als Entwicklungsstufen auffassen (vgl. z. B. Sweet 1885, 33). So wurden anscheinend Interlinearglossen zu einzelnen lateinischen Texten zunächst in *glossae collectae* zusammengefaßt, und diese wurden dann wiederum alphabetisch angeordnet, zuerst nach a- und später nach ab-Anordnung.

2. Fachwortschatz in Glossen und Glossaren

2.1. Sachgruppen

In den Sachglossaren finden sich z. B. Gruppen mit Bezeichnungen für Menschen (Berufsbezeichnungen usw.), Körperteile, Krankheiten, Kleidung und Gewänder, Tiere (oder spezieller Säugetiere, Vögel, Fische, Insekten), Pflanzen (oder spezieller Blumen und Kräuter, Bäume, Nutzpflanzen), Geräte, z. T. auch spezielle bäuerliche Geräte, Teile des Webstuhles bzw. Geräte zum Spinnen und Weben (WW 262 u. 293 f), Waffen usw., Schiffe, Gebäude, Farben, Winde, Rechtstermini usw. Vor allem Pflanzennamenglossare sind außerdem auch selbständig überliefert (vgl. oben), z. T. auch entlegenere Bereiche wie etwa die Namen von Nymphen (Meritt 1945, 61). Aelfrics Kolloquium (*Colloquy*) ist ein didaktischer Dialog zum Lateinlernen, der dann auch altenglisch glossiert wurde (letzteres aber offenbar nicht von Aelfric selbst). Im Rollenspiel stellen Schüler verschiedene Berufe dar (Bauern, Hirten, Jäger usw.), und der Fischer zählt z. B. eine Reihe von Fluß- wie auch Seefischen auf, wie etwa *ǣlas* > ne. *eels* ‚Aale', *ǣleputas* > ne. *eelpouts* ‚Aalraupen', *lopystre* > ne. *lobster* ‚Hummer' usw.

2.2. Abgrenzung von Fachwortschatz und Allgemeinwortschatz innerhalb der Sachgruppen

Innerhalb der Sachgruppen sind Allgemeinwortschatz und Fachwortschatz natürlich oft gemischt, wobei die Grenze im einzelnen nicht immer leicht zu ziehen ist.

(1) So dürften bei den bäuerlichen Geräten z. B. *funiculus* : *rāp* (> ne. *rope* ‚Seil'; z. B. WW 105/10) und *rota* : *hwēol* (> ne. *wheel* ‚Rad'; z. B. WW 106/25) noch zum Allgemeinwortschatz gehören. Dagegen ist *wīngeardes scrēadu-īsen* ‚Winzermesser' (wörtlich etwa ‚Weinbergsstutzmesser') als — anscheinend nicht ganz wörtliche — Wiedergabe von *surculus* (WW 106/15), das gewöhnlich ‚Zweig, Pfropfreis, Splitter, Spießchen usw.' bedeutet (vgl. WW 49/6; 149/25; 615/1) wohl eher dem Fachwortschatz zuzuordnen, ebenso *rotabulum* (für *rutabulum*), das in seinen beiden Bedeutungen *myxforce uel ofenrace* ‚Mistgabel' und ‚Schürhaken' (ne. *ovenrake*) wiedergegeben wird (WW 106/39; vgl. 127/12).

(2) Ähnliches gilt für den Pflug und seine Teile (siehe dazu ausführlich Schabram 1980). Das Wort für den Pflug selbst, ae. *sulh* (für lat. *aratrum*; mit zahlreichen Nebenformen wie *sylh*, *sūl*, *sȳl* usw.) gehörte wohl zum Allgemeinwortschatz (ae. *plōh* > ne. *plough*, das später *sulh* verdrängte, ist erst seit dem 11. Jh. überliefert, in der Bedeutung ‚Pflug' sogar erst seit dem 12. Jh.). Speziellere Termini sind dagegen die Bezeichnungen für die Teile des Pfluges, wie z. B. *scear* für lat. *vomer* ‚Pflugschar' (> ne. *[plough]share*) oder *sūle(s) rēost*, *proc*, *cipp* und *scearbēam*, alle vier für lat. *dentale*, *dentalia*, ‚Scharbaum, Pflughaupt, Pflugsohle' (d. h. ein Holzstück, woran die Pflugschar sitzt) — die deutschen Entsprechungen sind für einen Nichtfachmann (Nicht-Landwirt, Nicht-Volkskundler usw.) jedenfalls ungeläufig und insofern sicher Fachwortschatz. Dazu paßt auch, daß *sulh* (und allerdings auch *scear*) relativ häufig und auch außerhalb von Glossen und Glossaren bezeugt sind, während *sūle(s) rēost*, *proc*, *cipp* und *scearbēam* selten belegt sind und sich nur in lateinisch-altenglischen Glossaren finden — die letzteren drei sind sogar Hapax legomena, also überhaupt nur einmal bezeugt. Freilich muß zumindest *proc* häufiger gewesen sein, da es dialektal bis heute weiterlebt. Für lat. *culter* ‚Kolter, Vormesser, Pflugmesser' verwendeten die Angelsachsen das Lehnwort *culter*, das in und außerhalb von Glossen belegt ist. Schabram (1980, 215) weist ferner darauf hin, daß für manche Pflugteile, wie das Streichbrett, gar keine altenglische Bezeichnung überliefert ist. Aufgrund der Zufälle der Überlieferung kann man daraus aber nicht mit Sicherheit schließen, daß die Angelsachsen das Streichbrett noch gar nicht kannten.

(3) Zum Fachwortschatz gehören ferner wohl Geräte zum Spinnen und Weben wie *conductum* : *ge(a)rnwinde* ‚Garnwinde' (WW 262/17; 294/9 usw.; — gewöhnlich bedeutet *conductum* allerdings anscheinend ‚Miete, Pacht', auch ‚gemietetes Haus' usw.) oder *apidiscus* : *webhōc* ‚Weberhaken, Weberkamm" (WW 262/22; 294/14 usw.); *apidiscus* ist wohl ein Versehen für *aspidiscus* < griech. *aspidiskos* ‚Haken, Widerhaken' (*uncinus crocus*), das den Einträgen im ThLL nach zu schließen selbst hauptsächlich ein Glossenwort war.

(4) Fachwörter waren schließlich auch Rechtsbegriffe aus dem römischen Recht wie *jus naturale* : *gecynde riht* ‚Naturrecht' (WW 114/32 usw.) oder *ruptum testamentum* : *uncwedene yrfebēc* ‚aufgehobenes, widerrufes Testament' (WW 114/45; — *uncweden* ist anscheinend eine einmalige Bildung, ein Hapax legomenon).

(5) Bierbaumer (1979) hat aus Glossen und Glossaren insgesamt ca. 950 verschiedene altenglische Pflanzennamen gesammelt. Auch hier ist es nicht immer leicht, die mehr oder weniger allen Angelsachsen geläufigen Pflanzen bzw. Pflanzennamen von denen abzugrenzen, die nur Ärzten und Heilkundigen bekannt waren, sowie solchen, die es in England gar nicht gab. Die speziellen Pflanzennamenglossare dienten anscheinend nicht bloß dem Lateinlernen und auch nicht zweckfreiem botanischem Interesse, sondern waren in erster Linie als Hilfe für Ärzte und Heilkundige zum Identifizieren der Pflanzen für die Herstellung von Medizinen (Heilsäften usw.) gedacht, also als Hilfsmittel für die Anwendung von Rezepten. Zum Allgemeinwort-

schatz gehörten vermutlich damals wie heute Namen wie *gārlēac* (> ne. *garlic* ‚Knoblauch'), *þistel* (> ne. *thistle* ‚Distel'), *wermōd* (‚Wermut'; > ne. *wormwood* durch Volksetymologie) usw. Schwieriger ist es festzustellen, welche Pflanzennamen zum Fachwortschatz gehörten; in diesen Bereich fallen möglicherweise selten belegte Bildungen wie *þrilēfe* für *trifolium*, wörtlich ‚Dreiblatt' (WW 133/22; wohl für *oxalis acetosella* ‚Wald-Sauerklee') oder *candelwyrt* ‚Königskerze' (*verbascum thapsus*), wörtlich ‚Kerzenkraut' für *fromos, uel lucernaris, uel insana, uel lucubros* (WW 137/9), wobei *candelwyrt* offensichtlich *lucernaris* übersetzt. Allerdings waren solche seltenen Bildungen wie die beiden genannten, die anscheinend Hapax legomena sind, offenbar häufig isolierte Wiedergabeversuche einzelner Glossatoren (hier wie auch sonst oft in Form von Lehnbildungen), die jedoch von niemand übernommen wurden; es handelt sich also allenfalls um Vorschläge für fachsprachliche Termini, die aber keine weitere Verbreitung erlangten; dies gilt auch für Rechtstermini wie das oben erwähnte *uncwedene* (*yrfebēc*).

3. Weitere Probleme der Glossare und ihres Fachwortschatzes

3.1. Fehler und schwierige Glossen

Obwohl Glossen grundsätzlich ja lateinische Wörter (Lemmata) erklären sollen, erfüllen sie diese Funktion nicht immer, da die Glossatoren manchmal auch Fehler machten, Mißverständnissen erlagen oder beim Glossieren von Erwägungen geleitet wurden, die heute nur mit Mühe oder gar nicht mehr nachvollziehbar sind. So haben sie manchmal z. B. ähnliche lateinische Wörter verwechselt, Wörter falsch abgetrennt, Glossen über das verkehrte Lemma geschrieben, oder nicht das lateinische Lemma selbst übersetzt, sondern eine bereits dazu existierende lateinische Erklärung oder Glosse, usw. Manchmal läßt sich die Entstehung solcher echter oder scheinbarer Fehler aufklären (siehe dazu z. B. Meritt, aus dem auch die meisten der nachfolgenden Beispiele stammen: 1968, 8, 50 f, 67 f); manche altenglischen Glossenwörter sind aber bis heute unerklärt, wie etwa *horunaap* zu *decurat* (Meritt 1968, viii). Beispiele für die genannten Erscheinungen sind:

(a) Verwechslung ähnlicher lateinischer Wörter: *luscinius* ‚Nachtigall' wird einmal mit *forsc* ‚Frosch' glossiert. Dies kommt daher, daß Nachtigall auf lateinisch auch *acredula* hieß und Frosch auch *agredula*; diese beiden (recht seltenen) Wörter konnten leicht verwechselt werden (vgl. die Belege im ThLL).

(b) Falsche Worttrennung: Ein lateinisches Lemma *strupiar* wird mit altenglisch *midlu* glossiert (WW 182/33; 288/31). Korrekt müßte es aber heißen: Lat. Lemma *strup(p)i* : ae. Interpretament *ār-midlu* ‚oarthongs, Ruderriemen' (d. h. Riemen zum Anbinden der Ruder an die Ruderbank), also ein fachsprachliches Kompositum.

(c) Glosse (Interpretament) über das verkehrte Lemma geschrieben: Der Eigenname (Frauenname) *Constantina* ‚die Standhafte' findet sich als *dēma* ‚Richter' glossiert (WW 375/34). Diese Glosse gehörte aber ursprünglich wahrscheinlich nicht hierher, sondern zu dem darauf folgenden *praetorum*, ist also nicht ein Nom. Sing. fem. *dēma* ‚die Richterin', sondern ein Gen. Pl. (mask.) ‚der Richter', zu *dēmere* (siehe Torkar 1993).

(d) Nicht das Lemma selbst ist übersetzt, sondern eine dazu schon existierende lateinische Glosse oder Erklärung: *col-þrǣd* (ebenfalls ein fachsprachliches Wort) ‚Lot, Senkblei, plumb-line', wörtlich ‚Kohlenfaden' gibt nicht unmittelbar sein Lemma *perpendiculum* wieder, sondern eine Erklärung von *perpendiculum* als ‚modica petra de plumbo quam ligant in filo [...]', also ‚kleiner Stein aus Blei, der an einen Faden gebunden wird', wobei man ‚Faden' wörtlich übersetzte, den ‚Stein aus Blei' aber offenbar mit ‚Kohle' assoziierte.

(e) Seltene Bedeutungen: Wie einige der weiter oben zitierten Beispiele zeigen (siehe zu *calones, surculus, conductum*), wurden manchmal nicht die üblichen Bedeutungen der lateinischen Lemmata wiedergegeben, sondern offenbar sehr seltene Bedeutungen, die z. T. vielleicht erst in nachantiker Zeit dazukamen; z. T. handelt es sich vielleicht auch schlicht um Fehlübersetzungen.

3.2. Antike und biblisch-christliche Kultur in Glossen und Glossaren

Die den altenglischen Glossen und Glossaren zugrundeliegenden lateinischen Texte bzw. Wörter (die ihrerseits z. T. auf das Griechische zurückgehen), wie etwa bestimmte christliche Termini, aber auch manche Tier- und Pflanzennamen, spiegeln natürlich häufig die antike (griechisch-römische, z. T. auch biblische) Welt wider (Geisteswelt, Sachkultur, Zivilisation, Mythologie usw.). Diese war den Angelsachsen vor allem durch die Vermittlung der Missionare zwar zum Teil geläufig geworden, insbesondere natürlich die biblische Geschichte und die christliche Lehre, aber z. B. auch die lateinische Grammatik und ihre Terminologie, viele Pflanzennamen, usw.; die Angelsachsen übernahmen jedoch nicht die ganze antike Kultur. So war das römische Recht den Angelsachsen zunächst fremd (vgl. WW 114/30 ff), die verschiedenen Arten von Nymphen aus der griechisch-römischen Mythologie spielten wohl weder für heidnische noch für christliche Angelsachsen eine wirkliche Rolle, und nicht alle der in Pflanzennamenglossaren genannten mediterranen Pflanzen wuchsen auch in England (wenn dies im einzelnen auch z. T. umstritten ist).

Trotzdem wurden auch solche Termini oft wiedergegeben, zum Teil in Form von Lehnbildungen (Lehnübersetzungen, Lehnübertragungen, Lehnschöpfungen usw.), bei den Pflanzennamen etwa *lactuca silvatica* > *wudulectric*, wörtlich ‚Waldlattich', oder das schon oben erwähnte Hapax legomenon *candelwyrt* für *(herba) lucernaria*, wörtlich ‚Kerzenkraut' (vgl. ferner oben zu *þrilēfe* sowie Sauer 1992, 405 für weitere Beispiele), bei den Nymphen etwa *Nimphae : aelfinni* ‚Elfen', *Oreades : duun-aelfinni* ‚Bergelfen', *Driades : uudu-aelfinne* ‚Waldelfen' usw.; zu den Rechtstermini siehe oben. Aelfric schuf in seiner lateinisch-altenglischen Grammatik für viele der lateinischen Grammatiktermini altenglische Entsprechungen, die aber nicht weiterlebten, z. B. *vocales : clypiendlīce; consonantes : samod swēgende; participium : dǣlnimend; praepositio : foresetnys*, usw. (hier handelt es sich freilich nicht um Glossen). Manche sicheren oder mutmaßlichen Lehnbildungen gingen aber auch durchaus in den Allgemeinwortschatz ein, wie etwa *solis oculus* > ae. *dæges ēage* (im Ne. verdunkelt zu *daisy* ‚Gänseblümchen').

Manchmal mußten sich die Glossatoren mit mehr oder weniger genauen Umschreibungen behelfen, wie *þæt sēleste wīn* ‚der beste Wein' für *Falernum* (WW 128/21), was wohl zeigt, daß dieser Glossator den Falernerwein nur aus der Literatur kannte. Ähnliches gilt wohl auch für Umschreibungen wie *rīccra gesetnes* ‚Satzung der Mächtigen' für *senatus consultum* (WW 115/27) oder *feohlǣnung būtan borge* ‚Geldleihen ohne Pfand' (?) für *ypotheca* ‚Hypothek' (WW 115/45; anscheinend ein Hapax legomenon), womit der altenglische Glossator das genaue Gegenteil des im Lateinischen Gemeinten wiedergegeben hat (*hypotheca* bedeutet ja ‚Pfand'). Fachwortschatz sind diese Termini also allenfalls in dem Sinn, als es sich um mehr oder weniger geglückte Versuche handelt, exotische Dinge bzw. Wörter zu erklären oder zu umschreiben, die man aus der lateinischen Literatur oder auch nur aus Glossaren kannte. Manchmal war zwar die Sache anscheinend bekannt, aber man hatte trotzdem kein Fachwort und mußte sich ebenfalls mit einer Umschreibung begnügen: so bietet etwa *slēflēs ancra scrūd* ‚ärmellose Mönchskutte' eine genaue Definition von *Leuitonarium* (WW 151/36; vgl. ThLL s. v. *lebitonarium*).

3.3. Glossenwörter

Eine ganze Reihe von altenglischen Wörtern sind nur als Glossen belegt, von den oben genannten z. B. *col-þrǣd*, und natürlich auch Hapax legomena wie *candelwyrt*, *þrilēfe*, *uncwǣden*, *cipp* und *scearbēam*, so daß man hier von einer Art Glossenwortschatz innerhalb des altenglischen Wortschatzes sprechen könnte, also möglicherweise einem Fachwortschatz der altenglischen Glossatoren, der außerhalb des Allgemeinwortschatzes stand. Wie gezeigt, handelt es sich dabei manchmal nur um den Versuch, lateinische Lemmata mehr oder weniger genau wiederzugeben oder mit Hilfe von Lehnübersetzungen usw. nachzubilden. Allerdings muß man dabei immer bedenken, daß die Überlieferung des Altenglischen begrenzt und lückenhaft ist. Wie erwähnt, ist das Hapax legomenon *þroc* nur einmal als Glosse belegt; es kann aber kein reines Glossenwort und keine Erfindung eines Glossators gewesen sein, sondern muß auch in der gesprochenen Sprache existiert haben, da es als Dialektwort bis heute erhalten ist (*throck*). Glossenwörter gab es anscheinend auch schon im Lateinischen, vgl. oben zu *a(s)pidiscus*.

3.4. Terminologien und Nomenklaturen

Die altenglischen Pflanzennamen, und dies gilt ähnlich wohl auch für andere Sachgruppen wie z. B. Tiernamen, stellten noch keine wissenschaftliche Nomenklatur im modernen Sinne dar, sondern bildeten eine instabile Volksterminologie, die nicht immer eindeutig war. Einerseits konnte die gleiche Pflanze mit verschiedenen Namen bezeichnet werden: die Pastinake, *pastinaca silvatica*, ne. *parsnip* (‚[Mohr]rübe'), findet sich beispielsweise glossiert als *more, feldmore, wealhmore* und *wilde more* (siehe Stracke 1974, 87), oder *trifolium* als *gēacessūre* (mehrmals) und als *þri-*

lēfe (einmal); andererseits konnte der gleiche Name verschiedene Pflanzen bezeichnen: *bēowyrt*, wörtlich ‚Bienenkraut', steht z. B. für *apiago = melissa officinalis* ‚Zitronenmelisse' und für *acanton = acantus* ‚eine Distelart' (siehe Stracke 1974, 72). Beides erschwert heute natürlich manchmal die Identifizierung der Pflanzen (vgl. Sauer 1992, 383 f). Diese Varianz und Instabilität hat eine Reihe von Gründen, z. B. regionale bzw. dialektale Unterschiede, diachroner Wandel des Wortschatzes (z. B. durch das Eindringen von Lehnwörtern), ungenaue botanische Kenntnisse, Experimentieren bei der Wiedergabe lateinischer Pflanzennamen, für die es noch keine feste Entsprechung gab. Dieses Schwanken der Terminologie gilt im übrigen für alle volkssprachlichen Pflanzennamensysteme und auch für die lateinischen Pflanzennamen vor der Einführung des Linnéschen Systems. Erst Linné hat eine wissenschaftliche und eindeutige Nomenklatur entwickelt, bei der − jedenfalls im Prinzip − jeder Pflanze nur ein Name zugeordnet ist und gleichzeitig jeder Name nur einer Pflanze.

4. Nicht-lexikalische Glossen

Die meisten altenglischen Glossen, d. h. auch alle bisher besprochenen, sind lexikalisch, also Worterklärungen bzw. Wortübersetzungen (Übersetzungsgleichungen). In geringerem Umfang gibt es daneben in Handschriften der angelsächsischen Zeit zu lateinischen Texten auch syntaktische Glossen, d. h. Markierungen, die die Konstruktion lateinischer Sätze verdeutlichen sollen und damit natürlich ebenfalls als Übersetzungshilfen (Konstruktionshilfen) gedacht sind; so werden z. B. zusammengehörige Elemente wie Adjektiv und Substantiv oder Verb und Adverb bzw. satzeinleitende Konjunktion jeweils mit dem gleichen Zeichen markiert (siehe dazu z. B. Korhammer 1980; Derolez 1992, 35).

5. Fazit

Glossen und Glossare sind eine reiche Quelle für den altenglischen Fachwortschatz. Allerdings bestehen in zweifacher Hinsicht Abgrenzungsprobleme, nämlich einerseits gegen den Allgemeinwortschatz, andererseits aber auch gegen einmalige Wiedergabeversuche einzelner Glossatoren, die eher dem Bereich des Idiolekts zuzuordnen oder sogar noch darunter anzusiedeln wären. Ferner ist fraglich, wie weit man aus der antiken Kultur übernommene oder ihr nachgebildete Termini zum angelsächsischen Fachwortschatz rechnen sollte. Für die Grammatikterminologie beispielsweise ist das wohl zu bejahen, für die Termini aus dem römischen Recht dagegen wohl nicht.

6. Literatur (in Auswahl)

Bierbaumer 1979 = Peter Bierbaumer: Der botanische Wortschatz des Altenglischen. III. Der botanische Wortschatz in altenglischen Glossen. Bern. Frankfurt/M. 1979.

Bischoff 1988 = Bernhard Bischoff et al. (Hrsg.): The Épinal, Erfurt, Werden, and Corpus Glossaries. Kopenhagen 1988 (Early English Manuscripts in Facsimile 22).

Bischoff/Lapidge 1994 = Bernhard Bischoff/ Michael Lapidge: Biblical Commentaries from the Canterbury School of Theodore and Hadrian. Cambridge 1994 (Cambridge Studies in Anglo-Saxon England 10).

Brooks 1982 = Nicholas Brooks (Hrsg.): Latin and the vernacular languages in Early Medieval Britain. 1982.

Cameron 1973 = Angus Cameron: A list of Old English texts. In: A plan for the Dictionary of Old English. Hrsg. v. Roberta Frank, Angus Cameron. Toronto 1973, 25−306.

Derolez 1992 = René Derolez (Hrsg.): Anglo-Saxon glossography. Brüssel 1992.

Franzen 1991 = Christine Franzen: The tremulous hand of Worcester. A study of Old English in the thirteenth century. Oxford 1991.

Garmonsway 1939 = G. N. Garmonsway (Hrsg.): Aelfric's Colloquy. London 1939 (Methuen's Old English Library). [2nd ed. 1947].

Glogger 1901−08 = R. Glogger (Hrsg.): Das Leidener Glossar. Augsburg 1901−1908.

Gneuss 1987−1989 = Helmut Gneuss: Glossen, Glossare, IV. In: Lexikon des Mittelalters, Bd. IV. München 1987−1989, 1513 f.

Goetz 1882−1923 = Georg Goetz: Corpus Glossariorum latinorum, 5 Bde. Leipzig. Berlin 1882−1923.

Goossens 1974 = Louis Goossens (Hrsg.): The Old English glosses of MS. Brussels, Royal Library, 1650 (Aldhelm's De Laudibus Virginitatis). Brüssel 1974.

Hessels 1906 = John Henry Hessels (Hrsg.): A late eighth-century Latin − Anglo − Saxon glossary preserved in the library of the Leiden University (MS. Voss. Qo. Lat. No 69). Cambridge 1906.

Ker 1957 = N. R. Ker: Catalogue of manuscripts containing Anglo-Saxon. Oxford 1957.

Korhammer 1980 = Michael Korhammer: Mittelalterliche Konstruktionshilfen und altenglische Wortstellung. Scriptorium 34. 1980, 18−58.

Lapidge 1986 = Michael Lapidge: The school of Theodore and Hadrian. In: Anglo-Saxon England 15. 1986, 45−72.

von Lindheim 1941 = Bogislav von Lindheim (Hrsg.): Das Durhamer Pflanzenglossar. Bochum-Langendreer 1941 (Beiträge zur englischen Philologie 35).

Lindsay 1921 = W. M. Lindsay (Hrsg.): The Corpus Glossary. Cambridge 1921.

Meritt 1945 = Herbert Dean Meritt: Old English glosses. A collection. New York 1945 (MLA General Series 16).

Meritt 1954 = Herbert Dean Meritt: Fact and lore about Old English words. Stanford 1954.

Meritt 1968 = Herbert Dean Meritt: Some of the hardest glosses in Old English. Stanford 1968.

Napier 1900 = Arthur S. Napier (Hrsg.): Old English glosses. Oxford 1900 (Anecdota Oxoniensia 11).

Oliphant 1966 = Robert T. Oliphant (Hrsg.): The Harley Latin − Old English Glossary. The Hague 1966 (Janua Linguarum, Ser. pract. 20).

Pheifer 1974 = J. D. Pheifer (Hrsg.): Old English glosses in the Épinal-Erfurt Glossary. Oxford 1974.

Pheifer 1987 = J. D. Pheifer: Early Anglo-Saxon glossaries and the School of Canterbury. In: Anglo-Saxon England 16. 1987, 17−44.

Sauer 1992 = Hans Sauer: Towards a linguistic description and classification of the Old English plant names. In: Words, texts and manuscripts. Studies in Anglo-Saxon culture presented to Helmut Gneuss on the occasion of his sixty-fifth birthday.

Hrsg. v. M. Korhammer et al. Cambridge 1992, 381−408.

Schabram 1965 = Hans Schabram: Superbia. Studien zum altenglischen Wortschatz. München 1965.

Schabram 1980 = Hans Schabram: Bezeichnungen für den Pflug und seine Teile im Altenglischen. In: Untersuchungen zur eisenzeitlichen und frühmittelalterlichen Flur in Mitteleuropa und ihrer Nutzung. Göttingen 1980 (Abhandlungen der Akademie der Wissenschaften in Göttingen, Phil.-Hist. Klasse, III. Folge, Nr. 116), 99−125.

Stein 1985 = Gabriele Stein: The English dictionary before Cawdrey. Tübingen 1985 (Lexicographica. Series Maior 9).

Steinmeyer/Sievers 1879−1922 = E. Steinmeyer/E. Sievers (Hrsg.): Die althochdeutschen Glossen, 5 Bde. Berlin 1879−1922.

Stracke 1974 = J. Richard Stracke (Hrsg.): The Laud Herbal Glossary. Amsterdam 1974.

Sweet 1885 = Henry Sweet (Hrsg.): The oldest English texts. London 1885 (Early English Text Society, o. s. 83).

ThLL 1900 = Thesaurus Linguae Latinae. Leipzig u. a. 1900 ff.

Torkar 1993 = Roland Torkar: The Aldhelm Gloss Constantina : Demera (ClGl I). In: Notes and Queries 238. 1993, 428−431.

Wright/Wülcker (WW) *1884* = Thomas Wright/Richard Paul Wülcker (Hrsg.): Anglo-Saxon and Old English vocabularies, 2 vols. 2nd ed. London 1884 [Nachdruck: Darmstadt 1968].

Zupitza 1880 = Julius Zupitza (Hrsg.): Aelfrics Grammatik und Glossar. 1880 [2. Aufl. mit einem Vorwort v. Helmut Gneuss. Berlin 1966].

Hans Sauer, München

256. English specialized lexicography in the late Middle Ages and in the Renaissance

1. Introduction: the technical vocabulary of English
2. Topical dictionaries
3. Renaissance glossaries
4. Dictionaries for the learned professions
5. Dictionaries of crafts, trade and commerce
6. General technical dictionaries
7. Literature (selected)

1. Introduction: the technical vocabulary of English

For historical reasons the technical and specialized vocabulary of English has since the late Middle Ages posed peculiarly acute problems even for educated native speakers, because of the dissociation of the learned vocabulary in its origins from that of everyday speech. After the Anglo-Saxon period the typically Germanic capacity of the native language to create any necessary new technical terms became blunted through falling into desuetude during the Norman hegemony, when French was the language of the Court, and Latin the language of learning. No wonder then at the growth of specialized dictionaries once the battle for recognition of Eng-

2. Topical dictionaries

There is an obvious and direct connection between the rise of the specialized dictionary proper, with its alphabetically arranged list of words belonging to a single technical discipline, and the early systematic glossaries in which terms were grouped by subjects (names of tools, parts of the body, plants, etc.). This onomasiological approach to word-listing is both ancient and widespread, and the articles in Hüllen (1994a) deal with Hittite and early Syrian works, as well as modern European ones. Within the English tradition, classified vocabularies of terms belonging to particular word-fields had existed from Anglo-Saxon times, and quite substantial lists occur from the twelfth to the fourteenth century (Stein 1985, chapters 8 and 9). These are however bilingual (or in some cases trilingual), and tend merely to provide verbal equivalents, not technical explanations of the words which are entered. In some of the later and more substantial printed works such as Withals (1553) and Howell (1660) we get rather closer to dictionary techniques in the incidental explanations of words which are to be found there alongside the foreign-language equivalents (Hüllen 1994b; also Stein 1985, chapter 19). There will be occasion to mention the particular cases of Junius (1585) and Smith (1627) below.

3. Renaissance glossaries

It is however rather in the lists of "difficult" English words appended to some early printed English books that we may find the harbingers of the first technical dictionaries proper. These monolingual glossaries were also important sources for the vocabulary of the earliest general dictionaries of the language. For the sixteenth century alone, Schäfer (1989, 74−75) gives ten such lists from medical books, seven from theological and biblical studies, another seven from mathematical works, six from cosmography, and others from herbals, books on grammar and rhetoric, the law, heraldry, military affairs, farriery, fencing, venery and carving. Many of these works had been translated from foreign sources, and the explanations tend to be very short. When such a list is given at the back of a book the general aim is simply to help the less well-informed reader on his way. Sometimes, however, there is a covert apology for the very occurrence of the technical terms ("wordes [...] not familiar to the vulgar reader, which might not conveniently be vttered otherwise", Martin 1600), or a downright condemnation of their use ("Strange words, and affected phrases, which the Iesuits in their Latin translation of the English Testament haue without need vsed", Bulkeley 1588).

The inclusion of English glossaries, book by book, for the "hard" words then being used in English technical works was however at best an *ad hoc* solution. It was also a cumbersome and a wasteful one. As works in the vernacular multiplied in the more important scientific disciplines the advantage of having separate specialized lexicons would increase: the man with a medical library is better served by a single comprehensive medical lexicon than by a random collection of appended glossaries which will frequently replicate each other in their contents.

4. Dictionaries for the learned professions

4.1. Legal dictionaries

It is in the field of law that the first such specialized lexicon for English was published: the book generally known as *Les Termes de la Ley*, by John Rastell. The original title was in Latin (Rastell 1525), though its preface is in English and the legal terms are explained in French. Rastell's work was later to be translated into English with the fuller title *An Exposition of certaine Difficult and Obscure Wordes and Termes of the Lawes of this Realme* (1579).

The law was (and still is) an area of particular terminological difficulty in English, and this multiplication of languages in Rastell's title is no accident. For many centuries the whole practice of law in England was conducted in French, with the result that to this day a very large proportion of the technical legal terms used in English are of French origin (*felony, juror, plaintiff*, etc.).

Rastell provided explanations for just over 200 legal terms (sample sequence: *barr, battell, basterd, burglary, capias, certyfycacion, champerty*). He addresses himself in the *Pro-*

hemium (1527 ed.) to "yong begynners". The articles are accordingly short, and the explanations in plain, straightforward language ("ANNUITE. Annuite est ung certain some dargent que est grant a ung home in fe simple [...].")· This rather elementary dictionary of legal English continued to be published until at least 1685, by which time the collection of terms had become enormously expanded to some 1300 items given in parallel columns, French and English.

Meantime, in 1597 Sir John Skene, "Clerke of our Soveraine Lordis Register, Councell and Rolles" in Edinburgh, had published a volume covering some 350 items in Scottish law (Skene 1597). Many items are short ("GLEBA ane gleibe, given and granted to Kirk-men and Ministers of the Evangel") but these occur alongside some very substantial entries — over 17 pages for *schireff* (= sheriff) — and the general approach is scholarly, with numerous references to statutes, etc.

The next dictionary of English law (Cowell 1607) is also more learned and more extensive than that of Rastell. Cowell has some 1900 entries, the manner is leisurely, meanings are clear and documentation is remarkably full, with references to Acts of Parliament, etc. He also takes trouble to record etymologies or equivalent terms which could occur in writings on English law, whether couched in English, French or Latin: "*Seignorie (Dominium)* is borrowed from the French [...] It signifieth peculiarly with vs a Maner, or Lordship". In some sense, Cowell's dictionary may thus be regarded as a bilingual or trilingual one. But he is aware of the dangers of too readily equating legal terms in different languages (see Sarcevic 1988); for instance, he gives the English *way* as a general equivalent to the French *chimin* (= *chemin*) but adds careful separate explanations of *King's high way, chimin in grosse*, etc. A number of outmoded terms from Anglo-Saxon law (e. g. *shire moote, warscot, vtfangthef*) are also included.

Because of the incautious treatment of certain politically sensitive words, Cowell's book was condemned and burnt by the common hangman, and he narrowly escaped being sent to prison for his definitions. Even so, the *Interpreter* was a success. It was adapted later by Thomas Manley with the title *Nomothetes*, revised again by White Kennett in 1701, and in its expurgated form remained the standard glossary of legal English throughout the seventeenth century.

Cowell was much pillaged for legal terms and definitions by the general lexicographers of the age, and one of them produced a legal dictionary of his own (Blount 1670). The fact that only three years later Blount was complaining of plagiarism by the (wrongly identified) author of *Nomothetes* may serve to show that the legal dictionary had by now become an established and commercially viable genre. Even with the decline of learned Latin and the final disappearance of French from the English law courts in the seventeenth century the need remained for specialized dictionaries to explain the inherited trilingual vocabulary of English law.

The Interpreter was not finally superseded until well into the eighteenth century with the publication of Giles Jacob's highly successful dictionary (Jacob 1729). By the ninth edition of 1772 this had grown into an encyclopaedic work containing specimen legal documents, and "adapted to the use of Barristers [...] Members of Parliament, Justices of the peace, Clergymen, and other Gentlemen". Before then there had been an attempt at a comprehensive coverage of all technical legal terms in Timothy Cunningham's *New and Complete Law-Dictionary* (1764).

4.2. Medical dictionaries

Another learned profession where there was a clear need for a specialized dictionary was that of medicine. The names of diseases had featured early in Anglo-Saxon and Latin word-lists, and large numbers of terms (including *medicine* itself, replacing the Saxon *leechcraft*) had come in from French during the Middle English period. Latin was for many centuries the normal language of medical books in England (with much of the special vocabulary ultimately Greek in origin); even in the sixteenth century authors complained of the difficulty of writing on medicine in the vernacular because of the paucity of English terms, and glossaries of learned English words in medical books were then particularly common (Schäfer 1989). Surprisingly, the first medical dictionary proper does not appear until near the end of the seventeenth century (Blankaart 1684) and this — commonly known to English medical writers of the time as Blanchard — had been translated from a Latin work originally published in Holland (Blancardus 1679); in the edition of 1717 it had over 6000 entries and included separate alphabetical indexes of the Dutch, German, French and English medical terms given as equivalents to the Latin entry words in the dictionary itself. On the English market this was followed by Quincy (1719), a successful dictionary which by the eighth edition (1767) included 4000 entries containing more detailed physiological information, full accounts of symptoms etc. Later medical dictionaries include James (1743), Barrow (1749), Turton (1797, with over 10,000 entries, usually one or two lines only, but usefully indicating the pronunciation of medical terms), and Hooper (1798).

4.3. Dictionaries of religious terms

The need for precise explanations of technical terms used in religious writings is self-evident, and in the period after the Reformation the rivalry of Catholic and Protestant terms (for instance in translating the Bible) had become a matter of great moment. Mere concordances were no longer adequate, and it is not surprising to find a dictionary of religious words early in the seventeenth century (Wilson 1612). Thomas Wilson's aim in this substantial dictionary was to provide the clergymen with an easily used alphabetical list of words which "containe the secrets of our Heauenly profession and Art". Over 2000 terms are given (specimen sequence: *Trespasse*, *To Try*, *Triall of Faith*, *fiery tryal*, *tribulation*, *Tribute*, *Trinity*). Most of the words are scriptural (with appropriate Bible references), and explanations are often violently anti-Papist; but the compiler takes trouble to distinguish sharply between literal and metaphorical meanings, and has evolved an interesting labelling system for what he calls fundamental words (*faith*, *grace*, etc.), the more polemical words (e. g. *justification* and *Antichrist*) and purely ecclesiastical — i. e. nonscriptural — terms such as *sacrament* and *merit*. Later dictionaries of religious terms include the *Dictionarium Sacrum seu Religiosum*, usually attributed to Daniel Defoe ([Defoe] 1723). This was used by Bailey in compiling his *Dictionarium Britannicum* (1730).

4.4. Dictionaries for other professions

The Royal Society took an active interest in scientific terminology and, not surprisingly, dictionaries of mathematical terms in English appear quite soon after its foundation (Moxon 1679; Raphson 1702). *The Builder's Dictionary* (1734) explains "all the several parts of Architecture", and for the gentlemanly profession of arms, including the science of fortification, there is the *Military Dictionary* (1702), and the *New Military Dictionary* (1760).

5. Dictionaries of crafts, trade and commerce

5.1. Nautical dictionaries

With the early dictionaries of seamen's terms we come to specialized vocabularies of English which differ entirely in style and intention from those discussed so far, being concerned not with the obscurities (frequently multi-lingual) of the learned professions, but with a practical, hands-on terminology: the words and phrases used on sailing ships might be entirely homely ones, but the need for explanation was no less. Sir Henry Manwayring's *Sea-man's Dictionary* (1644) is a well-planned and carefully executed book of 118 pages in which some 600 nautical terms are explained. It was intended for ships' officers: "any who hath command at sea, or for any who may be called to censure and judge of sea-affaires". The problem with nautical terminology was that the common seamen were reluctant (or else lacked the verbal ability) to explain terms to their superiors, with the result that "many Gentlemen goe long Voyages, and returne (in a manner) as ignorant [...] as when they went out".

Definitions tend to be conversational in style, and Manwayring manages to provide useful information on usage: *amayne*, he says "is a terme used by men of Warre, and not by Merchantmen"; of *futtocks*, he says "This word is commonly pronounced, but I thinke more properly it should be called Footehookes". The contents of Manwayring's dictionary had in some ways been preceded by Captain John Smith's *Sea Grammar* (1627), a famous thesaurus containing "the Expositions of all the most difficult words seldome vsed but amongst sea men". Given the complexity of the fully rigged sailing ship or man of war it is not surprising that the need for help with the technical vocabulary should arise so early; "Here's language would have non-plust Scaliger" (prefatory poem).

Captain Smith, one-time Governor of Virginia, had also dealt with about 600 terms, roughly two thirds of them corresponding to items in Manwayring. Smith's book, addressed to "young Seamen", is briefer in its definitions. The terms are divided thematically into fifteen chapters (*The names of all the Masts*, etc.) and terms explained are picked out by being entered in small print in the margins. There is no index, though this would have added greatly to the usefulness of the book. Smith's work is thus didactically arranged, and is not alphabetical, but it merits mention here because of the excellent dictionary-style definitions, many of which were later taken over and expanded by Manwayring. Smith's *Sea Grammar* was enlarged and reprinted in 1653 and 1692, and the continuing need for specialized dictionaries concerned with seafaring is evidenced by later works such as Blanckley (1750) and Falconer (1769).

5.2. Dictionaries of husbandry

From the mid-seventeenth century there was a proliferation of works in English on agriculture, horticulture, gardening, forestry and related rural matters. The titles of well-known books such as Evelyn's *Sylva, or, A discourse of Forest-trees* (1664) and Worlidge's *Systema Agriculturae* (1668) reflect the fashionable interest in improving country estates and farming methods. Here, there were diverse needs for help with technical terms. Plant names were one problem area: plant glossaries (Latin and English) had existed from the twelfth century (Stein 1985, chapter 8). By the sixteenth century, handsome volumes such as those of Turner (1551) and Gerard (1597) were including extensive lists of plant and tree names in many languages (Turner gives English names first, but entries are alphabetized according to the Latin); such volumes had come to be encyclopaedic in nature, with full botanical descriptions, engravings, and technical information on cultivation, medicinal properties, etc.

Another lexicographical need is illustrated by the *Dictionarium Rusticum* appended to Worlidge (1668). This lists (in the 2nd edition 1687 pp. 309–326) some 450 briefly explained "Rustick Terms", which include many local agricultural words ("A *Doke*, a word used in *Essex* and *Suffolk* for a deep dint or furrow"). This was to be an important source for "country words" in the sixth edition of Phillips's dictionary (Phillips 1706) as revised by John Kersey (Bately 1967). Worlidge comments on the problems arising not only from this regional variation in the names of agricultural implements and so on, but also from local differences in farming practice: unlike those for centrally organized professions such as the law, dictionaries of husbandry needed to cover a very wide range of items and practices.

As a typical example of the kind of dictionary which arose we may take the *Dictionarium Rusticum & Urbanicum* ([Worlidge] 1704), a handy work of 600 pages in octavo with some 1600 entries. A typical alphabetical sequence is: *muscat* (pear), *Muscovy* ("The commodities it chiefly produceth are [...]"), *mushroom*, *must* (in wine-making), *mustard*, *mute* (hunting term), *muzzey* ("see Quagmire"), *myrtle*. The full range of "Country Affairs" is set out by the author on his title-page, from gardening and all kinds of plants, cattle breeding, bees, poultry, singing-birds and their diseases, to the art of making bricks, and especially gentlemen's recreations including hunting and cock-fighting. He openly confesses that his dictionary is derivative, and lists over a hundred books he had made use of in compiling it. Entries tend to be short, but there are 18 lines on the virtues of pigeon dung, and *pruning* runs to ten pages. This dictionary, formerly ascribed to Nathaniel Bailey but more likely from the hand of Worlidge, ran to two more editions (1717, 1726) with the fuller (and better) title *Dictionarium Rusticum, Urbanicum et Botanicum*.

Other dictionaries concerned with different aspects of "country affairs" in the wider sense include Bradley (1728) and Martyn (1793) for botany — the latter (a Fellow of the Royal Society) sought "to establish significant English terms" where these were lacking. There was also a monumental two-volume dictionary on gardening (Miller 1731–39); works by Wallis (1759) and Hunter (1796) on farriery; a bulky dictionary by "A Society of Gentlemen" on all aspects of farming (*The Complete Farmer* 1769), and — probably by Bailey — the *Dictionarium Domesticum*, which is concerned among other things with the kitchen garden, bee-keeping and the vineyard ([Bailey] 1736).

6. General technical dictionaries

The tendency noted above for such specialized dictionaries to include not merely definitions but also more and more practical or instructional information on technical matters, and (as in the works on husbandry) for the boundaries between disciplines to become blurred, was to lead inevitably to the production of general technical dictionaries. Dictionaries claiming to explain the technical terms from all "the Arts and Sciences" proliferated in the eighteenth century. There had been Renaissance predecessors to these in works such as the *Nomenclator* of Adrianus Junius (1585), dealing with the vocabulary of topics as diverse as the parts of a ship, the names of diseases, the names of animals, country trades, terms of war and so on, though these had been arranged not alphabetically, but thematically.

Two of the most comprehensive among the early general technical dictionaries in English were Harris (1704) and Chambers (1728). Their aim was, in the words of Chambers, to survey the whole republic of learning, covering both liberal and mechanical arts, and sciences both human and divine. With handsome engraved plates (e.g. on *architecture* and *hydraulics*), and long articles on technical and philosophical matters (seven columns on the term *knowledge*, beginning "According to Mr Locke [...]"), this was to push the technical dictionary very far in the direction of the all-embracing encyclopaedia (as Chambers and Harris acknowledge in their full titles). But there are still plenty of traditional dictionary-style entries (e.g. "*Brads*, a slender kind of nails used in building"; "*Foiling*, among hunters, the footing, and treading of deer, which remains in the grass, but scarce visible"), and the characteristic labelling ("in Anatomy", "in gardening", "is used by some writers in physic", "a word frequently used in writs", etc.) constantly reminds us of the specialized technical dictionaries which lie behind it.

Harris's *Lexicon* was more narrowly restricted to technical terms than Chambers, and came to be used extensively by Kersey, Bailey and others as a source of information on those technical words which they felt merited inclusion in their general dictionaries (Starnes/Noyes 1946/1991). In his preface, Harris acknowledges the existence of some "lesser" technical dictionaries such as Manwayring, but assures the reader that the great bulk of his work had been collected from "no Dictionaries" but from the works of original authors. The claim is probably not a hollow one. Seeking out and defining specialized scientific and technical terms was a task which general lexicographers had neither the time nor the qualifications to undertake (even Dr Johnson baulked at it). Historically it was probably the very existence of so many specialized dictionaries in the eighteenth century which enabled English compilers from Johnson (1755) onwards to turn against technical and encyclopaedic information and concentrate on what they felt to be the vocabulary of the language proper.

7. Literature (selected)

7.1. Dictionaries and early works containing glossaries

Bailey 1730 = Nathaniel Bailey: Dictionarium Britannicum. London 1730.

[Bailey] 1736 = [Nathaniel Bailey]: Dictionarium Domesticum. London 1736.

Barrow 1749 = John Barrow: Dictionarium medicum universale: or, a New Medical Dictionary. London 1749.

Blancardus 1679 = Steven Blankaart: Stephani Blancardi Lexicon medicum graeco-latinum. Amsterdam 1679. Also 1717 (Lexicon medicum renovatum).

Blankaart 1684 = Steven Blankaart: A Physical Dictionary; in which all the Terms relating either to Anatomy, Chirurgery, etc. [...] are very accurately Explain'd. London 1684.

Blanckley 1750 = Thomas Blanckley: A Naval Expositor, shewing and explaining the words and terms of art belonging to [...] rigging, furnishing, & fitting out a ship for sea. London 1750.

Blount 1670 = Thomas Blount: Nomolexicon: a Law Dictionary. London 1670.

Bradley 1728 = Richard Bradley: Dictionarium Botanicum, or a Botanical Dictionary for the Use of the Curious in Husbandry and Gardening. London 1728.

Builder's Dictionary 1734 = The Builder's Dictionary; or, Gentleman's and Architect's Companion. London 1734.

Bulkeley 1588 = Edward Bulkeley: An Answere to Ten Friuolous and Foolish Reasons. London 1588.

Chambers 1728 = Ephraim Chambers: Cyclopaedia: or, an Universal Dictionary of Arts and Sciences. London 1728.

Complete Farmer 1769 = The Complete Farmer: or, a General Dictionary of Husbandry, in all its Branches [...]. By a Society of Gentlemen. 2nd ed. London 1769.

Cowell 1607 = John Cowell: The Interpreter: or Booke Containing the Signification of Words. London 1607. Also 1672 (Nomothetes, rev. Thomas Manley), 1701 (rev. White Kennett).

Cunningham 1764 = Timothy Cunningham: A New and Complete Law-Dictionary. London 1764.

[Defoe] 1723 = [Daniel Defoe]: Dictionarium Sacrum seu Religiosum. A Dictionary of all Religions, Ancient and Modern. 2nd ed. London 1723.

Evelyn 1664 = John Evelyn: Sylva, or, a Discourse of Forest Trees. London 1664.

Falconer 1769 = William Falconer: An Universal Dictionary of the Marine. London 1769.

Gerard 1597 = John Gerard: The Herball or General Historie of Plantes. London 1597.

Harris 1704 = John Harris: Lexicon Technicum: Or, An Universal Dictionary of Arts and Sciences: Explaining not only the Terms of Art, But the Arts themselves. London 1704.

Hooper 1798 = Robert Hooper: A Compendious Medical Dictionary, containing an Explanation of the Terms of Anatomy, etc. London 1798.

Howell 1660 = James Howell: Lexicon Tetraglotton. London 1660.

Hunter 1796 = James Hunter: A Complete Dictionary of Farriery and Horsemanship. London 1796.

Jacob 1729 = Giles Jacob: A New Law Dictionary, explaining the Rise, Progress and Present State of the English Law. London 1729 (also 9th ed. 1772).

James 1743 = Robert James: A Medicinal Dictionary, including Physic, Surgery, Anatomy, etc. London 1743.

Johnson 1755 = Samuel Johnson: A Dictionary of the English Language. London 1755.

Junius 1585 = Adrianus Junius: The Nomenclator, or Remembrancer of Adrianus Junius [...] now [written] in English, by Iohn Higins. London 1585.

Manwayring 1644 = Sir Henry Manwayring: The Sea-mans Dictionary: or, an Exposition and Demonstration of all the Parts and Things belonging to a Shippe. London 1644.

Martin 1600 = Gregory Martin: The New Testament of Iesus Christ faithfully translated into English. Antwerp 1600.

Martyn 1793 = Thomas Martyn: The Language of Botany; being a Dictionary of the Terms made use of in that Science. London 1793.

Military Dictionary 1702 = A Military Dictionary; explaining all difficult Terms in Martial Discipline, Fortification, and Gunnery. London 1702.

Miller 1731–39 = Philip Miller: The Gardener's Dictionary. 2 vols. London 1731–39.

Moxon 1679 = Joseph Moxon: Mathematics made easie: or, a Mathematical Dictionary, explaining the Terms used in [...] Mathematical Sciences. London 1679.

New Military Dictionary 1760 = A New Military Dictionary; or, the Field of War. London 1760.

Phillips 1706 = Edward Phillips: The New World of Words; or, Universal English Dictionary [...] The Sixth Edition. Revised, Corrected, and Improved [...] by J[ohn] K[ersey]. London 1706.

Quincy 1719 = John Quincy: Lexicon Physico-Medicum; or, A New Physical Dictionary, explaining all the Difficult Terms used in the several Branches of the Profession. London 1719 (also 8th ed. 1767).

Raphson 1702 = Joseph Raphson: A Mathematical Dictionary; or, a Compendious Explication of all Mathematical Terms. London 1702.

Rastell 1525 = John Rastell: Exposiciones terminorum legum anglorum. London 1525, 1527. Also 1579 (An Exposition of certaine Difficult and Obscure Wordes and Termes of the Lawes of this Realme), 1624, 1685 (Les Termes de la Ley).

Skene 1597 = Sir John Skene: De verborum significatione. The Exposition of the Termes and Difficill Wordes [...] vsed in the practicque of this Realme. Edinburgh 1597.

Smith 1627 = John Smith: A Sea Grammar. London 1627 (also 1653, 1692).

Turner 1551 = William Turner: A new Herball, wherin are conteyned the names of Herbes in Greke, Latin, English, Duch, Frenche, and in the Potecaries and Herbiaries Latin. London 1551.

Turton 1797 = William Turton: A Medical Glossary; in which the Words in the various Branches of Medicine are deduced from their original Languages, and Explained. London 1797.

Wallis 1759 = Thomas Wallis: The Farrier's and Horseman's Complete Dictionary. London 1759.

Wilson 1612 = Thomas Wilson: A Christian Dictionarie, Opening the signification of the chiefe wordes dispersed generally through Holie Scriptures. London 1612.

Withals 1553 = John Withals: A shorte Dictionarie for yonge begynners. London 1553.

Worlidge 1668 = John Worlidge: Systema Agriculturae: The Mystery of Husbandry Discovered. London 1668 (2nd ed. 1687).

[Worlidge] 1704 = [John Worlidge]: Dictionarium Rusticum & Urbanicum: Or, A Dictionary Of all Sorts of Country Affairs, Handicraft, Trading, and Merchandizing. London 1704 (2nd ed. 1717, 3rd ed. 1726).

7.2. Other publications

Bately 1967 = Janet Bately: Ray, Worlidge, and Kersey's Revision of The New World of English Words. In: Anglia 85. 1967, 1–14.

Hüllen 1994a = Werner Hüllen (ed.): The world in a list of words. Tübingen 1994 (Lexicographica. Series Maier 58).

Hüllen 1994b = Werner Hüllen: Von Kopf bis Fuß. Das Vokabular zur Bezeichnung des menschlichen Körpers in zwei onomasiologischen Wörterbüchern des 16. und 17. Jahrhunderts. In: Hüllen 1994a, 105–121.

Jones 1953 = Richard Foster Jones: The triumph of the English language. London 1953.

Sarcevic 1988 = Susan Sarcevic: The challenge of legal lexicography: Implications for bilingual and multilingual dictionaries. In: ZüriLEX '86 Proceedings. Ed. by Mary Snell-Hornby. Tübingen 1988, 307–314.

Schäfer 1989 = Jürgen Schäfer: Early Modern English lexicography. 2 vols. Oxford 1989.

Starnes/Noyes 1946 = DeWitt T. Starnes/Gertrude E. Noyes: The English dictionary from Cawdrey to Johnson. Chapel Hill 1946 (New ed. with an introduction by Gabriele Stein. Amsterdam 1991).

Stein 1985 = Gabriele Stein: The English dictionary before Cawdrey. Tübingen 1985 (Lexicographica. Series Maier 9).

Noel Edward Osselton, Durham

257. The Royal Society and the plain style debate

1. The historical setting
2. Bacon on style
3. The plain style
4. Mathematisation
5. The practice of the plain style and younger repercussions
6. Literature (selected)

1. The historical setting

The 'Royal Society For The Advancement of Experimental Philosophy' is, after the 'Academia della Crusca' (founded 1583) and the 'Academie française' (founded 1635), the third oldest European national academy still in existence. Unlike the two preceding ones, it never succeeded in setting up a clear linguistic programme, although a Society committee for improving the English language was founded in 1664. In a letter to Robert Boyle (December 7th, 1664), John Evelyn proposed as its main tasks the formulation of grammatical rules, the reform of orthography and the compilation of a comprehensive dictionary (Flasdiek 1928, 30–38; Salmon 1979, 191–206; Hunter 1981, 119). But this programme never got off the ground.

Yet the Royal Society has an important role in the advancement of a style which, in a sense at least close to our contemporary understanding, can be called 'scientific'. This is so because, when founded in 1660, i. e. in the year of the Stuart restoration, it focussed the most important intellectual movements of the earlier part of the century. To them belong mainly Bacon's ideas concerning human knowledge, the deliberations of the experimental philosophers, i. e. scientists, of whom the century had a plethora, and the linguistic ideas of the Puritans before and during the interregnum. 'Baconianism' and 'Puritanism' are, of course, two quite heterogeneous elements of the intellectual equipment of the age. The one is devoted to founding a new epistemology for acquiring scientific knowledge, mainly of nature, which is then to be applied for the good of mankind. The other is devoted to explaining God's work in this world which will lead to the millennium, i. e. the thousand years of divine rule in the British Isles. However, both ideas, although heterogeneous in their beginnings and their ends, worked unidirectionally and reinforced each other. Baconian science was welcomed by the Puritans because it could be made instrumental for achieving the great goal of the Puritan revolution, Paradise on earth. As early as 1627, George Hakewill in *An Apologie or Declaration of the Power and Providence of God in the Government of the World* (Hakewill 1627), for example, found God's plan of salvation realised in the closed system of nature which rendered divine intervention unnecessary, and Joseph Mede in *Clavis apocalyptica* [...] (Mede 1627 and later, in 1643 translated into English by order of the Puritan parliament) interpreted the increase of human knowledge as acts of insight into God's providence (Spieckermann 1981). Since the middle of the century, John Hartlib and his circle promoted Baconian schemes in the Puritan spirit (Webster 1975, Greengrass/Leslie/Raylor 1994). Accordingly, the foundation of the Royal Society is today seen as the result of Baconian as well as Puritan tendencies, a view which is corroborated by the fact that people of both camps worked together in it. As regards the topic of style in these matters, all the intellectuals mentioned were united in a universal "wish for clarity" (Hunter 1991, 119), for "[...] a language in which the connections between words and their referents were so secure that man's knowledge could be insured by his discourse" (Clark 1978, 61).

Only seven years after its foundation, Thomas Sprat published the Society's early 'History' (Sprat 1667/1958). The book, written by an author without any reputation as a scientist, is today largely seen not as a historiographically dependable account of the Society's foundation period, but as an apology and as propaganda for its works and its aims (Aarsleff 1982, 225—238). However, even in this capacity and in spite of its oscillation between facts and wishes (Vickers 1985) it is a work of historical interest because it mirrors the self-image of such important members as John Wilkins, Henry Oldenburg, John Evelyn and Robert Boyle, who welcomed it (Oldenburg 1965—1986, 24 November 1664). It contains the passage which, in particular among literary critics (e. g. Spingarn 1908, Müller 1981), was taken as the most pregnant and lucid formulation of the 'plain style':

"They [Society members] have therefore been most rigorous in putting in execution, the only Remedy, that can be found for this extravagance: and that has been, a constant Resolution, to reject all the amplifications, digressions, and swellings of style: to return back to the primitive purity and shortness, when men deliver'd so many things, almost in an equal number of words. They have exacted from all their members, a close, naked, natural way of speaking; positive expressions; clear senses; a native easiness: bringing all things as near the Mathematical plainness, as they can: and preferring the language of Artizans, Countreymen, and Merchants, before that, of Wits, or Scholars." (Sprat 1667/1958, 113).

2. Bacon on style

The heart of the Baconian revolution was the idea that truth does not reside in the general terms which the philosophical tradition provided in remarkable stability, but in the particulars of observation and experiment for which adequate terms had yet to be found. These are the "two ways of searching into and discovering the truth" (Bacon 1963, IV, 50) for which Bacon has become famous in the history of philosophy. But "searching into truth" is not the simple process of looking at things, though it starts in this way. It consists of the almost endless task of collecting facts by experience (Bacon 1963, IV, 23) in 'natural histories', whose comparison and order finally lead to general truths. Bacon erected a pyramid of scientific disciplines (natural history, natural philosophy, physic[s], metaphysic[s]; Bacon 1963, IV, 361—362; see Hüllen 1989, 63—64), which follows the degrees of epistemological certainty (Shapiro 1983). The language to be used must not only be adequate to experience, i. e. (in present-day language) referentially precise in its word-meanings. It must also mirror the degree of certainty with which an item of knowledge lives in the human mind. The latter leads Bacon to give the following piece of advice:

"With regard to the credit of the things which are to be admitted into the [natural] history; they must needs be either certainly true, doubtful whether true or not, or certainly not true. Things of the first kind should be set down simply; things of the second kind with a qualifying note, such as 'it is reported', 'they relate', 'I have heard from a person of credit', and the like." (Bacon 1963, IV, 259—260).

Thus, for Bacon style is a matter of epistemological honesty and to be defined systematically by the locus in which an item of knowledge is placed in the pyramid of scientific disciplines. Obstacles, which Bacon calls 'idols' (Bacon 1963, IV, 27), have to be overcome before this honest and adequate style can be achieved. They are a general love of systematisation instead of trust in what can be observed (idols of the tribe), preoccupied thinking guided by personal experience, custom or accident (idols of the cave), imprecise everyday use of language (idols of the marketplace), and preoccupation with current philosophical schools (idols of the theatre) (Bacon 1963, IV, 55—82; see Hüllen 1989, 40—42, and 1993, 33—35).

Linguistically, Bacon's ideas concerning language and knowledge present themselves as a struggle against the rich Ciceronian style and Elizabethan Latinate rhetoric, including metaphorisation, i. e. against stylistic habits in the wake of continental and insular humanism (Hüllen 1993, 32; Nate 1996). He turns against an attitude where 'words' and 'the composition of sentences' count more than 'matter' (Bacon 1963, III, 283), almost directly echoing Roger Ascham's verdict: "Ye know not, what hurt ye do to learning, that care not for wordes, but for matter, and so make a deuorse betwixt the tong and the hart" (Ascham 1570/1967, 117—118). He also turns against the mixing of languages, i. e. Latin and English, which includes the fact that he looks upon English as fit for expressing everything that need be said in scientific contexts.

However, Bacon does not believe in the "one and only method". He does not want to replace the tyranny of the elaborate style with the tyranny of the plain style. Apart from the adequacy between matter and style, which is a matter of logic, the specific communication situation with individual communicants and its own purposes of language use determine which style has to be used. This is a matter of rhetoric.

"For the proofs and demonstrations of logic are the same to all men; but the proofs and persuasions of rhetoric ought to differ according to the auditors; [...] which application and variety of speech, in perfection of [an!] idea, ought to extend so far, that if a man should speak of the same thing to several persons, he should nevertheless use different words to each of them [...]." (Bacon 1963, IV, 457–458).

3. The plain style

The quoted passage of Sprat's history reads like a resumé of the endeavours by natural philosophers, i. e. scientists, who, during the whole century, wrote in the Baconian spirit. It became a habit of countless authors to state in the opening, or near to the opening, paragraph of their texts that they subscribed to the demands of the new style, plainness and brevity, in the service of factual information. For example, Ralph A. Austen in his *[...] Treatise of Frvit-Trees Shewing the manner of Grafting, Setting, Pruning, and Ordering of them in all respects [...] Togeather with The Spirituall use of an Orchard [...]* (Austen 1653), almost a model text for the combination of Puritan spiritualism and Baconian rationalism, writes:

"I shall set downe all these things as briefly as I can, so that withall I make them plaine to the intelligent Reader [...]; For long and tedious discourses [...] they doe often mislead men so as it is not easie to see the most materiall things concerning their subject, or what they drive at, whereas a breif and plaine discovery of them may better be comprehended, and remembered." (44).

John Ray, the most eminent botanist of the time, says of his own letters, which describe a journey on the continent, that

"[...] upon a deliberate perusal of them I find the Phrase and Language in many places less ornate, and in some scarce congruous. But my main aim having been to render all things perspicuous and intelligible (which I hope I have in some measure effected) I was less attentive to Grammatical and Euphonical niceties." (Ray 1673, 'The Epistle Dedicatory').

And Robert Plot, an active member of the Society, protests in his *[...] Natural History of Stafford-Shire* (1686)

"[...] that I shall make all Relations (as formerly) in a plain familiar Stile, without the Ornaments of Rhetorick, least the matter be obscured by too much illustration; and with all the imaginable brevity that perspicuity will bear [...]." (Plot 1686, 1, also 50).

Such confessions to the plain style almost become a shibboleth for those intellectuals who subscribe to the 'new philosophy'.

The characterisation of the plain style rests mainly on adjectives (or nouns with an adjectival nucleus).

In the texts by scientists quoted so far, we find on the positive side, besides 'plain' which occurs again and again, 'primitive', 'pure', 'short' (and its synonyms), 'close', 'naked', 'natural', 'positive', 'clear', 'native', 'easy', 'familiar', 'perspicuous', 'intelligible'; on the negative side 'amplified', 'digressing', 'swelling', 'long', 'tedious', 'misleading', 'ornamental', 'ornate', 'rhetorical', 'obscure'.

It is remarkable that texts which deal with Puritan pulpit oratory contain the same and very similar adjectives. Note John Wilkins' *Ecclesiastes, or a Discourse Concerning the Gift of Preaching [...]* (Wilkins 1646) and Thomas Hooker's *[...] Survey of the Summe of Church-Discipline [...]* (Hooker 1648).

Here we find on the positive side 'plain', 'natural', 'close', 'full', 'sound', 'wholesome', on the negative side 'darkened', 'affected', 'harsh', 'flourishing', 'garnished', 'flaunting', 'tautological', 'obscure', 'vain', 'tedious' (Wilkins) and on the positive side 'plain', 'perspicuous', 'directing apprehension', 'judicious', 'easy', 'familiar' and on the negative 'dazzling' (Hooker).

The general tendency of these adjectives, which have never been dealt with systematically in historiography, is nevertheless clear. They oppose the complex syntax of the Ciceronian style with its rhythmic rules. They also oppose metaphorical circumscription. They favour direct statements which mirror the scientists' general esteem of observation and experiment. They also favour clear propositions which can be proved or falsified. 'Naked' certainly refers to the topos that style is the dress of thought and that, consequently, the new style should equal a body stripped of its clothes down to the bare truth. Adjectives like 'native', 'clear', 'plain' etc. also have a sociological consequence, reflecting the language use of people who did not have a university training with its preponderance of Latin or Latinate English. They are the "Artizans, Countrymen, and Merchants" Sprat spoke of.

In *Plus Ultra: Or, the Progress and Advancement Of Knowledge [...]* (Glanvill 1668), another book of defence in favour of the Royal Society, Joseph Glanvill points out that the Society's general aim "[...] of making Knowledge practical, and accomodating Mankind in things of Universal benefit [...]" (p. 5) is linked with practical inventions which are a prerequisite for observations and experiments. He mentions the microscope, the telescope, thermometer, barometer and the airpump. Furthermore, he mentions practical achievements in optics, geography and medicine. This explains which people Sprat is actually thinking of. Moreover, the world of technical instruments, of farming, and of trading across the sea (artisans, countrymen, and merchant-sailors) were the three domains which the general improvement of life in Britain mostly depended on. There was also a considerable non-academic literature devoted to these topics with its own practical language.

4. Mathematisation

The extreme consequence of the new stylistic ideal was the mathematisation of language. If achieved, it would realise the general idea of the unambiguous, direct and therefore objective and natural expression of propositions.

Galileo and Kepler had introduced the concept that knowledge of nature, as one of the books that God gave to mankind, was to be mathematical knowledge (de Grazia 1980). For Bacon, mathematics was not a discipline in its own right but the optimal method to be applied to all sciences. "For it is works we are in pursuit of, not speculations; and practical working comes of the due combination of physics and mathematics." (Bacon 1963, IV, 259). With Vietà, Descartes and Leibniz the age produced ingenious mathematicians. Spinoza and Hobbes introduced geometrical ideas to their philosophies. Linguistic expressions in the mathematical manner were, thus, not only the logical consequence of stylistic deliberations, they were also in accord with the general spirit of the age. Sprat's demand for "Mathematical plainness" was (in modern terminology) a demand for semantic precision which avoided polysemy as well as synonymy and excluded all redundancy from natural languages. In his *Cutlerian Lectures* (Hooke 1705), Robert Hooke propagated the use of "[...] Geometrical Algebra, the expressing of many and very complex Quantities by a few obvious and plain Symbols" (Hooke 1705, 64) in natural history, thus introducing to natural language Vietà's seminal idea of representing quantities in algebra by letters. Of course, we know today why Robert Hooke was never able to realise his own plan.

The men who came nearest to the idea of the perfect fit between the linguistic sign and the reality of references were the authors of the so-called universal languages, among them Cave Beck, George Dalgarno, Francis Lodewick and John Wilkins (Knowlson 1975; Large 1985; Salmon 1972; 1979; Cram 1980; 1985; Hüllen 1989; 1995; Subbiondo 1992). Their planned languages were artificial semiotic systems which presupposed a comprehensive *a priori* survey of notions and objects (the semantic component), a universally valid grammar (the syntactic component) and signs (at first only graphic, but then also phonic) which could express both components in a universally comprehensible way (Hüllen 1995). John Wilkins elaborated all this in his classic *Essay* (Wilkins 1668). In fact, the universal language movement, of which he is the outstanding representative, was not part of the plain style movement at all, rather it was part of the quest for a perfect language, at first searched for among the sacred languages, then among the national languages of Europe (Eco 1993, Hüllen 1996). This is why it had devotees on the continent (Athanasius Kircher, Johann Joachim Becher, Marin Mersenne, René Descartes, and others) as well as on the British Isles (Strasser 1988). But it conformed to the stylistic reforms there, being a kind of artificial counterpart to the natural plain style idea. And it also tied in with the new scientific movement in that their results were meant to be spread through the whole world with the help of a universally comprehensible language.

John Wilkins and the other authors of universal languages aimed at healing the curse of Babel with their projects. Conversely we find the idea that the plain style, as defined by Bacon and others, actually meant a return to stylistic principles as they prevailed at the beginning. Thomas Sprat maintains that the members of the Royal Society plan "[...] *to return back* (my italics, W. H.) to the primitive purity, and shortness, when men deliver'd so many things, almost in an equal number of words" (Sprat 1667/1958, 113). Obviously, the mathematical ideal of style is to restore pre-Babelian means of expression.

5. The practice of the plain style and younger repercussions

The impetus of the plain language idea carried very far. It became the model of the natural sciences in the following centuries, and nobody who played a role in them could refrain from using it. In particular the demand for epistemological honesty became generally accepted. Scientists started being very particular about the certainty or only the probability of what they had to say. The history of this stylistic habit, which mirrors a mental attitude towards scientific truth, has yet to be written. Two examples on the long path from the 17th century to the present must suffice.

In *A Proemial Essay* (written as a dialogue), which gives rules for the better understanding of his experimental essays, Robert Boyle speaks of the necessity for perspicuity and the needlessness of rhetorical ornaments and then leads over to the problem of certainty:

"Perhaps you will wonder, Pyrophilus, that in almost every one of the following essays I should speak so doubtingly, and use so often, 'perhaps', 'it seems', 'its is not improbable', and such other expressions, as argue a diffidence of the truth of the opinion I incline to, and that I should be so shy of laying down principles, and sometimes of so much as venturing at explications." (Boyle 1772/1965, I, 305).

For Boyle, the matter is important enough to add this general advice:

"[...] I would beseech my readers, not to look upon any thing as my opinion or assertion, that is not delivered in the entire series of my own words; lest a transcriber should make me deliver those things resolutely and dogmatically, which I deliver but hesitantly and conjecturally [...]." (Boyle 1772/1965, I, 314).

Charles Darwin is a good case in the 19th century. Note the subtle way in which the degrees of scientific certainty are differentiated, in fact in each sentence of one paragraph of his *Origin of Species* (all italics mine, W. H.):

"Many of our orchidaceous plants *absolutely require* the visits of moths to remove their pollen masses and thus to fertilize them. *I have, also, reason to believe* that humble-bees are indispensible to the fertilization of the heartsease (Viola tricolor), for other bees do not visit this flower. *From experiments which I have tried, I have found* that the visits of bees, if not indispensible, are at least highly beneficial to the fertilization of clovers [...]. Hence *I have very little doubt*, that if the whole genus of humble-bees became extinct or very rare in England, the heartsease and red clover would become very rare, or wholly disappear. The number of humble-bees in any district *depends* in a great degree on the number of field mice, which destroy their combs and nests; and *Mr H. Newman, who has long attended to the habits of humble-bees, believes* that 'more then two thirds of them are thus destroyed all over England'. Now the number of mice is largely dependent, *as everyone knows*, on the number of cats; and *Mr Newman says* [...]. Hence *it is quite credible* that the presence of a feline animal in large numbers in a district might determine [...] the frequency of certain flowers in that district!" (Darwin 1859/1988, XV, 54/55).

If there is something like national styles in scientific language (Gläser 1995), English is certainly characterised by those hedges which modulate the personal involvement of the speaker or writer. Even if using such hedges has become a habit without reflection nowadays, it very probably had its origin in the 17th century.

At that time, the weight of stylistic postulates lay on lexis. It was the precision of word-meanings that counted most. The simplification of syntax, seen against the model of Ciceronian elaborateness, served more the general intelligibility of utterances than any theoretical postulate. An exception to this is the theoretical underpinning of the universal languages, because their grammatical component was supposed to be a model of universal grammar, mirroring universal laws of thinking (Clark 1978). Indeed, John Wilkins' *Essay* contains the first full-grown sketch of a general grammar previous but comparable to Port Royal. But much of the later grammatical discussions about normative grammar, for example Priestley and Lowth, can also be seen in the light of the plain style debate in which language was now allocated the task of following the concepts of the mind syntactically as closely as possible.

Finally, the plain style debate broadened into a general movement of linguistic education. The nature of the English language, being a huge blend of Latin and Germanic elements, has always opened up the alternative of two stylistic paths for language users, one for those versed in Latinised ways, one for those who adhered to the Germanic elements. The origin of this rift through the one language, splitting at least its vocabulary in two, has been explained in great detail and so have the consequences for language use (e. g. Grove 1949; Leisi 1955). The controversy over so-called 'hard' words has also been treated extensively. The debate on whether Latin rules are alien to English or a useful completion is even older than the plain style debate, which however took sides in it by favouring the Germanic side, without calling it so.

In 1948 Sir Ernest Gowers published his book *Plain Words* as a help for civil servants of the ministries. In its many re-editions and reprints, eventually under the title *The Complete Plain Words* (Gowers 1954), it has become something like a national language guide. Many of its stylistic rules simply echo the early characterisations of the plain style. Besides Sir Ernest Gowers, authors like Arthur Quiller-Couch and H. W. Fowler have propagated similar stylistic programmes. Gowers (1954, 55) quotes Fowler:

"Anyone who wishes to become a good writer should endeavour, before he allows himself to be tempted by more showy qualities, to be direct, simple, brief, vigorous and lucid. [...] This general principle may be translated into general rules in the domain of vocabulary as follows: Prefer the familiar word to the far fetched. Prefer the concrete word to the abstract. Prefer the single word to the circumlocution. Prefer the short word to the long. Prefer the Saxon word to the Romance."

In his lectures *On the Art of Writing*, Arthur Qiller-Couch had already demanded that writing be 'accurate', 'perspicuous', 'persuasive' and 'appropiate' (Couch 1916, 36 and passim).

In his widely used *[...] Dictionary of Modern English Usage* (Fowler 1926, but re-edited and reprinted many times) Fowler discussed these problems in many articles with the clearly discernible aim of not going to any extreme, but also clearly favouring the plain word and sentence which is intelligible to everybody. For the present-day native speaker of English, Fowler is outmoded. But the problem is still there and surfaces, for example, in the popular 'language corners' of serious newspapers, which regularly attract readers and letter writers.

6. Literature (selected)

Aarsleff 1982 = Hans Aarsleff: From Locke to Saussure. Essays on the study of language and intellectual history. London 1982.

Ascham 1570 = Roger Ascham: The Scholemaster Or plaine and perfite way of teachyng children to understand, write, and speake, in Latin tong [...] London [...] 1570 (Reprint: Menston 1967).

Austen 1653 = R[alph] A. Austen: Frvit-Trees Shewing the manner of Grafting, Setting, Pruning, and Ordering of them in all respects [...] Togeather with The Spirituall use of an Orchard: [...] Oxford [...] 1653.

Bacon 1963 = The works of Francis Bacon. Collected and ed. by J. Spedding, R. L. Ellis and D. D. Heath. 14 vols. London 1857–1874 (Reprint: Stuttgart 1963).

Boyle 1772 = Robert Boyle: The works of the Honourable [...] in six volumes. [...] London 1772 (Reprint: Hildesheim 1965).

Clark 1978 = Michael Clark: "The word of God and the language of Man: Puritan semiotics and the theological and the scientific 'plain styles' of the seventeenth century". Semiotic Scene 2. 1978, 61–90.

Couch 1916 = Sir Arthur Quiller-Couch: On the art of writing. Cambridge 1916. (2nd ed. 1950).

Cram 1980 = David Cram: "George Dalgarno on 'Ars signorum' and Wilkins' 'Essay'." In: Progress in linguistic historiography. Ed. by Konrad Koerner. Amsterdam 1980, 113–121.

Cram 1985 = David Cram: "Language universals and 17th-century universal language schemes." In: Rekonstruktion und Interpretation. Problemgeschichtliche Studien zur Sprachtheorie von Ockham bis Humboldt. Münster 1985, 243–258.

Darwin 1859 = Charles Darwin: On the origin of species. 1859. The works of Charles Darwin. Ed. by Paul H. Barret and R. B. Freeman. Vol. 15. London 1988.

Eco 1993 = Umberto Eco: La ricerca della lingua perfetta nella cultura europea. Rom. Bari 1993.

Flasdieck 1928 = Hermann M. Flasdiek: Der Gedanke einer englischen Sprachakademie in Vergangenheit und Gegenwart. Jena 1928.

Fowler 1926 = H. W. Fowler: A dictionary of modern English usage. Oxford 1926 (many re-issues).

Glanvill 1668 = Joseph Glanvill: Plus Ultra: Or, Progress and Advancement Of Knowledge Since the Days of Aristotle [...] London [...] 1668.

Gläser 1995 = Rosemarie Gläser: "Wissenschaftliche Stile im Englischen und im Deutschen." In: Handbuch Englisch als Fremdsprache (HEF). Ed. by Rüdiger Ahrens, Wolf-Dietrich Bald and Werner Hüllen. Berlin 1995, 168–171.

Gowers 1948 = Sir Ernest Gowers: Plain words. London 1948 (many re-issues).

Gowers 1954 = Sir Ernest Gowers: The complete plain words. London 1954.

Grazia, de 1980 = Margareta de Grazia: "The secularisation of language in the seventeenth century". Journal of the History of Ideas 41. 1980, 319–329.

Greengrass/Leslie/Raylor 1994 = Mark Greengrass/ Michael Leslie/Timothy Raylor (eds.): Samuel Hartlib and Universal Reformation. Studies in Intellectual Communication. Cambridge 1994.

Grove 1949 = Victor Grove: The language bar. London 1949.

Hakewill 1627 = George Hakewill: An Apology or Declaration of the Power and Providence of God in the Government of the World [...] Oxford [...] 1627.

Hooke 1705 = Robert Hooke: The Posthumous Work [...]. Publish'd by Richard Waller [...] London [...] 1705.

Hooker 1648 = Thomas Hooker: A Survey of the Summe of Church-Discipline [...] London 1648.

Hüllen 1989 = Werner Hüllen: 'Their manner of discourse'. Nachdenken über Sprache im Umkreis der Royal Society. Tübingen 1989.

Hüllen 1993 = Werner Hüllen: "Der komplexe Hintergrund des einfachen Stils." In: Geschichte der Sprachtheorie. Ed. by Ulrich Hoinkes. Münstersches Logbuch zur Linguistik 4. 1993 31–46.

Hüllen 1995 = Werner Hüllen: "Die semantische Komponente der Universalsprache von John Wilkins." In: Panorama der lexikalischen Semantik. Thematische Festschrift aus Anlaß des 60. Geburtstags von Horst Geckeler. Ed. by Ulrich Hoinkes. Tübingen 1995, 329–346.

Hunter 1981 = Michael Hunter: Science and society in Restoration England, Cambridge 1981.

Knowlson 1975 = James Knowlson: Universal language schemes in England and France. Toronto. Buffalo 1975.

Large 1985 = J. Andrew Large: The artificial language movement. Oxford 1985.

Leisi 1955 = Ernst Leisi: Das heutige Englisch. Wesenszüge und Probleme. Heidelberg 1955 (several re-issues).

Mede 1627 = Joseph Mede: Clavis apocalyptica ex innatis et insitis visionum characteribus erute et demonstrata [...] [s. l.] 1643.

Mede 1643 = Joseph Mede: The Key of the Revelation searched and demonstrated [...] London [...] 1643.

Müller 1981 = Wolfgang C. Müller: Topik des Stilbegriffs. Zur Geschichte des Stilverständnisses von der Antike bis zur Gegenwart. Darmstadt 1981.

Nate 1996 = Richard Nate: "Rhetorik und der Diskurs der Naturwissenschaften." In: Die Aktualität der Rhetorik. Ed. by Heinrich F. Plett. München 1996, 102–119.

Oldenburg 1965–1986 = The correspondence of Henry Oldenburg. Ed. and transl. by A. Rupert Hall/Mary B. Hall. Madison. Milwaukee 1965– 1974; London 1975; London. Philadelphia 1986 (13 vols.).

Plot 1686 = Robert Plot: The Natural History of Stafford-Shire. [...] Oxford [...] 1686.

Ray 1673 = John Ray: Observations Topographical, Moral & Physiological; Made in a Journey Through part of the Low-Countries, Germany, Italy, and France: [...] London [...] 1673.

Salmon 1972 = Vivian Salmon: The works of Francis Lodwick. London 1972.

Salmon 1979 = Vivian Salmon: The study of language in 17th-century England. Amsterdam 1979 (Studies in the history of linguistics 17).

Shapiro 1983 = Barbara J. Shapiro: Probability and certainty in 17th-century England. A study of the relationships between natural science, religion, history, law and literature. Princeton 1983.

Spieckermann 1981 = Marie-Luise Spieckermann: William Wottons 'Reflections upon Ancient and modern Learning' im Kontext der englischen 'Querelle des anciens et des modernes'. Frankfurt 1981 (Europäische Hochschulschriften III, 152).

Spingarn 1908 = Joel E. Spingarn: Critical essays of the 17th century. 3 vols. Oxford 1908. (Reprint: Bloomington. London 1968. 3rd ed.)

Sprat 1667/1958 = Thomas Sprat: The History Of The Royal Society Of London, For The Improving Of Natural Knowledge. London [...] 1667. Reprint ed. by Jackson I. Cope and Harold W. Jones, St. Louis, MO 1958. (Third printing 1966).

Strasser 1988 = Gerhard F. Strasser: Lingua Universalis. Kryptologie und Theorie der Universalsprachen im 16. und 17. Jahrhundert. Wiesbaden 1988.

Subbiondo 1992 = Joseph L. Subbiondo (ed.): John Wilkins and the 17th-century British linguistics. Amsterdam 1992.

Vickers 1985 = Brian Vickers: "The Royal Society and English prose style: A reassessment." In: Rhetoric and the pursuit of truth. Language change in the 17th and 18th centuries. Ed. by Brian Vickers and Nancy S. Struever. Los Angeles 1985, 1–76.

Webster 1975 = Charles Webster: The great instauration. Medicine and reform 1626–1660. London 1975.

Wilkins 1646 = John Wilkins: Ecclesiastes, Or, A Discourse concerning the Gift Of Preaching as it falls under the rules of Art [...] London [...] 1646.

Wilkins 1668 = John Wilkins: An Essay Towards a Real Character, And a Philosophical Language. [...] London [...] 1668.

Werner Hüllen, Essen

258. The special language of anatomy in England from the Middle Ages to the 18th century

1. Introduction
2. Agreed knowledge
3. Precision and extent of vocabulary
4. Languages of groups
5. Harvey and change in a special language
6. Literature (selected)

1. Introduction

In this article 'anatomy' is taken in its historical sense. That is, it was only during the eighteenth century that 'anatomy' came to mean primarily the morphology of structure: before that its meaning included the function of the parts, conceived in an elaborate way in accordance with natural-philosophical modes of knowledge.

The 'special language' of medicine in general and anatomy in particular had a number of roles. The *first* was that the use of Latin and terminology derived from Greek gave its English user access to a Europe-wide body of knowledge that was agreed by learned men and was more precise than the English vernacular. *Second*, the special language of anatomy and medicine gave status to its user. Latin was the language of the learned and the learned were those able to afford an education. *Third*, the medical men tried to preserve the exclusivity of their knowledge by refusing to publish in the vernacular. When Helkiah Crooke (1576–1635) wanted to publish an illustrated anatomy text in English in 1614 the College of Physicians attempted to suppress it. *Fourth*, Latin and English had different roles in relation to the natural-philosophical framework in which anatomy was discussed.

2. Agreed knowledge

We have to distinguish at once between different groups of people who discussed parts of the body. The English vernacular was used in a specialised way by butchers for example, simply because they had a detailed knowledge of the insides of animals. Anyone capable of writing, however, belonged to another intellectual world, where the model was Latin learning. Those who wanted (generally for religious or political reasons) to write in English for the benefit of their countrymen drew their knowledge from European Latin literature. Such authors sometimes drew on extant English terms and sometimes on recent neologisms coined from the Latin. An example is *pannicle*, used by Thomas Vicary (Henry VIII's surgeon, d. 1561) in place of the Latin *membrana*, but derived from a Latin diminutive. (Vicary 1641)

It was partly the case that the vernacular was not as precise or extensive as the Latin. It served perfectly adequately for its purposes, but it was not equal to the task of translating the very specialised business of anatomy within Western medicine. Galen, the second-century Greek doctor in Rome, had made a great name for himself by spectacular public displays of vivisection and had worked anatomy up to a kind of philosophical natural theology. (May 1968) For him structure and function were indissoluble parts of anatomy, and it was anatomy in this sense that impressed the men of Medieval and Renaissance England tremendously. But this anatomy was natural-philosophical and not that of the surgeon and butcher. It was far more detailed than was necessary for medical purposes (its point was to demonstrate the wisdom of the Creator) and so supplied a wider range of terms than the vernacular. Because it included function as well as structure, its terms carried more meaning, of a philosophical nature, than the vernacular terms. For example, Englishmen knew about blood vessels of course, and called them generally *veins*. The term parallels ordinary anatomical terms in other languages. But late Greek medical theory asserted that some 'blood' vessels were radically different from others in carrying also air: they were (in modern terminology) 'arteries'. Most vernaculars, like English and Arabic, had no native term for 'artery' and had to employ a term equivalent to 'pulsating vein' or *vena pulsatilis* in the Latin translations of Arabic sources. *Artery* came into Middle English ultimately from the Greek in more sophisticated Latin translations of Greek texts, as a word carrying the meaning of an air-carrying and pulsating 'vein'. Vicary (1641) calls them *arteirs*.

The lack of technical terms in the vernacular could be a barrier in understanding specialised texts and so encouraged the development of a special language. To continue with the example of 'arteries', we see that in Galenic medical theory what we call the *pulmonary vein* was an artery (because it was thought to carry air) but it did not pulsate (because its contents were thought to be moved by the motions of the chest). It also looked like a vein because it had only one tunic (to enable it to be compressed by the chest). Galen accordingly called it 'the venous artery'. In languages like Arabic without a native word for 'artery', this meaning could only be maintained by some complex circumlocution like 'the pulsatile vein that does not pulsate and looks like a non-pulsatile vein'. (French 1979.) This was generally avoided in Latin by taking Galen's term from the Greek and calling it the *arteria venalis*. This is what Vicary (1641) does, in adopting a special language and not attempting to find a native English term or a neologism.

Vicary's case is instructive. A surgeon writing for surgeons, he used English because his audience had little Latin. He contrived to find names for most of the parts of the body in English, but his discussion is structured on the basic principles of Greek theory. Thus he begins by listing the 'similar' parts of the body, that is, those that are homogeneous in structure and will not resolve into different components upon division, such as fat, bone and the subtance of nerves. He divides them conventionally into 'spermatic' and 'sanguine' (on account of their supposed origin) and into the usual qualitative categories (hot, dry, moist and cold). This is followed by a discussion of the 'compound' parts, or organs (such as the hand or the stomach), made up from the similar parts. Dealing with the names of the parts, Vicary characteristically uses couplets to help make his meaning clear. Thus he uses *cartilage* and *gristle* as equivalent, but the technical meaning is all from the first part of the couplet ('cartilage' is simple, spermatic, insensitive, cold, dry and has a list of five formal uses). Vicary knew that *gristle* was, for an Englishman who was not yet a surgeon, what spoiled an otherwise tender piece of meat (it is an Old English word). The same may be said of fat, *fatteness*. But here there were no alternative vernacular terms for Vicary to use in reporting the distinctions made by the anatomists and Vicary had to use the Latin terms *pinguedo*, *adeppes* and *auxingia* (his spelling is eccentric). The distinction belongs purely to the theory about how 'fat' is made in the body, which is absent from the connotations of *fatteness*.

3. Precision and extent of vocabulary

Thus the *precision* of the Latin was derived partly from the fact that it borrowed a great deal of elaborate Greek medical theory. It was a condition of this 'precision' that Greek medical theory was accepted first within Latin culture and second in England. Latinized Galenism had been dominant in the universities since the thirteenth century; and it served the physicians' professional image down to the seventeenth century that their anatomical knowledge remained elaborate. Although public dissections were less frequent in England than in Italy, these public 'anatomies' were a demonstration of the anatomical rationality on which the physicians' status depended. (French 1994.) Likewise the extent of Latin anatomical vocabulary was maintained partly by similar social forces. As a technical and specialised language it carried most weight with those not wholly familiar with it. The learned doctor extended a basic Latin vocabulary with terms derived directly from the Greek by Hellenists like Linacre (?1460–1524) and from the Latin translations of Arabic works. It is a general principle that in making such translations the translator often found in the recipient language no exact counterpart of the donor term, which was accordingly merely transliterated. Further scholarship often gave a meaning to the transcribed term, but it was rarely replaced. The result was that a single part of the body, in the original Greek, attracted near-synonyms as the Arabic and Latin translators struggled with unfamiliar terms. The tendency of scholastic authors was by distinction and refinement to suggest that each of the terms actually represented a different part of the body. What Galen had called (in Greek) a 'fleshy membrane' of the abdominal cavity became fixed in Latin translation as *panniculus carnosus* and through the Arabic by transliteration as *mirach* or *siphac*, thus apparently representing two or three different structures. (Berengario 1521)

Something similar can be said of fibrous structures in the body. Latin and Greek have terms to express the idea of such a thing: the Latin *nervus* originally meant 'thread' or something similar. But when the Alexandrians discovered that some threads controlled the motions of the body and others carried sensation, a new name was needed or old words had to be used in new ways: a special language was being formed. In technical, medical, Latin, *nervus* came to be used for the motor and sensory threads (i. e. 'nerves'), but in less anatomically sophisticated languages the choice of a vernacular term meaning 'thread' in general to translate *nervus* often led to ambiguity. Vicary exemplifies this. His term *sinew* is the Old English word for the fibrous parts that give strength to the body. But he uses it for 'nerve', dividing the category into *nerves sensative* and *nerves motive*, arising in pairs from the brain and spinal column. Nor does Vicary follow the best anatomical opinion in his account of tendons. He uses a couplet, *corde or tendon* to enlarge a vernacular meaning by the use of a term of Greek-Latin descent, but he has misread his technical sources. For him a *corde* is a mixture of *sinewes* (in our sense of 'nerve') and *ligament* (a term adopted from the Latin into Middle English).

The use of couplets is a characteristic device of texts of introduction where part of the knowledge being imparted comes from a vernacular term with its own set of connotations and a technical term with a different set. *Corde or tendon* tells the English reader something about the cord-like properties of tendons, and Vicary teaches the reader of the technical properties of tendons. The same is true of *a Brawne or a Muskle*, which in Vicary's account is a mixture of flesh and *corde*. 'Brawn' is a Middle English word meaning 'animal flesh' and especially that of the boar. Like 'gristle' it says more about the table than about anatomy and it specifies a mode of preparation as well as the food itself. But 'muscle', Vicary's *Muskle*, entered the vernacular language perhaps during Vicary's lifetime as a technical term adopted from the Latin *musculus*. By then the Latin anatomical literature was full of details about the action and nature of muscles and Vicary's couplet draws in its meaning from two sources.

But the story of muscle does not end there. The older term in English is 'flesh', again with a culinary resonance. But *flesh*, like terms signifying 'threads', was in general use for the soft parts of the body (and predominantly what we call 'muscle') before it was known that some of those soft parts contracted and moved the bones. They did so indeed under the control of those *nervi* that were found to be 'motor'. So the term 'muscle' meant a special sort of 'flesh'; but the survival of the older term leads Vicary to distinguish *simple flesh* from *brawn*. Indeed for him 'brawn' is simple flesh permeated with threads of *corde*.

In other words, just as the new names that were generated for a part of the body, as texts went through several languages, led to attempts to find new parts to match the names, so the specialised use of a general term led to a need to make distinctions about the nature of the anatomical part it represented. Vicary has three kinds of flesh, the 'soft and pure', the brawny, or muscle, and the glandular, *knotty or kurnelly*.

Besides using couplets to explain his terms, the English anatomist could Anglify Latin technical terms. Certain Latin words invite this treatment, usually on the model of older examples. Vicary uses *commissaries* as the equivalent of the Latin *commissurae* for the sutures of the skull. He also has a couplet, *commissaries, or seames*. Where he has *will* for the fine threads of the *corde* in muscle it may be an Anglification of the Latin *villi*, 'hairs'; but it did not prove to be a popular word. Vicary's *bazillarie* bone is modified from the Latin *basilaris*, and the other bones of the skull receive a similar treatment (except the *noddle*, the English name for the back of the head).

4. Languages of groups

We can note how the special language, based on Latin, was exclusive and monopolistic. University-trained physicians did their best to maintain their position at the top of the professional medical hierarchy. They did so by persuading the law-makers that the kind of medicine taught in the universities was the best possible, and that they, the university-trained doctors, should be in charge of the whole medical profession. They claimed that their medical knowledge encompassed that of the apothecary and surgeon and that they, the doctors, should have jurisdiction over these other branches of medical practice. They succeeded only in London, where the College of Physicians emerged primarily as a body advising the Church on who should be licensed.

The physicians succeeded in this by emphasising two things, the rationality and the learning of their training. The rationality was of an anatomical kind, that is, that they claimed to understand how the body was made, how it worked and how it went wrong. Their public anatomies were demonstrations of this rationality.

Anatomical rationality and its significance for the public image of the physician was defended by a special language. The physicians knew how to pitch their language at a level always just above the head of the listener. Their educated patients could read medical texts and the doctor who wanted to make a good impression had to draw on the finer points of his own university education. Less well educated patients were dazzled by simpler technical language. Medieval books on how to behave as a doctor are blunt: 'Say something like "The liver is blocked"; and always use this word 'blocked' [*oppilatio*] because it impresses.' (Zerbi 1528)

But the special language of anatomical rationality depended on the group who spoke it. We have seen that the Tudor royal surgeon Vicary was addressing potential surgeons and who consequently borrowed material from the Latin anatomies for use in the vernacular. An educated non-medical man like Sir Thomas Elyot (?1490–1546) translated medical works from the Latin into English in a spirit of nationalism and humanism to provide his countrymen with a guide to their own health. (His own *Castell of Helth* appeared in 1534.) Religious reformers sometimes compared the priest's monopoly of interpreting the Latin Vulgate with the doctor's monopoly of Latin medical texts and internal medicine. While Paracelsians argued that the Latin texts were unnecessary, Culpeper (1616–1654) in the early seventeenth century made English translations of ancient medical works for the benefit of his fellow-countrymen. Few reformers or Puritans in England had much time for traditional anatomical rationality, because as authority in medicine it seemed too close to the authority of the Catholic Church's interpretative role in relation to the scriptures: to Puritans it seemed unreformed. Doctors were traditionally conservative and maintained by statute that a knowledge of anatomy, of Galen, and of Latin were pre-requisites for entering the College of Physicians. English humanists and Hellenists (like Caius (1510–1573) and Linacre) cut through the whole problem of complex anatomical terminology, with its names of parts from Greek, Latin and Arabic, by deciding that all anatomy was a Greek business and that everything else, because barbaric, was false. Special languages were different for different groups.

5. Harvey and change in a special language

A particular case that illustrates the relationship between Latin and the vernacular is that of William Harvey (1578–1657). He wrote his published works in Latin, for a number of reasons. He wanted a wide, European audience. He wanted to be read by men who had shared a philosophical and medical background with himself (he had been educated in Cambridge and Padua). Above all, he was writing in a language in which all serious natural-philosophical and medical work was done. The vernacular simply could not carry the meaning or the power to persuade that was possessed by the Latin and the way it was structured in academic discourse.

But when Harvey made notes on anatomical topics for his lectures (beginning in 1616) or published works, he sometimes used English. (Whitteridge 1964) This was not for the purpose of making a translation later on, for even the most casual of the notes he made to himself are generally in Latin. What made Harvey occasionally use English was the counterpart of what made him use Latin predominantly: Harvey was writing, in *De Motu Cordis* (1628) and in the anatomy lectures, within natural philosophy. He used structures of argument, exposition and rhetoric that he knew his educated readers would recognise. These were intimately bound up with the Latin language. The metaphors, similes, figures and other devices were rehearsed and recognised in Latin. The vernacular did not carry similar signposts for the reader. Above all the structures of argument and the evaluation of knowledge were businesses that had to be done in Latin. In these matters Harvey was a scholastic and he knew that he had to demonstrate the structure and function of the body, including the circulation of the blood, in a way approved of across Europe in the language of the educated. The logical process of the 'regressus' and the *demonstratio quia* and *propter quid* would have sounded strange in English and would have been unintelligible to an Italian. (Harvey's teacher Fabricius (c. 1533–1619) had difficulty in understanding even those Germans who spoke Latin; they made *Qui bonum vinum bibit, diu vivit* sound like *Qui ponum finum pipit, diu fifit*, he said.)

The notes that Harvey wrote in English are all outside the apparatus of natural philosophy. He used the vernacular where it had an immediacy, particularly in sensory images, that Latin could not have. To illustrate one of the anatomical meanings of 'fat' he used the vernacular image of a goose on the roasting spit. He gave the names of his patients and their appearance in English. Colours, notoriously difficult to translate from one language to another, are also often in English, as when he notices that corners at which it was customary to urinate became yellow. It was precisely because such images had a sensory immediacy that Harvey used them, for the particulars of sensory observation played a large part in his methodology. As an Aristotelian, it was plain to him that there was nothing in the mind that was not first in the senses, or that universals were built of particulars. As an anatomist, a philosopher and the discoverer of the circulation of the blood, Harvey gave much thought to the place of the senses in the generation and validation of knowledge. In his sensory epistemology image-particulars were of great importance, and the greater force they had, the better. An image expressed in the vernacular that would awake recollection of personal experience in the mind of the reader had a power that could not be derived from classical authority and language. But once absorbed, the images generated knowledge in a way similar to that described by Aristotle, and Harvey at once returns to Latin and the natural philosophy it expressed. (French 1994a)

After Harvey, i. e., from the second half of the 17th century on, medical theory in England was very soon given over to mechanism, guided by beliefs in the particulate nature of matter and the mechanical transfer of motion. The mechanists (like George Ent, 1604–1689) did not deny that God had designed the body with wisdom but argued that there was (for example) no *purpose* in the closure of the valves of the heart: they simply acted mechanically under the pressure of blood. (Ent 1641) At a stroke this destroyed the old notion that lay at the basis of anatomy, that is, that knowledge of a part lay primarily in what it was *for*, its action. Homogeneous parts had an 'action', the organic parts made of them had a 'use' and the principal parts of the body had a 'utility' directed to the benefit of the whole body and the species to which it belonged. An entire special language that was at the centre of the anatomy of the time was lost. All that remained was a language that gave technical labels to the morphology of the body. The newly perceived morphological structures of course moved – the joints were hinges and the tendons were cables – but they moved in a way that was determined by their structure; it was not (as previously) that their structure was determined by the function they had to fulfil.

Naturally many names of parts of the body remained the same, for otherwise it would hardly have been within the power of language to explain the new theoretical understanding of a 'part'. What was happening, then, was that the specialist terms of the language of anatomy remained largely the same, but the implication of the terms changed radically. Another thing that was new was that this happened increasingly in the vernacular. During the eighteenth century English came to be widespread in British university education, particularly where medicine was important. This reinforced the change away from a function-centred anatomical language, for the vernacular rarely carried the same teleology as the Latin of the schools.

These changes did not destroy the special language of anatomy, but changed its function. Anatomists since the time of Galen, and then Mondino (c. 1275–1326), had made anatomy a business on its own, not directly relevant to medical success but with a great power to further the image and standing of the doctor who knew the innermost secrets of the body. Vesalius (1514–1564) knew far more anatomy than could ever be used in surgery or medicine, and so did the anatomists, like the Hunter brothers (John, 1728–1793; William, 1718–1783), who ran the private anatomy schools of eighteenth-century London. Their purpose was to satisfy the expectations of their students and of the various licensing bodies, who had all been won over by the essentially rationalist, but also morphological, view that intimate knowledge of the structure of the body was a prerequiste for successful medical practice. The special language of anatomy was now wholly vernacular, but still special in being technical and therefore in requiring that its speakers should be trained.

This example suggests that a special language has a number of functions. As a 'language' it must be common to a number of people who have the opportunity to share it. As 'special' it must be of narrower compass than homophone national boundaries. The language of groups that share it serves as an internal technical shorthand that identifies the doctrines they have in common by virtue of their common training and interests. Its use also identifies them as a group to society at large, which may or may not be impressed with it. At all events the groups who speak it are likely to be those whose common interests are served by the manipulation of language, their interface with the rest of society.

6. Literature (selected)

Berengario 1521 = Jacopo Berengario da Carpi: Carpi Commentaria cum amplissimis Additionibus super Anatomia Mundini. Bologna 1521.

Ent 1641 = George Ent: Apologia pro Circulatione Sanguinis. London 1641.

French 1979 = Roger K. French: The history of the heart. Aberdeen 1979.

French 1994 = Roger K. French: William Harvey's natural philosophy. Cambridge 1994.

French 1994a = Roger K. French: The languages of William Harvey's natural philosophy. In: Journal of the History of Medicine 49. 1994, 24–51.

May 1968 = M. T. May, (ed. and trs.): Galen on the Usefulness of the Parts of the Body. Cornell 1968.

Vicary 1641 = Thomas Vicary: The Englishman's Treasure. London 1641.

Whitteridge 1964 = G. Whitteridge: The anatomical lectures of William Harvey. Edinburgh.

Zerbi 1528 = Gabriel de Zerbi: Opus perutile de Cautelis Medicorum. Lyons 1528.

Roger K. French, Cambridge

259. The language of chemistry from the beginnings of alchemy to c. 1800

1. Alchemy
2. Early chemistry
3. Criticisms of chemical names and the move towards reform
4. The new chemical nomenclature
5. Literature (selected)

1. Alchemy

In order to discuss the language of alchemy in medieval Europe it is necessary to go back in time to trace its roots in Alexandria around 100 A.D. which provided a number of alchemical texts in Greek. The Greek texts were taken over later by the Arabs and some of these Arabic texts were translated into Latin. In the High Middle Ages in Europe alchemical texts would invariably be in Latin. In the sixteenth century different European vernaculars began to be used. The influence of Theophrastus Bombastus von Hohenheim, commonly called Paracelsus (1493–1541) was particularly important to introducing German, but other major vernaculars included Italian, French and English. This article will tend to give special emphasis to the English but it should be appreciated that this was only one of several vernaculars in Europe which were used by alchemists and early chemists. Also it should be appreciated that Latin continued to be used in Europe in chemical literature up to at least the end of the eighteenth century, especially in Scandinavian countries.

Alchemy attracted people with a diversity of interests. Some were severely practical; others were more mystically inclined and the psychological aspect of this has been studied by C. G. Jung (Jung 1944). Best known of all were the swindlers, as in Geoffrey Chaucer's *Canon's Yeoman's Tale* and Ben Jonson's *The Alchemist*. We shall, however, disregard this aspect in order to concentrate on genuine alchemy which had a certain rational justification. Aristotelian philosophy distinguished between *matter* and *form* and different forms can be imposed on prime matter. Thus it might be possible to transmute lead into gold by imposing on it the appropriate qualities such as a yellow colour. Such 'improvement' seemed all the more feasible as Aristotle believed that nature was constantly tending to perfection. Thus the alchemist was merely helping along a natural process. Jung has been able to argue that this apparent concern with the perfection of matter was in many cases a projection of a search for personal and moral perfection. The relevance of such an interpretation to an article on language will be clearer when we come to deal with the use of allegory in alchemical texts.

A feature of the early Alexandrian texts was their practicality. After all, ancient Egypt provided some of the earliest chemical arts including the making of various enamels and types of glass. One plausible interpretation of the Greek texts from Alexandria is that they consisted of various recipes for making an imitation of gold suitable for sale in the bazaars as personal ornaments. However these recipes claimed to be making 'gold' without the use of quotation marks and where these texts were translated into Arabic and later into Latin it was believed that they described the making of real gold. The Muslim civilisation which swept over north Africa and Spain had a special interest in alchemy and indeed the very name comes from the Arabic. The first Arabic texts date from the eighth century. Many alchemical writings are attributed to Jabir ibn Hayyan (early ninth century?) (Plessner 1973), who drew on the Greek texts but also added much of his own.

There are many difficulties in trying to explain alchemical language. The historical introduction we have given will help to explain one problem, that of translation. Even if we could assume that the ancient Greek texts were translated perfectly into Arabic, there were many cases in the Middle Ages when the Arabic was imperfectly translated into Latin. H. E. Stapleton (1933) has compared one Arabic treatise by Ibn Umail (tenth century) with its seventeenth-century Latin translations and he has called attention to many discrepancies, some of which relate to failures by the copyist or translator to observe the minutiae of Arabic script. Another case of error relates to the poor knowledge of Arabic by a commentator who recommended arsenic for its medicinal properties because he had not understood that the Arabic *dârsini* signified cinnamon. A very frequent mistake in copying Latin manuscripts was to write *vitrum* (glass) for *nitrum* (soda) or vice versa. As Thomas Norton said in his *Ordinall of Alkimy* (fifteenth century): "chaunging of some one sillable May make this Boke unprofitable".

But such mistakes might occur in any subject. What was peculiar to alchemy was a deliberate and sustained attempt to write obscurely. Alchemists seemed in general to be torn between a wish to communicate and a desire to conceal. This may be explained in at least two different ways. They themselves would have tended to justify their concealment by saying that they feared that their writings might fall into the hands of people unworthy of the knowledge. But why write anything at all? After a life of fruitless toil trying to turn base metals into gold it was understandable that they might wish to leave some memorial to their life's work. Yet, the modern writer might say, if their work had ended in failure there was little positive that they could communicate. They therefore introduced mystery into their writings to conceal their ignorance. Indeed a whole genre of mysterious writing was developed by the alchemists and had become the norm by the Middle Ages. It is even difficult in some cases to recognise an alchemical text as such because one writer might appear to be describing, say, the passion and resurrection of Jesus Christ while another might appear to be speaking of the planets when he was really describing the metals associated with those planets. Thus allegory and analogy have an important place in medieval and early modern writings. With the Renaissance a new interest in classical mythology was sometimes transferred to alchemical writings. A favourite fable for alchemical interpretation was that of the Golden Fleece, a name which could easily be interpreted as related to the alchemists' goal.

Equally the story of the Creation, as told in the first chapter of the Book of Genesis, could be interpreted in alchemical terms as relating to what we would now call chemical reactions. The 'philosopher's stone' which was supposed to turn base metals into gold could be described as a medicine. By the sixteenth century is was quite common to speak of birds to denote volatile substances or processes such as distillation. A red lion stood for gold while a wolf represented antimony. Sexual symbolism might be used to explain the generation of gold.

In many alchemical texts it was rare for a substance to be described by its common name. When a common name was used it was not intended to be understood literally. Thus 'water' would not usually denote H_2O but rather a liquid or a solvent. Sometimes a preparation would require not common substances but those known to the philosophers. Many authors tell the reader that if he uses common mercury he will be wasting his time; instead he should use 'the mercury of the philosophers' or 'our mercury'. It would often be repeated that 'our mercury is not the mercury of the vulgar', i.e. it was not quicksilver. Some alchemists delighted in paradoxes. Thus the 'philosopher's stone' was said to be not a stone.

Throughout the history of alchemy great importance was attached to the colour of substances and we should remember that colour symbolism was influential in medieval Europe, as we are reminded by the colours of priests' vestments in the Roman Catholic church. In alchemical literature black was associated with impurity, putrefaction or the 'death' of a substance. Gold was associated in European alchemy with red rather than yellow, on the principle that red was an intense yellow. Green was associated with fruitfulness but also with compounds of copper. By the seventeenth century a number of illustrated books were produced in which various alchemical processes were suggested in allegorical pictures.

It would be understandable if a frustrated modern reader trying to make sense of alchemical literature concluded that it was some giant conspiracy to baffle the reader with the minimum of information. Prolixity was often a deliberate ploy to discourage the ordinary reader. When we look at this more closely we have evidence of what may be termed 'the principle of dispersion'. We find this already in Arabic alchemy. In a supposed dialogue between Jabir and his master, the latter says to Jabir: "In all your works I see no chapter which is complete in itself; all are obscure and mixed up to such an extent that one gets lost in them. [...] What you have said is true [...] but confused and mixed with other things." (Berthelot 1893, vol. 3, 134).

In thirteenth-century England Roger Bacon (1214−1292) made use of the principle of dispersion to communicate some knowledge of alchemy to Pope Clement IV in Rome. He was concerned that no third party should be in a position to know all his 'secrets'. He therefore spread his message over three separate works:

"(i) In the *Opus Secundum*, where I have written enigmatically of practical alchemy; (ii) In the sixth sin of the *Study of Theology*, where I wrote of speculative alchemy; (iii) In a separate treatise of which I sent a rough copy to your Holiness. In this, questions of natural philosophy and of medicine are treated, yet it is really about alchemy." (Little 1912, 81−82).

Bacon explained that he had done this so that only the Pope would be in a position to have the whole secret.

A good example of the application of the principle of dispersion applied to early chemistry is to be found in the works of Johann Rudolph Glauber (1604−1670) who first prepared sodium sulphate, which he called *sal mirabile* (the wonderful salt). He could have described its preparation in simple terms by the addition of oil of vitriol (sulphuric acid) to common salt. Glauber knew that there was money to be made in keeping the preparation secret. On the other hand he wanted his enemies to see that he had the secret. He therefore adopted a compromise inherited from alchemical literature. The two constituents were never clearly described together. If the name of one was given, the nature of the other was concealed in metaphors. Thus in one place the oil of vitriol was referred to obliquely as 'fire and water'. (Glauber 1689 Part 1, 261b). Other methods used for concealment include the use of secret alphabets and codes. In the sixteenth and seventeenth centuries a regular method used for concealment was the anagram. Thus among the hundreds of names used to describe the philosopher's stone was xelis (= *silex*, i.e. flint).

We have surveyed a wide range of methods used by the alchemists to mystify their readers. Only by continuous study over a long period could a reader hope to make sense of these writings. In the seventeenth century several collections of alchemical writings were published on the assumption that one author would help indirectly to explain another. Alchemical vocabulary grew and no one did more to expand it than Paracelsus; the sixteenth century witnessed the publication of a number of dictionaries of these (al)chemical terms.

2. Early chemistry

Alchemy was only one of several traditions out of which the science of chemistry began to grow in the seventeenth century. An even earlier tradition than alchemy was the technological one. Perhaps in a pre-industrial age we should speak of the 'chemical arts', which were practised in ancient Egypt and some other early civilisations. Here we meet a purely practical world removed from alchemy yet also having its own technological secrets. These would not be written down but would be passed by word of mouth from father to son and from master to apprentice. In the sixteenth century a few technical manuals relating to the rich mining tradition of central Europe were published, some in German. Most famous of all was Agricola's *De re metallica* (1556). Agricola also made a special study of the vocabulary of miners: *Interpreta-*

tio Germanica vocum rei metallica (1558). In Britain the first major technological dictionary had to wait until 1704 and, although in English, its main title was in Latin: *Lexicon technicum*, by John Harris.

The other major tradition which contributed to the science of chemistry was pharmacy. There were some officially recognised lists of drugs or pharmacopoeias on the continent of Europe in the sixteenth century but for Britain one has to wait until 1618 for the *Pharmacopoeia Londinensis*, which, although related to London, tried to establish a standard for the whole of England. Moreover, in addition to the traditional vegetable and animal substances it included a few mineral substances, notably *mercurius dulcis*. The pharmacopoeia was entirely in Latin and when Nicholas Culpeper tried to produce a loose unauthorised translation into English (1649) he was sharply attacked by the Royal College of Physicians.

Outside the alchemical tradition names of substances were often based on physical properties, for example colour. The etymologies of the terms *haematite* ('blood-like stone'), *orpiment* ('gold pigment') and *verdigris* ('green of Greece') all relate to their colour. In the fifteenth century the term *crocus* was applied to yellow pigments but it was later extended to describe other coloured substances in powdered form including the brownish-red *crocus martis* (ferric oxide). By the eighteenth century the respective sulphates of iron and copper could be described as *green vitriol* and *blue vitriol* and there was much discussion about *red precipitate of mercury* (mercuric oxide). One of the oxides of lead had long been described as *red lead*.

The consistency or crystalline form of substances were sometimes used in names although it could be argued that names like *milk of lime* and *butter of antimony* were based as much on colour. *Flowers of sulphur* described powdered sulphur obtained by sublimation. In the seventeenth century fused silver chloride was sometimes called *horn silver*. Concentrated sulphuric acid and deliquescent potassium carbonate were commonly known as *oil of vitriol* and *oil of tartar* respectively.

An association of substances with planets was carried over from alchemy. In the late seventeenth century the French text-book author Nicolas Lemery (1645–1715) ridiculed the association but nevertheless we find in his *Cours de chymie* (1675) (translated into English and many other languages) such terms as *magistery of Jupiter, salt of Saturn, spirit of Venus* and *saffron of Mars*, referring respectively to compounds of tin, lead, copper and iron. Of course the word *mercury* is retained in modern English without any belief in an association with the planet of that name. Substances were also named after the people who had first prepared them. Thus we have *Glauber's salt* (sodium sulphate), *fuming liquor of Libavius* (stannic chloride), *powder of Algaroth* (antimony oxychloride) among many other trivial names. More usefully for pharmaceutical purposes, substances were named after their supposed medicinal properties. *Febrifugal salt* often denoted potassium sulphate while *digestive salt of Sylvius* was potassium chloride. *Diuretic salt* was potassium acetate and *tartar emetic* was potassium antimonyl tartrate. There were so many different ways in which substances were named that it was not unusual for the same substance to be known by quite different names. Thus by 1700 the salt we now call *magnesium sulphate* was variously known as *Epsom salt, bitter salt (sal amarum)* or *sal catharticum*, referring respectively to the place of discovery, taste and medicinal property.

The study of certain other terms shows a gradual development in meaning over the centuries. Thus the Arabs had used the term *alcohol* (*al Kohl*) to mean a fine black powder, particularly black antimony sulphide. The meaning came to be extended to cover any very fine powder. Finally, there arose the meaning of an impalpable spiritous substance, notably spirit of wine. The last had become common by the sixteenth century but the other meaning persisted, which caused some confusion. Again in Roman times the term *calx* had denoted the product of burning lime. By generalisation *calx* came to mean any powder made by strongly heating a substance and this persisted up to the time of Lavoisier. The terms *salt* and *vitriol* came to be used in different ways in early modern Europe.

As more substances came to be distinguished, particularly in the eighteenth century, the random nomenclature described above became more obviously open to criticism. Chemists were beginning to develop methods of analysis which enabled them to understand the constituents of compounds. It then began to be possible to name substances according to their chemical constituents or at least in a systematic way rather than simply by invoking their physical properties or in-

3. Criticisms of chemical names and the move towards reform

An important seventeenth-century critic of the use of chemical language was Robert Boyle (1627–1691). His book, *The Sceptical Chymist* (1661), is best known for its criticism of the four elements of Aristotle and the three principles of Paracelsus but it is no less important for its many critical comments on the reckless use of language by earlier chemists and alchemists. He speaks of "their obscure, ambiguous and almost aenigmatical way of expressing what they pretend to teach" (Boyle 1661 (1911), 3) and complains of "the unreasonable liberty they give themselves of playing with names at pleasure" (Boyle 1661 (1911), 113). One of the characters in his dialogue complains of "the hard words and equivocal expressions" in the works of Paracelsus and other chemical authors and Carneades, representing Boyle, explains that "they cannot write otherwise than confusedly of what they but confusedly apprehend" (Boyle 1661 (1911), 114). Boyle believed that scientific language should be used precisely and literally rather than figuratively. He said: "I think it fitter to alter a term of art than reject a new truth" (Boyle 1661 (1911), 91).

One should not think of Boyle as the only critic of chemical nomenclature. Several of his European contemporaries such as Nicolas Lemery (1645–1715) and Friedrich Hoffmann (1660–1742) also made criticisms but Boyle was the most important figure writing in English. He is also well known for his criticism of the Aristotelian theory of elements. Yet it is one thing to criticise and another to undertake a substantial reform and neither Boyle nor anyone else of his time was in a position to do this. However, the Royal College of Physicians in London was a body with some authority and, as we have seen, it had responsibility for the publication of the *London Pharmacopoeia*. In the 1740s it appointed a committee to propose how the pharmacopoeia could be improved. Such discussion of reform included terminology and when the committee reported it suggested that it should correct the impropriety of certain chemical names. It may be noted that the language used was still Latin but the *London Pharmacopoeia* was important enough for any changes proposed there to affect English usage. Thus when they suggested that *oleum vitrioli* (sulphuric acid) should be replaced by *spiritus vitrioli* this encouraged British chemists to speak of 'spirit of vitriol' rather than 'oil of vitriol'. One of the problems about the latter term is that it was so similar to 'oil of tartar' (concentrated potassium carbonate solution) whereas chemically the two substances could not have been more different.

Among mid-eighteenth-century critics of chemical terminology were the German Caspar Neumann and the Scotsman William Cullen but the most influential critic was the Frenchman, Pierre-Joseph Macquer (1718–1784), many of whose books were soon translated into English. His important *Dictionnaire de chimie* (1st edition, 1766) was translated into English, German and Italian. The form of a dictionary gave Macquer the opportunity to review the chemical names then in use. The alphabetical nature of a dictionary had the effect of bringing together chemically unrelated substances because of their trivial names and separating related substances. In addition to his entry on 'oils' he had an entry on 'oils, improperly so-called' in which he criticised the practice of lumping together a concentrated acid and a concentrated alkali under the name 'oil', as in the example mentioned above. He complained of the use of place names, pointing out that this led to unnecessary duplication of terms. He introduced an important systemisation by using the terms *vitriol*, *nitre* and *common salt* for all the salts of what we would call sulphuric, nitric and hydrochloric acids respectively. Thus in addition to ordinary nitre there would be 'nitre with basis of calcareous earth' and in French there would be such salts as 'sel commun à base d'alkali végétal'. Thus to describe salts in terms of their composition both the English and French language seemed to lend themselves mainly to descriptive phrases. What was needed was a compact binomial nomenclature for salts and this first arose in Latin. The structure of this language, and in particular the ease with which adjectives can be formed from nouns, lent itself most readily to a binomial nomenclature. It is true that in English it was later possible to use such terms as *magnesian vitriol* and *barytic nitre* and in French Macquer had spoken of *tartre stybié* and *argent sulphuré* but in a living language such expressions sound forced. For the introduction of a binomial nomenclature in Latin into chemistry we must look at the work of the Swedish chemist T. O. Bergman (1735–1784) who was inspired by his fellow-countryman Linnaeus.

The precedent for a systematic binominal nomenclature in chemistry was created by the science of botany. Early botanists used long descriptive phrases for each plant. Some botanists took pride in introducing their own names so that there was general confusion. The young Swede Carl von Linné (1707–1778) was determined to standardise nomenclature on rational principles using Latin names to denote in turn the genus and the species. Thus the garden pea became *Pisum sativum* and the common beet *Beta vulgaris*. Now the mineralogist and chemist Bergman was a student of Linnaeus and, after seeing the success of the new scheme in botany, he tried to introduce a parallel scheme in chemistry. He was also influenced by Macquer's systematic use of the terms *vitriol*, *nitre*, etc. In 1775, having coined the term *acidum aereum* to denote 'fixed air' or carbonic acid, he proposed to call *aeratum* all the salts of that acid, just as he called all the salts of vitriolic (sulphuric) acid *vitriolata*. Thus he had *zincum aeratum* (zinc carbonate) *magnesia aerata* (magnesium carbonate) and *alkali volatile aeratum* (ammonium carbonate). Yet at this stage Bergman was still using many of the old trivial names. Bergman published a more developed system of nomenclature in 1784, the last year of his life, ending his paper with a plea for the use of Latin as a common international language of chemistry.

Meanwhile in France the Dijon chemist Louis Bernard Guyton de Moveau (1737–1816) was proposing a reform of chemical nomenclature and it is largely due to him that Latin did not remain the international language of chemistry as it has for botany. Guyton was a great admirer of Bergman, whose chemical publications he translated into French. To begin with he did not appreciate the advantages of the binomial nomenclature. Thus, for example, he translated Bergman's *terra ponderosa salita* by the phrase *le sel marin à base de terre pesante*. By 1782, however, he had thought out the whole question of reform of chemical nomenclature and published his important paper: "Mémoire sur les dénominations chimiques, la necessité d'en perfectionner le système et les règles pour y parvenir" (Guyton 1782).

In this he set out the principles on which he intended to reform chemical nomenclature and he made detailed suggestions for what amounts to an extension of Bergman's Latin nomenclature to the French language. The main reason why a systematic nomenclature had become necessary was the burden of remembering the individual trivial names of the increasing number of substances known to chemists which was then many more than twenty years previously:

"No doubt it was still possible to remember the improper names of some thirty salts and to retain them in the memory by re-reading them and hearing them; but today chemistry is familiar with eighteen acids [...] it has newly discovered two earths and several semimetals; if we are to examine with care the action of so many substances on each other [...] it becomes essential to adopt a system of nomenclature to indicate the result without confusion." (Guyton 1782).

The science of chemistry could no longer accept miscellaneous names based on accidental properties. Having reminded his readers of the worst features of the old terminology, Guyton now laid down the principles on which a new chemical language should be based.

Guyton ended the paper with specific suggestions for French names for the earths, alkalis, acids and their salts. Hence Bergman, writing in Latin, had used a uniform ending *-atum* to denote the acid part of salts. Guyton was at a disadvantage trying to adapt a living language and he was not always consistent. He had a further opportunity to explain his ideas on introducing a systematic nomenclature when he was commissioned as an author for the chemistry section of the *Encyclopédie méthodique*. The first part of the first volume was published in 1786. But, before he had made much progress with the second part, a fundamental change in his thinking took place which was to lead to collaboration with three other leading French chemists and the publication of the single most important work in the whole history of chemical language, the *Méthode de nomenclature chimique* of 1787.

4. The new chemical nomenclature

The reform of chemical nomenclature proposed in 1787 went much further than Guyton had proposed since it was based on a new theory of chemistry. Guyton, like the majority of chemists of the early 1780s, had accepted the phlogiston theory, according to which phlogiston is given off from substances when they are strongly heated. Antoine Laurent Lavoisier (1743–1794) had, however, challenged this theory, pointing out that many substances underwent an increase in weight on combustion, which he attributed to combination with oxygen in the air. When Guyton travelled to Paris in the winter of 1786/87 to discus the new theory with Lavoisier he was converted and there began a collaboration with two other leading chemists who had been converted to the new oxygen-centred chemistry, Claude-Louis Berthollet (1748–1822) and Antoine François Fourcroy (1755–1809). Guyton appreciated that he could not construct a nomenclature which was adapted equally to the two theories of chemistry. He was now willing to work wholeheartedly towards constructing a nomenclature which supposed the truth of the oxygen theory. Indeed, the oxygen theory was to be such a fundamental part of it that the very use of the new terms reinforced the user's belief in the theory. For Lavoisier the new nomenclature was a way of consolidating his oxygen theory which is sometimes described as the basis of 'the chemical revolution'. It is important to understand that Lavoisier had been working in his laboratory since the early 1770s building up his understanding of chemical reaction and chemical composition and his involvement in the reform of nomenclature came only at a later stage. Guyton on the other hand had an early interest in nomenclature. When the two men came together in 1787 the scene was set for a powerful collaboration.

The *Méthode de nomenclature chimique*, an octavo book of some 300 pages, was published in Paris in the summer of 1787. The book begins with a memoir by Lavoisier dealing with the philosophy of language and general principles. There followed more detailed memoirs by Guyton and Fourcroy, the latter referring to a large folding plate containing examples of the new nomenclature. There was also a dictionary of new and old names. The last part of the book was occupied by proposals for a related system of chemical symbols based on geometric patterns but these symbols never came into general use.

Lavoisier introduced the reform at a public meeting of the Paris Royal Academy of Sciences on 18 April 1787 when he read a memoir entitled 'On the necessity of reforming and perfecting the nomenclature of chemistry'. In a historical introduction he spoke of earlier attempts to introduce some uniformity into chemical names. He then argued for the fundamental importance of languages as true analytical methods, which he compared with mathematics. A large part of the memoir consisted of a summary of the abbé Bonnot de Condillac's views on language. It was important that those beginning to study a branch of science should have a well-constructed language: "A well-made language [...] will not allow those who profess chemistry to deviate from the march of nature; it will be necessary, either to reject the nomenclature, or to follow irresistably the path which it indicates." (Guyton 1787, 12).

Obviously the current language of chemistry had grown piecemeal without any overall plan. It was easy for Lavoisier to cite some of the more ridiculous chemical names which were still sometimes used. If chemists were now to agree on general principles of nomenclature, not only would this make learning the subject easier for students, it would mark in advance new substances to be discovered.

Simple bodies were to have simple names and they considered as simple all substances which they had hitherto been unable to decompose. We may note that Lavoisier and his colleagues were allowing for future discoveries. They did not want to introduce new names where the old ones were not misleading; any new names should relate to the general properties of the substance. Examples of the Greek derivation of words (which were soon to be translated into English) are: *oxygène* (ὀξύς = acid, γείνομαι = to be engendered) *hydrogène* (ὕδωρ = water). It should be explained that Lavoisier, having found oxygen in certain acids (e.g. from sulphur, phosphorus and carbon), had rashly concluded that all acids contain oxygen and even that oxygen was a universal principle of acidity. This was soon shown to be wrong but the name persisted and is used today without embarrassment in French and English. Its literal translation into German as *Sauerstoff* has more reason to raise questions which can only be answered satisfactorily in historical terms.

A second memoir was presented to the Academy at a later meeting by Guyton de Morveau, who went into greater detail. In the nomenclature of acids and salts the same base (e.g. sulphur) might be capable of forming more than one acid or salt and these would be distinguished by appropriate suffixes. Thus he proposed the following names:

acide sulfurique – where the sulphur is saturated with oxygen,
acide sulfureux – containing less oxygen than the above,
sulfate – the generic name of all salts of *acide sulfurique*,
sulfite – the generic name of all salts of *acide sulfureux*,
sulfure – compounds of sulphur not related to an acid.

As regards the metals, it might have been desirable for them all to share a common ending but, since their names were mostly well established, the reformers did not feel able to change them. New metals, however, like *molybdène* and *platine* were to be considered of masculine gender to introduce a minimal uniformity. Finally, the two dictionaries show that a large proportion of new names had no equivalent in the old terminology, so rapid had been the recent progress of chemistry. This was an additional feature in securing acceptance of the new nomenclature.

The publication of any book under the auspices of the Academy of Sciences required the approval of a committee, which made the following comments:

"It is not a matter of a day to reform and nearly obliterate a language which is already understood, already widespread and well known over the whole of Europe, and to put in its place a new language built on etymologies either foreign to its nature or often taken from an ancient language already unfamiliar to scientists [...]." (Guyton 1787, 245).

Nevertheless the new nomenclature was related so closely to the new oxygen theory that the committee felt obliged to comment on this. As for deciding between the two theories, the committee declared itself neutral.

Outside the Academy, Jean-Claude de la Métherie (1743–1817), the editor of the most influential scientific journal, the *Observations sur la physique*, began a long campaign of attack both on the new theory and the nomenclature. He called the new terms such as *carbonate*, *nitrate* and *sulfate*, hard and barbaric. Nevertheless other French chemists came to accept the new terms unless they were particularly hostile to the new theory. Lavoisier and his colleagues had not called an international conference such as might have been expected fifty years later. They had not given notice that, if the terms were acceptable, they would at some future date begin to make use of them. Having published the book, they all made use of the new language immediately in their publications which included the publication of a new journal, the *Annales de chimie* (1789). Considering that they were not only the leading French chemists but among the leading chemists in the world the use of these new terms in chemical publications forced all chemists, even those committed to the phlogiston theory, to learn the new language. Thus even a senior chemist like Joseph Priestley (1733–1804) was forced to study these new terms like any elementary student.

The *Méthode de nomenclature chimique* was translated into English within a year by James St John, M.D., who had studied in Paris and who corresponded with Fourcroy on the subject of his translation. He established three important principles of orthography in the English translation of the French terms. The first two suggestions are accepted to this day:

"It has of late been customary in France to change the ph into f in several words of Greek derivation; and therefore they write sulfur, sulfite, etc., but I have thought proper to write the words sulphur, etc. agreeable to the custom of English authors. It is also common in France to change the letter y into i, in words derived from the Greek; and therefore they write oxigen and hidrogen, and not oxygen and hydrogen; but as in English we generally retain the figure of the Greek upsilon (Y), though very seldom the sound, I have everywhere written the word oxygen and hydrogen, agreeable to their derivations and conformable to the custom of England." (Guyton 1788, viii–ix).

The third proposal concerned compounds of the type now known as sulphides, phosphides, etc. He proposed that the French term *sulfure* should be translated as *sulphuret*, a term which has found occasional use even in modern times in the phrase 'sulphuretted hydrogen'.

Although St. John's translation was a valuable achievement and was to some extent taken as providing a standard, we cannot claim that it was immediately influential. The many British adherents to the old phlogiston theory had little interest in the new nomenclature. Only gradually did British ears become accustomed to the sounds of the new French terms, or rather their anglicised equivalents. English translations of Fourcroy's textbook provided a further opportunity to familiarise British readers with the new terms. The new chemical nomenclature was accepted by students of chemistry (e. g. at Edinburgh) long before those engaged in commerce or pharmacy became familiar with the terms. It was obviously the language of chemical science which in this way was distinct from ordinary discourse.

As most chemists were won over to the new oxygen theory by c. 1800, so the majority came to accept the new chemical nomenclature. In Germany in the 1790s many chemists were reluctant to accept the 'French' theory and, when they did accept it, there were problems about finding agreed translations of the French terms. Although Lavoisier had refused to accept atoms as the basis of his new chemistry, John Dalton (1766−1844) in 1808 published a theory of chemical atomism in which different pictorial symbols were used to indicate Lavoisier's elements. These could not be easily incorporated on the printed page and were superceded in 1814 by an alternative system introduced by the Swedish chemist Jöns Jacob Berzelius (1779−1848), who used an abbreviation of the Latin name of the element. Thus O = Oxygen, C = Carbon, Cu = Copper (*cuprum*), S = sulphur, Sn = tin (*stannum*). These letters are juxtaposed to constitute a chemical formula. Just as the French nomenclature of 1787 became the standard system for inorganic chemistry, so the symbols of Berzelius gradually gained universal acceptance.

5. Literature (selected)

Agricola 1556 = G. Agricola: De Re Metallica. Basel 1556.

Agricola 1558 = G. Agricola: Interpretatio Germanica Vocum Rei Metallicae. Basel 1558.

Berthelot 1893 = M. Berthelot: La Chimie au Moyen Age. 3 vols. Paris 1893.

Boyle 1661 = Robert Boyle: Sceptical Chymist. London 1661. Everyman edition London 1911.

Crosland 1978 = Maurice Crosland: Historical studies in the language of chemistry. 2nd ed. New York 1978.

Glauber 1689 = R. Glauber: Works. Trans. Packe. London 1689.

Guyton 1782 = L. B. Guyton de Morveau: Observations sur la physique 19. 1782, 370−382.

Guyton 1787 = L. B. Guyton de Morveau, A. L. Lavoisier, M. Berthollet et al.: Méthode de nomenclature chimique. Paris 1787.

Guyton 1788 = L. B. Guyton de Morveau, A. L. Lavoisier, M. Berthollet et al.: Method of Chemical Nomenclature. London 1788.

Jung 1944 = Carl Gustav Jung: Psychologie und Alchemie. Zürich 1944. transl: Psychology and Alchemy. London 1953.

Little 1912 = A. G. Little (ed): Part of the Opus Tertium of Roger Bacon. Aberdeen 1912.

Macquer 1766 P.-J. Macquer: Dictionnaire de Chimie, 2 vols. Paris 1766.

Norton 1652 = Thomas Norton: The Ordinall of Alkimy. London 1928 (Facsimile of 1652 edition).

Plessner 1973 = M. Plessner: art Jabir ibn Hayyan. In: Dictionary of scientific biography. New York 1970−1980.

Stapleton 1933 = H. E. Stapleton: Memoirs of the Asiatic Society of Bengal. 12. 1933.

Maurice Crosland, Canterbury

260. The languages of the law in England

1. Written and spoken legal communication from the Norman Conquest (1066) to the 'English-for-lawyers' Act of 1731
2. Modern legal English, with special consideration of British legislative language
3. Appendix
4. Literature (selected)

1. Written and spoken legal communication from the Norman Conquest (1066) to the 'English-for-Lawyers' Act of 1731

1.1. Tradition and convention have played a determining role in the shaping of modern legal English. Many of its features are the result of an "extreme linguistic conservatism" (Crystal/Davy 1969, 194) and indicate a "remarkable dependancy on the past" (Hiltunen 1990, 116). Of particular relevance, in this connnection, were the changes in the development of the law of England and of the administration of justice in the wake of the Norman Conquest. Not that the new, French-speaking lords hastened, after the Battle of Hastings in 1066, to abolish the old English law of the land and to enforce their own laws and language upon the English, as was maintained by 14th-century chroniclers like the pseudo-Ingulf and later historians of the 16th and 17th centuries. On the contrary, the 'Conqueror' himself, William I, assured the islanders that the laws and customs of his English predecessor (King Edward) should be maintained. In 1108, his son Henry I expressly enjoined "that shire courts and hundred courts [the ancient local courts of justice] should be held as in the days of King Edward". And yet it was "in the realm of law and justice that the impact of the Normans and the Norman Conquest was to have some of its profoundest repercussions upon the subsequent development of English government and society" (Brown 1969, 248 f).

1.2. Although not disappearing abruptly after the Conquest, English (so important in the laws of the Anglo-Saxon kings and in other legal documents) soon fell into disuse as a *language of the written law*. In a few decades Latin, already in use alongside English in the pre-Conquest period, became the written language of English law par excellence. It retained this role almost unrivalled until far into the 13th century and played an equally important part in the early medieval *writings on legal subjects*. When its position of dominance was challenged two centuries or so after the Conquest, the challenger was not English but French, which up to that time had obviously been only very sporadically used in these fields. The change meant role-sharing: at first, for shorter or longer periods of time, the availability of two official means of written communication for legal purposes and varying utilization of them in different categories of legal documents and writs. As the language of the Statutes of the Realm, for which it had been exclusively used up to 1267, Latin steadily lost ground to French after 1275 until the latter became the regular language of the statutes of England in the reign of Edward III (1327–1377). In other formal legal documents, especially more solemn and binding instruments, royal writs from the Chancery, etc., Latin continued to play a role throughout the 14th century and beyond, and it remained, from the 13th to the 17th century, the language in which part of the legal literature of England was written. French was widely used as a means of recording legal transactions in various categories of documents into the first third of the 15th century and was the language of the statutes until 1483 (appearing in an act of Parliament for the last time in 1487). In the latter half of the 13th century, from about 1250–1260, it

also became the dominant language of a 'new legal literature'-tracts and treatises designed, or at least suited, for the professional education of common lawyers and for training them in the use of French for legal purposes. The process of supplanting French as the principal language of legal literature in England only began some two and a half centuries or so after its first appearance in works of this genre. But a number of important law books were still written in French in the reigns of Henry VIII and his successors. They decrease notably in the course of the 17th century.

The two traditional written languages of the law also dominated *law reporting* over many centuries. From their first appearance in 1194 until the Statute of 1731 official memoranda of the royal courts of justice in the form of *plea rolls* were written in Latin for over more than half a millenium. In records of judicial proceedings in Parliament in the *Rotuli Parliamentorum*, extant from 1279, French and Latin remained the dominant languages 'only' down to the early 15th century. However, they continued to be used in the formal parts of the roll until 1503. French was the sole language of the famous *Year Books*, those unique collections of unofficial reports of law cases, which began in the reign of Edward I and continued to appear until 1535, and which played so prominent a role in the education of law students. And French remained the language of the vast majority of *Named Reports* of cases that followed the *Year Books* with very much the same intention. They were published until the Commonwealth Statute of 1650 and again after its repeal. Around 1700, after about four centuries, the practice of French law-reporting in England was finally abandoned.

1.3. Less clear than the question of the language used in written legal communication is that of the *language(s) spoken* in the secular law courts after the coming of the Normans. This is especially so because direct evidence is almost totally lacking in the contemporary sources that have come down to us from the period reaching from the late 11th to the first half of the 13th century. There was almost certainly no total ban on English in local or central courts of law at any time after the Conquest. It would always have been impossible to operate such a ban in view of the fact that English retained its status as the native language of the vast majority of the islanders even in the century immediately following Hastings. However, a number of factors created sufficient conditions for French to gain a certain position also as a spoken language of law soon after the Conquest, including the new power relations, the French-dominated King's Court, the growing centralisation of the administration of justice in the course of the establishment of the common law system during the 12th century and thereafter, which imparted growing importance to the royal courts of justice that developed out of the original King's Court, and the social group membership of those engaged in jurisdiction. But the actual role of English and French in court proceedings during the first two centuries or so after Hastings can only be speculated upon. There is no doubt, however, that it was French that was used in these proceedings (or parts of them) in the common law courts of England when they came to be conducted (exclusively) by 'legal professionals' — lawyers and judges specially trained in the law *and* its language — in the course of the 13th century, especially its latter half:

"consuetudo regni Angliae talis est, quod placita coram iusticiariis per narratores in romanis verbis [et non in latinis] pronunciantur" (Modus componendi brevia, c. 1285, quoted from Woodbine 1910, 163 f).

The predecessor of modern 'law English' thus became French, chosen by the nascent legal profession of late 13th-century England as their 'professional speech' and developed into 'law French', that peculiar form of insular language used at court in communication between lawyers and judges and in legislative writing, law books and (unofficial) law reports. Its use in the law courts was seriously questioned for the first time in 1362, when Parliament passed the *Statute of Pleading* (and on the local level even earlier, in 1356 in London). The Statute decreed — in French — that oral proceedings in all the courts of England should henceforth be conducted in English, in place of French, which, it claimed, was too little known in the realm:

"[...] item, pur ce que monstré est soventfois au Roi, par Prelatz, Ducs, Counts, Barons et toute la commone, les grantz meschiefs qe sont advenuz as plusours du realme de ce qe les leyes, custumes et estatutz du dit realme ne sont pas conuz comonement en mesme le realme, par cause qils sont pledez, monstrez et juggez en la lange Franceis, q'est trop desconue en dit realme, issint qe les gentz qe pledent ou sont emplezez en les courtz le Roi et les Courtz d'autres n'ont entendement ne conissance de ce q'est dit pur eulx par lour sergeantz et autres pledours; et qe resonablement les dites leyes et custumes seront le plus tost apris et conuz et mieultz entenduz en la lange usée en dit realme, et par tant chescun du dit realme se purroit mieultz governer sans faire offense à la leye, et le mieultz garder, sauver et defendre ses heritages et possessions, et en diverses regions et paiis, où le Roi, les nobles et autres dudit realme ont esté, est bon governement et plein droit fait à chescun qe lour leyes et custumes sont apris et usez en la lange du paiis; le Roi desirant le bon governement et tranqillité de son people, et de ouster et eschure les maulx et meschiefs qe sont advenuz, et purront avener en ceste partie, ad par les causes susdites ordeigné et establi de l'assent avant dit qe toutes plées qe seront à pleder en ses courtz quelconqes, devant ses Justices queconqes, ou en ses autres places, ou devant ses autres Ministres qeconqes, ou en les Courtz et places des autres seignurs qeconqes deinz le realme, soient pledez, monstrez, defenduz, responduz, debatuz et juggez en la la lange engleise, et q'ils soient [entreez] et enroullez en latin [...]." (quoted from Brunot 1924, 372–373, see appendix).

But law French had already become too much of an "integral part of the profession's exclusiveness" (Abbot 1973, 87) to be easily given up in response to one single statute. More than a hundred years later, in 1470/71, Sir John Fortescue stated that the Statute had "after all not been able to entirely abolish [the use of French in court proceedings] up to his own days" but that it was "oftener written" now "than spoken". Restrictions in favour of English apparently became inevitable and made further progress in the following centuries, when "the oral use of French became confined to the recitation of pleadings pro forma and certain other procedural forms" (Baker 1979, 10). But banning law French entirely from the courts (and from written legal use) required two further Statutes, the *Act for Turning the Books of Law, and all Proces and Proceedings in Courts of Justice, into English* from 1650 and, after its repeal ten years later, a new English-for-lawyers law passed in 1731:

The Parliament have thought fit to Declare and Enact, and be it Declared and Enacted by this present Parliament, and by the Authority of the same, That all the Report-Books of the Resolutions of Judges, and other Books of the Law of England, shall be Translated into the English Tongue: And that from and after the First day of January, 1650, all Report-Books of the Resolutions of Judges and all other Books of the Law of England, which shall be Printed, shall be in the English Tongue only.

And be it further enacted by the Authority aforesaid, That from and after the first Return of

Easter, which shall be in the year one thousand six hundred fifty and one, all Writs, Proces and Returns thereof, and all Pleadings, Rules, Orders, Indictments, Inquisitions, Certificates; and all Patents, Commissions, Records, Judgements, Statutes, Recognizances, Roles, Entries, and Proceedings of Courts Leet, Courts Baron, and Customary Courts, and all Proceedings whatsoever in any Courts of Justice within this Commonwealth, and which concerns the Law, and Administration of Justice, shall be in the English Tongue onely, and not in Latine or French, or any other Language than English, Any Law, Custom or Usage heretofore to the Contrary notwithstanding. And that the same, and every of them, shall be written in an ordinary, usual and legible Hand and character, and not in any Hand commonly called Courthand [...] (1650 Act, quoted from Mellinkoff 1963, 127).

The statute of 1731 runs as follows:

Whereas many and great mischiefs do frequently happen to the subjects of this kingdom, from the proceedings in courts of justice being in an unknown language, those who are summoned and impleaded having no knowledge or understanding of what is alleged for or against them in the pleadings of their lawyers and attornies, who use a character not legible to any but persons practising the law: To remedy these great mischiefs, and to protect the lives and fortunes of the subjects of that part of Great Britain called England, more effectually than heretofore, from the peril of being ensnared or brought in danger by forms and proceedings in courts of justice, in an unknown language, be it enacted by the King's most excellent majesty, by and with the advice and consent of the lords spiritual and temporal and commons of Great Britain in parliament assembled, and by the authority of the same, That from and after the twenty-fifth day of March one thousand seven hundred and thirty-three, all writs, process, and returns thereof, and proceedings thereon, and all pleadings, rules, orders, indictments, informations, inquisitions, presentments, verdicts, prohibitions, certificates, and all patents, charters, pardons, commissions, records, judgments, statutes, recognizances, bonds, rolls, entries, fines and recoveries, and all proceedings relating thereto, and all proceedings of courts leet, courts baron and customary courts, and all copies thereof, and all proceedings whatsoever in any courts of justice within that part of Great Britain called England, and in the court of exchequer in Scotland, and which concern the law and administration of justice, shall be in the English tongue and language only, and not in Latin or French, or any other tongue or language whatsoever, and shall be written in such a common legible hand, as the acts of parliament are usually engrossed in [...] (quoted from Mellinkoff 1963, 133; see Appendix).

1.4. After hesitant beginnings in the drafting of petitions and deeds and in the drawing up of wills around the middle and especially during the last decades of the 14th century, English made notable progress in regaining official recognition as *a written language* of English law and of records of judicial proceedings in Parliament in the reign of Henry V (1413−22) and in the further course of the 15th century. By then, about three and a half centuries had passed since the Conquest, which had brought an end to the old English language of the written law of the Anglo-Saxons. And even then Latin and French, which had absolutely dominated written legal communication in those centuries, did not completely give way to the native tongue (cf. 1.2.). The first Act of Parliament to be written in English dates from 1483. In *writings on the law* English appeared alongside French and Latin more frequently only in the 16th century − partly in translations of earlier works in French − in connection with "a movement to make the elements of the common law available in the mother tongue" (Baker 1977, 30). When it became the predominantly used language in the course of the 17th century and the only one in the early years of the following, many hundreds of years had gone by in which the legal literature of England had been exclusively or mainly written in Latin and French.

1.5. The change-over to English in legal communication was a long-drawn-out process that extended over a period of more than three centuries in the course of which the native language gained more and more ground on Latin and French while at the same time being exposed to influences from them as long as the participants in legal discourse, or notable numbers of them, considered some familiarity with (law) French a *sine qua non* in the legal profession. Diehards like Roger North (1653−1734), who became a King's Counsel in 1682, believed until the very last that "lawyer and law French are coincident; one will not stand without the other [...] For the law is scarcely expressible properly in English and, when it is done, it must be Francoise, or very uncouth" (quoted from Maitland 1903, XXXVI). Somewhat earlier, in 1628, Edward Coke, author of a *Commentary on Littleton['s Tenure]* (a 15th-century law book written in French) "carried much of [the French of the original] into English without change" (Mellinkoff 1963, 124) when translating it, and expressly stated that he saw no other way, "for so many ancient terms and words drawn from that legal French are grown to be vocabula artis, vocables of art, so apt and significant to express the true sense of the laws, and are so woven in the laws themselves as it is in a manner impossible to change them, neither ought legal terms to be changed" (quoted from Mellinkoff 1963, 124). No wonder, then, that the newly arising law English of the Late Middle English and Early Modern English periods was in many ways different from the language used in pre-Conquest legal documents. Before the end of the 15th century, a high proportion of its *vocabulary* had come to consist of loanwords from French, law French, Latin or Anglo-Latin (legal Latin) and comprised special law terms and words with special legal meanings (in addition to other senses) such as the following (and many others):

justice, jurisdiccion, court (of law), bar(re), jugge, (chief) justice, suyte (suit), *(haven/ taken) accioun (ayenes sb), accioun of detenue* (detinue), *plee* (plea), *pleint, caas, cause (criminal/civile), accusacion, empechement* (impeachment), *enditement* (indictment), *charge, defense, deposicion, examinacion, triell* (trial); *transgressions and offences, trespas, assau(l)t, crime, felonye, nu(i)sance, homycide, fraude, treson-claim, dema(u)nde, title; defendant, trespassour, dema(u)ndant, appellant, pleintiff, convict, client, partie; atto(u)rney, advocat, countour* (counter), *pledour* (pleader), *sergeant (of the lawe), barrester, counse(i)l, coro(u)ner, arbitr(at)our, juree* (jury), *jailer; verdi(c)t, juggement, sentence, conviction, forfe(i)ture, imprisonement, priso(u)n, jail, custodie, bail, suertee (surety), acquitaunce* (acquittal), *relees, ap(p)el* (appeal) –; *aresten, accusen, empechen* (impeach), *enditen* (indict), *chargen, examinen, trien, determinen, defenden, pleden, condemnen, convicten, punishen, (em)prisonen, gra(u)nten, deposen, dismissen, pardonen, acquiten, ap(p)elen* –; *liberties and privileges, fra(u)nchises, act(e) (of Parlement), ordina(u)nce, statut, enacte* (enactment), *decree, chartre, bille, accord, concord, contract, convention, covenant, indentures; obligacion; testament, heritage, inheritance; heir, coheir, assigné, executour, coexecutour* –; *(taken/ben of (non)) effect, (ben in/of no) force* –; *void, effectual, inheritable* –; *enacten, ordeynen, decreen, au(c)torisen, devisen*, etc.

All this intake from French and Latin did not, of course, mean giving up English entirely. The Germanic element retained in the basic vocabulary of the law until this very day includes fundamental items such as *right, law* (itself a borrowing from Scandinavian), *lawyer, lawmaker* (vs *legislator*), *law-breaker* (vs *criminal*), *bench, the Queen's Bench, breach (of the law)* (vs *violation*), *manslaughter, murder, theft; (un)lawful* (vs *(il)legal*), *wrongful* (vs *illegal*); *guilt, (not) guilty* (vs *innocent, innocence*); *witness; writ, deed, bond, (last) will, bequest, to bequeath* (vs *devise*).

'Doubling' or 'coupling' in *to devise and bequeath* (for ordinary 'bequeath') in law English illustrates the habit of coordinating more or less synonymous, or near-synonymous, native and borrowed or only borrowed or native words in word pairs (or triplets), which is often quoted as one of the characteristic features and "mannerisms" of lawyers' language (cf. Hiltunen 1990, 54 f; Mellinkoff 1963, 362 ff), and which goes at least as far back as the early days of modern law English (or even law French). Compare examples like *bequethen and devisen* (1430); *given, bequethen and assi(g)nen; given and graunten; ordeynen, establ(ish)en and enacten; pardon and acquite; transgressions and offences; accusations and empechementez* (impeachments); *goods and catel; ben accused and empeched* (*uppon [...]*); *ben in cleym and demande; ben quytte and discharged (of all demaunde); ben effectuall and in strengthe and value; ben voide and of noo force nor effecte* (null and void); *bi force and vertue (of the saide auctorite)*, etc.

The modern English language of the law has not only kept much of the heavily 'Romanised' vocabulary of early (modern) legal English but has, as can be clearly seen from the preceding texts, also preserved other lexical, syntactic, and textual peculiarities, at least part of which had developed under strong influence from law French and Latin.

2. Modern legal English, with special consideration of British legislative language

2.1. Present-day legal English is far from uniform. Its spoken varieties differ markedly from the written, and major variants or 'genres' such as academic, jurisdicial and legislative writing or texts (as distinguished by Bhatia 1987, 227) have sub-varieties with distinctive features of their own (in addition to shared features). Scholars also speak of *legal English of the USA* or *the UK*, the *legal Englishes of South Asia, South-East Asia or*

Africa, or *British legislative writing*, etc. and, thus, imply variation within (varieties of) legal English in different English-speaking countries. Last but not least, there is today a distinction between what is commonly called *the traditional legal language* (with particular reference to written forms of legal English, especially of the type of 'legislative writing') and *simplified legal English* (meaning, in particular, simplified forms of language as advocated by the Plain English movement, or even required by state laws in the USA, in various kinds of consumer contracts and other legal documents). The following remarks on modern English law language will mainly concentrate on some particulars of legislative writing, "the 'hard core' [...] of all the written varieties of legal English" (Bhatia 1987, 230), especially its British variant.

2.2. "In legal writing, [...] not least in statutory writing a primary objective is *certainty of legal effect*, and the United Kingdom legislature" – more, apparently, than that of other European countries – "tends to prize this objective exceptionally high [... and] seeks to leave as little as possible to inference" (*Renton Report on the Preparation of Legislation*, London 1975, quoted from Bhatia 1987, 2). Indeed, striving for explicitness, all-inclusiveness and precision and unambiguity in pursuit of certainty accounts for many features typical of the language of legislative texts and its "reliance", to a considerable extent, on "forms of language [...] which were established in the past [... and] have proved effective in achieving certain objects" (Crystal/Davy 1969, 213).

2.2.1. A strong preference for text units which are complete in themselves from the point of view of the legal content conveyed and the requirements of all-inclusiveness results in the tendency to (very) long and complex sentence structures with numerous coordinated and, especially, subordinated clauses. What is "one of the most distinguishing" (Danet 1980, 79), but also most heavily criticized features of legal English is clearly favoured by the *1975 Renton Report*:

"Shorter sentences are easier in themselves, and it would help overall to have them shorter, but of course you are faced with having to find the relationship between that sentence and another sentence two sentences away which, if you have all in one sentence is really done for you by the draftsman" (quoted from Maley 1987, 39).

The old habit of composing Statutes in the form of one long sentence (as found in the French *Statute of Pleading* of 1362 and its English 'remake' of 1731) had to be modified, of course, in the much more complex statutory texts of today. But the single-sentence sections or paragraphs (cf. early examples like the Statute of 1650) or even subsections are still long and complicated enough.

2.2.2. The need to control sentence length and to have sentence elements easily shiftable into various positions (as well as the characteristic 'impersonality' of legislative texts) is reflected in another characteristic of legal English: the frequent use of 'condensed' constructions, that is the reduction of finite relative clauses, for example, to *-ing* or *-ed* participle *clauses*, or '*whiz*-deletion', which permits construction of long nominal constituents with multiple postmodifications, or the condensation of clauses into nominal phrases (nominalizations) that renders them usable as constituents of other clauses with a relatively high degree of mobility, or adverbial clause reductions. Compare:

(1) "A justice following a course of instructions under a scheme made in accordance with arrangements approved by the Lord Chancellor, or a course of instructions provided by the Lord Chancellor, shall be deemed to be acting in the performance of his duties as a justice (*Justices of the Peace Act* (= JPA) 1979, 12.2, quoted from Hiltunen 1990, 79)."

(2) "Where the defendant serves a term of imprisonment or detention in default of paying any amount due under a confiscation order, his serving that term does not prevent the confiscation order from continuing to have effect, so far as any other enforcement is concerned (*Criminal Justice Act 1993* (= CJA), Part II, 13.-(1); 6.-(7))."

2.2.3. For the sake of certainty legal draftsmen not infrequently deviate from 'normal' word order by shifting (finite or reduced) adverbial clauses or phrases and/or prepositional phrase objects into 'unusual' positions, thus reserving the clause-final position, for example, for direct noun phrase objects or prepositional phrase complementations of adjectives or for the main verb and the other constituents of the verb phrase. This creates greater possibilities for showing more clearly the relationships which hold between the component parts of the sentence, for arranging the constituents so as to clearly highlight the main information (which is prototypically located at or close to the end of the clause), and/or for using lengthy and complex (object or other) noun phrases. For example:

(3) "The Lord Chancellor may, *if he thinks fit*, defray *out of moneys provided by Parliament* any costs awarded against a justice or justice's clerk in proceedings for an order of prohibition [...] or any part of such cost (JPA 1979, 54.2, quoted from Hiltunen 1990, 52)."

(4) "Where any prosecutor's statement has been given [...] the court [...] may require the defendant − (a) to indicate *to it, within such period as it may direct*, the extent to which he accepts each allegation in the statement [...] (CJA 1993, Part II, 10.-(1D)."

(5) "Any State may, *when depositing its instrument of ratification, acception or approval or at any later date, by declaration addressed to the Secretary-General of the Council of Europe* extend this Convention to any other territories specified in the declaration for whose international relations it is responsible or on whose behalf it is authorised to give undertakings (*The Extradition [Suppression of Terrorism] Order 1978*, 12.2; quoted from Swales/Bhatia 1983, 103)."

Unusual ordering of constituents does not only occur in clauses but is, for the very same reasons, also used in noun phrases with multiple postmodification. Compare:

(6) "The provision *for any person* of services or goods which are of assistance to him in drug trafficking shall not be treated as consideration for the purposes of subsection (2) above (CJA 1993, Part II, 16.-(1); 23A-(4))."

(7) "Article 15 of the Second Banking Co-ordination Directive ... requires the United Kingdom to make provisions for the exercise *in the United Kingdom by supervisory authorities of other member States* of information and inspection powers in relation to institutions authorised by them (CJA 1993, Part VI, 70.-(2)(a))."

2.2.4. Another means of achieving a high degree of precision, or exactness of reference, is, of course, the use of technical language − the selection, that is, of particular words and phrases from the special vocabulary of law and legislation. The greatest importance, in this connection, is assigned to so-called *terms of art* − 'pure' law terms or specifically used 'common words', with a 'fairly well-agreed' or 'explicitly fixed' meaning, unchanging in different contexts − and technical or special terms, which, although only relatively fixed and variable, to a certain extent, in different contexts, possess, at least, "a stable core of meaning and have paradigmatic value by virtue of their participation in lexical fields" (Maley 1987, 34). Among these two subsets of items from the modern legal lexicon are a large number of the Late Middle English loanwords listed under 1.5. 'Common words', when used as art or technical terms of law, often have either meanings which − as in the case of *prejudice* or *action*, for example − are different from their other meanings, or are narrower in their range of reference − like *trespass* or *prohibition* − and serve to make distinctions neglected in non-technical usage, as in *murder, manslaughter, infanticide* used as denotations of different kinds of *homicide*. The technical vocabulary of modern legal English, and especially the subset of *terms of art*, is not only highly 'Romanised' but contains even words and phrases preserved, until this very day, in their original Latin or French forms respectively, such as *certiorari, in absentia, mandamus, affidavit, subpoena, res (ad) judicata, (obiter) dictum, prima facie* (evidence), (an) *ex parte* (injunction), *stare decisis* (let the decision stand), *nolle prosequi*, etc., or law French *voir dire, fee simple, laches, estoppel*, etc. The list of words with specialized law meanings also includes items like *count, counsel* (for the) *prosecution*, (a) *prosecutor's statement, detention (pending trial; order), attach, attachment (order), consideration, probation (order)*, (a) *(suspended/custodial) sentence*, etc.

2.2.5. Although mainly directive or permissive in their function, legislative statements may also have important subsidiary functions, like defining. Thus, 'interpretation provisions' are not infrequently inserted to clarify the intended meaning of essential key terms in particular parts or sections of a legislative Act. Compare:

(8) "(1) For the purposes of this Part, "regulated market" means any market, however operated, which, by an order made by the Treasury, is identified [...] as a regulated market for the purposes of this Part.
(2) For the purposes of this Part an "issuer", in relation to any securities, means any company, public sector body or individual by which or by whom the securities have been or are to be issued.
(3) For the purposes of this part −
 (a) "company" means any body (whether or not incorporated or constituted) which is not a public sector body; and
 (b) "public sector body" means −
  (i) the government of the United Kingdom, of Northern Ireland or of any country or territory outside the United Kingdom;

(ii) a local authority in the United Kingdom or elsewhere;
(iii) any international organisation the members of which include the United Kingdom or another member state;
(iv) the Bank of England; or
(v) the central bank of any sovereign State

(CJA, Part V,60.-(1) to (3))."

2.2.6. In their efforts to make the complex syntactic and semantic structures of the legal text more transparent to the reader and to facilitate text comprehension and reference to particular passages, legal draftsmen have come to attach increasing importance to the potentialities of layout. Thus, legislative texts are being broken up into portions of varying sizes – Parts (of an Act), sections, subsections, paragraphs and sub-paragraphs, etc. – and clearly separated visually by the way in which they are arranged, by numbering and lettering, indentations and other devices. In this way even long one-sentence subsections remain 'tolerable'. Note:

(9) "3. An individual is not guilty of insider dealing by virtue of dealing in securities or encouraging another person to deal if he shows –
   (a) that he acted –
      (i) in connection with an acquisition or disposal which was under consideration or the subject of negotiation, or in the course of a series of such acquisitions or disposals; and
      (ii) with a view to facilitating the accomplishment of the acquisition or disposal or the series of acquisitions or disposals; and
   (b) that the information which he had as an insider was market information arising directly out of his involvement in the acquisition or disposal or series of acquisitions or disposals.

(CJA 1993, Section 53 (4), Schedule 1.-3.)."

2.3. The pursuit of certainty may be at variance with the goal of flexibility, of leaving room, to a certain extent, for interpretation or later inclusion, in a legal rule, of "unforeseen circumstances or entities" or adaptation to "changing social needs" (Maley 1987, 38). Vagueness and imprecision, to a certain degree unavoidable (and not undesirable) in general legislative statements (if these are not complemented by specifications of their application to particular situational contexts), may even be consciously aimed at in certain cases or certain kinds of legal documents. Thus, "calculated imprecision" can be "an important component of the meaning" (Crystal/Davy 1969, 212) of certain documents, and vaguenesses in them may very well be intended for the benefit of one of the contracting parties.

Description of the means of achieving flexibility has so far been largely confined to lexis. To produce vagueness and room for subjective interpretation the legal draftsmen need not necessarily have recourse to a special vocabulary but can freely draw upon the resources of the 'ordinary' language, which offers them sufficient numbers of words and phrases without a clearly delimited range of reference (especially outside a clarifying context). These include adjectival modifiers like *reasonable* (care, etc.), *adequate* (cause, compensation), *inadequate*, *due* (care, etc.), *excessive*, *extreme* (cruelty), *extraordinary* (compensation, etc.), *wilful* (by any wilful act), *wrongful*, *grievous* (mental suffering), *fair* (division), *moderate* (as in "moderate physical pressure that Israeli law allows interrogators to use when ordinary questioning fails", TIME Nov 7, 1994); or adverbials such as *apparently*, *wilfully*, *maliciously*, *clearly* (erroneous); nouns like *inconvenience*, *malice*, etc.; or phrases like *abuse of discretion* (cf. Mellinkoff 1963, 21). *Aggravated trespass* is the name of a new offence in the *Criminal Justice and Public Order Bill* "which criminalizes some forms of protest" and is heavily criticized by civil libertarians as being "so vague that virtually any public assembly could be banned by the police" (TIME 36, Sept 5, 1994, p. 3).

2.4. Ever since Thomas More's *Utopia* (1516) legal language has been criticized for its unintelligibility to "an ordinary person" (quoted from Benson 1984/85, 519). Even the *Renton Report* of 1975 concedes that "to the ordinary citizen the provisions in the statute book might sometimes as well be written in a foreign language for all the help he may expect to obtain there as to his rights and duties under the law" (37, quoted from Maley 1987, 25). Even if the English of legal texts "has [...] in this century changed considerably in the direction of greater simplicity both of syntax and of vocabulary" (Maley 1987, 46), its complicatedness and technicality is still sufficient to make it difficult for laymen – and, partly, even professionals – to understand. But if there is, therefore, "a growing recognition of the desirability of simplified legislative language" (Maley 1987,

39), opinion about the way of achieving it is greatly divided in different circles and differs, to some extent, in different English-speaking countries. Significant departure from the traditional form of legal language is imperatively demanded by political and social pressure groups, like the *Plain English* movement in the United States. The 'simplifications' postulated by them, but often only rather vaguely defined, include, for example, essential reduction of sentence length and complexity as well as constructional density (plain and simple syntax, much shorter sentences), preference of active to passive voice, non-technical language, avoidance of long, archaic and learned words in favour of everyday words, words with common and everyday meanings, etc. In the United States, changes in this direction have, since the mid-seventies, even been made legally compulsory in a growing number of states at least in certain categories of legal documents, especially "consumer contracts [...], typically including leases and all contracts for personal, family and household purposes" (Benson 1984/85, 572). Different from the "populist demand" (Bhatia 1987a, 2) for the use of plain English in legal documents are attempts from within the profession, especially in recent British legislative writing, to achieve greater readability and intelligibility through optimization of the style of legislative drafting without radical departure from the traditional legal language. A particular drafting technique attempting to avoid too high informational density and syntactic complexity at certain points in legislative provisions has been outlined in Bhatia (1987a). Its characteristics include such things as splitting sections into subsections (indexed to facilitate reference), foregrounding "the main provisionary statement" and "postponing the less important and more complicating legal details to subsequent subsections" (Bhatia 1987a, 7), and using forward and backward cross-referencing devices to "indicate textual relations between various (sub)sections of the same or related provisions" (ibid., 2). For illustration compare section 110 of the *Housing Act 1980: 81*:

(10) "(1) Where, after the commencement of this subsection, a local authority –
(a) advances money for any of the purposes *mentioned in subsection (2) below*; or
(b) on the disposal of any dwelling house, allows or has to allow any sum to be left outstanding on the security of the dwelling-house; or
(c) takes a transfer of a mortgage *in pursuance of section 111 of this Act*;
the provision to be made by it with respect to interest on the sum advanced or remaining outstanding shall comply with the following provisions of this section ...
(2) The purpose *mentioned in subsection (1) above* –
(a) acquiring a house;
(b) constructing a house;
(c) converting another building into a house or acquiring another building and converting it into a house or houses;
(d) altering, enlarging, repairing or improving a house; and
(e) facilitating the repayment of an amount outstanding on a previous loan made for any of the purposes *specified in paragraphs (a) to (d) above*;
and 'house' in this subsection has the same meaning as *in the Housing (Financial Provisions) Act 1958.*
(3) The interest rate shall be whichever is for the time being the higher of the following, namely –
(a) the standard national rate *(as defined in subsection (4) below)*; and
(b) the applicable local average rate *(as defined in subsection (5) below)* [...]." (quoted from Bhatia 1987a, 2f).

3. Appendix

An eighteenth-century translation of the *Statute of Pleading* of 1362

Pleas shall be pleaded in the English tongue, and inrolled in Latin.
Item, Because it is often shewed to the King by the prelates, dukes, earls, barons, and all the commonalty, of the great mischiefs which have happened to divers of the realm, because the laws, customs, and statutes of this realm be not commonly holden and kept in the same realm, for that they be pleaded, shewed, and judged in the French tongue, which is much unknown in the said realm, so that the people which do implead, or be impleaded, in the King's court, and in the courts of other, have no knowledge or understanding of that which is said for them or against them by their serjeants and other pleaders; (2) and that reasonably the said laws and customs the rather shall be perceived and known, and better understood in the tongue used in the said realm, and by so much every man of the said realm may the better govern himself without offending of the law, and the better keep, save, and defend his heritage and possessions: (3) and in di-

vers regions and countries, where the King, the nobles, and other of the said realm have been, good governance and full right is done to every person because that their laws and customs be learned and used in the tongue of the country: (4) the King, desiring the good governance and tranquillity of his people, and to put out and eschew the harms and mischiefs which do or may happen in this behalf by the occasions aforesaid, hath ordained and stablished by the assent aforesaid, that all pleas which shall be pleaded in any courts whatsoever, before any of his justices whatsoever, or in his other places, or before any of his other ministers whatsoever, or in the courts and places of any other lords whatsoever within the realm, shall be pleaded, shewed, defended, answered, debated and judged in the English tongue, and that they be entered and inrolled in Latin [...] (quoted from Mellinkoff 1963, 111−112).

4. Literature (selected)

Abbott 1973 = L. W. Abbott: Law reporting in England 1485−1585. London 1973.

Baker 1977 = John Hamilton Baker (ed.): The reports of Sir John Spelman. The publications of the Selden Society, Vol. 94. London 1977 f. Vol. 2: J. H. Baker: Introduction. English law and the Renaissance, 32 ff.

Baker 1979 = John Hamilton Baker: Manual of Law French. Amersham 1979.

Benson 1984/85 = Robert W. Benson: The end of legalese: The game is over. In: Review of law & social change, Vol. XIII. New York 1984−1985, 520−573.

Bhatia 1987 = Vijay K. Bhatia: State of the art: Language of the law. In: Language teaching 1987, 227−234.

Bhatia 1987a = Vijay K. Bhatia: Textual-mapping in British legislative writing. In: World Englishes. Vol. 6. Oxford 1987, 1−10.

Brown 1969 = Reginald Allen Brown: The Normans and the Norman Conquest. London 1969 (2. ed. Woodbridge 1985).

Brunot 1924 = Ferdinand Brunot: Histoire de la langue francaise. Tome I. 3. ed. Paris 1924.

CJA = Criminal Justice Act. London 1993.

Crystal/Davy 1969 = David Crystal/Derek Davy: Investigating English style. Chapter 8: The language of legal documents. London 1969, fifth impression 1976, 193−217.

Danet 1980 = Brenda Danet: Language in the legal process. In: Law and society review 14/3. 1980, 445−564.

Hiltunen 1990 = Risto Hiltunen: Chapters on legal English. Aspects past and present of the language of the law. Helsinki 1990.

Maitland 1903 = F. W. Maitland (ed.): Year books of Edward II, Vol. I: 1 & 2 Edward II. AD 1307−1309. The publications of the Selden Society, Vol. XVII. London 1903.

Maley 1987 = Yon Maley: The language of legislation. In: Language in society 16. 1987, 25−48.

Mellinkoff 1963 = David Mellinkoff: The language of the law. Boston. Toronto 1963.

Swales/Bhatia 1983 = John M. Swales/Vijay K. Bhatia: An approach to the linguistic study of legal documents. In: Fachsprache 5.3. 1983, 98−108.

Woodbine 1910 = George E. Woodbine: Four thirteenth century law tracts. New Haven 1910.

Rolf Berndt †, Rostock

261. English grammatical terminology from the 16th century to the present

1. Introductory
2. The foundations to 1830
3. The rise of analysis
4. The twentieth century
5. Conclusions
6. Literature (selected)

1. Introductory

The terminology of grammaticography constitutes one way of encoding our representations of language. To a significant degree, the terminology influences the way in which we approach our subject and defines the limits of what we can talk about. The historical study of terminology may be seen as a study of how these limits have been extended through history.

The scope of the term "grammar" has itself changed throughout the history of English grammaticography. The older scheme, which included orthography and prosody, has now contracted to cover mainly morphology (older *accidence*) and syntax. For purposes of exemplification we can confine our attention to the core of this descriptive system, covering seven types or levels of categories. The first six comprise units perceived from different viewpoints. The seventh concerns the relations between the units. The systems include:

(1) At the lexemic level: Primary Syntactic Categories (PSCs) — N, V etc. (2) Surface-structure case (nominative, accusative) and other inflectional categories — the Secondary Grammatical Categories (SGCs; Lyons 1968, 274). (3) Phrasal or constituent-structure categories (NP, AP etc.). (4) Functional Categories (SUBJ[ECT], OBJ[ECT] etc.). (5) Thematic Roles (Agent, Patient etc.). (6) At the discourse level: topic, comment; theme, rheme etc.

The relations required are those of dependency on the one hand (head, govern; concord relations) and constituency on the other (phrase, node etc.) — both now sometimes treated under *unification*.

If the categories listed above were related to a given argument (the subject of a clause, say) the typical constellation at the successive levels would be: noun — [in the] nominative case — [as head of] NP — SUBJECT — Agent — topic of discourse.

2. The foundations to 1830

If William Bullokar (ca. 1520 – ca. 1590) was the first to write a grammar of English in English, he was not the first to provide a grammatical terminology in it. Bullokar came in fact at the end of a period of development which spanned more than five hundred years. Towards the beginning stands Aelfric, as the first individual for whom we have documentary evidence that he provided a comprehensive grammatical terminology in a western European vernacular. The centuries after Aelfric witnessed — first — a significant shift in the language ecology of England as a consequence of the Norman Conquest; then a period of recession in English learning, followed by revival; the invention of printing, with its consequences for learning; and finally, in the sixteenth century, the first steps in the systematic application of a latinate terminology to the description of English. Since the majority of the grammatical terms used by Aelfric would be recognized by a modern grammarian with little difficulty, the history of English grammatical terminology can not be properly understood in isolation from the foundations laid in these earlier centuries.

It has sometimes been assumed that Aelfric (d. ca. 1010) in his *Excerptiones de arte grammatica anglice* aimed to provide a vernacular terminology to replace the Latin terms handed down in the tradition of Donatus and Priscian, or even to write a grammar of English as he knew it. Neither assumption appears plausible. It would be wrong to assume that we can learn from Aelfric's *Excerptiones* how he perceived the structure of Old English (Law 1987, 60). And an analysis of his technical language suggests that his motivation was less scientific than didactic. His concern was not to describe the structure of English, nor to supplant a Latin terminology by a native one (this kind of motivation does occur in western European vernaculars, only much later), but to introduce his students to the structure of Latin via English. To do this, he needed to explain the meanings of Latin grammatical terms in the vernacular.

If history had taken a different course, the generations after Aelfric would have had a comprehensive vernacular vocabulary at their disposal. A few of Aelfric's English terms did virtually replace the Latin. The decline in vernacular scholarship in the twelfth to the fourteenth centuries, however, cemented the role of Latin, so that by the time grammarians began to write their texts in English once more, their terminology was almost exclusively of Latin origin. The majority of those terms used by Aelfric which would be recognizable to the modern grammarian belong to the Latin, not the English stock.

Against the background of the Renaissance, with its growing interest in the vernaculars and an upsurge in national pride, the steps which culminated in Bullokar's *Pamphlet for Grammar* (1586) were gradual rather than abrupt. The manuscript tradition had taken Latin as its object-of-description. Although some words were less useful for denoting English than Latin categories (e.g. *supine*; *coplicase*), a large number are not unsuitable for present-day English (PDE). Among these are, for instance, *antecedent, article, comparison, concord, construe, demonstrative, oblique, tense*. Other areas of the terminology contained words used for grammatical description today, but with different meanings (e.g. *clause, default, expletive, primitive*). Still other items belong to the general lexicon of English, but without their earlier grammatical meanings (e.g. *figure, hanging, quality, rehearse*). Of the approximately 200 words which constituted the body of this terminology, about three-fifths are still in use today.

Once grammatical texts had begun to be written in English, authors soon included English examples, even though the texts were intended as introductions to Latin. John Stanbridge, for instance, in his *Accidentia* wrote of the *Latin* passive: "These be the sygnes of a verbe passyve am/arte/is/was [...]" (Stanbridge [1495?]: b. i.ᵛ).

The increasing accessibility of texts engendered by the new invention of printing led to a proliferation of grammars. King Henry VIII, concerned at "the great hynderance whiche heretofore hath ben, through the dyversitie of grammers and teachynges [...]" ([Lily] 1549, Proclamation) ordained that the Introduction compiled from William Lily and John Colet should be the only book licensed to teach grammar in English schools. Since the *Introduction* was printed in both English and Latin, an exact terminological parallel was available in both languages.

Within a few years, Richard Sherry and others had begun to produce comparable treatments of Latin in English (Sherry, 1550) so that by the time Bullokar wrote, an extensive vernacular terminology was already in place. This suited Bullokar's purpose well, which was primarily to demonstrate that English, too, could be "a perfect ruled tung, conferabl[e] in Grammar-art, with any ruled long" (Bullokar 1585, 11. 244–246). In this, Bullokar reflected the spirit of his time, which was both to demonstrate the power and quality of the vernacular, and to meet the demand alluded to by Sherry for more texts of this type in English (Robins 1994).

The systems underlying Bullokar's description cover – even at this early stage – six of the seven mentioned above. Bullokar postulates the conventional eight parts-of-speech (N, PRON, V, Participle, Adverb, C, P, Interjection) but other terms (e. g. *article*) occur in the course of the text. He has five surface-structure cases: *nominative, accusative, gainative, vocative,* and *genitive-proprietary.* From the level of phrase-structure, he uses the terms *clause, phrase, sentence,* though not in the senses in which they are commonly used today. As functional terms he has nominative case (for SUBJ), *accusative case* (OBJ) and *adverb or adverbial* [sic] *of* [e. g.] *quality* for *adjunct* (Bullokar op. cit., l. 651). For the thematic roles Agent and Patient Bullokar uses *doer* and *sufferer,* and as relational terms *governor* and *appendant* (though not *head*). The only level for which terms appear to be missing is the discourse-level, where the later popular *subject of discourse* is conspicuously absent.

These systems seem to have changed less since Bullokar's time than the terminology assigned to them. The history of English grammatical terminology is thus to a considerable degree the story of shifts inside and between these systems.

Changes in terminology from 1586 until the 1830s occurred in the context of an ongoing unease at the problematic relationship between Latin and English, together with an increasing orientation towards classical ideals. These partly conflicting tendencies were reflected on the one hand in proposals to reduce the preponderance of Latin in the terminology, and on the other in an orientation towards the general as opposed to the individual. The latter recurs throughout grammatical history as a constant oscillation between universalism and structuralism.

The accentuated 'nativism' of the seventeenth and eighteenth centuries looked back in part to Bullokar, and at the same time anticipated the hankering after linguistic purity evident in the works of William Barnes, Gerard Manley Hopkins and Robert Bridges.

Throughout the eighteenth century a considerable number of terms jostled together in the terminological pool as potential candidates for survival. For *adjective* for instance, *noun adjective* and *adjective noun* are recorded (as 'latinised' terms). We also find such combinations as *ad + noun* (lat. + lat.), *ad + name* (lat. + engl.) and *to + noun* (engl. + lat.) Charles Gildon and John Brightland used *name* (for *noun*) and *quality* (for *adjective*) (Michael 1970, 316–318). Such neologisms, however, often failed to survive more than one or two generations. At the end of the eighteenth century, George Sampson proposed *for-noun* (= pronoun?), *to-noun* (= adjective?) and *partaker* (presumably for *participle*) as "names explanatory of their use" for the parts of speech. However, his neologisms were judged to have "a discordant sound, and an awkward appearance" (Anon. 1792, 94).

The latter response was reinforced by the classical inclination – which reached its peak in the eighteenth century – to look for the general as opposed to the individual. The grammar of a particular language was seen as an exemplar of more general principles: "Grammar in general, or universal grammar, explains the principles which are common to all languages. English grammar accommodates those general principles to the English language, and furnishes a system of such observations and rules as are necessary for speaking and writing it" (Ussher 1785, Preface).

The influence of Sentence Analysis and of comparative and diachronic philology made itself felt from about the third decade of the nineteenth century onwards. The systems which these impulses encountered are exemplified in the work of Alexander Crombie (1760—1842), who, rather than Lindley Murray or William Cobbett, was the most significant grammarian of the turn of the century. At the lexemic level Crombie wrote of *substantive* and *verb*. Case being treated now more as a formal than a notational or semantic category, Crombie had two for nouns: *nominative* and *objective/accusative*. For SUBJECT-predicator-OBJECT Crombie used the *nominative case* (or the *nominative*), *predicate verb* and *regimen* (a term still used by William Barnes and Otto Jespersen). At the level of thematic roles, Bullokar's *doer* and *sufferer* were replaced by *agent* or *actor*, and *subject* or *object of the action* respectively.

Note that the term *subject* had now entered the scheme, though not in its current sense, and (since Crombie also wrote of the *subject of discourse*) that the same term was being used in two different systems.

Looking back over the two centuries before Crombie, one is struck by the large number of innovations relating to the PSCs and their sub-classes. A much smaller proportion concerned the Secondary GCs, though these tended to be important as reflecting doctrinal differences between "schools" or traditions (for instance in the treatment of case, tense and mood). Hardly any innovations were made at the remaining levels. Equally interesting is both the small number of terms which finally won through, and their closeness to the ongoing Latin tradition.

3. The rise of analysis

The next significant developments came from Germany. Two strands are discernible, one represented by Karl Ferdinand Becker (1775—1849), the other by Jacob Grimm (1785—1863). Becker was to lay the foundations for what later became Sentence Analysis (and, by a succession of twists, in the twentieth century Phrase-Structure Grammar). Grimm's attention, on the other hand, was concentrated more on the diachronic aspects. His influence — mediated by a generation of English scholars educated largely in Denmark and Germany, — led to an improved treatment of the diachronic and comparative aspects of English grammar.

Becker's approach to Sentence Analysis changed the direction of grammar in England. Whereas grammar had traditionally been viewed synthetically (What could combine with what to produce what?), it now began to be seen analytically (Into what parts should the sentence be carved?) The practice of analysis shifted attention from the level of the word to the functional level, for which a set of terms was needed. In Becker's scheme, PSCs and SGCs remained basically the same. What Becker showed, however, was how they and the phrasal categories were linked to functional arguments. His scheme comprised *subject* and *predicate*, each of which could be *simple* or *compound*. Parts (*members*) of the sentence were bound together in one of three combinations: the *predicative* (SUBJ + PRED), the *attributive* (substantive + attributive), or the *objective* (V or A[!] and their *objects*). Under *object* Becker included *qualifying* or *individualising* expressions (what we would call "adverbials") as well as the governed object of a verb.

By focussing attention on the functional level, Becker made clearer the way in which sentence functions could be expounded by different structures (clause, phrase, word), and hence prepared the way for such concepts as constituency, embedding and recursion. Becker's innovations are the more remarkable when one considers that they were the work of a non-native: he apologised for introducing to the English "a terminology in a great measure new" (Becker 1845, v). Thomas Kerchever Arnold (1800—1853), John Daniel Morell (1816—1891) and Charles Peter Mason (1820—1900) developed and helped to disseminate Becker's ideas.

But Becker's scheme was not without weaknesses. Mason seized in particular upon Becker's failure to distinguish terminologically between governed and ungoverned sentence-elements (*object* and *adjunct*). Becker had described *be* as a copula, and distinguished between objects which *completed* and objects which extended the predicate. This Mason rejected. Why, if *is* was the copula in

He is rich, should not *becomes* also be a copula in *He becomes rich*? Taking up the notion of completeness developed by Arnold, Mason proposed treating both *be* and *become* as *verbs of incomplete predication*. "And now", he argued, "ensues another advantage from discarding Becker's use of the term *completion of the predicate* [...]. We can apply it, or some equivalent term, in the case of verbs which really do express only an incomplete notion [...]" (Mason 1858, x). For these, Mason introduced the term *complement* into English grammatical terminology for the first time.

From about 1875 an impulse towards standardisation became evident in a number of western countries. One important factor underlying this drive in the United Kingdom was a growing pressure on the curriculum, itself the product of deeper-seated social and educational changes. A focal point of the movement was Edward Adolf Sonnenschein (1851–1929). His superficial concerns were plausible: "Why should not the experience acquired in learning one language be made more real help in the learning of others?" (*Journal of Education* 1886, 169). It is not surprising that support rallied to his call for "simplicity and uniformity in the teaching of the 'school' languages" (loc. cit.).

The movement took different forms according to the national context. The French ministry published a list of terms as an edict in 1910. In 1911 the Joint Committee initiated by Sonnenschein produced its report *On the Terminology of Grammar* (Terminology, 1911). In the United States the report of the Joint Committee on Grammatical Nomenclature appeared in 1913 (Joint Committee, 1913). German efforts in this direction were frustrated by the onset of war in 1914. Up to that point, however, there had been considerable contact between groups in the different countries.

In addition to his quasi-official activities Sonnenschein engaged in a personal programme of propagation for his ideas. From 1886, he edited the "Parallel Grammar Series" of textbooks. These made use as far as possible of a common, simplified terminology. The series ultimately comprised over thirty volumes. Following the report *On the Terminology of Grammar*, Sonnenschein also produced grammars of Latin, French and English, all "based on the recommendations of the Joint Committee".

These recommendations reveal interesting features. Weak on functional categories (*complement* and *adjunct* are missing), they were more orientated towards the parts-of-speech and the SGCs. Among the recommendations was the now almost standard set of Latin-based terms: as Sonnenschein had remarked, "the existing stock of names [...] would be found sufficient, or nearly sufficient" (*Journal of Education* loc. cit.). In addition, Sonnenschein proposed *future in the past* (for "would write") and *future perfect in the past* (for "would have written"). Explicitly discarded, on the other hand, were *apodosis* and *protasis*; *attribute* (a functional category meant here as a part of speech); *common*, *concrete* and *proper noun*; *factitive verb* and *active* (for *transitive*) *verb*; *nominative of address* and *substantive* — a term which Jespersen rather liked.

Sonnenschein's efforts should not obscure the fact that other movements were also afoot. Barnes (1878) offered a glossary of terms "englished" which included *speech-craft* (grammar); *word-cluster* (clause), *up-* or *outfilling* (complement); *link-word* (conjunction) and *word-building* (etymology in the sense of morphology). Although *link* or *linker* appears both in the *Terminology* (1911) and in Quirk et al. (1985), these terms generally stood little chance of making much impression upon the established body of latinate terminology.

4. The twentieth century

Sonnenschein's work overlapped with that of Henry Sweet (1845–1912) and Otto Jespersen (1860–1943). Though their views differed, all three were much concerned with terminology. Sweet confessed to Jespersen on the publication of his *New English Grammar* that he had "had most difficulty with the terminology" (Jespersen 1924, 343).

Where Sonnenschein was restrictive and normative, Jespersen was flexible and innovative; and where Sonnenschein was pedagogically motivated, Jespersen was more concerned with the scientific description of language.

But Jespersen's policy, like Sonnenschein's, was to use the existing terminology as far as possible: "We must take most of the old terms as they are [...] and make the best use of them that we can, supplementing them where it is necessary, and limiting the meanings of all terms [...] as precisely and unambiguously as possible" (op. cit., 343). The following can all be found in Jespersen: *bare infinitive*, *oblique (case)*, *phrase* and *adjunct*. In addition (and this Jespersen counted as one of his main contributions) words such as *nexus*, *primary*, *verbid* and *subjunct* were needed to express the relations inherent in his "three ranks". But although some of these have been adopted by modern linguists (cf. e. g. Foley/Van Valin 1984), they scarcely belong to the central core of contemporary terminology. Other terms used first, or early, by Jespersen, include (though not always in their modern senses) *cleft-sentence*, *existential there*, *quantifier*, *zero article* and *unification*.

Jespersen subjected English grammatical terminology to the most searching scrutiny it has ever had. He argued that *conjunction*, *adverb*, *preposition* and *interjection* would be better subsumed under *particle*. And he rejected the terms *absolute*, *impersonal* (of verbs), *morpheme*, *objective* (case) and *positive* (degree). Sonnenschein's favourite, *future perfect in the past*, was explicitly attacked (Jespersen 1924, 282), and *perfect* was rejected as superfluous (loc. cit.).

It is surprising that more has not been made of Jespersen's contribution. The attention of contemporary linguists, however, was moving away from dependency and functionalism towards surface-form and constituency.

With his interest in the distribution of forms without relation to meaning, Charles Carpenter Fries (1887–1968) appears to have been more in tune with his time. He argued that a traditional terminology must hinder the grammarian from perceiving his material objectively, so a new start was necessary which identified the parts of speech in terms of their distribution. On this basis, Fries established four major word classes, which he named *1*, *2*, *3* and *4*. In relation to these pivotal items, fifteen sub-classes of "function words" were set up, which he labelled *A* to *O*. Language being what it is, it was not difficult to see *N*, *V*, *A* and *ADV* lurking behind the numbers *1–4*, and prepositions, conjunctions etc. behind the letters of the alphabet. This fact was not lost on Fries, who nevertheless insisted that "The two sets of names [...] do not coincide" (Fries 1957, 87).

Fries owes his place in grammatical history less to his terminology than to his empirical positivism (which has since found a new lease of life with corpus linguistics) and in his structuralism and claimed inductivism. In one way or another, these features helped to define the context into which Noam Avram Chomsky's *Syntactic Structures* was born. *Syntactic Structures* (1957) introduced a new approach to grammar – later called Transformational Generative Grammar (TG) – and with it new techniques of representation (trees, labelled brackets). These in turn required a terminology of their own (*node*, *path*, *dominate* etc.).

The decades since the fifties have seen a proliferation of grammatical theories, each possessing to a greater or lesser degree its own terminology. Most theories can be assigned to one of three strands according to their theoretical orientation. Some embrace Chomskyan generative principles and claim – as did their predecessors in the eighteenth century – to be related to a Universal Grammar. Others are governed by general principles without subscribing to the current Chomskyan orthodoxy. And still others ("unaligned") make no claim to be governed by general principles at all.

Unlike Fries, Chomsky places little weight on the phenomena of performance, is universalist rather than structuralist, and deductivist as opposed to inductivist. One consequence of the Chomskyan revolution has been that the language of TG has become a kind of universal terminology – much as that of "traditional" grammar had been – in terms of which the descriptions of individual languages can be framed. Succeeding generations of TG, currently MP (the "Minimalist Programme"), have brought their own terminological developments. Out of this tradition other varieties of generative grammar have evolved, such as Lexical-Functional Grammar (LFG), Generalized Phrase-Structure Grammar (GPSG) and Head-Driven Phrase-Structure Grammar (HPSG), each of these also with its own distinctive terms.

Outside the Chomskyan tradition, Hudson (1990), and Melčuk/Pertsov (1987) adopt a dependency approach. Halliday (1985), and Downing/Locke (1992) belong in the tradition of Systemic-Functional grammar; and Givón (1993) chooses a more general functional approach. These grammars tend to take fuller account of SGCs, thematic roles, and functions than grammars in the Chomskyan tradition. All shew an increased awareness of the discourse level. Dixon (1991) could also be mentioned here.

Finally, the "unaligned" grammars. These not infrequently claim to owe no debt to any particular school, to be structuralist and inductivist in approach, and to make overt use of semantic information (Quirk et al. 1972; vi; Huddleston 1984, xi). With the exception of the emphasis on semantics, this is a philosophy rooted in the fifties and most clearly articulated in Quirk (1960). These grammars tend to be eclectic in approach and to concentrate on surface-structure phenomena. Nevertheless, they discover traditional universal categories in their data and, at the same time, betray evidence of their period of gestation. Despite the disclaimers, Rodney Huddleston makes use of transformations (op. cit., 14) and Lord Randolph Quirk et al. of constituency (as opposed to the traditional dependency).

In theory, one could use data from a corpus to test a hypothesis deduced from any grammatical theory, so that so-called 'corpus grammars' are not in principle assignable to any particular approach. The most conspicuous exemplars of corpus grammars to date are the family of grammars built round Quirk et al. (1972), Collins COBUILD Grammar (1990) and those by Peter Erdmann (1976, 1990).

The COBUILD grammar prints a glossary which distinguishes between "general" grammatical terms, and terms specific to COBUILD. From this, one can pinpoint modifications to the systems introduced at the beginning of this article. Thus, there are terms for *tense* and *mood* (but not *aspect*); latinate *numeral* has been replaced by *number* (*cardinal number*); *ergative* and *performative* have been introduced; and so has *phase* (a structure containing two closely-linked verbs).

5. Conclusions

English grammatical terminology can now be characterized as follows. It contains a core of basic terms which are shared by all grammarians. This core is strikingly robust and of almost exclusively latinate origin. Round the core is a second layer of terminology, again shared by all grammarians but not common to all theories. It includes both dependency and constituency terms. Finally, there is a layer which comprises largely model-specific terms. Some of these find wider acceptance and are used in other descriptions (e. g. *pied-piping*, *extraposition*). Changes in terminology occur less as a result of change in the language than of changes in perception. Loss of the Old English dative did not result in the removal of the term from grammatical description until the twentieth century. By contrast, the view of the sentence introduced by Becker and the rise of constituency in the twentieth century revolutionised terminology in a way unrelated to change in the language itself.

Almost all grammarians fall back on the traditional set of lexeme classes (PSCs), whereas the discourse level, at the other end of the scale, is still largely in a state of flux. But even the treatment of the PSCs exhibits weaknesses. Jespersen's proposals concerning the particle, for instance, which otherwise fit well with current thinking, have not been systematically explored. Further, most grammars continue to make use of *adverb*, though it has long been considered doubtful "whether any general theory of syntax would bring together as members of the same syntactic class all the forms that are traditionally described as 'adverbs' [...]" (Lyons 1968, 326).

Similar criticisms may be made of almost all the intervening levels. One can scarcely escape the conclusion that, as Jespersen observed, "Traditional terms often cramp the minds of investigators" (Jespersen 1924, 341). Grammarians have all too often discovered in their data the traditional Latin categories they were themselves taught, and overlooked other categories, such as *classifier*, which could be justified equally well. One wonders what our grammars would have looked like today if they had been framed by priests and merchants spreading westwards from the east, instead of vice versa.

Among the forces militating against innovation in terminology, standardisation must rank high. Moves towards standardisation have almost always had a stultifying effect on developments, rather than being used as a means of incorporating new insights. The desirability of standardisation *per se* has rightly been questioned both in terms of its efficacy and its consequences (Hüllen 1983, 76 f.). Improvements to the terminology have hence not usually been quickly and easily adopted. When new terms are introduced into the pool, they are mostly words of non-specialised meaning re-defined in a technical sense — *dummy*, *phase*, *raising*. Some are applied to English from related areas of linguistics (*ergative*, *antipassive*), while some have been taken over from other disciplines: *valency*; *transformation*. A further type makes use of theory-specific abbreviations: *c-command*, *RNR (right-node-raising)*. Against these, there exist some non-theory-specific terms which appear to be genuine coinages, such as *quantifier* or *clausemate*.

One of the strongest factors making for the survival of a term is the degree to which it is already familiar. The laws of the marketplace do not necessarily, in this area at least, guarantee the survival of the best.

The touchstones of the eighteenth-century grammarians — propriety, accuracy and expressiveness — to some degree go hand in hand with transparency, and hence memorability. Sampson, proposing his own "English" terms, wrote, "the child who is to learn will neither remember nor understand those names the worse for seeing their meaning" (Sampson 1792, 94). The lack of a mnemonic connection doubtless contributed to the failure of Fries's proposals. Curiously, long before Fries, Grimm (1819) had warned against using numerals as terms in the labelling of case.

On the other hand, Grimm also had some pertinent observations to make on latinate words. He believed that with a 'nativist' terminology there was insufficient distance in the user's mind between the grammatical sense of a term and its more immediate, plastic sense (cf. e. g. Barnes's *up-filling* for *complement*). Further, Latin terms usually display more flexible morphological possibilities than their native counterparts. Adjectives, verbs, adverbs and nouns can be derived from a single stem: *grammatical, grammaticalize, grammatically, grammaticality*. But with the German equivalent *Sprachlehr* one would have to make *Sprach-lehr-liche*; and a verbal derivative is barely imaginable (Grimm 1819, 13). The English equivalent would presumably be *speech-craft*, giving *speech-craft-y* (?) — *speech-craftily* (?).

If one compares the systems at the grammarian's disposal today with their treatments at the hands of Crombie or Bullokar, one is struck more by the similarities than by the differences between them. True, the terminology has changed in important ways; nevertheless, the lasting impression is one of resistance to change. There is no grammatical level for which one would like to describe the categories currently on offer as adequate. Almost all — the PSCs, the SGCs, Functional Categories etc. through to the level of discourse — throw up challenging terminological problems which still await satisfactory solutions.

6. Literature (selected)

Aelfric 1880 = Aelfric: Exceptiones de Arte Grammatice Anglice. In: Aelfrics Grammatik und Glossar. Ed. by Julius Zupitza (1880). Ed. with introduction and bibliography by Helmut Gneuss. Berlin 1966.

[Anon.] 1792 = [Anon.]: Review of Rev. George Sampson: An Essay towards the Ascertaining of English Grammar. Londonderry 1790. In: The Monthly Review; or, Literary Journal, Enlarged 7. 1792, 94.

Arnold 1838 = [Thomas Kercheven Arnold]: An English Grammar for Classical Schools; being a practical introduction to English prose composition. London 1838.

Barnes 1878 = William Barnes: An Outline of English Speech-Craft. London 1878.

Becker 1830 = Karl Ferdinand Becker: A Grammar of the German Language. Frankfurt. London 1830 (2nd. ed. 1845).

Bullokar 1586 = William Bullokar: Pamphlet for Grammar 1586. Ed. by J. R. Turner: Works. Vol. II. Leeds 1980 (Leeds Texts and Monographs New Series I).

COBUILD 1990 = Collins COBUILD English grammar. London 1990.

Crombie 1802 = Rev. Alexander Crombie: The Etymology and Syntax of the English Language Explained and Illustrated. London 1802.

Chomsky 1957 = Noam Avram Chomsky: Syntactic structures. The Hague 1957.

Dixon 1991 = Robert Malcolm Ward Dixon: A new approach to English grammar on semantic principles. Oxford 1991.

Downing/Locke 1992 = Angela Downing/Philip Locke: A university course in English grammar. New York 1992.

Erdmann 1976 = Peter Erdmann: There-sentences in English: A relational study based on a corpus of written texts. Munich 1976.

Erdmann 1990 = Peter Erdmann: Discourse and grammar: Focussing and defocussing in English. Tübingen 1990.

Foley/Van Valin 1984 = William A. Foley/Robert D. Van Valin: Functional syntax and universal grammar. Cambridge 1984.

Fries 1952 = Charles Carpenter Fries: The structure of English. New York 1952 (First U. K. ed. 1957).

Gildon/Brightland 1711 = [Charles Gildon/John Brightland]: A Grammar of the English tongue, with notes, giving the grounds and reason of grammar in general. London 1711.

Givón 1993 = Talmy Givón: English grammar. A function-based introduction. Two vols. Amsterdam. Philadephia 1993.

Grimm 1819 = Jacob Grimm: Vorrede zur Deutschen Grammatik von 1819. Ed. by Hugo Steger. Darmstadt 1958, 1—17.

Halliday 1985 = Michael Alexander Kirkwood Halliday: An introduction to functional grammar. London 1985.

Huddleston 1984 = Rodney Huddleston: An introduction to English grammar. Cambridge 1984.

Hudson 1990 = Richard Hudson: English word grammar. Oxford.

Hüllen 1983 = Werner Hüllen: Vorschläge zur Vereinheitlichung der grammatischen Terminologie für das Fach Englisch. In: Grammatische Terminologie. Vorschläge für den Sprachunterricht. Ed. by Albert Raasch. Tübingen 1983, 71—77.

Jespersen 1924 = Otto Jespersen: The philosophy of grammar. London 1924.

Joint Committee 1913 = Report of the joint committee on grammatical nomenclature. In: National Education Association of the United States Journal of Proceedings and Addresses 1913, 315—354.

Law 1987 = Vivien Law: Anglo-Saxon England: Aelfric's "Excerptiones de arte grammatica anglice". In: Histoire Épistémologie Langage IX. 1987, 47—71.

[Lily] 1549 = [William Lily/John Colet]: A shorte Introduction of Grammar [...] London 1549.

Lyons 1968 = John Lyons: Introduction to theoretical linguistics. Cambridge 1968.

Mason 1858 = Charles Peter Mason: English Grammar; including the Principles of Grammatical Analysis. London 1858.

McCawley 1988 = James D. McCawley: The syntactic phenomena of English. Two vols. Chicago 1988.

Melčuk/Pertsov 1987 = Igor Melčuk/Nikolai Pertsov: Surface syntax of English: A formal model written within the meaning-text framework. Amsterdam 1987.

Michael 1970 = Ian Michael: English grammatical categories and the tradition to 1800. Cambridge 1970.

Morell [1852] = John Daniel Morell: The analysis of sentences explained and systematised, after the plan of Becker's German Grammar. London [1852].

Quirk 1960 = Randolph Quirk: Towards a description of English usage. In: Transactions of the Philological Society 1960, 40—61.

Quirk et al. 1972 = Randolph Quirk/Sydney Greenbaum/Geoffrey Leech/Jan Svartvik: A grammar of contemporary English. London 1972.

Quirk et al. 1985 = Randolph Quirk/Sydney Greenbaum/Geoffrey Leech/Jan Svartvik: A comprehensive grammar of the English language. Harlow 1985.

Robins 1994 = Robert H. Robins: William Bullokar's *Bref Grammar for English*: Text and context. In: Anglistentag 1993 Eichstätt Proceedings. Ed. by Günther Blaicher and Brigitte Glaser. Tübingen 1994, 1931.

Sampson 1790 = George Sampson: An Essay towards the Ascertaining of English Grammar. Londonderry 1790 (Quoted in [Anon.] 1792, 94).

Sherry 1550 = Richard Sherry: A Treatise of Schemes and Tropes very profytable for the better understanding of good authors, gathered out of the best Grammarians and Orators. London 1550.

Stanbridge [1495?] = John Stanbridge: Accidentia ex stanbrigiana editione. London [1495?].

Stockwell et al. 1973 = Robert P. Stockwell/Paul Schachter/Barbara Hall Partee: The major syntactic structures of English. New York 1973.

Terminology 1911 = On the terminology of grammar. Being the report of the Joint Committee on Grammatical Terminology. London 1911.

[Ussher] 1785 = [George Neville Ussher]: The Elements of English Grammar [...] London 1785.

John Walmsley, Bielefeld

262. The development of special registers in English: A historical review

1. Introduction
2. Functional varieties in Old English
3. The language of religion
4. Functional varieties after the sixteenth century
5. The language of the press
6. Literature (selected)

1. Introduction

In Modern English there are many registers, or "functional varieties", as they are more recently known (Simon-Vandenbergen 1981, 18—26); some, like the language of religion, clearly belong to a centuries-old tradition; others, like the language of the press, appear to be relatively new, but in fact have their own history. The following account will refer to one long-standing functional variety, the language of religion, and one relatively new one, the language of the press; with the latter are associated two sub-varieties, the language of headlines, and the language of press advertisements. Historical aspects of two other extremely important functional varieties, the language of science and the language of the law, are treated elsewhere in this handbook.

2. Functional varieties in Old English

The earliest written records of English show that distinct functional varieties were already in existence in the Anglo-Saxon period. They included (i) a form of language dedicated to religious functions, (ii) a special poetic language for entertainment, (iii) a variety characterised by a distinctive scientific vocabulary (often Latinate in origin), and (iv) a legal variety. All these varieties were transformed in the Renaissance, except for the language of religion, which has survived because of its supernatural associations.

3. The language of religion: a survey of its development in England

Christianity, in common with other religions, postulates a relationship between the supernatural and the sacred texts; in the case of Christianity, the Bible and the liturgy.

3.1. Unique features of religious language

First, sacred texts are sometimes thought to be divinely inspired, whether in their original composition or in the course of translation. Hence the preservation of the traditional wording is of supreme importance, leading either to refusal by the religious authorities to allow translation at all or the requirement that words of crucial spiritual importance should be left untranslated. The sacredness of the original text results, of course, in its gradual obsolescence.

A second characteristic of the language of religion is the power attributed to the individual word to transform reality but effective only when uttered aloud (Crystal 1965, chap. IX). This performative power is demonstrated in the Old Testament account of the Creation, and is still accepted at the present day in Christian ritual, where the minister's utterance of the words "I pronounce you man and wife" transforms two persons (legally) into one. "I baptise you", uttered by cleric or layman, is believed to cleanse the child from original sin, and "This is my body" is held by some Christians to transform the bread into the body of Christ.

These two characteristics of religious language — the sanctity and the power of the word — play an important part in the history of the sacred texts in English.

3.2. The language of the English Bible

3.2.1. The pre-Reformation period

Composed originally in Hebrew and Greek the Bible was translated into Latin by St. Jerome and, as the *Vulgate* (390—405), became the standard form for early Christian Europe. Since few English laymen before the Conquest were literate, the Bible story was known chiefly through vernacular paraphrases in native metre, the earliest recorded being those of the poet Cædmon (c. 670). It was not until the tenth century that a prose translation of part of the Gospels was made; but the Norman invasion in 1066 meant that translation of the Bible into English was neglected, and it was not until the fourteenth century, when French had lost its pre-eminent position in all classes of society, that the next English versions appear.

The most important of these were made between 1380 and 1395, and are of special linguistic interest because one of the translators, John Purvey (?1353—?1428), explains in his preface to the *Vulgate* the aims and difficulties of Bible translation (Purvey 1903, 194—195). His own purpose was to translate as closely as possible to the "sentence", i. e. the meaning (not the exact wording) of a passage, and he was specially concerned about the dangers of ambiguity, urging that the translator must study the context of any given item, ensuring that the meaning of equivocal words is clear (Purvey 1903, 198). Since this translation was associated with a heretical sect known as the Lollards, it was proscribed by the church; nevertheless, it became an underground text, of which many manuscripts survive.

3.2.2. The sixteenth century

In 1525, the first vernacular translation of the New Testament was printed, a necessary undertaking since the Protestant reformers, having rejected the authority of the Pope in doctrinal matters, relied on the Bible as the source of Christian belief. Salvation now became a matter between man, the Bible, and the Creator, so that as Tyndale (d. 1536), the first translator, remarks, it was impossible to establish laymen in any truth unless scripture were "playnely laid before their eyes" in the mother tongue (Pollard 1911, 95). Tyndale, whose New Testament was published in Germany, based his translation on Erasmus's 1516 edition of the Greek New Testament. Thereafter, the history of religious language is associated with arguments for and against translation of the Bible into the vernacular, four of the most important issues being, first, the nature of meaning, secondly, how far the wording of the original text was divinely inspired; thirdly, the translation of technical religious words; and fourthly, the danger of doctrinal bias in translating.

With regard to the nature of meaning, it was believed in the Middle Ages that there were four ways of interpreting the words of the Bible — literal, allegorical, moral and analogical (Schwarz 1955, 47); but reformers like Tyndale argued that the scripture had only one sense, which was the literal sense (Partridge 1973, 69). Whether the wording of the Bible was divinely inspired was also a question for sixteenth-century translators, and led to a lively debate between 'inspirational' and 'philological' views on the subject (Schwarz 1955, chaps. 4—6). Thirdly, there was the problem of translating individual doctrinal terms, such as *Incarnation* or *Holy Ghost*, since they had no concrete and specific relationship to reality, but were concepts defined in the teaching of the Church. If these terms were kept as close to the original form as possible, many of the laity (for whom, after all, translations were provided) might simply fail to understand them, but some clergy were concerned that much of the mystery of Christianity would be lost if the texts were too easily comprehended. Hence Bishop Stephen Gardiner (?1483—1555) drew up in 1542 a list of some 100 terms, which he proclaimed should not be translated at all because of their importance (Partridge 1973, 71). Among such terms were *panis* 'bread', *peccator* 'sinner' and *simulacrum* 'image', all key words in doctrinal disputes. Others argued for a more comprehensible translation; one was provided by Sir John Cheke (1514—1557), who translated part of the New Testament (c. 1550) by replacing non-native terms by English neologisms, e. g. 'centurion' by *hundreder*, 'proselyte' by *freshman*, 'baptism' by *washing* (Cheke 1843).

The fourth question, that of possible doctrinal bias in translation, also affected the choice of terminology. Tyndale, for example, was accused by St. Thomas More of using biased terms, such as *love* for *charity*, *congregation* for *church*, *favour* for *grace*, all of these translations being of doctrinal significance (Partridge 1973, 41—46). In 1535 Miles Coverdale (1488—1568) argued that he had neither "wrested nor altered" so much as one word for the maintenance of any kind of sect (Partridge 1973, 60), while the Protestant translators of the Geneva Bible (1557—1560), refugees from the Catholic Queen Mary, assured their readers that they reverently kept to the "propriety of the words" (Greenslade 1963, 156), even retaining some important terms in Hebrew or Aramaic, as in the words spoken by Christ from the Cross, "Eli, Eli lama sabachthani" (Pollard 1911, 275—283). The Catholic Gregory Martin was also concerned about doctrinal propriety in translation. Pointing out that words like *Hosanna*, *Raca* and *Belial* were retained in previous translations, he asked why others such as *Parascete*, *Pasche*, *neophyte* and *evangelize* chould not also be preserved, thus avoiding controversy about their exact meaning. He even proposed the introduction of neologisms and rare words when a truly appropriate term did not exist in English, e. g. *correption*, *inquinate*, *odible* and *exprobate* (Partridge 1973, 97—101). While retaining doctrinal purity, therefore, his translation (1582) was often incomprehensible.

3.2.3. After 1600

What was to become the standard English Bible was the Authorised Version (A. V.) of 1611, a highly professional collaborative undertaking sponsored by King James I. Fifty-four translators were appointed, who worked in three groups, each translator being given a copy of the Bishops' Bible of 1568, and told to consult Tyndale's and Coverdale's versions. The results were revised by another group of 12 scholars, and the whole finally reviewed by two bishops. Notes made by one of the translators, John Bois, have been edited by Allen (1970, 3—34).

For more than three centuries the A. V. was the standard text of the Church of England, apart from minor revisions to remove some archaisms. But individual translators continued to make their own often idiosyncratic versions, in either more colloquial, or more "elegant", language. Among the more colloquial translations is that of Daniel Mace's *New Testament* (1729); on the other hand, Edward Harwood (1768) produced a more literary paraphrase, providing such "elegant" translations as (Luke, 12:27): "Survey with attention the lillies of the field, and learn from them how preposterous it is for beings who are endowed with rational natures to cherish a solicitous passion for dress" (Harwood 1768, I, 226). Since then, several modernised versions have appeared, but even in these, the language is often stilted, employing vocabulary which, while comprehensible to contemporary speakers, is unlikely actually to be employed by them.

3.2.4. The twentieth century

Until the late 1960s, the King James Bible remained the Authorised Version for the Church of England, and its use created great difficulty for twentieth-century congregations because it was the language, not merely of the early seventeenth century, but — because the King James version relied so heavily on Tyndale — was to a large extent the language of the earlier sixteenth century; Isaacs claims (1954, 160) that nine-tenths of the A. V. is still Tyndale's English. Archaism was to be found in every aspect of language: vocabulary had become obsolete (e. g. *bewray* 'accuse'), meaning had changed (e. g. *prevent* 'go before') and forms of the verb were often archaic (e. g. *holpen* 'helped', *understanded* 'understood', *spake* 'spoke', *sware* 'swore'). Periphrastic verbal forms were common (e. g. *they did eat*); on the other hand, the *do* periphrasis was seldom used where it is necessary now (e. g. *he went not*). The imperative verb often retained the subject pronoun (*go ye*), and double comparatives and superlatives were normal (*the most highest*). Perhaps the most obvious archaisms are the use of the second person singular pronoun and verb (*thou goest*), of the form of the third person in *th* (*hath*, *doth*), and of *thereof* for *its*, the latter being introduced only in the late sixteenth century.

(For further examples of archaism in the twentieth-century Bible see Crystal/Davy 1969, chap. 6; Partridge 1973, 115—138; on the style of sixteenth-century English Bible translation in general, see Gordon 1966, 95—101).

3.3. The language of the English liturgy

While the Bible was the sacred text intended primarily for private study, the liturgy was the sacred text intended for public use, in rituals designed to give praise to the Creator, to petition him for help and favour, to thank him for blessings, and to accompany the administration of the sacraments.

3.3.1. The historical development of liturgical language in the Church of England

In the pre-Reformation Church, the language of the liturgy was Latin. The congregation listened in silence to the priest celebrating mass, perhaps understanding very little. Believing in individual responsibility for salvation, the Protestant reformers argued for a language to be spoken in Church which people might understand. Consequently, the vernacular was gradually introduced into the liturgy, and by 1549 a comprehensive English version was promulgated by Archbishop Cranmer. This remained in use until proscribed by the ruling Puritans in the mid seventeenth century; it was re-introduced after the accession of Charles II in 1660, and revised "for the more proper expressing of some words or phrases of ancient usage in terms more suitable to the language of the present times" (*Preface*). Since then, the English liturgy remained practically unaltered until the 1960s; now some churches have entirely replaced its traditional form with modernised versions.

3.3.2. Some characteristics of liturgical language

The language of the Christian liturgy is, in general, most clearly distinguished from other functional varieties by two features of the spoken form, and two of the structure of the sentence, whether spoken or written. First, although it appears in printed form, it is intended to be uttered aloud, and spoken in unison by a group of worshippers. On certain occasions, the liturgy is *sung* in unison, this practice sometimes causing great difficulty in the recitation of the psalms.

Secondly, and also with reference to the spoken form, the liturgy includes an unusual form of dialogue, where the celebrant utters part of a sentence, which is then completed by the congregation, e. g. (priest) "O Lord, open thou our lips": (congregation) "And our mouths shall show forth thy praise". The dialogues can also take the form of partial repetition, where the celebrant makes a statement, such as "O God make speed to save us", which is partly repeated by the congregation as "O Lord, make haste to help us".

The third characteristic is the repetition of certain syntactic structures, for example, where the congregation addresses God (possibly following an adjective such as *Almighty*) and then describes his characteristics or actions in a relative clause, e. g. "O God, who alone workest great marvels [...]"; "Almighty God, who has given us [...]". In conversational English, such forms are unknown; an adjective preceding a noun of address is extremely unusual, and a following relative clause extremely unlikely.

A fourth feature of liturgical sentence structure is grammatical repetition of nouns, adjectives, verbs and adverbs, which occur in practically synonymous pairs, e. g. *absolution* and *remission* of sins, *declare* and *pronounce*, and *requisite* and *necessary*. This feature occurs not only in translation, but also in original texts, e. g. in the Preface to the *Book of Common Prayer* (*changes* and *alterations, times* and *occasions, weighty* and *important*, and *just* and *weighty*). (For a detailed treatment of the language of the liturgy see Crystal 1965, 149−156; Brook 1965; Crystal/ Davy 1969, 147−172).

4. Functional varieties after the sixteenth century

The varieties whose early stages appear in the Old English period continue to develop. The language of entertainment diversifies to include various distinctive forms of prose, such as the 'Euphuistic' prose of John Lyly, and several varieties of poetic and dramatic language. The language of science develops mainly as a language of translation, with much discussion among scholars about the fitness of the vernacular as a medium; and the language of the law continues to be French and Latin, though with a recognition of the importance of English in the form of French-English legal dictionaries. Now another variety began to develop in the sixteenth and seventeenth centuries, the language of the press, with its associated subvarieties of headlines and of advertising language.

5. The language of the press

5.1. The development of the press: a brief historical survey

Before the early seventeenth century, news was disseminated largely by word of mouth or by printed ballads (Collison 1973). The earliest newspapers, known as *corantos*, appeared in the 1620s; they were translated from Dutch or German, and restricted to foreign news because of state censorship of information about domestic affairs. When censorship ceased in 1641, and the Civil War broke out in 1642, propaganda news-sheets were produced in great numbers on both sides, often written in a colloquial style (Williams 1977, 10−12). The first newspaper to be published every morning was *The Daily Courant* (1702: Elliott 1962, 89), and in spite of the imposition of Stamp Duty in 1712, readership of the press increased, partly owing to the establishment of the provincial press (Williams 1977, 23−32); by 1776 fifty-three papers were published in London alone. Thereafter, various external developments led to an even greater expansion of the readership in the nineteenth century. In 1814, the steam press was invented, making longer print-runs possible; in 1844 news gathering began by telegraph, with a consequent immediacy of news and liveliness of style; in 1855 the Stamp Duty was abolished; and in 1870 the Education Act led to near-universal literacy. By 1900 illustrations, often elucidating the meaning of the text, were common, particularly in the popular press, and the press 'barons', such as Harmsworth, engaged in extending their readership by all possible means.

5.2. The language of the press: a brief historical survey

5.2.1. Before 1900 (see Fries 1994)

The earliest corantos were designed for an elite readership of educated men, and their style, appropriately formal, continued to be employed in the Civil War press, e. g.

"Also the Captains of the City of *London* were appointed to attend the Committee for defence of the Kingdom to consider of fit and convenient places for the making of *Out-works* for the defence and safety of the City of *London*, and the Suburbs thereof" (*A Perfect Diurnall*, 22. 8. 1642; Morison 1932, 18).

In general, the parliamentary press was colloquial in style, e. g.

"Look about you brave spirits of London; if you go to Oxford, *Rupert* hath sent Colonel Buckly his Pastrey Cook thither, that hath trust up Citizens of London there for Spies [...]. I hope some [of] these Spies will be found out here, it would vex you to have your throates cut, and to be Massacred on a suddain, when you dream not of it; well, for all the malice of the Enemy and all their plots and projects, I hope God will protect us" (*Perfect Occurrences of Parliament*, 30. 8. 1644; Morison 1932, 19).

By the eighteenth century, a certain amount of informality is found in the serious press, e. g. in the use of abbreviated auxiliary and predicate verbs, with a fairly colloquial vocabulary — though combined with the formal use of editorial *we*, e. g.

"That Duke [...] confers now and then with the Imperial Ministers of State, and tis given out that he is making some Propositions of Accommodation between his Sovereign and his Imperial Majesty [...], the Ministers of State keeping a profound Silence concerning this momentous Affair: We have however stronger Reasons to induce us to believe that the aforesaid Accommodation is conducting by some other Powers" (*The Daily Advertiser*, 27. 2. 1730; Morison 1932, 124).

By the nineteenth century, a highly prolix style had developed, owing to the payment of journalists at a penny a line, e. g.

"We cannot restrain ourselves from communicating to the Public, with the utmost celerity, the pleasure with which we have been ourselves transported, on receiving this moment the Official Dispatches of the two generals CASTANOS and TILLI, notifying to the Supreme Junta [...] THE FULL SURRENDER OF DUPONT, AND ALL HIS FORCES, as well those [...] who had fought and been conquered — as well those in the plain, as those who occupied the summits and passes of the mountains, together with all their baggage, arms, ammunition, and the fruits [of] their rapacity — their plunder" (*The Times*, 8. 8. 1808; Morison 1932, 212).

By mid-century, this style was being satirised, for example, by an anonymous writer in *The Saturday Review* (1856, 337—338) who objected to the circumlocutions, euphuisms, and prolixity of the style. On the other hand, sport and crime became fully reported in the popular press in a highly colloquial style, e. g.

(sport) "Book-keeping for the fancy. — The four 'nob' fights, which are all to take place, barring accidents, before Christmas, have for the last few days kept the minds of the amateurs on the alert, and their books have been continually 'lugged' out to note down the variety of bets upon the subject. Such as 'the four winners are not named'; Ward's winning against Martin; that Spring and Martin are not both defeated; a long odds that Martin conquers Randall in less than half an hour" (*The Sunday Times*, 20. 10. 1822);

(crime) "This was ostensibly a proceeding by magisterial warrant, wherein Mrs. Florence O'Dogherty sought '*purtection behint* the law *gin* the thumpings' of her own lawful husband, Mr. Phelim O'Dogherty, of Saffron Hill, labourer. [... He] is a clean made, curly-pated, good-tempered little fellow, in a new flannel jacket, white apron, and duck trowsers" (*The Penny Sunday Times*, 12. 4. 1840; Morison 1932, 256).

The continuing prolixity of the serious press was, however, successfully attacked by two famous editors, W. T. Stead (1849—1912: *The Pall Mall Gazette*, 1883) and T. P. O'Connor (1848—1929: *The Star*, 1888), who introduced what became known as "the new journalism" (Herd 1952, 222—251). This made extensive use of reported dialogue, introduced large and varied type-sizes and fonts, and helped the less literate to understand long reports by breaking them up with sub-headings. By 1900 many of the linguistic characteristics of present-day popular journalism had appeared (see Crystal/Davy 1969, chap. 7; Carter/Nash 1990, 61—77; Waterhouse 1993 [1989]).

5.2.2. The twentieth century

The purpose of this variety continues to be the provision of as much information as possible in a small space, and to make that information attractive to the reader (see Waterhouse 1993 [1989]). Some of the stylistic devices serving both these interests include:

first, replacing a relative clause by a 'title', e. g. "Club director Gerald Irvine", "Sculptor Henry Moore", "Export Chief John Brown". Sometimes the relationships between head noun and 'titular' modifier are far from explicit, as in: "Snatch child Robert", "Heart man Barnard", "Blaze Family Anson" (see Berman 1973; Rydén 1975); *secondly*, replacing a relative clause by a descriptive phrase following the noun head, e. g. "John Wyatt, 35, 12 South Place, Oxford", sometimes with a preceding noun phrase, e. g. "Old Etonian Michael Bard, 28, property owner and Lloyds underwriter [...]; *thirdly*, placing important information (to attract attention) in initial position in the sentence, e. g. "Taken to hospital in Glasgow were his wife and daughter", "Emotional upset was blamed for the problem"; *fourthly*, inverting verbs of saying and their subjects (perhaps for emphasis on the name), e. g. "Said Mr. Michael Gillen [...]"; "Replied John Brown"; *fifthly*, making the text more attractive to readers by the use of informal grammar, e. g. unstressed forms of auxiliary verbs, and by the use of *And* as a sentence initial, e. g. "And the Israeli Ambassador soon arrived"; *sixthly*, by choosing a colloquial vocabulary, e. g. slang, loans from American English, and abbreviations such as *demo*. (Often, however, popular journalism descends into cliché, e. g. "It will be touch and go".)

Some of these devices are also employed by the more serious press, which is otherwise characterised by longer and more complex sentences (Nosek 1974) and a vocabulary of classical and romance origins; and, like the popular press, it relies heavily on headlines (with their own distinctive style) to carry part of the meaning (see further Simon-Vandenbergen 1986; Bell 1991).

5.3. The language of headlines

Headlines have two major functions; one benefits the reader, the other the newspaper proprietor. For the former, headlines make the page more easily comprehensible, breaking it up into sections and drawing the reader's attention to the salient features of each. For the proprietor, headlines can be used to attract the attention of potential buyers. Both functions appear in primitive form in the earliest newspapers.

5.3.1. The development of headlines before 1900

Even sixteenth-century news ballads attracted attention, by describing themselves, for example, as "A New Ballad" (Straumann 1935, 83−84). The *corantos* continued to use 'block language' as headings, e. g. *Weekly news from Italy*, and provide further information in abbreviated language, e. g. "Two great Battailes Very Lately Fought" (Straumann 1935, 87). Such dramatic headlines became common in the Civil War (1642−1648), but were reduced, by the Stamp Duty imposed in 1712, to mere labels, such as *Foreign Affairs* (see Straumann 1935, chap. 3 for the following examples). The French revolution inspired more exciting headlines, e. g. "Further Details of the Massacre at Paris" (1792); they were sometimes followed by clumsy subheadings lacking finite verbs, e. g. "Increased Embarrassment of Bonaparte − His Removal From Dresden To Leipsic, (His Rear Being Seriously Menaced) Preparatory, No Doubt, To A Precipitate Retreat" (1813). Headlines tended to disappear in more peaceful times, but they returned for the Indian Mutiny of 1857, e. g. "Massacre Of The British At Delhi". By mid-century finite verbs appear in headlines, e. g. "Invasion Comes To Grief" (1863) and "Strasburg Holds Out" (1870).

At about the same time, headlines could consist of a question or command, e. g. "What Will He Do With It?" (1868), and "Look out, Lord Salisbury" (1888). Further developments are the use of quotation marks to indicate that the words cited are not originally those of the editor's, e. g. "The 'Unemployed' Meeting" (1886) and " 'Not a bed of roses' " (1888); and the omission of the predicate verb, e. g. "Colenso the Key", "Admiral a Prisoner" (1900). (For further examples, see Maitland 1938; Mårdh 1980.)

5.3.2. The twentieth century

Certain stylistic choices are made more frequently, e. g. by the use of present participles, as in "Flirting with danger". Also much more common are the use of the *to* infinitive to indicate future intention, e. g. "Serbs to expel Muslims", and the present tense to indicate past, e. g. "Crash kills family". The subject can also be omitted as in "Fell out of plane" (1930).

Contemporary headlines save space by exploiting pseudo-compounds, where the relationship between two or more elements is not always clear, e. g. "Deprived area schools plan", "New Adams Visa Protest to be lodged", "Emergency short-term jobs measure".

Also in the interests of saving space is the use of monosyllables (however unidiomatic) to replace longer, perhaps more common, words, e. g. 'ban' for 'prohibition', 'probe' for 'investigation', 'scam' for 'scandal', 'bid' for 'proposal', 'wed' for 'marry'.

Contemporary headlines also exploit rhetorical devices such as alliteration, assonance, puns, metaphors and similes − particularly where the subject matter is repetitive (as in reports of football and cricket matches) e. g. "The quality of Mersey is not strained" and "Savaged by Great Danes" (i. e. by a Danish team). (For further discussion see Mårdh 1980; Simon-Vandenbergen 1981).

5.4. The language of press advertising

5.4.1. Press advertising: A brief historical survey

Advertising in the press appeared almost as soon as the earliest newspapers, the *corantos* of the 1620s; it was first used for books, and by the 1650s, the fashionable new beverages of tea, coffee and chocolate, and not long after, patent medicines and situations vacant. So much demand was there for advertising space that the proprietor of a coffee house (where newspapers were available for customers to read) complained that advertisements had nearly driven news off the page (Turner 1952, 28). The width of these earlier advertisements was restricted to a single column, and illustrations were rare before woodcuts were replaced by lithography in

1796. More akin to current advertisements were handbills and tradesmen's cards, in which part of the meaning was carried by illustrations, and varied type fonts and sizes provided attractive displays on the page (Heal 1928). In the later nineteenth century variations in size were more common, and by 1900 most of the characteristic features of modern advertising had appeared.

5.4.2. The language of press advertising before 1900

Since the aims of advertising have always been to attract the reader's attention and persuade him to buy, certain linguistic features have persisted since early times (Vorlat 1976). To attract attention, for example, the advertiser must single out a type of reader who is most likely to respond, and one means of doing so is to place a conditional clause in a prominent place in the advertisement, e. g. "If you suffer from rheumatism [...]". Somewhat similar is the conditional clause in Caxton's advertisement for "pyes" [religious texts], i. e. "If it plese ony man [...] to bye ony pyes [...]" (see Presbrey 1929, 14—18 on "Si quis" advertisements). Other methods of attracting attention developed in the course of time, notably the use of large type, asterisks, pointing hands, and illustrations (Turner 1952, 26); and having once attracted attention, the advertiser tries to keep it by means of entertaining rhetorical devices of various kinds, both tropes and schemes. To persuade the reader to buy, the advertiser has traditionally used commendatory adjectives and adverbs, and of course, has had to provide relevant information about the advertiser, where the product may be bought, and its price.

The advertiser's choice of style varies from that of formal prose to an imitation of colloquial speech, and already in the seventeenth century both appear, the choice depending largely on the type of newspaper in which the advertisement was to be published. While there were obvious differences in length and complexity of sentences — a matter of stylistic choice — there are also characteristic grammatical similarities. Structures appear without finite verbs, e. g. "An excellent West Indian drink called Chocolate, to be sold [...]" (1657); "[...] Approved DENTIFRICE to scour and cleanse the Teeth" (1660). Sentences occur without pronoun subject: "is to be sold both in the morning, and [...] in the afternoon" (1657). Sentences also occur lacking an auxiliary or predicate verb: "Made by Robert Turner" (1660; Turner 1952, 18). These structures, as found in current advertisements, have been classified by Leech (following Straumann) as 'block language' and 'abbreviated language', types of what he calls 'disjunctive grammar' (1966, 90—92).

In vocabulary, both formal and informal varieties employ similar commendatory adjectives, perhaps the earliest in frequent use being *excellent*, e. g. "[Coffee] having many excellent vertues" (1657); "Most excellent [...] Dentifrice" (1660). This adjective continued in use in the 18th and 19th centuries, accompanied by e. g. *superior*, *distinguished* and *esteemed*. This use of hyperbole elicited unfavourable comments at the time, Joseph Addison (1672—1719) remarking in 1710 on the advertisers' custom of referring to the "*Universal Esteem*" and "*General Reputation*" of "things that were never heard of" (Elliott 1962, 105), and the use of adjectives like *highest* and *most glorious* with reference to perfume which "raptures the Spirits" (Presbrey 1929, 67). Samuel Johnson (1709—1784) also remarked in 1759 on the "eloquence sometimes sublime and sometimes pathetic" of advertising language (Turner 1952, 29), and the use of adjectives like *exquisite*, *superior* and *wonderful*.

The similarities between the formal and colloquial styles of advertising language were less obvious than their differences. Among these were certain grammatical choices found in formal, but not colloquial, language. The formal style tends to use absolute constructions and past participles, as in "[...] so that, being constantly used, the Parties using it are never troubled with the Tooth-ach" (1660: Turner 1952, 18). It also uses passive verbs where possible, e. g. "Coffee [...] is to be sold" (1657); "The reader is desired [...]"; "Only to be had" (1660); on the other hand, the colloquial style prefers active verbs and pronouns of direct address, e. g. "Chocolate [...] where you may have it ready made [...]" (1657); [from a staymaker] "as good [...] as you can have of any Person, notwithstanding you give ever so much more money for them" (1749). The colloquial style also makes use of abbreviated auxiliaries and pronouns, e. g. "What's the Price?", "'Tis Parker's Gloss" (1793; Presbrey 1929, 30). 'Small advertisements' sometimes use first-person announcements where we should now use the passive; instead of *wanted*, seventeenth-century advertisements use an active verb, e. g. "I want a young man about 14 or 15 years old that can trim and look after a peruke".

There are also lexical differences between the formal and colloquial language in advertisements; the formal tends to employ a vocabulary of Latin and Romance origin, while the latter makes use of slang and idiomatic language. These differences are more marked in the nineteenth century than previously. An advertisement for sauce, for example (1822), cites the "approbation" it has earned, the "liberal patronage" of the public, the "great convenience in all climates" which recommends it to "the most distinguished foreign connections". On the other hand, an advertisement for a shaving strop (1795) claims that it is "an uncommon agreeable surprize to the bearded phiz" (Presbrey 1929, 76). The most obvious example of colloquial style in advertisements is to be found in the use of dialogues, for example, in a trade card of 1793, which shows two well-dressed women discussing, in question and answer, the merits of a furniture polish (Presbrey 1929, 30). The advertisement he cites is a good example of the degree of meaning which can be carried by illustration alone. The conversation, as far as the verbal text is concerned, could be between any two women; the illustration makes it clear that these women belong to the well-to-do middle class.

5.4.3. The twentieth century

By 1900 there had appeared, at least in embryo, all the typical linguistic features of current advertising (see Vorlat 1976; Vestergaard/Schroder 1985; Carter/Nash 1990, 77—86; Cook 1992). The style has long been a hybrid, incorporating features of poetic, scientific, and colloquial language, and depending on illustrations for part of its meaning.

It imitates poetic language in rhetoric and vocabulary: common rhetorical devices include *metaphor* ("Don't just sit on your nest. Feather it with one of our schemes"); *simile* ("Slumberdown! That settles round you like a warm pink cloud"); *enigma* ("Open your eyes to a gentle alarm"); *pun* ("Cough? Use horse sense"); *alliteration* ("Gifts to delight and dazzle"); *rhyme* ("Don't be vague, ask for Haig"); *ablaut* ("You'll get caught in the shipping rush here but avoid the shopping rush there"); *repetition* ([...] tested in action. Drastic action"); *antithesis* ("The shine sealed in, the dirt sealed out").

The vocabulary contains neologisms, as in some types of poetry, many of which are compound adjectives, formed on existing models, e. g. *country-fresh butter*, *wonderful fresh-milk taste*, *easy-to-post pictures*, *up-to-the minute style*, *the go-anywhere dress*. Some compounds, however, are more akin to those found in scientific prose, e. g. *a full can't-lose-maturity guarantee*.

In contrast with this semi-poetic language is the colloquial style of many advertisements which imitate genuine conversation, e. g. *questions*: "Why don't you come and try it?"; "Why suffer?"; *commands* "Pamper someone special"; and (with implied conditional): "Put out swoop and the birds will soon come".

Also colloquial in style is the use of the co-ordinating conjunction *and* to introduce new sentences, e. g. "And we realise that all will be right on the day". The loss of subject pronouns and predicate verbs is also characteristic of genuine conversation, e. g. "Visiting the UK?"; [it is] "Run by a regional board".

Such 'abbreviated' language, as well as the 'block' language of product names, are perhaps the most consistently used features of advertising language since the variety first appeared.

6. Literature (selected)

Allen 1970 = Ward Allen: John Bois, his notes. In: Translating for King James. London 1970, 3—34.

Anon 1856 = Anonymous: Newspaper English. In: The Saturday Review 2. 1856, 337—338.

Bell 1991 = Allan Bell: The language of news media. Oxford 1991.

Berman 1973 = Linda Berman: Journalese. In: Journal of the Lancashire Dialect Society 22. 1973, 2—11.

Brook 1965 = Stella Brook: The language of the Book of Common Prayer. London 1965, 90—120.

Carter/Nash 1990a = Ronald Carter/Walter Nash: Advertising talk. In: Seeing through language. Oxford 1990, 77—86.

Carter/Nash 1990b = Ronald Carter/Walter Nash: Newspaper style. In: Seeing through language. Oxford 1990, 61—77.

Cheke 1843 = Sir John Cheke's Gospel according to St. Matthew. Ed. by James Goodwin. London 1843.

Collison 1973 = Robert L. Collison: The story of street literature. London 1973.

Cook 1992 = Guy Cook: The discourse of advertising. London 1992.

Crystal 1965 = David Crystal: Linguistics, language and religion. London 1965.

Crystal/Davy 1969 = David Crystal/Derek Davy: Investigating English style. London 1969, 147—172.

Elliott 1962 = Blanche B. Elliott: A history of English advertising. London 1962.

Fries 1994 = Udo Fries: ZEN-Zurich English newspaper corpus. In: Corpora across the centuries. Ed. by Merja Kytö et al. Amsterdam 1994 (Language and Computers 11).

Gordon 1966 = Ian A. Gordon: The prose of the Bible. In: The movement of English prose. London 1966, 95–101.

Greenslade 1963 = Stanley L. Greenslade: English versions of the Bible A. D. 1525–1611. In: The Cambridge history of the Bible III. Cambridge 1963, 141–174.

Harwood 1768 = Edward Harwood: A liberal translation of the New Testament. London 1768.

Heal 1928 = Ambrose Heal: London tradesmen's cards of the XVIIIth century. London 1928.

Herd 1952 = Harold Herd: The new journalism. In: The march of journalism. London 1952, 222–251.

Isaacs 1954 = J. Isaacs: The sixteenth-century English versions. In: The Bible in its ancient and English versions. Ed. by Henry W. Robinson. Oxford 1954, 146–195.

Leech 1966 = Geoffrey Leech: A glance at history. In: English in advertising. London 1966, 165–174.

Maitland 1938 = Francis H. Maitland: One hundred years of headlines, 1837–1937. London 1938.

Mårdh 1980 = Ingrid Mårdh: Headlinese. Malmö 1980 (Lund Studies in English 58).

Morison 1932 = Stanley A. Morison: The English newspaper. Cambridge 1932.

Nosek 1974 = Josef Nosek: The ramification of utterances in modern English […] journalistic language. In: Philologica Pragensia 17. 1974, 163–172.

Partridge 1973 = Astley C. Partridge: English biblical translation. London 1973.

Pollard 1911 = Alfred W. Pollard: Records of the English Bible. London 1911.

Presbrey 1929 = Frank S. Presbrey: The history and development of advertising. New York 1929.

Purvey 1903 = John Purvey: On translating the Bible. In: Fifteenth century prose and verse. Ed. by Alfred W. Pollard. Westminster 1903, 193–199.

Rydén 1975 = Mats Rydén: Noun-name collocations in British English newspaper language. In: Studia Neophilologica 47. 1975, 14–39.

Schwarz 1955 = Werner Schwarz: Principles and problems of bible translation. Cambridge 1955.

Simon-Vandenbergen 1981 = A. M. Simon-Vandenbergen: The grammar of headlines in The Times 1870–1970. Brussels 1981.

Simon-Vandenbergen 1986 = A. M. Simon-Vandenbergen (ed.): Aspects of style in British newspapers. 1986 Studia Germanica Gandensia 9.

Straumann 1935 = Heinrich Staumann: Newspaper headlines. London 1935.

Turner 1952 = Ernest S. Turner: The shocking history of advertising. London 1952.

Vestergaard/Schroder 1985 = Torben Vestergaard/ K. Schroder: The language of advertising. Oxford 1985.

Vorlat 1976 = Emma Vorlat: Are the persuaders well hidden? In: Leuvense Bijdragen 65. 1976, 291–310.

Waterhouse 1993 [1989] = Keith Waterhouse: Waterhouse on newspaper style. London 1993 [1989].

Williams 1977 = Keith Williams: The English newspaper: an illustrated history to 1900. London 1977.

Vivian Salmon, Oxford

XXVIII. Geschichte der Fachsprachen IV: Ausschnitte aus der Entwicklung innerhalb des Französischen

263. Latein und Altfranzösisch

1. Dokumentations- und Forschungsstand
2. Das vorliterarische Verhältnis von (protoromanischer) Spontansprache, Bildungssprache und Fachsprachen
3. Der gelehrte lateinische Einfluß auf die altfranzösische (Literatur-)Sprache
4. Fachsprachliches Vokabular im Rahmen der altfranzösischen Literatur
5. Die fachsprachliche Komponente im Rahmen der fremdsprachlichen Entlehnungen
6. Die breiteren Anfänge volkssprachlicher Fachtexte im ausgehenden Altfranzösischen
7. Literatur (in Auswahl)

1. Dokumentations- und Forschungsstand

Die frühen *volkssprachlich*-französischen Ausprägungen von Fachsprachen während der Periode des Altfranzösischen (9. bis Anfang 14. Jh.) sind nur in sehr begrenzter Dokumentation faßbar. Andererseits wurden aber auch diese überlieferungsmäßig greifbaren Zeugnisse, die in erster Linie bestimmte Bereiche fachsprachlichen Wortschatzes betreffen, im Rahmen der bisherigen Forschung selten in Hinblick auf ihren spezifisch technolektalen Charakter ausgewertet und erst in Ansätzen eingehender untersucht. Eine umfassende Darstellung altfranzösischer Fachliteratur und Fachsprache bildet ein Desideratum. Im Vergleich zum wesentlich besseren Forschungsstand der Altgermanistik (vgl. u. a. Eis 1967; Assion 1973; Keil/Assion 1974) blieb das „Interesse der Romanistik an älteren Fachtexten außerordentlich bescheiden" (Pöckl 1990, 272).

Als allgemeine lexikographische Quellen, die einen ersten Zugang (auch) zu speziellen fachsprachlichen Wortschatzbereichen des Altfranzösischen vermitteln können, vergleiche – neben FEW (1928 ff), Godefroy (1881 ff) und Tobler-Lommatzsch (1925 ff) – v. a. das neufranzösisch-altfranzösische Wörterbuch von de Gorog (1973), die begrifflich gegliederten Inventare etwa von Keller (1953), Schwake (1979) und Matoré (1985, 53–257), das ältere sachgeschichtliche Glossar von Gay (1887/1928) sowie als breitere Ausschöpfung nichtliterarischer mittellateinischer Quellen für den galloromanischen Wortschatz aus den Bereichen *Boden und Werkwelt* Bambeck (1968) (zur lexikologischen Forschungsgeschichte s. auch Roques 1990).

Die schriftliche Überlieferung des Altfranzösischen setzt zwar mit den *Straßburger Eiden* (842) als einem Dokument juristischen Charakters ein (vgl. zur Sprache dieses Beistandspakts zuletzt Selig in Selig/Frank/Hartmann 1993, 100–105; zu den nach dem Juristenlatein geprägten Abstrakta des Textes Heinimann 1963, 21 f). Sie konzentriert sich in der Folge aber auf die Bereiche der schönen Literatur sowie bis zum 13. Jh. – selbst bei Übertragungen lateinischer Prosatexte – auf die gebundene Versform. Erst in der ausgehenden altfranzösischen Periode des 13. Jh.s beginnt eine breitere Produktion von Prosawerken, mit zunehmenden Beispielen auch des allmählichen Übergangs der bis dahin in der Regel dem Latein vorbehaltenen eigentlichen Fachtexte zur französischen Volkssprache (vgl. u. a. Stempel 1972; zu den wenigen früheren Prosatexten Woledge/Clive 1964).

In unserem folgenden Überblick betrachten wir daher zunächst die schon seit vorliterarischer Zeit faßbaren Beziehungen zwischen Bildungs- bzw. Fachsprache und Gemeinsprache sowie die wichtigsten gelehrten und fachsprachlichen Komponenten innerhalb der vorwiegend überlieferten altfranzösischen Literatursprache (deren Wortschatz sich im übrigen – im Gegensatz zu typisch fachsprachlichem Wortgebrauch – weithin durch besondere semantische Dehnbarkeit und Unbestimmtheit sowie durch oft vorwiegend formalen Synonymenreichtum kennzeichnet; vgl. Stefenelli 1967).

2. Das vorliterarische Verhältnis von (protoromanischer) Spontansprache, Bildungssprache und Fachsprachen

Das *Urfranzösische* als regionaler Fortsetzer des gesprochenen *Vulgärlatein* bildet primär eine mündliche Spontansprache (mit relativ starker diatopischer Variation). Als solche zeigt es deutliche Gegensätze beziehungsweise Restriktionen gegenüber dem Wortschatz der (traditionellen) lateinischen Schrift- und Bildungssprache, wie die zahlreichen erbwörtlich ersatzlos zurücktretenden Lexeme v. a. der abstrakten Begriffsbereiche veranschaulichen (s. Stefenelli 1992, v. a. 114 ff). Andererseits zeugen jedoch speziell die sog. halbgelehrten Formen, welche in ihrem erbwörtlichen Fortleben lautlich durch ihre schrift- bzw. hochsprachlichen Entsprechungen gehemmt wurden (z. B. fr. *livre* 'Buch' statt zu erwartendem *loivre, vgl. Berger 1899, 165; FEW V 298), von den grundsätzlich fortbestehenden Kontakten und Interferenzen zwischen Bildungs- und Spontansprache (vgl. u. a. de la Chaussée 1988; Stefenelli 1992, 14 f; id. 1995).

Die spezifisch vulgärlateinisch-protoromanische Entwicklung selbst zeigt aber auch nachhaltige Beeinflussungen durch die christliche Sondersprache (s. Stefenelli 1992, 43 ff, mit Literaturverweisen) sowie einzelne Übernahmen aus verschiedenen praktischen Fachsprachen wie etwa der der Tiermedizin, der kulinarischen Terminologie und der Handwerkssprachen (s. Väänänen ³1981, § 165; Stefenelli 1981, 60 ff; vergleiche hierbei auch semantische Neuerungen, die als gemeinsprachliche Ausweitung von speziellen fachsprachlichen Verwendungen entstanden, wie *tornare* 'drechseln' > 'drehen, wenden' oder *adripare 'landen' > gallolat. auch 'ankommen'). Hinzu kommt der kennzeichnend hohe Anteil von speziellen Fachtermini unter den fremdsprachlichen Übernahmen im allgemeinen (vgl. Väänänen 1981, 83; Stefenelli 1981, 8 ff, unten 5.) und im besonderen unter den vom Französischen fortgeführten keltischen Substratelementen, wie ihn von Wartburg (1970, 108) hervorhebt:

„Als z. B. die Römer Gallien von den Städten aus latinisierten, da nahmen die gallischen Bauern für die Produkte, die sie den Herren abzuliefern hatten oder die sie nach der Stadt verkauften, die lateinischen Bezeichnungen auf; für die Unterprodukte aber, die sie dem Vieh verfütterten oder die weggeworfen werden müssen, blieben die gallischen Ausdrücke. Ebenso drangen z. B. die allgemeinen Ausdrücke des Lateinischen für die Bodenkonfiguration durch; die speziellen Ausdrücke aber, die nur für die Differenzierung der Bodenbebauung von Wichtigkeit sind, blieben gallisch" (vgl. auch Stefenelli 1981, 112 f, sowie zur arealen Konzentrierung der Substratwörter auf die Gebirgsgegenden Müller 1982).

Diesen gelehrten oder fachsprachlichen Einflüssen auf die Gemeinsprache stehen andererseits stetig zunehmende Übernahmen von spontanlateinisch-(ur)romanischen Neuerungen in den Wortbestand der spät- und mittellateinischen Schrift- bzw. Fachsprache gegenüber.

3. Der gelehrte lateinische Einfluß auf die altfranzösische (Literatur-)Sprache

Die seit dem ausgehenden 9. Jahrhundert entstehende, zunächst auf religiöse (hagiographische) Texte konzentrierte altfranzösische Literatursprache zeigt — über den Einfluß lateinischer Vorlagen sowie der zweisprachigen klerikalen Verfasser — von Beginn an eine starke Erweiterung des gemeinsprachlichen Wortschatzes durch gelehrte Entlehnungen aus dem (mittel)lateinischen *Kultursuperstrat* (die starke auch stilistische Beeinflussung durch die lateinische Schulrhetorik skizziert etwa François 1959, I, 23 f: „dès les premiers ⟨vers⟩ romans, on pressent la main cléricale").

„Zwar wird anstelle des bisherigen schriftsprachlichen das volkssprachliche Material verwendet, da dies jedoch generell nur den Bereich des Konkreten abdeckt, bedurfte das Vokabular in mancher Hinsicht der Ergänzung. Daß diese Ergänzungen weitgehend durch Lehnwörter aus dem Latein bestritten wurden, ist nur zu natürlich: wer in jener Zeit lesen und schreiben konnte, tat dies gemeinhin in Latein, er hatte es in einer der kirchlichen Schulen gelernt" (Wolf 1979, 57).

Diese Latinismen — die mehrfach Parallelen auch in anderen Sprachen haben und so zum Grundstock der europäischen *Internationalismen* werden — entstammen anfänglich themenbedingt vorwiegend der Kirchensprache (vgl. Berger 1899; Trénel 1904; Brunot 1966, 293 f), wobei neben spezifisch religiösen Termini auch viele später allgemeinere Lexeme zunächst in religiösem Bezug und Kontext übernommen wurden (vgl. Stefenelli 1992, 206). Die gelehrten Entlehnungen schließen aber schon früh auch Elemente des lateinischen bzw. mittellateinischen Bildungswortschatzes schlechthin (neben den Neuübernahmen auch Bedeutungsentlehnungen ein (vgl. Chaurand 1977, 40; Stefenelli 1981, 162 f)). Nach den (mit Rücksicht auf die Adressaten) noch weitgehend latinismenfreien *Straßburger Eiden* begegnen so schon in den 28 Versen des ältesten Literaturdenkmals der *Eulaliasequenz* (881/882) eine Reihe von gelehrten Formen wie *presenter, element, virginitet, honestet, figure, clemence* (vgl. Deutschmann 1971, 68 ff; Brodin 1972; Chaurand 1977, 37 ff; Stefenelli 1981, 158).

Besonders viele Latinismen auch allgemeineren Charakters, die als Elemente der gelehrten Bildungssprache übernommen, in der Folge aber häufig gemeinsprachlich ausgeweitet werden (vgl. Stefenelli 1981, 158 ff; 1992, 213), finden sich erstmals im Rahmen der naturwissenschaftlich-didaktischen Versdichtung. Die Verfasser dieser Texte, die das gelehrte Wissen und Gedankengut seit dem frühen 12. Jh. ins Altfranzösische übertragen, müssen ähnlich wie die Bibelübersetzer für viele der Spontansprache fehlende Begriffe zum lateinischen Wort oder zu einer Neubildung greifen. So liefern etwa die anglonormannischen Werke *Comput* (1119) und *Bestiaire* (1121) des Philippe de Thaon neben vielen spezielleren Latinismen auch die französischen Erstbelege von anfänglich gelehrten Entlehnungen wie *nature, naturel, idée, qualité, question, général, nécessaire* (vgl. zu diesen Texten u. a. McCulloch 1960; zu den spezifischen Bedingungen der anglonormannischen Literatur Legge 1963).

Insgesamt zeigt die Chronologie der französischen Latinismen zwar eine besonders starke quantitative Ausweitung ab dem 14. Jh. (vgl. Stefenelli 1981a), speziell unter den Übernahmen mit allgemeinerem Gehalt sind die Entlehnungen bereits der altfranzösischen Periode aber mindestens ebenso zahlreich wie die des Mittelfranzösischen (vgl. Stefenelli 1981, 156 ff; 189 ff; 1992, v. a. 211). Unter den Übernahmen der spezielleren Sachbereiche ist „ein deutlicher zeitlicher Vorsprung im juristischen und medizinischen Vokabular festzustellen" (Pöckl 1990, 273); zu den Wechselbeziehungen zwischen der lateinischen und volkssprachlichen Rechtsterminologie sowie zu frühen juristischen Latinismen (denen seit dem 12. Jh. aber eine zunehmende Tendenz zu volkssprachlichen Bezeichnungsformen gegenübersteht) siehe Heinimann (1963, 31 ff). Die wesentliche Präzisierung, daß viele gerade der fachsprachlichen Latinismen nicht aus dem Latein der Antike, sondern aus dem Mittellatein entlehnt wurden, unterstreicht und veranschaulicht etwa Baldinger (u. a. in 1990, 298−303).

Die Lexeme gelehrten Ursprungs füllen zum Teil — als Auswirkung der erweiterten und differenzierteren Bezeichnungsbedürfnisse — diejenigen Lücken, die durch die erwähnten vulgärlateinischen Reduktionen entstanden waren. Dies gilt etwa für die angeführte Entlehnung von *nature* (mit verschiedenen Teilbedeutungen, s. Tobler-Lommatzsch VI 515 ff) sowie zahlreiche weitere bei Stefenelli 1992, 205 f genannte Beispiele (zum parallelen auch innersprachlichen Ausbau des abstrakten altfranzösischen Wortschatzes in den verschiedenen Gattungen vgl. Heinimann 1963, 21 ff; zum Verstandesvokabular in der geistlichen und lehrhaften Literatur Bechtoldt 1935; zu den Bezeichnungen der Wissensfächer und des „Gelehrten", wie v. a. *clerc* und Synonyme, Ricken 1961).

Teilweise treten die Latinismen aber auch, als (zunächst) gehobene Bezeichnungsvarianten, neben ein erbwörtliches Synonym und veranschaulichen den für das altfranzösische Diasystem wesentlichen Gegensatz zwischen klerikaler Bildungssprache und Volkssprache:

« En ancien français nous nous apercevrons que la différence essentielle a son origine dans l'éducation. Il y a une langue des clercs et une langue du vulgaire, indépendantes de l'échelon social. [...] La matière cléricale (et nous entendons par là tout ce qui est relatif à la religion, tout ce qui touche à la Bible et, par une extension toute naturelle au moyen âge, à l'antiquité classique) a des moyens d'expression qui lui appartiennent en propre » (Gougenheim 1970, 281, mit Illustration an der Semantik von *fleuve* und an der syntaktischen Struktur *en* vor Städtenamen; vgl. auch Rheinfelder 1933).

Die Koexistenz beider Register im Rahmen der Literatursprache führt mehrfach zu einem synonymen Nebeneinander, etwa zwischen gemeinsprachlichem *pucelle* ‚Jungfrau' und (eigentlich) gelehrtem, vorwiegend auf die Jungfrau Maria bezogenem *vi(e)rge*, zwischen halbgelehrt-volkssprachlichem *apostoile* ‚Papst' und dem selteneren Latinismus *pape* oder zwischen mehreren volkssprachlichen Bezeichnungen des ‚Teufels' wie *maufé, aversier, enemi* und dem halbgelehrten Terminus *diable* (s. Stefenelli 1967, 292 ff; 286 ff).

4. Fachsprachliches Vokabular im Rahmen der altfranzösischen Literatur

Neben den dem Latein entlehnten gelehrten Lexemen der Bildungssprache umfaßt der überlieferte literarische Wortschatz des Altfranzösischen auch Einzelemente oder breitere Ausschnitte aus einer Vielzahl von speziellen fachsprachlichen Terminologien, welche hier nur in Auswahl angesprochen werden können. Die Sprache der mit dem *Rolandslied* (um 1100) einsetzenden Tradition der Volksepen (*Chansons de geste*) beispielsweise spiegelt an technolektalen Wortschatzbereichen in erster Linie die Terminologien des Feudalsystems (vgl. Hollymann 1957; zu den „Schlüsselwörtern" wie *vasselage, proz* Burgess 1970; zu *chevalier* als komplexem Zentralbegriff «à la fois militaire, social et moral» auch Gougenheim 1970, 356ff) sowie das Vokabular des Militär- und Kriegswesens. Letztere Bereiche, welche bezeichnungsgeschichtlich teils schon früh erfaßt wurden (vgl. Schroedter 1907; Sternberg 1886; Schirling 1887; Schumacher 1972; Hitze 1965, zum einschlägigen Formelinventar von 8 Epen; Stefenelli 1967, 154ff zur Synonymenvielfalt; Chaurand 1977, 26ff), zeigen mehrfach nachhaltige Einflüsse des germanischen Superstrats, so beispielsweise als zunächst in speziellerer Funktion übernommene Waffenbezeichnungen neben lateinischem *espee* (< *spatha*) ‚Schwert' auch *brant* (< **brand*) ‚Schwertklinge; Schwert', neben *lance* (< *lancea*) ‚schwerer Reiterspeer, Lanze' auch *espié* (< **speut*) ‚leichter Kampfspeer, Lanze', neben *saiete* (< *sagitta*) ‚Pfeil' auch *fleche* (< **fliugica*) ‚Pfeilschaft, Pfeil', neben *escu* (< *scutum*) ‚Schild' auch *targe* (< **targa*; vgl. zu den Termini fränkischen Ursprungs FEW und Stefenelli 1981, 116).

Zu den Spezifika des höfischen Wortschatzes, die unter anderem die Romane Chrétiens de Troyes (ca. 1160—1180) kennzeichnen, gehören neben neuen oder sich wandelnden Schlüsselwörtern (vgl. Tscheer 1957; Burgess 1970 u. a. zu *corteis, aventure* und dem neuen Gehalt von *chevalier*) etwa die Häufigkeit des substantivierten Infinitivs (s. Heinimann 1963, v. a. 52ff), semantische Besonderheiten wie *sire, seignour* ‚Gatte' (s. Stefenelli 1967, 79f) sowie mehrere Lehnwörter aus der altprovenzalischen Troubadoursprache, speziell in besonders nuanciert ausgedrückten Begriffsbereichen wie ‚gefallen' (*abelir, estre bel, estre buen*) und ‚sich vergnügen' (s. Stefenelli 1967, 230ff; vgl. Braun 1929; Gebhardt 1974, v. a. 43; 243; der teils angenommene provenzalische Ursprung auch von fr. *amour* ist eher fraglich, s. Ch. Schmitt in Romania 94, 433—462).

Einen besonders hohen Anteil spezielleren fachsprachlichen Wortschatzes, welcher teils auch mit schwierigen Interpretationsproblemen verbunden ist, enthält das um 1200 in Nordfrankreich entstandene *Jeu de Saint Nicolas* von Jehan Bodel. In der mit eingehenden Anmerkungen und einem vollständigen Glossar versehenen Edition von A. Henry (1981) werden speziell die einschlägigen Termini aus den Begriffsbereichen «la taverne», «le vin», «les dés», «l'agent et les comptes» als systematischer Index (464—469) zusammengestellt.

5. Die fachsprachliche Komponente im Rahmen der fremdsprachlichen Entlehnungen

Eine wesentliche Rolle spielen die fachsprachlichen Wortschatzelemente — wie schon in den vorigen Abschnitten angesprochen — unter den häufig sachbedingten Entlehnungen aus anderen Sprachen (vgl. u. a. Vidos 1965, passim; Guiraud 1971). Die Gesamtzahl der Übernahmen des Altfranzösischen aus den verschiedenen Nachbaridiomen bleibt im Vergleich zu den späteren Sprachperioden allerdings noch begrenzt und beläuft sich bei Berücksichtigung nur der bis heute fortlebenden Formen auf rund zweihundert Lexeme (vgl. Gebhardt 1974; Stefenelli 1981, 163ff, mit Literaturverweisen).

Besonders kennzeichnend, mit zahlreichen Entlehnungen aus verschiedenen Sprachen, ist hierbei beispielsweise die maritime Terminologie, die überwiegend von den Nachbaridiomen des Atlantik- oder Mittelmeerraumes übernommen wurde (vgl. Gougenheim 1966, 211 ff: «La plupart des termes de marine ont été empruntés aux langues de peuples dont l'activité maritime était plus considérable»). Sie umfaßt an bereits altfranzösischen Übernahmen Lehnwörter v. a. aus dem Altnordischen der normannischen Wikinger (z. B. *vague* ‚Welle', *cingler* ‚segeln', *hune* ‚Mastkorb', *tillac* ‚Oberdeck'), dem Okzitanischen (s. Gebhardt 1974, 243ff), Italienischen (*golfe, avarie*; vgl. Vidos 1939), Niederländischen (*amarrer* ‚vertäuen', *saur*), Englischen (*bateau, bouline* ‚Bugleine') sowie auch den westfranzösischen Mundarten. Wie bei den gelehrten Latinismen finden sich darunter mehrfach auch Formen, die zunächst in speziellem fachlichen Milieu übernommen, später aber zu gemeinsprachlichen Normalbezeichnungen ausgeweitet wurden, so etwa die aus dem Altenglischen entlehnten Himmelsrichtungsbezeichnungen *nord, sud, est, ouest*, die zuerst v. a. bei (anglo)normannischen Autoren begegnen und im Mittelalter als vorwiegend maritime oder wissenschaftliche Termini neben geläufigeren gemeinsprachlichen Bezeichnungen (wie *bise, midi, soleil levant, soleil couchant*) standen (vgl. Rothwell in Archivum Linguisticum 7, 29—56).

6. Die breiteren Anfänge volkssprachlicher Fachtexte im ausgehenden Altfranzösischen

Für die Geschichte der französischen Fachsprachen grundlegende Neuerungen bringt das 13. Jh. mit dem breiteren Aufkommen von Prosawerken und dem beginnenden Übergang von lateinischen zu volkssprachlich-französischen Fachtexten. Hierbei verbindet sich die Verwendung von Prosa als Instrument sachlicher und wahrheitsgemäßer Darstellung etwa in Chroniken und didaktischen Werken mit einem neuen Informationsanspruch („während im XII. Jh. die Versform auch für die Sachliteratur didaktischen Zuschnitts maßgeblich blieb und diese damit in der Nähe der erbaulichen Literatur ansiedelte", Stempel 1972, 585) und initiiert auch ein verändertes Verhältnis zum Lateinischen: „Die Tatsache, daß das Romanische sich einer Ausdrucksform bedient, die bislang nahezu ausschließlich der traditionellen Bildungssprache vorbehalten war, bedeutet den Beginn einer Konkurrenz, die in den folgenden Jahrhunderten etappenweise zugunsten der lebenden Sprache entschieden wird" (ib., 586). Soziokulturell und -ökonomisch begünstigt wird die sprachliche Umstellung durch die zunehmende Bedeutung eines lateinunkundigen Laienpublikums (die im anglonormannischen England schon seit dem 12. Jh. zum Tragen kommt) sowie durch die praktischen Bedürfnisse und eigenen Bildungsansprüche des erstarkten Bürgertums speziell der reichen städtischen Zentren des Nordens. „Bezeichnend für die sich wandelnde schriftsprachliche Situation sind hier in erster Linie die Verhältnisse im Rechtswesen, soweit es vor allem Testamente, Schenkungen u. ä. betrifft. In diesem säkularen Sektor fanden das praktische Interesse der beteiligten Laien einerseits, die vergleichsweise beschränkte Sprachbildung der Notare andererseits schon früh ihren Niederschlag" (ib., 590 f; zur Entstehungsgeschichte der um 1150 als ältestes Gesetzbuch in anglonormannischer Sprache verfaßten *Leis Willelme* siehe Wüest 1969; eine kritische Bibliographie und lexikalische Analyse der ältesten altfranzösischen Urkunden und Dokumente bis zum Jahr 1235 gibt Drüppel 1984; zu den formelhaften Synonymendoppelungen oder -häufungen in der altfranzösischen Urkundensprache siehe Diekamp 1972).

In manchen fachsprachlichen Bereichen bediente sich der mündliche Gebrauch vermutlich schon früher der Volkssprache als die überlieferten schriftlichen Texte. So zeigt Wüest (1978) am Vergleich zwischen den lateinischen und französischen Fassungen früher juristischer Texte, daß die Zahl der Gallizismen im lateinischen Text höher liegt als diejenige der Latinismen im französischen Text und erschließt daraus eine ältere mündliche Tradition der Volkssprache:

«Si l'influence a pu être réciproque, force nous est de constater que celle du français sur le latin a été plus forte que celle du latin sur le français. Il a donc dû y avoir une tradition ininterrompue du discours juridique en langue française. Comme nous savons pourtant que les textes juridiques en langue française sont rares avant le XIIIe siècle, il s'agissait à coup sûr d'une tradition orale. J'en déduis que, devant les tribunaux médiévaux, l'usage oral de la langue vulgaire était de règle, bien que l'usage du latin se perpétuât dans les textes écrits» (566).

Konkrete Bestandsaufnahmen des (spät)altfranzösischen Vokabulars bestimmter fachsprachlicher Teilsektoren erfolgten beispielsweise zum *Tresor* Brunetto Latinis (1268) als erstem auf das weltliche Wissen ausgerichteten enzyklopädischen Kompendium in der Volkssprache (s. Messelaar 1963, der das *vocabulaire des idées* in 7 semantische Felder gliedert; zu den geltend gemachten Erstbelegen vgl. kritisch Höfler in Zeitschrift für romanische Philologie 81, 366 ff; vgl. auch Hilder 1972 zum Einfluß der zeitgenössischen lateinischen Hochscholastik auf Jean de Meun's *Rosenroman* und zur französischen Geschichte des Vokabulars der *artes liberales*), zu den teils schon frühen medizinischen Übersetzungen und Originaltexten für lateinunkundige Praktiker (u. a. Södergard 1973 zu kontinentalen und Rothwell 1976 zu anglonormannischen Quellen ab der 1. Hälfte des 13. Jh.s; vgl. auch Vielliard/Monfrin 1991, 549 f), zu der besonders vielfältigen Terminologie mittelalterlicher Steuern (de Gorog 1971), den Bezeichnungen des „freien Bauern" (Baldinger 1990, 251—275), dem Vokabular der Jagd (Tilander 1957; 1958; 1961; zu den Zoonymen vgl. auch Röntgen 1992, v. a. 49 ff) oder den Termini der Tuchfabrikation (Zangger 1945; de Poerck 1951).

Grundlegende Bedeutung als exemplarische Beispiele für eine eingehendere bis aufs Altfranzösische zurückführende historische Fachsprachenforschung haben jedoch vor allem die jüngeren Monographien von Möhren (1986) und Städtler (1988). Die minutiösen „wort- und sachgeschichtlichen" Untersuchungen Möhrens (1986, 39 ff, mit Glossar 70—271) zu landwirtschaftlichen Texten erfassen u. a. die ältesten im Original auf Französisch geschriebenen Anleitungstraktate zur Güterverwaltung und Hauswirtschaft aus dem anglonormannischen England, speziell die um 1270 entstandene anonyme *Seneschaucie*, und besprechen neben den im Vordergrund stehenden philologischen Detailanalysen auch methodologische Probleme sowie allgemeinere Aspekte der Fachtexte bzw. Fachsprachenforschung (etwa die Abgrenzung zwischen Fachsprache und Allgemeinsprache, 10 ff, oder die Frage der Realitätsnähe, 13). Städtler (1988) gibt eine Edition und Wortschatzanalyse der 11 ältesten grammatikalischen Abhandlungen in französischer Sprache, beginnend mit der Übertragung der *Ars minor* des Donat ab der 2. Hälfte des 13. Jh.s (deren älteste, stark verkürzte Fassung, den *Berner Codex*, schon Heinimann in Zeitschrift für romanische Philologie 79, 23—37, bezüglich mehrerer Erstbelege ausgewertet hatte). Die Studie Städtlers bildet einen wesentlichen neuen Beitrag zur Geschichte der französischen grammatikalischen Terminologie und korrigiert insbesondere die ältere Vorstellung, daß diese erst von den Grammatikern der Renaissance im Rückgriff auf die Antike geschaffen worden sei: „Die Grammatiken des 16. Jh.s [...] knüpfen zumindest zum Teil an Überlegungen und Terminologien an, die in den Jahrhunderten zuvor kontinuierlich entwickelt wurden" (3). In einem eigenen Abschnitt (48 ff) werden auch die bis ins 12. Jh. zurückführenden Belege für grammatikalisches Vokabular innerhalb der altfranzösischen Literatur zusammengestellt (etwa die Textstelle aus der *Vie de saint Thomas* von Guernes de Pont-Sainte-Maxence, V. 2259 f: *Tel qui fist personel del verbe impersonal / Singuler e plurel aveit tut parigal*).

Eine vergleichende Charakterisierung des Sprachstils der verschiedenen Typen von Prosatexten des 13. Jh.s skizziert Stempel (1972, 596 ff). Im Gegensatz zur demonstrierenden Darstellung von Sachverhalten kennzeichnet sich die Darlegung naturkundlicher Realien durch nüchterne parataktische und stereotypisierte Darstellung:

„An Stein- und Tierbüchern, Traktaten über Geographie, Astronomie etc. ist zu ersehen, daß hier die nüchterne Beschreibung der Dinge im Vordergrund steht, wobei die jeweiligen Eigenheiten und Wesensmerkmale nacheinander aufgezählt werden. Das formale Verfahren ist in starkem Maße stereotypisiert, sei es, daß katalogartig das Wissenswerte aufgefächert wird, sei es, daß für den heutigen Geschmack pedantische Einteilungsschemata befolgt werden. [...] alle Einzelheiten, die von einem Gegenstand oder Lebewesen zu berichten sind, werden tableauartig durch *et* aneinandergereiht, so daß sich am Ende der Eindruck einer erschöpfenden Mitteilung, einer vollständigen Definition ergibt, wie er durch asyndetische Anfügung partieller Aussagen nicht erzeugt werden könnte. Dieses elementare Expositions- oder Definitionsschema [...] läßt sich verständlich machen als Ausdruck des in der Welt geltenden Ordnungsprinzips, demzufolge jedem Ding und Lebewesen unveränderliche Eigenschaften zukommen".

7. Literatur (in Auswahl)

Albrecht 1995 = Jörn Albrecht: Der Einfluß der frühen Übersetzertätigkeit auf die Herausbildung der romanischen Literatursprachen. In: Die romanischen Sprachen im Vergleich. Hrsg. v. Christian Schmitt und Wolfgang Schweickard. Bonn 1995, 1—37.

Albrecht/Baum 1992 = Jörn Albrecht/Richard Baum: Fachsprache und Terminologie in Geschichte und Gegenwart. Tübingen 1992 (Forum für Fachsprachen-Forschung 14).

Assion 1973 = Peter Assion: Altdeutsche Fachliteratur. Berlin 1973.

Baldinger 1990 = Kurt Baldinger: Die Faszination der Sprachwissenschaft. Hrsg. v. Georges Straka und Max Pfister. Tübingen 1990.

Bambeck 1968 = Manfred Bambeck: Boden und Werkwelt. Untersuchungen zum Vokabular der Galloromania aufgrund von nichtliterarischen Texten. Tübingen 1968.

Bechtoldt 1935 = Heinrich Bechtoldt: Der französische Wortschatz im Sinnbezirk des Verstandes. Die geistliche und lehrhafte Literatur von ihren Anfängen zum Ende des 12. Jh.s. In: Romanische Forschungen 49. 1935, 21—180.

Berger 1899 = Heinrich Berger: Die Lehnwörter in der französischen Sprache ältester Zeit. Leipzig 1899.

Braun 1929 = G. Braun: Der Einfluß des südfranzösischen Minnesangs und Ritterwesens auf die nordfranzösische Sprache bis zum 13. Jh. In: Romanische Forschungen 43. 1929, 1−160.

Brodin 1972 = Dorothy R. Brodin: Learned words in the earliest French Documents. In: Studies in honor of Mario A. Pei. Hrsg. v. John Fisher und Paul A. Gaeng. Chapel Hill 1972, 49−61.

Brunot 1966 = Ferdinand Brunot: Histoire de la langue française des origines à nos jours. Tome I: De l'époque latine à la Renaissance. Paris (réédition) 1966.

Burgess 1970 = Glyn Sheridan Burgess: Contribution à l'étude du vocabulaire précourtois. Genf 1970.

Chaurand 1977 = Jacques Chaurand: Introduction à l'histoire du vocabulaire français. Paris 1977.

Dahmen/Holtus/Kramer/Metzeltin 1989 = Wolfgang Dahmen/Günter Holtus/Johannes Kramer/ Michael Metzeltin: Technische Sprache und Technolekte in der Romania. Romanistisches Kolloquium II. Tübingen 1989.

de Gorog 1971 = Ralph de Gorog: Les noms des impôts médiévaux en France: synonymie et formation. In: The French Review 45. Special Issue no. 3. 1971, 59−76.

de Gorog 1973 = Ralph de Gorog: Lexique français moderne − ancien français. Athens 1973.

de la Chaussée 1988 = François de la Chaussée: Noms demi-savants en ancien français. Toulouse 1988.

de Poerck 1951 = Guy de Poerck: La draperie médiévale en Flandre et en Artois, technique et terminologie. 2 vol. Bruges 1951.

Deutschmann 1971 = Olaf Deutschmann: Lateinisch und Romanisch. Versuch eines Überblicks. München 1971.

Diekamp 1972 = Clemens Diekamp: Formelhafte Synonymenhäufungen in der altpoitevinischen Urkundensprache (13. Jh.). Beiträge zu Problemen der Synonymenhäufung im Altfranzösischen. München 1972.

Drüppel 1984 = Christoph J. Drüppel: Altfranzösische Urkunden und Lexikologie. Ein quellenkritischer Beitrag zum Wortschatz des frühen 13. Jh.s. Tübingen 1984.

FEW 1928 ff = Walther von Wartburg: Französisches etymologisches Wörterbuch. Bonn 1928 ff.

François 1959 = Alexis François: Histoire de la langue française cultivée des origines à nos jours. 2 vol. Genève 1959.

Gay 1887/1928 = Victor Gay: Glossaire archéologique du Moyen Age et de la Renaissance. 2 vol. Paris 1887/1928. (Neudruck Lichtenstein 1967).

Gebhardt 1974 = Karl Gebhardt: Das okzitanische Lehngut im Französischen. Bern. Frankfurt/M. 1974.

Godefroy 1881 ff = Frédéric Godefroy: Dictionnaire de l'ancienne langue française et de tous ses dialectes. 10 vol. 1881−1902.

Gougenheim 1966 = Georges Gougenheim: Les mots français dans l'histoire et dans la vie. 2e éd. Paris I 1966.

Gougenheim 1970 = Georges Gougenheim: Langue populaire et langue savante en ancien français. In: Id.: Etudes de grammaire et de vocabulaire français. Paris 1970, 281−305.

Guiraud 1971 = Pierre Guiraud: Les mots étrangers. 2e éd. Paris 1971.

Heinimann 1963 = Siegfried Heinimann: Das Abstraktum in der französischen Literatursprache des Mittelalters. Bern 1963.

Henry 1981 = Albert Henry: Le *Jeu de Saint Nicolas* de Jehan Bodel. 3e éd. Bruxelles 1981.

Hilder 1972 = Gisela Hilder: Der scholastische Wortschatz bei Jean de Meun. Tübingen 1972.

Hitze 1965 = Renate Hitze: Studien zu Sprache und Stil der Kampfschilderungen in den chansons de geste. Genève. Paris 1965.

Hollyman 1957 = Kenneth James Hollyman: Le développement du vocabulaire féodal en France pendant le haut moyen âge. Paris 1957.

Kalverkämper 1988 = Hartwig Kalverkämper (Hrsg.): Fachsprachen in der Romania. Tübingen 1988 (Forum für Fachsprachen-Forschung 8).

Keil/Assion 1973 = Gundolf Keil/Peter Assion: Fachprosaforschung. Acht Vorträge zur mittelalterlichen Artesliteratur. Berlin 1974.

Keller 1953 = Hans-Erich Keller: Etude déscriptive sur le vocabulaire de Wace. Berlin 1953.

Koch 1993 = Peter Koch: Pour une typologie conceptionnelle et mediale des plus anciens documents/monuments des langues romanes. In: Le passage à l'écrit des langues romanes. Hrsg. von Maria Selig, Barbara Frank und Jörg Hartmann. Tübingen 1993, 39−81.

Legge 1963 = Mary Dominica Legge: Anglonorman literature and its background. Oxford 1963.

Matoré 1985 = Georges Matoré: Le vocabulaire et la société médiévale. Paris 1985.

McCulloch 1960 = Florence McCulloch: Medieval Latin and French Bestiaries. Chapel Hill 1960.

Messelaar 1962 = Petrus A. Messelaar: Le vocabulaire des idées dans le „Trésor" de Brunet Latin. Amsterdam 1962.

Möhren 1986 = Frankwalt Möhren: Wort- und sachgeschichtliche Untersuchungen an französischen landwirtschaftlichen Texten, 13., 14. und 18. Jh. Tübingen 1986.

Müller 1982 = Bodo Müller: Geostatistik der gallischen/keltischen Substratwörter in der Galloromania. In: Festschrift für J. Hubschmid zum 65. Geburtstag. Hrsg. v. Otto Winkelmann und Maria Braisch. Bern. München 1982, 603–620.

Pöckl 1990 = Wolfgang Pöckl: Französisch: Fachsprachen. In: Lexikon der Romanistischen Linguistik. Hrsg. v. Günter Holtus, Michael Metzeltin und Christian Schmitt. Band V: Französisch, Okzitanisch, Katalanisch. Tübingen 1990, 267–282.

Rheinfelder 1933 = Hans Rheinfelder: Kultsprache und Profansprache in den romanischen Ländern: Sprachgeschichtliche Studien, besonders zum Wortschatz des Französischen und des Italienischen. Genf. Florenz 1933 (Nachdruck Hildesheim 1982).

Ricken 1961 = Ulrich Ricken: „Gelehrter" und „Wissenschaft" im Französischen. Beiträge zu ihrer Bezeichnungsgeschichte vom 12.–17. Jh. Berlin 1961.

Röntgen 1992 = Karl-Heinz Röntgen: Untersuchungen zu frühen Lehnprägungen romanischer Tierbezeichnungen. Bonn 1992.

Roques 1990 = Gilles Roques: Etymologie des Wortschatzes. In: Lexikon der romanistischen Linguistik. Hrsg. v. Günter Holtus, Michael Metzeltin und Christian Schmitt. Band V: Französisch, Okzitanisch, Katalanisch. Tübingen 1990, 507–518.

Rothwell 1976 = W. Rothwell: Medical and botanical terminology from anglo-norman sources. In: Zeitschrift für französische Sprache und Literatur 86. 1976, 221–260.

Schirling 1887 = Viktor Schirling: Die Verteidigungswaffen im altfranzösischen Epos. Marburg 1887.

Schneider 1997 = Christiane Schneider: Die ältesten französischen Texte über Musiktheorie. In: Latinitas et Romanitas. Festschrift für H. D. Bork. Hrsg. v. Annegret Bollée und Johannes Kramer. Bonn 1997, 461–489.

Schroedter 1907 = V. Schroedter: Der Wortschatz Kristians von Troyes – bezüglich der Ausdrücke der Kampfesschilderung. Leipzig 1907.

Schumacher 1972 = Hans Schumacher: Das Befestigungswesen in der altfranzösischen Literatur, Kunst, Musik. Heidelberg 1972.

Schwake 1979 = Helmut Peter Schwake: Der Wortschatz des „Cligés" von Chrétien de Troyes. Tübingen 1979.

Selig/Frank/Hartmann 1993 = Maria Selig/Barbara Frank/Jörg Hartmann: Le passage à l'écrit des langues romanes. Tübingen 1993.

Södergard 1973 = Östen Södergard: La langue médicale française. Quelques nouvelles datations. In: Etudes de langue et de littérature du moyen âge: Offertes à Félix Lecoy. Paris 1973, 541–550.

Städtler 1988 = Thomas Städtler: Zu den Anfängen der französischen Grammatiksprache. Tübingen 1988.

Stefenelli 1962 = Arnulf Stefenelli: Die Volkssprache im Werk des Petron im Hinblick auf die romanischen Sprachen. Wien 1962.

Stefenelli 1967 = Arnulf Stefenelli: Der Synonymenreichtum der altfranzösischen Dichtersprache. Wien 1967.

Stefenelli 1981 = Arnulf Stefenelli: Geschichte des französischen Kernwortschatzes. Berlin 1981.

Stefenelli 1981a = Arnulf Stefenelli: Übernahmemotive und Integration der Latinismen im Lichte der lateinisch-mittelfranzösischen Lexika. In: Romanisches Mittelalter. Festschrift zum 60. Geburtstag von Rudolf Baehr. Hrsg. v. Dieter Messner und Wolfgang Pöckl. Göppingen 1981, 313–341.

Stefenelli 1992 = Arnulf Stefenelli: Das Schicksal des lateinischen Wortschatzes in den romanischen Sprachen. Passau 1992.

Stefenelli 1995 = Arnulf Stefenelli: Remarques sur la structure socioculturelle du latin vulgaire protoroman. In: Latin vulgaire – latin tardif. Actes du 4^e colloque international sur le latein vulgaire et tardif. Caen, 2–5 septembre. 1994. Hrsg. v. Louis Callebat. Hildesheim. Zürich. New York 1995, 35–45.

Stempel 1972 = Wolf-Dieter Stempel: Die Anfänge der romanischen Prosa im XIII. Jh. In: Grundriß der romanischen Literaturen des Mittelalters. Hrsg. v. Hans Robert Jauss und Erich Köhler. Heidelberg 1972, 585–601.

Sternberg 1886 = A. Sternberg: Die Angriffswaffen im altfranzösischen Epos. Marburg 1886.

Tilander 1957 = Gunnar Tilander: Nouveaux essais d'étymologie cynégétique. Lund 1957.

Tilander 1958 = Gunnar Tilander: Mélanges d'étymologie cynégétique. Lund 1958.

Tilander 1961 = Gunnar Tilander: Nouveaux mélanges d'étymologie cynégétique. Lund 1961.

Tobler-Lommatzsch 1925 ff = Adolf Tobler/Erhard Lommatzsch: Altfranzösisches Wörterbuch. Wiesbaden 1925 ff.

Tscheer 1957 = Rosmarie Tscheer: Zum höfischen Vokabular im altfranzösischen Roman. Basel 1957.

Väänänen 1981 = Veikko Väänänen: Introduction au latin vulgaire. 3e éd. Paris 1981.

Vidos 1939 = Benedek Elemér Vidos: Storia delle parole marinaresche italiane passate in francese. Firenze 1939.

Vidos 1965 = Benedek Elemér Vidos: Prestito, espansione e migrazione dei termini tecnici nelle lingue romanze e non romanze. Problemi, metodo e risultati. Firenze 1965.

Vielliard/Monfrin 1986/1991 = Françoise Vielliard/Jacques Monfrin: Manuel bibliographique de la littérature française du moyen âge de Robert Bossuat. Troisième supplément (1960–1980). 2 vol. Paris 1986/1991.

von Wartburg 1970 = Walther von Wartburg: Einführung in Problematik und Methodik der Sprachwissenschaft. 3ᵉ éd. Tübingen 1970.

Woledge/Clive 1964 = Brian Woledge/Harry P. Clive: Répertoire des plus anciens textes en prose français depuis 842 jusqu'aux premières années du XIIIᵉ siècle. Genf 1964.

Wolf 1979 = Heinz Jürgen Wolf: Französische Sprachgeschichte. Heidelberg 1979.

Wüest 1969 = Jakob Wüest: Die Leis Willelme. Untersuchungen zum ältesten Gesetzbuch in französischer Sprache. Bern 1969.

Wüest 1978 = Jakob Wüest: Remarques sur le langage juridique au Moyen Age. In: Travaux de linguistique et de littérature 16. 1978, 557–566.

Zangger 1945 = Kurt Zangger: Contribution à la terminologie des tissus en ancien français. Bern 1945.

Arnulf Stefenelli, Passau

264. Charakteristika der französischen Urkundensprache

1. Begriffsbestimmung
2. Wissenschaftsgeschichte und Forschungspraxis
3. Zur sprachlichen Charakteristik der französischen Urkundensprachen
4. Forschungsdesiderata. Ausblick
5. Literatur (in Auswahl)

1. Begriffsbestimmung

In der Romanistik wird unter *Urkundensprache* im *engeren* Sinn die (nichtlateinische, i. e. „vulgäre") Sprache von spätmittelalterlichen Rechtsdokumenten besonderer Art (*Urkunde*, franz. *charte*), in einem *weiteren* Sinn jedoch die Sprache aller *nichtliterarischen* Sprachdenkmäler verstanden. Seit den Arbeiten des wallonischen Philologen L. Remacle (1948) ist der Terminus *Skripta* für die Bezeichnung lateinischer und vulgärer Schriftsysteme (bzw. -sprachen) des Spätmittelalters vor deren weitgehender Unifikation (in der Romania: meist im 15./16. Jh.) üblich; analog dazu: *Skriptaforschung*, franz. *scriptologie*. Für das (Nord)Französische (Sprachtyp: *Langue d'Oïl*) liegt der diachrone Rahmen der Skriptaforschung zwischen dem Aufkommen der ersten nichtlateinischen Dokumente (nach derzeitigem Stand: 1204, Douai, Départ. du Nord) und der Ordonnance von Villers-Cotterêts (1539), in der vom franz. König Franz I. die exklusive Verwendung des „langage maternel français" (de facto anstelle des Lateinischen, aber auch letzter Reste des Okzitanischen und anderer Regionalskriptae) vorgeschrieben wurde. Nach 1539 gilt aus sprachhistorischer Perspektive der Sprachtyp des Neufranzösischen als weitgehend stabilisiert.

Eine Behandlung der Problematik des in nichtliterarischen Dokumenten zwischen etwa 1200 und 1539 verwendeten Französischen aus der expliziten Perspektive der *Fachsprachenforschung* steht trotz der breitgestreuten Relevanz der Skriptaforschung (Blickwinkel von: Paläographie, Diplomatik, Philologie, Linguistik, Rechtsgeschichte, Jurisprudenz, Geschichte) noch zur Gänze aus. Allerdings hat sich neuerdings das lexikologische Interesse im Bereich der franz. Skriptaforschung deutlich verdichtet, wobei die Semantik und Pragmatik des solcherart behandelten Vokabulars in die Richtung von Fachsprachenforschung weisen (cf. Drüppel 1984). Gegenüber der germanistischen Skriptaforschung liegt allerdings noch immer ein deutlicher Rückstand vor, der in dieser Form seit rund einem Jahrhundert andauert.

2. Wissenschaftsgeschichte und Forschungspraxis

Die Heranziehung nichtliterarischer Quellen im allgemeinen und exklusiv diplomatisch relevanter Texte wie Urkunden (etc.) im besonderen bei der Erhellung der Geschichte des Französischen hat eine lange Tradition und manifestiert sich erstmals im letzten Viertel des 19. Jh.s. Die ersten dazu in größerem Umfang durchgeführten Forschungen gehen auf den Hallenser Romanisten Hermann Suchier zurück, der bereits in der ersten Auflage von „Gröbers Grundriß" darüber extensiv berichtet hat (Suchier 1888). In derselben Edition von „Gröbers Grundriß" befindet sich auch ein Beitrag über die fachmännische Behandlung von diplomatisch relevanten Texten durch Philologen (Schum 1888). Am Ende des 19. Jh.s stehen dem Galloromanisten für den Bereich der *Langue d'Oïl* bereits zahlreiche Urkundeneditionen (freilich sehr unterschiedlichen Werts) zur Verfügung, die seit etwa 1850 immer häufiger geworden sind. Die Bedeutung von Urkunden und sonstigen nichtliterarischen Texten auch bei der universitären Vermittlung von franz. Sprachgeschichte wird ab 1909 eindrücklich durch den dritten Band („Materialien zur Einführung in das Studium der altfranz. Mundarten") der „Grammatik des Altfranzösischen" von E. Schwan und D. Behrens unterstrichen. Dabei tritt die frühe Dominanz des *diatopischen* Interesses der Skriptaforschung hervor: sie gilt als Teil der *Dialektologie* im weitesten Sinn. Dies beruht u. a. auch auf der Tatsache, daß man bereits früh diesbezüglich die Vorteile nichtliterarischer gegenüber literarischen Dokumenten erkannt hat. Diese liegen in deren deutlich engerer Bindung an die Koordinaten von *Zeit* (meist Erst- oder Zweitschriften, keine Mehrfachabschriften über größere Zeiträume hinweg; Vermerkung eines präzisen Datums für die Erstredaktion im Text) und *Raum* (meist deutlich erkennbare pragmatische Anbindung an eine Ortschaft oder eine klar erkennbare Region). Allerdings hat man lange Zeit die diversen Urkundenskriptae als *direkte Emanationen* (und damit *authentische Reflexe*) des örtlichen mittelalterlichen Dialektes angesehen. Diese (romantisch induzierte) Auffassung wurde erst im Zuge der von Suchier angeregten Forschung korrigiert und durch differenziertere Auffassungen ersetzt (cf. Wacker 1916; Monfrin 1968; 1974). Weitere Marksteine der Skriptaforschung liegen vor in den Arbeiten von C. Th. Gossen zur Pikardie (1942; dazu auch die „Grammaire de l'ancien picard" von 1970; 2. Aufl. 1976), von L. Remacle zur Wallonie (1948), von R. Rohr zur Touraine (1963) und von mir selber zur Normandie (1970—1995). Zum Gesamtraum der *Langue d'Oïl* unterrichten die skriptologische Summe von C. Th. Gossen (1967) und der Skriptaatlas von A. Dees (1980). Ich verweise ferner auf die beiden skriptologischen Tagungsbände von 1961 und 1967 (Straka 1963; 1972).

Typisch skriptologische Fragestellungen sind: Überlieferungslage und quellenmäßige Zuverlässigkeit der verwendeten Texte (mit z. T. auch diplomatisch relevanten Diskussionen), Problem von Original (Erstschrift) und Kopie (Zweitschrift); Frage der Relation von Graphem und Phonem (Gossen 1968); dann die systematische Erarbeitung von historischen Laut- und Formenlehren (oft mit Verweisen auf die derzeitige Dialektsituation anhand von ALF oder Regionalsprachatlan-

ten). Anmerkungen zur Syntax sind eher kursorisch, elaborierter dagegen die Analysen des vorgefundenen Wortschatzes (oft auch mit Spezialglossaren). Die genuin textlinguistische Pragmatik der Urkunden und Dokumente wurde bisher kaum beachtet, mit Ausnahme der sehr ins Auge fallenden Problematik der *Synonyme* (Diekamp 1972) und der fallweisen *Mehrsprachigkeit* (Latein—Französisch—Deutsch etc.) der Texte (cf. Drevin 1912; Lüdi 1985). Eine besondere Herausforderung hat immer die oft chaotisch anmutende *Graphienvielfalt* (*Polymorphie*) dargestellt, in der nur durch quantitative Behandlung verwertbare Ordnungsstrukturen ermittelt werden können (cf. 3.4.).

In der Regel wurde für Lautlehre und Morphologie das Profil der jeweiligen hoch- und spätmittelalterlichen Sprachlandschaft erstellt, oft anhand von Listen ausgewählter Sprachmerkmale, die ihrerseits auf der bereits vorliegenden Forschungstradition (histor. Grammatik, Regionalmonographien, etc.) beruhten. Meist ist das Ziel der skriptologischen Analyse die Herausarbeitung der diachronen Entwicklung bestimmter (graphischer) Sprachmerkmale, da so die allenthalben in Frankreich (und auch anderswo) beobachtbare *progressive Epuration* (d. h. *Französisierung*) der betreffenden Regionalskripta deutlich wird. Diese Epuration verläuft — analog zum raum-zeitlich deutlich abgestuften Auftreten des Mittelfranzösischen in den Urkunden — unterschiedlich schnell: im Zentrum und im Westen erfolgt sie früher, später im Osten (Lothringen, Champagne), Südosten (frankoprov. Gebiete) und Norden (Pikardie, Wallonie). Dabei ist der starke Einfluß *historischer* Gegebenheiten (Zugehörigkeit zum Königreich Frankreich oder noch zum Römisch-deutschen Reich) unübersehbar. Vor der Phase der definitiven Epuration kann mancherorts (v. a. im Norden und im Osten) auch eine Phase der *progressiven Konstitution* (d. h. einer deutlichen Verdichtung regionaler Schreibmerkmale) beobachtet werden. Es ist klar, daß der vielschichtige Prozeß der Skriptakonstitution und -epuration nur durch eine möglichst genaue und diversifizierte Beachtung vieler diamesischer Dimensionen (Diachronie + Diatopie + Diatextie + [...]) hinlänglich genau beschrieben werden kann. Eine konsequente Beachtung der drei eben erwähnten Dimensionen liegt derzeit nur in Goebl (1970—1995) vor; die bislang umfänglichste diatopische Analyse (bei gleichzeitiger Fixierung des diachronen

Rahmens auf das 13. Jh.) stammt von Dees (1980). Dees hat überdies die anhand *nichtliterarischer* Quellen erstellte diatopische Analyse später anhand *literarischer* Quellen wiederholt (1987) und konnte so die große Ähnlichkeit, ja praktische Identität der beiden Skripta-Formen aufzeigen.

Die Galloromanistik verfügt weder in quelleneditorischer noch in lexikographischer Hinsicht über Hilfsmittel, die dem „Corpus der altdeutschen Originalurkunden bis zum Jahr 1300" von F. Wilhelm oder dem dazu erstellten „Wörterbuch der mittelhochdeutschen Urkundensprache" von B. Kirschstein et al. vergleichbar wären. Die lexikologische Arbeit an nichtliterarischen Texten muß daher anhand der allgemeinen alt- und mittelfranzösischen Lexikographie durchgeführt werden und sich auf Standardwerke wie Godefroy, Tobler/Lommatzsch, DEAF und FEW stützen. Anhand genauer lexikologischer Analysen von Urkundenmaterialien ist es, wie Drüppel (1984) und vor ihm Baldinger mehrfach (1990, 251–303) gezeigt haben, sehr oft möglich, die in FEW und sogar DEAF vermerkten Erstbelege deutlich zu unterbieten und Neu- bzw. Erstbelege in größerer Zahl beizubringen. Für die in der galloromanistischen Skriptologie übliche Forschungspraxis ist der kontinuierliche Dialog zwischen genuinen Diplomatikern (meist aus dem Umfeld der *École des Chartes* in Paris) und Philologen kennzeichnend: cf. dazu Carolus-Barré (1964) und Monfrin (1968; 1974). Dieser Kooperation sind die Urkundeneditionen im Rahmen der Reihe „Documents linguistiques de la France" (Paris, CNRS) zu verdanken, die in drei Serien erscheinen: série française (1974–1994: 3 Bände), série francoprovençale (1974–1994: 2 Bände) und Belgique romane (1984–1994: 2 Bände). Diese drei diplomatisch und philologisch vorzüglich betreuten Serien könnten im Laufe der Zeit ein Äquivalent zum „Corpus Wilhelm" der Germanisten darstellen.

3. Zur sprachlichen Charakteristik der französischen Urkundensprachen

Hinsichtlich der als Quellen zugrundeliegenden Textsorten unterscheide ich hier mit Drüppel zwischen *Urkunden* und *Dokumenten*. „Die Urkunde ist ein zur Festhaltung von Vorgängen rechtlicher Natur unter Beachtung bestimmter Formalien und in der vom Urheber des Rechtsgeschäftes beabsichtigten Form ausgefertigtes Schriftstück öffentlichen Glaubens" (Drüppel 1984, 15). — „Bei Dokumenten handelt es sich um nichturkundliches Schriftgut: Sie dienen dem Zweck der Festhaltung von Rechtszuständen [...], tragen kein Beglaubigungszeichen und verfügen über keinerlei öffentliche Beweiskraft [...]. In diese Gruppe der Dokumente gehören: Konzepte, Register, Kopialbücher (*cartulaires*), Briefe, Urbare (*rentiers*), Steuer- und Zinslisten (*censiers*), Rechnungen, etc." (Drüppel 1984, 17). Auf die in der Diplomatik üblichen, viel weiter gehenden Differenzierungen wird hier explizit verzichtet: cf. Giry (1894); Bouard (1929/1948), Tessier (1966), Bautier (1977): omnes passim.

3.1. Chronologie des Aufkommens des Französischen als Urkundensprache

Die Ablösung des Mittellateinischen durch das (Mittel)Französische als Sprache der Urkunden (und Dokumente) ist ein progressiv verlaufender Vorgang, der *grosso modo* mit dem Beginn des 13. Jh.s einsetzt. Vorher tauchten bereits vulgäre Elemente als Namen jeder Art oder sogar als isolierte Appellativa in den ansonsten lateinischen Texten auf (cf. Drevin 1912). Auch Mischtexte (d. h. mit jeweils anderssprachigen Satzteilen oder ganzen Sätzen) kommen vor und sind sogar bis zum Beginn der Neuzeit vereinzelt dokumentiert (Lüdi 1985). Hier eine Aufstellung der jeweils ersten französischen Urkunden nach Provinzen (wobei aber noch keine *kontinuierliche* Tradition begründet wird): Flandern, Pikardie: 1204 f; Lothringen: 1212 f; Südwesten: 1219/20; Champagne: 1230 f; Franche-Comté: 1233 f; Burgund: 1242 f; Normandie: 1246 f; Ile-de-France: 1248 f; cf. Drüppel 1984, 6–7; Winkelmann 1991, 8–9; aber auch Giry 1894, 464–476 oder Gossen 1967 passim).

Die progressive Ersetzung des Lateinischen durch das Französische ist eine Konsequenz des allgemeinen Modernisierungsschubs an der Wende zwischen dem 12. und dem 13. Jh. und kann vom europaweiten Erstarken des *Bürgertums* und der *Städte* nicht getrennt werden. Auffällig ist die Vorrreiterrolle des Nordostraums des franz. Sprachgebiets (Pikardie, Flandern, Wallonie, Lothringen), der eine analoge Funktion des mittel- und niederrheinischen Raums auf dem germanischen Sprachgebiet entspricht. Offenbar hat hier eine soziolinguistische Innovation *sprachraumübergreifend* auf Grund ähnlicher sozialer, kultureller und politischer Prämissen stattgefunden. Die von dieser mittelschichtspezifischen Innovation weniger betroffenen Instanzen (Klerus, hoher Adel, König) hinken dementsprechend nach: die ersten franz. Königsurkunden datieren von 1254 und 1259 (unter Ludwig IX., 1226–1270), bleiben jedoch noch längere Zeit Unikate.

3.2. Textlinguistische und pragmatische Aspekte

Die Träger der in den Urkunden und Dokumenten niedergelegten Schriftaktivitäten stellten eine abgeschlossene Berufskaste dar, für die naturgemäß klare Traditionen und Normen galten. Im hier vorrangig interessierenden Zeitraum (ca. 1200—1539) waren dies kirchliche oder dem Laienstand angehörige Schreiber sowie — parallel zum Fortschreiten der Zentralisierung der königlichen Verwaltung Frankreichs — in immer größerem Umfang königliche Beamte (*tabellions, baillis, vicomtes* etc.). Die von diesen erstellten Texte mußten juristischen Notwendigkeiten und Normen genügen und waren daher *eo ipso* Fachtexte und als solche von der Alltagssprache abgehoben. Vor allem die *Urkunden* (im Sinne von Drüppel 1984, 15) hatten eine streng festgelegte innere Gliederung, wobei die (jüngeren) französischen Urkunden sich eng an die (älteren) lateinischen Vorlagen anlehnten. Dazu einige Beispiele, getrennt nach den Urkundenteilen Protokoll, Text und Eschatokoll:

PROTOKOLL: (1) *Universis præsentes litteras inspecturis, officialis decani Baiocensis, salutem in Domino.* (Bayeux, 15. 12. 1285); (2) *A touz cels qui verront ces presentes lettres, le ballif de Caen, saluz en nostre Seignor.* (Caen, 13. 11. 1285);
TEXT: (3) *Noveritis quod, in nostra praesencia personaliter constituta, Matildis, relicta Guillelmi dicti Lespec, defuncti, juravit spontanea coram nobis (...).* (Bayeux, 15. 6. 1286); (4) *Sachiez que Guillame Harenc, de la paroisse de la Ferière Harenc, establi par devant moi, recogneut que il a vendu (...).* (Bayeux, 10. 4. 1285);
ESCHATOKOLL: (5) *In cujus rei testimonium sigillum curiae nostrae, ad petitionem dictae Matildis, praesentibus duximus apponendum. Datum et actum anno Domini millesimo ducentesimo octogesimo sexto, die sabbati post Trinitatem.* (Bayeux, 15. 6. 1286); (6) *Et en tesmoig de cen, ceste letre est scelée deu seel de la visconte de Baiex, à la requeste deu dit chevalier, sauve la dreiture le Rey. Cen fut fet en l'an de grace mil ij^c quatre vinz et noef, le jeusdi devant Pasques.* (Bayeux, 30. 3. 1289).
Quelle: Bourrienne 1902/03: (1) 283—284; (2) 293—294; (3) 230—231; (4) 309—310; (5) 230—231; (6) 338.

Die formale Prägung der Gestalt des vulgären Textes durch mittellateinische Vorlagen begegnet bereits bei den Straßburger Eiden von 842. Dort liegen beispielsweise in der Form eines Substrates unter der Formel „pro Deo amor et pro christian poblo et nostro commun saluament" gut belegte lateinische Wendungen wie „pro Dei amore" und „ad communem nostram et fidelium nostrorum saluationem et honorem" etc. (Ewald 1964, 36—37). Die formelhafte Struktur der Urkunden beschränkt natürlich deren sprachlichen Reichtum. Während phonetische Merkmale darin gut vertreten sind, sind morphologische, syntaktische und lexikalische Strukturen nur sehr selektiv präsent. Der im Protokoll (bzw. in der Salutation) seit der 2. Hälfte des 13. Jh.s immer häufiger verwendete Hinweis auch auf diejenigen, die die betreffende Urkunde durch Verlesung „hören" können (A tous ceux qui ces présentes lettres verront et orront ...), soll allerdings nicht dazu verleiten, den Urkundenschreibern irgendwelche konkretere „transkriptorische" Absichten zu unterstellen. Die Verlesung von Urkunden vor den meist analphabetischen Kontraktpartnern war Bestandteil der gegen Ende des 13. Jh.s durchgeführten Administrationsreform des franz. Königs. Dabei wird die Verlesung in wohl sehr freier Umsetzung des Geschriebenen in Gesprochenes stattgefunden haben. Wie bei Fachsprachen üblich, ist auch bei der franz. Urkundensprache eine weitgehende Normierung nach Terminologie, Textgestalt und Textpragmatik vorhanden.

3.3. Sprachliche Aspekte

Dazu einleitend einige illustrative Beispiele: die in 3.2. zitierte *Salutatio* des Protokolls (*A tous ceux qui ces présentes lettres verront et orront* ...) wird je nach Region graphisch sehr unterschiedlich aktualisiert. Den betreffenden Regionalgraphien liegen meist klar erkennbare dialektale Lautstände zugrunde, die dialektologisch und lauthistorisch näher diskutiert werden können: (1) PIKARDIE (Pas-de-Calais) 1279: *A tous chaus ki ches presentes letres verront et orront ...*, (2) LÜTTICH (Wallonie) 1279: *A tos ceas ki ces presens lettres veront et oront ...* (3) INDRE (Berry) 1287: *A toz cos qui cestes lestres verront et orront ...*; (4) CHARENTE (Angoulême) 1270: *A toz ceals qui hycetes letres veyront ne orront ...* Quelle: Schwan/Behrens 1909, III; 1) 8; 2) 23; 3) 77; 4) 81.

Das diachron und diatopisch ausgerichtete Studium solcher Variationen und die Beobachtung von deren schrittweisem Verschwinden zugunsten der *franzischen* (d. h. aus der Ile-de-France stammenden) *Leitvarianten* macht nun die eigentliche Substanz der Skriptaforschung aus. Die Mehrzahl der vorliegenden Studien beschäftigt sich vorwiegend mit Lautlehre und Morphologie (modellhaft dazu: Gossen 1942). Syntax und Le-

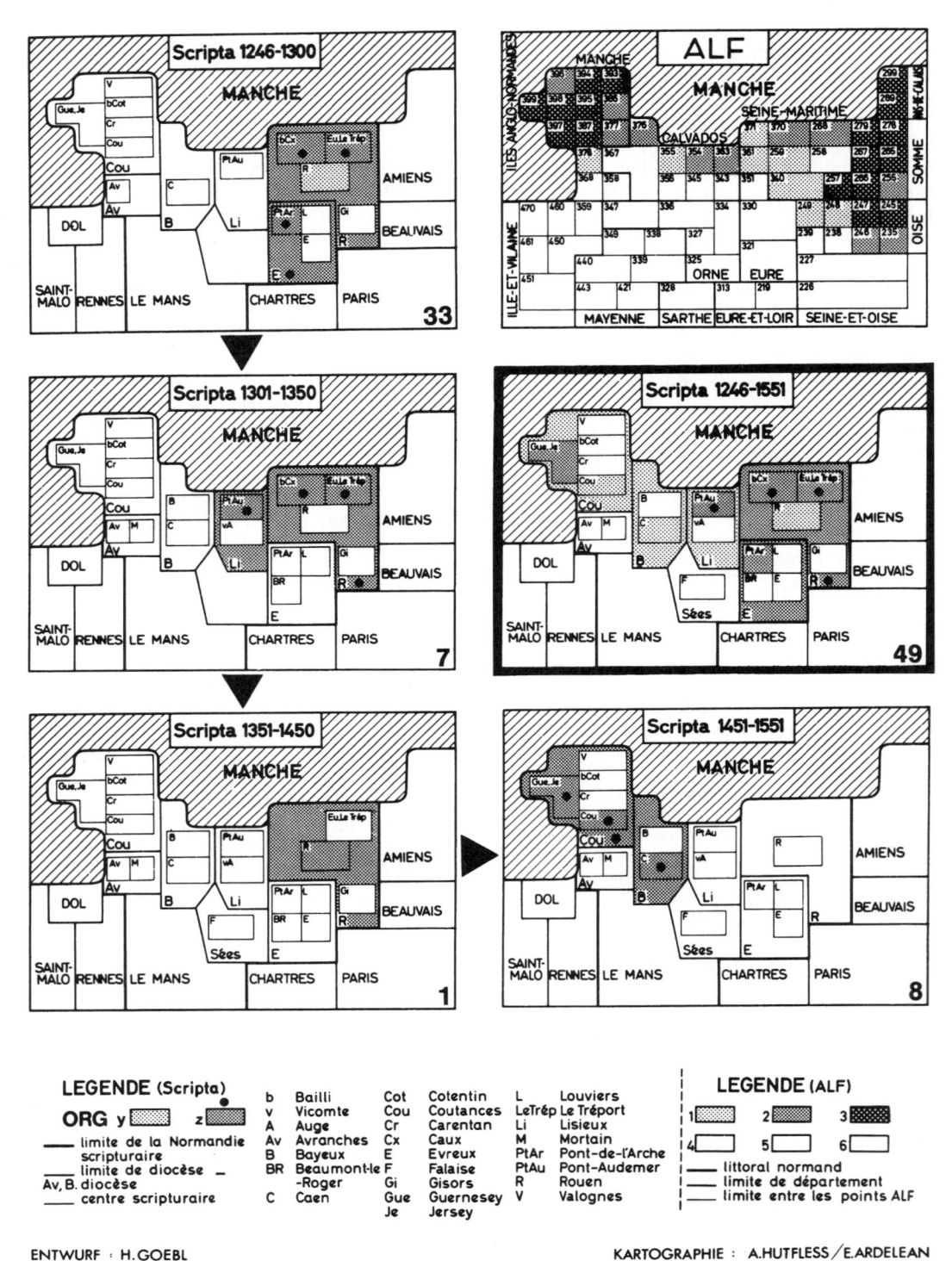

2524 XXVIII. Ausschnitte aus der Entwicklung innerhalb des Französischen

LEGENDE (Scripta)					LEGENDE (ALF)
ORG y ▨ z ▨	b Bailli	Cot Cotentin	L Louviers		
── limite de la Normandie scripturaire	v Vicomte	Cou Coutances	LeTrép Le Tréport		
── limite de diocèse	A Auge	Cr Carentan	Li Lisieux		
Av, B. diocèse	Av Avranches	Cx Caux	M Mortain		
── centre scripturaire	B Bayeux	E Evreux	PtAr Pont-de-l'Arche		
	BR Beaumont-le-Roger	F Falaise	PtAu Pont-Audemer		── littoral normand
	C Caen	Gi Gisors	R Rouen		── limite de département
		Gue Guernesey	V Valognes		── limite entre les points ALF
		Je Jersey			

ENTWURF : H. GOEBL   KARTOGRAPHIE : A. HUTFLESS / E. ARDELEAN

xikon hinken demgegenüber nach. Besondere Akzentsetzungen liegen vor in Dees 1971 (Pronominalmorphologie), Baldinger 1962 und 1971 (Lexikon, v. a. anhand der zahlreichen nordfranz. *Coutumes*), Ewald 1968 (Exhaustion eines großen Kartulars), Morlet 1969 (lexikalisches Inventar der mittelalterlichen Champagne) und Wüest 1969 (anglonormandische Gesetzessprache). Besonders interessant ist die Beachtung der formelhaften Synonymenhäufungen in der Urkundensprache, deren Frequenz seit dem Ende des 13. Jh.s immer mehr zunimmt (Diekamp 1972): z. B.: Wortfeld „Streit": *emprès mainz plaiz et mainz contenz*; Wortfeld „Einkünfte": *recevra les rendes e les eissues*; Wortfeld „um … willen": *por raison ne por ochison*. Solche Mehrgliedrigkeiten sind des öfteren auch in der *modernen juristischen Fachsprache* beobachtet worden (Oksaar 1988, 94).

3.4. Exemplarische Vorstellung zweier Merkmale der normandischen Skripta: lat. ECCE + ĬLLOS > *ch*els etc. (versus *c*els etc.), lat. ECCE + ĬSTOS, + ĬSTU, A > *ch*es, *ch*est, *ch*este etc. (versus *c*es, *c*est, *c*este etc.) (s. dazu die Abb. 264.1 und 264.2)

Die zwei folgenden Beispiele dienen der Veranschaulichung der diatopischen und diachronischen Relevanz von Urkundensprache. Dabei wird das allmähliche Verschwinden von regionalen Graphien (auf *ch* anstelle von zentralfranz. *c*) in den auf lat. ECCE + ĬLLOS (> *ch*els etc.) und ECCE + ĬSTOS, ĬSTU, A (> *ch*es, *ch*est, *ch*este etc.) basierenden Demonstrativpronomina dargestellt. Quellen: erstschriftliche Urkunden aller Art der spätmittelalterlichen Normandie: 896 Texte mit insgesamt 416 838 Wörtern; Gesamtzeitraum: 1246–1551; gestaffelte Teilzeiträume: 1246–1300, 1301–1350, 1351–1450, 1451–1551; dazu eine panchrone Perspektive: 1246–1551. Diatopische Gliederung: *grob*: in acht Diözesen; *fein*: in 20 „Schreibzentren" (zu deren Namen siehe die Legenden der Abb. 264.1 und 264.2). Kartierungsprinzip: diachron und diatopisch differenzierte Visualisierung der urkundlichen Belege auf *ch* getrennt nach der Häufigkeit (Dichte) ihres Auftretens: (a) einfaches Vorkommen, (b) überdurchschnittliches Vorkommen, (c) auffällig häufiges Vorkommen (dunkles Punktraster mit zusätzlichem schwarzem Kreis) (zu technischen Details cf. Goebl 1979, 360 f). Wichtig ist der optische Vergleich der räumlichen Verteilung der Skriptabelege mit jenen der modernen Dialektformen nach ALF (Demonstrativpronomina mit anlautendem [š], welche Lautung als „generierendes Substrat" für die Graphien auf ⟨ch⟩ angesehen wird) anhand von 17 einschlägigen Karten des ALF (cf. Goebl 1976, 260). Sowohl bei den Skripta- wie bei den ALF-Karten handelt es sich um in Choroplethentechnik ausgeführte Dichtekarten mit einer quantitativen Bildaussage.

Kommentar zu den Abb. 264.1 und 264.2: Die absoluten Beleghäufigkeiten nehmen mit der Zeit rasch ab (Abb. 264.1: 33-7-1-8; Abb. 264.2: 62-34-1-0). Die überwiegende Mehrzahl der in den 896 analysierten Texten auf den lateinischen Etyma ECCE + ILLOS und ECCE + ISTOS beruhenden Formen mit initialem *ch* (*ch*els, *ch*es etc.) stammt aus der stereotypen Notifikationsformel „A tous *ceux* qui *ces* presentes lettres verront et orront …". Das Graphem ⟨ch⟩ beruht sicher auf der Einwirkung des Phonems [š]. Zufolge ALF liegen die Schwerpunkte der š-Verteilung einerseits im Westen und andererseits vor allem im Osten der Normandie (ausstrahlend in die Pikardie) mit einem deutlichen Einbruch in der Mitte. Die Verteilung der Skriptaformen zeigt über alle Prüfzeiträume eine analoge diatopische Schichtung. Man kann daraus (und aus sehr vielen anderen ähnlich aussagekräftigen Analysen: cf. Goebl 1975–1995) schließen, daß das mittelalterliche Schreibgeschehen in der Normandie einem Kräfteparallelogramm vergleichbar war: es existierten zwei orthogonal zueinander wirkende Kräfte:

Abb. 264.1: Verteilung der regionalen Graphien auf *ch* (z. B. in *ch*els, *ch*eux etc. < lat. ECCE + ĬLLOS) in Erstschriften (ORG).

Legende (*Scripta*)

y   unterdurchschnittliche Graphienfrequenz
z   überdurchschnittliche Graphienfrequenz
Punkt   besonders auffällige Graphienfrequenz (inferenzstatistisch ermittelt: cf. Goebl 1979, 363 f)
Quellen: 896 erstschriftliche Urkunden der Normandie (cf. Goebl 1979, 394).

Legende (*ALF*)

Verteilung dialektaler Formen auf [š] (anhand von 17 ALF-Karten)

1   1–6 š-Belege
2   7–13 š-Belege
3   14–21 š-Belege

Liste der 17 ausgewerteten ALF-Karten: Goebl 1976, 260.

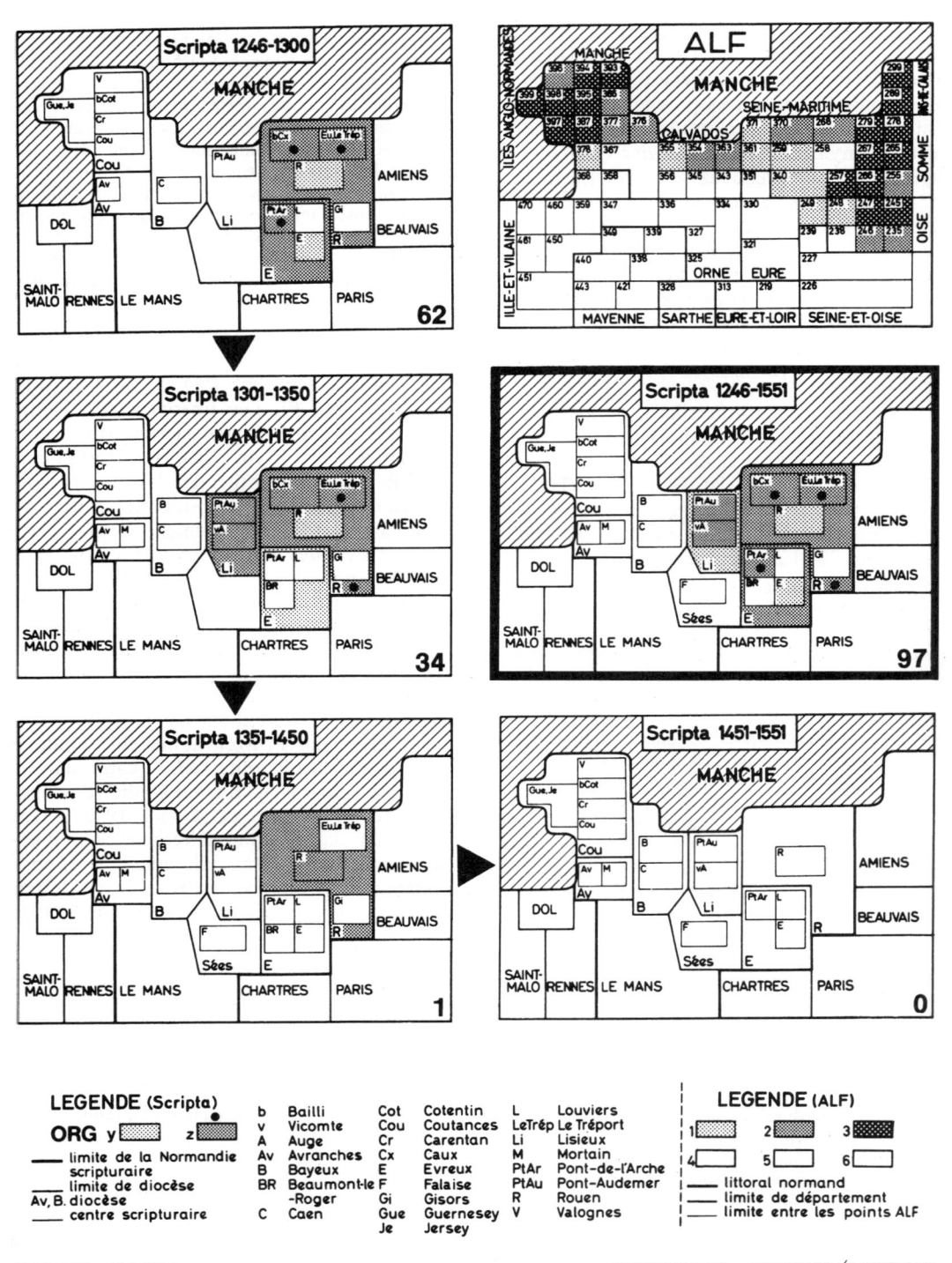

2526 XXVIII. Ausschnitte aus der Entwicklung innerhalb des Französischen

LEGENDE (Scripta)

ORG y [░] z [●]

— limite de la Normandie scripturaire
— limite de diocèse
Av, B. diocèse
— centre scripturaire

b	Bailli	Cot	Cotentin	L	Louviers
v	Vicomte	Cou	Coutances	LeTrép	Le Tréport
A	Auge	Cr	Carentan	Li	Lisieux
Av	Avranches	Cx	Caux	M	Mortain
B	Bayeux	E	Evreux	PtAr	Pont-de-l'Arche
BR	Beaumont-le-Roger	F	Falaise	PtAu	Pont-Audemer
C	Caen	Gi	Gisors	R	Rouen
		Gue	Guernesey	V	Valognes
		Je	Jersey		

LEGENDE (ALF)

1 [░] 2 [▒] 3 [▓]
4 [ ] 5 [ ] 6 [ ]

— littoral normand
— limite de département
— limite entre les points ALF

ENTWURF : H. GOEBL   KARTOGRAPHIE : A. HUTFLESS / E. ARDELEAN

die regionale Dialektizität (phonetisch mit [š] und graphisch mit ⟨ch⟩), deren Kraft zwischen 1246 und 1551 progressiv abnahm, und die überregionale Dialektizität (phonetisch mit [s] und graphisch mit ⟨c⟩), deren Potential kontinuierlich zunahm. Die Resultierende entspricht den tatsächlich in den normandischen Urkunden aufgefundenen Graphien auf *ch*. Dabei sind zwei Fakten erstaunlich: (1) Der diatopisch klar strukturierte (d. h. „geordnete") „Rückzug" der *ch*-Graphien und (2) die doch relativ lange Präsenz regionaler Graphien in einer fachsprachlich und damit überregional hochnormierten *Formel*. Bei derartigen Untersuchungen verdichtet sich auch die Vermutung, daß die *quantitative Schichtung* fachsprachlich-dialektaler Merkmale im Hochmittelalter jener von heute *sehr ähnlich* war. Analoge Erfahrungen wurden auch von der Germanistik gemacht. Das Beispiel der Abb. 264.1 und 264.2 zeigt die *phonetisch-graph(et)ische* Relevanz der französischen Urkundensprache; *morphologische* und *lexikalisch* relevante Analysen stehen ebenso in größerer Zahl zur Verfügung. Eine deutliche Karenz besteht dagegen bei der Syntax.

4. Forschungsdesiderata. Ausblick

Wünschenswert wären weitere Forschungen auf den folgenden Gebieten: diasystematische Monographien zu einer oder zwei altfranzösischen Regionen mit dem Ziel, die von Dees (1980) gebotenen Perspektiven diatopisch zu verfeinern und diachronisch zu ergänzen; Fortsetzung der von Drüppel (1984) begonnenen lexikologischen Erschließung unter verstärkter Berücksichtigung fachsprachlicher Aspekte; vergleichende Studien mittellateinischer, mittelfranzösischer und mittelhochdeutscher bzw. -niederländischer Urkunden und Dokumente zur Erhellung der unzweifelhaft vorhandenen Querbezüge zwischen diesen vier Sprachebenen. In methodischer Hinsicht ist die uneingeschränkte Fortführung des überlieferten pluridisziplinären Ansatzes (Diplomatik, Philologie, Linguistik, Geschichte, Kooperation mit Germanisten, Mittellateinern etc.) wünschenswert, wobei auch quantitative Methoden ihren angemessenen Platz haben müssen.

5. Literatur (in Auswahl)

ALF = Atlas linguistique de la France. Ed. par Jules Gilliéron et Edmond Edmont, 10 vol. Paris 1902−1910.

Baldinger 1962 = Kurt Baldinger: L'importance de la langue des documents pour l'histoire du vocabulaire galloroman. In: Revue de linguistique romane 26. 1962, 309−330 [auch in: Straka 1963, 41−62].

Baldinger 1971 = Kurt Baldinger: Die Coutumes und ihre Bedeutung für die Geschichte des französischen Wortschatzes. In: Zeitschrift für romanische Philologie 67. 1971, 3−48.

Baldinger 1990 = Kurt Baldinger: Die Faszination der Sprachwissenschaft. Ausgewählte Aufsätze zum 70. Geburtstag. Hrsg. v. Georges Straka und Max Pfister. Tübingen 1990.

Bautier 1977 = Robert-Henri Bautier: Caractères spécifiques des chartes médiévales. In: Id.: Chartes, sceaux et chancelleries. Études diplomatiques et de sigillographie médiévales. Vol. I. Paris 1990, 167−182.

Bouard 1928−1948 = A. de Bouard: Manuel de diplomatie française et pontificale. 2 vol. Paris 1929; 1948.

Bourrienne 1902/03 = V. Bourrienne: Antiquus cartularius ecclesiae Baiocensis (Livre Noir). 2 vol. Rouen 1902−1903.

Carolus-Barré 1964 = Louis Carolus-Barré: Les plus anciennes chartes en langue française. Problèmes généraux et recueil des pièces originales con-

---

Abb. 264.2: Verteilung der regionalen Graphien auf *ch* (z. B. in *ches, chest, cheste* < lat. ECCE + ĬSTOS und ECCE + ĬSTU, A) in Erstschriften (ORG).

Legende (*Scripta*)

y   unterdurchschnittliche Graphienfrequenz
z   überdurchschnittliche Graphienfrequenz
Punkt besonders auffällige Graphienfrequenz (inferenzstatistisch ermittelt: cf. Goebl 1979, 363 f).
Quellen: 896 erstschriftliche Urkunden der Normandie (cf. Goebl 1979, 394).

Legende (*ALF*)

Verteilung dialektaler Formen auf [š] (anhand von 17 ALF-Karten)

1   1−6 š-Belege
2   7−13 š-Belege
3   14−21 š-Belege

Liste der 17 ausgewerteten ALF-Karten: Goebl 1976, 260.

servées aux Archives de l'Oise, 1241–1286. Paris 1964.

DEAF = Dictionnaire étymologique de l'ancien français. Hrsg. v. Kurt Baldinger. Québec. Tübingen. Paris 1974 f.

Dees 1971 = Anthonij Dees: Étude sur l'évolution des démonstratifs an ancien et moyen français. Groningen 1971.

Dees 1980 = Anthonij Dees: Atlas des formes et constructions des chartes françaises du 13e siècle. Tübingen 1980.

Dees 1987 = Anthonij Dees: Atlas des formes linguistiques des textes littéraires de l'ancien français. Tübingen 1987.

Diekamp 1972 = Clemens Diekamp: Formelhafte Synonymenhäufungen in der altpoitevinischen Urkundensprache. München 1972.

Drevin 1912 = Helmut Drevin: Die französischen Sprachelemente in den lateinischen Urkunden des 11. und 12. Jahrhunderts: aus Haute-Bretagne und Maine. Halle 1912.

Drüppel 1974 = Christoph Josef Drüppel: Altfranzösische Urkunden und Lexikologie. Ein quellenkritischer Beitrag zum Wortschatz des frühen 13. Jahrhunderts. Tübingen 1984.

Ewald 1964 = Konrad Ewald: Formelhafte Wendungen in den Straßburger Eiden. In: Vox romanica 23. 1964, 35–55.

Ewald 1968 = Konrad Ewald: Terminologie einer französischen Geschäfts- und Kanzleisprache vom 13. bis zum 16. Jahrhundert. Liestal 1968.

FEW = Französisches etymologisches Wörterbuch. Hrsg. v. Walther von Wartburg. Bonn 1922 (1928) f.

Godefroy = Frédéric Godefroy: Dictionnaire de l'ancienne langue française et de tous ses dialectes du IXe au XVe siècle, 10 vol. Paris 1880–1902 [Neudruck: Vaduz 1965].

Goebl 1970 = Hans Goebl: Die normandische Urkundensprache. Ein Beitrag zur Kenntnis der nordfranzösischen Urkundensprachen des Mittelalters. Wien 1970.

Goebl 1975 = Hans Goebl: „Le *Rey* est mort, vive le *Roy*": nouveaux regards sur la scriptologie. In: Travaux de linguistique et de littérature 13, 1. 1975, 155–210.

Goebl 1976 = Hans Goebl: Deux aspects de la scripta normande. In: Actes du XIIIe Congrès International de Linguistique et Philologie Romanes (Québec 1971). Vol. II. Québec 1976, 243–264.

Goebl 1979 = Hans Goebl: Verba volant, scripta manent. Quelques remarques à propos de la scripta normande. In: Revue de linguistique romane 43. 1979, 344–399.

Goebl 1989 = Hans Goebl: -ŌRE(A) statt -ŌRIU(A) in der Normandie: einem Suffixwechsel mit skriptologischen Mitteln auf der Spur. In: Studien zur romanischen Wortgeschichte. Festschrift für Heinrich Kuen (90. Geburtstag). Hrsg. v. Gerhard Ernst und Arnulf Stefenelli. Stuttgart 1989, 92–102.

Goebl 1995 = Hans Goebl: Französische Skriptaformen III. Normandie. Les scriptae françaises III. Normandie. In: Lexikon der romanistischen Linguistik. Hrsg. v. Günter Holtus/Michael Metzeltin/Christian Schmitt. Vol. II,2. Tübingen 1995, 314–337.

Gossen 1942 = Carl Theodor Gossen: Die Pikardie als Sprachlandschaft des Mittelalters (auf Grund der Urkunden). Biel 1942.

Gossen 1967 = Carl Theodor Gossen: Französische Skriptastudien. Untersuchungen zu den nordfranzösischen Urkundensprachen des Mittelalters. Wien 1967.

Gossen 1968 = Charles Théodore Gossen: Graphème et phonème: le problème central de l'étude des langues écrites du Moyen Age. In: Revue de linguistique romane 32. 1968, 1–16.

Gossen 1970/76 = Charles Théodore Gossen: Grammaire de l'ancien picard. Paris 1970 [2. Auflage 1976].

Giry 1894 = A. Giry: Manuel de diplomatique. Paris 1894.

Kirschstein/Schulze/Ohly/Schmitt 1986–1991 = Bettina Kirschstein/Ursula Schulze/Sibylle Ohly/Peter Schmitt: Wörterbuch der mittelhochdeutschen Urkundensprache auf der Grundlage des Corpus der altdeutschen Originalurkunden bis zum Jahre 1300. München 1986–1991.

Lüdi 1985 = Georges Lüdi: Mehrsprachige Rede in Freiburger Ratsmanualen des 15. Jahrhunderts. In: Vox romanica 44. 1985, 163–188.

Monfrin 1968 = Jacques Monfrin: Le mode de tradition des actes écrits et les études de dialectologie. In: Revue de linguistique romane 32. 1968, 17–47 (auch in: Straka 1972, 25–58).

Monfrin 1974 = Jacques Monfrin: Introduction. In: Documents linguistiques de la France. Série française. Haute-Marne. Hrsg. v. Jean-Gabriel Gigot. Paris 1974, XI–LXXX.

Morlet 1969 = Marie-Thérèse Morlet: Le vocabulaire de la Champagne septentrionale du moyen âge. Essai d'inventaire méthodique. Paris 1969.

Oksaar 1988 = Els Oksaar: Fachsprachliche Dimensionen. Tübingen 1988 (Forum für Fachsprachen-Forschung 4).

Remacle 1948 = Louis Remacle: Le problème de l'ancien wallon. Lüttich 1948.

Rohr 1963 = Rupprecht Rohr: Das Schicksal der betonten lateinischen Vokale in der Provincia Lugdunensis Tertia, der späteren Kirchenprovinz Tours. Berlin 1963.

Schum 1888 = Wilhelm Schum: Die Quellen der romanischen Philologie. In: Grundriß der romanischen Philologie. Hrsg. v. Gustav Gröber. Vol. I. Straßburg 1888, 157–196.

Schwan/Behrens 1909 = Eduard Schwan/Dietrich Behrens: Grammatik des Altfranzösischen. III. Teil: Materialien zur Einführung in das Studium der altfranzösischen Mundarten. Leipzig 1909 [3. Aufl. 1921].

Straka 1963 = Les anciens textes romans non littéraires. Leur apport à la connaissance de la langue au moyen âge. Colloque de Strasbourg, 30/1–4/2/1961. Hrsg. v. Georges Straka. Paris 1963.

Straka 1972 = Les dialectes de France au Moyen Age et aujourd'hui. Domaines d'oïl et domaine franco-provençal. Colloque de Strasbourg, 22–25/5/1967. Hrsg. v. Georges Straka. Paris 1972.

Suchier 1888 = Hermann Suchier: Die französische und provenzalische Sprache und ihre Mundarten. In: Grundriß der romanischen Philologie. Hrsg. v. Gustav Gröber. Vol. I. Straßburg 1888, 561–668.

Tessier 1966 = Georges Tessier: La diplomatique. Paris 1966 [3. Aufl.].

Tobler/Lommatzsch = Altfranzösisches Wörterbuch. Hrsg. v. Adolf Tobler und Erhard Lommatzsch. Berlin. Wiesbaden 1925f.

Wacker 1916 = Gertrud Wacker: Über das Verhältnis von Dialekt und Schriftsprache im Altfranzösischen. Halle 1916.

Wilhelm 1932–1986 = Corpus der altdeutschen Originalurkunden bis zum Jahre 1300. Hrsg. v. Friedrich Wilhelm/Richard Newald/Helmut de Boor/Dieter Haacke und Bettina Kirschstein. 6 vol. Lahr 1932–1986.

Winkelmann 1991 = Otto Winkelmann: Zur Ablösung des Lateins durch das Französische als Urkundensprache. Regensburg 1991 (Eichstätter Hochschulreden 80).

Wüest 1969 = Jakob Wüest: Die Leis Willelme. Untersuchungen zum ältesten Gesetzbuch in französischer Sprache. Bern 1969.

Hans Goebl, Salzburg

265. Fachwissenszuwachs und Bezeichnungsnot in der Renaissance: gelehrtes Latein und Volkssprache Französisch in fachlicher Kommunikation

1. Einleitung
2. Problemstellung
3. Fachwissenszuwachs in der Renaissance
4. Das Verhältnis Latein/Französisch in seiner linguistischen Dimension
5. Literatur (in Auswahl)

1. Einleitung

Seit dem Ende des weströmischen Reiches bis zum Beginn der Neuzeit war bekanntlich Latein die vorherrschende Schriftsprache in fast allen Ländern West-, Süd- und Mitteleuropas. Die jeweiligen Volkssprachen fanden, von einigen frühen, meist fragmentarischen Belegen abgesehen, erst nach der Jahrtausendwende allmählich schriftsprachliche Verwendung. Zwischen dem 13. und dem 15. Jh. wurden sie zunehmend in der Literatur benutzt, ihr Gebrauch in Fachtexten setzte sich jedoch erst im Laufe des 16. Jh. durch.

Die Zahl der romanistischen Untersuchungen älterer Fachtexte ist gering. Dies hat mehrere Ursachen: Zum einen erlauben die gängigen Definitionen des Begriffes *Fachsprache* es nur schwer, die heterogene, im Entstehen begriffene fachsprachliche Textproduktion dieser Epoche angemessen zu klassifizieren; zum anderen herrscht ein Mangel an kritischen Editionen der erhaltenen Texte, die einen breit gefächerten Bereich geistlichen und vor allem weltlichen Wissens umfassen (vgl. Pöckl 1990, 272). Schließlich ist zu bedenken, daß zahlreiche Werke des ausgehenden Mittelalters und der frühen Neuzeit verloren gegangen sind.

Im folgenden soll zunächst eine Reihe von Faktoren herausgearbeitet werden, die für den Wissenszuwachs während der Renaissance sowie für den Übergang vom Latein zum Französischen in fachlicher Kommunikation verantwortlich zu machen sind. Danach soll anhand ausgewählter Fachtexte das Verhältnis Latein *vs.* Französisch in seiner sprachlichen Dimension betrachtet werden: Besondere Aufmerksamkeit wird dabei der lexikalischen Ebene gewidmet, wobei die Benennung von auf Französisch noch nicht versprachlichten Begriffen im Vordergrund steht. Dabei ist jedoch grundsätzlich zu bedenken, daß das heutige Fachsprachenkonzept nicht ohne weiteres auf die Untersuchung der schriftlichen Fachkommunikation des 16. Jh. übertragen werden kann, denn die Verwendung und der Inhalt von Begriffen wie *schöne Literatur*- oder *Fachtext* sind einem sozialgeschichtlichen Einfluß unterworfen, der unbedingt berücksichtigt werden muß. Typische textuelle Merkmale einer Fachsprache können im 16. Jh. der Erläuterung von Phänomenen dienen, denen die moderne Gesellschaft das Attribut der *Fachlichkeit* nicht zugestehen würde; umgekehrt können Texte dieser Epoche typische Fachlichkeitsbereiche behandeln und dennoch keine der uns bekannten fachsprachlichen Charakteristika enthalten.

Da unser Hauptziel die Vermittlung eines Überblickes über die vielfältige fachliche Kommunikation des 16. Jh. ist, haben wir ein breit gefächertes *Korpus* zusammengestellt. Neben juristisch-administrativen Texten wie dem *Recueil de documents concernant le Poitou contenus dans les registres de la chancellerie de France* oder den *Ordonnances des rois de France, Règne de François Ier*, haben wir auch rein wissenschaftliche Texte wie *L'Art d'Arythmétique* von Claude De Boissière (1554) berücksichtigt. Anwendungsbezogene Wissensgebiete sind z. B. durch Charles Estiennes *La guide des chemins de France* (1553), *La méthode de traicter les playes faictes par hacquebutes et aultres bastons à feu* von Ambroise Paré und *La Stolonomie* (1547–1550) vertreten.

2. Problemstellung

Grundsätzlich stellt sich die Frage, ob die während der Renaissance entstandenen fachlichen Texte jene linguistischen Merkmale aufweisen, die heutzutage als *fachsprachlich* bezeichnet werden, und ob die Definition des Begriffs *Fachsprache* auch für die Beschreibung von Texten dieser Epoche angemessen ist.

Die bereits von mehreren Autoren erwähnte Schwierigkeit einer klaren Abgrenzung zwischen Literatur- und Fachtext für das 16. und auch für frühere Jh. ist sicherlich ein Indiz dieser Problematik. Die meisten Autoren, die sich mit älteren fachlichen Texten beschäftigt haben, behandeln diese Fragestellung nicht. Eine ausführlichere Behandlung findet sich in Peter Kochs Aufsatz *Fachsprache, Liste und Schriftlichkeit in einem Kaufmannsbrief aus dem Duecento*. Koch sieht die Fachsprache nicht als eine Sprachvarietät innerhalb einer historischen Einzelsprache an und schreibt: „Wie man weiß, garantiert die Fachlichkeit des Produzenten/Rezipienten nicht die Fachsprachlichkeit des Diskurses/Textes. Fachsprachen sind keinesfalls einfach diastratische Varietäten. Ich möchte dafür plädieren, Fachsprachen überhaupt nicht als einzelsprachliche Varietäten, sondern als Gattungen, als Diskurstraditionen bzw. Texttraditionen zu begreifen" (Koch 1988, 21). Er führt anschließend weiter aus, daß in dem nämlichen Kaufmannsbrief „fachliche Inhalte durchaus in konzeptionell eher mündlicher Form versprachlicht werden" (Koch 1988, 31), welches ein Hinweis darauf sein könnte, daß im 13. Jh. „Fachlichkeit nicht an konzeptionelle Schriftlichkeit gebunden ist" (Koch 1988, 31). Koch erkennt die Ursache dieses Phänomens in einer damals noch fehlenden Schrifttradition des *Volgare*. Fachsprachen sind das Ergebnis jahrhundertelanger Auseinandersetzung spezifischer Teile der Gesellschaft mit Erwerb, Anwendung und Überlieferung von Wissen. Wir glauben jedoch, daß die Anwendung von Begriffen wie *Fachsprache* oder *fachsprachlich* auf die fachliche Textproduktion des 16. Jh. voreilig wäre, denn im 16. Jh. hatte sich für französische Texte mit fachlichen Inhalten noch keine feste Sprachtradition gebildet. Im Gegenteil, dieser Prozeß war *in fieri* und bestand vor allem in dem Versuch, sich von den lateinischen Schrifttumstraditionen zu befreien und neue, den Anforderungen der damaligen Gesellschaft angemessene syntaktische und lexikalische Formen der Fachtextproduktion zu bilden.

Zusammenfassend ist festzuhalten, daß das 16. Jh. sich für das Studium der französischen Fachsprache als grundlegend erweist. In dieser Übergangszeit vollzog sich nicht nur die Ablösung des Französischen vom Latein, es wurden auch die Grundsteine für die künftigen Varietäten der französischen Sprache gelegt. Während die literarischen Werke des italienischen Humanismus die Debatte über den Wert des Französischen als Literatursprache förderten, entstand in vielen nicht-literarischen Schriften ein erstes Gerüst fachsprachlicher Textsorten. Dies bedeutete u. a. die allmähliche Entwicklung eines spezifischen Fachstils, dessen Zweck neben der Vermittlung fachlicher Inhalte auch in der Schaffung von Glaubwürdigkeit gegenüber dem Leser bestand, damit sich der Fachtext als selbständige prestigeträchtige Textgattung gegenüber der schönen Literatur bewähren konnte.

3. Fachwissenszuwachs in der Renaissance

Im folgenden soll ein Profil jener sozialen und kulturellen Komponenten erstellt werden, die zur Überwindung der scholastischen Wissensauffassung und zur Durchsetzung des humanistischen Gedankenguts beigetragen haben und den Übergang vom Latein zum Französischen in fachlichen Texten begünstigten.

3.1. Die Wissenschaftsauffassung im 16. Jahrhundert

Das Mittelalter war von scholastischen Denkformen geprägt. Sie wurden von den kirchlichen Institutionen als den einzigen

Kultur- und Bildungsträgern der Epoche an die Gelehrten weitergegeben. Kennzeichnend für den mittelalterlichen Wissensbegriff war die Unterscheidung zwischen den *artes liberales* und den *artes mechanichae*: Die *artes liberales* stellten die Domäne der Freien, des höheren Standes dar. Sie dienten der Geistesbildung und durften nicht mit nutzbringenden Tätigkeiten in Verbindung gebracht werden; für diese waren die *artes mechanicae* zuständig, denen sich der dritte Stand widmete.

An der Schwelle zur Moderne konnte jedoch diese rigide Trennung der sozialen Rollen nicht mehr aufrechterhalten werden, weil im Laufe des Mittelalters ein Aufschwung des Handwerks und des Handels eingesetzt hatte, der zur Verbreitung mechanisierter Arbeitsprozesse und zur Bildung eines städtischen Bürgertums beitrug. Die Folge war eine stärkere Nachfrage nach besseren technischen Verfahren, die eine Annäherung von Praxis und Theorie erlaubte und den Weg zu traditionellen Bildungsstätten auch für Praktiker ohne höhere Bildung frei machte, eine langsame Erneuerung des Systems, wobei u. a. die Gründung nicht-kirchlicher, öffentlicher Stätten der höheren Bildung und die Einbeziehung praxisorientierter Fächer vorgesehen war. Bezeichnend für den allgemeinen Mentalitätswandel ist das *curriculum studiorum*, dem Rabelais seinen Helden Gargantua unterzieht: «Le programme pédagogique auquel est soumis le jeune Gargantua (chapitre XXIV) comporte la visite des *lapidaires, orfevres, tailleurs de pierreries, monoyeurs, haultelissiers, tissotiers* (tisserands), *velotiers* (fabricants de velours), *mirailliers* (miroitiers), *imprimeurs, organistes, tinturiers*, etc.» (Matoré 1988, 311).

Die Erfindung des Buchdrucks trug entscheidend zur Beschleunigung dieser Prozesse bei, denn das Wissen verließ dadurch die Klosterbibliotheken und erreichte erstmals in der Geschichte weite Gesellschaftskreise.

3.2. Die nicht-literarischen
 Veröffentlichungen
 im Frankreich des 16. Jahrhunderts

Zur Buchproduktion im Frankreich des 16. Jh. bemerkt Jürgen Wolf (1991, 97):

„Bezüglich des Buchdrucks in Frankreich zu Beginn des 16. Jh. überwiegen allerdings weiterhin die Drucke in lateinischer Sprache. Ab 1525 ist jedoch eine bemerkenswerte Buchproduktion in Griechisch festzustellen (…) auch das Hebräische wird um die gleiche Zeit studiert und durch zahlreiche Buchveröffentlichungen verbreitet. Den größten Gewinn für die Buchdrucker warfen jedoch die Veröffentlichungen in der Vulgarsprache ab. Ihr Anteil in Paris ging von ca. 10% (1501) über gut 20% (1549) schnell in eine Mehrheit über: 55% bereits eine Generation später."

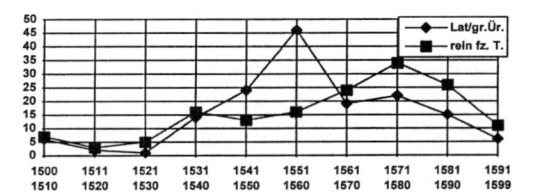

Abb. 265.1: Entwicklung der Übersetzungstätigkeit aus den klassischen Sprachen und der Produktion rein französischer Texte

Die überwiegende Zahl von Drucken in lateinischer und griechischer Sprache in der ersten Hälfte des 16. Jh. deutet darauf hin, daß die französischen Gelehrten noch mit der Erschließung des antiken Gedankenguts befaßt waren, denn Schrifttum in der Volkssprache sowie die theoretische Auseinandersetzung mit dem Stellenwert des Französischen gegenüber dem Latein konnte erst in der zweiten Hälfte des 16. Jh. entstehen, als die Notwendigkeit einer von der Antike unabhängigen intellektuellen Produktion deutlich wurde.

Diese Annahme läßt sich durch die in Stones *Chronological list of 16th century medical writing in French* enthaltenen Daten bestätigen. Aus der quantitativen Auswertung der von ihm aufgelisteten medizinischen Werke kann eine Grafik (s. Abb. 265.1) erstellt werden, der zu entnehmen ist, daß die Übersetzungstätigkeit aus den klassischen Sprachen ins Französische bei medizinischer Literatur in den Jahren 1550−60 ihren Höhepunkt erreichte. Seit 1560 nimmt die originär französischsprachige naturwissenschaftliche Produktion stetig zu, die passive Rezeptionsphase antiken Gedankenguts kommt zum Abschluß, und der Weg für eine Erkundung der Welt nach modernen Maßstäben wird frei. Ein Symptom dafür war, daß der Buchdruck sich in einen eigenständigen Wirtschaftszweig verwandelt hatte, dessen Erfolg von der Veröffentlichung breitenwirksamer Werke abhängig war. Dies spiegelt sich auch in der Fachsprache des Buchdrucks wider. Lothar Wolf (1979, 9) stellt diesbezüglich fest „daß spätestens mit der zweiten Hälfte des 16. Jh. eine erste sachliche und sprachliche Konsolidierung (im Bereich des Buchdruckwesens) erreicht ist. Das technische Instrumentarium (...) ist so weit entwickelt, daß sich für einen längeren Zeitraum keine einschlägigen Änderungen mehr ergeben. Die Schriftarten sind überall bekannt und liegen in einer beachtlichen Anzahl von Größen vor. Die Aufteilung des Arbeitsganges und die damit verbundenen Berufsbilder haben sich konstituiert".

Stones Angaben können natürlich nicht verallgemeinert werden, denn sie betreffen einen einzigen Wissensbereich. Andere Indizien bestätigen allerdings den aufgezeigten Trend. Charles Estienne übernimmt die berühmte Druckerei der Familie Estienne, nachdem sein protestantischer Bruder Robert wegen konfessioneller Schwierigkeiten nach Genf ausgewandert war. Über seine verlegerische Tätigkeit schreibt Jean Bonnerot: «Son Praedium rusticum qui, en 1554, réunit en un même volume tous les petits traités de botanique et d'agriculture qu'il avait édités, est le seul de ses ouvrages qui ait vraiment connu le succès. Jusqu'à la fin du siècle, il ne cessa d'être réédité.» (Estienne 1936, 1, 400). Betrachtet man die restliche Produktion von Charles Estienne, so kann man feststellen, daß sie eher aus Gelehrtenliteratur besteht — *Dictionarium historicum ac poeticum*, *Dictionarium latino grecum*, den *Prince* von Machiavell etc. —, deren Mißerfolg beim Publikum gleichzeitig ein Indiz für neue Orientierungen und Ansprüche war.

Die Vorliebe des Publikums für Werke populärwissenschaftlichen Inhalts auf Französisch wird schließlich auch an der bemerkenswerten Zahl an Veröffentlichungen zur Geographie deutlich: Geoffroy Atkinson (1969) zählt in einer *liste chronologique des ouvrages géographiques de la Renaissance* für den Zeitraum 1481–1599 schon 401 französischsprachige Publikationen auf, die zu zwei Dritteln aus Büchern und einem Drittel aus kleineren Broschüren und Briefen bestehen. Auch in diesem Bereich ist eine deutliche Zunahme der verlegerischen Tätigkeiten seit der zweiten Hälfte des 16. Jh. zu verzeichnen.

Diese Entwicklung war gegen Ende des 16. Jh. so auffallend geworden, daß sie sogar in manchen Prosapassagen Montaignes (1965, 939; 1069) ihr Echo fand. Als genauem Beobachter der zeitgenössischen Gesellschaft entging ihm die Gefahr eines oberflächlichen Umgangs mit Fachwissen nicht. In den *Essais* schreibt er: «(...) tout abrégé sur un bon livre est un sot abrégé (...)». «Il y a plus affaire à interpreter les interprétations qu'à interpréter les choses, et plus de livres sur les livres que sur un autre subject (...) Tout fourmille de commentaires.»

Angesichts der geschilderten Lage überrascht es nicht, daß die Polemik über den Stellenwert des Französischen gegenüber dem Latein gerade im 16. Jh. unter den Gelehrten ihren Höhepunkt erreicht.

3.3. Die Editoren

Vervollständigen wir das Bild durch die Beschreibung jener Kreise, die für die Veröffentlichung der Werke zuständig waren. Charles Estienne wurde bereits erwähnt, eine intellektuelle Persönlichkeit, die fast exemplarisch die Charakterzüge der humanistisch Gebildeten in sich vereinigt. Er gehört einer alten Druckerfamilie an, lebt seit seiner Kindheit in Berührung mit der griechischen und lateinischen Tradition, interessiert sich für die *litterae*, verschmäht jedoch, wie jeder wahre Humanist, eine naturwissenschaftliche Erziehung nicht und widmet sich einem Medizinstudium, das er im Jahre 1542 mit dem Erwerb des Doktortitels abschließt. Ein beträchtlicher Teil seiner Produktion besteht aus jenen *abrégés* und *commentaires*, die Montaigne so sehr empört haben, und mit *La Guide des chemins de France* gab er Frankreich sein erstes Straßenverzeichnis. Ähnliches ist bei Persönlichkeiten wie Claude de Boissière und Peletier du Mans zu beobachten: Ihre Interessen reichen von der Mathematik bis zur Grammatik und Dichtung. Während ersterer eine *Art poétique reduict et abrégé* und eine *Art d'arythmétique* schreibt, widmet sich letztere der Mathematik (*L' Arythmétique departie en quatre liures*) und eröffnet gleichzeitig mit *L'amour de l'amour* die Epoche «de la haute poésie scientifique» in Frankreich (vgl. Schmidt 1938, 7).

Dieses Bild wäre jedoch unvollständig, wenn man Persönlichkeiten wie Ambroise Paré nicht erwähnte. Er beherrscht kein Griechisch, bewegt sich eher unbeholfen in der lateinischen Sprache, ist in erster Linie ein *homo faber* mit Vorliebe für die Empirie und kann deshalb exemplarisch für jenes aufstrebende Bürgertum genannt werden, das unvoreingenommen nach vorne schaute.

Indizien, daß sich in der Gesellschaft des 16. Jh. ein weltanschaulicher Wandel zugunsten der Technik anbahnte, sind sowohl in der florierenden *poésie scientifique* als auch in der programmatischen Aufnahme von *termini technici* in den Wortschatz der Lyrik zu sehen. Im 16. Jh. existierte also noch keine klare Trennung zwischen Geistes- und Naturwissenschaftlern. Jeder *homme de lettres* beschäftigte sich auch mit den Naturgesetzen und versuchte infolgedessen innerhalb seines intellektuellen Horizonts beide Bereiche einzubeziehen. Dies spiegelte sich natürlich auf der sprachlichen Ebene wider. Brunot (1967, 2, 166 f) schreibt diesbezüglich:

«Ainsi la confusion se fût faite d'elle-même par la quasi-impossibilité où se trouvaient les hommes de faire deux parts en eux, et d'avoir, sans qu'aucune règle les y contraignît, un langage pour leurs écrits scientifiques, un autre pour leurs vers ou leurs discours ordinaires».

3.4. Der Gegensatz Latein *vs.* Französisch in fachlichen Texten der Renaissance

Während das Französische im Bereich der poetischen Gattungen Ende des 15. Jh. längst einen festen Platz eingenommen hatte, gilt dies nicht für die fachlichen Texte. Erst im ausgehenden 16. Jh. lassen sich anhand der großen Zahl der auf Französisch gedruckten Werke klare Spuren der Ablösung des Lateins durch das Französische nachweisen. Zu den Faktoren, die zu dieser Entwicklung beigetragen haben, gehören u. a. der Religionskonflikt zwischen Rom und der protestantischen Bewegung, die allmähliche Bildung eines französischen Nationalstaates, der Widerhall der italienischen Auseinandersetzung über die *Questione della lingua* und schließlich die infolge der akribischen Redigierarbeit der Humanisten entstandene Divergenz zwischen der angestrebten klassischen und der tatsächlich beherrschten lateinischen Sprache.

Der entscheidende Aspekt im Religionskonflikt ist vielleicht nicht so sehr die Übersetzung der *Heiligen Schrift* und die Verwendung der Volkssprache bei den protestantischen Riten, sondern die Tatsache, daß das Französische zum Medium der Verschriftung der höchsten Wissenschaft unter den *artes liberales* wurde. Durch das Eindringen in die Theologie gewann das Französische in zunehmendem Maße auch an den Universitäten, die bekanntlich Stätten der Lateindominanz waren, jenes soziale Prestige, das zu seiner Verbreitung in anderen Wissensbereichen nötig war. Die Herausbildung des monarchischen Nationalstaates förderte diese Entwicklung entschieden. Zwar engagierte sich keiner der Könige des Jahrhunderts für die Einrichtung eines Lehrstuhls für französische Sprache; alle sahen jedoch die Notwendigkeit einer sprachlichen Vereinheitlichung zur Durchsetzung des monarchischen Willens. Das 1539 von Franz I. erlassene *Edikt von Villers-Cotterêts*, welches die ausschließliche Verwendung des Französischen im Justizwesen vorschrieb, veranschaulicht am deutlichsten die strategische Vereinigungsfunktion, die sich die Monarchie beim Entstehen einer *Staatssprache* erhoffte. Die italienischen Kriege hatten die Rezeption der italienischen Renaissancekultur und der dazugehörigen Polemik über den Stellenwert des *Volgare* gegenüber dem Latein begünstigt. Dies zusammen mit der wachsenden Buchproduktion in französischer Sprache führte in den Kreisen der Gebildeten zum Nachdenken darüber, ob das Französische durch gezielte Normierung und Erweiterung des Wortschatzes nicht jenen Prestigestatus gewinnen könnte, den es benötigte, um als kommunikatives Mittel im Bereich der *artes liberales* zu dienen.

Wissenschaftliche Forschungsergebnisse in einer anderen Sprache als Latein zu redigieren war in Gelehrtenkreisen lange noch verpönt. Charles Bouvelle erklärt in der Einleitung zu seiner *Géométrie pratique* (1566), daß er das Französische eigentlich einer geometrisch-mathematischen Abhandlung nicht für würdig halte und nur deshalb auf das Latein verzichtet habe, weil er auf praxisorientierte Kreise Rücksicht nehmen müsse (vgl. Brunot 1967, 56). Manche, die das Latein in fachlichen Texten aufgaben, fühlten sich genötigt, das Französische mit einem literarischen Stil zu zieren oder immer wieder auf Lateineinschübe zurückzugreifen. Dies war auch der Fall bei Ambroise Paré, der die Zusammensetzung seiner Rezepturen immer auf Latein festhielt.

4. Das Verhältnis Latein/Französisch in seiner linguistischen Dimension

4.1. Das Verhältnis Latein/Französisch auf textueller Ebene

Winkelmann (1991, 7−9) stellte für den Zeitraum zwischen 1100 und 1300 auf der Ebene der Urkundentexte bei der Auseinandersetzung Latein *vs.* Französisch verschiedene Übergangsstadien fest. Eine erste Phase ist vor allem durch die Latinisierung von volkssprachlichem Material charakterisiert, wobei auch Orts- und Personennamen von diesem Prozeß betroffen sind. Im zweiten Stadium sind mittellateinische Urkundentexte vorzufinden, die zwecks Personen- und Immobilienidentifizierung nichtlatinisierte volkssprachliche Orts- und Personennamen aufweisen. Die dritte Stufe des textuellen Übergangs von der lateinischen zur volkssprachlichen Abfassung bilden diejenigen Urkunden, die trotz Lateindominanz eine regelrechte Sprachmischung erkennen lassen, und schließlich tauchen bei dem vierten Übergangstyp umgekehrt in einer volkssprachlich verfaßten Urkunde lateinische Einschübe auf.

Die geschilderte Lage stabilisierte sich im 16. Jh. zugunsten des Französischen. Eine vollständige Ablösung vom Latein wurde jedoch in der Renaissance nicht vollzogen, denn es wurde weiterhin in allen nicht-literarischen Textgattungen verwendet. Die Weiterverwendung des Lateins hatte aber ganz andere Beweggründe als im Mittelalter. Sowohl die gänzlich auf Latein verfaßten Texte als auch die volkssprachlichen Mischformen waren bewußt gewollte Sprachschöpfungen, die die Rezeption des Humanismus und die Problematisierung der Dichotomie Latein/Volkssprache widerspiegelten. Den Autoren dieser Epoche standen bei der Niederschrift ihrer fachlichen Texte drei Verfahren zur Wahl: Sie konnten vollständig auf Französisch oder auf Latein oder in einer Mischform schreiben. Alle drei Möglichkeiten sind in unserem Korpus vertreten, die Mischform ist jedoch am seltensten. Ihre geringe Häufigkeit ist kein Zufall, sondern Ergebnis der Wiederentdeckung des klassischen Lateins, welches das Mittellatein verdrängte und den eigentümlichen Charakter der Volkssprache in Erscheinung treten ließ. Dies führte dazu, daß die Autoren bei der Abfassung ihrer Texte sich *a priori* entweder für die eine oder die andere Sprache entschieden. Auch in juristischen Texten, die bekanntermaßen eine sehr starre Textstrukturierung aufweisen, hat sich während des 16. Jh. mehrheitlich die volkssprachlich redigierte Niederschrift durchgesetzt. Die Sichtung der *Ordonnances des Rois de France* für den Zeitraum 1527–1532 läßt erkennen, daß bereits zu Beginn des 16. Jh. die Verschriftung der *ordonnances* bevorzugt auf Französisch erfolgte. Regelmäßige Ausnahmen stellen jedoch jene *ordonnances* mit internationalem Bezug dar: Sie wurden weiterhin vollständig auf Latein redigiert, wie z. B. die *Ordonnance* Nr. 459, Bd. 5, *Traicté entre François Ier, roi de France, et Henry VIII, roi d'Angleterre*. Bemerkenswert jedoch ist, daß von den *ordonnances* des Zeitraumes 1538–1539 (*Ordonnances*, Bd. 9) nur eine einzige, die Nr. 870, vollständig auf Latein redigiert ist. Dagegen ist festzustellen, daß juristische Texte mit nationaler oder regionaler Wirkungsbreite mit wenigen Ausnahmen vollständig in der Volkssprache niedergeschrieben werden. So der Fall bei dem *Recueil de documents concernants le Poitou contenus dans les registres de la chancellerie de France* (1958, Bd. 14), in dem bereits während des Zeitraums 1486–1502 keines der enthaltenen Dokumente auf Latein verfaßt und sogar der Einschub einzelner lateinischer Wörter oder Passagen selten ist. Im übrigen weisen die Lateineinschübe der Mischtexte einen stereotypen Charakter auf. Sie können sowohl aus einzelnen, immer wiederkehrenden Lexemen, wie z. B. *item, vidimus*, oder aus festen Wendungen bestehen, die selten als Eröffnungs-, meistens aber als Schlußformeln dienen, wie z. B.: *sic signatum, collatio facta est cum originali, Lecta et publicata fuit in audiencia publica supremae Curiae parlamenti dalphinalis, die decima octava mensis martii, anno Domini millesimo quingentesimo vigesimo septimo* (*Ordonnances*, Bd. 5, 9). Die Präsenz lateinischer Sätze und Passagen ist nicht selten ein Signal dafür, daß der betreffende Abschnitt aus anderen, meist älteren, auf Latein redigierten Texten stammt (vgl. die *ordonnance* Nr. 534, Bd. 6, in der Teile eines im 15. Jh. lateinisch formulierten Testaments unübersetzt wiedergegeben wurden). Daraus läßt sich ableiten, daß im juristischen Bereich die Anwendung des Lateins oder des Französischen funktionell in Abhängigkeit vom Wirkungsbereich des Dokuments festgelegt war. Die verbliebenen Mischformen sind vor allem mit der historischen Festlegung mancher juristischer Formeln zu erklären, und jeder Schreiber besaß die Möglichkeit, sie in der Volkssprache wiederzugeben. So bedient sich etwa der anonyme Autor der *Stolonomie* statt des lateinischen textuellen Kohäsionssignals *item* der Formen *aussi, semblablement, pareillement* etc. Die häufigen Lateineinschübe, die in Parés *Methode de traicter les playes* enthalten sind, haben jedoch andere Ursachen. Obwohl der berühmte Chirurg keine klassische Erziehung genossen hatte, verfaßte er seine Rezepturen auf Latein. Ein Beispiel dafür ist folgende *decoction* zur Heilung eines *callus*: „Re. vini rubri et austeri § iij. salis communis β iiij, balaustiorum, sumach. berberis nuc. cupressi, gallarum, ana β iij. semis, absinth. rosarum rubr. caudae equinae polygoni (vulgo centinodiae) ana m. vnum, aluminis combusti β ij bulliant omnia simul, et fiat decoctio"; Paré, 1923, 75

("§" steht für ‚Unze', „β" für ‚halbe Drachme'). Delaruelle/Sendrail kommentieren Parés Stil wie folgt: «Serait-ce donc qu'il s'agit de noms dont les équivalents ne seraient pas connus du vulgaire? Comment le croire, quand on y trouve *marmor* (...), alors que *marbre* est déjà dans la *Chanson de Roland*? On pensera plutôt qu'il a voulu tout bonnement sacrifier à la manie latinisante des apothicaires et déférer aux exigences de leur codes» (Paré 1953, 202). Sicherlich liegt in dieser Beurteilung ein Teil Wahrheit; Latein zu beherrschen war in dieser Epoche trotz der allmählichen Etablierung der Volkssprache weiterhin ein prestigeträchtiges Statussymbol. Latein besaß darüber hinaus eine internationale Funktion als *lingua franca*. Daraus läßt sich ableiten, daß der vollständige Verzicht auf die Latinität eventuell die Gefahr der inhaltlichen Abwertung bei gebildeten Kreisen hätte hervorrufen können. Diese stellten jedoch das Zielpublikum Parés dar, so daß er sich jener Vertextungsstrategien bediente, die ihm am sichersten den Erfolg seiner Veröffentlichung garantierten. Infolgedessen überrascht es nicht, daß *La guide des chemins de France* von Charles Estienne frei von lateinischen Zitaten oder Spracheinschüben ist. Sein Zielpublikum bestand in der Tat nicht aus kompetenten Medizinern, sondern aus „normalen" Bürgern, die sich aus sehr unterschiedlichen Gründen für das französische Verkehrsnetz interessierten. Die Verwendung von Lateineinschüben war jedoch nicht die einzige Strategie, die volkssprachlich schreibenden Autoren zur Verfügung stand, um die Akzeptanz ihrer Werke zu erhöhen. Beliebt waren auch all jene Stilverfahren, die dazu dienten, dem naturwissenschaftlichen Werk eine literarische Aura zu bescheren. Diese Prozedur kommt auch in de Boissières *Art d'Arythmétique* zur Anwendung. Sich der Dreistigkeit des Unternehmens bewußt, eine mathematische Abhandlung auf Französisch zu redigieren, täuscht er Anonymität vor und eröffnet sie, um das Wohlwollen des Publikums zu erwerben, mit folgenden Versen:

«Qui est celuy qui tant facilement / faict explicquer en la langue Gallique, / les Arts subtils a tout entendement, / Des quantitez par la Mathematique / Ce bien si grand faict a la republique, / ce seigneur cy, ainsi que poüez voir, / Duquel le nom en la langue hebraïque, / Monstre auoir plus que terrestre sçauoi» (de Boissière 1972, Blatt 4).

Der Versstruktur bedient er sich immer dann, wenn die Prägnanz der Inhalte synthetische Sprachformung verlangt; so beschreibt er die «Reduction de plusieurs fractions, à vn mesme nom» wie folgt:

«Fais des nommeurs multiplication: / Auras vn nom pour les deux fraction / Et l'vn nombreur par le nommeur de l'autre. / Multiplié, sert sa fraction propre» (de Boissière 1972, Blatt 27; i. e. 28).

4.2. Bezeichnungsstrategien der Renaissance

Die lexikalische Bereicherung der Volkssprache stellt eine der sprachlichen Haupterscheinungen der Renaissance dar. Dies ist nicht nur der tatsächlichen Zahl an Neubildungen oder Entlehnungen zu entnehmen, sondern auch dem ausgeprägten Interesse gebildeter Kreise für die Schöpfung eines angemessenen französischen Wortschatzes und der regen Veröffentlichung von Wörterbüchern. Für den Zeitraum von 1539 bis 1912 zählt Quemada 174 Werke lexikographischen Charakters auf, deren übliche Bezeichnung *dictionnaire*, *thresor*, *vocabulaire* und *lexikon* war (Matoré 1988, 353−354).

Der Erschließung immer zahlreicher werdender Bereiche menschlicher Aktivitäten folgte eine massive Einführung der *mots savants* in die Volkssprache, deren Tragweite daran abzulesen ist, daß *termini technici* von nun an, wie du Bellay in seiner *Deffence et illustration de la langue française* vorschlägt, sogar einen anerkannten Platz in der Dichtung erhalten. Trotz dieser Vielfalt ist eine gewisse Bezeichnungsnot, besonders im Bereich des fachspezifischen und wissenschaftlichen Wortschatzes, unverkennbar. Matoré (1988, 277−278) zählt unter den «termes philosophiques dont l'absence se faisait cruellement sentir» folgende auf:

«1. Termes généraux: *absolu, adéquat, catégorie, concret, concet, confus, intentionnel, inhérent, intuition (au sens philosophique), occulte, (...) perception, régularité*; 2. Méthode: *classification, critère, déduction, spécialiste, synthèse*; 3. Théories et attitudes: *averroïsme, conformisme, déterminisme, esprit fort, évhémériste, fataliste, hétérodoxie, idéalisme, illuminisme, irrationnel, libre penseur, naturalisme, orthodoxie, panthéisme, pessimisme, rationalisme, responsabilité, scepticisme, stoïcisme, théisme, tolérance.*»

Die Prägung neuer Fachausdrücke geschah nicht immer mit der notwendigen begrifflichen Präzisierung.

Das Wort *système* (Matoré 1988, 277) erscheint im 16. Jh., seine Bedeutung im Sinne eines strukturierten Ganzen bildet sich jedoch erst später heraus. Das lexikalische Problem dieser Epoche war nicht so sehr die Bezeichnungsnot, als vielmehr eher die semantische Unbestimmtheit verschiedener Fachtermini und die Vorliebe vieler Autoren für ein redundantes Bezeichnungsverfahren, so daß dasselbe Phänomen nicht selten im gleichen wissenschaftlichen Werk mehrere Bezeichnungen erhält. Bei Montaigne «l'*Estre* peut désigner Dieu, mais aussi ‚l'essence' et même ‚l'existence'» (Matoré 1988, 278). Umgekehrt meint de Boissière sowohl mit dem Lexem *fraction* als auch mit *partie* die Bruchrechnung, wobei das erste häufiger ist (de Boissière 1972, Blatt 25). Paré schreibt: «Car lors le chirurgien doibt consyderer de *cacochymie*, ou *plenitude* (Hervorhebung durch die Autoren), qui sont le plus souuent causes generales des accidents perilleux (...)» (Paré 1923, 72). *Cacochymie*, 1503, eine volkssprachliche Anpassung der lateinischen Entlehnung *cacochymia* aus dem griechischen *kakokhumos*, stammt aus Galies Rezeption und bedeutet ‚mauvais état des humeurs'. *Plenitude* ist eine Entlehnung aus dem lateinischen *plenitudo* und dieses eine Ableitung aus *plenum* ‚voll', deren anfängliche religiöse Bedeutung im Laufe des 16. Jh. um eine medizinische (organ plein de façon excessive) erweitert wurde (Le Robert 1992). Paré verwendet beide Lexeme als Synonyme.

Viele der neu gebildeten Termini wurden jedoch nicht fest in den französischen Wortschatz integriert und verschwanden wieder oder wurden durch andere ersetzt. Ein Beispiel dafür liefert uns das Vokabular der *Stolonomie*. Die Grundsprache dieses Werks über die Ausrüstung einer Flotte ist das Französische, sein technischer Wortschatz ist jedoch okzitanischen Ursprungs. (Bsp.: *Corde* ‚piéce de bois posée sur la couverte, de chaque côté de la coursie, et sur laquelle s'appuient des bancs'; *Phanal* ‚lanterne de vaisseau', Fennis 1978, 300; 445). In Frankreich existieren im Bereich der Seesprache zwei unterschiedliche Wortschatztraditionen: «sur les côtes de la Mer du Nord (...) le vocabulaire de Ponant, qui est essentiellement germanique, et sur le littoral du Languedoc et de la Provence, le vocabulaire du Levant»; Beispiele dieser Dichotomie sind in folgenden Lexempaaren zu sehen: *gouvernail / timon, charpendie / maître de hache, vergue / antenne* etc. (Fennis 1978, 127). Der heutige Seewortschatz stammt vornehmlich aus dem «vocabulaire de Ponant»: das erklärt, weshalb die Termini der *Stolonomie*, die der levantinischen Tradition zuzuschreiben sind, in den französischen Seefahrtwortschatz nicht aufgenommen wurden. Dieses Schicksal blieb auch mehreren Wortbildungen aus dem französischen Erbwortschatz nicht erspart, dazu einige Beispiele aus den Werken von Paré (1923, 49; 1971, 47; 29; 24): *bastons à feu* ‚Schußwaffen', *canne du poulmon* (oder *trachée-artère*, Entlehnung aus dem Griechischen) ‚Luftröhre' und *entrefesson* ‚Damm'. Besonders produktiv war außerdem die Bedeutungserweiterung von bereits existierendem Lexemmaterial. Paré nennt die ‚Menstruation' *fleurs*, «parce que tout ainsi que la fleur precede le fruit des plantes, pareillement les femmes ne conçoivent point, ou rarement, que leurs mois n'ayent coulé» (Paré 1971, 229). Um Geschosse aus einer Wunde zu entfernen, bedient er sich der *sonde* (1923, 55). Dieses Lexem war ursprünglich in der Seemannssprache beheimatet. Im 16. Jh. bezeichnete es ein Instrument, mit dem man die Wassertiefe messen konnte. In Analogie zu *sonder* wurde es dann zur Bezeichnung eines ‚instrument cylindrique destiné a explorer certains organes' verwendet (Le Robert 1992).

Das produktivste Verfahren zur Bereicherung des französischen Fachwortschatzes war jedoch die gelehrte Entlehnung aus dem Latein und, weniger ausgeprägt, dem Griechischen. In der *Art d'arythmétique* sind *rombe*, ‚Raute', *romboïde, parallelogramme, figure ouale* und *lenticulaire* (alle mit graphischer Darstellung, Blatt 45; 51) enthalten. Bei Paré tauchen auf: *acrimonie* (1923, 54), ein medizinischer Fachausdruck, der die Bitterkeit der Säfte bezeichnet, *intempérature* (1923, 53), im Sinne einer Deregulierung menschlicher Körperfunktionen, *inflammation* ‚Entzündung' (1953, 91), *vulnere* ‚Wunde' (1923, 54) und von ihm selbst in das Französische eingeführt *périoste* ‚Knochenhaut' (1953, 91). Manche lateinische Entlehnungen weisen keine graphische Anpassung an die Volkssprache auf. So sind bei Paré die Lexeme *callus* (1923, 73) und *speculum ani* (1971, 52), ein Gerät zur Untersuchung des Mastdarms, vorzufinden. Dies überrascht jedoch nicht, denn manche medizinische Termini, beispielsweise *cubitus, duodenum, rectus, sphincter thorax* weisen heutzutage noch ihre ursprüngliche Form auf (Matoré 1988, 330).

Zusammenfassend ist also festzustellen, daß mit Abschluß des 16. Jh. das Französische über ein vielfältiges Vokabular verfügte, „welches aufbauend auf Erbwortschatz (...) sowie Entlehnung aus den Bildungssprachen Latein und Griechisch sowie lebenden

Fremdsprachen nicht nur zur Kommunikation alltäglicher Bedürfnisse, sondern zu adäquater Artikulation künstlicher, wissenschaftlicher und technischer Fragen geeignet war" (Wolf 1991, 106).

5. Literatur (in Auswahl)

Atkinson 1969 = Geoffroy Atkinson: Les nouveaux horizons de la Renaissance française. Genève 1969.

Boissière 1972 = Claude de Boissière: Art Poétique reduict et abrégé; L'Art d'Arythmétique. Genève 1972 [1ère éd. 1554].

Brunot 1967 = Ferdinand Brunot: Histoire de la langue française 2. Paris 1967.

Catalano 1969 = Franco Catalano: Stato e società nei secoli 2. L'età moderna. Firenze 1969.

Estienne 1936 = Charles Estienne: La guide des chemins de France. Hrsg. von J. Bonnerot. 1–2. Paris 1936 [3e éd. 1553].

Fennis 1978 = Jan Fennis: La Stolonomie 1547–1550 et son vocabulaire maritime marseillais. Amsterdam 1978.

Forner 1988 = Werner Forner: Fachübergreifende Fachsprachenvermittlung: Gegenstand und methodische Ansätze. In: Kalverkämper 1988, 194–217.

Holtus/Metzeltin/Schmitt 1990–1992 = Günter Holtus/Michael Metzeltin/Christian Schmitt (Hrsg.): Lexikon der Romanischen Linguistik V,1 (Französisch) und VI,1 (Spanisch). Tübingen 1990–1992.

Kalverkämper 1988 = Hartwig Kalverkämper (Hrsg.): Fachsprachen in der Romania. Tübingen 1988 (Forum für Fachsprachen-Forschung 8).

Koch 1988 = Peter Koch: Fachsprache, Liste und Schriftlichkeit in einem Kaufmannsbrief aus dem Duecento. In: Kalverkämper 1988, 15–60.

Matoré 1988 = Georges Matoré: Le vocabulaire et la société du XVIe siècle. Paris 1988.

Möhn/Pelka 1984 = Dieter Möhn/Roland Pelka: Fachsprachen. Eine Einführung. Tübingen 1984 (Germanistische Arbeitshefte 30).

Montaigne 1965 = Michel de Montaigne: Les essais de Michel de Montaigne. Éd. par Pierre Villey. Paris 1965.

Ordonnances 1936–1937/1973–1975 = Ordonnances des rois de France. Règne de François Ier, 5–6 (1529–1532). Paris 1936–1937; 9 (1538–1539). Paris 1973–1975.

Paré 1923 = Ambroise Paré: Die Behandlung der Schußwunden. Hrsg. v. H. E. Sigerist. Leipzig 1923 [Nachdr. der Ausg. Paris 1545. Originaltitel: La méthode de traicter les playes faictes par hacquebutes et aultres bastons à feu].

Paré 1953 = Ambroise Paré: Textes choisis. Éd. par Louis Delaruelle, Marcel Sendrail. Paris 1953.

Paré 1971 = Ambroise Paré: Des monstres et prodiges. Éd. par Jean Céard. Genève 1971.

Pöckl 1990 = Wolfgang Pöckl: Fachsprachen/Langues de spécialité. In: Lexikon der Romanischen Linguistik V,1 (Französisch). Tübingen 1990, 267–282.

Rabelais 1962 = François Rabelais: Œuvres complètes 1–2. Paris 1962.

Recueil 1958 = Recueil de documents concernant le Poitou contenus dans les registres de la chancellerie de France 14 (1486–1502). Poitiers 1958.

Recueil 1906–1924 = Recueil de documents relatifs à l'histoire de l'industrie drapière en Flandre. Éd. par G. Espinas. 1–4. Bruxelles 1906–1924.

Le Robert 1992 = Dictionnaire historique de la langue française. Éd. par Alain Rey. 1–2. Paris 1992.

Schmidt 1938 = Albert-Marie Schmidt: La poésie scientifique en France au seizième siècle. Paris 1938.

Stone 1953 = Howard Stone: The French language in Renaissance medicine. In: Bibliothèque d'humanisme et renaissance XV. Genève 1953, 315–346.

Winkelmann 1991 = Otto Winkelmann: Zur Ablösung des Lateins durch das Französische als Urkundensprache. Regensburg 1991.

Wolf 1991 = Heinz Jürgen Wolf: Französische Sprachgeschichte. Heidelberg 1991 [1. Aufl. 1979].

Wolf 1979 = Lothar Wolf: Terminologische Untersuchungen zur Einführung des Buchdrucks im französischen Sprachgebiet. Tübingen 1979.

Livia Gaudino Fallegger, Gießen
Otto Winkelmann, Gießen

266. Kulturgeschichte der französischen Fachsprachen im 16. und 17. Jahrhundert

1. Sprache und Gesellschaft im 16. Jh.
2. Sprache und Gesellschaft im 17. Jh.
3. Literatur (in Auswahl)

1. Sprache und Gesellschaft im 16. Jahrhundert

(1) Die französische Kulturgeschichte des 16. Jh.s ist Teil des europäischen Zeitalters der Renaissance und des Humanismus (ausführliche Darlegungen dazu s. Art. 27). Sprachgeschichtlich gehört das 16. Jh. zur Periode ‚Frühneufranzösisch' (*Français de la Renaissance*); das 17. Jh. bringt den Beginn von ‚Neufranzösisch' und läßt sich recht gut als eigenständig gegenüber dem 16. Jh. und dem 18. Jh. (s. Art. 183; auch Art. 28) abgrenzen.

Dies hat jeweils mit der Sprache − mit der Literatursprache und den Fachsprachen − zu tun, und hieran sind wiederum gesellschaftliche Umstände beteiligt und kulturelle Wertvorstellungen und Einschätzungen geknüpft. Von daher läßt sich durchaus der komplexe Begriff der ‚Sprachkultur' evident einbringen, den Harald Weinrich wiederbelebt hat (1985) (s. Art. 3, Abschn. 1.3., Punkt (3)).

(2) Im 16. Jh. trat das Latein als Wissenschaftssprache des Humanismus und als Verkehrssprache der Gelehrten und des Klerus hinter dem Französischen als Nationalsprache zurück und verlor sich schließlich. Sprachpolitisch wurde dies speziell für die juristischen und verwaltungsorganisatorischen Belange der zentralistischen Monarchie (François Ier; 1494−1547) mit der *Ordonnance* von Villers-Cotterêts (bei Soissons) am 15. 8. 1539 vollzogen: Französisch avancierte dort mit Artikel 110 und 111 als „langaige maternel et non autrement" zur offiziellen und alleingültigen Urkunden- und Gerichts- sowie Verwaltungssprache des Königreichs (Wolf 1969, 52). Während das Französische einerseits (militärisch) bis in die Neue Welt verbreitet wurde (*Romania Nova*), nahm es andererseits, ebenfalls vermittelt durch kriegerische Begegnungen (Italienfeldzüge), Neuerungen aus der hochentwickelten italienischen Kultur (Renaissance; s. Art. 27) auf. Das neu aufkommende französische Nationalbewußtsein speiste sich auch durch ein gestärktes Sprachbewußtsein (*Question de la langue*). Lexikographie und Grammatikographie blühten auf, gleichsam ein Zeichen für standardisierende und sogar normierende Bestrebungen (vgl. Klare 1998, Kap. D.5.), denen sich insbesondere die Hüter des Geistes und der Sprache widmeten:

Herausragend wirkte hier der Dichterkreis *Pléiade* mit seinen Köpfen Pierre de RONSARD (1524−1585), Schöpfer der frühneufranzösischen Dichtungssprache und einflußreicher Stilistiker (*haut style* gegenüber *beau style bas* [‚mittlerer Stil']) und Joachim DU BELLAY (1522−1560). Dessen Manifest *Deffence et illustration de la langue françoyse* (1549) wendet sich von der mittelfranzösischen Literatur und den altetablierten Gattungen ab; es verteidigt das Französische als Literatur- und Verwaltungssprache gegenüber dem Latein und benennt als Grund dafür die Überlegenheit und Entwicklungsfähigkeit des geltenden Idioms.

(3) Ein wichtiger Tenor war der ERNEUERUNGs- oder Entwicklungsaspekt: Die kreativen Möglichkeiten des Eigenen, in diesem Fall: der Muttersprache Französisch, standen im Vordergrund. Als solche galten für die sprachsystematische Bereicherung die Lexik und die Morphosyntax: (i) Entlehnungen aus dem Latein, Griechischen und Italienischen; (ii) Archaismen, Dialektismen und − ! − Fach-/Berufswörter bzw. Termini; (iii) Neologismen; (iv) Suffigierungen und (v) Komposita-Bildungen. Hier bricht sich in der Diskussion um die *Anciens et Modernes* die moderne Position mit der Idee des *sachbezogenen*, des *sprachlichen* und des *literarischen Fortschritts* Bahn.

Zwar war Latein − „Mittellatein" − an den Universitäten und als Gelehrtensprache an den Schulen vertreten, doch war es als Wissenschaftssprache für die neuen Fachgebiete und Wissenschaften inzwischen eine Sprachbarriere; allerdings sicherte es immer noch eine internationale Verständigung und Verbreitung der neuen, meist praxisbezogenen Erkenntnisse: Sie betrafen u. a. die Medizin/Chirurgie, die Angewandte Mathematik und Chemie, die Landwirtschaft, die übersetzungsorientierte Theologie (vgl. Klare 1998, Kap. D.6.).

Selbst in die französische Literatursprache − so François Rabelais (ca. 1494−1553) − wurden Fachsprachen, genauer: Fach*wörter*, aufgenommen, um neue stilistische Effekte zu erzielen: die *Pléiade* schätzte die literarische Verwertung gelehrten, fachbezogenen Vokabulars als eine poetische Bereicherung ein.

2. Sprache und Gesellschaft im 17. Jahrhundert

(1) Das 17. Jh. sah dagegen in diesen Bemühungen um Annäherung an den Ausdrucksreichtum der klassischen Sprachen einen Wildwuchs: es sollte eine cartesianische Klarheit (*clarté*, *pureté*) durch Beschränkung erstrebt und ein Sprachpurismus der *bienséance* ('Anstand', 'Schicklichkeit') gepflegt werden: Fachsprachliches hatte da keinen Platz, erst recht nicht in literarischen Werken, die als normsetzende Vorbilder für gehobenen Sprachgebrauch dienten, eben weil es für das Französische noch an Grammatiken und Lexika mangelte; erst das frühe 18. Jh. wird Abhilfe schaffen und eine kulturelle Einheit von *Sciences*, *Arts* und *Métiers* erkennen (vgl. Art. 183).

(2.a) Das Neufranzösische — *le français moderne* — setzt ab 1600 mit *Literaturkritik als Sprachkritik* ein (François de MALHERBE, „législateur du Parnasse" [1555—1628]) und gewinnt eine gesellschaftliche Ausweis-Funktion. Nicolas BOILEAU (1636—1711) lobte in Vers 131 seines *Art Poétique* (1674): „Enfin Malherbe vint" und vertrat in dessen Gefolge für die Literatur- und Hochsprache eine streng selektionistische und normenorientierte Position bei der Beurteilung von Richtigkeit und geschmacklicher Zulässigkeit (*goût*, *bienséance*). Dieser Doktrinär der Klassik, der gegen „archaismes", „mots d'emprunt", „dialectismes", „néologismes" und eben auch gegen „termes techniques" und für Ideale wie *clarté*, *élégance*, *précision*, *pureté* u. a. eintrat, richtete sich dabei nach der gesellschaftlichen Elite — *La Cour et la Ville* (Königshof, Amtsaristokratie [*noblesse d'épée*] und aufstrebendes Bürgertum [*noblesse de robe*]; vgl. Auerbach 1951) —, was die Kluft zur Sprache des Volkes vertiefte (vgl. Art. 183, Abschn. 3).

(2.b) Letzteres galt als der *mauvais usage* der „lie du peuple" (Vaugelas), der dem *bon usage* („guter Sprachgebrauch") gegenüberstand (vgl. Weinrich 1960): „C'est la façon de parler de la plus saine partie de la Cour, conformément à la façon d'escrire de la plus saine partie des Autheurs du temps" (Wolf 1972, 20—22) als Richtschnur für gepflegte Hochsprache (*mots nobles*) — parallel zu sehen zum herrschenden politischen Absolutismus — hatte schon Claude Favre VAUGELAS (1585—1650) in seinen *Remarques sur la langue françoyse, utiles à ceux qui veulent bien parler et bien escrire* (1647) gefordert. Seiner empirisch ausgerichteten Sprachauffassung stand die rationalistische gegenüber, die *la raison*, also logische Prinzipien, favorisierte (Jansenisten von Port Royal [vgl. Ricken 1984]).

(2.c) Kardinal RICHELIEU (1585—1642, als Minister von Louis XIII seit 1624) gründete 1634 mit sprachreinigenden Ambitionen die *Académie Française* (Wörterbuch [*Dictionnaire de l'Académie*, 1694; vgl. Popelar 1976; Kalverkämper 1977], Grammatik [erst 1932 fertiggestellt, allgemein als verunglückt eingeschätzt], Rhetorik, Poetik [beide nicht verwirklicht]); und zwar mit dem Ziel, die absolutistische Monarchie durch kulturelles, literarisch-sprachliches Reglement zu stärken.

(2.d) SCHRIFTSTELLER wie Pierre Corneille (1606—1684), Molière (1622—1673) und Jean Racine (1639—1699) prägen mit ihren an antiken Idealen (Themen/Stoffen, Gattungskonventionen, Stil, Wortwahl u. a.) geschulten und gemessenen Werken den Begriff der 'Klassik' in den Schönen Künsten des *Grand Siècle* aus.

(3.a) Die FACHLICHKEIT als Thema und die FACHSPRACHLICHKEIT als Kommunikationsform, folglich fachsprachliche Texte sind dabei nicht im Blick, sondern geradezu ausgeschlossen. Vielmehr gilt als Konversationsmaxime der gehobenen Schicht eine inhaltlich und in Sprachebene sowie Wortwahl aufrecht zu erhaltende *médiocrité*: eine ohne vertieftes Fachwissen in Lässigkeit, *négligence*, *divertissement*, *badinage*, im *ton galant* geführte Unterhaltung: „Die ideale Konzeption des honnête homme fordert, daß man nicht von etwas alles, sondern von allem etwas wissen soll" (Strosetzi 1978, 93).

(3.b) Diesem *Esprit mondain*, dieser *Science du monde* steht der Typ des *PÉDANT* gegenüber: des Fachgelehrten, Spezialisten, „savant de profession, celui qui fait des livres, métier sordide et déshonorant, indigne d'un mondain" (Gillot 1914, 334); der Moralist Jean de La Bruyère (1645—1696) spricht sogar von „la honte de l'érudition" (nach Schalk 1977, 275).

(3.c) Übersteigerte puristische Ambitionen in den schöngeistigen Salons (vor 1664 *Ruelles* genannt) (berühmt der der Marquise de Rambouillet [1588—1665] sowie der Mlle de Scudéry [1607—1701]), den gesellschaftlichen Umgang zu verfeinern, nahmen auch auf die Sprachwahl Einfluß, indem sie sich zu einer literarisch-sprachlichen PREZIOSITÄT entwickelten, was u. a. Molière geißelte (*Les*

Précieuses ridicules [1659]; *Les Femmes savantes* [1672]).

(3.d) Die WÖRTERBUCHPRODUKTION nahm unter diesen Umständen gegenüber dem noch abstinenten 16. Jh. (s. o. 1.) einen deutlichen Aufschwung. Es waren aber meist puristische Lexika mit dem Vokabular der gesellschaftlichen Eliten, ohne Beachtung der sich entwickelnden Fachwortschätze im beruflichen Alltagsleben. Ansätze, Fachsprachlichkeit lexikographisch zu berücksichtigen, finden sich in dem *Dictionnaire universel* (1690) von Antoine Furetière (1619–1688), der im Untertitel ausdrücklich mit den aufgenommenen „termes de toutes les sciences et des arts, sçavoir [...]" und einer sich hier anschließenden Reihe von aufgezählten Fachgebieten wirbt. Er dürfte damit Wegbereiter für eine sich bewußt fachorientiert öffnende Lexikographie sein, wie sie dann in der *Encyclopédie* (1751–1780) von Denis Diderot und Jean Le Rond D'Alembert (s. Art. 183) ihren berühmten Ausdruck fand.

(3.e) Daß WISSENSCHAFTLICHE PROSA, aus der die Lexikographen ihr Material schöpfen mußten, aber unübersehbar Platz griff und sich gegenüber der sprachlich noch maßgebenden Literatur behauptete, verdankte sie insbesondere den philosophischen, d. h. breitenwissenschaftlichen Autoren (s. Art. 183, Abschn. 1., Punkt (2)) wie René Descartes (1590–1650) und Blaise Pascal (1627–1662). Bei ihnen zeigt sich die Ablösung vom Latein als Wissenschaftssprache und eine ausdrückliche Hinwendung zum Französischen als Idiom für Fachinhalte; die Philosophie – als übergreifende Disziplin zu verstehen – übernahm hier die Vorreiterrolle.

3. Literatur (in Auswahl)

Arnauld/Lancelot 1660 = Antoine Arnauld/Claude Lancelot: Grammaire générale et raisonnée [...]. Paris 1660. – Publ. als: Grammaire générale et raisonnée ou La Grammaire de Port-Royal. Édition critique présentée par Herbert E. Brekle. Nouvelle impression en facsimilé de la troisième édition de 1676. Stuttgart. Bad Cannstatt 1966 (Grammatica universalis 1).

Auerbach 1933 = Erich Auerbach: Das französische Publikum des 17. Jahrhunderts. München 1933 [2. Aufl. 1965].

Auerbach 1951 = Erich Auerbach: La Cour et la Ville. In: Erich Auerbach: Vier Untersuchungen zur Geschichte der französischen Bildung. Bern 1951, 12–50.

Droixhe/Dutilleul 1990 = Daniel Droixhe/Thierry Dutilleul: Französisch: Externe Sprachgeschichte [Art- 319; franz.]. In· Holtus/Metzeltin/Schmitt 1990, 437–471.

Eckert 1990 = Gabriele Eckert: Französisch: Periodisierung. [Art. 336]. In: Holtus/Metzeltin/Schmitt 1990, 816–829.

Furetière 1690 = Antoine Furetière: Dictionaire universel, Contenant generalement tous les mots françois tant vieux que modernes, & les Termes de toutes les sciences et des arts, sçavoir [...]. I, II, III. La Haye. Rotterdam 1690.

Gillot 1914 = Hubert Gillot: La Querelle des Anciens et des Modernes en France. De la ‚Défense et Illustration de la langue française' aux ‚Parallèles des anciens et des modernes'. Paris 1914.

Grewe 1998 = Andrea Grewe: Die französische Klassik. Literatur, Gesellschaft und Kultur des 17. Jahrhunderts. Stuttgart. München. Düsseldorf. Leipzig 1998 (Uni Wissen Französisch).

Holtus 1990 = Günter Holtus: Französisch: Sprache und Literatur. [Art. 318]. In: Holtus/Metzeltin/Schmitt 1990, 402–436.

Holtus/Metzeltin/Schmitt 1990 = Günter Holtus/Michael Metzeltin/Christian Schmitt (Hrsg.): Lexikon der Romanistischen Linguistik (LRL). Bd. V, 1: Französisch. Tübingen 1990.

Kalverkämper 1977 = Hartwig Kalverkämper: Rezension von Popelar 1976. In: Romanistisches Jahrbuch 28. 1977, 191–195.

Kalverkämper 1984 = Hartwig Kalverkämper: Fächer und Fachtexte zwischen französischer Klassik und Aufklärung (1650–1750). Habil. Freiburg/Br. 1984.

Klare 1998 = Johannes Klare: Französische Sprachgeschichte. Stuttgart. München. Düsseldorf. Leipzig 1998 (Uni Wissen Französisch).

Popelar 1976 = Inge Popelar: Das Akademiewörterbuch von 1694 – das Wörterbuch des Honnête Homme? Tübingen 1976 (Beihefte zur Zeitschrift für Romanische Philologie 152).

Rickard 1968 = Peter Rickard: La langue française au XVIe siècle. Cambridge 1968.

Ricken 1984 = Ulrich Ricken: Sprache, Anthropologie, Philosophie in der französischen Aufklärung. Ein Beitrag zur Geschichte des Verhältnisses von Sprachtheorie und Weltanschauung. Berlin 1984 (Sprache und Gesellschaft 18).

Schalk 1977 = Fritz Schalk: Studien zur französischen Aufklärung. 2., verb. u. erw. Aufl. Frankfurt/M. 1977 (Das Abendland. N. F. 8).

Strosetzki 1978 = Christoph Strosetzki: Konversation. Ein Kapitel gesellschaftlicher und literarischer Pragmatik im Frankreich des 17. Jahrhunderts. Frankfurt/M. Bern. Las Vegas 1978 (Studia Romanica et Linguistica 7).

Thielemann 1997 = Werner Thielemann: „Libertinage d'esprit" contra „docilité": François de la

Mothe Le Vayer zum Norm-Ideal des „honnête homme" von Vaugelas. In: Studia Historica Romanica. In honorem Johannes Klare. Hrsg. v. Maren Huberty und Claudia Perlick. Bonn 1997 (Abhandlungen zur Sprache und Literatur 90), 165−194.

Weinrich 1960 = Harald Weinrich: Vaugelas und die Lehre vom guten Sprachgebrauch in der französischen Klassik. In: Zeitschrift für Romanische Philologie 76. 1960, 1−33 [Auch in: Weinrich 1985, 104−135].

Weinrich 1961 = Harald Weinrich: Die *clarté* der französischen Sprache und die Klarheit der Franzosen. In: Zeitschrift für Romanische Philologie 77. 1961, 528−544 [Auch in: Weinrich 1985, 136−154].

Weinrich 1985 = Harald Weinrich: Wege der Sprachkultur. Stuttgart 1985.

Winkelmann 1991 = Otto Winkelmann: Zur Ablösung des Lateins durch das Französische als Urkundensprache. Regensburg 1991.

Wolf 1969 = Lothar Wolf: Texte und Dokumente zur französischen Sprachgeschichte. 16. Jahrhundert. Tübingen 1969.

Wolf 1972 = Lothar Wolf: Texte und Dokumente zur französischen Sprachgeschichte. 17. Jahrhundert. Tübingen 1972.

Wolf 1979 = Heinz Jürgen Wolf: Französische Sprachgeschichte. Heidelberg 1979 (Uni-Taschenbücher 823).

Hartwig Kalverkämper, Berlin

267. Zur Entstehung und Entwicklung einer beruflichen Fachsprache in und ab dem 16. Jahrhundert: die französische Druckersprache

1. Zum sachgeschichtlichen Hintergrund und zur Quellenlage
2. Zur Entstehung und Geschichte der Druckersprache
3. Druckersprache und Allgemeinsprache
4. Zur Internationalität und Standardisierung der Druckersprache
5. Literatur (in Auswahl)

1. Zum sachgeschichtlichen Hintergrund und zur Quellenlage

Das älteste Zeugnis für die Kenntnis des Buchdrucks in Frankreich ist ein Auftrag Karls VII. aus dem Jahre 1458, mit dem er seinen Münzstempelschneider Nicolas Jenson nach Mainz sandte, um sich über die neue Kunst zu informieren. Doch erst 1470 holte der damalige Rektor der Sorbonne, Guillaume Fichet, die Drucker Ulrich Gering aus Konstanz, Martin Krantz aus Stein und Michael Friburger aus Colmar nach Paris, um die erste französische Druckerei zu gründen. 1473 folgte Lyon und sodann jährlich Neugründungen, so daß um 1500 zwischen Brüssel und Genf bereits über ca. 50 Städte ihre Druckereien (Paris bereits ca. 60, Lyon ca. 45) besaßen. Während der nächsten hundert Jahre sind im französischen Sprachgebiet mehr als 150 Orte mit teilweise freilich nicht dauerhaft etablierten Druckereien nachgewiesen.

Zu diesem Zeitpunkt kann sachgeschichtlich schon eine Konsolidierung festgestellt werden. Die gotischen Schriften (*lettre de forme, lettre de somme, lettre bastarde*), mit denen der Buchdruck in minutiöser Nachahmung der zeitgenössischen Handschriften begonnen hatte, waren durch die aus Italien stammenden Antiquaschriften (*romain, italique*) ergänzt und teilweise ersetzt worden. Beide lagen in einer angemessenen Anzahl Größen (*corps*) vor, die bald auch überregional verwendet wurden und damit fast schon eine Art Standardisierung erreicht hatten. Satz (*composition*) und Druck (*impression*) hatten in ihrem technischen Instrumentarium und im Arbeitsablauf ebenfalls einen Stand erreicht, der in bezug auf die Druckerpresse bis zum Beginn des 19. Jh., von kleineren Verbesserungen abgesehen, keine prinzipielle Änderung erfuhr. Erst dann sollten mechanische Druckmaschinen und „Schnellpressen" englischer Herkunft die Handpressen (*presses à main*) ablösen und eine einschneidende Verbesserung drucktechnischer Präzision und Schnelligkeit bringen, die seit der zweiten Jahrhunderthälfte durch die Einführung der Rotationsmaschine (*presse rotative*) noch gesteigert wurde. Die Erfindung der Setzmaschine (*composeuse*), die im letzten Jahrzehnt des 19. Jh.s den Handsatz (*composition à main*) durch den Maschinensatz (*composition mécanique*) abzulösen beginnt, markiert einen ähnlichen Einschnitt für die Technik des Schriftsatzes. Die rapide technische Weiterentwicklung auf allen Gebieten der Buchherstellung im 20. Jh. kann hier nur am Rande erwähnt werden.

Die Arbeiten zur Geschichte des gedruckten Buches, mit einschließlich weit über hundert Fachzeitschriften, zeugen von einem vielfältigen und akribisch bearbeiteten Gebiet. In Frankreich beginnen die Darstellungen des Buchdrucks mit Plantin (1567), der auf 27 Seiten Kindern in Dialogform den Buchdruck erklärt. Abgesehen von Loys Le Roy (1575), der in seinem kleinen enzyklopädischen Werk dem Buchdruck zwei Seiten widmet und von der französischen Übersetzung von Fioravanti (1584), kennt das 16. Jh. keine weiteren französischen Traktate (Kolb 1965; 1971), die in der Folgezeit indessen zunehmend erscheinen. Darstellungen der Geschichte des Buchdrucks sind meist mit zeitlichen (cf. z. B. Lepreux 1909—1913 bis zur Revolution, Claudin 1900—1914 für das 15. und 16. Jh.) und anderen Einschränkungen verbunden, wie auf einen Druckort (z. B. Baudrier 1964—1965 mit 13 Bänden über den Buchdruck in Lyon im 16. Jh.), eine Druckerei oder einen Drucker (z. B. Renouard 1843 über die Druckerei der Estienne in Paris, Voet 1969—1972 über Platins Offizin in Antwerpen), sowie auf Einzelaspekte (z. B. Updike 1927 als Standardwerk für die Druckschriften). — Hinzu kommen detaillierte Handbücher zu den technischen Aspekten, wie sie z. B. schon mit Jaugeon (1704), Fertel (1723), Fournier (1764—1766) oder Momoro (1793) (alphabetisch aufgebaut) in französischer Sprache vorgelegt werden, unter denen die vorzüglichen, auch terminologisch präzis erklärten Abbildungen im 7. Band der Planches (1769) der Encyclopédie genannt werden können. Obwohl solche Handbücher weiterhin (z. B. Capelle 1826) und bis heute erscheinen (z. B. Dreyfus/Richaudeau 1985), schlägt sich die zunehmende Spezialisierung seit dem 19. Jh. zwangsläufig auch in spezielleren Handbüchern (für den Setzer, den Korrektor, den Drucker resp. dann auch zu Einzelbereichen wie Musikdruck, Farbdruck oder Photosatz etc.) nieder. — Ältere eigenständige Wörterbücher zur Druckersprache fehlen, abgesehen von kleineren Glossaren wie Boutmy (1878); für die neuere Zeit kann auf das zweisprachige Wörterbuch (dt.-fr., fr.-dt.) von Klimsch (1941) verwiesen werden, auf das achtsprachige von Hertzberger (1956) für das historische Vokabular oder auf das viersprachige von Nitsche (1990).

Die genannten historischen Arbeiten, vor allem die Monographien zu einzelnen Druckern und Druckorten, enthalten häufig jene Dokumente, in denen das Fachvokabular üblicherweise zu finden ist: Inventare von Druckereien, Aufträge an Stempelschneider und Schriftgießer, Bestellungen von Druckerpressen und anderem Handwerkszeug, Kaufverträge, Rechnungsbücher, Korrespondenz mit anderen Druckereien, mit Autoren und Auftraggebern, Arbeitsverträge und Druckprivilegien u. a. m.

2. Zur Entstehung und Geschichte der Druckersprache

2.1. Zur Dialektik des Bezeichnungsprozesses

Die Entstehung eines Fachwortschatzes wie demjenigen des Buchdrucks entspringt Bezeichnungsbedürfnissen, welche die Erfindung von etwas Neuem und die damit verbundenen Tätigkeiten mit sich bringen. Die Gruppe, die sich durch Ausübung dieser Tätigkeiten konstituiert, erfüllt die genannten onomasiologischen Aufgaben durch Bildung oder Entlehnung neuer lexikalischer Einheiten, die sich folglich auf der Ausdrucks- und/ oder Inhaltsseite von vorhandenen Einheiten unterscheiden. Umschreibungen sind in diesem Bezeichnungsprozeß nur eine Variante fachlich unfixierter Ausdrucksweisen, die für das Anfangsstadium typisch sind, aber auch in bestimmten Kommunikationssituationen prinzipiell immer wieder auftreten (cf. 3.). Gleichzeitig entstehen mit neuen Bezeichnungen zwangsläufig auch neue oder zumindest veränderte Wortfelder, die ebenso wie die sie konstituierenden Einheiten onomasiologisch aus einem dialektischen Prozeß mit Vorhandenem hervorgehen.

So wird z. B. das „gedruckte Buch" onomasiologisch markiert, d. h. im Gegensatz zum handgeschriebenen gesehen, für das nach wie vor die Bezeichnung *livre* gilt: *livre d'impressure, livre imprimé, livre d'impression, livre d'imprimerie* etc. und auch schon allgemeineres *impression* für das Druckerzeugnis. Erst im Laufe des 16. Jh.s treten solche Markierungen in den Hintergrund, *livre* wird allmählich unmarkiert zur Bezeichnung des gedruckten Buches, und das handgeschriebene Buch bedarf nun seinerseits onomasiologischer Spezifizierung wie *livre escrit à la main* oder *livre manuscrit*, das dann durch Ellipse schließlich heutiges *manuscrit* ergibt. — Auch die neue Kunst des „Buchdruckens" ist ein schönes Beispiel für den genannten Prozeß: Neben der Umschreibung *Linvention de Imprimer par poincons et carracteres*, die in dem oben erwähnten, auf 1458 datierten, ältesten französischen Dokument erscheint (Wolf 1979, 6 f), stehen *impression (des livres)* und dann im 16. Jh. daneben *imprimerie* und *typographie*. Wie die Bezeichnung *impression des livres* zeigt, stammen die Bezeichnungen für das Drucken aus anderen Bereichen (z. B. *imprimer* und *imprimeur* wohl vom Münzdruck) und werden natürlich entsprechend markiert oder in eindeutigem Bezug auf *livre* verwendet. — Weitere Beispiele für *genus proximum* plus fachdeterminierender *differentia specifica* sind *faute d'imprimerie*; *lettres pour imprimer, lettres d'imprimerie* u. a.; *presse à imprimer (livres)* oder *presse d'imprimerie* etc. — Solche fachdeterminierenden Spezifizierungen, die einerseits für die Frühzeit, wo es um die Abgrenzung zu anderen Tätigkeitsbereichen geht, und andererseits für die fachexterne Kommunikation charakteristisch sind, unterbleiben im entsprechenden Kontext, d. h. wenn keine Opposition zu nichttypographischen Begriffen vorliegt. Für die fachinterne Kommunikation entsteht ansonsten ein Vokabular, das auf folgenden *Bezeichnungsmöglichkeiten* beruht:

(1) Neubildungen von Komposita nach verschiedenen Wortbildungsmustern einschließlich elliptischer Kürzung: *lettre de cicero* für die Schrift, in der Cicero gedruckt wurde, > nfr. *cícero, lettre italique > italique* etc.;

(2) Fachliche Fixierung allgemeinsprachlicher Ausdrücke: *battre (la forme)* für das Einfärben des Satzes mit Druckerschwärze, das mit Hilfe von Lederballen erfolgte, oder *composer* ‚assembler les caractères pour en former un texte', das vorher ganz allgemein ‚zusammensetzen' bedeutete;

(3) Übertragungen aus anderen Fachsprachen: *chevilles* ‚Bolzen' oder *jumelles* für die Seitenteile der Presse, während es allgemein paarweise verwendete Teile einer Konstruktion bezeichnet; die Druckerpresse z. B. wurde ohnehin in Anlehnung an die „Spindelpresse für Ölgewinnung und Tuchwalkung" (Ruppel 1961, 56) konstruiert.

(4) neulateinische Bildungen (mit lateinischem und/oder griechischem Material in großer Zahl, da die frühen bedeutenden Buchdrucker alle zum Kreis der humanistischen Gelehrten zählten): *caractère, in-folio, typographie, visorion* ‚Manuskripthalter' (< *divisorium*) etc.;

(5) Entlehnungen aus dem Italienischen wie z. B. *casse* für den Setzkasten und *cassetin* für das Kastenfach.

(6) Schließlich werden zu allen Termini auch Ableitungen gebildet: *batteur* zu *battre, broyon* ‚molette qui servait à broyer l'encre d'imprimerie' zu *broyer* etc.

2.2. Synonymie und Polysemie

Die bisher angeführten Beispiele zeigen gleichzeitig ein weiteres Phänomen, das für die Entstehungsphase der Druckersprache — und wohl weitgehend in nicht *a priori* ausschließlich normativ gesetzten Terminologien — charakteristisch ist: Die neuen Begriffe werden sehr oft zunächst mit einer Vielfalt von Ausdrücken bezeichnet, von denen sich dann schließlich einer durchsetzt. So steht neben *composer* ‚setzen' zunächst noch *assembler (les lettres, caractères)* und *colliger*, neben *imprimeur* noch *impresseur* und *typographe*. Dieser onomasiologische Prozeß geht beim Buchdruck Hand in Hand mit der eingangs erwähnten ersten sachlichen Konsolidierungsphase in der zweiten Hälfte des 16. Jh.s: So wird z. B. die aus Italien stammende Antiqua, die sich durch ihre runderen Formen und bessere Lesbarkeit von den spitzwinkeligen sogenannten gotischen (zu *gothique* Wolf 1979 b) Schriften *lettre de forme, lettre de somme, lettre bastarde* unterscheidet, zunächst sehr unterschiedlich bezeichnet: *lettre italique* und *lettre italienne* nach ihrem Herkunftsland oder *lettre romaine, romain* oder *anticque*, die auf einem gelehrten Irrtum beruhen, weil die italienischen Humanisten die Karolingische Minuskel des 11. und 12. Jh.s, in der die meisten antiken Schriften überliefert waren, für die antike Schrift schlechthin hielten. *Romain, romaine* (nfr. *romain*, vgl. auch dt. Antiqua, engl. Roman) setzt sich jedoch im 16. Jh. bereits durch. Bei diesem Vorgang können sich früh auch soziolinguistisch definierte Bezeichnungsunterschiede einstellen (cf. 3.). Geographisch definierte Varianten, die für Handwerkssprachen oft charakteristisch sind, finden sich für Begriffe, die in der überregionalen Kommunikation wohl kaum eine Rolle spielen, z. B. stehen neben dem in Paris üblichen, oben erwähnten *broyon* in Antwerpen *brayoir*, auch *broyeur* und *meullette*.

Bezeichnungsvielfalt oder Synonymie in diesem onomasiologischen Sinne ist indessen nicht nur an die Entstehungsphase einer Fachsprache gebunden, sondern findet sich auch entgegen manchen Auffassungen in konsolidierten Terminologien ebenso wie die angeblich gleichfalls ausgeschlossene Polysemie (Wolf 1974; Müller 1975, 165 f). Lediglich im Falle streng normierter Fachsprachen dürfte ein semisches Prinzip anzutreffen sein, das für einen Begriff nur eine Bezeichnung zuläßt bzw. Monosemie realisiert. — Im Falle der Polysemie muß beispielsweise schon im 16. Jh. Schriftgießer und Drucker/Setzer getrennt werden, da z. B. *justifier* beim einen ‚équarrir les matrices' und ‚donner à la ligne sa longueur, à la page son nombre de lignes' beim anderen bedeutet. D. h., die unterschiedlichen Tätigkeitsbereiche kommen sich sprachlich nicht ins Gehege, aber auch innerhalb eines Tätigkeitsbereichs hat der sachliche und sprachliche Kontext monosemisierende Funktion. So kommt beim Schriftgießer zur obigen Bedeutung noch *justifier (le moule)* ‚vérifier les mesures d'un moule pour l'approprier à la fonte' hinzu. Im Zweifelsfalle, wie auch z. B. bei den beiden mit *chevalet* bezeichneten unterschiedlichen Presseteilen, muß dann zur Klarstellung eben präzisiert werden: *chevalet du barreau*, das Arretierholz für den ‚Bengel', und *chevalet du tympan*, das Auflageholz für den geöffneten ‚Deckel'. Für nfr. *rouleau* ‚Walze' bringt Klimschs Wörterbuch circa neunzig Präzisierungen dieser Art!

2.3. Fachjargon und Fachargot

Synonymie ist auch ein natürliches Charakteristikum dessen, was im Unterschied zur Fachsprache als Fachjargon bezeichnet wird, der die affektive Haltung gegenüber der Arbeit sprachlich zum Ausdruck bringt und sich innerhalb fast jeder Fachsprache metaphernreich und oft derb zur Bezeichnung fachinterner Begriffe ausbildet (cf. auch z. B. dt. *Typenfänger* oder *Satzklempner* für den ‚Setzer'). Französische Beispiele hierfür sind *attrape-science* m., ironisch für den Setzerlehrling, *fricoter* ‚prendre des sortes dans la casse de ses compagnons', *aller à Saint-Jacques* ‚faire des bourdons [Auslassung von Wörtern]', *aller en Germanie* ‚être forcé de remanier un long alinéa (d'un compositeur, lorsqu'il a commis un bourdon)', *saint-Jean* ‚ensemble des outils d'un compositeur' und *prendre son saint-jean* ‚quitter l'atelier', *chier dans le cassetin aux apostrophes* für ‚quitter le métier de typographe' etc. (Boutmy 1878).

Nicht zu vergessen bleibt ein weiteres Phänomen, das im Gegensatz zum Fachjargon als Fachargot bezeichnet werden kann, da hier unter Verwendung des Fachvokabulars fachexterne, d. h. allgemein-sprachlich vorhandene Begriffe benannt werden. Die Bezeichnungen bleiben damit zwangsläufig für den Außenstehenden unverständlich, ohne daß die Sprecher dies in kryptologischer Absicht tun, da sie diese Ausdrucksweisen ohnehin nur unter sich verwenden. So heißt « Ne t'en vas pas, il y a encore de la *réclame* », daß noch ein Rest in der Flasche ist, nachdem jeder schon sein Glas gehabt hat. *Réclame* f. (dt. *Kustode* f.) ist fachlich das ‚mot qui se mettait autrefois à la fin d'une feuille, dans la ligne de pied, et qui se répétait au commencement de la feuille suivante', zeigte also dem Buchbinder die Reihenfolge der Seiten zum Falten des Druckbogens an. Ähnlich geht *faire le registre* ‚verser le contenu d'une bouteille de façon que chacun ait exactement sa part' auf die Fachbedeutung ‚en imprimant la retiration, faire tomber exactement les pages l'une sur l'autre'. Einfacher ist der Ausdruck *avoir les jambes italiques* ‚être bancal' zu verstehen, ferner *faire de la copie sur qn* ‚dire du mal de qn', *se parangonner* ‚s'arranger de façon à ne pas tomber, parce qu'on se sent peu solide sur ses jambes' gegenüber fachlich fixiertem *parangonner* ‚allier des caractères de force différentes, de façon qu'ils s'alignent ensemble', *être en retiration* ‚avoir atteint la cinquantaine' zu fachlich *retiration* ‚verso de la feuille à imprimer' etc. (Boutmy 1878).

3. Druckersprache und Allgemeinsprache

Grundsätzlich kann über fachspezifische Gegenstände und Sachverhalte nicht nur in fachlich fixierter, sondern auch in fachlich unfixierter Ausdrucksweise gesprochen werden. Ersteres ist der Fall, wenn Fachleute unter sich sind, letzteres, wenn das Gespräch unter Laien stattfindet. Unter Berücksichtigung der auch für den Übergang von Fachvokabular in die Allgemeinsprache teilweise notwendigen Zwischenstufen ergeben sich je nachdem, wer Sender und wer Empfänger ist, vier unterschiedliche Kommunikationssituationen, deren Unterscheidung einen Beitrag zum vieldiskutierten Verhältnis von Berufssprache und Allgemeinsprache (von Wartburg [3] 1970, 107 ff; Baldinger 1970, 126; Wolf 1979a) zu leisten vermag: (a) zwischen Fachmann und Fachmann, (b) zwischen Fachmann und Nichtfachmann, (c) zwischen Nichtfachmann und Fachmann und (d) zwischen Nichtfachmann und Nichtfachmann.

Im Falle (a) wird aufgrund der soziolinguistischen Definition von Fachsprache nur diese Verwendung finden, ebenso wie im Falle (d) aus demselben Grunde nur die Verwendung der Allgemeinsprache in Frage kommt, da sich (a) und (d)/(c) *per definitionem* ausschließen. Angesichts der lexikalischen Fremdheit, die der Fachmann in seinem metasprachlichen Bewußtsein für seine Termini beim Laien annimmt, wird er diese Ausdrücke durch Umschreibungen ersetzen, sie markieren oder erklären. Davon ausgenommen sind semantische Fachtermini, die also formal mit einem allgemeinsprachlichen Wort identisch sind und die – in der Vorstellung des Senders – vom Empfänger der Information aufgrund des Kontextes in ihrer fachspezifischen Bedeutung nachvollzogen werden können (von Polenz 1967, 79). Wenn Plantin (1567) z. B. in seiner Erklärung der Presse gegenüber Kindern bei *marbre* und *coffre* im folgenden Beispiel den unbestimmten Artikel an Stelle des bestimmten verwendet, so ist dies zweifellos ein Hinweis in diesem Sinne: «la forme est posee sur *un marbre* ... enchasse en *un coffre*» steht gegenüber fachlich fixierten *marbre* ‚partie de pa presse sur laquelle on place la forme' und *coffre* ‚assemblage de quatre pièces de bois dans lesquelles est enchâssé le marbre' (Wolf 1979, 148 ff). — Abgesehen von solchen Fällen in der Situation (b) liegen einerseits Erklärungen zu den Fachtermini vor, wie z. B. in dem bereits genannten Traktat Plantins oder dem enzyklopädischen Werk von Loys le Roy, die sich beide an ein Laienpublikum wenden: «[le] *compositeur*, qui est celui qui assemble les lettres» (Plantin 1567, 18), «[les] *compositeurs*, c'est-à-dire assembleurs de lettres» (Loys le Roy 1575, 20 r°). Neben sachlichen Erklärungen dieser Art stehen z. B. in Plantins Korrespondenz metasprachliche Markierungen, welche die soziolinguistische Definition des Fachterminus bestens illustrieren: «une frappe de grec *que nous appellons cicero ou median*, qui est celui dont j'ai imprimé la gramaire de Clénard» (Wolf 1979, 109). Plantin gibt hier zur Erklärung für den Außenstehenden außerdem noch ein Buch an, das er mit dieser Type gedruckt hat. Der Stempelschneider Le Bé spricht von «Cette lettre est une lettre *nommèe en l'imprimerie petit canon*» (ib., 119) oder «Les héritiers ... ont faict ... imprimer les Heures en france *dicte entre nous in 12°*» (ib., 201). Alle Markierungen verweisen darauf, daß es sich hier — zumindest im Bewußtsein der Autoren — um berufssprachlich begrenzte Ausdrücke handelt. Das Zitat aus dem Typeninventar des Stempelschneiders Le Bé zeigt darüber hinaus, daß sich trotz der teilweise auch sprachlichen Verselbständigung von Stempelschneider, Schriftgießer und Buchdrucker zu eigenen Berufszweigen sich auch in anderen Quellen keine eigene Terminologie im Schriftenbereich ausbildet, da es sich hier sachlich und kommunikativ um die engste Verbindung zwischen diesen drei Zweigen des Buchwesens handelt.

Für den Übergang fachlich fixierter Ausdrücke in die Allgemeinsprache ist — abgesehen vom Falle autodidaktischer Interessenten — einerseits die Kommunikation unter (b) der soziolinguistische Rahmen, in dem eine Verbreitung von Terminologie möglich wird. Andererseits ist begrifflich der Übergang entsprechender Termini zwangsläufig auf diejenigen Gegenstände und Sachverhalte begrenzt, die in diesem Kommunikationsrahmen sprachlich eine Rolle spielen. — Die mit dem Buchdruck befaßten Kontaktpersonen der Ebene (b) lassen sich nach abnehmender Intensität des Kontakts in drei Gruppen einteilen: (1) Eine technische Gruppe mit Stempelschneidern und Schriftgießern einerseits, und Buchbindern andererseits; (2) als Mittlergruppe Verleger, Buchhändler und auch Autoren; (3) eine juristische Gruppe mit Zunft- und Aufsichtsbehörden, Notaren, früher auch Theologen zur inhaltlichen Prüfung der Manuskripte; (4) als Zielgruppe das Lesepublikum. Begrifflich steht in der ersten Gruppe die Terminologie der Schriftarten und -grade im Vordergrund resp. mit Buchbindern diejenige der Formate, da diese die ungefalteten Druckbögen erhielten. In der zweiten Gruppe sind für den Verleger diese beiden Bereiche ebenfalls relevant; für den Buchhändler gelten — z. B. nach Ausweis der Korrespondenz Plantins mit Buchhändlern (Wolf 1979a, 925) — offenbar ähnliche Kenntnisse, während Autoren mit Fahnen und Korrekturen vertraut sind, die sich terminologisch in der Korrespondenz (ib., 924) niederschlagen. In der dritten Gruppe kommt es über Arbeitsverträge und Druckprivilegien bis zu Druckereiverkäufen (mit Aufzählung des gesamten Inventars) zu vielfältigen Berührungspunkten, obwohl hier nicht zwangsläufig vom Vorkommen der Terminologie auf die Kenntnis der Sache bei den betroffenen Personen geschlossen werden kann. Die vierte Gruppe, der Leserkreis, findet zwar auf dem Titelblatt und in den technischen Angaben einige Termini, die sie heute jedoch nur bei bibliophilem Interesse oder aus philologisch-bibliographischer Notwendigkeit zur Kenntnis nimmt und zu verstehen bemüht ist.

Die Rezeption der Druckersprache in der allgemeinsprachlichen Lexikographie zeigt zwei noch wenig thematisierte Aspekte, die ebenfalls das Verhältnis Fachsprache vs. Allgemeinsprache beleuchten und zwar aus der Sicht der in diesem Bereich heiklen Aufgaben der Lexikographie. Sie betreffen das Problem der Auswahl und der semantisch adäquaten Repräsentation ursprünglich fachsprachlichen Vokabulars in allgemeinsprachlichen Wörterbüchern. — Auch wenn im technischen Bereich detaillierte semantische Strukturen im linguistisch engeren Sinne selten sind, kann die Gliederung eines Handlungsablaufs oder die Nomenklatur der Presseteile das erste Problem bestens illustrieren. So werden z. B. bei Satz und Druck mehrere Ebenen fortschreitender Differenziertheit unterschieden:

(1)	*imprimer*
(2)	*composer – imprimer/tirer*
(3)	*composer – imposer – tirer*
(4)	*composer – mettre en pages – imposer – tirer*

Abb. 267.1: Bezeichnungsebenen für die Herstellung des Drucksatzes

Der Fachmann verwendet je nach den Erfordernissen der Situation z. B. *composer* auf allen drei Ebenen; wenn etwa von den Satz- und Druckkosten die Rede ist, reicht die Ebene (2) völlig aus, auf der *composer* resp. *composition* alle weiteren Arbeiten bis zum Vorliegen der druckfertigen Form einschließt. Hier könnte beispielsweise ein Wörterbuch seine Aufnahme von Termini beenden und die beiden folgenden Ebenen den Fachwörterbüchern überlassen. Die Wörterbücher gehen in diesem Falle jedoch zumeist bis zur 4. Ebene, die aber unterschiedlich berücksichtigt wird. So intergriert z. B. der Petit Robert zwar *imposer* ‚ausschließen, die Seiten in der richtigen Reihenfolge zu einer Form zusammenstellen', aber nicht *mettre en pages* ‚umbrechen', sondern nur das hierzu gehörende Substantiv *mise en pages*, das undefiniert als Verwendungsbeispiel unter dem Lemma *mise* lediglich mit einem Hinweis auf *metteur* erscheint, wo *mise en pages* auch nicht definiert ist. Ein Arbeitsgang bleibt somit unberücksichtigt. — Die Bezeichnungen der Teile der Druckerpresse, (Wolf 1979, 144 f) ergeben in den lexikographischen Standardwerken dreier Jahrhunderte ein noch wesentlich heterogeneres Bild. Lediglich im Larousse des 19. Jh.s (Grand Dictionnaire Universel du XIXe siècle 1866–1876; im FEW unter dem Sigel: *Lar*) ist die Druckerpresse in ihren Teilen onomasiologisch vollständig erfaßt: *jumelles, sommier, tympan, frisquette, marbre, coffre, berceau, platine, boîte, barreaus, vis, écrou*. Sein Nachfolger im 20. Jh., der Grand Larousse encyclopédique 1960–1964 (*GrLarEnc*), nennt nur noch 4 Teile, die zweifellos zu den wichtigeren gehören: *tympan, frisquette, marbre* und *platine*. Unter den Sprachwörterbüchern nennt allein der „große Robert" (Le Robert) außerdem noch *jumelles* und *berceau*. Alle übrigen Sprachwörterbücher vom 17. Jh. bis heute beinhalten nur eine jeweils unterschiedliche und kaum sachlich motivierbare Auswahl von Presseteilbezeichnungen. Lediglich *tympan* ist überall verzeichnet, da es sich wahrscheinlich auch wegen seiner Gestalt und seinem rein fachsprachlichen Bedeutungsumfang (z. B. gegenüber *marbre* oder *boîte*) dem Lexikographen empfiehlt.

Ein weiterer Aspekt betrifft die semantische Integration fachlich fixierter Wörter in die Allgemeinsprache, wo sie nicht zwangsläufig in derselben Bedeutung weiterleben.

So ist im Petit Robert z. B. von «*lettres italiques*, *légèrement inclinées vers la droite*» die Rede. Aus der Sicht des fachlich fixierten Wortfeldes fehlt in dieser Definition das genus proximum, in diesem Falle die Antiquaschrift, fr. *romain*, die zwar die gebräuchlichste Schriftart ist, aber andere «caractères d'écritures», Druckschriften mit Schreibschriftcharakter, sind im Gegensatz zur *italique* unabhängig von ihr, z. B. (neben *bâtarde, coulée, gothique* oder *ronde*) auch die *anglaise*, die im Petit Robert ebenfalls aufgenommen ist und — trotz ihrer Individualität — folglich denn auch ohne sachlich greifbaren Unterschied zu *italique* als ‚écriture cursive, penchée à droite' definiert wird.

Abgesehen davon, daß sich auf der Basis lexikographischer Definitionen häufig kein Wortfeld zusammenstellen läßt, zeigen diese Beispiele doch, daß die allgemeinsprachlichen Wörterbücher einerseits das fachlich fixierte Wortfeld in nicht nachvollziehbarer Weise zerreißen, wobei freilich weder der Nachweis erbracht wird, daß bestimmte Ausdrücke in die Allgemeinsprache übergegangen sind, noch Kriterien für die Auswahl aufzunehmender Fachtermini genannt werden. Andererseits ergeben sich unter der Voraussetzung, daß die Wörterbücher Allgemeinsprache repräsentieren, völlig andere Strukturen, in denen die ursprünglichen Fachtermini stehen, da das fachlich gesehen unvollständige allgemeinsprachliche Wortfeld zwangsläufig auch von den fachlichen Definitionen abweicht, wie bei *italique*, bzw. abweichen müßte, wie es bei der Bezeichnung der Arbeitsgänge beim Satz sein sollte, wo im Petit Robert *composer* zwar allgemeinsprachlich im Sinne der Ebene (2) definiert ist, aber *imposer* dafür in seiner fachlichen Definition, zumal ohne *mettre en pages* isoliert und ohne Bezug zu *composer* auf Ebene (4) steht.

4. Zur Internationalität und Standardisierung der Druckersprache

Im Gegensatz zu vielen handwerklichen Fachsprachen haben sich im Bereich der Formate und Schriften die begriffliche Gliederung und auch die entsprechenden Termini der Druckersprache auch international weitgehend durchgesetzt. Bei den Formaten sind die Möglichkeiten von *in-folio* bis z. B. zu schon im 16. Jh. belegten *in-64* (*en 64*) sachlich ohnehin durch die Faltungsmöglichkeiten des Druckbogens vorgegeben. Bei den Schriften verläuft die Entwicklung komplizierter. Die oben erwähnte onomasiologische Vielfalt, welche die entstehende Druckersprache kennzeichnet, gilt zunächst auch für den Schriftgradbereich, wo diese Vielfalt teilweise allerdings einer sachlichen Heterogenität entspricht. Wenn ein Stempelschneider eine neue gotische oder häufiger eine Antiquaschrift geschnitten und ein Schriftgießer sie gegossen hatte, gab ihr zumeist der Stempelschneider oder der Drucker, der sie bestellt oder gekauft hatte, einen Namen. Die Motive reichen vom Stempelschneider (*Garamonde, Granjonne* nach Garamond und Granjon, denen die Antiqua, *romain*, resp. Kursiva, *italique*, ihre maßgebliche Form verdankte) über den zuerst damit gedruckten Text (*Cicero, Bible, Breviaire*) bis hin zu affektiven Bezeichnungen (*Nonpareille, Mignonne, Gaillarde*). Sie konnten somit von Drucker zu Drucker variieren, zumal die zunächst vorhandene sachliche und sprachliche Identität von Schriftgrad und Kegel dadurch verloren ging, daß Schriften auch auf einen größeren Kegel gegossen wurden, um ihre Lesbarkeit zu verbessern. So bezeichnet z. B. *Gros double Canon Lettre bourgeoise grosse nompareille* eine auf *grosse nompareille*-Kegel gegossene *bourgeoise*-Schrift der Größe *gros double Canon*. (Das Beispiel illustriert auch bestens die komprimierte fachlich fixierte Ausdrucksweise, die ohne profunde Sachkenntnisse nicht analysiert und damit auch nicht verstanden werden kann). Bis sich nun eine Bezeichnung für einen Schriftgrad (nfr. *corps*) durchsetzen konnte, mußte in der Folgezeit auch eine sachliche Ökonomisierung erfolgen, die nicht mehr für jeden Satz Matrizen ein eigenes Gießinstrument (*moule*) erforderte, sondern eben nur noch für jede standardisierte Größe. Dabei haben sich viele französische Schriftgradbezeichnungen bis heute gehalten und leben auch in anderen Sprachen als Ausdruck der Bedeutung weiter, die Frankreich und Antwerpen (Plantin) in diesem Bereich zukam (Wolf 1979, 99).

Die folgende Tabelle der Schriftgrade zeigt dies sehr deutlich; sie macht aber auch klar, daß etymologische Gleichheit aufgrund teils schon genannter unterschiedlicher Entwicklungen nicht zwangsläufig auch Identität im bezeichneten Schriftgrad beinhaltet. Identität liegt z. B. bei *Nonpareille* vor, während bei dt. und fr. *Diamant* ½ Punkt Unterschied besteht. – Diese Divergenzen wurden auch nicht ausgeräumt, als in der zweiten Hälfte des 19. Jh.s Schriftgießmaschinen erfunden wurden, die einem typographischen Maßsystem (Didotsystem) in Deutschland und Frankreich zum Durchbruch verhalfen, dessen kleinste Einheit der Didotpunkt von 0,376 mm Länge ist, daher z. B. 12 p = *Cicero*. Seither wird zumeist auch oder teilweise nur noch die Punktzahl angegeben. Abgese-

Punktzahl	Frz.	Dt.	Engl.
3	Semi-nonpareille	–	Excelsior
4	–	Diamant	Brilliant
4½	Diamant	–	Diamond
5	Parisienne	Perl	Pearl
5½	–	–	Agate
6	Nonpareille	Nonpareille	Nonpareil
6½	–	–	Minonette
7	Mignonne	Kolonel	Minion
8	Petit-texte	Petit	Brevier
9	Gaillarde	Borgis	Bourgeois
10	Petit-romain	Korpus, Garamond	Long-primer
11	Philosophie	Brevier, Rheinländer	Small-pica
12	Cicéro	Cicero	Pica
14	Saint-Augustin	Mittel	English
16	Gros-texte	Tertia	Columbian
18	Gros-romain	–	Great-Primer
20	Petit-parangon	Text	Paragon
22 p	Gros-parangon	–	Double small pica
24	Palestine	Doppelcicero	Double pica
28	Petit-canon	Doppelmittel	Double english
30	–	–	Five-line nonareil
32	–	–	Four-line brevier
36	Trimégiste	Kanon	Double great-primer
40	–	Grobe Kanon, Doppeltext	Double Paragon
44	Gros-canon	–	Meridian
48	–	Kleine Missal	Canon
56	Double-canon	–	–
60	–	–	Five-line pica
72	Triple-canon	Kleine Sabon	–
84	–	Grobe Sabon	–
96	–	Real	–
108	–	Impérial	–

Abb. 267.2: Internationale Schriftgradbezeichnungen (nach LGB)

hen vom englisch-amerikanischen System, das auch noch durch den *Point* = 0,351 mm vom Didotsystem divergiert, sind die onomasiologischen Unterschiede für die einzelnen Schriftgrade beträchtlich. Es ergeben sich folgende Äquivalenzen, wobei für die englischen Bezeichnungen in der vierten Spalte die Didotpunkte der ersten Spalte als (damit nicht identische) Points zu lesen sind; die nicht eigens genannten amerikanischen Bezeichnungen weichen bei einigen Schriftgraden wiederum von den britischen ab — 3 *Minikin*, 5½ *Ruby*, 6½ *Emerald*, 16 *Two-line brevier* — (LGB).

Zu diesem deutlichen französischen Beitrag zur Terminologie der Schriftgrade in den genannten Sprachen, zu denen noch Italienisch, Spanisch und Niederländisch hinzugefügt werden könnten, gehören auch dt. *Garmond*, *Kolonel* (für älteres *Mignon*), *Borgis*, *Brevier* und *Real*, die auf ältere fr. Bezeichnungen zurückgehen: *Garamond(e)*, *Coronel(le)*, *Bourgeois* (heute: *Gaillarde*), *Breviaire*, *Réale*; auch dt. *Mittel* ist sicher eine Übersetzung aus fr. *Mediane*. Außerdem sind eine Reihe weiterer Bezeichnungen z. B. ins Deutsche übernommen worden und teilweise bis heute üblich geblieben: *Akkolade*, *Corps*, *Letter*, *Metteur* (zu *mettre en pages* ‚Umbruch machen'), *Parenthèse*, *Reglette*, *Tympan*, *Vignette*, die Schriftarten *Ancienne*, *Egyptienne*, *Grotesk* und den Schriftgrad *Imperial* (Klenz 1900). Bezeichnungen wie *Texte (dt. ndl. Text*, it. *Testo*, sp. *Texto)* bedürfen noch der einzelsprachlichen chronologischen Klärung, da z. B. bei *Texte* auch die internationale lateinische Handschriftenterminologie, in der *textus* die Buchschrift im Gegensatz zur *notula*, der Bedarfsschrift für Briefe, Urkunden etc., eine Rolle gespielt haben kann (Wolf 1979 s. v.).

5. Literatur (in Auswahl)

Audin 1928—1929 = M. Audin: Histoire de l'imprimerie par l'image. 4 vol. Paris 1928—1929.

Baldinger 1970 = Kurt Baldinger: Teoría Semántica. Hacia una semántica moderna. Madrid 1970 (Colección romania/Serie lingüística 12).

Barber 1969 = Giles Barber: French Letterpress Printing. A list of French printing manuals and other texts in French bearing on the technique of letterpress printing 1567—1900. Oxford 1969 (Occasional Publication 5).

Baudrier 1964—1965 = H. J. Baudrier: Bibliographie lyonnaise. Recherches sur les imprimeurs, libraires, relieures et fondeurs de lettres de Lyon au XVIe siècle (nouv. éd.), vol. 1—13. Paris 1964—1965.

Boutmy 1878 = E. Boutmy: Dictionnaire de la langue verte typographique, précédé d'une monographie des typographes et suivi de chants dus à la muse typographique. Paris 1894.

Capelle 1826 = M. Capelle: Manuel de la Typographie Française ou Traité complet de l'imprimerie. Paris 1826.

Claudin 1900—1914 = A. Claudin: Histoire de l'imprimerie en France au XVe et au XVIe siècle, vol. 1—4. Paris 1900—1914.

Dreyfus/Richaudeau 1985 = J. Dreyfus/F. Richaudeau: La chose imprimée. Paris 1977, 2ᵉ éd. 1985.

Fertel 1723 = M. D. Fertel: La science pratique de l'imprimerie. Contenant des instructions très-faciles pour se perfectionner dans cet art ... Saint Omer 1723.

FEW = Walther v. Wartburg: Französisches etymologisches Wörterbuch. Eine Darstellung des galloromanischen Sprachschatzes. Bonn. Leipzig. Basel 1926 ff.

Fioravanti 1584 = Leonardo Fioravanti: Miroir universel des arts et des sciences en général, traduict d'Italien en francoys par Gabriel Chappuys. Paris 1584.

Fournier 1764—1766 = Fournier le jeune: Manuel typopgraphique, utile aux gens de lettres, T. 1.2. Paris 1764—1766.

Hertzberger 1956 = Dictionnaire à l'usage de la librairie ancienne, pour les langues française, anglaise, allemande, suédoise, danoise, italienne, espagnole, hollandaise sous la direction de Menno Hertzberger. Publié par la Ligue internationale de la librairie ancienne. Paris 1956.

Jaugeon 1704 = Jacques Jaugeon: Description des arts et métiers. Des arts de construire les caractères, de graver les poinçons de lettres, de fondre les lettres, d'imprimer les lettres, et de relier les livres. Manuscrit. 1704 [cf. Barber 1969, 4 f].

Kirchner 1952—1957 = Lexikon des Buchwesens. Hrsg. v. J. Kirchner. 2 Bde. Stuttgart 1952—1953. 2 Tafelbände 1955—1957.

Klenz 1900 = H. Klenz: Die deutsche Druckersprache. Straßburg 1900.

Klimsch 1941 = Klimschs Wörterbuch der Fachausdrücke des Druckgewerbes, der Reproduktionstechnik, der Buchbinderei und Papierverarbeitung sowie der gesamten graphischen Lieferindustrie. Bd. 1: dt.-fr., fr.-dt. Frankfurt a. M. 1941.

Kolb 1965 = A. Kolb: Bibliographie des französischen Buches im 16. Jahrhundert. Druck, Illustration, Einband, Papiergeschichte. Wiesbaden 1965 (Beiträge zum Buch- und Bibliothekswesen 14).

Kolb 1971 = A. Kolb: [id.]. Neuerscheinungen 1965 bis 1970 und Nachträge aus früheren Jahren. Wiesbaden 1971 (Beiträge zum Buch- und Bibliothekswesen 16).

Le Bé = Espreuves de lettres que j'ay taillées, tant en six et sept sortes de poinsons de lettres hébraïques, que autres lettres, en divers temps et pour divers personnes et partie aussy pour moy. [Publ. unter dem Titel:] H. Omont: Spécimens de caractères hébreux, grecs, latins et de musique gravée à Venise et à Paris par Guillaume le Bé (1545−1592). Paris 1888, 173−283 (Mémoires de la Société de l'histoire de Paris et de l'Ile-de-France 15).

Lepreux 1909−1913 = G. Lepreux: Gallia typographica ou Répertoire biographique et chronologique de tous les imprimeurs de France depuis les origines de l'imprimerie jusqu'à la Révolution. Revue des bibliothèques. Suppl. Paris. Série départementale, T. 1−4, 1909−1913.

LGB = Lexikon des gesamten Buchwesens. Hrsg. v. Löffler und Joachim Kirchner, Bd. I−III. Leipzig 1935−1937. Zweite, völlig neu bearb. Aufl. Hrsg. v. Severin Corsten, Günther Pflug. Stuttgart 1987 ff [benutzt bis Lieferung 29].

Loys Le Roy 1575 = De la vicissitude ou variete des choses en l'vniuers, et concurrence des armes et des lettres par les premieres et plus illustres nations du monde, depuis le temps où a commencé la ciuilité, & memoire humaine iusques à present. Paris 1575.

Momoro 1793 = A.-F. Momoro: Traité élémentaire de l'imprimerie ou le manuel de l'imprimeur. Paris 1793.

Müller 1975 = Bodo Müller: Das Französische der Gegenwart. Heidelberg 1975.

Nitsche 1990 = Michael Nitsche: Polygraph dictionary of the graphic arts and communications technology. English−German−Italian−French. Frankfurt/M. 1990.

Plantin 1567 = [J. Grevin, C. Plantin]: La premiere, et la seconde partie des Dialogves francois, povr les jevnes enfans. het eerste ende tvveede deel van de françoische t'samensprekinghen, ouergheset in de nederduytsche spraeke, a anvers, de l'imprimerie de christophle plantin. m. d. lxvij; éd. en souvenir du 350e anniversaire de la mort de christophle plantin. Bruxelles 1939.

von Polenz 1967 = Peter von Polenz: Fremdwort und Lehnwort sprachwissenschaftlich betrachtet. In: Muttersprache 77. 1967, 65−80.

Renouard 1843 = A. Renouard: Annales de l'imprimerie des Estienne. Paris 1843. Reprint Genève 1971.

Ruppel 1961 = A. Ruppel: Die Technik Gutenbergs und ihre Vorstufen. 2. Aufl. Düsseldorf 1961.

Updike 1927 = D. B. Updike: Printing types, their history, forms and use. A study in survivals, vol. 1.2. Cambridge 1927.

Voet 1969−1972 = L. Voet: The Golden Compasses. A History and Evaluation of the Printing and Publishing Activities of the Officina Plantiniana at Antwerp, 2 vol. Antwerpen 1969 u. 1972.

von Wartburg ³1970 = Walther von Wartburg: Einführung in Problematik und Methodik der Sprachwissenschaft. 3. Aufl. Tübingen 1970.

Wolf 1974 = Lothar Wolf: Zur Diskussion über Terminologie und Semantik. In: Übersetzer und Dolmetscher. Theoretische Grundlagen, Ausbildung, Berufspraxis. Hrsg. v. Volker Kapp. Heidelberg 1974, 2. Aufl. 1984 (325), 50−61.

Wolf 1979 = Lothar Wolf: Terminologische Untersuchungen zur Einführung des Buchdrucks im französischen Sprachgebiet. Tübingen 1979 (Beihefte zur Zeitschrift für Romanische Philologie 174).

Wolf 1979a = Lothar Wolf: Fachvokabular und Sprachgemeinschaft. In: Festschrift Kurt Baldinger zum 60. Geburtstag, 17. Nov. 1979. Hrsg. v. M. Höfler, H. Vernay und L. Wolf. Bd. 2. Tübingen 1979, 917−933.

Wolf 1979b = Lothar Wolf: Zur Wertung von *gothique* in der französischen Renaissance. In: Sprachtheorie und Sprachenpraxis. Festschrift für Henri Vernay. Tübingen 1979, 443−451.

Wolf 1989 = Lothar Wolf: Zur Ausgliederung und Verbreitung einer Fachterminologie. Das Beispiel der französischen Druckersprache. In: Technische Sprache und Technolekte in der Romania (Romanistisches Kolloquium II). Hrsg. v. W. Dahmen, G. Holtus, J. Kremer und M. Metzeltin. Tübingen 1989, 140−151.

Lothar Wolf, Augsburg

268. Fachsprachliche Kommunikationsformen in der französischen Aufklärung

1. Vorbemerkung
2. Bewertung und Einordnung der Konversation
3. Konversation im Kanon des Wissens und in der Erziehung
4. Der *honnête homme* gegenüber *pédant*, *savant* und *citoyen*
5. Die Frau, der *savant* [Gelehrte] und der *orateur* [Redner]
6. Der revolutionäre *orateur* [Redner]
7. Das Prinzip des Gefallens und die Höflichkeit
8. Literatur (in Auswahl)

1. Vorbemerkung

Zahlreich sind die Informationen, die man im 17. Jh. zur richtigen Konversationsführung findet. Erziehungsbücher, Romane, Modellkonversationen und Grammatiken widmen ihr einen breiten Raum. Die Konversation erweist sich in dieser Zeit als eine zentrale Disziplin der Rhetorik (vgl. Strosetzki 1978). Im Vordergrund steht die *conversation enjouée* [spielerische Konversation], die dadurch erzielt wird, daß die Gesprächspartner die Möglichkeit finden sollen, sich gegenseitig ins rechte Licht zu setzen und zu gefallen. Die Beachtung der Reaktion des Gesprächspartners ist oberstes Gebot. Ihr hat man sich selbst und die inhaltlich auszuwählenden Gesprächsthemen unterzuordnen. Der *honnête homme* ist es, der im 17. Jh. besondere Meisterschaft darin erzielt. Seine Orientierung an der Frau, ihrer Höflichkeit und ihrer Fähigkeit zu gefallen, läßt ihn als Gegenstück zum Pedanten erscheinen, der die Konversationsunfähigkeit verkörpert. Es stellt sich nun die Frage, ob die Konversation im 18. Jh. eine ähnliche Bewertung findet. Neoklassizismus und Bewunderung des Jahrhunderts Ludwigs XIV. könnten dies vermuten lassen. Auf der anderen Seite steht die Orientierung des Jahrhunderts der Aufklärung an der Vernunft, die neue Prioritäten erwarten läßt.

Sicherlich kann vorliegender Beitrag nur einige Schlaglichter zur Erhellung des sich andeutenden komplexen Fragenbildes werfen. Erforderlich wäre ein umfangreicheres Textkorpus, das genauere Auskunft geben könnte über quantitative Verhältnisse, sowie über regionale und soziale Verschiedenheiten. So kann nur grob der Gleichzeitigkeit unterschiedlicher Ansätze oder der Vielfalt der Enwicklungslinien Rechnung getragen werden.

Einige wichtige Paradigmenwechsel zeigen jedoch sichtbare Auswirkungen auf die Einschätzung der Konversation. Deutlich ist das quantitative Abnehmen der Traktate zur *honnêteté*, verbunden mit einer Zunahme der religiösen und moralischen Orientierung, das R. Reichardt zu Recht für das 18. Jh. konstatiert hat (vgl. Reichardt/Höfer 1986). Von Traktaten soll ebenso wie von Rhetoriken, einschlägigen Reden und Artikeln im folgenden ausgegangen werden. Dabei soll zunächst nach der Bewertung der Konversation, nach ihrer Bedeutung im Erziehungskanon, ihrer Zuordnung zu Modellen wie dem *honnête homme*, dem *pédant*, dem *savant*, dem *citoyen* und dem *philosophe* gefragt werden, bevor die Beurteilung der Rolle der Frau als Paradigma in bezug auf *plaire* [Gefallen] und *politesse* [Höflichkeit] und die gewandelte Einschätzung der Rhetorik in der Revolutionszeit vorgestellt wird.

2. Bewertung und Einordnung der Konversation

Systematisch untergeordnet ist die Konversation der Kommunikation, die gemäß der antiken Tradition als gesellschaftsstiftendes Element gesehen wird. Kommunikation wird verstanden als «communication des idées» [Gedankenaustausch] (Calvel 1772, 1). Aus dem Bedürfnis, Gedanken und Gefühle mitzuteilen, leitet Abbé Batteux in seinen *Principes de littérature* (1774) die Kunst der Redner und Geschichtsschreiber ab, auf die die Dichtung aufbaut. R. de Bury bezeichnet die Kommunikation in seinem *Essay historique et morale sur l'éducation française* als «le parler» [das Sprechen]. Um der Konversation einen eigenen Platz zuzuweisen, untergliedert er sie in einerseits «sermons» [Predigten] und «éloquence de barreau» [Rechtsanwaltsberedsamkeit], andererseits in «conversations familières, les conférences, les propos de tables et d'amusement» [familiäre Gespräche, Vorträge, Tischreden und Reden zur Unterhaltung] (Bury 1777, 93). Die Rhetorik jedoch, die sich mit den Dingen und ihren Ausdrücken beschäftige, sieht er für beide Bereiche zuständig.

Genauer grenzt Abbé Mallet in seinem *Essai sur les bienséances oratoires* die Konversation aus, indem er die «éloquence privée» [Beredtsamkeit im privaten Kreis] von anderen Typen, wie der «éloquence publique, politique, militaire, académique» [öffentliche, politische, militärische, akademische Beredtsamkeit], der «éloquence du barreau, de la chaire» [Rechtsanwalts- und Kanzelberedtsamkeit] unterscheidet. Dabei legt er Wert auf den Hinweis, daß in der «eloquence privée» ebensoviel Kunstfertigkeit verwendet wird wie in der öffentlichen Rhetorik, was allerdings weniger sichtbar ist (vgl. Mallet 1753, 128). Daher − und hier zitiert er Fleury − seien die «bienséances oratoires» [rednerische Wohlangemessenheit] der «éloquence privée» [privaten Beredtsamkeit] erforderlich «dans les affaires ordinaires, dans la conversation, et dans le genre épistolaire, qu'elles s'étendent encore au genre polémique, aux éloges et à la plaisanterie.» [in den gewöhnlichen Bereichen, in der Konversation und der Briefgattung, die sich noch auf die Polemik, die Elogen und die vergnügliche Unterhaltung erstrecken.] (Mallet 1753, 130). Insbesondere scheint er aber an das rhetorische Verhandlungsgeschick zu denken, das dem bescheiden und umsichtig redenden Geschäftsmann zum Erfolgt verhilft (vgl. Mallet 1753, 131). Hier seien Nachgiebigkeit und Vermeidung eines autoritären Gehabes, unhöflichen Widerspruchs und der Polemik angebracht, da solches Verhalten der *amour-propre* [Eigenliebe] des Geschäftspartners schade. So zeigt sich, wie ehemals für Höflinge konzipierte Regeln nunmehr auf den kaufmännisch-geschäftlichen Bereich übertragen und dem Geschäftsinteresse nutzbar gemacht werden können.

Versuchte man in der Konversationsliteratur des 17. Jh.s in erster Linie, beim Gesprächspartner eine Zufriedenheit zu erreichen, kommt es nun auf die Gesprächsinhalte an. Weniger personen-, stärker inhaltsbezogen denkt man nun. Was für den geschäftlichen Bereich galt, ist nicht minder im moralischen zu beachten: So rät der Abbé du Preaux, alle von ihm genannten Klippen und Fehler der Konversation zu meiden, nicht etwa im Interesse eines allgemeinen Wohlbefindens der Gesprächspartner, sondern «pour retirer du fruit de la conversation» [um aus der Konversation fruchtbare Erträge zu ziehen] (Preaux 1750, 299). Wie er achtet auch M. de la Chapelle, ein königlicher Zensor und Mitglied der Akademien von Lyon und Rouen sowie der Société Royale de Londres in seinem *L'art de communiquer ses idées* auf die neuen Inhalte, die sich als Ergebnisse von Konversationen einstellen:

«On ne sçauroit croire ce qu'il résulte du commerce avec les autres hommes. Du sein des discussions, du choc des opinions et de l'émulation, des charmes de la conversation prennent naissance les productions les plus inattendues. Je les comparerois volontiers à ces mélanges chimiques dont la fermentation ne manque jamais de produire de nouveaux êtres.» [Man kann kaum glauben, was sich aus dem Austausch mit anderen Menschen ergibt. Nie zu erwartende Erträge nehmen ihren Ursprung mitten aus Diskussionen, dem Aufeinandertreffen verschiedener Meinungen und dem Wetteifer sowie dem Zauber der Konversation.] (Chapelle 1763, 193).

Nunmehr erscheint im Rückblick sogar das *Hôtel de Rambouillet* erklärt nicht nur als Schule des Geschmacks, der Sprache und der Feinfühligkeit, sondern auch als idealer Ort inhaltsbezogener Diskussion: «Là on disputoit sans aigreur, on dissertoit sans ennui, on décidoit sans pédantisme.» [Dort führte man Streitgespräche ohne Verbitterung, man hielt Vorträge ohne Langeweile, man entschied ohne Pedanterie.] (Ferlet 1772, 33).

Wie in der Beurteilung der Konversation drückt sich die Orientierung an inhaltlichen Resultaten auch in allgemeineren Charakterisierungen der Rhetorik aus. So führt die Inhaltsbezogenheit zu einer bewußten Hintanstellung des rhetorischen Schmucks. Nach dem Abbé Batteux gilt für Architektur und Redekunst gleichermaßen: «Tout ce qui n'y est que pour l'ornement, est vicieux. La raison est que ce n'est pas un amusement qu'on leur demande, mais un service.» [Alles, was nur Ausschmückung ist, ist lasterhaft. Der Grund hierfür ist, daß man von ihnen keine Unterhaltung fordert, sondern einen Dienst.] (Batteux 1774, 68). Sogar dann, wenn es darum geht, im epideiktischen Genre der Rhetorik Helden zu feiern, soll der rhetorische Schmuck unter strenger Kontrolle und sachbezogener Nützlichkeit subsumiert bleiben (vgl. Batteux 1774, 69). Nützlichkeit ist auch oberstes Postulat eines neuen Typs der Rhetorik des nachrevolutionären Frankreichs, den A. H. Dampmartin als *élonquence d'administration* [Verwaltungsberedtsamkeit] bezeichnet. Er ist nicht von partnerorientierter Konversation, sondern von inhaltsbezogener Diskussion geprägt:

«[...] Pris, les êtats particuliers, les assemblées provinciales, devinrent autant de champs nouveaux dans lesquels ont été discutés avec force, avec clarté, les revenus du royaume, ses besoins, ses ressources, les moyens de protéger l'agriculture, de rendre le commerce florissant, de soutenir le crédit. Cette arène, dont nous ne voyons aucune trace chez les anciens, ouverte par la raison pour l'humanité, où le talent n'obtenait de couronne, que lorsqu'il se rendait utile.» [Die einzelnen Stände, die Provinzversammlungen wurden ebenso ein neues Feld, auf dem man mit Stärke und Klarheit über die Einkünfte des Königreiches, seine Bedürfnisse, seine Ressourcen, seine Mittel zur Förderung der Landwirtschaft und der Blüte des Handels und über die Gewährung von Krediten diskutierte. Diese Arena, von der wir keine Spur bei den Alten finden, geöffnet durch die Vernunft für die Menschheit, wo das Talent keine Krone innehatte, außer wenn es sich als nützlich erwies.] (Dampmartin 1794, 75).

Die Nützlichkeit der Diskussionsinhalte, die hier auf das Gemeinwohl bezogen ist, kann ebenso auch dem Individuum dienstbar gemacht werden. Besteht eine Konversation vor dem Kriterium der Nützlichkeit nicht, dann sollte sie abgelehnt werden. Dann sei das Schweigen als Gegenstück zum Reden einer nutzlosen und inhaltsleeren Konversation vorzuziehen. Dies jedenfalls rät Mme de Lambert ihrer Tochter, wenn sie das wahrhafte Glück im Seelenfrieden, in der Pflichterfüllung und in der Vernunftausübung sieht, und ihr die Einsamkeit besonders nützlich erscheint:

«Faites usage de la solitude: rien n'est plus utile, ni plus nécessaire pour affoiblir l'impression que font sur nous les objets sensibles.» [Zieht Euren Nutzen aus der Einsamkeit: nichts ist nützlicher, nichts ist notwendiger, um die Wirkung abzuschwächen, die auf uns der Reiz der Objekte ausübt.] (Lambert 1828, 56).

Wie sie schlägt auch Abbé Du Preaux als ernsthafte und im allgemeinen vorzuziehende Alternative zur Konversation das Schweigen vor. In seinem zweibändigen Werk *Le chrétien parfait honnête homme* (1750) stellt er zunächst den Wert der Konversation in Frage, wenn sie aus *médisances* [übler Nachrede], *calomnies* [Verleumdungen] und *mensonges* [Lügen] besteht. Rehabilitieren läßt sie sich in seinen Augen mit der These «Enfin n'est-ce pas par le moyen de la Conversation, et par l'usage de la parole, qui mille bon projets réussisstent?» [Haben denn nicht erst durch die Konversation und den Gebrauch der Sprache tausend gute Pläne Erfolg?] (Preaux 1750, 271). Effizient hinsichtlich ihrer Inhalte soll die Konversation also sein. Ausgehend von diesem Postulat fügt Abbé du Preaux noch die traditionellen Regeln zur Vermeidung von *médisance* [übler Nachrede], *emportement* [Jähzorn], *tristesse* [Traurigkeit] und *impolitesse* [Unhöflichkeit] an, die zugleich vor *raison* [Vernunft], *vertu* [Tugend] und *bienséance* [Wohlangemessenheit] standhalten sollen, bevor er dann im 2. Band sehr viel ausführlicher über Gebet, Frömmigkeit und Sakramente schreibt.

So hat sich gezeigt, daß innerhalb der Theorie der Kommunikation der Konversation ein systematischer Ort eingeräumt wird, wobei diese allerdings nicht mehr in erster Linie pragmatisch, sondern semantisch von ihren Inhalten her definiert wird. Primär sachbezogen schließt sie Diskussion und Disput ein, wird im Bereich der Verwaltung zur Sacherörterung politischer Themen, ordnet Amusement wie Ornat dem Zweck der Nützlichkeit unter und legitimiert sich durch ihre Effizienz. Letztere erweist sich als Kriterium so dominant, daß bei seinem Fehlen die Kommunikation dem Schweigen und der Einsamkeit zu opfern ist.

3. Konversation im Kanon des Wissens und in der Erziehung

Wie wird die Konversation in den Erziehungstraktaten des 18. Jh.s behandelt? Es gibt Fälle, in denen Elemente der Texte des vorausgehenden Jahrhunderts einfach übernommen werden. Ein Beispiel dafür sind die *Elémens de l'education*. Hier wird der «esprit de société» [Gesellschaftsgeist] mit «donner occasion à ceux avec lesquels nous conversons, d'être satisfaits, d'eux-memes» [denen, mit denen wir uns unterhalten, die Gelegenheit zu geben, mit sich selbst zufrieden zu sein] definiert (Bonneval 1743, 57). Die *discrétion* [Zurückhaltung] wird dargestellt als «l'art de ne rien dire qu'à propos» [Kunst, nichts über den Gegenstand hinaus zu sagen] und veranschaulicht durch den Umgang mit «complaisance» [Gefälligkeit], «flatterie» [Schmeichelei] und «louanges» [Lob] (Bonneval 1743, 71).

Derartige Elemente aus der Konversationstheorie des vorausgehenden Jahrhunderts fehlen in den wenigsten Erziehungstraktaten. Jedoch stehen sie nicht mehr im Zentrum. Sie haben an Umfang und an Bedeutung verloren. Während noch die *Science du monde* [Wissenschaft von der Welt] im 17. Jh. im wesentlichen die individuellen Verhaltensweisen des Höflings bestimmte, geht es dem

Jesuiten Duchesne im Jahre 1729 in seinem Werk mit dem Titel *La science de la jeune noblesse* gleichermaßen um die «maximes de la sagesse» [Maximen der Weisheit], «l'art méthodique du blason» [die Methodik der Wappenkunde], die Geographie, die Geschichte bis zur Römerzeit, die französische Geschichte, die französische Verslehre, die Arithmetik, die historische Chronologie, die Kirchengeschichte, die Lehre von der Befestigungskunst und die Genealogie der «maisons de France» [französischen Fürstenhäuser] (vgl. Duchesne 1729). Es fehlen völlig Kapitel zu den Verhaltensweisen in der Konversation.

Gerade in der Erziehung des Adels wird offensichtlich sachlichen Inhalten größere Aufmerksamkeit geschenkt als höfischen Verhaltensmustern. Ein weiteres Beispiel dafür ist Baudouin, der Chanoine de Laval, mit seinem Werk *De l'éducation d'un jeune seigneur* (1728). Ausführlich erörtert er Erziehung, Religion, Kirche, Bibellektüre, Katechismus, Dichtung, Religion, römische und griechische Geschichte, Medaillen, Genealogien, Metaphysik, Logik, Physik, Medizin, Chemie, Moral, Recht, Mechanische Künste, Musik, Tanz, Kartenspiele und Komödie. Nur einen Punkt unter anderen bilden hier Rhetorik und der Umgang mit Schmeichlern. Er erklärt, warum er die Rhetorik erst spät und nur knapp behandelt hat mit dem Hinweis darauf, daß sie den Ideen untergeordnet ist: «La parole n'est, de sa nature, instituée que pour mettre nos pensées au jour et les communiquer aux autres.» [Das Wort ist von seiner Natur her nur dazu da, unsere Gedanken ans Tageslicht zu bringen und sie an die anderen zu vermitteln.] (Baudouin 1728, 208). Dieser Argumentation vergleichbare Beispiele lassen sich auch in der zweiten Jahrhunderthälfte finden. So behandelt Richard de Bury in seinem *Essai historique et morale sur l'éducation française* (1777) auf 507 Seiten Geographie, Geschichte, Physik, Logik, Metaphysik, Philosophie, Charakter, Sitten, Sprachen und Adel, geht dabei auch in traditioneller Weise auf die Konversation ein, der er aber nur wenig Raum läßt.

Auch beim Jesuiten Buffier werden im *Cours des sciences sur les principes nouveaux et simples* (1732) nicht etwa die Lehren über die alltäglichen Verhaltensweisen, sondern die sachbezogenen Wissenschaften zum Alltagswissen vorgeführt. Erst nach 1100 Seiten, in denen er die unterschiedlichen Künste mit ihren Vorurteilen vorführt, kommt er zum Kapitel *Traité de la société civile*, in dem er in wenig mehr als zwanzig Seiten auf die Konversation eingeht und gegen den Widerspruch, den Spott, die Vielrednerei, über die Reaktionen des Hörers, die «conversation incommode» [lästige Konversation] sowie gegen «manières hautaines, manières piquantes, bizarres, chagrines, distraites, précieuses et pédantesques» [hochmütiges, verletzendes, eigenartiges, betrübliches, zerstreutes, preziöses und pedantisches Benehmen] argumentiert (Buffier 1732, 1202–1127).

Nicht einmal in dem im Titel Ausführungen zur Kommunikation ankündigenden *L'art de communiquer ses idées* (1763) des M. de la Chapelle, erhält die Konversation einen zentralen Platz. Sie wird unter dem Kapitel «Politesse» [Höflichkeit] vor der Religion abgehandelt, nachdem bereits Probleme von Volks- und Wissenschaftssprachen, der Geschichtswissenschaft, der Mathematik und Logik weitaus ausführlicher vorgeführt worden sind. Es werden die einzelnen Wissensbereiche inhaltlich und sachlich dargestellt, wobei Anleitungen zu ihrer Verwendung, ihrer Aneignung und pädagogischen Vermittlung hinzugefügt werden.

Es mag die im 18. Jh. verbreitete Orientierung an der Vernunft sein, die dazu beiträgt, daß die Erziehung weniger auf ethische oder verhaltenspragmatische Normen, sondern stärker auf sachliche Inhalte bezogen ist. Daß Verhaltensweisen einer individuellen Fürstenpersönlichkeit oder eines am Hof lebenden Adligen aus dem Blickfeld geraten, kann auch darauf zurückzuführen sein, daß immer mehr Traktate nicht auf die individuelle Fürstenerziehung und die an ihr orientierte Erziehung des Höflings abzielen, sondern auf ein breiteres Publikum, das bereits durch öffentliche Erziehung erfaßt ist. Wenn nun Erziehungstraktate ihr Publikum außerhalb des engen Kreises der Höflinge suchen, verliert auch die vor allem am Hof zum Berufswissen gewordene Konversationslehre ihren Stellenwert. Die Konkurrenz zwischen öffentlicher und privater Erziehung wird in den Traktaten des 18. Jh.s häufig erörtert.

Beispiel dafür ist Baudouin, der bereits 1728 das Problem der «éducation particulière» [privaten Erziehung] des Adligen erörtert (Baudouin 1728, 208). Es ist Aubert, der nach der Revolution einen resümierenden Schlußstrich unter die Diskussion zieht:

«Parmi les moralistes anciens et modernes qui ont débattu cette intéressante question, laquelle de l'éducation particulière, ou de l'éducation publique est préférable, tous ont présenté de fortes raisons en faveur des deux partis; mais aucun, je crois, n'a senti jusqu'à présent la nécessité de leur réunion.» [Unter den alten und modernen Moralisten, die die interessante Frage diskutiert haben, ob die private Erziehung oder die öffentliche Erziehung vorzuziehen ist, haben alle überzeugende Gründe für beide Parteien gefunden; keiner jedoch hat, wie ich glaube, bisher die Notwendigkeit ihres Zusammenschlusses erkannt.] (Aubert 1792, 22).

Es hat sich gezeigt, daß die Erziehungstraktate zwar noch einzelne Elemente aus der traditionellen Konversationslehre des 17. Jh.s übernehmen, diese jedoch neben den zahlreichen, inhaltlich definierten Wissensdisziplinen marginal werden lassen. So erfolgt die Erziehung nicht mehr direkt durch Vermittlung von Verhalten, sondern indirekt durch Vermittlung von Wissensinhalten, die in einem weiteren im allgemeinen nicht thematisierten Verfahren vom Zögling für das persönliche Verhalten nutzbar gemacht werden müssen. Da die Privaterziehung des Prinzen in der öffentlichen Erziehung unterschiedlicher Schichten eine Ergänzung gefunden hat, muß auch den von diesen Schichten beanspruchten Wissensdisziplinen Rechnung getragen werden. Wie die Betrachtung der Konversation einen Wandel von der Pragmatik zur Semantik erfährt, zeigt sich in der Erziehungsliteratur ein Wandel von ethischen bzw. gesellschaftlichen Verhaltensnormen hin zur Dominanz eines sachbezogenen Wissenskanons.

4. Der honnête homme gegenüber pédant, savant und citoyen

Der *honnête homme* galt im 17. Jh. als Prototyp des idealen Konversationspartners. Das ihn charakterisierende Attribut der *honnêteté* stand im allgemeinen nicht für eine moralische Tugend, sondern für die Beherrschung äußerlicher Umgangsformen. Wie zu Anfang bereits erwähnt, hat R. Reichardt im 18. Jh. eine Rückbesinnung auf die ursprünglich moralische Dimension konstatiert. Als Beispiel sei an dieser Stelle Mme de Lambert angeführt. Bei ihr heißt es gegen Mitte des Jahrhunderts: «L'honnêteté qui est une imitation de la charité, est aussi une des vertus de la société: elle vous met au-dessus des autres quand vous l'avez à un degré plus éminent.» [Die *Honnêteté*, die eine Nachahmung der Wohltätigkeit ist, ist auch eine der Tugenden der Gesellschaft: sie erhebt Sie über die anderen, wenn sie über sie in einem größeren Grad verfügen.] (Lambert 1748, 183 f). An die anderen zu denken, erscheint ihr als oberstes Gebot eines bürgerlichen Lebens (vgl. Lambert 1748, 178 f). Daß die Lehre vom moralisch korrekten Zusammenleben mit anderen von der Geselligkeit zu trennen sei, wurde bereits in den stark religiös orientierten *Règles pour travailler utilement à l'éducation chrétienne des enfants* (1726) deutlich, die vor den Gefahren des Tanzens warnen. Sie lehren die Töchter «la manière de vivre avec le prochain, sans les produire dans les compagnies des mondains.» [die Art und Weise mit dem Nächsten zu leben, ohne sie in den mondänen Gesellschaften zur Schau zu stellen.] (Paccori 1726, 200). So erscheint die moralisch verstandene *honnête femme* mit der Geselligkeit der mondänen *honnêtes gens* unvereinbar.

Hat die neue Konzeption des *honnête homme* auch Konsequenzen für das traditionelle Gegenstück, den Pedanten, der sich durch besondere Ungeschicklichkeit in der Konversation auszeichnete? Nach wie vor wird er abgelehnt. Doch scheint gesellschaftliches Fehlverhalten dabei weniger ausschlaggebend als der Gegensatz zu neuen idealtypischen Identifikationsmustern. Der Pedant erscheint nunmehr schädlich «à l'avancement des Sciences et à l'élévation du génie.» [hinsichtlich des Fortschreitens der Wissenschaften und der Erhebung des Genies.] (Boyer 1755, 143). Er wird nicht zurückgewiesen, weil er zu viel von seiner Materie und nicht genug von anderen Gegenständen weiß, sondern weil er über Dinge urteile, von denen er nicht das mindeste verstünde. Zugleich wird ihm neben Halbwissen gemäß der Tradition auch an dieser Stelle Geldgier und Ruhmesneid gegenüber den *plus illustres savants* [berühmtesten Gelehrten] vorgeworfen. War es zuvor der *honnête homme*, der den Kontakt mit dem Pedanten meiden sollte, so ist es nun der «esprit le plus vif, le plus pénétrant, le plus juste» [lebhafteste Geist, der Durchdringendste, der Präziseste], der in der Konversation mit dem Pedanten abstumpft, dem es vor lauter Gelehrsamkeit am *sens commun* [Gemeinsinn] mangelt.

«Il est certain que plus un pédant a de ces connoissances indigestes et confuses, que ses semblables appellent érudition, et plus il est dangereux et ennueux. Il est dangereux parce qu'il est à craindre que ceux qui n'approfondissent pas assez les choses, et qui se livrent trop aisément à leurs premières idées, ne prennent pour une science veritable, l'horrible chaos qui s'est formé dans la tête du pédant.» [Es ist sicher, je mehr ein Pedant über unverdaute und konfuse Kenntnisse verfügt, was Seinesgleichen als Gelehrsamkeit bezeichnen, desto gefährlicher und langweiliger ist er. Gefährlich ist er, weil es zu befürchten ist, daß diejenigen, die die Dinge nicht genügend vertiefen, und die sich zu leicht ihren ersten Ideen ausliefern, das schreckliche Chaos, das sich im Kopf des Pedanten gebildet hat, für eine wirkliche Wissenschaft halten.] (Boyer 1755, 151 f).

So wird dem Pedanten weniger die fehlende Konversation vorgeworfen als das mangelnde Denkvermögen. Daher werden zu neuen Gegensatzfiguren des Pedanten die *véritables savans* [wirklichen Gelehrten] und der *grand génie* [das große Genie] (vgl. Boyer 1755, 153 f). Diese Tendenz scheint im Verlauf des Jahrhunderts so weit fortgeschritten zu sein, daß sich Aubert (1792, 104) nach der Revolution veranlaßt sieht, dem wissensbezogenen *savant* einen wieder gesellschaftsbezogenen *citoyen* [Bürger] entgegenzustellen.

Die christlich-moralische Umdeutung der *honnêteté* zur Imitation der Wohltätigkeit dokumentiert also eine Abwendung von einem aus der mondänen Konversation konzipierten *honnête homme*. Der Pedant, der für die neue Konzeption des *honnête homme* kein Gegensatz mehr sein kann, wird nunmehr definiert als Gegenstück zum *savant* und zum Genie. Er gilt nicht mehr als Störenfried in der Konversation der *honnêtes gens*, sondern belästigt durch sein Halbwissen die Gedankengänge von Genie und *savant*.

5. Die Frau, der savant [Gelehrte] und der orateur [Redner]

Frauen waren es, deren Salons im 17. Jh. zur Ausprägung der Gesprächskultur führten. An ihrer Höflichkeit und Fähigkeit zu gefallen hatte sich der *honnête homme* in der Konversation zu orientieren. Die Frage stellt sich, ob die Frau ihre Modellhaftigkeit im 18. Jh. bewahren konnte, oder ob sich ihre Bewertung unter gewandelten Bedingungen veränderte.

Zumindest umstritten scheint dies für Bernardin de Saint-Pierre, der die Frage stellt *Comment l'Education des Femmes pourrait contribuer à rendre les Hommes meilleurs?* (1777). Eine ausführliche Antwort darauf hatte schon kurz vor ihm bereits der *Discours sur le bien et le mal que le commerce des femmes a fait à la littérature* (1772) von Ferlet gegeben. Zwar steht sein Text in der Tradition der in der Schule geübten rhetorischen Streitrede, doch enthält er zahlreiche aufschlußreiche Argumente.

Zunächst werden die zahlreichen Vorzüge der Frau aufgeführt. Im Sinn des Pascalschen *esprit de finesse* [Geist der Feinfühligkeit] sei sie in der Lage, ohne lange und langsame Meditationsreihen intuitiv die Wahrheit zu erfassen. Da Frauen im Zentrum des gesellschaftlichen Umgangs stehen, sei es ihnen zu verdanken, wenn durch die Rhetorik Ideen gleichsam geschliffen wie Edelsteine ausgedrückt würden (vgl. Ferlet 1772, 38, 44). Dennoch — und hier beginnt die Reihe der Negativa — hat der gesellschaftliche Umgang und die Konversation mit ihnen Nachteile: So verändere sie den Geschmack zugunsten einer *delicatesse* [Feinheit] derart, daß die Energie für große Leistungen verlorengehe:

« Ainsi les savans que le desir de plaire aux femmes fait écrire avec plus d'éloquence et de netteté, perdent à applanir le chemin qu'ils ont parcouru, en temps précieux qu'ils auroient employé à faire de nouveaux pas. Au lieu de jeter plus de jour sur le petit nombre de vérités déjà connues, peut-être en auroient-ils découvert d'autres [...] » [So verlieren die Gelehrten, die der Wunsch, den Frauen zu gefallen, mit größerer Beredtsamkeit und Klarheit schreiben läßt, wenn sie den Weg ebnen, den sie zurückgelegt haben, das an kostbarer Zeit, was sie dazu hätten nutzen können, neue Schritte zu tun. Anstatt mehr Licht auf die geringe Anzahl von bereits bekannten Wahrheiten zu werfen, hätten sie vielleicht andere entdecken können [...].] (Ferlet 1772, 49).

Will man der « bonne compagnie » [guten Gesellschaft] gefallen, dann habe man immer wieder eifrig die Zirkel der Frauen zu besuchen und verliere nicht nur Zeit, sondern auch den Faden der eigenen Arbeit. So erscheint die Konversation mit den Frauen dem Genie ebenso abträglich, wie die Einsamkeit förderlich (vgl. Ferlet 1772, 56—57). Besonders bedauerlich scheint, daß sich die (unwissende) weibliche Gesellschaft mit rhetorischem Schein zufriedengibt. Um einem Werk zum Durchbruch zu verhelfen, reiche es bisweilen aus, ihm einen modischen « vernis philosophique » [philosophischen Anstrich] wie einem gewöhnlichen Metall ein Silberblatt überzustülpen (vgl. Ferlet 1772, 53).

In dieser Hinsicht erscheinen die Frauen durchaus den oben dargestellten Pedanten des 18. Jh.s bzw. den *honnêtes gens* des 17. Jh.s vergleichbar. Statt sich ausführlich mit einer Materie zu beschäftigen, fühlen sie sich mit nur oberflächlichen Kenntnissen universal kompetent. Aus Heften schöpfen sie die eine oder andere unverarbeitete Information, so daß sie die Möglichkeit haben, in der Konversation über alles mit Selbstvertrauen zu reden. Sie machen es sich leicht, wenn sie sich einreden, daß der Pedantismus an der Stelle beginne, wo ihre Kenntnisse aufhören.

« De là ces entretiens où l'on voltige d'objets en objets, où l'on badine sur ce qu'il y a de plus frivole, ou l'on traite profondément la nouvelle et la mode du moment, ou l'on effleure légèrement la politique et la morale, où le persiflage fait faire la raison [...], où parler de sciences c'est en débiter les termes [...] où l'on souffre tout excepté le bon sens. » [Daher diese Unterhaltungen, bei denen man von Gegenstand zu Gegenstand springt, man Späße macht über die nichtigsten Dinge, man die Neuigkeiten und die aktuelle Mode tiefgründig behandelt, man Politik und Moral oberflächlich streift, wo Persiflage an die Stelle von Vernunft tritt, wo über Wissenschaft zu reden, Begriffe herzusagen bedeutet [...], wo man alles erträgt, außer den gesunden Menschenverstand.] (Ferlet 1772, 59 f).

Die Frau wird also durchaus noch mit der besonderen Konversationsfähigkeit ausgestattet, die sie im 17. Jh. als Modell des *honnête homme* hatte. Mit dieser Konversationsfähigkeit jedoch gleicht sie nunmehr dem abzulehnenden Pedanten, der sich mit Schein- und Halbwahrheiten begnügt, und steht im Gegensatz zum Genie und zum Gelehrten, der sich schweigend zurückhält und keine gesellschaftliche Aufmerksamkeit erregen will (vgl. Ferlet 1772, 61).

Die von Frauen dominierten Salons und Zirkel erscheinen aus dieser kritischen Perspektive nicht mehr als gesellschaftliche Kristallisationspunkte, sondern als bloße Bühnen, deren Schein den fehlenden Ruhm der Nachwelt ersetzen soll.

« L'esprit des écrivains se forme sur celui de leur protectrices, il s'abaisse et se dégrade pour se mettre au niveau de leur foiblesse. Le génie ne prend plus son effort dans les airs. » [Der Geist der Schriftsteller bildet sich auf dem ihrer Gönnerinnen, er sinkt und setzt sich herab, um sich auf ihr schwaches Niveau zu begeben. Das Genie entspringt nicht mehr der luftigen Höhe.] (Ferlet 1772, 69).

Was hier Ferlet kritisch als Gefahr für das Genie sieht, die Gunst des weiblichen Publikums, galt noch in den *Conseils d'un vieil auteur ou l'art de parvenir dans la République des lettres* (1758) als vielversprechender Schlüssel zum Erfolg (Sabatier 1758, 10).

Immer seltener werden die Stimmen, die in der Frau den Orientierungspunkt und die gesellschaftlich dominierende Kraft sehen. So scheint auch bei der Frau weniger die Fähigkeit des Gefallens, sondern eher die des Wissens Bedeutung zu gewinnen. So wird der vom Comte de Miremont 1779 veröffentlichte Traktat zur Frauenerziehung zugleich zum *Cour complet d'instruction* über « santé, physiologie, physique expérimentale » [Gesundheit, Physiologie, experimentelle Physik] mit » exemples dans les choses d'un usage ordinaire » [Beispielen von Dingen des alltäglichen Gebrauchs], mit Elektrik, Chemie, Geschichte der Gallier, Germanen und Franken, schließlich Gesetze, Künste, Wissenschaften und Entdeckungen. Elemente des historischen Wissens sollen es nunmehr sein, die Moral und Verhalten bestimmen:

« [...] l'histoire devient le code de morale, de législation, et de conduite le plus étendu. Nulle étude n'est plus propre à faire connoître les hommes. » [[...] die Geschichte wird zum moralischen Gesetzbuch, zum Gesetzbuch der Gesetzgebung und des Verhaltens im weitesten Sinn. Keine Studie ist geeigneter, um die Menschen besser kennenzulernen.] (Miremont 1779, Bd. 4, 7).

So ist es nicht die Konversation im Salon, sondern das Geschichtsstudium, das Menschenkenntnis vermittelt. Die Frau scheint also hier nach dem Modell des männlichen Gelehrten oder Genie konzipiert zu sein, und nicht umgekehrt, wie in der Konversationskultur des 17. Jh.s.

Aber auch trotz ihres Wissens scheint die Frau dem nachrevolutionären Autor Charles-Louis Rousseau nicht zur Ausübung eines *pouvoir public* [Öffentliches Amt] geeignet. In seinen Ausführungen über die « existence politique des Femmes » [politische Dasein der Frauen] heißt es:

« La femme, en naissant avec des organes souples un esprit délicat, une tendresse excessive, des goûts paisibles, paroît faite pour la félicité intérieure de la société et non pour le mouvement des camps ou des discussions des conseils. Ces vicissitudes de leur constitution physique, les grossesses, les maladies propres à ce sexe l'excluera des travaux actifs et d'une étude trop appliquante. Donner des enfants à la patrie, les former par une bonne éducation et de bons exemples, faire les délices d'un époux, entretenir la paix et l'agrément des sociétés; c'est à mon sens, déjà une assez belle destination. » [Da die Frau von Geburt an mit geschmeidigen Organen, einem feinen Geist, einer übermäßigen Zärtlichkeit, einer friedfertigen Neigung versehen ist, scheint sie für die innere Glückseligkeit der Gesellschaft und nicht für Heeresaktivitäten oder Diskussionen in Versammlungen geschaffen zu sein. Die Wechselhaftigkeit ihrer physischen Verfassung, die

Schwangerschaften, die für ihr Geschlecht typischen Krankheiten schließen sie von den aktiven Arbeiten und von einem allzu intensiven Studium aus. Dem Vaterland Kinder zu schenken, sie durch eine gute Erziehung und gute Beispiele auszubilden, die Wonne des Ehemannes zu sein, den Frieden und die Annehmlichkeiten in Gesellschaft aufrechtzuerhalten; dies ist meiner Ansicht nach bereits ein ausreichend schönes Schicksal.] (Rousseau 1790, 32 f)

Gesetzgebung, Rechtsprechung und die weiteren hohen öffentlichen Ämter sollten den « hommes mûris par l'expérience et l'étude la plus soutenue » [durch Erfahrung und anhaltende Studien reifen Männern] (Rousseau 1790, 33) vorbehalten bleiben. Um den Frauen schließlich auch eine republikanische Mitsprachemöglichkeit zu geben, sei für sie eine von Frauen zu wählende Magistratur einzurichten, die sich als « surveillance générale des mœurs » [allgemeine Überwachung der Sitten] in ein »comité particulier de surveillance de mœurs» [spezielles Komitee zur Überwachung der Sitten], ein « comité de bienfaisance publique » [Komitee öffentlicher Wohltätigkeit] und ein « comité d'instruction maternelle » [Komitee zur Einführung in die Belange der Mutterschaft] aufgliedern lasse (Rousseau 1790, 34).

So ist die Frau als Paradigma der Konversation neu bewertet. Indem sie wie der Pedant dem *savant* gegenübergestellt wird, erscheint ihr intuitiver « esprit de finesse » [Geist der Feinfühligkeit] ebenso als nachteilig wie ihre Fähigkeit, in der Konversation leichtfüßig von einem Thema zum anderen zu wechseln und jedes Thema zum Gesprächsstoff zu machen. Wie ihr Gesprächsstil oberflächlich und wenig sachbezogen wirkt, so wird auch ihre Wirkung als Mäzen als Nachteil gewertet. Zwar stehen dieser Ablehnung der traditionellen Rolle der Frau Traktate entgegen, die ihr Wissen vermitteln sollen. Doch scheint sie so sehr mit traditionellen Vorurteilen behaftet, daß es nicht einmal nach der Revolution möglich erscheint, sie dem *citoyen* und *savant* als ebenbürtig zu betrachten.

6. Der revolutionäre orateur [Redner]

Ausblickend auf die Jahre unmittelbar nach der Revolution stellt sich die allgemeinere Frage, welche Bedeutung die Revolutionsereignisse für die Bewertung der Rhetorik hatten. Es liegt auf der Hand, daß die bewegten politischen Wirren des öffentlichen Lebens wenig Gelegenheit zur weiteren Ausbildung der privaten, von *honnêtes femmes* dominierten *conversation enjouée* [spielerischer Konversation] boten. Die den männlichen *orateurs* zugesprochene Gattung der politischen Rede dominierte. Noch im 17. Jh. hatte man bedauert, anders als in den griechischen Stadtstaaten keine Gelegenheiten zur Volksrede zu haben und deswegen auf die private Sphäre der Konversation eingeschränkt zu sein. Davon zumindest zeugt das Urteil Charpentiers (vgl. Charpentier 1683, 163 f).

Nun vergleicht man sich wieder mit den griechischen Rednern und kann im Sinne der Haltung der *modernes* in der *Querelle des Anciens et des Modernes* konstatieren, daß die Griechen keine besseren Volksredner waren als die Redner der Revolutionszeit, die wegen der bedeutenden Themen, über die sie redeten, zu neuen Energien gefunden hatten:

« Les tribunes publiques n'ont-elles pas ajouté leur prix plus grand à l'art de la parole et développé des talens, qui, sans de si grands intérêts, seraient restés ignorés? Dira-t-on que l'éloquence est affaiblie chez un peuple qui depuis quatre ans a vu paraître dans les assemblées de ses législateurs une suite non interrompue d'orateurs distingués et qui a ouvert au génie des routes qu'il n'avait pas encore osé parcourir? » [Haben die öffentlichen Rednerbühnen nicht ihr Bestes für die Redekunst gegeben und die Talente entwickelt, die, ginge es nicht um so bedeutende Dinge, unbekannt geblieben wären? Wird man etwa behaupten, daß die Beredtsamkeit bei einem Volk gesunken ist, das seit vier Jahren in Versammlungen ihrer Gesetzgeber eine ununterbrochene Folge von hervorragendsten Rednern auftreten gesehen hat und das dem Genie Wege eröffnet hat, die zu gehen es noch nicht gewagt hatte.] (Fourcroy 1793, 14).

Die politischen Umwälzungen bieten dem Redner nach Fourcroy nicht nur ständig wechselnde geeignete Situationen und Motivationen, sondern auch erhabene Gedanken und große Themen:

« [...] lorsqu'il fait soutenir et proclamer les droits des hommes, défendre la cause des opprimés, relever le courage des faibles, démasquer les traîtres, conjurer les orages des factions, briser le sceptre de la tyrannie, éteindre au dedans le flambeau de la discorde, étouffer le monstre du fanatisme, repousser au dehors les phalanges mercenaires des despotes, détruire tous les partis, rallier tous les citoyens autour de l'arbre naissant de la liberté, et faire sentir à tous les charmes et les douceurs de la sainte égalité. » [[...] wenn er die Menschenrechte unterstützt und verkündet, die Sache der Unterdrückten verteidigt, den Mut der Schwachen wiederaufrichtet, die Verräter demaskiert, den Sturm der umstürzlerischen Parteien heraufbeschwört, das Zepter der Tyrannei zerbricht, im Inneren die Fackel der Zwietracht auslöscht, das Monster des Fanatismus erstickt, die Söldnerphalanx der Despoten nach außen zurückdrängt, alle Parteien zerstören läßt, alle Bürger um den sprießenden Baum der Freiheit versammeln und alle den Zauber und die Sanftheit der heiligen Gleichheit spüren läßt.] (Fourcroy 1793, 15f).

Historisch bedingte Inhalte sind es also, die den Redetyp bestimmen. Hing in der Konversationslehre des 17. Jh.s die Wahl der Themen von dem Verlangen ab, dem Gesprächspartner zu gefallen, so stehen nun die Inhalte so sehr im Mittelpunkt, daß sich zu ihrer Darlegung die politische Rede aufdrängt. Sie ist mit ihren Themen so sehr ins Zentrum des gesellschaftlichen Interesses gerückt, daß sie nicht nur die private Gesprächskultur verdrängt, sondern auch wissenschaftliche Aktivitäten absorbiert. Daß man die Revolution daher allerdings den Rednern und nicht den Vertretern der Wissenschaft überlassen hat, wertet Biot als Irrtum und Ursache späterer Fehlentwicklungen. Die *orateurs* galten als einzige, die für die Freiheit zuständig waren, während die meisten *savants* bloße Zuschauer der Ereignisse blieben (vgl. Biot 1803, 34).

7. Das Prinzip des Gefallens und die Höflichkeit

Es ist die gerade der Frau zugeschriebene Eigenschaft des Gefallens, mit der sie zum Paradigma des Verhaltens des Höflings wurde, an die die *Essais sur la necessité et sur les moyens de plaire* (1738) anknüpfen wollen. Dieser Titel erweckt den Eindruck, es handle sich um einen Ratgeber in höfischen Verhaltensweisen. In Wirklichkeit ist das Erziehungsbuch religiös fundiert und sucht zunächst nach den künftiges Verhalten leitenden «idées principales» [wesentlichen Ideen] (Monchrif 1738, 99), um dann die Tugenden zu entwickeln »par ce qu'elles ont de sociable» [durch das, was sie an Gemeinschaftsfähigem haben] (Monchrif 1738, 116), und schließlich die Religion zu definieren als «la source de toutes les vertus sociables» [Quelle aller geselligen Tugenden], «parce que dans le commerce ordinaire de la vie, pour être heureux, il faut être aimé; que pour être aimé, il faut plaire, et qu'on ne plait qu'autant qu'on sait attribuer au bonheur des autres.» [weil man geliebt werden muß, um im alltäglichen Leben glücklich zu sein; man, um geliebt zu werden, gefallen muß und man nur so sehr gefällt, wie man zum Glück der anderen beizutragen versteht.] (Monchrif 1738, 187). So läßt sich das Prinzip des Gefallens aus jenem der Nächstenliebe ableiten und das Gefallen aus dem Bereich der Geselligkeit in jenen der Tugend übertragen.

Wie das Prinzip des *plaire* [Gefallen] erfährt auch jenes der *politesse* [Höflichkeit] eine Umdeutung. De la Chapelle verknüpft sie mit Wohlwollen und Wohltätigkeit, wenn er sie zunächst als «fond de bienveillance» (vgl. Chapelle 1763, 223) charakterisiert und von äußerlichen Verhaltensformen auf innere Denkweisen überträgt:

La politesse des sentiments, soutenue de celle des manières et des actions, plieroit insensiblement l'esprit et le corps aux actes de bienfaisance, le principal fond de la Religion pratique.» [Die Höflichkeit der Gefühle würde, von der des Benehmens und des Handelns unterstützt, den Geist und den Körper zu den Taten der Wohltätigkeit, dem wesentlichen Punkt der praktischen Religion, führen.] (Chapelle 1763, 259).

Daß die *politesse* als äußerliche Verhaltensform vom innerlichen Korrelat zu trennen ist, hatte bereits die Marquise de Lambert erkannt, die in der *politesse* zunächst die Gefahr der Vortäuschung innerer nicht vorhandener Werte sah. Höflichkeit ist für sie «l'art de mettre en œuvre les manières extérieures, qui n'assurent rien pour le fond. La *politesse* est une imitation de l'honnêteté et qui présente l'homme au dehors, tel qu'il devroit être au dedans.» [die Kunst, das äußere Benehmen zu inszenieren, welches das Innere nicht bestätigt. Die Höflichkeit ist eine Nachahmung der *Honnêteté* und das, was den Menschen nach außen als das vorstellt, was er im Inneren sein sollte.] (Lambert 1729, 55).

Von dieser Voraussetzung ausgehend muß sie jenen *honnête homme* ablehnen, der seine Privilegien aus Geburt oder Reichtum ableitet oder sich als Höfling durch unterwürfiges Verhalten gegenüber anderen auszeichnet. Ihm stellt sie in ihren *Lettres sur la véritable éducation* den wahrhaften *honnête homme* gegenüber, der durch seine Verdienste charakterisiert ist. So ist es also nicht zuletzt die Entlarvung einer als äußerlich verstandenen Höflichkeit durch inhaltliche und moralische Werte, die sie auch Belehrungen zu den Normen der Gesprächskultur als «leçons de bassesse» [Lektionen der Gemeinheit] und als «soumissions déplacées» [unpassende Unterwürfigkeiten] verstehen läßt (vgl. Lambert 1729, 33).

Über diesen Ansatzpunkt hinaus geht F. J. P. Aubert, wenn er nach der Revolution in seinen *Études sur l'éducation* jene auf Äußerlichkeit beschränkte Höflichkeit ad absurdum führt, die es dem Höfling verbot, einem Höhergestellten zu widersprechen. Daß er dabei die Höflichkeit gerade bei einem Stamm von Wilden vorführt, gibt seiner Zivilisationskritik noch eine zusätzliche Pointe:

«La politesse de ces Sauvages dans la conversation est effectivement portée à l'excès, puisqu'elle leur fait une règle de ne jamais nier ou contredire la vérité de ce que l'on avance devant eux. Il est vrai que par ce moyen ils évitent les disputes; mais aussi il est très difficile de connoitre leur pensée, et de découvrir l'impression qu'on a fait sur eux. Les missionnaires qui ont tenté de les convertir à la religion chrétienne se plaignent tous de cette habitude, comme d'un des plus grands obstacles au succès de leur mission. Les Indiens écoutent avec patience les vérités de l'évangile, lorsqu'on les leur explique, et ils donnent leur témoignages ordinaires d'assentiment et d'approbation; vous les croyez convaincus, point du tout, c'est pure politesse.» [Die Höflichkeit dieser Wilden in der Konversation wird tatsächlich bis zum Äußersten getrieben, da sie ihnen vorschreibt, niemals die Wahrheit, die man behauptet, zu verneinen oder ihr zu widersprechen. Es stimmt, daß sie dadurch Streitigkeiten vermeiden; aber es ist auch sehr schwierig, ihre Gedanken und den Eindruck, den man auf sie gemacht hat, zu erkennen. Die Missionare, die versucht haben, sie zur christlichen Religion zu konvertieren, klagen alle über diese Gewohnheit wie über eines der größten Hindernisse zum Erfolg ihrer Mission. Die Indianer hören geduldig den Wahrheiten des Evangeliums zu, wenn man sie ihnen erklärt, und geben die üblichen Bezeugungen ihrer Zustimmung oder ihrer Billigung. Man hält sie für überzeugt, aber ganz im Gegenteil, es ist reine Höflichkeit.] (Aubert 1792, 91).

Diese Anekdote ist charakteristisch für die Zivilisationskritik des 18. Jh.s, die nicht zuletzt auch eine Kritik der höfischen Konversationskultur ist, wenngleich sich das Beispiel auf die öffentliche Rede und nicht die Konversation bezieht.

Erschien schon die Frau als Modell der Konversation relativiert, so gilt dies nunmehr auch, wie sich gezeigt hat, für die mit ihr traditionell besonders verbundenen Eigenschaften des Gefallens und der Höflichkeit. Während das Gefallen durch Tugenden, wie der *bienveillance* [Wohlwollen] und der christlichen Nächstenliebe verinnerlicht ist, wird die Äußerlichkeit der höfischen Verhaltensweisen als bloße Nachahmung nicht vorhandener inhaltlicher Werte kritisiert. Ihr werden Einsamkeit und Schweigen vorgezogen. Die Frau erscheint mit ihrer Fähigkeit, Themen oberflächlich anzuschneiden und zu wechseln, wie der Pedant nicht als Modell, sondern als Hindernis für die Konversation von *génie* und *savant*. Die Umorientierung der Konversationstheorie von der primären Partnerbezogenheit zur primären Inhaltsbezogenheit zeigte sich einerseits bedingt durch die gewandelte Erziehungsliteratur, die nunmehr weniger verhaltens- und stärker sachbezogen war, und andererseits durch die wachsende Bedeutung der öffentlichen Erziehung gegenüber der privaten Prinzenerziehung. Nicht zuletzt aber war es die Bevorzugung von Vernunft und Nützlichkeit gegenüber ästhetischem Ornat und gesellschaftlichem Gefallen, die zur veränderten Bewertung der Konversation beigetragen hat.

8. Literatur (in Auswahl)

Aubert 1792 = F. J. P. Aubert: Études sur l'éducation. Paris 1792.

Batteux 1774 = Abbé Batteux: Principes de la littérature. Bd. I. 5. Aufl. Paris 1774.

Baudouin 1728 = Baudouin, Chanoine de Laval: De l'éducation d'un jeune seigneur. Paris 1728.

Bernardin de Saint-Pierre 1818 = Bernardin de Saint-Pierre: Discours sur l'éducation des femmes sur la question: Comment l'Education des Femmes pourrait contribuer à rendre les Hommes meilleurs? (1777). In: Œuvres. Bd. 12. Paris 1818.

Biot 1803 = J. B. Biot: Essai sur l'histoire générale des sciences pendant la Révolution Française. Paris 1803.

Bonneval 1743 = René de Bonneval: Les élémens de l'éducation. Paris 1743.

Boyer 1755 = Jean Baptiste de Boyer, Marquis d'Argens: Critique du siècle ou lettres sur divers sujets par l'auteur des ‚Lettres Juives'. Neue Aufl. Bd. 1. La Haye 1755.

Buffier 1732 = S. J. Buffier: Cours des sciences sur les principes nouveaux et simples … (dans l'usage ordinaire de la vie). Paris 1732.

Bury 1777 = Richard de Bury: Essai historique et morale sur l'éducation française. Paris 1777.

Chapelle 1763 = M. de la Chapelle: L'art de communiquer ses idées, enrichi de notes historiques et philosophiques. 3. Aufl. London. Paris 1763.

Charpentier 1683 = François Charpentier: De l'excellence de la langue françoise. Paris 1683.

Clavel 1772 = Et. Calvel: Encyclopédie littéraire. Bd. 1. Paris 1772.

Dampmartin 1794 = A. H. Dampmartin: Essai de littérature à l'usage des dames. Bd. 1. Amsterdam 1794.

Duchesne 1729 = P. J. B. Duchesne (S. J.): La science de la jeune noblesse. 2 Bde. Paris 1729.

Ferlet 1772 = Ferlet: Discours sur le bien et le mal que le commerce des femmes a fait à la littérature. Nancy 1772.

Fourcroy 1793 = A. F. Fourcroy: Discours sur l'état actuel des sciences et des arts dans la République Française. Lycée des arts 7. 4. 1793.

Lambert 1729 = Mme de Lambert: Lettres sur la véritable éducation. Amsterdam 1729.

Lambert 1748 = Mme de Lambert: Avis d'une mère à son fils et à sa fille. In: Œuvres. Bd. 2. Paris 1748.

Lambert 1828 = Mme de Lambert: Avis d'une mère à sa fille. Paris 1828.

Mallet 1753 = Abbé Mallet: Essai sur les bienséances oratoires. 2 Bde. Amsterdam. Leipzig 1753.

Miremont 1779 = Comte de Miremont: Traité de l'éducation des femmes et cours complet d'instruction. Bd. 1–6. Paris 1779.

Monchrif 1738 = Françoise Augustin Paradis de Monchrif: Essais sur la nécessité et sur les moyens de plaire. Paris 1738.

Paccori 1726 = A. Paccori: Règles pour travailler utilement à l'éducation chrétienne des enfants. Paris 1726.

Preaux 1750 = Abbé Du Preaux: Le chrétien parfait honnête homme, ou l'art d'allier la piété avec la politesse, et les autres devoirs de la vie civile. 2 Bde. Paris 1750.

Reichardt/Höfer = Rolf Reichardt/Annette Höfer: Honnête homme, Honnêteté, Honnêtes gens. In: Handbuch politisch sozialer Grundbegriffe in Frankreich 1680–1820. Hrsg. v. R. Reichardt und E. Schmitt. Heft VII. München 1986.

Rousseau 1790 = Charles-Louis Rousseau: Essai sur l'éducation et l'existence civile et politique des femmes. Paris 1790.

Sabatier 1758 = André H. Sabatier: Conseils d'un vieil auteur ou l'art de parvenir dans la République des lettres. London. Paris 1758.

Strosetzki 1978 = Christoph Strosetzki: Konversation. Ein Kapitel gesellschaftlicher und literarischer Pragmatik im Frankreich des 17. Jahrhunderts. Diss. Univ. Düsseldorf. Frankfurt a. M. Bern 1978.

Christoph Strosetzki, Münster

269. Die Herausbildung einer chemischen Fachsprache in Frankreich

1. Alchimie und Chemie; terminologische Phänomene im 17. Jh.
2. Wandel der Nomenklatur im 18. Jh.
3. Die Stellung von Lavoisier und sprachliche Auswirkungen
4. Rezeptionsgeschichte und terminologische Weiterentwicklungen
5. Literatur (in Auswahl)

1. Alchimie und Chemie: terminologische Phänomene im 17. Jahrhundert

Die moderne chemische Fachsprache ist eines der historisch bedeutendsten Beispiele für den Einfluß von Kultur und Epistemologie auf bestimmte sprachliche Veränderungen. Bis zur ersten Hälfte des 17. Jh.s könnte man sogar sagen, daß Chemie und Alchimie eher sprachbezogene als experimentelle Wissenschaften waren. Die Verwendung einer technisch relativ ausgeklügelten und mittelbaren Nomenklatur, eine sehr große Anzahl an Zeichen und Symbolen sowie die Tatsache, daß chemische und alchimistische Texte oftmals bewußt esoterische Themen behandelten – dies alles führte dazu, daß die Sprache und deren vielseitige Anwendungen im Zentrum des eigentlichen wissenschaftlichen Wirkens stand. Daher wurden die Chemiker des 17. Jh.s außerordentlich häufig dafür kritisiert, mehr über die Bedeutung von Benennungen zu schreiben als über die Beobachtung von Phänomenen. Die übermäßige Anzahl von synonymen Bezeichnungen ein und derselben Substanz oder ein und desselben chemischen Vorgangs mit gegensätzlichen Begriffen machte die Chemie des 17. Jh.s zur sprachlich reichsten Wissenschaft. Im Gegensatz zu den kompakten und allgemeingültigen Nomenklaturen der Astronomie und der Physik entstand aus der unkontrollierten und unkontrollierbaren Anzahl von Bezeichnungen in der Chemie und in der Alchimie ein inhaltsloser Formalismus, wobei von Autor zu Autor unterschiedliche Bedeutungen festzustellen waren.

Zu dieser Komplexität der chemischen Terminologie selbst kamen noch die epistemologischen Beziehungen zwischen Chemie und Alchimie in der Renaissance hinzu. Die deutlichste und wichtigste Auswirkung dieser Verknüpfung zeigte sich bei der Wahl der *Metallbezeichnungen*. Der astrologische Grundsatz, nach dem die sieben Metalle den sieben Planeten zugeordnet wurden, prägte die Benennung der Metalle sehr stark. So wurde Zinn zum Beispiel oft *Jupiter* genannt, Blei *Saturn*, Quecksilber *Merkur* etc. Wie stark die Astrologie die Benennung der Metalle beeinflußte, kann man heute noch am Begriff *Mercurius* erkennen, der in einigen romanischen Sprachen den eigentlich chemischen Fachbegriff Quecksilber ersetzt hat. Die enge Verbindung von Astrologie und Alchimie und deren semantische Vielfalt stellt die Historiker oft vor ein kaum lösbares Problem, wenn es darum geht, festzustellen, ob ein gegebener Text aus dem Bereich der Astrologie oder der Alchimie stammt.

Darüber hinaus wollte Paracelsus den Mikrokosmos durch Zeichen und Symbole mit dem Makrokosmos verbinden. Das setzte voraus, daß die Ordnung des Kosmos der Ordnung der Erde entspricht. Der Wunsch, allumfassend zu sein, führte dazu, daß im Bereich der Alchimie eine nahezu grenzenlose Nomenklatur entstand (sowohl was die bezeichneten Substanzen als auch was die Bezeichnungsmöglichkeiten betrifft). Die abstrakt denkenden Alchimisten sowie die praktischer eingestellten Chemiker benutzten systematisch Analogien, Metaphern, Symbole, bildliche Darstellungen, Tabellen und exzentrische Neologismen aus den verschiedensten Sprachen.

Diese Komplexität und die Undurchschaubarkeit der chemischen Nomenklatur lassen sich historisch zweifach erklären: einereits schützte die Doppeldeutigkeit vor Kritik und lenkte von den erfolglosen Experimenten derjenigen ab, die sich zum Ziel gesetzt hatten, einfache Metalle in Gold umzuwandeln, andererseits diente die undurchschaubare Sprache dazu, die Einmaligkeit einer Entdeckung zu unterstreichen. Ein bekanntes Beispiel hierfür ist das Glaubersalz. Rudolph Glauber, ein Chemiker des 17. Jh.s, wollte das Monopol für die Herstellung einer therapeutisch sehr wirkungsvollen Substanz (Glaubersalz) behalten und beschrieb deswegen die Eigenschaften der Substanz bewußt ungenau.

2. Wandel der Nomenklatur im 18. Jahrhundert

In den ersten Jahrzehnten des 18. Jh.s traten zwei Faktoren auf, die den Ansatz der traditionellen chemischen Nomenklatur von Grund auf ändern sollten. Zunächst einmal wurden dank der Fortschritte in der Medizin und in der Pharmazie große Mengen von neuen organischen und anorganischen Substanzen untersucht. Dieser quantitative Fortschritt brachte für die Chemiker das Problem der Benennung neuer Stoffe mit genau festgestellten chemischen Eigenschaften mit sich. Die Situation hatte sich also geändert: zuvor hatten die chemischen Namen dazu gedient, Vorstellungen auszudrücken, die mit der Realität der Experimente nicht viel zu tun hatten; jetzt dagegen machte die Entdeckung neuer physikalischer Substanzen eine empirische und pragmatischere Bezeichnungsmethode erforderlich.

Ein anderer Faktor, der bei der Loslösung der Chemie des 18. Jh.s von ihren esoterischen und metaphysischen Wurzeln eine wichtige Rolle spielte, war der Einfluß der Aufklärung auf die Entwicklung der Baconschen Wissenschaften. Diderot, Turgot, d'Holbach, Rousseau, d'Alembert und andere, die an der Erarbeitung der *Encyclopédie* beteiligt waren (vgl. Art. 183), sahen die Wichtigkeit der Chemie und die Notwendigkeit, sie von der Metaphysik loszulösen (sowohl sprachlich, als auch von der Zielsetzung her). Diderot sah in der Chemie die Wissenschaft, die zum Verständnis der inneren Struktur der Materie führen konnte, und die Kunst, die die Entwicklung der Produktionsmethoden voranbringen konnte. Die Aufwertung der Chemie seitens der Enzyklopädisten stieß bei den europäischen Naturwissenschaftlern auf großes Interesse.

Neben diesen kulturell sehr günstigen Umständen führte eine fast zufällige Entdeckung des Arztes Stephen Hales dazu, daß die aristotelische Annahme der chemischen Neutralität und Passivität von Luft verworfen wurde: er hatte festgestellt, daß sich Luft mit anderen Substanzen verbinden, in deren Struktur eindringen und deren Eigenschaften verändern konnte. Danach bewies Joseph Black, ein junger schottischer Arzt, im Jahre 1756, daß ein Gas, nämlich Kohlendioxid, sich mit einem Feststoff verbinden konnte, wobei eine neue Verbindung mit anderen chemischen Eigenschaften entstand.

3. Die Stellung von Lavoisier und sprachliche Auswirkungen

Antoine Laurent de Lavoisier (1743–1794) begann sich mit Chemie zu beschäftigen, als gerade die ersten Entdeckungen in der pneumatischen Chemie gemacht wurden. Schon

1772 überreichte Lavoisier der *Académie Royale des Sciences* in Paris eine versiegelte Mitteilung, in der er eine Reihe von experimentellen und methodologischen Beobachtungen ankündigte, die zum Bruch mit der traditionellen Chemie führen sollten. Er hatte sich mit den Forschungen von Hales und Black auseinandergesetzt und entdeckt, daß Schwefel beim Verbrennungsprozeß durch Aufnahme einer beträchtlichen Menge von Luft an Gewicht zunimmt, wobei die Luft sich mit dem Ausgangsstoff verbindet und Schwefelsäure bildet. Diese Beobachtungen, die bereits aus der Renaissance bekannt waren, bekamen für Lavoisier eine neue wichtige Bedeutung. Mit Hilfe dieser Versuche konnte nämlich gezeigt werden, daß Luft nicht nur chemisch aktiv ist, sondern auch ein spezifisches Gewicht besitzt, welches die Masse einer Substanz deutlich verändern kann. Die Isolierung von neuen Gasen wie Stickstoff, Sauerstoff und Wasserstoff in den darauffolgenden Jahren bestärkten Lavoisier in seiner Überzeugung, daß die gesamte Chemie von den Fortschritten der pneumatischen Chemie abhängt.

Für uns ist diese Feststellung von großem Interesse, da sie direkt mit der Sprache zusammenhängt. So bedauerte es Lavoisier in einer Mitteilung des Jahres 1773, daß die Chemiker es versäumt hatten, die traditionelle Fachsprache den außergewöhnlichen Entdeckungen bezüglich der Luft anzupassen. Es wurde z. B. die Substanz, die aus der Verbindung von Schwefel und Sauerstoff entstand (Schwefelsäure) von den Chemikern *Vitriol* genannt, eine Benennung, die in keiner Weise auf die Ausgangsstoffe verwies. Für Lavoisier dagegen bot die Entdeckung der aktiven Rolle von Luft in chemischen Reaktionen eine äußerst günstige Gelegenheit, die chemische Nomenklatur grundlegend zu reformieren. Die Feststellung, daß Luft kein chemisches Element, sondern ein Kompositum aus verschiedenen chemisch aktiven Gasen ist, mußte auch sprachlich deutliche Auswirkungen haben.

Die Entdeckung, die die moderne Chemie endgültig von der aristotelischen Vier-Elemente-Theorie und der Lehre von den drei Urstoffen von Paracelsus trennte, verdanken wir jedoch dem englischen Physiker Henry Cavendish (1731–1810). Dieser fand zwischen 1781 und 1782 heraus, daß sich bei der Verbrennung eines Gemisches aus Wasserstoff (*inflammable air*) und Sauerstoff (*dephlogisticated air*) im Behälter Tröpfchen bilden, deren Eigenschaften mit denen des Wassers vollkommen übereinstimmten. So verband sich also Wasserstoff mit Sauerstoff und verwandelte sich von einem Gas in die natürlichste Substanz der Erde. Von diesem Zeitpunkt an war Wasser kein einfaches Element mehr, sondern eine Verbindung aus zwei Gasen. Diese außergewöhnlichen Entdeckungen überraschten Lavoisier nicht, sondern verstärkten seine Überzeugung, daß die Terminologie völlig unzulänglich sei, um die Struktur der Materie und deren Verbindungen zu beschreiben. Der erste Neologismus, der von ihm eingeführt wurde, war *principe oxigine* (‚Oxygenium'; ‚Sauerstoff'). Er entstand aus den griechischen Wörtern *oxis* (‚sauer') und *geinomai* (‚geboren werden', ‚entstehen'). Mit diesem Begriff wollte Lavoisier auf die wichtigste Eigenschaft dieser Substanz hinweisen, nämlich die säurebildende Eigenschaft. Die sprachliche Definition des Sauerstoffs stützte sich also auf zwei Regeln: die erste und wichtigere setzte fest, daß die Bezeichnung mit der chemischen Natur des jeweiligen Stoffes übereinstimmen sollte; die zweite schrieb vor, daß die griechische Etymologie als Werkzeug für die chemische Namengebung eingesetzt werden sollte.

Die Tatsache, daß auf eine tote Sprache wie das antike Griechisch zurückgegriffen wurde, verbarg keineswegs die Aktualität von Lavoisiers Erkenntnissen. Die Definition des Sauerstoffs lieferte nicht nur eine plausible Erklärung für die Bildung von Säuren, sondern verwies auch auf die Erklärung von allgemein bekannten Vorgängen und Phänomenen wie Kalzinierung, Verbrennung und Atmung. Dadurch, daß er dies in die Erklärung der chemischen Rolle des Sauerstoffes miteinbezogen hatte, hatte Lavoisier die traditionelle Chemie völlig verändert. Hinzu kommt, daß Lavoisier das Griechische dem Lateinischen oder Französischen vorzog und damit einer Wissenschaft, die im Gegensatz zur Mathematik, der Astronomie und der Medizin auf keine wirklich wissenschaftliche Tradition zurückblicken konnte, einen höheren Stellenwert einräumte.

Mit der Veröffentlichung der *Méthode de la nomenclature chimique* im Jahre 1787 wurden die einfachen Regeln, die beim Sauerstoff angewandt worden waren, vertieft und auf alle Substanzen der anorganischen Chemie übertragen. Mit diesem Werk, das Lavoisier zusammen mit Antoine François Fourcroy, Louis Bernard Guyton de Morveau und Claude Louis Berthollet erarbeitet hatte, sollte eine völlig neue chemische Fachsprache eingeführt werden. Die darin enthaltenen Kombinationsmöglichkeiten für Bezeichnungen waren aufgrund ihrer Einfachheit zweifellos von praktischem Nutzen, andererseits jedoch wurde damit jeder, der sie benutzen wollte, dazu gezwungen, die chemischen Vorstellungen Lavoisiers zu übernehmen. Diese versteckte Überzeugungsstrategie wurde nicht von jedem sofort bemerkt. Die Grundlage der gesamten Nomenklatur stellte die Definition der einfachen Substanzen, das heißt der Substanzen, die nicht mehr weiter zerlegt werden konnten, dar. Diese wurden von Lavoisier in 5 Klassen gegliedert:

(1) Die erste bestand aus Licht (*lumière*), Hitzestoff (*calorique*), Sauerstoff (*oxygène*), Wasserstoff (*hydrogène*) und Stickstoff (*azote*). Zweifellos war dies das theoretische Kernstück der Reform von Lavoisier.

(2) Die zweite Klasse bestand aus 25 in Säuren umwandelbaren Basen oder Ausgangsradikalen für Säuren, obwohl die einzigen, die man experimentell isoliert hatte, Stickstoff, Schwefel, Kohlenstoff und Phosphor waren. Das System der Nomenklatur der Basen war einfach und effizient und stützte sich auf den binominalen Dualismus, der schon von Linné erfolgreich in der Botanik angewandt wurde. Wenn Schwefel zum Beispiel die Ausgangsbase für Vitriolsäure war, welche durch eine Reaktion mit Sauerstoff entsteht, so mußte die Benennung der entstandenen Säure auf den Namen der Base zurückzuführen sein und wurde somit zu Schwefelsäure (*acide sulfurique*). Diese Säure trat allerdings in zwei verschiedenen Sättigungsgraden auf mit völlig unterschiedlichen chemischen Eigenschaften. Deswegen benötigte man zwei Benennungen mit einem gemeinsamen Stamm, die die unterschiedlichen Eigenschaften hervorhoben. Die Benennung Schwefelsäure (*acide sulfurique*) wies darauf hin, daß Schwefel in der Verbindung vollständig mit Sauerstoff gesättigt war; schweflige Säure (*acide sulfureux*), daß sich Schwefel mit einer geringeren Menge von Sauerstoff verbunden hatte; Sulfat (*sulfate*) war die allgemeine Bezeichnung für ein aus Schwefelsäure entstandenes Salz; Sulfit (*sulfite*) die Bezeichnung für ein aus schwefliger Säure entstandenes Salz; Sulfid (*sulfure*) bezeichnete schließlich alle übrigen Schwefelverbindungen, die nicht aus einer der beiden Säuren entstanden waren. Die herausragende Neuigkeit bei diesem System war, daß mit der Bezeichnung gleichzeitig auch etwas über das Mengenverhältnis ausgesagt wurde. Die Suffixe *-ique*, *-eux*, *-ite*, *-ure* verwiesen nicht nur auf eine bestimmte Substanz und ihre chemischen Eigenschaften, sondern auch auf das quantitative Verhältnis innerhalb einer Verbindung.

(3) Die dritte Stoffgruppe war die der Metalle, deren Namen beibehalten wurden – mit einer einzigen bedeutenden Ausnahme: die kalzinierten Metalle, also die Metalle, die mit Sauerstoff reagiert hatten, wurden *Oxide* (*oxydes*) genannt. Damit wurde die semantische Rolle des Sauerstoffs noch mehr hervorgehoben.

(4) Die Klassen vier und fünf (Erden und Alkalien) erfuhren kaum eine Veränderung.

Insgesamt schlug Lavoisier 55 einfache Substanzen vor, und dank des einfallsreichen binominalen Systems und der Einführung der Suffixe konnten deren Namen mechanisch sehr einfach und effizient miteinander kombiniert werden. An dieser Stelle sollte darauf hingewiesen werden, daß mit Hilfe der *Méthode* mechanisch mehr als 300 000 Namen von anorganischen Substanzen und Verbindungen kombiniert werden konnten. Die meisten davon waren experimentell noch nicht nachgewiesen worden. Dennoch, und das ist vielleicht der herausragendste Aspekt von Lavoisiers Nomenklatur, wurden im Laufe des 19. Jh.s die meisten dieser Substanzen und Verbindungen tatsächlich so nachgewiesen, wie es die Nomenklatur vorhergesehen hatte.

Die meisten der Benennungen stammten aus dem Griechischen oder aus dem Lateinischen und nur ein ganz geringer Prozentsatz aus modernen Sprachen. Obwohl Lavoisiers *Méthode* auf Französisch geschrieben war, zog man es vor, die Begriffe aus dem Griechischen zu übernehmen und keine neuen französischen Begriffe zu bilden. Dies war sicher eine glückliche Wahl, denn trotz der Tatsache, daß die Nomenklatur von französischen Chemikern, die der klassischen Sprachen nur bedingt mächtig waren, erfunden worden war, bekam sie durch den systematischen Gebrauch des Griechischen eine universelle Note und konnte grenzüberschreitend angewandt werden.

4. Rezeptionsgeschichte und terminologische Weiterentwicklungen

Die Veröffentlichung der *Méthode de nomenclature chimique* sorgte bei den Chemikern Europas für großen Aufruhr. In Ländern wie

Deutschland, Großbritannien und Schweden, die auf eine konsolidierte chemische Forschungstradition zurückblicken konnten, wurde diese neue Fachsprache als Verrat an der Vergangenheit und an den vielfältigen Ausdrucksmöglichkeiten in der Chemie angesehen. Zu dieser Ablehnung kam noch das Problem der Übersetzung in die verschiedenen europäischen Sprachen hinzu. Während die Engländer sich darauf beschränkten, die französischen Namen an die Regeln der englischen Sprache anzupassen, ohne die Prinzipien und die Effizienz des Kombinationssystems von Lavoisier zu verändern, entschieden sich die Deutschen für einen schwierigeren Weg und übersetzten die griechischen Namen ins Deutsche. Dies führte automatisch dazu, daß die Suffixe und die damit verbundenen Vorteile verloren gingen. Schweden, Dänemark und Holland übernahmen die deutsche Lösung, während die italienischen, spanischen und portugiesischen Chemiker ohne Schwierigkeiten die französische Nomenklatur an die eigenen Sprachen anpaßten.

Egal für welche Lösung sich die Übersetzer entschieden, die neue Nomenklatur war eine Fachsprache, die überall verständlich und leicht zu vermitteln war. Trotz des anfänglichen allgemeinen Widerstandes hatte die von Lavoisier erfundene Sprache einen einmaligen Erfolg in der Geschichte der Wissenschaft. Vor 1785 war Lavoisier der einzige Chemiker gewesen, der den Begriff *oxygène* und die Benennungen für die Sauerstoffverbindungen benutzt hatte; nach 1795 sträubten sich nur noch wenige Chemiker gegen die neue Sprache.

Der schnelle Triumph der Reform der chemischen Nomenklatur ist vor allem auf zwei Faktoren zurückzuführen: Zum einen konnte man dank der Kombinationsmöglichkeiten von Namen und Definitionen die Existenz von Substanzen voraussagen, die chemisch noch gar nicht analysiert worden waren; zum anderen verlor die Chemie durch die neuen Bezeichnungen die terminologische Doppeldeutigkeit, die sie von der Alchimie übernommen hatte. Somit konnte man sich endgültig von einer quantitativen und metaphysischen Betrachtungsweise der Materie loslösen.

5. Literatur (in Auswahl)

Abbri/Bensaude-Vincent 1995 = Ferdinando Abbri/ Bernadette Bensaude-Vincent (Eds.): Lavoisier in European Context. Negotiating a New Language for Chemistry. Canton, Mass. USA 1995.

Barke 1991 = Jörk Barke: Die Sprache der Chemie. Tübingen 1991 (Reihe Germanische Linguistik 111).

Beretta 1993 = Marco Beretta: The Enlightenment of Matter. The Definition of Chemistry from Agricola to Lavoisier. Canton, Mass. USA 1993.

Crosland 1962 = Maurice P. Crosland: Historical Studies in the Language of Chemistry. London 1962.

Lavoisier 1787 = Antoine-Laurent Lavoisier: Mémoire sur la nécessité de réformer et de perfectionner la nomenclature de la Chimie, lu à l'Assemblée publique de l'Académie Royale des Sciences du 18 Avril 1787. In: Louis Bernard/Guyton de Morveau/ Antoine Laurent Lavoisier/Claude-Louis Berthollet/Antoine François de Fourcroy: Méthode de Nomenclature Chimique. Paris 1787, 1–25.

Marco Beretta, Florenz

270. Lexikalische Auswirkungen des industriellen und wissenschaftlichen Aufschwungs im Frankreich des späten 18. Jahrhunderts

1. Sachgeschichtlicher Rahmen
2. Sprachgeschichtlicher Rahmen
3. Herkunft der fachsprachlichen Lexik
4. Literatur (in Auswahl)

1. Sachgeschichtlicher Rahmen

« Une science ou un art ne commence à être science ou art, que quand les connoissances acquises donnent lieu de lui faire une langue » (Encyclopédie I, 412; vgl. auch HLF VI, 597). Auf eine griffige Formel bringt der Arzt und Enzyklopädist Tarin im Jahre 1751 jenen Zusammenhang zwischen Fachwissen und Fachsprache, den es im folgenden darzustellen gilt. Nur kurz beleuchtet wird dabei die eine Seite, das Fachwissen bezüglich *science* und *art*, (Natur-)Wissenschaft und handwerklicher Technik also bzw. *industrie* (das Wort ist bereits 1765, lange mithin vor Eintritt der industriellen Revolution in Frankreich, in der Bedeutung «inventions de l'esprit en machines utiles, relativement aux arts et aux métiers» belegt; vgl. Encyclopédie VIII, 694); ein noch so knapper Überblick über Wissenschaft und Technik jener Zeit fällt nicht in die Kompetenz des Sprachwissenschaftlers, zumal für ihn hilfreiche Übersichtsdarstellungen aus fachwissenschaftlicher Perspektive meist nicht den hier betrachteten Gesamtbereich abdecken (vgl. am ehesten noch, aber nicht auf Frankreich beschränkt, Mousnier 1958; vgl. dagegen, sachlich eingegrenzt, zur Technik: Daumas 1968; Gille 1978; zu den Naturwissenschaften generell: Daumas 1953; Gillispie 1980; Janssen/ Knabe 1985, zur Biologie: Guyénot 1941; Roger 1963; Ehrard 1970; zur Geologie: Gohau 1990; vgl. ebenfalls, ausgehend von einem Zeitabschnitt, Fayet 1960; Klemm 1977; bzw. ausgehend von der Person Buffons, Roger 1962).

Stichwortartige Hinweise auf repräsentative Neuerungen, Erfindungen und Entdeckungen der Zeit erweisen sich jedoch als angebracht nicht zuletzt auch zur Rechtfertigung des gewählten Epochenausschnitts. Der im Titel eher unscharf als „spätes 18. Jh." bezeichnete Zeitraum wird im folgenden genauer aufgefaßt als die zweite Jahrhunderthälfte, konkret die Jahre zwischen 1750 und 1799; eine solche Präzision ist unerläßlich im Hinblick auf die Auswahl der ja nur aufgrund des Erstbelegs als untersuchungsrelevant qualifizierbaren fachsprachlichen Neologismen. Die Grenzziehung in der Jahrhundertmitte ergibt sich aus sprachlichen wie außersprachlichen Faktoren. Vom Lateinischen unabhängige volkssprachliche Wissenschaftsterminologien etablieren sich «à partir du milieu du XVIIIe» (Quemada 1978, 1152), bzw. «surtout après 1750» (HLF VI, 638); in dieser Zeit beginnt die etwa an einer chronologischen Auflistung physikalischer Neologismen (DDL 1992, 183—196) ablesbare Explosion fachsprachlicher Lexik (2. Hälfte 17. Jh.: 24 Einträge; 1. Hälfte 18. Jh.: 60; 2. Hälfte 18. Jh. [1749—1799]: 117; 1. Hälfte 19. Jh.: 277). Sprachextern korrespondiert diese Entwicklung dem intellektuellen Selbstbewußtsein, einer wissenschaftshistorischen Umwälzung beizuwohnen (Diderot 1753: «Nous touchons au moment d'une grande révolution dans les sciences»; zit. nach Janssen/Knabe 1985, 110), die sich nicht zuletzt manifestiert in der fortschreitenden Säkularisierung des Weltbildes und der Welterklärung, in der «définition naturiste du monde qu'on voit s'ébaucher vers 1750» (Ehrard 1970, 417). Eindrucksvollster Niederschlag des in allen Wissenschaften — selbst der generell als eher rückständig geltenden Medizin («la mort recule depuis 1750»; Peter 1971, 32) — feststellbaren Fortschritts ist Diderots und d'Alemberts seit 1751 erscheinende *Encyclopédie*: «l'*Encyclopédie* par sa date, est à un tournant» (Gille 1952, 202); sie bildet — so Voltaire (1877/1885, XIV, 153) — «le dépôt de toutes les sciences et de tous les arts, tous poussés aussi loin que l'industrie humaine a pu aller» (zu einer kritischeren Bewertung der *Encyclopédie* vgl. demgegenüber etwa Mousnier 1958, 222—234). Zur Illustration der auf diesem Gebiet im Untersuchungszeitraum tatsächlich realisierten Fortschritte dürften in jedem Fall bereits die wenigen im folgenden angeführten Stichworte zur Sachgeschichte ausreichen (Quellen: vgl. die am Ende des vorhergehenden Absatzes genannte Literatur):

1750 De Maupertuis: *Essai de cosmologie*, 1751/ 1754: *Système de la nature*: Mathematiker, Naturgeschichtler. 1749—1804 Buffon: *Histoire naturelle générale et particulière* (44 Bände, teils postum), bedeutendster Naturgeschichtler, Vorläufer der Evolutionstheorie. 1751 Vaucanson: Erste metallische Drehbank; zahlreiche weitere Erfindungen, vor allem im Bereich der Textilverarbeitung: „Vaucanson was then the most ingenious and systematic of a legion of innovative mechanics" (Gillispie 1980, 413). Réaumur (gest. 1757): «le plus grand savant observateur du XVIIIe siècle» (Guyénot 1941, 195). Gründung der ersten Ingenieur-Eliteschulen: 1747 *Ecole des ponts et chaussées,* 1783 *Ecoles des mines,* 1794 *Ecole polytechnique.* 1758 La Caille: *Tabulae solares*; bedeutender Astronom, begründet Fortschritte bei der Navigationstechnik. 1765— 1768 Monge: Erster Entwurf einer darstellenden Geometrie (Grundlage für Ingenieurwissenschaft), 1795: *Géométrie descriptive*. 1768/1769 Jars: Erste Experimente mit koksbetriebenen Hochöfen, 1774—1781 (postum): *Voyages métallurgiques*: „a cardinal document in the history of the technology and organization of mining" (Gillispie 1980, 429). 1770 Cugnot: Erstes dampfgetriebenes Landfahrzeug. 1777 Lavoisier: Entdeckung des Wesens der menschlichen Atmung, 1785: «l'expérience la plus importante peut-être du siècle» (Daumas 1968, 417): Analyse und Synthese von Wasser; damit endgültige Widerlegung der Phlogiston-Theorie (Deutung der Verbrennung als Prozeß der Freisetzung eines Feuer-Elements statt als Oxydation) und Beginn der modernen Chemie. 1778: Gründung der im Unterschied zur universitären Medizin fortschrittlichen *Société Royale de Médecine*; Sekretär: Vicq d'Azyr, „together with Lavoisier and Condorcet [...] one of the small number of influential persons whom the visitor to scientific Paris in the 1780s was most likely to meet" (Gillispie 1980, 196). 1779 Périer: Einführung der Wattschen Dampfmaschine in Frankreich. 1783 Gebrüder Montgolfier: Ballon-Flugversuche in Annonay (Ardèche), Paris und Versailles. 1783 Jouffroy d'Abbans: Experimente mit Dampfschiffen auf der Saône bei Lyon. 1785: Erste „Eisenbahnen" in Frankreich, d. h. Metallschienen für Transportfahrzeuge in der Eisenhütte von Le Creusot. 1790 ff: Einführung des metrischen Systems der Maßeinheiten. 1792 Chappe: Erfindung eines optischen Telegraphen-Systems (Übermittlungsdauer

Paris–Brest: 8 Minuten). 1794: Gründung des *Conservatoire des arts et métiers* (handwerklich-technisches Museum und Forschungseinrichtung). 1794: Wissenschaftsfeindliches Klima der jakobinischen *terreur*, der u. a. Condorcet und Lavoisier zum Opfer fallen («La République n'a pas besoin de savants»: vielfach kolportierter, aber historisch ungesicherter Satz aus dem Prozeß gegen Lavoisier; cf. Fayet 1960, 196–200; Klemm 1977, 15 f). 1798 Cuvier: *Tableau du règne animal*; Naturwissenschaftlicher Klassifikator in der Nachfolge Linnés und bedeutender Paläontologe. 1800 Lacépède und Lamarck: Reden mit eindeutigem Bekenntnis der beiden Buffon-Schüler zur Evolutionstheorie.

Zusammenfassend bleibt zu konstatieren, daß am Ende des Jahrhunderts die wissenschaftlichen und technischen Bedingungen für den industriellen Aufschwung Frankreichs erfüllt sind; das Eintreten einer als Revolution zu bezeichnenden Industrialisierung freilich wird aus ökonomischen Gründen noch Jahrzehnte auf sich warten lassen.

2. Sprachgeschichtlicher Rahmen

Vor dem Hintergrund der skizzierten Fortschritte in Wissenschaft und Technik ist nunmehr der Frage nachzugehen, welche eigentlich sprachgeschichtlichen Rahmenbedingungen für die Entwicklung der fachsprachlichen Lexik von Bedeutung sind. Die Materialgrundlage hierfür wie für jegliche Beschäftigung mit der Sprachgeschichte des 18. Jh.s bleibt Ferdinand Brunots monumentale *Histoire de la langue française*, die dem 18. Jh. insgesamt etwa 6000 Seiten widmet (vgl. Seguin 1972, 2; Seguins Arbeit, die einzige moderne Gesamtdarstellung zum 18. Jh., versteht sich als Exzerpt Brunots). Relevant im hier behandelten Kontext sind vor allem die von den Brunot-Mitarbeitern Max Fuchs und Alexis François verfaßten und erstmals zu Beginn der dreißiger Jahre erschienenen Teile des 6. Bandes (vgl. HLF VI); sie illustrieren bestens die für die Brunot-Schule charakteristische Ausrichtung an der Sozial- und Mentalitätsgeschichte (vgl. Brunots Kontakte zu Lucien Febvre und den *Annales*; Chevalier 1990, 109) und die daraus resultierende Methode der «philologie sociologique» (Helgorsky 1981, 127), die gerade anhand des Lexikons die Wechselwirkungen zwischen sprachlicher und gesellschaftlicher Entwicklung aufzeigt.

2.1. Die Neologie-Diskussion

Die aus dem klassischen Sprachideal erwachsende Neologie-Feindlichkeit führt noch in der ersten Hälfte des 18. Jh.s zu einer grundsätzlich kritischen Haltung gegenüber jedwedem Fachvokabular. Nur vereinzelt wird gefragt, wie man verlangen könne, «que les sciences fassent du progres, s'il n'est pas permis aux sçavans de se former des termes et des façons de parler propres pour faire connoître leurs nouvelles découvertes» (Frain du Tremblay 1703; zit. nach HLF VI, 1128). Ein deutlicher Umschwung setzt erst gegen Mitte des Jahrhunderts ein; vertritt Voltaire noch 1746 anläßlich seiner Aufnahme in die Akademie eine durchaus neologiefeindliche Haltung, so apostrophiert er bereits 1749 die französische Sprache in seinem berühmten Wort als «gueuse pincée et dédaigneuse qui se complaît dans son indigence» und ermuntert 1760 den Akademie-Sekretär Duclos zur Aufnahme von «termes d'art» in die nächste Auflage des Wörterbuchs (vgl. HLF VI, 1133 f). In der Tat öffnen sich die Auflagen von 1762 und von 1798 ebenso wie der *Dictionaire critique* (1787) des Abbé Féraud und das zugehörige *Suplément* vorsichtig für die Aufnahme von fachsprachlichen Neologismen (vgl. HLF VI, 1174–1176; Quemada 1978, 1157; vor allem Bouverot 1987), wobei freilich sorgfältig zwischen der *néologie* als notwendiger und dem *néologisme* als überflüssiger Neuerung geschieden wird: «La néologie est un art, le néologisme est un abus» (Akademiewörterbuch 1762; zit. nach HLF VI, 1128; vgl. dazu auch Schlieben-Lange 1985, 156 f; Boulanger 1989, 194 f). Die gleiche Unterscheidung übernimmt im extrem neologiefreundlichen Klima der Revolutionszeit («1789 fut l'explosion de na néologie»; Armogathe 1973, 27) auch der *grammairien-patriote* Urbain-Domergue (vgl. Ricken 1984, 234 f); in dem von ihm geleiteten *Journal de la Langue Française* (1784–1788, 1791/1792) finden sich wenn auch nicht Erst-, so doch zumindest Frühbelege etwa für *aérostat, aérostatique, magnétiser, mesmérisme* (vgl. HLF VI, 1146). Die wohl materialreichste, wenn auch äußerst heterogene Sammlung des in revolutionärer Zeit als neu empfundenen Vokabulars schließlich ist Sébastien Merciers *Néologie, ou Vocabulaire des mots nouveaux* (1801); einige der von ihm verzeichneten Fachwörter wie etwa *acclimatement, sanitaire, sélection* und *terminologie* (!) gelten im übrigen bis heute als vom Autor selbst gebildet bzw. wiederentdeckt bzw. ins Französische entlehnt (vgl. HLF VI, 1149 f, sowie TLF bzw. GR, jeweils s. v.).

2.2. Das gewandelte Sozialideal

Ein weiterer Faktor, der bei der Aufwertung des Fachwortschatzes im Laufe des 18. Jh.s eine bedeutende Rolle spielt, ist die Veränderung des im *honnête homme* verkörperten gesellschaftlichen Idealtyps. Auf La Rochefoucaulds klassische Definition «Le vrai honnête homme est celui qui ne se pique de rien» antwortet Vauvenargues in den vierziger Jahren im Geist der neuen Zeit: «Ce mérite, si c'en est un, peut se rencontrer aussi dans un imbécile» (zit. nach HLF VI, 1169). Die bereits seit einigen Jahrzehnten sich vollziehende

Ablösung der «honnêtes hommes» durch die von Voltaire im gleichnamigen *Encyclopédie*-Artikel gepriesenen «gens de lettres» schlägt sich auch sprachlich nieder: War Fachvokabular jeglicher Art zuvor stets der Gefahr ausgesetzt, mit der Markierung «bas» versehen zu werden und damit gesellschaftlicher Ächtung zu verfallen («[la nation] s'est accoûtumée à considérer comme basse toute expression destinée à signifier des actions ou des emplois qui ne conviennent point en public à des personnes d'un rang distingué»; Du Resnel 1738; zit. nach HLF VI, 1007; vgl. auch Quemada 1978, 1152 f), und mußte der Wissenschaftler die Grenzen eines «discours» respektieren «qui, pour s'adresser à un public assez large, doit renoncer au vocabulaire scientifique» (Mortureux 1973, 80), so ändert sich diese Bewertung grundlegend mit dem steigenden öffentlichen Interesse an Wissenschaft und Technik. «A proportion que le goût des arts et des sciences se répand, il arrive toujours que les termes qui leur sont propres deviennent plus communs et plus familiers», beobachtet ein Journalist bereits im Jahr 1736 (zit. nach HLF VI, 1172), und 1750 tritt ein Literat wie der Abbé Prévost mit einem vielbeachteten Technizismenwörterbuch an die Öffentlichkeit, gedacht − so der Autor − als «le répertoire d'un homme de lettres, [...] engagé par le cours de ses études à traiter quantité de matières différentes» (zit. nach HLF VI, 1172).

Perfekt verkörpert wird dieses neue Bildungsideal des naturwissenschaftlich-technisch kompetenten Intellektuellen (bzw. auch des literarisch gebildeten Naturwissenschaftlers!) im Enzyklopädisten vom Typ Diderots (zu dessen Vorläufern vgl. Macary 1973), der zudem keine hierarchischen Unterschiede mehr zwischen *artes liberales* und *artes mechanicae* kennt («La société, en respectant avec justice les grans génies qui l'éclairent, ne doit point avilir les mains qui la servent»; Encyclopédie I, XIII; zum Thema „mechanical arts and the Enlightenment" vgl. etwa Sewell 1980, 64−72). Enzyklopädische Bildung und zumindest rudimentäre Kenntnis von Fachwortschätzen sind in Diderots Konzeption engstens miteinander verbunden, unabhängig davon, ob − je nach Kontext − eine eher pessimistische oder eher optimistische Einschätzung des zeitgenössischen Ist-Zustandes zugrunde gelegt wird. («Nous nous sommes convaincus de l'ignorance dans laquelle on est sur la plûpart des objets de la vie, et de la difficulté de sortir de cette ignorance. [...] L'homme de Lettres qui sait le plus sa Langue, ne connoît pas la vingtieme partie des mots»; Discours préliminaire: Encyclopédie I, XXXIX. «Les esprits sont encore emportés d'un autre mouvement général vers l'Histoire naturelle, l'Anatomie, la Chimie, et la Physique expérimentale. Les expressions propres à ces sciences sont déjà très-communes, et le deviendront nécessairement davantage»; Artikel «Encyclopédie»; Encyclopédie V, 636.) Es kann nicht weiter überraschen, daß sich das in der *Encyclopédie* und deren Konkurrenz- bzw. Nachfolgeunternehmen (so etwa Duhamel de Monceaus *Description des arts et métiers* − 1761−1782 − und Panckouckes seit 1782 erscheinende *Encyclopédie méthodique*; vgl. Gille 1952, 207−213; Gillispie 1980, 344−356) ausdrückende Sozialideal auch auf die Sprachkonzeption der Akademie auswirkt und deren Einstellung gegenüber den Fachsprachen nachhaltig beeinflußt: «Nous avons [...] cru devoir admettre dans cette nouvelle Edition» − heißt es im Vorwort des Akademiewörterbuchs von 1762 − «les termes élémentaires des sciences, des arts, et même ceux des métiers, qu'un homme de lettres est dans le cas de trouver dans les ouvrages où l'on ne traite pas expressément des matières auxquelles ces termes appartiennent» (zit. nach Baum 1989, 75).

Überraschender nach der Vorgeschichte der Verbannung der Fachwörter aus dem Vokabular des *honnête homme* muß demgegenüber die gelegentliche Umkehrung der Verhältnisse wirken, wenn Technizismen nämlich in die Dichtung Einzug halten: Lebrun reimt 1755 *allume* auf *bitume*, Rosset zwanzig Jahre später *écrevisse* auf *solstice*, und der Abbé Delille (1738−1813) gar *syllabe* auf das bei Boileau seinerzeit ironisch verwendete *astrolabe* (vgl. HLF VI, 1195−1199). Auch wenn ein solches Verfahren der Stilmischung nicht allenthalben auf Zustimmung stößt («La fureur de tirer leurs métaphores des termes d'art inconnus à la plupart des lecteurs, est une maladie des Auteurs de ce siècle»; Abbé Féraud 1788/1789; zit. nach Proschwitz 1990, 728), bleibt die Fachsprachenmetaphorik nicht nur in Lyrik und Epik, sondern auch in der politischen Prosa ein beliebtes Stilmittel, und U. Domergues Apostrophierung der französischen Sprache als «le conducteur électrique de la liberté, de l'égalité, de la raison» (vgl. Ricken 1984, 241) belegt einmal mehr den Zusammenhang zwischen einem gewandelten Sozialideal und dem Gebrauch von fachsprachlichem Vokabular.

2.3. Die Diskussion um die Gestaltung der fachsprachlichen Lexik

Vor dem Hintergrund der geschilderten Einflußfaktoren, der Neologiediskussion wie des gewandelten Sozialideals, setzt um die Jahrhundertmitte eine immer intensivere Reflexion ein hinsichtlich der Gestaltung der sich immer weiter entwickelnden Fachterminologien. In der Vergangenheit hatte ein weitgehend arbiträrer und durch keine Konventionen geregelter Umgang mit wissenschaftlichem Fachwortschatz vorgeherrscht — die tausend medizinischen Termini in Furetières Wörterbuch von 1694, 1701 u. ö. (vgl. HLF VI, 541—543) zeugen in ihrer semantischen Unschärfe («jargon obscur; substrat de doctrines plurivoques»; Peter 1971, 16) ebenso von der Wechselwirkung zwischen mangelnder sprachlicher und wissenschaftlicher Präzision wie die knapp fünfzig zeitgenössischen Bezeichnungen für ein chemisches Element wie das Blei (vgl. Storost 1971, 229) —; im Laufe der jahrelangen Debatte um die Berechtigung der newtonschen Naturwissenschaft jedoch entwickelt sich ein Bewußtsein für die Notwendigkeit der Elimination von Polysemie und Synonymie und der Herstellung semantischer Eindeutigkeit im Bereich der Terminologie. «MM. les nouveaux newtoniens doivent réformer leur langage s'ils veulent réformer leur système» (HLF VI, 555), lautet der zunächst spöttische Ratschlag an die Vertreter der modernen Naturwissenschaft, den diese jedoch aufnehmen und auf dessen Grundlage Männer wie der Physiker Nollet (1700—1770) neben einem populärwissenschaftlichen ein bewußt systematisches terminologisches Register konzipieren — «il habitue le public à considérer les termes comme des notations précises où chaque racine conserve une valeur fixe» (HLF VI, 585). Der Entwurf einer neuen Begrifflichkeit scheint auch den Gegenstand jener Diskussion zu bilden, die Buffon in den fünfziger und sechziger Jahren mit den Anhängern des botanischen und zoologischen Klassifikationsschemas Linnés führt. Freilich sind die kritischen Äußerungen Buffons («On s'imagine savoir davantage parce qu'on a augmenté le nombre des expressions symboliques et des phrases savantes. [...] Si tout cela n'était pas donné avec une apparence d'ordre mystérieux et enveloppé de grec [...] aurait-on tant tardé à faire apercevoir le ridicule d'une pareille méthode?»; zit. nach HLF VI, 587, 589) nicht in dem Sinne zu deuten, als stellten sie grundsätzlich die Berechtigung jeglicher Fachterminologien in Frage; dazu erweist sich Buffon selbst als zu gewissenhafter Benutzer einer höchst präzisen Begrifflichkeit (vgl. Roger 1962, CXX—CXXII). Neben fachlich-biologischen Gründen (vgl. dazu etwa Guyénot 1941, 76 f; Ehrard 1970, 113; Gillispie 1980, 192; Janssen/Knabe 1985, 133) veranlaßt Buffon offenbar vor allem die ästhetisch motivierte Sorge um eine möglichst einfache und nicht lächerlich-überladene Fachsprache zur Kritik an Linné — ein Anliegen, das angesichts zahlreicher schwerfälliger Termini («la pénétration [...] devient l'*ingrez*, un repos s'appelle *stase*»; HLF VI, 561) durchaus plausibel erscheint und auch im Umkreis der *Encyclopédie* vertreten wird (vgl. Diderots lakonischen Kommentar «Voilà bien des mots pour rien» — Storost 1971, 229 — wie auch Condorcets Warnung vor einem «style trop fleuri» oder «trop scolastique, plat et barbare» — Farandjis 1990, 201).

Die bedeutendsten Ergebnisse der zeitgenössischen Reflexion über Fachsprache, und zwar nicht nur für Frankreich, sondern auch auf internationaler Ebene, sind sicherlich die Erarbeitung einer Terminologie der chemischen Wissenschaft sowie derjenigen der metrischen Maßeinheiten, die einem für den aufklärerischen Zeitgeist unerträglichen Mißstand («les poids et mesures [...] changent de ville en ville [...], et une nation chez laquelle ce qui est juste vers la Seine est injuste vers le Rhône ne peut guère se glorifier de ses lois»; Voltaire 1877/1885, XXIV, 252) ein Ende bereitet. Betrifft die metrische Reform nur relativ wenige lexikalische Einheiten (Grundeinheiten auf griechischer Basis: *mètre, gramme* (vs. ebenfalls diskutiertes *grave*), *litre* (vs. *pinte* bzw. *cade*). Bruchteile auf lateinischer Basis: *déci-* (vs. *mètredixième* etc.), *centi-, milli-*, Zehnerpotenzen auf griechischer Basis: *deca-* (vs. *dixmètres* etc.), *hecto-, kilo-*; zur Geschichte der Terminologie-Findung in den Jahren 1790—1799, ihrer Vorgeschichte und ihrer nur allmählichen Durchsetzung, vgl. HLF IX, 1147—1168; Fayet 1960, 442—467). So stellt die neue chemische Terminologie ein beliebig ausbaufähiges offenes System dar, dessen Prinzipien zurückgehen auf Guyton de Morveau und vor allem auf Antoine Laurent de Lavoisier, den Entdecker des Wesens der Oxydation und damit den Begründer der modernen, d. h. antiphlogistischen Chemie. Ausgehend von der sensualistischen Philosophie Condillacs («De même que dans l'enfant, l'idée est une suite, un effet de la sensation;

[...] de même aussi, pour celui qui commence à se livrer à l'étude des sciences physiques, les idées ne doivent être qu'une conséquence immédiate d'une expérience ou d'une observation »; Morveau/Lavoisier 1787, 9; zu Condillacs Fachsprachenkonzeption vgl. Kaehlbrandt 1988 und Metzeltin 1989, 122 f) und der aus dieser Philosophie folgenden pädagogischen Funktion fachsprachlichen Handelns (« Une langue bien faite une langue dans laquelle on aura saisi l'ordre successif et naturel des idées, entraînera une révolution nécessaire et même prompte dans la manière d'enseigner »; ebenda 12), propagieren die Autoren eine Terminologie, die präzise, eindeutig und knapp die Wirklichkeit widerspiegeln soll (« La perfection de la nomenclature de la chimie [...] consiste à rendre les idées et les faits dans leur exacte vérité [...]: elle ne doit être qu'un miroir fidèle »; ebenda 14). An die Stelle der „nichtssagenden, verwirrenden Trivialnamen und zahlreichen Synonyme der alten chemischen Bezeichnungsweise" (Storost 1972, 292; vgl. etwa die Termini für „Sauerstoff": *air déphlogistiqué, air empiréal, air vital, base de l'air vital, partie respirable de l'air*, „Stickstoff": *gaz phlogistique, mofette, base de la mofette, partie non respirable de l'air*, und „Wasserstoff": *gaz inflammable, base du gaz inflammable*; vgl. nach Morveau/ Lavoisier 1787, Storost 1971, 264) treten gemäß den hervorstechenden chemischen Eigenschaften motivierte Basistermini auf griechischer Grundlage für die neu bestimmten Elemente (*oxygène, azote, hydrogène*, neben den traditionellen Bezeichnungen für die bekannten Elemente: *or, argent, fer* etc.) bzw. einem System strenger Analogie gehorchende Ableitungen für die entsprechenden chemischen Verbindungen (vgl. die in Morveau/Lavoisier 1787, 40 f, aufgeführten französischen Ableitungen mit einer — z. T. gekürzten — lateinischen Ableitungsbasis: *(acide) sulfurique, (acide) sulfureux* [evtl. unmittelbar entlehnt < lat. *sulfurosu*], *sulfate, sulfite, sulfure* [evtl. unmittelbar entlehnt < lat. *sulfure*]; *-ique* „Säure mit normalem Oxygenationsgrad", vgl. dtsch. *Schwefelsäure*; *-eux* „Säure mit niedrigerem Oxygenationsgrad", vgl. dtsch. *schweflige Säure*; *-ate* „Salz der Säure mit normalem O.grad", vgl. dtsch. *Sulfat*; *-ite* „Salz der Säure mit niedrigerem O.grad", vgl. dtsch. *Sulfit*; *-ure* „Verbindung mit dem reinen Element", vgl. dtsch. *Sulfid*; präzise zu den genannten Termini vgl. Storost 1971, 274—285, 1972, 303—307; zu dem Ableitungssystem vgl. auch Wolf 1991, 154 f; generell zu Morveau, Lavoisier und der Reform der chemischen Terminologie vgl. HLF VI, 649—675; Dagognet 1969, 13—67; Storost 1971, 231—296; 1972; Anderson 1984, 71—156). Gerade die von Lavoisier selbst thematisierte Offenheit des Terminologiesystems (« Pourvu que ce soit une méthode de nommer, plutôt qu'une nomenclature, elle s'adaptera naturellement aux travaux qui seront faits dans la suite »: Morveau/Lavoisier 1787, 16) sichert dem Autor, bei aller berechtigten Kritik an den Schwachstellen und der vielleicht mangelnden Originalität seiner Terminologie (besonders kritisch: Dagognet 1969, 59—67), einen prominenten Platz in der Geschichte der französischen Fachsprachen: « Avec Lavoisier s'achève le mouvement, commencé dès le début du XVIIIe siècle, pour donner à la science française un instrument d'expression adapté à ses connaissances actuelles et aux légitimes ambitions de son avenir » (HLF VI, 674).

3. Herkunft der fachsprachlichen Lexik

Jeglicher Überblick über das fachsprachliche Vokabular des Französischen in der zweiten Hälfte des 18. Jh.s wird — abgesehen von der hinsichtlich jeder Sprache und Epoche bestehenden Schwierigkeit der Abgrenzung von Fach- und Gemeinsprache — erschwert, wenn nicht gar unmöglich gemacht durch das Nichtvorhandensein eines speziellen lexikographischen Zugangs zu diesem Bereich des Wortschatzes. Hoffnungen für die Zukunft sind auf das 1978 ins Leben gerufene C. N. R. S.-Forschungsprojekt *Histoire du Vocabulaire Scientifique* zu setzen, das nicht nur die monographische Darstellung der Geschichte einzelner Fachtermini zum Ziel hat, sondern vor allem auch die Erstellung eines *Dictionnaire Historique du Vocabulaire Scientifique* (vgl. zu diesem Projekt Roger 1980; Groult 1989; 1990). Die Schwierigkeiten, mit denen die Verantwortlichen dieses Projekts sich auseinanderzusetzen haben werden, dürften jedoch die gleichen sein, die sich vor jedem am Fachwortschatz dieser Zeit Interessierten auftürmen: die unüberschaubare Menge auszuwertender zeitgenössischer Fachliteratur (« La France [du XVIIIe s.] nage dans la littérature technique »; Gille 1978, 685; vgl. als kleines Beispiel die Liste der von Diderot benutzten Fachliteratur bei Proust 1957, 348—352); die gewaltige Zahl zeitgenössischer Fachwörterbücher («C'est en effet le siècle du grand inventaire des technolectes»; Bray 1990, 1801; vgl. eine dreistellige Zahl von Titeln aus der zweiten Jahrhunderthälfte in der Bibliographie bei Quemada 1967, 582—596); die ebenfalls gewaltige Bedeutung der fachsprachlichen Lexik innerhalb der *Encyclopédie*, die bislang aber nur für kleine Teilbereiche ausgewertet ist (vgl. etwa Storost 1971, 224—231; Hadjadj-Pailler 1986; Möhren 1986, 345—458; Eluerd 1987; Fierobe 1987); die zwar wachsende, insgesamt jedoch eher geringe fachsprachliche Orientierung der zeitgenössischen gemeinsprachlichen Wörterbücher (vgl. die oben unter 2.1. zitierte Literatur); die nur begrenzte Aussagekraft gemeinsprachlicher Wörterbücher der Gegenwart (unter denen aus Gründen der Datierungsgenauigkeit ohnehin nur TLF und GR in Betracht zu ziehen wären), die logischerweise die für die Sprache der Zeit ebenfalls charakteristischen erfolglosen, d. h. in der Folge nicht fortgeführten Neologismen nicht verzeichnen können; das Nichtvorhandensein verläßlicher, d. h. auf dem neuesten Stand der Belegchronologie befindlicher lexikologischer Studien zum Fachwortschatz des 18. Jh.s (die entsprechenden Abschnitte in Gohin 1903 und Frey 1925 sowie HLF VI, 618—639, dürfen als veraltet gelten). Vor diesem Hintergrund erscheint es sinnvoll, für die folgende Skizze zur Herkunft der Fachneologismen auf einige der wenigen Darstellungen zu einzelnen Fachwortschätzen (zu dem Mangel an einschlägigen Studien vgl. Quemada 1978, 1151) zurückzugreifen: Wexler 1955 (zum Eisenbahnwesen), Zastrow 1963 (zur Luftfahrt), Storost 1971 (zur Chemie), DDL 1992 (zur Physik), Eluerd 1993 (zur Stahlerzeugung); nicht mehr benutzt werden konnte Büchi 1994 (zur Botanik). Ergänzende Informationen generell zu den Entlehnungen und den gelehrten Bildungen wurden Guiraud 1971 und 1978 (bezüglich Etymologie und Datierung nicht immer zuverlässig) sowie Cottez 1980 entnommen. Es braucht kaum betont zu werden, daß es sich angesichts der Unmöglichkeit, ein repräsentatives Korpus zusammenstellen, im folgenden nur um impressionistische Beobachtungen ohne Anspruch auf statistischen Aussagewert handeln kann. Die Anordnung der weitgehend zufällig ausgewählten Beispiele entspricht in etwa dem Gliederungsschema in der Untersuchung von Kocourek (1991, 105—183) zum modernen Fachwortschatz (zu ähnlichen und anderen Modellen der Untergliederung vgl. auch Quemada 1978, 1161, und Fluck 1991, 49—56); die angegebenen Erstbelegdaten stammen, wofern nicht ausdrücklich anders vermerkt, aus dem TLF.

3.1. Neologismen auf Signifikat-Ebene

Ein wichtiger Prozeß der Entstehung fachsprachlichen Vokabulars besteht in der Terminologisierung, d. h. der mit einem Bedeutungswandel verbundenen Überführung formal gleich bleibender lexikalischer Einheiten aus der Gemein- in eine Fachsprache bzw. aus einer Fachsprache in die andere (zu letzterem in der französischen Forschung als «transfert» bezeichneten Verfahren vgl. etwa Di Meo 1988; Fischer 1988; Lepage 1989). Natürlich sind auch die umgekehrte Bewegungsrichtung (Fach- → Gemeinsprache) bzw. eine Kombination verschiedener Verschiebungsprozesse zu beobachten (vgl. als Paradebeispiel das ursprünglich astronomische Fachwort *révolution*, vgl. neben Di Meo 1988 den entsprechenden TLF-Artikel mit ausführlicher Bibliographie auf dem Stand von 1990). Beispiele für die Terminologisierung gemeinsprachlicher Wörter im Untersuchungszeitraum finden sich in den Bereichen Botanik (vgl. den in der Folgezeit wieder aufgegebenen Ersatz fachsprachlicher durch gemeinsprachliche Pflanzenbezeichnungen bei Lamarck 1778, lat. *verbascum* → frz. *bouillon, phleum* → *fleau, polygala* → *laitier, hottonia* → *plumeau*; vgl. Haudricourt 1976, 714), Chemie (*acète*, Mittelalter „Essig", 1783 „Acetat", später *acétate; fulminer*, Mittelalter „lancer la foudre", 1774 „faire explosion") und Physik (*charger, charge, décharge*, 1751 f Fachbedeutung; *fréquence*, 1753 Fachbedeutung; *amplitude*, 15. Jh. „sentiment de grandeur, prestige", 1784 Fachbedeutung; vgl. zu den Datierungen DDL 1992), wobei auch Personennamen eine appellativisch fachsprachliche Bedeutung erhalten können (*nonius, vernier*, 1774 „Hilfsskala bei Längenmeßgeräten", dtsch. *Nonius*, nach den Mathematikern Pedro Nunes und Pierre Vernier; vgl. DDL 1992). Besonders produktiv ist das Verfahren der Terminologisierung im Bereich der neu entwickelten und für Metaphern aufgeschlossenen Luftfahrt (Zastrow 1963, 533, zählt als Sender die semantischen Felder „Vogel/fliegen [...], Wagen/fahren [...], Schiff/segeln [...]" und „Maschine" auf); um 1784 sind für die Ballongondel etwa die Bezeichnungen *gondole, vaisseau, bateau (d'osier), navire, barque, barquette, chaloupe* und *nacelle* üblich, von denen sich letztere, seit dem

11. Jh. als Bezeichnung für ein kleines Ruderboot belegt, durchsetzt unter weitgehender Aufgabe der ursprünglichen und heute nurmehr als poetisches Relikt erhaltenen Bedeutung (vgl. Zastrow 1963, 276−280, und TLF).

3.2. Neologismen auf Signifikant-Ebene

3.2.1. Entlehnungen

Bei den auch in formaler Hinsicht als Neuerungen zu wertenden Neologismen sind in einer ersten Untergliederung die Entlehnungen von den Neubildungen mit Hilfe von Wortbildungsmitteln zu unterscheiden; auf den vielfach problematischen Charakter dieser Unterscheidung sei hier nur am Rande hingewiesen: *sulfure* „Sulfid" (1787) ist formal wohl aus dem Lateinischen entlehnt, steht aber in Lavoisiers und Morveaus System neben anderen französischen Ableitungen auf *-ure* und wird im TLF daher auch prompt als ebensolche (Stamm *sulf-* + Suffix *-ure*) interpretiert (auf die Möglichkeit der Deutung vermeintlicher französischer Bildungen als Entlehnungen nicht aus dem klassischen, sondern aus dem modernen Wissenschaftslatein macht Arveiller 1968 anhand von Beispielen wie *pilulaire* „Käferart" (1754) aus *pilularius* (17. Jh.) und nicht zu *pilule* (+ *-aire*, so TLF) aufmerksam). Die Grenze zwischen den Entlehnungen und den unter 3.1. behandelten Terminologisierungen wird dort unscharf, wo solche als Lehnprägungen fungieren und den eigentlichen Entlehnungen zeitlich vorausgehen: So wird im Bereich der Eisenbahnterminologie vor der Entlehnung von *railway* (1801) und *rail* (1817) Ende des 18. Jh.s mit Termini wie *guide, bande, longuerine, tringle, plaque, barreau,* später auch mit *ornière,* experimentiert (vgl. Wexler 1955, 46−48), und auch *voûte, souterrain, percé(e), percement* übernehmen in jener Zeit provisorisch die eisenbahnfachsprachliche Lehnbedeutung, ehe 1825 der (ursprünglich aus dem Französischen stammende) Anglizismus *tunnel* (rück-) entlehnt wird (vgl. ebenda, 62).

Bei den eigentlichen Entlehnungen stehen die Latinismen, Anglizismen und Germanismen im Vordergrund. Aus dem Lateinischen entlehnt sind etwa die chemischen Termini *alumine* (1782) „Aluminiumoxid, Tonerde", zunächst auch „Aluminium" (in dieser Bedeutung später durch den Anglizismus *aluminon* (1813) / *aluminium* (1819) ersetzt), *carbone* (1787) „Kohlenstoff" und *silice* (1787) „Kieselerde"; das Englische ist stärker im Bereich der Physik (*crown glass, flint-glass* (1764) „Gläser zur Herstellung von optischen Geräten; vgl. DDL 1992), der Medizin (*croup* (1777), dtsch. *Krupp*) und der industriellen Technik (*bloom* (1753); vgl. Eluerd 1993, 238; *coke* (1758), dtsch. *Koks*; vgl. detailliert ebenda, 169−174) vertreten. Aus dem Deutschen stammen die Bezeichnungen für verschiedene Minerale: *blende* (1751), *druse* (1755), *feldspath* (1780), *gneiss* (1759), *hornblende* (1775), *spath* (1751), sowie für das Metall *wolfram* (1759); die im Französischen geläufigere Bezeichnung für dieses Metall lautet *tungstène* (1765) und ist aus dem Schwedischen entlehnt, während bei *nickel* (1765) entweder von einer schwedischen oder einer deutschen Herkunft, in jedem Fall aber von einer Verbindung zum Namen *Nikolaus* als scherzhaftem Benennungsmotiv auszugehen ist. Selten sind spanische Entlehnungen (*calenture* (1750) „Fieberkrankheit bei Seeleuten" sowie das ursprünglich feminine *platine* (1752), das 1787 von Lavoisier und Morveau aus Gründen der Analogie erfolgreich zum Maskulinum umgewandelt wurde, vgl. TLF und Storost 1971, 268 f) sowie Entlehnungen aus den Dialekten (vgl. die wallonischen Bergbautermini *bure* (1751) „bestimmter Schacht" und *grisou* (1796) „Grubengas" sowie einen pikardischen Terminus aus der Textilverarbeitung: *bonjeau/bonjot/bongeau* (1755) „botte de lin immergée pour le rouissage"; zur Datierung vgl. Debrie 1984, s. v.).

3.2.2. Wortneubildungen

Im Bereich der Neubildungen resultiert eine klassifikatorische Schwierigkeit aus dem massiven Auftreten gelehrter Stämme (vgl. zu jedem einzelnen Cottez 1980, s. v.), die − selbst nicht frei vorkommend − an einen freien Stamm treten können und dann wie klassische Affixe fungieren (und deshalb hier als solche und nicht als „Affixoide" o. ä. bezeichnet werden sollen); sie können sich aber auch untereinander verbinden und damit jene Gruppe von Bildungen konstituieren, die in Überschreitung der traditionellen Definition von Komposition im folgenden unter dem Terminus „gelehrte Komposita" abgehandelt werden sollen. Traditionelle zweigliedrige Komposita werden im Untersuchungszeitraum offenbar selten gebildet; einige Nominalkomposita dienen in den Jahren nach 1783 zur Bezeichnung des Montgolfierschen Ballons (*machine-aérostat, globe aérostat, machine / ballon / globe Montgolfier, ballon Blanchard*; vgl. Zastrow 1963, 119 f), und aus der

Physik sind einige V-N-Komposita bekannt (*porte-objet* (1756) „Objektträger (beim Mikroskop)", *garde-tonnerre* (1774) „Blitzableiter"; vgl. DDL 1992; das Synonym *paratonnerre* (1773) ist als Präfixbildung zu deuten, da das durch Italianismen vom Typ *parasol*, *paravent* importierte Element *para-* im Französischen nicht mehr als verbal empfunden wird). Ein weiteres Synonym – *conducteur de foudre* (1774; vgl. DDL, 1992, s. v. *paratonnerre*) – illustriert jedoch bereits die Schwierigkeit der Abgrenzung von Komposita und festen Syntagmen (zur Beschreibung der Lexikalisierung eines solchen Syntagmas im 18. Jh. vgl. Eluerd 1989); letztere treten in allen Bereichen in großer Zahl auf, z. B. in der Physik: *batterie électrique* (1752), *courant électrique* (1788), *chaleur / froid absolu(e)* (1789/1793), *distance focale* (1761) „Brennweite", *matière du /de feu* (1749/1765) „Phlogiston" (zur Datierung vgl. jeweils DDL 1992), in der industriellen Technik: *machine à feu* (1770), *pompe à feu* (1794/95), *machine à vapeur* (1794/95, so Wexter 1955, 98, vs. 1818, TLF) – Bezeichnungen für die Dampfmaschine, deren letzte sich erst im 19. Jh. durchsetzt (vgl. auch vielgliedrige Syntagmen: *machine mue par la force de la vapeur de l'eau* (1784); vgl. Wexler 1955, 98) –, *voie ferrée* (1765, zunächst mehrdeutig, da, wie mlat. *via ferrata*, auch zur Bezeichnung gepflasterter Straßen gebräuchlich), *chemin de fer* (1784; vgl. jeweils Wexler 1955, 18 f), *voiture à feu / mue par le feu* (1771), Bezeichnungen für das dampfgetriebene Fahrzeug Cugnots; vgl. Wexler 1955, 97). Zu nennen sind schließlich auch weitere Bezeichnungen für den Montgolfierschen Ballon aus den Jahren 1783 und 1784: *machine aérostatique, barque aérienne / aérostatique / volante, bateau aérien / volant, bâtiment aérien, chaloupe aérienne* (vgl. Zastrow 1963, 224 f, 555).

Zahlenmäßig am stärksten vertreten sind demgegenüber natürlich die Bildungen mit mindestens einem gebundenen Formans, mithin die Ableitungen und gelehrten Komposita. Gelehrte Präfixe vor freiem Stamm scheinen dabei in einstweilen nur relativ begrenztem Ausmaß produktiv: *biconvexe* (1766), *anélectrique* (1771) „électrique par communication", *idio(-)électrique* (1771) „électrique par le frottement", *idioélectricité* (1785), *électrico-conducteur* (1775; erster Bestandteil später zu *électro-*reduziert: *électro-aimant* (1832); vgl. zu allen Formen DDL 1992); *supersaturé* (1799; DDL 1992) „übersättigt" hat sich gegenüber *sursaturé* (1787) nicht durchgesetzt, und auch in anderen Fachsprachen sind volkstümliche Präfixvarianten noch produktiv: *désacérer* (1762; vgl. Eluerd 1993, 90), *désoxygéner* (1797). Sehr beliebt sind dagegen bereits die gelehrten Komposita, beispielsweise zur Bezeichnung von Meßgeräten (*diaphanomètre* (1799) „zur Messung der Durchsichtigkeit der Atmosphäre", *élatéromètre* (1770) „zur Messung der Luftdichte", *sphéromètre* (1776) „zur Messung der Lichtbrechung", *udomètre* (1774) „zur Messung der Regenmenge") und von Geräten zur Erzeugung des im Stamm Genannten (*électrophore* (1776) „zur Erzeugung statischer Energie", *pyrophore* (1753), zunächst „brennbare Substanz", dann auch „Streichholzhalter"). Mit Mitteln der gelehrten Komposition sind auch die unter 2.3. bereits erwähnten Beziehungen für die von Lavoisier/Morveau neu bestimmten wichtigsten chemischen Elemente gebildet: *azote* (1787) „Stickstoff" ist in der Konzeption der Autoren das Element, welches das Leben (*-zote*) der Tiere nicht (*a-*) erhält, *oxygène* (1783) „Sauer-" bzw. *hydrogène* (1787) „Wasserstoff" bilden (*-igène / -ogène*) Säure (*ox(y)-*) bzw. Wasser (*hydr-*) (vgl. Storost 1971, 264–268). Spätere sprachwissenschaftliche Kritik an der Gestalt des jeweils zweiten Formans (A. Darmesteter: «Il aurait fallu *-génète»*; zit. nach Storost 1971, 266; zur Selbstrechtfertigung Lavoisiers vgl. Cottez 1980, 162) hat den Erfolg dieser Bildungen als Pilotwörter und die Verselbständigung von *-igène / -ogène* als produktives Suffix nicht schmälern können; bereits ein zeitgenössischer Kritiker Lavoisiers schlägt 1787 als Alternative zu *hydrogène* die nach dem gleichen Prinzip gebildeten Termini *éléogène* (zum Stamm *éléo-* „Öl-") bzw. *ammoniacogène* vor (vgl. Storost 1971, 289). Auch *aéronaute* (1784), die wohl nach dem Vorbild von *argonaute* gebildete Bezeichnung für den Ballonfahrer, besitzt eine solche Pilotfunktion und motiviert moderne Nachfolgebildungen wie *astronaute, cosmonaute, océanaute* etc. (cf. TLF, Zastrow 1963, 309–311; Cottez 1980, 263 f).

Unter den Suffixbildungen im traditionellen Sinne befinden sich Verben (auf *-er*: *aimanter* (1777; vgl. DDL 1992), *oxygéner* (1787); auf *-iser*: *électriser* (1749; vgl. DDL 1992), *minéraliser* (1751; vgl. Eluerd 1993, 121); Lavoisier diskutiert über die Verwendung der Partizipialformen *carboné, phosphoré, sulfuré* vs. *carbonisé, phosporisé, sulfurisé*, vgl. Storost 1971, 282, vs. TLF, wo s. vv. teilweise Erstbelege erst aus dem 19. Jh. angeführt werden), Adjektive (auf *-ique: métallurgique* (1752; vgl. Eluerd 1993, 125), *ballonique* (1784; vgl. Zastrow 1963, 407), *hygroscopique* (1799; vgl. DDL 1992), sowie die unter 2.3. bereits erwähnten Säurebezeichnungen vom Typ *(acide) sulfurique, phosphorique* etc., vgl. auch *(acide) prussique* (1787) „Blausäure", übertragen auch: „qui a un effet corrosif, pernicieux"; auf *-eux:* Säurebezeichnungen vom Typ *(acide) phosphoreux* etc. (vgl. Storost 1971, 274); seltener Adjektive auf *-aire: aimantaire* (1777; vgl. DDL 1992), zu *aimant* „Magnet", *bolaire* (1762), zu *bol*, dtsch. *Bol(us)* „Ton"), vor allem jedoch Substantive. Das Lavoisiersche Ableitungsprinzip zur Benennung chemischer Verbindungen mit Hilfe der Suffixe *-ate, -ite* und *-ure* wurde bereits unter 2.3. vorgestellt; charakteristisch für sie wie auch für andere fachwörtliche Suffixe ist die Entstehung durch einen bewußten planerischen Eingriff des Terminologen, motiviert durch die Herauslösung der Formantien aus entlehnten Pilotwörtern (*-ure* aus *sulfure*, vgl. oben 2.3., 3.2.1., *-ate* aus *muriate* zu *acide muriatique* „Salzsäure" < lat. *muriaticu*) bzw. durch willkürliche Systematisierung (vgl. Cottez 1980, 40, 210, 444f). Gelehrte Suffixe dienen auch zur Bildung von Abstrakta: *électrisabilité* (1767; vgl. DDL 1992), *carbonisation* (1789), *oxygénation* (1789), *aciérification* (1798; vgl. Eluerd 1993, 92), *aérostation* (1784) „construction ou fonctionnement des aérostats" (analog wohl zu *navigation*, vgl. Zastrow 1963, 314); letztere Bildung konkurriert bis ins 20. Jh. (vgl. ebenda, 365—370) mit den beiden anderen Termini zur Bezeichnung der Luftschiffahrt: *aérostatique* (1784 als Substantiv, 1783 als Relationsadjektiv), *aéronautique* (1785 als Substantiv, 1784 als Relationsadjektiv). Bei der Bildung von Nomina Agentis dagegen kommen neben gelehrten Suffixen (vgl. die Bezeichnungen für „Ballonnarren" aus dem Jahr 1783: *aéromane, balloniste*; vgl. Zastrow 1963, 400) auch solche volkstümlicher Art zum Einsatz: *lamineur* (1791; vgl. Eluerd 1993, 307), *électriseur* (1749), *électricien* (1752; vgl. jeweils DDL 1992), *aérostier* (1794) „Ballonfahrer" (vs. die weniger erfolgreichen Ableitungen *aérostatier, aérostateur, aérost(at)icien*; vgl. Zastrow 1963, 311—315). Erwähnung verdienen auch die immer zahlreicher werdenden Ableitungen auf Personennamenbasis: *frankliniste* (1767), *franklinisme* (1776), *galvanique* (1797; vgl. jeweils DDL 1992), *galvanisme* (1797), *montgolfière* (1784; zunächst auch *la Montgolfier*; vgl. auch die Bezeichnungen für die Luftschiffe der Montgolfier-Konkurrenten J.-A.-C. Charles und der Gebrüder Robert: *Caroline, Charlotte, Charlière, Robertine*; vgl. Zastrow 1963, 117—147), sowie ganze Serien von adjektivischen und substantivischen Ableitungen zu den Namen Montgolfier oder auch Mesmer, bis hin zu *montgolfisation* (1784) und *mesmérisable* (1783; vgl. ebenda, 406). Zumindest am Rande zu vermerken sind schließlich auch andere Wortbildungsverfahren wie etwa das der Kontamination, das neben einigen marginalen Termini (Pflanzenbezeichnungen *laurose* für *laurierrose, jérose* für *rose-de-Jérusalem* bei Lamarck 1789; vgl. Haudricourt 1976, 715; ein Vogelname bei Buffon 1783: «Comme cet oiseau tient du *barbu* et du *tucan*, nous avons cru pouvoir le nommer *barbican*»; vgl. Schmidt 1993, 71) möglicherweise einer immerhin so bedeutsamen Bildung wie *oxyde* (Formans *oxy-* + *acide*; vgl. Storost 1971, 278) zugrunde liegt.

Die Analyse der Herkunft fachsprachlicher Lexik zeigt, daß das Französische des späten 18. Jh.s über eine Vielzahl von Möglichkeiten zur Bereicherung der technisch-wissenschaftlichen Terminologien verfügt — Möglichkeiten, die es in den folgenden Jahrzehnten in ständig steigendem Maße nutzen wird. Unabhängig von den konkreten Einzelergebnissen tritt jedoch auch der immer enger werdende Zusammenhang zwischen sprachlicher und gesamtgesellschaftlicher Entwicklung zutage; «je retiens [...] en conclusion», so J. Ladrière in der Schlußsitzung eines Kolloquiums zur Fachsprachenlexik (Terminologie 1989, 289), «l'idée d'une interaction très étroite entre la diachronicité interne des processus de création terminologique et d'autre part, l'historicité générale qui emporte le savoir et les techniques».

4. Literatur (in Auswahl)

Anderson 1984 = Wilda C. Anderson: Between the library and the laboratory. The language of chemistry in eighteenth-century France. Baltimore. London 1984.

Armogathe 1973 = Jean-Robert Armogathe: Néologie et idéologie dans la langue française au 18e siècle. In: Dix-Huitième Siècle 5. 1973, 17—28.

Arveiller 1968 = Raymond Arveiller: De l'importance du latin scientifique des XVIe—XVIIIe s. dans la création du vocabulaire technique français à la même époque. In: XI Congreso Internacional de Lingüística y Filología Románicas. Actas. Publicadas por Antonio Quilis. Vol. II. Madrid 1968 (Revista de Filología Española, Anejo LXXXVI), 501—522.

Baum 1989 = Richard Baum: Sprachkultur in Frankreich. Texte aus dem Wirkungsbereich der Académie française. Bonn 1989.

Boulanger 1989 = Jean-Claude Boulanger: L'évolution du concept de NEOLOGIE, de la linguistique aux industries de la langue. In: Terminologie 1989, 193–211.

Bouverot 1987 = Danielle Bouverot: Les vocabulaires de spécialités: réflexions sur la nomenclature. In: Etude critiques sur Féraud lexicographe. Tome I. Paris 1987 (Collection de l'Ecole Normale Supérieure de Jeunes Filles, n° 38), 157–199.

Bray 1990 = Laurent Bray: La lexicographie française des origines à Littré. In: Wörterbücher. Ein internationales Handbuch zur Lexikographie. Hrsg. v. Franz Josef Hausmann, Oskar Reichmann, Herbert Ernst Wiegand und Ladislav Zgusta. Zweiter Teilband. Berlin. New York 1990 (HSK 5.2), 1788–1818.

Büchi 1994 = Eva Büchi: Les noms de genres dans la *Flore Française* de Lamarck (1778). Genèse et réception d'une terminologie. In: Revue de Linguistique Romane 58. 1994, 97–141.

Chevalier 1990 = Jean-Claude Chevalier: Ferdinand Brunot (1860–1937). La diffusion du français dans l'*Histoire de la langue française* (1905–1937). Etude de la méthode d'analyse. In: Etudes de Linguistique Appliquée 78. 1990, 109–116.

Cottez 1980 = Henri Cottez: Dictionnaire des structures du vocabulaire savant. Eléments et modèles de formation. 2ᵉ éd., revue et complétée. Paris 1980.

Dagognet 1969 = François Dagognet: Tableaux et langages de la chimie. Paris 1969.

Daumas 1953 = Maurice Daumas: Les instruments scientifiques aux XVIIᵉ et XVIIIᵉ siècles. Paris 1953.

Daumas 1968 = L'expansion du machinisme. Publié sous la direction de Maurice Daumas. Paris 1968 (Histoire générale des techniques 3).

DDL 1992 = Datations et Documents Lexicographiques. Vol. 41: Matériaux pour l'histoire du vocabulaire français. Vocabulaire des Sciences physiques mil. XVIIᵉ s. – déb. XXᵉ s. Réunis par Philippe Pluvinage. Paris 1992.

Debrie 1984 = René Debrie: Glossaire du moyen picard. Amiens 1984.

Di Meo 1988 = Antonio Di Meo: *Révolution* et *Equilibre*. Science, histoire et histoire des sciences au XVIIIᵉ siècle. In: Transfert de vocabulaire dans les sciences. Volume préparé par Martine Groult. Paris 1988, 113–124.

Ehrard 1970 = Jean Ehrard: L'idée de nature en France à l'aube des Lumières. Paris 1970.

Eluerd 1987 = Roland Eluerd: Diderot „Editeur": l'article *Acier* de l'*Encyclopédie*. In: L'Information Grammaticale 34. 1987, 22–30.

Eluerd 1989 = Roland Eluerd: *Maître de forges*. Ou comment le mot composé « prend ». In: L'Information Grammaticale 42. 1989, 32–34.

Eluerd 1993 = Roland Eluerd: Les mots du fer et des lumières. Contribution à l'étude du vocabulaire de la sidérurgie française (1722–1812). Paris 1993.

Encyclopédie = Encyclopédie, ou dictionnaire raisonné des sciences, des arts et des métiers, par une société de gens de lettres. Mis en ordre et publié par M. Diderot […] et quant à la partie mathématique, par M. d'Alembert. Paris 1751–1780. Nouvelle impression en facsimilé. 35 volumes. Stuttgart–Bad Cannstatt 1966/1967.

Farandjis 1990 = Stélio Farandjis: Langue, science et société chez Condorcet. In: Le Français Moderne 58. 1990, 190–223.

Fayet 1960 = Joseph Fayet: La Révolution française et la science 1789–1795. Paris 1960.

Fierobe 1987 = Nicole Fierobe: Etude sur un langage verrier. In: La Banque des Mots 34. 1987, 167–194.

Fischer 1988 = Jean-Louis Fischer: Les transferts de vocabulaire de l'électricité à la médecine au dix-huitième siècle. In: Transfert de vocabulaire dans les sciences. Volume préparé par Martine Groult. Paris 1988, 49–66.

Fluck 1991 = Hans-Rüdiger Fluck: Fachsprachen. Einführung und Bibliographie. 4. Auflage. Tübingen 1991 (Uni-Taschenbücher 483).

Frey 1925 = Max Frey: Les transformations du vocabulaire français à l'époque de la Révolution (1789–1800). Paris 1925.

Gille 1952 = L'*Encyclopédie*, dictionnaire technique. In: L'« Encyclopédie » et le progrès des sciences et des techniques. Paris 1952, 187–214.

Gille 1978 = Histoire des techniques. Technique et civilisations. Technique et sciences. Publié sous la direction de Bertrand Gille. Paris 1978 (Encyclopédie de la Pléiade 41) [Großteil der Artikel verfaßt v. Hrsg.; mit *Gille 1978* versehene Zitate verweisen mithin alle auf G. nicht nur als Hrsg., sondern auch als Vf.].

Gillispie 1980 = Charles Coulton Gillispie: Science and polity in France at the end of the Old Regime. Princeton 1980.

Gohau 1990 = Gabriel Gohau: Les Sciences de la Terre aux XVIIᵉ et XVIIIᵉ siècles. Naissance de la géologie. Paris 1990.

Gohin 1903 = Ferdinand Gohin: Les transformations de la langue française pendant la deuxième moitié du XVIIIᵉ siècle (1740–1789). Paris 1903.

GR = Le Grand Robert de la langue française. Dictionnaire alphabétique et analogique de la langue française. De Paul Robert. Deuxième édition entièrement revue et enrichie par Alain Rey. 9 volumes. Paris 1985.

Groult 1989 = Martine Groult: Le GRECO. In: Terminologie 1989, 45–47.

Groult 1990 = Martine Groult: L'histoire du vocabulaire scientifique en France. In: Lebende Sprachen 35. 1990, 66 f.

Guiraud 1971 = Pierre Guiraud: Les mots étrangers. 2ᵉ éd. Paris 1971 (Que sais-je? N° 1166).

Guiraud 1978 = Pierre Guiraud: Patois et dialectes français. 3ᵉ éd. Paris 1978 (Que sais-je? N° 1285).

Guyénot 1941 = Emile Guyénot: Les sciences de la vie aux XVIIᵉ et XVIIIᵉ siècles. L'idée d'évolution. Paris 1941.

Hadjadj-Pailler 1986 = Dany Hadjadj-Pailler: Les lexiques techniques dans l'*Encyclopédie*: problèmes et méthode. Etude d'un cas particulier: le lexique de la coutellerie. In: Le Français Moderne 54. 1986, 179−219.

Haudricourt 1976 = André Haudricourt: J. B. Monet de Lamarck, botaniste et lexicographe. In: Actes du XIIIᵉ Congrès International de Linguistique et Philologie Romanes, tenu à Laval (Québec, Canada) du 29 août au 5 septembre. Publiés par Marcel Boudreault et Frankwalt Möhren. Vol. 1. Québec 1976, 713−716.

Helgorsky 1981 = Françoise Helgorsky: Les méthodes en histoire de la langue. Evolution et stagnation. In: Le Français Moderne 49. 1981, 119−144.

HLF VI = Ferdinand Brunot [/Max Fuchs / Alexis François]: Histoire de la langue française des origines à nos jours. Tome VI (2 parties, 4 fascicules): Le XVIIIᵉ siècle. Paris 1930−1933. Nouvelle éd. Paris 1966.

HLF IX = Ferdinand Brunot: Histoire de la langue française des origines à nos jours. Tome IX (2 parties): La Révolution et l'Empire. Paris 1927/1937. Nouvelle éd. Paris 1967.

Janssen / Knabe 1985 = Paul Janssen / Peter-Eckhard Knabe: Naturwissenschaften. In: Frankreich im Zeitalter der Aufklärung. Eine Kölner Ringvorlesung. Hrsg. v. Peter-Eckhard Knabe. Köln 1985, 105−139.

Kaehlbrandt 1988 = Roland Kaehlbrandt: Condillacs „Art d'Ecrire" und „Le commerce et le gouvernement". Sensualistische Stiltheorie und sensualistischer Fachtext. In: Fachsprachen in der Romania. Hrsg. v. Hartwig Kalverkämper. Tübingen 1988, 80−90.

Klemm 1977 = Friedrich Klemm: Naturwissenschaften und Technik in der Französischen Revolution. München. Düsseldorf 1977 (Deutsches Museum. Abhandlungen und Berichte 45, 1).

Kocourek 1991 = Rotislav Kocourek: La langue française de la technique et de la science. Vers une linguistique de la langue savante. Deuxième édition augmentée, refondue et mise à jour avec une nouvelle bibliographie. Wiesbaden 1991.

Lepage 1989 = Th. Lepage: L'astronymie occidentale de la préhistoire à nos jours. In: Terminologie 1989, 108−133.

Macary 1973 = Jean Macary: Les dictionnaires universels de Furetière et de Trévoux, et l'esprit encyclopédique moderne avant *L'Encyclopédie*. In: Diderot Studies 16. 1973, 145−158.

Metzeltin 1989 = Michael Metzeltin: La fabrication des allumettes: kritisch-didaktische Analyse eines populärwissenschaftlichen Artikels. In: Technische Sprachen und Technolekte in der Romania. Romanistisches Kolloquium II. Hrsg. v. Wolfgang Dahmen, Günter Holtus, Johannes Kramer und Michael Metzeltin. Tübingen 1989, 120−137.

Möhren 1986 = Frankwalt Möhren: Wort- und sachgeschichtliche Untersuchungen an französischen landwirtschaftlichen Texten, 13., 14., 18. Jahrhundert. *Seneschaucie*, *Menagier*, *Encyclopédie*. Tübingen 1986 (Beih. zur Zeitschrift für romanische Philologie, Band 197).

Mortureux 1973 = Marie-Françoise Mortureux: A propos du vocabulaire scientifique dans la seconde moitié du XVIIᵉ siècle. In: Langue Française 17. 1973, 72−81.

Morveau / Lavoisier 1787 = Méthode de nomenclature chimique proposée par MM. de Morveau, Lavoisier, Bertholet et de Fourcroy. Paris 1787.

Mousnier 1958 = Roland Mousnier: Progrès scientifique et technique au XVIIIᵉ siècle. Paris 1958.

Peter 1971 = Jean-Pierre Peter: Les mots et les objets de la maladie. Remarques sur les épidémies et la médecine dans la société française de la fin du XVIIIᵉ siècle. In: Revue Historique 95. Tome 246. 1971, 13−38.

Proschwitz 1990 = Gunnar von Proschwitz: Le cosmopolitisme lexical au XVIIIᵉ siècle. Un aspect de l'universalité de la langue française. In: Langue, littérature du XVIIᵉ et du XVIIIᵉ siècle. Mélanges offerts à M. le Professeur Frédéric Deloffre. Textes réunis par Roger Lathuillère. Paris 1990, 721−730.

Proust 1957 = Jacques Proust: La documentation technique de Diderot dans l'« Encyclopédie ». In: Revue d'Histoire Littéraire de la France 57. 1957, 335−352.

Quemada 1967 = Bernard Quemada: Les dictionnaires du français moderne. 1539−1863. Etude sur leur histoire, leurs types et leurs méthodes. Paris. Bruxelles. Montréal 1967.

Quemada 1978 = Bernard Quemada: Technique et langage. In: Gille 1978, 1146−1240.

Ricken 1984 = Ulrich Ricken: Sprache, Anthropologie, Philosophie in der französischen Aufklärung. Ein Beitrag zur Geschichte des Verhältnisses von Sprachtheorie und Weltanschauung. Berlin 1984.

Roger 1962 = Jacques Roger: Introduction. In: Buffon. Les époques de la nature. Édition critique par Jacques Roger. Paris 1962 (Mémoires du Muséum National d'Histoire Naturelle, Série C, 10), IX−CLII.

Roger 1963 = Jacques Roger: Les sciences de la vie dans la pensée française du XVIIIᵉ siècle. La génération des animaux de Descartes à l'Encyclopédie. Paris 1963.

Roger 1980 = Jacques Roger: Présentation. In: Documents pour l'Histoire du Vocabulaire Scientifique 1. 1980, I–III.

Schlieben-Lange 1985 = Brigitte Schlieben-Lange: Die Wörterbücher in der Französischen Revolution (1789–1804). In: Handbuch politisch-sozialer Grundbegriffe in Frankreich 1680–1820. Hrsg. v. Rolf Reichardt und Eberhard Schmitt. Heft 1/2. München 1985, 149–189.

Schmidt 1993 = Jean Schmidt: Pour une élucidation des étymologies vulgaires et scientifiques des realia de l'Afrique noire. In: Encyclopédies et dictionnaires français (Problèmes de norme(s) et de nomenclature). Actes de la 2ème Table ronde de l'APRODELF (Venelles – 12–13 juin 1992). Publiés par Daniel Baggioni. Aix-en-Provence. Marseille 1993, 59–85.

Seguin 1972 = Jean-Pierre Seguin: La langue française au XVIIIe siècle. Paris. Bruxelles. Montréal 1972.

Sewell 1980 = William H. Sewell, Jr.: Work and revolution in France. The language of labor from the old regime to 1848. Cambridge et al. 1980.

Terminologie 1989 = Terminologie diachronique. Actes du colloque organisé à Bruxelles les 25 et 26 mars 1988. Rédaction C. de Schaetzen. [o. O.] 1989.

TLF = Trésor de la Langue Française. Dictionnaire de la langue du XIXe et du XXe siècle (1789–1960). Publié sous la direction de Paul Imbs. [Ab Bd. VIII:] Réalisé sous la direction scientifique de Bernard Quemada. 16 volumes. Paris 1971–1994.

Voltaire 1877–1885 = Voltaire. Oeuvres complètes. Nouvelle édition, publiée par Louis Moland. 52 volumes. Paris 1877–1885.

Wexler 1955 = Peter J. Wexler: La formation du vocabulaire des chemins de fer en France (1778–1842): Genève. Lille 1955.

Wolf 1991 = Heinz Jürgen Wolf: Französische Sprachgeschichte. Heidelberg 1979. 2., durchges. und erg. Aufl. Heidelberg. Wiesbaden 1991 (UTB 823).

Zastrow 1963 = Dieter Zastrow: Entstehung und Ausbildung des französischen Vokabulars der Luftfahrt mit Fahrzeugen „leichter als Luft" (Ballon, Luftschiff) von den Anfängen bis 1910. Tübingen 1963 (Beih. zur Zeitschrift für romanische Philologie 105).

Alf Monjour, Bonn/Jena

271. Wissenschaftssprachliche Stilistik im Frankreich des 18. Jahrhunderts unter besonderer Berücksichtigung der „Economie politique"

1. Neues Denken, neue Leitbilder
2. Das Ringen um sprachliche Bewältigung
3. Sprache, Wissenschaftssprache und Stil – Condillac
4. Eine neue Wissenschaft: die „Economie politique"
5. Stiltendenzen in den Frühwerken der „Economie politique"
6. Literatur (in Auswahl)

1. Neues Denken, neue Leitbilder

Im 18. Jh. vollzieht sich in Frankreich eine wissenschaftliche Revolution. Durch neue Entdeckungen, die zurückliegende metaphysische Dogmen und Maximen widerlegen und sich auf – zunächst – unangreifbar scheinende Sachverhalte und Erfahrungen stützen, rücken die Analyse des konkret Faßbaren und das vom Konkreten ausgehende Schlußfolgern in das Zentrum wissenschaftlichen Denkens. Dabei hatte das 17. Jh. Vorarbeit geleistet: Bereits Bacon, Newton und Locke hatten naturwissenschaftliche und erkenntnistheoretische Methoden und Erklärungsansätze entwickelt und verbreitet, die scholastische Dogmen beiseite schoben und die Perspektive der Erklärbarkeit der Welt durch Empirie eröffneten.

In Frankreich wiesen die Widerlegung cartesianischer Behauptungen in Biologie, Astronomie und Physik den Weg zur Induktion. Dienten Descartes Wissenschaft, Theologie und Metaphysik zum Verstehen menschlicher Erfahrung, so nutzten die nachfolgenden Generationen von Wissenschaftlern die Erfahrung als Ausgangspunkt ihrer Forschung, nicht aber als Bestätigung deduktiv hergeleiteter Maximen. Mehr noch: Die Abstraktion, teilweise die Metaphysik schlechthin, gerieten in Verruf, wurden zu Synonymen für irreführende Behauptungen. So denunziert der Marquis de Mirabeau (1764, VI) die «idées abstraites et générales» als Ursprung menschlichen Irrens und beklagt, daß der Mensch «veut s'épargner les recherches de détail, et son imagination l'entraîne dans le vuide immense des visions métaphysiques» (VII). Besonders die Enzyklopädie ist Beispiel für die Loslösung von abstraktem Systemdenken und für die Hinwendung zu empirischer, gleichwohl systematischer Erfassung der Wirklichkeit.

Trotz vehementer Bekenntnisse zu Erfahrung und Faktum bleibt jedoch auch das wissenschaftliche Denken des 18. Jh.s geprägt von Spekulation. Der Ökonom René Gonnard (1923, 115) schreibt ironisch über das «siècle, qui parlait sans cesse de fait et d'expérience, tout en raisonnant toujours, et qui confondait volontiers la nature avec la raison, et celle-ci avec la logique personelle de chaque penseur».

In der Tat mag es den heutigen Leser verwundern, mit welcher Gewißheit der Sprachphilosoph Condillac die leiblichen Bedürfnisse des Menschen als Ursprung der Sprache identifiziert und wie ebenso selbstverständlich Rousseau die Leidenschaft als verantwortlich für die Sprachschöpfung ausmacht. Dennoch haben die Bemühungen um systematische Erfassung von Faktum und Erfahrung eine Fülle von Erkenntnissen hervorgebracht, die vielleicht weniger im einzelnen Forschungsergebnis als vielmehr im methodischen Zugriff den Beginn neuen wissenschaftlichen Denkens markieren — und das Entstehen neuer wissenschaftlicher Disziplinen. Buffon, Maupertius, La Mettrie, Quesnay, Lavoisier, Réaumur sind nur wenige aus der langen Namensliste derer, die als Mitbegründer der modernen Biologie, Physik, Chemie, Nationalökonomie etc. zu nennen sind.

Die Herausbildung der wissenschaftlichen Disziplinen setzte Spezialisierung voraus. Diese war nur durch eine Überwindung jener Sichtweise möglich, die noch das 17. Jh. geprägt hatte: Die Geißelung des „Pédant" durch Molière spiegelt den detailfeindlichen Zusammenhang von Wissens- und Kommunikationsideal wider, das den „honnête homme" auszeichnete: Nicht die Zurschaustellung detaillierter Sachkenntnisse, sondern die elegante, geistreiche Plauderei war gefragt, ein gepflegter Dilettantismus, der die Konversation anregte, statt eines trockenen Sachverstandes. Man ermißt den Umbruch sozialer und kultureller Leitbilder, der sich im 18. Jh. vollzieht, angesichts Voltaires Klage über die Übermacht der Physik gegenüber der schönen Literatur: «J'ai aimé la physique, tant qu'elle n'a point voulu dominer sur la poésie, à présent qu'elle écrase les beaux-arts, je ne veux plus la regarder que comme un tyran de mauvaise compagnie» (Brief vom 23. 8. 1741, zit. nach Schalk 1960, 115 f).

Doch steht die Spezialisierung der Wissenschaften noch am Anfang; zahlreiche Denker wenden sich verschiedenen Disziplinen zu: Der Verfasser des Artikels „Economie politique" in der Enzyklopädie heißt Rousseau, der Sprachphilosoph Condillac ist zugleich Begründer einer bedeutenden wirtschaftswissenschaftlichen Schule; der Vater der französischen Nationalökonomie, Quesnay, ist Leibarzt von Louis XV. Das vielseitige wissenschaftliche Interesse wird gebündelt unter dem neuen Leitbegriff „philosophie". Gegenüber dem 17. Jh. wandelt sich seine Bedeutung grundlegend. „Philosophie" ist nun Ausdruck wissenschaftlicher Betätigung auf der Grundlage vernünftiger Prinzipien und Methoden. Die „Philosophie" und mit ihr die „philosophes" werden rasch allzuständig. Ob Regierungskunst, Erziehungsfragen, Naturgeschichte oder Mathematik: Kein Gegenstand, der sich dem Siegeszug des Diskurses der Vernunft entziehen könnte — zumal nach dem Triumph der Enzyklopädie in der Jahrhundertmitte. Ein „philosophe" ist nun, so Diderot, «un honnête homme qui agit en tout par raison» (zit. nach Brunot 1966, 13).

In dieser Begriffsbestimmung scheint insbesondere das aktive Element der „philosophes" auf. Auch wenn die soziale Frage erst im folgenden Jahrhundert umfassend behandelt werden wird, sind die Protagonisten der neuen Ideen doch der publikumswirksamen Verbreitung, der öffentlichen Diskussion verpflichtet: «Ils veulent plaire, mais agir et souvent plaire pour agir» (Brunot 1966, 26). Die Aufnahme durch alte und neue gebildete Schichten ist günstig. In Salons, Clubs und wissenschaftlichen Gesellschaften werden die Theorien rasch verbreitet. Vorlesungen finden großen Zulauf; erste wissenschaftliche Zeitschriften werden gegründet; eine ganze Reihe von vulgarisierenden, gleichwohl fachbezogenen Textgattungen erfährt einen ungekannten Aufschwung: Traités, Entretiens, Réflexions, Dialogues werden zu Hunderten verfaßt und finden ihre Leser (vgl. Kalverkämper 1989, 23 ff). Publikumserfolge wie Fontenelles «Entretiens sur la Pluralité des Mondes», Mirabeaus «Ami des hommes» und nicht zuletzt die rasch vertriebenen Auflagen der Enzyklopädie sind Zeichen, daß sich die «classe nouvelle de curieux» (Brunot

1967, 15) die Wissenschaften zum neuen Konversationsstoff auserkoren hat: «[...] bien que l'acceptation de nouvelles idées par la „société" fût souvent frivole et superficielle, le scientifique qui savait éviter la censure et s'exprimer dans une prose élégante était sûr de trouver une audience favorable, quelle que fût la hardiesse de ses spéculations» (Hampson 1972, 198).

2. Das Ringen um sprachliche Bewältigung

Doch wie sollte man über die neuen Gegenstände schreiben? An welches Publikum sollten sich die Gelehrten wenden — an die gebildete Öffentlichkeit oder an die sich konstituierende Fachwelt? Welcher Form war der Vorzug zu geben: einer vulgarisierenden Darstellungsweise oder einer „langue de laboratoire"? Und wie war schließlich das Verhältnis von Sprache, Wissen und Wissenschaft zu bestimmen — instrumentell oder konstitutiv? Diese Fragen stellten sich nicht mit einem Male; wohl aber ergaben sie sich zwingend im Laufe der Entstehung und der Weiterentwicklung der Disziplinen. Daß sie sich erst im 18. Jh. in aller Schärfe stellten, hängt nicht nur mit dem wissenschaftlichen Fortschritt zusammen, sondern ist auch dem kulturellen Erbe der französischen Klassik geschuldet. Die gestrenge Klassik hatte durch das Diktat des „bon usage" und das Leitbild des „honnête homme" der Ausweitung des Wortschatzes enge Fesseln angelegt. Da Fachlichkeit als Pedanterie galt, konnte kein geschärftes Bewußtsein für das Erfordernis einer systematischen sprachlichen Bewältigung des vorhandenen Wissensstandes entstehen, zumal „die Literatursprache, der Grammatik und Rhetorik folgend, zugunsten der *bienséance*, *justesse* und *honnêteté* stets bemüht ist, alles was an den Alltag, an die Berufs- und Fachsprache auch nur entfernt erinnert, auszuscheiden [...]" (Schalk 1960, 109).

Zwar hat die Grammatik von Port Royal (1660) die Grundlage für eine Sprachbetrachtung gelegt, die an die Stelle vormals ästhetischer Kriterien die Logik setzte und damit indirekt sachlichen Darstellungsarten zugute kam; zwar war ferner ebendiese Grammatik Ausgangspunkt für eine sprachphilosophische Diskussion, die in der Auseinandersetzung zwischen Rationalisten und Sensualisten das 18. Jh. prägen sollte (vgl. 3.) — die Bedeutung, die die Fachsprachen für Systematisierung, Weiterentwicklung und Verbreitung wissenschaftlichen Gedankenguts haben, scheint jedoch den Denkern des 17. Jh.s nicht aufgegangen zu sein. Daher ist es keine Übertreibung, die Situation der Fächer und Fachsprachen zu Beginn des 18. Jh.s als anarchisch zu bezeichnen: So wird die Botanik noch zur Agrikultur oder zur Medizin gerechnet, die Optik zur Anatomie; bei den Sachbezeichnungen werden volkssprachliche, lateinische und griechische Termini nebeneinander für identische Sachverhalte verwandt, was zu ständigen Verwirrungen führt. Mehrere Faktoren führen aus dieser Verwirrung heraus: Der Zwang zur Präzisierung des wissenschaftlichen Vokabulars ergibt sich aus den Angriffen, die die Gegner neuer Theorien mit dem Vorwurf des Obskurantismus begründen können; zugleich wächst das Bewußtsein dafür, daß zur Bezeichnung einer Fülle neuartiger Sachverhalte, Stoffe usw. das Diktat des „bon usage" ein Hindernis ist und daß der „usage" schlechthin nicht mehr zur alleinigen Grundlage von Bezeichnungsstrategien gemacht werden kann; Leitbild der Perfektionierung der Disziplinen und ihrer Wortschätze kann nicht mehr allein die Allgemeinverständlichkeit und die dadurch gewährleistete Akzeptanz beim allgemeingebildeten Publikum sein: «Pas plus de concession aux précieux qu'aux dévots; rien que la vérité, simplement, clairement, précisément dite», faßt Brunot (1930, 563) eine Stellungnahme Réaumurs von 1734 zusammen. Wichtigste Folge dieser Einsicht in die Notwendigkeit fachsprachlicher Konstituierung ist die Suche nach Präzision im Ausdruck, die sich zunächst insbesondere im Versuch widerspiegelt, Gegenstände und Sachverhalte zu definieren und damit einen Gegenstand oder Sachverhalt mit einem Begriff zu bezeichnen.

Definitionen und Termini bedeuten eine Abkehr von der üblichen Sprachverwendung, entweder indem gebräuchliche Termini mit einer fachlichen Definition versehen wurden: «Les mot *coeur*, par exemple, au lieu de rester attaché à l'idée d'une certaine forme, sert à désigner tout organe propulseur de la circulation, qu'il soit ou non cardiforme» (Brunot 1930, 577); oder indem neuen Definitionen neue, künstliche Termini entsprachen.

So beginnt Quesnays berühmtes *Tableau économique* (1759, 7) mit den folgenden *termini technici* und Definitionen:
«Les *Dépenses productives* sont employées à l'agriculture, prairies, pâtures, forêts, mines, pêche, &c. pour perpétuer les richesses, en grains, boissons,

bois, bestiaux, matières premières des ouvrages de main-d'oeuvre, & c. Les *Dépenses stériles* se font en marchandise de main-d'oeuvre, logemens, vêtemens, interêts d'argent, domestique, frais de commerce, denrées étrangères, & c.»

Gleichwohl wird die Frage des Gebrauchs von Fachtermini und damit der Abkopplung vom allgemeinen Sprachgebrauch in den ersten Jahrzehnten des 18. Jh.s noch nicht in ihrer Bedeutung für Konstituierung und Entwicklung der Wissenschaft selbst voll erkannt. Der Streit um Neologismen ist zunächst eine Auseinandersetzung über die Frage der Verständlichkeit und der Ästhetik, des Stils der Wissenschaftssprachen. Die Erkenntnis, daß z. B. analytisch und systematisch beschaffene Fachwortschätze nicht nur Eindeutigkeit, sondern auch methodischen Zugriff gewährleisten, setzt sich nur langsam durch. War Buffons *Histoire naturelle* nicht der Beweis für zugleich stilistisch brillante, allgemeinverständliche und fachlich seriöse Ausdrucksweise? War die neuartige Linnée'sche Klassifikation der Botanik nicht extrem unzugänglich? Viele Zeitgenossen sehen es so und begegnen den Versuchen fachsprachlicher Neologie mit Argwohn und Spott. Am härtesten trifft es die Vertreter der neuen Nationalökonomie, die Physiokraten, deren Fachvokabular — als Jargon verschrien — heftigen Widerstand provoziert (vgl. Häufle 1978, Kap. V). Dabei hat Quesnays umständlicher Stil seiner Schule sicherlich ebenso geschadet wie seine teils in der Sache berechtigten, in der Form aber ungeschickten Versuche fachsprachlicher Neuprägungen. Daher ist die Jargon-Kritik einerseits zwar legitim; sie übersieht aber andererseits die notwendige Differenzierung des fachlichen Ausdrucks in — je nach anzusprechendem Publikum — Sach- und Fachliteratur: Buffon schreibt für die breite Öffentlichkeit der kultivierten Laien, Quesnays bemüht sich um eine rein fachliche Grundlegung der „Economie politique". Die Mehrheit der *philosophes* bleibt eben doch dem klassischen Ideal verhaftet (vgl. Krauss 1967, 781).

Die „Révolution néologique" (Armogathe 1973, 22) beginnt erst in der Jahrhundertmitte, und sie setzt sich erst im letzten Jahrhundertdrittel durch. Ihre Voraussetzung ist die Überwindung der durch das Fortschreiten des Wissens bedingten Unverträglichkeit zwischen den Idealen der französischen Klassik und den Erfordernissen des Ausdrucks neuer Wissensbestände. Fontenelles und Buffons literarisierende Vermittlung zwischen Fachwissen und gebildeten Laien steht am Anfang eines Prozesses, der in der Durchsetzung der chemischen Nomenklatur Lavoisiers — einer echten Kunstsprache — die beginnende Emanzipierung der Fachsprache von der Allgemeinsprache markiert. Gleichwohl ist der Einfluß der stilistisch brillanten Mittler der Wissenschaft auf die Bereitschaft, die Wissenschaften als eigenständige Wissenssysteme zu akzeptieren, nicht hoch genug einzuschätzen (vgl. Kalverkämper 1985, 22; 1989 passim). Sie bewirken ein Aufbrechen der Fronten zwischen Wissenschaft und Literatur und bereiten den Siegeszug der Fachsprachen vor. Allerdings ist es erst die Einsicht in den nicht nur deskriptiven, sondern auch methodischen Charakter der Fachsprachen, der ihnen endgültig zum Durchbruch verhilft. Es ist der französische Sprachphilosoph Condillac (1803, 1), der — wie in so vielem — diese Erkenntnis in eine berühmte Formel gekleidet hat: «Toute langue est une méthode analytique, et toute méthode analytique est une langue.»

3. Sprache, Wissenschaftssprache und Stil — Condillac

Parallel zu den Disputen über Verständlichkeit, Jargon und Beschaffenheit der Wissenschaftssprachen allgemein steht die Frage nach dem Zusammenwirken zwischen Sprache und Denken und dem daraus abzuleitenden Sprachstil im Zentrum der kultivierten und gelehrten Diskussion und beeinflußt die Wissenschaftssprachen. Von Descartes ausgehend sehen die Rationalisten in der Sprache eine Ausdrucksfunktion des Denkens, ein Instrument, das, der Dichotomie von Körper und Geist entsprechend, die Vernunft sprachlich abzubilden hat. Die Sprache wirkt in dieser Sicht nicht am Denkprozeß mit, sondern beschränkt sich auf seinen Ausdruck. Dem Vernunftideal folgend, sind emotionale Sprachanteile nicht Gegenstand systematischer Spracherfassung, sondern werden als regellos aus der logischen Analyse ausgeschieden. In der Folge von Locke, der der cartesianischen Theorie der angeborenen Ideen die sinnliche Erfahrung als Quelle des Denkens entgegenstellt, entwirft Condillac in seinem 1747 erschienenen *Essai sur les origines des connoissances humaines* eine Theorie des Sensualismus, in der die Sinneseindrücke die Grundlage für das Fortschreiten zu Sprache und Denken darstellen. Unterschied

Locke noch zwischen Sinneseindrücken und Denken, so löst Condillac (1949, Bd. 2, 374 ff; Bd. 1, 439) den Gegensatz auf, indem er das Denken als „sensation transformée" begreift. Denn die Sinne analysieren bereits jeden Gegenstand, indem sie ihn in mehrere Sinneseindrücke zerlegen. Allerdings ist die Analyse in diesem Stadium beschränkt: Ihr Fortschritt ist von Systematisierung abhängig und diese wiederum von einem Wissen darüber, was man tut, wenn man analysiert. Hier wirkt nun die Sprache als Hebel: «Au lieu d'offrir à la fois des masses confuses, elles [les langues, R. K.] présentent les idées successivement, elles les distribuent avec ordre, elles on font différentes classes; elles manient, pour ainsi dire, les éléments de la pensée, et elles les combinent d'une infinité de manières» (Bd. 1, 435).

Die von der Sprache geleistete Analyse erschöpft sich nun nicht darin, den Ideen Zeichen zuzuordnen. Sie muß vielmehr eine bestimmte Ordnung unter den Zeichen herstellen. Diese Ordnung soll der entsprechen, in der sich die Ideen — eine aus der anderen — entwickeln. Sie wird von Condillac mit „liaison des idées" bezeichnet. Der Vorteil der Sprache mit künstlichen Zeichen ist die Distinktheit der Ideen, die den Fortschritt des Denkens ermöglicht. Denn analytisch geübt, gelingt es dem Denken, zur ursprünglichen Simultaneität zurückzukehren, jedoch mit dem Unterschied, daß es nunmehr die Ideen gleichzeitig und distinkt umfaßt (Bd. 2, 376). Die Sprache aber kann wegen der langsamen Aufeinanderfolge ihrer Einheiten dieser Simultaneität zweiter Stufe nicht entsprechen. Und dies ist ihr Nachteil (Bd. 1, 430).

Der sprachliche Ausdruck muß daher so geformt werden, daß der Vorteil dieses Sprachstadiums (genaue Analyse und somit Erkennen komplexer Gegenstände und Sachverhalte) maximal genutzt, der Nachteil (Langsamkeit) aber begrenzt wird. Dieser Kompromiß wird erreicht durch

— Eindeutigkeit der Zuordnung sprachlicher Einheiten
— Textkohärenz („liaison des idées")
— rasche Textprogression („rapidité").

Indem Condillac die Sprache als analytischen Hebel des Denkens darstellt, fördert er auch die Erkenntnis, daß die Wissenschaftssprachen selbst als Mittel der Analyse tauglich sein müssen. Sie dürfen sich eben nicht naturwüchsig entwickeln. Es ist das Bemühen um planvolle und rationale Gestaltung der Fachsprachen, das Condillac zu dem „théoricien du langage technique" (Brunot 1966, 61) des 18. Jh.s macht.

Die in Condillacs Schriften immer wieder thematisierte „langue bien faite" fußt auf drei Bedingungen: Exaktheit, Einfachheit und Analogie (vgl. auch Rousseau 1986, 300 ff). Vorbild ist dabei die Sprache der Algebra, nicht aber im Sinne einer anzustrebenden Universalsprache, denn diese würde ja voraussetzen, daß alles Wissen bereits erfaßt ist. Es geht Condillac vielmehr darum, daß die Wissenschaftssprachen in ihrer jeweils eigenen Form entwickelt werden. Dazu sind natürliche Sprachen als Ausgangsstoff durchaus geeignet. Condillac ist bei weitem kein radikaler Verfechter der Neologie, denn Fremdwörter können die Analogiebildung behindern. Es reicht gewöhnlich, natursprachliche Termini exakt zu definieren, so daß sie «soient aux idées de toutes les sciences ce que sont les chiffres aux idées de l'arithmétique» (Bd. 2, 42). Andererseits steht Condillac Neologismen nicht grundsätzlich ablehnend gegenüber: «[...] sans vous occuper de ce qui a été dit ou de ce qui ne l'a pas été, songez uniquement à ce qui peut se dire» (Bd. 1, 565). Auch Einfachheit ist ein folgerichtiges Gebot der sensualistischen Sprachtheorie, denn nur ein Wissen, das sich auch im sprachlichen Ausdruck bis zu seinem Ursprung — den Sinneseindrücken — zurückverfolgen läßt, kann als gesichert gelten. Die Analogie schließlich ist ein technisches Erfordernis.

In der *Grammaire* formuliert Condillac: «Vous voyez [...] un même fonds d'idées, et vous remarquez que ce fond varie de l'une à l'autre par différents accessoires [...], il faudra donc avoir un signe qui se retrouve le même pour toutes et qui varie cependant de l'une à l'autre» (Bd. 1, 49). Im Prinzip der Analogie treffen sich erkenntnistheoretisches Prinzip (mémoire, imagination, réflexion) und fachsprachliche Konstitution: «L'analogie linguistique doit nous guider d'un signe à un autre signe, elle permet l'apprentissage rapide du système des signes, ou mieux, elle fait en quelque sorte que nous n'avons pas tout à apprendre et favorise l'invention d'autres signes.» (Auroux o. J., XV).

In der Verbindung von Exaktheit, Einfachheit und Analogie wird deutlich, warum Condillacs Konzept einer Wissenschaftsprache der Nomenklatur, mit der Lavoisier die Fachsprache der Chemie revolutionierte, als Vorbild diente; «Dans la langue chimique, il fallait (...) donner d'une part des noms simples aux corps simples, et exprimer d'autre part, dans les composés, au moyen d'artifices bien appropriés, bien reconnaissables et d'un usage facile dans tous les cas, les rapports entre les éléments composants» (Brunot 1930, tome VI, 662). Andererseits kann Lavoisiers Nomenklatur als erste Fachsprache angesehen werden, die, so wie es Condillac vorschwebte, zugleich Analyseinstrument der Hypothesenbildung und der Entdeckung war, also den Ausdruck des damaligen Wissensstandes und das Fortschreiten des Denkens ermöglichte.

Eine weitere Originalität an Condillacs Konzeption der Wissenschaftssprachen liegt darin, daß sich die Beschaffenheit dieser Fachsprachen nicht nach einer scheinbaren ontologischen Ordnung, sondern nach der Analytik des menschlichen Verstehensprozesses zu richten hat. Kurz: Wissenschaftssprachen müssen zwar auch logisch, aber vor allem psychologisch konstituiert sein. Sie sind unter dem Gesichtspunkt einer „pédagogie sensualiste" zu entwickeln, die „repose sur le retour au simple, au facile et au connu, et plus encore, elle prescrit une stratégie d'apprentissage, qui suppose qu'on n'avance dans le savoir qu'à condition d'être assuré de la maîtrise de ce qui précède» (Auroux, o. J., XIII): Wissenschaftssprache und wissenschaftssprachliche Stilistik sind eins.

In seinem *Art d'écrire* entwickelt Condillac (1949, Bd. 1) eine Reihe von stilistischen Regeln, die Kürze und Klarheit favorisieren:

– Der periodische Satzbau ist zu beschränken. In aufeinanderfolgenden Subordinationen sollen höchstens zwei Nebensätze stehen (530).
– Hauptsatzfolgen sind vorzuziehen, wenn es sich um verschiedene unabhängige Aspekte einer Idee handelt oder wenn mehrere Hauptideen gegeben sind (587). Ist der semantische Bezug zwischen den Sätzen deutlich, so können die Konjunktionen entfallen (528). Gleichwohl ist Monotonie des Satzbaus zu vermeiden (527).
– Dient jeder Satz dem Ausdruck einer distinkten Idee und wird die richtige Abfolge der Ideen gewahrt, so hat der Text dem Denken entsprechende Schnelligkeit (517; 553; 580). Die genannten Regeln begründen eine Tendenz zur Sprengung des komplexen Satzbaus, die als „Style coupé" in die französische Sprachgeschichte eingegangen ist.

Im rhetorischen Teil des *Art d'écrire* gibt Condillac Hinweise zum Sprachstil im „genre didactique":

– In der belehrenden Literatur sind kurze Sätze grundsätzlich vorzuziehen, denn «moins les idées sont familières; moins l'esprit en peut embrasser à la fois» (596).
– Statt mit einer allgemeinen These zu beginnen, die dann erst durch Beispiele belegt oder veranschaulicht wird, sollte man zuerst mit einer konkreten Situation beginnen (596). Dies ist aus sensualistischer Sicht nur konsequent, da ja der Eindruck der Abstraktion vorausgeht.
– Condillac kritisiert die Neigung seiner Zeitgenossen, ihre Ausführungen stets mit Definitionen zu beginnen, anstatt zu ihnen hinzuführen. «Cet abus vient de ce qu'on prend les définitions pour les principes de ce qu'on va dire, et devrait plutôt les prendre pour les précis de ce qu'on a dit» (595).

Sensualistische Erkenntnistheorie, Sprachtheorie und Stilistik: Es ist die Einheit der Theorie und ihre konsequente Anwendung auf alle relevanten Fragen der Sprachdiskussion des 18. Jh.s, die, von der Beziehung zwischen Sprache und Denken ausgehend, eine schlüssige Antwort auf die Debatte über die sprachliche Bewältigung des neuen Wissens zu geben vermag.

Gleichwohl wirkt Condillacs Konzeption einer Wissenschaftssprache erst im letzten Jahrhundertdrittel prägend, und erst mit den *Idéologues* wird seine Sprachtheorie in das französische Unterrichtswesen Eingang finden.

In der im folgenden behandelten Fachsprache der „Economie politique" ist Condillac nur eine Stimme unter anderen – wenn es auch aus heutiger Sicht beachtlich ist, daß sich ein Sprachphilosoph als Wirtschaftswissenschaftler hervortut.

4. Eine neue Wissenschaft: die „Economie politique"

Noch unentschieden ist der Ausgang des Streites darüber, wer als Begründer der Politischen Ökonomie angesehen werden darf: François Quesnay oder Adam Smith. Gewiß kann Smith den größeren Ruhm für sich in Anspruch nehmen; gleichwohl erscheint sein Hauptwerk *Inquiry into the Nature and Causes of the Wealth of Nations* erst zwanzig Jahre später als das grundlegende *Tableau économique* von François Quesnay (Erstausgabe 1757). Dessen Theorie entfaltete bis zum Sturz des physiokratisch beeinflußten Generalkontrolleurs der Finanzen, Turgot, im Jahre 1776 eine solche öffentliche Wirkung, daß sich Voltaire zu folgender spöttischer Bemerkung veranlaßt sah: «Vers l'an 1750, la nation rassasiée de vers, de tragédies, de comédies, d'histoires romanesques, de réflexions morales plus romanesques encore, et de disputes théologique sur la grace et sur les convulsions, se mit à raisonner sur les blés.» (zit. nach Häufle 1978, 8).

Zwar hatte sich Quesnay auch für den freien Getreidehandel eingesetzt, vor allem aber hatte er – und dies war das Neue – eine umfassende Theorie des Wirtschaftskreislaufes entwickelt, eine erste Gleichgewichtstheorie, eingebettet in eine auch in anderen Disziplinen vielbemühte natürliche Ordnung („ordre naturel"), die im Falle ihrer Respektierung Wirtschaftsharmonie versprach.

Voltaires Bemerkung über „les blés" spielt auf die von vielen Zeitgenossen und erst recht heute als kurios empfundene Erstrangigkeit an, die Quesnay der Landwirtschaft im Wirtschaftskreislauf zumißt. Seiner Auffassung nach wird allein der Wert agrarischer Produktion nicht durch die Produktionskosten bestimmt, da im Unterschied zu Industrie und Handel die Agrarwirtschaft die natürliche Fruchtbarkeit der Erde nutzen kann.

Bereits zwei Jahre nach Erscheinen des *Tableau* konstituieren sich die Physiokraten – so nennen sich Quesnays Mitstreiter im Anschluß an Dupont de Nemours – als Schule. Zu den berühmtesten Physiokraten zählen Mirabeau, der 1763 eine *Philosophie rurale* veröffentlicht und – mit einer gewissen Distanz – Turgot, dessen *Réflexions sur la formation des richesses* 1766 erscheinen. Seit 1765 widmet sich die vom Abbé Baudeau gegründete Zeitschrift „Les Ephémérides du citoyen" der Verbreitung der Physiokratie. In Frankreich ist Condillac mit seiner 1776 publizierten wirtschaftswissenschaftlichen Grundlegung *Le commerce et le gouvernement* ein gewichtiger Gegenspieler der Physiokraten, zumal sein Werk mit dem Sturz Turgots zeitlich zusammenfällt. Vor allem aber erarbeitet Condillac die erste schlüssige Wertlehre, die, konsequent auf dem Sensualismus fußend, „Nutzen und Seltenheit zu den alleinigen Bestimmungsgründen des Wertes" (Schachtschabel 1973, 44) erklärt und damit als Vorläufer der liberalen Wirtschaftslehre gelten darf.

Die unterschiedlichen theoretischen Ansätze sind jedoch nur die eine Seite der sich entwickelnden neuen Wissenschaft. Der Umgang mit der Frage der wissenschaftssprachlichen Stilistik ist die andere Seite, die im Urteil vieler den Ausschlag für den sinkenden Einfluß der französischen „Economie politique" zugunsten der anglophonen Volkswirtschaftslehre gegeben hat.

5. Stiltendenzen in den Frühwerken der „Economie politique"

Zwanzig Jahre nach der Grundlegung der „Economie politique" durch Quesnays *Tableau* schreibt Condillac (1949, Bd. 2, 242) zu Beginn seines eigenen wirtschaftswissenschaftlichen Entwurfs *Le commerce et le gouvernement*: «Chaque science demande une langue particulière, parce que chaque science a des idées qui lui sont propres. Il semble qu'on devrait commencer par faire cette langue; mais on commence par parler et par écrire, et la langue reste à faire.» Gewiß konnte nach der ersten Welle wirtschaftswissenschaftlichen Schrifttums noch nicht von einer entwickelten Fachsprache der „Economie politique" die Rede sein. Aber schließlich gab es noch kein modellhaftes Beispiel in anderen Wissenschaften. Auch war die geschlossene Konzeption der Physiokraten die Voraussetzung für die Diskussion über eine adäquate Ausdrucksweise. Vor allem aber gab es seitens der Physiokraten durchaus Versuche, den Anforderungen von fachgerechter Darstellung und verständlicher Vermittlung zu entsprechen. Nun ist Quesnays *Tableau* gewiß kein leicht lesbarer Text. Sein Schwergewicht liegt auf der fachgerechten Darstellung, nicht auf dem „genre didactique". In ihrem explikativen Bezug zum *Tableau* und in der konzentrischen Verwendung von Definitionen hat die Darstellungsweise des Textes durchaus moderne Züge und ähnelt den Schriften Cournots und denen der Lausanner Schule, die in der zweiten Hälfte des 19. Jh.s den Paradigmawechsel zur mathematisch geprägten Volkswirtschaftslehre vollziehen. Gerade in der Konzentration auf die Sachaussage und in der Sprecher- und Hörerabgewandtheit liegt jedoch die Zumutung des *Tableau* für das Publikum des 18. Jh.s. – Am anderen Ende der Achse zwischen Darstellung und Vermittlung sind *Les Economiques* von Mirabeau (1769) anzusiedeln, eine Zusammenfassung der physiokratischen Lehrmeinung in Dialogform, die sich selbst als „formule instructive, plutôt qu'une énonciation de la science" (VII), versteht. Damit ist das Spektrum von der Monographie bis hin zur popularisierenden Sachliteratur bereits von den Physiokraten vorgezeichnet. Gleichwohl bildet sich in den Frühwerken der „Economie politique" noch keine stilistische Konvention heraus. Während moderne wirtschaftswissenschaftliche Texte durch die Stilzüge Sachbetontheit, Präzision und Kürze gekennzeichnet sind (vgl. Schwanzer 1981, 215; Kaehlbrandt 1994, passim), finden sich unter den Frühwerken sowohl sachbetonte als auch stark rhetorische Texte, die durch expressive und appellative Mittel des *movere*, der Persuasion, geprägt sind. Häufig stellen die Autoren auch philosophische, moralische und historische Betrachtungen an, die über die wirtschaftswissenschaftliche Theorie hinausgehen. Mirabeau (1764) verwendet Ausrufe, Imperative und blumige Metaphern, deren Pathos im Kontrast zu Quesnays *Tableau* und auch zur eher sachbetonten Darstellungsweise Turgots (1766) steht. Eher einer Preisrede als einer wissenschaftlichen Darlegung gleicht die folgende Passage, in der Mirabeau (1964, XLI) Quesnays Werk rühmt:

«Le Tableau économique est la première règle d'Arithmétique que l'on ait inventée pour réduire au calcul exact, précis, la science élémentaire & l'exécution perpétuelle de ce décret de l'Eternel: vous mangerez votre pain à la sueur de votre front. L'homme fraternel, à qui nous en devons l'idée, a ouvert la carrière, & l'a franchie jusqu'au bout: honneur qui ne fut accordé qu'à lui comme au plus digne bienfaicteur de l'humanité [...]; imaginer et exécuter une telle chose, c'est être parvenu aux colonnes d'Hercule [...]; c'est avoir ouvert aux humains les portes du jardin des Hespérides [...]. »

In späteren Werken der Physiokraten sind pathetische Passagen selten. Weiterhin aber erfreuen sich Polemik und mit rhetorischen Fragen versehene Scheindebatten mit gegnerischen Autoren großer Beliebtheit. Dialogische Elemente werden auch mit didaktischer Absicht verwendet, etwa dann, wenn sich Baudeau (1767) und Condillac (1949, Bd. 2) direkt an den Leser wenden und ihn in das Durchspielen von Beispielen einbeziehen. In den Stilzügen der Expressivität und der Appellativität, die übrigens noch bis in die erste Hälfte des 19. Jh.s zahlreiche wirtschaftswissenschaftliche Lehrwerke prägen werden (Kaehlbrandt 1994), zeigt sich, daß die „économie politique" in ihrem frühen Stadium einen Zwitterstatus zwischen logisch geschlossener theoretischer Modellierung und ethisch-politischer Begründung einnimmt.

Gleichzeitig zeugen die Frühwerke je nach Autor stellenweise oder überwiegend vom Bemühen um textlich prägnante und rationale Darstellung des Gegenstandes. Gerade Turgots *Réflexions* (1766) sind im Hinblick auf sorgfältige Textgliederung und nachvollziehbare Textprogression mustergültig. Das als Lehrbuch konzipierte Werk enthält hundert kurze Paragraphen, die durch nominal verdichtete, thesenartige Überschriften eingeleitet werden, welche im Text durch Beispiele erläutert werden. Didaktisch motivierte Rekapitulationen und sorgfältige Hinführung zu Regelaussagen sorgen für gute Lesbarkeit.

Noch lesbarer und zugleich sachlich ebenso stringent ist Condillacs *Commerce* (1949, Bd. 2), der als Exemplifizierung der sensualistischen Stiltheorie gelten kann. Seine Preistheorie leitet Condillac (1949, Bd. 2, 248) folgendermaßen ein: «J'ai une surabondance de blé, et je manque du vin: vous avez au contraire une surabondance de vin, et vous manquez de blé. Le blé surabondant, qui m'est inutile, vous est donc nécessaire; et j'aurois besoin moi-même du vin qui est surabondant et inutile pour vous. Dans cette position, nous songeons à faire un échange: je vous offre du blé pour du vin, et vous m'offrez du vin pour du blé.» Die gute Verständlichkeit dieses Abschnitts beruht auf mehreren Eigenschaften. Zunächst die Kurzsätzigkeit. Von den neun unabhängigen oder koordinierten Hauptsätzen sind sieben Einfachsätze. Die beiden Gefüge enthalten nur je einen kurzen Relativsatz, sind also nicht komplex. Außerdem verhindern sie syntaktische Monotonie. Dann die Art, in der die Textkohärenz erzeugt wird. Der Abschnitt kreist um drei Begriffspaare: zwei Handelspartner, zwei Waren und das Paar Überfluß/ Mangel. Sie sind so angeordnet, daß in den ersten vier Sätzen die Ausgangssituation mit allen Begriffspaaren beschrieben wird. In den folgenden Sätzen werden, um es mit Condillac zu sagen, mehrere Teile dieser Situation beleuchtet, indem sie im Hinblick auf Nutzen und Nutzlosigkeit interpretiert wird. So wird der am Ende des Abschnitts erreichte Interessenausgleich motiviert. – Ferner handelt es sich um eine konkrete Situation, die dazu noch durch direkte Rede aufgelockert wird. – Nachdem so der Tauschhandel veranschaulicht ist, geht Condillac zur Definition des Preises über: «Cette estime que nous faisons du blé par rapport au vin, et du vin par rapport au blé, est ce qu'on nomme prix» (249). In der dargestellten Weise wird auch zu weiteren abstrakten Begriffen hingeführt. Erst dann operiert Condillac vollends auf der Ebene dieser Begriffe.

Die zitierte Passage verdeutlicht auch das syntaktische Prinzip des *Style coupé*, der eine Abwendung vom periodischen Stil hin zu einem transparenten Satzbau bedeutet. In seiner Tendenz zur Parataxe wird dieser Stil jedoch erst die wirtschaftswissenschaftlichen Texte des 20. Jh.s prägen, und dies um den Preis zahlreicher nominaler Satzkondensationen, die zwar die Hypotaxe vermeiden helfen, die inhaltliche Komplexität der Parataxe gleichwohl erheblich vergrößern und damit ihre Lesbarkeit vermindern (Kaehlbrandt 1989, 142−148).

In vielen Frühwerken der „Economie politique" finden sich häufig umständliche Perioden, die die Verständlichkeit erschweren, insbesondere in den Werken Quesnays und Mirabeaus. Folgendermaßen definiert z. B. Mirabeau (1764, 14) die Klasse der Bauern: «[...] les dépenses d'une nation se réduisent à trois classes: 1. A la rétribution des hommes employés aux travaux productifs, c'est-à-dire, à l'exploitation annuelle des biens-fonds, qui eux-mêmes produisent la rétribution des hommes employés à cette exploitation, & restituent toutes les autres sortes de dépenses qu'elle exige annuellement, & qui produisent de plus un revenu aux Propriétaires à qui les biens-fonds appartiennent.»

Die Gleichzeitigkeit von verschiedenen Stilprinzipien in Textgestaltung und Syntax zwingt zu der Schlußfolgerung, daß von einer Fachsprache oder wenigstens von einer relativ homogenen Textsortengestaltung in der Frühzeit der „Economie politique" nicht gesprochen werden kann (vgl. auch Brunot 1966, Bd. VI, 49). Einerseits bilden sich der neuen Fachlichkeit geschuldete Stileigenschaften heraus, die den wissenschaftlichen und argumentativen Fachstil begründen und insofern Vorläufer der modernen Textgestaltung sind. Anderseits sind expressive, appellative und hypotaktisch-periodische Stileigenschaften, die der Stilnorm der Sachlichkeit und auch in Teilen dem Gebot der Verständlichkeit entgegenstehen, noch weit verbreitet. Diese noch bis ins 19. Jh. andauernde Koexistenz ist durch zwei Faktoren bestimmt: Durch das Fortwirken einer oratorisch-periodischen Stiltradition und durch die noch unzureichende theoretische Modellierung der „Economie politique", die sich bis Mitte des 19. Jh.s in Teilen der Kommentierung der Wirtschafts*politik* widmet, einer Aufgabe, die später die meinungsbildende Publizistik übernehmen wird. Erst mit der gegen Ende des 19. Jh.s erfolgenden Institutionalisierung der „Economie politique" an den Hochschulen und ihrer zur gleichen Zeit einsetzenden Mathematisierung löst sich die Wirtschaft von der Politik, die Wissenschaft von der Meinung, die Wissenschaftssprache vom Kommentar, der wissenschaftliche Autor vom „philosophe", der Fachleser vom gebildeten Laien.

6. Literatur (in Auswahl)

Armogathe 1973 = Jean-Robert Armogathe: Néologie et idéologie dans la langue française au 18e siècle. In: Dix-huitième siècle V. 1973, 17−28.

Auroux o. J. = Sylvain Auroux: Condillac ou la vertu des signes. In: Condillac: La langue des calculs. Texte établi et présenté par Anne-Marie Chouillet. Lille o. J.

Baudeau 1767 = Nicolas Baudeau: Première introduction à la philosophie économique ou analyse des états policés. o. O. 1767 (Collection des économistes et des réformateurs sociaux de la France. Publié avec notice et table analytique par A. Dubois. Paris 1910).

Brunot 1930 = Ferdinand Brunot: Histoire de la langue française des origines à 1900. Tome VI. Le XVIIIe siècle. Première partie. Le mouvement des idéés et les vocabulaires techniques. Fascicule deuxième. La Langues des Sciences; la Langue des Arts. Paris 1930.

Brunot 1966 = Ferdinand Brunot: Histoire de la langue fançaise des origines à nos jours. Tome VI. Le XVIIIe siècle. Le mouvement des idéés et les vocabulaires techniques. Fascicule premier: Philosophie politique, économique, politique, agriculture, commerce, industrie politique, finance. Paris 1966.

Brunot 1967 = Ferdinand Brunot: Histoire de la langue francaise des origines à nos jours. Tome VII. La propagation du français en France jusqu'à la fin de l'Ancien Régime. Paris 1967.

Condillac 1803 = Œuvres complètes de Condillac. Revues, corrigées par l'auteur. Tome trenteunième. Paris 1803.

Condillac 1949 = Etienne Bonnot de Condillac: Œuvres philosophiques de Condillac. Texte établi et présenté par Georges le Roy. 3 vol. (Corpus général des philosophes français. Auteurs modernes. Vol. 33). Paris 1947−1951.

Gonnard 1923 = René Gonnard: Histoire des doctrines économiques. Vol. 2. De Quesnay à Stuart Mill. Paris 1923.

Häufle 1978 = Heinrich Häufle: Aufklärung und Ökonomie. Zur Position der Physiokraten im siècle des Lumières. München 1978 (Münchener Romanistische Arbeiten 48).

Hampson 1972 = Norman Hampson: Histoire de la pensée européenne. Vol. 4. Le siècle des Lumières. Traduit de l'anglais par Françoise Werner et Michel Jahn. Paris 1972.

Kaehlbrandt 1989 = Roland Kaehlbrandt: Syntaktische Entwicklungen in der Fachsprache der französischen Wirtschaftswissenschaften. Untersucht an der Textsorte „Lehrwerk" im Zeitraum von 1815−1984. Stuttgart 1989 (Zeitschrift für französische Sprache und Literatur. Beih. 16).

Kaehlbrandt 1994 = Roland Kaehlbrandt: Expressive und appellative Mittel in wissenschaftlichen Texten. Ein diachronischer Vergleich. In: Zeitschrift für französische Sprache und Literatur. Band CIV, Heft 1/1994, 1−11.

Kalverkämper 1984 = Hartwig Kalverkämper: Fächer und Fachtexte zwischen französischer Klassik und Aufklärung (1650−1750). Habil. Masch. Freiburg 1984.

Kalverkämper 1989 = Hartwig Kalverkämper: Kolloquiale Vermittlung von Fachwissen im frühen 18. Jahrhundert. Gezeigt an den „Entretiens sur la Pluralité des Mondes" (1686) von Fontenelle. In: Fachgespräche in Aufklärung und Revolution. Hrsg. v. Brigitte Schlieben-Lange. Tübingen 1989, 17−63.

Krauss 1967 = Werner Krauss: La néologie dans la littérature francaise du XVIIIe siècle. In: Studies on Voltaire and the eighteenth Century. Vol. LVI, 777−782.

Mirabeau 1764 = Victor de Riqueti, Marquis de Mirabeau: Philosophie rurale, ou économie générale et politique de l'agriculture réduite à l'ordre immuable des lois physiques et morales, qui assurent la prospérité des empires. Réimpression de l'édition Amsterdam 1764. Aalen 1972.

Mirabeau 1769 = Victor de Riqueti, Marquis de Mirabeau: Les Economiques. [„Par L. D. H."]. Amsterdam 1769.

Quesnay 1759 = François Quesnay: Tableau économique. 3e éd. 1759. Éd. et trad. par Marguerite Kuczynski. Berlin 1965.

Rousseau 1986 = Nicolas Rousseau: Connaissance et langage chez Condillac. Genève 1986.

Schachtschabel 1971 = Hans G. Schachtschabel: Geschichte der volkswirtschaftlichen Lehrmeinungen. Stuttgart, Düsseldorf 1971 (Schaeffers Grundriß des Rechts und der Wirtschaft. Abteilung III: Wirtschaftswissenschaften 66).

Schalk 1960 = Fritz Schalk: Wissenschaft der Sprache und Sprache der Wissenschaft im Ancien Régime. In: Sprache und Wissenschaft. Göttingen 1960 (Vorträge gehalten auf der Tagung der Joachim Jungius-Gesellschaft der Wissenschaften, Hamburg, am 29. und 30. Oktober 1959), 101−120.

Schwanzer 1981 = Viliam Schwanzer: Syntaktisch-stilistische Universalia in den wissenschaftlichen Fachsprachen. In: Wissenschaftssprache. Beiträge zur Methodologie, theoretischen Fundierung und Deskription. Hrsg. v. Theo Bungarten. München 1981, 213−230.

Turgot 1766 = Anne Robert Jacques Turgot, Baron de l'Aulne: Réflexions sur la formation et la distribution des richesses. (Œuvres des Turgot et documents le concernant. Avec Biographie et Notes par Gustave Schelle. Tome Deuxième. Paris 1914).

Roland Kaehlbrandt, Bielefeld

272. Die Kodifizierung der Rechtssprache im 19. Jahrhundert

1. Zum Begriff Kodifikation
2. Die Kodifikation und die semiotische Kontrolle der bürgerlichen Gesellschaft
3. Die feldhafte Organisation der Kodifikation
4. Der semantische Horizont der kodifizierten Begriffe
5. Die Rechtskodifikationen und die Sprachwissenschaft
6. Literatur (in Auswahl)

1. Zum Begriff Kodifikation

Die umfassende und planvolle Festlegung gesetzlicher Normen wird in der Rechtswissenschaft als *Kodifikation* bzw. als *Kodifizierung* bezeichnet. In Analogie dazu haben sich diese Termini auch in der Sprachwissenschaft für die explizite Formulierung präskriptiver Sprachnormen durchgesetzt. Man vergleiche stellvertretend für viele das *Metzler Lexikon Sprache*, wo *Kodifizierung* als „[...] Vorgang oder Ergebnis der schriftl. Niederlegung der Formen der Standardvarietät in Regelsammlungen, Wörterbüchern und/oder Grammatiken" definiert wird (Glück 1993, 310).

Der sprachwissenschaftliche Gebrauch des Terminus Kodifizierung ist jedoch nicht nur metaphorischer Natur, nach dem Vorbild rechtlicher Kodifikation; vielmehr impliziert die rechtliche Kodifikation ihrerseits bereits sprachliche Festlegung. Im Bereich der Legislative fällt die Kodifizierung der außersprachlichen gesetzlichen Wirklichkeit mit der Kodifizierung der einschlägigen Bezeichnungen zusammen. Freilich erfaßt diese Kodifikation stets nur einen Ausschnitt einer historischen Sprache, nämlich die rechtlich relevanten Einträge im Lexikon (und in den phraseologischen Wendungen) der jeweiligen Ausbauvarietät (d. h. der jeweiligen Hochsprache).

Die sprachlichen Auswirkungen rechtlicher Kodifikationen betreffen deshalb in allererster Linie die Semantik, vor allem die Wortsemantik und somit einen Bereich, den die Sprachkodifizierung im engeren Sinn, die sich vor allem auf die Morphosyntax und die Orthographie erstreckt, kaum berührt.

Rechtskodifikationen implizieren also fachliche Sprachplanung. Fachliche Sprachplanung geht allerdings oft über eine rein fachsprachliche Planung hinaus, denn durch die Normierung lebensweltlich relevanter Inhalte reichen gesetzessprachliche Bestimmungen durchaus in die sprachliche Kompetenz des Laien hinein. Von lebensweltlicher Relevanz sind *Institutionen* wie z. B. die Ehe (vgl. 2.2.), *Interaktionen* wie z. B. Verträge, *Handlungen* wie z. B. Vermächtnisse, *soziale Rollen* wie z. B. die Vaterschaft usw. (vgl. Berger/Luckmann 1980, 76−83). Die einschlägigen Lexeme können dabei als solche fachlich markiert sein (weil sie außerhalb rechtlicher Kontexte nicht vorkommen); bisweilen stehen jedoch auch fachliche und außerfachliche Bedeutung nebeneinander (vgl. 4.2.), so daß den gesetzessprachlichen Signifikanten nicht per se etwas Rechtliches eignet.

Wenn also das lexikalische Material durchaus keine scharfe Abgrenzung der Rechtssprache erlaubt, so unterscheidet sich die gesetzessprachliche Standardisierung doch deutlich von der sprachlichen Standardisierung anderer Domänen. Die Besonderheiten resultieren erstens aus der Funktion der Sprache in der Jurisprudenz und zweitens aus dem gesellschaftlichen Status der Gesetze:

(1) Zunächst referiert die Rechtsterminologie grundsätzlich auf hermeneutische Begriffe; im Unterschied zu anderen Wissenschaftssprachen, vor allem im Unterschied zu naturwissenschaftlichen Nomenklaturen bleibt die Rechtssprache auch in streng kodifizierter Form deshalb stets zur Gemeinsprache hin offen (vgl. Krefeld 1996).

(2) Einar Haugen hat in einem programmatischen Aufsatz darauf hingewiesen, daß die eigentliche Kodifizierung niemals isoliert betrachtet werden darf; vielmehr sind vier verschiedene, eng verflochtene Prozesse zu unterscheiden: die Selektion, die Kodifikation, die Implementierung (engl. *implementation*) und die Elaboration.

Vor diesem für die Sprachplanung konzipierten Modell treten die spezifischen Bedingungen der Gesetzessprache deutlich hervor.

Im Unterschied wohl zu allen anderen fachlichen und nicht fachlichen Bereichen der Sprachplanung ist die Abfolge und das Verhältnis der vier komplementären Konstituenten in der Legislation (und in der institutionell verwandten Administration) kaum variabel.

In der ersten Etappe erfolgt die Selektion; die Kodifikation und Implementierung fallen sodann quasi automatisch zusammen und die Elaboration ergibt sich schließlich zwangsläufig aus der Rechtsanwendung; sie führt unweigerlich zur nachträglichen Erweiterung der Codices durch ergänzende Gesetze, nicht selten in Form komplexer „Subcodices". So wurden in den Rahmen des C. Civ. nachträglich u. a. ein *Code de la nationalité française* (C. Civ., S. 22−51) und ein *Code de la famille et de l'aide social* (C. Civ., S. 276−281) eingefügt.

Bei der Planung gemeinsprachlicher Standardvarietäten sind dagegen ganz andere Konstellationen durchaus nicht selten. Die Geschichte des Okzitanischen zeigt z. B., daß es außerhalb dieses eng umschriebenen fach(sprach)lichen Bereichs durchaus Beispiele für niemals implementierte Kodifikationen (etwa durch Mistral und den Félibrige) gibt. Andererseits kann die politisch motivierte Implementierung sogar der Kodifikation (und der Elaboration) des implementierten Idioms vorausgehen, wie etwa im Fall des Letzeburgischen oder des Rumantsch grischun.

2. Die Kodifikation und die semiotische Kontrolle der bürgerlichen Gesellschaft

Die von der französischen Revolution schon sehr frühzeitig (in einem Dekret der *Assemblée Constituante* vom 5. 7. 1790; Ray 1926, 26) angestrebte Vereinheitlichung und Systematisierung der überkommenen französischen Gesetze wurde unter Napoléon Bonaparte durch fünf Codices verwirklicht, die sich auf die folgenden Rechtsgebiete erstreckten.

(1) das Zivilrecht (*Code civil* [C. civ.]; 1804);

(2) die Zivilprozeßordnung (*Code de procédure civile* [C. pr. civ.]; 1806);

(3) das Handelsrecht (*Code de commerce* [C. com.]; 1807);

(4) die Strafprozeßordnung (*Code d'instruction criminelle* (1808), seit 1959 *Code de procédure pénale* [C. pr. pén.]);

(5) das Strafrecht (*Code pénal* [C. pén.]; 1810).

In postnapoleonischer Zeit wurde die Kodifikation des französischen Rechts fortgesetzt. Hinzu kamen im 19. Jh.:

(6) das Forstrecht (*Code forestier* [C. for.]; 1827);

(7) das Landwirtschaftsrecht (*Code rural* [C. rur.]; 1881).

Für das 20. Jh. sind unter anderem weiterhin der *Code du travail* (seit 1910), der *Code de la nationalité française* (1945) und der *Code général des impôts* zu nennen.

Die fünf erstgenannten *Codes* werden gelegentlich unter der Bezeichnung *Code Napoléon* zusammengefaßt; im engeren Sinn trägt jedoch der C. civ. diesen Namen.

Dieser erste, „im Geiste der Aufklärung" (Sonnenberger 1972, 34) entstandene Kodex ist nun aufgrund seiner Konzeption und aufgrund seiner Langlebigkeit, „die den Wandel von der frühkapitalistischen Gesellschaft zum modernen Sozialstaat überdauert", (ebd.) von besonderer rechts- und kulturgeschichtlicher Bedeutung. Vor allem jedoch ist dieses Zivilgesetzbuch nicht nur in nationaler (bzw. imperialer), sondern durchaus in europäischer, wenn nicht sogar in mondialer Dimension zu sehen. Auf der mehr oder weniger stark modifizierten Grundlage des C. civ. beruhen die Zivilrechtskodifikationen der Niederlande, Italiens, Spaniens, Rumäniens, Boliviens, Chiles, Argentiniens und Ägyptens (Constantinesco/Hübner 1974, 110; Goy 1988, 514).

Bestrebungen zur Vereinheitlichung des heterogenen, auf germanischen und römischen Rechtstraditionen gründenden französischen Rechts reichen schon weit in die Jurisprudenz des Ancien Régime zurück; zu nennen sind vor allem die berühmten *Ordonnances* von Louis XIV., in denen die Zivil- und Strafprozeßordnung, das Handels- und Forstrecht sowie der Status und der Umgang mit den Sklaven in den Kolonien (sog. *Code noir* von 1685) geregelt wurden (vgl. Olivier-Martin 1984/1948, 353 ff).

Die Bedeutung der umfassenden napoleonischen Kodifikation würde man jedoch verkennen, wenn man in ihnen lediglich das Produkt einer umfassenden Rechtsfortbildung, eines rein fachlichen Fortschritts sehen wollte. Sie sind Ausdruck einer fundamentalen Re- und Neuinstitutionalisierung der französischen Gesellschaft und entsprechen in gewisser Hinsicht einem unmittelbaren Bedürfnis der revolutionären Gesellschaft, denn die „bourgeoisie eut très tôt le souci d'en codifier les principes" (Vovelle 1972, 170). Dieser *souci* manifestiert sich sehr früh in der *Déclaration des droits de l'homme et du citoyen* vom 20. 8. 1789 und erschöpft sich gewissermaßen in der systematischen Gesetzgebung des frühen 19. Jh.s.

In diesem Sinn sind die napoleonischen Kodifikationen von allergrößtem semiotischen Interesse: In ihnen materialisiert und konsolidiert sich eine von der absolutistischen Monarchie grundverschiedene Gesellschaftsform, denn die Rechtsordnung ist eines der wirkmächtigsten Instrumente der „semiotischen Kontrolle" (Lia Formigari); genauer gesagt steht die Rechtsordnung in Diensten der „semiotic control of civil society": „Laws are the social language *par excellence* in the bourgeois cosmopolis; they are the voice of public reason, the articulate expression of the general will" (Formigari 1993, 103). Das akute Bedürfnis nach semiotischer Kontrolle — ein Zeichen politischer und sozialer Verunsicherung — äußert sich im übrigen nicht nur in institutioneller Reorganisation. In der verstärkten lexikographischen Aktivität des ausgehenden 18. Jh.s (vgl. Reichardt 1985; Schlieben-Lange 1985) darf man den Willen sehen, die analoge sprachliche Verunsicherung durch sichernde Thesaurierung zu überwinden.

Konstitutiv für die von der französischen Revolution entworfene Gesellschaft sind der Laizismus, d. h. die Ausgrenzung kirchlicher Funktions- und Würdenträger einerseits und die Legitimierung des Apparats durch den demokratischen Konsens der Bevölkerungsmehrheit, d. h. durch möglichst weitgehende Wählbarkeit der mit den Aufgaben betrauten Personen andererseits. Nicht zuletzt definiert sich die postrevolutionäre Gesellschaft durch die Selbständigkeit und Autonomie ihrer gesetzlichen und administrativen Ordnungsstrukturen, durch ihren fest institutionalisierten Apparat. In diesem Sinn äußert sich auch Jacques Ellul in seiner grundlegenden *Histoire des institutions*:

«[…] l'on se trouve vraiment en présence d'une volonté et d'une tentative de modification totale de la société. Ce n'est pas seulement la forme de l'État (abolition de la monarchie) ou des formes juridiques qui sont supprimées, c'est la structure de toute la société, c'est la conception même de la société qui est mise en question. En réalité, un seul élément subsistera, c'est l'État. Celui-ci, en tant que pouvoir politique et centralisateur, n'a cessé de croître depuis le XVIe siècle. La crise révolutionnaire ne modifie pas cette tendance, au contraire. Avec le changement de structure constitutionnelle, se produit un nouveau progrès de l'institution étatique. La Révolution apparaît comme la crise au cours de laquelle le pouvoir politique achève de procéder à la mainmise sur toute la Nation» (Ellul ^{7}1981, 276).

Festzuhalten ist, daß Administration und Legislation in engstem Zusammenhang zu sehen sind; Napoléon Bonaparte hat beide Bereiche geprägt, wobei er sich selbst im Rückblick bekanntlich vor allem mit dem *Code civil* identifiziert hat:

« Ma vraie gloire ce n'est pas d'avoir gagné quarante batailles; Waterloo éffacera le souvenir de tant de victoires. Ce que rien n'effacera, ce qui vivra éternellement, c'est mon Code civil » (Napoléon Bonaparte zit. in Goy 1988, 514).

Bonapartes Selbsteinschätzung zum Trotz weist François Furet (1988, 514) darauf hin, daß weniger die Ausgestaltung der nach ihm benannten Codices als vielmehr die Etablierung und straffe Organisation der Verwaltung seine persönliche Handschrift tragen.

2.1. Die bürgerliche Gesellschaft als autonomes rechtliches Ordnungssystem

Der neue semiotische Status des Rechts- und Verwaltungsapparats resultiert also aus seiner für die bürgerliche Gesellschaft identitätsstiftenden Kraft; natürlich schlägt sich seine zentrale sozio-semiotische Rolle auch sprachlich nieder; bisweilen läßt sie sich in der einschlägigen Terminologie geradezu ablesen. Emblematisch ist die erfolgreiche Kodifikation der Bezeichnungen *représentant* und *fonctionnaire*:

« Les révolutionnaires ont opposé le représentant au fonctionnaire. Ils avaient en commun de parler et d'agir au nom de la nation et en vertue de la Constitution, mais ils différaient par la qualité et l'étendue de leurs pouvoirs. Le représentant exerçait la puissance nationale en énonçant une volonté initiale; le fonctionnaire ne pouvait énoncer qu'une volonté subordonnée à celle des représentants » (Pertué 1989, 456).

In beiden Ausdrücken, die in der großen *Encyclopédie* von Diderot und D'Alembert noch fehlen, spiegelt sich eine systemhaft-geschlossene Gesellschaftskonzeption: Die gesellschaftliche Wirklichkeit wird durch eine rechtliche Staatsordnung formal institutionalisiert, und durch „funktionierende" Beamte (*fonctionnaires*) aktualisiert. Stellvertretend repräsentiert wird die Rechtsordnung als ganze (und damit ihr Gegenstand, die Gesamtgesellschaft) durch ihre Spitzenbeamten (*représentants*). Nicht nur administrativ, sondern auch semiotisch aufschlußreich sind, wenigstens z. T., auch die neueingerichteten Funktionen der Beamten. Die peniblen Regelungen zur Dokumentierung des *état civil* (*actes de naissance/mariage/décès*), zur Bestimmung des *domicile* und der *absence* (C. civ., Art. 34−132) ritualisieren − sozusagen − die Teilnahme an der neuen Sozialordnung. Die damit einhergehende Bürokratisierung zeitigte durch die schlagartig anwachsende Zahl der Funktionäre im übrigen auch Veränderungen in der Sozialstruktur der französischen Gesellschaft, auf die hier nicht näher eingegangen werden kann (vgl. z. B. Bertaud 1989, 84 f).

2.2. Ein Beispiel: die zivilrechtliche Kodifikation des Begriffs *mariage*

Der mit den napoleonischen Kodifikationen endgültig vollzogene Übergang zum Typus eines „völlig säkularisierte[n] und logizisierte[n] Rechtssystem[s] der durch Vorherrschaft des Territorialstaats und der Autonomie der individuellen Willensbekundungen charakterisierten Gesellschaftsstrukturen" (Gurvitch ²1974, 198) läßt sich exemplarisch an der Kodifikation des *mariage*-Begriffes nachzeichnen.

Aufschlußreich ist ein Vergleich mit der Art und Weise, wie diese Institution noch in der *Encyclopédie* (Bd. 10, 103−109) beschrieben und begrifflich gefaßt wird. Wir erfahren zunächst, wie die Ehe geschlossen wurde:

« La célébration du *mariage* pour être valable doit être faite publiquement en présence du propre curé; c'est la disposition du concile de Trente, & celle des ordonnances de nos rois; & suivant la dernière jurisprudence, il faut le concours de deux curés » (108).

Unabhängig vom formal obligatorischen kirchlichen Rahmen wird die Ehe jedoch als komplexer Rechtsbegriff erfaßt, in dem naturrechtliche, zivilrechtliche und kirchenrechtliche Aspekte unauflöslich miteinander verbunden sind. Bemerkenswert ist die Hierarchisierung der drei Aspekte: Die Nachordnung der zivilrechtlichen Komponente wird auch in der − bekanntlich keineswegs kirchenfreundlichen − *Encyclopédie* ohne erkennbaren Vorbehalt akzeptiert:

« Le contrat ne produit jamais d'effets civils lorsqu'il n'y a point de sacrement: il arrive même quelquefois que le contrat ne produit point d'effets civils, quoique le sacrement soit parfait; savoir, lorsque le contrat n'est pas nul par le consentement légitime, mais par le défaut de quelque formalité requise par les lois civiles, qui n'est pas de l'essence du *mariage*, suivant les lois de l'Eglise » (107).

Schließlich besteht der Verfasser des Artikels sehr nachdrücklich auf der Unauflöslichkeit der Institution:

« Le *mariage* une fois contracté valablement, est indissoluble parmi nous, car on ne connoit point le divorce; & quand il y a des empêchemens dirimans, on déclare que le *mariage* a été mal célébré, ensorte qu'à proprement parler, ce n'est pas rompre le *mariage*, puisqu'il n'y en a point eu de valable » (108).

Die Bestimmungen des C. civ. zeigen nun, wie grundlegend sich der gesellschaftliche Status dieser traditionellen Institution durch die juristische Kodifikation, trotz Beibehaltung ihres Namens, wandelt: Im Übergang vom letztlich religiös/mystisch fundierten und der Verfügbarkeit der Partner entrückten unauflöslichen Lebensbund zum administrativ aufhebbaren Rechtsgeschäft ändern sich die semiotische Bedeutung der Institution und die sprachliche Bedeutung der Bezeichnung ganz radikal. *Mariage* wird nurmehr durch einen staatlichen Funktionsträger (den *officier d'état civil*) geschlossen und zivilrechtlich als auflösbare „bürgerliche" Ehe, d. h. als ‚Ehevertrag' definiert, ohne den geringsten Hinweis auf die weiterbestehende kirchliche Institution (die z. B. im BGB § 1588 ausdrücklich garantiert wird). Der C. civ. *Titre V. − Du mariage* beinhaltet konsequenterweise auch ein Kapitel *De la dissolution du mariage* und institutionalisiert im folgenden *Titre VI.* das komplementäre Instrument der Scheidung (*Du divorce*).

Wegen der fundamentalen lebensweltlichen Rolle der Ehe, wirkt die Kodifikation der rechtlichen Bedeutung natürlich direkt auf das gemeinsprachliche Signifikat des Wortes *mariage* zurück, das jetzt als ‚union **légitime** d'un homme et d'une femme' (Petit Robert 1154; meine Hervorhebung) definiert werden muß. (Sprachkritisch interessierten Geistern wird allerdings nicht entgehen, daß die Lexikographie hier nicht immer konsequent verfährt: Im Petit Robert wird *divorce* noch als ‚**rupture** légale du mariage civil, du vivant des époux' (Petit Robert 562; meine Hervorhebung) definiert − und nicht etwa als ‚dissolution'; ‚Bruch' impliziert jedoch strenggenommen gerade ‚Unauflösbarkeit'.)

Im einzelnen ließe sich anhand des Beispiels *mariage* im übrigen auch zeigen, daß der napoleonische *Code civil* bei aller formalrechtlichen Modernität im Substantiellen auch restaurative, hinter die Vorschläge der Revolution zurückfallende, patriarchalische Züge trägt: «c'est la condition féminine qui pâtit le plus gravement de la nouvelle législation» (Goy 1988, 517).

3. Die feldhafte Organisation der Kodifikation

Von grundlegender Bedeutung für das Verständnis gesetzessprachlicher Kodifikation ist ihre geschlossene, im sprachwissenschaftlichen Sinn feldhafte und in sich hierarchische Organisation. Moderne Gesetzbücher konstituieren semiotische Systeme *sui generis* (vgl. Krefeld 1996).

Der C. civ. verdankt seine Kohärenz der ebenso monumentalen wie einseitigen Ausrichtung des Zivilrechts an nur zwei Leitbegriffen: dem Begriff des rechtsfähigen Individuums einerseits und dem Begriff des Eigentums andererseits.

Diese „subjektiv-individuelle und patriarchalische Konzeption" (Constantinesco/Hübner 1974, 112) prägt die Anlage des C. civ. in drei thematischen Büchern (meine Hervorhebung):

(a) *Livre premier: Des **personnes**;*
(b) *Livre deuxième: Des biens et des différentes modifications de la **propriété**;*
(c) *Livre troisième: des différentes manières dont on acquiert la **propriété**.*

Im ersten Buch (*Des personnes*) werden der Kreis der potentiellen Rechtssubjekte sowie die Kriterien für ihre tatsächliche Rechtsfähigkeit festgelegt. Erstaunlicherweise fehlt übrigens ein Terminus für den Begriff ‚Rechtssubjekt, rechtsfähiges Individuum'; *citoyen*, immerhin einer der Schlüsselbegriffe der Revolution, hätte sich angeboten (vgl. die *Déclaration des droits de l'homme **et du citoyen***).

Kodifiziert wird weiterhin eine einzige Form alltagsweltlichen Zusammenlebens − die monogame Lebensgemeinschaft heterosexueller Partner.

Nicht gerade als Korollar, aber als hierarchisch klar nachgeordnet darf man die Regelungen in bezug auf die Abstammung (*filiation légitime* vs. *filiation naturelle*), die Adoption sowie die *autorité parentale* ansehen.

Das erste Buch des C. civ. ist also ganz auf natürliche Personen ausgerichtet − es fehlen dagegen zusammenhängende Regelungen in bezug auf die juristischen Personen. Dies ist ein auffälliger Unterschied zum BGB, in dessen *Allgemeinem Teil* natürliche und juristische Personen einander systematisch gegenübergestellt werden (§§ 1−89). Im C. civ. kommt der Begriff *personnalité morale*, der dem französischen Recht keineswegs fremd ist (Constantinesco/Hübner 1974, 124f), eher beiläufig (Art. 1842), in der Regel nur implizit (z. B. in Art. 910, 619), vor. Privatrechtliche Vereinigungen waren ursprünglich sogar ausdrücklich verboten und wurden erst in der Loi du 1er juill. 1901 als eingeschränkt rechtsfähige juristische Personen zugelassen (C. civ., S. 940ff).

Die individualistische Ausrichtung prägt auch die beiden anderen Bücher des C. civ. Im zweiten Buch geht es – von der vorgängigen Unterscheidung zwischen beweglichen und unbeweglichen Sachen einmal abgesehen – um die Beziehung zwischen Privateigentum und Rechtssubjekt.

Das weitaus umfangreichste dritte Buch regelt Vertragsrecht, Erbrecht, Schuldrecht usw.

Die für die französische Legislation des 19. Jh.s semiotisch grundlegende Funktion der Begriffe ‚Individuum' und ‚Eigentum' wird evident, wenn man sich vor Augen hält, daß nicht nur der *Code civil*, sondern auch die Anlage des *Code pénal* auf diese beiden Schlüsselkonzepte ausgerichtet ist: der *Livre troisième*, das Kernstück des *Code pénal*, klassifiziert sämtliche Verfehlungen in *Crimes et délits contre la chose publique (Titre I.)* einerseits und in *Crimes et délits contre les particuliers (Titre II.)* andererseits. Dabei wird die zweite Gruppe wiederum zweigeteilt, nämlich in *Crimes et délits contre les personnes (Chap. I.)* und *Crimes et délits contre les propriétés (Chap. II.)*.

Die jeweiligen Rechtsgebiete werden dann durch spezifische Termini kategorisiert; durch die Kodifizierung werden so geschlossene, oppositiv-strukturierte Paradigmen festgelegt. Als Beispiel läßt sich die Kategorisierung der Sachen anführen (C. civ., Art. 517 ff): Grundlegend ist die Opposition zwischen ‚beweglich' und ‚unbeweglich' (vgl. Art. 517: «Tous les biens sont meubles ou immeubles.»). Für beide Kategorien werden dann die folgenden Subkategorisierungen getroffen:

(1) *immeubles*:
(1a) *par la nature*
(1b) *par leurs destinations*
(1c) *par l'objet auquel ils s'appliquent*
(2) *meubles*
(2a) *par la nature*
(2b) *par la détermination de la loi*

Das Beispiel zeigt im Übrigen auf sehr anschauliche Weise, in welchem Maß sich fachsprachliche Bedeutung verselbständigen kann; die nicht-fachliche, konkrete Bedeutung der beiden in Opposition stehenden Basislexeme (*meuble* : *immeuble*) wird im C. civ. gerade nicht durch die Simplicia, sondern durch die als Hyponyme fungierenden Fügungen *meuble/immeuble* **par la nature** ausgedrückt.

Wenn ein Fisch im Fischteich oder ein Stallkaninchen als ‚*immeuble*' (Kategorie 1 b), Pferde jedoch andererseits nicht als ‚*meuble*' gelten (Art. 533), handelt es sich zweifelsfrei um technisch-juristische Prädikate.

Im einzelnen braucht die definitorische Abgrenzung paradigmatisch eng zusammengehörender, exklusiv fachlicher Prädikate durchaus nicht logisch konsistent zu sein. So werden im *Code pénal* (Tit. II., Chap. I., Sect. I., § 1er) die folgenden Kapitalverbrechen zusammengefaßt: *meurtre, assassinat, parricide, infanticide, empoisonnement*. Vom letztgenannten Tatbestand abgesehen handelt es sich um Tötungsdelikte, die unter den Oberbegriff *homicide* fallen. Das Merkmal ‚Absicht' (*volontairement*) erfüllt den Tatbestand *meurtre* (Art. 295); aufgrund der Merkmale ‚Vorsatz' (*préméditation*) und ‚Hinterhalt' (*guet-apens*) ergibt sich der Tatbestand *assassinat* (Art. 296). Die beiden anderen einschlägigen Tatbestände sind nicht durch die erschwerenden Umstände, sondern durch das Opfer definiert; ein *parricide* liegt vor, wenn die Tat sich auf «*pères ou mère légitime, naturel ou adoptif, ou [...] tout autre ascendant légitime*» richtet (Art. 299), der *infanticide* hat ein Neugeborenes zum Opfer (Art. 300). Während nun zwischen *meurtre* einerseits und *assassinat/parricide* andererseits eine explizite Inklusionsrelation hergestellt wird (jeder *assasinat/parricide* ist auch ein *meurtre*), wird *infanticide* ebenso explizit als Unterbegriff von *meurtre* **oder** *assassinat* bestimmt. Der *empoisonnement* ist dagegen weder über das Ergebnis noch über das Opfer, sondern über die schon begonnene Ausführung (und implizit über den Vorsatz) definiert («*tout attentat à la vie d'une personne, par l'effet de substances qui peuvent donner la mort [...] qu'elles qu'en aient été les suites*»; Art. 301).

4. Der semantische Horizont der kodifizierten Begriffe

4.1. Rechtsimmanente Fachbegriffe

Der Gebrauch eines Lexems in einem Gesetzbuch läßt es automatisch fachlich, d. h. rechtlich bedeutsam werden.

Mit dem Hinweis auf die „Rechtlichkeit" eines Ausdrucks kann man sich natürlich nicht begnügen; es zeichnen sich vielmehr verschiedene Bedeutungshorizonte ab, die es gestatten – idealiter – zwei Begriffstypen zu unterscheiden.

Zunächst entstehen durch die systemhafte und hierarchische Anlage der Kodifikationen *code*- bzw. rechtsimmanente Begriffsfelder.

Ein anschauliches Beispiel bietet die Klassifikation der Verfehlungen im *Code pénal*, Art. 1er.

Unter dem Oberbegriff *infraction* werden dort drei Unterbegriffe differentiell-oppositiv festgelegt (*contravention, délit, crime*) und definiert:

«L'infraction que les lois punissent de peines de polices est une *contravention*.
L'infraction que les lois punissent de peines correctionnelles est un *délit*.
L'infraction que les lois punissent d'une peine afflictive ou infamante est un *crime*.»

Gemeinsamer Bezugsbegriff der drei Definitionen ist nun nicht der Oberbegriff *infraction*, sondern in engem Bezug zum Titel des Kodex (*Code pénal*) der Begriff *peine*. Die Schwere der Verfehlung richtet sich, mit anderen Worten, nicht nach dem Sachverhalt, sondern nach der Schwere der Strafe (*peines de police, peines correctionnelles, peine afflictive ou infamante*), d. h. nach systemimmanenten Bestimmungen; denn worin *peines de police, peines correctionnelles* und *peines afflictives ou infamantes* bestehen, sagt uns der C. pén. selbst (in den Art. 464, 9 und 7).

In semiotischer Hinsicht von besonderem Interesse ist die als *dégradation civique* (def. in C. pén. Art. 34) spezifizierte Form einer *peine infamante*; sie referiert auf den im C. civ. bestimmten, ebenfalls rechtsimmanenten Status des Rechtssubjektes und zeigt insofern, daß die verschiedenen *Codes* ein kohärentes semiotisches System bilden.

4.2. Rechtsrelevante Begriffe

Semiotische Kohärenz bedeutet allerdings keineswegs semiotische Autonomie, denn die Rechtsordnung bleibt ganz wesentlich von der Lebenswelt abhängig. Das gilt nicht nur für die Hermeneutik der Rechtsbegriffe in der Rechtsprechung, die hier nicht zur Diskussion steht (vgl. Krefeld 1985, 28 ff); es gilt bereits für die kodifizierte Gesetzesgrundlage der Rechtsanwendung. Denn es gibt eine ganze Reihe durchaus zentraler Wörter, die zwar durch gesetzessprachliche Verwendung kodifiziert sind, die aber ausdrücklich auf nicht-juristische Begriffe referieren. Ganz evident wird diese semiotische Unselbständigkeit der Gesetzesordnung immer dort, wo lebensweltliche Wertbegriffe integraler Bestandteil von Gesetzesformulierungen werden.

So heißt es z. B. im C. civ., Art. 212: «Les époux se doivent mutuellement fidélité, secours, assistance». Wann zwei (vgl. o. 2.2.) Partner als *époux* qualifiziert werden dürfen, läßt sich formal aus den Bestimmungen des *Code* ableiten (vgl. C. civ. Chap. II, Art. 165 ff: «Des formalités relatives à la célébration du mariage»); was jedoch unter *fidélité, secours* und *assistance* zu verstehen sei, kann nicht rechtsimmanent bestimmt werden. Durch die zitierte Bestimmung werden Begriffe justiziabel, die nicht zuletzt deshalb unscharf sind, weil sie in besonderem Maße dem historischen Wandel unterliegen.

Ähnliches gilt für den Begriff der *autorité parentale* (C. civ., Titre IX.) und die einschlägigen Spezifizierungen wie die folgende (Art. 371): «L'enfant, à tout âge, doit honneur et respect à ses père et mère».

5. Die Rechtskodifikationen und die Sprachwissenschaft

In der unter Napoléon erfolgten Kodifikation zentraler Gebiete der französischen Rechts- und Verwaltungssprache darf man einen ganz unmittelbaren und zum großen Teil beabsichtigten Reflex der Entstehung und Konsolidierung des bürgerlichen Rechtsstaats sehen. Es dürfte kaum eine andere sprachliche Domäne geben, in der sich dieser epochale gesellschaftliche Umbruch mit ähnlicher Deutlichkeit niedergeschlagen hätte. Der hier grob umrissene Gegenstand ist also nicht nur für die historische Rechts- bzw. Fachsprachenforschung (Kalverkämper 19), sondern für die französische Sprachgeschichtsschreibung überhaupt von zentraler Bedeutung.

Es ist daher erstaunlich, daß es an einschlägigem Forschungsinteresse beinahe auf ganzer Linie fehlt. Zur Verfügung stehen allenfalls Brunot (1927, 1026−1053) und in diesem Zusammenhang unspezifische Arbeiten zur Rechtssprache, wie Cornu (1990) und Thumm-Kraus (1995). Für den *Code civil* sind immerhin die eher juristisch ausgerichteten Monographien von Arnauld (1973) und Ray (1926) zu nennen.

Insbesondere fehlen breitangelegte begriffsgeschichtliche und semiotische Studien, die geeignet wären, den inneren Zusammenhang aller Kodifikationen des frühen 19. Jh.s herauszupräparieren. Das mag damit zusammenhängen, daß dergleichen Arbeiten nicht recht in das herrschende Paradigma der Fachsprachenforschung passen würden: Adäquate linguistische Untersuchungen müßten sich diesem historischen Gegenstand synchronisch nähern und die Fragen nach Herkunft, Erstbeleg, Archaizität etc. einzelner

Elemente hintanstellen. Der zweifellos interessante kulturgeschichtliche Hintergrund einzelner Lexeme, also z. B. von frz. *assassin*, auf den wir im ruhigen Fahrwasser der philologischen Tradition stoßen, kann uns nicht den geringsten Aufschluß über die Kategorisierung von Tatbeständen, wie etwa der Tötungsdelikte, während der französischen Revolution und ihre historischen Bedingungen geben. Freilich verspricht auch die von der linguistischen Konjunktur begünstigte (und verdienstvolle) Fachtext- und Fachdiskursforschung nicht viel Hilfe, wenn es um die Analyse umfassender semantischer und semiotischer Systeme geht.

6. Literatur (in Auswahl)

Arnaud 1973 = André-Jean Arnaud: Essai d'analyse structurale du code civil française — la règle du jeu dans la paix bourgeoise. Paris 1973.

Berger/Luckmann 1980 = Peter Berger/Thomas Luckmann: Die gesellschaftliche Konstruktion der Wirklichkeit. Eine Theorie der Wissenssoziologie. Frankfurt a. M. 1980.

Bertaud 1989 = Jean-Paul Bertaud: Le Consulat et l'Empire 1799—1815. Paris 1989.

BGB [29]1986 = Bürgerliches Gesetzbuch. Textausgabe mit ausführlichem Sachregister und einer Einführung von K. Larenz. München [29]1986.

C. civ. [79]1979—1980 = Code civil. Paris [79]1979—1980. (Petits Codes Dalloz).

C. pén. [82]1984—1985 = Code pénal. Paris [82]1984—1985. (Petits Codes Dalloz).

Cornu 1990 = Gérard Cornu: Linguistique juridique. Paris 1990.

Ellul 1981 = Jacques Ellul: Histoire des institutions. Bd. IV, XVIe—XVIIIe siècle. Paris [7]1981.

Encyclopédie 1988 = Encyclopédie ou Dictionnaire raisonné des sciences, des arts et des métiers, par une société de gens de lettres, mis en ordre & publié par M. Diderot & [...] M. D'Alembert. Stuttgart—Bad Cannstadt 1988/1751—1780.

Formigari 1993 = Lia Formigari: Signs, Science and Politics. Philosophies of Language in Europe (1700—1830). Amsterdam. Philadelphia 1993 (Studies in the History of the Language Sciences 70).

Furet 1988 = François Furet: Bonaparte. In: Furet/Ozouf 1988, 216—229.

Furet/Ozouf 1988 = François Furet/Mona Ozouf u. a. (Hrsg.): Dictionnaire de la Révolution française. Paris 1988.

Glück 1993 = Helmut Glück (Hrsg.): Metzler Lexikon Sprache. Stuttgart. Weimar 1993.

Goy 1988 = Josef Goy: Code civil. In: Furet/Ozouf 1988, 508—519.

Gurvitch [2]1974 = Georges Gurvitch: Grundzüge der Soziologie des Rechts. Darmstadt. Neuwied [2]1974 (Soziologische Texte 6).

Haugen 1983 = Einar Haugen: The Implementation of Corpus Planning: Theory and Practice. In: Juan Cobarrubias (Hrsg.): Progress in Language Planning. International Perspectives. Berlin 1983, 269—289.

Krefeld 1985 = Thomas Krefeld: Das französische Gerichtsurteil in linguistischer Sicht: Zwischen Fach- und Standessprache. Frankfurt a. M. usw. 1985 (Studia Romanica et Linguistica 17).

Krefeld 1996 = Thomas Krefeld: Fachwort und Alltagssprache — zum Stil richterlicher Argumentation am Beispiel einer BGH-Entscheidung. In: Bernd Spillner (Hrsg.): Stil in Fachsprachen. Frankfurt a. M. usw. 1996, 94—104.

Olivier-Martin 1984 = Felix Olivier-Martin: Histoire du droit français des origines à la Révolution. Paris 1984/1948.

Pertué 1988 = Michel Pertué: Fonctionnaires. In: Soboul 1988, 456.

Petit Robert = Le Petit Robert. Dictionnaire alphabétique et analogique de la langue française. Paris 1993.

Ray 1926a = Jean Ray: Essai sur la structure logique du code civil français. Paris 1926.

Ray 1926b = Jean Ray: Index du code civil. Paris 1926.

Raymondis 1976 = Louis Marie Raymondis: Le langage de la justice pénale. Paris 1976.

Raynaud 1988 = Philippe Raynaud: „Révolution américaine". In: Furet/Ozouf 1988, 860—871.

Reichardt 1985 = Rolf Reichardt: Einleitung. In: Reichardt/Schmitt u. a. 1985. (Heft 1/2), 39—148.

Reichardt/Schmitt 1985 = Rolf Reichardt/Eberhard Schmitt u. a. (Hrsg.): Handbuch politisch-sozialer Grundbegriffe in Frankreich 1680—1820. München 1985.

Schlieben-Lange 1985 = Brigitte Schlieben-Lange: Die Wörterbücher in der französischen Revolution. In: Reichardt/Schmitt u. a. (Hrsg. 1985 (Heft 1/2), 149—189.

Soboul 1989 = Albert Soboul (Hrsg.): Dictionnaire historique de la Révolution française. Paris 1989.

Sonnenberger 1972 = Hans-Jürgen Sonnenberger: Einführung in das französische Recht. Darmstadt 1972.

Thumm-Kraus 1995 = Corinna Nicolette Thumm-Kraus: Untersuchungen zur modernen französischen Rechtssprache mit besonderer Berücksichtigung älterer Elemente. Filderstadt 1995 [= Diss. Tübingen].

Vovelle 1974 = Michel Vovelle: Nouvelle Histoire de la France contemporaine. Bd. 1. La chute de la monarchie. Paris 1974.

Thomas Krefeld, München

XXIX. Bibliographie und Register

273. Bibliographie der Bibliographien zur Fachsprachenforschung und Terminologiewissenschaft

Die Ausgangsbasis für diese Bibliographie der Bibliographien bildete die „Kleine Bibliographie fachsprachlicher Untersuchungen" von Lothar Hoffmann und Karin Leube in der ersten Auflage von „Kommunikationsmittel Fachsprache", Berlin 1976 (Sammlung Akademie-Verlag 44 Sprache), 419−493, die seither in jedem Jahr eine Fortsetzung durch wechselnde Autoren erlebt hat: Karin Leube, Marianne Lehmann, Christine Puchta, Christa Isaak, Lisa Katsch, Marina Dietze, Ines-Andrea Busch-Lauer. Die Fortsetzungen sind seit 1979 in der Zeitschrift „Fachsprache" (Wien) erschienen und enthalten allesamt einen Abschnitt I. *Bibliographien.* Daneben entstand beim Verfasser dieser Bibliographie der Bibliographien im Laufe der Zeit eine umfangreiche Literaturkartei zur Fachsprachenforschung, zur Fachsprachendidaktik, zur Terminologiewissenschaft und zu benachbarten Gebieten. Schließlich ergab die Lektüre aller Artikel des vorliegenden HSK-Bandes und die Durchsicht ihrer Literaturverzeichnisse eine ganze Reihe von Titeln, die den Bemühungen eines einzelnen möglicherweise entgangen wären.

Der Begriff der Bibliographie wird hier in einem sehr weiten Sinne ausgelegt. Erfaßt sind sowohl Bücher, Hefte und Artikel mit der offiziellen Textdeklaration „Bibliographie" (1) als auch Literaturverzeichnisse und -angaben in wichtigen Monographien, Lehrbüchern, Sammelbänden und Zeitschriftenartikeln (2) sowie sonstige Listen und Schriften, wie z. B. Literatur- und Forschungsberichte (3). Eine gewisse Unsicherheit ergibt sich bei Quellen dieser Art daraus, daß Überlegungen zu den Fachsprachen nicht nur in linguistischen Veröffentlichungen zu finden sind, sondern relativ häufig, z. T. versteckt hinter fachsprachlich „unverfänglichen" Themen, auch in fachlichen Originalarbeiten der unterschiedlichsten Disziplinen von der Technik über die Naturwissenschaften, die Medizin und Pharmazie, die Philosophie und Psychologie bis hin zur Wirtschaft und zum Handwerk; ein schwer zu überschauendes Feld sind terminologische Empfehlungen und Sprachratgeber. Als ergiebige Fundgrube für den Literatursuchenden dürfen schließlich Periodika, d. h. Zeitschriften und Reihen (4), nicht ausgelassen werden, in denen regelmäßig oder gelegentlich fachsprachliche Publikationen und Literaturhinweise − einschließlich *Book News* und *Publications Received* erscheinen.

Der Gedanke einer generellen Umfangsbeschränkung nach Seiten- oder Titelzahl als Kriterium für die Aufnahme wurde schnell verworfen, da Hinweise auf sehr spezielle oder aktuelle Fragen der Fachsprachenforschung und Terminologiewissenschaft häufig gerade in kurzen Literaturverzeichnissen zu finden sind. Auch das Erscheinungsdatum hat keine Bedeutung, wenn der diachronische Aspekt nicht untergehen soll; außerdem hat die Fachsprachenforschung schon ihre eigene Geschichte.

Die unterschiedliche Beschaffenheit des Materials legt eine Grobgliederung nahe, die das folgende Aussehen hat:

1. Bibliographien (*1.−227.*)
2. Literaturverzeichnisse und -angaben in Monographien, Lehrbüchern, Sammelbänden und Zeitschriftenartikeln (*228.−396.*)
3. Sonstige Listen und Schriften (*397.−480.*)
4. Periodika (*481.−552.*)

Die fortlaufende Numerierung der Titel von *1.−552.* wurde eingeführt, um einen selektiven Zugriff zu ermöglichen. Ein Schlagwortregister (5) führt über die Numerierung zu bestimmten Themen, sofern diese aus dem Titel ersichtlich sind bzw. den Schwerpunkt der betreffenden Publikation ausmachen.

Wie in jeder Bibliographie so wird der Nutzer auch hier manches vermissen. Nicht alles, was fehlt, ist damit als unbedeutend eingestuft worden. Vollständigkeit ist schon wegen klarer Vorgaben zum Umfang des Handbuches nicht möglich. Auch die an anderer Stelle vorgestellte Konzeption gebietet die Konzentration auf Schwerpunkte. Ein weiterer Umstand bringt für die Fachsprachenforschung Beschränkungen mit sich: Für eine ganze Reihe von Autoren liegt die Beschäftigung mit Fachsprachen am Rande ihrer sonstigen wissenschaftlichen Tätigkeit; ihre Veröffentlichungen sind gewöhnlich einzelnen Teilaspekten gewidmet, die nicht unbedingt zum Kernbereich der Fachsprachenforschung oder Terminologiewissenschaft gehören. Schließlich stimmen einige Literaturverzeichnisse in hohem Maße überein, so daß es zu Doppelungen und damit zu einer Belastung der Literaturrecherche käme. Aus all diesen Gründen wurde die ursprünglich weit umfangreichere Titelsammlung vor der Drucklegung erheblich reduziert. Zusätzliche Auskunftsmöglichkeiten bestehen beim *LSP Centre* der *Copenhagen Business School* und bei *Infoterm Wien*; eine laufende Aktualisierung erfolgt in der Zeitschrift „Fachsprache".

Trotz alledem sind den Herausgebern des Handbuches Hinweise auf Defizite willkommen, weil bei den schnellen Fortschritten der Fachsprachenforschung und der Terminologiewissenschaft ohnehin Ergänzungen — möglicherweise in einer Neuauflage — nötig sein werden.

1. Bibliographien

1. Adamzik, Kirsten: Textsorten–Texttypologie. Eine kommentierte Bibliographie. Münster 1995 (Studium Sprachwissenschaft 12).
2. Adda, Rosine/Robine, Catherine: Bulletin Bibliographique, no. spécial 22: Le français fonctionnel. Saint-Cloud (C. R. E. D. I. F.). 1. parution, novembre 1975. 1. mise à jour, janvier 1978. 2. mise à jour, mars 1982.
3. Adda, Rosine/Robine, Catherine: Bulletin Bibliographique, no. 139. Fontenay. Saint-Cloud, juillet 1992.
4. Allix, B.: Annotated bibliography of English for special purposes. Toronto 1978 (Ministry of Culture and Recreation).
5. Alston, Robin C./Rosier, J. L.: Rhetoric and style. A bibliographical guide. In: Leeds Studies in English 1. 1967, 137–159.
6. Aronis, Ch.: Annotated bibliography of ESP materials. Washington D. C. 1983 (TESOL).
7. Ašnin, F. D./Debec, N. P./Iževskaja, M. G. u. a.: Strukturnoe i prikladnoe jazykoznanie. Bibliografičeskij ukazatel' literatury, izdannoj v SSSR s 1918 po 1962 g. Moskva 1965 (Akademija Nauk SSSR).
8. Ašnin, F. D./Debec, N. P./Iževskaja, M. G. u. a.: Obščee jazykoznanie. Bibliografičeskij ukazatel' literatury, izdannoj v SSSR s 1918 po 1962 g. Moskva 1965 (Akademija Nauk SSSR).
9. Augst, Gerhard (Hrsg.) unter Mitarbeit von Andrea Höppner: Rechtschreibliteratur. Bibliographie zur wissenschaftlichen Literatur über die Rechtschreibung und Rechtschreibreform der neuhochdeutschen Standardsprache, erschienen von 1900 bis 1990. Frankfurt/M. Bern. New York. Paris 1992 (Theorie und Vermittlung der Sprache 15).
10. Badenhoop, Reinhard K. J. unter Mitarbeit von Reiner Herrmann: Organisation der Behörde. In: Bibliographie zur Organisation von Staat, Verwaltung, Wirtschaft. Bd. 1. Köln. Berlin 1966, 697–766.
11. Bailey, Richard W./Doležel, Lubomír: An annotated bibliography of statistical Stylistics. Ann Arbor 1968.
12. Bakalla, Muhammad Hasan: Bibliography of Arabic linguistics. München 1976.
13. Bakalla, Muhammad Hasan: Arabic Linguistics. An introduction and bibliography. London 1983.
14. Barth, Erhard: Fachsprache. Eine Bibliographie. In: Germanistische Linguistik 3/1971, 209–363.
15. Bartha, Magdolna: Auswahlbibliographie zur Fachsprache Deutsch. In: Dallmann, Sabine (Hrsg.): Fachsprache und Allgemeinsprache. Budapest 1987 (Unser Thema 4), 40–49.
16. Batalova, G. F./Komissarov, E. V.: Literatura po naučno-techničeskomu perevodu (1978–1982 gg.). Bibliografičeskij ukazatel'. Moskva 1983.
17. Bausch, Karl-Richard/Klegraf, Josef/Wilss, Wolfram: The science of translation: An analytical bibliography. Vol. 1 (1962–1969). Tübingen 1970. Vol. 2 (1970–1971). Tübingen 1972 (Tübinger Beiträge zur Linguistik 21 und 33).
18. Becker-Mrotzek, Michael: Diskursforschung und Kommunikation in Institutionen. Heidelberg 1992 (Studienbibliographien Sprachwissenschaft 4).
19. Beleva, N. A./Bogatova, V. N./Goryšnik, L. M. u. a.: Naučno-techničeskaja terminologija. Perečen' inostrannych standartov. Moskva 1968.
20. Berger, Ralph: Vademecum ad libros: Einführungsbibliograhie in die Buch- und Bibliothekskunde. Herzogenaurach 1993.
21. Besterman, Theodore: Bibliography library science and reference books. Totowa N. Y. 1971.

22. Beylsmit, J. J. et al. (eds.): Linguistic bibliography. Utrecht. Bruxelles 1949 ff. The Hague. Boston. London 1971 ff.

23. Bibliografija sovetskoj bibliografii. Gosudarstvennyj bibliografičeskij ukazatel'. Moskva 1954 ff.

24. Bibliographie de la néologie. In: Terminologies nouvelles. Revue du Réseau international de néologie et de terminologie (Rint) 6/1991, 107−113.

25. Bibliographie des Bibliothekswesens. Bibliography of library science. 3. Aufl. München−Pullach. Berlin 1970.

26. Bibliographie Linguistischer Literatur (BLL). Bibliographie zur allgemeinen Linguistik und zur anglistischen, germanistischen und romanistischen Linguistik. Frankfurt/M. 1979 ff. Bde 1−3 u. d. T.: Bibliographie unselbständiger Literatur: Linguistik (BUL-L). Frankfurt 1976−1977, vgl. auch 203.

27. Bierbaumer, Peter/Burkert, Anja (Hrsg.): Englisch als Fachsprache. Kommentierte Bibliographie. Wien 1997 (Sonderheft Fachsprache 2).

28. Biere, Bernd U.: Textverstehen und Textverständlichkeit. Heidelberg 1991 (Studienbibliographien Sprachwissenschaft 2).

29. Biller, Gerhard: ‚Weltweisheit' und ihre Fachsprache. Auswahlbibliographie zu sprachwissenschaftlicher Sekundärbehandlung von Christian Wolff (1679−1754). In: Dutz, Klaus D. (Hrsg.): Sprachwissenschaft im 18. Jahrhundert. Fallstudien und Überblicke. Münster 1993, 169−177.

30. Birkenmaier, Willy/Mohl, Irene: Bibliographie zur russischen Fachsprache. Tübingen 1990 (Forum für Fachsprachen-Forschung 12).

30a. Blaeschke, A./Stephan, R. (Hrsg.): Materialien zum Fachsprachenunterricht. Kommentierte Auswahlbibliographie. Bonn 1978 (DAAD).

31. Boguckaja, M. F./Lagutina, A. V.: Terminovedenie na Ukraine. Bibliografičeskij ukazatel' 1947−1980. Kiev 1982.

32. Böming, Holger/Siegert, Reinhart (Hrsg.): Volksaufklärung. Bio-Bibliographisches Handbuch. Stuttgart 1990.

33. Borchert, Ingrid: Ostsprachige Wörterbücher I und II. In: DFW. Dokumentation, Information. Zeitschrift für Allgemein- und Spezialbibliotheken, Büchereien und Dokumentationsstellen 20. 1971/72, 5, 170−184 und 21. 1972/73, 1, 11−28.

34. Boulanger, Jean-Claude: Bibliographie linguistique de la néologie 1960−1980. Québec 1981.

35. Boulanger, Jean-Claude: Bibliographie de la néologie. Nouveaux fragments (1980−1989). Québec 1990.

36. Boulanger, Jean-Claude: Petite bibliographie analytique: terminologie et néologie. In: Travaux de terminologie 3. 1984, 151−203.

37. Boulanger, Jean-Claude/Nakos, Dorothy: Le syntagme terminologique. Bibliographie sélective et analytique (1960−1988). Québec 1988.

38. Bower, William W.: International bibliography of special dictionaries, manuals, and reference works for use in English-speaking countries. In: Bower, William W.: International manual of linguists and translators. New York 1959, 105−234.

39. Brandt, Bertolt (Hrsg.): Russistik in der DDR. Bibliographie zur Sprachwissenschaft, Literaturwissenschaft und Methodik des Russischunterrichts 1967−1977. Berlin 1979, 243−281.

40. Braun, Thomas/Tolksdorf, Ulrich: Bibliographie zur Fischervolkskunde Ost- und Westpreußens. Marburg 1990 (Schriftenreihe der Kommission für Ostdeutsche Volkskunde in der Deutschen Gesellschaft für Volkskunde e. V. 52).

41. Braunmüller, Kurt: Deutsch-Skandinavisch im Vergleich. Eine Bibliographie zur Linguistik und Lexikologie (1945−1985). Neumünster 1987 (Kieler Beiträge zur deutschen Sprachgeschichte 9).

42. Brewer, Annie/Brown, Marie: Dictionaries, encyclopedias, and other word-related books. A classed guide to dictionaries, encyclopedias, and similar works, based on Library of Congress Catalog Cards, and arranged according to the Library of Congress Classification System. 4th ed. Detroit 1987.

43. British Council (ed.): English for Science and Technology (EST). London 1977 (Specialised Bibliography 17).

44. Broughton, M. M.: A selected bibliography of ESP materials. Sao Paulo 1979 (Creativity 34).

45. Brunt, Richard J.: A basic vocabulary and a bibliography for scientific and technical English. Essen. Duisburg 1980.

46. Bues, Manfred: Schrifttum zur Sportsprache 1936−1952. In: Muttersprache 4−5/1953, 171−178.

47. Bülow, Edeltraud/Schneider, Rolf-H.: Materialien zu einer Bibliographie der Rechtslinguistik. Münster 1981 (Studium Sprachwissenschaft 5).

48. Bungarten, Theo: Wissenschaftssprache und Gesellschaft. Auswahlbibliographie. Hamburg 1981.

49. Bungarten, Theo: Auswahlbibliographie zur < Wirtschaftslinguistik > (Entwurfsfassung). Hamburg 1990.

50. Bungarten, Theo (Hrsg.): FST. Fachsprachentheorie. Band 3. Auswahlbibliographie. Tostedt 1998.

51. Burceva, I. P./Utkina, T. A.: Bibliografičeskij ukazatel' meždunarodnych standartov (rekomendacij) ISO na terminy i opredelenija. Moskva 1979.

52. Bureau pour l'Enseignement de la Langue et de la Civilisation Française à l'Étranger (B. E. L. C.): Sciences et techniques. Références bibliographiques de base. Paris 1972.

52a. Busch-Lauer, Ines-Andrea/Isaak, Christa/Katsch, Lisa: Kleine Bibliographie fachsprachlicher Untersuchungen. Fortsetzungen 22—26. Leipzig 1995, 1996, 1997, 1998 (Universität Leipzig, Fachsprachenzentrum) und Fachsprache (Wien) 1—2/1996 bis 1—2/1998.

53. Butt, Irene/Eichler, Monika (Red.): Bibliographie Sprache und Literatur. Deutschsprachige Hochschulschriften und Veröffentlichungen außerhalb des Buchhandels 1966—1980. München. London. New York. Paris 1992.

54. Carpenter, Gladys R.: Foreign language — English dictionaries. Vol. 1: Special subject dictionaries with emphasis on science and technology. Washington 1955.

55. Černjavina, L. I./Borisova, L. I./Bočarova, M. M.: Literatura po naučno-techničeskomu perevodu. 1960—1977 gg. Bibliografičeskij ukazatel' I—II. Moskva 1979.

56. Chambre de Commerce et d'Industrie de Paris: Bibliographie: Le français des affaires. Paris 1991 et 1994.

57. Chambre de Commerce et d'Industrie de Paris: Bibliographie: Le français des professions scientifiques et techniques. Paris (o. J.) et 1993.

58. Chien, David: Lexicography in China. Vol. 2: Language dictionaries. Exeter 1986 (Exeter Linguistic Studies 12), 125—237.

59. CILT (Centre of Information on Language Teaching): A language-teaching Bibliography. Cambridge 1968.

60. Čižakovskij, Valentin A./Bektaev, Kaldybaj B.: Statistika reči 1957—1985. Bibliografičeskij ukazatel'. Kišinev 1986.

61. Claes, Franz: Bibliographisches Verzeichnis der deutschen Vokabulare und Wörterbücher, gedruckt bis 1600. Hildesheim. New York 1977.

62. Claes, Frans M.: A bibliography of Netherlandic dictionaries. Dutch—Flemish. Amsterdam 1980 (World Bibliography of Dictionaries V).

62a. Claes, Frans/Bakema, Peter: A bibliography of Dutch dictionaries. Tübingen 1995 (Lexicographica, Series Maior).

63. Collison, Robert L. W.: Dictionaries of English and foreign languages. A bibliographical guide to both general and technical dictionaries with historical and explanatory notes and references. 2nd ed. New York 1971.

64. Coover, James: Music lexicography. Including a study of lacunae in music lexicography and a bibliography of music dictionaries. 3rd. ed. Carlisle 1971.

65. Cop, Margaret: Babel unravelled. An annotated world bibliography of dictionary bibliographies, 1658—1988. Tübingen 1990 (Lexicographica. Series Maior 36).

66. Craig, Hardin Jr./Craig, Raemond W.: A bibliography of encyclopedias and dictionaries dealing with military, naval and maritime affairs 1577—1971. 4th ed. Houston 1971.

67. Creamer, Thomas/Hixson, Sandra/Mathias, James: Chinese dictionaries. Westport. London 1982.

68. CREDIF (École Normale Supérieure de Saint-Cloud. Centre de Recherche et d'Étude pour la Diffusion du Français): Éléments de bibliographie internationale pour l'analyse et l'enseignement des langues de spécialité. Paris. Bruxelles. Montréal 1971.

69. Croft, Kenneth/Lusk, Catherine R./Joseph, Grace J.: Technical glossaries and dictionaries, all English editions. Prepared for the Agency for International Development. Washington 1966.

70. Csörögi, István/Nagy, Ferenc (Hrsg.): A magyar szaknyelokutatás bibliográfiája (Bibliographie der ungarischen Fachsprachenforschung). Budapest 1980.

71. Danilenko, L. P./Utkina, T. A./Volkova, I. N.: Bibliografičeskij ukazatel' meždunarodnych standartov (rekomendacij) ISO na terminy i opredelenija. Moskva 1980 ff.

72. Danilenko, L. P.: Bibliografičeskij ukazatel' gosudarstvennych standartov SSSR na terminy i opredelenija. Moskva 1987.

73. Debec, Nikolaj P./Dubrovina, V. F./Iževskaja, M. G.: Bibliografičeskij ukazatel' literatury po jazykoznaniju, izdannoj v SSSR s 1918 po 1957 g. Moskva 1958 (Akademija Nauk SSSR).

74. Debec, Nikolaj P. u. a.: Slavjanskoe jazykoznanie. Bibliografičeskij ukazatel' literatury, izdannoj v SSSR s 1918 po 1960 g. Moskva 1963; s 1961 po 1965 g. Moskva 1969; s 1966 po 1970 g. Moskva 1973; s 1971 po 1975 g. Moskva 1980; s 1976 po 1978 g. Moskva 1985 (Akademija Nauk SSSR).

75. Decurtins, Alexi/Stricker, Hans/Giger, Felix: Studis romontschs 1950—1977. Bibliographi-

sches Handbuch. Band 1: Materialien. Band 2: Register. Chur 1977.

76. Delisle, Jean/Albert, Lorraine: Guide bibliographique du traducteur, rédacteur et terminologue. Ottawa 1979 (Cahiers de traductologie 1).

77. Dieckmann, Walther/Held, Peter: Sprache und Kommunikation in politischen Institutionen. Interdisziplinäre Bibliographie zur politischen Sprache in der Bundesrepublik Deutschland 1975–1984. In: Linguistische Arbeiten und Berichte. Berlin 22. 1986, I–XXI, 1–119.

78. Dietze, Marina/Isaak, Christa/Katsch, Lisa: Kleine Bibliographie fachsprachlicher Untersuchungen. Fortsetzungen 17, 18. Leipzig 1993, 1994 (Universität, Fachsprachenzentrum) und Fachsprache (Wien) 3–4/1993, 1–2/1994.

79. Direction générale de la terminologie: Bibliographie sélective. Terminologie et disciplines connexes. Ottawa 1988.

80. École Normale Supérieure de Saint-Cloud. Centre de Recherche et d'Étude pour la Diffusion du Français (C. R. E. D. I. F.): Langues de spécialité: projet de bibliographie générale. Saint-Cloud (o. J.).

81. Eichler, Ernst/Lehnert, Gisela/Ohnheiser, Ingeborg/Zimmermann, Inge: Bibliographie zur russischen Wortbildung. In: LAB. Linguistische Arbeitsberichte 9. Leipzig 1974, 111–120.

82. Eisenberg, Peter/Gusovius, Alexander: Bibliographie zur deutschen Grammatik. 2., überarbeitete und erweiterte Aufl. Tübingen 1988 (Studien zur deutschen Grammatik 26).

83. Eisenberg, Peter/Wiese, Bernd: Bibliographie zur deutschen Grammatik 1984–1994. Unter Mitarbeit von Matthias Butt und Jörg Peters. 3., aktualisierte und erweiterte Aufl. Tübingen 1995 (Studien zur deutschen Grammatik 26).

84. Ermolenko, Georgij V.: Lingvističeskaja statistika. Kratkij očerk i bibliografičeskij ukazatel'. Alma-Ata 1970, 24–146.

85. Eschebach, Achim/Rader, Wendelin: Semiotik-Bibliographie. Frankfurt/M. 1976.

86. Espinoza, Elerick, Maria Luz/Elerick, Charles/Teschner, Richard V.: Annotated bibliography of technical and specialized dictionaries in Spanish – Spanish and Spanish –. With commentary. Bibliografia anotada de diccionarios tecnicos y especializados en Español – Español y Español –. New York 1982.

87. Fachwörterbücher und Lexika. Ein internationales Verzeichnis. International Bibliography of Dictionaries. 5. Aufl. München–Pullach. Berlin 1972 (Handbuch der technischen Dokumentation und Bibliographie 4).

88. Felber, Helmut/Krommer-Benz, Magdalena/Manu, Adrian: International bibliography of standardized vocabularies. Bibliographie internationale de vocabulaires normalisés. Internationale Bibliographie der Normwörterbücher. 2nd ed. München. New York. London. Paris 1979 (Infoterm Series 2).

89. Felber, Helmut/Nedobity, Wolfgang: International bibliography of standards and nonstandardized guidelines for terminology. Wien 1984 (BT 6).

90. Fluck, Hans-Rüdiger/Hoberg, Rudolf: Fachsprache. Heidelberg 1998 (Studienbibliographien Sprachwissenschaft).

91. Fricke, Harald/Chapuis, André: Bibliographie zur Terminologie der Literaturwissenschaft. In: Christian Wagenknecht (Hrsg.): Zur Terminologie der Literaturwissenschaft. Akten des IX. Germanistischen Symposiums der DFG, Würzburg 1986. Stuttgart 1988, 437–445.

92. Fu-mien Yang, P. S. Y.: Chinese lexicology and lexicography. A selected and classified bibliography. Hong Kong 1985.

93. Gardin, Bernard: Orientations bibliographiques. In: Langue Française, revue trimestrielle 17, février 1973, 124–128.

94. Gaultier, Marie-Thérèse/Hamon, Michèle: Éléments de bibliographie internationale pour l'analyse et l'enseignement des langues de spécialité. Paris 1971 (CREDIF).

95. Geretschlaeger, Erich/Geretschlaeger, Ingrid: Wissenschaftsjournalismus. Annotierte Auswahlbibliographie. Science Writing. Annotated Selected Bibliography. Salzburg 1978 (Arbeitsberichte des Instituts für Publizistik und Kommunikationswissenschaft der Universität Salzburg 7).

96. Głowacka, E./Rymsza-Zalewska, D./Siedlecka, I. (red.): Bibliographie der Wörterbücher. Bibliography of Dictionaries. Bibliografia Słowników. Bibliografija slovarej. Warszawa 1965 ff.

96a. Greule, Albrecht/Janich, N.: Sprache in der Werbung. Heidelberg 1997 (Studienbibliographien Sprachwissenschaft 21).

97. Grzegorczyk, Piotr: Index lexicorum Poloniae. Bibliografia słowników polskich. Warszawa 1967.

98. Guiraud, Pierre: Bibliographie critique de la statistique linguistique. Utrecht. Anvers 1954.

99. Haensch, Günther/Lane, Alexander/Tümmers, Hans/Brenninger, Andreas: Bibliographie der Wörterbücher und Nachschlagewerke. Rechts- und Verwaltungssprache, Wirtschaft und Politik in 37 Sprachen. Bibliographie des dictionaires et œuvres de référence: terminologie juridique et administrative – économie – politique en 37 langues.

Bibliography of dictionaries and works of reference: legal and administrative terminology—economy—politics in 37 languages. Berlin 1977.

100. Hahn, Walther von: Fachsprachen im Niederdeutschen. Eine bibliographische Sammlung. Berlin 1972 (Bibliographien zur deutschen Literatur des Mittelalters. Beiheft 1).

101. Halász de Beky, Ivan Leslie: Bibliography of Hungarian dictionaries, 1410—1963. Toronto 1966.

102. Hassinger, Erich (Hrsg.): Bibliographie zur Universitätsgeschichte. Verzeichnis der im Gebiet der Bundesrepublik Deutschland 1945—1971 veröffentlichten Literatur. Bearbeitet von Edwin Starck. Freiburg/Br. München 1974 (Freiburger Beiträge zur Wissenschafts- und Universitätsgeschichte 1).

103. Haugen, Eva Lund: A bibliography of Scandinavian dictionaries. With an introduction by Einar Haugen. White Planes 1984.

104. Hebel, Franz/Jahn, Karl-Heinz: Bibliographie zum Thema „Technik in Sprache und Literatur". In: Der Deutschunterricht 5/1989, 81—84.

105. Heinrich, Peter: Bibliographie zur Verwaltungssprache. Berlin 1991 (Fachhochschule für Verwaltung und Rechtspflege. Beiträge aus dem FB 1, Heft 21).

106. Heinzmann, Fritz: Französische Fachwörterbücher. Dictionnaires scientifiques et techniques français. Berlin 1967.

107. Henne, Helmut (Hrsg.): Deutsche Wörterbücher des 17. und 18. Jahrhunderts. Einführung und Bibliographie. Hildesheim. New York 1975.

108. Henry, Raymond/Henry, D.: Bibliographie internationale de l'interprétation. 2. éd., revue et augmentée. International Bibliography of Interpretation. 2nd ed., revised and augmented. Sudbury (Ontario) 1987.

109. Hilgendorf, Brigitte: Bibliographie. In: Bürger—Formulare—Behörde. Wissenschaftliche Arbeitstagung zum Kommunikationsmittel ‚Formular', Mannheim, Oktober 1979. Mit einer ausführlichen Bibliographie. Hrsg. v. Siegfried Grosse und Wolfgang Mentrup. Tübingen 1980 (Forschungsberichte des Instituts für deutsche Sprache Mannheim 51), 171—249.

110. Hiltbrunner, Otto: Bibliographie zur lateinischen Wortforschung. Bern 1981 ff.

111. Hinnenkamp, Volker: Interkulturelle Kommunikation. Heidelberg 1994 (Studienbibliographien Sprachwissenschaft 11).

112. Hoecker, Rudolf/Vorstius, Joris: Internationale Bibliographie des Buch- und Bibliothekswesens, mit bes. Berücksichtigung der Bibliographie. Leipzig 1928 ff.

113. Hoffmann, Lothar/Leube, Karin: Kleine Bibliographie fachsprachlicher Untersuchungen. In: Hoffmann, Lothar: Kommunikationsmittel Fachsprache. Eine Einführung. Berlin 1976 (Sammlung Akademie-Verlag 44 Sprache), 419—493.
Fortsetzungen von Karin Leube, Marianne Lehmann, Christine Puchta, Christa Isaak, Lisa Katsch, Marina Dietze, Ines-Andrea Busch-Lauer jährlich seit 1976 im Hausdruck der Universität Leipzig. Von der 3. Fortsetzung 1978 an in der Zeitschrift „Fachsprache" (Wien), Heft 3/1979 ff.

114. Holden, Susan (ed.): English for specific purposes. Modern English publications. London 1977.

115. Holmstran, John E.: Bibliography of interlingual scientific and technical dictionaries. Bibliographie de dictionnaires scientifiques et techniques multilingues. Bibliografia de diccionarios scientificos y técnicos plurilingües. 5th ed. Paris 1969 (UNESCO).

116. Holtus, Günter/Ineichen, Gustav (Hrsg.): Romanische Bibliographie. Supplement zur Zeitschrift für romanische Philologie. Tübingen 1969 ff.

117. Hoof, Henri van: Internationale Bibliographie der Übersetzung. International bibliography of translation. Pullach bei München 1973 (Handbuch der internationalen Dokumentation und Information 11), Kapitel 5.3.: Übersetzung technisch-wissenschaftlicher Texte.

118. Hoof, Henri van: Bibliographie de la traduction médicale. In: META. Journal des Traducteurs — Translators' Journal 19. 1974, 43—66.

119. Horn, Helmut: Neue Medien. Jugendlicher Medienkonsum. Eine kommentierende Auswahlbibliographie. Bielefeld 1989.

120. Houyoux, Philippe/Hélie, Suzanne: Terminologie: 555 dictionnaires spécialisés. Trois-Rivières 1976.

120a. Ickler, Theodor: Bibliographie Deutsch als Fremdsprache. Kritischer Führer durch die Literatur. Tübingen 1985 (Germanistische Arbeitshefte. Ergänzungsreihe 2).

121. Ineichen, Gustav (Hrsg.): Romanische Bibliographie. Tübingen 1967 ff.

122. Ineichen, Gustav: Bibliographische Einführung in die französische Sprachwissenschaft. Berlin 1974 (Grundlagen der Romanistik 4).

123. Isaak, Christa/Katsch, Lisa: Kleine Bibliographie fachsprachlicher Untersuchungen. Fortsetzungen 15, 16, 19, 20, 21. Leipzig 1990, 1991, 1994, 1995 (Universität Leipzig, Sektion Fremdsprachen) und Fachsprache (Wien) 3—4/1991 bis 3—4/1992 und 3—4/1994.

124. Isaak, Christa/Puchta, Christine: Kleine Bibliographie fachsprachlicher Untersuchungen. Fortsetzungen 12−14. Leipzig 1987−1989 (Universität Leipzig, Sektion Fremdsprachen) und Fachsprache (Wien) 1−2/1989 bis 1−2/1991.
125. Iževskaja, M. G./Suprun, A. V. u. a.: Slovari, izdannye v SSSR. Bibliografičeskij ukazatel' 1918−1962. Moskva 1966 (Akademija Nauk SSSR).
126. Johns, A. M.: Bibliography: English for special purposes. Corvallis (Oregon) 1977.
127. Kalverkämper, Hartwig: Kommentierte Bibliographie zur Fernsehgattung ‚Talk Show'. In: Fernsehforschung−Fernsehkritik. Hrsg. v. Helmut Kreuzer. Göttingen 1980, 99−135.
128. Kalverkämper, Hartwig: Orientierung zur Textlinguistik. Tübingen 1981 (Linguistische Arbeiten 100), vgl. auch 316.
129. Kaufman, Isaak M.: Terminologičeskie slovari. Bibliografija. Moskva 1961.
130. Kempgen, Sebastian: Russische Sprachstatistik. Systematischer Überblick und Bibliographie. München 1995 (Vorträge und Abhandlungen zur Slavistik 26).
131. Kennedy, Charles et al. (eds.): Bibliography of research in English for business communication 1988−1992. Birmingham 1994.
132. Kirpičeva, Iraida K.: Handbuch der russischen und sowjetischen Bibliographie. Die Allgemeinbibliographien, Fachbibliographien und Nachschlagewerke Rußlands und der Sowjetunion. Leipzig 1962.
133. Korotkova, L. I.: Bibliografičeskij ukazatel' otraslevych standartov na terminy i opredelenija. Moskva 1987.
134. Kretzenbacher, Heinz L.: Wissenschaftssprache. Heidelberg 1992 (Studienbibliographien Sprachwissenschaft 5).
135. Kromann, Hans-Peder/Mikkelsen, Hans Kristian: Fagsprog og fagsproglig kommunikation. En selektiv systematisk bibliografi ca. 1980−1988. Kopenhagen 1989 (ARK Sproginstitutternes Arbejdspapir. Handelshøjskolen i København 45).
136. Krommer-Benz, Magdalena: International bibliography of computer-assisted terminology. Paris. Wien 1984.
137. Krommer-Benz, Magdalena/Schernthaner, Maria: International bibliography of hidden glossaries. Wien 1988.
138. Krommer-Benz, Magdalena/Schernthaner, Maria: International bibliography of terminological literature. Wien 1989 (TermNet Bibliographical Series 1).
139. Kühn, Peter: Deutsche Wörterbücher. Eine systematische Bibliographie. Tübingen 1978 (Reihe Germanistische Linguistik 15).
140. Kukuškina, E. I./Stepanova, A. G.: Bibliografija bibliografij po jazykoznaniju. Moskva 1963.
141. Lane, Alexander: Internationale Wörterbuch-Bibliographie der Rechts-, Verwaltungs- und Wirtschaftssprache. In: Lebende Sprachen 15. 1970, 58−60, 91−95, 125.
142. Lehmann, Marianne/Leube, Karin: Kleine Bibliographie fachsprachlicher Untersuchungen. Fortsetzungen 4−10. Leipzig 1979−1985 (Universität Leipzig, Sektion Fremdsprachen) und Fachsprache (Wien) 2/1980 bis 1−2/1987.
143. Lehmann, Marianne/Puchta, Christine: Kleine Bibliographie fachsprachlicher Untersuchungen. Fortsetzung 11. Leipzig 1986 (Universität Leipzig, Sektion Fremdsprachen) und Fachsprache (Wien) 3−4/1987 bis 3−4/1988.
144. Lemmer, Manfred: Deutscher Wortschatz. Bibliographie zur deutschen Lexikologie. 2. Aufl. Halle 1968.
145. Lengenfelder, Helga/Hoof, Henri van/Ahlborn, Ilse (Hrsg.): International bibliography of specialized dictionaries. 6th ed. Fachwörterbücher und Lexika. Ein internationales Verzeichnis. 6. Ausg. München. New York. London. Paris 1979 (Handbook of International Documentation and Information 4. Handbuch der internationalen Dokumentation und Information 4).
146. Lenk, Hartmut E. H./Vietinghoff, Gertrud/Vietinghoff, Wilhelm: Fachsprachliche und Sachwörterbücher aus der DDR 1975−1987. Eine Auswahlbibliographie. In: Ginkgo Blatt. Beiheft zum Ginkgo Baum. Germanistisches Jahrbuch für Nordeuropa 8−9. 1988, 3−23.
147. Leube, Karin: Kleine Bibliographie fachsprachlicher Untersuchungen. Fortsetzungen 1−3. Leipzig 1976−1978 (Universität Leipzig, Sektion Fremdsprachen) und Fachsprache (Wien) 3/1979.
148. Lewanski, Richard C.: A bibliography of Slavic dictionaries. 2nd ed. Bologna 1972−1973.
149. Liebert, Wolf-Andreas: Metapher und analoges Problemlösen. Wissenschaftliche Grundlagen und praktische Anwendungen. Interdisziplinäre Bibliographie. Mannheim 1993 (Institut für deutsche Sprache Mannheim. Arbeitspapiere zum TLMSF-Projekt 5).
150. Lüking, Silke: Bibliographie zur Fachsprache der Medizin. In: Stephan Dressler/Burkhard Schaeder (Hrsg.): Wörterbücher der Medizin. Beiträge zur Fachlexikographie. Tübingen 1994 (Lexicographica. Series Maior), 281−304.
151. Maher, J. C.: Language and medicine bibliography. A linguistic and pedagogical bibliography for English in the medical sciences. Edinburgh 1985.

152. Malinskaja, B. A./Šabat, M. S.: Obščee i prikladnoe jazykoznanie. Ukazatel' literatury, izdannoj v SSSR s 1963 po 1967 g. Moskva 1972.

153. Malinskaja, B. A./Šabat, M. S.: Obščee i prikladnoe jazykoznanie. Ukazatel' literatury, izdannoj v SSSR v 1968–1977 gg. Moskva 1982–1985.

154. Martin, Robert/Martin, E.: Guide bibliographique de linguistique française. Paris 1973.

154a. Marton, Tibor W.: Foreign-language and English dictionaries in the physical sciences and engineering. A selected bibliography 1952–1963. Washington 1964 (United States Department of Commerce. National Bureau of Standards miscellaneous publications 258).

155. Mayar, M.-P.: Bibliographie de dictionnaires sur la métallurgie (Ingénieur et industrie 6/1988).

156. Mayar, M.-P.: Bibliographie de dictionnaires sur la pollution (Ingénieur et industrie 5/1988).

157. Mayar, M.-P.: Bibliographie de dictionnaires sur les télécommunications (Ingénieur et industrie 4/1988).

158. Mertens, Jean/Libert, Isabelle/Simal, Isabelle: Traduction, Interprétation, Industries de la Langue, Lexicographie et Terminologie en Belgique. Une Bibliographie Sélective: 1980–1992. In: META XXXIX. 1994, 1, 257–294.

159. Meynen, Emil: Bibliography of mono- and multilingual dictionaries and glossaries of technical terms used in geography as well as in related natural and social sciences. Bibliographie des dictionnaires et glossaires mono- et multilingues des termes techniques géographiques ainsi que des sciences voisines naturelles et humaines. Wiesbaden 1974.

160. Mikkelsen, Hans Kristian/Kromann, Hans-Peder: Fagsprog og fagsproglig kommunikation ca. 1970–1988. En udførlig systematisk bibliografi på database. København 1988.

161. Moran, Michael G./Journet, Debra (eds.): Research in technical communication: A bibliographic sourcebook. Westport (Conn.). London (Engl.) 1985.

162. Mulay, Y. M.: A bibliography of dictionaries and encyclopaedias in Indian languages. Calcutta 1964.

163. Müller, Karl-Heinz: Bibliographie der Fachwörterbücher mit deutschen und russischen Äquivalenten. Unter Mitarbeit v. Rita U. Müller und Elena Ternette. Band I: Naturwissenschaften, Landwirtschaftswissenschaften, medizinische Wissenschaften. Leipzig 1966 (Sonderbibliographien der Deutschen Bücherei 42, korrigiert 43).

164. Müller, Karl-Heinz: Bibliographie der Fachwörterbücher mit deutschen und russischen Äquivalenten. Unter Mitarbeit v. Rita U. Müller. Band II: Technische Wissenschaften: Technik insgesamt. Allgemeintechnische Disziplinen. Automatisierungstechnik. Energiewirtschaft. Eletrotechnik. Leipzig 1978 (Sonderbibliographien der Deutschen Bücherei 61).

165. Must, H.: Auswahlbibliographie zu den Bereichen Fachsprache, Terminologie, Lexikographie, maschinenunterstützte Übersetzung und Dokumentation. Heidelberg 1989.

166. Nedobity, Wolfgang: International bibliography of standards and non-standardized guidelines for terminology. 2nd rev. ed. Wien 1987.

167. Nedobity, Wolfgang: International bibliography of journals relevant to terminology. Wien 1987.

168. Nells, William: A bibliography of bibliographies appearing in style 1967–1994. In: Style 28. 1994, 485–497.

169. Noppen, Jean-Pierre van (ed.): Metaphor. A bibliography of Post-70 publications. Amsterdam 1985.

169a. Nussbaumer, Markus: Sprache und Recht. Heidelberg 1997 (Studienbibliographien Sprachwissenschaft 20).

170. Ockey, Edward: A bibliography of Esperanto dictionaries. Banstead 1982.

171. Over, Albert: Die deutschsprachige Forschung über Hochschulen in der Bundesrepublik Deutschland. Eine kommentierte Bibliographie 1965–1985. München. New York. London. Paris 1988.

172. Paryl, Władysław: Językoznawstwo polonistyczne. Przewodnik naukowo-bibliograficzny dla studentów i nauczycieli polonistów. Wrocław 1992.

173. Pata, E./Ennossaar, V.: Terminologičeskie slovari 1945–1972. Tallin 1972.

174. Pester, Thomas: Geschichte der Universitäten und Hochschulen im deutschsprachigen Raum von den Anfängen bis 1945. Auswahlbibliographie der Literatur der Jahre 1945–1986. Jena 1990 (Bibliographische Mitteilungen der Universitätsbibliothek Jena 56).

175. Peter, Heinrich: Bibliographie zur Verwaltungssprache. Berlin 1991 (Fachhochschule für Verwaltung und Rechtspflege. Beiträge aus dem FB 1, Heft 21).

176. Picht, Heribert: Bibliografi over terminologiske artikler og afhandlinger i videste forstand. København 1982.

177. Picht, Heribert: Bibliografi. Terminologiske Uddannelser i Norden. København 1987 (Mskr.).

178. Pogarell, Rainer: Linguistik im Industriebetrieb. Eine annotierte Auswahlbibliographie. Aachen 1988. 1990.

273. Bibliographie der Bibliographien zur Fachsprachenforschung

179. Poll, L. van der: Bibliografie van lijsten met Nederlandstalige vakterminologie. s'Gravenhage 1988 (Nederlandse Taalunie 18).
180. Prieu, Jacques: Bibliography of technical translation. In: The translators' handbook. 2nd ed. 1989, 273–328.
181. Quemada, Bernard/Menemenciloglu, K.: Répertoire des dictionnaires scientifiques et techniques monolingues et multilingues 1950–1975. Paris 1978.
182. Rechenbach, Charles W./Garnett, Eugene R.: A bibliography of scientific, technical, and specialized dictionaries. Polyglot, bilingual, unilingual. Washington 1969.
183. Recla, Josef/Weidig, Ursula: Terminologie der Leibesübungen (des Sports). Internationale Bibliographie. Graz. Leipzig 1963. 1. Nachtrag 1965. 2. Nachtrag 1967.
184. Reichl, Karl: Englische Sprachwissenschaft. Eine Bibliographie. Mit einem Anhang von Helmut Gneuss. Bielefeld 1993 (Grundlagen der Anglistik und Amerikanistik 17).
185. Reitmeier, Ulrich: Studien zur juristischen Kommunikation. Eine kommentierte Bibliographie. Unter Mitarbeit v. Otmar Bettscheider. Tübingen 1985 (Forschungsberichte des Instituts für deutsche Sprache Mannheim 56).
186. Rizzo, St.: International bibliography of thesauri. Roma 1987.
187. Rondeau, Guy/Felber, Helmut: Bibliographie internationale de la terminologie. Québec 1984.
188. Sadčikova, P. V.: Statistika reči 1986–1991. Bibliografičeskij ukazatel'. Sankt Petersburg 1992.
189. Saur, Karl-Otto/Gringsmuth, Grete: Technik und Wirtschaft in fremden Sprachen. Internationale Bibliographie der Fachwörterbücher. Pullach bei München 1960 (Handbuch der technischen Dokumentation und Bibliographie 4). 6. Aufl. 1979.
190. Schleyer, Walter/Zühlsdorf, Johannes: Auswahlbibliographie zu Deutsch als Fremdsprache: Fachsprachenunterricht. In: Rall, Dietrich/Schepping, Heinz/Schleyer, Walter (Hrsg.): Didaktik der Fachsprache. Bonn–Bad Godesberg 1976 (DAAD Deutscher Akademischer Austauschdienst. Dokumentation und Information), 133–142.
191. Schleyer, Walter/Voigt, S.: Deutsch als Fachsprache. Auswahlbibliographie. Bonn 1978 (Informationen Deutsch als Fremdsprache 5/1978, Sondernummer).
192. Schneider, Klaus: Musik und Sprache. Ein Auswahlverzeichnis. Hannover 1987.
193. Schröder, Hartmut: Research on languages for special purposes and text theory. A thematic and bibliographical guide. Vaasa 1990.
194. Schröder, Hartmut: Linguistic and texttheoretical research on languages for special purposes. A thematic and bibliographical guide. In: Schröder, Hartmut (ed.): Subject-oriented texts. Languages für special purposes and text theory. Berlin. New York 1991 (Research in Text Theory. Untersuchungen zur Texttheorie 16), 1–48.
195. Schröder, Konrad: Fremdsprachenbedarf – Didaktische Problematik und empirische Analyse. Eine Bibliographie. In: Die Neueren Sprachen 83. 1984, 1, 109–117.
196. Schüler, Gisela/Schindler, Ulrike/Schlademann, Regina/Strahl, Irmgard: Mehrsprachige Fachwörterbücher. Bestandsverzeichnis. Teil I: Naturwissenschaften, Technik, Land- und Forstwirtschaft, Medizin. Berichtszeit 1960–1972. Nachtrag 1973–1980. Berlin 1983 (Bibliographische Mitteilungen 28).
197. Selinker, Larry/Trimble, L./Huckin, T.: An annotated bibliography of research in scientific and technical language. In: The Yugoslav Serbo-Croatian-English contrastive project. Director R. Filipovic. Reports 9. Zagreb. Washington 1974, 109–118.
198. Shibles, Warren A.: Metaphor. An annotated bibliography and history. Whitewater 1971.
199. Sides, Charles H.: Writing instructions for computer documentation: An annotated bibliography. In: Technical Communication 2/1988, 105–107.
200. Solzbacher, William: Technical vocabularies in Esperanto. In: Amerika Esperantisto 63. 1949, 7–8, 97–120.
201. Sonesson, Göran: A bibliography of pictorial and other kinds of visual semiotics. In: EIDOS. Bulletin international de sémiotique de l'image 2/1989, 3–29 und 2/1990, 5–42.
202. Spillner, Bernd: Error analysis. A comprehensive bibliography. Amsterdam 1990 (Library and information sources in linguistics 12).
203. Suchan, Elke/Westermann, Heike u. a. (Bearb.): Bibliographie Linguistischer Literatur (BLL). Bibliographie zur allgemeinen Linguistik und zur anglistischen, germanistischen und romanistischen Linguistik. Bibliography of Linguistic Literature (BLL). Bibliography of general linguistics and of English, German, and Romance linguistics. Frankfurt/M. 1979 ff, vgl. auch 26.
204. Talalaeva, L. F.: Naučno-techničeskaja terminologija. Bibliografičeskij ukazatel' (1960–1965). Moskva 1967.
205. Tichý, František/Kottová, Bohumila: Odborné jazykové slovníky. Praha 1961.
206. Troike, Rudolph: Bibliography of bibliographies of the languages of the World. Amster-

dam 1990 (Amsterdam Studies in the Theory and History of Linguistic Science 5, 19).

207. Turcotte, R.: Bibliographie de la néologie: 300 apports nouveaux (1980–1987). Québec 1988.

208. Turner, John F.: The teaching of foreign languages for special purposes. A bibliography. In: Gnutzmann, Claus/Turner, John (Hrsg.): Fachsprachen und ihre Anwendung. Tübingen 1980 (Tübinger Beiträge zur Linguistik 144), 119–169.

209. Tyl, Zdeněk: Bibliografie České Lingvistiky 1956–1960. Praha 1963.

210. UNESCO: Bibliography of publications designed to raise the standard of scientific literature. Paris 1963 (Documentation and Terminology of Science).

211. Utkina, T. A.: Bibliografičeskij ukazatel' standartov (rekomendacij) meždunarodnoj organizacii (ISO) na terminy i opredelenija. Moskva 1987.

212. Volkova, I. N./Vtorova, N. N./Danilenko, L. P. u. a.: Bibliografičeskij ukazatel' gosudarstvennych standartov SSSR na (naučno-techničeskie) terminy i opredelenija (i oboznačenija). Moskva 1980 ff.

213. Wajid, Mohammed: Oriental dictionaries; a select bibliography. Karachi 1967 (Library Promotion bureau publication no. 2).

214. Walravens, Hartmut (Hrsg.): Internationale Bibliographie der Bibliographien 1959–1988. International Bibliography of Bibliographies 1959–1988. Bearb. v. Michael Peschke (12 Bde). München. New Providence. London. Paris 1996–1998.

215. Wellisch, Hans H.: Indexing and abstracting. An international bibliography. Santa Barbara. Oxford 1980.

216. Wellisch, Hans H.: Indexing and abstracting 1977–1981. An International bibliography. Santa Barbara. Denver. Oxford 1984.

217. Welte, Werner: Moderne Linguistik. Terminologie/Bibliographie. Ein Handbuch und Nachschlagewerk auf der Basis der generativen transformationellen Sprachtheorie. Bde 1 und 2. München 1974.

218. Wiegand, Herbert Ernst: Bibliographie zur Wörterbuchforschung von 1945 bis auf die Gegenwart. 2200 Titel. Ausgewählt aus germanistischer Perspektive. In: Wiegand, Herbert Ernst (Hrsg.): Studien zur neuhochdeutschen Lexikographie VI, 2. Teilband. Hildesheim. Zürich. New York 1988 (Germanistische Linguistik 87–90. 1986), 627–821.

219. Wiegand, Herbert Ernst: Fachlexikographie. Lexicography for special purposes. Zur Einführung und bibliographischen Orientierung. In: Lexicographica 11/1995, 1–14.

220. Wojtan, Władysław: Historia i bibliografia słownictwa technicznego polskiego od czasów najdawniejszych do końca 1933 r. Lwów 1936.

221. Wüster, Eugen: Bibliography of monolingual scientific and technical glossaries. Vol. I: National Standards. Paris 1955. Vol. II. Miscellaneous sources. Paris 1959.

222. Yamagiwa, Joseph K.: Bibliography of Japanese encyclopedias and dictionaries. Ann Arbor 1968.

223. Yzermann, Norbert/Beier, Rudolf: Bibliographie zum fachsprachlichen Fremdsprachenunterricht. Frankfurt/M. 1989 (DNS-Dokumentation 1).

224. Zalewski, Wojciech: Russian-English dictionaries with aids for translators. A selected bibliography. 2nd ed. New York 1981 („Russica" Bibliography Series 1).

225. Zaunmüller, Wolfram: Bibliographisches Handbuch der Sprachwörterbücher. Ein internationales Verzeichnis von 5600 Wörterbüchern der Jahre 1460–1958 für mehr als 500 Sprachen und Dialekte. An annotated bibliography of language dictionaries. Bibliographie critique des dictionnaires linguistiques. Stuttgart 1958.

226. Zischka, Gert A.: Index Lexicorum. Bibliographie der lexikalischen Nachschlagewerke. Wien 1959.

227. Zolli, Paolo: Bibliografia dei dizionari specializzati italiani del XIX secolo. Firenze 1973.

2. Literaturverzeichnisse und -angaben in Monographien, Lehrbüchern, Sammelbänden und Zeitschriftenartikeln

228. Akulenko, Valerij V.: Voprosy internacionalizacii slovarnogo sostava jazyka. Char'kov 1972, 202–212.

229. Alekseev, Pavel M.: Statističeskaja leksikografija. Leningrad 1975, 104–118.

229a. Andersen, Anne-Marie: Interkulturelle Wirtschaftskommunikation in Europa. Deutschland–Dänemark. Zur Konzeption eines interkulturellen Kommunikationstrainings für den deutsch-dänischen Handel. Tostedt 1997, 238–256.

230. Arntz, Reiner/Picht, Heribert: Einführung in die Terminologiearbeit. Hildesheim. Zürich. New York 1989 (Studien zu Sprache und Technik 2), 310–336.

231. Assion, Peter: Altdeutsche Fachliteratur. Berlin 1973 (Grundlagen der Germanistik 13), 178–219.

232. Baakes, Klaus: Theorie und Praxis der Terminologieforschung Deutsch−Englisch. Heidelberg 1984 (Sammlung Groos 20), 223−230.

233. Baakes, Klaus: Key issues of syntax in the special languages of science and technology. Heidelberg 1994, 117−128.

234. Balmet, Simone E./Legge, Martine H. de: Pratiques du français scientifique. L'enseignement du français à des fins de communication scientifique. Paris 1992, 253−256.

235. Barke, Jörg: Die Sprache der Chymie. Am Beispiel von vier Drucken aus der Zeit zwischen 1574−1761. Tübingen 1991 (Reihe Germanistische Linguistik 111), 558−578.

236. Baßler, H.: Wissenstransfer in intrafachlichen Vermittlungsgesprächen. Eine empirische Untersuchung von Unterweisungen in Lehrwerkstätten für Automobilmechaniker. Tübingen 1996, 288−301.

236a. Bauer, Johann: Der „Leittext" als (fach-)textlinguistisches Phänomen. Analyse und Optimierungsmöglichkeiten einer betriebsinternen Fachtextsorte. Frankfurt/M. u. a. 1997, 395−410.

237. Baumann, Klaus-Dieter: Integrative Fachtextlinguistik. Tübingen 1992 (Forum für Fachsprachen-Forschung 18), 222−254.

238. Baumann, Klaus-Dieter: Fachlichkeit von Texten. Egelsbach. Frankfurt/M. Washington 1994 (Deutsche Hochschulschriften 1023), 143−163.

239. Bečka, Josef V.: Česká stylistika. Praha 1992, 425−427.

240. Beier, Rudolf: Englische Fachsprache. Stuttgart. Berlin. Köln. Mainz 1980, 111−122.

241. Beloded, Ivan K./Akulenko, Valerij V./Graur, Alexandru u. a.: Internacional'nye elementy v leksike i terminologii. Char'kov 1980, 186−196.

242. Berkov, V. P.: Voprosy dvujazyčnoj leksikografii. Leningrad 1973, 177−190.

243. Birkenmaier, Willy/Mohl, Irene: Russisch als Fachsprache. Tübingen 1991 (Uni-Taschenbücher 1606), 247−261.

244. Blanke, Detlev: Esperanto und Wissenschaft (Zur Plansprachenproblematik). Berlin 1982, 80−88.

245. Blanke, Detlev: Internationale Plansprachen. Eine Einführung. Berlin 1985 (Sammlung Akademie-Verlag 34 Sprache), 298−381.

246. Boeck, Wolfgang (Hrsg.): Kommunikativfunktionale Sprachbetrachtung als theoretische Grundlage für den Fremdsprachenunterricht. Ein Sammelband. Leipzig 1981 (Linguistische Studien), 185−204.

247. Božno, L. I.: Techničeskie terminy v nemeckom jazyke. Moskva 1961, 64−68.

247a. Brandstätter, Ursula: Musik im Spiegel der Sprache. Theorie und Analyse des Sprechens über Musik. Stuttgart 1990, 190−194.

248. Budin, Gerhard: Wissensorganisation und Terminologie. Die Komplexität und Dynamik wissenschaftlicher Informations- und Kommunikationsprozesse. Tübingen 1996 (Forum für Fachsprachen-Forschung 28), 238−260.

249. Buhlmann, Rosemarie/Fearns, Anneliese: Handbuch des Fachsprachenunterrichts. Unter besonderer Berücksichtigung naturwissenschaftlich-technischer Fachsprachen. Berlin. München. Wien. Zürich. New York 1987 (Fremdsprachenunterricht in Theorie und Praxis), 376−392.

250. Bungarten, Theo (Hrsg.): Wissenschaftssprache. Beiträge zur Methodologie, theoretischen Fundierung und Deskription. München 1981, 496−522.

251. Bungarten, Theo (Hrsg.): Wissenschaftssprache und Gesellschaft. Aspekte der wissenschaftlichen Kommunikation und des Wissenstransfers in der heutigen Zeit. 2. Aufl. Tostedt 1989, 398−421.

252. Busse, Dietrich: Recht als Text. Linguistische Untersuchungen zur Arbeit mit Sprache in einer gesellschaftlichen Institution. Tübingen 1992 (Reihe Germanistische Linguistik 131), 349−356.

253. Cabré, M. Teresa: La terminologia. La teoria, les mètodes, les aplicacions. Barcelona 1992, 499−519.

254. Čechová, Marie/Chloupek, Jan/Krčmová, Marie/Minářová, Eva: Stylistika současné češtiny. Praha 1997, 164−166.

255. Cornu, Gérard: Linguistique juridique. Paris 1990, 46−56.

256. Cortelazzo, Michele A.: Lingue Speciali. La dimensione verticale. Padua 1990 (Studi Linguistici Applicati), 81−87.

257. Crossgrove, William C.: Die deutsche Sachliteratur des Mittelalters. Bern. Frankfurt/M. 1993 (Langs Germanistische Lehrbuchsammlung 63), 171−189.

258. Dahlberg, Ingetraut: Grundlagen universaler Wissensordnung. Probleme und Möglichkeiten eines universalen Klassifikationssystems des Wissens. Pullach/München 1974 (Deutsche Gesellschaft für Dokumentation. Frankfurt/M. − Schriftenreihe 3), 325−350.

259. Danilenko, Valerija P.: Russkaja terminologija. Opyt lingvističeskogo opisanija. Moskva 1977, 221−243.

260. Dankert, Harald: Sportsprache und Kommunikation. Untersuchungen zur Struktur der Fußballsprache und zum Stil der Sportberichterstattung. Tübingen 1969 (Volksleben 25), 167−172.

261. Dascal, Marcelo/Gerhardus, Dietfried/Lorenz, Kuno/Meggle, Georg (Hrsg.): Sprachphilosophie. Berlin. New York 1996 (HSK 7,2), 1768−2028.
262. De Meo, Cesidio: Lingue tecniche del latino. 2. Aufl. Bologna 1986, 67−131.
263. Dieckmann, Walther: Sprache in der Politik. Einführung in die Pragmatik und Semantik der politischen Sprache. Mit einem Literaturbericht zur 2. Aufl. Heidelberg 1975, 121−132, 141−147.
264. Dietz, Gunther: Titel wissenschaftlicher Texte. Tübingen 1995 (Forum für Fachsprachen-Forschung 26), 195−205.
265. Dirckx, John H.: The language of medicine: Its evolution, structure and dynamics. New York 1983, Fußnoten und Hinweise im Text.
265a. Döring, Brigitte/Eichler, B.: Sprache und Begriffsbildung in Fachtexten des 16. Jahrhunderts. Wiesbaden 1996, 312−319.
266. Drozd, Lubomir/Seibicke, Wilfried: Deutsche Fach- und Wissenschaftssprache. Bestandsaufnahme−Theorie−Geschichte. Wiesbaden 1973, 186−196.
267. Ebel, Hans F./Bliefert, Claus/Russey, William E.: The art of scientific writing. From student reports to professional publications in chemistry and related fields. Weinheim 1987, 441−450.
268. Eichholz, Susanne: Automobilwerbung in Frankreich. Untersuchungen einer ästhetischen Sprache. Münster 1995, 269−282.
269. Engberg, Jan: Konventionen von Fachtextsorten. Kontrastive Analysen zu deutschen und dänischen Gerichtsurteilen. Tübingen 1997 (Forum für Fachsprachen-Forschung 36), 282−292.
269a. Eßer, Rainer: „Etwas ist mir geheim geblieben am deutschen Referat". Kulturelle Geprägtheit wissenschaftlicher Textproduktion und ihre Konsequenzen für den universitären Unterricht von Deutsch als Fremdsprache. München 1997, 200−221.
270. Felber, Helmut: Allgemeine Terminologielehre und Wissenstechnik. Theoretische Grundlagen, Wien 1993, 124−130.
271. Felber, Helmut/Budin, Gerhard: Terminologie in Theorie und Praxis. Tübingen 1989 (Forum für Fachsprachen-Forschung 9), 261−315.
272. Fink, Hermann: Amerikanisierung in der deutschen Wirtschaft: Sprache, Handel, Güter und Dienstleistungen. Frankfurt/M. u. a. 1995, 287−310.
273. Fluck, Hans-Rüdiger: Fachsprachen. Einführung und Bibliographie. 5. Aufl. Tübingen. Basel 1996 (Uni-Taschenbücher 483), 283−346.
274. Fluck, Hans-Rüdiger: Didaktik der Fachsprachen. Aufgaben und Arbeitsfelder, Konzepte und Perspektiven im Sprachbereich Deutsch. Tübingen 1992 (Forum für Fachsprachen-Forschung 16), 249−293.
274a. Fluck, Hans-Rüdiger: Fachdeutsch in Naturwissenschaft und Technik. Einführung in die Fachsprachen und die Didaktik/Methodik des fachorientierten Fremdsprachenunterrichts (Deutsch als Fremdsprache). 2., vollst. neu bearb. Aufl. Heidelberg 1997, 320−350.
275. Fricke, Harald: Die Sprache der Literaturwissenschaft. Textanalytische und philosophische Untersuchungen. München 1977, 282−295.
276. Fridman, A.: Perevod elektrotechničeskoj literatury. Moskva 1965, 87−96, 129−135.
276a. Frilling, Sabine: Textsorten in juristischen Fachzeitschriften. Münster. New York 1995, 197−208.
276b. Friske, Hans-Jürgen: Technische Dokumentation: Grundlagen zum Verfassen von Anleitungstexten. Münster 1996, 79−86.
277. Frolova, Ol'ga P.: Slovoobrazovanie v terminologičeskoj leksike sovremennogo kitajskogo jazyka. Novisibirsk 1981, 124−129.
278. Fuchs-Khakhar, Christine: Die Verwaltungssprache zwischen dem Anspruch auf Fachsprachlichkeit und Verständlichkeit. Ein Vergleich der Darstellungen dieses Konfliktes in der deutschen Verwaltungssprache und der Vorschläge zu seiner Bewältigung seit 1958. Ergänzt durch einen Blick auf die neueren Ansätze zur Verbesserung der Verwaltungssprache in Großbritannien. Tübingen 1987, 180−199.
279. Fuhrmann, Manfred: Das systematische Lehrbuch. Ein Beitrag zur Geschichte der Wissenschaften in der Antike. Göttingen 1960, Fußnoten.
280. Gajda, Stanisław: Wprowadzenie do teorii terminu. Opole 1990, 138−143.
281. Gerbert, Manfred: Besonderheiten der Syntax in der technischen Fachsprache des Englischen. Halle 1970 (Linguistische Studien), 142−148.
282. Gerbert, Manfred: Fachsprachenlinguistik und Englischmethodik. Dresden 1986 (Fachsprache−Fremdsprache−Muttersprache 3), 86−92.
283. Gerzymisch-Arbogast, Heidrun: Zur Thema-Rhema-Gliederung in amerikanischen Wirtschaftstexten. Tübingen 1987 (Tübinger Beiträge zur Linguistik 306), 397−421.
284. Gerzymisch-Arbogast, Heidrun: Termini im Kontext. Verfahren zur Erschließung und Übersetzung der textspezifischen Bedeutung von fachlichen Ausdrücken. Tübingen 1996 (Forum für Fachsprachen-Forschung 31), 290−320.

285. Gilman, William: The language of science. A guide to effective writing. London 1962, 242.

286. Gläser, Rosemarie: Fachstile des Englischen. Leipzig 1979 (Linguistische Studien), 196–208.

287. Gläser, Rosemarie: Fachtextsorten im Englischen. Tübingen 1990 (Forum für Fachsprachen-Forschung 13), 304–313.

288. Göpferich, Susanne: Textsorten in Naturwissenschaften und Technik. Pragmatische Typologie – Kontrastierung – Translation. Tübingen 1995 (Forum für Fachsprachen-Forschung 27), 485–511.

289. Gross, Alan G.: The Rhetoric of Science. Cambridge/Mass. 1990, 221–242.

290. Gunnarsson, Britt-Louise: Studies in language for specific purposes. Uppsala 1992, 23–31.

291. Gvišiani, Natal'ja B.: Jazyk naučnogo obščenija (voprosy metodologii). Moskva 1986, 260–274.

292. Hahn, Walther von: Die Fachsprache der Textilindustrie im 17. und 18. Jahrhundert. Düsseldorf 1971 (Technikgeschichte in Einzeldarstellungen 22), 243–261.

293. Hahn, Walther von (Hrsg.): Fachsprachen. Darmstadt 1982 (Wege der Forschung CDXCVIII), 373–386.

294. Hahn, Walther von: Fachkommunikation. Entwicklung – Linguistische Konzepte – Betriebliche Beispiele. Berlin. New York 1983 (Sammlung Göschen 2223), 161–177.

295. Heckmann, Siegfried M.: Zum zahnmedizinischen Fachwortschatz im Russischen. Mit einem Abriß der geschichtlichen Entwicklung der Zahnheilkunde in Rußland und der ehemaligen Sowjetunion. Berlin 1995, 311–334.

296. Heller, Dorothee: „Wörter und Sachen" – Grundlagen einer Historiographie der Fachsprachenforschung. Tübingen 1998 (Forum für Fachsprachen-Forschung 43), in Vorbereitung.

296a. Heuberger, Katharina: Wirtschaftsdeutsch und seine Vermittlung. Eine Bestandsaufnahme. Tostedt 1997, 103–122.

297. Hoffmann, Lothar: Kommunikationsmittel Fachsprache. Eine Einführung. 2. Aufl. Berlin 1984; Tübingen 1985 (Forum für Fachsprachen-Forschung 1) und 3. Aufl. Berlin 1987 (Sammlung Akademie-Verlag 44 Sprache), 272–294.

298. Hoffmann, Lothar: Vom Fachwort zum Fachtext. Beiträge zur Angewandten Linguistik. Tübingen 1988 (Forum für Fachsprachen-Forschung 5), 229–246.

299. Hoffmann, Lothar/Piotrowski, Rajmond G.: Beiträge zur Sprachstatistik. Leipzig 1979 (Linguistische Studien), 203–214.

300. Hoffmann, Ludger: Einleitung: Recht–Sprache–Diskurs. Bibliographie zur Thematik des Bandes. In: Hoffmann, Ludger (Hrsg.): Rechtsdiskurse. Untersuchungen zur Kommunikation in Gerichtsverfahren. Tübingen 1989 (Kommunikation in Institutionen 11), 24–38.

300a. Höflich, Joachim R.: Technisch vermittelte interpersonale Kommunikation. Grundlagen, organisatorische Medienverwendung, Konstitution „elektronischer Gemeinschaften". Opladen 1996, 307–344.

301. Horn, Dieter: Rechtssprache und Kommunikation. Grundlegung einer semantischen Kommunikationstheorie. Berlin 1966, 163–180.

302. Horn-Helf, Brigitte: Kondensation als terminologisches Prinzip im Russischen. Tübingen 1997 (Forum für Fachsprachen-Forschung 42), 304–313.

303. Howarth, Peter A.: Phraseology in English academic writing. Some implications for language learning and dictionary making. Tübingen 1996 (Lexicographica. Series Maior 75), 225–230.

304. Hudson, Kenneth: The jargon of the professions. London 1978, 130–131.

305. Hüllen, Werner: „Their manner of discourse". Nachdenken über Sprache im Umkreis der Royal Society. Tübingen 1989, 246–285.

306. Hundt, Markus: Modellbildung in der Wirtschaftssprache. Zur Geschichte der Institutionen- und Theoriefachsprachen der Wirtschaft. Tübingen 1995 (Reihe Germanistische Linguistik 150), 292–316.

307. Hupka, Werner: Wort und Bild. Die Illustration in Wörterbüchern und Enzyklopädien. Tübingen 1989 (Lexicographica. Series Maior), 506–508.

308. Ickler, Theodor: Die Disziplinierung der Sprache. Fachsprachen in unserer Zeit. Tübingen 1996 (Forum für Fachsprachen-Forschung 33), 414–432.

309. Ischreyt, Heinz: Studien zum Verhältnis von Sprache und Technik. Institutionelle Sprachlenkung in der Terminologie der Technik. Düsseldorf 1965 (Sprache und Gemeinschaft. Studien IV), 281–285.

310. Ivanov, V. V.: Terminologija i zaimstvovanija v sovremennom kitajskom jazyke. Moskva 1973, 166–171.

311. Jahr, Silke: Das Fachwort in der kognitiven und sprachlichen Repräsentation. Essen 1993 (Allgemeine Literatur- und Sprachwissenschaft 1), 187–203.

312. Jahr, Silke: Das Verstehen von Fachtexten. Rezeption–Kognition–Applikation. Tübingen 1996 (Forum für Fachsprachen-Forschung 34), 179–194.

313. Jakob, Karlheinz: Maschine, Mentales Modell, Metapher. Studien zur Semantik und Geschichte der Techniksprache. Tübingen 1991 (Reihe Germanistische Linguistik 123), 331−362.

314. Jumpelt, Rudolf W.: Die Übersetzung naturwissenschaftlicher und technischer Literatur. Sprachliche Maßstäbe und Methoden zur Bestimmung ihrer Wesenszüge und Probleme. Berlin 1961 (Langenscheidt Bibliothek für Wissenschaft und Praxis 1), 188−205.

315. Kaehlbrandt, Roland: Syntaktische Entwicklungen in der Fachsprache der französischen Wirtschaftswissenschaften. Untersucht an der Textsorte ‚Lehrwerk' im Zeitraum von 1815−1984. Stuttgart 1989 (Zeitschrift für französische Sprache und Literatur − Beihefte. Neue Folge 16), 155−159.

316. Kalverkämper, Hartwig: Orientierung zur Textlinguistik. Tübingen 1981 (Linguistische Arbeiten 100), 187−247; vgl. auch *128*.

317. Kehr, Kurt: Die Fachsprache des Forstwesens im 18. Jahrhundert. Eine wort- und sachgeschichtliche Untersuchung zur Terminologie der deutschen Forstwirtschaft. Gießen 1964 (Beiträge zur Deutschen Philologie 32), 259−267.

318. Keil, Gundolf/Assion, Peter (Hrsg.): Fachprosaforschung. Acht Vorträge zur mittelalterlichen Artesliteratur. Berlin 1974, 58−65 und Fußnoten.

319. Keil, Gundolf in Zusammenwirken mit Peter Assion, Willem Frans Daems und Heinz-Ulrich Roehl: Fachprosa-Studien. Beiträge zur mittelalterlichen Wissenschafts- und Geistesgeschichte. Berlin 1980, 574−583 und Fußnoten.

320. Klenz, Heinrich: Schelten-Wörterbuch. Die Berufs-, besonders Handwerkerschelten und Verwandtes. Straßburg 1910. Neudruck mit einem Nachwort und einer Bibliographie von Heidrun Kämper-Jensen. Berlin. New York 1991.

321. Kocourek, Rostislav: La langue française de la technique et de la science. Vers une linguistique de la langue savante. Deuxième édition augmentée, refondue et mise à jour avec une nouvelle bibliographie. Wiesbaden 1991, 238−288.

322. Konerding, Klaus-Peter: Frames und lexikalisches Bedeutungswissen. Untersuchungen zur linguistischen Grundlegung einer Frametheorie und zu ihrer Anwendung in der Lexikographie. Tübingen 1993 (Reihe Germanistische Linguistik 142), 285−300.

323. Koskensalo, Annikki: Finnische und deutsche Prospektwerbung unter besonderer Berücksichtigung der verwendeten Sprache. Helsinki 1995, 313−323.

324. Kožina, Margarita N.: O rečevoj sistemnosti naučnogo stilja sravnitel'no s nekotorymi drugimi. Perm' 1972, 364−390.

325. Kresta, Ronald: Realisierungsformen der Interpersonalität in vier linguistischen Fachtextsorten des Englischen und des Deutschen. Frankfurt/M. u. a. 1995 (Theorie und Vermittlung der Sprache 24), 333−351.

326. Kretzenbacher, Heinz L.: Rekapitulation. Textstrategien der Zusammenfassung von wissenschaftlichen Fachtexten. Tübingen 1990 (Forum für Fachsprachen-Forschung 11), 147−169.

327. Lalouschek, Johanna: Ärztliche Gesprächsausbildung. Eine diskursanalytische Studie zu Formen des ärztlichen Gesprächs. Opladen 1995, 192−205.

328. Laurén, Christer/Nordman, Marianne: Från kunskapens frukt till Babels torn. En bok om fackspråk. Malmö 1987, 203−214.

329. Lehndorfer, A.: Kontrolliertes Deutsch. Linguistische und sprachpsychologische Leitlinien für eine (maschinell) kontrollierte Sprache in der Technischen Dokumentation. Tübingen 1996, 197−216.

330. Liebscher, Wolfgang: Entwicklung der Fachsprache Chemie − Möglichkeit zur Vereinfachung der Handhabung der Nomenklatur. Dresden 1992, 115−154.

330a. Luttermann, Karin: Gesprächsanalytisches Integrationsmodell am Beispiel der Strafgerichtsbarkeit. Münster 1996, 426−457.

331. Marciniak, Stanisław: Język wojskowy. Warszawa 1987, 213−218.

332. Marquet i Ferigle, Lluís: El llenguatge científic i tècnic. Barcelona 1993, 281−290.

333. Mehlin, Urs H.: Die Fachsprache des Theaters. Eine Untersuchung der Terminologie von Bühnentechnik, Schauspielkunst und Theaterorganisation. Düsseldorf 1969 (Wirkendes Wort. Schriftenreihe 7), 515−526.

334. Menzel, Wolfgang W.: Vernakuläre Wissenschaft. Christian Wolffs Bedeutung für die Herausbildung und Durchsetzung des Deutschen als Wissenschaftssprache. Tübingen 1996 (Reihe Germanistische Linguistik 166), 268−279.

335. Merten, Klaus: Kommunikation. Eine Begriffs- und Prozeßanalyse. Opladen 1977 (Studien zur Sozialwissenschaft 35), 214−234.

336. Meyer, Paul Georg: Coming to know. Lexical semantics and pragmatics of academic English. Tübingen 1997 (Forum für Fachsprachen-Forschung 35), 376−389.

337. Mittelstaedt, Peter: Sprache und Realität in der modernen Physik. Mannheim. Wien. Zürich 1986 (Hochschultaschenbücher 650), 249−257.

338. Miyajima, Tatsuo: Senmongo no syomondai (Problems in special languages). Tokyo 1981, Hinweise im Text.
339. Möhn, Dieter/Pelka, Roland: Fachsprachen. Eine Einführung. Tübingen 1984 (Germanistische Arbeitshefte 30), 165–171.
340. Monteiro, Maria: Deutsche Fachsprachen für Studenten im Ausland am Beispiel Brasiliens. Heidelberg 1990 (Sammlung Groos 39), 205–222.
341. Moschitz-Hagspiel, B.: Die Sowjetische Schule der Terminologie (1931–1991). Wien 1994, 290–329.
342. Munsberg, Klaus: Mündliche Fachkommunikation. Das Beispiel Chemie. Tübingen 1994 (Forum für Fachsprachen-Forschung 21), 337–350.
343. Nielsen, Sandro: The bilingual LSP dictionary. Principles and practice for legal language. Tübingen 1995 (Forum für Fachsprachen-Forschung 24), 294–303.
344. Oksaar, Els: Fachsprachliche Dimensionen. Tübingen 1988 (Forum für Fachsprachen-Forschung 4), 227–247.
345. Oldenburg, Hermann: Angewandte Fachtextlinguistik. ‚Conclusions' und Zusammenfassungen. Tübingen 1992 (Forum für Fachsprachen-Forschung 17), 238–251.
346. Olschki, Leonardo: Geschichte der neusprachlichen wissenschaftlichen Literatur. Erster Band: Die Literatur der Technik und der angewandten Wissenschaften vom Mittelalter bis zur Renaissance. Heidelberg 1918 (1919). Zweiter Band: Bildung und Wissenschaft im Zeitalter der Renaissance in Italien. Leipzig. Firenze. Roma. Genève 1922. Dritter Band: Galilei und seine Zeit. Halle 1927, Fußnoten.
347. Parsman, S.: Scientific and technological communication. London 1969, Hinweise im Text.
348. Phal, André: Vocabulaire général d'orientation scientifique (V. G. O. S.). Part du lexique commun dans l'expression scientifique. Paris 1971, 71–82.
349. Pinchuk, Isadore: Scientific and technical translation. London 1977, 236–244.
350. Pörksen, Uwe: Deutsche Naturwissenschaftssprachen. Historische und kritische Studien. Tübingen 1986 (Forum für Fachsprachen-Forschung 2), 221–237.
351. Pörksen, Uwe: Wissenschaftssprache und Sprachkritik. Untersuchungen zu Geschichte und Gegenwart. Tübingen 1994 (Forum für Fachsprachen-Forschung 22), 323–348.
352. Pumpjanskij, Aleksej L.: Vvedenie v praktiku perevoda naučnoj i techničeskoj literatury na anglijskij jazyk. Moskva 1965, 289–293.
353. Pumpjanskij, Aleksej L.: Informacionnaja rol' projadka slov v naučnoj i techničeskoj literature. Moskva 1974, 224–243.
354. Radtke, Ingulf (Bearb.): Der öffentliche Sprachgebrauch. Band II: Die Sprache des Rechts und der Verwaltung. Stuttgart 1981, 366–369.
355. Razinkina, Nina M.: Stilistika anglijskoj naučnoj reči. Elementy emocional'noj sub-ektivnoj ocenki. Moskva 1972, 151–164.
356. Razinkina, Nina M.: Razvitie jazyka anglijskoj naučnoj literatury. Moskva 1978, 200–207.
357. Redder, Angelika/Wiese, Ingrid (Hrsg.): Medizinische Kommunikation. Diskurspraxis, Diskursethik, Diskursanalyse. Opladen 1994, 88–94.
358. Robert, Catherine: Le style administratif. Nouvelle édition revue et augmentée. Paris 1988, Fußnoten.
359. Rohr, Ursula: Der Theaterjargon. Berlin 1952 (Schriften der Gesellschaft für Theatergeschichte 56), 165–175.
360. Rondeau, Guy: Introduction à la terminologie. Québec 1981, 205–219.
361. Safin, R. A.: K voprosu o primenenii teorii polja pri izučenii terminologii nauki. Moskva 1972 (Sbornik naučnych trudov Moskovskogo pedagogičeskogo instituta inostrannych jazykov im. M. Toreza 65), 64–68.
362. Sager, Juan C./Dungworth, David/McDonald, Peter F.: English special languages. Principles and practice in science and technology. Wiesbaden 1980, 344–363.
363. Schiewe, Jürgen: Sprachenwechsel–Funktionswandel–Austausch der Denkstile. Die Universität Freiburg zwischen Latein und Deutsch. Tübingen 1996 (Reihe Germanistische Linguistik 167), 304–362.
364. Schmatzer, Hannes: Multidimensionale und integrative Untersuchungen komplexer Fachtexte am Beispiel ausgewählter Jahresberichte US-amerikanischer börsennotierter Industrieaktiengesellschaften. Wien 1995, 389–405.
365. Schröder, Hartmut: Aspekte sozialwissenschaftlicher Fachtexte. Ein Beitrag zur Fachtextlinguistik. Hamburg 1987 (Papiere zur Textlinguistik/Papers in Textlinguistics 60), 276–303.
366. Schuldt, Janina: Den Patienten informieren. Beipackzettel von Medikamenten. Tübingen 1992 (Forum für Fachsprachen-Forschung 15), 354–388.
367. Schwarz, Monika: Einführung in die Kognitive Linguistik. 2. Aufl. Tübingen. Basel 1996 (Uni-Taschenbücher 1636), 200–234.
368. Senkevič, Maja P.: Naučnye stili. Moskva 1967, 50–54.

369. Senkevič, Maja P.: Literaturnoe redaktirovanie naučnych proizvedenij. Moskva 1970, 265–271.
370. Sieper, Gerd: Fachsprachliche Korpusanalyse und Wortschatzauswahl. Untersuchungen zur Lexik englischer Fachtexte der Chemie. Frankfurt/M. Bern. Cirencester/U. K. 1980 (Grazer Beiträge zur Englischen Philologie 4), 104–111.
371. Sixt, B.: Englisch als internationales Kommunikationsmittel in der Hämatologie: Eine Korpusstudie zum verbalen Verhalten ausgewählter Textgruppen. Aachen 1995, 255–300.
372. Skudlik, Sabine: Sprachen in den Wissenschaften. Deutsch und Englisch in der internationalen Kommunikation. Tübingen 1990 (Forum für Fachsprachen-Forschung 10), 233–245.
373. Skvorcov, Lev I./Kogotkova, T. S. (red.): Terminologija i kul'tura reči. Moskva 1981, 259–267.
374. Spiegel, Heinz-Rudi: Zum Fachwortschatz des Eisenhüttenwesens im 18. Jahrhundert in Deutschland. Düsseldorf 1972 (Technikgeschichte in Einzeldarstellungen 24), 220–229.
375. Stein, S.: Formelhafte Sprache. Untersuchungen zu ihren pragmatischen und kognitiven Funktionen im gegenwärtigen Deutsch. Frankfurt/M. u. a. 1995, 357–375.
375a. Stengel-Hauptvogel, Ina: Juristisches Übersetzen Spanisch-Deutsch: Immobilienverträge. Tübingen 1997 (Forum für Fachsprachen-Forschung 41), 162–164.
376. Störel, Thomas: Metaphorik im Fach. Bildfelder in der musikwissenschaftlichen Kommunikation. Tübingen 1997 (Forum für Fachsprachen-Forschung 30), 145–161.
377. Superanskaja, Aleksandra V./Podol'skaja, Natalija V./Vasil'eva, Natalija V.: Obščaja terminologija. Voprosy teorii. Moskva 1989, 235–244.
378. Tatje, Rolf: Die Fachsprache der Mineralogie: Eine Analyse französischer und deutscher Fachzeitschriftenartikel. Frankfurt/M. u. a. 1995 (Studien zur allgemeinen und romanischen Sprachwissenschaft 1), 301–335.
379. Těšitelová, Marie: Quantitative linguistics. Praha 1992, 209–238.
380. Thiel, Gisela/Thome, Gisela: Vermuten. Nominale Ausdrucksmittel im Wissenschaftsjournalismus (Deutsch–Englisch–Französisch). Tübingen 1996 (Forum für Fachsprachen-Forschung 29), 147–151.
381. Tkačeva, L. B.: Osnovnye zakonomernosti anglijskoj terminologii. Tomsk 1987, 172–193.
382. Todd Trimble, Mary/Trimble, Louis/Drobnic, Karl: English for specific purposes: Science and technology. Corvallis 1978, 387–407.

383. Trojanskaja, Elena S.: Lingvostilističeskoe issledovanie nemeckoj naučnoj literatury. Moskva 1982, 296–310.
383a. Trosborg, Anna: Rhetorical strategies in legal language: Discourse analysis of statutes and contracts. Tübingen 1997, 163–170.
384. UNESCO: Scientific and technical translation and other aspects of the language problem. 2nd ed. Paris 1958 (Documentation and Terminology of Science), 252–275.
385. UNESCO/Infoterm: Terminology manual. Paris 1984, 401–426.
386. Vančura, Zdeněk: Hospodářská linguistika. Praha 1934, 74–78.
387. Vannikov, Jurij V./Kudrjašova, L. M./Marčuk, J. N. u. a.: Naučno-techničeskij perevod. Moskva 1987, 135–140.
388. Veselitskij, V. V.: Razvitie otvlečennoj leksiki v russkom literaturnom jazyke pervoj treti XIX veka. Moskva 1964, 161–167.
389. Wagner, Hildegard: Die deutsche Verwaltungssprache der Gegenwart. Eine Untersuchung der sprachlichen Sonderform und ihrer Leistung. Düsseldorf 1970 (Sprache der Gegenwart. Schriften des Instituts für deutsche Sprache in Mannheim 9), 127–139.
390. Wendt, Susanne: Terminus–Thesaurus–Text. Theorie und Praxis von Fachbegriffssystemen und ihrer Repräsentation in Fachtexten. Tübingen 1997 (Forum für Fachsprachen-Forschung 37), 176–188.
391. Werner, Fritz C.: Wortelemente lateinisch-griechischer Fachausdrücke in den biologischen Wissenschaften. 3. Aufl. Halle 1968. Frankfurt/M. 1972 (suhrkamp taschenbuch 64), 443–445.
392. Wichter, Sigurd: Experten- und Laienwortschätze. Umriß einer Lexikologie der Vertikalität. Tübingen 1994 (Reihe Germanistische Linguistik 144 Kollegbuch), 321–353.
392a. Wiegand, Herbert Ernst: Wörterbuchforschung. Untersuchungen zur Wörterbuchbenutzung, zur Theorie, Geschichte, Kritik und Automatisierung der Lexikographie. 1. Teilband. Berlin. New York 1998, 1033–1105.
393. Wiese, Ingrid: Fachsprache der Medizin. Eine linguistische Analyse. Leipzig 1984 (Linguistische Studien), 129–144.
394. Wilss, Wolfram: Übersetzungswissenschaft. Probleme und Methoden. Stuttgart 1977, 324–342.
395. Wilss, Wolfram: Kognition und Übersetzen. Zu Theorie und Praxis der menschlichen und der maschinellen Übersetzung. Tübingen 1988 (Konzepte der Sprach- und Literaturwissenschaft), 252–289.
396. Wolff, Robert: Die Sprache der Chemie von Atom bis Zyankali. Zur Entwicklung und

Struktur einer Fachsprache. Bonn 1971 (Mathematisch-Naturwissenschaftliche Taschenbücher 11), 163−164.

3. Sonstige Listen und Schriften

397. Achmanova, Ol'ga S./Poltorackij, A. I.: Slovari lingvističeskoj terminologii. In: Leksikografičeskij sbornik 5. Moskva 1962, 188−191.

398. Albrecht, Wilma: Ansätze und Ergebnisse der Textverständnis- und Textverständlichkeitsforschung zur Verbesserung von Texten aus der Sozialverwaltung. In: Deutsche Sprache 14. 1986, 345−380.

399. Arbeiten zur interlingualen konfrontativen (Fach)textforschung an der Pädagogischen Hochschule Zwickau bis 1992. Bibliographisches Informationsmaterial. Zwickau 1992.

400. Baumann, Edgar/Gebhardt, Kurt: Übersichtsbericht zur Forschung. Wissenschaftliche Veröffentlichungen 1975, 1976/77, 1978/79. In: Wissensch. Zeitschr. der TU Dresden. Sonderhefte „Übersichtsberichte zur Forschung" 1975, 240; 1976/77, 255 f; 1978/79, 268 f.

401. Bibliografičeskij ukazatel' izdannych trudov Komiteta naučno-tehničeskoj terminologii AN SSSR. In: Kulebakin, V. S. (otv. red.): Kak rabotat' nad terminologiej. Osnovy i metody. Moskva 1968, 63−75.

402. Bibliografičeskij ukazatel' slovarej izdatel'stva „Sovetskaja enciklopedija". 1928−1966. Moskva 1967.

403. Bibliographie der Publikationen der Mitarbeiter der Sektion. Martin-Luther-Universität Halle-Wittenberg. Sektion Sprach- und Literaturwissenschaft. Halle (1. Anglistik/Amerikanistik 1980; 2. Romanistik 1979; 3. Slawistik 1979; 4. Allgemeine und angewandte Sprachwissenschaft 1981; 5. Nachtrag 1979−1988. Teil I, 1989; 6. Nachtrag 1979−1988. Teil II, 1989; 7. Nachtrag 1979−1988. Teil III, 1989).

404. Bicadze, N. A./Bogomolova, A. F./Gruzdeva, M. E. u. a.: Bibliografičeskij spravočnik rabot Kafedry inostrannych jazykov AN SSSR, kafedr AN Sojuznych Respublik, filialov, otdelenij, naučnych centrov. Moskva 1975.

405. Botaničeskaja terminologija. Knigi i žurnal'nye stat'i 1858−1964. Moskva 1965.

406. Brandstätter, Ursula: Sprechen über Musik − zur Sprache gebracht. Ein Literaturbericht. In: Musik und Unterricht 3. 1992, 15, 9−13.

407. Brekle, Herbert E./Dobnig-Jülich, Edeltraud/Höller, Hans Jürgen/Weiß, Helmut (Hrsg.): Bibliographisches Handbuch zur Sprachwissenschaft des 18. Jahrhunderts. Tübingen 1992 ff.

408. Brteková, Lucia/Sušova, Tatiana: Univerzitná Knižnica. Encyklopédie a slovniky z prirodnych vied. Bibliografia. Bratislava 1975.

409. Bureau pour l'Enseignement de la Langue et de la Civilisation Françaises à l'Étranger (B. E. L. C.): Liste des publications no. 14. Paris 1977.

410. Bureau pour l'Enseignement de la Langue et de la Civilisation Françaises à l'Étranger (B. E. L. C.): Enseignement fonctionnel du français. Commerce, sciences et techniques. Documentographie. Paris, décembre 1986. Additif, mai 1989.

411. CILT: Languages for special purposes. London 1969 (Reports and Papers 1), 39 f.

412. Diplomatičeskaja, političeskaja i juridičeskaja leksika. Knigi i žurnal'nye stat'i 1855−1965. Kišinev 1965.

413. Draskau, Jennifer/Høedt, Jørgen (eds.): ‚The World of LSP III'. LSP Centre. Copenhagen Business School. Copenhagen 1997.

414. Drüppel, Christoph J.: Altfranzösische Urkunden und Lexikologie. Ein quellenkritischer Beitrag zum Wortschatz des frühen 13. Jahrhunderts. Tübingen 1984.

415. Eckardt, Ulrich/Gebhardt, Kurt /Ihlenfeld, Petra/Krause, Renate: Publikationen des Instituts für Angewandte Sprachwissenschaft der Technischen Universität Dresden. Beitrag zur V. Internationalen Konferenz „Angewandte Sprachwissenschaft und fachsprachliche Ausbildung" vom 5. bis 10. 9. 1977 in Berlin. Dresden (TU) 1977.

416. École Normale Supérieure de Fontenay/Saint Cloud. Centre de Recherche et d'Étude pour la Diffusion du Français (C. R. E. D. I. F.): Liste des publications 1985−1990. Fontenay/Saint-Cloud, avril 1991.

417. Ermann, Wilhelm/Horn, Ewald: Bibliographie der deutschen Universitäten. Systematisch geordnetes Verzeichnis der bis Ende 1899 gedruckten Bücher und Aufsätze über das deutsche Universitätswesen. 3 Bde. Leipzig. Berlin 1904 f.

418. Flowerdew, J.: English for specific purposes: A selective review of the literature. In: English Language Teaching Journal 4/1990, 326−337.

419. Francuzskaja tehničeskaja terminologija. Knigi, žurnal'nye i gazetnye stat'i 1938−1963. Moskva 1965.

420. Gläser, Rosemarie: LSP research in the Nordic countries. In: Special Language/Fachsprache 1−2/1988, 16−21.

421. Guilbert, Louis/Peytard, Jean: Les vocabulaires techniques et scientifiques. Paris 1973 (Langue Française 17, février), 124−128.

422. Haage, Bernhard D.: Deutsche Artesliteratur des Mittelalters. Überblick und Forschungs-

bericht. In: LiLi. Zeitschrift für Literaturwissenschaft und Linguistik 51–52/1983, 201–204.

423. Hache, Sigrun/Hirsch, Erhard/Naumann, Otto: Bibliographie der Arbeiten des Wissenschaftsbereiches Fachsprachen der Martin-Luther-Universität Halle-Wittenberg (Auswahl). Halle 1976.

424. Haensch, Günther/Meyer, Edgar H. P.: Nachweis fremdsprachlicher Wörterbücher. Köln 1964 (BDI).

425. Haferkorn, Rudolf: Scientific, technical, and other special dictionaries in Esperanto: A study published on the occasion of the 75th anniversary of the publication of the book „Internacia lingvo". London 1962.

426. Harms, Wolfgang/Krummacher, Hans-Henrik/Welzig, Werner: Bibliographische Liste zur Enzyklopädik der Frühen Neuzeit (Mskr.). Wien 1992 (Symposion Enzyklopädien der Frühen Neuzeit, Wien, 22.–23. Oktober 1992).

427. Herzog August Bibliothek Wolfenbüttel (Hrsg.): Verzeichnis medizinischer und naturwissenschaftlicher Drucke 1472–1830. Reihe A–D. 14 Bde. München. New Providence. London. Paris 1987 f.

428. Hoffmann, Lothar: Fachsprachenlinguistik in Gutachten. Dresden 1990 (Fachsprache–Fremdsprache–Muttersprache 20).

429. International bibliography of terminological theses and dissertations. The Copenhagen School of Economics/Infoterm. Wien 1989.

430. Inventaire des travaux de terminologie récents publiés et à diffusion restreinte. Québec 1989.

431. Jazyk naučnoj i naučno-populjarnoj literatury (Na materiale russkogo jazyka). Knigi i žurnal'nye stat'i 1950–1968. Moskva 1968.

432. Johry, Nuton (ed.): Thesauri, glossaries, terminologies and dictionaries in NASSDOC: A resource list. New Delhi 1987 (NASSDOC Research Information Series 54).

433. Kalverkämper, Hartwig: Die Axiomatik der Fachsprachen-Forschung. In: Fachsprache 1/1980, 16–20.

434. Kalverkämper, Hartwig: Fachsprachen und Textsorten. In: Høedt, Jørgen/Lundquist, Lita/Picht, Heribert/Qvistgaard, Jacques (eds.): Proceedings of the 3rd European Symposium on LSP, Copenhagen, August 1981 ‚Pragmatics and LSP'. Copenhagen 1982, 161–168.

435. Kalverkämper, Hartwig: Im Zentrum der Interessen: Fachkommunikation als Leitgröße. In: Hermes. Journal of Linguistics 16. 1996, 166–176.

436. Katalog slovarej izdatel'stva „Russkij jazyk" 1977–1980. Moskva 1979.

437. Klein, Wolf Peter: Projektvorstellung. Eine sprachhistorische Bibliographie naturwissenschaftlicher Fachlexika. In: Fachsprache 3–4/1993, 126–138.

438. Klein, Wolf Peter: Das naturwissenschaftliche Fachlexikon in Deutschland zwischen Renaissance und 19. Jahrhundert. In: Lexicographica 11/1995, 15–49.

439. Klimovickij, J. A.: Bibliografija trudov, vypuščennych Komitetom naučno-techničeskoj terminologii AN SSSR. In: Barchudarov, Stepan G. (red.): Problemy jazyka nauki i techniki. Logičeskie, lingvističeskie i istoriko-naučnye aspekty terminologii. Moskva 1970, 103–126.

440. Kolb, Albert: Bibliographie des französischen Buches im 16. Jahrhundert. Druck, Illustration, Einband, Papiergeschichte. Wiesbaden 1965 (Beiträge zum Buch- und Bibliothekswesen 14).

441. Krampitz, Gustav-Adolf/Glier, Erhard unter Mitarbeit von Siegfried Kohls (Hrsg.): Sachwörterbuch zur fachbezogenen Fremdsprachenausbildung. Leipzig 1989, 233–242.

442. Krommer-Benz, Magdalena: World guide to terminological activities. Organisations, terminology banks, committees. 2nd completely rev. and enlarged ed. München. New York. London. Paris 1985 (Infoterm Series 4).

443. Kühn, Peter: Primär- und sekundärsprachliche Grundwortschatzlexikographie: Probleme, Ergebnisse, Perspektiven. In: Germanistische Linguistik 3–6/1984, 278–306.

444. Lang, Anneliese/Lang, Friedrich H./Reiter, Rosa: Bibliographie der Arbeiten Wüsters auf den Gebieten der Terminologie, Dokumentation, Klassifikation, Normung und Sprachwissenschaft. In: Felber, Helmut/Lang, Friedrich/Wersig, Gernot (Hrsg.): Terminologie als angewandte Sprachwissenschaft. Gedenkschrift für Univ.-Prof. Dr. Eugen Wüster. München. New York. London. Paris 1979, 29–57.

445. Lavric, Eva: Was ist und wozu betreibt man fachsprachliche Fehlerlinguistik? In: Pöll, Bernhard (Hrsg.): Fachsprache – kontrastiv. Beiträge der gleichnamigen Sektion des 21. Österreichischen Linguistentages, Salzburg, 23.–26. Oktober 1993. Bonn 1994 (Abhandlungen zur Sprache und Literatur 71), 108–118.

446. Leipziger und Hallenser fachsprachliche Diplomarbeiten 1970–1976. In: Hoffmann, Lothar (Hrsg.): Sprache in Wissenschaft und Technik. Ein Sammelband. Leipzig 1978 (Linguistische Studien), 240–243.

447. Leube, Karin: Bibliographie der Arbeiten der Sektion Fremdsprachen der Karl-Marx-Universität Leipzig (Auswahl). Leipzig 1977.

448. 1989 erschienene Publikationen von Mitgliedern der Sektion Angewandte Sprachwissenschaft und des Instituts für Deutsche Fachsprache der Technischen Universität Dresden. Dresden 1990 (Fachsprache−Fremdsprache−Muttersprache 20), 83−90.

449. Nissen, Claus: Kräuterbücher aus fünf Jahrhunderten. Medizinhistorischer und bibliographischer Beitrag. Zürich. München. Olten 1961.

450. Obščestvenno-političeskaja leksika (Na materiale anglijskogo, nemeckogo i francuzskogo jazykov). Knigi i žurnal'nye stat'i 1927−1963. Moskva 1966.

451. Perrin, Michel: Promouvoir la recherche en langue de spécialité. Annexes 1 et 2. In: Unesco ALSED-LSP Newsletter 18.1 (39) 1995, 27−30.

452. Picht, Heribert: Terminologische Diplomarbeiten an der Handelshochschule in Kopenhagen. Methoden, Modelle, Ergebnisse. In: AAA. Vorträge, Ergebnisse und Vorschläge des Seminars über terminologische Diplomarbeiten, abgehalten am 19. September 1979 an der Handelshochschule in Kopenhagen. København 1979, 26−45.

453. Pilch, Walburga: Handbücher zur Technischen Dokumentation. In: tekom-Nachrichten 17. 1. 1995, 30−32.

454. Podgotovka perevodčikov dlja različnych oblastej nauki i techniki. Teorija, praktika, osnovnye principy metodiki. Knigi, žurnal'nye i gazetnye stat'i 1955−1971. Moskva 1972.

455. Poggendorf, Johann Christian: Biographisch-literarisches Handwörterbuch zur Geschichte der exakten Wissenschaften enthaltend Nachweisungen über Lebensverhältnisse und Leistungen von Astronomen, Physikern, Chemikern, Mineralogen, Geologen usw. aller Völker und Zeiten. Leipzig 1863 ff. Berlin 1955 ff. 2. Reprint. Amsterdam 1970.

456. Porro, Marzio: I linguaggi della scienza e della technica. In: Beccaria, Gian L. (ed.): I linguaggi settoriali in Italia. Milano 1973, 202−206.

457. Publications of the LSP Centre of the Copenhagen School of Economics. Copenhagen o. J., 2−11.

458. Rainey, Kenneth T./Kelly, Rebecca S.: Doctoral research in technical communication, 1965−1990. In: Technical Communication 4. 1992, 552−570.

459. Rang, Hans-Joachim: Literaturbericht zum Verhältnis Gemeinsprache/Fachsprache − insbesondere im Hinblick auf die Sekundarstufe II. In: Bausch, Karl-Richard/Bliesener, Ulrich/Christ, Herbert/Schröder, Konrad/Weisbrod, Urte (Hrsg.): Beiträge zum Verhältnis von Fachsprache und Gemeinsprache im Fremdsprachenunterricht der Sekundarstufe II. Bochum 1978 (Manuskripte zur Sprachlehrforschung 12/13), 56−65.

460. Robinson, Pauline C.: ESP (English for Specific Purposes): The present position. 2nd ed. Oxford. New York. Toronto. Sidney. Paris. Frankfurt/M. 1984, 93−121.

461. Robinson, Pauline C.: ESP today: A practitioner's guide. New York. London. Toronto. Sidney. Tokyo. Singapore 1991, 107−143.

462. Schaeder, Burkhard (Hrsg.): Siegener Institut für Sprachen im Beruf (SISIB). Fachsprachen und Fachkommunikation in Forschung, Lehre und beruflicher Praxis. Essen 1994 (Siegener Studien 54), 213−218.

463. Schulz, G.: Literatur zum fachbezogenen Russischunterricht, die von 1970−1976 in der DDR veröffentlicht wurde (Auswahlbibliographie). Berlin 1977.

464. Schulz, G./Caspar, W.: Bibliographische Publikationen der Sektion Fremdsprachen seit 1970. Berlin 1977.

465. Skowronek, Barbara/Budin, Gerhard: Zur Methodologie der Fachsprachenforschung und der fachsprachlichen Barrieren. Poznań 1985 (Adam Mickiewicz University Poznań Poland Institute of Linguistics. Working Papers 21), 1−4.

466. Sportivnaja terminologija v russkom jazyke. Knigi i žurnal'nye stat'i 1816−1963. Moskva 1965.

467. Stammler, Wolfgang fortgeführt von Langosch, Karl (Hrsg.): Die deutsche Literatur des Mittelalters. Verfasserlexikon. 5 Bde. Berlin (1931) 1933−1955.

468. Strahl, Irmgard/Schindler, Ulrike/Schlademann, Regina: Mehrsprachige Fachwörterbücher. Bestandsverzeichnis. Teil 2: Gesellschaftswissenschaften. Berichtszeit 1956−1974. Nachtrag 1975−1980. Berlin 1983 (Bibliographische Mitteilungen 28).

469. Techničeskij perevod (Teorija, metodika). Knigi i žurnal'nye stat'i 1932−1959. Leningrad 1960.

470. Terminologija po mašinovedeniju i mašinostroeniju v sovremennom russkom jazyke. Knigi i žurnal'nye stat'i 1934−1966. Moskva 1967.

471. Terminologija po morskomu transportu i sudostroeniju. Spisok slovarej i issledovanij. Knigi i žurnal'nye stat'i 1701−1966. Moskva 1967.

472. Tonelli, Giorgio: A short-title list of subject dictionaries of the sixteenth, seventeenth and eighteenth centuries as aids to the history of ideas. London 1971.

473. Varin, M.-É.: Inventaire des travaux de terminologie récents (publiés et à diffusion restreinte − 1990). Québec 1991.
474. Varin, M.-É.: Inventaire des travaux en cours et des projets de terminologie − 1990. Québec 1991.
475. Varin, M.-É.: Inventaire des travaux de terminologie récents 1990−1993. Québec 1994.
476. Verzeichnis der im deutschen Sprachbereich erschienenen Drucke des XVI. Jahrhunderts − VD 16. Hrsg. v. der Bayerischen Staatsbibliothek in München in Verbindung mit der Herzog August Bibliothek in Wolfenbüttel. I. Abteilung: Verfasser−Körperschaften−Anonyma. Stuttgart 1983 ff.
477. Verzeichnis der in deutscher Sprache verfaßten Real-Wörterbücher über Wissenschaften und Künste. In: Journal von und für Deutschland. 12. Stück. 1791, 1049−1061.
478. Voprosy perevoda techničeskich tekstov s anglijskogo i nemeckogo jazykov na russkij. Knigi i žurnal'nye stat'i 1933−1959. Moskva 1960.
479. Weimann, Karl-Heinz: Paracelsus-Bibliographie 1932−1960. Wiesbaden 1963 (Kosmophonie 2).
480. Wynar, Bohdan S./Cameron, Heather/Dority, G. Kim: ARBA guide to subject encyclopedias and dictionaries. Littleton 1986.

4. Periodika

481. AILA Bulletin. Pisa 1970 ff.
482. Arbeitsmaterial/Arbeitsberichte und wissenschaftliche Studien (Martin-Luther-Universität Halle-Wittenberg. Sektion Sprach- und Literaturwissenschaft. Forschungskollektiv Fachsprachen und Sprachunterricht/Kommunikativ-funktionale Sprachbetrachtung und Fremdsprachenunterricht). Halle 1970 ff.
483. Arbeitsmaterial (Martin-Luther-Universität Halle-Wittenberg. Zentrum für Sprachintensivausbildung Halle Dölau). Halle 1973 ff.
483a. Augsburger I & I-Schriften. Augsburg 1976 ff.
484. Babel. Revue Internationale de la Traduction. Budapest 1956 ff.
485. Beiträge zur Wirtschaftskommunikation. Veröffentlichungen des „Arbeitsbereich Unternehmenskommunikation" (ARBUK). Germanisches Seminar der Universität Hamburg. Tostedt 1991 ff.
486. BiblioTerm. Referateorgan für aktuelle terminologische Literatur. Wien. Ottawa 1983 ff.
487. bit. Berichte−Informationen−Thesen (Humboldt-Universität zu Berlin. Sektion Fremdsprachen). Berlin 1974 ff.
488. BSF. Berichte der Sektion Fremdsprachen. (Karl-Marx-Universität Leipzig). 1978 ff.
489. Deutsch als Fremdsprache. Leipzig 1964 ff.
489a. Die Neueren Sprachen. Zeitschrift für Forschung, Unterricht und Kontaktstudium auf dem Fachgebiet der modernen Sprachen. Frankfurt/M. 1893 ff.
490. English for Specific Purposes. An International Journal (Formerly: The ESP Journal). Ann Arbor. San Diego 1982 ff.
491. Équivalences. Bruxelles 1971 ff.
492. ESP France Newsletter. Plougonvelin 1986 ff.
493. Études, recherches et documentation. Québec 1978 ff.
494. Fachsprache−Fremdsprache−Muttersprache. Schriftenreihe der Sektion Angewandte Sprachwissenschaft und des Instituts für Deutsche Fachsprache an der Technischen Universität Dresden. Dresden 1985 ff.
495. Fachsprache. Internationale Zeitschrift für Fachsprachenforschung, -didaktik und Terminologie. International Journal of LSP, research, didactics, terminology. Revue internationale pour les langues de spécialité, recherche, didactique, terminologie. Wien 1979 ff.
496. FAK fachsprachliche kommunikation. Lund 1978 ff.
497. FINLANCE. A Finnish Journal of Applied Linguistics. Jyväskylä 1982 ff.
497a. FIPLV World News. Zürich 1984 ff.
498. *forum* Angewandte Linguistik. Tübingen. Frankfurt/M. u. a. 1983 ff.
499. Forum für Fachsprachen-Forschung. Tübingen 1985 ff.
500. Fremdsprache Deutsch. Zeitschrift für die Praxis des Deutschunterrichts. München 1989 ff.
501. Fremdsprachen. Zeitschrift für Dolmetscher, Übersetzer und Sprachkundige. Halle 1957 ff. Leipzig 1964 ff.
502. GAL Bulletin. Wuppertal 1983 ff.
503. Germanistik. Internationales Referatenorgan mit bibliographischen Hinweisen. Tübingen 1960 ff.
504. Glottodidactica. Poznań 1966 ff.
505. HAFF. Hamburger Arbeiten zur Fachsprachenforschung. Tostedt 1992 ff.
506. Idioma. Revue de linguistique et de la traductologie. Bruxelles 1989 ff.
507. Infoterm Newsletter. Wien 1976 ff.
508. Interface. Journal of Applied Linguistics. Brussels 1986 ff.
509. Interlinguistische Information. Mitteilungsblatt der Gesellschaft für Interlinguistik. Berlin 1992 ff.

510. International Classification. Journal on Theory and Practice of Universal and Special Classification Systems and Thesauri. München 1974 ff.

511. ITL. Review of Applied Linguistics. Leuven 1968 ff.

512. Jahrbuch Deutsch als Fremdsprache. Heidelberg 1975 ff.

513. Journal of Technical Writing and Communication. Farmingdale 1971 ff.

514. Kleine Bibliographie fachsprachlicher Untersuchungen (Universität Leipzig. Sektion Fremdsprachen/Fachsprachenzentrum). Leipzig 1976 ff. (Fachsprache) Wien 1979 ff.

515. Knižnaja letopis'. Gosudarstvennyj bibliografičeskij ukazatel'. Moskva 1907 ff.

516. La banque des mots. Revue semestrielle de terminologie française. Paris 1971 ff.

517. Langue Française. Revue trimestrielle. Paris 1969 ff.

518. Lebende Sprachen. Zeitschrift für fremde Sprachen in Wissenschaft und Praxis, zugleich Fachblatt des Bundesverbandes der Dolmetscher und Übersetzer e. V. Berlin. München 1956 ff.

519. Leipziger Fachsprachen-Studien. Frankfurt/M. Bern. New York. Paris 1991 ff.

520. Lenguaje y Ciencias: Publicación trimestral del Departamento de Idiomas y Linguistica. Trujillo 1961 ff.

521. Letopis' žurnal'nych statej. Gosudarstvennyj bibliografičeskij ukazatel'. Moskva 1926 ff.

522. Lexicographica. International Annual for Lexicography. Revue Internationale de Lexicographie. Internationales Jahrbuch für Lexikographie. Tübingen 1985 ff.

523. Meta. Journal des Traducteurs – Translators' Journal. Organe d'information et de recherche dans les domaines de la traduction, de la terminologie et de l'interprétation. Montréal 1956 ff.

524. Multilingua. Journal of Interlanguage Communication under the Auspices of the Commission of the European Communities. Amsterdam. Berlin. New York 1982 ff.

525. Muttersprache. Zeitschrift des (Allgemeinen) Deutschen Sprachvereins/Zeitschrift zur Pflege und Erforschung der deutschen Sprache. Braunschweig. Mannheim. Wiesbaden 1886 ff.

526. Naučno-techničeskaja terminologija. Bibliografičeskij ukazatel' tekuščej literatury. Moskva 1976 ff.

527. Naučno-techničeskaja terminologija. Ukazatel' otečestvennoj i zarubežnoj literatury. Moskva 1984 ff.

528. Newsletter Angewandte Sprachwissenschaft (Institut für Sprachwissenschaft der Universität Wien). Wien 1992 ff.

529. Nordisk Tidsskrift for Fagsprog og Terminologi. København 1983 ff.

530. Novaja inostrannaja literatura po jazykoznaniju. Bibliografičeskij bjulleten'. Moskva 1953 ff.

531. Novaja sovetskaja literature po jazykoznaniju. Bibliografičeskij bjulleten'. Moskva 1954 ff.

532. NYT fra Terminologiafdelingen. København 1975 ff.

533. sociolinguistica. Internationales Jahrbuch für europäische Soziolinguistik. International yearbook of European Sociolinguistics. Annuaire International de la sociolinguistique Européenne. Tübingen 1987 ff.

534. Sprache der Gegenwart. Schriften des Instituts für deutsche Sprache in Mannheim. Düsseldorf 1966 ff.

535. Sprache im technischen Zeitalter. Berlin 1974 ff.

536. Sprache und Beruf. Zeitschrift für Deutsch und Fremdsprachen in Schule, Weiterbildung und Betrieb. Frankfurt/M. 1980 ff.

537. StandardTerm. Wien 1986 ff.

538. Technical Communication. Arlington 1953 ff.

539. Technical Writing. Beiträge zur Technikdokumentation in Forschung, Ausbildung und Industrie. Frankfurt/M. Berlin. Bern. New York. Paris. Wien 1993 ff.

540. Terminogramme. Bulletin de la Direction de la Terminologie. Québec 1980 ff.

541. Terminologie. Québec 1968 ff.

542. Terminologie et traduction. Luxembourg 1964 ff.

543. Terminologies nouvelles. Bruxelles 1989 ff.

544. Terminology. International Journal of Theoretical and Applied Issues in Specialized Communication. Amsterdam 1994 ff.

545. Terminology, Science & Research. Journal of the International Institute for Terminology Research. Vienna 1990 ff.

546. Terminology Standardization and Harmonization. Vienna 1984 ff.

547. TermNet News. Journal of the International Network for Terminology (TermNet). Vienna. Ottawa 1980 ff.

548. Textcontext. Translation–Theorie, Didaktik, Praxis. Heidelberg 1986 ff.

548a. The Journal of Business Communication. New York 1964 ff.

549. Travaux de terminologie. Québec 1979 ff.

550. Unecso ALSED-LSP Newsletter. Copenhagen 1977 ff.

551. Wirtschafts-Deutsch. Internationale Zeitschrift für sprachliche und interkulturelle Wirtschaftskommunikation. Waldsteinberg 1998 ff.

552. ZFF. Zeitschrift für Fremdsprachenforschung. Organ der Deutschen Gesellschaft für Fremdsprachenforschung. Bochum 1979 ff.

5. Schlagwörter

Abstract 215, 216, 326, s. auch Zusammenfassung
Anglistik/Amerikanistik 26, 184, 203, 403
Arabisch 12, 13
Artes(literatur) 422
Behörden(sprache) 10, 56, 109, s. auch Verwaltung(ssprache)
Beruf(sschelten) 320, 536
Bibliographie der Bibliographie 26, 65, 112, 132, 140, 168, 206, 214
Botanik 405
Buch- und Bibliothekskunde 20, 21, 24, 112, 440, 476
Chemie 235, 267, 330, 342, 370, 396
Chinesisch 58, 67, 92, 277, 310
Dänisch 65, 103, 135, 160, 176, 177, 229a, 269, 413, 452, 457
Deutsch 9, 15, 30a, 40, 41, 61, 77, 82, 83, 100, 104, 107, 120a, 139, 144, 163, 164, 190, 191, 231, 232, 247, 249, 257, 260, 263, 266, 269, 269a, 273, 274a, 278, 292, 293, 294, 296a, 297, 317, 323, 325, 329, 334, 339, 340, 350, 351, 354, 359, 363, 365, 372, 374, 375, 378, 380, 383, 389, 392, 393, 398, 406, 422, 450, 467, 476, 477, 478, 489, 500, 512, 525, 534, 551
Diskurs(forschung) 18, 300, 327, 357
Dokumentation 165, 199, 276b, 329, 410, 444, 453
Elektrotechnik 276
Englisch 4, 5, 6, 27, 43, 44, 45, 54, 63, 69, 114, 126, 131, 151, 184, 224, 232, 240, 278, 281, 282, 283, 285, 286, 287, 297, 303, 305, 325, 336, 352, 355, 356, 362, 364, 370, 371, 372, 380, 381, 382, 411, 418, 450, 460, 461, 470, 478, 490, 492
Enzyklopädien 42, 66, 162, 222, 408, 426, 477, 480
Esperanto 170, 200, 244, 425
Fachkommunikation 135, 160, 185, 234, 248, 251, 294, 297, 301, 342, 347, 357, 371, 372, 376, 435, 458, 496, 513, 524, 538, s. auch Kommunikation
Fachlexik(ographie) 145, 218, 219, 412, s. auch Fachwörterbücher, Wörterbücher
Fach(sprach)lichkeit 238, 278
Fachliteratur 210, 231, 257, 346, 383, 431, 467
Fachprosa 318, 319
Fachsprachen (allgemein) 50, 80, 90, 160, 165, 240, 243, 256, 266, 273, 290, 293, 297, 308, 321, 328, 338, 339, 344, 362, 382, 400, 411, 462, 550
Fachsprachendidaktik/-unterricht 27, 30a, 59, 68, 94, 120a, 190, 191, 195, 208, 223, 234, 246, 249, 274, 274a, 282, 303, 340, 400, 404, 409, 410, 411, 413, 415, 416, 423, 441, 446, 447, 448, 457, 459, 462, 463, 464, 482, 483, 483a, 487, 488, 489, 489a, 490, 494, 495, 497, 497a, 498, 499, 500, 504, 512, 514, 550

Fachsprachenforschung/-linguistik 27, 68, 70, 78, 94, 113, 123, 124, 131, 142, 143, 147, 161, 193, 194, 197, 282, 296, 318, 400, 404, 409, 410, 411, 413, 415, 416, 420, 423, 428, 433, 446, 447, 448, 451, 457, 458, 462, 464, 465, 487, 488, 489, 489a, 490, 494, 495, 497, 498, 499, 505, 512, 514, 519, 529, 534, 550
Fachstile 286, 404, s. auch Stil(istik)
Fachtext(linguistik) 128, 237, 238, 252, 264, 265a, 284, 298, 312, 325, 326, 345, 364, 365, 390, 399, s. auch Textlinguistik
Fachtextsorten 269, 276a, 287, 288, 371, 434, s. auch Textsorten, Texttypologie
Fachübersetzung s. Übersetzung(swissenschaft)
Fachwörterbücher 33, 38, 54, 63, 64, 69, 86, 87, 99, 106, 120, 145, 146, 155, 156, 157, 163, 164, 181, 182, 189, 196, 200, 205, 219, 225, 227, 343, 424, 425, 437, 438, 468, 472, s. auch Fachlexik(ographie), Wörterbücher
Fachwortschatz 295, 298, 311, 348, 374, 388, 391, 392, 421, s. auch Lexik(ologie), Wortschatz
Fehlerlinguistik 202, 445
Feldtheorie 361
Fernsehen 127
Finnisch 323, 497
Fischerei 40
Formel(sprache) 375
Forstwesen 317
Frames 322
Französisch 2, 3, 52, 56, 57, 68, 80, 93, 94, 106, 122, 154, 155, 156, 157, 234, 255, 268, 297, 315, 321, 348, 358, 378, 380, 409, 410, 414, 416, 419, 421, 440, 450, 451, 473, 475, 516, 517
Geographie 159
Germanistik 25, 203, 503
Grammatik 82, 83
Griechisch 391
Grundwortschatz 45, 348, 443, s. auch Fachwortschatz, Lexik, Wortschatz
Handbücher 38
Hochschulforschung 171, 174, 363, 417
Hochschulschriften 53, 417
Illustrationen 307, 440, s. auch Visualisierung
Indexieren 215, 216
Industrie 178, 364
Information 248
Institutionen(sprache) 18, 77, 252, 306
Interlinguistik 509, s. auch Plansprachen
Internationalisierung 228, 241
Interpersonalität 325
Italienisch 227, 256, 456
Japanisch 222, 238
Jargon 304, 359
Katalanisch 332
Klassifikation 258, 444, 510
Kommunikation 18, 135, 248, 260, 300a, 335, 372; interkulturelle K. 111, s. auch Fachkommunikation
Kondensation 302
Kontext 284
Künste 477
Latein 110, 262, 279, 363, 391
Lehrmaterial 6, 44, 279

Lexik(ographie) 58, 64, 87, 92, 158, 165, 218, 226, 229, 241, 242, 303, 392a, 443, 522, s. auch Fachlexikographie, Fachwörterbücher, Wörterbücher
Lexik(ologie) 40, 92, 277, 336, 370, 388, 392, 412, 414, s. auch Fachwortschatz, Wortschatz
Linguistik 12, 13, 22, 40, 178, 209, 217, 255, 397, 520; allgemeine L. 184, 25, 203; angewandte L. 298, 481, 497, 498, 502, 508, 511; kognitive L. 367, s. auch Sprachwissenschaft
Literaturwissenschaft 39, 53, 91, 275
Maschinenbau 470
Medien 119
Medizin 118, 150, 151, 265, 295, 327, 357, 366, 371, 393, 427, 449, 479
Metallurgie 155, 374
Metaphorik 149, 169, 198, 313, 376
Militärwesen 66, 331
Mineralogie 378
Musik(wissenschaft) 64, 192, 247a, 376, 406
Nachschlagewerke 38, 42, 99, 226
Naturwissenschaft(ssprachen) 154a, 159, 274a, 288, 314, 350, 408, 427, 437, 438, 455
Neologismen 23, 34, 35, 36, 207
Niederdeutsch 100
Niederländisch 62, 62a, 179
Nomenklatur 330
Normen s. Standards
Normwörterbücher 88, 444, s. auch Standards
Ökologie 156
Orientalische Sprachen 213
Pharmazie 366
Phraseologie 303
Physik 154a, 337
Plansprachen 245, s. auch Interlinguistik
Politik(sprache) 77, 99, 263, 412, 450
Polnisch 97, 172, 220, 280, 331
Pragmatik 263, 288, 336, 375
Rätoromanisch (Bündnerromanisch) 75
Recht(ssprache) 47, 99, 141, 169a, 185, 252, 255, 269, 276a, 300, 301, 330a, 354, 383a, 412
Rechtschreibung 9
Redakteur 76, 369
Rhetorik 5, 289
Romanistik 25, 116, 121, 122, 203, 403
Russisch 30, 39, 72, 73, 81, 130, 132, 133, 163, 164, 224, 241, 243, 259, 295, 297, 302, 324, 353, 368, 369, 373, 388, 390, 412, 431, 463, 466, 470, 471, 478
Sachliteratur 257
Schiffbau 471
Schreiben (wissenschaftliches und technisches) 267, 303, 513, 539
Seefahrt 66, 471
Semantik 263, 301, 313, 322, 336
Semiotik 85, 201
Skandinavische Sprachen 41, 103, 176, 177, 269, 290, 328
Slawische Sprachen/Slawistik 74, 148, 403
Sozialwissenschaft(ssprachen) 159, 365, 450
Soziolinguistik 533
Spanisch 86
Sport(sprache) 46, 183, 260, 466
Sprachbarrieren 465

Sprachkritik 308, 351
Sprachkultur 373
Sprachstatistik 11, 60, 84, 98, 130, 188, 229, 299, 379
Sprachvergleich 41, 288
Sprachwissenschaft 39, 53, 73, 74, 122, 140, 154, 172, 184, 246, 261, 407, 444, 530, 531; allgemeine S. 8, 152, 153, 403; angewandte S. 7, 152, 153, 403, 528; strukturelle S. 7, s. auch Linguistik
Staat 10
Standards 51, 71, 72, 88, 89, 133, 166, 211, 212, 444, 546
Stil(istik) 5, 11, 168, 239, 254, 260, 324, 355, 358, 368, 383, s. auch Fachstile
Syntagmatik 37
Syntax 233, 281, 315
Technik 43, 45, 52, 54, 57, 86, 104, 115, 154a, 159, 161, 180, 181, 182, 189, 197, 200, 204, 220, 221, 233, 247, 262, 274a, 276b, 281, 288, 309, 313, 314, 321, 329, 332, 346, 347, 349, 352, 353, 382, 384, 387, 400, 401, 410, 415, 419, 421, 425, 439, 448, 453, 454, 456, 458, 469, 478, 494, 513, 526, 527, 535, 538, 539
Telekommunikation 157
Terminologie 19, 36, 37, 51, 71, 72, 79, 89, 91, 120, 129, 133, 138, 158, 159, 165, 166, 167, 173, 176, 177, 179, 183, 187, 204, 211, 212, 217, 241, 247, 248, 253, 259, 271, 277, 284, 302, 309, 310, 317, 333, 341, 360, 361, 373, 377, 381, 385, 390, 397, 401, 405, 419, 429, 430, 432, 439, 442, 444, 466, 470, 471, 473, 474, 475, 486, 493, 495, 507, 514, 516, 526, 527, 529, 532, 537, 540, 541, 542, 543, 544, 545, 546, 547, 549
Terminologiearbeit 76, 136, 138, 158, 187, 230, 253, 341, 360, 385, 413, 429, 430, 442, 444, 473, 474, 475, 486, 493, 507, 514, 516, 529, 532, 540, 541, 542, 543, 544, 545, 546, 547, 549
Terminologielehre 138, 187, 270, 385, 429, 452, 486, 495, 507, 514, 529, 532
Terminologiewissenschaft 31, 138, 187, 232, 271, 280, 341, 360, 377, 385, 429, 430, 444, 473, 474, 475, 486, 493, 495, 507, 514, 516, 529, 532, 541, 542, 543, 544, 545, 546, 547, 549
Terminologische Wörterbücher 129, 173, 397, s. auch Fachwörterbücher, Wörterbücher
Textilindustrie 292
Textlinguistik 128, 193, 194, 316, s. auch Fachtext(linguistik)
Textsorten 1, 236a, 276a, s. auch Fachtextsorten
Texttypologie 1
Textverständlichkeit/-verstehen 28, 398, s. auch Verständlichkeit/Verstehen
Theater 333, 359
Thema-Rhema-Gliederung 283, 353
Thesauri 186, 390, 432
Titel 264
Tschechisch 205, 209
Übersetzung(swissenschaft) 16, 17, 55, 76, 108, 117, 118, 158, 165, 180, 224, 276, 284, 288, 314, 349, 352, 384, 387, 394, 395, 454, 469, 478, 484, 491, 501, 506, 518, 523, 542, 548
Ungarisch 70, 101
Universitätsgeschichte 102, s. auch Hochschulforschung

Verständlichkeit/Verstehen 278, 312, 398, s. auch Textverständlichkeit/-verstehen
Verwaltung(ssprache) 10, 99, 105, 141, 175, 278, 354, 358, 389, s. auch Behörden(sprache)
Visualisierung 201, s. auch Illustrationen
Volksaufklärung/-bildung 32
Volkskunde 41
Werbung 96a, 268, 323
Wirtschaft(skommunikation/slinguistik/ssprache) 10, 49, 99, 131, 141, 189, 229a, 236a, 272, 283, 296a, 306, 315, 364, 386, 410, 457, 485, 548a, 551
Wissenschaft(ssprache) 43, 45, 48, 52, 54, 57, 115, 134, 181, 182, 197, 204, 210, 221, 233, 234, 244, 248, 250, 251, 264, 266, 267, 279, 285, 289, 291, 319, 321, 324, 326, 332, 334, 346, 347, 348, 349, 351, 352, 353, 355, 356, 361, 368, 369, 372, 382, 383, 384, 387, 401, 410, 421, 425, 439, 454, 456, 477, 520, 526, 527
Wissenschaftsjournalismus 95, 380, 431
Wissensordnung/-organisation/-technik 248, 258, 270
Wissenstransfer 236, 251
Wortbildung 81, 277, 391
Wörterbücher 33, 42, 54, 58, 61, 62, 63, 64, 65, 66, 67, 88, 96, 97, 99, 101, 103, 107, 115, 125, 129, 137, 139, 141, 148, 154a, 155, 156, 157, 159, 162, 170, 173, 181, 182, 213, 221, 222, 224, 225, 303, 307, 397, 402, 408, 432, 436, 477, 480, s. auch Fachlexik(ographie), Fachwörterbücher
Wörterbuchforschung 218, 392a, s. auch Lexik(ographie)
Wortforschung 110, s. auch Lexik(ologie)
Wortschatz 144, 228, 370, 392, 414, s. auch Fachwortschatz, Lexik(ologie)
Zusammenfassung 326, 345, s. auch Abstract

Lothar Hoffmann, Großdeuben

Sachregister / Subject Index

Das Sachregister soll den Wert des Handbuches als Nachschlagewerk erhöhen. Es ist in erster Linie für Handbuchbenutzer gedacht, die

- schnell unter einer bestimmten Suchfrage punktuelle Informationen zu Sachen und/oder Termini benötigen;
- zu einer Fragestellung verschiedene Informationen systematisch zusammenstellen möchten, die in verschiedenen Handbuchartikeln auftreten.

Die beiden Benutzungsarten des Registers werden durch registerinterne Verweisangaben unterstützt (z. B. s. Gemeinsprache).

Die Alphabetisierung der Registereingänge wurde mit Hilfe eines Computerprogramms vorgenommen. Bei der Alphabetisierung nicht berücksichtigt wurden: Groß- und Kleinschreibung, Bindestriche, Klammern, Kommata, Punkte und Diakritika; es gilt jedoch, daß bei sonst gleicher Buchstabenfolge Zeichen mit Diakritika nach Zeichen ohne Diakritika stehen. Umlaute wurden wie Nichtumlaute, „ß" wie „ss" und Ligaturen wie getrennte Zeichen (also „æ" wie „ae", „œ" wie „oe") behandelt.

The purpose of the subject index is to increase the usefulness of the handbook as a reference work. It has mainly been devised for readers who

- need quick access to specific information on a specific subject matter and/or technical term;
- want to systematically collect specific information on the same subject from different articles.

The two ways of using the index are supported by inside references (e.g. s. Gemeinsprache).

The alphabetical arrangement was carried out by computer. The following details were disregarded: capitalization, hyphens, brackets, commas, full stops, and diacritics. However, in otherwise identical entries letters with diacritics follow those without. Umlauts were disregarded; ß was treated as ss, vowels in combination (æ, œ) were treated as two vowels (a+e, o+e).

A

Abbildung 576, 1657
  s. Bild
  s. Illustration
- in medizinischen Texten 1283f
- und Text 2406f
Abbreviaturen 392f
  s. Abkürzungen
Abfragesprache 922
-, Struktur 934ff
Abgrenzung der Fachsprache der Seefahrt 1214ff
- zwischen Literatur und Fachtext 2530
Abkürzungen 194, 384, 440ff, 796ff, 1274ff, 1590
  s. Abbreviaturen
-, lautliche Gestalt 441f
Abkürzungsangabe 1785
Abkürzungswort 2356
  s. Akronym
Abkürzungswörterbücher der Medizin 1969
Abkürzungszone 1801
Ableitungen 1595f, 2572f
Abrogans 2309
- als Nachschlagewerk 2305ff
-, althochdeutscher 2306ff
-, lateinischer 2305ff
absolute Häufigkeit 241ff, 244ff, 1757
Abstract 493ff, 619, 698ff, 1436f
- als rekapitulierende Textsorte 493ff
-, Varianten 495ff
Abstrahierung 397
Abstraktionsprinzip, juristisches 1388
Abstraktoren 1494

accountancy 1561f
ACM (Association for Computing Machinery) 925
acronym 1440, 1452, 1455f, 1609
  s. Akronym
  s. Abkürzungswort
Addition 895ff
additive Nomenklatur 1244
Adjektiv 1032, 1378
adjektivische Komposita 1197
Adressaten 299
- von Gesetzen 526
adressatengerechte Textgestaltung 404ff
Adressatenkreis der Wörterbücher der EDV 2056f
Adressatenorientierung 494ff
adressatenspezifische Texte 403f
Adresse, infralemmatische 1858

Adressierungsstruktur 1767
AECMA (Association Européenne des Constructeurs de Matériel Aérospatial) 847
aeronautics 1609
Agent-Agent-Kommunikation 664, 671f, 701ff
Agenten 662ff, 670ff
Agent-Klient-Diskurs 671ff
agricultura 1020
AGRIS-Thesaurus 2109
A. I. E. (International Association of Electrical Contractors) 2110
akademisch-wissenschaftlicher Zeitschriftenaufsatz 482ff
Akronym 1418, 1448f, 1474, 1479, 1609, 1956
  s. Abkürzungswort
  s. acronym
Akronymie 796ff
Aktanten 662ff, 671, 1283
Aktantenkonstellationen 691ff
Akten 664ff
Aktenführen 1396
Aktionalität 299
Aktualisierung der fachsprachlichen Tradition 1308ff
aktuelle Satzgliederung 473ff
 — Satzgliederung in Fachtexten 419ff
 — Satzgliederung in Verträgen 537
Akustik, Fachwörterbücher 1956
AL (Arabische Liga) 843f
Alamode-Wesen 2414
Alchemie 271, 1641, 1921, 2477ff
Alchemistensprache 174
Alchimie im 17. Jh. 2560f
ALGOL (Algorithmic Language) 923, 925
 — 68 925
 — 70 925
Algorithmen 1174, 1176f
Allbuch 624, 1977, 1980, 1983
 —, fachliches 624, 1726, 1731, 1777
Allbuchlexikographie 2393
allgemeinbildende Schulen 958ff
Allgemeinbildung 30ff
allgemeine Charakteristik der Fachtextsorte Kongreßvortrag 504ff
 — Charakteristik der Fachtextsorte Prüfungsgespräch 517ff
 — Charakteristika von Diskussionen unter Wissenschaftlern 509ff
 — Terminologielehre 346ff

  s. Terminologielehre
  s. Terminologiewissenschaft
 — Theorie der Schönen Künste 2008f
Allgemeiner Deutscher Sprachverein 885ff, 1394
Allgemeinheit 379
Allgemeinlexikographie, russische 1704ff, 2544ff
 — versus Fachlexikographie 1762ff
Allgemeinsprache 866ff, 2287f, 2544ff
  s. Alltagssprache
  s. Gemeinsprache
allgemeinsprachliche Begriffe 653ff
 — Lexikographie 2544ff
allgemein-wissenschaftliche Sprache 695
allgemein-wissenschaftliches Wissen 695
All-Quantor 908
Alltag 6ff, 30ff
 — und fachliches Umfeld 801ff
alltägliche Lebensbewältigung 590ff
Alltagsbegriffe 711
Alltagskommunikation 166f, 588ff, 710ff
Alltagssemantik 126ff
Alltagssprache 126ff, 144ff, 1307
  s. Allgemeinsprache
  s. Gemeinsprache
 —, Semantik 1297
alltagssprachliche Ausdrücke 693ff
Alltagstexte 588ff
Alltagswissen 144ff, 694ff, 2294
Allwörterbuch 1777
  s. Allbuch
alphabetische Fachlexikographie, 16. Jh. 2395
 — Gesamtwörterbücher der Biologie 1940f
 — Makrostruktur 1810ff, 1999
 — Spezialwörterbücher der Biologie 1941ff
alphabetisches Diffinitorium 2006
Alphabetisierung, exhaustive mechanische 1765, 1810
 —, konstituentendeterminierte 1810f
 —, Mehrworttermini 1814
Alphabetisierungsmethoden, lexikographische 1812
 —, nichtexhaustive 1811
alphanumerische Benennungen 1252ff
altdeutsche Fachprosa 272ff
 — Originalurkunden 279

Altertum 2260ff, 2270ff, 2292ff
 —, römisches 2286ff
Altertumskunde 328f
Altfranzösisch 2512ff
altfranzösische Fachliteratur 2512ff
 — Fachsprache 2512ff
altfranzösisches Vokabular 2516
althochdeutsche Rechtssprache 2309ff
 — Übersetzungen 2319ff
Altphilologie 328
Ambiguität, syntaktische 380
Ambivalenz, kalkulierte 1375
amerikanische Patentschrift 558f
Ämter 660ff
Amtsdeutsch 666ff, 869
Amtssprache 671, 884ff, 1582
  s. Verwaltungssprache
  s. Institutionensprache
Amtssprachen, Europäische Union 2124
Analogie 1342ff, 1347ff
 —, falsche 1345
Analyse, empirische 94ff
 —, kontrastive 1582
Analysemodelle 98f
analytische Philosophie 1329ff
Anatomie 1272, 1640, 2472ff
anatomische Nomenklatur 1280ff, 1970, 2273
Aneignung fremder Kulturen 1602
Anfänge der europäischen Fachsprachenforschung 322ff
Anfangsalphabetisierung 1810
  s. Alphabetisierung
Anforderungskatalog für Auslandsmanager 852f
Angabe, äquivalentdifferenzierende 1864, 1887
 — der Herkunftssprache 1792
 — der semantischen Zugehörigkeit 1792, 1805
 — der unregelmäßigen Aussprache 1772
 — des terminologischen Äquivalentes 1793
 — eines terminologiesemantischen Netzteils 1795
 —, elementare 1768
 —, enzyklopädische 1888
 —, etymologische 1981
 —, grammatische 1706
 —, lemmanahe 1766f
 — mit Suchzonenanzeiger 1797
 —, nichtelementare 1768
 —, orthoepische 1406
 —, orthographische 1706
 —, pragmatisch-semantische 1772

—, stilistische 1706
—, syntagmatische 1698
— von Äquivalenten 1869ff
— von Belegstellen 2000
— von Belegtexten 2000
— zur fachlichen Erklärung 1796
— zur pragmatischen Markierung 1772
— zur regelmäßigen Aussprache 1772
— zur Stilschicht 1772
Angaben im Fachwörterbuchartikel 1793
— in philosophischen Wörterbüchern 2000
Angabestruktur 1767
Angabesymbol 628, 1775
— mit Suchzonenanzeiger 1797
Angabetypen, Encyclopédie 1628
angewandte Disziplinen 54ff
— Informatik 1174f
— Sprachwissenschaft 1000ff
Anglisierungsgrad 831
Anglistik 333
Anglizismen 765f, 769ff
—, grammatische 780ff
— im Neufranzösischen 771f
—, technische 775ff
Anglizismenwörterbücher 769
Anglo-Amerikanismen 765f, 768f
Anglophonie 53ff, 364f, 41ff
Anisomorphie 1856
Anlagenbau 1192ff
Anleitungen 893ff
a-Nomenklatur 1255f
Anonymisierung 422ff
Anonymität 397ff
Anordnungsform, alphabetische 1810ff
—, finalalphabetische 1811
—, glattalphabetische 1939
—, initialalphabetische 1818
—, kondensiert-nestalphabetische 1820
—, kondensiert-nischenalphabetische 1817
—, nestalphabetische 1709, 1819
—, nicht striktinitialalphabetische 1815, 1818, 1822
Anpassung, lautliche 441
Ansatz, interkultureller 964
—, kommunikativer 963ff
Anschaulichkeit der Begriffe der Mathematik 1226f
Ansprüche an die Fachsprachenforschung 355
— an die Theorie der Fachsprachenforschung 359ff
— an die Wissenschaftssprache 51ff

anthologies of special language texts 1559
Anthropomorphisierung 1061
anthroponym 1426
Anthropozentrismus im Fachwortschatz 1208
Antike 295ff, 302ff, 2260ff, 2270ff, 2292f
—, griechische 64ff
—, römische 66ff
antike Glossarien 2006
— Philosophie 2260ff
Antinomie zwischen Exaktheit und Verständlichkeit 586, 805
Antithese 1417f
Antonymenlexikon 2036
Antonymidentifizierungsangabe 1796
Antonymie 1589
Antragsdiskurs 1399
Anweisungen zur Wartung und Pflege von Maschinen 1151
Anwendungsforschung 360
Anwendungsregeln in Gesetzen 525f
Anzeige 2441
Apotheker 1270ff
Apothekerlatein 1270, 1275
applikative Vertextung 666ff
Äquivalent 1853ff
Äquivalentangabe 1858, 1866, 1886f
— und Bedeutungsparaphrasenangabe 1863f
äquivalentdifferenzierende Angabe 1864, 1887
Äquivalentprobleme 1885
Äquivalentsuche 1886
Äquivalentwörterbuch 1854
Äquivalentzone 1801
Äquivalenz 792, 895f, 1696, 1853ff
—, Fachwortschatzeinheiten 1866ff
—, normierte 1868
—, semantische 409
—, Standardisierung 1871f
Äquivalenzbegriff und Translation 1854
Äquivalenzbegriffe 1853f
Äquivalenzfindung 1850f
Äquivalenzierung 2155
Äquivalenzrelation 1853
Äquivalenzselektion 1869
Äquivalenzwörterbuch 1854
s. Übersetzungswörterbuch
s. Translationswörterbuch
Arabisch 1273, 1610ff
arabische Fachsprachen 1610ff
— Fachsprachen, Erforschung 1610ff
— Fachsprachen, Geschichte 1610

— Fachsprachen, grammatische Merkmale 1614f
— Fachsprachen, Merkmale 1612
Arbeit 6ff, 29ff, 1030
—, terminologische 2126
Arbeiter 1026
Arbeitseinteilung 643f
Arbeitsintimität 1027
Arbeitslied 1028
Arbeitsmittel 982ff
Arbeitsorganisierung 657ff
Arbeitssprache 841ff, 1121
s. berufliche Fachsprachen
s. Berufssprache
arbeitsteilige Kunstform 676f
Arbeitsteilung 30ff, 801ff, 1020, 1024
Arbeitswelt 592
Arbitrarität 2434
Archaismen 1711
architecture, naval 1608f
argot 1456
Argumentation 136ff
argumentative Strukturen 511ff
— Superstruktur 506
argumentativer Charakter der Patentschrift 557f
Arkansprache 174, 274, 2412
armatura 1020
ars characteristica 910, 2431
art 1641
Artes 350f
artes liberales 270ff, 1020, 1913, 2411
s. septem artes liberales
— liberales, Fachsprachen 269ff
— magicae 270ff, 2411
— mechanicae 270ff, 2334, 2358, 2361f, 2411
— mechanicae, Systematisierung 270
Artesliteratur, Entwicklung 271ff
—, Syntax 272ff
article 1427f
artifizielle Zeichen 1175
Artikel 1791ff
s. Einzelartikel
s. Fachwörterbuchartikel
s. Wörterbuchartikel
Artikel, Encyclopédie 1626f
Artikelcluster 1815
Artikelgebrauch in der Fachsprache der Mathematik 1225
Artikelkonstituentenstruktur 1767
Artikelnest 1766, 1859
s. Nest
—, gruppiertes 1823
—, nichtgruppiertes 1823

Artikelnetz, synopseorientiertes mit lemmatischer Verweisperipherie 1782
–, umtextorientiertes mit nichtlemmatischer Verweisperipherie 1788
Artikelnische 1766, 1815
  s. Nische
– gruppierte 1817
– nichtgruppierte 1817
Artikelstrecke 1766
–, binnenerweiterte 1766
–, rechtserweiterte 1766
Artikelstruktur, Encyclopédie 1628
Artikelteilstrecke, funktionale 1766
Artikelteilstrecken, Typologie 1823
Artikelverweis 1787
  s. Querverweis
arts 1602
Arznei 2274f
Arzneibereitung 1270
Arzneibücher 1915
Arzneimittel 1270ff
Arzneimittelherstellung 1270f
Arzneimittelinformation, Optimierung 586f
–, verständliche 583f
Arztbriefe 1283
Ärzte 295
ärztliche Praxis 1278ff
– Umgangssprache 1972
Arzt-Patient-Kommunikation 296f, 804ff
ASEAN (Verband Südostasiatischer Staaten) 843
assimilation 1602
Assimilation 1602
assimiliertes Lehnwort 2335, 2338, 2357
Ästhetik 717ff
Astrologie 271
Astronomen 195
Astronomie 308, 2335f, 2359
Astrophysik, Fachwörterbücher 1956
asymmetrische Partnerkonstellation 518f
Asyndese 612
Atomphysik, Fachwörterbücher 1956
audiolinguale Methode 984ff
audiovisuelle Methode 984f
Aufgaben, berufliche 1015ff
– der Fachsprachendidaktik 959f
Aufklärung 1619ff, 1637, 2420ff, 2430ff, 2441ff
–, extensive 2441
–, französische 71f, 2550ff
–, intensive 2441

– und Fachsprache 2420f
Aufklärungstext 730f, 734f
Auftragstext-Screening 2162
Ausbau, sprachlicher 219ff
Ausbausprache 222ff
Ausbaustatus 223
Ausbaustufen 223f
Ausbildung, fachsprachliche 336ff, 944ff
–, sprachliche 999
– von Fachsprachenlehrern 945
Ausbildungsbedarf 947ff
– für Terminologieausbildung 976ff
Ausbildungsgänge der Terminologieausbildung 976ff
Ausbildungsmaterial für Terminologieausbildung 979ff
Ausdrücke, alltagssprachliche 693ff
–, semiprofessionelle 693f
–, wissenschaftssprachliche 693
Ausdrücklichkeit 383
Ausdrucksebene 1189ff
Ausdrucksform, deontische 1372
Ausdrucksstufen 693ff
Ausdrucksweise, komprimierte 2547
Ausgabe, kritische 279
Ausgangstext 1854f
– und optimierter Text 895ff
Auslandsmanager, Qualifikationsanforderungen 851f
Auslegung, juristische 1383
Auslegungsstufen juristischer Texte 1387
Aussagenlogik 2268f
–, kalkülisierte 2176
–, Semantik 902
Außendifferenzierung der Fachkommunikation 457ff
Außentext 1764
  s. Rahmentext
  s. Umtext
Außenwirtschaftslinguistik 1587
äußere Selektion, Fachwörterbuch 1977
  s. Lemmaselektion
– Sprachform 667f
außersprachliche Determinanten der sprachlichen Variation 124ff
– Welt 28ff
Äußerung, ikonische 574ff
–, metakommunikative 1644
–, verbale 574ff
Äußerungstyp 203
Ausspracheangabe 1772, 1942, 1956, 1980
Austausch, interkultureller 809ff, 819ff, 828ff

Austauschprozesse zwischen fachlichen Kommunikationsbereichen 689ff
– zwischen Kommunikationsbereichen 679ff, 689ff
Auswechslung von Subjekt und Prädikat 1322ff
Auszeichnungsformen 439
Authentizität des Protokolls 497ff
automatische Textanalyse 1533
– Textsynthese 1533
– Textverarbeitung 1594
automatisierte Datenverarbeitung 2045
  s. Datenverarbeitung
  s. elektronische Datenverarbeitung
Autorenbiographien in Nachschlagewerken 1314f, 1500f
Autorenidentifizierungsangabe 1792
Autorenlexikographie, philosophische 1998
Autorenlexikon 2036
Autorennamenangabe 1792, 1801
Autorenwörterbuch 1997
axiomatische Methode 910
Axiomatisierung 913
Axiome 901, 1222

B

Bäckerhandwerk 1030
Backus-Naur-Form 925
Backus-Normal-Form 925
barocke Sprachtheorie 2412f
Basisfachsprache 1196
Basisfachwörterbuch, monolinguales 1888
Basisstruktur 1770
Basiswortschatz 145
–, medizinischer 1968
Bau von Behausungen 289f
Bauernkalender 2297ff
Bauhandwerk 1024, 2369
Baum der Wissenschaften 1625
Baumdiagramm/-modell 431
Bauteile, integrierte lexikographische 1778
Bauwesen 1655
Bayerisch-Österreichisches Wörterbuch 1077
bebilderte Textsorten 580ff
– Werkzeugkataloge 574ff
bebilderter Werkzeugkatalog, Kohärenz 579
– Werkzeugkatalog, Begriff und Funktion 577ff
– Werkzeugkatalog, grammatische Kategorien 580

- Werkzeugkatalog, Lexik 580ff
- Werkzeugkatalog, Makrostruktur 577ff
- Werkzeugkatalog, Nominalgruppen 579f
- Werkzeugkatalog, Sachgruppen 580
- Werkzeugkatalog, sprachliche Merkmale 577ff
- Werkzeugkatalog, strukturelle Merkmale 577ff
- Werkzeugkatalog, subjektlose Sätze 579f
- Werkzeugkatalog, substantivierte Infinitive 580

bebildertes Sprachlehrbuch 575
Bedarf an Fachfremdsprachen 947ff
- an Fachsprachenausbildung 947ff
Bedarfsanalysen 947ff
bedarfsorientierte Fremdsprachenvermittlung 945
Bedeutung 442, 452f, 785f, 1350f
  s. Semem
- des Fachtextes 114f
-, okkasionelle 1350f
-, usuelle 1350f
- von Termini 430ff
Bedeutungsangabe 1772, 1980f, 2000
-, deskriptive 2000
-, lateinische 1674
Bedeutungsauffassung der Dialektwörterbücher 1143
Bedeutungsbegriff, leksemantischer 596
Bedeutungsfelder 433
Bedeutungsidentifizierungskennzeichnung 1772
Bedeutungsnetz 597
Bedeutungsparaphrasenangabe 1772
- und Äquivalentangabe 1862f
Bedeutungspräzisierung 2435
Bedeutungsrelationen 2002
Bedeutungswandel 1350
Bedeutungszone 1774
- zweiter Stufe 1805
Bedeutungszonenstruktur 1774
Bedienungsanleitung 568ff, 1150f, 1195ff
- als Textsorte 568ff
-, Arten 569
-, Begriff 568ff
-, Definition 568f
-, Empfehlungen zur Gestaltung 573f
-, Funktion 568ff
- für Elektrogeräte 569ff
-, grammatische Merkmale 572f

-, Infinitivsätze 570
-, Isotopieketten 569f
-, Kohärenz 569ff
-, Kommunikationsabsicht 572
-, Kommunikationsgegenstand 572
-, kommunikative Beschreibung 569ff
-, Lexik 572
-, Textbaupläne 569f
-, Textexterna 572
-, Textinterna 569ff
-, Verständlichkeit 573f
Bedingungen, einzelsprachliche 38ff
-, situative 377f
-, übereinzelsprachliche 36ff
Bedürfnisse, praktische 357f
Befähigung zum sprachlichen und fachlichen Handeln 947f
Befragung 235
Begehbericht 2380
Begriff 134f, 341ff, 430ff, 858f, 1148ff, 1189ff, 1321f, 1346, 2173ff, 2233, 2422f, 2433f, 2437ff
-, allgemeinsprachlicher 653ff
-, computerspezifischer 653ff
- des Faches 360
- Eisenbahn 1209ff
- Fach 27ff
-, facheigener 284
-, fachfremder 284
- Fachlichkeit 27ff
-, fachübergreifender 284
-, interkultureller 1157
-, rechtsrelevanter 2591
-, rechtswissenschaftlicher 1373
-, spekulativer 1322
-, theorieübergreifender 914
-, Vernetzung 1299ff
begriffliche Explikation 1307ff
- Relationen 251f
Begrifflichkeit 858f
Begriffsbeziehungen 341ff, 1189, 1192f
Begriffsbildung 1235ff, 1357ff, 1361ff
Begriffsebene 1189ff
Begriffsfelder 2589f
-, verschachtelte 1205ff
Begriffsgeschichte 280
Begriffshierarchie 1158, 1190
Begriffslernen 947
Begriffslexikon der Sozialwissenschaften 2099
Begriffslogik 343ff, 2176
Begriffsmerkmale 439ff, 1157f, 1189ff
Begriffspluralismus 118ff
Begriffsrecherche 284f

Begriffsschrift 900
Begriffssystem 341ff, 1189ff
- der musikalischen Klassik 2009ff
Begriffssystematisierung 1148
Behausungen 289f
Behaviorem 806
Behörden 660ff
behördlicher Schriftverkehr, Sprache 281
Beipackzettel 583ff, 1276
-, Exaktheit 586
-, Kommunikationssituation 584ff
-, kommunikative Funktionen 585f
-, kommunikative Merkmale 584ff
-, Lexik 586ff
-, sprachliche Besonderheiten 585ff
-, strukturelle Spezifika 585ff
-, syntaktisch-stilistische Charakteristika 585ff
-, Textaufbau 585ff
-, Verständlichkeit 586
Beispiele, erläuternde 1158
Belegstellenwörterbuch 1999
Belegtextwörterbuch 1997
Benennungen 341ff, 2156
  s. Namen
-, alphanumerische 1252ff
-, interlinguale 1157
- von Krankheiten 1280ff
- von Syndromen 1280ff
Benennungsbedarf 1514f
Benennungseinheit 2155
Benennungsmotive 432
  s. Bezeichnungsmotiv
Benennungsprozesse 1556
Benennungsreform im Eisenbahnwesen 1208
Benennungsreichtum 1208
Benennungssystem 342ff, 1236
Benennungsvielfalt 1160
Benennungsmitteldefizit 1208
Benutzerbezug 1770, 1892
Benutzereinweisung 653ff
Benutzerinformation 1009f
Benutzerschnittstelle, Wissensspeicher 1017ff
Benutzertests 894ff
Beobachtung 233
-, teilnehmende 234
Beobachtungsparadoxon 234
Beratung 642ff, 700f
Beratungsdiskurs 1399
Bereich, illokutiver 669f
-, propositionaler 668ff
Bereicherung, lexikalische 2535
Bergbau 307, 1992ff
-, Fachlexik 274
-, Fachlexikographie 1930ff

– im Mittelalter 1930
Bergbaufreiheit 1093
Bergbausprache, literarische
 Quellen 1095
–, Quellen 1093
Bergbauterminologie, deutsche
 1935
Bergbauwörterbücher, deutsche
 1932 ff
–, deutsch-fremdsprachige
 1934 f
Berggesetz 1093
Bergmannsdichtung 1096
Bergmannslied 1095
Bergmannssage 1095
Bergordnung 1931, 2380
Bergphrasen 1932
Bergrecht 1931
Bergregel 1093, 1931
Bergwörterbücher, mehrsprachige 1935
Berichtsheft 1035
Beruf 29 ff
berufliche Aufgaben 1015 ff
– Fachsprachen 2541 ff
 s. Arbeitssprachen
– Kommunikation 636 f
Berufsbezeichnung 807 f, 1024
– und Familiennamen 1029
Berufsbild des Terminologen
 981
Berufsbilder 1015 ff
Berufsexperte 588 ff
Berufsfachsprache 2544
Berufsgemeinschaft 175 ff
Berufsjargon 645 f
Berufsschelten 169 f
Berufsschulen 59 ff
Berufssprache 176
 s. Arbeitssprache
– des Seemanns 1212
Bescheid 1396
Bescheidsprache 281
Beschreibung der Fachsprachen
 1587 f
– fachlicher Kommunikationsbeziehungen 114 ff
Beschreibungen, technische
 1196 f
Beschreibungsmethode der Integration 1773
Beschreibungssprache 1336
 s. Metasprache
Bestiarien 1915
Betrieb 634 ff
betriebliche Kommunikation
 634 ff
Betriebsgeheimnisse 175 f
Betriebslinguistik 853, 1301
Bewertungshandlung 489 ff
–, Prüfungsgespräch 520
Bezeichnung 452 f, 2542
 s. Benennungen

Bezeichnungsebenen 2546
Bezeichnungsforschung, historisch-philologische 281
Bezeichnungskonkurrenz 748 ff
Bezeichnungsmöglichkeiten
 2543
Bezeichnungsmotiv 2434
 s. Benennungsmotive
Bezeichnungsnot in der Renaissance 2529 ff, 2535 f
Bezeichnungsprozeß 2542 f
Bezeichnungsstrategien in der
 Renaissance 2535 f
Beziehbarkeiten, thematisch-sachliche 452 ff
Beziehung zwischen der Sprache
 der Naturwissenschaften und
 der Geisteswissenschaften
 376 f
Beziehungen, innersprachliche
 36 ff, 38 ff
–, semantische paradigmatische 430 ff
 s. Relationen
Bezüge, soziale 1 ff
Bezugsbereiche, kommunikative 126 ff
Bezugssysteme 1204 ff, 1485,
 1487
–, terminologische 1205 f
Bibelenzyklopädien 1917
Bibelglossar, sekundäres 2306
bibliographische Kontrolle
 2224
Bibliothekswesen 264 f
–, Fachlexikographie 2063 ff
bidirektionale Verweisung 1789
Bilanz der Fachsprachenforschung 358 f
Bild, deskriptives 1629 f
–, enzyklopädisches 1629
–, fachliches 74 ff, 362, 1642 f
– und Fachtext 309 ff
– und Text 1220
– und Wort 574 ff
 s. Abbildung
 s. Illustration
Bildenzyklopädien 1917
Bilderhandschrift 574
Bildfolge 575
Bildoptimierung 895
Bild-Text-Semiose 1630 f
Bild-Text-Verhältnis 1622
 s. Bild und Text
 s. picture and text
Bildung 327, 328
– medizinischer Termini
 1279 ff
Bildungsattitüde 713 ff
Bildungsbegriff 1316 ff
Bildungsbürgertum 327 f
Bildungsideal 2567
Bildungskonzeptionen 5 ff

Bildungssprache 2513
Bildungsstätten 328
Bildungsstruktur 5 ff
Bildungsstufen 222 f
Bildungssysteme 29 ff
Bildungswesen 328
Bildungswörterbuch 1996
Bildverstehen 895
Bildwörterbuch, Medizin 1970
Bilinguismus 1615
Bindung, interpretative 612
Binnendifferenzierung der Fachkommunikation 457 ff
Binnengliederung der Fächer
 8 ff, 178 f
Binnenstruktur, textuelle 1765
Binnentext, eingelagerter 1766
Biochemie, Fachwörterbücher
 1950, 1972
Biogeographie, Fachwörterbücher 1941
Biologie 920, 1260 ff, 1939 ff
–, pharmazeutische 1271 f
biologischer Grundwortschatz
 1941
Biometrie, Fachwörterbücher
 1941
Biophysik, Fachwörterbücher
 1956
Biotechnologie-Glossar, Europäische Union 2134
BIPM (International Bureau of
 Weights and Measures)
 2121
BISFA (The International Bureau for the Standardization
 of Man-made Fibres) 2111
biskopales Fachwörterbuch
 1785
BIT (Biblio Term) 2248
Bivalenz, funktionale 1874 ff
Bordsprache 1050
borrowed words 1405
 s. Lehnwörter
borrowing 1424, 1439, 1455
Botanik 297, 2358, 2402 ff
–, Fachlexikographie 1991
botanische Fachsprache 2404
Böttcher 1125
bottom-up 1408
Brauchbarkeit von Texten
 893 ff
Brauchtum, sprachgestütztes
 1027
Brief 313 ff, 2443
britische Patentschrift 558 f
Buch der Natur 2354 ff
Buchdruck 307 f, 1034, 1098 ff,
 2541 f
Buchdruckerei 1036
Buchmalerei 1024
Buchproduktion 2531 f
Buchstaben 1256, 1556

Buchstabengrapheme 438ff, 439ff
Bühnen(aus)sprache 677f
Bündnerromanisch 1527ff
bündnerromanische Fachsprachen 1527ff
Buntschriftstellerei 1913
bürgernahe Verständigung 870ff
Bürgertum 2516
Bürger-Verwaltungs-Kommunikation 1392
 s. Amtssprache
Büroarbeit 649ff
Bürokommunikation 649ff
Byzanz 2290

C

Capitulare de villis 1024
CATS (ein Terminologieverwaltungsprogramm) 2168
CD Software 1750f
CD-ROM 1750
CEDEFOP (Europäisches Zentrum zur Förderung der beruflichen Weiterbildung) 2189f, 2226, 2242
CEN-Normen 2190
Characteristica Universalis 2417
charts 564ff
chemical nomenclature 2482ff
Chemie 1235ff, 1270, 1429ff, 1681f, 1711, 2411, 2560ff
−, anorganische 1949
−, Fachlexikographie 1946ff
−, organische 1235ff
−, pharmazeutische 1271f
Chemiegeschichte 1951
Chemikalienlisten 1951
chemische Elemente 1239ff
 − Fachsprache 2560ff
 − Nomenklatur 1238ff, 2482ff, 2560ff
 − Tabellenwerke 1951
 − Terminologie 295ff, 1236, 1258f
 − Verbindungen 1236ff
Chinese Grand Encyclopedia 1722ff
Chinesisch 1592ff
chinesische Darstellungsverfahren 1594
 − Denkweisen 1594
 − Fachsprachen 1592ff
 − Hochsprache 1593f
 − Schrift 1594
 − Umgangssprache 1593
chinesisches Sprachsystem 1593ff
Chi-Quadrat-Test 245f

Christianisierung 2290
Chronologie 339
Chronozität 55ff
CIE (Comission internationale de l'éclairage) 2110, 2120
CIGRE (International Conference on Large High Voltage Electric Systems) 2120
citoyen 2554f
claritas 2417
clipping 1457
COASYL (Conference on Data Systems Languages) 925
 − Netzmodell 924ff
COBOL (Common business Oriented Language) 924ff
Code, visueller 411
cognitio intuitiva 2431
 − symbolica 2431
colloquial term 1457
 s. Umgangssprache
Combined Studies 989
communication theory 1562
 s. Kommunikationstheorie
Communicator, technical 1004
Compiler 924
computational linguistics and dictionaries 1744
Computer 649ff
−, Fachlexikographie 1892
−, Terminologie 2138ff
computer (-aided) translation 562f, 567
computer science 1608
computer-assisted dictionary making 1744ff
computer-assisted neography 1749f
Computer-Fachsprachen 649ff
 s. Fachsprache der elektronischen Datenverarbeitung
computergestützte Terminographie 2164ff
Computerlinguistik 366
computerspezifische Begriffe 653ff
Computertechnik 715f, 1608
Computertechnologie 1173ff
Computerwissenschaft 1608
 s. Informatik
conceptual systems 1559
cross-cultural norm 563
cross-referencing entry 1747
 s. Querverweis
 s. Verweisangabe
 s. Verweisartikel
CTC (Caterpillar Tractor Company) 847
cultures 1602

D

Dänisch 1564ff
dänische Fachsprachen 1564ff

DANTERM (Dansk terminologisk data base) 2234
darstellerische Mittel 77ff
Darstellung, nominale 391
−, populärwissenschaftliche 918
Darstellungsform 62ff
−, wissenschaftliche 73f
Darstellungsformen der Fachlichkeit in Einzeltexten 72ff
 − schriftlicher Fachkommunikation 60ff
Darstellungsmittel 18ff
−, ikonische 1180
− in tschechischen Fachtexten 1550
− Notenbild 1337ff
Darstellungssprache der Mode 1206f
Darstellungsverfahren, chinesische 1594
data processing 1562
 s. elektronische Datenverarbeitung
Datei 923
Daten, enzyklopädische 1780
−, nichtsprachliche 388f
Datenabfrage in natürlicher Sprache 938
Datenangebot, lexikographisches 1731
Datenbank 1530f
−, medizinische 1970
Datenbanken 831
−, terminologische 1569
−, terminologisch-lexikalische 1198ff
Datenbankprogrammiersprache 935
Datenbanksprache 925
Datenbeschaffung, OED 1678
Datendistribution 1779
Datendistributionsprogramm 1779
Datendistributionsstruktur, einfache 1779
−, einfach erweiterte alphabetische 1788
−, einfache bialphabetische 1784
−, einfache bialphabetische artikelheterogene 1780
−, einfache monoalphabetische artikelhomogene 1779
−, einfache polyalphabetische 1786
−, einfache polyalphabetische mit komplementärer Datenverteilung 1785
−, einfache polyalphabetische mit repetitiver Datenverteilung 1785

—, einfache polyalphabetische mit repetitiv-expansiver Datenverteilung 1785
—, einfache trialphabetische 1784
—, erweiterte 1779, 1790
—, initialalphabetische 1779
—, fachlexikographische 1178
—, lexikographische 1762ff
—, mehrfach erweiterte alphabetische 1788
—, polyalphabetische 1780
—, wörterbuchtranszendierende 1791
—, zweifach erweiterte artikelhomogene monoalphabetische 1789
Datenprotokoll 917
Datensammlung, allgemeine 232
—, spezielle 232
Datentyp, abstrakter 924
Datentypensortiment 1791
Datenverarbeitung 1444
—, automatisierte 2045
—, numerische 923
Datenverarbeitungssystem 649
Deagentivierung 422ff
definite Kennzeichnung 904
Definition 15ff, 612, 914, 1222, 1622, 1641f, 1875, 2266f, 2328, 2422, 2444f, 2578
— der Bedienungsanleitung 568f
— der Fachsprache(n) 133f, 471ff, 491ff, 1493, 1503ff, 1600f
— der Verfahrenstechnik 182
— der wissenschaftlichen Rezension 491
— des Funktionalstils 200f
— des Terminus 430
— des Vertrags 534f
— durch Axiome 914
—, explizite 914
—, implizite 914
— in Gesetzen 525f
—, lexikographische 1682f, 1697
— von Fachkommunikation 471
— von Fachtext 471f
— von Fachtextsorten 476
— von Text 469
definition of special languages 1600f
Definitionstheorie 2267f
Definitionswörterbuch der Pädagogik 2015
—, fachliches 2014
Definitionszone 1801
definitorischer Text 2444
Defizite, Fachsprachenforschung 355ff

Deklarationsfunktion von Urkunden 541f
Deklinationsmusterangabe, verweisvermittelnde 1174
Dekodierwörterbuch 1688, 1699
Dekret 529ff
—, Funktion 531
—, Kohärenz 530
—, Makrostruktur 530ff
—, Modalverben 532
—, performative Verben 532ff
—, Sprachhandlungen 531
Demokratisierungsprozeß, Fachsprache des Eisenbahnwesens 1209
Denken, Kategorien 1321f
— und Sprache 2579ff
—, wissenschaftliches 202
Denkformen 1321
Denkstruktur 414
Denkweise, chinesische 1594
deontische Logik 905
determinante fachliche Kommunikationsbeziehungen 111ff
Desemantisierung 195f
— der Verben 423
Desiderata für die Erforschung der Fachsprache der Wirtschaftswissenschaften 1301
— der Fachsprachenforschung 355ff
Deskription 231
— im philosophischen Wörterbuch 2001
— Terminologiearbeit 342, 2171
deskriptive Bedeutungsangabe 2000
deskriptives Bild 1629f
Determinationsgefüge 111f
Determinativkomposita 1102, 1595
Deutlichkeit 1651
Deutsch 764ff, 1274, 1580, 1583
— als Fremdsprache 817, 961ff, 982ff
— als Fremdsprache, Fachdidaktik 961ff
— als Fremdsprache in den historischen und philologischen Wissenschaften 327ff
— als Fremdsprache, Methodik 961ff
— als internationale Wissenschaftssprache 809ff
— als Wissenschaftssprache 334, 765ff
—, Verringerung der Bedeutung 764ff
deutsche Entlehnungen im Englischen 766ff

— Patentschriften 559f
— Sprache 327ff
— Terminologie 2432ff
— Wissenschaftssprache 809ff, 2430ff
— Rechtswörterbuch 279
— Wörterbuch, Fachlexik 1669ff
deutsches Kunstwort 2432, 2434f
DGTD (General Directorate of Terminology and Documentation) 2248
diachrone Fachsprachenforschung 316f
Diachronie 63f, 69ff, 366f, 2521
diachronische Wirtschaftslinguistik 336ff
Diagramme 76ff
Dialekt 192, 679
dialektales Fachwort vs. Dialektwort 1142
Dialekte 224f, 1507, 1571, 1615
—, hochdeutsche 1131ff
—, niederdeutsche 1120ff
— von Interaktionssprachen 924
Dialektik 1322ff, 2255ff, 2267f
—, Definition 2258f
—, Terminologie 2259
Dialektismen 1715
Dialektologie 1351f, 2521
s. Mundartforschung
Dialektwort 1142
Dialektwörterbücher, Konzeption 1134
—, fachlicher Gegenstand 1132
—, handwerkliche Fachsprachen 1123f
—, hochdeutsche 1131ff
—, niederdeutsche 1121
—, Quellenwert 1120, 1131ff
Dialog 70f, 313, 871
—, wissenschaftlicher 65ff
Dialogizität 25ff, 136ff, 509ff, 514f, 2442
Dialog-Typologie 464
Diasystem 151, 223, 746
Diatextie 2521
DICAUTOM (Terminologiedatenbank der Europäischen Gemeinschaft) 2158
Dichotomie der Fachtextvorkommen 784ff
Dichtung 2279
dictionaries for the learned professions 2459ff
s. Fachwörterbücher
s. Fachlexika
— and computational linguistics 1744
—, medical 2460f

—, microstructure 1745f
—, nautical 2461f
— of husbandry 2462
— of religious terms 2461
— on CD 1750
dictionary definition 1746
  s. Bedeutungsparaphrasenangabe
  s. lexikographische Definition
Didaktik der Fachsprachen 944ff
— der Fachsprachenausbildung 53ff
— der Terminologieausbildung 979ff
— der Textgestaltung 405ff
— des Technical Writing 1008ff, 1011
Didaktisierung von Wissen 859
Dienstanweisung 1396
Differenzierung 1345
— der Fachsprache des Eisenbahnwesens 1209ff
—, einzelsprachliche 118ff
— im Sprachgebrauch 679f
—, semantische 1212
Diffinitorium, alphabetisches 2006
Diglossie 310ff, 1615
—, winzerfachsprachliche 1090
digressive Textstruktur 506
Digressivität 611, 613
Dimension der Kommunikation 185
—, funktionale 185
—, gesellschaftsbezogene 1ff
—, interfachliche 12ff
—, referentielle 7ff
—, situative 185
—, soziokulturelle 6ff
—, sprachliche 11ff
—, statistische 373f
Dimensionen 184ff
— betrieblicher Kommunikation 635f
— der Verständlichkeit 402
— des Register-Begriffs 210ff
DIN (Deutsches Institut für Normung) 886
Diplomarbeiten, terminologische 980
Diplomstudiengang Fachübersetzen 1000f
direktiver Text 534
— Sprachgebrauch 529
Direktivtext 1034
discourse 1467ff
Diskontinuität, thematische 611
Diskriminierung 1506ff
Diskursforschung, interkulturelle 853
Diskurstradition 69
Diskurstypen 552ff, 639ff

Diskussion, gruppeninterne 516ff
—, öffentliche 515ff
— unter Wissenschaftlern 509ff
dissemination of English 1467
Distribution der Verben 420ff
— russischer Verben 1539
Disziplinen 814ff
—, angewandte 54ff
Dogmatik 1304ff
Dokument 2218
Dokumentation 640, 1198ff, 2215ff
—, technische 1003ff, 1192f
—, terminologische 2218ff
Dokumentationslexikographie 1999
Dokumentationssprachen 1016f
Dokumente 2520ff
Dokumentensprachen 841f
Dokumententypen 1195ff
Dolmetscherleistungen 998
domaniale Textsorte 1057
Doppeldeutigkeit 381
Doppelqualifikation der Fachübersetzer 999ff
Doppeltitel 611
Dossiers 2217f
Dreieck, semiotisches 2172
Druckerei 1024, 2541f
Druckersprache 1098
—, französische 2541ff
—, frühe Lexik 1101
—, lexikalische Entwicklung 1102
— und Mikroelektronik 1103
DTT (German Terminology Association) 2249
duality of terms 1453
Dubletten 1431
Dynamik 359f
—, physikalische 916

E

Ebene, lexikalische 391ff
—, syntaktische 393ff
Ebenen der (Einzel-)Sprache 39ff
Ebenenintegration 40ff
EBU (European Broadcasting Union) 2120
EDI (Electronic Data Interchange) 2248
Editor 936
Editoren 2532f
edukative Lexikographie 1623
EDV, Fachlexikographie 2045ff
EEA (Europäische Umweltagentur) 2226
EFTA (European Free Trade Association) 847

EG-Terminographie 2125
Eid 2278f, 2311
Eigenname 618, 767, 1281, 1418, 1431, 1474, 1486
Eigennamenartikel 2075
Eigenschaften von Fachsprachen 53ff
— von Fachsprachen, lexikalisch-semantische 428ff
— von Fachsprachen, morphologische 424ff
— von Fachsprachen, phonologische 438ff
— von Fachsprachen, syntaktische 416ff
— von Fachsprachen, textuelle 408ff
— von Sätzen 416ff
Eindeutigkeit 803, 1132, 1142, 2416, 2423f
— von Termini 429
Eindeutschung medizinischer Fachwörter 586
Eineindeutigkeit 2380
Einführungen 1318
Einheitswissenschaft 690
Einleitung 698ff
Einschub 1764
einsprachige Fachwörterbücher der Biologie 1939ff
— Terminologieplanung 343f
einsprachiges Wörterbuch der EDV 2046ff
Einsprachigkeit 863ff
Eintrag, terminologischer 2104, 2157, 2160, 2195
Einzeilenartikel 1766
Einzelartikel 1766f, 1780
—, rudimentärer 1767
—, synopseorientierter 1781
—, umtextorientierter 1788
Einzelbild 575f
Einzelfachwörterbuch 1886
—, bilinguales 1885
Einzelsprachen 771ff, 842
—, Kontakt 764ff
einzelsprachliche Differenzierung 118ff.
Einzelsprachlichkeit 220ff
Einzeltexte 72ff
Einzelwissenschaften 1321ff
Eisenbahn, Begriff 1209ff
—, Mutterland England 1207f
Eisenbahnbau 1207ff
Eisenbahnwesen 1207ff, 1580
—, Bennungsreform 1208
—, Kanzleistil 1208f
—, semantische Verdichtung im Fachwortschatz 1210ff
—, Synonymie im Fachwortschatz 1208ff
—, Wortbildung im Fachwortschatz 1210ff

Elbschiffersprache 1047
electrotechnics 1560f
Elektrizitätslehre 1164ff, 1170ff
—, Fachtexte 1166ff
Elektrochemie, Fachwörterbücher 1950
Elektronik 1438ff
elektronische Datenverarbeitung 1518f, 2045ff
 s. data processing
 s. automatisierte Datenverarbeitung
 s. Datenverarbeitung
Elektrotechnik 715f, 1218f, 1438ff, 1581
—, Entwicklung 1164ff
—, Fachlexik 1169ff
—, Fachwortschatz 1166ff
—, vertikale Schichtung 1168ff
Elementarzeichen 1595
Elemente, chemische 1239ff
—, dialektale 2382
Elenchoi 2267f
Ellipse 385, 1499
—, kataphorische 613
— im Prüfungsgespräch 520
elliptische Vieldeutigkeit 381
ELWO (ein dt.-engl. Fachwörterbuch der Informationstechnik) 2166
Emanzipation 1317f
Empfänger von Rechtsverordnungen 529ff
— von Verwaltungsvorschriften 529ff
empirische Analyse mündlicher Fachkommunikation 94ff
— Erhebungsmethoden 230
— Lesbarkeitsforschung 892
— Untersuchungen 1319f
empirisches Modell 917
Encyclopaedia Britannica 1636ff
Encyclopédie 1647
Encyclopédisten 162
Endgeräte 1217f
engineering, marine 1608f
Engländerei 765ff
Englisch 764ff, 771ff, 1274, 1279, 1575ff, 1580, 1583, 1997
— als Fachsprache in internationalen Institutionen 840ff
— als internationale Sprache der Wissenschaft 829ff
 s. Wissenschaftsenglisch
— als lingua franca 835ff
— als Verkehrs- und Fachsprache 764ff
— als Weltsprache 1403, 1478
—, wissenschaftliche Fachkommunikation 833ff
—, Varietäten 837

englisch dominierte Fachsprachen des Neufranzösischen 773ff
englische Entlehnungen im Deutschen 767ff
— Fachlexikographie, Mittelalter 2458ff
— Fachlexikographie, Renaissance 1458ff
— Fachsprache der Alchemie 2477ff
— Fachsprache der Anatomie 2472ff
— Fachsprache der Chemie 1429ff, 2477ff
— Fachsprache der Datenverarbeitung 1444ff
— Fachsprache der Elektrotechnik und Elektronik 1438ff
— Fachsprache der Linguistik 1477ff
— Fachsprache der Literaturwissenschaft 1483ff
— Fachsprache der Medizin 1452ff
— Fachsprache der Metallurgie 1414ff
— Fachsprache der Mineralogie 1424ff
— Fachsprache der Ökonomie 1466ff
— Fachsprache der Pädagogik 1472ff
— Fachsprache der Theologie 1459ff
— Fachsprache der Verfahrenstechnik 1420ff
— Fachsprachen 1403ff
— Fachsprachen, Entstehung 2502ff
— grammatische Terminologie 2494ff
— Rechtssprache 2485ff
— Sprache der Religion 2503ff
— Wissenschaftssprachen 828ff
englischer Lehnwortschatz 779f
Englischunterricht 1405
English for science and technology 1405
— for special/specific purposes 1405
— for specific purposes 966
— grammatical terminology 2494ff
—, modern legal 2489f
Enkodierwörterbuch 1688
entlehnte Fachwörter 1202ff
Entlehnungen 713ff, 766ff, 771ff, 1175, 1178ff, 1355, 1572, 1575ff, 1595ff, 2513f, 2535f, 2571
 s. Wortentlehnungen
— aus dem Englischen 1279

—, fremdsprachliche 2515f
—, gelehrte 2513f
— in der englischen Rechtssprache 2489
Entomologie, Fachwörterbücher 1943
Entpersonifizierung von Wissen 859f
Entprofessionalisierung 1215
Entterminologisierung 436ff, 1497
Entwicklung der Elektrotechnik 1164ff
— der Fachsprache der Theologie 1308ff
— der niederländischen Fachsprachen 1571ff
Entwicklungsgeschichte der Fachsprachenausbildung 944ff
— der Ökologie 1363ff
Entwicklungstendenzen in der Fachsprachenforschung 355ff
— in der tschechischen Terminologie 1550
Enzyklopädie 325ff, 1621f, 1647ff, 1916, 1919
—, frühneuzeitliche 1919
—, mittelalterliche 1915
Enzyklopädieartikel 1639ff, 1661
 s. Artikel
—, biographischer 1664
—, naturwissenschaftlicher 1664
—, Stilmittel 1645f
Enzyklopädien, Musikwissenschaft 2009ff
enzyklopädische Angabe 1888
— Schriften 1913
enzyklopädischer Lexikonartikel 729, 733f
enzyklopädisches Bild 1629
— Konversationslexikon 2041
— Lexikon 2040
— Reallexikon der Literaturgeschichte 2041
— Reallexikon der Literaturwissenschaft 2039f
Enzyklopädisten 2567
—, britische 1637
—, französische 1637
Epigrammdichtung 2279
epistemic classes 1409
epistemische Logik 905
eponym 1452, 1454
Eponyme 1271ff, 1281, 1955
Eponymwörterbücher der Medizin 1969
Epuration, progressive 2521
Erbwort 295, 2381
— im Sachsenspiegel 2342f
Erfahrung 2576f

Erforschung der arabischen
   Fachsprachen 1610ff
— der bündnerromanischen
   Fachsprachen 1527ff
— der chinesischen Fachsprachen 1592ff
— der dänischen Fachsprachen 1564f
— der deutschen handwerklichen Fachsprachen 1020ff
— der englischen Fachsprachen 1403ff
— der Fachkommunikation 358f
— der Fachsprache der Musikwissenschaft 1338ff
— der finnischen Fachsprachen 1579ff
— der französischen Fachsprachen 1491ff
— der italienischen Fachsprachen 1503ff
— der japanischen Fachsprachen 1600ff
— der katalanischen Fachsprachen 1521ff
— der niederländischen Fachsprachen 1571ff
— der polnischen Fachsprachen 1551ff
— der russischen Fachsprachen 1532ff
— der schwedischen Fachsprachen 1558ff
— der spranischen Fachsprachen 1574ff
— der tschechischen Fachsprachen 1545ff
— der ungarischen Fachsprachen 1585ff
Erhebungsmethoden 231
—, empirische 230
— und Erkenntnisinteressen 231
Erkenntnis, anschauende 2433f
—, figürliche 2433f
—, kulturspezifische 329ff
—, wissenschaftliche 324ff
Erkenntnisinteresse und Erhebungsmethode 231
Erkenntnisprozeß 324
Erkenntnistätigkeit 413
erkenntnistheoretische Methoden 2576
Erklären 698f
Erklärungsäquivalent 2132
Erlanger Schule 1330
Erlaß 529ff
—, Funktion 531
—, Kohärenz 530
—, Makrostruktur 530ff
—, Modalverben 532
—, performative Verben 532ff

—, Sprachhandlungen 531
Ersatzstrategien 1256ff
Ersatzteilliste 1160
Erscheinungsformen der Kommunikation 211f
— von Sprache 157
Ersehenskompetenz 76f
Ersetzung des Lateinischen durch das Französische 2522
Erwartbarkeit 60ff
Erwartungen 63f
Erziehung 2552ff
erziehungspraktische Semantik 1318ff
erziehungstheoretische Monographie 1314
Erziehungstraktate 2552ff
Erziehungswissenschaft 1313ff
   s. Pädagogik
—, Fachlexikographie 2013ff
erziehungswissenschaftliche Fachsprache 1313ff
— Literatur 1318ff
— Semantik 1318ff
ESP (English for Special/Specific Purposes) 1405, 1470
Esperanto 876ff
Esperanto-Organisationen 877ff
ESPRIT 2133
ESPRIT-Glossar 2134
EST (English for Science and Technology) 1405
Ethik 2263
Ethologie, Fachwörterbücher 1941
ETM (Electronic Translation Manager) 1745
Ettenhardtscher Codex 1931
Etymologie 2008
—, volkssprachige 2339
Etymologika, byzantische 1916
etymologische Angabe 1981
etymologisches Fachwörterbuch der Musik 2007f
euphemism 1454, 1465f
euphemistic 1456
euphemistisch 1475
EU (Europäische Union) 844ff
EURAMIS (European Rapid Advanced Multilingual Information Service) 2141
EURATOM (European Atomic Energy Community) 2126
EURATOM-Glossar 2126
EURODICAUTOM (eine mehrsprachige terminologische Datenbank) 2138f, 2165
Eurolekt 2129, 2135
Eurolexem 2136
Euronym 2135
europäische Fachsprachenforschung, Anfänge 322ff

Europäische Union (EU) 844ff
Europarat 844f
Europol 845f
EUROTERM-Wörterbuch 2126
Evidenz 785f
Evidenzen von Fächern 29ff
Evolutionstheorie 1325
Exaktheit 1132, 1142
— als Kennzeichen der Fachkommunikation 373ff
— auf funktionaler Ebene 375ff
— auf inhaltlich-gegenständlicher Ebene 376f
— auf kognitiver Ebene 376ff
— auf kultureller Ebene 377f
— auf lexikalisch-semantischer und stilistischer Ebene 374ff
— auf sozialer Ebene 376f
— auf textueller Ebene 374ff
— beim Fachsprachengebrauch 373ff
— in Beipackzetteln 586
—, interkulturelle Unterschiede 377
—, sprachliche Existenzformen 373f
— und Verständlichkeit 805
— von Termini 429
Exaktheitsanspruch 612
Existenzformen von Sprache 157
— wissenschaftlichen Denkens 202
Existenzphilosophie 1311f
Exklusivität 174f
Experiment 235
Experimentalphysik 917
experimentelle Methode 910
Experte 151ff, 165ff, 174ff, 177f, 185, 219f, 588ff, 1508
   s. Fachexperte
   s. Fachleute
   s. Fachmann
   s. Semiexperte
Expertengemeinschaft 1028
Expertengruppen 151ff
Expertenkommunikation 152ff
Experten-Laien-Kommunikation 642ff
Expertensprache 219ff, 872ff
Expertensystem 151, 1016, 2234
Expertenwissen 1016f
   s. professionelles Wissen
   s. Sachkompetenz
Explikation, begriffliche 1307ff
Explizierung 384ff
Explizierungsregeln 386ff
Explizitheit 383ff, 394ff
Explizitheitsanspruch 612
Exteriorisierung 17ff
externe Verweisbefolgungshandlung 1787

F

Fabrik und handwerklicher Betrieb 1025
face-to-face-Interaktion 505
— mit Rollenwechsel 518
face-to-face-Situation 505f, 510
Fach 1ff, 27ff, 184, 1593ff, 1731, 2441f
Fach- und Allgemeinwortschatz in Sachglossaren 2454ff
— und Gemeinmundart 1052
— und Gemeinsprache 2135, 2424
Fachargot 2544
Fachartikel 1656
Facharztgebiete 1278
Fachausdrücke 643f
  s. Fachwort
  s. Terminus
— im Textilwesen, Herkunft 1201ff
—, professionelle 693f
Fachbegriff 1ff, 27ff, 284, 360, 641f, 711, 757, 1189ff
  s. Begriff
  s. Terminus
Fachbereich 69, 1508ff
— als sozialer Rahmen 1164ff
fachbezogene Kommunikation 802ff
— Lehrmaterialien 963ff
— Sprachausbildung 946
— Sprache 176
— Umgangssprache 644
— Vermittlungstexte 568ff, 574ff, 583ff
fachbezogener Fremdsprachenunterricht 961, 965ff
— Fremdsprachenunterricht, methodische Grundsätze 967ff
— Muttersprachenunterricht 945ff
— Sprachunterricht 336ff
— Unterricht Deutsch als Fremdsprache 961ff
— Unterricht, Medien 964
Fachbezug 221f, 964ff
Fachdialog 2450
Fachdidaktik Deutsch als Fremdsprache 961ff
facheigener Begriff 284
Fachenzyklopädie der Mathematik 1959
fachenzyklopädischer Kommentar 1792
Fächer 29ff, 1653
—, anglophone 1403, 1478
—, Binnengliederung 178f
—, Fachsprachen und Fachtextsorten 545ff
—, klinische 1278
—, polyglotte 1403
—, theoretische 1278
— und Fachsprachen zu Beginn des 18. Jhs. 2578f
Fächerdiskurse 701f
Fächereinteilungen 29ff
Fächerevidenzen 29ff
Fächerhierarchie 545ff
Fächerkanon im 18. Jh. 1622
Fächerkatalog 1731
Fächersystematik 9ff
Fächeruntergliederung 545ff
Fachexperte 151ff
  s. Experte
  s. Fachleute
  s. Fachmann
fachfremder Begriff 284
Fachfremdsprachen, Bedarf 947ff
Fachfremdsprachenforschung 1404
Fachfremdsprachenkenntnisse 994ff
Fachfremdsprachenunterricht 1404f, 1409
— an Universitäten 995f
— in Großunternehmen 996f
— in klein- und mittelständischen Unternehmen 996
—, Lehr- und Lernmaterialien 996ff
—, Lehrerausbildung 996ff
—, Zielfertigkeiten 995f
Fachgebiet 284
— und Fachtext 284ff
Fachgebietsangabe 1137, 1717
fachgebietsbezogene Glossare 2166
Fachgebietsbindungen von Fachtexten 285ff
Fachgebietsklassifikation 284
Fachgebietstyp 286ff
Fachgebietszugehörigkeit von Fachtexten 283ff
Fachgebietszuordnung bei Fachtexten, Methodik 285ff
Fachgemeinschaft 175ff
Fachgrenzen 1653
Fachhistoriker 349ff
Fachinformation 2215
fachinterne Gutachten als Textsorte 501ff
— Textsorten 377
— Wissenschaftskommunikation 504
Fachjargon 106f, 395ff, 675ff, 684, 713, 737f, 1262, 2544
— im Theater 675ff
Fachkenntnisse 793
  s. Fachkompetenz
  s. Fachwissen
Fachkommunikation 24ff, 48ff, 70ff, 109f, 166f, 358, 636ff, 681ff, 1395, 1506ff, 2215f, 2529ff
—, Außendifferenzierung 457ff
—, Binnendifferenzierung 457ff
—, Förderung 957ff
— Funktionen 114f
— im Betrieb 634ff
— in der Renaissance 301ff, 308f, 312ff
—, interkulturelle 671, 829
—, Kommunikanten 32ff
—, mündliche 93ff, 395ff
—, Rahmenbedingungen 24ff
—, Reflexion 956ff
—, schriftliche 60ff, 395ff
—, stilistische Dimension 374f
—, stilnormende Merkmale 374f
— und Register 211ff
—, Ziele 60ff
Fachkommunikationsforschung, Rahmenbedingungen 42ff
Fachkommunikationswissenschaft 28ff
Fachkompetenz 113f, 414ff
  s. Fachkenntnisse
  s. Fachwissen
— der Kommunikationspartner 376
Fachleute 296
  s. Experte
  s. Fachexperte
  s. Fachmann
Fachleute-Laien-Kommunikation 138f, 296
Fachlexemklassifizierung 1032
Fachlexik 272, 428, 464, 644ff, 742ff, 794ff, 876ff, 1374, 1556, 1684ff, 1711, 2411f
  s. Vokabular
—, Analysemethoden 250ff
— der Bäcker in niederdeutschen Wörterbüchern 1123f
— der Elektrotechnik 1169ff
— der Landwirtschaft 1111ff
— der Maurer in niederdeutschen Wörterbüchern 1127f
— der Milchwirtschaft 1112
— der Schmiede in niederdeutsche Wörterbüchern 1124f
— der Schuster in niederdeutschen Wörterbüchern 1125f
— der Viehzucht 1113
— der Weber in niederdeutschen Wörterbüchern 1126f
— des Bergbaus 274
— des Böttchers in niederdeutschen Wörterbüchern 1125
— des Hüttenwesens 274
—, Dichte 1693f
—, elektronische Datenverarbeitung 1696
— im einsprachigen Wörterbuch 1691f

Fachlexika – Fachsprache

–, informelle 1379
–, Slovar' russkogo jazyka 1714 ff
–, Spendersprachen 1712
–, Wörterbuch der russischen Sprache 1711 ff
Fachlexika 18 ff
  s. Fachwörterbücher
–, naturwissenschaftliche 1917
Fachlexikographie 337, 768 ff, 1572 f, 1611 f, 1648, 1654, 1726, 1757, 2096, 2155, 2392 ff, 2427, 2439
  s. Lexikographie
  s. Sachlexikographie
  s. Terminographie
  s. terminography
–, 18. Jh. 1020
– bei Conrad Gessner 2394 ff
–, bibliographische Übersicht 1889 ff
–, botanische 1921
–, Chemie 1919, 1921
–, Computer 1892
– der Biologie 1937 ff
– der Chemie 1946 ff
– der EDV und Informatik 2045 ff
– der Jägersprache 2389 f
– der Literaturwissenschaft 2036 ff
– der Mathematik 1919, 1922, 1959 ff
– der Medizin 1920, 1966 ff
– der Musikwissenschaft 2005 ff
– der Pädagogik/Erziehungswissenschaft 2013 ff
– der Philosophie 1919, 1922, 1995 ff
– der Physik 1921, 1954 ff
– des Bergbaus 1930 ff
– des Bibliothekswesens 2063 ff
– des Wirtschaftswesens 1975 ff
–, Encyclopédie 1628
–, lateinische 1912 f
–, lateinische medizinische 1918
–, mittelalterliche 1914 ff
–, neuere 1762 ff
–, Renaissance 1917 ff
–, Spätantike 1914
–, statistische Methoden 1754 ff
– und Terminographie 1890 f, 1892
– versus Allgemeinlexikographie 1762 f
–, vorindustrielle 1910 ff
–, zweisprachige 1867 f
fachlexikographische Illustration, Geschichte 1846 ff

fachlexikographischer Prozeß 1892
fachlich vs. literarisch 2443
fachlich-berufliche Kommunikation 638 ff
fachliche Abbildung im Dialektwörterbuch 1138
– Kommunikation 636 ff
– Kommunikationsbereiche 679 ff, 689 ff
– Kommunikationsbeziehungen 109 ff
– Kommunikationsformen 61 ff
– Kommunikationsinhalte 61 ff
– Kompetenz 961 f, 1884 f
– Komposita im Dialektwörterbuch 1138
– Korrektheit 964 ff
– Phraseologie 2155
– Qualifikation 2 ff
– Sprachlexikographie, 16. Jh. 2393 f
– Texte, narrative 2446
– Textsorten 1624
– Umgangssprache 1051, 1262 ff
– Wortbildung 2372
fachlicher Schwierigkeitsgrad 1002 f
– Text 598 ff
  s. Fachtext
– Wissensrahmen 1383
– Wörterbuchgegenstand 1140
fachliches Allbuch 624, 1726, 1731, 1777
– Bild 74 ff, 362, 1642 f
– Handeln 636 f
– Handeln in der Renaissance 301 ff
– Sachwörterbuch 1726, 1731, 1777, 1939
– Schreiben 64 ff
– Sprachwörterbuch 624, 1726, 1731, 1777
– Übersetzungswörterbuch 1887 f
  s. Äquivalentwörterbuch
  s. Translationswörterbuch
Fachlichkeit 1 ff, 15 ff, 27 ff, 31 ff, 72 ff, 133, 163 ff, 166, 184 ff, 283, 327 f, 445 f, 794 f, 2301 f, 2441
–, Grade 1885
– und Literatur 719 ff
Fachlichkeitsausweise der Einzeltexte 73 f
– der Textform 73 f
Fachlichkeitsbegriff 1 ff, 27 ff
Fachlichkeitsgrad 104, 128, 184 f, 283
Fachlichkeitsmerkmale 29 ff

Fachliteratur 348 ff
–, altfranzösische 2512 ff
– des Mittelalters 269 ff
–, mittelalterliche 348 ff
–, Quellenverzeichnis des Deutschen Wörterbuchs 1671 f
Fachmann 6 ff, 15 ff, 30 ff, 158, 163 ff, 731 f, 1508
  s. Experte
  s. Fachexperte
  s. Fachleute
–, Interessenschwerpunkte 30 ff
– und Laie 803 ff
Fachmann-Laien-Kommunikation 40 ff, 367
Fachmundart 1031, 1043
– der Fischer, Pragmatik 1044
–, Verben 1046
Fachphraseologie 797 f
  s. Phraseologie
Fachprosa 222
–, altdeutsche 272 ff
–, mittelalterliche 67 ff, 348 ff, 1915
–, populäre 728
–, volkssprachliche 2354
Fachprosaforschung 68 f
Fach-Register 214 ff
Fachsemantiken 1297 ff
fachsemiotische Informationsformen, Encyclopédie 1628 ff
fachspezifische Stilistik 1034
Fachsprachbarrieren 1575
Fachsprache 32 ff, 2133
  s. englische Fachsprache
  s. special language
– als Gruppensprache 150 ff
– als Gruppensprache von Experten 177
– als Varietät 175
– als Wissenschaftssprache 113 ff
– als wissenschaftstheoretisches Hilfsmittel 1204
–, altfranzösische 2512 ff
– bei Notker III. 2320 ff
– bei Paracelsus 2363
–, botanische 2404
–, Definitionen 133 f, 1648 f
– der Alchemie 2477 ff
– der Anatomie 2472 ff
– der Artes 272 f
– der Binnenflußfischer 1056
– der Biologie 1260 ff
– der Buchdrucker 1098
– der Chemie 1235 ff, 1429 f, 1681 f, 2411, 2477 ff, 2560 f
– der Datenverarbeitung 1444 ff
– der elektronischen Datenverarbeitung 1518 f
– der Elektrotechnik und Elektronik 1164 ff, 1438 ff

- der Erziehungswissenschaft 1313ff
- der Fischerei 1115ff
  s. Fischerfachsprache
- der Genetik 1264ff
- der Geographie 1652
- der Geometrie 2369ff
- der Gießereitechnik 1146ff
- der holzverarbeitenden Berufe 1069f
- der Imker 1077
- der Informatik, Merkmale 1174ff
- der Informatik, Wortbildung 1179f
- der Jäger 1105ff
- der Junggrammatiker 1347ff
- der Jurisprudenz 1286ff, 2286ff, 2485ff, 2585ff
  s. juristische Fachsprache
- der Jurisprudenz, Geschichte 1286ff
- der Jurisprudenz, Leistungsfähigkeit 1293ff
- der Jurisprudenz, Morphologie 1288ff
- der Jurisprudenz, Nachbarschaft zu anderen Sprachtypen 1294f
- der Jurisprudenz, Syntax 1288ff
- der Jurisprudenz, vertikale Schichtung 1292ff
- der Juristen 281
- der juristischen Wissenschaft 1286ff
- der Kraftfahrzeugtechnik 1153ff
- der Landwirtschaft 1111, 2292ff
- der Linguistik 1477ff
- der Literaturwissenschaft 1038, 1355ff, 1483ff
- der Mathematik 1222ff
- der Mathematik, Artikelgebrauch 1225
- der Mathematik, Schreibung 1224f
- der Mathematik, Leistungsfähigkeit 1229f
- der Mathematik, Morphologie 1223ff
- der Mathematik, Negation 1224
- der Mathematik, stereotypische Wendungen 1223
- der Mathematik, Syntax 1223ff
- der Mathematik, vertikale Schichtung 1228ff
- der Mathematik, Wortstellung 1224
- der Maurer 1063
- der Medizin 1270, 1278ff, 1452ff, 1918, 1966, 2270ff
- der Metallurgie 1414ff
- der Mineralogie 1424ff
- der Müllerei 1051
- der Musikwissenschaft 1334ff, 2005ff
- der Musikwissenschaft, Metaphern 1335
- der Musikwissenschaft, Stilmittel 1335
- der Ökologie 1363ff
- der Ökologie, Geschichte 1363f
- der Ökologie, Morphologie 1368f
- der Ökologie, Syntax 1368
- der Ökologie und Gemeinsprache 1366f
- der Ökonomie 1466ff, 2576ff
- der Pädagogik 1313ff, 1472ff
- der Pharmazie 1270ff
- der Philosophie 1321ff, 1650, 1997f, 2002, 2260ff, 2338f, 2577
- der Physik 1231ff, 1954f
- der Physik, Leistungsfähigkeit 1234f
- der Physik, Nachbarschaft zu anderen Fachsprachen 1234f
- der Physik, vertikale Schichtung 1234f
- der Reepschläger 1040
- der Schifferei 1047
- der Schriftsetzer 1036
- der Seefahrt 1211ff
- der Seefahrt, Abgrenzung 1214ff
- der Seefahrt, Verbreitung 1214ff
- der Sprachwissenschaft 1341ff, 1604f, 2591f
- der Telekommunikation 1216ff
- der Theologie 1304ff, 1459ff, 2277ff, 2338f
- der Theologie, Entwicklung 1308ff
- der Theologie, Grundbestand 1307ff
- der Theologie im Altertum 2277ff
- der Verfahrenstechnik 1182ff, 1420ff
- der Verfahrenstechnik, Geschichte 1182ff
- der Verfahrenstechnik, Morphologie 1183ff
- der Verfahrenstechnik, Nachbarschaft zu anderen Fachsprachen 1186ff
- der Verfahrenstechnik, Nominalität 1184ff
- der Verfahrenstechnik, Passivkonstruktionen 1183ff
- der Verfahrenstechnik, Syntax 1183ff
- der Verfahrenstechnik, vertikale Schichtung 1186ff
- der Verwaltung 661ff, 866ff, 1391, 1519
  s. Amtssprache
  s. Verwaltungssprache
- der Winzer 1083
- der Wirtschaft 634, 636, 1296ff
- der Wirtschaft, institutionelle 1296
- der Wirtschaft, wissenschaftliche 1296
- der Wirtschaftswissenschaften 1296ff
- der Wirtschaftswissenschaften, Forschungsdesiderata 1301
- der Wirtschaftswissenschaften, Forschungsstand 1296ff
- des Bäckers 1123
- des Bergbaus 1092
- des Böttchers 1125
- des Buchdruckes 1034, 1207ff
- des Eisenbahnwesens, Demokratisierungsprozeß 1209
- des Eisenbahnwesens, Differenzierung 1209ff
- des Eisenbahnwesens, Präzisierung 1209ff
- des Handwerks 1628
- des Maschinenbaus 1192ff, 1518
- des Maurers 1127
- des Rechts 529f, 1519, 2414
- des Rechts, Funktionen 529
- des Salzwesens 2379ff
- des Schmieds 1124
- des Schusters 1125
- des Textilwesens 1201ff
- des Webers 1126
- −, erziehungswissenschaftliche 1313ff
- im Fischereiwesen 1043
- im Maschinen- und Anlagenbau, Syntax 1197ff
- im Theater 675ff
- in Aktion 676f
- in der Alltagskommunikation 710ff
- in der Wärme-/Feuerungstechnik 1188ff
- −, juristische 1382ff
- −, lexikographische 1683f
- −, literaturwissenschaftliche 1355ff

Fachsprachen als Register — fachsprachliche Ausbildung 2631

—, maritime 1212ff, 1926ff
—, naturwissenschaftliche 2356
—, normative 1204ff
—, politische 736ff
—, technische 1146ff
— und Botanik 2406ff
— und Fachsprachenforschung 48ff
— und Gemeinsprache 231, 274ff, 778f, 804f
Fachsprachen als Register 208ff
— als Subsprachen 189ff
— als Varietäten 181ff
—, ältere deutsche 1670
—, arabische 1610ff
—, berufliche 2541ff
—, Beschreibung 1587f
—, chinesische 1592ff
—, dänische 1564ff
—, Definition 272, 736ff, 1493, 1503ff, 1600f
— der Artes liberales 269ff
— der Artes liberales, Entstehung 271ff
— der Artes liberales, Fachlexik 273ff
— der Artes liberales, Forschungsstand 272ff
— der Artes liberales, Phraseologie 273
— der frühen Neuzeit 2362f
—, deutsche handwerkliche 1020ff
—, Eigenschaften 35ff, 53ff
—, englische 1403ff
—, finnische 1579ff
—, französische 1491ff, 2530, 2538ff
—, Geschichte 1588
—, graphematische Eigenschaften 438ff
— im Barock 2410ff
— im Bereich der Informatik 1173ff
— im Bündnerromanischen 1527ff
— im interkulturellen Austausch 809ff, 819ff, 828ff
— im Katalanischen 1521ff
— im Kontakt von Einzelsprachen: Englisch-Französisch 771ff
— im Maschinen- und Anlagenbau 1192ff
— im muttersprachlichen Unterricht 956ff
— im Schulunterricht 954ff
— in der Antike und Spätantike 295ff
— in einzelnen Schularten 958ff
— in Sachfächern 954ff

— in Sprachfächern 954ff
—, italienische 1503f
—, japanische 1600ff
—, juristische 1568f
—, katalanische 1521ff
—, lautliche Aspekte 441ff
—, Manifestationsweisen 34ff
—, Merkmale 35ff, 53ff
—, moderne 1573ff
—, niederländische 1571ff
—, Phonetik 441ff
—, Phonologie 441ff
—, phonologische Eigenschaften 438ff
—, polnische 1551ff
—, Reflexion 956ff
—, russische 1532ff
—, schriftliche Aspekte 438ff
—, schwedische 1558ff
—, Sinn 1506ff
—, spanische 1514ff
—, Status 33ff, 211ff
—, theologische 2277ff, 2328
—, traditionelle 1572
—, tschechische 1545ff
— und Funktionalstile 199ff
— und Gemeinsprache 121ff, 157ff
— und Gruppensprachen 128ff, 169ff
— und öffentliches Leben 801ff
—, ungarische 1585ff
—, Verständlichkeit 402ff
—, wissenschaftlich-technische 1164ff, 1566ff
Fachsprachenartikel im Zedler, Quellen 1657f
Fachsprachenatlas 1084
Fachsprachenausbildung 944ff, 988f, 1533
s. fachsprachliche Ausbildung
—, Bedarf 947ff
—, Entwicklungsgeschichte 944ff
—, Fachsprachenunterricht 336ff, 1409, 1591
—, Gegenstände 951ff
—, Lehrinhalte 951ff
—, Lehrstoffe 951ff
—, Typologisierung 944ff
—, Ziele 949ff
—, Zielfähigkeiten 989
Fachsprachendefinition 272f, 736ff, 1493, 1503ff, 1600f
Fachsprachendidaktik 53ff, 98, 364ff, 944ff, 956, 959f, 962ff, 966ff
—, Aufgaben 959f
Fachsprachenerwerb, Konzepte 950ff
Fachsprachenforschung 27ff, 48ff, 53ff, 339ff, 359ff, 617, 1587f

s. Fachsprachenlinguistik
—, Defizite 355ff
—, Desiderata 355ff
—, diachrone integrative 316f
—, europäische 322ff
—, finnische 1581ff
—, historische 2354, 2392ff, 2517
—, Interessenschwerpunkte 27ff
—, kontrastive 853
—, Objekt 42ff
—, Praxis 1588
—, Theorie 1588
—, Zwischenbilanzen 358f
Fachsprachengebrauch, Ökonomie 390ff
— und Ideologie 1662
Fachsprachenkritik 2481f
Fachsprachenlehrerausbildung 945
Fachsprachenlexikographie 1648, 1654
s. Fachlexikographie
s. Terminographie
Fachsprachenlinguistik 357ff, 444f, 966, 1492ff
s. Fachsprachenforschung
Fachsprachenmethodik 53ff
s. Methode
Fachsprachenpflege, ungarische 1585ff
Fachsprachenreflexion im Zedler 1648ff
Fachsprachensemiotik 362, 365f
Fachsprachenstatistik 245
Fachsprachentheorie 120ff, 359ff
Fachsprachenunterricht 1409, 1591
— und Sprachstatistik 248ff
Fachsprachenverwendung im Zedler 1651ff
Fachsprachenwandel 2475ff
fachsprachliche Ausbildung 336ff, 944ff
s. Fachsprachenausbildung
— Ausbildung an berufsbildenden Schulen 991ff
— Ausbildung an Berufsschulen 991ff
— Ausbildung an Fach(hoch)-schulen 990ff
— Ausbildung an privaten Sprachschulen 991ff
— Ausbildung an Schulen 991f
— Ausbildung an Technischen Hochschulen (Universitäten) 990ff
— Ausbildung an Universitäten 989ff
— Ausbildung an Volkshochschulen 991ff

- Ausbildung an Wirtschaftshochschulen (-universitäten) 990ff
- Ausbildung, Bedarf 944ff
- Ausbildung für Ausländer 990f
- Ausbildung für Externe 990
- Ausbildung in der betrieblichen Erwachsenenbildung 991ff
- Ausbildung in einzelnen Regionen und Ländern 994ff
- Ausbildung, Institutionen 988ff
- Fehlerlinguistik 970ff
- Fehlerlinguistik, Aufgabenfelder 971ff
- Fehlerlinguistik, Funktionen 970ff
- Fehlerlinguistik, Spezifik 972ff
- Kommunikationsformen, französische Aufklärung 2550ff
- Kompetenz 797ff, 1884f
- Konventionen 797ff
- Latinismen 2514
- Lehrmittelsysteme 982ff
- Lehrwerke 963ff, 983ff
- Lexik 1612ff, 2564ff
  s. Fachvokabular
  s. Lexik
- Lexik, Gestaltung 2568f
- Lexik, Herkunft 2569ff
- Normen 100ff
- Phänomene in der Schönen Literatur 717ff
- Phänomene in populärwissenschaftlichen Vermittlungstexten 728ff
- Reflexionen in der Renaissance 301ff, 312ff
- Schichtung 403ff
  s. horizontale Gliederung
  s. vertikale Schichtung
- Sonderorthographien 439
- Spezialisierung 662
- Syntax 254, 1497ff
  s. Syntax
- Textbeispiele 1195ff
- Textlinguistik 468ff
  s. Textlinguistik
- Tradition, Aktualisierung 1308ff
- Usancen im Handel mit Textilien 1204f

Fachsprachlichkeit 15ff, 27ff, 163ff, 513f, 870, 872
-, Encyclopédie 1626ff
-, Skala 38ff, 163ff

Fach(sprach)lichkeitsgrade 49ff, 163ff

Fachstil 199ff, 204, 227, 1103, 1546, 2530

Fachtermini 152, 1522f, 1589, 2260f, 2263f, 2268, 2513, 2545f, 2579
  s. terms
- bei Paracelsus 2363
- des Pelzbuches 2351ff

Fachterminologie 374, 446, 452f, 1305, 1307ff, 1316ff, 1360ff, 1494ff, 1529, 1572f, 1711, 2260f, 2263f, 2268, 2271, 2274ff, 2568f

Fachterminus 1707, 2356, 2358
  s. Terminus
-, Neuprägung 2365

Fachtext 284, 625, 1511, 1546, 1755, 2443
- als Ausdruck von Fachkompetenz 414ff
- als Ergebnis der Erkenntnistätigkeit 413
- als funktionale Ganzheit 410
- als Manifestation von Fachsprache und Fachkommunikation 408f
- als semantische Ganzheit 408ff
- als syntaktische Ganzheit 409ff
- als transphrastische Ganzheit 408ff
-, Lexik 1494ff
-, naturwissenschaftlicher 2446
-, Übersetzung 1844ff, 1886f
- und Bild 2374
  s. text and picture
- und Fachgebiet 284ff
- und literarischer Text 721f

Fachtextbedeutung 114f, 409f

Fachtextdefinition 471f
  s. Textdefinition

Fachtexte 18ff, 48ff, 195ff, 312ff, 443ff, 588f, 741ff, 793ff, 876ff, 1357ff, 1500f, 1556, 1571f, 1599, 2529f
  s. Text(e)
- der Verfahrenstechnik, Merkmale 1183ff
-, Einteilung 284
-, Fachgebietsbindungen 285ff
-, Fachgebietszugehörigkeit 283ff
-, Gliederung 412ff
-, italienische 1510f
-, Klassifizierung 443ff
-, Methodik der Fachgebietszuordnung 285ff
-, populärwissenschaftliche 731f
-, russische 1535ff
-, Schwierigkeitsgrad 1002f
-, spanische 1515ff
-, statistische Beschreibung 472ff
-, Syntax 1497ff
-, technische 1515ff
-, Übersetzen 1001ff
-, volkssprachlich-französische 2516f
-, wissenschaftliche 731ff

Fachtext-Fehler 973
Fachtextgliederung 375
Fachtextkategorie 284
Fachtextkommunikation, mündliche 550ff

Fachtextlinguistik 166, 272, 443ff, 469
  s. Textlinguistik

Fachtextpragmatik 166, 853f

Fachtextsorte Abstract 493ff
- Diskussion unter Wissenschaftlern 509ff
- Erlaß, Verordnung, Dekret 529ff
- fachinternes Gutachten 500ff
- Geburtsurkunde 539ff
- Gesetz 520ff
- Kongreßvortrag 504ff
- Patentschrift 556ff
- Personenstandsurkunde 539ff
- Protokoll 493ff
- Prüfungsgespräch 517ff
- Vertrag 533ff
- Wetterbericht 562ff
- wissenschaftliche Rezension 488ff
- wissenschaftlicher Zeitschriftenaufsatz 482ff
  s. Textsorte

Fachtextsorten 49ff, 129ff, 164f, 196f, 227f, 261f, 312ff, 375f, 457ff, 468ff, 741ff, 1409f, 1436, 1500f, 1556, 1599, 2530
  s. Textarten
  s. Textsorten
-, Charakteristika 443ff, 552ff
- der Institutionensprachen 522ff
- der Jurisprudenz 1287ff
- der Naturwissenschaft und Technik 545ff
- der Techniksprachen 556ff
- der Verfahrenstechnik 1183ff
- der Wissenschaftssprachen 482ff, 509ff
- für die fachbezogene Fremdsprachenausbildung 468ff
- im Dänischen 1565f
- im Textsortenspektrum 460ff
-, mündliche 550ff
-, russische 1535ff
-, schriftliche 550ff

Fachtext(sorten)analyse, Kritik 478ff
Fachtextsortendefinition 476, 568
Fachtextsortendifferenzierung 415f
Fachtextsorten-Spektrum 461
Fachtext(sorten)typologie 49ff, 457ff, 548ff, 1010, 1410, 1412
Fachtextvorkommen, Dichotomie 784ff
Fachthesaurus 1755
 s. Thesaurus
Fachtitel 617
– als Textorganisator 622
–, Appellfunktion 621
–, Benennungsfunktion 618
–, Referenzfunktion 618
–, Verdichtungsfunktion 619
fachtypische Situation 967
fachübergreifender Begriff 284
Fachübersetzen, Diplomstudiengang 1000f
–, postgraduales Studium 999
Fachübersetzer 1884
–, Doppelqualifikation 999ff
Fachübersetzerausbildung 989, 998ff, 1587
–, Strukturen 998ff
Fachübersetzung 159, 792ff, 1405, 1564
– in den Geistes- und Sozialwissenschaften 784ff
– in Naturwissenschaften und Technik 792ff
–, Problematik 784ff
Fachübersetzungsdidaktik 998ff, 1000ff
Fachunterricht, fremdsprachlicher 968f
–, muttersprachlicher 947f
Fachverben, Druckersprache 1101
Fachvokabular 2514f, 2564ff
 s. Fachlexik
Fachwissen 1ff, 14ff, 446f, 454, 2215f, 2564f
 s. Fachkenntnisse
Fachwissenschaftler 730ff, 884
– und Laie 884
Fachwissensrepräsentation 2216
Fachwissenszuwachs in der Renaissance 2529ff
Fachwort 1131, 1135, 1405, 1411, 1417, 1472ff, 1476, 1479f, 2412
 s. Fachwörter
 s. Terminus
 s. Wort
–, dialektales 1142
–, fremdes 2414
– in den Artes liberales 274

–, Phonemgeographie 1136
–, Raumvariation 1136
–, Semantik 1133
–, Symptomwertangabe 1136
– und Sachgebiet im Dialektwörterbuch 1137
–, Wortgeographie 1136
Fachwortbegriff der großlandschaftlichen Wörterbücher 1143
Fachwortbildung 145ff
–, spanische 1517ff
Fachwortdublette 1034
Fachwörter 103f, 295, 429ff, 1264ff, 1583f, 1589f
 s. Termini
– der Chemie 1948ff
–, entlehnte 1202ff
– in der Alltagskommunikation 711ff
– in der Gemeinsprache 768ff
–, technische 1567f
Fachwörterbuch 624, 1842, 2162, 2445
 s. Sachwörterbuch
 s. Allbuch
–, biskopales 1785
–, etymologisches 2007f
–, getrennt biskopales 1785
–, Illustrationen 1833ff
–, integriert biskopales 1785
–, mehrsprachiges 1853ff
–, monoskopales zweisprachiges 1785
–, musikalisches 2012
–, Strukturen 1892f
– und Glossar 1690f
–, Zeichnung 1841
Fachwörterbuchartikel 624
 s. Artikel
–, Angaben 1793
Fachwörterbücher 464, 877f, 1573f, 1580f, 1754f, 1762ff, 1884ff, 2099
 s. dictionaries
 s. Fachlexikographie
–, Adressaten 1732ff
–, Bibliographie 2103
– der Akustik 1956
– der älteren Physik 1955
– der Anatomie 1970f
– der anorganischen Chemie 1949
– der Astrophysik 1956
– der Atom- und Kernphysik 1956
– der Biochemie 1950, 1972
– der Biogeographie 1941
– der Biometrie 1941
– der Biophysik 1956
– der Botanik 1941
– der Elektrochemie 1950
– der Entomologie 1943

– der Ethologie 1941
– der Genetik/Gentechnik 1941f
– der Geophysik 1956
– der Herpetologie 1943
– der Infektiologie 1972
– der Kardiologie 1972
– der klinischen Dermatologie 1972
– der Mathematik 1959f
– der Mathematik, mehrsprachige 1961, 1964ff
– der Medizin 1967f
 s. medical dictionaries
– der medizinischen Psychologie 1971
– der Meßtechnik 1956
– der Mikrobiologie 1942, 1972
– der modernen Physik 1955f
– der Molekularbiologie 1972
– der Musik 1337ff, 2001, 2005f
– der Mykologie 1942
– der Neurobiologie 1942
– der Neurophysiologie 1942
– der Ökologie 1942
– der Optik 1956
– der organischen Chemie 1949f
– der Paläontologie 1942
– der Parasitologie 1942
– der Pharmakologie 1971
– der physikalischen Chemie 1950
– der physiologischen Chemie 1950
– der Psychiatrie 1971
– der Rheumatologie 1972
– der technischen Chemie 1950
– der Thermodynamik 1956
– der Verfahrenstechnik 1950
– der Virologie 1942
– der Zoologie 1943
– des Bibliothekswesens, Adressaten 2072ff
– des Bibliothekswesens, Datenangebot 2068ff
– des Bibliothekswesens, Strukturen 2073ff
– des Bibliothekswesens, Typologie 2067
–, Funktion 1892
– metallorganischer Verbindungen 1949
–, Titel 1725
–, Typologie 1725ff, 1910
– zum Magnetismus 1956
–, zweisprachige 1869ff
Fachwörterbuchforschung 1762ff
Fachwortform, lexikographische Bearbeitungspraxis 1135

Fachwortkonzeption 2422ff
Fachwortpurismus 881ff
Fachwortschatz 157, 159,
  314ff, 588ff, 881ff, 1031,
  1131, 1556, 1586, 1601, 1641,
  1649ff, 1866ff, 2271, 2273,
  2275f, 2300f,   2351, 2357,
  2512, 2515, 2564ff
  s. Fachvokabular
  s. Lexik
  s. Wortschatz
−, Anthropozentrismus 1208
− der angelsächsischen Glossen
  2452ff
− der deutschen Spätaufklärung
  2427
−, dialektale Elemente 2382
− der Elektrotechnik 1166ff
− der Jurisprudenz 1289ff
− der Medizin 1278ff
− der Musikwissenschaft
  1335ff
− der Pharmazie 1271ff
− der Verfahrenstechnik
  1185ff
− des wissenschaftlichen Zeitschriftenaufsatzes 484ff
− in allgemeinsprachlichen Wörterbüchern 2396ff
− in der Alltagskommunikation
  711ff
−, OED 1676ff
−, Schichtenspezifik 1169ff
− und zweisprachiges Fachwörterbuch 1871
Fachwortschätze 193ff, 428ff,
  684ff, 1572f, 1595, 1612
− im Bereich der Telekommunikation 1218ff
−, parallel strukturierte 1875
−, Quellen 435ff
−, russische 1540ff
−, tschechische 1549
Fachwortschatzverzeichnisse,
  16. Jh. 2398
Fachwortsemantik im Dialektwörterbuch 1141
Fachzeitschriften 826f, 832ff
−, medizinische 1282ff
Fahrzeugtechnik 715ff
Faktoren 113ff
−, psychologische 113f
−, soziale 113
−, textexterne 196f
Fallberichte 1283
falsche Analogie 1345
− Freunde in der Terminologie
  der Mathematik 1226f
FAO (Food and Agriculture Organization) 2109
fashion 1603f
FCAT (Federative Committee
  on Anatomical Terminology) 2110

Fechtersprache 175
Fehlbenennung 1947
Fehler, relativer 244, 1756
Fehlerbewertung 972f
Fehlerdefinition 971f
Fehlererklärung 972f
Fehlerklassifikation 970ff
Fehlerlinguistik, fachsprach-
  liche 970ff
−, Methoden 970f
Fehlerprophylaxe 972
Fehlersammlung 970
Fehlertherapie 972f
Fehlerursachen 970
Felder, semantische 433ff,
  2589f
−, terminologische 1069
  s. Wortfelder
Feldforschung 234
Feldmesser 299
Feldmessung 2370
Feldtheorie 1472
Fertigkeiten 30ff, 986f
festes Syntagma 2572
Feuerungstechnik 1188ff
Fialenbüchlein 1024
fiktionale Literatur 1314
Fiktionalität 717ff
Film 1603
Finalsätze 413ff
Finnisch 1579ff
finnische Fachkommunikation
  1579
− Fachsprachen 1579ff
− Fachsprachen, Geschichte
  1579ff
− Fachsprachenforschung
  1581ff
firmeninterne Termliste 1887
Fischereiflotte 1215
Fischereiwesen 1043ff
Fischerfachsprache 1056
  s. Fachsprache der Fischerei
Fischfang 292
FIT (International Federation of
  Translation) 2245f
Fixierung, referenzsemantische
  1875
Flämisch 1571ff
Flexion 1594
Florilegien 1916
Flußdiagramme 1283
Flußfischersprache, Diatopie
  1061
Fördertechnik 1192ff
Förderung der Fachkommunika-
  tion 957ff
− von Deutsch als internationa-
  ler Wissenschaftssprache
  816ff
forecast 563, 565ff
foreign language 1468
Form und Inhalt 61ff

formale Elemente der Geburtsur-
  kunde 540ff
− Sprache, Semantik 902
− Sprache, Syntax 902
− Sprachen und Fachsprachen
  910
− Systeme 1175ff
Formalisierung 911, 922
− der Sprache 1326f
−, Grenzen 912
Formalitätsgrade 210f
Formatierungsprogramm 936
Formatierungssprache 937
formelhafte Struktur 2523
Formeln 613, 1236
−, juristische 2534
Formelsprache 2282
− der Chemie 911, 919
Formel-„Stenographie" 1250ff
Formenspezialität der Kommuni-
  kation 154ff
Formentlehnungen 289f
Formkommentar 1770ff
Formmaschinen 1150f
Formübertragung 1345f, 1348f
Formular 386, 544, 1397
Formzone 1774
Formzonenstruktur 1774
−, abstrakte hierarchische 1776
Forschung 308, 834f
−, institutionslinguistische 1390
−, medizinische 1278ff
Forschungsdesiderate der Fach-
  sprachenforschung 355ff
Forschungsergebnisse 135ff
Forschungsformate 365ff
Forschungsprozeduren 363ff
Forschungsprozeß 135ff
Forschungsstand der Fachspra-
  chenforschung 358ff
Forschungszentren 357
Fortbildung, terminologische
  976
FORTRAN (Formula Transla-
  tion) 924f
Frage-Antwort-Handlung 510f
Frage-Antwort-Sequenzen im
  Prüfungsgespräch 519ff
frame 17ff
frame-Konzept 17ff
Frankophonie 819ff
Frankreich 2560ff
Französisch 771ff, 1273f,
  2529ff, 2538ff, 2560ff
− als internationale Wissen-
  schaftssprache 819ff
−, Varietäten 2530
französische Aufklärung 71,
  2550ff
− Druckersprache 2541ff
− Fachsprache der Chemie
  2560ff
− Fachsprache der Ökonomie
  2576ff

- Fachsprachen 1491ff, 2530, 2538ff
- Klassik 71f
- Lexikographie, Geschichte 1684ff
- Musikterminologie 2007
- Rechtssprache 2585ff
- Urkundensprache 2520ff
- Volkssprache 2512, 2514, 2516
- Wissenschaftssprache 819ff, 2576ff

Frau 2555ff
Frauenarbeit 294
Frauensprache 294
Freiname 1257, 1947
Freizeitbereich 593f
fremdes Fachwort 2414
Fremdsprache 1473
Fremdsprachenabteilungen 989ff
Fremdsprachenausbildung 1755
Fremdsprachendidaktik 961ff, 1755
Fremdspracheninstitute 989ff
Fremdsprachenunterricht 41ff, 961ff, 1472
-, fachbezogener 96f, 965ff
-, Geschichte 965ff
- in einzelnen Regionen und Ländern 994ff
-, Variablen 967ff
Fremdsprachenvermittlung, bedarfsorientierte 945
fremdsprachliche Entlehnungen 2515f
fremdsprachlicher Fachunterricht 968f
- Fachwortschatz im Textilwesen 1202ff
Fremdwort 1718, 2335, 2415f, 2438
Fremdwörter 817, 881ff, 1590, 1595ff, 1614, 1705f, 1708, 1711, 1938
- bei Paracelsus 2364f
-, Deutsches Wörterbuch 1670
-, Integration 440f
Fremdwörterbücher 884f
Fremdwortpurismus 881ff
Fremdwortvermeidung 2359
frühchristliche Religion 2282f
frühe Fachtexte der Elektrizitätslehre 1166ff
- Wissenschaft und Literatur 66f
Frühmittelalter 2290
Fügungspotenz 420ff
Fügungsrealität 420ff
functional varieties, development 2502ff
- varieties, Old English 2503ff
Funktiolekt 34ff, 2335

Funktion 62ff
- der Bedienungsanleitung 568ff
- der Patentschrift 556ff
- des bebilderten Werkzeugkatalogs 577ff
- des fachinternen Gutachtens 500f
- einer Sprache 809ff
- in Erlaß, Verordnung, Dekret 531
-, kognitive 829f
-, kommunikative 795f, 829, 838
- populärwissenschaftlicher Vermittlungstexte 731f
- von Verträgen 534f
funktionale Bivalenz 1874ff
- Dimension 185
- Gliederung von Fachtexten 412
- Satzperspektive 473
- Satzperspektive in Fachtexten 419ff
- Sprachwissenschaft 1553
- Stilistik 160
- Varietäten des Altenglischen 2503ff
funktional-kommunikative Sprachbeschreibung 160f
funktional-positionale Segmentation 1768
Funktionalsprachen 203f
Funktionalstil 122ff, 199ff, 241ff, 679f
-, Definition 200f
-, Klassifikation 200ff
Funktionalstilistik 199ff, 227, 390f, 1222ff, 1435f, 1532, 1545
s. Stilistik
- und Registertheorie 213ff
funktionelle Beschreibung von Fachtexten 474ff
Funktionen 220f
- der Fachkommunikation 114f
- der Fachsprache des Rechts 529
- der fachsprachlichen Fehlerlinguistik 970ff
- der kommunikativen Handlungen 115
- der Wissenschaft 202
- von Gesetzen 523ff
Funktionsbeschreibungen von Maschinen und Anlagen 1150f
Funktionsebenen, sprachsystematische 39ff
Funktionsschema 1839
Funktionssprachen 203f, 1545
Funktionsverbgefüge 195, 423f

- in Verträgen 537
Funktionswandel, syntaktisch-morphologischer 416ff

G

Gallizismen 2516
GAMM (Gesellschaft für Angewandte Mathematik und Mechanik) 925
Ganzheitlichkeit 720ff
GATT (General Agreement on Tariffs and Trade) 846, 2109
Gattungen 63ff, 69, 71f
-, nichtkanonische 71f
Gattungsgeschichte 719ff
Gattungssystematik 69f
Gautschbrief 1027
Gautschzeremonie 1027
Gebet 2278, 2281
Gebetsformeln 2281
Gebote in Gesetzen 525
Gebrauchsliteratur 348ff, 717
-, mittelalterliche 348ff
Gebrauchstexte 463f, 588ff, 893ff
Gebrauchstextsorten 463f
Geburtsurkunde 539ff
- als Textsorte 540ff
-, Aufbau 540ff
-, formale Elemente 540ff
-, inhaltliche Elemente 540ff
-, Kohärenz 544f
-, Textexterna 543f
-, Textfunktion 541ff
-, Textinterna 543
-, Textstruktur 544ff
-, Textthema 541ff
-, Übersetzung 544ff
gedanklich-thematische Gliederung von Fachtexten 414
Gefallen 2558f
Gegenstände der Fachsprachenausbildung 951ff
Gegenstandsbereiche von Gesetzen 523ff
Geheimsprache 677
Geistes- und Sozialwissenschaften 784ff, 814ff, 825
Geisteswissenschaften 7ff, 784ff, 906, 1326ff
geisteswissenschaftliche Pädagogik 1313, 1316ff
Geldtheorie 1298ff
gelehrte Entlehnungen 2513f, 2536
- Komposita 2571f
Gelehrtenlatein 2513f
gelehrtes Latein 2529ff
gemein- und fachsprachliche Lexikographie 1689f
gemeines Landdeutsch 2363

Gemeinschaft 175
gemeinschaftsbezogene Sprache 176
gemeinschaftsorientierte Varietät 172/173
Gemeinschaftsorientierung 176
Gemeinschaftssprache 175
Gemeinschaftstext, Europäische Union 2136
Gemeinsprache 121ff, 126, 157ff, 189ff, 221ff, 768ff, 804f, 1161f, 1180ff, 1215, 1266ff, 1493f, 1507f, 1571f
  s. Allgemeinsprache
  s. Alltagssprache
  s. Standardsprache
– und Fachsprache 121ff, 231, 274ff, 804f
– und Fachsprache der Ökologie 1366f
Gemeinverständlichkeit 860
general purpose programming language 928
– technical dictionaries 2462
Genetik 1260ff
–, Fachwörterbücher 1941f
Genfer Nomenklatur 1247f
Genre 1437
genre(s) 1410
Gentechnik, Fachwörterbücher 1941f
genuiner Zweck 1776
Genusangabe 1792, 1942, 1980
Geographie 1652, 2336f
Geometria culmansis 2370
– practica nova 2370
Geometrie 2369ff
geometrische Wissenschaftssprache 2374f
Geophysik, Fachwörterbücher 1956
Germanistik 330ff
Gerundialkonstruktionen 421
Gesamtlemmareihe, vertikale 1816
Gesamtsprache 161ff, 190, 219ff
Gesamtwörterbuch, philosophisches 1998
Geschäftsgeheimnisse 175f
Geschichte der arabischen Fachsprachen 1610
– der Fachsprache der Jurisprudenz 1286ff
– der Fachsprache der Ökologie 1363f
– der Fachsprache der Verfahrenstechnik 1182ff
– der Fachsprachen 1588
– der finnischen Fachsprachen 1579ff
– der Kraftfahrzeugtechnik 1155ff

– der Linguistik 1341
– der Personenstandsurkunde 540f
– der polnischen Fachsprachen 1554f
– des Fremdsprachenunterrichts 965ff
geschichtliche Entwicklung der Terminologieausbildung 975ff
Geschichtswissenschaft 330, 332f
Gesellschaft für deutsche Sprache 885f
gesellschaftliche Institutionen 110f
– Relevanz der Fachsprachenforschung 366ff
gesellschaftsbezogene Dimension 1ff
Gesellschaftswissenschaften 1606f
Gesetz 520ff, 1371, 1396
–, Adressaten 526
–, allgemeine Bestimmung 522
–, Anwendungsregeln 525f
–, Aufbau 1373
–, Definitionen 525f
–, Formen 523ff
–, Funktionen 523ff
–, Gebote 525
–, Gegenstandsbereiche 523ff
–, grammatische Stilmerkmale 1371
–, Handlungsstrukturen 524ff
–, innere Verweisstruktur 1373
–, Intertextualität 1373
–, lexikalische Stilmerkmale 1372
–, Permissive 525
–, Präzision 525ff
–, Rechte 525
–, Regelformulierungen 524ff
–, sprachliche Formen 524ff
– und Recht 522ff
–, Vagheit 525ff
–, Verbote 525
–, Verfasserschaft 526
Gesetze 2280
–, Verständlichkeit 526ff
Gesetzentwurf 1373
Gesetzesaussage 908
Gesetzesbindung 1388
Gesetzessprache 281, 885, 1286, 1383f, 2586
– und Gemeinsprache 1372
Gesetzestexte 2280
Gespräche 93ff
–, Transkription 95ff
Gesprächsakte 511ff
–, initiative 512ff
–, metakommunikative 513ff
–, reaktive 512ff

Gesprächsanalyse 94, 464
Gesprächsaufzeichnung 93
Gesprächsforschung 94, 94ff
Gesprächsphasen 97
Gesprächsschritte 97, 511ff
–, initiative 512ff
–, reaktive 512ff
Gesprächssequenzen 97
Gesprächssteuerung in der Jurisprudenz 1291f
Gesprächstypen 94f, 650f
Gesprächstypologisierung 98ff
gesprochene Sprache 177ff
Gestaltungstechniken 406ff
Gestik 507
Getreidemüllerei 1051
Gießereitechnik 1146ff
glattalphabetisch 2079
glattalphabetische Anordnungsform 1939
Glaubenssprache 179f
Gleichnamigkeit 297
gleitende Skala 163ff
Gliederung 386
  s. Schichtung
–, horizontale 10ff, 127ff, 191f, 204f, 225f, 294f, 547, 738, 1174ff, 1193, 1215, 1218, 1263ff, 1756
–, vertikale 127ff, 738, 1262ff
– von Fachtexten 412
– von Fachtexten, gedanklich-thematische 414
– von Fachtexten, inhaltlich-gegenständliche 412ff
– von Fachtexten, kommunikativ-pragmatische 412f
– von Fachtexten, sachlogische 411
– von Fachtexten, soziale 411
Gliederungssignale, Analyse von Fachtextmakrostrukturen 411ff
globales Varietätenkonzept 181, 185f, 193ff
Glossar 1690f, 2158
–, Alternative Energiequellen 2134
–, Arbeitswelt und Gewerkschaftsbewegung 2132
–, Berufsbildung 2132
–, Biotechnologie 2134
–, Fischereifahrzeuge und Sicherheit an Bord 2131
–, Fischfanggerät 2131
–, Haushaltsterminologie 2129
–, Mehrwertsteuer 2130
–, Neue Verkehrstechniken 2133f
–, Tabak 2131
–, Wassertiere und -pflanzen 2131
–, Weinbereitung 2130

–, Wirtschaft, Finanzen, Geldwesen 2130
–, Zoll 2129f
–, zum Status des Beamten der EG 2128f
Glossare, angelsächsische 2453f
–, bergmännische 1932
–, fachgebietsbezogene 2166
Glossarien, antike 2006
glossaries, Renaissance 2459
glossarisches Sachlexikon 2040
Glossen, angelsächsische 2452
–, Malbergische 2310
Glossenwörter 2456
Glossographie, griechische 1911f
Glottik 1344
Glottodidaktik 1553
Goldschlägerei 1024
GOMS (Goals, Operations, Methods, Selection rules) 938
Grabschrift 2279
Grammatik 780ff, 2255ff, 2517
–, Definition 2255f
– der Fachsprachen 1555f
–, Terminologie 2256f
– von Port Royal 2578
grammatikalische Terminologie 2517
grammatikalisches Vokabular 2517
Grammatik-Übersetzungsmethode 984ff
grammatische Angabe 1706, 1708, 1715
– Anglizismen 780ff
– Erscheinungen, Häufigkeitsverzeichnisse 246ff
– Kategorien 375, 424ff, 474f
– Kategorien in bebilderten Werkzeugkatalogen 580
– Kategorien in russischen Fachtexten 1542f
– Merkmale arabischer Fachsprachen 1614f
– Merkmale von Bedienungsanleitungen 572f
– Merkmale von fachinternen Gutachten 503f
– Merkmale von Verträgen 537f
– Terminologie im 19. Jh. 2497ff
– Terminologie Notkers III. 233ff
grammatisches Minimum 248
grammatisch-syntaktische Vertextungsmittel 409f
Graphematik 438ff
graphematische Eigenschaften von Fachsprachen 438ff
Graphemkombination 439ff
Graphik 613

graphische Visualisierung 79ff
Grenzstein 2280
Griechenland 2260ff, 2270ff
Griechisch 311, 1272ff, 2260ff, 2270ff, 2562ff
griechische Antike 64ff
– Medizin 2270ff
– Philosophie 2279
– Religion 2279f
griechisch-lateinische Wortbildungselemente 881
Großartikel 1766
Großbetrieb, industrieller 1026
Große Sowjetische Enzyklopädie 1660ff
Größenbegriff 915
Großrechner-Terminologiedatenbanken 2165
Großtext 1763
Grundbestand der Fachsprache der Systematischen Theologie 1307ff
Grundgesamtheit 241ff, 1757
Grundkurse 1318
Grundlagen, kulturanthropologische 1ff, 3ff
Grundlagenforschung 360ff
Grundwortschatz 145ff, 162f, 243, 247, 1307f, 1761
–, biologischer 1941
–, fachlicher 2014f
Gruppe 150ff
Gruppen 168ff
–, soziale 225f, 226f
Gruppenbildung 168
Gruppenidentität 152f
gruppeninterne Diskussion 516ff
– Referenzanweisungen 153ff
Gruppenleben 168
Gruppenmitglieder 169
Gruppennormen 168ff
Gruppenprofile 168ff
Gruppensprache 128ff, 150ff, 169ff, 212ff, 219, 224ff
– und Fachsprache 128ff
Gruppenvielfalt 169f
Gruppenzeichen 169f
gruppenzentriertes Varietätenmodell 171
Gruppenziele 168ff, 171
Gruppenzugehörigkeit 169
Gruppierung, textuelle 1815
GTW (Association of Terminology and Knowledge Transfer) 2248
Gutachten 500ff, 700f, 1319
–, Begriff und Funktion 500ff
–, fachinternes 500ff
–, grammatische Merkmale 503f
–, Isotopieketten 502ff

–, Klassifizierung 500ff, 503
–, Kohärenz 502ff
–, Kommunikationsabsicht 503
–, Kommunikationsgegenstand 503
–, Kommunikationspartner 503
–, Konnektoren 503
–, Lexik 503f
–, Makrostruktur 501ff
–, Textexterna 503f
–, Textinterna 501ff
–, Thema-Rhema-Gliederung 503
–, Unifizierung 501
Gütemerkmale 194
– von Termini 429
Gutes 2263f

H

Hadeler Wörterbuch, Fachsprache 1122
halbphraseologisches Wörterbuch 2127
Halbterminus 1868
Hamburger Verständlichkeitskonzept 890ff
handbook 1443
Handbuch 729f, 733f, 1415f, 1436
Handbücher, medizinische 1 282f
–, terminologische 980f
Handeln 718ff
–, fachliches 301ff, 636f
–, sprachliches 662ff, 792f
Handeln-im-Fach 60ff
Handelsflotte 1215
Handelssprache 205ff
Handelswörterbuch 1978ff, 1987
Handlungen 680f
–, sprachlich-kommunikative 375f
Handlungsaspekte der Kraftfahrzeugtechnik 1153ff
Handlungsfähigkeit im Fach, sprachliche 949
Handlungsmuster 110f
–, sprachliche 641ff
Handlungsnormen 105
Handlungsschritte, kulturhistorische 62ff
Handlungsstruktur von Gesetzen 524ff
Handlungssysteme, interfachliche 691f
Handlungstheorie 361, 458, 742ff
Handlungswissen 589f
Handlungszusammenhänge 662, 792

Handwerk 7ff, 28ff, 676f, 1021, 1131
—, Begriffsbestimmungen 1021
—, Bezeichnungen dafür 1020
—, Entwicklungsstadien 1023ff
—, frühe Neuzeit 2369
—, Sprachgeschichte 1036
— und Künste, Systematik 1025
Handwerkentwicklung und Sprachgeschichte 1023
Handwerker 307ff
Handwerkerbezeichnungen 1028ff
—, Wortgeographie 1030
Handwerkerliste 1028
Handwerkernamen 1030
Handwerkerschelte 1030
Handwerkersprache 175f, 273
—, phonetisch/phonologische Differenzen 1031
—, Regionalität 1121
—, Sprachpragmatik 1034ff
—, sprachpragmatische Merkmale 1035
—, sprachstrukturelle Merkmale 1030ff
handwerkliche Fachsprache und Ortsdialekt, Abgrenzung 1132
— Fachsprachen, deutsche 1020ff
— Fachsprachen in Wörterbuchvorwörtern 1134f
— Lexik, Ausbau 1024
— Sprachverwendungssituation 1035
Handwerkskommunikation 1023
Handwerksliteratur 1024
Handwerksrechnungen, Quellen 1024
Handwerkssprache als Expertensprache 1028ff
— als Fachsprache 1027ff
— als Sprache einer Gemeinschaft 1027
Handwerkswirtschaft 1021
Harmonisierung 2186ff, 2190f
Häufigkeit 1755
—, absolute 241ff, 244ff, 1757
—, kumulative 1759
—, relative 241ff, 244ff, 1756f
Häufigkeitsliste 1755, 1758
Häufigkeitsverzeichnisse für grammatische Erscheinungen 246ff
Häufigkeitswörterbuch 242ff, 247ff
Häufigkeitswörterbücher 245ff, 1755ff
—, Typen 1757ff
Hauptzugriffsstruktur, äußere 1784

Haushaltsterminologie, Europäische Union 2129
headings 563
Heckenausdrücke 1582
Heiligkeit 2280
Heiligtum 2280
Heilmittel 2274f
Herausgeber 2532f
Herkunft der fachsprachlichen Lexik 2569ff
— von Fachausdrücken im Textilwesen 1201f
Hermeneutik 41ff
hermeneutische Stilforschung 892
Herpetologie, Fachwörterbücher 1943
Herübersetzung 1862
Hessen-Nassauisches Wörterbuch 1070
Heterogenität 169ff
—, metasprachliche 169ff
—, soziale 150ff
Heteronymie 1614
— der Handwerkerbezeichnungen 1030
Heteronymik 1122
hierarchisches Vergleichen 93, 94
Hilfsmittel, parasprachliche 1265
Hilfssprache, internationale 840
Hippokrates-Glossen 1918
Historia animalium 2393
— Plantarum 2408
historische Aspekte von Patentschriften 561ff
— Fachsprachenforschung 2349, 2382, 2517
— Fachsprachenlexikographie 1658
— Fachtitelforschung 622
— Fachwörterbücher der Musik 2005f
— Onomasiologie 280
— Pflanzennamen 2404ff
— Semasiologie 280
— Winzerfachsprache 1083
— Wissenschaften 327ff
historischer Roman 724
historisch-kultureller Blick 329f
historisch-philologische Bezeichnungsforschung 281
historisch-vergleichende Sprachwissenschaft 330ff
historisierende Wirtschaftslinguistik 336ff
Historismus 1315ff
Hobbyhandwerk 1026
Hochschullehrbuch 1415f
Hochsprache, chinesische 1593f
Höflichkeit 2558f
Holzbenennungen 1070

Holzschnitt 1025
Homonyme 804ff, 1946
Homonymie 380, 430, 431ff, 796ff, 1589, 1606f, 1720, 2413
homonymy 1606f
honnête homme 2554f
Horizont, semantischer 2590f
horizontale Gliederung 10ff, 127ff, 191f, 204f, 225f, 294f, 547, 738, 1174ff, 1193, 1215, 1218, 1263ff, 1756
Horizontverdichtung 63f
Humanismus 302ff, 2362, 2402f, 2538
Humor 1448
Hüttentechnik 307
Hüttenwesen, Fachlexik 274
Hybride 685f, 1279
Hybridbildungen 1207
Hymnus 2278
Hyperonymie 430ff
Hyperpragmem 664ff
Hyperthema 610, 615, 1408
Hyponymie 430ff
—, anaphorische 613
Hypostase 1345

I

IAEA (International Atomic Energy Agency) 2109
IAKS (International Association for Sports and Leisure Facilities) 2110
IALA/AISM (International Association for Lihthouse Authorities) 2110
IAMLADP (Inter-Agency Meeting on Language Arrangements, Documentation and Publications) 2109
IAPCO (International Association of Professional Congress Organizers) 2111
ICA (International Council of Archives) 2112f
ICAO/OACI (International Civil Aviation Organization) 845, 2112
ICAO-Lexicon 2198
ICC/CCI (International Chamber of Commerce/Chambre de commerce internationale) 2111
ICCTA (International Committee for the Coordination of Terminological Activities) 2246
ICG (International Commission of Glass) 2112
ICG-Wörterbücher 2112

ICID (International Commission on Irrigation and Drainage) 2112
icons 564
ideale Wissenschaftssprache 1330
Idee 2263f, 2437ff
Identifizierung eines Faches 8ff
—, inhaltliche 8ff
Ideologien 1323, 1662, 1982f
Ideologiesprache 179f, 748
IDF-dictionary 2113
IDF/FIL (International Dairy Federation/Féderation internationale de laiterie) 2113
IEC (International Electrotechnical Commission) 2119f, 2187
IEV (International Electrotechnical Vocabulary) 2120f
IFIP (International Federation for Information Processing) 2113
IFTMM (International Federaton of the Theory of Machines and Mechanisms) 2113
IHO (International Hydrographic Organization) 2113
IIF/IIR (International Institute of Refrigeration/Institut international du froid) 2113
IITF (International Institute of Terminology Research) 2241, 2248
IIW (International Institute of Welding) 2120
ikonische Äußerungen 574ff
— Darstellungsmittel 1180
ikonisches Zeichen 1833
Illokution 448, 669f
Illokutionsebene 893f
illokutive Rollen 410
— Unbestimmtheit 379
illokutiver Bereich 669f
Illustration, aufzählende 1836
—, exemplarische 1839
—, fachlexikographische 1833ff
—, funktionale 1838
—, sequentielle 1838
—, strukturelle 1838
—, szenische 1839
—, terminologische 1838
—, unikale 1835
  s. Abbildung
  s. Bild
Illustrationen im Fachwörterbuch, Funktionen 1835ff
—, Typen 1835ff
Imagologie 772ff
IMCO (Intergovernmental Maritime Consultive Organization) 846
IMF (International Monetary Fund) 2109, 2114

Imkersprache, südhessische 1077ff
IMO (International Maritime Organization) 846
Implementierung 924
Implikation 908
Implikationsanalyse 185ff
Implikatur 385f
Impliziteit 383ff
Importe 696ff
imported words 1405
Inbetriebnahmebeschreibung von Maschinen und Anlagen 1150
incorporation of foreign cultures 1602
Index 2037
—, philosophischer 1999
Indikator, anaphorischer 613
Indikatoren für die internationale Bedeutung einer Sprache 830ff
Individualbegriff 220ff
individualspezifische Textmerkmale 799f
Induktion 2576
industrieller Großbetrieb 1026
Industriesoziologie 235
Inexaktheit 381f
Infektiologie, Fachwörterbücher 1972
Infinitivkonstruktionen in Verträgen 537f
Infinitivsätze in Bedienungsanleitungen 570
Informatik 1173ff
  s. Computerwissenschaft
—, angewandte 1174f
—, Fachlexikographie 2045ff
—, praktische 1174
—, technische 1174
—, Textsorten 1176ff
—, theoretische 1174
—, Wortschatz 1177ff
—, Wortschatzumfang 1177f
Information 60ff, 2216ff
Informationsanalytiker 1017
Informationsarten, terminographische 2104f
Informationsbegriff 911
— der Biologie 920
Informationsbroker 1018
Informationsdatenbank 2217
Informationsformen, fachsemiotische 1628f
Informationsgesellschaft, mehrsprachige 2216ff
Informationsmanagement 2221, 2239
Informationsrecherchesysteme 1279
Informationsrepräsentation 390
Informationsressourcenmanagement 2223

Informationsschrift 729, 734
Informationstheorie 892
—, nichtverbale 486f, 1415f
Informationsträger, nonverbale 553ff
Informationsverarbeitung 1174
Informationsverdichtung 394
Informativität 383
Infoterm 2245ff
INFOTERRA-Thesaurus 2109
infralemmatische Adresse 1858
Inhalt 184
— und Form 61ff
inhaltliche Elemente der Geburtsurkunde 540ff
— Identifizierung 8ff
inhaltlich-gegenständliche Gliederung von Fachtexten 413ff
Inhaltsdimension 184f
Inhaltsebene 1189ff
Inhaltsschemata 153
Inhaltswiedergabe 494ff
Inhomogenität 675
initialalphabetische Datendistributionsstruktur 1779
Initialsätze 413ff
Initialwort 1474
initiative Gesprächsakte 512ff
— Gesprächsschritte 512ff
INK-TERMTRACER (ein Programm zur Verwaltung zweisprachiger Terminologiebestände) 2168
innersprachliche Beziehungen 36ff
Innovation 857
Insider-Jargon 1380
Institution 967, 1382f
institutionelle Fachsprachen der Wirtschaft 1296
— Kommunikation 636
— Materialität der Sprache 666f
— Mehrsprachigkeit 2124
— Wirtschaftskommunikation, Mikrotypologie 1301ff
Institutionen 110f, 115, 126ff, 225ff, 634f, 636, 660f, 701ff
— für die fachsprachliche Ausbildung 988ff
—, gesellschaftliche 110f
—, internationale 840ff
Institutionensemantik 126ff
Institutionensprache 225ff, 660ff, 866ff, 1371, 1382, 1391
— als schriftliche Kommunikation 665ff
Institutionenvokabular 1376
institutionsexterne Textarten 665ff
institutionsinterne Textarten 665f

institutionslinguistische Forschung 1390
Instruktionen 893ff
Instruktivtext 1034
Instrumentarien, wissenschaftliche 361f
Integrat 1770
Integration 124ff, 721ff
− der sprachlichen Ebenen 40ff
−, semantische 2546
− von Fachsprachen 100ff, 104ff
− von Fremdwörtern 440f
integrative diachrone Fachsprachenforschung 316f
Integrativität 16ff, 361
Intellektualisierung 1545
intensionale Logik 905
interagentialer Transfer 697ff
Interaktion zwischen Fachmann und Laie 803ff
− zwischen Laien 803
Interaktionsarten, graphisch orientierte 935
−, menüorientierte 935
Interaktionsbedingungen 653ff
Interaktionssprache, Typen 922
− vs. Fachsprache 922
− vs. Notation 922
Interaktionssprachen 922ff
−, Benutzerforschung 937ff
−, Entwicklung 923
− für spezielle Zwecke 936
−, Struktur 927ff
interaktive Konstellationen 514ff
− Wissensspeicher 1016f
interdisziplinäre Kommunikation 689ff
interdisziplinäres Wörterbuch 699ff
Interdisziplinarität 12ff, 361, 365ff, 852
− der Kraftfahrzeugtechnik 1154
Interessenschwerpunkte der Fachsprachenforschung 39ff
interfachliche Dimension 12ff
− Handlungssysteme 691f
− Kommunikation 690ff
Interferenz 802f, 972
Interiorisierung 17ff
Interkulturalität 112f, 138f, 366f, 854ff, 862ff
interkulturelle Aspekte der Patentschrift 561ff
− Begriffe 1157
− Diskursforschung 853
− Fachkommunikation 671, 829
− Kommunikationsforschung 850

− Unterschiede bei der Exaktheit 377
− Untersuchungen des wissenschaftlichen Zeitschriftenaufsatzes 486ff
− Wirtschaftskommunikation 849ff
interkultureller Ansatz 964, 984ff
− Austausch 809ff, 819ff, 828ff
interkulturelles Management 851ff
− technisches Schreiben 396f
Interlanguageforschung 970, 974
interlinguale Benennung 1157
Interlingualität 339f
Interlinguistik 875
internationale Funktion einer Sprache 809ff
− Hilfssprache 840
− Institutionen 840ff
− Konferenzen/Kongresse 813ff
− Vereinheitlichung der Terminologie der Mathematik 1227
internationalisation 1424, 1470
Internationalismus 194, 1431, 2439
Internationalität 854ff, 2546ff
Interpol 845f
Interpretationskompetenz 802
Interpretationsspielräume 441
Interpunktion im wissenschaftlichen Text 613
Intertext 604
Intertextualität 55ff, 136ff, 602ff, 621, 1411
−, wörterbuchinterne 1763
intertextuelle Bezugnahme 604ff
Intratextualität 1763
Intuition 231
intuitionistische Logik 906
invariante fachsprachliche Phänomene populärwissenschaftlicher Vermittlungstexte 730ff
invented words 1405
IOUTN (International Organization for Unification of Terminological Neologisms) 2114
IPS (International Peat Society) 2114
IRDN (International Refugee Documentation Network) 2114
Irrtumswahrscheinlichkeit 1756
ISA/TC 37 2201
islamische Wissenschaft 1610

ISO (International Organization for Standardization) 2119f, 2187
ISO/TC 37 (Technisches Komitee „Terminologie, Grundsätze und Koordinierung") 2201
ISO-terminography 2122ff
Isolierung von Fachsprachen 100ff
Isomorphie von Natur und Technik 146ff
Isotopie 409, 452
Isotopiebegriff bei Greimas 596
−, leksemantischer 596, 599
−, sprachwissenschaftlicher 595
Isotopiekette 472
− in Bedienungsanleitungen 569f
− in fachinternen Gutachten 502ff
Italienisch 1503ff
italienische Fachsprachen 1503ff
Itenarien 1914
ITU/UIT (International Telecommunication Union/Union internationale des télécommunications) 2114, 2120
IUGS (International Union of Geological Sciences) 2116
IUPAC (International Union of Pure and Applied Chemistry) 2116, 2189, 2200
IUPAC-Normen 1243f
IUPAC-Symbole 1243f
IWF (Internationaler Währungsfonds) 846

J

Jagd 290f
Jagdterminologie 274, 1106ff, 2383ff
−, fachliche Elemente 2386
−, soziale Elemente 2386f
Jägersprache 174ff, 1105
−, ältere 2383ff
−, Fachlexikographie 2389f
Jahrbücher, pädagogische 1314
Japanese special language 1600ff
Japanisch 1597, 1600ff
− als internationale Wissenschaftssprache 815
japanische Fachsprachen 1600ff
Jargon 106f, 120, 175, 677ff, 713, 737f, 1177, 1553
Jargonausdrücke 641ff
JIAMCATT (Joint Inter-Agency Meeting on Computer-assi-

sted Terminology and Translation) 2109
Jörgensensches Dilemma 909
journalism 1469
Journalismus 1476, 1486
journalistisch 1476
JTA (Japan Terminology Association) 2249
Junggrammatiker 1341ff
Junggrammatische Schule 1341ff
Junghegelianismus 1322f
Jurisdiktion 2288f
jurisprudence 1560
Jurisprudenz 278, 1286ff, 2286ff
  s. Recht
  s. Rechtssprache
  s. Rechtswissenschaft
  –, Fachtextsorten 1287ff
  –, Fachwortschatz 1289ff
  –, Gesprächssteuerung 1291f
  –, Merkmale von Fachtexten 1287ff
  –, nichtsprachliche Handlungsformen 1291ff
  –, Normtexte 1287ff
  –, Regelungstechniken 1291
  –, Sprachformeln 1290
  –, Terminologie 1289ff
  –, Verweisungstechniken 1291
juristische Auslegung 1383
  – Fachsprache 1382, 1568f
  s. Fachsprache der Jurisprudenz
  – Formeln 2534
  – Termini 1568
  – Texte 787ff, 2534
  – Textsorten 1516f, 1566

K

kaiserzeitliches Recht 2290
Kalkül 911
kalkülisierte Aussagenlogik 2176
Kalkülisierung 901
Kameralismus 1025
Kameralistik 1022
Kant-Lexikographie 1922, 1996f
Kanzleisprache 867ff
Kanzleistil 281, 1650
  – im Eisenbahnwesen 1208f
Kardiologie, Fachwörterbücher 1972
Kartographie 307f
Kasuistik 1283, 2289
kasuistische Literatur 1318
Kasusrollen 425
Katalanisch 1521ff
katalanische Fachsprachen 1521ff

Katalogstil 1374
Kategorien des Denkens 1321f
  –, grammatische 375
Kategorientransfer 1593
Kaufmannslexikon 1978
Kaufmannssprache 176f, 1652
Kaufmannswörterbücher 1979f
Kaufverträge über Wohnungseigentum 536ff
Kazaner Schule 1352
Kelterheteronymik 1086
Kenntnis und Sprache 15ff
Kenntnissystem 16ff
Kennzeichen literaturwissenschaftlicher Fachsprache 1355ff
Kennzeichnung, definite 904
Kernphysik, Fachwörterbücher 1956
Kernstruktur, linke 1770
  –, rechte 1770
KEY TERM (ein mehrsprachiges Terminologieverwaltungsprogramm) 2168
Keyword-in-Context-Verfahren 620
Keyword-Register 619
Kirchenrecht 2290
Kirchenslawismus 1711
Kirchensprache 1581
Klangfarbe 1336
Klassen 596
Klassifikation 64f, 1280
  – der Funktionalstile 200ff
  – der tschechischen Fachsprachen 1545ff
Klassifizierung von Fachsprachen 1508ff
  – von Fachtextsorten durch Vergleich 477ff
  – von Gutachten 500ff
  – von Subsprachen 193f
Klassik, französische 71f
klassische Mechanik 1956
  – Philologie 328ff
Klienten 662ff, 665ff, 670f
klinische Dermatologie, Fachwörterbücher 1972
  – Fächer 1278
Kochrezept 272
Kodifikation 2585ff
kodifizierte Normen 101ff
Kodifizierung 2585ff
Kofferwort 2135
Kognitionspsychologie 362ff
kognitive Funktion 829f
  – Linguistik 362
  – Netze 433
  – Psychologie 362ff
Kohärenz 259, 386f, 450f, 472f, 610, 612, 1220f
  – in bebilderten Werkzeugkatalogen 579

  – in Erlaß, Verordnung, Dekret 530
  – in fachinternen Gutachten 502ff
  – in Geburtsurkunden 544f
  – in russischen Fachtexten 1536f
  – in Verträgen 536ff
  – von Bedienungsanleitungen 569ff
Kohärenzstruktur 1767
Kohäsion 259, 450f, 610, 612
  – in russischen Fachtexten 1536f
Kohäsionsstruktur 1767
Kollektivbegriff 220ff
kollektive Merksätze 1027
kollektives Wissen 155f
Kollokation 1698, 1862, 1893
Kollokationen im Fachwörterbuch 1978
Kommando 934
Kommandosprachen 922
  –, Namensgebung 939
  –, Struktur 933
Kommentar 1768
  –, fachenzyklopädischer 1792
  – zur Form und Semantik 1774
Kommunikanten in der Fachkommunikation 32ff
Kommunikatbasis 626
Kommunikation 679ff, 1506ff, 2550
  –, berufliche 636f
  –, Erscheinungsformen 211f
  –, fachbezogene 802ff
  –, fachlich-berufliche 638ff
  –, fachliche 636ff
  –, Formenspezialität 154ff
  – in der arbeitsteiligen Gesellschaft 801ff
  – in Naturwissenschaft und Technik 793ff
  –, institutionelle 636
  –, interdisziplinäre 689ff
  –, interfachliche 690ff
  –, mündliche 464ff, 670ff, 802
  –, Rahmenbedingungen 25ff
  –, schriftliche 665ff
  –, technische 1005ff
  –, Technisierung 757f
  – über Musik 1335
  –, visuelle 802
  –, wissenschaftsinterne 828
  – zwischen Laien und Fachleuten 296
Kommunikation-im-Fach 60ff
Kommunikationsabsicht bei Bedienungsanleitungen 572
  – bei fachinternen Gutachten 503
  – bei Verträgen 538

Kommunikationsakte 739
Kommunikationsaufkommen 842f
Kommunikationsbahnen 115f
Kommunikationsbarrieren 402f
Kommunikationsbedarf 62ff
Kommunikationsbegriff 853ff
Kommunikationsbereiche 109, 589ff, 679ff, 683ff, 746
–, fachliche 679ff, 689ff
–, nicht-fachliche 679ff, 681ff
Kommunikationsbeziehungen, fachliche 111f
–, sprachliche 109ff
Kommunikationsereignis 115f
Kommunikationsformen 636f, 759ff, 2550ff
–, fachliche 61ff
Kommunikationsforschung, interkulturelle 850
Kommunikationsfunktion 62ff
Kommunikationsgegenstand 190, 475
– bei Bedienungsanleitungen 572
– bei fachinternen Gutachten 503
– bei Verträgen 538
Kommunikationsgegenstände 684
Kommunikationshandlung 190f
Kommunikationsingenieur 1004
Kommunikationsinhalte, fachliche 61ff
kommunikationsintensive Tätigkeit 635ff
Kommunikationsintention 474f
Kommunikationskonflikte 165ff, 747ff
Kommunikationslücken 801
Kommunikationsmittler 1004
Kommunikationsmodell 472f, 853
Kommunikationspartner 31ff, 165ff, 404f, 474, 684
– bei Bedienungsanleitungen 572
– bei fachinternen Gutachten 503
– bei Verträgen 538
– im Wirtschaftsalltag 850
Kommunikationsplanung 2207ff
Kommunikationsprobleme 1275ff
Kommunikationsraum 6ff, 26ff
Kommunikationsschwierigkeiten 801
Kommunikationssituation 115, 185, 445, 475, 490f, 684f, 787f, 2270, 2272

– bei Bedienungsanleitungen 572
– bei Beipackzetteln 584ff
– bei fachinternen Gutachten 503
– bei Verträgen 538f
Kommunikationssysteme 115f
Kommunikationstheorie 741f, 2552
s. communication theory
Kommunikationsverfahren 256ff, 410, 475
– bei fachinternen Gutachten 503
– bei Verträgen 538
Kommunikationsverweigerung 165ff
Kommunikationsziel 60ff
kommunikative Beschreibung von Bedienungsanleitungen 569ff
– von Verträgen 536ff
– Bezugsbereiche 126ff
– Funktion 795f, 829, 838
– Funktion des akademisch-wissenschaftlichen Zeitschriftenaufsatzes 483f
– Funktionen von Beipackzetteln 585f
– Handlungen, Funktionen 115
– Konstellationen 34ff
– Leistung von Fachtexten 410
– Merkmale von Beipackzetteln 584ff
– Strategien 373f
– Tätigkeit 109ff
– Verfahren 742ff
kommunikativer Ansatz 963ff, 984ff
kommunikativ-pragmatische Gliederung von Fachtexten 412f
Kommunikatoren 185
Kommunikogramm 115
Kompendienschriften 1314
Kompensation von Verständnisbarrieren 786ff
Kompensationsstrategien 786ff
kompensatorische Übersetzungsstrategien 786ff
Kompetenz, fachliche 961f
–, fachsprachliche 797ff
Kompetenzbeispielangabe 1772
Komplexität der Sätze in Fachtexten 417ff
Komposita 194, 676
–, adjektivische 1197
–, eponyme 1947
–, fachliche 1138
–, gelehrte 2571f
–, verbale 1197

Komposition 780ff, 1196f, 1696
s. Wortzusammensetzung
s. Zusammensetzung
Kompression, syntaktische 393ff
Kompressionsstufen 421f
komprimierte Ausdrucksweise 2547
Komprimierung 1598
–, semantische 1300f
Kondensat 627
Konferenzbericht 1436
– /Kongresse, internationale 813ff
Konfidenzgrenze 1757
Konformation 1251
Kongreßvortrag, allgemeine Charakteristik 504ff
–, nichtsprachliche Elemente 507
–, strukturelle Eigenschaften 505ff
–, Varianten 507ff
–, visuelle Hilfsmittel 507
Konkordanz 2037
Konnektoren in fachinternen Gutachten 503
Konstellationen, interaktive 514ff
–, kommunikative 34ff
Konstellationstypen 551
Konstituenten sprachlich-kommunikativer Handlungen 375f
Konstitution des Faches Ökologie 1363f
Konstitutionsformeln 1250f
Konstruktionen, syntaktische 375
Konstruktionsanleitung 2373
Konstruktionsanordnung 612
Konstruktivismus 460
Konstruktleitelement 1813
Konsum 756ff
Konsumtion(ssphäre) 159f
Kontakt von Einzelsprachen 764ff, 771ff
Kontakte 41f
Kontext 208, 383
Kontextabhängigkeit 378
Kontextualismus 208
Kontextunabhängigkeit mathematischer Formulierungen 1222
Kontinuum 188f
Kontradiktion 901
Kontrast 37ff
kontrastive Analyse 1582
– Fachsprachenforschung 853
– Methoden 262
Kontrastivität 360f
Kontrastkonstellationen 37ff

Kontrastrelationen 38ff
Kontrolle, bibliographische 2224
−, semiotische 2586ff
kontrollierte Sprachen 895f
Konventionen 51ff, 63f, 111f
−, fachsprachliche 797ff
Konversation 2550ff
Konversationslexika 1922
Konversationstheorie 2550ff
KONVERT (ein Programm) 928
−, Operatorenvokabular 930
Körpersprache 362
Körperteilbezeichnungen 2306
Korpus 50ff
−, fachsprachliches 1692
Korpusausbau 222f
korpusbezogene Makrostruktur 1999
Korpusmethode 233
Korpusprinzip 1692, 1697
Korrektheit, fachliche 964ff
−, sprachliche 964ff
Kraftfahrzeug, Subsysteme 1154ff
− und Kultur 1155ff
Kraftfahrzeugtechnik 1153ff
−, Gegenstand 1153f
−, Geschichte 1155ff
−, Handlungsaspekte 1153ff
−, Interdisziplinarität 1154
−, Stilebenen 1158ff
−, Terminologie 1160ff
−, Textsorten 1158ff
Kraftmaschinentechnik 715ff
Krankengeschichten 1283
Krankheiten 296f
Krankheitsbenennung 1280ff
Krankheitsbezeichnungen 1272
Krankheitsnamen 296, 2271f, 2275
Kräuterbücher 1918, 2402f
Kreissymbole 1253f
Krieger 291ff
Kriegsmarine 1215
Kritik der Fachtext(sorten)analyse 478ff
− der Institutionensprache 866f
− der Wissenschaftssprachen 856ff
kritische Ausgabe 279
Kult 2277, 2280
Kulthandlung 2280ff
Kultlieder 2282
Kultsprache 2277
Kultur und Kraftfahrzeug 1155ff
Kulturanthropologie 28ff
kulturanthropologische Grundlagen 1ff, 3ff
Kulturbegriff 854f

Kulturen 1602
Kulturgeschichte 301ff, 2538ff
kulturhistorische Handlungsschritte 62ff
Kulturpraxis 2282
Kulturspezifik 798ff, 1156ff
kulturspezifische Erkenntnis, Wissenschaft und Sprache 329ff
− Technik 1165ff
− Texte 1157ff
Kulturvergleich 337ff
kumulative Fachsprache 1484
− relative Häufigkeit 1757
Künste 720ff, 1602
Kunstform, arbeitsteilige 676f
Kunsthandwerk 2369
Künstler 306ff
Kunstsprachen 343f
Kunstweberei 1024
Kunstwort 324f, 767, 1022, 1170f, 1648, 2412, 2420ff, 2445f
−, Definition 2421f
−, deutsches 2432, 2434f
−, Gebrauch 2422ff
−, lateinisches 2432
Kunstwortgebrauch 2424
Kunstworttheorie 2422
Kunstworttranslation 2427
Kupferstich 1025
Kurzartikel 1766
Kürze 300
Kurzform 1033, 1054
Kurzinformationen 1421, 1423
Kurzreferat 494ff
Kürzung 435ff

L

Laborjargon 1262, 1274
Laborprotokoll 1436
Laie 6ff, 15ff, 30ff, 151, 158, 163ff, 220, 296, 299, 588ff, 729ff, 803ff, 884, 1508, 2516
Landaustil 1222
Landdeutsch, gemeines 2363
Landessprache 1261ff
Landwirtschaft 298f, 1111ff, 2292ff
landwirtschaftliche Lehrbücher 2296ff
Länge der Sätze in Fachtexten 416ff
Language Departments 989ff
language of chemistry 2477ff
− of law 2485ff
− of press 2506ff
− of religion 2503ff
− of the English Bible 2503ff
− of the English liturgy 2505ff
− planning 566

− regulation 562, 565
− studies 1604f
lanificium 1020
Lapidarien 1915, 1931
Latein 310ff, 322ff, 1272ff, 2275f, 2334, 2522, 2533ff, 2538, 2540, 2562f
− als Rechtssprache 2486ff
− als Wissenschaftssprache 2411
−, gelehrtes 2529ff
− oder Volkssprache 322ff
− und Altfranzösisch 2512ff
− und deutsche Wissenschaftssprache 2426
− und Französisch, Gegensatz 2533ff
− und Volkssprache 277
lateinisches Kunstwort 2432
Latinismen 2412, 2513f, 2516
−, fachsprachliche 2514
Lautgesetze 1342, 1344, 1347, 1349
lautliche Anpassung 441
− Aspekte der Fachsprachen 441ff
law 1560
Layout 1158
Leben, öffentliches 801ff
−, politisches 592f
Lebensbewältigung 590ff
legal dictionaries 2459f
Leges barbarorum 2310
Legislative 2288f
Lehn- und Fremdwörter im Sachsenspiegel 2343
Lehnbedeutung 2337
Lehnbildungen 2323, 2414
Lehnintegrat 1086
Lehnprägungen 676
Lehnschöpfungen 2323
Lehnübersetzungen 1207, 1279, 1576, 1597f, 2323, 2336, 2339, 2354, 2372
Lehnwort, assimiliertes 2335, 2338, 2357
Lehnwortbildungen 881
Lehnwörter 771ff, 1273, 1572, 1575f, 1655, 1935, 2372, 2513
s. borrowed words
Lehnwortschatz 771ff
−, englischer 779f
Lehr- und Lernmaterialien für den Fachfremdsprachenunterricht 996ff
Lehrbrief 729, 733f
Lehrbücher 314, 728ff, 918, 982ff, 1318f
−, landwirtschaftliche 2296ff
−, medizinische 1282
Lehrbuchtexte 1408
Lehrdialog 2333
Lehrdichtung 719, 725

Lehre von den Subsprachen 375
Lehrer 967f
Lehrerausbildung für den Fachfremdsprachenunterricht 996ff
Lehrgedicht 71f, 2296
Lehrinhalte der Fachsprachenausbildung 951ff
Lehr-Lern-Prozesse 697
Lehrmaterialien 980ff
−, fachbezogene 963ff
Lehrmethoden des Faches 962f
Lehrmittel 982ff
Lehrmittelsysteme, fachsprachliche 982ff
Lehrstoffe der Fachsprachenausbildung 951ff
Lehrtexte 406f
Lehrwerkanalyse 986ff
Lehrwerke 982ff
−, fachsprachliche 963ff, 983ff
Lehrwerkevaluation 967
Lehrwerkgutachten 987ff
Lehrwerkkritik 986ff
Lehrwerksgenerationen 983ff
Lehrwerksproduktion 983f
Leipziger Schule 1343
Leistung der Zeichentypen 576
−, kommunikative 410
Leistungen schriftlicher Fachkommunikation 60ff
Leistungsfähigkeit der Fachsprache der Jurisprudenz 1293ff
− der Fachsprache der Mathematik 1229f
− der Fachsprache der Physik 1234f
Leitbegriff Rahmenbedingungen 24ff
Leitelement, alphanumerisches 1812
−, reduziertes 1811
Leitformel 1317
Leitwörterbuch 628
Lekt 120f
Lemma 1858
−, gruppiertes 1815
−, nichtgruppiertes 1815
Lemmaanordnung 1810
Lemmaansatz 1999f
Lemmacluster 1816
Lemmaselektion 1810, 1892
s. äußere Selektion
Lemmatisierung 1652ff, 1695
Lemmazeichengestaltangabe 1775
Lerner 967f
Lernerwörterbuch, fachliches 1986
Lerninhalte 986, 1008ff
Lernmaterialien 982ff
Lernmittel 982ff

Lernweg 986
Lernziele 954ff, 986f 1008ff
Lesbarkeit 889ff
Lesbarkeitsformeln 889f, 1004, 1011
Lesbarkeitsforschung 889ff, 1004f, 1011
−, empirische 892
Leserlichkeit 888f
Leserlichkeitsforschung 888f
Leservoraussetzungen 403
Lex Alamannorum 2310
− Baiuvariorum 2310
− emendata 2311
− Ribuaria 2310
− Salica 2310
Lexik 103f, 159ff, 169ff, 398ff, 464, 644ff, 684ff, 732, 742ff, 1355ff, 1376, 1516f, 1566ff, 1595f, 2564ff
s. Fachwortschatz
s. Vokabular
− der Fachmundart im Fischereiwesen 1045
− der französischen chemischen Fachsprache 2568f
− der Reepschläger 1041f
− der Wärme-/Feuerungstechnik 1189ff
− des Fachtextes 1494ff
− des Maschinen- und Anlagenbaus 1196ff
−, fachsprachliche 1612ff, 2564ff
− in bebilderten Werkzeugkatalogen 580ff
− in Bedienungsanleitungen 572
− in Beipackzetteln 586ff
− in fachinternen Gutachten 503f
− in Fachtexten 428
− in Verträgen 537f
−, konfessionsgebundene 1655f
−, regionale 1655
Lexika 18ff, 2540
s. Wörterbücher
−, magische 1923
lexikalische Bereicherung der Volkssprache 2535
− Ebene 391ff
− Merkmale von Patentschriften 560ff
− Rekurrenz 613
− Varianten 1614
lexikalisches Minimum 248f
lexikalisch-semantische Eigenschaften von Fachsprachen 428ff
Lexikographie 273, 279, 366, 779f, 884f, 1572f, 2512, 2522, 2540, 2544ff
s. Fachlexikographie

s. Sachlexikographie
− Begleittexte 2001
− der Kameralwissenschaft 1977f
− der Müllerlexik 1052
− der Musikwissenschaft 1337f
−, edukative 1623
−, gemein- und fachsprachliche 1689f
−, literaturwissenschaftliche 2041
−, onomasiologische 2413
−, russische 1714ff
−, sprachkritische 1998
−, statistische 1754ff
−, terminologische 1552f
lexikographische Äquivalenzfindung 1856f
− Arbeitseinheit 1859
− Definition 1682f, 1697
s. dictionary definition
− Erzählung 1031, 1122ff
− Fachsprache 1683f
− Selektion, Fachwortschatz 1676ff
− Umkehrverfahren 1985
lexikographisches Werk 1834
Lexikologie 146f
Lexikon 173f, 384f
s. Sachlexikon
Lexikonartikel, enzyklopädischer 729, 733f
Lexikostatistik 1756
Lexikozentrismus 159
LEXIS (die Terminologiedatenbank des Sprachendienstes der Bundeswehr) 2158, 2165
Liber de natura rerum 2355
lineare Textstruktur 506f
Linearität 611
Lingua di specalizzazione 1505
lingua franca 829f, 835ff, 1428, 1467, 1470
Lingua speciale 1504
Linguaggi settoriali 1505
− speciale 1505
− specialistici 1506
Linguostilistik 206ff
Lingue per scopi speciali 1505f
linguistics 1561, 1604f
Linguistik 1477ff, 1604f
s. Sprachwissenschaft
−, Geschichte 1341
−, kognitive 362
linguistische Beschreibung von Bedienungsanleitungen 569ff
− Verträgen 536ff
− Ergonomie 938
− Merkmale des akademisch-wissenschaftlichen Zeitschriftenaufsatzes 483ff
− Terminologie 1349ff

– Textanalyse 1196ff
LISP (List Processing Language) 924
Liste 923
Listenkonzept 924
literarisch vs. fachlich 2443
literarische Texte 588
literarischer Text und Fachtext 721f
Literarität 717ff
literary studies 1605
Literatur 717ff
–, erziehungswissenschaftliche 1318ff
–, fiktionale 1314
–, kasuistische 1318
–, schöne 717f
– und Fachlichkeit 719ff
– und Wissenschaft 66f
Literaturdokumentation 2220
Literaturgeschichte der Fach- und Wissenschaftssprachen 71ff
Literaturkritik 2539
Literaturtexte 2529f
Literaturwissenschaft 1038, 1355ff, 1438ff, 1605
–, Fachlexikographie 2036ff
literaturwissenschaftliche Fachsprache, Kennzeichen 1355ff
– Lexikographie, Geschichte 2041
Liturgie 2284
loan translation 1455
Logbuch 917
Logik 61ff, 343ff, 1321f, 1325ff, 1553f, 2177, 2265ff
–, deontische 905
–, epistemische 905
–, formale 900
–, Geschichte 900
–, intensionale 900
–, mehrwertige 905
–, Terminologie 902
– von Port Royal 900
Logiksprache und Geisteswissenschaften 906
Logik-Sprachen 690f
logische Sprachen 900
– Syntax 1330
logischer Positivismus 1330ff
Lohnhandwerker 1024
Lorcher Bienensegen 1078
LSP in Poland 1551ff
Lucidarius 2333ff
Lücken in der Fachsprachenforschung 356ff
s. Defizite
s. Desiderata
Luftfahrt 1609

M

machine translation 2140f
machinery 1607f
Macropaedia 1646

macrostructure, textual 563ff, 1427
magische Lexika 1923
Magnetismus, Fachwörterbücher 1956
Makro 934ff
Makroarchitekturbild, allgemeines 1816
Makrosprachen 922
–, Struktur 934ff
Makrostruktur 196, 470ff, 491f, 1158, 1410ff, 1415, 1436, 1515ff, 1565f, 1709, 1757f, 1877, 1880, 2076, 2079, 2081
–, alphabetische 1810ff
– bebilderter Werkzeugkataloge 577ff
– der Patentschrift 557ff
– des Kongreßvortrages 505ff
– des Prüfungsgesprächs 518ff
– des wissenschaftlichen Zeitschriftenaufsatzes 483ff
–, eingeschränkt vertikalarchitektonisch ausgebaute kondensiert-nestalphabetische 1820
–, Fachwörterbücher 1809ff
–, finalalphabetische 1811
– gedruckter Nachschlagewerke 1811
–, glattalphabetische 1816
–, initialalphabetische 1818
–, initialalphabetische mit exhaustiver Alphabetisierung 1810
–, initialalphabetische mit exhaustiver mechanischer Alphabetisierung 1765
–, initialalphabetische ohne exhaustive Alphabetisierung 1811
–, kondensiert-nestalphabetische 1820
–, kondensiert-nischenalphabetische 1817
–, korpusbezogene 1989
–, lexikographische 1762ff, 1809, 1916, 1999f
–, nestalphabetische 1819
–, nicht striktinitialalphabetische 1815, 1818, 1822
–, nicht-kondensiert nestalphabetische 1820
–, nichtkondensiert-nischenalphabetische 1817
–, nichtlexikographische 1809
–, nischenalphabetische 1815
–, onomasiologische 1999
–, russischer Fachtexte 1535f
–, striktalphabetische 1815
–, systematische 1824ff
–, teilsystematische 1825

– terminographischer Arbeiten 2127
–, textuelle 1639ff
–, thematische 610
–, Trésor de la langue française 1692ff
–, uneingeschränkt vertikalarchitektonisch ausgebaute 1820
–, vertikalarchitektonisch uneingeschränkt ausgebaute striktinitialalphabetische 1816
– von Erlaß, Verordnung, Dekret 530ff
– von fachinternen Gutachten 501ff
– von Fachtexten 410
– von Verträgen 536f
– von Wissenschaftlerdiskussionen 510f
Makrostrukturenprogramm 1779
Malbergische Glossen 2310
Management, interkulturelles 851ff
Manifestationsweisen von Fachsprache(n) 34ff
Manipulation 748
Mantik 270
Manuals 651ff
Manufaktur 1024
Marginalstruktur, vertikalarchitektonisch ausgebaute rechte 1805
mariage-Begriff 2588
marine engineering 1608f
maritime Fachsprache 1212ff
– lexicography 1926ff
Markbeschreibungen 2312
Marketing 1446, 1448
Markierung 1861
Markierungsangaben, pragmatische 1772
Markscheidewesen 2370
Markt 756ff
Maschinen und Anlagen 1150f
Maschinen- und Anlagenbau, Lexik 1196ff
Maschinenbau 1192ff, 1518
Maschinensprachen 1175ff
Maschinentechnik im Bergbau 1932
Maschinenwesen 1607f
Massenmedien 465ff, 1017f
Materialität der Sprache 666f
materieller Wissensträger 666f
Mathematik 1222ff, 1653f, 1959, 2446
–, Anschaulichkeit der Begriffe 1226f
–, Fachlexikographie 1959ff
–, falsche Freunde in der Terminologie 1226f

—, internationale Vereinheitlichung der Terminologie 1227
—, Kontextunabhängigkeit von Formulierungen 1222
—, Merkmale von Fachtexten 1222 ff
—, nichtsprachliche Mittel 1228 ff
—, Schreibweise bei der Terminologie 1226
—, Terminologie 1225 ff
—, uneinheitlicher Sprachgebrauch 1227 f
—, Veränderungen in der Terminologie 1227 ff
—, Vieldeutigkeit in der Terminologie 1226 f
—, Wortbildung in der Terminologie 1226 f
—, Zusammensetzungen in der Terminologie 1225 ff
mathematisation 2468 ff
mathesis universalis 910
Maurerfachsprache 1063 ff, 1068
—, Geschichte 1064
—, regionale Differenzierung 1065
— und Gemeinsprache 1065
Maus 652 ff
Maustechniken 652 ff
mechanica 1020
Mechanik, klassische 1956
Medialität 54 ff
medical dictionaries 2460 f
s. Fachwörterbücher der Medizin
Medien 465 ff
— im fachbezogenen Unterricht 964
Mediengattungstheorie 465 ff
Medikament 1270 ff
Mediostruktur 1764, 2075
—, artikelinterne 1767
—, intertextuelle 1791
—, lexikographische 2001
Mediostrukturenprogramm 1779
Medium 339
Medizin 297, 308, 714 f, 1270, 1278 ff, 1318, 1452 ff, 1643, 1968 f, 2270 ff, 2337 f, 2357
—, Fachlexikographie 1966 f
—, Fachwortschatz 1278 ff
medizinische Fachsprache 1918, 2270
— Fachterminologie, Mittelalter 274 f
— Fachwörterbücher 1967 f
— Fachzeitschriften 1282 ff
— Forschung 1278 ff
— Handbücher 1282 f

— Lehrbücher 1282
— Psychologie, Fachwörterbücher 1971
— Ratgeber 1969 f
— Terminologie 1279 ff
— Texte, Abbildungen 1283 f
— Texte, nichtsprachliche Mittel 1283 f
— Textsorten 1282 ff
— Wörterbücher 1282
medizinischer Basiswortschatz 1968
Mehrfachbenennungen 432 f, 1431
Mehrfach-Fachwörterbuch 1886
—, bilinguales 1887
—, polylinguales 1887
Mehrfunktionalität 400 f
Mehrschichtigkeit der Fachsprachen 802 f
mehrsprachige Terminologie 2164
— Terminologieverwaltungssysteme 2168
— Wörterbücher der Chemie 1951
— Wörterbücher der Medizin 1968
mehrsprachiges Fachwörterbuch 1853 ff
Mehrsprachigkeit, institutionelle 2124
Mehrsprachigkeitspolitik 2209 f
mehrwertige Logik 905
Mehrwertsteuer-Vokabular, Europäische Union 2130
Mehrwortbenennung 435, 1054, 1406, 1479, 1691, 1695 f
Mehrwortterminus 1421, 1486, 1720
Mehrwortverbindungen 1197
Mensch-Maschine-Interaktion 933 ff
Mentalitätsgeschichte 29 ff
Menünavigation 935
Merkantilismus 1024
Merkblätter 1151 f
Merkmale, semantische 430 ff
—, textexterne 474 ff
—, textinterne 196 f, 472 ff
Merkmalsbündel 435 f
Merksätze, kollektive 1027
Messekunst Archimedis 2371
Meßtechnik, Fachwörterbücher 1956
Meßverfahren, komparatives 916
META IV (eine Spezifikationssprache für die Semantik einer Programmiersprache) 926
meta-discourse 1467

Metakommunikation 412, 1416, 1475 f
— im Prüfungsgespräch 519
metakommunikative Äußerung 1644
— Gesprächsakte 513 ff
meta-linguistic 1467
Metalle 1146 ff
Metallnamen 289 ff
Metallurgie 1414 ff
Metallverarbeitung 1146 ff
Metapher 146 ff, 805 f, 1226, 1265 f, 1315, 1405 f, 1417 f, 1447 f, 1472 f, 1480 f, 1646
metaphor 1425, 1441, 1454, 1468 f
metaphorical 1440 f
Metaphorik 146 ff, 805 f, 1028, 1033 f, 1055, 1067, 1081, 1175, 1335, 1405, 1589
—, Wissenschaftssprache 2436 f
metaphorische Doppeldeutigkeit 381
Metaphorisierung 436 ff, 1061
Metasprache 169 ff, 296, 901, 914, 1472
s. Beschreibungssprache
metasprachlich 1477
metasprachliche Heterogenität 169 ff
Metaterminographie 2125
Metaterminologie 2172 ff
Meta-Verwendung 720
Methode, audiolinguale 984 ff
—, audiovisuelle 984 ff
—, axiomatische 910
—, experimentelle 910
—, philologisch-historische 277
Methoden 66 f, 94 ff, 192, 686 ff, 691
— der Fehlerlinguistik 970 f
— des fachbezogenen Unterrichts Deutsch als Fremdsprache 961 ff
—, erkenntnistheoretische 2576
— im fachbezogenen Fremdsprachenunterricht 965 f
— im fachbezogenen Muttersprachenunterricht 954 ff
—, linguistische 249 ff
—, naturwissenschaftliche 2576
—, statistische 241 ff
—, statistische Lexikographie 1756 f
—, syntaktische 252 ff
—, textlinguistische 258 f
—, wissenschaftliche 361 f
— zur Analyse der Fachlexik 250 ff
Methodenbegriff 961 f
Methodenbewußtsein 66 f
Methodik der Fachgebietszuordnung bei Fachtexten 285 ff

- der Fachsprachenausbildung 53 ff
- Deutsch als Fremdsprache 961 ff

methodische Grundsätze des fachbezogenen Fremdsprachenunterrichts 967 ff

Methodologie 54 ff, 725 ff
- der Fachsprachenforschung 360, 363 ff
-, wissenschaftliche 309 ff

Methodus geometrica 2370
Metonymie 1144, 1406, 1418, 1473, 1719
metonymisch 1474
metonymy 1425
Metrisierung 912
Microlingua 1504 f
Micropaedia 1646
microstructure of dictionaries 1745 f
Mikroarchitektur 1767, 1769 ff
Mikroarchitekturbild, allgemeines 1771
Mikrobiologie, Fachwörterbücher 1942, 1972
Mikrokontext 2157
Mikrostruktur 1758, 1767, 1769
-, einfache gemischt-integrierte 1774
-, einfache integrierte 1773
-, einfache integrierte vertikalarchitektonisch ausgebaute 1771
-, einfache teilintegrierte mit Präintegrat 1804
-, Fachwörterbücher 1791 ff
-, gemischt-integrierte 1773
-, lexikographische 1709, 1762 ff, 2000 f
-, nichtintegrierte 1773
-, partiell-integrierte 1773
-, rechtserweiterte 1793
-, rechtserweiterte gemischt-integrierte 1798
-, rechtserweiterte vertikalarchitektonisch ausgebaute 1795
-, rudimentäre 1770
-, rudimentäre mit rechter Marginalstruktur 1802 f
-, semiintegrierte 1773
-, Slovar' russkogo jazyka 1715
-, terminographischer Arbeiten 2127
-, Trésor de la langue française 1696 f
-, zweigeteilte 1802
-, zweigeteilte mit linker teilintegrierter Haupt- und rechter Marginalstruktur 1805 f

Mikrostrukturanzeiger, nichttypographischer 1768

Mikrostrukturbild, allgemeines 1769
Mikrostruturenprogramm 1779
Mikrotypologie institutioneller Wirtschaftskommunikation 1301 ff
-, wissenschaftlicher Wirtschaftskommunikation 1301 ff
Mimik 507
Mineralogie 1424 ff
minilect 562 ff
Minimum, grammatisches 248
-, lexikalisches 248 f
Mischprosa 2322
Mischsprache 174, 177
Mitteilung 1396
Mitteilungsstruktur 414
Mittel, darstellerische 77 ff
-, nichtsprachliche 1220
Mittelalter 304 f
-, Fachliteratur 269 ff
mittelalterliche Enzyklopädie 2334
- Fachliteratur 348 ff
- Fachprosa 67 ff, 348 ff
- Gebrauchsliteratur 348 ff
- Sachliteratur 348 ff
Modallogik 905
Modalverben in Erlaß, Verordnung, Dekret 532
Mode 1603 f
Modell, empirisches 917
-, phänomenologisches 919
Modellbegriff 9 ff
Modellbildung 918
Modelle, psycholinguistische 892
Modellgesetze 1529
Modelltheorie 915
modern legal English 2489 ff
moderne Fachsprachen 1572 ff
- polnische Fachsprachen 1555
modernisation 1601 f
Modernisierung 1601 f
Modularisierungstechniken 386
Modus Ponens 903, 908
Molekularbiologie, Fachwörterbücher 1972
Molekülmodelle 1249 ff
Monatsschriften 2447 f
Monismus 1325 ff
monodirektionale Verweisung 1788
Monographie 1415, 1436, 1475
- als Text 610
Monographien 1611
-, erziehungstheoretische 1314
monolinguales Basisfachwörterbuch 1888
Monosemie 2423
monoskopales zweisprachiges Fachwörterbuch 1785

Montanliteratur 1092
Monumenta Germaniae Historica 278
Morphologie 384, 686 f, 1054, 1556
- der Fachsprache der Jurisprudenz 1288 ff
- der Fachsprache der Mathematik 1223 ff
- der Fachsprache der Ökologie 1368 f
- der Fachsprache der Verfahrenstechnik 1183 ff
- der Fachsprachen 424 ff
morphologische Eigenschaften von Fachsprachen 416 ff
morphosyntaktische Besonderheiten 1158
Morphosyntax 398 ff, 552 ff, 1510 f, 1515 ff
Mosellanismus 1086
Moselromanisch 1086
Moskauer Schule 1343
motivierter Terminus 2357
Motiviertheit 452, 2413, 2434, 2445
movies 1603
MTX-Reference (ein Programm zur Verwaltung zweisprachiger Terminologiebestände) 2168
Müllerei 1024, 1051 ff
Müllereilexik, Lexikographie 1052
-, regionale Differenzierung 1053
MULTILEX (Multilingual Text Tools and Corpora) 1751
multilingualism 2139 f
Multimedialität 365 f
Multimediasysteme 1217 f
Multimedia-Techniken 382
multiple meanings 1439
- purpose data banks 1744
MULTITERM FOR WINDOWS (ein Programm zur Verwaltung mehrsprachiger Terminologiebestände) 2168
Mundartforschung 1351
s. Dialektologie
Mündigkeit 1317
mündliche Fachkommunikation 93 ff, 395 ff
- Fachtextkommunikation 550 ff
- Fachtextsorten 550 ff
- Kommunikation 464 ff, 802
- Kommunikation auf Ämtern und Behörden 670 ff
- Rede 2300
- Variante der Fachsprache der Seefahrt 1213 f
- Wissenschaftskommunikation 507 f

Mündlichkeit 361 ff, 504 ff,
   510 ff, 514 f, 639 ff, 2288
 − von Fachsprache 1043
music 1602 f
Musik 1334 ff, 1602 f, 2006 ff
 −, Kommunikation 1335
 −, Personenlexikographie 2010
 − und Sprache 1335 ff
 −, Verbalisierung 1335 ff
musikalische Fachwörterbücher
   1337 ff, 2001
 − Fachwörterbücher, Typologie 2005 f
 − Terminologie 2012
musikalisches Fachwort 2012
 − Kunstwort 2005, 2009
 − Speziallexikon 2001
Musikterminologie 1336
 −, französische 2007
musikterminologisches Wörterbuch 2005 f
musiktheoretische Fachbegriffe
   2009
Musikwissenschaft 1334 ff,
   2005 ff, 2011
 −, Fachwortschatz 1335 ff
 −, Fachlexikographie 1337 f,
   2005 ff
 −, Terminologie 1335 ff
 −, Textsorten 1336 ff
Muspilli 2315
Muster sprachlichen Handelns
   641 ff
Muttersprachenunterricht 1472
 −, fachbezogener 945 ff
muttersprachlicher Fachunterricht 947 f
 − Fachwortschatz in der Textiltechnologie 1202 ff
 − Sachunterricht 947 f
Mykologie, Fachwörterbücher
   1942
Mysterien 2279
Mysterienkult 2279

N

Nachbarschaft der Fachsprache
   der Jurisprudenz zu anderen
   Sprachtypen 1294 f
 − der Fachsprache der Physik
   zu anderen Fachsprachen
   1234 f
 − der Fachsprache der Verfahrenstechnik zu anderen Fachsprachen 1186 ff
Nachschlagewerke 1314 f
Nachspann 1764
Nachspannstruktur 1764
Namen 692 ff, 1237 ff
   s. Benennungen
 − chemischer Verbindungen
   1242 ff

 − der chemischen Elemente
   1239 ff
 − der Stammkörper 1246 ff
Namenbildung 1235 ff
Namensreaktion 1947
NAPPO (North American Plant
   Organization) 2117
nationales Konzept von Fachlichkeit 327 f
Nationalökonomie 2579
Nationalsprachen 310 ff
 − und Wissenschaft 1667
nationenwissenschaftliche Wirtschaftslinguistik 337 ff
NATO (North Atlantic Treaty
   Organization) 844 f
Natur 146 ff
natural sciences 1605 f
Natürlichkeitsmaxime 868 f
Naturphilosophie 2261 ff
Naturwissenschaften 7 ff, 309,
   545 ff, 792 ff, 814 ff, 825,
   1324 ff, 1605 f
naturwissenschaftlich-didaktische Verdichtung
   2514
naturwissenschaftliche Fachsprache 2356
 − Methoden 2576
naturwissenschaftlicher Fachtext 2446
 − Modellbegriff 918
 − Wortschatz im Deutschen
   Wörterbuch 1675
nautical dictionaries 2461 f
naval architecture 1608 f
NC (Numeric Control) 936
 − Sprache 936
Nebenzugriffsstruktur, äußere
   1784
nennende Prozeduren 692 ff
Neolithikum 289 f
Neologie 2566
Neologismen 315 ff, 1273,
   1522 ff, 1529, 1649 f, 2133,
   2284, 2535, 2570 ff, 2579 f
   s. Neubildung
   s. Wortneubildungen
 −, fachsprachliche 1649 f
Neologismuskritik in der Theologie 1649 f
Nest 1766
   s. Artikelnest
nestalphabetische Anordnungsform 1709
Nestbildung 629
Nesteingangslemma 1859
Nestlemma 1859
 −, gruppiertes 1819
 −, nichtgruppiertes 1819
Netze, kognitive 433
 −, semantische 433 ff
Netzwerk 252

Neubildung 2414, 2535
   s. Neologismen
neuere englische Rechtssprache
   2489 ff
Neufranzösisch 771 ff
Neugiermotivationstheorie 892
Neuhumanismus 328 f
Neukantianismus 1324 f, 1997
Neuprägungen, terminologische
   612 f
Neurobiologie, Fachwörterbücher 1942
Neurophysiologie, Fachwörterbücher 1942
Neusemantisierung 173 f
Neutralisierung 162 ff
Neuzeit 72 ff
newspapers, daily 562 ff
nicht-fachliche Kommunikationsbereiche 679 ff
nichtkanonische Gattungen 71 f
nichtliterarische Quellen 2520
 − Sprachdenkmäler 2520
 − Veröffentlichungen 2531 f
Nichtrechtswort 280
nichtsprachliche Daten 388 f
 − Elemente im Kongreßvortrag 507
 − Handlungsformen in der Jurisprudenz 1291 ff
 − Mittel 1220, 1274 f, 1314 f,
   1319
 − Mittel der Ökologie 1368 f
 − Mittel in der Mathematik
   1228 ff
 − Mittel in der Physik 1234
 − Mittel in der Verfahrenstechnik 1186 ff
 − Mittel in medizinischen Texten 1283 f
nichtverbale Informationsträger
   1415 f
   s. nonverbale Informationsträger
 − Informationsträger im wissenschaftlichen Zeitschriftenaufsatz 486 f
Niederländisch 1571 ff
niederländische Fachsprachen
   1571 ff
Nische 1815, 1817
   s. Artikelnische
 −, gruppierte 1817
 −, nichtgruppierte 1817
Nischenbildung 629
Nischeneingangslemma 1815
Nischenlemma, verdichtetes
   1815
Nobelpreise 814 f
Nomenclator 1920
Nomenklatur 297, 342 f, 804,
   1236, 1242, 1255 f, 1257 f,
   2580 f

s. Terminologie
—, a- 1255f
—, additive 1244
—, anatomische 1280ff, 1970, 2273
—, chemische 1236ff, 2560ff, 2564
— der Organischen Chemie 1246ff
— der Pharmazie 1275
— des Schiffes 1212f
—, Genfer 1247f
—, subtraktive 1244
—, systematische 1242, 1946f
Nomenklaturregeln, chemische 1951
Nomina anatomica 1970
Nominaldefinition 2423
nominale Darstellung 391
Nominalgruppen 194f
— in bebilderten Werkzeugkatalogen 579f
— in Fachtexten 422f
—, russische 1539f
Nominalisierung 1407, 1498f, 1567
Nominalität der Fachsprache der Verfahrenstechnik 1184ff
Nominalkomposita 1197
Nominalstil 399ff, 1372
Nominationsketten 272
nonverbale Informationsträger 553ff
s. nichtverbale Informationsträger
— Textelemente 1158
NORDTERM 2144ff
—, Tätigkeitsbereiche 2147ff
Norm, semantische 1298ff
Normalisierung 1525f
Normalismus 106
NORMATERM (eine Terminologiedatenbank) 2165
normative Fachsprache 1204ff
— Terminologiearbeit 2171
— Texte 534
normativer Sprachgebrauch 529f
normatives Wörterbuch 1707
Normen 822ff, 1522
s. Sprachnormen
—, fachsprachliche 100ff
—, kodifizierte 101ff
—, statuierte 101
—, substituierte 101f
Normenkonflikte 103f
Normensysteme 860ff
normierte Äquivalenz 1868
Norm(ier)ung 1430, 1449f
Normierung 767, 1280ff, 1608
— von Äquivalenzen 1868
Normtext 1383f

Normtexte in der Jurisprudenz 1287ff
Normung 2186ff, 2196ff
— vs. Anwendung 2194
Normwörterbücher 1734
Nosologie 1280
Notationen, numerische 1281
Notenbild als Darstellungsmittel 1337ff
Notensprache 1337f
Novitäten 34ff, 38ff
Novum dictionarii genus 1079
Nullableitung 1406, 1418
Nullangabe 1775
— mit Suchzonenanzeiger 1797
numerische Datenverarbeitung 923
— Nabationen 1281

O

OAS (Organisation Amerikanischer Staaten) 843
OAU (Organisation für Afrikanische Einheit) 843
Oberbegriff 431
Objektqualitäten 54ff
Objektsprache 901, 914
—, informelle 914
objektsprachliche Rahmenbedingungen 42ff
obscuritas 2417
Obstbau 2349ff
OECD (Organisation für Ökonomische Zusammenarbeit und Entwicklung) 846
Oeconomia technica 1022
OED (Oxford English Dictionary) 1676ff
öffentliche Diskussionen auf wissenschaftlichen Veranstaltungen 515ff
— Texte von Politikern 736ff
öffentlicher Sprachgebrauch 736ff
öffentliches Leben 801ff
Öffentlichkeit 739ff, 858ff
Öffentlichkeitsgrad 515
offizielle Sprachen 841f
OIML (International Organization of Legal Metrology) 2120
okkasionelle Bedeutung 1350f
Ökologie 1363ff
— als multidisziplinäre Wissenschaft 1365
—, Begriffsreflexion 1367ff
— der Gegenwart 1365ff
—, Entwicklungsgeschichte 1363ff
—, Fachwörterbücher 1942
—, Konstitution des Faches 1363f

—, nichtsprachliche Mittel 1368f
—, Schlüsselvokabular 1367f
—, Textsorten 1366f
—, wissenschaftliche 1365ff
—, Wortschatz 1366ff
Ökonomie im Fachsprachengebrauch 390ff, 1466
ökonomische Wirtschaftslinguistik 338f
Onomasiologie 1031, 2194
—, historische 281
onomasiologische Lexikographie 2413
— Makrostruktur 1999
onomasiologisches Wörterbuch 2049
Onomatika 1911
Onomatopöie 1406
Ontologie 2261ff
operative Prozeduren 669f
Opfer 2280
Optik, Fachwörterbücher 1956
optimierter Text und Ausgangstext 895ff
Optimierung von Arzneimittelinformationen 586f
— von Fachtexten 888ff
Orakelsprüche 2280
orateur 2555ff
Ordinary Language Philosophy 1330
Ordnungslehre, allgemeine 2220f
Ordnungssystem, rechtliches 2588
Ordnungszahlen 1243f
organische Chemie 1235ff
— Chemie, Fachwörterbücher 1949f
— Verbindungen 1253ff
Organismusauffassung 1344
Originalarbeiten 918
—, Textaufbau 1283
orthoepische Angabe 1706
Orthographie 439ff, 1528
Orthographiestreit 1528
orthographische Angabe 1706
— Varianten 1972

P

Paarformel 2346
Pädagogik 1313ff, 1472ff, 2015
— als Wissenschaft 1316f
—, Fachlexikographie 2013ff
—, geisteswissenschaftliche 1313, 1316ff
pädagogische Fachsprache 1313ff, 1472ff
— Jahrbücher 1314
— Wissenschaft 1316f

– Zeitschriften 1314
Paläontologie, Fachwörterbücher 1942
Papiermühle 1024
Papierstil 867ff
Paracelsus 2361ff
– Wörterbücher 1366
Paracelsus-Glossare 2366
Paracelsus-Lexikographie 2366, 2396f
Paracelsus-Termini 2396
Paragraph 1409
Parallelismus 1645f
Paraphrase 613
  s. Umschreibung
Parasitologie 1942
parasprachliche Hilfsmittel 1265
paraverbale Phänomene 395f
Paratext 698ff
paraverbale Phänomene 395f
parenthetischer Satz 613
Paronymie 613
Parteiprogramm 1374
–, Textsortenmerkmale 1374
Partikularität 137ff
Partitivnotation 95f
Partizipialkonstruktionen 421
Partnerkonstellation 509ff
–, asymmetrische 518f
PASCAL (prozedurale Programmiersprache, benannt nach Blaise Pascal) 924
Passiv 398ff, 1407f, 1411, 1417, 1423, 1432ff, 1435, 1566ff
passive 1426
Passivkonstruktionen in der Fachsprache der Verfahrenstechnik 1183ff
Patentanspruch 394
Patentschrift 556ff, 1415f
– als technische Erfindungsbeschreibung 557
–, amerikanische 558f
–, argumentativer Charakter 557f
–, britische 558f
–, deutsche 559f
–, Funktion 556ff
–, historische Aspekte 561ff
–, interkulturelle Aspekte 561ff
–, lexikalische Merkmale 560ff
–, Makrostruktur 557ff
–, russische 558f
–, sprachliche Normierung 557
–, syntaktische Merkmale 569ff
Patentschriften als juristisches Dokument 557
–, stilistische Merkmale 559ff
Patenttexte 1158ff
Pathologie 1272
Patienten 297, 199

PC-Manuals 651f
pédant 2554f
Pelzbuch 2349ff
–, Fachtermini 2351ff
Performanzanalysen 249
performative Verben in Erlaß, Verordnung, Dekret 532ff
Periodensystem 1240f, 1243f
permanente Strukturen 2278f
Permissive in Gesetzen 525
Personalcomputer 649ff
Personen-Einbezug 552
Personenlexikographie, Musik 2010
Personennamen in der Terminologie der Physik 1232ff
Personenstandsurkunde 539ff
–, Geschichte 540f
Perspektiven der Fachsprachenforschung 363ff
perspicuitas 2415
Persuasion 137ff, 739ff
Petroneller Handschrift 2359
Pfälzisches Wörterbuch 1065
Pflanzennamen, historische 2404ff
Phänomenologie 1328ff
phänomenologisches Modell 919
Pharmakologie 1270ff, 2358
–, Fachwörterbücher 1971
Pharmazeuten 299
pharmazeutische Biologie 1271f
– Chemie 1271f
– Lexikographie 1270
– Nomenklatur 1275
– Technologie 1272f
– Terminologie 1274f
pharmazeutischer Fachwortschatz 1271ff
Pharmazie 1270ff, 2357
phenomenal classes 1409
Philologie, klassische 328ff
philologische Wissenschaften 327ff
philologisch-historische Methode 277
Philosophenlexikon 1998
Philosophenwörterbuch 1997
Philosophie 1313, 1321ff, 2279, 2338f, 2577
–, analytische 1329ff
–, antike 2260ff
–, Fachlexikographie 1919, 1922, 1995ff
–, Fachsprache der 1321ff
–, spekulative 1324
philosophische Autorenlexikographie 1998
– Fachsprache 1321ff
– Fachsprache im Wörterbuch 2001
– Interpretationswörterbücher 2001

– Konkordanz 1999
– Lexikographie, Textkorpora 1999
– Terminologie Notkers III. 2322, 2326ff
– Wörterbücher 1995ff
philosophischer Index 1999
– Terminus 2002
philosophisches Gesamtwörterbuch 1998
Phonem 1556
phonetic equivalent 1723
phonetic transcription 1723f
Phonetik der Fachsprachen 441ff
Phonologie 1510
– der Fachsprachen 441ff
phonologische Eigenschaften von Fachsprachen 438ff
Phraseologie 2301f
–, fachliche 2155
Phraseologismen, fachsprachliche 1653
Phraseologismusgebrauch 1650
Physik 1231ff, 1954f
–, Fachlexikographie 1921, 1954ff
–, Merkmale von Fachtexten 1231ff
–, nichtsprachliche Mittel 1234
–, Personennamen in der Terminologie 1232ff
–, Schreibweise bei der Terminologie 1232
–, Terminologie 1231ff
–, unterschiedlicher Sprachgebrauch 1233ff
–, Varianten in der Terminologie 1232ff
–, Veränderungen in der Terminologie 1233f
–, Wortbildung in der Terminologie 1233
–, Zusammensetzungen in der Terminologie 1232f
physikalische Dynamik 916
– Theorie 915
– Chemie, Fachwörterbücher 1950
physiologische Chemie, Fachwörterbücher 1950
Physiokraten 2581ff
Physiologie 1272
Phytotherapeutik 2402
PIARC/AIPCR (Permanent International Association of Road Congresses/Association internationale permanente des congrès de la route) 2117
PIARC-Lexikon 2117f
picture and text 564ff
  s. Bild-Text-Verhältnis

place names 566
plain style 2467f
– style debate 2465ff
Plansprachen 875ff
– als Fachsprachen 875ff
Plastikwörter 749f, 872ff
Platonismus 2278f
Platzhalter 1256f
Polarisierung 158ff
Polemik 611, 1315f, 1319
Polen 1551ff
political correctness 1456
Politik 592f, 736ff
politische Fachsprache 736ff, 1371
– Lexik, Gliederung 1376
– Lexik, Systemabhängigkeit 1380
– Ökonomie 2581ff
politischer Sprachgebrauch 736ff
– Wortschatz 746ff
politisches Leben 592f
Polnisch 1551f
polnische Fachsprachen 1551ff
– Fachsprachen, alte 1554f
– Fachsprachen, moderne 1555
polyphrastische Teiltexte 413f
Polysemie 380, 430ff, 796ff, 1061, 1589, 1715, 1946, 2000ff, 2380, 2412f, 2424, 2543f
Polysemieangabe 1770, 1772
populäre Fachprosa 728
– Sachprosa 728f
Popularisierung 728ff
popularization of scientific language 1563
populärwissenschaftliche Darstellung 918
– Fachtexte 731f
– Vermittlungstexte 728ff, 730
– Vermittlungstexte, Funktion 731f
populärwissenschaftlicher Stil 1546
– Zeitschriftenartikel 729f, 734f
– Zeitschriftenaufsatz 482f
Porosität 381
Port Royal, Logik von 900
Portugiesisch 1274
Positionsstruktur 1767
Positivismus 1324f
–, logischer 1330ff
postgraduales Studium Fachübersetzen 999
Postmoderne 1319
Postmodifikation 423, 1407, 1479
Postulat der Anonymität 397ff
– der Exaktheit für den Fachsprachengebrauch 373ff

– der Explizitheit 383ff
– der Ökonomie für den Fachsprachengebrauch 390ff
Prädikat 1322ff
Prädikatgruppen in Fachtexten 423ff
Prager Funktionalismus 1404
– Schule 345ff, 1350
Pragmalogik 907
Pragmatik 386, 718ff, 2523
pragmatische Angabe zur Stilschicht 1772
– Aspekte fachbezogener Kommunikation 802ff
– Markierungsangabe 1772
pragmatischer Textgehalt 742ff
pragmatisch-kommunikative Textauffassung 448f
pragmatisch-semantische Angabe 1772
Pragmeme 662
praktische Bedürfnisse 357f
– Informatik 1174
Prämodifikation 423, 1407, 1479
Präskription im philosophischen Wörterbuch 2001
präskriptive Bedeutungsangabe 2000
– Terminologiearbeit 342
Präsuppositionen 385
Prätext 603
Praxiogramm 662f
Praxis, ärztliche 1278ff
– der Fachsprache 1150ff
– der Fachsprachenforschung 1588
– interkultureller Wirtschaftskommunikation 851ff
Praxisanleitungen 1318
Präzision 383, 1142
– im Ausdruck 2578
– von Gesetzestexten 525ff
Preisbewerbungsschrift 2449f
Prestige 30ff, 713ff
Primärdaten 232
Primärtext 493ff, 1335
Primärtextsorten 550
primary term formation 1441
Principle of least effort 390
Printwörterbücher, textuelle Strukturen 1763ff
Prinzipien der Gesprächsanalyse 94f
Problematik der Fachübersetzung 784ff
Problembewußtsein 357f
Produktempfehlungen 1158
Produktionskompetenz 802
Produktionswörterbuch 1873, 1983
Produktnormen 105
professionelle Fachausdrücke 693f

professionelles Wissen 694ff
Professorenroman 724
Proformen 384
Programm 922, 927f
– und Benutzer 936ff
– und Graphik 936
Programme, Spezifikationssprachen 927
Programmierkommentar 932
Programmiersprache 922, 1174ff
–, ALGOL 60 926
–, deklarative 928
–, formale Definition 925
– für Industrieroboter 936
–, META IV 926
– PL/I 926
–, Pragmatik 927
–, PROLOG 930
–, prozedurale 928
–, Semantik 926ff
–, Struktur 928ff
Programmierung 922
–, bottom-up design 932
–, Methode 932
–, Objektorientierung 933
–, top-down design 932
Programmsprache 179f
Programmstruktur und Lösungsweg 933
Progression, lineare 615
– mit gleichbleibendem Thema 615
–, thematische 419ff, 473, 615
progressive Epuration 2521
PROLOG (Programming in Logic) 930
–, Operatorenvokabular 931
–, Semantik 930
Promotionsordnung 501ff
Propädeutikum 1318
Proposition 384, 447ff
propositionale Textauffassung 447
propositionaler Bereich 668ff
Propositionen 668ff
Prosa, wissenschaftliche 2540
Prosatexte, Typen 2517
Prosubstantive 391f
Protokoll 493ff, 2449
– als rekonstruierende Textsorte 496ff
–, Arten 496ff
–, Authentizität 497ff
Protokollstil 282
Prototypen, semantische 1158f
Prototypensemantik 434ff, 1361
Provinzialnamen 1026
Prozeduren, nennende 692ff
–, operative 669f
Prozesse der Textkonstitution 410

Prozessivität 721ff
Prüfstatistik 1756
Prüfungsgespräch 517ff
–, allgemeine Charakteristik 517ff
–, Bewertungshandlungen 520
–, Ellipsen 520
–, Frage-Antwort-Sequenzen 519ff
–, Makrostruktur 518ff
–, Metakommunikation 519
–, Spezifika 520ff
–, strukturelle Eigenschaften 518ff
–, Umgangssprache 520f
Pseudoentlehnungen 1576
Pseudonymenlexikon 2036
pseudoprofessionelles Wissen 697
Psychiatrie, Fachwörterbücher 1971
Psycholinguistik 366
psycholinguistische Modelle 892
Psychologie 714ff, 1317f, 1326ff
–, kognitive 362ff
psychologische Faktoren 113f
Publikationen in englischer Sprache 767f
Publikationsaufkommen 812ff
Publikationssprachen 842ff
Publikationswesen 824ff
Publizitäts-Sprachen 842f
punktuelle Terminologiepraxis 2125
Purismus 881ff, 1514f, 1707, 1711, 2539f
s. Sprachpurismus
s. Verdeutschung

Q

Quadrivium 270ff, 2334
Qualifikation, fachliche 2ff
Qualifikationsanforderungen für Auslandsmanager 851f
quantitative Variation 187
Quasi-Synonymie 1161f, 1947
Quasi-Texte 626
Quellen für Fachwortschätze 435ff
–, nichtliterarische 2520
Quellenangabe 1697
Quellenkunde 278
Quellenwert 1133, 1135
– des Deutschen Wörterbuchs 1675
–, Dialektwörterbücher 1128
–, Große Sowjetische Enzyklopädie 1661
– von Dialektwörterbüchern, Untersuchungsmethode 1122

– von Fachwörterbüchern 2400f
Querverweis 613
s. Artikelverweis
s. Verweisangabe

R

Rahmen, textueller 1764
Rahmenbedingungen als Leitbegriff 24ff
– der außersprachlichen Welt 28ff
– für die Fachkommunikation 24ff
–, objektsprachliche 42ff
–, soziale 31ff
– von Fachkommunikationsforschung 42ff
– von Kommunikation 25ff
Rahmencurriculum 1008ff
Rahmenstruktur, textuelle 1764
Rahmentext 1764
s. Außentext
s. Umtext
Randbereichsunschärfe 381
Randschärfe 153
Rang 1757, 1759
Ratgeberliteratur 868
Ratgeberschrift 729, 734
rational-universalistische Sprachkonzeption 2416f
Rätsel 1027
Raumgliederung des Wörterbuchkartells 1133
reaktive Gesprächsakte 512ff
– Gesprächsschritte 512ff
Realdefinition 2423
Realia 1158
Realität und Technolekt 2135
Realitätsprinzip 15ff
Reallexikon der Musik 2006
Rechenverfahren 913
Recherche, fachliche 284f
rechnerunterstützte Terminographie 2156f
Recht 1519, 2286ff, 2585ff
–, Fachsprache 529f
–, kaiserzeitliches 2290
–, römisches 2286ff
– und Gesetz 522ff
Rechte in Gesetzen 525
rechtliches Ordnungssystem 2588
Rechtsauslagerung 1804
Rechtsbuch 2341
Rechtschreibung 1614
Rechtschreibwörterbücher der Medizin 1968
Rechtsdogmatik 1385
Rechtsdokumente 2520
Rechtserkenntnisquelle 278

Rechtsinstitut 1382
Rechtskodifikation 2585, 2591f
Rechtsmethodik 1286ff
Rechtsquelle 278
–, mittelbare 278
–, unmittelbare 278
rechtsrelevante Begriffe 2591
Rechtssemantik 1385f
Rechtssprache 529, 1286ff, 1382, 1507, 1581, 2286ff, 2489ff, 2585ff
s. Fachsprache der Jurisprudenz
– als Fachsprache 2315f
–, neuere englische 2489ff
–, fachsprachliche Merkmale 281
–, Funktion 1384
–, Verständlichkeit 1287ff
–, Wortgeschichte 2314f
Rechtssprachenwörterbuch 1870
Rechtsterminus 280
Rechtstexte 1516f
Rechtsverordnungen, Empfänger (Adressaten) 529ff
–, Sender (Emittenten) 529ff
Rechtswissenschaft 300, 330, 715f, 2288f
s. Jurisprudenz
Rechtswort 277, 280, 1136
–, Typen 2342
Rechtswortschatz, althochdeutscher, als Rechtsterminologie 2316
– im Althochdeutschen 2312ff
–, Sachsenspiegel 2341ff
Redakteur, technischer 394, 990, 1004ff, 1018
Redegegenstand 210ff
Redesituationen 739
Redesorten 742
Redner 2555ff
–, revolutionäre 2557f
Reduktion 191ff
reduzierte Syntax 194ff
reduzierter Sprachgebrauch 191ff
Reepschlägerei 1027
Reepschlägerhandwerk 1040
Referatenorgane 811ff
Referentenentwurf 1396
referentielle Dimension 7ff
– Vieldeutigkeit 381
Referenz 385f
Referenzanweisungen, gruppeninterne 153ff
Referenzobjekt 31ff
referenzsemantische Fixierung 1875
Referenzwerke, sprachliche 155f
Reflexion über Begriffe der Ökologie 1367ff

- über Fachkommunikation 956 ff
- über Fachsprachen 956 ff
Reflexionen, fachsprachliche 301 ff, 312 ff
Reformpädagogik 1313, 1315 ff
Regelformulierung in Gesetzen 524 ff
Regelungstechniken in der Jurisprudenz 1291
Regionalismen 297, 299
Register 120 f, 220, 226 ff, 1394, 1880
–, alphabetisches 1876
–, erweitertes 1784
–, sprachliches 208 ff
– und Fachkommunikation 211 ff
–, unpassende 215 ff
register 1404, 1410, 1466 ff
Register-Begriff 208 f
–, Dimensionen 210 ff
Registermarkierung 1698
Registerstruktur 1765
Registertheorie und Funktionalstilistik 213 ff
Registriernummer 1256 f
regulative Texte, Handwerk 1026
Reiseliteratur 725 f
Reizwort 1374
Rekapitulation 493
Rekapitulieren 656 ff
Rektion 1698
Rekurrenz, lexikalische 613
RELATAN-Computerprogramm 598
Relationen, begriffliche 251 f
–, semantische 250 f
relative Häufigkeit 241 ff, 244 ff, 1756 f
– Häufigkeit, kumulative 1757
relativer Fehler 244, 1756
Relativität 381
RELC (Regional English Language Center) 843
Relevanz der Fachsprachenforschung 366 ff
Relevanzprinzipien 1297 ff
Religion 2277 f
–, frühchristliche 2282 f
–, griechische 2279 f
–, römische 2280 ff
Religionsbegriff 2277 f
Reliktwörter 1057
Renaissance 69 ff, 301 ff, 312 ff, 2529 ff, 2535 f, 2538
– glossaries 2459
Renaissance-Begriff 302 ff
Reparatureinleitungen 1159 f
Repräsentation von Fachwissen 17 ff
Repräsentationsformen 18 ff

Repräsentationssysteme, sprachliche 438 f
republikanische Zeit 2287 ff
Ressort-Fachsprache 1372
Ressortvokabular 1376
Retrieval, sachbezogenes 285
Reverbalisierung von Wissen 666
Revision 857
revolutionäre Redner 2557 f
REXX (ein Programm) 929
Rezension 1437, 2441, 2448 f
–, wissenschaftliche 488 ff
Rezeptbuch 1915, 2302
Rezeptionswörterbuch, zweisprachiges 1870
Rezeptliste 2302
Rhetorik 2255 ff, 2550 f
–, Definition 2257 f
–, Terminologie 2258
rhetorische Terminologie Notkers III. 2323, 2325 f
Rheumatologie, Fachwörterbücher 1972
Rint (Internationales Neologie- und Terminologienetz) 2153 ff
RITerm (Terminology Ibero-American Network) 2150 ff, 2249
Ritual 2279 f
Rohrnetzbetrieb 638 ff
Rollen, illokutive 410
Rollenspiel 112 f
Rollenverteilung 511 ff
Rollenwechsel 518
Rom 2275 f
Roman, historischer 724
Romanistik 333 ff
römische Antike 66 ff
– Medizin 2275 f
– Religion 2280 ff
römisches Altertum 2286 ff
– Recht 2286 ff
Römpp, Chemielexikon 1948 f
Royal Society 1638 f, 1645, 2465
RTT (Rådet for teknisk terminologi) 2146 f
Rundtischgespräch 515 f
Russisch 1532 ff
– als internationale Wissenschaftssprache 815
russische Allgemeinlexikographie 1704 ff
– Fachsprachen 1532 ff
– Fachsprachen, Forschungsrichtungen 1532 ff
– Fachtexte 1535 ff
– Fachtexte, grammatische Kategorien 1542 f
– Fachtexte, Kohärenz 1536 f
– Fachtexte, Kohäsion 1536 f

– Fachtexte, Makrostrukturen 1535 f
– Fachtexte, Satzgliedfolge 1538 f
– Fachtexte, Symbolik 1542 f
– Fachtexte, Syntax 1537 ff
– Fachtexte, Thema-Rhema-Gliederung 1538 ff
– Fachtexte, Wortformen 1542 f
– Fachtextsorten 1535 ff
– Fachwortschätze 1540 ff
– Lexikographie 1714 ff
– Nominalgruppen 1539 f
– Patentschriften 558 f
– Terminologien 1540 ff
– Terminusbildung 1541 f
– Verbalgruppen 1539 f

S

Sachangemessenheit 404 ff
Sachbuch 730, 734
Sache-Wort-Prinzip 1033
Sachfach 999
Sachgebiet 284
Sachgebietsangaben 1956
Sachgeschichte 2564 ff
Sachglossare, angelsächsische 2453 f
Sachgruppen 433
– in bebilderten Werkzeugkatalogen 580
Sachkenntnis 793
Sachkompetenz 795 ff
s. Expertenwissen
Sachlexikographie 1980
s. Fachlexikographie
s. Lexikographie
Sachlexikon 1622, 2037
–, glossarisches 2040
s. Lexikon
sachliches Wörterbuch 1777
Sachliteratur 348 ff
–, mittelalterliche 348 ff
sachlogische Gliederung von Fachtexten 411
sachorientierte Varietät 172
Sachorientierung 176
Sachprosa 204, 222
–, populäre 728 ff
Sachstil 204
Sachunterricht, muttersprachlicher 947 f
Sachverhalt und Terminus 2012
Sachverhaltskonstruktion 664 f
Sachwissen 793, 998
s. Wissen
– und Sprachwissen 998 ff
Sachwörterbuch 624, 1949, 1976
s. Fachwörterbuch

s. Wörterbuch
—, fachliches 624
sakrale Ursprünge 2286f
Sakralsprache 2282
Salzwesen 2377ff
Satz, parenthetischer 613
Satzarten 195, 418ff
Sätze 195, 1329ff
— in Fachtexten 416ff
Satzgefüge 1598
Satzgliederung 473f
—, aktuelle 473f
—, in Fachtexten 419f
—, in Verträgen 537
Satzgliedfolge in Fachtexten 419ff
— in russischen Fachtexten 1538f
Satzkomplexität in Fachtexten 417ff
Satzkonstituenten 422ff
Satzlänge in Fachtexten 416ff
Satzperspektive, funktionale 419ff, 473
Satzsemantik 425
Satztypen 418ff
Satzverdichtung 393
satzwertige Nominalgruppen in Verträgen 537
savant 2554ff
Schemata 76ff
Schematheorie 893f
Schichten, Fachsprache der Theologie 1305ff
Schichtenmodelle 548ff
Schichtenspezifik des Fachwortschatzes 1169ff
Schichtung 339
—, fachsprachliche 403ff
Schichtung, vertikale 50ff, 113ff, 164ff, 191f, 204f, 225f, 375f, 404ff, 489, 548ff, 746, 758ff, 1174ff, 1195f, 1215, 1218ff, 1278, 1314ff, 1318f, 1415, 1420, 1429f
Schichtungsmodell 133f
Schiffahrt 293f
Schiffbau 1608f
Schiffersprache, Entwicklung 1047
s. Fachsprache der Seefahrt
—, Pragmatik 1048
Schiffsbau 1214f
Schiffsbezeichnungen 1047
Schiffsingenieurwesen 1608f
Schiffsmaschinenbau 1608f
Schlagwort 748ff, 1374
Schleife 923
Schließen 903, 908
Schlüsselvokabular der Ökologie 1367f
Schlüsselwörter 748ff
Schlußlemma 903

Schmiedbezeichnungen 1029
Schmiedehandwerk 1031
Schnellzugriffsstruktur 630, 1767
—, glatte innere 1771, 1775f
Schnittstelle zwischen Benutzer und Wissensspeicher 1017ff
Schöne Literatur 717ff
Schreiben, fachliches 64ff
— in der Technik 1003ff
—, interkulturelles 396f
—, technisches 396f, 1003ff
Schreibformen 1246ff
Schreib(prozeß)forschung 1004
Schreibtischmetapher 653f
Schreibung in der Fachsprache der Mathematik 1224f
Schreibweise bei der Terminologie der Mathematik 1226
— bei der Terminologie der Physik 1232
Schreibweisen 1246
Schrift 4ff
—, chinesische 1594
Schriften, enzyklopädische 1913
Schriftenreihen 1580
Schriftgradbezeichnungen 2547
Schriftgrade 2547f
schriftliche Aspekte der Fachsprachen 438ff
— Fachkommunikation 60ff, 395ff
— Fachtextsorten 550ff
— Kommunikation 665ff
— Textarten 665ff
— Texte 665ff, 668
— Variante 1213f
Schriftlichkeit 639ff, 666f
Schriftverkehr, behördlicher 281
Schularten 958ff
Schule, junggrammatische 1341ff
—, Kazaner 1352
—, Leipziger 1343
—, Moskauer 1343
—, Prager 1350
Schulen, allgemeinbildende 958ff
—, terminologische 978
Schulpädagogik 1318
Schulunterricht 954ff
Schwedisch 1579f, 1583
schwedische Fachsprachen 1558ff
Schweizerdeutsch 1111
Schwierigkeitsgrad, fachlicher 1002f
—, sprachlicher 1002
— technischer Fachtexte 1002f
science 1641
s. Wissenschaft

Science Fiction 724
scientific language, popularization 1563
SEAMEO (South East Asian Ministers of Education Organization) 843
Seefahrt 1211ff
—, Wortschatz 1213ff
Seelenglaube 2279
Seewirtschaft 1214
Segmentation, funktional-positionale 1768
Sekundärdaten 232
Sekundärtext 1335
Sekundärtextsorten 550
Selbstdeutigkeit 385, 1132, 1142
Selektion, äußere 1810, 1892
—, syntaktisch-morphologische 416ff
Sem 596
s. semantische Merkmale
Semantik 126ff, 146f, 385ff, 425, 452f, 2585
— der Alltagssprache 1297
—, erziehungspraktische 1318ff
—, erziehungswissenschaftliche 1318ff
— formaler Sprachen 911
semantische Äquivalenz 409
— Differenzierung 1212
— Eindeutigkeit 2351
— Felder 433ff, 2589f
s. Wortfelder
— Fixierungsschritte 1868
— Integration 2546
— Komprimierung 1300f
— Merkmale 430ff
— Netze 433ff
— Norm 1298ff
— paradigmatische Beziehungen 430ff
— Prototypen 1158f
— Relationen 250f
— Unbestimmtheit 378ff
— Vagheit 1519
— Verdichtung im Fachwortschatz des Eisenbahnwesens 1210ff
— Verschiebungen im Fachwortschatz des Textilwesens 1203ff
semantischer Horizont 2590f
— Kommentar 1770, 1772
— Subkommentar 1770
— Subkommentar, linksausgelagerter 1805
— Vergleich 135f
Semasiologie, historische 280
Semem 1855f
s. Bedeutung
Semiexperte 1885
s. Experte
Semiotik 18ff, 62ff, 575ff, 1553f, 2586ff

semiotische Kontrolle 2586ff
— Systeme 895f
semiotisches Dreieck 2172
semiprofessionelle Ausdrücke 693f
Semitrivialname 1947
Sender von Rechtsverordnungen 529ff
— von Verwaltungsvorschriften 529ff
Sensualismus 2579, 2582
septem artes liberales 2319ff, 2334
s. artes liberales
septem artes mechanicae 270ff
Serientitel 618
SGML (Standard Generalized Markup Language) 937, 2222
Sinn 452, 455
— von Fachsprache 1506ff
Situation 111ff, 1508
—, fachtypische 967
—, soziale 111
situative Dimension 185
Skala 163ff
— der Fachsprachlichkeit 38ff
—, gleitende 163ff
Skalierung 163ff
Skizzen 76ff
Skripta, normandische 2525ff
Skriptaatlas 2521
Skripten 2520f
Skriptenforschung 2520f, 2523
Skriptologie 2520ff
skriptologische Analysen 2521
— Fragestellungen 2521
social sciences 1606f
s. Sozialwissenschaften
Software-Ergonomie 923, 938f
Soldatensprache 177
Sommerkurse 990
Sonderorthographien, fachsprachliche 439
Sondersprache 173ff, 190, 1105, 1507f, 1983
— der Wüstenmönche 2285
Sonderwortschatz 2301
Sonderzeichen 440f
—, lautliche Gestalt 441f
Sorten fachbezogener Vermittlungstexte 562ff
sottocodice 1505f
soziale Bezüge 1ff
— Faktoren 113
— Gliederung von Fachtexten 411
— Gruppen 225ff
— Heterogenität 150ff
— Rahmenbedingungen 31ff
— Situation 111
Sozialideal 2566f
Sozialisierung 165ff

Sozialismus 1325
Sozialprestige 2ff
Sozialwissenschaften 784ff, 1606f
sozialwissenschaftliche Terminologie 1317ff
Soziokultur 1593ff
soziokulturelle Dimension 6ff
Soziolekt 224ff, 678f
Soziolinguistik 366, 1664
Soziologie 1317ff, 1318
soziologische Texte 790ff
Spanisch 1274, 1514ff
spanische Fachsprachen 1514ff
— Fachtexte 1515ff
— Fachwortbildung 1517ff
spanischer Sprachraum 1514ff
Spätantike 295ff
special glossaries 1558
— language conventions 1562f
— language of accountancy 1561f
— language of communication theory 1562
— language of data processing 1562
— language of electrotechnics 1560f
— language of jurisprudence 1560
— language of linguistics 1561
— lexicography for navigation 1926ff
special language of anatomy 2472ff
— registers, development 2502ff
specialized lexis, Chinese Grand Encyclopedia 1723f
— lexis, OED 1676ff
spekulative Begriffe 1322
— Philosophie 1324
Spendersprachen für Fachlexik 1712
Spezialisierung 30ff
— der Wissenschaften 2577
—, fachsprachliche 662
Spezialisten 165ff
s. Experte
Spezialnomenklaturen 1257f
Spezialwörterbuch zur Werbung 1986
Spezialwörterbücher 323ff, 769ff
— der Betriebswirtschaftslehre 1981f
spezieller vs. allgemeinwissenschaftlicher Terminus 1721
Spitzenforschung 833
Spontanaussprache, Bildungssprache, Fachsprache 2513
Spontansubstantivierung 676
Sport 1607

sports 1607
Sprach- und Sachlexikographie, Verhältnis 1690
Sprachakademien 1615f
Sprachausbildung, fachbezogene 946
Sprachbarrieren 165ff, 884ff
Sprachbeschreibung, funktionalkommunikative 160f
—, kommunikativ-funktionale 1409
Sprachdatenverarbeitung 1001
s. Datenverarbeitung
Sprachdenkmäler, nichtliterarische 2520
Sprachdokumentation 155ff
Sprache, allgemein-wissenschaftliche 695
— als Form der Wissenspräsentation 1016f
— als Medium 1305
— als Medium der Wissenskommunikation 1016f
— als Thema 1305
— der Algebra 2580
— der Aussagenlogik 902
— der Biologie 1938f
— der Chemie 1946f
— der Geisteswissenschaften 376f
— der Kriminalität 1294f
— der Naturwissenschaften 376f
— der Politik 736ff
— der Prädikatenlogik 904
— der Prädikatenlogik, Semantik 905
— der verwalteten Welt 869ff
— der Verwaltung 1391ff
— des behördlichen Schriftverkehrs 281
—, deutsche 327ff
—, englische 764ff, 771ff, 1274, 1575ff, 1580, 1583, 1997
—, Erscheinungsformen 157
—, Existenzformen 157
—, fachbezogene 176
—, Formalisierung 1326f
—, gemeinschaftsbezogene 176
—, gesprochene 177ff
—, graphische 922
— in Institutionen 235
—, menüorientierte 922
—, technische 1026
— und Arbeitswelt 959
— und Beruf 959
— und Bild 1833f
— und Denken 2579ff
— und Kenntnis 15ff
— und Musik 1335ff
— und Wissen 692ff
—, Wissen, Wissenschaft 2578
—, Wissenschaftssprache, Stil 2579ff

—, zeilenorientierte 922, 928
Sprachebene 39ff, 1189ff, 1615
Sprachen, formale 911
—, kontrollierte 895f
—, logische 900
—, offizielle 841f
—, vereinfachte 1005f
—, vorhistorische 289ff
— zur Textverarbeitung 936
Sprachenidentifizierungsangabe 1792
Sprachenpolitik 151, 994ff
Spracherneuerung 1586
Spracherwerb 947
Sprachform, äußere 667f
Sprachformeln in der Jurisprudenz 1290
Sprachfunktionen 203, 793
Sprachgebrauch, Differenzierung 679f
—, direktiver 529
—, normativer 529f
—, öffentlicher 736ff
—, politischer 736ff
—, reduzierter 191ff
Sprachgeschichte 1023, 2566ff
Sprachgeschichtsschreibung 2292f
Sprachhandlungen in Erlaß, Verordnung, Dekret 531
Sprachinnovation 2211
Sprachkontakte 764ff, 802f
— Englisch-Deutsch 764ff
Sprachkonzeption, rational-universalistische 2416f
Sprachkrise 775
Sprachkritik 366f, 775ff, 806ff, 866ff, 1323f, 1358ff, 2539
sprachkritische Lexikographie 1998
Sprachkultur 52ff, 365f, 805ff, 860ff
—, handwerkliche 1021
— im 18. Jh. 1623f
Sprachkundigenausbildung 966
Sprachlehrbuch, bebildertes 575
sprachliche Ausbildung 999
— Besonderheiten von Beipackzetteln 585ff
— Bewältigung des Wissensstandes 2578f, 2581
— Dimension 11.
— Existenzformen der Exaktheit 373f
— Form von Gesetzen 524ff
— Handlungsfähigkeit im Fach 949
— Handlungsmuster 641ff
— Korrektheit 964ff
— Merkmale bebilderter Werkzeugkataloge 577ff
— Merkmale der wissenschaftlichen Rezension 491f

— Normierung der Patentschrift 557
— Referenzwerke 155f
— Register 108ff
— Repräsentationssysteme 438f
— Variablen 188ff
— Variation 124ff
sprachlicher Ausbau 219ff
— Schwierigkeitsgrad 1002
sprachliches Handeln 792f
— Handeln in deutschen behördlichen Institutionen 662ff
— Wörterbuch 1777
Sprachmittlerberufe 998
Sprachmystik 2412
Sprachnormen 100, 822ff
s. Normen
Sprachnormung 1615f
Sprachökonomie 390ff, 2209
Sprachpatriotismus 2412, 2413f
Sprachpflege 1394, 1405
Sprachpflegeorganisationen 821ff
Sprachplanung 104, 220, 776ff, 806ff, 875ff, 994ff, 2207ff, 2585f
Sprachpolitik 820ff, 1590f, 1616f
—, technolektbezogene 820ff
— und Terminologieplanung 2211ff
Sprachpurismus 2415, 2437f
s. Purismus
Sprachraum, spanischer 1514ff
Sprachreflexion 134
Sprachreformbewegung 1593
Sprachregelung 155ff
Sprachreinheit 2426
Sprachrichtigkeit 2362, 2413
Sprach-Sach-Lexikographie 2393
Sprachschule des Glaubens 1307
Sprachsoftware 938
Sprachspiele 742ff, 1330ff
Sprachstatistik 241f
— und Fachsprachenunterricht 248ff
— und Subsprachen 242ff
Sprachsymptome 150
Sprachsystem 11ff, 339
—, chinesisches 1593ff
sprachsystematische Funktionsebenen 39ff
Sprachsystemvergleich 1857
— und Wörterbuchäquivalenz 1855ff
Sprachtheorie 2265ff
—, barocke 2412f
— Wolffs 2433
Sprachträger 165ff
Sprachtransfer 710ff

—, Ursachen 711ff
sprachübergreifende Terminologieplanung 343f
Sprachuniversalismus 2412
Sprachunterricht, fachbezogener 336ff
Sprachvariation 182
s. Variation
Sprachvarietäten 170ff
s. Varietäten
Sprachvarietätenmodelle 170ff
Sprachvarietätentypisierung 176
Sprachverein 885ff
Sprachvergleich 1856
Sprachverhaltensweisen 872f
Sprachverwendung 11ff
Sprachverwendungskultur 806f
Sprachwandel 710ff, 1092, 2313
Sprachwechsel 105
Sprachwissen 998
— und Sachwissen 998ff
Sprachwissenschaft 1341ff, 1604f, 2591f
s. Linguistik
—, angewandte 1000ff
—, funktionale 1553
— und Terminologieforschung 345f
Sprachwörterbuch 624, 1976
—, fachliches 624, 1726, 1731, 1777
Sprachzentren 989ff
Sprechakt 553, 1330
s. Sprechhandlungen
Sprechakttheorie 448, 742f
Sprechakttypen 512ff, 1314f
Sprechergruppen 737ff
Sprecherwechsel 510ff
Sprechhandlungen 448
s. Sprechakt
Sprechtechnik 507
SQL (Structured Query Language) 934f
—, Operatoren 935
SQL-Sprache 934
Staatslexikon 1978
Staatssprache 2533
Stadtwerke 634ff
Stahlnormenglossar 2133
Stammkörper, Namen der 1246ff
Stammverbindungen 1252
Stammwort 2413
Standardabweichung 244
standardisierte Textelemente 1158
Standardisierung 625, 1405, 1418, 1581, 1608, 1666, 1875, 2546ff, 2586
— von Interaktionssprachen 925

standardization 562, 1424,
    1438f, 1442, 1454f, 1608
— of terminology 1552
Standardsprache 126, 163, 171,
    182f, 1571
    s. Allgemeinsprache
    s. Gemeinsprache
Standesgefühl 174
Standesorganisationen 176
Standespflichten 176
Standesregeln 176f
statistische Lexikographie
    1754ff
— Lexikographie, Methoden
    1756f
— Methoden 241ff
statuierte Normen 101
Status 219ff
— der Fachsprachen 33ff,
    118ff, 218ff
— einer Sprache 809ff
Statusausbau 222f
Statusbestimmung von Fachsprachen 219ff
Statusspezifizierung 222ff
Steinkupferzeit 290f
Stellmacherei 1024
Stemmata 76ff
stereotype Wendungen in der
    Fachsprache der Mathematik 1223
Stereotypentheorie 434ff
Stichprobe 241ff, 1757
Stichprobenplanung 1756
Stichprobenumfang 243ff, 1756
Stichwortblock 1815
Stil 114f, 119, 122ff, 128f,
    192f, 199f, 226ff, 795f, 1321,
    1327f, 1626, 2272, 2579ff
    s. Funktionalstil
—, fachspezifische 1034
— der Wissenschaft 199ff
—, populärwissenschaftlicher
    1546
—, wissenschaftlicher 390f, 397,
    400, 1533ff
Stilebenen 114
— der Kraftfahrzeugtechnik
    1158ff
Stilfiguren 1645
Stilforschung, hermeneutische
    892
Stilgattungen, Typologie 204ff
Stilhöhen 2284
Stilideal, wissenschaftliches 862
Stilistik 145f, 199ff, 223, 1598f
    s. Funktionalstilistik
—, fachspezifische 1034
—, funktionale 160
—, wissenschaftssprachliche
    2576ff
stilistische Angabe 1706
— Dimension der Fachkommunikation 373f

— Merkmale der wissenschaftlichen Rezension 491f
— Merkmale des wissenschaftlichen Zeitschriftenaufsatzes
    485ff
— Merkmale von Patentschriften 559ff
stilistisch-semantische Besonderheiten 1158
Stilklassifikation 201ff
Stilmerkmale 206f
Stilmittel 732, 1266
— der Fachsprache der Musikwissenschaft 1335
—, Enzyklopädieartikel 1645f
stilnormende Merkmale der
    Fachkommunikation 374f
Stilschicht 1772
Stilstatistik 241ff, 1533
Stiltendenzen 2582ff
Stratifikationsmodell 8ff
Streitschriften 1315f, 1319
Strichlemma 2081
Struktur, formelhafte 2523
Strukturalismus 61ff, 1350ff
Strukturanzeiger, nichttypographischer 1775
strukturelle Beschreibung von
    Fachtexten 472ff
— Eigenschaften der Textsorte
    Kongreßvortrag 505ff
— Eigenschaften der Textsorte
    Prüfungsgespräch 518ff
— Eigenschaften von Diskussionen unter Wissenschaftlern
    510ff
— Merkmale bebilderter Werkzeugkataloge 577ff
— Spezifika von Beipackzetteln
    585ff
Strukturen 1236f
—, argumentative 511ff
— der Fachübersetzerausbildung 998ff
—, permanente 2278f
Strukturformeln 1236, 1249f
Strukturierung des Faches 9ff
Strukturtheorie 105ff
STT (StandardTerm) 2248
Studia humanitatis 270ff
Studienkollegs 989ff
studies of weather reports 562ff
Subcode-Interlanguageforschung 974
Subdifferenzierung 184
subheadings 563
Subjekt 1322ff
Subjektgruppen in Fachtexten
    422ff
subjektive Widerspiegelung der
    objektiven Realität 373
subjektlose Sätze in bebilderten
    Werkzeugkatalogen 579f

Subjektschub 422ff
Subkommentar zur Form und
    Semantik 1774
Sublemmastatus 1815
Subsprachen 39ff, 119, 123f,
    163, 189ff, 212f, 219ff, 223ff
—, Klassifizierung 193f
—, Lehre von den 375
— und Sprachstatistik 242ff
Subsprachenforschung 1533
Substantiv 1032, 1378, 1652
Substantivbenennungen 1178
substantivierte Infinitive in bebilderten Werkzeugkatalogen
    580
Substanzen 1236f
Substanzennamen 1237
substituierte Normen 101f
— organische Verbindungen
    1253ff
Substitution 662, 669f, 895ff,
    1253ff
Subsumtionstheorie 892
Subsysteme 676ff
— des Kraftfahrzeugs 1154ff
Subthema 611, 615
subtraktive Nomenklatur 1244
Suchbereich 1768
Suchbereichsanzeiger 1774
Suchbereichsarchitektur 1767,
    1770, 1796
Suchbereichsarchitekturbild, allgemeines 1776, 1797
Suchbereichsstruktur 1767
—, architektonisch-ausgebaute
    1775f
— mit rechter vertikalarchitektonisch ausgebauter Suchzonenstruktur 1808f
—, vertikalarchitektonisch ausgebaute 1772, 1799f
Suchbereichsstrukturen 1774ff
—, Fachwörterbücher 1791ff
Suchzone 1768, 1774ff
— zur Form des Lemmazeichens 1775
Suchzonenanzeiger 1775, 1797
Suchzonenstrukturen 1774ff
Südhessisch 1077
südhessische Imkersprache,
    Lexik 1077ff
Südhessisches Wörterbuch 1077
Summarium Heinrici 2306
Summenformeln 1248ff
Superstruktur, argumentative
    506
— des Kongreßvortrages 505ff
Swedish special languages
    1558ff
symbol 564ff, 1425f, 1428
Symbol 1236, 1430
Symbolfeld 668ff
Symbolik in russischen Fachtexten 1542f

Symbolsysteme 1237
synchronische Wirtschaftslinguistik 336, 338ff
Syndrombenennung 1280ff
Synekdoche 1447
Synonym 384f, 1142, 1275f, 1645, 1648, 1652, 1938, 1943, 1947, 1956, 2133, 2273
Synonymangabe 1980
Synonyme und fachsprachliche Präzision 1142
Synonymenliste 2403
Synonymenreichtum 1025
Synonymenwörterbuch 1911, 1918, 2393, 2399
Synonymenzone 1801
Synonymidentifizierungsangabe 1796
Synonymie 430ff, 613, 1160, 1190f, 1589, 1606, 1613f, 2002, 2380, 2413, 2424, 2543f
– im Fachwortschatz des Eisenbahnwesens 1208ff
Synonymik 1122
synonymy 1606
Synopseartikel 1766f, 1780
syntactic cluster 1443
Syntagma, Lexikalisierungsgrad 1695
–, festes 2572
syntagmatische Angabe 1698
syntaktische Ambiguität 380
– Ebene 393ff
– Eigenschaften von Fachsprachen 416ff
– Kompression (Kondensierung) 393ff, 421ff
– Kompression in Verträgen 537
– Konstruktion, Verwendung 375
– Merkmale des wissenschaftlichen Zeitschriftenaufsatzes 485ff
– Merkmale von Patentschriften 559ff
– Methoden 252ff
syntaktisch-morphologische Selektion 416ff
syntaktisch-morphologischer Funktionswandel 416ff
syntaktisch-stilistische Charakteristika von Beipackzetteln 585ff
Syntax 145f, 161ff, 385, 473f, 565ff, 670, 686f, 732f, 744ff, 780f, 1031, 1034, 1103, 1220ff, 1266, 1314ff, 1319, 1357f, 1537ff, 1556, 1566ff, 1583, 1598f, 1650, 1662
– der Fachsprache der Mathematik 1223ff
– der Fachsprache der Ökologie 1368

– der Fachsprache der Verfahrenstechnik 1183ff
– der Fachsprachen 154, 416ff
– der Fachsprachen im Maschinen- und Anlagenbau 1197ff
– der Fachtexte der Jurisprudenz 1288ff
– formaler Sprachen 911
–, logische 1330
–, reduzierte 194ff
– russischer Fachtexte 1537ff
– tschechischer Fachtexte 1548f
– von Fachtexten 1497ff
System und Text 1190ff
–, wissensbasiertes 2234
Systema naturae 2406
Systemaspekt 410
– und Tätigkeitsaspekt 410
Systematik der Kommunikationsbereiche 589ff
systematische Nomenklatur 1242, 1946f
– Nomenklatur der Organischen Chemie 1246ff
Systematische Theologie 1307ff
– Theologie, Grundbestand 1307ff
Systematisierung 69ff
– von Wissen 859
Systeme, formale 1175ff
–, semiotische 895f
–, wissensbasierte 433ff, 1016
Systemkonformität 1204ff
systems of transcription 1601

T

Tabak-Vokabular, Europäische Union 2131
Tabelle 613
Tabu 298, 2281
Tarski-Semantik 914
Task-Action Grammar 938
Tätigkeit 109ff, 680f
–, fachliche 109ff
–, kommunikationsintensive 635ff
–, kommunikative 109ff
s. Handeln
Tätigkeits- und Handlungsbereiche 377
Tätigkeitsaspekt 410
Tätigkeitsbenennungen 1075
Tätigkeitssituation 111f
Tätigkeitssprachen 1573
Tautologie 901
Taxonomie von Vagheit 379f
TC 1 (Technical Committee) 2120
T & D (Terminologie und Dokumentation) 2215ff

TDWG (International Working Group on Taxonomic Databases for Plant Sciences) 2117
TEAM 2158, 2165
Team teaching 989
Technical Communicator 1004
– Writer 1004
– Writing 367f, 1003ff
– Writing, Didaktik 1008ff, 1011
– Writing, Forschung 1010ff
– Writing, interkulturelles 1003f
Technik 7ff, 126ff, 142ff, 545ff, 676f, 792ff, 1580f, 1607f, 1711
–, kulturspezifische 1156ff
–, Schreiben 1003ff
Technikbegriff 143ff
Techniker 306ff
Technikfolgenabschätzung 12ff, 1010f
Technikredakteur 990, 1004ff
s. technischer Redakteur
Techniksemantik 126ff
Techniksprache 142ff, 715ff, 1670
– als Fachsprache 142ff
Technikwissenschaften 1188
technische Anglizismen 775ff
– Beschreibungen 1196f
– Chemie, Fachwörterbücher 1950
– Dokumentation 1003ff, 1192f
– Fachsprache 1146ff
– Fachsprachen im Bereich der Telekommunikation 1216ff
– Fachsprachen im Eisenbahnwesen 1207ff
– Fachsprachen im Textilwesen 1201ff
– Fachtexte 1515ff
– Fachtexte, Merkmale 1196f
– Fachwörter 1567f
– Informatik 1174
– Kommunikation 1005ff
– Sprache 1026
technischer Redakteur 394, 990, 1004ff, 1018
– Redakteur(in), Anforderungsprofil 1006f
– Redakteur(in), Tätigkeitsspektrum 1006f
Technisches Schreiben 396f, 1003ff
technisch-wissenschaftliche Fachsprachen 1566ff
Technisierung 147f
– der Kommunikation 757f
– des Alltags 712ff
Technolekt 679, 820ff, 1628, 2134f

– und Realität 2135
technolektbezogene Sprachpolitik 820ff
Technologie 1025, 1648
Technologiedolmetscher 1017
Technologietransfer 1593
technologisches Wörterbuch 1026
technology 1607f
tecnoletto 1505f
Teilartikel 1768, 1802
–, linker zentraler 1802
–, rechter marginaler 1802
Teilfachwörterbuch 1886
Teilgebietsidentifizierungsangabe 1801
Teilgebietszone 1801
Teillemma 1815
–, nichtgruppiertes 1816
teilnehmende Beobachtung 234
Teilstichprobe 1756f
Teiltext, lexikographischer mit Leitelementträger 1766
Teiltexte 449
–, polyphrastische 413f
Telekommunikation 1216ff
–, Fachwortschätze 1218ff
Telekommunikationsdienst 1217f
Telekommunikationsnetz 1217f
Telex 393f
Tempora 797
term, English-derived 1452ff
–, Greek-derived 1452ff
–, Latin-derived 1452ff
Termbase 2168
TERMEX/MTX (ein polyfunktionales Programm) 2168
Termini 152, 160f, 314ff, 429ff, 589f, 858, 1169, 1189ff, 1219ff, 1347ff, 1527, 2260ff, 2268, 2513, 2517, 2535f, 2545f, 2578
  s. Fachwort
  s. Terminus
–, äußere Selektion 1720
– der Gießereitechnik 1146ff
–, juristische 1568
terminographer 1751f
Terminographie 337, 1689, 2096ff, 2115, 2150ff, 2153ff, 2155ff, 2217f
  s. Fachlexikographie
  s. terminography
  s. terminologische Lexikographie
–, computergestützte 2156f, 2164ff
–, Europäische Union 2124ff
–, Hauptgrundsätze 2097
–, theoretische Grundsätze 2126f
–, übersetzungsbezogene 2137

–, übersetzungsorientierte 284, 2103, 2155ff
Terminographie und Fachlexikographie 1890f
Terminographiegeschichte, Europäische Union 2126
terminographische Informationsarten 2104f
terminography 1751f, 2108ff
– in UN-organizations 2108ff
–, specialized international organizations 2110ff
Terminologe 2237ff
–, Ausbildungsgänge 2242f
–, Berufsbild 981
terminological work 1559, 2138ff
Terminologie 15ff, 157, 193ff, 295ff, 340, 384f, 482ff, 644ff, 794ff, 798ff, 858f, 1018, 1193ff, 1204f, 1321f, 1347ff, 1355ff, 1359ff, 1522f, 1552f, 1568f, 1572f, 1580f, 1595f, 1610, 1665ff, 2155, 2171, 2260ff, 2263f, 2268, 2271, 2274ff, 2545f, 2562ff, 2573, 2588
  s. Nomenklatur
– als Prüfungsgegenstand 520f
– bei Paracelsus 2365f
–, bergmännische 1931
–, bergrechtliche 1931
–, botanische 1938
–, chemische 126, 1258f
– der Berufsbildung 2132
– der Fachsprachenreflexion 1648
– der Gießereitechnik 1146ff
– der Jurisprudenz 1289ff
– der Kraftfahrzeugtechnik 1160ff
– der Mathematik 1225ff
– der Musikwissenschaft 1335ff
– der Pharmazie 1274f
– der Physik 1231ff
– der Technik 1405
– des Bibliothekswesens 2064ff
– des Fischerbootes 1116ff
–, deutsche 2432ff
–, Encyclopédie 1627f
–, grammatikalische 2517
–, linguistische 1349ff
–, medizinische 1279ff
–, mehrsprachige 2164
–, musikalische 2012
– Notkers III. 2322f
–, Redegattungen 2326
–, Slovar' russkogo jazyka 1717
–, sozialwissenschaftliche 1317ff

–, theologische Notkers II 2322
–, Übersetzung 599f
–, übersetzungsorientierte 2124
– und Dokumentation (T & D) 2215ff
– und Sprachwissenschaft 345f
– und Terminographie 2125
– und Wissenstechnik 978
–, unveränderbare 2127
Terminologieangleichung 767
Terminologiearbeit 160f, 342ff, 428, 792f, 823ff, 878f, 1000f, 1193, 1405, 1515, 1519f, 1528ff, 1532, 1580f, 2096, 2147ff
  s. Terminologieerarbeitung
–, deskriptive 342
–, normative 2171
–, präskriptive 342
–, übersetzungsbezogene 1691
–, übersetzungsorientierte 2156ff
– vs. Terminologieerarbeitung 2186
Terminologieausbilder 981f
Terminologieausbildung 975ff
–, Ausbildungsbedarf 976ff
–, Ausbildungsgänge 976ff
–, Ausbildungsmaterial 979ff
–, Didaktik 979ff
–, geschichtliche Entwicklung 975ff
–, Probleme bei der Auswahl von Lehrmaterialien 980ff
–, Themenkreise 977ff
–, Zielgruppen 976ff
Terminologiebanken 1573f
Terminologiebestände, Zugriff 2164ff
Terminologiebildung 878ff
Terminologiedatenbank 2099, 2158, 2160, 2218f, 2235
Terminologiedienst 2124f
Terminologiediskussion 514f
Terminologiedokumentation 2217
Terminologieerarbeitung, deskriptive 2183ff, 2193
–, Dimensionen 2188ff
–, Grundsätze 2183f
–, präskriptive 2183ff, 2186
Terminologieforschung 339ff, 1239f
– in Europa, Geschichte 341ff
Terminologie-Informations- und Dokumentationszentren 2219ff
Terminologiekommissionen 343
Terminologielehre 134ff, 160f, 344, 428, 1553, 1564f
  s. Terminologiewissenschaft

—, allgemeine 346 ff
—, tschechische 1550
Terminologielisten 1529
Terminologiemanagement 2096
Terminologien 341 ff, 428 ff, 1527 ff, 2513, 2515 ff
Terminologien als wissensbasierte Systeme 433 ff
—, russische 1540 ff
—, tschechische 1549
Terminologienormen 823 ff
Terminologienormung 166 f, 342 ff, 1405, 1515, 1519 f, 1552, 1569, 1574 f, 2156 f, 2171, 2197
—, doppelter Regelkreis 2200
—, Umfang 2202 f
Terminologienutzung 2161
Terminologieplanung 978, 2207 ff, 2242
—, einsprachige 343 f
—, sprachübergreifende 343 f
Terminologiepraxis, punktuelle 2125
Terminologieschlüssel 879 f
Terminologieschub 1530
Terminologieverwaltung 2167 ff
Terminologieverwaltungsprogramm 2167 f
Terminologieverwaltungssysteme, mehrsprachige 2168
Terminologievielfalt 2373
Terminologiewissenschaft 341 ff, 878 ff
s. Terminologielehre
terminologische Arbeit 2126
— Bezugssysteme 1205 f
— Datenbanken 1569
— Diplomarbeiten 980
— Felder 1069
— Fortbildung 976
— Grundsatzlehre, allgemeine 2171
— Grundsatzlehre, spezielle 2171
— Grundsatznormung 2199
— Handbücher 980 f
— Kontrolle 2224
— Lexikographie 1552 f, 2096, 2218
s. Terminographie
— Neuprägungen bei Paracelsus 2363 f
— Schulen 978
— Wissenstechnik 2229 ff
terminologischer Eintrag 2104, 2157, 2160, 2195
terminologisches Wissen 2234
terminologisch-lexikalische Datenbanken 1198 ff
Terminologisierung 436 ff, 589 f, 676 f, 1356 ff, 1361 ff, 1596, 2371 ff, 2570 f

terminologist 2237 ff
terminology, computer 2138 ff
Terminology, International Information Centre for 2245 ff
Terminorum musicae diffinitorium 2006
Terminus 1650, 1705, 1715, 1720, 1868, 1914, 2444 ff
s. Termini
s. terms
—, bergmännischer 1932
—, lateinischer 1036, 1101
—, literaturwissenschaftlicher 2038
—, motivierter 2357
—, philosophischer 2002
— und Sachverhalt 2012
terminus artis 2445
— technicus 1494 ff
— technologicus 2445
Terminusbedeutungen 430 f
Terminusbildung 1219 ff, 1556
—, medizinische 1279 ff
—, russische 1541 f
—, tschechische 1549
Terminusfeld 1189 f
Terminusgestaltangabe 1794 f
Terminussystem 1189 ff
TermISys (ein mehrsprachiges Terminologieverwaltungssystem) 2168
TERMITE (eine terminologische Datenbank) 2115
TERMIUM (Terminologiedatenbank der kanadischen Regierung) 2165, 2219
Termliste, firmeninterne 1887
TermNet (International Network for Terminology) 2248
terms 566 f
s. Termini
s. Terminus
Text 31 ff, 386 f, 400 ff, 1189 ff, 1511
s. Fachtext
s. Texte
—, argumentative Struktur 907
—, definitorischer 2444
—, literarischer 721 f
— und Abbildung 2406 f
— und Bild 1220
s. Wort und Bild
— und System 1190 ff
text and picture 564 ff
— formation 563 f
— type 563 f
Textanalyse, automatische 1533
—, linguistische 1196 ff
Textarten 665 ff
s. Textsorten
—, institutionsexterne 665 ff
—, institutionsinterne 665 f

—, schriftliche 665 ff
Textaufbau von Beipackzetteln 585 ff
— von Originalarbeiten 1283
Textauffassung, pragmatisch-kommunikative 448 f
—, propositionale 447
Textauflockerung 624 ff
Textbaupläne von Bedienungsanleitungen 569 f
Textbegriffe 443 ff
Textbeispiele, fachsprachliche 1195 ff
Text-Bild-Relation 574 ff
Textblock 1770
Textblockanfangssignal 1770
Textbrauchbarkeit 893 ff
Textdeckung 1757
Textdefinition 469, 489 f
s. Fachtextdefinition
Texte 48 ff, 63 ff, 442 ff, 457 ff, 588 ff, 686 f, 741 ff, 1499 ff
—, adressatenspezifische 403 f
—, Brauchbarkeit 883 ff
— der Alltagskommunikation 588 ff
—, direktive 534
—, fachlexikographische 631
—, juristische 787 ff, 2534
—, kulturspezifische 1157 ff
—, literarische 588
—, normative 534
—, öffentliche 736 ff
—, regulative 1026
—, satzfragmentarische 626
—, schriftliche 665 ff 668
—, soziologische 790 ff
—, theologische 790 ff
— von Politikern 736 ff
—, wirtschaftliche 789 ff
—, wissenschaftliche 588
—, wissenschaftssprachliche 610
—, wissenszusammenstellende 625
Textebene 1175 ff, 2533 ff
Texte-in-Funktion 164
Textelemente, nonverbale 1158
—, standardisierte 1158
Textentdichtung 630
Textexterna 552
— bei Bedienungseinleitungen 572
— bei Verträgen 538 f
— der Geburtsurkunde 543 f
— fachinterner Gutachten 503 f
textexterne Faktoren 196 f
— Merkmale 474 f
Textformatierung 936 f
Textfunktion der Geburtsurkunde 541 ff
Textfunktionen 489 ff, 793 f
Textgattungen 2577
Textgehalt, pragmatischer 742 ff

Textgestaltung 1357ff
–, adressatengerechte 404ff
–, Didaktik 405ff
Textgliederung 375, 786f, 2523
Textgliederungssignal 1662
Textgraphiken 1283
Textiltechnologie, muttersprachlicher Fachwortschatz 1202ff
Textilwesen 1201ff
–, Fachausdrücke 1201ff
–, fachsprachliche Usancen im Handel 1204f
–, fremdsprachlicher Fachwortschatz 1202ff
–, semantische Verschiebungen im Fachwortschatz 1203ff
Textinhalt 491ff, 1158f
Textinterna 552ff, 785ff, 1410
– der Geburtsurkunde 543
– fachinterner Gutachten 501ff
– von Bedienungsanleitungen 569ff
– von Verträgen 536ff
textinterne Merkmale 196f, 472ff
Textklassen 457ff
Textklassifikation 457ff, 741ff
Textkomponenten 83ff
Textkomprimierung 1804
Textkondensierung 1804
 s. Textverdichtung
Textkonstituentenstruktur, vertikal-architektonisch ausgebaute 1765
Textkonstitution, Prozesse der 410
Textkritik 278
Textlinguistik 93f, 443ff, 458f, 738, 1533, 2523
 s. Fachtextlinguistik
textlinguistische Methoden 258f
Textmerkmale 470ff
–, individualspezifische 799f
Textmuster 1517
Textnotation 95
Textoptimierung 888f, 1004f
Textpräsentation 73f
Textproduktion 1004
Textproduktionsmodelle 1004
Textrezeption 1859ff
Textschemata 450f, 459
Textsemantik 452f
Textsemiose 74ff
Textsorte 129ff, 612, 1371, 1661, 2311, 2443f, 2522
 s. Fachtextsorte
–, Abstract 493ff, 619, 698ff, 1436f
–, bebilderter Werkzeugkatalog 574ff

–, Bedienungsanleitung 568ff
–, Beipackzettel 583ff
–, domaniale 1057
–, Encyclopédie 1624ff
–, fachliche 2441
–, Patentschrift 559f
–, Personenstandsurkunde 539ff
–, Protokoll 493ff
–, Prüfungsgespräch 517ff
–, Rezension 1437, 2441, 2448f
–, Zeitschriftenaufsatz 482ff
Textsorten 62ff, 164f, 191, 204, 222f, 227f, 243ff, 363f, 375f, 400ff, 443ff, 449f, 457ff, 470ff, 590ff, 728ff, 741ff, 758f, 1195ff, 1314ff, 1318ff, 1355, 1408, 1614f, 1639, 1910
–, bebilderte 580ff
– der Informatik 1176ff
– der Kraftfahrzeugtechnik 1158ff
– der Musikwissenscahft 1336ff
– der Ökologie 1366f
– der Verwaltung 1395f
–, Europäische Union 2126
–, fachinterne 377
–, handwerkliche 1026
–, im Bergbau 1092
–, juristische 1516f, 1566
–, medizinische 1282ff
–, wissenschaftliche 1916
–, wissenschaftlich-technische 1565
Textsortenangabe im Fachtitel 619
Textsortenbegriff 535f
Textsortendefinition 501f
Textsortenklassen 743
Textsortenkonventionen 547, 798f
Textsortenmerkmale 1374
Textsortenspektrum 547ff
– der Naturwissenschaften und der Technik 547ff
Textsortenstil 2374
Textsortenträger 1763
Textsortentypen 63ff
Textsortentypologien 741ff
Textsortenwissen 459
Textspektren 457ff
Textstruktur 76ff, 611
–, digressive 506
–, lineare 605f
Textstrukturierung in der Verfahrenstechnik 1183ff
Textsynthese, automatische 1533
Textthema 491ff
Texttradition 69
Textträger 1763
Texttyp 611

–, argumentativer 611
Texttypologie 457ff, 1436
Textualität 444ff, 470, 610
Textualitätsmerkmale 489f
textual macrostructure 563ff, 1427
textuelle Binnenstruktur 1765
– Eigenschaften von Fachsprachen 408ff
– Gruppierung 1815
– Makrostruktur 1639f
– Rahmenstruktur 1764
– Strukturen, Printwörterbücher 1763ff
textueller Rahmen 1764
Textverarbeitung, automatische 1594
Textverarbeitungsstrategien 405f
Textverbund 1763
Textverbundsorte 1763
Textverbundstruktur 1764f
–, konkrete hierarchische 1764
–, vollständige 1765
Textverdichtung 393, 624ff, 1804
–, äußere 1817
–, Operationen 627
–, Verarbeitungsoperation 627
Textverstehen 888
Theater 675ff
Theatrum 1917
Thema 69, 284ff, 610, 614
 s. Textthema
Thema-Rhema 1408f, 1436
Thema-Rhema-Analyse 615
Thema-Rhema-Forschung 893
Thema-Rhema-Gliederung 195f, 255f, 614, 1767
– in fachinternen Gutachten 503
– in Fachtexten 419ff
– in russischen Fachtexten 1538ff
Thematik 184
thematische Progression 473
– Progression in Fachtexten 419ff
thematischer Sprung 615
Themen fachlicher Kommunikationsbeziehungen 109ff
Themenbereiche 222ff
Theologie 313ff, 1304ff, 1313f, 1459ff, 2277ff, 2338f
–, systematische 1307ff
theologische Texte 790ff
– Fachsprache 2277ff, 2328
– Terminologie Notkers II. 2322
theoretische Fächer 1278
– Informatik 1174
Theorie der Fachsprachen 120ff

– der Fachsprachenforschung 359ff, 1588
– interkultureller Wirtschaftskommunikation 852ff
Theoriebildung 134ff
Theorien 691
Theoriesprache 281, 505f, 1262ff
Thermodynamik, Fachwörterbücher 1956
thesaurus 1747f
Thesaurus 242ff, 433, 1693, 1707, 1747f
Thesaurusarbeit 1533
Thésaurus CEI rationnel de l'électricité 2121
TIMBER (Terminological Information Management Based on Enhanced Retrieval) 2115
Titel 617, 699
Titellänge 620
Titrologie 617
TMS (ein Terminologieverwaltungsprogramm) 2168
TNC (Tekniska nomenklaturcentralen) 2147
Ton-Bild-Aufzeichnungen 95
top-down 1408, 1410
toponym 1426
trade jargon 1456
traditionelle Fachsprachen 1572
Traktate 314
transcription 1601
Transfer 710ff
– aus der Techniksprache 715ff
– aus der Wissenschaftssprache 713ff
–, interagentialer 697ff
Transgression 40ff
Transkription von Gesprächen 95ff
Transkriptionssysteme 1601
translation 562f, 1602
Translation 41ff, 396f, 792ff, 1161ff, 1861ff
s. Übersetzung
– und Äquivalenzbegriff 1854
– und zweisprachiges Fachwörterbuch 1871
Translationswörterbuch 1873
s. Äquivalenzwörterbuch
s. Übersetzungswörterbuch
Transparenz 52ff, 77
transportation 1608f
Transportwesen 1608f
Traumlehre 2358
Trésor de la langue française (TLF) 1684ff
– de la langue française, Entstehungsgeschichte 1687f
Trierer Capitulare 2311

Trivialbezeichnung 1279
Trivialisierung 711f
Trivialnamen 1255f, 1271, 1275, 1430f
Trivialnomenklatur 1242, 1255f
Trivium 270ff, 2255ff, 2310ff
s. artes liberales
Tschechisch 1545ff
tschechische Fachsprachen 1545ff
– Fachsprachen, Eigenschaften 1547
– Fachsprachen, Klassifikation 1545ff
– Fachsprachen, quantitative Analyse 1547
– Fachtexte 1547f
– Fachwortschätze 1549
– Terminologie 1549f
TSH (Terminology Standardization and Harmonization) 2248
TSK (Finnische Terminologie Vereinigung) 2146
Typen des visuellen Codes 411
– philosophischer Wörterbücher 1999
– von Prosatexten 2517
Typographie 1158
Typologie der Explizierung 384ff
– der Stilgattungen 204ff
– der Wirtschaftsfachsprachen 1300ff
– literaturwissenschaftlicher Lexika 2036ff
– pädagogischer Nachschlagewerke 2014ff
– von Sprachvarietäten 170ff

U

UATI/UITA (Union des associations techniques internationales/Union of International Technical Associations) 2118
übereinzelsprachliche Bedingungen 36ff
Übereinzelsprachlichkeit 220ff
Übergangsstadien vom Lateinischen zum Französischen 2533ff
Übergeneralisierung 972
Überordnungsrelation 431
Übersetzen 165, 792ff
– in einzelnen Fachbereichen 787ff
– juristischer Texte 787ff
– soziologischer Texte 790ff
– theologischer Texte 790ff
– von Fachtexten 1001ff
s. Translation

– wirtschaftlicher Texte 789ff
Übersetzer 1008f
Übersetzung 311f, 382, 792ff, 906, 1602
s. Translation
– von Geburtsurkunden 544ff
Übersetzungsäquivalenz 1854f
übersetzungsbezogene Terminographie 2137
Übersetzungskompetenz 784
Übersetzungsleistungen 998
übersetzungsorientierte Terminographie 284, 2103, 2155ff
– Terminographie, Grundsätze 2158f
– Terminologie 2124
– Terminologiearbeit 2156ff
Übersetzungsstrategien, kompensatorische 786ff
Übersetzungswerk Notkers III. 2320ff
Übersetzungswissenschaft 792ff
Übersetzungswörterbuch 1854
s. Translationswörterbuch
–, fachliches 1887f
UCPTE (Union for the Coordination of the Production and Transport of Electric Power) 2120
UIC (International Union of Railways) 2118, 2120
Umdeutung 1445, 1479
Umgangssprache 1305, 1705
–, ärztliche 1972
–, chinesische 1593
–, fachbezogene 644
–, fachliche 1262ff
– im Prüfungsgespräch 520f
Umgebungssituation 111f
UMI (Union Mundial pro Interlingua) 2119
Umschreibung 646
s. Paraphrase
Umtext 1764, 1776
–, integrierter 1778
–, nicht-integrierter 1777
umtextorientierter Einzelartikel 1788
– Verweisartikel 1789
Umwelt-Datenkatalog 2226
UN (United Nations) 842ff
Unbestimmtheit 378ff
–, semantische 380
UNEP (United Nations Environmental Programm) 2109, 2226
UNESCO (United Nations Educational, Scientific and Cultural Organization) 2109ff
Ungarisch 1585ff
ungarische Fachsprachen 1585ff
– Fachsprachen, Merkmale 1589f

- Fachsprachenforschung 1585ff
- Fachsprachenpflege 1585ff
ungarischer Fachsprachenunterricht 1591
Ungebundenheit 612
Ungewißheit 379
UNIDO (United Nations Industrial Development Organization) 2109
Unifizierung von Gutachten 501
Uninformativität 379
UNISIST (United Nations Information System both Scientific and Technical) 2246
Univerbierung 392ff
Universalität 137ff
Universalsprache 324
- Englisch 1261ff
unpassende Register 215ff
Unpersönlichkeit 422ff
Unsinnigkeit 378
Unterbegriff 431
Unternehmen 634ff
Unternehmensidentität 112f
Unternehmenskommunikation 634f, 853
Unterordnungsrelation 431
Unterricht Deutsch als Fremdsprache 961ff
Unterrichtsforschung 1317
Unterrichtsmaterialien 982ff
Unterrichtsmethodik, Bestandteile 968f
Unterrichtsmittel 982ff
Unterrichtssprache 1615
Unterrichtsziele 967
Untersuchung, empirische 1319f
Unterweisung 1035
Urkunde, Begriff 539ff
-, Deklarationsfunktion 541f
Urkunden 2520ff
Urkundensprache, französische 2520ff
-, lateinisch-deutsche 2312
Ursprünge, sakrale 2286f
Urteilssprache 281
usuelle Bedeutung 1350f

V

Vagheit 378ff, 2424
-, semantische 1519
- von Gesetzestexten 525ff
Valenz der Verben 420ff
- russischer Verben 1539
Variable 119f, 124ff
-, globale 923
-, lokale 923
Variablen des Fremdsprachenunterrichts 967ff

-, sprachliche 188ff
Variablenregel 185ff
Variante, mündliche 1213f
-, schriftliche 1213f
Varianten 119f, 124ff
- der Textsorte Kongreßvortrag 507ff
- des Abstracts 495ff
- des Prüfungsgesprächs 520f
- in der Terminologie der Physik 1232f
-, lexikalische 1614
-, orthographische 1972
Variation, quantitative 187
-, sprachliche 124ff
s. Sprachvariation
Variationsdimension 182
Varietät, gemeinschaftsorientierte 172f
-, sachorientierte 172
Varietäten 118ff, 123ff, 151f, 160, 170ff, 181ff, 212, 220, 223ff, 339f, 711ff, 856f, 1525
s. Sprachvarietäten
- des Englischen 837, 1404
- des Französischen 2530
Varietätengrammatik 182f, 185ff
Varietätenkonzept, globales 181, 183ff
Varietätenlinguistik 185ff
Varietätenmodell, gruppenzentriertes 171
Varietätenräume 182f, 185
variety 1404, 1410
VDI (Verein Deutscher Ingenieure) 886
VDL (Vienna Definition Language) 926
Veranstaltungen, wissenschaftliche 515ff
Verarbeitung von Metallen 1146ff
Verb 1032, 1379
-, in der Fachmundart 1046
-, performatives 532ff
verba artis 2412
Verbalabstrakta 399ff
verbale Äußerungen 574ff
- Komposita 1197
Verbalgruppen 195
- in Fachtexten 423ff
-, russische 1539f
Verbalisierung von Musik 1335ff
Verbalstil 1198f
Verbalsubstantiv 391
Verbdifferenzierung 676
Verbindungen, chemische 1236ff
-, makroendophorische 613
-, organische 1253ff
Verbote in Gesetzen 525

Verdeutschung 765f, 881ff
s. Sprachpurismus
s. Purismus
Verdeutschungsbücher 1394
verdichtete Artikelangaben 1774
- Singularetantumangabe 1772
Verdichtung, naturwissenschaftlich-didaktische 2514
vereinfachte Sprachen 1005f
Vereinheitlichung 2186ff
s. Standardisierung
Verfahren, kommunikative 742ff
Verfahrenstechnik 1182ff, 1420ff
-, Definition 1182
-, Fachtextsorten 1183ff
-, Fachwörterbücher 1950
-, Fachwortschatz 1185ff
-, nichtsprachliche Mittel 1186ff
-, Passivkonstruktionen 1183ff
-, Textstrukturierung 1183ff
Verfasserschaft von Gesetzen 526
Verfassungsrecht 1286ff
Vergleich, semantischer 135f
Vergleichen, hierarchisches 93f
Verhältnis Latein/Französisch in seiner linguistischen Dimension 2533ff
Verhandeln 641ff, 701ff
Verhandlungen 641ff
Verkauf 756ff
Verkaufsgespräch 759ff
Verkehrswesen 1608f
Verlebendigung 147
Vermenschlichung 147
Vermittlungsmethode 984
Vermittlungstexte, fachbezogene 568ff, 574ff, 583ff
-, Bedienungsanleitung 568ff
-, Beipackzettel 583ff
-, Funktion 731f
-, Gebrauchstexte 588ff
-, populärwissenschaftliche 728ff
-, Werkzeugkataloge, bebilderte 574ff
Vernakularisierung 857ff
Vernetzung der Begriffe 1299ff
Vernunft 2577
Veröffentlichungen in englischer Sprache 767f
-, nicht-literarische 2531f
-, wissenschaftliche 1580
Verordnung 529ff
-, Funktion 531
-, Kohärenz 530
-, Makrostruktur 530ff
-, Modalverben 532

–, performative Verben 532ff
–, Sprachhandlungen 531
Verpackungen 760ff
Verpackungstexte 760ff
Verständigung, bürgernahe 870ff
– unter Fachleuten 390f
Verständigungshandeln 867
Verständigungsproblematik 801, 805ff
Verständigungsprobleme 165ff, 748
Verständigungsschwierigkeiten 1276ff
verständliche Arzneimittelinformation 583f
Verständlichkeit 12ff, 103, 104ff, 299, 367, 379, , 395f, 801ff, 859ff, 867, 888ff, 1398, 2415, 2423f
– beim Gebrauch von Fachsprachen 402ff
– der Rechtssprache 1287ff
–, Dimensionen 402
– und Exaktheit 805
– von Bedienungsanleitungen 573f
– von Beipackzetteln 586
– von Gesetzen 526ff
– wissenschaftlicher Texte 611
Verständlichkeitsdimensionen 890ff
Verständlichkeitsforschung 402ff, 888ff, 1004, 1008ff
Verständlichkeitskonstrukt Groebens 891ff
Verständlichkeitskonzept, Hamburger 890ff
Verständlichkeitspostulat 402
Verständlichmachen 405ff
Verständnis 589f
Verständnisbarrieren 786ff
Verstehen 403ff, 801ff
Verstehensprobleme 165ff, 896f
Verstehensstrategien 405f
Verteilersprache 1262, 1265, 1267
Verteilungsmuster für enzyklopädische Daten 1781
Vertextung, applikative 666ff
– von Autorenbiographien 1500f
Vertextungsmittel 408ff
–, grammatisch-syntaktische 409ff
vertikale Gliederung 127ff, 738, 1262ff
vertikale Schichtung 50ff, 115f, 133f, 164ff, 191f, 204f, 225f, 375f, 404ff, 489, 548ff, 746, 758ff, 1174ff, 1195f, 1215, 1218ff, 1278, 1314ff, 1318f, 1415, 1420, 1429f, 1698

– Schichtung der Fachsprache der Elektrotechnik 1168ff
– Schichtung der Fachsprache der Verfahrenstechnik 1186ff
– Schichtung in der Fachsprache der Jurisprudenz 1292ff
– Schichtung in der Fachsprache der Mathematik 1229ff
– Schichtung in der Fachsprache der Physik 1234f
Vertrag, aktuelle Satzgliederung 537
–, Definitionen 534f
–, Funktion 534f
–, Funktionsverbgefüge 537
–, grammatische Merkmale 537f
–, Infinitivkonstruktionen 537f
–, Kohärenz 536ff
–, Kommunikationsabsicht 538
–, Kommunikationsgegenstand 538
–, Kommunikationspartner 538
–, Kommunikationssituation 538f
–, Kommunikationsverfahren 538
–, kommunikative Beschreibung 536ff
–, Lexik 537f
–, Makrostruktur 536f
–, satzwertige Nominalgruppen 537
–, syntaktische Kompression 537
–, Textexterna 538f
–, Textinterna 536ff
–, Verweistechnik 537
Vertragsarten 533f
Vertragsrecht 535
Vertragstypen 538ff
Vertrauensintervall 245, 1757
Vertriebsformen 757f
verwaltete Welt 869ff
Verwaltung 661ff, 866ff, 1391, 1519
Verwaltungsakt 664ff, 1396
Verwaltungsaufgaben 870
Verwaltungsdiskurs 1398
Verwaltungsfachsprache 866ff
Verwaltungsgeschehen 870
Verwaltungshandeln 867
Verwaltungssprache 529, 667, 866ff, 885f, 1381ff
s. Amtssprache
s. Fachsprache der Verwaltung
–, Forschungsgeschichte 1394f
–, frühneuzeitliche 1650
Verwaltungstexte 1395, 1516f
Verwaltungsvorschriften, Empfänger 529ff

–, Sender 529ff
Verweisadressenangabe 1782
Verweisangabe 1792
s. cross-referencing entry
s. Querverweis
Verweisartikel 1767, 1781, 2046f
–, erweiterter 1793
–, synopseorientierter 1782
–, umtextorientierter 1789
–, verdichteter, nischeninterner 1815f
Verweisbefolgungshandlung, externe 1787
Verweismarke 1768, 1793
Verweisstruktur 1697
–, wörterbuchtranszendierende 1791
Verweissystem 1648
Verweistechnik in Verträgen 537
Verweisung, bidirektionale 1789
–, monodirektionale 1788
Verweisungstechniken in der Jurisprudenz 1291
verweisvermittelnde Deklinationsmusterangabe 1774
Verweisverpflichtung, maximale 1789
Verweiszone 1796
Verwendungssituationen 757f
Verwendungsweise der Sprache im Wörterbuch 1859ff
Viehzucht 290f
Vieldeutigkeit 381
– in der Terminologie der Mathematik 1226f
Vielfach-Fachwörterbücher 1887
Vier-Dimensionen-Modell 124ff, 128ff
vierteiliges Wortmodell 2172
Virologie, Fachwörterbücher 1942
Visierkunst 2370f
Visiertraktat 2370
Visualisierung 697
–, graphische 79ff
visuelle Hilfsmittel im Kongreßvortrag 507
– Kommunikation 802
vocabulary 1601
– of anatomy 2473
Vogelfang 1652
Vokabeln 2300
Vokabular 1356ff, 2514f
s. Fachlexik
s. Lexik
s. Wortschatz
–, altfranzösisches 2516
–, grammatikalisches 2517
Vokabulare zum Sozial- und Bildungswesen, Europäische Union 2132

- zur Fischereipolitik, Europäische Union 2131
- zur technologischen Forschung, Europäische Union 2132f

Völkerbund 842
Volkssprache 311ff, 322ff, 858, 860, 2535
- Französisch 2529ff
-, französische 2512, 2514, 2516
- und Latein 277

volkssprachlich-französische Fachtexte 2516f
Vollemma 1816
Vollform 1033
Vollständigkeit 299f, 383
- relative äußere 1810
Volltext 627
Vordruck 544f
Vorgang 1407
vorhistorische Sprachen 289ff
Vorlesung 2443
Vormachen mit Erläuterung 654ff
Vorspann 1764
- im Fachwörterbuch 1941
Vorspannstruktur 1764
Vorstellung 1346
Vorteilssicherung 172ff, 179
Vortrag 504f, 533ff
- als Textsorte 535ff
Vulgärlatein 2513

W

Wahrheitswert 902
Wahrscheinlichkeit 1757
Warenwörterbuch 1984
Wärme-/Feuerungstechnik 1188ff
- Lexik 1189ff
Wartung und Pflege von Maschinen 1151
Wartungsbeschreibungen 1151
weather charts 564ff
- reports in daily newspapers 562ff
Weberhandwerk 1652
WEC/ME (World Energy Council/Conseil mondial de l'énergie) 2119
Wechselwirkung zwischen Gemeinsprache und Fachsprache 804f
Weidsprüche 2388f
Weinbau 1656, 2349ff
Weinbaufachtext 1084
Weinbereitungs-Vokabular, Europäische Union 2130f
Welt, außersprachliche 28ff
-, verwaltete 869ff

Weltausschnitt 1297f
Weltbank 846f
Weltsicht, sprachmodellierte gruppenspezifische 173
Weltsprache 764f
Werbetexte 1415, 1421, 1423
Werklexikon 2036
Werkstatthandbücher 1159
Werkstattsprache 322, 2373, 2441
Werkwörterbuch 1997
Werkzeugbenennungen 1028, 1071
Werkzeugkatalog, bebilderter 574ff
Wertäquivalenzangabe 1774
Wertung 489ff
Wesensmerkmale tschechischer Fachtexte 1547f
Wetterbericht 562ff
Widerspiegelung, subjektive 373
Widerspruchsdiskurs 1399
Wiener Kreis 344f, 1330f
Winzerfachsprache 1089
-, Methoden 1084
-, Terminologisierung 1090
Winzerfachterminus 1086
Winzerlexik, rezente 1087
-, sprachgeographische Strukturen 1087
Winzerterminologie, Arealstruktur 1087
Wirkfeld 6ff
Wirklichkeitsebene 1189ff
Wirklichkeitsorientierung 151ff
Wirtschaft 634, 636, 756ff, 964
wirtschaftliche Texte 789ff
Wirtschaftsfachsprachen 1296ff
- in der Wissenschaft 1296ff
-, Typologie 1300ff
Wirtschaftsfachtexte, Isotopien 595
Wirtschaftsgermanistik 205f, 338
Wirtschaftskommunikation 634f
-, institutionelle 849ff, 1301ff
-, wissenschaftliche 1301ff
Wirtschaftslexikographie 1975ff
-, Quellenwert 1985
- und Ideologie 1982f
Wirtschaftslexikon 1980
Wirtschaftslinguistik 205ff, 336ff, 343f, 850f, 1296, 1404
-, diachronische 336ff
-, historisierende 336ff
-, nationenwissenschaftliche 337ff
-, ökonomische 338f
-, Strömungen 336ff
-, synchronische 336, 338ff
Wirtschaftssprache 1296

Wirtschaftswissenschaften 850f, 1296ff
Wirtschaftswörterbücher, 18. Jh. 1977f
Wissen 403ff, 666, 2222, 2231, 2294, 2552ff
-, allgemein-wissenschaftliches 695
- des Rezipienten 446f
-, kollektives 155f
-, professionelles 694ff, 696f
  s. Expertenwissen
-, pseudoprofessionelles 697
-, Reverbalisierung 666
-, sprachliches vs. enzyklopädisches 2049
-, terminologisches 2233
- und Sprache 692ff
Wissensakquisition 2231
Wissensakzeß 697ff
Wissensarten 2232
Wissensbank 2234f
wissensbasiertes System 1016, 2234
Wissensbasis 2231
Wissensbegriff 2531
Wissenschaft 7ff, 28ff, 127f, 308ff, 327ff
  s. science
-, Funktionen 202
-, historische 327ff
-, islamische 1610
-, pädagogische 1316f
-, philologische 327ff
-, Spezialisierung 2577
- und Literatur 66f
- und Nationalsprachen 1667
Wissenschafler 306ff
Wissenschaftlerdiskussionen 509ff
-, allgemeine Charakteristika 509ff
-, Makrostruktur 510f
-, strukturelle Eigenschaften 510ff
-, Ziel 510ff
wissenschaftliche Darstellungsform 73f
- Diskussion 510ff
- Erkenntnis 324ff
- Fachsprachen der Wirtschaft 1296
- Instrumentarien 361f
- Methoden 361f
- Methodologie 309ff
- Ökologie 1365ff
- Prosa 2540
- Rezension 488ff
- Rezension, Definition 491
- Rezension, sprachliche Merkmale 491f
- Rezension, stilistische Merkmale 491f

- Texte 588
- Veranstaltung 515ff
- Veröffentlichungen 1580
- Wirtschaftskommunikation, Mikrotypologie 1301ff
wissenschaftlicher Dialog 65ff
- Fachtext 731ff
- Stil 390f, 397, 400, 1533ff
wissenschaftliches Denken 202
- Stilideal 862
Wissenschaftlichkeit 328f, 405
wissenschaftlich-technische Fachsprachen 1164ff
- Textsorten 1565
Wissenschaftsauffassung im 16. Jh. 2530f
Wissenschaftsbereiche 54ff
Wissenschaftsbetrieb 857
Wissenschafts-Dialog 719, 725
Wissenschaftsenglisch 139ff
s. Englisch
Wissenschaftsethik 12ff, 367, 1010
Wissenschaftsgemeinschaft 135ff
Wissenschaftshistoriker 349ff
wissenschaftsinterne Kommunikation 828
Wissenschaftskommunikation, fachinterne 504
-, mündliche 507f
Wissenschaftskonstitution 328f
Wissenschaftskritik 1326ff
Wissenschaftskultur 138
Wissenschaftspopularisierer 1017
Wissenschaftsprosa 322ff
Wissenschaftsprozeß 134ff
Wissenschaftssoziologie 135f
Wissenschaftssprache 50ff, 113ff, 222ff, 281, 310ff, 324ff, 363f, 397f, 505f, 552f, 695ff, 713ff, 856ff, 1546, 1670, 2430ff, 2579ff
-, deutsche 809ff, 2430ff
-, englische 828ff
-, Fachtextsorten 509ff
-, französische 819ff
-, geometrische 2374f
-, ideale 1330
- in Institutionen 1296ff
-, Russisch 1666
- und Öffentlichkeit 858ff
-, Wandel 2362f
Wissenschaftssprachenkritik 856ff, 863ff
Wissenschaftssprachforschung 133ff
Wissenschaftssprachideal 862f
Wissenschaftssprach-Komparatistik 863
wissenschaftssprachliche Stilistik in Frankreich 2576ff

Wissenschaftstheorie 29ff, 857f, 1311ff
Wissenschaftsverlage 817f
Wissenschaftsverständnis 857f
Wissenschaftswelten 460f
Wissensdetektiv 1018
Wissenselizitation 2231
Wissensingenieur 1016, 2241
Wissenskodifizierung 1915
Wissenskommunikation 1015ff
-, Sprache 1016f
Wissenskontrolle 2224
Wissensmodell der Verwaltungssprache 667
Wissensorganisation 16ff
Wissenspräsentation 2216
-, Sprache 1016f
Wissensrahmen 1386
Wissensrepräsentation 17ff
Wissensspeicher 1016ff
-, interaktive 1016f
Wissensstand, sprachliche Bewältigung 2578f, 2581
Wissensstrukturen 433ff
Wissensstufen 693ff
Wissenstechnik 2229ff, 2241
-, terminologische 2229ff
- und Terminologie 978
Wissensträger, materieller 666f
Wissenstransfer 1010, 1593
Wissensvermittlung 325ff, 1017f
Wissenszugang 1018ff
WMO/OMN (World Metereological Organization/Organisation météorologique mondiale) 2119
Wochenschriften 2447f
Wort 159, 2412f, 2416f
s. Fachwort
- und Bild 574ff
s. Text und Bild
Wortart 424ff, 1378, 1717, 2381f
Wortartangabe 1792
Wortartikel 1767
Wortatlas der kontinentalgermanischen Winzerterminologie 1085
Wortbildung 145ff, 194, 424, 589, 881, 1032, 1045, 1496f, 1515, 1566ff, 1595f, 1893, 1938, 1968, 2131, 2283, 2363f, 2381f, 2413, 2426
- im Fachwortschatz des Eisenbahnwesens 1210ff
- im Sachsenspiegel 2344f
- in der Fachsprache der Informatik 1179ff
- in der Terminologie der Mathematik 1226f
- in der Terminologie der Physik 1233

-, Slovar' russkogo jazyka 1719f
Wort-Ding-Relation 2413f
Wortentlehnungen 881
s. Entlehnungen
Wörterbuch der deutschen Jägersprache 2390f
- der mittelhochdeutschen Urkundensprache 280
- der russischen Sprache 1704ff
-, extern einfach monoakzessiv 1784
-, extern polyakzessiv 1784
-, großlandschaftliches 1133
-, halbphraseologisches 2127
-, interdisziplinäres 699ff
-, musikterminologisches 2005f
-, normatives 1707
-, onomasiologisches 2049
-, Pfälzisches 1065
-, sachliches 1777
-, sprachliches 1777
-, technologisches 1026
-, Verwendungsweise der Sprache 1859ff
-, zweisprachiges 1856f
Wörterbuchäquivalent 1856ff
- und fremdsprachliche Textproduktion 1865f
- und fremdsprachliche Textrezeption 1859ff
- und Translation aus der Fremdsprache 1861ff
- und Translation in die Fremdsprache 1863ff
- und Wörterbuchfunktion 1857ff
Wörterbuchäquivalenz 1854ff
- und Sprachsystemvergleich 1855ff
Wörterbuchartikel 1766ff, 2000
s. Fachwörterbuchartikel
-, intern biakzessiver 1805
Wörterbuchbasis 1892
Wörterbuchbenutzung 1885f
Wörterbuchbenutzungssituationen 1857f
Wörterbuch-Datenbestände 2165f
Wörterbücher 463, 769ff, 779f, 1524f, 1528ff, 1573f, 1580f, 2535, 2540
s. Fachwörterbücher
s. Lexika
s. Lexikographie
- der Arbeitspädagogik 2015
- der Betriebswirtschaftslehre 1981f
- der Didaktik 2015
- der EDV, Sach- und Fachgebiete 2053ff

- der Erwachsenenbildung 2015
- der Heil- und Sonderpädagogik 2015
- der Medienpädagogik 2015
- der Medizin, systematische 1967f
-, musikterminologische 2005f
- der Naturwissenschaften 1955
- der Schulpädagogik 2015
- der Sexualerziehung 2015
- der Sonderpädagogik 2015
- der Sozialarbeit 2015
- der Sozialpädagogik 1015
- der Vorschulerziehung 2015
-, Europäische Union 2136
-, medizinische 1282
-, philologische 1995 ff
- zu Abkürzungen der EDV 2049
-, zur Werbung 1986
Wörterbuchform 1892
Wörterbuchforschung 1762 ff
Wörterbuchfunktion und Wörterbuchäquivalent 1857 ff
Wörterbuchfunktionen 1776
-, direkte 1777
-, indirekte 1777
- und zweisprachiges Fachwörterbuch 1874
Wörterbuchkartell 1133
Wörterbuchtyp und Titel 1730
Wörterbuchtypen, 16. Jh. 2392
-, philosophische Lexikographie 1997 ff
Wörterbuchtypologie 1726 ff, 1892, 1976
-, Arten 1728 ff
Wörter-und-Sachen-Richtung 1351
Wörterverzeichnis 1764
-, artikelheterogenes 1766
-, artikelhomogenes 1766
-, aufgespaltenes 1766
-, einfaches 1766
-, erweitertes 1766
-, peripheres 1764
-, zentrales 1764
Wörterverzeichnisblock 1784
Wörterverzeichnisreihe 1764
Wörterverzeichnisstruktur 1765
-, erweiterte 1767
Wortfeld 433, 1218 ff, 2542, 2589 f
 s. semantische Felder
Wortformen 424 ff
- in russischen Fachtexten 1542
Wortgruppenbenennungen 194
Wortkomposition 780 ff
Wortmodell 345 f, 2172
-, vierteiliges 2172

Wortneubildungen 2571 ff
 s. Neologismen
Wortneuprägung 2357
Wortschatz 159 f, 164, 1355 ff, 1510, 1580 f, 1601, 1715, 2271, 2273, 2275 f, 2300 ff
 s. Fachwortschatz
 s. Lexik
 s. Vokabular
- der Informatik 1177 ff
- der Ökologie 1366 ff
- der Seefahrt 1213 ff
-, handwerkbezogener 1031
-, politischer 746 ff
Wortschatzgliederung 746 ff
Wortschatzminima 1761
Wortschatzumfang der Informatik 1177 f
Wortstellung in der Fachsprache der Mathematik 1224
Wortzusammensetzung 676, 1196 ff
 s. Komposition
Writer, technical 1004
Writing, technical 1003 ff
WTO (World Trade Organization) 846
Wüster-Library 2246

Z

Zahlengraphik 1283
Zeichen 62 ff, 575, 2437
-, artifizielles 1175, 1177
-, ikonisches 1833
-, künstliches 2436
-, natürliches 2436
Zeichendefinition 575
Zeichenkette 924
Zeichensysteme 895 f, 1335
Zeichentheorie Leibnizens 2431 f
Zeichenträger 576 f
Zeichentypen, Leistung 576
Zeichnung im Fachwörterbuch 1841
zeilenorientiert vs. menüorientiert 928
Zeit, republikanische 2287 ff
Zeitschriften 832 ff, 1580
-, pädagogische 1314
Zeitschriftenartikel 1415, 1420 ff, 1436, 1475
-, populärwissenschaftlicher 729 f, 734 f
Zeitschriftenaufsatz, akademisch-wissenschaftlicher 482 ff
-, populärwissenschaftlicher 482 f
-, wissenschaftlicher 482 ff

Zeitungslexika 1922
Zielgruppen 986
- der Terminologieausbildung 976 ff
Zieltext 1854 f
Ziffemgraphem 441
Zimmerhandwerk 1031
Zitat-Wörterbuch 2037
Zitieren 2447
Zollvokabular, Europäische Union 2129 f
Zoologie 197, 1938
-, Fachwörterbücher 1943
Zugriffsalphabet 1765 f, 1812
Zugriffshandlung, externe 1765
Zugriffsregister, reines 1784
Zugriffsstruktur 1755
-, aufeinanderfolgende 1784
-, äußere 1765
-, äußere makrostrukturelle 1810
-, äußere numerische 1774
-, horizontal parallellaufende 1784
-, innere 1767
-, vertikal parallellaufende 1784
-, vorangestellte äußere 1787
Zugriffsstrukturanzeiger, nichttypographischer 1766
Zunfturkunde, Quellen 1024
Zusammenfassung 494 ff, 698 ff
Zusammensetzung 435 ff
 s. Komposition
-, Terminologie der Mathematik 1225 ff
-, Terminologie der Physik 1232 f
Zustand 1407
Zwangskommunikation 591 f
Zweck, genuiner 1776
Zweckliteratur 717
Zwecksprache 160
Zwei- und mehrsprachige Wörterbücher der EDV 2048 f
Zwei-Ebenen-Grammatik 926
zweisprachige Fachlexikographie 1867 f, 1985 ff
zweisprachiges Fachwörterbuch 1853 ff, 1869 ff
- Fachwörterbuch und Fachwortschatz 1871
- Fachwörterbuch und Translation 1871
- Fachwörterbuch und Wörterbuchfunktionen 1874
- Rezeptionswörterbuch 1870
- Wörterbuch 1856 f
- Wörterbuch, Funktionen 1858 f
Zweizeilenartikel 1766
Zwiegespräch 516 f
Zwischentitel 622

Namenregister / Index of Names

Das Namenregister wurde mit Hilfe eines Computerprogramms erstellt und von den Herausgebern bearbeitet. Bei der Alphabetisierung gelten die gleichen Prinzipien wie im Sachregister.

The index of names was compiled by a computer program and prepared for press by the editors. The alphabetical arrangement follows the same rules as in the subject index.

A

Aalto, S. 1584
Aarsleff, H. 2421, 2427, 2466, 2470
Abbot, L. W. 2487, 2494
Abbri, F. 2564
Abderhalden, R. 1731
Abdul al-Bîrûm 1931, 1935
Abercrombie, M. 1941, 1943
Abraham (biblisch) 1323
Abraham, W. 254, 262, 1907
Abul-Fadl, F. 1618
Achmanova, O. S. 201, 207, 236, 1704, 1713
Achterberg, E. 1982, 1988
Adam, A. 1620, 1632
Adami, K. 1082
Adams, U. 1318, 1320
Adamzik, K. 212, 216
Ad-Dīnawarī 1610
Addison, J. 2509
Adelung, J. Chr. 230, 236, 887, 1996, 2002, 2427 f
Adler, J. 73 f, 84
Adler, N. J. 850, 854
Admoni, Vl. 332, 334, 399−401
Adolphi, K. 55, 55, 498
Adorno, Th. W. 23, 237, 1319, 1330 f
Aelfric 2453 f, 2456−2458, 2495, 2501 f
Aeschbacher, P. 1119
Agnethler, M. G. 1920
Agrasius 2298
Agricola, E. 238, 258−260, 262, 409, 413, 415, 444, 451 f, 455, 469, 745, 749, 1129
Agricola, G. = Bauer, G. 314, 944, 1094−1097, 1241, 1932 f, 1935, 2398, 2400, 2479, 2485, 2564, 1241
Agricola, M. 1580, 1584
Agte, R. 1100, 1104

Agusti, M. 322
Ahinstein, P. 703
Ahlheim, K.-H. 1279, 1284, 1943−1945
Ahlswede, Th. 1902
Ahmad, K. 2231, 2233 f, 2236, 2241, 2244
Ahnert, H. J. 2036, 2041
Ahrenes, R. 601
Ahrens, G. 1276, 1279, 1284
Ahrens, R. 1482 f, 2470
Ahring, B. 1404 f, 1412
Airismäki, J. 850, 855
Aitinger, J. C. 2384, 2391
Ajdukiewicz, K. 1553, 1556
Alamany, R. 1526
Alanne, E. 1090, 2353
Alanus ab Insulis 1917
Alberi, L. B. 2362
Albers, D. 1904
Albers, W. 539, 1988
Albert, H. 23, 237
Albert, J. 1176, 1181
Alberti, L. B. 303, 305 f, 314
Albertina, C. 1908
Albertus Magnus 303, 1915, 1931, 1935, 2355
Alberus, E. 1079, 1082
Albi-Mikasa, M. 799
Al-Bīrūnī 1610
Albl, M. 1744, 1752, 2100, 2107
Albrant 1915
Albrecht von Trient 1094
Albrecht, J. 19, 21, 43−45, 62, 84 f, 326, 367, 370, 437, 601, 791, 799, 807, 975, 1267, 1520 f, 1634, 1658 f, 1685, 1691, 1698, 1700, 1704, 2450, 2517
Albrecht, W. R. 665, 671, 1400
Albrow, M. 661, 671
Al-Chalabi, S. A. R. 1892, 1907
Aldhelm 2452, 2458

Aldrian, T. 2376
Aldrovandi, U. 1924
Aleksandrow, P. S. 1964
Alekseev, P. M. 245 f, 248, 1533, 1543, 1713, 1756−1758, 1761
d'Alembert, J. le Rond 305, 325 f, 700, 729, 1229, 2003, 1619, 1621−1625, 1627−1629, 1632, 1637, 1685, 1700, 1850, 1923, 1996, 2041, 2540, 2561, 2565, 2574, 2588, 2592
Alewyn, R. 2412, 2417
Alexander der Große 2274
Alexander, G. 1902
Alexander, J. J. 1925
Alexander, R. J. 1467, 1470−1472
Alexis, R. 170, 181
Al-Fārābī 1610
Alfonso el Sabio (Alfons der Weise) 85
Algeo, A. 1458
Algeo, J. 1458
Al-Ḫwārizmī 1610
Ali, A. A.-S. M. 1611, 1617
Alikajew, R. 2427 f
Alisch, C. 1338
Al-Kindī 1610
Allan, W. 1488 f
Allen, Ch. G. 2071, 2086
Allen, W. 2504, 2510
Allerton, D. J. 256, 262
Alley, R. P. 1955, 1958
Allibone, S. A. 2037, 2041
Almeida, A. 233, 237
Alpers, H.-J. 2037, 2041
Alpers, S. 1515, 1519 f
Alpízar, R. 2152
Alred, G. J. 1012
Alsing, I. 1849
Alsted, J. H. 1917, 1919
Alstermark, H. 349, 351
Altfelder, K. 1982, 1988

Althaus, H. P. 85, 132, 162, 166f, 180, 237, 239, 509, 602, 648, 672, 704, 751, 755, 762, 873, 1039, 1055, 1390, 2360
Althoff, J. 89f, 92
Altieri Biagi, M. L. 70, 84, 316, 1507, 1512f
Altmann, H. 1906
Alvar, M. 782
Álvaro i Puig, J. V. 1526
Aman, R. 1459
Amann, M. J. 1942, 1945
Ambrosi, H. 1084, 1090
von Amira, K. 278f, 282
Amirova, T. A. 1341−1343, 1346f, 1351−1353
Amkreutz, J. J. 2049f, 2052−2054, 2061
Amman, J. 1029, 1036
Ammon, U. 42f, 99, 107, 110, 116, 130, 132, 142, 158, 163, 166, 217−220, 222f, 228, 238, 675, 710, 716, 765f, 770, 810f, 816−819, 829f, 834f, 838−842, 847f, 861, 863, 897, 949, 952, 1121, 1126, 1129, 1391
Ampère, A. M. 1692
Anacreon 2278
Anaxagoras 64, 2263, 2279
Anaximander von Milet 64, 2262f, 2266
Anaximenes 1913, 2266, 2297
Anderegg, F. 1112, 1114
Anderegg, J. 1360−1362
Andersch, J.-D. 1337f, 2010
Andersen, Ø. 1647
Andersen, S. K. 1566f, 1570
Anderson, B. 860, 863
Anderson, E. N. 1924
Anderson, K. N. 1459
Anderson, P. 2295, 2302
Anderson, P. V. 896−898, 1011−1013
Anderson, R. R. 276, 1827
Anderson, W. C. 2569, 2573
Andersson, A. 1007
Andrä, H. 468
Andrae, F. 2093
Andrae, O. 1047, 1051
André, J. 2302
Andreae, H. 1076
Andreev, N. D. 190, 192, 197, 1533, 1543
Andrei, S. 2300
Angelelli, I. 909, 1332
Angenheister, G. 1957
Ankenbrand (-Wedler), R. 2349−2351, 2353
Ankerstein, U. 2094
Anobile, M. 1752
Anrei, S. 2302
Anschütz, R. 141

Anselm von Canterbury 303
Ansted, A. 1928, 1930
Anstötz, Chr. 104−106
Antaki, C. 703
Anthistenes 2267
Anthony, L. J. 2092
Antiochus von Askalon 2260f, 2264, 2268f
Antipater 2256
Antiphon 64
Antisthenes 2265, 2267
Antoine, G. 773−775, 781
d'Antonio, M. 1513
Antor, H. 725
Antos, G. 672, 757, 759, 762, 896, 898f, 1004, 1011−1014, 1163, 1395, 1400f, 2182
Anziger, W. 2014, 2034
Aoki, T. 814, 818
Apel, K.-O. 316, 359, 856, 863, 1904, 2002, 2417
Apel, M. 1998, 2002
Apollonius Dyskolos 2268
Apollophanes 2274
Appel, G. 2278, 2285
Appel, I. 251, 262
Appel, K. 1230
Appelt, H. 1035f
Appelt, M. H. 1037
Appleby, B. L. 1827
Apresjan, J. D. 237
Apt, K. R. 927, 940
Arabin, W. 1962
Aradi, A. 1591
Araki, K. 1604, 1609
Araman, G. 2115
Arangio-Ruiz, V. 2291
Arber, A. 1918, 1923, 2409
Arcaini, E. 1509, 1512
Archimedes von Siena 309
Arends, J. 1276
Arendt, H. 861
Arens, A. 89, 727, 2043
Arens, H. 1341, 1343, 1353
Aretino, P. 305
Argall, G. O. 1935, 1937
Argand, J. R. 1223
Marquis d'Argens de Boyer, J.-B. 2554f, 2559
Aristophanes (Athen) 2277, 2279
Aristophanes von Byzanz 1912
Aristoteles 4, 7, 10, 28f, 61f, 64f, 70, 77, 84, 92, 345, 355, 359, 718, 1332, 1364, 1919, 2172, 2255, 2257−2259, 2261, 2263−2269, 2297f, 2319, 2322, 2329f, 2393, 2470, 2476f, 2481
Armogathe, J.-R. 2566, 2573, 2579, 2584
Armstrong, G. 758, 763
Arnand, A.-J. 2592
Arnauld, A.-J. 2591

Arndt, H.-W. 2441
Arnegg, J. 1490
Arnheim, K. 1972f
Arnheim, K.-H. 440, 442
Arnheim, R. 1842, 1851
Arnold, H. L. 593, 2043
Arnold, M. 7
Arnold, Th. K. 2497, 2498, 2501
Arnold, W. 2092
Arnon, R. 209, 216
Arnould, A. 2540
Arnould, M. A. 827
Arntz, R. 15, 19, 55, 159, 166, 237, 278, 364, 367, 382, 389, 430, 437, 550, 554, 556, 602, 791, 796, 799, 981, 989, 992, 1000−1002, 1162, 1193, 1199, 1500f, 1515, 1517, 1520, 1691, 1700, 1729, 1733, 1741, 1829, 1868, 1880, 1892f, 2107, 2181f, 2186, 2205, 2218, 2227
Arntzen, H. 140
Aron, R. 1501
Arouet, F.-M. (= Voltaire)
Arpe, H. J. 1954
Arquint, J. C. 1529, 1531
Arrivé, M. 595f, 600
Artemidoros 1911
Arveiller, R. 2571, 2573
Ascham, R. 2466, 2470
Aschersleben, K. 2015, 2032
Ascoli, G. I. 1351
Åsdahl Holmberg, M. 1030, 1036
Ash, I. 1947, 1951
Ash, M. 1947, 1951
Ashauer, G. 2015, 2032
Asher, R. E. 1478f, 1482
Ashworth, W. 498, 2092
Asper, M. 89
Asplund, J. 1563
Aš-Šihābī, M. 1611, 1617
Assion, P. 68, 84, 88f, 275, 348, 350, 351, 352, 353, 727, 1676, 1915, 1923, 2323, 2331, 2360, 2512, 2517f
Assmann, A. 77, 84, 672, 704, 1400
Assmann, J. 46, 169, 179, 672, 704
Assmann, M. 865
Aster, R. 237
Athanasios 2283
Athen, H. 1964
Atkins, B. T. S. 1897
Atkins, D. 1489
Atkins, P. 1946, 1951
Atkins, S. 1752
Atkinson, D. 1412
Atkinson, G. 2532, 2537

Atteslander, P. 231–233, 235–237
Aubert, F. J. P. 2553–2555, 2558 f
Aubin, H. 1023, 1036
Aubin, N. 1927
Aubrac, R. 1900
Auburger, L. 197, 1935
Audin, M. 2548
Audretsch, J. 919 f
Auer, E. 2309
von Auerbach, F. 1956 f
Auerbach, E. 2539 f
Augenheister, G. 1956
Auger, P. 1496, 1501, 1746, 1750, 1753, 1892 f
Augst, G. 103, 106, 133, 665, 667, 671 f, 762, 871, 873, 888, 896, 899, 1011, 1400, 1741 f
Augustinus 1037, 1914, 2006, 2283–2285, 2319, 2329
Aulotte, R. 317
Aumund, H. 1201
Aurelius Opillus 1912
d'Aurévilly, B. 1689
Auroux, S. 2580, 2581, 2584
Auschütz, R. 89
Austen, R. A. 2467, 2470
Austin, J. L. 257, 262, 469, 553, 680, 687, 1330 f
Ausubel, D. P. 892 f, 896
Auterhoff, H. 1277
Auwärter, M. 236 f
Auzias, J.-M. 62, 85
Averbuh, K. J. 344, 347
Avicenna (Ibn Sīnā') 273
Avogadro, L. R. A. C. 1232
Ax, W. 2266, 2269
Ayer, A. J. 498
Aymard, M. 2294, 2303

B

Baader, G. 67, 85, 274 f, 351, 2358, 2360
Baakes, K. 252, 262, 1405–1407, 1412, 1438, 1443 f
Baalbaki, M. 1611, 1617
Bab, J. 677 f
Babkin, A. M. 1713, 1720 f, 1741
Bach, A. 1028, 1036
Bach, C. Ph. E. 1339
Bach, E. 264
Bach, G. 967 f
Bachelard, G. 16, 19
Bachem, J. 1978
Bachem, R. 739, 746, 749
Bachen, F. 1989
Bacher, G. 751
Bachmann, B. 2047, 2057 f, 2060

Bachmann, R. 797–799, 998 f, 1002
Bachofer, W. 1020, 1036
Bachrach, J. A. 2124, 2138
Bachtin, M. 2036
Back, O. 879
Bäcker, N. 773, 781
Backes, H. 2319, 2321–2323, 2330 f
Backhaus, J. 2032
Backhouse, R. 1468, 1472
Backus, J. W. 923, 925, 940
Bacon, Fr. 305 f, 309, 547, 858, 1624 f, 2363, 2465–2468, 2470, 2561, 2576
Bacon, R. 77, 1925, 2479, 2485
Badawi, M. 1617
Baden, A. 1785
Baden, H. 1828
Bader, A. 136, 141
Bader, K. 2068, 2086
Bader, K. S. 283, 2318
Badura, B. 680, 685, 687
Baehr, R. 728, 2519
Baer, D. 1943
von Baer, K. E. 1261
Baesecke, G. 2305, 2308, 2310, 2316
Baeyer, A. V. 2032, 2015
Baggioni, D. 2576
Bagma, L. T. 1991
von Bahder, K. 1670
Bahner, W. 316, 328, 334, 1341, 1349, 1353, 2443, 2450
Bahr, J. 1669 f, 1675
Bährmann, R. 1368, 1943 f
Bailey, Ch.-J. N. 185, 187, 189
Bailey, N. 2461–2463
Bain, J. 1147, 1152
Bajerowa, I. 1552, 1556
Bak, M. 1557
Bakalla, M. H. 1610, 1617
Bakcheios aus Tanagra 1912
van Bakel, J. 1572 f, 1578
Bakema, P. 1577
Baker, J. H. 2487 f, 2494
Bakos, F. 1581
Balachanow, A. S. 113, 116
Balasuriya, T. 1462, 1465
Balboni, P. E. 1504 f, 1508, 1512
Bald, R. D. 237
Bald, W.-D. 849, 1482 f, 2470
Baldauf, R. B. 815, 818, 831
Baldinger, K. 50, 160, 166, 1636, 1855, 1881, 2514, 2517, 2522, 2525, 2527 f, 2544, 2548 f
de Balinghem, A. 1917
Balke, M. 20933
Balkenhol, G. 1077
Ballauff, Th. 1320
Ballentyne, D. W. G. 1955, 1957

Ballmer, Th. T. 382, 691, 703
Ballstaedt, St.-P. 85, 406 f, 553 f, 889, 895–898, 1003, 1011, 1013
Bally, Ch. 40, 91
Baló, J. 1591
Balsgart, K. 1893
de Balzac, H. 727
de Balzac, J.-L. Guez 314
Balzer, M. 921
Balzert, H. 939 f, 943
Bambeck, M. 2512, 2517
Bammé, A. 1181
Banach, S. 1225
Banchoff, Th. F. 1229 f
Bandur, M. 1336, 1338, 1903, 2005, 2012 f
Banfi, E. 1512
Bangemann, M. 2251
Banks, A. S. 841, 848
Banks, D. 1904
Bänsch, A. 756, 760, 762
Barandovská-Frank, V. 880
Baranov, Ch. K. 1611, 1617
Barber, Ch. L. 1417, 1419, 1432, 1437
Barber, G. 2548
Barber, P. 1745, 1753
Barbusse, H. 1697
Barchow, K. 1901
Barchudarov, St. G. 1533, 1543, 1713, 1715
Barck, K. 1901, 2002
Barck, S. 2038, 2041
Barclay, R. O. 1010, 1014
Bard, A. J. 1950 f
Bardeen, J. 1232
Bar-Hillel, Y. 915, 921
Barke, J. 175, 179, 272, 275, 2427, 2428, 2564
Barkowski, H. 987
Bärmann, R. 1364 f
Barnard, R. 1488 f
Barnes, J. 2261, 2269
Barnes, W. 2496–2498, 2501
Barnett, G. A. 1011
Barotchi, M. 829, 838
Barova, Z. 2064, 2071, 2084, 2086, 2092
Barrera-Vidal, A. 266, 827
Barret, P. H. 2470
Barrow, J. 2461, 2463
Barry, J. A. 1447, 1450
Barschat, B. 231, 237
Barta, P. I. 632, 1831
Bartels, J. 1956 f
Bartels, K. 1276
Barth, E. 122 f, 130, 237, 1082, 1900
Barth, K. 861 f, 1305 f, 1310–1312
Barth, V. 251, 262
Bartha, M. 93, 99, 123, 130

Barthes, R. 1629 f, 1632, 2036
Bartholdy, M. 1208, 1211
Bartholomaeus Anglicus 1915 f
von Bartholomé, E. 1954
Sir Bartlett, Fr. C. 890, 897
Bartsch, E. 647 f
Bartsch, H.-W. 1312
Bartsch, R. 13, 19, 107
Bärwald, W. 2049, 2052, 2057, 2060
Basaj, M. 1557
Basileios 2283
Basilius Valentinus 1931
Basler, O. 2037, 2044
Bassenge, Fr. 368, 865
von Bassermann-Jordan, F. 1090
Baßler, H. 697 f, 703, 1035 f
Bast, J. 1148, 1152
Bately, J. 2462, 2464
Baten, L. 1563, 1898
Bátori, J. S. 238
Battegay, R. 1971, 1973
Abbé Batteux 2550 f, 2559
Abbé Baudeau, N. 2582−2584
Baudinot, P. 1701
Baudouin de Courtenay, I. A. 1342, 1352, 1706
Baudouin (Chanoine) de Laval 2553, 2559
Baudrier, H. J. 2542, 2548
Bauer, C. 1978, 1994
Bauer, G. = Agricola, G.
Bauer, G. 275
Bauer, H. L. 818
Bauer, L. 1743
Bauer, P. 1700
Bauer, R. 2312, 2316
Bäuerle, F. 1990
Bauernfeind, A. 1972 f
Bauhin, C. 1917 f, 2406, 2409
Baum, R. 19, 21, 43−45, 47, 85, 324−326, 367, 370, 437, 756, 791, 807, 975, 1267, 1520 f, 1634, 1655, 1658 f, 2450, 2517, 2567, 2574
Bauman, Z. 106
Baumann, D. 1276
Baumann, E. 1892 f
Baumann, J. 1997, 1999, 2002
Baumann, Kl.-D. 16, 19, 21 f, 33, 36, 39 f, 43−46, 49 f, 53, 55, 57−59, 69, 86, 88−90, 93, 99 f, 102, 105 f, 108 f, 111−114, 116, 138−142, 192, 197 f, 207, 240, 257, 260−263, 266, 319, 340, 359−363, 367−371, 374−377, 393, 396, 408, 411, 413, 415, 445 f, 448 f, 455, 460, 466−469, 472, 478−481, 487, 498, 507 f, 552, 554 f, 561, 612, 616, 622 f, 692, 703, 727, 730−735, 745, 749, 785,
787, 790 f, 793, 795, 799, 807, 855, 1002, 1162, 1172, 1267, 1340, 1357, 1361, 1404, 1409 f, 1412, 1414 f, 1419, 1436−1438, 1500 f, 1520, 1536, 1543, 1635, 1743, 2094, 2239, 2244
Baumann, M. 1916
Baumann, U.-D. 1668, 1830
Baumbach, R. 1284
Baumert, A. 394, 396
Baumgardt, J. 2015, 2035
Baumgart, M. 635, 647
Baumgarten, J. Ch. F. 2032
Baumgarth, F. 317
Baumgartner, H. 1063, 1120
Baumgartner, H. M. 1998, 2003
Baunebjerg Hansen, G. 1881
Baur, G. W. 1062
Baur, O. 316
Bausch, K.-H. 156 f, 166 f, 237, 670 f, 737, 749, 754, 952, 1239, 1258
Bausch, K.-R. 190, 197, 952, 960, 965, 969, 987 f, 991 f, 1881
Bausinger, H. 103, 107, 161, 166, 169 f, 172, 175, 179, 1287, 1295
Bautier, R.-H. 2340, 2522, 2527
Baviera, J. 2291
Bavink, B. 1240, 1258
Baxandall, M. 316
Baxter, H. 1950, 1952
Bayer, H. 2411, 2417
Bayer, K. 698, 703
Bayer, O. 1312
Bayer, R. K. 2158, 2160, 2163
Bayerl, J. 1368
Bayle, P. 1619 f, 1623
Bazerman, Ch. 135 f, 139, 487, 508, 561, 619, 623, 699, 703
Beach, D. 12, 19
de Beaufront, L. 876
de Beaugrande, R.-A. 197, 258, 263, 410, 415, 445, 455, 469 f, 480, 610−612, 616, 785, 791, 1004, 1010−1012, 1478 f, 1482, 2181 f
Beauvais, R. 1497, 1501
von Beauvais, V. 1915 f, 1925
de Beauvoir, S. 1501
Beauzée, N. 1627, 1632
Bebel, A. 1332
Beccaria, G. L. 1504, 1507, 1512 f
Becher, E. 8
Becher, H. J. 1986
Becher, I. 1279, 1284, 1902
Becher, J. J. 2412 f, 2417, 2468
Becher, P. 1951
Bechler, H. J. 1991
Bechtoldt, H. 2514, 2517
Beck, C. 2468
Beck, H. 2318, 2353
Beck, R. 302, 316, 1979, 1988
Beck, U. 1163
Beck, X. 1109 f
Bečka, J. V. 1546 f, 1550 f, 1756, 1761
Becker, A. 120, 128, 130, 1615, 1617
Becker, H. 1084, 1090
Becker, J. H. 829, 833 f, 838
Becker, K. E. 181
Becker, K. F. 605, 2497 f, 2500 f
Becker, N. 83, 85
Becker, P.-R. 144, 149
Becker, R. 1163
Becker, S. 1082
Becker, Th. 389, 404, 407, 581, 896 f, 947, 950, 952, 1012
Becker, U. 879, 1944
Becker, W. 735
von Beckerath, E. 1988
Becker-Mrotzek, M. 33, 43, 51, 54 f, 94 f, 98 f, 110, 116, 637, 641, 647, 665 f, 670−672, 872 f, 1395, 1397, 1399 f, 1402
Beckers, H. 1725, 1731, 1740, 1906
Beckmann, J. 347, 1022, 1025 f, 1037 f, 2429
Becquerel, H. A. 1245, 1259
Beda 1915
Beedell, S. 1055
Beedham, Chr. 1177, 1181
Sir de Beer, G. 77
Beeson, P. B. 1459
van Beethoven, L. 1337, 1339
Begon, M. 1366−1368
Begoray, J. A. 940
Behaghel, O. 1350
Behaim, M. 307
Behem, S. 2369, 2375
Behlen, St. 2384, 2391
Behnke, H. 1961, 1964
Behr, G. H. 1920
von Behren, U. 1612, 1618
Behrens, D. 773 f, 781, 2521, 2523, 2529
Behrens, M. 748 f
Behrens, O. 282
Beich, W. 1832
Beier, E. 160, 166
Beier, R. 93, 99 f, 104, 107, 194, 197, 254, 263, 358, 368, 399−401, 418, 424, 426, 469, 480, 737, 745, 749, 949 f, 952, 954, 965, 967−969, 987, 989, 991−993, 997, 1404−1407, 1409 f, 1413 f, 1417, 1419, 1432, 1437, 1479, 1482
Beierle, C. 941
Beilharz, R. 2015, 2034
Beilstein, Fr. K. 1235−1237, 1259, 1951

Beimel, M. 897
Beinke, Chr. 771, 776, 779−781
Bejach, I. S. 1991
Béjoint, H. 1679, 1682, 1684, 1893
Bekič, H. 926, 940
Bektaev, K. B. 241, 249, 1761
Belanger, G. 1893
Belcazer, V. 1916
Bélin, E. 1697
Beling, G. 191, 197, 358, 368
Belke, H. 70f, 85, 588, 593, 718, 721, 725
Belkin, V. M. 1611f, 1617
Bell, A. 1643, 2508, 2510
Bell, J. E. 940
du Bellay, J. 314, 722, 2535, 2538
Bellmann, R. 2094
Bellosi, L. 316
Belot, J.-B. 1611, 1617
Belousov, V. D. 1966
Belzer, J. 1963
Bembo, P. 311, 314
Benabdallah, A. 1617
Benckiser, N. 870, 873
van Bendegem, J. P. 516
Bender, D. 1304
Bendz, G. 2276
Benecke, G. F. 2043
Benecke, O. 753, 1896
Benedum, J. 1968, 1974
van Benegem, J. P. 511
Beneke, J. 112, 116, 635, 642, 647, 759, 761f, 798f, 853f, 948, 952, 1162
Ben Erza, R. 1925
Beneš, E. 122, 130f, 157, 166, 193, 197, 204, 207, 227f, 254, 256, 263, 357, 392, 396, 401, 421, 426, 441f, 690, 699, 703, 744f, 749, 861, 863, 1435, 1437, 1541, 1543, 1546f, 1550
Benesch, H. 1971, 1973
Bengtsson, S. 776, 781
Benker, H. 1964, 2060
Benking, H. 2189, 2205
Benkler, E. 1700
Bennani, B. 1898
Benner, D. 1319, 1320
Bennett, H. 1949, 1951
Bennett, L. 1448, 1451
Bensaude-Vincent, B. 2564
Bensmann, B. 113, 116
Benson, R. W. 2492−2494
Benson, S. 1560, 1563
Bentolila, F. 47
Bentzinger, R. 275
Benz, C. 1155
Benzer, S. 1265
Berchorius, P. 1917
Berck, H. 947, 952
Berdychowska, Z. 1284

Berendes, J. 2403, 2409
Berengario da Carpi, J. 2473, 2477
Berényi, S. 970−972, 974, 1908
Beretta, M. 2564
Berg, Chr. 1318, 1320
Berg, D. L. 1684
Berg, P. 920
Bergenholtz, H. 10, 17f, 23f, 58, 233f, 237, 240, 359, 366, 371f, 464, 467f, 632, 700, 703, 1565, 1569f, 1636, 1741−1743, 1763, 1776−1778, 1782, 1785, 1787−1789, 1791, 1794−1796, 1810, 1812−1814, 1816, 1827−1830, 1852, 1881, 1885, 1888−1892, 1895, 1897f, 1900f, 1903f, 1906, 1909, 1975, 1994f, 2063, 2092f, 2107
Berger, A. 1123, 1129
Berger, G. 1621, 1623, 1625, 1632
Berger, H. 237, 2348, 2513, 2518
Berger, O. 1076
Berger, P. L. 122, 130, 2586, 2592
Berger, R. 2092
Bergfeldt, R. 1944
Bergheaud, P. 2429
Bergier, J. F. 277
Bergius, J. H. L. 1977f, 1988
Bergman, G. 1559, 1563
Bergmann, H. 729, 734f
Bergmann, J. 94, 99
Bergmann, R. 2309, 2316, 2318, 2332, 2348
Bergmann, T. O. 2482
Bergsdorf, W. 685, 687, 739f, 748−750
Bergson, H. 1327, 1331, 1333
Berkeley, G. 1224
Berkov, V. P. 1720f
Berliner, A. 1955, 1957
Berlitz, Ch. 835, 838
Berlyne, D. E. 892, 897
Berman, L. 2507, 2510
Berman, S. 282, 385, 389
Bernal, J. D. 1164, 1172
Bernard von Chartres 356
Bernard de Clairvaux 303
Bernard, Cl. 723
Bernard, L. 326
Bernardi, B. G. B. 1919
Bernardoff, A. 1701
Bernath-Bodnar, E. 2090
Bernays, P. 914, 920
Berndt, G. 1957
Berndt, R. 853f, 2494
van Bernem, Th. 948, 952, 1986, 1991

Bernhard, H. 1086, 1090
Bernier, C. L. 495, 498
Berns, J. 1571, 1577
Bernsdorf, E. 2011
Bernstein, J. G. 1920
Bernstein, L. 1335, 1338
Berr, M.-A. 146, 149
Berrendonner, A. 595, 601
Berretta, M. 1512
Berruto, G. 119, 130, 1504f, 1508, 1512
Berryman, P. 1462, 1465
Bersani, S. 1505, 1513
Berschin, H. 1493, 1501, 1514, 1520
Berschin, W. 2331
Bertand, J.-P. 2588, 2592
Bertaux, P. 1881
Bertelot, M. 2485
Bertels ® 1987, 1991
Berthelot, M. 2479, 2485
Bruder Berthold 350
Berthold, L. 1076, 1144
Bertholet, A. 1953
Comte Berthollet, Cl.-L. 326, 2483, 2562, 2564, 2575
Berthollet, M. 2485
Bertinetto, P. M. 1505, 1512
Berwardus, Chr. 1932, 1935
von Berzelius, J. J. 1237, 1241, 1255, 1558, 1562, 2144, 2485
Berzolari, L. 1961, 1964
Besancon, R. M. 1955, 1957
Besch, W. 71, 85, 107, 180, 238, 273, 275, 319, 321, 716, 887, 1091, 1097f, 1131, 1145, 1267, 1353, 1401, 1675f, 1743, 1831, 2340, 2417f, 2420, 2428f
de Bessé, B. 1894, 2169
Besson, J. 1917
Besterman, Th. 2092
Bettelheim, B. 861, 864
Betten, A. 1832
Betz, W. 282, 675, 2313, 2316, 2318, 2323, 2331
Beumann, H. 282
Bevan, S. C. 1946, 1951
Beyer, Chr. 1276
Beyer, H. 693, 703
Beyer, H.-Th. 1982, 1988
Beyer, J.-H. 2370, 2375
Beyer, M. 799, 1700
Beyerlick, L. 1919
Bézout, E. 1225
Bezzola, R. R. 1527f, 1530f
Bhatia, V. K. 699, 703, 2489−2491, 2493f
Bianchi, M. L. 2440
Biber, D. 1410f, 1413
Bibiloni, G. 1524, 1526
Bick, H. 1364, 1367f
Bickel, H. 1116, 1119

Bickerton, D. 185, 189
Bickes, H. 861 f, 864
Biedenkopf, K. 748, 750
Biel, M. 170, 179
Bierbaumer, P. 2453 f, 2457
Biere, B. U. 38, 40, 43, 76, 85, 389, 402–404, 407, 750, 888–892, 895, 897, 1004, 1008–1010, 1012, 2315 f
Bieri, P. 140
Bierwisch, M. 237, 602, 605, 608 f, 1338, 1358, 1361
Bies, W. 2090
Biester, J. E. 2442
Bilan, V. N. 1189, 1192, 1533, 1535, 1544
Billroth, Th. 1972
Bilsing, A. 1945
Bily, I. 1285
von Binder, R. 933, 940
von Bingen, H. 271, 276
Bingenheimer, S. 1063, 1068, 1091 f
Binon, J. 1909
Biondi, B. 2287, 2291
Biot, J. B. 2558, 2559
Bircher, M. 2418
Bird, P. R. 620, 623
Biringuccio, V. 1930, 1935
Birkelund, P. 2090
Birkenfeld, H. 1369
Birkenmaier, W. 250, 254, 263, 533, 538 f, 568, 572 f, 1534 f, 1543
Birkner, J. P. 1922
Birley, A. 1950, 1952
Birley, E. 2282, 2285
Birlinger, A. 349
Biró, Á. W. 1591 f
Bischoff, B. 2089, 2452, 2457
Bischoff, E. 677 f
Bischoff, K. 1050 f, 2347 f
Bischoff, M. 19
Bischoff, W. 1936
Bitsch, I. 275
Bittner, G. 2036
Bjørner, D. 940
Blåberg, O. 563, 567
Black, J. 2561
Black, J. B. 938, 942
Blackall, E. A. 2428, 2436, 2438 f
Blaicher, G. 2502
Blaise, A. 2284 f
Blake, R. E. 2044
Blancardus (= Blanchard = Blankaart), St. 1918, 1920, 2460, 2463
Blanchard, St. = Blancardus, St.
Blanchon, E. 1447, 1450, 2167, 2169
Blanckley, Th. 2462 f
Blancpain, M. 828

Blank, W. 2355, 2360, 2427 f
Blankaart, St. = Blancardus
Blanke, D. 875 f, 877–879, 2207, 2214
Blanke, W. 879
Blaser, A. 940, 942
Bläser, B. 940
Blaser, R. H. 2367
Bläsi, Ch. 1893 f
Blatt, A. 2165, 2169
Blau, M. 905, 909
Blauert, J. 649, 659
Bleecken, St. 691, 703
Blei, D. 257, 263
Blesken, H. 1904
Blicq, R. S. 1005 f, 1012
Bliefert, C. 494–498, 699, 704, 1239, 1242, 1246, 1258 f, 1437
Bliesener, Th. 51, 55, 210, 216
Bliesener, U. 190, 197, 952, 967 f, 991 f
Blinn, H. 2038, 2041
Bljach, I. S. 1987
Bloch, E. 522, 528, 1322, 1329, 1331
Bloch, M. 2292, 2302
Bloch, W. 666, 672
Block, F. W. 725
Blöcker, G. 1340
Blohm, D. 1618
Blok, C. 1844, 1849
Blok, G. P. 1713
Blom, A. 113, 116
Bloomfield, M. W. 1483
Bloor, M. 1177, 1181
Blount, Th. 2460, 2463
von Blücher, U. 698, 703
Bludan, I. 2061, 2047
Blühdorn, H. 1363, 1368
Blühm, E. 1647, 1658, 2002
Blum, L. 774
Blum, R. 2092
Blum, W. 517
Blume, Chr. 936, 940
Blume, Fr. 1338, 1903, 2011, 2013
Blumenbach, J. F. 1922
Blumenberg, H. 305, 316
Blumenfeld, D. 1462, 1465
Blumensath, H. 62, 85
Blumenthal, P. 256, 263, 1497, 1499, 1501, 1702
von Blumröder, Chr. 1903
Bluntschli, J. C. 1978, 1988
Bly, F. 1572, 1577
Boas, M. 304, 309, 316
Boas, R. P. 1965
Bobkov, A. K. 1192
Bobkov, M. N. 1533, 1535, 1544
Boccaccio, G. 311
van Bochaute, K. 1947, 1951
Bochenski, J. M. 900, 906 f, 909

Bochmann, K. 740 f, 750–752
Bock, D. 157, 162, 166, 190, 197
Bock, G. 651, 659, 894, 897, 1004–1007, 1010–1014
Bock, H. (Humanismus) 1918, 2362, 2395, 2402, 2406, 2409
Bock, H. 1230, 1962
Bock, H.-H. 2227
Bock, M. 576, 581
Böcking, W. 1062
Bodel, J. 2515, 2518
von Bodenstein, A. 1918, 2366 f, 2396
Bodmer, J. J. 2415, 2417
Boeck, W. 251, 256 f, 263, 268 f, 556
Boeckler, G. A. 1917
Boehm-Bezing, G. V. 2367
Boehncke, H. 276
Boelcke, J. 1908, 1975, 1986, 1991, 1994
Boenisch, A. 2047, 2049, 2053, 2057, 2060
Boenisch, D. 2047, 2049, 2053, 2057, 2060
de Boer, H. 2529
Boesch, B. 68, 85, 2323, 2331
Boëthius 77, 1914, 2006, 2319, 2322, 2325 f, 2329 f
de La Boétie, É. 314
Boettcher, W. 872 f
Bogdanovič, I. 1705
Böge, A. 144 f, 149, 716
Bogenrieder, A. 1944
Bogner, R. G. 1660
Bogorodickij, V. A. 1352
Bohatta, H. 2043, 2064, 2092
Böheim, G. 1338
Böhm, P. 1247, 1259
Böhm, W. 2013 f, 2032
Böhme, G. 106 f, 302, 310–314, 316, 1267
Böhme, H. 1277
Böhme, J. 2412 f, 2417 f
Böhme, P. 257, 259, 263, 477, 480, 485 f, 1668, 1892, 1894
Böhmer, H. 318, 320, 322
Böhmer, O. A. 725 f
Bohn, G. C. 1977, 1988
Bohner, M. 1162
Bohr, N. 13, 516, 707, 916, 918, 920
Boileau, N. 723, 1620, 2539
Boileau-Despréaux, N. 2567
Böing, G. 1989
Bois, J. 2504
de Boissière, C. 1535, 2532, 2535–2537
Boisson, A. 1901
Boîtet, Cl. 1753
Bojunga, K. 885–887
Böke, K. 47, 750, 753, 1368 f, 1381, 1390

Bolc, L. 941
Bolender, H. 2322, 2329, 2331
Bolitho, R. 966, 969
Bolívar, S. 2151
Bollé, A. 2519
Bologna, G. 307, 317
Bolten, J. 40, 43, 360, 366, 368, 850, 852, 854 f, 989, 992, 1296, 1300, 1303
Boltin, I. 1705
Boltzmann, L. 1166, 1172, 1232
Bombast(us) von Hohenheim, Th. = Paracelsus
Bombi, R. 1513
Bömer, F. 2282, 2285
Bompiani, V. 2037, 2041
Bonanini, A. 2009
Bonassies, F. 2067, 2087
Bondarko, A. V. 251, 256, 263
Bondzio, W. 1120, 1127, 1129
Bonnafous, J. 773
Bonnerot, J. 2532, 2537
de Bonneval, R. 2552, 2559
Bonno, G. 772, 781
Bonnot de Condillac, É. 1620, 1627, 2584
Bonocore, D. 2091
Bonomi, I. 1512
Bonsack, E. 1894
Boockmann, H. 317, 320, 1924
de Boodt, B. 1918
van den Boogaart, H. 2035
de Boor, H. 351
Boost, K. 256, 263
Bopp, F. 292, 329, 331, 605, 1343 f
Borchers, W. 1173
Borchling, C. 353, 1020, 1038
Borel, É. 1225
Borello, E. 1506, 1512
Borg, T. 1618
Börger, E. 927, 930, 933, 940 f
Borgulya, Á. 1300, 1303
Bories, J. 2067, 2087
Borisov, V. M. 1611, 1617
Bork, H. D. 2519
Borkenmaier, W. 261
Borkhausen, M. B. 1921
Borko, H. 495, 498
Borkun, M. N. 1189, 1192, 1533, 1535, 1544
Bormuth, J. R. 890, 897
Born, J. 841, 848
Born, K. E. 539
Born, W. 2047, 2061
Bornemann, E. 173 f, 179
Börner, W. 975
Bornhofen, H. 540, 545
Börnstein, R. 1950, 1955, 1957 f
Boros, G. 1941, 1943
Borowski, E. J. 1962
Borowski, G. H. 1922

Borrel, A. 1453
Borriss, H. 1941, 1943
Borsdorf, W. 1892, 1894
Borská, J. 2417
Borst, A. 1913, 1923
Borst, O. 1035, 1037
Borwein, J. M. 1962
Bosch, K. 1235
Bosch, R. 862, 864
Bosk, Ch. 701, 708
Boss, H. 1991
Boss, N. 1735, 1828, 1902, 1973 f
Bosselmann-Cyran, K. 271, 275
Bossle, L. 319
Boßmann, D. 1791, 1827
Bossong, G. 1, 7, 19, 66, 79, 83, 85
Bossuat, R. 2519 f
Boston, L. 2047, 2050, 2053, 2056 f, 2061
Bott, B. 316
Bott, G. 333 f
Bott, K. 1980−1982, 1988
Böttcher, I. 2418
Böttcher, S. 1201
Böttger, K.-P. 2094
Bötticher, H. 869
de Bouard, A. 2522, 2527
Boudreault, M. 2575
Bouffartigues, J. 1496, 1501
Bougerolle, St. 830, 838
Bouissac, P. 575, 581 f
Boulanger, J.-Cl. 981, 1906, 2566, 2573
Bourbaki, N. 1227, 1692, 1960
Bourdieu, P. 8, 103, 107, 328, 334, 448, 455
Bourget, D. L. 1921, 1951, 1948
Bourrienne, V. 2523, 2527
Boursin, J.-L. 1962
Boutmy, E. 2542, 2544, 2548
Bouvelle, Ch. 2533
Bouverot, D. 2566, 2574
Bouvier, A. 1960, 1962
Bowden, J. 1463, 1466
Boyle, R. 497, 499, 2465 f, 2469 f, 2481, 2485
Braccini, R. 1336, 1339
Brackebusch, W. 764, 770
Bradbury, S. 1956 f
Bradean-Ebinger, N. 1591
Bradley, H. 1684
Bradley, R. 2462 f
Braekman, W. L. 350 f, 2350, 2353
Braga, G. 811, 818
Braisch, M. 2519
Braithwaite, R. B. 1463, 1465
Bramante, D. 303
Brammer, F. A. 1907
Brampton, B. 1457 f
Brand, K. 83, 85, 650, 659, 1942 f, 1950 f

Brandstätter, U. 1338 f
Brandt, W. 528, 685, 687, 750, 1288 f, 1294 f, 2427 f
Brans, R. 2306, 2308
Bransford, J. D. 890, 893, 897
Brant, S. 274
Branzell, K.-G. 2426, 2428
Brass, C. 496, 498
Brater, K. 1988
Braudel, F. 2294, 2296
Brauer, J.-P. 1989
Brauer, W. 2061
Braun, A. 233, 237
Braun, G. 895, 897, 2515, 2518
Braun, H. 680, 687
Braun, K. N. 317
Braun, M. 2046 f, 2050, 2056 f, 2060
Braun, P. 123, 130
Braun, R. 156, 1900, 2183, 2285
Braun, Th. 1046
Braun, U. 2051
Braundel, F. 2302
Braune, W. 1341, 1345, 1348
Brauneck, M. 2037, 2041
Bräuner, J. J. 1921
Braunfels-Esche, S. 75, 85, 310, 316 f
Braunmüller, K. 1559, 1563
Braunöhler, P. 358, 368
Brauns, P. 1363, 1368
Braunschweig, H. 1918
Brawley, J. 1277
Bray, L. 1685, 1700, 2570, 2574
Bréal, M. 1350
Brebeck, Chr. 1202, 1205 f
Brecht, B. 68, 721, 959
Bredehöft, S. 107
Bredemeier, J. 1894, 1952
Brehm-Klotz, Chr. 2015, 2033
Breindl, E. 47, 142, 401
Breitinger, J. J. 2415, 2417, 2447
Brekke, M. 1647
Brekle, H. E. 2421, 2428, 2540
Bremer, E. 1092, 2401
Bremerich-Voss, A. 872 f
Brendl, E. 897
Brendler, G. 1900
Brenner, P. J. 86
Brenninger, A. 1986, 1991
Brepohl, Kl. 2077
Breschke, C. 2419
le Breton, A. F. 1621
Brettschneider, A. 1129
Bretz, G. 1030−1032, 1034 f, 1037, 1655, 1658
Brévart, F. B. 350 f, 2337, 2340
Brewer, R. 1364−1368
Brezinka, W. 1475 f
Briand, S. 821, 827
Brice, J. S. 1476

Bridges, R. 2496
Bridgman, P. W. 916, 920
Brierly, W. 1753
Briesemeister, D. 67, 85, 310–313, 317
Brightland, J. 2496, 2501
Brillouin, L. 1232
Brinker, Kl. 49, 94 f, 97, 99, 129 f, 196 f, 199, 237, 258–260, 263, 459, 467, 469, 471, 476, 480–492, 501, 504, 508, 534 f, 538 f, 541, 545, 563 f, 567 f, 572 f, 587, 1035, 1037, 1381
Brinker-Gabler, G. 2037, 2042
Brinkhoff, N. 1753
Brinkmann, H. 254, 263
Brinkmann, K.-H. 2048, 2052, 2054 f, 2057, 2059 f, 2062 f
Brinkmann, R. 819
Brisson, M. J. 1849
Brizio, A. M. 310, 317, 322
Bröcher, J. 1030 f, 1037, 1122 f, 1129
Brocher, T. 2015, 2032
Brockelmann, C. 1610, 1617
Brockhaus, Fr. A. Ⓡ 1955, 2064, 2087
Brockmann, R. J. 896–898, 1011–1013
Brodie Ⓡ 1929
Brodin, D. R. 2514, 2518
Broekman, J. M. 62, 85
Brogsitter, K. O. 2318
Brohm, B. 1906
Broich, U. 55, 609, 758, 762 f
Bromme, R. 434 f, 437
Brömser, B. 256, 263, 419, 426
Brons-Albert, R. 700, 703
Bronstein, J. N. 1961, 1963
Brook, St. 2506, 2510
Brooks, N. 2457
Brosnahan, L. F. 833
de Brossard, S. 2006
de Broto i Ribas, P. 1526
Brouwers, A. 1573, 1577
Brown, D. 1461 f, 1465
Brown, M. B. 1467, 1469, 1471
Brown, P. 211, 216
Brown, R. 1462, 1465
Brown, R. A. 2486, 2494
Browning, D. C. 2038, 2042
Brüch, J. 782
von Brücke, E. 1347
Brückendorf, H. 146
Brückner, A. 1916, 1923
Bruder, A. 1989
Brugger, W. 1998, 2002
Brugmann, K. 332, 1341 f, 1344–1349, 1353 f, 1906
Brugnoli, M. V. 317
Bruguera i Talleda, J. 1526
Bruhn, D. 1163

Bruhn, H. 1335, 1339
Bruhn, J. 1964
Brühner, G. 210
Brumfit, Chr. J. 828, 838
Brunauer, S. 1232
Brun-Cottan, F. 703
Bruneau, Ch. 773
Brunelleschi, F. 303
Brunetto Latinis 2516
Brunfels, O. 1918, 2362, 2397, 2402, 2406 f, 2409
Brunhuber, E. 1147, 1152
Bruni, F. 1513
Bruni, L. 302
Brünner, G. 52, 54 f, 94 f, 98 f, 109, 153, 156, 216, 235, 237, 361, 368, 551, 554, 635–637, 641, 645–648, 654, 659, 672 f, 678, 692, 697, 701, 703–705, 708 f, 737, 744, 750, 759 f, 762, 864, 947, 952, 1027, 1035, 1037, 1267
Brunner, H. 279, 574, 581–583, 1786 f, 1816, 1827, 2040, 2042, 2358, 2360
Brunner, O. 282, 1037
Brunner, R. 2015, 2032
Bruno, G. 306, 2362, 2411
Bruno, J. P. 1918
Bruno, M. G. 2292, 2300, 2303
Brunot, F. 773, 1624, 1627, 1632, 2487, 2494, 2513, 2518, 2533, 2537, 2566, 2574 f, 2577 f, 2580 f, 2584, 2591
Bruns, A. 1400
Bruns, K. 672, 1394, 1400
Brunschwyg, H. 2362
Brunt, R. 1459
Brusaw, Ch. T. 1012
Bruss, J. 1172
Brutus 66
de La Bruyère, J. 3, 1620, 2539
Bub, V. 284, 286, 288, 1693, 1700
Buber, M. 1329, 1331
Bubner, R. 327–329, 334
Buchanan, B. 2071 f, 2087
Buchanan, G. 2363
Buchbinder, V. A. 469, 1535, 1543
Bucher, H.-J. 390, 740, 750, 755
Büchi, E. 2570, 2574
Büchmann, G. 2037, 2042
Buchmann, O. 158–160, 166
Büchner, G. 861
Buchner, H. 767
Büchner, K. 303, 2282
Büchner, L. 1325, 1331
Buck, A. 270, 275, 302, 309, 314, 317
Buck, B. 2015, 2032
Buck, G. 719, 726

Buck, R. J. 2296, 2303
Bückendorf, H. 149, 1404 f, 1413, 1417
Buckingham, J. 1949, 1951, 1954
Buckl, W. 2354 f, 2360
Bucksch, H. 1907
Budagov, R. A. 1532, 1534, 1543
Buddeus, J. F. 1922
Bude, G. 302
Buder, M. 1016, 1018, 2227 f
Budig, P.-Kl. 796, 799, 1785, 1812, 1827
Budin, G. 15 f, 19, 33, 44, 54–56, 58, 76 f, 85, 134 f, 139 f, 154–156, 237, 252, 264, 341, 359, 362, 364, 368, 371, 430, 437, 685, 689, 806 f, 864, 975, 981, 1172, 1239, 1258, 1694, 1701, 1729, 1738, 1844, 1852, 1892, 1894 f, 2096–2098, 2107 f, 2123, 2171, 2179, 2181–2183, 2185 f, 2190, 2193 f, 2196 f, 2205–2207, 2210 f, 2214–2216, 2221, 2226 f, 2229, 2236, 2241, 2244
Buell, V. P. 763
Buffier, S. J. 2553, 2559
Comte de Buffon, G. L. Leclerc 727, 773, 1635, 1639, 2565 f, 2568, 2573, 2575, 2577, 2579
Bugarski, R. 1478, 1482
Bühl, W. L. 62, 85
Bühler, H. 2107 f
Bühler, K. 25, 43 f, 62, 85, 122, 213, 359, 444, 454 f, 576, 581, 668, 672, 692, 703, 793, 799, 1356
Bühler, P. 370
Bühler, R. 1115, 1119
Bühler, Th. 278, 282
Buhlmann, P. 426
Buhlmann, R. 53, 55, 76, 85, 251, 359 f, 364, 366, 368, 414 f, 424, 458, 461, 467, 469, 480, 552–554, 625, 630, 632, 695, 703, 802, 807, 952, 961 f, 965, 968, 987 f, 993, 1267
Buhofer, A. H. 702 f
Buhr, M. 1998, 2003
Bührig, K. 43, 665, 667, 670–672, 691, 699 f, 703 f
Buksch, H. 1892
Büld, B. 1122 f, 1129
Bulkeley, E. 2459, 2463
Bullinger, H.-J. 12, 19, 1010, 1012
Bullock, G. 1917
Bullokar, W. 2495–2497, 2501 f
Bülow, Fr. 1982, 1988
Bultmann, R. 1311 f

Bungarten, Th. 19 f, 22, 43, 46, 55 f, 58, 100 f, 105–107, 109, 116–118, 120, 130–132, 134, 139, 142, 165–167, 197 f, 211, 213, 216, 218, 237, 276, 319, 367–369, 401, 426 f, 437, 480, 493, 554, 556, 567, 574, 611, 616 f, 634, 647, 659, 678, 685, 687 f, 703–705, 707–710, 716 f, 734 f, 738, 747, 749 f, 752, 754 f, 799, 840, 854 f, 859, 863–866, 952, 1002, 1267, 1303 f, 1361 f, 1429, 1489 f, 1521, 1551, 1762, 2182, 2439, 2450, 2585
Bunjakovskij, V. J. 1223
Bunjes, W. E. 1276
Bunk, C. 1627, 1632
Bünting, K.-D. 239, 1764, 1827
Burchfield, R. W. 770, 1677, 1680, 1684
Burckhardt, J. 303, 317
Bureau, C. 823, 827
von Burg, E. 1283 f
Burg, G. 1284, 1974
Bürgel, P. 70 f, 85
Burger, A. 1277
Bürger, E. 1177, 1181, 2049 f, 2052–2054, 2057, 2060
Burger, H. 1296, 1304, 2322, 2328, 2330 f, 2427 f
Burgess, G. S. 2515, 2518
Burgess, R. 1008, 1012
Burggrave, J. Ph. 1920
Burghardt, W. 1894, 1946, 1951
Bürgisser, M. 2043
Burgmann, L. 2291
de Burgos, V. 1916
Burgschmidt, E. 262 f
Buridaut, C. 1830
Bürja, A. 1922
Burkart, M. 2221, 2227
Burke, P. 305, 317, 2303
Burkhard, J. A. Chr. 2010
Burkhardt, A. 688, 740, 750, 752
Burkhardt, D. 1942 f
Burkhardt, M. 1338 f
Burkhart, D. 575, 581
Burkhart, R. 2340
Burlak, J. 1964
Burnadz, J. M. 173 f, 179
Burnett, Ch. 2337, 2340
Burr, Ch. W. 1902
Burrill, M. F. 1894
Burschil, K. 2046 f, 2050, 2053, 2056 f, 2060
Burton, R. 2363
de Bury, R. 2550, 2553, 2559
Busch, A. 139
Busch, J. 2092 f
Busch, U. 1974
Busch, W. 2372, 2375, 2427 f

Büsch. J. G. 1923
Büschgen, H. E. 1988
Busch-Lauer, I.-A. 261, 263, 485 f, 1411, 1413, 1473, 1477
Buser, H. 2093
Busse von Colbe, W. 1982, 1988
von Busse, G. 2092
Busse, D. 523, 528–533, 665, 672, 747, 750, 1287, 1290, 1294 f, 1382, 1384, 1386–1391
Busse, U. 769 f
Bußmann, H. 1741, 1906
Büter, D. 666, 672, 1392, 1398, 1400
Butler, C. S. 207
Buttler, D. 1552, 1557
Butzkamm, W. 956, 960, 968
Buxton, A. B. 619 f, 623
Buxton, W. 939 f
Buyse, P. 1578
Buzas, L. 2092

C

Cabré (i Castellví), M. T. 1524, 1526 f, 2152, 2244
Cackett, R. 317
Čada, J. 205, 338
Cadot, M. 1901
Cædmon 2503
Caelius Aurelianus 2275 f
Caesar, G. J. 661, 1913
Cahn, M. 69, 85, 317
Cahuzac, Ph. 1904
Cailleux, A. 1496, 1501
Caimi Valentini, A. 1513
Caius, J. 2475
Calboli, G. 2287, 2291
van Calar, J. S. 309
Callebant, B. 1693, 1695, 1700
Callebat, L. 2519
Callebaut, Br. 1894
Calleri, D. 1881
Callewaert, C. 2284 f
Calov, A. 1919
Calvel, E. 2550, 2559
Calvet, J.-L. 105, 107, 671 f, 1495, 1501
Calvin, J. 306, 313 f
Calvo, G. 2071, 2087
Calvo Ramos, L. 1515 f, 1519 f
Cambiaghi, B. 1506, 1512 f
Camerarius, J. 2374, 2398
Cameron, A. 2452, 2457
Campanella, Th. 1919
Campbell, N. R. 915, 920
Campbell, R. 619, 624
Campbell, R. L. 938, 940
Campe, J. H. 860, 883 f, 887, 1997, 2002, 2438 f

Campos Frechina, D. 1526
Candel i Alemany, J. V. 1526
Candel, D. 1689, 1693, 1700 f, 1851
Cannon, G. 769 f
Canone, E. 2431, 2439
Cantell, I. 1827, 1829, 1901
Cantor, G. 139, 1224
Cantor, M. 2374 f
Capella, M. 270, 720, 2255
Capelle, M. 2542, 2548
Čaplygin, S. A. 1532
Capuanus, P. 1917
Capurro, R. 2216, 2227
Caput, J.-P. 776, 782
Card, St. K. 938, 940 f
Cardine, F. 302
Cardini, F. 317
Carels, P. E. 1647, 1653 f, 1656–1658
Carl, W. H. 2048–2050, 2052–2054, 2057, 2059–2061
Carlevaro, T. 875, 880
Carley, J. 1950, 1952
Carlon, K. 1483
Carlsson, A. 488, 492
Carmichael, A. G. 726
Carmona-Cornet, A. M. 1277
Carnap, R. 8, 13, 344, 347, 359, 690, 704, 707, 856, 900 f, 909, 912 f, 916, 920, 1330 f, 1954, 2174 f, 2182, 2209
Carolus-Barré, L. 2522, 2527
Carra, D. 1276
Carroll, B. 1745, 1753
Carroll, J. M. 934, 938–940, 942
Carroll, S. 211, 217
Carson, A. S. 1475, 1477
Carstens, A. 1900
Carstensen, Br. 767–770, 848
Carter, D. R. 1003, 1012
Carter, J. 1461, 1465
Carter, R. 2507, 2510
Cartwright, E. 1620
Cartwright, N. 919 f
Casa Rabano, I. 1526
Casenoves, M. 1962
Casero, F. 1992
Casorati, F. 1223
Cassiodor(us), Fl. M. A. 271, 1914, 2255
Cassirer, E. 134, 139, 2440
Cassius Dionysius 2297
Cassius Felix 2275 f
Castellanos i Llorenç, C. 1526
Castellus, B. 1918
Castelnuovo, E. 316
Castiglione, B. 305, 317
Catach, N. 771, 782
Catalano, F. 2537
Cate, J. L. 1924
Catford, J. C. 208 f, 216

Catherine, R. 529, 533
Cato der Ältere („maior"), M. P. 67, 2257, 2281, 2293–2299, 2301, 2303
Cavagnoli, St. 1513
Cavendish, H. 2562
Cawdrey, R. 2465
Cawkell, A. E. 2087
Caxton, W. 2509
Caygill, H. 2002
Céard, J. 313, 317, 2537
Cecioni, C. G. 1505, 1512
Celan, P. 468, 633, 2037, 2042
Celce-Murcia, M. 993
Cellard, J. 1496, 1501
Cellini, B. 309
Celsus, A. C. 67, 1452, 1913, 2275 f, 2297 f
Celtis, C. 270
Černyšev, V. I. 1707, 1713
de Ceuninck, J. 2112
Chacerel, J.-L. 993
Chafe, W. L. 610, 616
Chaffrey, P. N. 1904
Chagunda, M. 1907
Chambadal, L. 1962
Chambers, E. 305, 1621, 1625 f, 2463
de Chambrun, N. 825, 827
Chandna, K. 2091
Chang Shi-Kuo 940
Chantefort, P. 827
Chantraine, P. 2280, 2285
Chapelain, J. 1686
de la Chapelle, M. 2551, 2553, 2558 f
Chapin, N. 938, 940
Chappe, Cl. 2565
Chappuys, G. 2548
Chargaff, E. 139
Charles II 2505
Charles, J.-A.-C. 2573
Charles, M. 701, 704
Charpentier, F. 2557, 2559
Charpentier, J. 1632
Charron, P. 314
Chastel, A. 317, 320
de Chastellier, G. 926, 940
Chastellier, A. 925
de Chateaubriand, F. R. 723
Chatterjee, M. 1331
Chaucer, W. 2477
Chaurand, J. 773, 782, 2514 f, 2518
de la Chaussée, F. 2513, 2518
Chavkina, L. B. 2092
Cheiron 2272
Sir Cheke, J. 2504, 2510
Chemnitz, E. 1130
Chen Shing-lung 135, 139
Cheng Zhenyi 1599
Cheng Zhongying 1599

Cherubim, D. 100, 103, 107, 149, 716, 868, 873, 970, 974, 2429
Chevallier, J. 529, 533
Chevalier, J.-Cl. 2566, 2574
Choduschin, S. 1987, 1991
Chojecka, E. 1917, 1923
Chomel, N. 1977, 1989
Chomsky, N. A. 185, 237, 253, 263, 605–609, 892, 897, 1352, 1722, 2499, 2501
Chouillet, A.-M. 2584
Choul, J.-C. 1881
Chrétien de Troyes 2515, 2519
Christiansen, L. M. 1894
Christ, H. 190, 197, 851, 855, 948, 952 f, 965, 968 f, 987, 991–993
Christ, K. 1062
Christ, W. 952 f
Christensen, R. 1288, 1295, 1388, 1390
Christes, J. 5, 19, 1622, 1632
Christiansen, L. M. 1881, 1893, 1908
Christmann, E. 1068, 1144
Christmann, H. H. 332, 334, 825, 827, 1344, 1353 f
Christmann, K. 254, 263, 420, 426
Christmann, U. 888–892, 897 f, 1004, 1008, 1011–1013, 1159, 1163
Christ-Rupp, I. 1083
Christy, N. P. 1456, 1458
Chrysander, Fr. 1334, 1339
Chrysipp(os) 2256, 2259
Chrystal, D. 2087
Chuchuy, C. 1858, 1883
Churchill, W. 1452, 1455
Chytraeus, N. 318, 2400
Ciba, W. 1956 f
Cicero, M. T. 29, 66, 313, 718, 1686, 1913, 2003, 2255, 2257 f, 2261, 2267, 2277, 2282, 2289, 2293 f, 2298, 2319 f, 2322, 2326, 2330, 2543, 2547
Cicourel, A. V. 6, 30, 237, 664, 672
Cienskowski, M. 1335, 1339
Cigada, S. 1506, 1512
Ciliberti, A. 953, 993, 1505, 1512
Čižakovskij, V. A. 1761
Claassen, E. M. 1298 f, 1304
Claes, Fr. M. W. 1573, 1577, 1740, 1920, 1923, 2392–2394, 2398–2401
Clairmont, H. 1332
Clapham, Ch. 1962
Clark, G. C. 1948, 1951 f, 1956 f

Clark, H. H. 893, 897
Clark, J. M. 1986, 1991
Clark, M. 2465, 2469 f
Clas, A. 1495, 1501
Clason, W. E. 1956 f, 2068, 2070, 2072, 2084, 2087
Classen, P. 2318
Claudin, A. 2542, 2548
Claudius, M. 1240
Claus, H. 259, 263
Claus, P. 1575, 1577
Claus, V. 2061
Clausberg, K. 317
Clausing, A. 1173 f, 1181
Clausnitzer, E. 2032
Claussen, P. C. 305, 317
Claussen, R. 23
Clavadetscher, O. P. 2332
Clear, J. 1752
Cleaveland, C. J. 926, 940
Clemens von Alexandreia, T. Fl. 2283
Papst Clement 2479
Clément, J.-M. 1842, 1850
Clements, P. C. 933, 942
Clerk, D. 1155
Clifford, A. F. 1949, 1952
Cline, D. 1956 f
Clive, H. P. 2512, 2520
Cloeren, H.-J. 1324, 1331
Cloutier, P. 1753
Cluver, A. D. de V. 1894
Clyne, M. 40, 43 f, 83, 85, 112, 116, 139, 177, 179, 234, 237, 366, 368, 486, 506, 508 f, 611–614, 616, 695, 701, 703 f, 786, 791, 822, 827, 836, 838, 853, 855, 863 f, 1267
Čmejrková, S. 706, 709
Cobarrubias, J. 2592
Cobbett, W. 2497
Cobuild, C. 2501
Cohen, E. R. 1956 f
Cohen, H. 1576 f
Cohen, J. 930, 940
Coke, E. 2488
Cole, P. 389
Coleman, E. S. 2323, 2331
Colet, J. 2496, 2502
Colinvaux, P. 1368
Collatz, K.-G. 1944
Colli, G. 1333
Collin, P. H. 1986, 1991
Collison, R. 1913, 1922 f, 1632, 1668, 2002
Collison, R. L. 2506, 2510
Colmerauer, A. 925 f, 930, 940 f
Colón, G. 1526
Columella, L. I. M. aus Gades 67, 2294–2301, 2303
Combe, A. 1320
Combettes, B. 256, 263
Comenius, J. A. 1919, 2411, 2413 f, 2417

Compolini, C. 1901
Compton, N. J. 2063, 2092
Comrie, B. 838
Comte, A. 607, 1321, 1324f, 1331f
Comyns, A. E. 1947, 1952
de Condillac, É. Bonnot 325f, 1620, 1627, 2444, 2568f, 2576f, 2579−2581, 2583− 2585
Marquis de Condorcet, M. J. A. N. de Caritat 2565f, 2568, 2574
Cone, J. 1462, 1465
de Coninck, G. 848
Connolly, J. 1950, 1952
Connors, R. J. 1004, 1012
Conrad, G. 1528, 1531
Conrad, J. 1928; 1979f, 1988
Conrad, R. 392, 396
Conrady, K. O. 1358
Considine, D. M. 1949, 1952, 1957
Considine, G. D. 1949 1952, 1957
Constantin, L. A. 2093
Constantinesco, L.-J. 2587, 2589
Constantinus I. = Konstantin der Große
Conte, G. 1986, 1991
Conte, M.-E. 910
Conti, A. 316
Conze, W. 282, 1020, 1037
Cook, G. 2510, 2510
Cook, P. 2063, 2092
Cooper, L. N. 1232
Cooper, R. L. 2207, 2214
Coopman, Th. 1572, 1577
Coover, J. 1903, 2005, 2012
Cop, M. 1829, 1961, 1995, 2002
Cope, J. I. 2471
Copeland, L. 851, 855
Copernicus, N. = Kopernikus, N.
Coquet, J.-C. 595, 600
Corazza, V. 1974
Corbechon, J. 1916
Corder, S. P. 972, 974
Cordes, G. 349, 353, 1038, 1055, 1129
Cordus, Eur. 2402, 2409
Cordus, V. 2402, 2408f
Corneille, P. 722f, 1623, 2539
Corneille, Th. 324, 1686, 1688, 1699
Corner, C. M. 1992
Cornu, Au. 1332
Cornu, A.-M. 1563, 1898
Cornu, G. 529, 531−533, 2591f
Corominas, J. 2301, 2303

Corr, Ch. A. 2441
Corsten, H. 1982, 1988
Corsten, S. 2037, 2042, 2089, 2549
de Cort, J. 981
Cortelazzo, M. A. 110, 116, 568, 574, 1504, 1508, 1512
Cortese, G. 1506, 1512
Coseriu, E. 34, 44, 121, 124, 130, 191, 197, 251, 258, 261, 263, 443, 447, 450, 452−455, 469, 773, 782, 1352f, 1881, 2295, 2303
Costa-Barthe, R. 1908
Coste, D. 1492, 1502
de Coster, J. 2049, 2061
Cottez, H. 774, 782, 1496, 1502, 2570−2574
Coulmas, F. 671f, 674, 704, 708, 841, 844, 848, 860f, 864f, 1599, 2209, 2214
Coulombre, Cl. 1753
Courtés, J. 595f, 601
Cousin, P.-H. 1881
Couturat, L. 876, 2419
Coverdale, M. 2504
Covington, M. A. 1450
Cowan, M. 1611, 1618
Cowdrey, R. 1926
Cowell, J. 2460, 2463
Cowie, A. P. 1700
Cowles, B. 2087
Cox, H. L. 1062
Craemer-Ruegenberg, I. 276
Craigie, W. A. 1677, 1684
Cram, D. 2468, 2470
Cramer, F. 724, 726
Cramer, Th. 873, 1915, 1923
Crampvoets, H. 1577
Archbishop Cranmer 2505
Crassus, L. 2257
Crawhall, N. T. 2215
Creifelds, C. 529, 533f, 539
Cremer, Th. 1267
Cremerius, J. 864
Crespi, G. 302, 317
Cresswell, M. J. 905, 909
Crick, F. H. C. 51, 136f, 142, 725f, 1264
Croé, G. 1495, 1502
Crombie, A. 2497, 2501
Crompvoets, H. 1573
Crone, F. 110, 116
Cronin, B. 136, 139, 2221, 2227
Cronjäger, Chr. 1692, 1701
Crooke, H. 2472
Crosland, M. P. 1946, 1952, 2411, 2417, 2427f, 2485, 2564
Cross, F. 1465
Crossgrove, W. 68, 85, 350f, 2322f, 2331, 2353
Crystal, D. 110, 115f, 208− 210, 216, 830f, 833, 837f,

1405, 1413, 1478, 1482, 1512, 1906, 2485, 2490, 2492, 2494, 2503, 2505−2507, 2510
Csikai, K. 2061
Csörögi, I. 1586, 1591
Cuddon, J. A. 1486, 1489
von Cues, N. 302
Cugnot, N. J. 1155, 2565, 2572
Cullen, W. 2481
Culmensis, G. 2375
Culpeper, N. 2475, 2480
Cummings, M. 1486, 1489
Cummings, W. Ph. 1904, 1995, 2002
Cunningham, T. 2460, 2463
Cuny, M.-L. 370
Cuppitt, D. 1462f, 1465
Curie, M. 1242
Curie, P. 1242
Curnot, A. A. 2582
Curtis, B. 938, 941
Curtius, E. R. 317, 355−357, 368, 2405, 2409
Curtius, G. 1347
Cusanus, N. 271
Baron de Cuvier, G. 2566
Cvilling, M. J. 202, 207
Cyvin, A. M. 1726, 1741
Czap, H. 438, 981, 1199, 2237, 2244, 2249, 2253
Czerwionka, M. 2042
Czucka, E. 134f, 139f
Czuni, I. 1586, 1591

D

Daan, J. 1573, 1577
Dabovich, P. E. 1928
Daelmans, F. 352
Daemmrich, H. S. 69, 85, 723, 726, 2037, 2042
Daemmrich, I. 69, 85, 723, 726, 2037, 2042
Daems, W. Fr. 89, 350f, 353, 1676
Dagognet, F. 2569, 2574
Dahl, E.-S. 1130
Dahl, Ö. 256, 263
Dahl, O. J. 932, 941
Dahl, S. 2092
Dahl, T. 1647
Dahlberg, I. 1, 10f, 16, 19, 252, 263, 430, 437, 1207, 2220f
Dahlenberg, I. 2227
Dahlhaus, C. 1335, 1339, 2011
Dahlstedt, K.-H. 1559, 1563
Dahm, G. 2015, 2032
Dahmen, W. 150, 783, 1501, 1520, 2518, 2549, 2575
Dahn, F. 724
Dähnhard, P. 2047, 2050f, 2056f, 2061

Dahrendorf, R. 237
Daiches, D. 1488f
Daily, J. E. 2087
Daimler, G. 1155
Daimler, R. 1974
Daintith, J. 1453, 1458
Dal', Vl. 1704, 1706−1709, 1711, 1713
Dalby, D. 274f, 2390f
Dalcher, P. 1057, 1062, 1115, 1118f
Dalferth, J. U. 1312
Dalgalian, G. 47
Dalgarno, G. 2468, 2470
Dalja, V. I. 1713
Dallmann, S. 490−492
Dalton, J. 2485
Daly, L. W. 1912, 1923
Dam, H. 1904
Damm, R. 1340
Damme, R. 2409
Dammer, O. 1948, 1952
Dampmartin, A. H. 2551f, 2559
Daneš, F. 256, 258, 263−265, 268, 410, 415, 419, 426, 467, 469, 473, 480, 555, 615f, 706, 709, 893, 897, 1537, 1543
Danet, B. 528, 2490, 2494
Daniel, R. W. 2285
Danilenko, V. P. 1532, 1541−1543, 1591
Dankert, H. 687
Danneberg, L. 83, 85f, 141, 359, 368, 1361, 1635, 2471
Dannemann, A. 2015, 2032
Dannenberg, J. 1933, 1936
Danner, D. 1163
Dante Alighieri 311, 316, 321, 2417
Danzin, A. 1753
Darbellay, Chr. 877, 879
Darcy, L. 2047, 2050, 2056f, 2061
Dardano, M. 1504, 1512
Darey, L. 2053
Däring, K. 2269
Darmesteter, A. 1686, 1700, 2572
Darms, G. 1528−1531
Darmstaedter, E. 2367
Darnton, R. 86, 305, 309, 317, 1625f, 1632
Darrigoe, O. 919f
Darwin, Ch. R. 77, 331, 607, 774, 1261, 1264−1268, 1325, 1343, 1345, 1354, 1364, 1460, 1635, 2469f
Däschlein, H. 1901
Das Gupta, J. 101, 108, 2214
Daškova, E. 1705
Daston, L. 689, 704
Dasypodius, K. (Mathematiker) 1654, 1919

Dasypodius, P. (Sprachwissenschaftler) 2399
Dathe, M. 43, 368, 854f
Datta, J. 1753
Daubach, G. 1964
Daube-Schackat, R. 23
Daum, U. 672, 1289, 1295
Daumas, M. 2565, 2574
Dausendschön-Gay, U. 709
Dauzat, A. 776, 782
Davenport, E. 2221, 2227
David, H. 632, 1285, 1741, 1902, 1973
Davidse, K. 1483
Davis, Ph. J. 506, 509
Davy, D. 210, 216, 2485, 2490, 2492, 2494, 2505−2507, 2510
Dawkins, R. 1263, 1267
Day, R. A. 619, 623, 699, 704
Daykin, V. 1611, 1617
D'Costa, G. 1461, 1465
Dear, P. 498
Debec, N. P. 1714
Debrie, R. 2571, 2574
Debrunner, A. 2285
Debus, F. 2332
DeCamp, D. 185, 189
Decaux, A. 821, 827
Decimator, H. 2400
Decker, U. 1923
Decoin, D. 820, 827
De Cort, J. 417, 426, 744, 750, 786, 791
De Coster, J. 1160, 1162
Décsi, G. 1987, 1991
Decurtins, A. 1527−1532
Dedekind, R. 1225
Dedering, H.-M. 519, 521, 560f
Dees, A. 2521f, 2525, 2527f
Defoe, D. 2461, 2463
Degenkolbe, G. 749f
Dehler, W. 878f
Deichsler, H. 2375
Deinhardt, K. 1844, 1849f
Delabor, W. 1901
Delahaye, M. 1563, 1898
Delaruelle, L. 2535, 2537
Delbrück, B. 1341, 1346, 1353
Delfosse, H. P. 1998, 2003
Abbé Delille, J. 2567
Della Casa, G. 305, 318
Deloffre, F. 2575
Delrieu, A. M. 1496, 1501
Demandt, S. 2047, 2050, 2053, 2056f, 2061
Demantius, Chr. 1903, 2012
Deme, L. 1591
De Meo, C. 2287f, 2291
Demers, P. 1754
Demokrit(os) von Abdera 64, 321, 1240, 2263
Demosthenes 65, 1686

Denecke, L. 1676
Deneckere, M. 1688f, 1701
Denis, M. 2064, 2092
Denisov, P. N. 1726, 1741, 1758−1761
Denk, R. 1338f
Denux, R. 771, 782
Depecker, L. 776, 783
Deppert, W. 1284
Derolez, R. 2453, 2457
Deroy, L. 782
Derrida, J. 838
Deržavin, G. 1705, 1708
Descartes, R. 47, 51, 304, 858, 910, 1328, 1620, 2430f, 2444, 2468, 2540, 2576, 2579
Deschler, J.-P. 271f, 275, 2355, 2357, 2359f
Abbé Desfontaines 772
Désirat, C. 771−773, 782
Desportes, Y. 1875f, 1880, 1992
Dessing, R. P. 1277
Detering, K. 109, 623
Dethloff, U. 111, 113, 116
Deucer, J. 1931, 1936
Deutrich, H. 739, 755
Deutscher, R. 2015, 2032
Deutschmann, O. 2514, 2518
Devillers, Ch. S. 1753
Devooght, J. 825
Devos, M. 1573, 1577
Devoto, G. 1504, 1513
Dewey, J. 13, 707
Dexippos 2268
Dibner, B. 319
Dichtl, E. 648, 1298−1300, 1304, 1991
Dickel, G. 282, 1904
Diderot, D. 77, 81, 86, 305, 325, 355, 368, 575, 582, 700, 729, 1619−1625, 1627−1629, 1632, 1634−1638, 1685, 1700, 1850, 1923, 1996, 2003, 2041, 2540, 2561, 2565, 2567−2569, 2574f, 2577, 2588, 2592
Didio, J. A. 2110
Dieckmann, H. 1633
Dieckmann, W. 736, 739−741, 743, 746−750, 863f, 870f, 873, 1373, 1381
Dieg, P. 2402f, 2409
Diehl, E. 2279
Diehl, N. 113, 116
Diehl, R. 869, 873, 1395, 1400
Diekamp, C. 2516, 2518, 2521, 2525, 2528
Diekmann, A. 86
Diels, H. 2262, 2264f
Dierse, U. 1625, 1633, 1668, 1923
Dierwege, H. 1670
Diesner, H. J. 1634

Diesterweg, Fr. A. W. 1314
Diether, J. 1918
Dietl, C.-E. 1991 f
Dietrich, D. 181
Dietrich, G. 1943 f
Dietrich, J. C. 1918
Dietrich, V. 2375
Dietschmann, H. J. 499
Dietz, G. 36, 44, 83, 86, 617–623, 699, 704
Dietz, L. 337, 339
Dietze, U. V. 2092
Diewerge, H. 1675
Diez, F. 333, 335
Dihle, A. 64–66, 86
van Dijk, T. A. 258 f, 264, 413, 415, 444, 447, 455, 469, 491 f, 506, 509, 517, 595, 601, 1420, 1424
Dijkstra, E. W. 932, 941
Dilcher, G. 331
Dilg, P. 1276 f
Dilg-Frank, R. 2368, 2420
Diller, H. 757, 762, 1982, 1988
Dilthey, W. 7, 8, 1315 f, 1326 f, 1332, 1357 f
Di Meo, A. 2570, 2574
Dimter, M. 204, 207, 459, 467, 476, 480, 492, 533 f, 539
Dingel, I. 782
Dingeldein, H. J. 1077, 1079, 1083, 1743
Dinzelbacher, P. 2037, 2042
Diocletianus, C. Au. V. (= Diokletian) 2290
Diodoros Kronos 2268
Diogenes Laërtios 2259
Diogenes von Babylon 2255
Diogenianos aus Herakleia 1912
Dionysios Areopagita 1305, 1313
Dionysios Thrax 2255 f, 1913
Dionysos 1327
Diophanes 2297
Dioskurides Pedanius von Anazarba 2275 f, 2393
Dipper, Chr. 1365, 1368
Dirckx, J. H. 1453, 1456–1458
Dirks, C.-H. 1032, 1037, 1053, 1055
Dirksen, H.-J. 2285
Dirven, R. 262, 264
Ditkin, V. A. 1961 f
Dittmann, J. 95, 99, 149, 716, 874, 1382, 1390
Dittmar, N. 99, 107, 130, 132, 163, 166, 185, 187, 189, 217 f, 234, 238, 675, 710, 897, 1391
Dittmer, A. 1451
Dittrich, Y. 943
Dixon, R. M. W. 209, 216, 2499, 2501

Dobbek, O. 1986, 1991
Döbel, H. W. 1106, 1110
Döbereiner, J. W. 1240
Döbler, H. 86
Dobler, R. 1901
Dobnig-Jülch, E. 104, 107, 528, 609, 2421, 2428
Dobrin, D. N. 1004, 1012
Dobrina, Cl. 1893 f
Dobrovol'skij, D. 1906
Docherty, V. J. 1828
Dodds, E. R. 2279, 2285
Doderer, K. 2038, 2042
Dolaeus, J. 1918
Dolch, J. 6, 19, 270, 275, 1622, 1633, 2015, 2032
Doležel, L. 203, 207, 213
Dollinger, A. 1987, 1991
Dollinger, F. 2228
Dollmayr, V. 1144
Domaschnev, A. J. 120, 130
Domeisen, E. 1956, 1958
Domergue, Fr. U. 2565 f
Domes, J. 275, 351, 354
Domke, H. 2035
von Dommer, A. 2010
Domsch, M. 648
Donaldson, P. 1467, 1469, 1471
Donath, J. 110, 115, 117, 235, 240, 1129
Aelius Donatus 2495, 2517
Dondorf, W. 1083
Donhauser, K. 669, 672
Donker, M. 2037, 2042
Donndorff, J. A. 1166, 1170, 1172
van Doorn, Th. H. 1062, 1573, 1578
Dopleb, M. 1436 f
Dopp, M. 177, 179
Dora, H. 1986, 1991
Dorandi, T. 2269
Dörfelt, H. 1942 f
Dorian, A. F. 1951 f
Dorn, G. 921, 1918, 2366 f
Dornblüth, A. 2415, 2417
Dornblüth, O. 1967, 1973
Dörner, A. 1742, 1903
Dörner, D. 575, 581
Dornseiff, F. 251, 1693, 1701, 1809
Dorotheos von Sidon 1912
Dörrenbächer, A. 1239, 1258
Dorrity, T. 970–972, 974
Dorsten, Th. 1918
Doucet, M. 1986, 1991 f
Douglas, J. 1454
Douglas, M. P. 2092
Doutrelepont, Ch. 1753
Downes, J. 1992
Downing, A. 2499, 2501
Doyé, P. 1473, 1477
Drach, A. 496, 498

Drach, E. 256, 264
Drake, S. 318
Draskau, J. 120, 130, 992 f, 997, 2185, 2206, 2214, 2244
Dräxler, H.-D. 610
Drazil, J. V. 1957
Drechsler, H. 1988
Dreitzel, H. 1647, 1658
Drescher, H. W. 1163
Dresen, A. 677 f
Dressler, St. 1282, 1284 f, 1725 f, 1730, 1740 f, 1743, 1763, 1829 f, 1851 f, 1892–1894, 1900, 1920, 1923, 1973, 1975, 2092, 2094
Dressler, W. U. 197, 258, 263, 393, 396, 410, 415, 445, 455, 469, 470, 480, 583, 610–614, 616, 680, 687, 704, 751, 759, 763, 783, 975, 1512, 1851
Drevin, H. 2521 f, 2528
Drew, P. 1411, 1413
Dreyfus, J. 2542, 2548
Drezen, E. K. 344, 347, 879 f, 2209, 2214
von Drieberg, Fr. 2011
Drissen, A. 1934, 1936, 2377, 2382
Drobnic, K. 375, 377
Droessler, K. 1732
Dröge, F. 710, 715 f, 146, 149, 1027, 1031 f, 1034, 1036 f, 1100–1104
Droixhe, D. 1633, 2540
Drosdowski, G. 228, 755, 1037, 1700, 1743, 1827, 1943, 2087
Drösse, H. 1172
Drouin, P. 1893
Drozd, L. 11, 19, 56, 68, 86, 102, 107, 121 f, 130, 146, 149, 157 f, 160, 166, 190, 197, 205–207, 230, 237, 250, 252, 273, 275, 336–340, 346 f, 357, 382, 392, 396, 437, 680, 682, 687, 711, 716, 736, 750, 802, 807, 887, 1029, 1037, 1172, 1267, 1296, 1304, 1359, 1361, 1417, 1653, 1658, 1669, 1675, 1852, 1894, 1938, 1945, 2358, 2360, 2380, 2382, 2410, 2412, 2417, 2450
Drube, F. 1052–1055
Drüppel, Chr. J. 2516, 2518, 2520, 2522 f, 2527 f
Drux, R. 2412, 2417
Dryanders, J. 2359
Duarte i Montserrat, C. 1526
Dub, J. 1166, 1172
Dubiel, H. 1382, 1390
Dubiel, I. 264, 1408, 1413
Dubois, A. 2584
Dubois, B. L. 484 f, 487, 487
Dubois, J. 1502

Dubuc, R. 981, 2158, 2163
Duby, G. 2292−2294, 2303,
Duchesne, P. J. B. 2553, 2559
Dückert, J. 1208, 1211, 1669, 1674f
Duclos, Ch. Pinot 2566
de la Ducquerie, C. 1918
Dudley-Evans, T. 487, 1467f, 1471f
Duft, J. 2332
Dugas, A. 1750, 1753
Duhamel du Monceau, H. L. 2567
Duhem, P. 912, 915, 920
Dühnfort, E. 940
Dülfer, E. 851, 855
Duličenko, A. D. 875, 879
Dümmler, E. 279
Dundes, A. 1458
Dunger, H. 764f, 770f, 868, 873, 881, 887, 1209, 1211
Dungworth, D. 194f, 199, 250, 253f, 259, 267, 418, 422−424, 427, 442, 476, 481, 488, 534, 539, 552, 556, 572, 574, 681, 688, 1148, 1152, 1193, 1200, 1405, 1414, 1418f, 1437, 1481, 1483, 1540, 1544
Dünninger, J. 2361
Dupont de Nemours, P. S. 2582
Dupuis, G. 2015, 2032
Durå, G. 1829
Durant, W. 1633
Dürer, A. 69, 74, 303, 305f, 315, 318, 881, 1038, 1580, 1986, 2360, 2369, 2371−2376, 2447
Düring, G. 1992
Düring, P. 2015, 2032
Durkheim, É. 523, 1317
Dürler, J. 1095, 1097
Dürr, E. 539
Dürr, H.-P. 517
Duszak, A. 445, 455
Dutilleul, Th. 2540
Dutton, J. E. 1453
Dutz, K. D. 865, 1906
Duvå, G. 1825, 1881, 1885, 1888, 1892, 1894, 1908
Duval, A. 1881
Duve, H. E. 103, 107
Dwyer, F. M. 895, 897
Dyrberg, G. 534, 539, 1893, 1895, 1905
Dziatzko, K. 2066
Dzierzanowska, H. 1553, 1557
Džikaja, M. V. 1414, 1419

E

Eagleson, M. 1949f, 1952, 1954
Earle, S. C. 1003, 1012
Eastman, C. M. 2211, 2214

Ebel, H. F. 494−498, 699, 704, 1239, 1242, 1258, 1436f
Ebel, S. 1277
Ebeling, G. 790f, 861f, 1306f, 1312
Eber, P. 2393f, 2398
Eberle, G. 2034
Eberle, P. 1942f
Eberleh, E. 581, 939, 941, 1003, 1012
Ebermann, V. 1986, 1992
Ebers, G. 724
Ebert, F. A. 2065
Ebert, H.-D. 652, 659
Ebert, R. P. 1351, 1353
Ebert, Th. 2268f
Ebert, W. 1129
Ebyl, F. M. 1647
Eccardus, J. G. 1038
Eccles, J. C. 76, 86
Echterhoff, A. 869, 874
Eckardt, H. 1988
Eckermann, E. 1153, 1155, 1162
Eckert, Fr. J. 2032
Eckert, G. 71, 86, 1623, 1633, 2540
Eckert, J. 282, 1289, 1295
Eckhardt, H. 1982
Eckhardt, K. A. 278f, 282, 2341, 2348
Eckstein, F. 1083
Eco, U. 52, 501, 504, 575, 582, 595f, 601, 612, 616, 721, 728, 735, 1833, 1852, 1895, 2468, 2470
Edelman, M. 739, 751
Eder, G. 1917
Edmont, E. 2527
Edmundson, R. 1949, 1952
Edward I 2486
Edward II 2494
Edward III 2486
Eeg-Olofsson, M. 563f, 566f
Effe, B. 726
Effe, E. 486
Effe, G. 488, 1412, 1414
Efimov, O. P. 1964
Egg, E. 1095, 1097, 1931, 1936
Eggebrecht, H. H. 676, 678, 1337−1340, 1903, 2005−2009, 2011−2013
Eggerer, E. W. 496, 498
Eggers, D. 217
Eggers, H. 426, 867, 873, 2315f
Eggs, E. 36, 44, 140
Egli, A. 1090
Egloff, G. 991, 993
Ehlert, T. 272, 275, 350
Ehlert, W. 1991
Ehlich, K. 51, 55f, 58, 86, 97−99, 137, 139f, 153, 156, 215f, 235, 237, 444, 449, 455, 635f,
641, 648, 651, 655, 659−662, 664−666, 668−674, 691−695, 698, 700−702, 704f, 708−710, 716, 736, 751, 858, 862−864, 867, 870, 873, 1381f, 1390, 1392f, 1395, 1399f
Ehnert, R. 952, 954
Ehrard, J. 2565, 2568, 2574
Ehrenspeck, Y. 1317, 1320
Ehrhardt, A. 1850
Ehrlich, A. H. 1366, 1368
Ehrlich, K. 938, 942
Ehrlich, P. 767, 1366, 1368
Eibl, K. 1361
von Eichborn, R. 1986, 1992
Eichhoff, J. 237, 1027, 1036f, 1041f
Eichholtz, P. 1932, 1936
Eichholz, R. 878, 880
Eichinger, L. M. 327, 334
Eichinger, S. 1499
Eichler, A. 767, 770
Eichler, E. 131, 262, 264, 1285
Eichler, W. 1942f
Eichner, H. 879
Eiermacher, K. 1359, 1361
Eifert, H.-J. 1990
Eikmeyer, H.-J. 1898
Eimbke, G. 1921
Eimermacher, K. 1483f, 1489
Einert, F. 254, 264, 420, 426
Einhauser, E. 332, 334, 1341−1347, 1350, 1352f
Einstein, A. 109, 216, 318, 734, 912, 918, 920, 1171, 1229, 1242
Eirich, D. 2047, 2056f, 2061
Eis, G. 19, 55f, 68, 86, 175, 179, 270−276, 348, 350−353, 719, 726, 1020, 1037, 1093, 1097, 1669, 1675, 2308, 2334, 2340, 2348−2351, 2353, 2358, 2360, 2367, 2411, 2418, 2428, 2512
Eiselt, E. 1902
Eisenberg, A. 1451
Eisenberg, P. 863, 1037
Eisendle, R. 712, 716
Eisenreich, G. 1230, 1234f, 1961f, 1964, 1966
Eisler, G. 1999
Eisler, R. 1996−1999, 2001−2003
Eitzen, Fr. W. 1983, 1986, 1988, 1992
Ekhevitch, N. 2083, 2089
Ekkehart 2320
Ekschmitt, W. 308, 318
Elemans, J. H. A. 1573, 1577
Elert, W. 1310−1312
Elias, A. E. 1611, 1617
Elias, N. 103, 107, 304, 318, 1620, 1633

Elis, K. 1732
Elizarenkova, T. P. 2071, 2087
Elkar, R. S. 1035, 1037
Ellbracht, Th. 1123, 1129
Elling, R. 702, 704, 1577
Ellinger, G. 2451
Ellinghaus, W. 1148f, 1152
Elliott, Bl. B. 2506, 2509, 2511
Ellis, J. 209f, 216
Ellis, R. L. 2470
Ellmers, D. 2318
Ellul, J. 2587, 2592
Ellwein, Th. 737, 739, 751
Elmer, W. 648
Elsässer, A. 1905
Elsener, F. 278, 282f, 2318
Elsevier ® 1929
Elsner, G. 751
Elster, L. 1979, 1988
Eluerd, R. 2570−2574
Elwert, G. 859, 864
Sir Elyot, Th. 2363, 2475
Elzer, H.-M. 2015, 2032
Embrey, P. G. 1424, 1429
Emiliani, C. 1957
Emmelius, H. 2399f
Emmenegger, O. 1119
Emmett, P. H. 1232
Emons, H.-H. 2377, 2382
Emons, R. 254, 264
Empedokles aus Akragas 64, 2263
Emsmann, A. H. 1955, 1957
Enderle, G. 1983, 1988
Endres, E. 2037, 2042
Endres-Niggemeyer, B. 493, 498
Endress, G. 1611, 1617
Endruschat, L. 1163
Endt, E. 1573, 1577
Engberg, J. 39, 44, 534, 539, 1565, 1568, 1570
Engel, G. 981, 1569f, 1903, 2231, 2236, 2241, 2244
Engel, J. J. 22
Engel, U. 23, 987
Engelbert, H. 1854, 1880
Engelen, B. 237
von Engelhardt, M. 107, 1267
Engelhardt, U. 102, 107
Engelkamp, J. 17, 698, 702, 704, 709
Engels, Fr. 143, 674, 1026, 1038, 1325, 1332f
Engels, H. 1145
Engels, L. K. 1481, 1483
Engels, S. 1951f
Engesser, H. 1782, 1784, 1792, 1827, 2061
Engisch, K. 804, 807
Engländer, G. 1964
Engler, B. 1907
Engler, R. 318

Engler, W. 1501f
Englert, L. 2015, 2032
Enke, Th. 714
Enkvist, N. E. 209, 216
Ennius, Q. 2256
Ent, G. 2476, 2477
Enzensberger, H. M. 165, 167, 685, 687
Epikrates 2298
Epikur 2265, 2277
Eppert, F. 2032
Erasistratos aus Iulis auf Keos / von Keos 2273f, 2276
Erasmus von Rotterdam 66, 302f, 312, 1635, 2504
Eratosthenes von Kyrene 1911
Erbe, M. 2303
Erben, J. 107, 254, 264, 716, 1481, 1483
Erbse, H. 1917, 1923
Erbslöh, D. 2046, 2050, 2053, 2056f, 2061
Ercker, L. 1932, 1936
Erdmann, H. 1655, 1658
Erdmann, O. 1350
Erdmann, P. 2500f
Erdsiek, G. 1992
von Erffa, D. 1981, 1989
Erfurt, J. 740−742, 750f
Erhard, J. B. 22
Erk, H. 1755, 1761
Erler, A. 282, 673, 1295, 2348
Erlich, V. 62, 86
Ermert, A. 1895
Ermert, K. 675
Ermolenko, G. V. 241, 248, 1533, 1543, 1761
Ernestus, H. 2092
Ernst, A. 1974
Ernst, G. 493, 2528
Ernst, O. 115f
Ernst, P. 879
Ernst, U. 73f, 84
Ernsting, A. C. 1920
Eroms, H.-W. 755
Erotianos 1912, 1918
Ersch, J. S. 1660, 1997, 2003, 2041f, 2065
von Ertzdorff, X. 275
Erzgräber, W. 276
Escarpit, R. 2037, 2042
Eschbach, A. 575, 582
von Eschenbach, W. 352
Escher, W. 1114
Escherich, Th. 1453
Escherle, H.-J. 1981, 1989
Espe, H. 1842, 1852
Espinas, G. 2537
Esser, E. 231, 233, 240
Esser, J. 1413
Esser, W. M. 666, 672, 1395, 1400
Essich, J. G. 1920

Estévez-Kunz, M. del Carmen 1515, 1518, 1520
Estienne, Ch. 2530, 2532, 2535, 2537, 2542
Estienne, H. 1918
Estienne, R. 2532, 2542
Estivals, R. 2087
Etiemble, R. 771f, 776, 782, 823, 827, 1492, 1502
Ette, O. 604, 609
Etzold, H.-R. 1159
Eucken, R. 2003, 2427, 2428, 2439
Eugen von Savoyen 764
Euklid von Alexandria 136, 729, 910, 913, 1223f, 2369, 2371
Eulenburg, A. 1974
Euler, L. 1225
Eusebius 1917
Euthyphron 65
Evans, F. B. 2087
Evans, I. 1487, 1489
Evelyn, J. 2462, 2464−2466
Evens, M. W. 1902
Evgen'eva, A. P. 1715, 1720
Ewald, K. 2523, 2525, 2528
Ewert, B. 1612, 1614, 1617
Ewert, G. 2088
Eyben, W. E. 1568−1570
Eybl, F. M. 1917, 1919, 1923, 1925
Eydam, E. 550, 554, 796, 799, 1002
Eyferth, H. 2015, 2032
Eylenbosch, E. 1573, 1577
Eysenck, H.-J. 829f, 838
Ezawa, K. 819

F

Fabella, V. 1462, 1465
von Faber, H. 952
Faber, D. 534, 539
Faber Stapulensis = Lefèvre d'Étaples, J. 313
Fabian, B. 719, 726
Fábián, P. 1591
Fabra, P. 1521−1523
Fabri, H. 2450
Fabricius, G. A. 1919
Fabricius, W. 2475
Fabry, Ch. 1232
Faigley, L. 893, 897, 1009, 1012
Fairbridge, R. 1951f
Fairclough, N. 1469, 1471
Fajnštejn, M. Š. 1721
Falbe, J. 1953
Falconer, W. 2462, 2464
Falk, B. 1982, 1989
Falkenburg, B. 917, 921
von Falkenstein, H. 2348

Falkner, R. 2047, 2050, 2057, 2061
Faller, A. 1970, 1973
Faltin, P. 1338 f
Fang, J. R. 2063, 2092
Fang Weiping 1987, 1992
Fanous, W. 1617
Faraday, M. 1166, 1171 f
Farandjis, St. 821, 827, 2568, 2574
Farina, M. T. G. 1741
Farnsworth, K. 1461, 1465
Faschinger, L. 838
Fäßler, K. 1982, 1989
Fattori, M. 2440
Faulseit, D. 685, 687
Faulstich, E. 2152
Faulstich, W. 211, 216
Fauser, R. 649, 659
Faust, A. 2417
Faust, M. 88, 370
Favis, I. 1987, 1992
Fayet, J. 2565 f, 2568, 2574
Fearing, B. E. 897, 899, 1012, 1014
Fearns, A. 53, 55, 76, 85 f, 251, 359 f, 364, 366, 368, 424, 426, 458, 461, 467, 469, 480, 554, 625, 630, 632, 695, 703, 802, 807, 961 f, 965, 968, 987 f, 993, 1267
Feather, J. 2087
Febvre, L. 2293 f, 2303, 2566
Fechner, G. Th. 1324 f, 1332
Federspiel, K. 1974
Fedin, N. G. 1962
Fedor de Diego, A. 1514 f, 1520
Fedorov, A. V. 1532, 1543
Fedrowitz, J. 1181
von Fehling, H. 1948, 1952
Fehr, R. 205
Fehrle, E. 2353
Fehrle, R. 2047, 2061
Feiden, K. 1277
Feigenbaum, E. A. 2230, 2237
Feigl, H. 920
Feilke, H. 445, 454 f
Feinäugle, N. 958, 960, 1100, 1104
Feinberg, H. 619 f, 623
Feinstein, P. T. 2090
Felber, H. 15, 19, 33, 44, 47, 54, 56, 134, 140, 154−156, 237, 252, 264, 359, 364, 368, 430 f, 437, 678, 768, 770, 806 f, 864, 981, 1172, 1239, 1258, 1438, 1444, 1519 f, 1694, 1701, 1725 f, 1729, 1734, 1738, 1740, 1742 f, 1751, 1753, 1831, 1844, 1846, 1852, 1895, 1897, 1899, 2097, 2101, 2103, 2107 f, 2164, 2171, 2178, 2182, 2185 f, 2191, 2206, 2221, 2227, 2230, 2237, 2253
Feldbausch, F. K. 1986, 1992
Feldbusch, E. 282, 755, 898, 1013
Felix, S. W. 76, 86
Felixberger, J. 1514, 1520
Fellmann, F. 1267
Feneis, H. 1970, 1973
Fenner, K. 1763, 1829
Fennis, J. 2536 f
Abbé Féraud, J.-F. 2566 f, 2574
Ferber, R. 2269
Ferguson, Ch. A. 528, 2211, 2214
Ferlet, C. E. 2551, 2555 f, 2560
Fermi, E. 1242
Fernández-Sevilla, J. 1514, 1520
Ferràndiz i Civil, E. 1526
Ferrando, A. 1526
Ferrer Basuñana, P. 1526
Ferretti, V. 1438, 1444, 1881, 1895, 2048, 2052, 2055−2057, 2059, 2061
Ferrini, C. 2291
von Fersen, O. 1153, 1155, 1162 f
Fertel, M. D. 2542, 2548
Festus, S. P. 2278
Fetcher, J. 1331
Feuerbach, L. 1322 f, 1332
Feuerstein, G. 1181
Feyerabend, P. K. 20
Feynman, R. Ph. 1234, 1955
Feyry, M. 771, 780, 782
Fichet, G. 2541
Fichte, H. 173, 180
Fichte, J. G. 22, 1308, 1997
Fichte, I. H. 1310
Ficino, M. 302, 2362
Fickermann, I. 651, 654, 659, 665 f, 670−672, 1399 f
Fiedler, G. 1952
Fiedler, S. 261, 264, 478, 480, 485−487, 616, 1411, 1413, 1472 f, 1476 f
Fiedorenko, N. P. 1962
Fiehler, R. 94, 98 f, 635, 647 f, 672, 700 f, 705, 762 f, 1035, 1037, 1360 f, 1400
Fierobe, N. 2570, 2574
Fieseler, G. 2015, 2032
Fieser, L. F. 1248 f, 1258
Fieser, M. 1248 f, 1258
Fietz, R. 2065
Figge, K. L. 1882
Figurel, J. A. 897
Fijas, L. 256, 260, 264, 391, 393 f, 396, 419, 421, 426, 477, 480
Filipec, J. 262, 264, 1853, 1881
Fill, A. 702, 705, 707, 709, 1365, 1369
Fillmore, Ch. J. 254, 264
Finegan, E. 834 f, 838
Fingerhut, M. 535, 539
Finke, E. 1982, 1989
Finkenstaedt, Th. 334, 830, 837−839, 2015, 2035
Finscher, L. 1903, 2011 f
Fioravanti, L. 2542, 2548
Fiorelli, P. 1513
Firbas, J. 256, 264, 614, 616
Firestone, R. B. 1957
Firges, J. 953
Firkin, B. G. 1455, 1458
Firth, A. 701, 705
Firth, J. R. 208, 216, 450, 455, 469, 1684
Fischart, J. 867, 1918, 2366, 2393 f, 2396, 2399, 2401
Fischer, A. 1953
Fischer, E. 748, 754
Fischer, F. 970, 973 f
Fischer, G. 251, 264
Fischer, H. 1134 f, 1145, 2410
Fischer, I. 1163, 2169; 1281, 1284
Fischer, J. 2015, 2032
Fischer, J. C. 1921, 1957
Fischer, J.-L. 2570, 2574
Fischer, L. 70, 86, 108, 717, 726
Fischer, M. 620, 623
Fischer, R. 955, 960, 1956 f
Fischer, U. 1701
Fischer, W. 1610, 1617
Fischer, W. L. 1853, 1881
Fischler, R. 1955
Fisher, J. 2518
Fisher, R. 641, 648
Fishman, J. A. 833, 2207, 2214 f
Fisiak, J. 975, 1482
Fiß, S. 257, 264
Fix, U. 462, 467, 861, 864
Flach, D. 2292, 2294, 2303
Flader, D. 672, 704, 1400
Flammer, A. 622, 624
Flasch, K. 1020, 1037
Flasdiek, H. M. 2465, 2470
Flashar, H. 23
Flaubert, G. 727
Fleck, K. E. W. 1992
Fleck, L. 232, 237, 377, 377
Fleischer, A. 2094
Fleischer, M. 1424, 1429
Fleischer, W. 122, 130, 207, 492, 687, 738 f, 745, 751, 1029, 1037, 1129
Fleischmann, E. 1035, 1037
Fleming, M. L. 1842, 1852
Flemming, G. 1982, 1989
Flesch, R. A. 889, 897

Fleury, Cl. 2551
Flickmann, I. 1400
Fliegel, D. 128, 130
Flieger, E. 635, 648
Flint, V. I. J. 2337, 2340
Flitner, A. 1320
Flood, W. Eu. 2427 f
Flood, W. F. 1956 f
Florentinu, P. 1347
Flory, D. 1647, 1653−1658
Flower, L. S. 1004, 1013
Fluck, H.-R. 8, 10 f, 15, 19, 33, 36, 44, 50, 53, 56, 76, 86, 118, 124, 128, 131, 133, 140, 145, 149, 154, 156−158, 160 f, 165, 167, 190 f, 194, 197, 223, 228, 237, 249, 251, 254, 264, 272 f, 275, 358−361, 364, 366−368, 374, 377, 402, 407, 418, 426, 477, 480, 484, 487, 494−496, 498, 505, 509, 548, 554, 588 f, 593, 611, 616, 675, 678, 682, 685, 687, 690, 699, 705, 736, 738 f, 751, 758−760, 762, 805, 807, 945, 950, 953, 956, 960−962, 965, 988, 993, 999, 1002 f, 1056, 1061 f, 1083, 1104, 1121, 1129, 1131, 1144, 1161 f, 1193, 1195, 1199, 1267, 1296, 1300, 1304, 1395 f, 1398, 1400, 1479, 1482 f, 1648, 1654, 1656, 1658, 1669, 1675, 1694, 1701, 1844, 1852, 2303, 2570, 2574
Flügge, E. 1955, 1957
Flydal, L. 124, 131
Fodor, K. 1591
Foerster, W. 2277
Foesius, A. 1918
Földi, T. 1908
Foley, W. A. 450, 455, 2499, 2501
Folkerts, M. 2369 f, 2375
de la Fond, S. 1955, 1957
Fontaine, J. 1924
de Fontenelle, B. Le Bovier 45, 70, 88, 319, 323, 706, 722, 726−728, 735, 1619 f, 1634 f, 2577, 2579, 2585
Fontius, M. 1624, 1634, 1901
Fonvizin, D. 1705
Fooken, E. 1320
Ford, H. 112, 1155
Forer, C. 1918
Forester, C. Sc. 1928
Forestier, R. 1842, 1850
Forkel, J. N. 1334 f, 1339, 2009
Formánková, V. 1546, 1551
Formigari, L. 2429, 2587, 2592
Forner, W. 36, 44, 973 f, 989, 992, 1499, 1502, 2537
Forschner, M. 1827
Forsslund, L. 1008, 1012

Forster, G. 1635
Forster, W. 2285
Forsthoff, E. 870, 873
Forstner, M. 1611
Sir Fortescue, J. 2487
Fortunatov, F. F. 1342 f
Fotheringham, H. 1286, 1295
Fotiev, A. M. 346 f
Foucault, M. 75, 85 f
Fouquet, G. 1035, 1037
Comte de Fourcroy, A. Fr. 242, 326, 1953, 2483, 2484, 2484, 2557 f, 2560, 2562, 2564, 2575
Fournier, P. S. („le Jeune") 2542, 2548
Fowler, H. W. 2470
Fox, M. 1462, 1465
Fraas, C. 252, 264, 278, 385, 389, 429, 437, 1267
van Fraassen, B. C. 921
Frader, J. 701, 708
Fraenkel, A. A. 915, 921
Fraenkel, E. 294, 2287, 2291
Frain du Tremblay, J. 2566
Franc, J. B. 2370, 2375
Francis, D. 701, 705
Francis, E. 1453
Franck, C. 1694, 1701
Franck, N. 1318, 1320
Franck von Franckenau, G. 1918, 1920
Franco Bahamoude, F. 1522, 1525
François I. = Franz I.
François, A. 1632, 2513, 2518, 2566, 2575
Franco Bahamonde 1522
Franconi, G. 1284
Frangk, F. 867
Frank Ⓡ 1982, 1989
Frank, B. 67, 79, 86, 89 f, 2512, 2518 f
Frank, H. 877, 880, 2015, 2032
Frank, I. 2309, 2316
Frank, R. 2457
Frank, T. 877, 880
Franke, Ch. W. 1923
Franke, H. 1955, 1957
Franke, W. 459, 464 f, 467, 516, 518 f, 521, 635, 648, 763
von Franken, G. 350
Frankiewicz, H. 2014, 2032
Franklin, B. 773, 1166, 1170, 1173, 1639
Franz I. 311, 2520, 2533, 2538
Franz, A. 251, 264
Franz, G. 1024, 1037
Franzen, Chr. 2457
Franzki, H. 496, 498
Franzmeyer, H. 2015, 2035
Fraser, P. M. 2304
Fratzke, U. 1278, 1284, 1670, 1675

Fratzscher, W. 1182, 1187
Frauenholz, W. 1732
Frauenstädt, Chr. M. J. 1997, 1999, 2003
Fraunhofer, J. 1232
Frauwallner, E. 2042, 2047
Frawley, W. 1892, 1895
Frebel, P. 1129
Frechen, G. 2158, 2160, 2163
Fréchet, M. 1227
Freckmann, K. 1082
Freddi, G. 1505, 1513
Freedle, R. O. 897
Freeman, H. G. 1795, 1816, 1827
Freeman, R. B. 2470
Frege, G. 900, 909, 1326, 1328, 1330, 1332
Frehner, O. 1111 f, 1114
Freiberger, W. F. 1962
Freibott, G. 1197, 1199
von Freiburg, J. 352, 354
Freigang, K.-H. 1163, 2165, 2167, 2169
Freis, U. 2506
Freiser, H. 1951, 1952
French, E. J. 2206
French, J. 2366 f
French, R. K. 2473, 2476 f
Frenzel, E. 69, 86, 723, 726, 2038, 2042
Frenzke, D. 1993
Frerichs, L. 1577
Frerk, C. W. 1982, 1989
Fresenius, P. 1247, 1258
Fresnel, A. J. 1232
Freud, S. 706, 767, 790, 861 f, 864, 1268
Freudenthal, K. F. 2312, 2314, 2316
Frevert, W. 1110
Frey, Chr. 1219, 1221
Frey, J. 2370, 2375
Frey, M. 2570, 2574
Freyd-Wadham, H. Th. 1986, 1992
Freye, H.-A. 1367, 1369
von Freytag-Lörringhoff, B. 2176 f, 2182
Friburger, M. 2541
Fricke, H. 102, 107, 1335, 1339, 1357, 1359, 1361, 1483, 1489, 2037, 2039 f, 2042, 2044
Fricke, M. 1893, 1895
Friebertshäuser, H. 1076, 1079, 1083, 1130, 1743
Fried, J. 2317
Fried, V. 207, 1404, 1413
Friedeburg, L. V. 2015, 2032
Friedenthal, R. 1621, 1634
Friedler, S. 1320
Friedli, E. 1115, 1119
Friedman, M. 912, 921

Friedrich II. 2443
Friedrich von Trient 1094
Friedrich, G. 1908
Friedrich, H. 861
Friedrich, J. 649, 659
Friedrich, U. 1918, 1924
Friedrich, W.-H. 2042
Friedrichs, E. 2037, 2042
Friedrichs, J. 231, 233, 237
Fries, Ch. C. 2499, 2501
Fries, H. 1304, 1312
Fries, L. 1918, 2362, 2393 f
Fries, S. 1562 f
Fries, U. 2511
Friese, F. 1931, 1936
Friis-Hansen, J. B. 287
Frings, Th. 132, 1090 f, 2316, 2331
Frisch, J. L. 1922
Frisch, M. 959
Frischlin, N. 1920, 2400
Frisius, J. 2399
Frisk, H. 294
Fritz, G. 464, 467, 896 f, 899
Frobenius, W. 1903
Frobesius, J. N. 1922
Frödl, H. 2090
Fröhlich, G. 1941, 1943
Fromherz, H. 1430, 1437
Fromm, E. 791
Fromm, H. 2312, 2316, 2331, 2340
Fromm, W.-D. 1611, 1617
Frommann, G. K. 1145
Frontinus, S. I. 1913
Frotscher, J. 2061
Frühwald, W. 7, 20
Frumkina, R. M. 236, 241, 243, 245, 248, 1756, 1761
Fuchs, F. 1111–1114
Fuchs, H. 1913, 1924, 2259
Fuchs, L. 1918, 2362, 2395, 2402 f, 2406–2410
Fuchs, M. 1317, 1320, 1627, 2566, 2575
Fuchs, W. 1391, 1400
Fuchs-Khakhar, Chr. 110, 116, 545, 591, 593, 662, 666, 668, 673, 687, 786 f, 791, 873, 1395, 1400
Fuchsloch, N. 1368
Fuentes, A. 1992
Fugger, B. 777, 782
Fugmann, R. 2221, 2227
Führer, E. 1612, 1614, 1617
Fuhrmann, D. 1658
Fuhrmann, M. 65, 67, 84, 86 f, 89, 91, 318, 719, 726, 1911, 1913, 1924, 2297, 2299, 2303
Fulda, D. 726
Fülei-Szántó, E. 1591
Fuller, J. P. 1424, 1429
Fumagalli, V. 2303

Funck, P. 439, 442
Funk, F. 1119
Funke, F. 2064, 2092
Funke, H. 2260
Funnekötter, F. 959 f
Furet, F. 2588, 2592
Furetière, A. 323 f, 1624, 1685, 1690, 1700 f, 2041, 2540, 2568, 2575
Furkert, H. 2061
Furlani, J. 2291
Fürstenwald, M. 2037, 2042
Futasz, D. 1992

G

Gaarder, J. 725
Gabba, E. 2293, 2303
von der Gabelentz, G. 332, 1352 f
Gabka, K. 251, 264
Gablot, G. 1492, 1502
Gabriel, G. 724, 726, 1321, 1330, 1332, 1360 f, 2039, 2042
Gabrieli, F. 317
Gadamer, H.-G. 20, 237, 1268, 2329, 2331
Gadolin, J. 1242
Gaebe, B. 1318, 1320
Gaeng, P. A. 2518
Gagnon, G. 771, 781, 783
Gagnon, Ph. 1962
Gajda, St. 1552 f, 1556 f
Gajek, B. 528, 755
Gak, V. G. 262, 264
Galbraith, J. K. 598, 600 f, 1469
Galen(os/us), Cl. aus Pergamon 67, 308, 1452, 1912, 1918, 2268, 2272 f, 2275 f, 2393, 2472 f, 2475 f
Galič, A. 1706
Galilei, G. 45, 88, 308 f, 313, 316, 318–320, 322, 722, 727, 735, 910, 1620, 1634, 1955, 2362, 2411, 2468
Galinski, Chr. 981, 1753, 1892, 1894, 2191–2193, 2203 f, 2206 f, 2215–2219, 2221, 2223, 2225–2229, 2237, 2249, 2253 f
Galisson, R. 1492, 1500, 1502
Gallagher, J, D. 1895, 1881, 1893
Gallaire, H. 933, 941
Gallardo, S. S. 2250, 2253
Galliani, Chr. 318, 320, 322
Galling, K. 674
Galliot, M. 782
Gallo, A. F. 1335, 1339
Galois, É. 1224 f
Gal'perin, I. R. 200 f, 207, 469, 1535 f, 1543

Galtung, J. 40, 44, 83, 87, 366, 368, 486 f, 863 f
Galvani, L 323
Ganger, M. 1267
Gangolli, S. 1950, 1953
Ganshof, F. L. 2311, 2316
Gansleweit, K. D. 1129
Gantner, S. 1944
Ganzinger, K. 1275, 1277
Gao Mingkai 1600
Garamond, Cl. 2547
García Diez, J. V. 1526
García Valls, D. 1526
Garde, A. 1897
Gardiner, St. 2504
Gárdonyi, S. 1591
Gardt, A. 334, 1144, 1906, 2412, 2415 f, 2418, 2420 f, 2426, 2428 f
Gárdus, J. 1591
Garfinkel, H. 6, 30, 232, 238
Garin, E. 305, 318
Garland, J. 1919
Garman, T. P. 2214
Garmonsway, G. N. 2457
Garofalo, I. 2276
Gartmann, I. 1531
Gärtner, H. 1634, 1911, 1917, 1924
Gärtner, K. 498, 1811, 1829, 2348
Gärtner, R. 496
Garvin, D. 1951 f
Garvin, P. L. 131, 238, 1268
Garzanti ® 1874
Gasser, J. 1454
Gaßner, F. S. 2010
Gaßner, J. J. 2450
Gastaut, H. 1732
Gaster, K. 2087
Gateau, A. 1611, 1617
Gathy, A. 2010
Gätje, H. 1617
Gattermann, R. 1941, 1943
Gätzschmann, M. F. 1934, 1936
Gaudenz, N. 1529, 1531
Gaudino Fallegger, L. 2537
Gauger, H.-M. 61, 87, 837, 839, 861 f, 864, 1327, 1332, 1881
de Gaulles, Ch. 776
Gaus, W. 2092
Gauß, C. Fr. 1222 f
Gawoll, H.-J. 1332
Gay, V. 2512, 2518
Gebhard, H. Ch. 1917
Gebhardt, H. 1129
Gebhardt, K. 782, 2515, 2518
Geckeler, H. 2471
Gedike, F. 2442
Geeb, F. 1763, 1829, 1892, 1895

Geeraerts, D. 1577, 1726, 1742
Gehlen, A. 146, 148 f, 661, 673
Gehler, J. S. Tr. 1921, 1955, 1957, 2439
Gehlert, S. 2035
Gehnen, M. 821, 827, 844, 848
Gehrke, H.-J. 2293, 2303
Geier, M. 238
Geier, R. 730, 732, 735
Geigant, F. 1979, 1989
Geiger, P. 1114
Geiger, W. 2228
Geinitz, Ch. 1944
Geise, Th. 2051
Geisler, W. 557 f, 561
Geißler, E. 1732, 1942 f
Geißler, H. 748, 750 f
Geldner, F. 1024, 1037, 2376
Gelhaus, H. 1037
Gellerstam, M. 1741, 1829, 1894
Gellert, W. 1956 f, 1961 f
Gellius, Au. 2268, 2279
Gell-Mann, M. 920 f
Gémar, J. C. 1906
Gemmill, G. 1484, 1489
Gendolla, P. 724, 726
Genette, G. 495, 498, 621, 623, 699, 705
Genser, K. 1918
Genth, R. 1181
Gentner, D. 147, 149
Genuensis, S. 1918
Geoffrey von Franken 2353
Georg, W. 2015, 2033
George, M. 1960, 1962
George, V. 1458
Georges, K. E. 857, 864
Gerabek, W. E. 275, 351, 354
Gerard, J. 2462, 2464
Gerbert, M. 194, 197, 233, 238, 252, 254, 264, 418, 424, 426, 553, 555, 795, 799, 967, 969, 999, 1003, 1407, 1413, 1417, 1419, 1433, 1437, 1895
Gerdes, H. 1332
Geretschlaeger, E. 1267
Gerhardt, C. J. 2419
Gerighausen, J. 708
Gerigk, P. 1163
Gering, U. 2541
Gerlach, M.-L. 254, 264, 420, 426
Gerlach, W. 1171, 1173, 1234, 1954, 1957
Gerlich, A. 1091
Germain, P. 2155
Gerner, H. 1701
Gerner, M. 1069 f, 1076
Gernhuber, J. 282
Gerritsen, W. P. 352 f
von Gersdorff, H. 2362, 2398
Ritter von Gerstner, Fr. A. 1208, 1211

Gertoberens, K. 1981, 1989
Gerzymisch-Arbogast, H. 16, 20, 56, 194, 197, 256, 264, 419, 426, 595−597, 599, 601, 610, 614−616, 789, 791, 799, 1408, 1413, 1767, 1829, 1892, 1895
Geschiere, L. 91
Gesner, C. 1918, 1924, 2393−2396, 2398−2401, 2407−2409
Gessinger, J. 2439
Geyl, A. 349
Geyl, E.-G. 1398, 1401
Gharieb, G. M. 1611, 1617
Ghotan, B. 2409
Giacalone Ramat, A. 974
Giacomo, P. 1957
Giannantoni, G. 2267, 2269
Gibson, J. 1455, 1458
Gibson, J. J. 555
Gibson, M. 2319, 2331
Gibson, M. T. 1925
Giddens, A. 661, 673
Gides, A. 1697
Giebisch, H. 2042
Gieg, E. 1082 f
Gierdziejewski, K. 1147, 1152
Giese, F. 1242, 1245, 1259, 1989
Giese, M. 2047
Giese, Th. 2046 f, 2050, 2056 f, 2060
Giesecke, M. 104, 107, 211, 216, 859, 864
Giesecke, R. 2061
Giesen, B. 328, 331, 334 f
Giger, F. 1529, 1531
Gigli, D. 1964
Gigon, O. 64, 87
Gigot, J.-G. 2528
van Gijsen, A. 352 f
Gil, A. 807, 1515, 1519 f
Gilbert, S. F. 1262
Gilchrist, A. 2087
Gildon, Ch. 2496, 2501
Gille, B. 2565, 2567, 2569, 2574 f
Gilles, K.-J. 1090
Gilliéron, J. 2527
Gillispie, Ch. C. 2565, 2567 f, 2574
Gilliver, P. M. 1684
Gillot, H. 2539 f
Gingras, B. 847 f
van Ginneken, J. 1573, 1578
Ginschel, G. 1906
Gipper, H. 15, 20, 56, 149, 167, 808, 1329, 1332, 2318
Giraud, J. 1492, 1502
Girtanner, Ch. 1921
Girtler, R. 174, 180
Giry, A. 2522, 2528
Gisep, N. L. 1528, 1531

Giteau, C. 676, 678
Giuffrida, R. T. 2322, 2331
Giuraud, Ch. 2304
Givón, T. 2499, 2501
Gizbert-Studnicki, T. 1554, 1557
Gjivoje, M. 878, 880
Gladigow, B. 46, 334
Glaister, G. A. 2079, 2084, 2088
Glanvill, J. 2468, 2470
Glas, P. 577, 582
Glaser, B. 2502
Glaser, H. A. 90, 318
Glaser, K. 782
Gläser, R. 20, 34, 39, 44, 49 f, 56, 63, 69, 87, 120, 122−124, 130 f, 133, 140, 183, 189, 196 f, 201, 206−209, 213−217, 227 f, 234, 238, 252 f, 257, 259, 261, 264, 284, 288, 358, 363, 396 f, 401, 455, 457, 459−464, 467, 469, 471, 476−478, 480, 483−493, 495 f, 498, 500, 504−506, 509, 533 f, 538 f, 550, 553, 555, 558, 560 f, 568, 572 f, 576, 582, 626, 632, 682, 685, 687, 699, 705, 733−735, 738, 745, 751, 790, 795, 799, 807, 1158, 1162, 1404−1414, 1417, 1419 f, 1424, 1427, 1429, 1436−1438, 1484 f, 1489, 1637, 1644, 1647, 2469 f
Glatzel, J. 1973
Glatzel, L. 539
Glauber, R. 2479 f, 2485, 2561
Glaucke, G. 2320, 2331
Glavanova, G. P. 1719, 1721
Glazebrook, R. 1957
Gleinser, Th. 350
Glier, E. 966, 969, 993
Glier, I. 351
Glinz, H. 171, 180, 199, 238, 955, 960
Globiowski, K. 2087
Glogger, R. 2457
Gloning, Th. 587
Glotz, P. 492, 748, 750 f
Glover, A. 849
Gloy, K. 65, 87, 100−103, 105, 107, 308, 318, 664−673, 971, 974
Glück, H. 208, 217, 671, 673, 863, 1180 f, 1201, 1342, 1353, 1741, 2585, 2592
Glück, M. 2259
Glucker, J. 2260, 2269
Gluckman, M. 85
Gluško, M. M. 201, 207, 1964
Gmelin, L. ® 1235, 1951 f
Gmelin, J. Fr. 1026, 1038, 1921
Gneuss, H. 2457 f, 2501

Gnutzmann, Cl. 46, 100–102, 107f, 131, 167, 359, 368, 480, 484f, 487, 494f, 498, 509, 617, 620f, 623, 699, 705, 785, 791, 831, 839, 953, 965, 969f, 974, 992f, 997, 1410, 1412f
Gobard, H. 823, 827
Göbel, I. 1055
Göbel, W. 1900
Göbert, J. 1163
Goclenius, R. 1919
Gode, A. 876
Godefroy, F. 2518, 2522, 2528
Gödel, K. 1226
Godly, T. 2180, 2182
Goebel, U. 632, 1827, 1831, 1905
Goebl, H. 2521, 2524–2526, 2528f
Goede, G. W. 1992
Goeppert, H. C. 156, 672, 704, 1400
Goerke, H. 352
von Goethe, J. W. 14, 66, 331, 333, 488, 721, 723, 1237, 1240, 1268f, 1314, 1621, 1673f, 2037f, 2042
Goetsch, P. 1634
Goetschalckx, A. M. 1577
Goetschalckx, J. 2125, 2138
Goetschalk, J. 1897
Goetz, D. = Götz, D.
Goetz, G. 2457
Goetz, W. 1912, 1924
Gofefroy, F. 2512
Goffin, R. 970, 972, 974, 1497, 1502, 1881, 1895, 2124–2127, 2135, 2138
Goffman, E. 16, 20
Gohau, G. 2565, 2574
Gohin, F. 2570, 2574
Goldammer, K. 2368, 2420
Goldast, M. 2325
Goldbogen, G. 1747, 1754
Golding, W. 724
Goldmann, L. 85, 1492
Goldommer, K. 2363
Goldschmidt, A. 1915, 1924
Golfand, J. 771, 782
Golius, Th. 2400
Golková, E. 256, 264
Gollmick, C. 2010
Golovin, B. N. 241, 243, 245, 248, 1533, 1543
Goltz, D. 272, 275, 1275, 1277, 1284
Goltz, R., 1031, 1038, 1044–1046, 1130
Gombrich, E. H. 74, 87
Gomringer, E. 74, 87
Gončarenko, V. V. 1536, 1543
Gonda, I. 1591
Gonnard, R. 2577, 2584

Gönnenwein, O. 282, 1286, 1295
Gonnsen, J. V. 1130
Good, C. V. 1474, 1477
Good, P. 12, 20
Goodman, J. E. 1992
Goodman, N. 1360f
Goodwin, J. 2510
Goosse, A. 780, 782, 824, 827
Goossenaerts, J. 1572
Goossens, J. 107, 1130, 1572, 1577
Goossens, L. 2452, 2457
Göpferich, S. 7, 12, 20, 36, 39f, 44, 49f, 54, 56, 63, 69, 75–77, 87, 164, 167, 197f, 261, 263, 359, 363, 367–369, 394–396, 457–461, 463f, 467, 479f, 545, 547–550, 552f, 555, 557, 561, 625f, 628, 632, 799, 890, 893–898, 1003f, 1008, 1010, 1012, 1159f, 1162, 1267, 1411–1413
Göpfert, A. 1962
Gopnik, M. 253, 265
Gor'kij, M. 1714
de Gorag, R. 2512
Gorcy, G. 1687f, 1693, 1701
Gordon, D. C. 776, 782
Gordon, D. P. 1457f
Gordon, I. A. 2505, 2511
Gordon, M. 1444
Gorgemans, P. 1901
Gorgias aus Leontinoi 65, 2257
Görlach, M. 997
Görlitzer, K. 1258
Gorman, T. P. 2207
Görner, H. 1964
Gorny, H. 47, 1369
Gorochov, V. M. 492
de Gorog, R. 2516, 2518
Gorosch, M. 357
Görtz, B. 773, 775f, 780, 782
Gosden, H. 1408, 1412f, 1436
Gosselck, J. 1062
Gossen, C. Th. 2521–2523, 2528
Gotschy, M. 1063
Gottfried von Sraßburg 2385
Gotthelf, A. 2375
Gotthelf, J. 2284
Gotti, M. 1504, 1506, 1513
Göttner, H. 1358, 1361
Gottschall, D. 351f, 2333, 2338, 2340, 2361
Gottsched, J. Chr. 491, 2415, 2418, 2423f, 2427f
Gottwald, S. 906, 909, 1230, 1962
Götz, B. 1092
Götz, D. 262f, 275, 1478, 1483, 1828

Götze, A. 180, 205, 1030, 1037, 2004, 2372, 2375
Gougenheim, G. 190, 197, 2514f, 2518
Goujard, Ph. 1632
Gould, S. H. 1964
Gourmelon, A. 518, 521
Gouws, R. H. 1906
Gove, Ph. B. 602
Sir Gowers, E. 2470
Goy, J. 2587–2589, 2592
Goy, P. 2089
Graach, H. 20
Graband, G. 846, 848
Grabias, St. 1553, 1557
Grabmann, M. 1916, 1924
Gracchus, G. 2257
Graefen, G. 109, 647f, 672f, 695, 704f, 708f, 762, 863f
Graesel, A. 2092
Graf, F. 2260
Gräf, K. 557f, 562
Gräfrath, B. 691, 705
Graf-Stuhlhofer, F. 1903
Grafton, A. 1917, 1924
Granjon, R. 2547
Grant, C. 1952
Grant, D. M. 1956f
Grant, R. 1952
Grassi, F. 975
Graumann, C. F. 582
Graur, A. 1902, 1906, 2214
Graustein, G. 469, 1422, 1424
Graves, R. 621
Grawinkel, C. 1166, 1173
Gray, H. J. 1957
Gray, P. 1956f
Gray, W. D. 459, 467
de Grazia, M. 2468, 2470
Greb, U. 1096, 1098
Grebe, M. 1701
Grebe, P. 401
Green, G. 1225
Green, M. M. 1828, 1941, 1944
Green, Th. R. G. 934, 938f, 941f
Greenbaum, S. 1443f, 2502
Greene, E. L. 2408, 2410
Greengrass, M. 2465, 2471
Greenslade, St. L. 2504, 2511
Greenstein, C. 1962
Gregg, L. W. 1013
Gregor von Nazianz 2283
Gregor von Nyssa 2283
Gregor, B. 2043
Gregor-Dellin, M. 1335, 1339
Gregory, M. 209, 211, 216, 217
Greimas, A. I. 251, 260, 265, 415, 409, 444, 452f, 455, 595f, 599, 601
Greiner, G. 2180, 2182, 2220, 2228
Grenzmann, L. 321, 353, 1924

Grétsy, L. 1586, 1588, 1591 f
Greule, A. 1093, 1097
Grevin, J. 2549
Grewe, A. 2540
Grewendorf, G. 359, 528, 1295, 1381
Grewenig, M. M. 318
von Greyerz, O. 1111, 1114
Grice, H. P. 379, 383, 389, 604, 740
Grieser, F. 2047, 2061
Grießhaber, W. 667, 670, 673, 692, 705
Griffin, M. 2269
Griffin, S. 1753
Griffiths, H. B. 1477
Griggs, L. 851, 855
Grignon, J. 1962
Grimal, P. 1913, 1924
Grimm, D. 178
Grimm, G. E. 2414, 2418
Grimm, J. 278 f, 282, 329−333, 335, 349, 352, 355, 527 f, 658 f, 764, 770, 887, 1092, 1120, 1129 f, 1344 f, 1655, 1658, 1669−1671, 1675 f, 1809, 1900, 1997, 2003, 2037, 2042, 2183, 2390, 2497, 2501 f
Grimm, W. 335, 658 f, 887, 1092, 1129 f, 1344 f, 1655, 1658, 1669−1671, 1675 f, 1997, 2003, 2037, 2042
Grimme, L. 2032
von Grimmelshausen, H. J. Chr. 867, 2415, 2418
Grindsted, A. 704, 1400, 1881
Grinstedt, A. 1895
Grisch, M. 1528, 1532
Grischin, N. 1986, 1992
Grisham, R. 563, 567
Grmek, M. D. 2275 f
Gröben, G. 330
Gröben, H.-J. 1209, 1211
Gröber, G. 334, 2520, 2528 f
Grober-Glück, G. 1352 f
Groebel, J. 897
Groeben, N. 76, 87, 402 f, 407, 888−893, 898 f, 1004, 1008, 1010−1013, 1159, 1163
Grohmann, W. 1340
Groos, A. 273, 275
Groothoff, H.-H. 2014 f, 2032 f, 2035
Gross, A. G. 135 f, 140
Gross, H. 1163, 1892, 1894, 1907
Gross, M. 1750, 1753
Gross, O. 2067 f, 2070 f, 2084, 2088
Große, E. U. 49, 469, 543, 545
Große, R. (= Grosse, R.) 73, 87, 132, 318, 1905, 2316 f, 2331, 2428

Grosse, S. 23, 103, 107, 573, 591, 594, 661, 665, 673, 710, 716, 809, 871, 873, 952, 1013, 1395, 1401
Großgebauer, Kl. 1968, 1973
Grot, Ja. K. 1706, 1713
Groth, H. 869, 873
Grothe, H. 1934
Groult, M. 2569, 2574
Grove, V. 2470 f
Grubacic, K. 2088
Grube, M. 677 f
Gruber, C. M. 1986, 1992
Gruber, H. 739, 743, 751
Gruber, J. G. 1660, 1997, 2003, 2041 f, 2065
Grubmüller, K. 350, 352, 1925, 2044, 2309, 2331, 2360, 2392, 2401
Grucza, F. 1552, 1557
Gruenter, R. 1634
Gruhn, G. 1182, 1187, 1950, 1952
Grund, U. 2092
Gründer, K. 1998 f, 2001, 2004
Grundlach, J. 1130
Grüner, G. 2015, 2033
Gruner, P.-H. 740, 745, 748, 751
Grünert, H. 740, 751
Grunewald, M. 2440
Grunsky-Peper, K. 1082
Grünwald, S. 649, 659
Gruppe, O. Fr. 1324, 1332
Gruševaja, I. 392, 396
Grützenmacher, J. 2038, 2042
Grypdonck, A. 1577
Grzegorczyk, P. 1553, 1557
Gual, C. 1484 f, 1489
Guazzoni, V. 318
Gudemann, A. 2259
Gudemann, W.-E. 1988
Gueintz, Chr. 2416
de Guelva, A. S. 1926
von Guericke, O. 2446
Guernes de Pont-Sainte-Maxence 2517
Gueunier, N. 822, 826 f
Gühne, W. 2061
Guidos, B. 1455, 1458
Guilbert, L. 774, 782, 1492, 1502, 1700, 1726, 1742
Guillou, A. 2294, 2303
Guiraud, P. 241, 243, 246, 248, 771, 782, 2515, 2518, 2570, 2575
Gulbins, J. 889, 898
Gülich, E. 26, 36, 44, 49, 51, 56, 94 f, 97, 99, 196 f, 258−260, 265, 267, 363, 369, 411, 415, 449, 455, 468−470, 480, 512−516, 574, 622 f, 665, 669, 673, 680, 687, 709, 1397, 1401

Gumbrecht, H.-U. 335, 861, 864
Gumm, H.-P. 1173−1176, 1181
Gummerus, H. 2303
Gumperz, J. J. 217
Gundersen, D. 1827, 1829, 1895, 1899, 1901
Gundolf, Fr. 861
Gunnarsson, Br.-L. 455, 487, 888, 896, 898, 1559 f, 1563
Gunston, Ch. A. 1992
Günter, H. 1981, 1989
Güntert, H. 295
Günther, H. 86 f, 89−92, 132, 672
Günther, L. 528
Günther, S. 2374 f
Günthner, S. 94, 99
Gunzenhäuser, R. 207, 923, 927, 941
Gurauer, G. E. 2451
Gurevich, Y. 927, 941
Gurlitt, W. 1903, 2011 f
Gurlt, A. 1934, 1936
Gurova, N. V. 1414, 1419
Gurst, G. 303, 306, 318, 322, 1634, 2037, 2042
Gurvitch, G. 2588, 2592
Gusfield, J. R. 695, 705
Gutenberg, J. 69, 307, 317, 1098 f, 2549
Gutenberg, N. 762
Güterbock, G. 1083
Guthmüller, B. 317
Gutjahr-Löser, P. 2033
Gutknecht, Ch. 1354
Guttag, J. V. 924, 941
Gutzmann, G. 901, 909
Gutzwiller, K. 1111
Gutzwiller, L. 1114
Guyénot, E. 2565, 2568, 2575
Guyénot, F. 2565
Baron Guyton de Morveau, L. B. 2482−2485, 2562, 2564, 2568 f, 2571 f, 2575
Gvenzadse, M. A. 548, 555

H

Haacke, D. 2529
Haage, B. D. 100, 108, 269, 271−275, 277, 318, 348, 350−352, 354
Haarala, R. 1581, 1583 f, 2147
Haarmann, H. 335
Haarstrich, U. 1892, 1900, 2064, 2092
Haas, E. 2418
Haas, H. 1010, 1013
Haas, H.-D. 1942, 1944
Haas, R. 1971, 1973
Haase Ⓡ 2013 f, 2033

Haase, W. 2285, 2286
Habel, Chr. 76, 86
Haberkamp de Anton, G. 1877, 1880
Haberkost, E. 2044
Habermann, M. 2360, 2372, 2375
Habermas, J. 23, 237, 511, 517, 680, 687, 838, 858, 862, 864, 957, 960, 1268, 2036, 2356, 2360
Habicht, W. 2042
Hacker, R. 2063, 2093
Hacker, W. 2, 17, 20
Hackert, F. 819
Hackh ® 1949, 1952
Häcki Buhofer, A. 79, 87, 636, 639, 648
Hacking, I. 912, 921
Häckler, E. 1344
Hackler, J. 2061
Hadamer von Laber 2385
Hadermann, P. 720, 726
Hadjadji, H. 1611, 1617
Hadjadj-Pailler, D. 2570, 2575
Hadot, J. 2259
Hadot, P. 1321, 1332
Hadrian(us), P. Ael. 2288, 2452, 2457f
Haeberli, U. 842, 848
Haeckel, E. 77, 331, 767, 1325, 1332, 1364, 1367, 1369
Haensch, G. 1521, 1828, 1875f, 1880f, 1883, 1895, 1977, 1986, 1992, 2125, 2138
Haesereyn, R. 1577
Haeseryn, W. 1577
Häfele, M. 101, 108, 155f, 644, 648, 796, 799
Haferkorn, H. 1956, 1958
Häflinger, L. 90
Hafner, D. 477, 480
Hafner, H. 595, 601
Hagège, Cl. 773, 775, 777, 782
Hagemann, S. 1163
von Hagenow, K. 1130
Hägermann, D. 144f, 147, 149
Hahn, O. 2209
Hahn, S. 47, 1369
von Hahn, W. 33, 36, 44, 50, 56, 93, 99–102, 108, 115f, 118, 123, 128, 131, 133, 140, 145f, 149f, 152, 154, 156, 158, 160, 167f, 178, 180, 190f, 194f, 197, 231, 238, 249, 254, 265, 374, 377, 383, 386f, 389, 397, 401, 407, 418, 421f, 426, 429, 435, 437, 468, 471, 480, 506, 509, 548, 553, 555f, 576, 582, 637, 648, 680, 682, 686–688, 701, 705, 716, 731, 735–737, 744–746, 751, 754f, 758, 762, 802, 809,
1020, 1025, 1031, 1034, 1036, 1038, 1051f, 1055, 1121f, 1129f, 1173, 1199, 1262, 1268, 1288, 1293–1295, 1419, 1647, 1655, 1658, 1733f, 1844, 1852, 2323, 2331, 2356, 2360, 2421, 2426–2428, 2450
Haider, H. 372
Haigh, B. 89
Haiman, J. 617, 673, 1690, 1701, 1892, 1895
Hajdushek, J. 2084, 2088
Hajutin, A. D. 346f, 2172, 2182
Haken, W. 1230
Hakewill, G. 2465, 2471
Häkkinen, K. 1580f, 1584
Hakulinen, A. 1584
Hakulinen, L. 1579, 1581, 1584
Halász, E. 1827, 1961
Halbich, A. 1975, 1977, 1995, 1998
Hales, St. 2561
Halfer, M. 1063, 1092
Hall, A. R. 2471
Hall, M. B. 2471
Hall, R. A. 2207, 2214
Haller, J. 941
Halleux, R. 1915, 1924
Halliday, M. A. K. 112, 116, 159, 167, 208–211, 213, 217, 224, 228, 256, 258f, 265, 412, 415, 445, 447, 450, 455, 469, 1467f, 1470f, 1480, 1483, 1612, 1617, 2499, 2502
Hallig, R. 251, 1809
Hall Partee, B. 2502
Halmos, P. R. 1230
Halsall, E. 1477
Haltau, Ch. G. 278
Hamann, H. 1203, 1207, 1612, 1617
Hamann, J. G. 607
Hamblock, D. 1986f, 1992
Hamilton, B. 1455, 1458
Hamilton, W. R. 1232, 1234
Hamm, M. 350, 352, 2340
Hamman, A. 2282f, 2285
Hammer, F. 2376
Hammerschmid-Gollwitzer, J. 1784, 1792, 1827
Hampel, C. 1949–1952
Hampel, J. 712, 716
Hampson, N. 2578, 2584
Hancock, A. 2207, 2214
Handke, J. 1178, 1181
Händler, H. 1351, 1353
Handler, P. 1500, 1502
Handschuh, E. 1381
Handt, F. 673, 874
Hank, M. 2090
Hanna, O. 665, 673
Hanon, S. 1827

Hanse, J. 822, 827
Hansen, F. 1100, 1104
Hansen, Kl. 131, 189
Hansen, Kl. P. 169, 180
Hansen, R. 1691, 1701
Hansen, St. L. 534, 539, 2243f
Hansen, W. 1076, 1122, 1124, 1129
Hanstein, V. 890, 898
Haraldsson, H. 1827, 1829, 1901
Harborne, J. 1952
Harchius, J. 2397
Hard, G. 44
von Hardenberg, Fr. (= Novalis) 1095, 1098
Hardes, W. 1083
Hardmeier, Chr. 672, 704, 1400
Hardt, G. 32
Hardt, H.-D. 1239, 1259
Hardt-Mautner, G. 760, 762
Hardy, G. H. 1263f
Hardy, J. 65, 84
Harenberg ® 2037, 2042
Harfst, G. 173, 180
Harmening, D. 271, 276, 2361
Harms, R. T. 264
Harms, W. 87, 89, 574, 581–583, 694, 1647, 1918, 1924, 2340
Harmsworth, A. 2506
von Harnack, A. 1307, 1312
Harnisch, H. 256, 265
Harper, J. L. 1366–1368
Harras, G. 40, 47, 406f, 632, 1369, 1831
Harré, R. 52, 56
Harris, J. 1654, 1846, 1850, 2463f, 2480
Harris, R. K. 1956f
Harris, Z. S. 192, 198, 238
Harrod, L. M. 2066–2069, 2071f, 2078f, 2084f, 2088
Harsch-Niemeyer, R. 1353, 1483
Harsdörffer, G. Ph. 882, 2411, 2413–2416, 2418
Harshav, B. 140
Hart, D. 77, 84
Harth, D. 1359, 1361, 1635
Harth, H. 726, 1063
Hartig, G. L. 1107–1110
Hartig, M. 713, 716
Hartke, K. 1277
Hartlib, J. 2465
Hartlib, S. 2471
Hartlieb, J. 271, 275, 2358f, 2361
Hartmann von Aue 2385
Hartmann, B. 2303
Hartmann, C. 1933, 1936, 2377, 2382

Hartmann, D. 104, 108, 121, 123f, 131, 134, 137, 140, 167, 698, 708
Hartmann, I. 700, 705
Hartmann, J. 67, 86, 2512, 2518f
Hartmann, K. 576, 582
Hartmann, N. 8
Hartmann, P. 88, 258, 265, 370, 469
Hartmann, R. R. K. 207f, 217, 1792, 1827, 1881f, 1884, 1897, 1906f
Hartog, J. 670, 673, 700, 705
Hartshorne, Ch. 1833, 1852
Hartung, H. 74, 87
Hartung, W. 446, 455
Hartweg, F. 271, 276
Hartwig, O. L. 1038
Harvey, W. 308, 2472, 2475–2477
Harweg, R. 51, 56, 88, 258f, 265, 370, 469, 612, 617
Harwood, E. 2504f, 2511
Harwood, J. 1262, 1268
Hasan, R. 112, 116, 258f, 265, 412, 415, 445, 450, 455
Haselhuber, J. 844, 848
Hashemi-Kepp, H. 2226, 2228
Hashimoto, K. 1609
Hasitschka, W. 763
Hasler, H. 1115, 1119
Haslinger, A. 1483
Haslinger, E. 2046f, 2050, 2053, 2057, 2061
Haß, U. 40, 47, 406f, 1363, 1366f, 1369, 1674, 1676, 2399, 2401
Hassel, U. 216f
Hassemer, W. 522, 528, 1372, 1374, 1381
Hassenstein, B. 1261, 1268, 1361
Haßler, G. 1133, 1144, 1344, 1346, 1350, 1353, 1634, 1647, 1659, 2421f, 2428, 2442, 2450f
Hassner, A. 1947, 1952
Hastedt, H. 943
Hattenhauer, H. 282, 661f, 673, 1287, 1295, 2427f
Hatzfeld, A. 1686, 1700
Hatzfeld, H. 1350
Haubrichs, W. 52, 56, 1090
Hauck, K. 2318f, 2332
Haudricourt, A. 2570, 2573, 2575
Hauff, V. 2047, 2061
Häufle, H. 2579, 2581, 2584
Haug, W. 334, 354
Haug, W. Fr. 1904
Haugen, E. 806f, 1481, 1483, 2207, 2211, 2214, 2586, 2592

Haugeneder, H. 943
Haupenthal, R. 876f, 880
Haupt, J. 349, 352, 2349, 2353
Haupt, S. 1991
Hauptmann, G. 216, 1358
Hauptmeier, H. 1358, 1361
Hauriou, M. 1382, 1390
Hausdorff, F. 1227
Hausen, G. 2093
Häuser, J. E. 2010
Haushofer, M. 1980, 1989
Hausmann, Fr. J. 21, 180, 238, 370, 372, 632, 709, 848, 1145, 1634, 1686–1689, 1700f, 1714, 1726, 1728f, 1742f, 1764, 1767, 1785, 1791, 1829f, 1852–1854, 1858f, 1881f, 1896, 1945, 2004, 2014, 2033, 2103, 2107f, 2125, 2138, 2401, 2418f, 2574
Hausmann, Fr.-R. 67, 87, 314, 318, 1900, 2183, 2302f
Hausner, R. 2420
Häußer, D. 2046f, 2050, 2053, 2056f, 2060
Haverkamp, A. 77, 87
Havers, Cl. 1454
Havers, W. 397, 401
Haviland, S. E. 893, 897
Havlíček, M. 1439–1442, 1444, 2049, 2053, 2057, 2061
Havlová, E. 706, 709
Havránek, B. 122, 131, 202f, 207, 213, 227f, 262, 264, 1268, 1545f, 1551
Hawking, St. W. 138, 140
Hawkins, C. 619, 623
Hawley, G. 1949, 1952
Hawthorn, J. 1489, 2038, 2043
Hay, D. 318
Hayakawa, S. J. 165, 167, 685, 688
Hayashi, O. 1607, 1609
Haye, Th. 86, 89f
Hayer, G. 351f, 1916, 1924, 2359f, 2420
Hayes, J. R. 1004, 1013
Hayne, F. G. 1921
Hays, D. G. 236
Hazard, P. 302, 304, 318, 1634
Hazewinkel, M. 1962
Heal, A. 2509, 2511
Heath, D. D. 2470
Heath, J. 1950, 1952
Heath, S. B. 528
Hebel, F. 688, 752, 953, 955, 958–960, 991, 993
Hecht, W. 2419
Heck, Ph. 2309, 2316
Heck, W. 1063, 1092
Hecker, H. 72, 89
Hecker, M. 1235
Heckhausen, H. 836, 838f

Heese, G. 2015, 2033
Hegazi, M. 1618
Hegedüs, J. 1592
Hegel, G. W. Fr. 22, 605, 607, 661, 673f, 689, 705, 729, 735, 1308, 1310, 1313, 1321–1323, 1330–1333, 1997
Heger, Kl. 259, 265, 576, 582
Hegselmann, R. 106
Hehlmann, W. 517, 521, 1317, 1320, 2013f, 2032f
Heid, H. 2015, 2033
Heid, U. 1197, 1199, 1744, 1753
Heidegger, M. 1311, 1328f, 1331f, 1334, 1501
Heidelberger, M. 2410, 2418
Heidelberger, W. 921
Heidolph, K. E. 1893, 1900
Heidrich, H. 1436f, 1761
Heidtmann, K. H. 829, 839
Heike, G. 238
Heilbroner, R. L. 1467, 1472
Heilfurth, G. 1038, 1093, 1095, 1097
Hein, M. 1276
Heine, B. 2211, 2214
Heinemann, W. 129–131, 196–198, 207, 259–261, 265, 410, 415, 449, 456, 458f, 467, 470, 480, 506, 509, 518, 521, 539
Heinen, A. 2092
Heinicke, S. H. 1996, 2003, 1922
Heinig, S. 660
Heinimann, A. Chr. 721, 726
Heinimann, S. 318, 2512, 2514f, 2517f
Heinrich I., V., VIII. = Henry I, V, VIII
Heinrich der Löwe 2333, 2340
Heinrich, L. J. 1982, 1989
Heinrich, P. 669, 673, 1392, 1401
Heinrichs, H. 2015, 2033
Heinse, G. H. 1923
Heinsius, P. 176, 181
Heinsius, Th. 2450
Heinz, W. 1097
Heinze, H. 744, 751
Heinze, S. 1986, 1992
Heinzel, E. 2042
Heinzelmann, B. G. 1691, 1694, 1701
Heinzmann, F. 1954, 1958
Heise, F. 1096f
Heisenberg, W. K. 134, 140, 356, 400f, 516f, 861, 1171, 1173, 1955
Heister, R. 1732, 1969, 1973
Heitmann, K. 314, 317
Hekataios von Milet 64
Helbig, G. 47, 93, 99, 198, 254, 262, 265, 369, 420, 426, 480,

1341, 1346, 1350 f, 1353, 1539, 1543, 1831
Helbig, J. 602 f, 609
Helbig, M. 665, 673
Held, P. 736, 750
Helgadóttir, S. 2149, 2242, 2244
Helgorsky, F. 2566, 2575
Hell, G. 1591
Heller, A. 318, 1099, 1104
Heller, K. 50, 160, 167, 746, 751
Heller, M. J. 2414, 2418
Heller, St. R. 1236, 1259
Heller, W. 1844, 1852
Hellgardt, E. 2319, 2322 f, 2331
Hellinger, M. 142, 840
Hellmann, G. 349, 352
Hellmann, M. W. 748, 751
Hellmeister, A. 1701
Hellweg, Q. 1956, 1958
Hellweg, R. 2272, 2276
Hellwig, Chr. 1917, 1920
Hellwig, P. 491 f, 618, 622 f, 699, 705
Hellwinkel, D. 1247, 1259
Helm, G. 1181
Helm, L. 1955, 1957 f
von Helmholtz, H. 333, 1166, 1173, 1336, 1339
Helmont, J. B. 435
Helmreich, A. 2370, 2374 f
Helsper, W. 1320
Heltai, P. 1882, 1895
Helvétius, Cl.-A. 729, 1637
Helwig, Chr. 2411, 2415, 2418
Hempel, C. G. 134, 140, 459, 467, 912, 921
Hempel, G. 1076
Hempfer, Kl. W. 69, 87, 303, 318 f
Henderson, W. 1468, 1471 f
Heng Li 2068−2070, 2084, 2088
Henglein, E. 1950, 1952
Hengst, K. 259, 261, 265
Henhapl, W. 940
Henke, A.-M. 850, 855, 1301, 1304
Henkel, N. 351, 352, 2322 f, 2331
Henne, H. 13, 20, 24, 56, 59, 85, 95, 97, 99, 132, 162, 165−167, 170, 180, 237−239, 259, 265, 282, 464, 467, 469, 509, 602, 648, 672, 699, 703−705, 707, 709, 750 f, 754 f, 762, 809, 873, 884, 887, 1037, 1039, 1055, 1284, 1342 f, 1349, 1351, 1353, 1390, 1636, 1726−1728, 1742 f, 1902, 1904, 1974, 2360, 2416, 2418
Hennen, L. 712, 716

Henni, M. 1617
Hennig, B. 2348
Hennig, D. 335
Hennig, J. 104 f, 108, 708, 1037, 2348
Hennigsen, J. 1634
Henning, D. 334
Hennings, J. Chr. 2004
Hennings, R. D. 2230, 1016, 1019, 2088, 2237
Henningsen, J. 1320
Henrich, U. 1696, 1701
Henrici, G. 670, 673, 970, 972, 974
Henriksen, P. 1892, 1895, 1904
Henry I 2486
Henry V 2488
Henry VIII 2472, 2486, 2496
Henry, A. 2515, 2518
Henschelmann, K. 998, 1003
Hensel, H. R. 1258
Hensel, K. 1226
Hensye, W. R. 1459
von Hentig, H. 862, 864
Hentschel, E. 1943
Hentschel, R. 1193, 1201
Hentze, J. 850, 855
Henzler, R. 2217, 2228
Hepner, A. 1332
von Heppe, C. 1106 f, 1110
Herakleitos von Ephesos = Heraklit 64, 2265 f, 2279
Herbart, J. Fr. 1314 f, 1346 f, 1349
Herberg, D. 1764 f, 1829
Herbert, R. K. 2214
Herbrand-Hochmuth, G. 349, 352
Herbst, F. 1096 f
Herbst, V. 1974
Herbster, K. 1062
Herd, E. W. 2038, 2043
Herd, H. 2507, 2511
Herdan, G. 241, 248
von Herder, J. G. 277, 327−330, 332, 335, 605, 607, 858, 865, 1321, 1334, 1339, 1982
Herder ® 1950
Hergang, K. G. 2033
Herget, J. 2221, 2228
Hering, F. 1895
Heringer, H. J. 104, 108, 403 f, 407, 740 f, 749, 751 f, 896, 898, 1353
Heritage, J. 1411, 1413
Herkenhoff, H. 1123, 1130
Herland, L. 1965
Herlemann, B. 670, 673
Hermann, T. 582
Hermanns, A. 854 f
Hermanns, F. 748, 752, 1374, 1376, 1381
Hermans, A. 1882 f, 1892, 1896, 1907 f

Hermant, A. 782
Hermes, H. 905, 909, 913, 915, 921, 1332
Herms, I. 1219, 1221
Herodot(os) von Halikarnassos 64, 2272, 2294
Herophilos von Chalkedon 2273, 2276
Herper, R. 869, 873
Herr, M. 2353
Herr, R. 940
Herrlitz, N. 1397 f, 1401
Herrlitz, W. 662, 674
Herrmann, A. 1957, 1959
Herrmann, F. 1079, 1083
Herrmann, Th. 656, 660, 1004, 1013, 2209, 2214
Herrmann-Wünzer, L. 1077 f, 1083
Hersh, R. 506, 509
Herter, H. 2279, 2285
Herting, B. 748, 754
Hertslet, W. L. 2003
Hertzberger, M. 2088, 2542, 2548
Herwig, W. 2308
von Herzberg, E. 2450
Herzfeld, M. 320; 575, 581 f
Herzke, H. 1005−1007, 1013
Herzmann, H. 216 f
Herzog, R. 301, 319, 321, 1914, 1924
Hesel, E. 275
Hesiod(os) 2279
Heslot, J. 485, 487
Hess, M. 1325, 1332
Hess, R. 2038, 2043
Hesse, H. 2061
Hesse, L. A. 2064, 2093
Hesse, M. B. 919, 921
Hesse, W. 1181
Hesseling, U. 790 f
Hessels, J. H. 2452 f, 2457
Hess-Lüttich, E. W. B. 45, 87 f, 120, 131, 209−214, 216 f, 370, 555, 726, 753, 757, 763 f, 953
Hessmann, P. 417, 426, 786, 791
Hestvik, A. 382, 385, 389
Hesych(ios) aus Alexandria 292, 1914
Hetai, P. 1893
Hettner, H. 2447, 2450
Heuler, M. 847, 849, 1005, 1013
Heurgon, J. 2304
Heusler, A. 282, 352
Heußlein, H. 1918
Heußner, A. 1997, 2003
Heutschel, E. 1943
Hewings, M. 1468, 1472
Heyd, R. 1982, 1989

von der Heyden-Rynsch, V. 1634
Heydenreich, K. H. 2003
Heydenreich, L. H. 319
Heydenreich, T. 1634, 1660
Heyer, G. 16f, 20, 943
Heymer, A. 1941, 1944
Heyne, W. 568, 573f
Heyse, E. 1915, 1924
Heyse, K. W. L. 605, 607
Heyting, A. 906, 909
Hibbert, D. B. 1949, 1952
Hick, J. 1465
Hickel, E. 1273, 1275, 1277
Hickelsberger, I. 1062
Hickethier, K. 70, 86, 108, 717, 726
Hickman, C. J. 1941, 1943
Hickson, F. V. 2278f, 2281f, 2285
Hierdeis, H. 2033
Hieronymus 1917, 2503 (St. Jerome)
Hiersche, R. 1906
Hiersig, H. 1950, 1952
Hierzenberger, G. 3034
Higman, B. 923, 938, 941
Hilber, W. 2046f, 2050, 2057, 2059, 2061
Hilbert, D. 914, 921, 1223, 1225, 1230
Hildebrand, R. 868, 873, 1670
Hildebrandt, H. 1828
Hildebrandt, R. 24, 59, 283, 372, 632, 1092, 1703, 1831, 1853, 1899, 1907, 1945, 1975, 1995, 2306, 2308, 2401, 2428
Hilder, G. 2516, 2518
Hildyard, A. 616
Hilfrich, H. G. 1268
Hilgendorf, B. 1401
Hill, C. P. 2215
Hill, P. B. 231, 233, 240
Hill, R. 1950, 1952
Hill, T. 209f, 217
von Hille, C. G. 2413, 2415, 2418
Hillen, W. 2093
Hiller, H. 2037, 2043, 2065, 2067−2071, 2073, 2075, 2077, 2084f, 2088
Hillig, A. 2034
Hiltbrunner, O. 2281f, 2285−2287, 2291
Hiltunen, R. 2485, 2489−2491, 2494
Hilty, G. 131
Himly, F.-J. 2087
Hinck, W. 92, 724, 726
Hines, Th. C. 2068f, 2071, 2084, 2088
Hing Sum Hung 1965
Hinnenkamp, V. 83, 87, 366, 369, 671, 673, 1401

Hinrichs, G. 1675
Hinske, N. 1998f, 2002−2004, 2439
Hinterhäuser, H. 725f
Hintikka, J. 510, 516f
Hintz, D. 2015, 2033
Hinz, H. 2149, 2234, 2237
Hinz, M. 305, 319
Hippias 65, 2255
Hippokrates von Chios 64
Hippokrates von Kos 64, 67, 308, 1452, 1912, 2270, 2276
Hirs, W. M. 2180, 2182
Hirsch, E. 1333
Hirsch, E. Chr. 870, 873
von Hirschenberg, Chr. 321
Hirschmann, L. 192, 198
Hirschvogel, A. 2369, 2375
Hirst, P. H. 1472, 1477
Hitze, R. 2515, 2518
Hitzenberger, L. 1175f, 1181
Hix, C. F. 1955, 1958
Hiż, H. 192, 198
Hjørnager Pedersen, V. 1832, 1895
Hjorth, E. 1753
Hjorth, K. 1730, 1742
Hjulstad, H. 2149
Hoare, C. A. R. 932, 941
Hobbes, Th. 499, 2431, 2468
Hoberg, R. 251, 265, 685, 687f, 738f, 752−955, 957−960, 991, 993, 1083
Hoc, J.-M. 942
Hoche, H.-U. 1330, 1332
Hochmuth, H. 1882
Hock, H. H. 1832
Höcker, K. H. 1956, 1958
Hodgson, P. 1462, 1465
Hoecker, R. 2093
Høedt, J. 21, 57, 132, 198, 218, 370, 481, 487, 582, 726, 992f, 997, 1907, 2450
Hoek, L. H. 617f, 621, 623, 1742
Hoepelman, J. 940
Hoepli, U. 1964
Hoepp, W. 23, 91, 321, 1636
Hoey, M. 1420, 1424
Hofer, A. 2047, 2061
Höfer, A. 2550, 2560
Hofer, M. 889, 898
van't Hoff, J. H. 1249
Hoff, P. 1203, 1207
Höffe, O. 1333, 1816, 1827
Höfflin, H. Chr. 1090
Hoffmann, E. T. A. 1337
Hoffmann, F. 2481
Hoffmann, H. G. 1986, 1992
Hoffmann, J. 251f, 265, 1190f
Hoffmann, L. 1, 8, 10, 15, 17, 19f, 33, 36, 39f, 43f, 48−50, 55f, 93, 97, 99f, 103, 108,
115f, 118f, 121−124, 128, 131, 133, 138, 140, 145f, 149, 154−159, 161−163, 165, 167, 178, 180, 190−196, 198, 202, 204f, 207, 212, 214, 216−218, 221, 228, 231, 234, 238, 241−246, 248−250, 252, 254−256, 259−261, 265, 269, 315, 319, 336, 340, 358−365, 368f, 375, 377, 392, 396, 402−404, 407f, 414f, 417−424, 426, 436f, 439, 442, 446, 456, 460f, 467−472, 476f, 479f, 494f, 498, 501, 504, 507, 509, 535f, 539, 544f, 547f, 552, 555, 569, 572f, 588f, 594, 601f, 612, 616f, 622f, 637, 648, 681f, 685, 687f, 690, 692, 706, 733, 735−738, 741−744, 746, 749, 752, 758, 763, 794, 799, 802, 806f, 950, 953, 961, 965, 967, 969, 983, 988f, 993, 1001, 1003, 1052, 1055, 1100, 1104, 1131f, 1144, 1158, 1163, 1168f, 1173, 1186f, 1189−1191, 1200, 1221, 1235, 1268, 1284, 1337, 1339, 1401, 1415, 1417, 1419f, 1424, 1430, 1437, 1473, 1477, 1500, 1502, 1533, 1535−1539, 1541−1544, 1551, 1600, 1612, 1617, 1668, 1714, 1756f, 1760−1762, 1902, 1907, 2380, 2382
Hoffmann, Lu. 51, 56, 527f, 584, 587, 660, 665, 672−674, 743, 752, 800, 893, 898
Hoffmann, M. 206f
Hoffmann, P. 2322, 2332
Hoffmann, R. 1256, 1259, 1946, 1952
Hoffmann, R. R. 52, 56
Hoffmann, R.-R. 743, 752
Hoffmann, S. 1701
Hoffmann, W. 573, 582, 1988
Hoffmann-Axthelm, W. 1974
Hoffmann-Krayer, E. 1083
Hoffmann-Riem, W. 108
Hoffmann von Fallersleben, H. 348
Hoffmeister, J. 1999, 2003
Hoffrichter, O. 1369
Höfler, M. 771, 774, 779, 781, 2516, 2549
Hofmann, F. 1320, 1475, 1477, 2419
Hofmann, J. B. 295
Hofmann, J. E. 2377
Hofrichter, W. 440, 442
Hofstätter, P. R. 801
Hogg, J. 130
Hogh, H. 2068, 2071, 2084, 2091

Högy, T. 680, 688
Hohendorf, G. 2419
Hohenegger, J. 2180, 2182
von Hohenheim, Th. Bombastus = Paracelsus
Hohenstein, Chr. 698, 706
Hohenstein, G. 1986, 1992
Hohmann, M. 2015, 2032
Höhne-Leska, Chr. 417, 426
Hohner, R. 103, 108
Hohnhold, I. 288, 736, 752, 1892f, 1896, 2096, 2107, 2158−2161, 2163f, 2186, 2206
Hohulin, E. L. 1882
Hoinkes, U. 2471
Hoischen, H. 581, 582
d'Holbach, P. T. 729, 2561
Holbach, P.-H. 1637
Holbein, H. 2447
Holden, J. A. 2087
Holden, S. 953
Holdren, J. P. 1366, 1368
Holenstein, E. 88, 726
Holl, H. G. 316
Holländer, P. 905, 909
Hollenbach, G. 2015, 2032
Höller, H. J. 2421, 2428
Holler, M. 353
Holling, E. 1181
Holly, W. 87, 740, 743, 745−747, 752f, 1381, 1671, 1676
Hollyman, K. J. 2515, 2518
Holmberg, M. Å. 2347
Holmér, Å. 1559, 1563
Holmes, F. L. 497f
Holmes-Higgin, P. 1753
Hölscher, B. 759, 763
Hölscher, T. 179
Holthuis, S. 758, 763
Holtus, G. 86, 89−91, 317, 321, 371, 783, 828, 1512f, 1526, 1531, 1633−1635, 2518f, 2528, 2537, 2540, 2549, 2575
Holtzmann, W. 2369, 2371, 2375
Holzman, A. G. 1963
Holzmann, M. 2036, 2043
Holz-Mänttäri, J. 791
Holz-Slomczyk, M. 587
Homans, S. W. 1956, 1958
Hömberg, W. 685, 687f, 859, 865
Homer(os) 74, 291, 2255, 2268, 2277, 2279, 2304
l'Homme, M.-Cl. 1893, 1896
Hommel, H. 65, 87, 2260
Hommel, W. 2367
Honal, W. H. 2033
Honeck, R. P. 52, 56
Honemann, V. 276f, 1924, 2360

Hönn, G. P. 1923
Honold, H. 1091
Honoré, M. 773
Honorius Augustodunensis = Wilhelm von Conches
van Hoof, H. 1685, 1703
Hooffmeister, J. 1998
Hooke, R. 2468, 2471
Hooker, Th. 2467, 2471
Hooper, R. 2461, 2464
Hope, T. E. 771, 782
Hopf, H. 1339
Hopf, S. 273, 276
Hopfer, R. 585, 587, 740f, 750, 752
Hopkins, G. M. 2496
Hopkins, J. 1956, 1958
Hoppe, B. 71, 87, 2450
Hoppe, H. U. 940, 943
Hoppe-Graff, S. 403, 407, 1004, 1013
Hopper, P. J. 668, 673
Horálek, K. 46, 91, 866
Hörandner, W. 2291
Horaz (= Horatius) 70, 718, 720, 776, 2287, 2289
Hordé, T. 771−773, 782
Horecký, J. 2181f
Hörisch, J. 1360f
Horlacher, C. 1917
Hörmann, H. 450, 456, 576, 581, 698, 706, 890, 898
Horn, B. 1907
Horn, D. 1287, 1295
Horn, H. S. 1367, 1369
Horn, M. 2042
Hornay, W. 2014, 2033
Hornby, A. S. 1700
Hörner, Z. E. 1106
Hornig, D. 623
Hörning, K. 144, 149, 712, 716
Hornung, A. 2037, 2043
Hornung, K. 2033
Hornung, W. 697, 706, 988
Horovský, E. 1935f
Horrobin, P. 1466
Horsella, M. 1406, 1413
Horst, J. 1918
Horstkotte, G. 1892, 1896
Horváth, P. 1982, 1989
Hosius, C. 1062
Hossbach, F. W. 2013, 2033
Hotus, G. 1520
Hotzenköcherle, R. 119, 1057, 1062f, 1114, 1116, 1120
Houben, H. H. 2038, 2043
van Houcke, A. 1572, 1578
Houghton, D. 1468, 1472
Householder, Fr. W. 1742, 1882, 1894
van Hövell, V. 1901
Howard, P. 1947, 1952
Howell, J. 2459, 2464

Howes, A. 938, 941
Howson, A. G. 1477
Howthorne, J. 2043
Hoy, F. 587
Hoyer, S. 303, 318, 322
Hrabanus Maurus 1915
Hruschka, H. 763
Huang Zhenying 1600
Huarte de San Juan, J. 314
Huber, E. 1360f
Huber, L. 521
Huber, R. 691, 705
Huber, W. 2318, 2430, 2440
Hubert, R. 1634
Huberty, M. 70, 74f, 87, 310, 315, 319, 2541
Hubig, Chr. 319, 1335, 1339
Hübler, A. 136, 140, 1413
Hubmayer, K. 130
Hübner, A. 353
Hübner, E. 1056−1062
Hübner, J. 1936
Hübner, K. 20
Hübner, R. 282, 352, 2587, 2589
Hübner, W. 1902
Hubschmid, J. 1114, 2519
Hucke, D. 573
Huckin, Th. N. 893, 898, 1009, 1013
Hucklenbroich, P. 1282, 1284
Hudde, H. 1634
Huddleston, R. D. 233, 238, 254, 265, 1407, 1413, 1433, 1437, 2500, 2502
Hudson, J. 919, 921
Hudson, R. A. 209, 217, 2499, 2502
Hufschmidt, J. 238
Hug, Th. 2033
Hugger, P. 1114
Hughes, C. 1011
Hughes, G. E. 905, 909
Hugo von St. Victor 270, 348, 350, 1020
Huguet, E. 784
Hüllen, W. 210, 217, 382, 389, 878, 880, 948, 953, 965, 967−969, 987f, 991−993, 1404, 1407, 1410, 1413, 1478, 1482f, 2459, 2464, 2466, 2468, 2470f, 2500, 2502
Hülsen, B. 1368
Hülser, K. 2260, 2269
Hülshoff, F. 496, 499
Hültenschmidt, E. 328f, 335
Hülzer, H. 2440
Humbley, J. 1890, 1892, 1896
von Humboldt, A. 14
von Humboldt, W. 5, 14, 22, 159, 302, 334f, 329f, 332, 605, 607f, 728, 1321, 1343, 1346, 1351, 1353, 1722, 2470

Hume, D. 690, 1636
Humpl, I. 1032–1034, 1036, 1038
Hums, L. 146, 149, 1208, 1211
Hundsnurscher, F. 140, 464, 467, 515, 517, 521, 635, 648, 763, 897, 899
Hundt, M. 128, 131, 1296, 1302, 1304
Hunecke, G. 1844, 1852
Hünemörder, Chr. 1913, 1924, 2384, 2392
Hunfeld, H. 964 f, 983, 988
Hunnius, C. 1277, 1971, 1974
Hunt, R. W. 1925
Hunter, J. 2462, 2464, 2476
Hunter, M. 2465, 2471
Hunter, W. 2476
Hupka, W. 75, 87, 1834 f, 1839, 1842, 1846, 1852, 1892 f, 1896
Hüpper(-Dröge), D. 2310, 2316, 2318 f, 2348
Hürlimann, W. 573
Huschenbett, D. 2331
Hüsing, J. O. 1943 f
Huske, J. 1097
Husserl, E. 52, 57, 359, 690, 706, 1328, 1332, 1501
Hutchins, J. 283, 2089
Hutchinson, T. 945, 950, 953, 967, 969, 1409, 1413
Huth, H. 730, 732, 735
Hüther, J. 2015, 2033
Hüttel, K. 760, 763
von Hutten, U. 66, 302
Hüttenrauch, H. 1701
Hutter, E. 2415, 2418
Hüttermann, U. 2046 f, 2050 f, 2056 f, 2060
Huxley, A. 721
Huxley, Th. 7
Hyldgaard-Jensen, K. 280, 1131, 1743, 1829, 1881–1883, 1899 f, 1904, 2310, 2317
Hyman, Ch. 1965
Hymes, D. 210, 217, 1268

I

Ibach, H. 2309, 2317
Ibel, R. 870, 873
Ibelgaufts, H. 1778, 1794, 1813 f, 1828, 1942, 1944
Ibn al-ʿAwwām 2296
Ibn Sīnāʿ (Avicenna) 1610
Ibrahim, M. H. 856, 865
Ichikawa, T. 940
Ickler, Th. 36, 44, 52, 57, 83, 87 f, 152 f, 156, 234, 238, 359, 369, 382, 414 f, 484, 487, 494, 499, 553, 555, 666, 673, 738, 753, 805, 808, 871, 873, 1353

Iggers, G. 327, 332, 335
Ihle-Schmidt, L. 545, 547, 555, 782, 1296, 1304
Ihm, P. 2227
Ihrke, W. 1130
Ikola, O. 1584
Illiger, J. K. W. 1921
Ilson, R. 1881, 1883
Imbs, P. 1685, 1687 f, 1693, 1696, 1701, 2576
Imdahl, M. 320, 371
Immelmann, K. 1938, 1941, 1944
Immken, A. 1902
Im Hof, U. 728, 735, 1634
I. M. P. a. W. (unbek. Autor-Name) 1932
Ingarden, R. 1358
van Ingen, F. 2420
Ingleton, R. D. 845, 849
Ion 65
Ioppolo, A. M. 2269
Ipfling, H.-J. 2015, 2015, 2033
Irlbeck, T. 2047, 2061
Irrlitz, G. 735
Irsigler, F. 1091
Isaacs, A. 1453, 1458, 1956–1958
Isaacs, J. 2505, 2511
Isay, H. 1062
Ischreyt, H. 128, 146, 149, 160, 167, 384, 389, 736 f, 753, 758, 763, 793, 800, 802, 805 f, 808, 1239, 1496, 1502, 1698, 1701
Isenberg, H. 258, 265, 409, 415, 460, 467, 469, 548, 550, 555
Isenflamm, J. F. 1920
Isensee, J. 1295
Iser, W. 721
Ishiguro, T. 1609
Ishii, M. 1602, 1609
Isidor(us) von Sevilla 270, 1914, 1924, 2255, 2405
Ising, E. 17, 42, 46, 59, 70, 91, 861, 865 f, 1906, 2419
Ising, G. 1129
Isokrates 64 f
Israelsson (von Falun), M. 1096
Issing, E. 133
Issing, O. 648, 1298–1300, 1304, 1991
Itô, K. 1960, 1962
Iustinianus (= Justinian I.) 67, 2286, 2290
Ivančikova, E. A. 266
Ivanov, S. P. 1414, 1419
Ivič, M. 1341, 1346, 1352 f
Ivo von Chartres 270
Iyengar, R. 938, 942

J

Jabir ibn Hayyan 2478 f
Jablonski, J. Th. 1659, 1923 f
Jablonski, K. 1175, 1181

Jäckle, R. 1902, 1973 f
Jacob, G. 2460, 2464
Jacob, S. 2375
Jacobi, C. G. J. 1234
Jacobi, D. 953
Jacobs, H. C. 69, 88, 1634
Jacobs, W. 1943 f
Jacobsen, A. L. 1897, 1903
Jacobsen, J. 1882
Jacobson, C. A. 1951 f
Jacobsson, J. K. G. 1026, 1038
Jacoby, S. 484, 487
Jadacka, H. 1552, 1557
Jaeggi, St. 2046, 2057, 2063
Jaeggli, A. 1025, 1038
de Jaegher, A. 1572, 1578
Jaehrling, J. 2322 f, 2328 f, 2332
Jaeschke, A. 2228
Jaffe, S. 2332
Jäger, A. 959, 960, 1702
Jäger, G. 582
Jäger, L. 389, 407, 581, 602, 605–609, 897, 952, 1012, 1341, 1343, 1352 f
Jäger, M. 304, 319
Jahn, Fr. L. 883
Jahn, J. 319
Jahn, M. 2584
Jähns, M. 349, 352
Jahr, S. 16, 20, 41, 44, 57, 76 f, 88, 152, 156, 359, 362, 369, 898, 1352, 1354, 1359–1361
Jaisson, P. 825
Jakob, K. 16 f, 20, 52, 57, 119, 125, 131, 143, 145–149, 438, 658 f, 711–713, 715 f, 808, 1102, 1104
Jakob, W. 936, 940
Jakobs, E.-M. 218, 735
Jakobsen, A. L. 1829, 1888
Jakobson, R. 13, 20, 62, 88, 621, 623, 725 f, 1338 f, 1358, 1361
James I 2504
James, A. 1956, 1958
James, A. M. 1949, 1952
James, C. 970, 974
James, Gl. 1962
James, R. 1902, 2461, 2464
James, R. C. 1962
Jamieson, J. 786, 791
Jamin, K. 2047, 2057, 2061
Jammy, P. 1935
Janda, A. 942
Janich, N. 1177, 1180 f
Janich, P. 102, 106, 108, 134, 137, 140 f, 1946, 1952
Jannssen, D. 702
Janota, J. 354
Janowka, Th. B. 2006
Jansen, C. 1008, 1013
Jansen, K.-D. 649, 659
Jansen, L. M. 1898

Jansen-Sieben, R. 348, 350, 352 f
Janssen, D. 706
Janßen, H. 1130
Janssen, P. 2565, 2568, 2575
Janssen, Z. 309
Janssens, G. 1572 f, 1577 f
Jansson, A. 1042
Janton, P. 876, 880
Januschek, F. 107, 741, 753 f
Janz, B. 2348
Järborg, J. 1829, 1894
Jarceva, V. N. 262, 266
Jarchow, H.-J. 1298, 1304
Jarke, M. 934 f, 941 f
Jars, G. 2565
Järventausta, M. 1584
Jäschke, K.-U. 282
Jäschke, M. 284, 288
Jasper, D. 2047, 2061
Jaspers, K. 679, 688, 1971
Comte de Jaucourt, François Arnail 1621
Jaugeon, J. 2542, 2548
Jaumotte, A. L. 824 f, 827
Jauß, H. R. 7, 20, 63, 69, 88, 320, 371, 604, 609, 718, 721, 726, 2519
Javard, P. 1897
Jaworski, M. 1553, 1557
Jayme, E. 1986
Jeand'Heur, B. 1289, 1294 f, 1385, 1390
Jebsen-Marwedel, H. 1268
Jedlička, A. 1546, 1551
Jefferson, G. 98, 100
Jeffery, R. 1457, 1458
Jehle, G. 492, 1828
Jeitteless, I. 2009
Jelínek, J. 213, 1546, 1551
Jellinghaus, H. 1052, 1055
Jellisen, H. 2331
Jennings, K. 1451
Jens, W. 2043 f
Jenschke, B. 831, 839
Jensen, N.-O. 1566 f, 1570
Jenson, N. 2541
Jernudd, Bj. H. 101, 108, 815, 818, 831, 2207, 2211 f, 2215
Jerrard, H. G. 1956, 1958
Jeserich, K. G. A. 673, 675
Jesperson, O. 2497−2500, 2502
Jessnitzer, K. 544 f
Jesus Christus 1323
Jezewski, W. 1844, 1849
Jie, W. 2092
Jingfu, P. 487
Jobs, S. P. 1447
Jochems, H. 860, 865
Jochumsen Ⓡ 1822, 1828
Joerges, B. 149, 716
Joffé, S. 2326
Johanek, P. 2348

Johann II der Gute 304
Johannes Chrysostomos 2283
Johannes von Freiburg 354
Johannes von Saaz = Johannes von Tepl
Johannes von Sacrobosco 2337, 2355, 2357
Johannes von Salisbury = John of Salisbury
Johannes von Tepl (= Johannes von Saaz) 270
Johannsen, O. 1936
Johannsen, W. 1263
Johannsmeier, R. 276
Johansson, Chr. 567
John, J. F. 1948, 1952
John of Salisbury 356
John of Trevisa 1916
Johns, A. M. 1467, 1472
Johnson Pettinari, C. 499
Johnson, D. 1457 f
Johnson, E. 849
Johnson, M. 147−149, 436, 438, 694, 706 Mark
Johnson, M. K. 893, 897
Johnson, M. L. 1941, 1943
Johnson, S. 2463 f, 2509
Johnson, W. 1919, 2366 f
Johnson-Laird, P. N. 147, 149
Jokanovic, V. 2088
Jokubeit, W. 490−492
Jolles, A. 70, 88, 1022, 1023, 1038
Jolliffe, D. A. 142
Joly, H. 823, 827
Jonas, H. 12, 20
Jones, C. B. 926, 940 f
Jones, G. F. 271, 276, 350
Jones, H. W. 2471
Jones, L. 1471 f
Jones, R. F. 2459, 2464
Jongejan, J. 86
Jonson, B. 214, 2477
Jónsson, J. H. 1827, 1829, 1895, 1901
Jonston, J. 1918 f
Joos, M. 210, 217
Joost, S. 2095
Jordan, J. 1902, 1906
Jordan, L. 205, 337, 339 f
Jordan, M. P. 699, 706
Jördens, A. 2303
Jörgen, R. 2093
Jörgensen, J. 909
Joseph, J. E. 776, 782
Josserand, P. 2044
Josten, D. 867, 873
Marquis de Jouffroy d'Abbans, Cl. Fr. 2565
Journet, D. 1011, 1013
Juchem, J. G. 208, 217
Jud, J. 1114
Judaica Ⓡ 2038, 2043

Judersleben, J. 177, 180
Judge, A. 840, 849
Judin, E. G. 680, 688
Juhász, J. 262, 266, 805, 808
Juhl, D. 651, 659, 1005−1007, 1013
Jü Jianhua 953
Jülg, B. 1741
Julianus, Fl. Cl. 2283
Jullion, M. Chr. 1513
Jumaili, M. 1611, 1617
Jumpelt, R. W. 159, 167, 796, 800, 802, 808
Jung, C. G. 2477, 2485
Jung, I. 741, 753
Jung, J. 2411, 2415, 2418
Jung, M. 47, 590, 594, 1268, 1363, 1369
Jung, P. 2033, 2093
Jungandreas, W. 1086, 1091, 1130, 2318
Junge, A. 251, 266
Junge, H.-D. 1160, 1163, 1956, 1958
Junge, K. 328, 331, 334
Junge, S. 2061
Junghans, G. 1933, 1936
Jungingen, C. V. 2375
Jungius, J. 673, 809, 1269
Junius, A. 2459, 2463 f
Junius, H. 1920, 2400 f
Junkte, F. 1647, 1651, 1659
Jürgensmeier, G. 2046 f, 2053 f, 2056, 2061 f
Just, Chr. 1944
Justinian I. = Iustinianus
Jütte, R. 173, 180, 270, 276
Jüttler, H. 2061
Jüttner, G. 1277

K

Kaazik, J. J. 1962
Kabisch, K. 1943 f
Kachru, B. B. 828, 839
Käck, P. 2015
Kacmarek, L. 865
Kade, O. 1882
Kade, V. 1882
Kaden, Chr. 1901
Kaegbein, P. 2064, 2093 f
Kaehlbrandt, R. 194, 198, 252, 254, 266, 418, 421, 426, 1497 f, 1502, 1627, 1634, 2569, 2575, 2583 f
Kaempfert, M. 791
Kaerger, R. 1163
Kafka, F. 721
Kafker, F. A. 1658
Kahl, O. 2015, 2033
Kahle, R. 1181
Kähler, M. 1308, 1313

Kahrmann, Chr. 889, 898
Kaimer, W. 1269
Kainz, Fr. 25, 43 f, 85, 359
Kaiser, G. 1181
Kaiser, R. 317, 320, 371
Kaiss, B. 1691, 1701
Kakinuma, Y. 811, 818
Kalajdovič, K. 1705 f
Kaldewey, R. 496, 499
Kalischer, S. 1172
Kalish, D. 906, 909
Kalivoda, G. 743, 753, 1906
Kallimachos aus Kyrene 1911
Kallio, M. 831, 838
Kallmeyer, W. 95, 99, 449, 456, 595, 601, 873, 1287, 1291 f, 1295
Kalseth, K. 2227
Kaltenbach, Th. 2046 f, 2050, 2062
Kaltz, B. 1179, 1181
Kaluza, B. 2015, 2033
Kalužnin, L. A. 1961, 1965
Kalverkämper, H. 1–3, 5–7, 9–19, 21 f, 24 f, 28 f, 31–34, 36, 38–50, 52–55, 57–59, 61, 63–67, 69–71, 73–76, 83, 86–90, 92 f, 99 f, 102, 106, 108 f, 112, 116, 121 f, 131, 133, 139–142, 151, 155 f, 158, 163 f, 167, 172, 177, 180, 192, 195, 197 f, 214, 216–218, 230, 238, 240, 249, 258–263, 266, 283, 288, 304–306, 310, 313–316, 319, 337–341, 356, 358–364, 366–372, 402, 407, 445 f, 456, 460, 463, 466–469, 479, 481, 486 f, 498, 507, 509, 545, 548, 552, 554 f, 561, 564, 567, 577, 582, 584, 587, 595, 601, 625, 632, 640, 646, 648 f, 659, 689 f, 697, 703, 706, 719, 723, 725–727, 729 f, 734 f, 737 f, 741, 745, 753, 759, 761, 763, 770, 791 f, 800–802, 804, 808, 816, 818, 828 f, 833, 839 f, 854 f, 861, 863–865, 888, 895 f, 898, 1002 f, 1013, 1160, 1162, 1172, 1267 f, 1284, 1340, 1362, 1414, 1438, 1499, 1502, 1520, 1535, 1544, 1565, 1570, 1622, 1624, 1627, 1629 f, 1634–1636, 1668, 1693 f, 1701, 1733, 1742 f, 1830, 1833, 1835, 1839, 1844, 1852, 1892, 1896, 1939, 1945, 1974, 2094, 2239, 2244, 2292, 2299, 2302 f, 2450, 2518, 2537, 2539–2541, 2575, 2577, 2579, 2584 f
Kambartel, Fr. 1332
Kamenskaja, O. L. 1535, 1544

Kameyama, S. 701, 708
Kamińska-Szmaj, I. 1556 f
Kaminske, G. 1982, 1989
Kamlah, W. 1330, 1332
Kammerer, M. 1764, 1767, 1830
Kamp, H. 386, 389
Kämpchen, H. 1096 f
Kämper-Jensen, H. 180, 1038, 1099 f, 1104
Kamphausen, A. 1041 f
Kämpke, T. 2228
Kandelaki, T. L. 1532, 1541 f, 1544
Kändler, U. 130, 207
Kanitscheider, B. 333, 335
Kannegießer, S. 76, 86
Kannicht, R. 574, 581–583
Kant, I. 304, 329, 488, 510, 690, 857 f, 865, 884, 911, 1308–1310, 1324, 1326, 1619, 1635, 1670, 1690, 1904, 1922, 1995–1997, 1999, 2002–2004, 2173, 2269, 2423–2425, 2427–2429, 2438–2440
Kantor, I. M. 1475, 1477
von Kantorowicz, H. 279, 282
Kanzog, L. 2044
Kaplaner, K. 1989
Kapp, E. 146, 149
Kapp, V. 311, 318, 1003, 2549
Kapp, W. 319
Kappelhoff, B. 1055
Karam, F. X. 2207, 2214
Karamzin, N. 1706, 1708
Karatas, R. 1764, 1827
Karaulov, Ju. N. 1533, 1544
Karbach, W. 2230, 2237
Karbusicky, V. 1335, 1338 f
Karcsay, S. 1991
Karg-Gasterstädt, E. 2309, 2313, 2316 f, 2331
Karich, A. 477, 481
Karker, A. 1568–1570
Karl der Große 1024
Karl I. 772
Karl VII. 2541
Karl, I. 1853 f, 1882
Karlson, H. J. 177, 180
Karrer, W. 758, 763
Kartschoke, D. 1915, 1924
Karush, W. 1962
Kasack, W. 2037, 2043
Kaser, M. 2289, 2291
Kaširina, M. E. 1758, 1761
Kast, B. 988
Kasten, E. 1901
Kästner, A. G. 2369, 2374 f
Kästner, H. 68, 88, 314, 319, 1093, 1097, 1962
Kastovsky, D. 975, 1482
Katsikas, S. 879
Kaufhold, B. 1334

Kaufmann, A. 522, 528
Kaufmann, E. 282, 673, 1295, 2348
Kaufmann, H. 862, 864 f, 1269
Kaufmann, M. 359, 369
Kaufmann, U. 1569 f, 1763, 1778, 1782, 1785, 1787 f, 1791, 1796, 1812–1814, 1816, 1828 f, 1888, 1890, 1892–1894, 1903
Kaulbach, Fr. 1332
Kaup, N. 649, 659
Kawamoto, Y. 1609
Kay, J. 1620
Kay, M. 926, 941
Kaye, G. W. C. 1956, 1958
Kayser, W. 2037, 2043
Keck, A. 1989
Keck, R. W. 2015, 2033
Keckermann, B. 1919
Keenan, St. 2068–2071, 2084, 2088
Kefer, M. 170, 181
Kehl, E. 748 f
Kehr, B. 1651
Kehr, K. 1648, 1659, 2426, 2428
Kehr, W. 2093
Keidel, Th. 545
Keil, Ch. H. 1920
Keil, G. 68, 74, 85, 88 f, 269–272, 274–276, 301, 317, 319, 321, 348–354, 574, 582, 718, 727, 943, 1672, 1676, 2044, 2349, 2353 f, 2360, 2512, 2518
Keim, W. 1318, 1320
von Keitz, S. V. 2067–2072, 2080, 2082, 2084, 2088 f
von Keitz, W. V. 2067–2072, 2080, 2082, 2084, 2088 f
Kekulé (von Stradonitz), (Fr.) A. 136 f, 140 f, 1249
von Kéler, St. 1943 f
Kelle, B. 808
Kelle, J. 2322, 2329 f, 2332
von Keller, E. 850, 855
Keller, F. 1116, 1119
Keller, H. 1925
Keller, H.-E. 2512, 2518
Keller, J. A. 2014, 2033
Keller, O. 595, 601
Keller, R. 103, 106, 108, 127, 131
Kelly, A. V. 1474 f, 1477
Kelly, R. 772, 782
Kelly, R. S. 1011, 1014
Kels, H. W. 1921
Kelz, H. P. 415, 441 f, 567, 706, 750, 753, 799, 952 f, 1419, 1896
Kemble, J. R. 1753
Kemény, G. 1592
Kemp, T. J. 1950, 1954

Kempcke, G. 500, 504, 1828
Kempf, A. 2115
Kempin, P. 1181
Kempter, F. 233
Kenett, W. 2460
Kennedy, Chr. 966, 969
Kennedy, H. C. 876, 880
Kennedy, R. A. 619, 623
Kennett, W. 2463
Kent, A. 1963, 2087
Kentmann, J. 2398
Kentner, E. 1942, 1945
Kepler, J. 308, 320, 881, 1955, 2359, 2362, 2371−2374, 2376, 2468
Kepplinger, H. M. 587
Ker, N. R. 2452 f, 2457
Kerbrat-Orecchioni, C. 595, 601
de Kerchove, R. 1927
Kerkhoff, W. 2015, 2032
Kerler, R. 1982, 1989
Kern, U. 2370, 2376
Kerner, O. 1962
Kersey, J. 2462−2464
Kertes, R. 1586
Keseling, G. 1122, 1130
Kesting, M. 1900, 2093
Kettle, A. 1485, 1487−1489
Kettmann, G. 275, 1047, 1050 f
Kevles, D. J. 91
van Keymeulen, J. 1572
Khella, K. 2015, 2033
Kielar, B. Z. 1553, 1557
von Kienle, R. 295
Kieras, D. E. 893, 898
Kierkegaard, S. 1323, 1332 f
Kiewisch, S. 2349, 2353
Kiger, J. I. 939, 941
Kigyóssy, E. 1591
Killer, W. K. 1844, 1850
Killy, W. 862, 864, 1901, 2037, 2042 f
Kimpel, D. 317, 887, 2428 f, 2439 f
Kindler, H. 1076
Kindt, W. 635, 648, 670, 673, 743, 753
King, A. 1430, 1437
King, B. 1949, 1953
King, J. C. 2320, 2322, 2328−2330, 2332
King, R. 1462, 1465
Kintsch, W. 251, 259, 264, 447, 456
Kircher, A. 1919, 2468
Kirchhof, P. 1287, 1290 f, 1295
Kirchhoff, G. R. 1166, 1173
Kirchmeyer, S. 43, 368, 854 f
Kirchner, H. 2093
Kirchner, J. 2064 f, 2067 f, 2070−2077, 2084 f, 2089, 2093, 2548 f

Kirchschläger, R. 743
Kirchstein, S. 283
Kirk, D. N. 1949, 1952
Kirk, G. S. 2261, 2269
Kirk, R. E. 1950, 1953
Kirkness, A. 783, 858, 865, 881 f, 886 f, 1130, 1669 f, 1676, 1765, 1830, 2426, 2428
Kirkpatrick, B. 1765, 1830
Kirkpatrick, D. 1450 f
Kirkwood, H. W. 256, 266
Kirnbauer, F. 1931, 1936, 2377, 2382
Kirnberger, J. Ph. 2009
Kirschstein, B. 2522, 2528 f
Kirsten, H. 1437
Kis, Á. 1592
Kisakürek, V. 1247, 1259, 1946, 1953
Kisch, G. 1905
Kiselman, Chr. 877, 880
Kißig, B. 1181
Kittel, G. 2285
Kittredge, R. 119, 123, 131, 191 f, 197−199, 212, 218, 563, 565−567
Kiygi, O. N. 1987, 1992
Kjær, A. L. 1566, 1570, 1905
Klaassen, J. 1576, 1578
Klaften, B. 1965
Klamer, A. 1468, 1472
Klanser, R. 459
Klappenbach, R. 500, 504, 534, 539, 679, 688, 1998, 2003
Klapperstück, J. 1944
Klaproth, M. H. 1948, 1953
Klár, J. 1586, 1592
Klare, G. R. 889 f, 898
Klare, J. 87, 319, 2538, 2540 f
Klasson, K. 441 f, 1405 f, 1413
Klauke, M. 553, 555, 651, 659
Klaus, G. 632, 685, 687 f, 736, 753, 1998, 2003
Klaus, H. 1986, 1993
Klauser, R. 467, 478, 481, 1357, 1362, 1411, 1413, 1484 f, 1489
Kleeberg, W. 1051, 1055
Kleiber, B. A. 1987, 1993
Kleiber, G. 129, 131
Kleiber, W. 1061−1063, 1086−1089, 1091 f, 2427 f
Klein, A. 72, 89
Klein, B. 1185, 1187
Klein, E. 855, 950, 953, 1304
Klein, F. 1960
Klein, H.-W. 319, 827
Klein, J. 107 f, 673, 698, 706, 743, 746, 748, 752−754, 756, 1369, 1373, 1381
Klein, J. Th. 1921
Klein, Kl.-P. 51, 58, 740, 753
Klein, L. S. 2037, 2043

Klein, W. 124, 131, 182−187, 189, 224, 228, 865, 2044
Klein, W. P. 1725 f, 1740, 1742, 1903 f, 1917, 1919 f, 1924
Kleine, G. 252, 260, 266, 479, 481
Kleineidam, H. 818, 827
Kleinen, G. 1335, 1339
Kleinert, H. 2013 f, 2033
Kleinert, J. 729, 734
Kleinert, S. 726
Kleining, G. 741, 753
Kleinknecht, H. 2279, 2285
Kleinlein, J. 1173, 1175, 1181
Kleinschmidt, E. 952 f
Kleinveld, C. 1576, 1578
Kleist, H. 587, 2037, 2043
Klemens = Clemens
Klemensiewicz, Z. 1553 f, 1557
Klemm, E. 1338
Klemm, Fr. 2565 f, 2575
Klemm, I. 2037, 2043
Klemperer, V. 1401
Klenner, H. 735
Klenz, H. 169, 180, 677 f, 1028, 1030, 1036, 1038, 1100, 1104, 2548
Kleon 2294
Klesney, S. P. 1947, 1951, 1953
Kletschke, H. 2312, 2317
von Kletten, G. E. 1920
Kliemt, H. 1284
Klijn, J. M. 34, 47
Klima, R. 1400
Klimovickij, J. A. 347
Klimsch Ⓡ 2542, 2544, 2548
Klimzo, B. N. 557, 562
Klingberg, Kl. D. 2047, 2057 f, 2062
Klinger, H. 293
Klinkenberg, H. M. 270, 276
Klix, Fr. 17, 22, 251, 688, 1191
Klockow, R. 83, 89
Kloepfer, R. 575, 582, 783
Klöpper, H. 1993
Klopstock, Fr. G. 883
Klos, J. 2049, 2053, 2055, 2063
Kloska, H. 1835 f, 1838 f, 1852
Kloss, H. 219 f, 222 f, 228
Kluge, Fr. 169, 180, 205, 690, 706, 1212 f, 1216, 1928, 2037, 2043
Klügel, G. S. 1923
Klüpper, H. 1987
Klusáková, L. 1987, 1993
Klusen, E. 1028, 1038
Klute, W. 121, 131 f, 157 f, 160 f, 166 f, 190, 198, 687, 950, 957, 960, 1363, 1369
Kluth, R. 2064, 2093
Kmita, J. 1554, 1557
Knabe, P.-E. 2565, 2568, 2575
Knape, J. 2412, 2418

Knapp, K. 828−830, 832−835, 837, 839, 848f, 852, 855
Knapp-Potthoff, A. 852, 855, 970−972, 974
Knapstein, F.-J. 610
Kneale, M. 900, 909
Kneale, W. 900, 909
Knechtges, S. 2068, 2070−2073, 2080, 2083f, 2089
Knerr, R. 1963
Freiherr von Knigge, A. 305, 714, 729, 735
Knight, M. A. 620, 623
Knjažnin, Ja. 1705
Knobloch, Cl. 368, 444, 448, 453, 456, 688, 710, 860, 865, 1173, 1346, 1352−1354, 1483
Knobloch, E. 2369f, 2376
Knobloch, J. 294f
Knoche, M. 2064, 2093
Knoop, U. 238, 860, 865, 1091, 1131, 1352−1354
Knorr, D. 218, 735
Knorr-Cetina, K. 8, 135, 140, 496, 498f
Knörrich, O. 2037, 2043
Knorz, G. 2221, 2228
Knowles, F. E. 1890, 1892, 1896
Knowlson, J. 2468
Knüfer, C. 2439f
Knust, Th. A. 316
Knuth, D. E. 926, 941
Köbel, J. 2370, 2376
von Kobell, F. 1429
Köbler, G. 1393, 1401, 2308, 2313f, 2317, 2323, 2331f, 2427
Köbler, K. 803, 808
Köbler, W. 2428
Koch, F. 2015, 2033
Koch, H. 587; 1101, 1104
Koch, H. Chr. 2009f
Koch, H. P. 1271, 1277
Koch, H.-A. 839
Koch, H.-J. 1295
Koch, M. 1931, 1936
Koch, P. 69, 79, 89, 123, 132, 1989, 2303, 2518, 2530, 2537
Koch, R. 377
Koch, W. A. 1339
Kochan, B. 2033
Kochan, D. C. 207
Kock, Th. 2298
Köck, P. 2014, 2033
Kocka, J. 13f, 22
Kocourek, R. 137, 140, 194, 198, 250, 252, 254, 259, 266, 346, 347, 418, 421−424, 427, 567, 773, 782, 798, 800, 1491, 1493, 1498f, 1502, 2570, 2575
Koenigsberg, R. 1458
Koeppen, W. 1339

Koepper, G. 1983, 1989
Koerfer, A. 211, 218
Koerner, E. F. K. 456, 1343f, 1346, 1354, 1741, 1906, 2470
Koglin, W. 1951, 1953
Kohl, H. 752f
Köhler, C. 146, 149, 195, 198, 423, 427, 553, 556, 732, 735, 745, 753, 1219, 1221
Köhler, E. 69, 89, 1620, 1627, 1632, 1635, 2519
Köhler, H. J. 1298, 1304
Kohlrausch, Fr. W. G. 1172f
Kohls, S. 993
Kohlschmidt, W. 2044
Kohn, K. 971, 974, 1744, 1752
Kohnert, H. 1077
Köhring, K. H. 970, 972, 974, 2015, 2034
Kohrt, M. 438, 442
Kohut, K. 317
Koj, L. 1553
Kolaitis, M. 1965
Kolb, A. 2542, 2548
Kolb, H. 320, 668, 673, 675, 755, 870, 873, 2311, 2315, 2317f, 2360
Kölber, G. 2309
Kolber, J. 1931, 1936
Kolendo, J. 2303
Kolin, Ph. 1457f
Kolleritzsch, O. 1338f
Kollesch, J. 2277
Kolmsee, K. 991f
Kolodziej, V. 664, 666, 673
Kolschanski, G. W. 375, 377
Kolumbus, Chr. 302, 316
Komenský, J. A. 575
Komoll, D. 1163
Komorn, J. 1496, 1501
Kondakow, N. I. 902, 909
Kondrašov, N. A. 131
Kondratovič, K. 1705
Konerding, K.-P. 17, 22, 1830
König, B. 1278, 1284
König, F. 1099
König, R. 156, 180, 239, 696, 706
König, W. 396
Königschlacher, P. 1916, 2356
Konopacki, S. A. 2412, 2418
Konovalova, E. D. 1414, 1419
Konrad von Megenberg 271, 275, 349, 351, 353f, 1916, 1923−1925, 2334, 2337, 2340, 2354−2361
Konstantin der Große (= Constantinus I.) 2290
Konstantinos VII. Porphyrogennetos 2296
Koole, T. 700, 706
Koop, W. 113, 116
Kopecký, L. V. 205, 338

Kopernikus, N. 308, 314, 316, 320, 2450
Kopf, M. 2380, 2382
Kopp, B. 2046f, 2053, 2056f, 2062
Köpp, C. F. 1484, 1489
Kopp, F. 664, 671, 673
Köppe, I. 273, 276
Köppel, A. 45, 57, 371
Koppelmann, U. 761, 763, 1205, 1207
Köppen, U. 86
Kopperschmidt, J. 511f, 517, 740, 753
Köpping, W. 1096f
Kordes, H. 972, 974
Kordos, M. 1963
Koreimann, D. S. 2047, 2062
Korhammer, M. 2457f
Korherr, E. J. 2034
Korhonen, M. 1579, 1584
Korlén, G. 349
Korman, H. 1450f
Korn, Gr. A. 1961, 1963
Korn, K. 668, 673, 869f, 873, 1401
Korn, M. 389, 576f, 581f
Korn, Th. M. 1961, 1963
Körner, E. 1208, 1211
Körner, K.-H. 1352, 1354
Korp, D. 1159
Korpiun, Chr. A. 101, 104, 108
Körting, S. 2061
Koschaker, P. 2291
Koschmieder, E. 2176, 2182
Koschnick, W. J. 1982, 1986, 1989, 1993
Koselleck, R. 7, 20, 22, 51, 58, 282, 301, 319, 321, 1037, 1904
Koskela, M. 36, 45
Koskensalo, A. 805, 808
Kösler, B. 889, 895, 898
Kosovskij, B. J. 190, 198
Koß, A. 1284
Kössel, H. 1944
Kossmann, B. 1647, 1659, 1922, 1924
Köster, H. M. G. 1923
Köstlin, K. 1295
Kostogryz, N. M. 1414, 1419
Kotarbiński, T. 1553
Köthe, R. 2046, 2050, 2057, 2062
Kotjurova, M. P. 1535, 1544
Kotler, Ph. 758, 763
Kotov, R. G. 1535, 1544
Kotschi, Th. 513, 516
Köttelwesch, C. 2063, 2093
Kotz, S. 1965
Kotzenberg, H. W. A. 1986, 1993
Koutny, I. 880

Kovács, F. 1592
Kovalovszky, M. 1586, 1592
Kovařík, M. 1980, 1993
Kovtunova, I. I. 256, 266, 419, 427, 474, 481, 1538, 1544
Kovtyk, B. 734
Kowalski, H. 2126, 2138
Kowlson, J. 2471
Koyama, K. 1462, 1465
Kozdon, B. 2015, 2034
Kozdrój-Weigel, M. 1935
Kožina, M. N. 137, 140, 198, 201, 207, 1532−1534, 1542, 1544
Krackow, E. 1130
Krafft, Fr. 2, 7, 22, 308 f, 320 f, 2409
Krafft, U. 709
Kraft, W. Ph. 649, 659
Krahl, G. 1610 f, 1613, 1616 f
Krämer, F. 1077
Krämer, H. 539
Kramer, H. A. 1232
Kramer, J. 1520, 2518 f, 2575
Krämer, J. 1068, 1144
Kramer, K.-S. 1295
Kramer, M. 2412, 2418
Krämer, M. 253, 266
Kramer, W. 855, 1130
Krampen, M. 90
Krampitz, G.-A. 966, 969, 993
Krantz, M. 2541
Kranz, B. 519, 521
Kranz, W. 2262, 2264 f
Kranzmayer, E. 1144, 1660
Krapf, V. 331, 335
Krates von Mallos 2256
Krattenmacher, R. 2060
Kratylos 65, 2255, 2266 f
Krauch, H. 1245, 1259, 1947, 1953
Krause, F. 1193, 1201
Krause, H. 2427 f
Krause, J. 935, 941, 948, 953, 1175 f, 1181
Krause, K. Chr. Fr. 883
Krause, K. E. H. 2377, 2382
Krause, M. U. 891, 893 f, 898, 1007, 1010 f, 1013
Krauß, H. 1635
Krauss, W. 1624, 1635, 2441, 2451, 2579, 2585
Krauß-Leichert, U. 2093
Kräutermann, V. = Hellwig, Chr. 1920
Krebs, F. 1028, 1038, 1065, 1068
Krechberger, K. 1077
Krefeld, Th. 71 f, 89, 311, 320, 529, 533, 788, 791, 1500, 1502, 2586, 2589, 2591 f
Kreft, D. 2015, 2034
Kreiser, L. 906, 909

Kreitsch, O. 235, 239
Kremer, D. 827 f, 1909
Kremer, J. 2549
Kremer, K. 1381
Krenz, E. 752
Kress, H.-J. 2295, 2303
Kresse, W. 1982, 1989
Kresta, R. 1412 f
Kretschmer, G. 1381
Kretschmer, P. 1030, 1038
Kretzenbacher, H. L. 22, 24, 42, 45, 47, 51−55, 58 f, 61, 89, 92, 105, 108, 133−138, 140 f, 153, 156, 234, 254, 266, 334, 371 f, 396, 398, 401, 483 f, 487, 493−496, 499, 552, 556, 695, 699 f, 704, 706, 709, 724, 727, 799 f, 808 f, 859, 861, 863−865, 1483, 1946, 1953, 2440
Kretzschmar, H. 1337, 1339
Kreuder, H.-D. 1906 f
Kreuzer, H. 7, 13, 21 f, 44, 57, 88, 107−109, 138, 141, 207, 354, 370, 456, 587, 691, 706, 717, 726 f, 860, 865, 1647, 1659
Kriatsoulis, A. 1259
Kriechel, H. 2089
Krieck, E. 1315, 1320
Krieg, K. 1844, 1852
Krieg, W. 2064 f, 2093
Krieger, H. 2103, 2107
Krings, H. P. 12, 22, 45, 54, 58, 75−77, 85, 89, 361, 367, 371, 896−898, 1004, 1011−1014, 1163, 1395, 1400 f, 1998, 2003, 2182, 2222, 2228
Kristeller, P. O. 313, 320
Kristensen, B. 1569 f
Kristeva, J. 55, 602, 609
Kriton 65
Kritz, J. 1353 f, 1787, 1816, 1828
Kroder, J. 2034
Kroeber-Riel, W. 759, 763
Kroeschell, K. 278, 282, 661, 673, 2318 f, 2332
Krogh-Hansen, N. 1570, 1895
Kromann, H.-P. 1564 f, 1570, 1854, 1882, 1891, 1896, 1909
Krommer-Benz, M. 981, 1725, 1734, 1740, 2123, 2180, 2182, 2250, 2253 f
Kromrey, H. 239
Kronauer, U. 1905
Krope, P. 520 f
Kropff, H. F. J. 1982, 1989
Kropfitsch, L. 1611, 1618
Krstic, R. V. 1970, 1974
Krug, K. 185, 1182, 1187
Krüger, A. 1104, 2214
Krüger, D. 1654, 1659

Krüger, F. 2303
Krüger, K. 1045 f
Krüger, S. 1207, 1211
Krüger-Wirrer, G. 1635
Kruker, R. 1111, 1114
Krumm, H.-J. 965, 987 f, 991 f
Krummacher, H.-H. 1647, 1924
Krünitz, J. G. 1173, 1922 f, 1978, 1984 f, 1989, 2427, 2428
Krup-Ebert, A. 839
Krupp, M. 22
Kruse, B.-J. 351
Kruse, O. 496, 499
Kruševskij, N. V. 1352
Krust, H.-J. 317
Krützfeldt, W. 1339
Krylov, I. A. 1706, 1708
Kryt, D. 1951, 1953
Kubicek, H. 1181
Kübler, G. 1892, 1901
Kübler, H.-D. 2090
Kubsch, G. 664, 673
Kučera, A. 1777, 1828, 1892, 1896, 1907
Kuchar, J. 46, 91, 866
Kuczynski, M. 2585
Kuen, H. 295, 2528
Kuenkamp, A. 700, 706
von Kügelgen, R. 697, 706
Kuhlen, R. 494, 499
Kühlwein, W. 262, 266, 268, 601, 671, 987, 1881 f
Kuhn, B. 77, 89
Kuhn, E. D. 1404, 1411, 1413
Kuhn, F. 740, 753
Kühn, G. 685, 687, 767
Kuhn, H. 348, 353; 2089
Kühn, H. A. 650, 658 f, 1036, 1038, 1101, 1103 f
Kühn, K. G. 2276
Kuhn, M. 1989
Kühn, P. 743, 752 f, 887, 1130, 1676, 1726−1728, 1741 f, 1761 f, 1811, 1829, 1939, 1945, 1975 f, 1987, 1995, 2003, 2416, 2418
Kuhn, Th. S. 8, 13, 22, 135 f, 141, 239, 355, 359 f, 916 f, 921, 1637, 1647
Kühnel, R. 1611, 1614, 1616 f
Kühnert, F. 5, 22, 2260
Kükelhaus, H. 1077
Kukkonen, P. 1558, 1563
Kukulska-Hulme, A. 1753
Kulebakin, V. S. 344, 347
Kulhanek, M. 1987, 1993
Kullmann, W. 89 f, 92
Kümmel, R. 1974
Kummer, W. 239
Kummert, M. 1986, 1993
Kunath, J. 254, 266, 420, 427, 1539, 1544
Küng, H. 1312

Kung Fu Ng 1965
Künsemüller, F. A. 2042
Freiherr von Künßberg, E. 279, 281 f, 2309, 2317
Kuntz, H. 146, 149, 164, 167, 195, 198, 254, 266, 420, 427
Kuntze, J. 545
Kunz, F. 2093
Kunz, R. 1083, 1115, 1120
Kunz, W. 1245, 1259, 1947, 1953
Kunze, H. 2064, 2066–2068, 2070–2073, 2075 f, 2084–2086, 2089, 2093
Kunze, J. 1284, 1974
Kunze, K. 239, 1062, 1091
Kunze, St. 1337, 1339
Küppers, B.-O. 920 f
Küppers, H.-G. 1394, 1401
Kurbakov, K. I. 1535, 1544
Kurella, E. G. 1920
Kurke, H. 1230
Kurkowska, H. 1553, 1557
Kürschner, H. 86
Kurson, D. 614, 617
Kurth, Fr. 1201
Kurth, H. 1732
Kurz, G. 22, 90
Kurz, J. J. 1651, 1659
Kurzawa ® 1982, 1989
Kurzmann, A. 1092
Kusche, B. 349
Kußmaul, P. 553, 556, 786, 791, 1487
von Kutschera, F. 459, 467
Kutschke, E. 1657, 1659
Kuttner, M. 782
Kuusi, M. 1585
Kuznecov, S. 879, 880
Kuznecov, S. A. 1715, 1721
Kvale, St. 521
Kvaran, G. 1895, 1901
Kyber, D. 1918, 2395
Kyeser, C. 1846, 1850
Kyriatsoulis, A. 1245, 1947, 1954
Kytö, M. 2511

L

Laabs, H.-J. 2014, 2034
von der Laake, M. 156, 791
Laaksovirta, T. H. 2243 f
Laalo, K. 1584
Labarre, E. J. 2068, 2089
Labeo, N. 2332
Labis, V. 1753
Labov, W. 185, 187, 189, 233 f, 239
Laby, T. H. 1957 f
Abbé de La Caille, N. L. 2565
Lacan, J. 1492, 1494

Comte de Lacépède, B. G. É. de la Ville 2566
Lachand, M. 252, 266
Laches 65
Lachmann, R. 77, 87, 602, 610, 758, 763
Lachner, J. 2033
Lacombes, M. 2009
Lactantius, L. C. T. 2278
Ladenburg, A. 1948, 1953
Ladendorf, H. 320
Ladnar, U. 157, 166 f
Ladrière, J. 2573
Ladurner-Parthanes, M. 1091
Laertius, D. 2267
de La Fontaine, J. 1620
Lagane, R. 1850
de Lagarde, P. 2308
de Lagrange, J. L. 1232
Laing, J. 2043
Laisiepen, K. 2221, 2228 f
Lakatos, I. 8, 355, 359 f
Lakoff, G. 147–149, 436, 438, 694, 706
Lalouschek, J. 687 f
Chevalier de Lamarck, J.-B. de Monet 774, 1261, 1264, 2566, 2570, 2573, 2575
Marquise de Lambert, A. Th. de Marguenat de Courcelles 2552, 2554, 2558, 2560
Lambert, J. H. 325 f, 883, 2375, 2430, 2436–2440
Lambert, M. R. 1935
Lambertz, Th. 1398, 1401
Lambrecht, K. 614, 617
La Métherie, J. Cl. 2484
de La Mettrie, J. O. 2577
Lämmert, E. 51 f, 58, 2044
de La Mothe Le Vayer, Fr. 2541
de La Mottraye, A. 772
Lampe, M. 261, 266, 477, 481
Lampert, St. 1702
Lamping, D. 1360, 1362
Lamprecht, K. 1091
Lancelot, C. 2540
Lancour, H. 2087
Lanctôt, F. 1753
Landau, E. 1222, 1231
Landau, S. I. 1682, 1684
Landau, Th. 2068, 2070 f, 2084, 2089
Landolt, H. H. 1950, 1955, 1957 f
Landsch, M. 391, 396
Landwehr, K. 2317
Lang, A. 879 f
Lang, E. 453, 456, 698, 706, 1907
Lang, Fr. 47, 54, 56, 368, 678, 768, 770, 1831, 1897, 1899, 2164, 2221

Langbehn, A. J. 1315 f, 1320
Langbein, K. 1973 f
Lange, B. 741, 753
Lange, R. 1410, 1412 f
Lange, W.-D. 1492, 1502, 2042 f
Langen, A. 2421, 2428
Langen, E. 1155
Langenbacher, J. 780, 782
Langer, G. 1659
Langer, I. 402, 407, 630, 632, 890–892, 898, 1008
Langer, J. 1009, 1013
Langer, M. 478, 481
Langfeldt, J. 2063 f, 2093
Langguth, K. Th. 1986, 1993
Langhammer, O. 1935 f
Langhans, H. 2042
Langheld, D. 954
Langholf, V. 2272, 2276
Langosch, K. 354, 2044
Langslow, D. 2275, 2276
Lanham, R. A. 2037, 2043
von Lannoy, Fr. 2009
Lansford, E. M. 1950, 1954
Lanz, K. 1988
Lapenna, I. 875, 880
Lapidge, M. 2452, 2457 f
Laplace, P. S. 1225 f, 1228, 1232
Laplanche, J. 632
Lapp, E. 2082, 2088
Lapteva, O. A. 256, 266
Lara, L. F. 1514 f, 1521, 1892, 1896
Larenz, K. 522, 528, 804, 2592
Large, J. A. 794, 800, 831, 2468, 2471
Larin, B. A. 1707
Lariochina, N. M. 253 f, 266, 418, 423, 427, 1537, 1544
Duc de La Rochefoucauld, Fr. 2566
Larousse, P. 1686, 1700
Larroca i Martí, L. 1526
Larsch, A. 349
Larsen, P. H. 1564, 1570
Lasch, A. 353, 1020, 1038
Lasserre, F. 2277
Lässl, L. 1936
Last, R. 1754
Laszlo, B. 1256, 1259, 1492, 1502, 1946, 1952
Lathuillère, R. 2575
Latini, B. 1916, 1925
Latniak, E. 741, 751, 753, 755
Latour, B. S. 701, 706
Latte, K. 2277, 2282, 2285
Lattimore, R. 2279, 2285
Lau, H.-H. 573
Laudel, H. 1991
Laue, T. 1947, 1953
Lauer, B. 334 f

Lauer, I.-A. 478, 481
Laufang, Z. 2092
Laufer, R. 1752
Lauffer, H. 675, 1906, 2318
Laufs, A. 1905
Laugwitz, D. 1964
Laurén, Chr. 34, 46, 50, 58, 216, 344, 347, 389, 487 f, 547, 556, 705, 808, 997, 1414, 1482, 1559−1563, 1579, 1896, 1584 f, 2147, 2149, 2178, 2180, 2182, 2237
Laurent, A. 1658
Laurent, J. 778, 782
Lauretus, H. 1917
Laurian, A. 774 f
Lauridsen, O. 1565
Lauriston, A. 2104, 2107
Laursen, A.-L. 1825, 1829, 1881, 1885, 1888, 1892, 1894, 1908
Lausberg, H. 70, 77, 89, 724, 727, 1355, 1362, 2037, 2043, 2258, 2260
Lautensack, H. 2369, 2376
Lauterborn, R. 1062
Lautmann, R. 1400
Laux, E. 661, 673
Laux, L. 769, 771
de Lavoisier, A. L. 242, 325 f, 1242, 1628, 1658, 1692, 1921, 1953, 2207, 2480, 2483−2485, 2561−2566, 2568 f, 2571 f, 2575, 2577, 2579−2581
Lavric, E. 970−975, 1493, 1502
Law, V. 2495, 2502
Lawrence, E. O. 1242
Lawton, D. 1477
Lazarus, M. 1346
Lazzioli, C. 1986, 1993
Leavers, G. 1466
Leavis, F. R. 7
LeBaillif de la Rivière, R. 2366, 2368
Le Bé, G. 2545, 2549
Lebedev, S. A. 1965
Le Bel, J. A. 1249
Le Bon, G. 774
Lebrun, P. D. É. 2567
Lebsanft, Fr. 1520 f
Lechner, Br. 2063
Leclerc, G.-L. 1637
Lecouteaux, Cl. 1920, 1924
Lecoy, F. 1687, 2519
Ledermann, Fr. 1277
Leduc, L. 2152
Lee, K. Ch. 1407, 1413
Lee, W. 477, 481
Leech, G. 1443 f, 2502, 2509, 2511
Leech, G. N. 256, 266
Leers, J. D. 1921
van Leersum, E. C. 349

Leese, J. 729, 735
Lefèvre d'Étaples, J. = Faber Stapulensis 313
Lefébvre, H. 85
Legat, R. 2226, 2228
Léger, J.-M. 821, 827
Legge, M. D. 2514, 2518
Legner, W. K. 2320, 2323, 2331
Legutke, M. 968 f
Lehfeldt, W. 88, 370
Lehmann, D. 1882
Lehmann, E. H. 1647, 1659, 1923 f
Lehmann, F. 2015, 2032
Lehmann, G. 1935 f
Lehmann, H. 239
Lehmann, J. 2037, 2043
Lehmann, U. 1942, 1944
Lehnert, M. 767−770
Lehr, A. 1764, 1830, 2063
Lehrberger, J. 119, 123, 131, 191 f, 198 f, 212, 218, 563, 567
Lehrndorfer, A. 895, 898, 1005, 1013
Leiber, B. 1279, 1281, 1284, 1969, 1974
Freiherr von Leibniz, G. W. 14, 79, 155 f, 311, 324−327, 856, 865, 876, 882, 900, 910, 1022, 1038, 1120, 1130, 1229, 1321, 1326, 2207, 2411−2413, 2415−2418, 2421−2427, 2429−2433, 2439 f, 2445, 2451, 2468
Leicher, E. 1987, 1993
Leichtentritt, H. 1336, 1339
Leigh, G. J. 1947, 1953
Leino, P. 1584
Leipold, I. 726
Leisi, E. 1860, 1882, 2470 f
Leistner, O. 2071, 2089
Lemaire de Belges, J. 314
Lemaire, J. 827
Lemberg, I. 282, 1893, 1905 f, 2421, 2426, 2428
Lembke, P. 2390 f
Lémery, N. 1921, 2480 f
Lemmer, B. 1277
Lemmer, M. 1036
Lencker, H. 2376
Lenders, W. 238, 1896
Le Néal, J. 2104, 2107
Lengenfelder, H. 1725, 1741, 1987, 2063, 2093
Lenh, R. 1956
Lenin, W. I. 1714
Lenk, H. 21 f, 1010, 1013
Lenk, R. 1957
Lenke, N. 938, 941
Lennartz, A. 496, 499
Lenoch, H. 2158, 2164
Lenoir, J. J. É. 1155

Lenstrup, R. 1896, 1908
Lentner, J. G. 1107 f, 1110
Lenz, Fr. 55, 58, 98 f, 361, 371, 550 f, 556, 649, 659, 701, 706, 744, 753, 1411, 1413
Lenz, I. 660
Lenz, W. 1647, 1659, 1668
Lenzen, D. 1319 f, 1900, 2014 f, 2033 f, 2036
Lenzen, W. 905, 909
Leo I. 2284
de León, L. 313
Leonardo da Vinci 75, 85, 87, 303, 306, 309 f, 312, 314−320, 322, 720, 1620
Leong, C. 2068−2071, 2084, 2089
Leonhard, H. 239
Leonhardi, J. G. 1921, 1948, 1953
Leoniceno, N. 2362
Leont'ev, A. A. 256, 266, 680, 688
Leont'ev, A. N. 680, 688
Lepage, Th. 1896, 2570, 2575
Lepape, P. 1621, 1635
Lepechin, I. 1705
Lepenies, W. 3, 7, 13, 19, 22, 74, 89, 138, 141, 320, 333, 335, 724, 727, 860, 865, 1268, 1363, 1369, 1635
Lepenius, W. 308
Lepreux, G. 2542, 2549
Lerat, P. 529, 533, 1491, 1502
Lerche, M. R. 1986, 1993
Lerchenmüller, J. 863, 865
Lerner, R. G. 1955, 1958
Le Roy Ladurie, E. 2293, 2303
Lervad, S. 2241, 2244
Lescallier, D. 1927, 1930
Leschak, U. 322
Leser, E. 2419, 2421, 2429
Leser, H. 1942, 1944
Lesk, M. 1451
Leskien, A. 1341, 1344, 1354
Lesky, A. 64, 71, 89
Lesle, L. 1338 f
Leslie, M. 2465, 2471
Leśniewski, S. 1553
Leso, F. 1513
Less, E. 869, 874
Lessing, G. E. 318, 720
Lessing, H. 2226, 2228
Lesskis, G. A. 417, 423, 427
Lethuillier, J. 1495, 1502
Letze, O. 318
Leube, K. 1761 f
Leuchs, J. M. 1979 f, 1989
Leupold, J. 1917
Leuthey, F. L. 877 f
Levelt, W. J. M. 239
Levesque, M. 2003
Levi-Civita, T. 1225

Levin, J. R. 554, 556
Levinson, St. C. 211, 216
Lévi-Strauss, Cl. 85, 1492
Levy, A. 915, 921
Levy, H. 338, 341, 850, 855
Lewalle, P. 1746, 2180, 2182
Lewandowski, Th. 133, 156
Lewicki, A. M. 1556, 1557
Lewis, B. 1611, 1617
Lewis, C. S. 1462, 1465
Lewis, Cl. H. 939, 941
Lewis, Cl. I. 904, 909
Lewis, D. 106, 108
Lewis, R. J. 1949, 1953 f
Lexer, M. 1036, 2037, 2043
Ley, Kl. 318, 720, 727
Leyh, G. 2063 f, 2094
Li Yunhan 1600
Liang Yong 1178 f, 1181, 1600
Libanios von Antiocheia 2283
Libavius, A. 2480
Libbert, E. 1941, 1943
Lichtenstein, G. R. 1933, 1936
Lie, O. S. H. 352 f
Liebaug, Br. 1904
Liebaug-Dartmann, H. 1904
Liebe, E. 952, 993
von Liebenau, Th. 1115, 1120
Liebert, W.-A. 52, 58, 76, 89
Liebertz-Grün, U. 90
Lieberwirth, R. 2348
von Liebig, J. 547, 1236, 1670, 1948, 1953
Liebknecht, W. 1332
Liebl, E. 1114
Liebmann, O. 1324, 1333
Liebs, D. 67, 86 f, 89
Liebscher, W. 1259, 1947, 1951, 1953
Liechtenauer, J. 181
Lied, R. 1441, 1444
Liedke, M. 665, 673
Liedtke, Fr. 750, 753, 1368 f, 1381, 1390
Liefländer-Koistinen, L. 83, 91
Lieko, A. 1584
Lielscher, H. 632
Lienert, G. A. 829, 834, 838 f
Lienhard, S. 89
Lienhart, H. 1062, 1134, 1144
Lieser, K. H. 1240, 1259
Liessmann, K. 1989
Ligomenides, P. A. 940
Liinamaa, M. 1580, 1584
Lill, M. 1277
Lilly, J. = Lyly, J.
Lily, W. 2496, 2502
Lin, Li 1600
Linacre, Th. 2473, 2475
Lindberg, D. C. 1915, 1924
Linde, O. K. 1277
Lindeberg, A.-Ch. 699, 706
Lindemann, M. 1907

Lindemans, J. 1572, 1578
Lindemans, P. 1578
Lindgren, A. 349, 353
Lindgren, U. 270, 276
Lindh, B. 2112
von Lindheim, B. 2453, 2458
Lindholm, R. 567
Lindner, A. 1284
Lindner, G. A. 2034
Lindner, K. 174, 180, 272, 274, 276, 349, 353, 1107, 1110, 2358, 2360, 2387, 2389—2392
Lindon, R. 529, 533
Lindsay, W. M. 2278, 2337, 2340, 2410, 2458
Lindstromberg, S. C. 1835, 1852
Line, M. 2093
Linhart, H. 665 f, 669, 674
Link, E. 886 f, 1734, 1742, 1893, 1897
Link, J. 104, 106, 108, 1361, 2038, 2043
Link-Heer, U. 335
Linke 410
Linke, A. 327, 335
Linnaeus, C. = von Linné, C.
von Linné, C. 16, 241 f, 1022, 1038, 1261, 1268, 1363 f, 1367, 1424, 1452, 1558, 1562, 1580, 1635, 1639, 1641, 1673, 1921, 2144, 2402, 2404, 2406, 2409 f, 2482, 2563, 2566, 2568, 2579
Linnemann, V. 935, 941
Linnert, P. 1982, 1990
Lins, U. 875, 880
Linse, D. 2049, 2052, 2055—2057, 2062
Linsenmaier, A. 1702
Linster, M. 2230, 2237
Lippert, H. 494—496, 498 f, 804, 808, 826 f, 832, 835, 839, 1278—1280, 1284, 1902, 1966, 1968, 1971, 1974 f
Lippert-Burmester, W. 1968—1970, 1974
Lippmann, E. O. V. 2367 f
Lipski, F. 1935 f
Lisch, R. 1353 f, 1787, 1816, 1828
Liskov, B. 924, 941
List, P. 113, 116
Litowitz, B. 706
Little, A. G. 2479, 2485
Littmann, G. 254, 266, 421, 427
Littré, É. 1176, 1686, 1700, 2574
Litty, J. 1702
Liu Shing-I. 1987, 1993
Liu Xiaorong 2254
Liu Yongdong 557, 562, 576 f, 582

Liu Zhengtan 1600
Liver, R. 318
Livesey, R. 1991
Livingstone, E. 1465
Livius Andronicus aus Tarent 2256
Lloyd, N. 1922
Loades, A. 1466
Lobatsch, E. 1230, 1962
Löbe, W. 1978, 1990
Lobeck, K. 1120
Löbel, G. 2062
Löbel, R. G. 1923
Lochner, R. 1316, 1320
Lock, S. P. 1452, 1459
Locke, J. 728, 735, 1627, 1636, 2416, 2419, 2430 f, 2433, 2463, 2470, 2576, 2579
Locke, L. F. 623
Locke, Ph. 2499, 2501
Lodewick, Fr. 2468, 2471
Loé, H. Th. 2034
Loeb, H. M. 1451
Loeber, E. G. 2089
Loebner, H. G. 938, 941
Loening, K. L. 1899, 2182 f
Löffler, G. 1091
Löffler, H. 131, 716, 808, 1062, 1091, 2072
Löffler, K. 2064, 2067, 2074, 2076, 2089, 2549
Loffler-Laurian, A.-M. 51, 58, 1494, 1502, 1506, 1513
Lohff, B. 1284
Lohmeyer, J. 12, 22, 1010, 1013
Lohner, M. 86
Löhneyß, G. E. 1932, 1936
Lohse, H. 2061
Lohwater, A. J. 1965
Lois, E. 1726, 1742
Lommatzsch, E. 2512, 2514, 2519, 2522, 2529
von Lommel, E. 1955, 1958
Lommel, H. 91
Lomonosov, M. V. 197, 1705
Long, A. A. 2265 f, 2269
de Longiano, F. 323
Longolius, J. D. 2411, 2419
Lonie, I. M. 2270, 2277
Löning, P. 671, 674, 692, 697, 706, 708, 1282, 1284 f
Lonitzer, A. 2398
Lönnrot, E. 1580
Loos, J. 2034
López Facal, J. 1515, 1517, 1519, 1521
López-Casero, Fr. 970 f, 975
Lord, M. P. 1956, 1958
Lorentz, H. A. 1171
Lorenz, E. 1991
Lorenz, O. 2038, 2043
Lorenz, W. 504
Lorenzen, P. 134, 141, 239, 1330, 1332

Lorez, Chr. 1111–1114
Lori, J. G. 2380, 2382
Lörincze, L. 1591 f
Lörscher, H. 687 f
Loschak, D. 529, 533
Lösche, Chr. 259, 261, 266, 477, 481
Loschmidt, J. 79, 89, 136 f, 141, 1232
Lossau, M. 2260
Lossius, J. Chr. 1996, 2003
Lotman, J. 1358, 1362
Lötscher, A. 256, 266, 414 f, 610, 617, 1277
Lotte, D. S. 344, 347, 1532
Lotz, K. 2032
Lotze, H. 1324, 1333
Lough, J. 1632
Louis IX 2522
Louis XIII 2539
Louis XIV 2550, 2587
Louis XV 2577
Lovett, D. R. 1955, 1957
Lovnar-Zapol'skaja, N. N. 1965
Lowe, D. A. 1892, 1902, 1956, 1958
Löwinsohn, S. 1986, 1993
Löwisch, D.-J. 1999, 2003
Lowth, R. 2469
Loys Le Roy, L. 2542, 2545, 2549
Luan, Kong 1965
Lübbert, W. 669, 674
Lucas, P. 926 f, 940 f
Lucena Salmoral, M. 302, 320
Luchsinger, Chr. 1114
Luchterhand, E. 1702
Lück, H. 2348
Lück, W. 1982, 1990
Lücke, Th. 1632
Luckmann, Th. 122, 130, 132, 150–152, 156, 172, 180, 446, 2586, 2592
Lucretius Cavus 2278
Lüdenbach, N. 662, 664 f, 674
Lüdenbach, W. 1397 f, 1401
von Ludewig, J. P. 1651
Ludewig, W. 1988
Lüdi, G. 698, 706, 2521 f, 2528
Ludovici, C. G. 1980 f, 1990, 2435 f, 2440
Lüdtke, H. 233, 237, 239
Lüdtke, J. 1526
Ludvigsen, V. 1987, 1993
Ludwig IX. = Louis IX
Ludwig XIV. = Louis XIV
Ludwig, G. 913, 916, 921
Ludwig, H. 320
Ludwig, K. 2042
Ludwig, K.-H. 1097
Ludwig, O. 86 f, 89–92, 132, 672

Ludwig, St. 1926, 1930
Ludz, P. 1998, 2002
Lueger, O. 1173, 1842, 1850
Luft, Fr. 1340
Lüger, H.-H. 94, 99, 740, 754, 1296, 1304
Luginbühl, E. 2322, 2330, 2332
Lühing, S. 1975
Luhmann, N. 85, 106, 108, 528, 661, 674, 1318, 1320
Luhn, H. P. 617, 623
Luidl, Ph. 90
Lukas, A. 2047, 2051, 2053, 2057, 2062, 2236
Łukasiewicz, J. 903, 909, 1553
Lukhaup, D. 1160, 1163
Lukiau 2450
Lüking, S. 1830, 1902
Lullus, R. (= kast. R. Lull; katal. R. Llull) 856
Lundquist, L. 21, 57, 132, 198, 370, 481, 487, 582, 726, 1907, 2451
Luria, A. R. 76, 89
Lurquin, G. 1451
Lüschen, H. 1424, 1429
Luschka, W. H. 1620, 1635
Lutes-Schaab, B. 2090
Luther, G. 788, 791
Luther, M. 313 f, 867, 1098, 1671, 2284
Lutterbeck, E. 2228 f
Lutz, B. 717, 1998, 2003
Lutz, E. 181
Lutz, G. 2361
Lutz, H.-D. 938, 941
Lutz, L. 256, 266
Lutzmann, K. 2015, 2033
Luukka, M.-R. 1583 f
Lux, Cl. 2064, 2093
Lux, Fr. 209 f, 218, 469
Luyten, L. 1572, 1578
Lykke Jakobson, A. 1894
Lyle, W. D. 1965
Lyly, J. (= Lilly, J.) 2506
Lynch, M. 135, 141, 496, 498 f
Lyons, J. 1477 f, 1483, 2495, 2500, 2502
Lysis 65
Lys(s)enko, Tr. D. 1263, 1266

M

Maaler, J. 2399
Maar, K. 1062
Maarelli, C. 1881
Maas, A. 1277
Maas, A. M. 2348
Maas, U. 688, 748, 754
Maat, H. P. 672
Macary, J. 2567, 2575
Macaulay, F. S. 1226

Macbeth 798
Mac-Culloch, J. R. 1980, 1990
MacDonald, S. P. 1409, 1413
MacDougall, E. B. 354
Mace, D. 2504
Mach, E. 921, 1325, 1333
Machiavelli, N. 305, 1037, 2532
Macht, K. 954
Macintosh, K. 1897
Macintyre, J. 1949, 1953
Macintyre, Sh. 1965
Mack, R. 1785, 1828
Mackay, R. 953
Mackeldey, R. 455 f, 458 f, 467
Mackensen, L. 128, 146, 149, 159, 167, 737, 754, 805, 808, 869, 874, 881, 885, 887, 1100, 1104, 1210 f, 1395, 1401, 2412, 2419
Mackenzie, Fr. 782
Mackenzie, G. 2093
MacKinney, L. C. 1915, 1924
MacNealy, M. S. 1011, 1013
Macquer, P. J. 1921, 1947 f, 1953, 2481 f, 2485
Macura, P. 2099, 2107
Madsen, B. N. 981, 1569 f, 1753, 2149, 2234, 2237, 2243 f
Maegaard, B. 1894
Maerevoet, L. 1572, 1578
von Maerlant, J. 1916, 1925
Maerter, F. J. 1921
Maes, A. 1575, 1578
Magar, Chr. 370
Magay, T. 1883, 1905
Mago 2297–2299
Magyar, M. 1592
Mähler, B. 2015, 2034
Mahler, W. 1284
Mahlmann, R. 712, 714, 716
Maidahl, L. (s. auch Christiansen, L. M.) 1897
Maier, E. 776, 783
Maier, K. 322
Maier, K.-E. 2015, 2034
Maier, L. 897
Maier-Leibnitz, H. 801
Maimon, S. 1922, 2003
Mainusch, H. 13, 22, 142, 707
Maissen, A. 1528, 1531
Maitland, Fr. H. 2508, 2511
Maitland, F. W. 2488, 2494
Makaryk, J. 1489
Makovec-Černe, J. 614 f, 617
Malachowa, O. 702, 707
Malbert, D. 47
Malblanc, A. 40
Malcolm, L. 1408, 1413
Maleck, I. 701, 708
Malecki, I. 1554, 1558
Maler, A. 726
Malesinski, R. 1962
Maley, Y. 2490–2492, 2494

Malgaard, B. 1829
de Malherbe, F. 723, 1623, 2539
Malignon, J. 1501 f
Malíková, O. 1882
Malinowski, B. 208, 213, 218
Malkett, S. 2036, 2043
Mälkiä, M. 2193, 2206
Malkiel, Y. 1726, 1742
Abbé Mallet 2551, 2560
Malmgren, Sv.-G. 1829, 1894, 1897
Malte, F. 322
Malthus, R. 1265
Maltomini, F. 2285
Mamavi, G. 776, 783
Gräfin Mandelsloh, E. 314, 318
Mandl, H. 17, 22, 406 f, 553 f, 895−898, 1003, 1011, 1013
Manecke, H.-J. 2221, 2228
Manegold, K.-H. 575, 582, 1026, 1039, 1632
Manes, A. 1982, 1990
Manes, J. 2214 f
Manessy, G. 826 f
Manget, J. J. 1917 f
Manherz, K. 1062
Mani, C. 1528, 1532
Manley, J. 1882
Manley, Th. 2460, 2463
Mann, A. 2123
Mann, G. 764
Mann, Th. 216, 723
du Mans, P. 2532
Mansfeld, J. 2261, 2266
Mansfield, J. 2269
Mansoor, M. 1611, 1617
Manthe, U. 2286, 2291
Manturov, O. V. 1962
Manu, A. 1725 f, 1734, 1740, 1742, 1895, 1897, 2182, 2250, 2253 f
Manuila, A. 1892, 1902
Manuila, L. 1892, 1902
Sir Manwayring, H. 1926, 2461−2464
Maòr, H. 2015, 2032
Maran, S. P. 1956, 1958
Marazzini, C. 1509, 1513
Marbach, G. O. 1955, 1958
Marbode de Rennes 1915
Marcato, C. 1513
Marché, U. 2420
Marciszewski, W. 903, 909, 1556 f
Marcus Aurelius Antoninus (= Mark Aurel) 2290
Marcus, S. 1155
Mårdh, I. 699, 707, 2508, 2511
Marello, C. 1702, 1882
Margetts, J. 2331
Marggraf, A. 1620
Margolin, U. 1356, 1362

Mariano (Daniello di Jacopo), gen. Taccola 309
Marino, A. 2037, 2043
Marinoni, A. 310, 322
Mariott, F. H. C. 1963
Mark, H. F. 1950, 1953
Mark Aurel = Marcus Aurelius Antoninus
Markkanen, R. 485, 487, 1582, 1585
Markl, H. 768, 770, 829, 839, 1261, 1268
Marks, I. 110, 117
Marler, E. E. J. 1947, 1953
Marouzeau, J. 2295, 2301, 2304
Marperger, P. J. 1922, 1977 f, 1980, 1983 f, 1990
Marpurg, Fr. W. 1337, 1340
Marquet (i Ferigle), Ll. 1522, 1524−1527
Marri, F. 1513
Marriott, H. 701
Sieur du Marsais, C. Chesneau 1627
Marshall, A. 1469
Martens, U. 699, 707
Martens, W. 2451
Martí Rodríguez, J. 1526
Martianus Capella 1914
Martin, E. 1062, 1134, 1136, 1144, 1453, 1458, 1692, 1702
Martin, G. 1999, 2003, 2459, 2464, 2504
Martin, H.-P. 1973 f
Martin, J. R. 1483
Martin, R. 773−775, 781, 1687 f, 1702, 2294 f, 2298 f, 2304
Martin, S. E. 1882
Martin, W. 1761 f, 1882, 1893 f, 1896 f, 1909, 2070, 2089
Martinek, J. 823, 827
Martinet, A. 1494
Martínez López, E. 1526
Martini, F. H. W. 1922
Marton, W. 972, 975
Martucci, J. 824, 828
Martyn, Th. 2462, 2464
Martynov, I. I. 1721
Marx, Fr. 2276
Marx, K. 661, 674, 1026, 1038, 1323, 1325, 1332 f, 1469, 1663
Marx, S. 260, 266
Marx, W. 1055 f
Marzell, H. 1674, 2400 f, 2410
Marzluf, D. 2047, 2050 f, 2056 f, 2059, 2063
Queen Mary 2504
Mäsch, N. 968 f
Masendorf, F. 2015, 2034
Maser, S. 575, 582
Masini, A. 1513
Mason, Ch. P. 2497 f, 2502

Mass, E. 1621, 1635
Massa de Gil, B. 2089
Masser, A. 2332
Massin, R. 73 f, 89
Masson, O. 2280, 2285
Matejovski, D. 1181
Mathesius, J. 1095, 1098, 1932, 1936
Mathesius, V. 256, 267
Mathies, H. 1974
Matoré, G. 1685, 1687, 1702, 2512, 2518, 2531, 2535−2537
Matouschek, B. M. 739 f, 754
Matsumura, A. 1609
Matsumura, K. 1609
von Matt, P. 2348
Mattei, F. 1513
Matthaei, O. 2355, 2360
Matthäus 2279
Mattheier, Kl. J. 99, 107, 130, 132, 149, 163, 166, 217 f, 238 f, 327, 334 f, 675, 710, 716, 897, 1144, 1391, 2429
Mattheson, J. 1337, 1340
Matthias, Th. 868, 874
Mattusch, H.-J. 251, 267
Matzel, K. 755, 2360
de Maupertius, P. L. Moreau 2565, 2577
Maurach, G. 2338, 2340
Maurais, J. 783
Mauranen, A. 139, 141, 822, 828
Maurer, Fr. 175, 180, 716, 1027 f, 1030, 1038, 1041, 1043, 1083, 1105, 1126, 1130, 1145, 1362, 2331, 2360, 2412, 2414, 2419, 2428
Maurer, H. 2332
Maurer, J. 1962
Maurice, F. D. 1459
Maurice, K. 952
De Mauro, T. 91, 1505, 1509, 1512
Maurus, H. 270, 1924
Mauss, M. 523
Mauthner, F. 1998, 2003
Maxwell, D. 879
Maxwell, J. C. 1166 f, 1171−1173
May, M. T. 2472, 2477
May, R. M. 1369
von Maybach, A. 1209
Maybach, W. 1155
Mayer, F. 1163, 1931, 1936, 2167, 2169
Mayer, H. 1906
Mayer, J. G. 350, 352 f, 2349 f, 2353 f
Mayer, M. 518, 521
Mayer, Th. 518, 521
Mayer-Tasch, P. C. 1363, 1369
Mayr, E. 970 f, 975

Mazur, M. 1552, 1557
Mazzacurati, G. 311, 320
Mazzoni, J. D. 582
McAinsh, T. F. 1956, 1958
McArthur, T. 1451
McCarrell, N. 890, 897
McCawley, J. D. 2502
McCloskey, D. N. 508f, 1466–1469, 1472
McCulloch, Fl. 2514, 2518
McDaniel, G. 1444, 1450f
McDonald, P. F. 194f, 199, 250, 253f, 259, 267, 418, 422–424, 427, 442, 476, 481, 488, 534, 539, 552, 556, 572, 574, 681, 688, 1148, 1152, 1193, 1200, 1405, 1414, 1418f, 1437, 1481, 1483, 1540, 1544
McDonald, S. P. = MacDonald, S. P.
McDonough, J. 967, 969
McDougall, E. B. = MacDougall, E. B.
McGuinnes, B. 690, 709
McIntosh, A. 208f, 217, 224, 228, 1468, 1471
McIntosh, K. = Macintosh, K.
McIntosh, L. 993
McKetta, J. J. 1950f, 1953
McNab, S. M. 496, 499
McNaught, J. 1892, 1897
McNeill, D. B. 1956, 1958
McNeill, J. J. 1462, 1465
Mead, G. H. 234, 239, 605–609
Mead, W. J. 1953
Meadows, A. J. 619f, 623f, 1438, 1444
Mechthold, F. 1201
Meck, Ch. L. 1963
Mede, J. 2465, 2471
Meder, G. 1742, 1903
Meding, S. 1702
Meeden, C. F. 1928
Meertens, P.-J. 1573
Meetham, A. R. 216
Meffert, H. 756, 760, 763
Meggle, G. 680, 688
Megill, A. 508f
Mehlin, U. H. 675–678
Meichßner, J. H. 2389
Meid, V. 2420
Meid, W. 783
Meier Reeds, K. 2403, 2410
Meier, B. 1353
Meier, Chr. 574, 582f, 1915f, 1924
Meier, E. 1122f, 1130
Meier, G. F. 251, 1353
Meier, J. 708, 1037, 1053f, 1056, 1095, 1097f, 2348
Meier, N. 1173, 1175, 1181

Meier, R. M. 251
Meinecke, F. 332, 335
Meineke, E. 2316f
Meinert, F. 179
Meinhold, H. 1444
Meise, I. 1754
Meißner, H. A. 1922, 2436, 2438, 2440
Meister, W. 1314
Mel'čuk, I. A. 236, 2499, 2502
Melanchthon, Ph. 302, 2409
Melber, W. 1247, 1259
Melenk, H. 953
Melezinek, A. 953
Mellbourn, G. 349, 353
Mellin, G. S. A. 1922, 1996, 1999, 2003
Mellinkoff, D. 528, 2488f, 2492, 2494
Mellor, Ch. J. 1670, 1676
Melville, H. 723, 1928
Melzer, W. 1900, 1948, 1953
Menandros (= Menander) 209
Mendel, G. 1261, 1263
Mendel, H. 2011
Mendelejew, D. I. 16, 1240, 1242, 1664
Mendels, J. I. H. 270, 276
de Mendizabal Allende, Bl. 2088
Mendthal, H. 2375
Mengaldo, P. V. 1504, 1508, 1513
Menge, H. H. 239
Menger, C. 1469
Menne, A. 150, 906, 909
Menon 65
Mensching, G. 719, 727
Mensing, O. 1052, 1056, 1130
Mentrup, W. 13, 20, 24, 56, 59, 103, 107, 157f, 165, 167f, 190, 197f, 233, 239, 263, 399, 401, 407, 509, 517, 556, 573, 586f, 589, 591, 594, 665, 673, 699f, 703, 705, 707, 709f, 716, 749, 754, 808f, 827, 873, 884, 887, 1013, 1038, 1056, 1284, 1391, 1401, 1636, 1884, 1902, 1904, 1909, 1974, 1995
Mentzel, Ch. 1918, 1921
Mentzel, W. 1981, 1990
Menz, F. 687f
Menzel, J. J. 353
Menzel, W. W. 857, 865, 2375
de Meo, C. 2292, 2297, 2301, 2303
Mercator, G. 307
Mercier, L. S. 2566
Merck ® 1951
Merck, J. H. 861
Mergenthaler, O. 1099
Merguet, H. 2003
Mérimée, P. 773

Meringer, R. 3, 22, 205, 295, 1351
Meritt, H. D. 2453, 2455, 2458
Merk, W. 2427, 2429
Merkel, R. 106
Merkelbach, R. 2278, 2285
Merker, P. 2044
Merkl, R. 2061
Merle, P. 1497, 1502
Merlini Barbaresi, L. 759, 763
Merlino, J. 776, 783
Mermet, F. 1754
Mermet, G. 1754
Mersenne, M. 2468
Merten, K. 680, 688, 853, 855
Mertens, V. 67, 90
Merton, R. K. 301, 320, 356, 371, 661, 674
Mervin, C. B. 459, 467
Meschkowski, H. 1963–1965
Mesmer, F. A. 2573
Mesquida i Cantallops, J. 1526
Messelaar, P. A. 2516, 2518
Messing, E. E. J. 850, 205, 207, 337, 340f, 343, 347, 855, 1404, 1413
Messner, D. 771, 774, 783, 2519
Methfessel, W. 534f, 539
Métraux, A. 89
Mette, H. J. 2260
Mettmann, W. 314, 317
de Metz, G. 1916
Metz, J. B. 1304, 1313
Metzeltin, M. 86, 89–91, 317, 321, 371, 469, 783, 828, 1512f, 1526, 1531, 1633–1635, 2518f, 2528, 2537, 2540, 2549, 2569, 2575
Meumann, E. 1316, 1320
de Meun, J. 2516, 2518
Meurer, N. 274, 2389
Meurers, W. 22
Meutsch, D. 895, 899
Mevissen, W. 2093
Mey, J. L. 943
Meyer ® 1849f; 1981, 1990; 2045, 2062
Meyer, A. 1334
Meyer, B. 1175, 1181
Meyer, E. 1893
Meyer, F. 1960
Meyer, H. 1915f, 1923, 1925, 2094
Meyer, H. J. 254, 267, 420, 427, 695, 707, 1407f, 1413, 1436f
Meyer, H. L. 1318, 1320
Meyer, I. 1897
Meyer, K. 868, 874
Meyer, L. 16, 1240
Meyer, M. A. 966f, 969
Meyer, P. G. 695, 707
Meyer, P. K.-W. 1941, 1944

Meyer, R. M. 1327, 1333
Meyer, T. 1368
Meyer-Eppler, W. 680, 688
Meyer-Grossner, L. 539
Meyer-Kalkus, R. 838 f
Meyer-Krentler, E. 2038, 2043
Meyer-Lübke, W. 3, 294 f, 2300, 2304
Meyer-Staubach, Chr. 351, 353
Meyer-Uhlenried, K.-H. 2217, 2228 f
Meyers, R. A. 1850, 1955 f, 1958
von Meymenn, K. 318
Micatek, M. 2091
Michael, A. 1483
Michael, I. 2496, 2502
Michaeli, W. 389, 407, 581, 897, 952, 1012
Michaelis, A. 1828, 1941, 1944
Michaels, L. 1684
Michalowsky, U. 2089
Michalski, I. 1612, 1617
Michéa, R. 190, 197
Michel, G. 115, 117, 122, 130, 207
Michelangelo (Buonarroti) 306, 309, 318, 320, 322
Michelet, J. 303
Michie, D. 2229, 2237
Michler, M. 1968, 1974, 2277, 2274
Micraelius, J. 1919
Middleburg, C. A. 926, 941
Mie, F. 2217, 2228
Mielck, W. H. 1129 f
Mielenz, I. 2015, 2034
Miethauer-Vent, K. 1809 f, 1830
Migliorini, Br. 2367 f
Migon, K. 2064, 2094
Mikasa, H. K. 1744, 1752
Mikkelsen, H. Kr. 1827, 1829, 1883, 1891, 1893, 1896 f, 1901
Mikkola, J. J. 295
Miklaševskaja, N. E. 1965
Miklaševskij, R. I. 1965
Miklós, F. 1960, 1963
Mikolajczak, St. 1556 f
Milani Comparetti, M. 1513
Milberg, J. 696, 707
Mildenberger, J. 350
Milkau, F. 2063 f, 2094
Mill, J. St. 1325 f, 1333
Mill, St. 2584
Miller, C. R. 896−898, 1011−1013
Miller, E. N. 256, 267
Miller, G. A. 939, 941, 2207, 2215
Miller, N. 1339
Miller, Ph. 2462, 2464
Millington, T. A. 1963

Millington, W. 1963
Mills, I. 1259
Milne-Thomson, L. M. 1965
Milton, J. 1643
Mimin, P. 529, 533
Minchin, V. 1702
Mindner, R. 1988
Ming-Zhong Dai 1724
Mink, H. 1822, 1828
Minogue, A. 43, 46, 460, 467
Miquel, P. 2285
Comte de Mirabeau, H. G. V. R. 2576 f, 2582−2585
Miralles i Monserrat, J. 1526
Comte de Miremont 2556, 2560
Mitchell, B. 1465
Mitchell, P. M. 2418
Mitchell, R. S. 1424, 1429
Mitrofanova, O. D. 199, 201, 207, 250, 253 f, 267, 418, 421 f, 424, 427, 1532, 1534, 1536 f, 1540 f, 1544
Mittelstaedt, P. 915 f, 918, 921, 1494, 1502, 1954, 1958
Mittelstraß, J. 12, 14, 20, 22, 140, 301, 320, 751, 1635, 1946, 1953−1955, 1958
Mittenzwei, K. 2094
Mitterand, H. 780, 783
Mitzka, W. 108, 132, 167, 228, 754, 1043, 1046, 1062, 1098, 1144, 2004, 2368
Miyajima, T. 1602, 1607, 1609
Mizler, L. Chr. 1334
Mizrahi, T. 1457, 1459
Möbus, G. 353
Möchel, G. 1993
Moeb, H. M. 1450
Moeller, B. 276, 317, 320
Moessner, G. 2068, 2089
Mogge, B. 132
Möglein, J. D. 1651, 1659
Mohl, I. 250, 254, 261, 263, 533, 538 f, 568, 572 f, 1534 f, 1543
Mohler, A. 864, 1268
Möhn, D. 8−10, 13, 20, 22, 24, 35, 46, 48, 56, 58 f, 62, 90, 93, 99, 101−105, 108 f, 115, 117, 119, 121, 128, 132, 145, 149, 151 f, 154−156, 158, 160, 165, 167, 170, 172−174, 176, 178−181, 190 f, 194, 199, 203, 207, 213, 218, 225, 228, 231, 239, 254, 259, 261, 267, 276, 358, 363, 371, 377, 401, 403, 407, 418, 421, 427, 469−471, 481, 550, 556, 568, 572 f, 585−588, 594, 649, 651, 659, 664, 674, 680, 682, 685, 688, 690 f, 700, 703, 705, 707, 709, 736−738, 754, 758, 763, 785, 787, 791, 793, 795, 800, 802,
808, 950, 952, 967 f, 987, 1020, 1023, 1026 f, 1031 f, 1034−1039, 1052−1056, 1083, 1100, 1104, 1121 f, 1129 f, 1152, 1193, 1200, 1268, 1284, 1410−1413, 1416, 1419, 1536, 1544, 1600, 1636, 1652 f, 1655, 1656 f, 1659, 1852, 1902, 1904, 1974, 2348, 2537
Mohr, D. V. 236
Mohr, W. 2044
Möhren, F. 1635, 2517 f, 2570, 2575
Mohrmann, Chr. 2282−2285
Möking, B. 1062, 1115, 1120
Moland, L. 2576
Molde, B. 1563
Moleono, F. X. 880
Moles, A. 575, 582
Moleschott, J. 1325, 1333
Molholt, P. 1747, 1754
Molière (= J.-B. Poquelin) 723, 1623, 2539, 2577
Molitor, S. 553 f, 895, 897, 1003, 1011
Molitor-Lübbert, S. 218
Møller, B. 1885, 1888, 1893, 1897
Möller, Ch. H. 1921
Møller, E. 1883
Molodez, W. N. 1907
Moltmann, J. 1311, 1313
Momigliano, A. 64, 90
Momoro, A.-F. 2542, 2549
Monaghan, J. 208, 218
de Monchrif, F. A. P. 2558, 2560
Mondino, C. 2476
Mone, F. J. 348
Monert, M. 1702
Monfrin, J. 2516, 2519, 2521 f, 2528
Monge, G., Comte de Péluse 2565
Mönke, W. 1332
Monod, J. 1264
Monreal-Wickert, I. 1627, 1635
Montague, R. 900 f, 905−907, 909
de Montaigne, M. Eyquem 51, 306, 313 f, 1626, 2532, 2536 f
Marchese del Monte, G. 303
Monteil, V. 1610 f, 1617
Monteiro, M. 952 f, 993
de Montesquieu, Ch. de Secondat, baron de La Brède et de M. 318, 729, 1621
de Montgolfier, J. et É („les frères") 2565, 2572 f
Montgomery, A. C. 2071, 2089
Montinari, M. 1333
Moore, C. 1754

Moormann, J. G. 1573, 1578
de Morales, A. 314
Moran, M. G. 1011, 1013
Moran, Th. P. 938, 940
Moravek, E. 2068, 2084, 2089
More, Th. (Saint) = Morus, Th.
Morell, J. D. 2497, 2502
Morgan, J. J. 389
Morgan, Th. H. 1261
Morgenroth, K. 966, 968 f, 1494, 1502
Morgenstern, Chr. 73, 869, 874, 959
Mörgenthaler, E. 1702
Morhof, D. G. 1919
Morison, St. A. 2506 f, 2511
Moritz, K. Ph. 1314
Moritz, R. 1786 f, 1816, 1827, 2040, 2042
Mørk, H. 1829, 1894
Morkovkin, V. V. 1758, 1760 f
Morlet, M.-Th. 2525 2528
Morner, K. 1486, 1489
Morris, C. 1955, 1958
Morris, Ch. W. 213, 575, 582, 707, 856
Morris, J. E. 1003, 1013
Morrow, K. 952 f
Morrow, L. 1489
Mortureux, M.-F. 2567, 2575
Morus, Th. 302, 2363, 2492, 2504
de Morveau, L. B. G. 326, 342, 1947, 1953
Moser, H. 170, 180, 262, 267, 426, 1393, 1401
Moser-Mercer, B. 981
Moskal'skaja, O. I. 259, 267, 374, 377, 413, 415, 469, 1535 f, 1544
Moskowitz, D. 823, 828
Möslein, K. 146, 150
Mosqva, Fr. W. 883
Moss, A. 1991
Mößinger, F. 1083
Mossmann, Y. 2107
Moterus, N. 1079
Motsch, W. 257, 267, 410, 415, 448, 456, 517, 521
de la Motte, D. 1335, 1339
de la Motte, I. 1943
Moulin, A. 1892, 1897
Mounin, G. 792, 800
Mountford, A. 953
Mourier, L. 1565, 1570
Mousnier, R. 2565, 2575
Movet, Th. 1917
Moxon, J. 2461, 2464
Mozer, I. 959 f
Much, R. 295
Müchel, G. 1987
Mück, H.-D. 2042
Muckenhaupt, M. 74 f, 90, 575, 581 f, 895, 899

Mudersbach, K. 595−597, 601, 901, 905−910
Mudry, A. 318
Mudry, Ph. 2277
Mugdan, J. 233 f, 237, 1735, 1742, 1763, 1830, 1893, 1897
von Mügeln, H. 354
Muhammad 'Alî 1610
Mühlbauer, R. 2036
Mühlbradt, F. W. 1981, 1990
Mühlig, R.-P. 1230, 1962
Mühlmann, W. E. 1039
Muhr, R. 740, 754
Muikku-Werner, P. 1583 f
Mulch, R. 1083, 1145
Muldrow, G. M. 2042
Mullen, W. B. 1956, 1958
Müllenhof, K. 770
Müller von Löwenstein, F. 1918
Müller, B. 771, 775−778, 783, 821, 828, 1624, 1635, 2513, 2519, 2543, 2549
Müller, B.-D. 40, 46, 366, 371, 498, 648, 701, 705, 707, 709, 839, 849, 851 f, 855, 1303
Muller, C. 1903
Müller, C. W. 1318, 1320
Muller, Ch. 241, 248
Müller, Chr. 1941, 1944; 1971, 1974
Müller, D. 2061
Müller, E. 5, 22; 74
Müller, E. W. 1039
Müller, F. 1960, 1965, 2369, 2372, 2376
Müller, Fr. 528, 1388, 1390, 1288, 1294 f; 2401
Müller, G. 303, 320, 1090 f, 1942, 1944
Müller, H. 319
Müller, H. H. 1448, 1451
Müller, H.-H. 1361, 1956, 1958
Müller, H. J. 1364 f, 1368
Müller, I. 271, 276
Müller, J. 1144
Müller, J.-D. 350, 2044
Müller, J. E. 217
Müller, K. 868 f, 874
Muller, N. F. 1277
Müller, P. 2046 f, 2050, 2053, 2056 f, 2062
Müller, P. H. 1963
Müller, P. O. 1809 f, 1830, 1891, 1897, 2360, 2369, 2372, 2376 f, 2392, 2399−2401
Müller, R. 253, 267
Müller, U. 2042, 2420
Müller, W. 1953, 2043
Müller, W. C. 2466, 2471
Müller, W. G. 209, 218, 861, 865
Müller-Dietz, H. 352

Müller-Hegemann, A. 1944
Müller-Jahncke, W.-D. 271, 276, 1277
Müller-Tochtermann, H. 159, 168
Mummenhoff, E. 73, 90
Münch, M. C. 2034
Munck, L. 1565 f, 1570
Mundt, Th. 1484
Munk, J. 349
Munsberg, K. 52, 55, 58, 93−95, 98−100, 119, 132, 135, 141, 361, 464 f, 467, 551 f, 554, 556, 636, 648 f, 659, 693, 698, 707, 802, 808, 1258 f
Munske, H. H. 24, 59, 280, 283, 372, 632, 713, 716, 783, 809, 858, 865, 1703, 1743, 1831, 1852, 1899, 1907, 1945, 1975, 1995, 2310, 2317, 2401, 2428
Munting, A. 1921
Münzel, D. 2056
Münzel, R. 2046 f, 2050, 2053, 2057 f, 2060
Munzlinger, T. 727
de Muralt, B. 772
Muret, E. 1828
Murk, T. 2090
Murko, M. 295
Murray, D. M. 942
Murray, J. 1457 f
Murray, J. A. H. 1676, 1684
Murray, L. 2497
Murswiek, D. 143, 150
Muschalla, R. 144, 150
Musin-Puškin, A. 1705
Musolff, A. 47, 1369
Mußhoff, H. 907, 909
Mustafa-Elhadi, W. 1754
Mustapha, H. 997
Muth, R. 2277, 2286
Muthmann, G. 1811, 1830
Mutschler, E. 1277
Mütze, K. 1956, 1958
Myern, G. A. 1468
Myers, Gr. A. 135, 137, 141, 487, 497, 499, 699, 707, 1404, 1410, 1413, 1472
Myking, J. 1647, 1896, 2215, 2240
Mynors, R. A. B. 2304

N

Naas, J. 1959 f, 1962 f
Nabrings, K. 119−122, 124, 132, 151, 156, 170, 180 f, 189, 224, 228
Nader, J. C. 1450 f
Nadjo, L. 820, 826, 828
Naess, A. 8, 511

Nagao, M. 1892, 1897
Nagy, F. 1586, 1591
Nagy, G. O. 1592
Nahmad, H. M. 1611, 1618
Nake, F. 653, 659
Nalimov, V. V. 241, 248
Nancollas, G. H. 1951 f
Napier, A. S. 2458
Napoléon Bonaparte 2586 f, 2591
Narr, B. 132
Narr, G. 1353
Narramore, B. 1465
Naser, Chr. 352 f
Nash, W. 2507, 2510
Näslund, H. 1559, 1561, 1563
Nate, R. 2466, 2471
Nath, H. 535, 539
Natho, G. 1941, 1944
Naumann, B. 519, 521, 1343, 1354
Naumann, H. 2322, 2332
Naumann, M. 1632
Naumann, W. 91
Naur, P. 941
Neal, M. 1947, 1952
Neaman, J. 1456 f
Neat, K. W. 2117
de Nebrija, A. 302
Neckam, A. 1915
Nedobity, W. 438, 344, 347, 858, 981, 1199, 1726, 1734, 1742, 1892, 1895, 1897, 2182, 2191, 2204, 2206, 2217, 2227, 2237, 2244, 2249, 2253 f
Needham, J. 1600
Neels, J. 1947, 1951, 1953
Neergaard, P. 877, 880
Negwer, M. 1277, 1947, 1953
Nehm, U. 953, 974
Nehring, A. 294
Nehring, J. Chr. 1657−1659, 1983, 1990
Neidhard von Reuental 273
Neill, S. 1461 f, 1466
Neisser, U. 362, 371
Nelde, P. H. 2207, 2215
Nelmes, E. 2410
Nelson, H. L. W. 2289, 2291
Nelson, J. F. 508 f
Nelz, D. 887
Nemi, G. 1993
Nemnich, Ph. A. 323, 1921, 1984−1986, 1993
Nemser, W. 262, 267
Neske, Fr. 767, 769 f, 1982, 1990
Neske, I. 767, 770
Nestler, Fr. 2091
Nestmann, R. 478, 481
Netschiporenko, K. 206 f
Neubauer, Fr. 1674, 1676
Neubauer, K. W. 2093

Neuber, S. 1962
Neubert, A. 386, 389, 748, 754, 756, 794, 1416, 1419, 1854, 1860, 1883
Neubert, G. 149, 250, 267, 556, 568, 573, 800, 1284, 1892−1894, 1897, 1902
Neuburger, A. 74, 90
Neuendorff, D. 486, 1412, 1414
Neuf-Münkel, G. 1279, 1285
Neuhaus-Siemon, E. 2033
Neuheuser, H. P. 2088
Neuhold, E. J. 926, 940−942
Neumann, C. 2481
Neumann, Fr. 332, 335
Neumann, P. H. 1335, 1340, 2042
Neumann, U. 1287, 1292, 1295
Neumann, W. 328, 334, 1341, 1344 f, 1349, 1353 f, 2443, 2450
Neumann-Duesberg, H. 804, 808
Neumann-Mangoldt, P. 1283, 1285
Neumeister, Chr. 725, 727
Neumeister, S. 320, 689, 707, 2418
Neumüller, O.-A. 1259
Neuner, G. 962, 964 f, 982 f, 988, 991, 993
Neurath, O. 13, 690, 707, 1330, 1333, 2209
Neurath, R. 1883
Neustupný, J. V. 2207, 2215
Neveling, U. 494, 499, 2091
Newald, R. 351, 2529
Newbigin, L. 1461−1463, 1466
Newcomen, Th. 1620
Newell, A. 924, 938, 940, 942
Newmans, J. R. 1961
Newton, I. 136, 323, 1171, 1224, 1233, 1638 f, 1641, 1955, 2568, 2576
Nicholson, J. B. 2063, 2094
Nickel, G. 262, 267, 849, 970, 974 f
Nicklis, W. S. 2015, 2034
Nicklisch, H. 1979, 1981, 1988, 1990
Nickon, A. 1242, 1246, 1259
Nicol, W. 1232
Nicolai, Chr. Fr. 488, 2443, 2448, 2451
Nicot, J. 1685, 1700
Nidditch, P. H. 2419
Niebaum, H. 1120−1122, 1130
Niebuhr, R. 1460, 1466
Niederehe, H.-J. 335, 1906
Niederer, A. 1114
Niederhauser, J. 19, 22, 51, 58, 83, 85 f, 90, 136, 141, 359, 368, 1635, 2471

Niederhellmann, A. 2310, 2317
Niehoff-Panagiotidis, J. 2293, 2304
Nielsen, S. 1764, 1809, 1829 f, 1883, 1885, 1888, 1892−1894, 1897, 1905
Nielsen, T. 2091
Niemeier, H. 2046 f, 2053 f, 2056 f, 2061
Niemikorpi, A. 1582, 1585
Niermann, J. 2014, 2034
Niermann, M. M. 2015, 2034
Nies, Fr. 70 f, 90
Niess, Fr. 1163
Nietzsche, Fr. 1327, 1332 f, 1997
Nikandros aus Kolophon (= Nikander) 2296
Nikiforowa, A. S. 1987, 1993
Nikula, H. 804, 808
Nilges, A. 2093
Nilson, A. 1041, 1043
Nilsson, M. P. 2280, 2286
Nilsson, N. J. 2237
Nilsson, St. 1558, 1563
Ning Zhiyuan 1600
Nischik, T.-M. 350, 353, 1916, 1925, 2356, 2360
Nissen, Cl. 1918, 1925
Nistrup Madsen, B. = Madsen, B. N.
Nitsche, M. 2542, 2549
Nitschmann, J. 1943, 1944
Njagu, J. I. 1966
Njogu, K. 2212, 2215
Nkwenti-Azeh, Bl. 1897
Noack, Cl. 635, 648, 659
Noack, L. 1997, 2003
Noack, R. 735
Noailles, P. 2286, 2291
Noback, C. 1988
Noback, Fr. 1988
Nobel, A. 1242, 1975
Noe, Chr. 136, 141
Noggler, J. 271, 276
Nogueira, C. Crespo 2088, 2090
Nohl, H. 1316, 1320
Nokielski, H. 666, 674
Nölker, H. 2015, 2034
Nölle-Hornkamp, I. 1029, 1039
Noller, P. 650, 659
Abbé Nollet, J. A. 2568
Noltenius, R. 648
Nomura, M. 1602, 1607, 1609
Nonius Marcellus 1912
Norbye, I. P. 1156, 1163
Nord, Chr. 469, 611, 617, 624, 791, 1521
Nordberg, B. 239
Norden, E. 2282, 2286
Nordman, M. 11, 22, 50, 58, 216, 389, 487 f, 562−567,

705, 997, 1414, 1482, 1559–1563, 1579, 1584f, 2147, 2237
Nordsieck, F. 662, 664f, 674
Norén, K. 1829, 1894
Norling-Christensen, O. 1753, 1829, 1894
von Normann, R. 1990
Nörr, D. 2290f
North, R. 2488
Northcott, K. 2331
Norton, Th. 2478, 2485
Nosek, J. 2507, 2511
Noss, R. 2207, 2215
Nöst, Th. 2047, 2051, 2053, 2057, 2062
Notebaart, J. C. 1051, 1055f
Nothdurft, W. 642, 648, 1399, 1401
Nothnagel, D. 112, 116, 853f
Notker III 2319–2324, 2326–2330
Nova, A. 320
Novak, F. 2014, 2033
Nováková, J. 2417
Novalis = von Hardenberg, Fr.
Novikov, A. I. 1535–1537, 1544
Nowicki, W. 1552, 1557
Nowottnick, M. 122, 132
Noyes, G. E. 2463, 2465
Nübold, P. 241, 248, 948, 953, 970, 972, 975
Nündel, E. 2015, 2038, 2043
Nunes, P. 2570
Nuopponen, A. 1559, 1563, 1581, 1585, 1896, 1898
Nussbaumer 410
Nutter, J. T. 1748, 1754
Nwogu, K. N. 699, 707
Nygren, A. 1462, 1466
Nykänen, O. 1745, 1754, 2149, 2241, 2244
Nyland, P. 1918
Nyman, L. 1130
Nyrop, C. 176, 180
Nyrop, Kr. 773, 783

O

O'Barr, W. 528
Oberloskamp, H. 1318, 1320
Obermayer, A. 2043
Oberquelle, H. 939, 941
Objartel, G. 1023, 1039, 1905
Obnorskij, S. N. 1713, 1715
Obreanu, P. E. 1964
Ochs, E. 1062, 1144
Ockey, E. 877, 880
Ockham, W. 2470
O'Connor, M. 619, 624
O'Connor, T. P. 2507
Odenbach, K. 2015, 2034

Oeder, G. Ch. 1921
von Oefele, F. 349
Oehler, Kl. 23
Oehler, R. 1063
Oelkers, J. 1320
Oellers, N. 139, 1181
Oerter, R. 696, 707
Oeser, E. 2107, 2178, 2182f, 2216, 2228, 2231, 2236f
Oesterle, G. 328, 335
Oesterreicher, W. 69, 89f, 123, 132
von Oettingen, A. 1309, 1313
Offroy de la Mettrie, J. 1637
Ogden, Ch. K. 876, 880, 2172
Öhler, Kl. 1852
Öhlinger, Th. 528
Ohly, Fr. 350
Ohly, R. 821, 828
Ohly, S. 283, 2528
Öhman, S. 1563f
Öhmann, E. 2358, 2360
Ohrbach, K.-H. 1365, 1369
Oksaar, E. 36, 42, 46, 53, 58, 61, 90, 115, 117, 132, 165, 167, 361, 371, 398, 400f, 414f, 528, 685, 687f, 747, 754, 768, 770, 801, 804, 806–808, 828, 839, 863–866, 870, 874, 952f, 2525, 2528
Ol'chovikov, B. A. 1353
von Olberg, G. 2310, 2314, 2317–2319
Olbert, Th. 1284, 1969, 1974
Olbrich, G. 1281, 1284, 1974
Oldenburg, H. 55, 58, 72, 90, 105, 108, 232, 239, 361, 371, 484f, 487, 494f, 499, 745, 754, 1268, 1409, 1412f, 2466, 2471
Olderog, E.-R. 927, 940
Oliphant, R. T. 2458
Oliu, W. E. 1012
Oliver, S. 1942, 1944
Olivier-Martin, F. 2587, 2592
Olorinus, J. 1918
Olschki, L. 70, 90, 314f, 320, 322, 326, 2362, 2368, 2410, 2419, 2426, 2429
Olsen, M. 1450f
Olson, D. R. 79, 90, 581, 616
Olson, G. M. 938, 941
Olszewska, D. 1285
Olt, R. 882, 885, 887
Omont, H. 2549
Onimus, S. 1691, 1702
Onions, C. T. 1677, 1684
Oomen, U. 575, 582
Ootsuki, F. 1609
Opalek, K. 1554, 1557
Op de Hipt, H. 1052, 1055
Opitz, K. 121, 132, 239, 846, 849, 1216, 1692, 1702, 1852, 1892, 1898, 1907, 1929f, 1939, 1945
Opitz, M. 2412, 2417
Opp, K.-D. 231, 233, 239
Opp de Hipt, M. 751, 753, 755
Oppenheim, Ch. 1751, 1754
Oppenheim, P. 459, 467
Oppermann, K. 1987, 1993
Oppermann, R. 939–941, 943
Oppitz, U.-D. 2348
Origenes aus Alexandreia 2283
Orne, J. 2090
Oros (Mélas) von Alexandreia 1914
Ørsted, H. C. 2144
Ortega y Gasset, J. 139, 141, 869, 874
Ortelius, A. 1917
Ortner, L. 1338, 1340
Ortolf von Baierland 89, 271, 351, 353f, 1915
Orwell, G. 721, 724, 1005, 1449, 1475
Osche, G. 1944
Oschilewski, W. G. 1100, 1105
Osolsobě, I. 576, 582
Osselton, N. E. 1926, 1930, 2465
Ostby, J. B. 2098, 2107
Osteroth, D. 1950, 1953
Ostheeren, K. 595, 601
Osthoff, H. 332, 1341f, 1344–1349, 1354
Ostler, N. 1752
Ostrovskij, J. A. 1965
Ostrower, A. 764, 770, 842f, 849
Ostwald, W. 1325, 1333
Oswald, W. 1155, 1163
Otfried von Weissenburg 1093, 1098
Othmer, D. F. 1950, 1953
Ott, H. 2014f, 2033
Ott, P. 272, 274, 276, 2390f
Otte, F. 1981, 1990
Otten, E. 968f
Ottenberg, H.-G. 1340
Ottmann, Th. 1176, 1181
Otto, H.-U. 2015, 2032
Otto, I. A. 2046, 2056f, 2062
Otto, N. A. 1155
Otto, R. 1460
Otto, W. 104, 108, 668, 674, 804, 808, 871, 874, 1286f, 1292, 1294f, 1395f, 1401
Oubine, I. 1893, 1899
Oughtred, G. 2446
Ovid(ius) Naso, P. 68, 2280
Ožegov, S. I. 1532, 1707, 1711, 1713f, 1716, 1719
Ozouf, M. 2592

P

Pääkkönen, M. 1579, 1585
Paasch, H. 1927
Pabel, H. 1277
Pabst, E. 1613, 1618
Paccori, A. 2554, 2560
Pacioli, L. 2362
Paczinski-Henkelmann, R. 587
Padrutt, J. F. 1005, 1013
Padučeva, E. V. 236
Paech, J. 720, 727
Paek, S. 137, 141
Page, B. 2228
Page, G. 619, 624
Pajer, G. 1193, 1201
Pajević, M. 1987, 1993
Palermo, D. S. 897
Palladio, A. 303
Palladius, R. T. Ae. 2296–2300, 2304, 2349
Pallat, L. 1320
Pallioppi, E. 1527, 1532
Palmer, H. 1466
Palmer, N. F. 350, 352f, 1916, 1924f, 2331, 2358–2361
Palmgren, St. 1559, 1564
Palyi, M. 1988
Pampel, H. 935, 941
Pamphilos 1912
Pan Qingyun 1600
Pan Zaiping 1767, 1774, 1791, 1830
Panckoucke, Ch. J. 2567
Pander Maat, H. 702, 704, 706f, 1400
Panekow, Th. 1918
Pankoke, E. 666, 674
Pannenberg, W. 726, 1306, 1312f
Panther, K.-U. 695, 707, 1354
Pape, I. 2276
Papp, A. 1592
Paprotté, W. 239
Paqué, R. 841, 843, 849
Paquette, L. A. 1951, 1953
Paracelsus (= Theophrastus Bombastus von Hohenheim) 279, 306, 308, 313, 320, 353, 729, 1918f, 2361–2368, 2393, 2396, 2401, 2411, 2420, 2475, 2477, 2479, 2481, 2561f
Paradis, J. 487
Paré, A. 308, 2363, 2530, 2532–2537
Parker, D. 1754
Parker, R. H. 2094
Parker, S. P. 1949, 1953, 1955f, 1958
Parkes, M. B. 1916, 1925
Parmenides aus Elea 64, 2262–2265, 2279
Parnas, D. L. 933, 942

Parret, H. 601
Parry, A. 1462, 1466
Parsenow, G. 1905, 1987, 1993
Parson, T. 328
Partenio, B. 314
Partridge, A. C. 2504f, 2511
Paryl, W. 1552, 1557
Pascal, Bl. 314, 2540, 2555
Pascher, J. 2004
Pascual, J. A. 2303
Pascucci, G. 2289, 2291
Pasquinucci, M. 2293, 2303
Päßler, H. 254f, 267, 420, 427
Passmore, J. 707
Pasternack, G. 1358, 1362
Pasteur, L. 825, 1692
Paterson, D. G. 889, 899
Patocka, Fr. 1097, 1100, 1105, 1648, 1655, 1659, 1935f, 2377, 2380, 2382f
Patt, C. 1744, 1752
Pattayang, S. 843, 849
Patton, B. 641, 648
Patzelt, R. 107
Patzig, G. 1332
Pätzold, J. 490, 492
de la Pau Janer, M. 1526
Paul, G. 650, 659
Paul, H. 102, 108, 237, 278, 282, 332, 1341–1343, 1345f, 1348–1351, 1354f, 1696, 1702, 1997, 2003, 2401
Paul, J. 1314
Paul, L. 1288, 1295
Paul, M. 926, 940–943
Paul, R. 271–276, 1900
Pauli, W. 1232
Paulin, G. 2046, 2062
Paulus 798
Paulus Festus 2278
Pauly, E. 1063
Paus, H. J. 697, 707
Pausch, H. 1958
Pausenberger, E. 851, 855
Pavlov, I. M. 1414, 1419
Pawis, R. 2309
Payne, St. J. 934, 938f, 941f
Payrato, L. L. 2244
Peanck, M. 912
Peano, G. 876, 880, 900
Pearson, M. 707
Péch, A. 1935f
Pedersen, J. 1763, 1824f, 1829f, 1885, 1888, 1892–1894, 1898, 1907
Pedersen, P.-B. 2244
Pedersen, V. H. 1570, 1882, 1895, 1901
Pée, W. 1572
Peer, O. 1527, 1532
Peesch, R. 1044, 1046, 1063
Pehrson, B. 940
Pei, M. A. 2518

Peinemann, M. 650, 659
Peirce, Ch. S. 359, 575, 582
Peisl, A. 864, 1268
Peitz, R. 270, 276
Pelc, J. 576, 582, 1553, 1557
Pelikan, J. 1466
Pelka, R. 8f, 22, 35, 46, 48, 58, 62, 90, 109, 115, 117, 119, 121, 128, 132, 145, 149, 151f, 154–156, 173f, 176, 178–180, 190f, 194, 199, 203, 207, 231, 239, 254, 259, 261, 267, 274, 276, 363, 371, 377, 418, 421, 427, 469–471, 481, 568f, 572f, 585, 587f, 594, 649, 651, 659, 680, 682, 685, 688, 701, 707, 737f, 754, 758, 763, 785, 791, 793, 795, 800, 808, 1026, 1032, 1034f, 1039, 1083, 1100, 1104, 1121f, 1130, 1152, 1193, 1200, 1268, 1410–1414, 1419, 1536, 1544, 1600, 1652f, 1655–1657, 1659, 1852, 2537
Peltier, E. 1965
Pelz, H. 177, 181
Peñas, P. 2227
Peninckx, W. 1578
Penndorf, B. 336, 341
Pense, R. 2034
von Penther, J. F. 2370, 2375f
Penzl, R. 2418
Perebejnos / Perebijnis, V. S. 241–243, 248f, 417, 427, 1533, 1543f
Pererva, V. M. 1721
Peretti, P. 94, 100
Perez de Cuellar, J. 2154
Pérez, F. 1406, 1413
Périer, J.-C. 2565
Perkampus, H. H. 1951, 1953
Perlick, Cl. 87, 319, 2541
Perot, A. 1232
Perrault, Ch. 302, 320, 356, 371, 1620
Perrin, M. P. 1563
Perron, J. 1754
Pertsov, N. 2499, 2502
Pertué, M. 2588, 2592
Perugini, M. 1513
Peschke, M. 2093
Peschl, M. 2236f
Petan, G. 1991
Peter von Ulm 274, 352
Peter, J.-P. 2565, 2568, 2575
Peterović, S. 1901
Peters, H. 259–261, 267, 469, 477, 481, 1668
Peters, H. M. 1264f, 1268
Peters, J. 2087
Peters, M. 2394f, 2401
Peters, R. S. 1472, 1477
Peters, U. 271, 276

Peters, U. H.   1971, 1974
Peters, W.   2348
Petersen, J.   527 f
Petersen, U.   1353
Petersen, U. H.   701, 709
Peters-Ledroit, M.   1063, 1092
Peth, A.   1734, 2095
Petiot, G.   1851
Petöfi, J. S.   103, 108 f, 121, 132, 168, 260, 267, 455, 469, 682, 688, 910, 1893 f, 1898, 1952
Petrarca, Fr.   302, 310 f
Petroff, A. J.   953
Petronio, G.   67, 90
Petronius   2304
Petschke, H.   940, 943
Pettersson, G.   1559, 1564
Pettinari, C.   496 f, 499
Petzold, H.-J.   2034
Petzold, S.   1893, 1905
Petzoldt, J.   2092, 2094
Peucer, C.   2393 f, 2398
Peuckert, W. E.   2417
Peuser, G.   960
Pexenfelder, M.   1919
Peytard, J.   953
Pfaff, J. F.   1225
Pfeffer, J. A.   766, 769 f
Pfeifer, H.   1192 f, 1201
Pfeifer, W.   500, 504, 661, 674, 690, 707, 2401
Pfeiffer, Fr.   349, 354, 2354, 2360
Pfeiffer, K. L.   861, 864
Pfeiffer, O. E.   527 f, 888, 894, 899, 1398, 1401
Pfeiffer, R.   1912, 1925
Pfeil, T.   1965
Pfeil, W.   2215
Pfingsten, J. H.   1921
Pfintzing, P.   2376
Pfister, A.   2034
Pfister, M.   55, 603, 606, 609 f, 762 f, 1086, 1091, 2517, 2527
Pflaum, D.   1982, 1990
Pflug, G.   1327, 1333, 2042, 2089, 2549
Pforte, D.   104 f, 108
Pfütze, M.   492
Phaidon   65
Phaidros   65
Phal, A.   160, 168, 776, 783, 1494, 1502
Pheifer, J. D.   2452, 2458
Philemon von Aixone   1912
Philipp, G.   271, 276
Philippe II   2302
Philippe, B.   876, 880
Philippi, F. A.   1309, 1313
Philipps, E.   2462
Philippson, A.   2293, 2304
Phillips, E.   2464

Philogène, B. J. R.   825, 828
Philon von Byblos   1912
Philon von Larissa   2261
Piaget, J.   62, 90
Pichler, H.   972, 974
Pichot, A.   5, 7, 22, 65, 90
Picht, G.   22
Picht, H.   12, 15, 19, 21, 33, 46, 48, 54 f, 57 f, 132, 159, 166, 198, 237, 278, 338, 341, 344, 347, 364, 367, 370, 382, 430, 437 f, 481, 487, 582, 726, 981 f, 993, 1193, 1199, 1517, 1519 f, 1563, 1569 f, 1691, 1700, 1729, 1733, 1741, 1829, 1868, 1881, 1890, 1892 f, 1896, 1898, 1907, 2098, 2107, 2147−2149, 2178−2183, 2185 f, 2203, 2205 f, 2214, 2218, 2227, 2231, 2233 f, 2236 f, 2239, 2241, 2243 f, 2451
Picht, R.   850, 855
Pickett, D.   1470, 1472
Pieńkos, J.   1553, 1557
Pieper, R.   1982, 1990
Pieper, W.   349, 1094, 1097
Piepho, H.-E.   952, 967, 969
Pier, P.   1063, 1092
Pierce, Ch. S.   1833, 1852
Piestrak, F.   1935 f
Pietrek, K. W.   2037, 2043
di Pietro, R. J.   708
Pietsch, P.   2419
Pietzsch, W.   1956, 1958
Piirainen, I. T.   855, 1095, 1900, 1093−1098
Piitulainen, M.-L.   1883
Pijollet, N.   1702
Pike, K. L.   469
Pilch, W.   1010, 1013
Pilegaard, M.   1785, 1828, 1892 f, 1898, 1902
Pilgrim, E.   1239, 1259
Pilot, H.   23, 237
Pinchuk, I.   794, 800
Pinelli, Th. E.   1010, 1014
Pinkal, M.   378 f, 381−387, 389
Piotrovskaja, A. A.   241, 249
Piotrovskij, R. G.   190, 198, 241 f, 245, 248, 1189, 1192, 1533, 1535, 1544, 1756, 1760−1762
Piper, P.   2320, 2323−2326, 2328−2330
Pipics, Z.   2083, 2087
Pirozzola, F. J.   556
Pirrie, W.   1928
Pisárčikova, M.   1883
Piscator, N. J.   1917
Pistor, P.   935, 940, 942
Pittàno, G.   1504, 1513
Pittner, R. J.   498

Piur, P.   2375 f, 2429, 2439 f
Plachta, B.   1621, 1635
Placidus   1914
Plagemann, A.   1933, 1936
Plagens, A.   1947, 1953
Plaice, M.   1748, 1754
Planas Guiral, F.   1888
Planck, M.   921, 1235
Plank, Fr.   610−615, 617
Plank, K.-L.   2047, 2050, 2057, 2062
Plant, H. R.   2336 f, 2340
Plant, M.   1828
Plantin, Chr.   2542, 2545, 2547, 2549
Plassmann, E.   1900, 2092, 2094
Plateanus, P.   1932
Platon   4, 28, 41, 62, 64−66, 303, 345, 728, 1324, 1327, 2172, 2255, 2257 f, 2261, 2263−2269, 2278 f
Plautus, T. M.   2277, 2287
Plešková, M.   1987, 1993
Plesse, C. A.   1918
Plessner, M.   2478, 2485
Plett, H. F.   1356, 1362, 2037, 2044, 2471
Pletticha, H.   2038, 2044
Plexiacus   1922
C. Plinius Secundus („der Ältere")   67, 1913, 1923, 2295, 2296, 2299, 2393
C. Plinius Caecilius Secundus („der Jüngere")   313, 2287
Ploss, E. E.   272, 276, 350, 1024, 1034, 1039, 2353
Plot, R.   2467, 2471
von Plottnitz, C.   157, 166 f
Plümer, L.   941
Pluvinage, Ph.   1491, 1502, 2574
Poccetti, P.   2288, 2292
Pöckl, W.   40, 46, 71, 90, 1500, 1502, 1521, 1627 f, 1635, 2512, 2514, 2519, 2529, 2537
Podder-Theising, I.   835, 837, 839
Podlech, A.   108 f, 121, 132, 168, 1295
Podol'skaja, N. V.   1532, 1541, 1544
Podolsky, B.   920
Poenicke, K.   496, 499
de Poerck, G.   2517 f
Poethe, H.   731, 735
Poetters, K.   1063
Pogarell, R.   79, 90, 634, 648, 755, 898, 1005, 1013 f, 1301, 1304
Poggendorf, J.   1948, 1953
Pohl, H.   673
Pohl, W.   2308
Poincaré, H.   912, 921
Poirier, Cl.   1754

Poldauf, I. 1881, 1883
Pöldinger, W. 1973
von Polenz, P. 24, 59, 91, 107,
    119, 132, 153, 155 f, 165, 168,
    213, 218, 283, 372, 418, 422,
    425, 427, 632, 668, 674, 695,
    707, 712, 716, 737, 743, 754,
    860, 865, 870, 874, 886 f,
    1023, 1039, 1352−1354, 1388,
    1391, 1397, 1401, 1703, 1743,
    1831, 1853, 1899, 1907, 1945,
    1975, 1995, 2401, 2428, 2545,
    2549
van der Poll, L. 1573, 1578
Pöll, B. 974, 1502
Pollaiuolo, A. 309
Pollard, A. W. 2504, 2511
Pollio, M. V. 1937
Pollmann, L. 1360, 1362
Iulius Pollux aus Naukratis
    1912
Polomé, E. 2212, 2215
Polon, D. D. 1955 f, 1958
Polson, P. G. 938, 940 f
Polybios aus Megalopolis 2277
Polzer, K. 488
Pombo, O. 856, 865
Pongrácz, J. 1592
Pongratz, D. 1284, 1974
Pönicke, H. 1026, 1039
Pontalis, J.-B. 632
Pontevivo, G. 1986, 1993
Pooley, R. C. 1485
Popelar, I. 1624, 1635, 1686,
    1702, 2539, 2540
Popp, H. 47, 265, 369, 480,
    1831
Poppe, E. 2421, 2427, 2429
Poppe, J. 1918
Poppe, J. E. 1921
Pöppel, K.-G. 2015, 2033
Sir Popper, K. R. 8, 23, 237,
    239, 355, 359 f, 607, 1359
Poquelin, J. B. = Molière
Porcelli, G. 1505, 1513
Porep, R. 1278 f, 1285
Pörksen, U. 3, 23, 52, 58, 61,
    90, 102, 108, 136, 141, 311,
    315, 320, 327, 331, 335, 354,
    711, 713 f, 716, 728 f, 735,
    749, 754, 767, 769 f, 802, 808,
    823, 829, 839, 861 f, 865, 872,
    874, 882, 887, 1130, 1173,
    1261, 1268 f, 1361 f, 1364,
    1366, 1369, 1654, 1658 f,
    1669, 1673, 1676, 1946, 1953,
    2335, 2340, 2356, 2361, 2410,
    2412, 2419, 2427, 2429 f,
    2440, 2451
Pörner, C. W. 1921
Porphyrios aus Tyros 77, 2283
Porro, M. 1513
Port, P. 156, 791, 1895

Portmann, P. R. 410
Portmann, A. 861, 1269
Pörtner, R. 321
Porzig, W. 159, 168, 251, 295
Posner, R. 1, 8, 23, 62, 90, 211,
    217, 239, 575, 581 f, 763
Pospelov, N. S. 266
Post, E. L. 902, 909
Post, R. 1068, 1086, 1091
Poštolková, B. 1549, 1551
Potebnja, A. A. 1347, 1350
Potonnier, Br. 1993
Potonnier, G. E. 1993
Potorny, J. 294
Potparic, O. 1455, 1458
Pötsch, W. R. 1951, 1953
Pötschke, H. 358, 371
Pott, H.-G. 1360 f
Potthoff, H. 1039
Pottier, B. 251, 1695
Poulsen, Sv.-O. 601, 1000,
    1003, 1908, 1987, 1993
Pouradier Duteil, Fr. 1304
Prado, D. 2152
Praetorius, J. 2370
Praetorius, M. 1917, 2010
Prahl, H.-W. 518, 521
Pratt, Chr. 1515, 1521
Abbé Du Preaux 2551, 2552,
    2560
Precht, M. 1173, 1175, 1181
Ritter von Prechtl, J. J. 1849,
    1851
Preiß, S. 495 f, 499, 505, 509
Prelli, L. J. 135 f, 142
Presbrey, Fr. S. 2509−2511
Presch, G. 107 f, 673
Abbé Prévost d'Exiles, A. Fr.
    772, 2567
Price, H. T. 1986, 1993
Price, J. 1450 f
Priebsch, R. 349
Priesemann, G. 1320
Priestley, J. 1166, 1173, 2469,
    2484
Prince, E. F. 701, 708
Prince, G. 2038, 2044
Pringsheim, F. 2291 f
Priscianus aus Caesarea in Mauretanien 2495
Priscus, I. 2287
Pristajko, T. S. 1414, 1419
Pritscher, U. F. 209, 218
Probszt, G. 2377, 2383
Profos, P. 1956, 1958
Próiséas Ni Chatháin 2318
Pronners, L. 2383
von Proschwitz, G. 2567, 2575
Protagoras von Abdera 25, 64 f
Proteus 1255
Protze, H. 1129, 2309, 2317
Proust, J. 1632, 2569, 2575
Prudentius, Aur. P. Cl. 2452

Prüfer, Th. 726
Prytherch, R. 2064, 2088, 2094
Psarros, N. 141
Pschyrembel, W. 694, 708,
    1813−1815, 1817, 1967
Psichari, J. 2292
Ptolemaeus, Cl. 318
Ptolemaios, K. 308
Puknus, H. 2037, 2044
Pulitano, D. 2169
Pumpjanskij, A. L. 194, 199,
    256, 267, 419, 427, 1538,
    1544
Pürainen, I. T. 1395, 1401,
    1937, 2377
Purnhagen, W. 1047, 1051
Pürschel, H. 953
Purtill, R. L. 906, 909
Purvey, J. 2503, 2511
Purvis, J. 1466
Pusch, H. 2380 f, 2383
Püschel, U. 87, 743, 752 f,
    2416, 2418
Puškin, A. S. 1704, 1706, 1708,
    1714
Pusztai, I. 1586, 1592
Putnam, H. 151, 156, 435, 438,
    1380 f
Putschke, W. 238, 1091, 1131,
    1342−1344, 1353 f
Pütz, H. P. 941, 2332Horst P.
Pütz, P. 2429, 2442, 2451
Puuronen, N. 1896

Q

Qian Long 1722
Qian Minru 1600
Quadri, Br. 3, 23
Quain, R. 1452, 1459
Quarg, G. 1850
Quasthoff, U. M. 670, 674,
    698, 708
Quecke, K. 2366, 2368
Quedenbaum, G. 1647, 1659,
    1925
Quemada, B. 1492, 1503, 1624,
    1635, 1685−1689, 1696, 1702,
    1726, 1742, 2535, 2565−2567,
    2570, 2575 f
Querard, J. 2036, 2044
Quesnay, Fr. 1637, 2577−2579,
    2581−2585
Quester, E. 540, 545
Quicke, A. 1572, 1578
Quilis, A. 2573
Sir Quiller-Conch, A. 2470
Quincy, J. 2461, 2464
Quine, W. V. O. 900, 905, 908 f,
    2177
Quingfen, Y. 2092
Quinkert, G. 1946, 1953

Quinten-Eirich, S. 2047, 2056f, 2061
Quintilianus, M. F. 29, 718, 2258, 2289f
Quintus Horatius Flaccus = Horaz
Quirk, R. 1443f, 2498, 2500, 2502
Quittner, P. 1988
Qvistgaard, J. 21, 57, 132, 198, 370, 481, 487, 582, 726, 1907, 2451

R

Raabe, C. 2062
Raabe, P. 2038, 2044
Raasch, A. 268, 370, 987, 991, 993, 2502
Rabelais, Fr. 722, 2531, 2537f
Rach, A. 2015, 2034
Rachmaninov, S. W. 1719
Rachwalowa, M. 1556f
Racine, J. 723, 1620, 1623, 2539
Radar, E. 320
Radde, K.-H. 1986, 1994
Rader, W. 575, 582
Radermacher, F. J. 2228
Radtke, I. 46, 528, 664, 671–675, 808, 871, 873f, 1295, 1401
Radtke, W. 2411, 2414f
Radwan, K. 1618
Radzievskaya, T. V. 495, 499
Raether, M. 1635
Raffael (= Raffaelo Santi) 303, 2447
Rager, G. 1269
Rahnenführer, I. 146, 150, 1208, 1211
Rahner, K. 861f, 1311, 1313
Raible, W. 12f, 20, 23, 26, 31f, 36, 44, 46, 49, 51, 56, 58, 69, 77, 79, 83, 88, 90, 95, 97, 99, 133, 150, 196f, 256, 258–260, 265, 267, 312f, 315, 321, 363, 369, 411, 415, 449, 455, 468–470, 480, 512, 514f, 517, 574, 622f, 667, 674, 680, 687, 717, 871, 874, 1304
Raimundus Lullus = Lullus, R. 856
Rainey, K. T. 1011, 1014
Raiser, L. 534
Ralston, A. 1963
Marquise de Rambouillet 2539
de la Ramée, P. (= Petrus Ramus)77
Ramge, H. 1090
Rammelmeyer, M. 1353
Rammert, W. 712, 716

Rammstedt, O. 1400
Ramseyer, R. J. 1111f, 1114
Ramus, P. 77
von Randow, Th. 650, 660
Rang, H.-J. 484, 488, 965, 969
Rangnes, O. K. 2210, 2215
Ranke, K. 2043
von Ranke, L. 332
Ranta, O. 1580f, 1585
Raphson, J. 2461, 2464
Rasch, A. 671
Rasch, D. 1941, 1944
Rask, R. K. 1344
Rasmussen, J. 1568, 1570
Raspopov, I. P. 256, 267, 419, 427, 474, 481, 1538, 1544
Rassbichler, P. 2047, 2050, 2062
Rassow, M. 1044–1047, 1063
Rastall, J. 2459f, 2464
Rastier, Fr. 595f, 601
Rathmayr, R. 1987, 1994
Ratichius, W. = Ratke, W.
Ratke, H. 1997, 2003
Ratke, W. 2418f
Rattunde, E. 783, 970, 972, 975
Ratzan, R. M. 726
Ratzke, D. 1990
Rau, A. 1175, 1181
Rauch, E. 94, 100, 2014, 2034
Rauchfleisch, U. 1973
Rauland, M. 1919
von Raumer, R. 328f, 335
Raupach, M. 827
Rausch, R. 1486, 1489
Rauschenbusch, W. 1462, 1466
Rautenberg, W. 1230, 1962
Raven, J. E. 2261, 2269
Ravila, P. 1584
Ravin, N. 1457, 1459
Rawlinson, F. 1285
Ray, J. 2464, 2467, 2471, 2586, 2591f
Ray, M. 73
Raylor, T. 2465, 2471
Raymond, E. S. 1449
Raymondis, L. M. 2592
Raynaud, Ph. 2592
Raynouard, Fr. 333
Razinkina, N. M. 201f, 207
de Réaumur, R. A. Ferchault 2565, 2577f
Rebhan, J. 1651, 1659
Reboullet, A. 819, 828
Rech, L. 1963
Rechenberg, H. 517
Reckow, F. 1903
Recktenwald, H. C. 534, 539, 1981, 1990
Reclus, O. 819
Redard, F. 555f
Redder, A. 235, 239, 662, 669, 674, 691–694, 706, 708, 1285

Redeker, M. 1313
Redish, J. C. 890, 894, 899, 1004, 1010, 1014
Rees, A. 1849, 1851
Reesink, H. J. 772, 783
Reetz, L. 968f
Reetz, U. 2046f, 2050, 2062
Reformatskij, A. A. 344, 1532
Regitz, M. 1953
Regnet, E. 648
Rehbein, J. 90, 97, 99, 153, 156, 235, 237, 528, 600, 635f, 641, 647–649, 654f, 659–662, 664–666, 668–674, 691–696, 698–701, 703–705, 708, 736, 751, 867, 870, 873, 1011, 1014, 1285, 1382, 1390, 1392, 1400f
Rehbinder, E. 535f, 539
Rehbock, H. 95, 97, 99, 238, 259, 265, 464, 467, 469, 743, 754
Rehfeld, I. 1052–1056
Rehfeld, W. 1016, 1018, 2227f
Rehm, M. 2065, 2068, 2070–2073, 2077f, 2084, 2086, 2090
Reich, H. H. 2318
Reichardt, R. 1623, 1635, 2550, 2554, 2560, 2576, 2587, 2592
Reichert, G. W. 576, 581, 583, 1014
Reichesberg, N. 1982, 1990
Reichling, M. A. 2144
Reichmann, O. 21, 24, 59, 107, 180, 234, 238f, 273, 276, 279, 282f, 319, 321, 334, 370, 372, 632, 709, 887, 1097f, 1127, 1130, 1133, 1135, 1142, 1144f, 1267, 1351, 1353f, 1401, 1634, 1655, 1659, 1675f, 1700f, 1714, 1728, 1737, 1742f, 1827, 1829–1832, 1852f, 1881f, 1896, 1899, 1905–1907, 1945, 1975, 1995, 2004, 2107f, 2340, 2401, 2416–2421, 2423f, 2426, 2428f, 2574
Reichmann, Th. 1989
Reid, D. J. 1834, 1852
Reid, T. B. 209, 218
Reiffenstein, I. 1351, 1354, 2315, 2317, 2360, 2420
Reimer, K. 1669
Reimers, E. 2032
Reimmann, J. F. 2411, 2419
Rein, W. 2013, 2034
Reinarts, E. 2015
Reinecke, H.-P. 575, 581f, 1338f
Reiner, K. 2369, 2372, 2376
Reiners, L. 869, 874, 892, 899
Reinhardt, A.-M. 825, 827
Reinhardt, F. 1964

Reinhardt, W. 50, 145, 149 f, 160, 168, 250, 267, 394, 396, 988, 1184 f, 1187, 1219, 1221, 1893
Reinhartz, E. 2034
Reinholt, E. 2370, 2376
Reinirkens, L. 725, 727
Reinke, U. 1163, 1898, 2169
Reinmert, R. 1964
Reis, M. 217, 1342, 1347, 1350, 1354, 2331
Reiser, A. 1314
Reish, G. 1919
Reisig, K. 1350
Reisner, P. 938 f, 942
Reiß, K. 347, 791, 895, 899, 1008 f, 1014
Reissman, A. 2011
Reist, F. 1986, 1994
Reitemeier, U. 642, 648
Reith, R. 73, 90, 307, 321, 1068 f, 1077
Reitmann, Th. 968 f
Reitmayer, V. 239
Reitter, Chr. 1613, 1618
Rejf, F. 1706
Rejmánková, M. 1546, 1551
Rekus, J. 2015, 2033
Remacle, L. 2520 f, 2528
Rembrandt (= Rembrandt Harmensz van Rijn) 1315 f, 1320
Remler, J. Ch. 1921
Remmert, H. 1367, 1369
Renker, K.-L. 2060
Renn, L. 621
Renner, M. 1944
Renner, R. 1986, 1992, 1994
Renner, R. G. 2036, 2044
Renner, U. 1974
Renouard, A. 2542, 2549
Rensch, J. P. 1651, 1659
Rentzsch, H. 1979, 1990
Renzinghoff, H. 1986, 1994
von Repgow, E. 2341–2343, 2348
Resch, G. 1084, 1091
Rescher, N. 905, 910
du Resnel, J.-F. 2567
Reti, L. 319
Retour, P. 2117
Rettig, W. 333, 335
Retzlaff, W. 869, 874
Reuer, E. 1942 f
Reuschel, W. 1611, 1617
Reuschenbach-Schulz, U. 1063, 1092
Reusner, H. 2366, 2368
Reuss, Ch. F. 1921
Reuter, D. 2034
Reuter, E. 634, 851 f, 855
Reutercrona, H. 349
Reverdin, O. 2292

Rey, A. 1686, 1695 f, 1700, 1702, 1726, 1728, 1742, 1892, 1898, 2537, 2574
Rey-Debove, J. 771, 781, 783, 1695, 1703
Reyle, U. 386, 389
Reynolds, O. 1190
Reznikov, L. O. 575, 583
van der Rhee, F. 2310, 2317
Rhees, R. 2183
Rhein, P. 2015, 2032
Rhein, St. 1918, 1925
Rheinfelder, H. 2514, 2519
Ribbeck, R. 1784, 1792 f, 1816 f, 1828
Ribbins, P. 1475, 1477
Ribi, A. 1115, 1120
Ribi-Ribi, J. 1063
Ricci-Curbastro, G. 1229
Riccobono, S. 2291
Richardeau, F. 2542, 2548
Richards, I. A. 2172
Richards, J. C. 997
Richards, P. S. 2090
Richardson, A. 1463, 1466
Richardson, M. L. 1950, 1953
Richart, J. R. 480, 555, 1898
Richelet, C.-P. 1685, 1700
Cardinal duc de Richelieu, A. J. du Plessis 2539
Richter, B. 2094
Richter, C. Fr. 1933, 1937
Richter, Fr. 1245
Richter, H. 233, 239
Richter, J. B. 1948, 1951
Richter, M. 2318
Richter, Th. W. 1335, 1340
Richter, W. 1955, 1957 f, 2292, 2301, 2303 f
Richterich, R. 993
Rickard, P. 2540
Ricken, U. 324, 326, 1624, 1627, 1635, 2421 f, 2427, 2429, 2433, 2437–2439, 2441, 2446, 2451, 2514, 2519, 2539 f, 2566 f, 2575
Ricker, L. 1030, 1039, 1043
Rickert, H. 8, 1324, 1333
Rickheit, G. 76, 86, 90, 731, 735, 809, 888, 890, 893, 896, 899
Ricklefs, R. E. 1366, 1369
Ricklefs, U. 2042
Ricks, C. 1684
Rico, A. 1526
Ricœur, P. 85
Ridder, P. 85
Rieck, W. 349
Riedel, F. 889, 894 f, 899, 1010, 1014
Riedel, H. 1892, 1898, 2076, 2089
Riedlinger, A. 91

Riegel, C. 95, 100, 948, 953
Riegel, M. 708
Rieger, B. B. 382, 1199
Rieger, D. 1635
Rieger, R. 1814, 1828, 1941, 1944
Riehl, A. 1324, 1333
Rieländer, M. M. 1956, 1958
Riemann, B. G. F. 1231
Riemann, E. 1130
Riemann, H. 2010 f
Riemer, D. 1791, 1827
Riemer, Fr. 568, 573
Riera (i Fonts), C. 1524–1527
Ries(e), A. 2362, 2370, 2376
Riesel, E. 122 f, 132, 200 f, 203, 207, 400 f, 685, 688
Riesenhuber, H. 12, 23
Rietzschel, E. 1635
Riewe, F. 2010
Rigaudy, J. 1947, 1951, 1953
Riggs, Fr. W. 1890, 1892, 1898, 1908, 2099, 2107, 2180, 2183, 2193–2196, 2206
Riha, K. 70, 86, 108, 717, 724, 726
Riha, O. 68, 90, 270, 276, 350, 354, 1915, 1925
Rihel, J. 2407, 2409
Rihel, W. 2409
Riiber, Th. 1566 f, 1570, 1854, 1882
Riionen, J. 1754
de Rijk, L. M. 2325, 2332
Rindler Schjerve, R. 975
Ringelnatz, J. 869, 959
Rink, J. 1123, 1130
Rinmann, S. 1933, 1937
van Rinsum, A. 2038, 2044
Ripfel, M. 489, 491 f, 1885, 1889
de Riqueti, V. 2585
Rischar, Kl. 2015, 2034
Rischar-Titze, Chr. 2015, 2034
Ritschel, M. 1156 f, 1163
Ritschl, A. 1309, 1313
Rittberger, W. 831, 839
Ritter, Fr. J. 1211
Ritter, J. 1390, 1998 f, 2001, 2004, 2331
Ritter, St. 1917
Ritter, U. P. 1994
Ritterm, J. 1904
Ritz, H. 169, 181
Ritzen, J. M. M. 1576
Ritzke, J. 1175, 1181
Ritzler, C. 1747 f, 1754
de Rivaz, I. 1155
Rivenc, R. 190, 197
Rivinus, A. Q. 1918
Roald, J. 2149, 2240, 2242
de la Roas Maraber, L. 1828
Robaschik, S. 419, 427

Robbigius, R. R. 1917
Robert, A. J. 2573
Robert, E. 1445
Robert, N. L. 2573
Robert, P. 1686, 1700, 2574
Roberts, A. 2107
Roberts, R. P. 982
Robertson, F. A. 846, 849
Robin, H. 75, 77, 91
Robins, R. H. 1351, 1354, 2496, 2502
Robinson, H. W. 2511
Robinson, J. 1467, 1469, 1472
Robinson, J. A. T. 1463
Robinson, P. C. 953f, 966f, 969, 997, 1404, 1409, 1414
Robling, F.-H. 1906
Rochorov, J. V. 1963
Rockefeller, J. D. 1262
Roclawski, B. 1556f
Rocznik, K. 1816, 1828
Rode, U. 649, 660
Röder, I. 117, 477, 481
Röding, J. H. 1926–1928, 1930
Rodler, H. 2369, 2374, 2376
Rodríguez Richart, J. R. 1515, 1521
Roe, P. 1896
Roehl, H.-U. 89, 353, 1676
Roelcke, Th. 135, 142, 374, 377, 382, 389, 794, 800, 804, 808, 1132f, 1144, 1904, 1906f, 2000, 2002, 2004, 2421, 2424–2426, 2428–2430
Roennau, M. 43, 368
Roepke, Fr. 1986, 1994
Roger, J. 2565, 2568f, 2575f
Rogers, M. 2236, 2244
Rogers, R. H. 2304
Roggenhofer, J. 609
Rogliatti, G. 1156, 1163
Rogström, L. 1829, 1894
Röhl, K. F. 1382, 1391
Rohland, I. 273, 277
Röhling, H. 2088
Rohr, B. 1851
Rohr, G. 927, 940, 943
Rohr, J. 666, 672
Rohr, R. 2521, 2528
Rohr, U. 675, 677f
Röhrich, L. 1082f
Roithmayr, F. 1989
Rojas, R. 920f
Röjder Papmehl, C. 1829, 1894
Rolf, A. 1181
Rolf, E. 58, 70, 91, 129, 132, 413, 416, 459, 463f, 467, 588, 594
Rolfus, H. 2034
Rolland-Thomas, P. 2090
Rolle, G. 659, 2047, 2050f, 2053, 2056f, 2059, 2062
Rollet de l'Isle, M. 878, 880

Rolling, L. 1897
Roloff, E. M. 2035
Roloff, H.-G. 321, 2360
Rolshoven, J. 1201
Rolvering, P. 649, 660
Romain, A. 1994
Romano, B. 1986, 1994
Romano, R. 2296, 2304
Rombach, H. 2014, 2033, 2035
Römer, R. 328, 335
Römpp ® 1238, 1245, 1249, 1259, 1947f, 1954
Ronconi, A. 2291
Rondeau, G. 190, 199, 1695, 1703
de Ronsard, P. 722, 2538
Röntgen, K.-H. 719, 727, 2517, 2519
Röntgen, W. C. 135, 139f
Roos, J. F. 1923
Roose, Th. G. 1260
Roosen, R. 2390f
Ropohl, G. 143f, 146, 148, 150, 712, 717
Roques, G. 2512, 2519
Roques, M. 1687
Roriczer, M. 1024, 1037, 2369, 2376
de la Rosa Marabet, L. 1888
Rosbach, P. 1854, 1882
Rosch, E. 434, 438, 459, 467
Rose, V. 2276f
Rosen, H. S. 696, 708
Rosen, N. 920
Rosenbaum, O. 2046, 2050f, 2053, 2056f, 2059, 2062
Rosenbeck, P. 2062
Rosenberg, J. K. 1451
Rosenberg, K. C. 2090
Rosendahl, Fr. K. 1245, 1259, 1954
Rosenfeld, H.-F. 1099, 1105
Rosengarten, I. 415
Rosengren, I. 267, 469, 517, 1011
Rosenhagen, G. 2035
Rosenkilde Jacobsen, J. 1753
von Rosenstiel, L. 635, 648
Rosenthal, G. E. 1038
Rosenzweig, D. 927, 930, 940
Rösler, D. 953
Rossenbeck, Kl. 1763, 1791, 1830, 1883, 1893, 1898, 1905, 1908, 1975f, 1985, 1995
de Rosset, P.-F. 2567
Rossillon, Ph. 819, 828
Rossipal, H. 223, 228
Rössler, B. 1932, 1937
Rösslin d. J., E. 1918
Rost, F. 2034, 2036
Rost, H. W. 2415, 2419
Röster, D. 952
Rostovtzeff, M. 2304

Roth, A. G. 1114
Roth, A. W. 1921
Roth, E. 1825f, 1828
Roth, G. 194, 199, 256, 267, 419, 427
Roth, H. 1317
Roth, H. J. 1277
Roth, J. F. 1923
Roth, L. 2015, 2035
Roth, O. 317
Rothacker, E. 1904, 2004, 2012
Rothe, A. 617f, 624
Rothe, Chr. 1130
Rothe, H.-J. 17, 23
Rothe, M. 2089f
Rothe, R. 1309f, 1313
Rothermund, D. 329f, 332, 335
Rothfuss, V. 1983, 1990
Rothkegel, A. 104, 108, 455, 672, 704
Röthlein, C. 1384, 1391
Rothwell, W. 2516, 2519
Rotsch, L. 1986, 1994
Röttcher, G. 2094
von Rotteck, C. 1978, 1981, 1990
Rotter, F. 528
Röttgers, K. 856, 866
Rötzer, H. G. 68, 91
Roudný, M. 1549, 1551
Rouse, R. 1461f, 1466
Rousseau, Ch.-L. 2556f, 2560
Rousseau, J.-J. 3, 51, 729, 1620f, 1623, 1637, 2009, 2561, 2577
Rousseau, L.-J. 2155
Rousseau, N. 2580, 2585
Rovere, G. 974, 1702
Rowe, L. A. 940
Rowlands, M. 2340
Le Roy, G. 2584
de la Roza, R. 1005–1007, 1013
Roždestvenskij, J. V. 1353
Rozov, N. Ch. 1965
Rübel, H. U. 1111–1114
Rubens, P. P. 2447
Ruberg, U. 574, 582f, 2339f
Rubin, J. 108, 2207, 2214f
Rücker, R. 1615, 1618
Rückl, G. 2064–2068, 2070–2073, 2075f, 2084–2086, 2089
Rückl, St. 2089
Rückriem, G. 1318, 1320
Rucktäschel, A. 72, 91
Rudenko, S. D. 557, 560, 562
Rudhardt, J. 2280, 2286
Rudolf, R. 353
Rudzka-Ostyn, B. 1483
Ruel, J. 2395
Ruelle, P. 827
Ruether, R. R. 1462, 1466

Ruffner, J. H. 1955, 1958
Rufus von Ephesos 1912
Ruh, K. 272, 277, 350, 354, 2044, 2332, 2354
Rühle, S. 1123, 1130
Ruhloff, J. 1320
Ruhmkorff, H. D. 1232
Ruiz Carrasco, J. V. 1526
Ruland, M. 2366, 2368, 2399
Rülein von Calw, U. 1094, 1096 f, 1931, 1937
Rülker, K. 799 f
Graf von Rumford 773
Rump, P. 1981, 1990
Rumpf, M. 318
Runde, A. 1692, 1703
Runde, J. F. 2444
Ruoff, A. 233, 239
Ruoff, W. H. 283, 2318
Rupp, H. 662, 668, 674, 716, 1105, 2331, 2360, 2412, 2414, 2419, 2428
Ruppel, A. 2542, 2549
Ruppelt, G. 2090
Ruppert, J. P. 2014, 2033
Rupprich, H. 2375
Ruprecht, H.-G. 601
Rusch-Feja, D. D. 2090
Russell, B. 13, 707, 900, 902, 910, 1330, 1333
Russey, W. E. 1242, 1246, 1258 f, 1437
Ruß-Mohl, St. 41, 46, 76, 91, 888 f
Rust, A. 259−261, 267, 284, 288, 469, 477, 481, 492
Rust, W. 2067 f, 2070, 2090
Rustemeyer, D. 1317, 1320
Ruthe, R. 2015, 2032
Rütimeyer, L. 1120
Rutishauser, H. 923, 942
Rütten, D. 743, 754
Ruttkowski, W. V. 1359 f, 1362, 2039, 2044
Rüttler, M. 2228
Rütz, G. 1892, 1907
Rützel, J. 959 f
Ruus, H. 1753
Ruwet, N. 1338, 1340
Ružička, J. 1881, 1883
Růžička, R. 262, 264, 389
Rychlik, R. 1986, 1994
Rydbeck, L. 2302, 2304
Rydén, M. 2507, 2511
Ryder Smith, C. 1460, 1466
Ryff, W. H. 2369, 2376
Rymer, J. 135, 142
Rytel, D. 1557

S

Sabath, P. 1230, 1962
Sabatier, A. H. 2556, 2560
Sabatini, Fr. 612, 614, 617, 1513
Sabbah, G. 2276
Šabes, Vl. J. 1535, 1544
Sablonier, R. 1111, 1114
Šachmatov, A. A. 1343, 1707
Sachs, H. 1036
Sachs, R. 1994
Sachse, A. 2032
Sachsse, H. 143, 150
Sachtleber, S. 459, 467, 508 f, 611, 617, 822, 828, 1500, 1503
Sack, F. 234, 240
Sacks, H. 98, 100
Sader-Jin, F. 698, 708
Sadie, St. 1903, 2012
Sadler, V. 878, 880
Saebøe, R. 2210, 2215
Šaf'jan, J. A. 1758−1761
Sagawe, H. 1176, 1181
Sager, J. C. 120, 132, 194 f, 199, 250, 253 f, 259, 267, 418, 422−424, 427, 441 f, 476, 481, 488, 534, 539, 552, 556, 572, 574, 681, 688, 860, 866, 1148, 1152, 1193, 1200, 1405, 1414, 1416 f, 1419, 1436−1439, 1441, 1443 f, 1481, 1483, 1540, 1544, 1691, 1703, 1883, 1892, 1898, 1907, 2186, 2206
Sager, N. 191 f, 198 f
Sager, Sv. F. 94 f, 97, 99, 214, 218, 237
Sahlquist, Å. 1559, 1564
Sa'id, M. F. 1611, 1618
de Saint-Just, L. A. 661, 675
von Saint-Omer, L. 1916
de Saint-Pierre, B. 2555, 2559
de Saint Robert, Ph. 776, 783
Salevsky, H. 1014
Salinïé, F. 2068−2070, 2084, 2090
Salistschew, W. 1987, 1994
Sallust, G. S. C. 2294
Salmasius, C. 1919
Salmi-Tolonen, T. 1754, 1903
Salmon, V. 2465, 2468, 2471, 2511
Salviati, L. 314
Samarin, W. J. 234, 239, 829, 839
Sammet, J. E. 923−925, 927, 940, 942
Sampson, G. 1478, 1483, 1487−1489, 2496, 2501 f
Samuels, W. J. 1472
Šamurin, E. I. 10, 23, 77, 91, 305, 321, 1625, 1635
Sánchez, C. 1853, 1880, 1986, 1994
Sánchez, D. 2250, 2253
Sander, F. 2035
Sanders, D. 500, 504, 1828, 1997, 2004
Sanders, L. 2089
Sanders, W. 209, 218, 563, 567
Sandfuchs, U. 2015, 2033
Sandig, B. 51, 58, 267, 455, 464, 467, 469, 491, 493, 563, 565−567, 574, 617, 624, 672, 674, 704, 708
Sandkühler, H. J. 467, 866
Sandmann, M. 448, 456
Sandrock, M. 687 f
Sankoff, D. 234, 239
Sankoff, G. 185
Šanskij, N. M. 1714
Sanz Moreno, P. 1883
Sapir, E. 615, 1005
Saporta, S. 1742, 1882, 1894
Šarčević, S. 1883, 1905, 2460, 2464
Sargenti, M. 2290, 2292
Saringuljan, M. C. 2084, 2090
Sarkowski, H. 1444
Sarrazin, J. 1044, 1047
Sarrazin, O. 1209, 1211
Sarton, G. 1915, 1925
Sartre, J.-P. 721, 1463, 1501
Saserna 2297, 2299
Sass, J. 1028, 1031, 1034, 1039, 1122 f, 1130
Sattler, L. 1003, 1100 f, 1105, 2426, 2429
Satzger, A. 257 f, 260 f, 267, 469, 477, 479, 481, 485, 488, 1422
Sauer, A. 2420
Sauer, Chr. 713, 717, 894, 899, 1578
Sauer, H. 2456−2458
Sauer, K. P. 1369
Sauer, W. W. 1180 f
Sauerbier, S. D. 583
Sauerländer, W. 316
Sauermost, R. 1944
Saukkonen, P. 1582, 1585
Sauppe, E. 1731, 1734, 1741, 1785, 1812, 1828, 1900, 2064, 2066−2073, 2080−2086, 2088, 2090, 2094
Saur, K.-O. 1976, 1987
de Saussure, F. 62, 91, 345, 359, 604 f, 607, 1342 f, 1346, 1348, 1350−1352, 1382, 1391, 1722, 2470
Sauter, G. 1305, 1311, 1313
Sauvageot, A. 775, 783
Saverien, A. 1927
von Savigny, C. F. 22, 277
von Savigny, E. 102, 108 f, 121, 132, 168, 1330, 1333
von Savigny, Fr. C. 331, 661, 1287, 1295, 1382
Savory, Th. H. 134, 142, 1269, 1405 f, 1414
Sawa, T. 1609

Sawoniak, H. 2071, 2090
Saxl, F. 1915, 1924f
Saxo, A. 1915
Sazonov, J. 1987, 1994
Scaglia, G. 1851
Scavetta, D. 1752
Ščerba, L. V. 1707, 1726, 1743
Schaars, A. 1573, 1578
Schaarschmidt, C. 156
Schaarschuh, Fr. J. 1883, 1908
Schabram, H. 2452, 2454, 2458
Schachter, P. 2502
Schachtschnabel, H. G. 2582, 2585
Schade, G. 695, 708
Schade, W. 1883
Schadebach, J. 2011
Schader, M. 910
Schaeberle, J. 1982, 1990
Schaeder, B. 10, 17f, 23f, 58, 230f, 234f, 237, 239, 359, 366, 371f, 453, 456, 460, 467f, 556, 632, 700, 703, 710, 966, 969, 990, 992f, 1199, 1284f, 1479, 1483, 1636, 1726, 1730, 1733f, 1736, 1740−1743, 1763, 1767, 1829f, 1842, 1844, 1846, 1851−1853, 1881, 1888f, 1892−1895, 1897−1900, 1909, 1923, 1975, 1995, 2063, 2069, 2085, 2092, 2094f, 2107
Schaefer, M. 1365, 1369, 1942, 1944
de Schaetzen, C. 982, 1753f, 1899, 1907f, 2576
Schäfer, J. 1063, 2459f, 2465
Schäfer, L. 237
Schäfer, W. 1986, 1994
Schäfers, B. 151, 156
Schäffer, J. Chr. 1166, 1173
Schaffer, S. 497, 499
Schaffer, St. 838
Schaffert, E. 649, 659
Schäffner, Chr. 748, 754, 756
Schaffranek, J. 1933, 1937
Schäflein-Armbruster, R. 894f, 896, 899
Schaldach, H. 1278, 1285, 1967, 1975
Schalk, Fr. 313, 321, 1624, 1627, 1636, 2539f, 2577, 2578, 2585
Schaller, Fr. 1937, 1939, 1945
Schaller, Kl. 1320
Schallert, D. L. 622, 624
Schamlu, M. 557, 559, 561f, 702, 708
Schamp, J. 1915, 1924
Schank, G. 240, 739, 755, 1093, 1098, 1399, 1401
Schanze, H. 2043
Scharf, J.-H. 1269

Scharf, V. 235, 239
Scharff, M. 1091
Scharnhorst, J. 42, 46, 52, 59, 70, 91, 133, 861, 866
Scharnow, H. G. 1947, 1954
Schatzberg, W. 2427, 2429
Schaub, H. 2014f, 2035
Scheckel, R. 576, 583
Schecker, M. 240
Schedel, H. 308, 321
Schedel, J. Chr. 1977, 1990
Scheel, K. 1955, 1959
Scheerer, E. 1321, 1333
Schefe, P. 157, 161f, 164, 168, 253f, 267, 417, 427, 943, 1282, 1285, 1357, 1362, 1483, 1489
Scheffer, C. J. 1901
Scheffler, I. 1317, 1320, 1472, 1477
Schefold, K. 574, 583
Schegk, Fr. 2044
Schegloff, E. A. 98, 100
Scheibe, E. 913, 916, 921
Scheiner, C. J. 1457, 1459
Scheiter, S. 635, 648, 659
Schelbert, T. 88, 726
Schell, D. A. 894, 899, 1010, 1014
Schell, F. 1937
Schell, W. 1933
Schelle, G. 2585
Schelling, D. 2399
von Schelling, Fr. W. J. 1308, 1310, 1997
Schelsky, H. 12, 860, 866, 1391
Schemmel, B. 2361
Schendels, E. J. 201, 203, 207
Schenk, G. 2440
Schenkel, W. 254, 265, 420, 426, 1539, 1543
Schenkhein, J. 234, 240
Scher, St. P. 720, 727
Scherer, J. A. 1921
Scherer, M. 783, 1343−1348, 1351, 1354, 1357
Scherner, M. 595, 601
Schernthaner, M. 2180, 2182
van Scherpenzeel, M. 1578
Schertz, V. 2419
Scherzberg, J. 121, 132, 157f, 160, 168, 190, 199
Scherzer, J. A. 1919
Schetter, W. 71, 91
Scheuch, Fr. 756f, 763
von Scheuchenstuel, C. 1933, 1937, 2377, 2381, 2383
Scheuchzer, J. J. 1112, 1114, 1166, 1173, 1921
Scheuerer, Fr. X. 1134, 1144
Scheuermann, U. 1130
Scheurlen, P. G. 1974

Schewe, W. H. U. 156f, 166f, 358, 368, 737, 749, 754, 1239, 1258
Schiebe, A. 1980, 1991
Schier, K. 2318
Schierenbeck, H. 1991
Schierholz, St. 122, 132
Schiersmann, C. 649, 660
Schiewe, J. 857, 860, 863, 866, 884, 887, 1269, 1669, 1676
Schifko, P. 970, 973, 975
Schildhauer, E. 654, 660
Schildknecht, Chr. 724, 726, 1321, 1332
Schildt, J. 1827
Schill, E. 662, 668, 675, 868, 874
Schill, J. H. 2415, 2419
von Schiller, Fr. 488, 2004
Schilling, G. 1337, 1340, 2010
Schilling, I. 1761f
Schilling, K. 477, 481, 568f, 572, 574
Schilperoord, J. 702, 706
Schimke, H. J. 666, 672, 1392, 1398, 1400
Schinzel, A. 1974
Schinzler, E. 2015, 2035
Schipani, S. 2291f
Schippan, Th. 1350, 1354
Schipperges, H. 270, 277, 302, 321, 802, 808, 1279f, 1285
Schirling, V. 2515, 2519
Schirmer, A. 176f, 181, 205, 233, 240, 336, 341, 1100, 1105, 1652, 1659, 1983, 1991, 2372, 2376, 2390f
Schirokauer, A. 2313, 2317
Schischkoff, G. 1998f, 2004
Schläger, J. 1095
Schläpfler, R. 1120
von Schlegel, A. W. 333, 488
von Schlegel, Fr. 1343, 1360
Schleicher, A. 331f, 605, 1343−1345, 1347, 1354
Schleicher, H. 540, 545
Schleiermacher, Fr. D. E. 22, 444, 607, 1304, 1306−1310, 1313f, 1357
Schleißner, M. 354
Schlemminger, J. 2067f, 2071, 2084, 2091
Schlenstedt, S. 2041
Schlesinger, W. 2318
Schleyer, H. M. 751
Schleyer, J. M. 876
Schleyer, W. 950, 954
Schlieben-Lange, Br. 21, 44−46, 57, 71, 87f, 91, 107−109, 240, 321, 326, 354, 370−456, 587, 605, 609f, 701, 706, 708, 719, 726f, 1634, 1647, 1659, 2292, 2296, 2304, 2427, 2429,

2442, 2450 f, 2566, 2576, 2585, 2587, 2592
Schlieper, F. 2015, 2035
Schlierenbeck, H. 1982
Schlobach, J. 2440
Schlobinski, P. 231, 233, 240
Schloen, H. 2015, 2035
Schlomann, A. 242, 337, 347, 1824 f, 1828, 1844, 1849 f, 2156
Schlosser, H. 661, 675
Schlosser, H. D. 1078, 1083, 1380 f
Schloßmacher, M. 844, 849
Schluck, H.-J. 1451
Schlummer, W. 573, 582
Schmale, G. 757, 763
Schmalen, H. 389, 404, 407, 581, 897, 952, 1012
Schmalzriedt, S. 1336, 1340
Schmauderer, E. 2376
Schmeller, J. A. 328, 1133 f, 1136, 1144 f
von Schmertzing, Ph. 2390 f
Schmid, C. 318, 1634
Schmid, C. Chr. E. 1922, 1996, 1999, 2004
Schmid, H. 2062
Schmid, H. L. 1959 f, 1962 f
Schmid, K. A. 1314, 1321, 2013, 2035
Schmid, W. 2369, 2372, 2374, 2376
Schmidhuber, M. 1703
Schmidt, A.-M. 2532, 2537
Schmidt, Fr. 103, 109, 2180, 2183, 2220, 2228
Schmidt, H. 1674, 1676, 1893, 1900, 1941, 1944, 1998 f, 2004, 2390 f
Schmidt, I. 2038, 2044
Schmidt, J. 669, 675, 2429, 2573, 2576
Schmidt, J. A. Fr. 2094
Schmidt, K. M. 2038, 2044
Schmidt, K.-H. 75, 91, 583
Schmidt, L. E. 167, 2420, 2428
Schmidt, M. 1277
Schmidt, R. 865, 2048, 2052, 2054 f, 2057, 2059 f
Schmidt, S. J. 7, 23, 258 f, 267, 443, 456−463, 465 f, 468 f, 601, 626 f, 632, 1358, 1361
Schmidt, W. 49, 121 f, 132, 157 f, 160, 168, 190, 193, 199, 227 f, 256 f, 267 f, 348, 410, 412, 416, 470 f, 481, 737, 754, 1541 f, 1544, 1868, 1883, 2380, 2383
Schmidt-Biggemann, W. 1919, 1925
Schmidt-Kraepelin, G. 1063
Schmidt-Künsemüller, F. A. 2089

Schmidt-Radefeldt, J. 109
Schmidt-Wiegand, R. 280, 282, 574, 583, 662, 675, 1286, 1290, 1294 f, 1905, 2309−2311, 2313−2315, 2318 f, 2332, 2348, 2360
Schmied-Kowarzik, W. 2419
Schmigalla, H. 141
Schmitt, A. 1907
Schmitt, Chr. 72, 86, 89−91, 317, 321, 355, 371, 773, 776−781, 783, 789, 791, 819 f, 822, 828, 1502 f, 1526, 1531, 1633−1635, 1700, 2169, 2515, 2517, 2519, 2528, 2537, 2540
Schmitt, E. 2560, 2576, 2592
Schmitt, F. A. 2037, 2044
Schmitt, L. E. 24, 59, 132, 282 f, 372, 632, 754, 809, 1098, 1743, 1831, 1852, 1899, 1907, 1945, 1975, 1995, 2317, 2361, 2368, 2401
Schmitt, M. 1261, 1265, 1269, 1944 f
Schmitt, P. 2528
Schmitt, P. A. 278, 382, 389, 395 f, 440−442, 769 f, 794, 797, 800, 896, 898, 1003 f, 1012, 1014, 1158, 1160−1163, 2168
Schmitt, W. 270 f, 277, 350, 353, 2334, 2340
Schmitter, P. 329, 335, 1341, 1354, 1725, 1740, 1906
Schmitz, A. 1986, 1994
Schmitz, E. 1994
Schmitz, G. 1963
Schmitz, H. 2265 f, 2269
Schmitz, H.-G. 865
Schmitz, Kl.-D. 1753, 1898, 2096, 2098, 2107, 2164 f, 2167, 2169 f, 2236 f, 2244, 2251, 2253
Schmitz, R. 85, 271, 275−277, 317, 321, 2409
Schmitz, U. 649, 660
Schmitz, W. 1900, 2094
Schmoeckel, Chr. 1972, 1975
Schmuttermayer, H. 2376
Schnädter, H. 954
Schnegelsberg, G. 252, 268, 501, 504, 990, 993, 1204−1207
Schneider ® 2013 f, 2033
Schneider, B. R. 1451
Schneider, C. 2047, 2062
Schneider, Chr. 2519
Schneider, F. 1335, 1340, 1909
Schneider, G. 333, 335, 675, 677 f, 1338, 1340
Schneider, H. 144 f, 147, 149
Schneider, H.-J. 1731, 1741, 1794, 1799−1801, 1816, 1828, 2047, 2050 f, 2053, 2055−2057, 2062, 2085, 2091
Schneider, I. 2370, 2376
Schneider, J. 1063
Schneider, K. 1338, 1340
Schneider, M. 320, 2026, 2044
Schneider, N. 304, 321
Schneider, P. 687 f
Schneider, R. 1902
Schneider, Th. 1313, 1893, 1896, 2159, 2161, 2164
Schneider, W. 1277, 1947, 1954, 2367 f
Schneiders, W. 2037, 2044, 2420, 2440
Schneilin, G. 2041
Schnell, B. 351, 1915, 1925, 2309
Schnell, R. 231, 233, 240
Schnelle, H. 690, 708
Schnelle, Th. 237
Schnitzler, G. 720, 727
Schnorr, V. 1883
Schnotz, W. 406 f, 897
Schober, H. 2015, 2032
Schoenfeldt, E. 2015, 2034
Schoenthal, G. 240
Schöer, A. 341
Schöfer, E. 1328, 1334
Schofield, M. 2261, 2269
Schöller, H. 103, 108
Scholtes-Schmid, G. 636, 648
Scholz, B. 1361
Scholz, H. 900, 910, 1313
Scholz, H.-J. 1902
Scholz, J. 938, 942
Scholz, P. 1612, 1618
Scholze-Stubenrecht, W. 1700, 1852, 1883
Schön, E. 2376
Schön, G. 970, 974
von Schönberg, A. 1932, 1937
Schönberger, A. 1526
Schönberger, O. 2303
Schönbohm, W. 1374, 1381
Schöne, A. 217, 768
Schönefeld, D. 252, 268
Schönert, J. 528
Schoneweg, E. 1027, 1039, 1130
Schönfeld, H. 110, 115, 117, 235, 240
Schönfelder, G. 1338, 1340
Schönfeldt, A. 1030, 1039
Schönherr, L. 597, 601, 906, 910
Schonweg, E. 1123
Schopenhauer, A. 1230, 1324, 1334, 1997, 2003
Schöpf, A. 1827
Schopp, J. 1754, 1903
Schopper, H. 1036
Schopper, K. 1842, 1851

Schorb, A. O. 2015, 2035
Schorb, B. 2015, 2033
Schorer, Chr. 2412, 2419
Schorlemmer, C. 1187
Schorr, G. 1883
Schorr, K. E. 1318, 1320
Schostakowitsch, D. D. 1340
Schott, Cl. 2310, 2318
Schottel(ius), J. G. 882f, 2411–2414, 2416, 2419, 2445
Schottmann, H. 2318
Schräder, A. 715, 717, 804, 808
Schrader, H. 1991
Schrader, N. 1655, 1659, 1902, 1973, 2414, 2420f, 2427, 2429, 2441f, 2444f, 2451
Schrader, O. 294
Schrader, W. 2013, 2035
Schraml, C. 2377, 2383
Schramm, L. L. 1951, 1954
Schramm, R. 557f, 562
Schreck, V. 2398, 2400
Schreckenberger, W. 399, 401
Schregle, G. 1611f, 1618
Schreiber, H. 2370, 2377
Schreiber, K. 2086, 2088f, 2091
Schreiber, M. 1991
Schreiber, U. 1981
Schreiner, K. 304, 321
Schreiner, S. 327, 335
Schreiter, D. 2061
Schreiter, G. 1908
Schremser-Seipelt, U. 879f
Schrettinger, M. 2066, 2094
Schrieffer, J. R. 1232
Schriewer, J. 1317
Schröber, I. 2332
Schröbler, I. 2308, 2319, 2322, 2328–2330
Schröder, E. 900
Schröder, H. 21, 23, 36, 40, 44, 46, 52f, 58f, 61, 88, 91, 93, 100, 116, 139, 141, 179, 259f, 268, 319, 340, 358, 361, 363–366, 368, 370f, 388f, 467f, 472, 481, 485, 487f, 508f, 556, 567, 575, 577, 582f, 616f, 634f, 648, 682, 687f, 695f, 703–708, 738, 754f, 757, 762f, 849, 851–855, 863, 866, 945, 993, 1013, 1285, 1429, 1563, 1582, 1585, 1634, 1852, 1898, 2014, 2035, 2239, 2244
Schröder, K. 830, 837–839, 948, 952, 954, 966–969, 991f, 2005, 2035, 2510f
Schröder, P. 99, 642, 648, 670, 673, 675, 1399, 1402
Schröder, R. 279, 282
Schröder, S. 553, 555f
Schröder, St. 2015, 2034
Schröder, W. 353, 2044, 2354

Schrödinger, E. 516
Schroeder, D. 1368
Schroedter, V. 2515, 2519
Schröer, A. 336f
Schröter, C. = Hellwig, Chr. 1920
Schröter, J. S. 1933, 1937
Schroth, H.-J. 496, 499
Schroth, U. 1373, 1381
Schrüfer, E. 1955f, 1958
Schründer, A. 2034
Schubert, J. 1955, 1959
Schubert, K. 875f, 878–880, 2207, 2215
Schubert, R. 1941, 1944, 2032
Schubert, V. 12, 23
Schuchardt, H. 3, 205, 332f, 1351
Schuck-Wersig, P. 1015, 1019
Schuldt, J. 12, 23, 59, 115, 117, 389, 399–401, 584, 586f, 710, 717, 806, 808, 888, 899, 1277
Schülein, J. A. 1382, 1391
Schüler, A. 1858f, 1880, 1986, 1994
Schullerus, A. 1145
Schulte, B. 1703
Schulte, J. 690, 709, 1329, 1334
Schultz, G. 1095
Schultz, J. 2063
Schultz, R. 666, 675
Schultze, W. 2014, 2033
Schulz, E. 1611f, 1617f
Schulz, F. 1987, 1994, 2289f, 2292
Schulz, G. 1098, 1956, 1959
Schulz, H. 2037, 2044
Schulz, J. A. P. 2009
Schulz, K.-H. 1277
Schulz-Behrend, G. 2412, 2420
Schulz-Buschhaus, U. 72, 321
Schulz von Thun, Fr. 402, 407, 630, 632, 890–892, 898, 1008f, 1013
Schulze, E. 2015, 2032
Schulze, H. H. 1174–1177, 1181, 2045–2048, 2050–2053, 2056–2059, 2062
Schulze, H. K. 282
Schulze, J. H. 1920
Schulze, P. 1279, 1284f
Schulze, R. 1483
Schulze, U. 2528
Schum, W. 2520, 2528
Schumacher, H. 254, 268, 2515, 2519
Schumann, C. 1041, 1043
Schumann, R. 1337
Schunke, M. 685, 687, 689
Schupp, B. 2414
Schürmann, H. G. 2439
Schurz, G. 909, 921

Schuster, G. 1920
Schuster, J. 349
Schuster, K. 1472, 1477
Schütte, W. 36, 46, 1338, 1340
Schuttermayer, H. 2369
Schütz, A. 6, 30, 122, 132, 234, 240, 446, 772, 783
Schütz, E. 739, 755, 1093, 1097
Schütz, H. 1339
Schütz, L. 1997, 1999, 2004
Schütz, M. 2366, 2368
Schütz, Ph. B. S. 1922
Schütz, Th. 2226, 2228
Schütz, W. 540, 545
Schütze, W. 254, 268, 420, 427
Schützeichel, R. 282, 1905, 2309, 2311, 2315, 2318, 2323, 2331f
Schwab, P. 89
Schwab, U. 2313, 2318
Schwager, K. 574, 581–583
Schwake, H. P. 2512, 2519
Schwan, E. 2521, 2523, 2529
Schwandt, B. 636, 648
Schwanzer, V. 34, 46, 401, 709, 744, 755, 1359, 1362, 2582, 2585
Schwartz, A. 651, 660
Schwartz, H. 2035
Schwartz, J. I. 938, 942
Schwartz, R. L. 1904, 2004
Schwartzenbach, L. 2399, 2401
Schwarz, H. A. 1223
Schwarz, I. 513, 517
Schwarz, M. 362, 371, 438
Schwarz, M. N. K. 622, 624
Schwarz, W. 2504, 2511
Schwarze, A. 851, 855, 948, 953
Schwarze, B. 649f, 660
Schwarze, Chr. 382, 438, 704, 707, 1702, 1742, 2033
Schwarzer, R. 2035
Schwegler, H. 461, 468
Schweickard, W. 493, 1700, 2517
Schweikle, G. 2038, 2044
Schweikle, I. 2038, 2044
Schweitzer, A. 1501
Schweitzer, G. 2060
Schweizer, H. 576, 583
Schwenckfeld, C. 2398
Schwender, Cl. 1014
Schwendtke, A. 2015, 2035
Schwengler, G. 521
Schwenk, E. 1245, 1259
Schwenk, S. 233, 240, 1107, 1110, 1652, 1659, 2384–2386, 2388, 2390–2392
Schwenter, D. 2370f, 2373f, 2377
Schwill, A. 2061
Schwitalla, J. 122, 132, 314, 319, 588, 594, 1093, 1097

Scivoletto, N. 2291f
Sconocchia, S. 2277
Scott, R. B. 1459
Sir Scott, W. 730
Scott, T. 1950, 1954
Scotus, J. 270
Scribonius Largus 2275, 2277
Scriven, M. 920
Scrofa 2298
Mlle de Scudéry, M. 2539
Sčur, G. S. 251, 268
Searle, J. R. 257, 268, 469, 519, 521, 553, 556, 605f, 680, 689, 1330, 1334, 1382, 1391
Sebeok, Th. A. 581, 623, 726, 1726, 1743, 2427
Sechehaye, A. 91
Seck, W. 740, 755
de Secondat, Ch. 1637
Sedlag, U. 1938, 1940f, 1945
Sedley, D. N. 2260, 2265f, 2269
von See, K. 2303
Seebohm, Th. 907, 910
Seebold, E. 706, 2043
Seeger, T.
Seeger, Th. 1016, 1018, 2217, 2227f
Seehase, G. 730, 735
Seehase, H. 1044, 1047
Seel, P. C. 708
Seelbach, D. 1200f
Seeling, O. 2015, 2035
Seelmann, W. 1043, 1047
Seelos, H.-J. 1280, 1285
Seewald, U. 1178, 1181
Segarra i Neira, M. 1526
Segbert, M. 2089
Segeberg, H. 721, 727
van Segen, J. 351
Segen, J. C. 1452, 1454, 1459
Segnert, M. 2083
Segre, C. 601
Segschneider, E. H. 1039, 1123, 1130
Seguin, J.-P. 2566, 2576
Sehrt, E. H. 2320, 2323, 2331
Seibert, Th.-M. 105, 109, 528, 662, 664, 666, 675, 1384, 1391, 1396, 1402
Seibicke, W. 11, 19, 56, 68, 86, 102, 107, 109, 121, 130, 132, 146, 149, 157−160, 166, 168, 190, 197, 205−207, 230, 237, 250, 252, 273, 275, 336−340, 346f, 392, 396, 437, 680, 682, 687, 736, 750, 755, 802, 807, 881f, 887, 1022, 1029, 1037, 1039, 1126, 1130, 1172, 1267, 1296, 1304, 1359, 1361, 1417, 1653, 1658, 1669, 1675f, 1852, 1938, 1945, 2334, 2340, 2358, 2360, 2380, 2382, 2410, 2412, 2417, 2420f, 2429, 2450

Seibt, U. 139
Seidel, F. 1943f
Seidel-Höpper, W. 1334
Seidensticker, Ch. 2410
Seidensticker, P. 282, 1905, 2404−2406, 2409f
Seidler, E. 1156, 1163, 1975
Seidler, H. 1483
Seiffert, H. 106, 109
Seigel, J. E. 321
Seigneuret, J.-Ch. 2037, 2044
Seise, K. 1712, 1714
Selame, E. 760, 763
Selander, E. 1559, 1563
Selbach, K. 1934, 1937
Selig, M. 2303, 2512, 2518f
Seligo, A. 1044, 1047
Seling, A. 317, 320f
Selinker, P. J. N. 262, 268
Sell, A. 1463, 1466
Selle, S. 254, 268, 420, 427, 595, 601
Selting, M. 670, 675, 872, 874, 1400, 1402
Selzer, J. 890, 899, 1004, 1014
Šemakin, J. I. 1533, 1544
Semendjajew, K. A. 1961, 1963
Semenov, N. A. 1704, 1706f, 1711, 1714
Semenovič, A. 1880
Semenzato, C. 321
Semper, K. 1364, 1367, 1369
Sendrail, M. 2535, 2537
Seneca, L. A. 2282
Senft, G. 187, 189
Senghor, L.-S. 819
Sennholz, K. 576, 583
Senoner, R. 67, 91
Serbo, I. P. 1544
Serébrennikow, B. A. 240
Sergijewskij, M. W. 783
Serianni, L. 1512f
Serlio, S. 303
la Serna Miranda, G. 1828, 1888
la Serna Torres, N. 1828, 1888
Serra Borneto, C. 568, 574, 733f
Serrano Cabezas, M. 1883
Settekorn, W. 709
Sevbo, I. P. 469, 1537
Severgin, V. M. 1721
Severino, A. 1504, 1513
von Severus, E. 2278, 2286
de Sévigné, M. 314
Ševjakova, V. E. 256, 268
Sewell, W. H., Jr. 2567, 2576
Sexl, R. 318
Sexton, B. C. 876, 880
Sextus Empiricus 2261, 2265, 2268f
Sgall, P. 943
Shaffer, E. S. 7, 23

Shah, P. M. 1972f
Shaikevich, A. 1893, 1899
Shakespeare, W. 92, 139, 798
Shalom, C. 1437
Shamurin, E. I. 2091
Shannon, C. E. 680, 689
Shapin, S. 497, 499
Shapiro, B. J. 2466, 2471
Shapiro, E. 1178, 1181
Shapiro, F. R. 2063, 2094
Sharma, P. S. K. 2091
Sharp, J. D. 1416, 1419
Shaw, G. B. 828, 1476
Shaw, J. H. 1405−1407, 1414
Shaw, Ph. 925, 942, 1414
Sheikhian, M. 1842, 1852
Shem, S. 1457, 1459
Shen Xiaolong 1600
Shenton, H. N. 813, 818, 848f
Sheppard, S. 938, 941
Sheridan, R. B. 216
Sherman, D. 1892, 1899
Sherry, R. 2496, 2502
Shichao Yin 1600
Shieber, St. M. 938, 942
Shine, N. 1899
Shinomiya, K. 1994
Shipley, J. T. 2037, 2044
Shirley, V. S. 1957
Shiu Chang Loh 1965
Shneiderman, B. 928, 938f, 942
Shor, F. 321
Shorr, Ph. 1647, 1659
Shortliffe, E. H. 2229, 2237
Shuy, R. 2214
Sibe, R. 1230
Sichelschmidt, L. 231, 240
Sickmüller, B. 587
Siderocrates, S. 1918, 1925
Sides, Ch. H. 1450f
Siebenschein, H. 205, 338, 341
Sieber, S. 1612, 1618
Siebers, A. B. J. 1982, 1991
Siefert, H. 1974
Sieffert, P. 113, 117
Siegert, H. 2282, 2286
Siegrist, Chr. 71, 91
Siegrist, L. 262, 268
von Siemens, C. Fr. 864, 1268
von Siemens, W. 112, 1166, 1173
Sieper, G. 1404, 1414, 1437, 1756f, 1762
Siertsema, B. 62
Siertsmann, B. 91
Sievers, E. 1341, 1344, 1349, 1354, 2305, 2308, 2458
Sievers, K. D. 1295
Siewert, H. 518, 521
Siforov, V. I. 1532
Sigerist, H. E. 2537
Sigurd, B. 563, 567
van der Sijs, N. 1578

Siliakus, H. J. 1757, 1762
Sillescu, D. 2046 f, 2050, 2053, 2056 f, 2063
Sillig, J. 1937
Silver, C. 1456 f, 1459
Silverman, St. J. 623
Silversmith, E. F. 1242, 1246, 1259
Simanova, V. 2068, 2071, 2084, 2091
Simmler, Fr. 592, 594, 739–742, 744 f, 748, 755
Simmons, R. 1486, 1489
Simon, E. 2094
Šimon, Fr. 1279, 1285
Simon, G. 863, 865
Simon, H. 888, 896
Simon, H. A. 924, 942
Simon, I. 940
Simon, K. R. 2070 f
Simon, P. 845, 849
Simone, G. 2309, 2318
Simonides 2279
Simonis, F. 1572, 1578
Simon-Vandenbergen, A. M. 2502, 2508, 2511
Simpson, J. A. 770, 1684
Simrock, K. 2334, 2340
Sinai, F. 2194, 2206
Sinclair, McH. 209
Sinemus, V. 593
Šingareva, E. A. 1536, 1543
Singer, H.-R. 1700
Singer, L. 1963
Singer, M. 920
Singer, P. 104, 106
Singleton, A. 1444
Sinjagin, I. I. 1877, 1880 f
Sinowjew, A. A. 1173
Sipöczy, G. 1591
Sipos, G. 1591
Šiškov, A. S. 1721
Sitta, H. 199, 1037, 2332
Sittel, C. 748, 755
Siuts, H. 1122, 1130
Sivula, J. 1827, 1829, 1901
Sjödin, M. 1987, 1994
Skála, E. 2383
Skalski, D. 2088
Skatkin, M. N. 1475, 1477
Sir Skene, J. 2460, 2464
Skog-Södersved, M. 83, 91
Skolimowski, H. 1553, 1557
Skorupka, St. 1553, 1557
Skowronek, B. 685, 689
Škreb, Z. 1359, 1362, 1901
Skubalanka, T. 1554, 1557
Skuce, D. 1746
Skudlik, S. 42, 46, 53, 58 f, 138, 142, 376 f, 768, 770, 794, 800, 811, 813, 815 f, 818, 828, 831 f, 834, 836, 839, 863–866, 948, 954, 966, 969, 1269, 1403, 1414, 1478, 1483

Skyum-Nielsen, P. 762 f, 1429, 1829, 1894
Slatkin, E. 1450 f
Slaughter, M. M. 1919, 1925
Slavgorodskaja, L. V. 513, 517
Sławinski, J. 1359, 1362
Sleypen, J. 1572, 1578
Slot, E. J. 2087
Smalley, B. 1917, 1925
Smaus, G. 715, 717
Šmelev, D. N. 1532, 1544 f
de Smet, G. A. R. 1062, 2392, 2401
Smit, M. 1903
Smith, A. 331, 1469, 2581
Smith, F. R. 1007, 1014
Smith, J. 1926, 2459, 2461 f, 2464
Smith, L. E. 828, 840
Smith, R. N. 938, 942
Sneddon, J. N. 1955, 1959, 1963
Snell, Br. 5, 23
Snell-Hornby, M. 347, 382, 389, 800, 1163, 1896 f, 1908, 1989, 2465
Śniadecki, J. 1552, 1557
Snow, Ch. P. 7, 13, 22, 138, 141, 706, 860, 866, 1269
Snyckers, A. 337, 339, 341
Sobotka, D. 1989
Soboul, A. 1632, 2592
Sobrero, A. A. 1504, 1507 f, 1512 f
Sochockij, J. V. 1223
Sochor, K. 1551
Södergard, Ö. 2516, 2519
Soeder, H. 1964
Soergel, D. 2221, 2229
Sohst, M. 252, 260, 268, 485, 488, 1422
Sokolov, P. 1705
Sokrates 4, 28, 62, 64, 66, 728, 1327, 2261, 2263, 2266, 2269, 2279
Solà, J. 1526
Solf, S. 2090
Söll, L. 1687–1689, 1703
Solms, H.-J. 1351, 1353
Solncev, J. K. 1962
Soloway, E. 938, 941 f
Soltis, J. F. 1472, 1477
Sombart, W. 1024, 1039
Sommer, M. 1173–1176, 1181
Sommer, W. 1163
Sommerfeldt, K.-E. 1180 f
Sonder, A. 1528, 1532
Sonderegger, St. 107, 180, 282, 319, 321, 331, 335, 887, 1097 f, 1112, 1114, 1145, 1267, 1353, 1401, 1675 f, 1743, 1831 f, 2309–2312, 2316, 2318–2323, 2325 f,
2330, 2332 f, 2340, 2348, 2417 f, 2420, 2428 f
Sonesson, G. 583
Sonnenberger, H.-J. 2587, 2592
Sonnenschein, E. A. 2498, 2499
Sonneveld, H. B. 1899, 2182 f
Sooder, M. 1083
de Sopeña, L. 2244
Sophistes 2255
Soran(os) aus Ephesos 2275
Sorgi, M. 619, 623
Söring, J. 217
Sorkin, J. I. 1962
Sorokoletov, F. P. 1714
Souissi, M. 1611, 1618
Sourioux, J.-L. 529, 533
Sournia, J. Ch. 774, 784, 1902
de Sousa Costa, A. 2311, 2318
Southon, I. 1949, 1954
Sözer, E. 910
Spaaenholz, N. 1918
Spada, H. 17, 22
Spamer, O. 1980, 1991
Spangenberg, K. 1145
Spang-Hanssen, H. 1569 f
Sparrow, W. K. 897, 899, 1012, 1014
Spechtler, F. V. 2042, 2420
Speck, J. 921, 2015, 2035
Speckenbach, K. 2358–2361
Spedding, J. 2470
Speer, A. 276
Speer, H. 282 f, 1892 f, 1904 f
Speichert, H. 2034 f
Speidel, J. J. 1651, 1659
Sir Spelman, J. 2494
Spemann, H. 1261, 1265, 1269
Spence, N. C. W. 780, 784
Spencer, H. 1265 f
Spencer, J. 209, 216, 2215, 2221
Sperber, H. G. 77, 91
Sperber, W. 1350
Sphairos 2267
Spieckermann, M.-L. 2465, 2471
Spiegel, A. 1472, 1477
Spiegel, H.-R. 146, 150, 156 f, 166 f, 233, 240, 358, 368, 737, 749, 754, 1239, 1258, 1414, 1417, 1419, 2426, 2429
Spiegelhalter, H. J. 1991
Spieler, J. 2035
Spies, G. 448, 456
Spillner, B. 93, 100, 120, 132, 146, 150, 209, 211, 218, 254, 268, 368, 468, 493, 507, 509, 563, 565–567, 575, 583, 647, 703, 707, 755, 798, 800, 897, 899, 970, 975, 1356, 1359, 1362, 1416, 1419, 1484, 1490, 1498, 1500, 1503, 2107, 2592
de Spina, D. 1921
Spingarn, J. E. 2466, 2471

Spinner, K. H. 1360, 1362, 1485, 1490
de Spinoza, B. 2468
Spirduso, W. W. 623
Spitzbardt, H. 157, 168, 799 f, 1003
Spitzner, I. 252, 268
Splett, J. 2305−2309, 2312, 2314, 2318 f
Spohn, W. 156, 438
Spolsky, B. 240
Sprague, T. A. 2408, 2410
Sprangberg, W. 1918
Spranger, J. 1974
Spranger, U. 260, 268, 391, 396, 532 f, 1285
Spranz-Fogasy, Th. 687, 689
Sprat, Th. 1639, 1645, 2465−2469, 2471
Sprengel, K. 953, 972
Sprenger, M. 938, 941
Sprigade, R. 1235
Springer, G. 2207, 2215
Springer, J. 817
Springer, O. 1828
Sprissler, M. 21, 57, 88, 95, 99 f, 156, 180, 198, 217 f, 254, 265, 268, 319, 369 f, 382, 420, 427, 480 f, 504, 539, 555 f, 573, 648, 688, 752, 898, 953, 989, 993, 1104, 1502, 1544
Spur, G. 1147, 1152
Staab, H. A. 137, 142
van der Staak, J. 747, 755, 801 f, 809
Stachowiak, H. 9, 23, 920
von Stackelberg, J. 42, 46, 53, 58, 770, 772, 784, 828, 839, 863−866, 1619 f, 1622 f, 1626, 1636
Stackmann, K. 317, 320 f, 353, 1924
Stade, U.-K. 2047, 2049, 2063
von Staden, H. 2276
Stadler, F. 2377, 2383
Stadler, H. 521
Städtler, Th. 2517, 2519
Staehl, H.-J. 354
Stæres, C. 2322, 2324, 2333
Stahel, A. 981
Stahl, G. E. 1920
Stahl, H.-J. 2309
Stahl, I. 1893, 1900
Stahl, V. 181
Stahlheber, E. M. 104, 109, 460 f, 468, 1412, 1414, 1437
Staiger, E. 1358, 1362
Stalberger, J. D. 1651, 1659
Stalder, F. J. 1112, 1115
Stallmann, M. 2014, 2032
Stalzer, J. 2305, 2308
Stammler, R. 522
Stammler, W. 348 f, 351, 354, 574, 583, 2044, 2340, 2367

Stanbridge, J. 2496, 2502
Stannard, J. 350, 354, 1915, 1925
Stanton, T. 2227
Stapleton, H. E. 2485, 2478
Starck, T. 1020, 1039, 2331
Stark, F. 764, 770
Stark, Z. 1591
Starke, G. 130, 207
Starnes, D. T. 2463, 2465
Starobinski, J. 1492
Starrett, B. 1754
Stary, J. 1318, 1320
Stassen, B. 1982, 1991
Stati, S. 517, 521, 897
Staub, Fr. 1114, 1119, 1134, 1145
Staub, H. 314, 318
Staudinger, H. 1010, 1013
Stead, W. T. 2507
von Stechov, A. 389
Stedman Ⓡ 1452, 1455, 1459
Steehouder, M. 672, 702, 704, 706 f, 1400
Steer, G. 350, 352, 354, 2333, 2338, 2340, 2359, 2361
Stefanko, R. 1201
Stefenelli, A. 312, 1624, 1627, 1636, 2512−2515, 2519 f, 2528
Steffens, J. 1962
Steffens, R. 1063, 1084, 1091 f
Steger, Fr. 1988
Steger, H. 34, 37, 46, 64, 92, 99, 101 f, 109, 118, 120−128, 131−133, 142, 149 f, 225, 229, 314, 321, 464, 468, 493, 661, 666, 673, 675, 692, 694, 709−711, 713, 716 f, 738 f, 755, 808, 868, 870, 873 f, 1296 f, 1300, 1304, 1382 f, 1391, 2414, 2420, 2502
Stegmann, T. D. 1526
Stegmann von Pritzwald, K. 295
Stegmüller, W. 220, 229, 359, 903, 905, 910
Stegner, J. 135, 142
Stegu, M. 577, 583, 970−975
Steiger, B. 1703
Steiger, J. 391, 397
Stein, A. 1201
Stein, G. 1839, 2458 f, 2462, 2465
Stein, H. 597, 599
Reichsfreiherr vom Stein, K. 278
Stein, P. 493
Stein, P. K. 2360, 2420
Steinacker, L. 259 f, 268, 477, 481, 1668
Steinberg, E. R. 1013
Steinberg, H.-J. 1325, 1334

Steinecke, H. 2038, 2044
Steiner, D. 130
Steiner, Fr.-J. 2047, 2053 f, 2057, 2062
Steiner, G. 1938, 1945
Steiner, H.-G. 1964
Steinig, W. 713−715, 717
Steinitz, W. 500, 504, 534, 539, 679, 688, 1998, 2003
Stein-Meintker, A. 45, 57, 371
Steinmetz, H. 64, 92
von Steinmeyer, E. 2305, 2308, 2316, 2331, 2458
Steinmüller, J. R. 1112, 1115
Steinthal, H. 605, 607, 1343, 1346−1349, 1354
Steinwachs, B. 20
Stekeler-Weithofer, P. 1176, 1181
Stellbrink, H. J. 1908
Stellmacher, D. 1130
Stelting, M. 670, 673
Stelzner, H. 909
Stemmer, P. 2267, 2269
Stempel, W.-D. 22, 51, 58, 265, 469, 2512, 2516 f, 2519
Stendhal, H. 727
Steneberg, W. 1986, 1994
Stenesh, J. 1950, 1954
Stenzel, A. 1928
Stepanova, E. M. 1760, 1762
von Stephan, H. 1208, 1211
Stephan, R. 1336, 1340
Stephanus, H. 771, 784
Stephanus, R. 2399
Stephenson, G. 1207
Sterling, L. 1178, 1181
Sterly, J. 2404, 2410
Stern, C. 172, 181
Stern, W. 172, 181
Sternberg, A. 2515, 2519
Sternberger, D. 869, 874
Sternemann, R. 262, 268
Sternkopf, J. 55, 59
Steudel, J. 1279, 1285
Steudel, W.-I. 1278 f, 1285
Steuernagel, O. 882, 885, 887
Stevens, R. W. B. 1956, 1959
Stewart, I. 1230
Stickel, G. 21, 45, 57, 59, 91, 103, 109, 131, 156, 167, 180, 288, 370 f, 456, 467, 528, 662, 664, 666, 668, 675, 752 f, 808 f, 841, 848, 866, 2303
Stiegelbauer, G. 2230, 2237
Stiehl, F. 1314
Stiehl, U. 2091
von Stieler, K. 2413 f, 2416, 2420, 2445
Stierle, K. 302, 304, 321, 726
Stifel, M. 2362
Stilo, L. A. 2256
Stimm, H. 1531

Stimmer, F. 2015, 2035
Stine, Ph. C. 79, 92
Stirling, J. F. 2094
Stirner, M. 1322f, 1334
Stiven, A. B. 766, 770
St. Jerome (= Hieronymus) 2503
St. John 2484
Stoberski, Z. 1552, 1557
Stocher, K. 2035
Stock, E. 257, 268
Stock, G. 14, 22, 140, 1953
Stöcker, F. W. 1943
Stocker, K. 2015, 2038, 2044
Stockhammer, M. 2004
Stockinger, J. 2234f, 2237
Stöckle, W. 2068, 2091
Stöckler, M. 1269
Stockwell, R. P. 2502
Stöferle, Th. 1147, 1152
Stokstad, M. 354
Stolle, G. 1651, 1659
Stolle, W. 1069, 1077
Stolt, B. 491, 493
Stoltenberg, H. L. 883
Stoltzenburg, J. 2093
Stolz, S. 1974
Stolze, R. 595, 601, 786, 788, 791, 793, 800, 1854, 1883
Stölzel, K. 1146, 1153
Stone, H. 2531f, 2537
Stone, L. 208, 218
Stoob, H. 2348
Stoppoloni, S. 878, 880
Störel, Th. 52, 59, 720, 727, 1335, 1337, 1340
Störig, H. J. 7, 23, 309, 321, 1578
Stork, F. C. 208, 217, 1792, 1827
Stork, Y. 702, 709
Storost, J. 326, 1347, 1349, 1351, 1354, 2568–, 2573
Storz, G. 869
Stötzel, G. 40, 47, 107, 594, 750f, 753, 808, 1353, 1369
Stötzner, P. 2418
Stracke, J. R. 2453, 2456–2458
Straka, G. 2517, 2521, 2527–2529
Strang, B. M. H. 208–210, 218
Strarenwerth, W. 2035
Strass, V. 1269
Strasser, G. F. 2468, 2471
Strasser, R. 90
Strasser von Kollnitz, M. 2389, 2392
Straßner, E. 736, 740, 745, 750, 755
Stratenwerth, W. 2015
Straub, B. 1908, 1991, 1994
Strauch, D. 2227f
Straumann, H. 2508f, 2511

Strauß, D. Fr. 1325, 1334
Strauss, E. 318
Strauß, G. 40, 47, 406f, 685, 687, 689, 737–739, 742f, 746–749, 755f, 884, 887, 1369, 1381, 1904
Strecker, K. 1166, 1173
Strehlow, R. A. 2250, 2254
Streit, B. 1942, 1944f
Streitberg, W. 2319
Streitz, N. 940, 943
Strevens, P. D. 208f, 217, 224, 228, 849, 966, 969, 1410, 1414, 1468, 1471
Stricker, H. 1529, 1531
Strobl, J. 2228
Stroh, F. 159, 168, 1083, 1100, 1105, 1130, 2390, 2392
Strohl-Goebel, H. 1895
Strohmaier, G. 302, 321
Strohner, H. 76, 90, 731, 735, 888, 890, 893, 896, 899
Ströker, E. 12, 61, 92, 135, 142, 706, 1010, 1013
Stroop, J. P. A. 1055f
Strosetzki, Chr. 85, 303, 305, 313, 321, 1622, 1636, 2539f, 2550, 2560
Strouhal, E. 527f, 888, 894, 899, 1398, 1401
Strube, W. 1330, 1332, 1356, 1360–1362
Strubell i Trueta, M. 1527
Struever, N. S. 2471
Stuber, G. 544f
Stuckenschmidt, H. H. 1335, 1340
Stugren, B. 1368f
Stumer, C. 1947, 1952
Stumman, B. 1828, 1888
Stumpf, J. 1112, 1115
Sturlese, L. 2333f, 2340
Sturm, D. 988
Stürzenacker, E. 1937
Subbiondo, J. L. 2468, 2471
Sube, R. 1235, 1961, 1964
Sucharowski, W. 94, 99, 109, 647f, 672, 700, 705, 750, 752–754, 762, 1400
Suchier, H. 2520f, 2529
Suchla, B. R. 1313
Suchland, J. F. 1932, 1937
Suchodolski, B. 1557
Suchsland, P. 1893, 1900, 2432, 2440
Suckale, R. 317
Sudhof, S. 2353f
Sudhoff, K. 349, 352, 2363, 2368, 2393, 2396f, 2401
Sueton = C. Suetonius Tranquillus 2256
Sufty, R. 846, 849
Sugita, G. 1602

Süllwold, F. 829, 831, 836, 838, 840
Sulpicius, S. 2289
Sulyma, M. G. 1972, 1975
Summerer, S. 22, 90
Sun Chang 1966
Sun Rujian 1600
Superanskaja, A. V. 1532, 1541, 1544
Suphan, B. 1339
Suppes, P. 911, 913f, 916, 918, 921
Susanto, A. 2196f, 2206
Süskind, W. E. 869
Suslova, I. M. 2091
Suzuki, H. 1604, 1609
Svararsdóttir, Å 1895, 1901
Svartvik, J. 256, 266, 1444, 2502
Švedova, N. J. 1714
Svendsen, L. P. 1564, 1570
Svennung, J. 321, 2304
Svensén, B. 1827, 1829, 1839, 1892, 1899, 1901, 2147, 2149
Svensson, A. 748, 756
Swales, J. M. 484, 488, 699, 709, 831–833, 836, 840, 954, 966, 969, 997, 1403, 1407–1412, 1414, 1436, 1438, 1467, 1469, 1472, 1478, 1483, 2491, 2494
Sweet, H. 2453, 2458, 2498
van Swigchem, P. J. 2087
Swiggers, P. 1636
Switalla, B. 1268
von Sydow, F. 1451, 2047, 2050, 2053, 2057, 2063
Sykes, J. B. 1700, 1892, 1899
Syré, L. 2090
Szabó, A. 308, 321
Szabó, J. 1592
Szathmári, I. 1591
Szemerényi, O. 1478, 1483
Szöllössy, Sebestyén, A. 1591
Szondi, P. 695, 709
Szwedek, A. 975, 1482
Szymczak, M. 1552, 1557

T

Tabernaemontanus, J. T. 2362
Tabory, M. 843, 849
Taccola, M. 1846, 1851
Tacitus, C. 291, 2282
Taeldeman, J. 1575, 1577
Taenzler, W. 146f, 150, 2426, 2429
Tagliavini, C. 333, 335
Taller, S. L. 1457–1459
Tanke, E. 2060, 2062f
Tanndorf, R. 1444
Tapaninen, J. 836, 838, 840

Tarasova, E. M. 1758, 1761
Tarin, P. 2564
Tarnóczi, L. 1586, 1592
Tarot, R. 2418
Tarp, S. 237, 1741, 1763, 1777f, 1791, 1828−1830, 1881, 1885, 1888, 1892−1894, 1899, 1908, 1994, 2092
Tarquinius Superbus 289
Tarski, A. 900, 910, 914, 921, 1359, 1553
Tasso, T. 314, 318
Tastevin, P. 1994
Tatje, R. 832, 835, 840, 1424, 1426−1429
Taubken, H. 1130
Tauli, W. 806, 809, 875, 880
Taupin, Ph. 825, 828
Tausch, R. 402, 407, 630, 632, 890−892, 898, 1008f, 1013
Tavoni, M. 321
Tax, P. W. 2320, 2322, 2328−2330, 2334−2336, 2340
Taylor, L. J. 2063, 2094
Taylor, R. 760, 763
Taylor, W. 52, 59
Tayyeb, R. 2091
Tebbens, H. D. 1906
Techtmeier, B. 94, 97, 99f, 115, 117, 259, 268, 412, 416, 469, 510, 513, 517−519, 521, 749, 1416, 1419
Teepe, P. 1130
Teigeler, P. 889, 899
Tejnor, A. 1549, 1551
Telegdi, Z. 267
Telephos 2272
Telle, J. 309, 321, 350, 2368, 2411, 2420
Teller, E. 1232
Teller, J. 302, 322
Tembrock, G. 1941, 1945
Temmerman, R. 1572, 1578, 1899, 1903
Tempel, A. 1185, 1187
Tennent, R. 1181
von Tepl, J. 270
Tepp, K. 991f
Terentius, P. T. A. (= Terenz) 2287
Terestyéni, T. 1591
Tergan, S.-O. 406f, 890, 892, 897−899, 1013
Terhart, E. 802, 809, 1321
de Terreros y Pando, E. 324
Tertullian(us), Q. S. Fl. 2283f
Teschner, H. 1816, 1828, 2091
Těšitelová, M. 1546−1548, 1550f, 1756, 1762
Teske-El Kodwa, S. 17, 23
Tesnière, L. 254, 268
Tessier, G. 2522, 2529
Teubert, W. 748, 756

Teuchert, H. 1052−1054, 1056, 1129f, 1133, 1145, 1670
Teut, H. 1041, 1043, 1052−1054, 1056, 1122−1130
Teutonicus, N. 2332
Tewilt, G.-T. 170, 181
von Thadden, R. 327, 335
Thales von Milet 318, 2261f
de Thaon, Ph. 2514
Theaitetos 65
Theimer, W. 24
Theiss, W. 1974
Theissen, S. 170, 181
Theoderich d. Gr. 2290
Theodorus Priscianus 2275, 2277
Theodor(os) von Tarsus 2452, 2457f
Theodosianus I., F. 2290
Theophrast von Eresos auf Lesbos 1937, 2257, 2298, 2393, 2409
Theophrastus Bombastus von Hohenheim = Paracelsus
Thewlis, J. 1956, 1959
Thibaut, A. F. J. 1295
Thiel, G. 36, 47, 595, 601
Thiele, G. 1973
Thiele, J. 1101, 1105
Thiele, P. 1908, 1991, 1994
Thiele, W. 1422, 1424
Thielemann, W. 2540
Thiersch, H. 2015, 2032
Thierse, W. 1901
Thies, E. 1332
Thiessen, S. 2410, 2418
ten Thije, J. D. 702, 706
Thistlethwaite, S. 1461−1463, 1466
Thode, Th. 1962
Thogmartin, C. 815, 818
Thoiron, Ph. 1893
Thomas von Aquin 303, 1997, 2004
Thomas von Cantimpré („Cantimpratensis") 1915f, 2355
Thomas, C. 729, 735
Thomas, Cl. L. 1459
Thomas, P. 1893, 1899, 2236, 2244
Thomas, Y. 2288, 2292
Thomasius, Chr. 313, 488, 883, 1651, 1659, 2412, 2414f, 2420−2422, 2425f, 2429f, 2432, 2438, 2440, 2443, 2447
Thomason, R. 909f
Thome, G. 36, 47, 480, 555f, 595, 601, 1501, 1515, 1521, 1881f, 1898, 2165, 2169
Thomik, R. 1994
Thompson, A. 2068, 2087, 2091
Thompson, B. 773

Thompson, E. H. 2086
Thompson, G. 699, 709
Thompson, J. W. 1924
Thompson, S. A. 617, 668, 673
Thomsen, Chr. W. 720, 727
Thomsen, K. T. 1566, 1570, 1896
Thon, Chr. F. 1107f, 1110
Thöni, G. P. 1529, 1532
Thor, A. 2203, 2207
Thormälen, K. 656, 660
Thorndike, L. 68, 92
Thudichum, Fr. 1671, 1676
Thukydides 64
Thumm-Kraus, C. N. 2591f
Thürigen, A. 1612, 1614, 1618
Thurmair, M. 47, 55, 58, 137, 141f, 155f, 401, 483, 487, 694, 698, 700, 709
Thürmann, E. 968f
Thürmer, U. 260, 268
Thurneysser vom Thurm, L. (= Thurneisser, L.) 1918, 2366, 2368, 2396f
Thurnher, E. 2042
Thurnwald, R. 1020, 1039
Tiberius, Cl. N. 2275
Tickoo, M. L. 997
Tieck, J. L. 333
Tieck, L. 1335, 1340
Tiefenbach, H. 2309, 2314, 2318f, 2332
van Tieghem, Ph. 312, 322, 2037, 2044
Tietz, H. 1964
Tiittula, L. 634, 851f, 855
Tilander, G. 2517, 2519
Tillich, P. 1308, 1310f, 1313, 1463, 1466
Tillmann, A. 592, 594, 742, 756
Tilly, Ch. 728, 735
Timaios 65
Timm, A. 1021, 1025f, 1039
Timm, Chr. 137, 142, 478, 482, 1357, 1362, 1411, 1414, 1484, 1490
Timm, J.-P. 967f
Timmers, C. 1576, 1578
Timokreon 2279
Timpler, C. 1919
Tinctoris, J. 2006, 2009
Tinker, M. A. 889, 899
Tiryakian, E. A. 85
Tischer, M. 1992
Tischler, W. 1369, 1942, 1945
Titone, R. 1505, 1513
Tittula, L. 648
Titzmann, M. 576, 583, 1358, 1362
Tizian (Tiziano Vecelli) 309
Tjoa, A. Min 2225, 2228
Tobler, A. 2512, 2514, 2519, 2522, 2529

Tobler, L. 1114, 1119, 1134, 1145
Tocatlian, J. J. 620, 624
Todesco, R. 658, 660
Toellner, R. 13, 22, 142, 707
Toft, B. 1825, 1826, 1828, 1895, 1898, 2215, 2241, 2244
Tohata, S. 1987, 1994
Toikka, M.-L. 1583, 1585
Tolkiehn, J. 1911 f, 1925
Tolksdorf, U. 1045–1047, 1063, 1130
Tomaszczyk, J. 1883, 1885, 1888 f, 1892, 1908
Tomaševskij, B. V. 1707
Tomlinson, L. E. 2067, 2070 f, 2084, 2091
Tommola, H. 1754, 1903
Tompa, J. 1592
Tonelli, G. 1917, 1925, 1995, 2004
Tönjachen, R. O. 1527 f, 1530 f
Tonjan, A. O. 1966
Tönnesen, C. 47, 1369
Tophinke, D. 86, 89 f
Topitsch, E. 1269
Torkar, E. 1991
Torkar, R. 2455, 2458
Torrance, N. 616
Torres, Št. 1462, 1465
Torres Ibern, J. 1522 f, 1526 f
Torys, G. 1690
Totti, M. 2278, 2285
Toulmin, St. 20
Tournay, J. 534, 539, 1893, 1895, 1905
Tournier, M. 773
Toury, G. 790 f
Townsend, C. R. 1366–1368
Townshend, A. 1951, 1954
Toxites, M. 1918, 2366, 2368, 2393 f, 2396 f, 2399, 2401
Trabant, J. 102 f, 105, 109, 158 f, 163, 168, 231, 240, 326, 329, 335, 783, 2444, 2451
Trabold, A. 861 f, 864
Track, J. 1312 f
Tracy, D. 1461, 1466
Trakl, G. 2037, 2044
Trampe, W. 1365, 1369
Trapp, E. 2291
Traub, A. 1340
Trautmann, R. 2089
Traxel, W. 829, 834, 836–840
C. Trebatius Testa 2287, 2289
Treffer, G. 2378, 2383
Treiber, B. 899, 1013
Tremelius Scrofa 2297
Trénel, J. 2513
Trepl, L. 1363–1365, 1367, 1369
Trescases, P. 780, 784
Treue, W. 1026, 1039

Treviethick, R. 1155
Treviranus, G. R. 774
Treviso 2006
Triantaphyllides, C.-C. 2292
Triepel, H. 1970
Trier, J. 3 f, 24, 28, 47, 251, 365, 2322, 2333, 2338, 2340
Trier, M. 316
Trifone, P. 1512 f
Trigg, G. L. 1955, 1958 f
Trillhaase, G. 254, 268, 418, 427
Trimble, L. 377, 1406, 1408 f, 1414, 1436–1438
Trimble, M. T. 375, 377
Tripmacker, W. 2090
Tristram, H. L. C. 1486, 1490
Trobitius, J. 86, 317, 1632
Troebes, O. 257, 261, 268, 1539, 1544
Troeltsch, E. 1309, 1313
Troitzsch, U. 1648, 1660
Trojanskaja, E. S. 201, 207 f
Trojanus, K.-H. 1945
Troll, Th. 37
Trommer, G. 1269
Trommsdorff, J. B. 1948, 1954
Tropfke, J. 274, 2372, 2377
Troskolański, A. T. 1552, 1558
Trost, P. 805, 2390, 2392
Trüb, R. 1120
Trubetzkoy, N. S. 345
Truchot, Cl. 849
Trueb, L. F. 1239, 1259
Tryphon 1911
Tschamler, H. 2036
Tscheer, R. 2515, 2519
Tschirnhaus, E. W. 2440
Tsubouchi, Sh. 1605, 1609
Tsunoda, M. 765, 811–814, 819
Tuchel, H. 253, 268
Tuchmann, B. W. 301, 322
Tuck, A. 1468, 1472, 1802–1805, 1816, 1828
Tufte, E. R. 564, 567
Tugendhat, Chr. 844, 849
Tugendhat, E. 459, 468
Tuldava, J. 241, 243, 245, 249, 1533, 1544, 1756, 1762
Tull, J. 1620
Turaeva, Z. J. 1535, 1545
Baron de L'Aulne Turgot, A. R. J. 2561, 2581–2583, 2585
Turner, E. S. 2508 f, 2511
Turner, G. W. 208, 218
Turner, J. 100, 107 f, 131, 167, 965, 969, 992, 997
Turner, J. R. 2501
Turner, M. C. 2087
Turner, R. 997
Turner, W. 2462, 2464

Turton, W. 2461, 2464
Twardowski, K. 1553
Tyndale, W. 2503–2505

U

Übelacker, M. 868 f, 874
Uda Kikura, Ch. 1609
Ueda, K. 817, 819
Ueding, G. 496, 499, 899, 1011, 1014, 1906, 2044
Uffenbach, P. 1918
Uhl, W. 1245, 1259, 1947, 1954
Uhland, L. 333
Uhle, B. 685, 689
Uhlemann, B. 691, 705
Ulanova, L. N. 2091
Ule, C. H. 159, 168
Ulicky, L. 1950, 1954
Ullmann ® 1950, 1954
Ullmann, E. 303, 318, 322
Ullmann, F. 1236
Ullmann, M. 2296 f, 2304
Ulm, P. V. 2362
Ulmschneider, H. 350, 352, 2354 f, 2361
Ulpian, D. 2281
Ulrichs, W. 1906
Ungeheuer, G. 2440
Unger, Chr. 146, 150, 1173, 1654, 1660
von Unruh, G.-Ch. 673
Unruh, W. 676, 678
Unseld, D. W. 1968, 1975
Unterreitmeier, H. 2359, 2361
von Unwerth, H.-J. 948, 953
Updike, D. B. 2542
Ure, J. N. 209 f, 216, 218
Ureland, P. St. 1531
Urquhart, D. 2094
Ury, W. 641, 648
Ušakov, D. N. 1343, 1707, 1714 f, 1719
Usener, H. 1345
Ussher, G. N. 2497, 2502
Utech, H. 1990
Utsi, N. T. 2149 f, 2242, 2244
Uzaki, N. 1150, 1153
Uzgalis, R. C. 926, 940

V

Väänänen, V. 1696, 1703, 2513, 2519
Vachek, J. 131, 1350 f
Vahlen ® 1980, 1991
Vaillancourt, P. M. 2091
Vaina-Pusca, L. 602
Valentin, J.-M. 1924
Valentin, M. B. 1921
Valentinus 2283

Valentinus, B. 322, 1931
Valéry, P. 721
van Valin, R. D. 450, 455, 2499, 2501
Valk, R. 1572
Valla, L. 302, 310, 314
Valmont de Bomare, J. C. 1922
Valturio, R. 314
Valturius, R. 1846, 1851
Valutse, E. E. 1966
Vanacker, V. F. 1062
Vančura, Zd. 205, 338, 1296, 1304
Vandamme, F. 516 f
Vanparijs, J. 1563, 1898
Varantola, K. 1754, 1903
Varga, I. 1592
Varga von Kibéd, M. 903, 910
Varro, M. T. 66 f, 147, 270, 1913, 2256, 2282, 2293−2295, 2297 f, 2300−2304
Vasil'eva, A. N. 201 f, 208
Vasil'eva, N. V. 1532, 1541, 1544
Vasilevic, G. 2071 f, 2084, 2091
Vassiliou, Y. 934 f, 941 f
Vater, A. 1454
Vater, H. 449, 456, 1478, 1483
Vater, I. 1472, 1477
Vater, J. S. 1741
Vatvedt Fjeld, R. 1827, 1829 f, 1893, 1895 f, 1899, 1901, 1904, 1908
de Vaucanson, J. 2565
de Vaugelas, Cl. Favre 314, 723, 1623, 2539, 2541
Vauquois, B. 941
Marquis de Vauvenargues, L. de Clapiers 2566
Vázquez Buján, M. E. 2277
de Vecchi, P. L. 322
del Vecchio, A. 1956 f
Vedovelli, M. 974
van der Veer, G. C. 942
Veillon, E. 1968, 1975
Veith, H. 1934, 1937, 2377, 2381, 2383
Veith, W. H. 1091
van de Velde, R. G. 240, 610, 615, 617
Venema, J. 1063, 1086, 1091 f
Venn, U. 1903
Vennemann, Th. 13, 19
Ventola, E. 699, 709
Verax, Ch. 878, 880
Verbényi, L. 1994
Verbiest, F. 1155
P. Vergil(ius) Maro 2285, 2293 f, 2296, 2298−2301, 2304
Verhofstadt, E. 1062
Verlinde, S. 1909
Vermeer, H. J. 353, 800, 895, 899, 1008 f, 1014, 1347, 1354, 1481, 1483, 2354
Vernay, H. 2549
Verne, J. 724, 773
Verneaux, R. 2004
Vernényi, L. 1987
Verner, K. 1342, 1344, 1355
Vernet, J. 302, 322, 2294, 2304
Vernier, P. 2570
M. Verrius Flaccus 1912
Vervoorn, A. J. 1574, 1578
Vesal(ius), A. 308, 314, 2362, 2476
Veselitskij, V. V. 1714
Vesikansa, J. 1584
Vespucci, A. 307
Vestergaard, T. 2510 f
Vetter, H. 20
Vetter, S. D. 1159, 1163
Viable, M. 322
Vicary, Th. 2472−2475, 2477
Vickers, B. 2466, 2471
Vico, G. 2417
Vicq d'Azyr, F. 2565
Vidos, B. E. 2515, 2519
Viehweg, Th. 528
Viehweger, D. 129, 131, 196−198, 251, 257−261, 265, 267 f, 410, 415, 448, 456, 458 f, 467, 469 f, 480, 506, 509, 518, 521, 535, 539, 555, 680, 689, 706
Vieli, R. 1528 f, 1532
Vielliard, Fr. 2516, 2519
Viennet, J. P. G. 773
Viereck, K. 765, 770
Viereck, W. 238, 765 f, 770 f, 849, 887
Vierhaus, R. 1636
Vieta, Fr. (= Viète, Fr.) 2446, 2468
Viëtor, K. 1358
Viëtor, W. 984, 988
Barozzi da Vignola, G. 303
Villain, Chr. 1246, 1259
Villa-Vicencio, C. 1461, 1466
Villers, J. 2265, 2269
Villey, P. 2537
Villwock, J. 322
Vindanios Anatolios 2297
Vinogradov, V. V. 201, 344, 1532, 1545, 1707, 1713−1715
Vinogradov, I. M. 1963
Vinokur, G. D. 344
Vinokur, Gr. O. 1532, 1545, 1707
Virchow, R. 767
de Virloyer, C. R. 323
Vitale, M. 311
Vitalus, H. 1919
Vitruv(ius) 67, 303, 1913, 2300
Vivanti, C. 2304
Vivanti, G. 1964
Vives, J. L. 302
Vleeschauwer, H. 2094 f
Vlková, V. 1548−1551
Vocke, H. 1064, 1068
Vodosek, P. 1900, 2094 f
Voet, L. 2542
Voetz, L. 1938, 1945, 2318, 2332
Vogel, E. 2221−2223, 2229
Vogel, K. 970, 975, 2377
Vogel, M. 1917, 1919
Vogel, S. 1942, 1945
Vogellehner, D. 1938 f, 1945
Vogelsang, K. 1956 f, 1959
Vogler, P. 1268
Vogt, E. 87, 89 f, 1092
Volck-Duffy, E. 610
Volckmann, E. 1064, 1068
Volger, G. H. O. 883
Völkel, B. 501, 504
Völkel, H. 1163
Volkmann, R. 2258, 2260
Voller, R. 1962
Vollmann, B. K. 350, 353, 2322, 2328, 2333
Vollnhals, O. 1892, 1896, 1899
Volmert, J. 740, 747 f, 756
Volosinov, V. N. 443 f, 456
Volpe, A. D. 706
Volta, A. 323
Voltaire (= François-Marie Arouet) 304, 728 f, 735, 772, 1620 f, 1636 f, 2565−2568, 2576 f, 2581 f, 2585
Völzing, P.-L. 698, 709
Voorwinden, N. Th. J. 2336, 2340
Vorlat, E. 1483, 2509−2511
Vorob'ev, G. V. 1475, 1477
Vorstius, J. 2093, 2095
Voss, J. H. 861
Voss, L. 1235
Vossenkuhl, W. 1827
Vossius, G. J. 1919
Voßkamp, W. 63, 69, 92
Vossler, K. 70, 322, 333, 335, 1351
Vostokov, A. Ch. 1706
Vovelle, M. 1636, 2587, 2592
Vriessen, K.-H. 1900
Vromans, J. 1573 f, 1578
de Vroomen, W. 1577
Vuylsteke, J. 1572, 1578
Vygotskij, L. S. 256, 268

W

de Waal, E. 1462, 1466
Wacha, I. 1586, 1591
Wachinger, B. 353 f, 2044, 2354
Wachter, H. 1277

Wachter, S. 2095
Wackenroder, W. 1335, 1340
Wacker, G. 2521, 2529
Wader, J. C. 1446
Wadström, R. 1056
Wafner, G. 1943
Wagener, P. 1130
Wagenitz, G. 1945
Wagenknecht, Chr. 1357, 1361 f, 2037, 2042, 2044
Wagenschein, M. 1269
Wagner Sinto, H. 1150 f, 1153
Wagner, B. 726, 1695, 1704
Wagner, G. 1941, 1943 f
Wagner, G. Fr. 2004
Wagner, H. 661, 668–670, 675, 687, 689, 870, 874, 1287, 1295, 1393–1396, 1398, 1401 f, 1703, 1909
Wagner, J. 113, 116, 701, 704 f, 708 f, 1400
Wagner, J. J. 1922
Wagner, K. G. 1947, 1954
Wagner, K. H. 1304
Wagner, M. L. 2301, 2304
Wagner, S. 698, 703
Wagner, T. 1931
Wagner, Th. 1937
Wagner, Th. F. 1451
von Wahl, E. 876
Wahl, G. 1906
Wahlster, W. 702, 709
Wahmhoff, S. 872, 874
Wahrig, G. 534, 539, 653, 657 f, 660, 693, 709
Walbe, U. 253, 268
Walch, J. G. 1651, 1660, 1922, 1996, 1998, 2000, 2004, 2421, 2429
Walde, A. 295
Walde, Chr. H. 1077
Waldeyer, W. 1265
Waldmann, P. 85
Waldseemüller, M. 307 f
Walentynowicz, B. 1554, 1558
Waliszewski, W. 1964
Walk, K. 926 f, 941
Walker, P. U. B. 1827
Waller, R. 2471
Wallerius, R. 517, 521
Wallgren, I. 1284
Wallin-Felkner, Chr. 889, 894 f, 899, 1010, 1014
Wallis, Th. 2462, 2464
Wallrabenstein, W. 1991
Walluf-Blume, D. 587
Walmsley, J. 2502
Walne, P. 2087
Walravens, H. 2093
Walter, B. 734 f
Walter, H. 1369
Walter, H.-H. 2377, 2382
Walter, K.-D. 889, 894 f, 899, 1010, 1014

Walter, K.-P. 2043
Walter, R. 855
Walter, W. 693, 703
Walther, E. 575 f, 583
Walther, Fr. L. 1022, 1039
Walther, H. 741, 753, 1285
Walther, J. 906, 910
Walther, J. G. 1337, 1340, 2006–2009, 2012
Walther, K. K. 2091
Walther-Klaus, E. 143, 150
Walthers, Chr. 1052
Walton, J. 1459
Walz, H. 68, 91
Wamser, O. 2061
Wamsler, Chr. 1704
Wandruszka, M. 170, 181, 1521, 1685, 1703, 1881
Wang Fang 953
Wang Li 1722
Wangensteen, B. 1895, 1899, 1901
Wangerin, G. 1902, 1974
Wanke, J. 1439–1442, 1444
Wankerl, F. 1296, 1300 f, 1304
Wapnewski, P. 829 f, 840
Ward, J. M. 1942, 1944
Wardale, W. 349
Wardhaugh, R. 110, 117
Waringhien, G. 877, 880
Warner, A. 2155 f, 2164
Warner, M. F. 2354
Warning, R. 726
Warren, A. 1484, 1490
Warren, N. 438
Warrên, Th. L. 1007, 1014
von Wartburg, W. 240, 251, 1636, 1809, 2303, 2513, 2518, 2520, 2528, 2544, 2548 f
Waschkies, H.-J. 79, 92
Wassermann, R. 165, 168, 527 f, 666, 675, 808, 1383, 1391
Watelet, Cl. 2003
Waterhouse, K. 2507, 2511
Waters, A. 945, 950, 953, 967, 969, 1409, 1413
Watson, J. D. 51, 136 f, 142, 1264
Watson, P. 1460
Watt, J. 773, 1155, 1620, 2565
Watts, A. 1948, 1954
Watzlawick, P. 1132, 1145
Wauperin, G. 1973
Wawrzyniak, Z. 259 f, 269, 469
Way, E. C. 52, 59
Weaman, J. 1459
Weaver, W. 680, 689
Webber, J. 1527
Weber, B. 493
Weber, E. 1258 f, 2035
Weber, H. 769, 771, 1304, 1624, 1636, 1942, 1945, 1960 f

Weber, M. 12, 24, 105, 333, 661, 675, 712, 1324, 1334, 1361, 2296, 2304
Weber, N. 1791, 1829, 1831, 1892, 1894, 1899
Weber, O. 1083
Weber, S. 43, 46, 100, 109, 240, 257, 269, 392, 397, 460, 467, 1269
Weber, W. 1092
Weber-Kellermann, I. 1038, 1069, 1077
Weber-Partenheimer, W. 1043
Webster, Ch. 2465, 2471
Webster Ⓡ 1764
Weck, H. 350, 354
Wedel, E. 528
Wedel, G. W. 1919
Wedgeford, R. 2086
Weese, Chr. 194, 199, 256, 269, 419, 427, 614, 617
Wegenast, K. 1320
Wegener, H. 318, 1634, 2015, 2033
Wegener, Ph. 208, 218, 450, 456, 1349, 1354
Wegera, K.-P. 271, 276, 1351, 1353
Weggel, O. 1600
Wegmann, Kl. 1943 f
Wegmann, W. 1061, 1063
Wegner, G. 1997, 1999, 2004
Wegner, I. 888, 896
Wehde, S. 477, 482
Wehking, E. 1277
Wehle, G. 2015, 2035
Wehler, H.-U. 327, 335
Wehr, H. 1611, 1618
Weichelt, K. 1615, 1618
Weidacher, S. 970, 972, 975
Weidenfeld, D. 677 f
Weidenmann, B. 76, 92, 895, 899
Weiers, M. 234, 240
Weierstraß, K. T. W. 1223
Weigand, E. 517, 519, 521, 897
Weigel, C. Ch. L. 1921
Weigert, M. M. 1991
Weigl, Fr. 2015, 2035
Weijnen, A. 1572, 1578
Weik, M. H. 1963
Weilgaard, L. 2241 f, 2244
Weimann, K.-H. 2359–2361, 2363 f, 2366, 2368, 2396, 2401, 2411, 2420
Weimar, Kl. 330, 332, 335, 1956, 1958, 2039 f, 2042, 2044
Weimer, W. B. 897
Wein, H. 1269
Wein, V. 1991
Weinberg, W. R. 1263 f
Weiner, E. S. C. 770, 1678, 1684

Weinert, E. 1938, 1940 f, 1945
Weinert, Fr. E. 899, 1013
Weingart, M. 131
Weingart, P. 13, 24, 52, 59, 691, 699, 709
Weingarten, E. 234, 240
Weingarten, R. 92, 103, 109, 695, 709, 763, 1181 f, 1361
Weingartner, P. 908–910, 921, 1269
Weinhold, K. 279
Weinhold-Stünzi, H. 757, 763
Weinmann, J, W. 1921
Weinreich, U. 223, 229, 2207
Weinrich, H. 13, 20, 22, 24–26, 40, 42, 45, 47, 49, 51–53, 56–62, 70, 77, 87–90, 92, 134–136, 138–142, 156, 239, 258–260, 269, 333–335, 355, 363, 365 f, 371 f, 401, 469, 552 f, 556, 595, 602, 613, 617, 623, 690–692, 699 f, 703–707, 709, 720 f, 724, 727, 770, 806, 809, 816, 818, 828 f, 831, 836, 839 f, 860 f, 863–866, 884, 887, 989, 993, 1268 f, 1284, 1362, 1478, 1482 f, 1498, 1503, 1623, 1628, 1636, 1902, 1904, 1974, 2440, 2538 f, 2541
Weinstein, B. 1173
Weirich, H.-A. 103, 107
Weis, H. Chr. 757 f, 760, 763
Weisberg, B. 1437 f
Weisbrod, U. 952, 991 f
Weischedel, W. 1305, 1313, 1999, 2003
Weise, G. 200, 208, 257, 269, 284, 288, 410, 416, 469, 482, 553, 556, 1404–1407, 1409, 1412, 1414, 1417, 1419, 1429, 1431, 1435 f, 1438
Weisgerber, B. 955, 960
Weisgerber, L. 15, 149, 159, 167 f, 251, 260, 269, 295, 343, 345, 347, 754, 808, 1907
Weisig, G. 1831
Weismann, A. 1261
Weismantel, G. E. 1953
Weiss, A. 2360, 2420
Weiß, B. 789, 791
Weiß, C. 755, 898, 1013
Weiß, H. 609, 680, 688, 1973 f, 2421, 2428
Weiss, M. 2103, 2107
Weiß, P. 1280, 1282, 1285
Weiss, P. 1833
Weiß, R. 851, 855, 1114 f
Weiss, W. 1989
Weiss, W. E. 217
Weissenberger, K. 70 f, 92, 721, 727
Weißer, Chr. 275, 350 f, 354

Weisstein, U. 720, 727
Weisweiler, H. 678
Weisweiler, J. 2314, 2319
Weiter-Matysiak, B. 1092
Weitling, W. 1325, 1334
Weitzel, J. 79, 92
von Weizsäcker, C. Fr. 802–804, 809, 861, 1205, 1207, 1954, 1959
Welber, B. L. 2237
Welcker, C. 1990
Welke, K. 1883
Wellander, E. 1350, 1559, 1564
Wellek, R. 86, 1484, 1490
Weller, E. 2036, 2044
Weller, Fr.-R. 993
Weller, P. A. 1163
Wellisch, H. H. 493, 499, 2394 f, 2398, 2401
Wellmann, H. 73, 87, 318, 1037, 1828, 1835, 1852
Wellmann, M. 2276
Wells, Fr. 849
Wells, H. G. 724
Wells, J. C. 876, 880, 1020, 1039
Welte, W. 1479, 1483, 1741
Welters, St. 1703
Welzig, W. 1647, 1924
Wendel, C. 1911, 1925
Wendelstein, L. 337, 341
Wendorff, H.-D. 2047, 2050 f, 2056 f, 2059, 2063
Wendt, D. 889, 899
Wendt, G. 767
Wendt, S. 16 f, 24, 252, 260, 269, 479, 482, 1192
Wengeler, M. 40, 47, 594, 750, 753, 1368 f, 1381, 1390
Wenke, H.-G. 2046, 2057, 2063
Wenkenbach, Fr. 2377, 2383
Wennrich, P. 1448, 1451
Wenske, G. 1236, 1259, 1954, 1959
Wenskus, R. 282
Wentzel, G. 1232
Wentzlaff-Eggebert, H. 1656, 1660
Wenzel, A. 670, 675, 872, 874, 1399, 1402
Wenzel, G. I. 2035
Wenzel, Kn. 720, 727
Wenzel, N. 254, 269, 420, 427, 1539, 1545
Wenzel, W. 1942, 1945
Werbick, J. 1304, 1313
Werlen, I. 327, 335
Werlich, E. 49, 258, 261, 269, 469, 1436, 1536, 1545
Werlin, J. 2354
Werneck, H. L. 2358, 2361
Wernecke, W. 940
Werner, A. G. 1426

Werner, Chr. 1182, 1185, 1187
Werner, Fr. 2584
Werner, Fr. Cl. 1938, 1945
Werner, G.-W. 568, 573 f
Werner, H. 2061
Werner, J. 878, 880, 1701, 2414, 2420
Werner, R. 1764, 1785, 1791, 1829, 1835, 1852, 1858 f, 1883 f
Wernicke, H. 1444
Wersig, G. 47, 54, 56, 191, 197, 359, 368, 494, 499, 678, 680, 689, 768, 770, 1016, 1019, 1897, 1899, 2091, 2164, 2216, 2221, 2229
Wesche, H. 1130
Wesel, U. 522, 528
Wessel, H. 1173
Wessels, D. 1992
Wessels, H.-F. 1332
Wessels, P. B. 275
Wessén, E. 1560, 1564
West, C. B. 772, 784
Westerath, H. 2304
Westerfeld, W. 1025, 1056
Westman, M. 1559, 1564
Westmann, R. 1454, 1459
Westphal, H. 1484, 1490
Westphal, H. M. 1989
Westphal, W. H. 915, 921, 1955, 1959
Wetzels, W. 102, 104, 109, 1269
Wexler, P. J. 1492, 1503, 2570–2572, 2576
Weymann-Weyhe, W. 106, 109, 1382, 1391
Whale, P. R. 1466
Wheatstone, Ch. 1232
Wheeler, J. A. 920 f
Whewell, W. 242, 347
White, K. D. 2304
Whitehead, A. N. 900, 902, 910, 1462, 1466
Whitley, R. 8
Whitney, W. D. 1343
Whitteridge, G. 2475, 2477
Whitworth, J. A. 1455, 1458
Whorf, B. L. 15, 1005
Wichter, S. 34, 47, 77, 92, 118, 128, 133, 151, 153 f, 156, 164, 168, 172, 181, 188 f, 212, 218, 382, 588, 591, 594, 649, 653, 658, 660, 711, 716 f, 802, 809, 1069, 1077, 1175, 1177, 1180, 1182
Wickler, W. 837, 840
Widdowson, H. G. 33, 47, 795, 800, 950, 954, 967, 969, 1409, 1414
Widén, P. 112, 117
Wieacker, F. 2287 f, 2292
Wiedemann, C. 689, 707, 2418

Wiedenbeck, S. 938, 942
Wiegand, H. E. 12, 17f, 21, 24, 33, 47, 59, 85, 132, 165, 167f, 180, 216−218, 237−239, 273, 277, 282f, 359f, 366, 370, 372, 492f, 505, 507, 509, 513f, 517, 596, 602, 624−627, 629−633, 648, 672, 692f, 697f, 700, 704, 709f, 751f, 755, 762, 804, 809, 873, 887, 1039, 1055, 1091, 1122, 1130f, 1145, 1351, 1353f, 1390, 1623, 1634, 1636, 1676, 1689−1692, 1700f, 1704, 1714, 1725, 1729−1731, 1737, 1741−1743, 1762−1771, 1773, 1775, 1777, 1779−1784, 1787f, 1791−1795, 1800, 1802, 1804f, 1807, 1809−1814, 1816−1818, 1821, 1823f, 1827, 1829−1832, 1835, 1842, 1852, 1858−1860, 1868, 1881f, 1884f, 1889−1893, 1895f, 1899, 1903, 1909, 1939, 1945, 1975f, 1995, 2004, 2069, 2089, 2102f, 2107f, 2360, 2393, 2401, 2418f, 2574
Wiegand, I. 269, 477, 482, 595, 602
Wiegandt, B. 2089
Wiegleb, J. Ch. 1923
Wiehl, R. 576, 583
Wieland, W. 2264, 2269
Wiele, H. 1851
Wiemann, K. 1974
Wienhold, H. 1400
Wienicke, W. 2046f, 2053, 2056f, 2063
Wienold, G. 88, 370
Wierlacher, A. 44, 87, 368, 864, 987f, 1600
Wierschin, M. 175, 181
Wiese, A. 1129
von Wiese, B. 1360, 1362
Wiese, I. 252, 269, 432, 438, 674, 685, 689, 706, 710, 1281f, 1285, 1902, 1975, 2272, 2277
Wiese, J. 1129
Wiese, R. 1004, 1014
Wiesemann, U. 740, 756
Wieser, J. 1366, 1369
Wiesinger, P. 1092f, 1098, 2383
Wieske, A. 1047, 1051
Wiesner, E. 1784, 1792f, 1816f, 1828
Wigner, E. P. 915, 921
Wijnands, P. 820, 828
Wijnekus, E. F. P. H. 2091
Wijnekus, F. J. M. 2091
van Wijngarden, A. 925f, 942
Wilcke, J. C. 1173

Wild, Chr. 1998, 2003
Wildegans, G. 403, 407
Wildenhain, G. 2061
Wilhelm von Conches (= Honorius Augustodunensis) 1915, 2333, 2338, 2340
Wilhelm, Fr. 279, 349, 2522, 2529
Wilhite, St. C. 622, 624
Wilke, A. 1173
Wilke, J. 105f, 109
Wilke, J. G. 2008
Wilkens, A. 710, 715f
Wilkins, D. A. 967, 969
Wilkins, J. 382, 2466, 2467−2471
Wilkoń, A. 1553, 1558
von Wille, D. 2440
Wille, M. 1892, 1898, 2076, 2089
Willecke, R. 1094, 1098, 1931, 1937
Willemsen, R. 305, 317
Willenbücher, B. 1163
William I 2486
Williams, C. 1906
Williams, G. 2211, 2215
Williams, K. 2506, 2511
Williams, R. J. 1950, 1954
Willkop, E.-M. 47, 142, 401
Willmann, O. 1999, 2004
Willmes, A. 1951, 1954
Willms, M. 1301, 1304
Willners, C. 563f, 567
Willoweit, D. 661, 675
von Wilpert, G. 2038, 2045
Wilsdorf, H. 307, 322
Wilson, E. B. 1261
Wilson, E. O. 1263
Wilson, J. 1469
Wilson, Th. 2461, 2464
Wilss, G. 601
Wilss, W. 480, 555f, 677f, 792, 800, 1501, 1515, 1521, 1881f, 1898, 2169
Wimmer, E. 2361
Wimmer, R. 109, 165, 168, 335, 403, 407, 528, 710, 750, 752, 808, 861, 865f, 1290, 1295
Wimmer, T. 1937
Winckelmann, J. J. 329, 1635
Windel, G. 2217, 2229
Windelband, W. 8, 547, 1324, 1334
Windisch, R. 696, 708
Winge, V. 1827
Winkelmann, O. 2519, 2522, 2529, 2533, 2537, 2541
Winklehner, Br. 728
Winkler, Cl. 1241
Winkler, H. 2377, 2383
Winkler, J. H. 1166, 1173
Winkler, K. 545

Winograd, T. 928, 942
Winteler, J. 1351, 1355
Winter, E. 141, 1952f
Winter, H. 485, 488, 1405f, 1413, 1431f, 1436f
Winter, St. 960
Winter, W. 211, 218
Winterhoff, P. 894, 899
Winterhoff-Spurk, P. 897
Winther von Andernach, J. 2366, 2368
Wirsing, M. 927, 942
Wirth, I. 2015, 2035
Wirth, N. 923f, 932, 937, 943
Wirz, A. 1277
Wisdorff, E. 1982, 1991
Wisser, R. 1329, 1334
Wissmann, M. 751
Wissmann, W. 2401
Wissowa, G. 2286
Wist, G. 635, 648
Wiswe, H. 350, 354
Witchalls, P. 43, 368
Withals, J. 2459, 2464
Witkam, A. T. M. 879
Witkowski, Th. 1129
Witt, M. 2071, 2090, 2095
Witte, St. P. 893, 897, 1009, 1012
Witte, U. 1030, 1039
Wittelsberger, H. 1990
Witter, A. 1612, 1618
Wittgenstein, L. J. J. 8, 26, 47, 52, 59, 134, 344, 359, 451, 456, 461, 857, 900, 902, 907, 910, 1240, 1249, 1305, 1313, 1329−1332, 1334f, 1356, 1382, 1391, 2175f, 2183
Wittich, U. 730, 732, 735
Witting, E. 2390, 2392
Wittmann, A. 2049, 2053, 2055, 2063
Wittmann, R. 1636
Wittmann, W. 1990
Wittrock, M. C. 556
Wittstein, G. C. 1948, 1954
Wittye, H. 132
Wobel, A. 1968
Wodak, R. 233, 240, 527f, 583, 616, 670, 675, 680, 687f, 704, 737, 751, 756, 763, 888, 894, 899, 1382, 1391, 1398, 1401, 1851
Wodke-Repplinger, I. 496, 499
Wodsak, M. 725, 728
Woerrlein, H. 2046f, 2050, 2062
Wöffen, A. 2042
Wöhler, F. 1948, 1953
Wohlgenannt, R. 7, 24
Wohlrapp, H. 674, 695, 710
Wojnicki, St. 1553, 1558
Wojtan, W. 1552f, 1558

Woledge, B. 2512, 2520
Wolf, A. 2332
Wolf, C. 2393–2395
Wolf, Chr. = Wolff, Chr.
Wolf, E. 1382, 1391
Wolf, F. A. 22, 329, 335
Wolf, G. 1943
Wolf, G. W. 2008
Wolf, H. 233, 240, 1095, 1098, 1655, 1660, 1934, 1937
Wolf, H. J. 784, 1623, 1636, 1689, 1703 f, 2513, 2520, 2537, 2541, 2547, 2569, 2576
Wolf, J. 1989, 2531
Wolf, L. 1093, 1101, 1105, 2531, 2537 f, 2541–2549
Wolf, M. 2015, 2035
Wolf, N. R. 89, 272, 275, 277, 350, 354, 1915, 1925, 2356, 2361
Wolf, U. 459, 468
Wolfe, G. K. 2037 f, 2045
Wolff, A. 45, 57, 371, 988
Wolff, Chr. 8, 323–326, 857, 883, 887, 1321, 1651, 1654, 1660, 1922, 1996 f, 2374–2377, 2422–2427, 2429 f, 2432–2440, 2443, 2445–2447, 2451
Wolff, D. 953
Wolff, E. 282, 1295
Wolff, F. 1953
Wolff, Fr.-W. 1163
Wolff, R. 1273, 1277, 1946, 1948, 1954
Wolff, S. 17, 24
Wölfflin, H. 317
Wolfram von Eschenbach 271, 273, 275, 2343, 2385
Wolfson, N. 2214 f
Woll, A. 1741, 1812, 1816, 1828, 1981, 1991
Wolski, W. 382, 389, 462, 468, 596, 602, 624 f, 627–630, 632 f, 1726, 1741, 1743, 1766, 1832, 1907
Woltjer, J. J. 1451
Woodbine, G. E. 2487, 2494
Woodford, P. F. 619, 624
Woodger, J. H. 8
Woodland, P. 2136, 2138
Woods, J. M. 2042
Woolever, K. R. 1450 f
Woolgar, S. W. 8
Woolgar, St. 701, 706
Wörle, J. G. C. 2036
Worlidge, J. 2462, 2464
Worstbrock, Fr. J. 353, 2044, 2354
Wossidlo, R. 176, 181, 1052–1054, 1056, 1129 f
Wöstenkötter, A. 649 f, 660
Wotiz, J. H. 141

Wotjak, G. 251, 269, 504, 974, 1503, 1884
Wotke, C. 2308
Wotton, W. 2471
Woyt, J. J. 1920
von Wright, G. H. 691, 710, 905, 910, 1563
Wright, D. R. 1477
Wright, P. 1406, 1414, 1417, 1419
Wright, S. E. 1892, 1899, 2096, 2108, 2169 f, 2206, 2250, 2254
Wright, Th. 2453–2456, 2458
Wróblewski, Br. 1558
Wronkowska, Sł. 1556, 1558
Wüest, J. 2516, 2520, 2525, 2529
Wülcker, R. P. 2453–2456
Wulf, Chr. 1317, 1321, 2014 f, 2036
Wulff, H. J. 618, 624
Wulffen, B. 1987, 1994
Wülfing, E. 500, 504
Wülfing, W. 748, 756
Wülker, R. P. 2458
Wündel, E. 2034
Wunderlich, D. 240, 257, 269, 382, 389, 438, 469, 672, 680, 688 f, 703 f, 707, 1742, 2033
Wunderlich, H. 2370, 2377
Wunderlich, W. 1211
Wundsch, H. H. 1063
Wundt, W. 1324, 1326, 1334, 1346 f, 1349, 1351
Wunsch, K. 1904
Wurtz, A. 1948, 1954
Wurzel, W. U. 1350, 1355
Wüst, W. 295
Wüster, Eu. 11, 22, 33, 46 f, 54, 56, 153, 156, 160, 168, 343–347, 357, 374, 377, 430, 438, 678, 749, 756, 768, 770, 809, 875, 878–880, 975, 1034, 1039, 1201, 1219, 1221, 1359, 1362, 1532, 1541, 1550, 1552, 1559, 1697, 1704, 1743, 1831, 1844, 1846, 1849, 1853, 1892, 1897, 1899 f, 1908, 2096, 2102, 2108, 2120, 2149, 2155 f, 2164, 2172–2176, 2178–2180, 2182–2187, 2189, 2205, 2207, 2209, 2215, 2218, 2221, 2229 f, 2237, 2245 f, 2251 f, 2254
Wustmann, G. 868, 874
Wuthenow, R.-R. 1632
Wuttke, D. 270, 277
Wutz, F. 2305, 2309
Wygotski, L. S. 692, 694, 710
Wyhlidal, F. 1160, 1163
Wyler, S. 555 f
Wyllie, R. J. M. 1935, 1937

X

Xenokrates 2264 f
Xenophanes von Kolophón 2262 f
Xenophon 64, 66, 2296
Xenophon aus Kos 1912
Xu Shen 1722

Y

Yamauchi, N. 1609
Yan Chuen Wong 1965
Abbé Yart 772
Yasui, M. 1604, 1609
Yates, F. A. 77, 92
Ye Yiyun, 699, 709
Ylönen, S. 93, 100, 370, 483, 486, 488, 508 f, 1283, 1285, 1412, 1414
Young, E. C. 1444
Young, H. 2086, 2088, 2217, 2229
Yourou, T. 1609
Yuan Jie 953
Yun Huan Lin 1966
Yu Xia Qi 1966
Yzal, L. M. H. 876, 880
Yzermann, N. 949, 954, 965, 969, 993, 997, 1404, 1409, 1414

Z

Zabel, R. 1744, 1752
Zabrocki, L. 811, 819
Zacher, J. 349
Zachrisson, B. 889, 899
Zadeh, L. 905, 910
Zahn, H. E. 1986, 1994
Zahn, R. 95, 100, 948, 953
Zamenhof, L. 876
Zammattio, C. 310, 322
Zampolli, A. 1897
Zander, H. 758, 763
Zangger, K. 2517, 2520
Zapp, F. J. 991, 993
Zarncke, F. 2043
Zasorina, L. N. 1756, 1762
Zastrow, D. 774, 784, 2570 f, 2572 f, 2576
Zaunick, R. 352, 1063
Zaunmüller, W. 1741, 1987
Zedelmaier, H. 1919, 1925
Zedler ® 1924, 2421 f, 2427
Zedler, J. H. 1647, 1650–1652, 1657–1660, 1923, 1925, 1996, 2002, 2041, 2045
Zeffersten, A. 1881
Zeh, W. 1381
Zeiller, M. 2414–2416, 2420

Zeising, H. 1025, 1917
Zeiss, C. 112
Zekert, O. 272, 277
Zelewitz, K. 2038, 2045
Zelle, C. 2038, 2045
Zeltner, W. 2015, 2032
Zemanek, H. 938, 943
Zemb, J.-M. 136, 142, 701, 710
Zender, M. 1128, 1131
Zenke, K. G. 2014 f, 2035
Zenker, L. 1437
Zenon von Elea 2265, 2269
Zens, R. D. 1981, 1991
Zentes, J. 757, 763
de Zerbi, G. 2475, 2477
Zerm, G. 478, 482, 484 f, 553, 556, 1414 f, 1419
von Zesen, Ph. 883, 2412, 2414, 2420
Zetkin, M. 1278, 1285, 1967, 1975
Zetkin-Schaldach ® 629, 632
Zettersten, A. 1743, 1829, 1832, 1882 f, 1899, 1904
Zeumer, K. 1388, 1391
Zeune, J. A. 883
Zgusta, L. 21, 131, 180, 238, 370, 372, 632, 1145, 1634, 1700 f, 1714, 1741–1743, 1829 f, 1852, 1881 f, 1884, 1896, 1945, 2004, 2107 f, 2401, 2418 f, 2574
Zhang Weigeng 1600

Zhaohou Huang 2242, 2244
Zhao Yuan-Ren 1722
Zhenyi Cheng 1594, 1599
Zhijan L. 2092
Zhongying Cheng 1594, 1599
Zhu Fuzhang 1600
Zhu Jianhua 385, 389
Ziebarth, E. 2286
Ziebell-Drabo, S. 43, 368
Ziegler, V. 1586
Ziehbarth, E. 2279
Zieliński, M. 1554, 1556, 1558
Ziembiński, Z. 1554, 1558
Zienert, J. 176, 181
Zierer, E. 1515 f, 1519, 1521
Zierer, O. 322
Ziesemer, W. 1144
Zieten, W. 573 f, 577, 583
Zifonun, G. 40, 47, 737 f, 740, 746, 748, 756, 884, 887
Zigány, J. 1883, 1905
Zikmund, H. 1892 f, 1900
Zilles, S. N. 924, 941
Zillig, W. 490 f
Zimmer, D. 832 f, 838
Zimmer, H. 17
Zimmermann, Chr. 303, 318, 322
Zimmermann, H. 539, 2044
Zimmermann, H. D. 72, 91
Zimmermann, K. 2291
Zimmermann, V. 275, 351, 354
Zincke, G. H. 1923

Zink, Chr. 1283, 1285, 1741, 1893, 1900, 1902, 1907, 1967
Zinn, K. G. 1994
Zinner, E. 349, 354
Zinsli, P. 1111 f, 1115, 1120
Zipf, G. K. 390, 397
Zischka, G. A. 1741, 1975, 1987, 2038, 2045
Žmegač, V. 1361 f
Značko-Javoskaja, G. V. 1966
Zoeppritz, M. 926 f, 935, 938, 943
Zöfgen, E. 970, 972, 974
Zola, E. 721, 723
Zollna, I. 610
Zolotova, G. A. 469, 1537, 1545
Zöpfl, H. 2015, 2036
Zopp, H. 2060
Zopyros 2274
Zorn, W. 1023, 1036
Zotter, H. 74, 92, 310, 322
Zuber, R. 1304
Zuck, P. 1130
Žukovskij, V. A. 1706, 1708
Zupitza, J. 2453, 2458, 2501
Zurek, W. H. 920 f
Zuse, K. 2057, 2062
Zwinger, Th. 1921, 2406
Zwirnmann, P. 1991
Zycha, A. 1094, 1098
Zymner, R. 2037, 2039, 2042, 2045